PROJETO
MÚLTIPLO



# Gramática & Texto

Ensino Médio

**José De Nicola**

Licenciado em Letras, com especialização em ensino de língua e literatura, foi professor de cursinhos e de escolas particulares, lecionando para turmas de Ensino Médio.
Autor de várias obras dedicadas ao ensino de língua, literatura e produção de textos para Ensino Médio, entre as quais se destacam:
*Práticas de linguagem – leitura & produção de textos*;
*Gramática – palavra, frase, texto*;
*Literatura brasileira – das origens aos nossos dias*;
*Painel da literatura em língua portuguesa*.

editora scipione

editora scipione

Diretoria editorial: Lidiane Vivaldini Olo
Editoria de Língua Portuguesa: Renato Luiz Tresolavy
Editoras: Juliana Lima Gonçalves, Valéria Franco Jacintho; Francisca Tarsiana Morais da Silva (estag.)
Supervisor de arte e produção: Sérgio Yutaka
Supervisor de arte e criação: Didier Moraes
Coordenadora de arte e criação: Andréa Dellamagna
Editor de arte: Leandro Hiroshi Kanno
Diagramação: MASPI Criações Gráficas
Projeto gráfico: UC Produção Editorial e Andréa Dellamagna
Gerente de revisão: Hélia de Jesus Gonsaga
Equipe de revisão: Rosângela Muricy (coord.); Gloria Cunha, Luís Maurício Boa Nova e Vanessa de Paula Santos; Flávia Venézio dos Santos (estag.)
Supervisor de iconografia: Sílvio Kligin
Pesquisa iconográfica: Claudia Bertolazzi, Elena Ribeiro e Claudia Cristina Balista (assist.)
Tratamento de imagem: Cesar Wolf e Fernanda Crevin
Foto da capa: Jakub Krechowicz/Alamy/Glow Images
Grafismos: Shutterstock/Glow Images
Ilustrações: Filipe Rocha e Ulhôa Cintra

---


Avenida das Nações Unidas, 7221
3º andar, Setor D
Pinheiros – São Paulo – SP – CEP 05425-902
Tel.: 4003-3061
www.scipione.com.br / atendimento@scipione.com.br

---

**Dados Internacionais de Catalogação na Publicação (CIP)**
**(Câmara Brasileira do Livro, SP, Brasil)**

De Nicola, José
Projeto Múltiplo: gramática & texto, volume único: partes 1, 2 e 3 / José De Nicola. – 1. ed. – São Paulo: Scipione, 2014.

1. Gramática (Ensino médio) 2. Português (Ensino médio) 3. Textos (Ensino médio) I. Título.

14-04505 CDD-469.07

**Índice para catálogo sistemático:**
1. Português : Ensino médio 469.07

2017
ISBN 978 85 262 9344-1 (AL)
ISBN 978 85 262 9345-8 (PR)
Código da obra CL 738774
CAE 502762 (AL)
CAE 502785 (PR)
1ª edição
5ª impressão

Impressão e acabamento: Brasilform Editora e Ind. Gráfica

Uma publicação Abril EDUCAÇÃO

# Apresentação

Quando alguém toma a palavra, seja falando, seja escrevendo, e diz algo a outra pessoa, num dado momento, numa certa situação, com determinada intenção, torna-se "dono" da língua, atribui sentidos às palavras, as frases deixam de ser simples estruturas gramaticais e passam a ter um significado particular.

Mas o reinado sobre a língua não é tão absoluto quanto possa parecer. Afinal, a língua não pertence a um indivíduo; é, ao contrário, propriedade coletiva e, por isso mesmo, impõe limites. E ainda bem que é assim, senão não haveria conversa, troca: todos falariam e ninguém se entenderia.

O segredo está em ser "dono" da língua, sem se esquecer de que ela pertence a todos. Tomar a palavra, produzir sentidos, mas lembrando que as palavras têm um sentido na língua. Construir enunciados significativos, mas tendo consciência de que a língua tem suas regras de combinação (que não foram criadas por este ou aquele, mas são da própria natureza da língua).

Em sua vida cotidiana, você ocupa, o tempo todo, dois papéis distintos (e complementares): ora você toma a palavra e é o "dono" da língua, produz significado, ora o outro toma a palavra e você tem de buscar o significado que ele produziu. Ora produtor de texto, ora leitor/ouvinte.

Este livro pretende discutir essas questões e se tornar uma ferramenta útil para seu professor e para você, que vive em sociedade, lendo e produzindo textos o tempo todo.

**Um abraço do autor**

# Neste livro você vai encontrar

*Autorretrato*, de Lasar Segall, 1933.

173

## Abertura do capítulo

*Imagens instigantes para você relacionar com o assunto estudado no capítulo.*

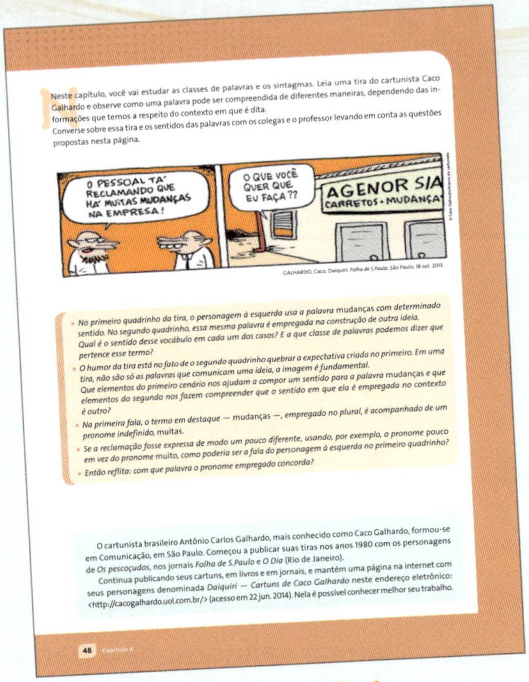
Neste capítulo, você vai estudar as classes de palavras e os sintagmas. Leia uma tira do cartunista Caco Galhardo e observe como uma palavra pode ser compreendida de diferentes maneiras, dependendo das informações que temos a respeito do contexto em que é dita.

Converse sobre essa tira e os sentidos das palavras com os colegas e o professor levando em conta as questões propostas nesta página.


GALHARDO, Caco. Daiquiri. *Folha de S.Paulo*. São Paulo, 18 set. 2013.

- *No primeiro quadrinho da tira, o personagem à esquerda usa a palavra* mudanças *com determinado sentido. No segundo quadrinho, essa mesma palavra é empregada na construção de outra ideia. Qual é o sentido desse vocábulo em cada um dos casos? E a que classe de palavras podemos dizer que pertence esse termo?*
- *O humor da tira está no fato de o segundo quadrinho quebrar a expectativa criada no primeiro. Em uma tira, não são só as palavras que comunicam uma ideia, a imagem é fundamental. Que elementos do primeiro cenário nos ajudam a compor um sentido para a palavra* mudanças *e que elementos do segundo nos fazem compreender que o sentido em que ela é empregada no contexto é outro?*
- *Na primeira fala, o termo em destaque —* mudanças *—, empregado no plural, é acompanhado de um pronome indefinido,* muitas.
- *Se a reclamação fosse expressa de modo um pouco diferente, usando, por exemplo, o pronome* pouco *em vez do pronome* muito*, como poderia ser a fala do personagem à esquerda no primeiro quadrinho?*
- *Então reflita: com que palavra o pronome empregado concorda?*

O cartunista brasileiro Antônio Carlos Galhardo, mais conhecido como Caco Galhardo, formou-se em Comunicação, em São Paulo. Começou a publicar suas tiras nos anos 1980 com os personagens de *Os pescoçudos*, nos jornais *Folha de S.Paulo* e *O Dia* (Rio de Janeiro).

Continua publicando seus cartuns, em livros e em jornais, e mantém uma página na internet com seus personagens denominada *Daiquiri — Cartuns de Caco Galhardo* neste endereço eletrônico: <http://cacogalhardo.uol.com.br/> (acesso em 22 jun. 2014). Nela é possível conhecer melhor seu trabalho.

48 Capítulo 4

## Atividades iniciais motivadoras

*As atividades iniciais vão ajudá-lo a acionar os conhecimentos que você já tem sobre o estudo a ser desenvolvido no capítulo.*

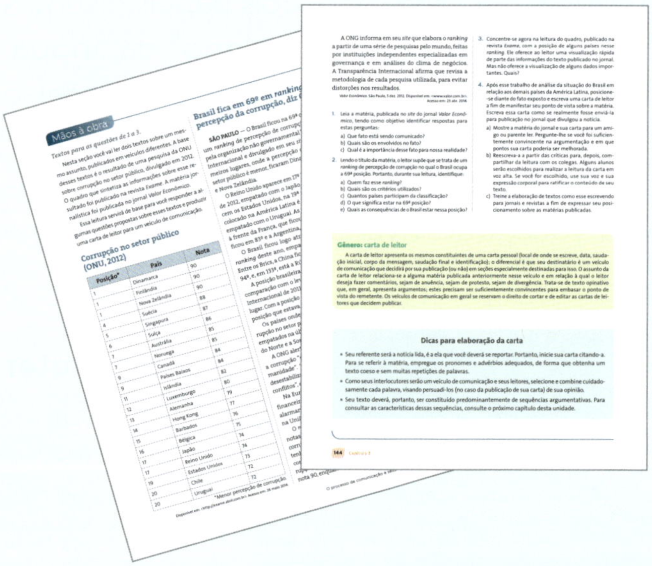


## Mãos à obra!

*Seção dos capítulos da unidade* ***A construção dos textos*** *voltada para a produção de texto apoiada nas características dos gêneros textuais e em leitura.*

## Gênero

*Apresenta as características fundamentais da situação comunicativa em que se costuma produzir o gênero textual em questão.*

Este ícone indica os Objetos Educacionais Digitais relacionados aos conteúdos do livro. Disponíveis em: <www.projetomultiplo.com.br>.

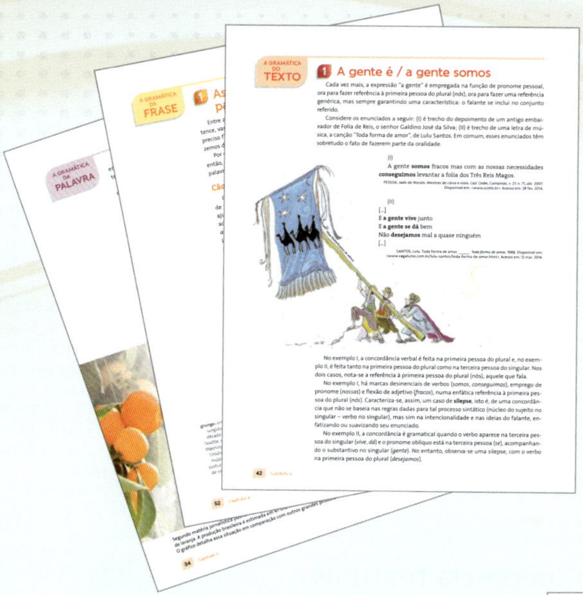

## A gramática da palavra, A gramática da frase, A gramática do texto

*A organização dos capítulos da unidade **A gramática dos textos** leva em conta o que é estudado: em "A gramática da palavra" é vista a constituição da palavra; em "A gramática da frase" o trabalho é voltado para a percepção da palavra lado a lado com outras palavras; em "A gramática do texto" comenta-se o uso da palavra no texto de acordo com a situação comunicativa.*

## Morfossintaxe

*Seção dos capítulos da unidade **A gramática dos textos** que mostra o uso que o recurso em estudo pode adquirir em certo contexto.*

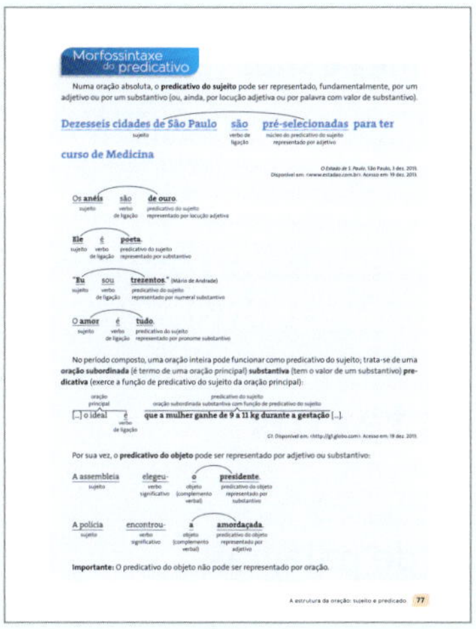

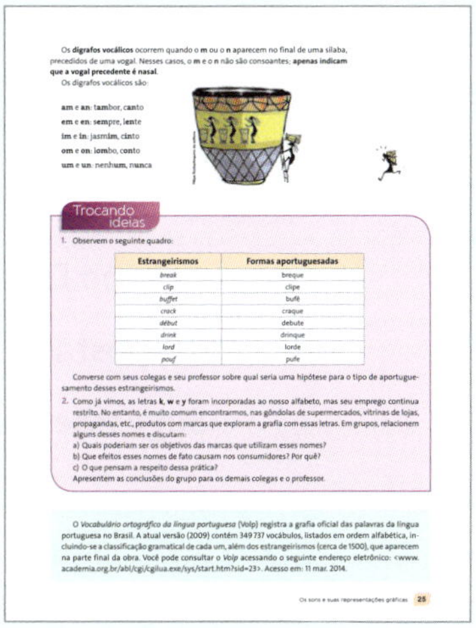

## Trocando ideias

*Propõe uma atividade baseada em troca de ideias, em argumentação oral. Um momento para falar com os colegas, apresentar sua opinião e ouvir a dos demais.*

## Vestibulares de Norte a Sul

*Reúne questões de vestibulares das grandes universidades do país.*

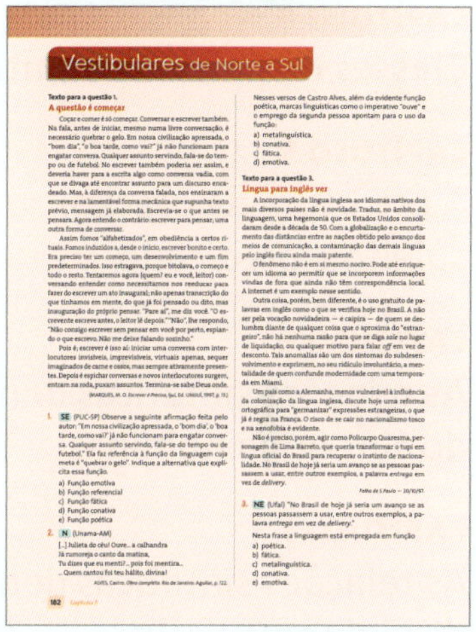

## Enem

*Duas seções especiais vão ajudar você a se preparar para o Enem: **Pensando no Enem** (questões comentadas) e **Caiu no Enem**. Com elas você vai aprimorar habilidades e competências para enfrentar esse e outros desafios!*

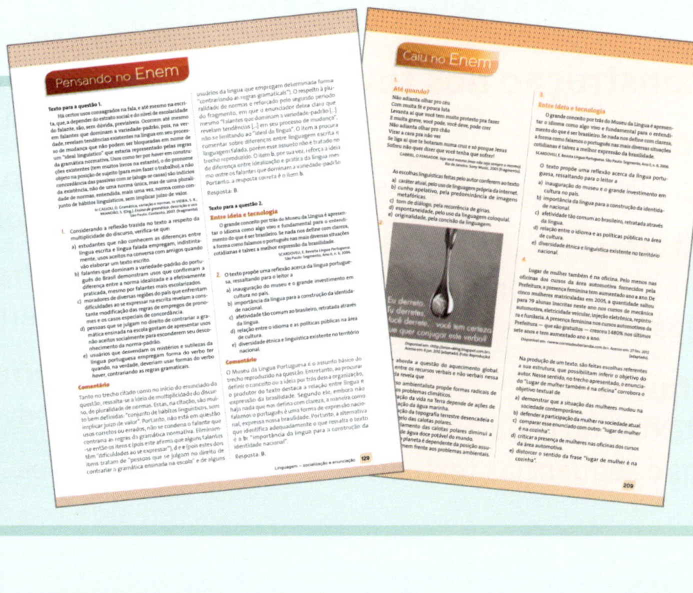

# Sumário geral

## Parte 1

### A gramática dos textos



### A construção dos textos



## Parte 2

### A gramática dos textos

## A construção dos textos

Filipe Rocha/Arquivo da editora

# Parte 3

## A gramática dos textos



## A construção dos textos

# Parte 1

## A gramática dos textos

Edson Sato/Pulsar Imagens

## A construção dos textos

Pavel L Foto e Video/Shutterstock

# A gramática dos textos

CAPÍTULO

# 1 O signo linguístico, a língua e a gramática

Fabian Rodrigues

*Bodas de prata*, de Fabian Rodrigues, 2012.

Neste capítulo, você vai discutir o signo linguístico, a língua e a gramática. Para iniciar esse estudo, leia a tira a seguir, do cartunista Jim Davis. Os personagens da história são o irreverente gato Garfield e Jon, seu dono. Converse com os colegas e o professor sobre a tira, levando em conta as questões propostas nesta página.

*Folha de S.Paulo*. São Paulo, 22 set. 2013.

- *Moda é o assunto da tirinha. Em cada quadrinho, muda-se a expressão construída com essa palavra. Nos dois primeiros, as falas são ditas por Jon. Qual é a diferença entre "seguir moda" e "criar moda"? Esse personagem parece confiante no que diz? Explique suas considerações aos colegas e ao professor.*
- *No terceiro quadrinho, a ideia vem do outro personagem, o gato Garfield.*
  - *– O que significa "patrulha da moda"?*
  - *– Que recurso visual é utilizado para indicar que as palavras de Garfield são pensadas, em vez de serem ditas ao personagem Jon?*
- *A ideia de Garfield reforça o sentido que Jon procurou mostrar a respeito de seu conhecimento de moda? Por quê? E a postura física de Garfield?*
- *O humor da tira explora essas diferenças de sentido de expressões que giram em torno da palavra* moda: "seguir moda", "criar moda", "patrulha da moda".
- *Você já passou por uma situação semelhante a essa, em que alguém fala determinada coisa e seu interlocutor, usando um termo ou vários da mesma expressão, cria uma ideia contrária ao que o primeiro pretendia dizer? Se possível, relate a situação aos colegas e ao professor.*

O gato Garfield é o protagonista das tirinhas de Jim Davis, uma das mais populares do mundo. O dono desse felino irreverente é Jon Arbuckle, um cartunista.

Garfield foi levado para o cinema em duas ocasiões: em 2004, pelas mãos do diretor Peter Hewitt, sob o título *Garfield, o filme*, e em 2006 sob a direção de Tim Hill, na animação intitulada *Garfield 2*.

Na versão em inglês desses dois filmes de animação, o ator Bill Murray foi o responsável pela voz do gato. A versão em português teve o ator Antônio Calloni como intérprete de Garfield.

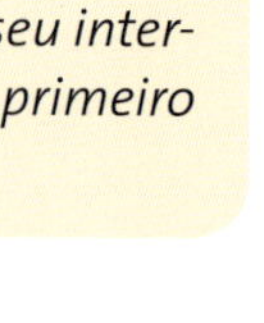

# 1 O signo linguístico

Os seres humanos costumam usar diversas linguagens — verbal, corporal, visual, musical, etc. — para se expressar e comunicar sentimentos e ideias.

Uma linguagem é um sistema de signos simbólicos empregados na comunicação. Desses sistemas, interessam-nos os signos linguísticos, que nos ajudam a representar verbalmente o que pretendemos comunicar. Esses signos são as próprias palavras, que, quando faladas ou escritas, associamos a determinadas ideias. Por isso é possível afirmar que os signos linguísticos apresentam dois componentes: uma parte material, concreta (o som ou as letras), que denominamos **significante**; outra abstrata, conceitual (a ideia), que denominamos **significado**.

> [...] signos são entidades em que sons ou sequências de sons – ou as suas correspondências gráficas – estão ligados com significados ou conteúdos. [...] Os signos são assim instrumentos de comunicação e representação, na medida em que, com eles, configuramos linguisticamente a realidade e distinguimos os objetos entre si.

VILELA, M.; KOCH, I. V. *Gramática da língua portuguesa*. Coimbra: Almedina, 2001. p. 17.

Por exemplo, denominamos *moda* a "maneira, gênero, estilo de viver, de vestir-se, predominante numa determinada época ou região". Dessa forma, podemos montar o seguinte esquema:

**signo linguístico**
**significante + significado**

**significante**: sequência sonora: /mɔda/ (ou representação gráfica: *moda*).

Catwalking/Getty Images

Desfile de outono-inverno da grife Louis Vuitton, 2014.

**significado (conceito)**: "maneira, gênero, estilo de viver, de vestir-se, predominante numa determinada época ou região".

Entretanto, a relação entre a representação (significante) e a ideia (significado) é arbitrária, ou seja, não há nada que indique que há uma correspondência entre elas. Mas há uma convenção, senão não saberíamos a que se refere a sequência sonora e/ou gráfica correspondente à palavra *moda*; isso quer dizer que a correspondência tem de ser obrigatoriamente comum à comunidade que faz uso de uma mesma língua, para que a mensagem produzida possa ser entendida.

O **signo linguístico**, isoladamente, como já vimos, é uma associação entre uma representação e um conceito ou ideia, de forma convencional numa determinada comunidade linguística. Um detalhe importante: o arranjo da palavra, num enunciado textual (escrito ou falado), pode revelar que a significação do signo linguístico não é necessariamente uma só, mesmo que possa haver relação de sentido entre elas. Observe os diferentes conceitos ou ideias a que podemos associar a representação *moda* nos exemplos a seguir:

**Moda** é o segmento que apresentou os melhores resultados financeiros no ano passado. — a indústria ou o comércio de roupas

Adoro **moda** de viola! — variedade de canção proveniente da área rural brasileira

Saber calcular a **moda**, a média e a mediana de um conjunto de dados é relevante, mas não o suficiente. Os jovens têm de aprender quando cada uma delas deve ser aplicada e interpretar os resultados. — No campo da estatística, valor com maior número de ocorrências num conjunto de observações ou levantamento de frequências.

Revista *Escola*. Disponível em: <http://revistaescola.abril.com.br>. Acesso em: 10 mar. 2014.

OED Línguas mais faladas no mundo

## 2 Linguagem, língua e fala

Dentre as linguagens que o homem utiliza para se expressar, representando coisas, seres, ideias, sentimentos, etc., conta com a linguagem verbal, baseada num sistema de signos linguísticos.

A **língua**, uma linguagem verbal, é constituída por palavras e por regras que as combinam, permitindo que expressemos uma ideia, uma emoção, uma ordem, um apelo, enfim, um enunciado de sentido completo capaz de estabelecer comunicação. É importante salientar mais uma vez que essas palavras e regras são comuns a todos os membros de uma determinada sociedade. Isso significa que a língua pertence a toda uma comunidade, como é o caso da língua que você fala – a **língua portuguesa**.

Quando um membro da comunidade, isto é, um falante faz uso da língua, ele realiza um ato de **fala**, que tanto pode ser oral como escrito. A fala é um ato individual e é influenciada por várias circunstâncias: pelo que vai ser falado e de que forma, pela intencionalidade, pelo contexto, pelo tema (do que se fala), pelo falante (o que fala) e pelo interlocutor (para quem se fala). No entanto, o falante vale-se de um código já convencionado e instituído, ou seja, a criatividade de seu uso individual está limitada pelas possibilidades que a língua lhe oferece.

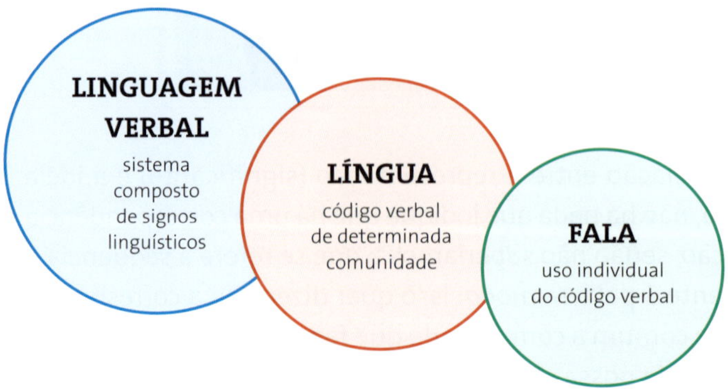

**ATENÇÃO!**

É importante lembrar que a língua não é estática, mas um sistema dinâmico em constante transformação. Basta comparar textos escritos em épocas distintas para perceber as mudanças. Um caso emblemático é o da forma de tratamento "Vossa Mercê" que, ao longo do tempo, assumiu as formas *vossemecê*, *vosmecê*, *você*, alterando-se seu significante (há uma simplificação fonética na representação sonora que se reflete na grafia) e também o seu significado (no português do Brasil, deixa de evocar um interlocutor hierarquicamente superior ao falante para evocar um interlocutor visto de igual para igual com o falante). Portanto, embora as regras e as convenções da língua limitem ou determinem o falante no seu uso individual da língua, para garantir a comunicação, há uma constante variação ao longo do tempo, fruto desses atos de fala em conjunto e da própria história dos povos.

Os falantes de uma língua adquirem natural e gradativamente o conhecimento necessário para usar a língua da comunidade a que pertencem, cuja estrutura já tem, predeterminados convencionalmente, os signos linguísticos e as possibilidades de combinação entre eles, o que permite a comunicação. À soma dos conhecimentos linguísticos de uma língua chamamos **gramática**.

Por conhecermos a gramática de uma língua, conseguimos associar uma sequência de sons a um conceito, distinguimos palavras e construímos frases, escolhendo as palavras e a ordem adequada dessas palavras no enunciado para nos comunicar. Trata-se, pois, de uma gramática natural da língua que permite ao falante nativo entender enunciados e fazer-se entender por meio deles.

A **gramática natural** não deve ser confundida com as gramáticas que tentam, de forma sistematizada, registrar, descrever e/ou prescrever os fatos gramaticais. Da mesma forma, não se deve confundir o conjunto de regras gerais e internas da língua com o conjunto de regras utilizadas pela gramática normativa.

A **gramática normativa** tenta estabelecer um modelo "ideal" de uso da língua, chamado de norma-padrão, no qual se espelham as variantes de prestígio. Trata-se, portanto, de um conjunto de regras que impõem um padrão de uso da língua a ser seguido pelos falantes por ter prestígio social.

Cabe destacar que o conhecimento das variantes consideradas de prestígio é importante porque elas, convencionalmente, são empregadas e exigidas em diversas situações de natureza social (entrevista de emprego, atuação na mídia, pedido a uma autoridade pública, trabalho acadêmico, etc.).

## Trocando ideias

Provavelmente você já observou — ou mesmo empregou — novas formas do pronome *você*. Discuta com seus colegas e o professor o **contexto** em que essas formas são empregadas.

- Em que situações as pessoas costumam grafar *vc*?
- Em que situações é comum utilizar as sequências sonoras *ocê* e *cê*?
- Essas mudanças equivalem àquela ocorrida de *Vossa Mercê* para *você*? Justifiquem.

**ATENÇÃO!**

Neste ponto, é importante fazer a distinção entre:

a) norma-padrão: modelo criado a partir das gramáticas normativas, que prescrevem um uso "ideal" da língua;
b) variedades urbanas de prestígio (ou norma culta): usos reais da língua que representam as variantes de prestígio dentro da comunidade linguística; em tese, colocada em uso pelos segmentos mais escolarizados da sociedade e pelas instituições (órgãos públicos, imprensa, escolas, etc.);
c) variedades estigmatizadas: usos reais da língua que representam as variantes das camadas sociais "desprestigiadas"; tais variantes são tachadas como erradas ou impróprias.

## Atividades

1. Você certamente conhece o compositor e cantor brasileiro Chico Buarque. E o romancista Chico Buarque? Leia o fragmento a seguir, retirado de uma de suas obras, *Budapeste*. Durante a leitura, procure perceber qual é a situação em que se encontra o narrador, quais parecem ser as características desse personagem que conta sua história. Em seguida, discuta com seus colegas e o professor as questões abaixo.

Filipe Rocha/Arquivo da editora

Devia ser proibido debochar de quem se aventura em língua estrangeira. Certa manhã, ao deixar o metrô por engano numa estação azul igual à dela, com um nome semelhante à estação da casa dela, telefonei da rua e disse: aí estou chegando quase. Desconfiei na mesma hora que tinha falado besteira, porque a professora me pediu para repetir a sentença. Aí estou chegando quase... havia provavelmente algum problema com a palavra quase. Só que, em vez de apontar o erro, ela me fez repeti-lo, repeti-lo, repeti-lo, depois caiu numa gargalhada que me levou a bater o fone. Ao me ver à sua porta teve novo acesso, e quanto mais prendia o riso na boca, mais se sacudia de rir com o corpo inteiro. Disse enfim ter entendido que eu chegaria pouco a pouco, primeiro o nariz, depois uma orelha, depois um joelho, e a piada nem tinha essa graça toda. Tanto é verdade que em seguida Kriska ficou meio triste e, sem saber pedir desculpas, roçou com a ponta dos dedos meus lábios trêmulos. Hoje porém posso dizer que falo o húngaro com perfeição, ou quase. Quando de noite começo a murmurar sozinho, a suspeita de um ligeiríssimo sotaque aqui e ali muito me aflige. Nos ambientes que frequento, onde discorro em alta voz sobre temas nacionais, emprego verbos raros e corrijo pessoas cultas, um súbito acento seria desastroso. Para tirar a cisma, só posso recorrer a Kriska, que tampouco é muito confiável; a fim de me segurar ali comendo em sua mão, como talvez deseje, sempre me nega a última migalha. Ainda assim, volta e meia lhe pergunto em segredo: perdi o sotaque? Tinhosa, ela responde: pouco a pouco, primeiro o nariz, depois uma orelha... E morre de rir, depois se arrepende, passa as mãos no meu pescoço e por aí vai.

[...]

BUARQUE, Chico. *Budapeste*. São Paulo: Companhia das Letras, 2003. p. 5.

### **Gênero textual:** romance

Esse gênero tem sua origem na épica (histórias heroicas de um povo cantadas em versos). Passou dos versos à prosa e adquiriu novas configurações com o decorrer do tempo. Do final do século XVIII à atualidade, o romance busca transmitir ao leitor uma visão de mundo sob a perspectiva de personagens que se envolvem em conflitos de grandes proporções. Apresenta os demais elementos que caracterizam uma narrativa: as ações constitutivas da trama, que ocorrem em determinados tempo e espaço, e o narrador, artifício escolhido pelo autor para "contar" a história ao leitor.

Existem subgêneros: romance policial, histórico, psicológico, regionalista, etc. Muitas vezes o romance serve de base para outras linguagens que também contam histórias, como filmes, peças de teatro, telenovelas...

a) O que você leu é o primeiro parágrafo do romance. Que impacto a leitura provocou em você? Cite sucintamente as informações que esse primeiro parágrafo já revela sobre o personagem-narrador.
b) Reflita e comente: você já experimentou alguma situação semelhante à do caso vivido pelo narrador? Em que aspectos?
c) O que há de curioso, para os falantes da língua portuguesa, em se dizer algo como "Aí estou chegando quase"? O que há de engraçado nessa construção a ponto de gerar uma piada?

2. Releia o trecho: "Nos ambientes que frequento, onde discorro em alta voz sobre temas nacionais, emprego verbos raros e corrijo pessoas cultas, um súbito acento seria desastroso".

a) A que tipo de correção provavelmente se refere o narrador?

b) Em que sentido está empregada a palavra *acento*? Por que seria desastroso um "súbito acento"?

3. Em certo trecho, o narrador emprega um recurso linguístico para transmitir a noção de intensificação. Aponte-o.

4. O narrador usa, fundamentalmente, dois tempos verbais ao longo do trecho transcrito. Quais são eles? Justifique seu emprego. Que relações podem ser estabelecidas entre o emprego desses tempos verbais e o gênero textual em questão?

**Textos para as questões de 5 a 9.**

Os textos seguintes foram transcritos integralmente conforme publicados no *site* Mingau Digital. Trata-se de comentários postados no debate *on-line* mantido por esse *site*.

Os mediadores do debate afirmam postar apenas comentários de crianças e adolescentes até 14 anos. A discussão gira em torno da questão apresentada antes dos comentários, que foram numerados (de I a IX) para facilitar a remissão a eles mais adiante.

Ao responder às questões mais adiante, reflita: qual é sua reação ao ouvir ou ler essas expressões ou construções que os participantes do debate classificam como erros? Você costuma discutir questões como essa em *sites* ou em conversas ao vivo?

## Brasileiro não sabe Português?

Por que as pessoas escrevem (e falam) cada vez mais errado no Brasil? Você sente arrepios quando alguém diz "pode vim", em vez de "pode vir"? "Seje", em vez de "seja"? Diga aqui qual foi o mais recente assassinato à língua portuguesa que você ouviu por aí!

E se você não dá a mínima para as regras da nossa língua, defenda aqui o seu ponto de vista!

*Socorro ao Português*

**I. Comentado por Ronaldo, em 8 de agosto de 2012**

Brasileiros não sabem mais o Português, basta ver as mulheres do telemarketing que ficam dizendo \"estarei verificando agora e em seguida estarei telefonando ao senhor em até 24h\". Ridículo, precisam voltar aos bancos de escola. E ainda as pessoas de todas as idades que dizem \"tu vai comprá dois pastel\"! Pelo amor de Jesus, gente, o certo é \"VOCÊ vai compraR dois PASTÉIS\" ou \"tu VAIS compraR...\"

Responder a esta mensagem

*Depende*

**II. Comentado por Stefani, em 21 de setembro de 2012**

Não é tão ruim assim as pessoas escreverem e falarem ERRADO mas isso depende do local onde ela esta (falando ou escrevendo).EX: se a 'pessoa estiver no msn não faz mal ela escrever aspalavras erradas e abreviar neste caso escreves as coisas ERADAS não é ruim, mas já se ela estiver na escola ou trbalho ela deve escrever as coisas certas, neste caso escrever as coisas ERRADAS é ruim.

Responder a esta mensagem

*Para Stefani*

**III. Comentado por Ana Luiza, em 25 de setembro de 2012**

Escrever e falar as coisas ERRADAS é ruim em todos os lugares.Não é por que você esta no msn que você pode escrever errado.Se você escreve lá errado, é muito dificil escrever certo nos outros lugares, por que você acaba se HABITUANDO a escrever daquela forma e acaba escrevendo assim em todos os lugares...

Responder a esta mensagem

*Meia*

**IV. Comentado por Fabiano Cruz, em 27 de novembro de 2012**

Outro dia eu vi uma pessoa dizendo que estava meia cansada. Que horrível, não se diz meia cansada e sim meio cansada, pois no primeiro exemplo só poderia existir caso a meia que você usa no seu pé estivesse cansada. Acho tristíssimo quem não se dedica a aprender o mínimo desta nossa língua tão bonita.

Responder a esta mensagem

*Para Stefani e Ana Luiza*

**V. Comentado por Nicholas, em 22 de dezembro de 2012**

Não sei em quem concordar.=D

Responder a esta mensagem

*Para Nicholas*

**VI. Comentado por Healler, em 1º de janeiro de 2013**

Também não sei com quem concordar.\'-\'

Responder a esta mensagem

*Truxe, truxe, truxe...*

**VII. Comentado por Marcela, em 7 de janeiro de 2013**

Eu tenho uma colega de classe que toda santa vez que ela vai falar alguma coisa é truxe,truxe,truxe!!! E eu e minhas amigas já fizemos até um coro dizendo: É TROUXE ......!!!Nós somos como professoras de português: corrige, corrige e corrige!!!!A menina não nos aguenta mais!!!Só que se nós registrássemos em um livro todas as vezes que ela falou o truxe nós já teríamos 5 bíblias!: D

Responder a esta mensagem

*Pois é...*

**VIII. Comentado por Marcela, em 7 de janeiro de 2013**

Eu também não vi problema nenhum. \"Podes me explicar\"

Responder a esta mensagem

*Para Marcela*

**IX. Comentado por Carmen Lucia, em 7 de janeiro de 2013**

Cada um tem sua opinião, se vc acha q não tem problema escrever errado no MSN, tudo bem, é seu jeito de pensar. Eu concordo com a Stefani pq acho que uma coisa é abreviar (pq em vez de porque, por exemplo), outra coisa é escrever \"cançado\" (certo=cansado). Se vc escreve errado em um lugar, aquilo pode virar hábito e depois vc não sabe mais como é o certo e acaba escrevendo sempre errado. E tem outra coisa, escrevendo errado vc está \"ensinando\" a outras pessoas o jeito errado de escrever. Por exemplo, alguém que não sabe que \"cansado\" se escreve com \"s\", se vir escrito com \"ç\" vai acabar achando que é assim que se escreve.

Disponível em: <www.mingaudigital.com.br>. Acesso em: 17 fev. 2013.

## Gênero textual: debate

Gênero tipicamente oral, que consiste na discussão de ideias. Para participar de um debate é necessário ouvir, entender e respeitar a opinião do outro, saber refutar as ideias apresentadas, contrapondo posicionamento próprio, aceitar as réplicas dos demais debatedores e, se necessário, preparar a tréplica.

A organização de um **debate regrado** é feita por um **mediador**, que propõe os temas, estabelece as regras e estipula tempo para os debatedores, e por **comentaristas**, que avaliam a pertinência das argumentações.

O resultado é compensador porque pode provocar o amadurecimento dos indivíduos participantes ao se ouvir e procurar compreender pontos de vista diferentes. Hoje em dia é possível organizar debates virtuais, inclusive por escrito, o que aumenta as chances de interação entre as pessoas. É o caso de "Brasileiro não sabe português?", que você leu neste capítulo.

5. Alguém falar que não sabe Português é uma colocação ambígua. No caso do debate, de que Português se está falando? Que outro sentido a expressão poderia ter?

6. A que tipo de norma e gramática se referem os comentários quando se emprega a noção de erro? Justifique.

7. Do que o redator do comentário inicial e os debatedores chamam de erro, quais você costuma ouvir? Quais você fala? Qual é sua reação ao ouvir algumas das expressões utilizadas pelos debatedores?

8. É possível escrever e falar como bem entendermos? Que regras podemos deixar de lado e quais não podemos? De que regras se está falando no comentário?

9. Suponha que você entrou no debate *on-line* e vai escrever comentários dirigidos a alguns participantes. O que você escreveria para Marcela? E o que você escreveria para Carmen Lucia? Escreva argumentos (fatos, raciocínios que conduzam a conclusões) convincentes.

## Trocando ideias

Alguns dos comentários lidos apontam para questões fundamentais da sociedade contemporânea que dizem respeito à língua que falamos:

a) Qual deve ser o papel da escola em relação à discussão das diversas variantes de nossa língua? E quanto às normas das variedades urbanas de prestígio? (Revejam os comentários I e VII.)

b) A comunicação em um contexto específico, como o das novas tecnologias — celular, redes sociais, etc. —, deve ser encarada como um caso especial, em que a língua pode receber um tratamento diferenciado? (Revejam os comentários II e IX.)

c) A escrita pode ser um hábito que nos ajuda a fixar regras da língua? E a leitura? Debates orais também contribuem para aprimorarmos nossa argumentação? Por quê? (Revejam os comentários III e IX.)

Reúna-se com alguns colegas e sigam as instruções do professor quanto à distribuição dos itens pelas equipes. Preparem-se para o debate construindo um ponto de vista do grupo e planejando argumentos que o sustentem. Para isso:

- reflitam sobre a posição que vão assumir diante de cada questão a ser debatida.
- elaborem com objetividade e clareza esse ponto de vista para apresentá-lo logo no início do debate.
- pesquisem sobre o assunto.
- selecionem argumentos que ajudem vocês a fundamentar o ponto de vista defendido.
- organizem a apresentação escolhendo um só representante para expor à classe o ponto de vista trabalhado por vocês.

# Pensando no Enem

### Entre ideia e tecnologia

O grande conceito por trás do Museu da Língua é apresentar o idioma como algo vivo e fundamental para o entendimento do que é ser brasileiro. Se nada nos define com clareza, a forma como falamos o português nas mais diversas situações cotidianas é talvez a melhor expressão da brasilidade.

SCARDOVELI, E. Revista *Língua Portuguesa*. São Paulo: Segmento, Ano II, n. 6, 2006.

O texto propõe uma reflexão acerca da língua portuguesa, ressaltando para o leitor a

a) inauguração do museu e o grande investimento em cultura no país.

b) importância da língua para a construção da identidade nacional.

c) afetividade tão comum ao brasileiro, retratada através da língua.

d) relação entre o idioma e as políticas públicas na área de cultura.

e) diversidade étnica e linguística existente no território nacional.

### Comentário

É fácil perceber que o assunto principal do fragmento reproduzido na questão é a valorização da língua portuguesa pelo Museu da Língua, destacando o papel do idioma como fundamental para o conceito de brasilidade.

Entretanto, praticamente todos os itens propostos tocam na ideia dessa valorização. Voltemos então à citação: o trecho é iniciado pela ideia de qual é o grande conceito que sustenta o museu: apresentar o idioma como fundamental para se saber o que é ser brasileiro. Portanto, relaciona a língua à identidade nacional.

Não se menciona no trecho a inauguração do museu, nem o investimento que ele representa. Nada se diz da afetividade nem de diversidade étnica, muito menos de políticas públicas. Assim, o item que serve adequadamente de resposta para a questão é o B.

Resposta: **B**.

# Vestibulares de Norte a Sul

1. S (UEL-PR)

As línguas constituem sistemas de comunicação verbal. Conquanto a fala seja da maior importância, fator fundamental de humanidade no homem, a nossa capacidade de comunicar conteúdos expressivos não se restringe às palavras; nem são elas o único modo de comunicação simbólica. Existem, na faixa de mediação significativa entre nosso mundo interno e o externo, outras linguagens além das verbais.

OSTROWER, Fayga. *Criatividade e processos de criação.* Petrópolis: Vozes, 1999. p. 24.

Segundo o texto, é correto afirmar:

a) Nada pode substituir as palavras como forma de comunicação.
b) A capacidade humana de comunicação limita-se às linguagens não verbais.
c) A fala não é o único elemento a considerar em situações de comunicação simbólica.
d) A fala é indispensável na mediação entre nosso mundo interno e o externo.
e) Para comunicar conteúdos expressivos, é prioritário dominar as linguagens não verbais.

**Texto para a questão 2.**

Todas as variedades linguísticas são estruturadas, e correspondem a sistemas e subsistemas adequados às necessidades de seus usuários. Mas o fato de estar a língua fortemente ligada à estrutura social e aos sistemas de valores da sociedade conduz a uma avaliação distinta das características das suas diversas modalidades regionais, sociais e estilísticas. A língua-padrão, por exemplo, embora seja uma entre as muitas variedades de um idioma, é sempre a mais prestigiosa, porque atua como modelo, como norma, como ideal linguístico de uma comunidade. Do valor normativo decorre a sua função coercitiva sobre as outras variedades, com o que se torna uma ponderável força contrária à variação.

Celso Cunha. *Nova gramática do português contemporâneo*. Adaptado.

2. SE (Fuvest-SP) Pelo texto, uma determinada língua é um:

a) conjunto de variedades linguísticas, dentre as quais uma alcança maior valor social e passa a ser considerada exemplar.
b) sistema de signos estruturado segundo as normas instituídas pelo grupo de maior prestígio social.
c) conjunto de variedades linguísticas cuja proliferação é vedada pela norma culta.
d) complexo de sistemas e subsistemas cujo funcionamento é prejudicado pela heterogeneidade social.
e) conjunto de modalidades linguísticas, dentre as quais algumas são dotadas de normas e outras não o são.

3. SE (ITA-SP) Leia o texto abaixo

**Boleiro sob medida**

Ciência e futebol é uma tabelinha raramente esboçada no Brasil. A academia não costuma eleger os gramados como objeto de estudo e o mundo dos boleiros tampouco tem o hábito de, digamos, dar bola para o que os pesquisadores dizem sobre o esporte mais popular do planeta. Numa situação privilegiada nos dois campos, tanto na ciência quanto no futebol, Turíbio Leite Barros, diretor do centro de Medicina da Atividade Física e do Esporte da Universidade Federal de São Paulo (Cemafe/Unifesp) e fisiologista da equipe do São Paulo Futebol Clube há 15 anos, produziu um estudo que traça o perfil do futebol praticado hoje no Brasil do ponto de vista da exigência física a que os jogadores de cada posição do time são submetidos numa partida.

(MARCOS PIVETTA, Pesquisa. FAPESP, maio de 2002, p. 42)

a) O texto contém termos do universo do futebol, como, por exemplo, "tabelinha", uma jogada rápida e entrosada normalmente entre dois jogadores. Retire do texto outras duas expressões que, embora caracterizem esse universo, também assumem outro sentido. Explique esse sentido.
b) O título pode ser considerado ambíguo devido à expressão "sob medida". Aponte dois sentidos possíveis para a expressão, relacionando-os ao conteúdo do texto.

4. NE (UFBA)

A linguagem não é usada somente para veicular informações, isto é, a função referencial denotativa da linguagem não é senão uma entre outras; entre estas ocupa uma posição central a função de comunicar ao ouvinte a posição que o falante ocupa de fato ou acha que ocupa na sociedade em que vive. [...] A língua padrão é um sistema comunicativo ao alcance de uma parte reduzida dos integrantes de uma comunidade; é um sistema associado a um patrimônio cultural apresentado como um *corpus* definido de valores, fixados na tradição escrita.

Uma variedade linguística 'vale' o que 'valem' na sociedade os seus falantes, isto é, vale como reflexo do poder e da autoridade que eles têm nas relações econômicas e sociais.

GNERRE, Maurizio. *Linguagem, escrita e poder*. 4. ed. São Paulo: Martins Fontes, 1998. p. 5-7.

Comente o ponto de vista enunciado por Maurizio Gnerre sobre o poder da linguagem, a partir da variedade linguística representada nas falas da "senhora" entrevistada.

Como você planta algodão?
– Uai. É igual a mio. Abre a cova e tampa.
A senhora colhe alguma coisa aqui na horta?
– Cói. Cói fejão, cói mio, cói farinha.
Como é que você planta arroz?
– Vai abrino os caminhos com a enxada e a gente vai caminhando.

VEADO, Rosa Maria Assis. *Comportamento linguístico do dialeto rural*. Belo Horizonte: UFMG/Proed, 1982. p. 26.

CAPÍTULO

# 2 Os sons e suas representações gráficas

Martin Klimas/Acervo do fotógrafo

Foto de Martim Klimas, inspirada na música "Time", de Pink Floyd.

Leia o poema a seguir, do poeta, ensaísta e tradutor Augusto de Campos, nascido em São Paulo, em 1931. Observe que a organização visual, e não só a linguagem verbal, faz parte da produção desse poema. Discuta sobre essa obra com os colegas e o professor levando em consideração as questões propostas nesta página.

o v o
n o v e l o
novo no velho
o filho em folhos
na jaula dos joelhos
infante em fonte
f e t o f e i t o
d e n t r o d o
centro

Augusto de Campos/Acervo do artista

CAMPOS, Augusto de. Ovonovelo. In: ______. *Augusto de Campos*: poesia 1949-1979. São Paulo: Brasiliense, s/d. p.94.

- *Pensando na forma e no sentido trabalhados pelo autor na organização do texto, qual é a ideia geral do poema?*
- *Observem que, às vezes, o poeta aproxima palavras semelhantes na forma, alterando unidades mínimas da primeira palavra apresentada de maneira a modificar o sentido do que diz. Isso ocorre, por exemplo, com os termos* filho *e* folhos *(que pode significar tecido com pregas). Com a aproximação e levando em conta o contexto, o leitor procura significados, como o filho no ventre, nas dobras do corpo da mãe. Em pequenos grupos, identifiquem no poema outras relações como esta e as alterações de sentido que as implicam. Depois discutam em conjunto, explicando, aos demais colegas e ao professor, as relações em que pensaram. Sempre tenham em vista também o sentido geral do texto.*
- *Mudar, em uma palavra, uma unidade mínima sonora capaz de estabelecer diferença de sentido, significa alterar um* ***fonema****. Tendo em vista os comentários feitos por todos na discussão anterior, reflita: se o sentido geral do poema é o nascimento, a geração de um ser, pode-se dizer que o poeta procurou criar essa ideia de geração ao se inspirar em uma palavra para escrever a seguinte? Explique.*

# 1 Os fonemas e suas representações

As línguas são sistemas de signos vocais. A escrita é seu registro, "representação visível e durável da linguagem, que, de falada e ouvida, passa a ser escrita e lida", segundo o pesquisador francês Marcel Cohen.

Pense na sua história, pense na história da humanidade: você primeiro aprendeu a falar, só mais tarde aprendeu a escrever; o homem primeiro falou e assim foi por séculos; só "recentemente" (cerca de 4000 a.C.) passou ao registro, com a invenção da escrita, fato tão decisivo que serve de marco divisório entre a Pré-História e a História da humanidade. A função do registro é manter viva uma língua e, por extensão, as ideias expressas nessa língua; é criar uma representação visível e **durável**, como vimos acima.

Agora pense: mesmo quando lemos um texto em silêncio, o som das palavras ecoam em nossos ouvidos – os textos são essencialmente sonoros. A parte da Gramática que se dedica aos sons da língua chama-se Fonologia.

## Fonemas

**Fonema** é a menor unidade sonora de caráter distintivo de uma língua (esta é sua característica mais marcante). Como vimos no texto de abertura, entre as palavras **dentro** e **centro**, a diferença de significado é estabelecida pela troca do fonema /**d**/ pelo fonema /**s**/. Você deve ter percebido que a simples troca de fonema implica um novo signo linguístico.

> Por convenção, escrevem-se os fonemas sempre entre barras: /**a**/.

Os fonemas são representados, na língua escrita, por letras, acompanhadas ou não de notações léxicas como acentos gráficos, cedilha, til. Na relação fonema/letra podem ocorrer as seguintes situações:

- um fonema pode ser representado por uma letra; é o que ocorre, por exemplo, com as consoantes **p**, **b**, **t**, **d**, **f**, **v**.
- um fonema pode ser representado por letras diferentes; é o que ocorre, por exemplo, com o fonema /**z**/: em ca**s**a, co**z**inha e e**x**ame (as letras em destaque representam o mesmo fonema).
- uma mesma letra pode representar diferentes fonemas; é o que ocorre, por exemplo, com a letra **x** em li**x**o, e**x**ame, má**x**imo.
- duas letras (formando um dígrafo) representam um fonema; é o que ocorre, por exemplo, em **ch**ave, **gu**erra, ma**ss**a, t**in**ta.
- uma letra representa dois fonemas; é o que pode ocorrer com o **x**: tá**x**i, fi**x**o (/**ks**/).

Observe ainda que:

- o vocábulo *lua* é formado por três fonemas (/**l**/ /**u**/ /**a**/) e representado graficamente por três letras (ele - u - á).
- o vocábulo *canto* é formado por quatro fonemas (/**k**/ /**ã**/ /**t**/ /**o**/) e representado graficamente por cinco letras (cê - á - ene - tê - ó).
- o vocábulo *táxi* é formado por cinco fonemas (/**t**/ /**a**/ /**k**/ /**s**/ /**i**/) e representado graficamente por apenas quatro letras ( tê - á - xis - i ).
- o vocábulo *massa* é formado por quatro fonemas (/**m**/ /**a**/ /**s**/ /**a**/) e representado graficamente por cinco letras (eme - á - esse - esse - á).

> Portanto, letra e fonema não devem ser confundidos.

Evolução da escrita e mapa das línguas

# Letras e dígrafos

## O alfabeto

A palavra *alfabeto* é formada pelas primeiras letras do alfabeto grego: *alfa* e *beta*. A palavra correspondente, em português, oriunda do latim, é *abecedário*, formada pelo nome das quatro primeiras letras do nosso alfabeto seguida do sufixo **ario**.

O alfabeto português consta de 26 letras: a, b, c, d, e, f, g, h, i, j, k, l, m, n, o, p, q, r, s, t, u, v, w, x, y, z.

Além dessas letras, usam-se o **ç** (cê cedilhado) e os dígrafos consonantais e vocálicos, como veremos adiante.

As letras **k**, **w** e **y** foram incorporadas pelo Acordo Ortográfico de 1990 e usam-se nos seguintes casos especiais:

- em antropônimos originários de outras línguas e seus derivados: Shakespeare, shakespeariano; Kant, kantismo; Darwin, darwinismo; Byron, byroniano; Taylor, taylorista;
- em topônimos originários de outras línguas e seus derivados: Kuwait, kuwaitiano; Malawi, malawiano;
- em siglas, símbolos, unidades de medida e palavras estrangeiras de uso internacional: km = quilômetro; W = tungstênio ou watt ou oeste; K = potássio; yd = jarda; yin-yang; *show*.

## Dígrafos

Ocorre **dígrafo** (ou **digrama**) quando **duas letras** representam **um único fonema**.

*Dígrafo* (do grego *di*, "dois", + *graphein*, "escrever") quer dizer, numa tradução mais livre, "duas grafias". Também do grego vem a palavra *digrama* (*di*, "dois", + *gramma*, "letra").

Na língua portuguesa há dois tipos de dígrafos: o **dígrafo consonantal** e o **dígrafo vocálico**.

Os dígrafos consonantais são:

Filipe Rocha/Arquivo da editora

**ch**: **ch**ave, **Ch**ile

**nh**: ga**nh**a, ba**nh**o, **nh**oque

**rr**: ba**rr**a, ca**rr**o, ca**rr**uagem

**ss**: ma**ss**a, pa**ss**o, ca**ss**ete

**sc**: na**sc**imento, cre**sc**er, de**sc**er

**sç**: de**sç**o, cre**sç**a, na**sç**a

**xc**: e**xc**eção, e**xc**elente, e**xc**itante

**qu**: a**qu**i, **qu**ero, **qu**ilombo

**gu**: san**gu**e, **gu**ia, **gu**errilha

**lh**: carti**lh**a, fo**lh**a, mo**lh**o

**ATENÇÃO!**

O **gu** e o **qu** só formam dígrafos quando seguidos de **e** ou **i**. Como o dígrafo representa um só fonema, não se pronuncia o **u** dos dígrafos **gu** e **qu**.

Os **dígrafos vocálicos** ocorrem quando o **m** ou o **n** aparecem no final de uma sílaba, precedidos de uma vogal. Nesses casos, o **m** e o **n** não são consoantes; **apenas indicam que a vogal precedente é nasal**.

Os dígrafos vocálicos são:

**am** e **an**: t**am**bor, c**an**to

**em** e **en**: s**em**pre, l**en**te

**im** e **in**: jasm**im**, c**in**to

**om** e **on**: l**om**bo, c**on**to

**um** e **un**: nenh**um**, n**un**ca

Filipe Rocha/Arquivo da editora

## Trocando ideias

1. Observem o seguinte quadro:

| Estrangeirismos | Formas aportuguesadas |
|---|---|
| *break* | breque |
| *clip* | clipe |
| *buffet* | bufê |
| *crack* | craque |
| *début* | debute |
| *drink* | drinque |
| *lord* | lorde |
| *pouf* | pufe |

Converse com seus colegas e seu professor sobre qual seria uma hipótese para o tipo de aportuguesamento desses estrangeirismos.

2. Como já vimos, as letras **k**, **w** e **y** foram incorporadas ao nosso alfabeto, mas seu emprego continua restrito. No entanto, é muito comum encontrarmos, nas gôndolas de supermercados, vitrinas de lojas, propagandas, etc., produtos com marcas que exploram a grafia com essas letras. Em grupos, relacionem alguns desses nomes e discutam:
   a) Quais poderiam ser os objetivos das marcas que utilizam esses nomes?
   b) Que efeitos esses nomes de fato causam nos consumidores? Por quê?
   c) O que pensam a respeito dessa prática?
   
   Apresentem as conclusões do grupo para os demais colegas e o professor.

O *Vocabulário ortográfico da língua portuguesa* (Volp) registra a grafia oficial das palavras da língua portuguesa no Brasil. A atual versão (2009) contém 349 737 vocábulos, listados em ordem alfabética, incluindo-se a classificação gramatical de cada um, além dos estrangeirismos (cerca de 1500), que aparecem na parte final da obra. Você pode consultar o *Volp* acessando o seguinte endereço eletrônico: <www.academia.org.br/abl/cgi/cgilua.exe/sys/start.htm?sid=23>. Acesso em: 11 mar. 2014.

# 2 Classificação dos fonemas

## Vogal

**Vogal** é o fonema produzido pela passagem do ar pelas cordas vocais, que vibram, fazendo vibrar o próprio ar. Esse ar pode **passar livremente pela boca** (produzem-se, então, vogais orais) ou pode **passar simultaneamente pela boca e pelas cavidades nasais** (produzem-se, então, vogais nasais). O que se modifica é a posição da língua e a abertura dos lábios.

Leia, em voz alta, a sequência que representa os doze fonemas vocálicos e fique atento às mudanças no aparelho fonador:

a ã e ɛ ẽ i ĩ o ɔ õ u ũ

Como você observou, na língua portuguesa há **cinco letras vogais** (á, é, i, ó, u) e **doze fonemas vocálicos**.

**ATENÇÃO!**

Na língua portuguesa, a vogal é a base da sílaba. Portanto, não há sílaba sem vogal. Em cada sílaba há apenas uma vogal.

## Consoante

Na articulação da **consoante**, ao contrário da vogal, a corrente de ar enfrenta obstáculos ao passar pela cavidade bucal. Esses obstáculos podem ser totais ou parciais, dependendo da posição da língua e dos lábios. Como o próprio nome indica, a consoante "soa junto" com uma vogal.

## Semivogal

**Semivogal** é a denominação dada aos fonemas que se assemelham aos fonemas vocálicos /i/ e /u/. A principal característica da semivogal é não ser base de sílaba; portanto, ela sempre se apoia numa vogal para formar a sílaba (lembre-se de que não ocorrem duas vogais na mesma sílaba). Na escrita, as semivogais são representadas, na maioria dos casos, pelas letras **i** e **u**:

Filipe Rocha/ Arquivo da editora

sílaba
(ele) s **ai** /saj/
vogal semivogal

sílaba
de gr **au** /degraw/
vogal semivogal

Em alguns casos, as semivogais podem aparecer representadas pelas letras **e** e **o**:

sílaba
m **ãe** /mãj/
vogal semivogal
(e = /j/)

sílaba
n **ão** /nãw/
vogal semivogal
(o = /w/)

**ATENÇÃO!**

Em "(eu) saí" há duas vogais; portanto, duas sílabas. Em *saci* e *tatu*, os fonemas /i/ e /u/ são vocálicos, base de sílaba.

Em nossa língua, é comum encontrarmos palavras em que ocorrem agrupamentos de vogais e semivogais, formando:

- **ditongo** (literalmente, "dois sons"): grupo formado pelo encontro, **em uma mesma sílaba**, de uma vogal e uma semivogal, ou vice-versa. No caso do encontro, pela ordem, de uma semivogal com uma vogal, ocorre um ditongo **crescente** (histór**ia**, q**ua**l, lingu**i**-ça). No caso contrário, ou seja, o encontro, pela ordem, de uma vogal com uma semivogal, ocorre um ditongo **decrescente** (pap**éi**s, p**ai**, c**ou**ro).
- **tritongo** (literalmente, "três sons"): grupo formado, **em uma mesma sílaba**, por uma semivogal, uma vogal e outra semivogal (sempre nessa ordem). Ocorre, por exemplo, em Parag**uai**, ig**uai**s, averig**uei**.

**ATENÇÃO!**

Ao contrário do ditongo e do tritongo, o **hiato** é o encontro de duas vogais **em sílabas diferentes**: sa-ú-de; sa-í-da, ru-im, a-ben-ço-o.

**OPS!**

## Ditongo ou monotongo?

Muitas palavras que, na escrita, apresentam ditongo, na fala, são pronunciadas com monotongo, ou seja, com um único som. Pense em *b**ei**jo*, *ch**ei**ro*, *p**ei**xe*, *p**ou**co*, *r**ou**pa*, *c**ou**ro*, por exemplo; a pronúncia mais comum dessas palavras é /beʒo/, /ʃero/, /peʃe/, /poko/, /Ropa/, /koro/, respectivamente.

Assim, o que era escrito e pronunciado OU em pouco tempo passou a ser pronunciado apenas Ô. [...] Com o ditongo EI ocorreu o mesmo que vimos com o ditongo OU: uma monotongação, quer dizer, dois sons que se transformam num só. Mas existe uma diferença entre os dois casos: o que é escrito OU é pronunciado Ô em todas as situações e contextos [...] O que se escreve EI, porém, só se transforma em E em alguns casos, [...] diante das consoantes J, X e R.

BAGNO, Marcos. *A língua de Eulália:* novela sociolinguística. 16. ed. São Paulo: Contexto, 2008.

De fato, em palavras como *peito*, *meigo*, *leilão*, por exemplo, o ditongo sempre é pronunciado. O mesmo não ocorre em *queijo* (pronunciado "quejo"), *peixe* ("pexe"), *beira* ("bera").

# Atividades

1. Leia a tira e faça as atividades a seguir.

Dik Browne/Arquivo da editora

BROWNE, Dik. Hagar: *Folha de S.Paulo*, São Paulo, 16 dez. 1999.

a) Explique em que aspecto linguístico está centrado o humor da tira.
b) As histórias em quadrinhos trabalham, via de regra, uma linguagem marcada pelo cruzamento verbo-visual. Comente a relação entre a linguagem verbal e a não verbal, responsável pela construção da história.

2. O trecho seguinte pertence ao capítulo inicial do romance *Lolita*, considerado poesia em prosa pelo apurado trabalho estilístico, especialmente com a sonoridade.

**Lolita**

Lolita, luz de minha vida, labareda em minha carne. Minha alma, minha lama. Lo-li-ta: a ponta da língua descendo em três saltos pelo céu da boca para tropeçar de leve, no terceiro, contra os dentes. Lo. Li. Ta.

Pela manhã ela era Lô, não mais que Lô, com seu metro e quarenta e sete de altura e calçando uma única meia soquete. Era Lola ao vestir os *jeans* desbotados. Era Dolly na escola. Era Dolores sobre a linha pontilhada. Mas em meus braços sempre foi Lolita.

NABOKOV, Vladimir. *Lolita*. Trad. Jorio Dauster. Rio de Janeiro: *O Globo*/ São Paulo: *Folha de S.Paulo*, 2003. p. 11.

a) Identifique algum dos aspectos que conferem expressividade sonora ao trecho, tendo em vista a repetição de vogais e consoantes.
b) Analise o trabalho de disposição dos fonemas e de oposição dos significados das palavras realizado na frase "Lolita, luz de minha vida, labareda em minha carne. Minha alma, minha lama".
c) Releia o seguinte trecho e, com base nos conceitos estudados sobre fonemas e sua articulação, comente a descrição do nome Lolita.

Lo-li-ta: a ponta da língua descendo em três saltos pelo céu da boca para tropeçar de leve, no terceiro, contra os dentes. Lo. Li. Ta.

d) Atente para a sequência de nomes que marca o segundo parágrafo, todos relacionados à personagem feminina. Escreva sobre os efeitos obtidos com esse trabalho.

3. Leia este trecho da canção *Graffitis*, de Adriana Calcanhoto. Quais são os efeitos obtidos pela repetição de fonemas?

[...]
Em meus passos, sapatos,
poeiras
postes
postos
poetas
profetas
projetos
[...]

Disponível em: <www.mpbnet.com.br>. Acesso em: 20 jan. 2013.

Filipe Rocha/Arquivo da editora

4. Leia o texto a seguir e faça o que se pede na sequência.

## Capital nacional do calçado feminino

"Capital Nacional do Calçado Feminino", Jaú é um polo industrial com grande projeção na região sudeste do Estado, inclusive na capital, e busca ampliar suas exportações. Conta com aproximadamente 200 fábricas que, juntas, produzem uma média de 75 mil pares de calçados por dia, respondendo por 54% dos empregos formais da indústria.

Disponível em: <www.jau.sp.gov.br>. Acesso em: 12 fev. 2014.

João Prudente/Pulsar Imagens

Vista panorâmica da cidade de Jaú. São Paulo, 2012.

a) Considerando os fonemas que compõem o nome da cidade, pode-se classificar a consoante **j** como fricativa e sonora:
- aponte exemplos, no texto, de palavras que apresentem fonemas consonantais fricativos sonoros.
- destaque, no título, palavras que contenham fonemas consonantais fricativos, mas surdos.

b) Observando os fonemas vocálicos da palavra *Jaú*,
- como você os classifica?
- o que essa palavra tem em comum com os termos *saí*, *caqui* e *pitu*?

c) No texto há também as seguintes palavras:

| | | | | |
|---|---|---|---|---|
| Nacional | projeção | região | suas | exportações |
| média | dia | cinquenta | formais | indústria |

Identifique aquelas que apresentam semivogais.

5. Leia o texto a seguir e faça o que se pede nos itens mais abaixo.

## Os ruídos da noite

Lá pelos 50 anos, metade dos homens e quatro em cada dez mulheres roncam. É muita gente. O problema atinge quase 60 milhões de brasileiros. O ronco é um sintoma de envelhecimento, de aumento de peso e de flacidez muscular. Durante o dia, os músculos da garganta são mantidos firmes e o ar percorre um caminho aberto. Quando se dorme, os músculos relaxam, o ar passa com dificuldade e os tecidos da garganta vibram. O estreitamento pode ser causado também por excesso de tecido nas amígdalas, queixo e maxilar pequenos, um palato ou úvula de formato ou tamanho exagerado. Em geral, o ruído causa maior incômodo ao cônjuge que ao roncador. Exceto quando é sinal de um distúrbio mais sério, a apneia do sono.

A apneia é uma interrupção involuntária da respiração durante o sono. Pode ocorrer com a frequência de uma por minuto e só termina quando o cérebro percebe a queda na oxigenação e força um quase despertar rápido, para que a pessoa inale oxigênio. Segundos ou minutos depois, o processo se repete. Os batimentos cardíacos vão às alturas. O apneico acorda cansado, mesmo quando pensa ter dormido a noite inteira. Quinze milhões de brasileiros padecem desse mal. Nos casos leves, um regime para emagrecer ameniza o problema. Nos mais graves, precisa-se dormir com uma máscara de oxigênio.

Revista *Veja*. São Paulo: Abril, ed. 1821, 24 set. 2003. p. 108.

a) Leia em voz alta o título da matéria. Pensando nas características de articulação e produção do fonema /R/ na palavra *ruídos* e na sequência *ronc-ronc-ronc*, que se costuma usar para indicar o som do ronco, qual seria a relação da escolha vocabular com o tema do artigo: o ronco?

b) Explique, a partir das palavras do título – ruídos e noite –, a definição de hiato e de ditongo. Em seguida, descreva os casos de ditongação e de hiato nas seguintes palavras:

| | | | |
|---|---|---|---|
| dia | oxigênio | maior | apneia |

c) Aponte os dígrafos existentes na seguinte frase da matéria: "O ronco é um sintoma de envelhecimento...".

d) Destaque do texto outros exemplos de dígrafos consonantais.

# Vestibulares de Norte a Sul

1. **N** (Uepa)

"... Conto a vocês uma conversa que tive com um índio muito inteligente – o cacique Juruna. Ele me perguntou um dia quem inventou o 'papé'. Eu quis explicar como é que se fabrica papel com madeira esmagada. Juruna reclamou que queria saber é do 'papé' verdadeiro. Esse que levado na mão de um homem o torna dono de terras que nunca viu e onde um povo viveu há séculos."

(Darcy Ribeiro)

Comparando a pronúncia predominante da palavra papel com a do cacique Juruna, [papéw] e [papé] respectivamente, observa-se que a variante fonológica caracteriza-se pela:

a) substituição de um fonema sonoro final por um fonema surdo.
b) supressão de uma vogal final.
c) supressão de uma consoante final.
d) redução de um ditongo aberto a uma vogal aberta.
e) redução de um ditongo aberto a uma vogal fechada.

2. **S** (PUC-PR) Observe as palavras que seguem:

1. Choque
2. Hotel
3. Varre
4. Desce
5. Passa
6. Molha

Das palavras acima, são pronunciadas com 4 fonemas:

a) todas elas.
b) todas, menos a primeira.
c) todas, menos a segunda.
d) a segunda, a quarta e a quinta.
e) somente a quarta e a quinta.

3. **SE** (FGV-SP) Observe as palavras das três séries abaixo. Formule a regra que explica o som do **s** em cada uma dessas séries.

a) Casa, mesa, pisa, dengosa, usa, franceses, preciso, sisudo.
b) Cansado, perseguir, absoluto, pulso, pseudônimo, corsário.
c) Transamazônica, transeunte, trânsito, transoceânico, transumano.

4. **SE** (PUC-SP) Indique a alternativa em que constatamos, em todas as palavras, a semivogal **i**.

a) cativos, minada, livros, tirarem
b) oiro, queimar, capoeiras, cheiroso
c) virgens, decidir, brilharem, servir
d) esmeril, fértil, cinza, inda
e) livros, brilharem, oiro, capoeiras

5. **S** (PUC-RS) Assinale a alternativa em que o **x** nunca é pronunciado como /ks/.

a) atóxico, máximo, prolixo
b) êxtase, exímio, léxico
c) máximo, êxodo, exportar
d) exportar, nexo, tóxico
e) exímio, prolixo, êxodo

6. **NE** (Ufal) Assinale como VERDADEIRAS as séries em que todos os ENCONTROS VOCÁLICOS estão corretamente classificados e como FALSAS aquelas em que isso não ocorre:

( ) pai – céu – muito – DITONGOS DECRESCENTES
( ) sei – muito – herói – HIATOS
( ) quase – equestre – equânime – DITONGOS CRESCENTES
( ) vem – mãe – põe – DITONGOS ORAIS DECRESCENTES
( ) Uruguai – enxaguei – saguão – TRITONGOS

7. **SE** (Vunesp-SP)

"Dizer, bendizer, maldizer, confundem-se na massa dos sons. Tudo escapando da mesma boca, mas vozes diferentes atropelam-se nesse anunciar-se de juízos, interesses, paixões e estados de espírito que se desmentem uns aos outros. Contradizer-se é ainda uma solução para o conflito que nossos impulsos sucessivos travam por meio e à custa de palavras."

(Carlos Drummond de Andrade)

No fragmento dado, há alguns encontros vocálicos. Identifique um hiato, um ditongo nasal e um ditongo oral decrescente, transcrevendo os vocábulos e assinalando esses encontros.

8. **S** (UFSM-RS) A palavra SANGUESSUGA possui 11 letras, 8 fonemas e 3 dígrafos; DEMOCRACIA tem 10 letras, 1 encontro consonantal e 1 hiato. Relacione as duas colunas a seguir e depois assinale a alternativa com a sequência correta.

1. república
2. hábito
3. reeleição
4. candidatos
5. corrupção
6. excessivo

( ) 9 fonemas, 1 dígrafo
( ) 7 fonemas, 2 dígrafos
( ) 8 fonemas, 1 dígrafo, 1 encontro consonantal
( ) 9 fonemas, 1 encontro consonantal
( ) 9 fonemas, 2 ditongos, 1 hiato
( ) 5 fonemas

a) 6 - 4 - 1 - 5 - 3 - 2
b) 2 - 4 - 5 - 6 - 3 - 1
c) 5 - 1 - 6 - 4 - 2 - 3
d) 4 - 6 - 5 - 1 - 3 - 2
e) 3 - 5 - 2 - 6 - 4 - 1

CAPÍTULO

# 3 Gramática da frase: concordância, flexões e desinências

Vincent West/Reuters/Latinstock

*Humanoides*, de Ernesto Neto, 2001.

O texto a seguir faz parte de um resumo das notícias transmitidas pelo *Jornal Nacional*, produzido pela Rede Globo, conforme publicado no *site* do jornal diário *Zero Hora*, de Porto Alegre. Propomos nesta página uma atividade com base nesse texto para que você e seus colegas observem possíveis relações de concordância que se estabelecem entre os termos de um enunciado.

Filipe Rocha/Arquivo da editora

## Resumo do *Jornal Nacional* — Rede Globo

[...]

Cresceu o número de brasileiros que não conseguem pagar as prestações do carro.

[...]

Produtores de laranja brasileiros não sabem como proceder após proibição norte-americana do uso de agrotóxico no produto.

*Zero Hora*. Porto Alegre, 30 jan. 2012. Disponível em: <http://zerohora.clicrbs.com.br>. Acesso em: 19 mar. 2014.

- *Releiam os enunciados conforme foram escritos no resumo das notícias e comparem os termos em destaque nas construções alternativas propostas.*

(I) Cresceu o número de brasileiros que não **conseguem** pagar as prestações do carro.

(II) Cresceu o número de brasileiros que não **consegue** pagar as prestações do carro.

– *Em I, com que palavra concorda a forma verbal* conseguem*? Justifique.*

– *Em II, com que palavra concorda a forma verbal* consegue*? Justifique.*

– *O enunciado II tem o mesmo sentido do I, mas há uma diferença de ênfase: ao que se dá mais ênfase em cada um deles?*

(III) Produtores de laranja **brasileiros** não sabem como proceder após proibição norte-americana do uso de agrotóxico no produto.

(IV) Produtores de laranja **brasileira** não sabem como proceder após proibição norte-americana do uso de agrotóxico no produto.

– *Em III, com que palavra concorda o adjetivo em destaque? Justifique.*

– *Em IV, com que palavra concorda o adjetivo em destaque? Justifique.*

– *O enunciado III não tem o mesmo sentido do enunciado IV. Explique as diferenças entre eles.*

# Concordância

Certamente você já tem uma ideia do que significa a palavra *concordância*, que, no caso do estudo da língua, adquire significados especiais, relacionados à sintaxe. Leia a definição a seguir para compreender o que os estudiosos da linguagem verbal querem dizer quando mencionam esse termo.

Concordância é o fenômeno sintático pelo qual um substantivo ou um pronome pode exercer pressão de alteração formal sobre os pronomes que o representam, os verbos de que ele é sujeito, e os adjetivos ou particípios que a ele se referem. Como resultado dessa coerção formal, os referidos pronomes em causa recebem as marcas de pessoa, gênero e número, os verbos, as de pessoa e número, e os adjetivos e particípios, as de gênero e número, em relação ao substantivo ou pronome a que se referem. Assim, em *As batatas estão cozidas*, sendo *batatas* um substantivo feminino, usado no plural, o artigo toma a forma do feminino plural, porque se refere a *batatas*, o verbo *estar* se põe no plural e na terceira pessoa, o particípio passado *cozido* toma o gênero e o número de *batatas*.

DUBOIS, Jean et al. *Dicionário de linguística*. São Paulo: Cultrix, 1986. p. 136.

Filipe Rocha/Arquivo da editora

Para melhor entender o mecanismo de concordância expresso na definição citada, vamos pensar em alguns aspectos discutidos nessa conceituação.

- **Concordância é um fenômeno sintático**: numa frase, as palavras se relacionam e criam vínculos umas com as outras. No caso dos termos da oração que apresentam um substantivo como núcleo, os eventuais adjuntos adnominais se subordinam ao substantivo e com ele estabelecem concordância, ou seja, os artigos, os adjetivos, os pronomes adjetivos e os numerais adjetivos vão alterar suas desinências para se adaptar ao substantivo. O mesmo ocorre entre o sujeito e o verbo do predicado.
- **Alteração formal**: o mecanismo de concordância trabalha com as flexões de certas palavras, portanto consiste em uma alteração formal. No caso dos pronomes, há as flexões de pessoa, número e gênero; no dos verbos, as de pessoa e número; já no caso dos adjetivos, artigos, alguns numerais e particípios (que, muitas vezes, se cristalizam como adjetivos) são flexionados em gênero e número para estabelecerem concordância.
- **Dois tipos de concordância**: há dois tipos distintos de concordância – a nominal e a verbal. Concordância nominal é aquela que se estabelece entre o substantivo (ou pronome substantivo) que forma o núcleo de um termo e seus eventuais adjuntos adnominais, ou entre o substantivo que forma o núcleo do sujeito ou do objeto e seu predicativo. Concordância verbal é aquela que se estabelece entre o substantivo (ou pronome substantivo) que forma o núcleo do sujeito e o verbo em torno do qual se organiza o predicado.

## A GRAMÁTICA DA PALAVRA

Em algumas palavras, encontram-se marcas que evidenciam os vínculos existentes em um enunciado. Isso é possível quando a palavra é flexionável, ou seja, quando admite adequação e modificação. Essas marcas são chamadas *desinências*.

No caso do **nome**, as desinências que explicitam vínculos entre um núcleo nominal e seus satélites são as de gênero e número; no caso do **verbo**, as desinências que evidenciam o vínculo entre o núcleo do sujeito e o verbo são as de número e pessoa.

Releia a um dos enunciados trabalhados na abertura deste capítulo:

Produtores de laranja brasileiros não sabem como proceder após proibição norte-americana do uso de agrotóxico no produto.

Observe que, no enunciado, o substantivo *produtores* está no masculino plural:

| produtor | + | (e)s |
|---|---|---|
| (ausência da desinência de feminino) | | (desinência de plural) |

Nesse caso específico, seu satélite é o adjetivo *brasileiros*, que apresenta as categorias de gênero (masculino) e número (plural) para se adequar a *produtores*.

Na forma verbal *sabem*, por sua vez, encontramos a desinência da terceira pessoa do plural (*-m*) da conjugação no presente do indicativo, evidenciando o vínculo que tem com o núcleo do sujeito: *produtores*.

Dessa maneira, podemos concluir que a flexão é um mecanismo que serve para adequar as palavras de um enunciado à concordância, permitindo seu entendimento. Trata-se de um mecanismo essencial de coesão gramatical.

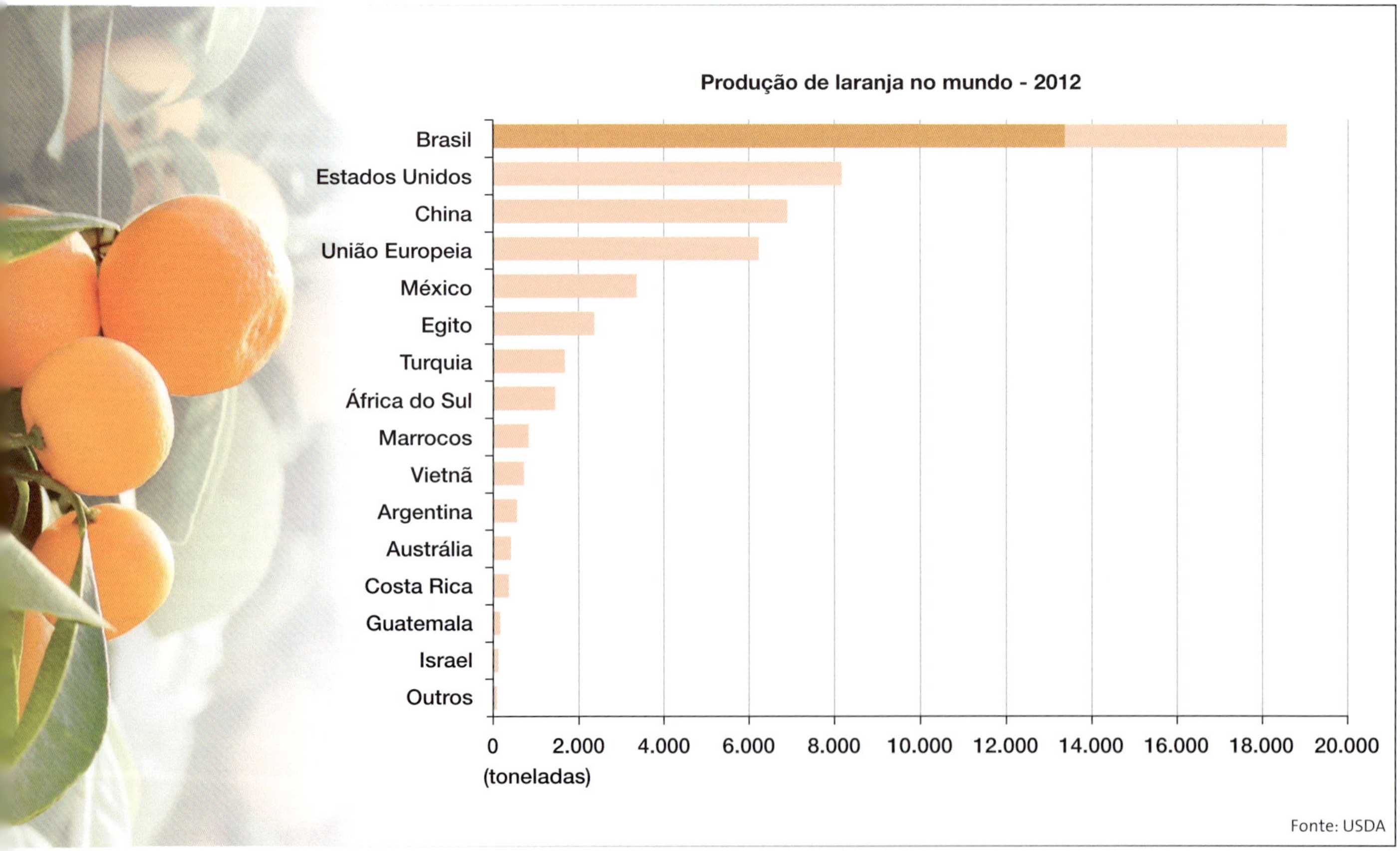


sevenke/Shutterstock/Glow Images

Segundo matéria jornalística publicada no *site* Universoagro, em 7 de agosto de 2013, o Brasil é o maior produtor mundial de laranja. A produção brasileira é estimada em 47 010 mil toneladas, ou seja, aproximadamente 25% da produção mundial. O gráfico detalha essa situação em comparação com outros grandes produtores.

# 1 Concordância verbal

## Regra geral

O verbo constitui o predicado, uma declaração que se refere a um sujeito; há, portanto, uma íntima relação entre os dois termos, daí o verbo e o núcleo do sujeito concordarem em número e pessoa.

O Procon recebe denúncias em suas sedes todos os dias.
(ele) (3ª p. s.)

As sedes do Procon recebem denúncias todos os dias.
(elas) (3ª p. pl.)

Você e ele fizeram uma denúncia no ano passado.
(vocês) (3ª p. pl.)

Eu e ele fizemos uma denúncia no começo do mês.
(nós) (1ª p. pl.)

Ulhôa Cintra/Arquivo da editora

## Singular ou plural?

Em alguns casos, apesar de o sujeito ser composto, o verbo pode aparecer tanto no singular como no plural. A concordância depende do sentido ou da ênfase que se queira dar à frase ou a um dos núcleos do sujeito.

Neste exemplo, o verbo aparece no singular porque a conjunção *ou* tem valor excludente: apenas um dos dois fará a denúncia.

Pedro **ou** Paulo **fará** a denúncia.

Neste outro exemplo, é a ideia de gradação que permite a concordância do verbo com o último núcleo.

Uma carta, um telefonema, uma visita **era** suficiente.

Quando o núcleo do sujeito é um substantivo sempre usado no plural, a concordância se faz da seguinte maneira: se o substantivo aparece precedido de artigo no plural, o verbo fica no plural; não aparecendo o artigo, o verbo fica no singular.

*Memórias de um sargento de milícias* **é** a melhor crônica do Brasil de D. João VI.

As *Memórias de um sargento de milícias* **são** a melhor crônica do Brasil de D. João VI.

A concordância do verbo *ser*, na maioria das vezes, é optativa, podendo ser feita tanto com o sujeito como com o predicativo, dependendo de qual termo se queira destacar. Se o predicativo ou o sujeito é um nome próprio ou indica pessoa(s), ele prevalece, em termos de concordância.

Na vida, nem tudo **são** flores.
sujeito predicativo

Ulhôa Cintra/Arquivo da editora

Nem tudo **é** flores, mas quase tudo.
sujeito — predicativo

Fernando Pessoa **é** várias facetas de Portugal.
sujeito — predicativo

A América **somos** todos nós.
sujeito — predicativo

Quando o núcleo do sujeito é o pronome relativo *que*, o verbo concorda em número e pessoa com o antecedente (isto é, com o termo que o pronome relativo substitui).

O consumidor **que** fez a denúncia no Procon conseguiu a troca
antecedente — verbo da or. que tem como suj. o pronome *que*

dos produtos **que** estavam com defeito.
verbo da or. que tem como suj. o pronome *que*

Nos enunciados em que aparece a **voz passiva sintética**, formada por um verbo transitivo direto na terceira pessoa mais o pronome apassivador *se*, também se manifesta a concordância: o verbo se flexiona no singular ou no plural, concordando com o sujeito.

**Consertam**-se computadores.
(3ª p. pl.) — (eles)

**Aluga**-se casa de praia.
(3ª p. s.) — (ela)

**ATENÇÃO!**

Não confunda a voz passiva sintética com esta construção semelhante, que indica, porém, indeterminação do sujeito:

**Precisa-se** de operários.

Aqui o *se* é índice de indeterminação do sujeito; o verbo não é transitivo direto e aparece sempre na terceira pessoa do singular.

Se o sujeito é **oracional**, isto é, constituído por uma oração (subordinada substantiva subjetiva), o verbo fica na terceira pessoa do singular.

É importante que os direitos dos consumidores sejam respeitados.
(3ª p.s.) — oração subordinada substantiva subjetiva

## Verbos impessoais

Os verbos impessoais não estabelecem concordância, pois não têm sujeito e só aparecem na terceira pessoa do singular (daí serem chamados de impessoais). Os verbos que indicam fenômenos da natureza se enquadram nessa categoria, como se percebe nos exemplos a seguir:

**Nevou** muito no norte da Europa.
**Amanheceu**.

O verbo *haver*, no sentido de existir, também é impessoal, sendo empregado apenas na terceira pessoa do singular:

**Houve** queima de fogos na praia.
Na versão original do presépio, **havia** apenas um burro e um boi.

Os verbos *haver* e *fazer*, quando indicam tempo decorrido, também são impessoais; portanto, só podem ser usados na terceira pessoa do singular:

**Faz** anos que não visito a minha cidade natal.
Estive com ela **há** dias.

# Atividades

**Texto para as questões de 1 a 5.**

PREVISÃO DO TEMPO

## Chove em Goiânia nesta quinta-feira

A previsão do Sistema de Meteorologia e Hidrologia da Sectc para esta quinta-feira (6) é de sol entre nuvens pela manhã e ocorrência de pancadas de chuva a partir da tarde em todo o Estado, com possibilidade de chover forte à tarde na Região Oeste.

Na capital haverá sol e poucas nuvens pela manhã, mas à tarde ocorrerão pancadas de chuva. A umidade relativa do ar fica em torno dos 50%. A temperatura mínima, por volta dos 21 °C na madrugada, e a máxima poderá atingir os 32 °C à tarde.

Portal 730, 5 dez. 2012. Disponível em: <www.portal730.com.br>. Acesso em: 28 fev. 2014.

## Gênero: boletim meteorológico

Na mídia impressa ou digital, em seções específicas, encontra-se o boletim meteorológico, breve relato diário sobre as condições atmosféricas de uma determinada região, para um determinado período. Tem como característica jornalística a busca de clareza e objetividade. Alguns apresentam, em sua estrutura, itens informativos permanentes, como direção do vento, umidade relativa do ar, pressão atmosférica, temperatura máxima, temperatura mínima e índice UV. Para facilitar a localização dos dados pelo leitor, empregam-se, nesses boletins, inúmeros ícones, como mapas, raios de sol, pingos de chuva, nuvens, etc. Os boletins meteorológicos são de grande importância para a agricultura, para operações aéreas e para ajudar a prevenir desastres a populações que moram em áreas de alto risco.

1. Releia o título do boletim meteorológico desse dia.
   a) Ele traz a informação fundamental para o leitor? Explique.
   b) Qual é a palavra do título que exprime a síntese da informação? Analise o emprego dela na frase e o modo como está flexionada.

2. Observe o uso de tempos e modos verbais na elaboração da notícia.
   a) Quais são o tempo e o modo verbal predominantes na notícia? Você diria que esse tempo verbal costuma ser construído assim no uso cotidiano do português brasileiro?
   b) Pensando na intenção comunicativa do gênero boletim meteorológico, por que você acha que o produtor desse texto escolheu o tempo verbal apontado no item **a** desta questão? Explique.

3. Explique o uso dos verbos e a concordância deles, quando houver, nos trechos I e II, observando como estão flexionados:

   (I) Na capital **haverá** sol e poucas nuvens pela manhã [...].
   (II) [...] à tarde **ocorrerão** pancadas de chuva.

   Para comprovar sua análise, reescreva esses trechos do seguinte modo:
   a) Em (I), use o verbo *haver* e preveja chuvas, no plural. Explique a flexão do verbo *haver* utilizada.
   b) Em (II), use o verbo *ocorrer* e preveja temporal. Explique a flexão do verbo *ocorrer* utilizada.

4. Releia os trechos a seguir e compare a certeza ou a incerteza dessas previsões:

   (I) "[...] com possibilidade de chover forte à tarde [...]" e "[...] a [temperatura] máxima poderá atingir os 32 °C à tarde".
   (II) "Na capital haverá sol e poucas nuvens pela manhã, mas à tarde ocorrerão pancadas de chuva".

   a) Ao escolher essas construções, o produtor do boletim indica ao leitor com mais segurança quais previsões? Explique.
   b) Discuta com a classe toda: como seria possível reescrever os trechos mais incertos de maneira mais assertiva?

5. Imagine que você agora é responsável pelo boletim meteorológico de três cidades; cada uma de suas previsões deve estar de acordo com um dos ícones a seguir. Leve em conta, em cada caso, estas observações:

a) 

b) 

c) 

Ilustrações: Ulhôa Cintra/ Arquivo da editora

- para a previsão da cidade do item **a**, o sol é uma certeza;
- para a previsão da cidade do item **b**, o sol é uma possibilidade;
- para a previsão da cidade do item **c**, as chuvas são certeza ou incerteza, você decide, mas escreva essa sua intenção entre parênteses abaixo da frase.

Concordância verbal e concordância nominal

# 2 Concordância nominal

## Regra geral

Concordância nominal é a relação estabelecida entre um **nome** (substantivo ou palavra com valor de substantivo) e as palavras a ele relacionadas: adjetivo ou palavras com valor de adjetivo (artigos, alguns numerais, pronomes adjetivos e particípios). Normalmente, o substantivo funciona como núcleo de um termo da oração e o adjetivo, como adjunto adnominal.

*Dom Casmurro* é **o romance** machadian**o** mais conhecid**o**.

Nesse exemplo, o predicativo do sujeito é formado pelas palavras "o romance machadiano mais conhecido", cujo núcleo é o substantivo *romance*, que aparece modificado pelo artigo definido *o* e pelos adjetivos *machadiano* e *conhecido* (todos adjuntos adnominais).

Ao substituir o núcleo substantivo pela sua forma plural *romances* e, em seguida, por um substantivo feminino equivalente – *obra* –, ocorrem algumas acomodações:

*Dom Casmurro* e *Memórias póstumas de Brás Cubas* são **os** romanc**es** machadian**os** mais conhecid**os**.

*Dom Casmurro* é **a** obr**a** machadian**a** mais conhecid**a**.

Essas acomodações são evidenciadas pelas desinências do artigo e do adjetivo, que concordam em número (singular/plural) e gênero (masculino/feminino) com o substantivo, núcleo do termo.

Entretanto, o vínculo entre o substantivo e seus satélites não é exclusividade dentro de um termo. Veja este caso:

A música brasileira (sujeito) é reconhecida (predicativo do sujeito) mundialmente.

Observamos um termo na função de sujeito, cujo núcleo é o substantivo *música*, modificado por dois adjuntos adnominais (o artigo *a* e o adjetivo *brasileira*, que concordam com o substantivo). Diretamente relacionado ao sujeito, está o núcleo do predicado nominal: o adjetivo *reconhecida*, que funciona como predicativo do sujeito, fazendo também concordância com o núcleo do sujeito.

Em geral, pode-se afirmar que o adjetivo, o particípio, o pronome adjetivo, alguns numerais e o artigo concordam em gênero e número com o nome (substantivo ou pronome) a que se referem.

OPS!

### Cadê a marca da concordância de gênero?

Você observou que os substantivos podem indicar o gênero pela desinência ou apenas pelo artigo que o acompanha. Sobre os adjetivos, podemos afirmar que alguns deles não apresentam marcas de flexão de gênero; isso ocorre com a quase totalidade dos adjetivos terminados em **a**, **e**, **m**, **l**, **z** e dos **paroxítonos terminados em s**. Identificamos o gênero pelo contexto, mais especificamente pelo substantivo a que se referem. Veja os exemplos:

Esse menino é muito **inteligente**. / Essa menina é muito **inteligente**.
Esse menino é **hipócrita** / Essa menina é **hipócrita**.
Um homem **jovem**. / Uma mulher **jovem**.
Um acordo **amigável**. / Uma relação **amigável**.
Esse menino é **feliz**. / Essa menina é **feliz**.
Esse menino é **capaz**. / Essa menina é **capaz**.
Um problema **simples**. / Uma questão **simples**.

# A clareza e a eufonia na concordância

A concordância entre adjetivo e substantivo só apresenta algumas dificuldades quando o adjetivo se relaciona a mais de um substantivo. Nesses casos, a primeira regra é a da clareza, evitando-se especialmente as ambiguidades (às vezes, ficamos sem saber se o adjetivo refere-se apenas a um dos substantivos ou aos dois); a segunda regra é a da eufonia (isto é, som agradável), que fica por conta do estilo.

Ao fazer a concordância de número, duas opções são possíveis: adjetivo no plural ou concordando com o número do substantivo mais próximo:

Vendem-se filmadora e câmera **digitais**.
ou
Vendem-se filmadora e câmera **digital**.

No entanto, a concordância com o substantivo mais próximo deixa no ar uma dúvida: a filmadora e a câmera são digitais ou só a câmera é digital?

Ao fazer a concordância de gênero, há três possibilidades: se os substantivos são do mesmo gênero, o adjetivo concorda com esse gênero; se os substantivos são de gêneros diferentes, o adjetivo fica no masculino ou concorda com o substantivo mais próximo:

Vendem-se filmadora e câmera **usadas**.

Vendem-se filmadora e tripé **usados**.

Vendem-se filmadora e tripé **usado**.

Nesse último caso, há uma dúvida: a filmadora e o tripé são usados ou apenas o tripé?

Se o adjetivo vier antes dos substantivos, em geral, o adjetivo concorda com o substantivo mais próximo:

Comprou uma **barata** filmadora e um tripé.

Comprou um **barato** tripé e uma filmadora.

No caso de substantivos de números diferentes, para maior clareza convém repetir o adjetivo:

Comprou umas **baratas** filmadoras e um barato tripé.

Se os substantivos forem nomes próprios, o adjetivo vai para o plural:

As **meigas** Valentina e Carla.

## Algumas observações

Na legenda que explica verbalmente a ideia da placa ao lado, observa-se a expressão formada pelo verbo *ser* mais um adjetivo (é proibido). Expressões como "é necessário", "é preciso", "é proibido" ficam invariáveis se o substantivo a que se referem tem sentido genérico (não é precedido de artigo ou pronome que o determine), como no caso de "É proibido passagem de pedestres".

Luis Caros Kfouri/Arquivo da editora

É proibido passagem de pedestres.

Marcos G./Arquivo da editora

Entretanto, se o substantivo fosse determinado por um artigo, ficaria em evidência a marca da concordância (desinências de número):

É proibida **a** passagem de pedestres.

São proibidas **as** passagens de pedestres.

No cartaz ao lado, o raciocínio é o mesmo. Na frase "Não será permitida a entrada...", o substantivo está determinado pelo artigo *a* e a concordância, marcada na flexão do adjetivo *permitida*.

## Flexionam-se ou não se flexionam?

A palavra *meio*, quando exerce a função de adjetivo (= incompleto, inacabado) ou numeral (= metade), flexiona-se, evidenciando a concordância. Mas, quando exerce a função de advérbio (= pela metade, quase, um pouco), não se flexiona, é invariável. Observe:

[...] tinha já um meio riso de aplauso, trivial e cândido. (Machado de Assis, *Memórias póstumas de Brás Cubas*.)

Já é meio-dia e meia [hora].

No primeiro exemplo, o adjetivo *meio*, na acepção de "incompleto, inacabado", concorda com o substantivo *riso* (se fosse *risada*, no lugar de *riso*, o adjetivo se flexionaria: "meia risada"). No segundo, observa-se, por um lado, uma palavra formada por composição: *meio* (numeral) + *dia* (substantivo), em que se manifesta a concordância no masculino singular; por outro, o numeral no feminino singular concorda com o quase sempre elíptico substantivo *hora* (por isso, "meio-dia e meia" e não "meio-dia e meio").

Entretanto, leia:

Particularmente, acho que os horários são meio autoritários.

Nesse caso, a palavra *meio* desempenha função de advérbio, caracterizando o adjetivo: "um pouco autoritários", "um tanto autoritários".

As palavras *bastante*, *caro*, *barato* e *longe* podem exercer função de adjetivo ou de advérbio. No primeiro caso, flexionam-se concordando com o substantivo a que se referem; no segundo, são invariáveis:

Caminhou por longes terras, áridas e estranhas.

[adjetivo = distantes, remotas, longínquas]

A terra foi ficando longe, até perder-se no horizonte.

[advérbio modificando locução verbal = a uma grande distância]

A primeira versão do *blog* era bastante tosca, mas tinha imagens e *links* culturais.

[advérbio modificando adjetivo = muito]

O resultado: bastantes visitas de internautas do Brasil inteiro!

[adjetivo = muitas]

Viaje Brasil, viaje barato, viaje Turbrasil.

[advérbio modificando verbo]

Viagens alternativas e baratas para todo o Brasil.

[adjetivo]

## Atividades

1. Leia a notícia sobre o lançamento de um livro da escritora Adélia Prado.

> Após 10 anos sem publicar um livro de poesias inédito, a escritora mineira Adélia Prado lança neste mês *A duração do dia*, pela Record. Nele, a escritora perpassa por temas como amor carnal e divino, o ofício do poeta, os sofrimentos intrínsecos ao ser humano, entre outros.
>
> Bol Notícias, 3 ago. 2010. Disponível em: <http://noticias.bol.uol.com.br>. Acesso em: 12 mar. 2014.

Editora Record/Arquivo da editora

Essa notícia é um modelo de concisão sem deixar de lado a informação. Levando esse aspecto em consideração:

a) Observe e justifique a construção "pela Record".
b) Como são informados os temas que costumam ser alvo de interesse da escritora?

2. Explique e justifique as marcas de concordância nos adjetivos **inédito** e **intrínsecos**.

3. A segunda frase da notícia inicia-se com o termo *nele*, uma contração de *em + ele*. A quem se refere esse pronome *ele*? Justifique a concordância.

4. Leia a notícia abaixo e responda às questões a seguir:

> **Gasolina paga por brasileiros é uma das mais caras do mundo**
>
> Mesmo com o controle de preço dos combustíveis pelo governo — uma tentativa de estabilizar a inflação ao consumidor no país — o motorista brasileiro paga um dos litros de gasolina mais caros do mundo. Uma pesquisa da consultoria americana Airinc, obtida pelo GLOBO, mostra que a gasolina comum vendida nos postos do país (R$ 2,90 por litro) custa 40% a mais do que em Buenos Aires (R$ 2,08) e 70% acima do comercializado em Nova York (R$ 1,71). Os dados foram coletados em 35 países, no mês de janeiro, e revelam que a gasolina brasileira ocupa a 13ª posição entre as mais caras do mundo, próximo de países desenvolvidos. Como na Noruega, onde o combustível chega a custar R$ 4,49. Também estão à frente do Brasil, Inglaterra e Itália. Segundo especialistas, os impostos cobrados sobre o produto nas bombas são os responsáveis pela distorção. (*O Globo*)
>
> Mural do Oeste, fev. 2012. Disponível em: <www.muraldooeste.com>. Acesso em: 12 mar. 2014.

a) A expressão "uma das mais caras do mundo" refere-se a que substantivo?
b) Reescreva o título trocando *gasolina* por *combustível*. Faça as demais alterações necessárias.
c) A palavra *caras* é empregada nesse título como adjetivo. Justifique essa afirmação com base em suas respostas para os itens **a** e **b**.
d) A expressão "uma das mais *caras* do mundo" é usada para estabelecer comparação. Ao ler a notícia, isso é confirmado e detalhado. Então identifique: o que se compara e que outros exemplos são usados para fazer a comparação?
e) Ao elaborar a notícia, o jornalista usou algumas fontes que estão indicadas no texto. Quais são elas? Em sua opinião, elas ajudam a atrair a atenção do leitor da publicação? Justifique.

A GRAMÁTICA DO TEXTO

# 1 A gente é / a gente somos

Cada vez mais, a expressão "a gente" é empregada na função de pronome pessoal, ora para fazer referência à primeira pessoa do plural (*nós*), ora para fazer uma referência genérica, mas sempre garantindo uma característica: o falante se inclui no conjunto referido.

Considere os enunciados a seguir: (I) é trecho do depoimento de um antigo embaixador de Folia de Reis, o senhor Galdino José da Silva; (II) é trecho de uma letra de música, a canção "Toda forma de amor", de Lulu Santos. Em comum, esses enunciados têm sobretudo o fato de fazerem parte da oralidade.

(I)

A gente **somos** fracos mas com as nossas necessidades **conseguimos** levantar a folia dos Três Reis Magos.

PESSOA, Jadir de Morais. Mestres de caixa e viola. *Cad. Cedes*, Campinas, v. 27, n. 71, abr. 2007. Disponível em: <www.scielo.br>. Acesso em: 28 fev. 2014.

(II)

[...]
E **a gente vive** junto
E **a gente se dá** bem
Não **desejamos** mal a quase ninguém
[...]

SANTOS, Lulu. Toda forma de amor. ______. *Toda forma de amor*, 1988. Disponível em: <www.vagalume.com.br/lulu-santos/toda-forma-de-amor.html>. Acesso em: 12 mar. 2014.

Filipe Rocha/Arquivo da editora

No exemplo I, a concordância verbal é feita na primeira pessoa do plural e, no exemplo II, é feita tanto na primeira pessoa do plural como na terceira pessoa do singular. Nos dois casos, nota-se a referência à primeira pessoa do plural (nós), aquele que fala.

No exemplo I, há marcas desinenciais de verbos (*somos*, *conseguimos*), emprego de pronome (*nossas*) e flexão de adjetivo (*fracos*), numa enfática referência à primeira pessoa do plural (*nós*). Caracteriza-se, assim, um caso de **silepse**, isto é, de uma concordância que não se baseia nas regras dadas para tal processo sintático (núcleo do sujeito no singular – verbo no singular), mas sim na intencionalidade e nas ideias do falante, enfatizando ou suavizando seu enunciado.

No exemplo II, a concordância é gramatical quando o verbo aparece na terceira pessoa do singular (*vive*, *dá*) e o pronome oblíquo está na terceira pessoa (*se*), acompanhando o substantivo no singular (*gente*). No entanto, observa-se uma silepse, com o verbo na primeira pessoa do plural (*desejamos*).

# 2 A gente fica junta / junto / juntos / juntas

Geralmente, nos casos em que a expressão *a gente* faz referência a "nós", observa-se que os pronomes possessivos que a ela se relacionam tomam a forma da primeira pessoa do plural, manifestando mais um caso de silepse.

Se **nosso** corpo é 70% de água, por que **a gente** não evapora?

Disponível em: <http://br.answers.yahoo.com>. Acesso em: 28 fev. 2014.

Entretanto, a concordância com os adjetivos pode manifestar ou não essa primeira pessoa do plural; o emprego do mecanismo de flexão, nesses casos, depende da ênfase que se quer dar à marca da primeira pessoa do plural.

Às vezes, no mesmo enunciado, o falante ora faz a concordância com a primeira pessoa do plural, ora com a terceira pessoa do singular.

Leia a manchete a seguir, com a citação de uma fala da cantora Sandy sobre o trabalho dela com o irmão. Observe que a cantora, ao flexionar o adjetivo no plural, enfatiza o trabalho feito em dupla por ela e o irmão.

"É natural que **a gente** faça algo **juntos**", diz Sandy sobre parceria com o irmão.

Flexão no plural e no masculino; concorda com a ideia de "a gente" = eu (quem fala, Sandy) + ele, de quem se fala (o irmão).

Disponível em: <http://virgula.uol.com.br>. Acesso em: 12 mar. 2014.

Pena que o final de semana acabou, e agora vou ficar com saudades da mamãe de novo. Foi tão gostoso **a gente** poder ficar **juntinhas** o tempo todo, e eu vou torcer pro próximo sábado chegar bem ligeiro!!!

Flexão no feminino e no plural; concorda em gênero com a gente, realça a ideia de plural (a falante, a mãe, e a filha, Rúbia).

Cantinho da Rúbia. Disponível em: <http://cantinhodarubia.zip.net/>. Acesso em: 28 fev. 2014.

Há casos em que a concordância é com a terceira pessoa do singular, mas o adjetivo fica no masculino. Observe:

[...] Quando **a gente** podia, ficava **junto**. [...]

Flexão no singular e no masculino; concorda com a ideia de "a gente"

*O Estado de S. Paulo*. São Paulo, 28 fev. 2014. Disponível em: <www.estadao.com.br>. Acesso em: 28 fev. 2014.

Neste exemplo, a concordância é feita em gênero e em número com a expressão "a gente".

Quando **a gente** podia, ficava **junta**.

Flexão no singular e no feminino; concorda gramaticalmente com "a gente" = eu (quem fala) + ele/ela, de quem se fala.

Observe exemplo em que o adjetivo concorda com a expressão "a gente" em número e em gênero: no singular e no feminino.

**"Vi gente gritando, soterrada pela lama", diz estudante sobre acidente**

*G1 Pará*, 28 fev. 2014. Disponível em: <http://g1.globo.com>. Acesso em: 28 fev. 2014.

## 3 A gente = nós / a gente = eu

Considere, agora, estes enunciados:

(I)

Mas isso ainda tem que ser confirmado. A gente não sabe ainda como isso vai funcionar na planilha de custos.

*De fato.com*, 5 mar. 2014. Disponível em: <www.defato.com>. Acesso em: 12 mar. 2014.

(II)

A gente é do jeito que o mundo cria a gente. Estou me vingando do mundo, que judiou muito de mim.

Disponível em: <www2.ucg.br>. Acesso em: 12 mar. 2014.

Neles, observa-se a expressão *a gente* empregada como equivalente a "as pessoas e eu", "todo mundo, inclusive eu", sempre incluindo o falante na generalização. Mas há uma sutil distinção entre um enunciado e outro: no exemplo I, *a gente* equivale a um "*nós* ampliado", isto é, "todo mundo", "a humanidade"; já no exemplo II, percebe-se que *a gente* funciona como marca de impessoalidade, ou seja, há um "*eu* encoberto".

Nessa última generalização mascarada, ocorre silepse, em que se suaviza a opinião ou declaração do falante, isto é, o falante ameniza a sua posição no enunciado com a inclusão de outros não identificados. O eu se impessoaliza. É interessante perceber que esse "*eu* encoberto" aparece primeiro na função de sujeito (*A gente* é...) e, depois, na de objeto (... cria *a gente*), mas se mostra abertamente na segunda frase do enunciado com a explicitação do eu enunciador (*Estou me* vingando).

## A silepse não é optativa

Agora, observemos as duplas de exemplos:

(I)
- Os professores reivindicam aumento de salário.
  (eles)
- Os professores reivindicamos aumento de salário.
  (eles e eu = nós)

(II)
- Eu gostei disso: os estudantes não pagam.
  (eles)
- Eu gostei disso: os estudantes não pagamos.
  (eles e eu = nós)

Nota-se uma sutil, mas relevante, diferença entre os enunciados dos pares: a conjugação verbal. Na primeira frase de cada par, o verbo aparece conjugado na terceira pessoa do plural; na segunda frase, em primeira pessoa do plural.

No primeiro par, no primeiro enunciado, o falante não é professor ou, se for, não faz parte dos professores que reivindicam (ou não quer se mostrar como tal); no segundo, o falante é professor e reivindica juntamente com os outros. No segundo par, no primeiro enunciado, o falante ou não é estudante ou, se for, prefere se encobrir empregando a terceira pessoa; no segundo, o falante declara-se estudante e não pagante. Trata-se de outro caso de silepse.

Pode-se concluir, então, que o uso da concordância não é aleatório, e sim carregado de variações de sentido e de intencionalidade.

## Atividades

Leia com atenção os trechos seguintes, parte da transcrição de uma mesa-redonda sobre Machado de Assis (1839-1908) composta por acadêmicos, e depois faça as atividades.

**Roberto Schwarz:** [...] E, como todos sabem, o romance de Machado de Assis acaba sempre em nada. Então, é uma espécie de longa superioridade, de longa risada que acaba, não digo em inferioridade, que acaba em nada. Em todo caso, que acaba de maneira absolutamente desoladora. Esta é uma das particularidades literárias de Machado de Assis: a gente ri o tempo todo e o conjunto é desolador. [...]

**Garbuglio**: Eu acho que essa primeira parte está relativamente bem colocada. Agora só falta deitar um pouco mais de lenha na fogueira, e tenho a impressão de que essa é um pouco a nossa função, também aqui, fazer mais alguns desafios para ver aonde a gente pode chegar. Então eu daria a palavra primeiro ao Prof. Bosi e depois ao Mario Curvello para a continuidade do debate.

BOSI, Alfredo et al. *Machado de Assis*. São Paulo: Ática, 1982.

Reprodução/Academia Brasileira de Letras, Rio de Janeiro, RJ.

O escritor Machado de Assis, em retrato pintado por Henrique Bernardelli, por volta de 1905.

1. Como você percebeu, uma mesa-redonda é um evento comunicativo cujos participantes são especialistas que expõem pontos de vista sobre determinado assunto e depois o debatem, conduzidos por um moderador. Se você não tivesse sido alertado para esse fato, saberia que o texto é uma transcrição? Justifique sua resposta.

2. Do ponto de vista da concordância, justifique o emprego de *desoladora* e *desolador* na primeira fala.

3. Releia a fala do professor Garbuglio. A quem se refere o termo *a gente*? Justifique a resposta citando marcas presentes no texto.

4. Substitua, neste trecho, a palavra *função* por *papel*. Comente as alterações.

   [...] e tenho a impressão de que essa é um pouco a nossa função, [...]

5. "Esta é uma das particularidades literárias de Machado de Assis: a gente ri o tempo todo e o conjunto é desolador."
   a) Com os mesmos termos e sem alterar a ordem, reescreva a frase considerando que "a gente ri o tempo todo" e "o conjunto é desolador" são duas características distintas.
   b) A quem se refere o termo *a gente*?
   c) Que passagem da fala de Schwarz explicita a ideia de generalização?

6. "Então eu daria a palavra primeiro ao Prof. Bosi e depois ao Mario Curvello para a continuidade do debate."
   a) A palavra *primeiro* apresenta marcas de concordância? Explique.
   b) A conjunção **e** relaciona duas orações simétricas. Qual palavra, na segunda oração, corresponde à palavra *primeiro*?

# Vestibulares de Norte a Sul

1. **SE** (FGV-SP) Considere o trecho e as afirmações, para responder a esta questão.

   Quase metade das grandes descobertas científicas surgiu não da lógica, do raciocínio ou do uso de teoria, mas da simples observação.

   Afirma-se:

   I. a norma culta admite também o emprego de surgiram, na frase, concordando com descobertas científicas;
   II. na substituição de quase metade por cinquenta por cento, torna-se obrigatória a concordância no plural: surgiram;
   III. a flexão no singular (surgiu) decorre da concordância com a palavra mais próxima do verbo (lógica), núcleo do sujeito composto.

   Dessas afirmações, somente

   a) I está correta.
   b) II está correta.
   c) I e II estão corretas.
   d) I e III estão corretas.
   e) II e III estão corretas.

**Texto para a questão 2.**

## Nasce um escritor

O primeiro dever passado pelo novo professor de português foi uma descrição tendo o mar como tema. A classe inspirou, toda ela, nos encapelados mares de Camões, aqueles nunca dantes navegados. O episódio do Adamastor foi reescrito pela meninada. Prisioneiro no internato, eu vivia na saudade das praias do Pontal onde conhecera a liberdade e o sonho. O mar de Ilhéus foi o tema de minha descrição.

Padre Cabral levara os deveres para corrigir em sua cela. Na aula seguinte, entre risonho e solene, anunciou a existência de uma vocação autêntica de escritor naquela sala de aula. Pediu que escutassem com atenção o dever que ia ler. Tinha certeza, afirmou, que o autor daquela página seria no futuro um escritor conhecido. Não regateou elogios. Eu acabara de completar onze anos.

Passei a ser uma personalidade, segundo os cânones do colégio, ao lado dos futebolistas, dos campeões de matemática e de religião, dos que obtinham medalhas. Fui admitido numa espécie de Círculo Literário onde brilhavam alunos mais velhos. Nem assim deixei de me sentir prisioneiro, sensação permanente durante os dois anos em que estudei no colégio dos jesuítas. [1]Houve, porém, [2]sensível mudança na limitada vida do aluno interno: o padre Cabral tomou-me sob sua proteção e colocou em minhas mãos livros de sua estante. Primeiro "As Viagens de Gulliver", depois clássicos portugueses, traduções de ficcionistas ingleses e franceses. Data dessa época minha paixão por Charles Dickens. Demoraria ainda a conhecer Mark Twain: o norte-americano não figurava entre os prediletos do padre Cabral.

Recordo com carinho a figura do jesuíta português erudito e amável. Menos por me haver anunciado escritor, sobretudo por me haver dado o amor aos livros, por me haver revelado o mundo da criação literária. Ajudou-me a suportar aqueles dois anos de internato, a fazer mais leve a minha prisão, minha primeira prisão.

AMADO, Jorge. *O menino Grapiúna*. Rio de Janeiro. Record. 1987. p. 117-20.

2. **NE** (IFCE) Pondo-se a expressão "... sensível mudança..." (ref. 2) no plural, a forma verbal "Houve" (ref. 1)

   a) deve ser trocada por houveram.
   b) não deve sofrer alteração.
   c) pode ser trocada por existiu.
   d) pode ser substituída por estão havendo
   e) pode ser trocada por vão haver.

3. **SE** (Uerj)

## Lira VIII

Se os peixes, Marília, geram
Nos bravos mares, e rios,
Tudo efeitos de Amor são.
[...]
Marília, de que te queixas?
De que te roubou Dirceu
O sincero coração?
Não te deu também o seu?
E tu, Marília, primeiro
Não lhe lançaste o grilhão?

GONZAGA, Tomás Antônio. *Marília de Dirceu*.

As formas verbais *roubou* e *são* se apresentam respectivamente na terceira pessoa do singular e do plural. Justifique, com base no texto, essa diferença sintática.

4. **SE** (Unicamp-SP) O jornal *Folha de S.Paulo* publicou a seguinte nota na seção Painel:

## Pane gramatical

"Os computadores do TSE emitiam o aviso, ontem, no intervalo dos boletins: 'Dentro de instantes será divulgado novos (sic) resultados'."

Nesse mesmo dia e no mesmo jornal, lê-se o seguinte:

"É exatamente essa grande maioria que chamamos, abstratamente, de povo. São os cidadãos humildes, que vivem de pequenos serviços na periferia das grandes cidades [...]. São para esses cidadãos anônimos, que ganharam personalidade dia 15 de novembro, que o novo governo deverá estar voltado."

Leo Wallace Cochrane Júnior. "O recado do povo".

   a) Que trecho do segundo exemplo poderia também ser considerado um caso de "pane gramatical"?
   b) Reescreva corretamente os dois trechos problemáticos.

CAPÍTULO

# 4 Classes de palavras e sintagmas

Multileituras opcionais, de Hércules Barsotti, 1974.

Neste capítulo, você vai estudar as classes de palavras e os sintagmas. Leia uma tira do cartunista Caco Galhardo e observe como uma palavra pode ser compreendida de diferentes maneiras, dependendo das informações que temos a respeito do contexto em que é dita.

Converse sobre essa tira e os sentidos das palavras com os colegas e o professor levando em conta as questões propostas nesta página.

GALHARDO, Caco. Daiquiri. *Folha de S.Paulo*. São Paulo, 18 set. 2013.

- *No primeiro quadrinho da tira, o personagem à esquerda usa a palavra* mudanças *com determinado sentido. No segundo quadrinho, essa mesma palavra é empregada na construção de outra ideia.*
  *Qual é o sentido desse vocábulo em cada um dos casos? E a que classe de palavras podemos dizer que pertence esse termo?*
- *O humor da tira está no fato de o segundo quadrinho quebrar a expectativa criada no primeiro. Em uma tira, não são só as palavras que comunicam uma ideia, a imagem é fundamental.*
  *Que elementos do primeiro cenário nos ajudam a compor um sentido para a palavra* mudanças *e que elementos do segundo nos fazem compreender que o sentido em que ela é empregada no contexto é outro?*
- *Na primeira fala, o termo em destaque —* mudanças *—, empregado no plural, é acompanhado de um pronome indefinido,* muitas.
- *Se a reclamação fosse expressa de modo um pouco diferente, usando, por exemplo, o pronome* pouco *em vez do pronome* muito, *como poderia ser a fala do personagem à esquerda no primeiro quadrinho?*
- *Então reflita: com que palavra o pronome empregado concorda?*

O cartunista brasileiro Antônio Carlos Galhardo, mais conhecido como Caco Galhardo, formou-se em Comunicação, em São Paulo. Começou a publicar suas tiras nos anos 1980 com os personagens de *Os pescoçudos*, nos jornais *Folha de S.Paulo* e *O Dia* (Rio de Janeiro).

Continua publicando seus cartuns, em livros e em jornais, e mantém uma página na internet com seus personagens denominada *Daiquiri — Cartuns de Caco Galhardo* neste endereço eletrônico: <http://cacogalhardo.uol.com.br/> (acesso em 22 jun. 2014). Nela é possível conhecer melhor seu trabalho.

# Classes de palavras

As palavras da língua portuguesa, segundo a classificação gramatical tradicional, podem pertencer a dez diferentes classes, sempre dependendo de critérios semânticos (significação), morfológicos (flexão, tipo de sufixos, etc.) e sintáticos (função desempenhada por elas nas orações).

Inicialmente, tomemos os seguintes exemplos:

O funcionário ficou nervoso.

O chefe foi atencioso.

Segundo os critérios anteriormente mencionados, algumas palavras dessas frases podem ser reunidas em três grupos distintos: *funcionário* e *chefe* têm em comum o fato de nomearem seres e desempenharem a função de sujeito (são **substantivos**); *nervoso* e *atencioso* não indicam seres, mas qualidades relativas aos seres nomeados, concordando em gênero e número com os substantivos (são **adjetivos**); *ficou* e *foi* apenas ligam essas qualidades aos seres nomeados, mantendo concordância em pessoa e número com os substantivos na função de sujeito (são **verbos** que indicam estado ou mudança de estado). Por sua vez, *o/a* determinam gramaticalmente os vocábulos posteriores, concordando em gênero e número com eles (são **artigos**).

Considere outros exemplos:

O funcionário fala calmamente.

A empresa cresceu muito.

As palavras das frases acima podem ser assim agrupadas: *funcionário* e *empresa* nomeiam seres e desempenham a função de sujeito (são **substantivos**); *o* e *a* determinam gramaticalmente os vocábulos posteriores, concordando em gênero e número com eles (são **artigos**); *fala* e *cresceu* indicam um processo ou ação, concordando em pessoa e número com os substantivos na função de sujeito (são **verbos** que indicam ação); *calmamente* e *muito* são palavras que modificam essas ações, sem manifestar concordância (são **advérbios** modificando verbos).

Pensemos agora em alguns versos do poeta Manoel de Barros, criador de poesia e de palavras:

Os delírios verbais me **terapeutam**.

A natureza me **absurda**.

Chegar ao **criançamento** das palavras.

Mano Preto não tinha entidade pessoal, só **coisal**.

Filipe Rocha/Arquivo da editora

Num primeiro momento, podemos não entender o sentido das palavras destacadas, mas facilmente deduziremos (nós, falantes da língua portuguesa) as classes gramaticais a que elas pertencem (mesmo sem saber de cor a nomenclatura da classificação), seja pela posição que ocupam na frase, seja pela relação que estabelecem com as demais palavras, seja pelas terminações que apresentam.

Assim, percebemos, por exemplo, que *terapeutam* e *absurda* são formas verbais pelas terminações que apresentam (desinências verbais), pela relação que estabelecem com os substantivos *delírios* (plural) e *natureza* (singular), resultando, respectivamente, na concordância em terceira pessoa do plural e terceira do singular, por terem seus significados completados por um pronome oblíquo (*me*). O poeta criou os verbos *terapeutar* (derivado de *terapêutica*; uma leitura possível: os delírios verbais aliviam minhas dores) e *absurdar* (derivado de *absurdo*; uma leitura possível: a natureza me deixa alucinado, me encanta, me surpreende).

*Criançamento* apresenta o sufixo nominal *-mento* (indica ação ou resultado da ação) formador de substantivos abstratos derivados de verbos (tais como *crescimento, nascimento, aparecimento*); está precedido de artigo; complementa o sentido de um verbo. Trata-se, portanto, de um substantivo. *Coisal* apresenta o sufixo nominal *-al* (indica referência ou pertinência) formador de adjetivos derivados de substantivos (tais como *genial, feudal, comercial*); atua como modificador do substantivo *entidade*. Trata-se, portanto, de um adjetivo.

Da mesma forma que o poeta, os demais falantes da língua também criam ou empregam palavras semelhantes: Fulano *camelou* (verbo); tal coisa é *sacal* (adjetivo); maior *entojamento* (substantivo; coisa que causa nojo, chateação), motorista *domingueiro* (adjetivo), etc.

Assim, observando critérios semânticos, morfológicos e sintáticos, agrupam-se as palavras em dez classes: substantivo, artigo, adjetivo, numeral, pronome, verbo, advérbio, preposição, conjunção e interjeição. Segundo a Nomenclatura Gramatical Brasileira (NGB), as seis primeiras classes são variáveis e as quatro últimas, invariáveis.

Para obter uma visão geral, leia o quadro seguinte com as classes gramaticais e compare suas respectivas características fundamentais.

| Classes de palavras | Características semânticas | Características morfológicas | Características sintáticas |
|---|---|---|---|
| **Substantivo** | Nomeia seres, coisas, ideias, ações, estados, qualidades, etc. | Flexão: gênero, número e grau.<br>Flexão de grau pelo acréscimo de sufixos (*-ão*, *-eco*, *-inho*, etc.).<br>Presença de sufixos formadores de nomes (*-ismo*, *-dade*, *-mento*, *-ez*, etc.). | Núcleo de termos nominais.<br>Rege a concordância dos determinantes e adjetivos à sua volta. |
| **Artigo** | Carrega a noção de determinação ou indeterminação de uma palavra com valor substantivo. | Flexão: gênero, número. | Determina ou generaliza o núcleo do termo nominal, ao mesmo tempo em que lhe indica o gênero e o número. |
| **Adjetivo** | Indica qualidades ou propriedades do núcleo nominal. | Flexão: gênero, número e grau.<br>Flexão de grau pelo acréscimo de sufixos (*-íssimo*, *-érrimo*, etc.).<br>Presença de sufixos formadores de adjetivos (-ado, -vel, -al, etc.). | Núcleo de termos adjetivais.<br>Modifica o núcleo nominal, atribuindo-lhe estado, qualidade ou modo de ser. |
| **Numeral** | Indica a quantidade do núcleo nominal. | Flexão: alguns apresentam flexão de gênero e número.<br>Alguns apresentam, na linguagem informal, variação de grau. | Núcleo de termos adjetivais.<br>Modifica o núcleo nominal, atribuindo-lhe uma noção de quantidade. Com valor de substantivo, é núcleo de termos nominais. |

| | | | |
|---|---|---|---|
| **Pronome** | Substitui ou acompanha o núcleo nominal. | Flexão: gênero, número e pessoa.<br>Os pronomes pessoais apresentam flexão de caso. | Núcleo de termo nominal, quando substitui o substantivo; é determinante quando o acompanha. |
| **Verbo** | Indica ação, estado, mudança de estado ou fenômeno da natureza, localizando o processo no tempo; geralmente, apresenta um aspecto dinâmico, indicando um processo.<br>Propriedade de exprimir a duração do processo (aspecto).<br>Propriedade de exprimir a atitude do falante em relação aos próprios enunciados (modo). | Flexão: tempo, número e pessoa.<br>Terminações de formas nominais (-ar, -er, -ir para o infinitivo; -ando, -endo, -indo para o gerúndio; -ado, -ido para o particípio). | Núcleo do termo verbal.<br>Estabelece concordância com o núcleo do termo nominal com função de sujeito.<br>Seleciona os elementos essenciais para completar seu sentido. |
| **Advérbio** | Exprime intensidade ou circunstância de tempo, lugar, modo, dúvida, certeza, etc. | Grau pelo acréscimo de sufixos (-íssimo, -inho, etc.).<br>Presença de sufixo formador de advérbio (-mente). | Núcleo do termo adverbial.<br>Modifica o núcleo verbal.<br>Como intensificador, pode modificar o núcleo verbal, adjetival ou outro núcleo adverbial. |
| **Preposição** | Algumas preposições são vazias de significado (são apenas elementos de coesão).<br>Outras, além de funcionar como elemento de coesão, carregam uma noção (posse, direção, espaço, companhia, etc.). | Palavra invariável. | Introduz termos preposicionados.<br>Liga termos de uma oração, estabelecendo variadas relações entre eles. |
| **Conjunção** | Assinala o tipo de relação existente entre palavras, termos, orações, períodos. | Palavra invariável. | Liga palavras, termos, orações, períodos. |
| **Interjeição** | Exprime emoções ou sentimentos. | Palavra invariável. | Palavra-frase. |

**ATENÇÃO!**

Nem todas as características acontecem simultaneamente; às vezes, uma palavra pode, por exemplo, não apresentar as características morfológicas de sua classe.

# Atividades

**Textos para as questões de 1 a 3.**

**Cruzeiro vence Botafogo**

*Folha de S.Paulo*. São Paulo, 19 set. 2013.

**"Muricy é nosso amuleto", diz zagueiro do São Paulo**

*Folha de S.Paulo*. São Paulo, 16 set. 2013.

1. Além dos substantivos próprios, nessas manchetes há dois substantivos comuns, que nomeiam coisas e seres. Quais são eles?

   a) Qual desses substantivos exerce a função sintática de sujeito?

   b) E qual deles exerce função sintática de predicativo do sujeito ao atribuir uma qualidade ao substantivo que serve de sujeito?

2. Nas manchetes lidas, qual dos verbos apenas liga o substantivo que tem função de sujeito a um termo que o qualifica?

3. Que efeito de sentido produz o emprego do pronome *nosso* na fala do zagueiro?

A GRAMÁTICA DA FRASE

# 1 As relações morfossintáticas de uma palavra dentro de um enunciado

Entre as características que determinam a que classe gramatical uma palavra pertence, vamos nos deter na combinação de duas: a morfologia e a sintaxe. Para isso, é preciso ficar atento ao contexto em que as palavras estão inseridas, pois o uso que fazemos delas é dinâmico, ágil, criativo.

Por exemplo, descontextualizada, a palavra *animal* designa um ser; podemos dizer, então, que se trata de um substantivo. Entretanto, essa classificação pode mudar se a palavra estiver inserida em determinado contexto. Veja:

### Cão-guia. Essa relação é animal!

O dito popular diz : "o cão é melhor amigo do homem". No caso do cão-guia, além de fazer companhia, o bichinho compartilha seu faro e sua agilidade canina para ajudar a melhorar a vida do dono. Pode ser observado que nem todas as pessoas se adaptam ao recurso canino, mas todas aquelas que trocam a tradicional bengala pelo *animal* garantem que, além de um amigo fiel, ganham carinho, amor e dedicação incondicionalmente. [...]

Instituto Ressoar. Disponível em: <www.mastranfairs.com>. Acesso em: 10 mar. 2014.

Nesse texto, a palavra *animal* aparece duas vezes, mas não com as mesmas características. Na segunda ocorrência, em "... trocam a tradicional bengala pelo *animal*", a palavra funciona como núcleo do termo nominal "pelo animal", exercendo uma função substantiva dentro do termo verbal. Aparece determinada pelo artigo *o*, que indica seu gênero (masculino) e seu número (singular).

Agora, considere a primeira ocorrência: "Essa relação é *animal*". A palavra *animal*, nesse contexto, não denomina um ser, mas indica uma qualidade do termo *relação*. Nesse caso, a palavra constitui um núcleo adjetival, exercendo uma função adjetiva (predicativo do sujeito), subordinando sua concordância ao núcleo nominal a que se refere. Se a função é outra, a palavra muda de classe: não é mais um substantivo, mas um adjetivo.

Ao estudar uma palavra, é preciso fazê-lo em certo contexto, analisando-a por aquilo que ela manifesta em sua forma (análise morfológica), pela função que desempenha na oração ao se relacionar com outras palavras (análise sintática), além de observar sua significação (análise semântica).

## Atividade

Leia o título de uma notícia sobre a banda Alice in Chains no *Rock in Rio* 2013.

**Alice in Chains volta com grunge repaginado no *Rock in Rio***

*Folha de S.Paulo*. São Paulo, 19 set. 2013. Disponível em: <www1.folha.uol.com.br>. Acesso em: 19 set. 2013.

**grunge:** estilo de *rock* surgido no final da década de 1980 em Seattle, no estado de Washington, Estados Unidos. As letras de música desse estilo costumam ser cheias de ironia e angústia.

a) Procure o termo *repaginado* no dicionário. Qual é o significado dicionarizado do termo?
b) Converse com a classe toda: essa explicação do dicionário ajuda a entender o uso do termo no título da notícia? Justifique sua opinião.
c) Essa banda já havia tocado no *Hollywood Rock*, festival ocorrido em São Paulo em 1993. Pelo título da notícia, mesmo que você não soubesse disso, seria possível perceber que se trata de uma banda antiga e que já havia tocado no Brasil. Que palavras indicam isso e por quê?

## 2 Os sintagmas

Os enunciados expressam um conteúdo por meio dos elementos e de suas combinações, proporcionados pelos mecanismos que regem uma língua. Dessa maneira, vão se formando conjuntos e subconjuntos que funcionam como unidades sintáticas dentro da unidade maior que é a frase.

A essas unidades de sentido e com função sintática chamamos **sintagmas**. Uma frase pode estar composta de um ou mais sintagmas; um sintagma pode estar composto de um ou mais elementos.

Vejamos alguns exemplos:

I A música (sintagma) se infiltrou na radiola. (sintagma)

II Ritmo, melodia e harmonia. (sintagma)

III Música! (sintagma)

IV Choveu. (sintagma)

Filipe Rocha/Arquivo da editora

Em I, observa-se uma frase composta de dois sintagmas com mais de um elemento; em II, uma frase composta de um sintagma com mais de um elemento; em III e IV, frases compostas de um único sintagma com um só elemento.

## O nome e o verbo estruturando os textos

Quando falamos, falamos do mundo das coisas e, como sabemos, todas as coisas têm um nome. Fundamentalmente, falamos como as coisas **são** (ou foram, ou podem vir a ser) e o que as coisas **fazem**. Por isso, o modelo básico de oração se estrutura a partir de um **sujeito** (o ser sobre o qual declaramos algo) e de um **predicado** (a informação que passamos sobre o sujeito). Em outras palavras, isso significa que, no modelo básico, existem um nome (substantivo) e um verbo estruturando os enunciados. Há casos, entretanto, em que apenas um verbo constitui a oração, como em "chove".

A relação entre o nome que desempenha a função de sujeito e o verbo que organiza o predicado se manifesta tanto no campo semântico (uma relação lógica, de significado) como no campo morfológico (pelas marcas de caráter morfológico da língua, evidenciando a concordância por meio das flexões de pessoa e número).

No enunciado a seguir, dois grandes conjuntos se relacionam:

A grande orquestra tocou suavemente.

Percebe-se que essa relação se dá ou pelo significado (orquestra tocou; o mesmo não ocorreria, pelo menos denotativamente, com o verbo nevar: orquestra nevou), ou pela concordância: o primeiro conjunto apresenta como elemento nuclear um nome (*orquestra*, substantivo singular); o segundo, um verbo (*tocou*, terceira pessoa do singular).

Alterando o enunciado, a adequação se faz necessária:

| **SN** | **SV** |
|---|---|
| A grande orquestra | tocou suavemente. |
| As grandes orquestras | tocaram suavemente. |
| Nós | tocamos suavemente. |
| Tu | tocaste suavemente. |

A partir dessa articulação, é possível montar uma estrutura básica da frase em língua portuguesa, o que permite ao falante construir um sem-número de orações. Para evidenciar essa possibilidade, vamos substituir um dos conjuntos por outros que exerçam a mesma função ou, em outras palavras, que pertençam a um mesmo paradigma, considerando paradigma o conjunto dos termos substituíveis entre si numa mesma posição da estrutura a que pertencem:

A grande orquestra
O músico
A banda
A campainha
O sino
} tocou suavemente.

A grande orquestra {
tocou suavemente.
embalou os noivos.
deliciou os ouvintes.
não tocou.
desafinou.

## Sintagmas nominais e verbais

Como vimos, na estrutura básica da oração, ocorrem um sujeito e um predicado, dois sintagmas distintos, já que um se organiza em torno de um nome e outro se organiza em torno de um verbo. O primeiro é um **sintagma nominal**; o segundo, um **sintagma verbal**.

Há orações em que o sintagma nominal não está explícito, mas pode ser identificado pelo contexto e pela desinência verbal. Observe este enunciado:

> As sementes do ritmo jamaicano encontraram solo fértil em terras brasileiras, onde cresceram e deram frutos com a cara do nosso povo e da nossa cultura.
>
> Revista *MTV*.

Na primeira oração, o sintagma verbal "encontraram solo fértil em terras brasileiras" refere-se ao sintagma nominal "as sementes do ritmo jamaicano".

As sementes do ritmo jamaicano encontraram solo fértil em terras brasileiras.

Nas duas orações seguintes, os sintagmas verbais estão se referindo ao mesmo sintagma nominal expresso na primeira oração e subentendido nas seguintes.

[elas = As sementes...] cresceram e deram frutos com a cara do nosso povo...

Há também casos em que o sintagma nominal com função de sujeito não existe, ou melhor, não pode ser preenchido lexicalmente, e só encontramos o sintagma verbal (são orações sem sujeito). Isso acontece, por exemplo, com sintagmas verbais cujo núcleo é um verbo impessoal:

| **SN** | **SV** |
|---|---|
| ∅ | Ontem choveu muito. |

Reprodução/Tratore

OBMJ, sigla da Orquestra Brasileira de Música Jamaicana, formada inicialmente pelos músicos Sergio Soffiatti e Felippe Pipeta em 2008, toca tanto canções jamaicanas quanto músicas brasileiras nesse estilo.

## Atividades

1. Observe as manchetes a seguir, transcritas de diferentes jornais. Identifique o sujeito (sintagma nominal) e o predicado (sintagma verbal) de cada uma delas.
   a) "Virada Esportiva tem 34 horas de atividades como balonismo, surfe e escalada" (*Folha de S.Paulo*. São Paulo, 20 set. 2013.).
   b) "Mallu Magalhães e banda Ouro Negro aproximam composições para *show* no *Rock in Rio*" (*O Globo*. Rio de Janeiro, 20 set. 2013.)
   c) "Chuva causa lentidão na BR-101, em Itajaí, e cancelamento de um voo em Navegantes" (*Zero Hora*. Porto Alegre, 20 set. 2013.)
   d) "Secretaria de Segurança Urbana inaugura central de monitoramento" (*Diário de Pernambuco*. Recife, 20 set. 2013.).
   e) "Sarau abre hoje a programação" (*Diário de Cuiabá*. Cuiabá, 20 set. 2013.).

2. De acordo com a estrutura que você percebeu por meio dessas manchetes, classifique como V (verdadeira) ou F (falsa) as afirmações a seguir.
   a) ( ) Em geral, as manchetes são organizadas na ordem direta: sujeito seguido de predicado.
   b) ( ) Em geral, o sintagma nominal que compõe o sujeito da frase de uma manchete contém apenas substantivos, evitam-se artigos e adjetivos.
   c) ( ) Os verbos que fazem parte do predicado das manchetes costumam ser usados no modo indicativo e no tempo presente.

3. Pelo que você observou ao resolver as questões anteriores, é possível afirmar que as manchetes de jornais são elaboradas de maneira objetiva e direta. Em sua opinião, essas características ajudam a prender a atenção do leitor? Por quê?

## Conjuntos e subconjuntos

Voltemos à frase "A grande orquestra tocou suavemente.", em que ocorre a combinação do sintagma nominal "a grande orquestra" com o sintagma verbal "tocou suavemente". No sintagma nominal, a palavra que funciona como núcleo é o substantivo *orquestra*, cujo significado é ampliado pelo artigo *a* e pelo adjetivo *grande*, que se subordinam ao núcleo, concordando com ele em gênero e número. No sintagma verbal, a palavra que funciona como núcleo é a forma verbal *tocou*, que é modificada pelo advérbio *suavemente*.

**Or** = oração
**SN** = sintagma nominal
**SV** = sintagma verbal
**nc** = núcleo

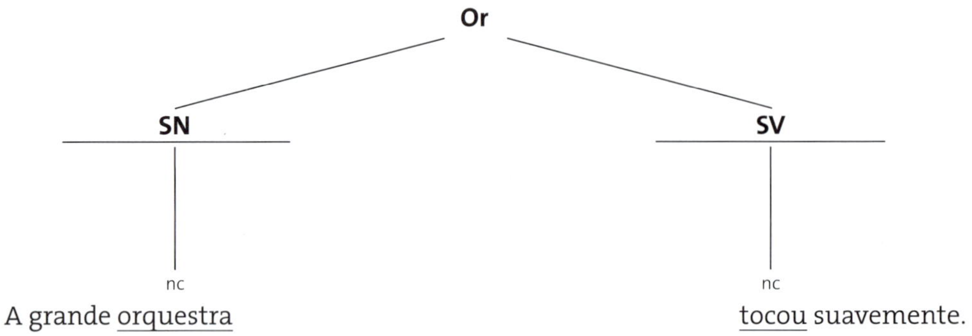


Nesse caso, o adjetivo *grande* forma um subconjunto dentro de um conjunto maior, que é o sintagma nominal. O mesmo ocorre com o advérbio *suavemente* em relação ao sintagma verbal.

**Mod** = modificador
**Circunst** = circunstancial
**Det** = determinante

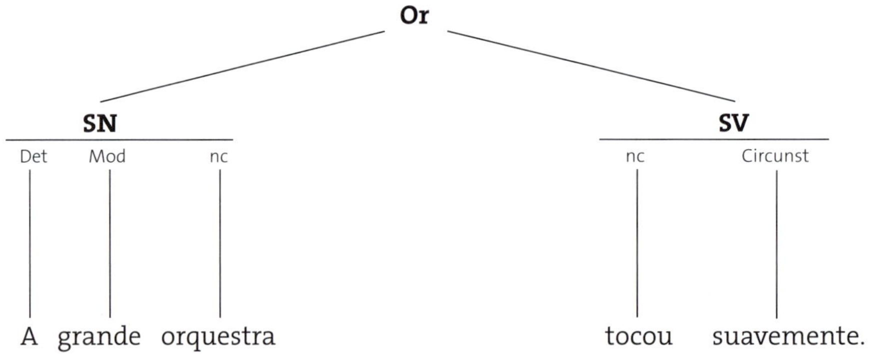


### Sintagma nominal

O sintagma nominal, como o nome indica, pode exercer a função de sujeito, complemento verbal (objeto), complemento nominal, predicativo, aposto, vocativo, ou seja, qualquer função substantiva.

O núcleo de um sintagma nominal é sempre um nome ou pronome substantivo ou elemento substantivado. Esse núcleo pode constituir o sintagma sozinho ou aparecer acompanhado de outras palavras, que, basicamente, formam dois grupos:

- os **determinantes**: termos que se referem ao núcleo para indicar gênero e número (os artigos), localização no tempo e no espaço (pronomes demonstrativos), posse (pronomes possessivos), quantificação (numerais e pronomes indefinidos);
- os **modificadores**: geralmente representados por adjetivos ou locuções adjetivas, sintagmas nominais preposicionados (quando há transitividade no nome nuclear) e orações adjetivas.

A estrutura básica do sintagma nominal pode ser assim representada:

**SN**

| determinante | núcleo (determinado) | modificador |
|---|---|---|
| as | | do ritmo jamaicano |
| minhas | | jamaicanas |
| duas | sementes | muito rítmicas |
| algumas | | musicais |
| estas | | afro-americanas |

Outras possibilidades, alterando a ordem convencional, seriam:

**SN**

| modificador | núcleo |
|---|---|
| musicais | |
| jamaicanas | sementes |
| caribenhas | |

Os determinantes e modificadores gravitam em torno do núcleo do sintagma nominal e com ele estabelecem relações de concordância. Em consequência, alterando-se o núcleo do sintagma nominal, os determinantes e modificadores deverão se adequar:

**SN**

| Det | nc | Mod |
|---|---|---|
| A | semente | jamaicana |
| O | embrião | jamaicano |
| Esses | embriões | jamaicanos |

No enunciado acima, há um sintagma adjetival de um só elemento (*jamaicano*) e outro de mais de um elemento; no exemplo a seguir, o advérbio *muito* é quantificador do adjetivo nuclear *contagiante*.

Entre os modificadores do núcleo nominal, o mais comum é o chamado **sintagma adjetival** (SAdj), a unidade de sentido que tem valor de adjetivo. O sintagma adjetival pode ser composto de um só elemento (um adjetivo) ou de um elemento nuclear (um adjetivo), acompanhado de outras palavras que o modificam.

O *reggae* jamaicano (SAdj) é muito contagiante (SAdj).

Os elementos que se referem ao núcleo adjetival são, geralmente, quantificadores ou enfatizadores, via de regra representados por advérbios (circunstanciais). Quando existe transitividade no adjetivo nuclear, é possível encontrar sintagmas nominais preposicionados completando seu sentido.

O *reggae* jamaicano é diferente (SAdj) do brasileiro.

Nesse caso, a locução *do brasileiro* complementa o sentido do adjetivo *diferente*, ou seja, trata-se de um sintagma nominal introduzido por preposição por exigência do adjetivo (diferente de algo ou alguém).

## Sintagma verbal

Como já vimos, o sintagma verbal tem como núcleo uma forma verbal ou uma locução verbal. Se o núcleo do sintagma for um verbo intransitivo, há a possibilidade de o sintagma ser composto de um único elemento; no caso de verbos transitivos ou copulativos (de ligação), necessariamente aparecerão outros sintagmas dentro do sintagma verbal. Mesmo no caso de verbo intransitivo, o sintagma pode apresentar, além do núcleo, um circunstancial.

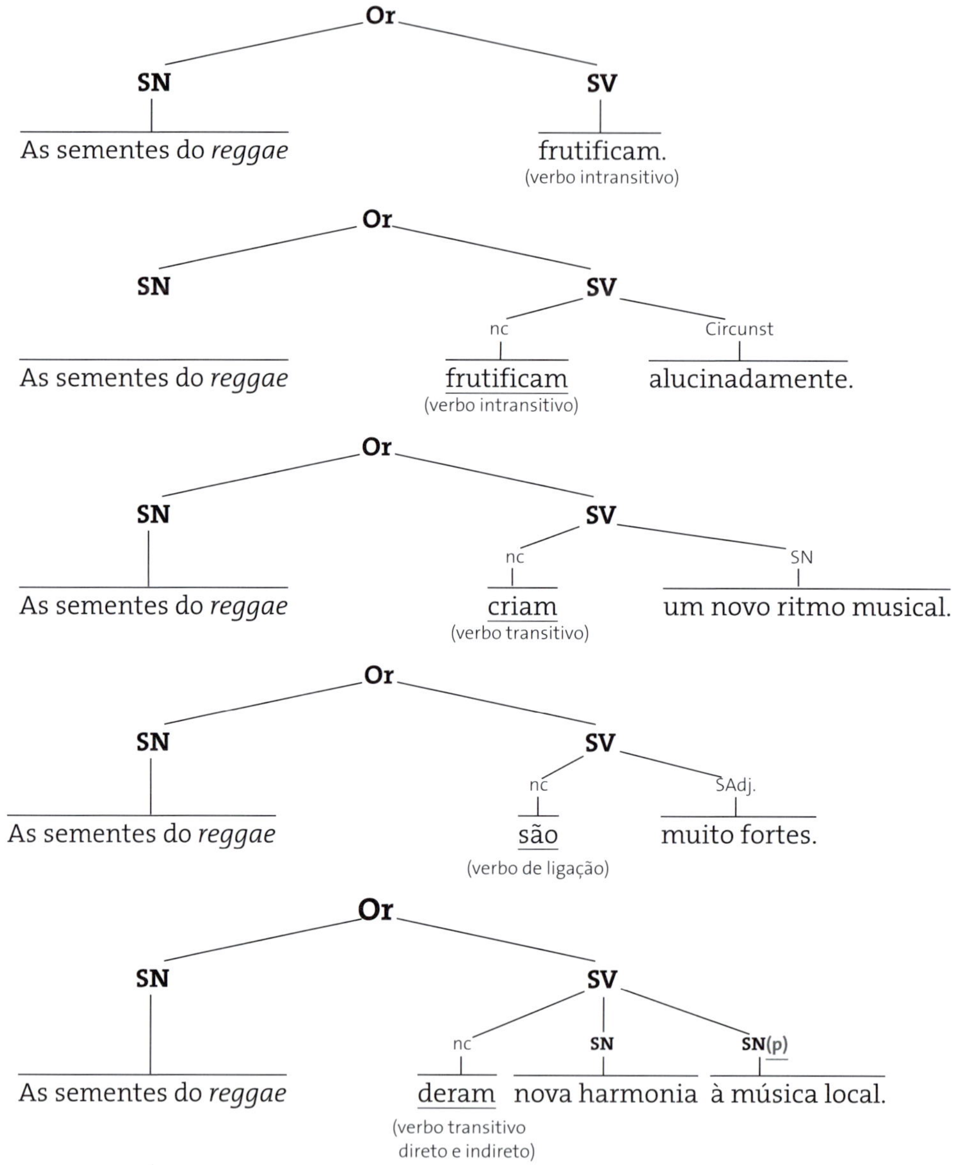


**(p)** = preposicionado (indica que o sintagma é introduzido por preposição)

Os circunstanciais, representados pelos advérbios, são, por excelência, modificadores do verbo e formam o **sintagma adverbial** (SAdv), que pode ser composto de um só elemento (um advérbio) ou de mais de um elemento (intensificador + advérbio nuclear; locução adverbial).

As sementes do *reggae* crescem muito rapidamente [SAdv] e com força [SAdv(p)].

Nesse exemplo, ocorrem dois sintagmas adverbiais na mesma oração. No primeiro, há um intensificador (*muito*) + advérbio nuclear (*rapidamente*); no segundo, uma locução adverbial precedida de preposição (*com*).

## Atividades

1. Leia o texto a seguir, uma notícia publicada em jornal, e observe alguns sintagmas escolhidos pelo jornalista para informar o leitor. Identifique os dois grandes sintagmas que formam o título e indique: qual é o núcleo de cada um deles?

### Cheia histórica do Madeira deixa bairros abandonados em Porto Velho

Lucas Reis

Situado às margens da histórica estrada de ferro Madeira-Mamoré, o bairro do Triângulo é um dos mais antigos de Porto Velho. Mas há cerca de um mês o local, moradia de ex-ferroviários e de famílias tradicionais da cidade, tornou-se atração turística por outra razão: o abandono.

Hoje quase sem nenhum morador, o bairro atrai curiosos que fazem fila para passear de barco e ver de perto moradias, lojas e cabarés submersos pelo rio Madeira.

[...]

*Folha de S.Paulo*. São Paulo, 18 mar. 2014.
Disponível em: <www1.folha.uol.com.br>.
Acesso em: 18 mar. 2014.

Avener Prado/Folhapress

Em 2014, a cheia do rio Madeira bateu recorde dos últimos cem anos, afetando milhares de moradores da região. Na foto, trecho inundado em Porto Velho, em março desse ano.

2. Releia o primeiro parágrafo, observando as relações entre os sintagmas apontados. Observe que, além do verbo *haver*, usado para indicar tempo decorrido, os demais verbos desse trecho são de ligação — *ser* e *tornar-se* —, empregados para relacionar o sintagma nominal principal a um sintagma adjetival. Identifique em cada caso o que se pede nos itens mais adiante.

Situado às margens da histórica estrada de ferro Madeira-Mamoré, (sintagma I) o bairro do Triângulo (sintagma II)
é um dos mais antigos de Porto Velho. (sintagma III)

[...] o local, moradia de ex-ferroviários e de famílias tradicionais da cidade, (sintagma IV)
tornou-se atração turística por outra razão: o abandono. (sintagma V)

a) Os sintagmas I e III ligam-se ao sintagma nominal II, "o bairro do Triângulo". Identifique, nesses sintagmas (I e III), o núcleo do sintagma que é nominal e, do sintagma com verbo de ligação, identifique o sintagma adjetival.
b) O sintagma IV tem como núcleo a palavra *local*. Dentro desse sintagma, uma explicação dá mais informação sobre esse local. Qual?
c) O sintagma verbal V tem como núcleo um verbo de ligação, *tornar-se*, por isso seu sintagma adjetival liga-se também ao núcleo do sintagma IV. Que informação traz o sintagma adjetival para a palavra local?

3. Revendo suas respostas para a questão 2, responda: a palavra *local* é empregada como um sinônimo para evitar repetição.
   a) Que expressão é essa que ela substitui?
   b) Qual é o assunto fundamental dessa notícia, então?

4. Crie uma notícia curta sobre algum acontecimento ocorrido nos últimos dias. Leve em conta o seguinte:
   - A opção pela predominância de sintagmas nominais ou verbais vai depender dos efeitos que você deseja produzir em seu leitor e da natureza do fato noticiado.
   - Não se esqueça do título e do subtítulo.

## Gênero textual: notícia

Matéria-prima de jornais e revistas, sejam impressos, sejam *on-line*, sejam da mídia audiovisual, a notícia transmite aos leitores fatos de interesse a uma comunidade em especial, ou ao público em geral. Para ter credibilidade, a notícia precisa estar baseada em fatos reais e ser objetiva. Por essa razão, evitam-se expressões que demonstrem subjetividade e usa-se a terceira pessoa para narrar os fatos, o que não impede, muitas vezes, o posicionamento de quem os relata. Fatos inéditos e notáveis são os que mais atraem o público leitor.

A notícia costuma apresentar em sua parte inicial (o chamado lide) alguns elementos: o fato em si (o quê?), as pessoas envolvidas no fato (quem?), o local (onde?) e a data do fato (quando?), o modo como ocorreu (como?) e as razões que justificariam o fato (por quê?). Pode, ainda, expandir-se, apresentando depoimentos dos envolvidos, de testemunhas ou de especialistas, além de imagens. Os títulos são o chamariz da notícia; os de primeira página são as manchetes.

Com a grande diversificação da mídia, varia o tratamento dado às notícias em função do perfil do leitor a que se destinam as publicações.

# 3 Interjeição: palavra-frase

Interjeição é a palavra (ou grupo de palavras, formando uma locução interjetiva) usada para exprimir emoções e sentimentos. Portanto, de todas as classes de palavras, é a que mais depende da entonação e do contexto. Observe que uma mesma interjeição pode ser usada para manifestar as mais diversas emoções, como nos enunciados abaixo, retirados de diferentes páginas da internet:

**Caramba**, hoje dei de cara com uma velha amiga minha, Deby, no *shopping*.

Meu programa não abre! **Caramba**!

**Puxa vida**! Tanta espera e nada... cadê você?

**Puxa vida**, achei que na faculdade iria me livrar da Matemática...

**Puxa vida**! A excentricidade desenfreada explorada ao seu maior ponto de evolução.

**Puxa vida**!... Também sou filha de Deus...

Filipe Rocha/Arquivo da editora

A interjeição não faz parte da oração, não desempenha, portanto, função sintática. É considerada *palavra-frase* (uma [palavra-]frase não poderia fazer parte de outra frase).

Você percebeu que, via de regra, as interjeições e as locuções interjetivas são marcadas graficamente pelo *ponto de exclamação* (*!*). É ele que indica, numa leitura, a entonação e o valor exclamativo de um enunciado. (Aliás, *exclamar* significa "clamar forte", "expressar determinado estado emocional".)

# Atividades

**Texto para as questões de 1 a 9.**

## Maquiagem rosa é tendência para o verão. Inspire-se

Camila Saipp

Chalia/Shutterstock/Glow Images

Para quem não tem medo de ousar, a dica é abusar do cor-de-rosa nos olhos, deixando o *look* com um ar feminino e alegre, como pedem os nossos dias quentes. A maquiagem rosa pode ser feita com a aplicação de sombra em toda a pálpebra ou apenas com lápis de olho contornando os cílios; também pode ser aplicado um rímel da mesma cor para finalizar o *make*.

As mais discretas devem apostar nos batons cor-de-rosa e deixar o destaque do *make* somente para a boca, desde que o tom escolhido seja um rosa mais forte, quase *pink*. Nestes casos, o restante da maquiagem deve ser bem natural para não dividir as atenções com a cor forte.

O *blush*, item queridinho das mulheres brasileiras, não ficou de lado nessa história e pode ganhar um *up* se a tonalidade escolhida para as bochechas for rosa em vez de alaranjado. Só tome cuidado para não exagerar na dose. Outra vantagem do *make* rosa: ele combina com todos os tons de pele!

Disponível em: <http://corpoacorpo.uol.com.br>. Acesso em: 19 mar. 2014. Adaptado.

1. Em sua opinião, a quem se destina um artigo jornalístico como esse? Justifique sua resposta, utilizando elementos do próprio texto.

2. Releia o título do artigo. Ele chamou sua atenção? Por quê? Comente o uso das palavras *rosa* e *verão*, observando seu comportamento morfossintático.

3. Comente o comportamento morfossintático da palavra *rosa* na seguinte passagem: "... o tom escolhido seja um **rosa** mais forte...".

4. Releia este trecho: "item queridinho das mulheres brasileiras". Qual é o valor semântico do sufixo *-inho* em *queridinho*?

5. No Volp *on-line* (<www.academia.org.br>), ao pesquisar a palavra *cor-de-rosa*, encontramos o seguinte: "cor-de-rosa adj.2g.2n. s.m.2n". O que significam essas abreviações? Aponte no texto o emprego de *cor-de-rosa* em cada classe morfológica.

6. Com que intenção o texto foi escrito? Justifique com passagens do texto.

7. Pensando no desenvolvimento do texto, que tipo de relação podemos estabelecer entre o primeiro e o segundo parágrafo? Comente.

8. Até meados do século XX, quando se tratava de moda e estética femininas, os termos empregados eram predominantemente franceses (no texto encontramos *rímel* e *batom*), mas, no final desse século, os termos ingleses passaram a predominar.

   Como você explicaria esse fato? Que palavras do texto exemplificam isso e o que elas significam nesse contexto?

9. Escreva uma nota semelhante sobre moda e acessórios, comentando a tendência do uso de outra cor, em determinada estação do ano. Siga estes critérios:
   - Pense no público leitor da nota e no veículo onde ela seria publicada.
   - Ao escolher a cor, verifique: o léxico da língua portuguesa dispõe de variedade de nomes e tons dessa cor escolhida?
   - Ao escrever, procure prever se a linguagem empregada está de acordo com esse público.
   - Dê um título para sua nota procurando torná-lo atraente para o leitor do veículo de publicação.

# 1 Léxico e significado na construção dos textos

Observamos até este ponto as palavras segundo seu comportamento morfossintático. A seguir, vamos observá-las como componentes lexicais da língua portuguesa.

Ao se falar em componentes lexicais, consideram-se as palavras formadoras do repertório ou vocabulário geral de determinada língua. Esse conjunto amplo – o léxico da língua – é usado por seus falantes para se expressarem em diversas situações comunicativas, mais formais ou menos formais. Pode ser dividido em subconjuntos, empregados para falar em diferentes contextos (orais, escritos, formais, informais, etc.), em diferentes regiões e sobre diferentes áreas do conhecimento, atividades, técnicas (educação, linguística, medicina, tecnologia, astronomia, etc.), por diferentes grupos sociais (surfistas, técnicos, advogados, etc.) e diferentes indivíduos (adulto, criança, mulher, homem, etc.). Como você pode imaginar, é difícil obter o domínio total do léxico de uma língua.

Os subconjuntos contidos no léxico de uma língua chamam-se **campos lexicais** e nos permitem falar sobre determinado assunto, além de identificar, com base na análise da seleção léxica que apresenta um texto, sobre que ideia, conhecimento ou técnica está se discorrendo. Eles nos permitem variar os termos conforme a situação comunicativa, nossos estudos e nossas experiências pessoais e coletivas. Observe:

## Astronomia

É a ciência que estuda o Universo, confrontando teorias físicas com observações feitas por telescópios. O astrônomo investiga a origem e a evolução do cosmo. Com telescópios e câmeras, observa os objetos cósmicos (estrelas, planetas, galáxias e outros corpos) e capta sua imagem para estudar seus movimentos, sua disposição pelo espaço e sua composição química.

*Guia do estudante*. Disponível em: <http://guiadoestudante.abril.com.br>. Acesso em: 17 mar. 2014

Basta ler com atenção esse texto, verbete de um guia de profissões, voltado para jovens que cursam o Ensino Médio, para notar que diversos termos usados nele fazem parte do campo lexical das ciências. A identificação temática (título no alto, à esquerda) define um campo científico em particular: *astronomia*. Observe alguns substantivos e adjetivos empregados no verbete e pertencentes a esse campo da ciência que tem como objeto de estudo o espaço sideral e os astros.

estrelas Universo astrônomo
planetas telescópios galáxias cosmo

Astronomia

Também é possível observar as palavras tendo em vista seu conteúdo semântico, isto é, sua significação. Para isso, temos de analisá-las dentro de um texto, pois seu **campo semântico**, ou seja, todas as suas significações denotativas e conotativas, pode ser muito amplo. Vejamos o caso da palavra *corpo(s)*:

[...] observa os objetos cósmicos (estrelas, planetas, galáxias e outros **corpos**) [...].

Lendo o enunciado e o verbete em que está inserido, sabemos que *corpos* é uma palavra que tem como significação "objetos naturais existentes e perceptíveis no espaço sideral". No entanto, se descontextualizada, a mesma palavra possui um campo semântico muito amplo (o *Dicionário Houaiss* registra 43 acepções). Assim, uma mesma palavra pode assumir diferentes significações de acordo com o enunciado em que se encontra. Veja alguns casos:

O trabalho deverá ser digitado em corpo 12.

Campo lexical:
tipografia
"tamanho da letra"

O corpo do edifício é constituído por uma estrutura metálica.

Campo lexical:
arquitetura
"parte central de uma edificação"

A manchete está pronta, mas e o corpo?

Campo lexical:
jornalismo
"o texto, parte principal do artigo"

O corpo docente e discente estará presente.

Campo lexical:
pedagogia
"grupo de indivíduos"

## 2 Os efeitos da seleção de sintagmas na construção do texto

Além da posição dos sintagmas, a seleção de um **tipo de sintagma** específico, muitas vezes reiterado, permite outros efeitos. A sequência de sintagmas adjetivais, por exemplo, valoriza as qualidades e estados de um objeto, lugar, pessoa, serviço, etc., montando um texto basicamente descritivo.

**Resistente para o dia a dia, versátil para suas necessidades.**

Texto do anúncio publicitário de uma marca de *notebook* cujo *slogan* é "Versatilidade e robustez".

As sequências verbais, por sua vez, permitem expressar o movimento, os processos e as ações, construindo textos primordialmente narrativos.

### À procura da aurora perfeita

Cristiane Sinatura

Consideradas um dos fenômenos mais belos do planeta, as luzes coloridas que tingem o céu do Ártico colecionam admiradores fiéis — são os caçadores de aurora boreal.

Toda vez que elas surgem no céu, primeiro arriscando passos tímidos e depois estourando em uma valsa arrebatadora, é o mesmo frenesi: o coração bate descompassado enquanto a respiração parece ficar suspensa. Não é a primeira [...] vez que esse espetáculo de luzes dançantes acontece diante dos olhos de Daniel Japor, conhecido como o "caçador de aurora boreal". [...]

Revista *Viajar*, 6 set. 2013. Disponível em: <http://revistaviajar.com.br>. Acesso em: 11 mar. 2014.

Ou ainda uma sequência no modo imperativo pode configurar textos injuntivo-instrucionais (dicas ou orientações, manuais, textos publicitários, horóscopo, etc.).

## 7 jeitos de deixar a pele menos oleosa

Por Juliana Costa

**1) Lave da maneira certa:** de duas a três vezes ao dia já é o suficiente, acredite! Lavagens excessivas retiram a proteção natural da pele e estimulam as glândulas a fabricar mais óleo – é o que os médicos chamam de efeito rebote.

**2) Acerte a temperatura da água:** fugir das altas temperaturas precisa ser um verdadeiro mandamento para quem tem pele oleosa. Água quente faz os poros ficarem ainda mais abertos e o resultado é o aumento da oleosidade.

**3) O sabonete faz diferença:** prefira aqueles que têm enxofre e ácido salicílico na fórmula. Estes ativos controlam a oleosidade e também ajudam a prevenir espinhas.

[...]

Revista *Capricho*. Disponível em: <http://capricho.abril.com.br>. Acesso em: 17 mar. 2014.

As sequências adverbiais expressam, essencialmente, as circunstâncias em que um fato acontece; por isso, são grandes auxiliares na construção do pano de fundo narrativo.

Chico chegou discretamente para assistir à festa de entrega do Prêmio Bravo, na Sala São Paulo. A edição deste ano homenageou os festivais de música popular da TV Record na década de 60. O cantor e compositor foi presença frequente e importante daquele momento, participando e ganhando várias vezes com suas músicas. O ícone da MPB ficou contente quando foi chamado ao palco como o vencedor na categoria de melhor livro com *Leite derramado*.

*MdeMulher*. Disponível em: <http://mdemulher.abril.com.br>. Acesso em: 11 mar. 2014.

A sequência de sintagmas nominais, por outro lado, consegue exprimir imagens de coisas, fatos, acontecimentos, construindo textos descritivos por meio de enumerações, na fronteira com o narrativo. Cria-se um cenário para a imaginação do leitor.

## Lagos e praias de água doce são convite ao lazer no Paraná

Redação Bonde

A região Noroeste do Paraná é conhecida turisticamente como "Corredor das águas", por ser banhada por vários lagos e rios, como o Paraná, Paranapanema, Piquiri e Ivaí. Para os amantes da natureza, esses rios apresentam muitas oportunidades de lazer, possibilitando principalmente a prática de turismo de aventura, de pesca e náutico.

[...]

Parques Aquáticos e de lazer, águas minerais, águas termais e outras estruturas são opções para quem procura diversão e descanso. Maringá oferece uma completa estrutura de lazer, que inclui parques aquáticos com toboáguas, piscina de ondas, rio artificial com correnteza e muito entretenimento. Parque aquático com hospedagem de lazer também é o forte de Iguaraçu e Porto Rico. Em Iretama uma fonte de água termal é a atração principal de um grande equipamento de hospedagem e lazer de reconhecimento nacional. [...]

*Bonde*. Disponível em: <www.bonde.com.br>. Acesso em: 17 mar. 2014.

# Atividades

1. Identifique o tipo de sintagma que prevalece em cada enunciado. Responda às questões mais abaixo levando em conta a situação comunicativa do texto: para que público é criado, o que se pretende comunicar, qual o tipo de publicação em que é veiculado e quem se comunica.

## Restaurante promove festival suíço com pratos e sobremesas típicas

De São Paulo

Para quem quer se aquecer no inverno ou tem curiosidade em experimentar a culinária suíça, o Festival Suíço dará a oportunidade na próxima semana. Em sua 4ª edição, o restaurante Weinstube (zona sul de São Paulo) oferece um menu especial entre os dias 5 e 10 de agosto, em comemoração ao Dia Nacional da Suíça (dia 1º).

No cardápio especial, as opções de entrada são a salada machê com ovo cozido coberta com molho balsâmico e a sopa cremosa de abóbora tipo Zurique temperada com *curry* e noz-moscada, levemente perfumada com conhaque.

Para o prato principal, há uma polenta *ticino* com *ragout* de coelho ao molho de cogumelo *porcini* ou então *fondue* de queijo suíço, que serve duas pessoas.

Para completar a refeição suíça, o restaurante também oferece uma torta de avelã típica da região central do país europeu, como sobremesa [...].

*Folha de S.Paulo*. São Paulo, 31 jul. 2013.

BSIP/Getty Images

*Fondue* de queijo suíço servido durante o 4º Festival Suíço do restaurante Weinstube.

a) Qual é o assunto fundamental da notícia? Para que público ela provavelmente foi escrita?

b) Marque a resposta adequada a esta questão: o primeiro parágrafo apresenta que informações?

( ) Para que leitor foi escrita a matéria.
( ) Qual é o fato noticiado.
( ) Onde ocorre.
( ) Quando ocorre.
( ) Por que ocorre.

c) Os demais parágrafos apresentam que informações? Que tipo de sintagma se destaca nesses parágrafos? Em sua opinião, por que o autor da matéria construiu o texto com eles?

2. Leia o texto abaixo e responda às questões a seguir.

## 5 ideias para economizar dinheiro no salão

Por Nádia Tamanaha

1. Não quer abrir mão daquele salão badalado? Então, quando for só aparar as pontas, aposte em um profissional mais em conta do mesmo lugar.
2. Para renovar o visual sem gastar muito, experimente usar uma franja. Assim, você repagina o *look* sem precisar pagar o corte completo.
3. Aposte em técnicas de tintura que tenham maior prazo de validade [...].
4. No salão, recuse a lavagem e a hidratação. Vale investir em bons produtos e cuidar, você mesma, dos fios, com direito a clima de *spa* em casa.

[...]

Revista *Boa Forma*. Disponível em: <http://boaforma.abril.com.br>. Acesso em: 11 mar. 2014.

a) A que público provavelmente interessa esse texto? É compatível, em sua opinião, com a revista em que foi publicado?

b) Releia o título. Ele não só informa o assunto fundamental do texto como fornece dica a respeito de como esse assunto será tratado. Marque a alternativa adequada.

( ) O título indica que se vai informar o leitor sobre um acontecimento de moda e beleza.
( ) O título indica que se trata de uma série de orientações ou conselhos.
( ) O título indica uma promoção que vai acontecer em todos os salões de beleza.

c) Releia a alternativa que você assinalou no item anterior e reflita: ela corresponde ao tipo de sequência que predomina no texto? Por quê?

# Vestibulares de Norte a Sul

1. **NE** (Ifal) Leia esta tirinha e responda à questão.

Adolar. Super-Vó. In *Folha de S. Paulo*, 1º/5/2002

Adolar. *Super-Vó*. Em *Folha de S. Paulo*, 11/5/2002.

Assinale a única alternativa correta quanto à classificação das palavras, feita a partir da análise do uso destas no diálogo entre a avó e os netos.

a) **Levado** é o infinitivo do verbo *levar*, que se classifica, no texto, como adjetivo do substantivo *menino*.
b) O pronome indefinido *isso* é um elemento de coesão, que retoma o conteúdo da fala da garota, expressa no primeiro quadrinho.
c) Em **Menino levado!!!**, o substantivo e o adjetivo funcionam como uma locução interjetiva, isto é, têm natureza de uma interjeição.
d) A forma nominal *Querida* é o gerúndio do verbo *querer* que, na fala da avó, classifica-se como substantivo.
e) O adjetivo *legal* funciona, no texto, como uma interjeição, expressando uma ideia apreciativa, cujo sentido é "conforme ou relativo à lei".

2. **SE** (UFRJ)

### Os diferentes

Descobriu-se na Oceania, mais precisamente na ilha de Ossevaolep, um povo primitivo, que anda de cabeça para baixo e tem vida organizada. É aparentemente um povo feliz, de cabeça muito sólida e mãos reforçadas. Vendo tudo ao contrário, não perde tempo, entretanto, em refutar a visão normal do mundo. E o que eles dizem com os pés dá a impressão de serem coisas aladas, cheias de sabedoria.

Uma comissão de cientistas europeus e americanos estuda a linguagem desses homens e mulheres, não tendo chegado ainda a conclusões publicáveis. Alguns professores tentaram imitar esses nativos e foram recolhidos ao hospital da ilha. Os cabecences-para-baixo, como foram denominados à falta de melhor classificação, têm vida longa e desconhecem a gripe e a depressão.

ANDRADE, Carlos Drummond de. *Prosa seleta*. Rio de Janeiro: Nova Aguilar, 2003. p. 150.

No texto, há diversos sintagmas nominais – construções com núcleo substantivo acompanhado ou não de termos com função adjetiva – que caracterizam o "povo primitivo".

a) Retire do texto dois desses sintagmas.
b) A caracterização normalmente atribuída a um povo primitivo como não evoluído não se confirma. Justifique essa afirmativa, utilizando os sintagmas escolhidos no item **a**.

3. **NE** (UEPB)

O tema da diversidade, como tantos outros, hoje em dia, abre muitas versões possíveis de projeto educativo e de projeto político e social.

Adaptado de: *Revista Pátio*. Diversidade na educação: limites e possibilidades. Ano V, n. 20, fev./abr. 2002, p. 29.

Em "O tema da diversidade, **como tantos outros**, [...]", a expressão em destaque pode ser considerada como:

I. termo explicativo, com valor sintático, pois explicita algo a mais em razão do enunciado fundamental.
II. construção que apresenta relação causal, tendo em vista ser introduzida pela preposição "como".
III. um sintagma, com sentido opinativo, que apresenta relação de comparação com a expressão anterior.
IV. expressão intercalada de valor enumerativo que estabelece uma referência comparativa genérica.

Marque a alternativa abaixo que apresenta a(s) proposição(ões) verdadeira(s).

a) I, III e IV
b) II, apenas
c) II e III
d) I e III, apenas
e) I e IV, apenas

CAPÍTULO

# 5 A estrutura da oração: sujeito e predicado

Fabio Colombini/Acervo do fotógrafo

Cesto de fibras de taquara e cipó-imbé produzido por indígenas Guarani Mbyá. Aldeia Guarani Tenonde Porã, em Parelheiros, São Paulo, 2011.

Leia o anúncio reproduzido nesta página. Levando em consideração as questões propostas mais abaixo, discuta-o com os colegas e o professor.

Heitor Satyro/PS10/Divulgação/Dinisa

Anúncio publicitário veiculado nos metrôs do Rio de Janeiro.

- *Veiculado nos metrôs do Rio de Janeiro, esse anúncio vale-se do conhecimento do público em geral sobre o escritor inglês William Shakespeare (1564-1616), autor de textos que se mantêm relevantes através dos séculos. Que elemento da imagem o relaciona ao anúncio?*
- *O escritor em si mal aparece, pois, ao ilustrar a cena, o desenhista procurou criar a impressão de assumir o ponto de vista de quem escreve o texto e conduz o cavalo ao mesmo tempo. Então, que elementos se destacam na imagem? Esse também poderia ser o ponto de vista de quem, no metrô, parasse para olhar o anúncio? Qual seria a intenção do produtor do anúncio ao fazer isso?*
- *A frase do anúncio — "Nenhum texto vale o risco" — indica que os criadores da campanha procuraram comparar a cena ilustrada a uma possibilidade real. Que possibilidade seria essa?*
- *A frase em questão pode ser chamada de oração, pois nela há verbo. Essa oração é formada por dois grandes sintagmas: um nominal (fundamentado em um substantivo), que exerce o papel de sujeito da oração, e outro verbal (fundamentado em um verbo), que exerce o papel de predicado da oração. Quais são esses dois sintagmas?*
- *Observe que, com esse enunciado, o produtor da frase estabelece uma correspondência entre* texto *e* risco. *Que palavra indica essa possível equivalência? A que classe gramatical ela pertence? Consulte o dicionário para confirmar se ela costuma ser usada nesse sentido.*
- *A palavra identificada no item anterior concorda com certo termo do outro sintagma. Que termo é esse?*
- *Levando em conta os elementos verbais e não verbais do anúncio, a que podemos relacionar "o risco"?*
- *A palavra* texto *é acompanhada do pronome indefinido* nenhum, *que concorda com ela. Se fosse usado um artigo definido em vez do pronome, o tema da frase seria o mesmo? O sentido seria coerente com a campanha? Por quê?*
- *Pense na ordem dos grandes blocos de sintagmas. Observe também a ordem das palavras na frase, considerando que, no Ocidente, lemos da esquerda para a direita e de cima para baixo. Que sentido essa disposição dos blocos de sintagmas e das palavras dá à frase?*

# 1 O sujeito

**Sujeito** é o tema do que se vai comunicar; o ser sobre quem se declara algo. Na língua portuguesa, entre o verbo (que forma o predicado) e o sujeito se estabelece uma relação de concordância em número e pessoa.

A NGB (Nomenclatura Gramatical Brasileira) reconhece apenas três tipos de sujeito: simples, composto e indeterminado. Reconhece também a existência de orações sem sujeito.

Para compreender os três tipos de sujeito, é necessário trabalhar com dois conceitos: o de **núcleo do sujeito** e o de **determinação** ou **indeterminação** do sujeito.

Leia uma notícia de jornal sobre uma montagem da peça *Hamlet*, de Shakespeare, no Brasil:

## Thiago Lacerda vive Hamlet contemporâneo no teatro; leia entrevista

Maria Luísa Barsanelli

Como muitos atores, Thiago Lacerda pensava há um tempo em montar um texto de William Shakespeare, mas descartava a ideia de interpretar Hamlet. "Sempre me pareceu a peça mais montada, a mais conhecida, o personagem mais falado", diz.

Mas mudou de ideia quando surgiu o convite de ser dirigido por Ron Daniels, um especialista no bardo inglês e diretor associado da companhia inglesa Royal Shakespeare Company.

*Folha de S.Paulo*. São Paulo, 19 out. 2012.
Disponível em: <http://guia.folha.uol.com.br/teatro>.
Acesso em: 9 dez. 2013.

João Caldas/Arquivo da editora

Os atores Rafael Losso (à esquerda) e Thiago Lacerda, na peça *Hamlet*, de William Shakespeare, em montagem dirigida por Ron Daniels.

Thiago Lacerda (sujeito) vive Hamlet contemporâneo no teatro (predicado) [...]

Nesse exemplo, o sujeito é formado por dois vocábulos, que compõem o nome completo de uma pessoa: "Thiago Lacerda", representando um ser, aquele de quem se fala. Trata-se de um sujeito simples, relacionado ao verbo que concorda com ele: *vive*. Como as duas palavras formam um nome completo, relacionando-se diretamente com o verbo, representam o **núcleo do sujeito**.

Agora, veja outro exemplo:

Thiago Lacerda e Wagner Moura (sujeito) vivem Hamlet no teatro (predicado).

Desenvolvendo o mesmo raciocínio ao analisar essa oração, percebe-se que o sujeito (*Thiago Lacerda e Wagner Moura*) é formado por cinco vocábulos, contendo apenas dois nomes próprios que representam seres sobre os quais se declara algo (*Thiago Lacerda*, *Wagner Moura*). Nesse caso, o sujeito apresenta dois núcleos.

Afirmamos que um sujeito é **determinado** quando há possibilidade de reconhecê-lo ou de identificá-lo, estando o sujeito expresso ou não na oração. Exemplificando: na oração "Estudei bastante.", o sujeito não aparece explícito, mas a desinência verbal de primeira pessoa do singular permite afirmar que o sujeito é o pronome pessoal *eu*.

A **indeterminação** do sujeito ocorre quando não é possível identificar a quem se refere o predicado, seja porque o próprio falante não tem essa informação (por exemplo, ao chegar em casa, o falante percebe que sua carteira foi surrupiada e diz: "Roubaram minha carteira."), seja porque o falante não quer identificar o sujeito (ele sabe quem lhe roubou a carteira, mas não quer fazer a acusação direta; então, usa o verbo no plural: "Roubaram minha carteira.").

## Morfossintaxe do sujeito

Numa oração absoluta, o núcleo do sujeito sempre estará representado por um substantivo ou por uma palavra com valor de substantivo (palavra substantivada, pronome ou numeral substantivo). Pensemos: se o sujeito é o tema ou ser sobre o qual se declara algo, seu núcleo, por definição, só pode ser um substantivo. Daí a gramática considerar o sujeito uma **função substantiva da oração**.

sujeito / predicado

Vários **diretores** | montaram *Hamlet*, de William Shakespeare.

suj. representado por substantivo, núcleo do SN

sujeito / predicado

Diversos **atores** e **atrizes** | participam da montagem de *Hamlet*.

suj. representado por substantivos, núcleos do SN

sujeito / predicado

**Thiago Lacerda** e **Selma Egrei** | participam da montagem de *Hamlet*.

suj. representado por substantivos próprios, núcleos do SN

sujeito / predicado

**Eles** | contracenam na montagem de *Hamlet*.

suj. representado por pronome substantivo, núcleo do SN

sujeito / predicado / sujeito / predicado

**Um** | é pouco; **três** | é razoável.

suj. representado por numerais substantivos, núcleos do SN

sujeito / predicado

O **sempre** e o **nunca** | são palavras autoritárias.

suj. representado por advérbios substantivados, núcleo do SN

É importante | montar uma peça de Shakespeare no Brasil?

oração principal / oração subordinada substantiva subjetiva

Nesse período composto, a oração "montar uma peça de Shakespeare no Brasil" funciona como sujeito da oração "É importante"; trata-se de uma **oração subordinada** (é termo de uma oração principal) **substantiva** (tem o valor de um substantivo) **subjetiva** (exerce a função de sujeito da oração principal).

# Tipos de sujeito

Tipos de sujeito

**Sujeito simples** é aquele que tem um único núcleo, isto é, que apresenta um único vocábulo diretamente relacionado com o verbo (não importa se esse vocábulo está no singular ou no plural, nem se é um substantivo coletivo, nem mesmo se é um pronome indefinido). Em outras palavras: o núcleo do sujeito é representado apenas por um substantivo, um pronome, um numeral ou uma palavra substantivada:

A **menina** sorriu. O **amar** faz bem. **Alguém** roubou minha carteira.

**Ela** sorriu. Os **dois** choraram. As **orquestras** estavam deslumbrantes.

**Sujeito composto** é aquele que apresenta mais de um núcleo, isto é, mais de um vocábulo diretamente relacionado com o verbo:

Ulhôa Cintra/Arquivo da editora

**Romeu** e **Julieta** morreram do mal de amor.

Os **morangos** e as **uvas** ajudam a combater radicais livres.

**Ela** e **eu** somos muito parecidos.

O **sujeito indeterminado** ocorre quando não é possível identificar a quem se refere o predicado. Observe que o agente da ação sempre existe; caso contrário, a oração não teria sujeito. Duas situações gramaticais podem caracterizar esse tipo de sujeito:

- verbo na terceira pessoa do plural, desde que o sujeito não tenha sido identificado anteriormente:

**Desviaram** muitos recursos da assistência social.

**Consideravam**-no um traidor.

**ATENÇÃO!**

Perceba a diferença entre as falas a seguir:

**Desviaram** muitos recursos da assistência social.

Os ministros daquele governo eram incompetentes e mal-intencionados. **Desviaram** muitos recursos da assistência social.

No primeiro exemplo, por estar isolada, a fala não nos permite identificar o sujeito. Entretanto, no segundo caso, podemos identificar o sujeito (*"os ministros daquele governo"*) em função do contexto apresentado pelo enunciado. Assim, o sujeito é simples e determinado.

- verbo na terceira pessoa do singular, acompanhado do pronome *se*, desde que não tenha objeto direto:

**Come-se** bem aqui.

**Precisa-se** de pessoas solidárias.

Nesses casos, o *se* funciona como índice de indeterminação do sujeito.

**ATENÇÃO!**

É comum a referência ao **sujeito oculto**, isto é, ao sujeito que está implícito e que pode ser reconhecido pela desinência verbal ou pelo contexto (nesse caso, será sempre representado por um pronome pessoal). Dessa maneira, na oração "Cuidemos da natureza.", o sujeito é simples e determinado: *nós* (indicado pela desinência verbal *-mos*). Por não estar explícito, costuma-se afirmar que o sujeito está **oculto**, ou **elíptico**, ou, por ser identificado pela desinência verbal, é chamado de **sujeito desinencial**. Mas sempre será um **sujeito simples** e **determinado**.

Tipos de sujeito e oração sem sujeito

## Orações sem sujeito

Na oração sem sujeito, o predicado é formado por um verbo impessoal. A mensagem está centrada no processo verbal. Os casos mais comuns ocorrem com:

- verbos que indicam fenômenos da natureza:

**Amanheceu.**

### Chove em 125 municípios do Ceará

*O Povo on-line*, 11 mar. 2014. Disponível em: <www.opovo.com.br>. Acesso em: 13 mar. 2014.

Valter Campanato/Agência Brasil

Alagamento em Fortaleza, 2014.

- os verbos *ser*, *estar*, *fazer* e *haver*, usados para indicar fenômenos meteorológicos ou relativos ao tempo em geral:

**São** onze horas.   **Faz** frio nas serras da região Sul.

**Está** tarde.   **Há** muitos anos aguardamos notícias.

- o verbo *haver* no sentido de *existir*, *acontecer*:

**Havia** pouca gente no parque público.

**Houve** poucas matrículas para o vestibular deste ano.

**ATENÇÃO!**

Os verbos que indicam fenômenos da natureza, quando empregados em sentido figurado, podem apresentar sujeito (nesses casos, o verbo estabelece concordância com o sujeito):

**Mulher doa vestido de casamento à noiva sem condições de comprar a peça**

[...]

A doação do vestido de noiva ganhou fama na página de uma rede social. Em poucos minutos, choveram candidatas prontas para subir ao altar. Foi mais disputado do que o buquê das cerimônias. [...]

*Alagoas 24 horas*, 20 mar. 2014. Disponível em: <www.alagoas24horas.com.br>. Acesso em: 25 mar. 2014.

Nessa construção, a forma verbal *choveram* concorda com o núcleo do sujeito, o substantivo *candidatas*. Nas orações sem sujeito, os verbos impessoais aparecem na terceira pessoa do singular, com exceção do verbo *ser*, que, na indicação de tempo, concorda com o número que o acompanha:

É uma hora. São quatro horas.

# Atividades

**Texto para as questões de 1 a 3.**

**Esquizofrenia**
Cesar Veneziani

as vozes,
**algozes** às vezes,
nos trazem
humores ferozes

VENEZIANI, Cesar. *Neblina*. São Paulo: Patuá, 2012. p. 135.

**algoz:** carrasco, pessoa cruel.

**esquizofrenia:** termo que denomina a reunião de diversos distúrbios mentais que geram a fragmentação da personalidade do indivíduo e sua perda do contato com a realidade, desencadeando alucinações e delírios.

1. Relacione o título do poema ao vocabulário escolhido para os versos.
2. Qual é o sujeito do verbo *trazer*? Classifique-o.
3. Que recurso(s) de construção indicado(s) abaixo ajuda(m) a reforçar o sentido das escolhas de vocabulário?
   a) O emprego do plural em todos os termos dos versos, reforçando a ideia de multiplicidade de vozes. ( )
   b) A repetição constante, sem ser na sílaba tônica, do som final *-zes* em vários termos, o que pode indicar o som desse murmúrio de vozes. ( )
   c) A adjetivação do termo *vozes* feita entre vírgulas, em outro verso que não aquele em que está o substantivo, e acompanhada de locução adverbial, diminuindo a rapidez da compreensão da frase toda formada pelo poema. ( )

**Texto para as questões de 4 a 7.**

O poema a seguir foi escrito pelo poeta pernambucano Mauro Mota (1911-1984). Antes de ler o poema, pense sobre o título. Quem é esse prisioneiro? Em que tipo de prisão encontra-se preso?

**O prisioneiro**
Mauro Mota

O ventre e os braços
da mãe, o berço,
a casa, a escola,
o pátio, o ônibus,
o escritório, a
mulher e o sono.

MOTA, Mauro. *Itinerário*. Rio de Janeiro: José Olympio, 1975. p. 45.

Filipe Rocha/Arquivo da editora

4. Suas hipóteses sobre o título se confirmaram?
5. Que relação pode ser estabelecida entre título e poema?
6. Qual é o efeito pretendido pelo poeta ao utilizar uma longa frase nominal, ou seja, ao não empregar verbos?
7. Você concorda com a ideia central do poema "O prisioneiro"? Escreva um breve texto defendendo sua posição.

## 2 O predicado

Para entender os tipos de predicado, o primeiro conceito a ser trabalhado é o de **núcleo do predicado**: deve-se verificar se o núcleo significativo do predicado encontra-se num verbo ou num nome.

Mesmo considerando que predicado é tudo aquilo que se atribui ao sujeito, uma análise mais atenta revela que ele é formado por palavras que se relacionam diretamente ao sujeito (é o **núcleo significativo**) e por outras que se relacionam, direta ou indiretamente, ao verbo que forma o predicado.

Veja o exemplo a seguir:

concordância

Eu **comi** gulosamente macarrão.

sujeito predicado

Nessa construção, o predicado é formado por três palavras. Entretanto, apenas uma delas está diretamente relacionada ao sujeito: *comi*. A palavra *gulosamente* está modificando o verbo (podemos comer de vários modos); a palavra *macarrão* também está ligada ao verbo (completa seu sentido). Portanto, a única palavra que se relaciona diretamente ao sujeito é a forma verbal *comi*; ela é, nesse caso, o **núcleo significativo do predicado**.

Observe mais um exemplo:

concordância

A **menina** é muito **bonita**.

sujeito predicado

Nessa oração, o predicado também é formado por três palavras, mas a palavra que está diretamente relacionada ao sujeito é *bonita*, o verbo não é significativo; apenas funciona como **elemento de ligação** entre o sujeito e a palavra a ele diretamente relacionada. Dessa forma, *bonita* é o **núcleo significativo desse predicado**.

Se alterarmos o sujeito, podemos perceber mais claramente o mecanismo de concordância:

concordância

O **menino** é muito **bonito**.

sujeito predicado

Agora, veja esta outra oração:

concordância

"**Tu** **pisavas** os astros **distraída**." (Orestes Barbosa)

sujeito predicado

Ulhôa Cintra/Arquivo da editora

Nesse caso, duas palavras que formam o predicado estão diretamente relacionadas ao sujeito: *pisavas* (um verbo significativo, de sentido completo, na segunda pessoa do singular) e *distraída* (um adjetivo que modifica o sujeito). O predicado apresenta, portanto, **dois núcleos**.

Observe o que ocorre quando se altera o sujeito:

concordância

"Eu **pisava** os astros **distraído(a)**.

sujeito predicado

concordância

"Nós **pisávamos** os astros **distraídos(as)**.

sujeito predicado

# Tipos de predicado

Tomando por base o núcleo do que está sendo declarado, é possível reconhecer três tipos de predicado: verbal, nominal e verbo-nominal.

**Predicado verbal** é aquele que tem como núcleo significativo um verbo, como nos exemplos seguintes:

A noite **esfriou**.

Ele **abriu** a porta.

**Entregaram**-lhe uma carta.

Note que as formas verbais podem apresentar um sentido completo, como no primeiro exemplo (*esfriou*), ou necessitar de complementos, isto é, de palavras que completem seu sentido, como nos outros dois exemplos. No caso do verbo *abrir*, fica uma interrogação no ar: "Abriu o quê?". Assim, o sentido do verbo transita, isto é, segue adiante, passando para o complemento do verbo. É, portanto, um verbo **transitivo**. O mesmo acontece com *entregaram*: entregaram algo, e normalmente entrega-se algo a alguém.

Já o verbo *esfriar*, do primeiro exemplo, tem sentido completo, não necessitando de complementos. Quando afirmamos "A noite esfriou.", o nosso interlocutor não tem dúvidas: a mensagem está completa. O sentido do verbo não transita; é, portanto, um verbo **intransitivo**.

**Predicado nominal** é aquele que tem como núcleo significativo um nome. Esse nome atribui uma qualidade ou estado ao sujeito, daí ser chamado de **predicativo do sujeito**. O verbo funciona como elemento de ligação entre o sujeito e seu predicativo. Veja os exemplos seguintes:

sujeito — predicado

A casa está **feia**.

(está: verbo de ligação; feia: predicativo do sujeito)

sujeito — predicado

Ele parece uma estátua.

(parece: verbo de ligação; estátua: predicativo do sujeito)

Os principais verbos de ligação (não significativos) são: *ser*, *estar*, *permanecer*, *parecer*, *ficar*, *continuar*. Outros verbos podem apresentar-se ora como simples elos entre o sujeito e o predicativo, ora como verbos de ação ou significativos. Compare o emprego dos verbos *andar* e *virar* nos exemplos a seguir:

predicado nominal

Ele anda chateado.

(anda: verbo de ligação)

predicado verbal

Ele anda bastante durante o dia.

(anda: verbo de ação, significativo)

predicado nominal

Ele virou místico.

(virou: verbo de ligação)

predicado verbal

O carro virou na esquina.

(virou: verbo de ação, significativo)

Tais ocorrências evidenciam que não se pode pensar a gramática (regras e combinações) com base em conceitos preestabelecidos, sem observar o enunciado como um todo: tudo vai depender do contexto e do uso de cada indivíduo.

**OPS!**

Quando o predicativo é representado por um adjetivo, estabelece-se uma relação de concordância entre o adjetivo e o substantivo, núcleo do sujeito. O mesmo não ocorre quando o predicativo é representado por um substantivo. Observe:

A **casa** está **feia**.

As **casas** estão **feias**.

**Ele** parece uma **estátua**.

**Eles** parecem uma **estátua**.

Repare também que, no segundo exemplo, o sujeito está representado por um pronome pessoal masculino e o predicativo, por um substantivo feminino.

**Predicado verbo-nominal** é aquele que apresenta dois núcleos significativos: um verbo e um nome. No predicado verbo-nominal, o predicativo pode estar diretamente relacionado ou ao sujeito (**predicativo do sujeito**) ou ao complemento verbal (**predicativo do objeto**). Por exemplo:

concordância

**Ator chora inconsolável ao saber de morte de Paul Walker**

sujeito | verbo significativo | predicativo do sujeito

*G1 – Pop & Arte*, 2 dez. 2013. Disponível em: <http://g1.globo.com>. Acesso em: 19 dez. 2013.

concordância

Ator e atriz choram inconsoláveis...

sujeito | verbo significativo | predicativo do sujeito

concordância

**TST declara ilegal greve dos empregados dos Correios**

sujeito | verbo significativo | predicativo do objeto | objeto (complemento verbal)

CARNEIRO, Luiz Orlando. *Jornal do Brasil*. 12 mar. 2014. Disponível em: <www.jb.com.br>. Acesso em: 13 mar. 2014.

concordância

TST declara ilegais greves dos empregados...

sujeito | verbo significativo | predicativo do objeto | objeto (complemento verbal)

**ATENÇÃO!**

- Quando o verbo significativo é **intransitivo**, o **predicativo é sempre do sujeito**.
- Quando o verbo é **transitivo**, pode haver **predicativo do sujeito** ou **predicativo do objeto**.
- São comuns ocorrências de **predicativo do objeto direto** que complementam verbos como *chamar, conhecer, consagrar, considerar, crer, criar, declarar, eleger, encontrar, escolher, fazer, instituir, julgar, nomear, ordenar, proclamar, querer, reputar, saudar*.

# Morfossintaxe do predicativo

Numa oração absoluta, o **predicativo do sujeito** pode ser representado, fundamentalmente, por um adjetivo ou por um substantivo (ou, ainda, por locução adjetiva ou por palavra com valor de substantivo).

**Dezesseis cidades de São Paulo** (sujeito) **são** (verbo de ligação) **pré-selecionadas** (núcleo do predicativo do sujeito representado por adjetivo) **para ter curso de Medicina**

*O Estado de S. Paulo*. São Paulo, 3 dez. 2013.
Disponível em: <www.estadao.com.br>. Acesso em: 19 dez. 2013.

Os **anéis** (sujeito) são (verbo de ligação) **de ouro** (predicativo do sujeito representado por locução adjetiva).

**Ele** (sujeito) é (verbo de ligação) **poeta** (predicativo do sujeito representado por substantivo).

"**Eu** (sujeito) sou (verbo de ligação) **trezentos**." (Mário de Andrade) (predicativo do sujeito representado por numeral substantivo)

O **amor** (sujeito) é (verbo de ligação) **tudo** (predicativo do sujeito representado por pronome substantivo).

No período composto, uma oração inteira pode funcionar como predicativo do sujeito; trata-se de uma **oração subordinada** (é termo de uma oração principal) **substantiva** (tem o valor de um substantivo) **predicativa** (exerce a função de predicativo do sujeito da oração principal):

[...] o ideal é (oração principal; é: verbo de ligação) **que a mulher ganhe de 9 a 11 kg durante a gestação** (predicativo do sujeito; oração subordinada substantiva com função de predicativo do sujeito) [...].

*G1*. Disponível em: <http://g1.globo.com>. Acesso em: 19 dez. 2013.

Por sua vez, o **predicativo do objeto** pode ser representado por adjetivo ou substantivo:

A assembleia (sujeito) elegeu- (verbo significativo) **o** (objeto (complemento verbal)) **presidente** (predicativo do objeto representado por substantivo).

A polícia (sujeito) encontrou- (verbo significativo) **a** (objeto (complemento verbal)) **amordaçada** (predicativo do objeto representado por adjetivo).

**Importante:** O predicativo do objeto não pode ser representado por oração.

# Atividades

Leia o texto de divulgação científica a seguir, que compara alguns sistemas de comunicação. Depois, faça as atividades propostas.

## Sistema de comunicação dos elefantes é similar ao dos seres humanos

Os elefantes africanos são conhecidos por serem grandes comunicadores, mas até agora os cientistas não sabiam ao certo se os sons eram emitidos por contrações musculares, como o ronronar de um gato, ou por vibrações nas cordas vocais, como nos seres humanos e outros mamíferos. A análise da laringe de um elefante africano permitiu que os cientistas desvendassem o mistério: eles se comunicam usando uma estrutura semelhante às cordas vocais, e emitem um som de frequência extremamente baixa (infrassom), abaixo do que os humanos podem ouvir completamente. A descoberta foi publicada na revista *Science*.

De acordo com o estudo de Christian Herbst, da Universidade de Viena, feito com colegas da Alemanha, Áustria e Estados Unidos, os elefantes têm o mesmo mecanismo que produz a fala em humanos – e também em muitos outros mamíferos – para se comunicarem em sons baixos.

Para chegar a essa conclusão, eles analisaram em laboratório a laringe de um elefante africano, que vivia em um zoológico em Berlim. Por meio de um mecanismo que imitava o fluxo de ar nos pulmões, puderam induzir os movimentos das 'cordas vocais' e a vibração de baixa frequência.

Isso demonstra que os elefantes contam com um mecanismo de aerodinâmica mioelástica – quando une a elasticidade das cordas vocais e a passagem do ar por elas para emitir o som. O cérebro do elefante também pode estar envolvido para relaxar e tencionar as cordas vocais se outro mecanismo, como o ronronar do gato, estiver envolvido.

Os pesquisadores também encontraram um padrão não linear no modo como as 'cordas vocais' dos elefantes vibram, assim como nos seres humanos. Essas irregularidades geralmente ocorrem quando os bebês choram ou quando cantores de *heavy metal* gritam, por exemplo. "Isso também pode ser observado em jovens elefantes, em situações de extrema excitação", disse Herbst.

*Veja.com*, 3 ago. 2012. Disponível em: <http://veja.abril.com.br>. Acesso em: 18 dez. 2013.

JHVR/iStock/Getty Images

### Gênero: texto de divulgação científica

O texto de divulgação científica circula na esfera jornalística, mas apresenta características do discurso científico, uma vez que vem a público para revelar resultados de pesquisas, descobertas da ciência, curiosidades. Como não é destinado à comunidade científica, e sim ao leitor leigo, apresenta um diferencial didático: por meio de analogias, explicações, definições, exemplos e comparações, o produtor do texto vai simplificando para o leitor conceitos ou termos que poderiam ser inacessíveis em uma publicação especializada. Apresenta estratégias jornalísticas, como a busca da impessoalidade e da objetividade para demonstrar-se neutro, além das vozes de especialistas que legitimam as afirmações sobre os fatos. Estes são mostrados como se não houvesse a mediação do jornalista ao relatá-los. Dependendo do veículo nos quais são divulgados, varia o grau de aproximação com o leitor.

1. O título traz a informação principal do texto em linhas gerais. O recurso usado para isso é a comparação por meio de um tipo especial de oração. O que o produtor do texto compara? Que tipo de predicado escolheu para fazer isso?
2. Que parágrafo responde à maioria das questões fundamentais de um texto jornalístico: quem, o quê, onde, quando, por quê? Identifique a resposta para cada questão.
3. Releia: "[...] analisaram em laboratório a laringe de um elefante africano, que vivia em um zoológico em Berlim". Pelo sentido, o verbo *vivia* concorda com que palavra?
4. No segundo parágrafo, ao usar a construção "De acordo com...", o produtor do texto apoia-se no estudo dos cientistas para apresentar que parte dessa pesquisa? Que outra construção prova isso?
5. O quarto parágrafo inicia-se com a oração "Isso demonstra que...". Percebemos que "Isso", pronome demonstrativo, é sujeito do verbo *demonstrar*. Esse pronome resume uma informação mencionada no parágrafo anterior. Qual?
6. No quinto parágrafo, pronomes demonstrativos também ajudam a retomar, no sujeito da frase seguinte, algumas ideias e informações, em "Essas irregularidades..." e "'Isso também...'". Que ideias retomam?
7. Em que parágrafo o produtor do texto retoma a ideia do primeiro e explica o fundamento da comparação entre a comunicação de elefantes e a humana? Que mecanismo há em comum?
8. No início e no fim do texto usam-se aspas. Explique os dois casos.

# 1 A indeterminação do sujeito: generalização, indefinição ou dissimulação

Como vimos anteriormente, quando não é possível identificar o conteúdo semântico a que se refere o predicado de uma frase, consideramos o sujeito indeterminado. Sabemos que ele existe, mas não temos elementos para determiná-lo. Observe estes exemplos:

I. Roberto Fernandes: "Falaram que o América não levaria mais a competição a sério".

Disponível em: <http://tribunadonorte.com.br>. Acesso em: 26 mar. 2014.

II. Quando se fala em objetividade na pesquisa qualitativa, dois elementos são considerados: a fidedignidade e a validade dos resultados obtidos.

Disponível em: <www.uel.br>. Acesso em: 26 mar. 2014.

Esses enunciados exemplificam as duas estruturas fundamentais que, em língua portuguesa, expressam a indeterminação do sujeito: construção com verbo na terceira pessoa do plural (I) e construção com verbo na terceira pessoa do singular, acompanhado do pronome *se* (II).

Mas essa indeterminação pode apresentar nuances de sentido quando contextualizada. Em certos contextos, pode apontar uma generalização (evidente no exemplo II), em que não se trata de esconder ou não conhecer o sujeito, mas de apresentar uma noção ampla dele – equivalente a "todo mundo fala/as pessoas falam"; em outros contextos, pode apresentar certa ambiguidade –, indefinição e dissimulação ao mesmo tempo (evidente no exemplo I): pode ser que o falante não saiba quem falou ou que saiba e não queira citar.

Existe, ainda, outro caso muito curioso de dissimulação: o emprego da indeterminação encobrindo a primeira pessoa (o próprio falante), suavizando enunciados que poderiam parecer uma imposição. Observe:

Dizem que o filme não é muito bom.

no lugar de:

Eu acho que o filme não é bom.

ou:

O filme não é bom.

Entretanto, a indeterminação nem sempre é gramatical, isto é, existem construções que, embora com sujeito identificável, podem expressá-la. Eis um exemplo:

**Alguém** falou que a gente vendeu 56 cópias nos EUA, o que é um absurdo.
sujeito

No caso acima, existe, gramaticalmente, um sujeito simples, determinado: o pronome indefinido *alguém*, equivalente a "alguma/uma pessoa", "determinada pessoa que não quero citar", etc. Entretanto, pela carga significativa do pronome indefinido, podemos dizer que, semanticamente, ocorre a indeterminação do sujeito.

# 2 A concisão do predicado verbo-nominal

O predicado verbo-nominal pode ser usado como um recurso de concisão, pois nele estão concentrados dois tipos de informação significativa. Observe esse efeito nas construções a seguir.

I.

sujeito | predicado verbo-nominal

[...] "Todo mundo (sujeito) dormiu (núcleo verbal significativo) tranquilo (núcleo nominal significativo (ligado ao sujeito)) [...]", contou o técnico Marcelo Oliveira.

Disponível em: <www.superesportes.com.br>. Acesso em: 18 dez. 2013.

II.

sujeito | predicado verbo-nominal

**Humberto Coelho** (sujeito) **considera** (núcleo verbal significativo) **fundamental** (núcleo nominal significativo (ligado ao compl. verbal)) **aumento** (núcleo do complemento verbal) **financeiro da FIFA no Mundial** (predicado verbo-nominal (cont.))

*Futebol 365*. Disponível em: <www.futebol365.pt>. Acesso em: 18 dez. 2013.

No enunciado I, há um caso de predicado com núcleo verbal significativo (*dormiu*) e núcleo nominal significativo (*tranquilo*), que se relacionam com o sujeito ("Todo mundo"). Trata-se de um exemplo de predicado que sintetiza duas informações:

Todo mundo dormiu.

Todo mundo estava tranquilo.

Filipe Rocha/Arquivo da editora

No enunciado II, é possível também identificar um predicado com núcleo verbal significativo (*considera*) e um núcleo nominal significativo (*fundamental*). Entretanto, nesse caso, o núcleo verbal se liga ao sujeito ("Humberto Coelho"), mas o núcleo nominal se liga ao complemento do verbo (*aumento*). Também podemos afirmar que, nessa frase, há uma síntese de duas informações, que poderiam ser desmembradas desta maneira:

Humberto Coelho considera o aumento financeiro da FIFA no Mundial.

O aumento financeiro da FIFA no Mundial é fundamental.

Conforme se observa nos exemplos acima, o predicado verbo-nominal permite expressar mais de uma ideia de maneira concisa.

## Pontuação – gramática e expressividade

A pontuação está a serviço da compreensão e, para isso, vale-se de sinais gráficos que devem ser utilizados de acordo com a estrutura interna do enunciado, ou seja, sua estrutura gramatical. Sendo assim, é importante evitar truncamentos, cortes bruscos entre os elementos que mantêm uma relação estreita e essencial dentro de um determinado enunciado.

Num primeiro momento, podem ser citadas duas observações relevantes em relação à pontuação dos termos essenciais:

- não se separa o sujeito do seu predicado;
- colocam-se entre vírgulas informações secundárias ou acessórias intercaladas entre o sujeito e seu predicado.

Observe o seguinte enunciado:

Os vírus de computador, que tanta dor de cabeça causam aos usuários, apareceram na década de 1970.

Nele, há um período composto formado por duas orações — "Os vírus de computador [...] apareceram na década de 1970"; "que tanta dor de cabeça causam aos usuários"; uma delas entre vírgulas. Trata-se de uma oração subordinada adjetiva explicativa, pois traz uma informação a mais, "dispensável" no contexto em que o enunciado está inserido. Se a dispensássemos, o sujeito ficaria seguido do seu predicado.

Observe como ficaria o exemplo no caso da eliminação de uma das vírgulas:

Os vírus de computador que tanta dor de cabeça causam aos usuários, apareceram na década de 1970.

Tudo seria diferente, já que a pontuação, separando o sujeito do seu predicado, prejudica a compreensão, truncando o enunciado.

Observe mais uma possibilidade:

Os vírus de computador que tanta dor de cabeça causam aos usuários apareceram na década de 1970.

Agora, estamos diante de outro enunciado: o que era dispensável ganhou importância. A oração subordinada, que no original é adjetiva explicativa, nesse caso, é adjetiva restritiva, isto é, delimita ou diferencia o núcleo do sujeito com uma informação relevante, portanto, não demarcada por vírgulas. Em outras palavras: os vírus de computador que tanta dor de cabeça causam aos usuários, esses e apenas esses, apareceram na década de 1970, levando o interlocutor a entender que existem outros vírus, que não causam tanta dor de cabeça aos usuários.

Destaque-se que a distinção entre uma oração adjetiva explicativa e uma oração adjetiva restritiva não se dá exclusivamente pela vírgula. O sinal gráfico de pontuação nada mais é que uma ferramenta que nos permite articular e enfatizar segmentos de um texto escrito. Pensando nisso, a falta de vírgulas delimitando uma oração que se quer explicativa afeta sua compreensão como tal. O mesmo acontece com a presença de vírgulas no caso de uma oração adjetiva restritiva.

Filipe Rocha/Arquivo da editora

# Atividades

Leia a lenda reproduzida abaixo para responder às questões propostas na página seguinte.

## A cidade encantada de Jericoacoara

Dizem alguns habitantes de Jericoacoara que, sob o serrote do farol, jaz uma cidade encantada, onde habita uma linda princesa.

Perto da praia, quando a maré está baixa, há uma furna onde só se pode entrar de gatinhas. Essa furna de fato existe.

Só se pode entrar pela boca da caverna, mas não se pode percorrê-la, porque, dizem, é fechada por enorme portão de ferro.

A princesa está encantada no meio da cidade que existe além do portão.

A maravilhosa princesa está transformada numa serpente de escamas de ouro, só tendo a cabeça e os pés de mulher.

Diz a lenda que ela só pode ser desencantada com sangue humano.

No dia em que se imolar alguém perto do portão, abrir-se-á a entrada do reino maravilhoso. Com sangue será feita uma cruz no dorso da serpente, e então surgirá a princesa com sua beleza olímpica no seio dos tesouros e maravilhas da cidade.

E então, em vez daquela ponta escalvada e agreste, surgirão as cúpulas dos palácios e as torres dos castelos, maravilhando toda a gente.

Na povoação há um feiticeiro, o velho Queiroz, que narra, com a fé dos profetas e videntes, os prodígios da cidade escondida.

Certo dia o Queiroz, acompanhado de muita gente da povoação, penetrou na gruta.

O feiticeiro ia desencantar a cidade.

Estavam em frente ao portão, que toda a gente diz ter visto. Eis que surge a princesa, à espera do desencanto.

Dizem que ouviram cantos de galos, trinados de passarinhos, balidos de carneiros e gemidos estranhos originados da cidade sepultada.

O velho mágico, entretanto, nada pôde fazer porque no momento ninguém quis se prestar ao sacrifício.

Todos queriam sobreviver, naturalmente para se casar com a princesa...

O certo é que o feiticeiro pagou caro a tentativa. Foi parar na cadeia, onde permanece até hoje.

A cidade e a princesa ainda esperam o herói que se decida a remi-las com seu sangue.

Olavo Dantas, "Sob o céu dos trópicos", em *Lendas, aspectos e curiosidades do Brasil* (p. 194-196) Rio de Janeiro: 1938.

A mesma lenda ocorre em Pernambuco. Mário Melo encontrou em Pedra Talhada, Vila Bela, uma furna habitada por uma princesa encantada, uma imensa cobra. *Revista do Instituto Arqueológico Pernambucano*, vol. XXIX, p. 33. ns. 135 a 142. Recife: 1930.

CÂMARA CASCUDO, Luís da. (Org.). *Lendas brasileiras para jovens*. São Paulo: Global, 2006. p. 31-35.

Filipe Rocha/Arquivo da editora

1. Uma lenda costuma ser transmitida oralmente de geração em geração. O registro escrito é também um modo de preservá-la e transmiti-la. Quem conta uma lenda precisa saber de memória alguns aspectos fundamentais da história ainda que introduza algumas variações.

   Nos seis primeiros parágrafos da lenda, o verbo *dizer* é usado três vezes, duas na terceira pessoa do plural, uma na terceira do singular. Identifique, se houver, os casos gramaticais de indeterminação do sujeito e, no caso de sujeito determinado com o verbo *dizer*, indique-o.

2. Releia este parágrafo e observe os verbos em destaque.

   > Perto da praia, quando a maré está baixa, **há** uma furna onde só se pode entrar de gatinhas. Essa furna de fato **existe**.

   Qual deles é usado como verbo impessoal? Como se classifica o sujeito do outro verbo destacado?

3. Conforme acontece em toda história de encantamento, há na lenda uma condição para que se desfaça essa magia. Caso essa condição seja satisfeita, uma série de transformações deve ocorrer, segundo os parágrafos 7 e 8. Releia-os e note que essas transformações são indicadas com verbos — no singular ou no plural — flexionados no futuro do presente do indicativo.

   > No dia em que se imolar alguém perto do portão, **abrir-se-á** a entrada do reino maravilhoso. Com sangue **será feita** uma cruz no dorso da serpente, e então **surgirá** a princesa com sua beleza olímpica no seio dos tesouros e maravilhas da cidade.
   >
   > E então, em vez daquela ponta escalvada e agreste, **surgirão** as cúpulas dos palácios e as torres dos castelos, maravilhando toda a gente.

   a) Identifique os respectivos sujeitos desses verbos.
   b) Qual é a ordem do sujeito e do verbo nas construções analisadas no item **a**? Que efeito de sentido esse aspecto confere ao trecho?

4. Observe as duas frases que formam o parágrafo abaixo:

   O certo é que o feiticeiro pagou caro a tentativa. Foi parar na cadeia, onde permanece até hoje.

   a) Identifique, em uma dessas frases, o predicativo do sujeito que é representado por uma oração subordinada.
   b) Qual é o sujeito dos verbos ou locuções verbais da outra frase?

5. Até o parágrafo 8, a lenda é contada. Dos parágrafos 9 a 16 há um episódio, relacionado a essa lenda, em que um feiticeiro procura desfazer o encantamento.

   a) O desfecho desse episódio reforça ou contesta a ideia da lenda? Por quê?
   b) E a atitude das pessoas da povoação que acompanham o mágico nesse episódio, reforça ou desconstrói a lenda?

6. Embora o narrador da lenda não participe da história, uma vez que ela é contada em terceira pessoa, é possível perceber, no modo de contá-la, sua presença — ou seu ponto de vista — por meio de algumas expressões.

   a) Uma delas está no parágrafo 2: "Essa furna *de fato* existe". Ao destacar que a caverna realmente existe, o que sugere o autor: que o restante da história é verdadeiro ou não? Discuta com a classe toda.
   b) Nos parágrafos 15 e 16, que fecham o episódio do feiticeiro, percebemos de novo a presença do narrador. Ele justifica a atitude dos moradores de Jericoacoara, que não quiseram ser sacrificados. Que justificativa é essa? E ele mais uma vez indica ao leitor o que, na realidade, aconteceu no desfecho do episódio: o feiticeiro foi preso. Que expressão ele usa para indicar essa ligação entre o que ele conta e a realidade?

7. Sabemos que nenhum cidadão de Jericoacoara decidiu sacrificar a própria vida para desfazer o encantamento. Entretanto, o narrador caracteriza como herói aquele que tomar a decisão contrária. Releia: "A cidade e a princesa ainda esperam o **herói** que se decida a remi-las com seu sangue". Com esse parágrafo, o narrador dá continuidade à lenda voltando a empregar verbos sobretudo no presente do indicativo, conforme acontece no trecho inicial da narrativa, em que conta, de fato, a lenda. Tal sacrifício, na vida real, seria considerado um crime, provavelmente quem cometesse tal ação seria caracterizado como suicida. Pesquise os significados dessa palavra no dicionário, depois discuta com a classe toda: que efeito de sentido o narrador obtém ao escolher essa palavra nesse contexto?

# Vestibulares de Norte a Sul

**Texto para a questão 1.**

## Conversa no ônibus

Sentaram-se lado a lado um jovem publicitário e um velhinho muito religioso. O rapaz falava animadamente sobre sua profissão, mas notou que o assunto não despertava o mesmo entusiasmo no parceiro. Justificou-se, quase desafiando, com o velho chavão:

– A propaganda é a alma do negócio.

– Sem dúvida, respondeu o velhinho. – Mas sou daqueles que acham que o sujeito dessa frase devia ser o negócio.

1. SE (Fuvest-SP)
   a) A palavra **alma** tem o mesmo sentido para ambas as personagens? Justifique.
   b) Seguindo a indicação do velhinho, redija a frase na versão que a ele pareceu mais coerente.

2. S (PUC-PR) Assinale a alternativa que contém uma oração sem sujeito.
   a) No momento, doem-me muito os dentes.
   b) Para alguns, ainda havia esperança.
   c) Lentamente chegava a noite.
   d) Na repartição, existiam muitos documentos secretos.
   e) Nada se fazia de proveitoso.

3. N (FUA-AM) Assinale o item em que o substantivo destacado não exerce a função de sujeito.
   a) Não se pode derrubar esta **palmeira**.
   b) Havia um **mistério** no ar.
   c) Sua **salvação** foram os desvelos da mulher.
   d) Será que não existia outra **solução**?
   e) Na discussão, o **parlamentar** houve-se com perfeito equilíbrio.

4. SE (FGV-SP) Observe a seguinte passagem:

   O Brasil para ser feliz não tem necessidade de tratados com nação alguma, pois basta somente proteger a agricultura, animar a indústria manufatureira, libertar o comércio, e franquear seus portos ao mundo inteiro. O Brasil não precisa dos favores da Inglaterra

   (L. 13 a 16).

   Em qual das alternativas esse trecho está pontuado de acordo com a norma culta?
   a) O Brasil, para ser feliz, não tem necessidade de tratados com nação alguma, pois basta somente proteger a agricultura, animar a indústria manufatureira, libertar o comércio e franquear seus portos ao mundo inteiro. O Brasil não precisa dos favores da Inglaterra.
   b) O Brasil, para ser feliz não tem necessidade de tratados com nação alguma; pois basta, somente, proteger a agricultura, animar a indústria manufatureira, libertar o comércio, e franquear seus portos ao mundo inteiro. O Brasil não precisa dos favores da Inglaterra.
   c) O Brasil para ser feliz, não tem necessidade de tratados com nação alguma, pois basta somente proteger a agricultura, animar a indústria manufatureira, libertar o comércio, e franquear seus portos ao mundo inteiro. O Brasil não precisa dos favores da Inglaterra.
   d) O Brasil, para ser feliz não tem necessidade, de tratados com nação alguma. Pois basta somente proteger a agricultura, animar a indústria manufatureira, libertar o comércio e franquear seus portos ao mundo inteiro. O Brasil, não precisa dos favores da Inglaterra.
   e) O Brasil, para ser feliz não tem necessidade de tratados com nação alguma, pois basta somente proteger a agricultura, animar a indústria manufatureira, libertar o comércio, e franquear seus portos ao mundo inteiro, o Brasil não precisa dos favores da Inglaterra.

5. CO (UFMS) Faça uma análise sintática da oração abaixo e, a seguir, assinale a(s) proposição(ões) correta(s).

   A ordem, meus amigos, é a base do governo.

   (001) **A ordem** é sujeito simples; **é a base do governo** é predicado nominal.
   (002) A expressão **meus amigos** é aposto.
   (004) **A**, **meus**, **a**, **do governo** são adjuntos adnominais.
   (008) **é** – verbo transitivo direto.
   (016) **a base do governo** é predicativo do objeto.

6. SE (PUC-SP) Indique a alternativa correta no que se refere ao sujeito da oração:

   Da chaminé da usina subiam para o céu nuvens de fumaça.

   a) Simples, tendo por núcleo **chaminé**.
   b) Simples, tendo por núcleo **nuvens**.
   c) Composto, tendo por núcleo **nuvens de fumaça**.
   d) Simples, tendo por núcleo **fumaça**.
   e) Simples, tendo por núcleo **usina**.

7. SE (UFMG) Em todas as alternativas, o termo em negrito exerce a função de sujeito, exceto em:
   a) **Quem** sabe de que será capaz a mulher de teu sobrinho?
   b) Raramente se entrevê **o céu** nesse aglomerado de edifícios.
   c) Amanheceu **um dia lindo**, e por isso todos correram à piscina.
   d) Era somente **uma velha**, jogada num catre preto de solteiro.
   e) É preciso **que haja muita compreensão para com os amigos**.

CAPÍTULO

# 6 As relações sintáticas dentro do sintagma nominal

Renato Soares/Pulsar Imagens

Cesto produzido por indígenas Yanomami.

Veja esta capa de livro. Levando em consideração as questões propostas mais abaixo, discuta-a com os colegas e o professor.

*Beleza interior*, de Fabrício Carpinejar, editora Arquipélago.

- *Em geral, quando se usa o substantivo* beleza, *faz-se referência a algo que é belo. E quando se emprega a expressão "beleza interior"?*

  *Ao ler só o título do livro,* Beleza interior, *é possível associá-lo ao uso habitual dessa expressão?*
- *Quando observamos a capa como um todo, ampliam-se as hipóteses sobre o assunto do livro. Releia o título e o subtítulo do livro:*
  - *O subtítulo permite que se compreenda o título de outra maneira. Que sentido novo ele empresta à expressão "beleza interior"?*
  - *O que você entende pela expressão "viagem poética"?*
  - *Se o subtítulo fosse só "Uma viagem poética", teria informações compreensíveis. Que tipo de informação a expressão "pelo Rio Grande do Sul" acrescenta e como isso ajuda a entender o título do livro?*
- *Levando em conta suas respostas às questões anteriores, reflita:*
  - *Uma palavra ganha sentido conforme a relacionamos com uma imagem?*
  - *Uma palavra ganha sentido de acordo com a palavra mais próxima a ela?*
  - *As palavras ganham novo sentido se as relacionamos com outras do contexto, que as complementam?*
- *Por essas informações, sobre o que você imagina que seja a obra? A imagem usada para compor a capa, um tecido rendado, confirma ou modifica essa hipótese? E o sobrenome do autor, Carpinejar?*
- *Leia as informações sobre o livro conforme são encontradas no primeiro parágrafo da orelha da obra:*

  Ao longo de um ano, o cronista e poeta Fabrício Carpinejar percorreu o Rio Grande do Sul à procura de histórias inusitadas, personagens inesquecíveis e pontos de vista especiais. Foram 52 cidades — de Caxias do Sul, sua terra natal, a Santana do Livramento. [...] Carpinejar atravessou as culturas italiana, polonesa, alemã, suíça, africana, indígena, açoriana e japonesa para escrever a série de reportagens "Beleza interior", publicada originalmente pelo jornal *Zero Hora*. [...]
  - *Essas informações confirmam suas hipóteses ou as modificam? Explique.*
  - *Você costuma ler a orelha dos livros? Leva essas informações em conta ao escolher um livro?*

# As funções dentro dos sintagmas maiores

Considere estas observações sobre o livro *Beleza interior*, do jornalista e escritor Fabrício Carpinejar. Observe que cada frase é formada por dois termos essenciais, um sintagma nominal (na função de sujeito) e um sintagma verbal (na função de predicado):

sujeito: O escritor gaúcho (núcleo: escritor) | predicado: percorreu o Rio Grande do Sul à procura de histórias inusitadas.

(I) O escritor gaúcho percorreu o Rio Grande do Sul à procura de histórias inusitadas.

escritor: núcleo; percorreu: verbo transitivo; o Rio Grande do Sul: objeto (compl. do verbo); à procura de histórias inusitadas: adjunto adverbial de finalidade

(II) Ao longo de um ano, Carpinejar atravessou 52 cidades.

Ao longo de um ano: predicado – adjunto adverbial; Carpinejar: sujeito – núcleo; atravessou 52 cidades: predicado – atravessou: verbo transitivo; 52 cidades: objeto (compl. do verbo)

Após a delimitação dos grandes sintagmas de cada enunciado, vamos nos deter no sintagma nominal do enunciado I: trata-se de um sujeito simples e determinado, cujo núcleo (*escritor*) estabelece concordância com o núcleo do predicado (*percorreu*), evidenciada na desinência verbal: terceira pessoa do singular.

Observando os detalhes do sintagma nominal que exerce função de sujeito, notamos que o núcleo vem acompanhado de dois termos que o modificam: o artigo definido *o* e o adjetivo *gaúcho*; esses termos concordam em gênero e número com o substantivo que é núcleo do sintagma. Por essas características, são chamados de **adjuntos adnominais**.

| | | |
|---|---|---|
| **o** | **escritor** | gaúcho |
| **os** | escritore**s** | gaúcho**s** |
| **as** | escritor**as** | gaúch**as** |

No sintagma verbal, a forma verbal *percorreu*, no contexto em que aparece, não apresenta sentido completo, necessitando de palavras que complementem seu sentido. Quando o sentido do verbo transita, isto é, segue adiante, passando para o complemento, o verbo é **transitivo**. No caso do enunciado acima, o verbo pede um complemento:

percorreu → o Rio Grande do Sul
→ isso

Os termos que completam o sentido do verbo são chamados de **complementos verbais** ou **objetos**.

No enunciado II, o sujeito também é simples e determinado (*Carpinejar*) e estabelece concordância com o núcleo do predicado (*atravessou*), evidenciada na desinência verbal, que indica a terceira pessoa do singular. No predicado, reconhecem-se algumas informações em torno do núcleo verbal, detalhadas a seguir.

Como se estudou, o núcleo verbal transitivo exige um complemento, já que, quem atravessa, atravessa algo:

atravessou → 52 cidades
→ isso

Essa, porém, não é a única informação ligada ao predicado. Há um circunstancial introduzindo uma informação que amplia o sentido do verbo: "Ao longo de um ano". Termos como esse, basicamente relacionados ao verbo e que ampliam seu sentido, são chamados de **adjuntos adverbiais**.

Assim, é possível perceber relações morfossintáticas entre os elementos dos sintagmas maiores. Essas relações dão forma gramatical aos enunciados, sempre em função de seu sentido.

Neste capítulo e no próximo, trabalharemos esses termos: primeiro, os que se relacionam, basicamente, com os substantivos que funcionam como núcleo de sintagmas nominais; depois, os que se relacionam, basicamente, com os verbos.

## O adjunto adnominal

Para retomar o conceito de adjunto adnominal, considere o seguinte enunciado. Nele, observam-se algumas relações que têm como centro um substantivo:

O **poeta** viajante registrou a **história** do ambulante que formou os seis **filhos** vendendo rapaduras.

(O = artigo definido; poeta = subst.; viajante = adjetivo; história = subst.; do ambulante = loc. adj.; os = art. definido; seis = numeral; filhos = subst.)

O substantivo *poeta* aparece modificado pelo artigo definido *o* e pelo adjetivo *viajante*; o substantivo *história* aparece modificado pelo artigo definido *a* e pela locução adjetiva *do ambulante*; o substantivo *filhos* mostra-se modificado pelo artigo definido *os* e pelo numeral *seis*.

O adjunto adnominal pode pertencer a diferentes classes de palavras (um adjetivo, um artigo, um pronome, um numeral) e, por gravitar em torno de um substantivo, exerce uma função adjetiva na oração.

### Morfossintaxe do adjunto adnominal

No período simples, o adjunto adnominal pode ser representado pelo próprio adjetivo ou por uma locução adjetiva, um numeral adjetivo, um pronome adjetivo, um artigo ou um pronome pessoal oblíquo (quando equivalente a um pronome possessivo). Isto é, sempre exercendo uma função adjetiva:

As **reportagens** de Carpinejar: um **mapa** lírico e engraçado da **gente** gaúcha.

(As = adj. adn. (art. def.); de Carpinejar = adj. adn. (loc. adj.); um = adj. adn. (art. indef.); lírico = adj. adn. (adjetivo); engraçado = adj. adn. (adjetivo); gaúcha = adj. adn. (adjetivo))

Seus **personagens** mais intrigantes: o **vendedor** de rapaduras e o **cantor** motorizado.

(Seus = adj. adn. (pron. possessivo); mais intrigantes = adj. adn. (locução adjetiva); o = adj. adn. (art. def.); de rapaduras = adj. adn. (loc. adjetiva); o = adj. adn. (art. def.); motorizado = adj. adn. (adjetivo))

Elogiaram-**lhe** os personagens.

(lhe = adj. adn. (pron. pessoal oblíquo usado com função de possessivo) lhe=seus)

No período composto, uma oração inteira pode funcionar como adjunto adnominal. Nesse caso, trata-se de uma **oração subordinada** (é termo de uma oração principal) **adjetiva** (tem valor de adjetivo) **restritiva** ou **explicativa**:

O escritor Carpinejar, **que tem livro premiado**, assina uma coluna no jornal *Zero Hora*.

(O escritor Carpinejar = or. principal (sujeito); assina uma coluna no jornal *Zero Hora* = or. principal (predicado); que tem livro premiado = adjunto adnominal representado por oração subordinada adjetiva explicativa (entre vírgulas, intercalada à oração principal))

O escritor gaúcho **que tem livro premiado** assina uma coluna no jornal *Zero Hora*.

(O escritor gaúcho = or. principal (sujeito); assina uma coluna no jornal *Zero Hora* = or. principal (predicado); que tem livro premiado = adjunto adnominal representado por oração subordinada adjetiva restritiva (intercalada à oração principal, sem vírgulas))

# Atividades

Ao escrever sobre os lugares percorridos e sobre as pessoas que conheceu, Carpinejar se preocupou em selecionar detalhes curiosos a retratar e registrou isso de modo a ressaltar o aspecto único de cada localidade ou de cada pessoa retratada, procurando atrair a atenção do leitor do jornal em que essas reportagens foram originalmente publicadas. Os adjuntos adnominais o ajudaram a caracterizar esses cenários e seus personagens.

As questões a seguir procuram ajudar você a perceber a função dos adjuntos adnominais em um dos textos de Carpinejar, o que comenta o município gaúcho de Santa Vitória do Palmar. Leia-o.

## O crepúsculo mais bonito

Fabrício Carpinejar

Ele viajou oito mil quilômetros para estar ali.

O aventureiro José Adilson, 27 anos, saiu de bicicleta de sua cidade natal, Jacobina, no sertão baiano, pedalou o Centro-Oeste do Brasil, passou pela porção chilena da Patagônia, atravessou a Argentina e o Uruguai, para estar ali.

Inteiramente ali.

Ele escolheu dormir em Árvore Só, um dos seis distritos de Santa Vitória do Palmar, pela beleza imponente e alaranjada do seu crepúsculo.

[...]

Árvore Só é a localidade com o nome mais poético do estado. Seu batismo vem dos espanhóis, da expressão "Árbol solo", um modo comum de localizar um ponto no pampa pela presença rara de uma árvore.

A árvore em questão era uma figueira secular, que reinava isolada na paisagem e destoava dos matos e descampados da região no final do século 18. [...]

CARPINEJAR, Fabrício. *Beleza interior.* Porto Alegre: Arquipélago, 2012. p. 51-52.

Filipe Rocha/Arquivo da editora

1. No trecho a seguir, observe:

   Ele viajou **oito mil** quilômetros para estar ali.

   O numeral "oito mil" liga-se ao substantivo quilômetros. Ao iniciar o texto com um parágrafo tão curto e com essa indicação de número de quilômetros percorrido por alguém, o que o escritor ressalta?

2. Releia:

   Ele escolheu dormir em Árvore Só, um dos seis distritos de Santa Vitória do Palmar, pela beleza imponente e alaranjada do seu crepúsculo.

   a) Nesse parágrafo, Carpinejar situa a pessoa retratada já no distrito em questão, Árvore Só. Além disso, ele justifica o fato de o viajante escolher esse local para dormir. Que adjetivos o escritor usa para isso e a que substantivo se ligam?
   b) Nesse trecho, note que, em "beleza imponente e alaranjada do seu crepúsculo", há uma locução adjetiva. Identifique essa locução e o substantivo a que ela se refere.

3. Releia o penúltimo parágrafo do fragmento reproduzido:

   Árvore Só é a localidade com o nome mais poético do estado. Seu batismo vem dos espanhóis, da expressão "Árbol solo", um modo comum de localizar um ponto no pampa pela presença rara de uma árvore.

   Nesse parágrafo, ele usa dois adjetivos que podem ser considerados antônimos, procurando mostrar uma particularidade do nome do lugar. Que adjetivos são esses e a que substantivo cada um deles se liga?

4. No último parágrafo do trecho, duas orações têm função de adjunto adnominal.

   A árvore em questão era uma figueira secular, que reinava isolada na paisagem e destoava dos matos e descampados da região no final do século 18. [...]

   a) Identifique-as.
   b) A que substantivo da oração principal elas se ligam?
   c) Essas orações subordinadas com função de adjetivo ampliam as informações sobre o termo a que se ligam ou tornam esse termo mais particular, restringindo-o? Explique.

## O aposto

Observe, agora, o termo em negrito:

José Adilson, **o aventureiro baiano**, pedalou muito até chegar a Árvore Só.

(sujeito: José Adilson, o aventureiro baiano — núcleo do sujeito: José Adilson; aposto do sujeito: o aventureiro baiano; predicado: pedalou muito até chegar a Árvore Só)

Trata-se de um termo acessório que se relaciona ao núcleo de outro termo – via de regra, um substantivo – para esclarecê-lo ou explicá-lo, ao mesmo tempo que o retoma. Nesse caso, o termo em questão está exercendo a função de **aposto**.

É importante notar que o aposto sempre pertence ao termo a que se refere, podendo, sem perda de sentido, substituí-lo:

**O aventureiro baiano** pedalou muito até chegar a Árvore Só.

(sujeito: O aventureiro baiano; predicado: pedalou muito até chegar a Árvore Só)

Carpinejar conheceu José Adilson, **o aventureiro baiano**.

(objeto direto: José Adilson, o aventureiro baiano — núcleo do obj. dir.: José Adilson; aposto do obj. dir.: o aventureiro baiano)

Carpinejar conheceu as ideias de José Adilson, **o aventureiro baiano**.

(objeto direto: as ideias de José Adilson, o aventureiro baiano — núcleo: as ideias; adj. adnominal: de José Adilson; aposto do adjunto adnominal: o aventureiro baiano)

**Fabrício Carpinejar**, retratista da gente gaúcha, onde está você?

(vocativo: Fabrício Carpinejar, retratista da gente gaúcha — núcleo do vocativo: Fabrício Carpinejar; aposto do vocativo: retratista da gente gaúcha)

Flavio Moraes/Fotoarena

O escritor e jornalista Fabrício Carpinejar.

No texto sobre Rodeio Bonito, Carpinejar destaca o trabalho de duas professoras, que ele caracteriza como "discretas heroínas". Observe:

Loreni Graebin [...] e Nely Maria dos Santos [...], moradoras de Rodeio Bonito, cidade de 5 700 habitantes, são as discretas heroínas do ensino.

(sujeito: Loreni Graebin [...] e Nely Maria dos Santos [...], moradoras de Rodeio Bonito, cidade de 5 700 habitantes — núcleos do sujeito: Loreni Graebin [...] e Nely Maria dos Santos [...]; aposto dos núcleos do sujeito: moradoras de Rodeio Bonito; aposto do adjunto adnominal ("Rodeio bonito"): cidade de 5 700 habitantes; predicado: são as discretas heroínas do ensino)

CARPINEJAR, Fabrício. *Beleza interior.* Porto Alegre: Arquipélago, 2012. p. 159.

Nesse exemplo, "moradoras de Rodeio Bonito" é empregado como aposto dos núcleos do sujeito composto: "Loreni Graebin e Nely Maria dos Santos". Por sua vez, "cidade de 5 700 habitantes" forma o aposto de "Rodeio Bonito", núcleo do adjunto adnominal de "moradoras". Observe os detalhes:

Loreni Graebin e Nely Maria dos Santos, moradoras de Rodeio Bonito, cidade de 5 700 habitantes.

(núcleos do sujeito: Loreni Graebin e Nely Maria dos Santos; núcleo do adjunto adnominal que serve de aposto para o núcleo do sujeito: moradoras de Rodeio Bonito; aposto do adjunto adnominal: cidade de 5 700 habitantes)

Em geral, na escrita o aposto é registrado isolado por sinais de pontuação, pois costuma significar uma quebra na ordem direta da frase. Vírgulas ou dois-pontos são os sinais de pontuação habitualmente empregados, como neste fragmento em que Carpinejar descreve os cuidados, hoje em dia, da senhora que foi sua babá:

[Neide] cuida agora de três filhos: **Melissa, Marcelo e Camila**.

Entretanto, em casos como o ilustrado pelo trecho a seguir, ocorre um tipo especial de aposto, denominado **especificativo** ou **de especificação**. Ele individualiza um substantivo de sentido genérico e é registrado sem pontuação.

O cronista **Fabrício Carpinejar** percorreu o Rio Grande do Sul à procura de histórias inusitadas.

(cronista: substantivo (núcleo do sujeito); Fabrício Carpinejar: aposto especificativo)

O mesmo ocorre em:

**Mortes no trânsito caem 6% na cidade de São Paulo**

(cidade: subst.; de São Paulo: aposto especificativo)

*O Estado de S. Paulo*. São Paulo, 20 mar. 2014. Disponível em: <http://br.noticias.yahoo.com>. Acesso em: 27 mar. 2014.

**OPS!**

Para não confundir o aposto de especificação com o adjunto adnominal, observe a seguinte frase:

Visite países do Oriente.

(do Oriente: adj. adnominal)

Nela, a expressão "do Oriente" tem função de adjetivo. Pode-se dizer: *países orientais*. Os termos *países* e *Oriente* não designam o mesmo referente. Por isso "do Oriente" é adjunto adnominal.

## Morfossintaxe do aposto

O aposto apresenta uma particularidade importante: o núcleo do aposto e o substantivo a que o aposto se refere denominam o mesmo ser. Daí se falar que o aposto é mais uma função substantiva da oração (ou seja, seu núcleo é representado por um substantivo ou palavra com valor de substantivo). Assim, retomando alguns dos exemplos anteriores, podemos montar o seguinte esquema:

| | | |
|---|---|---|
| cidade | = | São Paulo |
| cronista | = | Fabrício Carpinejar |
| filhos | = | Melissa, Marcelo e Camila |
| José Adilson | = | aventureiro baiano |

Observe que isso se aplica inclusive a alguns casos em que o núcleo do termo a que o aposto se refere não é um substantivo:

Amanhã, **domingo**, iremos à praia.

amanhã = domingo

O aposto também pode estar representado por uma oração no período composto: trata-se de uma **oração subordinada** (é termo de uma oração principal) **substantiva** (tem valor de substantivo) **apositiva** (funciona como um aposto):

O texto na orelha do livro tem um objetivo: que o leitor seja informado sobre a obra.

(O texto na orelha do livro tem um objetivo: oração principal; que o leitor seja informado sobre a obra: oração subordinada substantiva apositiva; objetivo: subst.; que o leitor seja informado sobre a obra: aposto representado por oração apositiva)

## Atividades

Leia o texto a seguir, que comenta uma curiosidade relacionada a pontos turísticos da cidade de São Paulo.

### Me dá um sinal

*Semáforos para pedestres exibem pontos turísticos da cidade*

Regiane Teixeira

Em vermelho ou verde, o desenho do edifício Copan, de Oscar Niemeyer, acende. Eis um lembrete, para quem passa pela av. Ipiranga, de que ali está um dos símbolos paulistanos.

Imagens desse e de outros nove pontos turísticos foram instaladas nos semáforos para pedestres pela CET (Companhia de Engenharia de Tráfego). Segundo a empresa, os modelos temáticos não têm custo extra.

Revista *sãopaulo*, 10 a 16 nov. 2013. Disponível em: <http://www1.folha.uol.com.br>. Acesso em: 12 dez. 2013.

Rodrigo Dionisio/Frame/Folhapress

Semáforo de travessia de pedestres na avenida Ipiranga, em frente ao edifício Copan, no centro. Em vez do boneco, o sinal traz imagem estilizada do próprio edifício Copan, obra de Oscar Niemeyer.

1. Identifique os apostos de especificação contidos na notícia.
2. Qual desses apostos o produtor do texto escolheu para informar o leitor sobre um ponto turístico da cidade? E o que o outro aposto do texto ajuda a informar?
3. Na frase abaixo, um adjunto adnominal, representado por locução adjetiva, dá pistas ao leitor sobre o valor artístico e cultural do desenho do edifício Copan.
   Em vermelho ou verde, o desenho do edifício Copan, de Oscar Niemeyer, acende.
   Identifique esse adjunto adnominal e explique que valor cultural ele informa ao leitor.

## O complemento nominal

Como sabemos, alguns nomes (é o caso de alguns substantivos, advérbios e adjetivos) não apresentam sentido completo, necessitando de complemento que, por oposição ao complemento verbal, é chamado de **complemento nominal** e apresenta-se sempre antecedido de preposição:

Conhecer as particularidades dos vários estados contribui para a **formação** (nome (substantivo)) da brasilidade (compl. nom.).

A manifestação decorreu sem incidentes, **contrariamente** (nome (advérbio)) aos protestos das últimas semanas (compl. nom.) [...].

*Jornal de Notícias*. Disponível em: <http://m.jn.pt>. Acesso em: 28 mar. 2014.

**Para atrair visitantes, EUA quer ser mais "amável" (nome (adjetivo)) com turistas (compl. nom.)**

*R7*. Disponível em: <http://noticias.r7.com>. Acesso em: 28 mar. 2014.

**ATENÇÃO!**

É muito comum uma ligeira confusão entre o adjunto adnominal e o complemento nominal. Veja algumas diferenças importantes:

- O complemento nominal relaciona-se ao substantivo, adjetivo ou advérbio; o adjunto adnominal relaciona-se apenas ao substantivo. Portanto, se o termo estiver completando o sentido de um adjetivo ou advérbio, será, com certeza, um complemento nominal.
- A confusão só ocorre quando o termo em dúvida está antecedido por preposição e relacionado a um substantivo; sem preposição, será um adjunto adnominal.
- O complemento nominal equivale a um complemento verbal, ou seja, só se relaciona a substantivos cujos significados transitam (em geral, substantivos abstratos); portanto, seu valor será passivo, é sobre ele que recai a ação. O adjunto adnominal tem sempre valor ativo. Exemplos:

O incêndio **da mata** foi um desastre ambiental.
complemento nominal (sentido passivo)

O incêndio **dos madeireiros** foi um desastre ambiental.
adjunto adnominal (sentido ativo)

No primeiro exemplo, a mata sofre a ação; no segundo, os madeireiros praticam a ação.

## Morfossintaxe do complemento nominal

No período simples, o complemento nominal é representado geralmente por um substantivo ou palavra com valor substantivo; quando representado por um pronome pessoal oblíquo, a preposição fica implícita. Exerce, portanto, uma **função substantiva**:

Para o cronista, a viagem pelo Rio Grande do Sul foi **favorável** ao resgate de suas raízes.
adjetivo — complemento nominal (subst. + preposição) sintagma nom. prep.

Quanto ao resgate de suas raízes, o cronista revelou que a viagem pelo Rio Grande do Sul lhe foi **favorável**.
lhe: compl. nominal representado por pron. pessoal oblíquo (= a ele) — favorável: adjetivo

No período composto, podemos ter uma oração inteira funcionando como complemento nominal; trata-se de uma **oração subordinada** (é termo de uma oração principal) **substantiva** (tem o valor de um substantivo) **completiva nominal** (exerce a função de complemento nominal):

oração principal — oração subordinada substantiva completiva nominal

O cronista acredita no **benefício** de resgatar suas raízes.

verbo da or. principal — subst. — complemento nominal representado por oração subordinada

## Atividades

Destes trechos de reportagem foram retirados alguns termos, que estão no respectivo quadro. Reescreva-os colocando-os no lugar adequado. Em seguida, dê sua função sintática.

a) Em quase quatro décadas de jornalismo, Caco Barcellos acostumou-se a circular pelos dois universos mais perigosos do país. Tornou-se, no dia a dia das ruas, uma autoridade no sentimento que paralisa a sociedade brasileira.

NOGUEIRA, Bruno Torturra. Profissão: perigo. *Trip*. São Paulo: Trip, n. 168, jul. 2008. p. 26.

| o dos matadores da polícia e o dos bandidos do tráfico | o medo |
|---|---|

b) O plantão informa: Caco Barcellos tem 58 anos. Como explicar a cara de 40 e poucos? A macrobiótica de que é adepto desde 1971, seus tempos de *hippie*?

Ibidem, p. 28.

| da revista *Trip* | enxuta | inveterada |
|---|---|---|

## O vocativo

Além dos termos que mantêm relações dentro da oração e dos sintagmas, há outro termo independente, que não faz parte de nenhum dos dois grandes sintagmas que compõem a oração (daí sempre ser marcado por pausa, na oralidade, e por sinal de pontuação, na escrita). Esse termo é o **vocativo**, que, como o próprio nome indica, serve para chamar, invocar ou interpelar um ouvinte real ou hipotético. Por seu caráter, o vocativo em geral se relaciona à segunda pessoa do discurso, sendo representado por substantivo ou pronome.

Para exemplificar, veja como o cronista Fabrício Carpinejar imagina que seria a reação do avô dele ao saber da viagem do neto pelo Rio Grande do Sul:

— Chuta as pedras, **meu neto**, o chão implica com quem não anda.

CARPINEJAR, Fabrício. *Beleza interior.* Porto Alegre: Arquipélago, 2012. p. 10.

## Atividades

Leia o texto a seguir, um trecho da história sobre o vendedor de rapadura que Carpinejar conheceu em Victor Graeff, interior do Rio Grande do Sul.

### Milagres de um vendedor de rapadura

Fabrício Carpinejar

— A vida é dura como um pé de moleque, mas no fundo é doce.

Essa frase só tem sentido na boca de Hilberto Helvino Von Frühauf, 76 anos, morador de Victor Graeff, município de três mil habitantes.

Ele pagou a universidade de seis filhos vendendo rapadura de porta em porta. Desde 1975, acorda cedo, sai com uma cestinha verde cheia de confeitos preparados pela mulher Nelvi, caminha 200 metros de barro, embarca no ônibus da empresa Azul na Linha Jacuí e segue oferecendo o produto para quem encontrar pela frente em Carazinho, Passo Fundo e Não-Me-Toque, além de sua própria cidade.

O casal, que completou bodas de ouro em novembro de 2011, teve sete filhos, três já morreram: o químico Milton em acidente de carro em 1986; a professora Marilei ao cometer suicídio, inconsolável pelo fim precoce do irmão, em 1991; e Maristela, decorrente de complicações da paralisia cerebral, em 1993.

— Enterrar um filho é desumano, é perder o próprio nascimento. Apagaram três vezes a data na minha certidão — desabafa.

[...]

CARPINEJAR, Fabrício. *Beleza interior.* Porto Alegre: Arquipélago, 2012. p. 147-148.

Filipe Rocha/Arquivo da editora

1. Qual é a atitude que o escritor considera um milagre e que ele assim registra no título do texto?

2. Considere o seguinte sintagma nominal: "milagres de um vendedor de rapadura".

   Qual é seu núcleo? Que função desempenham os sintagmas ligados a ele?

3. Qual é a função sintática da sequência "o químico Milton em acidente de carro em 1986; a professora Marilei ao cometer suicídio, inconsolável pelo fim precoce do irmão, em 1991; e Maristela, decorrente de complicações da paralisia cerebral, em 1993."? A que termo se refere a sequência?

4. Releia este início de parágrafo:

   Essa frase só tem sentido na boca de Hilberto Helvino Von Frühauf [...].

   a) Qual é o referente que preenche o conteúdo semântico do pronome demonstrativo?
   b) Agora que você já conhece um pouco a história de Hilberto Helvino, por que essa frase tem sentido se dita por ele?

5. Releia este trecho:

   Desde 1975, acorda cedo, sai com **uma cestinha verde cheia de confeitos** preparados pela mulher Nelvi [...].

   a) Qual é o núcleo do sintagma nominal destacado?
   b) Que função desempenham os sintagmas menores?

# A relevância dos termos adicionais do nome

Leia com atenção os seguintes exemplos e observe as diferenças entre eles:

Grandes empresas investem no patrocínio de eventos que atraem **o público**.

Grandes empresas investem no patrocínio de eventos que atraem **o público jovem**: **corridas, esportes e *shows*, por exemplo**.

Grandes empresas investem no patrocínio de eventos que atraem **o público jovem**: **corridas, esportes radicais e *shows* de rock, por exemplo**.

Os termos da oração que determinam, especificam ou explicam um nome, como o adjunto adnominal e o aposto, são chamados **acessórios**. O complemento nominal é considerado **integrante**, pois sua presença é exigida pela palavra que ele complementa.

Entretanto, se os termos acessórios aparecem numa frase bem elaborada, é porque passam informações, ou seja, desempenham uma função, para a compreensão plena da mensagem.

Nas frases estudadas, notamos que não é o mesmo dizer *público* e *público jovem*; *show* e *show de rock*; *esporte* e *esporte radical*. Ou seja, as informações contidas nos adjuntos especificam e/ou qualificam os nomes que acompanham, criando um campo semântico específico: não se trata de um público qualquer, nem de um *show* qualquer, muito menos de qualquer esporte. Assim, os adjuntos tornam-se relevantes, pois completam o sentido do que se quer expressar em um determinado enunciado.

## A pontuação – gramática e expressividade

Leia um trecho de uma história do escritor brasileiro Mário de Andrade (1893-1945) observando de que modo a pontuação o ajuda a expressar as emoções de um momento de briga entre irmãos:

– Mamãe! Mamãe! Olhe Carlos!

O menino agarrara a irmã na boca do corredor. Brincalhão, bem-disposto como sempre. E machucador. Porém não fazia de propósito, ia brincar e machucava. Cingia Maria Luísa com os braços fortes, empurrava-a com o peito, cantarolando bamboleado no picadinho. Ela se debatia, danando por se ver tão mais fraca.

Empurrada sacudida revirada. "*Tatu subiu no pau*"...

– Mamãe! Me largue, Carlos! Me largue!

ANDRADE, Mário de. *Amar, verbo intransitivo*. Idílio. 11. ed. Belo Horizonte: Itatiaia, 1984. p. 51.

Como observamos ao longo do capítulo, alguns termos são marcados, na fala, por pausa; na escrita, essa pausa é representada por sinais de pontuação. O **vocativo**, por exemplo, sempre aparece isolado por sinais de pontuação. Nas duas falas de Maria Luísa, há um vocativo em comum: Mamãe! – frase nominal delimitada pelo sinal de exclamação, que intensifica o caráter evocativo.

Agora, observe a ocorrência de *Carlos* nas duas frases seguintes:

– Mamãe! Mamãe! Olhe **Carlos**!

– Mamãe! Me largue, **Carlos**! Me largue!

No primeiro caso, o nome *Carlos*, não delimitado por sinais de pontuação, completa o verbo transitivo: trata-se de um objeto direto – Maria Luísa fala com sua mãe e pede para ela olhar (no sentido de atentar, reparar) Carlos. No segundo, o nome *Carlos* está separado por uma vírgula e invoca a segunda pessoa do discurso: trata-se de um vocativo – Maria Luísa fala com Carlos e pede a ele que a largue.

Se no primeiro enunciado existisse uma vírgula isolando o nome, ocorreria um vocativo e o sentido mudaria:

– Mamãe! Mamãe! Olhe, **Carlos**!
(Maria Luísa estaria falando com Carlos e pedindo a ele que olhasse).

O **aposto** é outro termo marcado por pausa – salvo, como já vimos, o aposto de especificação. Quando o aposto é explicativo, ou resumidor, ou comparativo, via de regra apresenta-se separado do elemento a que se refere por vírgula (se a frase continua, o aposto aparecerá entre vírgulas) ou dois-pontos. Além da vírgula, usam-se: travessão, parênteses:

No corredor, Maria Luísa foi abraçada pelo irmão**, um brincalhão**.

No corredor, Maria Luísa foi abraçada pelo irmão**: um brincalhão**.

No corredor, Maria Luísa foi abraçada pelo irmão **— um brincalhão**.

No corredor, Maria Luísa foi abraçada pelo irmão **(um brincalhão)**.

Empurrada, sacudida, revirada, **nisso** se resumiam as emoções de Maria Luísa.
aposto resumidor

Os irmãos, **água e óleo**, não se entendiam.
aposto comparativo

O narrador descreve Carlos com simpatia, por meio de adjetivos:

**brincalhão, bem-disposto, machucador**.
aposto enumerativo

A escolha de um ou de outro sinal de pontuação vai depender do estilo e da intencionalidade (dar mais destaque ou não para o aposto) do produtor do texto. Mas há, claro, sempre uma regra: a clareza.

## Atividades

1. Leia esta manchete e identifique as duas orações que a formam.

**Identificação de genes amplia prevenção do câncer de mama, mas luta está longe do fim**

*Saúde Plena*. Disponível em: <http://sites.uai.com.br>. Acesso em: 31 mar. 2014.

a) Qual é o núcleo do sujeito da primeira oração desse título?
b) A ele se liga um complemento nominal ou um adjunto adnominal? Justifique.
c) No sintagma verbal dessa oração, identifique o núcleo do objeto direto e o complemento nominal ligado a ele.
d) Na segunda oração desse período, há também um complemento nominal.
Qual é ele e a que palavra se liga?

2. Leia esta manchete de jornal:

***Wall Street Journal*: Mercado de títulos retoma interesse pelo Brasil**

*Jornal do Brasil*. Disponível em: <www.jb.com.br>. Acesso em: 31 mar. 2014.

a) Identifique o predicado da oração usada como título.
b) Qual é o complemento nominal contido nesse predicado? E a que palavra ele se liga?

3. Leia a tira e reflita observando o sentido das falas na história e a escolha das pontuações:

*Folha de S.Paulo*. São Paulo, 12 jan. 2014.

## Gênero textual: tira

História em quadrinhos breve, que geralmente se desenrola em três ou quatro quadros horizontais. Circula nas esferas jornalística (impressa e virtual) e literária. Muito apreciada por apresentar situações humorísticas, caracteriza-se pela concisão e leitura rápida. Aliando a linguagem visual à verbal, conta com recursos específicos: balões de vários formatos para representar a fala, o pensamento, o grito, o sussurro; onomatopeias (palavras que imitam sons); linhas que indicam expressões e movimentos; símbolos; formatos, cores e tamanhos variados das letras. Autores talentosos que lançam mão da ironia, do sarcasmo e da crítica têm contribuído para o sucesso e o prestígio do gênero.

a) No primeiro quadrinho, ao usar o ponto de exclamação, que sentido da fala de Hagar o cartunista destaca? E no segundo quadrinho, que efeito de sentido produz o ponto de exclamação?
b) O humor da tira está no contraste que o segundo quadrinho constrói com o primeiro. Explique essa afirmativa baseando-se na resposta aos itens anteriores desta questão.

**Texto para as questões de 4 a 11.**

### Subjetividade pode explicar tabagismo em jovens

Romper barreiras entre diferentes áreas do conhecimento para pesquisar crenças e valores associados ao início do uso do tabaco pelos adolescentes, colaborando, deste modo, com a prevenção ao fumo. Esse foi o objetivo da dissertação de mestrado *Tabagismo: uma busca da subjetividade no uso da droga permitida*, feita por Renata Carone Sborgia, pesquisadora da Faculdade de Filosofia, Ciências e Letras de Ribeirão Preto (FFCLRP/USP).

[...] O interesse pelo tema surgiu ao observar seus alunos começando a fumar cada vez mais cedo, por motivos não muito claros. "Ainda não havia um trabalho que definisse critérios, identificasse e compreendesse as motivações que levam ao consumo do cigarro", conta. Nas entrevistas, realizadas com 65 adolescentes fumantes de um colégio particular de Ribeirão, chamou a atenção os efeitos da propaganda: "vimos que os jovens tendem a acreditar que a mídia não influencia as pessoas a fumar e que fumar não mata, mas acreditam que ver as pessoas fumando pode induzi-los a fumar".

Disponível em: <www.diariodasaude.com.br>. Acesso em: 2 abr. 2014.

4. A notícia informa sobre uma dissertação de mestrado: *Tabagismo: uma busca da subjetividade no uso da droga permitida*. A que faz referência o pronome *esse* usado no primeiro parágrafo? Como ele ajuda a relacionar o título da notícia com a dissertação? Explique.

5. Transforme, nestas passagens, os complementos nominais destacados em complementos verbais, fazendo as adaptações necessárias: "colaborando com prevenção **ao fumo**"; "levam ao consumo **do cigarro**"; "o interesse **pelo tema** surgiu". Explique a opção do autor do texto.

6. Os termos em destaque no título da dissertação — *Tabagismo: uma busca* ***da subjetividade*** *no uso* ***da droga permitida*** — exercem a mesma função sintática? Qual? Esses termos poderiam ser retirados do título?

7. Que função desempenham os sintagmas destacados abaixo? Justifique sua resposta.
   a) O interesse **pelo tema**
   b) O interesse **dos alunos**

8. Releia no segundo parágrafo da matéria jornalística: "... **fumar** não mata". Analise morfossintaticamente o termo destacado.

9. Justifique o emprego das aspas no segundo parágrafo do texto.

10. Reescreva o trecho a seguir da matéria (que está em destaque), adequando a concordância do sujeito com o predicado:

    Nas entrevistas, realizadas com 65 adolescentes fumantes de um colégio particular de Ribeirão, **chamou a atenção os efeitos da propaganda** [...].

11. Qual é o objetivo da dissertação de mestrado citada na matéria?

# Vestibulares de Norte a Sul

1. **NE** (UFRN) A questão a seguir refere-se ao fragmento de Capitães da Areia reproduzido abaixo.

## O trapiche

SOB A LUA, NUM VELHO TRAPICHE ABANDONADO, as crianças dormem.

Antigamente aqui era o mar. Nas grandes e negras pedras dos alicerces do trapiche as ondas ora se rebentavam fragorosas, ora vinham se bater mansamente. A água passava por baixo da ponte sob a qual muitas crianças repousam agora, iluminadas por uma réstia amarela de lua. Desta ponte saíram inúmeros veleiros carregados, alguns eram enormes e pintados de estranhas cores, para a aventura das travessias marítimas. Aqui vinham encher os porões e atracavam nesta ponte de tábuas, hoje comidas. Antigamente diante do trapiche se estendia o mistério do mar oceano, as noites diante dele eram de um verde escuro, quase negras, daquela cor misteriosa que é a cor do mar à noite.

Hoje a noite é alva em frente ao trapiche. É que na sua frente se estende agora o areal do cais do porto. Por baixo da ponte não há mais rumor de ondas. A areia invadiu tudo, fez o mar recuar de muitos metros. Aos poucos, lentamente, a areia foi conquistando a frente do trapiche. Não mais atracaram na sua ponte os veleiros que iam partir carregados. Não mais trabalharam ali os negros musculosos que vieram da escravatura. Não mais cantou na velha ponte uma canção um marinheiro nostálgico. A areia se estendeu muito alva em frente ao trapiche. E nunca mais encheram de fardos, de sacos, de caixões, o imenso casarão. Ficou abandonado em meio ao areal, mancha negra na brancura do cais.

AMADO, Jorge. *Capitães da Areia*. São Paulo: Companhia das Letras, 2009. p. 25.

Para fazer uma leitura proficiente do fragmento, é necessário que o leitor, entre outros procedimentos, recupere as relações sintático-semânticas ali estabelecidas.

Assim, os sujeitos dos quatro últimos períodos do fragmento, considerando-se a ordem de ocorrência, são:

a) "um marinheiro nostálgico", "a areia", "os negros musculosos" e "o imenso casarão".
b) "uma canção", "a areia", "os negros musculosos" e "um marinheiro nostálgico".
c) "um marinheiro nostálgico", "a areia", "o imenso casarão", "o imenso casarão".
d) "uma canção", "a areia", "o imenso casarão" e "um marinheiro nostálgico".

2. **SE** (FGV-SP) Observe as frases a seguir. Entre elas há diferença na função sintática das palavras **Fabrício** e **pedreiro**. Explique essa diferença.

- Quando Fabrício, o pedreiro, voltou de um serviço...
- Quando o pedreiro Fabrício voltou de um serviço...

3. **N** (Uepa) No período "É hora **de a maioria**, empresários inclusive, se livrar dos projetos **da minoria**.", o emprego das expressões destacadas, não preposicionada, no primeiro caso, e preposicionada, no segundo caso, justifica-se por:

a) ambas estarem empregadas impropriamente.
b) pertencerem a orações diferentes.
c) tratar-se de um período simples.
d) a primeira ter a função de sujeito e a segunda fazer parte do complemento da oração a que pertence.
e) a expressão **a maioria** estar seguida de vírgula.

4. **NE** (UEPB)

[...] há um espaço tratado com carinho especial, que ganhou isolamento no teto. É o laboratório de informática, onde 16 computadores são disputados por 1,1 mil alunos, muitos deles filhos de moradores de favelas próximas e até acampados da reforma agrária. [...]

Hugo Marques. Internet rápida nas escolas. <http://www.istoe.com.br/reportagens/11511_INTERNET+RAPIDA+NAS+ESCOLAS>.

Analise as proposições abaixo, e coloque V para a verdadeira e F para a falsa.

( ) A expressão "um espaço tratado com carinho especial" funciona como sujeito da oração.
( ) A palavra "muitos" é parte de um sintagma de base pronominal, por isso é variável.
( ) O termo "que" é um relativo que tem como antecedente a construção sintática "carinho especial".

Marque a alternativa correta.

a) F V V
b) V F F
c) V V F
d) F V F
e) V F V

5. **S** (UEPG-PR) A oração que apresenta complemento nominal é:

a) Os pobres necessitam de ajuda.
b) Sejamos úteis à sociedade.
c) Os homens aspiram à paz.
d) Os pedidos foram feitos por nós.
e) A leitura amplia nossos conhecimentos.

6. **CO** (UFMS) Faça uma análise sintática da oração abaixo e, a seguir, assinale a(s) proposição(ões) correta(s).

A ordem, meus amigos, é a base do governo.

(001) *A ordem* é sujeito simples; *é a base do governo* é predicado nominal.
(002) A expressão *meus amigos* é aposto.
(004) *A, meus, a, do governo* são adjuntos adnominais.
(008) *é* – verbo transitivo direto.
(016) *a base do governo* é predicativo do objeto.

CAPÍTULO

# 7 As relações sintáticas dentro do sintagma verbal

Edson Sato/Pulsar Imagens

Utensílio produzido por indígena Yanomami da comunidade Mararí em Barcelos, Amazonas, 2010.

Para iniciar os estudos sobre as relações sintáticas dentro do sintagma verbal, veja uma tira do cartunista Jim Davis com o gato Garfield, reproduzida a seguir.

Levando em consideração as questões propostas mais abaixo nesta página, discuta essa história e sua organização com os colegas e o professor.

DAVIS, Jim. Garfield. *Folha de S.Paulo*. São Paulo, 11 dez. 2013.

- *O humor da tira está nas diferentes interpretações que os personagens fazem da carta que Garfield vai enviar ao Papai Noel. Releia:*

  Eu quero! Me dá! Eu quero! Me dá!
  Eu quero! Me dá! Eu quero! Me dá!
  Eu quero! Me dá! Eu quero! Me dá!

  *O que destaca o personagem de Jon, dono do gato? E o próprio Garfield?*
- *Ao opinar sobre a carta, Garfield ignora duas falhas graves de sua comunicação. Como está o texto, é praticamente impossível ele ganhar o que deseja. Explique.*
- *Em sua opinião, o modo de Garfield elaborar sua carta reflete um comportamento que valoriza o consumismo desenfreado contemporâneo? Justifique.*

Criado por Jim Davis, o gato Garfield é o personagem principal de uma das tirinhas mais conhecidas no mundo, pois é publicada em mais de 2 mil jornais. A inspiração para o nome desse felino irreverente surgiu do nome do avô de Davis: James Garfield Davis, que, por sua vez, foi inspirado pelo nome do presidente norte-americano James Garfield (1831-1881). As primeiras tiras com esse gato irônico foram publicadas no final dos anos 1970. Em suas histórias, Garfield costuma interagir com seu dono, o personagem Jon Arbuckle, um cartunista, e com o cão Odie.

# Os termos do sintagma verbal

## Os complementos verbais: objeto direto e objeto indireto

Vamos imaginar que Garfield tivesse pedido apenas "um presente" para o Papai Noel:

Eu quero um presente!

Inicialmente, vamos isolar os dois termos essenciais:

| Eu | quero um presente! |
|---|---|
| sujeito | predicado |

Há um sujeito simples e determinado (*eu*) e um predicado que tem seu núcleo significativo no verbo (*querer*), sendo, portanto, um predicado verbal. O verbo *querer*, nesse contexto, não apresenta sentido completo, necessitando de palavras que o complementem. Como já vimos, quando o sentido do verbo transita, isto é, segue adiante, passando para o complemento, o verbo é transitivo. Na fala de Garfield, o verbo *querer* pede um complemento que integre seu sentido (trata-se de um sintagma nominal):

| Eu quero | **um presente**! |
|---|---|
| | complemento verbal |
| Eu quero | **isso**! |
| | complemento verbal |

Agora observe esta frase:

| [eu] Preciso | **de** um presente! |
|---|---|
| | complemento verbal preposicionado |
| | **disso**! |
| | complemento verbal preposicionado |

Nesse exemplo, notamos que o verbo *precisar* também não tem sentido completo. O sujeito da oração, simples e determinado (*eu*), está indicado pela desinência verbal na forma *preciso*. Nesse enunciado, quem precisa, precisa de algo, ou seja, um verbo transitivo que pede um complemento que integre seu sentido. O complemento é introduzido por preposição (trata-se de um sintagma nominal preposicionado).

Esses complementos verbais são chamados de **objetos**, que podem ser:

- **diretos** (não introduzidos por preposição): integram o sentido de um verbo transitivo direto;
- **indiretos** (introduzidos por preposição): integram o sentido de um verbo transitivo indireto.

O verbo pode também vir modificado por um termo que indica uma circunstância do fato expresso por ele ou que intensifica seu sentido. Exemplos:

| Eu quero | **muito** | um presente! |
|---|---|---|
| verbo | termo que intensifica o sentido do verbo (adjunto adverbial) | objeto direto |

Me dá um presente **hoje**!

- Me — objeto indireto (= para mim)
- dá — verbo
- um presente — objeto direto
- **hoje** — termo que indica uma circunstância (adjunto adverbial)

Eu **não** preciso de um presente.

- **não** — termo que indica uma circunstância (adjunto adverbial)
- preciso — verbo
- de um presente — objeto indireto

Esses termos, de valor adverbial, são chamados de **adjuntos adverbiais**.

Analisemos, agora, o seguinte enunciado:

A carta de Garfield foi revisada por Jon.

- sujeito: A carta de Garfield
- predicado: foi revisada por Jon.
- foi revisada — locução verbal na voz passiva
- por Jon — agente da passiva

Esse enunciado é formado por um sintagma nominal na função de sujeito ("A carta de Garfield") e um sintagma verbal que tem por núcleo uma locução verbal na voz passiva ("foi revisada"). Nesse tipo de construção, o sujeito é **paciente** e o termo que representa o ser que pratica a ação é o **agente da passiva**.

## Morfossintaxe dos complementos verbais

Como já sabemos, os complementos verbais completam o sentido dos verbos transitivos. Dependendo da transitividade verbal, podem ligar-se ao verbo sem preposição (verbos transitivos diretos) ou por intermédio de uma preposição (verbos transitivos indiretos). Portanto, há dois tipos de complementos verbais: **objeto direto** (OD) e **objeto indireto** (OI).

Como os objetos são seres e coisas sobre os quais incide o processo verbal ("Entreguei *a carta*.", por exemplo) ou servem de referência a ele ("Entreguei a carta *ao diretor*.", por exemplo), eles são representados por substantivos ou palavras com valor de substantivo. Daí se afirmar que o complemento verbal é uma **função substantiva** da oração.

O técnico precisou o **relógio** antigo.
(núcleo: relógio) — OD representado por substantivo, núcleo do **SN**

O técnico precisava **de um empregado**.
(núcleo: empregado) — OI representado por substantivo, núcleo do **SNp**

O técnico precisou **de mim**.
(núcleo: mim) — OI representado por pronome substantivo, núcleo do SNp

Não disse **isso nem aquilo**.
(núcleos: isso, aquilo) — OD representado por pronomes substantivos, núcleos do SN

**SN:** sintagma nominal.
**SNp:** sintagma nominal preposicionado.

Ulhôa Cintra/Arquivo da editora

núcleos

Não disse **sim nem não**.

OD representado por palavras substantivadas, núcleos do SN

núcleo

Precisou **de um "nunca"** para se acalmar.

OI representado por palavra substantivada, núcleo do SNp

núcleo

No pódio olímpico, entregou medalhas **aos três**.

OI representado por numeral substantivo, núcleo do SNp

## Objetos representados por pronomes oblíquos

Os pronomes oblíquos que exercem exclusivamente a função de **objeto direto** são: *o, os, a, as*.

Eu conheci **Maria** no baile. / Eu **a** conheci no baile.
Vendeste **os livros**? / Vendeste-**os**?

Os pronomes oblíquos que exercem exclusivamente a função de **objeto indireto** são: *lhe, lhes*.

Pediram explicações **ao professor**. / Pediram-**lhe** explicações.
Pediram explicação **aos professores**. / Pediram-**lhes** explicação.

Os pronomes *me, te, se, nos, vos* tanto podem exercer a função de **objeto direto** como de **objeto indireto**. Nesses casos, é fundamental observar a transitividade verbal:

Pediram-**me** explicações.
VTDI OI OD

Receberam-**me** muito bem.
VTD OD

Os pronomes oblíquos átonos em função de objeto indireto não são precedidos de preposição; já os pronomes tônicos sempre aparecem precedidos de preposição:

Entreguei-**lhe** a chave.
VTDI OI OD

Entreguei a **chave a ela**.
VTDI OD OI

### Objetos representados por orações

No período composto, uma oração inteira pode funcionar como objeto: trata-se de uma **oração subordinada** (é termo de uma oração principal) **substantiva** (tem valor de substantivo) **objetiva direta** ou **indireta** (exerce a função de objeto direto ou indireto).

oração principal — oração subordinada substantiva objetiva direta

O atleta pensou que **encontraria** uma namorada na faculdade.

sujeito da or. princ. — verbo da or. princ. — obj. direto representado por oração subordinada substantiva

oração principal — oração subordinada substantiva objetiva indireta

O atleta lembrou-se **de** que **precisava** de um bom treinador.

sujeito da or. princ. — verbo da or. princ. — pron. reflexivo — obj. direto representado por oração subordinada substantiva

Nesses casos, as orações subordinadas substantivas objetivas direta e indireta completam o sentido do verbo da oração principal, assim como o fazem os objetos direto e indireto.

OPS!

### Pronome tônico na função de objeto sem preposição?

Os pronomes *ele*, *eles*, *ela*, *elas* podem ser empregados como sujeito ou como complemento verbal. A gramática normativa prescreve que esses pronomes, quando empregados como complemento verbal, por serem tônicos, devem ser precedidos de preposição. No entanto, é cada vez mais comum (tanto em textos falados, como em textos escritos) o emprego do pronome tônico da terceira pessoa na função de objeto direto, sem preposição. É o que faz o produtor do texto a seguir, publicado no *blog* da revista *Capricho*:

**Colírios Capricho: Justin Hartley**

Essa dica já foi dada por um monte de gente aqui nos comentários. É um colírio pra ninguém botar defeito. Justin Hartley ficou conhecido como o Arqueiro Verde (Oliver Queen) do seriado *SmallVille* e até agora não deu pra tirar ele da cabeça.

Tem como tirar um loiro desse da nossa mente?

Justin é norte-americano e, na época do colégio, ele era um daqueles garotos atletas perfeitinhos e lindos que namoravam as meninas mais bonitas. No *Carl Sandburg High School*, ele jogava basquete, futebol e beisebol. Tipo aquelas histórias que nós vemos nos filmes!

Deve ser por isso que ele tem esse corpão. [...]

Revista *Capricho*. Disponível em: <http://capricho.abril.com.br>. Acesso em: 16 dez. 2013.

Referindo-se ao ator Justin Hartley, a blogueira afirma: "[...] não deu pra tirar **ele** da cabeça". O verbo *tirar*, nesse caso, é transitivo, isto é, seu sentido transita e exige um objeto direto e um circunstancial (tirar algo ou alguém de algum lugar ou de alguma situação). O objeto direto é representado pelo pronome *ele*. Esse enunciado equivale a: "não deu pra tirá-**lo** da cabeça".

Divulgação/Esporte Clube Vitória

O pódio do *Grand Slam de Taekwondo* de 2014, em Vitória, com Josyhenrique Cruz em terceiro lugar.

## O adjunto adverbial

**Adjunto adverbial** é o termo da oração que indica uma circunstância do verbo, ou intensifica e modifica o sentido de um verbo, de um adjetivo ou de outro advérbio. Veja:

sujeito — predicado

**Atleta baiano garante pódio no *Grand Slam de Taekwondo***

Atleta: núcleo do suj.; garante: verbo transitivo direto; pódio: objeto direto; no *Grand Slam de Taekwondo*: locução adverbial (indica lugar) circunstância ligada ao verbo

*A Tarde*. Vitória, 17 fev. 2014. Disponível: <http://atarde.uol.com.br>. Acesso em: 20 fev. 2014.

Nessa frase, o sintagma destacado modifica o verbo, indicando uma circunstância de lugar (no *Grand Slam de Taekwondo*, ou seja, no torneio de *tae kwon do*).

Nas frases a seguir, observe a que classes de palavras pode se ligar um mesmo adjunto adverbial, indicando intensidade:

O atleta se prepara **muito** antes de participar de um campeonato.
(prepara: verbo)

É **muito** forte a saúde de um atleta?
(forte: adjetivo)

O sucesso pode estar **muito** próximo dos que levam os treinos a sério.
(próximo: advérbio)

Nesses exemplos, o termo destacado (*muito*) intensifica o sentido de um verbo (*preparar*), de um adjetivo (*forte*), de um advérbio (*próximo*). E não sofre flexão de gênero nem de número.

## Morfossintaxe do adjunto adverbial

No período simples, os adjuntos adverbiais são representados por advérbios ou locuções adverbiais:

advérbio (tempo) locução adverbial (tempo)

**Horário de verão termina amanhã, à meia-noite**

*Bem Paraná*. Curitiba, 14 fev. 2014. Disponível em: <www.bemparana.com.br>. Acesso em: 20 fev. 2014.

advérbio (intensidade)

**Parar de fumar deixa a pessoa mais feliz, diz estudo**

*Região Noroeste*. Disponível em: <www.regiaonoroeste.com>. Acesso em: 20 fev. 2014.

No período composto, uma oração inteira pode funcionar como adjunto adverbial: trata-se de uma **oração subordinada** (é termo de uma oração principal) **adverbial** (tem valor de advérbio).

oração principal — oração subordinada adverbial final / adjunto adverbial representado por oração subordinada

**Jaqueline tem reunião na próxima semana para acertar volta ao Osasco**

locução adverbial (tempo)

*Globo Esporte*. Disponível em: <http://globoesporte.globo.com>. Acesso em: 20 fev. 2014.

oração subordinada adverbial temporal / adjunto adverbial representado por oração subordinada — oração principal

**Antes de chegar à Toca da Raposa, Willian Farias se despede da torcida do Coritiba**

*Superesportes*. Disponível em: <www.mg.superesportes.com.br>. Acesso em: 20 fev. 2014.

# O agente da passiva

**Agente da passiva** é um termo que só aparece em orações cujo verbo está na voz passiva analítica (verbo auxiliar + particípio do verbo principal, ou seja, o que exprime o fato). Designa o ser que pratica a ação do verbo (daí ser chamado de **agente**) e vem sempre antecedido por preposição. Na voz passiva, o sujeito da frase é o ser que sofre a ação (daí ser chamado de **paciente**):

**Após período de testes,** (locução adverbial (tempo)) **apoiador uruguaio** (sujeito) **é contratado** (locução verbal na voz passiva) **pelo Fluminense** (agente da passiva)

*Portal Fluminense*. Disponível em: <http://portalfluminense.com.br>. Acesso em: 20 fev. 2014.

O jogador (sujeito) é estimado (voz passiva) de todos. (agente da passiva)

A cidade de Maceió (sujeito) será visitada (voz passiva) pelos turistas. (agente da passiva)

Observe a diferença que há entre o agente da passiva e o sujeito paciente. O agente da passiva é o ser que pratica a ação e não pode ser confundido com o sujeito, que é o ser sobre o qual se declara algo. Para compreender melhor a diferença, é só passar uma oração da voz ativa para a passiva (ou vice-versa): o sujeito da voz ativa passa a ser o agente da passiva; o objeto direto da voz ativa passa a ser o sujeito da passiva. Mudam a função sintática e a forma de exprimir o fato, mas não muda o fato em si: quem pratica a ação, pratica-a tanto na voz passiva como na ativa; quem sofre a ação, sofre-a tanto na voz ativa como na passiva.

Acompanhe como isso acontece pela transformação que mostramos a seguir, com base em uma manchete de notícia publicada no jornal *Folha de S.Paulo*, em 21 de fevereiro de 2014. O título original foi elaborado na voz ativa:

Voz ativa

Restaurante canadense (sujeito) abre (verbo (voz ativa)) quiosque com lanches e doces. (objeto direto)

Voz passiva

Quiosque com lanches e doces (sujeito (paciente)) é aberto (loc. verbal (voz passiva)) por restaurante canadense. (agente da passiva)

## Morfossintaxe do agente da passiva

Como o agente da passiva é o ser que pratica a ação, ele será sempre representado por um substantivo ou por palavra com valor de substantivo. Trata-se, portanto, de outro caso de **função substantiva** da oração. Veja alguns exemplos:

O *chef* do restaurante foi chamado a uma mesa por **um cliente e sua esposa**.
agente da passiva (substantivos: núcleos do sintagma nominal)

O *chef* do restaurante foi chamado a uma mesa por **eles**.
agente da passiva (pronome subst.: núcleo do sintagma nominal)

O *chef* do restaurante foi chamado a uma mesa pelos **dois**.
agente da passiva (numeral subst.: núcleo do sintagma nominal)

### Agentes da passiva representados por orações

No período composto, uma oração inteira pode funcionar como agente da passiva; trata-se de uma **oração subordinada** (é termo de uma oração principal) **substantiva** (tem valor de substantivo) **agente da passiva** (exerce a função de agente da passiva).

oração principal: O *chef* do restaurante (sujeito) foi chamado (loc. verbal (voz passiva)) a uma mesa (loc. adverbial (lugar))
oração subordinada com função de agente da passiva: **por** quantos estavam nela. (agente da passiva representado por oração subordinada)

oração principal: O *chef* do restaurante (sujeito) foi chamado (loc. verbal (voz passiva)) a uma mesa (loc. adverbial (lugar))
oração subordinada com função de agente da passiva: **por** quem era seu amigo. (agente da passiva representado por oração subordinada)

# Atividades

Leia esta notícia:

### PlayStation 4 é lançado nos EUA; primeiro comprador recebe console autografado

O PlayStation 4, novo console da Sony, começou a ser vendido nesta sexta-feira nos Estados Unidos. Fãs aguardavam há dias na fila esperando as lojas abrirem.

Em Nova York, a Sony realizou um evento de lançamento especial e vendeu seu primeiro *videogame* a Joey Chiu, 24, morador do Brooklyn. Ele recebeu o PS4 autografado por Andrew House, presidente da Sony Computer Entertainment Global, e por Jack Tretton, presidente da Sony Computer Entertainment America.

A Sony anunciou no evento, transmitido ao vivo para a televisão nos EUA, um novo jogo da série "Uncharted", entre outros títulos.

Nos Estados Unidos, o PlayStation 4 custa US$ 400. No Brasil, o preço será de R$ 3.999, com vendas a partir de 29 de novembro.

Os jogos do PS4 custarão entre R$ 180 e R$ 200, semelhantes aos do rival Xbox One. A diferença é que o console da Microsoft – em pré-venda desde junho – sairá por quase metade do valor: R$ 2.299.

*Folha de S.Paulo*. São Paulo, 15 nov. 2013.
Disponível em: <www1.folha.uol.com.br>. Acesso em: 14 dez. 2013.

Chris Willson / Alamy/ Latinstock

1. A que público leitor a notícia se destina?
2. Embora a primeira parte da manchete esteja na voz passiva, o agente foi omitido. Entretanto, ao ler o texto é possível perceber quem seria esse agente. Identifique-o e reescreva a manchete na voz ativa.
3. Em sua opinião, por que o jornalista preferiu usar a voz passiva para a manchete?
4. Releia a primeira frase do texto observando as construções destacadas.

   O PlayStation 4, novo console da Sony, começou a ser vendido nesta sexta-feira nos Estados Unidos.

   Qual é a função dos sintagmas grifados e que termo da oração eles modificam? Classifique esses sintagmas.
5. Observe as relações estabelecidas pelo termo elíptico no seguinte fragmento.

   Os jogos do PS4 custarão entre R$ 180 e R$ 200, semelhantes aos do rival Xbox One.

   Identifique esse termo elíptico e reescreva a frase explicitando-o.
6. Releia este trecho:

   Em Nova York, a Sony realizou um evento de lançamento especial e vendeu seu primeiro *videogame* a Joey Chiu, 24, morador do Brooklyn.

   a) Classifique os verbos quanto à sua transitividade.
   b) Identifique os complementos dos verbos e classifique-os em objeto direto ou objeto indireto.
7. Identifique no texto palavras usadas como sinônimos para substituir o termo "PlayStation 4". Qual é a vantagem de alternar o uso dessas palavras na notícia?
8. Leia o período a seguir:

   A diferença é que o console da Microsoft – em pré-venda desde junho – sairá por quase metade do valor: R$ 2.299.

   a) Trata-se de um período simples ou composto? Justifique.
   b) Analisando as relações de concordância, responda: qual é o objeto direto da forma verbal *é*?
9. Releia os últimos parágrafos do texto observando o efeito de sentido das comparações.

   Nos Estados Unidos, o PlayStation 4 custa US$ 400. No Brasil, o preço será de R$ 3.999, com vendas a partir de 29 de novembro.

   Os jogos do PS4 custarão entre R$ 180 e R$ 200, semelhantes aos do rival Xbox One. A diferença é que o console da Microsoft – em pré-venda desde junho – sairá por quase metade do valor: R$ 2.299.

   a) Em sua opinião, por que o jornalista optou por colocar lado a lado os preços do *videogame* no Brasil e nos Estados Unidos? O que essa diferença evidencia para o leitor?
   b) Qual pode ser a intenção do jornalista ao comparar os preços dos jogos e dos *videogames* concorrentes no último parágrafo?
   c) Em termos financeiros, o texto deixa claro que comprar um dos *videogames* é mais vantajoso. Qual é esse *videogame*? Identifique o trecho em que essa vantagem fica explícita.
   d) Em sua opinião, notícias como essa, que comparam preços de produtos em lançamento, prestam um serviço ao leitor ou incentivam o consumismo? Justifique.

# 1 O objeto direto preposicionado

Como já vimos, os complementos verbais são chamados de objetos e podem ser diretos ou indiretos. Mas há determinados casos em que o objeto direto também aparece acompanhado de preposição. Observe os termos destacados no fragmento a seguir:

"Ele tinha que dar uma entrevista a Clarice Lispector para a Manchete, e convidou a mim e a Cecília para ir com ele. Fomos no fusquinha azul-claro do Tom."

Trecho de depoimento de Lygia Marina de Moraes. Revista *Marie Claire*. n. 116. São Paulo: Globo, nov. 2000.

Segundo a gramática normativa, o uso da preposição é obrigatório quando o objeto direto estiver representado por um pronome pessoal oblíquo tônico – embora seja comum a omissão da preposição com os pronomes tônicos da terceira pessoa.

Mas esse não é o único caso em que ocorre um objeto direto preposicionado. Quando o objeto direto é constituído de substantivo próprio, a preposição pode anteceder o objeto em função do realce (desde que não haja outro termo precedido de preposição):

| quem convida, convida alguém | pron. pes. oblíquo | | subs. próprio |
|---|---|---|---|
| convidou | a **mim** | e | a **Cecília** |
| | OD | | OD |

Em alguns casos, o objeto direto pode vir precedido de preposição para evitar ambiguidade. Observe:

O tigre o caçador matou.

Otelo Iago enganou.

A não ser que se conhecesse o acontecido, não se poderia dizer com certeza quem praticou a ação e sobre quem ela recaiu. Assim, em função da clareza, mesmo quando se segue a ordem convencional (sujeito + verbo + objeto), o objeto direto pode vir precedido de preposição. Veja agora:

**Ao** tigre matou o caçador.

**A** Otelo Iago enganou.

Cabe lembrar que o sujeito nunca vem precedido de preposição.

Divulgação/Arquivo da editora

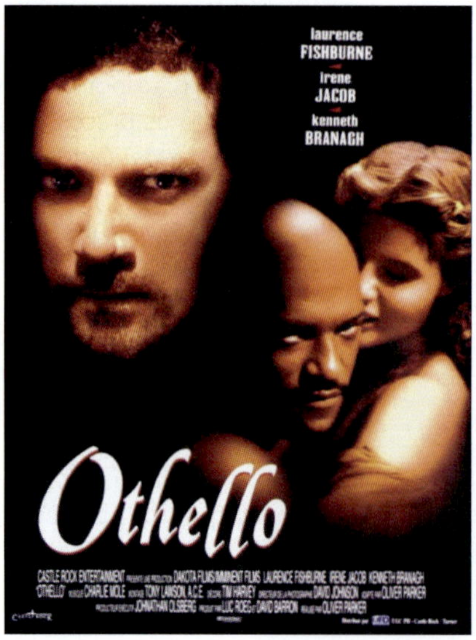


*Othello* (ou *Otelo*) é uma peça de William Shakespeare (1564-1616). Na peça, Otelo, um general mouro que serve o reino de Veneza, apaixona-se por Desdêmona, filha de um aristocrata veneziano. O suboficial Iago sente-se humilhado pelo fato de Otelo promover outro militar, Cássio, e não ele, por isso busca modos de semear a discórdia entre o casal. Na foto, cartaz da versão cinematográfica da tragédia, dirigida por Oliver Parker, em 1995, com os atores Irène Jacob (Desdêmona), Kenneth Branagh (Iago) e Laurence Fishburne (Otelo).

## 2 O objeto pleonástico

Observe:

[...]
E mereço esperar mais do que os outros, eu?
Tu não me enganas, mundo, e não **te** engano **a ti**. [...]

ANDRADE, Carlos Drummond de. Legado. *Poesia completa*. Rio de Janeiro: Nova Aguilar, 2003.

Nessa construção, os termos *te* e *a ti* exercem, respectivamente, a função de objeto direto e objeto direto preposicionado do verbo *enganar*. Perceba que ambos os pronomes se referem ao ser a que se dirige o eu lírico (mundo, que ele trata por *tu, segunda pessoa do discurso*) e que o verbo não exige mais de um complemento.

No entanto, na construção do poema, prevaleceu a intenção de valorizar a atitude do eu lírico em relação ao elemento mundo. Daí o objeto direto (pronome *te*) ser retomado logo em seguida de forma preposicionada (*a ti*). Por ser uma redundância, esse objeto é chamado de **pleonástico**. E tanto pode ocorrer com o objeto direto como com o indireto. Na segunda vez em que é empregado, esse objeto é sempre representado por um pronome.

Numa construção mais simples, sem redundância, com significativa perda de ritmo e de ênfase, o verso ficaria assim:

Tu não me enganas, mundo, e não **te** engano.

Observe que, quando é representado por substantivo e está posicionado antes do verbo, o objeto vem marcado por pausa (vírgula, na escrita). Verifique alguns exemplos:

O troféu (OD), ganharam-**no** (OD) com louvor.

Aos aposentados (OI), recusam-**lhes** (OI) o benefício!

## 3 O agente da passiva: uma questão de realce

Observe o enunciado destacado na seguinte nota jornalística:

**Um amor correspondido**

A carioca Denise Fraga conquistou São Paulo e foi conquistada pela cidade: nem pensar em voltar ao Rio.

Revista Já. *Diário de São Paulo*. São Paulo, ano 8, n. 376, 18 jan. 2004. p. 3.

Fábio Guinalz/Foto Arena

A atriz Denise Fraga.

A opção pelo emprego da voz passiva no lugar da ativa, muitas vezes, deve-se à ênfase que se quer dar ao sujeito paciente. O enunciado destacado é constituído por duas orações coordenadas:

A carioca Denise Fraga conquistou São Paulo **e** foi conquistada pela cidade.

Na primeira oração, na voz ativa, "A carioca Denise Fraga" é o sujeito agente, que, na segunda, vira sujeito paciente. Ao optar por essa construção, o enunciador mantém o foco no sujeito anterior, além de se expressar com concisão.

Compare a redação original com a seguinte:

A carioca Denise Fraga conquistou São Paulo **e** São Paulo a conquistou.

Com as duas orações na voz ativa, o sentido é o mesmo, mas a ênfase fica dividida entre os dois sujeitos agentes ("A carioca Denise Fraga" e "São Paulo") e o período perde elegância do ponto de vista estilístico.

## 4 A omissão do agente da passiva: um caso de indeterminação

Vejamos agora outro tipo de construção. Leia o fragmento a seguir:

Nos bastidores do cinema, **comenta-se** que, ainda na surdina, os irmãos Andy e Lana Wachowski estão escrevendo uma nova trilogia para *Matrix*.

GCN. Franca, 3 mar. 2014. Disponível em: <www.gcn.net.br>. Acesso em: 27 mar. 2014.

Nesse enunciado, há um verbo na terceira pessoa do singular com a partícula *se*, porém seu sujeito está explícito: "que, ainda na surdina, os irmãos Andy e Lana Wachowski estão escrevendo uma nova trilogia para *Matrix*". Logo, percebemos que se trata de uma construção na voz passiva ("isso" **é comentado**) e que o sujeito é paciente. Na voz ativa, teríamos:

Comentam que, ainda na surdina, os irmãos Andy e Lana Wachowski [...].

Ou seja, comentam *isso*. O sujeito da voz passiva transforma-se em objeto direto da voz ativa.

Mas, nos dois casos, resta uma questão: quem pratica a ação de comentar? O agente continua desconhecido. É porque não se sabe ou não se quer revelar o autor do comentário.

Da mesma forma que existe sujeito indeterminado, em algumas construções, é o agente da passiva que fica indeterminado.

### A pontuação e o adjunto adverbial

A ordem convencional do adjunto adverbial é ao lado do verbo ao qual acrescenta alguma informação, sem necessidade do uso de sinais de pontuação. No entanto, quando deslocado, para preservar a compreensão da frase, pode vir separado por vírgula.

Um exemplo disso é o enunciado abaixo:

Em **Nova York**, a Sony realizou um evento de lançamento especial e vendeu seu primeiro *videogame* a Joey Chiu [...].

*Folha de S.Paulo*. São Paulo, 15 nov. 2013. Disponível em: <www1.folha.uol.com.br>. Acesso em: 14 dez. 2013.

Deslocamentos como esse podem estar relacionados com o estilo, com o realce que se quer dar ao adjunto adverbial ou com as duas coisas. Entretanto, alguns adjuntos adverbiais, especialmente os de modo, quando deslocados para o começo do enunciado, acrescentam uma informação que se aplica além do verbo, ou seja, eles modificam a frase como um todo. Observe:

**Comercialmente**, o lançamento do novo console pode ser um fracasso.

**Francamente**, o preço praticado no mercado interno não parece justo.

A função desses adjuntos adverbiais é ora contextualizar o enunciado, ora atuar como modalizador, apresentando um posicionamento do falante.

Quando o advérbio é de pequena extensão e não interfere nem trunca o fluxo do enunciado, não vem marcado por pausa e, na escrita, dispensa a pontuação:

**Sempre** pesquiso os preços antes de comprar.

# Atividades

Leia o poema abaixo, do gaúcho Mário Quintana (1906-1994).

**Dos rituais**

Mário Quintana

No primeiro contato com os selvagens, que medo nos dá de infringir os rituais, de violar um tabu! É todo um meticuloso cerimonial, cuja infração eles não nos perdoam.

Eu estava falando nos selvagens? Mas com os civilizados é o mesmo. Ou pior até.

Quando você estiver metido entre grã-finos, é preciso ter muito, muito cuidado: eles são tão primitivos...

QUINTANA, Mário. In: *Mário Quintana* – Prosa & verso. Porto Alegre: Globo, 1980. p. 122.

Filipe Rocha/Arquivo da editora

1. Que tipo de sequência textual predomina no poema?

2. Que função desempenha o sintagma que inicia o texto? Que tipo de sintagma é?

3. Um dos recursos coesivos é o paralelismo das estruturas gramaticais.
   Destaque uma passagem em que esse recurso é empregado.

4. No segundo parágrafo do texto, há duas frases iniciadas com conjunções. Que efeito de sentido isso produz?

5. Ainda pensando na progressividade do texto:
   a) o termo *grã-finos* recupera que outro termo citado anteriormente?
   b) a oração adverbial "Quando você estiver metido entre grã-finos" remete o leitor a que passagem do texto?

6. Qual é o efeito de sentido produzido pela repetição da palavra *muito*?

7. Marque a alternativa em que está corretamente apresentada a função do adjunto adverbial em "Eles são tão primitivos...".
   a) Qualifica um estado expresso pelo adjetivo.
   b) Intensifica o conteúdo do adjetivo.
   c) Delimita a veracidade da afirmação.
   d) Nega o que é afirmado.
   e) Indica o modo como o sujeito pratica a ação.

8. Por que, em sua opinião, o autor considera que os grã-finos são primitivos? E qual seria a intenção dele ao finalizar o texto com essa afirmação?

9. Leia a notícia reproduzida a seguir e escolha o título mais adequado para ressaltar o que se indica:

Mato Grosso do Sul escolheu o norte do Paraná para apresentar as potencialidades turísticas, como Pantanal e Bonito (Serra da Bodoquena). O evento é uma realização da Fundação de Turismo de Mato Grosso do Sul, com o apoio do Sebrae estadual e faz parte das ações de promoção e divulgação nacional e internacional realizadas pelo governo do Estado.

[...]

*Correio do Estado*. Londrina, 3 jun. 2014. Disponível em: <www.correiodoestado.com.br>. Acesso em: 4 jun. 2014.

   a) O título "Potencialidades turísticas de MS serão apresentadas em Londrina", na voz passiva, ressalta o foco da notícia.
   b) O título "Fundação de Turismo de Mato Grosso do Sul apresenta potencialidades turísticas de MS", na voz passiva, ressalta o foco da notícia.
   c) O título "O turismo em MS é tema de evento em Londrina", na voz passiva, ressalta o foco da notícia.
   d) O título "Ações do governo do Estado são promovidas em Mato Grosso do Sul", na voz passiva, ressalta o foco da notícia.

# Vestibulares de Norte a Sul

1. **SE** (Unicamp-SP) Calvin é personagem de uma conhecida tirinha americana traduzida para várias línguas.

A primeira tira é uma tradução portuguesa e a segunda, uma tradução brasileira. Dê um exemplo de uma diferença sintática entre a tradução do português europeu e a do português brasileiro. Descreva essa diferença.

2. **CO** (UnB-DF)

Ajustou, na medida, umas talas de cálamo exatas,
E, do dorso através e da pele, enfiou no quelônio
E, conforme pensava, uma pele de boi esticou
E dois braços extremos dispôs, por travessa ajuntados.
Sete cordas de tripa de ovelha estendeu harmoniosas.
Ao depois de fazê-lo, tomou do amorável brinquedo
E co'um plectro uma a uma provou cada corda, aos seus dedos
Ressoava tremenda.

Homero. *Hinos homéricos. Hino a Hermes*, v. 44-53. Introdução e tradução de Jair Gramacho. Brasília: UnB, 2003.

Com referência ao texto acima, julgue o item a seguir como correto ou incorreto:

No verso "Ao depois de fazê-lo, tomou do amorável brinquedo" (v. 6), o emprego do complemento iniciado por preposição exemplifica recurso estilístico que não altera a transitividade da forma verbal "tomou".

3. **NE** (UFPI)

"[...]
De tudo quanto foi meu passo caprichoso
na vida, restará, pois o resto se esfuma,
uma pedra que havia em meio do caminho."

"Legado", Carlos Drummond de Andrade.

Marque a opção que analisa corretamente a função sintática de uma pedra.

a) Aposto.
b) Sujeito.
c) Objeto direto.
d) Objeto indireto.
e) Predicativo do sujeito.

4. **SE** (UFMG) Assinale o item em que a função não corresponde ao termo em destaque.

a) Comer demais é prejudicial **à saúde**. – complemento nominal
b) Jamais me esquecerei **de ti**. – objeto indireto
c) Ele foi cercado **de amigos sinceros**. – agente da passiva
d) Não tens interesse **pelos estudos**. – complemento nominal
e) Tinha grande amor **à humanidade**. – objeto indireto

5. **SE** (UFRJ) Leia os versos abaixo da música "Asa branca" e atente para os termos destacados.

*I*

Entonce, eu disse: "Adeus, Rosinha,
Guarda contigo **meu coração**".

*II*

Eu te asseguro, num chore, não, viu!
Que eu voltarei, viu, **meu coração**.

Considerando a função sintática e o valor semântico dos termos destacados em I e II, é correto afirmar que:

a) os termos, em I e II, são objeto direto, e ambos devem ser entendidos no sentido denotativo.
b) o termo em I é sujeito e em II é aposto, e ambos devem ser entendidos no sentido denotativo.
c) o termo em I é sujeito e em II é aposto, e ambos devem ser entendidos como uma metáfora.
d) o termo em I é objeto direto e em II é sujeito, e ambos devem ser entendidos como uma metáfora.
e) o termo em I é objeto direto e em II é vocativo, e ambos devem ser entendidos como uma metáfora.

6. **SE** (Aman-RJ) Assinale a alternativa que apresenta a correta classificação da partícula "se", na sequência em que aparece no período abaixo.

O maquinista **se** perguntava **se** a próxima parada seria tão tumultuada quanto a primeira, com aquelas pessoas todas **se** debatendo, os bilhetes avolumando nas mãos do cobrador, os reclamos que **se** ouviam dos mais exaltados.

a) objeto indireto – conectivo integrante – parte do verbo – partícula apassivadora
b) objeto direto – conectivo integrante – pronome reflexivo – partícula apassivadora
c) objeto direto – conjunção integrante – pronome recíproco – indeterminação do sujeito
d) objeto indireto – conjunção integrante – pronome reflexivo – partícula apassivadora
e) objeto direto – conectivo integrador – pronome oblíquo – partícula apassivadora

7. **S** (UFSC) Assinale, nas proposições a seguir, apenas a(s) VERDADEIRA(S) na correspondência entre o(s) termo(s) destacado(s) e aquele(s) que está(ão) entre parênteses:

(01) A nova Lei de Trânsito impõe AOS MOTORISTAS novas regras. (objeto indireto)
(02) O processo foi-LHE favorável. (complemento nominal)
(04) A prova terminou MUITO cedo. (adjunto adverbial de intensidade)
(08) Estou certo DE QUE ELA PASSARÁ NOS EXAMES. (oração subordinada substantiva completiva nominal)
(16) Loja com nome estrangeiro paga mais IMPOSTO. (objeto direto)
(32) Dorme, CIDADE MALDITA, teu sono de escravidão. (aposto)

**Texto para a questão 8.**

## Os desastres de Sofia

Qualquer que tivesse sido o seu trabalho anterior, ele o abandonara, mudara de profissão e passara pesadamente a ensinar no curso primário: era tudo o que sabíamos dele.

O professor era gordo, grande e silencioso, de ombros contraídos. Em vez de nó na garganta, tinha ombros contraídos. Usava paletó curto demais, óculos sem aro, com um fio de ouro encimando o nariz grosso e romano. E eu era atraída por ele. Não amor, mas atraída pelo seu silêncio e pela controlada impaciência que ele tinha em nos ensinar e que, ofendida, eu adivinhara. Passei a me comportar mal na sala. Falava muito alto, mexia com os colegas, interrompia a lição com piadinhas, até que ele dizia, vermelho:

— Cale-se ou expulso a senhora da sala.

Ferida, triunfante, eu respondia em desafio: pode me mandar! Ele não mandava, senão estaria me obedecendo. Mas eu o exasperava tanto que se tornara doloroso para mim ser objeto do ódio daquele homem que de certo modo eu amava. Não o amava como a mulher que eu seria um dia, amava-o como uma criança que tenta desastradamente proteger um adulto, com a cólera de quem ainda não foi covarde e vê um homem forte de ombros tão curvos. [...]

Clarice Lispector.

8. **SE** (Faap-SP) "... homem QUE de certo modo eu amava".

A palavra QUE exerce no texto a função sintática de:

a) sujeito
b) objeto direto
c) objeto indireto
d) complemento nominal
e) agente da passiva

9. **SE** (Mack-SP) "Há uma gota de sangue em cada poema."

Assinale a alternativa que contém uma observação correta sobre a sintaxe dessa frase.

a) sujeito: "uma gota de sangue"
b) verbo intransitivo
c) adjuntos adverbiais: "uma" e "de sangue"
d) complemento nominal: "em cada poema"
e) predicado verbal: toda a oração

10. **SE** (UFSCar-SP) A oração "Vasculhou os bolsos o loiro sueco", extraída de *Gabriela, cravo e canela*, obra de Jorge Amado, com a substituição do complemento verbal por um pronome oblíquo, equivale a:

a) Vasculhou-o os bolsos.
b) Vasculhou-se o loiro sueco.
c) Vasculhou-lhe os bolsos.
d) Vasculhou-lhes o loiro sueco.
e) Vasculhou-os o loiro sueco.

# A construção dos textos

CAPÍTULO

# 1 Linguagem – socialização e enunciação

Rômulo Fialdini/Acervo do fotógrafo/Fundação Iberê Camargo

*Homem com a flor na boca*, de Iberê Camargo, 1993.

Neste capítulo, você vai discutir a relação entre linguagem verbal e socialização: a linguagem verbal, entre outras, ajuda na expressão de sentimentos e ideias, colaborando na interação entre as pessoas. Muitas vezes, porém, é possível fazer suposições, tirar conclusões antes mesmo de alguém falar alguma coisa.

Leia a tira do cartunista Fernando Gonsales, reproduzida a seguir, e, com seus colegas e o professor, discuta a história contada dessa forma e os recursos empregados pelo artista para fazer isso com humor. Durante essa conversa, leve em conta as questões propostas nesta página.

GONSALES, Fernando. Níquel Náusea. *Folha de S.Paulo*. São Paulo, 14 out. 2013.

- *Pela postura física — olhar para baixo, gesto com a mão jogando pipocas ou migalhas —, o que o personagem à direita está fazendo no primeiro quadrinho? O que ele pretende ao emitir o som "chip chip"?*
- *Nas tiras, em geral, trabalha-se tanto a linguagem visual quanto a linguagem verbal.*
  *Observe que o personagem da esquerda não emite sons, apenas sua imagem nos informa sobre ele antes da conclusão do outro personagem: o homem da esquerda não muda de expressão nem de posição mesmo quando as aves saem de sua cartola.*
  *Que elementos da imagem desse homem ajudam o outro personagem a concluir que tal homem é um mágico? Você já tinha chegado a essa conclusão antes do terceiro quadrinho?*
- *A graça da tira está na surpresa causada sobretudo por um detalhe da conclusão verbalizada pelo personagem da direita: o mágico está desempregado.*
  *Em sua opinião, por que isso surpreende o leitor e, assim, cria o efeito de humor?*
- *Nos balões de fala da tira, são representados os sons emitidos e as palavras pronunciadas pelo personagem da direita, o único que emite sons.*
  *Observe que, no primeiro quadrinho, a intenção dele parece ser atrair a atenção das aves para o que ele joga no chão e, no terceiro, é expressar um juízo em relação ao homem à esquerda. Duas linguagens, no terceiro quadrinho, contribuem para que o cartunista leve o leitor da tira a notar o tom de indignação do personagem da direita: a língua portuguesa e a imagem. Como isso acontece?*

O cartunista paulistano Fernando Gonsales (1961) formou-se em veterinária, o que explica o fato de suas histórias serem povoadas por bichos. Iniciou sua carreira como cartunista na *Folha de S.Paulo* em 1985, depois de vencer um concurso desse jornal. Começou colaborando com tiras diárias e ainda faz parte dessa equipe. Também tem seus desenhos publicados em outros jornais brasileiros, como o *Zero Hora* (de Porto Alegre), o *Correio Brasiliense*, entre outros.

# 1 Linguagem e socialização

"Somente o homem é um animal político, isto é, social e cívico, porque somente ele é dotado de linguagem. A linguagem permite ao homem exprimir-se e é isso que torna possível a vida social", disse Aristóteles (384-322 a.C.).

O filósofo grego define o homem como político no sentido do vocábulo grego *politikós*, ou seja, cidadão, aquele que é capaz de viver na *pólis* (cidade), em sociedade. E ele atribuía à capacidade de linguagem, que nos é inerente, o fato de os homens conseguirem viver em sociedade.

A linguagem animal, constituída pela emissão de sons e comportamentos determinados, permite e garante a sobrevivência e perpetuação das espécies. Há, porém, uma diferença entre a linguagem animal e a linguagem humana. Enquanto a primeira é estática e condicionada, não consciente, a segunda é fruto do raciocínio, e a expressão por meio dela é consciente e intencional, não meramente instintiva. E mais: a linguagem humana é dinâmica e criativa.

Num primeiro momento, pode-se definir linguagem humana como todo sistema que, por meio da organização de sinais, permite ao homem expressar-se ou representar ideias, desejos, sentimentos, emoções. Essa representação possibilita o entendimento por meio da escuta ou da escritura, o que concretiza a dinâmica da interação, da comunicação e, consequentemente, da socialização. Num segundo momento, pode-se defini-la como a capacidade inerente ao homem de aprender uma língua e de fazer uso dela.

"A linguagem é a capacidade humana de articular significados coletivos e compartilhá-los [...]. A principal razão de qualquer ato de linguagem é a produção de sentido." (*Parâmetros Curriculares Nacionais (PCN)*: Ensino Médio. Brasília: MEC/SEMTEC, 1999. p. 125.).

## Linguagem verbal e linguagem não verbal

Definir o que é um texto não é tarefa fácil embora todos tenham uma noção do que é isso. Leia esta possibilidade de definição:

> [...] **texto**, em sentido lato, designa toda e qualquer manifestação da capacidade textual do ser humano (quer se trate de um poema, quer de uma música, uma pintura, um filme, uma escultura, etc.), isto é, qualquer tipo de comunicação realizada através de um sistema de signos.

FÁVERO, Leonor Lopes; KOCH, Ingedore Villaça. *Linguística textual:* introdução. 5. ed. São Paulo: Cortez, 2000. p. 25.

Quando pensamos em linguagem como sistema organizado de sinais, associamos essa palavra à noção de linguagem verbal, ou seja, de língua. Mas linguagem, como já vimos, tem um conceito mais amplo: é **todo** sistema que permite a expressão ou representação de ideias e se concretiza em um texto.

Na linguagem visual, o signo é a imagem. Assim como acontece com a linguagem verbal, há inúmeros modos de organização dos signos visuais, decorrentes da relação que o homem estabelece entre a realidade e sua representação. Os artistas se valem intencionalmente desse recurso procurando fazer com que o apreciador reaja diante dessa representação e levante questionamentos sobre o que é de fato real e o que é imaginário e, indo mais além, sobre a própria ordenação do real. É esse questionamento que o pintor belga René Magritte (1898-1967) trabalha na tela a seguir.

Museu de Arte da Cidade de Los Angeles, Estados Unidos

*A traição das imagens (Isso não é um cachimbo)*, de René Magritte, 1928-1929.

O crítico de arte Giulio Argan comenta: "Magritte pinta um cachimbo e escreve embaixo: 'isso não é um cachimbo'. De fato, não é um cachimbo; e a própria palavra cachimbo, que designa o cachimbo, não é um cachimbo. Eis o contraste entre coisas e signos na vida cotidiana". (ARGAN, Giulio Carlo. *Arte Moderna: do Iluminismo aos movimentos contemporâneos*. São Paulo: Companhia das Letras, 1996.)

De fato, o desenho ou a foto de um cachimbo – ou a palavra cachimbo – não são o objeto cachimbo (uma pessoa não pode fumar o desenho, a foto ou a palavra). O objeto é a coisa; o desenho, a foto, a palavra são representações.

Cientes disso, podemos perceber a existência de diferentes linguagens à nossa volta. Linguagens que apelam a todos os nossos sentidos.

A linguagem da pintura explora linhas, cores, formas, luminosidade; a da escultura se vale de formas, volumes, tipos de material. Os cartazes luminosos das ruas comerciais, por meio de luzes, figuras e linguagem verbal, tentam nos dizer alguma coisa. As histórias em quadrinhos que, via de regra, exploram imagens e palavras, realizam o cruzamento verbo-visual.

Representações simbólicas surgiram antes mesmo da escrita, como as gravuras rupestres e o sistema hieroglífico dos egípcios, em que signos, à maneira de desenhos, retratavam seres, situações, ritos e histórias, expressas, sobre pedra, madeira ou papiro. Na era da internet, utilizando o computador, os usuários da rede criaram um código visual especial para se comunicar, aproveitando os sinais gráficos oferecidos pelo teclado (os chamados *emoticons*: :-) = sorriso; :-( = tristeza; ;-) = piscada, cumplicidade; escrever com letras maiúsculas significa gritar, etc.).

Como você percebeu, diversos são os códigos utilizados na interação social e um dos mais importantes é a língua. Recapitulando, reconhecemos dois grandes tipos de sistemas de signos:

- linguagem verbal: aquela que utiliza a língua (falada ou escrita);
- linguagem não verbal: aquela que utiliza qualquer código que não seja a palavra.

Neste livro, o foco é a linguagem verbal, especificamente a língua portuguesa falada e escrita no Brasil. Entretanto, a obra não se restringe a essa forma de comunicação, pois procura também mostrar relações entre a linguagem verbal e a visual. Além disso, por ser uma obra que trata da linguagem verbal, comentando seus recursos e descrevendo a si mesma, por meio dessa linguagem, é um exemplo de metalinguagem.

# Os signos visuais

Signos visuais são componentes básicos dos códigos, que possibilitam a expressão de uma ideia substituindo determinados objetos. Assim, são signos visuais o sinal vermelho do semáforo indicando "pare"; o polegar erguido numa mão fechada indicando "sim, ok", etc.

O signo visual pode assumir diferentes representações do real, de acordo com a relação estabelecida com o objeto a que se refere. Destacamos três:

- ícone: signo que apresenta relação de semelhança ou analogia com o objeto a que se refere (é metafórico). São ícones: a fotografia, o diagrama, a planta de uma casa, etc.



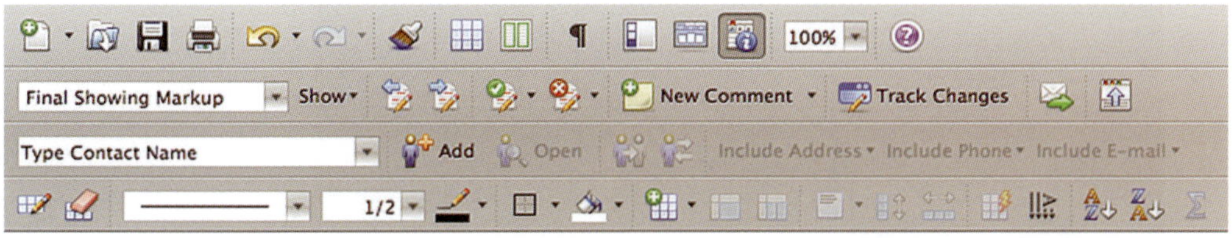


Na barra de ferramentas de programas do computador, encontram-se atalhos para algumas funções em forma de ícones: o desenho de uma impressora para a função de imprimir; o de um disquete para a função de gravar; o de uma borracha para a função de apagar; um signo de interrogação para a função de ajuda.

- índice: signo que mantém uma relação natural causal, ou de contiguidade física, com o objeto a que se refere (é metonímico). São índices: a fumaça, que indica a presença de fogo; a nuvem negra no céu indicando chuva; uma pegada indicando a passagem de alguém, a posição do cata-vento que indica a direção do vento, etc.

A direção da seta do cata-vento indica a direção do vento, de acordo com os pontos cardeais. Na foto, por exemplo, a seta indica que o vento vem na direção oeste-leste (*west-east*, em inglês).

- símbolo: signo que se fundamenta numa convenção social e que, por isso, mantém uma relação convencional com o objeto a que se refere; é arbitrário, é imotivado. São exemplos de símbolos: o signo linguístico, a pomba branca (representação da paz), a cor vermelha (representação de perigo), a auréola (representação de santidade, inocência).

No cartaz da peça, há dois casos de símbolos. Um, mais evidente: o linguístico (palavras: *santo*, *porca*, *teatro*, etc.). Outro, mais criativo: uma letra *o* serve de auréola para o personagem da ilustração, indicando que é ele o santo.

## Atividades

1. Os cartazes que anunciam filmes costumam misturar linguagem verbal e linguagem não verbal para atrair a atenção do público. Observe como isso acontece no cartaz a seguir: tanto as imagens quanto as palavras ajudam a construir os sentidos do que se pretende comunicar.

   Pela fotografia do cartaz e pelas informações do título do filme e da frase acima dele, que hipóteses sobre a história o observador pode levantar? Justifique.

Reprodução/Downtown Filmes

Cartaz de divulgação do filme *A busca*, dirigido por Luciano Moura, produzido no Brasil em 2012. Na foto usada para esse anúncio, o ator Wagner Moura aparece caracterizado como o personagem que interpreta no filme.

2. Além do título, que outras informações sobre o filme a linguagem verbal do cartaz apresenta? A linguagem verbal também recebe um tratamento visual para evidenciar algumas informações mais do que outras? Explique.

3. A organização do cartaz de um filme costuma seguir alguns critérios, conforme todo gênero textual. Reúna-se com alguns colegas e respondam às questões seguintes, levando em conta o cartaz analisado aqui e muitos outros que vocês já viram.
   a) De maneira geral, o que o cartaz de um filme anuncia?
   b) A quem se dirige?
   c) Que linguagens costumam ser empregadas na criação de um cartaz?
   d) Quem o cria e/ou o encomenda?
   e) Onde habitualmente é publicado e/ou visto?

## Mãos à obra

### Atividade em duplas

1. Leia a charge reproduzida nesta página.

A ideia retratada na charge abaixo demonstra a preocupação do homem, desde que pôde se expressar, em realizar registros de seu cotidiano, o que é comprovado por muitas pinturas rupestres antiquíssimas. Os signos visuais têm acompanhado a história da humanidade.

Uma breve observação a nossa volta mostrará, nos mais variados campos da vida humana, que estamos cercados de **signos**, sejam religiosos (como os diversos tipos de representação de cruzes, de estrelas) ou laicos (como logotipos de empresas, emblemas de clubes, siglas, números, arte heráldica dos brasões, ícones da informática, etc.).

"Dicionário."

HARRIS, Sidney. *A Ciência ri:* o melhor de Sidney Harris. Sel. e trad. Jesus de Paula Assis. São Paulo: Editora da Unesp, 2007. p. 219.

2. Com um colega, faça uma busca de informações para ampliar os conhecimentos adquiridos sobre os **signos**. Consultem fontes variadas: pessoas, livros, revistas e páginas na internet. O conhecimento obtido será posteriormente compartilhado com os demais, por meio da elaboração de um relatório com o resultado do trabalho de vocês.

Toda consulta ou pesquisa pressupõe uma série de perguntas. Vocês poderão ter em mente as seguintes: por que o homem cria **signos** e, mais especificamente, por que ele cria os **símbolos**? Qual é a importância desses símbolos na vida cultural? Com o passar do tempo, o que tem mudado na concepção desses símbolos?

Alguns passos são fundamentais para a busca de informações:

a) seleção de material a ser consultado;
b) leitura atenta desse material, com destaque ou marcação dos trechos nos quais estão os conceitos mais importantes;
c) organização dos dados, com classificação, análise e interpretação de tudo que for lido;
d) anotações pessoais;
e) elaboração de um relatório com os resultados da pesquisa.

3. Depois de recolher informações consistentes sobre o assunto, elaborem o relatório. Dicas para a elaboração de seu relatório:

a) Quanto à **forma de composição**:
   - **introdução** (apresentação do assunto, algumas definições, justificativa do estudo);
   - **corpo** (com subdivisão em itens, é a parte mais extensa, deve apresentar as informações devidamente organizadas e sequenciadas, exemplos e curiosidades, de preferência ilustradas por imagens com legendas);
   - **conclusão** (apresentação de uma síntese de tudo que foi aprendido; destaque para a importância do assunto estudado; deduções pessoais).

b) Quanto à **linguagem**:
   - Vocês vão reproduzir as informações compiladas. Sejam objetivos, busquem a neutralidade, empregando verbos na terceira pessoa ou na voz passiva. Se citarem literalmente algum autor, não deixem de usar aspas.
   - Vocês irão transmitir os dados, compondo um texto explicativo, para que seus leitores (no caso, seus colegas) venham a saber mais sobre o assunto. Assim, o texto deverá ser claro, direto; construam períodos curtos e organizem o texto com palavras que orientem a leitura (conjunções explicativas, organizadores textuais). Para mais detalhes, consultem "Sequência explicativa ou expositiva" na p. 152 desta obra.
   - Importante: pesquisar não é copiar! Não deixem de citar as fontes consultadas. Para verificar a maneira exata de citá-las, consultem a Associação Brasileira de Normas Técnicas – ABNT (www.abnt.org.br) ou observem, nesta obra, como são citadas.
   - Deem um título sucinto a seu estudo.

4. Troquem seu relatório com outras duplas para observar como seus colegas trataram o mesmo assunto. Verifiquem se foram respeitadas as partes que configuram um relatório, se há articulação entre essas partes, se apresentam informações interessantes. Apontem as incorreções ou inadequações que encontrarem nos relatórios lidos para que seus colegas possam melhorá-los. Lendo vários relatórios, vocês aprenderão ainda mais.

### Gênero textual: relatório

Costuma-se elaborar um relatório para apresentar resultados parciais ou finais de pesquisas, de estudos, de experiências, de realização de projetos. Existem várias espécies de relatório, em função das esferas em que circula: escolar ou acadêmica, policial, jurídica, empresarial, contábil, etc. Todos eles têm, porém, algumas características comuns, entre elas: correção, clareza, coerência e objetividade. Configuram-se estruturalmente por introdução, com a identificação do propósito do relatório e uma justificativa da relevância do assunto; corpo, no qual se apresentam minuciosa e ordenadamente as informações ou observações sobre o objeto de estudo (em alguns casos, as datas e os locais de observação devem ser citados), e conclusão do enunciador sobre o assunto investigado (que pode comportar recomendações finais ou sugestões).

5. Aproveitem para apresentar oralmente seu trabalho à classe. Como toda a classe pesquisou o mesmo assunto, se vocês forem escolhidos para fazer a exposição do assunto pesquisado tenham em mente que precisarão despertar o interesse de todos. Sigam estas dicas:
   - Vocês podem começar explicando qual foi a estratégia empregada na organização do trabalho: quais tarefas cada um tomou para si, por exemplo.
   - Elaborem lembretes com o assunto organizado em tópicos, para que não se esqueçam do fundamental. Concentrem-se no que vocês julgam ser desconhecido pela maioria e priorizem as ideias principais.
   - Coloquem questões desafiadoras durante a apresentação para despertar a atenção e a curiosidade dos ouvintes. Procurem manter empatia com os colegas, olhando diretamente em seus olhos. Deem oportunidade para interagirem, abrindo espaço para perguntas e esclarecimento de dúvidas.
   - Falem pausadamente (sem ler), em tom agradável, de forma que todos possam ouvi-los sem que precisem "gritar". Ao mesmo tempo, para não tornar a exposição cansativa, imprimam um ritmo à fala, variem o tom de voz, criem suspense. Apresentem recursos visuais para tornar a exposição mais atraente.
   - Assim como a linguagem do relatório é formal, também nessa situação em que vocês "se colocam no lugar do professor ou de um especialista" deve haver certa formalidade. Não usem gírias. Evitem também certos vícios como "então, né", "daí", "'tá?".
   - Vocês saberão se a apresentação foi boa pelo interesse que despertarem na turma.

### Gênero textual: exposição oral

Em uma exposição oral apresenta-se um assunto sobre o qual um expositor tem domínio e os ouvintes, interesse. A exposição pode ocorrer em vários âmbitos além do escolar, tanto na esfera pública (instituições) como na particular (empresas) e exige certo grau de formalidade. Há fases a serem seguidas: uma abertura, na qual o expositor se apresenta, introduz o assunto e explicita o plano de sua exposição; o desenvolvimento, fase em que se expõe detalhadamente o conteúdo conforme o plano apresentado e se recapitulam os pontos fundamentais do assunto; finalmente, a conclusão, com as observações finais e os agradecimentos. O expositor deve ser objetivo e se manter atento à reação dos ouvintes. Pode falar de memória, ler em voz alta ou elaborar sua fala baseado em seu planejamento. Recursos visuais, audiovisuais ou multimídia costumam ser empregados para tornar a exposição mais atraente.

## 2 Linguagem e enunciação

Falamos da linguagem e do que ela representa na socialização do homem. Mas de que maneira ela se efetiva, se realiza? É na **enunciação**, isto é, na situação real de comunicação. A enunciação engloba o processo de comunicação como um todo, abrangendo diversos elementos que o condicionam e o modificam:

Conclui-se, portanto, que a enunciação é uma complexa interação de diversos fatores.

## Frase e enunciado

Neste ponto, é essencial trabalhar dois conceitos: frase e enunciado. São sinônimos? Há diferença entre eles? Como afirmamos anteriormente, o enunciado é o resultado de um processo comunicativo efetivo, condicionado por diversos elementos; já a frase é o resultado de uma combinação possível, compreensível e de sentido completo, em determinada língua, mas não contextualizada. Leia:

> [...] tem-se reservado o termo **frase** (= sentença) para a unidade formal do sistema da língua, estruturada de acordo com os princípios da gramática, passível de um sem-número de realizações; e o termo **enunciado**, para a manifestação concreta de uma frase, em situações de interlocução.
>
> KOCH, Ingedore Villaça. *A inter-ação pela linguagem*. 6. ed. São Paulo: Contexto, 2001.

Por se tratar do resultado efetivo de um processo de comunicação, sempre que possível, valorizaremos o enunciado para exemplificar estruturas da língua e trabalhar com elas. Em algumas situações, por questões didáticas, trabalharemos com frases.

## Adequação

Em consequência da complexidade que envolve a enunciação, ou seja, o ato comunicativo efetivo, os conceitos de certo ou errado tornam-se superficiais. É necessário considerar um novo conceito: a adequação. Um enunciado pode ser considerado adequado quando é apropriado aos elementos presentes no processo de comunicação, atendendo às necessidades dos falantes.

Entende-se que o uso que cada indivíduo faz da língua depende de várias circunstâncias: do que vai ser falado (assunto), do meio utilizado (canal), do contexto (ambiente espaço-temporal), do objetivo e do nível sociocultural de quem fala e, importantíssimo, de quem é o interlocutor (ou seja, para qual pessoa se está falando). Isso significa que a linguagem do texto deve estar adequada à situação, ao interlocutor e à intencionalidade do falante. Assim, por exemplo, seria inadequado um professor universitário fazer uma palestra para alunos do primeiro ao quinto ano do Ensino Fundamental empregando palavras desconhecidas dessa faixa etária, desenvolvendo argumentos complexos e estruturas sintáticas muito elaboradas, pois esse professor não seria compreendido por seus interlocutores.

De maneira geral, distinguem-se dois tipos de registro da língua:

- **informal** ou **coloquial**: emprego das estruturas da língua de forma espontânea e funcional. Usado em contextos informais, íntimos e familiares, que permitem maior liberdade de expressão. Esse registro também é encontrado em propagandas, programas de televisão ou de rádio, etc.
- **formal**: emprego das estruturas da língua de forma mais cuidadosa e convencional. Usado em situações que exigem maior formalidade, sempre levando em conta o contexto e o interlocutor. Caracteriza-se pela conformidade ao conjunto de regras da gramática normativa.

No entanto, essas são classificações extremas de inúmeras variações do uso da língua – ora mais formais, ora mais informais –, tanto quanto inúmeras são as situações de comunicação em sociedade. O grande desafio é estar preparado para utilizar o nível de linguagem adequado à situação e ao(s) interlocutor(es). Como diz o linguista Marcos Bagno, trata-se de variações estilístico-pragmáticas, que podem formar parte dos enunciados produzidos por um mesmo indivíduo, atendendo diferentes situações de interação.

| Situação | Enunciado | Adequação |
|---|---|---|
| Texto de um *e-mail* enviado por uma adolescente a um amigo. | E aí, cara?<br>Vamos no cinema à noite?<br>Me responda logo.<br>Bj, Ju. | Adequado.<br>(O enunciado contradiz algumas regras da gramática normativa, mas está adequado tendo em vista o interlocutor.) |
| Texto de um *e-mail* enviado por uma adolescente a uma professora. | Professora,<br>Mando-lhe este *e-mail* para justificar minha ausência no dia da prova. Adoeci de repente, mas amanhã estarei de volta na escola e levarei o atestado médico.<br>Obrigada,<br>Juliana da Silva | Adequado.<br>(O enunciado é adequado e não contradiz as regras da gramática normativa.) |
| Fala de um adolescente ao telefone, direcionada a um amigo. | Boa tarde. Como você está? Gostaria de saber se poderíamos ir ao cinema no sábado. Nós nos divertiríamos muito. | Inadequado.<br>(O enunciado não contradiz as regras da gramática normativa, mas está inadequado à informalidade da situação.) |
| Fala de um adolescente ao telefone, direcionada à secretaria da escola. | E aí, mermão, tô te ligando pra saber se amanhã vai ter aula ou não. | Inadequado.<br>(O enunciado é inadequado por ser demasiado informal para a situação de comunicação em que está inserido e contradiz algumas regras normativas.) |

## Usos da língua

REGISTRO COLOQUIAL

bate-papo com amigo

bate-papo com professor

bate-papo com pais

apresentação de relatório à direção da empresa

defesa de tese em ambiente acadêmico

REGISTRO CULTO

Monkey Business Images/Shutterstock

## Escrita e oralidade

Como você já deve ter percebido, o processo de comunicação efetiva-se num enunciado falado ou escrito. Portanto, distinguem-se duas modalidades para a interação social pela linguagem: a falada e a escrita.

Tanto na história da humanidade, como em nossa história individual, primeiro falamos, depois escrevemos. E mais: a modalidade falada é adquirida naturalmente, enquanto a escrita é aprendida. Na fala, o significante é sonoro (conjuntos de sons – fonemas – que representam uma ideia); na escrita, é gráfico (conjuntos de letras, representações gráficas dos sons da língua).

As modalidades falada e escrita têm características particulares na produção do enunciado, o que permite reconhecer marcas da escrita e marcas da oralidade. Compare-as:

| Modalidade falada | Modalidade escrita |
|---|---|
| • forte dependência contextual | • pouca dependência contextual |
| • pouco planejamento ou planejamento simultâneo à produção da fala: espontânea, fluxo fragmentado, mudança abrupta de construção, frases quebradas | • possibilidade de planejamento cuidadoso; fluxo não fragmentado e contínuo, frases completas |
| • coesão por meio de recursos paralinguísticos (entonação, gestos, olhares, etc.) | • coesão por meio de conectivos, estruturas sintáticas, etc. |
| • predomínio de frases curtas, ordem direta, período simples e coordenação | • predomínio de períodos longos com muita subordinação, frases com estrutura complexa |
| • presença de elementos que mantêm a conversação aberta: "entende?", "tá claro?" | • forte influência das convenções |

Essas características diferenciais são extremas, podendo existir acomodações de acordo com o tipo de gênero textual que se está produzindo e, ainda, de acordo com o registro empregado (coloquial ou formal) na situação real de produção, independentemente de ser escrito ou falado. Assim, em situações formais como na apresentação de um trabalho acadêmico, exige-se um texto falado de alta complexidade de planejamento e no registro culto; numa aula expositiva, espera-se um texto falado planejado e em registro mais formal; numa conversa com um amigo, pressupõe-se um texto falado pouco planejado e em registro coloquial.

Conhecendo as marcas de cada modalidade, podemos avançar um pouco mais: nem todo texto falado pertence à modalidade falada e nem todo texto escrito pertence à modalidade escrita. Três exemplos significativos:

- texto falado por um apresentador de telejornal: via de regra pertence à modalidade escrita. É previamente planejado, contínuo, apresenta estruturas sintáticas elaboradas. Em outras palavras: tem todas as marcas da escrita e nenhuma marca da oralidade (na verdade, o texto é previamente escrito e, no ar, é lido pelos apresentadores);
- fala do professor Alfredo Bosi numa mesa-redonda sobre a obra de Machado de Assis, reproduzida em livro (*Machado de Assis*. Ática, 1982): "Não sei se devo fazer a pergunta que eu tinha preparado, porque acho que, do que foi dito aqui, muitas coisas ficaram em aberto, poderiam ser aprofundadas. Em todo caso, vou fazer essa pergunta e vocês responderão se quiserem, ou, se preferirem, poderão voltar às coisas que ficaram em suspenso nas intervenções anteriores.". Apesar de chegar ao leitor na forma escrita, pois fora transcrito, trata-se evidentemente de um texto da modalidade falada, com suas marcas características.

- fragmento do romance *Amar, verbo intransitivo*, de Mário de Andrade, em que ocorrem duas situações distintas: o texto do narrador com marcas da modalidade escrita e as falas de personagens com marcas da oralidade, na tentativa de reproduzir o diálogo entre eles da forma mais verossímil:

Filipe Rocha/Arquivo da editora

Esperou. Dona Laura mal respirava muito nervosa, não sabendo principiar.

– É por causa do Carlos...

– Ah... Sente-se.

– Não vê que eu vinha lhe pedir, Fräulein, pra deixar a nossa casa. Acredite: isto me custa muito porque já estava muito acostumada com você e não faço má ideia de si, não pense! mas... Creio que já percebeu o jeito de Carlos... ele é tão criança!... Pelo seu lado, Fräulein, fico inteiramente descansada... Porém esses rapazes... Carlos...

ANDRADE, Mário de. *Amar, verbo intransitivo*. 10. ed. Belo Horizonte: Itatiaia, 1984. p. 76.

## As conversações

Dialogar, falar, trocar ideias: essas são as formas básicas mais naturais de comunicação e, podemos dizer, universais de interação, já que são empregadas por todos os falantes de uma língua, escolarizados ou não. Conversas mais ou menos informais, com amigos, colegas, na sala de aula, na rua... os textos orais circulam o tempo todo.

Entre as características particulares dos textos conversacionais, destacam-se:

- emprego de linguagem verbal e não verbal – ao falar, utilizamos o sistema linguístico em conjunto com entonações, expressões faciais, gestos, olhares, movimentos, até com a indumentária e com a postura; é quase impossível falar apenas com a linguagem verbal.
- emprego de expressões fáticas – o estar frente a frente com o interlocutor leva a uma constante interação com o outro, testando seu envolvimento, marcando emoções e sentimentos provocados pela fala, demonstrando interesse; são corriqueiras frases interjetivas como: Claro!, Pois é!, Nossa!, Veja!, Tudo bem?, Certo?, Tá entendendo?.
- turnos de fala determinados pela negociação constante – a conversação supõe dois ou mais participantes; os turnos de fala são as unidades que representam a participação de cada um. Cada vez que um dos participantes toma a palavra, começa um turno de fala. A passagem do turno para outro participante depende da negociação entre eles, muitas vezes natural, algumas vezes sutil, outras rude. Mas, de qualquer forma, a troca de turnos é fundamental para que exista a conversação. Observe o diálogo abaixo entre Bentinho e Capitu, personagens do romance *Dom Casmurro*:

  [Bentinho] – A falar verdade são duas coisas, continuei eu, por haver-me acudido outra ideia.

  [Capitu] – Duas? Diga quais são.

  – A primeira é que só se há de confessar comigo, para eu lhe dar a penitência e a absolvição. A segunda é que...

  – A primeira está prometida, disse ela vendo-me hesitar, e acrescentou que esperava a segunda.

Palavra que me custou, e antes não me chegasse a sair da boca: não ouviria o que ouvi, e não escreveria aqui uma coisa que vai talvez achar incrédulos.

– A segunda... sim... é que... Promete-me que seja eu o padre que case você?

– Que me case? disse ela um tanto comovida.

Logo depois fez descair os lábios, e abanou a cabeça.

ASSIS, Machado de. *Dom Casmurro*. São Paulo: Scipione, 1988.

Nesse fragmento, Bentinho teve seu turno de fala "roubado" quando Capitu o interrompeu e afirmou "– A primeira está prometida", e disse que esperava a segunda coisa, devolvendo o turno de fala para Bentinho. Machado de Assis reproduz, assim, a negociação constante que se dá na conversação, dando vivacidade e verossimilhança ao seu texto.

**OPS!**

A negociação dos turnos de fala é essencial nas conversas, nos textos dialogais. Mas, como já comentamos, nem sempre a "troca" de turnos acontece de forma "certinha" (primeiro fala um por um tempo determinado, em seguida outro por tempo equivalente, sem interrupções). O mais comum é que os turnos sejam "roubados". Entre as estratégias utilizadas para tomar a palavra e assumir um turno, nós, falantes, utilizamos expressões como:

Claro, no entanto...
Sim, porém...
Pois é, mas...
Discordo totalmente, pois...
É, mas por outro lado... Não é nada disso... eu acho que...

## Atividades

Leia esta tira.

Atlantic Syndication

WATTERSON, Bill. Calvin e Haroldo. *O Estado de S. Paulo*, 21 fev. 2001, p. D2.

1. Imagine a reação de um leitor habitual das tiras do Calvin ao ler os três primeiros quadrinhos.
   a) O que provocaria essa reação?
   b) O que marca a diferença entre as falas nos três primeiros quadrinhos e no último?
   c) Por que isso acontece? Quem são os falantes?

2. Explique o que Calvin quer dizer com "língua de gente".

3. Classifique o emprego da variante dos três primeiros quadrinhos nos seguintes contextos levando em conta a adequação:
   a) nas falas dos personagens de uma peça de teatro de um escritor português do século XVI;
   b) nas falas de um diálogo entre um funcionário e seu chefe nos dias de hoje;
   c) nas falas de um bate-papo pela internet;
   d) nas falas entre mãe e filho.

## Mãos à obra

Nesta proposta, coloque em prática a variedade de registros existente nas situações comunicativas de nosso dia a dia conforme as situações indicadas.

Correio eletrônico

a) Suponha que, em determinada escola onde estudam Marcela, de 15 anos, e Fernando, de 8, as aulas tenham sido inesperadamente suspensas por falta de segurança. Os desdobramentos dessa decisão serão vários, gerando algumas comunicações entre interlocutores envolvidos na situação, que passamos a descrever.

I. A diretora da escola vai enviar um ofício às autoridades competentes da Secretaria de Educação, exigindo providências urgentes para garantir que as atividades na escola voltem à normalidade.

### Gênero textual: ofício

Um ofício é uma correspondência que circula na esfera oficial. Tem as mesmas características de uma carta (local, data, vocativo, corpo, despedida e identificação), mas pressupõe formalidade, incluindo as formas de tratamento convenientes (senhor; ilustríssimo ou excelentíssimo senhor). Após o nome e a assinatura de quem escreve, deve constar o cargo que exerce. A identificação da instituição se dá no timbre do próprio papel, cujo formato é denominado ofício.

II. A equipe de professores preparou um enorme cartaz que será afixado na fachada da escola para avisar que as aulas estão suspensas e para protestar contra a violência de que é vítima a população do bairro.

### Gênero textual: cartaz

Um cartaz precisa atingir um público heterogêneo, pois está presente em espaços públicos. Seus requisitos fundamentais são: correção gramatical, clareza, objetividade e argumentação adequada para interferir no comportamento de quem o lê. Em geral, o texto conta com o auxílio de imagens. A disposição do texto no cartaz, as imagens utilizadas, as cores e dimensões das letras colaboram para a eficácia da comunicação. Existem cartazes esteticamente criados com intenções artísticas: comunicam algo com beleza.

III. A mãe dos dois estudantes, que é secretária, precisará avisar seu superior, por *e-mail*, de que não poderá comparecer ao trabalho nesse dia.

### Gênero textual: *e-mail*

O *e-mail* (*electronic mail*), ou mensagem eletrônica, circula na esfera digital, mediado por um provedor da internet. Pela rapidez com que chega ao destinatário, vem substituindo a carta convencional. A linguagem poderá ser formal ou informal, dependendo do nível de intimidade dos interlocutores e dos assuntos a serem tratados. Usa-se a saudação, mas não é necessário anotar a data, que é indicada automaticamente. Os cumprimentos finais costumam ser breves.

IV. Marcela vai avisar sua amiga, estudante de outra escola, que está de folga. Ela vai propor, via celular (por *sms*), que se encontrem e planejem algo para aproveitarem o dia.

V. Fernando vai ligar para seu avô contando que está em casa. Vai pedir-lhe que venha passar a tarde com ele.

b) **Escolha três dessas cinco situações**, imagine-se no lugar de cada um dos envolvidos para comunicar o fato, tendo em vista a adequação da mensagem à situação e aos interlocutores, e escreva três breves textos para reproduzir as possíveis mensagens.

Dicas para a elaboração de seus textos:

- A diretora estará se dirigindo a uma autoridade hierarquicamente superior a ela.
- Se escolher o cartaz, será necessário produzir um texto curto e convincente, uma vez que você não contará com os recursos normalmente empregados: integração entre texto e imagem, cores, formatos e tamanhos de letras, diagramação, etc.
- Se escolher o *e-mail* ou a mensagem via celular, a simulação deverá contar com os recursos tecnológicos que possibilitam o envio da mensagem.

c) Reúnam-se em grupos para trocar os textos entre vocês. Façam um rodízio para que os elementos do grupo possam ler todas as produções. Escrevam na própria folha do colega observações que poderão contribuir para o aperfeiçoamento dos textos. Se julgarem necessário, refaçam os textos que não atingiram satisfatoriamente os objetivos. O critério deverá ser a adequação da linguagem a cada situação.

# Pensando no Enem

**Texto para a questão 1.**

Há certos usos consagrados na fala, e até mesmo na escrita, que, a depender do estrato social e do nível de escolaridade do falante, são, sem dúvida, previsíveis. Ocorrem até mesmo em falantes que dominam a variedade-padrão, pois, na verdade, revelam tendências existentes na língua em seu processo de mudança que não podem ser bloqueadas em nome de um "ideal linguístico" que estaria representado pelas regras da gramática normativa. Usos como *ter* por *haver* em construções existentes (*tem* muitos livros na estante), o do pronome objeto na posição de sujeito (para *mim* fazer o trabalho), a não concordância das passivas com *se* (aluga-*se* casas) são indícios da existência, não de uma norma única, mas de uma pluralidade de normas, entendida, mais uma vez, norma como conjunto de hábitos linguísticos, sem implicar juízo de valor.

In CALLOU, D. Gramática, variação e normas. In VIEIRA, S. R.; BRANDÃO, S. (Org.). *Ensino de gramática:* descrição e uso. São Paulo: Contexto, 2007. (fragmento).

1. Considerando a reflexão trazida no texto a respeito da multiplicidade do discurso, verifica-se que:
   a) estudantes que não conhecem as diferenças entre língua escrita e língua falada empregam, indistintamente, usos aceitos na conversa com amigos quando vão elaborar um texto escrito.
   b) falantes que dominam a variedade-padrão do português do Brasil demonstram usos que confirmam a diferença entre a norma idealizada e a efetivamente praticada, mesmo por falantes mais escolarizados.
   c) moradores de diversas regiões do país que enfrentam dificuldades ao se expressar na escrita revelam a constante modificação das regras de empregos de pronomes e os casos especiais de concordância.
   d) pessoas que se julgam no direito de contrariar a gramática ensinada na escola gostam de apresentar usos não aceitos socialmente para esconderem seu desconhecimento da norma-padrão.
   e) usuários que desvendam os mistérios e sutilezas da língua portuguesa empregam forma do verbo *ter* quando, na verdade, deveriam usar formas do verbo *haver*, contrariando as regras gramaticais.

**Comentário**

Tanto no trecho citado como no início do enunciado da questão, ressalta-se a ideia de multiplicidade do discurso, de pluralidade de normas. Estas, na citação, são muito bem definidas: "conjunto de hábitos linguísticos, sem implicar juízo de valor". Portanto, não está em questão usos corretos ou errados, não se condena o falante que contraria as regras da gramática normativa. Eliminam-se então os itens **c** (pois este afirma que alguns falantes têm "dificuldades ao se expressar"), **d** e **e** (pois estes dois itens tratam de "pessoas que se julgam no direito de contrariar a gramática ensinada na escola" e de alguns usuários da língua que empregam determinada forma "contrariando as regras gramaticais"). O respeito à pluralidade de normas é reforçado pelo segundo período do fragmento, em que o enunciador deixa claro que mesmo "falantes que dominam a variedade-padrão [...] revelam tendências [...] em seu processo de mudança", não se limitando ao "ideal da língua". O item **a** procura comentar sobre diferenças entre linguagem escrita e linguagem falada, porém esse assunto não é tratado no trecho reproduzido. O item **b**, por sua vez, reforça a ideia de diferença entre idealização e prática da língua mesmo entre os falantes que dominam a variedade-padrão. Portanto, a resposta correta é o item **b**.

Resposta: **B**.

**Texto para a questão 2.**

## Entre ideia e tecnologia

O grande conceito por trás do Museu da Língua é apresentar o idioma como algo vivo e fundamental para o entendimento do que é ser brasileiro. Se nada nos define com clareza, a forma como falamos o português nas mais diversas situações cotidianas é talvez a melhor expressão da brasilidade.

SCARDOVELI, E. Revista *Língua Portuguesa*. São Paulo: Segmento, Ano II, n. 6, 2006.

2. O texto propõe uma reflexão acerca da língua portuguesa, ressaltando para o leitor a
   a) inauguração do museu e o grande investimento em cultura no país.
   b) importância da língua para a construção da identidade nacional.
   c) afetividade tão comum ao brasileiro, retratada através da língua.
   d) relação entre o idioma e as políticas públicas na área de cultura.
   e) diversidade étnica e linguística existente no território nacional.

**Comentário**

O Museu da Língua Portuguesa é o assunto básico do trecho reproduzido na questão. Entretanto, ao procurar definir o conceito ou a ideia por trás dessa organização, o produtor do texto destaca a relação entre língua e expressão da brasilidade. Segundo ele, embora não haja nada que nos defina com clareza, a maneira como falamos o português é uma forma de expressão nacional, expressa nossa brasilidade. Portanto, a alternativa que identifica adequadamente o que ressalta o texto é a **b**: "importância da língua para a construção da identidade nacional".

Resposta: **B**.

# Vestibulares de Norte a Sul

**Texto para as questões de 1 a 3.**

## Os donos da comunicação

Os presidentes, os ditadores e os reis da Espanha que se cuidem porque os donos da comunicação duram muito mais. Os ditadores abrem e fecham a imprensa, os presidentes xingam a TV e os reis da Espanha cassam o rádio, mas, quando a gente soma tudo, os donos da comunicação ainda tão por cima. Mandam na economia, mandam nos intelectuais, mandam nas moças fofinhas que querem aparecer nos *shows* dos horários nobres e mandam no *society* que morre se o nome não aparecer nas colunas.

Todo mundo fala mal dos donos da comunicação, mas só de longe. E ninguém fala mal deles por escrito porque quem fala mal deles por escrito nunca mais vê seu nome e sua cara nos "veículos" deles. Isso é assim aqui, na Bessarábia e na Baixa Betuanalândia. Parece que é a lei.

O que também é muito justo porque os donos da comunicação são seres lá em cima. Basta ver o seguinte: nós, pra sabermos umas coisinhas, só sabemos delas pela mídia deles, não é mesmo? Agora vocês já imaginaram o que sabem os donos da comunicação que só deixam sair 10% do que sabem? Pois é; tem gente que faz greve, faz revolução, faz terrorismo, todas essas besteiras. Corajoso mesmo, eu acho, é falar mal de dono de comunicação. Aí tua revolução fica xinfrim, teu terrorismo sai em corpo 6 e se você morre vai lá pro fundo do jornal em quatro linhas.

(Millôr Fernandes. *Que país é este?*, 1978.)

1. **SE** (Unesp-SP) Para Millôr Fernandes, no texto apresentado, os donos da comunicação são
   a) produtores de tecnologia de informação e comunicação.
   b) dirigentes de órgãos governamentais que regem a comunicação no país.
   c) proprietários de veículos de comunicação em massa.
   d) apresentadores de telejornais e programas populares de televisão.
   e) funcionários executivos de empresas de publicidade.

2. **SE** (Unesp-SP) Com a frase *Parece que é a lei*, no segundo parágrafo, o humorista tenta explicar que
   a) as pessoas poderosas se unem em sociedades secretas.
   b) o poder dos donos da comunicação parece ter força de lei.
   c) parece que a lei não existe no mundo da comunicação.
   d) o poder dos grandes empresários emana de uma lei que os protege.
   e) as leis não foram criadas para proteger os cidadãos.

3. **SE** (Unesp-SP) As repetições, o uso de palavras e expressões populares, a justaposição fluente de ideia, dispensando vírgulas, e as ironias constantes atribuem ao texto de Millôr Fernandes
   a) tom descontraído e bem-humorado.
   b) dificuldade de leitura e compreensão.
   c) feição arcaica e ultrapassada.
   d) estilo agressivo e contundente.
   e) imagens vulgares e obscenas.

4. **S** (UFPR) Ao realizar um experimento no laboratório da escola, um estudante fez as seguintes anotações:

   - 2 frascos com substâncias em pó, uma amarela, outra branca.
   - 10 gramas de cada uma, usando uma balança de precisão.
   - Colocadas em uma placa de vidro e misturadas com uma espátula.
   - Água em cima da mistura, com um conta-gotas: 2 gotas.
   - A mistura ficou alaranjada, esquentou e soltou uma fumaça branca.

   Ao fazer o relatório do experimento, o estudante teve várias dúvidas em relação à redação e escreveu cinco versões, reproduzidas nas alternativas a seguir. Assinale a que faz um relato de forma objetiva, correta e em linguagem adequada a um relatório.
   a) Usando uma placa de vidro. Sobre a mesma, pinguei 2 gotas de água em cima. Antes tirei dos frascos contendo as substâncias e misturei 10 gramas do pó A (amarelo) e 10 do pó B (branco) com uma espátula. Depois observei que a mistura ficou alaranjada, esquentou e saiu uma fumaça branca. Foi isso que eu fiz e observei.
   b) A mistura em cima da placa de vidro esquentou, mudou de cor e soltou uma fumaça branca. Isso aconteceu depois que os pós branco e amarelo foram pesados em uma balança de precisão, colocados em cima da placa de vidro, 10 gramas de cada, tudo misturado com uma espátula. A água de um conta-gotas pingou em cima. Foram 2 gotas.
   c) Primeiro peguei 10 gramas das substâncias em pó, que estavam em frascos, uma amarela (A), outra branca (B) e coloquei ambas em uma placa de vidro, onde misturei com uma espátula, com 2 gotas de água em cima. Saiu uma fumaça branca e ficou alaranjada. Conclusão: a mistura das substâncias esquentaram.
   d) Sobre uma placa de vidro foram colocados 10 gramas de cada uma das substâncias A (amarela) e B (branca), em pó, que foram depois misturadas com uma espátula. Com o auxílio de um conta-gotas, foram acrescentadas 2 gotas d'água. Observou-se então o aquecimento da mistura, que, além disso, tornou-se alaranjada e desprendeu uma fumaça branca.
   e) De um frasco com um pó branco e outro amarelo foram subtraídas 10 gramas dos mesmos e colocados ambos em uma placa de vidro. A mistura então desprendeu uma fumaça branca, a temperatura da mesma se elevou tornando-se alaranjada. Isso aconteceu após as substâncias serem misturadas entre si e com 2 gotas de água respectivamente.

CAPÍTULO

# 2 O processo de comunicação e seus elementos

Reprodução/M. C. Escher Foundation, Baarn, Holanda

*Ar e água I*, de M. C. Escher. 1938.

Você já estudou que um enunciado precisa ser adequado à situação comunicativa em que é exposto. Vamos retomar essa compreensão do ato comunicativo com base na leitura do texto abaixo. Leia-o e discuta com os colegas e o professor levando em conta as questões a seguir.

*Comportamento*

## *Hipster*, que diabo é isso?

por Catarina Cicarelli

*A tribo de moderninhos que os fashionistas adoram odiar*

Óculos modelo *wayfarer*.

Divulgação/<http://www.ray-ban.com>

Joyfnp/Shutterstock/Glow Images

Fedora (ou borsalino): chapéu, geralmente fabricado em feltro, no formato do chapéu Panamá.

A cada linha que você lê desta reportagem, morre um *hipster* em São Paulo. No sentido figurado, obviamente. Hip... o quê? Vamos às explicações: sabe aquele amigo seu que adora inventar moda mas fica horrorizado quando outras pessoas começam a vestir algo parecido? Então. Assim a gente começa a definir esse tipo diferente de tribo (palavra que eles odeiam, aliás) que se integrou à paisagem social paulistana.

A bem da verdade, *hipster* não passa de um jeito diferente de classificar pessoas que, até há pouco, seriam tachadas de moderninhas. O termo começou a ser utilizado em Nova York lá pelo início dos anos 2000, e vem da palavra *hip*, que pode ser traduzida como inovador. [...]

[...] Em geral, a tribo é vista com reservas (e comentários venenosos) pela turma fashion [...]. Ainda assim, há quem credite ao espírito novidadeiro dessa turma o fato de algumas peças virarem mania — entre elas estariam os óculos modelo *wayfarer* e chapéus do tipo fedora. "A gente não leva a sério mesmo quem posa de *hipster* por aí. Ao contrário", diz a editora de moda Erika Palomino. "O que vale hoje é uma atitude *efortless*. Ou seja, a pessoa que é legal sem parecer que faz força para isso."

Revista *Veja São Paulo*. São Paulo: Abril, 27 jan. 2011. Disponível em: <http://vejasp.abril.com.br>. Acesso em: 14 jan. 2014.

### Ser *hipster* é...

Idade: 15 a 25 anos

Redutos: [...] brechós, Avenida Paulista e Starbucks.

Estilo: Diferentão. Se alguém mais tem a mesma peça, perde a graça. [...]

Música: Bob Dylan, Tom Waits, bandas de *rock indie* como MGMT, Vampire Weekend, Two Doors Cinema Club e She Him.

Cinema: Godard e Lars Von Trier (bem, é o que eles dizem, né?)

Musa: a cantora e atriz Zooey Deschanel, do filme *500 dias com ela*.

- *A reportagem trata de que assunto?*
- *Onde foi publicado originalmente esse texto?*
- *Que leitores provavelmente se interessam por essa publicação e leriam essa reportagem?*
- *A linguagem empregada pela jornalista deve confirmar a resposta ao item anterior. Citem exemplos do vocabulário que confirmem seu ponto de vista ou revejam a resposta.*
- *A linguagem ainda conta com outros recursos como as indagações, as questões. A jornalista espera realmente que alguém responda a suas indagações? O que pretende com elas?*
- *Os textos jornalísticos costumam apresentar várias vozes, não só a do jornalista. No caso, que outra voz identificamos nessa reportagem? Por que a opinião dessa pessoa foi escolhida para participar da matéria?*

# 1 O processo de comunicação

Vimos que a enunciação, como processo comunicativo, é uma complexa interação de diversos elementos que levam à formulação de determinado enunciado. Mas de que maneira poderíamos esquematizar esse processo comunicativo?

Desmembrando o processo, observamos um **falante** (um dos participantes) que manipula um **código** (sistema de sinais que vai utilizar) para a construção de uma **mensagem** (texto, enunciado), sobre um **referente** (assunto, tema), por meio de um **canal** (meio pelo qual a mensagem é veiculada), e um **interlocutor** (outro participante) a quem o texto é destinado e que interage com a mensagem para compreendê-la.

Mas será que é só isso? Pensar no processo comunicativo como ato social, concretizando as diversas interações sociais por meio da linguagem, é levar em consideração: o **contexto situacional** (ambiente externo aos participantes, em que se desenvolve o processo), a **intenção do falante** (o que é que ele quer realmente com a mensagem) e quem é o interlocutor da mensagem. Dessa maneira, um **falante**, ao formular determinada mensagem, além de escolher o assunto, o código e o canal, precisa considerar as características de seu interlocutor para adequar sua mensagem e agir sobre ele. Por que tudo isso? Porque é o **interlocutor** que constrói um sentido para a mensagem, fazendo uso de sua competência de leitura, dos seus conhecimentos prévios, de sua ideologia, sua cultura, etc.

Na matéria "*Hipster*, que diabo é isso?", a jornalista (o falante), ao direcionar seu artigo (mensagem) para o leitor jovem que se interessa por informações comportamentais e de lazer (interlocutor), faz uso de expressões típicas dessa faixa etária e do universo da moda — assunto tratado no texto — e cita exemplos, argumentando em função disso. Assim, tenta atingir seu objetivo: ajudar o leitor a identificar um *hipster*, a saber qual é o comportamento típico de pessoas desse grupo. Se a jornalista tivesse empregado um tom muito formal, sem levar em conta as características de seu interlocutor, correria o risco de não ser compreendida ou de não despertar a atenção dele.

O processo de comunicação não é apenas uma passagem de informação linear e mecânica, mas sim uma complexa cadeia comunicativa:

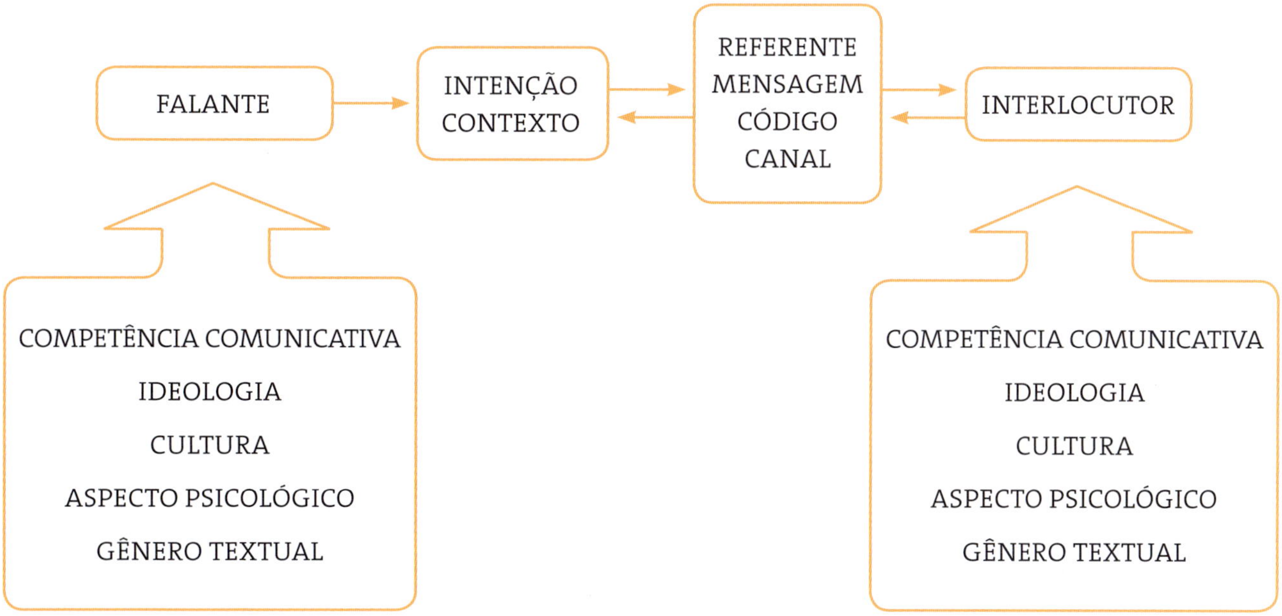

## 2 As competências dos participantes

No esquema da página anterior, é possível observar que tanto para o falante como para seu interlocutor são apontados diversos conhecimentos e características que vão interferir no processo comunicativo.

A **competência comunicativa**, isto é, a habilidade que um indivíduo tem para lidar com a linguagem — ao formular enunciados (no caso do falante) ou ao atribuir sentido a eles (no caso do interlocutor) —, envolve o conhecimento de determinada língua, suas variantes e registros. Se um falante formular um enunciado em japonês para um interlocutor que desconhece essa língua, não se completará o processo comunicativo; se um falante formular um enunciado em um registro ultraformal para um interlocutor de apenas cinco anos, provavelmente o processo comunicativo não será inteiramente efetivado.

A **ideologia** e a **cultura** dos participantes estão presentes na formulação e na leitura de um texto, condicionando e limitando as duas atividades, pois incluem o conjunto de crenças, representações e avaliações do mundo e da vida.

O **aspecto psicológico** retrata as influências variáveis do humor, da sensibilidade, da capacidade de tolerância, etc. de cada indivíduo no momento exato do processo comunicativo. Muitas vezes, um mesmo enunciado em momentos diferentes pode ser formulado de maneiras distintas por um mesmo falante, e pode ser lido e interpretado de maneiras distintas por um mesmo interlocutor.

O **gênero textual** condiciona a formulação do enunciado a modelos preexistentes. Dessa maneira, o falante deve conhecer as particularidades de um gênero textual, adequando sua mensagem a ele, assim como o interlocutor deve conhecê-las também, para construir sentido para a mensagem.

Podemos concluir que o falante deve, além de observar suas próprias capacidades e características, prestar muita atenção nas capacidades e características de seu interlocutor. Quanto mais características comuns o falante e o interlocutor tiverem, maior o êxito do processo comunicativo.

Mais uma vez voltamos ao mesmo conceito: **adequação** – noção fundamental para a interação social.

## 3 Recursos textuais para a montagem da mensagem

### Em foco: a intencionalidade

#### "Palavrinhas" venenosas

Releia este trecho da matéria "*Hipster*, que diabo é isso?":

A cada linha que você lê desta reportagem, morre um *hipster* em São Paulo. No sentido figurado, obviamente. Hip... o quê? Vamos às explicações: sabe aquele amigo seu que adora inventar moda mas fica horrorizado quando outras pessoas começam a vestir algo parecido? Então. Assim a gente começa a definir esse tipo diferente de tribo (palavra que eles odeiam, **aliás**) que se integrou à paisagem social paulistana.

Ao elaborar sua mensagem, o falante pode fazer uso de algumas palavras para posicionar-se ou para persuadir o interlocutor, dependendo de sua intenção; essas palavras funcionam como "alfinetadas argumentativas" que buscam a adesão do interlocutor.

No fragmento dessa matéria jornalística, destaca-se um exemplo de "palavrinha" argumentativa: *aliás*. Observe que ela não tem uma função de base na estrutura sintático-semântica do enunciado, isto é, pode ser retirada e o enunciado continuará tendo uma estrutura gramatical e o mesmo conteúdo semântico. Observe:

Assim a gente começa a definir esse tipo diferente de tribo (palavra que eles odeiam) que se integrou à paisagem social paulistana.

Percebeu a diferença? O enunciado ficou mais "leve", menos "incisivo". A "pequenina" palavra *aliás* tem um substancial conteúdo de intencionalidade e torna o enunciado mais "venenoso", isto é, enfatiza a informação apresentada: embora os próprios *hipster* odeiem ser identificados como tribo, eles se comportam como uma; daí a ironia da jornalista.

Assim como o *aliás*, outras palavras e expressões funcionam como "venenos" persuasivos: *até*, *ainda*, *também*, *só*, *nem mesmo*, *no mínimo*, etc. Algumas delas podem vir combinadas com conjunções que funcionam como **intensificadores** (quando apresentam noção semântica semelhante à conjunção a que se associam) ou **modalizadoras** (quando não apresentam noção semântica semelhante à conjunção a que se associam). Observe estes exemplos:

Assim a gente começa a definir esse tipo diferente de tribo (palavra que eles rejeitam **e**, **inclusive**, odeiam) que se integrou à paisagem social paulistana.

intensifica a noção de somatório da conjunção aditiva *e* e destaca o segundo elemento (*odeiam*)

Vamos às explicações: sabe aquele amigo seu que adora inventar moda **mas também** fica horrorizado quando outras pessoas começam a vestir algo parecido?

modaliza a noção de oposição da conjunção adversativa *mas*, destacando que o segundo elemento, ao mesmo tempo que se opõe, se soma ao primeiro

Artnis/Shutterstock

# Em foco: a referência situacional

## Referenciação extratextual

Leia o fragmento de uma matéria publicada na internet por uma empresa do setor turístico, com orientações para quem pretende alugar carro no exterior. Observe que o texto foi elaborado como se um leitor fizesse as perguntas, que são "respondidas" pela matéria, ou seja, as perguntas foram provavelmente formuladas a partir das dúvidas frequentes, que, assim, podem servir de base para as orientações fornecidas.

### 20 coisas que você precisa saber antes de alugar um carro no exterior

Filipe Rocha/Arquivo da editora

[...]

10. Tenho um filho de colo, outro com 3 anos. Devo levar daqui o bebê conforto e a cadeirinha?

A maioria das empresas oferece esses opcionais sem custo. Mas esse tipo de acessório é como comida especial de avião – você deve pedir antes. Na hora da reserva, especifique os itens necessários ao seu agente de viagem ou à locadora. Há outros artigos disponíveis: *rack* para esquis, telefone a bordo, e, em algumas locadoras, até um tipo de navegador – um GPS portátil – para ajudar na localização.

[...]

Disponível em: <www.triplan.com.br>. Acesso em: 24 abr. 2014.

O processo de comunicação se desenvolve em lugar e tempo determinados, assim como também envolve participantes determinados. Essas circunstâncias situacionais são percebidas no texto ao se identificar o emprego de palavras "vazias", isto é, palavras que só adquirem significado quando associadas a um referente, que pode estar no próprio texto (referência textual) ou num contexto extratextual (fora do texto).

No exemplo acima, é usado no título da matéria o pronome pessoal *você*, que marca a segunda pessoa do discurso, isto é, o interlocutor. Mas quem é esse interlocutor? A resposta imediata e genérica é "o leitor da matéria". Mas se quiséssemos individualizar esse interlocutor, teríamos de pensar que, enquanto "João" lê o artigo, **você** é João; se "José" lê o artigo, **você** é José; se "Maria" lê o artigo, **você** é Maria; se você lê o artigo, **você** é você. Em qualquer das hipóteses, o interlocutor está fora do texto (trata-se, portanto, de uma referência extratextual).

E mais: você observou o *aqui* na pergunta? Será que é possível identificar a que se refere? Mais uma vez, só se nos reportarmos ao processo de comunicação. Sabemos que se trata de uma das perguntas que servem de base para a orientação publicada numa página da internet que vende serviços ao público brasileiro, portanto o *daqui* se refere a um lugar do Brasil. Mas a que lugar exatamente? Se o "leitor" que formulou a questão é uma pessoa que está em Brasília, o *daqui* do texto é igual a Brasília; se o leitor é uma pessoa que está no Maranhão, o *daqui* é igual a Maranhão, ou seja, esse lugar diz respeito à situação do falante.

Essas palavras que se preenchem de significado por meio de referências extratextuais remetem às circunstâncias situacionais do processo de comunicação que estão fora do texto.

Alguns itens que funcionam com referenciação:

| Pronomes pessoais | Pronomes demonstrativos | Circunstanciais de tempo | Circunstanciais de lugar | Tempos verbais |
|---|---|---|---|---|
| você = interlocutor;<br><br>nós = falante + interlocutor;<br><br>falante + 3ª pessoa; falante + interlocutor + 3ª pessoa;<br><br>vocês = interlocutor plural;<br><br>interlocutor + 3ª pessoa | este, esta, estes, estas, isto = perto do falante;<br><br>esse, essa, esses, essas, isso = perto do interlocutor;<br><br>aquele, aquela, aqueles, aquelas, aquilo = longe do falante e do interlocutor. | advérbios = hoje, amanhã, agora, ontem, etc.<br><br>locuções adverbiais = neste momento, daqui a pouco, dentro de um mês, etc. | advérbios = aqui, lá, cá, acolá, ali, aí, perto, longe, etc.<br><br>locuções adverbiais = neste lugar, naquele lugar, etc. | presente = simultaneidade com o momento do processo de comunicação;<br><br>pretérito = anterioridade em relação ao momento do processo de comunicação;<br><br>futuro = posterioridade em relação ao momento do processo de comunicação. |

Vamos analisar, agora, um caso famoso da literatura brasileira: o poema "Canção do exílio", de Gonçalves Dias.

## Canção do exílio

Gonçalves Dias
*Coimbra, julho, 1843*

Minha terra tem palmeiras,
Onde canta o Sabiá;
As aves que aqui gorjeiam,
Não gorjeiam como lá.

Nosso céu tem mais estrelas,
Nossas várzeas têm mais flores,
Nossas flores têm mais vida,
Nossa vida mais amores.

Em cismar, sozinho, à noite,
Mais prazer encontro eu lá;
Minha terra tem palmeiras,
Onde canta o Sabiá.

Minha terra tem primores,
Que tais não encontro eu cá;
Em cismar – sozinho, à noite
Mais prazer encontro eu lá;
Minha terra tem palmeiras,
Onde canta o Sabiá.

Não permita Deus que eu morra
Sem que eu volte para lá;
Sem que desfrute os primores
Que não encontro por cá;
Sem qu'inda aviste as palmeiras,
Onde canta o Sabiá.

DIAS, Gonçalves.
*Obras poéticas de Antônio Gonçalves Dias.*
São Paulo: Nacional, 1944. v. 1. p. 21.

Filipe Rocha/Arquivo da editora

O primeiro passo para o leitor construir o sentido desse poema é localizar os referentes dos advérbios *aqui* e *lá*. Ora, isso só é possível se atentarmos a alguns elementos que estão no texto e a alguns outros que estão fora do texto. O título do poema — "Canção do exílio" — sugere que o falante (o eu lírico, no caso) está fora de sua terra natal; o poeta datou e situou o poema: "Coimbra, julho, 1843" — o que torna essa informação essencial, sendo inadmissível que algumas reproduções do poema a ignorem. A partir disso, temos como afirmar que *aqui* refere-se a Coimbra, Portugal. Quanto ao advérbio *lá*, a referência é extratextual, o que significa que, para saber ao que se refere, precisamos buscar uma informação que não está no texto: qual é a terra natal de Gonçalves Dias? Maranhão, Brasil. Só a partir dessa informação chegamos à referência.

# Em foco: a referência textual

## Relações anafóricas e catafóricas

Algumas palavras, também "vazias" de conteúdo semântico, podem não ter a sua referência no contexto extratextual, mas sim no contexto textual, isto é, no próprio texto da mensagem. Leia este trecho de uma matéria jornalística:

Os anos de conflito na Faixa de Gaza têm ameaçado os esforços de preservação da rica história local, que remonta à Idade do Bronze.

Gaza foi colonizada ao longo de cinco milênios por diferentes civilizações, que deixaram rastros como igrejas, monastérios, palácios e mesquitas, além de milhares de artefatos preciosos.

"No subsolo de Gaza há uma outra Gaza, mas todos os sítios arqueológicos daqui são descobertos por acaso", diz Hayam Albetar, arqueóloga do Ministério de Turismo e Antiguidades.

[...]

*Folha de S.Paulo*. São Paulo, 8 jan. 2013.
Disponível em: <www1.folha.uol.com.br>.
Acesso em: 23 abr. 2014.

Observe o caso da palavra *daqui* no texto acima. Qual é seu referente? Onde o encontramos? O referente é Gaza e o encontramos no próprio texto. Observe a diferença em relação ao *daqui* do texto anterior (nele, o referente estava fora do texto).

Observe ainda a posição do advérbio *daqui*; podemos perceber que ele é empregado depois do referente. Em casos como esse, em que o referente é **antecedente**, a referência é **anafórica**.

No texto a seguir, porém, a referência de *daqui* representa outro caso. Leia-o.

[...]

Aconchegante. É a melhor palavra para definir as instalações daqui de Londres. Tudo impressiona pela grandiosidade. Temos as condições perfeitas para buscar os nossos objetivos. [...]

*Lance Net*. Disponível em: <www.lancenet.com.br>.
Acesso em: 23 abr. 2014.

Nessa construção, o referente (*Londres*) é empregado depois do advérbio: trata-se de uma referência **catafórica**.

**ATENÇÃO!**

Observe como é simples identificar se a referência é anafórica ou catafórica.
**Anáfora**: o referente vem antes. Exemplo:

Temos as **condições** **que** são perfeitas.
referente

**Catáfora**: o referente vem depois. Exemplo:

As instalações **daqui** **de Londres**.
referente

Essas referências textuais têm uma função fundamental: a coesão do texto, articulando e relacionando as informações presentes nele.

Recapitulando:

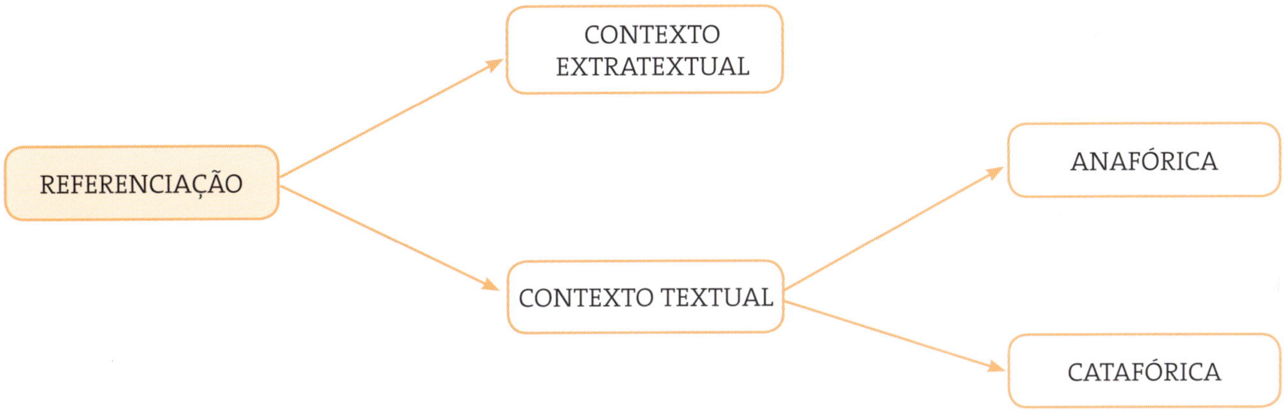


## O mecanismo de seleção e combinação

Como vimos, a **língua** é entendida como "a parte social da linguagem", ou seja, ela pertence a uma comunidade ou grupo social, como a língua portuguesa, a língua francesa, etc. Só a comunidade como um todo pode agir sobre ela. Entretanto, cada indivíduo pode fazer uso da língua; a esse ato de comunicação verbal individual chama-se **fala**. Na fala, o indivíduo escolhe, seleciona as palavras, para depois organizá-las, combiná-las, dentro das possibilidades que a sintaxe da língua oferece. Esse trabalho de **seleção** e **combinação** não é aleatório, não acontece por acaso, e sim está intimamente ligado à intenção do falante. Afinal, **seleção** significa "escolha fundamentada".

Leia estas considerações:

[Língua] é a parte social da linguagem, exterior ao indivíduo, que, por si só, não pode nem criá-la nem modificá-la; ela não existe senão em virtude duma espécie de contrato estabelecido entre os membros da comunidade.

[A fala] é sempre individual e dela o indivíduo é sempre senhor. A língua é necessária para que a fala seja inteligível e produza os seus efeitos; mas esta é necessária para que a língua se estabeleça; historicamente, o fato da fala vem sempre antes".

SAUSSURE, Ferdinand de. *Curso de linguística geral*. 7. ed.
São Paulo: Cultrix, 1975. p. 22 e 27.

## A seleção

Ao se falar em seleção, é preciso atentar em dois aspectos:

- **aspecto gramatical:** a seleção pode se dar em conjuntos ou subconjuntos que funcionam como unidades sintáticas dentro da unidade maior que é a frase. Por exemplo, no enunciado a seguir, retirado de um horóscopo, "A Lua favorece sua relação a dois e associações.", o conjunto "A Lua" funciona como sujeito, formando um sintagma centrado num substantivo. O falante poderia selecionar outros elementos, mantendo a mesma estrutura:

A Lua<br>
O Sol<br>
O clima<br>
O ambiente } favorece...<br>
O dia<br>
A noite<br>
Tudo

O mesmo poderia ocorrer com o verbo que funciona como núcleo do predicado:

favorece<br>
ajuda<br>
A Lua { ilumina<br>
refresca<br>
acalenta

- **aspecto ideológico**: a seleção pode se dar em um conjunto de palavras que poderiam ser entendidas como sinônimos:

O menino<br>
O moleque<br>
O pivete } pegou o doce.<br>
O garoto<br>
A criança<br>
O trombadinha

Observe que, nesse caso, o termo selecionado é revelador, vem carregado de juízo de valor, reflete um posicionamento, uma leitura de mundo, uma ideologia.

## A combinação

Seguindo a mesma linha, também quando se fala em combinação é preciso atentar em dois aspectos:

- **aspecto gramatical**: já vimos que os enunciados precisam obedecer às regras da gramática natural da língua, combinando adequadamente seus elementos (caso contrário, os conjuntos serão agramaticais). Assim, é possível combinar artigos e adjetivos com substantivos; verbos com seus eventuais complementos, antecedidos ou não de preposição; advérbios de intensidade com verbos, com adjetivos e com outros advérbios:

A mulher pediu ajuda ao guarda.

O homem lamentou muito.

- **aspecto ideológico**: dentro do leque de opções que as estruturas gramaticais oferecem, o falante pode optar por uma ou outra, dependendo do que quer enfatizar, realçar. Por exemplo: a língua oferece a possibilidade de construir um enunciado na voz ativa ou na voz passiva; a combinação feita pelo falante nunca é aleatória. Compare:

A mulher foi ajudada pelo guarda.

O guarda ajudou a mulher.

A informação é a mesma, mas, na primeira construção, o elemento *mulher*, sujeito da oração, está realçado; na segunda, o realce recai no elemento *guarda*, sujeito da oração. Deslocamentos de termos e inversões também podem ser intencionalmente empregados para ressaltar determinados componentes dos enunciados.

# Atividades

**Texto para as questões de 1 a 10.**

*Entrevista: Flávio Gikovate*

## Não precisa casar. Sozinho é melhor

Com 41 anos de clínica, o médico psiquiatra Flávio Gikovate acompanhou os fatos mais marcantes que mudaram a sexualidade no Brasil e no mundo. [...] Gikovate ataca o amor romântico e defende o individualismo, entendido não como descaso pelos outros e sim como uma maneira de aumentar o conhecimento de si próprio.

Duda Teixeira

[...]

Veja – *Que conselhos você daria para um jovem que acaba de começar na vida amorosa?*

Gikovate – É preciso que o jovem entenda que o amor romântico, apesar de aparecer o tempo todo nos filmes, romances e novelas, está com os dias contados. Esse amor, que nasceu no século XIX com a Revolução Industrial, tem um caráter muito possessivo. Segundo esse ideal, duas pessoas que se amam devem estar juntas em todos os seus momentos livres, o que é uma afronta à individualidade. O mundo mudou muito desde então. É só olhar como vivem as viúvas. Estão todas felizes da vida. Contudo, como muitos jovens ainda sonham com esse amor romântico, casam-se, separam-se e casam-se de novo, várias vezes, até aprender essa lição. Se é que aprendem. Se um jovem já tem a noção de que não precisa se casar para ser feliz, ele pulará todas essas etapas que provocam sofrimento.

Veja – *As mulheres são mais ansiosas em casar do que os homens? Por quê?*

Gikovate – As mulheres têm obsessão por casamento. É uma visão totalmente antiquada, que os homens não possuem. Uma vez, quando eu ainda escrevia para a revista Cláudia, o pessoal da redação fez uma pesquisa sobre os desejos das pessoas. O maior sonho de 100% das moças de 18 a 20 anos de idade era se casar e ter filho. Entre os homens, quase nenhum respondeu isso. Queriam ser bons profissionais, fazer grandes viagens. Essa diferença abismal acontece por razões derivadas da tradição cultural. No passado, o casamento era do máximo interesse das mulheres porque só assim poderiam ter uma vida sexual socialmente aceitável. Poderiam ter filhos e um homem que as protegeria e pagaria as contas. Os homens, por sua vez, entendiam apenas que algum dia eles seriam obrigados a fazer isso. Nos dias que correm, as razões que levavam mulheres a ter necessidade de casar não se sustentam. Nas universidades, o número de moças é superior ao de rapazes. Em poucas décadas, elas ganharão mais que eles. Resta acompanhar o que irá acontecer com as mulheres, agora livres sexualmente, nem sempre tão interessadas em ter filhos e independentes economicamente.

Veja – *Como será o amor do futuro?*

Gikovate – Os relacionamentos que não respeitam a individualidade estão condenados a desaparecer. Isso de certa forma já ocorre naturalmente. No Brasil, o número de divórcios já é maior que o de casamentos no ano. Atualmente, muitos homens e mulheres já consideram que ficarão sozinhos para sempre ou já aceitam a ideia de aguardar até o momento em que encontrarão alguém parecido tanto no caráter quanto nos interesses pessoais. Se isso ocorrer, terão prazer em estar juntos em um número grande de situações. Nesse novo cenário, em que há afinidade e respeito pelas diferenças, a individualidade é preservada. Eu estou no meu segundo casamento. Minha mulher gosta de ópera. Quando ela quer ir, vai sozinha. E não há qualquer problema nisso.

Revista *Veja.com*. Disponível em: <http://veja.abril.com.br>. Acesso em: 23 abr. 2014.

1. Comente a adequação da linguagem do entrevistado à situação de comunicação.

2. Em uma entrevista, as perguntas são planejadas de forma a possibilitar a revelação de opiniões do entrevistado sobre determinado assunto ou de forma a obter informações. Pelo trecho lido, o que é possível deduzir sobre as opiniões do entrevistado?

3. No trecho transcrito, temos duas ocorrências do pronome pessoal *eu* e uma ocorrência do pronome de tratamento *você*. Quais são seus referentes?

4. E temos cinco ocorrências de pronomes de terceira pessoa (*ele/eles*; *ela/elas*). Quais são seus referentes?

5. Nas respostas do entrevistado temos várias passagens temporais e relacioná-las a seus referentes é fundamental para entender o desenvolvimento do texto.
   a) Em "O mundo mudou muito desde então." (primeira resposta), qual é o referente de "então"?
   b) A que passagem temporal podemos relacionar a palavra agora em "Agora livres sexualmente" (segunda resposta)?

Filipe Rocha/Arquivo da editora

6. Qual é o efeito de sentido produzido pela passagem "Se é que aprendem." (primeira resposta)?

7. Em "[...] um jovem que **acaba de começar** na vida amorosa", o que exprime a locução em negrito?

8. Em "Nos dias que correm, as razões que levavam mulheres a ter necessidade de casar não se sustentam.", a expressão temporal é textual ou situacional? Explique.

9. Após a leitura desses trechos da entrevista, o que é possível dizer a respeito do gosto musical do psiquiatra?

10. Relacione a última fala do entrevistado, em que ele exemplifica um comportamento exposto com uma situação de sua vida pessoal, ao título que abre a matéria da revista e escreva um pequeno comentário a respeito.

**Texto para as questões 11 e 12.**

MANDRADE. Hora do café. *Folha de S.Paulo*. São Paulo, 15 jan. 2013.

11. No último quadrinho, há uma palavra que faz referenciação de noção temporal. Aponte-a e comente o tipo de referenciação que faz.

12. Em que consiste o humor da tira no último quadrinho?

# Mãos à obra

*Textos para as questões de 1 a 3.*

Nesta seção você vai ler dois textos sobre um mesmo assunto, publicados em veículos diferentes. A base desses textos é o resultado de uma pesquisa da ONU sobre corrupção no setor público, divulgado em 2012. O quadro que sintetiza as informações sobre esse resultado foi publicado na revista *Exame*. A matéria jornalística foi publicada no jornal *Valor Econômico*.

Essa leitura servirá de base para você responder a algumas questões propostas sobre esses textos e produzir uma carta de leitor para um veículo de comunicação.

## Corrupção no setor público (ONU, 2012)

| Posição* | País | Nota |
|---|---|---|
| 1 | Dinamarca | 90 |
| 1 | Finlândia | 90 |
| 1 | Nova Zelândia | 90 |
| 4 | Suécia | 88 |
| 5 | Singapura | 87 |
| 6 | Suíça | 86 |
| 7 | Austrália | 85 |
| 7 | Noruega | 85 |
| 9 | Canadá | 84 |
| 9 | Países Baixos | 84 |
| 11 | Islândia | 82 |
| 12 | Luxemburgo | 80 |
| 13 | Alemanha | 79 |
| 14 | Hong Kong | 77 |
| 15 | Barbados | 76 |
| 16 | Bélgica | 75 |
| 17 | Japão | 74 |
| 17 | Reino Unido | 74 |
| 19 | Estados Unidos | 73 |
| 20 | Chile | 72 |
| 20 | Uruguai | 72 |

*Menor percepção de corrupção.

Disponível em: <http://exame.abril.com.br>. Acesso em: 26 maio 2014.

## Brasil fica em 69º em *ranking* de percepção da corrupção, diz ONG

Por **Valor**

**SÃO PAULO** — O Brasil ficou na 69ª colocação em um *ranking* de percepção de corrupção, elaborado pela organização não governamental Transparência Internacional e divulgado em seu *site*. Nos três primeiros lugares, onde a percepção de corrupção no setor público é menor, ficaram Dinamarca, Finlândia e Nova Zelândia.

O Reino Unido aparece em 17º lugar neste *ranking* de 2012, empatado com o Japão. Logo abaixo aparecem os Estados Unidos, na 19ª posição. O mais bem colocado na América Latina é o Chile, em vigésimo, empatado com o Uruguai. As duas nações aparecem à frente da França, que ficou na 22ª posição. O Peru ficou em 83º e a Argentina, em 102º.

O Brasil ficou logo atrás da Arábia Saudita no *ranking* deste ano, empatado com a África do Sul. Entre os Brics, a China ficou em 80º lugar, a Índia em 94º, e, em 133º, está a Rússia.

A posição brasileira representa uma melhora em comparação com o levantamento da Transparência Internacional de 2011, quando o Brasil estava em 73º lugar. Com a posição deste ano, o Brasil volta à mesma posição que estava em 2010.

Os países onde é percebido o maior nível de corrupção no setor público, entre os 176 analisados, são, empatados na última posição, o Afeganistão, a Coreia do Norte e a Somália.

A ONG alerta, em seu relatório, para o fato de que a corrupção "é uma importante ameaça para a humanidade". "Ela gera revolta popular, que ameaça desestabilizar mais sociedades e exacerbar violentos conflitos", diz a entidade.

Na Europa, a Grécia ficou no 94º posto. Em crise financeira, enfrentando uma dura recessão e taxas alarmantes de desemprego, o país é o pior colocado na União Europeia.

O *ranking* da Transparência Internacional atribui notas de 0 a 100, para medir os níveis percebidos de corrupção no setor público. "Ainda que nenhum país tenha uma nota perfeita, dois terços dos países ficaram com menos de 50, indicando um sério problema de corrupção", aponta a ONG. Os primeiros lugares tiveram nota 90, enquanto a Somália teve 8. O Brasil teve 43.

A ONG informa em seu *site* que elabora o *ranking* a partir de uma série de pesquisas pelo mundo, feitas por instituições independentes especializadas em governança e em análises do clima de negócios. A Transparência Internacional afirma que revisa a metodologia de cada pesquisa utilizada, para evitar distorções nos resultados.

*Valor Econômico*. São Paulo, 5 dez. 2012. Disponível em: <www.valor.com.br>. Acesso em: 23 abr. 2014.

1. Leia a matéria, publicada no *site* do jornal *Valor Econômico*, tendo como objetivo identificar respostas para estas perguntas:
   a) Que fato está sendo comunicado?
   b) Quais são os envolvidos no fato?
   c) Qual é a importância desse fato para nossa realidade?
2. Lendo o título da matéria, o leitor supõe que se trata de um *ranking* de percepção de corrupção no qual o Brasil ocupa a 69ª posição. Portanto, durante sua leitura, identifique:
   a) Quem faz esse *ranking*?
   b) Quais são os critérios utilizados?
   c) Quantos países participam da classificação?
   d) O que significa estar na 69ª posição?
   e) Quais as consequências de o Brasil estar nessa posição?
3. Concentre-se agora na leitura do quadro, publicado na revista *Exame*, com a posição de alguns países nesse *ranking*. Ele oferece ao leitor uma visualização rápida de parte das informações do texto publicado no jornal. Mas não oferece a visualização de alguns dados importantes. Quais?
4. Após esse trabalho de análise da situação do Brasil em relação aos demais países da América Latina, posicione-se diante do fato exposto e escreva uma carta de leitor a fim de manifestar seu ponto de vista sobre a matéria. Escreva essa carta como se realmente fosse enviá-la para publicação no jornal que divulgou a notícia.
   a) Mostre a matéria do jornal e sua carta para um amigo ou parente ler. Pergunte-lhe se você foi suficientemente convincente na argumentação e em que pontos sua carta poderia ser melhorada.
   b) Reescreva-a a partir das críticas para, depois, compartilhar da leitura com os colegas. Alguns alunos serão escolhidos para realizar a leitura da carta em voz alta. Se você for escolhido, use sua voz e sua expressão corporal para ratificar o conteúdo de seu texto.
   c) Treine a elaboração de textos como esse escrevendo para jornais e revistas a fim de expressar seu posicionamento sobre as matérias publicadas.

### Gênero: carta de leitor

A carta de leitor apresenta os mesmos constituintes de uma carta pessoal (local de onde se escreve, data, saudação inicial, corpo da mensagem, saudação final e identificação); o diferencial é que seu destinatário é um veículo de comunicação que decidirá por sua publicação (ou não) em seções especialmente destinadas para isso. O assunto da carta de leitor relaciona-se a alguma matéria publicada anteriormente nesse veículo e em relação à qual o leitor deseja fazer comentários, sejam de anuência, sejam de protesto, sejam de divergência. Trata-se de texto opinativo que, em geral, apresenta argumentos; estes precisam ser suficientemente convincentes para embasar o ponto de vista do remetente. Os veículos de comunicação em geral se reservam o direito de cortar e de editar as cartas de leitores que decidem publicar.

## Dicas para elaboração da carta

- Seu referente será a notícia lida, é a ela que você deverá se reportar. Portanto, inicie sua carta citando-a. Para se referir à matéria, empregue os pronomes e advérbios adequados, de forma que obtenha um texto coeso e sem muitas repetições de palavras.
- Como seus interlocutores serão um veículo de comunicação e seus leitores, selecione e combine cuidadosamente cada palavra, visando persuadi-los (no caso da publicação de sua carta) de sua opinião.
- Seu texto deverá, portanto, ser constituído predominantemente de sequências argumentativas. Para consultar as características dessas sequências, consulte o próximo capítulo desta unidade.

# Pensando no Enem

**Texto para a questão 1.**

1. E como manejava bem os cordéis de seus títeres, ou ele mesmo, títere voluntário e consciente, como entregava o braço, as pernas, a cabeça, o tronco, como se desfazia de suas articulações e de seus reflexos quando achava nisso conveniência. Também ele soubera apoderar-se dessa arte, mais artifício, toda feita de sutilezas e grosserias, de expectativa e oportunidade, de insolência e submissão, de silêncios e rompantes, de anulação e prepotência. Conhecia a palavra exata para o momento preciso, a frase picante ou obscena no ambiente adequado, o tom humilde diante do superior útil, o grosseiro diante do inferior, o arrogante quando o poderoso em nada o podia prejudicar. Sabia desfazer situações equívocas, e armar intrigas das quais se saía sempre bem, e sabia, por experiência própria, que a fortuna se ganha com uma frase, num dado momento, que este momento único, irrecuperável, irresistível, exige um estado de alerta para a sua apropriação.

RAWET, S. O aprendizado. In: *Diálogo*. Rio de Janeiro: GRD, 1963 (fragmento).

No conto, o autor retrata criticamente a habilidade do personagem no manejo de discursos diferentes segundo a posição do interlocutor na sociedade. A crítica à conduta do personagem está centrada

a) na imagem do títere ou fantoche em que o personagem acaba por se transformar, acreditando dominar os jogos de poder na linguagem.
b) na alusão à falta de articulações e reflexos do personagem, dando a entender que ele não possui o manejo dos jogos discursivos em todas as situações.
c) no comentário, feito em tom de censura pelo autor, sobre as frases obscenas que o personagem emite em determinados ambientes sociais.
d) nas expressões que mostram tons opostos nos discursos empregados aleatoriamente pelo personagem em conversas com interlocutores variados.
e) no falso elogio à originalidade atribuída a esse personagem, responsável por seu sucesso no aprendizado das regras de linguagem da sociedade.

## Comentário

O conto, pela voz de um narrador em terceira pessoa, faz uso de uma imagem conhecida: a de alguém que maneja marionete, para descrever um personagem manipulador hábil em usar a linguagem a seu favor no jogo do poder. Assim, ele é descrito como alguém que maneja bem os cordéis de seus títeres e que é hábil também em fazer de si mesmo uma marionete, adotando sempre a postura mais conveniente aos seus interesses: mais insolente, mais submisso, mais humilde, mais arrogante... A linguagem, segundo o narrador, é sua aliada, uma vez que ele é descrito como alguém que a domina, conhecedor da palavra exata para o momento preciso. O item **a** da questão corresponde a essa ideia, portanto, está correto. Os demais são errados: o **b** por contradizer o texto ao afirmar que o personagem não tem articulações e reflexos necessários para dominar os jogos de poder na linguagem; o **c** por afirmar que o autor censura esse personagem (embora seja irônico, não o censura); o **d** por afirmar que o tom empregado pelo personagem é sempre aleatório quando, na verdade, o texto afirma que ele calcula o que e quando dizer; o **e** por não levar em conta que, ainda que de maneira irônica, por, no fundo, condenar os fins, o narrador mostra o valor da habilidade do personagem em seu domínio da linguagem e das situações.

Resposta: **A**.

**Texto para a questão 2.**

Lugar de mulher também é na oficina. Pelo menos nas oficinas dos cursos da área automotiva fornecidos pela Prefeitura, a presença feminina tem aumentado ano a ano. De cinco mulheres matriculadas em 2005, a quantidade saltou para 79 alunas inscritas neste ano nos cursos de mecânica automotiva, eletricidade veicular, injeção eletrônica, repintura e funilaria. A presença feminina nos cursos automotivos da Prefeitura — que são gratuitos — cresceu 1.480% nos últimos sete anos e tem aumentado ano a ano.

Disponível em: <www.correiodeuberlandia.com.br>. Acesso em: 27 fev. 2012 (adaptado).

2. Na produção de um texto, são feitas escolhas referentes a sua estrutura, que possibilitam inferir o objetivo do autor. Nesse sentido, no trecho apresentado, o enunciado "Lugar de mulher também é na oficina" corrobora o objetivo textual de

a) demonstrar que a situação das mulheres mudou na sociedade contemporânea.
b) defender a participação da mulher na sociedade atual.
c) comparar esse enunciado com outro: "lugar de mulher é na cozinha".
d) criticar a presença de mulheres nas oficinas dos cursos da área automotiva.
e) distorcer o sentido da frase "lugar de mulher é na cozinha".

## Comentário

O texto inicia-se brincando com uma frase conhecida e machista: "lugar de mulher é na cozinha". Transforma-se essa ideia em: "lugar de mulher também é na oficina". O objetivo do texto é informar o leitor do aumento da presença de mulheres nos cursos de mecânica automotiva promovidos pela prefeitura, convencionalmente um lugar pouco frequentado por mulheres. O enunciador procura mostrar, sobretudo com a frase inicial, que a situação das mulheres, na sociedade contemporânea, mudou.

Resposta: **A**.

# Vestibulares de Norte a Sul

**Texto para a questão 1.**

## Linguagem de computador
## Como funciona o código de barras?

Alexandre Nogueira, Maceió, AL

Também chamado de código UPC, Universal Product Code, Código Universal de Produtos, as barras nada mais são do que representações gráficas do código binário utilizado pelos computadores (0 e 1). Cada barra escura equivale a 1 e cada barra clara equivale a 0. Uma barra escura mais grossa que as outras é, na verdade, a somatória de várias barras escuras, umas ao lado das outras; o mesmo vale para as barras claras.

Sim, parece difícil de entender, afinal, é uma operação que envolve muitas contas, mas a intenção é simples: rastrear os passos de uma mercadoria e permitir ao proprietário ter mais controle do que tem e do que vende em uma loja.

Apesar de a tecnologia ter sido desenvolvida na década de 50, somente após sua padronização, nos anos 70, empresas americanas e europeias começaram a utilizá-la em larga escala. Funciona assim: cada produto recebe uma numeração exclusiva internacionalmente reconhecida como GTIN, Número Global de Item Comercial (Global Trade Item Number), que será a chave de acesso para identificação do produto e suas características que devem estar armazenadas nos bancos de dados das empresas. É como se fosse um RG internacional da mercadoria e que pode ser representada por um ou mais tipos de código de barras. [...]

Para decodificar a sequência de barras claras e escuras, os scanners (como aqueles que encontramos nos caixas dos supermercados) emitem sinais luminosos ou raios laser que são projetados no código, refletindo seu desenho e possibilitando sua identificação. [...]

*GALILEU*, São Paulo, set. 2004, p. 84.

1. CO (UFG-GO) Em "É como se fosse um RG internacional de mercadoria", o autor compara o código de barras ao RG para
   a) esclarecer que ambos os sistemas são controlados por redes de monitoramento.
   b) explicar a finalidade do código de barras como instrumento de registro.
   c) mostrar que esses códigos necessitam de procedimentos especiais de leitura.
   d) descrever o funcionamento dos sistemas de identificação de produtos e de pessoas.
   e) justificar a existência generalizada de códigos de identificação.

**Texto para a questão 2.**

## O poder das bibliotecas

Bibliotecas. Vistas de dentro de grandes monumentos, elas parecem indestrutíveis. Mas, de fato, a história mostra que bibliotecas estão sempre sendo destruídas e cada vez que uma biblioteca vem abaixo muito da civilização desaba com ela. A Biblioteca de Alexandria parecia que iria durar tanto quanto as pirâmides e, de fato, sobreviveu quase um século, mas, quando foi destruída, perdemos a maior parte da informação então disponível sobre a Grécia antiga, 700 mil volumes. Perdemos o maior repositório de conhecimentos sobre a Europa medieval quando Monte Cassino foi bombardeada na Segunda Guerra Mundial.

Mas a história das bibliotecas demonstra que elas são mais vulneráveis do que pensamos – e não só por causa das guerras. Dirão alguns que elas podem ser substituídas pela internet. Ora, quanto a mim, sou partidário da digitalização, mas fiquei horrorizado quando soube que o projeto original para um novo campus da Universidade da Califórnia nem sequer incluía uma biblioteca.

Imaginamos as bibliotecas como o núcleo de nossos campi, mas esse seria um novo campus sem uma biblioteca. Os projetistas julgaram que os computadores seriam suficientes, supostamente porque acreditavam que os livros nada mais fossem que recipientes de informação. Hoje muitos estudantes adotam essa atitude, e não só na Califórnia. Acham que pesquisar é surfar. Quando escrevem trabalhos, costumam surfar na internet, baixar os arquivos, recortar, colar e imprimir. Nossas bibliotecas devem, é claro, microfilmar e digitalizar, mas devem também conservar livros – os livros originais. Uma cópia digitalizada não pode ser um substituto adequado para o original.

(Adaptado de: DARNTON, R. *Folha de S. Paulo*, 15 abr. 2001. Caderno Mais.)

2. S (UFPR) Com relação à construção argumentativa do texto, pode-se afirmar:

(01) A principal tese do texto está centrada na ideia de que as bibliotecas não são indestrutíveis.

(02) O autor defende a digitalização dos livros como uma solução para a falta de espaço nas bibliotecas.

(04) O autor é favorável à digitalização das bibliotecas em substituição aos livros impressos, pois assim é possível garantir a preservação dos livros e evitar, em tempos de guerra, a destruição das bibliotecas.

(08) O autor expõe sua visão de pesquisa: a internet facilita a pesquisa, pois, para realizá-la, basta baixar os arquivos, recortar, colar e imprimir.

(16) Três fatos sustentam a tese do texto: a destruição da Biblioteca de Alexandria, o bombardeio de Monte Cassino e a intenção de substituir bibliotecas convencionais pela internet.

(32) A conclusão do texto baseia-se na equivalência entre livros impressos e digitalizados.

CAPÍTULO

# 3 Os textos no cotidiano: gêneros, tipos e sequências textuais

Vidro Metal Plástico Papel

**Vidro**
Garrafas, frascos em geral, potes e copos de qualquer cor.

**Metal**
Latas em geral, peças de alumínio, peças de cobre, chumbo, bronze, fios e pequenas sucatas.

**Plástico**
Garrafas, sacos, sacolas, potes, tampas e utensílios domésticos.

**Papel**
Jornais, revistas, cadernos, papéis de escritório, embalagens e papelão.

24Novembers/Shutterstock/Glow Images

Lixeiras coloridas para coleta de materiais recicláveis.

Leia a matéria jornalística reproduzida a seguir, que traz o fragmento de um romance. Converse com seu professor e os colegas sobre ela. Durante essa conversa, levem em conta as questões propostas nesta página.

## Maturi e a famosa receita de Jorge Amado

O maturi é a castanha-de-caju ainda verde, tenra e volumosa, muito usado na cozinha do Nordeste no preparo de picadinhos e refogados.

Jorge Amado imortalizou o maturi na obra *Tieta do agreste*, com a famosa receita de frigideira baiana de camarões secos com maturi.

Lunae Parracho/LatinContent/Getty Images

### Receita de frigideira de maturi

- Duas xícaras de maturi;
- Quatro espetos de camarão seco;
- Quatro colheres de sopa de óleo (de soja, de amendoim ou de algodão);
- Três colheres de sopa de azeite doce, digo azeite de oliva, português, italiano ou espanhol;
- Três tomates;
- Um pimentão;
- Um coco grande;
- Uma cebola também grande;
- Uma colher de extrato de tomate;
- Seis ovos;
- Coentro e sal – o necessário.

Afervente os maturis e os tempere com alho, sal e o extrato de tomate. Ponha o camarão seco de molho por algum tempo, depois o cate e o passe na máquina de moer juntamente com o coentro, o tomate e o pimentão.

Leve ao fogo uma caçarola com óleo e as cebolas cortadas para refogar. A seguir, junte os maturis e o camarão seco passado na máquina com os temperos. Coloque, então, na caçarola a massa de meio coco ralado de costas – de costas, o detalhe é importante se quiser que a massa do coco saia como um fino creme – e o leite da outra metade, extraído do bagaço com o auxílio de meia xícara de água. Deixe cozinhar um pouco e acrescente o azeite doce e três ovos batidos, primeiro as claras, depois as gemas. Junte um pouco de farinha de trigo aos ovos. Prove para ver se o paladar está a gosto.

Por fim, tudo suficientemente cozido, coloque em assadeira untada com óleo para nela assar frigideira de maturi, que será coberta com três ovos batidos, clara e gema juntos, e uma borrifada de farinha. Ponha a dourar em forno quente. Só retire o quitute da assadeira quando ela estiver bem fria.

Disponível em: <www.flickr.com>. Acesso em: 17 abr. 2014.

- *Pelo título maior do texto e os dois primeiros parágrafos, do que trata a matéria e a que leitor se dirige?*
- *Há um outro texto dentro dessa matéria. Qual é ele? O que informa ao leitor? Como está organizado?*

## Mas, afinal, o que é um texto?

Até o momento, empregamos diversas vezes a palavra texto; na atividade de abertura, lemos textos, comentamos, de passagem, algumas características desses textos e alguns recursos empregados por seus autores. Pudemos perceber que, em sentido amplo, texto é qualquer tipo de manifestação por meio de um sistema de signos, o que engloba textos verbais e não verbais. Já vimos, por exemplo, nas histórias em quadrinhos, o cruzamento verbo-visual, ou seja, a linguagem não verbal do desenho associada à linguagem verbal das falas dos personagens.

Se o foco é a linguagem verbal, podemos conceituar texto como **um todo que produz sentido**, ou seja, o texto deve ser autônomo. Pode ser constituído de uma única palavra usada numa determinada situação (por exemplo: "Fogo!" dito por alguém que percebe os primeiros indícios de um incêndio) ou por inúmeras palavras que constituem um livro ou um discurso, um artigo ou um editorial de jornal, por exemplo.

Portanto, a rigor, uma frase retirada de um contexto e, por isso, incapaz de produzir sentido, não pode ser considerada texto.

### Textualidade

Textualidade é a condição fundamental que distingue um amontoado de frases de um texto, lembrando que um mero amontoado de frases ou de palavras não é capaz de produzir sentido. A textualidade é dada principalmente pela coerência textual, mas outros elementos textuais, como coesão, intencionalidade, intertextualidade, condições de interlocução, serão temas de capítulos deste volume. Leia esta definição:

> Textualidade ou textura é o que faz de uma sequência linguística um texto e não uma sequência ou um amontoado aleatório de frases ou palavras. A sequência é percebida como texto quando aquele que a recebe é capaz de percebê-la como uma unidade significativa global. A coerência é que dá origem à textualidade.

KOCH, Ingedore G. V.; TRAVAGLIA, Luiz C. *Texto e coerência*. 7. ed. São Paulo: Cortez, 2000.

### Os gêneros textuais

Todos nós temos interiorizado um conjunto de modelos de textos, relativamente estáveis, com características específicas. Por exemplo, quando deparamos com um texto que se inicia com "Alô? Quem fala?", sabemos que se trata de uma conversa telefônica. O mesmo ocorre ao lermos uma carta comercial, instruções de uso de um produto qualquer, um horóscopo, uma ata de reunião, um cardápio de restaurante, ou ao ouvirmos uma prece, uma notícia jornalística, etc.

Os textos desempenham papel fundamental em nossa vida social, já que estamos nos comunicando o tempo todo. No processo comunicativo, eles têm uma função, e cada esfera de utilização da língua, cada campo de atividade, elabora determinados tipos de texto que são estáveis, ou seja, se repetem tanto no assunto como na função, no estilo, na forma. É isso que nos permite reconhecer um texto como carta, bula de remédio, poesia ou notícia jornalística, por exemplo.

O que é falado, a maneira como é falado, a forma que é dada ao texto são características diretamente ligadas ao gênero. Como as situações de comunicação em nossa vida social são inúmeras, inúmeros são os gêneros textuais: bilhete, carta pessoal, carta comercial, telefonema, notícia jornalística, editorial de jornais e revistas, horóscopo, receita culinária, texto didático, ata de reunião, cardápio, palestra, resenha crítica, bula de remédio, instruções de uso, *e-mail*, aula expositiva, piada, romance, conto, crônica, poesia, verbete de enciclopédias e dicionários, etc.

Identificar o gênero textual é um dos primeiros passos para uma leitura de texto competente. Pense numa situação bem corriqueira: um colega se aproxima e começa a contar algo que, em determinado momento, passa a causar estranhamento, até que um dos ouvintes indaga: "— É piada ou você está falando sério?". Observe que o interlocutor quer confirmar o gênero textual, uma vez que, dependendo do gênero, o entendimento pode ser diferente.

Miniconto e sequências textuais

## Os tipos textuais

Os textos, independentemente do gênero a que pertencem, constituem-se de sequências com certas características linguísticas, como classe gramatical predominante, estrutura sintática, predomínio de determinados tempos e modos verbais, emprego ou não de vocativo, etc. Assim, dependendo dessas características, é possível falar em diferentes tipos textuais.

Como já vimos, os gêneros textuais são inúmeros, dependendo da função de cada texto e das diferentes situações comunicacionais. O mesmo não acontece com os tipos textuais, que podem ser classificados em: narrativo, descritivo, argumentativo, explicativo ou expositivo, injuntivo ou instrucional.

| **Tipos textuais** | |
|---|---|
| | **Narrativo**: predominante em gêneros como crônica, romance, fábula, piada, novela, conto de fada, etc. |
| | **Descritivo**: predominante em gêneros como retrato, anúncio classificado, lista de ingredientes de uma receita (como no texto de abertura deste capítulo), guia turístico, lista de compras, cardápio, etc. |
| | **Argumentativo**: predominante em gêneros como manifesto, sermão, ensaio, editorial de jornal, crítica, monografia, redação dissertativa, tese de mestrado, etc. |
| | **Explicativo** ou **expositivo**: predominante em gêneros como aulas expositivas, conferências, capítulos de livro didático, verbetes de dicionários e enciclopédias, etc. |
| | **Injuntivo** ou **instrucional**: predominante em gêneros como horóscopo, propaganda, receita culinária (modo de fazer), manual de instruções de um aparelho, livro de autoajuda, etc. |

## Os tipos textuais e sua gramática

Quando afirmamos que um tipo textual é característico de um gênero, estamos observando que é predominante, mas não necessariamente o único, posto que um gênero textual pode conter vários tipos textuais. Nesse sentido, ao avaliar os tipos textuais num determinado texto, é preciso observar as sequências de tipos textuais presentes nele.

Veja, a seguir, as diferentes sequências que constituem os textos, com suas características linguísticas peculiares:

- **Sequência narrativa**: marcada pela **temporalidade**; como seu material é o **fato** e a **ação**, a progressão temporal é essencial para seu desenrolar, ou seja, desenvolve-se necessariamente numa linha de tempo e num determinado espaço. Gramaticalmente, percebe-se o predomínio de:
  - frases verbais indicando um processo ou ação;
  - formas verbais no pretérito;
  - advérbios de tempo e de lugar.

No exemplo de sequência narrativa a seguir, observe o predomínio das características apontadas acima: frases verbais, formas verbais no pretérito, advérbios de tempo e de lugar.

Jorge Amado nasceu em Itabuna (BA), em 1912. Em 1931, publicou seu primeiro livro – *O país do Carnaval* – e, em 1945, conheceu Zélia Gattai em jantar do Congresso de Escritores. A partir de então, formaram um par inseparável. Ele morreu em Salvador, no ano de 2001.

Luciana Whitaker/FolhaPress

Jorge Amado e Zélia Gattai.

- **Sequência descritiva**: nesse tipo de sequência, não há sucessão de acontecimentos no tempo, de sorte que não haverá transformações de estado da pessoa, coisa ou ambiente que está sendo descrito, mas sim a apresentação pura e simples do estado do ser descrito em um determinado momento. Gramaticalmente, percebe-se o predomínio de:
  - frases nominais e orações centradas em predicados nominais;
  - formas verbais no presente ou no pretérito imperfeito;
  - adjetivos, que ganham expressividade tanto na função de adjunto adnominal quanto na de predicativo;
  - períodos curtos e coordenação;
  - advérbios de lugar, que ganham destaque identificando a dimensão e/ou disposição espacial do objeto descrito.

Leia a seguir um exemplo de sequência descritiva que tem como base a tela do pintor Salvador Dalí (1904-1989) reproduzida ao lado.

Esta obra representa um dos trabalhos do período cubista de Dalí, em que o pintor aborda o tema do "antieu" ou "não eu", com suas características básicas: a figura do artista domina a cena, em primeiro plano, com sua luminosa camisa azul, o rosto é plano, monocromático, sem a boca e com os olhos sem pupilas, denunciando alheamento ou ausência do eu; ao fundo, telas sobrepostas com destaque para os ângulos formados e uma metade de página do jornal francês *L'Humanité*.

Reprodução/Teatro-Museu Dalí/Fundação Gala Salvador Dalí, Espanha.

*Autorretrato com [jornal] "L'Humanité"*, de Salvador Dalí, 1923.

Observe as diferenças entre as sequências narrativa e descritiva.

| Sequência narrativa | Sequência descritiva |
|---|---|
| Foco no fato e na ação. | Foco no ser. |
| Noção processual, de progressão temporal. | Noção estática, de permanência temporal. |
| Predominância de verbos de ação, circunstanciais espaçotemporais. | Predominância de verbos de estado, adjetivos e circunstanciais espaciais. |

- **Sequência argumentativa**: é aquela em que se faz a defesa de um ponto de vista, de uma ideia, ou em que se questiona algum fato. Ao opinar, ou seja, expressar um parecer sobre alguma pessoa, acontecimento ou coisa, intenta-se **persuadir** o leitor ou o ouvinte, fundamentando o que se diz com argumentos de acordo com o assunto ou tema, a situação ou o contexto e o interlocutor. Gramaticalmente, caracteriza-se por:
  - progressão lógica de ideias e linguagem mais objetiva, denotativa;
  - polifonia (presença de várias vozes que se integram ao texto, seja por citações, seja por menções, seja por referências intertextuais), geralmente introduzida por sinais de pontuação (dois-pontos, parênteses, aspas, travessões), funcionando como apoio para a argumentação;
  - presença de palavras valorativas (positivas ou negativas) e expressões modalizadoras (geralmente, advérbios de enunciação: "sinceramente", "cá entre nós", etc.), que manifestam o posicionamento do falante;
  - emprego de orações subordinadas adverbiais causais, introduzidas pelas conjunções *visto que*, *pois*, *porque*, para expressar a relação de causa-consequência;
  - emprego de perguntas retóricas, prevendo possíveis interrogações por parte do interlocutor.

Um exemplo de sequência argumentativa é o fragmento a seguir. Leia-o e observe as características presentes.

O surrealismo, **tal como eu o vejo**, declara bastante o **nosso** não conformismo absoluto **para que** não possa se tratar de uma questão de traduzi-lo ao processo do mundo real, como testemunho de quitação. Ele **só** saberia, **ao contrário**, justificar o estado completo de distração da mulher, **segundo Kant**, a distração das "uvas", **segundo Pasteur**, a distração dos veículos, **segundo Curie**, são, **sob este ponto de vista**, bastante sintomáticas. Este mundo **só** se encontra muito relativamente na medida do pensamento e os incidentes deste gênero são **apenas** episódios **até aqui** os mais marcantes de uma guerra de independência **da qual tenho o orgulho** de participar.

Fragmento do trecho do Manifesto do Surrealismo de André Breton. MENDONÇA TELES, Gilberto. *Vanguarda europeia e modernismo brasileiro*. Petrópolis: Vozes, 1972. p. 160.

- **Sequência explicativa** ou **expositiva**: intenta explicar ou dar informações a respeito de algo. O objetivo é auxiliar o interlocutor a adquirir um saber, um conhecimento que até então não tinha. É fundamental destacar que, nos textos explicativos, **não** se faz a defesa de uma ideia, de um ponto de vista, características básicas do texto argumentativo. Os textos explicativos tratam da identificação de fenômenos, de conceitos, de definições. Neles, predomina a função referencial da linguagem. Por isso, é o texto que prevalece nos livros didáticos, nas aulas expositivas, por exemplo. Gramaticalmente, os textos explicativos apresentam várias marcas, como:

- distanciamento do falante em relação àquilo que fala, resultando num texto objetivo, escrito, via de regra, em terceira pessoa;
- predicados organizados em torno de verbos como *ser, ter, conter, consistir, compreender, indicar, significar, constituir, denominar, designar*;
- sinais de pontuação que introduzem explicações ou citações (dois-pontos, parênteses, aspas, travessões);
- orações coordenadas explicativas introduzidas pelas conjunções *pois* e *porque*;
- orações adjetivas explicativas;
- marcas de reiteração e reformulação ("isto é", "ou seja", "melhor dizendo", "em outras palavras"), com o objetivo de esclarecer, dirimir dúvidas;
- marcas de comparação (*assim, igualmente, contrariamente, como*, "ao contrário de", "da mesma maneira que", etc.), com o objetivo de esclarecer conceitos por meio do confronto de informações, de analogias;
- emprego de exemplificações ("por exemplo", "como é o caso de", etc.);
- emprego de definições, ressaltando o significado de palavras ou expressões;
- emprego de organizadores textuais ("em resumo", "até aqui", "como já foi falado", etc.) e ordenadores da informação ("em primeiro lugar", "em segundo lugar", "por um lado", "por outro lado", etc.).

Leia o fragmento a seguir, também sobre o Surrealismo, mas escrito para um dicionário de arte. Observe como as características correspondem mais ao que se espera de uma sequência expositiva.

Sabine WEISS / Gamma-Rapho / Getty Images

O poeta francês André Breton (1896-1966), principal fundador do Surrealismo. Sob a influência dos estudos do médico Sigmund Freud (1856-1935), que elaborou as bases da psicanálise, Breton escreve, em 1924, o primeiro Manifesto Surrealista, em que defende os instintos humanos e o inconsciente como forças criadoras da expressão artística. O Manifesto converte-se em referência para intelectuais e artistas, não apenas na literatura, mas também nas artes plásticas e no cinema.

## Surrealismo

Movimento nas artes plásticas e na literatura que se originou na França e floresceu ao longo das décadas de 20 e 30, caracterizando-se pela grande importância que conferia ao bizarro, ao incongruente e ao irracional. Foi concebido como um caminho revolucionário de pensamento e da ação – mais um modo de vida que um conjunto de atitudes estilísticas –, no que se assemelhava ao dadaísmo, seu principal modelo inspirador.

CHILVERS, Ian. *Dicionário Oxford de arte*. São Paulo: Martins Fontes, 1996. p. 322.

- **Sequência injuntiva** ou **instrucional**: a marca fundamental da sequência injuntiva ou instrucional é o verbo no imperativo (**injuntivo** é sinônimo de "obrigatório", "imperativo"); predomina a função conativa da linguagem. Gramaticalmente, algumas marcas dos textos injuntivos são:
  - verbos no imperativo;
  - formas verbais que indicam ordem, orientação, pedido, como *dever* + infinitivo, "ter que/de" + infinitivo, gerúndio, infinitivo, etc.;
  - advérbios de modo;
  - advérbios de negação;
  - explicitação do interlocutor por meio do vocativo;
  - emprego das expressões "(é) proibido", "não é permitido", "(é) obrigatório", etc.

Dicas de comportamento são um bom exemplo de sequência injuntiva. Leia as reproduzidas na página seguinte que orientam a leitora de uma revista para garotas a se preparar para uma viagem. Observe o predomínio de verbos no imperativo.

## Dicas antes de viajar!

por Adriane Schultz

***Check-list***

Antes de arrumar a mala, **faça** uma lista de tudo que você precisa e quer levar na sua viagem! Enquanto guarda os itens, **marque** na lista o que já foi pra dentro! Assim você não se esquece de nada!

**Informe-se**

Antes de colocar o pé na estrada, **descubra** como está o tempo e qual é a previsão de onde está indo. Isso ajuda bastante na hora de escolher o que colocar na mala.

**Não deixe faltar**

**Aposte** nos acessórios! Colares, faixas, lenços, cachecóis dão outra cara ao *look*!

Filipe Rocha/Arquivo da editora

**Sem exagero!**

**Separe** o que é realmente importante. A mala não pode ser uma versão móvel do seu guarda-roupa. **Leve** apenas o que você consegue carregar!

**A mala com a sua cara**

**Coloque** adesivos, etiquetas, fitas coloridas ou qualquer outra coisa que tenha a sua cara na sua bagagem. Assim você não corre o risco de alguém pegar a sua bagagem por engano.

**Mala de viagem no avião**

Já ouviu falar de mala extraviada? É o nome que se dá quando a sua bagagem vai parar por engano em outro lugar. Por isso é importante levar duas trocas de roupas na bagagem de mão.

Revista *Atrevida*. Disponível em: <http://atrevida.uol.com.br>. Acesso em: 23 jan. 2014.

Observe comparativamente as características das três sequências textuais.

| Sequência explicativa | Sequência argumentativa | Sequência injuntiva |
|---|---|---|
| É apresentado um saber já construído e legitimado socialmente ou um saber teórico. | Apresenta-se a construção de novos conceitos a partir do próprio desenvolvimento discursivo. | Apresenta-se uma ordem, uma imposição, uma orientação. |
| Evitam-se as marcas de primeira pessoa, em função da objetividade. | O falante se manifesta e confronta sua opinião com a dos outros. | O falante se mostra como a voz da autoridade ou como mediador dela. |
| As citações são explícitas e demarcadas. | Introduzem-se várias vozes de diferentes maneiras. | — |
| Propõe-se a informar e a esclarecer. | Propõe-se a persuadir o interlocutor, a conseguir sua adesão. | Propõe-se a influir na conduta do interlocutor. |
| Centra-se na divulgação do conhecimento, portanto a mensagem se volta para o referente. | A organização da mensagem volta-se para o encadeamento lógico dos argumentos, para a coerência textual. | A mensagem centra-se no interlocutor. |

## Atividades

1. Leia atentamente o fragmento seguinte:

Encontrei-o à noitinha no salão, que servia de gabinete de trabalho, com a filha e três visitantes: João Nogueira, uma senhora de preto, alta, velha, magra, outra moça, loura e bonita.

Estavam calados, em dois grupos, os homens separados das mulheres.

O dr. Magalhães é pequenino, tem um nariz grande, um pincenê e por detrás do pincenê uns olhinhos risonhos. Os beiços, delgados, apertam-se. Só se descolam para o dr. Magalhães falar a respeito da sua pessoa. Também quando entra neste assunto, não para.

Naquele momento, porém, como já disse, conservavam-se todos em silêncio. D. Marcela sorria para a senhora nova e loura, que sorria também, mostrando os dentinhos brancos.

RAMOS, Graciliano. *São Bernardo*. 34. ed. Rio de Janeiro: Record, 1979. p. 64.

a) Que sequência predomina no texto? Podemos distinguir outras sequências?
b) Considerando que se trata de fragmento de romance, como você justificaria o emprego dessas sequências?

2. Leia atentamente os três textos seguintes:

*Texto 1*

João Ávila/ Arquivo da editora

*Texto 2*

### Drogas × dirigir

Na campanha contra o uso de bebidas alcoólicas e outras drogas, todos devem participar, a sociedade em geral, como também comerciantes e fabricantes.

As estatísticas revelam que a grande maioria dos acidentes ocorre porque o condutor está alcoolizado, com taxa de álcool acima do limite permitido por lei (6 decigramas de álcool por litro de sangue), mas o mais grave é que muitos menores alcoolizados estão provocando esses acidentes.

A lei é clara, a venda de bebidas alcoólicas para menores pode resultar em prisão para quem comercializar o produto. Quanto ao menor dirigir sem habilitação, a penalidade recai sobre os pais. A situação também é grave no que se refere ao uso de outras drogas, por exemplo:

Maconha – reduz a capacidade de dirigir por até oito horas após seu consumo.

Cocaína – aumenta a sensibilidade à estimulação externa, distorcendo o conceito da realidade, e leva o organismo à exaustão.

Anfetaminas (conhecidas pelos motoristas como rebite) – apesar dos graves riscos causados ao organismo, alguns motoristas de caminhão se utilizam desse tipo de droga para inibir o sono e manter seu estado de alerta e dirigir longos percursos.

Vítimas da cocaína e da maconha no trânsito são pessoas de 20 a 39 anos, e o pior é que os adolescentes de 13 a 17 anos constituem o segundo grupo de maior consumo dessas drogas, sem citar as anfetaminas e o crack. As reações provocadas no organismo pelo álcool e outras drogas são, de fato, uma ameaça ao motorista.

Disponível em: <www.detran.sp.gov.br/>.

*Texto 3*

### Crime de trânsito

Classificam-se as infrações descritas no CTB em administrativas, civis e penais. As infrações penais, resultantes de ação delituosa, estão sujeitas às regras gerais do Código Penal e seu processamento pelo Código de Processo Penal. O infrator, além das penalidades impostas administrativamente pela autoridade de trânsito, será submetido ao processo judicial, e, julgado culpado, a pena poderá ser prestação de serviços à comunidade, multa, suspensão do direito de dirigir e até detenção.

Casos mais frequentes compreendem dirigir sem habilitação, alcoolizado ou trafegar em velocidade incompatível com a segurança da via, nas proximidades de escolas, gerando perigo de dano, cuja pena poderá ser de detenção de seis meses a um ano, além de eventual ajuizamento de ação civil para reparar prejuízos a terceiros.

Disponível em: <www.detran.rs.gov.br>. Acesso em: 18 dez. 2013.

a) Que sequência predomina em cada texto?
b) Considerando a função e a intenção de cada texto, justifique o emprego de tais sequências em cada caso.

3. Leia com atenção o texto abaixo.

WATTERSON, Bill. Calvin. *O Estado de S. Paulo*. Disponível em: <http://acervo.estadao.com.br>. Acesso em: 23 fev. 2013.

a) Qual é o gênero textual e quais são as características que nos permitem identificá-lo?
b) Pensando no texto como um todo, que tipo textual predomina? Justifique sua resposta.
c) Pensando nas falas, que sequência textual predomina?
d) Observe com atenção o primeiro quadrinho: Calvin está fazendo uma pergunta, mas sua intenção não é obter uma informação. Qual é, então, sua intenção? Como você classificaria essa sequência?
e) No terceiro quadrinho, Calvin faz mais uma pergunta à sua mãe. Qual é sua intenção? Como você classificaria essa sequência?
f) Observando o quarto quadrinho, você acha que Calvin conseguiu atingir seu objetivo? Explique.

## Mãos à obra

### Atividade em grupo

Como provável usuário da internet, você e toda sua geração não conseguem mais imaginar a vida sem ela. É preciso considerar, todavia, que o uso da internet oferece, além das vantagens, alguns riscos.

Leia trechos do artigo de uma edição especial da revista *Caros Amigos* sobre esse assunto.

### O espaço tido como sem lei

*Na ausência de legislação específica para tais crimes virtuais, tribunais enfrentam e punem criminosos com o que já existe no Código Penal Brasileiro*

Por Paula Sambo

O mundo cibernético trouxe junto consigo um componente que acompanha a civilização desde os primórdios dos tempos: a criminalização. Vista por muitos como uma terra de ninguém, espaço sem lei e sem punição, a internet tornou-se reduto de crimes contra a honra – injúria, calúnia e difamação –, furtos, extorsão, ameaças, estelionato, fraudes, desvio de dinheiro de contas bancárias. Nessa linha, a advogada Gisele Arantes, especialista em direito digital [...] acredita que "geralmente, a sensação de anonimato e de impunidade é tão forte na internet que os crimes são cometidos de maneira grosseira, quase infantil, sem rebuscamento algum", conta.

"Os fraudadores não têm preocupação, não tomam cuidados básicos para ocultar os crimes, tamanha é a despreocupação deles, embora muitos conheçam as questões de rastreabilidade a fundo", diz Gisele.

Outro especialista, Bernardo Menicucci Grossi [...] ressalta que o perfil dos agentes desses crimes varia muito. "Muitas vezes, as pessoas nem têm conhecimentos específicos de informática, mas sim acesso aos meios [equipamentos de furtos], ou a algum vírus ou programa de computador que possibilite o crime".

[...]

#### Cuidado com o "enter"!

Existem vários cuidados que podem ser adotados por pessoas para garantir mais privacidade no ambiente virtual e também para evitar que se caia em um golpe. "Há vinte anos nos preocupávamos em ter uma cortina mais escura, hoje é com o celular, que carregamos no bolso; tudo tem que ser protegido por senha, criptografia, temos que contar com todos os recursos para minimizar a vulnerabilidade dos nossos computadores", diz Gisele.

Segundo os advogados consultados pela *Caros Amigos*, um computador somente será invadido se estiver vulnerável na rede. Luis Felipe Silva Freire, presidente da Comissão de Informática, Direito Eletrônico e Crimes Eletrônicos da seção mineira da Ordem dos Advogados do Brasil (OAB-MG), explica que é fundamental manter um antivírus sempre atualizado e fazer verificações frequentes em todos os seus equipamentos.

De qualquer forma, é importante ter em vista que, uma vez que determinado material foi divulgado na internet, a total eliminação é praticamente impossível, considerando que em fração de segundos é possível que milhares de usuários copiem esses dados para suas máquinas ou dispositivos e compartilhem por *e-mail*.

SAMBO, Paula. O espaço tido como sem lei. *Especial Caros Amigos*. São Paulo: Casa Amarela, ano XVI, n. 57, julho 2012. p. 29.

a) O assunto é vasto e inclui, ainda, a questão do acesso à pornografia por menores e a vulnerabilidade de crianças à pedofilia. Muitos, ingenuamente, caem em golpes por desconhecimento total de alguns aspectos de segurança. Pensando nos riscos mais genéricos, propomos que o grupo elabore um guia de conduta para uma prática de navegação segura na internet.
b) Após leitura, discussão e troca de material entre os grupos, passem a limpo a versão final do guia, que não poderá apresentar incorreções gramaticais.
c) Reproduzam algumas cópias do texto para distribuí-las a prováveis leitores que poderão se beneficiar desse material.

## Dicas para a elaboração do guia

- Escrevam tendo em vista que seus leitores são pessoas leigas, de nível cultural médio, que têm acesso à rede, mas não possuem conhecimentos técnicos avançados de informática. São usuários com idades e condições sociais variadas.
- O guia será constituído de partes diferenciadas. Estabeleçam algumas diretrizes, como extensão do texto, presença (ou não) de ilustrações, modo de organização das informações, divisão em seções, etc. Iniciem o texto com o relato de um caso do qual vocês tenham conhecimento em que um usuário (use nome fictício) tenha sido prejudicado por criminosos. Nesse parágrafo predominarão sequências narrativo-descritivas.
- Em seguida, apresentem explicações básicas que orientem o usuário a não cair nas armadilhas da rede. Nessa parte do trabalho, a mais extensa, o texto apresentará sequências expositivas e sequências injuntivas. Inicialmente, passem informações básicas e, depois, prescrevam ações, buscando modificar o comportamento de seu leitor. Organizem essa parte de seu texto em breves itens e empreguem formas verbais no modo imperativo ou no infinitivo. Exemplos: mantenha atualizado seu programa antivírus; não clique em *links* de mensagens cuja origem não seja confiável, e assim por diante.
- Encerrem com uma parte argumentativa, na qual vocês convençam o usuário a adotar as medidas sugeridas pelo guia. Nessa última parte, o texto será, provavelmente, constituído de sequências argumentativas.

## **Gênero textual:** guia

Como o próprio nome diz, um guia serve para orientar, dar conselhos, sugerir caminhos ou procedimentos adequados a situações específicas. Apresenta informações de interesse a determinado usuário, mas, principalmente, apresenta instruções, ensinamentos. Pode circular em várias esferas: escolar, cotidiana, jornalística, publicitária, etc., dependendo de sua natureza: guia do vestibulando, guia de leitura, guia do turista, guia do paciente, guia de visitação (em um museu), guia do consumidor. Precisa ser simples, claro e objetivo, para se tornar acessível ao leitor comum. O suporte pode ser uma simples folha de papel, um encarte ou um livreto.

# Vestibulares de Norte a Sul

**Texto para a questão 1.**

Leia o texto e responda à questão:

## A poesia prometida

Fui colega de faculdade, na década de 1980, do poeta Eucanaã Ferraz. Fizemos o curso de Letras na Universidade Federal do Rio de Janeiro, e, depois, nunca mais nos encontramos pessoalmente. Duas ou três cartas, dois ou três e-mails. E mais nada.

Quando leio seus poemas, a imagem e a voz de Eucanaã reaparecem bem nítidas para mim. Trinta anos de distância não são nada quando a palavra poética está presente.

Esta é uma das promessas que a literatura (e a poesia em especial) cumpre: vencer tempo e espaço, reapresentar o ausente, renovar o momento passado, recuperar palavras e encontros.

Toda leitura educadora é um encontro, e todo encontro é dialógico. E todo diálogo em leitura requer aprendizado: ver de novo e ouvir de novo. Talvez, quando os alunos se queixam da poesia, ou quando nós, professores, pouco espaço concedemos a ela em nosso dia a dia – talvez isto seja consequência de uma grande falha educacional. Uma falha que nos leva a só aceitar a poesia na medida em que a pudermos explicar.

Mas a poesia não existe para ser explicada. Existe para nos ensinar a ver de novo e a ouvir de novo. Só isso. E isso é tudo.

[...]

Gabriel Perissé. *Revista Educação*. São Paulo: Segmento, Ano 15, nº 178, fevereiro, 2012.

1. **NE** (UEPB) Em relação ao primeiro parágrafo, o texto apresenta:
   a) Procedimento narrativo em que o estado de espírito e a emoção do narrador estão ausentes.
   b) Estilo poético com clareza da função dos recursos textuais e uso de modalizadores explícitos.
   c) Texto essencialmente informativo em defesa de um ponto de vista sobre a questão abordada.
   d) Forma composicional narrativa com ênfase no poder simbólico de construções metafóricas.
   e) Estratégia narrativa com predominância de fluxo temporal e discursivo, desenvolvido em primeira pessoa.

**Texto para a questão 2.**

## Prefácio

São os primeiros cantos de um pobre poeta. Desculpai-os. As primeiras vozes do sabiá não têm a doçura dos seus cânticos de amor.

É uma lira, mas sem cordas; uma primavera, mas sem flores; uma coroa de folhas, mas sem viço.

Cantos espontâneos do coração, vibrações doridas da lira interna que agitava um sonho, notas que o vento levou – como isso dou a lume essas harmonias.

São as páginas despedaçadas de um livro não lido...

E agora que despi a minha musa saudosa dos véus do mistério do meu amor e da minha solidão, agora que ela vai seminua e tímida por entre vós, derramar em vossas almas os últimos perfumes de seu coração, ó meus amigos, recebei-a no peito, e amai-a como o consolo que foi de uma alma esperançosa, que depunha fé na poesia e no amor – esses dois raios luminosos do coração de Deus.

AZEVEDO, Álvares de. Lira dos vinte anos. In: *Obra completa*. Organização de Alexei Bueno. Rio de Janeiro: Nova Aguilar, 2000. p. 120.

2. **CO** (UFG-GO) Os aspectos linguísticos e enunciativos demonstram que se trata do gênero prefácio, pois o autor
   a) apresenta sua visão de mundo, explorando o uso de metáforas como recurso persuasivo.
   b) comenta a obra, apresentando justificativas e explicações sobre sua autoria.
   c) narra uma história pessoal, explicitando os conflitos vividos por quem escreve poesia.
   d) descreve sua infância, justificando o caráter ingênuo que marca a obra.
   e) critica a falta de erudição dos jovens da época, antecipando as dificuldades de leitura.

**Texto para a questão 3.**

As condições de bem-estar e de comodidade nos grandes centros urbanos são reconhecidamente precárias por causa, sobretudo, da densa concentração de habitantes num espaço que não foi planejado para alojá-los.

Com isso, praticamente todos os polos das estruturas urbanas ficam afetados: o trânsito é lento; os transportes coletivos, insuficientes; os estabelecimentos de prestação de serviços, ineficazes.

Um exemplo disso é São Paulo, às sete da noite. O trânsito caminha lento e nervoso. Nas ruas, pedestres apressados se atropelam. Nos bares, bocas cansadas conversam, mastigam e bebem em volta de mesas.

Luzes de tons pálidos incidem sobre o cinza dos prédios. De repente, uma escuridão total cai sobre todos como uma espessa lona opaca de um grande circo. Os veículos acendem os faróis altos, insuficientes para substituir a iluminação anterior. Em pouco tempo, as ruas ficam desertas, o medo paira no ar...

3. **S** (Uel-PR) Com base nos conhecimentos sobre o tema, é correto afirmar que o texto é predominantemente
   a) injuntivo, pois apresenta um argumento baseado no consenso e máximas aceitas como verdadeiras.
   b) narrativo, uma vez que busca fazer um relato a respeito da vida na grande capital, São Paulo.
   c) dissertativo, pois expõe ideias gerais, seguidas da apresentação de argumentos que as comprovam.
   d) preditivo, pois é desenvolvido para permitir que o leitor preveja sobre o que tratará o texto.
   e) descritivo, pois recria o ambiente, ou seja, o espaço, apresentando as suas características.

CAPÍTULO

# 4 Leitura – a construção de sentidos

Cildo Meireles/Acervo do artista

*Zero cruzeiro*, de Cildo Meireles, 1974.

Você já pensou em como lê? Que recursos emprega em suas leituras mesmo que nem se dê conta disso? Leia a tirinha reproduzida a seguir, do cartunista João Montanaro. Depois, levando em conta as questões propostas nesta página, discuta com os colegas e o professor que recursos vocês buscaram para fazer sua leitura.

## Angry birds

MONTANARO, João. Angry birds. Disponível em: <http://joaomontanaro.blogspot.com.br>. Acesso em: 2 maio 2014.

- *O texto lido é uma tira. Assim que olhamos para ele já reconhecemos esse fato. Ou seja, antes de lermos propriamente, buscamos elementos que nos ajudem a perceber algo sobre o texto, como se procurássemos pistas sobre o que vamos ler.*

  *Ao identificar uma tira, o que vocês esperam desse texto? Essa expectativa foi atendida ao fim da leitura?*
- *Essa tira tem alguns elementos gráficos bem atuais. Por exemplo, observe a tipologia, ou seja, a forma das letras usadas nos balões de fala. Que impressão ela causa?*

  *– Em sua opinião, esse recurso mais moderno está de acordo com os assuntos abordados na história? Por quê?*

  *– Quais são suas tiras preferidas? Por quê?*
- *Vocês sabem o que significa Twitter? E Angry Birds?*
- *Sabem dizer por que, no terceiro quadrinho, o personagem é atacado por pássaros e não por outros animais?*
- *Como interpretaram as imagens do último quadrinho? Em sua opinião, de onde vieram essas informações? Estão na tira em si?*
- *Ao identificar uma tirinha, o leitor sabe que tanto a linguagem verbal quanto a linguagem não verbal vão construir o sentido do texto; portanto, não basta só ler os balões, nem basta apenas ver as imagens. Façam um teste dividindo-se em dois grupos:*

  *– um grupo deve contar a história da tira com base apenas nas imagens;*

  *– o outro grupo deve se basear apenas nos balões de fala.*
- *Depois de ouvirem e contarem suas histórias, respondam: uma delas corresponde à história da tira como um todo?*

## 1 Ler é construir sentidos

Ao utilizar linguagens para interagir, veiculamos mensagens que só atingem sua finalidade no processo comunicativo quando possibilitam a leitura. A leitura, portanto, é a ponte que nos permite o acesso ao universo dos textos e a inúmeros outros universos neles contidos ou referidos.

Mas em que consiste a leitura?

Como vimos na charge de abertura, não basta conhecer o código para compreender uma mensagem. Ler não é apenas decodificar. Com a decodificação entendemos o que querem dizer as partes do todo. Mas e o todo, o texto? A decodificação é só um passo no processo que envolve a leitura.

Voltemos à tira de João Montanaro, sistematizando alguns passos possíveis da leitura:

**Decodificação**

Reconhecimento dos signos não verbais e verbais utilizados. Linguagem verbal (palavras da língua portuguesa organizadas em enunciados com sentido). Linguagem não verbal (composição de cenários, as expressões dos personagens, imagens simbólicas, etc.). Ao lado, exemplo de signo não verbal.

Divulgação/<https://www.angrybirds.com/>

No terceiro quadrinho da tira, reveja os pássaros, semelhantes aos do jogo Angry Birds.

**Identificação do gênero textual e da forma como costuma ser veiculado**

Trata-se de uma tira, gênero que procura criticar ou evidenciar algum comportamento da sociedade de maneira a fazer refletir e/ou divertir o leitor. Vale-se de linguagem visual e de linguagem verbal, é veiculado em jornais e revistas, assim como em *blogs* ou *sites*.

João Montanaro/Acervo do cartunista

*Blog* do cartunista João Montanaro. Disponível em: <http://joaomontanaro.blogspot.com.br>. Acesso em: 25 abr. 2014.

**Contexto social na época da publicação**

No século XXI, a sociedade, especialmente os jovens, é influenciada por tecnologia, redes sociais e jogos eletrônicos em geral. Há referência direta a uma rede social contemporânea, o Twitter. Além disso, a tira foi reproduzida do *blog* do cartunista, ou seja, pode ser encontrada na internet.

Divulgação/<https://twitter.com/>

Conhecimentos da atualidade que ajudam o leitor a compreender a tira:

- Saber que Twitter é uma rede social que permite aos usuários enviar e receber atualizações pessoais por meio de mensagens de texto curtas (no máximo 140 caracteres).
- Saber que a palavra *twitter*, proveniente do inglês, tem dois significados: "pequena explosão de informações inconsequentes" e "pios de aves".
- Saber que há um jogo eletrônico chamado Angry Birds ("pássaros raivosos", em inglês), cujo objetivo é arremessar pássaros nos porcos posicionados. Ao serem arremessados, os pássaros revelam habilidades únicas, como explodir ou aumentar a velocidade do trajeto.

João Montanaro/Acervo do cartunista

**Associação de signos e sua relação com as demais informações**

No último quadrinho da tira, por exemplo, o cartunista escolheu mostrar diretamente a parede de um local vazio, que parece uma caverna, ao leitor. No chão, imagens que parecem os ossos de uma caveira. Esse cenário nos traz ideia de morte, de fim, principalmente em contraste com o quadrinho anterior, em que pássaros em bando atacam a personagem.

**Conhecimento sobre o cartunista**

De acordo com entrevista publicada na *Folha de S.Paulo* em agosto de 2010, João Montanaro é um jovem cartunista profissional, cujos trabalhos são publicados nesse jornal e em outros. Já lançou um livro, *Cócegas no raciocínio*, pela editora Garimpo, em 2010. Coleciona livros de charges, como a primeira edição de *Fábulas fabulosas*, de Millôr Fernandes. Afirma ler bastante jornal, tocar guitarra e navegar na internet. Prefere *blogs* de cartunistas e de cultura em geral a redes sociais.

Karime Xavier/Folhapress

O cartunista João Montanaro.

Ao fim desse percurso, concretizamos a leitura do texto.

Dessa forma, podemos afirmar que ler é um processo mental que começa com o conhecimento do código utilizado na mensagem e que envolve inúmeras associações. A compreensão efetiva de um texto exige do leitor um trabalho árduo, em que a capacidade de inferência das entrelinhas, da intencionalidade e dos sentidos que o texto sugere é fundamental. A leitura é um processo pelo qual se constrói sentido em um texto.

## Como construir sentido em textos verbais?

Como já vimos, ler um texto é um processo que envolve vários tipos de conhecimento. Quando se trata de um texto verbal, esse processo consiste basicamente em ativar:

- o **conhecimento linguístico**, isto é, o domínio do código, da **língua**, que permite decodificar o texto e fazer as associações gramático-estruturais das partes que o formam;
- o **conhecimento de mundo**, forjado a partir das vivências e do acúmulo de informações culturais, ideológicas, intelectuais. Ele possibilita levantar hipóteses sobre o que o texto quer dizer e estabelecer relações com a realidade;
- as **leituras prévias**, que também permitem levantar hipóteses sobre o que o texto quer dizer e relacioná-lo às leituras já feitas;
- a **reflexão**, que permite não só estabelecer todas as relações anteriores, mas também projetar outras, construindo sentido no texto ao mesmo tempo que forma e/ou amplia a leitura de mundo do leitor.

## A inferência

A **inferência** envolve a leitura das entrelinhas, da intencionalidade e dos sentidos que o texto sugere e que não estão explicitados. É resultado das conclusões a que chegamos ao fazer as associações e relações de todas as informações (linguísticas, contextuais, de mundo, etc.) ditas ou sugeridas no texto.

## Atividades

Leia o seguinte texto.

Divulgação/Ministério da Justiça

Anúncio publicitário, 2014.

1. Qual é o pré-requisito fundamental para a leitura desse texto, considerando especificamente a linguagem verbal?
2. O anúncio faz parte de uma campanha de conscientização do cidadão para determinada prática que pode prejudicar a ele e à sociedade de maneira geral. Qual é a função da linguagem visual, o que ela mostra? E qual é a função da linguagem verbal? Qual é a intenção do anúncio? Identifique o produtor do texto e o público-alvo.
3. Que outra campanha de conscientização, ligada ao trânsito de sua cidade, você considera fundamental? Por quê? Produza um anúncio com uma imagem e uma frase curta para alertar a população sobre essa questão.

## Trocando ideias

Leia uma notícia sobre a campanha da página anterior.

O Ministério da Justiça lançou nesta segunda-feira (24) a campanha "Bebeu, perdeu", voltada para a conscientização sobre a proibição do consumo de bebidas alcoólicas por crianças e adolescentes, com foco no período de carnaval. [...]

Segundo o ministro da Justiça, José Eduardo Cardozo, as drogas lícitas, como o álcool e o cigarro, "trazem muito dano" para a sociedade. Para o ministro, o foco da campanha serão adolescentes e crianças, mas também haverá conteúdo direcionado para pais e comerciantes.

"A campanha será voltada, fundamentalmente, a adolescentes e crianças. Temos dados preocupantes que mostram que 60% dos adolescentes e crianças já experimentaram álcool, e isso traz consequências delicadas, até porque não só as drogas ilícitas, mas, também, as lícitas trazem muito dano, violência, muitos problemas para a sociedade brasileira", disse o ministro. [...]

MATOSO, Filipe. G1. Disponível em: <http://g1.globo.com>. Acesso em: 9 jul. 2014.

Compare-a ao texto verbal do anúncio:

Bebeu, perdeu.
Curta a adolescência sem beber.

- Em grupos, respondam a estas questões:
  a) Qual dos gêneros textuais — notícia ou anúncio publicitário — é mais marcado pela intenção de persuadir, convencer o leitor? Por quê?
  b) Qual é mais eficiente e/ou adequado? Por quê?

# O primeiro contato com o texto

O primeiro contato com o texto nem sempre pressupõe a leitura em si, mas uma preparação para ela. Antes de começar a ler o texto, podemos direcionar a leitura e levantar hipóteses a respeito do texto.

# Objetivos para a leitura

A leitura pode ter variadas motivações. Identificar seu objetivo permite traçar um roteiro do processo de leitura a ser feito e/ou quais estratégias serão potencializadas.

Vejamos alguns exemplos práticos:

- Ler para buscar uma informação específica em um texto (por exemplo, ler uma bula para se informar sobre a posologia do remédio). Nesse caso, a leitura será investigativa – as estratégias devem potencializar a busca de indícios que nos levem à informação específica em relação ao conteúdo global do texto.
- Ler para obter uma noção global sobre o assunto do texto (por exemplo, texto sobre escritor ou pensador para ter noção de seu pensamento). Nessa situação, a leitura será global – as estratégias buscarão o sentido integral do texto.
- Ler para entender um procedimento (manual de instruções, receita). Nesses casos, a leitura será passo a passo – a estratégia será seguir a ordem lógica e metódica do texto.
- Ler para fazer uma revisão gramatical de um texto segundo a norma-padrão. Nessa situação, a leitura será fiscalizadora – as estratégias buscarão as estruturas formais utilizadas e a inspeção do bom emprego delas em função do sentido do texto.
- Ler por prazer. Nessa situação, a leitura e as estratégias estarão voltadas ao deleite do leitor.

Independentemente da motivação da leitura, **o domínio da língua, o conhecimento de mundo, as leituras prévias e a reflexão** sempre terão de ser ativados.

## Trocando ideias

1. Observe o texto ao lado e discuta com os colegas e o professor:
   a) Objetivos de leitura;
   b) propostas de qual seria a melhor maneira de ler o texto, segundo os objetivos determinados.

2. O professor vai chamar um único aluno para explicar aos demais colegas: lê-se um texto desse gênero do início ao fim? Lê-se o texto sempre da mesma maneira, ainda que as informações buscadas estejam em partes diversas?

ADS

**NONONONO**

**CLORETOS DE SÓDIO E BENZALCÔNIO**

**FORMA FARMACÊUTICA E APRESENTAÇÕES**
NONONONO (cloretos de sódio e benzalcônio) Gotas - vidro contendo 30 mL acompanhado de conta-gotas*.
NONONONO (cloretos de sódio e benzalcônio) Nebulizador - frasco contendo 30 mL com nebulizador.

USO ADULTO E PEDIÁTRICO

**COMPOSIÇÃO**
Cada mL contém 9,0 mg de cloreto de sódio, 0,1 mg de cloreto de benzalcônio e água destilada qsp 1 mL.

As apresentações gotas* e nebulizador possuem fórmulas idênticas, sem vasoconstritor. As apresentações diferentes possibilitam uma maior comodidade de uso.

**INFORMAÇÕES AO PACIENTE**
NONONONO (cloretos de sódio e benzalcônio) age fluidificando a secreção da mucosa nasal favorecendo, portanto, sua eliminação.
O produto conserva-se bem em condições normais de armazenamento (local fresco e ao abrigo da luz), devendo ser guardado em sua embalagem original, mesmo depois de aberta. Seu prazo de validade encontra-se impresso na embalagem externa. Não devem ser utilizados produtos fora do prazo de validade, pois podem trazer prejuízos à saúde.
Não há registro de efeitos adversos com uso deste medicamento. O produto pode ser usado em qualquer idade e também durante a gravidez e lactação.

NÃO TOME REMÉDIO SEM O CONHECIMENTO DO SEU MÉDICO. PODE SER PERIGOSO PARA SUA SAÚDE. TODO MEDICAMENTO DEVE SER MANTIDO FORA DO ALCANCE DAS CRIANÇAS.

SIGA CORRETAMENTE O MODO DE USAR; NÃO DESAPARECENDO OS SINTOMAS, PROCURE ORIENTAÇÃO MÉDICA.

**INFORMAÇÕES TÉCNICAS**
Este medicamento é apresentado sob a forma de uma solução isotônica de cloreto de sódio, que não altera a fisiologia das células da mucosa, favorecendo, portanto, a sua eliminação, sem interferir com os fenômenos vasomotores da mucosa nasal.
Por não conter substância vasoconstritora, seu uso não sofre restrições, pois não há riscos de intoxicações ou de rinites medicamentosas. O cloreto de benzalcônio, por sua ação germicida, tem a finalidade de conservar asséptica a solução de cloreto de sódio. Essas características fazem do NONONONO (cloretos de sódio e benzalcônio) um produto ideal para a pediatria.

**INDICAÇÕES**

**GOTAS E NEBULIZADOR**
Fluidificante e descongestionante nasal, sem vasoconstritor. Útil antes das mamadas. Facilita a respiração durante o sono. Antisséptico nasal, descongestionante e antisséptico para nebulização nasal. No tratamento auxiliar das rinites que acompanham gripes e resfriados.

**CONTRAINDICAÇÕES**
NÃO SÃO CONHECIDAS CONTRAINDICAÇÕES ESPECÍFICAS.

**PRECAUÇÕES**
NÃO APRESENTA.

**INTERAÇÕES MEDICAMENTOSAS**
NÃO HÁ RELATOS DE OCORRÊNCIA DE INTERAÇÕES CLINICAMENTE RELEVANTES.

# As informações sobre o texto

Muitas informações relevantes para a própria leitura do texto não se encontram na mensagem propriamente dita.

Observe alguns exemplos de elementos que podem propiciar antecipações em relação à leitura:

- **Gênero textual**: a identificação do gênero textual (artigo de jornal, propaganda, entrevista, diário, poema, romance, artigo científico, resenha crítica, charge, receita, bula, piada, etc.) permite antecipar a forma de composição textual e a possível intenção do falante. Por exemplo, ao ler o editorial de um jornal, conhecendo as características básicas do gênero, podemos esperar um texto marcado por sequências argumentativas com o intuito de fazer a defesa de uma posição em relação a um assunto, na tentativa de ganhar a adesão do leitor; portanto, o reconhecimento desse gênero nos prepara para a leitura: não esperaremos um texto narrativo, nem descritivo, mas um texto argumentativo.
- **O autor**: a identificação do autor do texto (sua história, sua profissão, sua ideologia, sua área de estudo ou trabalho, etc.) permite antecipar a temática ou a tendência do texto. Por exemplo, se o texto é assinado por um pesquisador na área de Biologia, podemos esperar um desenvolvimento temático voltado para essa área do conhecimento; se é assinado por um líder comunitário, podemos esperar um desenvolvimento temático que ressalte o lado social.

  Por sua vez, se o autor é um nome conhecido da literatura e percebemos que o texto em questão é um texto literário, como um romance ou um poema, nós nos preparamos para ler um texto ficcional, sem compromisso direto com a realidade histórica. Se já conhecemos outros trabalhos desse autor, também conseguimos ter, muitas vezes, uma ideia dos temas tratados e mesmo de algumas características de estilo da obra.

- **A época**: a identificação da época, o contexto histórico em que estava inserido o texto quando foi produzido também orientam a leitura. Por exemplo: um texto que fale sobre o futuro de um país, produzido num momento em que esse país atravessa uma grave crise político-econômica será construído de forma diferente de um outro produzido em época de prosperidade.
- **O veículo ou suporte**: a identificação do veículo que disponibiliza o texto (jornal, revista jovem, revista especializada, boletim de uma associação, etc.), suas características ideológicas, seu público-alvo, sua tiragem compõem características que podem antecipar algumas informações relacionadas ao texto a ser lido: um artigo sobre moda em uma revista feminina que tem público-alvo de alto poder aquisitivo e faixa etária acima de 30 anos pode apresentar conceitos muito diferentes se comparados a um artigo sobre o mesmo assunto publicado em uma revista feminina voltada para adolescentes.

O escritor nascido na Argentina e de cidadania canadense Alberto Manguel, ensaísta, tradutor e romancista, costuma escrever sobre o processo de leitura. Ele procura mostrar que esse processo não se restringe às páginas de um livro, estende-se por outras possibilidades comuns a muitos de nós.

Em seu livro *Uma história da leitura*, em que Manguel reúne fragmentos de experiências de vários tipos de leitor, entre outras coisas, ele afirma:

Os leitores de livros, uma família em que eu estava entrando sem saber (sempre achamos que estamos sozinhos em cada descoberta e que cada experiência, da morte ao nascimento, é aterrorizantemente única), ampliam ou concentram uma função comum a todos nós. Ler as letras de uma página é apenas um de seus muitos disfarces. O astrônomo lendo um mapa de estrelas que não existem mais; o arquiteto japonês lendo a terra sobre a qual será erguida uma casa, de modo a protegê-la das forças malignas; o zoólogo lendo os rastros de animais na floresta; o jogador lendo os gestos do parceiro antes de jogar a carta vencedora; a dançarina lendo as notações do coreógrafo e o público lendo os movimentos da dançarina no palco; o tecelão lendo o desenho intrincado de um tapete sendo tecido; o organista lendo várias linhas musicais simultâneas orquestradas na página; os pais lendo no rosto do bebê sinais de alegria, medo ou admiração; o adivinho chinês lendo as marcas antigas na carapaça de uma tartaruga; o amante lendo cegamente o corpo amado à noite, sob os lençóis; o psiquiatra ajudando os pacientes a ler seus sonhos perturbadores; o pescador havaiano lendo as correntes do oceano ao mergulhar a mão na água; o agricultor lendo o tempo no céu — todos eles compartilham com os leitores de livros a arte de decifrar e traduzir signos.

[...] em cada caso é o leitor que lê o sentido; é o leitor que confere a um objeto, lugar ou acontecimento uma certa legibilidade possível, ou que a reconhece neles; é o leitor que deve atribuir significado a um sistema de signos e depois decifrá-lo. Todos lemos a nós e ao mundo à nossa volta para vislumbrar o que somos e onde estamos. Lemos para compreender, ou para começar a compreender. Não podemos deixar de ler. Ler, quase como respirar, é nossa função essencial.

MANGUEL, Alberto. *Uma história da leitura*. São Paulo: Cia. das Letras, 1999. p. 19.

Pavel L Foto e Vídeo/Shutterstock

# O título e as expectativas em relação ao texto

O título de um texto cria expectativas em relação a seu conteúdo, levando o leitor a formular algumas hipóteses sobre o que ele expressa e sobre o posicionamento de quem o produziu. Entretanto, dependendo da experiência do próprio leitor ou das intenções do produtor do texto, nem sempre essas hipóteses se confirmam. Um título irônico, por exemplo, só será percebido no decorrer da leitura.

## Trocando ideias

1. Em pequenos grupos, sem ler o conjunto de textos, busquem algumas pistas que possam propiciar antecipações em relação à leitura destes textos. Observem os títulos, a composição gráfica dos textos, o suporte, o público a que se destinam e deduzam o que há em comum entre eles.
2. Rapidamente, por meio de uma única palavra a ser escrita no quadro, vocês apresentarão suas deduções para a sala. Comparem as palavras de todos os grupos para verificar se vocês percorreram os mesmos caminhos.

### Notícias rápidas da TV

**Democrático**

A Bandeirantes abriu inscrições para os concursos estaduais de *miss*. Mas, agora, com a novidade de quem quiser participar, entrar no *site* missbrasiloficial.com.br e se inscrever. Ou seja, pela primeira vez todas as interessadas terão oportunidade de tentar uma vaga nos estaduais. Outros truques, que sempre existiram, agora não valem mais.

Disponível em: <http://marcossilverio.blogspot.com.br>. Acesso em: 28 abr. 2014.

### Estrangeiro sob suspeita

Um professor universitário brasileiro desembarcou no aeroporto de Washington. Seu destino era Minneapolis, onde atuaria como professor visitante na Universidade de Minnesota. Ele foi conduzido a uma sala, e ali foi mantido por uma hora e meia.

Nesse período, foi insultado, constrangido e humilhado. Segundo o funcionário do balcão, em seus documentos, uma assinatura deveria ser apresentada em cor azul, mas a tinta usada era preta. Isso era suficiente para uma suspeita de fraude.

*Folha de S.Paulo*. São Paulo, 20 jan. 2013. p. 3.

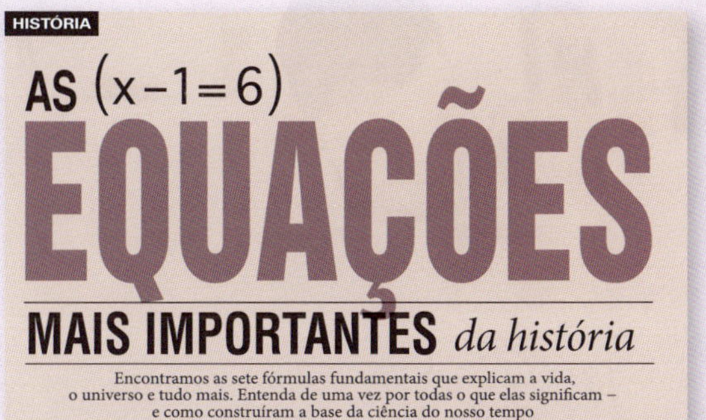
HISTÓRIA

AS (x−1=6) EQUAÇÕES MAIS IMPORTANTES *da história*

Encontramos as sete fórmulas fundamentais que explicam a vida, o universo e tudo mais. Entenda de uma vez por todas o que elas significam – e como construíram a base da ciência do nosso tempo

Revista *Superinteressante*. São Paulo: Abril, ed. 310, out. 2012, p. 88.

O HOMEM QUE MORAVA COM OS SAGUIS

A Amazônia trouxe glória e queda para o biólogo holandês Marc van Roosmalen. Há 12 anos, ele foi considerado um dos "heróis do planeta" pela revista *Time*. Hoje, é um pária na comunidade científica internacional

Peter Moon, de Manaus

Revista *Época*. Rio de Janeiro: Globo, ed. 745, 27 ago. 2012, p. 80.

# Atividades

Leia apenas o nome da seção, o título do artigo, o veículo em que o texto foi publicado e observe a foto.

*Família*

## Leia para seu filho

por Camila Carvas

"Era uma vez..." é o começo de uma história que pode fazer toda a diferença no desenvolvimento infantil. Quando papai e mamãe — professores e até irmãos mais velhos — se sentam com os pequenos para ler um livro ou contar uma historinha, mais do que um mundo encantado de fantasia, eles estão descortinando uma verdadeira experiência de aprendizado. Para completar, essa aula ainda pode ser transformada em momento de intimidade e amor familiar que, muitas vezes, se perde em meio ao caos do dia a dia. Mas, como toda brincadeira de criança, a "contação" é coisa séria.

Ao lado de bonecas e carrinhos, ela funciona como um mediador da relação entre a meninada, os adultos e o mundo. E, apesar da sua importância pedagógica e psicológica, deve ser mantida sempre no campo da arte, e não no do exame, como é comum acontecer na escola. A atividade deve ser lúdica e divertida, sem imposições, cobranças, tarefas ou castigos. "Tudo o que é feito com e para as crianças precisa ser envolvente e realizado com afeto», diz Christine Fontelles, responsável pelo Programa Ler É Preciso, do Instituto Ecofuturo. Não há motivos, então, para ser diferente com as histórias.

Contar e ler um relato deve ser algo prazeroso. É por meio dessas atividades, e do contato com o imaginário e com a ficção, que meninos e meninas descobrem e expressam sentimentos que não conheciam ou ainda não eram capazes de compreender. "Devido ao próprio estágio de desenvolvimento, as crianças não possuem muitos recursos para administrar esse lado emocional", conta a psiquiatra Marisol Montero Sendin, do Hospital das Clínicas de São Paulo. Como a linguagem verbal ainda é incipiente, a forma natural de expressão são a imagem, o jogo e o faz de conta. "Na falta de outras possibilidades, a dificuldade de lidar com as emoções se manifestará por meio da agressividade, problemas de aprendizado, de sono ou alimentares", diz Marisol. Enquanto os personagens enfrentam coisas estranhas, a garotada tem contato com o medo, o ciúme e o luto. Em um diálogo interno, adquirem conceitos e vivenciam experiências valiosas. Cada conto que a criança conta contribui para a construção de um autorretrato para o qual ela pode olhar, pensar e mudar.

O famoso "Senta que lá vem história" não tem momento certo ou idade mínima para começar. A paulistana Laura Volponi Medeiros, de 2 anos e meio, já era uma ouvinte atenta mesmo antes de nascer. "Quando estava grávida de Laura, minha mulher se sentava na cadeira e, enquanto namorava a barriga, lia um monte de livros", conta o pai da menina, o vendedor Wellington Medeiros, de 32 anos. Hoje, mesmo sem ter sido alfabetizada, a menina adora "ler". Nos semáforos, sempre que possível pede para Medeiros pegar jornais gratuitos e propagandas e os folheia do alto de sua cadeirinha de segurança.

Como uma esponja, a criança tende a absorver tudo que os adultos ao seu redor fazem. É assim que ela aprende, por imitação e repetição. Portanto, se os pais leem, as chances de os filhos se tornarem leitores é enorme. [...]

[...] não importa se se trata de ler ou de contar histórias, ambos desenvolvem a criatividade, imaginação e o raciocínio lógico da meninada. Estudos indicam, inclusive, que a leitura em voz alta na primeira infância melhora o desempenho escolar. Permitir que os pequenos inventem novos finais deixa a brincadeira ainda mais estimulante. "Aqui no Brasil, onde os livros infantis são muito caros, vale recortar figuras de jornal e revista, fazer colagens, pintar com o dedo e criar sua própria obra", sugere Maria Ângela Barbato Carneiro, professora da Faculdade de Educação da Pontifícia Universidade Católica de São Paulo. O mais importante é a interação: ao desenhar, modelar ou recontar uma história, a criança põe para fora fatos do seu próprio mundo.

[...]

auremar/Shutterstock/Glow Images

Revista *Saúde é Vital!*.
Disponível em: <http://saude.abril.com.br>.
Acesso em: 28 abr. 2014.

1. Determine um objetivo e uma possível estratégia de leitura.
2. Antes da leitura propriamente do texto da matéria, quais são os elementos que podem propiciar antecipações? Cite algumas delas.
3. O título e a foto fazem parte do texto, mas criam uma expectativa inusitada dentro do contexto em que ele está inserido. Por quê?
4. Pelo que você percebeu até agora, qual é o leitor que poderá se sentir atraído pelo assunto desse texto?
5. Quais seriam as hipóteses que você levantaria em relação à mensagem do texto?
6. Leia o texto todo reproduzido. A leitura confirmou ou refutou suas hipóteses?
7. Se você tivesse informações sobre pedagogia ou psicologia infantil e sobre o Programa Ler é Preciso, sua preparação para a leitura teria sido diferente? Você teria formulado outras hipóteses?

## 2 A leitura e a produção de textos

A leitura e a produção de textos estão intimamente ligadas: o texto é produzido para a leitura; a leitura é fundamental na formação do produtor de textos. Ou seja: escrevemos/falamos para sermos lidos/ouvidos; lemos/ouvimos para ampliar nossa leitura de mundo, que se manifesta no que escrevemos/falamos.

Produzimos textos, como já vimos, para interagir socialmente, e a leitura concretiza esse processo de interação.

Mas por que a leitura é tão fundamental para produzirmos textos?

Pela leitura entramos em contato com:

- variedade de conteúdos (culturas, áreas de conhecimento, informações em geral);
- variedade de gêneros textuais;
- variedade de registros e modalidades da língua.

### Trocando ideias

1. Com seus colegas e professor, comente essa ligação entre a leitura e a produção de textos e levantem argumentos e/ou exemplos que comprovem a importância do contato com variados conteúdos, gêneros, registros e modalidades da língua para a produção adequada de textos.
2. Escolham um dentre vocês para expor aos colegas o resultado da conversa. O escolhido deverá relatar, também, sua própria **trajetória de leitor** desde as primeiras práticas de leitura, após a alfabetização, até o momento. Com o passar dos anos, o aprimoramento na leitura e a ampliação de repertório deverão ter ocasionado, como resultado, uma produção de texto mais proficiente e satisfatória.

   Anotações podem ser levadas para que nada seja esquecido, mas deve-se evitar a leitura em voz alta, pois a fala espontânea sempre é mais atrativa. O aluno que for se apresentar deverá cuidar da entonação (pronunciar com mais intensidade os fatos essenciais), da dicção (é preciso se fazer entender) e da postura.

## Mãos à obra

1. A partir desta tirinha, reflita sobre a leitura como atividade inferencial. Observe os vários sentidos que uma mesma enunciação pode adquirir, dependendo de diferentes contextualizações.

Fernando Gonsales/Acervo do cartunista

GONSALES, Fernando. *Tédio no chiqueiro*. São Paulo: Devir, 2006. p. 4.

Reflita, também, sobre estas frases.

Na verdade, todo leitor é, quando está lendo, um leitor de si mesmo.
Marcel Proust

Ler é mais importante que estudar.
Ziraldo

Ler para viver.
Gustave Flaubert

Leio, logo existo.
Harold Bloom

Os verdadeiros analfabetos são os que aprenderam a ler e não leem.
Mário Quintana

A leitura do mundo precede a leitura da palavra.
Paulo Freire

2. Escreva um texto opinativo a respeito da prática da leitura na atualidade. Você deverá escolher uma (ou mais de uma) dessas frases para iniciar seu texto. A partir dessa introdução, desenvolva uma argumentação que confirme ou negue a ideia apresentada pelos autores citados. Suponha que seu leitor será o autor da frase escolhida. Pense nele como seu interlocutor.

   Eis algumas questões que você pode tentar responder com o desenvolvimento de seu texto: a leitura é mesmo necessária? Em quais âmbitos? Em que níveis? É suficiente ler apenas para localizar informações? A leitura dá acesso a quê? Em que medida ela contribui para a formação de um indivíduo? A escola forma satisfatoriamente o leitor? Qual é a relação entre domínio da leitura e cidadania?

### Dicas para escrever o texto de opnião

- Planeje seu texto. Pensando na frase escolhida, faça uma lista aleatória de argumentos, anotando as ideias que aparecerem, em qualquer ordem. Depois, organize-as em blocos, de acordo com a similaridade que tiverem. Estabeleça relações de causa-consequência entre os fatos citados. Descarte o que julgar desnecessário.
- Apresente seu posicionamento, defenda seu ponto de vista embasando-o com dados, fatos, exemplos e argumentos. Não se esqueça de que você precisa obter a adesão de seu leitor. Não deixe de considerar as condições culturais do país e seus reflexos em nosso sistema de ensino.
- Conclua seu texto com uma síntese de tudo o que desenvolveu. Se você concordou (ou não) com a frase escolhida, mantenha sua posição até o final.
- Dê um título a seu texto. Mantenha registro formal e correção gramatical.

## Gênero textual: texto de opinião

Um texto de opinião é aquele que, justamente, revela uma opinião do enunciador sobre determinado assunto. As opiniões costumam se basear em juízos de valor, são modos subjetivos de encarar a realidade. Um texto de opinião precisa, todavia, ser fundamentado por argumentos consistentes que consigam convencer os leitores a compartilhar das posições do enunciador, a acreditar que ele está de posse da verdade. Para tanto, precisa apresentar provas evidentes (fatos, exemplos, dados estatísticos, testemunho de autoridades) e desenvolver raciocínios coerentes. O texto de opinião circula nas esferas escolar, acadêmica, religiosa, cotidiana e jornalística, principalmente. Estrutura-se em uma proposição (tese) que é seguida de concordância ou contestação e finaliza com uma conclusão. Precisa ser um texto claro, objetivo e formal.

3. Junte-se a um colega. Cada um de vocês fará o papel do autor da frase escolhida pelo outro para julgar o texto. Façam sugestões de mudanças para que os textos possam ser reescritos de forma aperfeiçoada.
4. Descubra depois quais colegas escolheram a mesma frase que você. Compare os textos para observar as diferentes formas de manifestar uma opinião.
5. Se possível, promovam a exposição dos textos.

# Pensando no Enem

### Das irmãs

os meus irmãos sujando-se
na lama
e eis-me aqui cercada
de alvura e enxovais
eles se provocando e provando
do fogo
e eu aqui fechada
provendo a comida
eles se lambuzando e arrotando
na mesa
e eu a temperada
servindo, contida
os meus irmãos jogando-se
na cama
e eis-me afiançada
por dote e marido

QUEIROZ, S. *O sacro ofício*. Belo Horizonte: Comunicação, 1980.

O poema de Sonia Queiroz apresenta uma voz lírica feminina que contrapõe o estilo de vida do homem ao modelo reservado à mulher. Nessa contraposição, ela conclui que

a) a mulher deve conservar uma assepsia que a distingue de homens, que podem se jogar na lama.
b) a palavra "fogo" é uma metáfora que remete ao ato de cozinhar, tarefa destinada às mulheres.
c) a luta pela igualdade entre os gêneros depende da ascensão financeira e social das mulheres.
d) a cama, com sua "alvura e enxovais", é um símbolo da fragilidade feminina no espaço doméstico.
e) os papéis sociais destinados aos gêneros produzem efeitos e graus de autorrealização desiguais.

### Comentário

A voz do poema relaciona as oposições entre ela, uma mulher, e os irmãos, evidenciando a liberdade deles, a contenção dela. Ela apresenta o destino feminino como o do casamento e do servir aos homens. Aos irmãos, e aos homens em geral, parecem ser designados o brincar, o experimentar, os movimentos e necessidades próprios do corpo. Em momento algum a voz do eu lírico se mostra favorável a essas designações para cada gênero. A palavra fogo é empregada para evidenciar que ao gênero masculino cabem as experimentações, o perigo. O eu lírico se afirma "cercada/de alvura e enxovais", ou seja, ela parece cerceada, limitada por esses apetrechos. O item correto é o **e**, pois o eu lírico mostra a insatisfação que sente o gênero feminino diante das desigualdades dos papéis sociais destinados a cada gênero.

Resposta: **E**.

# Vestibulares de Norte a Sul

**Texto para a questão 1.**

Desenvolveu-se nos Estados Unidos, nos meios intelectuais que defendem as minorias, a ideia do "politicamente correto" – ou seja, a substituição de termos com conotação preconceituosa por outros carregados de positividade. Assim, a própria palavra "negro" não seria desejável, devendo-se preferir "afro-americano". O mesmo vale para várias outras palavras, como "deficiente", "solteirão" – em suma, todo termo que possa dar a entender uma falha, um defeito. E isso se acentua quando comunidades fortes – como os homossexuais da Califórnia – interferem em roteiros de filmes, ou quando figuras históricas são condenadas mediante critérios morais fora de sua época (como sucedeu quando um condado da Luisiana resolveu que nenhuma escola pública de sua jurisdição deveria ostentar o nome de quem tivesse possuído escravos – o que eliminava, por exemplo, Thomas Jefferson). Tudo isso parece exagerado e, no Brasil, é apresentado como ridículo.

Entretanto, há que destacar o que é positivo no chamado politicamente correto: a ideia – óbvia para qualquer linguista, psicólogo ou psicanalista – de que a linguagem não é neutra, mas expressa, produz e reproduz uma visão de mundo. Se a linguagem não se limita a traduzir fatos, mas tende a expressar pontos de vista, é preciso expô-los e eventualmente combatê-los. Aqui está o que a zombaria contra o politicamente correto dissimula: ele reage contra velhas ideias conservadoras. O que dizem ainda hoje nossos livros escolares, a despeito de elogiáveis iniciativas (inclusive oficiais), sobre o negro e o índio? Quantos preconceitos não rodam por aí, moldando a mente das crianças assim como moldaram as nossas? Antes de se zombar dos exageros de certos movimentos norte-americanos, não seria preciso romper a cumplicidade que ata nossa opinião pública a quem incita à violência nas rádios matutinas, a quem ridiculariza e humilha a mulher nos programas de humor? Se alguma cultura pode dar-se ao luxo de achar risível o excesso nos direitos humanos, não é a nossa, certamente.

(Adaptado de: RIBEIRO, R.J. *A sociedade contra o social.* São Paulo: Cia. das Letras, 2000.)

1. **S** (UFRGS-RS) As seguintes afirmações referem-se ao uso da forma interrogativa em frases do texto.

   I) A presença dessas frases interrogativas obriga o leitor a responder às perguntas antes de dar prosseguimento à leitura do texto.
   II) As frases interrogativas podem ter um efeito persuasivo maior do que as afirmativas correspondentes.
   III) Estas frases são usadas pelo autor com a intenção de levar o leitor a questionar o comportamento preconceituoso que o cerca.

   Quais estão corretas?

   a) Apenas I.
   b) Apenas II.
   c) Apenas I e III.
   d) Apenas II e III.
   e) I, II e III.

**Texto para a questão 2.**

## A nova (des) ordem

Em tempos de globalização de mercados, os países desenvolvidos passam por um processo perverso: o crescimento de uma riqueza é acompanhado por uma diminuição no nível de emprego. Atribui-se o encolhimento do mercado de trabalho à escalada dos padrões de qualidade e produtividade das empresas.

A revolução tecnológica é um processo sem volta. A cada inovação, levas de trabalhadores vão sendo privadas do relacionamento diário com o relógio de ponto.

Estudo do Ipea registra algo de que já se suspeitava: a modernização do modelo produtivo, fenômeno recente entre nós, assusta também o trabalhador brasileiro.

A exemplo do que ocorre no chamado Primeiro Mundo, a maior vítima do avanço tecnológico e gerencial é a mão de obra menos qualificada. O novo mercado tende a desprezar o funcionário formado à moda antiga, adestrado para executar tarefas específicas.

Na economia emergente são valorizados trabalhadores de formação educacional mais densa, pessoas com maior capacidade de raciocínio. "De maneira crescente é exigido menor grau de habilidades manipulativas e maior grau de abstração no desempenho do trabalho produtivo", diz o estudo do Ipea. "Torna-se importante o desenvolvimento da capacidade de adquirir e processar intelectualmente novas informações, de superar hábitos tradicionais, de gerenciar-se" a si próprio.

No contexto desse novo modelo, o grau de instrução do trabalhador passa a ser sua principal ferramenta. Os números disponíveis no Brasil a esse respeito são desoladores. Conforme pesquisa nacional feita pelo IBGE em 90, cerca de 33 milhões de trabalhadores brasileiros (53% do mercado de trabalho) tinham no máximo cinco anos de estudo.

A experiência mundial, ainda de acordo com o trabalho do Ipea, indica que são necessários pelo menos oito anos de estudos para que uma pessoa esteja em condições de receber treinamentos específicos.

O maior desafio do Brasil de hoje é, portanto, educar sua gente. Destruído como está, o conserto do modelo educacional do país é tarefa para duas décadas. Até lá, a horda de marginalizados vai inchar.

Josias de Souza. *Folha de S. Paulo*, 20 out. 1995.

2. **NE** (Cefet-CE) A compreensão geral do texto é de que:

   a) a globalização nivela sempre por baixo os países ricos e os pobres.
   b) em se tratando de globalização de mercados, crescimento de riqueza e nível de emprego caminham em proporção inversa.
   c) globalizar significa abaixar o nível de empregos dos países ricos para elevar o dos pobres.
   d) o maior problema da globalização é que há muita qualificação e pouco trabalho.
   e) se a máquina vem para substituir a mão de obra humana, o povo não precisa aumentar o nível de escolaridade.

CAPÍTULO

# 5 Funções da linguagem, gêneros e tipos textuais

*Autorretrato*, de Lasar Segall, 1933.

Nos dicionários, horóscopo é definido como um "prognóstico acerca da vida de uma pessoa, tirado, segundo pretendem os astrólogos, da situação de certos astros na hora do nascimento dessa pessoa" (*Dicionário eletrônico Aurélio*). De fato, alguns horóscopos procuram descrever a personalidade e o comportamento esperado, conforme o signo da pessoa.

Entretanto, os horóscopos publicados em revistas e jornais acabaram adquirindo outra característica. Leia o exemplo a seguir e, com seus colegas e o professor, procure descobrir qual seria essa característica nova dos horóscopos que lemos em jornais e revistas hoje em dia. Ao longo da discussão, levem em conta as questões propostas nesta página.

## Gêmeos

*21 de maio até 21 de junho*

| Regente: Mercúrio | Cor: Amarelo | Elemento: Ar |
|---|---|---|

Regente de seu signo, Mercúrio faz aspecto tenso com Marte, influência que desperta a vontade de retomar assuntos mal resolvidos.

*Amor*

Cuide para que sua dedicação à vida amorosa ou a temas afetivos do passado não consuma suas energias ou faça esquecer de si mesmo(a).

*Carreira*

Reflita mais sobre sacrifícios e energia que tem dedicado a assuntos pouco vitais. Valorize novas prioridades.

*Dicas do dia*

Dia para valorizar o que revigora energias, como crenças, meditação e mesmo causas coletivas.

Disponível em: <http://estrelaguia.bolsademulher.com>. Acesso em: 28 abr. 2014.

Filipe Rocha/Arquivo da editora

- *Identifiquem as características do veículo de publicação do horóscopo lido e dos prováveis leitores de tal veículo.*
- *Considerem os subtítulos com os quais se organiza o fragmento em questão. O que eles indicam?*
- *Observe a linguagem e a construção do texto. Há muitos verbos? Qual é a forma verbal predominante? Qual costuma ser a intenção de um falante ao empregar essa forma?*
- *No capítulo 2 desta unidade, você estudou alguns recursos textuais. Com base nesse estudo, qual é o foco desse fragmento de horóscopo?*
- *Levando em conta as respostas anteriores, reflitam: qual é a intenção comunicativa desse texto, ou seja, que característica o diferencia dos horóscopos mais antigos?*

# As funções da linguagem

Dependendo da intenção do falante, de suas escolhas e combinações e dos elementos da comunicação sobre os quais centra-se a mensagem, é possível reconhecer diferentes funções da linguagem.

**ATENÇÃO!**

Veremos, a seguir, as seis funções básicas da linguagem. Entretanto, como afirma o linguista Roman Jakobson, "dificilmente lograríamos [...] encontrar mensagens verbais que preenchessem uma única função. A diversidade reside não no monopólio de alguma dessas diversas funções, mas numa diferente ordem hierárquica de funções. A estrutura verbal de uma mensagem depende basicamente da função predominante". (JAKOBSON, Roman. *Linguística e comunicação*. São Paulo: Cultrix, 1970. p. 123).

Isso significa que, em uma mesma mensagem verbal, podemos reconhecer mais de uma função das seis funções da linguagem. Contudo, em toda mensagem prevalece uma dessas funções.

## Função referencial – a mensagem centrada na informação

A mais comum das funções da linguagem é a que se volta para a informação, para o próprio conteúdo. A intenção é transmitir ao interlocutor dados da realidade de uma forma direta e objetiva, com palavras empregadas em seu sentido denotativo. Quando isso ocorre, fica caracterizada a **função referencial**.

Nos textos em que predomina a função referencial, costuma prevalecer a escrita em terceira pessoa, como nos casos de trabalhos científicos e noticiários jornalísticos. Isso significa que o texto estará centrado no **referente**, ou seja, naquilo de que se fala (a terceira pessoa gramatical). Prevalece a ordem direta e o sentido denotativo das palavras (daí a função referencial também ser chamada denotativa), como se observa no texto a seguir. Leia-o.

### Presença de peixe na merenda escolar de Manaus dobra em um ano e atinge 85%

A presença de peixes na merenda escolar de Manaus mais do que dobrou no último ano. Hoje, cerca de 90 mil alunos ou 85% do total das escolas públicas da zona metropolitana da cidade contam com peixes no cardápio, enquanto que o índice era de 40% no ano passado.

Segundo Raimundo Nonato, superintendente do Ministério da Pesca e Aquicultura no Amazonas, o aumento é resultado da implantação do Preme (Programa de Regionalização da Merenda Escolar). Antes, as crianças comiam principalmente carne vermelha e frango.

Agora, as 350 toneladas de peixe consumidas anualmente pelos estudantes da rede pública representam um mercado de R$ 2,1 milhões, que encontra falta de fornecedores.

[...]

Disponível em: <http://economia.uol.com.br>.
Acesso em: 27 dez. 2013.

## Função conativa – a mensagem centrada no interlocutor

Quando a intenção do falante é, de maneira explícita, interferir no comportamento do interlocutor e a mensagem está centrada no destinatário em forma de ordem, apelo ou súplica, prevalece a **função apelativa** ou **conativa** da linguagem. Os verbos no imperativo e o uso de vocativos e da segunda pessoa (*tu/vós, você/vocês*) são marcas gramaticais da função conativa (*conativo* significa "relativo ao processo da ação intencional sobre outra pessoa").

Anúncios de publicidade, textos instrucionais, horóscopos e comícios políticos às vésperas de eleição são exemplos de textos em que prevalece a função conativa da linguagem.

### Dicas de etiqueta para *e-mails*

[...]

Em primeiro lugar, veja para quem você está enviando o seu *e-mail*. A linguagem deve ser a mais adequada possível ao seu destinatário. Se for algo extremamente formal, lembre-se de usar os termos adequados à situação, como Vossa Senhoria, por exemplo.

Não seja rude: coloque alguma saudação no início do seu *e-mail*, como um breve cumprimento — um "Olá" não faz mal a ninguém. Escreva certo, pois é assim que as pessoas verão você enquanto leem a sua mensagem. Já pensou enviar um currículo para uma empresa com uma porção de erros escandalosos? Ninguém nunca contrataria alguém assim. E não se esqueça de uma assinatura ao fim. Um "Obrigado" ou "Atenciosamente" caem bem à situação.

Além disso, evite usar caixa alta, pois dá a impressão de estar gritando. Use opções de texto mais sutis, deixando palavras em negrito ou sublinhadas. E, acima de tudo, se a pessoa não gosta de receber *e-mails* cheios de PowerPoint, evite. O mesmo serve para o outro lado: não seja rude ao receber correntes e apresentações de *slides*, apenas comunique que não é do seu agrado.

Disponível em: <www.tecmundo.com.br>. Acesso em: 28 abr. 2014.

O texto com dicas de etiqueta para enviar e receber *e-mails* é um bom exemplo da **função apelativa** ou **conativa** da linguagem. Todas as frases estão centradas no interlocutor e têm a intenção de interferir em seu comportamento. Os verbos na terceira pessoa do imperativo afirmativo são responsáveis pelo tom geral do texto: "veja", "lembre-se", "não esqueça", "evite".

## Função fática – testando o canal

**canal:** na teoria da comunicação, trata-se do suporte material ou sensorial por meio do qual se faz a comunicação; meio utilizado para enviar o sinal de um emissor a um receptor.

Em alguns casos, percebe-se que a preocupação do falante é manter contato com o interlocutor, prolongando uma comunicação ou então testando o funcionamento do canal de comunicação com frases do tipo "Veja bem", "Olha...", "Compreende?", "Pois é...". Essa preocupação com o contato caracteriza a **função fática** da linguagem.

Toda conversa ao telefone, por exemplo, é pontuada por expressões do tipo "Está me ouvindo?", "Sim... sei..." ou "Hum... hum...", que costumam sinalizar o emprego da função fática.

## Atividades

Leia os textos 1 e 2 a seguir, em que predomina a função fática: um diálogo numa sala de bate-papo na internet e um trecho da letra de uma música de Paulinho da Viola.

*Texto 1*

rafael — oi povo tudo bem

LIA — Oi Rafael!

rafael — oi lia, preparada para a discussão?

MARCIO — Oi Rafael.....

[...]

Rosângela — Oi!

LIA — a gente nunca ta 100% ne? Mas vai dar tudo certo!

In: CUNHA, Eva C. da. *Estratégias de polidez na interação em aulas de chat.* Tese de doutorado. Recife: UFPE, 2009. Disponível em: <www.pgletras.com.br>. Acesso em: 4 jan. 2014.

*Texto 2*

**Sinal fechado**

Paulinho da Viola

Olá, como vai?
Eu vou indo e você, tudo bem?
Tudo bem, eu vou indo, correndo
Pegar meu lugar no futuro, e você?
Tudo bem, eu vou indo em busca
De um sono tranquilo, quem sabe?
Quanto tempo...
Pois é... Quanto tempo...
[...]

Disponível em: <www.paulinhodaviola.com.br>. Acesso em: 28 abr. 2014.

Helvio Romero/Agência Estado

O cantor e compositor Paulinho da Viola.

1. Identifique os trechos dos textos 1 e 2 que evidenciam o predomínio da função fática, compare-os e comente-os.
2. Após redigir seus comentários, junte-se a outros três colegas para que vocês possam ler o que cada um escreveu. Verifiquem se as respostas estão semelhantes e complementem suas observações.

# Função metalinguística – a mensagem centrada no código

Há casos em que a preocupação do falante está voltada para o próprio código utilizado, ou seja, o código é o tema da mensagem ou é utilizado para explicar o próprio código. Ocorre, então, a **função metalinguística** ou **metalinguagem**.

Existe metalinguagem quando damos a definição de uma palavra utilizando palavras ou quando explicamos ou pedimos explicação sobre o conteúdo de uma mensagem. Por extensão, também há metalinguagem quando um filme tem por tema o próprio cinema, uma peça teatral tem por tema o teatro, uma poesia discorre sobre o ato de escrever, etc.

Nos textos verbais, o código é a língua. Quando, em uma mensagem verbalizada, usamos a língua para explicar a própria língua, ocorre metalinguagem. E isso é muito comum em nosso cotidiano: nas conversas informais, ou mesmo durante as aulas, quando questionamos nosso interlocutor sobre algo que ele nos conta ou nos explica ("Não estou entendendo... O que você quer dizer com isso?"; "Você poderia explicar mais uma vez?"; etc.), a resposta será, inevitavelmente, um texto metalinguístico. As construções explicativas do tipo "isto é" e "ou seja" introduzem textos metalinguísticos.

Por utilizarem palavras para explicar as palavras, também são exemplos metalinguísticos as definições, os verbetes de dicionários e o conteúdo das gramáticas (em forma de livro ou em aulas expositivas). A função metalinguística da linguagem é frequente em nossa vida escolar: a análise de um texto, por exemplo, é um exercício de metalinguagem.

## Função emotiva – o texto em primeira pessoa

Existe a **função emotiva** ou **expressiva** da linguagem quando a intenção do falante é posicionar-se em relação ao tema de que está tratando, expressar seus sentimentos e emoções, produzindo um texto subjetivo, escrito em primeira pessoa. Este se transforma num espelho de seu ânimo, de suas emoções, de seu estado, enfim.

A interjeição é, ao lado da primeira pessoa do singular e de alguns sinais de pontuação (reticências, ponto de exclamação), um indicador da função emotiva da linguagem. Observe como isso ocorre no texto a seguir, final do romance *São Bernardo*, de Graciliano Ramos, em que o personagem Paulo Honório relata suas memórias:

> Lá fora há uma treva dos diabos, um grande silêncio. Entretanto o luar entra por uma janela fechada e o nordeste furioso espalha folhas secas no chão.
>
> É horrível! Se aparecesse alguém... Estão todos dormindo.
>
> Se ao menos a criança chorasse... Nem sequer tenho amizade a meu filho. Que miséria!
>
> Casimiro Lopes está dormindo. Marciano está dormindo. Patifes!
>
> E eu vou ficar aqui, às escuras, até não sei que hora, até que, morto de fadiga, encoste a cabeça à mesa e descanse uns minutos.
>
> RAMOS, Graciliano. *São Bernardo*. 35. ed. Rio de Janeiro: Record, 1996. p. 191.

Arquivo do jornal O Estado de S. Paulo/Agência Estado

Os atores Othon Bastos e Isabel Ribeiro em cena do filme de Leon Hirszman, de 1972, *São Bernardo*, inspirado no romance homônimo de Graciliano Ramos.

## Função poética — uma especial seleção e combinação de palavras

Quando a intenção do produtor do texto está voltada para a construção da mensagem, quer na sua estrutura, quer na seleção e combinação das palavras, o predomínio é da **função poética**. Como afirma Roman Jakobson, a função poética "coloca em evidência o lado palpável, material dos signos".

Ao selecionar e combinar de maneira particular e especial as palavras, com vistas ao estético, o falante procura obter alguns elementos fundamentais da linguagem poética:

- o ritmo;
- a sonoridade;
- o belo e o inusitado das imagens.

Evidentemente, as demais funções da linguagem também participam de um texto poético. Entretanto, o que distingue o valor da poesia é exatamente o trabalho feito com a própria mensagem.

Destacamos que a função poética não é exclusiva da poesia nem da prosa literária; podemos encontrá-la em textos escritos em prosa em geral, em anúncios publicitários e até na linguagem cotidiana. Nesses casos, ela não é a função predominante da mensagem.

# Atividades

1. Veja o famoso *slogan* "Beba Coca-Cola". Como tantos outros, é uma mensagem publicitária muito bem estruturada.

   Comente:

   a) as funções da linguagem que predominam nessa mensagem.
   b) outros recursos empregados.

Innis McAllister/Alamy/Other Images

2. Leia este texto de Décio Pignatari (1927-2012), um dos idealizadores do movimento concretista, que explora a composição e montagem em si das palavras nos poemas possibilitando múltiplas leituras.

beba    coca    cola
babe            cola
beba    coca
babe    cola    caco
caco
cola

c l o a c a

PIGNATARI, Décio. Disponível em: <www.algumapoesia.com.br>. Acesso em: 28 abr. 2014.

   a) A(s) função(ões) da linguagem que predomina(m) no texto é(são) a(s) mesma(s) que predomina(m) no *slogan* publicitário?
   b) Décio Pignatari decompõe e reordena letras e sílabas das palavras beba, coca, cola. Qual é o resultado desse jogo?
   c) Um texto ou parte dele é citado em outro por algumas razões, entre elas: retomar e reafirmar sua mensagem, criticar ou subverter valores. No caso desse poema, qual terá sido a intenção do poeta ao citar o *slogan*?

# Mãos à obra

## Atividade individual

Se você observar com atenção alguns anúncios publicitários, verificará que em muitos deles podem ser identificadas várias funções da linguagem.

Uma fabricante de tintas, por exemplo, lançou uma campanha denominada "Tudo de cor para você", com mutirão de pintores levando a "cor" a várias fachadas de prédios de algumas cidades. Além da função poética presente na escolha e combinação das palavras para nomear a campanha (com a substituição de *bom* por *cor*), ocorre também, nos anúncios, a função referencial, como na divulgação das qualidades inovadoras da tinta 3 em 1, e a função conativa que prevalece nos apelos feitos ao consumidor para que proteja sua família das bactérias e do mofo. Veja a propaganda de um dos produtos:

Divulgação/<http://www.coral.com.br>

Anúncio publicitário.

Na propaganda ao lado, a função da linguagem predominante é a emotiva. O anunciante vende piso laminado e publicou o anúncio em uma revista voltada para a decoração de ambientes. Ao lado, observe o uso da primeira pessoa do singular, uma vez que o anúncio se vale do depoimento atribuído a um especialista, um decorador (é usada até a imagem do profissional no anúncio) procurando passar ao leitor, e possível consumidor do piso divulgado, a ideia de qualidade do produto. A função conativa também se mostra fundamental no caso, pois há, no texto da parte inferior da imagem (veja abaixo), verbos no modo imperativo orientando o leitor a conhecer o produto.

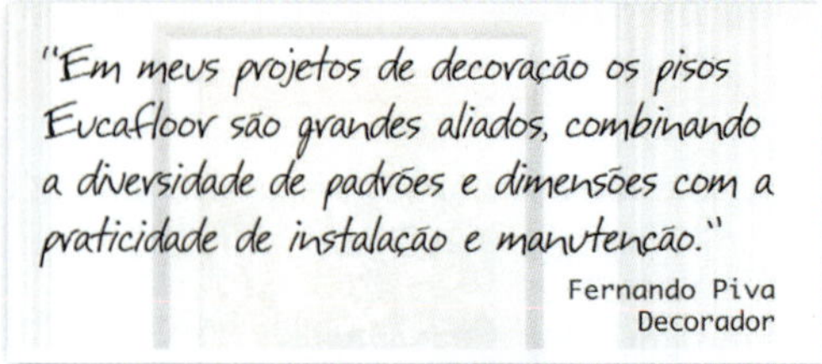

Divulgação/<www.eucatex.com.br>

Anúncio publicitário.

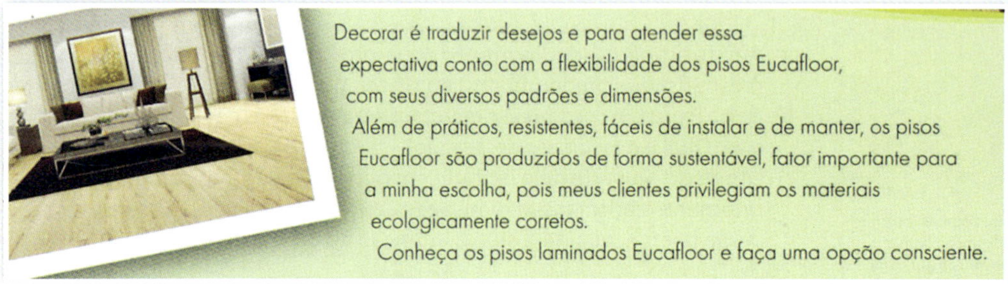


1. Crie um anúncio publicitário para promover um produto arrojado, de última geração, que tenha um diferencial em relação aos concorrentes no mercado. Seu público-alvo será um leitor escolarizado, de poder aquisitivo elevado e que lê revista semanal de informação.

## Dicas para escrever o anúncio publicitário

- A mensagem deverá contemplar, no mínimo, três funções diferentes de linguagem.
- Poderá haver sequências variadas: se a função predominante for a referencial, use as sequências explicativas; no caso da função conativa, empregue sequências argumentativas ou injuntivas.
- Um *slogan* deverá fazer parte do anúncio. Trabalhe bem seu texto. Exemplos de *slogans*:
  - "A vida gira em torno do sol", de fabricante de protetor solar (para sugerir que as pessoas saiam da frente do computador e aproveitem os benefícios da natureza);
  - "Abra a felicidade" (no caso, felicidade equivale ao refrigerante objeto do anúncio);
  - "Petrobras: o desafio é a nossa energia" (emprego estratégico com duplo sentido da palavra *energia*; a empresa enfrentando desafios).

Uma breve análise dos *slogans* que circulam pela mídia mostrará os efeitos dessas frases curtas que, por serem facilmente assimiladas, passam a fazer parte do vocabulário, como "mil e uma utilidades", "sempre cabe mais um" e outros. Atente, portanto, para a seleção de palavras de seu *slogan*.

## Gênero textual: anúncios

Divulgados nos mais variados suportes – revistas e jornais, programas de rádio e televisão, filmes, páginas da internet, *outdoors*, folhetos, luminosos, muros, os anúncios circulam em várias esferas. Divulgam um produto, uma ideia, uma campanha, uma instituição: o objetivo é sempre cativar e convencer seu público-alvo a adquirir determinado produto ou a aderir a determinada ideia. Para tanto, os anunciantes lançam mão de recursos expressivos e criativos e de argumentos convincentes. Frases curtas, de efeito, com jogos de palavras, *slogans* que provocam o desejo de se obter determinados produtos ou serviços são algumas estratégias adotadas pelos publicitários ao elaborar um anúncio. Muitos anúncios dirigem-se diretamente ao leitor/ouvinte, empregando o modo verbal imperativo.

## Gênero textual: *slogans*

Repetidos à exaustão, os *slogans* tornam-se conhecidos dos consumidores por serem frases curtas, com sonoridade agradável, de fácil memorização e por veicularem um conceito associado à marca que divulgam. Também são criados nas campanhas políticas para revelar conteúdo ideológico do partido ou características do candidato. Circulam nas esferas publicitária, jornalística, comercial, política, digital, cotidiana.

### Atividades em grupo

2. Promovam uma exposição dos anúncios criados por vocês. Olhando o conjunto, verifiquem se a variedade dos produtos divulgados mostra uma tendência de mercado. Os anúncios também revelam dados do comportamento do consumidor em função de determinado contexto histórico-cultural.

3. Elejam os dez textos que julgarem mais criativos e nos quais se evidenciem as várias funções da linguagem.

4. Observem o que eles têm em comum e discutam sobre isso, buscando chegar a uma conclusão sobre a produção dos anúncios.

# Pensando no Enem

### Desabafo

Desculpem-me, mas não dá pra fazer uma cronicazinha divertida hoje. Simplesmente não dá. Não tem como disfarçar: esta é uma típica manhã de segunda-feira. A começar pela luz acesa da sala que esqueci ontem à noite. Seis recados para serem respondidos na secretária eletrônica. Recados chatos. Contas para pagar que venceram ontem. Estou nervoso. Estou zangado.

CARNEIRO, J. E. *Veja*, 11 set. 2002 (fragmento).

Nos textos em geral, é comum a manifestação simultânea de várias funções da linguagem, com o predomínio, entretanto, de uma sobre as outras. No fragmento da crônica *Desabafo*, a função da linguagem predominante é a emotiva ou expressiva, pois

a) o discurso do enunciador tem como foco o próprio código.
b) a atitude do enunciador se sobrepõe àquilo que está sendo dito.
c) o interlocutor é o foco do enunciador na construção da mensagem.
d) o referente é o elemento que se sobressai em detrimento dos demais.
e) o enunciador tem como objetivo principal a manutenção da comunicação.

### Comentário

No enunciado da questão, já se informa qual é a função da linguagem predominante no texto: a emotiva ou expressiva. Assim, para encontrar o item correto, é preciso saber quais são as características de um texto em que prevalece essa função: texto escrito em primeira pessoa, em que se sobressaem as emoções, em geral marcado por interjeições, pontos de exclamação ou reticências; trata-se de um texto subjetivo. É verdade que o texto começa com uma forma verbal dirigida aos leitores: "Desculpem-me", entretanto essa é a única menção ao interlocutor. É verdade também que o enunciador menciona a dificuldade que ele tem, nesse dia, para fazer a crônica, ou seja, ele fala de seu trabalho com a linguagem, mas isso é o fundamento para direcionar o texto para outra coisa: as emoções. Não há tentativa de apenas manter a comunicação, ou seja, não há predomínio da função fática. Assim, percebemos que prevalece realmente a função emotiva, mencionada no enunciado, ou seja, conforme se afirma no item **b** da questão, o correto: "a atitude do enunciador se sobrepõe àquilo que está sendo dito".

Resposta: **B**.

# Vestibulares de Norte a Sul

**Texto para a questão 1.**

## A questão é começar

Coçar e comer é só começar. Conversar e escrever também. Na fala, antes de iniciar, mesmo numa livre conversação, é necessário quebrar o gelo. Em nossa civilização apressada, o "bom dia", "o boa tarde, como vai?" já não funcionam para engatar conversa. Qualquer assunto servindo, fala-se do tempo ou de futebol. No escrever também poderia ser assim, e deveria haver para a escrita algo como conversa vadia, com que se divaga até encontrar assunto para um discurso encadeado. Mas, à diferença da conversa falada, nos ensinaram a escrever e na lamentável forma mecânica que supunha texto prévio, mensagem já elaborada. Escrevia-se o que antes se pensara. Agora entendo o contrário: escrever para pensar; uma outra forma de conversar.

Assim fomos "alfabetizados", em obediência a certos rituais. Fomos induzidos a, desde o início, escrever bonito e certo. Era preciso ter um começo, um desenvolvimento e um fim predeterminados. Isso estragava, porque bitolava, o começo e todo o resto. Tentaremos agora (quem? eu e você, leitor) conversando entender como necessitamos nos reeducar para fazer do escrever um ato inaugural; não apenas transcrição do que tínhamos em mente, do que já foi pensado ou dito, mas inauguração do próprio pensar. "Pare aí", me diz você. "O escrevente escreve antes, o leitor lê depois." "Não", lhe respondo, "Não consigo escrever sem pensar em você por perto, espiando o que escrevo. Não me deixe falando sozinho."

Pois é; escrever é isso aí: iniciar uma conversa com interlocutores invisíveis, imprevisíveis, virtuais apenas, sequer imaginados de carne e ossos, mas sempre ativamente presentes. Depois é espichar conversas e novos interlocutores surgem, entram na roda, puxam assuntos. Termina-se sabe Deus onde.

(MARQUES, M. O. *Escrever é Preciso*, Ijuí, Ed. UNIJUÍ, 1997, p. 13.)

1. **SE** (PUC-SP) Observe a seguinte afirmação feita pelo autor: "Em nossa civilização apressada, o 'bom dia', o 'boa tarde, como vai?' já não funcionam para engatar conversa. Qualquer assunto servindo, fala-se do tempo ou de futebol." Ela faz referência à função da linguagem cuja meta é "quebrar o gelo". Indique a alternativa que explicita essa função.

   a) Função emotiva
   b) Função referencial
   c) Função fática
   d) Função conativa
   e) Função poética

2. **N** (Unama-AM)

   [...] Julieta do céu! Ouve... a calhandra
   Já rumoreja o canto da matina,
   Tu dizes que eu menti?... pois foi mentira...
   ... Quem cantou foi teu hálito, divina!

   ALVES, Castro. *Obra completa*. Rio de Janeiro: Aguilar, p. 122.

   Nesses versos de Castro Alves, além da evidente função poética, marcas linguísticas como o imperativo "ouve" e o emprego da segunda pessoa apontam para o uso da função:

   a) metalinguística.
   b) conativa.
   c) fática.
   d) emotiva.

**Texto para a questão 3.**

## Língua para inglês ver

A incorporação da língua inglesa aos idiomas nativos dos mais diversos países não é novidade. Traduz, no âmbito da linguagem, uma hegemonia que os Estados Unidos consolidaram desde a década de 50. Com a globalização e o encurtamento das distâncias entre as nações obtido pelo avanço dos meios de comunicação, a contaminação das demais línguas pelo inglês ficou ainda mais patente.

O fenômeno não é em si mesmo nocivo. Pode até enriquecer um idioma ao permitir que se incorporem informações vindas de fora que ainda não têm correspondência local. A internet é um exemplo nesse sentido.

Outra coisa, porém, bem diferente, é o uso gratuito de palavras em inglês como o que se verifica hoje no Brasil. A não ser pela vocação novidadeira — e caipira — de quem se deslumbra diante de qualquer coisa que o aproxima do "estrangeiro", não há nenhuma razão para que se diga *sale* no lugar de liquidação, ou qualquer motivo para falar *off* em vez de desconto. Tais anomalias são um dos sintomas do subdesenvolvimento e exprimem, no seu ridículo involuntário, a mentalidade de quem confunde modernidade com uma temporada em Miami.

Um país como a Alemanha, menos vulnerável à influência da colonização da língua inglesa, discute hoje uma reforma ortográfica para "germanizar" expressões estrangeiras, o que já é regra na França. O risco de se cair no nacionalismo tosco e na xenofobia é evidente.

Não é preciso, porém, agir como Policarpo Quaresma, personagem de Lima Barreto, que queria transformar o tupi em língua oficial do Brasil para recuperar o instinto de nacionalidade. No Brasil de hoje já seria um avanço se as pessoas passassem a usar, entre outros exemplos, a palavra *entrega* em vez de *delivery*.

*Folha de S.Paulo* — 20/10/97.

3. **NE** (Ufal) "No Brasil de hoje já seria um avanço se as pessoas passassem a usar, entre outros exemplos, a palavra *entrega* em vez de *delivery*."

   Nesta frase a linguagem está empregada em função

   a) poética.
   b) fática.
   c) metalinguística.
   d) conativa.
   e) emotiva.

CAPÍTULO

# 6 Coesão e coerência textuais

Cícero Dias/Coleção do artista, Paris

*Sonoridade da Gamboa do Carmo*, de Cícero Dias, por volta de 1930.

Este belíssimo poema de João Cabral exemplifica a verdadeira arte poética: um perfeito casamento entre forma e conteúdo, expressão e leitura de mundo. A função poética da linguagem: uma especial arrumação das palavras, quer na seleção, quer na combinação delas, quer na organização sintática do enunciado. Leia-o e discuta essa organização da linguagem com os colegas e o professor. Ao longo da discussão, levem em conta as questões propostas nesta página.

### Tecendo a manhã

João Cabral de Melo Neto

Um galo sozinho não tece uma manhã:
ele precisará sempre de outros galos.
De um que apanhe esse grito que ele
e o lance a outro; de um outro galo
que apanhe o grito que um galo antes
e o lance a outro; e de outros galos
que com muitos outros galos se cruzam
os fios de sol de seus gritos de galo,
para que a manhã, desde uma teia tênue,
se vá tecendo, entre todos os galos.

2

E se encorpando em tela, entre todos,
se erguendo tenda, onde entrem todos,
se entretendendo para todos, no toldo
(a manhã) que plana livre de armação.
A manhã, toldo de um tecido tão aéreo
que, tecido, se eleva por si: luz balão.

MELO NETO, João Cabral de. *João Cabral de Melo Neto:* obra completa. Rio de Janeiro: Nova Aguilar, 1995.

- *Segundo os dicionários, tecer é entrelaçar fios regularmente, tramar, trançar. Então, pelo título do poema, o leitor pressupõe que o "tecido" será a manhã. Ciente disso, responda:*
  - *– Qual é a relação popular dos galos com as manhãs?*
  - *– Levando em conta sua resposta anterior, o que podemos supor como fios desse tecido?*
- *Nos dois primeiros versos, o eu lírico faz uma declaração fundamental para o que vai construir na sequência.*
  - *– Explique essa declaração com suas palavras.*
  - *– Com isso, o que o poeta procura valorizar?*
- *Releiam os versos de 3 a 7 da primeira estrofe observando que o poeta escolheu empregar em seu encadeamento a elipse, ou seja, não escreveu algumas palavras que percebemos estarem presentes, como se ele as escondesse.*
  - *– Reescrevam esses versos empregando as palavras que foram "escondidas" pelo poeta.*
  - *– Com esse recurso, João Cabral de Melo Neto não apenas enxugou o texto, mas também criou uma estrutura semelhante à que se tem da ideia de tecer, imagem essencial do poema. Explique: o que há de semelhante entre a construção desses versos e a ideia de tecer?*
- *Releiam a segunda estrofe e identifiquem as características desse tecido em que se misturam o canto dos galos e os fios do sol.*
- *Em sua opinião, agora que já leu e discutiu o poema, é realmente possível ver nele uma metáfora do trabalho coletivo? Justifique. E podemos dizer também que se pode ler o poema como uma metáfora do trabalho com a linguagem, uma vez que tecer também pode ser compreendido como "compor uma obra literária"? Justifique sua opinião.*

## 1 O texto

A palavra *texto* vem do latim *textu* e significa, literalmente, "tecido". São da mesma família semântica.

Produzir um texto assemelha-se à arte de tecer, ou seja, você conduz um fio ora para cá, ora para lá, sempre com o cuidado de amarrá-lo para que o trabalho não se perca. Por isso, o ato de escrever toma de empréstimo uma série de palavras e expressões do ato de tecer: *tessitura*, fio narrativo, *enredo* (*enredar* significa "entrelaçar os fios para fazer uma rede"). Quando se tece, um ponto deve estar ligado a outro para formar a **trama**, o que significa que um ponto sozinho não forma um tecido. Da mesma forma que "Um galo sozinho não tece uma manhã: / ele precisará sempre de outros galos".

Assim também uma palavra precisará de outras na composição de um texto, que apenas raramente é constituído de uma única palavra. E, para se tecer um texto com mais de uma palavra, é preciso amarrar uma a outra, uma oração a outra, uma ideia a outra. Ou seja, o texto precisa ser coeso e coerente.

Leia a acepção das palavras a seguir, observe como mostram a relação entre *tecer* e *encadear*:

**textura** (ês). [Do lat. *textura*.]
*Substantivo feminino.*
**1.** Ato ou efeito de tecer.
**2.** Tecido, trama, contextura:
[...]
**3.** Caligr. Tip. Designação dada na Alemanha à letra de fôrma (q. v.).
**4.** Geol. Aspecto, em geral microscópico, da rocha, no qual se inclui a forma dos cristais e o modo por que se acham unidos.

**contextura** (ês). [Do lat. *contextus*, do v. lat. *contexere*, 'entrelaçar'; 'juntar', + -ura; fr. *contexture*.]
*Substantivo feminino.*
**1.** Ligação entre as partes de um todo; encadeamento, contexto.
**2.** Tecido, textura:
[...]

FERREIRA, Aurélio Buarque de Holanda. *Dicionário eletrônico Aurélio da língua portuguesa.* Versão 6.1. Curitiba: Positivo, 2009.

## 2 Coesão textual

"A coesão não nos revela a significação do texto; revela-nos a construção do texto enquanto edifício semântico.", afirmam os estudiosos M. Halliday e R. Hasan em livro sobre coesão.

Essa metáfora é muito feliz: um texto bem estruturado lembra um edifício sólido, bem arquitetado. Assim como as partes que compõem a estrutura de um edifício devem estar bem conectadas, as várias partes de uma frase também devem se apresentar bem "amarradas" para que o texto cumpra sua função primordial – ser um veículo de interação entre o produtor do texto e seu leitor.

**Coesão** é essa "amarração" entre as várias partes do texto. Na definição de Maria Thereza Fraga Rocco, "coesão é a união íntima entre as partes de um todo".

A sustentação do texto se dá na coesão em dois sentidos: o **gramatical** e o **semântico**. O primeiro visa à articulação dos elementos linguísticos, observando a estrutura e as regras das relações sintáticas possíveis e coerentes dentro de um texto; o segundo, à articulação de elementos linguísticos que fazem referência a um determinado campo semântico.

# Os principais mecanismos de coesão gramatical

Entre os vários mecanismos de coesão gramatical, destacamos a coesão frásica, a interfrásica e a temporal.

## Coesão frásica

A coesão frásica refere-se aos vários mecanismos responsáveis pela conexão entre elementos de um sintagma ou entre os sintagmas que formam uma oração: a ordem das palavras, a concordância, a dependência entre os circunstanciais, os determinantes e os modificadores e os núcleos sintagmáticos, como podemos ver nos capítulos da unidade 1 deste livro.

## Coesão interfrásica

A coesão interfrásica refere-se aos vários mecanismos responsáveis pela conexão entre as orações. Entre esses mecanismos, os fundamentais são a **coordenação** e a **subordinação**.

## Coesão temporal

A coesão temporal refere-se ao encadeamento temporal. Leia este poema e observe como as palavras destacadas ajudam a marcar a relação com o tempo.

Filipe Rocha/Arquivo da editora

### Impressionista

Adélia Prado

**Uma** ocasião,
meu pai pintou a casa toda
de alaranjado brilhante.
**Por muito tempo** moramos numa casa,
como ele mesmo dizia,
**constantemente** amanhecendo.

Disponível em: <www.jornaldepoesia.jor.br>. Acesso em: 24 jan. 2014.

Na coesão gramatical, merece especial atenção o papel desempenhado pelos pronomes, advérbios, conjunções e preposições.

- Os **pronomes pessoais** têm sua carga significativa plena apenas quando relacionados a um substantivo (já citado anteriormente ou que ainda será citado). Isso significa que um pronome nunca tem autonomia e, por se relacionar a outro termo, torna-se peça fundamental na arquitetura, na "amarração" de um texto. Por exemplo:

Meus amigos, meus irmãos, cortai **os lábios da mulher morena**

**Eles** são maduros e úmidos e inquietos

MORAES, Vinicius de. A volta da mulher morena. Disponível em: <www.viniciusdemoraes.com.br>. Acesso em: 30 abr. 2014.

Acima, o pronome *eles* refere-se a uma expressão antecedente: *os lábios da mulher morena*, referência anafórica.

**Vós**, **meus amigos** e **meus irmãos**, que guardais os meus cantos.

O pronome *vós* refere-se a termos que ainda serão citados: *meus amigos e meus irmãos*, referência catafórica.

que apanhe **o grito** que um galo antes e **o** lance a outro

O pronome *o* refere-se a um termo antecedente: *o grito*, referência anafórica.

- Os **pronomes possessivos** associam a ideia de posse às pessoas do discurso, relacionando a coisa possuída com a pessoa do possuidor. Por exemplo:

"Através do projeto, os professores podem usar o jornal de forma interdisciplinar. Eles pegam o **jornal** com **seus** diferentes temas e cadernos e aproximam o **aluno** da **sua** realidade. Com o acompanhamento do professor, os alunos podem estar atualizados e muito bem informados", afirma.

Disponível em: <www.jcnet.com.br>. Acesso em: 29 abr. 2014.

- Os **pronomes relativos**, além de retomarem um termo antecedente, via de regra introduzem uma oração subordinada e desempenham função sintática nessa oração. O incorreto emprego de pronomes relativos (que, o qual, cujo) pode desestruturar por completo um texto.

Abaixo, o pronome relativo *cujos* retoma o termo *República*, inserindo-o na oração adjetiva na função de adjunto adnominal (*princípios republicanos*).

A **República** é ainda uma jovem de quatorze anos, **cujos** princípios estão em plena fase de consolidação sob o governo de Rodrigues Alves, naquele ano de 1904.

*Jornal do Commercio de Manaus*. Disponível em: <www.jcam.com.br>. Acesso em: 29 abr. 2014.

- Os **pronomes demonstrativos** relacionam-se a uma pessoa do discurso, fazendo referência ao substantivo que preenche seu significado, e indicam a posição do ser designado pelo substantivo em relação ao que se declara dele.

Em campo, os jogadores retribuíram o interesse do público, da melhor maneira: balançando as redes. Foram 250 gols em 90 jogos, gerando uma média de 2,7. A torcida que mais vezes comemorou foi a do **Sport**. **Este** fez 40 gols, contra 38 do Náutico e 32 do Santa.

*Jornal do Commercio de Recife*. Disponível em: <www2.uol.com.br>. Acesso em: 29 abr. 2014.

- Os **pronomes indefinidos** são aqueles que se referem à terceira pessoa do discurso de modo impreciso, indeterminado, genérico:

que apanhe o grito que **um galo** antes

e o lance a **outro**

O pronome *outro* refere-se a um termo antecedente: *"um galo"*, referência anafórica.

**ATENÇÃO!**

No caso de palavras fóricas, isto é, de palavras que preenchem seu significado pela associação com um referente, como é o caso dos pronomes, o distanciamento entre essas palavras e seu referente (entre o pronome e seu referente, por exemplo) pode provocar ambiguidade ou, até mesmo, ruptura da sustentação coesiva.

- Os **conectivos** – conjunções e preposições – são responsáveis pela ligação de elementos linguísticos (palavras, frases, orações e períodos), podendo ou não carregar significado para as relações que estabelecem. As conjunções, assim como as preposições, não desempenham função sintática, o que ressalta seu papel de elementos conectores. Por exemplo:

**Sepe:** Sindicato Estadual dos Profissionais de Educação.

O Sepe também defende que o estado cumpra a lei federal, que determina a implantação **de** 1/3 **da** carga horária **dos** professores **para** planejamento. **Contudo**, o governo disse que já cumpre a determinação.

*O Dia*, 29 abr. 2014. Disponível em: <http://odia.ig.com.br>. Acesso em: 30 abr. 2014.

Acima, a conjunção *contudo* relaciona o período que introduz com a oração anterior, carregando noção de restrição.

As preposições estabelecem ligações entre as palavras do enunciado acima e transmitem noções de, por exemplo, finalidade (*para*). No enunciado também é empregada a preposição *de* compondo um complemento nominal ("implantação *de 1/3 da carga horária*") e dois adjuntos adnominais ("1/3 *da carga horária*" e "carga horária *dos professores*").

**ATENÇÃO!**

No caso dos conectivos, o emprego de conjunções e/ou preposições sem considerar as noções semânticas que essas palavras carregam pode acarretar problemas sérios de sentido, desde contradição até falta de sentido.

- Os **advérbios** dão coordenadas sobre a localização, no espaço e no tempo, dos elementos a que se referem e que podem ser indicados no contexto textual. Por exemplo:

## Onde ficar

O **parque** não hospeda turistas. Uma boa dica é a Fazenda Santa Amélia, [...] a menos de 30 km d**ali**.

Disponível em: <www.siteantigo.chapceu.com.br>. Acesso em: 29 abr. 2014.

- Os **ordenadores**, como "em resumo", "por um lado", "por outro lado", "daí", "então", "para começar", etc., encarregam-se da organização das informações no texto. Por exemplo:

Infelizmente, se **por um lado** *O exótico Hotel Marigold* merece créditos por enfocar o drama e a comédia da terceira idade, **por outro** não deixa de desapontar ao apostar num roteiro frágil cujos equívocos muitas vezes acabam sendo disfarçados simplesmente graças à qualidade de seu elenco formidável.

Disponível em: <www.cinemaemcena.com.br>. Acesso em: 29 abr. 2014.

- A **omissão em função** do estilo consiste no ocultamento de um termo da oração facilmente identificável, quer por elementos gramaticais presentes na própria oração, quer pelo contexto. Tal omissão deliberada é chamada de **elipse** (do grego *élleipsis*, "omissão"). Um caso especial dessa figura de construção é o **zeugma** (do grego *zeûgma*, "junção"), que consiste na omissão de um termo já mencionado. Leia os poemas reproduzidos na página seguinte.

## Poema perto do fim

Thiago de Mello

A morte é indolor.
O que dói nela é o nada
que a vida faz do amor.
Sopro a flauta encantada
e não dá nenhum som.
Levo uma pena leve
de não ter sido bom.
E no coração, neve.

MELLO, Thiago de. *Faz escuro mas eu canto*. 4. ed. Rio de Janeiro: Civilização Brasileira, 1978. p. 65.

Filipe Rocha/Arquivo da editora

Construções elípticas no poema:
- o sujeito, no caso um pronome de primeira pessoa – *eu* –, das formas verbais *sopro* (quarto verso) e *levo* (sexto verso) – elipse;
- o sujeito – "a flauta" – da forma verbal *dá* (quinto verso) – zeugma;
- a forma verbal *levo* no último verso – "E no coração, [levo] neve." – mais um caso de zeugma.

## A mão de obra

José Paulo Paes

São bons de porte e finos de feição
E logo sabem o que se lhes ensina,
Mas têm o grave defeito de ser livres.

PAES, José Paulo. *Um por todos*: poesia reunida. São Paulo: Brasiliense, 1986. p. 150.

Construção elíptica no poema:
- o sujeito, no caso um pronome de terceira pessoa – *eles* –, das formas verbais *são*, *sabem* e *têm* – elipse.
  Como o poema pertence a um conjunto intitulado "Novas cartas chilenas", que faz uma revisão cronológica da História do Brasil e da conquista portuguesa, é possível identificar o referente dessa terceira pessoa: os índios brasileiros.

## Envelhecer

Mário Quintana

Antes, todos os caminhos iam.
Agora todos os caminhos vêm.
A casa é acolhedora, os livros poucos.
E eu mesmo preparo o chá para os fantasmas.

QUINTANA, Mário. *Poesias*. Porto Alegre: Globo, 1977. p. 76.

Construção elíptica no poema:
- forma verbal *são*, no 3º verso: "os livros [são] poucos" — zeugma.

- A **substituição em função da concisão** evita a redundância na exposição das ideias, retomando uma palavra, frase ou período com o emprego de termos como **assim**, **o mesmo, também**, etc.:

**Contrato de Ronaldinho é o mesmo de 2013, diz dirigente atleticano**

"é o mesmo [contrato] de 2013"

Disponível em: <http://esportes.terra.com.br>. Acesso em: 24 jan. 2014.

# Os principais mecanismos da coesão lexical

Entre os vários mecanismos de coesão lexical, destacamos a repetição e a substituição.

## Repetição (ou reiteração)

A **repetição lexical** consiste na reiteração de um termo ou termos de uma mesma família lexical. Por exemplo:

> **Ecologia** – Não existe crime contra a ecologia, apenas contra a natureza ou o **ambiente**. O termo, originado das palavras gregas *oîkos* (casa) e *lógos* (estudo), designa apenas o ramo da Biologia que estuda relações entre seres vivos e seu **ambiente**. **Ecologia** – uma ciência – e **ambientalismo** – um movimento – não são sinônimos. É errado referir-se ao **ambientalista** Chico Mendes, por exemplo, como **ecologista**.
>
> *Folha de S.Paulo*. Disponível em: <www1.folha.uol.com.br>. Acesso em: 29 abr. 2014.

## Substituição

Dos mecanismos de coesão ligados à substituição, comentamos a sinonímia, a hiperonímia, a hiponímia e o campo semântico.

- A **sinonímia** baseia-se na substituição de um termo por outro ou por uma expressão que tenha equivalência de significado. Por exemplo:

### Espaçonave particular sobe mais de 64 km e bate recorde

David Whitehouse (da BBC)

Uma **nave espacial** particular atingiu uma altitude de mais de 64 km em um teste realizado nesta quinta-feira (13) no estado norte-americano da Califórnia.

A **aeronave**, chamada SpaceShipOne, foi projetada com o objetivo de levar um prêmio de US$ 10 milhões que está sendo oferecido à primeira empresa privada que levar um veículo ao espaço.

Para conquistar o prêmio, no entanto, o **veículo espacial** precisa alcançar a altitude de 100 km duas vezes em um período de três semanas.

A expectativa é que a **SpaceShipOne**, construída pelo pioneiro do setor aeroespacial Burt Rutan, chegue a essa altitude já no mês que vem.

*Folha de S.Paulo*. Disponível em: <www1.folha.uol.com.br>. Acesso em: 29 abr. 2014.

- A **hiperonímia** e a **hiponímia** são dois polos de uma mesma relação. A hiperonímia baseia-se no hiperônimo, isto é, uma palavra que designa toda uma classe ou todo um conjunto; a hiponímia, no hipônimo, ou seja, palavra que designa um elemento que pertence a uma classe ou um conjunto. Por exemplo:

### Orquestra de sopros Planeta Jah

A *big band* aposta em **instrumentos** de sopro (trompetes, trombones e saxofones) para reler menu diverso, do óbvio Bob Marley ao jazzista Herbie Hancock.

Disponível em: <http://guia.folha.uol.com.br>. Acesso em: 29 abr. 2014.

Observe que o hiperônimo *instrumentos* engloba o hipônimo "de sopro". E que, por sua vez, "de sopro" é hiperônimo dos hipônimos "trompetes, trombones e saxofones".

- O **campo semântico** baseia-se no emprego de termos que pertencem a um repertório associado a uma realidade, ciência, estudo, isto é, termos que designam seres afins, relacionados. Leia um exemplo na página seguinte.

Se perguntarem qual a **carreira** mais disputada no **vestibular** da UFRJ dá para responder sem pensar: medicina (com 33 **candidatos** por **vaga**). Mas você sabe qual é a menos procurada? Oboé, com apenas um inscrito para as seis **vagas** oferecidas. Na UFF, o **curso** de letras português-francês está na lanterna, com 2,13 **candidatos** por **vaga**. No pé das listas das duas **universidades** ainda há outros **cursos** de música, letras, licenciaturas e até engenharia. Alguns **estudantes** admitem que optam por **carreiras** menos concorridas para facilitar a entrada na **faculdade**. Quem já faz o **curso** adverte: passar pode ser fácil, mas chegar ao último período, às vezes, é muito difícil.

*O Globo*, Rio de Janeiro, 28 out. 2003. Megazine.

No texto acima, por exemplo, são empregados termos que fazem parte do repertório lexical de um vestibulando.

## 3 Coerência textual

Coerência textual

Leia este fragmento:

Pela manhã recebi uma carta repleta de conselhos. Era uma carta em branco e não liguei para os conselhos já que conselhos não interessam para mim pois sei cuidar de minha vida.

Provavelmente a leitura desse trecho causou estranheza, uma vez que existe nele uma contradição: como uma carta em branco pode ser repleta de conselhos? Entretanto, do ponto de vista sintático, o texto apresenta-se coeso. Repare que somente a coesão não é suficiente para produzir um texto coerente.

Um bom texto sustenta-se pela articulação das estruturas gramaticais e semânticas. Como vimos, a coesão refere-se à articulação das sequências textuais. A coerência diz respeito ao estabelecimento de um sentido lógico para o texto: refere-se à possibilidade de interpretá-lo em um determinado contexto de comunicação. Leia o trecho extraído do romance *Vidas secas*, de Graciliano Ramos, em que há uma sequência temporal lógica:

Arrastou-se para junto da família, tirou do bolso o cachimbo de barro, atochou-o, acendeu-o, largou algumas baforadas longas de satisfação.

RAMOS, Graciliano. *Vidas secas*. 45. ed. Rio de Janeiro: Record, 1980.

Ulhôa Cintra/Arquivo da editora

Evidentemente, o ato de tirar o cachimbo do bolso antecede necessariamente o ato de acendê-lo. Antes disso também não é possível tirar baforadas dele.

Mais uma vez, destacamos que a ausência de conectivos não implica, necessariamente, falta de coesão e de coerência. Entretanto, a falta de amarração lógica entre as ideias pode acabar com um texto: uma contradição entre os argumentos apresentados em um texto dissertativo destrói qualquer tentativa de desenvolvimento lógico de uma tese; a alteração da ordem de orações coordenadas que apresentam uma sequência temporal em um texto narrativo o torna incoerente.

# Atividades

1. É possível encontrar coerência textual mesmo quando aparentemente não há elementos coesivos. Por exemplo, isso acontece em alguns contos de Ricardo Ramos (1929-1992). Leia, a seguir, uma dessas histórias:

### Circuito fechado (1)

Chinelos, vaso, descarga. Pia, sabonete. Água. Escova, creme dental, água, espuma, creme de barbear, pincel, espuma, gilete, água, cortina, sabonete, água fria, água quente, toalha. Creme para cabelo, pente. Cueca, camisa, abotoaduras, calça, meias, sapatos, telefone, agenda, copo com lápis, caneta, blocos de notas, espátula, pastas, caixa de entrada, de saída, vaso com plantas, quadros, papéis, cigarro, fósforo. Bandeja, xícara pequena. Cigarro e fósforo. Papéis, telefone, relatórios, cartas, notas, vales, cheques, memorandos, bilhetes, telefone, papéis. Relógio. Mesa, cavalete, cinzeiros, cadeiras, esboços de anúncios, fotos, cigarro, fósforo, bloco de papel, caneta, projetos de filmes, xícara, cartaz, lápis, cigarro, fósforo, quadro-negro, giz, papel. Mictório, pia, água. Táxi. Mesa, toalha, cadeiras, copos, pratos, talheres, garrafa, guardanapo. Xícara. Maço de cigarros, caixa de fósforos. Escova de dentes, pasta, água. Mesa e poltrona, papéis, telefone, revista, copo de papel, cigarro, fósforo, telefone interno, gravata, paletó. Carteira, níqueis, documentos, caneta, chaves, lenço, relógio, maço de cigarros, caixa de fósforos. Jornal. Mesa, cadeiras, xícara e pires, prato, bule, talheres, guardanapos. Quadros. Pasta, carro. Cigarro, fósforo. Mesa e poltrona, cadeira, cinzeiro, papéis, externo, papéis, prova de anúncio, caneta e papel, relógio, papel, pasta, cigarro, fósforo, papel e caneta, telefone, caneta e papel, telefone, papéis, folheto, xícara, jornal, cigarro, fósforo, papel e caneta. Carro. Maço de cigarros, caixa de fósforos. Paletó, gravata. Poltrona, copo, revista. Quadros. Mesa, cadeiras, pratos, talheres, copos, guardanapos. Xícaras, cigarro e fósforo. Poltrona, livro. Cigarro e fósforo. Televisor, poltrona. Cigarro e fósforo. Abotoaduras, camisa, sapatos, meias, calça, cueca, pijama, espuma, água. Chinelos. Coberta, cama, travesseiro.

RAMOS, Ricardo. Circuito fechado (1). In: LADEIRA, Julieta de Godoy (Org.). *Contos brasileiros contemporâneos*. São Paulo: Moderna, 1991. p. 89.

Selecione uma passagem do texto de Ricardo Ramos e reescreva-a, desenvolvendo as ideias e articulando-as de modo lógico, com elementos coesivos adequados.

2. Leia a seguinte passagem do livro *Comunicação em prosa moderna*, do professor Othon Garcia.

> Na **subordinação**, não há paralelismo, mas desigualdade de funções e de valores sintáticos. É um processo de hierarquização, em que o enlace entre as orações é muito mais estreito do que na **coordenação**. Nesta, as orações se dizem sintática, mas nem sempre semanticamente, independentes; naquela, as orações são sempre dependentes de outra, quer quanto ao sentido, quer quanto ao travamento sintático.

GARCIA, Othon. *Comunicação em prosa moderna*. São Paulo: FGV, 2010.

Comente os mecanismos coesivos gramaticais presentes nesse trecho.

**Texto para as questões de 3 a 7.**

### As virtudes (e vícios) do estilo

A expressividade resulta de uma soma de procedimentos que atestam o domínio, embora às vezes intuitivo, das leis da organização e funcionamento do sistema linguístico. Não se trata, pois, de um desvio gratuito e inconsequente das regras gramaticais. Em geral, quem se afasta de uma determinada norma com intuito expressivo assim procede porque a conhece bem e usa o desvio como uma possibilidade de escolha. Em outra situação, a mesma regra que foi infringida é aceita e cumprida sem nenhum problema.

Um bom desempenho linguístico é, portanto, o alicerce do estilo de quem se expressa bem. Trata-se de uma das mais relevantes qualidades, de que decorrem quase todas as demais. Naturalmente, virtudes ou defeitos são valores subjetivos e relativos. [...] O gosto pessoal tem sua parcela de influência e, por isso, todo julgamento de valor deve ser visto com alguma cautela, mais do que nunca respeitando os fatores contextuais.

Não pretendemos discutir os critérios para a determinação do que deve ser considerado correto ou incorreto em linguagem. Todavia, é preciso não confundir a correção com a pura gramatiquice. O bom senso está acima de tudo e, por isso, rejeita para o moderno português construções fossilizadas que, apesar de haverem sido empregadas por grandes vernaculistas do passado, hoje parecem extemporâneas e desusadas. A língua está em função da cultura e assim evolui constantemente. As normas gramaticais é que infelizmente não acompanham o ritmo das mudanças do idioma.

A despeito dessas observações, há um padrão linguístico a ser observado. Se alguém deseja escrever, deve seguir essa norma, a mesma de que se utilizam os bons autores. Existem regras de organização frasal que precisam ser respeitadas, para que o texto possa ser considerado correto. Em linhas gerais, são regras de concordância, de regência ou de colocação.

MONTEIRO, José Lemos. *A estilística*. São Paulo: Ática, 1991. p. 161.

3. O título do texto cria certas expectativas no leitor, que deve ter em mente uma definição própria de **estilo**. O que ocorre após a leitura do primeiro parágrafo?

4. Como o segundo parágrafo se relaciona com o primeiro?

5. No terceiro parágrafo se estabelece uma distinção entre correção gramatical e gramatiquice. Essa discussão é pertinente, considerando-se o todo do texto?

6. Se o último parágrafo não fosse introduzido pela expressão "a despeito dessas observações", haveria coerência no texto? E coesão? Explique.

7. A partir de sua leitura, escreva um parágrafo sobre a conhecida afirmação de que, em momentos de criação, para que regras sejam quebradas, é preciso conhecê-las.

**Texto para a questão 8.**

## Um homem célebre

Machado de Assis

— AH! o SENHOR é que é o Pestana? perguntou Sinhazinha Mota, fazendo um largo gesto admirativo. E logo depois, corrigindo a familiaridade: — Desculpe meu modo, mas... é mesmo o senhor?

Vexado, aborrecido, Pestana respondeu que sim, que era ele. Vinha do piano, enxugando a testa com o lenço, e ia a chegar à janela, quando a moça o fez parar. Não era baile; apenas um sarau íntimo, pouca gente, vinte pessoas ao todo, que tinham ido jantar com a viúva Camargo. [...] Boa e patusca viúva! Amava o riso e a folga, apesar dos sessenta anos em que entrava, e foi a última vez que folgou e riu, pois faleceu nos primeiros dias de 1876.

Boa e patusca viúva! Com que alma e diligência arranjou ali umas danças, logo depois do jantar, pedindo ao Pestana que tocasse uma quadrilha! [...] Finda a quadrilha, mal teriam descansado uns dez minutos, a viúva correu novamente ao Pestana para um obséquio mui particular.

— Diga, minha senhora.

— É que nos toque agora aquela sua polca Não Bula Comigo, Nhonhô.

Pestana fez uma careta, mas dissimulou depressa, inclinou-se calado, sem gentileza, e foi para o piano, sem entusiasmo. Ouvidos os primeiros compassos, derramou-se pela sala uma alegria nova, os cavalheiros correram às damas, e os pares entraram a saracotear a polca da moda. Da moda, tinha sido publicada vinte dias antes, e já não havia recanto da cidade em que não fosse conhecida. Ia chegando à consagração do assobio e da cantarola noturna.

Sinhazinha Mota estava longe de supor que aquele Pestana que ela vira à mesa de jantar e depois ao piano, metido numa sobrecasaca cor de rapé, cabelo negro, longo e cacheado, olhos cuidosos, queixo rapado, era o mesmo Pestana compositor; foi uma amiga que lho disse quando o viu vir do piano, acabada a polca. Daí a pergunta admirativa. Vimos que ele respondeu aborrecido e vexado. Nem assim as duas moças lhe pouparam finezas, tais e tantas, que a mais modesta vaidade se contentaria de as ouvir; ele recebeu-as cada vez mais enfadado, até que, alegando dor de cabeça, pediu licença para sair. Nem elas, nem a dona da casa, ninguém logrou retê-lo. Ofereceram-lhe remédios caseiros, algum repouso, não aceitou nada, teimou em sair e saiu.

[...] Em casa, respirou. Casa velha. Escada velha. [...]

Despiu-se, enfiou uma camisola, e foi para a sala dos fundos. [...] Pestana sorriu e, dentro d'alma, cumprimentou uns dez retratos que pendiam da parede. [...]

Os demais retratos eram de compositores clássicos, Cimarosa, Mozart, Beethoven, Gluck, Bach, Schumann, [...] postos ali como santos de uma igreja. O piano era o altar; o evangelho da noite lá estava aberto: era uma sonata de Beethoven.

Veio o café; Pestana engoliu a primeira xícara, e sentou-se ao piano. Olhou para o retrato de Beethoven, e começou a executar a sonata, sem saber de si, desvairado ou absorto, mas com grande perfeição. Repetiu a peça, depois parou alguns instantes, levantou-se e foi a uma das janelas. Tornou ao piano; era a vez de Mozart, pegou de um trecho, e executou-o do mesmo modo, com a alma alhures. Haydn levou-o à meia-noite e à segunda xícara de café. [...]

MACHADO DE ASSIS. Um homem célebre.
Disponível em: <www.dominiopublico.gov.br>.
Acesso em: 11 jul. 2014.

8. O texto acima é o início do conto "Um homem célebre", do escritor Machado de Assis (1839-1908). Vamos analisar o campo semântico desse trecho e construir hipóteses sobre o conto e seu personagem principal, Pestana, um compositor. Ao percebermos que ele é compositor, já supomos que o vocabulário do texto vai girar em torno da música. Entretanto, esse campo semântico mostra também a complexidade desse homem. Siga estas orientações:

a) Pestana, um compositor, experimenta dois universos distintos da música nesse trecho. Quais? Justifique sua resposta usando termos do fragmento do conto.

b) O campo semântico também nos ajuda a perceber que Pestana é famoso. Por exemplo, o título do conto, "Um homem célebre", já revela isso. Que outras palavras empregadas no fragmento confirmam essa hipótese inicial?

c) Também é possível perceber, nesse trecho, os sentimentos de Pestana em relação à fama que tem. Quais são eles? Identifique o vocabulário que o narrador usa para nos mostrar isso.

## Mãos à obra

Neste capítulo, discutimos mecanismos de coesão e coerência textuais; para colocar em prática o que acabamos de estudar, vamos retomar algumas estratégias de construção de um texto e, em seguida, passaremos à proposta de produção.

### O que é o Brasil?

[...] afinal de contas, o que é isso que chamamos de BRASIL?

Mas como é que eu sei o que sou? Como se constrói uma identidade social? Como um aglomerado de gente se transforma num Brasil?

Filipe Rocha/Arquivo da editora

A pergunta é muito importante. É que no meio de uma multidão de experiências dadas a todos os homens e sociedades, algumas necessárias à própria sobrevivência – como comer e dormir –, cada sociedade (e cada ser humano) apenas se utiliza de um número limitado de vivências para construir-se como algo singular, maravilhoso e "legal".

Sei, então, que sou brasileiro e não americano, por exemplo, porque gosto de comer feijoada e não hambúrguer; porque sou muito desconfiado de tudo o que vem do governo; porque vivo no Rio de Janeiro e não em Nova York; porque falo português e não inglês; porque, ouvindo música popular, distingo imediatamente um frevo de um samba; porque para mim futebol é praticado com os pés e não com as mãos; porque vou à praia para conversar com os amigos, ver as mulheres e tomar sol, jamais para praticar um esporte; porque no carnaval trago à tona minhas fantasias; porque diante de um pesado *não pode* burocrático posso dar um "jeitinho"; porque entendo que ficar, malandramente, "em cima do muro" é algo necessário e prático no caso do meu sistema; porque acredito em santos católicos e também nos orixás africanos e não tenho uma posição religiosa exclusiva e rígida; porque sei que existe destino e, no entanto, tenho fé no estudo, na instrução e no futuro do Brasil; porque sou leal a meus amigos e nada posso negar a minha família; porque, finalmente, sei que tenho relações pessoais que não me deixam caminhar sozinho neste mundo, como acontece com os meus amigos americanos, que sempre se veem como indivíduos!

Esses traços formam uma sequência que diz quem sou, em contraste com o que seria um americano, aqui definido pelas ausências e negativas que a mesma lista comporta. A construção de uma identidade (seja ela pessoal ou social) é feita de afirmativas e de negativas diante de certas questões. Se você descobrir como as pessoas se posicionam em face de uma lista de coisas importantes, você fará um inventário de identidades sociais e de sociedades, o que lhe permitirá descobrir o estilo e o "jeito" de cada sistema. Ou, como se diz em linguagem antropológica, a cultura daquele grupo.

DAMATTA, Roberto. *O que é o Brasil?* Rio de Janeiro: Rocco, 2003. p. 8-10.

Você leu um texto dissertativo, trecho de um livro que busca explicar de forma didática o que é ser brasileiro e como se constitui um país. Deve ter percebido que o autor emprega uma linguagem bastante acessível e cita exemplos de fácil entendimento por estarem ligados a nossa vivência diária.

Para introduzir o assunto, o autor faz, inicialmente, algumas perguntas e considerações sobre elas (três primeiros parágrafos). Depois, responde a essas perguntas com fatos concretos, citando características dos brasileiros. Observe a repetição da conjunção *porque* (quarto parágrafo) nas respostas. Em seguida, no último parágrafo, elabora sua conclusão a partir desses "porquês". Com a expressão "esses traços", o autor retoma tudo que foi declarado sobre os brasileiros, alegando que as "negativas" para a mesma lista caracterizariam um americano. Finalmente, explica como se definem a identidade e a cultura de um povo. Essa explicação responde de modo inequívoco às perguntas feitas inicialmente no texto.

## Gênero textual: texto dissertativo

Circulando na maioria das vezes em esferas escolares, acadêmicas ou científicas, um texto dissertativo tem por objetivo explicar um assunto, desenvolver um tema ou expor ideias sobre as quais há um posicionamento de quem escreve. Convencionalmente, apresenta uma estrutura que se configura a partir de uma introdução ao assunto, na qual está implícita a tese a ser fundamentada; de um desenvolvimento, em que situações são descritas, fatos são explicados, dados são citados, exemplos são mostrados em um encadeamento lógico; e de uma sintética conclusão, coerente ao que foi apresentado anteriormente, de maneira que a tese inicial seja suficientemente comprovada.

## Atividade individual

Há várias maneiras de se começar um texto dissertativo: pode-se fazer uma afirmação, uma citação ou ainda pode-se lançar uma interrogação. Esta última é uma estratégia interessante porque já desperta no leitor, além da curiosidade, o desejo de responder à pergunta: ele segue a leitura em busca da resposta de quem escreve, contrapondo-a simultaneamente à elaboração mental de sua própria resposta. Assim se dá uma interlocução.

Arieliona/Shutterstock/Glow Images

- Propomos que você desenvolva um texto dissertativo a partir de uma interrogação. Crie você mesmo a questão à qual gostaria de responder ou escolha uma destas sugestões, sempre considerando a realidade brasileira da atualidade.

**Exemplos:** o que é ser um: vestibulando? E um torcedor fanático? Atleta? Ciclista? Voluntário? Usuário de transporte público? *Motoboy*? Músico? Rebelde? Líder? Baladeiro? Adolescente? Consumidor? Consumista?

No desenvolvimento, você poderá estabelecer comparações, contrastes ou ainda algumas relações como motivos/consequência; fatos/desdobramentos dos fatos, etc. Garanta as devidas conexões entre os períodos ou parágrafos empregando pronomes que retomem termos citados anteriormente e conectivos que estabeleçam as relações que pretende mostrar (conjunções adversativas, explicativas, comparativas, causais, consecutivas, finais, por exemplo), além dos ordenadores ("inicialmente", "por um lado", "por outro lado"). Podem ser citados, ainda, provérbios, frases famosas ou frases de autoridades que corroborem os elementos já citados. O importante é responder à questão inicial de forma coesa e coerente. Não se esqueça, ainda, de retomar a questão inicial ao elaborar sua conclusão para encerrar o texto de forma satisfatória.

Dado muito importante: seu texto destina-se a alunos das séries finais do Ensino Fundamental.

### Dicas para escrever o texto dissertativo

- Considerando seu leitor em potencial, redija o texto em linguagem simples, sem termos complexos ou muito específicos.
- Pense em fatos comprovados pelo senso comum para citar na exemplificação. Se possível, dê um tratamento humorístico a seu texto, buscando amenizar situações constrangedoras.
- Cuide do encadeamento das ideias utilizando organizadores textuais adequados. Consulte, nesta obra, as características das sequências explicativas no capítulo 3 desta unidade.
- Releia seu texto atentamente, observando se obedece ao padrão normativo da língua.
- Combine com o professor uma maneira de fazer seu texto chegar às mãos desses alunos. Além de fazerem a leitura, eles deverão escrever comentários sobre os textos de vocês, tendo em vista a coerência na sequência dos elementos do desenvolvimento e a coerência entre as partes. Poderão, também, fazer um comentário pessoal sobre a natureza das afirmações e sobre seu posicionamento diante do assunto.

# Vestibulares de Norte a Sul

**Texto para a questão 1.**

## Às ganhas e às brincas*: dois modos de viver o esporte

Em linhas gerais, duas manifestações do esporte são predominantes na sociedade atual, particularmente entre os adultos: esporte de rendimento e esporte de participação. Ambas têm coisas em comum: comparam desempenhos entre indivíduos ou grupos (adversários) e possuem um conjunto de regras institucionalizadas por organizações esportivas (associações, federações e confederações), que definem as normas de disputa e promovem o desenvolvimento da modalidade. Porém, os sentidos dados a essas práticas são bastante diferentes.

No esporte de rendimento, a principal preocupação é o resultado da competição e, para se sair bem dentro dessa lógica, é preciso se dedicar intensamente para conseguir melhorar cada vez mais o desempenho individual e/ou coletivo. Tal dedicação, muitas vezes exclusiva, pode levar a diferentes níveis de profissionalização (atletas, comissão técnica, dirigentes). Hoje, e de forma cada vez mais intensa, o esporte de rendimento se confunde com o esporte espetáculo. Tal confusão se deve especialmente à participação direta da mídia, que tem encontrado nessa prática social um conteúdo adequado para atrair audiência e, sobretudo, empresas dispostas a pagar para divulgar seus produtos e marcas nos programas que tratam do assunto. Por sua vez, as instituições esportivas têm buscado adequar suas respectivas modalidades ao padrão televisivo e atrair mais espectadores, sempre de olho no maior espaço possível na mídia e, consequentemente, no aumento do número de patrocinadores.

Já o esporte de participação pode ser caracterizado como uma prática realizada no tempo livre das pessoas, de forma organizada ou improvisada, sem nenhum tipo de retorno econômico pelo desempenho alcançado em lugares adequadamente equipados ou não.

* *Tempos atrás, em algumas partes do Rio Grande do Sul, quando um grupo de guris resolvia jogar bolitas «às brincas», tinha-se certeza de que cada um deles, independentemente do resultado final, voltaria para casa com todas as suas bolitas no bolso. Entretanto, quando a gurizada resolvia jogar "às ganhas", uns voltavam para casa com mais bolitas do que outros (alguns chegavam a voltar sem nenhuma), isso porque, em disputas desse tipo, as bolitas do adversário eram definidas, em comum acordo, como o prêmio a ser conquistado pelo ganhador da partida. Por isso, antes de começar a jogar bolitas, geralmente, alguém perguntava: é "às ganhas" ou "às brincas"?*

Lições do Rio Grande. Caderno do Aluno – Primeiro Ano do Ensino Médio, p. 73 e 77. (adaptado)

**1.** S (UFSM-RS) Assinale verdadeiro (V) ou falso (F) em cada afirmativa.

( ) A lógica do esporte de rendimento pode ser associada coerentemente a um jogo "às ganhas".

( ) Com a leitura do segundo parágrafo, percebe-se que o esporte espetáculo (ref. 1) está próximo da lógica de se jogar "às brincas".

( ) Pela nota explicativa, conclui-se que as expressões "às ganhas" e "às brincas" são regionalismos.

( ) As sequências *Tal dedicação* (ref. 2) e *Tal confusão* (ref. 3) são exemplos de que substantivos, ao retomar verbos da frase anterior, auxiliam na coesão textual.

A sequência correta é

a) V – F – V – F.
b) F – V – F – F.
c) V – F – V – V.
d) F – V – F – V.
e) V – V – V – F.

**Texto para a questão 2.**

Era o que ele estudava. "A estrutura, quer dizer, a estrutura" – ele repetia e abria as mãos branquíssimas ao esboçar o gesto redondo. Eu ficava olhando seu gesto impreciso porque uma bolha de sabão é mesmo imprecisa, nem sólida nem líquida, nem realidade nem sonho. Película e oco. "A estrutura da bolha de sabão, compreende?" Não compreendia. Não tinha importância. Importante era o quintal da minha meninice com seus verdes canudos de mamoeiro, quando cortava os mais tenros que sopravam as bolas maiores, mais perfeitas.

Lygia Fagundes Telles. *A estrutura da bolha de sabão*, 1973.

**2.** SE (Fuvest-SP)

A "estrutura" da bolha de sabão é consequência das propriedades físicas e químicas dos seus componentes.

As cores observadas nas bolhas resultam da interferência que ocorre entre os raios luminosos refletidos em suas superfícies interna e externa.

Considere as afirmações abaixo sobre o início do conto de Lygia Fagundes Telles e sobre a bolha de sabão:

I. O excerto recorre, logo em suas primeiras linhas, a um procedimento de coesão textual em que pronomes pessoais são utilizados antes da apresentação de seus referentes, gerando expectativa na leitura.

II. Os principais fatores que permitem a existência da bolha são a força de tensão superficial do líquido e a presença do sabão, que reage com as impurezas da água, formando a sua película visível.

III. A ótica geométrica pode explicar o aparecimento de cores na bolha de sabão, já que esse fenômeno não é consequência da natureza ondulatória da luz.

Está correto apenas o que se afirma em

a) I.
b) I e II.
c) I e III.
d) II e III.
e) III.

# A reprodução das falas

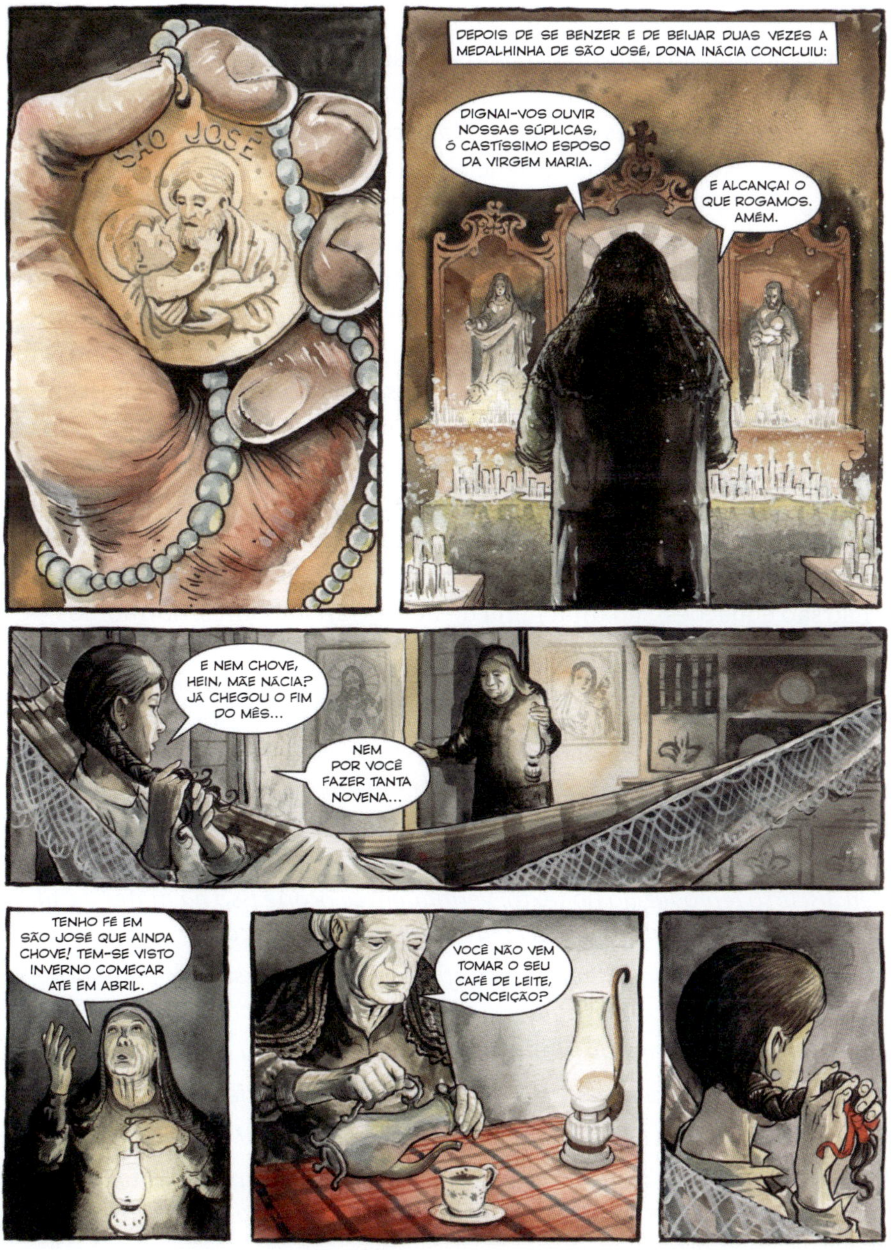


Shiko/Arquivo da editora

Página 6 de *O Quinze*, adaptação do romance homônimo de Rachel de Queiroz para o universo da história em quadrinhos feita por Shiko, em publicação da editora Ática, 2012.

A matéria jornalística a seguir apresenta informações e comentários coletados e organizados em um texto pela jornalista Jeanne Callegari. Por esse texto, qual parece ser a opinião da jornalista (ou do enunciador) a respeito do amor? Mas será que, ao ler esse artigo, o leitor é informado apenas do que Jeanne Callegari pensa sobre esse assunto ou há outras opiniões, outras vozes que podemos identificar? Com os colegas e o professor, converse sobre esse texto discutindo as vozes que identificamos em uma matéria jornalística como essa, polifônica (que reproduz várias vozes). Durante a conversa, levem em conta as questões propostas nesta página.

## Amor – O início

*Você perde o sono, a fome, sobe às nuvens e sente a vida virar de ponta-cabeça. Mas o que, afinal, faz com que uma pessoa se apaixone por outra?*

por Jeanne Callegari

"Quer viver um grande amor? Pergunte-me como." Parece uma promessa de charlatão – afinal, não existe nada mais imprevisível que a paixão, certo? Milhões de palavras foram gastas, ao longo dos séculos, para descrever os mistérios dela. Do matemático Blaise Pascal ("o coração tem razões que a própria razão desconhece") ao físico Albert Einstein ("como a ciência poderia explicar um fenômeno tão importante como o amor?"), todas as maiores mentes da humanidade se declararam impotentes frente aos mistérios e caprichos da paixão. Elas estavam erradas. A ciência está começando a descobrir que existe, sim, lógica no amor. E, quem sabe, até uma fórmula. Matemáticos da Universidade de Genebra estudaram 1 074 casamentos, analisando diversas características dos cônjuges, e chegaram a uma fórmula do que seria o par ideal – com maior taxa de felicidade e menor risco de separação. A mulher deve ser 5 anos mais jovem e 27% mais inteligente do que o homem (o ideal é que ela tenha um diploma universitário, e ele não). E é preciso experimentar bastante antes de decidir: uma análise feita pelos estatísticos John Gilbert e Frederick Mosteller, da Universidade Harvard, apontou que, se você se relacionar com 100 pessoas durante a vida, suas chances de encontrar o par ideal só chegam ao auge na 38ª relação. Faça tudo isso e você será premiado com 57% mais chance de ser feliz. Mas, se você achou essas condições meio sem sentido, ou no mínimo difíceis de seguir, acertou. As conclusões são puramente estatísticas, ou seja, projetam um cenário ideal e não levam em conta as decisões que as pessoas realmente tomam: praticamente todos os casais estudados pelos cientistas suíços (para ser mais exato, 99,81%) não viviam seguindo à risca a fórmula. Afinal, as pessoas não são equações. São uma pilha de neurotransmissores, hormônios – e experiências.

[...]

Revista *Superinteressante*. São Paulo: Abril, maio 2010.
Disponível em: <http://super.abril.com.br>. Acesso em: 2 maio 2014.

- *O texto inicia-se com um trecho entre aspas: "Quer viver um grande amor? Pergunte-me como". Muitas vezes, a transcrição da fala ou da escrita de alguém costuma ser indicada entre aspas. É o caso? Explique.*
- *Outra possibilidade para mostrar várias vozes em um texto é indicar os nomes de pessoas e/ou instituições que têm seu discurso reproduzido no texto. Verifiquem se ocorre isso na matéria e identifiquem, se houver, comentários ou opiniões atribuídos a essas pessoas ou instituições.*
- *O que cada um dos pensadores citados diretamente afirmam? Que recurso(s) de pontuação ajudou(aram) vocês a identificar essas afirmativas? E de que modo a jornalista interpreta e generaliza essas ideias?*
- *A matéria cita duas pesquisas. De que instituições? Como se sintetiza a conclusão dessas pesquisas?*
- *A jornalista mostra sua opinião sobre essas pesquisas ao ironizar as orientações formuladas por elas.*
  - *De que maneira ela justifica sua dúvida a respeito dessas conclusões?*
  - *A ironia está presente no texto desde o início, uma vez que se compara a intenção das pesquisas e certo gênero textual. Um dos recursos que se emprega para isso é o uso do imperativo. Qual é esse gênero? Explique a comparação.*

# 1 Um texto, várias vozes

Um texto é expressão de um locutor, o "dono da voz". Esse locutor, entretanto, pode abrir espaço para outras vozes, às vezes de maneira clara e explícita (citações diretas e marcadas), às vezes de maneira implícita, não marcada por sinais de pontuação nem por verbos que introduzem a fala de um "outro".

No texto jornalístico da atividade inicial deste capítulo, há uma locutora – a jornalista que assina a matéria –, "dona da voz" e responsável pela organização do texto. É ela que abre espaço para os "outros" falarem, seleciona quem vai falar e o que vai ser reproduzido dessa fala e como será essa reprodução (com ironia ou não, por exemplo). Observe:

| Passagens da matéria | As vozes que se observam |
|---|---|
| "A ciência está começando a descobrir que existe, sim, lógica no amor." | Nesse enunciado, há a voz do **locutor principal**, o enunciador, o "dono da voz" (a autora do texto). |
| "Do matemático Blaise Pascal ("o coração tem razões que a própria razão desconhece") ao físico Albert Einstein ("como a ciência poderia explicar um fenômeno tão importante como o amor?"), todas as maiores mentes da humanidade se declararam impotentes frente aos mistérios e caprichos da paixão." | Aqui, há um **locutor introduzido por citação direta**, ou seja, a reprodução literal de uma fala, com o locutor principal abrindo espaço para a voz do "outro", marcada pelo uso de aspas ("") e pelo emprego da forma verbal *declararam* (no caso, "todas as maiores mentes da humanidade", como Blaise Pascal e Albert Einstein, citados no texto). |
| "Matemáticos da Universidade de Genebra estudaram 1 074 casamentos, analisando diversas características dos cônjuges, e chegaram a uma fórmula do que seria o par ideal – com maior taxa de felicidade e menor risco de separação." | Nesse caso, trata-se de um **locutor introduzido por citação indireta**, ou seja, a reprodução da fala do "outro" pela voz do locutor principal, sem aspas. O período é iniciado pelo substantivo *matemáticos*, que é retomado cataforicamente pelas formas verbais *estudaram* e *chegaram*. |
| "[...] afinal, não existe nada mais imprevisível que a paixão, certo?" | Na pergunta que abre o parágrafo, é possível perceber, além da voz da jornalista, outras vozes anônimas ou, de outro ponto de vista, como a voz da opinião pública (ou de uma parcela dela) e as vozes que logo a seguir são identificadas. Quando alguém elabora uma pergunta como essa, fica implícito: "**Dizem** (ou 'é voz corrente' ou 'é consenso', ou 'sempre se disse') que não existe nada mais imprevisível que a paixão, certo? Ou não? Será que a paixão é mesmo imprevisível?". |

conrado/Shutterstock

Assim, dependendo da forma como o locutor principal reproduz a voz de outros falantes, ocorrem o **discurso direto**, o **discurso indireto** ou o **discurso indireto livre**. A escolha por uma ou outra forma nunca é aleatória, como também não é aleatória a escolha do verbo associado à reprodução da fala. A citação direta valoriza o falante e revela maior isenção do locutor principal, ao contrário da indireta, que expressa maior interferência deste. Mais acentuada ainda é a interferência do locutor na seleção do verbo; observe que se podem selecionar desde formas "leves", sem carga valorativa (fulano *falou*, fulano *disse*), até formas carregadas de juízo de valor (fulano *esbravejou*, fulano *vociferou*, fulano *implorou*).

# 2 Os tipos de discurso

Vamos destacar a seguir os tipos de discurso mais empregados na reprodução da voz de falantes: o discurso direto, o indireto e o indireto livre.

## Discurso direto

Leia o texto a seguir observando as vozes do diálogo reproduzido.

Filipe Rocha/Arquivo da editora

### O melhor amigo

Fernando Sabino

A mãe estava na sala, costurando. O menino abriu a porta da rua, meio ressabiado, arriscou um passo para dentro e mediu cautelosamente a distância. Como a mãe não se voltasse para vê-lo, deu uma corridinha em direção de seu quarto.

– Meu filho? – gritou ela.

– O que é – respondeu, com o ar mais natural que lhe foi possível.

– Que é que você está carregando aí?

Como podia ter visto alguma coisa, se nem levantara a cabeça? Sentindo-se perdido, tentou ainda ganhar tempo.

– Eu? Nada...

– Está sim. Você entrou carregando uma coisa.

Pronto: estava descoberto. Não adiantava negar – o jeito era procurar comovê-la. Veio caminhando desconsolado até a sala, mostrou à mãe o que estava carregando:

– Olha aí, mamãe: é um filhote...

[...]

In: BENDER, Flora (Org.). *Fernando Sabino*: literatura comentada. São Paulo: Abril, 1980. p. 43-44.

Nesse texto ficcional escrito em terceira pessoa, são reproduzidas de maneira direta falas de ambos os personagens; essas falas são relatadas integral e literalmente e vêm introduzidas por travessão, constituindo exemplos de discurso direto. Nessa estrutura, às vezes, as falas são acompanhadas por um verbo de elocução (verbo *dicendi* ou declarativo) – dizer, falar, responder, perguntar, etc. –, seguido de dois-pontos ou isolado por travessão. O conteúdo da fala sempre funciona como objeto direto do verbo de elocução:

– Meu filho? – gritou ela.

- "Meu filho?": oração subord. subst. obj. direta
- "gritou ela": oração principal (gritou: v.t.d.; ela: sujeito)

Na ordem direta seria: Ela gritou **isto**.

– O que é – respondeu [...].

- "O que é": oração subord. subst. obj. direta
- "respondeu": oração principal (respondeu: v.t.d.; sujeito desinencial)

Na ordem direta seria: [O menino] respondeu **isto**.

Alguns autores contemporâneos dispensam o emprego dos verbos de elocução em favor de um ritmo mais veloz da narrativa; outros abrem mão dos dois-pontos e/ou do travessão, produzindo parágrafos imensos, com as falas inseridas em meio à narração. A seguir, leia exemplos da prosa contemporânea em língua portuguesa.

O garçom traz o champanha. Ficam bebendo em silêncio.

"Você não se arrependeu desse pecado?"

"Sou ateu e cruel, você sabe disso."

"Matar uma pessoa é também um crime odiento."

"É verdade. Mas não estou arrependido."

"Mentiroso", grita Clotilde. Atira-se sobre Landers, desfere-lhe socos e pontapés.

FONSECA, Rubem. *Romance negro e outras histórias*. São Paulo: Companhia das Letras, 1992. p. 168.

Filipe Rocha/Arquivo da editora

A doutora Maria Sara disse, Muito bem. Apenas estas duas palavras, num tom que não prometia outras falas, e Raimundo Silva, tão bom entendedor até de meias palavras, compreendeu, ditas estas duas, que nada mais tinha que fazer ali, viera entregar provas, entregara-as, agora só lhe restava despedir-se, Boas-tardes, ou perguntar, Precisa ainda de mim, interrogação muito comum que tanto é capaz de exprimir uma humildade subalterna, como uma impaciência refreada [...]

SARAMAGO, José. *História do cerco de Lisboa*. São Paulo: Companhia das Letras, 1989. p. 170.

Do fundo falso de uma gaveta retirei meu passaporte, meu cartão de crédito, algum dinheiro, dólares, **forintes**. Devo ter feito algum ruído ao deslocar a mala, porque Vanda falou: José. Já estava no meio da sala quando ouvi: eu vou esquentar a sopa.

BUARQUE, Chico. *Budapeste*. São Paulo: Companhia das Letras, 2003. p. 113.

**forinte:** unidade monetária da Hungria

Filipe Rocha/Arquivo da editora

OPS!

### Verbos de elocução?

Quando elaboramos uma lista de verbos de elocução, relacionamos aqueles que têm esse emprego consagrado (poderíamos dizer que são tipicamente verbos de elocução): *dizer*, *falar*, *responder*, *indagar*, *perguntar*, *retrucar*, *afirmar*, *atalhar*, *exclamar*, *redarguir*, *gritar*. Mas podemos empregar inúmeros outros verbos nessa função (desde que sejam transitivos diretos). Leia este exemplo:

> De acordo com o advogado, Bruno não tem interesse real de demiti-lo também. "Isso era para conseguir um possível desmembramento", **entregou** ele.
>
> Disponível em: <www.conjur.com.br>. Acesso em: 2 maio 2014.

O verbo entregar não consta de lista alguma de verbos de elocução, mas está aí, com sentido conotativo (equivalente a "confessar"), empregado expressivamente nessa função. Da mesma forma, é possível encontrar verbos como *dedar*, *dedurar*, *apontar*, *exemplificar*, *ensinar* e muitos outros.

## Discurso indireto

O discurso indireto caracteriza-se pela reprodução da voz do outro na própria fala do locutor principal. Como se observa, há duas vozes numa mesma estrutura frasal. Observe o uso desse recurso em um trecho de romance de Machado de Assis:

> E ria, de um jeito sombrio e triste; depois pediu-me que não referisse a ninguém o que se passara entre nós; ponderei-lhe que a rigor não se passara nada.
>
> ASSIS, Machado de. *Memórias póstumas de Brás Cubas*. São Paulo: Scipione, 2004. p. 69.

O diálogo é reproduzido em sua totalidade com palavras do próprio narrador, que faz uma síntese de cada fala. Observe que, no discurso indireto, também há verbo de elocução (núcleo do predicado da oração principal) seguido de oração subordinada (a fala do personagem complementa o significado do verbo de elocução: "**pediu**-me que..."; "**ponderei**-lhe que...", desempenhando a função de objeto direto).

| fala do locutor principal | | | | fala do outro |
|---|---|---|---|---|
| [ele] | pediu - | me | que | não referisse a ninguém o que se passara entre nós |
| sujeito | v.t.d.i. | o.i. | conjunção | oração subordinada substantiva objetiva direta |

| fala do locutor principal | | | | fala do outro |
|---|---|---|---|---|
| [eu] | ponderei - | lhe | que | a rigor não se passara nada |
| sujeito | v.t.d.i. | o.i | conjunção | oração subordinada substantiva objetiva direta |

Curiosamente, esse fragmento é narrado em primeira pessoa, e uma das falas, reproduzida em discurso indireto, é do próprio narrador, uma vez que reproduz um diálogo entre o personagem e ele.

Veja como ficaria o trecho se fosse utilizado o discurso direto:

> E ria, de um jeito sombrio e triste; depois pediu-me:
>
> – Não refira a ninguém o que se passou entre nós.
>
> Ponderei-lhe:
>
> – A rigor, não se passou nada.

Na passagem do discurso indireto para o discurso direto, os verbos de elocução (*pedir*, *ponderar*) se mantiveram, os conectivos (*que*) desapareceram e a fala passou a ser indicada por sinais de pontuação (dois-pontos, travessão). A forma verbal *referisse* (pretérito imperfeito do subjuntivo) passou para o imperativo negativo (*refira*) e a forma verbal *passara* (mais-que-perfeito do indicativo) transformou-se em *passou* (pretérito perfeito do indicativo).

Observe que no discurso indireto não há possibilidade de o locutor se expressar no imperativo, por exemplo. Por isso se diz que o discurso direto permite montar um perfil mais forte do falante, caracterizando-o de maneira mais viva e próxima da realidade.

## Discurso indireto livre

O discurso indireto livre é um tipo de discurso misto, em que se associam as características do discurso direto e do discurso indireto. Ao optar por esse estilo, o narrador insere sutilmente a fala do personagem em seu discurso, sem as marcas do discurso direto, mas com toda a sua vivacidade; isso lhe permite expor aspectos psicológicos do personagem, já que esse tipo de discurso pode revelar um fluxo do pensamento por meio de uma fala marcada por hesitações.

No discurso indireto livre, a fala do personagem não é marcada por verbo de elocução ou por sinais de pontuação. Leia este exemplo:

> Como nas noites precedentes, uma fila de agricultores se formou na porta de uma padaria e o padeiro saiu a informar que não havia pão. Por quê? Onde estava o pão? O padeiro respondeu que não havia farinha. Onde então estava ela? Os agricultores invadiram a padaria e levaram o estoque de roscas e biscoitos, a manteiga e o chocolate.
>
> PAIVA, Garcia de. *Os agricultores arrancam paralelepípedos*. São Paulo: Ática, 1977.

No fragmento reproduzido, o autor reproduz uma conversa entre um grupo de agricultores e um padeiro sem utilizar a estrutura tradicional de diálogo. Nas duas falas do padeiro há exemplos de discurso indireto: "[...] o padeiro saiu a informar que não havia pão" e "O padeiro respondeu que não havia farinha". Por outro lado, quando o narrador reproduz a fala dos agricultores, ele o faz literalmente, usando a mesma forma com a qual se expressaram, o que é uma característica do discurso direto. Quando algumas expressões do discurso direto se intercalam ao discurso indireto, o discurso passa a ser misto e é chamado de **discurso indireto livre**.

Observe esta passagem do romance *As meninas*, da escritora brasileira Lygia Fagundes Telles (1923):

> Aperto o copo na mão. Quando Lorena sacode a bola de vidro a neve sobe tão leve. Rodopia flutuante e depois vai caindo no telhado, na cerca e na menininha de capuz vermelho. Então ela sacode de novo. "Assim tenho neve o ano inteiro." Mas por que neve o ano inteiro? Onde é que tem neve aqui? Acha lindo neve. Uma enjoada. Trinco a pedra de gelo nos dentes.
>
> TELLES, Lygia Fagundes. *As meninas*. 16. ed. Rio de Janeiro: Nova Fronteira, 1985. p. 31.

Filipe Rocha/Arquivo da editora

Se a opção da autora fosse o discurso direto, teríamos:

[...] Então ela sacode de novo e diz:
– Assim tenho neve o ano inteiro.

Se ela optasse pela forma de discurso indireto, provavelmente o texto seria:

[...] Então ela sacode de novo e diz que assim tem neve o ano inteiro. [...]

## 3 As estruturas gramaticais do discurso direto e do indireto

Ao optar por um dos tipos de discurso para empregar em seu texto, o falante de uma língua também define um modo de organizar esse texto. O uso ou não dos verbos de elocução, dos conectivos, da pontuação, da coordenação ou da subordinação está amarrado a essa escolha, pois os recursos da língua têm papel relevante na montagem do texto e, por consequência, na organização do tipo de discurso.

Ao transformar o discurso direto em indireto (ou vice-versa), refazemos a arquitetura do texto. Observe:

- O **discurso direto** apresenta-se em **primeira pessoa**; o **discurso indireto**, em **terceira pessoa** (a fala do personagem – **ele** ou **ela** – é reproduzida com palavras do narrador).

  Discurso direto:

  Ela respondeu:
  – Compr**ei** um lindo vestido.

  Discurso indireto:

  Ela respondeu que compr**ara** um lindo vestido.

- O tempo verbal, no discurso indireto, será sempre passado em relação ao tempo verbal do discurso direto. Assim, as transformações temporais podem ser sistematizadas da seguinte maneira:

| Discurso direto | Discurso indireto |
|---|---|
| Verbo no presente do indicativo. Exemplo:<br>– Não **bebo** dessa água – afirmou a menina. | Verbo no pretérito imperfeito do indicativo. Exemplo:<br>A menina afirmou que não **bebia** daquela água. |
| Verbo no pretérito perfeito. Exemplo:<br>— **Perdi** meu guarda-chuva – disse ele. | Verbo no pretérito mais-que-perfeito. Exemplos:<br>Ele disse que **perdera** seu guarda-chuva.<br>Ele disse que tinha **perdido** seu guarda-chuva. |
| Verbo no futuro do indicativo. Exemplo:<br>Ele confessou:<br>– **Irei** ao jogo. | Verbo no futuro do pretérito. Exemplo:<br>Ele confessou que **iria** ao jogo. |
| Verbo no imperativo. Exemplo:<br>– **Aplaudam**! – ordenou o diretor. | Verbo no pretérito imperfeito do subjuntivo. Exemplo:<br>O diretor ordenou que **aplaudíssemos**. |

# Atividades

Leia a matéria jornalística a seguir para responder às questões propostas.

## Por que o ócio faz bem ao cérebro

*Desfrutar o tempo livre favorece a criatividade e a capacidade de resolver problemas*

Masson/Shutterstock/Glow Images

Reservar algumas horas ou minutos do dia para simplesmente fazer nada é um verdadeiro presente para o cérebro, segundo artigo publicado na *Perspectives on Psychological Science*. A psicóloga e educadora Mary Helen Immordino-Yang, da Universidade do Sul da Califórnia, relata os resultados de pesquisas recentes, que mostram que o descanso da mente, seja fazendo uma caminhada sem horário definido para terminar ou espreguiçando-se no sofá, sonhando acordado, favorece a criatividade e a capacidade de resolver problemas.

Quando a mente se dispersa, a rede neural de modo padrão (DMN, na sigla em inglês), isto é, os circuitos cerebrais que se "desligam" durante tarefas que exigem foco no ambiente externo, se torna mais ativa. Estudos relacionam a DMN à introspecção, a pensamentos internos, à imaginação do futuro, à recuperação espontânea de memórias, à divagação e ao surgimento de soluções criativas. Segundo Mary Helen, a noção de "preencher o tempo" com tarefas de todo tipo – como navegar na internet ou ver TV por horas a fio – atrapalha a dispersão natural do cérebro.

A cultura "antiócio" pode prejudicar principalmente os mais jovens, afirma. "A reflexão, o hábito de olhar para dentro, não é incentivada no ensino tradicional. Ela é essencial para construir memórias e conferir sentido aos acontecimentos, assimilar valores morais e digerir o que foi aprendido", diz, apontando pesquisas que mostram que crianças motivadas a desfrutar o tempo livre têm menos problemas de ansiedade, melhor desempenho escolar e demonstram mais capacidade de planejar o futuro. "Em vez de ser visto como perda de produtividade, o tempo livre pode ser encarado como oportunidade de reflexão construtiva, o que é essencial para retirar aprendizado de experiências vivenciadas", diz a psicóloga.

Revista *Mente e Cérebro*, out. 2012. Disponível em: <www2.uol.com.br>. Acesso em: 29 dez. 2013.

1. O texto que você leu foi publicado no *site* da revista *Mente e Cérebro*. Pensando no perfil do leitor a que se destinam as matérias dessa revista, quais pressupostos teriam guiado o autor na elaboração desse texto?

2. No capítulo anterior, você viu que iniciar um texto com uma interrogação é um artifício interessante. O título do artigo acima cria qual expectativa no leitor? Se fosse "O ócio faz bem ao cérebro", que expectativa criaria no leitor? Justifique.

3. A notícia na revista brasileira não é voltada para um público de especialistas. Observe que, no segundo parágrafo da matéria, em que ele procura explicar as relações entre o comportamento e o organismo, há todo um trabalho com a linguagem para que o leitor leigo consiga acompanhar as explicações. Explique.

4. Escreva, em poucas palavras, as ideias expostas na matéria que explicam seu título.

5. Esse texto se baseia em outro, escrito por quem? Onde foi publicado o artigo original? Quem provavelmente lê esse tipo de revista?

6. Por sua vez, a psicóloga autora do artigo da revista científica também baseia seu texto em uma fonte de informação, que o jornalista brasileiro também cita, de maneira indireta. Na matéria publicada na revista brasileira, é possível perceber:

   a) Que fonte(s) é(são) essa(s)?

   b) Que informações mencionadas têm origem nessa(s) fonte(s).

7. Organize um quadro com duas colunas: Discurso direto e Discurso indireto, conforme o modelo a seguir. Copie na coluna adequada os fragmentos a seguir:

- Reservar algumas horas ou minutos do dia para simplesmente fazer nada é um verdadeiro presente para o cérebro, segundo artigo publicado na *Perspectives on Psychological Science*.
- A cultura "antiócio" pode prejudicar principalmente os mais jovens, afirma.
- "A reflexão, o hábito de olhar para dentro, não é incentivada no ensino tradicional. Ela é essencial para construir memórias e conferir sentido aos acontecimentos, assimilar valores morais e digerir o que foi aprendido", diz [...].
- Segundo Mary Helen, a noção de "preencher o tempo" com tarefas de todo tipo – como navegar na internet ou ver TV por horas a fio – atrapalha a dispersão natural do cérebro.
- [...] "Em vez de ser visto como perda de produtividade, o tempo livre pode ser encarado como oportunidade de reflexão construtiva, o que é essencial para retirar aprendizado de experiências vivenciadas", diz a psicóloga.

| Discurso direto | Discurso indireto |
|---|---|
| | |

## Mãos à obra

É interessante observar a alternância dos discursos direto, indireto e indireto livre nos textos ficcionais. Observe, por exemplo, como os diferentes discursos interagem neste breve conto de Drummond.

### A incapacidade de ser verdadeiro

Paulo tinha fama de mentiroso. Um dia chegou em casa dizendo que vira no campo dois dragões da independência cuspindo fogo e lendo fotonovelas.

A mãe botou-o de castigo, mas na semana seguinte ele veio contando que caíra no pátio da escola um pedaço de lua, todo cheio de buraquinhos, feito queijo, e ele provou e tinha gosto de queijo. Desta vez Paulo não só ficou sem sobremesa, como foi proibido de jogar futebol durante quinze dias.

Quando o menino voltou falando que todas as borboletas da Terra passaram pela chácara de Siá Elpídia e queriam formar um tapete voador para transportá-lo ao sétimo céu, a mãe decidiu levá-lo ao médico. Após o exame, o Dr. Epaminondas abanou a cabeça:

— Não há nada a fazer, Dona Coló. Este menino é mesmo um caso de poesia.

ANDRADE, Carlos Drummond de. *Contos plausíveis*. São Paulo: Companhia das Letras, 2012. p. 28.

Note que a voz do narrador em terceira pessoa pouco aparece uma vez que prevalece o indireto. Além disso, o discurso direto, por ser empregado apenas no final do conto, tem força expressiva, o que é intensificado pela autoridade da voz do médico, ao dar seu "diagnóstico" final.

### Atividade em duplas

1. Nossa sugestão é que você e um colega mergulhem em um universo imaginário para criar um conto breve, levando em conta estes elementos:
   a) A voz que relata os acontecimentos: narrador em terceira pessoa que conhece tudo dos personagens.
   b) Personagens: o principal é uma pessoa solitária que vagueia pelas ruas sem objetivos (pode ser um adolescente, uma criança, um adulto ou um idoso); outros deverão entrar na trama.

c) Falas dos personagens: devem ser reproduzidas por meio dos discursos direto, indireto e indireto livre, alternados. A opção por um ou outro deverá ser feita intencionalmente, visando à expressividade e ao valor que se deseje atribuir aos diálogos e aos personagens. A escolha dos verbos de elocução deve ser criteriosa, uma vez que eles são reveladores das atitudes desses personagens. A pontuação correta também deve ser observada na introdução das falas.
d) Espaço: lugar da ação: ambiente urbano, centro decadente de uma cidade grande.
e) Tempo: duração da ação: algumas horas; época contemporânea.
f) Enredo: sequência das ações: o personagem principal vai se envolver involuntariamente em um conflito e perderá o controle da situação até que algo totalmente inesperado aconteça e surpreenda a todos.
g) Tema: encontro.
h) Título: deverá ser criado pela dupla.

## Dicas para escrever o conto

- Antes de começarem a escrever, elaborem um planejamento, obedecendo ao roteiro: apresentação do espaço e dos personagens, surgimento do conflito, resolução do conflito com descobertas e mudanças de comportamento nos personagens. Pensem no que será desenvolvido em cada etapa.
- Usem sequências descritivas na caracterização do espaço e dos personagens e sequências narrativas no desenrolar das ações. Consultem o capítulo 3 desta unidade.
- Apresentem uma situação que provoque uma ruptura incisiva na vida do personagem. Os conflitos costumam despertar o questionamento de valores e provocar reações inesperadas nos seres humanos.
- O desfecho deve surpreender, mas não pode ser incoerente.
- Caprichem na expressividade, selecionando e combinando as palavras, de forma que se evidencie a função poética da linguagem. Observem, por exemplo, o desfecho do conto de Drummond: "Este menino é mesmo um caso de poesia", contrariando a expectativa do leitor (é um caso de polícia, ou é um caso perdido, por exemplo).
- Elaborem um texto curto, condensado.

## **Gênero textual:** conto

Circula nas esferas literária e artística (cinematográfica, teatral ou televisiva), por meio de suporte oral, impresso, digital ou midiático. Na concepção moderna, é uma narrativa curta, com densidade dramática, que retrata uma situação de conflito prestes a se deslindar. O personagem principal enfrenta momentos existenciais decisivos e, nesses momentos, desvenda-se seu interior, sua estrutura psicológica. Realidades internas dos seres transcendem os fatos externos da trama e inovações formais costumam ocorrer na linguagem e, principalmente, no desfecho que surpreende pelo insólito, pelo inesperado. Existem subgêneros: conto de suspense, conto de ficção científica, conto de aventura, conto humorístico, etc.

2. Depois de pronto o conto, façam a revisão da linguagem observando se há clareza, fluência e ritmo (atentem para a pontuação do texto), além da correção gramatical.

3. Após as últimas alterações, troquem seu texto com o de outra dupla para realizarem a mesma revisão. Confiram também como foi realizada a condução da narrativa, se há coerência no desenrolar das ações e se o desfecho foi surpreendente.

   Incluídas possíveis sugestões, passem o texto a limpo e digitem-no. Reúnam os contos de todas as duplas em um livreto que deverá ser reproduzido para todos, de forma que cada um guarde um exemplar. Um de vocês deverá escrever uma breve apresentação da coletânea, explicando as condições em que foram produzidos os textos. Deixem um exemplar na biblioteca, para que alunos de outros anos tenham acesso à coletânea.

4. Se possível, marquem um dia para a leitura em voz alta de todos os contos.

# Vestibulares de Norte a Sul

**Texto para a questão 1.**

Mas quando todas as luzes da península se apagaram ao mesmo tempo, apagón lhe chamaram depois em Espanha, negrum numa aldeia portuguesa ainda inventora de palavras, quando quinhentos e oitenta e um mil quilómetros quadrados de terras se tornaram invisíveis na face do mundo, então não houve mais dúvidas, o fim de tudo chegara. Valeu a extinção total das luzes não ter durado mais do que quinze minutos, até que se completaram as conexões de emergência que punham em acção os recursos energéticos próprios, nesta altura do ano escassos, pleno verão, Agosto pleno, seca, míngua das albufeiras, escassez das centrais térmicas, as nucleares malditas, mas foi verdadeiramente o pandemónio peninsular, os diabos à solta, o medo frio, o aquelarre, um terramoto não teria sido pior em efeitos morais. Era noite, o princípio dela, quando a maioria das pessoas já recolheram a casa, estão uns sentados a olhar a televisão, nas cozinhas as mulheres preparam o jantar, um pai mais paciente ensina, incerto, o problema de aritmética, parece que a felicidade não é muita, mas logo se viu quanto afinal valia, este pavor, esta escuridão de breu, este borrão de tinta caído sobre a Ibéria, não nos retires a luz, Senhor, faz que ela volte, e eu te prometo que até ao fim da minha vida não te farei outro pedido, isto diziam os pecadores arrependidos, que sempre exageram.

(SARAMAGO, José. *A jangada de pedra*. São Paulo: Companhia das Letras, 1988. p. 35-36.)

1. **S** (UEL-PR) Quanto aos tipos de discurso encontrados no texto, considere as afirmativas a seguir.

I. No discurso direto, a personagem apresenta ideias com suas próprias palavras como no trecho "Não nos retires a luz, Senhor, faz que ela volte, e eu te prometo que até ao fim da minha vida não te farei outro pedido [...]".

II. O trecho "[...] isto diziam os pecadores arrependidos, que sempre exageram." configura um exemplo de discurso indireto livre, pois não se pode distinguir a voz do narrador da voz da personagem.

III. Em "Valeu a extinção total das luzes não ter durado mais do que quinze minutos [...]", o narrador transmite uma informação sobre os fatos, o que configura um exemplo de discurso indireto.

IV. O narrador, ao reproduzir a criação vocabular das personagens no trecho "[...] apagón lhe chamaram depois em Espanha, negrum numa aldeia portuguesa [...]", emprega o discurso direto.

Assinale a alternativa correta.

a) Somente as afirmativas I e III são corretas.
b) Somente as afirmativas I e IV são corretas.
c) Somente as afirmativas II e III são corretas.
d) Somente as afirmativas I, II e IV são corretas.
e) Somente as afirmativas II, III e IV são corretas.

2. **NE** (UFRN)

De repente veio a fraqueza. Devia ser fome. Fabiano ergueu a cabeça, piscou os olhos por baixo da aba negra e queimada do chapéu de couro. Meio-dia, pouco mais ou menos. Baixou os olhos encandeados, procurou descobrir na planície uma sombra ou sinal de água.

Estava realmente com um buraco no estômago. Endireitou o saco de novo e, para conservá-lo em equilíbrio, andou pendido, um ombro alto, outro baixo. O otimismo de sinhá Vitória já não lhe fazia mossa. Ela ainda se agarrava a fantasias. Coitada. Armar semelhantes planos, assim bamba, o peso do baú e da cabaça enterrando-lhe o pescoço no corpo.

RAMOS, Graciliano. *Vidas secas*.

No romance, uma das funções do narrador é dar voz a seus personagens. Em *Vidas secas*, isso acontece, principalmente, por meio do discurso indireto livre, o que se verifica no trecho:

a) "Fabiano gritou, assustando o bêbedo, os tipos que abanavam o fogo, o carcereiro e a mulher que se queixava das pulgas."
b) "Fabiano tentou afastar a ideia absurda:
— Como a gente pensa coisas bestas!"
c) "As crianças divertiram-se, animaram-se, e o espírito de Fabiano se destoldou. Aquilo é que estava certo."
d) "Dentro em pouco o despotismo de água ia acabar, mas Fabiano não pensava no futuro."

3. **SE** (Unifesp) Leia o texto de Flávio José Cardozo:

Manuel Bandeira, passeando pelo interior de Pernambuco, pediu água numa casa e ouviu a mãe gritar para o filho: "Anacoluto, traz água pro moço, Anacoluto!" O menino obedeceu, Bandeira bebeu a água e saiu dando pulo: não é todo dia que alguém tem a fortuna de dar com um nome desses. Anacoluto é um senhor nome e descobri-lo é quase como descobrir a América.

Feliz Manuel Bandeira.

Em discurso indireto, as informações iniciais do texto assumem a seguinte redação:

a) Manuel Bandeira pediu água numa casa e ouviu a mãe gritar para o filho, cujo nome era Anacoluto, que lhe trouxesse água.
b) Manuel Bandeira pediu água numa casa e ouviu a mãe gritar para o filho Anacoluto que o traga água.
c) Manuel Bandeira pediu água numa casa e ouviu a mãe gritar Anacoluto para o filho que me trouxesse água.
d) Manuel Bandeira pediu água numa casa e ouviu a mãe gritar para o filho traz água a ele, Anacoluto.
e) Manuel Bandeira pediu água numa casa e ouviu a mãe gritar para o filho, que o nome era Anacoluto, que traga-lhe água.

# Caiu no Enem

1.

**Até quando?**

Não adianta olhar pro céu
Com muita fé e pouca luta
Levanta aí que você tem muito protesto pra fazer
E muita greve, você pode, você deve, pode crer
Não adianta olhar pro chão
Virar a cara pra não ver
Se liga aí que te botaram numa cruz e só porque Jesus
Sofreu não quer dizer que você tenha que sofrer!

GABRIEL, O PENSADOR. *Seja você mesmo (mas não seja sempre o mesmo)*. Rio de Janeiro: Sony Music, 2001 (fragmento).

As escolhas linguísticas feitas pelo autor conferem ao texto

a) caráter atual, pelo uso de linguagem própria da internet.
b) cunho apelativo, pela predominância de imagens metafóricas.
c) tom de diálogo, pela recorrência de gírias.
d) espontaneidade, pelo uso da linguagem coloquial.
e) originalidade, pela concisão da linguagem.

2.

Disponível em: <http://orion-oblog.blogspot.com.br>. Acesso em: 6 jun. 2012 (adaptado). (Foto: Reprodução)

O cartaz aborda a questão do aquecimento global. A relação entre os recursos verbais e não verbais nessa propaganda revela que

a) o discurso ambientalista propõe formas radicais de resolver os problemas climáticos.
b) a preservação da vida na Terra depende de ações de dessalinização da água marinha.
c) a acomodação da topografia terrestre desencadeia o natural degelo das calotas polares.
d) o descongelamento das calotas polares diminui a quantidade de água doce potável do mundo.
e) a agressão ao planeta é dependente da posição assumida pelo homem frente aos problemas ambientais.

3.

**Entre ideia e tecnologia**

O grande conceito por trás do Museu da Língua é apresentar o idioma como algo vivo e fundamental para o entendimento do que é ser brasileiro. Se nada nos define com clareza, a forma como falamos o português nas mais diversas situações cotidianas é talvez a melhor expressão da brasilidade.

SCARDOVELI, E. Revista *Língua Portuguesa*. São Paulo: Segmento, Ano II, n. 6, 2006.

O texto propõe uma reflexão acerca da língua portuguesa, ressaltando para o leitor a

a) inauguração do museu e o grande investimento em cultura no país.
b) importância da língua para a construção da identidade nacional.
c) afetividade tão comum ao brasileiro, retratada através da língua.
d) relação entre o idioma e as políticas públicas na área de cultura.
e) diversidade étnica e linguística existente no território nacional.

4.

Lugar de mulher também é na oficina. Pelo menos nas oficinas dos cursos da área automotiva fornecidos pela Prefeitura, a presença feminina tem aumentado ano a ano. De cinco mulheres matriculadas em 2005, a quantidade saltou para 79 alunas inscritas neste ano nos cursos de mecânica automotiva, eletricidade veicular, injeção eletrônica, repintura e funilaria. A presença feminina nos cursos automotivos da Prefeitura — que são gratuitos — cresceu 1480% nos últimos sete anos e tem aumentado ano a ano.

Disponível em: <www.correiodeuberlandia.com.br>. Acesso em: 27 fev. 2012 (adaptado).

Na produção de um texto, são feitas escolhas referentes a sua estrutura, que possibilitam inferir o objetivo do autor. Nesse sentido, no trecho apresentado, o enunciado "Lugar de mulher também é na oficina" corrobora o objetivo textual de

a) demonstrar que a situação das mulheres mudou na sociedade contemporânea.
b) defender a participação da mulher na sociedade atual.
c) comparar esse enunciado com outro: "lugar de mulher é na cozinha".
d) criticar a presença de mulheres nas oficinas dos cursos da área automotiva.
e) distorcer o sentido da frase "lugar de mulher é na cozinha".

5.

**Secretaria de Cultura**

*EDITAL*

**NOTIFICAÇÃO** – Síntese da resolução publicada no Diário Oficial da Cidade, 29/07/2011 – página 41 – 511ª Reunião Ordinária, em 21/06/2011.

**Resolução nº 08/2011 – TOMBAMENTO** dos imóveis da Rua Augusta, nº 349 e nº 353, esquina com a Rua Marquês de Paranaguá, nº 315, nº 327 e nº 329 (Setor 010, Quadra 026, Lotes 0016-2 e 00170-0), bairro da Consolação. Subprefeitura da Sé, conforme o processo administrativo nº 1991-0.005.365-1.

*Folha de S. Paulo*, 5 ago. 2011 (adaptado).

Um leitor interessado nas decisões governamentais escreve uma carta para o jornal que publicou o edital, concordando com a resolução sintetizada no Edital da Secretaria de Cultura. Uma frase adequada para expressar sua concordância é:

a) Que sábia iniciativa! Os prédios em péssimo estado de conservação devem ser derrubados.
b) Até que enfim! Os edifícios localizados nesse trecho descaracterizam o conjunto arquitetônico da Rua Augusta.
c) Parabéns! O poder público precisa mostrar sua força como guardião das tradições dos moradores locais.
d) Justa decisão! O governo dá mais um passo rumo à eliminação do problema da falta de moradias populares.
e) Congratulações! O patrimônio histórico da cidade merece todo empenho para ser preservado.

6.

Reprodução/Ivan Cabral/Enem 2012

Disponível em: <www.ivancabral.com>. Acesso em: 27 fev. 2012.

O efeito de sentido da charge é provocado pela combinação de informações visuais e recursos linguísticos. No contexto da ilustração, a frase proferida recorre à:

a) polissemia, ou seja, aos múltiplos sentidos da expressão "rede social" para transmitir a ideia que pretende veicular.
b) ironia para conferir um novo significado ao termo "outra coisa".
c) homonímia para opor, a partir do advérbio de lugar, o espaço da população pobre e o espaço da população rica.
d) personificação para opor o mundo real pobre ao mundo virtual rico.
e) antonímia para comparar a rede mundial de computadores com a rede caseira de descanso da família.

7.

Eu gostava muito de passeá... saí com as minhas colegas... brincá na porta di casa di vôlei... andá de patins... bicicleta... quando eu levava um tombo ou outro... eu era a... a palhaça da turma... ((risos))... eu acho que foi uma das fases mais... assim... gostosas da minha vida... essa fase de quinze... dos meus treze aos dezessete anos...

A. P. S., sexo feminino, 38 anos, nível do Ensino Fundamental.
*Projeto Fala Goiana*, UFG, 2010 (inédito).

Um aspecto da composição estrutural que caracteriza o relato pessoal de A. P. S. como modalidade falada da língua é:

a) predomínio de linguagem informal entrecortada por pausas.
b) vocabulário regional desconhecido em outras variedades do português.
c) realização do plural conforme as regras da tradição gramatical.
d) ausência de elementos promotores de coesão entre os eventos narrados.
e) presença de frases incompreensíveis a um leitor iniciante.

8.

**Querô**

DELEGADO – Então desce ele. Vê o que arrancam desse sacana.

SARARÁ – Só que tem um porém. Ele é menor.

DELEGADO – Então vai com jeito. Depois a gente entrega pro juiz.

*(Luz apaga no delegado e acende no repórter, que se dirige ao público.)*

REPÓRTER – E o Querô foi espremido, empilhado, esmagado de corpo e alma num cubículo imundo, com outros meninos. Meninos todos espremidos, empilhados, esmagados de corpo e alma, alucinados pelos seus desesperos, cegados por muitas aflições. Muitos meninos, com seus desesperos e seus ódios, empilhados, espremidos, esmagados de corpo e alma no imundo cubículo do reformatório. E foi lá que o Querô cresceu.

MARCOS, P. *Melhor teatro*. São Paulo: Global, 2003 (fragmento).

No discurso do repórter, a repetição causa um efeito de sentido de intensificação, construindo a ideia de

a) opressão física e moral, que gera rancor nos meninos.
b) repressão policial e social, que gera apatia nos meninos.
c) polêmica judicial e midiática, que gera confusão entre os meninos.
d) concepção educacional e carcerária, que gera comoção nos meninos.
e) informação crítica e jornalística, que gera indignação entre os meninos.

**9.**

## Novas tecnologias

Atualmente, prevalece na mídia um discurso de exaltação das novas tecnologias, principalmente aquelas ligadas às atividades de telecomunicações. Expressões frequentes como "o futuro já chegou", "maravilhas tecnológicas" e "conexão total com o mundo" "fetichizam" novos produtos, transformando-os em objetos do desejo, de consumo obrigatório. Por esse motivo **carregamos** hoje nos bolsos, bolsas e mochilas o "futuro" tão festejado.

Todavia, não podemos reduzir-nos a meras vítimas de um aparelho midiático perverso, ou de um aparelho capitalista controlador. Há perversão, certamente, e controle, sem sombra de dúvida. Entretanto, **desenvolvemos** uma relação simbiótica de dependência mútua com os veículos de comunicação, que se estreita a cada imagem compartilhada e a cada dossiê pessoal transformado em objeto público de entretenimento.

Não mais como aqueles acorrentados na caverna de Platão, **somos** livres para nos aprisionar, por espontânea vontade, a esta relação sadomasoquista com as **estruturas** midiáticas, na qual tanto **controlamos** quanto somos controlados.

SAMPAIO A. S. *A microfísica do espetáculo.* Disponível em: <http://observatoriodaimprensa.com.br>. Acesso em: 1 mar. 2013 (adaptado).

Ao escrever um artigo de opinião, o produtor precisa criar uma base de orientação linguística que permita alcançar os leitores e convencê-los com relação ao ponto de vista defendido. Diante disso, nesse texto, a escolha das formas verbais em destaque objetiva

a) criar relação de subordinação entre leitor e autor, já que ambos usam as novas tecnologias.
b) enfatizar a probabilidade de que toda população brasileira esteja aprisionada às novas tecnologias.
c) indicar, de forma clara, o ponto de vista de que hoje as pessoas são controladas pelas novas tecnologias.
d) tornar o leitor copartícipe do ponto de vista de que ele manipula as novas tecnologias e por elas é manipulado.
e) demonstrar ao leitor sua parcela de responsabilidade por deixar que as novas tecnologias controlem as pessoas.

**10.**

Quadrinho quadrado

XAVIER, C. Disponível em: <www.releituras.com>. Acesso em: 24 abr. 2010. (Foto: Reprodução)

Os objetivos que motivam os seres humanos a estabelecer comunicação determinam, em uma situação de interlocução, o predomínio de uma ou de outra função de linguagem. Nesse texto, predomina a função que se caracteriza por

a) tentar persuadir o leitor acerca da necessidade de se tomarem certas medidas para a elaboração de um livro.
b) enfatizar a percepção subjetiva do autor, que projeta para sua obra seus sonhos e histórias.
c) apontar para o estabelecimento de interlocução de modo superficial e automático, entre o leitor e o livro.
d) fazer um exercício de reflexão a respeito dos princípios que estruturam a forma e o conteúdo de um livro.
e) retratar as etapas do processo de produção de um livro, as quais antecedem o contato entre leitor e obra.

**11.**

## É água que não acaba mais

Dados preliminares divulgados por pesquisadores da Universidade Federal do Pará (UFPA) apontaram o Aquífero Alter do Chão como o maior depósito de água potável do planeta. Com volume estimado em 86 000 quilômetros cúbicos de água doce, a reserva subterrânea está localizada sob os estados do Amazonas, Pará e Amapá. "Essa quantidade de água seria suficiente para abastecer a população mundial durante 500 anos", diz Milton Matta, geólogo da UFPA. Em termos comparativos, Alter do Chão tem quase o dobro do volume de água do Aquífero Guarani (com 45 000 quilômetros cúbicos). Até então, Guarani era a maior reserva subterrânea do mundo, distribuída por Brasil, Argentina, Paraguai e Uruguai.

*Época*, n. 623, 26 abr. 2010.

Essa notícia, publicada em uma revista de grande circulação, apresenta resultados de uma pesquisa científica realizada por uma universidade brasileira. Nessa situação específica de comunicação, a função referencial da linguagem predomina, porque o autor do texto prioriza

a) as suas opiniões, baseadas em fatos.
b) os aspectos objetivos e precisos.
c) os elementos de persuasão do leitor.
d) os elementos estéticos na construção do texto.
e) os aspectos subjetivos da mencionada pesquisa.

**12.**

Nós adoraríamos dizer que somos perfeitos. Que somos infalíveis. Que não cometemos nem mesmo o menor deslize. E só não falamos isso por um pequeno detalhe: seria uma mentira. Aliás, em vez de usar a palavra "mentira", como acabamos de fazer, poderíamos optar por um eufemismo. "Meia verdade", por exemplo, seria um termo muito menos agressivo. Mas nós não usamos esta palavra simplesmente porque não acreditamos que exista uma "meia verdade".

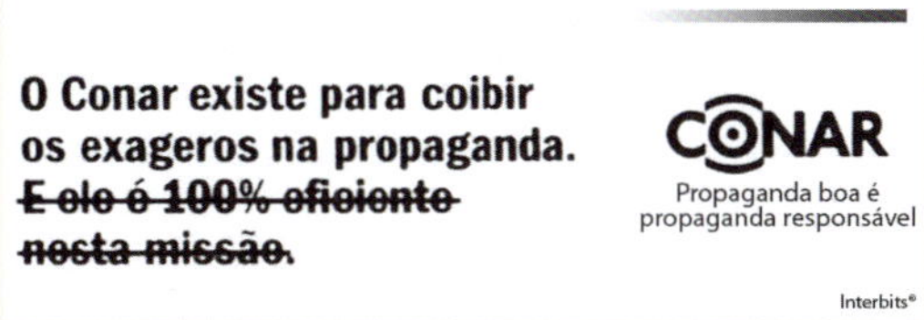


Reprodução/Enem 2011

Anúncio veiculado na revista *Veja*.

O recurso gráfico utilizado no anúncio publicitário – de disfarçar a potencial supressão de trecho do texto – reforça a eficácia pretendida, revelada na estratégia de

a) ressaltar a informação no título, em detrimento do restante do conteúdo associado.
b) incluir o leitor por meio do uso da 1ª pessoa do plural no discurso.
c) contar a história da criação do órgão como argumento de autoridade.
d) subverter o fazer publicitário pelo uso de sua metalinguagem.
e) impressionar o leitor pelo jogo de palavras no texto.

13.

**Lusofonia**

*rapariga: s.f., fem. de rapaz: mulher nova; moça; menina; (Brasil), meretriz.*

Escrevo um poema sobre a rapariga que está sentada
no café, em frente da chávena de café, enquanto
alisa os cabelos com a mão. Mas não posso escrever este
poema sobre essa rapariga porque, no brasil, a palavra
rapariga não quer dizer o que ela diz em portugal. Então,
terei de escrever a mulher nova do café, a jovem do café,
a menina do café, para que a reputação da pobre rapariga
que alisa os cabelos com a mão, num café de lisboa, não
fique estragada para sempre quando este poema atravessar o
atlântico para desembarcar no rio de janeiro. E isto tudo
sem pensar em áfrica, porque aí lá terei
de escrever sobre a moça do café, para
evitar o tom demasiado continental da rapariga, que é
uma palavra que já me está a pôr com dores
de cabeça até porque, no fundo, a única coisa que eu queria
era escrever um poema sobre a rapariga do
café. A solução, então, é mudar de café, e limitar-me a
escrever um poema sobre aquele café onde nenhuma rapariga se
pode sentar à mesa porque só servem café ao balcão.

JÚDICE, N. *Matéria do Poema*. Lisboa: D. Quixote, 2008.

O texto traz em relevo as funções metalinguística e poética. Seu caráter metalinguístico justifica-se pela

a) discussão da dificuldade de se fazer arte inovadora no mundo contemporâneo.
b) defesa do movimento artístico da pós-modernidade, típico do século XX.
c) abordagem de temas do cotidiano, em que a arte se volta para assuntos rotineiros.
d) tematização do fazer artístico, pela discussão do ato de construção da própria obra.
e) valorização do efeito de estranhamento causado no público, o que faz a obra ser reconhecida.

14.

Cultivar um estilo de vida saudável é extremamente importante para diminuir o risco de infarto, mas também de problemas como morte súbita e derrame. Significa que manter uma alimentação saudável e praticar atividade física regularmente já reduz, por si só, as chances de desenvolver vários problemas. Além disso, é importante para o controle da pressão arterial, dos níveis de colesterol e de glicose no sangue. Também ajuda a diminuir o estresse e aumentar a capacidade física, fatores que, somados, reduzem as chances de infarto. Exercitar-se, nesses casos, com acompanhamento médico e moderação, é altamente recomendável.

ATALIA, M. Nossa vida. *Época*. 23 mar. 2009.

As ideias veiculadas no texto se organizam estabelecendo relações que atuam na construção do sentido. A esse respeito, identifica-se, no fragmento, que

a) a expressão "Além disso" marca uma sequenciação de ideias.
b) o conectivo "mas também" inicia oração que exprime ideia de contraste.
c) o termo "como", em "como morte súbita e derrame", introduz uma generalização.
d) o termo "Também" exprime uma justificativa.
e) o termo "fatores" retoma coesivamente "níveis de colesterol e de glicose no sangue".

15.

Gripado, penso entre espirros em como a palavra gripe nos chegou após uma série de contágios entre línguas. Partiu da Itália em 1743 a epidemia de gripe que disseminou pela Europa, além do vírus propriamente dito, dois vocábulos virais: o italiano *influenza* e o francês *grippe*. O primeiro era um termo derivado do latim medieval *influentia*, que significava "influência dos astros sobre os homens". O segundo era apenas a forma nominal do verbo *gripper*, isto é, "agarrar". Supõe-se que fizesse referência ao modo violento como o vírus se apossa do organismo infectado.

RODRÍGUES, S. Sobre palavras. *Veja*, São Paulo. 30 nov. 2011.

Para se entender o trecho como uma unidade de sentido, é preciso que o leitor reconheça a ligação entre seus elementos. Nesse texto, a coesão é construída predominantemente pela retomada de um termo por outro pelo uso da elipse. O fragmento do texto em que há coesão por elipse do sujeito é:

a) "[...] a palavra gripe nos chegou após uma série de contágios entre línguas."
b) "Partiu da Itália em 1743 a epidemia de gripe [...]."
c) "O primeiro era um termo derivado do latim medieval *influentia*, que significava 'influência dos astros sobre os homens'."
d) "O segundo era apenas a forma nominal do verbo *gripper* [...]."
e) "Supõe-se que fizesse referência ao modo violento como o vírus se apossa do organismo infectado."

**Texto para a questão 16.**

Diferentemente do texto escrito, que em geral compele os leitores a lerem numa onda linear — da esquerda para a direita e de cima para baixo, na página impressa — hipertextos encorajam os leitores a moverem-se de um bloco de texto a outro, rapidamente e não sequencialmente. Considerando que o hipertexto oferece uma multiplicidade de caminhos a seguir, podendo ainda o leitor incorporar seus caminhos e suas decisões como novos caminhos, inserindo informações novas, o leitor-navegador passa a ter um papel mais ativo e uma oportunidade diferente da de um leitor de texto impresso. Dificilmente dois leitores de hipertextos farão os mesmos caminhos e tomarão as mesmas decisões.

MARCUSCHI, L. A. *Cognição, linguagem e práticas interacionais*. Rio de Janeiro: Lucerna, 2007.

16. No que diz respeito à relação entre o hipertexto e o conhecimento por ele produzido, o texto apresentado deixa claro que o hipertexto muda a noção tradicional de autoria, porque

a) é o leitor que constrói a versão final do texto.
b) o autor detém o controle absoluto do que escreve.
c) aclara os limites entre o leitor e o autor.
d) propicia um evento textual-interativo em que apenas o autor é ativo.
e) só o autor conhece o que eletronicamente se dispõe para o leitor.

**Textos para a questão 17.**

### Texto 1

O professor deve ser um guia seguro, muito senhor de sua língua; se outra for a orientação, vamos cair na "língua brasileira", refúgio nefasto e confissão nojenta de ignorância do idioma pátrio, recurso vergonhoso de homens de cultura falsa e de falso patriotismo. Como havemos de querer que respeitem a nossa nacionalidade se somos os primeiros a descuidar daquilo que exprime e representa o idioma pátrio?

ALMEIDA, N. M. *Gramática metódica da língua portuguesa*. Prefácio. São Paulo: Saraiva, 1999 (adaptado).

### Texto 2

Alguns leitores poderão achar que a linguagem desta Gramática se afasta do padrão estrito usual neste tipo de livro. Assim, o autor escreve *tenho que reformular*, e não *tenho de reformular*; *pode-se colocar dois constituintes*, e não *podem-se colocar dois constituintes*; e assim por diante. Isso foi feito de caso pensado, com a preocupação de aproximar a linguagem da gramática do padrão atual brasileiro presente nos textos técnicos e jornalísticos de nossa época.

REIS, N. Nota do editor. PERINI, M. A. *Gramática descritiva do português*. São Paulo: Ática, 1996.

17. Confrontando-se as opiniões defendidas nos dois textos, conclui-se que

a) ambos os textos tratam da questão do uso da língua com o objetivo de criticar a linguagem do brasileiro.
b) os dois textos defendem a ideia de que o estudo da gramática deve ter o objetivo de ensinar as regras prescritivas da língua.
c) a questão do português falado no Brasil é abordada nos dois textos, que procuram justificar como é correto e aceitável o uso coloquial do idioma.
d) o primeiro texto enaltece o padrão estrito da língua, ao passo que o segundo defende que a linguagem jornalística deve criar suas próprias regras gramaticais.
e) o primeiro texto prega a rigidez gramatical no uso da língua, enquanto o segundo defende uma adequação da língua escrita ao padrão atual brasileiro.

18.

## La Vie en Rose

Reprodução/Adão/Enem 2007

ITURRUSGARAI, A. La Vie en Rose. *Folha de S.Paulo*, 11 ago. 2007.

Os quadrinhos exemplificam que as histórias em quadrinhos constituem um gênero textual:

a) em que a imagem pouco contribui para facilitar a interpretação da mensagem contida no texto, como pode ser constatado no primeiro quadrinho.
b) cuja linguagem se caracteriza por ser rápida e clara, que facilita a compreensão, como se percebe na fala do segundo quadrinho: "</DIV> </SPAN> <BR CLEAR = ALL> <BR> <BR> <SCRIPT>".
c) em que o uso de letras com espessuras diversas está ligado a sentimentos expressos pelos personagens, como pode ser percebido no último quadrinho.
d) que possui em seu texto escrito características próximas a uma conversação face a face, como pode ser percebido no segundo quadrinho.
e) que a localização casual dos balões nos quadrinhos expressa com clareza a sucessão cronológica da história, como pode ser percebido no segundo quadrinho.

# Respostas

## A gramática dos textos

### Vestibulares de Norte a Sul

**Capítulo 1**

1. c
2. a

**Capítulo 2**

1. d
2. a
4. b
5. c
6. V – F – V – F – V.
8. d

**Capítulo 3**

1. c
2. b

**Capítulo 4**

1. c
3. d

**Capítulo 5**

2. b
3. b
4. a
5. 001 + 004 = 005
6. b
7. d

**Capítulo 6**

1. a
3. d
4. d
5. b
6. 001 + 004 = 005

**Capítulo 7**

2. Correto.
3. b
4. e
5. e
6. a
7. 01 + 02 + 04 + 08 + 16 = 31
8. b
9. e
10. e

## A construção dos textos

### Vestibulares de Norte a Sul

**Capítulo 1**

1. c
2. b
3. a
4. d

**Capítulo 2**

1. b
2. 01 + 16 = 17

**Capítulo 3**

1. e
2. b
3. c

**Capítulo 4**

1. d
2. b

**Capítulo 5**

1. c
2. b
3. c

**Capítulo 6**

1. c
2. a
3. d

**Capítulo 7**

1. a
2. c
3. a

## Caiu no Enem

1. d
2. e
3. b
4. a
5. e
6. a
7. a
8. a
9. d
10. e
11. b
12. d
13. d
14. a
15. e
16. a
17. e
18. d

# Sugestões de leitura, filmes e *sites*

## A gramática dos textos

### Capítulo 1

**Livro**

- ***Budapeste***

**Chico Buarque. São Paulo: Companhia das Letras.**

Narra a vida de um personagem que se sente cercado por uma série de situações ambíguas e que dão ao texto um caráter de espelhamento em que o belo e o estranho se misturam.

**Filme**

- ***Budapeste***

**Direção de Walter Carvalho. Portugal, Brasil e Hungria, 2009.**

Com roteiro inspirado no romance homônimo de Chico Buarque, nesse filme o personagem José Costa, autor de biografias, espera salvar seu casamento do tédio. Sua esposa se apaixona por um turista alemão, o que faz José questionar sua relação amorosa e seu trabalho.

### Capítulo 2

**Livro**

- ***Melhores poemas de Arnaldo Antunes***

**Noemi Jaffe (Org.). São Paulo: Global.**

Coletânea com os melhores poemas de Arnaldo Antunes, artista que explora a organização visual e a sonoridade das palavras em suas obras.

### Capítulo 3

**Livro**

- ***Reunião de poesia***

**Adélia Prado. Rio de Janeiro: Best Bolso.**

Reúne 150 poemas extraídos dos sete livros de poemas da escritora mineira.

***Site***

- ***INMET — Instituto Nacional de Meteorologia***

**<www.inmet.gov.br/portal>**

No *site*, é possível acompanhar a previsão do tempo de várias cidades do mundo e acessar boletins e diversas estatísticas de eventos relacionados a situações climáticas.

### Capítulo 4

**Livro**

- ***Guia ilustrado de Astronomia***

**Ian Ridpath. Rio de Janeiro: Zahar.**

Trata-se de um guia bem útil aos iniciantes na Astronomia. A obra apresenta explicações em linguagem clara, acompanhadas de ilustrações representativas. Traz uma seção com os astros mais interessantes de cada constelação.

**Filmes**

- ***2001 — Uma odisseia no espaço***

**Direção de Stanley Kubrick. Estados Unidos, 1968.**

De acordo com essa ficção científica, desde a Pré-História, um misterioso monolito negro parece emitir sinais de outra civilização interferindo em nosso planeta. Uma equipe de astronautas entra em ação a bordo de uma nave controlada pelo computador HAL 9000. Porém, durante uma pane, HAL tenta assumir totalmente o controle da nave, eliminando cada um dos tripulantes.

- ***2010 — O ano em que faremos contato***

**Direção de Peter Hyams. Estados Unidos, 1984.**

Filme que dá sequência a *2001 – Uma odisseia no espaço*. Sentindo-se culpado pela perda dos astronautas, dr. Floyd embarca em uma missão conjunta com a União Soviética em busca de dados sobre a missão fracassada.

### Capítulo 5

**Livro**

- ***100 poemas escolhidos***

**Mauro Mota. Recife: Cepe.**

Organizado em homenagem ao centenário do autor, a coletânea com poemas já publicados e outros inéditos distribuídos em grupos temáticos.

### Capítulo 6

**Livros**

- ***Espero alguém***

**Fabrício Carpinejar. Rio de Janeiro: Bertrand Brasil.**

As crônicas tratam da retomada de alguém que perdeu seu amor e testemunham as contradições dos relacionamentos.

- ***Amar, verbo intransitivo***

**Mário de Andrade. Rio de Janeiro: Nova Fronteira.**

A obra gira em torno da história de Elsa, governanta alemã contratada por um membro da burguesia paulistana para iniciar sexualmente seu filho adolescente. Ela logo conquista a família, mas não se habitua aos costumes dessa sociedade. A governanta divide-se entre razão e emoção. O lado racional da protagonista busca justificativas para a profissão de professora de amor, mas é o lado emocional que a faz se entregar à tarefa, pois ela alimenta a esperança de voltar para a Alemanha que abandonara depois da Primeira Guerra Mundial e se casar com o homem dos seus sonhos. As cenas são separadas graficamente, como cortes cinematográficos. A linguagem é bem coloquial, repleta de palavras e expressões do cotidiano brasileiro do início do século XX.

**Filme**

- ***Macunaíma***

**Direção de Joaquim Pedro de Andrade. Brasil, 1969.**

Adaptação das aventuras do “herói sem nenhum caráter” da obra homônima de Mário de Andrade.

## Capítulo 7

### Livros

- *Otelo*

William Shakespeare. Porto Alegre: L&PM.

Peça teatral de Shakespeare sobre Otelo, um general mouro a serviço da República de Veneza, e seu amor pela bela e nobre Desdêmona. Nomeado governador de Chipre, indica Cássio, primo de sua amada, para seu auxiliar principal. Sua atitude provoca a inveja de Iago, que se julgava merecedor da promoção. Estes sentindo-se humilhado, trama vingança, insinuando a Otelo a traição de Desdêmona.

- *Shakespeare em quadrinhos — Otelo*

William Shakespeare. Adaptação: Jozz e Akira Sanoki. Belo Horizonte: Nemo.

Trata-se de uma adaptação da peça de Shakespeare para o universo das histórias em quadrinhos.

- *Para viver com poesia*

Mário Quintana. São Paulo: Globo.

Antologia de poemas organizada pelos principais motivos e temas da poesia do autor.

# A construção dos textos

## Capítulo 1

### Livro

- *O país do Carnaval*

Jorge Amado. São Paulo: Companhia das Letras.

Paulo Rigger terminou o curso de Direito na França e, agora, de volta ao Brasil, insatisfeito com o atraso oligárquico do país, une-se a um grupo de poetas fracassados que tenta encontrar algum sentido para a existência.

### Filme

- *A busca*

Direção de Luciano Moura. Brasil, 2012.

Desaparece o filho adolescente de um casal que mora no Rio de Janeiro. O pai sai em busca desse filho, procurando seguir o que descobre ao conversar com as últimas pessoas que falaram com o filho. Assim, envolve-se em uma viagem que o faz viver novas experiências e rever sua vida e sua relação com o próprio pai.

## Capítulo 3

### *Site*

- *Fundação Casa de Jorge Amado*

<www.jorgeamado.org.br>

No *site*, é possível acompanhar a programação cultural da fundação e informar-se sobre a vida e a obra de Jorge Amado e de Zélia Gattai.

## Capítulo 4

### Livros

- *O que é leitura?*

Maria Helena Martins. São Paulo: Brasiliense.

Um desdobramento das diversas maneiras de praticar a leitura além da materialidade dos livros.

- *Cócegas no raciocínio*

João Montanaro. São Paulo: Garimpo.

A obra reúne várias tiras e charges publicadas na imprensa pelo cartunista e apresenta uma história em quadrinhos — "O astronauta" — produzida especialmente para essa edição.

## Capítulo 5

### Livros

- *A hora da estrela*

Clarice Lispector. Rio de Janeiro: Rocco.

Trata-se da história da nordestina Macabea, moradora da cidade do Rio de Janeiro. O narrador, que se apresenta ao leitor como Rodrigo S. M., comenta não só a história da moça como o próprio processo da escrita.

- *Se um viajante numa noite de inverno*

Italo Calvino. São Paulo: Companhia das Letras.

O autor estabelece um jogo com seu próprio leitor, contando várias histórias que se ligam a uma delas, e o transforma em personagem do livro.

- *Memórias póstumas de Brás Cubas*

Machado de Assis. São Paulo: Ática.

O "narrador defunto" conta sua história com muita ironia e bom humor, montando um quadro da sociedade brasileira do século XIX.

## Capítulo 6

### Livros

- *Amazonas: no coração da floresta encantada*

Thiago de Mello. São Paulo: Cosac Naify.

Nas sete lendas que recria nessa obra, o poeta Thiago de Mello retrata o mundo com o qual convive há mais de vinte anos, quando decidiu morar à beira do rio Paraná-do-Ramos — o braço mais sinuoso e extenso do rio Amazonas —, na vila de Barreirinha, onde nasceu.

- *Contos brasileiros contemporâneos*

Julieta de Godoy Ladeira (Org.). São Paulo: Moderna.

Os contos convidam à reflexão sobre o ser humano no século XX, mostrando as dificuldades da fragmentação de nossa vida.

- *Poemas para ler na escola*

João Cabral de Melo Neto. Rio de Janeiro: Objetiva.

Reúne alguns dos melhores poemas com temas relacionados à juventude.

## Capítulo 7

### Livros

- *O conto da ilha desconhecida*

José Saramago. São Paulo: Companhia das Letras.

A obra retoma um mote fundamental na obra de Fernando Pessoa: "Para viajar, basta existir". Essa ideia abre espaço para perceber na imaginação uma possibilidade para a aventura da viagem por meio das histórias. Nesse conto de Saramago, um homem, depois de insistir muito, consegue de seu rei uma embarcação para procurar uma ilha que, segundo ele, ainda não tinha sido descoberta por viajantes e geógrafos.

- *O Quinze*

Rachel de Queiroz. Rio de Janeiro: José Olympio.

Trata-se do primeiro romance de Rachel de Queiroz, originalmente publicado em Fortaleza, em 1930. Narra o conflito entre ser humano e natureza, por meio da difícil marcha de um retirante e sua família rumo ao Amazonas. Paralelamente, é contada a história de uma moça sonhadora que adora ler romances franceses.

- *O Quinze*

Rachel de Queiroz. Adaptação: Shiko. São Paulo: Ática.

Adaptação da história homônima, de Rachel de Queiroz, para o universo das histórias em quadrinhos.

# Gramática & Texto

# Parte 2

## A gramática dos textos

Filipe Rocha/Arquivo da editora

## A construção dos textos

# A gramática dos textos

CAPÍTULO

# 8 Estrutura e formação de palavras

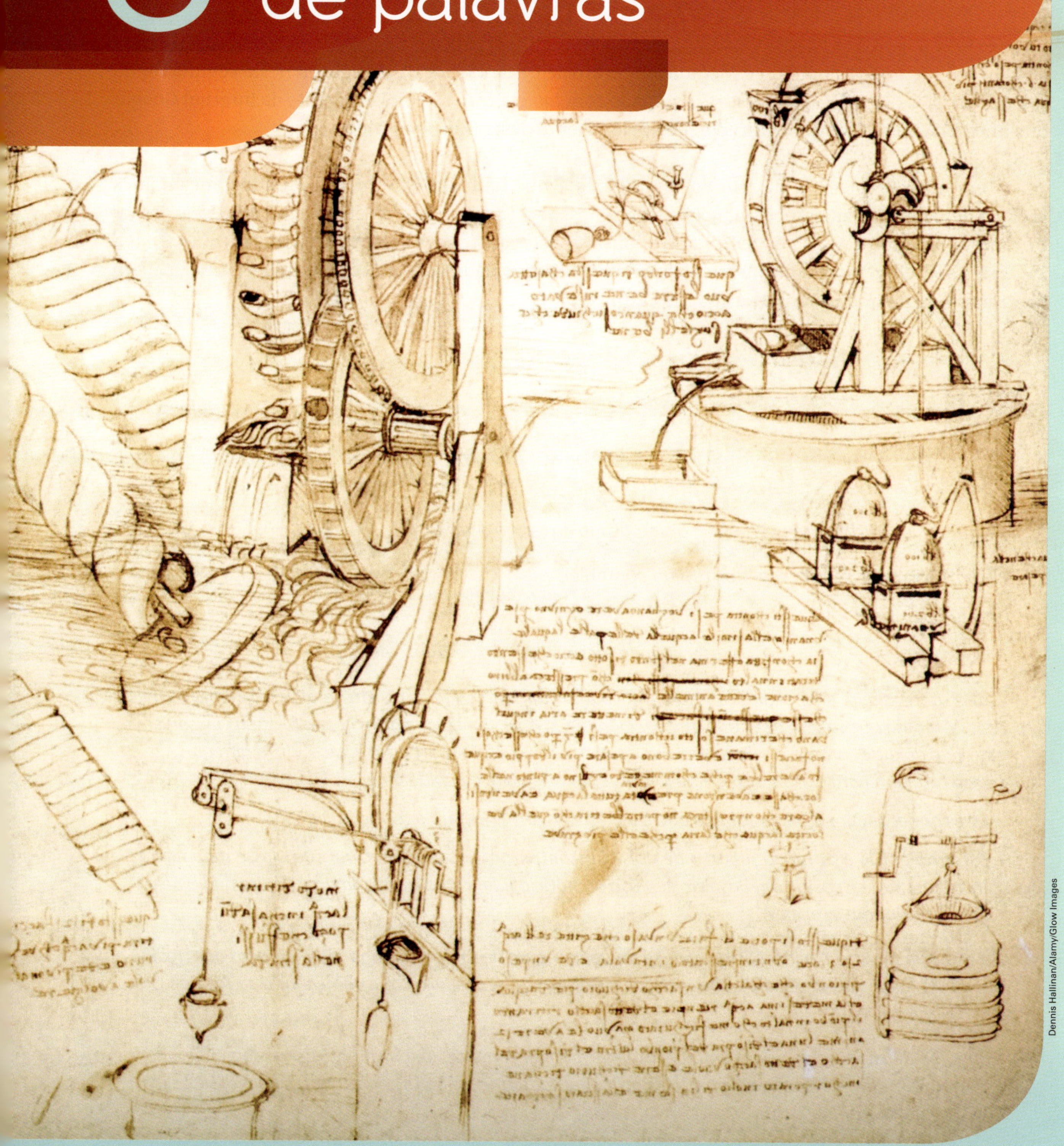

Dennis Hallinan/Alamy/Glow Images

Esboço do intelectual italiano Leonardo da Vinci (1452-1519) para construção de um equipamento hidráulico, 1408.

Você já tinha ouvido falar em "tabletcafés"? Leia a notícia a seguir. Com os colegas e o professor, discuta sobre locais que disponibilizam acesso à internet e/ou a redes locais e sobre a formação de palavras como essa, um neologismo, que ocorre porque a língua é dinâmica, palavras são criadas conforme as necessidades de seus falantes. Ao longo da conversa, levem em conta as questões propostas nesta página.

## Primeiro "tabletcafé" do mundo é inaugurado em Dacar

DA AFP, EM DACAR

O bairro histórico e popular de Medina, no centro de Dacar (Senegal), inaugurou nesta segunda-feira seu primeiro "tabletcafé", um cibercafé equipado com *tablets*, com o apoio do gigante da internet Google, que afirmou que se tratava do primeiro estabelecimento deste tipo no mundo.

[...]

"É o primeiro 'tabletcafé' do mundo, um 'cibercafé' que funciona com *tablets*. Para testar este novo modelo de 'cibercafé' apoiamos financeiramente nosso sócio, que comprou ele mesmo os *tablets* dos fabricantes", declarou à AFP Tidiane Dème, responsável pelas atividades do Google na África francófona.

"Estes aparelhos, que consomem 25 vezes menos eletricidade que um computador normal, podem continuar funcionando quando há apagões", afirmou Dème.

*Edilson Alencar*: notícias em primeira mão. Disponível em: <http://edilsonalencar.com.br>. Acesso em: 26 mar. 2014.

- *Mesmo que o leitor do texto acima nunca tenha ouvido falar em "tabletcafés", o próprio texto explica o que eles essencialmente oferecem. Em que trecho?*
- *Pesquisem em dicionários a origem e o significado do termo* ciber.
- *No termo* tabletcafé, ciber *foi substituído por* tablet.
  - *O que significa* tablet?
  - *Que outras palavras no texto pertencem ao mesmo campo semântico de* tablet?
- Café *é uma palavra em português cujo significado certamente os falantes em geral dessa língua conhecem. Mas será que sabem o sentido que vai além do fruto e da bebida em si ou sua história? Observem:* café *vem do árabe* qahwa *(vinho), através do turco* qahvé *(café). A partir do século XVIII, emprega-se esse termo também para denominar o estabelecimento que serve a bebida* café.
  - *Esse conhecimento ajuda a saber o que é um "tabletcafé"? Defina o termo.*
  - *O termo então é formado a partir de dois substantivos:* tablet + café. *Qual sua classe de palavra? Justifique sua resposta com base em seu uso na notícia lida: como essa palavra é flexionada, que palavras flexionam com ela?*
- *Ao elaborar a notícia, o jornalista valeu-se do depoimento de um profissional da área para dar credibilidade ao que informa. Essa pessoa justifica a criação desses espaços que começam a se formar. Que argumento ela usa?*
- *Na região de vocês há espaços comerciais que disponibilizam acesso à internet? Como são chamados? Como funcionam? Vocês conhecem a legislação que regulamenta o funcionamento desses espaços para evitar práticas criminosas?*

A história das palavras está longe de ser insípida e desinteressante ao comum dos mortais. É com vivo entusiasmo que se acompanham as incursões nessa seara, talvez porque, como lembrou o lexicólogo e etimólogo francês Antoine Thomas, assim como a criança gosta de desmontar seus brinquedos para ver como funcionam, o homem sente prazer em desmontar as palavras em seus elementos constitutivos, para saber o segredo profundo do seu significado, para conhecer o percurso de sua história através do tempo.

BECHARA, Evanildo. In: LUFT, Celso. *O romance das palavras*. São Paulo: Ática, 1996.

A GRAMÁTICA DA PALAVRA

# 1 A estrutura das palavras

Neste capítulo nosso enfoque será o estudo das unidades e das regras que regem a estrutura interna da palavra. Ao nos determos na organização interna do significante, podemos compreender melhor seu significado. Para isso, vamos mergulhar nas menores unidades significativas das palavras e suas combinações.

Veja, por exemplo, a palavra *menininhos*. Ela é formada de quatro unidades significativas:

menin | inh | o | s

1. *menin-* é a unidade que fornece o significado da palavra; podemos afirmar que é sua base. É o radical. Com o radical, podemos formar uma família de palavras, os cognatos: *meninada, menineiro, meninez, meninice, meninil, meninote, ameninado, ameninar*.
2. *-inh-* é a unidade que indica o grau diminutivo.
3. *-o-* é a unidade que indica o gênero masculino.
4. *-s* é a unidade que indica o número (plural).

Essas unidades significativas, ou segmentos, que constituem as palavras são as formas mínimas ou **morfemas** (do grego *morphé*, "forma" + a terminação *-ema* de *fonema*). Chamamos **análise mórfica** ou **morfológica** ao processo de decomposição das palavras em suas várias formas mínimas.

Há duas espécies de morfemas:

- aqueles cuja significação refere-se ao mundo objetivo (tanto ao mundo exterior como ao interior – seres, ações, ideias, sensações, estados, qualidades) e que indicam a significação da palavra (daí serem chamados de **semantemas** – de *semântica*, "estudo da significação das palavras"). Referem-se ao conjunto de palavras de uma língua (daí também serem chamados de **lexemas** – de *léxico*, "vocabulário de uma língua").
- aqueles que têm significação apenas em relação ao sistema gramatical da língua. Indicam, no caso da língua portuguesa, o gênero, o número, a pessoa, o modo e o tempo. Por exemplo:

| | |
|---|---|
| alun | - o - Ø |
| | - a - Ø |
| | - o - s |
| | - a - s |

Nesse caso, os morfemas *-o* e *-a* indicam o gênero (masculino ou feminino) e o morfema **-s** indica o número plural (na ocorrência do singular, considera-se **morfema zero**, representado pelo símbolo Ø). Esses morfemas só têm significação relativamente à estrutura da língua; por isso, são chamados de **morfemas gramaticais**.

# 2 Os elementos mórficos

## Radical, semantema ou lexema

É a forma mínima (portanto, indivisível em unidades menores) que indica o sentido básico da palavra, ou seja, seu significado.

Com os radicais formamos famílias de palavras; é o que ocorre, por exemplo, com o radical *doc* da palavra *doce*:

Filipe Rocha/Arquivo da editora

**doc** - inho
**doc** - eira
**doc** - (e)mente
**doç** - aria
**doç** - ura
a - **doc** - icado
a - **doç** - ar

**Observação**: A troca do *c* por *ç* é apenas acomodação gráfica; o fonema é sempre o mesmo.

## Afixos

São elementos colocados antes (**prefixos**) ou depois (**sufixos**) dos radicais.

| Prefixos | Radicais | Sufixos |
|---|---|---|
| **a** | menin | **ado** |
| | menin | **ada** |
| **in** | feliz | |
| | leve | **mente** |

| Prefixos | Radicais | Sufixos |
|---|---|---|
| | estupid | **ez** |
| | escam | **oso** |
| | real | **ismo** |
| | livr | **eco** |

De modo geral, pode-se dizer que os prefixos acrescentam uma noção semântica ao radical, e os sufixos, além de uma noção semântica, podem trazer uma marca classificatória.

A palavra formada pelo acréscimo de um prefixo pertence à mesma classe gramatical da palavra primitiva (*feliz* = adjetivo; *infeliz* = adjetivo); por sua vez, a palavra formada pelo acréscimo de sufixo pode, eventualmente, pertencer a classe gramatical diferente da palavra primitiva (*menino* = substantivo, *meninada* = substantivo; *estúpido* = adjetivo, *estupidez* = substantivo).

Nos exemplos acima, o prefixo *a-*, em *ameninado*, acrescenta a noção de "transformação"; *in-*, em *infeliz*, a noção de negação. O sufixo *-mente* é formador de advérbios de modo; *-ez*, de substantivos abstratos; *-oso*, de adjetivos. Já o sufixo *-ado*, em *ameninado*, significa "que tem caráter ou forma de", "semelhante a"; o sufixo *-ada*, em *meninada*, significa "multidão, coleção"; o sufixo *-ismo*, em *realismo*, significa "doutrina, escola, teoria ou princípio artístico, filosófico ou político". Há casos em que o uso implica novas significações; é o que ocorre com alguns diminutivos que podem ser empregados com carga pejorativa, como o sufixo *-eco* em *livreco*.

# Vogal temática e tema

**Vogal temática** é o elemento que se junta ao radical de um verbo ou de um nome para fazer a ligação entre este e a desinência. O radical acrescido da vogal temática recebe o nome de **tema**.

Veja o caso do verbo *cantar*: o radical é *cant-* (radical também de: *cantador*, *cantor*, *cantável*, *cantante*, etc.); a desinência é *-r*. Entretanto, na língua portuguesa, é impossível a ligação **cant-** + **-r**. É necessário mais um elemento, no caso, a vogal temática. Assim:

**cant-** (radical) **canta-** (tema: radical + vogal temática) **cantar** (tema + desinência)

As vogais temáticas identificam as conjugações verbais:

**-a-** verbos da primeira conjugação (*falar*, *cantar*)

**-e-** verbos da segunda conjugação (*beber*, *vender*)

**-i-** verbos da terceira conjugação (*partir*, *sair*)

**ATENÇÃO!**

O verbo *pôr* e seus derivados pertencem à segunda conjugação. Sua forma arcaica era *poer*; na forma atual, o verbo *pôr* não apresenta vogal temática. No entanto, algumas palavras derivadas do radical de *poer* apresentam a vogal temática: *poedeira*, *poente*.

Nos nomes que não admitem flexão de gênero, também encontram-se **vogais temáticas**, representadas por *-a*, *-e*, *-o* átonos no final das palavras. É o que ocorre, por exemplo, com *mes**a***, *perfum**e*** e *trib**o*** cujos radicais são *mes-*, *perfum-*, *trib-* (radicais também de: ***mes**ário*, ***mes**inha*; ***perfum**aria*, ***perfum**oso*; ***trib**al*, ***trib**alismo*). Aos temas, pode-se acrescentar a desinência de número: *mesa**s***, *perfume**s***, *tribo**s***.

# Desinências

São elementos colocados no final das palavras para indicar certos aspectos gramaticais. Na língua portuguesa, dividem-se em:

- **desinências nominais**: indicam o gênero e o número dos nomes (substantivos, adjetivos, pronomes, artigos, numerais). Por exemplo:

alun - **o** - **Ø** (*-o*, indica o gênero masculino; a ausência de desinência – ou desinência zero – marca o singular)

alun - **a** - **Ø** (*-a*, indica o gênero feminino; a ausência de desinência – ou desinência zero – marca o singular)

alun - **o** - **s** (*-o*, indica o gênero masculino; *-s*, indica o número plural)

Na língua portuguesa, para indicar a flexão de gênero, os casos mais comuns são a alternância entre *-o* ou *Ø* e *-a* (gat**o**-gat**a**; peru-peru**a**); para indicar a flexão de número, a alternância se dá entre *Ø* e *-s* (gato-gato**s**; perua-perua**s**). Observe que a falta da desinência é tão significativa quanto sua presença.

- **desinências verbais**: indicam as flexões dos verbos em número, pessoa, modo e tempo. Por exemplo:

  cant-á-**sse-mos**

  cant- (radical)

  -á- (vogal temática)

  **-sse-** (desinência de modo subjuntivo e de tempo imperfeito)

  **-mos** (desinência de primeira pessoa e de número plural)

OPS!

### Cadê a desinência?

Afirmamos que desinências "são elementos colocados no final das palavras para indicar certos aspectos gramaticais". Mas, como sempre, há exceções (só para confirmar a regra!). Leia o inciso IV do 3º artigo da nossa Constituição:

> Art. 3º Constituem objetivos fundamentais da República Federativa do Brasil:
> [...]
> IV – promover o bem de todos, sem preconceitos de origem, raça, sexo, cor, idade e quaisquer outras formas de discriminação.

As palavras *quaisquer* e *outras* estabelecem concordância com o substantivo feminino plural *formas*. Em *outras*, as desinências *-a* e *-s* indicam o gênero feminino e o número plural. E na palavra *quaisquer*, onde estão as desinências? O pronome indefinido *qualquer* é invariável quanto ao gênero (só o identificamos pelo contexto), portanto não apresenta desinência (um homem qualquer, uma mulher qualquer); quanto ao número, uma curiosidade: a marca do plural está no meio da palavra, e não no fim. Isso se explica pela sua formação: *qual* (pronome) + *quer* (verbo *querer*, terceira pessoa do singular, presente do indicativo); apenas o primeiro elemento se flexiona, daí *quais* + *quer*.

## A palavra mais comprida da língua

Você está lembrado daquela turminha famosa do Sítio do Pica-Pau-Amarelo, que partiu para um passeio ao País da Gramática? Pois é. Entre outras coisas interessantes, eles se defrontaram com "a palavra mais comprida da língua". Vamos aos fatos.

> Era uma curiosidade de museu que ali estava em exibição pública. Um grande letreiro dizia: "A palavra mais comprida da língua. Entrada franca".
> Os meninos precipitaram-se para ver o fenômeno e de fato viram num cercado de arame, espichada no chão que nem jiboia, a palavra **anticonstitucionalissimamente**.
> – Irra! – berrou a boneca. – Uma, duas, três, quatro... Vinte e nove letras tem este formidável advérbio!...
> – Treze sílabas! Cáspite!... acrescentou Pedrinho.

LOBATO, Monteiro. *Emília no País da Gramática*. 11. ed. São Paulo: Brasiliense. p. 43.

Vamos pensar um pouco nessa palavra imensa. A base é o substantivo **constituição**; daí derivou o adjetivo **constitucional** (constituição + o sufixo **-al**, que indica "relação"); a seguir, foi acrescentado o prefixo **anti-** ("contra"); ao adjetivo **anticonstitucional** foram acrescidos mais dois sufixos: **-íssimo** (indica o grau superlativo) e **-mente** (formador de advérbios de modo), para finalmente resultar no advérbio **anticonstitucionalissimamente**.

No próximo item, vamos estudar, mais detalhadamente, como se dá esse processo.

# 3 Processos de formação das palavras

Os dois principais processos pelos quais se formam novas palavras na língua portuguesa ocorrem quando:

- a uma palavra básica, primitiva, acrescentamos prefixos, ou sufixos, ou ambos, ou a mudamos de classe gramatical, ou dela retiramos um elemento qualquer: trata-se do processo de **derivação**. Importante é observar que tudo acontece em torno de **uma só palavra primitiva**, de um só radical. Veja o exemplo:

**ARQUIVO** (palavra primitiva)

- **arquiv**amento
- **arquiv**ar
- **arquiv**onomia
- re**arquiv**ar
- **arquiv**ista

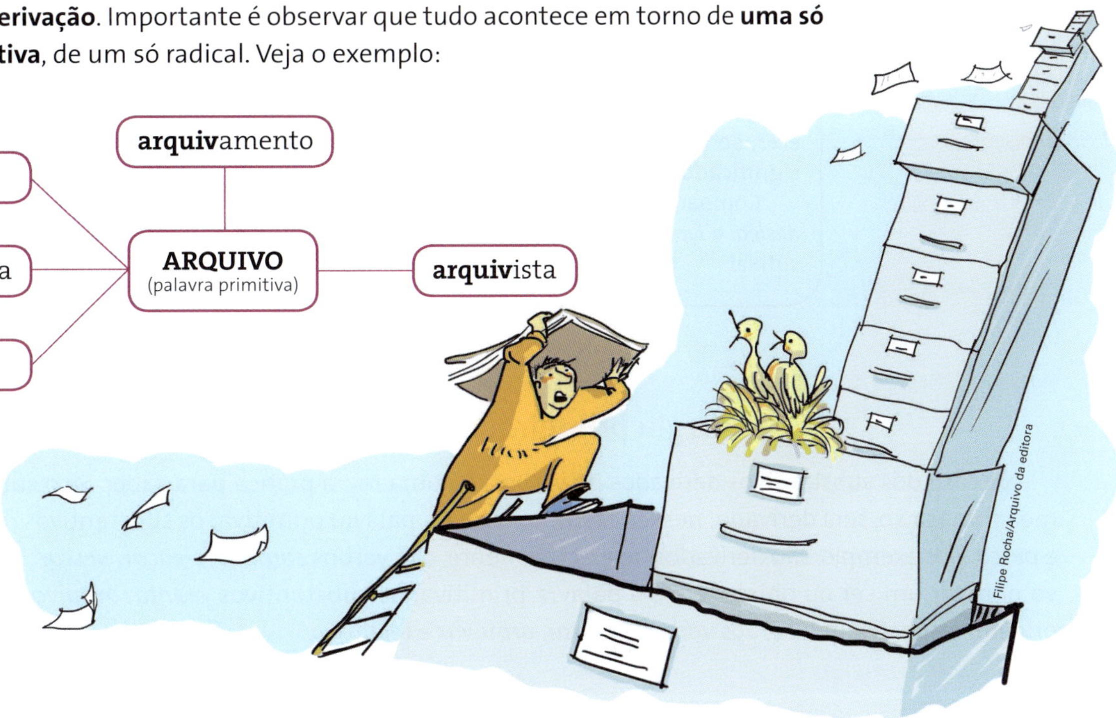
Filipe Rocha/Arquivo da editora

- uma palavra é formada por **dois ou mais radicais**: trata-se do processo de **composição**. Observe que a composição consiste **sempre** na junção de radicais. Por exemplo:

| | | |
|---|---|---|
| água-de-colônia | couve-flor | pernalta |
| girassol | automóvel | eletroencefalograma |

## Derivação

Como vimos anteriormente (tendo como exemplos **arquiv**o, **arquiv**ista, re**arquiv**ar, etc.), o processo de derivação está sempre ligado a dois conceitos: **palavra primitiva** (aquela que serve de base) e **palavra derivada** (aquela que se forma a partir de uma palavra primitiva; no caso, é nosso objeto de estudo).

Os tipos de derivação são:

- **prefixal**: quando se acrescenta um prefixo à palavra primitiva: **des**amor, **in**feliz, **re**ver, etc.
- **sufixal**: quando se acrescenta um sufixo à palavra primitiva: amor**oso**, feliz**mente**, menin**inho**, etc.
- **parassintética**: quando se acrescenta, ao mesmo tempo, um prefixo e um sufixo: **es**quent**ar**, **es**fri**ar**, **a**madur**ecer**, etc.

| **en** | + | tard | + | **ecer** |
|---|---|---|---|---|
| prefixo | | radical | | sufixo |

- **regressiva**: quando a palavra primitiva sofre uma **redução**. Em geral, formam-se substantivos abstratos por derivação regressiva de formas verbais: *ajuda* (de *ajudar*), *trabalho* (de *trabalhar*), *castigo* (de *castigar*), etc. A linguagem popular, com suas gírias e modismos, que obedecem à lei do menor esforço, apresenta inúmeros exemplos: *estranja* (de *estrangeiro*), *boteco* (de *botequim*), etc.

**ATENÇÃO!**

Na derivação parassintética, o simples acréscimo do prefixo **ou** do sufixo **não forma uma palavra**. A nova palavra é formada pelo acréscimo **simultâneo** de prefixo e sufixo, para ter significado. Veja, por exemplo, a palavra *entardecer*: é formada por *en* + *tarde* + *ecer*; só o prefixo ou só o sufixo não forma outra palavra (*entarde* e *tardecer* não têm significado).

Compare com este outro exemplo: *deslealdade*. A derivação não é parassintética, pois *desleal* e *lealdade* têm vida própria, têm significado. Nesse caso, ocorre derivação prefixal e sufixal.

### O que surgiu primeiro: o verbo ou o substantivo?

No caso dos substantivos derivados de verbos, há uma regra prática para saber. Se o substantivo nomear uma ação, será derivado; nesses casos, o verbo é a palavra primitiva: os substantivos *combate*, *caça* e *pesca*, por exemplo, são derivados, respectivamente, dos verbos *combater*, *caçar*, *pescar*. Se o substantivo nomear um ser ou objeto, ele é a palavra primitiva: os substantivos *planta*, *arquivo* e *telefone* dão origem, respectivamente, aos verbos *plantar*, *arquivar* e *telefonar*.

**OPS!**

### Cadê o sufixo?

No caso de *plantar*, *arquivar* e *telefonar*, palavras derivadas, ocorre uma interessante situação: são formadas pelo radical dos substantivos (*plant*, *arquiv*, *telefon*) + a vogal temática *a* + a desinência do infinitivo *r*. Não há, a rigor, um sufixo. No entanto, à falta de melhor classificação, diz-se que são formadas pelo processo de derivação sufixal. E alguns gramáticos consideram as terminações do infinitivo (*ar*, *er*, *ir*) sufixos verbais ou sufixos flexionais.

## Composição

Como já vimos, a composição ocorre sempre que uma palavra é formada pela junção de dois ou mais radicais. São dois os tipos de composição:

- **justaposição**: quando os radicais formadores da nova palavra **não sofrem modificações**. Por convenção ortográfica, há palavras em que os elementos de composição são grafados unidos (*passatempo*, *televisão*), outras em que os elementos aparecem unidos por hífen (*quinta-feira*, *amor-perfeito*) e há ainda palavras que preservam sua autonomia gráfica (*Ana Maria*, *fim de semana*, *meio ambiente*).
- **aglutinação**: quando os radicais formadores da nova palavra **sofrem modificações** (as alterações podem ocorrer em um ou em todos os radicais formadores da palavra): *aguardente* (*água* + *ardente*), *vinagre* (*vinho* + *acre*), *planalto* (*plano* + *alto*), *fidalgo* (*filho* + *de* + *algo*), etc.

# 4 Outros processos de formação de palavras

Além dos dois principais processos de formação de palavras – a derivação e a composição –, existem alguns outros que produzem um número razoável de vocábulos.

## Onomatopeia

A **onomatopeia**, que você já estudou como recurso estilístico, consiste na imitação de sons, seja o som das vozes dos animais, seja o som dos ruídos da natureza, ou mesmo o som produzido pelos objetos e pelo próprio homem. Por exemplo, o homem, imitando a voz do gato, criou a palavra *miau* e o respectivo verbo *miar*; para o barulho do trovão, o verbo *troar*; para o barulho do relógio, *tique-taque*; para a batida na porta, *toque-toque*; e mais: *pingue-pongue*, *pum*, *zum-zum*, *cacarejar*, *gago*, *ronronar*, etc.

©(2008) Nik/Dist. By Atlantic Syndication/Universal Uclick

©(1982) Dik Browne/King Features Syndicate/IPress

Fernando Gonsales/Acervo do cartunista

©Jim Davis/Paws, Inc. All Rights Reserved/Dist. By Atlantic Syndication/Universal Uclick

## Abreviação, abreviatura, siglas

A **abreviação vocabular** (ou **forma reduzida**) consiste na redução da palavra até o limite que não prejudique a compreensão de seu significado no contexto. A seguir, veja alguns exemplos já bastante presentes na mídia brasileira.

**Bovespa** (Bolsa de Valores de São Paulo) **registra leve alta nesta quinta-feira**

*G1*. Disponível em: <http://g1.globo.com>. Acesso em: 21 fev. 2014.

**ONGs** (Organizações Não Governamentais)**, transparência e sociedade**

*O Estado de S. Paulo*. São Paulo, 27 out. 2012. Disponível em: <www.estadao.com.br>. Acesso em: 21 fev. 2014.

**Mostra com filmes de John Ford começa nesta semana no CineSesc** (Cinema do Sesc (Serviço Social do Comércio))

*Conexão Tocantins*. Disponível em: <http://conexaoto.com.br>. Acesso em: 21 fev. 2014.

cinematógrafo ⟶ **cine / cinema**
metropolitano ⟶ **metrô**
microcomputador ⟶ **micro**
motocicleta ⟶ **moto**
telefone ⟶ **fone**
fotografia ⟶ **foto**
Pelourinho ⟶ **Pelô**
pneumático ⟶ **pneu**
reacionário ⟶ **reaça**
rebuliço ⟶ **rebu**

**Abreviatura** é a representação de uma palavra por meio de algumas de suas sílabas ou letras:

**pág.** ou **p.** (página) **m** (metro) **Fís.** (Física) **Geom.** (Geometria)

As **siglas** podem ser consideradas um tipo especial de abreviatura, feita com as letras iniciais, ou mesmo as sílabas iniciais, das palavras:

**MAM**
(**M**useu de **A**rte **M**oderna)

**Volp**
(**V**ocabulário **O**rtográfico da **L**íngua **P**ortuguesa)

**CEP**
(**C**ódigo de **E**ndereçamento **P**ostal)

**Alca**
(**Á**rea de **L**ivre **C**omércio das **A**méricas)

**ONG**
(**O**rganização **N**ão **G**overnamental)

**Bovespa**
(**Bo**lsa de **V**alores do **Es**tado de São **Pa**ulo)

A partir das siglas podem ser criadas novas palavras pelo acréscimo de sufixos: **PT** (sigla de **P**artido dos **T**rabalhadores); **petista** – palavra formada pela sigla **PT** – "pet(e)-" – + sufixo **ista** ("partidário, seguidor de doutrina").

**ATENÇÃO!**

**Neologismo** é a denominação dada a uma palavra recém-criada ou mesmo a uma palavra que adquire um novo significado; *neologismar* é o ato de criar e ou empregar neologismos.

Como vimos no texto de abertura, *cybercafé* é uma palavra recém-criada, sem registro, ainda, nos dicionários. O mesmo ocorre com *ciberpirata* (pessoa que viola sistema pela internet), *e-governo* (atendimento eletrônico de órgãos governamentais pela internet) e tantos outros termos que surgiram (e surgem!) desde o advento da informática e da internet.

Já com a palavra *tucano*, por exemplo, ocorreu outro fenômeno linguístico. Tradicionalmente, nomeia uma espécie de ave, um povo indígena do Alto Rio Negro e uma constelação. Nas últimas décadas do século XX, um novo partido político adotou a ave como símbolo; a partir de então, criaram-se neologismos: *tucano*, empregado como substantivo ou adjetivo para designar um político ligado ao partido ou para referir-se a ele (Os tucanos votaram contra o projeto... O governador tucano compareceu à cerimônia...) e *tucanar* (o vereador tucanou = virou tucano, isto é, agiu como um político desse partido ou passou a fazer parte dele...).

Entretanto, para neologismar, não basta apenas criatividade; é necessário obedecer a certas normas da língua ao compor os vários segmentos que formam a estrutura da palavra. Caso contrário, torna-se impossível decodificá-la. Com os verbos, há uma regra: todos os verbos novos devem pertencer à primeira conjugação.

Veja o caso do verbo inglês *to delete*, que nomeia uma função em todos os teclados de computadores. Embora existam equivalentes na língua portuguesa – apagar, remover, suprimir –, o vocábulo foi perfeitamente assimilado e aportuguesado: ao radical *delet-* foi acrescentada a vogal temática de primeira conjugação, resultando no tema *deleta*, ao qual se acrescentou a desinência do infinitivo, surgindo o verbo *deletar* (eu deleto, tu deletas...), com registro nos principais dicionários.

# Atividades

**Textos para as questões de 1 a 4.**

**Heteros representam 68% dos casos de HIV**

Notícias Band.
Disponível em:
<http://noticias.band.uol.com.br>.
Acesso em: 9 abr. 2014.

**O que é HIV**

HIV é a sigla em inglês do vírus da imunodeficiência humana. Causador da Aids, ataca o sistema imunológico, responsável por defender o organismo de doenças. As células mais atingidas são os linfócitos CD4+. E é alterando o DNA dessa célula que o HIV faz cópias de si mesmo. Depois de se multiplicar, rompe os linfócitos em busca de outros para continuar a infecção.

[...]

Disponível em: <www.aids.gov.br>. Acesso em: 4 abr. 2014.

1. *Aids* é uma sigla, mas também um estrangeirismo consagrado no português do Brasil; o mesmo ocorre com *HIV*. Justifique essa afirmação.

2. Em Portugal, aportuguesaram a sigla *Aids*. Como ela é grafada?

3. Observe a palavra *hetero*, na manchete.
   a) Ela é a forma reduzida de que vocábulo?
   b) Como todo neologismo aportuguesado, a palavra deve seguir as normas do Português escrito. Como ela deveria ter sido escrita?

4. Escreva uma hipótese sobre o fato de o veículo de comunicação ter optado por usar a sigla (Aids) e a forma reduzida da palavra *heterossexual*.

5. Leia o texto a seguir, fragmento de uma postagem em um *blog* de revista voltada para o público adolescente.

**Papo de BFF**

*Primeiro beijo*

Postado por: redação

Filipe Rocha/Arquivo da editora

[...]

*A hora e a pessoa certa*

Não importa a sua idade, você não deve se sentir atrasada ou boba porque ainda não beijou ninguém enquanto a maioria das suas amigas já. O primeiro beijo é algo muito particular e vai depender de vários fatores: sua personalidade, conhecer alguém interessante e acontecer uma situação favorável. Não adianta marcar hora e lugar, o beijo só vai acontecer de uma forma legal se for com o menino que você gosta (não precisa ser o mais bonito), em um lugar tranquilo, sem pressão de ninguém, ok?

[...]

*BV x BVL*

Se você não conhece essas siglas, elas querem dizer "boca virgem" e "boca virgem de língua". Ou seja, se você nunca deu nenhum selinho em ninguém, você é BV, mas se já beijou, só que sem colocar a língua, então é BVL. No final das contas, isso não vai fazer muita diferença, porque do selinho para o beijão o caminho é bem curto!!

Revista *TodaTeen*. Disponível em: <http://todateen.uol.com.br>. Acesso em: 17 dez. 2013.

a) Explique o processo de formação das siglas BV e BVL.
b) É comum que algumas siglas se tornem um tipo de gíria, porque são usadas por grupos sociais específicos, acostumados com determinadas expressões que não são conhecidas pelos falantes da língua que não pertencem a tal grupo. Considerando a fonte do texto, qual é o grupo social que utiliza as siglas BV e BVL?
c) Além das siglas BV e BVL, cujo sentido está explicado no texto, o nome da seção em que o texto se encontra também apresenta uma sigla: BFF, que significa, em inglês, "best friend forever" ("melhor amigo para sempre"). Explique o processo de formação da sigla. Como seria a sigla da expressão traduzida?
d) Identifique e classifique os morfemas da palavra *selinho*.
e) Identifique e classifique os morfemas da palavra *beijão*.
f) Observe o nome da revista que publicou o texto. Tente explicar seu processo de formação.

# 5 Prefixos

O prefixo é definido como o elemento mórfico que antecede o radical (ou raiz) de uma palavra, alterando-lhe o significado a ponto de criar uma nova palavra: moral, **i**moral, **a**moral. Em alguns casos, o prefixo pode anteceder outro prefixo; ocorre, assim, a presença de dois ou mais prefixos numa mesma palavra: *desajustar* (***des*** + ***a*** + *justo* + *ar*).

Conhecer o significado dos prefixos é fundamental para a compreensão das novas palavras criadas pelo processo de derivação prefixal. Observe que, às vezes, o prefixo tem o valor de um advérbio (de negação: ***a****nônimo*, ***a****teu*); às vezes, de uma preposição (*contra*) ou de um numeral (*bi*, *bis*).

# 6 Sufixos

Ao apresentar a relação dos principais sufixos, não obedeceremos ao critério etimológico, e sim ao funcional. Dessa forma, é importante perceber que os sufixos podem ser classificados em dois grupos: os sufixos **flexionais** (que indicam certas flexões das palavras, como o grau aumentativo ou diminutivo) e os sufixos **derivacionais** (que formam novas palavras pelo processo de derivação sufixal).

Pelo critério de classes de palavras, os sufixos podem ser de três tipos:

- **nominal** – aquele que forma substantivos e adjetivos;
- **verbal** – aquele que forma verbos;
- **adverbial** – aquele que forma advérbios.

## Sufixos verbais

Além das flexões, os verbos apresentam uma carga significativa muito particular: exprimem a duração do processo indicado. A essa propriedade, que realça o caráter dinâmico e temporal do verbo, chamamos **aspecto**.

Tomando por base a estrutura das palavras, o **aspecto verbal** tem seu significado centrado nos sufixos que formam verbos a partir de substantivos e adjetivos.

Explicaremos, a seguir, os **aspectos verbais** indicados pelos sufixos relacionados:

- **durativo (ou cursivo)**: exprime um processo que está em curso, portanto, em pleno desenvolvimento, sem referência a seu início ou término.
- **frequentativo (ou iterativo)**: refere-se a uma ação repetida ou frequente; geralmente é indicado por sufixo de valor diminutivo.
- **incoativo**: exprime o início de um processo.
- **factitivo (ou causativo)**: trata-se de verbo transitivo direto que exprime um processo em que o objeto é um agente sob a influência de um sujeito.

Filipe Rocha/Arquivo da editora

A mãe adormece a criança.
Quem adormece é a criança, isto é, o agente.

O pastor apascenta o rebanho.
O rebanho é que vai ao pasto.

O menino afugentou os passarinhos.
Os passarinhos fugiram.

| Sufixos que formam verbos derivados de substantivos e adjetivos | | | |
|---|---|---|---|
| **aspectos** | **verbais** | **significados** | **exemplos** |
| *-ear, -ejar* | ação durativa, ação frequentativa | transformação, mudança de estado | cabecear, balancear, verdear, gotear, folhear; gotejar, verdejar, velejar |
| *-ecer, -escer* | ação incoativa, ação factitiva | transformação, mudança de estado | amanhecer, amarelecer, envelhecer, anoitecer, embranquecer; rejuvenescer, florescer |
| *-entar* | ação factitiva | qualidade, estado | atormentar, afugentar, aformosentar |
| *-fazer, -ficar* | ação factitiva | qualidade, estado | liquefazer, estupefazer; clarificar, mitificar, petrificar, retificar, mumificar |
| *-icar, -iscar* | ação frequentativa | diminutivo | bebericar, adocicar; mordiscar, chuviscar, lambiscar |
| *-ilhar, -inhar* | ação frequentativa | diminutivo | dedilhar, fervilhar; escrevinhar, cuspinhar |
| *-itar* | ação frequentativa | diminutivo | dormitar, saltitar |
| *-izar* | ação factitiva | qualidade, mudança de estado | civilizar, utilizar, organizar, vulgarizar |

**Observação**: Os verbos que apresentam prefixo e sufixo são, via de regra, formados pelo processo de **derivação parassintética** (*amanhecer*, *ensurdecer*, *afugentar*).

## Sufixo adverbial

O único sufixo **adverbial** da língua portuguesa é o sufixo *-mente* (do substantivo latino *mens, mentis* – "mente, alma, espírito, intenção"); a princípio, o substantivo juntava-se a um adjetivo para indicar "a maneira", "o modo", "a intenção": segura mente ("de maneira segura"); forte mente ("de maneira forte"). Daí formar **advérbios de modo**.

O processo de formação dos advérbios terminados em *-mente* obedece, em geral, ao seguinte processo:

| adjetivo (feminino) | + | sufixo | | |
|---|---|---|---|---|
| generosa | + | -mente | → | generosamente |
| tranquila | + | -mente | → | tranquilamente |
| forte | + | -mente | → | fortemente |

**Observação**: O substantivo *mens*, em latim, é feminino.

**ATENÇÃO!**

Dá-se o nome de **hibridismo** às palavras em cuja formação entraram morfemas oriundos de diferentes línguas. É o que ocorreu com:

- **abreugrafia** = *abreu*, vocábulo português derivado do nome do médico brasileiro Manuel de Abreu, criador do método utilizado para diagnosticar tuberculose, + *grafia*, elemento de composição grego ("escrita").
- **agrobusiness** e **agroboy** = *agri, agro*, elemento de composição latino ("campo", "terra trabalhada", "agrícola") + os termos ingleses *business* ("negócio") e *boy* ("menino, rapaz").
- **algébrico** = *álgebra* vem do árabe + *-ico*, sufixo grego.
- **ipê-roxo** = *ipê* vem do tupi ("casca, árvore cascuda") + *roxo*, de origem latina ("de cor vermelha carregada").
- **surfista** = *surf* é palavra da língua inglesa + *-ista*, sufixo grego.

# Atividades

**Texto para as questões de 1 a 8.**

## Nhá Benta, da Kopenhagen, ganha três novos sabores

*Campanha de divulgação começa a ser veiculada nesta sexta-feira (13)*

A Nhá Benta, um dos principais produtos da Kopenhagen, ganhou três novas versões. A novidade, chamada de Nhá Benta Duo, traz opções de *marshmallow* com morango, com maracujá ou com chocolate.

Para divulgar o lançamento, começa a ser veiculada nesta sexta-feira (13) uma campanha, criada pelo Grupo Rai, que traz de volta Edson Celulari como protagonista.

No filme, o ator recebe uma bandeja com as já conhecidas Nhá Bentas tradicional, maracujá e morango. Depois de degustá-las, ele diz "incrível, esplêndida, magnífica". Na sequência, uma nova bandeja traz os novos sabores. Depois de experimentar, Celulari diz: "Esplendinífica! Insuperástica!", criando novos adjetivos para ressaltar os lançamentos.

A criação da campanha é de Diogo Patoilo e Marcos Dyonisio, com direção de Camila Maschieto e Maurício Cavalcanti. A produtora é a Beltrano Digital, com direção de cena de Rodrigo Moreira. A trilha é do Estúdio Angels.

Propmark, 13 jul. 2012. Disponível em: <http://propmark.uol.com.br>. Acesso em: 4 abr. 2014.

Anúncio publicitário.

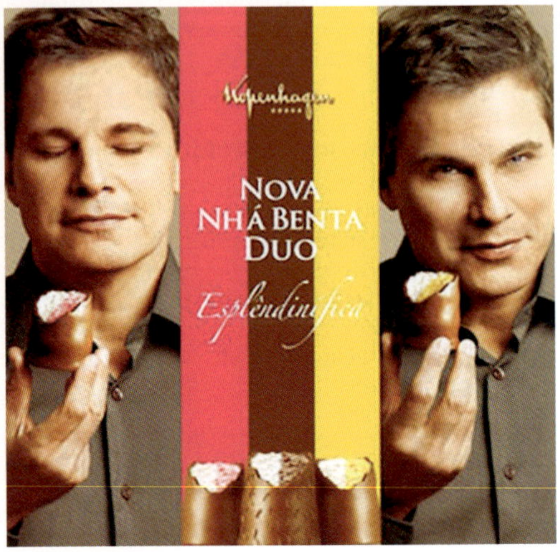


Divulgação/<www.kopenhagen.com.br/>

1. Identifique quais são os neologismos empregados na propaganda.
2. Explique qual foi o processo de formação desses neologismos.
3. Em sua opinião, por que o publicitário optou por usar esses neologismos na propaganda? Qual é a relação dessas palavras com o produto que está sendo anunciado?
4. Identifique o radical presente na palavra *esplendinífica*. Cite outras três palavras da língua portuguesa que têm esse radical e indique sua classe gramatical.
5. Qual é o processo de formação do adjetivo *insuperável*? Identifique os morfemas presentes na palavra.
6. No texto, em que outro adjetivo se identifica o prefixo *in*? Qual é o significado desse prefixo? Quais outras palavras da língua são formadas com esse mesmo prefixo?
7. Quais outros prefixos da língua podem ter o mesmo significado do prefixo *in* na palavra *insuperável*? Cite pelo menos duas palavras formadas com prefixos diferentes que têm significado semelhante.
8. O nome do produto anunciado apresenta um estrangeirismo: *duo* (do latim, *dois*).
   a) Por que o produto tem esse nome?
   b) Que palavra em português poderia ser usada no lugar de *duo*?
   c) Por que você acha que se optou pelo uso do estrangeirismo para o nome do produto?
9. Leia esta manchete da *Folha de S.Paulo*:

### USP transforma fungos em bioinseticida

*Folha de S.Paulo*. São Paulo, 10 dez. 2003. Disponível em: <www1.folha.uol.com.br>. Acesso em: 1º fev. 2013.

Explique por que a palavra *bioinseticida* pode ser chamada de neologismo híbrido. Justifique seu emprego na manchete, observando sua significação.

**Texto para as questões de 10 a 12. Para responder, consulte um bom dicionário.**

Este é um folheto de divulgação, distribuído gratuitamente em residências.

Acervo do autor

10. Indique as palavras estrangeiras que aparecem no texto do folheto e a língua de que se originam.

11. A partir de *acu* (agulha) + *punctura* (picada ou ferimento feito com punção), foi formada a palavra *acupuntura*. Explique o significado dessa palavra.

12. *Terapia* é elemento de origem grega que significa: "tratamento, cura".
   a) Cite algumas palavras que tenham *terapia* em sua formação.
   b) Demonstre como se formou a palavra *moxaterapia*.

**Texto para as questões de 13 a 16.**

Allan Sieber/Acervo do cartunista

SIEBER, Allan. Preto no branco. *Folha de S.Paulo*. São Paulo, 10 nov. 2013.

13. A palavra *bicicleta*, usada na tirinha, foi introduzida em nossa língua por intermédio da palavra francesa *bicyclette*, que, segundo o *Dicionário eletrônico Houaiss da língua portuguesa*, é formada por: *bi* (dois) + *cycle* (roda) + *ette* (sufixo diminutivo). Incorporada à língua portuguesa, a palavra *bicicleta* serve de base para a formação de outros termos. Cite alguns e descreva seu processo de formação.

14. Assim como *bicicleta*, as palavras *skate* e *patins* — originárias do inglês *skate* e do francês *patin* — também foram incorporadas ao português e tornaram-se base para a formação de outros termos. Identifique os sufixos presentes nas palavras *skatista*, *patinador* e *patinação* e indique qual o sentido relacionado a cada um deles.

15. Da palavra *patins* é possível derivar a palavra *patinar* usando o sufixo verbal *ar*, que contém a ideia de ação. Cite outras palavras da língua que designam objetos a partir das quais se podem derivar verbos.

16. Se existisse em português uma palavra que designasse uma doutrina ou um sistema de vida baseado no *skate*, qual seria essa palavra? Dê exemplos de outras palavras em português que designam doutrina, sistema ou filosofia de vida.

17. Cite outras palavras da língua formadas a partir do radical do adjetivo *ridículo*.

# 1 As marcas das relações frásicas

Entre as "marcas" morfológicas das palavras, estão as **desinências nominais** e as **desinências verbais**, que indicam aspectos gramaticais. Esses aspectos têm uma particularidade: não focalizam a palavra isolada, mas as relações de dependência e interligação que há entre as palavras que formam um enunciado.

Lendo o texto a seguir com atenção, percebe-se como as relações entre as palavras estão efetivamente evidenciadas pelas desinências:

> Temperatura média de 27 °C e umidade de 72%. Este**s** são o**s** fatore**s** que fizer**am** o jornal esportivo MARCA, principal periódico de esportes da Espanha, definir Fortaleza como o "melhor clima do Brasil".
>
> *Diário na Copa*, 1º fev. 2013. Disponível em: <http://blogs.diariodonordeste.com.br>. Acesso em: 4 abr. 2014.

A desinência *-am*, na forma verbal *fizeram*, indica a terceira pessoa do plural do pretérito perfeito do indicativo, estabelecendo concordância com o pronome relativo *que*, cujo referente anafórico é o substantivo plural *fatores*; a desinência de plural em *estes* estabelece concordância com os dois núcleos do primeiro período (temperatura e umidade); a desinência de plural em *fatores* estabelece concordância com o pronome demonstrativo *estes* (núcleo do sujeito); a desinência de plural no artigo *os* estabelece concordância com *fatores*.

# 2 Palavras que migram

Além dos casos já vistos de derivação, há um especial. Trata-se da **derivação imprópria**, em que a palavra primitiva não sofre modificações em sua estrutura, ou seja, não sofre acréscimos nem reduções (em outras palavras, o significante não se altera). Na derivação imprópria há uma **mudança na função** que a palavra exerce num determinado contexto. Isso acontece quando uma palavra muda de classe gramatical. Não se trata, portanto, de um processo morfológico, e sim de uma questão sintático-semântica, o que significa que só se pode falar em derivação imprópria quando se analisa o contexto da frase.

É o que ocorre, por exemplo, com vários adjetivos empregados como advérbio:

Ele falou **claro**.

Ele falou **alto**.

Em "Veja bem meu bem", título e primeiro verso de uma música interpretada pela cantora Maria Rita, observa-se o emprego da palavra *bem* em duas situações distintas: inicialmente como advérbio, depois como substantivo. As dicas sobre a classe gramatical da palavra estão no próprio contexto da frase; fora dele, é difícil determinar se é uma ou outra.

O *bem* de "Veja bem" é um advérbio que caracteriza, com noção de modo, o significado do verbo; o *bem* de "meu bem" é um substantivo (masculino, singular), o que leva o possessivo a se apresentar em sua forma masculina singular. O emprego do possessivo é fundamental para a definição do segundo *bem* como substantivo, e não como advérbio; além disso, esse sintagma nominal ("meu bem"), cujo núcleo é *bem*, desempenha uma função substantiva na frase: vocativo.

Algumas palavras estão tão incorporadas a nosso vocabulário, que nem damos conta de sua derivação imprópria, como no caso dos substantivos *olhar* e *jantar*, derivados de formas verbais.

Marina Colasanti, no conto "A moça tecelã", construiu a seguinte frase:

Rápido, o nada subiu-lhe pelo corpo, tomou o peito aprumado, o emplumado chapéu.

Belíssimo esse *nada*! Vamos analisá-lo. Fora de contexto, *nada* é um pronome indefinido e significa "nenhuma coisa", "coisa alguma", mas a escritora usou a palavra *nada* como substantivo (antecedido de artigo), na função de sujeito; repare, no entanto, que a palavra muda de classe, mas não perde a essência de seu significado (e é exatamente a não existência que vai crescer, tomar o corpo por inteiro). O resultado é uma frase de muita expressividade.

Mário de Andrade, poeta do Modernismo brasileiro, no poema "Ode ao burguês", busca, na migração das palavras, maior força expressiva para definir o burguês: *burguês-níquel*, *homem-curva*, *homem-nádegas*, são substantivos compostos, criados pelo processo de justaposição, formados por dois substantivos, exercendo, o segundo, a função de adjetivo. A exemplo de Mário de Andrade, poderíamos criar outros substantivos compostos: *homem-negócios*, *homem-dinheiro* e, dando asas à imaginação, *homem-que-só-quer-subir-na-vida*, etc. Voltando ao famoso poema, a caracterização do burguês é alcançada plenamente no substantivo *burguês-burguês*, em que o primeiro elemento é substantivo mesmo e o segundo é adjetivo.

Recentemente, presenciamos outro tipo de migração: alguns advérbios passam a ser usados como prefixos em neologismos como: países *não* alinhados, organizações *não* governamentais, assento preferencial para *não* fumantes. O mesmo ocorre com a preposição *sem*, nas palavras ***sem**-terra*, ***sem**-teto*. É a dinâmica da língua!

## Montando e desmontando palavras

A GRAMÁTICA DO TEXTO

Leia atentamente este texto; ele foi retirado de um interessante livro de Matemática:

### A genialidade dos pitagóricos

Os pitagóricos levaram a extremos sua adoração pelos números, baseando neles sua filosofia e seu modo de ver o mundo. Foram eles que descobriram que, **em todo e qualquer triângulo retângulo, o quadrado da medida da hipotenusa é igual à soma dos quadrados das medidas dos catetos**:

$$a^2 = b^2 + c^2$$

Poderia haver relação numérica mais simples e elegante do que essa, envolvendo os lados de um triângulo retângulo? A harmonia do triângulo retângulo só podia ser compreendida através de números! Era assim que pensavam os pitagóricos.

O grande mérito desses estudiosos foi justamente esse: terem descoberto que essa propriedade é geral e aplicável, sem exceção, a **todos** os triângulos retângulos.

Você deve estar curioso para saber como isso é possível. Se há infinitos triângulos retângulos, como afirmar, com absoluta certeza, que tal propriedade é válida para **todos** eles?

A genialidade dos pensadores gregos é notável justamente porque eles desenvolveram um método de raciocínio, chamado **método dedutivo**, por meio do qual se pode provar a verdade de um fato. O método dedutivo não é usado apenas na Matemática; ele foi e continua sendo muito importante para o desenvolvimento de todas as ciências.

IMENES, L. M. *Descobrindo o teorema de Pitágoras*. São Paulo: Scipione, 1987. (Vivendo a Matemática).

Pode-se afirmar que alguns termos desse texto expositivo de Matemática — *pitagóricos*, *triângulos*, *hipotenusa*, *retângulos*, *catetos* e *dedutivo* — são muito específicos desse campo de conhecimento. Conhecer a estrutura e os processos de formação de palavras pode ajudar a compreender palavras empregadas em textos de áreas específicas do saber. Ao campo lexical da Matemática também pertencem palavras como *geométricas*, *poligonais*, *triangulares*, *pentagonais*, *hexagonais*, etc. Vamos pensar um pouco na estrutura e formação de algumas palavras desse texto.

*Pitagórico* deriva do substantivo próprio *Pitágoras* + o sufixo *-ico*, que indica relação, pertinência, partidário; esse sufixo nominal forma adjetivos e substantivos (no texto, pitagórico está empregado como substantivo e indica os seguidores de Pitágoras). Esse mesmo sufixo, presente em termos que podem ser usados em uma aula de Química, indica os oxiácidos em que o elemento tem a mais alta de duas valências: *sulfúr**ico***, *fosfór**ico***.

A palavra *filosofia* deriva de *filo* (amigo, amante) e de *sofia* (saber, conhecimento). Por sua vez, o termo *hipotenusa*, formado a partir de *hipo* (estar sob, embaixo), e significa "estender por baixo", "estar estendido sob". Leia a definição da hipotenusa segundo um dicionário de Matemática:

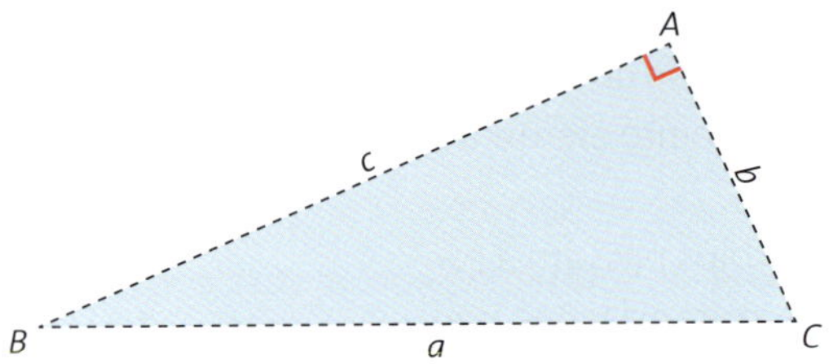


Lado oposto ao ângulo reto em um triângulo retângulo.

> Na língua grega, a palavra *hipotenusa* significa, genericamente, "o que se estende embaixo". Quando se desenham triângulos retângulos de maneira que, no papel, a hipotenusa fique abaixo do ângulo reto, o lado maior é justamente o que se estende embaixo. O nome *hipotenusa* pode, então, estar associado ao hábito de desenhar triângulos retângulos nessa posição.
>
> IMENES, L. M.; LELLIS, M. *Microdicionário de Matemática*. São Paulo: Scipione, 2006.

No campo vocabular da Geometria, há alguns casos interessantes: a figura formada por duas retas que têm um ponto comum é chamada de *ângulo* (do latim *angulu*) e entra na composição de vários vocábulos: *triângulo*, *retângulo*, *equiângulo*. Quando a palavra vem do grego, entra o elemento de composição *gono* (do grego *gonía*), que significa "canto", "lado", "ângulo": *ágono*, *polígono*, *decágono*, *hexágono*. Conhecendo os outros elementos de composição, chega-se ao significado integral das palavras:

*tri* (três) + *ângulo* = figura de três ângulos (ou três lados)
*reto* + *ângulo* = que tem ângulo reto (90° graus)
*equi* (igual) + *ângulo* = que tem os ângulos iguais
*a* (prefixo que indica "privação", "negação") + *gono* = sem ângulos
*poli* (vários, muitos) + *gono* = vários ângulos (ou vários lados)
*deca* (dez) + *gono* = dez ângulos (ou dez lados)
*hexa* (seis) + *gono* = seis ângulos (ou seis lados)

No entanto, só conhecer o significado dos elementos de composição não basta; é preciso estar sempre atento ao contexto. Veja só: há outro elemento de composição *gono* (do grego *gónos*), que significa: 1. "semente, esperma, órgãos genitais"; 2. "produção, geração". Em uma aula de Biologia, provavelmente encontram-se palavras relativas à primeira acepção: *gonorreia* (doença venérea); *gonococo* (bactéria produtora da gonorreia); *gonócito* (célula reprodutora inicial). Por sua vez, em uma aula de Literatura, ao saber que Castro Alves foi o epígono do romantismo de Vítor Hugo, você deduzirá que *epígono* significa "aquele que pertence a uma geração seguinte, seguidor" (acepção 2.).

O recurso de desvendar o significado das palavras pode ser feito no sentido inverso. Por exemplo, qual é o nome da figura geométrica que tem cinco lados (ou cinco ângulos)? Ora, sabendo-se que cinco é *penta*, chega-se à palavra *pentágono*. Da mesma forma, *pentassílabo* é o verso de cinco sílabas poéticas; uma seleção *pentacampeã* foi vitoriosa em cinco campeonatos.

## O sufixo e seus valores

Nossos enunciados carregam uma carga semântica que revela não só o significado das palavras, mas também valores e intencionalidade. Um dos procedimentos mais comuns para acrescentar esses valores e intenções ao nosso discurso é a utilização dos sufixos diminutivos e aumentativos. Leia o fragmento de texto jornalístico a seguir para analisarmos como isso acontece:

O cupuaçu foi mais um episódio na longa — e não resolvida — história da apropriação da nossa riqueza natural pela gringaiada.

INDRIUNAS, Luís. Biopirataria: o Brasil se defende. Revista *Superinteressante*, São Paulo: Abril, out. 2003, p. 24.

No texto acima, ao observar a palavra *gringaiada*, substantivo coletivo formado pelo radical *gring(o)* + o sufixo *-aiada*, percebe-se que, além de nomear os estrangeiros em geral, traz consigo uma carga valorativa. Pensemos na escolha do sufixo: *-aiada* é uma versão coloquial do sufixo *-alhada*, equivalente a *-ada*. Assim, para denominar os estrangeiros em geral, o enunciador poderia ter utilizado: *gringada*, *gringalhada* ou *gringaiada*. A escolha da última forma é intencional, pois o valor pejorativo é sensivelmente maior, o que contamina todo o texto, caracterizando negativamente a exploração "da nossa riqueza natural" por parte de estrangeiros, como é o caso do cupuaçu (note a importância do pronome possessivo *nossa*, que posiciona o falante em relação ao espaço e à riqueza explorados).

Em outros contextos, alguns sufixos diminutivos podem ter valor afetivo ou ter seu sentido invertido, ou seja, passar a noção de intensidade ou até mesmo de ironia.

Na notícia a seguir, o enunciador emprega o adjetivo *barat(o)*, acrescido do sufixo diminutivo *-inho*, para caracterizar ironicamente o preço do aparelho celular à venda no Brasil. Leia:

### Popular nos EUA, Nexus 5 chega ao Brasil com preço surreal digno de iPhone 5S

Apoliana Oliveira

O Nexus 5, ao que parece, já chegou ao Brasil. Embora ainda sem um anúncio oficial do Google ou da LG, o aparelho já está à venda, na cor preta, nos *sites* do Submarino, Shoptime e da Americanas. O detalhe é o preço: R$ 2 799 [...].

[...] Nos *sites*, o aparelho é vendido a preço "com desconto" por R$ 2 519, exatos R$ 820 a mais que o do Nexus 4 em seu lançamento.

Se confirmado esse preço, o celular "baratinho" do Google chega ao Brasil com cifras dignas de iPhone 5S. O *top* de linha da rival Apple custa, em sua versão 16GB, os mesmos R$ 2 799,00.

Para a mesma versão (16GB) vendida no Brasil, o preço nos Estados Unidos é de US$ 349. De acordo com o câmbio da última sexta-feira, 24, o valor seria equivalente a R$ 837. Ou seja, no Brasil, o Nexus 5 vai custar mais de três vezes o valor praticado nos EUA.

[...]

180 graus. Disponível em: <http://180graus.com>. Acesso em: 21 fev. 2014.

Observe que, para garantir a percepção da ironia, o produtor do texto registrou o termo em negrito, o que não seria necessário, pois o tom irônico — quando se quer dizer uma coisa dizendo exatamente o contrário — é percebido pelo absurdo do valor do aparelho no Brasil em comparação com os demais valores, conforme se mostra na matéria.

O emprego do sufixo diminutivo com valor afetivo ou de superlativo sintético também é observável em alguns advérbios: *pertinho*, *juntinho*, *tantinho*, etc.

# O sufixo como operador argumentativo

Você já deve ter ouvido uma frase muito comum em comerciais de televenda (ou pelo menos algo muito parecido):

Compre já, por apenas 10 **parcelinhas** de R$ ...

Nesse caso, o emprego do sufixo diminutivo é comparável a um eufemismo – estrategicamente tenta "aliviar" o número de prestações – e funciona como importante operador argumentativo. Para complicar a vida do incauto consumidor, o sufixo não está sozinho nessa tarefa. Observe-se a seleção vocabular: *parcela*, e não prestação: o substantivo *parcela* é definido, nos dicionários, como "pequena parte; fração, fragmento"; *prestação* é "pagamento a prazo, para solver dívida ou encargo; quitação parcelada e periódica de um débito", por isso é evitada. O advérbio *já* passa a ideia de que "este é o momento"; a palavra denotativa de exclusão *apenas* reforça que 10 é um número pequeno de parcelas. Por trás de uma aparente ingenuidade, o enunciado está carregado de intenções!

## Atividades

Leia o texto a seguir e responda às questões propostas.

### O cupuaçu é nosso!

*Ele acaba de ganhar* status *de fruta nacional. É tão bom, que tentaram roubá-lo. Virou símbolo da luta contra a biopirataria. Além de matéria-prima para cosméticos, é saboroso e nutritivo. Fornece o legítimo chocolate branco e todo um armazém de delícias.*

escrito por Mylton Severiano

O que a cedilha teria a ver com esta história? Aprendi com o amigo Joel Rufino, historiador e escritor: se você não encontra documento sobre um episódio, use a imaginação. Imagine então capitalistas japoneses e americanos decidindo como grafar o nome da fruta amazônica que iriam patentear:

"Cupuacu, non?", pergunta o japonês. "Oh, yes, cupuacu", concorda o americano – não existe cedilha em inglês, muito menos em japonês, escrito em ideogramas. O fato é que, na passagem para o século 21, Nagasawa Makoto, dono da Asahi Alimentos, de Quioto, fundou com possíveis sócios americanos a Cupuacu International Inc.

Chegou a registrar o óleo da amêndoa e até o chocolate do cupuaçu – o cupulate. A Asahi queria apropriar-se do *Theobroma grandiflorum* e nos proibir de sequer usar o nome cupuaçu comercialmente sem permissão da Cupuacu International!

Graças a ongs, parlamentares e órgãos federais, a empresa acabou derrotada. Enfim, a 20 de maio de 2008, o *Diário Oficial da União* publicou lei, sancionada pelo presidente Lula, que decretou o cupuaçu "fruta nacional". Comparou-se a campanha a outra, "O petróleo é nosso", que resultou na criação da Petrobras na década de 1950.

Disponível em: <www.almanaquebrasil.com.br>. Acesso em: 30 jan. 2014.

1. Observe que, na parte destacada da matéria jornalística, na qual estão seus elementos principais, não foi citado o nome da fruta em questão. Logo a seguir, o autor da matéria faz considerações irônicas sobre o emprego da cedilha. Qual é a intenção dele ao fazê-lo?

2. "O cupuaçu é nosso." Considerando que o pronome possessivo concorda em gênero e número com a coisa possuída e em pessoa com o possuidor, especifique e justifique as desinências que marcam as relações de concordância da frase.

3. O artigo inicia-se informando sobre um protesto político polêmico: o direito à posse do cupuaçu. Explique: a respeito de qual propriedade se trata a reivindicação?

4. O léxico de uma língua também se enriquece com a incorporação de palavras estrangeiras, que podem resultar em duas situações básicas: ou a palavra estrangeira é aportuguesada, ou mantém a grafia original. Aponte um exemplo de estrangeirismo presente no texto, comente se foi aportuguesado ou não e explique seu significado. Comente também seu valor argumentativo.

5. O *Dicionário eletrônico Houaiss da língua portuguesa* apresenta o termo palavra-valise com a definição que está no boxe abaixo.
   Dê um exemplo de **palavra-valise** empregada no texto e explique a sua formação.

> **palavra-valise:** palavra resultante da combinação de partes de outras palavras, podendo entrar no vocabulário da língua, como *motel* (*motor* + *hotel*), *estagflação* (*estagnação* + *inflação*), *Belíndia* (*Bélgica* + *Índia*), *portunhol* (*português* + *espanhol*).

6. Qual é o processo de formação das palavras *ongs* e *biopirataria*?

7. Explique o processo de formação das palavras *matéria-prima* e *ideograma*. Comente se há algum tipo de relação de dependência ou interdependência entre os termos que as formam.

8. Reflita com seus colegas sobre a propriedade dos nomes. Quais são as possíveis causas e consequências do direito a marcas e patentes?

# Vestibulares de Norte a Sul

1. CO (UFG-GO) Um poema pode oferecer inúmeras possibilidades de leitura e interpretação. Considere o que segue:

**Os materiais da vida**

Carlos Drummond de Andrade

Drls? Faço meu amor em vidrotil
nossos coitos são de modernfold
até que a lança de interflex
vipax nos separe
em clavilux
camabel camabel o vale ecoa
sobre o vazio de ondalit
a noite asfáltica
plkx

("Antologia Poética". 48ª ed. Rio de Janeiro: Record, 2001. p. 259.)

A respeito da seleção lexical que estrutura o poema, pode-se afirmar o seguinte:

( ) O poema foi elaborado com neologismos que lembram marcas de produtos, revelando a intenção do autor de ironizar a profusão dessas marcas (paviflex, poliéster, por exemplo) que integram as sociedades industrializadas.

( ) Processos de construção de palavras, como a prefixação e a sufixação, ocorrem em vidrotil e ondalit, indicando não só o dinamismo da língua mas também um processo de empréstimos linguísticos.

( ) Ao juntar letras em drls e plkx, o autor explora dois traços da poesia contemporânea: o gráfico e o visual, o que antecipa no poema experiências estilísticas de vanguarda.

( ) No poema, a forma de muitas palavras adquire maior relevância do que o seu conteúdo, revelando a intenção humorística do autor.

**Texto para a questão 2.**

**Desencontrários**

Paulo Leminski

Mandei a palavra rimar,
ela não me obedeceu.
Falou em mar, em céu, em rosa,
em grego, em silêncio, em prosa.
Parecia fora de si,
a sílaba silenciosa.

Mandei a frase sonhar,
e ela se foi num labirinto.
Fazer poesia, eu sinto, apenas isso.
Dar ordens a um exército,
para conquistar um império extinto.

GÓES, F.; MARINS, A. (Orgs.) *Melhores poemas de Paulo Leminski.* São Paulo: Global, 2001.

2. SE (Uerj) Considere a formação da palavra "Desencontrários", título do poema de Paulo Leminski. Separe seus elementos mórficos. Em seguida, nomeie o primeiro morfema que a compõe e indique seu significado.

3. SE (Unicamp-SP) Os verbetes apresentados em (II) a seguir trazem significados possíveis para algumas palavras que ocorrem no texto intitulado "Bicho gramático", apresentado em (I).

*I*

**Bicho gramático**

Vicente Matheus (1908-1997) foi um dos personagens mais controversos do futebol brasileiro. Esteve à frente do paulista Corinthians em várias ocasiões entre 1959 e 1990. Voluntarioso e falastrão, o uso que fazia da língua portuguesa nem sempre era aquele reconhecido pelos livros. Uma vez, querendo deixar bem claro que o craque do Timão não seria vendido ou emprestado para outro clube, afirmou que "o Sócrates é invendável e imprestável". Em outro momento, exaltando a versatilidade dos atletas, criou uma pérola da linguística e da zoologia: "Jogador tem que ser completo como o pato, que é um bicho aquático e gramático".

Adaptado de *Revista de História da Biblioteca Nacional*, jul. 2011, p. 85.

*II*

**Invendável**: que não se pode vender ou que não se vende com facilidade.
**Imprestável**: que não tem serventia; inútil.
**Aquático**: que vive na água ou à sua superfície.
**Gramático**: que ou o que apresenta melhor rendimento nas corridas em pista de grama (diz-se de cavalo).

Dicionário HOUAISS (versão digital *on-line*), houaiss.uol.com.br

a) Descreva o processo de formação das palavras *invendável* e *imprestável* e justifique a afirmação segundo a qual o uso que Vicente Matheus fazia da língua portuguesa "nem sempre era aquele reconhecido pelos livros".

b) Explique por que o texto destaca que Vicente Matheus "criou uma pérola da linguística e da zoologia".

4. NE (UFPE) Assinale a série de palavras cujos prefixos indicam negação, como em *ilógico*.

a) inaproveitável / irremovível / irromper
b) invalidar / inativo / ingerir
c) irrestrito / improfícuo / imberbe
d) ateu / incoercível / imerso
e) incriminar / imiscuir / imanente

**Texto para a questão 5.**

**Os gatos**

Deus fez o homem à sua imagem e semelhança, e fez o crítico à semelhança do gato. Ao crítico deu ele, como ao gato, a graça ondulosa e o assopro, o **ronrom** e a garra, a língua espinhosa. Fê-lo nervoso e ágil, refletido e preguiçoso; artista até ao requinte, sarcasta até a tortura, e para os amigos bom rapaz, desconfiado para os indiferentes, e terrível com agressores e adversários...

Desde que o nosso tempo englobou os homens em três categorias de brutos, o burro, o cão e o gato — isto é, o animal de trabalho, o animal de ataque, e o animal de humor e fantasia — por que não escolheremos nós o travesti do último? É o que se quadra mais ao nosso tipo, e aquele que melhor nos livrará da escravidão do asno, e das dentadas famintas do cachorro.

Razão por que nos acharás aqui, leitor, miando um pouco, arranhando sempre e não temendo nunca.

Fialho de Almeida

5. SE (Faap-SP) Ao crítico deu ele o RONROM. O processo pela qual se formou a palavra grifada:

a) derivação prefixal
b) derivação parassintética
c) regressiva
d) composição por aglutinação
e) onomatopeia

**Texto para a questão 6.**

## Cordões

Oh! abre ala!
Que eu quero passá
Estrela d'Alva
Do Carnavá!

Era em plena rua do Ouvidor. Não se podia andar. A multidão apertava-se, sufocada. Havia sujeitos congestionados, forçando a passagem com os cotovelos, mulheres afogueadas, crianças a gritar, tipos que berravam pilhérias. A pletora da alegria punha desvarios em todas as faces. Era provável que do largo de São Francisco à rua Direita dançassem vinte cordões e quarenta grupos, rufassem duzentos tambores, zabumbassem cem bombos, gritassem cinquenta mil pessoas. A rua convulsionava-se como se fosse fender, rebentar de luxúria e de barulho. A atmosfera pesava como chumbo. No alto, arcos de gás besuntavam de uma luz de açafrão as fachadas dos prédios. Nos estabelecimentos comerciais, nas redações dos jornais, as lâmpadas elétricas despejavam sobre a multidão uma luz ácida e galvânica, que [2]enlividescia e parecia convulsionar os movimentos da turba, sob o panejamento multicolor das bandeiras que adejavam sob o esfarelar constante dos "confetti", que, como um irisamento do ar, caíam, voavam, rodopiavam. [...] Serpentinas riscavam o ar; homens passavam empapados d'água, cheios de confetti; mulheres de chapéu de papel curvavam as nucas à etila dos lança-perfumes, frases rugiam cabeludas, entre gargalhadas, risos, berros, uivos, guinchos. Um cheiro estranho, misto de perfume barato, poeira, álcool, aquecia ainda mais o baixo instinto de promiscuidade. A rua personalizava-se, tornava-se uma e parecia, toda ela policromada de serpentinas e confetti, arlequinar o pincho da loucura e do deboche. Nós íamos indo, eu e o meu amigo, nesse [1]pandemônio. Atrás de nós, sem colarinho, de pijama, bufando, um grupo de rapazes acadêmicos, futuros diplomatas e futuras glórias nacionais, berrava furioso a cantiga do dia, essas cantigas que só aparecem no Carnaval:

Há duas coisa
Que me faz chorá
É nó nas tripa
E bataião navá!

RIO, João do. *A alma encantadora das ruas.* São Paulo: Companhia das Letras, 1997.

6. SE (Uerj) Observe a formação dos seguintes vocábulos do texto:

"panejamento" (derivado de "pano"), "irisamento" (derivado de "íris"), "arlequinar" (derivado de "arlequim") e "pandemônio" (composto de pan + demônio), neologismo criado por Milton, poeta inglês do século XVII, no seu livro O PARAÍSO PERDIDO, para designar o palácio de Satã.

A partir desses exemplos, explique, em até duas frases completas:

a) o emprego conotativo da palavra "pandemônio" (ref. 1) e indique o sentido do morfema "pan-";
b) como se forma o vocábulo "enlividescia" (ref. 2) e qual a sua classificação quanto ao processo de formação.

7. SE (UFRJ) Leia o texto a seguir.

– Por que se demorou tanto na casa de banho?

– Demorei, eu? Despachei-me enquanto o diabo esfregava o olho!

– Esteve a cortar a unhas, eu bem escutei. [...]

– Diga-se de passagem, Constança: **eu estava me bonitando** para si.

– Para mim?

(COUTO, Mia. *O outro pé da sereia.* São Paulo: Companhia das Letras, 2006. p. 229.)

O trecho em negrito revela

a) início da ação, uma vez que aponta para o estado da personagem, expresso pelo verbo "estava".
b) continuidade da ação, pois apresenta um evento prolongado, expresso pela palavra "bonitando".
c) momento da ação, já que ela é posterior ao momento da fala, revelado pelo discurso direto.
d) simultaneidade de ações, pois, enquanto fala com Constança, a personagem vai se "bonitando".
e) anterioridade de ações, visto que a personagem se dirige a Constança antes de se bonitar.

**Texto para a questão 8.**

Com a sociedade de consumo nasce a figura do contribuinte. Tanto quanto a palavra consumo ou consumidor, a palavra contribuinte está sendo usada aqui numa acepção particular. No capitalismo clássico, os impostos que recaíam sobre os salários o faziam de uma forma sempre indireta. Geralmente, o Estado taxava os gêneros de primeira necessidade, encarecendo-os. Imposto direto sobre o contracheque era coisa, salvo engano, inexistente. Com o advento da sociedade de consumo, contudo, criaram-se as condições políticas para que o imposto de renda afetasse uma parcela significativa da classe trabalhadora. Quem pode se dar ao luxo de consumir supérfluos ou mesmo poupar, pode igualmente pagar impostos.

(Fernando Haddad, Trabalho e classes sociais. Em: *Tempo Social*, outubro de 1997)

8. SE (FGV-SP) Sobre os processos de formação de palavras, é correto afirmar que há a formação de um

a) substantivo por prefixação em supérfluos.
b) adjetivo com sufixo com sentido de profissão em contribuinte.
c) substantivo com prefixo com sentido de negação em impostos.
d) substantivo por sufixação em consumidor.
e) adjetivo com prefixo com sentido de distanciamento em advento.

CAPÍTULO

# 9 O substantivo

Reprodução/Museu de Arte Moderna de Nova York, Estados Unidos.

*Marilyn Monroe*, de Andy Warhol, 1967.

Nesta página, observe a capa de uma revista que se dedicava a informar o leitor sobre o universo das artes. Por isso, música, cinema, literatura, artes visuais, teatro e dança são as modalidades artísticas destacadas na capa, acima do título da publicação. Como o texto verbal e o não verbal se combinam, nessa capa, para atrair a atenção do leitor? Discuta sobre essa questão com seus colegas e o professor levando em conta as questões propostas nesta página.

Divulgação/Arquivo da editora

Revista *Bravo!*. São Paulo: Abril, ago. 2012.

- *Releia o título da matéria jornalística que é o foco desse número da publicação e, por isso, está em destaque na capa: "Impressionistas – os inventores do moderno". O núcleo dos sintagmas relacionados nessa construção é formado por estas palavras:* impressionistas, inventores *e* moderno.
  - *– De acordo com os dicionários, qual é a classificação dessas palavras?*
  - *– E, nesse título, elas exercem função de que classe de palavras? E qual o sentido delas no grande sintagma formado pelo título?*
  - *– No subtítulo da chamada para essa matéria da revista, há uma sequência de substantivos próprios. Além dos nomes dos pintores, quais são os demais substantivos próprios desse fragmento e o que indicam?*
- *A foto da capa traz a imagem de uma tela de um dos pintores impressionistas identificados no subtítulo. Pesquise com um colega: qual é esse pintor, que tela é essa e quando foi pintada?*
- *Conforme você estudou, a classificação de uma palavra depende de suas características morfológicas e da função sintática que desempenha numa oração. É o caso de palavras como* impressionistas, inventores *e* moderno. *Reescreva o título da matéria, acrescentando uma única palavra de maneira que o termo* impressionistas *seja usado como adjetivo.*

## Gênero textual: capa de revista

Na capa de uma revista, imagens e textos aliam-se para seduzir o consumidor. As imagens costumam remeter à matéria principal da edição; o texto denota tendências e hierarquiza o conteúdo, conduzindo a leitura. Projeto gráfico, cores, tipos de letras são escolhidos para atrair e conquistar o leitor da publicação.

A GRAMÁTICA DA PALAVRA

# 1 O substantivo

**Substantivo** é a palavra que usamos para nomear seres animados e inanimados, objetos materiais, ações, sentimentos, qualidades e ideias. Funciona como elemento nuclear do sintagma nominal e é subordinante, ou seja, na hierarquia das palavras, subordina os termos que o acompanham. Como palavra variável, apresenta flexão de gênero e número e variação de grau. *Monet, pintura, telas, trabalhos, século, vanguardas* são exemplos de substantivos.

# 2 Classificação: o aspecto semântico

Homonímia e paronímia

No texto de abertura, reconhecemos vários substantivos: *Degas, Renoir, São Paulo, França, telas, trabalhos, século, vanguardas*, etc. Uma análise mais apurada, no entanto, permite-nos perceber certas diferenças entre esses substantivos. *Degas, Renoir, São Paulo, França* designam seres específicos, particulares, únicos (os artistas, a cidade, o país) – são nomes próprios ou substantivos próprios. Os substantivos *telas, trabalhos, século, vanguardas* são empregados para referir-se a algo não individualizado (individualização não explícita na própria palavra) – são os substantivos comuns.

Ao compararmos *tela* e *chegada*, por exemplo, percebemos que o primeiro refere-se a um objeto (substantivo concreto), ao passo que o segundo designa um ato ou efeito, não mensurável materialmente (substantivo abstrato).

Dessa forma, é possível montar um quadro com uma classificação dos substantivos:

| Classificação dos substantivos | | | |
|---|---|---|---|
| **pela generalização ou especificação** | | **pela natureza** | |
| **comum** | **próprio** | **concreto** | **abstrato** |
| designa os seres de uma espécie de forma genérica, pois expressa um conjunto de características aplicáveis a um grupo de objetos similares: *dragão, computador, tecnologia, paz, fada, prédio*, etc. | individualiza, ou seja, designa um ser específico, determinado, particular entre as possibilidades de uma mesma espécie: *Amanda, Tiradentes, Unesco, Universidade Federal de Minas Gerais*, etc. | designa os seres propriamente ditos (pessoas, objetos, lugares), que podem ser materializados independentemente de sua existência real: *pirata, mesa, garfo, dragão, saci, duende, livro*, etc. | designa ações, qualidades, estados ou noções, tomados como seres. São sempre resultado de uma abstração e, em geral, são palavras derivadas: *beleza, maldade, corrida, lançamento*, etc. |

**ATENÇÃO!**

Há um tipo de substantivo comum que merece atenção especial, pois, mesmo estando no singular, designa um conjunto de seres (pessoas, animais, objetos, plantas, etc.) da mesma espécie, e por isso mesmo é chamado de **coletivo**. É o caso de: *arquipélago* (de ilhas), *constelação* (de estrelas), *junta* (de bois, de examinadores, de médicos), *assembleia* (conjunto de pessoas reunidas), *rebanho* (de gado), *vara* (de porcos), etc.

**OPS!**

### Especificação de substantivos próprios?

O substantivo próprio, especialmente de pessoas ou cidades, não costuma vir acompanhado de determinantes; porém, os determinantes podem especificá-lo. Muitas vezes a especificação vem enfatizada também por adjuntos adnominais ou orações adjetivas:

- **O** Valentim veio. (O emprego do artigo, em algumas regiões, pode manifestar intimidade ou especificidade: trata-se do Valentim que o falante e o(s) interlocutor(es) conhecem.)
- **A** Tiradentes **do Barroco setecentista**. (A referência aqui é feita à cidade a partir de uma característica específica, particular.)
- **A** Luísa **que eu conheci**. (Trata-se especificamente da Luísa conhecida no passado, dando margem até para diferenciá-la da Luísa do presente.)

Substantivo abstrato

# A relação entre substantivos concretos e abstratos

São abstratos os nomes que aludem às ações, aos estados, às propriedades: levantamento, silêncio, rapidez, etc. Dizem-se concretos aqueles que se referem à substância: papel, pedra, montanha, etc. Os primeiros escapam à experiência dos nossos sentidos; os segundos são seres materiais, sobre que se podem exercer esses mesmos sentidos. Isto, em teoria; na realidade as coisas são mais complicadas. É que certos conceitos abstratos podem ter uma face concreta e, ao contrário, muitos nomes concretos se podem empregar em sentido abstrato.

LAPA, Manuel Rodrigues. *Estilística da língua portuguesa.* São Paulo: Martins Fontes, 1991. p. 126.

Além da semântica, em alguns casos podemos fazer uso da morfologia, especialmente da formação de palavras, para elucidar a natureza de um substantivo. Alguns sufixos específicos formam substantivos abstratos ora a partir de adjetivos, ora de verbos. Por exemplo, os sufixos *-dade*, *-dão*, *-ez*, *-eza*, *-ia*, *-ice*, *-ície*, *-tude*, *-ura* são formadores de substantivos abstratos derivados de adjetivos: *bondade*, *gratidão*, *surdez*, *riqueza*, *alegria*, *velhice*, *imundície*, *amplitude*, *doçura*. Da mesma forma, os sufixos *-ança*, *-ância*, *-ência*, *-ença*, *-ão*, *-ção*, *-mento*, *-são* formam substantivos abstratos derivados de verbos: *esperança*, *ignorância*, *violência*, *crença*, *opinião*, *traição*, *lançamento*, *agressão*. Também se formam substantivos abstratos por derivação regressiva de formas verbais: *ajuda* (de ajudar), *trabalho* (de trabalhar), *castigo* (de castigar), *beijo* (de beijar), *abraço* (de abraçar), etc.

Entretanto, como bem disse o professor Rodrigues Lapa, os substantivos não são necessariamente abstratos ou concretos; sua natureza depende também de seu uso real, de seu significado contextualizado, de seu emprego pelo falante.

Assim, um substantivo como *participação* – que essencialmente designa a noção abstrata de uma atividade – pode ser empregado como concreto:

A **participação** do alunado foi total.

substantivo abstrato = o ato de participar

Chegou a **participação** de casamento de João e Maria.

substantivo concreto = cartão em que os noivos comunicam que se casaram

O substantivo *pai* – essencialmente concreto, pois designa um ser de existência material – pode ser empregado como abstrato:

O **pai** de Jaime deixou lembranças.

substantivo concreto = o progenitor de Jaime

Oswald de Andrade, **pai** do movimento modernista.

substantivo abstrato = qualidade de ser pai, progenitor, gerador, etc.

## 3 Classificação: o aspecto morfológico

Reprodução/Arquivo da editora

O *fumante* poderá fumar no "*fumódromo*", ainda que não recomendável, pois também é prejudicial a sua *saúde* e ao *meio ambiente*.

Disponível em: <http://bvsms.saude.gov.br>. Acesso em: 3 fev. 2014.

Foram empregados, no exemplo acima, quatro substantivos: *fumante*, *fumódromo*, *saúde*, *meio ambiente*. Levando em consideração apenas os radicais de cada substantivo, percebe-se que *fumante* e *saúde* são palavras formadas por um único radical (substantivos simples), diferentes de fumódromo e meio ambiente, formadas por dois radicais (substantivos compostos).

O substantivo *saúde* não deriva de outra palavra, mas pode dar origem a outra (por isso é um substantivo primitivo), diferente de *fumante*, que é derivado do verbo *fumar*.

Tendo em vista essas diferenças, é possível montar este quadro com uma classificação dos substantivos:

| **Substantivo** | | | |
|---|---|---|---|
| **simples** | **composto** | **primitivo** | **derivado** |
| formado por um único radical: *saúde*, *meio*, *fumo*, *arco*, *íris*, etc. | formado por mais de um radical: *fumódromo*, *meio ambiente*, *arco-íris*, etc. | formado por um radical matriz, que pode servir de base para a formação de outros substantivos: *saúde*, *fumo*, *arco*, *rosa*, etc. | formado a partir de uma palavra primitiva: *fumante*, *arqueiro*, *roseiral*, etc. |

# Atividades

Esta análise, publicada em um *site* dedicado ao estudo do *marketing*, procura explicar mudanças de hábitos dos consumidores em relação às marcas existentes no mercado. Ao fazer sua leitura, leve em conta a dualidade sugerida no título do artigo, acompanhando a formulação e a diferenciação contextualizadas dos dois conceitos.

### Fidelidade ou Lealdade

Por Thiago Cabrino

[...] a Fidelidade é uma ferramenta de mercado utilizada há muitos anos. Porém esta prática se fortalece nos tempos atuais, diante de um cenário mercadológico extremamente disputado e competitivo, onde a concorrência é muito forte e incide diretamente na forma de pensar e agir das organizações.

Com isso, as organizações buscam criar elos entre suas marcas, produtos e/ou serviços de forma a fidelizar seu cliente, para que o mesmo não venha migrar para o concorrente. Inúmeras são as estratégias e ações em torno desta situação, mas o que se verifica é que a questão da fidelidade está sendo deixada de lado pelos consumidores, uma vez que a infidelidade toma [conta] do grosso da população consumidora, que, ante um mercado rico em diversidade de modelos e preços, acaba aderindo a marcas similares, que possuem produtos de igual ou melhor qualidade do que as marcas tradicionais – os chamados genéricos.

Desta forma, a Fidelidade pode ser analisada como uma ação a curto prazo, rápida, de momento, mas que acabará. Já a Lealdade é uma ação a longo prazo, lenta e que requer tempo, mas que terá grandes chances de se tornar duradoura, pois os clientes leais são aqueles que em meio a qualquer situação estarão aderindo àquelas marcas, produtos e/ou serviços de sua escolha e gosto, como [...] os consumidores antigos, que mesmo com a evolução do mercado são leais às marcas que adquiriram antigamente e dificilmente mudarão.

Portanto, ao se deparar com uma situação entre a Fidelidade e a Lealdade, analise os diversos pontos em sua estratégia de ação, visto que ambas possuem particularidades especiais e que devem ser buscadas de forma contundente, pois só as organizações que se destacarem no mercado poderão gozar de uma vida empresarial mais longa e tranquila.

*Portal do marketing*, 21 nov. 2012. Disponível em: <www.portaldomarketing.com.br>. Acesso em: 11 abr. 2014.

1. Observe o par Fidelidade/Lealdade.
   a) Semanticamente, como você classificaria esses substantivos?
   b) Justifique sua classificação.

2. De acordo com as definições propostas no texto para as palavras *lealdade* e *fidelidade*, com qual acepção dos verbetes do *Dicionário eletrônico Houaiss de língua portuguesa* há maior identificação?

**fidelidade**
*substantivo feminino*
**1.** característica do que é fiel, do que demonstra zelo, respeito por alguém ou algo; lealdade
Exs.: *f. ao rei*
*f. à pátria*
**2.** constância nos compromissos assumidos com outrem
Exs.: *f. partidária*
*f. conjugal*
**3.** constância de hábitos, de atitudes
Ex.: *f. da clientela a uma loja*
**4.** compromisso rigoroso com o conhecimento; exatidão
Ex.: *f. da pesquisa acadêmica*
**5.** *Rubrica: acústica, eletrônica, física.*
Característica de um sistema de reprodução acústica, relacionada com a capacidade deste em reproduzir as componentes de frequência de um sinal acústico, mantendo as intensidades relativas destas componentes
**6.** *Rubrica: física.*
Em uma balança, propriedade que esta tem de assumir uma única posição, ou fornecer sempre a mesma leitura, quando submetida às mesmas forças

**lealdade**
*substantivo feminino*
**1.** respeito aos princípios e regras que norteiam a honra e a probidade
**2.** fidelidade aos compromissos assumidos
**3.** caráter do que é inspirado por este respeito ou fidelidade
Ex.: *a l. de uma ação*

INSTITUTO ANTÔNIO HOUAISS. *Grande dicionário Houaiss da língua portuguesa.* Disponível em: <http://houaiss.uol.com.br/>. Acesso em: 7 maio 2014.

3. A alternância presente no título aparece outras vezes no corpo do texto, mas de formas diferentes. Aponte essas retomadas e comente seu efeito, pensando no desenvolvimento do texto.

4. Qual é o público-alvo desse artigo? Em que passagem o autor do texto dialoga com seu(s) interlocutor(es)?

5. O primeiro parágrafo desse artigo de opinião esclarece o conceito de fidelidade de que vai tratar. Que conceito é esse? Justifique sua resposta com algum fragmento desse mesmo parágrafo.

6. O autor do artigo faz uso de diferentes formas de nomeação dos clientes em potencial; em um mesmo trecho, chamou-os de “clientes”, “consumidores” e depois de “o grosso da população consumidora”. É possível dizer que há nessa nomeação um juízo de valor apreciativo ou depreciativo? Justifique levando em conta o processo que ele chama de infidelidade.

7. Observe o substantivo *cenário* dentro do contexto. Você o relacionaria à concretude ou à abstração? Por quê?

8. Há no texto um posicionamento ideológico do autor em favor de algumas organizações.
   a) Como ele identifica aquelas que defende?
   b) Como ele identifica as outras? Que substantivo ele usa para desmerecê-las?

9. Qual é a definição formulada para explicar o que são os clientes leais? Justifique indicando quem seriam os fiéis.

10. Justifique a predominância de substantivos abstratos no texto.

# 4 As categorias gramaticais do substantivo

## Gênero

Em português, todos os nomes, sem exceção, dividem-se em masculinos e femininos. É importante salientar que o gênero é uma categoria gramatical, um fato linguístico. Isso significa que em alguns casos pode haver correspondência entre o gênero do substantivo e o sexo do ser nomeado (como nos substantivos que designam pessoas ou animais), mas em outros não (substantivos que designam objetos), sendo o gênero do substantivo mera convenção. Podemos associar cão/cadela aos conceitos de macho/fêmea, mas o mesmo não ocorre com janela, apesar de ser este um substantivo feminino.

OPS!

### O Folhão, a Folhinha?!

> [...] A última grande jogada da **Folha** na guerra pelo mercado de jornais aconteceu em novembro de 91, no lançamento do **Folhão**. [...]
>
> *Folha de S.Paulo*. Disponível em: <www1.folha.uol.com.br>. Acesso em: 11 abr. 2014.

Como um dos grandes jornais brasileiros, a *Folha de S.Paulo* enfrenta forte concorrência e está sempre oferecendo produtos novos a seus leitores (acompanhados de campanhas publicitárias). Numa certa época, para promover a volumosa edição dominical, criou o termo *Folhão*; para conquistar o público jovem, nas edições de sábado, circula o suplemento infantil *Folhinha*. E por que ora o masculino, ora o feminino?

Trata-se de uma herança da sociedade patriarcal que permanece, até hoje, infiltrada na gramática. A "regra" é simples, quando palavras se cristalizam na forma aumentativa, adquirindo novos significados, assumem o gênero masculino. Caso se cristalizem na forma diminutiva, assumem o gênero feminino. É o que ocorre com "o Folhão", "a Folhinha".

E também com *facão*, *portão*, *cartão* (palavras masculinas derivadas de substantivos femininos). Observe que, no diminutivo, esses substantivos são sempre femininos: "a faquinha", "a portinhola", "a cartinha".

Reprodução/Jornal *Folha de S.Paulo*/Folhapress

Folhinha, suplemento infantil da *Folha de S.Paulo*.

Em geral, os substantivos femininos são caracterizados pela desinência *a*; os masculinos não apresentam essa desinência. Isso não significa que todo substantivo terminado em *a* seja feminino (há casos em que o *a* não é desinência, como em *papa*, *jesuíta*, *poema*); por outro lado, nem todo substantivo terminado em *o* é masculino, como é o caso de *tribo*.

E mais: os substantivos que designam seres inanimados (objetos), ações, estados, qualidades (substantivos abstratos) não apresentam uma forma para o masculino e outra para o feminino. Ou são exclusivamente masculinos (*carro*, *trem*, *tijolo*, *otimismo*) ou são exclusivamente femininos (*pia*, *cadeira*, *felicidade*, *beleza*). Nesses casos, não se pode falar em desinência nominal de gênero.

## Número

Assim como o gênero, o número também é uma categoria gramatical. O substantivo pode estar no singular (quando se refere a um único ser) ou no plural (quando se refere a mais de um ser).

O substantivo coletivo, aquele que se refere a um conjunto de seres, também pode ser flexionado: no singular designa um único conjunto de seres; no plural, designa dois ou mais desses conjuntos.

OPS!

### Cadê a flexão de número?

Alguns substantivos são usados apenas no plural: *as núpcias*, *as fezes*, *as férias* (descanso), *as cócegas*, *os víveres*, entre outros.

Outros substantivos são uniformes, isto é, apresentam uma única forma tanto para o plural como para o singular: *tênis*, *vírus*, *lápis*, *ônibus*, *pires*, *tórax*, *cútis*, entre outros. Nesses casos, sabemos o número do substantivo atentando para o artigo, para o pronome ou para outra palavra que esteja modificando esse substantivo: *o* ônibus, *os* ônibus; *um* pires, *dois* pires; *meu* lápis, *meus* lápis; vírus *perigoso*, vírus *perigosos*; etc.

Finalmente, alguns substantivos são empregados apenas no singular, como é o caso de *ciúme* (sentimento).

# Grau

Além das categorias de número e de gênero, o substantivo pode apresentar a categoria de grau, ou seja, uma variação que exprime a ideia de aumento ou diminuição de tamanho, sempre tendo como referência um grau normal, que seria o substantivo propriamente dito, tal como ele aparece, por exemplo, nos dicionários. Neles encontraremos, com toda certeza, o verbete *janela*, mas não encontraremos *janelinha* ou *janelão*, que são variações do grau "normal".

**janela**
*[Do lat. vulg. januella, dim. de janua, 'porta'.]*
*Substantivo feminino.*
**1.** Abertura na parede dum edifício para deixar que nele entrem a luz e o ar.
[...]

FERREIRA, Aurélio Buarque de Holanda.
*Novo dicionário eletrônico Aurélio de língua portuguesa.*
Curitiba: Positivo, 2009.

## Formação do grau do substantivo

Para formar o aumentativo ou o diminutivo dos substantivos, utilizam-se dois processos:

- o **sintético**: acrescentam-se sufixos ao grau normal:

| amigo | amigu**inho** (diminutivo sintético) | amig**ão**, amig**alhão** (aumentativos sintéticos) |
|---|---|---|

- o **analítico**: o substantivo, no grau normal, aparece modificado por adjetivos que expressam ideias de aumento ou de diminuição:

| amigo | amigo **pequeno** | amigo **grande** |
|---|---|---|

Entretanto, é interessante notar que muitas vezes substantivos são empregados no aumentativo ou no diminutivo sintético para expressar não uma variação de tamanho, mas uma carga afetiva ou pejorativa. Falar que determinado romance é um *livrinho agradável* ou que alguém é um *amigão* são, por exemplo, formas que expressam juízos de valor, têm conotação depreciativa ou afetiva e não podem ser consideradas variação de grau. Por exemplo, nenhum autor gostaria de que seu livro fosse chamado de *livreco*. Ninguém costuma gostar de ser caracterizado como *gentinha*, termo pejorativo usado para designar pessoas de baixa condição socioeconômica ou de espírito estreito.

A variação de grau é muito mais nítida quando fazemos uso do processo analítico.

OPS!

### Substantivos com variação de grau ou novas palavras?

Em consequência do dinamismo da língua, alguns substantivos no grau diminutivo e outros no aumentativo adquirem um novo significado. Esse fenômeno ocorre, por exemplo, com os substantivos *portão*, *cartão*, *fogão*, *folhinha* (calendário).

**fogão**
*[De fogo + -ão1.]*
*Substantivo masculino.*

**1.** Caixa de ferro ou de alvenaria, com fornalha e chaminé, para cozinhar.
**2.** Artefato metálico, móvel ou fixo, com bocas [v. boca (6)] por onde sai o fogo alimentado por gás, querosene, etc., us. para cozinhar.
**3.** Artefato similar ao fogão (2), cuja fonte de calor é a eletricidade.
**4.** V. lareira (2).
**5.** Aparelho em que se acende fogo para aquecer salas e outros aposentos; estufa.
[...]

FERREIRA, Aurélio Buarque de Holanda.
*Novo dicionário eletrônico Aurélio de língua portuguesa.* Curitiba: Positivo, 2009.

# Atividades

1. Identifique, nos itens a seguir, as palavras que perderam seu valor aumentativo.
   a) Do *rock* ao *pop*, tudo cabe dentro do caldeirão musical em que se transforma a cidade nestas horas de pouco trabalho e muita diversão.
   b) Os antigos carrões continuam a ser opção para quem não economiza combustível.
   c) Entre 2002 e 2006 o número de cartões de crédito aumentou 91%, afirmam instituições.
   d) "Rebenta na Febem rebelião / um vem com um refém e um facão / a mãe aflita grita logo: não! / e gruda as mãos na grade do portão" (LENINE; RENNÓ, C. Ecos do -ão. In: LENINE. *Falange canibal*, 2001.)
   e) Um dos efeitos da globalização é que os cidadãos foram transformados em consumidores.
   f) "Até o dia 30 de abril, fica em cartaz na casa de Dona Yayá, sede do centro Cultural da USP, a exposição 'Aprendendo com Maquetes'. Os trabalhos foram feitos por alunos da FAU."*(Momento,* 16 mar. 2009.)
2. Comente, neste trecho do romance *A máquina*, o efeito de sentido provocado pelo emprego do grau diminutivo nos substantivos.

> Naquele tempo Nordestina era uma cidadezinha desse tamanhinho assim, da qual se dizia, eita lugarzinho sem futuro.
>
> FALCÃO, Adriana. *A máquina*. São Paulo: Salamandra, 2013.

**Texto para as questões de 3 a 10.**

## Ideias malucas se transformam em realidade no Museu das Invenções

Beatriz Izumino Colaboração para a *Folha*

Todo mundo já teve algum problema que o fez pensar: "se existisse uma máquina que fizesse isso, minha vida seria mais fácil". A Inventolândia, ou Museu das Invenções, reúne várias dessas criações desde 1996.

Entre os objetos expostos no museu, há vários do inventor japonês Kenji Kawakami. O criador dos óculos para pingar colírio (que têm dois pequenos funis acoplados às lentes) e do aplicador simultâneo de desodorante (em que um canudo em arco, preso à saída do aerossol, espirra o produto nos dois braços ao mesmo tempo) é também o idealizador de uma filosofia de criação chamada Chindogu.

Para adequar-se à proposta de Kawakami, uma invenção deve ser quase completamente inútil, mas ter uma utilidade compreensível para qualquer pessoa. Ela não pode ser criada apenas para ser engraçada, nem pode ser patenteada ou vendida, entre outros critérios resumidos nos dez mandamentos do Chindogu.

Mas o museu não abriga só ideias aparentemente inúteis. As boias que parecem espaguetes, encontradas em piscinas por todo o país, também estão expostas. Assim como um abridor de sachês, para quem sempre sofre na hora de colocar mostarda no sanduíche.

As invenções mais divertidas, porém, continuam sendo as mais estranhas. Como, por exemplo, o telefone para duas pessoas falarem ao mesmo tempo. Ou o jogo de basquete de mesa, parecido com o futebol de botão. Ou então a "*bike* canguru", uma bicicleta que não tem pedais, mas funciona com o movimento do corpo para cima e para baixo.

As criações expostas no museu não estão à venda nem podem ser usadas, mas servem para inspirar a criatividade e a imaginação.

[...]

*Folha de S.Paulo*. São Paulo, 26 jan. 2013. Disponível em: <www1.folha.uol.com.br>. Acesso em: 24 fev. 2014.

3. Tendo em vista que essa reportagem foi publicada originalmente na *Folhinha*, caderno infantojuvenil do jornal *Folha de S.Paulo*, explique por que a oração condicional, logo no início do texto, pode ser um recurso de interlocução com seus leitores.
4. Essa apresentação do Museu das Invenções deu maior destaque a ideias malucas e objetos estranhos. Sobre isso responda:
   a) Por que houve a necessidade de usar parênteses explicativos diante da apresentação das criações?
   b) A escolha por destacar esses objetos pode ser vista como estratégia para chamar a atenção dos leitores da *Folhinha*? Justifique.
5. Qual foi o processo de formação do substantivo *Inventolândia*?
6. A palavra *japonês*, dependendo do contexto, pode ser substantivo ou adjetivo. No texto acima, qual foi seu emprego? Justifique.
7. Procure, no texto, um exemplo de substantivo só utilizado no plural e crie uma nova frase com ele.
8. Inventos são criações que demandam outras invenções, como dar nomes a esses novos objetos, por exemplo, *boia-espaguete* e *bike canguru*. Explique o processo de formação desses substantivos e a regra de construção semântica adotada.
9. No último parágrafo do texto, aparecem os substantivos *imaginação* e *criatividade*. Classifique-os segundo o seu conteúdo semântico e justifique sua resposta apontando aspectos morfológicos.
10. No texto predominam sequências descritivas e explicativas. Que classes de palavras dão sustentação a essas sequências?

A GRAMÁTICA DA FRASE

# Funções substantivas

Vamos retomar algumas definições da sintaxe:

- **sujeito**: é o **ser** sobre quem se declara algo.
- **complemento verbal (objeto)**: é o **ser** ou **coisa** que sofre ou recebe a ação verbal.
- **agente da passiva**: é o **ser** que exerce a ação que o sujeito paciente recebe ou sofre.

Pelas definições acima, percebemos que esses termos da oração exprimem seres; ora, a classe gramatical que nomeia os seres é o **substantivo**. Podemos concluir, portanto, que o núcleo desses termos será representado por um substantivo ou por uma palavra com valor substantivo.

Daí, também, falarmos em **funções substantivas**. Como já vimos, são funções tipicamente substantivas:

- o sujeito: **Imaginação e criatividade** andam juntas.
- os complementos verbais (objeto direto e indireto): Tantos inventos deram **origem** ao **museu**.
- o complemento nominal: Os inventores têm necessidade de **reconhecimento**.
- o agente da passiva: O museu foi fundado pela **Associação Nacional dos Inventores**.
- o aposto: O museu, **símbolo da criatividade**, foi fundado há muitos anos.
- o vocativo: **Professor Pardal**, dê-nos luz!

Os predicativos (do sujeito e do objeto) podem ter seus núcleos representados por um substantivo ou por um adjetivo.

Quando esses termos assumem a forma de oração, ocorrem as **orações subordinadas** (são termos de oração) **substantivas** (têm o valor de um substantivo). Veja:

| sujeito | v.t.d. | obj. dir. (oração subordinada substantiva) |
|---|---|---|
| Os inventores | descobriram | que são importantes. |
| | | isso. |

## O substantivo e seus satélites

Tudo o que existe tem um nome. No entanto, ao expressarmos uma ideia, só nomear um ser ou uma coisa pode não expressar o conjunto de circunstâncias e características que envolve esse ser ou essa coisa conforme pretende comunicar o falante; por isso, costuma ser preciso indicar, com outras palavras, tais circunstâncias e características.

Observe, por exemplo, na tirinha abaixo, a personagem Patty Pimentinha, logo na primeira fala, empregando dois substantivos: *pergunta* e *professora*.

SCHULZ, Charles. *Snoopy e sua turma*. Porto Alegre: L&PM, 2011. p. 7.

No primeiro quadrinho, o substantivo *pergunta* vem precedido do artigo indefinido *uma*, dando a noção de que se trata de uma pergunta indefinida, desconhecida pelos interlocutores; muito diferente se o acompanhasse o artigo definido *a*: uma pergunta (indefinida) × a pergunta (uma pergunta específica, já mencionada ou reconhecida pelos interlocutores). No segundo quadrinho, o mesmo substantivo é usado precedido pelo artigo definido e por um adjetivo que reforça o caráter específico do substantivo: *a única* pergunta. Seguido ainda por outro adjetivo: *boba*, e pela explicação da personagem Marcie sobre essa que seria a única pergunta boba: "aquela que você não faz".

Observe que, além dos artigos, os adjetivos servem para dar um pouco mais de especificidade aos substantivos, como em: "pergunta *boba*", "perguntas *engraçadas*". Outros termos, como pronomes adjetivos e numerais, podem gravitar em torno dos substantivos, ajudando a determiná-los, como os pronomes possessivos ou demonstrativos (*minha* pergunta, *esta* pergunta) ou os numerais adjetivos (*uma* pergunta, *terceira* pergunta). Acompanhe:

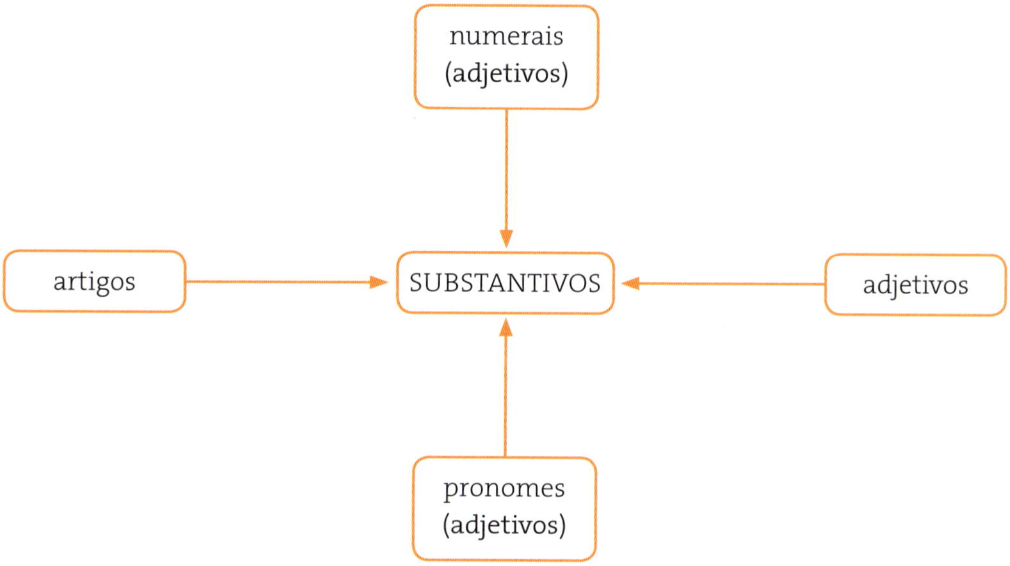


Assim, pode-se montar o seguinte esquema:

## Atividades

**Texto para as questões de 1 a 9.**

### Faça chuva ou faça sol

Por Marcelo Lima

Chuva, garoa, sol intenso. Para enfrentar as oscilações de clima, típicas dos meses de verão, é bom estar em dia com guarda-chuvas, guarda-sóis e sombrinhas.

Problemas como varetas quebradas, articulações travadas e pequenos furos na cobertura, causados principalmente pelo uso contínuo e pela falta de cuidado no manuseio, podem ser corrigidos, na maioria dos casos, em questão de horas.

Já a troca da cobertura e a restauração de cabos em metal ou madeira quebrados, em geral, exigem prazos mais longos e precisam da aprovação prévia do cliente para a execução do trabalho: na impossibilidade de empregar componentes originais, os profissionais podem sugerir o uso de materiais similares, o que acaba acarretando pequenas alterações na aparência do produto.

Na maioria delas, é possível encontrar também serviços de restauração geral, como costuras localizadas e substituição da articulação metálica. Mas fique atento aos preços: em modelos convencionais, o valor da reforma pode superar o de um novo.

Revista da Folha. *Folha de S.Paulo*. São Paulo, 21 dez. 2003. Disponível em: <www1.folha.uol.com.br>. Acesso em: 10 abr. 2014.

1. Considere o emprego das seguintes sequências substantivas no texto, ora no singular, ora no plural sem nenhum tipo de determinante:

   Chuva, garoa, sol intenso.
   [...] guarda-chuvas, guarda-sóis e sombrinhas.

   a) O professor Rodrigues Lapa comenta que a omissão do artigo definido pode ter vários efeitos, entre os quais generalização (alusão à espécie, classe), qualificação (alusão à qualidade representada pelo substantivo), dramatização (acentuação do valor da ideia que o substantivo carrega). Com qual efeito você identificaria o emprego das sequências apontadas?
   b) Comente, segundo o aspecto morfológico, o tipo de substantivo e a sua formação.
   c) Justifique o plural *guarda-chuvas* e *guarda-sóis*.
   d) A enumeração dos três primeiros elementos, na frase nominal, e dos três últimos, no final do primeiro período do texto foi acidental. Você concorda com esta afirmação? Por quê?

2. Releia o seguinte trecho:

   Problemas como varetas *quebradas*, articulações *travadas* e *pequenos* furos na cobertura, causados principalmente pelo uso contínuo e pela falta de cuidado no manuseio, podem ser corrigidos, na maioria dos casos, em questão de horas.

   a) Comente a importância dos adjetivos destacados.
   b) Quais são as marcas de concordância que eles apresentam? Justifique a concordância.

3. Como o texto foi publicado em uma revista (encarte de um jornal), é comum encontrar uma escolha lexical um pouco menos formal que a do texto propriamente jornalístico, como o uso da expressão "estar em dia". Qual palavra ou expressão poderia ter sido usada se o texto fosse mais formal? Reescreva o trecho em que há a expressão, tomando como gênero um folheto instrucional destinado a turistas que viajam a lugares muito úmidos, como a região amazônica.

4. No segundo parágrafo, há uma construção na voz passiva que omite seu agente. Reescreva o trecho, formulando um sintagma nominal como agente da passiva e coerente com o contexto.

5. Considerando que o artigo comenta uma prestação de serviço (conserto de objetos), aponte dez palavras ou expressões do campo lexical desse tema.

6. Observando a seleção lexical do texto, determine que tipo de substantivo predomina: concretos ou abstratos. Justifique essa predominância, pensando no tipo de texto e sua temática.

7. O recurso da escrita denominado dois-pontos pode apresentar diversos usos, como introduzir uma conclusão, um sinônimo, uma causa, uma explicação, entre outros. Nas duas ocorrências do texto, qual a função por eles desempenhada? Reescreva as orações eliminando esse sinal de pontuação e substituindo-o por uma conjunção que corresponda ao valor semântico subentendido.

8. O artigo traz um problema coesivo pouco perceptível em uma leitura rápida: a falta de um referente para a expressão "na maioria delas". Qual seria o substantivo (apenas implícito no texto) que o pronome deveria retomar?

9. Na última oração do texto, há dois exemplos de articulações coesivas, o uso do pronome *o* e uma elipse junto ao artigo indefinido *um*. Indique quais são os substantivos referentes a esses dois usos.

# 1 Os substantivos abstratos e os substantivos concretos na construção dos textos

Leia o poema a seguir e observe o trabalho feito com a sucessão de substantivos nesta construção:

## Declaração dos bens de família

Mauro Mota

Cadeiras e sofá, consolo e jarra,
camas e bules, redes e bacias,
a caixa de charão, o guarda-louça,
teteias, mesa, aparador, fruteira,

a cesta de costura, o papagaio,
a cafeteira, o cromo de parede,
o jogo de gamão, as urupemas,
o álbum, o espelho, o candeeiro belga,

alguidares, baús de roupa, esteiras
de pipiri, a tábua do engomado,
pilão de milho, o tempo do relógio,

quartinhas, almanaques, tamboretes,
o santo da família, a lamparina,
o carneiro Belém e o seu balido.

MOTA, Mauro. *Itinerário*. Rio de Janeiro: José Olympio, 1975. p. 7.

Ulhôa Cintra/Arquivo da editora

Como já estudamos, é possível distinguir substantivos concretos de abstratos de acordo com sua natureza, ou seja, substantivos que se referem a coisas materializáveis de substantivos que se referem a coisas não materializáveis. Assim, podemos nomear o que pertence ao mundo material e o que pertence ao mundo das ideias e das emoções. Dependendo do contexto, um substantivo que costuma ser classificado como concreto pode ter função abstrata, e vice-versa.

O emprego de um ou outro tipo de substantivo manifesta significativamente a que mundo nos referimos; portanto, o assunto de um texto está intimamente relacionado à seleção da natureza dos nomes que são empregados nele. Se a temática, por exemplo, lida com a metafísica, trata de sentimentos e de espiritualidade, é bastante provável que os substantivos abstratos entrem em cena. Se o assunto, porém, concentra-se na realidade material que percebemos à nossa volta, os substantivos concretos serão os protagonistas.

No poema de Mauro Mota, o poeta elabora o soneto com predominância de substantivos concretos, fazendo jus ao título: "Declaração dos **bens de família**", que denomina um inventário de coisas materiais pertencentes a uma família. Porém, a sucessão de elementos concretos e de valor econômico traz também elementos que têm valor afetivo para a família (o papagaio, o santo da família) e, ainda nessa listagem, encontram-se também algumas expressões de valor abstrato ("o tempo do relógio", "o carneiro Belém e o seu balido"), conferindo ao texto um sentido mais amplo, que acaba por transmitir ao leitor a ideia de que entre os bens familiares, além dos materiais, há sentimentos relacionados aos objetos, à casa e à família.

# 2 A seleção lexical: coesão, estilo e intencionalidade

Leia o fragmento abaixo observando as escolhas lexicais feitas pelo autor:

Capa de *Timór: terra sentida*, de António Veladas, em publicação da editora Europa-América.

## Timór: terra sentida

António Veladas

Jacarta abria as suas páginas na noite e a diferença de fuso horário mantinha-me as pupilas dilatadas. Olhos abertos pelo cansaço da viagem de Londres para Kuala Lumpur, na Malásia, e depois... depois para a indefinição, Jacarta.

"Camões" só me acompanhou até Londres. A partir daí deixou-me entregue a esse legado infinito. Nas treze horas seguintes, enquanto o Jumbo rasgava as altitudes, só me ouvia a mim próprio a sussurrar o português. Nem uma palavra na língua que um dia cruzou oceanos e povoou o mundo. A língua – que um dia aportou em águas límpidas de corais multicolores e deixou marcas arrastadas pelos séculos – tinha ficado para trás. Senti ali, no vazio da minha palavra, a responsabilidade do tesouro linguístico que transportava. Pensar em português. Era tão minha que senti ser o último dos testemunhos de um longo caminho de virtudes. E ninguém o sabia. Só eu...

[...]

VELADAS, António. *Timór*: terra sentida. Mem Martins, Portugal: Publicações Europa-América, 2001. Edição bilíngue. p. 10.

Você prestou atenção no uso da palavra *Camões*? Nesse caso, o substantivo não está fazendo referência ao poeta português, mas a outro conceito: a língua portuguesa (trata-se de um processo metonímico, em que se emprega o falante pela língua falada). O jornalista português António Veladas escreve, a partir do segundo parágrafo, sobre a língua portuguesa. Para isso, ele se vale de várias expressões lexicais para nomeá-la e retomá-la: *Camões*; "o português"; "língua que um dia cruzou oceanos e povoou o mundo"; "a língua – que um dia aportou em águas límpidas de corais multicolores e deixou marcas arrastadas pelos séculos"; "tesouro linguístico".

Além do valor estilístico do emprego de alternativas lexicais num texto, a seleção delas pode manifestar posicionamento, sentimento, emoção. No fragmento acima, o jornalista manifesta amor, admiração e respeito pela língua portuguesa, sentimentos evidenciados pelos substantivos selecionados (*tesouro*) e pela adjetivação (orações adjetivas). Vamos pensar se, ao contrário, as alternativas fossem: *língua imposta por colonizadores*; *carga linguística*; *a língua – que um dia contaminou outras*; etc. Que diferença!

O substantivo, como já comentamos, designa, nomeia. Isto é, o emprego de um substantivo implica a associação com um conceito a que ele faz referência. Assim, ao empregar, por exemplo, o substantivo próprio *Camões*, referimo-nos a um ser, ao conceito desse ser (Luís de Camões). Mas, na redação de um texto sobre ele, em que teríamos de nomeá-lo constantemente, para não deixar o texto redundante, seria possível empregar algumas outras designações que o apontam ou descrevem: o maior poeta português, o autor de *Os Lusíadas*, etc. Da mesma forma, ao fazer referência ao autor do texto acima, poderíamos empregar os termos "António Veladas", "o jornalista português", "o escritor", "o autor de *Timór: terra sentida*", "o jornalista que cobriu a luta pela independência do Timor Leste", etc. Essas alternativas lexicais podem beneficiar um texto, pois favorecem a coesão lexical interna sem levar à perda do estilo e ainda evitam redundâncias.

## Atividades

1. Escreva um parágrafo que reproduza o cenário de uma festa. Você deverá usar quase exclusivamente substantivos. A sequência escolhida na enumeração dos elementos é que estabelecerá a coesão do texto; a seleção vocabular, por sua vez, vai revelar que tipo de festa você estará descrevendo.

**Texto para as questões de 2 a 6.**

O trecho a seguir foi retirado de uma obra com finalidade didática. Estabeleça como objetivo de leitura captar as principais informações que transmite. Depois, responda às questões propostas.

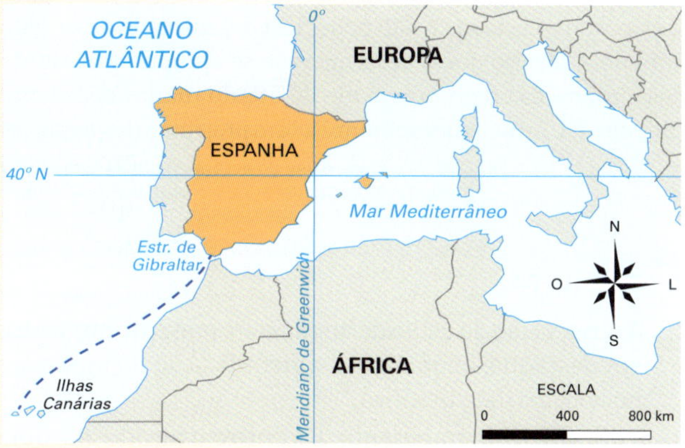


Adaptado de: IBGE. *Atlas geográfico escolar*. Rio de Janeiro, 2009.

Na manhã do dia 3 de agosto de 1492, Colombo partiu com suas três caravelas – Santa Maria, Pinta e Niña, com cerca de 100 homens de tripulação – rumo ao sudoeste, em direção às Ilhas Canárias. Uma rota direta pelo oeste pode parecer mais curta do que esse desvio pelo sul, no entanto é essencial lembrar que, nos dias da navegação a vela, o importante de uma viagem era a menor duração, e não a menor distância geográfica. Se tivesse zarpado direto da Espanha rumo ao oeste, Colombo teria enfrentado fortes ventos contrários no Atlântico Norte, que poderiam ter dificultado ou impossibilitado a viagem – sua rota continua a ser, ainda hoje, a mais favorável a um veleiro que venha da Europa para a América. Com o desvio de uma semana rumo às Ilhas Canárias, Colombo ganhou tempo, pois a partir de lá ventos favoráveis ao cruzamento do Atlântico rumo ao oeste de fato encurtaram sua viagem.

MIGLIACCI, Paulo. *Os descobrimentos*: origens da supremacia europeia. São Paulo: Scipione, 1992. p. 51.

2. Considerando que Colombo nasceu em Gênova, estudou geografia medieval, navegou a serviço da Coroa espanhola e chegou à América, em favor do estilo, dê alternativas para substituir o substantivo próprio *Colombo*.

3. Objetos e animais não costumam ter nomes próprios, mas embarcações e animais domésticos são frequentemente batizados por seus donos. Explique o efeito de sentido que essa nomeação provoca.

4. O texto procura provar que nem sempre a distância mais curta é o percurso mais rápido. Que sintagmas nominais foram usados para indicar esses dois conceitos, respectivamente?

5. Um recurso argumentativo empregado pelo autor foi construído por meio de uma oração condicional seguida de um exemplo atual. Explique o procedimento adotado e julgue os argumentos como fortes ou fracos para a persuasão do leitor.

6. Na expressão final "[ventos favoráveis] [...] encurtaram sua viagem" temos a transposição de sentido do verbo *encurtar*, resultando numa figura de linguagem. Explique como isso se dá.

**Texto para as questões de 7 a 10.**

Leia o texto a seguir, que procura estabelecer o perfil dos nascidos sob o signo de Leão, segundo a astrologia.

### Leão

23/07 a 22/08

[...]

Perfil: senhoras e senhores, apresentamos Sua Majestade, o Leão! Signo do elemento Fogo, regido pelo Sol, tem autoconfiança suficiente para brilhar por si só. Sua vontade se impõe por sua autoridade e determinação.

Generosos, alegres e criativos, os leoninos não despendem muita energia para chamar a atenção, mas, caso isso não aconteça naturalmente, têm habilidade suficiente para improvisarem um palco e fazerem seu cenário teatral.

Assim como as leoas ferozes defendem sua cria, as mulheres leoninas são protetoras de seus filhos. Os leoninos gostam de ser reconhecidos por sua dignidade e nobreza. Portanto, nunca se esqueça de fazer reverências a eles.

[...]

Disponível em: <www.abril.com.br>. Acesso em: 3 fev. 2014.

7. Em sua opinião, ao ler um perfil baseado na astrologia, o que busca o leitor?

8. No primeiro e no terceiro parágrafos, o produtor do texto dirige-se diretamente ao leitor.
   Que construção(ões) ele emprega para isso?

9. Analise o papel dos substantivos abstratos empregados no perfil determinado pela astrologia.
   a) Identifique os substantivos abstratos que ajudam a caracterizar os leoninos nesse texto.
   b) Que tipo de perfil eles reforçam no texto?

10. O produtor do texto estabelece uma comparação no terceiro parágrafo do perfil. Observe esse trecho.
    a) Identifique essa comparação.
    b) O que se ressalta nessa comparação pode ser sintetizado por um substantivo abstrato. Qual?
    c) Observe o uso da palavra *leonino* nesse trecho. É o único caso em que ela não é usada como substantivo, e sim como adjetivo. Que diferenciação o redator parece fazer entre os leoninos? Explique.

# Vestibulares de Norte a Sul

**Texto para a questão 1.**

[...] No confuso rumor que se formava, destacavam-se risos, sons de vozes que altercavam, sem se saber onde, grasnar de marrecos, cantar de galos, cacarejar de galinhas. De alguns quartos saíam mulheres que vinham pendurar cá fora, na parede, a gaiola do papagaio, e os louros, à semelhança dos donos, cumprimentavam-se ruidosamente, espanejando-se à luz nova do dia.

Daí a pouco, em volta das bicas era um zunzum crescente; uma aglomeração tumultuosa de machos e fêmeas. Uns, após outros, lavavam a cara, incomodamente, debaixo do fio de água que escorria da altura de uns cinco palmos. O chão inundava-se. As mulheres precisavam já prender as saias entre as coxas para não as molhar; via-se-lhes a tostada nudez dos braços e do pescoço, que elas despiam, suspendendo o cabelo todo para o alto do casco; os homens, esses não se preocupavam em não molhar o pelo, ao contrário, metiam a cabeça bem debaixo da água e esfregavam com força as ventas e as barbas, fossando e fungando contra as palmas da mão. As portas das latrinas não descansavam, eram um abrir e fechar de cada instante, um entrar e sair sem tréguas. Não se demoravam lá dentro e vinham ainda amarrando as calças ou as saias; as crianças não se davam ao trabalho de lá ir, despachavam-se ali mesmo, no capinzal dos fundos, por detrás da estalagem ou no recanto das hortas.

AZEVEDO, Aluísio. *O cortiço*. Rio de Janeiro: Otto Pierre, 1979. p. 44-45.

1. **CO** (UFG-GO) No trecho, as escolhas lexicais caracterizam as personagens como
   a) transgressoras, conforme relata o trecho "as crianças não se davam ao trabalho de ir lá, despachavam-se ali mesmo, no capinzal dos fundos".
   b) seres inquietos, conforme indicam os sentidos produzidos pelos pares de valor semântico opositivo "abrir e fechar" e "entrar e sair".
   c) contempladoras da natureza, conforme sugere a menção às aves em "grasnar de marrecos" e "cantar de galos".
   d) animais, conforme demonstra a descrição das ações em "suspendendo o cabelo para o alto do casco" e "esfregam com força as ventas".
   e) indiferentes, conforme mostra a avaliação de seu comportamento em "uns, após outros, lavavam a cara, incomodamente, debaixo do fio de água".

**Textos para a questão 2.**

*I.*

Tia Ciata sentou na tripeça num canto e toda aquela gente suando, médicos padeiros engenheiros rábulas polícias criadas focas assassinos, Macunaíma, todos vieram botar as velas no chão rodeando a tripeça. As velas jogaram no teto a sombra da mãe de santo imóvel. Já quase todos tinham tirado algumas roupas e o respiro ficara chiado por causa do cheiro de mistura budum coty pitium e o suor de todos. Então veio a vez de beber. E foi lá que Macunaíma provou pela primeira vez o cachiri temível cujo nome é cachaça. Provou estalando com a língua feliz e deu uma grande gargalhada.

ANDRADE, M. de. *Macunaíma*. São Paulo: ALLCA XX, 1996. p. 59. Edição crítica.

*II.*

Depois das calçadas espandongadas, quem chega ao primeiro bairro da cidade, o Pelourinho, via estacionamento M-14, descortina escombros de um sobrado incendiado em 2006, de uma instituição católica que, pela idade do incêndio, parece desinteressada em recuperá-lo. Mas o Pelourinho é um dos poucos cartões-postais da cidade e não pode ficar desentregue desse jeito. Por isso, é preciso que o desarmengue se aproprie do assunto, desaproprie os escombros, e lhe dê estado menos decadente. Dinheiro há. Armengues sobram. Faltam projetos e despreguiças.

FRANCO, A. A Baía e o PAC do desarmengue. Revista *MUITO*, Salvador, p. 41, 19 jul. 2009. Suplemento do Jornal *A Tarde*.

2. **NE** (UFBA)

   A observação do estilo de linguagem, presente nos textos em destaque, aponta para a identificação de inovações no léxico e na gramática.
   - Considere o fragmento I, contextualizado na obra *Macunaíma*, e compare-o com o fragmento II, destacando as inovações presentes em ambos;
   - Explique os efeitos de sentido que elas — as inovações — produzem na obra de Mário de Andrade (I) e no texto de A. Franco (II).

3. **CO** (UFMS)

   O dia abriu seu para-sol bordado
   De nuvens e de verde ramaria
   E estava até um fumo, que subia,
   Mi-nu-ci-o-sa-men-te desenhado.

   QUINTANA, Mário. *Poesias*.

   Em relação ao texto de Mário Quintana reproduzido acima, marque a(s) opção(ões) incorreta(s).
   (01) Segundo o dicionário eletrônico de Aurélio B. Holanda, "Verso é cada uma das linhas constitutivas de um poema; a unidade rítmica de uma poesia.". Portanto, a estrofe acima é composta de 4 versos.
   (02) No conjunto formado pelos versos 1 e 2, tem-se uma ocorrência de linguagem metafórica.
   (04) Ao empregar a palavra fumo por fumaça, o poeta utiliza o recurso estilístico da hipérbole.
   (08) Para sugerir de forma mais expressiva o movimento vagaroso do fumo (fumaça) que subia, Mário Quintana recorre à correta partição silábica da palavra minuciosamente.
   (16) A pluralização da palavra para-sol se baseia na mesma orientação normativa de guarda-civil.

CAPÍTULO

# 10 Determinantes e modificadores dos substantivos

Flávio Florido/Folhapress

*Passeio ao crepúsculo*, de Vincent van Gogh, 1889-1890.

Leia o início do conto "Os machos lacrimosos", de Mia Couto, e converse com os colegas e o professor sobre os preconceitos envolvidos no enredo e sobre o uso da linguagem. Levem em conta as questões propostas abaixo.

## Os machos lacrimosos

Mia Couto

Eles se encontravam por causa de alegrias. No bar de Matakuane, os **homens anedotavam (I)**, fabricando risadas. Um único móbil: festejavam a vida. As suas esposas **não suportavam aquele disparatar (II)**. Afinal, elas, as mulheres, não precisam de ritual para festejar a vida. Elas são a festa da vida. Ou a vida em festa? Para elas, aquela cumplicidade masculina era coisa de tribo. Reminiscência atávica.

Mas os homens não se importavam. Fosse atávico e tribal, eles mantinham o cerimonial. Cada um que chegava ao bar disparava, logo à entrada:

— *Sabem a última?*

E assim se produziam eles, se consumiam elas. Até que sucedeu a noite em que Luizinho Kapa-Kapa, o grande animador dos encontros, trouxe a notícia tristonha. Estava-se **em lua muito minguante (III)** e ali, na esplanada, pela primeira vez, os copos ficaram cheios toda a noite. É que Luizinho foi desenrolando a história com voz acabrunhada. Antes de chegar ao busílis do relato, quem sabe um irreversível falecimento, Kapa-Kapa cascateou-se em pranto. E os amigos, copo suspenso, em redor da mesa:

— *Então, Kapa-Kapa, como é que é?*

Até o **musculoso e calado estivador Silvestre Estalone (IV)** ajudava a animar o lamentoso **(V)**:

— *Verticaliza, homem, verticaliza.*

Mas **o choroso todaviou-se (VI)**. E foi crescendo de choraminguado para carpideiro. Entre soluços, soltava os fios da **fúnebre narrativa (VII)**. Já nem se percebia palavra, tal maneira as falas vinham envoltas em babas. Na sala surgiu um lenço e rodou de mão em mão, colectando excessos. [...]

COUTO, Mia. *O fio das missangas*. São Paulo: Companhia das Letras, 2012. p. 107-108.

**atávico:** refere-se a características de ascendentes antigos.
**busílis:** o ponto central de uma dificuldade, de um problema.
**esplanada:** terraço de um café ou restaurante.
**móbil:** motivo.

- *O título do conto toca em determinado preconceito, explorado na história. Qual?*
- *Pelo que percebemos nesse trecho, até esse dia os homens que frequentavam as reuniões costumavam agir de acordo com essa visão preconceituosa insinuada no título? Expliquem.*
- *De quem são os comentários que o narrador apresenta para deixar evidente que ele está tratando dessa visão preconceituosa? São favoráveis ou contrários a essas reuniões? Justifiquem.*
- *Em uma narrativa, em geral algum fato destrói o equilíbrio inicial. No conto, qual é esse fato?*
- *Há inúmeros recursos de linguagem nesse fragmento. Escolhemos alguns deles para trabalhar com a intenção de chamar sua atenção para os termos que giram em torno do substantivo em uma frase.*

  *Reúna-se com alguns colegas e identifiquem, entre os trechos destacados e numerados (de I a VII) no texto, o que se pede a seguir.*
  - *Quais são os dois trechos em que o(s) adjetivo(s) é(são) usado(s) antes do substantivo a que se refere(m), proporcionando mais subjetividade ao que se caracteriza?*
  - *Qual é o trecho em que se usa uma expressão bastante conhecida, mas com um detalhe que lhe fornece intensidade inesperada: a inserção de um advérbio? Como esse trecho está construído?*
  - *Qual é o trecho em que um verbo funciona como substantivo? Expliquem a função dessa palavra no trecho.*
  - *Em qual(is) caso(s) um adjetivo é empregado como substantivo? Expliquem sua função no(s) trecho(s).*
  - *Em que trecho uma conjunção exerce função de verbo para expressar uma ideia de contrariedade? Como ele está construído?*
  - *Em qual trecho um substantivo foi usado como verbo sendo flexionado para indicar tempo e pessoa do discurso? Como esse trecho está construído?*

# 1 A estrutura do sintagma nominal

Na parte 1 desta obra, vimos a estrutura dos sintagmas nominal e verbal. Neste capítulo, vamos retomar a estrutura do sintagma nominal para destacar os determinantes e os modificadores do substantivo – que funciona como núcleo.

O núcleo de um sintagma nominal é sempre um nome ou pronome substantivo ou elemento substantivado. Esse núcleo pode constituir o sintagma sozinho ou aparecer acompanhado de outras palavras, que, basicamente, formam dois grupos:

- os determinantes: termos que se referem ao núcleo para indicar gênero e número (os artigos), localização no tempo e no espaço (pronomes demonstrativos), posse (pronomes possessivos), quantificação (numerais e pronomes indefinidos);
- os modificadores: em geral representados por adjetivos ou locuções adjetivas e por numerais.

A estrutura básica do sintagma nominal pode ser assim representada:

## Sintagma nominal

| determinante | núcleo (determinado) | modificador |
|---|---|---|
| o | | musculoso |
| um | estivador | calado |
| aquele | | famoso |

| determinante | núcleo (determinado) | modificador |
|---|---|---|
| a | | tristonha(s) |
| sua | notícia(s) | |
| quatro | | |

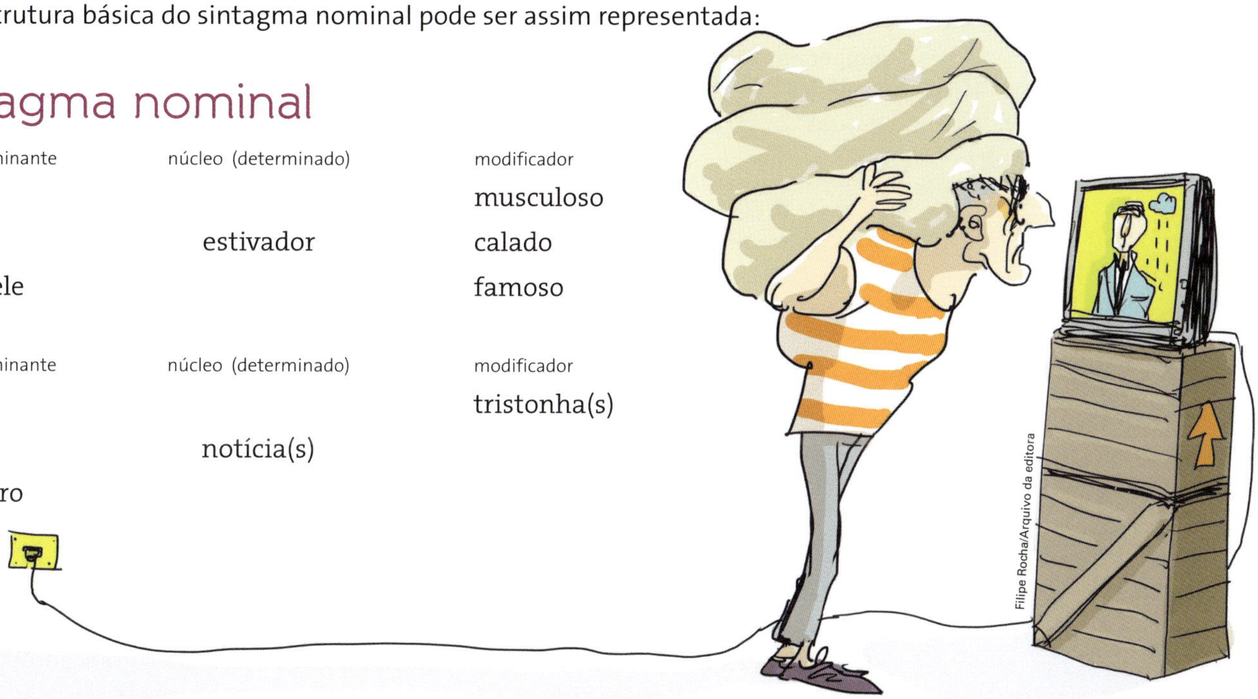

Filipe Rocha/Arquivo da editora

# 2 O artigo

**Artigo** é a palavra que precede o substantivo, indicando-lhe o gênero e o número, determinando-o ou generalizando-o. Ao contrário do substantivo, é uma palavra não lexical, isto é, não possui um conteúdo semântico que descreva alguma coisa por si só: fora de contexto, nada significa. Mas, quando associado a um substantivo, indica sua categoria gramatical.

**ATENÇÃO!**

Anteposto a qualquer palavra, o artigo a transforma em substantivo: o amar, um comer, o não, um talvez, o longe, o nada, etc.

No conto de Mia Couto, por exemplo, isso acontece no caso do adjetivo *lamentoso*, transformado em substantivo ao ser acompanhado pelo artigo definido masculino *o*: “ajudava a animar o lamentoso”.

OPS!

## Os artigos definidos podem ser generalizadores?

**Primeira reflexão**: pode um artigo definido, que, essencialmente, individualiza, generalizar? Observemos o enunciado abaixo:

Todos sabem que o preconceito é um marco presente na vida da humanidade e **a mulher** não ficou de fora, em razão dele sofreu grandes perdas.

Disponível em: <http://manchetesdecampogrande.blogspot.com.br>. Acesso em: 4 fev. 2014.

Nesse caso, a expressão "a mulher" refere-se à classe que abrange todas as mulheres, e não a uma mulher específica. Trata-se de um emprego genérico, ou, sob outro enfoque, é como se fosse um coletivo.

**Segunda reflexão**: o artigo indefinido – que basicamente indica um ser qualquer dentre outros da mesma espécie – também pode funcionar como generalizador?

Leia este enunciado:

Vanessa Ribeiro Mateus, titular do primeiro juizado dedicado à violência contra a mulher em São Paulo, afirma: "**Uma mulher** apanha dentro de casa no Brasil a cada 15 segundos".

Disponível em: <http://revistaepoca.globo.com>. Acesso em: 4 fev. 2014.

A expressão "uma mulher" refere-se à classe toda por meio de um ser representativo, como se fosse uma metonímia (caso em que o substantivo sempre é usado no singular).

# 3 O adjetivo

**Adjetivo** é a palavra que modifica o substantivo, atribuindo-lhe um estado, uma qualidade ou uma característica. Portanto, refere-se aos seres, mas, ao contrário do substantivo, que os designa, o adjetivo exprime-lhes uma qualidade. É, por isso, uma abstração (daí sempre se apoiar em um substantivo).

Numa oração, o adjetivo costuma desempenhar a função de adjunto adnominal ou de predicativo.

Retomemos, entretanto, um fragmento do texto do escritor moçambicano Mia Couto que abre este capítulo:

Até o musculoso e calado estivador Silvestre Estalone ajudava a animar o **lamentoso**:

— Verticaliza, homem, verticaliza.

Mas o **choroso** todaviou-se. E foi crescendo de choraminguado para carpideiro. Entre soluços, soltava os fios da fúnebre narrativa. Já nem se percebia palavra, tal maneira as falas vinham envoltas em babas. Na sala surgiu um lenço e rodou de mão em mão, colectando excessos. [...]

Se as palavras *lamentoso* e *choroso* forem analisadas isoladamente, como classificá-las? Como adjetivos, claro. No entanto, no texto de Mia Couto, exercem função de substantivo (acompanhada do artigo masculino *o*, a palavra *lamentoso* funciona como objeto direto do verbo *animar*; e *choroso*, também acompanhada de artigo masculino, é empregada como sujeito do verbo *todaviar-se*, que, por sua vez, é um neologismo criado a partir da conjunção *todavia*).

Logo, uma palavra só pode ser classificada com base na função que exerce em determinado contexto.

OPS!

## Adjetivos explicativos e restritivos?

Pensemos no silogismo aristotélico:

Todo homem é mortal
Pedro é homem
Logo, Pedro é mortal

Tal silogismo só é possível porque a premissa tem um adjetivo de **caráter explicativo** na função de predicativo do sujeito ("mortal"), já que abrange todo o universo representado pelo substantivo "homem" (todo e qualquer homem; trata-se de uma premissa universal), atribuindo-lhe uma característica inerente, conhecida por todos, inquestionável ("é mortal"). É essa condição que permite a conclusão final.

Leia esta frase:

Os homens mortais devem procurar o mistério da vida e da morte.

Nesse caso, o adjetivo soa redundante, já que é de conhecimento universal que não há homem que não seja mortal. Poderíamos enxugar a frase sem perda alguma de significação. Veja:

Os homens devem procurar o mistério da vida e da morte.

Pensemos, porém, no texto de um aviso comum em saguões de chegada de aeroportos:

Os turistas estrangeiros devem entrar na fila da direita.

Tal frase tem **caráter restritivo**; já que não se refere a todo o universo de turistas, e sim aos turistas estrangeiros, esses e apenas esses é que devem entrar na fila da direita (o adjetivo *estrangeiros* pode ser classificado como **restritivo**).

Ao contrário do que vimos no exemplo anterior, a ausência do elemento restritivo teria consequências relevantes para a significação da frase. Leia e compare:

Os turistas devem entrar na fila da direita.

Essa construção provavelmente desencaderia este fato: todo o universo de turistas (nacionais ou estrangeiros) entraria na fila da direita.

O conceito de restritivo e explicativo é fundamental para entender as orações adjetivas.

# Atividades

Leia a tira a seguir para responder às questões propostas nesta seção.

Laerte/Acervo do cartunista

LAERTE. Hugo Baracchini.

1. No primeiro quadrinho, que efeito de sentido produz a locução adjetiva "de proporções continentais"? Em seguida, dê alguns exemplos de adjetivos que poderiam substituir essa locução, sem alterar seu valor.

2. Observe o termo *meritíssimo* no segundo quadrinho. Trata-se de uma derivação imprópria consagrada. Explique a afirmação e justifique exemplificando.

3. Ainda no segundo quadrinho, qual a função sintática de *culpado*? Qual a importância desse adjetivo para o entendimento da tirinha?

# 4 O numeral

**Numeral** é a palavra usada para designar um número exato de seres ou a posição que um ser ocupa numa determinada série.

Conforme o que indica, o numeral classifica-se em:

| Numeral | | | |
|---|---|---|---|
| **cardinal** | **ordinal** | **fracionário** | **multiplicativo** |
| designa uma quantidade determinada de seres ou a quantidade em si mesma: um, dois, três, dez, catorze/ quatorze, cinquenta, cem, seiscentos, mil, milhão, etc. | indica a ordem ou a posição ocupada por um ser numa determinada série: primeiro, segundo, terceiro, décimo, décimo primeiro/ undécimo, quinquagésimo, centésimo, etc. | indica uma fração ou divisão: meio, terço, quarto, quinto, vinte avos, centésimo, trecentésimo, milésimo, milionésimo, etc. | indica uma multiplicação: duplo, triplo, quíntuplo, décuplo, undécuplo, duodécuplo, cêntuplo, etc. |

**Zero** é um numeral cardinal, embora não conste das listas de numerais. A palavra tem origem no árabe *sifr* e significa, literalmente, "vazio"; daí o **zero** ser o cardinal dos conjuntos vazios. Neste livro, usamos o zero para indicar a ausência de desinência ou de morfema: desinência **zero**, morfema **zero** (às vezes, representado pelo símbolo "∅").

OPS!

### Substantivo ou numeral? Coletivos numéricos!

Palavras como **século**, **década**, **dúzia**, **vintena**, **milhar**, **lustro**, **par**, **quinzena**, **milênio**, **quina**, **sena**, **par**, etc. são incluídas, às vezes, na classe dos substantivos, outras, na dos numerais. Essa indecisão se explica pela função sintática que tais palavras exercem e pelo seu conteúdo semântico:

Uma **dúzia** de livros já foram escritos sobre o assunto.

Função substantiva e não adjetiva (neste caso: núcleo do sujeito).

Noção numérica (denotativamente, um número exato – 12; conotativamente, um número indeterminado – vários).

O *Volp* classifica as palavras citadas acima como substantivos e essa é a tendência mais marcante nos dicionários e gramáticas. No entanto, são chamados de **coletivos numerais**, pois, além de exercerem funções sintáticas substantivas (e não adjetiva, função primeira do numeral), designam um grupo ou conjunto numérico determinado.

Alguns são específicos e dispensam o adjunto adnominal para indicar a que fazem referência: por exemplo, lustro e quinquênio (período de cinco anos), século (cem anos), milênio (mil anos), resma (quinhentas folhas).

A maioria, no entanto, vem acompanhada de adjuntos adnominais que especificam a que se aplica a noção numérica que carregam:

Comprei um **par** de sapatos e uma **dúzia** de meias.

# Emprego dos numerais

Para designar séculos, reis, papas, capítulos, cantos (nos poemas épicos, por exemplo), empregamos os ordinais até décimo e os cardinais do onze em diante:

| | |
|---|---|
| Canto **I** (**primeiro**) | Canto **X** (**décimo**) |
| João Paulo **II** (**segundo**) | Século **XIX** (**dezenove**) |
| Luís **XV** (**quinze**) | Capítulo **XXVIII** (**vinte e oito**) |

Se o numeral vier preposto ao substantivo, usa-se sempre o ordinal. Dessa forma, dizemos:

| | |
|---|---|
| século **XX** | século **vinte** |
| **XX** século | **vigésimo** século |
| capítulo **XII** | capítulo **doze** |
| **XII** capítulo | **décimo segundo** capítulo |

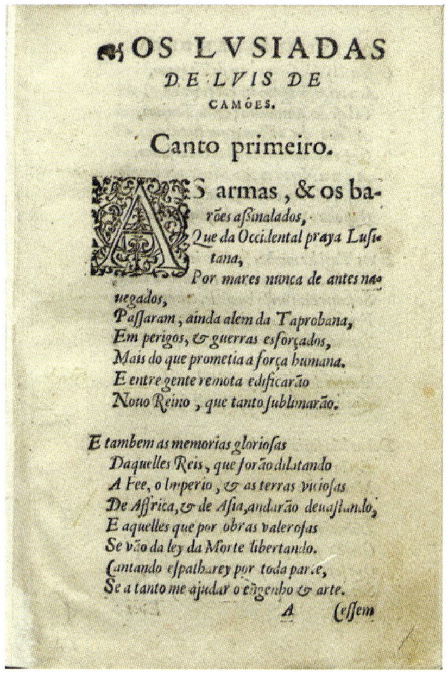
OS LVSIADAS
DE LVIS DE
CAMÕES.
Canto primeiro.
AS armas, & os barões assinalados,
Que da Occidental praya Lusitana,
Por mares nunca de antes nauegados,
Passaram, ainda alem da Taprobana,
Em perigos, & guerras esforçados,
Mais do que prometia a força humana.
E entre gente remota edificarão
Nouo Reino, que tanto sublimarão.

E tambem as memorias gloriosas
Daquelles Reis, que forão dilatando
A Fee, o Imperio, & as terras viciosas
De Affrica, & de Asia, andarão deuastando,
E aquelles que por obras valerosas
Se vão da ley da Morte libertando.
Cantando espalharey por toda parte,
Se a tanto me ajudar o engenho & arte.
A Cessem



Página do livro *Os Lusíadas*, de Luís de Camões.

Na enumeração de objetos como casas, páginas, folhas, quartos, poltronas, aeronaves, etc., empregam-se os cardinais:

apartamento 62 (**sessenta e dois**) Lunik 9 (**nove**) poltrona 18 (**dezoito**)

Os multiplicativos são, em geral, substituídos pelos cardinais correspondentes, seguidos pela palavra *vezes*:

Eu já lhe disse isso **dez** vezes!

Os fracionários, entre o décimo e o centésimo, formam-se com o cardinal seguido do substantivo plural avos: **onze avos**, **doze avos**, **vinte avos**, **oitenta avos**, etc. **Avos** (plural de **avo**, terminação de ***oitavo***) é palavra empregada como substantivo em números fracionários, e que, por extensão de sentido, ganha a acepção de fração, parte de um todo.

**ATENÇÃO!**

A classificação da palavra *ambos* tem gerado polêmica: pronome indefinido ou numeral? Gramáticas e dicionários divergem. A própria Academia Brasileira de Letras, responsável pelo Vocabulário Ortográfico da Língua Portuguesa, não chega a um consenso: a 5ª edição do *Volp* (Editora Global) classifica a palavra *ambos* como pronome indefinido; a 2ª edição do *Dicionário escolar da língua portuguesa* (Companhia Editora Nacional), da ABL, classifica-a como numeral. Detalhe: as duas publicações são de responsabilidade da mesma comissão de lexicografia, e foram feitas no mesmo período (início de 2009).

No entanto, a sua noção semântica numérica é evidente ("um e outro", "os dois"); e sempre que a palavra *ambos* é empregada, é possível reconhecer o seu referente (ou seja, os dois seres a que a palavra faz referência). Independentemente de sua classificação morfológica, *ambos* varia em gênero:

Estas bolsas serão renovadas automaticamente a cada período letivo enquanto **ambos** os alunos estiverem regularmente matriculados.

**Ambas** as alunas tinham doze (12) anos na época.

OPS!

## Meio-dia e meio ou meio-dia e meia?

É muito comum ouvir-se a expressão **meio-dia e meio** equivalendo a 12h30min. No entanto, ela é incorreta.

É necessário lembrar, em primeiro lugar, que o numeral fracionário *meio* concorda em gênero com a palavra da qual ele é uma fração. Por exemplo:

cinco metros e **meio** (cinco metros e mais **meio metro**)

três léguas e **meia** (três léguas e mais **meia légua**)

Portanto, o correto é **meio-dia e meia**, uma vez que está subentendida a palavra *hora*. Ou seja, **meio**-dia (12h) e mais **meia hora** (30min).

# Atividades

1. Leia, a seguir, o problema dos quatro quatros, apresentado na obra *O homem que calculava*, do autor brasileiro Júlio César de Mello e Souza, que assinava seus livros com o pseudônimo Malba Tahan.

### Problema dos quatro quatros

Escrever, com quatro quatros e sinais matemáticos, uma expressão que seja igual a um número inteiro dado. Na expressão não pode figurar (além dos quatro quatros) nenhum algarismo ou letra ou símbolo algébrico que envolva letra, tais como: log, lim, etc.

Afirmam os pacientes matemáticos que é possível escrever, com os quatro quatros, todos os números inteiros, desde 0 até 100.

Estas são as resoluções de alguns números:

| | | |
|---|---|---|
| 1 | = | 44 ÷ 44 |
| 2 | = | (4 ÷ 4) + (4 ÷ 4) |
| 3 | = | (4 + 4 + 4) ÷ 4 |
| 4 | = | 4 + (4 - 4) ÷ 4 |
| 5 | = | [(4 x 4) + 4] ÷ 4 |
| 6 | = | 4 + [(4 + 4) ÷ 4] |
| 7 | = | (4 + 4) - (4 ÷ 4) |
| 8 | = | 4 + 4 + 4 - 4 |
| 9 | = | (4 + 4) + (4 ÷ 4) |
| 10 | = | (44 - 4) ÷ 4 |
| [...] | | |

Disponível em: <www.educ.fc.ul.pt>. Acesso em: 2 abr. 2014.

Nesse texto, justifique o emprego de "quatro" e "quatros".

**Texto para as questões de 2 a 5.**

### Janeiro entra na lista dos cincos meses mais chuvosos do Distrito Federal

*Volumes acumulados ultrapassam os 460 milímetros, quase o dobro da média histórica*

O volume de chuvas deste mês alcançou altos índices na capital federal. Em 28 dias, o Inmet (Instituto Nacional de Meteorologia) registrou aproximadamente 468 milímetros, quase o dobro da média histórica. Esse volume é o quinto maior acumulado da história da cidade, desde o início das medições regulares pelo órgão, em setembro de 1961. [...]

*R7*, 29 jan. 2013. Disponível em: <http://noticias.r7.com>. Acesso em: 14 abr. 2014.

2. Comente o emprego do numeral no título da notícia.

3. Por que o numeral utilizado no subtítulo não se repete na notícia? Que palavras garantem a validade dessa informação, levando-se em conta o público-alvo do *site*?

4. Se o volume de chuvas atingiu quase o dobro da média histórica, qual seria um valor aceitável dentro do que se considera como média? Escreva o numeral por extenso.

5. Justifique a relevância dessa notícia tendo em vista o histórico das medições registradas até hoje no Distrito Federal.

# 1 O artigo

O **artigo** sempre acompanha o substantivo; portanto, faz parte do sintagma nominal e, consequentemente, do termo da oração a que pertence o substantivo. Só que nunca como núcleo, e sim como **adjunto adnominal**.

Observe a frase:

| SUJEITO | PREDICADO | | |
|---|---|---|---|
| | v.t.d.i. | obj. dir. | obj. ind. |
| O vendedor | indicou | um livro | para a cliente. |
| O = adj. adn.; vendedor = nc | | um = adj. adn.; livro = nc | a = adj. adn.; cliente = nc |

Nela, três sintagmas nominais exercem diferentes funções: sujeito, objeto direto e objeto indireto; os núcleos estão representados por substantivos e todos acompanhados de artigos, que funcionam como adjuntos adnominais.

## Atividades

Leia o texto a seguir e responda às questões propostas sobre ele.

### Mito ou verdade: celular pode explodir?

*Todos os dias, nos jornais, há notícias sobre celulares que explodem e machucam pessoas. Mas é mesmo possível um celular explodir? Confira em mais uma edição de Mito ou Verdade!*

Por Bruna Rasmussen

"Celular explode e mata operário na China". "Celular explode em bolso de jovem". "Celular explode e queima orelha de dona de casa". Manchetes como estas já não são raridade. O telefone celular é um objeto praticamente essencial na vida de qualquer pessoa. De estudantes e médicos a taxistas e executivos, todo mundo quer estar a um número de distância. [...]

Em todos os casos mostrados, o que explodiu com certeza não foi o celular em si, mas a bateria, caixinhas que armazenam uma incrível quantidade de energia e permitem que um aparelho eletrônico seja utilizado longe das tomadas. A grande maioria de eletrônicos portáteis, hoje, optam por utilizar as baterias de Li-ion (íons de lítio).

Em comparação aos outros tipos de bateria, os íons de lítio armazenam o dobro de energia, são mais leves e mais ecológicos. Em contrapartida, estas baterias exigem muito mais cuidado e, infelizmente, explodem mais facilmente. Em geral, a temperatura ideal para se manter uma bateria dessas é 25 °C, o que nem sempre é possível. Deve-se evitar também sua exposição a temperaturas maiores que 50 °C ou à luz do sol.

[...]

*Tecmundo*, 18 ago. 2009. Disponível em: <www.tecmundo.com.br>. Acesso em: 24 fev. 2014.

1. Tendo em conta que esse texto foi publicado em um *site* chamado *Tecmundo*, justifique a escolha do assunto abordado e explique a importância de uma seção como "Mito ou verdade?".

2. No subtítulo, há dois usos da palavra *celular(es)*: no primeiro caso, desacompanhada de artigo; no segundo, seguida de artigo indefinido. Explique a diferença de sentido expressa por essas construções.

3. Com base na resposta da questão anterior, justifique o uso do artigo definido e a opção por utilizar a palavra *celular* como adjetivo, modificando o substantivo telefone. Leve em conta a informação do trecho "O telefone celular é um objeto praticamente essencial na vida de qualquer pessoa [...]" para responder à questão.

4. Qual é a diferença de sentido expressa pelas diversas expressões que incluem ou não o uso dos artigos e da palavra *bateria* nos enunciados abaixo?
   - [...] o que explodiu com certeza não foi o celular em si, mas a bateria [...]
   - A grande maioria de eletrônicos portáteis [...] optam por utilizar as baterias de Li-ion.
   - Em comparação aos outros tipos de bateria [...]
   - [...] a temperatura ideal para se manter uma bateria dessas é 25 °C [...]

5. Você chegou a uma conclusão a respeito de que bateria deve ser usada em celulares? A bateria de Li-ion parece ser a melhor opção se levarmos em conta seus benefícios? Fundamente sua opinião fazendo uso dos artigos definidos e indefinidos.

6. O texto cumpriu sua função, ou seja, o leitor ficou sabendo se a explosão de celulares é mito ou verdade?

# 2 O adjetivo

## O adjetivo na oração

Há duas **funções adjetivas** básicas: **adjunto adnominal** e **predicativo**. Pense na definição de adjetivo e relacione-a a esses dois termos; você perceberá claramente a relação adjetivo/substantivo. Pense, agora, na etimologia da palavra *adjetivo*: literalmente quer dizer "que se junta", "que se coloca ao lado". Ora, que se junta a quê, que se coloca ao lado de quê? Do substantivo. Observe que a própria formação da palavra nos remete a uma caracterização morfossintática, e não apenas morfológica.

sujeito: A elegante senhora | predicado: desfilou.

O adjetivo *elegante* funciona como adjunto adnominal, acompanhando o substantivo *senhora*, núcleo do sujeito.

sujeito: A **senhora** | predicado: é **elegante**.

O adjetivo *elegante* funciona como predicativo do sujeito (o núcleo do sujeito é o substantivo *senhora*).

## O adjetivo no período composto

O adjetivo funcionando como adjunto adnominal pode assumir a forma de oração. Nesse caso, ocorrerá uma oração subordinada (trata-se de um termo da oração principal) adjetiva (tem o valor de um adjetivo).

Há dois tipos de oração adjetiva: restritiva (quando a informação que acrescenta ao nome delimita-o e individualiza-o) e explicativa (quando a informação qualifica o nome).

A senhora | oração subordinada adjetiva restritiva: que estava vestida de vermelho | desfilou elegantemente.

funciona como adjunto adnominal do núcleo do sujeito: *senhora*

Matilde, | oração subordinada adjetiva explicativa: que estava vestida de vermelho, | desfilou elegantemente.

funciona como adjunto adnominal do núcleo do sujeito: *Matilde*

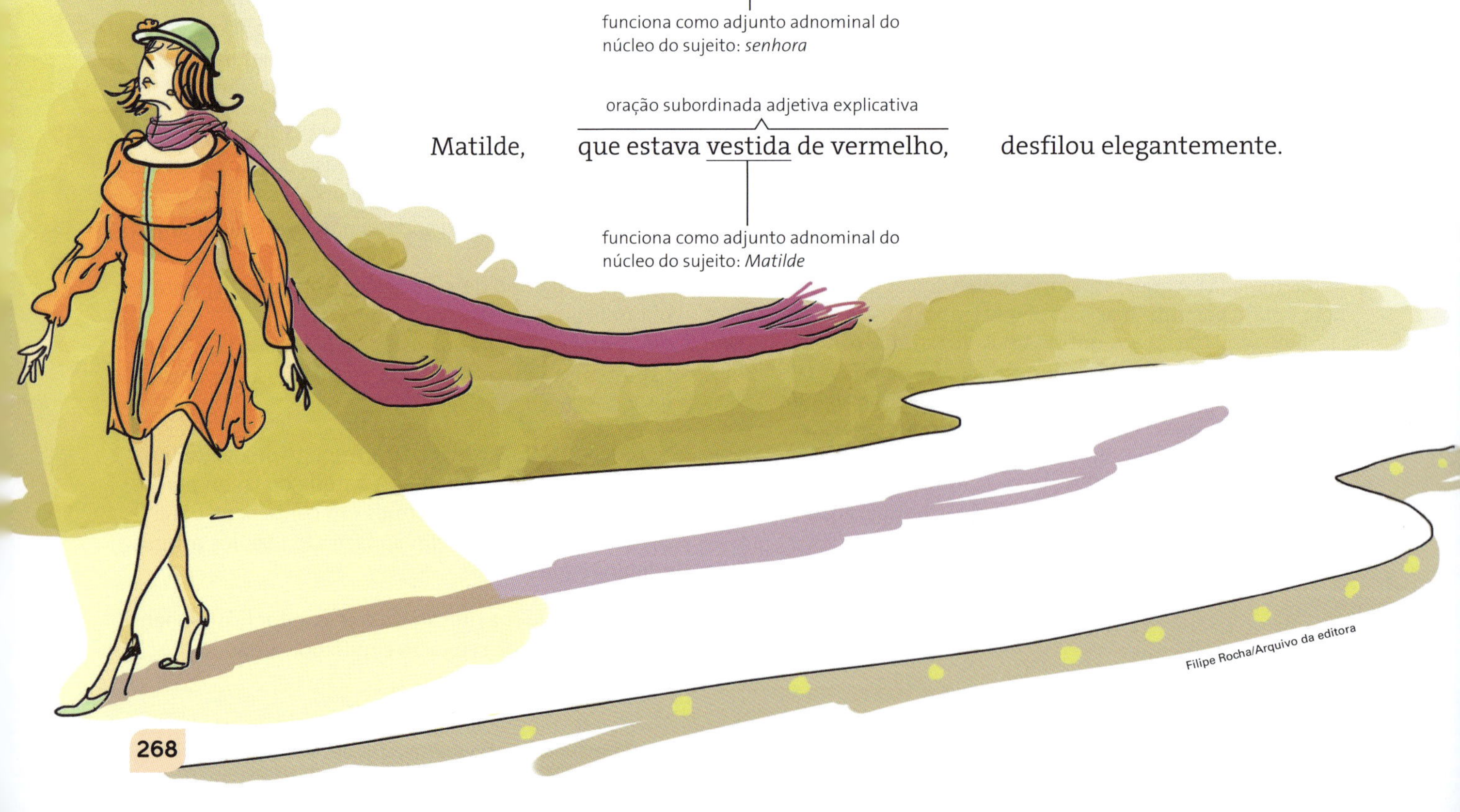

Filipe Rocha/Arquivo da editora

# Atividades

Leia a letra da canção "Paralelas", composta na década de 1970 pelo artista cearense Belchior. Use o título da canção como "guia" para sua leitura.

## Paralelas

Belchior

Dentro do carro
Sobre o trevo
A cem por hora, ó meu amor
Só tens agora os carinhos do motor

E no escritório em que eu trabalho
e fico rico, quanto mais eu multiplico
Diminui o meu amor

Em cada luz de mercúrio
vejo a luz do teu olhar
Passas praças, viadutos
Nem te lembras de voltar, de voltar, de voltar

No Corcovado, quem abre os braços sou eu
Copacabana, esta semana, o mar sou eu
Como é perversa a juventude do meu coração
Que só entende o que é cruel, o que é paixão

E as paralelas dos pneus n'água das ruas
São duas estradas nuas
Em que foges do que é teu

No apartamento, oitavo andar
Abro a vidraça e grito, grito quando o carro passa
Teu infinito sou eu, sou eu, sou eu, sou eu

BELCHIOR. *Coração selvagem*. Warner, 1977.

Filipe Rocha/Arquivo da editora

1. O texto tem a estrutura de uma interlocução.
   a) Que espaços físicos os interlocutores ocupam?
   b) Caracterize o eu poético. Caracterize também os elementos *tempo* e *espaço*.
2. O segundo verso está centrado em um termo independente, à parte do sujeito e do predicado.
   a) Qual é sua função sintática?
   b) Qual é o núcleo desse termo?
   c) Esse termo tem função substantiva ou adjetiva? Apresenta adjunto adnominal?
   d) Qual é a importância semântica desse termo?
3. Releia o seguinte verso: "Em cada luz **de mercúrio**".
   a) O termo destacado (sintagma nominal preposicionado) é uma locução adjetiva. Justifique essa afirmação.
   b) Substitua, se possível, essa locução por uma única palavra de conteúdo semântico equivalente que exerça a mesma função.
4. "Esta semana, o mar sou eu." Atente para a concordância e responda: qual o sujeito da oração?

5. Nos versos:

Como é perversa a juventude do meu coração / Que só entende o que é cruel, o que é paixão

a) A que classe gramatical pertence a palavra *perversa* e qual é sua função no enunciado? Comente se há manifestação de concordância nela.
b) Na estrutura paralela: "o que é **cruel**, o que é **paixão**", há equivalência na classificação sintática e morfológica das palavras em destaque?

6. "E as paralelas dos pneus n'água das ruas / São **duas estradas nuas**"

a) Qual é a função sintática do termo destacado?
b) Qual é o seu núcleo? E seus adjuntos adnominais?
c) Dê a classe gramatical das palavras que formam o termo destacado.

7. Considerando que a antítese se caracteriza pela oposição de palavras ou ideias, aponte uma passagem em que ocorre essa figura e comente-a.

8. Observe a ocorrência da palavra *paralelas* no texto. O significado dessa palavra no título e na letra da canção é o mesmo?

## 3 O numeral

Na gramática da palavra, vimos que os **numerais** se caracterizam por indicar quantidade ou posição numa série.

Na gramática da frase, interessa saber se o numeral desempenha papel de substantivo ou de adjetivo.

| sujeito | predicado |
|---|---|
| Os dois atletas | treinam para reconquistar seus lugares no time. |

O numeral está determinando o substantivo *atletas*, núcleo do sujeito; tem, portanto, valor de **adjetivo** e exerce a função de adjunto adnominal.

| sujeito | predicado |
|---|---|
| Os dois | são muito disciplinados. |

O numeral é o núcleo do sujeito; tem, portanto, valor de **substantivo**.

Filipe Rocha/Arquivo da editora

Como você estudou, o **numeral adjetivo** desempenha as mesmas funções de um adjetivo; o **numeral substantivo**, as funções substantivas. Outra conclusão: assim como o substantivo e o adjetivo, o numeral pertence à categoria dos nomes.

# Atividades

**Texto para as questões de 1 a 6.**

Você vai ler uma matéria jornalística cujo enfoque se volta para aspectos curiosos de determinados fatos históricos. Atente para esses fatos e suas respectivas datas, a fim de perceber a importância do emprego dos numerais em textos dessa natureza.

## Nasceu em Olinda a Faculdade de Direito do Recife

Escrito por Mariana Albanese

*O curso formou inúmeros intelectuais brasileiros, de Rui Barbosa a Castro Alves*

Foi um decreto do imperador Pedro I que criou simultaneamente, em agosto de 1827, os dois primeiros cursos jurídicos do País: em Pernambuco e em São Paulo.

Já havia, desde a época dos holandeses, no século 17, a intenção de fundar uma universidade em Olinda. Enfim, no dia 15 de maio de 1828, foi instalado no Mosteiro de São Bento o desejado curso superior. O local era privilegiado: o Seminário de Olinda, historicamente ligado a um pensamento liberal na formação dos padres.

Na época, mais do que ensinar legislação, os cursos jurídicos eram centros de filosofia e ciência. O de Olinda, que em 1854 transferiu-se para Recife com o nome de Faculdade de Direito, formou inúmeros intelectuais brasileiros. Joaquim Nabuco, Rui Barbosa e Castro Alves foram alguns dos célebres alunos que frequentaram a biblioteca da instituição, com mais de 100 mil livros.

*Almanaque Brasil*. Disponível em: <www.almanaquebrasil.com.br>. Acesso em: 5 fev. 2014.

Delfim Martins/Pulsar Imagens

Fachada do Mosteiro de São Bento, Olinda, Pernambuco.

1. Que papel desempenham os marcadores temporais nesse texto?

2. Observe os numerais na sequência "os dois primeiros cursos jurídicos do País".
   a) Classifique-os, observando o que eles indicam e a função sintática.
   b) Comente se eles apresentam algum tipo de flexão e justifique.

3. Classifique o numeral na sequência "imperador Pedro I". Que tipo de alteração você faria para expressar a mesma noção numérica com um cardinal? Comente se esse numeral poderia apresentar flexão, estabelecendo concordância com o substantivo a que se refere. Justifique exemplificando.

4. Releia: "Desde a época dos holandeses, no século 17".
   a) O numeral exerce função substantiva ou adjetiva? Escreva-o por extenso, de acordo com a leitura que você fez.
   b) Como seria grafada a expressão se os holandeses tivessem chegado ao Recife no ano 630?
   c) E se os holandeses tivessem chegado no ano 930?

5. O sintagma nominal "desejado curso superior" desempenha importante relação coesiva. Justifique por que foi usado o adjetivo *desejado* e indique que termo é retomado pela expressão.

6. Que termo esclarece o emprego do adjetivo *privilegiado* nesse texto?

A GRAMÁTICA DO TEXTO

# 1 O artigo

## O caráter anafórico e coesivo do artigo

A seguir, leia o início de um conto do escritor brasileiro Luis Fernando Verissimo. Observe como ocorre o uso de artigos nesse fragmento.

Ulhôa Cintra/Arquivo da editora

### A cidadezinha natal

Luis Fernando Verissimo

Ideia para uma história. Homem chega num carro com motorista a uma cidadezinha do interior. Manda estacionar o carro na única praça da cidadezinha, em frente à única igreja, e diz para o motorista ficar esperando no carro enquanto ele inspeciona a cidadezinha a pé. [...]

VERISSIMO, Luis Fernando. *A cidadezinha natal.* Disponível em: <www.libertas.com.br>. Acesso em: 6 fev. 2013.

O artigo tem uma função muito importante na construção do texto, especialmente em sequências narrativas. Ao introduzir informações novas, valemo-nos dos artigos indefinidos, à maneira de apresentação; ao retomá-las, empregamos os artigos definidos, pois já são informações conhecidas do leitor ou interlocutor.

Verissimo, no texto acima, vale-se dessa característica dos artigos no início de sua narrativa: primeiro emprega substantivos desprovidos de artigo ou com artigos indefinidos (homem, n**um** carro, motorista, **uma** cidadezinha) à maneira de apresentação; depois emprega substantivos precedidos de artigos definidos (**o** carro, d**a** cidadezinha, **o** motorista, n**o** carro, **a** cidadezinha), que retomam informações já apresentadas e, consequentemente, conhecidas.

A indeterminação apresenta um ser que pertence a uma classe; a determinação identifica esse ser como conhecido e remete à apresentação. Daí o caráter anafórico e coesivo do artigo definido, que se refere a um termo mencionado anteriormente e liga as informações dentro do texto.

Vamos fazer uma troca e observar os termos destacados:

[...] Homem chega n**um carro** com motorista a **uma cidadezinha** do interior. Manda estacionar **um carro** n**a** única **praça** d**a cidadezinha**, em frente **à** única **igreja** [...]

Na leitura, fica claro que a cidadezinha que tem uma única praça, citada no segundo período, é a mesma cidadezinha do interior apresentada no primeiro período. Mas não se percebe o mesmo em relação ao carro, ou seja, não há ligação entre o carro citado no primeiro período e o citado no segundo, não há uma referência a um mesmo ser, mas a dois seres distintos: o carro com motorista em que o homem chega e o carro que o homem manda estacionar na única praça da cidadezinha, já que nos dois casos ocorre o emprego do artigo indefinido.

# Atividade

A seguir, transcrevemos trechos de contos de Machado de Assis, dos quais foram retirados os artigos. Reescreva-os, completando as frases com os artigos definidos ou indefinidos. Pense no caráter coesivo do artigo ao empregá-lo, e lembre-se de que os substantivos determinados por qualificadores costumam vir precedidos do artigo definido. Atente para as contrações com as preposições.

a) Conta ■ velho manuscrito beneditino que ■ Diabo, em certo dia, teve ■ ideia de fundar ■ igreja. [...] Por que não teria ele ■ sua igreja?

A igreja do Diabo. In: *Contos consagrados de Machado de Assis*. Rio de Janeiro: Tecnoprint, [s.d.]. p. 49.

b) Deus recolhia ■ ancião, quando ■ Diabo chegou a ■ céu. ■ serafins, que engrinaldavam ■ recém-chegado, detiveram-se logo, e ■ Diabo deixou-se estar à porta com ■ olhos n■ Senhor.

Idem, p. 50.

c) Imagine ■ leitora que está em 1813, n■ Igreja d■ Carmo, ouvindo ■ daquelas boas festas antigas, que eram todo ■ recreio público e toda ■ arte musical. [...]

Cantiga de esponsais. In: *Contos consagrados de Machado de Assis*. Rio de Janeiro: Tecnoprint, [s.d.]. p. 85.

d) [...] limito-me a mostrar-lhes ■ cabeça branca, ■ cabeça desse velho que rege ■ orquestra, com alma e devoção.

Idem, ibidem.

# O artigo definido como superlativo

Leia esta manchete de uma notícia e observe a ideia que constrói com ajuda do emprego do artigo definido.

## 2014 será o ano da educação, afirma governador

*Rondônia Dinâmica*. Disponível em: <www.rondoniadinamica.com>. Acesso em: 4 fev. 2014.

Pela sua característica individualizadora, o artigo definido pode funcionar como um verdadeiro superlativo absoluto sintético. Falar “2014 será o ano da educação” equivale a dizer “2014 será **o melhor ano** da educação” ou “2014 será **o mais produtivo ano** da educação”. O mesmo acontece quando dizemos, por exemplo, “Esse é o carro”. ou “Aquela foi a festa”, para enfatizar que esse é o melhor carro de todos (mais potente, mais bonito), ou que aquela foi a melhor festa de todas (mais animada, mais sofisticada).

É evidente que esse artigo definido ganha uma força expressiva muito grande na linguagem oral, em virtude da ênfase que damos a ele na pronúncia.

# O artigo definido enfatizador

Leia o fragmento de notícia abaixo, prestando atenção ao uso do artigo definido no trecho em destaque.

## Uma borracha no passado

*Mais de dez anos depois de sua morte, é bom lembrar um pouco de Chico Mendes, o seringueiro cultuado internacionalmente como mártir da causa ecológica.*

por Luís Fernando Sá

Nos rincões da Amazônia, ele foi a voz do chamado povo da floresta, um contingente de brasileiros que hoje vive praticamente numa espécie de faroeste, à margem das grandes discussões econômicas do país. Mendes e sua gente precisam voltar à berlinda, a fim de que a história não se repita. [...]

*Isto É Dinheiro*, 16 ago. 2000. Disponível em: <www.istoedinheiro.com.br>. Acesso em: 10 abr. 2014.

Reprodução/Arquivo da editora

O seringueiro Chico Mendes.

O artigo definido pode ter um valor expletivo, ou seja, pode não alterar sintaticamente o enunciado, mas interferir sutilmente em seu conteúdo semântico. Compare os seguintes enunciados:

Mais de dez anos depois de sua morte, é bom lembrar um pouco de Chico Mendes, **o** seringueiro cultuado internacionalmente como mártir da causa ecológica.

Mais de dez anos depois de sua morte, é bom lembrar um pouco de Chico Mendes, seringueiro cultuado internacionalmente como mártir da causa ecológica.

Basicamente, os enunciados são equivalentes. Só há um detalhe que os diferencia: o emprego de um artigo definido expletivo no aposto. Essa sutil diferença individualiza, familiariza e enfatiza ainda mais o conteúdo do aposto.

## O artigo indefinido com valor apreciativo e depreciativo em expressões metafóricas

Leia estas falas observando que, enquanto o artigo definido pode expressar um valor superlativo (ela é **a** boneca), o indefinido, dependendo do contexto, pode expressar um valor apreciativo ou depreciativo metafórico:

A **filha** é **uma** boneca.

**Valor apreciativo metafórico**: filha = boneca = bonita, charmosa, etc.

Esse **político** é **uma** marionete.

**Valor depreciativo metafórico**: político = marionete = manipulável, sem ação própria, etc.

## O artigo indefinido e a metamorfose do substantivo próprio em comum

Será possível comparar características usando artigos indefinidos? E mais: transformar substantivos próprios em comum? Leia os fragmentos a seguir e acompanhe a exposição.

*Floresta*, de Cândido Portinari, 1938.

### Conheça a vida e a obra de Portinari, em 12 etapas

Fabio Cypriano

[...]

3. Finalmente, [...] na capital paulista, é possível conhecer um Portinari sem seus contornos sociais e de uma simplicidade rara: a tela *Floresta* (1938), que está na mostra permanente do Museu da Casa Brasileira. A obra foi encomendada [...] pelo ex-prefeito de São Paulo Fábio da Silva Prado (1934-1937), que então morava na casa, hoje sede do museu.

[...]

*Folha de S.Paulo*. São Paulo, 28 out. 2003. Disponível em: <www1.folha.uol.com.br>. Acesso em: 24 fev. 2014.

Falei no jogador italiano porque ele estava no auge da fama (quem lembra?), driblando como um Garrincha em formato menor, desengonçado em tamanho idêntico, pássaro balado desde o nascedouro, condenado a esse tipo de inferioridade discriminatória que a novela global reservou aos paraenses.

Disponível em: <http://ufdc.ufl.edu>. Acesso em: 24 fev. 2014.

Ao antepor um artigo indefinido a um substantivo próprio, estendem-se as características desse ser particular e individualizado a um outro. Isso é possível por meio de dois processos estilísticos: a metáfora (relação de semelhança) e a metonímia (relação de contiguidade, de proximidade, de pertinência). Releia os trechos a seguir:

[...] é possível conhecer **um Portinari** sem seus contornos sociais [...]

uma tela de Portinari

[...] driblando como **um Garrincha** em formato menor [...]

um craque

No primeiro caso, não se designa o ser Portinari, o pintor brasileiro, o homem, mas a sua obra, ou uma tela do conjunto de sua obra. Trata-se de uma metamorfose de substantivo próprio em comum por processo metonímico (autor pela obra).

No segundo caso, também não se nomeia o ser Garrincha, o jogador brasileiro, o homem, mas suas características: craque, jogador ágil, driblador, etc. Trata-se de uma metamorfose de substantivo próprio em comum por processo metafórico (o jogador dribla como Garrincha driblava).

## Atividades

Leia, abaixo, os últimos versos da canção "Esse cara", de Caetano Veloso, e responda às questões 1 e 2.

ele é quem quer
ele é o homem
eu sou apenas uma mulher

VELOSO, Caetano. Esse cara. Disponível em: <http://letras.mus.br>. Acesso em: 10 abr. 2014.

1. Comente a força expressiva dos artigos nesses versos.
2. Que efeito de sentido provocam?

# 2 O adjetivo

## O valor denotativo e conotativo do adjetivo

### Carlos Lyra chora ao cantar em *Pobre menina rica* emocionando a plateia

Para completar a semana de eventos, *shows* e espetáculos homenageando os 50 anos da bossa nova, Carlos Lyra participou na peça teatral *Pobre menina rica*, de sua autoria com parceria de Vinicius de Morais. Sua participação foi simplória, mas emocionante – tanto para a plateia quanto para o próprio músico, que declarou ficar comovido ao ver "esses músicos e artistas maravilhosos tomando conta do meu bebê".

Disponível em: <http://paulamedeiros.wordpress.com>. Acesso em: 10 abr. 2014.

Observe a expressão "pobre menina rica" no texto acima. Um nome (**menina**) modificado por adjetivos antagônicos (**pobre** × **rica**)! Não é uma contradição?

Na ordem convencional, o adjetivo aparece posposto ao substantivo; no entanto, quando deslocado, sofre algumas mudanças semânticas. É possível estabelecer a seguinte regra geral: posposto, o adjetivo assume a sua significação primeira, a denotativa; anteposto, ele assume nova significação, a conotativa. Vamos esclarecer melhor:

A menina **pobre** ≠ A **pobre** menina

Adjetivo na ordem convencional.
Valor semântico denotativo:
"sem recursos, sem dinheiro".

Adjetivo deslocado.
Valor semântico conotativo:
"digna de lástima, que inspira compaixão".

A menina **rica** ≠ A **rica** menina

Adjetivo na ordem convencional.
Valor semântico denotativo:
"que possui riquezas, dinheiro".

Adjetivo deslocado.
Valor semântico conotativo:
"boa, bonita, linda, satisfeita, feliz".

Portanto, não há contradição em "pobre menina rica"; trata-se de um recurso que consiste na utilização simultânea de dois adjetivos que atribuem a um mesmo nome duas características diferentes, mas não excludentes: o fato de ser rica e de ser infeliz.

## O adjetivo com valor de substantivo por metonímia

### Os globais e rurais

Por Juliana Ribeiro

Eles estão habituados ao assédio dos fãs e aos holofotes. Mas, desligadas as câmeras, é em meio à calma e à tranquilidade do campo que muitos dos atores e celebridades globais relaxam e investem em novos e agitados negócios. Foi o que aconteceu com o ator Marcos Palmeira, por exemplo, que há anos se dedica à produção de frutas, legumes e hortaliças orgânicas no sítio Vale das Palmeiras, localizado na região de Friburgo (RJ).

Revista *Dinheiro Rural*, nov. 2010. Disponível em: <http://revistadinheirorural.terra.com.br>. Acesso em: 10 abr. 2014.

Na notícia acima, a palavra *globais* aparece duas vezes: uma vez no corpo da notícia, como adjetivo apoiado nos substantivos *atores* e *celebridades*, desempenhando função de adjunto adnominal; e no título, como substantivo (notar o artigo definido), desempenhando a função de um dos núcleos do sintagma nominal. É esse segundo emprego que nos interessa aqui. Tomada isoladamente, a palavra **global** é classificada como adjetivo, mas nessas ocorrências a característica dos atores (eles são globais, ou seja, formam o elenco da TV Globo) passa a nomear os atores, função típica do substantivo. Ocorre, assim, uma metonímia (a qualidade do ser em lugar do próprio ser).

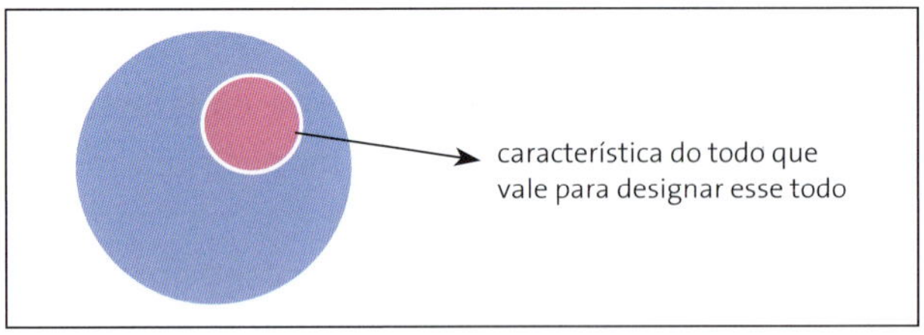


É o que ocorre em:

a **global** Cláudia Raia

atriz **global** (o termo Cláudia Raia funciona como aposto especificativo)

o **meritíssimo**

juiz meritíssimo

o **compacto**

disco compacto

o **vinil**

disco de vinil (= vinílico)

# O substantivo com valor de adjetivo por metáfora

Leia esta manchete e observe o termo em destaque:

**Justiça determina fim da <u>operação tartaruga</u> de policiais no DF**

A palavra *tartaruga*, um substantivo, está modificando outro substantivo, *operação*. O substantivo *tartaruga*, nesse caso específico, funciona como adjetivo.

*Congresso em Foco*, 1º fev. 2014. Disponível em: <http://congressoemfoco.uol.com.br>. Acesso em: 14 abr. 2014.

Nessa construção, a palavra *tartaruga* está modificando o substantivo *operação* e, portanto, funcionando como um adjetivo. Mas o que significa dizer "operação tartaruga"? Bem, a palavra designa denotativamente o animal; por derivação, ou seja, conotativamente, um ser lento, moroso. Por exemplo, operação tartaruga = operação lenta. Essa expressão é usada para indicar um tipo de greve em que se diminui o ritmo ou a jornada dos trabalhos, sem suspensão das operações.

Eis como se dá o processo de relação sintático-semântica entre as palavras:

A operação dos policiais era como uma tartaruga: lenta.

A operação dos policiais era uma tartaruga: lenta.

Trata-se de um processo metafórico, em que se associam dois conceitos – no caso, operação e tartaruga – por uma característica comum que os torna comparáveis (ou seja, por semelhança). Graficamente:

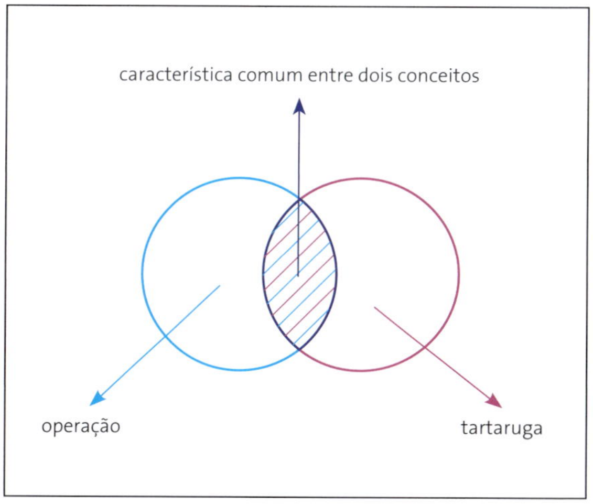


Veja também o título deste livro:

Reprodução/Global Editora

Capa do livro *A menina arco-íris*, de Marina Colasanti, publicação da editora Global.

Nessa história de Marina Colasanti, Virgínia é uma garota sensível e inventiva, que leva o leitor pelo mundo mágico da fantasia. Para indicar isso no título, a escritora aproximou do substantivo comum *menina* a palavra *arco-íris*, que, embora também seja da classe gramatical substantivo, nesse caso é usada como adjetivo, para indicar que a garota da história pertence a um mundo mágico.

Um caso muito comum de adjetivação de substantivos por processo metafórico é a expressão:

<u>trabalho formiga</u>

característica comum: pequenez, arduidade
trabalho formiga = trabalho pequeno, árduo

# Atividades

**Texto para as questões de 1 a 6.**

Ao fazer a leitura do texto reproduzido a seguir, privilegie, com sua atenção, a forma de o autor caracterizar e contextualizar as gerações de jovens, em ordem cronológica.

## Saudade para quê?

Por Serginho Groisman

Existem jovens que sentem nostalgia por não ter sido jovens em gerações passadas. Saudade do enfrentamento com os militares dos anos 70, da organização estudantil nas ruas, do sonho socialista-comunista-anarquista-marxista-leninista. Ter saudade da ditadura é ter saudade de conhecer a tortura, o medo, a falta de liberdade e a morte. Ser jovem naquela época era coexistir com a morte, ver os amigos ser tirados das salas de aula para o pau de arara, para o choque elétrico, para as humilhações. Da mesma forma, quem sente nostalgia dos anos 80 se esquece do dogmatismo limitante das tribos daqueles tempos, fossem *punks*, góticos ou metaleiros. Hoje, é a vez dos mauricinhos-patricinhas-*cybermanos-junkies*, das *raves*, do *crack*, da segurança dos *shoppings* e do Beira-Mar. Um cenário que pode parecer aborrecido ou irritante para muita gente que tem uma visão romântica de outras décadas. Mas nada melhor que a liberdade que temos hoje para saber qual é a real de uma juventude e de uma sociedade. Hoje, a juventude é mais tolerante com as diferenças. Hoje existem ferramentas melhores para a pesquisa e a diversão. Hoje, a participação em ONGs é grande e isso mostra um país que trabalha, apesar do Estado burocrático. O país está melhor. Falta muito, mas o olhar está mais atento, e até o sexo está mais seguro. Não temos hinos mobilizadores, mas nem precisamos deles.

[...] A juventude deve, acima de tudo, saber desconfiar das verdades absolutas. Desconfiar sempre é ser curioso, pesquisador, renovador, transgressor. Seja intransigente na transgressão. Sempre diga não ao não — e desafine o coro dos contentes.

Revista *Veja*. Jovens: edição especial, jun. 2004.
Disponível em: <http://veja.abril.com.br>. Acesso em: 10 abr. 2014.

1. Em uma primeira leitura, o título do artigo de opinião de Serginho Groisman poderia ser interpretado como se fizesse referência à ausência das pessoas queridas. Em uma leitura mais cuidadosa, o leitor pode observar que o produtor do texto utiliza o substantivo *saudade* com outra acepção. Explique esse uso.

2. Embora os anos 1980 também sejam marcados por correntes ideológicas, o autor as trata como "dogmatismo limitante das tribos". Explique por que essa expressão produz um efeito pleonástico a partir da adjetivação do substantivo *dogmatismo*.

3. Releia este trecho: "muita gente que tem uma visão romântica de outras décadas". Com esse comentário, o jornalista retoma uma categoria de jovem anteriormente citada nessa matéria. Qual é ela?

4. No início do texto, o autor emprega um adjetivo composto para caracterizar a palavra *sonho*. Observe:

   Existem jovens que sentem nostalgia por não ter sido jovens em gerações passadas. Saudade do enfrentamento com os militares dos anos 70, da organização estudantil nas ruas, do sonho socialista-comunista-anarquista-marxista-leninista.

   a) Reescreva o trecho substituindo "sonho" por "sonhos".
   b) Compare a forma do adjetivo flexionado no plural com a palavra composta destacada no trecho: "Hoje, é a vez dos **mauricinhos-patricinhas-*cybermanos-junkies***, das *raves*, do *crack*, da segurança dos *shoppings* e do Beira-Mar". O que você nota quanto à flexão de número?
   c) Explique o que teria motivado o autor a compor essas duas palavras.

5. Identifique o grau em que estão flexionados os adjetivos no trecho abaixo, lançando uma hipótese para explicar o grande número de ocorrências desse tipo.

   Hoje, a juventude é mais tolerante com as diferenças. [...] o olhar está mais atento, e até o sexo está mais seguro.

6. Reúna-se com um colega e escrevam um comentário sobre o perfil que se pode perceber do jovem atual, levando em conta, na construção desse perfil, os adjetivos que Serginho Groisman escolheu para caracterizá-lo nessa matéria jornalística.

# 3 O numeral

## Uma concordância ideológica

Leia esta notícia e observe a concordância do trecho em destaque.

Na madrugada de quinta-feira, ladrões burlaram o sistema de segurança do Museu de Arte Moderna de Paris e levaram cinco telas avaliadas em US$ 123 milhões, entre elas **um** Picasso, *O pombo e as ervilhas*. [...]

*O Estado de S. Paulo*. São Paulo, 22 maio 2010. Disponível em: <www.estadao.com.br>. Acesso em: 14 abr. 2014.

*O pombo e as ervilhas*, de Pablo Picasso, 1911.

Nessa notícia, há um caso curioso de concordância ideológica, em que a flexão é ditada não pelo substantivo que está subentendido (tela, e a concordância com essa palavra seria no feminino), mas pelo sexo do artista: daí o emprego do artigo masculino *um* de modo a concordar com o pintor Pablo Picasso. Trata-se de um caso de silepse, figura pela qual a concordância é feita pelo sentido, e não de acordo com as regras gramaticais.

## Numerais em infográficos

Há matérias jornalísticas que procuram comunicar, ao leitor leigo (que não é um especialista), resultados de estudos científicos e de pesquisas em geral. Para isso, cada vez mais os infográficos, que se servem do cruzamento verbo-visual, ganham as páginas das publicações, pois permitem a compreensão mais imediata dos resultados dessas estatísticas.

O infográfico reproduzido nesta página faz parte da apresentação de uma pesquisa sobre preferências dos paulistanos por locais ligados à alimentação. Segundo a pesquisa Datafolha de 2013, os melhores sorvetes para os paulistanos são os das redes *fast-food*. Note que, só de olhar para o infográfico, pelo tamanho das pilhas de casquinhas de sorvete já percebemos as diferenças nas preferências e/ou no resultado da pesquisa. Os números são usados para indicar as proporções, mostrando com mais precisão as distinções das preferências.

Observe ainda que as porcentagens ajudam a definir a preferência conforme a idade dos entrevistados e conforme a renda.

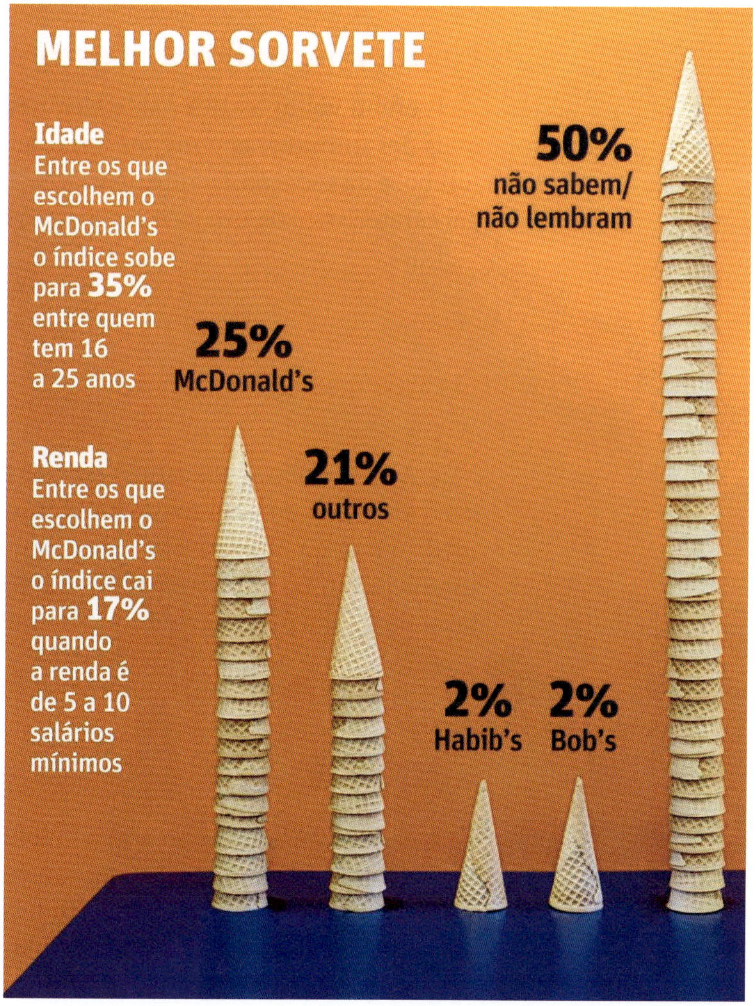



Revista Sãopaulo. *Folha de S.Paulo*. São Paulo, 3-9 nov. 2013. p. 24.

## Numeral cardinal com valor indefinido

Muitas vezes, em linguagem figurada, os cardinais *mil*, *milhão*, *bilhão*, *trilhão* são empregados com ideia superlativa, exagerada, resultando na figura de pensamento chamada **hipérbole**. Observe este exemplo, em que uma pessoa, em um vídeo, envia "beijos **mil**", isto é, muitos, uma quantidade enorme de beijos:

> 30/12/2012 22h58 - Por ChÃƒÂ®Ã‚Â£Ã‚Â£ÃƒÂ«ÃƒÂ±ÃƒÂ±aÃ¢Â„Â¢
> 2013 maravilhoso aos amigos. beijos mil

Disponível em <http://tvuol.uol.com.br>. Acesso em: 14 abr. 2014.

O mesmo acontece com os seguintes versos:

> Muitos palpites, **mil** opiniões

GIL, Gilberto. Lunik 9. Disponível em: <www.gilbertogil.com.br>. Acesso em: 24 fev. 2014.

> Dentro dos meus braços, os abraços
> Hão de ser **milhões** de abraços

JOBIM, Tom; MORAES, Vinicius de. Chega de saudade. Disponível em: <www.vagalume.com.br>. Acesso em: 24 fev. 2014.

Por analogia, foram criadas palavras como *zil*, *zilhão*, *trocentas*, empregadas sempre como hipérbole e significando uma quantidade exagerada.

Veja exemplos de uso desses termos no texto a seguir, que apresenta dicas para enviar *e-mails* de maneira adequada.

### Futebol, jornalismo e estômago

Prometi voltar à ativa neste *blog* nesta semana, mas a sequência de fatos foi das mais desanimadoras e me fez lembrar os **trocentos** motivos que me afastaram do futebol e da redação. Diante de tudo, está cada vez mais claro, pra mim, que a principal caraterística de um jornalista esportivo é estômago.

[...]

*Blog* do Zanei, 4 maio 2012. Disponível em: <http://blogdozanei.wordpress.com>. Acesso em: 29 jul. 2014.

### Os novos sujismundos

[...]

2. Além de não se preocupar com os tais sinais de maior, o sujeito também não dá a mínima se os *e-mails* dos destinatários vão ser exibidos ou não. E como está acostumado a mandar *e-mails* pra todo o seu imenso catálogo de endereços, o resultado é uma sujeira total pra quem vai ler: um zilhão de nomes e *e-mails*, outro zilhão de ">>>", fazendo rolar a página trocentas vezes até chegar na mensagem propriamente dita.

[...]

Disponível em: <www.greia.com.br>. Acesso em: 10 abr. 2014.

## Numeral *versus* artigo indefinido

A palavra *um(a)* pode ser **artigo indefinido**, **numeral cardinal** ou **pronome indefinido**. Para identificar se se trata de um ou outro (por exemplo, esse *um* que acabou de passar é um pronome indefinido e será estudado no capítulo seguinte), temos de nos remeter ao contexto em que a palavra é usada. Nele, podemos observar se o *um* está indicando um ser indeterminado dentro de uma classe ou um ser unitário.

Leia esta tirinha observando o uso dessa palavra:

WALTTERSON, Bill. Calvin. *O Estado de S. Paulo*. São Paulo, 5 out. 2002, p. D2.

**Um** recreio só não basta para me reduzir a **um** estado de cansaço e submissão.

A palavra *um* não indetermina o substantivo *recreio*, mas indica que se trata de apenas um, e não dois ou três. Essa ideia de unidade vem reforçada pelo adjetivo *só*. É, portanto, um numeral.

A palavra *um* não indica que se trata de apenas um único estado, mas de um estado indeterminado. Trata-se de um estado de cansaço e submissão qualquer. É, portanto, um artigo.

No entanto, essa diferenciação, por vezes, pode ser ambígua. Ainda mais num enunciado descontextualizado:

Houve **um** recreio do horário da tarde que foi mais longo.

**artigo indefinido**: um recreio indeterminado foi mais longo

**numeral**: apenas um recreio foi mais longo

## Atividades

**Texto para as questões de 1 a 2.**

QUINO. *Toda Mafalda*. São Paulo: Martins Fontes, 2009. p. 35.

1. Observe os efeitos de sentido provocados pelo emprego da palavra *um* nessa tirinha.
   a) De acordo com os dois primeiros quadrinhos, qual parece ser a intenção do garoto ao oferecer os caramelos à amiga?
   b) O termo *um* pode ser usado com diferentes sentidos, conforme você sabe. Quais os sentidos de "um delicioso caramelo" comunicados pelo personagem do garoto no segundo e no terceiro quadrinho? Explique.

2. No último quadrinho, ao justificar sua atitude, o personagem do garoto cria um contraste com o que disse no primeiro quadrinho sobre os empresários. Por meio da aparente mudança de atitude desse personagem, que crítica o cartunista faz?

# Vestibulares de Norte a Sul

**Texto para a questão 1.**

## *Marketing* oportunista

Parece que a sabedoria dos anos 90 localiza-se nos extremos, não no meio, como sempre é quando se busca o equilíbrio das coisas. Sábio e proveitoso agora é lidar com os pequeninos gnomos, que voam ao impacto de um espirro, ou com os dinossauros grandalhões de até 100 toneladas. Quanto a estes, Spielberg que o diga, ele, o gênio da arte tão bonita e respeitável de ganhar dinheiro. O meio não está com nada. As minas de ouro encontram-se nas pontas do mapa.

Um amigo meu, chegadíssimo ao *marketing* oportunista, e que sempre procurou faturar com os caprichos da moda, comentou:

— O inteligente é meter os dinossauros nos negócios, seja filme, música, camiseta, qualquer coisa. Está escrevendo um novo romance, não?

— Estou. É sobre o velho triângulo amoroso, dois homens apaixonados pela mesma mulher — [1]contei, mais para me livrar do importuno marqueteiro.

— A ideia é velha, sim. Meta um dinossauro carnívoro, feroz, perseguindo esses três tarados.

— Como posso fazer isso? O romance se passa nos tempos de hoje, entendeu?

— Não faz mal, ponha o dinossauro assim mesmo.

— [2]Ora, é uma história urbana, não acontece em nenhuma floresta desconhecida.

— Melhor ainda! — exclamou, como se vindo em meu socorro. — Já imaginou o tal dinossauro no viaduto do Chá, na hora do *rush*, pisando nos carros, derrubando postes, engolindo marreteiros?

[3]Fui para casa impressionado com tal mau gosto e apetite comercial. [4]Transmiti a sugestão absurda à minha mulher. Os três amantes perseguidos por um apavorante dinossauro em pleno viaduto. Esperei que ela morresse de rir, não morreu.

— Podia ser um tiranossauro rex, que tinha 15 metros de altura — ela optou. Ignorava que entendesse de dinossauros.

— Pensou no ridículo?

Seu pensamento estava noutra direção.

— Será que um romance com esse bicho como personagem daria dinheiro? — perguntou sonhando com uma viagem de férias.

— A minha é uma história romântica. Não cabe um...

— Daria dinheiro?

— Não quero escrever outro King Kong, *darling* — protestei.

— E o King Kong por acaso foi um fracasso?

Aquela noite sonhei com dinossauros. Ainda nossos contemporâneos, continuavam habitando o planeta. Olhei pela janela e vi o pescoço de um sismossauro de 42 metros. O animal carregava um monumental ar de resignação e um cartaz duplo com uma fotografia e os dizeres: PARA SENADOR VOTEM EM LICÍNIO RIBAS. Muito bem bolado: dinossauro transformado em *outdoor* ambulante. Desci para a rua e fui seguindo. O que vi me surpreendeu. Diversos iguanodontes de 10 metros de altura, pesando cerca de 4 toneladas, andavam ordeiramente em fila e, com a capacidade de muitos caminhões, carregavam imensas cargas. Sem queimar óleo ou gasolina. [5]Num espaçoso terreno baldio li: *RENT A DINOS*. Alugava-se dinossauro para propaganda, transporte de carga, guarda de grandes propriedades e passeios turísticos. Crianças adoravam passear de apatossauro, cujo comprimento ultrapassava 21 metros. Descobri, porém, que nem todos apoiavam a exploração dos dinossauros. Havia um forte movimento contrário que fazia protestos em alto-falantes e distribuía folhetos.

— Eles estão em extinção em todo o mundo — diziam.

— Escravizados pelo homem, desaparecerão rapidamente. E, por favor, não comam carne de dinossauro.

Logo além, todo acorrentado, estava um gigantesco tiranossauro rex. Perguntei a um defensor de dinossauros por que o imobilizaram daquela forma. Respondeu que o animal fora colocado naquele desconforto para simples publicidade sensacionalista de uma história de amor triangular.

— E a história fez sucesso? — perguntei.

— [6]O inescrupuloso romancista ganhou milhões — foi a invejosa resposta.

Acordei e fui à cozinha. Minha mulher somava contas a pagar.

— Sabe duma coisa, *darling*? — lembrei. — Aquela ideia do dinossauro no viaduto é coisa de louco, sim, mas quem não é hoje em dia?

REY, Marcos. Marketing oportunista. In: *O coração roubado e outras crônicas*. São Paulo: Ática, 2003, p. 57-60. (Para Gostar de Ler, v. 19)

1. **NE** (UFPB) No fragmento "[...] contei, mais para me livrar do importuno marqueteiro." (ref. 1), o adjetivo destacado expressa uma avaliação crítica feita pelo narrador. Nesse sentido, identifique os fragmentos em que o narrador faz uso desse mesmo recurso.
   ( ) "— Ora, é uma história urbana, não acontece em nenhuma floresta desconhecida." (ref. 2)
   ( ) "Fui para casa impressionado com tal mau gosto e apetite comercial." (ref. 3)
   ( ) "Transmiti a sugestão absurda à minha mulher." (ref. 4)
   ( ) "Num espaçoso terreno baldio li: *RENT A DINOS*." (ref. 5)
   ( ) "— O inescrupuloso romancista ganhou milhões — foi a invejosa resposta." (ref. 6)

2. **S** (UEM-PR) Assinale a(s) alternativa(s) em que a(s) expressão(ões) destacada(s) é(são) locução(ões) adjetiva(s).
   (01) "... uma resistência mole, suave, **de algodão** em rama..."
   (02) "Se a minha estada na Prefeitura por estes dois anos dependesse **de um plebiscito**..."
   (04) "Evitei emaranhar-me em teias **de aranha**."
   (08) "**Dos funcionários** que encontrei em janeiro do ano passado restam poucos."
   (16) "Todos os meus erros, porém, foram **da inteligência**, que é fraca."

CAPÍTULO

# 11 O pronome

Divulgação/<www.correios.com.br>

Logotipo da Empresa Brasileira de Correios e Telégrafos, 2014.

Leia a tira reproduzida a seguir, do cartunista Jim Davis, e discuta com seus colegas e o professor sobre o que a torna engraçada e como os pronomes — termos que muitas vezes substituem um substantivo — ajudaram o artista a construir seu texto. Ao longo dessa conversa, levem em conta as questões propostas nesta página.

DAVIS, Jim. Garfield. *Folha de S.Paulo*. São Paulo, 31 jan. 2014.

- *O humor da tira está no contraste entre as afirmações do personagem Jon conversando ao telefone com a namorada, Liz, e o comentário de Liz, que percebemos, pela fala dele, no terceiro quadrinho. O pensamento do gato reforça esse contraste. Expliquem.*
- *Que característica do gato Garfield o leva a reforçar o contraste percebido na questão anterior?*
- *A palavra* pronome *vem do latim* pronomen *e significa "que está no lugar do nome". Se é assim, uma de suas funções básicas é substituir um substantivo. Então reflitam:*
  - *Em cada fala de Jon identificamos um pronome, nesta ordem:* eu, nós, meu. *Todos eles representam, de alguma maneira, a pessoa que está falando, no caso Jon, mas cada um deles tem particularidades da situação das falas. No primeiro caso, o pronome* eu *refere-se à pessoa que fala, o personagem Jon. E nos outros dois casos? Expliquem.*
  - *Em sua fala, Garfield emprega outro pronome desse mesmo tipo:* ela. *A quem ele se refere?*
  - *Garfield usa uma forma de tratamento para transformar um substantivo comum em nome próprio referindo-se a uma coisa como se ela fosse uma pessoa. Qual é essa forma de tratamento? Expliquem.*
  - *Na última fala de Jon — "Vamos deixar meu chinelo de coelhinho fora disto!" —, há ainda outro pronome, na expressão* disto: *o pronome* isto. *Que ideia esse pronome representa?*
- *Classifiquem os pronomes da tira estudados —* eu, nós, meu, isto, ela *— em uma das categorias explicadas abaixo:*

  *(1) Pronome pessoal: aquele que faz referência a uma das três pessoas do discurso.*

  *(2) Forma de tratamento: indica tratamento cerimonioso ou respeitoso.*

  *(3) Pronome possessivo: indica posse.*

  *(4) Pronome demonstrativo: situa no espaço e no tempo.*

# 1 O pronome

**Pronome** é a palavra que substitui ou acompanha elementos presentes no texto ou na situação do enunciado, indicando sua posição em relação às pessoas do discurso ou mesmo situando-os no espaço e no tempo.

Observe o emprego do pronome pessoal na seguinte reprodução de um depoimento da escritora Clarice Lispector:

Infelizmente, quanto mais pobre, com mais enfeites me enfeito. No dia em que eu conseguir uma forma tão **pobre** como eu **o** sou por dentro, em vez de carta, você receberá uma caixinha cheia de pó de Clarice.

*Alô escola*. Disponível em: <http://tvcultura.cmais.com.br>. Acesso em: 25 fev. 2014.

Nesse caso, o pronome pessoal substitui o adjetivo *pobre* (uma forma tão pobre como eu sou pobre por dentro).

Veja outros exemplos:

Os animais **que têm** pelos valiosos correm sério risco.
o pronome *que* substitui o nome *animais*

**Nossos animais** correm sério risco.
o pronome *nossos* acompanha o substantivo *animais*

As nossas riquezas naturais correm sérios riscos, desde nossos rios até nossa flora, nossa fauna, nossos minerais. **Isso** é decorrência da ambição, da luta pelo poder.
o pronome *isso* substitui todo o período anterior

Morfologicamente, o pronome é uma palavra variável, pois admite flexão de pessoa (primeira: *eu*, *meu*; segunda: *tu*, *teu*; e terceira: *ele*, *seu*), de gênero (masculino: *ele*, *este*; feminino: *ela*, *esta*) e de número (singular: *eu*, *sua*; plural: *nós*, *suas*).

Na frase, o pronome pode substituir o nome e desempenhar funções típicas do substantivo (núcleo do sujeito, do objeto, do vocativo, etc.), sendo, nesses casos, chamado de **pronome substantivo**. Se acompanhar o substantivo e desempenhar funções típicas do adjetivo (adjunto adnominal), será chamado de **pronome adjetivo**.

Para melhor compreender as definições acima, é necessário relembrar que as pessoas do discurso são três:

| Pessoas do discurso | | |
|---|---|---|
| **primeira pessoa** | **segunda pessoa** | **terceira pessoa** |
| aquela que fala ou falante: *eu*, *nós*, *me*, *minha*, etc. | aquela com quem se fala ou interlocutor: *tu*, *vós*, *te*, *teu*, etc. | aquela de quem se fala ou referente: *ele*, *elas*, *se*, *seu*, etc. |

Tomemos como exemplo o enunciado:

Mas o rabo, a tromba, tudo **o** confunde e **ele** não consegue totalizar a ideia.

Fora de contexto, não sabemos exatamente a quem ou a que se referem os pronomes *o* e *ele*. Sabemos apenas que "o rabo, a tromba, tudo confunde" alguém (*o*), que esse alguém (*ele*) "não consegue totalizar a ideia" e que se trata de um alguém (terceira pessoa) de número singular e gênero masculino, categorias explícitas nos pronomes. Em outras palavras, isso significa que o pronome expressa um ser apenas quando inserido num contexto ou, como afirmam os linguistas, "em função de uma situação linguística", ou seja, fora de contexto, o pronome é desprovido de conteúdo semântico. O que foi dito acima torna-se mais claro ao inserirmos o enunciado que serviu de exemplo em seu contexto, na resenha do filme de Gus Van Sant:

## Um "Elefante" que incomoda a América

*Filme de Gus Van Sant, premiado em Cannes, é a ficção da versão em documentário* Tiros em Columbine, *sobre os jovens que mataram colegas, funcionários e professores na escola*

Cartaz do filme *Elefante*, de Gus Van Sant, 2004.

Você vai chegar no fim de *Elefante* perguntando-se por que o filme de Gus Van Sant, que ganhou a Palma de Ouro no Festival de Cannes [...], tem esse título. Não há elefantes na história, nem mesmo ao fundo, nas cenas. *Elefante* é a versão de ficção do mesmo episódio real que inspirou o polêmico documentário de Michael Moore, *Tiros em Columbine*. Por que a sociedade americana é tão violenta? Por que só consegue resolver seus problemas por meio de tiros e porretadas? No filme de Gus Van Sant, estudantes de uma escola saem disparando nos colegas e professores.

O que isso tem a ver com *Elefante*? O título é uma homenagem ao diretor Alan Clarke, que fez um filme homônimo sobre a violência religiosa na Irlanda.

Nele se conta, como uma parábola, a história do cego que quer saber o que é um elefante. Trazem o bicho e o cego esquadrinha o animal com as mãos, tentando desvendar, por meio do tato, o segredo da sua forma. **Mas o rabo, a tromba, tudo o confunde e ele não consegue totalizar uma ideia**. A soma das pequenas partes não lhe permite resolver o enigma.

*O Estado de S. Paulo*. São Paulo, 2 abr. 2004. Disponível em: <www.estadao.com.br>. Acesso em: 6 fev. 2014.

Agora sabemos que os pronomes *o* e *ele* substituem "o cego", isto é, são preenchidos semanticamente pelo ser a que fazem referência.

## 2 Classificação dos pronomes

Dependendo do que estiver indicando e da referência que faz, o pronome pode ser:

| Pronomes | | | | | |
|---|---|---|---|---|---|
| **pessoal** | **possessivo** | **demonstrativo** | **relativo** | **indefinido** | **interrogativo** |
| Faz referência a uma das três pessoas do discurso: *eu*, *você*, *eles*, etc. | Indica posse: *seu*, *meu*, *nossa*, etc. | Situa no espaço e no tempo: *este*, *aquela*, *isso*, etc. | Faz referência a um antecedente: *que*, *qual*, *quem*, etc. | Indica indefinição, não especificação: *algum*, *nenhum*, *todo*, etc. | Caracteriza um enunciado como interrogativo: *que*, *qual*, *como*, *onde*, etc. |

### Pronome pessoal

**Pronome pessoal** é aquele que indica as pessoas do discurso. Além das flexões de gênero (masculino/feminino), número (singular/plural) e pessoa (primeira/segunda/terceira), apresenta variações formais de acordo com a função por ele exercida na oração, podendo ser **reto** ou **oblíquo**. Retomando o exemplo já trabalhado:

Mas o rabo, a tromba, tudo **o** confunde e **ele** não consegue totalizar a ideia.

**o** → pronome pessoal oblíquo
**ele** → pronome pessoal reto

## Pronome de tratamento

**Pronome de tratamento** é a palavra ou locução com valor de pronome pessoal. Na maioria das vezes é usado para designar a segunda pessoa do discurso, a pessoa com quem se fala, apesar de estabelecer concordância com a terceira pessoa do verbo.

Por exemplo: *você*, o pronome de tratamento mais usado em nosso cotidiano, designa, num diálogo, o interlocutor (segunda pessoa), mas o verbo é empregado em terceira pessoa:

Você **vai** chegar no fim de *Elefante* perguntando-se [...]
(e não "Você vais chegar...".)

# Pronome possessivo

**Pronome possessivo** é aquele que associa a ideia de posse às pessoas do discurso, relacionando, assim, duas pessoas gramaticais: a pessoa do possuidor (primeira, segunda ou terceira) e a do elemento possuído (terceira).

Um filme como *Elefante* oferece muitas surpresas. A primeira e maior delas é ver o diretor voltar à **sua** melhor forma.

| o diretor | voltar à | **sua** | melhor | forma. |
|---|---|---|---|---|
| **possuidor** (terceira pessoa do singular) | | **possessivo** (terceira pessoa, do singular, feminino singular) | | **possuído** (terceira pessoa do singular, feminino singular) |

No enunciado anterior, há uma terceira pessoa da qual se fala (*diretor*), o possuidor, e outra terceira pessoa relacionada à anterior (*forma*), que é a coisa possuída. Agora vamos a algumas variações:

O diretor volta às **suas** melhores épocas.

O diretor volta ao **seu** antigo estilo.

O diretor volta aos **seus** antigos conflitos.

Percebemos que o pronome possessivo *sua* da frase original aparece, nas variações, flexionado em número e gênero, concordando com o elemento possuído (*sua* forma, *suas* épocas, *seu* estilo, *seus* conflitos), mas não apresenta flexão de pessoa; mantendo-se sempre na terceira pessoa do singular – concorda com o possuidor. Entretanto, se houver uma variação na pessoa do possuidor, o pronome possessivo se adaptará à nova referência:

| Catarina e eu | voltamos à | **nossa** | antiga | forma | após cinco meses de academia. |
|---|---|---|---|---|---|
| **possuidor** ela e eu = nós (primeira pessoa do plural) | | **possessivo** (primeira pessoa do plural, feminino singular) | | **possuído** (primeira pessoa do singular, feminino singular) | |

Portanto, conclui-se que o pronome possessivo concorda em gênero e número com a coisa possuída, e em pessoa com o possuidor.

**ATENÇÃO!**

O pronome possessivo de terceira pessoa é o mesmo para indicar um possuidor ou mais de um; dependendo da construção da frase; isso pode gerar ambiguidades. Observe:

Clara e Paulo foram embora correndo e esqueceram seu pacote.

Pacote de quem? De Clara e Paulo? De Clara? De Paulo? De alguém mais?
Para evitar a ambiguidade, em casos como esse, sugerimos duas alternativas:

1. Podem-se empregar as formas *dele, dela, deles, delas* de forma que seja possível identificar o dono *(ele, ela, eles* ou *elas).* Por exemplo:

   Clara e Paulo foram embora correndo e esqueceram **seu** pacote.

   Clara e Paulo foram embora correndo e esqueceram o pacote **dele**.

   Ou

   Clara e Paulo foram embora correndo e esqueceram o pacote **dela**.

2. Pode-se também usar a expressão *de* + um *sintagma nominal.* Por exemplo:

   Clara e Paulo foram embora e esqueceram o pacote **da menina que trabalha com eles**.

Além dos possessivos e dos sintagmas com a preposição *de*, há outra forma de expressar uma relação de posse: com os pronomes oblíquos átonos (*me, te, lhe, nos, vos, lhes*), que podem assumir o valor de possessivo. Observe o seguinte exemplo:

Dói-**me** a cabeça. = Dói a **minha** cabeça.

Admiro-**lhe** o jeito de andar. = Admiro o **seu** jeito de andar.

# Atividades

Leia esta tirinha com atenção para responder às questões que seguem. Lembre-se de que, nas tiras, a linguagem visual alia-se à linguagem verbal para resultar em humor, sarcasmo, ironia, etc.

BROWNE, Dik. *Hagar, o horrível*. Porto Alegre: L&PM, 1997. v. 1. p. 42.

1. A graça da tira é obtida pelo fato de o segundo quadrinho modificar a leitura do primeiro. Compare o que se compreende nos quadrinhos de modo que justifique essa afirmativa.

2. A leitura do primeiro quadrinho só causa ambiguidade porque Helga, esposa de Hagar, usa três pronomes em terceira pessoa em vez de usar, por exemplo, o nome próprio do marido ou um substantivo que caracterize exatamente o ser ao qual ela se refere.
   a) Que pronomes são esses? Explique os sentidos que a linguagem verbal e a não verbal fornecem a eles.
   b) Ainda no primeiro quadrinho, o falante, Helga, usa outro pronome em terceira pessoa.
      – Que pronome é esse e a que personagem se refere?
      – Por que ele, nessa fala, não gera vários sentidos como os demais? Dica: a imagem pode ajudar a responder a esta questão.

## Pronome demonstrativo

**Pronome demonstrativo** é aquele que indica a posição de um ser em relação às pessoas do discurso, situando-o no tempo ou no espaço. Como os outros pronomes, também pode ser flexionado em gênero, número e pessoa. Apenas uma novidade: para cada uma das pessoas do discurso, há um demonstrativo invariável, uma forma neutra.

O pronome demonstrativo pode funcionar como um recurso na articulação do texto, isto é, ter a função de estabelecer relações dentro do espaço textual, desempenhando importante papel como elemento de coesão.

Leia este fragmento de uma notícia em que se informa o fato de uma empresa permitir aos funcionários, por certo período do ano, trabalhar usando uma roupa mais apropriada ao calor da cidade. Observe de que modo o pronome demonstrativo *isso* ajuda a articular as ideias.

### Empresa libera bermuda pra funcionários. Pode isso, patrão?

Você já reclamou do calor hoje? Se a resposta foi negativa, então possivelmente ouvirá alguém se queixar no seu lugar. E com razão: o último mês de janeiro foi o mais quente de São Paulo desde 1943, e mal fevereiro começou e já bateu outro recorde — a maior temperatura em 71 anos, no último domingo (2).

Pensando *nisso*, a empresa de engenharia e tecnologia Radix decidiu atender ao pedido de seus funcionários e liberar o uso de bermudas no ambiente de trabalho até o Carnaval. [...]

*Olhar Direto*, 5 fev. 2014. Disponível em: <www.olhardireto.com.br>. Acesso em: 7 fev. 2014.

Filipe Rocha/Arquivo da editora

Reveja o título:

### Empresa libera bermuda pra funcionários. Pode isso, patrão?

O demonstrativo (*isso*) retoma toda a frase anterior: "Empresa libera bermuda pra funcionários.".

Nessa construção, o pronome demonstrativo retoma toda a frase anterior, ajudando a construir outra bastante informal. No caso, *isso* substitui "Empresa libera bermuda pra funcionários".

Ainda há outro exemplo desse tipo de construção nessa notícia. Veja:

Pensando **nisso**, a empresa de engenharia e tecnologia Radix decidiu atender ao pedido de seus funcionários [...]

No trecho acima, o pronome demonstrativo *isso* retoma "o último mês de janeiro foi o mais quente de São Paulo desde 1943, e mal fevereiro começou e já bateu outro recorde — a maior temperatura em 71 anos, no último domingo (2)".

**ATENÇÃO!**

Os pronomes demonstrativos podem indicar, além da noção espaço-temporal, uma noção mais subjetiva. É o que acontece na tira a seguir. Observe:

BROWNE, Dik. Hagar. *Folha de S.Paulo*. São Paulo, 7 dez. 2013.

No primeiro quadrinho da tira, o pronome demonstrativo *isso* (proximidade da pessoa com quem se fala) indica a referência espacial do prato de comida oferecido. Mas, no segundo quadrinho, o *isso* tem duplo sentido: retoma a ordem expressa no quadrinho anterior ("Cale-se e coma!") e apresenta valor depreciativo.

Assim como as formas neutras, os demonstrativos variáveis podem assumir valor depreciativo e negativo dependendo do contexto em que são empregados e, na fala, dependendo da entonação.

## Pronome relativo

**José Enrique Rodó:** artista uruguaio, viveu entre 1872 e 1917.

**José Martí:** artista cubano, viveu entre 1853 e 1895.

**Pronome relativo** é aquele que retoma um termo expresso anteriormente, por isso mesmo chamado de **antecedente**. Leia este fragmento de um texto acadêmico:

Enquanto os autores do século XIX absolutizaram a ideia de imitar os países desenvolvidos, as obras de **Martí** e **Rodó** apresentam as características **que** vão marcar o pensamento latino-americano desde o final do XIX até os dias de hoje.

Disponível em: <www.intellectus.uerj.br>. Acesso em: 17 abr. 2014.

No texto, o pronome relativo *que* retoma o substantivo *características*, introduzindo-o na oração seguinte. Veja:

[...] **apresentam** as **características que vão marcar** o pensamento [...].

oração subordinada adjetiva restritiva

**características vão marcar** o pensamento...

**ATENÇÃO!**

Em alguns casos, os pronomes relativos *quem* e *onde* não apresentam antecedente; o pronome *quem* refere-se a alguém indefinido, e o pronome *onde*, a um lugar não determinado. Veja nesta frase, retirada de um editorial.

Não há antecedente, trata-se de um lugar qualquer.

Faltam ferrovias e, **onde** há ferrovias, faltam vagões.

*Diário Catarinense*. Florianópolis, 4 mar. 2004, Editorial.

Compare com a reformulação abaixo:

Há antecedente: **onde** retoma **Blumenau**.

Faltam ferrovias e, em Blumenau, **onde** há ferrovias, faltam vagões.

# Pronome indefinido

**Pronome indefinido** é aquele que se refere à terceira pessoa do discurso de modo impreciso, indeterminado, genérico. Vamos analisar o seguinte exemplo:

**Alguém** tem que responder por isso!

Nessa frase, o pronome indefinido *alguém* representa qualquer pessoa, uma pessoa indeterminada, um ser qualquer de quem se fala; portanto, uma terceira pessoa.

Há outros pronomes indefinidos que dão ideia de conjunto, de quantidade também indeterminada, como *tudo* e *todos*. Leia os versos de Cecília Meireles:

**Todos** querem liberdade,
Mas quem por ela trabalha?

MEIRELES, Cecília. *Romanceiro da Inconfidência*. 2. ed. Rio de Janeiro: Civilização Brasileira, 1975. Romance XXXV, p. 96.

**ATENÇÃO!**

Em muitos casos, em lugar de uma palavra com o valor de pronome indefinido, é empregado um grupo de palavras, um sintagma. São as locuções pronominais indefinidas: *quem quer que, cada qual, todo aquele, seja quem for, tal ou qual*, etc. Por exemplo, leia:

**Ninguém é obrigado a permanecer unido a quem quer que seja, diz Tribunal**

*JusBrasil*. Disponível em: <http://tj-sc.jusbrasil.com.br>. Acesso em: 7 fev. 2014.

**OPS!**

### Nenhum ou nem um?

**Nenhum** centavo foi destinado ao setor agropecuário.

**Nem um** centavo foi destinado ao setor agropecuário.

No primeiro enunciado, o pronome *nenhum* refere-se ao substantivo *centavo*, afirmando sua inexistência. Isto é, não existe centavo algum.

No segundo, a sequência formada pelo advérbio *nem* e o numeral *um* também se refere ao substantivo *centavo*, afirmando sua inexistência, mas com uma noção mais individualizada, definida. Nem sequer *um* (1) centavo, nem mesmo *um* (1), nem apenas *um* (1) foi destinado ao setor agropecuário, enfatizando a noção de que nem o mínimo foi considerado.

# Atividades

**Texto para as questões de 1 a 8.**

Observe neste trecho de *Dom Casmurro*, romance de Machado de Assis, a ocorrência de diversos pronomes que evitam a repetição de palavras.

Vivo só, com um criado. A casa em **que** moro é própria: fi-**la** construir de propósito, levado de um desejo tão particular que **me** vexa imprimi-**lo**, mas vá lá. Um dia, há **bastantes** anos, lembrou-me reproduzir no Engenho Novo a casa em que me criei na antiga Rua de Matacavalos, dando-**lhe** o mesmo aspecto e economia d**aquela outra**, **que** desapareceu.

ASSIS, Machado de. *Dom Casmurro*. São Paulo: Ática, 1992. p. 14.

1. Você já sabe que o pronome ou substitui ou acompanha o nome. Classifique cada um dos pronomes destacados no texto e escreva se a função é adjetiva ou substantiva. No primeiro caso, indique a palavra que estiver modificando; no segundo, a palavra que está sendo substituída pelo pronome.

2. Substitua a expressão em destaque por um pronome adequado:

A casa *em que* moro é própria [...].

3. Em "fi-la construir", o sujeito do verbo *fazer* é o pronome "eu", não explícito. Reescreva o enunciado, substituindo o sujeito por: *ela, nós, eles*. Anote suas conclusões sobre as mudanças sofridas pelos pronomes.

4. Compare as duas orações e explique se a palavra em destaque é pronome nas duas ocorrências.
   a) "[...] há **bastantes** anos, lembrou-me reproduzir no Engenho Novo a casa em que me criei [...]"
   b) Lembro-me de que, no passado, esforcei-me **bastante** para fazer esta casa semelhante à outra.

5. Reescreva este trecho, substituindo o pronome *lhe* pela palavra que ele está representando e "o mesmo aspecto" por um pronome.

[...] dando-lhe o mesmo aspecto [...]

6. Reescreva este trecho, eliminando o pronome relativo. Faça as adaptações necessárias.

[...] dando-lhe o mesmo aspecto e economia daquela outra, que desapareceu.

7. O emprego de pronomes relativos, por vezes, pode resultar num recurso estilístico. Encontre no texto construções semelhantes a estas, em que os pronomes estão destacados:
   a) A casa em **que** moro é própria
   b) "[...] levado de um desejo tão particular **que** me vexa [...]"

8. Nas frases a seguir, substitua os termos em destaque pelo pronome adequado.
   a) Agradeço **a meu pai** o conselho.
   b) Era descuidado com o dinheiro; emprestava **dinheiro** a qualquer um.
   c) Expunha **ao construtor** seus projetos para a nova casa.
   d) A dona da casa mostrava ao pintor **as cores desejadas**.

## Pronome interrogativo

**Pronome interrogativo** é aquele utilizado para formular uma pergunta.

A seguir, observe alguns exemplos de uso de pronome interrogativo em frases publicadas em jornais e revistas.

**Que** viagem de férias combina com você?

Revista *TodaTeen*. Disponível em: <http://todateen.uol.com.br>. Acesso em: 25 fev. 2014.

Filipe Rocha/Arquivo da editora

**Empreender: quanto vale um sonho?**

*O Debate*, 5 fev. 2014. Disponível em: <www.odebate.com.br>. Acesso em: 6 fev. 2013.

**Quem aguenta tanto exibicionismo nas redes sociais?**

Revista *Época*. Disponível em: <http://epoca.globo.com>. Acesso em: 10 fev. 2014.

Pelo próprio caráter da interrogação, os pronomes interrogativos assemelham-se aos indefinidos. No primeiro exemplo, *quem* traz a mesma carga de indeterminação que os pronomes indefinidos; carga de indeterminação que, espera-se, será desvendada ou esclarecida com a resposta.

Além de formular enunciados interrogativos, esses pronomes podem introduzir enunciados exclamativos, isto é, enunciados que expressam uma emoção:

**Quanta** alegria!

**Que** horror!

**ATENÇÃO!**

Podemos formular uma interrogação direta ou indireta. A interrogação direta apresenta a forma típica, com o ponto de interrogação no final:

— **Quem** quer ir ao cinema sábado?

— **Onde** fica a livraria desta cidade?

Por sua vez, a interrogação indireta se faz da seguinte maneira:

— Mãe, preciso saber **quando** vou poder viajar sozinha!

Joaquim quer saber **quem** vai ao cinema sábado.

Gostaria de saber **quem** pode ir ao cinema sábado.

Observe que, nos dois casos, o pronome interrogativo *quem* desempenha o papel de formulador da pergunta. A interrogação indireta dispensa o ponto de interrogação.

# Atividades

Leia a tira a seguir observando a tensão crescente do personagem e o uso dos pronomes em sua fala.

Laerte/Acervo do cartunista

LAERTE. Fagundes.

1. No primeiro quadrinho:
   a) indique e classifique o único pronome do enunciado;
   b) justifique a escolha desse pronome;
   c) comente se há algum tipo de concordância.
2. Na segunda fala do médico, aparecem as formas pronominais *sua* e *dele*, ambas com noção semântica equivalente.
   a) Explique a afirmação acima.
   b) O que aconteceria se o médico empregasse, nas duas ocorrências, o pronome *sua*?
3. Destaque dois pronomes indefinidos na tirinha. Classifique-os segundo a sua possibilidade de flexão e, se existente, explicite-a.
4. No terceiro quadrinho, observe os pronomes *ele* e *si* e responda:
   a) A que classe pertencem?
   b) Qual é o referente de cada um deles?
   c) Há alguma relação semântica entre eles? Qual?
   d) Se no lugar do pronome *ele* estivesse o pronome *eu*, que modificações seria preciso fazer no enunciado?

A GRAMÁTICA DA FRASE

## 1 O pronome na frase

Já sabemos que o pronome é a palavra que substitui ou acompanha o substantivo. No primeiro caso, ao substituí-lo, desempenha a mesma função que ele – daí ser chamado de **pronome substantivo**; no segundo caso, ao modificar o substantivo, exerce a função de um adjetivo – daí ser chamado de **pronome adjetivo**. Leia atentamente este fragmento de um conto do escritor argentino Jorge Luís Borges (1899-1986):

### O labirinto

**Este** é o labirinto de Creta. **Este** é o labirinto de Creta **cujo** centro foi o Minotauro. **Este** é o labirinto de Creta **cujo** centro foi o Minotauro **que** Dante imaginou como um touro com cabeça de homem e em **cuja** rede de pedra **se** perderam tantas gerações.

Disponível em: <www.releituras.com>. Acesso em: 14 abr. 2014.

No trecho acima, em que se percebe a retomada de períodos, que vão se ampliando, criando o efeito de um labirinto, há oito pronomes, responsáveis pela progressividade do texto. Vamos nos fixar no emprego de três deles – *este*, *cujo* e *que*. Os pronomes *este* e *que* estão desempenhando funções substantivas: *este* desempenha função de sujeito; *que* desempenha função de objeto direto da forma verbal *imaginou* (o pronome tem, como referente, Minotauro: Dante imaginou o Minotauro como...). Já o pronome *cujo* está modificando o substantivo centro, determinando-o, especificando-o (não se trata de um centro qualquer, mas do centro do labirinto de Creta). Dessa forma, o pronome exerce a função adjetiva de adjunto adnominal.

OED Uso dos pronomes de tratamento

## 2 O pronome pessoal na frase

Para entender a morfossintaxe dos pronomes pessoais é necessário levar em consideração que eles sempre exercem funções substantivas e que essas funções vão definir a forma que eles assumem (reto ou oblíquo). Assim, se o pronome desempenhar a função de sujeito (ou de predicativo do sujeito), será do **caso reto**; se desempenhar a função de complemento verbal (objeto) ou complemento nominal, será do **caso oblíquo**. De qualquer maneira, serão sempre pronomes substantivos.

Eu me flagrei pensando em você
em tudo que eu queria te dizer.

CHORÃO, Proibida pra mim. Disponível em: CHARLIE BROWN JR. *Transpiração contínua prolongada*. Virgin, 1997.

Filipe Rocha/Arquivo da editora

Nos versos citados, há quatro pronomes pessoais: *eu*, *me*, *você* e *te*. Vamos por partes:

- o pronome *eu* exerce a função de sujeito das formas verbais *flagrei* e *queria*, típica dos pronomes do caso reto;
- o pronome *me* exerce a função de objeto direto da forma verbal *flagrei*, típica dos pronomes do caso oblíquo;
- o pronome *você* exerce a função de objeto indireto da forma verbal *pensando*; é um pronome de tratamento exercendo excepcionalmente a função típica dos pronomes do caso oblíquo;
- o pronome *te* exerce a função de objeto indireto da forma verbal *dizer*, típica dos pronomes do caso oblíquo.

## Pronome pessoal oblíquo: tonicidade e uso

Dependendo da acentuação, os pronomes pessoais oblíquos são átonos ou tônicos. Os átonos nunca vêm precedidos de preposição, ao contrário dos tônicos, que sempre vêm precedidos de preposição.

Observe os dois pronomes oblíquos de segunda pessoa na função de objeto indireto em destaque:

Eu me flagrei pensando **em ti**

pronome oblíquo tônico precedido da preposição *em*

em tudo que eu queria **te** dizer

pronome oblíquo átono não precedido de preposição

Os pronomes *ele*, *ela*, *nós*, *vós*, *eles*, *elas*, assim como *você*, quando precedidos de preposição, são oblíquos tônicos; exercem a função de complemento (lembramos que o sujeito nunca vem precedido de preposição):

Eu me flagrei pensando n**ela**

em tudo que eu queria dizer **a ela**

No entanto, é cada vez mais comum o emprego dos pronomes do caso reto *ele*, *ela*, *eles*, *elas*, não regidos por preposição, como objeto direto (função desempenhada pelos pronomes oblíquos):

Chame **ela** para mim.
(no lugar de: Chame-**a** para mim.)

Eu vi **ele** no parque.
(no lugar de: Eu **o** vi no parque.)

**ATENÇÃO!**

Há um único caso em que o pronome oblíquo exerce a função de sujeito. Observe:

Exigiram-**lhe** sair.

Nesse caso, o pronome *lhe* não é complemento do verbo *exigir*, e sim sujeito da segunda oração, formada por um verbo (*sair*) no infinitivo. A segunda oração é reduzida; desdobrada, ficaria assim:

Exigiram que **ele** saísse.

oração objetiva direta
da forma verbal *exigiram*

OPS!

## Para mim ou para eu?

Às vezes, algumas pessoas ficam na dúvida se a construção adequada é “para mim” ou “para eu”. Leia esta tira:

DAVIS, Jim. *Garfield*.

Na fala do último quadrinho, lemos o enunciado:

Pensei em algo **para eu** fazer.

Analisando-o, pode-se levantar uma questão: por que foi usado o pronome reto *eu*, e não o pronome oblíquo tônico *mim*?

A resposta é simples. O pronome *eu* está exercendo a função de sujeito da forma verbal *fazer* e só as formas pronominais do caso reto exercem essa função.

Mas será que não se trata de uma contradição, já que a gramática diz que o sujeito nunca vem precedido de preposição e que os pronomes oblíquos tônicos, pelo contrário, sempre vêm precedidos de preposição?

Pensemos um pouco mais: no enunciado dado, a preposição não está regendo o pronome, e sim o verbo da oração reduzida de infinitivo, indicando finalidade.

Vamos, agora, comparar duas estruturas:

Pensei em algo **para** fazermos.

Pensei em algo **para** fazer.

Na primeira, o sujeito da forma verbal no infinitivo é *nós*, como nos indica a desinência de primeira pessoa do plural *-mos*. Na segunda, o sujeito é *eu*.

O que teria levado Jon, o dono de Garfield, a corrigir a frase? Simples: diante da pouca receptividade do gato à ideia de fazer algo, ele quis enfatizar o sujeito (para **eu** fazer). Em outras palavras: somente o falante, Jon, está nos planos; Garfield está fora dessa!

Além das formas pronominais, são de largo uso na língua coloquial sintagmas nominais como “**a pessoa**”, “**o pessoal**”, “**o cara**”, “**o cidadão**” exercendo funções sintáticas substantivas, típicas dos pronomes. Esses sintagmas são empregados com referência genérica: o sintagma nominal “a gente”, além de ser uma referência genérica, pode designar a primeira pessoa do discurso.

Observe alguns usos de “a gente” nestas manchetes:

**Tem gente preocupada em florir a cidade**

referência genérica

Disponível em: <http://wp.clicrbs.com.br>. Acesso em: 7 ago. 2014.

primeira pessoa do discurso

**“A gente não está pensando em cair», garante o lateral-direito Yago Pikachu**

Disponível em: <http://globoesporte.globo.com>. Acesso em: 7 ago. 2014.

## 3 Colocação dos pronomes pessoais

Os pronomes oblíquos átonos (*me, te, se, o, a, lhe, nos, vos, os, as, lhes*) vêm sempre ligados aos verbos e, dependendo do tempo verbal e da estrutura da frase, podem se posicionar antes do verbo, no meio ou depois dele.

Quando o pronome é colocado antes do verbo, ocorre a **próclise** (o pronome é **proclítico**):

Não **te** amo mais.

Quando ele é colocado no meio do verbo, ocorre a **mesóclise** (o pronome é **mesoclítico**):
Amar-**te**-ei sempre.

Quando é colocado depois do verbo, ocorre a **ênclise** (o pronome é **enclítico**):
Amo-**te**.

No português de Portugal, prevalece o emprego da ênclise. Por outro lado, no português do Brasil, prevalece o emprego da colocação proclítica do pronome.

Neste poema, Oswald de Andrade faz a defesa da próclise, uma das bandeiras dos escritores modernistas que buscavam a identidade nacional. Podemos entender o verso “Deixa disso camarada” como um convite do autor ao uso do pronome de uma forma mais livre, mais descontraída.

### Pronominais

ED O ritmo na leitura da poesia

Oswald de Andrade

Dê-me um cigarro
Diz a gramática
Do professor e do aluno
E do mulato sabido
Mas o bom negro e o bom branco
Da Nação Brasileira
Dizem todos os dias
Deixa disso camarada
Me dá um cigarro

ANDRADE, Oswald de. *Pau-Brasil*. 5. ed. São Paulo: Globo, 1991. p. 120.

Ulhôa Cintra/Arquivo da editora

Com o imperativo, a colocação proclítica ou enclítica pode diferenciar a intencionalidade do enunciado: a próclise suaviza a expressão, transforma-a em pedido; a ênclise reforça a expressão, tornando mais evidente o tom de ordem.

**Me** traga um copo.
pedido: próclise

Traga-**me** um copo.
ordem: ênclise

## 4 O pronome demonstrativo na frase

Os **pronomes demonstrativos** variáveis (*este, essa, aqueles*, etc.) podem ser **pronomes substantivos** ou **adjetivos**. Os demonstrativos invariáveis (*isto, isso, aquilo*) são sempre **pronomes substantivos**.

Observe o comportamento do pronome variável *este* na tira a seguir.

©(2002) Mort Walker/King Features Syndicate/Ipress

WALKER, Mort. Recruta Zero. *O Estado de S. Paulo*. São Paulo, 2 mar. 2002, p. D2.

Na tirinha, há um *eu*, a pessoa que fala, um *tu*, a pessoa com quem se fala, e uma terceira pessoa, do que ou de quem se fala, *ele* – nos dois primeiros quadrinhos, a paisagem e, no terceiro quadrinho, o sargento. A primeira pessoa do discurso formula duas falas:

**Este** é o meu local favorito.

**Pronome demonstrativo substantivo**, na função substantiva de sujeito – o substantivo *local* está subentendido no demonstrativo.

Sentada n**esta** velha pedra, sob **esta** velha árvore, à beira d**este** velho lago.

**Pronomes demonstrativos adjetivos**, na função adjetiva de adjunto adnominal do substantivo que cada um acompanha e com o qual estabelece concordância: *pedra*, *árvore* e *lago*, respectivamente.

Nessas falas observa-se, além do comportamento sintático, a noção espacial: todos os demonstrativos se referem a um local e a objetos naturais próximos da pessoa que fala. Compare as falas originais com a seguinte variação:

**Aquele** é o meu local favorito.

Sentada n**aquela** velha pedra, sob **aquela** velha árvore, à beira d**aquele** velho lago.

Nesse caso, o pronome *aquele* indica que o local e os objetos naturais estão distantes tanto da pessoa que fala como da pessoa com quem se fala. Se o pronome utilizado fosse *esse*, então saberíamos que tudo estava perto da segunda pessoa do discurso.

Observe esta outra variação das falas:

**Isto** é o meu local favorito.

Sentada n**isto**, sob **isto**, à beira d**isto**.

Empregou-se o pronome demonstrativo invariável *isto*, que, além de transmitir a noção espacial tendo como referência a primeira pessoa do discurso, só se comporta como pronome substantivo. E mais: no caso do segundo enunciado, só é possível recuperar o conteúdo semântico a que o pronome se refere no contexto situacional ou visual do quadrinho.

Quando variável, o demonstrativo *o* e suas variantes *a*, *os*, *as* são empregados, basicamente, em dois casos:

Eu gosto de todo tipo de *pizza*, mas **a** que mais gosto é **a** de quatro queijos.

Demonstrativo seguido de oração adjetiva que o restringe.

Demonstrativo seguido de sintagma com valor adjetivo que o restringe.

Filipe Rocha/Arquivo da editora

Em ambos os casos exemplificados no enunciado anterior, faz-se concordância com o substantivo a que se refere o pronome demonstrativo: *pizza*.

# Atividades

Leia a tira a seguir, que critica a ideia de treinamento adotada em algumas empresas.

ADAMS, Scott. *Dilbert*. Corra, o controle de qualidade vem aí!. São Paulo: L&PM Pocket, 2008. p. 57.

1. Explique como se dá a quebra de expectativa do leitor, o que provoca o humor da tira.
2. Identifique o(s) pronome(s) demonstrativo(s) empregado(s) nas falas do primeiro e do segundo quadrinho dessa tira. Trata-se de pronome(s) demonstrativo(s) substantivo(s) ou adjetivo(s)? Justifique sua resposta.
3. No terceiro quadrinho, há um pronome demonstrativo invariável. Qual? A que ele faz referência?

## 5 O pronome relativo na frase

Os **pronomes relativos** introduzem orações subordinadas adjetivas, nelas desempenhando funções sintáticas.

Os relativos retomam, geralmente, um termo antecedente. Observe a seguir como a ocorrência deles, nesta nota jornalística, possibilita concentrar num único parágrafo as informações necessárias.

SAÚDE
BOA NOTÍCIA

### Prevenção contra cobras

Calcula-se que os pecuaristas brasileiros tenham prejuízo de 30 milhões de reais com picadas de cobra, que matam cerca de 75 000 bois e vacas a cada ano. A Fundação Ezequiel Dias, instituição de pesquisa mantida pelo governo mineiro, anunciou recentemente ter desenvolvido uma vacina bovina, inédita no mundo, que pode resolver o problema. Prevê-se que a produção em escala industrial e a comercialização terão início dentro de três anos. A entidade busca atualmente uma vacina para imunizar seres humanos.

Disponível em: <http://veja.abril.com.br>. Acesso em: 14 abr. 2014.

**Gênero textual: nota jornalística**

A nota jornalística é uma notícia sumarizada (é praticamente um lide) que apresenta a citação de um fato, já antecipado pelo título, seguida ou não de uma informação complementar. Não contém, necessariamente, os elementos da notícia (O quê? Quem? Quando? Onde? Por quê?), que ficam pressupostos. É breve e bastante concisa, constituída, em geral, de apenas um parágrafo. Precisa ser clara, de fácil leitura. Se apresentar opinião, será uma nota comentário. Circula na mídia impressa, audiovisual ou virtual.

Calcula-se que os pecuaristas brasileiros tenham prejuízo de 30 milhões de reais com **picadas** de cobra, **que** matam cerca de 75 000 bois e vacas a cada ano.

O pronome *que* tem como antecedente o substantivo *picadas* e exerce a função de sujeito da forma verbal *matam* na oração adjetiva explicativa. Observe que a forma verbal apresenta a desinência de terceira pessoa do plural, fazendo concordância com o antecedente.

[...] uma **vacina** bovina, inédita no mundo, **que** pode resolver o problema.

O pronome *que* tem como antecedente o substantivo *vacina* e exerce a função de sujeito da locução verbal *pode resolver* na oração adjetiva restritiva. Observe que a forma verbal apresenta a desinência de terceira pessoa do singular, concordando com o antecedente.

Os pronomes relativos podem exercer, além da função de sujeito, as funções sintáticas de:

- objeto direto → As **vacinas** **que** eu tomei foram contra tétano e hepatite.
  retoma *vacinas*; objeto direto da forma verbal *tomei*
- objeto indireto → O **especialista** a **quem** entreguei o caso resolveu o problema.
  retoma *especialista*; objeto indireto (a quem) da forma verbal *entreguei*
- predicativo → A moça **simpática** **que** ela era tornou-se insuportável.
  retoma *simpática* (predicativo do sujeito: ela era *simpática*)
- adjunto adnominal → O cachorro **cuja coleira** achei passeia sempre nesta praça.
  adjunto adnominal de *coleira*

Filipe Rocha/Arquivo da editora

- complemento nominal → Impôs-se com toda a força de **que** era **capaz**.
  complemento nominal de *capaz*
- adjunto adverbial → Na cidade **onde** ele morava havia uma ponte belíssima.
  retoma *cidade*; adjunto adverbial da forma verbal *morava*
- agente da passiva → Eu fui surpreendido por **quem** menos esperava.
  agente da passiva da locução verbal *fui surpreendido*

## Atividades

1. Reescreva os dois períodos formulando um só. Elimine as repetições e empregue o pronome relativo adequado.
   a) O professor pediu uma pesquisa sobre a reforma ortográfica. A reforma ortográfica já está em vigor.
   b) Lemos o livro. O professor de Literatura falou sobre esse livro na classe.
   c) Melhor não comprar nada nesse *site*. Desconfio desse *site*.
   d) A atriz vai adotar outra criança. O marido da atriz é um conhecido cantor.
   e) O jornalista mora no exterior. Despedi-me do jornalista contristado.

2. Faltam os pronomes relativos que unem as orações a seguir. Reescreva o período, acrescentando-os. Fique atento às preposições exigidas pelos verbos, que não podem ser omitidas.
   a) Este é o livro
   (■) eu detestei.
   (■) me interessei.
   (■) não falarei.
   (■) autor já morreu.

   b) Apresento-lhe o deputado
   (■) votamos.
   (■) apoiamos.
   (■) lutamos.
   (■) orientação estamos.

   c) Eis o projeto
   (■) você encomendou.
   (■) você sonhou.
   (■) você se esforçou.
   (■) autor você discorda.

# 6 O pronome indefinido na frase

Observe os pronomes em destaque:

**Equilíbrio: o time principal do Inter ainda necessita de <u>alguns</u> ajustes**

*Diário Gaúcho*. Disponível em: <http://wp.clicrbs.com.br>. Acesso em: 6 fev. 2014.

**"<u>Alguém</u> precisa mais do que eu", diz menina que cortou cabelo para doar**

*G1. Sorocaba e Jundiaí*. Disponível em: <http://g1.globo.com>. Acesso em: 6 fev. 2014.

Os pronomes indefinidos variáveis são **pronomes adjetivos**. Por sua vez, os indefinidos invariáveis são sempre **pronomes substantivos**. Portanto, os primeiros exercem funções sintáticas adjetivas, e os segundos, substantivas.

Observemos o comportamento dos pronomes indefinidos nas manchetes acima:

**Equilíbrio: o time principal do Inter ainda necessita de <u>alguns</u> ajustes**
pronome adjetivo; adjunto adnominal do substantivo *ajustes*

pronome substantivo; sujeito da forma verbal *precisa*
**"<u>Alguém</u> precisa mais do que eu", diz menina que cortou cabelo para doar**

Este último exemplo pode gerar dúvidas na hora de classificar o sujeito: trata-se de um sujeito determinado ou indeterminado? Vamos erradicar qualquer dúvida: o sujeito é **determinado**, simples, claro: "*Alguém*". A indeterminação não é do sujeito, mas do pronome, que sendo indefinido não permite a recuperação de sua referência. Não se sabe determinar a pessoa que precisa mais do que a menina (a falante), mas gramaticalmente o sujeito da oração dita por ela é *alguém*.

Filipe Rocha/Arquivo da editora

OPS!

### Artigo indefinido, numeral ou pronome indefinido?

Como classificar o termo **uma** no período a seguir?

**Uma** banda está na estrada há cinco décadas, a **outra** acabou de ser fundada.

Revista *Tam Magazine*, ano 1, n. 1, mar. 2004. p. 24.

Relembrando:

- se a noção não é numérica, mas de indeterminação, trata-se de um **artigo**.

Na festa de inauguração, centenas de pessoas compareceram, cantaram juntos com **uma** banda de música e se emocionaram ao lado de João de Barro...

Disponível em: <www.horadopovo.com.br>. Acesso em: 6 fev. 2014.

- se a noção é numérica, isto é, indica que se trata de **apenas** um, e não dois ou três, trata-se de um **numeral**.

**Taça da Copa do Mundo virá ao Piauí daqui a <u>um</u> mês**

Disponível em: <www.cidadeverde.com>. Acesso em: 8 maio 2014.

O numeral **um/uma** pode vir reforçado pelo adjetivo *só*.

Alceu Valença fez **só um** *show* em 2014. Foi no último sábado, no Miden, em Cannes (França), uma das principais feiras da indústria fonográfica mundial. [...]

*Diário de Pernambuco*, 2 fev. 2014. Disponível em: <www.diariodepernambuco.com.br>. Acesso em: 6 fev. 2014.

Até aqui, tudo bem. Mas:

- se a noção é de indeterminação, via de regra, *um(a)* compõe uma estrutura paralela com o pronome indefinido *outro* ou uma de suas variantes e se trata de um **pronome indefinido**.

Assim, no enunciado: "**Uma** banda está na estrada há cinco décadas, a **outra** acabou de ser fundada", **uma** é um pronome indefinido.

E mais:

- se a noção é equivalente a "uma pessoa", "alguém", trata-se também de um pronome indefinido:

**<u>Um</u> que vendeu a sua alma**

Título de um conto de Lima Barreto.

## 7 O pronome interrogativo na frase

Os pronomes interrogativos, além de caracterizar o enunciado como uma interrogação, exercem funções sintáticas dentro dele:

De **quem** são esses olhos?

Pronome interrogativo compondo um sintagma preposicionado, na função de predicativo do sujeito.

A **quem** pertencem esses olhos?

Pronome interrogativo compondo um sintagma preposicionado, na função de objeto indireto da forma verbal *pertencem*.

**Quem** escreveu o romance *Dom Casmurro*?

Pronome interrogativo na função de sujeito da forma verbal *escreveu*.

O **que** ganhou a nossa seleção em 1970?

Pronome interrogativo compondo um sintagma com o artigo **o**, na função de objeto direto da forma verbal *ganhou*.

Mas, além das funções substantivas, os pronomes interrogativos podem exercer uma função adjetiva. Observe:

**Quantos** discos gravou Elvis Presley?
Adjunto adnominal do substantivo *discos*.

**Que** estilo têm as suas músicas?
Adjunto adnominal do substantivo *estilo*.

## Atividade

Crie perguntas que possam ter como respostas os itens a seguir. Depois, identifique a função sintática do pronome interrogativo utilizado.

a) Roberto Carlos comemorou 50 anos de carreira.
b) Sob a forma de *download* digital, a banda Radiohead vendeu mais de três milhões de álbuns "pague quanto quiser".

## 8 Um caso à parte: o pronome *se*

O pronome *se* apresenta grande diversidade de funções. Pode ser empregado como:

- **pronome reflexivo**: quando a ação praticada pelo sujeito recai sobre ele próprio, sendo um mesmo ser tanto o agente como o paciente da ação. Assim, a **voz reflexiva** é formada por um verbo na voz ativa seguida de um pronome oblíquo, que exerce a **função de objeto**. Nesses casos, o *se* equivale a *a si mesmo*:

pronome reflexivo exercendo a função de objeto direto
O carpinteiro feriu-**se** com o martelo. (O carpinteiro feriu *a si mesmo* com o martelo.)
verbo transitivo direto

pronome reflexivo exercendo a função de objeto indireto
Ele **se** deu um belo presente.
verbo transitivo direto e indireto — objeto direto

- **pronome recíproco**: a particularidade deste caso é a existência de um sujeito simples plural ou de um sujeito composto, o que faz com que os integrantes desse sujeito exerçam o processo verbal um sobre o outro (a ação é mútua, recíproca). O pronome pode exercer a função de objeto direto ou de objeto indireto. Nesse caso, o *se* equivale a *um ao outro*:

pronome reflexivo exercendo a função de objeto direto
Abraçaram-**se** com júbilo. (abraçaram *um ao outro*)

pronome reflexivo exercendo a função de objeto indireto
Marido e mulher deram-**se** as mãos. (deram as mãos *um ao outro*)

Filipe Rocha/Arquivo da editora

- **pronome integrante do verbo**: alguns verbos são essencialmente pronominais ou eventualmente pronominais, isto é, aparecem acompanhados de pronome. Nesse caso, o pronome é parte integrante do verbo e não possui função sintática:

pronome integrante do verbo

Ele não **se** atreveu a bater na porta.

verbo pronominal

pronome integrante do verbo

Admirou-**se** por aquela gentileza.

verbo pronominal

- **pronome apassivador**: forma a voz passiva sintética, junto com um verbo transitivo direto na terceira pessoa, sem exercer função sintática:

pronome apassivador

Vendem-**se** apartamentos mobiliados.

verbo transitivo direto — sujeito

pronome apassivador

Organiza-**se** a mala no dia da viagem.

verbo transitivo direto — sujeito

- **índice de indeterminação do sujeito**: ocorre em construções com o verbo na terceira pessoa do singular acrescido do pronome *se*, sem função sintática, desde que o verbo não seja tomado como transitivo direto:

índice de indeterminação do sujeito

Vive-**se** com mais tranquilidade no interior.

verbo intransitivo na terceira pessoa do singular

- **pronome expletivo ou de realce**: não apresenta função essencial para a compreensão da mensagem, constituindo, antes, um recurso estilístico, um reforço da expressão.

pronome expletivo

Foi-**se** embora a minha chance. (Foi embora a minha chance.)

## Atividades

1. Nas frases a seguir, indique se o pronome *se* é pronome apassivador ou índice de indeterminação do sujeito. Quando for pronome apassivador, destaque o sujeito.
   a) Reclama-se (1) do trânsito, mas não se investe (2) em transporte público.
   b) Nas cidades grandes vive-se o caos diariamente.
   c) Num dia de chuva, enfrentam-se quilômetros de congestionamento.
   d) Todos os anos repetem-se os dramas decorrentes das enchentes.
   e) Bebe-se (1) e dirige-se (2) com naturalidade: eis a fórmula da irresponsabilidade.

2. Nas frases a seguir, o pronome *se* é reflexivo ou recíproco?
   a) Num grave acidente na estrada principal, dois veículos entrechocaram-se.
   b) Lidando perigosamente com a faca, o homem se cortou.
   c) Odeiam-se e não escondem isso.
   d) Os políticos cumprimentaram-se cortesmente.
   e) Sujou-se ao tomar café da manhã, tão sonolento estava.

# 1 O caráter fórico dos pronomes pessoais

Como já vimos, os pronomes pessoais fazem sempre referência a uma pessoa do discurso que preenche seu conteúdo semântico quando identificada na situação comunicativa ou no contexto.

Pensemos num ato comunicativo concreto da fala: uma conversa. O que vai definir quem é o referente do *eu*, do *você*, do *ele*? A **situação**. O *eu* será quem tomar a palavra, o *você* será o interlocutor e o *ele* será o **assunto** ou a **pessoa** de quem se fala em determinado momento e circunstância. Trata-se de referência situacional, exofórica, extralinguística (ou seja, fora do texto).

Por sua vez, a referência **contextual** é aquela que se pode encontrar dentro do texto, seja ele oral ou escrito. Observe:

### Exposição celebra 70 anos do cartunista Henfil em Manaus

Manaus — Considerado um dos melhores cartunistas e quadrinistas brasileiros, Henrique de Sousa Filho, o Henfil, completaria, hoje, caso estivesse vivo, 70 anos. E para homenageá-**lo**, a oficina Jack Cartoon [...] realiza, nesta quarta-feira (5), das 9h30 às 18h, uma mostra com mais de 80 obras. O evento também comemora os dez anos da gibiteca do espaço.

[...]

Durante a exposição, serão apresentados ao público exemplares de *O Pasquim*, de revistas em que Henfil colaborou e de autoria dele — como *Os Fradinhos* —, além de trabalhos de cartunistas amazonenses baseados no traço do artista mineiro. [...]

*D24am*, 5 fev. 2014. Disponível em: <www.d24am.com>. Acesso em: 6 fev. 2014.

Paulo Leite/Agência Estado

O cartunista Henfil.

No enunciado acima, a forma *lo*, variante do pronome oblíquo átono *o*, tem como referente "Henrique de Sousa Filho, o Henfil". Trata-se de um exemplo de referência contextual, endofórica (ou seja, dentro do texto). E mais: uma referência anafórica, pois o pronome retoma um elemento já mencionado.

Quando a referência é textual, o caráter fórico dos pronomes está também a serviço da articulação e da coesão do texto.

# 2 O caráter fórico dos pronomes demonstrativos

Os demonstrativos podem transmitir uma noção espacial ou temporal. Mas isso não basta para preencher seu conteúdo semântico. Se a referência é situacional, será necessário resgatar o referente dentro de determinadas circunstâncias. Leia esta afirmação:

— **Este** é meu filho.

Nesse caso, apenas a situação determinará quem é o filho, pois a única informação dada pelo conteúdo contextual é a de que o filho está perto do falante.

Na notícia a seguir também a referência pode ser textual:

Fernando Bueno/Pulsar Imagens

## Mercado Ver-o-Peso

O complexo Ver-o-Peso é formado ainda pela Praça do Relógio, Praça dos Velames e pelo Palacete Bolonha. **Este** foi um presente do engenheiro Francisco Bolonha para sua esposa Alice, em 1905. Hoje faz parte do patrimônio histórico da cidade. Construído com diferentes materiais importados, tem estilo eclético. Nele encontramos "art nouveau", elementos neoclássicos, góticos e barrocos.

*Cidades do Brasil*. Disponível em: <http://cidadesdobrasil.com.br>. Acesso em: 25 fev. 2014.

No texto acima, o pronome demonstrativo *este* refere-se a um termo empregado no período anterior: "Palacete Bolonha". Assim, nesse caso, a referência é contextual e anafórica.

O pronome funciona como articulador interno, pois relaciona informações dentro do texto. Por isso, podemos dizer que organizar o espaço contextual é outra função dos demonstrativos, uma função coesiva.

Fachada do Palacete Bolonha, do Mercado Ver-o-Peso, em Belém, 2010.

## Atividade

Identifique, nos trechos a seguir, os pronomes que estão funcionando como elementos coesivos do texto. Classifique-os e cite os termos que esses pronomes retomam ou antecipam.

a) "Quando chegamos ao alto da Tijuca, onde era o nosso ninho de noivos, o céu recolheu a chuva e acendeu as estrelas, não só as já conhecidas, mas ainda as que só serão descobertas daqui a muitos séculos."

ASSIS, Machado de. *Dom Casmurro*. São Paulo: Scipione, 2004. p. 105.

b) "A criança que eu fui não viu a paisagem tal como o adulto em que se tornou seria tentado a imaginá-la desde a sua altura de homem. A criança, durante o tempo que o foi, estava simplesmente na paisagem, fazia parte dela, não a interrogava, não dizia nem pensava, por estas ou outras palavras: "Que bela paisagem, que magnífico panorama, que deslumbrante ponto de vista!"

SARAMAGO, José. *As pequenas memórias*. São Paulo: Companhia das Letras, 2006. p. 13.

## 3 O pronome indefinido *tudo*: aposto resumitivo

Leia esta passagem do conto "Os infelizes cálculos da felicidade", do escritor moçambicano Mia Couto (1955):

Doseava o coração em aplicações regradas, reduzida a paixão ao seu equivalente numérico. Amores, mulheres, filhos *tudo* isso era hipótese nula. O sentimento, dizia ele, não tem logaritmo. Por isso, nem se justifica a sua equação. [...]

Disponível em: <www.portalentretextos.com.br>. Acesso em: 6 fev. 2014.

O pronome indefinido *tudo* tem como característica semântica indicar a totalidade das coisas, às vezes uma totalidade vaga, outras, nem tanto. No texto acima, por exemplo, pode-se dizer que o conteúdo de totalidade do pronome está preenchido pela sequência amores, mulheres, filhos. Essa sequência é retomada anaforicamente pelo pronome *tudo*, nesse caso ainda reforçado pelo demonstrativo *isso*, que também anaforicamente retoma os três termos.

Amores, mulheres, filhos

**tudo isso** era hipótese nula.

## 4 O pronome indefinido *tudo* exigindo aposto especificador

Leia este fragmento de entrevista feita com o diretor de teatro Antunes Filho e observe o emprego do pronome *tudo* na construção:

> [...] Para mim, a voz é a coisa fundamental do teatro. Estou chegando agora a essa conclusão, com *Fragmentos troianos* [...]. É feito por ressonância.
>
> *Como é a ressonância?*
>
> Na projeção, é a consoante que leva a vogal para você. Na ressonância, é a vogal que leva a consoante. A consoante é impressa na vogal. [...] Não tem mais isso de você cantar no fim da frase e achar que é clássico, como nós sempre vimos. Não havia um espetáculo que não tivesse a cantadinha no final. Aqui, não. A música é durante. [...]
>
> [...] Tanto é que a menina que faz a Hécuba, em *Fragmentos troianos*, consegue criar uma voz com o arrastado da velha, para dizer que ela é velha, com a ressonância. Isso, em vez de fazer vovozinha. Ela é uma nobre. Ela tem que falar secamente. [...] Quando você vê Hécuba por aí, é uma imbecilidade. Fica tudo igual, as carpideiras, o povo, a rainha. Aqui tem hierarquia, tem rainha, tem princesa e tem povo. E cada uma tem seu timbre, seu ritmo. [...]

*Folha de S.Paulo*. São Paulo, 6 fev. 2000. Disponível em: <www1.folha.uol.com.br>. Acesso em: 10 fev. 2014.

Lenise Pinheiro/Folhapress

Cena de *Fragmentos troianos*, montagem de Antunes Filho com o Centro de Pesquisas Teatrais, inspirado na peça *As troianas*, de Eurípedes. Encenação realizada no Sesc Anchieta, em São Paulo, 1999.

Como vimos, a noção de totalidade do pronome *tudo* pode ser ampla e vaga; portanto, é preciso especificá-lo. Imaginemos o enunciado acima desta maneira:

Fica **tudo** igual [...].

"Tudo igual" quer dizer o quê? Tudo igual a quê? O pronome indefinido, nesse caso, exige a presença de um aposto especificador que preencha seu conteúdo semântico cataforicamente (ou seja, mencionado depois). Essas construções são comuns em nosso cotidiano:

Comeu **tudo**: carne, salada, feijão com arroz, sobremesa.
aposto especificador

Fica **tudo** igual, as carpideiras, o povo, a rainha.
aposto especificador

## 5 Os reforços interrogativos

Leia um trecho do romance *Triste fim de Policarpo Quaresma*, de Lima Barreto. Observe a estrutura semelhante das perguntas destacadas.

> [...]
>
> – Instrumento de caboclo, ora! disse Ricardo.
>
> – De caboclo! **Que é que tem**? O Léry diz que são muito sonoros e agradáveis de ouvir... Se é por ser de caboclo, o violão também não vale nada – é um instrumento de capadócio.
>
> [...]
>
> – [...] **O que é que a gente come**?
>
> – O que plantar ou aquilo que a plantação der em dinheiro.
>
> [...]

LIMA BARRETO. *Triste fim de Policarpo Quaresma*.
Disponível em: <www.ebooksbrasil.org>.
Acesso em: 10 fev. 2014.

Duas perguntas de estrutura semelhante nesse fragmento são “Que é que tem?” e “O que é que a gente come?”. São introduzidas, respectivamente, pelas sequências “que é que” e “o que é que”. Alguns elementos dessas sequências são expletivos, ou seja, ajudam a reforçar a expressividade das perguntas, mas podem ser eliminados sem prejuízo para a compreensão. Observe:

**Que é que** tem? (é que: expletivo)
↓
**O que** tem? (O: expletivo)
↓
**Que** tem?

**O que é que** a gente come? (é que: expletivo)
↓
**O que** a gente come? (O: expletivo)
↓
**Que** a gente come?
↑
**Que é que** a gente come? (é que: expletivo)

## 6 Possessivo no vocativo

Os pronomes possessivos compõem os pronomes de tratamento, sempre nas suas formas femininas de terceira pessoa do singular e segunda do plural.

Além disso, podem compor vocativos e acrescentar valores semânticos além da posse:

Pare de perturbar, **seu** enxerido. (seu: valor ofensivo)

Bem-vinda, **minha** senhora, fique à vontade. (minha: valor cortês)

**Meu** querido, caso você não faça o seu dever, assumirá as consequências. (Meu: valor irônico)

# Atividades

O texto a seguir é a introdução a uma entrevista que Nelson Motta deu à revista *Trip*, em agosto de 2012, na qual o entrevistador busca passar ao leitor algumas informações necessárias a um pleno entendimento do texto. Numa leitura inicial, procure localizar orações adjetivas (introduzidas por pronomes relativos) e avaliar a importância que elas adquirem na caracterização do entrevistado. Depois, responda às questões propostas.

**Nelson Motta**

**A vida e obra de um jornalista que cruzou a fronteira entre a mídia e os artistas da MPB**

*Em quatro décadas vividas nos lugares certos e nas horas certas, Nelson Motta construiu uma obra invejável na música, na literatura, no jornalismo e na televisão. Aos 67 anos, ele recebe a* Trip *em seu apartamento na "província de Ipanema" para relembrar as amizades, os namoros, as alianças e os dissabores de quem afirma nunca ter perdido um amigo para ganhar uma manchete.*

Por Pedro Só

Fernando Young/Editora Trip

Nelson Motta.

Dia desses, Nelson Motta virou-se para aquela que brinca ser "a mulher da minha vida" e disse: "Olha, Mari, o fim que nós tivemos! Você, babá de gato; eu, massagista de gato". Mari é Maria de Jesus, empregada que o acompanha há 25 anos e pelo menos três casamentos. O felino a quem obedece por amor é Max, um pelo curto brasileiro dono de penetrantes olhos amarelos – "com uma listra verde", faz questão de detalhar. É com ele que o homem de letras e música divide o apartamento na rua Prudente de Morais, atrás do Country Club carioca, com vista para o mar. Os dois dormem juntos na mesma cama, rolam pelo chão, correm pela sala... "Gatos têm uns cem tipos de miados diferentes. Eu já atendo a uns 20 comandos e estou sempre aprendendo mais. Acho que o Max deve me enxergar como uma pessoa doméstica, carinhosa, sossegada e razoavelmente paciente. É o que eu busco ser."

Aos 67 anos, o ex-cabeludo que vendeu juventude ao longo de tantas décadas, eterno Nelsinho, mora só e pouco convive com os inúmeros amigos que colecionou. Pode parecer irônico que alguém cuja trajetória – pessoal e profissional – sempre foi pautada por um espírito conciliador e gregário chegue a essa idade assim. Mas está tudo bem, assegura, com o velho sorrisão que lembra o sedutor bichano criado por Lewis Carroll para *Alice no País das Maravilhas*. "Hoje eu tenho tantos amigos que não tenho nenhum. Assim, de conversar todo dia, não tenho. Porque tenho três filhas, três netos, tenho namorada firme, pai e mãe vivos – os dois com 92 anos!" O relacionamento com a publicitária pernambucana Paula Pessoa é a distância, alimentado pelo que compara a uma sucessão de viagens de lua de mel. "É só alegria." [...]

Revista *Trip*, 15 ago. 2012. Disponível em: <http://revistatrip.uol.com.br>. Acesso em: 6 fev. 2014.

1. Observe a frase "[...] para relembrar as amizades, os namoros, as alianças e os dissabores de quem afirma nunca ter perdido um amigo para ganhar uma manchete."
   a) Qual é a função sintática do pronome *quem* na oração?
   b) Construa outra oração substituindo esse mesmo pronome por uma locução pronominal de sentido equivalente.

2. Os pronomes demonstrativos podem transmitir noções temporais como em "naquele dia". O texto, no entanto, apresenta um uso coloquial desse pronome.
   a) Retire do texto essa expressão e indique a que termo se refere o pronome.
   b) Justifique o emprego dessa forma coloquial, relacionando-a ao contexto em que ela se insere.

3. "Aquela que" é uma locução pronominal de valor catafórico. Que expressão ela anuncia na oração? Justifique a brincadeira feita por Nelson Motta em relação ao que a expressão revela.

4. Explique qual é o papel sintático do pronome relativo *quem* na oração: "O felino a quem obedece por amor é Max".

5. Sobre o trecho "É com ele que o homem de letras e música divide o apartamento", responda:
   a) Quem é o referente do pronome pessoal *ele*?
   b) Por que o jornalista reforça a presença dessa 3ª pessoa? O que ele pretende destacar com essa construção?

6. Observe o trecho: "Gatos têm uns cem tipos de miados diferentes".
   a) Identifique a forma pronominal utilizada e a que termo ela se refere.
   b) Que efeito de sentido esse pronome produz?

7. Na passagem "Pode parecer irônico que alguém cuja trajetória – pessoal e profissional – sempre foi pautada por um espírito conciliador e gregário chegue a essa idade assim.", o pronome indefinido refere-se à 3ª pessoa de modo impreciso, vago? Justifique.

8. Em "Hoje eu tenho tantos amigos que não tenho nenhum [...]", a que termo elíptico se refere o pronome *nenhum*? Explique a aparente contradição da oração em que esse pronome ocorre.

# Vestibulares de Norte a Sul

1. **NE** (UEPB) Leia a piada e marque a alternativa correta:

O marido, ao chegar em casa, no final da noite, diz à mulher, que já estava deitada:

— Querida, eu quero amá-la.

A mulher, que está dormindo, com a voz embolada, responde:

— A mala... ah! Não sei onde está, não. Use a mochila que está no maleiro do quarto de visitas.

— Não é isso, querida, hoje vou amar-te.

— Por mim, você pode ir até Júpiter, Saturno e até ao raio que o parta, desde que me deixe dormir em paz...

a) A ambiguidade mostrada no texto se dá apenas no nível semântico.
b) A piada chama a atenção para o uso incorreto dos oblíquos.
c) O sentido do texto foi prejudicado pela fusão do uso de *você* e *tu* na pessoa do discurso.
d) A confusão do sentido se deu em razão do equívoco no uso dos oblíquos, pois o adequado seria o termo "lhe".
e) O humor da piada consiste no jogo fonético/semântico causado pelo uso dos pronomes oblíquos.

2. **S** (UFSM-RS) Leia o fragmento a seguir.

[...] a capoeira, a guardiã do jogo, da brincadeira, do [1]faz de conta que luta, mas joga com [3]o outro, que simula um golpe e tira [4]o outro para dançar e que tem uma vinculação [5]étnica e racial com o percurso e o lugar da [2]negritude em nosso país, acabou, em algumas [6]escolas, ensinada sob o controle da esportivização, com regras e pontuações.

Fonte: *Orientações Curriculares para o Ensino Médio*. Secretaria de Educação Básica. Brasília: Ministério da Educação, Volume 1, 2008. p. 231.

Qual alternativa apresenta uma análise correta sobre o conteúdo ou a organização linguística do fragmento?

a) Na linha 1, no contexto em que são usados, os substantivos *jogo*, *brincadeira* e *faz de conta* se opõem para evidenciar os contrastes da capoeira como prática escolar.
b) Os processos de formação de *faz de conta* (ref. 1) e *negritude* (ref. 2) são, respectivamente, derivação e composição.
c) As duas ocorrências de *o outro* (ref. 3 e 4) servem para fazer referência a um espectador qualquer de um jogo de capoeira, indeterminando essa referência.
d) Sem prejuízo da adequação gramatical, o adjetivo composto *étnico-racial* poderia substituir a sequência dos dois adjetivos empregados na referência 5.
e) O pronome indefinido que acompanha *escolas* (ref. 6) evidencia que a crítica feita estende-se às escolas brasileiras em geral.

3. **SE** (UFF-RJ)

**Sinha Vitória**

Sinha Vitória tinha amanhecido nos seus azeites. Fora de propósito, dissera ao marido umas inconveniências a respeito da cama de varas. [1]Fabiano, que não esperava semelhante desatino, apenas grunhira: – "Hum! hum!" E amunhecara, porque realmente mulher é bicho difícil de entender, [4]deitara-se na rede e pegara no sono. Sinha Vitória andara para cima e para baixo, procurando em que desabafar. Como achasse tudo em ordem, queixara-se da vida. [2]E agora vingava-se em Baleia, dando-lhe um pontapé.

Avizinhou-se da janela baixa da cozinha, viu os meninos entretidos no barreiro, sujos de lama, fabricando bois de barro, que secavam ao sol, sob o pé-de-turco, e [5]não encontrou motivo para repreendê-los. Pensou de novo na cama de varas e mentalmente xingou Fabiano. Dormiam naquilo, tinha-se acostumado, mas seria mais agradável dormirem numa cama de lastro de couro, como outras pessoas.

[7]Fazia mais de um ano que falava nisso ao marido. [3]Fabiano a princípio concordara com ela, mastigara cálculos, tudo errado. Tanto para o couro, tanto para a armação. Bem. Poderiam adquirir o móvel necessário economizando na roupa e no querosene. [6]Sinha Vitória respondera que isso era impossível, porque eles vestiam mal, as crianças andavam nuas, e recolhiam-se todos ao anoitecer. Para bem dizer, não se acendiam candeeiros na casa.

RAMOS, Graciliano. *Vidas secas*. Rio de Janeiro: Record / São Paulo: Martins, 1975. p. 42-43.

Marque a alternativa que comenta adequadamente o emprego dos pronomes no texto.

a) "Fabiano, que não esperava semelhante desatino, apenas grunhira: – Hum! hum!" (ref. 1). O pronome relativo destacado evita a repetição da palavra *desatino*.
b) "E agora vingava-se em Baleia, dando-lhe um pontapé" (ref. 2) / "Fabiano a princípio concordara com ela" (ref. 3). Os termos sublinhados são duas formas de expressão do pronome pessoal em função de objeto direto.
c) "Fabiano [...] deitara-se na rede e pegara no sono" (ref. 4) / "[...] não encontrou motivo para repreendê-los" (ref. 5). Os dois pronomes pessoais grifados possuem o mesmo referente e servem para marcar uma ação reflexiva.
d) "Sinha Vitória respondera que isso era impossível, porque eles vestiam mal" (ref. 6). Os pronomes destacados retomam o mesmo termo do período anterior.
e) "Fazia mais de um ano que falava nisso ao marido" (ref. 7). A forma sublinhada, contração do demonstrativo *isso* com a preposição *em*, tem função coesiva, pois retoma e sintetiza segmento expresso anteriormente.

CAPÍTULO

# 12 O verbo

Vladimir L./Shutterstock/Glow Images

A ampulheta, um dos objetos mais antigos usados para medir o tempo.

Depois de ler o fragmento do artigo "Quem googleia o quê?", reproduzido a seguir, converse com seus colegas e o professor sobre ele levando em conta as questões propostas nesta página.

## Quem googleia o quê?

Ivan Lessa
da BBC Brasil

Eu googleio, tu googleias, ele googleia. O verbo ainda não foi devidamente dicionarizado no Brasil.

Googleiem no Houaiss, abram Aurélios e Aureliões, Caldasauletizem-se. Nada.

Engenhando-me na busca, só dei com *googlar* na *Wikipédia*, dicionário eletrônico aberto a todos [...].

Lá está: "o verbo *googlar* (ou *guglar*) é um neologismo que significa executar uma pesquisa na Internet pelo motor de busca Google. [...]."

E a Wikipédia (que, aliás, prefere *motor* a *engenho*, para meu desgosto) acrescenta que o Google não incentiva o uso de qualquer palavra relacionada à sua marca registrada, já que teme um possível desgaste, conforme aconteceu com *ioiô*, *xerox* e *gilete*.

Tão vendo por que falam mal da *Wikipédia*? Meu ioiô, meu xerox e minhas giletes continuam novinhos em folha. O que se desgastou mesmo foi minha Olivetti Littera 53.

*Googlar*, ou *guglar* (prefiro com dois *Os*. A segunda forma parece, como diria o *Houaiss eletrônico*, a voz do peru), *googlar*, dizia eu, é, pois, ainda, um neologismo. Questão de tempo virar apenas logismo. E não adianta pesquisar *logismo* porque não tem. Acabei de cunhar.

[...]

*Folha de S.Paulo*. São Paulo, 22 maio 2006.
Disponível em: <www1.folha.uol.com.br>.
Acesso em: 21 jan. 2014.

- *Já tinham ouvido ou usado o verbo* googlar *ou* guglar*? Em que situação? O termo foi compreendido?*
- *Pelas informações do artigo e/ou pelo uso que você testemunhou ou fez, o que gerou esse neologismo?*
- *Pelas informações divulgadas nesse fragmento, é possível dizer que o nome que deu origem a esse verbo pertence a uma empresa preocupada com a própria imagem e com seu lucro? Por quê? Pesquisem: de que forma essas empresas se sustentam economicamente? Levando em conta os dados pesquisados, discutam: os* sites *de busca têm intenções comerciais?*
- *Observem que o produtor do texto brinca de criar outras palavras.*
  - *– Quais?*
  - *– Pelo sentido da frase, qual foi a base do jornalista para criar o neologismo que é verbo?*
  - *– Com esse novo verbo, o produtor do texto procura orientar o leitor a fazer o quê?*
  - *– A palavra que ele criou com função de substantivo não existe, mas é formada por dois elementos que costumam ser usados na composição de substantivos. Quais? Consultem um dicionário e citem um exemplo de formação com cada um deles.*
- *Que outras palavras vocês conhecem, mas não foram ainda dicionarizadas? Levantem hipóteses: o que pode levar uma palavra nova a ser dicionarizada?*
- *Que critérios foram usados para transformar o substantivo em verbo, ou seja, o que caracteriza uma palavra como verbo?*

# 1 Verbo

**Verbo** é a palavra variável que indica uma ação, um estado, uma mudança de estado, um fenômeno da natureza. Ao contrário do nome, tem sempre um aspecto **dinâmico**, indicando um processo devidamente localizado no tempo.

Palavras que não costumam ser usadas como verbo podem ser empregadas com esse sentido se, em parte, forem formuladas imitando a variação dos verbos, como ocorre nos neologismos que vimos no texto da página anterior.

Observe:

Eu google**io**, tu google**ias**, ele google**ia**.

O verbo criado — *googlear* — segue a conjugação de verbos terminados em *-ear*, como *passear*.
Indica **ação**: fazer pesquisa pela internet por meio do buscador Google.

[...] abram Aurélios e Aureliões, **Caldasauletizem**-se.

O verbo criado — *caldasauletizar* — segue a conjugação de verbos terminados em *-ar*, como *cantar*.
Esse verbo também indica **ação**: fazer pesquisa no dicionário *Caldas Aulete*.

Alguns indicam **estado permanente**, **mudança de estado** ou estado momentâneo. Exemplos:

O Google **é** uma ferramenta de busca.
verbo que indica **estado permanente**

O Google **está** desatualizado...
verbo que indica **estado momentâneo**

Questão de tempo **virar** apenas logismo.
verbo que indica **mudança de estado**

**Nevará** quando eu passar um dia sem fazer pesquisa pela internet.
verbo que indica **fenômeno da natureza**

O verbo, como palavra variável, apresenta flexão de número e pessoa, de modo e tempo, além de manifestar variação de voz. É, portanto, a classe de palavra em que se observa o maior número de flexões. Dizer ordenadamente todas as flexões de um verbo é **conjugar** esse verbo.

Em português, há **três conjugações**, que são indicadas pelas vogais temáticas:

- **-a-**: verbos da primeira conjugação → trabalhar, estudar, cozinhar, etc.;
- **-e-**: verbos da segunda conjugação → ler, comer, tecer, etc.;
- **-i-**: verbos da terceira conjugação → vir, dividir, ouvir, etc.

**ATENÇÃO!**

O verbo *pôr* pertence à segunda conjugação, já que sua forma arcaica era *poer*.

# 2 Classificação: o aspecto semântico

Na matéria lida, o jornalista Ivan Lessa criou alguns verbos que indicam a ação de uma pessoa, como *googlear*: alguém faz pesquisa ou busca pela ferramenta Google. Em geral, observando o significado dos verbos e o que eles nos indicam, é possível montar um quadro de classificação.

| Classificação semântica dos verbos | | |
|---|---|---|
| dinâmicos | | não dinâmicos |
| verbos de ação – exprimem uma ação, um "fazer": *pesquisar, comer, dançar, ir.* | verbos de processo – exprimem um processo, um "acontecer": *amanhecer, morrer, chover, esfriar.* | verbos de estado – exprimem um estado, uma duração, uma permanência: *estar, ser, permanecer, viver, morar.* |

# 3 As categorias gramaticais do verbo

## Pessoa e número

Vamos recapitular alguns conceitos para a compreensão da flexão de número e pessoa: sabemos que o verbo sempre forma o predicado; sabemos, também, que o predicado se relaciona com um sujeito, estabelecendo com ele uma relação de concordância em número e pessoa.

Dessa maneira, o verbo apresenta flexão de **número**, podendo estar no **singular** ou no **plural**, e de pessoa, podendo estar em uma das três pessoas do discurso:

primeira pessoa (falante)
- singular → Eu **amo**.
- plural → Nós ama-**mos**.

segunda pessoa (interlocutor)
- singular → Tu ama-**s**.
- plural → Vós ama-**is**.

terceira pessoa (interlocutor)
- singular → Ele/Ela am-**a**.
- plural → Eles/Elas ama-**m**.

**ATENÇÃO!**

Alguns verbos são usados apenas na terceira pessoa do singular, sendo chamados de **impessoais**. O verbo *haver*, no sentido de existir, o verbo *fazer*, no sentido de tempo transcorrido, assim como os verbos que indicam fenômenos da natureza, estão enquadrados nessa norma.

## Tempo e modo

No início deste capítulo, afirmamos que o verbo indica um processo devidamente localizado no tempo. Para tanto, é necessário determinar se o processo está ocorrendo no momento em que se fala, se é um fato já acontecido, anterior ao momento da fala, ou se é um fato que ainda vai ocorrer, ou seja, posterior ao ato da fala.

Dessa forma, caracterizamos os três tempos verbais básicos: o **presente**, o **pretérito** (passado) e o **futuro**, como nos seguintes exemplos:

eu **canto**

eu **cantei**

eu **cantarei**

Filipe Rocha/Arquivo da editora

Entretanto, as possibilidades de se localizar determinado processo no tempo são maiores. Compare os exemplos:

(I) Eu **cantava** quando ele **chegou**.

(II) Eu já **cantara** quando ele **chegou**.

Em (I), declara-se um fato passado que não se concluiu (Eu *cantava*), e que, no entanto, era presente em relação a outro fato passado (quando ele *chegou*). Por isso mesmo, esse tempo é chamado de **pretérito imperfeito**. Por sua vez, em (II), declara-se um fato que é passado (Eu já *cantara*) em relação a outro fato também passado (quando ele *chegou*) – em outras palavras, o passado do passado. Daí ser chamado de **pretérito mais-que-perfeito**.

Quanto ao futuro, duas situações são possíveis:

(III) Eu **cantarei**.

(IV) Eu **cantaria** se não **tivesse ficado** rouco.

Em (III), o falante faz uma afirmação indicando certeza em relação a um tempo futuro. Em (IV), o verbo *cantaria* indica um fato futuro, mas em relação a outro fato passado, já acontecido (já *fiquei* rouco). Esse tempo é chamado de **futuro do pretérito**.

O presente não apresenta subdivisões, ao passo que o pretérito pode ser perfeito, imperfeito e mais-que-perfeito. O futuro pode ser do presente ou do pretérito.

Por outro lado, se pensarmos no modo, que indica as diversas atitudes do falante em relação ao fato que enuncia, até o tempo presente tem mais de uma forma: eu canto / (que) eu cante.

Compare as diferentes atitudes nos pares a seguir:

| | | |
|---|---|---|
| (V) | eu **canto** | eu **cantei** |
| (VI) | se eu **cantasse** | quando eu **cantar** |
| (VII) | **cante** você | não **cantem** |

Nas primeiras formas apresentadas (V), a atitude do falante é de certeza, o fato é ou foi uma realidade. Essa atitude caracteriza o **modo indicativo**. Já no segundo par de exemplos (VI), a atitude é de incerteza, de dúvida; exprimem uma condição, uma possibilidade. Essa atitude caracteriza o **modo subjuntivo**. No terceiro par (VII), ambas as formas verbais exprimem uma ordem, um desejo, uma vontade. É o **modo imperativo**.

# Formas nominais

Chamam-se **formas nominais** as formas verbais que desempenham funções típicas do substantivo, do advérbio e do adjetivo. São três: **infinitivo**, **gerúndio** e **particípio**:

É necessário **agir**.

**Chorando**, a moça despediu-se.

**Terminada** a aula, conversaremos.

As formas nominais não apresentam indicação de tempo, dependem sempre do contexto em que se encontram. Retomemos os exemplos acima.

Em "É necessário **agir**", o infinitivo tem valor semelhante ao do substantivo *ação*. O infinitivo sempre exprime a ação verbal propriamente dita, tanto que, para substantivar um verbo, basta colocar um artigo diante do seu infinitivo, como em "Seria desejável uma nova forma de arquitetura para que *o morar, o trabalhar* e o lazer estivessem todos interligados".

- Em "**Chorando**, a moça despediu-se", o gerúndio aproxima-se da função do advérbio, indicando modo; isso ocorre na maioria dos casos, embora o gerúndio também apresente funções semelhantes às dos adjetivos, como em "Meu polegar está *doendo*". Nesse caso, o gerúndio exprime uma ação em desenvolvimento.

Em "**Terminada** a aula, conversaremos", o particípio indica uma ação já concluída e, por exprimir um estado, desempenha uma função semelhante à do adjetivo (repare que o particípio seria flexionado se trocássemos 'aula' por 'curso': "*Terminado* o curso, conversaremos"). Em determinados contextos, o particípio se confunde com o adjetivo: "Era um homem *calado*". Nesse caso, pode-se flexionar a palavra *calado* exatamente como um adjetivo:

Era uma mulher **calada**. (flexão de gênero)

Era um homem muito **calado**. (superlativo absoluto analítico)

Era um aluno **caladíssimo**. (superlativo absoluto sintético)

OPS!

**Verbo com flexão de gênero?**

Vimos que o verbo é a palavra que apresenta mais possibilidades de flexão: número, pessoa, tempo e modo. Existe um caso, ainda, em que o verbo também apresenta flexão de gênero: é o particípio que forma a voz passiva analítica. Observe os exemplos:

A **mesa** foi quebrada.

O **animal** foi **libertado**.

**Maria** foi **paquerada** por João.

**João** foi **paquerado** por Raquel.

Como você já percebeu, nesses casos o particípio concorda em gênero com o sujeito: se o sujeito for um substantivo masculino (*animal*, *João*), o particípio aparecerá no masculino; se o sujeito for um substantivo feminino (*mesa*, *Maria*), o particípio aparecerá no feminino.

# Aspecto

O verbo é capaz de exprimir a **duração** do processo indicado, isto é, manifesta de que maneira o falante considera o desenvolvimento do processo. Observe:

Nós **iremos** amanhã. (a ação ainda vai se iniciar)

Eles **foram** ontem. (a ação está perfeitamente concluída)

Nós **íamos** hoje. (a ação não está acabada; a ação permanece)

Contrariada, ela **foi saindo** sem se despedir. (a ação está em progressão)

Assim, o falante pode considerar a ação expressa pelo verbo perfeitamente concluída ou não concluída, momentânea ou permanente, um processo que se inicia ou se finda ou que está em pleno curso, uma ação que se repete, etc. A essa propriedade, que realça o caráter dinâmico e temporal do verbo, chamamos **aspecto**.

Como nos explica o professor Mattoso Câmara Jr., a distinção básica em relação aos tempos verbais, herdada do latim, reside no fato de os tempos indicarem uma ação perfeitamente concluída ou uma ação não concluída: "em latim, os tempos se distribuíam, em princípio, em dois grandes grupos correspondentes ao aspecto **perfeito** e ao aspecto **imperfeito**".

As formas verbais podem ser divididas, portanto, em **perfectivas** (já concluídas) e **imperfectivas** (não concluídas). Esse valor aspectual pode ser expresso na flexão verbal, pois há tempos essencialmente perfectivos e outros imperfectivos. Compare os pretéritos a seguir:

Filipe Rocha/Arquivo da editora

Ele me **cumprimentou** com um aceno sutil.

**pretérito perfeito:** a ação já está concluída, findada, realizada; aspecto perfectivo (lembrando que *perfeito* vem do latim *perfectu*, que significa "feito por inteiro, totalmente feito, concluído")

Ele me **cumprimentava** com um aceno sutil.

**pretérito imperfeito:** a ação não está concluída, está em curso; aspecto **imperfectivo**

Os tempos verbais podem ser classificados da seguinte maneira:

| Tempos perfectivos | Tempos imperfectivos |
|---|---|
| pretérito perfeito do indicativo<br>pretérito mais-que-perfeito | presente do indicativo<br>pretérito imperfeito do indicativo<br>futuro do presente<br>futuro do pretérito<br>presente do subjuntivo<br>pretérito imperfeito do subjuntivo |

## O aspecto e o valor semântico

O valor aspectual de conclusão ou inconclusão pode também vir expresso ou matizado pelo emprego de algumas locuções ou pelo próprio significado do verbo. Compare as construções:

**Ligou**-me uma antiga amiga.

ação acabada, realizada no passado

**Acaba de me ligar** uma antiga amiga.

ação acabada (realçada pelo significado do verbo *acabar*), realizada num momento pontual do passado, imediatamente antes da fala

Ela **deixou** a faculdade, uma pena!

pretérito perfeito indicando ação acabada; o significado do verbo *deixar* acentua o caráter de finalização

O menino **adormeceu**.

pretérito perfeito indicando ação acabada; no entanto, o significado do verbo traz a noção de ação inicial (*adormecer* = começar a dormir)

Filipe Rocha/Arquivo da editora

Entretanto, o aspecto verbal não se limita a expressar se uma ação está acabada ou não. Pode manifestar se o processo está se iniciando ou finalizando, se é momentâneo ou permanente, etc. É possível alargar o conceito de aspecto, incluindo valores semânticos pertinentes ao verbo ou ao contexto. Observe:

- **aspecto incoativo** ou **inceptivo** – manifesta o início do processo, sem considerar seu desenvolvimento:

Imagem captada por satélite da Nasa mostrando o anoitecer no Brasil e em parte da América do Sul.

**Voltaremos** agora.
verbo no futuro, indicando uma ação a ser desenvolvida

**Começou a chover** à tarde.
locução *começar a*, indicando o ponto inicial da ação

**Anoitece**.
verbo com o sufixo *-ecer* que, assim como o sufixo *-escer*, indica o início de um processo

- **aspecto pontual** ou **momentâneo** – manifesta uma ação que acaba de ser realizada de maneira súbita e imediata:

**Acaba de me ligar** uma antiga amiga.
ação realizada num momento pontual do passado, imediatamente antes da fala

Note que há uma diferença em termos de precisão temporal entre as formas "Acaba de me ligar uma antiga amiga" e "Ligou-me uma antiga amiga". Na primeira construção, a ação se processou num momento imediatamente anterior ao da fala; na segunda, a ação apresenta-se perfeitamente concluída, mas sem uma localização precisa no tempo (Ligou-me faz cinco minutos? Ontem? Anteontem? Mês passado?). Veja também que tudo mudaria se a construção fosse: "Ligou-me agorinha uma antiga amiga". O aspecto pontual seria indicado pelo advérbio e reforçado pelo sufixo diminutivo.

- **aspecto cessativo** – o falante destaca o final do processo (esse aspecto é indicado pela carga significativa de verbos como *parar, deixar, terminar, abandonar, interromper, acabar*):

O menino **interrompeu** a brincadeira.
pretérito perfeito indicando ação acabada; o verbo *interromper* indica o final do processo

**Paramos de trabalhar** por hoje.
ação acabada; o final do processo está enfatizado pelo emprego da locução *parar de*

- **aspecto durativo** ou **cursivo** – manifesta um processo em curso, em pleno desenvolvimento, sem fazer referência a seu início nem a seu término:

Ela **mora** aqui perto.
ação inacabada; verbo no presente do indicativo indica habitualidade

Eles **estão viajando**.
ação inacabada; a locução "*estar* + gerúndio" passa a ideia de desenvolvimento

Nós **continuamos brigados**.

ação inacabada; a locução "*continuar* + particípio" passa a noção de ação em curso

- **aspecto durativo progressivo** – manifesta um processo crescente e de intensificação:

Eu **vou saindo** de fininho.

ação inacabada; a locução "*ir* + gerúndio" indica uma ação em processo crescente

- **aspecto frequentativo** ou **iterativo** – manifesta uma ação num processo reiterativo (geralmente, aspecto indicado pelos sufixos verbais *-iscar, -icar, -itar, -inhar, -ilhar*):

O tico-tico **saltitava** pelo parque.

pretérito imperfeito indicando ação inacabada; o sufixo *-itar* carrega a noção de ação repetitiva
Note como o significado é outro quando empregamos o verbo *saltar*: o tico-tico saltita (anda aos pulinhos); a onça salta (ou seja, num determinado momento, ela pula).

Ele **dedilhou** maravilhosamente a canção na sua viola.

pretérito perfeito indicando ação acabada; o verbo *dedilhar* indica uma ação reiterativa

- **aspecto permansivo** – manifesta uma ação já concluída que, no entanto, perdura em seus efeitos:

**Aprendi** a lição.

pretérito perfeito indicando ação acabada, mas com efeitos duradouros
(o verbo *aprender* implica a aquisição de algum tipo de conhecimento e sua retenção)

Observe sempre a carga significativa dos verbos, dos sufixos verbais, do tempo verbal, do tipo de locução empregada e das combinações feitas dentro de um enunciado como um todo, para determinar o aspecto verbal. Não limite sua percepção aos itens aqui apresentados.

## Voz

As vozes verbais indicam a relação entre o sujeito e a ação expressa pelo verbo. Podem ocorrer três situações:

- a ação é praticada pelo sujeito:

A mãe **penteou** o menino.

- a ação é sofrida pelo sujeito:

O menino **foi penteado** pela mãe.

- o sujeito ao mesmo tempo pratica e sofre a ação:

O menino **penteou-se**.

No primeiro exemplo, o sujeito (*mãe*) pratica a ação; no segundo, o sujeito (*menino*) sofre a ação; no terceiro, o sujeito (*menino*) pratica e ao mesmo tempo sofre a ação. Dessa forma, pode-se falar em três vozes verbais:

- **voz ativa**: o sujeito pratica a ação (daí falar-se em **sujeito agente**):

A mãe **penteou** o menino.

- **voz passiva**: o sujeito sofre a ação (daí falar-se em **sujeito paciente**):

O menino **foi penteado** pela mãe.

- Essa estrutura, em que o verbo auxiliar *ser* mais o particípio do verbo exprimem o fato (nesse caso, *pentear*), é chamada de **voz passiva analítica**.
- Há outra possibilidade de expressar a voz passiva: uma estrutura em que um verbo transitivo na terceira pessoa (singular ou plural, concordando com o sujeito) é empregado com o pronome apassivador *se*. É a chamada **voz passiva sintética**:

| Organiza | -se | a sociedade. |
|---|---|---|
| Vende | -se | computador. |
| Vendem | -se | computadores. |
| verbo na terceira pessoa | pronome apassivador | sujeito |

- **voz reflexiva**: o sujeito pratica e ao mesmo tempo sofre a ação; constitui-se de um verbo na voz ativa mais um pronome oblíquo exercendo a função de objeto. Implicitamente aceita os reforços *a mim mesmo*, *a ti mesmo*, *a si mesmo*, *a vós mesmos*, *a nós mesmos*, *a si mesmos*. Observe:

| O menino | **penteou** | -se. (a si mesmo) |
|---|---|---|
| sujeito | verbo | pronome oblíquo: objeto direto |

**ATENÇÃO!**

- Alguns verbos reflexivos podem aparecer na voz passiva ou na voz ativa. No entanto, há outros poucos que são **exclusivamente reflexivos**, como *suicidar-se*.
- Uma variante da voz reflexiva é a recíproca: a ação é mútua, dois ou mais sujeitos praticam e sofrem a ação. Aceita os reforços um ao outro, mutuamente, reciprocamente.

João e Maria **se amam**. (um ao outro)

Os profissionais da área **se respeitam**. (um ao outro)

OPS!

## Reflexivo ou pronominal?

Observe o verbo em destaque neste trecho de notícia.

### Sem informações, consumidores priorizam preço e gosto ao comprar pescado

Rafael Gomez
Da BBC Brasil em São Paulo

*Em uma tarde chuvosa de sexta-feira, a colombiana Maria Fernanda Lopes, radicada no Brasil há 25 anos, cumpre o ritual que repete pelo menos duas vezes por semana: comprar peixe fresco para o seu restaurante e para consumo próprio.*

Apesar de adorar pratos com peixe e consumir a carne toda semana, ela mostrou grande surpresa quando, abordada pela reportagem da BBC Brasil, ficou sabendo que algumas espécies de peixe vendidas na peixaria que frequenta, na zona oeste de São Paulo, estão ficando escassas na costa brasileira.

[...]

Outros consumidores que costumam comprar e consumir com frequência peixes, ouvidos pela reportagem, também **se queixaram** do mesmo problema: a falta de informações que permitam ter um consumo mais sustentável de pescado.

[...]

*BBC Brasil*, 4 dez. 2013. Disponível em: <www.bbc.co.uk>. Acesso em: 10 fev. 2014.

Os verbos pronominais são conjugados com pronomes átonos, como os reflexivos, porém nem todo verbo pronominal é reflexivo.

Comparem-se, por exemplo, o verbo *suicidar-se* e o verbo *queixar-se*, ambos essencialmente pronominais, isto é, a forma átona é intrínseca ao verbo:

Eles **se suicidaram**.
verbo pronominal reflexivo: aceita o reforço "a si mesmos"

Outros consumidores [...] também **se queixaram** do mesmo problema.
verbo pronominal: **não** aceita o reforço "a si mesmos"

Além dos verbos essencialmente pronominais, há outros que podem ser empregados nas duas formas: simples e pronominal, com algum tipo de mudança de sentido. Compare:

Elas **se penteiam**.
→ verbo pronominal reflexivo: aceita o reforço "a si mesmas"
→ verbo pronominal recíproco: aceita o reforço "uma à outra"

Elas **penteiam** suas filhas.
verbo na forma simples (voz ativa)

Elas **debatem** sobre o assunto.
verbo na forma simples (voz ativa)

Elas **se debateram** até sair da confusão.
verbo pronominal: "agitar-se para poder fugir"
(voz ativa; não aceita os reforços "a si mesmos", nem "um ao outro")

# Atividades

**Texto para as questões de 1 a 7.**

O que é um lugar-comum? Sendo a linguagem uma atividade tão pessoal, é possível construir uma crônica apenas com provérbios ou fragmentos de frases feitas? Luis Fernando Verissimo nos mostra como se faz.

## Lugar-comum

Luis Fernando Verissimo

Cada macaco está no seu galho e todos, todos olham o próprio rabo e deixam o rabo do vizinho. A chuva chove no molhado, o sol brilha para todos... Chuva e sol? Casamento de espanhol! Passam índios – ou serão hindus? – em fila indiana. Vacas vão para o brejo. Caçadores num mato sem cachorro caçam com gatos, e todos os gatos são pardos no escuro. Rios correm para o mar. Paus nascem tortos, e assim permanecem. Semeadores de vento colhem tempestades enquanto, ao fundo, um grupo separa o joio do trigo e outro faz das tripas coração e um terceiro constrói castelos no ar e... Súbito, tudo para no lugar-comum. Os índios, as vacas, os caçadores, até os rios. A paisagem fica estática, as frases ficam suspensas. Só os mercadores fingem que não ouvem o silêncio ameaçador, mas em seguida também param, e esperam. Algo vai acontecer. Algo – ou alguém – vai chegar. E então ele aparece. É Gerúndio! O imperativo Gerúndio. Ele caminha pelo lugar-comum, as mãos entrelaçadas atrás como um inspetor. Examina as frases paradas e chuta alguns verbos como se fossem pneus. Depois, dá a ordem:

– Circulando!

E vê tudo recomeçando à sua volta. Cada macaco sentado no seu galho e olhando o próprio rabo em vez do rabo do vizinho. A chuva chovendo, o sol brilhando, a fila indiana passando, as vacas indo para o brejo, os caçadores caçando com gatos, os rios correndo para o mar... O mundo sendo ordeiro e previsível, como tem que ser.

*O Estado de S. Paulo*. São Paulo, 12 ago. 2001. Disponível em: <http://acervo.estadao.com.br>. Acesso em: 25 fev. 2014.

Filipe Rocha/Arquivo da editora

## **Gênero textual:** provérbios

Provérbios são frases breves com recursos de memorização (como rimas ou semelhanças sonoras, ritmo marcado, paralelismo sintático) que remontam aos tempos bíblicos. Pertencendo à cultura popular, esses enunciados fixos estão em domínio público por transmissão oral de geração a geração. Expressam uma realidade concreta para exemplificar, metaforicamente, ideias, conceitos, valores, regras morais, enfim, conselhos a serem seguidos; por isso costumam figurar ao final de textos moralizadores ou em fábulas. Criticados por oferecerem modelos de conduta ultrapassados e filosofia conformista, são, todavia, muito empregados ainda, em manifestações orais ou escritas, em proveito de quem consegue escolher aquele mais adequado a uma situação específica de comunicação.

1. Certamente você reconheceu ao menos algumas das frases que estão na base do texto de Luís Fernando Verissimo, pois ele reuniu nessa construção diversos provérbios.

   a) Quais provérbios evocados no texto você já tinha ouvido ou mesmo costuma dizer?

   b) Qual é o efeito obtido pelo autor com seu texto? Com que intenção ele o construiu assim?

2. Releia o primeiro parágrafo do texto e responda às questões propostas abaixo.

   Cada macaco está no seu galho e todos, todos olham o próprio rabo e deixam o rabo do vizinho. A chuva chove no molhado, o sol brilha para todos... Chuva e sol? Casamento de espanhol! Passam índios – ou serão hindus? – em fila indiana. Vacas vão para o brejo. Caçadores num mato sem cachorro caçam com gatos, e todos os gatos são pardos no escuro. Rios correm para o mar. Paus nascem tortos, e assim permanecem. Semeadores de vento colhem tempestades enquanto, ao fundo, um grupo separa o joio do trigo e outro faz das tripas coração e um terceiro constrói castelos no ar e... Súbito, tudo para no lugar-comum. Os índios, as vacas, os caçadores, até os rios. A paisagem fica estática, as frases ficam suspensas. Só os mercadores fingem que não ouvem o silêncio ameaçador, mas em seguida também param, e esperam. Algo vai acontecer. Algo – ou alguém – vai chegar. E então ele aparece. É Gerúndio! O imperativo Gerúndio. Ele caminha pelo lugar-comum, as mãos entrelaçadas atrás como um inspetor. Examina as frases paradas e chuta alguns verbos como se fossem pneus. Depois, dá a ordem:

   a) Qual é o tempo verbal predominante?

   b) Que aspecto verbal predomina nos provérbios?

   c) Comente o emprego desse tempo verbal levando em conta o que ele indica e que efeito produz.

   d) Que formas verbais quebram a noção de tempo predominante no parágrafo?

3. Releia o último parágrafo do texto e responda:

   a) Qual é a forma verbal predominante?

   b) O que indicam o particípio *sentado* e a locução verbal *tem que ser*?

4. Releia o seguinte trecho e classifique os verbos segundo o que indicam.

   Caçadores num mato sem cachorro caçam com gatos, e todos os gatos são pardos no escuro. Rios correm para o mar. Paus nascem tortos, e assim permanecem.

5. Compare os enunciados e comente as diferenças entre eles, considerando a voz verbal e as alterações de sentido.

   a) Macacos me mordam.

   b) O macaco se mordia raivosamente.

   c) Os macacos se morderam.

   d) O macaco era mordido por todos.

   e) Ele mordia-se de inveja.

6. Relacione a aparição do personagem "Gerúndio" com a sua adjetivação ("imperativo"), ao título ("Lugar-comum") e à última frase do texto ("O mundo sendo ordeiro e previsível, como tem que ser").

7. Reescreva as frases abaixo conjugando os verbos indicados entre parênteses adequadamente, de acordo com o contexto.

   a) Na época, todos nós (sofrer) com aquela situação que, infelizmente, ainda (estar) bem longe de (terminar).

   b) Caso eles (chegar) antes da hora, (providenciar) acomodações em nossa casa.

   c) Quando tu (voltar) da viagem, (lembrar)-te de (dedicar) um pouco mais de tempo à família.

   d) Se a ética (prevalecer) nas relações profissionais, nós (evitar) muito desgaste inútil.

   e) Quando a ética (prevalecer) nas relações profissionais, nós (evitar) muito desgaste inútil.

   f) Já estão (comentar) que, para eles (ganhar) a partida amanhã, ainda (precisar) treinar muito.

## Verbos auxiliares

Como você já deve ter percebido, a forma verbal pode apresentar, além de um verbo principal, um verbo auxiliar. É o que ocorre na voz passiva analítica e nos tempos compostos. Em português, quatro verbos, entre outros, são constantemente empregados como auxiliares: *ser*, *estar*, *ter* e *haver*.

Nas orações contruídas com verbos auxiliares, os verbos principais são expressos em uma das formas nominais (**particípio**, **gerúndio**, **infinitivo impessoal**), que constituem, por assim dizer, formas congeladas, não passíveis de flexão de tempo e pessoa. Salvo as formas verbais na voz passiva analítica, apenas os verbos auxiliares são conjugados. Observe o exemplo do lado.

| | |
|---|---|
| tenho | |
| tens | |
| tem | amado |
| temos | |
| tendes | |
| têm | |

OPS!

### Tempo composto ou locução verbal?

**Tempos compostos** são as formas compostas do verbo, formadas por um verbo auxiliar (*haver* ou *ter*) e um verbo principal na forma nominal. Duas características fundamentais:

- o verbo principal aparece somente na forma nominal de **particípio**;
- o verbo auxiliar e o principal aparecem unidos diretamente, isto é, sem preposições ou conjunções.

Pretérito perfeito composto do indicativo → **tenho** / **hei** cantado, vendido, partido
Pretérito mais-que-perfeito do indicativo → **tinha** / **havia** cantado, vendido, partido
Futuro do presente → **terei** / **haverei** cantado, vendido, partido
Futuro do pretérito → **teria** / **haveria** cantado, vendido, partido
Pretérito perfeito composto do subjuntivo → **tenha** / **haja** cantado, vendido, partido
Pretérito mais-que-perfeito do subjuntivo → **tivesse** / **houvesse** cantado, vendido, partido
Futuro do subjuntivo → **tiver** / **houver** cantado, vendido, partido
Infinitivo pretérito impessoal → **ter** / **haver** cantado, vendido, partido
Infinitivo pretérito pessoal → **ter** / **haver** cantado, vendido, partido
Gerúndio pretérito → **tendo** / **havendo** cantado, vendido, partido

**Locuções verbais** são conjuntos formados por um verbo auxiliar (*ser*, *estar*, *haver*, *ter*, *andar*, *deixar*, *poder*, *ir*, *começar*, *acabar*, *querer*, *dever*, etc.) seguido de uma forma nominal. Duas características fundamentais:

- o verbo principal pode aparecer nas três formas nominais: particípio, infinitivo ou gerúndio;
- o verbo auxiliar e o principal podem aparecer unidos diretamente ou indiretamente, isto é, por meio de preposição ou conjunção.

Eu **tenho de estudar**.

locução verbal formada por um verbo auxiliar (*tenho*) e um verbo principal no infinitivo, unidos indiretamente pela preposição *de*

A menina **estava cantando**.

locução verbal formada por um verbo auxiliar (*estava*) e um verbo principal no gerúndio, unidos diretamente

O evento **tinha sido idealizado** por mim.

locução verbal formada por um verbo auxiliar (*ser*, no tempo composto *tinha sido*) e um verbo principal no particípio, unidos diretamente

Em alguns casos, as locuções podem ter uma forma verbal equivalente:

Eu **vou viajar** amanhã. → Eu **viajarei** amanhã.
**Deixaram passar** meu erro. → **Toleraram** meu erro.

## Gerundismo, usos e abusos

ORLANDELI. *Blog do Orlandeli.*

Na tira acima, brinca-se com o emprego de locuções como: *vou estar lendo, vou estar aprendendo, vou estar superando*; *estarem limando*.

Essas locuções com gerúndio ganharam notoriedade com a propagação do chamado *telemarketing*, atividade profissional em que atendentes se comunicam com clientes pelo telefone para oferecer produtos, dar atenção pós-venda, etc. Por ter se transformado em modismo, locuções desse tipo são questionadas por alguns gramáticos.

No entanto, antes de condená-las, como bem assinala o professor Sírio Possenti, há três pontos que devem ser observados:

- **são gramaticalmente corretas**: suas estruturas estão de acordo com a sintaxe do português (dois verbos auxiliares e um principal):

  ir (conjugado) + estar (infinitivo) + verbo principal no gerúndio

  poder (conjugado) + estar (infinitivo) + verbo principal no gerúndio

- **têm sentido próprio**: indicam um futuro não imediato e menos compromissado, diferente das outras formas para expressar o futuro. Compare-as:

  vou estar lendo — vou ler — lerei

- **funcionam como formas "polidas"**: são formas indiretas e supostamente mais "delicadas", que podem substituir um não incisivo ou deixar uma questão em aberto, ou seja, não indicam nem que alguma providência será tomada nem que não será; nem que o problema será resolvido, nem que não será.

Vou tentar estar resolvendo o problema.

O que deve ser condenado é o uso indiscriminado e abusivo dessas locuções (o chamado "gerundismo"). É importante notar, no entanto, que essas estruturas fazem parte de textos bem elaborados, como ocorre na notícia a seguir:

A McLaren **pode estar trabalhando** em uma nova versão do MP4-12C, que promete ser mais potente e mais leve que o modelo convencional, para competir com a nova 458 Speciale, da Ferrari. O novo modelo deverá chegar ao mercado no final deste ano e contará com um conjunto mecânico para ser mais rápido que o superesportivo da montadora italiana.

[...]

*Notícias Automotivas*. Disponível em: <www.noticiasautomotivas.com.br>. Acesso em: 21 jan. 2014.

# Atividades

**Texto para as questões de 1 a 9.**

**ÓVNI**

Ferreira Gullar

Sou uma coisa entre coisas
O espelho me reflete
Eu (meus
olhos)
reflito o espelho
Se me afasto um passo
o espelho me esquece:
– reflete a parede
a janela aberta
Eu guardo o espelho
o espelho não me guarda
(eu guardo o espelho
a janela a parede
rosa
eu guardo a mim mesmo
refletido nele):
sou possivelmente
uma coisa onde o tempo
deu defeito

GULLAR, Ferreira. *Toda poesia*. 9. ed.
Rio de Janeiro: José Olympio, 2000. p. 328.

Album/Oronoz/Latinstock/Museu de Arte Moderna de Nova York, EUA.

*Moça diante do espelho*, de Pablo Picasso, 1932.

1. Relacione o título com o conteúdo do poema.

2. Apesar de o poema enfatizar a "coisificação", aponte diferenças entre o "eu" e o espelho.

3. Existe um "jogo de imagens" no texto, propiciado pelo emprego de determinados verbos.
É possível passar a oração "O espelho me reflete" para a voz passiva? Em caso afirmativo, faça-o e explique o processo. Em caso negativo, justifique.

4. Faça o mesmo com o verso "Sou uma coisa entre coisas".

5. Em "O espelho me esquece" o verbo é reflexivo ou apenas pronominal? Explique.

6. Explique o que um verbo reflexivo exprime. Justifique com um exemplo tirado do texto.

7. Em determinada passagem do poema, manifesta-se um jogo de singular/plural, parte/todo.
Aponte essa passagem. Que função sintática exerce o termo em que se dá esse jogo?

8. No título do poema está subentendida uma forma nominal. Qual é ela?

9. E no corpo do poema, quais formas nominais são empregadas? Explique por que são nominais.

10. Observe ao lado uma tela de Pablo Picasso, *Moça diante do espelho*. Nos itens a seguir, marque V (verdadeiro) ou F (falso) em relação a essa pintura.

   a) O espelho reflete a mesma personagem, mas com diferenças. ( )
   b) O rosto das personagens (no espelho e fora dele) é pintado como se fosse visto de vários ângulos diferentes ao mesmo tempo. ( )
   c) Os corpos das personagens são pintados como se fossem formas geométricas. ( )
   d) O ângulo em que o espelho foi desenhado na tela, na realidade, não poderia refletir a personagem da moça, na posição em que ela está. ( )

O escritor maranhense José Ribamar Ferreira, conhecido como Ferreira Gullar (1930), é poeta, crítico de artes plásticas, dramaturgo e tradutor. Além de ser um dos maiores poetas de língua portuguesa, desenvolve um trabalho como teórico e crítico das artes visuais brasileiras. Sua produção literária é marcada por diferentes fases, desde o experimentalismo e o lirismo até a poesia de cordel.

O pintor espanhol Pablo Picasso (1881-1973) é considerado um dos mais representativos artistas do século XX e um dos expoentes do cubismo, uma das vanguardas artísticas europeias do início desse século, juntamente com Georges Braque (1882-1963).

# 4 Classificação: a regularidade

Os verbos também podem ser classificados de acordo com a regularidade. Veja o quadro a seguir:

| | | |
|---|---|---|
| Verbos | **regulares** | Conjugam-se segundo o paradigma do verbo:<br>• *amar*, para a primeira conjugação;<br>• *beber*, para a segunda;<br>• *partir*, para a terceira. |
| | **irregulares** | Não seguem os paradigmas, pois apresentam irregularidades:<br>• na desinência: primeira pessoa do presente do verbo *dar*: *dou*; compare com o regular *amar*: *amo*;<br>• no radical: o verbo *subir* em formas como *sobes*, *sobe*, *sobem* apresenta alteração em seu radical (*sub*);<br>• na desinência e no radical: o verbo *ser* é irregular na desinência: *sou* (paradigma: *bebo*), e também no radical: *fui*. |
| | **defectivos** | Não apresentam todas as flexões, isto é, são verbos cuja conjugação não é completa, por exemplo:<br>• verbos como *abolir*, *banir*, *emergir*, *ungir* não apresentam a primeira pessoa do presente do indicativo e suas formas derivadas;<br>• verbos como *falir*, *delinquir*, *empedernir* só têm conjugadas as formas arrizotônicas (aquelas em que o acento tônico não está na raiz, como em *falimos*, por exemplo). |
| | **abundantes** | Apresentam mais de uma forma para uma mesma flexão. Por exemplo: o verbo *haver* apresenta duas formas para a primeira pessoa do plural do presente do indicativo: *havemos* e *hemos*.<br>Entretanto, a abundância ocorre com frequência no particípio, pois, como já vimos, vários verbos apresentam duplo particípio (uma forma regular, outra irregular), como o verbo *omitir*, que apresenta os particípios *omitido* e *omisso*. |

OPS!

## Defectivos?

O verbo *computar*, de largo uso em nosso cotidiano, ainda é considerado defectivo por muitos dicionários e gramáticas (não seria conjugado nas três pessoas do singular do presente do indicativo por causa da cacofonia, ou seja, dos sons desagradáveis que essas três pessoas do verbo teriam). No entanto, o uso tem consagrado o verbo como regular, conjugado em todas as pessoas, tempos e modos.

### Aqui/Agora

Eu me codifico e me computo.
Descubra-me e me interprete:
comunicação informação ruído...
Eu tenho uma loucura nos meus olhos que
às vezes querem ver mais do que podem.

Apud MOREIRA, João Gomes. Entre iluministas, iluminados, ilusionistas. *Observatório da Imprensa*. Disponível em: <www.observatoriodaimprensa.com.br>. Acesso em: 25 fev. 2014.

O mesmo acontece com os verbos *explodir* e *adequar*.

**ATENÇÃO!**

Os verbos muito irregulares, que apresentam profundas alterações nos radicais, também são chamados de anômalos (anomalia = anormalidade, irregularidade).

**ATENÇÃO!**

Os verbos que indicam fenômenos da natureza são defectivos quando empregados no sentido denotativo, sendo conjuwgados apenas na terceira pessoa do singular:

**Choveu** durante todo o final de semana!

Quando empregados em sentido conotativo, não são apontados como defectivos, podendo aparecer conjugados em todas as pessoas:

Depois de formada, **choveram**-lhe propostas de trabalho.

## Atividades

Para as atividades de 1 a 6, apresentamos uma coletânea de textos pertencentes a gêneros diversos que estabelecem algumas relações entre si.

**Texto 1**

No princípio era o Verbo, e o Verbo estava junto de Deus e o Verbo era Deus. Ele estava no princípio junto de Deus.

Tudo foi feito por ele, e sem ele nada foi feito. Nele havia vida e a vida era a luz dos homens. A luz resplandece nas trevas e as trevas não a compreenderam.

E o Verbo se fez carne e habitou entre nós, e vimos sua glória, a glória que um Filho único recebe do seu Pai, cheio de graça e de verdade.

João 1,1-5; 1,14.

**Texto 2**

### gênese II

No princípio era o verbo
uma vaga voz sem dono
vagando pela via láctea
Depois veio o sujeito
e junto com ele todos
os erros de concordância.

DUVIVIER, Gregório. *Ligue os pontos:* poemas de amor e *big bang*. São Paulo: Companhia das Letras, 2013. p. 71.

**Texto 3**

No princípio era o Verbo. O verbo ser. Conjugava-se apenas no infinito. Ser, e nada mais. Intransitivo absoluto.

Isto foi no princípio. Depois, transigiu, e muito. Em vários modos, tempos e pessoas. Ah, nem queiras saber o que são as pessoas: eu, tu, ele, nós, vós, eles...

Principalmente eles!

E, ante essa dispersão lamentável, essa verdadeira explosão do SER em seres, até hoje os anjos ingenuamente se interrogam por que motivo as referidas pessoas chamam a isso de CRIAÇÃO...

QUINTANA, Mário. *Caderno H*. 4. ed. Porto Alegre: Globo, 1983. p. 5.

**Texto 4**

### A criação do mundo

(Revista e diminuída)

e no princípio era o verbo
depois o advérbio e o composto
veio então a raiz quadrada
povoar de teoremas as águas do cérebro
com toda ciência — e muita, mas
muita paciência — criou
toda matéria que há
separando a geografia o mar da terra
lá pela hora do recreio
veio a arte e a história
dar seus palpites
e foi depois da sétima aula
que o Professor descansou
não sem antes passar dois
mil anos de lição de casa
para que todos aprendessem
um pouco de tudo que há no mundo
e não levassem bomba no fim do ano.

TAVARES, Ulisses. *Viva a poesia viva*. São Paulo: Saraiva, 2007. p. 48.

1. Sobre o texto 1, explique a passagem "[...] o Verbo se fez carne[...]".
2. Sobre o texto 2, explique a ambiguidade da palavra *sujeito*. Como isso se relaciona com a expectativa criada no primeiro verso?
3. Como Mário Quintana explora a palavra *ser*? Qual é a relação desse termo com a ideia de criação?
4. No texto 4, a partir de que momento abre-se uma segunda possibilidade de leitura do poema?
5. Comente a informação que está entre parênteses no texto 4.
6. A intertextualidade está presente nos quatro textos. O que os aproxima e o que os diferencia?

A GRAMÁTICA DA FRASE

# 1 O verbo, o centro da oração

Concordância verbal e concordância nominal

Na língua portuguesa, a oração se organiza em torno do verbo (existe oração sem sujeito, mas não existe oração sem verbo). No livro *Morfossintaxe*, Flávia de Barros Carone assim reproduz a posição de alguns linguistas sobre o verbo:

> A palavra que “amarra” outra(s) a si, como subordinada(s), forma, com ela(s), um “nó”; e o verbo, ao qual todas se prendem, imediata ou mediatamente, constitui o “nó dos nós”. É o centro da oração, como o Sol é o centro do Sistema Solar...

CARONE, Flávia de Barros. *Morfossintaxe*. São Paulo: Ática, 1986. p. 61.

Como a oração se constitui a partir do verbo, a regra prática, para identificar o número de orações em um período composto, nos ensina a contar os verbos ou locuções verbais; a cada verbo ou locução corresponderá uma oração.

O professor Mattoso Câmara Jr. afirma:

> A análise de uma oração põe em evidência o verbo. É ele a rigor o núcleo dessa pequena unidade linguística. Em volta dele, temos em regra geral um sujeito com que ele concorda em pessoa e número, e certos complementos com ideias elementares, que se combinam à do verbo para formar outra mais complexa.
>
> A boa formulação da oração depende da eficiência com que sentimos quase instintivamente estes seus três elementos verbais. É uma capacidade que se torna particularmente importante numa língua como a portuguesa, em que não há para eles uma ordem preestabelecida e fixa.

CÂMARA JR., J. Mattoso. *Manual de expressão oral & escrita*. 7. ed. Petrópolis: Vozes, 1983.

Esquematicamente, teríamos:

CONCORDÂNCIA

| **sujeito** | número (singular/plural)<br>pessoa (1ª, 2ª, 3ª) | **verbo** |
|---|---|---|
| A lua | | nasceu. |
| Ela | | nasceu. |
| As meninas | | nasceram. |
| Nós | | nascemos. |
| Eu | | nasci. |

Ao verbo podem-se acrescentar circunstâncias que o modifiquem ou o intensifiquem: os **adjuntos adverbiais**.

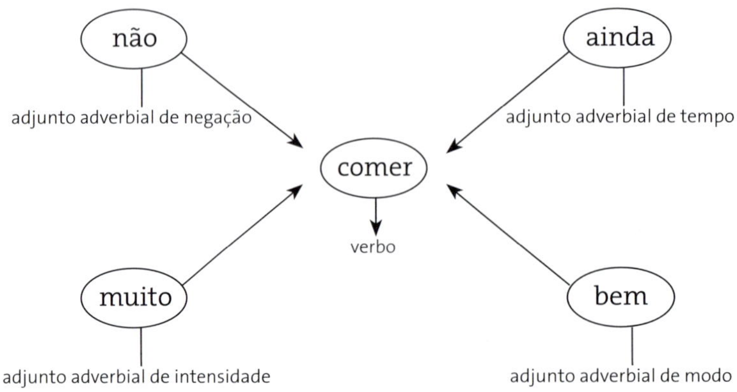

Os **objetos** (direto e indireto), na voz ativa, e o **agente da passiva**, na voz passiva, complementam o sentido do verbo:

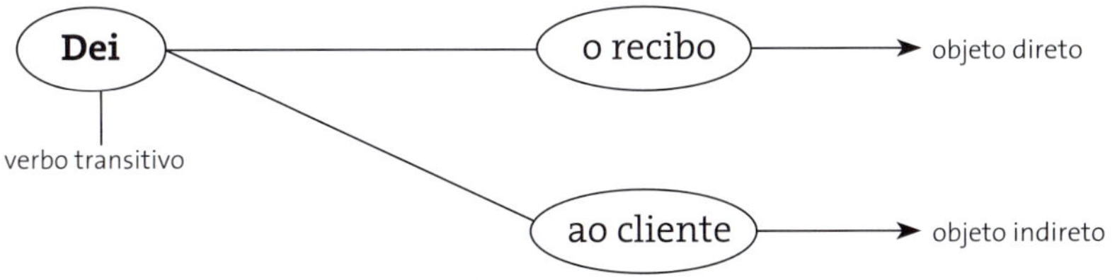


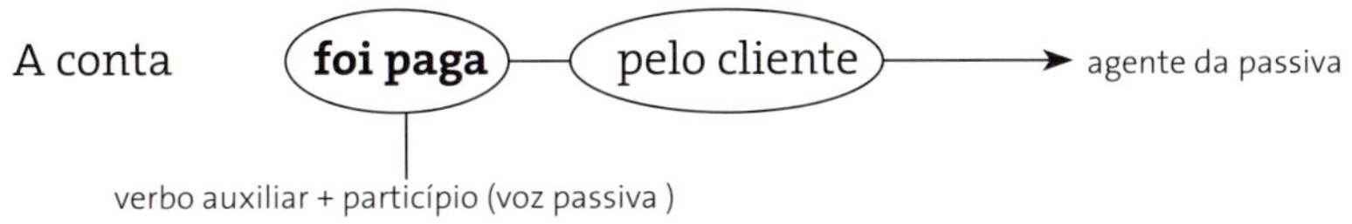


## 2 Classificação: a transitividade

Outra forma de distinguir os verbos é considerar sua transitividade ou intransitividade. Observe:

| **Verbos** | |
|---|---|
| **transitivos** | **intransitivos** |
| A significação do verbo não está integralmente contida nele, isto é, o verbo necessita de outros elementos que completem seu sentido. Segundo o tipo de complemento que exige, o verbo pode ser:<br>• Transitivo direto: exige complemento que se liga a ele, geralmente, sem preposição.<br>**Pagaram** a conta.<br>• Transitivo indireto: exige complemento que se liga a ele, geralmente, com preposição.<br>**Precisamos** do recibo.<br>• Transitivo direto e indireto: exige complementos que se ligam a ele, geralmente, sem preposição (OD) e com preposição (OI).<br>**Dei** o recibo ao cliente. | A significação do verbo está integralmente contida nele, isto é, o verbo não necessita de outros elementos para completar seu sentido:<br>Os preços **subiram**.<br>A demanda **caiu**. |

## 3 Os verbos e os tipos de predicado

Os verbos que indicam o estado do sujeito da oração são chamados **verbos de ligação** e vêm sempre acompanhados de um **predicativo**. Essa estrutura caracteriza o **predicado nominal**. Nesses casos, o nome (predicativo) é o núcleo do predicado.

Os verbos que não são de ligação formam o núcleo do **predicado verbal** ou um dos núcleos do **predicado verbo-nominal**. Nesse último caso, além do verbo aparece também um predicativo como núcleo.

## Atividades

O texto a seguir vem marcado pelo ritmo da Timbalada. Observe qual classe de palavra aparece nele reiteradamente para reforçar esse ritmo.

### Beija-flor

Xexéu e Zé Raimundo

Eu fui embora, meu amor chorou
Eu fui embora, meu amor chorou
Eu fui embora, meu amor chorou
Eu fui embora, meu amor chorou
Vou voltar
Eu vou nas asas de um passarinho
Eu vou nos beijos de um beija-flor
Eu vou nas asas de um passarinho
Eu vou nos beijos de um beija-flor
No tic tic tac do meu coração, renascerá
No tic tic tac do meu coração, renascerá
Timbalada é semente de um novo dia
Nordeste sofrimento povo lutador
Entre mares e montanhas com você eu vou

Yo quiero te namorar, amor
Te namorar, amor
Te namorar, amor
Te namorar, amor
Teu lábio é tão doce, doce feito mel
Toda azul sua beleza feita cor do céu
Quero me aquecer sentir o seu calor
Rolar pra lá na cama, te chamar de amor
Fazer mil poesias pra te conquistar
Deixá-la simplesmente coberta de flor
Quero me aquecer sentir o seu sabor
Amor, é só me chamar que eu vou
Só me chamar,
Me chama que eu vou
Só me chamar que eu vou
Só me chamar
Me chama que eu vou
Estou sentindo a falta de você
Sonhando com seus beijos espero amanhecer
Tu levas as palavras soltas pelo ar
Yo quiero te namorar, amor
Te namorar, amor
Te namorar, amor
Te namorar, amor

In: LIMA, Marina. *Abrigo* (CD). EMI/Odeon, 1995.

Birdiegal/Shutterstock/Glow Images

1. Na passagem da primeira para a segunda estrofe ocorre uma mudança no texto. Explique-a, tendo em vista o interlocutor do eu poético.
2. Você deve ter percebido a forte presença de verbos na letra da canção, principalmente a forma infinitiva. O que teria motivado a opção por essa forma?
3. Em "Deixá-la simplesmente **coberta** de flor", a palavra destacada é, originariamente, uma forma verbal nominal. Que forma nominal é? Ela desempenha a função típica de que classe de palavra?
4. Aponte dois gerúndios presentes no texto. Que tipo de ação exprime o gerúndio com relação ao tempo?
5. Observe:

   "Eu fui embora" – **fui**: primeira pessoa do singular do pretérito perfeito do indicativo.

   "Eu vou nas asas de um passarinho" – **vou**: primeira pessoa do singular do presente do indicativo.

   Com base nas formas verbais destacadas, como você classifica o verbo *ir*?
6. No texto, há um verbo tipicamente impessoal (embora possa ser empregado como pessoal em linguagem figurada). Aponte-o.
7. Explique o emprego da segunda e da terceira pessoas na interlocução com a mulher amada.
8. Transcreva um verso em que há emprego de uma onomatopeia.
9. A canção é marcadamente lírico-amorosa. No entanto, há uma passagem que resvala no social. Transcreva-a.

# O emprego expressivo de tempos e modos

Os tempos e modos verbais indicam acontecimentos específicos de acordo com suas características, mas só fecham seu significado num determinado contexto. Dessa maneira, o presente pode indicar passado; o futuro, imperativo; o presente, futuro... Esses empregos provocam matizes de significado, tornando os enunciados mais ricos e expressivos. Vamos ver alguns deles.

## As formas alternativas para expressar o futuro

Leia um trecho da matéria da revista *IstoÉ* sobre a perda de intimidade entre casais.

### Tão perto, tão longe

Sara Duarte e Valéria Propato

Ulhôa Cintra/Arquivo da editora

[...] Entre uma garfada e outra, Jay lê o jornal. Susan, que sempre detestou vê-lo distraído durante as refeições, nem nota a provocação. Liga a tevê e põe os óculos para assistir à novela. Jay se surpreende com a mulher tão impassível. Justamente hoje, quando ele se preparava para iniciar uma briga e anunciar que está indo embora de casa! "Talvez seja melhor eu deixar um bilhete informando: 'Cara Susan, não vou voltar. Quem sabe telefono amanhã à tarde. Ou faço uma visita num fim de semana'", elocubra.

A cena foi extraída do romance *Intimidade*, do escritor inglês de origem paquistanesa Hanif Kureishi, e está sendo transformada em filme pelo diretor francês Patrice Chereáu (*Rainha Margot*). Apesar de ter sido fermentada pela imaginação do escritor, a história é reveladora e muito comum nos relacionamentos modernos. [...]

Revista *IstoÉ*. Disponível em: <www.terra.com.br>. Acesso em: 25 abr. 2014.

No texto, observam-se diferentes formas que indicam noções equivalentes ao futuro do presente:

- a locução "*ir* no presente do indicativo + infinitivo":

  "Cara Susan, não **vou voltar**."

  (vou voltar → voltarei)

- o presente do indicativo (geralmente acompanhado de um advérbio de tempo que indique futuro imediato):

  "Quem sabe **telefono amanhã à tarde**. Ou **faço** uma visita **num fim de semana**."

  (telefono → telefonarei; faço → farei)

# As formas alternativas para expressar o imperativo

Nem sempre o imperativo é expresso por meio de linguagem verbal. Algumas vezes, é preciso que a comunicação seja mais imediata, compreendida à distância, por meio de imagens apenas. É o que acontece em diversas placas de sinalização de trânsito. Observe como as imagens em si já trazem a ideia principal da orientação no trânsito (na legenda, indicamos o sentido, no imperativo).

Banco de imagens/Arquivo da editora

Siga em frente.

Banco de imagens/Arquivo da editora

Vire à direita.

Além do imperativo afirmativo e negativo, a língua nos proporciona outras formas para expressar uma noção injuntiva, de obrigatoriedade:

- o **infinitivo** (geralmente expressando uma ordem não personalizada, isto é, direcionada a um interlocutor qualquer):

  **Virar** à esquerda.
  vire/virem

- o **gerúndio**:

  **Estacionando** no local certo!
  estacione/estacionem

- o presente do indicativo:

  **Senta** aqui.
  sente

  O emprego do presente do indicativo no lugar do imperativo, geralmente na terceira pessoa do singular, suaviza o tom de ordem, dando lugar a um tom de pedido.

- **o futuro do presente do indicativo**, suavizando ou reforçando o caráter imperativo, segundo o contexto:

  Você **voltará** imediatamente.
  volte

- a locução **querer no presente do indicativo + infinitivo**:

  **Quer sair** da sala?
  saia

- Essa locução pode também aparecer com a forma de cortesia "por favor":

  **Quer fazer** o favor de **sair** da sala?
  saia

- a locução **ter no presente do indicativo + que + infinitivo**, indicando obrigação:

  **Tem que sair** imediatamente.
  saia

- o **futuro do pretérito em locuções**, indicando uma cortesia irônica:

  **Daria** para **fazer** silêncio?!
  faça/façam

# A expressão da incerteza com os futuros

## As combinações do futuro

Por que os pneus são sempre pretos? Será que não seria possível ter uns pneus coloridos, combinando com a cor da lataria?

Tao Debin/Xinhua/Agência France-Presse

Disponível em: <www.flagpetroleo.com.br>. Acesso em: 2 maio 2014.

O futuro do presente indica um fato certo ou, pelo menos, provável num momento posterior ao da fala; no entanto, quando a sua referência é o presente, expressa incerteza, suposição, dúvida:

**Será** possível ter uns pneus coloridos, combinando com a cor da lataria?

expressa uma dúvida, fazendo referência ao tempo presente

O futuro do pretérito, que indica um fato futuro em relação a outro fato passado, quando sua referência é o passado, pode indicar algo duvidoso, incerto:

Anos atrás **seria** possível ter pneus coloridos, combinando com a cor da lataria?

expressa uma dúvida, fazendo referência ao tempo passado

Quando sua referência é o presente, pode expressar um fato futuro duvidoso, incerto:

**Seria** possível ter uns pneus coloridos, combinando com a cor da lataria?

expressa uma dúvida, fazendo referência ao tempo futuro

Já a combinação deles, muito comum no dia a dia, é a incerteza enfatizada sobre um fato presente ou que está por vir, geralmente acompanhada do advérbio de negação *não*:

**Será** que **não seria** possível ter uns pneus coloridos, combinando com a cor da lataria?

enfatiza a ideia de incerteza

# A vivacidade do presente narrativo

Observe, no texto a seguir, sobre o sociólogo Gilberto Freire (1900-1987), a combinação de tempos verbais ao informar o leitor sobre a vida e a formação desse grande pensador brasileiro. Leia os comentários à direita para perceber melhor o uso que se faz dos tempos verbais nessa produção textual.

## O pensador do Brasil

Por Luís Augusto Fischer

[...]

### Formação esquisita

[...]

Recife é a terra de Gilberto Freyre. Uma cidade com farta história, sede de uma capitania hereditária, burgo desenvolvido no período de dominação holandesa no Nordeste brasileiro, grande centro intelectual no século 19, em cuja universidade iam estudar os filhos da elite de várias partes do país.

O menino Gilberto, para superar dificuldades de aprendizado, foi colocado sob a orientação de um professor de inglês, com quem aprendeu o idioma. Mais tarde, quando já fazia seus estudos universitários nos Estados Unidos, outro professor sugeriu que ele se dedicasse à literatura – em inglês.

Nestes parágrafos iniciais, note o emprego dos verbos. No primeiro parágrafo, ao apresentar a cidade onde Gilberto Freire, o homenageado pela matéria, se criou, o jornalista opta pelo presente (*é*) e pelo pretérito imperfeito (*iam*). No segundo parágrafo, ao apresentar o contexto de criação do pensador, trabalha sobretudo com o pretérito perfeito.

Seu pai era juiz e professor (latim, português e francês, língua que ensinou ao filho) e sua mãe era uma típica senhora da elite local, dotada de ótima formação escolar. A família não tinha mais o dinheiro das gerações anteriores, mas **dispunha** de vasta e poderosa parentela. No engenho de um parente é que Gilberto, aos 9 anos, **terá** a sua "temporada de menino de engenho", vivendo diretamente a experiência ancestral de contato com a produção de açúcar, com as relações sociais que misturavam brancos e negros, com aquilo que ele **chamará**, anos mais tarde, de "amolecimento" dos aspectos hostis da vida brasileira.

**Estuda** de 1908 a 1917 no Colégio Americano no Recife, de missionários batistas americanos (onde o pai lecionava). [...] E é numa instituição batista, a Universidade Baylor, no estado americano do Texas, que ele **vai** se graduar em letras e ciências humanas, em 1920. [...] **Segue** para Nova York, para a Universidade Columbia, onde em 1922 **obterá** o título de mestre em ciências políticas, jurídicas e sociais, com tese intitulada Vida Social no Brasil de Meados do Século 19.

Nestes parágrafos, observe como a história de Gilberto Freire vai se tornando mais vívida, parece que acompanhamos de perto os fatos. Isso ocorre porque o produtor do texto mudou o tempo verbal predominante: de pretérito perfeito, passou para o presente narrativo, proporcionando mais vida ao que conta. Note ainda que o tempo verbal usado para indicar o que acontece no futuro desse presente narrativo é o futuro do presente, procedimento que mantém a correlação temporal.

Um de seus professores foi o antropólogo Franz Boas (1858-1942), e com ele aprendeu a discernir raça (conceito-chave para a geração anterior e origem de teses racistas) e cultura ("uma construção humana que pode ser modificada pela ação"). Estava aberto o caminho para reavaliar a cultura brasileira e, nela, o papel até então menor do mestiço.

[...]

Neste fragmento, note que o autor do texto volta a empregar o pretérito perfeito, acompanhado do imperfeito, ao relatar fatos da formação de Gilberto Freire que estão na base de seus textos e de seu modo de pensar.

Arquivo do jornal *O Estado de S. Paulo*/Agência Estado

O escritor Gilberto Freyre.

Tomando 1922 como um marco, enquanto em São Paulo o modernismo **dá** seus gritos e Pixinguinha **traz** o choro de volta ao berço brasileiro, Gilberto Freyre recebe o título de mestre e viaja para a Europa. Visita França, Bélgica, Inglaterra, Alemanha, Espanha e Portugal e **conhece** muita gente de futuro, como os pintores Vicente do Rego Monteiro e Tarsila do Amaral.

[...]

*História Viva*. Disponível em: <http://historianovest.blogspot.com>. Acesso em: 10 fev. 2014.

Observe este trecho em que o produtor do texto descreve ações da época: construído no presente do indicativo, dá ao leitor a impressão de estar na São Paulo de 1922.

## As formas verbais da cortesia

Compare os seguintes enunciados:

(I) Você **poderia fechar** a porta?

(II) Você **pode fechar** a porta.

(III) **Feche** a porta.

Essencialmente pede-se a mesma coisa nas três opções, porém de maneiras distintas.

Um pedido, uma ordem, ou mesmo um fato podem ser suavizados em favor da polidez e da delicadeza com o emprego de alguns tempos verbais:

- **imperfeito do indicativo**, geralmente em afirmações ou pedidos:

  Eu **queria** um copo de água, por favor.

- **futuro do presente**, geralmente indicando o presente com verbos de elocução:

  À sua pergunta eu **responderei** um não.

- **futuro do pretérito**, geralmente para expressar desejo ou interrogações:

  Nós **gostaríamos** de saber o horário de funcionamento deste restaurante.

Filipe Rocha/Arquivo da editora

## Verbo suporte

Pelas diferentes combinações possíveis na nossa língua, alguns verbos podem ser empregados como suporte sem conteúdo semântico, transferindo toda carga significativa ao seu complemento:

**Dei** uma **olhada** nas vitrines da galeria comercial.

*olhei* (as vitrines da galeria comercial)

Nós não **temos conhecimento** do assunto.

*conhecemos* (o assunto)

Eles **fizeram** uma **distinção** entre titulados e não titulados.

*distinguiram* (titulados e não titulados)

Esse emprego permite criar novos efeitos por meio da modificação nominal e do emprego de afixos. Veja o seguinte enunciado:

É verdade: a atriz disse que gostava do filme, mas **deu** uma **risadinha** depois de pronunciar o título.

- o emprego do verbo suporte *dar* seguido de complemento sugere um tom informal (pois se está fazendo um comentário à maneira de fofoca)
- o substantivo *risada* vem acrescido do sufixo diminutivo *-inha*, que, entre outras coisas, pode revelar ironia, menosprezo, acanhamento
- se, em vez de "deu uma risadinha", fosse usada a forma verbal *riu*, mesmo com advérbios que a modificassem e intensificassem (riu ironicamente, riu de modo acanhado, etc.), não seriam possíveis as entrelinhas sutis de significação: "Aqui ela não *riu*." (indica que não efetuou a ação de rir)

# Verbos modais

Leia a seguir o fragmento de um edital com as normas para inscrição em concurso público. Observe sobretudo as formas verbais destacadas e os efeitos de sentido que provocam no texto.

O concurso para escolha do logotipo do PPG-Agroecologia será regido pelo seguinte regulamento:

1. Poderão participar do concurso alunos, professores e pesquisadores do PPG-Agroecologia/UEMA e da comunidade acadêmica da UEMA e de outras IES do Estado do Maranhão.
2. O logotipo deverá representar a ideia e a natureza da agroecologia, atendendo às seguintes características:
   a) ser simples no seu *design* (*layout*);
   b) ser claro na ideia que pretende reproduzir.
3. Em local apropriado dentro do logotipo ou no seu entorno, deverá constar a inscrição "agroecologia".

Disponível em: <www.uema.br>. Acesso em: 2 maio 2014.

Os verbos modais funcionam sintaticamente como verbos auxiliares, isto é, formam locuções unindo-se a verbos principais. Mas sua característica principal é o conteúdo valorativo que modifica o processo verbal:

**Poderão** (verbo modal) **participar** (verbo principal) do concurso alunos do PPG-Agroecologia/UEMA.

- o verbo **poder** acrescenta um valor de possibilidade ao processo verbal indicado pelo verbo **participar**; existe a possibilidade de participação dos alunos do PPG--Agrotecnologia/UEMA:

O logotipo **deverá** (verbo modal) **representar** (verbo principal) a ideia e a natureza da agroecologia [...]

- o verbo **dever** acrescenta um valor de obrigatoriedade ao processo verbal indicado pelo verbo **representar**: é obrigatório que o logotipo represente a ideia e a natureza da agroecologia.

Veja alguns verbos auxiliares e os valores modais que exprimem:

| Valor modal | Verbos | Exemplos |
|---|---|---|
| necessidade | ter (de ou que); dever | **Tenho que ir** ao banco hoje. |
| capacidade ou possibilidade | poder; dever | Ela não **pôde estar** na reunião. |
| probabilidade | poder | O evento **pode ser** em maio. |
| obrigatoriedade | ter (de ou que); dever | Os candidatos **têm que apresentar** currículo. |
| permissão | poder | Os convidados **podem entrar**. |
| desejo | querer | Eles **querem ir** amanhã. |

## Atividades

1. Justifique o emprego do tempo verbal usado nestas manchetes:
   a) "Problema fundiário preocupa município de Pedra Preta" (*A Tribuna: Mato Grosso*, 27 fev. 2014)
   b) "Apagão atinge aeroporto de Guarulhos e afeta pousos e decolagens" (*Folha de S.Paulo*, 27 fev. 2014)
   c) "Morre aos 66 anos o violonista Paco de Lucía" (*Jornal do Brasil*, 27 fev. 2014)
   d) "Receita Federal libera programa para declaração de Imposto de Renda (IR)" (*Diário de Pernambuco*, 27 fev. 2014)

2. Os tempos verbais destacados estão empregados no lugar de outros. Indique que outros tempos estão substituindo.
   a) Eu, no seu lugar, não **fazia** isso.
   b) **Poderia** me **dar** uma informação?
   c) Foi por pouco! Se não me **apresso**, **perco** o voo.

# O emprego do infinitivo

A seu ver, a excelência em gestão é um dos pilares da competitividade, pois "temos de ser muito bons para sermos competitivos".

Disponível em: <www.anj.org.br>. Acesso em: 5 fev. 2014.

Estudamos que o infinitivo exprime a ação verbal propriamente dita, o processo verbal em si, com valor semelhante ao do substantivo – daí ser uma forma nominal. Distancia-se das formas verbais por não exprimir nem o tempo nem o modo.

As formas nominais (além do infinitivo, o gerúndio e o particípio), via de regra, não fazem referência às pessoas do discurso. Na língua portuguesa, o infinitivo, no entanto, apresenta uma particularidade: por clareza, elegância ou ênfase permite atribuir o processo verbal às pessoas do discurso – ocorrendo, assim, o **infinitivo pessoal**.

A respeito do infinitivo pessoal, o professor Rocha Lima comenta:

[Na língua portuguesa], desde os mais antigos tempos, pode o infinitivo referir-se a determinado sujeito, graças às desinências de número e pessoa: *amar eu*, *amares tu*, *amar ele*, *amarmos nós*, *amardes vós*, *amarem eles*. É um idiotismo nosso, de alto valor estilístico, e cuja sistematização tem dado margem às maiores controvérsias.

ROCHA LIMA. *Gramática normativa da língua portuguesa*. Rio de Janeiro: José Olympio, 2001. p. 411.

Destacamos o fato de o uso do infinitivo pessoal ser "[...] de alto valor estilístico". Esse é o nó da questão. Entretanto, essa não é a opinião geral, pois não há propriamente regras, e sim, como afirma o professor Celso Cunha, "tendências que se observam no emprego de uma e de outra forma do infinitivo", para logo concluir: "Trata-se, pois, de emprego seletivo, mais do terreno da estilística do que, propriamente, da gramática" (em *Nova gramática do português contemporâneo*, editora Nova Fronteira).

Todos falam de valor estilístico, de emprego seletivo. De fato, a principal distinção entre o emprego de um e outro infinitivo está na valorização do sujeito ou da ação: o infinitivo impessoal realça, enfatiza a ação verbal; o infinitivo pessoal realça, enfatiza, valoriza, explicita o sujeito da ação.

Vamos retomar uma passagem do texto que abre este item, com uma variação:

[...] temos de ser muito bons para **sermos** competitivos.

verbo no infinitivo flexionado

Temos de ser muito bons para **ser** competitivos.

verbo no infinitivo não flexionado

O falante poderia ter optado pelo infinitivo impessoal para valorizar a noção do verbo e seu papel de ligar um atributo (*competitivos*) ao sujeito (*nós*); no entanto, ele optou pela forma flexionada para reforçar o sujeito (já expresso na forma verbal anterior – *temos*). Poderíamos dizer que se trata de uma construção redundante, mas, considerando que o texto é de uma entidade classista (ANJ, Associação Nacional de Jornais), é compreensível o realce dado ao sujeito (ser competitivo torna-se uma obrigatoriedade para essas pessoas).

Observe, a seguir, alguns empregos consagrados do infinitivo.

## Emprego do infinitivo não flexionado

O infinitivo costuma ser empregado não flexionado quando:

- tem valor de substantivo:

[...]
E no entanto é preciso **cantar**
Mais que nunca é preciso **cantar**
É preciso **cantar** e **alegrar** a cidade
[...]

MORAES, Vinicius de; LIRA, Carlos. Marcha de quarta-feira de cinzas. Disponível em: <www.viniciusdemoraes.com.br>. Acesso em: 26 fev. 2014.

Filipe Rocha/Arquivo da editora

- faz parte de uma locução verbal; nesse caso, o verbo auxiliar apresenta as flexões de pessoa, número, tempo e modo:

Eu me **pus a sonhar** o poema da hora.

MORAES, Vinicius de. Vida e poesia. Disponível em: <www.viniciusdemoraes.com.br>. Acesso em: 26 fev. 2014.

**Havemos de amanhecer**. [...]

ANDRADE, Carlos Drummond de. A noite dissolve os homens. In: TELES, Gilberto Mendonça (Org.). *Carlos Drummond de Andrade:* poesia completa. Rio de Janeiro: Aguilar, 2003. p. 83.

- tem valor de imperativo:

"**Trabalhar**!" brada na sombra
A voz imensa – de Deus

CASTRO ALVES. Adeus, meu canto. Disponível em: <http://br.groups.yahoo.com>. Acesso em: 26 fev. 2014.

- o sujeito da oração subordinada é igual ao sujeito da oração principal:

Devemos tomar cuidado (oração principal; sujeito desinencial: *nós*) para não sermos surpreendidos em casa. (oração subordinada; sujeito: *nós*)

## Emprego do infinitivo flexionado

O infinitivo costuma ser flexionado quando:

- tem sujeito claramente expresso:

  É fundamental **vocês beberem** do mel da poesia.

  É fundamental **tu beberes** do mel da poesia.

  Empresta teu caderno pra **eu estudar**?

- o sujeito da oração subordinada é diferente do sujeito da oração principal:

  Acho mais seguro (oração principal, sujeito = eu) **sairmos** de manhã cedinho. (oração subordinada, sujeito = nós)

- se quer enfatizar, pela desinência verbal, o sujeito da oração subordinada, mesmo sendo igual ao sujeito da oração principal:

  "[...] **temos de ser** muito bons (oração principal, sujeito = nós) para **sermos** competitivos." (oração subordinada, sujeito = nós)

- se quer indeterminar o sujeito; nesse caso, emprega-se a terceira pessoa do plural:

  Senti **tocarem** na minha carteira!

- tem função estilística:

  **Existirmos** – a que será que se destina?

  (VELOSO, Caetano. Cajuína.)

- Observe como o emprego do infinitivo flexionado ampliou a força expressiva do verso de Caetano Veloso. Observe que o uso do infinitivo impessoal daria ao verso um sentido mais geral, indefinido: existir = a existência. O infinitivo pessoal, flexionado na primeira pessoa do plural, implica um sentido mais pessoal e solidário: nossa existência.

# O emprego do particípio

Alguns verbos têm duplo particípio: o regular e o irregular. Isso algumas vezes leva os falantes a uma dúvida: qual empregar? Por exemplo:

Ele foi expulsado?
ou
Ele foi expulso?

Para eliminar essa dúvida, lembre-se de uma regrinha: em geral, os particípios regulares são empregados com os verbos auxiliares *ter* e *haver*. Os particípios irregulares são empregados com os verbos auxiliares *ser* e *estar*.

Observe:

O juiz **tinha** expulsado o jogador.

O juiz **havia** expulsado o jogador.

Mas:

O jogador **foi** expulso pelo juiz.

Não adianta reclamar: o jogador **está** expulso!

André Chaco/Fotoarena/Folhapress

# Atividades

**Texto para as questões de 1 a 4.**

BROWNE, Dik. *O melhor de Hagar, o horrível*. v. 5. Porto Alegre: L&PM, 2007. p. 116.

1. Reescreva a fala de Helga, eliminando as duas ocorrências do *que*. Faça um comentário sobre o tempo verbal empregado na substituição.
2. Na primeira fala de Hagar, aparece um verbo modal. Cite-o e explique que sentido ele dá à locução.
3. Identifique e classifique as formas nominais presentes na segunda fala de Hagar.
4. Suponha que Hagar fosse procurar várias pessoas para auxiliá-lo. Como ficaria o período? Reescreva-o.

**Texto para as questões 5 e 6.**

## Do espetáculo de si mesmo

Mário Quintana

Conhecer a si mesmo é inútil, parece,
Mas sempre diverte um pouco...
Coisa assim como um louco que tivesse
Consciência de que é louco.

QUINTANA, Mário. *Poesias*. Porto Alegre: Globo, 1977. p. 122.

5. No verso "Conhecer a si mesmo é inútil", foi empregado um verbo no infinitivo não flexionado. Quais são os itens que indicam corretamente o efeito de sentido produzido por essa construção?
   a) Nessa construção, o infinitivo impessoal causa a impressão de que a frase é um provérbio. ( )
   b) O eu lírico parece repetir uma frase dita por muitos. ( )
   c) Essa construção destaca o sujeito da frase. ( )

6. Observe a relação entre algumas partes do poema.
   a) De acordo com os dois primeiros versos, qual é a vantagem de conhecer a si mesmo? E a desvantagem?
   b) A primeira afirmação é modalizada por um verbo, ou seja, o eu lírico não parece estar muito convencido do que diz. Qual é esse verbo?
   c) Compare a impressão causada pelos versos com o título: este corresponde ao que se afirma nos versos? Explique.

**Texto para as questões de 7 a 13.**

## O Brasil em abril

*30 de abril – Dia Nacional da Mulher*
*Entrou para a História porque era casada*

Por Mariana Proença

Em 25 de outubro de 1927, o governador potiguar José Augusto Bezerra de Medeiros sanciona lei: no território do Rio Grande do Norte podem eleger e ser eleitos todos os cidadãos, sem diferença de sexo, desde que reúnam todas as condições estabelecidas por Lei. Em 25 de novembro, a professora Celina Guimarães Viana, em Mossoró, preenche as exigências e torna-se a primeira eleitora da América Latina.

Nascida em 15 de novembro de 1890, em Natal, estudou na Escola Normal, onde conheceu Elyseu de Oliveira Viana, com quem casou em 1911. Transferida para Mossoró, leciona para crianças e jovens e recebe reconhecimento no Livro de Honra da Instrução Pública, pelos bons serviços prestados.

Mas Celina não foi a primeira. Um dia antes, a professora Júlia Alves Barbosa tinha igualmente pedido título de eleitora. Por ser solteira, demorou a ser atendida. Beatriz Leite Morais e Elisa da Rocha Gurgel também receberam direito de votar. Os primeiros votos, na eleição de 5 de abril de 1928, escolheram o novo senador do Estado do Rio Grande do Norte.

A pioneira Celina Guimarães Viana morreu em Belo Horizonte, em 11 de julho de 1972. Sua façanha produziu movimento nacional que levou mulheres de diversas cidades do Rio Grande do Norte e de outros nove Estados a fazer o mesmo.

*Brasil. Almanaque de Cultura Popular.* Disponível em: <www.almanaquebrasil.com.br>. Acesso em: 11 fev. 2014.

Reprodução/Museu Histórico Lauro da Escóssia, Mossoró, RN.

A professora Celina Guimarães Viana, à esquerda, votando, em 1927.

7. O artigo em estudo trata de uma curiosidade baseada em fatos históricos relacionados ao Dia Nacional da Mulher. Observe o uso dos tempos verbais nesse relato.
   a) No primeiro parágrafo, o produtor do texto empregou o tempo presente em todos os verbos. Levando em conta o que se afirma nesse parágrafo, por que se usou esse tempo verbal?
   b) Nos demais parágrafos, o predomínio é de tempos verbais no pretérito. Procure justificar esse emprego da flexão verbal levando em conta o que é relatado nessa parte do artigo.

8. Aponte no texto duas formas nominais que não constituem locuções e justifique seu emprego em cada caso.

9. Compare os períodos de cada item observando sobretudo o emprego dos tempos e modos verbais. Que efeitos de sentido — na significação, na ênfase e/ou no aspecto — eles trazem ao período em cada caso?
   a) I. "[...] no território do Rio Grande do Norte *podem eleger* e ser eleitos todos os cidadãos, sem diferença de sexo [...]"
   II. No território do Rio Grande do Norte *querem eleger* e ser eleitos todos os cidadãos, sem diferença de sexo.
   b) I. *Fotografaram* o momento da votação de Celina Guimarães Viana.
   II. *Tiraram* uma foto histórica do momento da votação de Celina Guimarães Viana.
   c) I. A professora solteira *foi discriminada*.
   II. *Discriminaram* a professora solteira.
   d) I. Por *ser* solteira, demorou a ser atendida.
   II. Solteira, demorou a *ser* atendida.
   e) I. Sua façanha *produziu* movimento nacional.
   II. Sua façanha *produzia* movimento nacional.

Leia um pouco mais sobre a história da conquista das mulheres brasileiras ao direito de votar e de receberem votos.

Em 3 de maio de 1933, na eleição para a Assembleia Nacional Constituinte, a mulher brasileira, pela primeira vez, em âmbito nacional, votou e foi votada. [...]

O exercício desses direitos foi introduzido no ano anterior, com a aprovação do Código Eleitoral de 1932, que, além dessa e de outras grandes conquistas, instituiu a Justiça Eleitoral, que passou a regulamentar as eleições no país.

[...] A aprovação do Código de 1932, no entanto, deu-se por meio do Decreto nº 21.076, durante o Governo Provisório de Getúlio Vargas. Somente dois anos depois, em 1934, [...] esses direitos políticos conferidos às mulheres foram assentados em bases constitucionais. No entanto, a nova Constituição restringiu a votação feminina às mulheres que exerciam função pública remunerada.

"Já a Constituição de 1946, finalmente, nem se preocupou em especificar os brasileiros de um e outro sexo. Tão claro estava, agora, que não se poderia afastar o sufrágio feminino, que afirmou, simplesmente: Art. 131. São eleitores os brasileiros maiores de 18 anos que se alistarem na forma da lei", diz o professor Walter Costa Porto, ex-ministro do TSE, no *Dicionário do voto*.

### Outras conquistas

Após 83 anos do registro da primeira eleitora [1929], as mulheres tornaram-se a maioria dos votantes nas eleições gerais de 2010, quando 51,82% dos 135 milhões de eleitores eram do sexo feminino.

A Lei nº 9.100/1995, que regeu as eleições de 2006, trouxe uma grande conquista feminina ao determinar que 20% no mínimo das vagas de cada partido ou coligação deveriam ser preenchidas por candidatas mulheres. A Lei nº 9.504/1997 (Lei das Eleições) determinou que no pleito geral de 1998 o percentual mínimo de cada sexo fosse de 25%. Já para as eleições posteriores, a lei fixou em 30%, no mínimo, a candidatura de cada sexo.

Em 2009, a reforma eleitoral introduzida pela Lei nº 12.034 instituiu novas disposições na Lei dos Partidos Políticos (Lei nº 9.096/1995), privilegiando a promoção e difusão da participação feminina na política. Entre elas estão a determinação de que os recursos do Fundo Partidário devem ser aplicados na criação e manutenção de programas de promoção e difusão da participação política das mulheres conforme percentual que será fixado pelo órgão nacional de direção partidária, observado o mínimo de 5% do total.

A reforma eleitoral exige ainda que a propaganda partidária gratuita deverá promover e difundir a participação política feminina, dedicando às mulheres o tempo que será fixado pelo órgão nacional de direção partidária, observado o mínimo de 10%.

### Eleitas

Hoje, há mulheres em todos os cargos eletivos, inclusive no cargo de presidente da República. Além da chefe do Poder Executivo, estão exercendo mandato: duas governadoras, 11 senadoras, 45 deputadas federais e 134 deputadas estaduais.

[...]

Disponível em: <www.tse.jus.br>. Acesso em: 30 jul. 2014.

# Vestibulares de Norte a Sul

**Texto para a questão 1.**

## Líquido que não respinga

O segredo para espalhar água num mergulho é a pressão atmosférica. Quando uma gota normalmente cai sobre uma superfície, ela se espalha em uma poça ondulada que se parte em respingos.

Buscando controlar a ação, físicos da Universidade de Chicago liberaram gotas de álcool em uma câmara de vácuo sobre uma superfície de vidro lisa e seca e gravaram os resultados com uma câmera que fotografa 47 mil quadros por segundo.

Com cerca de um sexto da pressão atmosférica normal, o respingo praticamente desapareceu; as gotas simplesmente se dissolviam sem ondulações visíveis. Os pesquisadores suspeitam que as gotas respingam porque a pressão do gás as desestabiliza. A descoberta, apresentada na reunião de março da Sociedade Americana de Física, poderia ajudar a controlar o respingo em combustíveis e impressoras a tinta.

*Scientific American Brasil*. São Paulo, n. 38, jul. 2005, p. 20.

1. CO (UFG-GO) No texto, além de localizar cronologicamente os acontecimentos, pode-se afirmar, quanto aos tempos verbais, que
   a) as formas no passado apontam para a eficácia da experiência científica.
   b) as vozes do verbo relacionam as informações sobre a experiência e o seu grau de importância.
   c) a marca de gerúndio constitui uma estratégia de polidez voltada para a autoria da pesquisa.
   d) a alternância presente/passado distingue os comentários da descrição da experiência.
   e) a ocorrência do imperfeito destaca a relevância dos procedimentos experimentais.

2. S (UFPR) Leia como o dicionário Aurélio explica o significado e o uso dos seguintes verbos.

**Atender**. *V. t. i.* 1. Dar, prestar atenção: *Não atendeu à observação que lhe fizeram*. 2. Tomar em consideração; levar em conta; ter em vista; considerar: *Não atende a súplicas*. 3. Atentar, observar, notar: *Atendia, de longe, aos acontecimentos*. *T. d.* 4. Acolher, receber com atenção ou cortesia: *Sempre atende aqueles que o procuram*. Dar ou prestar atenção a. Tomar em consideração; considerar: *Atende antes de tudo as suas conveniências*.

**Desfrutar**. *V. t. d.* 1. V. usufruir (2): *Agora desfruta benefícios prestados*; 2. Deliciar-se com; apreciar: *Sádico, desfrutou as cenas brutais do filme*. 3. Viver à custa de. 4. Zombar de; troçar, chacotear. *T. i.* 5. Fruir (3): *Desfruta de bom conceito no meio científico*.

**Precisar**. *V. t. d.* 1. Indicar com exatidão; particularizar, distinguir, especializar: *Não sabe precisar a época de sua viagem*. 2. Ter precisão ou necessidade de; necessitar: [...] *precisa espairecer*. 3. Citar ou mencionar especialmente: *A testemunha precisou o criminoso*. *T. i.* 4. Ter necessidade; carecer, necessitar: *Precisa de dinheiro*. *Int.* 5. Ser pobre, necessitado. *Trabalha porque precisa*.

**Proceder**. *V. t. i.* 1. Ter origem; originar-se, derivar(-se): *O amor não procede do hábito*. [...] 2. Provir por geração; descender: *Segundo o cristianismo, todos os homens são irmãos porque procedem de Adão e Eva*. 3. Instaurar processo: *O governo procederá contra os agiotas*. 4. Levar a efeito; executar, realizar: *As juntas apuradoras procederam à contagem dos votos*. [...]

**Revidar**. *V. t. d.* 1. Responder ou compensar (uma ofensa física ou moral) com outra maior: *O rapaz revidou os socos do agressor*. 2. Responder, replicar, contestando: *O deputado revidou o discurso que o incriminava*. *T. d. e i. e Int.* 3. Vingar uma ofensa com outra maior: *Revidou a alusão pérfida com as mais violentas injúrias*.

**Visar**. *V. t. d.* 1. Dirigir a vista fixamente para; mirar: *visar um alvo*. 2. Apontar arma de fogo contra: *Visou o ladrão, imobilizando-o*. 3. Pôr o sinal de visto em: *visar um cheque*. 4. Ter por fim ou objetivo; ter em vista: *Ao escrever esta novela, visava um fim moral*. *T. i.* 4. Ter por fim ou objetivo; ter em vista: *Estas medidas visavam ao bem público*.

Agora, considere os seguintes períodos:

1. O caçador, depois de visar ao lobo na floresta, parou para revidar ao chamado dos companheiros de caça.
2. Depois de precisar os detalhes do contrato, o vendedor pediu aos interessados que aguardassem, pois teria de atender o chamado do escritório.
3. Para revidar as investidas dos clientes, o gerente adiou o início da liquidação e procedeu a investigação do percentual de aumento de preços praticado pela loja, o que permitiu que os funcionários desfrutassem de algumas horas extras de descanso.
4. Os representantes do povo demoram a atender a demandas dos cidadãos, mas sabem desfrutar as benesses do poder.

Assumindo que as explicações sobre os verbos disponibilizadas acima constituem a única possibilidade de uso segundo a norma culta da língua portuguesa, que períodos estariam adequados a essa norma?

a) Somente o período 3.
b) Somente os períodos 2 e 4.
c) Somente os períodos 1 e 3.
d) Somente os períodos 1 e 4.
e) Somente os períodos 2, 3 e 4.

CAPÍTULO

# 13 O advérbio

Marchello74/ Dreamstime.com

Veja o cartaz a seguir, que divulga o filme *A música nunca parou*, do diretor Jim Kohlberg, produzido em 2011. Pelo que a linguagem verbal e a linguagem não verbal exprimem neste cartaz, sobre o que deve ser o filme? Discuta sobre isso com seus colegas e o professor levando em consideração as questões desta página.

Divulgação/Arquivo da editora

- *O que as imagens do cartaz revelam sobre o filme?*
- *A linguagem verbal mostra alguma relação com a linguagem não verbal? O que ela confirma? E o que informa de diferente e que parece importante para quem se interessa por filmes?*
- *Quem fez o cartaz evidenciou o fato de o filme ter sido apresentado antes em um festival de cinema que costuma valorizar filmes independentes, o Sundance. Em sua opinião, por que se destaca um fato como esse na imagem?*
- *Concentre sua atenção no título,* A música nunca parou, *levando em conta o enredo conforme segue: baseado em um estudo de caso do neurologista Oliver Sacks, o filme conta a história do engenheiro Henry Sawyer e seu filho Gabriel. Este,* hippie *nos anos 1960, sai de casa durante a adolescência depois de muito discutir com o pai. Nos anos 1980, Gabriel tem um tumor cerebral que o impede de registrar novas memórias. Pai e filho procuram superar a distância emocional entre eles por meio da música.*
  - *Por que o verbo do título é empregado no pretérito?*
  - *Esse verbo é acompanhado de outra palavra, que indica uma circunstância do processo verbal:* nunca. *Que sentido do enredo essa palavra reforça? Explique.*
  - *Essa palavra é classificada como advérbio, ou seja, indica essencialmente uma circunstância do processo a que se refere o verbo. Trata-se um termo invariável. Justifique essa afirmativa com base nestes exemplos:*

  As músicas nunca pararam. Filme bom nunca fica velho.
- *O cartaz de um filme tem como objetivo essencial atrair espectadores para assistir à obra que ele divulga. Pensando nisso, argumente: o cartaz atraiu você? Por quê? Justifique sua opinião.*

# 1 O advérbio

**Advérbio** é, basicamente, a palavra que modifica o verbo, acrescentando-lhe uma circunstância (*ad* – prefixo que indica proximidade; *advérbio*, literalmente, é a palavra que acompanha, que modifica o verbo). É uma palavra invariável, não apresentando, portanto, flexão de gênero e de número.

Observe:

Eu me **orgulhei muito** desse filme.

Os atores **trabalharam bem**.

**Faltaremos amanhã**.

Nos exemplos acima, três formas verbais indicam ações (*orgulhei*, *trabalharam*, *faltaremos*) e três palavras modificam essas ações (*muito*, *bem*, *amanhã*) por acrescentarem a elas uma circunstância: alguém pode se orgulhar muito ou pouco; os atores podem trabalhar bem ou mal; posso faltar hoje, ou amanhã, ou sempre, ou nunca. *Muito*, *bem* e *amanhã* são, portanto, advérbios e expressam, respectivamente, a intensidade do ato de orgulhar-se, o modo como os atores trabalharam, o tempo em que faltarei.

Duas ou mais palavras podem ter o mesmo valor de um advérbio – são as **locuções adverbiais**: *de modo nenhum*, *de vez em quando*, *em breve*, *à beça*, etc.

Os advérbios de intensidade apresentam uma característica particular: além do verbo, podem modificar o adjetivo ou outro advérbio. Podemos alterar um dos enunciados acima:

Os atores **trabalharam** { muito bem / bem demais / bem pra caramba / tão bem }

Os atores estavam **bem preparados**.

Outros advérbios podem modificar todo um enunciado:

**Felizmente**, o pesadelo acabou!

Isso leva a uma definição mais ampla do advérbio: **palavra que modifica o verbo, o adjetivo, o próprio advérbio ou todo um enunciado**.

# 2 Classificação dos advérbios

Os advérbios são agrupados de acordo com a circunstância que expressam, ou seja, por um critério semântico. Dessa forma, a Nomenclatura Gramatical Brasileira (NGB) reconhece sete tipos:

| Advérbio | |
|---|---|
| **de lugar** | longe, perto, aqui, ali, lá, junto, acima, abaixo, atrás, adiante, etc. |
| **de tempo** | hoje, ontem, amanhã, já, jamais, nunca, sempre, antes, breve, tarde, etc. |
| **de modo** | bem, mal, melhor, pior, assim; e a maioria dos advérbios terminados em *-mente*: suavemente, fortemente, etc. |
| **de negação** | não, tampouco, etc. |
| **de dúvida** | talvez, quiçá, acaso, possivelmente, provavelmente, etc. |
| **de intensidade** | muito, pouco, bastante, bem, mais, menos, demais, tanto, tão, etc. |
| **de afirmação** | sim, certamente, realmente, etc. |

**ATENÇÃO!**

As formas *melhor* e *pior* tanto podem ser adjetivas como adverbiais. Para distinguir uma da outra, observe se elas se referem aos adjetivos *bom* e *mau* ou aos advérbios *bem* e *mal*.

Num bimestre, ele consegue **a melhor nota**; noutro, a **pior** [nota].

Nesse exemplo, são empregados dois adjetivos: a "mais boa" nota e a "mais má"; observe que os adjetivos relacionam-se ao substantivo *nota*. Como adjetivos, admitem flexão de número: as melhores notas, as piores notas.

Entretanto, observe estes casos:

– Não, falemos já, sobe; ela pode **estar melhor**. Se **estiver pior**, desces.

Nesse exemplo, dois advérbios (que se referem a *mal* e *bem*) modificam formas verbais. Observe ainda que esses advérbios não admitem flexão:

Elas podem estar **melhor**.

Se elas estiverem **pior**, você nos avisa imediatamente.

## Advérbios interrogativos

Além dos citados anteriormente, a NGB reconhece ainda quatro advérbios empregados em frases interrogativas diretas ou indiretas:

- **de causa**: por que

**Por que** não discutir a contribuição que os filmes nacionais estão dando à cultura do país?

Não sei **por que** não se discute a contribuição que os filmes nacionais estão dando à cultura do país.

- **de lugar**: onde

**Onde** estamos?

Se alguém souber, responda **onde** estamos.

- **de modo**: como

**Como** você vai?

Eu preciso saber **como** você está.

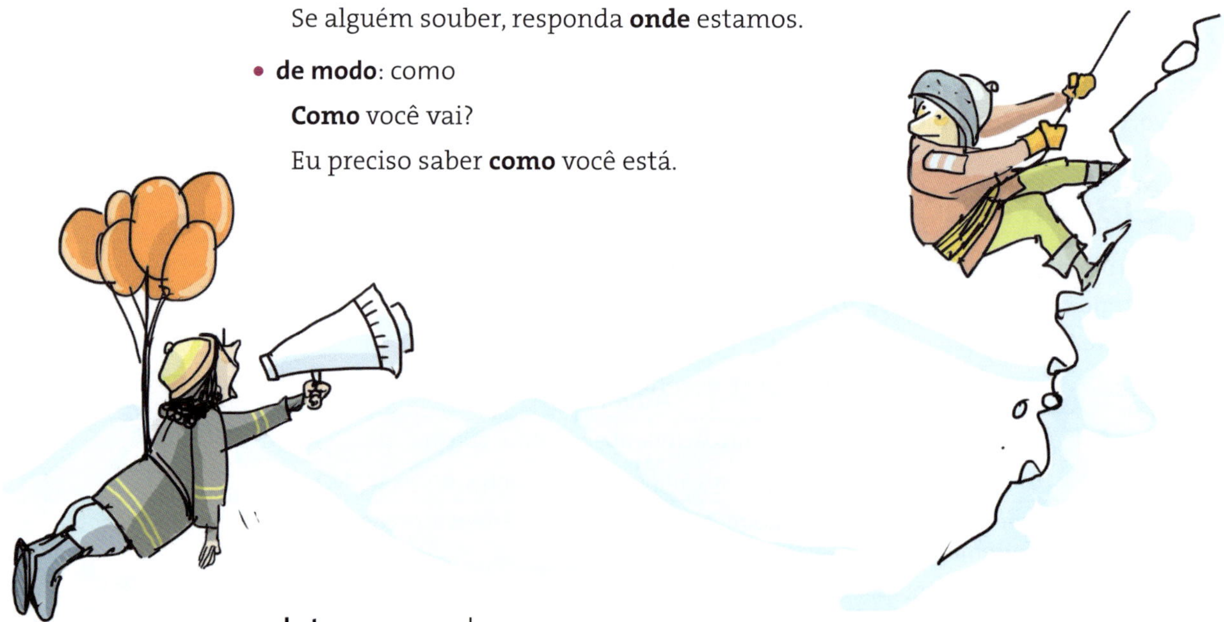

Filipe Rocha/Arquivo da editora

- **de tempo**: quando

**Quando** procurar um novo emprego?

Quero saber **quando** devo procurar um novo emprego.

OPS!

**Diminutivo que aumenta?!**

É interessante notar que, além das variações tradicionais de grau, criou-se mais uma variação para o advérbio: o diminutivo. E mais interessante ainda: o diminutivo do advérbio tem, na realidade, o valor de um superlativo sintético. Veja o seguinte exemplo:

— Moro **pertinho** da escola.

Nesse tipo de construção, o que se quer dizer é "moro *muito* perto da escola".

O advérbio no diminutivo também indica afetividade. É quando, em uma conversa mais íntima e informal, usamos, por exemplo, *nunquinha*, *bastantinho*, *tantinho*, *juntinho*, etc. É a criatividade dos falantes em busca da melhor expressão!

Filipe Rocha/Arquivo da editora

## 3 Palavras denotativas

Algumas palavras e locuções, por seu significado e função, assemelham-se a advérbios, mas não se enquadram entre eles, e a NGB não as relaciona em nenhuma das dez classes de palavras. Ao longo das últimas décadas, passaram a ser identificadas como **palavras denotativas** (como lembra o professor Celso Cunha, tal denominação é inadequada, já que "denotar" é próprio da quase totalidade das palavras). Essas palavras denotativas desempenham papel fundamental nas enunciações e nos textos, já que constituem importantes elementos coesivos e operadores argumentativos.

Dependendo do que significam, podem indicar, entre outros aspectos:

| Inclusão | Exclusão | Designação | Explicação | Retificação | Realce | Situação |
|---|---|---|---|---|---|---|
| até, inclusive, mesmo, também, etc. | apenas, salvo, senão, só, somente, exceto, etc. | eis | isto é, por exemplo, a saber, ou seja, etc. | aliás, ou melhor, ou antes, etc. | cá, lá, é que, etc. | afinal, agora, então, etc. |

**Só jornais** sérios analisam as notícias.

Acho que **até eu** faria melhor.

Jornais sérios **só analisam** as notícias.

O filme não é **só bonito**, é uma séria denúncia **também**.

Nos enunciados acima, observam-se algumas ocorrências de palavras denotativas de exclusão (*só*) e inclusão (*até*, *também*), ora modificando um substantivo (*jornais*), ora um verbo (*analisam*) – no típico papel de advérbio –, ora um pronome (*eu*), ora todo um sintagma verbal (é uma séria denúncia).

A Nomenclatura Gramatical Portuguesa (NGP) equacionou, em parte, essa questão, incluindo entre os advérbios as palavras que denotam inclusão, exclusão e designação.

A GRAMÁTICA DA FRASE

## 1 O advérbio na oração

Os advérbios e as locuções adverbiais exercem a função de **adjunto adverbial**, um termo acessório da oração, segundo a nomeclatura tradicional. Assim como os advérbios, os adjuntos adverbiais são classificados de acordo com a circunstância que exprimem. Observe os termos destacados no seguinte exemplo:

**Ontem**, **perto de meio-dia**, fui ao **centro da cidade** e **não** a encontrei. **Talvez** tenha se cansado; **com certeza**, se cansou.

*Ontem* e *perto de meio-dia* são adjuntos adverbiais de **tempo**; *ao centro da cidade* é adjunto adverbial de **lugar**; *não*, adjunto adverbial de **negação**; *talvez*, adjunto adverbial de **dúvida**; *com certeza* é adjunto adverbial de **afirmação**.

## 2 O advérbio no período composto

O adjunto adverbial pode assumir a forma de oração. Nesses casos, a oração é considerada subordinada (é um termo da oração principal, à qual se subordina) **adverbial** (tem o valor de um advérbio).

A NGB reconhece nove circunstâncias expressas pelas orações subordinadas adverbiais: causa, consequência, condição, concessão, comparação, conformidade, finalidade, proporção e tempo.

oração subordinada adverbial temporal (funciona como adjunto adverbial da oração principal "não a encontrei")
↓

**Quando cheguei**, / **Ao chegar**, } não a encontrei. Talvez tenha se cansado; com certeza, se cansou.

OPS!

### O advérbio: um complemento verbal?!

Observe as frases abaixo:

O inimigo está **perto**!

O inimigo está **nas proximidades**!

Em enunciados como esses, advérbios e locuções adverbiais são chamados **circunstanciais obrigatórios**. Contrariando o caráter genérico do termo "acessório" de sua nomeclatura tradicional, eles são indispensáveis na construção do sentido do enunciado em que são usados.

Mas quando isso acontece? A ocorrência dos circunstanciais obrigatórios está diretamente ligada à de **verbos de transitividade circunstancial**, isto é, verbos que exigem um complemento circunstancial.

No enunciado "O inimigo está perto!", por exemplo, a forma verbal *estar* vem seguida do advérbio espacial *perto*; sem este último, o verbo fica com o sentido incompleto (Onde está o inimigo?; Está aqui?; Está longe?).

Além de advérbios de lugar, pode haver advérbios de tempo e de modo na função de circunstanciais obrigatórios:

O encontro com o inimigo será **amanhã**.

Nossas tropas estão **mal**!

A GRAMÁTICA DO TEXTO

## 1 O advérbio e seu referente

Ao utilizar os advérbios ou locuções adverbiais em um enunciado, é possível dar coordenadas sobre a localização no espaço e no tempo, tendo como referência elementos do próprio texto ou elementos extratextuais, ou seja, de fora do texto. Sem a identificação dessas referências, são palavras vazias de conteúdo semântico. Por isso, fala-se do caráter dêitico dos advérbios.

Pensemos no enunciado:

Eu vou **aí**.

Nesse caso, o advérbio de lugar *aí* é um dêitico que ganha significação quando o seu referente for identificado. Se, ao pronunciar tal enunciado, o falante estiver em sua casa e dirigir-se a um amigo que está na escola, *aí* corresponde à "escola". O referente, nesse caso, é extratextual, ou seja, não está no texto; a informação está ligada à situação específica dessa conversa.

Vejamos outro exemplo:

Todos estavam **na chácara**, por isso decidimos ir **lá**.

O advérbio de lugar *lá* é um dêitico que tem como referente "na chácara", ou seja, a referência é textual.

Filipe Rocha/Arquivo da editora

O mesmo acontece com os dêiticos de localização temporal. Analisemos os seguintes enunciados:

? **Ontem** fomos ao teatro.

**Ontem**, **17 de setembro de 2009**, fomos ao teatro.

No primeiro caso, o advérbio de tempo *ontem* é um dêitico com referência extratextual: para interpretá-lo, temos de observar o contexto em que aconteceu o enunciado, já que *ontem* refere-se ao dia imediatamente anterior à enunciação. Por exemplo: se o enunciado foi dito hoje, *ontem* corresponde a "ontem"; se foi dito ontem, *ontem* corresponde a anteontem; e assim por diante.

Entretanto, no segundo caso, *ontem* é igual a 17 de setembro de 2009. A referência é textual.

Sabendo do aspecto dêitico dos advérbios de tempo, vamos matar a charada?
Veja como Millôr Fernandes brinca com a referência dos advérbios:

Amanhã amanhã será hoje. Hoje ontem, era amanhã.
Ontem não é mais nada.

Disponível em: <http://mensagensepoemas.uol.com.br>. Acesso em: 2 maio 2014.

Amanhã, amanhã será hoje. (daqui a 24 horas) (o amanhã virará hoje)
Hoje, ontem era amanhã. (há 24 horas) (o que era amanhã virou hoje)
Ontem não é mais nada. (não existe)

O tempo está sempre determinado pelo ponto de referência do hoje, ou seja, do presente em que se encontra o enunciador.

## 2 Referentes encadeados

Leia esta nota observando as expressões relativas à passagem do tempo.

Só no ano passado 350 000 brasileiros fizeram cirurgia plástica. Resumindo, em cada grupo de 100 000 habitantes, 207 foram operados. Os Estados Unidos, tradicionais líderes do *ranking*, registraram no mesmo período 185 operados por 100 000. Isso significa que o Brasil se tornou campeão mundial da categoria.

Disponível em: <http://veja.abril.com.br>. Acesso em: 2 maio 2014. Adaptado.

Entre os advérbios presentes no texto acima, estão as locuções de tempo "no ano passado" e "no mesmo período". É interessante destacar a falta de referência nos advérbios temporais, assim como nos espaciais, quando fora de contexto. A segunda locução, "no mesmo período", só pode ser entendida se desvendado o referente da locução adverbial a que remete: "no ano passado". Forma-se, assim, uma verdadeira corrente de referenciação!

## 3 A adverbialização do adjetivo

Alguns adjetivos assumem a categoria de advérbio, neutralizando as flexões de gênero e número. São empregados sempre no masculino singular e, via de regra, modificam as formas verbais, acrescentando circunstância de modo.

A direção do clube **jogou duro** e conseguiu cumprir o planejamento.

Essa sopa também **desce redondo**.

## 4 O advérbio de enunciação

Como já vimos, há advérbios que funcionam como modificadores de todo um enunciado; nessa função, percebem-se alguns casos em que eles introduzem uma apreciação ou comentário subjetivo sobre seu conteúdo total. É o falante se posicionando, ao empregar advérbios em sua força modalizadora.

**Sinceramente**, deviam ter vergonha!

**Cá entre nós**, não achei que eles fossem vir.

Ao observar esses exemplos, conclui-se que a intencionalidade do enunciador fica evidenciada: no primeiro caso, ele reforça a carga emocional do enunciado, explicitando seu caráter de sinceridade; no segundo, dá a ele um caráter intimista. Pense nesses enunciados sem as expressões adverbiais e verifique o efeito que elas causam.

## 5 O advérbio de enquadramento

Alguns advérbios e locuções adverbiais são considerados delimitadores (ou de enquadramento ou de ponto de vista), já que delimitam ou identificam o campo, a área, o setor em que o enunciado é relevante ou verdadeiro. São exemplos: geograficamente, moralmente, teoricamente, gramaticalmente, no campo da comercialização, do ponto de vista filosófico, etc.

**Do ponto de vista econômico-ambiental**, a atividade agropecuária sustentável é imprescindível para o desenvolvimento mundial.

**Musicalmente**, o CD é uma viagem por estilos diferentes.

Os advérbios de enquadramento são muito importantes, pois cumprem a função de contextualizar o enunciado.

## 6 O "então" nas sequências narrativa e argumentativa

As palavras denotativas podem assumir diversas funções no enunciado. Observe os exemplos a seguir:

O escritor era **então** um desconhecido; só anos depois se tornaria famoso.

Se a leitura é prazer, diria **então** que sou um ser dedicado ao prazer.

No primeiro enunciado, o *então* está funcionando como um marcador temporal ou sequencial, equivalente a "naquele tempo". Por sua vez, no segundo, está exercendo a função de operador argumentativo; nesse caso específico, equivale a *portanto*, ou seja, explicita uma relação de consequência entre a primeira parte do enunciado (Se a leitura é prazer) e a segunda (diria que sou um ser que se dedica ao prazer).

## Atividades

**Texto para as questões de 1 a 4.**

© Joaquín Salvador Lavado (Quino)/Acervo do cartunista

QUINO. *Toda Mafalda*. São Paulo: Martins, 2012.

1. Podemos afirmar que o humor da tira está centrado na compreensão que Mafalda faz de determinado adjunto adverbial dito pelo pai.
   a) Qual?
   b) Qual provavelmente foi a intenção dele ao empregar esse advérbio?
   c) Como Mafalda compreendeu essa localização?
2. Que locução adverbial de tempo indica qual será o sentimento futuro de Mafalda?
3. O adjunto adverbial *então* ajuda Mafalda a construir sua argumentação. Explique que relação de consequência ele introduz.
4. Observe, no último quadrinho, o emprego da expressão *muito mais*.
   a) Ela modifica que termo(s)? Qual a classe gramatical desse(s) termo(s)?
   b) Essa expressão ajuda a reforçar qual sentimento de Mafalda?

**Texto para as questões de 5 a 12.**

Você vai ler o fragmento inicial de um poema intitulado "Carta", do poeta lituano Czeslaw Milosz (1911-2004), ganhador do Prêmio Nobel de Literatura em 1980. Em um texto poético, a palavra é usada em sua totalidade. Cada uma delas tem sua força específica.

Observe o papel dos advérbios e locuções adverbiais na construção deste texto.

Divulgação/Agência Estado

Czeslaw Milosz.

## Carta

Czeslaw Milosz

Rajá, se eu soubesse
a causa dessa doença.

Por longos anos não me conformei ao
lugar em que estava.
Tinha a impressão de que deveria
estar alhures.

À cidade, às árvores, vozes humanas
faltava o que chamamos de presença.
Vivia da esperança de ir embora.

Alhures havia uma cidade verdadeiramente presente,
uma cidade de verdadeiras árvores e vozes, amizades e amores.

Associa, se quiseres, esse meu caso
no limite da esquizofrenia
ao sonho messiânico
de minha civilização.

Sofrendo na tirania, sofrendo na república,
ali queria salvar a liberdade, aqui dar cabo da podridão.
Erigindo na mente cidades eternas
donde para sempre desapareceria a desatinada azáfama.
[...]

*Berkeley, 1969.*

Filipe Rocha/Arquivo da editora

MILOSZ, Czeslaw. *Não mais*. Trad. Henryk Siewierski e Marcelo Paiva de Souza. Brasília: UnB, 2003. p. 75.

5. O poema é construído utilizando o modelo de outro gênero textual – a carta pessoal. Que característica do gênero carta se percebe nesse fragmento inicial?

6. Identifique os advérbios e as locuções adverbiais que o poeta utiliza ao longo do poema. Indique as circunstâncias que eles expressam.

7. Releia a quinta estrofe do poema:

   Associa, se quiseres, esse meu caso
   no limite da esquizofrenia
   ao sonho messiânico
   de minha civilização.

   A que termo está ligada a expressão "no limite da esquizofrenia"? Como é possível classificá-la? Explique.

8. Releia a quarta estrofe:

   Alhures havia uma cidade verdadeiramente presente, / uma cidade de verdadeiras árvores e vozes, amizades e amores.

   a) Classifique as palavras *verdadeiramente* e *verdadeiras*, analisando que tipo de relação estabelecem com outros termos do texto.
   b) Comente se há algum tipo de mudança de sentido ao se alterar a ordem das palavras do enunciado: Verdadeiramente, alhures havia uma cidade presente, / uma cidade de verdadeiras árvores e vozes, amizades e amores.

9. Na poesia, o advérbio *alhures* aparece duas vezes. De que maneira se constrói a referência desse advérbio de lugar? Que recurso o eu poético utiliza para determinar o sentido de *alhures*?

10. Releia a última estrofe e identifique a referência textual dos advérbios *ali* e *aqui*. Mudaria o sentido do verso se a ordem dos advérbios fosse alterada, usando-se primeiro *aqui* e depois *ali*?

11. O eu poético fala em "salvar a liberdade" e "dar cabo da podridão" referindo-se especificamente a quê?

12. Considerando que *azáfama* é um substantivo originário do árabe que significa "pressa", "atrapalhação", e que o adjetivo *desatinada* deriva do particípio do verbo *desatinar*, significando "o que não tem tino, juízo; desvairado, louco, doido", reescreva os dois últimos versos, substituindo a expressão "desatinada azáfama".

# Vestibulares de Norte a Sul

**Textos para as questões 1 e 2.**

*Texto 1*

Padre Anselmo olhou [1]com tristeza as mulheres ajoelhadas à sua frente. Ia começar a missa e sentia-se [2]extremamente cansado. Onde aquela piedade com que celebrava nos seus tempos [3]de jovem sacerdote, preocupado com a salvação das almas? As coisas haviam mudado. Discutiam-se os novos ritos, as novas fórmulas. [...] Sentia-se tímido, vencido, olhando para os fiéis, pronunciando palavras na língua que falava em casa, [4]na rua. A mesma língua dos bêbedos, dos vagabundos, das meretrizes. De todos. Benzeu-se [5]instintivamente:

— Em nome do Pai, do Filho, do Espírito Santo. Amém.

BEZERRA, João Clímaco. *A vinha dos esquecidos*. Fortaleza: UFC, 2005. p. 32-33.

*Texto 2*

Dissertar sobre uma literatura estrangeira supõe, entre muitas, o conhecimento de duas coisas primordiais: ideias gerais sobre literatura e compreensão fácil do idioma desse povo estrangeiro. Eu cheguei a entender perfeitamente a língua da Bruzundanga, isto é, a língua falada pela gente instruída e a escrita por muitos escritores que julguei excelentes; mas aquela em que escreviam os literatos importantes, solenes, respeitados, nunca consegui entender, porque redigem eles as suas obras, ou antes, os seus livros, em outra muito diferente da usual, outra essa que consideram como sendo a verdadeira, a lídima, justificando isso por ter feição antiga de dois séculos ou três. Quanto mais incompreensível é ela, mais admirado é o escritor que a escreve, por todos que não lhe entenderam o escrito.

BARRETO, Lima. *Os Bruzundangas*. Fortaleza: UFC, 2004. p. 7.

1. **NE** (UFC-CE) No texto 1, o advérbio ou a locução adverbial que modifica um adjetivo é:
   a) com tristeza (ref. 1)
   b) extremamente (ref. 2)
   c) de jovem sacerdote (ref. 3)
   d) na rua (ref. 4)
   e) instintivamente (ref. 5)

2. **NE** (UFC-CE) De acordo com o cronista, no texto 2, o bom escritor deve:
   a) publicar livros em grande quantidade.
   b) conhecer obras sobre assuntos variados.
   c) gozar de notoriedade nacional.
   d) escrever de forma inteligível.
   e) usar linguagem antiga.

**Texto para a questão 3.**

## O som da época

Luis Fernando Verissimo

Desconfio de que ainda nos lembraremos destes anos como a época em que vivemos com o acompanhamento dos alarmes de carro. Os alarmes de carro são a trilha sonora do nosso tempo: o som da paranoia justificada.

O alarme é o grito da nossa propriedade de que alguém está querendo tirá-la de nós. É o som [1]mais desesperado que um ser humano pode produzir – a palavra "socorro!" –, mecanizado, padronizado e a todo volume. É "socorro!" acrescentado ao vocabulário das coisas, como a buzina, a campainha, a música de elevador, o "ping" que avisa que o assado está pronto e todos os "pings" do computador. Também é um som típico porque tenta compensar a carência mais típica da época, a de segurança. Os carros pedem socorro porque a sua defesa natural – polícia por perto, boas fechaduras ou respeito de todo o mundo pelo que é dos outros – não funciona [2]mais. [3]Só lhes resta gritar.

Também é o som da época porque é o som da intimidação. Sua função principal é espantar e substituir todas as outras formas de dissuasão pelo simples terror do barulho. O som da época em que os decibéis substituíram a razão.

Como os ouvidos são, de todos os canais dos sentidos, os mais difíceis de proteger, foram os escolhidos pela insensibilidade moderna para atacar nosso cérebro e apressar nossa imbecilização. Pois são tempos literalmente do barulho.

O alarme contra roubo de carro também é próprio da época porque, [4]frequentemente, não funciona. Ou funciona quando não deve. Ouvem-se tantos alarmes a qualquer hora do dia ou da noite porque, [5]talvez influenciados pela paranoia generalizada, eles disparam sozinhos. Basta alguém se aproximar do carro com uma cara suspeita e eles começam a berrar.

[6]Decididamente, o som do nosso tempo.

VERISSIMO, Luis Fernando. O som da época. Jornal *Zero Hora*, Porto Alegre, 29 set. 2011.

3. **S** (Unisinos-RS) Assinale a única alternativa correta em relação ao emprego de advérbios no texto.
   a) O advérbio "mais" (ref. 1 e 2) expressa a mesma circunstância nas duas ocorrências no texto.
   b) Com o emprego do advérbio "Só" (ref. 3), o autor manifesta o sentido de insuficiência, isto é, o ato de gritar é considerado o mínimo que alguém pode fazer diante da violação de seu patrimônio.
   c) O advérbio de tempo "frequentemente" (ref. 4), embora seja sintaticamente acessório, desempenha um papel importante no texto, porque relativiza a afirmação de que o alarme contra roubo de carro não funciona.
   d) O advérbio "talvez" (ref. 5), por meio do qual o autor faz uma afirmação não categórica, poderia ser posicionado no final da frase em que se encontra, sem acarretar mudança de sentido.
   e) O advérbio "Decididamente" (ref. 6), que poderia ser substituído por "De fato" ou "Definitivamente", exprime um menor grau de certeza.

# A construção dos textos

CAPÍTULO

# 8 Realidade e ficção nos gêneros narrativos

*1937*, de João Câmara, s. d.

Leia a tira a seguir, com os personagens Calvin, sua mãe e Haroldo. Converse com seus colegas e o professor a respeito da tira, levando em consideração as questões propostas nesta página.

WATTERSON, Bill. Calvin e Haroldo. *O Estado de S. Paulo*. São Paulo, 7 dez. 1996, p. D2.

- *Nessa tira, com narrativa em terceira pessoa, o personagem Calvin narra, com Haroldo, o que os dois estão fazendo dentro do carro. Que efeito isso causa?*
- *Qual(is) deste(s) papel(éis) Calvin assume na tira? Marque a(s) alternativa(s) correta(s).*
  ( ) *narrador;*
  ( ) *personagem;*
  ( ) *autor.*
- *Olhando com atenção os três primeiros quadrinhos da tira, percebemos que as imagens mostram o interior de um carro com Calvin e Haroldo. Os personagens estão em destaque. No quarto quadrinho, qual é a imagem e que efeito isso cria?*
- *Qual é o clímax dessa história? Como isso quebra a expectativa criada pelo leitor a ponto de gerar o humor da tira?*

O cartunista norte-americano William B. Watterson II (1958), mais conhecido como Bill Watterson, é o criador dos personagens Calvin e Hobbes, cujas histórias em tirinhas começaram a ser publicadas em 1985. Dez anos mais tarde, Watterson publicou sua última tira de Calvin e Hobbes, decidido a voltar seu talento para a pintura.

Watterson revela como criou Calvin: "Muitas das facetas do Calvin são na verdade faces de mim mesmo. [...] Eu uso o Calvin como um modo de deixar a minha imaturidade fluir, como uma maneira de manter a minha curiosidade sobre o mundo natural, como uma maneira de ridicularizar as minhas próprias obsessões, e como uma maneira de comentar sobre a natureza humana. Eu não gostaria de ter o Calvin na minha casa, mas no papel, ele me ajuda a levar a vida e a entendê-la" (disponível em: <www.guiadosquadrinhos.com>; acesso em: 31 jul. 2014).

# 1 A narratividade

Em nosso dia a dia, deparamos com inúmeros textos narrativos: estamos o tempo todo contando algo ou ouvindo o relato de alguém; o mesmo ocorre quando abrimos um jornal, ouvimos um noticiário ou assistimos a um telejornal. São textos marcados pela temporalidade, ou seja, como seu material é o fato e a ação que envolvem personagens, a progressão temporal é essencial para seu desenrolar; a sucessão de acontecimentos leva a uma transformação, a uma mudança, que se desenvolve necessariamente em uma linha de tempo e em um determinado espaço.

Em uma manchete de jornal que afirma "Fulano foi eleito presidente", há narratividade. Havia uma situação inicial **A** (Fulano era candidato), que uma sucessão de acontecimentos (a campanha, a votação, a contagem de votos, a proclamação) levou a uma situação **B**, distinta da situação inicial (Fulano agora está eleito).

O tipo textual narrativo está presente – nos mais variados gêneros textuais – em textos baseados em acontecimentos reais, como uma notícia de jornal, a narração de um evento esportivo (lembre-se de que o profissional é chamado de "narrador"), em relatos cotidianos sobre como ocorreu um fato, uma anedota, uma biografia, etc. E também está presente em textos baseados em acontecimentos imaginários, como os contos de fadas, os romances, as lendas, um conto policial, um poema épico, uma fábula, um mito, etc.

Podemos dividir as narrativas em dois grandes grupos: as narrativas não ficcionais e as narrativas ficcionais; em outras palavras, as que narram fatos acontecidos no mundo real e as que narram fatos de um mundo imaginário.

Neste capítulo, vamos focar nossa atenção na narrativa ficcional.

## A ficção – do realismo ao fantástico

Já pensou no que é uma ficção e no que a distingue da realidade? Leia alguns comentários sobre isso. Um escrito pelo autor de ficção Guimarães Rosa, expresso por um narrador de suas histórias, e o outro formulado pelo pensador grego, Aristóteles.

> E assim se passaram pelo menos seis ou seis anos e meio, direitinho deste jeito, sem tirar nem pôr, sem mentira nenhuma, porque esta aqui é uma estória inventada, e não é um caso acontecido, não senhor.

Do narrador de "A hora e vez de Augusto Matraga", conto de Guimarães Rosa que compõe o livro *Sagarana*.

Um dos textos mais antigos sobre o conceito de arte literária é *Poética*, de Aristóteles. Nesse texto clássico – até hoje lido, relido e discutido –, o filósofo grego afirma que "arte é imitação". E justifica: "o imitar é congênito no homem (e nisso difere dos outros viventes, pois, de todos, é ele o mais imitador e, por imitação, apreende as primeiras noções), e os homens se comprazem no imitado". Ou seja, o imitar faz parte da natureza humana e os homens sentem prazer nisso.

Voltemos ao conceito de arte como imitação. Aristóteles afirma que:

> [...] não é ofício de poeta narrar o que aconteceu; é, sim, o de representar o que poderia acontecer, quer dizer: o que é possível segundo a verossimilhança e a necessidade. Com efeito, não diferem o historiador e o poeta por escreverem verso ou prosa (pois que bem poderiam ser postas em verso as obras de Heródoto, e nem por isso deixariam de ser história, se fossem em verso o que eram em prosa) – diferem, sim, em que diz um as coisas que sucederam, e outro as que poderiam suceder.

ARISTÓTELES. *Poética*. 4. ed. Lisboa: Imprensa Nacional/Casa da Moeda, 1994. p. 115.

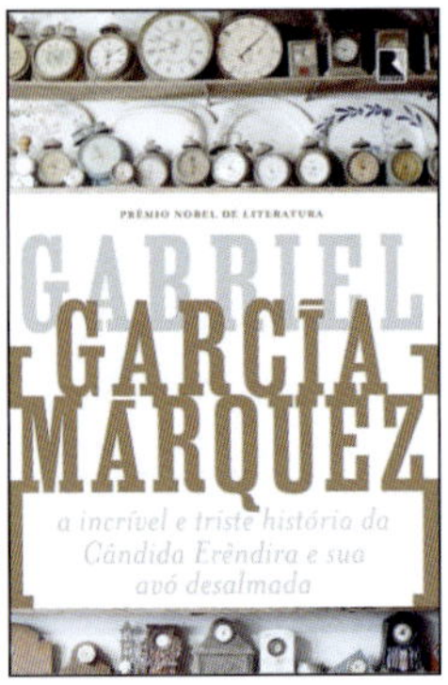




Capa de *A incrível e triste história da Cândida Erêndira e sua avó desalmada*, de Gabriel García Márquez, em tradução para o português publicada pela editora Record. Nesse conto, uma avó, muito diferente da que encontramos nos contos de fadas, obriga sua neta a se prostituir para amenizar as perdas financeiras decorrentes de um incêndio acidental.

Como você leu, o historiador (Heródoto é considerado o primeiro deles) escreve sobre o que aconteceu, sobre fatos e pessoas reais, num tempo datado e num espaço localizado. Por sua vez, o artista (podemos entender, na fala de Aristóteles, *poeta* como sinônimo de *artista*) recria a vida, mostrando-nos não como ela é, e sim como poderia ser. Daí o artista criar **obras de ficção**.

A palavra *ficção* vem do latim *fictio*, que deriva do verbo *fingere*: modelar, criar, inventar. Ao se identificar uma narrativa como ficcional, observa-se nela uma realidade criada, imaginária, não real. Dessa forma, os acontecimentos numa narrativa ficcional simulam uma situação possível, inventada ou recriada pelo autor a partir da realidade.

Na literatura, a ficção é uma das características da obra, pois ela sempre apresenta uma interpretação particular, original e subjetiva da realidade. Toda narrativa ficcional é construída a partir de elementos da realidade (universo real onde o autor está inserido), algumas vezes recheada de elementos fantasiosos, muitas outras com alguns elementos inusitados, outras, ainda, com situações e personagens retratados com muita fidelidade; portanto, o universo imaginário pode ser mais ou menos "real". Podemos dizer, então, que a ficção abrange narrativas que vão desde o universo mais fantástico até o universo mais realista.

## Verossimilhança interna e externa

A narrativa ficcional, criação da imaginação inventiva de um autor, tem de apresentar verossimilhança. A palavra *verossimilhança* deriva de *verossímil*, que vem do latim *verisimilis*: "provável", ou seja, a narrativa ficcional tem de apresentar um universo possível, passando a sensação de que ela pode existir e/ou acontecer.

Quanto à capacidade de parecer plausível, a narrativa ficcional pode apresentar:

- verossimilhança externa: pela identificação com a realidade, com aquilo que o senso comum aceita como possível, provável;
- verossimilhança interna: pela coerência interna dos fatos ficcionais dentro da própria narrativa.

Dessa forma, uma narrativa ficcional pode ser considerada inverossímil se seu universo imaginário for improvável e/ou absurdo em relação à realidade ou se seu universo imaginário não apresentar coerência lógica interna.

## Autor *versus* narrador

Assim como na poesia podemos distinguir o eu poético do poeta – aquele, a voz da enunciação criada no poema; este, o responsável pela criação e construção do poema –, reconhecemos na narrativa ficcional o narrador e o autor – aquele, a voz que relata os acontecimentos; este, o responsável pela criação e construção da narrativa.

O narrador é, portanto, uma criação do autor, com o qual pode se assemelhar em menor ou maior escala, ou mesmo não se assemelhar em nada. Como diz Salvatore D'Onofrio: "o autor pertence ao mundo da realidade histórica, o narrador a um universo imaginário: entre os dois mundos há analogias e não identidades".

O escritor (romancista, contista, novelista) é um ser real que se utiliza de um narrador (ser fictício), que, por sua vez, vai nos relatar aquilo que o escritor cria, inventa, imagina. Pensemos, por exemplo, no personagem-narrador Brás Cubas (*Memórias póstumas de Brás Cubas*, de Machado de Assis), que narra suas memórias na condição de morto, enterrado e... comido pelos vermes. Ou seja, o narrador é pura obra de ficção!

O escritor e o narrador tanto não se confundem que, muitas vezes, o primeiro pode criar narradores com caráter e pensamento completamente diferentes dos seus. Poderiam ser citados vários exemplos em que o ponto de vista do narrador é diametralmente oposto ao do escritor. Um dos casos mais emblemáticos é o romance *São Bernardo*, de Graciliano Ramos: o personagem-narrador Paulo Honório "lê" o mundo à sua volta segundo os valores de um capitalismo primitivo, exatamente o que o escritor Graciliano Ramos mais negava. Finalmente, convém lembrar que o narrador pode viver em outro espaço e em outro tempo, em tudo diferentes do tempo e do espaço do escritor.

## O ciclo narrativo

Nos textos essencialmente narrativos, predominam as frases verbais, que indicam um processo, uma ação. Ora, ao falar em processo, estamos nos referindo a uma sucessão de estados ou de mudanças. É exatamente isso que acontece num texto narrativo: uma sequência de acontecimentos (portanto, há uma progressão temporal) que levam a uma transformação, a uma mudança.

Dessa forma, a narrativa tem como ponto de partida uma situação que se desenvolve para chegar a uma situação final, diferente da inicial:

- situação inicial – o(s) personagem(ns) é(são) apresentado(s) em determinada situação temporal e espacial;
- desenvolvimento – apresenta-se um conflito, e a ação se desenvolve até chegar ao clímax e, em seguida, a um desfecho;
- situação final – passado o conflito, o(s) personagem(ns) é(são) apresentado(s) em uma nova situação; há claros indícios de transformação, de mudança em relação ao início da narrativa.

**ATENÇÃO!**

O clímax é o ponto culminante da narrativa; ocorre quando a história alcança seu ponto de tensão máxima, a partir do qual se define o desfecho da trama. Etimologicamente, a palavra, de origem grega (*klîmaks*), significa "escada, degrau, gradação".

Graficamente:

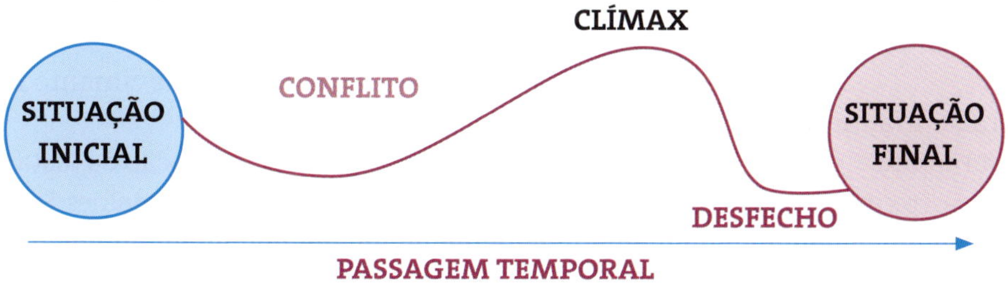


## Trocando ideias

- Pense em alguns textos narrativos (lenda, conto de fadas, romance, etc.) que você tenha lido e tente recuperar o ciclo narrativo deles. Anote a situação inicial, o conflito, o clímax e o desfecho.
- Junte-se a alguns colegas. Mostre suas anotações e peça que compartilhem as observações deles com você.
- Levantem as observações que se repetem e que, por isso, podem ser entendidas como características gerais dos textos narrativos.

A sétima arte: o cinema

# Técnicas de cinema?

O cinema nos proporciona o contato com narrativas, retratadas em uma linguagem singular baseada em imagem e som. Na linguagem cinematográfica, o olhar da câmera equivale à fala do narrador (cabe destacar que no cinema podemos conferir a imagem da câmera e a voz de um narrador ao mesmo tempo).

Muitos dos efeitos criados com a câmera podem ser identificados com recursos linguísticos usados pelo narrador de um texto escrito.

Leia o seguinte fragmento:

O homem da caixa registradora estava olhando o movimento do bar, tomando conta de maneira meio preguiçosa, sem fixar muito os olhos no que o rapaz do balcão já havia servido aos dois fregueses silenciosos, demorando-os mais no bêbado que balançava-se à porta do botequim ameaçando entrar e afinal parando-os no recheio da blusinha preta sem mangas que estava à sua frente, o que o fez despertar completamente com um e a senhora o que é?

ÂNGELO, Ivan. Bar. In: *Os cem melhores contos brasileiros do século*. Rio de Janeiro: Objetiva, 2000.

O narrador descreve o olhar do personagem "o homem da caixa registradora", à maneira de passeio de câmera, que vai do mais geral ("o movimento do bar"), passando gradativamente por duas cenas ("no que o rapaz do balcão tinha servido..." e "no bêbado que balançava-se à porta..."), até chegar a um ponto específico ("o recheio da blusinha preta sem mangas..."). Destaca-se, assim, uma imagem metonímica (o colo da moça pela moça), que na linguagem de cinema poderia ser um *close-up*.

Faça um teste: leia o fragmento acima novamente, tentando imaginar tudo o que o narrador está relatando, como se estivesse assistindo à cena de um filme.

Conheça algumas técnicas cinematográficas:

*Close-up* – Plano que enfatiza um detalhe. Primeiro plano ou plano de pormenor. Tomando a figura humana como base, este plano enquadra apenas os ombros e a cabeça de um ator, tornando bastante nítidas suas expressões faciais.

*Dolly* – Veículo que transporta a câmara e o operador, para facilitar a movimentação durante as tomadas.

*Dolly back* – Câmara se afasta do objeto. *Travelling* ou grua de afastamento.

*Dolly in* – Câmara se aproxima do objeto. *Travelling* ou grua de aproximação.

*Dolly out* – Câmara recua, abandona a cena.

*Dolly shot* – Movimento de câmara que se caracteriza por se aproximar e se afastar do objetivo, e também por movimentos verticais.

*Fade in* – O surgir da imagem a partir de uma tela escura ou clara, que gradualmente atinge a sua intensidade normal de luz.

*Fade out* – Escurecimento ou clareamento gradual da imagem partindo da sua intensidade normal de luz.

*Flash-back* – Cena que revela algo do passado, para lembrá-lo, situar ou revelar enigmas.

*Flash-forward* – Cena que revela parcialmente algo que acontecerá após o tempo presente. O mesmo que *flash* para frente.

*Quick motion* – Câmara rápida. Movimento acelerado.

*Slow motion* – Câmara lenta. Movimento retardado.

*Zoom* – Efeito óptico de aproximação ou distanciamento repentino de personagens e detalhes. Serve para dramatizar ou esclarecer lances do roteiro.

*Zoom-in* – Aumento na distância focal da lente da câmara durante uma tomada, o que dá ao espectador a impressão de aproximação do elemento que está sendo filmado.

*Zoom-out* – Diminuição da distância focal da lente durante uma tomada, o que dá ao espectador a impressão de que está se afastando do elemento que está sendo filmado.

MACHADO, Jorge (Org.). Vocabulário do roteirista. *Dicionário e glossário sobre roteiro e cinema*. Disponível em: <www.roteirodecinema.com.br/manuais/vocabulario.htm>. Acesso em: 5 maio 2014.

## A armadilha

Murilo Rubião



Alexandre Saldanha Ribeiro. Desprezou o elevador e seguiu pela escada, apesar da volumosa mala que carregava e do número de andares a serem vencidos. Dez.

Não demonstrava pressa, porém o seu rosto denunciava a segurança de uma resolução irrevogável. Já no décimo pavimento, meteu-se por um longo corredor, onde a poeira e detritos emprestavam desagradável aspecto aos ladrilhos. Todas as salas encontravam-se fechadas e delas não escapava qualquer ruído que indicasse presença humana.

Filipe Rocha/Arquivo da editora

Parou diante do último escritório e perdeu algum tempo lendo uma frase, escrita a lápis, na parede. Em seguida passou a mala para a mão esquerda e com a direita experimentou a maçaneta, que custou a girar, como se há muito não fosse utilizada. Mesmo assim não conseguiu franquear a porta, cujo madeiramento empenara. Teve que usar o ombro para forçá-la. E o fez com tamanha violência que ela veio abaixo ruidosamente. Não se impressionou. Estava muito seguro de si para dar importância ao barulho que antecedera a sua entrada numa saleta escura, recendendo a mofo. Percorreu com os olhos os móveis, as paredes. Contrariado, deixou escapar uma praga. Quis voltar ao corredor, a fim de recomeçar a busca, quando deu com um biombo. Afastou-o para o lado e encontrou uma porta semicerrada. Empurrou-a. Ia colocar a mala no chão, mas um terror súbito imobilizou-o: sentado diante de uma mesa empoeirada, um homem de cabelos grisalhos, semblante sereno, apontava-lhe um revólver. Conservando a arma na direção do intruso, ordenou-lhe que não se afastasse.

Também a Alexandre não interessava fugir, porque jamais perderia a oportunidade daquele encontro. A sensação de medo fora passageira e logo substituída por outra mais intensa, ao fitar os olhos do velho. Deles emergia uma penosa tonalidade azul.

Naquela sala tudo respirava bolor, denotava extremo desmazelo, inclusive as esgarçadas roupas do seu solitário ocupante:

– Estava à sua espera – disse, com uma voz macia.

Alexandre não deu mostras de ter ouvido, fascinado com o olhar do seu interlocutor. Lembrava-lhe a viagem que fizera pelo mar, algumas palavras duras, num vão de escada.

O outro teve que insistir:

– Afinal, você veio.

Subtraído bruscamente às recordações, ele fez um esforço violento para não demonstrar espanto:

– Ah, esperava-me? – Não aguardou resposta e prosseguiu exaltado, como se de repente viesse à tona uma irritação antiga: – Impossível! Nunca você poderia calcular que eu chegaria hoje, se acabo de desembarcar e ninguém está informado da minha presença na cidade! Você é um farsante, mau farsante. Certamente aplicou sua velha técnica e pôs espias no meu encalço. De outro modo seria difícil descobrir, pois vivo viajando, mudando de lugar e nome.

– Não sabia das suas viagens nem dos seus disfarces.

Filipe Rocha/Arquivo da editora

– Então, como fez para adivinhar a data da minha chegada?

– Nada adivinhei. Apenas esperava a sua vinda. Há dois anos, nesta cadeira, na mesma posição em que me encontro, aguardava-o certo de que você viria.

Por instantes, calaram-se. Preparavam-se para golpes mais fundos ou para desvendar o jogo em que se empenhavam.

Alexandre pensou em tomar a iniciativa do ataque, convencido de que somente assim poderia desfazer a placidez do adversário. Este, entretanto, percebeu-lhe a intenção e antecipou-se:

– Antes que me dirija outras perguntas – e sei que tem muitas a fazer-me – quero saber o que aconteceu com Ema.

– Nada – respondeu, procurando dar à voz um tom despreocupado.

– Nada?

Alexandre percebeu a ironia e seus olhos encheram-se de ódio e humilhação. Tentou revidar com um palavrão. Todavia, a firmeza e a tranquilidade que iam no rosto do outro venceram-no.

– Abandonou-me – deixou escapar, constrangido pela vergonha. E numa tentativa inútil de demonstrar um resto de altivez, acrescentou: – Disso você não sabia!

Um leve clarão passou pelo olhar do homem idoso:

– Calculava, porém desejava ter certeza.

Começava a escurecer. Um silêncio pesado separava-os e ambos volveram para certas reminiscências que, mesmo contra a vontade deles, sempre os ligariam.

Filipe Rocha/Arquivo da editora

O velho guardou a arma. Dos seus lábios desaparecera o sorriso irônico que conservara durante todo o diálogo. Acendeu um cigarro e pensou em formular uma pergunta que, depois, ele julgaria desnecessária. Alexandre impediu que a fizesse. Gesticulando nervoso, aproximara-se da mesa:

– Seu caduco, não tem medo que eu aproveite a ocasião para matá-lo? Quero ver sua coragem, agora, sem o revólver.

– Não, além de desarmado, você não veio aqui para matar-me.

– O que está esperando, então?! – gritou Alexandre. – Mate-me logo!

– Não posso.

– Não pode ou não quer?

– Estou impedido de fazê-lo. Para evitar essa tentação, após tão longa espera, descarreguei toda a carga da arma no teto da sala.

Alexandre olhou para cima e viu o forro crivado de balas. Ficou confuso. Aos poucos, refazendo-se da surpresa, abandonou-se ao desespero. Correu para uma das janelas e tentou atirar-se através dela. Não a atravessou. Bateu com a cabeça numa fina malha metálica e caiu desmaiado no chão.

Ao levantar-se, viu que o velho acabara de fechar a porta e, por baixo dela, iria jogar a chave.

Lançou-se na direção dele, disposto a impedi-lo. Era tarde. O outro já concluíra seu intento e divertia-se com o pânico que se apossara do adversário:

– Eu esperava que você tentaria o suicídio e tomei precaução de colocar telas de aço nas janelas.

A fúria de Alexandre chegara ao auge:

– Arrombarei a porta. Jamais me prenderão aqui!

– Inútil. Se tivesse reparado nela, saberia que também é de aço. Troquei a antiga por esta.

– Gritarei, berrarei!

– Não lhe acudirão. Ninguém mais vem a este prédio. Despedi os empregados, despejei os inquilinos.

E concluiu, a voz baixa, como se falasse apenas para si mesmo:

– Aqui ficaremos: um ano, dez, cem ou mil anos.

RUBIÃO, Murilo. *A casa do girassol vermelho.* 3. ed. São Paulo: Ática, 1980. p. 44-48.

## Atividades

1. O processo narrativo centra-se em uma dinâmica temporal, ou seja, ações que se sucedem no decorrer do tempo.
   a) Podemos afirmar que o conto "A armadilha" apresenta duas grandes cenas. Que recurso o autor utilizou para marcar a passagem do tempo entre elas?
   b) O próprio ato de contar se dá em um determinado espaço de tempo, que pode coincidir ou não com o tempo das ações que são narradas. Por exemplo, o narrador pode contar, em dez minutos, fatos que se sucederam em meses, ou anos; ou o ato de contar pode ter a mesma duração dos acontecimentos. Às vezes, pode ocorrer uma mistura das duas situações. Releia o conto prestando atenção ao tempo do ato de contar e ao tempo das ações e responda: em qual dos casos se enquadra o conto? Explique.
2. Murilo Rubião (Minas Gerais, 1916-1991) produziu alguns contos que se enquadram na literatura fantástica. O autor afirmava: "sou um sujeito que acredita no que está além da rotina. Nunca me espanto com o sobrenatural, com o mágico. Quem não acredita no mistério não faz literatura fantástica". Cite uma passagem do conto que estaria "além da rotina".
3. No início do conto, o narrador menciona alguns fatos que criam a ilusão de o prédio estar deserto. Que fatos são esses?
4. Sobre o passado dos personagens, o narrador menciona apenas algumas informações, sem contudo detalhá-las. Quais são essas informações?
5. A narrativa de ficção gira em torno de um conflito. Transcreva palavras ou expressões do texto que evidenciam o conflito.

# 2 O conto

O conto é a mais breve das narrativas, centrada em um episódio. Por conta da brevidade característica do conto, pode-se chegar à concisão extrema, em que a narrativa se apresenta mínina, sem deixar de lado os elementos necessários para sua construção. Veja como o escritor guatemalteco Augusto Monterroso cria um microconto (considerado o "menor" conto até hoje escrito) que tem como principal característica uma concisão narrativa que cresce (ou evolui) na imaginação do leitor:

## O dinossauro

Quando acordou, o dinossauro ainda estava lá.

Disponível em: <www.literaturaguatemalteca.org>. Acesso em: 6 maio 2014.

O recorte na realidade ficcional desse conto nos permite saber que um personagem que estava adormecido acorda e que o outro, o dinossauro, estava lá antes do adormecimento e ainda está. O que houve antes ou o que haverá depois, isso é com o leitor. O que você imagina que aconteceu e/ou acontecerá?

Augusto Monterroso (1921-2003).

Dalton Jérson Trevisan (1925).

O curitibano Dalton Trevisan também produz contos extremamente concisos, como este:

> De repente a mosca salta e pousa na toalha branca. Você a espanta, sem que voe – uma semente negra de mamão.
>
> TREVISAN, Dalton. *Dinorá*: novos mistérios. Rio de Janeiro: Record, 1994. p. 60.

Esse texto consta de uma página do livro, acompanhado de outros com a mesma concisão, sob o título *Nove haikais*. Podemos observar nele, no entanto, todas as características do conto (um conto, claro, à maneira de um *haikai*: brevíssimo!).

Observe que o leitor é transformado em personagem que vive uma cena do cotidiano; com ligeira conotação surrealista, é surpreendido pela revelação: a mosca não passa de uma semente de mamão.

Em suma, como nos ensina o professor Afrânio Coutinho:

> [...] o contista oferece uma amostra, através de um episódio, um flagrante ou um instantâneo, um momento singular e representativo. Procura obter a unidade de impressão rapidamente, à custa da máxima concentração e economia de meios.
>
> COUTINHO, Afrânio. *Notas de teoria literária*. Rio de Janeiro: Civilização Brasileira, 1978.

## A unidade de impressão: o ponto-chave do conto

No conto, deparamos com uma narrativa condensada. Mas em que consiste essa condensação? Ao falar em condensação, fazemos referência mais uma vez a seu caráter sintético, revelado por sua unidade dramática, isto é, pelo fato de estar centrado em um único conflito.

O que norteia toda a construção narrativa do conto é, no entanto, a unidade de impressão. Um conto, *a priori*, tenta criar um efeito no seu leitor: surpresa, encanto, medo, desconcerto, etc. Assim, podemos afirmar que todos os elementos da narrativa, os recursos linguísticos e até o tipo de compactação estão a serviço desse efeito.

Leia o conto a seguir:

### Porque Lulu Bergantim não atravessou o Rubicon

José Cândido de Carvalho

Lulu Bergantim veio de longe, fez dois discursos, explicou por que não atravessou o Rubicon, coisa que ninguém entendeu, expediu dois socos na Tomada da Bastilha, o que também ninguém entendeu, entrou na política e foi eleito na ponta dos votos de Curralzinho Novo. No dia da posse, depois dos dobrados da Banda Carlos Gomes e dos versos atirados no rosto de Lulu Bergantim pela professora Andrelina Tupinambá, o novo prefeito de Curralzinho sacou do paletó na vista de todo mundo, arregaçou as mangas e disse:

– Já falaram, já comeram biscoitinhos de araruta e licor de jenipapo. Agora é trabalhar!

E sem mais aquela, atravessou a sala da posse, ganhou a porta e caiu de enxada nos matos que infestavam a Rua do Cais. O povo, de boca aberta, não lembrava em cem anos de ter acontecido um prefeito desse porte. Cajuca Viana, presidente da Câmara de Vereadores, para não ficar por baixo, pegou também no instrumento e foi concorrer com Lulu Bergantim nos trabalhos da limpeza. Com pouco mais, toda a cidade de Curralzinho estava no pau da enxada. Era um enxadar de possessos! Até a professora Andrelina Tupinambá, de óculos, entrou no serviço da faxina. E assim, de limpeza em limpeza, as ruas de Curralzinho ficaram novinhas em folha, saltando na ponta das pedras. E uma tarde, de brocha na mão, Lulu caiu no trabalho de caiação. Era assobiando "O teu-cabelo-não-nega, mulata, porque-és-mulata-na-cor" que o ilustre sujeito público comandava as brochas de sua jurisdição. Lambuzada de cal, Curralzinho pulava nos sapatos, branquinha mais do que asa de anjo. E de melhoria em melhoria, a cidade foi andando na frente dos safanões de Lulu Bergantim. Às vezes, na sacada do casarão da prefeitura, Lulu ameaçava:

– Ou vai ou racha!

E uma noite, trepado no coreto da Praça das Acácias, gritou:

– Agora a gente vai fazer serviço de tatu!

O povo todo, uma picareta só, começou a esburacar as ruas e becos de modo a deixar passar o encanamento de água. Em um quarto de ano Curralzinho já gozava, como dizia cheio de vírgulas e crases o Sentinela Municipal, do "salutar benefício do chamado precioso líquido". Por força de uma proposta de Cazuza Militão, dentista prático e grão-mestre da Loja Maçônica José Bonifácio, fizeram correr o pires da subscrição de modo a montar Lulu Bergantim em forma de estátua, na Praça das Acácias. E andava o bronze no meio do trabalho de fundição, quando Lulu Bergantim, de repente, resolveu deixar o ofício de prefeito. Correu todo mundo com pedidos e apelações. O promotor público Belinho Santos fez discurso. E discurso fez, com a faixa de provedor-mor da Santa Casa no peito, o Major Penelão de Aguiar. E Lulu firme:

– Não abro mão! Vou embora para Ponte Nova. Já remeti telegrama avisativo de minha chegada.

Em verdade Lulu Bergantim não foi por conta própria. Vieram buscar Lulu em viagem especial, uma vez que era fugido do hospício Santa Isabel de Inhangapi de Lavras. Na despedida de Lulu Bergantim pingava tristeza dos olhos e dos telhados de Curralzinho Novo. E ao dobrar a última rua da cidade, estendeu o braço e afirmou:

– Por estas e por outras é que não atravessei o Rubicon!

Lulu foi embora embarcado em nunca-mais. Sua estátua ficou no melhor pedestal da praça das Acácias. Lulu em mangas de camisa, de enxada na mão. Para sempre Lulu Bergantim!

CARVALHO, José Cândido de. *Os mágicos municipais:* contados, astuciados, sucedidos e acontecidos do povinho do Brasil. Rio de Janeiro: José Olympio, 1984. p. 120-122.

Arquivo do jornal *O Estado de S. Paulo*/Agência Estado

José Cândido de Carvalho (1914-1989).

## Trocando ideias

Debata com seus colegas e professor:

- Qual é o efeito ou impressão do conto?
- O efeito ou impressão é construído ao longo da narrativa, mas só se revela no desfecho. Como isso se dá no conto de José Cândido de Carvalho?
- O conto faz parte de um livro intitulado *Os mágicos municipais: contados, astuciados, sucedidos e acontecidos do povinho do Brasil*. Segundo Gilberto Amado, em artigo publicado no livro de José Cândido, "O primeiro requisito do burlesco – o absurdo, a surpresa espontaneamente espoucando inesperados – revela no autor conhecimento do seu mister, capacidade de prever e de medir o alcance de seus achados e desígnios". De que maneira o escritor consegue montar esse caráter burlesco, típico das farsas, no conto?

LEITURA E REFLEXÃO

## Solidariedade

Ítalo Calvino

Parei para olhá-los.

Trabalhavam assim, de noite, naquela rua afastada, diante da grade metálica de uma loja.

Era uma grade pesada: usavam uma barra de ferro como alavanca, mas ela não se levantava.

Eu passeava por ali, sozinho e ao léu. Também peguei na barra, para fazer força. Eles abriram espaço para mim.

Não acertavam o ritmo; falei “Ooh-op!”. O companheiro da direita me deu uma cotovelada e me disse baixinho: – Cale a boca! Você está maluco! Quer que nos ouçam?

Sacudi a cabeça como dizendo que tinha me escapado.

Atacamos de novo e suamos, mas no final tínhamos levantado tanto a grade metálica que já se podia passar. Olhamo-nos no rosto, contentes. Depois entramos. Mandaram-me segurar um saco. Os outros levavam umas coisas e botavam ali dentro.

– Tomara que esses velhacos da polícia não cheguem! – diziam.

– De fato – eu respondia. – Velhacos mesmo, é o que eles são!

– Silêncio. Não está ouvindo barulho de passos? – diziam de vez em quando. Eu ficava atento, com um pouco de medo.

– Que nada, não são eles! – respondia.

– Eles sempre chegam quando menos se espera! – um me dizia.

Eu balançava a cabeça. – Matar todos eles, é o que se devia fazer – eu falava.

Depois me disseram para ir um pouco lá fora, até a esquina, e ver se estava chegando alguém. Eu fui.

– Uns ruídos lá longe, perto daquelas lojas – disse o meu vizinho.

Fiquei à espreita.

– Ponha a cabeça para dentro, imbecil, porque se nos virem vão escapar de novo – sussurrou.

– Eu estava olhando... – desculpei-me e fiquei grudado no muro.

– Se a gente conseguir cercá-los sem que eles percebam – disse o outro –, vamos pegá-los numa armadilha, todos eles.

Nós nos mexíamos aos pulos, na ponta dos pés, prendendo a respiração: a toda hora olhávamos um para o outro, com os olhos brilhando.

– Não vão mais escapar – disse eu.

– Finalmente vamos conseguir pegá-los com a mão na massa – disse um.

– Já era hora – disse eu.

Filipe Rocha/Arquivo da editora

– Esses delinquentes canalhas, roubar assim as lojas! – disse o outro.

– Canalhas, canalhas! – repeti, com raiva.

Mandaram-me um pouco para a frente, para ver. Fui parar dentro da loja.

– Agora – dizia um deles, pondo um saco no ombro – eles não nos pegam mais.

– Depressa – disse outro –, vamos dar no pé pelos fundos! Assim a gente escapa, nas barbas deles.

Todos nós tínhamos um sorriso de triunfo nos lábios. – Vão ficar a ver navios – disse. E escapuliu pelos fundos.

– Conseguimos tapeá-los de novo, esses trouxas! – diziam. Nisso, ouviu-se: – Alto lá, quem está aí! – e as luzes se acenderam. Nós nos metemos num canto escondido, pálidos, e nos seguramos pela mão. Eles entraram ali também, não nos viram, voltaram para trás. Pulamos para fora, e pernas, para que te quero!

– Enganamos eles! – gritamos.

Tropecei duas ou três vezes e fiquei para trás. E me vi no meio dos outros que também corriam.

– Corra – me disseram –, que nós vamos pegá-los.

E todos galopavam pelos becos, perseguindo-os. – Corra por aqui, corte por ali – diziam, e agora os outros só estavam um pouco na nossa frente, e eles gritavam: – Depressa, para que eles não escapem.

Consegui grudar nos calcanhares de um. Ele me disse: – Parabéns, você conseguiu escapar. Rápido, por aqui, que eles vão perder a nossa pista! – e me encostei nele. Um pouco depois vi que eu estava sozinho, num beco. Um deles passou pertinho de mim e disse, correndo: – Corra, por ali, eu os vi ali, não podem estar muito longe.

Corri um pouco, atrás dele. Depois parei, suando. Não havia mais ninguém, não se ouviam mais gritos. Pus as mãos nos bolsos e recomecei a passear, sozinho e ao léu.

CALVINO, Ítalo. *Um general na biblioteca*. São Paulo: Companhia das Letras, 2010. p. 24-26.

O escritor Ítalo Calvino (1923-1985), considerado um dos maiores escritores europeus do século XX, nasceu em Santiago de Las Vegas, Cuba, pois era onde seus pais — ele agrônomo e botânico, ela botânica e professora universitária — estavam trabalhando. Logo depois do nascimento do filho, a família voltou para a Itália.

Ítalo Calvino participou da resistência ao fascismo durante a Segunda Guerra e foi membro do Partido Comunista até 1956.

Em 1946 instalou-se em Turim, onde escreveu uma tese de doutoramento sobre o escritor de língua inglesa Joseph Conrad (1857-1924).

Publicou sua primeira obra, *A trilha dos ninhos de aranha*, em 1947. Com *O visconde partido ao meio*, lançado em 1952, o escritor abandonou o neorrealismo dos primeiros livros e começou a explorar o gênero fábula e a modalidade do conto fantástico. Esse novo modo de escrever marcaria profundamente sua obra.

Nas décadas de 1960 e 1970 aprofundou suas experiências formais em livros como *As cidades invisíveis* e *Se um viajante numa noite de inverno*.

Em tradução para a língua portuguesa, no Brasil, seus livros são publicados pela editora Companhia das Letras.

## Atividades

1. O escritor Ítalo Calvino criou um personagem-narrador, ou seja, optou por uma narrativa em primeira pessoa. Justifique a opção feita pelo autor.

2. Ao longo do conto, observamos a presença de "outros" ("outros" em contraste com o protagonista). Quem são eles?

3. Percebemos, no texto, marcas de primeira pessoa do plural (nós) e de terceira do plural (eles). No entanto, podemos afirmar que há alternância quanto à referência dessas marcas de pessoa. Explique e exemplifique com passagens do conto.

4. Dê uma explicação para a escolha do título.

5. As sequências descritivas não são recorrentes na narrativa de contos e, quando presentes, são curtas e objetivas. Aponte uma passagem descritiva no conto e justifique-a.

6. No conto, a marcação das falas é predominantemente em discurso direto tradicional: uso de travessão e verbos de elocução. Em grande parte da narrativa, cada fala corresponde a um parágrafo; no final, nota-se que as falas se sucedem em um mesmo parágrafo, agrupadas. Comente o efeito provocado por isso.

7. Diz-se que o conto é um recorte, um momento.
   a) Em quanto tempo cronológico você acha que ocorre o conto?
   b) O momento dramático desse conto está delimitado. Podemos dizer que há uma situação inicial, a ação propriamente dita e uma situação final. Explicite tal delimitação e comente o emprego de tempos verbais.

## Mãos à obra!

OED Os pretéritos do indicativo na narrativa

### Atividade em dupla

1. Durante os estudos com este capítulo, você leu textos em que ocorria a presença de um universo fantástico. Vamos sugerir a elaboração de uma narrativa, na qual esses elementos estejam fortemente presentes. Junte-se a um colega para criar o texto: libertem sua imaginação criadora.

   Situação proposta: em um passado recente, um fato marcou a vida dos pescadores de uma pequena aldeia no litoral brasileiro: quando saíam para a pesca, ao amanhecer, os homens do mar viram as ondas trazerem um estranho e enorme objeto metálico até a praia.

   Desafio: escrevam uma narrativa que busque desvendar o mistério:

   - Que objeto é esse?
   - Para que serve?
   - De onde ele veio?
   - Como foi parar no mar?
   - Quais são os desdobramentos do aparecimento desse objeto?
   - Em que ele vai interferir na vida dos habitantes do lugarejo?
   - Como essa situação vai terminar?
   - Como será a vida dos pescadores após esse episódio?

### **Gênero textual:** conto fantástico

Apresenta os mesmos elementos das narrativas: ações de personagens envolvidos em conflitos que ocorrem em determinados tempo e espaço, relatadas por um narrador que pode ou não participar dos acontecimentos. A diferença está na presença da magia, do absurdo, do inexplicável. Contradizem-se o natural e o sobrenatural, e os personagens, marcados pelas limitações humanas, em geral contam com o auxílio de forças extraordinárias para poderem enfrentar e vencer os desafios que costumam transcender nossa compreensão dos fenômenos da vida e da morte. Os contos fantásticos são textos não restritos à esfera literária, circulando também nas esferas cinematográfica, teatral ou televisiva, seja por suporte oral, impresso, digital ou midiático.

## Dicas para a elaboração do conto fantástico

- Tenham em mente que o leitor do texto de vocês será uma pessoa da região em que se passa a história e que gosta de investigar possíveis acontecimentos estranhos.
- A partir do conflito instaurado, explorem toda a situação até chegar a um clímax que prenda totalmente a atenção de seu leitor, provocando nele efeitos amedrontadores. Deverá prevalecer no texto um clima de apreensão, de tensão.
- Narrem em terceira pessoa.
- A trama deverá trabalhar entre os limites do real e do irreal; não definam as situações nem como naturais nem como sobrenaturais; procurem alimentar sempre certa ambiguidade, por meio de personagens e fatos enigmáticos.
- Alternem os vários tipos de discurso estudados para reproduzir as vozes dos personagens de sua história.
- Usem, na construção do texto, sequências narrativas para relatar as ações e as sequências descritivas para compor o panorama do local da ação bem como descrever o estranho objeto. Relembrem as características linguísticas das sequências narrativa e descritiva consultando as orientações da tabela a seguir reproduzida.

| Sequência narrativa | Sequência descritiva |
|---|---|
| Foco no fato e na ação. | Foco no ser. |
| Noção processual, de progressão temporal. | Noção estática, de permanência temporal. |
| Predominância de verbos de ação (no pretérito perfeito); circunstanciais espaço-temporais.<br>Frases verbais; verbos de elocução. | Predominância de verbos de estado (no presente ou pretérito imperfeito), adjetivos e circunstanciais espaciais.<br>Frases nominais, períodos curtos; coordenação. |

- Procurem revestir os fatos e as atitudes dos personagens de um significado simbólico.
- Terminado o texto, releiam-no e observem se ele tem verossimilhança interna. Para isso, voltem ao início do texto sempre que preciso. Corrijam possíveis desvios.
- Atribuam um título bastante interessante ao texto, de preferência que possa dar margem a diversas interpretações, de maneira coerente com o mistério da narrativa.
- Procurem aproveitar o que conheceram neste capítulo sobre técnicas cinematográficas para tornar sua história mais emocionante.

2. Troquem o conto de vocês com o de outra dupla.

   Leiam o texto dos colegas com atenção, colocando-se no lugar do leitor a que se destina: a autoridade que investigará o caso. Cada detalhe narrado terá grande importância.

   Avaliem a lógica interna do texto e o emprego adequado dos discursos direto e indireto.

   Escrevam um comentário para a dupla de colegas, tendo em vista, na crítica de vocês, três pontos:

   a) o desenvolvimento do ciclo narrativo na progressão das ações;
   b) o cuidado com a linguagem (correção, fluência, expressividade);
   c) o equilíbrio entre as sequências narrativas e descritivas e sua pertinência.

3. Verifiquem a possibilidade de montar uma antologia com os textos de todas as duplas.

# Vestibulares de Norte a Sul

1. **SE** (Vunesp-SP) A questão toma por base um trecho do romance *Mad Maria*, do ficcionista contemporâneo Márcio Souza (1946).

## Mad Maria

Collier estava enfrentando os piores momentos de um trabalho tecnicamente simples. Mas são trinta milhas de pântanos e terrenos alagadiços. Os homens estão passando por condições de trabalho jamais imaginadas. Muitos morrerão, porque o trabalho é duro, porque nunca estão suficientemente adaptados para enfrentar terreno tão adverso. Collier gostaria de estar longe de tudo aquilo, não precisava mais se expor daquela maneira. Ele sabia que poderia adoecer, e quem caísse doente no Abunã estaria condenado. As condições de trabalho não eram o forte daquele projeto maluco.

Collier pode ver um grupo de nove barbadianos carregando um trilho. O dia começa agora a clarear e logo o sol estará forte e o céu sem nuvens.

[...]

Collier está com sede e tem uma ponta de dor de cabeça, seu maior temor é de ficar doente no Abunã, mas ninguém sabe que ele tem medo, é um homem seco, fechado, quase sempre ríspido. Dentre as suas atribuições, ele chefia os cento e cinquenta trabalhadores, quarenta alemães turbulentos, vinte espanhóis cretinos, quarenta barbadianos idiotas, trinta chineses imbecis, além de portugueses, italianos e outras nacionalidades exóticas, mais alguns poucos brasileiros, todos estúpidos. Os mais graduados, embora minoritários, são norte-americanos. Os mandachuvas são norte-americanos e aquele é um projeto norte-americano. Mas Collier é cidadão inglês, um velho e obstinado engenheiro inglês.

Márcio Souza, *Mad Maria*. 1 ed.: 1980.

Em *Mad Maria*, os verbos estão flexionados em boa parte no presente do indicativo, como forma de significar que os fatos estão ocorrendo no momento em que o enunciador os apresenta, simulando maior proximidade e envolvimento. Tendo em vista essa ideia,

a) identifique, no segundo parágrafo do texto, um advérbio que confirme linguisticamente essa tentativa de simulação de tempo presente;

b) justifique o emprego de verbos no pretérito perfeito, no último parágrafo, como parte das estratégias narrativas escolhidas para a construção do texto.

2. **N** (UFPA) O romance *Primeira manhã*, de Dalcídio Jurandir, é o sexto volume da série do Extremo-Norte. Alfredo, personagem central da trama romanesca, protagoniza acontecimentos que lhe ferem profundamente a adolescência como aluno do primeiro ano do Liceu. Leia, a seguir, um fragmento da obra:

[...] Agora a aula de desenho. Alfredo imagina-se sobre cubos, paisagens, as rosadas meninas do Cícero Câmara; lembrou-se: o professor Chiquinho, à sombra das ginjeiras carregadas, desenhando caligrafia, a abrir majestosas letras góticas. Ia, de sua parte, desenhar agora aquelas três árvores doutro lado do rio, ao pé da armação da draga, com um esbraseante tapuru sobre a ferrugem? Riscar um peixe uéua, um jandiá, oito horas da noite mordendo a isca? Ou a pixuneira lilás, e o rosto de Andreza, só uns traços, boiando do fundo, a gritar: passou por baixo de minha perna um sucuriju, foi, um deste tamanho, mas sou curada de cobra. E Alfredo toma um susto: invadindo a sala, um galego gorducho, bigodudinho, com uma pressa irritada, o bagulho amarelo, a bater a régua na mesa contra trinta e dois inimigos. – Menino! Menino! Silêncio na cocheira! A aula toda acuava-se, como se esvaziassem as carteiras, logo avançando, muda, a flechá-lo de ofensa e ódio. E o buldogue desceu para saber, com ferocidade e triunfo, quem não trazia papel de desenho, os materiais, os materiais. Quem não tivesse, fora quanto antes, fora quanto antes. Não tinha mas mas. Rua. Alfredo levantou-se, quis explicar. – Rua! Rua! Desentulhe a pocilga.

JURANDIR, Dalcídio. *Primeira manhã*.
Belém: Eduepa, 2009, p.199-200.

*Ginjeiras: variedade de cerejeira (nota do autor)

A discussão promovida pela obra de Dalcídio Jurandir, evidenciada no fragmento transcrito, está resumida corretamente em:

a) privilegiam-se o foco narrativo e a ação dos personagens, o que permite o entrelaçamento entre o espaço da cidade grande, o ambiente do Ginásio e o tempo das lembranças de Alfredo.

b) agrupam-se acontecimentos que demonstram a concretização dos sonhos de Alfredo, narrador-personagem, evidenciando-se as vantagens que o Ginásio pode acrescentar ao seu conhecimento do mundo.

c) descreve-se a primeira manhã de Alfredo, narrador-personagem, exatamente no momento em que o professor de desenho entra na sala de aula do Ginásio, visivelmente irritado. Ao assustar-se com as atitudes do professor, Alfredo mergulha nas lembranças do rosto de Andreza, contornado pelas referências do mundo marajoara.

d) critica-se a dura realidade da escola brasileira representada no enredo (contextualizado nos meados de 1920), no momento em que a ficção denuncia o clima de ofensas e hostilidade a que os alunos são submetidos quando convocados, pelo professor de desenho, a fazer silêncio e a se retirar da sala de aula.

e) narram-se as mudanças que ocorrem na vida do menino Alfredo que, no contexto do romance, passa a ser visto, pela mãe, pelos parentes e conhecidos, já como rapaz que estuda na cidade grande.

CAPÍTULO

# 9 Estrutura da narrativa

*O circo*, de Cícero Dias, 1929.

O trecho a seguir é o início do romance *A hora da estrela*, de Clarice Lispector. Quem vai contar essa história? Como pretende contá-la? Discuta com os colegas e o professor a construção da narrativa conforme a percebemos nesse fragmento levando em conta as questões a seguir.

## Dedicatória do autor

Clarice Lispector

[...]

Proponho-me a que não seja complexo o que escreverei, embora seja obrigado a usar as palavras que vos sustentam. A história – determino com falso livre-arbítrio – vai ter uns sete personagens e eu sou um dos mais importantes deles, é claro. Eu, Rodrigo S. M. Relato antigo, este, pois não quero ser modernoso e inventar modismos à guisa de originalidade. Assim é que experimentarei contra os meus hábitos uma história com começo, meio e *gran finale* seguido de silêncio e de chuva caindo.

[...]

LISPECTOR, Clarice. *A hora da estrela*. 6. ed. Rio de Janeiro: José Olympio, 1981. p. 17.

Filipe Rocha/Arquivo da editora

Rocco/Arquivo da editora

Capa de *A hora da estrela*, de Clarice Lispector, em publicação da editora Rocco. A história da nordestina Macabéa é contada passo a passo por seu autor, o escritor Rodrigo S. M. Ele narra a história de uma personagem alagoana, Macabéa, que mora no Rio de Janeiro e tenta sobreviver como datilógrafa. Ao contar um pouco das pequenas aventuras dessa personagem simples e cativante, incapaz de se comunicar facilmente, o narrador se conhece um pouco mais.

- *Você costuma ler textos em que o contador da história informa como vai escrever? O que acha desse procedimento?*
- *Ao falar sobre seu próprio modo de escrever, o narrador deixa claro os elementos fundamentais das narrativas em geral. Quais são eles?*
- *O narrador mostra que seu fazer literário é repleto de contradições. Aponte a contradição destes aspectos:*
  - *"Proponho-me a que não seja complexo o que escreverei."*
  - *"A história – [eu] determino [...]".*
  - *"[...] não quero ser modernoso e inventar modismos [...]".*

# 1 Elementos da narrativa

Leia este fragmento, do escritor argentino Julio Cortázar (1914-1984), prestando atenção sobretudo ao que o narrador revela sobre o ato de narrar.

## As babas do diabo

Julio Cortázar

E já que vamos contar, é melhor pôr um pouco de ordem, descer pela escada desta casa até o domingo sete de novembro, exatamente há um mês. A gente desce cinco andares e já está no domingo, com um sol inesperado para novembro em Paris, com muitíssima vontade de andar por aí, de ver coisas, de tirar fotos (porque éramos fotógrafos, sou fotógrafo). Já sei que o mais difícil vai ser encontrar a maneira de contar, e não tenho medo de me repetir. Vai ser difícil porque ninguém sabe direito quem é que verdadeiramente está contando, se sou eu ou isso que aconteceu, ou o que estou vendo (nuvens, às vezes uma pomba) ou se simplesmente conto uma verdade que é somente minha verdade, e então não é a verdade a não ser para meu estômago, para esta vontade de sair correndo e acabar com aquilo de alguma forma, seja lá o que for.

CORTÁZAR, Julio. *As armas secretas*. Rio de Janeiro: José Olympio, 2001. p. 61.

Nesse trecho o narrador explicita como acontece a montagem da narrativa, ressaltando a necessidade de "pôr um pouco de ordem" no processo, pois, no momento de montar um texto narrativo, é preciso lidar com alguns elementos: foco narrativo (perspectiva do narrador), enredo, personagens, espaço, tempo.

Antes de entrarmos propriamente na teoria, vamos analisar alguns desses elementos conforme os identificamos no conto abaixo, do escritor gaúcho Moacyr Scliar (1937-2011).

LEITURA E REFLEXÃO

## Nós, o pistoleiro, não devemos ter piedade

Moacyr Scliar

Nós somos um temível pistoleiro. Estamos num bar de uma pequena cidade do Texas. O ano é 1880. Tomamos uísque a pequenos goles. Nós temos um olhar soturno. Em nosso passado há muitas mortes. Temos remorsos. Por isto bebemos.

A porta se abre. Entra um mexicano chamado Alonso. Dirige-se a nós com desrespeito. Chama-nos de *gringo*, ri alto, faz tilintar a espora. Nós fingimos ignorá-lo. Continuamos bebendo nosso uísque a pequenos goles. O mexicano aproxima-se de nós. Insulta-nos. Esbofeteia-nos. Nosso coração se confrange. Não queríamos matar mais ninguém. Mas teremos de abrir uma exceção para Alonso, cão mexicano.

Combinamos o duelo para o dia seguinte, ao nascer do sol. Alonso dá-nos mais uma pequena bofetada e vai-se. Ficamos pensativo, bebendo o uísque a pequenos goles. Finalmente atiramos uma moeda de ouro sobre o balcão e saímos. Caminhamos lentamente em direção ao nosso hotel. A população nos olha. Sabe que somos um temível pistoleiro. Pobre mexicano, pobre Alonso.

Entramos no hotel, subimos ao quarto, deitamo-nos vestido, de botas. Ficamos olhando o teto, fumando. Suspiramos. Temos remorsos.

Já é manhã. Levantamo-nos. Colocamos o cinturão. Fazemos a inspeção de rotina em nossos revólveres. Descemos.

A rua está deserta, mas por trás das cortinas corridas adivinhamos os olhos da população fitos em nós. O vento sopra, levantando pequenos redemoinhos de poeira. Ah, este vento! Este vento! Quantas vezes nos viu caminhar lentamente, de costas para o sol nascente?

No fim da rua Alonso nos espera. Quer mesmo morrer, este mexicano.

Colocamo-nos frente a ele. Vê um pistoleiro de olhar soturno, o mexicano. Seu riso se apaga. Vê muitas mortes em nossos olhos. É o que ele vê.

Nós vemos um mexicano. Pobre diabo. Comia o pão de milho, já não comerá. A viúva e os cinco filhos o enterrarão ao pé da colina. Fecharão a palhoça e seguirão para Vera Cruz. A filha mais velha se tornará prostituta. O filho menor, ladrão.

Temos os olhos turvos. Pobre Alonso. Não devia nos ter dado duas bofetadas. Agora está aterrorizado. Seus dentes estragados chocalham. Que coisa triste.

Uma lágrima cai sobre o chão poeirento. É nossa. Levamos a mão ao coldre. Mas não sacamos. É o mexicano que saca. Vemos a arma em sua mão, ouvimos o disparo, a bala voa para o nosso peito, aninha-se em nosso coração. Sentimos muita dor e tombamos.

Morremos, diante do riso de Alonso, o mexicano.

Nós, o pistoleiro, não *devíamos* ter piedade.

In: *Para gostar de ler – Contos*. São Paulo: Ática: 1984. v. 9. p. 57-58.

Filipe Rocha/Arquivo da editora

## Atividades

1. Nesse conto, destaca-se o trabalho de Moacyr Scliar com o narrador, de modo que se pode observar no conto características da literatura fantástica. Que aspectos da narrativa permitem fazer essa afirmação?

2. A última frase do conto dialoga com o título.
   a) Comente os tempos verbais empregados.
   b) Reescreva a última frase, alterando o tempo verbal, mas sem alterar profundamente o sentido.

3. Caracterize o cenário, do geral para o particular.

4. Destaque uma sequência indicadora de passagem do tempo.

5. Analise a construção e a solução do conflito: pistas, desfecho.

6. O autor adota um estilo muito peculiar, com frases curtas, pouca subordinação. Qual seria a intenção do autor? Que efeito esse estilo provoca?

# Foco narrativo

Foco narrativo é a perspectiva por meio da qual o narrador relata os acontecimentos da narrativa. Pode-se afirmar que é, ao lado do enredo, a principal definição que o autor faz antes de iniciar a narração.

Leia, a seguir, outro trecho de Julio Cortázar, que, além de um grande contista, soube comentar como poucos o processo da escrita, sobretudo de contos.

Nunca se saberá como isto deve ser contado, se na primeira ou na segunda pessoa, usando a terceira do plural ou inventando constantemente formas que não servirão para nada. Se fosse possível dizer: eu viram subir a lua, ou: em mim nos dói o fundo dos olhos, e principalmente assim: tu mulher loura eram as nuvens que continuavam correndo diante de meus teus seus nossos vossos seus rostos. Que diabo.

Idem. p. 60.

De modo geral, a narrativa é escrita em primeira ou em terceira pessoa. Daí, falar-se em:

- **foco narrativo de terceira pessoa**: o narrador não participa ativamente dos acontecimentos; a narração ganha maior objetividade. Nas narrativas em terceira pessoa, o narrador pode ser onisciente ou observador:
  - o narrador onisciente conhece toda a história que relata e até os pensamentos dos personagens envolvidos nela;
  - o narrador observador não conhece toda a história, apenas relata os fatos à medida que eles vão acontecendo; não pode, portanto, fazer antecipações, nem variações no relato da história.

  Leia este pequeno fragmento do romance *Quincas Borba*, de Machado de Assis.

Um criado trouxe o café. Rubião pegou na xícara e, enquanto lhe deitava açúcar, ia disfarçadamente mirando a bandeja, que era de prata lavrada. Prata, ouro, eram os metais que amava de coração; não gostava de bronze, mas o amigo Palha disse-lhe que era matéria de preço, e assim se explica este par de figuras que aqui está na sala, um Mefistófeles e um Fausto. Tivesse, porém, de escolher, escolheria a bandeja – primor de argentaria, execução fina e acabada.

ASSIS, Machado de. *Quincas Borba*.
São Paulo: Scipione, 2004. p. 5.

Trata-se de um caso de foco narrativo em terceira pessoa com narrador onisciente: observe como ele, além de contar o acontecimento, retrata os sentimentos, os desejos e mesmo o jogo de cena do personagem; sabemos, por exemplo, que Rubião mirava **disfarçadamente** a bandeja, que **amava** de coração os metais nobres. O narrador conhece até as prováveis opções de Rubião: a preferência pela bandeja **de prata** em detrimento dos bustos de bronze.

- **foco narrativo de primeira pessoa**: entra em cena o narrador-protagonista ou o narrador-coadjuvante; nas narrativas em primeira pessoa, a narratividade ganha mais subjetividade, pois o narrador está envolvido na ação relatada.

Perceba o envolvimento do personagem-narrador com os fatos no fragmento do romance *Recordações do escrivão Isaías Caminha*, de Lima Barreto, reproduzido na próxima página.

## Recordações do Escrivão Isaías Caminha

Lima Barreto

I

A tristeza, a compreensão e a desigualdade de nível mental do meu meio familiar agiram sobre mim de um modo curioso: deram-me anseios de inteligência. Meu pai, que era fortemente inteligente e ilustrado, em começo, na minha primeira infância, estimulou-me pela obscuridade de suas exortações. Eu não tinha ainda entrado para o colégio, quando uma vez me disse: Você sabe que nasceu quando Napoleão ganhou a Batalha de Marengo? Arregalei os olhos e perguntei: Quem era Napoleão? Um grande homem, um grande general... E não disse mais nada. Encostou-se à cadeira e continuou a ler o livro. Afastei-me sem entrar na significação de suas palavras; contudo, a entonação de voz, o gesto e o olhar ficaram-me eternamente. Um grande homem!...

O espetáculo de saber do meu pai, realçado pela ignorância de minha mãe e de outros parentes dela, surgiu aos meus olhos de criança, como um deslumbramento.

Pareceu-me então que aquela sua faculdade de explicar tudo, aquele seu desembaraço de linguagem, a sua capacidade de ler línguas diversas e compreendê-las, constituíam, não só uma razão de ser de felicidade, de abundância e riqueza, mas também um título para o superior respeito dos homens e para a superior consideração de toda a gente.

Sabendo, ficávamos de alguma maneira sagrados, deificados... Se minha mãe me aparecia triste e humilde – pensava eu naquele tempo – era porque não sabia, como meu pai, dizer os nomes das estrelas do céu e explicar a natureza da chuva...

Foi com estes sentimentos que entrei para o curso primário. Dediquei-me açodadamente ao estudo. Brilhei, e com o tempo foram-se desdobrando as minhas primitivas noções sobre o saber.

[...]

Disponível em: <www.dominiopublico.gov.br>. Acesso em: 8 maio 2014.

O fragmento acima exemplifica a subjetividade de um personagem-narrador: observe como a narrativa de Isaías valoriza sua visão dos personagens (os pais) e os fatos que despertaram seu interesse pelos estudos.

# Enredo

O **enredo** é a própria trama da narrativa, ou seja, o desenrolar dos acontecimentos. A palavra *enredo* remete ao campo lexical do ato de tecer, de entrelaçar os fatos. No *Dicionário Aurélio* encontram-se os seguintes verbetes:

**enredar** [De ***en-***[2] + rede + ***-ar*** [2].] V. t. d. 1. Colher ou prender na rede. 2. Entrelaçar (os ramos) uns pelos outros. 3. Prender, cativar, apanhar. 4. Armar intrigas, enredos; intrigar: A inveja enredou-o. 5. Tecer, elaborar, travar o enredo de (obra literária). 6. Emaranhar, enlear. 7. Complicar, embaraçar: Novos quesitos vinham enredar o problema.

**enredo** (ê). [Dev. de enredar.] S. m. 1. Ato ou efeito de enredar(-se). 2. Intriga, mexerico, confusão. 3. Manha, ardil, maquinação. 4. Mentira que ocasiona aborrecimentos, inimizades. 5. Conjunto dos fatos encadeados que constituem a ação de uma obra de ficção (peça de teatro, romance, filme, novela, etc.); entrecho, fábula, intriga, trama, urdidura.

FERREIRA, Aurélio B. de Holanda. *Dicionário Aurélio eletrônico – Século XXI*. Rio de Janeiro: Nova Fronteira, 1999.

Enredo, ou **trama**, ou **intriga**, é, o esqueleto da narrativa, aquilo que dá sustentação à história, o que a estrutura. Trata-se do desenrolar dos acontecimentos (é a linha se entrelaçando, formando a malha, a trama, a rede, o tecido, o texto). Geralmente, o enredo está centrado em um **conflito**, responsável pelo nível de tensão da narrativa.

Segundo os professores René Wellek e Austin Warren:

> É habitual dizer-se que todos os enredos envolvem um conflito: o homem contra a natureza, ou o homem contra os outros homens, ou o homem lutando contra si próprio. Por isso, poderíamos afirmar que a "alma" da narrativa é justamente esse conflito, que surge em meio ao enredo, à trama narrativa.
>
> WELLEK, René; WARREN, Austin. *Teoria da literatura*. Lisboa: Europa-América, 1976.

## Personagens

A palavra *personagem* deriva do vocábulo latino *persona*, que significa "máscara" (no teatro greco-latino os atores utilizavam máscaras para representar os personagens que interpretavam).

O personagem na narrativa pode ser uma pessoa com características reais ou imaginárias, ou a personificação de animais, ideias, forças da natureza. Quanto à sua importância na trama, os personagens podem ser principais e secundários.

O personagem principal de uma narrativa é chamado de **protagonista** (o principal ator) e, dependendo do escritor e do estilo de época, pode ser apresentado de maneira mais idealizada (como os heróis românticos) ou mais próxima do real. O protagonista (ou lutador), via de regra, vai se defrontar com o **antagonista** – o que luta contra algo ou alguém. Observe que as palavras *protagonista/antagonista* já denunciam, em sua significação, o conflito (do grego, *agonia* remete a "luta nos jogos púbblicos; luta em geral").

Assim como podem representar um ser em particular, os personagens também podem representar determinado tipo humano, identificado por características sociais, econômicas, étnicas, profissionais, comportamentais, etc. Muitas vezes, esse tipo de personagem apresenta determinados traços ou comportamentos extremamente realçados, tornando-se um **personagem caricatural**.

### Os destroços de um bigode

José Cândido de Carvalho

E quando Miguel Pereda, cantor de tango argentino, desceu a bigodeira e o olhar de acordeão na Praça do Rosário, foi um rebuliço em tom maior. O empresário do cantante, Juquinha de Andrade, arrendatário do Parque Pequim, em conversa na Associação Comercial de Penedos, avisou:

– Quem tiver mulher duvidosa que mande para longe do olhar arranca tramela de Miguel Pereda. É o maior abridor de quarto de moça solteira e dama casada que já vi.

CARVALHO, José Cândido de. *Os mágicos municipais*. Rio de Janeiro: José Olympio, 1984.

Filipe Rocha/Arquivo da editora

Nesse trecho, a caracterização de Miguel Pereda nos permite classificá-lo como um personagem caricatural. A seleção vocabular empregada para descrever o bigode, o olhar, o comportamento do personagem faz dele a caricatura de um cantor de tango, pretenso sedutor, boêmio.

## Personagem e enredo

Veja como se dá a relação personagem/enredo, segundo o crítico Antonio Candido:

Geralmente, da leitura de um romance fica a impressão duma série de fatos, organizados em enredo, e de personagens que vivem esses fatos. É uma impressão praticamente indissolúvel: quando pensamos no enredo, pensamos simultaneamente nas personagens; quando pensamos nestas, pensamos simultaneamente na vida em que se enredam, na linha do seu destino – traçada conforme uma certa duração temporal, referida a determinadas condições de ambiente. O enredo existe através das personagens; as personagens vivem no enredo. Enredo e personagem exprimem, ligados, os intuitos do romance, a visão da vida que decorre dele, os significados e valores que o animam.

CANDIDO, Antonio. *A personagem de ficção*. São Paulo: Perspectiva, 1987. p. 53-54.

## Espaço

**Espaço** da narrativa é o lugar onde decorre a ação do enredo, onde se movimentam os personagens. Geralmente, a apresentação do espaço é marcada por sequências descritivas no meio da narrativa.

Em algumas histórias, o espaço ganha importância por assumir o papel de personagem ou por se identificar com um personagem específico, seja por suas características, seja por seu estado emocional.

Em *Os sertões*, Euclides da Cunha (1866-1909) vale-se da linguagem jornalística e da linguagem literária para denunciar a situação lamentável do ser humano em meio ao sertão nordestino. Ao descrever a ligação estreita entre o homem e a terra, Euclides da Cunha exemplifica a importância do espaço em um texto. Leia:

Filipe Rocha/Arquivo da editora

### A terra

Euclides da Cunha

**As caatingas**

Então, a travessia das veredas sertanejas é mais exaustiva que a de uma estepe nua.

Nesta, ao menos, o viajante tem o desafogo de um horizonte largo e a perspectiva das planuras francas.

Ao passo que a caatinga o afoga; abrevia-lhe o olhar; agride-o e estonteia-o; enlaça-o na trama espinescente e não o atrai; repulsa-o com as folhas urticantes, com o espinho, com os gravetos estalados em lanças; e desdobra-se-lhe na frente léguas e léguas, imutável no aspecto desolado: árvores sem folhas, de galhos estorcidos e secos, revoltos, entrecruzados, apontando rijamente no espaço ou estirando-se flexuosos pelo solo, lembrando um bracejar imenso, de tortura, da flora agonizante.

CUNHA, Euclides da. *Os sertões*. Disponível em: <www.dominiopublico.gov.br>. Acesso em: 8 maio 2014.

Nessa narrativa, o enredo está ambientado num local específico, tão fundamental quanto os personagens que circulam nele – é como se o sertão tivesse vida própria; há também um mimetismo entre o espaço e os personagens, ou pelo menos com algumas de suas características comportamentais.

Em textos como esse, é possível entender o espaço num sentido estrito (geográfico) ou em um sentido conotativo, translato, que vai além do sentido original, como afirmam Carlos Reis e Ana Cristina Lopes:

Entendido como domínio específico da história, o espaço integra, em primeira instância, os componentes físicos que servem de cenário ao desenrolar da ação e à movimentação das personagens: cenários geográficos, interiores, decorações, objetos, etc.; em segunda instância, o conceito de espaço pode ser entendido em sentido translato, abarcando então tanto as atmosferas sociais (espaço social) como até as psicológicas (espaço psicológico).

REIS, Carlos; LOPES, Ana C. M. *Dicionário de teoria da narrativa*. São Paulo: Ática, 1988. p. 204.

Desde a publicação de *Os sertões*, de Euclides da Cunha, em 1902, e com grande destaque nas décadas de 1930-1940, com o romance regionalista, o sertão nordestino transformou-se em elemento fundamental de narrativas, peças de teatro, poesias e letras de canções.

## Tempo

Se a narrativa está baseada numa progressão temporal, sem dúvida o elemento tempo é essencial para indicar a sucessão das horas, dos dias, dos anos, assim como a noção de presente, passado e futuro.

As narrativas podem basear-se no **tempo cronológico**, ou seja, aquele medido ora pela natureza (a passagem do dia para a noite), ora por mecanismos de medição temporal (como o relógio ou a divisão em anos, meses, semanas, etc.). O tempo cronológico marca a noção temporal mensurável do enredo.

Mas também podemos observar nas histórias o **tempo psicológico**, que não é racionalmente mensurável, já que se trata de um tempo que pertence ao mundo interior do personagem. O tempo psicológico é marcado pelas sensações vivenciadas pelo personagem em relação a determinado momento temporal: um minuto pode ter uma duração de dez anos ou dez anos podem ter a duração de um minuto. Observe o tempo psicológico em uma passagem do romance naturalista *O cortiço*, de Aluísio Azevedo (1857-1913):

### O cortiço

Aluísio Azevedo

Quis saber que horas eram e não pôde; afigurava-se-lhe terem decorridos já três dias pelo menos durante aquela aflição. Calculou que não tardaria a amanhecer, se é que ainda amanheceria: se é que aquela noite infernal não se fosse prolongando infinitamente, sem nunca mais aparecer o sol!

Disponível em: <www.dominiopublico.gov.br>. Acesso em: 6 maio 2014.

Na famosa cena do Jardim de Capuleto, da peça *Romeu e Julieta*, de William Shakespeare (1564-1616), temos, em uma fala de Julieta, um excelente exemplo explícito de tempo psicológico:

## Romeu e Julieta

William Shakespeare

[...]

Ama — A senhora vossa mãe está vindo para aqui. Já despontou o dia! Sede prudente, atenção! (sai)

Julieta — Então, janela, deixa entrar o dia, deixa sair a vida!

Romeu — Adeus, adeus! Um beijo e descerei. (desce)

Julieta — Partes assim? Meu senhor, meu amor, meu amigo! Necessito saber notícias tuas a todo dia e toda hora!... Porque num minuto há muitos dias! Oh! segundo esta conta, terei envelhecido antes que torne a ver meu Romeu!

[...]

SHAKESPEARE, William. *William Shakespeare — Obra completa*. Rio de Janeiro: Nova Aguilar, 1995. v. 1. p. 331.

Dependendo da valorização ou do trabalho com o tempo na construção da narrativa, podemos encontrar **brincadeiras temporais**. Mas, para comentar algumas delas, além de entender o que é o tempo cronológico e o psicológico, é preciso diferenciar duas noções:

- história — os acontecimentos em ordem cronológica, base do enredo;
- relato — forma de apresentar os acontecimentos, base do enredo.

Vejamos agora algumas brincadeiras temporais:

- **Relato em ordem cronológica**: história e relato coincidem, cria-se a expectativa em relação ao final.
- **Relato não cronológico**: história e relato não coincidem, cria-se a expectativa em relação às outras partes da narrativa.

Como exemplo, leia este fragmento de uma narrativa do escritor colombiano Gabriel García Márquez (1927-2014):

## Crônica de uma morte anunciada

Gabriel García Márquez

No dia em que o matariam, Santiago Nasar levantou-se às 5h30m da manhã para esperar o navio em que chegava o bispo. Tinha sonhado que atravessava um bosque de grandes figueiras onde caía uma chuva branda, e por um instante foi feliz no sonho, mas ao acordar sentiu-se completamente salpicado de cagada de pássaros. "Sempre sonhava com árvores", disse-me sua mãe 27 anos depois, evocando pormenores daquela segunda-feira ingrata. "Na semana anterior tinha sonhado que ia sozinho em um avião de papel aluminizado que voava sem tropeçar entre as amendoeiras", disse-me. Tinha uma reputação muito bem merecida de intérprete certeira dos sonhos alheios, desde que fossem contados em jejum, mas não percebera qualquer augúrio aziago nesses dois sonhos do filho, nem nos outros sonhos com árvores que ele lhe contara nas manhãs que precederam sua morte.

[...]

MÁRQUEZ, Gabriel García. *Crônica de uma morte anunciada*. 25. ed. Rio de Janeiro: Record, 1999. p. 9.

Observe que, na construção da narrativa, o final está explícito: Santiago Nasar foi assassinado. O trecho acima é o primeiro parágrafo do romance, em que o final da história está escancarado. O narrador em terceira pessoa é um jornalista que, 27 anos depois do assassinato, como está explícito no fragmento, tenta reconstruir a história partindo de trás para frente. A expectativa, então, fica por conta da descrição do próprio Nasar, da descrição do(s) assassino(s), da motivação para o crime.

- **Retrospectivas ou antecipações**: personagens ou o próprio narrador se remetem a momentos passados (*flashback*) ou a momentos futuros em relação ao momento presente do relato.
- **Aceleração ou duração temporal**: a manipulação do tempo cronológico no relato, segundo as impressões dos personagens (tempo psicológico) ou as valorizações do narrador, que pode dar maior ou menor destaque a um determinado momento da história.

Leia este fragmento de um romance do escritor norte-americano naturalizado inglês, Henry James (1843-1916):

## As asas da pomba

Henry James

O lugar todo, com a descida da trilha e com o seguimento de uma curva fechada disfarçada por rochas e mato, parecia precipitar-se para baixo e tornar-se uma "vista" pura e simples, uma vista de grande extensão e beleza, mas projetada e vertiginosa. Milly, diante da promessa daquilo lá de cima, descera direto, sem parar, até tê-la inteira diante de si: e ali, no que à amiga pareceu a estonteante borda, sentava-se à vontade. A trilha de algum modo cuidava de si mesma e de seu objetivo final, mas o assento da moça era uma laje ao fim de um curto promontório ou excrescência que simplesmente apontava para abismos de ar à direita, e colocada pela boa sorte, senão pela má, de modo a acabar sendo inteiramente visível. Pois a Sra. Stringham abafou um grito ao perceber o que julgava ser o perigo de um tal posto para uma simples mocinha; o risco de escorregar, resvalar, saltar, precipitar-se com um único movimento em falso, uma virada de cabeça – quem iria saber? – no que quer estivesse embaixo. Mil ideias, naquele minuto, rugiram nos ouvidos da pobre senhora, mas sem chegar, na verdade, a Milly. [...] Observou por mais um instante, conteve a respiração, e jamais soube depois quanto tempo se passara.

Não muitos minutos, provavelmente, mas não pareceram poucos, e tinham-lhe dado tanto que pensar, não apenas enquanto se esgueirava para casa, mas enquanto esperava depois na hospedaria, que ainda se achava ocupada com isso quando, mais tarde, Milly reapareceu. [...]

Durante os minutos de respiração presa de sua observação, vira a companheira em nova luz: seu tipo, aspecto, sinais, sua história, seu estado, sua beleza, seu mistério, tudo inconscientemente se traía ao ar alpino, e tudo se juntara de novo para alimentar a chama da Sra. Stringham. São coisas que ficarão mais claras para nós, e enquanto isso brevemente representadas pelo entusiasmo, mais forte na nossa amiga que qualquer dúvida.

JAMES, Henry. *As asas da pomba*. Rio de Janeiro: Ediouro, 1998. p. 114-116.

Filipe Rocha/Arquivo da editora

No fragmento acima, temos um narrador onisciente que comenta o tempo psicológico da personagem Sra. Stringham ao deparar com uma situação que lhe provoca certo pavor: ver a personagem Milly à beira de um precipício. Poucos minutos são tão intensificados que se perde a noção do tempo transcorrido.

Há ainda outra característica desse narrador que vale a pena ressaltar aqui: além de envolver totalmente o leitor com o enredo (ao empregar a primeira pessoa do plural nos pronomes pessoais e possessivos referindo-se a ele, narrador, e ao leitor), provoca-o e instiga-o ao fazer certos comentários como "São coisas que ficarão mais claras". Assim, provoca no leitor a sensação de "o que será que isso quer dizer?" ao indicar que outros acontecimentos estarão relacionados a essa passagem.

Explorando as histórias em quadrinhos

# 2 Os elementos da narrativa no gênero HQ

As histórias em quadrinhos são uma micronarrativa cinematográfica, com personagens atuando em determinado espaço, em uma sequência temporal (cada quadrinho corresponde a um momento). Articulando texto e imagem, revelam ações e reações dos personagens com recursos próprios: sucessão dos quadrinhos, cenários, linhas de movimentação, expressões faciais, balões, onomatopeias (reproduzindo sons), símbolos típicos, cores, tamanhos e formatos das letras. Essa expressão artística, que teve seu auge na figura dos grandes heróis após a Segunda Guerra, no século passado, diversificou-se em variados estilos e ainda mantém público fiel, estabelecendo interlocução com outras formas de arte e circulando em diversas esferas, com suporte impresso, midiático e virtual.

5

Nessa página do gibi *Asterix — O adivinho* há um narrador (a fala reproduzida nos retângulos à esquerda nos dois primeiros quadrinhos, e não nos balões mais arredondados), os personagens (Asterix, Obelix e vários outros gauleses) e o cenário (aterrorizante no primeiro quadrinho, em que se mostra o exterior das casas dos gauleses em uma noite de tempestade; nos quadrinhos seguintes, vemos o interior iluminado de uma das casas, com os personagens). Todos esses elementos desempenham papel relevante.

## Trocando ideias

- Para melhor análise dos elementos da narrativa, transcrevemos a seguir dois pequenos contos – um de Rubem Fonseca, outro de Marina Colasanti – com características distintas quanto a narrador, personagem, espaço, enredo. Leia esses textos.

### Corrente

Rubem Fonseca

Após meses de sofrimento e solidão chega o correio:
esta corrente veio da Venezuela escrita por Salomão Fuais
para correr mundo
faça vinte e quatro cópias e mande a amigos em lugares distantes:
antes de nove dias terá surpresa, graças a santo Antônio.
Tem vinte e quatro cópias, mas não tem amigos distantes.
José Edouard, Exército venezuelano, esqueceu de distribuir cópias
perdeu o emprego.
Lupin Gobery incendiou cópia, casa pegou fogo,
metade da família morreu.

Mandar então a amigos em lugares próximos.
Também não tem amigos em lugares próximos.
Fecha a casa.
Deitado na cama, espera surpresa.

FONSECA, Rubem. *Lúcia McCartney*. São Paulo: Companhia das Letras, 1992. p. 131.

### A honra passada a limpo

Marina Colasanti

Sou compulsiva, eu sei. Limpeza e arrumação.

Todos os dias boto a mesa, tiro a mesa. Café, almoço, jantar. E pilhas de louça na pia, e espumas redentoras.

Todos os dias entro nos quartos, desfaço camas, desarrumo berços, lençóis ao alto como velas. Para tudo arrumar depois, alisando colchas de crochê.

Sou caprichosa, eu sei. Desce o pó sobre os móveis. Que eu colho na flanela. Escurecem-se as pratas. Que eu esfrego com a camurça. A aranha tece. Que eu enxoto. A traça rói. Que eu esmago. O cupim voa. Que eu afogo na água da tigela sob a luz.

E de vassoura em punho gasto tapetes persas.

Sou perseverante, eu sei. À mesa que ponho ninguém senta. Nas camas que arrumo ninguém dorme. Não há ninguém nesta casa, vazia há tanto tempo.

Mas sem tarefas domésticas, como preencher de feminina honradez a minha vida?

COLASANTI, Marina. *Contos de amor rasgados*. Rio de Janeiro: Rocco, 1986. p. 187.

- Reúna-se com alguns colegas e discutam como são organizados os elementos da narrativa nessas duas histórias. Os grupos deverão ser formados por cinco integrantes, que irão se identificar com um número, de 1 a 5.
- Depois de um tempo previamente estabelecido para a realização da atividade, cada participante sai de seu grupo inicial portando suas anotações para entrar em uma nova formação dos outros cinco grupos, um constituído apenas de alunos cujo número era 1, outro constituído de alunos cujo número era 2 e assim por diante. Ouvindo cada elemento do novo grupo, você poderá tomar conhecimento das conclusões a que chegaram todos os grupos iniciais. Da mesma maneira, faça para seus colegas o relato dos resultados das discussões de seu grupo anterior. Seja rápido e eficiente nesse relato, uma vez que o tempo será cronometrado pelos colegas. Cuide da dicção e da correção de sua fala para que seja bem sucedido em sua exposição.

# Atividades

**Texto para as questões de 1 a 4.**

Esta letra de música é também um longo poema narrativo, sem muitas repetições nem rimas regulares, mas que, nos anos 1980, alcançou grande aceitação do público. Em sua leitura, procure observar as características distintas dos dois personagens principais da narrativa e a evolução no relacionamento (que inicialmente parecia improvável) dos dois.

## Eduardo e Mônica

Renato Russo

Quem um dia irá dizer
Que existe razão
Nas coisas feitas pelo coração?
E quem irá dizer
Que não existe razão?

Eduardo abriu os olhos mas não quis se levantar:
Ficou deitado e viu que horas eram
Enquanto Mônica tomava um conhaque,
Noutro canto da cidade,
Como eles disseram.

Eduardo e Mônica um dia se encontraram sem querer
E conversaram muito mesmo pra tentar se conhecer.
Foi um carinha do cursinho do Eduardo que disse:
– Tem uma festa legal e a gente quer se divertir.
Festa estranha, com gente esquisita:
– Eu não estou legal. Não aguento mais birita.
E a Mônica riu e quis saber um pouco mais
Sobre o boyzinho que tentava impressionar
E o Eduardo, meio tonto, só pensava em ir pra casa:
– É quase duas, eu vou me ferrar.

Eduardo e Mônica trocaram telefone
Depois telefonaram e decidiram se encontrar.
O Eduardo sugeriu uma lanchonete
Mas a Mônica queria ver o filme do Godard.
Se encontraram então no parque da cidade
A Mônica de moto e o Eduardo de camelo.
O Eduardo achou estranho e melhor não comentar
Mas a menina tinha tinta no cabelo.
Eduardo e Mônica eram nada parecidos –
Ela era de Leão e ele tinha dezesseis.
Ela fazia Medicina e falava alemão
E ele ainda nas aulinhas de inglês.
Ela gostava do Bandeira e do Bauhaus,
De Van Gogh e dos Mutantes,
De Caetano e de Rimbaud
E o Eduardo gostava de novela
E jogava futebol de botão com seu avô.

Ela falava coisas sobre o Planalto Central,
Também magia e meditação.
E o Eduardo ainda estava
No esquema "escola, cinema, clube, televisão".

E, mesmo com tudo diferente,
Veio mesmo, de repente,
Uma vontade de se ver
E os dois se encontravam todo dia
E a vontade crescia,
Como tinha de ser.
Eduardo e Mônica fizeram natação, fotografia,
Teatro e artesanato e foram viajar.
A Mônica explicava pro Eduardo
Coisas sobre o céu, a terra, a água e o ar:
Ele aprendeu a beber, deixou o cabelo crescer
E decidiu trabalhar;
E ela se formou no mesmo mês
Em que ele passou no vestibular
E os dois comemoraram juntos
E também brigaram juntos, muitas vezes depois.
E todo mundo diz que ele completa ela e vice-versa,
Que nem feijão com arroz.
Construíram uma casa uns dois anos atrás,
Mais ou menos quando os gêmeos vieram –

Batalharam grana e seguraram legal
A barra mais pesada que tiveram.
Eduardo e Mônica voltaram pra Brasília
E a nossa amizade dá saudade no verão.
Só que nessas férias não vão viajar
Porque o filhinho do Eduardo
Tá de recuperação.

E quem um dia irá dizer
Que existe razão
Nas coisas feitas pelo coração?
E quem irá dizer
Que não existe razão?

LEGIÃO URBANA. *Dois*, CD Emi/Odeon, 1986.

Filipe Rocha/Arquivo da editora

## Gênero textual: canção

Intrinsecamente ligadas à melodia, as letras da canção popular têm características de poemas, como versos, estrofes, ritmo, rimas, linguagem figurada, mas não podem ser consideradas isoladamente. Trata-se de um gênero híbrido, em que se aliam, em sua materialidade, linguagem verbal e linguagem musical. Restrita inicialmente a meios populares – como no caso das modinhas e das serenatas –, a música popular brasileira ganhou destaque no início do século passado com a ascensão do rádio como meio de comunicação de massas. Nessa época, ou seja, na primeira metade do século XX, nosso cancioneiro abriu-se em um leque de estilos variados e ampliou progressivamente seu público. As canções são tocadas e cantadas não apenas em rádios, mas em programas de tevê, filmes, peças de teatros, *shows*, espetáculos de dança e outros... As tecnologias digitais modificaram a forma de comercialização da música popular.

1. A estrofe que abre e fecha o texto dá o tom do enredo e nos coloca diante de duas interrogações.
   a) Justifique a presença dessa estrofe, a partir dos personagens.
   b) Dê sua resposta às interrogações.

2. O que sabemos sobre Eduardo e Mônica nos é contado por um narrador; ele é o responsável pela organização dos fatos, pela seleção das informações que caracterizam os personagens, etc. Ou seja, há um ponto de vista do narrador (foco narrativo). Caracterize o ponto de vista do narrador do texto.

3. Os fatos narrados obedecem a uma progressão temporal. Daquela festinha legal em que Mônica e Eduardo se conheceram até o filhinho deles estar de recuperação, quantos anos você diria que se passaram?

4. Há na letra da canção algumas referências que o leitor deverá conhecer para que se dê o entendimento completo do texto. A que campo das artes podem ser relacionados: Godard, Bandeira, Bauhaus, Van Gogh, Mutantes, Caetano e Rimbaud? O que essas referências culturais revelam sobre Mônica? Por que foram citadas?

5. Leia este fragmento do romance *Frankenstein*, da escritora inglesa Mary Shelley (1797-1851).

### Frankenstein

Mary Shelley

[...]

O inverno, a primavera e o verão se passaram enquanto eu trabalhava; não observei, porém, as flores que desabrochavam ou as folhas que cresciam – visões que antes me enchiam de uma satisfação suprema –, pois estava profundamente absorto em minhas ocupações. As folhas daquele ano murcharam antes que meu trabalho se aproximasse da conclusão, e agora cada dia mostrava-me mais claramente o quão bem-sucedido eu fora. [...] Às vezes, eu me alarmava ao perceber a ruína em que me encontrava; a energia do meu propósito era tudo o que me sustentava: meus esforços terminariam em breve, e eu acreditava que o exercício e a diversão afastariam, então, a doença incipiente; prometi a mim mesmo dedicar-me a ambos quando minha criação se completasse.

Foi numa terrível noite de novembro que vi meu árduo trabalho chegar ao fim. Com uma ansiedade que beirava a agonia, reuni ao meu redor os instrumentos necessários, de modo a poder infundir uma centelha de vida ao ser inanimado que jazia a meus pés. Já era uma hora da manhã; a chuva tamborilava lúgubre nas vidraças e minha vela já quase se havia extinguido quando, à sua luz bruxuleante já meio consumida, vi os olhos amarelos e opacos da criatura se abrirem; inspirou com força, e um movimento convulsivo agitou-lhe os membros.

[...]

SHELLEY, Mary. *Frankenstein*. Rio de Janeiro: Ediouro, 2001. p. 69-70.

a) Caracterize o foco narrativo.

b) Como a autora do texto trabalha o elemento tempo no primeiro parágrafo transcrito?

c) No segundo parágrafo reproduzido, há um interessante trabalho com os elementos tempo e espaço, para caracterizar o clima da narrativa. Comente-o.

d) No segundo parágrafo, nota-se uma especial seleção e combinação de palavras. Destaque as palavras e comente o efeito de sentido que elas produzem.

A escritora britânica Mary Wollstonecraft Godwin (1797-1851), conhecida como Mary Shelley, era filha de Mary Wollstonecraft, considerada uma das primeiras feministas. O pai de Mary Shelley, William Godwin, era jornalista, escritor e teórico anarquista.

Entre os livros publicados por Mary Shelley, destacou-se *Frankenstein* ou *o moderno Prometeu*, lançado em 1818. Com essa obra, a escritora participou de um concurso de histórias de terror organizado no castelo de um dos grandes nomes do Romantismo, lorde Byron. Ao contar a história intrigante de seu personagem dr. Victor Frankenstein e sua monstruosa criação, a escritora favorece a discussão sobre os limites da ciência.

## Mãos à obra!

1. Como você pôde perceber, a letra de "Eduardo e Mônica", embora escrita em versos, apresenta todos os elementos de uma narrativa em prosa. Aproveite esses elementos para se inspirar e elaborar um primeiro episódio do que poderia vir a se tornar uma novela.
2. O título deste primeiro episódio será a frase do pensador francês Pascal (1623-1662): "O coração tem suas razões, que a própria razão desconhece". Use aspas.
3. Concluída a primeira versão do texto, faça uma última leitura, assumindo o papel de revisor.
4. O professor vai sortear alguns alunos para que leiam os episódios produzidos. Se você for chamado, leia seu texto em voz alta o suficiente para que todos o ouçam. Imprima ritmo adequado a sua leitura para prender a atenção dos colegas.

   Se for apenas ouvinte, avalie a capacidade de seus colegas de recriar uma história cujo elemento central é o relacionamento amoroso. Eles terão obtido bons resultados se os ouvintes se sentirem envolvidos emocionalmente na trama.

### **Gênero textual:** novela

Assim como o conto e o romance, a novela apresenta os elementos da narrativa (personagens atuando em tempo e espaço determinados, narrador revelando os fatos). Diferencia-se do conto – que é denso e apresenta um conflito marcante –, contudo, por se constituir de vários episódios que se renovam e se desdobram em uma longa sucessão de ações, com a participação de vários personagens, encarregados de realizar o entrelaçamento dos fatos nesses episódios. Com relação ao romance, a novela perde em complexidade, pois seus personagens não têm profundidade psicológica. As primeiras novelas relatavam feitos dos heróis de cavalaria; com a ampliação do público leitor de jornais, no século XIX, fizeram sucesso as novelas de folhetins, publicadas em fascículos. Atualmente, as telenovelas assumiram esse papel, correspondendo aos anseios de um telespectador que busca distração e não reflexão nos capítulos apresentados diariamente.

### Dicas para escrever a novela

- Ao escrever, considere como seu leitor um público de escolaridade média, que busca na leitura apenas entretenimento.
- Nesse episódio inicial, componha o cenário onde se conhecem os personagens: a "festa estranha, com gente esquisita". Descreva o local em detalhes, caracterize os personagens, de modo que o leitor perceba as diferenças existentes entre Eduardo e Mônica. Outros personagens poderão ser citados e descritos, como o amigo do cursinho, mas eles servirão apenas como "paisagem humana". Para tanto, empregue sequências descritivas.
- Crie fatos que tornem sua narrativa interessante: as ações devem prevalecer e, se possível, surpreender. Nessas passagens, prevalecerão sequências narrativas.
- Termine o episódio no momento em que Eduardo e Mônica se despedem e trocam números de telefone. O episódio deverá ter uma estrutura completa, com começo, meio e fim; ao mesmo tempo, é preciso deixar um "gancho", uma situação-suspense que provoque no leitor a vontade de ler um possível segundo episódio.
- Use linguagem simples e ágil. Evite vocabulário sofisticado.
- Caso queira dar prosseguimento à novela, escreva os demais episódios, dando ênfase às dificuldades enfrentadas pelo casal: as brigas e a "barra pesada que tiveram" em sua trajetória.

# Pensando no Enem

**Texto para a questão 1.**

## Miguilim

De repente lá vinha um homem a cavalo. Eram dois. Um senhor de fora, o claro de roupa. Miguilim saudou, pedindo a bênção. O homem trouxe o cavalo cá bem junto. Ele era de óculos, corado, alto, com um chapéu diferente, mesmo.

– Deus te abençoe, pequenino. Como é teu nome?

– Miguilim. Eu sou irmão do Dito.

– E o seu irmão Dito é o dono daqui?

– Não, meu senhor. O Ditinho está em glória.

O homem esbarrava o avanço do cavalo, que era zelado, manteúdo, formoso como nenhum outro. Redizia:

– Ah, não sabia, não. Deus o tenha em sua guarda... Mas que é que há, Miguilim?

Miguilim queria ver se o homem estava mesmo sorrindo para ele, por isso é que o encarava.

– Por que você aperta os olhos assim? Você não é limpo de vista? Vamos até lá. Quem é que está em tua casa?

– É Mãe, e os meninos...

Estava Mãe, estava tio Terêz, estavam todos. O senhor alto e claro se apeou. O outro, que vinha com ele, era um camarada.

O senhor perguntava à Mãe muitas coisas do Miguilim. Depois perguntava a ele mesmo: – Miguilim, espia daí: quantos dedos da minha mão você está enxergando? E agora?

ROSA, João Guimarães. *Manuelzão e Miguilim*. 9. ed. Rio de Janeiro: Nova Fronteira, 1984.

1. Esta história, com narrador observador em terceira pessoa, apresenta os acontecimentos da perspectiva de Miguilim. O fato de o ponto de vista do narrador ter Miguilim como referência, inclusive espacial, fica explicitado em:

a) "O homem trouxe o cavalo cá bem junto."
b) "Ele era de óculos, corado, alto (...)"
c) "O homem esbarrava o avanço do cavalo, (...)"
d) "Miguilim queria ver se o homem estava mesmo sorrindo para ele, (...)"
e) "Estava Mãe, estava tio Terêz, estavam todos."

### Comentário

Ao utilizar os advérbios ou locuções adverbiais num enunciado, é possível dar coordenadas sobre a localização no espaço e no tempo. O único item da questão em que se reproduz um trecho com referências espaciais é o item **a**, o correto então. Observe que a expressão "cá bem junto" indica a referência do espaço próximo ao narrador observador. O adjunto adverbial *cá* é um dêitico que tem como referente o local próximo ao narrador.

Resposta: **A**.

**Texto para a questão 2.**

Tudo no mundo começou com um sim. Uma molécula disse sim a outra molécula e nasceu a vida. Mas antes da pré-história havia a pré-história da pré-história e havia o nunca e havia o sim. Sempre houve. Não sei o quê, mas sei que o universo jamais começou.

[...]

Enquanto eu tiver perguntas e não houver resposta continuarei a escrever. Como começar pelo início, se as coisas acontecem antes de acontecer? Se antes da pré-pré-história já havia os monstros apocalípticos? Se esta história não existe, passará a existir. Pensar é um ato. Sentir é um fato. Os dois juntos — sou eu que escrevo o que estou escrevendo. [...] Felicidade? Nunca vi palavra mais doida, inventada pelas nordestinas que andam por aí aos montes.

Como eu irei dizer agora, esta história será o resultado de uma visão gradual — há dois anos e meio venho aos poucos descobrindo os porquês. É visão da iminência de. De quê? Quem sabe se mais tarde saberei. Como que estou escrevendo na hora mesma em que sou lido. Só não inicio pelo fim que justificaria o começo — como a morte parece dizer sobre a vida — porque preciso registrar os fatos antecedentes.

LISPECTOR, C. *A hora da estrela*. Rio de Janeiro: Rocco, 1998 (fragmento).

2. A elaboração de uma voz narrativa peculiar acompanha a trajetória literária de Clarice Lispector, culminada com a obra *A hora da estrela*, de 1977, ano da morte da escritora. Nesse fragmento, nota-se essa peculiaridade porque o narrador:

a) observa os acontecimentos que narra sob uma ótica distante, sendo indiferente aos fatos e às personagens.
b) relata a história sem ter tido a preocupação de investigar os motivos que levaram aos eventos que a compõem.
c) revela-se um sujeito que reflete sobre questões existenciais e sobre a construção do discurso.
d) admite a dificuldade de escrever uma história em razão da complexidade para escolher as palavras exatas.
e) propõe-se a discutir questões de natureza filosófica e metafísica, incomuns na narrativa de ficção.

### Comentário

Criado pela ficcionista Clarice Lispector, o narrador Rodrigo S. M. reflete sobre a própria escrita; por exemplo, em: "como eu irei dizer agora, esta história será o resultado de uma visão gradual", além de levantar questões existenciais. A visão crítica da linguagem e a crise existencial são elementos fundamentais da narrativa de Clarice Lispector.

Resposta: **C**.

# Vestibulares de Norte a Sul

**Texto para a questão 1.**

Fui devidamente matriculado no ginásio episcopal por minha mãe, que pagou a matrícula com o seu dinheiro.

Andei macambúzio naqueles meses de princípios de 1920. Doía-me a ideia de ter de passar nove meses inteiros longe de minha gente e de minha casa. Um novo capítulo na minha vida estava por começar.

Nunca minha terra natal me pareceu mais suave e bela que naquele verão do primeiro ano da década de 20. Eu saía em passeios de despedida pelas ruas da cidade, em casa olhava com uma ternura particular para a ameixeira-do-japão, que tanta coisa parecia dizer-me em seu silêncio.

O meu "drama" era consideravelmente agravado por um fato sentimental da maior relevância. Eu estava então seriamente enamorado duma menina pouco mais moça que eu e que correspondia ao meu afeto. Chamava-se Vânia, tinha nas veias sangue italiano, um rosto redondo e corado e uma vivacidade que frequentemente embaraçava o Tibicuera de D. Bega.

Chegou o dia da partida. Despedi-me de Vânia na véspera, com um simples aperto de mão. Combinamos a melhor maneira de manter uma correspondência secreta durante minha ausência. Juramo-nos amor eterno.

VERÍSSIMO, Érico. *Solo de clarineta*. 5. ed. Porto Alegre, Globo, 1974. p. 122-3

1. **NE** (CFT-CE) A partir da leitura do texto, é CORRETO afirmar que:

a) o texto é narrado em terceira pessoa.
b) a predominância do tempo verbal marca a terceira pessoa.
c) o texto mostra um emissor centrado em pronomes de terceira pessoa.
d) o narrador não exterioriza suas opiniões ou sentimentos, mas apenas relembra fatos antigos.
e) o texto mostra um emissor centrado em si mesmo, daí a predominância da primeira pessoa.

**Texto para a questão 2.**

## História estranha

Um homem vem caminhando por um parque quando de repente se vê com sete anos de idade. Está com quarenta, quarenta e poucos. De repente dá com ele mesmo chutando uma bola perto de um banco onde está a sua babá fazendo tricô. Não tem a menor dúvida de que é ele mesmo. Reconhece a sua própria cara, reconhece o banco e a babá. Tem uma vaga lembrança daquela cena. Um dia ele estava jogando bola no parque quando de repente aproximou-se um homem e... O homem aproxima-se dele mesmo. Ajoelha-se, põe as mãos nos seus ombros e olha nos seus olhos. Seus olhos se enchem de lágrimas. Sente uma coisa no peito. Que coisa é a vida. Que coisa pior ainda é o tempo. Como eu era inocente. Como os meus olhos eram limpos. O homem tenta dizer alguma coisa, mas não encontra o que dizer. Apenas abraça a si mesmo, longamente. Depois sai caminhando, chorando, sem olhar para trás.

O garoto fica olhando para a sua figura que se afasta. Também se reconheceu. E fica pensando, aborrecido: quando eu tiver quarenta, quarenta e poucos anos, como eu vou ser sentimental!

VERISSIMO, Luis Fernando. *Comédias para se ler na escola*.

2. **SE** (Fuvest-SP) A estranheza dessa história deve-se, basicamente, ao fato de que nela:

a) há superposição de espaços sem que haja superposição de tempos.
b) a memória afetiva faz um quarentão se lembrar de uma cena da infância.
c) a narrativa é conduzida por vários narradores.
d) o tempo é representado como irreversível.
e) tempos distintos convergem e tornam-se simultâneos.

**Texto para a questão 3.**

## Olhos de ressaca

Enfim, chegou a hora da encomendação e da partida. Sancha quis despedir-se do marido, e o desespero daquele lance consternou a todos. Muitos homens choravam também, as mulheres todas. Só Capitu, amparando a viúva, parecia vencer-se a si mesma. Consolava a outra, queria arrancá-la dali. A confusão era geral. No Meio dela, Capitu olhou alguns instantes para ver o cadáver tão fixa, tão apaixonadamente fixa, que não admira lhe saltassem algumas lágrimas poucas e caladas...

As minhas cessaram logo. Fiquei a ver as dela; Capitu enxugou-as depressa, olhando a furto para a gente que estava na sala. Redobrou as carícias para a amiga, e quis levá-la; mas o cadáver parece que a retinha também. Momento houve em que os olhos de Capitu fitaram o defunto, quais os da viúva, sem o pranto nem as palavras desta, mas grande e abertos, como a vaga do mar lá fora, como se quisesse tragar também o nadador da manhã.

(ASSIS, Machado de. *Dom Casmurro*. Capítulo 123. São Paulo: Martin Claret, 2004)

3. **SE** (Uerj) No texto, a descrição dos fatos não é objetiva, pois temos acesso aos traços e às ações dos demais personagens apenas por meio do olhar comprometido do personagem-narrador. A alternativa que indica uma estratégia utilizada pelo personagem-narrador para expressar um ponto de vista individual dos fatos e a passagem que a exemplifica é:

a) enumeração de ações – "Consolava a outra, queria arrancá-la dali."
b) seleção de adjetivos e advérbios – "tão fixa, tão apaixonadamente fixa"
c) narração em 1ª pessoa – "As minhas cessaram logo."
d) imprecisão cronológica – "Momento houve em que os olhos de Capitu fitaram o defunto"

CAPÍTULO

# 10 Leitura e interação

Reprodução/Museu de Arte Brasileira, São Paulo, SP

*Leitora*, de Anita Malfatti, s. d.

Você acredita no papel transformador da literatura? Leia o texto a seguir, um fragmento do discurso do escritor brasileiro contemporâneo Luiz Ruffato na Feira do Livro de Frankfurt. Discuta-o com os colegas e o professor, levando em conta as questões propostas nesta página.

[...] Eu acredito, talvez até ingenuamente, no papel transformador da literatura. Filho de uma lavadeira analfabeta e um pipoqueiro semianalfabeto, eu mesmo pipoqueiro, caixeiro de botequim, balconista de armarinho, operário têxtil, torneiro-mecânico, gerente de lanchonete, tive meu destino modificado pelo contato, embora fortuito, com os livros. E se a leitura de um livro pode alterar o rumo da vida de uma pessoa, e sendo a sociedade feita de pessoas, então a literatura pode mudar a sociedade. Em nossos tempos, de exacerbado apego ao narcisismo e extremado culto ao individualismo, aquele que nos é estranho, e que por isso deveria nos despertar o fascínio pelo reconhecimento mútuo, mais que nunca tem sido visto como o que nos ameaça. Voltamos as costas ao outro — seja ele o imigrante, o pobre, o negro, o indígena, a mulher, o homossexual — como tentativa de nos preservar, esquecendo que assim implodimos a nossa própria condição de existir. Sucumbimos à solidão e ao egoísmo e nos negamos a nós mesmos. Para me contrapor a isso escrevo: quero afetar o leitor, modificá-lo, para transformar o mundo. Trata-se de uma utopia, eu sei, mas me alimento de utopias. Porque penso que o destino último de todo ser humano deveria ser unicamente esse, o de alcançar a felicidade na Terra. Aqui e agora.

Trecho de discurso do escritor Luiz Ruffato na abertura da Feira do Livro de Frankfurt, em outubro de 2013. Disponível em: <www.estadao.com.br>. Acesso em: 4 abr. 2014.

Arno Burgi/AP Images/Glow Images

O escritor Luiz Ruffato.

- *Por esse trecho, o que leva Luiz Ruffato a acreditar no papel transformador da literatura é o fato de ele ter tido seu destino modificado pelo contato com os livros. De que modo esse escritor justifica o fato de essa experiência pessoal poder ser generalizada para a sociedade?*
- *Luiz Ruffato ressalta o narcisismo e o individualismo da sociedade contemporânea — assim como a busca pela autopreservação — como responsáveis pelo comportamento de muitos indivíduos, que se fecham diante do outro. Que atitude ele afirma ajudá-lo a agir de outra maneira?*
- *No início do trecho ele afirma acreditar "talvez até ingenuamente" na capacidade de transformação da literatura. No final, declara que seu comportamento é uma utopia, ou seja, um comportamento ideal, um sonho que não se pode concretizar. Entretanto, ter consciência da impossibilidade de concretização do sonho não o faz agir de modo diferente. Em sua opinião, por quê?*
- *A questão discutida no parágrafo é: qual é o papel da literatura em nossa sociedade? Para responder a ela, o escritor, um especialista no assunto, relata sua experiência pessoal com a literatura procurando mostrar que a vivência dele vale para a sociedade em geral. Reflita e compartilhe com os colegas e o professor: qual foi sua experiência pessoal marcante com a literatura ou com a leitura de modo geral?*
- *Você considera que é preciso mudar o comportamento das pessoas em geral para vivermos melhor? Por quê? Em caso positivo, que atitude individual você sugere para colaborar nesse processo de mudança?*
- *Ler o fragmento do discurso de Ruffato enriqueceu seu ponto de vista sobre a leitura ou sobre o comportamento humano? Ajudou você a organizar as próprias considerações a respeito da sociedade e de como atuar nela? Explique.*
- *As questões deste roteiro o ajudaram a compreender melhor o texto lido? A discussão com a classe toda trouxe novos elementos ou novas formas de encarar questões já discutidas? Explique.*

# 1 A leitura como processo

O ato de ler é um processo em que não basta uma decodificação apática de um texto. Ler consiste em interagir com o texto, ativando nosso **conhecimento linguístico**, nosso **conhecimento de mundo**, nossas **leituras prévias**, nossa **reflexão**.

Pelo ato de ler, atribuímos sentido à mensagem de um texto.

## O primeiro contato com o texto

Provavelmente você já tem uma ideia clara de alguns procedimentos necessários para, de modo eficiente, ler um texto:

- determinar um **objetivo** para a leitura (ler por prazer, ler para encontrar uma informação específica, ler para ter uma noção geral, ler para entender um procedimento...);
- criar **expectativas** e **hipóteses** a partir da observação do **tipo de texto** (receita, bula, artigo de jornal, carta, charge...), suas **características "externas"** (formato, veiculação, autor, época...) e seu **título**.

Neste capítulo, a proposta será um pouco diferente: você está convidado a experimentar ler um texto mais de uma vez e, a cada leitura, de uma maneira particular. Assim você vai explorar a experiência de ler, reler, observar aspectos diferentes a cada contato com o texto a seguir. Para isso, basta seguir as etapas propostas em "Processo de leitura".

### Estreia

**Campeão de indicações a Oscar, *Lincoln* traça retrato ambíguo e realista**

Algumas coisas parecem óbvias antes mesmo que as primeiras imagens de *Lincoln* batam na tela. Que outro diretor mais adequado poderia comandar a cinebiografia definitiva de um dos maiores presidentes norte-americanos senão o consagrado e grandiloquente Steven Spielberg?

Que outro ator mais perfeccionista do que o, ironicamente, britânico Daniel Day-Lewis, para encarnar o personagem de Abraham Lincoln?

O público pode compartilhar também a fortíssima expectativa de que o filme, campeão de indicações no Oscar (com 12), sairá de sua cerimônia de premiação, no dia 24 de fevereiro, de posse dos mais cobiçados troféus, como filme, diretor e ator (disputa também fotografia, figurino, montagem, atriz coadjuvante, ator coadjuvante, trilha sonora, desenho de produção, mixagem de som e roteiro adaptado).

A partir destas certezas, no entanto, a narrativa de *Lincoln* toma alguns caminhos imprevistos. Se é uma cinebiografia enraizada no culto ao mítico presidente ligado à libertação dos escravos, não falta à história um pragmatismo um tanto cínico que não se costuma esperar de Spielberg quando adentra um território sagrado da nacionalidade norte-americana como este.

É fato que *Lincoln* é pensado para o público interno e que as plateias internacionais, naturalmente pouco familiarizadas com as minúcias da história dos EUA, terão dificuldades em situar episódios e personagens nos devidos lugares. Pensando nisso, e também nos desatentos às aulas na escola, Spielberg distribui, aqui e ali, letreiros para identificar algumas figuras-chave.

O roteiro de Tony Kushner (*Angels in America*, *Munique*), baseado parcialmente em livro da historiadora Doris Kearns Goodwin, focaliza o dramático ano de 1865, quando o exaurimento do sul dos EUA prenunciava o fim da Guerra de Secessão.

Ao mesmo tempo, uma luta, por assim dizer, não menos selvagem, começava dentro do Congresso dos EUA, pela aprovação da 13ª emenda, que definiria a libertação dos escravos, assunto que também estava por trás da guerra, já que a economia sulista baseava-se na agricultura dependente dessa mão de obra.

Reeleito para um segundo mandato, o republicano Abraham Lincoln (Daniel Day-Lewis) luta nos dois *fronts*. Quer terminar a guerra, que tantas vidas já custou, e eliminar a escravidão. Se há uma boa razão para assistir ao filme, certamente é a composição perfeita que o ator inglês faz do presidente norte-americano, aproximando-o do público ao retratá-lo com autenticidade, a começar por uma impressionante semelhança física na caracterização.

Uma esperteza do roteiro é contrapor as complicações entediantes da luta pela aprovação da emenda no Congresso com diversas cenas em que se pode observar o homem Lincoln, não só o presidente, em ação.

Mistura complexa de homem rude, de origem pobre, advogado interiorano e astuto animal político com capacidade quase infinita para ouvir, esse Lincoln de carne e osso emerge das conversas que ele mantém com soldados no *front*, que visita regularmente, e também com as pessoas comuns que diariamente fazem fila nos corredores da Casa Branca.

Em busca de soluções para problemas corriqueiros, esses cidadãos são brindados com um contato direto com o presidente que, em troca, consulta-os sobre os assuntos espinhosos da nação que tiram seu sono à noite.

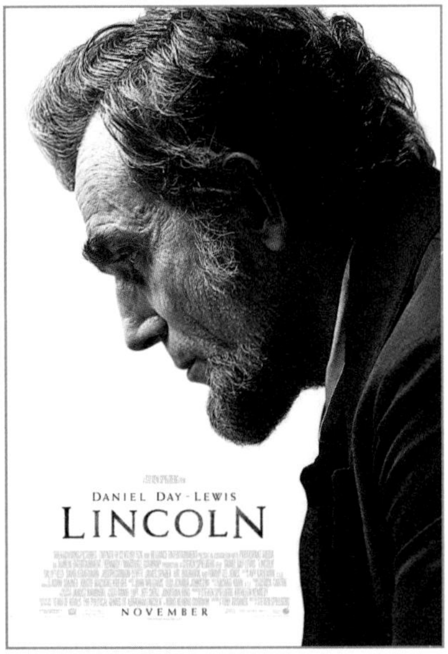

Touchstone Pictures/20th Century Fox

A primeira-dama, Mary (Sally Field), apresenta-se como uma figura ambígua. Se por um lado é uma mulher doentia e nervosa, que desafia a tendência do marido ao isolamento doméstico, por outro funciona também como seus olhos e ouvidos na batalha que se trava no Congresso.

É nesse *front* que, finalmente, o filme expõe sua tese mais delicada, ao retratar como o presidente não hesitou em colocar secretamente três intermediários (James Spader, Tim Blake Nelson e John Hawkes) na cola dos parlamentares democratas que não haviam sido reeleitos, portanto, prestes a terminar seus mandatos, oferecendo-lhes empregos em troca de votos a favor da emenda.

Nesse jogo de ética tortuosa, mas indispensável à aprovação apertada da emenda, Lincoln jogou tudo e venceu, ainda que não vivesse mais do que alguns meses para desfrutar de sua vitória e seu legado, impedido, portanto, de reconstruir a nação, como pretendia.

Por Neusa Barbosa, do Cineweb. Disponível em: <www.estadao.com.br>. Acesso em: 4 abr. 2014.

## Processo de leitura (I)

Antes de ler propriamente o texto, linha a linha, contextualize-o observando os elementos mais externos a ele:

a) faça um levantamento das informações "externas", ou seja, que não fazem parte da mensagem do texto em si;
b) identifique o gênero a que pertence o texto;
c) proponha-se um objetivo de leitura que orientará suas estratégias na interação do ato de ler;
d) a partir dessas informações e da leitura do título, crie expectativas e hipóteses em relação à mensagem contida no texto a ser lido;
e) explique que conhecimentos prévios permitiriam ao leitor desse texto uma leitura mais plena e como esses conhecimentos poderiam favorecer as antecipações criadas em relação ao texto.

### **Gênero textual:** resenha

As resenhas estão presentes nas seções ou cadernos de jornais e revistas (versão impressa ou *on-line*) que fazem a cobertura da vida cultural de determinado lugar: lançamento de livros, filmes, jogos, CDs ou DVDs, estreias de *shows* ou peças de teatro, abertura de exposições. A extensão da resenha é variável: pode ser um comentário breve ou uma análise aprofundada, dependendo do veículo no qual circula e do perfil do público a que se destina. Em geral, apresenta dados objetivos, como título, autor, editora, número de páginas nas publicações ou título, diretor, atores, duração e locais de exibição no caso de espetáculos. Apresenta também um resumo não detalhado do assunto, sem revelar o desfecho ou elementos surpresa. Além de apresentar a obra, o autor da resenha tece comentários avaliativos, expondo seu posicionamento pessoal, o que é facilmente verificável pela seleção vocabular: emprego de adjetivos (elogiosos ou não), advérbios ou expressões reveladoras de opiniões. Imagens, entrevistas, declarações, comparação com outras obras também são recursos que costumam ser utilizados pelos autores para convencer os leitores a prestigiarem (ou não) determinada obra.

# 2 Interagindo no processo de leitura

Na hora da leitura, apenas percorrer com a vista o texto escrito não basta para chegar à compreensão efetiva da mensagem contida nele. Temos de interagir com o texto, atuando sobre ele, para chegar a seu significado.

Não há uma "receita" única para se ler bem um texto. Não há um mínimo nem um máximo de leituras necessárias para a compreensão efetiva de um texto; nem estratégias determinadas e exclusivas para uma leitura efetiva. Tudo depende das necessidades do leitor e das características do texto.

Entretanto, vale a pena sistematizar algumas estratégias fundamentais para interagirmos com o texto ao lê-lo. Na medida em que o leitor vai adquirindo mais habilidades de leitura, essas estratégias e os passos do procedimento de leitura vão se tornando simultâneos e "automáticos". Para os leitores não experientes, a sistematização é uma forma de treino.

### **Processo de leitura (II)**

Leia toda a resenha crítica com atenção, procurando também aproveitar o prazer da leitura.

## Estratégias de leitura

Para alcançar nossos objetivos da leitura, podemos seguir este caminho:

- obter uma ideia geral do conteúdo do texto, confirmando ou não expectativas e hipóteses criadas em relação a ele;
- destacar sua ideia central. No caso da matéria do jornal, perceber que o título ("Campeão de indicações a Oscar, *Lincoln* traça retrato ambíguo e realista") já antecipa a ideia central: o retrato que o filme mostra de Abraham Lincoln, o 16º presidente dos Estados Unidos, e de sua atuação durante a Guerra Civil;
- verificar vocabulário e conceitos. Nesta etapa, dicionários e enciclopédias são grandes aliados; no entanto, nem sempre um verbete de dicionário ou de enciclopédia basta para se entender o sentido de uma palavra contextualizada. É necessário observar a função da palavra no texto em que está inserida, para assim compreendê-la melhor.

Vejamos como isso pode acontecer no caso de nosso texto:

- Quanto à **ideia geral**: o filme faz um retrato ambíguo e realista do presidente Lincoln. As expectativas se confirmam se, por exemplo, esperavam-se comentários centrados na polêmica que o filme provocou; não se confirmam se, por exemplo, esperavam-se comentários mais técnicos sobre o filme.
- Quanto ao **vocabulário**: siga a proposta abaixo.

## Processo de leitura (III)

Reproduzimos a seguir as acepções para determinadas palavras (em negrito) empregadas na resenha crítica. Qual é, em cada caso, a acepção mais coerente com o contexto em que o termo é usado no texto?

Os verbetes foram extraídos do *Grande dicionário Houaiss da língua portuguesa*, versão eletrônica. Disponível em: <http://houaiss.uol.com.br/>.

a) "Reeleito para um segundo **mandato** o republicano Abraham Lincoln [...]"

**mandato**

**Substantivo masculino. (*sXIV*)**

1. aquilo de que se está encarregado; incumbência, missão
2. concessão de poderes para desempenho de uma representação; delegação
3. **m.q. 1** mandado ("prescrição")
4. poder dado ou autorizado
5. no direito público, delegação conferida às pessoas, para que representem o povo nas instituições, que se constituem pelos seus representantes
6. **p.met.** período de exercício de um cargo eleitoral *'o presidente não chegou a completar o segundo m.'*
7. ***jur*** contrato que designa duas vontades, uma que dá a outra uma incumbência, outra que a recebe e aceita

b) "[...] senão o **consagrado** e grandiloquente Steven Spielberg?"

**consagrado**

**adjetivo. (*sXIII*)**

que se consagrou

1. dedicado, oferecido *'um monumento c. a Zeus'*
2. investido de funções sagradas *'um bispo c.'*
3. tornado sagrado *'templo c.'*
4. que se dedica muito a; devotado, dedicado *'um pai c. aos filhos'*
5. que serve a; reservado, destinado *'edifício c. ao serviço público'*
6. que teve, obteve sucesso na sua atividade; bem considerado, aplaudido *'artista c.'*
7. que obteve aprovação; sancionado *'verdade c. pela opinião pública'*
8. **litur.cat.** que se transubstanciou *'hóstia c.'*
9. **maçon** que passou por rito de iniciação

c) "pela aprovação da 13ª **emenda** que definiria a libertação dos escravos"

**emenda**

**substantivo feminino (*sXIII*)**

1. ato ou efeito de emendar(-se), de retificar falta ou defeito; correção *'e. a um projeto'*
2. ato ou efeito de emendar-se, de corrigir-se moralmente; regeneração *'depois da e., tornou-se uma pessoa confiável'*
3. ato ou efeito de juntar uma peça a outra *'com a e. da manga o casaco ficará pronto'*
4. peça que se liga a outra, aumentando-lhe o tamanho *'a calça está curta, precisa de uma e. na bainha'*
5. **p.met.** local em que se juntam duas peças ou duas partes *'a e. do brinquedo quebrado ficou visível'*
6. **gráf** ato de corrigir no texto os erros apontados na revisão
7. **gráf** cada uma das correções assinaladas num texto ou numa prova por um revisor
8. **jur** no sentido legislativo, proposta para alterar ou modificar o teor de um projeto de lei, no todo ou em parte cf. *substitutivo*

d) "[...] não falta à história um **pragmatismo** um tanto cínico que não se costuma esperar de Spielberg."

**pragmatismo**

**substantivo masculino (*sXX*)**

1. **fil** ênfase do pensamento filosófico na aplicação das ideias e nas consequências práticas de conceitos e conhecimentos; filosofia utilitária
2. **fil** corrente de ideias que prega que a validade de uma doutrina é determinada pelo seu bom êxito prático [É esp. aplicado ao movimento filosófico norte-americano baseado em ideias de Charles Sanders Peirce (1839-1914) e William James (1842--1910).] cf. *ativismo, humanismo e naturalismo*
3. **fil ling** dentro do pensamento de Charles S. Peirce, afirmação de que o conceito que temos de um objeto é a soma dos conceitos de todos os efeitos decorrentes das implicações práticas que podemos conceber para o referido objeto; pragmaticismo
4. consideração das coisas de um ponto de vista prático; tratamento prático, não dogmático ou sumário das coisas
5. tratamento dos fenômenos históricos com referência especial às suas causas, condições, antecedentes e resultados
6. método prático de tratar questões filosóficas, estéticas, literárias, científicas, etc.

**Gênero textual:** verbete

Organizados em ordem alfabética, os verbetes têm como suporte dicionários e enciclopédias. Os verbetes são constituídos da palavra que os encabeça – em geral, dividida em sílabas –, das definições (acepções ou descrição dos significados das palavras, numeradas), sinônimos e exemplos ou abonações (citações) para ilustrar o emprego da palavra. Outras informações podem ainda ser encontradas nos verbetes, como: imagens (no caso de dicionários ilustrados), classe gramatical e o gênero a que pertence a palavra, língua da qual se origina, regência (nominal ou verbal), expressões formadas a partir da palavra definida ou seu uso com sentido figurado, etc. Os verbetes circulam principalmente nas esferas escolar, acadêmica e universitária. Além do dicionário da língua-mãe e de línguas estrangeiras, há também dicionários voltados para determinado campo semântico, como dicionário de informática, de filosofia, de pedagogia, de ruas, de nomes, de mulheres do Brasil, etc.

No caso de textos mais complexos, uma segunda leitura é indispensável e deverá ser mais intensa, atenta e pausada, com o intuito de estabelecer relações entre o tema geral do texto e os subtemas desenvolvidos nele.

## A (re)estruturação do texto

Após as leituras necessárias para a compreensão efetiva de um texto, é essencial montar "virtualmente" ou por escrito o esqueleto dele, para testar sua compreensão. Algumas maneiras de se fazer isso, que podem ser utilizadas em separado ou na sequência:

- destacar o tema/assunto geral e identificar com subtítulos os temas de cada fragmento ou parágrafo do texto;
- hierarquizar as ideias contidas no texto, destacando as "palavras-chave", as ideias principais e as secundárias;
- parafrasear o texto, ou seja, dizê-lo com outras palavras e/ou de outra maneira: resumir; fazer perguntas e responder; recontar; montar um esquema de conteúdos.

Para mostrar como esses recursos podem funcionar, vamos usar como exemplo a resenha crítica sobre o filme *Lincoln*:

- **Hierarquia de tema/assunto e subtemas do artigo:**

1. A estreia polêmica do filme *Lincoln*.

1.1. O filme retrata a atuação do presidente Lincoln durante a Guerra Civil norte-americana.

1.2. Estreia com críticas fortes:

1.2.1. os críticos discutem como é retratada a figura do presidente;

1.2.2. o tema da escravidão sempre gera polêmica;

1.2.3. o presidente teria corrompido alguns parlamentares para conseguir a aprovação da 13ª emenda.

1.3. Estreia com muitas salas lotadas.

1.4. A polêmica está só começando.

2. O filme deve ser conferido.

- **Palavras-chave:** *filme, estreia, polêmica, Lincoln, escravidão, guerra civil, política.*
- **Perguntas a serem respondidas sobre o texto:** oriente-se pela proposta a seguir.

**Processo de leitura (IV)**

Um recurso para ler bem um texto é identificar questões às quais ele possa responder. Observe as questões a que a resenha crítica lida tem condições de responder:

a) Qual é o sentido do título "Campeão de indicações a Oscar, *Lincoln* traça retrato ambíguo e realista"?
b) Qual é a polêmica em torno do filme?
c) De que trata o filme?
d) Há expectativas em relação a sua estreia?
e) O autor do texto manifesta opinião sobre o filme?

## A inferência

A ativação da inferência, isto é, a leitura do que não está explícito (as entrelinhas, o tom e a intencionalidade do texto) acontece ao longo de todo o processo de leitura.

Mais uma vez, vamos usar como exemplo a resenha crítica sobre o filme *Lincoln*. Podemos tentar ler algumas das entrelinhas desse texto com a ajuda de perguntas como:

- Qual é a posição do autor do artigo em relação à polêmica e ao filme? Por quê?
- Qual é a intenção do artigo? Por quê?
- Quais são os argumentos utilizados para persuadir o leitor?

Após todo esse processo, seria interessante que você lesse o texto inteiro mais uma vez.

# Atividades

**Texto para as questões de 1 a 6.**

### Quixotes de Portinari voltam à luta

Cassiano Elek Machado
da reportagem local

*Dom Quixote cavaleiro andante*, de Candido Portinari, 1956.

De todas as mais de 5 000 obras que o prolífico Candido Portinari espalhou em telas, papéis e até em murais no prédio das Nações Unidas, em Nova York, um conjunto de 21 desenhinhos elaborados com lápis de cor desses que se compra na esquina ficam em seu pedestal particular.

As ilustrações que o artista de Brodósqui fez em 1956 inspirado no *Dom Quixote*, de Miguel de Cervantes, eram suas obras mais queridas. A "confidência" foi feita à *Folha* pela viúva do artista, Maria Portinari, em 1997.

A partir de hoje, qualquer um pode ter o conjunto completo dos "prediletos" do pintor modernista. Uma dobradinha da Fundação Memorial da América Latina, que comemora 15 anos, e do Museu de Arte Contemporânea da USP, em parceria com a Imprensa Oficial de São Paulo, resultou no álbum *D. Quixote – Portinari*, que será lançado hoje.

*Dom Quixote Cavaleiro Andante*

Evento que fecha as comemorações do centenário de Portinari (1903-1962), coordenadas pela fundação que leva o nome do artista, o lançamento será feito em um cenário especial: o Salão de Atos Tiradentes do Memorial, espaço projetado por Oscar Niemeyer, amigo de Portinari, onde fica o grandioso painel portinariano *Tiradentes*, de 18 metros.

Feita em 1948, essa obra é oito anos mais jovem do que a série de desenhos apresentada no catálogo. Feitos a pedido do editor José Olympio para ilustrar a segunda edição da primeira tradução brasileira de *Dom Quixote*, os desenhos começaram a ser feitos em 1956 (motivo pelo qual Antonio Callado dizia: "No ano de 1956 Candido Portinari sagrou cavaleiro o lápis de cor").

Os rabiscos ágeis e coloridos de Portinari só ganharam as livrarias no final de 1972, após a morte do artista. Foram lançados no álbum de luxo *D. Quixote: Cervantes, Portinari, Drummond*, acompanhados de textos deste último, no dia em que o poeta mineiro completou 70 anos.

Como escreveu Drummond, sobre o "Quixote portinariano", que "enche de felicidade os olhos que o contemplam", os desenhos foram feitos em um momento difícil do artista, quando ele não podia pintar. "Os sais de chumbo das tintas envenenavam-no lentamente, e o médico lhe recomendou que parasse", escreveu Drummond em 73. "Portinari, que não fazia outra coisa senão pintar, refugiou-se no desenho."

O Cavaleiro da Triste Figura, que o "pintor de lápis em riste" riscou, volta a sair do refúgio.

Disponível em: <www.saopaulo.sp.gov.br>. Acesso em: 8 maio 2014.

1. Aponte a(s) alternativa(s) que apresenta(m) conhecimento de mundo que poderia ser útil para o leitor montar hipóteses antecipadas sobre o conteúdo do texto a partir da leitura do título. Justifique.
   a) Quixote é sinônimo de indivíduo ingênuo e sonhador.
   b) Portinari é o nome de um pintor.
   c) Existiu apenas um Quixote.
   d) Portinari retratou passagens da maior obra de Cervantes.
   e) Quixote é personagem que vive aventuras de novelas de cavalaria.
2. Destaque as palavras que não são palavras-chave do texto.

   ARTES CÊNICAS – LUTA – CANDIDO PORTINARI –
   LITERATURA – DOM QUIXOTE –
   EXPOSIÇÃO – DESENHO – CAVALARIA –
   LANÇAMENTO – NOVA YORK
3. Prolífico é sinônimo de prolífero. De acordo com o contexto em que a palavra está inserida no artigo da página anterior, qual das acepções é a que melhor esclarece seu significado? Justifique.

   **prolífero**
   **[De *proli-* + *-fero*.]**
   **Adj.**
   **1.** Que faz prole.
   **2.** Que tem a faculdade de gerar; fecundante.
   **3.** Produtivo, fecundo (com relação a pessoas).

   FERREIRA, Aurélio Buarque de Holanda. *Dicionário eletrônico*. Versão 5.0 Ed. rev. e atual. Parte integrante do *Novo Dicionário Aurélio*. Curitiba: Positivo/Positivo Informática, 2004.
4. Qual é o intuito maior do artigo?
   a) Comentar os problemas de saúde que levaram o pintor brasileiro a trocar a pintura pelo desenho.
   b) Ressaltar que as ilustrações inspiradas em Dom Quixote eram as mais queridas do autor.
   c) Evidenciar a multiface do artista que se destacou na pintura, nos murais e nos desenhos.
   d) Salientar a comemoração do centenário de Portinari.
   e) Divulgar o lançamento do álbum *D. Quixote – Portinari*.
5. Que outras vozes aparecem no texto, além da voz do autor da resenha? Como são introduzidas?
6. O autor da resenha recomenda ou não a obra apresentada? Cite alguns argumentos que justifiquem a opinião dele.

## Mãos à obra!

Antes de iniciar seu trabalho com esta proposta, sugerimos que você busque outros exemplos de resenha crítica, leia e analise esses textos, para se familiarizar com o gênero.

1. Leia esta resenha sobre o filme *No — Adeus, sr. Pinochet*, tendo por objetivo saber:
   - qual é o assunto principal do filme;
   - o porquê desse título;
   - quem é o diretor e quem é o ator principal;
   - se o filme está recomendado e por quais razões.

Photos 12/Alamy/Glow Images

Cena do filme *No – Adeus, sr. Pinochet*, de Pablo Larraín, 2012.

***No – Adeus, sr. Pinochet***
**Direção:** Pablo Larraín
**Duração:** 110 minutos
**Recomendação:** 12 anos
**País/Ano:** Chile/França/EUA/2012

Resenha por Miguel Barbieri Jr.

Em 1988, o ditador chileno Augusto Pinochet convocou um plebiscito em razão de pressões internacionais. O general, no poder desde 1973, queria saber se o povo estava de acordo em deixá-lo governar o país por mais oito anos. Começaram, então, as campanhas na televisão. Pinochet e o grupo dos partidos de oposição tinham quinze minutos cada um para convencer os eleitores. Para liderar a propaganda política do "no" (não), os adversários contrataram um publicitário de ideias avançadas, interpretado por Gael García Bernal. O diretor Pablo Larraín foi atrás dos registros reais e conseguiu dar à fita o mesmo efeito das imagens televisivas da década de 80 – até o formato da tela é mais quadrado. Com a câmera na mão em busca de um estilo documental, o cineasta retrata com precisão um período crítico e expande seu roteiro ao abordar os bastidores das propagandas eleitorais. *No* é o indicado do Chile a uma vaga no Oscar 2013. Estreou em 28/12/2012.

Disponível em: <http://vejasp.abril.com.br>. Acesso em: 8 maio 2014.

2. Escolha uma obra que você aprecie bastante para resenhar: pode ser um livro, um CD, um DVD, um jogo. Seu leitor será um colega ou alguém com quem você gostaria de compartilhar essa obra para comentários futuros.

3. Antes de redigir seu texto, anote todas as informações necessárias sobre a obra e estabeleça um plano para sua resenha. Sugerimos:
   - iniciar informando os dados objetivos (título, autor, editora, diretor, roteirista, atores, etc.);
   - expor o conteúdo, sem revelar lances surpreendentes nem o desfecho;
   - finalmente, fazer sua avaliação (não se esqueça de que suas afirmações precisam ser fundamentadas: exalte as qualidades ou os defeitos, mas justifique-se);
   - podem entrar também algumas reflexões mais amplas, como: avaliação sobre a pertinência da obra em relação às situações da vida real que ela desvela ou sobre a forma como a obra expõe determinada realidade ou, ainda, sobre a ideologia do autor/diretor, relativamente à cultura e à época em questão.

   O mais importante será persuadir seu leitor de que sua análise tem fundamento e não se baseia apenas em uma atitude imatura de "adorei/detestei". Apresente argumentos convincentes.

4. Faça uma releitura de seu texto desempenhando você mesmo o papel de revisor. Cuide de cada detalhe: da fluência à correção gramatical. Observe principalmente a pontuação.

5. Entregue sua resenha para um provável apreciador da obra recomendada. Peça que ele lhe dê um retorno sobre a qualidade de seu texto e sobre seu poder de convencimento.

6. Feitos os ajustes necessários, elabore uma cópia para que seja exposta em um mural na classe. Vocês terão inúmeras resenhas para ler e muitas obras recomendadas para ler e comentar.

## Dicas para a produção de seu texto

- Utilize uma linguagem acessível a seu leitor. Evite usar conceitos muito elaborados.
- Apresente os dados (título, autoria, edição) com absoluta exatidão.
- Escreva seu texto em terceira pessoa.
- Se possível, faça uma contextualização; revele curiosidades sobre o autor, o diretor ou o ator principal; situe a obra em relação a outras do mesmo autor ou a outras de outros autores, mas de mesma temática.
- Para convencer seu leitor, cite opiniões de especialistas de renome sobre a obra; apresente dados estatísticos; selecione cuidadosamente os adjetivos e os advérbios.
- Proponha ao leitor uma reflexão a respeito do assunto tratado na obra.
- Crie um título para o texto que já dê ao leitor uma dica sobre seu conteúdo.
- Empregue sequências argumentativas em seu texto.
- Relembre as características linguísticas da sequência argumentativa:
  - Constroem-se novos conceitos a partir do próprio desenvolvimento discursivo.
  - Há uma organização da mensagem voltada para o encadeamento lógico dos argumentos.
  - Introduzem-se distintas vozes no texto, de diferentes maneiras.
  - Busca-se persuadir o interlocutor.
  - Usam-se expressões valorativas positivas ou negativas (por exemplo, adjetivos) e expressões modalizadoras (em geral, advérbios de afirmação, de modo e intensidade: *certamente*, *muito*, *mais*, *mal*, *bem*, etc.).
  - Empregam-se conectivos para estabelecer relações lógicas entre as orações (*visto que*, *pois*, *porque*, *tão ... que*).
- Se for relatar algum episódio interessante para ilustrar a resenha, use então as sequências narrativas e descritivas.

# Pensando no Enem

**Texto para a questão 1.**

Com o texto eletrônico, enfim, parece estar ao alcance de nossos olhos e de nossas mãos um sonho muito antigo da humanidade, que se poderia resumir em duas palavras, universidade e interatividade.

As luzes, que pensavam que Gutenberg tinha propiciado aos homens uma promessa universal, cultivavam um modo de utopia. Elas imaginam poder, a partir das práticas privadas de cada um, construir um espaço de intercâmbio crítico das ideias e opiniões. O sonho de Kant era que cada um fosse ao mesmo tempo leitor e autor, que emitisse juízos sobre as instituições de seu tempo, quaisquer que elas fossem e que, ao mesmo tempo, pudesse refletir sobre o juízo emitido pelos outros. Aquilo que outrora só era permitido pela comunicação manuscrita ou a circulação dos impressos encontra hoje um suporte poderoso com o texto eletrônico.

CHARTIER, R. *A aventura do livro:* do leitor ao navegador. São Paulo: Imprensa Oficial do Estado de São Paulo; Unesp, 1998.

1. No trecho apresentado, o sociólogo Roger Chartier caracteriza o texto eletrônico como um poderoso suporte que coloca ao alcance da humanidade o antigo sonho de universidade e interatividade, uma vez que cada um passa a ser, nesse espaço de integração social, leitor e autor ao mesmo tempo. A universidade e a interatividade que o texto eletrônico possibilita estão diretamente relacionadas à função social da internet de

   a) Propiciar o livre e imediato acesso às informações e ao intercâmbio de julgamentos.

   b) Globalizar a rede de informações e democratizar o acesso aos saberes.

   c) Expandir as relações interpessoais e dar visibilidade aos interesses pessoais.

   d) Propiciar entretenimento e acesso a produtos e serviços.

   e) Expandir os canais de publicidade e o espaço mercadológico.

### Comentário

No primeiro parágrafo do fragmento, o sociólogo Chartier deixa claro quais são as palavras que resumem o sonho antigo da humanidade que, segundo ele, o texto eletrônico ajuda a concretizar: "universidade e interatividade". Para fazer uma leitura eficiente do texto, é fundamental identificar a acepção com que estes termos são empregados no trecho: *universidade* ("relativo ao mundo inteiro") e *interatividade* ("capacidade de um sistema de comunicação de proporcionar a interação"). Isso nos ajuda a perceber que o autor está tratando do livre e rápido acesso às informações e da troca de pontos de vista sobre elas, o que é possibilitado pelo "texto eletrônico". Ele não trata de democratização de saberes nem de relações pessoais ou interpessoais, muito menos menciona entretenimento ou cultura ou ainda propaganda.

Resposta: **A**.

**Texto para a questão 2.**

O sociólogo espanhol Manuel Castells sustenta que a comunicação de valores e a mobilização em torno do sentido são fundamentais. Os movimentos culturais (entendidos como movimentos que têm como objetivo defender ou propor modos próprios de vida e sentido) constroem-se em torno de sistemas de comunicação — essencialmente a internet e os meios de comunicação — porque esta é a principal via que esses movimentos encontram para chegar àquelas pessoas que podem eventualmente partilhar os seus valores, e a partir daqui atuar na consciência da sociedade no seu conjunto.

Disponível em: <www.compolitica.org>. Acesso em: 2 mar. 2012 (adaptado).

2. Em 2011, após uma forte mobilização popular via redes sociais, houve a queda do governo de Hosni Mubarak no Egito. Esse evento ratifica o argumento de que

   a) a internet atribui verdadeiros valores culturais aos seus usuários.

   b) a consciência das sociedades foi estabelecida com o advento da internet.

   c) a revolução tecnológica tem como principal objetivo a deposição de governantes antidemocráticos.

   d) os recursos tecnológicos estão a serviço dos opressores e do fortalecimento de suas práticas políticas.

   e) os sistemas de comunicação são mecanismos importantes, de adesão e compartilhamento de valores sociais.

### Comentário

Nesse trecho, procura-se ressaltar a relação que o sociólogo Manuel Castells observa entre comunicação de valores e mobilização. Para ele, os sistemas de comunicação possibilitam o compartilhamento de valores sociais, conforme lemos em: "Os movimentos culturais (entendidos como movimentos que têm o objetivo de defender ou propor modos próprios de vida e sentido) constroem-se em torno de sistemas de comunicação".

Resposta: **E**.

# Vestibulares de Norte a Sul

1. **N** (Ufac) Observe o parágrafo abaixo:

Começo arrepender-me deste livro. Não que ele me canse; eu não tenho que fazer; e, realmente, expedir alguns magros capítulos para esse mundo sempre é tarefa que distrai um pouco da eternidade. Mas o livro é enfadonho, cheira a sepulcro, traz certa contração cadavérica; vício grave, e aliás íntimo, porque o maior defeito deste livro és tu, leitor. Tu tens pressa de envelhecer, e o livro anda devagar; tu amas a narração direta e nutrida, o estilo regular e fluente, e este livro e o meu estilo são como ébrios, guinam à direita e à esquerda, andam e param, resmungam, urram, gargalham, ameaçam o céu, escorregam e caem...

(ASSIS, J. M. M. *Memórias póstumas de Brás Cubas.* Rio de Janeiro, Tecnoprint, s.d. p. 126)

Na passagem acima, o narrador de Machado de Assis se apresenta, de maneira desiludida, quanto aos caminhos da sua narração, e dá ao seu livro um caráter demeritório e responsabiliza o leitor por isso. Nesse caso, esta obra, que é um verdadeiro divisor de águas na ficção brasileira, no século 19, pretende-se por meio do domínio irônico:

a) um reforço dos estigmas que marcaram a relação entre leitor e literatura em nosso país.
b) estabelecer novos códigos de percepção na relação leitor e ficção.
c) ser otimista em relação à herança romântica e ao leitor que advém daí.
d) confirmar as metas estabelecidas por uma literatura que não precisa mais de renovação.
e) desrespeitar qualquer outra intenção em relação à obra que não seja a do autor.

**Texto para a questão 2.**

## Como e porque sou romancista

Minha mãe e minha tia se ocupavam com trabalhos de costuras, e as amigas para não ficarem ociosas as ajudavam. Dados os primeiros momentos à conversação, passava-se à leitura e era eu chamado ao lugar de honra.

Muitas vezes, confesso, essa honra me arrancava bem a contragosto de um sono começado ou de um folguedo querido; já naquela idade a reputação é um fardo e bem pesado.

Lia-se até a hora do chá, e tópicos havia tão interessantes que eu era obrigado à repetição. Compensavam esse excesso, as pausas para dar lugar às expansões do auditório, o qual desfazia-se em recriminações contra algum mau personagem, ou acompanhava de seus votos e simpatias o herói perseguido.

Uma noite, daquelas em que eu estava mais possuído do livro, lia com expressão uma das páginas mais comoventes da nossa biblioteca. As senhoras, de cabeça baixa, levavam o lenço ao rosto, e poucos momentos depois não puderam conter os soluços que rompiam-lhes o seio.

Com a voz afogada pela comoção e a vista empanada pelas lágrimas, eu também cerrando ao peito o livro aberto, disparei em pranto e respondia com palavras de consolo às lamentações de minha mãe e suas amigas.

Nesse instante assomava à porta um parente nosso, o Revd.º Padre Carlos Peixoto de Alencar, já assustado com o choro que ouvira ao entrar – Vendo-nos a todos naquele estado de aflição, ainda mais perturbou-se:

— Que aconteceu? Alguma desgraça? Perguntou arrebatadamente.

As senhoras, escondendo o rosto no lenço para ocultar do Padre Carlos o pranto e evitar seus remoques*, não proferiram palavra. Tomei eu a mim responder:

— Foi o pai de Amanda que morreu! Disse, mostrando-lhe o livro aberto.

Compreendeu o Padre Carlos e soltou uma gargalhada, como ele as sabia dar, verdadeira gargalhada homérica, que mais parecia uma salva de sinos a repicarem do que riso humano. E após esta, outra e outra, que era ele inesgotável, quando ria de abundância de coração, com o gênio prazenteiro de que a natureza o dotara.

Foi essa leitura contínua e repetida de novelas e romances que primeiro imprimiu em meu espírito a tendência para essa forma literária [o romance] que é entre todas a de minha predileção?

[1]Não me animo a resolver esta questão psicológica, mas creio que ninguém contestará a influência das primeiras impressões.

JOSÉ DE ALENCAR. *Como e porque sou romancista.* Campinas: Pontes, 1990.

*remoque: zombaria, caçoada

2. **SE** (Uerj) "Não me animo a resolver esta questão psicológica, mas creio que ninguém contestará a influência das primeiras impressões." (ref. 1)

Ao final do texto o autor levanta uma questão, mas diz que não pode resolvê-la. Entretanto, a segunda parte da frase sugere que o autor tem uma resposta. Este é um conhecido processo retórico, pelo qual o autor adota o procedimento indicado em:

a) criticar para negar
b) negar para afirmar
c) duvidar para justificar
d) reconhecer para criticar

CAPÍTULO

# 11 Textos descritivos: o “retrato verbal”

Rubens Chaves/Pulsar Imagens

*Estação Sumaré*, de Alex Fleming, 1998.

Leia o poema a seguir, do escritor matogrossense Manoel de Barros. Trata-se de um autorretrato. Que ideia esse texto fornece sobre o local de onde vem o eu lírico? E sobre o próprio eu lírico? Discuta essas questões com os colegas e o professor. Façam a atividade proposta nesta página.

Filipe Rocha/Arquivo da editora

## Autorretrato falado

Manoel de Barros

Venho de um Cuiabá de garimpos e de ruelas entortadas.
Meu pai teve uma venda no Beco da Marinha, onde nasci.
Me criei no Pantanal de Corumbá entre bichos do chão,
[pessoas humildes, aves, árvores e rios.
Aprecio viver em lugares decadentes por gosto de estar
[entre pedras e lagartos.
Fazer o desprezível ser prezado é coisa que me apraz.
Já publiquei 10 livros de poesia: ao publicá-los me sinto como que
[desonrado e fujo para o Pantanal onde sou abençoado a garças.
Me procurei a vida inteira e não me achei — pelo que fui salvo.
Descobri que todos os caminhos levam à ignorância.
Não fui para a sarjeta porque herdei uma fazenda de gado.
[Os bois me recriam.
Agora eu sou tão ocaso!
Estou na categoria de sofrer do moral, porque só faço coisas inúteis.
No meu morrer tem uma dor de árvore.

BARROS, Manoel de. *O livro das ignorãças*. 9. ed. Rio de Janeiro: Record, 2000. p. 103.

- *Percebemos o mundo pelos sentidos. Por meio deles, construímos as imagens que temos de pessoas, objetos, lugares. Quando utilizamos a linguagem verbal para expressar a imagem que temos de objetos, cenas ou pessoas, estamos construindo um texto descritivo.*
- *Você leu o poema de Manoel de Barros, em que um eu lírico se descreve em seu ambiente. Entre outros recursos, o poeta emprega a criação de contrastes. Com os colegas e o professor, discuta estes versos tentando compreender: o que o eu lírico mostra de sua personalidade com esses fragmentos?*

  Fazer o desprezível ser prezado é coisa que me apraz. / [...] Me procurei a vida inteira e não me achei — pelo que fui salvo. / [...]

- *Também em versos, descreva você e sua relação com o ambiente em que vive. Siga estes critérios:*
  - *Imagine que seu leitor será um amigo virtual, que mora em outro país e que nunca viu uma foto sua.*
  - *Faça um recorte dos ambientes que frequenta: qual é seu lugar preferido? Procure mostrar por que ele é o preferido, que relação você estabelece com ele. Descreva o local de modo que seu amigo virtual possa visualizá-lo.*
  - *Fale de você: como se mostra para as pessoas, como se percebe emocionalmente, quais são seus valores.*
  - *Ao escrever seu poema, lembre-se de dar a ele um ritmo, um tom: mais alegre, mais triste, mais irônico... Escolha um tom que mostre um pouco de você, que esteja de acordo com seu jeito de ser e de se expressar.*
- *Reúna-se com alguns colegas para fazerem a descrição oral, em grupo, de um personagem de filme de que vocês gostem bastante. Depois de escolherem o personagem, descrevam: a personalidade desse personagem, sua relação com o ambiente produzido no filme, seu modo de agir ao longo da história, sua maneira de se relacionar com os outros seres vivos do enredo, os valores desse personagem no filme.*

  *Apresentem a descrição oralmente à classe, que tentará descobrir o personagem descrito ou o filme em que ele aparece.*

# 1 A descrição

**Descrição** é a composição linguística que nos permite montar um "retrato verbal" de seres (pessoas, objetos), paisagens ou situações; trabalha com imagens, permitindo a visualização do que é descrito.

Entretanto, descrever não significa apenas fazer um relato das partes que compõem um todo; descrever uma sala informando que ela tem quatro paredes, um teto, uma porta e duas janelas não acrescenta nada. São apontadas características genéricas, comuns à maioria das salas; não há, portanto, **o essencial do texto descritivo: o traço distintivo, individual, particular.** É necessário caracterizar o ser descrito, distinguindo-o de seres semelhantes, individualizando-o.

Repare como os bons escritores, ao descrever um personagem, valorizam detalhes, às vezes pequenos e aparentemente insignificantes, que justamente o individualizam: é o tipo de bigode ou de sobrancelha, o tipo de olho ou o modo de olhar, o vocabulário e o modo de falar, algum tique nervoso, etc.

Outro detalhe importante é que não apreendemos a realidade apenas por meio da visão; apesar de se falar em "retrato" verbal, **um bom texto descritivo não pode prescindir das outras sensações**. Nossa percepção da realidade se dá por meio da visão, da audição, do olfato, do tato, da gustação. Por isso, é comum encontrarmos **sinestesias** em textos descritivos.

Para exemplificar, transcrevemos o parágrafo inicial do romance *Concerto barroco*, do escritor cubano Alejo Carpentier (1904-1980).

**descrição**
**substantivo feminino**
ato ou efeito de descrever; reprodução, traçado, delimitação
**1.** representação fiel; imitação, cópia, retrato
**2.** representação oral ou escrita de; exposição
**3. Rubrica: estilística, literatura.**
desenvolvimento literário por meio do qual se representa o aspecto exterior de seres e coisas
**4. Rubrica: termo jurídico.**
num processo, a enumeração circunstanciada, detalhada dos caracteres de algo
**5. Rubrica: linguística.**
exposição escrita da fonética, da gramática e do léxico de uma língua
**6. Rubrica: linguística estrutural.**
ato ou efeito de analisar sincronicamente, despojando-se de qualquer referencial preestabelecido ou juízo de valor, dados linguísticos contidos num *corpus*, daí deduzindo o sistema e/ou os subsistemas da língua, e expô-los de forma sistemática, objetiva e precisa, utilizando as técnicas, a terminologia e a simbologia das modernas escolas linguísticas.

## Concerto barroco

Alejo Carpentier

De prata as delgadas facas, os finos garfos; de prata os pratos onde uma árvore de prata lavrada na concavidade de suas pratas juntava o suco dos assados; de prata as fruteiras, com três bandejas redondas, coroadas por uma romã de prata; de prata as jarras de vinho marteladas pelos artesãos da prata; de prata as travessas de peixe com seu pargo de prata inflado sobre um entrelaçamento de algas; de prata os saleiros, de prata os quebra-nozes, de prata os covilhetes, de prata as colherinhas com iniciais lavradas... E tudo isso ia sendo levado pausadamente, cadenciadamente, cuidando para que prata não esbarrasse em prata, rumo às surdas penumbras de caixas de madeira, de engradados ao aguardo, de arcas com fortes ferrolhos, sob o olhar vigilante do Amo que, de roupão, só fazia a prata ressoar, vez por outra, ao urinar magistralmente, com jorro certeiro, copioso e percuciente, num penico de prata, cujo fundo era adornado por um malicioso olho de prata, logo ofuscado por uma espuma que, de tanto refletir a prata, acabava por parecer prateada... "Aqui, o que fica", dizia o Amo. "Ali, o que vai." Naquilo que ia, também uma que outra prata – uma baixela menor, um jogo de taças, e, claro, o penico do olho de prata –, mas, sobretudo, camisas de seda, calções de seda, meias de seda, sedas da China, porcelanas do Japão – as do café da manhã que talvez, quem sabe,

Filipe Rocha/Arquivo da editora

fosse tomado em agradabilíssima companhia –, e xales de Tonquim, viajados pelos vastíssimos mares do Poente. Francisquillo, com a cara amarrada, feito uma trouxa de roupas, por uma mantilha azul que lhe colava à bochecha esquerda uma folha com virtudes emolientes, pois a dor de dentes a deixava inchada, arremedando o Amo, e mijando no compasso da mijada do Amo, mas não em penico de prata, e sim em pote de barro, também caminhava do pátio às arcadas, do saguão às salas, fazendo coro com ele, como num ofício divino: "Aqui, o que fica... Ali, o que vai". [...]

CARPENTIER, Alejo. *Concerto barroco*. São Paulo: Companhia das Letras, 2008. p. 7.

Nesse fragmento há uma verdadeira orquestração caracterizando os objetos e o ambiente; e a palavra *prata* repetida 23 vezes no parágrafo, caracterizando tudo e todos, passando a ideia de quão rico é o Amo e a origem de sua riqueza. Observe ainda o contraste entre o luxo do ambiente e a ação elementar dos personagens, que urinam. Também vale notar o estabelecimento dos papéis sociais: o Amo usa penico de prata, aquele que o serve usa pote de barro.

### Sinopse de *Concerto barroco*, de Alejo Carpentier

Em inícios do século XVIII, um milionário da prata mexicana, neto de conquistador maltrapilho, aristocrata há uma geração apenas, deixa a terra natal para uma temporada de luxos e prazeres em Veneza. Chegando à cidade em pleno Carnaval, o Amo e seu criado Filomeno serão protagonistas de um concerto sem igual, que reunirá os maiores prodígios da Europa barroca, mas também a música do Velho e do Novo Mundo.

[...]

Disponível em: <www.companhiadasletras.com.br>. Acesso em: 10 maio 2014.

## 2 O texto descritivo: um arranjo linguístico característico

Os textos descritivos apresentam uma gramática muito particular com o predomínio de:

- frases nominais e/ou sintagmas nominais;
- orações centradas em predicados nominais (afinal, estamos descrevendo o "mundo das coisas"; falamos como as coisas são);
- verbos de estado (*ser*, *estar*, *parecer*, *virar*, *ter*, etc.);
- verbos conjugados no presente ou no imperfeito do indicativo (pois a intenção é descrever um ser em determinado momento, passando uma noção de permanência);
- adjetivos na função de adjunto adnominal e/ou na de predicativo (imprescindíveis em uma descrição);
- advérbios na função de adjuntos adverbiais de lugar, posicionando o ser retratado no espaço;
- períodos curtos e coordenação;
- quando há subordinação, orações adjetivas (adjuntos adnominais de um substantivo).

Um recurso comum nas descrições é a comparação, pois a analogia permite o cruzamento de imagens, tornando mais fácil a organização visual que se está tentando descrever. Daí o emprego constante do conectivo *como*.

Por ser o registro uma "fotografia" de um objeto, de uma pessoa, de uma paisagem, o texto descritivo não trabalha com a sucessão temporal (ao contrário da narração, por exemplo). Por isso, os verbos são empregados ou no presente (como as coisas são no momento da fala) ou no pretérito, com predomínio do imperfeito (como as coisas eram no passado); quando há um marco temporal no passado, é possível o emprego do mais-que-perfeito, como na construção: Ela chegou **às dez da noite**... O dia **fora** quente e seco.

## Cidade do México

Não faltam atrações para preencher uma semana de passeios na Cidade do México, capital do país. A mais antiga metrópole das Américas exala cultura e história em cada esquina, de casarões que remetem ao período colonial ao Palácio de Belas-Artes, construção *art nouveau* imponente que é o principal palco de manifestações culturais do país. São duas zonas consideradas Patrimônio da Humanidade. O centro histórico abriga, entre outros edifícios, a Catedral Metropolitana e o Palácio Nacional, com os impressionantes murais de Diego Rivera. [...] O sistema de metrô e trens é vasto e eficiente, e serve como alternativa inteligente para driblar o trânsito dessa capital de 19 milhões de habitantes – que é carregado até aos domingos à noite. [...] Não deixe de conversar com os simpáticos mexicanos e conferir como o moderno e o tradicional se misturam nessa megalópole maluca, mas extremamente agradável. [...]

Disponível em: <http://viajeaqui.abril.com.br/cidades/mexico-cidade-do-mexico>. Acesso em: 10 maio 2014.

Na descrição da cidade, ressalta-se a convivência entre o novo e o antigo; destacam-se os casarões do período colonial, a construção *art nouveau* do Palácio de Belas-Artes, o centro histórico, os murais de Diego Rivera, os sistemas de transportes coletivos, o fato de a cidade ser uma megalópole. Os substantivos, os verbos e os adjetivos utilizados procuram transmitir aspectos olfativos e visuais do lugar: "A mais antiga metrópole das Américas exala cultura e história em cada esquina", "construção *art nouveau* imponente", "os impressionantes murais de Diego Rivera"...

Na organização do parágrafo, destacam-se as orações subordinadas adjetivas, que ajudam a caracterizar o espaço.

Anky10/Dreamstime.com

Palácio de Belas-Artes, Cidade do México, 2010.

## Atividades

**Texto para as questões de 1 a 5.**

### O resto é silêncio
**Parte I, Capítulo 1**

Érico Veríssimo

Há um tom de verde, que encontramos às vezes nos céus de certos quadros – um verde aguado, duma pureza de cristal, transparente e frio como um lago nórdico –, um verde tão remoto, sereno, perfeito, que parece nada ter de comum com as coisas terrenas. Paramos, contemplamos a tela, atribuímos a cor impossível à fantasia do artista e passamos adiante.

Entretanto havia na realidade um verde exatamente assim no horizonte daquele anoitecer de Sexta-feira da Paixão. O dia fora morno e sem vento. O outono andava a dar novas tintas à cidade. As folhas das trepadeiras que cobriam as paredes de algumas vivendas dos Moinhos de Vento, faziam-se dum vermelho de ferrugem. Os plátanos do Parque começavam a perder as primeiras folhas. A luz do sol tinha a cor e a doçura do mel. Os horizontes fugiam. Por toda a parte as paineiras estavam rebentando em flores. Os contornos das coisas amaciavam-se à claridade de abril. Andava no ar uma calma adormentadora. A paisagem como que ia adquirindo aos poucos uma certa maturidade, e as criaturas humanas pareciam finalmente em paz com o céu e a terra. Havia entre elas e a natureza um acordo espontâneo, uma repousada harmonia, uma aceitação mútua e sem reservas.

VERÍSSIMO, Érico. *O resto é silêncio*. São Paulo: Globo, 1995.

1. Comente os recursos descritivos do texto, destacando alguns indicadores gramaticais que caracterizam esse tipo textual.
2. Em "[...] um verde aguado duma pureza de cristal, transparente e frio como um lago nórdico [...] ", temos um apelo a mais de um dos nossos sentidos. Quais são as percepções a que se apelou? Como se chama a figura de linguagem que resulta desse trabalho?
3. Qual é o tema do primeiro parágrafo? Que relação se estabelece entre o primeiro parágrafo e o primeiro período do segundo parágrafo?
4. Qual é o tema do segundo parágrafo?
5. Que tipo de relação se estabelece entre a natureza e as criaturas humanas?

## Foco descritivo

Para produzir um texto descritivo, o autor precisa definir o **foco descritivo** (ou foco de percepção) pelo qual o elemento a ser descrito será observado. Duas situações são possíveis: adotar um **foco externo**, que é o ângulo pelo qual o ser será descrito (de um detalhe para o todo ou do todo para os detalhes; de cima para baixo ou de baixo para cima; de lado ou de frente ou detrás; de fora para dentro, de dentro para fora, etc.); adotar um **foco interno**, que é a postura assumida pelo autor em relação ao elemento a ser descrito (maior envolvimento, maior distanciamento).

Nas descrições, no entanto, além das características físicas, é fundamental a atitude, ou seja, a predisposição psicológica assumida com relação ao ser, objeto ou paisagem que se deseja representar. O ponto de vista (físico e psicológico) adotado acaba determinando os recursos expressivos (vocabulário, figuras, tipo de frase) que serão utilizados na descrição. O mesmo ocorre com a pintura ou com a fotografia: ao se definir o ângulo em que a cena será mostrada, além do ponto de vista do artista, define-se o ponto de vista do espectador.

O ponto de vista físico vai determinar a ordem da apresentação dos detalhes, que deve se dar progressivamente. Leia a orientação do professor Othon Garcia:

> Nunca é, por exemplo, boa norma apresentar todos os detalhes acumulados em um só período. Deve-se, ao contrário, oferecê-los ao leitor pouco a pouco, variando as partes focalizadas e associando-as ou interligando-as.

GARCIA, Othon. *Comunicação em prosa moderna*. 7. ed. Rio de Janeiro: Ed. da FGV, 1978. p. 217.

Na descrição de uma pessoa, por exemplo, pode-se, inicialmente, passar ao leitor uma visão geral e depois ir apresentando os detalhes, indicando como são os olhos, o nariz, a boca, o sorriso, o que esse sorriso revela (inquietação, ironia, desprezo, desespero...), o tom de voz, etc.

Ao se descreverem objetos, é importante que, além da imagem, sejam transmitidas ao leitor outras referências sensoriais, como as táteis (o objeto é liso ou áspero?), as auditivas (o som que ele provoca é agudo ou grave?) e as olfativas (o objeto exala algum cheiro?).

No caso de as paisagens (uma planície, uma praia, por exemplo) ou de ambientes (uma sala, um escritório, uma fábrica) serem o centro da descrição, também não se deve limitar a construção a uma visão geral das cenas. É preciso ressaltar seus detalhes, lembrando que todos os sentidos (e não só a visão) podem ajudar a mostrar o local. Certamente, em uma paisagem ou ambiente haverá ruídos, sensações térmicas, cheiros, que deverão ser transmitidos ao leitor, evitando que a descrição se transforme em uma fria e pouco expressiva fotografia. Também poderão integrar a cena pessoas, vultos, animais ou coisas, que lhe dão vida. É, portanto, fundamental destacar esses elementos.

## Descrição objetiva e descrição subjetiva

Para melhor caracterizar o texto descritivo, apresentamos duas sequências: a primeira, de Raul Pompeia; a segunda, de Aluísio Azevedo.

> [...] Aristarco todo era um anúncio. Os gestos, calmos, soberanos, eram de um rei [...]; o olhar fulgurante, sob a crispação áspera dos supercílios de monstro japonês, penetrando de luz as almas circunstantes; o queixo, severamente escanhoado, de orelha a orelha, lembrava a lisura das consciências limpas. A própria estatura, na imobilidade do gesto, na mudez do vulto, a simples estatura dizia dele: aqui está um grande homem... [...]

POMPEIA, Raul. *O Ateneu*. São Paulo: Scipione, 2004. p. 5.

Nesse trecho do romance, observe que o narrador descreve o personagem com base em um ponto de vista pessoal, ou seja, ele procura nos apresentar a **impressão** que tem dele. Trata-se, portanto, de uma **descrição subjetiva** ou **impressionista**.

O fato de o narrador apresentar sua visão pessoal do personagem, emitindo juízos de valor (daí o caráter subjetivo da descrição), não é um defeito, já que a descrição não deve apenas fornecer ao leitor um retrato frio e sem vida daquilo que é descrito.

Portanto, salvo as técnicas ou científicas, toda descrição revela, em maior ou menor grau, a impressão que o autor tem daquilo que descreve.

Leia, agora, a descrição do protagonista do romance *O mulato*, de Aluísio Azevedo:

> Raimundo tinha vinte e seis anos e seria um tipo acabado de brasileiro se não foram os grandes olhos azuis, que puxara do pai. Cabelos muito pretos lustrosos e crespos; tez morena e amulatada, mas fina; dentes claros que reluziam sob a negrura do bigode; estatura alta e elegante; pescoço largo, nariz direito e fronte espaçosa. [...]

AZEVEDO, Aluísio. *O mulato*. Disponível em: <www.dominiopublico.gov.br>. Acesso em: 10 maio 2014.

Filipe Rocha/Arquivo da editora

O narrador desse trecho descritivo também retrata um personagem. Mas há uma diferença entre esse texto e o de Raul Pompeia: o narrador não emite juízos de valor, nem estabelece comparações de caráter subjetivo; ao contrário, procura transmitir uma imagem concreta e precisa, bastante próxima da realidade, destacando nitidamente os detalhes que caracterizam o personagem. Trata-se, pois, de uma **descrição objetiva**.

Convém lembrar sempre: com exceção das descrições técnicas ou científicas, é rara a descrição absolutamente objetiva, já que sempre haverá alguma interferência do autor naquilo que está sendo descrito. O que vai distinguir uma descrição objetiva de uma descrição subjetiva é o grau dessa interferência.

# Atividades

**Texto para as questões de 1 a 4.**

## A metamorfose

Franz Kafka

Certa manhã, ao despertar de sonhos intranquilos, Gregor Samsa viu-se em sua cama metamorfoseado num inseto monstruoso. Estava deitado sobre suas costas duras como couraça, e ao erguer um pouco a cabeça viu o seu ventre marrom, abaulado, dividido em saliências arqueadas, em cima do qual o cobertor, quase escorregando, mal se mantinha. As suas muitas pernas, lastimavelmente finas em comparação com a largura do seu corpo, tremulavam desamparadas diante de seus olhos.

"O que aconteceu comigo?", pensou. Não era um sonho. O seu quarto, um verdadeiro quarto humano, só que um pouco pequeno demais, estava quieto entre as quatro paredes bem conhecidas. Sobre a mesa, onde um mostruário de tecidos, desempacotado, estava espalhado – Samsa era caixeiro-viajante – pendia o retrato que ele recentemente tinha recortado de uma revista ilustrada e colocado numa linda moldura dourada. Representava uma senhora sentada ereta com um chapéu e um boá de pele, estendendo em direção ao observador um pesado regalo de pele, que ocultava todo o seu antebraço.

KAFKA, Franz. *A metamorfose*. São Paulo: Estação Liberdade, 1989. p. 5-6.

1. Considerando os tipos textuais (argumentativo, injuntivo/instrucional, narrativo, descritivo, expositivo/explicativo) como você classificaria as duas primeiras sequências (ou seja, as duas primeiras frases) do texto?

2. Kafka construiu os dois parágrafos acima como se fosse um cineasta com uma câmera na mão, focando ora uma coisa, ora outra.
   a) O que é focado no primeiro parágrafo? E no segundo?
   b) Considerando apenas o segundo parágrafo, pode-se afirmar que o narrador explora o efeito de *zoom*, aproximando determinado objeto. Explique esse efeito produzido pelo narrador.

3. Boá é um tipo de estola usada pelas mulheres em volta do pescoço. Regalo é assim definido no *Dicionário Aurélio – século XXI*:

   **regalo**
   **[Dev. de regalar.]**
   **S.m. 1.** Prazer causado pelo bom tratamento. **2.** Prazer, gosto, contentamento, alegria. **3.** V. presente (8) **4.** Vida tranquila. **5.** Agasalho para as mãos, em geral feito de pele, muito usado nos países frios. **6. Pesc.** Certo tipo de rede puxada a braços.

   Em que acepção foi usado o termo no segundo parágrafo do texto?

4. O ponto de vista é a posição que o narrador escolhe para observar o ser ou objeto que será descrito.
   a) De que ponto de vista é descrito o corpo de Gregor Samsa no primeiro parágrafo?
   b) Gregor Samsa assumiu a forma de um inseto monstruoso, desengonçado. Que palavras o narrador empregou para comprovar isso?

**Texto para as questões 5 e 6.**

## São Bernardo

Graciliano Ramos

Começo declarando que me chamo Paulo Honório, peso oitenta e nove quilos e completei cinquenta anos pelo São Pedro. A idade, o peso, as sobrancelhas cerradas e grisalhas, este rosto vermelho e cabeludo têm-me rendido muita consideração. Quando me faltavam estas qualidades, a consideração era menor.

[...]

Hoje não canto nem rio. Se me vejo ao espelho, a dureza da boca e a dureza dos olhos me descontentam.

[...]

Foi este modo de vida que me inutilizou. Sou um aleijado. Devo ter um coração miúdo, lacunas no cérebro, nervos diferentes dos nervos dos outros homens. E um nariz enorme, uma boca enorme, dedos enormes.

RAMOS, Graciliano. *São Bernardo*. São Paulo: Martins, 1973. (fragmentos de vários momentos da obra)

Divulgação/Embrafilme

Os atores Isabel Ribeiro e Othon Bastos, como Madalena e Paulo Honório, em cena do filme *São Bernardo*.

5. Assinale as características descritivas, considerando estruturas gramaticais empregadas e foco descritivo.

6. Aponte quais seriam os benefícios do emprego de sequências descritivas no texto, observando o gênero textual e a função/intenção do produtor do texto.

## Mãos à obra!

1. Neste capítulo você teve a oportunidade de ler exemplos de descrição objetiva e de descrição subjetiva. Para treinar essas maneiras de descrever, produza um relato sobre uma experiência vivida em determinado espaço que, de alguma forma, tenha marcado sua vida.

   - Pode ser a lembrança de uma casa onde você morou na infância, a visão de uma paisagem arrebatadora, a sensação de ver o mar pela primeira vez, um bairro que tenha sido muito importante em sua vida, uma experiência escolar, uma viagem empolgante, enfim, algo que realmente o tenha impressionado.
   - Sugestão de título para o relato: "Um lugar para não esquecer".
   - O leitor será um amigo especial, com quem você gostaria de dividir essa experiência.
   - No início de seu texto elabore uma espécie de verbete (se necessário, consulte o boxe "Gênero textual: verbete" no capítulo anterior) para descrever objetivamente esse lugar, empregando a sequência habitual de uma *definição*: o nome a ser definido, um verbo (ser, consistir, significar), uma classificação genérica (a classe a que pertence o termo) e, finalmente, as características particulares. Por exemplo, se você escolher rua:

     Rua (nome a ser definido) é (verbo) uma via pública (classificação genérica), ladeada total ou parcialmente de casas, prédios ou jardins, destinada à circulação de pessoas ou veículos (particularização).
   - Em seguida, para contrastar com essa definição que se caracteriza pela objetividade, elabore sua descrição iniciando o relato pelo envolvimento emocional que você teve com esse lugar especial. Nesse caso, você deverá acrescentar suas sensações (visuais, olfativas, táteis, auditivas) e as emoções daquele momento.

2. Terminada a primeira versão do relato, faça uma revisão e verifique se há uma lógica na progressão descritiva. Reescreva o que for preciso; entregue o texto a seu amigo e peça-lhe uma avaliação.

### **Gênero textual:** relato de experiência de vida

Relatar é fazer um registro, é fixar no tempo um acontecimento, uma experiência. Pessoas que passaram por experiências marcantes – inéditas, exclusivas, extraordinárias ou trágicas – acabam por querer compartilhá-las com aqueles que não as viveram. O registro é feito em primeira pessoa e vem marcado pelas sensações ou pelos sentimentos vividos no momento da experiência. É comum a narração dos fatos já ocorridos ser feita de acordo com os sentimentos próprios do momento do relato. Os relatos, orais ou escritos, circulam em esferas jornalísticas, literárias e na esfera cotidiana.

### Dicas para a elaboração de seu texto

- Insira o "verbete" em seu texto de forma natural, explicando que você vai apresentar o conceito de acordo com o que está nos dicionários; em seguida, afirme que, para você, aquele conceito tem outros significados. E então inicie a descrição subjetiva do espaço, mostrando suas preferências, relatando a realidade de acordo com determinada predisposição afetiva.
- As sequências descritivas irão predominar no texto, entremeadas das sequências narrativas. Capriche nos adjetivos, empregando aqueles que reproduzam traços significativos do lugar descrito.
- De todos os aspectos do que você pretende descrever, selecione aqueles que possibilitem ao leitor formar uma imagem aproximada de sua lembrança.
- Use comparações para enriquecer o texto. Formas, cores, sons, movimentos, cheiros vão apresentando progressivamente impressões que constituirão uma única imagem para seu leitor.
- Releia as características do texto descritivo que estão no início deste capítulo; isso o auxiliará na produção do relato.

# 3 A descrição nos textos

Você já teve oportunidade de notar, nas leituras indicadas neste capítulo, que a descrição é usada ora como sequência predominante de um gênero, ora como sequência coadjuvante.

Por conta disso, vamos tentar observar as sequências descritivas no contexto em que são empregadas, destacando sua participação em alguns gêneros textuais: poema, romance e manual de instrução.

## Poemas descritivos

Na poesia, a descrição está marcada pela função poética, apresentando imagens inusitadas que recriam seres e/ou ambientes. Dificilmente encontraremos objetividade nas descrições poéticas, pois, como sabemos, a poesia está marcada pelo subjetividade.

No entanto, alguns estilos poéticos, como o Parnasianismo, defendem a objetividade. Na passagem do século XIX para o século XX, a poética parnasiana tinha dois postulados básicos: a formalidade na estrutura e o racionalismo temático, dado pelo distanciamento que se tentava estabelecer entre o eu poético e o tema do poema. Daí um tema recorrente nos poemas parnasianos em geral: a descrição de ambientes, situações e seres que não o eu poético. Analisemos um exemplo.

Filipe Rocha/Arquivo da editora

### Anoitecer

Raimundo Correia

Esbraseia o Ocidente na agonia
O Sol... Aves em bandos destacados,
Por céus de oiro e de púrpura raiados,
Fogem... Fecha-se a pálpebra do dia...

Delineiam-se, além, da serrania
Os vértices de chama aureolados,
E em tudo, em torno, esbatem derramados
Uns tons suaves de melancolia...

Um mundo de vapores no ar flutua...
Como uma informe nódoa, avulta e cresce
A sombra à proporção que a luz recua...

A natureza apática esmaece...
Pouco a pouco, entre as árvores, a lua
Surge trêmula, trêmula... Anoitece.

CORREIA, Raimundo. *Raimundo Correia:* poesia. Rio de Janeiro: Agir, 1958.

Nesses versos, o poeta captura um momento do dia: o anoitecer. Podemos dizer que o eu lírico apresenta quatro momentos do dia à maneira de *slides* fotográficos (três momentos do pôr do sol e o próprio anoitecer), compondo o poema descritivo.

Nessa construção, destaca-se a imagem criada a partir da sequência gradativa de cores, que vai do dourado, passando pelos tons avermelhados, até chegar aos tons escuros da sombra. Além disso, a quantidade de adjetivos e locuções adjetivas na função de adjuntos adnominais (*destacados, de oiro, de púrpura raiados, do dia, de chama aureolados, derramados, suaves, de melancolia, de vapores, informe, apática, trêmula)* e os predicados verbo-nominais ("Os vértices de chama delineiam-se aureolados"; "[os vértices] esbatem derramados [...]"; "Um mundo de vapores no ar flutua como uma informe nódoa"; "A natureza apática esmaece "; a lua / Surge trêmula...") configuram a sequência descritiva do poema.

Note que o eu poemático não se evidencia (não há marcas de primeira pessoa no texto), distanciando-se assim do tema do poema.

Assim como a descrição do poema busca a objetividade por meio do distanciamento entre o eu poemático e o tema do poema, uma descrição poética atinge a subjetividade máxima quando o eu poemático é o tema da poesia. E mais ainda quando esse eu poemático, voz e tema do poema, tem alta identificação com o próprio poeta.

Leia a seguir os dois poemas descritivos:

## Autorretrato

Roseana Murray

falo pouco
entre uma palavra e outra
um rio para e descansa
suas águas contínuas

meu coração habita
a terceira margem
onde cavalos e pássaros
fabricam os sonhos
que sonharei

debaixo das unhas
estão guardados
os dias que virão
novelo de vida
uma ponta amarrada no pulso
a outra ponta perdida

Disponível em: <http://renataemessencia.blogspot.com.br>. Acesso em: 10 maio 2014. Copyright: Poesia essencial, ed. Manati. RJ.

## Cogito

Torquato Neto

eu sou como eu sou
pronome
pessoal intransferível
do homem que iniciei
na medida do impossível
eu sou como eu sou
agora
sem grandes segredos dantes
sem novos secretos dentes
nesta hora
eu sou como eu sou
presente
desferrolhado indecente
feito um pedaço de mim
eu sou como eu sou
vidente
e vivo tranquilamente
todas as horas do fim.

NETO, Torquato. *Torquatália:* obra reunida de Torquato Neto. Rio de Janeiro: Rocco, 2004. v. 1.

Bruno Veiga/Divulgação Ed. Objetiva

A poeta Roseana Murray.

Arquivo do jornal *O Estado de S. Paulo*/Agência Estado

O músico Torquato Neto.

## Trocando ideias

Os dois poemas que vocês leram na página anterior são exemplos da maior subjetividade descritiva em textos poéticos: eu poético, tema do poema e poeta se confundem.

Em pequenos grupos:

a) levantem as características linguísticas que caracterizam os poemas como descritivos;

b) comentem o uso de dois tempos verbais empregados no poema de Roseana Murray, indicando em qual deles está construído o retrato do eu lírico e a que se refere o outro tempo;

c) levantem as características evidenciadas no poema de Roseana Murray. Em que esse poema se diferencia tematicamente do poema de Torquato?

d) escolham o poema que vocês consideram o mais subjetivo e justifiquem sua escolha.

e) apresentem suas conclusões para os demais colegas e o professor.

# O papel da descrição nos textos narrativos

Quando falamos em textos narrativos, as sequências descritivas desempenham papel fundamental na caracterização de personagens e espaços.

Via de regra, a apresentação dos personagens, que envolve a caracterização física e psicológica, e do espaço, que envolve a realidade visual e ambiental, acontece no início da narrativa.

Leia as passagens de um clássico de José de Alencar:

## Iracema

José de Alencar

Verdes mares bravios de minha terra natal, onde canta a jandaia nas frondes da carnaúba;

Verdes mares, que brilhais como líquida esmeralda aos raios do sol nascente, perlongando as alvas praias ensombradas de coqueiros;

Serenai, verdes mares, e alisai docemente a vaga impetuosa, para que o barco aventureiro manso resvale à flor das águas.

Onde vai a afouta jangada, que deixa rápida a costa cearense, aberta ao fresco terral a grande vela?

Onde vai como branca alcione buscando o rochedo pátrio nas solidões do oceano?

Três entes respiram sobre o frágil lenho que vai singrando veloce, mar em fora.

Um jovem guerreiro cuja tez branca não cora o sangue americano; uma criança e um rafeiro que viram a luz no berço das florestas, e brincam irmãos, filhos ambos da mesma terra selvagem.

[...]

Iracema, a virgem dos lábios de mel, que tinha os cabelos mais negros que a asa da graúna e mais longos que seu talhe de palmeira.

*Iracema*, de Antônio Parreiras, 1909.

O favo da jati não era doce como seu sorriso; nem a baunilha recendia no bosque como seu hálito perfumado.

Mais rápida que a ema selvagem, a morena virgem corria o sertão e as matas do Ipu, onde campeava sua guerreira tribo da grande nação tabajara. O pé grácil e nu, mal roçando alisava apenas a verde pelúcia que vestia a terra com as primeiras águas.

[...]

ALENCAR, José de. *Iracema*. São Paulo: Scipione, 2004.

Esses pequenos fragmentos apresentam sequências descritivas que nos permitem organizar e visualizar o espaço (personificado e invocado pelo narrador ao mesmo tempo que o descreve), onde a narrativa será desenrolada, e do qual farão parte alguns dos personagens, especialmente Iracema.

Observe que, na descrição da personagem principal, podemos não só visualizar sua imagem e construir um perfil de sua personalidade, como também entender a concepção romântica: trata-se da idealização de uma índia, representante de toda uma população autóctone.

# A descrição nos textos instrucionais

Em geral, quando compramos um produto eletrônico ou um produto que deveremos montar, adquirimos com ele um manual de instruções para que possamos ter as informações necessárias para usá-lo adequadamente. Um texto desse gênero tem como função descrever o produto e orientar o consumidor a montá-lo e/ou usá-lo. Costuma ser caracterizado pela presença marcante de texto injuntivo, uma vez que seu foco são orientações, mas também é formado por sequências descritivas.

Leia e observe com atenção dois fragmentos de manuais de instruções com sequências descritivas. Um deles traz as características de uma sanduicheira, o outro lista os componentes de um equipamento de reprodução de CDs de aúdio.

## Sanduicheira

1. Lâmpada piloto (Vermelha) – Luz vermelha indica que a sanduicheira está conectada e ligada. Permanecerá ligada enquanto a unidade estiver em funcionamento.
2. Lâmpada piloto (Verde) – Luz indica que a temperatura ideal já foi alcançada (aproximadamente 4 minutos). Esta lâmpada se acenderá e desligará durante a operação quando a temperatura for atingida.
3. Alças térmicas
4. Base para o cabo elétrico e para armazenamento vertical
5. Trava de segurança

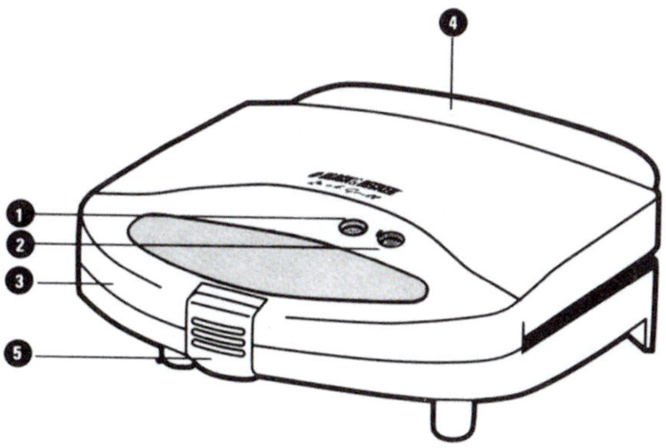

## CD *player*

**COMPONENTES**

1) Alto-falantes
2) Controle de volume
3) CD-*Display*
4) CD-Botão aleatório
5) CD-Botão avançar/procurar para trás
6) CD-Botão avançar/procurar para frente
7) CD-Programar/repetir
8) Indicador de FM estéreo
9) Indicador de alimentação
10) CD-Indicador de repetição
11) CD-Indicador de reprodução da programação
12) Compartimento de cassete
13) CD-Botão parar
14) CD-Botão tocar/pausa
15) Entrada do cordão elétrico
16) Seletor de funções
17) Alça
18) Antena para FM
19) Seletor de tensão (atrás do aparelho, dentro compartimento de pilhas)
20) Porta do CD
21) Compartimento das pilhas
22) Abrir porta do CD
23) Controle de sintonia
24) CD-Indicador de repetição
25) Chave de eliminação de batimentos
26) Conector de fones
27) Botão de pausa
28) Botão parar/ejetar
29) Botão avanço rápido
30) Botão rebobinar
31) Botão reproduzir
32) Botão gravar
33) Botão

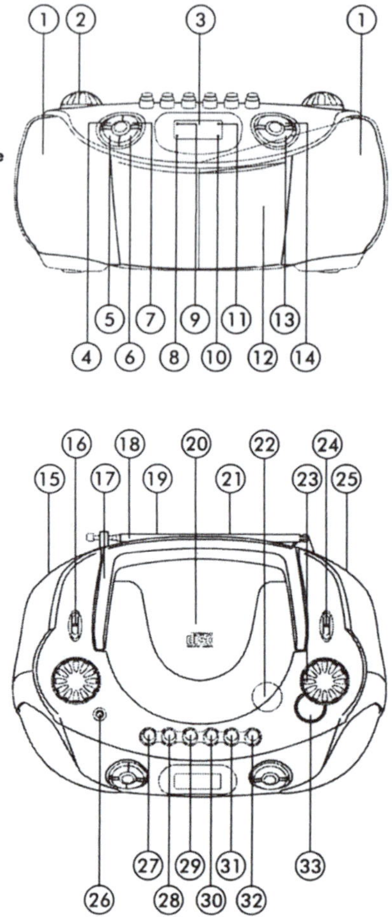



## Trocando ideias

Comente com seus colegas qual seria a utilidade desses trechos descritivos na composição do manual de instruções desses produtos.

## Mãos à obra!

1. A revista *Superinteressante* costuma apresentar, em sua última página, na seção intitulada "Manual", orientações variadas a seus leitores. A seguir, leia essa seção publicada em um dos números da revista tendo em vista as seguintes expectativas:
   - Qualquer um consegue praticar meditação?
   - Como posso aprender a meditar?
   - Como serão dadas as orientações? Conseguirei memorizá-las?
   - Após a leitura, serei capaz de realizar a meditação?

   Observe, durante a leitura, o modo verbal em que estão conjugados os verbos (principalmente os dos subtítulos) e a informalidade no trato com o leitor.

## Como meditar

Nathália Pinheiro

É como se o cérebro ignorasse tudo à sua volta e a cabeça ficasse vazia, sem se prender a nenhum pensamento. Em alguns meses, a prática pode reduzir a ansiedade, segundo estudos. Mas tudo depende de disciplina e muita concentração. Ah, e de algum conforto.

1. **Procure sossego**
   Um local livre de interrupções é essencial. Vale seu quarto, uma praça, o parquinho do prédio. Para iniciantes, o latido de um cachorro pode tirar o foco da meditação. Com o tempo e a prática, vai ficar mais fácil ignorar esses ruídos.
2. **Foque na respiração**
   Preste atenção no ar que entra e sai do seu corpo. É uma distração para o cérebro. Assim, ele foca no seu organismo, e não nos problemas da vida ou no que acontece ao redor.
3. **Liberte os pensamentos**
   É impossível não pensar em nada – só de pensar nisso você já estará pensando em algo. Mas não se apegue a nenhum pensamento para que o cérebro não comece a trabalhar nem te tire do relaxamento.
4. **Tenha um mantra**
   Mais um truque para prender a atenção do cérebro. É um som repetido em alguns tipos de meditação. Cada pessoa tem seu mantra, que é definido por um instrutor.
5. **Ajeite-se**
   Fique confortável. Pode ser do jeito que você achar mais cômodo, sentado ou deitado. O importante é evitar algo como dor nas costas ou nas pernas, que poderia afetar sua concentração.
6. **Repita**
   Nos primeiros meses de prática, fique na posição por entre 5 e 10 minutos. Quando sentir que já ficou fácil se concentrar, aumente para até 30 minutos por dia. Assim, o cérebro vai se acostumar a focar no seu corpo.

*Fontes: Alcio Braz Eido Soho, psiquiatra do Hospital Federal da Lagoa, no Rio de Janeiro; Gildo Angelotti, diretor do Instituto de Neurociência e Comportamento de São Paulo; Juliana Brescovicci, do Instituto Nacional de Meditação; Leonardo Mascaro, psicólogo e especialista em meditação; Saulo Fong, do Instituto União de Meditação; Mindfulness Practice Leads to Increases in Regional Brain Gray Matter Densitsy, Britta K. Hölzel e outros.*

Revista *Superinteressante*. São Paulo: Abril, n. 294, ago. 2011. p. 98.

2. Produza um manual de instruções sobre uma atividade que você domine muito bem. Para isso:
   - Pense em um interlocutor a quem você gostaria de transmitir esse saber.
   - Planeje um manual organizado passo a passo com a intenção de orientar esse interlocutor a conseguir fazer essa atividade.
   - Descreva detalhadamente os procedimentos a serem executados para a consecução dos objetivos, tendo muito cuidado com a ordem (sequência dos passos) em que serão apresentadas as orientações.

### Gênero textual: manual

O manual é um gênero cuja finalidade é instruir, orientar seus leitores. Apresenta um conjunto de recomendações a serem seguidas para que certo objetivo seja alcançado ou determinado comportamento seja modificado. Os manuais costumam prescrever ações, emitir ordens que devem ser seguidas passo a passo. Para tanto, são empregados verbos no modo imperativo ou em suas formas infinitivas, em frases curtas, didáticas e objetivas. As esferas de circulação variam (cotidiana, comercial, escolar, jornalística, etc.) em função da especificidade dos manuais: de instrução para uso de produtos, para aprendizado de alguma técnica, para orientação a candidatos a determinadas vagas, de redação de jornais.

3. Após leitura minuciosa da primeira versão do texto, repasse-o a um colega a fim de que ele possa ler e elaborar comentários. Feitos os ajustes, providencie para que seu manual seja encadernado no formato de um livreto.

4. Entregue-o ao leitor que você selecionou. Peça que ele "teste" a eficácia de seu manual, executando as tarefas propostas e observando os resultados.

### Dicas para a elaboração de seu texto

- Dê um título a seu manual.
- Empregue os verbos no modo imperativo; dirija-se diretamente ao leitor.
- Empregue linguagem adequada a seu público-alvo: é feminino, infantil, jovem ou adulto? Qual é o provável nível de escolaridade desse leitor?
- As sequências injuntivas e descritivas devem predominar em seu texto.

# Vestibulares de Norte a Sul

**Texto para a questão 1.**

Não era feio o lugar, mas não era belo. Tinha, entretanto, o aspecto tranquilo e satisfeito de quem se julga bem com a sua sorte.

A casa erguia-se sobre um socalco, uma espécie de degrau, formando a subida para a maior altura de uma pequena colina que lhe corria nos fundos. Em frente, por entre os bambus da cerca, olhava uma planície a morrer nas montanhas que se viam ao longe; um regato de águas paradas e sujas cortava-as paralelamente à testada da casa; mais adiante, o trem passava vincando a planície com a fita clara de sua linha campinada [...].

BARRETO, Lima. *Triste fim de Policarpo Quaresma*. São Paulo: Penguin & Companhia das Letras. p. 175.

1. **CO** (UEG-GO) No excerto, narração e descrição:
   a) são elaboradas com a finalidade de conferir mais agilidade e maior dinamismo à trama do romance.
   b) são elaboradas de modo que uma se sobrepõe à outra, o que faz decair a qualidade estética do texto.
   c) se configuram para melhor caracterizar a atmosfera pessimista e sombria do espaço da narrativa.
   d) se entrelaçam para melhor situar o leitor diante dos eventos que compõem o enredo.

**Texto para a questão 2.**

A travessia foi penosamente feita. O terreno inconsistente e móvel fugia sob os passos aos caminhantes; remorava a tração das carretas absorvendo as rodas até ao meio dos raios; opunha, salteadamente, flexíveis barreiras de espinheirais, que era forçoso destramar a facão; e reduplicava, no reverberar intenso das areias, a adustão da canícula. De sorte que ao chegar à tarde, à "Serra Branca", a tropa estava exausta.

Exausta e sequiosa. Caminhara oito horas sem parar, em pleno arder do sol bravio do verão.

2. **S** (PUC-RS) O fragmento pertence ao livro *Os sertões*, de Euclides da Cunha, que relata a Guerra de Canudos, travada no Nordeste brasileiro entre os homens liderados por Antônio Conselheiro e as tropas militares republicanas.
   Neste trecho da obra,
   I. alternam-se a linguagem coloquial e a inconformidade com a exploração do homem pelo homem.
   II. a complexidade vocabular e o predomínio da descrição constituem características marcantes.
   III. a reiteração de expressões regionais e a preocupação com a condição humana permeiam o ponto de vista do narrador.
   A(s) afirmativa(s) correta(s) é / são
   a) I, apenas.
   b) II, apenas.
   c) III, apenas.
   d) I e III, apenas.
   e) I, II e III.

**Texto para a questão 3.**

## Uma mulher chamada Guitarra

Um dia, casualmente, eu disse a um amigo que a guitarra, ou violão, era "a música em forma de mulher". A frase o encantou e ele a andou espalhando como se ela constituísse o que os franceses chamam um *mot d'esprit*[1]. Pesa-me ponderar que ela não quer ser nada disso; é, melhor, a pura verdade dos fatos.

O violão é não só a música (com todas as suas possibilidades orquestrais latentes) em forma de mulher, como, de todos os instrumentos musicais que se inspiram na forma feminina – viola, violino, bandolim, violoncelo, contrabaixo –, o único que representa a mulher ideal: nem grande, nem pequena; de pescoço alongado, ombros redondos e suaves, cintura fina e ancas plenas; cultivada, mas sem jactância[2]; relutante em exibir-se, a não ser pela mão daquele a quem ama; atenta e obediente ao seu amado, mas sem perda de caráter e dignidade; e, na intimidade, terna, sábia e apaixonada. Há mulheres-violino, mulheres-violoncelo e até mulheres-contrabaixo.

[...] Divino, delicioso instrumento que se casa tão bem com o amor e tudo o que, nos instantes mais belos da natureza, induz ao maravilhoso abandono! E não é à toa que um dos seus mais antigos ascendentes se chama *viola d'amore*[3], como a prenunciar o doce fenômeno de tantos corações diariamente feridos pelo melodioso acento de suas cordas... Até na maneira de ser tocado – contra o peito – lembra a mulher que se aninha nos braços do seu amado e, sem dizer-lhe nada, parece suplicar com beijos e carinhos que ele a tome toda, faça-a vibrar no mais fundo de si mesma, e a ame acima de tudo, pois do contrário ela não poderá ser nunca totalmente sua.

Ponha-se num céu alto uma Lua tranquila. Pede ela um contrabaixo? Nunca! Um violoncelo? Talvez, mas só se por trás dele houvesse um Casals[4]. Um bandolim? Nem por sombra! Um bandolim, com seus *tremolos*[5], lhe perturbaria o luminoso êxtase. E o que pede então (direis) uma Lua tranquila num céu alto? E eu vos responderei: um violão. Pois dentre os instrumentos musicais criados pela mão do homem, só o violão é capaz de ouvir e de entender a Lua.

Vinicius de Moraes. *Para viver um grande amor*. Rio de Janeiro: José Olympio, 1984.

[1] *mot d'esprit* – dito espirituoso; [2] jactância – arrogância, orgulho;
[3] *viola d'amore* – viola de amor, antigo instrumento musical;
[4] Casals – Pablo Casals, famoso violoncelista do século passado;
[5] *tremolos* – repetições rápidas de uma ou duas notas musicais.

3. **SE** (Uerj) No texto, fragmentos narrativos associam-se a sequências descritivas, originárias de um processo subjetivo de observação. A alternativa que apresenta uma dessas sequências descritivas é:
   a) "atenta e obediente ao seu amado, mas sem perda de caráter e dignidade;"
   b) "E não é à toa que um dos seus mais antigos ascendentes se chama *viola d'amore*,"
   c) "Ponha-se num céu alto uma Lua tranquila. Pede ela um contrabaixo?"
   d) "só o violão é capaz de ouvir e de entender a Lua."

CAPÍTULO

# 12 A linguagem figurada

Lézio JR

Hora do café, de Lézio Jr., *Folha de S.Paulo*. São Paulo, 4 maio 2014.

Leia, a seguir, uma tira de Fernando Gonsales. Que recurso ele emprega para nos fazer rir? Discuta sobre ela com os colegas e o professor, levando em consideração as questões propostas nesta página.

GONSALES, Fernando. Níquel Náusea. *Folha de S.Paulo*. São Paulo, 4 maio 2014.

- *Uma tira se vale da linguagem não verbal e da linguagem verbal para fazer uma crítica ou simplesmente para nos fazer rir. Por isso use elementos dessas duas linguagens ao justificar sua resposta para estes itens:*
  - *– Qual é o cenário do primeiro quadrinho? E do segundo? Justifique.*
  - *– Qual é a atitude da mulher em cada quadrinho? Justifique.*
- *A graça da tira está na quebra de expectativa criada no segundo quadrinho.*
  - *– Qual é o sentido, nesse contexto, da palavra central do diagnóstico do médico?*
  - *– Um personagem fundamental da história não se encontra no primeiro quadrinho. Qual é ele? Que suposição o leitor faz a respeito desse personagem? Por quê?*
  - *– No segundo quadrinho, o cartunista faz um jogo com alguns sentidos possíveis da palavra* elétrico, *empregada pela personagem em sua fala expressa no balão. Leia os verbetes reproduzidos a seguir, todos eles trazem acepções trabalhadas pelo cartunista. De que maneira esses sentidos estão em jogo na fala e na imagem do segundo quadrinho? Explique.*

**elétrico**
*adjetivo*
1 Rubrica: física.
que diz respeito a eletricidade
2 movido a eletricidade
[...]
4 Derivação: sentido figurado.
muito brilhante, cintilante. Ex.: olhar e.
5 Derivação: sentido figurado.
muito agitado ou nervoso

**peixe-elétrico**
*substantivo masculino*
Rubrica: ictiologia. Regionalismo: Brasil.
1 peixe teleósteo siluriforme da fam. dos malapterurídeos (*Malapterurus electricus*), encontrado na África tropical e no rio Nilo, que atinge 1,20 m de comprimento e possui [...] órgão elétrico que produz uma forte descarga elétrica
2 m.q. poraquê (*Electrophorus electricus*)

INSTITUTO ANTÔNIO HOUAISS. *Dicionário eletrônico Houaiss da língua portuguesa*. Rio de Janeiro: Objetiva, 2009.

- *O cotidiano está repleto de palavras empregadas em sentido conotativo. Esse universo metafórico, complexo pelas relações e associações de significado e característico da linguagem poética, está presente nas realizações humanas mais triviais da interação por meio da linguagem. Por exemplo, você certamente já ouviu ou disse uma destas expressões:*

  *– Trabalhei feito um cavalo!* *– João pisou na bola.* *– Ele é um gato.*

  *Que outras expressões desse tipo você conhece? Reúna-se com alguns colegas, façam uma lista com elas, escolham duas e imaginem, para cada uma delas, uma cena curta (no máximo 1 minuto) em que poderia ser usada no sentido metafórico e outra no sentido denotativo. Apresentem-se para os colegas.*

# 1 Figuras de linguagem

Leia os textos seguintes, belos exemplos de uso da linguagem poética:

## Poema perto do fim

Thiago de Mello

A morte é indolor.
O que dói nela é o nada
que a vida faz do amor.
Sopro a flauta encantada
e não dá nenhum som.
Levo uma pena leve
de não ter sido bom.
E no coração, neve.

MELLO, Thiago de. *Faz escuro mas eu canto*. Rio de Janeiro: Civilização Brasileira, 1978. p. 77.

Filipe Rocha/Arquivo da editora

## Uma ideia

Régis Bonvicino

palavras não matam
nem provocam inverno atômico
e na voz do poeta
(abelhas na colmeia)
podem até conter uma ideia

BONVICINO, Régis. *Más companhias*. São Paulo: Olavobrás, 1987. p. 15.

eu
quando olho nos olhos
sei quando uma pessoa
está por dentro
ou está por fora
quem está por fora
não segura
um olhar que demora
de dentro do meu centro
este poema me olha

LEMINSKI, Paulo. *Caprichos & relaxos*. São Paulo: Brasiliense, 1983. p. 15.

Filipe Rocha/Arquivo da editora

No primeiro poema, Thiago de Mello faz uso de uma construção sintética, deixando alguns termos subentendidos: o sujeito (no caso, o pronome de primeira pessoa *eu*) dos verbos soprar (quarto verso) e *levar* (sexto verso); o sujeito (*a flauta*) do verbo *dar* (quinto verso); e a forma verbal *levo* no último verso ("E no coração, [levo] neve.").

No segundo poema, há um belo exemplo de palavras que adquirem, em certo contexto, um novo significado, uma nova dimensão. É o que ocorre no verso "(abelhas na colmeia)": *abelhas* significa, no contexto da poesia (e só nele), *palavras* e *colmeia* significa poeta; "abelhas na colmeia" é uma forma figurada de se referir às palavras que ficam "zunindo" (e produzindo algo doce) no íntimo do poeta.

No terceiro poema, a ideia central reside em um jogo conceitual entre o "estar por dentro" e o "estar por fora", palavras de significados opostos.

Você deve estar se perguntando por que incluir o estudo das figuras de linguagem em um livro dedicado à leitura e produção de textos... Ora, produzir um texto é, literalmente, trabalhar a linguagem. Quanto mais nos inteiramos dos usos da linguagem, mais rica é nossa interpretação de um texto e mais competente é o texto produzido por nós. Francis Vanoye faz importante observação sobre isso:

> [...] é preciso que se considere que as técnicas de expressão não constituem receitas ou rol de ornamentos que visam ao "falar bonito", mas, sim, uma maneira de aperfeiçoar o comportamento intelectual (reflexão, compreensão, análise) e uso mais eficaz da linguagem.

VANOYE, Francis. *Usos da linguagem*: problemas e técnicas na produção oral e escrita. 7. ed. São Paulo: Martins Fontes, 1987. p. 50.

Ao construir um enunciado, podemos fazer uso da criatividade, manifestando novas e inusitadas relações entre palavras e significados e, ainda, compondo algumas "brincadeiras" na estrutura gramatical. Tudo isso para atingir efeitos estilísticos que chamamos de **figuras de linguagem**.

Distinguem-se três tipos de figuras de linguagem: figuras de palavra, figuras de pensamento e figuras de sintaxe. Neste capítulo, vamos nos dedicar ao estudo das figuras de palavra.

## Trocando ideias

Leia as acepções que se encontram no *Grande dicionário Houaiss da língua portuguesa*:

- **figura de palavra**
  Rubrica: estilística, retórica.
  a que está relacionada com a mudança de sentido das palavras (p. ex.: *a metáfora, a metonímia, a sinédoque, a hipérbole*); figura de significação.
- **figura de pensamento**
  Rubrica: estilística, retórica.
  figura que se posiciona no plano das ideias; faz-se por imaginação (p. ex.: *a prosopopeia*), por raciocínio (p. ex.: *a deliberação ou a concessão*), por desenvolvimento (p. ex.: *a descrição*), por significação simbólica (p. ex.: *a alegoria, a lítotes, a ironia*).
- **figura de sintaxe**
  Rubrica: estilística, retórica.
  figura pela qual a construção da frase se afasta, de algum modo, do modelo de uma estrutura gramatical, para dar destaque significativo, como processo estilístico, a algum membro da frase (p. ex.: *a elipse, o zeugma, o anacoluto, o pleonasmo, o hipérbato, a silepse, o assíndeto, o polissíndeto*); figura de construção.

INSTITUTO ANTÔNIO HOUAISS. *Grande dicionário Houaiss da língua portuguesa*. Disponível em: <http://houaiss.uol.com.br/>. Acesso em: 9 maio 2014.

- A partir das definições acima, identifique a que tipo pertencem as figuras de linguagem destacadas nos poemas da página anterior. Justifique sua resposta.

# 2 Figuras de palavras

Figuras de linguagem

A figura de palavra consiste no emprego figurado, simbólico, de uma palavra por outra, quer por uma relação de proximidade (**contiguidade**), quer por uma associação, uma comparação, uma **similaridade**. Esses dois conceitos básicos – contiguidade e similaridade – permitem-nos reconhecer dois tipos de figuras de palavras: a **metonímia** e a **metáfora**. É para essas duas principais figuras de palavras que nossa atenção estará voltada neste capítulo.

## Trocando ideias

- Observe:

I

Alexandre Fagundes De Fagundes/Dreamstime.com/ Other Images

**Mão**, monumento de Oscar Niemeyer. Praça do Memorial da América Latina, São Paulo, 2012.

II

***Apartheid* soneto**

Avelino de Araújo

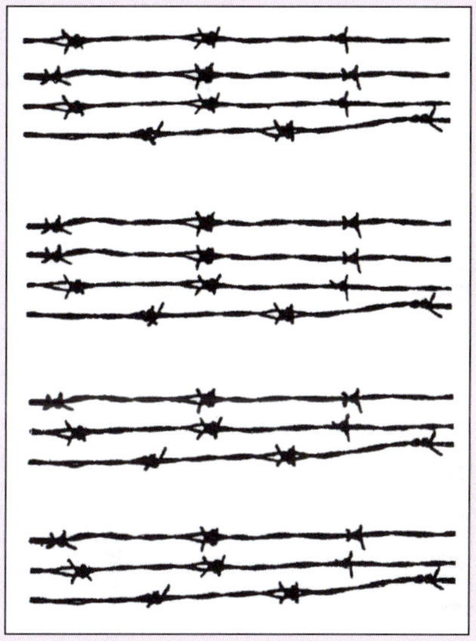

Avelino de Araújo

Revista *Escáner Cultural*. Disponível em: <www.escaner.cl/>. Acesso em: 13 jan. 2014.

Considerando que **metáfora** é uma figura de linguagem que se fundamenta numa relação de semelhança subentendida entre o sentido próprio e o figurado e que a **metonímia** se fundamenta numa relação de contiguidade, ou seja, de proximidade, de pertinência, discutam em pequenos grupos:

a) Na imagem I, que mostra o monumento *Mão*, o que pode significar a inserção de um mapa estilizado da América Latina gravado na escultura de uma grande mão aberta?

b) A que nos remete a cor vermelha desse mapa?

c) A imagem II traz um soneto, segundo seu autor, visual. Trata-se de uma criação baseada em metáfora ou em metonímia?

d) Na voz de um representante, apresentem suas conclusões para a sala e comparem-nas com as de seus colegas.

# 3 A metáfora

Para comentarmos o conceito de metáfora, vamos ler um fragmento da novela *Ardente paciência*, escrita pelo chileno Antonio Skármeta. A partir do imaginário contato entre o poeta chileno Pablo Neruda (1904-1973) e um jovem carteiro, Skármeta mistura ficção e realidade para mostrar seu ponto de vista sobre os últimos anos de Neruda, recolhido em uma ilha de seu país. Há uma adaptação dessa novela para o cinema, intitulada *O carteiro e o poeta*, dirigida por Michael Radford, em 1994.

## Ardente paciência

Antonio Skármeta

[...]

– É que fiquei pensando...

Neruda apertou os dedos no cotovelo do carteiro e o foi conduzindo até o poste onde havia estacionado a bicicleta.

– E você fica sentado para pensar? Se quer ser poeta, começa por pensar caminhando. Ou você é como John Wayne, que não podia caminhar e mascar chicletes ao mesmo tempo? Agora vai para a enseada pela praia e, enquanto você observa o movimento do mar, pode ir inventando metáforas.

– Me dê um exemplo!...

– Olha este poema: "Aqui na Ilha, o mar, e quanto mar. Sai de si mesmo a cada momento. Diz que sim, que não, que não. Diz que sim, em azul, em espuma, em galope. Diz que não, que não. Não pode sossegar. Me chamo mar, repete se atirando contra uma pedra sem convencê-la. E então, com sete línguas verdes, de sete tigres verdes, de sete cães verdes, percorre-a, beija-a, umedece-a e golpeia-se o peito repetindo o seu nome".

Fez uma pausa satisfeita.

– O que você acha?

– Estranho.

– "Estranho." Mas que crítico mais severo!

– Não, dom Pablo. Estranho não é o poema. Estranho é como eu me sentia quando o senhor recitava o poema.

– Querido Mário, vamos ver se te desenredas um pouco porque eu não posso passar toda a manhã desfrutando o papo.

– Como se explica? Quando o senhor dizia o poema, as palavras iam daqui pr'ali.

– Como o mar, ora!

– Pois é, moviam-se exatamente como o mar.

– Isso é ritmo.

– Eu me senti estranho, porque com tanto movimento, fiquei enjoado.

– Você ficou enjoado...

– Claro! Eu ia como um barco tremendo em suas palavras.

As pálpebras do poeta se despregaram lentamente.

– "Como um barco tremendo em minhas palavras."

– Claro!

– Sabe o que você fez, Mário?

– O quê?

– Uma metáfora.

– Mas não vale porque saiu só por um puro acaso.

– Não há imagem que não seja casual, filho.

[...]

Filipe Rocha/Arquivo da editora

SKÁRMETA, Antonio. *Ardente paciência*. São Paulo: Brasiliense, 1987. (Atualmente publicado com o título de *O carteiro e o poeta*, pela editora Record.)

Segundo o professor Mattoso Camara, **metáfora** “é a figura de linguagem que consiste na transferência de um termo para um âmbito de significação que não é o seu e fundamenta-se numa relação toda subjetiva, criada no trabalho mental de apreensão”.

No exemplo do texto temos:

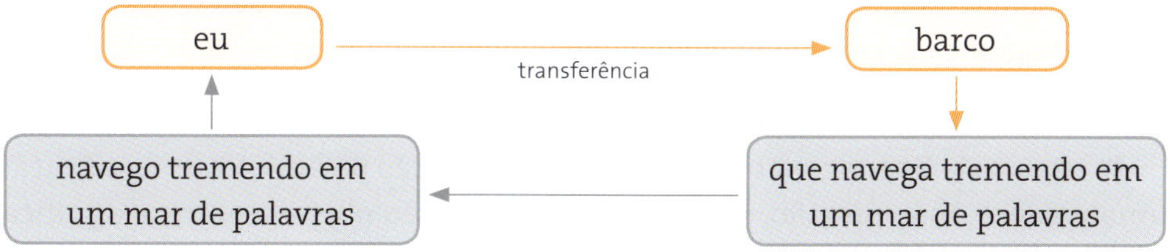


A metáfora tem caráter **subjetivo** e **momentâneo** (daí a afirmação de que “toda imagem é casual”). Se a metáfora se cristaliza, passa a ser **catacrese** (é o que ocorre, por exemplo, quando falamos em “pernas da mesa”, “pé de café”, “braços da cadeira”). Uma das ocorrências mais comuns de catacrese é a do verbo *embarcar*: o radical já indica que embarcar significa “pôr ou entrar num **barco**”; no entanto, hoje **embarca-se** em ônibus, avião, táxi...

Voltemos ao texto. Releia esta frase:

Eu ia como um barco tremendo em suas palavras.

Nesse trecho, identifica-se o primeiro passo para a construção de uma metáfora, que nada mais é do que uma comparação. No segundo passo, dispensa-se a partícula comparativa *como*:

Eu sou um barco tremendo em suas palavras.

(eu) Barco tremendo em suas palavras.

Uma metáfora sempre fornece outra dimensão a um texto, seja ao exigir do leitor todas as possíveis transferências, seja ao propor uma leitura metafórica ao texto todo. O fragmento apresentado, por exemplo, gira em torno da metáfora, sua definição, seu emprego, mas vai além: sugere uma leitura metafórica integral, ou seja, o fragmento apresentado é uma **grande metáfora** da sensibilidade do poeta forjando (ou despertando) a sensibilidade do ouvinte-leitor, a ponto de transformá-lo (ele, ouvinte-leitor) em **criador** de uma metáfora.

## Atividade

Leia a tira abaixo e responda às questões propostas.

Fernando Gonsales/Acervo do artista

GONSALES, Fernando. Níquel Náusea. *Folha de S.Paulo.* Disponível em: <http://acervo.folha.com.br>. Acesso em: 9 maio 2014.

a) Por que o personagem diz que as metáforas são “perigosas”?
b) Considerando a sutil diferença entre comparação e metáfora, na tirinha temos exemplo de quê?
c) Na sua opinião, um texto se enriquece com o emprego de metáforas? Por quê?

# 4 A metonímia

A palavra *metonímia* vem do grego e significa "além do nome", "mudança de nome". Observe que a etimologia já nos passa a essência de uma figura de palavra, ou seja, a nova dimensão adquirida por uma palavra quando seu significado vai "além do nome, além do significado cristalizado pelo dicionário".

O professor Mattoso Câmara assim define **metonímia**:

> [...] figura de linguagem que consiste na ampliação do âmbito de significação de uma palavra ou expressão, partindo de uma relação objetiva entre a significação própria e a figurada. Com esta definição, a metonímia abrange a sinédoque. [...]
>
> A metonímia destaca o elemento que, no momento, é essencial no conceito designado. Dizer, por exemplo, vela ou vapor, em vez de navio, é frisar logo o tipo de embarcação a que me refiro.
>
> Para ver, exemplificadamente, as suas vantagens, basta atentar na famosa enumeração – "suor, sangue e lágrimas" – com que Winston Churchill sintetizou a situação crítica de seu povo, na guerra de 39, depois da queda da França. A frase decorre de três metonímias, em que três tipos de acontecimentos são expressos pelos nomes das manifestações físicas que eles, respectivamente, provocam no corpo humano.

CÂMARA JR., J. Mattoso. *Dicionário de linguística e gramática*. Petrópolis: Vozes, 1985.

Ao ler os termos da enumeração de Churchill e cientes dos sofrimentos desencadeados no contexto da Segunda Guerra Mundial, fazemos, por inferência, as seguintes relações: suor = luta, esforço físico; sangue = mortos e feridos; lágrimas = sofrimento decorrente do conflito.

Leia esta tira em que a metonímia ajuda a construir o humor:

Luis Fernando Verissimo. As cobras. In: *O Estado de S. Paulo*, 14 jan. 1992.

Veríssimo, Luis Fernando. As cobras. *O Estado de S. Paulo*, São Paulo, 14 jan. 1992.

O humor da tirinha reside no jogo denotativo/conotativo do sentido da fala do treinador: este emprega metonímias, ou seja, uma linguagem figurada, simbólica (portanto conotativa), mas um dos jogadores interpreta a fala do treinador em sentido literal, não figurado (portanto, denotativo).

São exemplos de metonímia:

O bonde passa **cheio de pernas**:

pernas brancas pretas amarelas.

(pernas = mulheres: foi empregada a parte pelo todo)

ANDRADE, Carlos Drummond de. Poema de sete faces.
In: ______. *Reunião:* 10 livros de poesia. Rio de Janeiro: José Olympio, 1977, p. 3.

Mas ser planta, ser rosa, nau vistosa

De que importa, se aguarda sem defesa

Penha a nau, **ferro** a planta, tarde a rosa?

(ferro = machado: foi empregada a matéria pelo objeto.)

MATOS, Gregório de. *Poemas escolhidos*. Coletânea e notas de José Miguel Wisnik. São Paulo: Cultrix, 1976. p. 321.

## Atividade

Faça uma breve descrição de uma pessoa notável e conhecida, que poderia ser publicada na edição especial de uma revista semanal sobre "Personalidades do ano". Siga estas orientações:

- Atenção: em nenhum fragmento do texto mencione o nome da personalidade.
- Produza um parágrafo predominantemente metonímico e um parágrafo predominantemente metafórico. As metonímias devem passar ao leitor indicações da profissão dessa pessoa, e as metáforas, indicações de seu aspecto físico. Quanto à personalidade, você decide: ora uma descrição metonímica, ora uma descrição metafórica.
- Escolha um título atraente, mas que não revele o nome da personalidade.
- Troque sua descrição com um colega; tentem identificar a personalidade descrita.
- Montem um mural com os textos acompanhados das fotos das personalidades.

## 5 Contrapondo metáfora e metonímia

Numa comparação entre a metáfora e a metonímia, percebemos que a metáfora se fundamenta em uma relação subjetiva ("eu sou um barco") ao passo que a metonímia se fundamenta em uma relação objetiva ("vela" por "barco a vela").

O linguista Roman Jakobson analisou a relação entre o emprego da metáfora e da metonímia e as escolas literárias. Leia:

O primado do processo metafórico nas escolas romântica e simbolista foi sublinhado várias vezes, mas ainda não se compreendeu suficientemente que é a predominância da metonímia que governa e define efetivamente a corrente literária chamada de "realista", que pertence a um período intermediário entre o declínio do Romantismo e o aparecimento do Simbolismo, e que se opõe a ambos. Seguindo a linha de relações de contiguidade, o autor realista realiza digressões metonímicas, indo da intriga à atmosfera e das personagens ao quadro espaço-temporal.

JAKOBSON, Roman. *Linguística e comunicação*. São Paulo: Cultrix, s.d. p. 57.

Para exemplificar as afirmações de Jakobson, reproduzimos um fragmento memorável do romance *Dom Casmurro*, de Machado de Assis.

Trata-se do capítulo em que brota em Bentinho a semente da desconfiança de sua mulher, Capitu; esta chora diante do cadáver de Escobar, amigo do casal, e Bentinho interpreta aquelas lágrimas como se fossem as da viúva. Preste atenção na brilhante narrativa: Machado de Assis parte do choro coletivo para o choro individualizado (o de Capitu); do choro para as lágrimas.

## Olhos de ressaca

Machado de Assis

Filipe Rocha/Arquivo da editora

Enfim chegou a hora da encomendação e da partida. Sancha quis despedir-se do marido, e o desespero daquele lance consternou a todos. Muitos homens choravam também, as mulheres todas. Só Capitu, amparando a viúva, parecia vencer-se a si mesma. Consolava a outra, queria arrancá-la dali. A confusão era geral. No meio dela, Capitu olhou alguns instantes para o cadáver tão fixa, tão apaixonadamente fixa, que não admira lhe saltassem algumas lágrimas poucas e caladas...

As minhas cessaram logo. Fiquei a ver as dela; Capitu enxugou-as depressa, olhando a furto para a gente que estava na sala. Redobrou de carícias para a amiga, e quis levá-la; mas o cadáver parece que a retinha também. Momento houve em que os olhos de Capitu fitaram o defunto, quais os da viúva, sem o pranto e nem palavras desta, mas grandes e abertos, como a vaga do mar lá fora, como se se quisesse tragar também o nadador da manhã.

MACHADO DE ASSIS. *Dom Casmurro*. Disponível em: <www.dominiopublico.gov.br>. Acesso em: 9 maio 2014.

Note que a mudança de parágrafo foi determinada pela narração metonímica. O início do segundo parágrafo está todo centrado nas lágrimas ("As minhas [lágrimas] cessaram logo. Fiquei a ver as [lágrimas] dela; Capitu enxugou-as [lágrimas] depressa [...]"). Em um momento posterior a esse, a narração centra-se nos olhos (de ressaca de mar; foi o mar agitado que tragou o marido de Sancha).

# Atividades

Leia atentamente o fragmento abaixo, de um romance do escritor mineiro Rubem Fonseca (1925).

### A grande arte

Rubem Fonseca

Camilo Fuentes, nas mãos uma lata de ervilhas e uma de palmito, virava a cabeça para ler, com o olho bom, o que estava escrito nos rótulos. Em São Paulo não tivera dificuldade para ver bem e matar os dois assassinos de Benito, o jornaleiro, mas aqueles rótulos, com suas letras miudinhas, estavam dando trabalho.

"Você acha que pode existir, como eles dizem aqui, ervilha fresca em conserva?" Pausa. A letra pequena. "Você acha que eu devo comprar uma córnea?"

"São uns vigaristas. Ingredientes: ervilha e sal. É mentira, não é?", disse Míriam. "Tem mais um monte de porcarias que eles escondem."

"Este outro é pelo menos mais decente." A lata de palmito. Fuentes leu: "Contém acidulante H II. Essas conservas têm uma porção de preservativos químicos, mas a indústria de alimentos não diz isso". Fuentes virou a cabeça. "As ervilhas Swift são as únicas do tipo coração com manteiga. Enlatadas fresquinhas no local da colheita, conservam todo sabor alimentício das ervilhas frescas. Estão sempre saborosas, suculentas, tenrinhas como se tivessem sido debulhadas e preparadas em sua própria casa. São uns canalhas. Debulhadas em sua própria casa. E a córnea? Devo ou não devo comprar uma?"

Fuentes e Míriam estavam num supermercado Freeway, na Barra da Tijuca. De manhã, bem cedo, haviam saído do apartamento, descido a pé pela rua do Riachuelo até aonde a rua se encontra com a avenida Mem de Sá, na altura do largo dos Pracinhas. Dali haviam chegado à igreja do Carmo da Lapa, pois Míriam queria rezar. Depois pegaram um ônibus para a Barra, na avenida Augusto Severo. Fora uma longa viagem até o Freeway, mas ambos gostavam de ver a cidade da janela dos ônibus. Era assim que costumavam ir aos supermercados distantes, da Barra, pegando às vezes três ônibus.

"Devo ou não?", perguntou Fuentes.

"Está tudo escrito em inglês", disse Míriam mostrando a lata de palmito.

"É para dizer que o palmito é tão bom que até os americanos comem ele. Você não respondeu."

"Não sei."

"Não sabe? Você quer que eu fique cego para o resto da vida?"

"Você tem o dinheiro?"

"Tenho."

"Então compra."

"Eu fico pensando na moça."

"Que moça? Que moça?"

"A moça que está vendendo a córnea. Não sei se é justo ela ficar cega de um olho para um sujeito com dinheiro ficar com dois."

"Não é ela que quer vender?"

"Forçada. Pela miséria."

FONSECA, Rubem. *A grande arte*. 12. ed. São Paulo: Companhia das Letras, 1990. p. 226-227.

Filipe Rocha/Arquivo da editora

1. Explique a metáfora que caracteriza o segundo parágrafo.
2. Qual é a figura de palavra que se pode identificar em "A moça está vendendo a córnea forçada pela miséria."?
3. Releia: "É para dizer que o palmito é tão bom que até os americanos comem ele". Essa frase apresenta uma construção típica do português falado, considerada incorreta pelas gramáticas normativas da língua portuguesa.
   a) Aponte qual a construção típica da oralidade e comente-a.
   b) Reescreva a frase corrigindo-a segundo os padrões da norma culta.
4. A partir das informações fornecidas pelo texto, caracterize os personagens Camilo Fuentes e Míriam.
5. Aponte dois recursos de manipulação da linguagem utilizados pelo *marketing* da indústria alimentícia para vender seus produtos.
6. Escreva um parágrafo comentando este fragmento: "A miséria e o consumismo criados pela sociedade capitalista industrial levam as pessoas a vender os próprios corpos como se fossem produtos expostos nas prateleiras de supermercados".

## Mãos à obra!

### Atividade em dupla

Alguns anúncios não têm fins comerciais, são produzidos para comemorar uma data, reforçar o prestígio do anunciante, que pode ser, por exemplo, uma entidade de classe. São as chamadas propagandas institucionais.

Observe os dois exemplos a seguir. Procure as relações entre linguagem não verbal e linguagem verbal em cada propaganda.

Reprodução/<www.brasil.gov.br/noticias/arquivos/2012/09/24/bolsa-formacao-pelo-pronatec-chegou-a-816-mil-vagas-este-ano>

PDE | PRONATEC
PROGRAMA NACIONAL DE ACESSO AO ENSINO TÉCNICO E EMPREGO

A oferta de cursos técnicos e de qualificação profissional pelo Programa Nacional de Acesso ao Ensino Técnico e Emprego (Pronatec) chegou a 816 mil vagas este ano. Por meio da Bolsa-Formação, são oferecidas vagas gratuitas em cursos técnicos e de formação inicial e continuada na Rede Federal de Educação Profissional, Científica e Tecnológica e no Sistema S (Senai, Senat, Senar, Senac).

Disponível em: <www.brasil.gov.br>. Acesso em: 12 maio 2014.

**Diga *Sim* ao Sistema Nacional de Educação**
e garanta o limite de estudantes por turma

A Confederação Nacional dos Trabalhadores em Estabelecimentos de Ensino – CONTEE é uma entidade sindical de terceiro grau que congrega 73 sindicatos e 8 federações de professores e técnicos e administrativos do setor privado de ensino, da educação infantil à superior – representando atualmente cerca de 500 mil trabalhadores brasileiros. Em 2011, a entidade completa 20 anos de história, atuando fundamentalmente na articulação da luta política e sindical com a luta por um projeto educacional para o País e pela valorização dos profissionais da educação.

Entre as principais bandeiras políticas da CONTEE está a defesa da educação como direito e bem público, de responsabilidade do Estado. A entidade defende que o fortalecimento da educação pública também se dará por meio da regulamentação do setor privado, com a exigência do cumprimento do papel do Estado no controle, regulação, credenciamento e avaliação da educação, com as devidas referências sociais.

Saiba mais em: <www.contee.org.br>.

Reprodução/Confederação Nacional dos Trabalhadores em Estabelecimentos de Ensino

Anúncio publicado na revista *Caros Amigos*. São Paulo: Casa Amarela, n. 53, contracapa.

Para reforçar as ideias que se pretendem defender com as propagandas, empregaram-se imagens sugestivas com a intenção de atrair a atenção do leitor.

No caso do anúncio da Contee, a relação é metafórica, pois a sala de aula é vista como uma lata de sardinhas. O texto reafirma que as salas estão demasiadamente lotadas e os alunos, apertados: a única coisa que não tem limite é o número de estudantes por sala.

No caso do Pronatec, a relação é metonímica, a imagem é de um livro aberto. Um livro aberto sugere leitura, aquisição de conhecimentos. É é isso que o programa quer oferecer.

## Gênero textual: propaganda institucional

Diferentemente do anúncio publicitário, que quer vender produtos, a propaganda institucional busca moldar a opinião pública, divulgando ideias ou ações, propondo campanhas que beneficiem determinadas comunidades, com a finalidade de reforçar no público-alvo a imagem de certas instituições. Em geral, a propaganda apresenta uma mensagem ratificada por imagens, um título ou *slogan* e a identificação da instituição. Pode empregar também sons e imagens quando circula em rádios, televisão, cinema ou internet. O objetivo é persuadir o público-alvo, fazendo-o aderir a determinadas ideias, para que comportamentos sejam modificados.

1. Junte-se a um colega para criar uma propaganda que inclua uma imagem – por meio da metáfora ou da metonímia – e um texto. A ideia é que os anúncios das duplas, reunidos, iniciem uma campanha contra a violência em sua comunidade.

   Se preferirem, vocês podem fazer um "recorte" do tema e optar por subtemas como: violência doméstica contra crianças, adolescentes ou mulheres; violência no trânsito; violência urbana; violência nas escolas (*bullying*); violência provocada por armas de fogo ou pelo tráfico de drogas... A escolha poderá ser feita em função das características de sua comunidade. Outra possibilidade seria cada dupla escolher um tipo de violência.

   Troquem ideias e sugestões com as demais duplas antes de concluir a tarefa.

2. Sob a orientação do professor, marquem um dia para a exposição da campanha com as propagandas nos corredores da escola, no comércio local ou outros estabelecimentos próximos da escola, como postos de saúde, ONGs e outros nos quais haja circulação de pessoas.

## Dicas para a elaboração da propaganda

- Procurem ler material estatístico sobre a violência em nossos dias. Há algumas ONGs especializadas no assunto, como a “Sou da paz”, por exemplo.
- Discutam inicialmente que ideia vocês querem representar. As sugestões que forem surgindo devem ser anotadas aleatoriamente. Depois vocês farão uma seleção.
- O texto precisa ser breve: os leitores terão níveis de escolaridade variados e estarão em trânsito. As imagens deverão provocar impacto nesse leitor. Elas não precisam ter detalhes, e sim ser expressivas. Vejam que o símbolo do Plano de Desenvolvimento da Educação, do MEC, é simples e direto.
- Deverá haver uma articulação clara e perfeita entre imagem e texto. Podem ser criadas frases de efeito ou *slogans* (frases breves, de fácil memorização, que apresentem combinação sonora e veiculem conceitos associados à ideia que está sendo divulgada).
- Seu texto deverá apresentar argumentos que convençam o leitor a praticar ações que possam contribuir para a diminuição da violência.
- Alguns recursos de persuasão: usar verbos no modo imperativo; dirigir-se diretamente ao leitor; usar dados estatíticos ou opiniões de autoridades; usar recursos como a metáfora e a metonímia.
- Não poderá haver incorreção gramatical: sua propaganda vai se tornar pública.
- Para identificação do “anunciante”, usem o nome de vocês, da classe e da escola.
- Usem papel sem pauta para o rascunho; depois, poderão ampliar a criação de vocês, reproduzindo-a em formatos maiores.

# Pensando no Enem

### Aquele bêbado

– Juro nunca mais beber – e fez o sinal da cruz com os indicadores. Acrescentou: – Álcool.

O mais ele achou que podia beber. Bebia paisagens, músicas de Tom Jobim, versos de Mário Quintana. Tomou um pileque de Segall. Nos fins de semana, embebedava-se de Índia Reclinada, de Celso Antônio.

– Curou-se 100% do vício – comentavam os amigos.

Só ele sabia que andava mais bêbado que um gambá. Morreu de etilismo abstrato no meio de uma carraspana de pôr do sol no Leblon, e seu féretro ostentava inúmeras coroas de ex-alcoólatras anônimos.

ANDRADE, C. D. de. *Contos plausíveis*. Rio de Janeiro: Record, 1991.

A causa *mortis* do personagem, expressa no último parágrafo, adquire um efeito irônico no texto porque, ao longo da narrativa, ocorre uma

a) Metaforização do sentido literal do verbo “beber”.
b) Aproximação exagerada da estética abstracionista.
c) Apresentação gradativa da coloquialidade da linguagem.
d) Exploração hiperbólica da expressão “inúmeras coroas”.
e) Citação aleatória de nomes de diferentes artistas.

**Comentário**

Determinado problema do personagem do conto é apresentado logo no primeiro parágrafo: o alcoolismo. Ele jura não mais *beber*, mas faz uma restrição: não vai mais beber álcool. Até esse ponto do texto, o leitor entende o verbo *beber* em seu sentido denotativo: ingerir líquido, especialmente bebida alcoólica (no caso do personagem); embriagar-se. Entretanto, do segundo parágrafo em diante, o leitor percebe que o personagem faz a restrição anunciada, mas permite-se o prazer de beber cultura: música, literatura, artes visuais... Assim, desse ponto em diante é empregado o verbo *beber* em sentido conotativo. Portanto, a resposta correta é o item **a**.

Resposta: **A**.

# Vestibulares de Norte a Sul

**Textos para a questão 1.**

1

## Emergência

Mário Quintana

Quem faz um poema abre uma janela.
Respira, tu que estás numa cela
abafada,
esse ar que entra por ela.
– Por isso é que os poemas têm ritmo
— para que possas profundamente respirar.
Quem faz um poema salva um afogado.

2

## Agosto 1964

Ferreira Gullar

Entre lojas de flores e de sapatos, bares,
mercados, butiques,
viajo
num ônibus Estrada de Ferro – Leblon.
– Volto do trabalho, a noite em meio,
fatigado de mentiras.
O ônibus sacoleja. Adeus, Rimbaud,
relógio de lilases, concretismo,
neoconcretismo, ficções da juventude, adeus,
– que a vida
eu a compro à vista aos donos do mundo.
Ao peso dos impostos, o verso sufoca,
a poesia agora responde a inquérito policial-militar.
Digo adeus à ilusão
– mas não ao mundo. Mas não à vida,
meu reduto e meu reino.
Do salário injusto,
da punição injusta,
da humilhação, da tortura,
– do terror,
retiramos algo e com ele construímos um artefato
um poema
uma bandeira

In: MORICONI, Italo (Org.). *Os cem melhores poemas brasileiros do século*. Rio de Janeiro: Objetiva, 2001. p. 117 e 267.

1. **NE** (UFBA) Com base na leitura dos poemas Emergência, de Mário Quintana, e Agosto 1964, de Ferreira Gullar, explique a concepção de poesia de cada sujeito poético e destaque, pelo menos, dois recursos linguísticos que constituem imagens poéticas de cada texto. Justifique sua escolha.

2. **N** (UFT-TO) Leia o trecho a seguir, de um conto de Fidêncio Bogo, para responder à questão.

## Quarto mandamento

— Ge-ni-val!

Um calafrio percorreu a espinha do menino. Aquela voz roufenha e rascada, berrada naquele tom, vinda daquele lugar... Começou a procurar na memória alguma arte, alguma travessura, alguma desobediência cometida, uma coisa errada qualquer.

— Ge-ni-val!

O grito trovejou ainda mais forte, enrouquecido, zangado, ameaçador. Só restava ao animalzinho enfiar o rabo entre as pernas e ir a caminho do matadouro.

[...]

O molecote – quantos anos? Cinco, seis, sete, oito? A idade mudava a cada ano, mas o ritual das surras era quase sempre o mesmo. Só que, com o passar do tempo, a revolta ia crescendo no coração de Genival.

[...]

Fidêncio Bogo, in *O quati e outros contos*.

Leia as afirmações abaixo:

I. A colocação do hífen entre as sílabas do nome do personagem e o ponto de exclamação após este são recursos da linguagem escrita para representar a entonação da linguagem oral.

II. Figuras de linguagem, como personificação e metáfora, são recursos utilizados pelo autor para representar o estado emocional de Genival.

III. A conjunção mas, no último parágrafo, poderia ser substituída por pois, sem alteração de significado da frase.

IV. A oração:
"Só que, com o passar do tempo, a revolta ia crescendo no coração de Genival"
poderia ser reescrita como:
"Contudo, à medida que o tempo passava, a revolta crescia no coração de Genival".

Assinale a alternativa CORRETA:

a) somente I está correta
b) somente II e IV estão erradas
c) somente II e III estão erradas
d) somente I e IV estão corretas
e) somente III está errada

CAPÍTULO

# 13 O jornal e seus gêneros textuais: notícia e legenda

Diário do Nordeste/Folhapress

Registro fotográfico de telefone público arrancado de sua base na rua Cruz Abreu, Fortaleza, 2014.

Neste capítulo e no seguinte, vamos nos dedicar ao estudo de gêneros textuais bastante presentes nos jornais. Para iniciar os estudos, leia os textos a seguir, que, sob pontos de vista distintos, comentam o impacto causado pela força da internet nos jornais impressos.

Com seus colegas e o professor, converse sobre o que vocês pensam e conhecem desse veículo de comunicação, a forma de ler essa mídia — jornal impresso ou por internet — e como é possível classificar, hoje em dia, os fatos noticiados pelos jornais. Levem em conta, durante a discussão, as questões propostas nesta página.

## I

[...]

Atualmente, podemos ler um mesmo jornal em forma impressa ou eletrônica. Mas não lemos as mesmas coisas. Na tela do computador costumamos procurar um artigo em especial, a partir de rubricas, temas ou palavras-chave. Já se folhearmos um jornal impresso construímos um sentido de totalidade do veículo como um todo, uma lógica espacial e contextual, que inclui os colunistas, as fotos e até a publicidade.

CHARTIER, Roger. *Jornal do Brasil.*
Disponível em: <www.jb.com.br>. Acesso em: 28 jan. 2014.

## II

O jornalista Mino Carta, diretor de redação de *Carta Capital*, afirmou nesta segunda-feira 28 [outubro de 2013], durante a entrega do prêmio As Empresas Mais Admiradas no Brasil, que "há uma precipitação na análise sobre o destino sombrio da mídia impressa, a começar pelos jornais diários".

Segundo o jornalista, a avalanche de informações proporcionadas pela internet tornou difícil a vida dos jornais. Para ele, no entanto, a salvação está na "capacidade de analisar os fatos de uma maneira crível, inteligente, profunda e sem a pretensão de impor as ideias próprias a quem as lê".

"Tenho a certeza de que uma ilustração inteligente dos fatos, como uma maneira de analisá-los, pode efetivamente contribuir para a formação de uma opinião própria do leitor. A primeira saída para a mídia impressa é essa capacidade da análise inteligente e honesta, equidistante e equilibrada. [...]"

O segundo aspecto considerado "importantíssimo" por Mino Carta é a capacidade de a mídia impressa colocar em prática o jornalismo investigativo. "É o que permite o que chamamos de furo, aquilo que o jornalista captura e que só ele detém. É o caminho que a imprensa brasileira abandonou faz tempo."

[...]

Revista Carta Capital.
Disponível em: <www.cartacapital.com.br/>. Acesso em: 28 jan. 2014.

- *Os trechos lidos aqui expressam a opinião de especialistas de áreas diferentes: Roger Chartier é historiador, Mino Carta é jornalista.*
  - *— Embora os dois tratem de jornal impresso em tempos de internet, apresentam pontos de vista distintos. Quais?*
  - *— Em poucas palavras, por esses textos, qual é a ideia fundamental de cada um deles?*
- *Qual é a opinião de vocês sobre esse assunto? Concordam com esses pontos de vista? Por quê? Ao argumentar, procurem usar a experiência de vocês e de pessoas próximas — amigos e parentes — para ilustrar a perspectiva defendida.*
- *Ao ler jornal, vocês:*
  - *— observam a disposição gráfica das notícias, das fotos, das propagandas nas páginas e/ou na tela?*
  - *— que seções, colunas ou* blogs *de jornais costumam ler?*
- *A palavra* jornal *vem do latim* diurnale *("diário"), passando pelo italiano* giornale *(de* giorno *= dia). Significa um relato das coisas do dia a dia, dos fatos cotidianos. Discutam:*
  - *– Que fatos cotidianos os jornais noticiam?*
  - *– Eles dizem respeito aos cidadãos em geral? Por quê?*
  - *– O que os jornais parecem imaginar que pode interessar aos leitores? Essa ideia corresponde à sua realidade? Por quê?*

# 1 O jornal

Ao iniciarmos nossas reflexões sobre o jornal como veículo de comunicação de massa, sua importância como espaço por onde circulam os mais variados gêneros textuais, reproduzimos o início de um artigo do jornalista T T Catalão, publicado originariamente no jornal *Correio Braziliense*:

## Para que serve um jornal mesmo?

TT Catalão

Um jornal serve para servir. Servir principalmente a uma cidade. Um jornal, se for só papel, serve para cobrir o chão quando pintamos a casa ou embrulhar peixe no mercado. Um jornal, se for só negócio, serve apenas para crescer em lucros, máquinas e construções. Um jornal, se for mero símbolo, tradição e história, serve para discursos pomposos mas ocos de compromisso com a vida. Um jornal-grife funciona só para o *marketing* ou propaganda de empresa líder de mercados. Mas o que faz um jornal servir é algo além da mercadoria ou da imagem que projeta. Um jornal não tem senhores, domínios, posses ou possessões. Um jornal serve quando não é escravo até do próprio sucesso. [...]

Disponível em: <http://observatoriodaimprensa.com.br/>. Acesso em: 12 maio 2014.

Quando pensamos no jornal e em sua importância na era da informação em que vivemos, não podemos nos esquecer de que ele é um produto de consumo e de que, por trás de cada notícia, está um jornalista com opiniões próprias, ou seja, a favor de algumas coisas e contra outras.

Por mais objetiva que tente ser a linguagem jornalística, o leitor atento sempre poderá perceber o posicionamento do jornalista por meio de alguns detalhes linguísticos: como foi estruturada a notícia, a ordem sintática usada, a ênfase dada à ação, ao agente, ao objeto, ao local, à data, etc.

Veja o que diz o *Manual da redação da Folha de S.Paulo*:

**objetividade** – Não existe objetividade em jornalismo. Ao escolher um assunto, redigir um texto e editá-lo, o jornalista toma decisões em larga medida subjetivas, influenciadas por suas posições pessoais, hábitos e emoções.

Isso não o exime, porém, da obrigação de ser o mais objetivo possível. Para relatar um fato com fidelidade, reproduzir a forma, as circunstâncias e as repercussões, o jornalista precisa encarar o fato com distanciamento e frieza, o que não significa apatia nem desinteresse. Consultar outros jornalistas e pesquisar fatos análogos ocorridos no passado são procedimentos que ampliam a objetividade possível. [...]

Disponível em: <www1.folha.uol.com.br>. Acesso em: 12 maio 2014.

# A organização dos elementos na página

Um recurso do mundo jornalístico essencial para atrair a atenção do leitor é a diagramação, ou seja, a disposição dos elementos – visuais e verbais – na página do jornal ou no *site*. A esse respeito, leia o verbete do manual de redação do jornal *Folha de S.Paulo*:

**diagramação** – tarefa que envolve arte e técnica. Consiste em dispor plasticamente na página o material de edição: textos, títulos, fotos, ilustrações, gráficos, legendas, etc. Cabe ao diagramador verificar o tamanho dos textos e ilustrações e compô-los espacialmente de acordo com os padrões gráficos do jornal. A **diagramação** de uma notícia tanto pode escondê-la como exacerbar seu significado. Cabe ao editor, em conjunto com o diagramador, a elaboração de cada **diagrama** (projeto detalhado da página, feito em impresso próprio) no sentido de hierarquizar os textos e as fotos, sempre buscando uma página equilibrada, bonita, que convide à leitura.

*Manual da redação da Folha de S.Paulo*. São Paulo: Folha, 1987.

# Atividades

A disposição gráfica dos elementos na página, ou diagramação, tem várias funções em um jornal. Destacamos estas:

- apresentar as informações de forma organizada e clara;
- atrair os leitores.

Em busca de uma apresentação funcional e atrativa, os jornais têm evoluído ao longo do tempo, aprimorando suas configurações por meio das novas tecnologias disponíveis.

1. Observe e compare capas antigas e recentes dos jornais *Gazeta do Oeste*, de Mossoró (RN), e *Folha de S.Paulo*, de São Paulo (SP), para em seguida comentar com seus colegas:

"NÃO ACEITO DITADURA"
Gazeta do Oeste
CARLOS AUGUSTO CONTINUA SUPER
VISITANTE
UMA BATALHA JUDICIÁRIA

Reprodução/Jornal *Gazeta do Oeste*

*Gazeta do Oeste*, Mossoró (RN), n. 12, 10-16 dez. 1977.

Folha da Noite
ANNO I — S. PAULO – Sabbado, 19 de Fevereiro de 1921 — NUM. I
O nosso programma
AS ELEIÇÕES DE AMANHAN
Pelos funccionarios municipaes

Reprodução/Jornal *Folha da Noite*/Folhapress

*Folha da Noite*, São Paulo, 19 fev. 1921.

FOLHA DA MANHÃ
França e Inglaterra dirigem um "ultimatum" ao Reich
CASA LUONGO
A PREFERIDA
HOJE 2 MIL CONTOS
Em impetuosa offensiva, as tropas germanicas invadem o territorio da Polonia
Neutralidade das nações americanas
"Serei o primeiro soldado do Reich allemão"
A Italia não se envolverá nas operações militares
EXIGIDA A IMMEDIATA RETIRADA DAS TROPAS ALLEMÃS DO TERRITORIO POLONEZ

Reprodução/Jornal *Folha da Manhã*/Folhapress

*Folha da Manhã*, São Paulo, 2 set. 1939.

FOLHA DE S.PAULO
Eles voltam amanhã com a Taça
Médici participa do entusiasmo do povo
Taça Pelé será oferecida em 1972 pelo presidente
Hoje e amanhã feriados nas repartições federais

Reprodução/Jornal *Folha de S.Paulo*/Folhapress

*Folha de S.Paulo*, São Paulo, 22 jun. 1970.

FOLHA DE S.PAULO

300 mil nas ruas pelas diretas

Reagan pede a retomada do diálogo

*Suspensa a intervenção em 3 sindicatos*

Gasolina a 564, álcool a 332

*A festa da USP começa com invasão*



*Folha de S.Paulo*, São Paulo, 26 jan. 1984.

GAZETA DO OESTE

Pedreiro é morto a tiros no Bom Jardim

ALDO : EDGAR

Assembleia lança edital para realizar concurso público

PROJETO

Agripino reage à eleição de Calheiros

Hospital da Mulher volta a atendimento

Ilha Folia faz prévia hoje para o Carnaval

HRTM procura por familiares de paciente



*Gazeta do Oeste*, Mossoró (RN), 2 fev. 2013.

FOLHA DE S.PAULO

Bento 16 renuncia; novo papa deve ser escolhido até a Páscoa

“Não tenho mais forças para exercer [o papado]”

samba do metrô



*Folha de S.Paulo*, São Paulo, 12 fev. 2013.

FOLHA DE S.PAULO

VITÓRIA DA DEMOCRACIA

IMPEACHMENT!

*Câmara depõe Collor em decisão histórica; presidente respeita o resultado e Itamar assume hoje*



*Folha de S.Paulo*, São Paulo, 30 set. 1992.

a) O que mudou?
b) Quanto à funcionalidade, houve melhoras? Quais?
c) Quanto à atratividade, houve melhoras? Quais?
d) Por que você acha que houve tais mudanças?

2. Em pequenos grupos, façam uma pesquisa:

a) Procurem o jornal de sua cidade e tentem se informar sobre sua configuração gráfica; se possível, tentem comparar a forma atual com exemplares antigos.
b) Façam, se possível, uma curta entrevista com o responsável pela composição gráfica e peçam-lhe informações sobre os critérios para a atual configuração.
c) Apresentem oralmente um relatório sobre o assunto para a sala.

3. Hoje, mais do que nunca, a informação é uma necessidade. Vivemos em um momento histórico em que estar informado faz a diferença. E, com os avanços da tecnologia, é possível romper as barreiras de tempo e espaço: aqui no Brasil, por volta das 22 horas de um dia, graças à internet, podemos ler alguns jornais europeus e asiáticos do dia seguinte.

Mas será que basta apenas ter acesso à informação para estar bem informado?

Discuta com seus colegas de sala:

- Qual é o maior problema da atualidade: ter acesso à informação, selecionar a informação ou saber o que fazer com a informação?

# 2 A notícia

Por ser um produto de consumo que disputa determinado mercado (representado pelos leitores), o jornal tenta satisfazer às necessidades de seus consumidores trabalhando tanto conteúdo como forma (sua apresentação gráfica, formal). Entretanto, o elemento fundamental de um jornal, em torno do qual tudo gira, continua sendo a notícia.

## O texto informativo – a gramática da notícia

Há uma velha fórmula para a notícia: Q – Q – Q – O – C – PQ. Ou seja, **o quê**, **quem**, **quando**, **onde**, **como**, **por quê**. Não existe uma ordem predeterminada; ela é estabelecida pelas circunstâncias que envolvem cada notícia. Para um determinado fato, o mais importante é **quem**; para outro, **quando**, e assim por diante.

A notícia trabalha fundamentalmente com informações e apresenta quase exclusivamente a **função referencial (ou informativa) da linguagem**. A intenção é transmitir ao leitor dados da realidade de uma forma direta e objetiva. Por isso, as notícias são escritas em terceira pessoa e o produtor do texto não se revela, procurando não emitir – embora já tenhamos visto que isso é quase impossível de acontecer – juízos de valor. Predominam os verbos no modo indicativo.

Retomando o conceito de **sequências textuais** (composições com determinadas características linguísticas) do volume anterior, percebemos que há o predomínio de um tipo em especial, dependendo do caráter da informação:

- **sequência narrativa**, quando a informação está centrada em uma mininarrativa (narra-se um fato, em que há sucessão de ações, localizando-o no tempo e no espaço), na qual o narrador (o jornalista produtor do texto noticiário) tenta passar despercebido (não há posicionamento, nem comentários por parte dele, só a narração);
- **sequência descritiva**, quando a informação está centrada na apresentação do estado do fato, seja um ser, seja uma coisa, seja um lugar, etc.;
- **sequência explicativa**, quando a informação está centrada na passagem de um conhecimento específico.

O professor de jornalismo Nilson Lage, em seu livro *Estrutura da notícia*, discute o conceito moderno de notícia:

> Do ponto de vista da estrutura, a notícia se define, no jornalismo moderno, como o relato de uma série de fatos a partir do fato mais importante ou interessante; e de cada fato, a partir do aspecto mais importante ou interessante. Essa definição pode ser considerada por uma série de aspectos. Em primeiro lugar, indica que não se trata exatamente de narrar os acontecimentos, mas de expô-los.

LAGE, Nilson. *Estrutura da notícia*. São Paulo: Ática, 2006.

O *Novo Manual da Redação*, editado pela *Folha de S.Paulo*, traz a seguinte definição de **notícia**:

> **notícia** – Puro registro dos fatos, sem opinião. A exatidão é o elemento-chave da notícia, mas vários fatos descritos com exatidão podem ser justapostos de maneira tendenciosa. Suprimir ou inserir uma informação no texto pode alterar o significado da notícia. Não use desses expedientes. [...]

Disponível em: <www1.folha.uol.com.br/>. Acesso em: 12 maio 2014.

Para nós, leitores comuns, acostumados a uma rápida passagem de olhos nas notícias do dia, uma expressão do verbete acima chama a atenção: "maneira tendenciosa". Apesar de a empresa jornalística responsável pelo *Manual* afirmar que seus jornalistas não devem usar tais expedientes, verdadeiras armadilhas, fica para nós, leitores, a incumbência de descobri-las e desmontá-las.

Sobre isso, transcrevemos um fragmento do livro *O que é comunicação*, de Juan E. Díaz Bordenave, editado pela Brasiliense:

**A reconstrução da realidade**

As diversas formas de manipulação da linguagem parecem indicar que existem duas realidades bastante diferentes: a realidade objetiva e a realidade reconstruída pelo discurso da comunicação.

A comunicação supostamente mais objetiva, como a notícia jornalística, não é mais que a "reconstrução" da realidade pelo repórter. Os eventos, com efeito, são percebidos pelo repórter, que, além de selecionar apenas os aspectos que lhe parecem relevantes, deixando de fora outros, ainda projeta seus próprios significados conotativos sobre o evento. Ao escrever, a estrutura do discurso – isto é, a sequência dos fatos reportados – introduz a própria paralinguagem. E a posição da matéria no jornal – primeira página, última página, ângulo superior direito, ângulo inferior esquerdo, etc. – agrega seu quinhão de valorização do evento. O resultado é um produto parcialmente denotativo e parcialmente conotativo, mas reconstruído.

Na informação sobre o ataque da Inglaterra aos argentinos que defendiam as ilhas Geórgia do Sul, a versão inglesa era que os argentinos "se renderam", enquanto a versão argentina dizia que se "haviam retirado taticamente" para continuar a resistência.

Os meios que manejam signos visuais e auditivos, tais como o cinema e a televisão, possuem ainda maior margem de reconstrução da realidade do que os meios escritos. Eles podem chegar a criar uma "atmosfera" (romântica, de terror, de comicidade) que predispõe o público a perceber a realidade da maneira desejada pelo diretor.

**A leitura crítica**

A possibilidade de manipulação de todos os tipos de linguagem tem provocado a intensificação de um movimento orientado para a capacitação do público em geral na "leitura crítica" das mensagens. Esta habilidade consiste em identificar o grau de denotação-conotação nas mensagens, unida ao desenvolvimento de uma atitude de desconfiança sobre as intenções e os conteúdos ideológicos inseridos nos textos.

BORDENAVE, Juan E. Díaz. *O que é comunicação?*. São Paulo: Brasiliense, 1993.

Agora, leia as duas notícias a seguir, sobre um mesmo assunto e publicadas no mesmo dia (4 fev. 2013):

Filipe Rocha/Arquivo da editora

## Polícia europeia desvenda megaesquema de manipulação de resultados

*Investigações realizadas desde 2011 revelam que mais de 700 jogos, em todo o mundo, têm seus resultados sob suspeita.*

Jamil Chade – *O Estado de S. Paulo*

HAIA – No maior escândalo da história recente do futebol europeu, a Europol, polícias de 13 países e dezenas de investigadores, revela nesta segunda-feira, em coletiva de imprensa realizada em Haia (Holanda), o envolvimento de 425 cartolas, juízes e jogadores com o crime organizado para a manipulação de resultados de mais de

700 partidas em todo o mundo, inclusive algumas válidas pela Copa dos Campeões e Eliminatórias para a Copa do Mundo.

Os dados revelados pela Europol apontam que o crime foi identificado em 15 países europeus e também na América Latina, África e Ásia. Ao **Estado**, as agências policiais se recusaram a confirmar a participação do Brasil no esquema. "As investigações ainda estão ocorrendo e não queremos prejudicar nada", insistiu um porta-voz da Europol. Uma das partidas sob suspeita é o amistoso entre equipes Sub-20 da Argentina e da Bolívia, com um trio de arbitragem da Hungria, realizado em 2010.

Na manhã desta segunda-feira, cerca de 50 pessoas já estavam sendo detidas em uma vasta operação por todo o continente europeu. Segundo as investigações, o crime envolvia lucros de mais de 8 milhões de euros (R$ 22,2 milhões) em apostas, além da distribuição de 2 milhões de euros (R$ 5,5 milhões) em propinas pagas aos jogadores, juízes e cartolas. Alguns dos jogadores chegaram a receber 100 mil euros (R$ 278 mil) para garantir um determinado resultado em campo.

Nikolay Doychinov/Agência France-Presse

Rob Wainwright, diretor da Europol: "Um dia triste para o futebol".

Segundo a investigação, apostadores principalmente na Ásia colocavam seu dinheiro em um determinado resultado e, depois, pagavam a jogadores, árbitros e cartolas para que suas apostas estivessem corretas. Assim, lavavam dinheiro de drogas e outros crimes. Só na Alemanha já são 14 os detidos que podem pegar até 39 anos de prisão. "Esse é um dia triste para o futebol", afirmou Rob Wainwright, diretor da Europol.

A investigação vem sendo conduzida desde 2011 e envolveu países como a Alemanha, Hungria, Áustria e Eslovênia. Para chegar à constatação, as polícias obtiveram cópias de mais de 13 mil *e-mails* que confirmaram os esquemas de compras de resultado.

Disponível em: <www.estadao.com.br/>. Acesso em: 12 maio 2014.

## Polícia descobre rede de corrupção no futebol em mais de 15 países

Da EFE

A Europol, organização europeia de polícia, informou nesta segunda-feira que descobriu uma rede de corrupção internacional no futebol profissional na qual estão envolvidos mais de 15 países no mundo todo e que já realizou 50 detenções. Estão sob suspeitas inclusive jogos da Copa dos Campeões da Europa e das Eliminatórias da Copa do Mundo.

O diretor da Europol, Rob Wainwright, informou que "foram identificadas mais de 380 partidas de futebol profissional nas quais houve práticas de apostas ilegais", e que "essa ampla rede criminosa é controlada desde a Ásia".

Entre essas partidas "ficou provada a prática de combinação de resultados em 150 casos", acrescentou um dos policiais que participaram da investigação.

"Realizamos a maior investigação sobre partidas suspeitas no futebol", disse o diretor da Europol, ao mesmo tempo que acrescentou que esses supostos delitos envolvem "enormes quantidades de dinheiro".

Entre os países investigados figuram Alemanha, Áustria, Eslovênia, Reino Unido, Hungria, Holanda e Turquia, além de países africanos e sul-americanos. Wainwright informou também que a Europol "emitiu 28 ordens internacionais de prisão" e outras 50 pessoas já foram detidas.

Os especialistas da Europol investigaram durante 18 meses um total de 425 jogos de futebol oficiais, assim como representantes de clubes, jogadores e criminosos que são suspeitos de envolvimento com os casos de corrupção.

Segundo as informações da organização do Serviço Europeu de Polícia, essas operações teriam dado lucro de 8 milhões de euros (cerca de R$ 21,5 milhões) e essa rede teria efetuado pagamentos no valor de 2 milhões de euros (R$ 5,4 milhões) em subornos, sendo 140 mil euros (R$ 380 mil) o maior realizado a uma pessoa.

O diretor da Europol acrescentou que os resultados da investigação apontam "em direção a um grande problema de integridade no futebol europeu".

Disponível em: <www1.folha.uol.com.br/>. Acesso em: 12 maio 2014.

Robin Van Lonkhuijsen/ANP/Agência France-Press

O diretor da Europol, Rob Wainwright (o segundo a partir da esquerda), dá entrevista coletiva nesta segunda-feira.

Uma leitura menos atenta e ingênua poderia nos levar à conclusão de que a notícia foi dada pelos dois jornais de maneira muito semelhante. Uma leitura mais atenta, entretanto, nos permitirá concluir que isso não ocorreu de fato.

No jornal *Folha de S.Paulo*, a notícia teve um tratamento mais objetivo, parecendo ter havido a preocupação em passar a informação sem emitir juízos de valor; o texto se sustenta em citações, marcadas com aspas (ou seja, o jornalista abre espaço para a voz do representante da Europol, em discurso direto); nessas citações, é possível identificar as únicas passagens em que são emitidos juízos de valor, com o emprego de adjetivos ("*ampla* rede *criminosa*"; "*enormes* quantidades de dinheiro").

No jornal *O Estado de S. Paulo*, percebe-se certa carga de subjetividade: procura-se valorizar certos aspectos da notícia. Por exemplo: o jornalista optou pelo discurso indireto (pela sua voz temos o repasse das informações colhidas na entrevista coletiva); apenas duas passagens estão marcadas com aspas (discurso direto); temos passagens que explicitam juízos de valor ("**mega**esquema", "**maior escândalo da história** recente do futebol"). Por outro lado, a notícia é mais rica em detalhes, com mais informações quantitativas sobre dinheiro, número de jogos e de pessoas investigadas; descreve a estratégia dos apostadores e fala em "lavagem de dinheiro" oriundo de drogas e outros crimes.

Se de um lado é possível perceber várias coincidências entre os dois textos (o número de detidos, os valores em euros, o número de países e de continentes envolvidos, etc.), por outro é possível perceber certas discrepâncias. A mais evidente delas refere-se ao número de partidas sob suspeita: a notícia veiculada pelo jornal *O Estado de S. Paulo* cita "mais de 700 partidas", ao passo que a notícia do jornal *Folha de S.Paulo* fala que foram investigados 425 jogos oficiais; numa citação temos "mais de 380 partidas de futebol profissional nas quais houve prática de apostas ilegais" (evidentemente, se uma autoridade faz essa afirmação, deve ter provas!); finalmente, em outra citação temos que "150 casos ficaram provados". E o leitor fica sem saber se foram 700 ou 425 jogos investigados; se houve práticas ilegais em 150 ou 380 partidas.

Como se percebe, a seleção vocabular, a forma de organizar o texto, a redação, enfim, permitem afirmar que as duas notícias foram elaboradas de forma bem diferente.

## Trocando ideias

A tarefa é analisar notícias veiculadas por jornais. Para a realização desta atividade serão necessários dois jornais do mesmo dia, publicados por empresas diferentes (a pesquisa pode ser feita em jornais impressos ou em suas versões *on-line*):

a) reúnam-se em dois grupos, para que cada um analise dois jornais de um mesmo dia (provavelmente, a maior parte do conteúdo será semelhante);

b) nessa análise, observem o espaço ocupado por uma mesma notícia em cada jornal, a estrutura de cada texto, as possíveis manipulações da notícia por meio da linguagem, etc.;

c) escolham duas notícias e analisem a ordem em que os elementos da fórmula Q–Q–Q–O–C–PQ foram organizados.

d) na voz de um representante do grupo, apresentem para a sala suas análises, destacando que elemento ganhou ênfase nas notícias e por quê.

## Uma isca para atrair o leitor para o texto: a manchete

Filipe Rocha/Arquivo da editora

Uma boa manchete pode salvar uma edição, vender milhares de exemplares (o que chamamos de manchete é o título principal de um texto, que aparece na primeira página de um jornal). No *Novo manual de redação*, editado pela *Folha de S.Paulo* em 1996, temos a seguinte definição:

**título** – A maioria dos leitores de um jornal lê apenas o título da maior parte dos textos editados. Por isso, ele é de alta importância. Ou o título é tudo que o leitor vai ler sobre o assunto ou é o fator que vai motivá-lo ou não a enfrentar o texto. Compare estes exemplos com contraexemplos, todos tirados da *Folha*:

**Exemplos:**

*Ingleses invadem Malvinas*
*Acabou a União Soviética*
*Descoberto 1º planeta fora do Sistema Solar*
*Argentina dolariza economia*
*Nave espacial explode no ar*
*60% querem pena de morte no país*

**Contraexemplos:**

*Dia será bom com chuvas e trovoadas em SP*
*Crise nos EUA alavanca crise*
*Corinthians empata com Goiás em 0 a 0 no início do jogo*
*Recessão causa aumento no desemprego*
*Litoral capixaba oferece mais que radiatividade*

O título deve ser uma síntese precisa da informação mais importante do texto. Sempre deve procurar o aspecto mais específico do assunto, não o mais geral: "Banco Mundial propõe ensino pago" em vez de "Banco Mundial discute problemas educacionais".

Em seus títulos, a *Folha*:

a) não usa ponto, dois-pontos, ponto de interrogação, ponto de exclamação, reticências, travessão ou parênteses;
b) evita ponto e vírgula;
c) jamais divide sílabas em duas linhas e evita fazer o mesmo com nomes próprios de mais de uma palavra;
d) preenche todo o espaço destinado ao título no diagrama;
e) evita a reprodução literal das palavras iniciais do texto.

Nos textos noticiosos, o título deve, em geral:

a) conter verbo, de preferência na voz ativa;
b) estar no tempo presente, exceto quando o texto se referir a fatos distantes no futuro ou no passado;
c) empregar siglas com comedimento.

Para editoriais e textos opinativos, a *Folha* pode usar frases nominais em títulos: Rombo na Previdência.

Disponível em: <www1.folha.uol.com.br>. Acesso em: 12 fev. 2013.

Por sua vez, o *Manual de redação e estilo*, do jornal *O Estado de S. Paulo*, nos fornece a seguinte orientação:

**Títulos**

**Instruções gerais**

1. O título deve, em poucas palavras, anunciar a informação principal do texto ou descrever com precisão um fato: *Governo desiste de aumentar impostos / Assaltantes roubam 500 mil e prendem 12 reféns.*
2. Procure sempre usar verbo nos títulos: eles ganham em impacto e expressividade.
3. Para dar maior força ao título, recorra normalmente ao presente do indicativo, e não ao pretérito: *Israelenses e palestinos assinam (e não assinaram) acordo de paz / Reitor chama (e não chamou) polícia para poder trabalhar.*
4. Nos textos noticiosos, o título deverá obrigatoriamente ser extraído do *lead*; se isso não for possível, refaça o *lead*, porque ele não estará incluindo as informações mais importantes da matéria.
5. Use inicial maiúscula apenas na primeira palavra do título e nos nomes próprios: *Ministro pode ser indiciado / Pacifistas fazem protesto diante da Casa Branca.*
6. Os títulos no *Estado* vão sempre em letras minúsculas (caixa-baixa). Só faça títulos inteiramente em maiúsculas (caixa-alta) em casos muito especiais. Por exemplo, em manchetes que exijam maior destaque que as normais.
7. Nenhuma palavra do título poderá ser separada no fim da linha (nem mesmo as ligadas por hífen).
8. Evite igualmente partir nomes próprios constituídos de dois ou mais vocábulos. Exemplos:

   *Protesto diante da Casa*<br>*Branca termina em tumulto*

   *Novo LP de Roberto*<br>*Carlos bate recorde*
9. Não repita palavras na mesma página (à exceção de artigos, preposições e contrações curtas).
10. Evite fórmulas semelhantes de títulos na mesma página (a não ser intencionalmente, para fazer jogo de títulos): *O Brasil vai bem, afirma o presidente / Os Estados precisam de recursos, diz o governador.*

11. Esteja atento para que o título da chamada de primeira página e o da mesma notícia colocada no interior do jornal não sejam rigorosamente iguais.
12. O *Estado* não usa títulos com ponto. Assim, estão vetados exemplos como estes: *O Metrô reconhece que errou. E pune seus funcionários / O Brasil joga. Para buscar a classificação.*
13. A não ser que você faça um título propositadamente centrado, evite deixar muito branco nas linhas (no máximo um ou dois sinais). Da mesma forma, procure tornar o conjunto das linhas harmônico e agradável.
14. Importante: respeite com rigor o limite de sinais estabelecido para cada título. Caso contrário, ele terá de ser reduzido, tornando a página um verdadeiro catálogo de tipos.

Disponível em: <www.estadao.com.br/>. Acesso em: 12 maio 2014.

## A essência do fato já na abertura do texto: o lide (*lead*)

Na linguagem jornalística, a abertura de uma notícia ou de uma reportagem chama-se lide (*lead*). O lide deve ser sintético, conciso e extremamente objetivo, destacando os aspectos essenciais da notícia ou da reportagem. Precisa ser atrativo para despertar, no leitor, o interesse pela leitura. O jornalista Nilson Lage, em seu livro *Estrutura da notícia*, define lide e analisa sua gramática:

O lide é o primeiro parágrafo da notícia em jornalismo impresso, embora possa haver outros lides em seu corpo. Corresponde à primeira proposição de uma notícia radiofônica, ao texto lido pelo apresentador ou à chamada do repórter no início de uma notícia em televisão.

O lide é o relato do fato principal de uma série, o que é mais importante ou mais interessante. Em sua forma clássica e impressa, é uma proposição completa no sentido aristotélico; ou seja, contém:

a) o sujeito, que pode conter um substantivo acompanhado ou não de artigo, adjetivo, locução adjetiva, oração adjetiva;
b) o predicado, verbo ou locução verbal, acompanhado ou não de seu complemento, um objeto direto ou indireto;
c) as circunstâncias de tempo, lugar, modo/instrumento, causa/consequência.

LAGE, Nilson. *Estrutura da notícia*. São Paulo: Ática, 1993.

Por exemplo, leia a notícia a seguir:

### Falta de energia deixa metrô sem funcionar e afeta quatro cidades

Um problema no fornecimento de energia prejudicou o funcionamento do metrô do Recife por 30 minutos, na noite desta segunda-feira (12). Estações ficaram no escuro, trens trafegaram lentamente e muitos passageiros tiveram que descer dos vagões e caminhar pelos trilhos.

De acordo com o MetroRec, o transtorno foi de responsabilidade exclusiva da Companhia Energética de Pernambuco (Celpe) e da Companhia Hidro Elétrica do São Francisco (Chesf).

Segundo a Chesf, houve uma queda na subestação Joairan, no bairro do Curado, que ocasionou a interrupção no abastecimento. Uma perícia já está sendo feita para descobrir as causas do acidente.

Além dos problemas no metrô, foram registradas faltas de energia em bairros do Recife, de Camaragibe, Jaboatão dos Guararapes e São Lourenço da Mata, entre eles, Várzea e Jardim Primavera.

As estações de metrô Coqueiral, Jaboatão, do Terminal Integrado de Passageiros (TIP), Cosme e Damião e Camaragibe foram as atingidas, mas somente nas duas últimas os trens ficaram completamente parados.

*Diário de Pernambuco*, 12 maio 2014.
Disponível em: <www.diariodepernambuco.com.br>. Acesso em: 13 maio 2014.

Constate que, só com a leitura do primeiro parágrafo, é possível identificar as informações fundamentais dessa notícia: **o que** é notícia e **por que** é digno de ser notícia (problema no fornecimento de energia prejudicou o funcionamento do metrô), **onde** (Recife), **quando** (dia 12, segunda-feira [sabemos, pela fonte, que se trata de 12 de maio de 2014]). Com essas informações, o leitor já tem ideia do que se noticia; muitas vezes, elas prendem a atenção do leitor levando-o a ler o texto até o fim.

Observe que a técnica para produzir um bom texto de jornal pode ser muito útil também no momento em que você estiver produzindo outros textos.

## Atividades

Leia atentamente a notícia abaixo, publicada na revista *IstoÉ Dinheiro*, e responda às questões sobre ela.

**Viúva alegre na mira da Previdência**

*Governo lança a caça ao "efeito Viagra", que aumentou o número de homens idosos casados com mulheres mais jovens e está abalando os cofres do INSS.*

Por Cristiano Zaia

O fim do bônus demográfico dentro de duas décadas, quando a população jovem e economicamente ativa será menor que a de idosos, já está fazendo o governo acelerar o controle das contas da Previdência. Após aprovar, em março, a criação do regime de previdência complementar para os servidores públicos, o Funpresp, o governo já elegeu sua próxima bandeira para evitar os buracos que "drenam" os recursos da pasta: combater o polêmico sistema de pensões por morte no País. O benefício corresponde a uma fatia de 23,4% de todos os concedidos pelo Instituto Nacional do Seguro Social, o terceiro maior item de desembolso do ministério, atrás apenas das aposentadorias por idade e contribuição de tempo de serviço. O que intriga o governo nas pensões por viuvez é a frequência cada vez maior de casamentos de homens mais velhos com mulheres jovens.

Disponível em: <www.istoedinheiro.com.br>.
Acesso em: 12 maio 2014.

1. O título está de acordo com as instruções dos manuais? Justifique sua resposta.

2. Crie um título para a seguinte notícia:

> Relatório da Organização Mundial da Saúde prevê crescimento nas doenças mentais e neurológicas nos próximos anos, causado por hábitos como consumo de drogas e álcool e situações de solidão e estresse.
>
> As doenças infecciosas, parasitárias e cardiovasculares foram as que mais mataram no ano passado. Somadas, as três causaram 32,6 milhões de mortes.

3. Chegou a sua vez de manipular a linguagem; a brincadeira é a seguinte:

> Fato – O time **A** derrotou o time **B** por 1 × 0.
>
> O gol foi assinalado na cobrança de um pênalti, fruto de uma jogada rápida de contra-ataque; o juiz não estava bem posicionado. Os repórteres de campo, que estavam atrás da meta, ficaram divididos: para uns, pênalti escandaloso; para outros, não houve falta, o lance foi limpo.

a) Como pode ser o título da notícia de jornal sobre o jogo se escrito por um jornalista torcedor do time **A**?
b) Como seria o título da notícia se escrito por um jornalista torcedor do time **B**?
c) Como seria o título da notícia escrito por um jornalista que não torce por nenhum dos times?

4. Como exercício de concisão, redija legendas para algumas fotos jornalísticas reproduzidas mais abaixo. Antes, porém, leia atentamente o que diz o verbete legenda do *Novo manual da redação* editado pela *Folha de S.Paulo*.

**legenda** – Recurso essencial de edição. A legenda não é colocada sob a foto apenas para descrevê-la, embora não possa deixar de cumprir essa função. Por ser um dos primeiros elementos da página que atrai o leitor, merece tanto cuidado quanto os títulos. Deve ser atraente e conquistar a atenção.

A boa legenda também esclarece qualquer dúvida que a foto possa suscitar. Deve salientar todo aspecto relevante e dar informação adicional sobre o contexto em que ela foi tirada. Não deve simplesmente descrever aquilo que qualquer leitor pode ver por si só.

A legenda fotográfica deve atender à curiosidade do leitor, que deseja saber o que ou quem aparece na foto, o que está fazendo, onde está. Sempre que for cabível, deve usar verbo no presente (o presente do momento em que a foto foi tirada). Recomendações:

a) jamais escreva uma legenda sem ter em mãos a foto retrancada, ou seja, com a indicação do corte pedido pelo diagramador e da posição que vai ocupar na página. É a única maneira de ter certeza de que a legenda feita se refere de fato à foto que vai ser publicada e de que não identifica pessoas ou objetos ausentes da imagem;
b) legenda de boneco fotográfico deve conter nome e condição ou cargo da pessoa;
c) quando aparecerem até cinco pessoas numa foto, a legenda deve procurar identificar todas elas, ainda que por um único nome;
d) em foto de grupo, conforme a necessidade, esclareça a posição que cada pessoa ocupa: à dir., à esq., ao fundo, no centro, atrás, na frente, de chapéu, de óculos, sentado, etc. Mas não insulte a inteligência do leitor. Numa foto em que apareçam Pelé e Xuxa, por exemplo, é ridículo indicar quem está à esquerda ou à direita;
e) em foto de ação (competição esportiva, por exemplo), a legenda deve contextualizar o momento (José chuta a gol depois de receber a bola de João).

No caso de fotos agrupadas, admite-se uma legenda conjunta, em uma ou mais linhas. A legenda conjunta pode valer-se de indicações como: ao alto (para indicar foto mais distante); acima (para foto imediatamente acima da legenda); abaixo, etc.

Disponível em: <www1.folha.uol.com.br/>. Acesso em: 12 maio 2014.

a) Notícia de 11 de maio de 2014, publicada no jornal *FolhaPE*. Partida de Sport × Coritiba, Brasileirão. No segundo tempo, o Sport venceu o Coritiba por 1 × 0, no estádio Couto Pereira. O gol saiu aos 40 minutos da etapa final, quando Neto Baiano cobrou uma falta.

Julia Abdul-Hak/Eleven/ Folhapress

b) Publicada em 11 de maio de 2014 pelo jornal *Estado de Minas*. Filhotes de cães e gatos precisam de leite materno para sobreviver, mas nem sempre o encontram à disposição. É possível que os filhotes encontrem gatas e cadelas que os amamentem. Em alguns casos, as mães de leite adotam esses filhotes alheios e cuidam deles como se fossem os delas.

Zuleika de Souza/CB/D.A Press

5. O artigo que você vai ler a seguir, escrito por Ricardo Westin, foi publicado na *Folha de S.Paulo*. Leia também o texto cujo título é "Vestibular" e responda às questões propostas.

### USP e Unicamp terão lista única de livros no vestibular

A USP (Universidade de São Paulo) e a Unicamp (Universidade Estadual de Campinas) anunciam que a partir do ano que vem seus vestibulandos não terão mais que se preocupar com duas listas de livros.

Haverá uma única relação de obras obrigatórias, com 9 livros, em vez dos 17 cobrados hoje (8 da USP e 9 da Unicamp). [...]

A medida não inclui a Unesp (Universidade Estadual Paulista) porque ela não exige a leitura de obras literárias.

Disponível em: <www1.folha.uol.com.br>. Acesso em: 12 maio 2014.

*Painel do Leitor, 7 abril de 2005*

### Vestibular

Em relação à nota "USP e Unicamp terão lista única de livros no vestibular", [...] em que se afirma que a Unesp (Universidade Estadual Paulista) "não exige a leitura de obras literárias", esclarecemos que as questões de literatura do vestibular da Unesp, embora não pressuponham a leitura de uma lista de livros obrigatórios, baseiam-se em excertos de obras representativas das literaturas brasileira e portuguesa, em seus diversos períodos, como orienta o Manual do Candidato. Considera-se que o vestibulando, além de conhecer os momentos mais importantes da história da literatura e seus principais autores, tenha competência para a leitura do texto literário, respeitando-se a autonomia dos professores do ensino médio para trabalhar com as obras que julgarem mais adequadas para a formação do aluno.

Benedito Antunes, diretor-presidente da Vunesp – Fundação para o Vestibular da Unesp (São Paulo, SP)
Disponível em: <www1.folha.uol.com.br>.
Acesso em: 12 maio 2014.

a) Que relação existe entre os dois textos?
b) "Vestibular" é uma notícia? Explique.
c) Aponte a que parte do texto a carta faz referência.
d) Explicite qual foi a motivação da carta.
e) Redija a parte do artigo a que a carta se refere, tentando adequar sua informação aos dados que o diretor-presidente da Unesp apresenta.
f) Você já enviou cartas a algum veículo de comunicação? Qual era o assunto?

A notícia

## Mãos à obra!

1. Nosso mundo cultural está intimamente ligado à imprensa, seja por meio dos noticiários de rádio ou televisão, seja pelo jornal impresso, seja pela versão *on-line* dos periódicos. Por essa razão, e por ser necessário um aprofundamento dos assuntos relacionados a esse setor, propomos a realização de um seminário, por meio do qual poderão ser estudados vários aspectos desse assunto.

A curiosidade é inerente ao ser humano e, como nossa experiência diária é limitada, não há quem não queira saber o que acontece pelo mundo: daí o forte interesse pelas notícias. Não se deve esquecer, no entanto, de que há intermediários entre o fato e o relato do fato. Analisar essa intermediação será o objetivo do seminário que ora propomos.

Um seminário é um evento comunicativo no qual vários expositores apresentam assunto amplo visto sob vários aspectos. Os objetivos das atividades são, entre outros, incentivar a pesquisa, trocar conhecimento, colocar em prática habilidades, analisar situações e propor soluções, debater problemas, enfim, promover a interlocução entre pessoas interessadas nos mesmos assuntos.

A atividade será realizada em grupos. Sugerimos alguns temas, que poderão ser distribuídos ou sorteados entre vocês.

- Das origens à internet: trajetória da imprensa. (o tema privilegia as mudanças e a revolução nas tecnologias)
- As empresas de comunicação e as concessões governamentais. (o tema trata dos oligopólios *versus* o desejável pluralismo das fontes)
- Ética e imprensa. (mostra as frágeis relações entre a imparcialidade e os interesses)
- A notícia pode virar mercadoria? (mostra relação da imprensa com anunciantes e verbas governamentais)

- Informar, formar ou manipular? (trata do papel da imprensa na formação cultural do leitor)
- O quarto poder: do que ele é capaz? (mostra o sensacionalismo derrubando reputações)
- Diferentes leitores, diferentes jornais. (mostra a variedade de linhas editoriais e as diferenças no tratamento dos mesmos fatos pelos diferentes veículos)
- A regulação da mídia vista como censura: por que no Brasil ela não sai? (discute se um novo marco regulatório significa controle social da mídia)

Os itens acima são apenas sugestões. Vocês podem optar por outros temas que julgarem interessantes.

2. Para a realização do seminário serão necessárias várias etapas de preparação:
   a) Leiam muito: procurem em jornais, revistas, livros e internet textos relacionados ao tema escolhido por seu grupo. Consultem pessoas que conheçam o assunto.
   b) Distribuam funções entre os integrantes do grupo: um coordena as atribuições; outro anota as decisões, cobra o cumprimento dos prazos; outro avalia o material pesquisado e se encarrega de redigir o texto final.
   c) Anotem tudo que julgarem importante; analisem, classifiquem e organizem os dados obtidos. Tragam esses dados para a elaboração coletiva do texto.
   d) Sintetizem o conteúdo, transformando várias informações sobre o mesmo assunto em um único texto. As citações devem ser marcadas com aspas. Não se esqueçam da indicação das fontes.
   e) Elaborem o roteiro da apresentação, que deverá ter minimamente: uma apresentação, na qual o grupo define o tema e revela suas principais implicações; a exposição de informações e argumentos; a conclusão do grupo (demonstrem atitude crítica nesse momento). Associem a esse roteiro a apresentação de material de apoio (vídeos, transparências, cartazes, dados na lousa), nos momentos adequados.

### Gênero textual: exposição oral

Em uma exposição oral, apresenta-se um assunto sobre o qual um expositor tem domínio e os ouvintes têm interesse. A exposição pode ocorrer em vários âmbitos além do escolar, tanto na esfera pública (instituições) como na particular (empresas), e exige certo grau de formalidade. Há fases a serem seguidas: uma abertura, na qual o expositor se apresenta, introduz o assunto e explicita o plano de sua exposição; o desenvolvimento, fase em que se expõe detalhadamente o conteúdo conforme o plano apresentado e se recapitulam os pontos fundamentais do assunto; e, finalmente, a conclusão, com as observações finais e os agradecimentos. O expositor deve ser objetivo e se manter atento à reação dos ouvintes. Pode falar de memória, ler em voz alta ou elaborar sua fala baseado em seu planejamento. Recursos visuais, audiovisuais ou multimídia costumam ser empregados para tornar a exposição mais atraente.

### Dicas para o momento da apresentação

- Ensaiem a apresentação, cronometrando o tempo. Distribuam as tarefas para cada elemento, mas não corram riscos: todos deverão dominar o roteiro completo. Caso alguém falte ou se esqueça de algum dado, todos estarão bem preparados.
- Na apresentação, sigam o planejamento, mas não o leiam. Usem sequências explicativas. Expressões como: “isto é”, “ou seja”, “por exemplo”, “primeiramente”, etc. são bem-vindas, mas “então, né?”; “daí”, devem ser evitadas. O nível da linguagem é formal.
- Falem espontaneamente, com clareza, objetividade, boa altura de voz, boa dicção e postura adequada. Se for necessário interferir na fala do colega, façam isso respeitosamente.
- Abram a exposição para perguntas dos demais colegas. A finalidade desta atividade é a troca de conhecimento, o aprendizado por meio da interlocução. Caso não saibam responder a alguma questão, não fiquem constrangidos – comprometam-se a buscar respostas posteriormente.
- Todos os grupos deverão ser avaliados pelos próprios colegas. Levem em conta o domínio do conteúdo, a clareza na exposição, o entrosamento das partes, o material de apoio adequado e o cumprimento do tempo determinado.

# Vestibulares de Norte a Sul

**Texto para a questão 1.**

## Uma saída para as megacidades

*As soluções inusitadas para trânsito, lixo, poluição – e os problemas crônicos dos grandes centros urbanos*

ROBERTA CARDOSO com NELITO FERNANDES

Vestibular 2012 - Comperve - UFRN

EMPILHADOS
Prédios na cidade chinesa de Chongqing, uma das que mais crescem no país. Das 136 novas metrópoles que entrarão até 2025 na lista das 600 maiores do mundo, 100 estão na China.

Precisamente às 6 horas da manhã, o despertador de Lilian Garcia Martins toca na Vila Formosa, bairro de classe média na Zona Leste de São Paulo. A partir daí, começa a jornada da analista de crédito, de 35 anos, para chegar ao trabalho, às 8h30. O grande desafio de Lilian é se locomover em horário de pico na cidade. Como é difícil, pela lotação excessiva, pegar qualquer uma das linhas de ônibus que passam perto de sua casa e dão acesso ao metrô, o marido tem de levá-la ao terminal de embarque mais próximo. Ambos perdem cerca de 20 minutos de carro para fazer o trajeto. Só aí Lilian consegue entrar em um ônibus que a deixará a alguns metros da estação Tatuapé. Poucos minutos depois, ela volta a enfrentar o mesmo problema, no metrô. “Espero cerca de meia hora, todo dia, para conseguir entrar em um dos vagões. E sair é tão difícil quanto entrar”, diz.

Essa não é uma aventura exclusiva de Lilian. Na capital paulista, quem depende do transporte público tem uma rotina difícil. A falta de eficiência na mobilidade e a densidade populacional agravaram o frágil modelo de urbanização de cidades que crescem sem planejamento. O problema não é apenas de São Paulo, e vai além de complicações no transporte. Os moradores das grandes cidades do mundo – principalmente as que se expandem aceleradamente em países emergentes – enfrentam desafios como a degradação dos centros, o ar poluído, as enchentes e a falta de lugar para dispor o lixo. De acordo com a ONU, a previsão é que até 2020 a população urbana global atingirá 4,2 bilhões. Nos anos 1970, as dez maiores cidades do mundo somavam 114 milhões de pessoas. Em 2025, abrigarão 234 milhões. Até lá, segundo um estudo da consultoria McKinsey, 136 centros urbanos vão se tornar megacidades (aquelas com mais de 10 milhões de habitantes). Essa expansão das megalópoles está multiplicando os problemas da sociedade.

[...]

Disponível em <http://revistaepoca.globo.com/Revista/Epoca/0EMI238282-15228,00.html>. Acesso em: 30 ago. 2011.

1. **NE** (UFRN) Quanto ao texto, é correto afirmar que

a) as informações que aparecem na legenda abaixo da foto têm a função de sintetizar os fatos apresentados na matéria jornalística.
b) a presença de um relato pessoal representa uma estratégia que garante a abordagem parcial dos fatos, característica de uma matéria jornalística.
c) o uso das citações e dos dados numéricos constitui uma estratégia para garantir a credibilidade das informações.
d) o conteúdo da matéria jornalística se restringe à descrição dos problemas do crescimento populacional em São Paulo.

2. **SE** (Unicamp-SP) A notícia e o comentário transcritos a seguir deixam claro que nem sempre podemos nos limitar à interpretação literal (isto é, "ao pé da letra") das palavras:

### Demora

O Ministério da Saúde calcula que em janeiro já poderá deflagrar o programa emergencial de saúde para os ianomamis, em Rondônia. Até lá os mosquitos transmissores da malária estão proibidos de picar os índios.

*Folha de S.Paulo*, Painel.

a) Identifique e transcreva a passagem que, no texto, não deve ser interpretada literalmente.
b) Explique por que a inclusão dessa passagem deixa clara a posição crítica e irônica do jornal com relação aos prazos propostos pelo Ministério da Saúde para começar a resolver o problema da malária entre os índios ianomamis.

**Texto para as questões 3 e 4.**

A manchete abaixo apresenta ambiguidade sintática, que é desfeita pelo conteúdo do texto que lhe segue.

### Reino Unido pode taxar *fast food* contra obesidade

O Reino Unido estuda cobrar taxa de empresas de *fast food* para financiar instalações esportivas e o combate à obesidade. Segundo um relatório, a obesidade no país cresceu quase 400% em 25 anos, e, se continuar aumentando, pode superar o cigarro como maior causa de mortes prematuras. Governo e empresas locais têm sido criticados por não combaterem o problema.

*Folha de S.Paulo.*

3. **SE** (ITA-SP) Inspirados no texto "Reino Unido pode taxar *fast food* contra obesidade", poderíamos construir as manchetes a seguir. Aponte a opção em que a manchete expressa uma relação causal entre os elementos envolvidos. Tenha em mente que nem todas as cinco manchetes refletem a ideia central do texto.

a) Governo combate a obesidade
b) Governo financia instalações esportivas
c) Governo cobra taxas de empresas de *fast food*
d) Obesidade provoca morte
e) Obesidade cresce 400% em 25 anos

4. **SE** (ITA-SP)

a) Quais as interpretações sugeridas pela manchete?
b) Qual dessas interpretações prevalece na notícia?

**Texto para a questão 5.**

*Chat*, para quem não sabe, é um lugar onde fica uma porção de chatos, todos com pseudônimos (homem diz que é mulher e mulher vira homem), a te perguntar: você está aí?

PRATA, Mario. *Chats e chatos pela Internet. O Estado de S. Paulo.*

5. **S** (PUC-PR) Leia o texto e assinale a alternativa que melhor o resume.

a) O autor define o *chat* de forma humorística e irônica.
b) Para Mario Prata, *chat* é um meio de comunicação eficiente.
c) *Chat* é o lugar onde ficam muitos chatos.
d) *Chat* é o lugar onde ficam homens e mulheres chatas que fazem uso de pseudônimo para conversar com você.
e) O autor explica o que é um *chat*.

6. **S** (UFPR) Entre as afirmações abaixo, extraídas de notícias de jornal, são apresentadas como FATOS, e não como HIPÓTESES ou OPINIÕES, as alternativas:

(01) Cinto de segurança pode ter falhado em 25 acidentes.
(02) A ação das madeireiras na Amazônia está fora de controle, segundo algumas pessoas.
(04) Palestinos e israelenses não conseguiram chegar a um acordo para pôr fim à onda de violência que já provocou mais de 100 mortes nos últimos 20 dias.
(08) O ex-presidente iugoslavo e seus aliados seriam criminosos que possuem mais de US$ 100 milhões em fundos de investimentos internacionais.
(16) Equipes médicas internacionais chegam a Uganda para tentar controlar epidemia da febre hemorrágica Ebola.
(32) Seja qual for o próximo presidente americano, é provável que a população cubana saia perdedora das eleições.

7. **SE** (UFF-RJ) Nas opções a seguir, os fragmentos fazem parte de um artigo publicado na revista *Entrelivros* (março de 2006) sobre a Copa de 1934.

Assinale o fragmento que estabelece uma vinculação imediata do esporte com o poder político.

a) Autor bissexto sobre futebol, Gilberto Freyre logo usaria expressões de conteúdos opostos para definir e comparar os dois estilos: "dionisíaco" para o brasileiro, e "apolíneo", para o inglês.
b) Assim daria sentido antropológico ao estilo brasileiro, o futebol-arte, que nos distingue dos europeus desde então.
c) Isso, pasmem, duas décadas antes de o Brasil conquistar pela primeira vez uma Copa do Mundo, e superar, como escreveria o dramaturgo e escritor Nélson Rodrigues, o nosso secular "complexo de vira-latas".
d) A perda do *team* brasileiro para o italiano causou uma grande decepção e tristeza no espírito público, como se se tratasse de uma desgraça nacional.
e) É mesmo possível que, ali, Vargas tenha percebido o apelo popular do futebol e pensado em usá-lo como ferramenta para construir a ideia de nação.

CAPÍTULO 14

# O jornal e seus gêneros textuais: editorial e crônica

Moacyr Lopes Junior/Folhapress

Foliões fantasiados em rua de Olinda, Pernambuco, 2012.

Neste capítulo, você terá a oportunidade de, entre outras coisas, ler crônicas como a desta página e analisar suas características. Leia o texto a seguir e discuta alguns de seus aspectos com os colegas e o professor levando em consideração as questões propostas aqui.

## Vestindo (a carapuça)

Antonio Prata

"Este livro foi escrito durante todos os momentos em que esperava minha mulher se vestir" — diz **Groucho Marx**, em sua autobiografia. "Se ela nunca tivesse se vestido, este livro jamais teria sido escrito." Eu, menos talentoso e mais ansioso do que o velho Marx, não sou capaz de digitar sequer um SMS enquanto aguardo minha mulher se arrumar; resigno-me a andar em círculos pelo quarto, chacoalhando o molho de chaves, repetindo de minuto em minuto o horário estampado no celular, como um rádio-relógio — ou como um papagaio que tivesse sido criado ao lado de um rádio-relógio —, expediente esse que, se tem logrado algum sucesso no que tange à pontualidade, ainda pode levar à ruína do meu casamento.

Não pense, cara leitora, que estou sendo machista, opondo a autoproclamada diligência masculina à suposta confusão feminina. Muito pelo contrário: sei, pelo menos desde o último domingo, que o problema é meu, que a pontualidade, entre os latinos e outros povos ensolarados, é [...] algo que devo tratar na análise ou, no mínimo, refletir bastante a respeito, nas infinitas horas em que fico sentado a esperar que os outros apareçam.

Pois vamos ao domingo. Tínhamos um casamento, 11 da manhã. De todos os possíveis compromissos aos quais se pode (ou melhor, não se pode) chegar atrasado, o que mais me angustia é o casamento. Sinto que perder a cerimônia e aparecer só para a festa é como, ao correr uma maratona, pegar um táxi para a linha de chegada. De certa forma, ouvir o discurso do padre, dos padrinhos, dos noivos, suar sob o terno, com a boca seca e o estômago vazio, enquanto se participa do ritual meio budista, meio celta ou meio bororo que o casal preparou, são passos imprescindíveis para se merecer [...] a vitela [...] e os 17 bem-casados que serão levados para casa, no bolso. E na meia. E na cueca.

Foi mais ou menos isso que tentei explicar à minha mulher, sábado à noite, durante um jantar que eu mesmo preparei e servi, à luz de velas — em vão. Se, das outras vezes, ela tinha sido compreensiva e tratado minha obsessão com benevolência, no sábado bateu o pé. Disse que ninguém chegaria às 11 no casório, que ficaríamos só nós dois esperando num bufê deserto, que não se submeteria novamente à minha loucura. Se eu quisesse, que fosse antes, sozinho: ela iria depois, meio-dia, meio-dia e meia, como todas as "pessoas normais". "Ótimo! É isso mesmo que eu vou fazer!" "Perfeito! Vai lá! Abre o bufê! Você vai ser o primeiro a chegar!" "Não vou!" "Ah, mas vai!" "Ah, mas não vou!" "Quer apostar?"

É com imensa alegria, cara leitora, caro leitor, que lhes informo não ter sido o primeiro. O padre já estava lá. Padre Rubens, um homem pontual e comunicativo, cuja biografia eu seria capaz de escrever depois de uma hora escutando-o no bufê vazio; uma infinita hora em que esperamos minha mulher, todas as outras mulheres, seus maridos, os noivos e as famílias dos noivos se vestirem.

O que posso dizer depois dessa lição? Nada. Somente, quem sabe, que se eles nunca tivessem se vestido esta crônica jamais teria sido escrita. Não chega a ser um consolo, mas, pelo menos, espero, serve como piada.

*Folha de S.Paulo*. São Paulo, 9 jan. 2013. Disponível em: <www1.folha.uol.com.br/>. Acesso em: 14 maio 2014.

**Groucho Marx:** comediante norte-americano (1890-1977), fez diversos filmes. Ele e seus irmãos ficaram conhecidos como os Irmãos Marx.

- *Releiam o título. Qual é a locução que serviu de inspiração para ele? Por que é empregada nesse texto?*
- *Observem o narrador em primeira pessoa e sua estratégia: ele conta um fato de sua vida pessoal que serve para discutir uma queixa comum em nossa sociedade. Identifique esse fato e sua relação com a queixa que as pessoas em geral fazem a respeito.*
- *Por ter características de uma narrativa, a crônica apresenta um clímax. Qual é ele?*
- *Se o narrador fosse a esposa, como o episódio do casamento seria narrado? Redijam esse texto em grupo e leiam o resultado para os demais colegas.*

## 1 Os textos jornalísticos

No capítulo anterior, estudamos alguns aspectos do jornal como meio de comunicação: um produto de consumo, um órgão informativo. Também comentamos sua apresentação gráfica, o espaço ocupado por uma notícia na mídia, sua influência na formação da opinião pública, a notícia como o gênero textual mais característico do universo jornalístico, a possível manipulação da notícia, etc.

Neste capítulo, vamos continuar o estudo sobre o jornal, mas concentrando nossa atenção em dois gêneros clássicos do jornalismo dos séculos XX e XXI: o editorial e a crônica.

## 2 O editorial: um texto argumentativo

**Editorial** é o texto que reflete a opinião do jornal sobre determinado assunto, por isso não vem assinado, uma vez que todo texto não assinado é de responsabilidade da Redação do jornal. Caracteriza-se por seu caráter argumentativo, no qual predomina a função referencial da linguagem.

Sobre esse gênero, vale a pena ler as orientações que os manuais de redação das empresas jornalísticas fornecem a seus profissionais. Por exemplo, no *Novo manual de redação*, publicado pela *Folha de S.Paulo*, encontramos:

**editorial** – Texto que expressa a opinião de um jornal. Na *Folha*, seu estilo deve ser ao mesmo tempo enfático e equilibrado. Deve evitar a ironia exagerada, a interrogação e a exclamação. Deve apresentar com concisão a questão de que vai tratar, desenvolver os argumentos que o jornal defende, refutar as opiniões opostas e concluir condensando a posição adotada pela *Folha*.

Nada impede que o jornal mude de opinião sobre determinado assunto. Neste caso, deve dizê-lo com clareza.

Os editoriais são publicados na segunda página do jornal e, em casos excepcionais, na primeira. Não são assinados.

Os editoriais não dirigem o noticiário, mas temas que neles aparecem com frequência devem ser explorados pela reportagem. A *Folha* procura publicar artigos assinados que discordem das posições dos seus editoriais.

Disponível em: <www1.folha.uol.com.br/>. Acesso em: 13 maio 2013.

Por sua vez, o *Manual de redação e estilo*, publicado pelo jornal *O Globo*, faz as seguintes considerações sobre os textos de opinião:

[...]

Deve-se evitar, com exceção de momentos muito especiais, o comentário que apenas registra pasmo, admiração ou indignação. Esses sentimentos, principalmente a indignação ante o interesse público ofendido, são importantes, mas não bastam: precisam estar apoiados em fatos e acompanhados de argumentos lógicos que conduzam a uma conclusão concreta.

[...]

O editorial realmente útil suplementa a notícia com pesquisa e informação adicional. Sem isso, será difícil escapar de observações superficiais e conclusões padronizadas. A opinião pode ser mani-

Filipe Rocha/Arquivo da editora

festada de forma leve, irônica ou séria, seca, mas lhe é proibido ser pomposa ou solene. Alguns textos do jornal parecem usar roupa esporte, outros vestem terno e gravata. O editorial está quase sempre no segundo caso, mas não usa fraque, beca ou toga.

[...]

Disponível em: <http://observatoriodaimprensa.com.br>.
Acesso em: 13 maio 2014.

Como você pode observar, o fundamento de um editorial está na expressão de uma opinião – a do jornal – aos leitores desse meio de comunicação a respeito de algum assunto em discussão na sociedade no momento. Portanto, destacamos para o estudo neste livro sua proximidade com um texto argumentativo em geral. Assim, quem produz um texto dessa natureza deve apresentar sucintamente a questão a ser discutida (**introdução**), desenvolver argumentos que convençam o leitor sobre a opinião apresentada e refutar possíveis argumentos contrários a ela (**argumentação**), e finalizar o texto expondo de modo condensado sua posição (**conclusão**). A linguagem deve ser sóbria e objetiva; a conotação, a linguagem figurada, a ironia, os eufemismos devem ser usados com parcimônia. Como bem ilustra a metáfora de *O Globo*: o editorial não pode vestir roupa esporte, tampouco fraque; deve vestir terno e gravata.

Considerando as sequências textuais, podemos dizer que o editorial tem a predominância de **sequências argumentativas**, já que temos a apresentação de um posicionamento, na tentativa de conseguir a adesão por parte do leitor: não se trata apenas de passar uma informação, mas de manifestar uma opinião a respeito de um assunto de maneira persuasiva e convincente. É bom lembrar que os jornais costumam dar espaço para opiniões diferentes da sua ao publicar artigos assinados, ou seja, nem sempre a opinião de um colunista do jornal é a opinião da empresa jornalística. A voz do jornal é expressa essencialmente nos editoriais.

## Atividades

Reproduzimos, a seguir, o editorial do jornal *O Estado de S. Paulo*, edição de 31 de outubro de 2012. Nesse dia, o assunto é o fim do *Jornal da Tarde*, publicado pelo Grupo Estado. Criado em 1966, o *Jornal da Tarde*, sob alguns aspectos, revolucionou o jornalismo impresso.

### O "JT" sai de cena

*O* ***Jornal da Tarde*** *(JT) sai de cena hoje para entrar para a história do jornalismo brasileiro na muito rarefeita categoria das utopias realizadas.*

[...]

O mais importante insumo da revolução estética, de comunicação e jornalística que foi o *Jornal da Tarde* foi o tempo de processamento, luxo que pouquíssimos jornalistas da presente geração alguma vez puderam desfrutar no exercício da profissão.

Desenhado para chegar às bancas no início da tarde, o *JT* pôde, na primeira metade de sua vida, dar-se ao luxo de funcionar na velocidade das ideias e concentrar-se com o necessário vagar no tratamento dos fatos, na avaliação do seu significado e na sua apresentação em imagens e palavras nunca antes tão cuidadosa e competentemente trabalhadas na história da imprensa brasileira.

E o efeito foi brilhante. Enquanto reformava o passado, o *JT* pôs também um pé no futuro ao reinterpretar a essência do jornalismo, que é a função de captar os **pleitos** difusos da sociedade, interpretá-los, dar-lhes forma legível e, assim, precipitar reformas, ao saltar da fronteira então estabelecida da mera crítica e da sugestão para o território ainda virgem da mobilização direta do público e da interferência física sobre o aparelho de decisão política nas suas memoráveis campanhas.

**pleito:** discussão, defesa de pontos de vista contrários.

No momento em que não só o jornalismo, ferramenta essencial da democracia, mas o pensamento escrito como um todo se debatem novamente numa crise que é, essencialmente, uma crise universal de desajuste de velocidades, vale a pena nos determos mais uma vez nesse aspecto que, para o bem e para o mal (quando a vantagem do tempo de processamento lhe foi suprimida), definiu a história e a trajetória do *Jornal da Tarde*.

A inteligência humana e a civilização só puderam se desenvolver quando o sucessor do macaco se organizou o bastante para não ter mais de dedicar 100% do seu tempo a correr atrás de comida ou fugir dos predadores. Era este o mundo que lhe tinha sido dado.

Passados 200 mil anos de luta, vamos, de certa forma, recriando, agora voluntariamente, aquela mesma situação. E as modernas ferramentas de comunicação estão no centro desse estranho processo de regressão.

A submissão acrítica ao fascínio da velocidade sem rumo devolve a humanidade a uma crescente incapacidade de pensar e vai reduzindo a vida a uma sucessão de reações automatizadas de sobrevivência onde somos nós que, em bando, servimos às máquinas e não elas que nos acrescentam à individualidade, à segurança e ao conforto material ou espiritual.

Superar a barbárie e dar a cada homem as rédeas do seu próprio destino é o objetivo da democracia. O jornalismo está a serviço dela e esta, há 137 anos, tem sido a casa do jornalismo.

É nossa a responsabilidade, agora discutindo o papel central que nós próprios temos tido na construção dessa nova Babel, de contribuir para deter essa voragem e devolver aos homens o grau possível de controle sobre suas vidas.

O *JT* fez parte desta obra ao abrir novos caminhos. Cabe-nos continuar a percorrê-los.

Disponível em: <www.estadao.com.br/>. Acesso em: 13 maio 2014.

1. Releia as indicações dos manuais para a redação de um editorial e comente o texto acima, considerando suas características principais como gênero textual.
2. Segundo o editorial, qual foi o mais importante elemento que permitiu ao *JT* realizar inovações no jornalismo?
3. O que você entende por "crise universal de desajustes de velocidade"? Essa afirmação abre espaço para qual argumentação?
4. Qual é a função da expressão "No momento em que...", que abre o 5º parágrafo?
5. A expressão "aquela mesma situação" (7º parágrafo) refere-se a uma situação no passado e a outra no presente. Que situações são essas?
6. Explique como você entende a afirmação aparentemente paradoxal: "as modernas ferramentas de comunicação estão no centro desse estranho processo de regressão" (7º parágrafo).
7. O produtor do texto alterna sua posição, falando ora em terceira pessoa, ora em primeira do plural. Que efeito de sentido isso produz? Comente.

## Mãos à obra!

**Proposta 1**

Analise os dados e os textos a seguir, reflita sobre eles e escreva um editorial a ser publicado no jornal de sua cidade.

a)

| Dados: IBGE / Trabalho infantil | | |
|---|---|---|
| **5 a 17 anos** | **% ocupação** | |
| | **2009** | **2011** |
| Norte | 10,1 | 10,8 |
| Nordeste | 11,7 | 9,7 |
| Sudeste | 7,5 | 6,6 |
| Sul | 11,6 | 10,6 |
| Centro-Oeste | 10,2 | 7,4 |
| Brasil | 9,8 | 8,6 |

Pesquisa Nacional por Amostra de Domicílios (Pnad) 2011. Pesquisa com 358 919 pessoas em 146 207 domicílios. População residente em 2011 no país: 195,2 milhões. Crianças e adolescentes de 5 a 17 anos trabalhando em 2011: 3,7 milhões; em 2009: 4,2 milhões; em 2004: 5,3 milhões.

Fonte: Diretoria de Pesquisas, Coordenação de Trabalho e Rendimento, Pnad 2009/2011.

Disponível em: <http://g1.globo.com>. Acesso em: 13 maio 2014.

b)

### Taxa de analfabetismo das pessoas com 15 anos ou mais idade

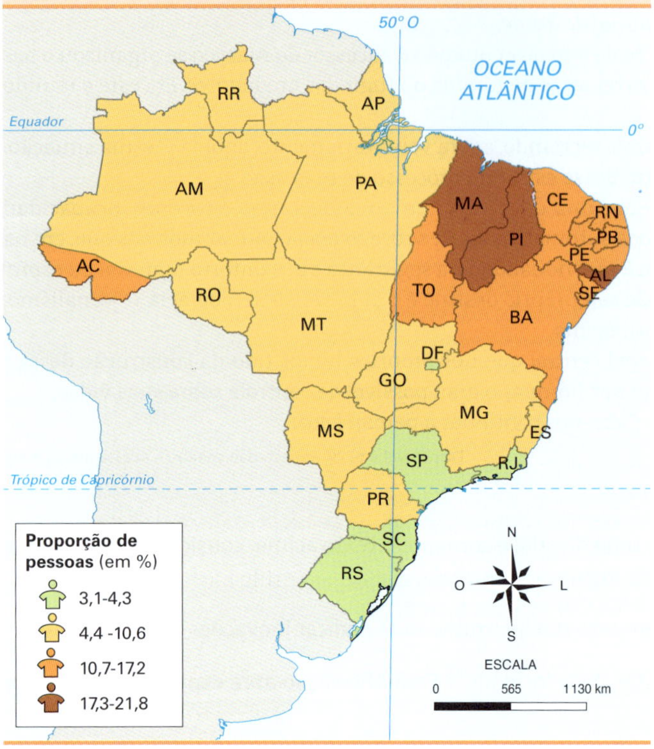


Estudo realizado pelo IBGE em 2011; publicado em 21/9/2012. Disponível em: <http://g1.globo.com>. Acesso em: 13 maio 2014.

c)

### Uma nação armada até os dentes

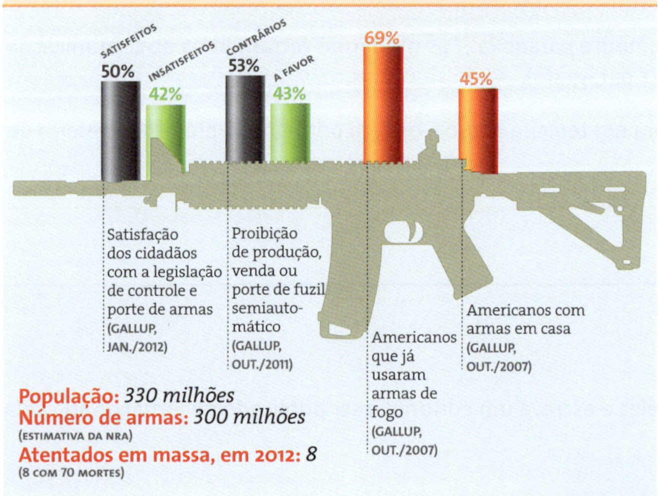


"Desde que cheguei à Casa Branca, esta é a quarta vez que me reúno com parentes de vítimas de assassinatos em massa. Não podemos mais tolerar isso. Para que essas tragédias acabem, precisamos mudar. Não é possível encarar o que vivemos em Newtown como rotina."

(Declaração de Barack Obama, presidente dos Estados Unidos, em 16 de dezembro de 2012, no estado de Connecticut, após massacre em escola de Newtown.)

GRAÇA, Eduardo. Onde os insanos brincam de Deus. *Carta Capital*. São Paulo: Confiança, n. 729, 26 dez. 2012. p. 55.

NRA – Nacional Rifle Association.

**Proposta 2**

Conheça agora outro tipo de editorial publicado em revistas. Ele apresenta configuração diferente, como se fosse uma "carta ao leitor", mas, assim como nos jornais, também é publicado nas primeiras páginas (em geral nas pares) do periódico, logo após o índice. Este que você vai ler, denominado {Escuta}, apresenta a edição 314 da revista *Superinteressante*.

1. Antes de ler, conheça o contexto:
   - esta edição saiu imediatamente após 21 de dezembro de 2012, data para a qual havia grande expectativa por parte de algumas pessoas de que o mundo iria terminar em grande catástrofe;
   - considerada revista de divulgação científica, a *Superinteressante* busca atingir um público jovem e interessado em descobertas da ciência e da tecnologia; daí o nível coloquial de linguagem adotado pelo editor.

2. Leia e observe como o editorial foi construído:

**{ESCUTA}**

**O mundo não acabou**

Denis Russo Burgierman

**Título** – antecipa o conteúdo.

Como você já deve ter notado, o mundo não acabou. Continuamos tocando a vida, sobre essas mesmas placas de pedra que há milhões de anos flutuam na rocha líquida que preenche o centro desta esfera azul.

**Introdução** — no primeiro parágrafo, o jornalista apresenta o assunto do texto afirmando (de forma irônica) que o mundo não acabou (e o leitor "já" percebeu isso). A forma usada para definir a Terra: "placas de pedra que há milhões de anos flutuam na rocha líquida que preenche o centro desta esfera azul" poderia até causar estranheza no leitor, mas, considerando que o texto está em uma revista de divulgação científica, é justificável – sem contar o recurso metafórico (esfera azul).

Por outro lado, o mundo acabou sim. Vivemos um período de transformações brutais. As mudanças no clima. As crises econômicas. O colapso das cidades. A falência da política. A revolução da internet. O fim das ideologias. A crise do trabalho. Tudo está mudando, com uma rapidez assustadora. Não é de estranhar que tanta gente acredite em histórias apocalípticas – elas parecem fazer sentido em meio a tantas e tão profundas incertezas. Não está mesmo fácil entender este mundão.

**Argumentação** — espera-se, em seguida, a argumentação, mas o segundo parágrafo começa com o organizador textual "por outro lado", que introduz uma ideia totalmente contrária à apresentada no primeiro parágrafo: "o mundo acabou sim". Esse recurso surpreende o leitor, torna o texto dinâmico. E, só quando lemos os argumentos apresentados, entendemos que o mundo a que se refere o jornalista é aquele anterior às grandes transformações de nossa época. Vale destacar que os argumentos aparecem materializados em uma interessante sequência de sete frases nominais, revelando um estilo bastante particular e conferindo um tom solene ao texto.
O assunto exigiria solenidade, mas o emprego da palavra "mundão", em seguida, faz o jornalista aproximar-se do leitor.

Pois é para isso que esta SUPER existe. Nosso papel é, todos os dias – por meio desta revista, das nossas edições especiais e eletrônicas, do *site*, das redes sociais – olhar para esta confusão e encontrar sentido. É contextualizar o caos. O mundo está mudando mais rápido que nunca. A SUPER é para quem quer entender as mudanças, em vez de se agarrar a profecias místicas.

[...]

Revista *Superinteressante*.
São Paulo: Abril, n. 314, jan. 2013. p. 8.

**Conclusão** — o pronome "isso" retoma as incertezas e as dificuldades de entender o mundo citadas no parágrafo anterior. Assim, o autor do editorial encerra seu texto mostrando a função da revista: "contextualizar o caos" nesse mundo novo. E ainda elogia o leitor da *Super* ao afirmar que este não se apega a "profecias místicas" porque é bem informado.

{ESCUTA}
O mundo não acabou

Veja que, diferentemente do editorial do jornal, esse é identificado (aparece inclusive a foto do jornalista Denis Russo). Tem coesão, coerência, fluência e originalidade. Como deveriam ser todos os editoriais.

Em algumas revistas, o editorial faz um apanhado das matérias daquela edição, como se oferecesse ao leitor um cardápio do que ele terá a sua disposição para apreciar.

3. Suponha agora que você é um editorialista – o jornalista responsável pelo editorial de uma revista semanal de informação. Durante a semana, você ouviu e leu notícias sobre um assunto polêmico que mobilizou a opinião pública, especialistas e autoridades. Haverá uma matéria de capa sobre o assunto na revista e será preciso escrever o editorial. Inicialmente, você precisará saber qual é o posicionamento do veículo sobre o fato para enumerar seus argumentos.

Citamos um exemplo: é polêmica a realização de internação compulsória de dependentes químicos que vivem nas ruas. Alguns se colocam a favor da decisão, alegando que o dependente chega a um ponto em que não consegue mais tomar nenhuma decisão e pode até morrer; outros a criticam, afirmando que um tratamento desse tipo só surte efeito se partir do próprio dependente a decisão de largar a droga e que ele incidirá no vício novamente quando terminar o tratamento. Qual seria sua posição? Que argumentos você reuniria para defender seu ponto de vista? Citaria estudos? Estatísticas? Declarações de autoridades, de psiquiatras? Depoimentos de dependentes? Resultados de tratamentos?

4. Escolha um assunto relacionado a sua cidade que esteja em discussão, tenha uma posição clara sobre ele e escreva seu editorial.

5. Junte-se a um colega e troquem seus textos. Cada um se coloca no lugar do leitor da revista para avaliar o editorial. Foi convincente? O texto apresenta qualidades jornalísticas? O que poderia ser alterado para aperfeiçoá-lo? Façam anotações para o colega.

### Dicas para produzir o editorial

- Não perca de vista o perfil de seu leitor: adulto, escolarizado, exigente.
- Antes de redigir, elabore um plano de texto: o que será escrito em cada parte? E em cada parágrafo?
- Cuide da linguagem; use comparações, metáforas, outros recursos.
- Para dar fluidez ao texto, recorra aos elementos de coesão: pronomes, conectores (porque, pois, já que, portanto), organizadores textuais (inicialmente, em resumo, por um lado... por outro lado); modalizadores (sem dúvida, infelizmente, certamente).
- Relembre as características das sequências argumentativas:
  - Conceitos são produzidos a partir do próprio desenvolvimento discursivo.
  - O falante se manifesta e confronta sua opinião com a dos outros.
  - ntroduzem-se diferentes vozes no texto, de diferentes maneiras.
  - A intenção é persuadir o interlocutor, conseguir sua adesão.
  - A organização da mensagem do enunciado tem como objetivo fundamental o encadeamento lógico dos argumentos, a coerência textual.

## 3 A crônica: um texto narrativo

O que é uma **crônica**? A palavra *crônica* deriva do radical grego *crono*, que significa “tempo”. Daí seu caráter contemporâneo: relato de acontecimentos do tempo de hoje, ou seja, relato de fatos do cotidiano. Nos primórdios da literatura portuguesa e no Brasil colônia, “crônica” designava a narração de fatos históricos segundo a ordem cronológica ou relatos de viagens.

Desde o Romantismo (início do século XIX), com a consolidação da imprensa, a crônica se caracterizou por ser uma seção de jornal ou revista, escrita sempre em uma linguagem leve, em que se comentam acontecimentos do dia a dia.

Na definição do jornalista Nilson Lage:

> Crônica é um texto desenvolvido de forma livre e pessoal, a partir de acontecimentos de atualidade ou situações de permanente interesse humano. É gênero literário que busca ultrapassar, pelo tratamento artístico, o que é racionalmente deduzido dos fatos.

LAGE, Nilson. *Estrutura da notícia*. São Paulo: Ática, 2006.

Segundo o professor Antonio Candido, a crônica:

> [...] é filha do jornal e da era da máquina, onde tudo acaba tão depressa. Ela não foi feita originariamente para o livro, mas para essa publicação efêmera que se compra num dia e no dia seguinte é usada para embrulhar um par de sapatos ou forrar o chão da cozinha.

CANDIDO, Antonio. A vida ao rés do chão (prefácio).
In: ANDRADE, Carlos Drummond de et al. *Para gostar de ler*. São Paulo: Ática, 1979, v. 5. p. 6.

Por essas características, a crônica foi considerada por alguns como um "gênero menor", e muito se discute sobre a tênue fronteira que separa o jornalismo da literatura (ou vice-versa).

Na estrutura da crônica, destacamos a predominância de **sequências narrativas**, como no caso das notícias. A montagem textual, porém, é muito diferente: a narrativa da crônica não tenta ser objetiva nem forjar um distanciamento entre o fato narrado e o produtor do texto; ao contrário, na crônica, o fato narrado traz marcas subjetivas do produtor do texto: no trabalho com a linguagem, na introdução de comentários, na evidência do leitor em perguntas retóricas, no acréscimo de pitadas de ficção.

No Brasil, desde meados do século XIX, despontaram cronistas respeitáveis, muitas vezes escritores também reconhecidos pela produção de outros gêneros literários, como José de Alencar, Machado de Assis e Olavo Bilac. Na segunda metade do século XX, a crônica conheceu o seu *boom* com a adesão de escritores de primeira linha, como Carlos Drummond de Andrade, Fernando Sabino, Rubem Braga, Paulo Mendes Campos, Stanislaw Ponte Preta (Sérgio Porto), Rachel de Queiroz, Luis Fernando Verissimo e Lourenço Diaféria, entre outros.

## Atividades

Para entender melhor o que é crônica, você vai ler agora o que Drummond, Fernando Sabino, Paulo Mendes Campos e Rubem Braga escreveram na abertura do primeiro volume da coleção *Para gostar de ler* (uma coletânea de crônicas). Observe que nesse "bate-papo despretensioso" os autores dão dicas valiosas sobre o gênero em questão.

**Texto para as questões de 1 a 3.**

Experimente abrir este livro em qualquer página onde começa uma crônica. Crônica é um escrito de jornal que procura contar ou comentar histórias da vida de hoje. Histórias que podem ter acontecido com todo mundo: até com você mesmo, com pessoas de sua família ou com seus amigos. Mas uma coisa é acontecer, outra coisa é escrever aquilo que aconteceu. Então você notará, ao ler a narração do fato, como ele ganha um interesse especial, produzido pela escolha e arrumação das palavras. E aí começa a alegria da leitura, que vai longe. Ela nos faz conferir, pensar, entender melhor o que se passa dentro e fora da gente. Daí por diante a leitura ficará sendo um hábito, e esse hábito leva a novas descobertas. Uma curtição.
As crônicas serão apenas um começo. Há um infinito de coisas deliciosas que só a leitura oferece, e que você irá encontrando sozinho, pela vida afora, na leitura dos bons livros.

ANDRADE, Carlos Drummond de; BRAGA, Rubem; CAMPOS, Paulo Mendes; SABINO, Fernando. *Para gostar de ler*. São Paulo: Ática, 1991. v. 1.

Filipe Rocha/Arquivo da editora

1. Como os cronistas definem crônica?

2. "Mas uma coisa é acontecer, outra coisa é escrever aquilo que aconteceu." Segundo os cronistas, o que dá à narrativa um colorido especial?

3. Poderíamos dividir esse texto em três partes: 1ª) definição de crônica; 2ª) características da narrativa; 3ª) a leitura e suas consequências. Aceitando-se essa divisão, indique o início e o fim de cada parte.

**Texto para as questões de 4 a 7.**

Consagrado como um dos maiores cronistas brasileiros de todos os tempos, Rubem Braga (1913-1990) escreveu mais de quinze mil crônicas, inclusive esta, que você vai ler a seguir. Durante a leitura, tenha em mente esta questão: por que razão o recado vai ao "senhor 903", ou seja, por que o destinatário do recado é um número, e não um nome?

## Recado ao senhor 903

Rubem Braga

Vizinho –

Quem fala aqui é o homem do 1003. Recebi outro dia, consternado, a visita do zelador, que me mostrou a carta em que o senhor reclamava contra o barulho em meu apartamento. Recebi depois a sua própria visita pessoal – devia ser meia-noite – e a sua veemente reclamação verbal. Devo dizer que estou desolado com tudo isso, e lhe dou inteira razão. O regulamento do prédio é explícito e, se não o fosse, o senhor ainda teria ao seu lado a Lei e a Polícia. Quem trabalha o dia inteiro tem direito ao repouso noturno e é impossível repousar no 903 quando há vozes, passos e músicas no 1003. Ou melhor: é impossível ao 903 dormir quando o 1003 se agita; pois como não sei o seu nome nem o senhor sabe o meu, ficamos reduzidos a ser dois números, dois números empilhados entre dezenas de outros. Eu, 1003, me limito a Leste pelo 1005, a Oeste pelo 1001, ao Sul pelo Oceano Atlântico, ao Norte pelo 1004, ao alto pelo 1103 e embaixo pelo 903 – que é o senhor. Todos esses números são comportados e silenciosos; apenas eu e o Oceano Atlântico fazemos algum ruído e funcionamos fora dos horários civis; nós dois apenas nos agitamos e bramimos ao sabor da maré, dos ventos e da lua. Prometo sinceramente adotar, depois das 22 horas, de hoje em diante, um comportamento de manso lago azul. Prometo. Quem vier à minha casa (perdão; ao meu número) será convidado a se retirar às 21:45, e explicarei: o 903 precisa repousar das 22 às 7 pois às 8:15 deve deixar o 783 para tomar o 109 que o levará até o 527 de outra rua, onde ele trabalha na sala 305. Nossa vida, vizinho, está toda numerada; e reconheço que ela só pode ser tolerável quando um número não incomoda outro número, mas o respeita, ficando dentro dos limites de seus algarismos. Peço-lhe desculpas – e prometo silêncio.

Mas que me seja permitido sonhar com outra vida e outro mundo, em que um homem batesse à porta do outro e dissesse: "Vizinho, são três horas da manhã e ouvi música em tua casa. Aqui estou". E o outro respondesse: "Entra, vizinho, e come de meu pão e bebe de meu vinho. Aqui estamos todos a bailar e cantar, pois descobrimos que a vida é curta e a lua é bela".

E o homem trouxesse sua mulher, e os dois ficassem entre os amigos e amigas do vizinho entoando canções para agradecer a Deus o brilho das estrelas e o murmúrio da brisa nas árvores, e o dom da vida, e a amizade entre os humanos, e o amor e a paz.

BRAGA, Rubem. Recado ao senhor 903.
In: *Para gostar de ler.* São Paulo: Ática, 1991. v. 1.

4. Como você percebeu, o "homem do 1003" conversa com seu vizinho "de número para número". Qual teria sido a intenção do autor ao inserir esses e outros (muitos) números no primeiro parágrafo do texto?

5. A oposição entre o Oceano Atlântico e o "manso lago azul" reproduz metaforicamente quais comportamentos? Por que o cronista se vale desse recurso?

6. Em que momento do texto ocorre uma drástica mudança? Explique o sentido que tem essa mudança e crie uma hipótese para justificar o estilo que passa a ser adotado pelo autor a partir dessa mudança (observe, particularmente, a repetição da conjunção aditiva *e*).

7. O que provocaria, no leitor de um jornal, um texto como esse?

## Trocando ideias

Em duplas, façam uma pesquisa em jornais e:

- selecionem dois textos jornalísticos sobre acontecimentos da atualidade com predominância de sequências narrativas, sendo uma notícia e uma crônica;
- façam uma análise comparando a estrutura de cada texto e os aspectos que os identificam ora como notícia, ora como crônica;
- produzam uma crônica a partir da notícia, e uma notícia a partir da crônica;
- na voz de um representante, apresentem suas conclusões sobre a composição textual de um e outro gênero textual, exemplificando com os textos extraídos de jornal e as produções que vocês fizeram a partir deles.

## Mãos à obra!

1. Os assuntos da crônica costumam girar em torno de acontecimentos banais do cotidiano. A forma de relatar esse cotidiano não é, contudo, nem um pouquinho banal. Na crônica a seguir, escrita há mais de dez anos, a cearense Rachel de Queiroz (1910-2003) retrata de forma magistral situações prosaicas provocadas pelo automóvel e, em uma quase profecia, faz conjecturas sobre o futuro do "ser urbano".

   Em sua leitura, observe principalmente de que modo a autora:
   - descreve o automóvel;
   - justifica a inutilidade desse meio de transporte;
   - sugere formas de substituí-lo;
   - aponta soluções para os problemas dos grandes ajuntamentos urbanos;
   - prevê o futuro do homem das cidades.

### Assim caminha a humanidade

Rachel de Queiroz

Há muito que penso nisso e muitas pessoas devem ter pensado a mesma coisa. Mas ninguém fala, ninguém diz nada. Porque, não o sei. Trata-se do automóvel. Essa maravilha mecânica, o veículo revolucionário que acabou com os carros de tração animal e expulsou o trem urbano para os longos percursos. E agora esse totem da nossa era, o automóvel, também chega ao seu fim, transforma-se num veículo obsoleto.

Não serve mais. A finalidade a que se destinava, nas áreas urbanas, transporte individual, rápido, seletivo, perdeu o sentido. Você, hoje, para transpor alguns poucos mil metros, da sua casa para o centro, leva o mesmo tempo que gastaria se fosse caminhando. As ruas de todas as cidades do mundo – pequenas, médias, grandes (ou imensas, como São Paulo e Nova Iorque) – vivem atravancadas por essas tartarugas ninjas, andando a passo, sim, de tartaruga mesmo, cada uma ocupando um espaço que vai de 10 a 12 metros quadrados, e transportando, na sua grande maioria, só uma ou duas pessoas, no máximo três, se houver o motorista. Arrogante. Nas suas janelas de cristal, na pintura luzidia, nos metais polidos, o automóvel é, acima de tudo, um monstro de egoísmo. A área que ele exige para si, na via pública, em vez de dois personagens lhe ocupando os assentos, daria para, no mínimo, três bancos de três pessoas, folgadamente instaladas. Quem vem, aqui no Rio, da Barra da Tijuca ao Centro, tem que se inserir logo na Avenida das Américas, num imenso, compacto cortejo, andando em velocidade de enterro (qual enterro, já vi enterro marchando em muito maior velocidade!) e carregando todos juntos, um contingente de pessoas que caberia folgadamente dentro de um trem suburbano. E em meio de buzinadas, palavrões, batidas de para-choques ou outros incidentes mais graves, só vai alcançar o seu destino – se der sorte – dentro de, no mínimo, hora e meia. É, temos de livrar as ruas disso que Macunaíma chamava "a máquina veículo automóvel". O carro puxado a cavalos também não desapareceu, por obsoleto? Hoje nem a rainha da Inglaterra o emprega, prefere os seus reluzentes Rolls-Royces. Tal como não se podia mais suportar o atropelo e a sujeira dos cavalos, das lerdas carruagens do fim do século XIX, assim também o automóvel acabou. Há que substituí-lo por um transporte coletivo de qualidade, rápido, limpo, confortável. Metrôs, ou mesmo grandes veículos de superfície, sei lá. A cabeça dos técnicos já deve estar trabalhando, a dos urbanistas, a dos chamados cientistas sociais.

Hoje em dia, leva-se mais tempo viajando de casa para o trabalho do que no trabalho propriamente dito. E, como os patrões exigem as suas oito horas, tem-se que sair de casa em plena madrugada, chegar em casa depois das dez da noite. Quem mora em subúrbio conhece essa tragédia. Os ônibus mesmo, que poderiam ser um grande recurso, têm os seus espaços disputados furiosamente pelos carros e se embaralham, retardam e engarrafam na confusão geral. Quem sabe vai-se recorrer ao transporte aéreo, grandes helicópteros que seriam como ônibus voadores, pousando em heliportos arranjados nos tetos dos grandes edifícios? Não sei... porque logo apareceriam helicópteros particulares, cada executivo teria o seu, de luxo, importado. O que, aliás, já está acontecendo. Eu mesma já viajei num desses, a convite de um amigo. Ou será que os engarrafamentos vão continuar por mais anos e anos, como os assaltos, os sequestros, os meninos de rua, as favelas e as demais desgraças dos grandes ajuntamentos urbanos? Então a solução seria mesmo acabar com os próprios grandes ajuntamentos urbanos. Voltar todo mundo a se espalhar pelo campo, só procurando os centros quando a natureza do seu trabalho o exigisse. Até que o campo se deteriorasse também – já que esse é o destino do homem sobre a terra: acabar com tudo de bom e bonito que a natureza para ele criou.

QUEIROZ, Rachel de. Assim caminha a humanidade. In: *Correio do Povo*. Vitrine. Disponível em: <www.correiodopovo.com.br/>. Acesso em: 13 maio 2014.

Filipe Rocha/Arquivo da editora

2. Prepare-se para escrever sua crônica. Conforme você teve oportunidade de notar ao longo deste capítulo, a crônica é um texto jornalístico com qualidades literárias. Pode ter sequências narrativas, mas também costuma propor reflexões, argumentar, expor problemas. Trata-se de um texto datado, ligado a um acontecimento real, que pode perfeitamente transcender o fato que o originou por meio do lirismo, da poesia, que lhe dá validade permanente. É circunstancial, muitas vezes precisa ser escrita semanal ou diariamente e tem extensão delimitada pelo espaço que ocupa na página de jornal, mas reflete, involuntariamente, a dimensão humana de quem a escreve, sob o filtro da emoção.

   Assim, são muitas as opções para você escrever seu texto. Você pode imprimir a ele um tom irônico, crítico ou humorístico. Pode expressar sentimentos ou emoções diante de acontecimentos corriqueiros ou ainda tecer comentários sobre situações que o incomodem, por julgá-las injustas.

**Proposta 1**

Pense em seu cotidiano, desde o momento em que acorda até o momento em que se recolhe. São incontáveis as situações que propiciam a produção de uma crônica: o simples contemplar-se de manhã no espelho do banheiro pode trazer alguma lembrança (boa ou ruim). Outras ações podem servir de pretexto para se realizarem reflexões: cozinhar; lavar a louça; tomar um coletivo; ficar na fila do banco; ir ao restaurante almoçar e observar as pessoas; passar por ruas mal iluminadas; levar um susto; levar um tombo; ficar parado no congestionamento; ser confundido com alguém; encontrar um amigo que há muito não via; ganhar um bichinho de estimação; assistir a uma cena de provocação no supermercado; saber do nascimento de uma criança; saber de uma chacina; estar em um estádio na final de um campeonato; discordar do resultado de um jogo; ter uma noite de insônia; etc.

**Proposta 2**

Procure nos jornais alguma notícia que julgue interessante. Transforme essa notícia em uma crônica, a partir das características do gênero.

3. Revise seu texto, faça os ajustes necessários e, em dia previamente combinado, leia sua crônica em voz alta para os demais colegas da classe.

4. Depois de digitados, os textos podem ser reunidos em uma antologia e reproduzidos, para que cada aluno fique com seu exemplar.

### Dicas para a elaboração de sua crônica

- Escolha uma das propostas. Decida se o tom de sua crônica será irônico, sarcástico, humorístico, crítico, lírico. Use linguagem simples, descontraída.
- Narre em primeira pessoa.
- Espaço e tempo são elementos sempre condicionados à existência/presença do narrador.
- Empregue recursos poéticos e figuras de linguagem.
- O fato narrado em si não é o mais importante – importantes são as reflexões sobre os fatos.
- Procure, com sua crônica, dar uma dimensão muito mais ampla aos acontecimentos, transcendendo-os, despertando o humano que pode estar escondido no leitor.
- Surpreenda o leitor no final.

## 4 A formação de opinião e o leitor crítico

Dedicamos dois capítulos deste livro à discussão do jornal e seus textos, e mesmo a sua confecção. Propondo esses estudos, pretendemos envolvê-lo com o jornalismo e tentar despertar seu senso crítico como leitor, isto é, alguém habilitado a ler e a analisar o que lê. O *Manual geral de redação* do jornal *Folha de S.Paulo*, no verbete **formação de opinião**, afirma:

> Um jornal é, por excelência, um órgão formador de opinião pública. Sua força mede-se pela capacidade que ele tem de interferir nas opiniões em debate na sociedade e, apoiado em fatos e dados objetivos, mudar convicções e hábitos, influir no rumo das instituições públicas ou privadas. Assim como o jornal forma a opinião pública, ele é formado por ela, que tem meios e os utiliza para influenciá-lo e pressioná-lo.

Para a *Folha*, a opinião pública não é o conjunto da sociedade, mas sim aqueles setores que interferem ativamente nos movimentos sociais, econômicos, culturais e políticos, conservando ou modificando rumos.

*Manual geral de redação*. São Paulo: Folha de S.Paulo, 1987.

O produtor do manual de redação procura deixar claro aos jornalistas que o leem a responsabilidade desses profissionais: "interferir nas opiniões", "mudar convicções", "influir no rumo". Lembremos, porém, que, mesmo que o jornal esteja "apoiado em fatos e dados objetivos", há sempre certa subjetividade em um texto, na verdade, já na escolha do que noticiar. O jornal, você teve oportunidade de perceber ao ler editoriais neste capítulo, também tem um ponto de vista, uma ideologia. Além disso, é sempre possível manipular os fatos, o que você pôde observar ao analisar a mesma notícia em dois jornais distintos, como proposto no capítulo anterior. Assim, pensamos que nosso senso crítico é fundamental para percebermos que, em geral, há um ponto de vista por trás de um texto jornalístico e que esse ponto de vista pode ou não ser compatível com nossas opiniões.

Provavelmente, ao estudar estes dois últimos capítulos, você deve ter observado que vários aspectos fundamentais relativos à redação de uma matéria jornalística **se aplicam a textos de outros gêneros**. Destaquemos alguns deles:

- o primeiro parágrafo de um texto argumentativo deve ser uma síntese da ideia a ser defendida (semelhante ao lide do jornalismo); deve ser necessariamente atrativo para interessar o leitor;
- ao escrever um texto, é importante hierarquizar a apresentação dos fatos;
- dependendo do tema e do tipo de composição (especialmente no texto argumentativo), certo distanciamento é fundamental para evitar que o texto seja parcial, acrítico e, às vezes, até ingênuo;
- para chamar a atenção do leitor, um texto deve apresentar uma organização visual atraente, "limpa", agradável;
- escrever uma crônica é mergulhar na essência de um texto narrativo.

## Mãos à obra!

A proposta final deste capítulo é fazer um jornal, o nosso jornal. Sugerimos a divisão da sala em grupos para que cada grupo monte um jornal. Sigam estas orientações:

- O público-alvo do jornal será sua comunidade escolar.
- A periodicidade será trimestral.
- O periódico contará com, no mínimo, quatro páginas.
- Planejem a divisão do jornal em pequenas seções (notícias, crônicas, editorial...);
- Ao escrever os textos, tenham em mente o interesse do leitor-alvo e observem as características dos textos jornalísticos.
- Ao reunir os textos e organizar o jornal, planejem a diagramação das páginas.
- Escolham um título atraente para o jornal.

Pronto o jornal, busquem um modo de divulgá-lo pela comunidade.

A proposta de fazer um jornal nos remete à intimidade do jornalismo. Colocando-se na situação de jornalista, você percebe as várias ênfases que podem ser dadas a um mesmo fato; ao diagramar o jornal, você percebe a importância do espaço ocupado pela notícia, etc.

Ao fazer um jornal dentro de um universo restrito (sua escola, sua sala de aula, alguns de seus colegas como companheiros de serviço, outros como objeto da notícia), há uma maior integração da comunidade que forma esse universo, com o consequente aumento da percepção da importância e dos efeitos da veiculação de informações.

# Vestibulares de Norte a Sul

**Texto para a questão 1.**

## Emoções na montanha-russa (fragmento)

Uma das sensações mais intensas e perturbadoras que se pode experimentar, neste nosso mundo atual, é um passeio na montanha-russa. Só não é nem um pouco recomendável para quem tenha problemas com os nervos ou com o coração, nem para aqueles com o sistema digestivo sensível. A própria decisão de entrar na brincadeira já requer alguma coragem, a gente sabe que a emoção pode ser forte até demais e que podem decorrer consequências imprevisíveis. Entra quem quer ou quem se atreve, mas sabe-se também que muita gente entra forçada por amigos e pessoas queridas, meio que contra a vontade, pressionada pela vergonha de manifestar sentimentos de prudência ou o puro medo. Mas, uma vez que se entra, que se aperta a trava de segurança e a geringonça se põe em movimento, a situação se torna irremediável. Bate um frio na barriga, o corpo endurece, as mãos cravam nas alças do banco, a respiração se torna cada vez mais difícil e forçada, o coração descompassa, um calor estranho arde no rosto e nas orelhas, ondas de arrepio descem do pescoço pela espinha abaixo.

Nicolau Sevcenko. *A corrida para o século XXI: no loop da montanha-russa.*

1. **NE** (IFCE) Esse texto é um fragmento da introdução de uma obra que apresenta uma crítica numa linguagem mesclada das linguagens jornalística, científica e literária, configurando um texto misto. Toda a introdução, por exemplo, é uma crônica, cujo tema já se depreende no título *Emoções na montanha-russa*. Crônica é gênero e texto, tanto literários quanto jornalísticos. O que aproxima essa introdução da crônica literária é, por exemplo,
   a) o emprego rígido dos termos para fins da produção da objetividade.
   b) o uso de termos que ressaltam o caráter científico das exposições do tema.
   c) a liberdade da expressão que lhe dá um tom de conversa, em linguagem descontraída, a partir de uma visão bem particular do assunto.
   d) a ênfase ao caráter de acontecimento corriqueiro e diário do fato feito notícia.
   e) a ausência da linguagem coloquial que sugere, pela familiaridade de um assunto comum a ambos, uma proximidade entre emissor e receptor.

**Texto para a questão 2.**

## "London River" é drama simples e emocionante de tom político

André Barcinski
Crítico da *Folha de São Paulo*

"London River" – "Destinos Cruzados" é um filme simples e emocionante sobre como duas pessoas de origens totalmente diferentes podem ser afetadas da mesma maneira por uma tragédia.

Brenda Blethyn ("Segredos e Mentiras") vive Elisabeth, viúva que mora num sítio no interior da Inglaterra.

No dia 7 de julho de 2005, Elisabeth está assistindo à TV quando vê o noticiário sobre atentados suicidas em Londres. Ela imediatamente liga para a filha, que mora na capital inglesa. Mas a filha não atende.

As horas passam, Elisabeth liga de novo, e nada. Preocupada, decide ir a Londres, procurar a menina.

Enquanto isso, Ousmane (Sotigui Kouyaté, veterano ator nascido em Mali e morto neste ano), um franco-africano muçulmano, também vai para Londres, procurando o filho.

Como antecipa o título do filme em português, os destinos dessas duas almas perdidas vão se cruzar. A vida deles está, de alguma forma, conectada.

O filme, até então um drama com ares de mistério, ganha um viés mais político, explorando temas como preconceito e a dificuldade de comunicação. Tanto Elisabeth quanto Ousmane vão perceber que nada sabem sobre o outro.

Dirigido pelo franco-argelino Rachid Bouchareb, "London River" peca por um roteiro um tanto esquemático, mas as atuações contidas de Blethyn e Kouyaté (vencedor do Urso de Ouro em Berlim) dão ao filme uma dignidade comovente.

(*Folha de São Paulo*, 01/10/2010)

2. **NE** (Ifal) Sobre esse texto, podemos afirmar apenas que:
   a) constitui uma apreciação valorativa produzida a partir da análise crítico-interpretativa do filme "London River".
   b) constitui uma apreciação valorativa do filme "London River", a qual, apesar do juízo crítico, não emite nenhuma opinião sobre o objeto analisado.
   c) apresenta um resumo do filme "London River", dispensando qualquer juízo de valor, apesar do teor crítico expresso, sobretudo, no último parágrafo.
   d) apresenta uma síntese do filme "London River" e emite um juízo crítico baseado em critérios meramente subjetivos e impressionistas do autor do texto.
   e) se trata de um texto de caráter descritivo, que apresenta uma síntese do filme "London River", isentando-se de emitir opiniões e juízos de valor.

3. **SE** (Unicamp-SP) Numa primeira página da *Folha de S.Paulo*, encontramos uma sequência de fotos acompanhada de uma legenda cujo título é: *A queda de Fidel*. No texto da legenda, o jornal explica: "O ditador cubano, Fidel Castro, 78, se desequilibra e cai após discursar em praça de Santa Clara (Cuba), em evento transmitido ao vivo pela TV; logo depois, ele disse achar que havia quebrado o joelho e talvez um braço, mas que estava 'inteiro'; mais tarde, o governo divulgou que Fidel fraturou o joelho esquerdo e teve fissura do braço direito".
   a) O que a leitura desse título provoca? Por quê?
   b) Proponha um outro título para a legenda. Justifique.

4. **SE** (Fuvest-SP)

Costuma-se exaltar a cabeça como fonte da razão e denunciar o coração como sede da insensatez, como músculo incapaz de ter autocrítica e de ser original. Que seja assim. E daí? Nada pior do que uma ideia feita, mas nada melhor do que um sentimento usado. A cabeça pode gostar de novidade, mas o coração adora repetir o já provado. Se as ideias vivem da originalidade, os sentimentos gostam da redundância. Não é por acaso que o prazer procura repetição.

VENTURA, Zuenir. *Crônicas de fim de século.*

a) Substitua a expressão "Que seja assim" por outra de sentido equivalente, tendo em vista o contexto.
b) Explique por que o autor considera que tanto a novidade quanto a redundância podem ser desejáveis.

5. **S** (PUC-RS)

Viagens são importantes: o mundo mudou por causa dos grandes navegadores. Descobrimos muitas coisas, em nossas aventuras, mas uma das descobertas, a mais importante, só aos poucos vai aparecendo; com a maturidade, constatamos que a grande aventura ainda é a aventura interior, é visitar os estranhos lugares que temos dentro de nós, conhecer as estranhas pessoas que somos. É possível fazer essa viagem na companhia de um psicanalista, na companhia de livros; mas é possível fazê-la por conta própria. Como toda aventura, esta envolve riscos e frustrações, mas, como toda aventura, envolve um componente glorioso. É a glória de estar vivo, a glória de sobreviver. É a grande aventura.

SCLIAR, Moacyr. *Zero Hora.*

Instrução: Para responder à questão, analise as alterações propostas.

I. Substituir as vírgulas após **descobertas** e **importante** por travessões.
II. Substituir os pontos e vírgulas (antes de "com a maturidade" e "mas é possível") por dois pontos.
III. Colocar vírgula após **lugares**.
IV. Colocar um ponto seguido de letra maiúscula antes do **mas**.

As propostas de alteração que mantêm a correção e o sentido são:

a) a I e a II.
b) a I e a III.
c) a I e a IV.
d) a II e a III.
e) a III e a IV.

**Texto para a questão 6.**

E dizem que rola um texto na internet com minha assinatura baixando o pau no "Big Brother Brasil".

Não fui eu que escrevi.

Não poderia escrever nada sobre o "Big Brother Brasil", a favor ou contra, porque sou um dos três ou quatro brasileiros que nunca o acompanharam.

O pouco que vi do programa, de passagem, zapeando entre canais, só me deixou perplexo: o que, afinal, atraía tanto as pessoas – além do *voyeurismo** natural da espécie – numa jaula de gente em exibição?

Também me dizem que, além de textos meus que nunca escrevi, agora frequento a internet com um **Twitter**.

Aviso: não tenho **tuiter**, não recebo **tuiter**, não sei o que é **tuiter**.

E desautorizo qualquer frase de **tuiter** atribuída a mim a não ser que ela seja absolutamente genial. Brincadeira, mas já fui obrigado a aceitar a autoria de mais de um texto apócrifo (e agradecer o elogio) para não causar desgosto, ou até revolta. Como a daquela senhora que reagiu com indignação quando eu inventei de dizer que um texto que ela lera não era meu:

— É sim.

— Não, eu acho que...

— É sim senhor!

Concordei que era, para não apanhar. O curioso, e o assustador, é que, em textos de outros com sua assinatura e em tuiters falsos, você passa a ter uma vida paralela dentro das fronteiras infinitas da internet.

É outro você, um fantasma eletrônico com opiniões próprias, muitas vezes antagônicas, sobre o qual você não tem nenhum controle.

— Olha, adorei o que você escreveu sobre o "Big Brother". É isso aí!

— Não fui eu que...

— Foi sim!

(Luiz Fernando Verissimo, <http://oglobo.globo.com>, 30.01.2011. Adaptado.)

* **voyeurismo:** forma de curiosidade mórbida com relação ao que é privativo, privado ou íntimo.

6. **SE** (UFTM-MG)

a) Pode-se afirmar que essa crônica foi escrita com uma finalidade específica. Que finalidade é essa?
b) O que o autor quer dizer com a expressão *outro você*, no trecho
É outro você, um fantasma eletrônico com opiniões próprias, muitas vezes antagônicas, sobre o qual você não tem nenhum controle.
E no título do texto?

7. **SE** (Unicamp-SP) Em um jornal de circulação restrita, vemos, na capa, a seguinte chamada:

Inspire
saúde!
Sem fumar,
respire
aliviado!

No interior do Jornal, a matéria começa da seguinte forma: "Desperte o não fumante que há em você", seguida logo adiante de

O fumante passivo — aquele que não fuma, mas frequenta ambientes poluídos pela fumaça do cigarro — também tem sua saúde prejudicada".

*(Jornal da Cassi — Publicação da Caixa de Assistência dos Funcionários do Banco do Brasil*, ano IX, n. 40, junho/julho de 2004).

Levando em consideração os trechos citados, observamos, na chamada da capa, um interessante jogo polissêmico.

a) Apresente dois sentidos de *inspire* em "Inspire saúde!". Justifique.
b) Apresente dois sentidos de *aliviado* em "respire aliviado!". Justifique.

# Caiu no Enem

**Texto para a questão 1.**

## O senhor

Carta a uma jovem que, estando em uma roda em que dava aos presentes o tratamento de você, se dirigiu ao autor chamando-o "o senhor":

Senhora:

Aquele a quem chamaste senhor aqui está, de peito magoado e cara triste, para vos dizer que senhor ele não é, de nada, nem de ninguém.

Bem o sabeis, por certo, que a única nobreza do plebeu está em não querer esconder sua condição, e esta nobreza tenho eu. Assim, se entre tantos senhores ricos e nobres a quem chamáveis você escolhestes a mim para tratar de senhor, é bem de ver que só poderíeis ter encontrado essa senhoria nas rugas de minha testa e na prata de meus cabelos. Senhor de muitos anos, eis aí; o território onde eu mando é no país do tempo que foi. Essa palavra "senhor", no meio de uma frase, ergueu entre nós um muro frio e triste.

Vi o muro e calei: não é de muito, eu juro, que me acontece essa tristeza: mas também não era a vez primeira.

BRAGA, R. *A borboleta amarela*. Rio de Janeiro: Record, 1991.

1. A escolha do tratamento que se queira atribuir a alguém geralmente considera as situações específicas de uso social. A violação desse princípio causou um mal-estar no autor da carta. O trecho que descreve essa violação é:
   a) "Essa palavra, 'senhor', no meio de uma frase, ergueu entre nós um muro frio e triste."
   b) "A única nobreza do plebeu está em não querer esconder sua condição."
   c) "Só poderíeis ter encontrado essa senhoria nas rugas de minha testa."
   d) "O território onde eu mando é no país do tempo que foi."
   e) "Não é de muito, eu juro, que me acontece essa tristeza: mas também não era a vez primeira."

**Texto para a questão 2.**

A substituição do *haver* por *ter* em construções existenciais, no português do Brasil, corresponde a um dos processos mais característicos da história da língua portuguesa, paralelo ao que já ocorrera em relação à ampliação do domínio de ter na área semântica de "posse", no final da fase arcaica. Mattos e Silva (2001:136) analisa as vitórias de *ter* sobre *haver* e discute a emergência de *ter* "existencial", tomando por base a obra pedagógica de João de Barros. Em textos escritos nos anos quarenta e cinquenta do século XVI, encontram-se evidências, embora raras, tanto de *ter* "existencial", não mencionado pelos clássicos estudos de sintaxe histórica, quanto de *haver* como verbo existencial com concordância, lembrado por Ivo Castro, e anotado como "novidade" no século XVIII por Said Ali.

Como se vê, nada é categórico e um purismo estreito só revela um conhecimento deficiente da língua. Há mais perguntas que respostas. Pode-se conceber uma norma única e prescritiva? É válido confundir o bom uso e a norma da própria língua e dessa forma fazer uma avaliação crítica e hierarquizante de outros usos e, através deles, dos usuários? Substitui-se uma norma por outra?

CALLOU, D. A propósito de norma, correção e preconceito linguístico: do presente para o passado. In: *Cadernos de Letras da UFF*, n. 36, 2008. Disponível em: <www.uff.br>. Acesso em: 26 fev. 2012 (adaptado).

2. Para a autora, a substituição de "haver" por "ter" em diferentes contextos evidencia que
   a) o estabelecimento de uma norma prescinde de uma pesquisa histórica.
   b) os estudos clássicos de sintaxe histórica enfatizam a variação e a mudança na língua.
   c) a avaliação crítica e hierarquizante dos usos da língua fundamenta a definição da norma.
   d) a adoção de uma única norma revela uma atitude adequada para os estudos linguísticos.
   e) os comportamentos puristas são prejudiciais à compreensão da constituição linguística.

**Texto para a questão 3.**

## Labaredas nas trevas

## Fragmentos do diário secreto de Teodor Konrad Nalecz Korzeniowski

20 DE JULHO [1912]

Peter Sumerville pede-me que escreva um artigo sobre Crane. Envio-lhe uma carta: "Acredite-me, prezado senhor, nenhum jornal ou revista se interessaria por qualquer coisa que eu, ou outra pessoa, escrevesse sobre Stephen Crane. Ririam da sugestão. [...] Dificilmente encontro alguém, agora, que saiba quem é Stephen Crane ou lembre-se de algo dele. Para os jovens escritores que estão surgindo ele simplesmente não existe."

20 DE DEZEMBRO [1919]

Muito peixe foi embrulhado pelas folhas de jornal. Sou reconhecido como o maior escritor vivo da língua inglesa. Já se passaram dezenove anos desde que Crane morreu, mas eu não o esqueço. E parece que outros também não. *The London Mercury* resolveu celebrar os vinte e cinco anos de publicação de um livro que, segundo eles, foi "um fenômeno hoje esquecido" e me pediram um artigo.

FONSECA, R. *Romance negro e outras histórias*. São Paulo: Companhia das Letras, 1992 (fragmento).

3. Na construção de textos literários, os autores recorrem com frequência a expressões metafóricas. Ao empregar o enunciado metafórico "Muito peixe foi embrulhado pelas folhas de jornal", pretendeu-se estabelecer, entre os dois fragmentos do texto em questão, uma relação semântica de
   a) causalidade, segundo a qual se relacionam as partes de um texto, em que uma contém a causa e a outra, a consequência.

b) temporalidade, segundo a qual se articulam as partes de um texto, situando no tempo o que é relatado nas partes em questão.
c) condicionalidade, segundo a qual se combinam duas partes de um texto, em que uma resulta ou depende de circunstâncias apresentadas na outra.
d) adversidade, segundo a qual se articulam duas partes de um texto em que uma apresenta uma orientação argumentativa distinta e oposta a outra.
e) finalidade, segundo a qual se articulam duas partes de um texto em que uma apresenta o meio, por exemplo, para uma ação e a outra, o desfecho da mesma.

**Texto para a questão 4.**

## O sedutor médio

Vamos juntar
Nossas rendas e
expectativas de vida
querida,
o que me dizes?
Ter 2, 3 filhos
e ser meio felizes?

VERISSIMO, L. F. *Poesia numa hora dessas?!* Rio de Janeiro: Objetiva, 2002.

4. No poema "O sedutor médio" é possível reconhecer a presença de posições críticas

a) nos três primeiros versos, em que "juntar expectativas de vida" significa que, juntos, os cônjuges poderiam viver mais, o que faz do casamento uma convenção benéfica.
b) na mensagem veiculada pelo poema, em que os valores da sociedade são ironizados, o que é acentuado pelo uso do adjetivo "médio" no título e do advérbio "meio" no verso final.
c) no verso "e ser meio felizes?", em que "meio" é sinônimo de metade, ou seja, no casamento, apenas um dos cônjuges se sentiria realizado.
d) nos dois primeiros versos, em que "juntar rendas" indica que o sujeito poético passa por dificuldades financeiras e almeja os rendimentos da mulher.
e) no título, em que o adjetivo "médio" qualifica o sujeito poético como desinteressante ao sexo oposto e inábil em termos de conquistas amorosas.

**Texto para a questão 5.**

## Verbo ser

QUE VAI SER quando crescer? Vivem perguntando em redor. Que é ser? É ter um corpo, um jeito, um nome? Tenho os três. E sou? Tenho de mudar quando crescer? Usar outro nome, corpo ou jeito? Ou a gente só principia a ser quando cresce? É terrível, ser? Dói? É bom? É triste? Ser: pronunciado tão depressa, e cabe tantas coisas? Repito: ser, ser, ser. Er. R. Que vou ser quando crescer? Sou obrigado a? Posso escolher? Não dá para entender. Não vou ser. Não quero ser. Vou crescer assim mesmo. Sem ser. Esquecer.

ANDRADE, C. D. *Poesia e prosa.* Rio de Janeiro: Nova Aguilar, 1992.

5. A inquietação existencial do autor com a autoimagem corporal e a sua corporeidade se desdobra em questões existenciais que têm origem

a) no conflito do padrão corporal imposto contra as convicções de ser autêntico e singular.
b) na aceitação das imposições da sociedade seguindo a influência de outros.
c) na confiança no futuro, ofuscada pelas tradições e culturas familiares.
d) no anseio de divulgar hábitos enraizados, negligenciados por seus antepassados.
e) na certeza da exclusão, revelada pela indiferença de seus pares.

**Texto para a questão 6.**

## Aqui é o país do futebol

Brasil está vazio na tarde de domingo, né?
Olha o sambão, aqui é o país do futebol
[...]
No fundo desse país
Ao longo das avenidas
Nos campos de terra e grama
Brasil só é futebol
Nesses noventa minutos
De emoção e alegria
Esqueço a casa e o trabalho
A vida fica lá fora
Dinheiro fica lá fora
A cama fica lá fora
A mesa fica lá fora
Salário fica lá fora
A fome fica lá fora
A comida fica lá fora
A vida fica lá fora
E tudo fica lá fora

SIMONAL, W. *Aqui é o país do futebol.* Disponível em: <www.vagalume.com.br>. Acesso em: 27 out. 2011 (fragmento).

6. Na letra da canção *Aqui é o país do futebol*, de Wilson Simonal, o futebol, como elemento da cultura corporal de movimento e expressão da tradição nacional, é apresentado de forma crítica e emancipada devido ao fato de

a) reforçar a relação entre o esporte futebol e o samba.
b) ser apresentado como uma atividade de lazer.
c) ser identificado com a alegria da população brasileira.
d) promover a reflexão sobre a alienação provocada pelo futebol.
e) ser associado ao desenvolvimento do país.

**Texto para a questão 7.**

## Logia e mitologia

Meu coração
de mil e novecentos e setenta e dois
Já não palpita fagueiro
sabe que há morcegos de pesadas olheiras
que há cabras malignas que há
cardumes de hienas infiltradas
no vão da unha da alma

um porco belicoso de radar
e que sangra e ri
e que sangra e ri
a vida anoitece provisória
centuriões sentinelas
do Oiapoque ao Chuí.

CACASO. *Lero-lero*. Rio de Janeiro: 7letras; São Paulo: Cosac & Naify, 2002.

7. O título do poema explora a expressividade de termos que representam o conflito do momento histórico vivido pelo poeta na década de 1970. Nesse contexto, é correto afirmar que
   a) o poeta utiliza uma série de metáforas zoológicas com significado impreciso.
   b) "morcegos", "cabras", e "hienas" metaforizam as vítimas do regime militar vigente.
   c) o "porco", animal difícil de domesticar, representa os movimentos de resistência.
   d) o poeta caracteriza o momento de opressão através de alegorias de forte poder de impacto.
   e) "centuriões" e "sentinelas" simbolizam os agentes que garantem a paz social experimentada.

**Texto para a questão 8.**

## Manta que costura causos e histórias no seio de uma família serve de metáfora da memória em obra escrita por autora portuguesa

O que poderia valer mais do que a manta para aquela família? Quadros de pintores famosos? Joias de rainha? Palácios? Uma manta feita de centenas de retalhos de roupas velhas aquecia os pés das crianças e a memória da avó, que a cada quadrado apontado por seus netos resgatava de suas lembranças uma história. Histórias fantasiosas como a do vestido com um bolso que abrigava um gnomo comedor de biscoitos; histórias de traquinagem como a do calção transformado em farrapos no dia em que o menino, que gostava de andar de bicicleta de olhos fechados, quebrou o braço; histórias de saudades, como o avental que carregou uma carta por mais de um mês... Muitas histórias formavam aquela manta. Os protagonistas eram pessoas da família, um tio, uma tia, o avô, a bisavó, ela mesma, os antigos donos das roupas.

Um dia, a avó morreu, e as tias passaram a disputar a manta, todas a queriam, mais do que aos quadros, joias e palácios deixados por ela. Felizmente, as tias conseguiram chegar a um acordo, e a manta passou a ficar cada mês na casa de uma delas. E os retalhos, à medida que iam se acabando, eram substituídos por outros retalhos, e novas e antigas histórias foram sendo incorporadas à manta mais valiosa do mundo.

LASEVICIUS, A. *Língua Portuguesa*, São Paulo, n. 76, 2012 (adaptado).

8. A autora descreve a importância da manta para aquela família, ao verbalizar que "novas e antigas histórias foram sendo incorporadas à manta mais valiosa do mundo".

   Essa valorização evidencia-se pela
   a) oposição entre os objetos de valor, como joias, palácios e quadros, e a velha manta.
   b) descrição detalhada dos aspectos físicos da manta, como cor e tamanho dos retalhos.
   c) valorização da manta como objeto de herança familiar disputado por todos.
   d) comparação entre a manta que protege do frio e a manta que aquecia os pés das crianças.
   e) correlação entre os retalhos da manta e as muitas histórias de tradição oral que os formavam.

**Texto para a questão 9.**

## Adolescentes: mais altos, gordos e preguiçosos

A oferta de produtos industrializados e a falta de tempo têm sua parcela de responsabilidade no aumento da silhueta dos jovens. "Os nossos hábitos alimentares, de modo geral, mudaram muito", observa Vivian Ellinger, presidente da Sociedade Brasileira de Endocrinologia e Metabologia (SBEM), no Rio de Janeiro. Pesquisas mostram que, aqui no Brasil, estamos exagerando no sal e no açúcar, além de tomar pouco leite e comer menos frutas e feijão.

Outro pecado, velho conhecido de quem exibe excesso de gordura por causa da gula, surge como marca da nova geração: a preguiça, "Cem por cento das meninas que participam do Programa não praticavam nenhum esporte", revela a psicóloga Cristina Freire, que monitora o desenvolvimento emocional das voluntárias.

Você provavelmente já sabe quais são as consequências de uma rotina sedentária e cheia de gordura. "E não é novidade que os obesos têm uma sobrevida menor", acredita Claudia Cozer, endocrinologista da Associação Brasileira para o Estudo da Obesidade e da Síndrome Metabólica. Mas, se há cinco anos os estudos projetavam um futuro sombrio para os jovens, no cenário atual as doenças que viriam na velhice já são parte da rotina deles. "Os adolescentes já estão sofrendo com hipertensão e diabete", exemplifica Claudia.

DESGUALDO, P. *Revista Saúde*. Disponível em: http://saude.abril.com.br. Acesso em: 28 jul. 2012 (adaptado).

9. Sobre a relação entre os hábitos da população adolescente e as suas condições de saúde, as informações apresentadas no texto indicam que
   a) a falta de atividade física somada a uma alimentação nutricionalmente desequilibrada constituem fatores relacionados ao aparecimento de doenças crônicas entre os adolescentes.
   b) a diminuição do consumo de alimentos fontes de carboidratos combinada com um maior consumo de alimentos ricos em proteínas contribuíram para o aumento da obesidade entre os adolescentes.
   c) a maior participação dos alimentos industrializados e gordurosos na dieta da população adolescente tem tornado escasso o consumo de sais e açúcares, o que prejudica o equilíbrio metabólico.
   d) a ocorrência de casos de hipertensão e diabetes entre os adolescentes advém das condições de alimentação, enquanto que na população adulta os fatores hereditários são preponderantes.
   e) a prática regular de atividade física é um importante fator de controle da diabetes entre a população adolescente, por provocar um constante aumento da pressão arterial sistólica.

10.

CAULOS. Disponível em: <www.caulos.com>. Acesso em: 24 set. 2011.

O cartum faz uma crítica social. A figura destacada está em oposição às outras e representa a

a) opressão das minorias sociais.
b) carência de recursos tecnológicos.
c) falta de liberdade de expressão.
d) defesa da qualificação profissional.
e) reação ao controle do pensamento coletivo.

**Texto para a questão 11.**

São Paulo vai se recensear. O governo quer saber quantas pessoas governa. A indagação atingirá a fauna e a flora domesticadas. Bois, mulheres e algodoeiros serão reduzidos a números e invertidos em estatísticas. O homem do censo entrará pelos bangalôs, pelas pensões, pelas casas de barro e de cimento armado, pelo sobradinho e pelo apartamento, pelo cortiço e pelo hotel, perguntando:

— Quantos são aqui?

Pergunta triste, de resto. Um homem dirá:

— Aqui havia mulheres e criancinhas. Agora, felizmente, só há pulgas e ratos.

E outro:

— Amigo, tenho aqui esta mulher, este papagaio, esta sogra e algumas baratas. Tome nota dos seus nomes, se quiser. Querendo levar todos, é favor... [...]

E outro:

— Dois, cidadão, somos dois. Naturalmente o sr. não a vê. Mas ela está aqui, está, está! A sua saudade jamais sairá de meu quarto e de meu peito!

Rubem Braga. *Para gostar de ler*. v. 3. São Paulo: Ática, 1998, p. 32-3 (fragmento).

11. O fragmento citado, em que há referência a um fato sócio-histórico – o recenseamento –, apresenta característica marcante do gênero crônica ao:

a) expressar o tema de forma abstrata, evocando imagens e buscando apresentar a ideia de uma coisa por meio de outra.
b) manter-se fiel aos acontecimentos, retratando os personagens em um só tempo e um só espaço.
c) contar história centrada na solução de um enigma, construindo os personagens psicologicamente e revelando-os pouco a pouco.
d) evocar, de maneira satírica, a vida na cidade, visando transmitir ensinamentos práticos do cotidiano, para manter as pessoas informadas.
e) valer-se de tema do cotidiano como ponto de partida para a construção de texto que recebe tratamento estético.

**Texto para a questão 12.**

## A diva

Vamos ao teatro, Maria José?
Quem me dera,
desmanchei em rosca quinze kilos de farinha
tou podre. Outro dia a gente vamos
Falou meio triste, culpada,
e um pouco alegre por recusar com orgulho
TEATRO! Disse no espelho.
TEATRO! Mais alto, desgrenhada.
TEATRO! E os cacos voaram
sem nenhum aplauso.
Perfeita.

PRADO, A. *Oráculos de maio*. São Paulo: Siciliano, 1999.

12. Os diferentes gêneros textuais desempenham funções sociais diversas reconhecidas pelo leitor com base em suas características específicas, bem como na situação comunicativa em que ele é produzido. Assim, o texto *A diva*

a) narra um fato real vivido por Maria José.
b) surpreende o leitor pelo seu efeito poético.
c) relata uma experiência teatral profissional.
d) descreve uma ação típica de uma mulher sonhadora.
e) defende um ponto de vista relativo ao exercício teatral.

**Texto para a questão 13.**

## O que é *bullying* virtual ou *cyberbullying*?

É o *bullying* que ocorre em meios eletrônicos, com mensagens difamatórias ou ameaçadoras circulando por *e-mails*, *sites*, *blogs* (os diários virtuais), redes sociais e celulares. É quase uma extensão do que dizem e fazem na escola, mas com o agravante de que as pessoas envolvidas não estão cara a cara.

Dessa forma, o anonimato pode aumentar a crueldade dos comentários e das ameaças e os efeitos podem ser tão graves ou piores. "O autor, assim como o alvo, tem dificuldade de sair de seu papel e retomar valores esquecidos ou formar novos", explica Luciene Tognetta, doutora em Psicologia Escolar e pesquisadora da Faculdade de Educação da Universidade Estadual de Campinas (Unicamp).

Disponível em: <http://revistaescola.abril.com.br>. Acesso em: 3 ago. 2012 (adaptado).

13. Segundo o texto, com as tecnologias de informação e comunicação, a prática do *bullying* ganha novas nuances de perversidade e é potencializada pelo fato de

a) atingir um grupo maior de espectadores.
b) dificultar a identificação do agressor incógnito.
c) impedir a retomada de valores consolidados pela vítima.
d) possibilitar a participação de um número maior de autores.
e) proporcionar o uso de uma variedade de ferramentas da internet.

**Texto para a questão 14.**

O **hipertexto** permite – ou, de certo modo, em alguns casos, até mesmo exige – a participação de diversos autores na sua construção, a redefinição dos papéis de autor e leitor e a revisão dos modelos tradicionais de leitura e de escrita. Por seu enorme potencial para se estabelecerem conexões, ele facilita o desenvolvimento de trabalhos coletivamente, o estabelecimento da comunicação e a aquisição de informação de maneira cooperativa.

Embora haja quem identifique o hipertexto exclusivamente com os textos eletrônicos, produzidos em determinado tipo de meio ou de tecnologia, ele não deve ser limitado a isso, já que consiste numa forma organizacional que tanto pode ser concebida para o papel como para os ambientes digitais. É claro que o texto virtual permite concretizar certos aspectos que, no papel, são praticamente inviáveis: a conexão imediata, a comparação de trechos de textos na mesma tela, o "mergulho" nos diversos aprofundamentos de um tema, como se o texto tivesse camadas, dimensões ou planos.

RAMAL, A. C. *Educação na cibercultura*: hipertextualidade, leitura, escrita e aprendizagem. Porto Alegre: Artmed, 2002.

**14.** Considerando-se a linguagem específica de cada sistema de comunicação, como rádio, jornal, TV, internet, segundo o texto, a hipertextualidade configura-se como um(a)

a) elemento originário dos textos eletrônicos.
b) conexão imediata e reduzida ao texto digital.
c) novo modo de leitura e de organização da escrita.
d) estratégia de manutenção do papel do leitor com perfil definido.
e) modelo de leitura baseado nas informações da superfície do texto.

**Texto para a questão 15.**

VERISSIMO, L. F. *As cobras em:* Se Deus existe que eu seja atingido por um raio. Porto Alegre: L&PM, 1987.

**15.** O humor da tira decorre da reação de uma das cobras com relação ao uso de pronome pessoal reto, em vez de pronome oblíquo. De acordo com a norma-padrão da língua, esse uso é inadequado, pois

a) contraria o uso previsto para o registro oral da língua.
b) contraria a marcação das funções sintáticas de sujeito e objeto.
c) gera inadequação na concordância com o verbo.
d) gera ambiguidade na leitura do texto.
e) apresenta dupla marcação de sujeito.

**Textos para a questão 16.**

*Texto I*

## Antigamente

Antigamente, os pirralhos dobravam a língua diante dos pais e se um se esquecia de arear os dentes antes de cair nos braços de Morfeu, era capaz de entrar no couro. Não devia também se esquecer de lavar os pés, sem tugir nem mugir. Nada de bater na cacunda do padrinho, nem de debicar os mais velhos, pois levava tunda. Ainda cedinho, aguava as plantas, ia ao corte e logo voltava aos penates. Não ficava mangando na rua, nem escapulia do mestre, mesmo que não entendesse patavina da instrução moral e cívica. O verdadeiro *smart* calçava botina de botões para comparecer todo liró ao copo-d'água, se bem que no convescote apenas lambiscasse, para evitar flatos. Os bilontras é que eram um precipício, jogando com pau de dois bicos, pelo que carecia muita cautela e caldo de galinha. O melhor era pôr as barbas de molho diante de um treteiro de topete, depois de fintar e engambelar os coiós, e antes que se pusesse tudo em pratos limpos, ele abria o arco.

ANDRADE, C. D. *Poesia e prosa*. Rio de Janeiro: Nova Aguilar, 1983 (fragmento).

*Texto II*

## Palavras do arco-da-velha

| Expressão | Significado |
|---|---|
| Cair nos braços de Morfeu | Dormir |
| Debicar | Zombar, ridicularizar |
| Tunda | Surra |
| Mangar | Escarnecer, caçoar |
| Tugir | Murmurar |
| Liró | Bem-vestido |
| Copo-d'água | Lanche oferecido pelos amigos |
| Convescote | Piquenique |
| Bilontra | Velhaco |
| Treteiro de topete | Tratante atrevido |
| Abrir o arco | Fugir |

FIORIN, J. L. As línguas mudam. In: *Revista Língua Portuguesa*, n. 24, out. 2007. (Adaptado.)

**16.** Na leitura do fragmento do texto "Antigamente" constata-se, pelo emprego de palavras obsoletas, que itens lexicais outrora produtivos não mais o são no português brasileiro atual. Esse fenômeno revela que:

a) a língua portuguesa de antigamente carecia de termos para se referir a fatos e coisas do cotidiano.
b) o português brasileiro se constitui evitando a ampliação do léxico proveniente do português europeu.
c) a heterogeneidade do português leva a uma estabilidade do seu léxico no eixo temporal.
d) o português brasileiro apoia-se no léxico inglês para ser reconhecido como língua independente.
e) o léxico do português representa uma realidade linguística variável e diversificada.

# Respostas

## A gramática dos textos

**Vestibulares de Norte a Sul**

**Capítulo 8**

1. V – F – V – V

**Capítulo 9**

1. d
3. 04 + 16 = 20

**Capítulo 10**

1. F – V – V – F – V
2. 01 + 04 + 16 = 21

**Capítulo 11**

1. e
2. d
3. e

**Capítulo 12**

1. d
2. b

**Capítulo 13**

1. b
2. d
3. c

## A construção dos textos

**Capítulo 8**

2. d

**Capítulo 9**

1. e
2. e
3. b

**Capítulo 10**

1. b
2. b

**Capítulo 11**

1. d
2. b
3. a

**Capítulo 12**

2. e

**Capítulo 13**

1. c
3. d
5. a
6. 04 + 16 = 20
7. e

**Capítulo 14**

1. c
2. a
5. c

## Caiu no Enem

1. a
2. e
3. b
4. b
5. a
6. d
7. d
8. a
9. a
10. e
11. e
12. b
13. b
14. c
15. b
16. e

# Sugestões de leitura, filmes e *sites*

## A gramática dos textos

### Capítulo 8

**Livro**

- ***Primeiras estórias***

João Guimarães Rosa. Rio de Janeiro: Nova Fronteira.

Reunião de contos em que o trabalho com a linguagem revela costumes mineiros e, ao mesmo tempo, universais. Há contos famosos do escritor mineiro, como "A terceira margem do rio", entre outros.

### Capítulo 9

**Livros**

- ***Impressionismo***

Dominique Lobstein. Porto Alegre: L&PM.

O livro destaca o caráter de contestação dos impressionistas, presente já no início desse movimento revolucionário que colaborou com a formação da arte moderna. Entre os artistas do Impressionismo, estão Édouard Manet, Edgar Degas, Claude Monet e Pierre-Auguste Renoir.

- ***O guia dos curiosos – Invenções***

Marcelo Duarte. São Paulo: Panda Books.

Divertido e ilustrado, o livro reúne as invenções que fazem parte do nosso dia a dia, as invenções que não deram certo e as maiores loucuras dos inventores.

### Capítulo 10

**Livros**

- ***O fio das missangas***

Mia Couto. São Paulo: Companhia das Letras.

Nessa reunião de contos do escritor moçambicano, destaca-se a reflexão sobre a condição feminina em histórias curiosas, em que o cuidadoso trabalho com a linguagem aponta com ironia e sensibilidade os preconceitos enfrentados pelas mulheres em geral.

- ***Contos do nascer da terra***

Mia Couto. São Paulo: Companhia das Letras.

Trata-se de uma reunião de contos curtos de Mia Couto, em que prevalecem histórias mágicas do cotidiano de Moçambique, mostrando traços da identidade desse povo tão alegre quanto sofrido. O escritor explora a sonoridade da língua portuguesa falada em seu país.

***Site***

- **IBGE – Instituto Brasileiro de Geografia e Estatística**

<www.ibge.com.br>

O numeral é uma classe de palavra cada vez mais empregada em nosso meio. Estudos, dados, estatísticas e valores acabam sendo traduzidos em números. Veja quantas informações são passadas para o leitor por meio de numerais.

### Capítulo 11

**Livros**

- ***O aleph***

Jorge Luis Borges. São Paulo: Companhia das Letras.

Algumas histórias reunidas neste livro do contista argentino enfocam situações da vida cotidiana, mas de modo que elas parecem ligeiramente sair do conforto do conhecido, mostrando facetas incomuns a ponto de ganharem significados extraordinários. Em outras histórias, fenômenos bizarros se introduzem em cenários cotidianos.

- ***O livro dos seres imaginários***

Jorge Luis Borges. São Paulo: Companhia das Letras.

O escritor Jorge Luis Borges compõe um bestiário fantástico, no qual descreve monstros de mitologias e religiões variadas, assim como seres literários.

### Capítulo 12

**Livro**

- ***Comédias para se ler na escola***

Luis Fernando Verissimo. Rio de Janeiro: Objetiva.

A escritora Ana Maria Machado, leitora de Luis Fernando Verissimo, releu diversas crônicas do escritor gaúcho para selecionar aquelas que mais poderiam despertar nos jovens o interesse pela leitura. O resultado está registrado nesse livro, o qual permite ao leitor mergulhar no universo das histórias e dos personagens de Verissimo e descobrir os múltiplos recursos desse mestre das letras. A originalidade e o humor por meio dos quais o escritor interpreta o cotidiano e escreve suas histórias envolvem o leitor em um cotidiano surpreendente.

### Capítulo 13

**Filme**

- ***A música nunca parou***

Direção de Jim Kohlberg. Estados Unidos, 2011.

Um estudo de caso do neurologista Oliver Sacks serviu de base para o filme, que conta a história do engenheiro Henry Sawyer e seu filho Gabriel. Este, *hippie* nos anos 1960, sai de casa na adolescência depois de muito discutir com o pai. Nos anos 1980, Gabriel descobre que tem um tumor cerebral, o qual o impede de registrar novas memórias. Pai e filho procuram superar a distância emocional entre eles por meio das músicas das quais Gabriel ainda se lembra.

# A construção dos textos

## Capítulo 8

### Livros

- ***A ovelha negra e outras fábulas***

Augusto Moterroso. Rio de Janeiro: Record.

Uma recriação do gênero fábula, com pitadas de ironia e sarcasmo.

- ***Notícia de um sequestro***

Gabriel García Márquez. Rio de Janeiro: Record.

Ao mesclar histórias reais e ficção, o escritor colombiano Gabriel García Márquez apresenta as várias facetas de uma situação dramática. Utilizando o estilo da reportagem, inclusive com diversos depoimentos e minuciosa pesquisa, o autor conta neste livro a história de sequestros ocorridos no início dos anos 1990 na Colômbia.

- ***Nove noites***

Bernardo Carvalho. São Paulo: Companhia das Letras.

O romance do escritor e jornalista Bernardo Carvalho mistura fatos da vida do antropólogo norte-americano Buell Quain, que viveu entre os índios krahô, no Tocantins — e se matou em 1939, aos 27 anos — com as reflexões do narrador, que, 62 anos depois, ao ler sobre o episódio em um jornal, passa a pesquisar a vida do antropólogo.

- ***Da criação ao roteiro***

Doc Comparato. São Paulo: Summus.

Trata-se de uma obra essencial para quem deseja conhecer o universo de um roteirista de cinema e TV. O autor comenta as várias etapas do processo, desde a ideia inicial e seus primeiros apontamentos até o roteiro final, passando por elementos da estrutura de um roteiro, como conflito, personagem, ação, tempo e unidade dramática. Ele inicia os capítulos sempre com uma reflexão sobre o assunto e termina com uma recapitulação ordenada da explanação, além de apresentar uma proposta de exercícios.

- ***Story — Substância, estrutura, estilo***

Robert McKee. Curitiba: Arte e Letra.

Usando exemplos de mais de cem filmes, McKee trabalha definições básicas do universo dos roteiristas: O que é um *beat*? Uma cena? Uma sequência? O clímax do ato? O clímax do filme? O autor desmistifica as estruturas das histórias contadas sob a forma de audiovisual e expõe as limitações de cada gênero, ressaltando a importância do tema, da construção do ambiente e da atmosfera, além de comentar a importância do personagem e sua caracterização.

### *Sites*

- **Literatura guatemalteca**

<www.literaturaguatemalteca.org/monterroso.htm>

- **Releituras – Perfil biográfico e obra de Augusto Monterroso**

<www.releituras.com/amonterroso_menu.asp>

Nesses *sites*, é possível encontrar textos, dados biográficos e entrevistas, além de alguns textos do autor.

## Capítulo 9

### Livros

- ***Antes do baile verde***

Lygia Fagundes Telles. São Paulo: Companhia das Letras.

Dezoito contos que problematizam o amor, as descobertas, o desejo e a moralidade a partir de um olhar crítico sobre a condição humana.

- ***O Ateneu***

Raul Pompeia. Ilustrações de Marcelo Quintanilha. São Paulo: Ática.

Adaptação em quadrinhos do romance em que Sérgio, aos onze anos, protagoniza os conflitos da vida adulta ao ingressar em um internato conservador.

- ***Mãos de cavalo***

Daniel Galera. São Paulo: Companhia das Letras.

Capítulos curtos iniciam o livro, em terceira pessoa, relatando episódios aparentemente díspares: o tombo de bicicleta de um garoto de 10 anos em uma rua da zona sul de Porto Alegre; uma partida de futebol entre adolescentes de um condomínio também situado na capital gaúcha; e os preparativos de um cirurgião plástico bem-sucedido que, em companhia de um amigo, pretende viajar à Bolívia para fazer uma escalada. Aos poucos esses acontecimentos vão se conectando no tempo e no espaço, compondo uma trama em que se misturam memória, perda e culpa.

## Capítulo 10

### Livro

- ***Dom Quixote. O cavaleiro da triste figura***

Miguel Saavedra Cervantes. Adaptação de Jose Angeli. São Paulo: Scipione.

Inspirado no romance homônimo de Miguel de Cervantes, o livro é uma adaptação, para o universo das histórias em quadrinhos, das aventuras do fidalgo Dom Quixote e de seu fiel escudeiro Sancho Pança. Uma narrativa que retrata o conflito do homem dividido entre a realidade e a fantasia.

### Filmes

- ***Blow-up – Depois daquele beijo***

Produção de Michelangelo Antonioni. Itália/Reino Unido, 1966.

Adaptação do conto "As babas do diabo", do escritor argentino Julio Cortázar.

- ***As asas do amor***

Produção de Iain Softley. Estados Unidos/Reino Unido, 1997.

Adaptação do romance "As asas da pomba", do escritor norte-americano Henry James.

## Capítulo 11

### Livro

- ***Ensaios fotográficos***

Manoel de Barros. Rio de Janeiro: Record.

A partir da ideia de imagem fotográfica, o poeta retrata seres e coisas aproximando-os de grandes nomes da cultura como Maiakovski, Bach, Shakespeare, etc.

#### *Site*

- **Perfil biográfico de Torquato Neto**

<www.mpbnet.com.br/musicos/torquato.neto/index.html>

### Capítulo 12

#### Filme

- ***O carteiro e o poeta***

Produção de Michael Radford. Itália, 1994.

O filme inspira-se em um episódio da vida do poeta chileno Pablo Neruda. Por razões políticas, o poeta exila-se em uma ilha na Itália. Lá, um homem desempregado e quase analfabeto é contratado como carteiro. Encarregado de cuidar da correspondência do poeta, acaba se aproximando dele e gradativamente se forma uma sólida amizade entre os dois.

### Capítulo 13

#### Livros

- ***As notícias mais malucas do planeta***

Alessandro Bender. São Paulo: Contexto.

Alessandro Bender colecionou fatos curiosos, insólitos, engraçados, esquisitos, quase irreais. Todos publicados diariamente pela grande imprensa. O resultado é esta reunião de notícias absurdas, que acabam nos fazendo perceber como o mundo é imprevisível.

- ***Radical chique e o Novo Jornalismo***

Tom Wolfe. São Paulo: Companhia das Letras.

O volume reúne uma seleção de artigos e reportagens publicados pelo jornalista Tom Wolfe nas décadas de 1960 e 1970. São textos marcados pelo estilo sarcástico de um dos mais reconhecidos cronistas da vida norte-americana. Na primeira parte, o autor narra as origens e o impacto da chegada da sua geração nas redações norte-americanas, que passou a empregar técnicas de ficção para fazer reportagens mais intensas e envolventes. Na segunda, há três reportagens escritas segundo essa nova concepção.

#### *Site*

- **Observatório da imprensa**

<www.observatoriodaimprensa.com.br>

Projeto que acompanha o desenvolvimento da mídia brasileira e abre espaço para manifestação da opinião do público. Inicialmente apenas um *site* da *web*, o projeto já tem versão televisionada pela TVE, no Rio de Janeiro, e pela TV Cultura, em São Paulo.

### Capítulo 14

#### Livros

- ***Cem melhores crônicas brasileiras***

Joaquim Ferreira dos Santos (Org.). Rio de Janeiro: Objetiva.

Com textos de escritores como Rubem Braga, Luis Fernando Verissimo e Fernando Sabino, esta reunião de crônicas atesta o sucesso do gênero que continua vivo nos jornais atuais e nos livros.

- ***Nu, de botas***

Antonio Prata. São Paulo: Companhia das Letras.

Trata-se de uma reunião de contos e crônicas em que o escritor revisita momentos marcantes de sua infância e adolescência passadas em São Paulo, nos 1970.

- ***Melhores crônicas de João do Rio***

Fred Goes (Org.). São Paulo: Global.

Antologia de crônicas do escritor e jornalista João do Rio, personagem determinante na tentativa de alçar a crônica à categoria de gênero literário e, ao mesmo tempo, de história social, a partir da contínua mudança dos costumes e das ideias da época.

- ***Melhores crônicas de Ferreira Gullar***

Ferreira Gullar. São Paulo: Global.

Reunião de 92 crônicas sensíveis à problemática social e que chamam a atenção do leitor para o cotidiano, para as alegrias e tristezas do ser humano comum. As crônicas são caracterizadas pelo humor, pelo absurdo, por temas políticos e polêmicos, destacando as transformações do indivíduo.

- ***Procura-se um amor***

Adriana Falcão. São Paulo: Salamandra.

A obra apresenta uma reunião de crônicas da escritora e roteirista Adriana Falcão, tendo como inspiração temática o amor. As histórias tratam de situações que envolvem as pessoas em geral, destacando os fatos da vida das pessoas anônimas — as marcas do tempo, os fatos que corroem o coração —, transformando-as em personagens curiosos e interessantes por meio da escrita sutil de Adriana Falcão.

#### *Site*

- **Releituras – Perfil biográfico e obra de Rubem Braga**

<www.releituras.com/rubembraga_bio.asp>

# Gramática & Texto

# Parte 3

## A gramática dos textos

# A construção dos textos

# A gramática dos textos

CAPÍTULO 14

# Conectivos: conjunção e preposição

John Kellerman/Alamy/Latinstock

Detalhe da rosácea de vitrais, da Catedral Notre-Dame de Reims, construída no século XIII em Champagne, na França.

Para iniciar os estudos sobre o papel dos conectivos nos textos em geral, leia o poema reproduzido a seguir, do poeta gaúcho Mário Quintana, e discuta-o com os colegas e o professor levando em conta as questões propostas nesta página.

### Madrigal

Mário Quintana

Ponhamos as coisas no devido lugar.
Eu não faço versos a ti:
eu faço versos de ti...

QUINTANA, Mário. *A vaca e o hipogrifo*. São Paulo: Globo, 1995. p. 31.

Filipe Rocha/Arquivo da editora

- *Consultem alguns dicionários para saber as acepções da palavra* madrigal, *que serve de título para o poema. Em quais sentidos é possível dizer que ela é usada por Quintana nesse texto?*
- *Certamente você já ouviu, em alguma situação cotidiana, a primeira frase desse texto: "Ponhamos as coisas no devido lugar". Explique em que situações ela costuma ser empregada. Então reflita: ao iniciar um texto com ela, o escritor parece coerente com o título ou essa escolha causa estranheza no leitor?*
- *Releia:*

  Eu não faço versos a ti: eu faço versos de ti...

  – *Em sua opinião, por esse período, de que modo o leitor interpreta o título? Justifique.*

  – *A diferença de sentidos entre "não faço versos a ti" e "faço versos de ti" depende da presença e, no segundo caso, da ausência do advérbio* não, *mas também da relação estabelecida pelos elementos de ligação empregados em cada uma das orações. Que diferença é essa?*

O poeta, jornalista e tradutor gaúcho Mário Quintana (1906-1994) publicou mais de vinte livros de sua autoria, sem contar as antologias e as traduções. Trabalhou nos jornais *O Estado do Rio Grande* e no *Correio do Povo*.

Entre 1968 e 1980, morou no Hotel Majestic, em Porto Alegre, hoje transformado em uma casa de cultura que leva seu nome. Nele há o Quarto do Poeta, uma reconstituição fiel de seu espaço com móveis e objetos pessoais do escritor. É possível conhecer a programação da casa e seu horário de funcionamento neste endereço: <www.ccmq.com.br/>.

Neste capítulo, estudaremos duas categorias de palavras que têm como função básica estabelecer conexão, isto é, ligar elementos linguísticos: a **conjunção** e a **preposição**. Os conectivos, isolados, praticamente não produzem sentido; quando unem elementos, podem ou não vir carregados de significado.

Observe:

Eu não faço versos **a** ti, **mas de** ti.

*a* e *de* (preposições) e *mas* (conjunção), além de estabelecerem ligação entre elementos linguísticos, são responsáveis por noções semânticas importantes para a compreensão do enunciado

Quero **que** ponhamos as coisas em seus devidos lugares.

a conjunção integrante *que* é vazia de significado, apenas estabelece ligação entre elementos linguísticos (introduz uma oração subordinada)

# 1 Conjunção

**Conjunção** é a palavra invariável usada para ligar elementos linguísticos: palavras, grupo de palavras, orações, frases. Pode ser constituída por mais de um elemento, formando uma locução conjuntiva.

Na maioria dos casos, a conjunção transmite noções semânticas à relação que estabelece:

Escrevo versos a ti **e** de ti.

aditiva

Aquele poema é **como** um madrigal, **apesar de** certo tom jocoso.

comparativa — concessiva

Não quero conversas, **salvo se** for para pôr as coisas em seu devido lugar.

condicional

# 2 Preposição

**Preposição** é a palavra invariável que une elementos linguísticos de uma frase, estabelecendo entre eles variadas relações. Pode ser constituída por mais de um elemento, formando uma locução prepositiva.

A palavra *preposição* tem origem no latim *praepositione* e significa o "ato de prepor". Como o próprio nome indica, a preposição vem antes, ocupa uma posição anterior. Na verdade, ela estabelece uma relação entre dois elementos, subordinando o segundo ao primeiro. O primeiro termo rege a preposição. Daí falar-se em **regência** (ou regime) de verbos, substantivos, adjetivos e advérbios.

Nas relações estabelecidas pelas preposições, observam-se dois tipos de elemento: o **antecedente** ou **regente** (o primeiro termo) e o **consequente** ou **regido** (o segundo termo).

termo regente — termo regido

[A casa era] distante **de** tudo.

preposição

A preposição *de*, por exemplo, pode estabelecer inúmeras relações:

Esposa **de** José.
↓
ideia de posse

Casa **de** repouso.
↓
ideia de finalidade

Livro **de** arte.
↓
ideia de assunto, conteúdo

Pingente **de** ouro.
↓
ideia de matéria

Geme **de** dor.
↓
ideia de causa

Aniversário **de** cinquenta anos.
↓
ideia de idade, de tempo

Filipe Rocha/Arquivo da editora

O emprego de uma ou outra preposição modifica toda a relação entre os dois termos, subordinando o segundo, como vimos no texto de abertura deste capítulo, com as preposições *a* e *de*. Observe outras noções:

Venho **de** Salvador.
↓
ideia de afastamento

Sou **de** Salvador.
↓
ideia de origem

Vou **a** Salvador.
↓
ideia de aproximação

Estou **com** Minas.
↓
ideia de união, companhia

Luto **por** Minas.
↓
ideia de finalidade, propósito

## Atividades

**Texto para as questões de 1 a 11.**

No Portal do Consumidor, do Governo Federal, é possível ter acesso a algumas entrevistas que procuram orientar o consumidor brasileiro quanto a seus direitos e deveres. As entrevistas podem ser acessadas por uma espécie de painel com fichas de cada uma delas.

A seguir, leia a ficha de uma dessas entrevistas, que você poderá conhecer nas próximas páginas. Por meio da ficha, levante hipóteses a respeito do que se vai dizer nessa entrevista. Depois, confira o que realmente se encontra no diálogo.

### Direito do Consumidor

**Entrevistado:** Drª. Vera Araújo

**Especialidade:** Coordenadora do Procon do Estado do Rio de Janeiro

**Data Entrevista:** 15/3/2011

**Descrição da entrevista**
Dia Mundial do Consumidor – A coordenadora nos concedeu uma entrevista, que é um breve retrato do perfil do consumidor que procura o órgão para atuar na sua proteção.

BRASIL. Portal do Consumidor. Disponível em: <www.portaldoconsumidor.gov.br>. Acesso em: 5 maio 2014.

1. Lendo os dados da ficha, podemos afirmar que a entrevista aborda um tema universal a partir de um caso particularizado. Por quê?

2. Observe o emprego da contração da preposição *de* e do artigo definido *o* em: "Direito *do* Consumidor" e "Dia Mundial *do* Consumidor". Mesmo com a presença do artigo definido, nesses casos, o sentido é genérico, equivalente a dizer "de todos os consumidores".
   a) Qual é o sentido do emprego do artigo definido *a* em "Descrição *da* entrevista"? É equivalente ao de "Direito do Consumidor" e "Dia Mundial do Consumidor"?
   b) E em "breve retrato do perfil do consumidor que procura o órgão para atuar na sua proteção"? Trata-se de qualquer consumidor? Por quê?

3. Omitiu-se uma preposição na ficha. Localize o trecho e transcreva-o, incluindo a preposição já contraída com o artigo.

4. Considerando a pessoa entrevistada, que alteração você faria nas entradas da ficha?

5. Que ideia a preposição *para* introduz em "... que procura o órgão *para* atuar na sua proteção"? Como você reformularia o final do enunciado sem alterar essa ideia?

Leia a entrevista e confirme ou não as hipóteses levantadas na atividade 1.

## Direito do Consumidor – 15/3/2011

*Drª. Vera Araújo — Coordenadora do Procon do estado do Rio de Janeiro*

**Portal do Consumidor** – Qual o problema que gera mais demanda no Procon-RJ e qual a avaliação do Procon em relação a esse problema?

**Coordenadora do Procon-RJ** – Telefonia responde por 30% das reclamações. Os clientes reclamam tanto do serviço como do defeito em produtos. Informações mais claras devem ser prestadas pelas empresas, pois a falta de esclarecimentos gera dúvidas quanto à forma do uso do serviço. As primeiras dicas são ler com atenção o contrato, além de solicitar por escrito todas as ofertas e os direitos oferecidos pelos planos.

**Portal do Consumidor** – Qual a avaliação do Procon em relação à passividade do consumidor contemporâneo?

**Coordenadora do Procon-RJ** – A passividade do consumidor se dá em razão do desconhecimento dos seus direitos. A maioria ainda não sabe da existência do Código de Defesa do Consumidor. Aqui no estado do Rio estamos intensificando as relações com os municípios para, através das Prefeituras e das Câmaras Municipais, serem aprovadas as leis de criação do Sistema Municipal de Defesa do Consumidor, com o objetivo principal de levar a todos as informações sobre seus direitos.

**Portal do Consumidor** – Qual a média de atendimento do Procon hoje na cidade do Rio?

**Coordenadora do Procon-RJ** – O Procon-RJ atende uma média de 8 500 consumidores por mês.

**Portal do Consumidor** – Como você avalia o nível de informação do consumidor, hoje, em relação aos seus direitos e deveres?

**Coordenadora do Procon-RJ** – Na cidade do Rio de Janeiro a grande imprensa e os veículos de comunicação de massa já abrem sua programação para o tema dos direitos do consumidor, o que vem facilitando o trabalho do Procon-RJ, do Núcleo de Defesa do Consumidor da Defensoria Pública, do Ministério Público, da Comissão de Defesa do Consumidor da Alerj e da Delegacia de Defesa do Consumidor. Esses órgãos vêm buscando atuar de forma integrada. Nos demais municípios, a informação ao consumidor ainda é muito deficiente. Por isso a necessidade da municipalização do Procon.

**Portal do Consumidor** – Qual a mensagem do Procon para o consumidor nessa data?

**Coordenadora do Procon-RJ** – A toda a população do nosso estado, queremos manifestar nosso compromisso de intensificar e aprimorar a utilização de todos os meios de comunicação disponíveis, a fim de facilitar o acesso aos instrumentos que possam garantir os direitos do cidadão consumidor.

BRASIL. Portal do Consumidor.
Disponível em: <www.portaldoconsumidor.gov.br/>.
Acesso em: 12 fev. 2014.

6. Uma entrevista assemelha-se a um diálogo com papéis, em geral, bem definidos: uma pessoa pergunta e a outra responde. Sua tarefa é verificar algumas ocorrências desse diálogo.
   a) Em geral, o entrevistado é um especialista no assunto sobre o qual é a entrevista. Isso é verdade em relação à entrevista lida? Justifique.
   b) O tom da entrevista é de formalidade ou de informalidade? Que formas de tratamento, por exemplo, empregadas nesse diálogo justificam sua resposta? Há marcas típicas da oralidade — hesitações, repetições — que, em geral, se encontram em entrevistas?
   c) O entrevistador e/ou a entrevistada fogem do assunto principal ou mantêm o assunto fundamental da entrevista até o fim?
7. Que relações de sentido estabelecem as conjunções *e*, *pois* e *por isso* no texto da entrevista?
8. Observe a locução prepositiva "em relação a" ao longo do texto e comente:
   a) reformulações possíveis;
   b) o emprego (ou não) de crase.
9. Qual é a função sintática dos sintagmas introduzidos pela preposição *por* em "pelas empresas" e "pelos planos"? Que noção a preposição introduz?
10. Com relação às preposições e locuções prepositivas que introduzem ideia de finalidade no texto:
   a) Cite quais são elas.
   b) Explique o propósito comum que as relaciona.
11. Um texto costuma ser escrito para alguém, um possível leitor. Pense em quem provavelmente se interessa em ler uma entrevista publicada em um *site* voltado para o consumidor e ligado ao Governo Federal.
   a) Em sua opinião, quem seria esse leitor?
   b) As questões propostas à entrevistada provavelmente vão satisfazer os interesses desse possível leitor? Por quê?
   c) As respostas da entrevistada esclarecem as questões levantadas pelo entrevistador? Por quê?
   d) Embora a entrevistada seja uma especialista, sua linguagem é compreensível ao leitor leigo? Por que isso é importante?

O Programa de Proteção e Defesa do Consumidor (ou Procon) é uma fundação estabelecida em vários estados e municípios brasileiros com personalidade jurídica de direito público. Funciona como um órgão auxiliar do Poder Judiciário, orientando o consumidor e buscando solucionar previamente os conflitos entre o consumidor e a empresa responsável pela venda em questão ou prestadora de determinado serviço. Quando não há acordo, o Procon encaminha o caso para o Juizado Especial Cível com jurisdição sobre o local.

**Texto para as questões de 12 a 17.**

**Presidência da República**
**Casa Civil**
**Subchefia para Assuntos Jurídicos**

**LEI N. 12 291, DE 20 DE JULHO DE 2010.**

**Mensagem de veto**

Torna obrigatória a manutenção de exemplar do Código de Defesa do Consumidor nos estabelecimentos comerciais e de prestação de serviços.

**O PRESIDENTE DA REPÚBLICA** Faço saber que o Congresso Nacional decreta e eu sanciono a seguinte Lei:

Art. 1º São os estabelecimentos comerciais e de prestação de serviços obrigados a manter, em local visível e de fácil acesso ao público, 1 (um) exemplar do Código de Defesa do Consumidor.

Art. 2º O não cumprimento do disposto nesta Lei implicará as seguintes penalidades, a serem aplicadas aos infratores pela autoridade administrativa no âmbito de sua atribuição:

I – multa no montante de até R$ 1064,10 (mil e sessenta e quatro reais e dez centavos);

II – (VETADO); e

III – (VETADO).

Art. 3º Esta Lei entra em vigor na data de sua publicação.

Brasília, 20 de julho de 2010; 189º da Independência e 122º da República.

LUIZ INÁCIO LULA DA SILVA

*Luiz Paulo Teles Ferreira Barreto*

BRASIL. Presidência da República – Palácio do Planalto.
Disponível em: <www.planalto.gov.br/>. Acesso em: 12 fev. 2014.

## Gênero textual: lei

Este gênero circula preferencialmente nas esferas jurídicas. O texto de lei apresenta estrutura em itens nomeados ou numerados que precisam ser suficientemente detalhados e abrangentes para incluir todas as situações que regulará. Normalmente, apresenta a seguinte hierarquia: títulos constituídos de capítulos apresentando seções com artigos (Art. 1º, 2º, 3º) esclarecidos por parágrafos (§ 1º, § 2º) e incisos (I, II, III, IV). Estes podem, ainda, vir complementados por alíneas (a, b, c). A lei é produzida e votada por legisladores; sua sanção ou veto depende da autoridade máxima de sua abrangência. A linguagem deve ser clara e precisa, sem deixar margem a dúvidas. Em razão da especificidade de alguns termos empregados e da formalidade da linguagem, o texto de lei nem sempre é acessível ao cidadão comum.

12. Antes mesmo de ler o texto, é possível ter uma ideia de que se trata de um texto formal e de que gira em torno de leis. Identifique os itens coerentes com essa afirmação e justifique suas escolhas.
    a) Em geral, há indicação de altas autoridades acima do texto da lei, pois é entre elas que circulam esses textos em sua forma original.
    b) A hierarquia interna do texto é rígida: os itens são nomeados e/ou numerados.
    c) A lei é produzida e votada por legisladores; sua sanção ou veto depende da autoridade máxima de sua abrangência.
    d) A linguagem é formal e objetiva, apresentando algumas especificidades da área jurídica.

13. De que forma a lei dialoga com o assunto da entrevista?

14. Observe, no artigo 2º, a noção que as preposições *a* e *por* introduzem em “aos infratores pela autoridade administrativa”. O que aconteceria se fossem transformadas em “pelos infratores à autoridade administrativa”?

15. No texto há indicação do percurso da lei, bem como do papel do Congresso Nacional e do presidente da República. Qual é a função de cada um?

16. Na epígrafe da lei há a seguinte informação: “Mensagem de veto”. Como você entende essa informação?

17. Você já observou a presença do *Código de defesa do consumidor* nos estabelecimentos comerciais ou de prestação de serviços? Você já o consultou? Se nunca o viu ou abriu, pode consultá-lo neste endereço eletrônico: <www.planalto.gov.br/ccivil_03/leis/l8078.htm>.

# 1 A conjunção na frase

Quando a conjunção liga elementos linguísticos, percebem-se duas situações distintas, dependendo do tipo de relação sintática estabelecida pela conjunção:

Joana está sempre cansada **ou** aborrecida.

junção de dois elementos linguísticos equivalentes: dois predicativos do sujeito

A nova função exigia disciplina **e** seriedade.

junção de dois elementos linguísticos equivalentes: dois complementos verbais

Luís apresentou os problemas, **mas** não sugeriu nenhuma solução.

junção de dois elementos linguísticos equivalentes: duas orações absolutas

Eloísa comentara (or. princ.) **que** estava tudo em ordem (or. subord.).

junção de dois elementos linguísticos não equivalentes: uma oração principal e uma oração subordinada

O policial apitou (or. princ.) **quando** o carro se aproximou (or. subord.).

junção de dois elementos linguísticos não equivalentes: uma oração principal e uma oração subordinada

## Classificação: o tipo de relação sintática

Como certamente você já percebeu, a classificação da conjunção em **coordenativa** ou **subordinativa** está condicionada à análise sintática do enunciado.

Embora as conjunções não exerçam função sintática (são classificadas apenas como **conectivos**), elas são fundamentais na análise do período composto, pois explicitam o tipo de relação estabelecida entre as orações. E mais: as orações recebem a mesma denominação da conjunção que as introduz. A única exceção são as conjunções **integrantes**, que introduzem orações subordinadas substantivas. Essas orações recebem o nome da função sintática que desempenham, e não o da conjunção. As conjunções integrantes são *que* (exprime certeza) e *se* (exprime dúvida):

Sei **que** serei competente.

Não sei **se** serei competente.

Veja:

| Classificação sintática das conjunções | |
|---|---|
| **coordenativas** | **subordinativas** |
| conjunções que ligam elementos linguísticos de equivalente função sintática: *e*, *ou*, *mas*, *porém*, *pois*, *nem... nem*, etc. | conjunções que ligam elementos linguísticos de diferentes funções sintáticas, em que um subordina o outro: *quando*, *embora*, *porque*, *como*, *quando*, etc. |

## 2 A preposição na frase

A preposição, assim como a conjunção, não exerce função sintática na oração: é um **conectivo**. Entretanto, diferentemente da conjunção, a preposição nunca liga orações; ela liga termos, palavras (um termo **consequente** ao seu **antecedente**).

A preposição desempenha um papel importante na sintaxe: vários termos são regidos por preposição (complementos nominais, objetos indiretos, adjuntos adverbiais, por exemplo).

## 3 Um caso à parte: a crase

É muito comum a preposição aparecer unida a outra palavra, ocasionando, assim, duas situações: **combinação** ou **contração**.

Há um caso de contração que merece destaque especial. É a fusão da preposição *a* com:

- o artigo definido feminino *a(s)*;
- o *a* inicial dos pronomes demonstrativos *aquele(s)*, *aquela(s)*, *aquilo*;
- o pronome demonstrativo *a(s)*;
- o *a* inicial do pronome relativo *a qual* (*as quais*).

A essa fusão de duas vogais idênticas, graficamente representada por um *a* com acento grave (*à*), dá-se o nome de **crase**. Veremos, a seguir, as principais situações em que a crase ocorre.

**ATENÇÃO!**

A palavra **crase** vem do grego *krâsis* e significa "mistura". Indica a contração ou fusão de dois sons vocálicos semelhantes em um só. Na evolução da língua, são alguns exemplos de crase: l**ee**r = l**e**r; d**oo**r = d**o**r; p**ee** = p**é**; s**oo** = s**ó**.

Atualmente, no entanto, a denominação **crase** é quase exclusivamente reservada para o caso da fusão da preposição *a* com o artigo *a*, a ponto de, na linguagem popular, confundir-se com o acento grave:

– Esse *a* tem crase?

Em caso de resposta positiva, coloca-se o acento grave.

**OPS!**

### A ausência de crase mudou a história

**Nada além**

O amor bate à porta
e tudo é festa.
O amor bate a porta
e nada resta.

SANTOS, Cineas. *Pétalas*. Teresina: Oficina da Palavra, [s.d.]. p. 103.

Os dois momentos do poema coincidem com a presença e a ausência de crase no primeiro e no terceiro versos. Nos dois primeiros versos, descreve-se a chegada do amor e a felicidade que reina. Nos dois últimos, a partida do amor e o arraso que fica. É interessante notar como o poeta brinca com os sentidos do verbo *bater* para construir esses cenários:

- em "O amor bate à porta", temos o verbo *bater* no sentido de dar batidas em algo para chamar, pedindo um complemento de lugar regido por preposição (à porta);
- em "O amor bate a porta", temos o verbo *bater* no sentido de fechar fortemente, e, como verbo transitivo direto, não exige preposição (bater + a porta).

Como veremos no próximo capítulo, alguns verbos variam seu sentido de acordo com a sua regência, assim como acontece com o verbo *bater*.

# Atividades

1. Antes de ler o texto na íntegra, detenha-se no título: "Tudo nos eixos".
   a) O que você entende por "Tudo nos eixos"?
   b) O subtítulo informa: "Descartes descreveu figuras geométricas com letras e números e fez o mundo ver através de gráficos". Após essa informação, que sentido você constrói para "Tudo nos eixos"?

**Eureca**

## TUDO NOS EIXOS

### *Descartes descreveu figuras geométricas com letras e números e fez o mundo ver através de gráficos*

Por Carmen Kawano

Imagine a oscilação da bolsa de valores sem visualizar um gráfico. Ou então um jogo de batalha naval sem as coordenadas.

Ao publicar seu mais famoso trabalho, o filósofo e matemático francês René Descartes (1596-1650) apresentou ao mundo uma nova maneira de pensar e ao mesmo tempo inaugurou uma nova área na matemática. No "Discurso sobre o Método (para bem conduzir a razão e procurar a verdade nas ciências)", ele expõe sua crença de que, entre todas as áreas do conhecimento, só a Matemática é certa, portanto tudo deve ser baseado nela.

Como a extensão do título de sua obra indica, Descartes prega o uso da razão para a obtenção da verdade, só alcançável por meio do método. E isso deve ser feito como se procede na matemática, com o emprego do raciocínio lógico e dedutivo na prova de teoremas. Surge daí a clássica expressão "*cogito, ergo sum*" (penso, logo existo), começando com a dúvida de Descartes sobre sua própria existência, mas depois chegando à conclusão que uma consciência clara de seu pensamento provava sua própria existência.

A influência das ideias do filósofo foi tão abrangente que hoje costumamos dizer que somos cartesianos se agimos racionalmente, objetivamente ou de maneira lógica.

**O X da questão**

Só com Descartes é que passamos a enxergar um ponto no espaço como um par ordenado de números no eixo cartesiano. As retas, os círculos e outras figuras geométricas podem então ser representadas por equações em *x* e *y*. Assim surgiu a chamada Geometria analítica, quando se usa a Álgebra na solução de problemas geométricos. As figuras que antes eram só desenhadas passaram a ser representadas por equações, com letras e números. Passamos então a colocar tudo em gráficos, como a variação da temperatura de um paciente e as oscilações nas vendas de um produto, em forma de pontos e curvas.

[...]

Revista *Galileu*, n. 154. Disponível em: <http://revistagalileu.globo.com>. Acesso em: 16 maio 2014.

Alexandre Camanho

Descartes na visão bem-humorada de Alexandre Camanho.

2. "Eureca" é o nome da seção da revista em que a matéria foi publicada. Leia o verbete e justifique, a partir do título e do subtítulo, a publicação da matéria nessa seção.

**heureca**

**interjeição** *(1899)*

us. como expressão de triunfo ao encontrar-se a solução de problema difícil [Expressão atribuída a Arquimedes (287-212 a.C., matemático grego).]

**Etimologia**

gr. *hēúrēka* 'achei!', 1ª p.s. do perf. do ind. do v.gr. *heurískō* 'encontrar, descobrir, inventar, obter'; em ing. *eureka* (1603) 'id.' e em fr. *eurêka* (sXIX) 'id.', ficou consagrada a grafia sem o *h* inicial; ver *heur(o)-*; f.hist.1899 *heureka*

**Sinonímia e Variantes**

eureca

INSTITUTO ANTÔNIO HOUAISS. *Dicionário eletrônico Houaiss da língua portuguesa*. Rio de Janeiro: Objetiva, 2009.

3. De modo geral, podemos classificar as revistas segundo seu foco e a temática de suas matérias. Entre as classificações possíveis, mencionam-se: atualidades, gastronomia, casa e decoração, ciência, cultura, saúde, celebridades, viagens, adolescentes...

   Após ler a matéria, responda: de que tipo de revista se trata? Qual é seu público-alvo?

4. Releia o período a seguir e descreva o papel sintático e semântico das conjunções.

   Descartes descreveu figuras geométricas com letras e números e fez o mundo ver através de gráficos

5. Qual é o peso da noção semântica da preposição *sem* no primeiro parágrafo do artigo? Qual é a intenção de seu emprego?

6. Observe a conjunção *ou* no primeiro e no último parágrafos e compare o tipo de conexão sintática que ela realiza.

7. Fundamente o caso de crase no texto. Faça alguma alteração para provar a ocorrência da preposição e do artigo.

8. Justifique o emprego da preposição *para* na conexão dos elementos nos enunciados abaixo.

   "Discurso sobre o Método (*para* bem conduzir a razão e procurar a verdade nas ciências)" [...].

   Descartes prega o uso da razão *para* a obtenção da verdade, só alcançável por meio do método.

9. De acordo com o tipo de conexão feita no texto da página anterior, classifique as conjunções *portanto*, *logo* e *mas*, indicando a sua noção semântica.

10. Releia os enunciados e indique a função da conjunção *que*.

    [...] sua crença de *que*, entre todas as áreas do conhecimento, só a Matemática é certa [...].

    A influência das ideias do filósofo foi tão abrangente *que* hoje costumamos dizer *que* somos cartesianos se agimos racionalmente, objetivamente ou de maneira lógica.

11. Atente para o emprego da conjunção *como* nos casos em que é usada no texto e:

    a) classifique-a segundo o tipo de conexão que faz;
    b) assinale sua noção semântica em cada caso.

12. Monte um gráfico cartesiano com os seguintes dados:

    Variação do dólar durante o ano:

    jan. = R$ 2,15; fev. = R$ 2,25; mar. = R$ 2,10; abr. = R$ 2,10; maio = R$ 2,05; jun. = R$ 2,05; jul. = R$ 2,15; ago. = R$ 2,10; set. = R$ 2,05; out. = R$ 1,95; nov. = R$ 1,90; dez. = R$ 2,00

13. Você conhece o jogo "Batalha naval"? Crie um curto texto explicativo sobre ele.

Provavelmente você já ouviu a expressão "Penso, logo existo". Foi René Descartes, o maior nome do racionalismo clássico, que a tornou tão popular desde o século XVII. Em seu tempo ganharam força o método experimental e a possibilidade de explicação mecânica e matemática do universo, ou seja, formas de pensar o mundo que deram origem às ciências modernas.

O *Discurso do método*, publicado em 1637, foi a obra em que Descartes lançou as bases do pensamento que viria modificar o rumo da história da Filosofia. Nela Descartes elabora uma espécie de autobiografia intelectual, em que relata, em primeira pessoa, os fatos e as reflexões que o fizeram buscar um princípio seguro para edificar as ciências. Descreve também os passos que o levaram à fundação de seu método — o percurso que vai da dúvida sistemática à certeza da existência de um sujeito pensante.

Segundo esse pensador, para fundamentar o conhecimento, é preciso considerar falso tudo aquilo que possa ser posto em dúvida. A dúvida é, portanto, um momento necessário para a descoberta da substância pensante, da realidade do sujeito que pensa. Por meio da dúvida metódica, o filósofo chega à descoberta de sua própria existência como substância pensante. A palavra *cogito* (penso) deriva da expressão latina *"cogito ergo sum"* (penso, logo existo) e remete à autoevidência do sujeito pensante. O *cogito* é a certeza que o sujeito pensante tem de sua existência.

# 1 A conjunção alternativa e o peso das palavras

Leia o poema de Carlos Drummond de Andrade reproduzido a seguir. Observe o papel desempenhado pela conjunção alternativa na construção dos sentidos desse texto.

## Cota zero

Carlos Drummond de Andrade

*Stop.*
A vida parou
ou foi o automóvel?

ANDRADE, Carlos Drummond de. *Poesia completa & prosa*. 3. ed. Rio de Janeiro: José Aguilar, 1980. p. 71.

Filipe Rocha/Arquivo da editora

O tipo de conjunção presente no texto liga elementos linguísticos que, embora distintos e antagônicos, têm o mesmo valor gramatical, o mesmo peso. Essa é uma particularidade da conjunção alternativa: funciona como uma balança em que os dois pratos estão perfeitamente equilibrados.

| ou **sobe** | ou **desce** | nem **bonita** | nem **feia** |
|---|---|---|---|
| verbo | verbo | adjetivo | adjetivo |

No poema, Drummond coloca em um prato da balança a oração "A vida parou"; noutro, "foi o automóvel [que parou]". Eliminando os termos comuns, sobram, conectados pela conjunção alternativa *ou*, os termos *vida* e *automóvel*, que passam a ter o mesmo peso.

O título do poema, *Cota zero*, significa nenhuma participação (*cota* é a parte que cabe a alguém em uma sociedade). Quando não sabemos se foi a vida ou o automóvel que parou no sinal fechado, é porque a nossa vida se transformou numa máquina, que é comandada, que não pensa, etc. Esse poema pertence ao grupo de poesias que têm por tema a "vida besta", a "coisificação do homem", tão típico na obra de Drummond.

# 2 A conjunção adversativa e o peso das palavras

Leia um poema de Millôr Fernandes e observe o uso que o escritor faz de uma conjunção adversativa.

## Poeminha solidário

Ladrão, mentiroso, tarado,
Fanático, covarde, traidor.
Mas do nosso lado.

FERNANDES, Millôr. *Poemas*. Porto Alegre: L&PM, 1984. p. 53.

Ulhôa Cintra/Arquivo da editora

A conjunção adversativa *mas* é coordenativa e, como tal, aproxima elementos considerados equivalentes no plano sintático. No entanto, essa equivalência não se mantém no plano semântico. Em geral, essa conjunção antecede um enunciado que de alguma maneira contraria o que se disse anteriormente.

Vamos ver como isso acontece em *Poeminha solidário*. Nesse texto uma sequência de seis adjetivos "negativos" (*ladrão*, *mentiroso*, *tarado*, *fanático*, *covarde*, *traidor*) se opõe, com a ajuda da conjunção *mas*, a uma informação aparentemente "positiva" (*do nosso lado*). O que tem mais peso? É evidente que a informação que vem logo depois do *mas* tem mais peso, é a que fica. Se trocássemos a ordem, tudo mudaria:

Do nosso lado, **mas** ladrão, mentiroso, tarado, fanático, covarde, traidor.

informação que prevalece

## 3 A complexidade das noções semânticas das conjunções

Leia o fragmento de matéria jornalística a seguir e reflita: será que a conjunção *e* tem valor aditivo na fala reproduzida?

### Hegemonia marca primeira noite de desfile em Batatais

*Apuração das campeãs será terça-feira, às 15h, no recinto do desfile*

[...]

"Não temos expectativas quanto à apuração. Tivemos problemas porque muita gente disse que viria **e** não veio", tentou explicar o recém-empossado presidente da escola [...].

VIAEPTV.COM. *EP Notícia*. Disponível em: <www.viaeptv.com>. Acesso em: 16 maio 2014.

As conjunções são versáteis e podem assumir diferentes significados, por vezes extremos e contraditórios, dependendo do contexto. Um dos casos mais expressivos é o da conjunção *e*, que, convencionalmente, tem valor aditivo.

Filipe Rocha/Arquivo da editora

Abusa da sorte **e** verás o que te acontece. — implicação, consequência

O dia está nublado **e** não vamos ao parque. — causa, efeito (*e* = *por isso*)

Há políticos **e** políticos! — distintivo, contrastivo

Chorou **e** chorou. — intensidade (chorou muito)

Chorou **e** esperneou **e** dormiu. — sucessão temporal (primeiro, chorou, depois esperneou, no final dormiu)

... muita gente disse que viria **e** não veio. — adversativo, de oposição (*e* = *mas*)

Neste último enunciado, a conjunção assume um valor muito distinto do convencional: tipicamente uma conjunção aditiva, nesse enunciado ela assume sentido de adversativa.

O valor de uma conjunção, portanto, depende de vários fatores, além de seu valor semântico primeiro; é o contexto de determinado enunciado que vai nos indicar seu sentido de uso.

# A conjunção sem junção aparente

Note que, no título do livro ao lado, a conjunção *mas* tem um efeito de retomada, ou seja, fornece ao leitor a impressão de que essa obra é a continuação de uma conversa, em que o falante estaria preparando-se para apresentar argumentos em oposição ao que já se teria dito. Essa impressão é intencional, pois a autora do livro, a psicanalista Elisabeth Roudinesco, procura nessa obra rebater as acusações feitas a Sigmund Freud, cientista que elaborou os alicerces da Psicanálise, pelo francês Michel Onfray. Embora a ideia do texto dialogue com outro trabalho, o de Onfray, não há no título um elemento linguístico anterior que estabeleça relação com tal trabalho, pois o nome *Freud*, posicionado no início, é separado do restante por um travessão. Leia um fragmento da resenha da obra de Roudinesco para confirmar a intenção de, com esse título, mostrar que a obra é a "continuação" de uma espécie de diálogo:

Editora Zahar

*Freud – Mas por que tanto ódio?*, de Elisabeth Roudinesco, lançado no Brasil pela editora Zahar, em 2011.

> Em 2010, o filósofo francês Michel Onfray lançou na França a obra *Le crépuscule d'une idole*. Nas páginas, trata Freud como impostor [...]. Pouco tempo depois a psicanalista Elisabeth Roudinesco lançou sua resposta, a fim de apontar erros de apuração, fatos forjados [...]. A autora ainda afirma que as acusações apresentadas não são novas, são boatos antigos criados por quem buscava atrair as atenções da mídia. [...]

Disponível em: <www.livrariacultura.com.br>. Acesso em: 16 maio 2014.

Algumas conjunções, especialmente *e* e *mas*, são bastante empregadas como introdutoras de novos assuntos ou tópicos, mesmo sem ter conexão com algum elemento linguístico anterior. O emprego desse recurso fornece ao texto a impressão de que se trata apenas do segmento de uma argumentação. Observe outros exemplos:

- **E** com vocês... Daniela Mercury!
- **E** aí, para onde vocês estão indo?
- **Mas** o que você estava falando mesmo?
- **Mas** pra que / pra que tanto céu?

As conjunções apenas introduzem uma informação ulterior (não há segmento anterior)

Essas conjunções são **fáticas**, isto é, têm como objetivo manter a comunicação, estabelecendo uma conexão que, na realidade, não existe. Trata-se de uma conexão textual dentro de um ato comunicativo, em favor da fluidez.

# A relevância da preposição na construção do sentido

Reproduzimos a seguir o resumo de um livro sobre ciências e ambiente. Observe, antes, porém, o significado de uma locução empregada no texto a ser lido:

**de** encontro **a** → no sentido oposto a; em contradição, contra

Ao ler o resumo, reflita: faz sentido o uso dessa locução no contexto?

## Cartografia geotécnica

Editora Oficina de Textos

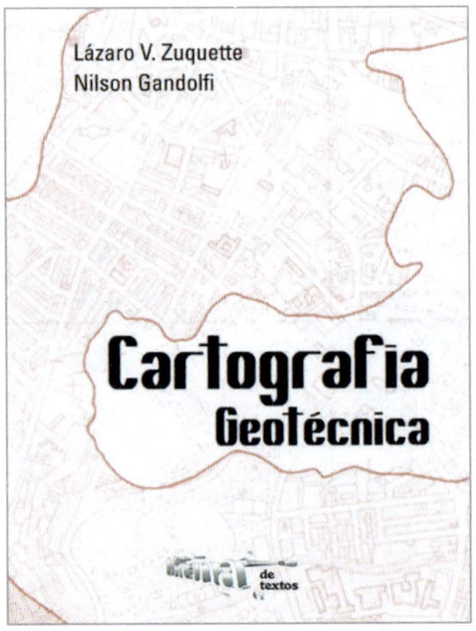


Capa do livro *Cartografia geotécnica*, de Lázaro Zuquette e Nilson Gandolfi, editora Oficina de Textos.

A cartografia geotécnica vem **de encontro à** expectativa da sociedade atual que exige uma inserção socioambiental das intervenções de engenharia, ou ainda, que sejam realizadas sob um paradigma de planejamento. A cartografia geotécnica tem um inequívoco papel nessa moderna abordagem na medida em que fornece subsídios racionais para as tomadas de decisão. [...]

CiênciaMão - Recursos para a Educação em Ciências. Disponível em: <www.cienciamao.usp.br>. Acesso em: 5 maio 2014.

De acordo com o significado da locução, o fragmento em que ela é usada poderia ser assim construído: "A Cartografia geotécnica está em contradição com a expectativa da sociedade atual [...]", ou seja, nesse contexto a expressão usada é um equívoco. A intenção do produtor do texto foi afirmar outra coisa. Provavelmente, ele confundiu essa locução com outra, aparentemente, semelhante a ela: "ao encontro de". Leia seu significado:

**ao** encontro **de** → estar a favor de, caminhar para, em busca de

Assim, no primeiro período, para não prejudicar o sentido do texto, a redação deveria ser:

A Cartografia geotécnica vem **ao encontro da** expectativa da sociedade atual que exige uma inserção socioambiental das intervenções de engenharia.

## 4 Os conectivos como alavancas na argumentação

Alguns conectivos podem funcionar como operadores argumentativos, isto é, como elementos linguísticos que ajudam a organizar e demonstrar o que se quer expor e, ao mesmo tempo, ganhar a adesão do interlocutor.

Para observar como isso acontece, leia o início de uma matéria jornalística publicada na revista *Atrevida* sobre comportamento. Mais adiante, neste capítulo, você terá oportunidade de ler a continuação do texto.

COMPORTAMENTO

### *Não sou tudo isso*

*Entrevistamos o álcool! E ele revelou que não é tão legal assim como dizem. Tire suas próprias conclusões.*

Por Rose Mercatelli

A *Atrevida* foi direto à fonte e falou com a bebida alcoólica. Confira as revelações dela sobre o que acontece quando a gente erra a dose e abusa dela.

**1.** A galera só bebe socialmente. Que mal há nisso?

É verdade que eu sou aceita pela sociedade. Por isso, ninguém é malvisto quando está com um copo na mão. Mas o pior é que muita gente passa da medida e isso vira um grande problema. Segundo a Organização Mundial de Saúde (OMS), **os acidentes de trânsito matam mais de um milhão de pessoas ao ano em todo o mundo e cerca de 60% atingem justamente os jovens entre 19 e 25 anos** que exageram ao me consumir antes e durante as festas e baladas. Nesta mesma pesquisa, foi constatado que 42% dos jovens confessaram dirigir depois de me beber, sem se importar com os riscos.

Revista *Atrevida*. São Paulo: Escala, 2011. Disponível em: <http://atrevida.uol.com.br>. Acesso em: 16 maio 2014.

Observe a construção comparativa neste fragmento:

[O álcool] revelou que não é **tão** legal assim **como** dizem. [...]

Nela, está se comparando o peso da característica "legal" atribuída ao álcool – por ele mesmo e por outros. Vamos desdobrá-la:

I. dizem que o álcool é muito legal;

II. o álcool revela que não é muito legal.

A comparação, combinada com os verbos *dizer/revelar* e os sujeitos (indeterminado/o próprio álcool), apresenta-se a favor de uma conclusão: "o álcool não é [muito] legal".

Nesse fragmento observe também os conectivos *por isso* e *mas* abrindo novos períodos no parágrafo e introduzindo uma conclusão e uma discrepância, respectivamente. O destaque dado ao conectivo que abre o período revela também maior ênfase argumentativa; dá-se destaque à informação introduzida ora à maneira de conclusão, ora à maneira de contraste.

Outros conectivos que reforçam o caráter argumentativo de um texto são:

- as conjunções **bimembres** como "não só... mas também", usadas para somar argumentos a favor de uma mesma ideia a ser defendida, e as conjunções como "seja... seja" ou "quer... quer", empregadas para introduzir argumentos diferentes que evidenciam dois caminhos ou ideias diferenciadas;
- as conjunções **conclusivas** como *portanto, pois, logo*, que conseguem não só introduzir uma conclusão relativa a uma ideia anterior mas também podem iniciar um encadeamento de ideias como um todo, à maneira de resumo conclusivo;
- as conjunções **explicativas** como *porque, que, pois, já que*, usadas para explicitar justificativas ou razões relacionadas a uma ideia a ser apresentada, defendida e/ou rejeitada;
- as conjunções **adversativas** como *mas, no entanto, todavia*, que, além de apresentar um argumento contrário a uma ideia exposta, são empregadas para desviar todo o raciocínio de um texto no sentido contrário ao que vinha sendo apresentado.

## Atividades

**Texto para as questões de 1 a 3.**

BROWNE, Dik. *Hagar, o Horrível*. Porto Alegre: L&PM, 1999.

1. Nas tirinhas, em geral a sequência narrativa é dada pela sequência de imagens. No caso dessa tirinha, que outro elemento mantém o suspense e conduz o leitor? Que classe gramatical preencheria a fala de Hagar no primeiro quadrinho?

2. Na situação em que Hagar produz seu enunciado, haveria um motivo para não completar a fala do primeiro quadrinho?

3. Releia o enunciado do último quadrinho e classifique morfologicamente os *que* empregados nessa fala.

**Texto para as questões de 4 a 10.**

Leia agora outros trechos da matéria "Não sou tudo isso", de Rose Mercatelli, para a revista *Atrevida*.

**2.** Ah! Então quem bebe anda fora da lei?

Se o cara é maior de idade, pode me beber sem problemas legais. A menos que se meta numa enrascada, como direção, briga, atropelamento, batida de carro ou racha, tudo provocado graças à minha ajuda. Entretanto, **o que muita gente não sabe é que sou considerada uma droga psicotrópica, atuando no sistema nervoso central e provocando mudanças no comportamento de quem me consome**. Então, é o seguinte: apesar de eu ser prejudicial em todos os sentidos e, muitas vezes, mortal, sou aceita socialmente. Por isso não sou tratada como "bandida" como as outras drogas.

**3.** Mas pelo menos você não vicia como elas, não é mesmo?

Claro que vicio! Você nunca ouviu falar em alcoolismo? **Quem costuma me beber com frequência ao longo do tempo pode desenvolver uma dependência**. Os fatores que levam alguém a se viciar em mim são muitos e podem ser de origem genética, educacional, familiar, emocional, social (é o caso da menina que bebe para ser aceita no grupo, por exemplo) e por aí afora. **Costumo passar a ideia enganosa de que não vicio porque a transição entre o beber moderadamente até chegar ao alcoolismo pode levar vários anos**. Daí, todo mundo acha que é só mais um gole e não faço mal algum. Mas, cá entre nós, não entra nessa. Eu, melhor que ninguém, sei do que estou falando.

**4.** Tem gente que bebe e jura que dirige até melhor. Como é isso?

É uma das besteiras mais perigosas que dizem a meu respeito. **Quando sou ingerido, mesmo em pequenas quantidades, diminuo a coordenação motora e os reflexos, comprometendo assim a capacidade de dirigir**. Pesquisas realizadas com jovens brasileiros mostraram que 57% dos acidentes de carro foram provocados por imprudência ou desatenção. E o que você acha que eu faço no sistema nervoso? Deixo a sua "central" trabalhando em marcha lenta e, por isso, você (ou qualquer pessoa) perde a concentração no que está fazendo. Tem mais: 15% das batidas, com ou sem morte, foram causadas por excesso de velocidade. E adivinhe o que está por trás da demonstração de ousadia e da falta de juízo? Eu, claro. Precisa mais? **Atualmente, o Código Nacional de Trânsito penaliza o motorista que apresentar qualquer quantidade, mesmo que mínima, de álcool no sangue**. Mas nem assim a turma se conscientiza do perigo que corre ao me beber exageradamente.

[...]

**9.** Por fim, é só o cérebro que sofre os efeitos do álcool?

Nem pensar! Sou um veneno, principalmente para o fígado. **As doenças mais comuns são a esteatose hepática, a hepatite alcoólica e a cirrose, todas muito perigosas, assim como problemas do aparelho digestivo como gastrite e pancreatite**. Isso para não falar nos problemas do coração e de pressão. Enfim, pra falar a verdade, eu provoco tantos transtornos que nem eu mesma sei o porquê de ser tão popular entre a galera.

CONSULTORIA: Centro Brasileiro de Informações sobre Drogas Psicotrópicas (Cebrid) – Unifesp (Universidade Federal de São Paulo) <www.unifesp.br/dpsicobio/cebrid>.

Revista *Atrevida*. São Paulo: Escala, 2011. Disponível em: <http://atrevida.uol.com.br>. Acesso em: 16 maio 2014.

4. A matéria tenta, de forma criativa, convencer o leitor sobre os males do consumo de álcool. Levando em conta a afirmação, indique:
   a) o gênero textual utilizado;
   b) a figura de linguagem presente ao longo da matéria;
   c) o tipo de informação a favor da ideia defendida e o tipo de informação que se questiona;
   d) os efeitos argumentativos dos itens **a**, **b** e **c**.

5. Nas respostas, há concordâncias no feminino ("sou aceita"; "eu mesma") e no masculino ("sou ingerido"). Levante uma hipótese para explicar essas ocorrências.

6. Com relação ao registro utilizado:
   a) Como você o consideraria: formal ou informal? Dê exemplos que comprovem sua resposta e justifique o tipo de registro.
   b) Levando em conta o suporte – revista *Atrevida* – e o possível interlocutor, você o considera adequado ou inadequado? Ajuda ou não no intuito persuasivo do texto? Por quê?

7. Reproduza do texto conectivos que estejam introduzindo:

a) uma ideia contrária ao exposto anteriormente;
b) uma conclusão;
c) uma explicação.

8. Explique o valor argumentativo das expressões "cá entre nós" e "pra falar a verdade" no texto.

9. Qual é o objetivo da entrevista: entreter o leitor da revista, informar sobre o álcool ou induzir um comportamento?

10. Que efeito produz a informação final no texto, indicando a consultoria?

11. Leia parte de uma propaganda do Governo do Estado de São Paulo, criada para divulgar a Lei estadual n. 14 592, de 19 de outubro de 2011, que regulamenta o trabalho de fiscalização e controle do cumprimento de outra lei, a que proíbe a venda de bebidas alcoólicas para menores de 18 anos.

A última frase da propaganda faz um jogo semântico levando em conta os sentidos da frase anterior. Explique. Ao constatarmos o uso desse recurso no anúncio, a que público supomos que o texto se dirige?

Governo do Estado de São Paulo/Secretaria da Saúde

Disponível em: <www.alcoolparamenoreseproibido.sp.gov.br>. Acesso em: 16 maio 2014.

# Pensando no Enem

Os filhos de Ana eram bons, uma coisa verdadeira e sumarenta. Cresciam, tomavam banho, exigiam para si, malcriados, instantes cada vez mais completos. A cozinha era enfim espaçosa, o fogão enguiçado dava estouros. O calor era forte no apartamento que estavam aos poucos pagando. Mas o vento batendo nas cortinas que ela mesma cortara lembrava-lhe que se quisesse podia parar e enxugar a testa, olhando o calmo horizonte. Como um lavrador. Ela plantara as sementes que tinha na mão, não outras, mas essas apenas.

LISPECTOR, C. *Laços de família*. Rio de Janeiro: Rocco, 1998.

A autora emprega por duas vezes o conectivo *mas* no fragmento apresentado. Observando aspectos da organização, estruturação e funcionalidade dos elementos que articulam o texto, o conectivo *mas*:

a) expressa o mesmo conteúdo nas duas situações em que aparece no texto;
b) quebra a fluidez do texto e prejudica a compreensão, se usado no início da frase;
c) ocupa posição fixa, sendo inadequado seu uso na abertura da frase;
d) contém uma ideia de sequência temporal que direciona a conclusão do leitor;
e) assume funções discursivas distintas nos dois contextos de uso.

### Comentário

Nesta questão, o conectivo *mas* é usado com sentidos distintos em cada fragmento. No trecho "O calor era forte no apartamento [...]. Mas o vento batendo [...]", o sentido é de oposição: a ideia do vento batendo se opõe ao calor forte. No segundo trecho — "Ela plantara as sementes que tinha na mão, não outras, mas essas apenas" —, é empregado para indicar restrição, pois reforça a ideia de que as sementes usadas são as que estariam nas mãos da personagem, essas e apenas essas. O item que menciona o fato de o conectivo ser usado em cada caso com uma função é o **e**.

Resposta: **E**.

# Vestibulares de Norte a Sul

**Texto para a questão 1.**

Para ser grande, sê inteiro: nada
Teu exagera ou exclui.
Sê todo em cada coisa. Põe quanto és
No mínimo que fazes.
Assim em cada lago a lua toda
Brilha porque alta vive.

(Fernando Pessoa. *Odes de Ricardo Reis*)

1. S (UEPG-PR) Em relação aos elementos de coesão textual, assinale o que for correto.

(01) A substituição do ponto final pelo conectivo e não altera o sentido do 3º verso.

(02) A substituição do vocábulo ou por mas não altera o sentido do 2º verso.

(04) O vocábulo pois substitui em igual sentido o vocábulo porque.

(08) É correta a substituição do vocábulo assim pela expressão do mesmo modo que.

(16) O vocábulo que equivale a porque.

2. CO (UFMS) Observe o emprego das conjunções nos períodos a seguir.

I. Ora Maria estuda História, ora ela ouve música.
II. Ou você estuda História, ou você ouve música.
III. Se você for estudar História, não ouvirá música.
IV. Se você for ouvir música, não estudará História.

Levando em consideração que a conjunção é um dos elementos linguísticos responsáveis pela orientação argumentativa do discurso, é correto afirmar:

(01) O sentido de alternância só ocorre no caso de I, pois é possível que a pessoa, no caso Maria, faça as duas coisas: estudar e ouvir música.

(02) Em II, III e IV não existe a possibilidade de as duas coisas se realizarem, porque há a ideia de uma exclusão explícita, marcada tanto pela conjunção "ou" como pela conjunção "se".

(04) A ideia de alternância está presente em todos os períodos, uma vez que se trata de períodos compostos por orações subordinadas alternativas.

(08) A alternância é nítida em II, III e IV, que são períodos cujas orações classificam-se como "condicionais".

(16) A conjunção "ou" nem sempre expressa exclusão.

**Texto para a questão 3.**

Belo Horizonte, 28 de julho de 1942.

Meu caro Mário,

Estou te escrevendo rapidamente, se bem que haja muitíssima coisa que eu quero te falar (a respeito da Conferência, que acabei de ler agora). Vem-me uma vontade imensa de desabafar com você tudo o que ela me fez sentir. Mas é longo, não tenho o direito de tomar seu tempo e te chatear.

Fernando Sabino.

3. SE (Fuvest-SP) No texto, o conectivo "se bem que" estabelece relação de:

a) conformidade.
b) condição.
c) concessão.
d) alternância.
e) consequência.

4. SE (PUC-RJ) Leia.

Platão defendeu, no *Banquete*, em *Fedra* e em outros textos, a existência de um espírito místico ou furor enviado pelo céu, através do qual uns poucos eleitos se "inspiravam": "As maiores bênçãos vêm por intermédio da loucura, aliás, da loucura que é enviada pelo céu." Possuídas assim por visões transcendentais ou por conhecimentos transcendentais, [1]essas pessoas desfrutavam de uma "loucura divina", que as elevava acima dos mortais.

A concepção freudiana do gênio era bastante diferente. Não era uma dádiva dos deuses, mas resultado dos processos do inconsciente; não vinha de cima, mas de dentro, das profundezas. [...]

A "arte" e a habilidade artística, mais que a inspiração, eram consideradas a marca do artista ou do escritor, e as estruturas de patronagem do mundo das letras tradicional proviam fortes argumentos a favor da conformidade social, em vez de excentricidade do artista.

[2]Isso não quer dizer que a "imaginação" e o "gênio" visionário estivessem em baixa em terrenos críticos. Mas a teoria clássica, modificada pela psicologia empirista do Iluminismo, insistia que a imaginação não deveria ser obstinada, idiossincrática e visionária, mas residir na sólida formação dos sentidos e ser temperada pelo juízo. O verdadeiro gênio era um impulso orgânico saudável para a combinação das matérias-primas da mente.

PORTER, Roy. *Uma história social da loucura*. Rio de Janeiro: Jorge Zahar Editor, 1990. p. 81-82.

a) A palavra *que* apresenta comportamentos distintos nos trechos em destaque. Estabeleça a diferença entre os dois empregos.

I. "essas pessoas desfrutavam de uma 'loucura divina', **que** as elevava acima dos mortais." (1)
II. "Isso não quer dizer **que** a 'imaginação' e o 'gênio' visionário estivessem em baixa em terrenos críticos." (2)

b) Mantendo o mesmo sentido, reescreva a passagem em destaque, de acordo com o que é pedido:

O Iluminismo endossou a fé na razão. Durante a segunda metade do século XVII, passou-se a **criticar**, **condenar** e **massacrar** qualquer coisa que fosse considerada irracional.

- Use o verbo *efetuar* no lugar do verbo *passar*;
- Substitua cada um dos verbos assinalados pela forma nominal correspondente no plural.
- Faça outras modificações que julgar necessárias em função das alterações propostas.
- O Iluminismo endossou a fé na razão. Durante a segunda metade do século XVII, ■.

CAPÍTULO

# 15 Regência

Claudio Giovanni Colombo/Shutterstock

Rosácea de vitrais, da Catedral Notre-Dame de Reims, construída no século XIII na região de Champagne, França.

As preposições são palavras que estabelecem relações entre o termo regente e o termo regido de um sintagma. Para iniciar os estudos com elas, leia as manchetes a seguir, das quais retiramos as preposições (acompanhadas ou não de artigo), e faça a atividade proposta nesta página.

*(I)*

**Filme ■ Bob Marley será exibido ■ cinema e *Facebook***

*Quando o longa estrear nas telas americanas, na próxima sexta-feira, estará também disponível para* streaming *na rede social*

*Correio. O que a Bahia Quer Saber*, 14 abr. 2012. Disponível em: <www.correio24horas.com.br>. Acesso em: 14 fev. 2014.

*(II)*

**Saúde respondeu ■ 10,2% ■ PIB nacional ■ 2013**

*A Confederação Nacional de Saúde (CNS) projeta mais crescimento para 2014 e estima que este ano o setor alcançará a marca de 10,7% do PIB nacional*

*Primeira Edição*, 29 jan. 2014. Disponível em: <http://primeiraedicao.com.br>. Acesso em: 14 fev. 2014.

*(III)*

**Surpreso ■ convocação, lateral Rafinha revela: "Veio ■ boa hora"**

*Jogador também elogia "métodos modernos" de Pep Guardiola, técnico do Bayern de Munique, e explica negociação com Corinthians em dezembro*

*SporTV*, 14 fev. 2014. Disponível em: <http://sportv.globo.com>. Acesso em: 14 fev. 2014.

Thomas Eisenhuth/AFP

O lateral Rafinha.

*(IV)*

**Jogos ■ Copa trarão mensagens ■ o racismo**

*Seleções levantarão faixas durante as quartas de final; cidades-sede contam com central telefônica para receber denúncia.*

*Portal Brasil*, 9 maio 2014. Disponível em: <www.brasil.gov.br>. Acesso em: 14 fev. 2014.

- *Seguindo a orientação do professor, reúna-se com alguns colegas e procurem indicar que preposição (com ou sem artigo) é adequada em cada caso. Reproduzimos abaixo as preposições empregadas nas manchetes originais.*

  com  em  sobre  por  contra  de

- *Identifiquem quais são os termos regidos (preposicionados) e a que termos regentes eles se ligam. Tentem indicar qual é a função sintática exercida pelos termos regidos no texto.*
- *Discutam as soluções com a classe toda. Observem que os subtítulos das manchetes colaboram para a compreensão do sentido dos títulos.*

A GRAMÁTICA DA FRASE

# 1 Sintagma preposicionado: múltiplas funções

Os sintagmas preposicionados são unidades de sentido que vêm introduzidas por preposição. As preposições desempenham papel relevante na organização dos enunciados, já que relacionam dois sintagmas, tornando o que é introduzido por elas dependente do outro sintagma, como ocorre nos casos em que um termo regente (verbo, substantivo, adjetivo, advérbio) exige um complemento. Além disso, as preposições introduzem sintagmas representados por locuções (adjetivas ou adverbiais).

Leia um fragmento do primeiro parágrafo da notícia que trata do filme sobre Bob Marley, dirigido por Kevin MacDonald:

(1) (2)
*Marley*, o documentário **sobre** a lenda **do** *reggae* Bob Marley (1945-1981), quando

(3) (4) (5)
estrear **nas** telas americanas, estará também disponível **para** *streaming* **na** rede social.

(6) (7)
Não se sabe ainda quando será possível assistir **a** esse filme **no** Brasil.

No período acima, observamos diversos casos de regência. Vamos comentar alguns deles:

- (1) "o documentário **sobre** a lenda do *reggae*": o sintagma nominal preposicionado "sobre a lenda do *reggae*" se liga ao substantivo *documentário* dando noção do assunto desse documentário. Funciona como complemento nominal de *documentário*.
- (2) "a lenda **do** *reggae*": o sintagma nominal preposicionado "do *reggae*" se liga ao substantivo *lenda* indicando o assunto de que trata a lenda. Funciona como adjunto adnominal de *lenda*.
- (3) "estrear **nas** telas americanas": o sintagma nominal preposicionado "nas telas americanas" se liga ao verbo *estrear* indicando uma circunstância desse ato, o local em que vai ocorrer. Funciona como adjunto adverbial.
- (4) "disponível **para** *streaming*": o sintagma nominal preposicionado "para *streaming*" se liga ao adjetivo *disponível* restringindo o alcance desse adjetivo. Funciona como complemento nominal do adjetivo.
- (5) "estará **na** rede social": o sintagma nominal preposicionado "na rede social" se liga ao verbo *estar* indicando uma circunstância desse processo, o local. Funciona como adjunto adverbial de lugar.
- (6) "assistir **a** esse filme": o sintagma nominal preposicionado "a esse filme" se liga ao verbo *assistir* fornecendo a ele um complemento. Funciona como objeto indireto do verbo.
- (7) "assistir **no** Brasil": o sintagma nominal preposicionado "no Brasil" se liga ao verbo *assistir* fornecendo a ele uma circunstância, o local. Funciona como adjunto adverbial.

Interfoto/Latinstock

Ziggy Marley em cena do documentário *Marley*, de Kevin MacDonald, sobre o músico jamaicano Bob Marley,

OPS!

### O todo e a parte

Leia o fragmento de uma notícia em que o compositor Gilberto Gil declara sua admiração a Bob Marley:

> [...] "Marley é daqueles artistas que no meu caso tiveram um poder extraordinário de sedução", afirmou.
>
> [...] "Hoje em dia, ainda é das coisas que eu mais gosto de escutar", completou.

Disponível em: <http://musica.terra.com.br>. Acesso em: 14 fev. 2014.

Em ambos os enunciados, podemos reconhecer dois grupos: o conjunto de artistas que tiveram um poder extraordinário de sedução em Gil; o conjunto de coisas que Gil gosta de escutar. O músico jamaicano e sua música fazem parte dos dois grupos. Isso fica claro pela construção sujeito [Marley] + verbo copulativo [ser] + predicativo do sujeito [daqueles artistas/das coisas].

Em outras palavras: nessas construções, a preposição *de* indica que, de um determinado conjunto, o falante quer destacar uma de suas partes.

## 2 Regência

> **Regência** em sentido estrito se refere ao valor relacional das preposições, dentro da língua, e às caracterizações dos determinantes que por meio de cada uma delas se estabelecem. [...] A escolha da preposição depende: 1. da significação interna de cada uma, como: *de* – "posse"; *a* – "objeto indireto" ou "direção"; *com* – "companhia", etc.; 2. da servidão gramatical, que faz com que certos determinados exijam necessariamente certas preposições, especialmente em se tratando de certos verbos com complementos essenciais. Num e noutro caso, há muita variação livre, que a disciplina gramatical procura eliminar, e em referência à significação interna das preposições interfere a intenção estilística.

CÂMARA JR., J. Mattoso. *Dicionário de linguística e gramática*. 12. ed. Petrópolis: Vozes, 1985. p. 207.

Como vimos, o estudo das relações entre o verbo e seu complemento ou entre o nome e seu complemento chama-se **regência**. Os verbos ou nomes que têm seu sentido complementado são chamados de **regentes** ou **subordinantes**; os complementos a eles ligados são chamados de **regidos** ou **subordinados**.

A **preposição** desempenha papel fundamental na relação estabelecida entre o regente e o regido. Veja, por exemplo, o valor da preposição nas frases:

**Vamos** ao teatro.
— a preposição *a* indica movimento, deslocamento no espaço, e tem como termo regente um verbo de movimento

**Estamos** no teatro.
— a preposição *em* indica localização – no interior do teatro – e tem como termo regente um verbo de estado

**Comi** um pedaço de bolo.
— não há preposição; o termo regente é o verbo comer, e o termo regido, "um pedaço de bolo"

Quando um verbo pede complemento, ocorre a **regência verbal**; quando um nome (substantivo, adjetivo, advérbio) pede complemento, ocorre a **regência nominal**. A seguir, observe alguns exemplos.

A enfermeira atende o paciente.

regência verbal

Fomos ao teatro.

regência verbal

O ar puro é necessário à vida.

regência nominal

Eles têm necessidade de recursos tecnológicos.

regência nominal

Nossa vida anda paralelamente ao nosso humor.

regência nominal

Ele é sempre afável com todos.

regência nominal

Filipe Rocha/Arquivo da editora

Ao estudar a regência de alguns verbos, percebe-se que o uso cotidiano tende a abolir algumas preposições. Mas isso só acontece quando a eliminação da preposição não implica mudança de sentido. Não somente na oralidade observamos essa tendência, pois vários textos jornalísticos escritos seguem esse caminho.

Um exemplo desse comportamento da língua diz respeito à regência do verbo *assistir*. De acordo com as gramáticas e os dicionários, o verbo *assistir*, no sentido de acompanhar visualmente ou de estar presente, é considerado verbo transitivo indireto, a ser empregado com preposição. Entretanto, em diversas situações constatamos este uso:

**Fernanda Montenegro assiste a peça de Beth Goulart, *Clarice Lispector***

CGN, 5 ago. 2013. Disponível em: <http://cgn.uol.com.br>. Acesso em: 14 fev. 2014.

Lenise Pinheiro/Folhapress

A atriz Beth Goulart em cena da peça teatral *Simplesmente eu, Clarice Lispector*, escrita e dirigida pela própria Beth Goulart.

É semelhante ao que ocorre com o verbo *gostar*, que exige a preposição *de*, em enunciados como:

Eu **gosto** ↓ que você venha me visitar.
de

↓ O que você **gosta** mais?
De (Do)

Entretanto, no caso do verbo *entregar*, por exemplo, a exclusão da preposição não ocorre, pois poderia comprometer o sentido do enunciado:

O carteiro **entregou** a carta ↓ minha tia.
a/para

# A construção das relações

Há inúmeros casos de regência verbal e de regência nominal que poderíamos comentar. Entretanto, o essencial é verificar que é no texto que as relações entre as palavras se constroem e que realmente se percebe a necessidade de vincular sintagmas em função do sentido. Assim, leia o texto a seguir, observando as ocorrências do verbo *inventar* e do substantivo *invenção*.

## Quem inventou a guitarra elétrica?

Não dá para conceder esse mérito a uma única pessoa. O instrumento foi resultado de uma longa evolução e da colaboração mútua entre músicos e técnicos em eletrônica e carpintaria, numa história que teve, inclusive, a participação de brasileiros. A peça fundamental da guitarra é o captador. Esse dispositivo, inventado em 1923 pelo músico e engenheiro acústico americano Lloyd Loar, transforma a vibração das cordas de aço em sinais elétricos, enviados a um amplificador e daí a um alto-falante. A invenção de Loar permitiu que o imigrante suíço radicado nos Estados Unidos Adolf Rickenbacker construísse e patenteasse um instrumento de braço longo e corpo redondo, com uma placa sólida de alumínio. O modelo de Rickenbacker, desenvolvido em 1932, é considerado por alguns historiadores como a primeira guitarra equipada com captadores elétricos. Aos poucos foram surgindo também os modelos feitos em madeira com o corpo oco, o que gerava problemas de microfonia [...].

Revista *Mundo Estranho*. Disponível em: <http://mundoestranho.abril.com.br>. Acesso em: 14 fev. 2014.

Guitarra, no modelo de Rickenbacker, 1932.

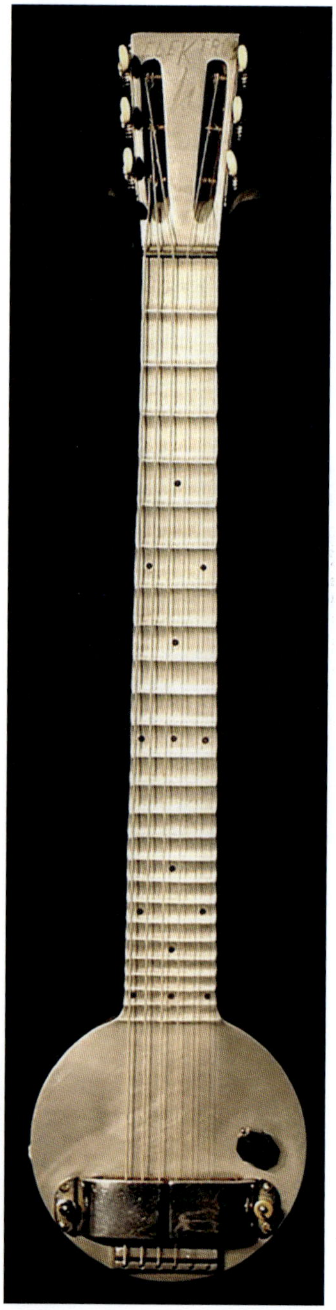

Museu de fazer música/Creative Commons

Em "Quem inventou a guitarra elétrica?" temos o verbo *inventar* seguido de seu complemento direto (*a guitarra elétrica*) e antecedido de seu sujeito (*Quem*). Trata-se, assim, de uma construção em voz ativa, já que o sujeito assume o papel de agente. É a identidade desse agente o que interessa descobrir.

Por sua vez, em "Esse dispositivo, inventado em 1923 pelo músico e engenheiro acústico americano Lloyd Loar, transforma [...]", a oração adjetiva explicativa (entre vírgulas) tem como núcleo o particípio *inventado*, seguido de dois sintagmas preposicionados: um indicando a data (adjunto adverbial); outro, o agente (agente da passiva). A construção na voz passiva permite que o foco continue sendo "o captador", retomado por "Esse dispositivo", mas também possibilita que seja inserida uma informação nova e importante, levando em conta a afirmação com que o texto começa: o nome de seu inventor.

Em "A invenção de Loar permitiu que o imigrante suíço radicado nos Estados Unidos Adolf Rickenbacker construísse e patenteasse um instrumento de braço longo e corpo redondo, com uma placa sólida de alumínio.", especificamente no sintagma nominal (*A invenção de Loar*) que funciona como o sujeito do verbo *permitir*, identificamos seu núcleo (*invenção*), antecedido e seguido de adjuntos adnominais: um artigo definido e um sintagma preposicionado. Cabe destacar aqui que o adjunto adnomimal (*de Loar*) tem um sentido ativo, já que "Loar inventou o captador [retomado até aqui com 'esse dispositivo' e 'a invenção']", nesse caso reforçando uma informação dada e que se justifica pelo intuito de provar que a guitarra elétrica não é mérito de uma única pessoa. O adjunto adnominal (*de Loar*), embora pareça desnecessário, é de extrema importância para a construção do sentido do texto.

# Atividades

**Texto para as questões de 1 a 8.**

## Perfil: Gilberto Gil

**26/6/1942** **CÂNCER**

*BIOGRAFIA*

Gilberto Gil nasceu no bairro de Tororó em Salvador, na Bahia. Em busca de uma vida melhor, o pai dele, o médico José Gil Moreira, e a mãe, Claudina, se mudaram para Ituaçu, onde Gil passou os primeiros oito anos de sua vida.

Com essa idade, mudou-se de volta para Salvador e passou a estudar no Colégio Marista e a frequentar aulas de acordeão. Na adolescência, ganhou um violão de sua mãe e passou a conhecer o trabalho de João Gilberto, que o influenciou imediatamente.

Nos tempos da faculdade de Administração, ele conhece Caetano Veloso, Maria Bethânia, Gal Costa e Tom Zé. Em 1964, realizam juntos um *show* na inauguração do Teatro Vila Velha.

No ano seguinte, Gil se forma na faculdade e se muda com a esposa, Belina, para São Paulo, onde arruma seu primeiro emprego em uma companhia.

Em 1967, ele lança seu primeiro álbum, *Louvação*. Ainda nesta década, ele e Caetano desenvolveram o álbum *Tropicália*, criando o movimento chamado Tropicalismo. Nos anos 1970, Gil acrescenta ao seu já vasto repertório elementos da música africana, norte-americana e jamaicana.

Ele tem papel fundamental na modernização da música popular brasileira e atua como cantor, compositor e músico.

Na época do regime militar no Brasil, Gil chegou a ser exilado, indo morar em Londres. Lá, ele lançou um álbum em inglês.

De volta ao Brasil, Gil passou a lançar uma série de discos antológicos, como *Expresso 2222*, *Gil e Jorge* (com Jorge Ben Jor), *Os Doces Bárbaros* (com Caetano, Bethânia e Gal Costa), e a trilogia *Refazenda*, *Refavela* e *Realce*.

Jean-Christophe Magnenet/AFP/Getty Images

Nos anos 1990, vieram *Parabolicamará*, *Tropicália 2* (com Caetano Veloso, celebrando os 25 anos do movimento Tropicalista) e *Unplugged* (a coletânea de sucessos gravada ao vivo pelo canal MTV).

Em 1997, Gil lançou o álbum duplo *Quanta* e, em 1998, *Quanta Gente Veio Ver*, em álbum duplo ao vivo, comemorando o sucesso de uma turnê mundial que ganhou o Grammy Award de Melhor Música Mundial.

Em 2000, lançou os CDs *Eu, Tu, Eles* e *Gil & Milton* (com Milton Nascimento). Em 2001, o álbum *São João Vivo*.

Em 2002, lançou o CD e DVD *Kaya n´Gan Daya*. Em 2004, lançou o projeto *Eletracústico*, resultado de um concerto que realizou na ONU, em Nova York.

Este trabalho veio após Gil ficar três anos sem gravar, por ter assumido o cargo de Ministro da Cultura, no primeiro mandado do presidente Luiz Inácio Lula da Silva.

Em 2006, relançou o disco com o título de *Gil Luminoso – Voz e Violão*. A turnê *Gil Luminoso* foi considerada uma das mais belas de sua carreira, e passou pela Europa e pelos Estados Unidos.

Em 2008, Gilberto Gil lançou *Banda Larga Cordel*. No ano seguinte, foi lançado o CD/DVD *BandaDois*, registro do *show* gravado ao vivo em setembro em São Paulo. A apresentação, com Gil em voz e violão, contou com as participações de Maria Rita e de seus filhos Bem (que o acompanha há tempos nas apresentações) e José, que surpreendeu o público nos números em que toca baixo.

Com 57 álbuns lançados, Gilberto Gil ganhou 8 Grammys. Ele é casado com Flora Giordano e pai da cantora Preta Gil.

Revista *Caras*. Disponível em: <http://caras.uol.com.br/>. Acesso em: 14 fev. 2014.

## Gêneros textuais: biografia e perfil biográfico

A biografia e o perfil biográfico permitem ao leitor, ouvinte ou espectador inteirar-se sobre a vida de personalidades públicas que se tornaram notáveis por razões diversas. A biografia recupera fatos das várias fases (infância, período escolar e profissional) da vida do biografado e os organiza de forma detalhada, em geral na ordem em que ocorreram os acontecimentos. Por fazer esse resgate, muitas vezes os textos dessa natureza caracterizam-se pelo emprego acentuado dos tempos pretéritos. Por buscar precisão de referências históricas ao expor acontecimentos, as biografias costumam apresentar também expressões adverbiais que se referem, em geral, a épocas e a lugares em que se deram, de fato, situações da vida do biografado e que podem ter relação com fatos históricos marcantes. Em geral, as biografias listam ou comentam as obras que tornaram a pessoa cuja vida é contada interessante ao público a ponto de ser biografada. A biografia circula em diversas esferas: escolar, jornalística, literária, até mesmo nas esferas teatral e cinematográfica.

O perfil biográfico também apresenta fatos da vida do biografado, porém procura selecionar e sintetizar as informações de acordo com determinado interesse. Trata-se de um gênero fundamentalmente jornalístico. Atualmente, é comum o emprego da palavra *perfil* nas redes sociais para designar as páginas com as informações dos usuários.

1. Levando em conta o gênero textual, justifique a presença de sintagmas preposicionados com indicação de lugar e tempo. Aponte alguns exemplos.

2. Esse perfil biográfico apresenta uma série de fatos passados.
   a) Que tempos verbais são utilizados para apresentá-los?
   b) Que efeito de sentido provoca a alternância desses tempos verbais?

3. Você conhece a revista em cujo portal foi publicado o perfil? Como você a classificaria, considerando suas temáticas e público-alvo? As características dos temas destacados no texto fazem sentido nesse contexto?

4. Há duas ocorrências que colocam o músico brasileiro envolvido na vida política do país.
   a) Quais são?
   b) Como essas duas ocorrências são tratadas? Levando em conta as formulações dos enunciados que falam desse tema, como é apresentado o envolvimento político do artista?

5. Considerando que **parônimos** são palavras parecidas na grafia ou na pronúncia, mas com significados diferentes, explique o equívoco que há na passagem:

   Este trabalho veio após Gil ficar três anos sem gravar, por ter assumido o cargo de ministro da Cultura, no primeiro mandado do presidente Luiz Inácio Lula da Silva.

6. Os sintagmas preposicionais "em Salvador" e "para Salvador" têm como núcleo o nome de uma cidade e funcionam como adjuntos adverbiais.
   a) Que noções semânticas trazem as preposições no contexto da biografia?
   b) Quais são os termos regentes com os quais se relacionam? Que relação há entre tais termos e as preposições?

7. Releia os fragmentos, observando as orações em destaque.

   Na adolescência, ganhou um violão de sua mãe e passou a conhecer o trabalho de João Gilberto, **que o influenciou imediatamente**.

   [...]

   A apresentação [...] contou com as participações de Maria Rita e de seus filhos Bem (**que o acompanha há tempos nas apresentações**) e José, **que surpreendeu o público nos números em que toca baixo**.

   a) Indique o referente do pronome relativo *que* em cada enunciado.
   b) *Influenciar*, *acompanhar* e *surpreender* são verbos que aparecem como termos regentes de complementos diretos. Indique-os e, se for o caso, aponte seu referente.

8. Leia uma notícia a respeito da exibição de um documentário sobre a época do exílio de Gilberto Gil e de Caetano Veloso para comparar algumas construções deste texto com as do perfil do artista, levando em conta as intenções comunicativas de cada texto.

## Arquivo Nacional exibe documentário sobre exílio de Caetano Veloso e Gilberto Gil

24/8/2011 10:12 – Portal Brasil

Em 1968, os cantores e compositores Caetano Veloso e Gilberto Gil foram presos por soldados do Exército e tiveram suas cabeças raspadas. Após mais de um mês trancafiados em celas individuais, foram expulsos do Brasil, permanecendo dois anos e meio em Londres. O exílio desses dois importantes artistas da música popular brasileira está contado no documentário que encerra nesta quinta-feira (25), às 17h, a mostra de cinema paralela à exposição *Registros de uma guerra surda*, em cartaz desde abril no Arquivo Nacional, no Rio de Janeiro.

Dirigido pelo jornalista Geneton Moraes Neto, *Canções do exílio: a labareda que lambeu tudo* traz depoimentos que revelam episódios desconhecidos do público, como o *show* que Gilberto Gil fez para a tropa, a pedido do comandante do quartel onde se encontrava preso.

A sessão no Arquivo Nacional, com entrada franca, será a primeira exibição no Brasil da versão compacta do documentário, com 90 minutos de duração. A versão integral, para a TV, em três capítulos, já foi exibida pelo Canal Brasil. O diretor e o cantor e compositor Jards Macalé estarão presentes à sessão para debater com o público, ao final da projeção.

Portal Brasil. Disponível em: <www.brasil.gov.br>. Acesso em: 14 fev. 2014.

*Canções do exílio*, documentário de Geneton Moraes Neto, 2011.

a) O foco da notícia é um documentário que faz parte do ciclo de cinema paralelo à exposição *Registros de uma guerra surda*, sobre o período da História do Brasil que vai de 1964 a 1985, ou seja, sobre o período da ditadura militar. Como o assunto do documentário se relaciona com o tema da exposição?

b) Reveja o título do documentário: *Canções do exílio: a labareda que lambeu tudo*. A primeira parte cita que obra literária brasileira conhecida?

c) A notícia acompanha o foco do documentário, que é uma situação específica de parte da vida dos artistas retratados: o exílio. Sintetize as informações sobre esse período da vida de Gil conforme se apresentam no perfil lido e conforme se apresentam na notícia sobre o documentário. Em qual deles se entende melhor os fatos relacionados a essa época?

d) Compare a construção da voz passiva no texto biográfico e na notícia. O que cada jornalista procurou ressaltar?

# 1 Os efeitos do deslocamento na construção do texto

Iara Venanzi/kino.com.br

## Pilhas e baterias: regras para uso e descarte

*Saiba quais são as novas maneiras de usar, descartar, transportar e reciclar esses materiais.*

Proteste, 17 set. 2012. Disponível em: <www.proteste.org.br/casa/nc/noticia/pilhas-e-baterias-novas-regras-para-uso-e-descarte>. Acesso em: 14 fev. 2014.

Os sintagmas, como já foi comentado, têm uma posição física convencional dentro da oração, da frase. Assim, em português, os sintagmas costumam ser estruturados na seguinte ordem:

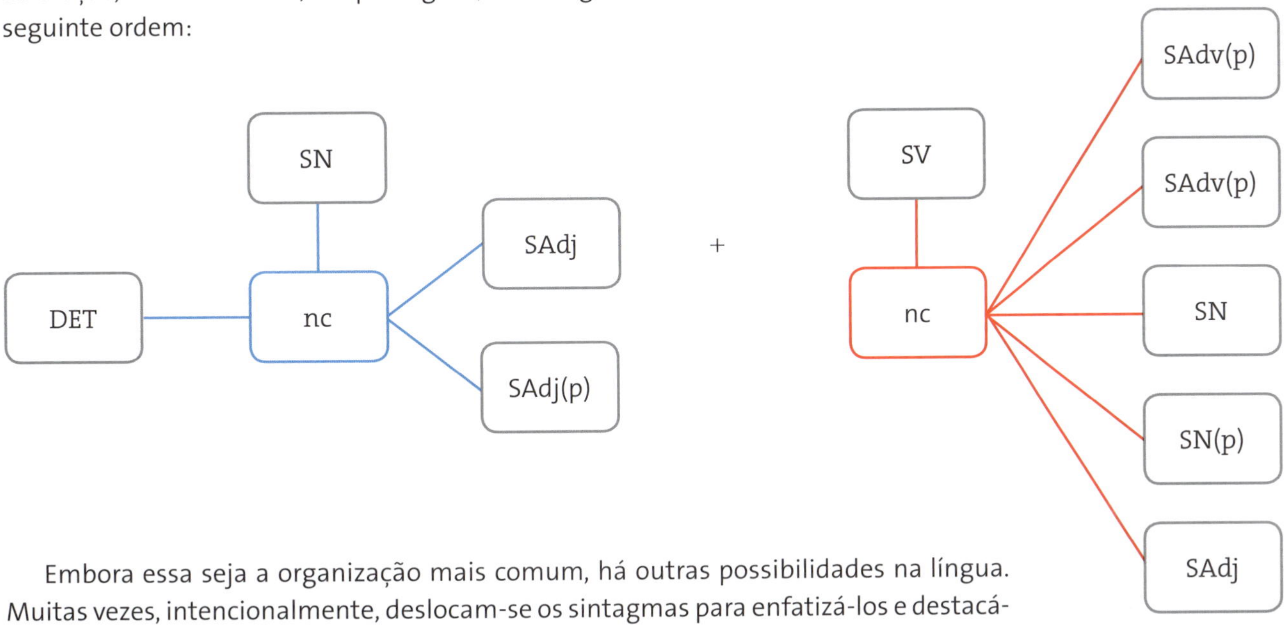


Embora essa seja a organização mais comum, há outras possibilidades na língua. Muitas vezes, intencionalmente, deslocam-se os sintagmas para enfatizá-los e destacá-los. Observe o enunciado da manchete do início deste item. Nele o sintagma "Pilhas e baterias" está deslocado e, consequentemente, em destaque. A ideia é valorizar o sintagma, já que é o assunto da notícia.

Vamos colocá-lo na ordem convencional:

Regras para uso e descarte **de pilhas e baterias**

No título da matéria, o sintagma preposicional "de pilhas e baterias" foi deslocado, e a preposição, omitida. Dessa forma, na ordem convencional, o enunciado não apresentaria o destaque visto anteriormente. O sintagma nominal "regras para uso e descarte", como é empregado no título da matéria, é restritivo, pois especifica o tópico "pilhas e baterias".

O deslocamento de sintagmas é um recurso expressivo fundamental da linguagem literária. Observe como esse recurso é trabalhado em um famoso poema do Modernismo brasileiro:

No meio do caminho tinha uma pedra
tinha uma pedra no meio do caminho
tinha uma pedra
no meio do caminho tinha uma pedra.

ANDRADE, Carlos Drummond de. No meio do caminho. In: ________. *Carlos Drummond de Andrade – obra completa*. 2. ed. Rio de Janeiro: José Aguilar, 1967. p. 61.

Ao deslocar o SAdv(p) com valor circunstancial de lugar, o poeta ora valoriza o espaço onde está a pedra, ora a própria existência da pedra.

Nos primeiros versos da letra do Hino Nacional também há um caso clássico de deslocamento de sintagmas:

Ouviram do Ipiranga as margens plácidas
De um povo heroico o brado retumbante

Na ordem direta, a oração seria:

As margens plácidas do Ipiranga ouviram o brado retumbante de um povo heroico.

Esses deslocamentos resultam na valorização do verbo (ou seja, da ação) e, pelo ritmo da leitura, do sintagma nominal "brado retumbante", ou seja, do grito dado por d. Pedro I próximo às margens do riacho do Ipiranga (lembrando que *retumbante* faz a rima dos primeiros quatro versos com *instante*).

*Independência ou morte*, de Pedro Américo, 1888.

## 2 Sintagmas, posições e funções

Alguns sintagmas podem exercer diversas funções dentro da oração (sujeito, complemento verbal, predicativo, adjunto adnominal, etc.). Para determinar a função que um sintagma exerce em determinado enunciado, é preciso observar o relacionamento entre esse sintagma e os outros elementos e sintagmas da oração, levando em conta também a posição que ocupa nela.

No poema a seguir, por exemplo, várias palavras são empregadas mais de uma vez, em funções semelhantes ou diferentes, a cada vez criando um novo sentido, delineando imagens poéticas que ajudam a compor uma cena aparentemente banal: a chuva batendo na janela de um ônibus. Para perceber essas funções diferentes, basta notar a relação que tais termos estabelecem com o verbo e a posição que ocupam no enunciado.

Leia o poema comentado e observe as relações entre os termos:

## Chuva antiga

José Eduardo Degrazia

| | |
|---|---|
| A chuva escreve | No primeiro verso, o substantivo *chuva* tem função de sujeito do verbo *escrever*. |
| hieroglifos | |
| na janela do ônibus. | No terceiro verso, o substantivo *ônibus* integra o adjunto adverbial, "na janela do ônibus", indicando o lugar em que a chuva escreve hieroglifos. |
| Cada pingo | *Chuva*, no quarto verso, é lembrada por uma parte sua, metonimicamente: *pingo*, que é sujeito do verbo empregado no verso seguinte, *traçar*. |
| traça um sonho | No quinto verso, o substantivo *sonho* é empregado como objeto direto do verbo *traçar*. |
| cada sonho respinga | No sexto verso, o substantivo *sonho* assume função de núcleo do sujeito do verbo *respingar*. |
| uma saudade | |
| e desenha um rosto | O substantivo *rosto* é usado, no oitavo verso, como objeto direto do verbo *desenhar*. |
| na paisagem | |
| que passa. | |
| A chuva termina | No último verso da primeira estrofe, o termo *chuva* volta a figurar como sujeito, agora do verbo *terminar*.<br>Assim, *chuva/pingo*, que está no título do poema, permanece como sujeito ativo em suas três menções na composição poética. |
| o sonho acaba | *Sonho* volta, no primeiro verso da segunda estrofe, a figurar como sujeito, agora do verbo *acabar*. |
| e o ônibus vai embora | *Ônibus*, no segundo verso desta estrofe, é sujeito do verbo *ir*. *Ônibus* ganha importância equivalente a *chuva* e a *sonho*, pelo paralelismo da construção e pelo fato de se tornar sujeito ativo. Entre o fim da primeira estrofe e o da segunda, os três elementos – *chuva*, *sonho* e *ônibus* –, partem. |
| sem se importar | |
| com teu rosto | Na terceira estrofe, o substantivo *rosto* reaparece, agora como objeto indireto do verbo *importar*.<br>*Rosto* permanece no poema como complemento verbal. |
| e com meu sonho. | No último verso, o substantivo *sonho* volta ao poema, agora como objeto indireto do verbo *importar*. |

AGUIAR, Vera et. al. (Org.). *Poesia fora da estante.* Porto Alegre: Projeto, 2002. v. 2. p. 63.

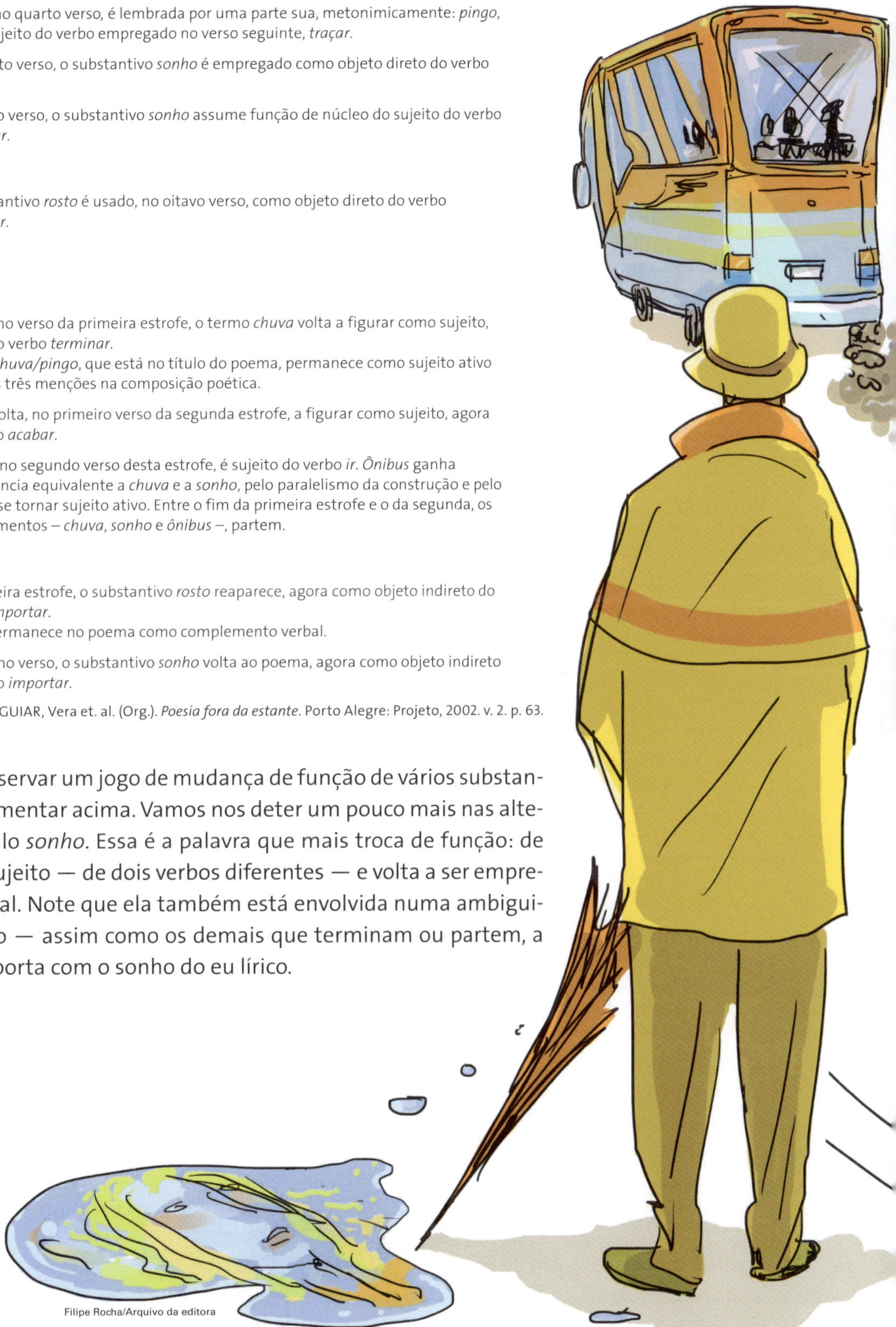

Nesses versos, é possível observar um jogo de mudança de função de vários substantivos conforme procuramos comentar acima. Vamos nos deter um pouco mais nas alterações por que passa o vocábulo *sonho*. Essa é a palavra que mais troca de função: de complemento verbal passa a sujeito — de dois verbos diferentes — e volta a ser empregada como complemento verbal. Note que ela também está envolvida numa ambiguidade: o sonho acaba e o sonho — assim como os demais que terminam ou partem, a chuva e o ônibus — não se importa com o sonho do eu lírico.

[...]
Cada pingo
traça um **sonho**
cada **sonho** respinga
[...]
o **sonho** acaba
[...]
sem se importar
com teu rosto
e com meu **sonho**.

Filipe Rocha/Arquivo da editora

Observe ainda que muitas vezes é a ordem das palavras no enunciado que nos ajuda a perceber a função de cada uma delas. O poema em questão é bastante objetivo, seus versos são construídos de modo a formar orações na ordem direta: sujeito, seguido de verbo e predicado. Releia os primeiros versos, em que o enunciado é formado nesta ordem: sujeito ("A chuva"), seguido de verbo ("escreve"), seguido de objeto direto ("hieroglifos"), seguido de adjunto adverbial ("na janela do ônibus"):

A chuva escreve
hieroglifos
na janela do ônibus.

Entretanto, essa clareza poderia não acontecer. No caso do texto poético, o jogo dos sintagmas é frequentemente produzido com a intenção de provocar determinado efeito estético, criando uma imagem ou uma sonoridade. Por exemplo, se a intenção do poeta fosse destacar o local em que a chuva escreve seus hieroglifos, os versos iniciais poderiam ser organizados desta maneira:

Na janela do ônibus
a chuva escreve
hieroglifos.

Nesse caso, a ordem de apresentação de sujeito e de predicado seria mantida, não causando ambiguidade. Porém, na brincadeira abaixo, ficaria muito difícil compreender quem é o sujeito do verbo *escrever* e o que é escrito. Veja:

Escreve
na janela do ônibus
a chuva
hieroglifos.

Nos casos em que a objetividade é fundamental, é recomendável evitar ambiguidades em favor da clareza do texto.

## 3 Falsas equivalências

Leia o título da notícia a seguir e pense na relação entre as preposições.

### A importância de comer antes e após o treino; aprenda pratos saborosos

*A alimentação fornece energia e ajuda no processo de recuperação muscular. Fisioterapeuta adepta da alimentação saudável dá dicas de pratos*

*G1*. Santa Catarina, 25 set. 2012. Disponível em: <http://g1.globo.com/>. Acesso em: 14 fev. 2014.

Ao coordenar termos ou orações, é preciso considerar a regência das palavras que estão conectadas:

"A importância de comer **antes e após** o treino"

**antes**: exige a preposição *de* (antes *do* treino)
**após**: não exige preposição (após o treino)

Cuidado ao **entrar e sair** do ônibus.

**entrar**: exige a preposição *em* (entrar *no* ônibus)
**sair**: exige a preposição *de* (sair *do* ônibus)

Nesses casos, há uma falsa equivalência, pois os elementos não possuem a mesma regência. Veja a diferença:

O desempenho dos participantes será comparado **antes e depois do** treino de manipulação.

O desempenho dos participantes será comparado **antes do** treino **e após** ele.

Cuidado ao **entrar** no ônibus **e sair dele**.

## 4 As alterações de regência cristalizadas na fala

É possível observar, na oralidade ou em textos jornalísticos, alguns casos de regência indevida que se tornam cristalizadas pelo uso. Leia as manchetes a seguir.

**Seu cão já pode se sentar na mesa de jantar**

*Empresa inventa cadeira que deixa o cachorro comer com os donos durante as refeições*

*R7 Notícias*, 12 mar. 2010. Disponível em: <http://noticias.r7.com>. Acesso em: 14 fev. 2014.

Divulgação/Hammacher Schlemmer

**Advogado impedido de se sentar na mesa de audiência por estar sem gravata será indenizado**

*Lei não obriga advogado a usar gravata em audiência*

*ATMP*, 30 set. 2010. Disponível em: <www.atmp.org.br/>. Acesso em: 14 fev. 2014.

Ora por eufonia – sonoridade agradável ao ouvido –, ora por associações de sentido – sentar **n**a cadeira, sentar **n**o chão, sentar **n**a mesa –, algumas expressões consagradas contradizem a regência prescrita na gramática normativa e driblam o significado de algumas preposições:

sentar **na** mesa ↓ sobre, em cima — no lugar de — sentar **à** mesa ↓ próximo

entregar **a** domicílio ↓ por associação: entregar algo **a alguém** — no lugar de — entregar **em** domicílio ↓ lugar

vou **no** cinema ↓ lugar — no lugar de — vou **ao** cinema ↓ movimento

namoro **com** ela ↓ companhia, associação, adição — no lugar de — namoro ela

# Atividades

Leia esta canção, tradução de Gilberto Gil para o português de uma letra de música que ele e Liminha criaram em inglês.

## Vamos fugir

Vamos fugir
Deste lugar, *baby*
Vamos fugir
Tô cansado de esperar
Que você me carregue
Vamos fugir
Proutro lugar, *baby*
Vamos fugir
Pronde quer que você vá
Que você me carregue
Pois diga que irá
Irajá, Irajá
Pronde eu só veja você
Você veja a mim só
Marajó, Marajó
Qualquer outro lugar comum

Outro lugar qualquer
Guaporé, Guaporé
Qualquer outro lugar ao sol
Outro lugar ao sul
Céu azul, céu azul
Onde haja só meu corpo nu
Junto ao seu corpo nu
Vamos fugir
Proutro lugar, *baby*
Vamos fugir
Pronde haja um tobogã
Onde a gente escorregue
Todo dia de manhã
Flores que a gente regue
Uma banda de maçã
Outra banda de *reggae*

Filipe Rocha/Arquivo da editora

In: RENNÓ, Carlos (Org.). *Gilberto Gil:* todas as letras. São Paulo: Companhia das Letras, 1996.
Versão de Gilberto Gil para "Gimme your love", de Gilberto Gil e Liminha, 1984.

1. A letra que você leu está associada a uma melodia bastante marcante (impossível lê-la sem cantar...). O ritmo obtido pelo compositor resulta de uma combinação sintática perfeita e da tonicidade de algumas palavras. Comente essa tonicidade observando, principalmente, as palavras finais dos versos e as vogais empregadas.

2. Releia os dois primeiros versos da canção:

   Vamos fugir / Deste lugar, *baby*

   a) Nesse trecho, há um sintagma verbal. Como ele está composto?
   b) Que tipo de sintagma é *baby*? Qual é sua função no enunciado?
   c) O que expressa o enunciado? Justifique o emprego de *baby*.

3. Observe os seguintes versos:

   Pronde eu só veja você
   Você veja a mim só

   a) Comente as funções sintáticas dos sintagmas nominais do primeiro verso e explique o que acontece com eles no segundo.
   b) No primeiro verso fica claro que o sintagma adverbial *só* é um circunstancial que modifica o núcleo do sintagma verbal. No entanto, sua segunda ocorrência é ambígua. Explique em que consiste essa ambiguidade.

4. Observe o seguinte sintagma verbal:

   Onde haja só meu corpo nu

   a) Identifique os subconjuntos nele contidos.
   b) Comente as funções que exercem dentro do sintagma verbal.
   c) Por que não há sujeito explícito nem implícito para o núcleo do sintagma verbal?

5. Fazendo uso do eixo paradigmático, observe as substituições possíveis para a seguinte oração, que faz parte de um sintagma verbal, e responda: que função sintática está exercendo a oração "que irá"?

| Diga | que irá |
|---|---|
| | isso |
| | o |

6. O texto está escrito na primeira pessoa do singular, o que se comprova pelos verbos e pronomes; há, portanto, a voz de um eu lírico. Esse eu lírico é feminino ou masculino? Justifique.

7. Nos últimos versos, há uma sequência de sintagmas nominais cujos núcleos são *tobogã*, *flores*, *banda* [de maçã], *banda* [de *reggae*], completando o sentido do verbo *haver*:

   Pronde haja **um tobogã**
   **Onde a gente escorregue**
   Todo dia de manhã
   **Flores que a gente regue**
   **Uma banda de maçã**
   **Outra banda de *reggae***

   a) Qual é a intenção do emprego dessa sequência?
   b) Considerando que o sintagma nominal "Todo dia de manhã" exerce uma função adverbial, exprimindo uma circunstância, por quais outras unidades linguísticas poderia ser substituído, exprimindo o mesmo tipo de circunstância?

# Vestibulares de Norte a Sul

**Texto para a questão 1.**

## A nova (des)ordem

Em tempos de globalização de mercados, os países desenvolvidos passam por um processo perverso: o crescimento de uma riqueza é acompanhado por uma diminuição no nível de emprego. Atribui-se o encolhimento do mercado de trabalho à escalada dos padrões de qualidade e produtividade das empresas.

A revolução tecnológica é um processo sem volta. A cada inovação, levas de trabalhadores vão sendo privadas do [1]relacionamento diário com o relógio de ponto.

Estudo do Ipea registra algo de que já se suspeitava: a modernização do modelo produtivo, fenômeno recente entre nós, assusta também o trabalhador brasileiro.

A exemplo do que ocorre no chamado Primeiro Mundo, a maior vítima do avanço tecnológico e gerencial é a mão de obra menos qualificada. O novo mercado tende a desprezar o funcionário formado à moda antiga, adestrado para executar tarefas específicas.

Na economia emergente são valorizados trabalhadores de formação educacional mais densa, pessoas com maior capacidade de raciocínio. "De maneira crescente é exigido menor grau de habilidades manipulativas e maior grau de abstração no desempenho do trabalho produtivo", diz o estudo do Ipea. "Torna-se importante o desenvolvimento da capacidade de adquirir e processar intelectualmente novas informações, de superar hábitos tradicionais, de gerenciar-se a si próprio".

No contexto desse novo modelo, o grau de instrução do trabalhador passa a ser sua principal ferramenta. Os números disponíveis no Brasil a esse respeito são desoladores. Conforme pesquisa nacional feita pelo IBGE em 90, cerca de 33 milhões de trabalhadores brasileiros (53% do mercado de trabalho) tinham no máximo cinco anos de estudo.

A experiência mundial, ainda de acordo com o trabalho do Ipea, indica que são necessários pelo menos oito anos de estudos para que uma pessoa esteja em condições de receber treinamentos específicos.

O maior desafio do Brasil de hoje é, portanto, educar sua gente. Destruído como está, o conserto do modelo educacional do país é tarefa para duas décadas. Até lá, a horda de marginalizados vai inchar.

Josias de Souza. *Folha de S.Paulo*, 20 out. 1995.

1. **NE** (Cefet-CE) No trecho "... relacionamento diário com o relógio de ponto" (ref. 1), o termo regente (relacionamento) exige a preposição "com", que introduz o termo regido (relógio de ponto).

   NÃO há erro de regência apenas na opção:

   a) O dinheiro que os corruptos se utilizam é do povo.
   b) Prefiro mais ler um bom livro do que acompanhar novelas.
   c) Informei-o que o Brasil tem sérios problemas sociais.
   d) Assisti a aula atentamente.
   e) Esqueci-me dos nomes de muitos dos meus amigos de infância.

2. **SE** (FGV-RJ) A frase que está correta, tendo em vista a sintaxe de regência, é:

   a) Os jovens não veem a hora de inserir-se ao mercado de trabalho.
   b) A falta de informações econômicas seguras nos induz a que planejemos nosso futuro.
   c) Lia, com frequência, textos barrocos, estilo que ele era um fervoroso adepto.
   d) Há políticos que têm tendência por aderir sempre pelos partidos que estão no poder.
   e) Nota-se uma melhoria nos serviços de saúde pelos quais a população carente não tinha acesso.

**Texto para a questão 3.**

O PACOTE
DO GOVERNO
É TÃO
**GRANDE QUE**
TAPOU O SOL.
COMBATEREMOS
A SOMBRA.
COM CRASE E
SEM CRASE

Nani, *Vereda tropical*.

3. **SE** (UFF-RJ) A prática da gramática não deve estar desvinculada da percepção das diferenças na produção de sentido, encaminhadas pela língua no processo de comunicação. Explique as diferentes regências do verbo "combater" e as decorrentes produções de sentido no contexto em que se inserem:

   "Combateremos a sombra. Com crase e sem crase."

**Texto para a questão 4.**

Não nos expomos mais a espetáculos ridículos, tais como o deslocamento maciço de torcedores fanáticos para concursos de misses **aos quais ninguém, a não ser nós, dava importância**.

4. **SE** (UFV-MG) Das alterações processadas na passagem em destaque, aquela em que há erro de regência é:

   a) ... pelos quais ninguém, a não ser nós, se interessava tanto.
   b) ... aos quais ninguém, a não ser nós, se referia tanto.
   c) ... dos quais ninguém, a não ser nós, simpatizava tanto.
   d) ... com os quais ninguém, a não ser nós, se distraía tanto.
   e) ... sobre os quais ninguém, a não ser nós, conversava tanto.

5. **S** (UFPR) Preencha convenientemente as lacunas das frases seguintes, indicando o conjunto obtido.

1. A planta ■ frutos são venenosos foi derrubada.
2. O estado ■ capital nasci é este.
3. O escritor ■ obra falei morreu ontem.
4. Este é o livro ■ páginas sempre me referi.
5. Este é o homem ■ causa lutei.

a) em cuja, cuja, de cuja, a cuja, por cuja
b) cujos, em cuja, de cuja, cujas, cuja
c) cujos, em cuja, de cuja, a cujas, por cuja
d) cujos, cuja, cuja, a cujas, por cujas
e) cuja, em cuja, cuja, cujas, cuja

**Texto para a questão 6.**

## No meio do caminho

No meio do caminho tinha uma pedra
tinha uma pedra no meio do caminho
tinha uma pedra
no meio do caminho tinha uma pedra.

Nunca me esquecerei desse acontecimento
na vida de minhas retinas tão fatigadas.
Nunca me esquecerei que no meio do caminho
tinha uma pedra
tinha uma pedra no meio do caminho
no meio do caminho tinha uma pedra.

(ANDRADE, Carlos Drummond de. *Reunião*. Rio de Janeiro: José Olympio, 1972.)

6. **SE** (Uerj) Na segunda estrofe de seu poema, Drummond empregou duas vezes o verbo "esquecer".

No verso 5, a preposição "de" está explícita; no verso 7, subentendida.

Levando em conta o padrão culto de correção gramatical,

a) apresente um argumento sintático que justifique por que essas duas regências estão corretas;
b) reescreva os versos 7 e 8, conforme as seguintes determinações:
- retire o advérbio de tempo;
- substitua o verbo "esquecer" por seu antônimo, mantendo o pronome.

Redija sua resposta numa única frase, com os termos da oração em ordem direta.

**Texto para a questão 7.**

## Brasil, mostra a tua cara

*A busca de uma identidade nacional é preocupação deste século*

João Gabriel de Lima

Ao criar um livro, um quadro ou uma canção, o artista brasileiro dos dias atuais tem uma preocupação a menos: parecer brasileiro. A noção de cultura nacional é algo tão incorporado ao cotidiano do país que deixou de ser um peso para os criadores. Agora, em vez de servir à pátria, eles podem servir ao próprio talento. Essa é uma conquista deste século. Tem como marco a Semana de Arte Moderna de 1922, uma espécie de grito de independência artística do país, cem anos depois da independência política. Até esta data, o brasileiro era, antes de tudo, um envergonhado. Achava que pertencia a uma raça inferior e que a única solução era imitar os modelos culturais importados. Para acabar com esse complexo, foi preciso que um grupo de artistas de diversas áreas se reunisse no Teatro Municipal de São Paulo e bradasse que ser brasileiro era bom. O escritor Mário de Andrade lançou o projeto de uma língua nacional. Seu colega Oswald de Andrade propôs o conceito de "antropofagia", segundo o qual a cultura brasileira criaria um caráter próprio depois de digerir as influências externas.

A semana de 22 foi só um marco, mas pode-se dizer que ela realmente criou uma agenda cultural para o país. Foi tentando inventar uma língua brasileira que Graciliano Ramos e Guimarães Rosa escreveram suas obras, as mais significativas do século, no país, no campo da prosa. Foi recorrendo ao bordão da antropofagia que vários artistas jovens, nos anos 60, inventaram a cultura *pop* brasileira, no movimento conhecido como tropicalismo. No plano das ideias, o século gerou três obras que se tornariam clássicos da reflexão sobre o país. "Os Sertões", do carioca Euclides da Cunha, escrito em 1902, é ainda influenciado por teorias racistas do século passado, que achavam que a mistura entre negros, brancos e índios provocaria um "enfraquecimento" da raça brasileira. Mesmo assim, é um livro essencial, porque o repórter Euclides, que trabalhava no jornal "O Estado de S. Paulo", foi a campo cobrir a guerra de Canudos [1]e viu na frente de combate muitas coisas que punham em questão as teorias formuladas em gabinete. "Casa-Grande & Senzala", do pernambucano Gilberto Freyre, apresentava pela primeira vez a miscigenação como algo positivo [2]e buscava nos primórdios da colonização portuguesa do país as origens da sociedade que se formou aqui. Por último, o paulista Sérgio Buarque de Holanda, em "Raízes do Brasil", partia de premissas parecidas mas propunha uma visão crítica, que influenciaria toda a sociologia produzida a partir de então.

*VEJA*, 22 de dezembro, 1999. p. 281-282.

7. **S** (UFSM-RS)

[...] e VIU na frente de combate muitas coisas que punham em questão as teorias formuladas em gabinete.
[...] e BUSCAVA nos primórdios da colonização portuguesa do país as origens da sociedade que se formou aqui.

Analise as afirmações a respeito da pontuação, concordância e regência dos segmentos destacados.

I. Os dois segmentos mostram que o autor não usou vírgula para separar adjuntos adverbiais deslocados.
II. A concordância verbal com o pronome relativo QUE está adequada à norma culta somente na primeira construção.
III. Se a expressão "punham em questão" fosse substituída por QUESTIONAVAM, ocorreria um caso de crase.

Está(ão) correta(s)

a) apenas I.
b) apenas II.
c) apenas III.
d) apenas I e III.
e) I, II e III.

CAPÍTULO

# 16 A coordenação

Andrew Twort/Alamy/Glow Images

A língua oferece inúmeros recursos e possibilidades de combinações: encadeamos, intercalamos, confrontamos, hierarquizamos as ideias para nos exprimirmos. Fazemos tudo isso — e compreendemos quando outra pessoa o faz ao falar conosco ou ao escrever — muitas vezes sem prestar atenção aos recursos empregados na construção do enunciado. Por exemplo, ao ler o texto a seguir, será que você pensaria em hierarquia de ideias? Ou em como os argumentos foram contrapostos?

Observe como algumas orações foram elaboradas no trecho da reportagem abaixo sem dependerem sintaticamente umas das outras, ou seja, de maneira mais independente no período. Discuta essas construções com os colegas e o professor, levando em conta as questões propostas nesta página.

## Supernovas

### A máquina de fazer ouro

*Peque água do mar, adicione um ingrediente especial, espere um pouco e* voilà: *está pronto o ouro. [...]*

por Marcos Ricardo dos Santos

Dois professores da Universidade de Michigan conseguiram concretizar um sonho antigo da humanidade: fabricar ouro. Tudo graças à *Cupriavidus metallidurans*, uma bactéria que geralmente é encontrada no solo próximo a minas, onde há grande concentração de metais.

[...] Atualmente, o processo não é rentável, porque custa muito caro extrair o cloreto de ouro dos oceanos (é preciso processar 1 milhão de litros de água para obter 0,5 g da substância). Na prática, se gasta mais para conseguir o cloreto do que o valor comercial do ouro produzido. Mas, segundo Brown [um dos pesquisadores], o método pode ser aperfeiçoado. E, quem sabe, tornar ricos esses novos alquimistas que estão chegando.

Revista *Superinteressante*. São Paulo: Abril, fev. 2013. Disponível em: <http://super.abril.com.br>. Acesso em: 6 maio 2014.

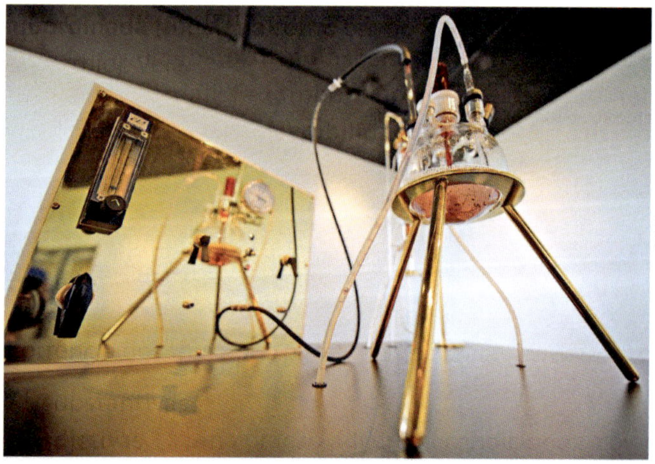

G.L. Kohuth/Divulgação/Arquivo da editora

Instalação criada pelos professores Kazem Kashefi, microbiologista, e Adam Brown, professor de Arte, que mostra o processo de fabricação do ouro pela bactéria *Cupriavidus metallidurans*.

- *Observem o trecho logo abaixo do título da notícia. Há um trabalho de intertextualidade com que outro gênero textual? Que elemento(s) relaciona(m) essas orações?*
- *Seria possível trocar a ordem das orações do trecho abaixo do título? Por quê?*
- *Por essa construção, parece fácil fazer ouro, não é? Em sua opinião por que o produtor da notícia elaborou uma construção como essa logo no início do texto?*
- *Na sequência do texto, a expectativa de conseguir ouro "fácil" é quebrada. E o produtor da matéria explica o motivo da dificuldade. Qual é esse motivo? Com que palavra se inicia a oração que traz essa explicação? Você e seus colegas costumam usar esse termo para iniciar suas explicações? Em caso negativo, qual usam?*
- *Há outras explicações nesse parágrafo. Quais e o que explicam? Como se iniciam?*
- *O trecho "Mas, segundo Brown [um dos pesquisadores], o método pode ser aperfeiçoado" contrapõe-se a algo escrito antes. Que palavra indica essa oposição? A que ideia(s) se opõe esse trecho?*
- *O último período desse mesmo fragmento inicia-se com a conjunção* e. *Como ele se relaciona com o(s) trecho(s) anterior(es) do parágrafo? Expliquem.*

# 1 Período simples e período composto

Você já estudou que **período** é a frase constituída por uma ou mais orações, formando um todo com sentido completo. Sabemos mais: o período pode ser simples ou composto.

O **período simples** é constituído de apenas uma oração (chamada oração absoluta):

Atualmente, o processo não é rentável.

O **período composto** é constituído de duas ou mais orações:

Atualmente, o processo não é rentável, [oração] porque custa muito caro a extração do cloreto. [oração]

Vamos nos fixar no último exemplo. Nele, há um período formado por duas orações independentes, que poderiam constituir orações absolutas. Observe:

O processo não é rentável.

A extração do cloreto custa muito caro.

A relação que se estabelece entre elas é semântica (de significação); as duas orações estão simplesmente justapostas, coordenadas, não existindo subordinação sintática entre elas. A esse tipo de período chamamos **período composto por coordenação**.

Observe, agora, o seguinte período:

Quando é **colocada** em contato com o cloreto, a bactéria se **alimenta** dele.

Nele, pode-se reconhecer uma outra situação. A primeira oração ("Quando é colocada") não tem sentido completo, estando diretamente ligada à segunda e dependente desta (daí ser chamada de **subordinada**): ela exprime uma circunstância temporal, desempenhando a função de adjunto adverbial de tempo.

A segunda oração do período ("a bactéria se alimenta dele"), além de servir de suporte à primeira, não desempenha nenhuma função sintática em relação a ela, sendo, por isso, chamada de **oração principal**. A esse tipo de período chamamos **período composto por subordinação**.

Essas duas situações podem ser percebidas em um mesmo período, denominado **período composto por coordenação e subordinação**. Veja este exemplo:

Quando é **colocada** em contato com o cloreto [or. subord.] a bactéria se **alimenta** dele [or. principal/or. coord.] e **excreta** ouro puro. [or. principal (em relação à 1ª)/or. coord. (em relação à 2ª)]

Assim, entre a primeira oração e as duas seguintes estabelece-se uma relação de subordinação (a primeira é subordinada à segunda e à terceira; a segunda e a terceira são orações principais em relação à primeira); entre a segunda e a terceira, a relação é de coordenação (lembrando que no período composto por coordenação não há oração principal, já que não há subordinação sintática entre as orações).

# 2 Período composto por coordenação

## Orações coordenadas sindéticas e assindéticas

Como vimos, orações coordenadas são sintaticamente independentes entre si e se combinam, formando períodos compostos por coordenação. Há duas formas de isso acontecer: por meio de uma conjunção ou por simples justaposição.

O adjetivo *sindético* deriva do substantivo *síndeto*, que vem do grego e significa "o que serve para ligar, unir". Portanto, a oração coordenada ligada por uma conjunção é **sindética**. Se não apresentar conjunção, a oração é **assindética** (o prefixo *a* indica ausência).

Considere o seguinte texto:

Filipe Rocha/Arquivo da editora

O pai lia o jornal – notícias do mundo. O telefone tocou tirrim-tirrim. A mocinha, filha dele, dezoito, vinte, vinte e dois anos, sei lá, veio lá de dentro, atendeu: Alô. Dois quatro sete um dois cinco quatro. Mauro!!!

FERNANDES, Millôr. O evento. In: *Novas fábulas fabulosas*. 2. ed. Rio de Janeiro: Nórdica, 1978. p. 68 (fragmento).

Nele, percebemos que a coordenação entre duas ou mais orações pode ser feita por simples justaposição, sem o emprego de uma conjunção (nesse caso, a pontuação funciona como elemento conector), como ocorre em:

[...] A mocinha, filha dele, dezoito, vinte, vinte e dois anos, sei lá, veio lá de dentro, atendeu: Alô. [...].

Nesses casos, as **orações coordenadas** são **assindéticas**, não são ligadas por conjunção.

As orações coordenadas assindéticas não comportam classificação, embora se percebam diferentes relações entre elas:

- de somatória em: "Vim, vi, venci".
- de adversidade em: Eles partiram, eu fiquei.
- de explicação em: Chegue mais cedo, precisamos conversar.

As orações sindéticas, dependendo da relação semântica que as une, classificam-se em: **aditivas**, **adversativas**, **alternativas**, **conclusivas** e **explicativas**. Essa relação semântica vem, via de regra, explicitada pela conjunção que as introduz.

## Classificação das orações coordenadas sindéticas

As orações coordenadas sindéticas são classificadas em:

- **Oração coordenada sindética aditiva**: a ideia encerrada na oração coordenada aditiva soma-se à ideia encerrada na oração anterior; vem introduzida por conjunção aditiva, que exprime ideia de adição, de soma. É o caso mais típico de coordenação, em que as orações se apresentam independentes. As principais são *e* e *nem*:

A mocinha atendeu o telefone **e** falou com seu amigo Mauro.

A mocinha não atendeu o telefone, **nem** falou com seu amigo Mauro.

- **Oração coordenada sindética adversativa**: a oração coordernada adversativa contém uma ideia que se opõe à ideia contida na oração anterior; vem introduzida por conjunção adversativa, que estabelece uma relação de adversidade ou de contrariedade. São elas: *mas*, *porém*, *todavia*, *contudo*, *entretanto*, etc.

  Mauro é amigo da moça, **mas** não se falam sempre.

  O pai não atendeu o telefone, **porém** ouviu a conversa.

- **Oração coordenada sindética alternativa**: vem introduzida por conjunção alternativa, que indica alternância ou escolha. A conjunção alternativa mais conhecida é *ou* (repetida ou não), havendo também as conjunções bimembres: *ora... ora*, *nem... nem*, *quer... quer*, etc.

  Atender o telefone **ou** deixá-lo tocar?

  A moça **ou** ouve música **ou** lê um livro no tempo livre.

  **Ora** lê o jornal, **ora** ouve o programa de rádio.

  **Nem** era Luís, **nem** era Francisco, era Mauro.

- **Oração coordenada sindética conclusiva**: a oração coordenada conclusiva compreende uma conclusão em relação ao que é dito na oração anterior; vem introduzida por conjunção conclusiva, que estabelece uma relação de conclusão, resultado, efeito, consequência. As principais são: *logo*, *portanto*, *assim*, *por isso*, *pois* (quando vem depois do verbo).

  Parafraseando Descartes: **Canto**, **logo existo**.

  Crio música, **portanto** sou compositor.

  O público está inquieto; é preciso, **pois**, cautela.

- **Oração coordenada sindética explicativa**: a oração coordenada explicativa encerra uma explicação, motivo ou razão do que foi dito na oração anterior; vem introduzida por conjunção explicativa, que liga duas orações e estabelece uma relação de explicação ou justificativa entre elas. As principais são *que*, *porque*, *pois* (quando vem antes do verbo), etc.

  O CD **foi** bem recebido pelo público **porque tem** qualidade.

  Não **desliga** o som **que** eu já **volto**.

  Não se **desespere**, **pois** eu **volto**.

Esquematizando:

**Orações coordenadas**
- assindéticas
- sindéticas
  - aditivas
  - adversativas
  - alternativas
  - conclusivas
  - explicativas

Filipe Rocha/Arquivo da editora

OPS!

## Elas são mesmo independentes?!

É comum encontrarmos as orações coordenadas definidas como estruturas independentes. E de fato são, já que não pertencem à estrutura de outra oração. Do ponto de vista gramatical, está correto. Mas, do ponto de vista semântico, não há como deixar de notar certa relação de dependência em um período composto por coordenação (relação essa que pode ser mais ou menos intensa, dependendo do tipo de oração).

Consideremos a frase famosa de Descartes:

Penso, logo existo.

Seria desvirtuar seu sentido (e o da premissa básica do pensamento cartesiano) separá-la em duas unidades autônomas: eu penso; eu existo. A ideia de conclusão contida na segunda oração só pode ser entendida se levarmos em consideração o que é dito na oração anterior. O mesmo se pode afirmar de "Ia ao cinema, mas choveu.", em que é nítida a dependência semântica da oração adversativa em relação à oração anterior.

Bettmann/Corbis/Latinstock

O matemático e filósofo francês René Descartes.

Outro argumento usado para mostrar a "independência" das orações coordenadas é que a alteração da ordem em que elas aparecem não altera o sentido do período. Correto! Isso vale, por exemplo, para a sequência "Gosto de poesia e gosto de música." (Ops! Será que colocar primeiro "poesia" e depois "música" não é revelador?).

Pensemos, agora, na famosa frase do imperador romano Júlio César:

Vim, vi, venci.

Contrariando a teoria, essas orações assindéticas só poderiam estar nessa ordem, já que há uma sequência cronológica: primeiro eu vim, depois eu vi (não daria para ver antes de chegar) e, na sequência, eu venci. O mesmo ocorre no texto de divulgação científica da abertura deste capítulo. Ou seria possível alterar a ordem de "Pegue água do mar", "adicione um ingrediente especial", "espere um pouco"?

# Atividades

*Texto 1*

## O homem que se endereçou

Apanhou o envelope e na sua letra cuidadosa subscritou a si mesmo:

Narciso, rua Treze, nº 21.

Passou cola nas bordas do papel, mergulhou no envelope e fechou-se. Horas mais tarde a empregada colocou-o no correio. Um dia depois sentiu-se na mala do carteiro. Diante de uma casa, percebeu que o funcionário tinha parado indeciso, consultara o envelope e prosseguira. Voltou ao **DCT**, foi colocado numa prateleira. Dias depois, um novo carteiro procurou seu endereço. Não achou, devia ter saído algo errado. A carta voltou à prateleira, no meio de muitas outras, amareladas, empoeiradas. Sentiu, então, com terror, que a carta se extraviara. E Narciso nunca mais encontrou a si mesmo.

BRANDÃO, Ignácio de Loyola. *O homem do furo na mão & outras histórias*. 11. ed. São Paulo: Ática, 2009.

Filipe Rocha/Arquivo da editora

**DCT** (Departamento de Correios e Telégrafos): nome da autarquia federal que atendia os serviços postais até 1969, quando foi transformada em uma empresa pública vinculada ao Ministério das Comunicações sob o nome Empresa Brasileira de Correios e Telégrafos (ECT).

*Texto 2*

NARCISO – Era filho do deus-rio Cefiso, e de uma Ninfa. Desprezava o amor, embora as Ninfas o perseguissem, enamoradas dele. Houve uma, Eco, que se apaixonou de tal maneira pelo belo mancebo, que emagreceu a ponto de só restarem os ossos e a voz. Conta-se que Nêmesis se encarregou de vingar as mulheres desprezadas. Um dia fez com que Narciso contemplasse o reflexo de seu rosto nas águas de uma fonte, onde fora se refrescar. Insensível a tudo o mais, ali ficou o moço, extasiado diante da beleza do rosto que via no fundo da água. E assim permaneceu até morrer. No lugar onde ele morreu brotou uma flor que se chamou narciso.

GUIMARÃES, Ruth. *Dicionário da mitologia grega*. São Paulo: Cultrix, 1972. p. 228.

Museu Nacional, Liverpool, Inglaterra/The Bridgeman Art Library/Keystone.

*Eco e Narciso*, de John William Waterhouse, 1903.

1. Embora a narrativa curta (texto 1) pareça ter como ponto central um ato cotidiano — o envio de uma carta pelos Correios — e esteja escrita numa linguagem direta, com frases curtas e bem concatenadas, é possível afirmar que ela tem um tom estranho, próximo ao da literatura fantástica. Explique.

2. Você já tinha ouvido falar no personagem Narciso, da mitologia grega? Que relações percebeu entre o personagem criado pelo escritor brasileiro contemporâneo Loyola Brandão e o personagem mitológico (texto 2)?

3. No conto contemporâneo, o personagem Narciso pertence ao mundo de hoje e envolve-se numa questão ligada aos serviços postais. Reveja o endereçamento conforme ele escreve no conto:

   Narciso, rua Treze, nº 21.

   a) Você conhece bem os elementos básicos do endereço a serem escritos — sobre o destinatário e sobre o remetente — no envelope de uma carta? Que dados faltaram na correspondência do personagem? Se preciso, pesquise: <www.correios.com.br>.

   b) No portal da ECT <www.correios.com.br>, consta que no envio de uma carta não comercial o serviço inclui "Entrega domiciliária" e "Devolução automática ao remetente, no caso de não entrega". De que forma esse dado poderia mudar o destino do personagem se ele tivesse preenchido corretamente os dados do remetente?

4. Releia o período "Passou cola nas bordas do papel, mergulhou no envelope e fechou-se".

   a) Classifique as relações existentes entre as orações que o compõem, levando em conta a presença e a ausência de conjunção e a relação semântica entre elas.

   b) Identifique um fragmento do conto no qual haja um caso equivalente e justifique.

   c) Que efeito provoca a predominância do processo de coordenação na construção do texto?

5. Considere os sintagmas "horas mais tarde", "um dia depois" e "dias depois".

   a) Qual é sua função sintática nos enunciados?

   b) Qual é sua função dentro da narrativa?

   c) O que indica a palavra *então* em "Sentiu, então, com terror, que a carta se extraviara"?

6. Caetano Veloso escreveu:

   É que Narciso acha feio o que não é espelho

   a) É possível traçar um paralelo entre o verso e o conto e afirmar que o Narciso da história quebrou seu espelho? Por quê?

   b) Que expressão confirma isso no final? Por quê?

Filipe Rocha/Arquivo da editora

A GRAMÁTICA DO TEXTO

# 1 A classificação das orações coordenadas assindéticas contextualizadas

Embora não haja uma conjunção entre as orações coordenadas assindéticas, isso não significa que não possamos perceber as relações de sentido que se estabelecem entre elas. Para compreender como isso pode acontecer, leia a tirinha a seguir e acompanhe os comentários sobre ela.

LAERTE. Piratas do Tietê. *Folha de S.Paulo*, São Paulo, 5 mar. 2004. p. E19.

As orações coordenadas assindéticas não têm classificação porque não há explicitação textual da relação que elas estabelecem no período. No entanto, quando contextualizadas, observam-se relações de sentido.

No último quadrinho acima, por exemplo, existe uma relação de conclusão que une a última oração à anterior:

Esse vidro é blindado, ↑(logo) o sr. vai machucar os punhos...

Dessa maneira, embora não sejam introduzidas por conjunção, as orações coordenadas assindéticas podem ser classificadas segundo o seu contexto. Veja alguns exemplos:

Esse vidro é blindado, ↑(e) o sr. não tem luvas de proteção, ↑(logo) o sr. vai machucar os punhos...

Esse vidro é blindado, ↑(mas) o sr. é muito forte, ↑(e) o sr. não vai machucar os punhos...

Esse vidro é blindado, ↑(porque) às vezes entra gente armada...

# 2 A conjunção unindo períodos

Falar em orações coordenadas sindéticas pressupõe período composto. No entanto, observam-se casos em que aquilo que deveria ser período composto aparece fraturado, resultando em dois períodos simples. Em geral, isso ocorre quando o falante quer valorizar a segunda oração ou estabelecer uma relação entre dois períodos ou, às vezes, entre dois parágrafos inteiros e não apenas entre duas orações.

Leia o texto a seguir para acompanhar como isso acontece.

## Aquário

durantelallera/Shutterstock/Glow Images

[...]

Um líder em matéria de ideias, você vai lançar modos e costumes, e pode até escrever um livro digital e publicar na internet, para alegria de seus inúmeros seguidores.

Mas nem só de bom papo e lindas ideias viverá você em 2013.

Saturno, seu regente, vai botar à prova sua competência profissional até 2015. [...]

*Folha de S.Paulo*. São Paulo, 14 jan. 2013.
Disponível em: <http://f5.folha.uol.com.br>. Acesso em: 17 fev. 2014.

Nesse fragmento, há três períodos, devidamente iniciados com letra maiúscula e encerrados com ponto-final. No primeiro período, observamos três orações coordenadas sindéticas aditivas:

Um líder em matéria de ideias, você vai lançar modos e costumes, **e** pode até escrever um livro digital **e** publicar na internet, para alegria de seus inúmeros seguidores.

O que chama a atenção é o fato de o segundo período estar introduzido pela conjunção adversativa *mas*, que estabelece uma relação de oposição entre todo o primeiro período (que traz previsões positivas e cheias de realizações para os aquarianos) e o segundo (que antecipa que nem tudo será positivo).

O terceiro período é simples, sem conjunção introdutória. No entanto, é possível estabelecer uma relação semântica em relação ao segundo, levando em conta o fragmento do texto em que aparece. Nesse sentido, poderíamos dizer que se trata de uma coordenada assindética explicativa:

Mas nem só de bom papo e lindas ideias viverá você em 2013, ↓ Saturno, seu regente, vai botar à prova sua competência profissional até 2015.
(pois/já que)

# Polissíndeto e assíndeto

Já sabemos que uma oração coordenada introduzida por conjunção é **sindética** e que se não apresentar o conectivo é **assindética**. Isso posto, fica mais fácil entender o polissíndeto e o assíndeto. Veja:

- **Polissíndeto** (*poli* = muitos, diversos) é uma figura de sintaxe caracterizada pela repetição das conjunções, notadamente das aditivas. Observe nesta estrofe do poema "O olhar para trás" como Vinícius de Morais a explora, intensificando o clima de ansiedade, o passar do tempo, o fluir:

[...]
**E** o olhar estaria ansioso esperando
**e** a cabeça ao sabor da mágoa balançando
**e** o coração fugindo **e** o coração voltando
**e** os minutos passando **e** os minutos passando...
[...]

MORAIS, Vinícius de. *Obra poética*. Rio de Janeiro: J. Aguilar, 1968.

- **Assíndeto** (o prefixo *a* indica ausência) é uma figura de sintaxe caracterizada pela ausência, omissão das conjunções coordenativas. Observe como a escritora Adélia Prado a explora no poema abaixo, fazendo com que as imagens se sucedam, quase se misturando, como acontece ao dormirmos, que é o que deseja o eu lírico:

## Exausto

Adélia Prado

Eu quero uma licença de dormir,
perdão pra descansar horas a fio,
sem ao menos sonhar
a leve palha de um pequeno sonho.
Quero o que antes da vida
foi o sono profundo das espécies,
a graça de um estado.
Semente.
Muito mais que raízes.

PRADO, Adélia. *Bagagem*. Rio de Janeiro: Record, 2003.

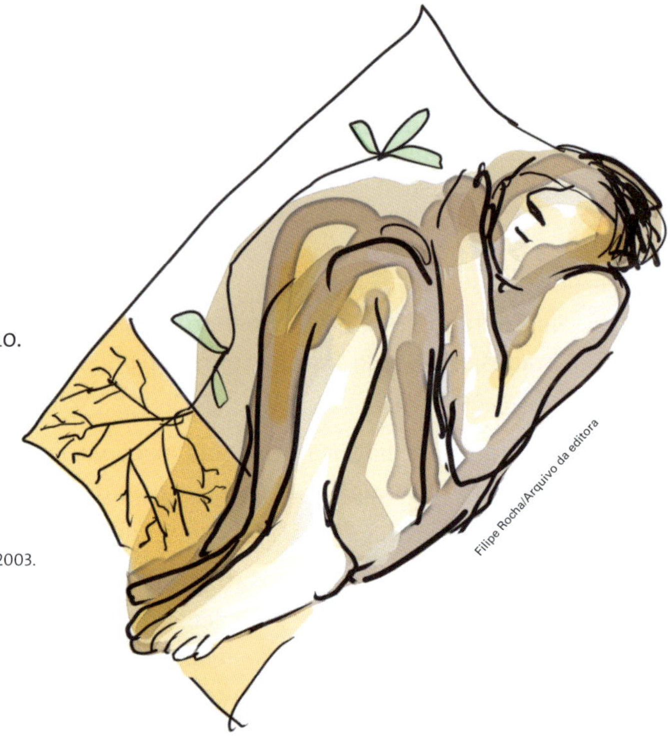
Filipe Rocha/Arquivo da editora

Observe, neste trecho do conto "A moça tecelã", como Marina Colasanti trabalha esses dois recursos, alterando o ritmo da narrativa:

## A moça tecelã

Marina Colasanti

[...]

Dias **e** dias, semanas **e** meses trabalhou a moça tecendo tetos **e** portas, **e** pátios **e** escadas, **e** salas **e** poços. A neve caía lá fora, **e** ela não tinha tempo para chamar o sol. A noite chegava, **e** ela não tinha tempo para arrematar o dia. Tecia **e** entristecia, enquanto sem parar batiam os pentes acompanhando o ritmo da lançadeira.

Afinal o palácio ficou pronto. E entre tantos cômodos, o marido escolheu para ela e seu tear o mais alto quarto da mais alta torre.

[...]

Só esperou anoitecer. Levantou-se enquanto o marido dormia sonhando com novas exigências. E descalça, para não fazer barulho, subiu a longa escada da torre, sentou-se ao tear.

Desta vez não precisou escolher linha nenhuma. Segurou a lançadeira ao contrário, e, jogando-a veloz de um lado para outro, começou a desfazer o seu tecido. Desteceu os cavalos, as carruagens, as estrebarias, os jardins.

[...]

COLASANTI, Marina. *Doze reis e a moça no labirinto do vento*. São Paulo: Global, 1999. p. 15.

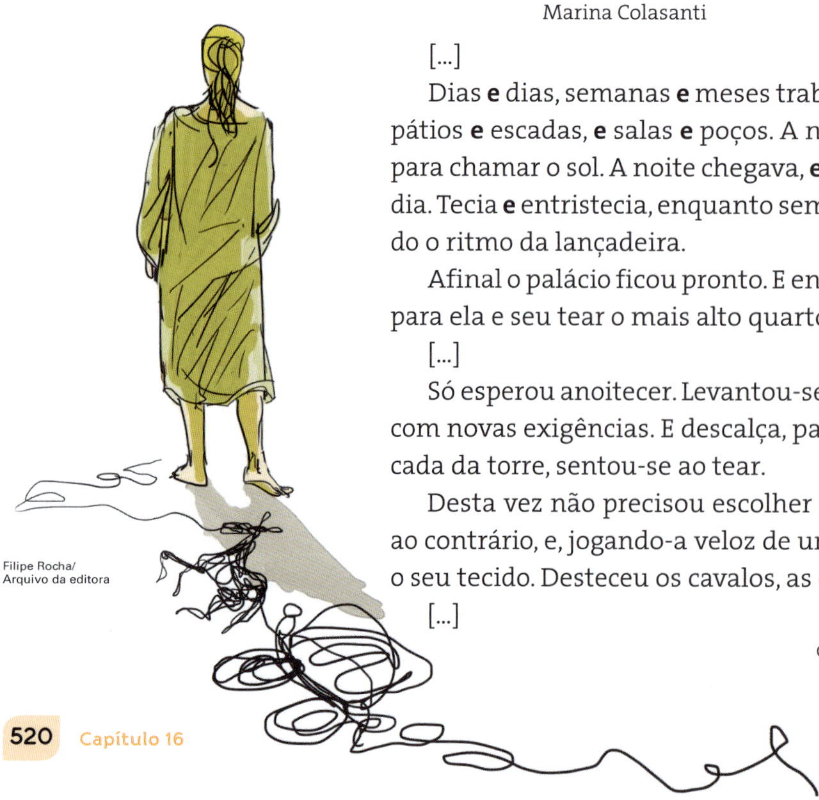
Filipe Rocha/Arquivo da editora

Em um primeiro momento, ao descrever o trabalho da moça tecelã, a escritora emprega o polissíndeto. Note que no início do parágrafo há uma gradação crescente: dias e dias, semanas e meses. Essa gradação explora um elemento da narrativa – a passagem do tempo – associado à condição da personagem: o tempo que a moça trabalhou para seu marido, bordando tudo que ele desejava. Tanto a gradação como as coisas que ela tecia e o passar do tempo são intensificados pela reiteração da conjunção aditiva *e*. Analisando a gradação e o polissíndeto de forma conjunta, percebe-se que a expressividade do texto atinge o seu grau máximo e que o polissíndeto imprime um ritmo mais arrastado ao texto. Em situação diametralmente inversa à apresentada nessa primeira passagem, no último parágrafo do fragmento, a escritora utiliza um assíndeto. Essa figura ocorre na parte do texto que narra a rápida desconstrução de todos os bens acumulados; seria então totalmente extemporânea a repetição da conjunção aditiva (que indica adição, soma). A moça imprime um ritmo veloz à sua ação, e a ausência da conjunção acelera o ritmo da leitura.

## Atividades

1. Antes de ler o texto completo da revista de divulgação científica *Ciência Hoje*, detenha sua atenção no primeiro terço da página.

Lucas Conrado Silva/*Ciência Hoje*, R.J.

a) Qual é a função do texto não verbal?

b) A linha rubro-negra com o texto "genômica" no alto da página é chamada, no jargão jornalístico, de retranca. Levando em consideração a matéria como um todo, qual seria a função desse elemento?

c) Quais são as características principais do título? Com que objetivo você imagina que ele foi elaborado?

d) Logo abaixo do título, o olho da matéria — "Pesquisa analisa genes de jogadores de futebol e os relaciona às habilidades demonstradas em treinamento" — exerce uma função específica. Qual?

2. Leia a seguir a matéria toda e confirme ou não as respostas da atividade 1.

## GENÔMICA

### Genética em campo

*Pesquisa analisa genes de jogadores de futebol e os relaciona às habilidades demonstradas em treinamento*

Imagine um time de futebol em que cada jogador tivesse uma carga de treinamentos personalizada. Além da posição do jogador e de suas habilidades, os exercícios seriam também determinados por sua genética. É isso que propõe o estudo premiado no 1º Simpósio Brasileiro de Genômica e Esporte, realizado em junho último na Universidade Federal de São Paulo (Unifesp).

O autor do estudo, Thiago Dionísio, do Programa Interinstitucional de Pós-Graduação em Ciências Fisiológicas da Universidade Federal de São Carlos (Ufscar)/Universidade Estadual de São Paulo (Unesp), analisou os genes de 100 atletas das categorias de base do São Paulo Futebol Clube. Com idade entre 13 e 20 anos, todos são moradores do centro de treinamento do clube há pelo menos um ano. "Escolhemos garotos que moram no centro, pois eles têm a mesma alimentação, treinam de forma sistematizada e descansam de maneira adequada", explica Dionísio, que completa: "Queríamos evitar variáveis que pudessem influenciar no resultado dos testes".

Com base em linha de estudos que correlaciona o polimorfismo genético (alterações na sequência do DNA que modificam a expressão de uma proteína) ao desempenho esportivo, o estudo se concentrou no gene que codifica a proteína alfa actinina 3 (ACTN3). Essa proteína compõe a estrutura das fibras musculares de contração rápida, que se concentram nos músculos de contração voluntária, como aqueles dos braços e das pernas. A proteína confere ao músculo um arranjo mais firme e estruturado, condição que ajudaria os atletas em modalidades que exigem explosão e força muscular.

A proteína é expressa quando os indivíduos apresentam os genótipos RR e RX para o gene ACTN3. Segundo o estudo de Dionísio, 57% dos jogadores do São Paulo apresentavam o genótipo RX, 24% apresentavam RR e apenas 17% dos rapazes não tinham a expressão da proteína (genótipo XX) – mesma proporção observada na população geral, que não pratica esporte. "Queremos verificar no futuro se ocorre essa distribuição genotípica também nos atletas profissionais", diz o pesquisador.

DESEMPENHOS COMPARADOS Dionísio correlacionou o resultado obtido com algumas das principais provas realizadas em treinamentos de futebol, como salto, corrida e resistência. "Tanto os atletas com genótipo RR como os com RX apresentaram melhores desempenhos nas provas de saltos quando comparados aos XX. Os atletas com genótipo RX e XX correram distâncias maiores que os RR. E os heterozigotos RX ficaram num meio-termo em provas de força e resistência", relata.

Segundo Dionísio, no futuro, os treinadores e preparadores físicos poderão utilizar esses dados para desenvolver cargas de treino personalizadas em busca dos melhores rendimentos de cada atleta. Mas ele faz questão de alertar: "Não é só a genética que influencia no desempenho humano. Treinamento, descanso, alimentação, tática e até força de vontade podem determinar mais o sucesso de um atleta do que sua genética".

Por isso, a proposta do estudo é conferir aos atletas condições de treinamento mais efetivas e não propor uma seleção genética para futuros jogadores de futebol. "Quem garante que um atleta desprovido das condições genéticas ideais não possa se tornar um campeão?", questiona Dionísio.

SILVA, Lucas Conrado. Revista *Ciência Hoje*, n. 300, jan./fev. 2013.

## **Gênero textual:** texto de divulgação científica

O texto de divulgação científica circula na esfera jornalística, mas apresenta características do discurso científico, uma vez que vem a público para revelar resultados de pesquisas, descobertas da ciência, curiosidades. Como não é destinado à comunidade científica e sim ao leitor leigo, apresenta um diferencial didatizante: por meio de analogias, explicações, definições, exemplos e comparações, o jornalista vai simplificando para o leitor conceitos ou termos que poderiam ser inacessíveis em uma publicação especializada. O texto apresenta estratégias jornalísticas, como a busca da impessoalidade e da objetividade para demonstrar-se neutro, além das vozes dos especialistas, cientistas, estudiosos que legitimam as afirmações sobre os fatos, que são mostrados como se tivessem vida própria, como se não houvesse a mediação do jornalista ao relatá-los. Dependendo do veículo no qual é divulgado, varia o grau de aproximação com o leitor; nas publicações destinadas ao público jovem, por exemplo, o registro chega a ser coloquial.

3. Considere o primeiro parágrafo do texto.
   a) Que função tem o verbo "imaginar" que abre o parágrafo?
   b) De que forma contribui na construção do texto de divulgação científica?
   c) Indique de que forma a mesma ideia é retomada mais adiante no texto.

4. Ao longo do texto, a pesquisa personificada vai cedendo espaço para o pesquisador que está por trás dela. Identifique os trechos em que esse deslocamento acontece, levando em conta as informações presentes no olho da matéria.

5. O jornalista que assina a matéria introduz a voz do pesquisador ao longo do texto.
   a) Que recursos utiliza para fazê-lo?
   b) Que informações legitimam a voz e o estudo desse pesquisador?

6. Levando em conta os verbos utilizados para introduzir a voz do pesquisador:
   a) quais estão relacionados com o caráter explicativo do texto?
   b) quais introduzem outros sentidos?

7. O último parágrafo, introduzido pelo conector "por isso", indica uma relação de sentido entre esse parágrafo e uma ideia anterior.
   a) Qual é essa relação de sentido?
   b) Com qual ideia se relaciona?
   c) Por quais outros conectores você poderia substituir "por isso" sem alterar a relação estabelecida?

8. Entre os elementos explicativos de um texto de divulgação científica, podemos destacar o recurso da definição. Considere o terceiro parágrafo e identifique:
   a) uma definição com o significado de uma palavra ou expressão técnica;
   b) uma definição que introduz características distintivas de algo;
   c) uma definição que introduz a função de algo.

9. Leia um fragmento do currículo do autor do estudo divulgado na matéria, o pesquisador Thiago Dionísio, publicado pelo Conselho Nacional de Desenvolvimento Científico e Tecnológico (CNPq), agência do Ministério da Ciência, Tecnologia e Inovação que procura incentivar a pesquisa científica no país.

CNPq
Conselho Nacional de Desenvolvimento Científico e Tecnológico

Currículo Lattes

XML ?

Dados gerais | Formação | Atuação | Projetos | Produções | Eventos | +

**Thiago José Dionísio**

**Bolsista de Doutorado do CNPq**

Endereço para acessar este CV: http://lattes.cnpq.br/7756206930741476

Última atualização do currículo em 31/01/2013

Graduado em Educação Física pela Universidade Estadual Paulista Júlio de Mesquita Filho UNESP - Bauru (2006) e mestre pela Universidade Federal de São Carlos no Programa de Ciências Fisiológicas (2010). Atualmente é especialista de laboratório da Universidade de São Paulo, campus de Bauru e Professor Adjunto da Universidade Pulista. **(Texto informado pelo autor)**

   a) Pesquise para saber de que tratam as áreas nas quais o pesquisador é formado.
   b) Escreva um pequeno texto comentando de que forma elas dialogam e podem ajudá-lo a desenvolver um trabalho. Ao elaborar seu texto, escolha criteriosamente os conectores que empregará para estabelecer os mecanismos de conexão.
   c) Depois de finalizar seu texto, troque-o com um colega. Em seguida, comentem um com o outro os efeitos obtidos por esses conectores.

# Vestibulares de Norte a Sul

1. **NE** (UEPB) Leia o texto e responda à questão.

**O parto da escrita**

No "Equilíbrio" da última terça. Rosely Sayão veio em socorro de uma professora cujos alunos em fase de alfabetização se recusam a escrever manualmente. De acordo com os diabretes, fazê-lo seria uma inutilidade, já que o teclado é hoje onipresente.

A colunista defende a escrita manual e, mais especificamente, a letra cursiva, afirmando que sua preservação é uma questão de cidadania, já que existem ainda muitas pessoas que não têm acesso à tecnologia.

Em grandes linhas, concordo com a psicóloga, mas tenho uma ou duas coisinhas a acrescentar. Rabiscar caracteres à mão – pode ser em letra de forma; eu não colocaria tanta ênfase na cursiva – parece ser um elemento importante para que as crianças dominem o código alfabético.

[1]O problema é que, ao contrário da linguagem falada, que é um item de fábrica no ser humano (não há bando que não disponha de um idioma), a escrita, com seus 5.500 anos, é uma invenção relativamente moderna e rara. Não surgiu mais do que três ou quatro vezes ao longo da história.

[...]

Hélio Schwatsman. *Folha de São Paulo*. Caderno A2 Opinião. 1º de junho de 2012.

O enunciado "o problema é que [...]" (ref. 1)

a) Não pode ser retirado da construção do período, pois causaria prejuízo ao sentido do texto.
b) Remete a uma sequência de enunciados que contém uma superposição de orações.
c) É um termo da gíria, deslocado no contexto do artigo.
d) Causa a construção de um polissíndeto, tendo em vista o uso excessivo de vírgulas.
e) Funciona como um sujeito aglutinador de todas as orações do período.

2. **SE** (UFJF-MG) As mudanças na sociedade contemporânea evidenciam que esse fenômeno, a guarda compartilhada, é não somente comum, mas salutar pela convivência multifamiliar e seus arranjos, porém, não em todos os casos.

Qual a relação sintático-semântica expressa pelos termos destacados no enunciado acima?

a) consequência
b) oposição
c) comparação
d) adição
e) condição

3. **SE** (Faap-SP) Reescreva os períodos que seguem, de modo a transformá-los em um único período composto por coordenação.

Não só as condecorações gritavam-lhe do peito como uma couraça de gritos: Ateneu! Ateneu! Aristarco todo era um anúncio.

4. **S** (PUC-RS)

Todos os dias esvaziava uma garrafa, colocava dentro sua mensagem, e a entregava ao mar. Nunca recebeu resposta. Mas tornou-se alcoólatra.

Marina Colasanti.

O conectivo **mas**, que introduz a conclusão do conto – tornou-se alcoólatra –, permite a seguinte interpretação:

I. A personagem tornou-se alcoólatra por que nunca recebeu uma resposta.
II. O fato aconteceu porque a personagem escreveu muitas mensagens.
III. A solidão sem remédio tem sempre como consequência o vício.
IV. Esvaziou muitas garrafas. Enviou muitas mensagens. Não recebeu resposta. Mas, como tinha bebido todos os dias, tornou-se alcoólatra.

Analise as afirmações e, a seguir, assinale a alternativa correta.

a) Somente a afirmação IV está correta.
b) Somente a afirmação I está correta.
c) Somente as afirmações I e II estão corretas.
d) Somente a afirmação III está correta.
e) Somente as afirmações II e III estão corretas.

5. **SE** (FGV-SP) Observe os períodos abaixo, diferentes quanto à pontuação.

Adoeci logo; não me tratei.
Adoeci; logo não me tratei.

A observação atenta desses períodos permite dizer que:

a) no primeiro, **logo** é um advérbio de tempo; no segundo, uma conjunção causal.
b) no primeiro, **logo** é uma palavra invariável; no segundo, uma palavra variável.
c) no primeiro, as orações estão coordenadas sem a presença de conjunção; no segundo , com a presença de uma conjunção conclusiva.
d) no primeiro, as orações estão coordenadas com a presença de conjunção; no segundo, sem conjunção alguma.
e) no primeiro, a segunda oração indica alternância; no segundo, a segunda oração indica consequência.

6. **S** (UEPG-PR) Quanto à constituição sintática da sequência "Durou, doeu e incomodou", é correto afirmar:

(01) Trata-se de um período composto por coordenação.
(02) Os três verbos se relacionam a um mesmo sujeito.
(04) É um período que contém orações independentes.
(08) Trata-se de um período misto, em que se observa não só coordenação como também subordinação.
(16) O sujeito dos verbos é o termo "bursite".

CAPÍTULO

# 17 A subordinação

Divulgação/2014/Antonio Bernardo

O cartaz a seguir faz parte de campanha contra a automedicação. Observe como as linguagens visual e verbal se complementam na elaboração da ideia comunicada e como se dá a relação entre as orações que formam períodos compostos. As questões propostas nesta página vão ajudá-lo a discutir com os colegas e o professor esses elementos.



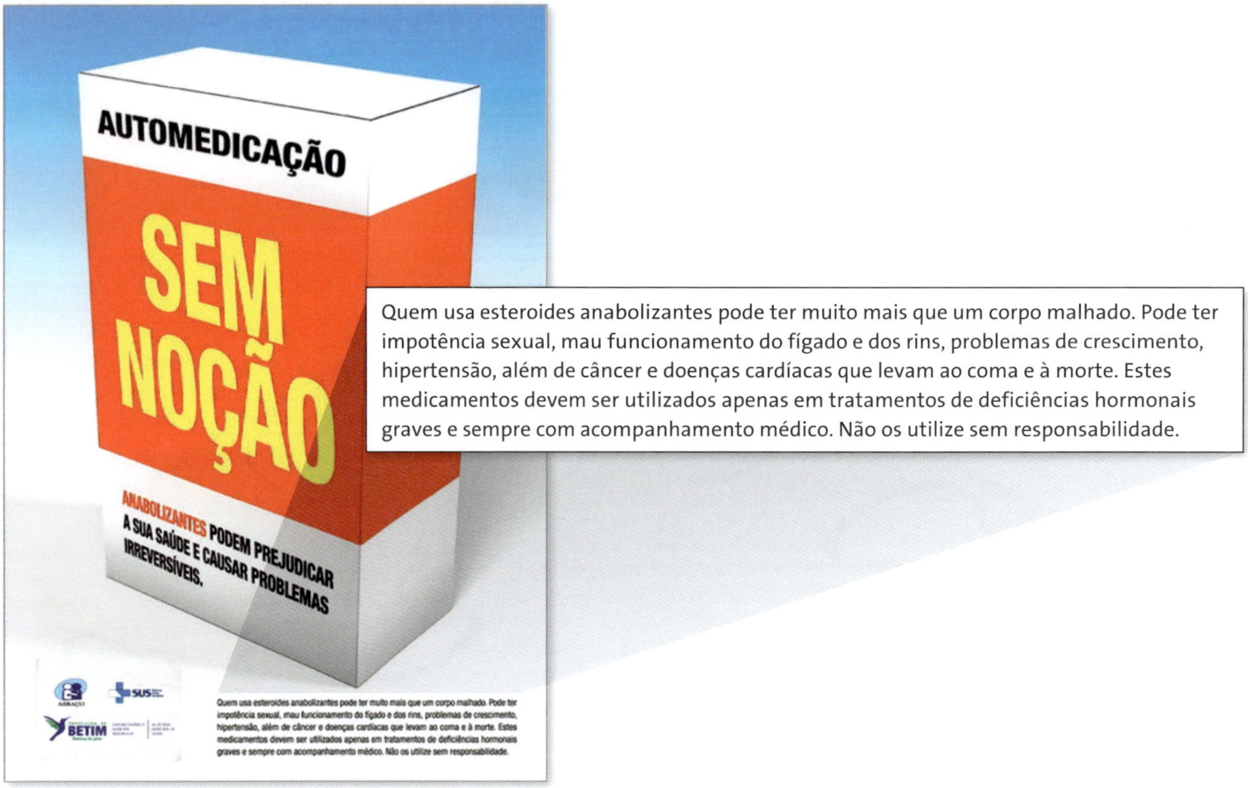


Anúncio publicitário. Betim, Minas Gerais, 2010.

- *Como se dá a relação entre a linguagem visual e a linguagem verbal dentro do cartaz? Em sua opinião, essa composição chama a atenção do leitor? Por quê?*
- *Observe o cartaz como um todo. Qual é o texto verbal que traz mais detalhes sobre a campanha? Quem são os envolvidos nessa propaganda?*
- *O que você imagina que levou essas instituições ou órgãos administrativos a se preocupar com esse assunto? Você já tinha ouvido falar nesse problema em sua região? Explique.*
- *Sob a orientação do professor, reúna-se com alguns colegas. Releiam o trecho a seguir para responder às questões propostas abaixo. Depois, discutam com a classe todas essas respostas.*

Quem usa esteroides anabolizantes pode (I) ter muito mais que um corpo malhado. Pode (II) ter impotência sexual, mau funcionamento do fígado e dos rins, problemas de crescimento, hipertensão, além de câncer e doenças cardíacas que levam ao coma e à morte. [...]

– *Que sintagma é usado como sujeito do primeiro emprego da forma verbal* pode *(I)? E que sintagma serve de objeto direto para ele?*
– *A mesma forma verbal também é usada no período seguinte (II), e podemos dizer que seu sujeito desinencial se refere ao mesmo ser que serve de sujeito para o período anterior. E qual é o sintagma que tem função de seu objeto direto?*
– *Em termos de estrutura, qual a característica desses sintagmas que você identificou como sujeito e como objeto direto?*

# Período composto por subordinação

Considere o título da notícia a seguir:

**Automedicação é a vilã dos casos de intoxicação, diz Secretaria do ES**

*G1*. Espírito Santo, 18 mar. 2012.
Disponível em: <http://g1.globo.com>. Acesso em: 9 maio 2014.

Esse título é um caso de período composto por subordinação, formado por duas orações:

Automedicação **é** a vilã dos casos de intoxicação **diz** Secretaria do ES

Na ordem direta, teríamos:

[A] Secretaria do ES **diz** [que] automedicação **é** a vilã dos casos de intoxicação.

Assim, voltando ao texto original, percebemos que a oração "diz Secretaria do ES" não é termo da outra oração, ou seja, essa oração não desempenha nenhuma função sintática em relação à anterior, daí ser chamada de **oração principal**. A primeira, no entanto, exerce a função sintática de objeto direto em relação à que consideramos oração principal, sendo, portanto, uma oração subordinada objetiva direta.

Esse **período composto por subordinação** está estruturado da seguinte forma:

oração subordinada (objeto direto de *diz*) | oração principal

Automedicação é a vilã dos casos de intoxicação | diz Secretaria do ES

diz → núcleo do predicado da or. principal

Vamos avançar um pouco mais, analisando o período seguinte:

Depois de **analisar** os casos de intoxicação no estado, agentes da saúde que **trabalham** na Secretaria **deduziram** que a automedicação **é** a causa mais recorrente do problema.

Esquematicamente, temos:

Depois de **analisar** os casos de intoxicação no estado,
(oração subordinada)

oração principal:
agentes da saúde que **trabalham** na Secretaria **deduziram**
("que trabalham na Secretaria": oração subordinada)

que a automedicação **é** a causa mais recorrente do problema.
(oração subordinada)

Considerando que a oração principal é formada por apenas dois elementos (*agentes da saúde*, sujeito formado pelo sintagma nominal, cujo núcleo é *agentes*, e *deduziram*, verbo transitivo, núcleo do predicado), logo se percebe que há aí três casos distintos de subordinação.

Como o verbo *deduz* é transitivo direto (quem deduz, deduz algo), não tem sentido completo, pedindo um complemento. O sentido do verbo, nesse caso, transita para o objeto direto, representado pela oração "que a automedicação *é* a causa mais recorrente". O complemento verbal, por se referir a seres, é representado por substantivos, ou seja, é uma função substantiva da oração. Assim, a oração é **subordinada** (funciona como termo de outra oração) **substantiva** (exerce função típica de substantivo). Veja:

| sujeito | v.t.d | obj. dir. |
|---|---|---|
| Agentes da saúde | deduziram | isto. |
| | | que a automedicação é a causa mais recorrente. |

Por sua vez, a oração "que *trabalham* na Secretaria" refere-se ao núcleo do sintagma nominal *agentes da saúde* e exerce uma função típica de **adjetivo**, delimitando, restringindo o significado do substantivo: não foram todos os agentes da saúde que deduziram, nem quaisquer agentes da saúde; foram os agentes da saúde *que trabalham na Secretaria*, esses e apenas esses (a oração funciona como adjunto adnominal do sintagma nominal *agentes da saúde*, sujeito da oração principal). Assim, a oração é **subordinada** (funciona como termo de outra oração) **adjetiva** (exerce função típica de adjetivo). Veja:

| sujeito | adjunto adnominal | núcleo do predicado |
|---|---|---|
| agentes da saúde | da Secretaria | deduziram... |
| | que trabalham na Secretaria | |

Finalmente, a oração "Depois de *analisar* os casos de intoxicação" relaciona-se à forma verbal *deduziram*, introduzindo uma circunstância de tempo, equivalendo a um advérbio. Assim, a oração é **subordinada** (funciona como termo de outra oração) **adverbial** (exerce função típica de advérbio). Veja:

| adjunto adverbial | sujeito | núcleo do predicado |
|---|---|---|
| Ontem, | | |
| No mês passado, | os agentes da saúde | deduziram... |
| Após a análise, | | |
| Depois de analisar os casos de intoxicação, | | |

Vimos, nesse período, a ocorrência dos três tipos possíveis de orações subordinadas:

**Orações subordinadas**
- substantivas
- adjetivas
- adverbiais

Filipe Rocha/Arquivo da editora

OPS!

### Subordinada ou principal?!

Num período composto por subordinação, sempre haverá pelo menos uma oração principal. Às vezes, mais de uma. Nesses casos, a oração tem “dupla personalidade”, ou seja, é subordinada em relação a uma principal e principal em relação a outra, subordinada. Calma! Vamos pensar no seguinte exemplo, criado a partir da notícia que você lerá na íntegra nas próximas páginas:

A jovem intoxicada com um medicamento disse que, por momentos, teve a certeza de que morreria.

- A oração “A jovem intoxicada com um medicamento *disse*” é a oração principal.
- O período “que *teve* a certeza [de que morreria]” é a subordinada, funcionando como objeto direto da forma verbal *disse*.
- A oração “de que *morreria*”, por sua vez, se subordina à oração “que *teve* a certeza”, pois funciona como complemento do substantivo *certeza*, núcleo do objeto direto da forma verbal *teve*.

Assim, a oração **subordinada** à oração principal (que desempenha função de objeto direto da forma verbal *disse*) é **principal** em relação à oração “de que morreria”. É fácil de entender. Vamos resumir tudo a uma oração:

| sujeito | v.t.d. | obj. dir. | comp. nom. |
|---|---|---|---|
| **A jovem** | **sentiu** | a certeza | da morte. |

Com certeza, uma conclusão você já tirou: para compreender o período composto por subordinação, é fundamental saber analisar sintaticamente o período simples.

## Orações subordinadas substantivas

Orações subordinadas substantivas

Dependendo da construção do período, as orações subordinadas substantivas podem ser introduzidas por uma conjunção integrante ou vir simplesmente justapostas. As conjunções integrantes são duas: *que* (indicando certeza) e *se* (indicando dúvida, incerteza), como nos exemplos:

Os agentes da saúde sabiam **que** havia automedicação nos casos de intoxicação.

Os agentes da saúde não sabiam **se** a automedicação era a causa mais comum.

As orações subordinadas substantivas são classificadas de acordo com a função sintática por elas exercida em relação à oração principal. A Nomenclatura Gramatical Brasileira reconhece seis tipos: **subjetiva**, **objetiva direta**, **objetiva indireta**, **completiva nominal**, **predicativa** e **apositiva**. No entanto, podemos reconhecer um sétimo tipo: oração subordinada substantiva **na função de agente da passiva**. Veja:

- **Oração subordinada substantiva subjetiva**: exerce a função de sujeito do verbo da oração principal.

  Aconteceu **que os agentes da saúde analisaram os casos de intoxicação**.
  Consta **que se trata de uma descoberta importante na saúde pública**.

  Repare que a oração principal, à qual as orações subjetivas se ligam, apresenta o verbo na terceira pessoa do singular, uma vez que não se estabelece concordância entre a oração subjetiva e o verbo da oração principal. É muito comum a oração principal estar na voz passiva (Estava decidido **que as pesquisas continuariam**, por exemplo) ou apresentar verbo de ligação seguido de predicativo do sujeito (É importante **que tudo seja documentado**, por exemplo).

- **Oração subordinada substantiva objetiva direta**: exerce a função de objeto direto do verbo da oração principal.

  Todos desejam **que as pesquisas tragam benefícios à saúde da população**.
  Não sei **se a automedicação será banida um dia**.
  Disseram **que a descoberta da causa é um grande trunfo**.

- **Oração subordinada substantiva objetiva indireta**: exerce a função de objeto indireto do verbo da oração principal. Geralmente, é regida por preposição.

  Lembre-se **de que a descoberta pode trazer grandes benefícios**.
  A Secretaria deu parabéns **a quem trabalhou na análise dos casos**.

- **Oração subordinada substantiva completiva nominal**: exerce a função de complemento nominal. Geralmente, é regida por preposição.

  Os agentes da saúde tinham medo **de que dados fossem omitidos**.
  A equipe da Secretaria tinha certeza **de que iria encontrar a causa mais comum**.

- **Oração subordinada substantiva predicativa**: exerce a função de predicativo, relacionando-se ao sujeito da oração principal.

  A verdade é **que todos se beneficiarão com a descoberta**.
  O importante é **que as pesquisas continuem**.

  Repare que, nesse caso, a oração principal apresenta sempre a seguinte construção: sujeito + verbo de ligação (sem predicativo, portanto).

OPS!

## Subjetiva ou predicativa?!

Vamos retomar dois enunciados:

(I) É importante **que tudo seja documentado**.

(II) O importante é **que as pesquisas continuem**.

Afirmamos que em (I) há uma oração subordinada subjetiva e em (II), uma oração subordinada predicativa. Mas qual é a diferença?

A oração principal de (I) apresenta um predicado nominal (verbo de ligação + predicativo do sujeito); falta, portanto, o sujeito, que está devidamente representado pela oração subordinada.

- **Oração subordinada substantiva apositiva**: exerce a função de aposto, explicando, esclarecendo um substantivo (ou palavra com valor de substantivo) da oração principal.

  Os agentes da saúde só queriam uma coisa: **encontrar a causa mais comum**.
  Os agentes da saúde só queriam uma coisa: **que as análises apontassem a causa mais comum**.

- **Oração subordinada substantiva na função de agente da passiva**: relaciona-se ao verbo da oração principal (na voz passiva), designando o ser que pratica a ação.

  A pesquisa foi feita **por quem trabalha na Secretaria**.
  O público será informado **pelos que participaram nas análises dos casos**.

Filipe Rocha/Arquivo da editora

Esquematizando:

**Orações subordinadas substantivas**
- subjetivas
- objetivas diretas
- objetivas indiretas
- completivas nominais
- predicativas
- apositivas
- agentes da passiva

# Orações subordinadas adjetivas

As orações subordinadas adjetivas são assim denominadas por terem valor de adjetivo. Observe:

Os agentes da saúde pesquisaram os casos | **que eram um perigo**.<br>| **perigosos**.

A partir disso, sob o aspecto morfossintático, a oração "que eram um perigo" está diretamente ligada ao substantivo *casos*, desempenhando a função de adjunto adnominal (uma função adjetiva).

Do ponto de vista sintático, percebe-se que as orações subordinadas adjetivas geralmente são introduzidas por um **pronome relativo**. É importante recordar mais um conceito: pronome relativo é anafórico, ou seja, retoma um termo expresso anteriormente, por isso mesmo chamado de **antecedente**. No caso das orações subordinadas adjetivas, o pronome relativo retoma o termo antecedente, expresso na oração principal, estabelecendo, assim, uma relação entre as duas orações:

Os agentes da saúde pesquisaram **casos que eram perigosos**.

Os agentes da saúde pesquisaram | **casos**.<br>| **[Os] casos** | eram perigosos.

Outro detalhe importante: diferentemente das conjunções, o pronome relativo desempenha uma função sintática na oração adjetiva. Como é fácil de perceber, no exemplo acima o pronome relativo *que* desempenha a função de sujeito na oração adjetiva: *que [os casos] eram perigosos.*

Podem ser de dois tipos:

- **Oração subordinada adjetiva restritiva**: limita, especifica, restringe (daí o nome) o significado do termo antecedente, introduzindo uma informação essencial para a compreensão do enunciado.

  O grupo **que detectou a maior parte dos casos de automedicação** era formado por farmacêuticos.

  Os agentes **que participaram nas análises** contribuíram para a realização de campanhas de prevenção.

  No primeiro exemplo, apenas o grupo que detectou a maior parte dos casos de automedicação, esse e apenas esse, era formado por farmacêuticos. No segundo exemplo, apenas os agentes que participaram nas análises, esses e apenas esses, contribuíram para a realização de campanhas de prevenção.

- **Oração subordinada adjetiva explicativa**: acrescenta ao termo antecedente uma informação que lhe é inerente ou que é conhecida. É marcada por uma pausa pronunciada; na linguagem escrita, aparece isolada por vírgulas.

  A automedicação, **que é uma das causas mais comuns da intoxicação no Brasil**, pode ser fatal.

  Observe que a oração adjetiva explicativa desempenha praticamente a mesma função de um aposto (A automedicação, **uma das causas mais comuns da intoxicação no Brasil**, pode ser fatal.).

  Esquematizando:

**Orações subordinadas adjetivas** < restritivas<br>explicativas

OPS!

### Cadê a oração principal?! O gato comeu!

Já afirmamos que, num período composto por subordinação, sempre haverá pelo menos uma oração principal. Certo! Isso vale como regra geral. Mas, às vezes, encontramos orações subordinadas adjetivas e algumas substantivas que se referem a um substantivo ou adjetivo que está solto, ou seja, pertence a um sintagma nominal, e não a uma oração.

Observe o título de uma matéria jornalística:

**Investimento que dá retorno**

Nesse exemplo há um nome (*investimento*) seguido de uma oração subordinada. Não se trata de qualquer investimento, e sim de um investimento com uma característica especial, distintiva: *que dá retorno*. Ocorre, assim, uma oração adjetiva, com o pronome relativo referindo-se a "investimento".

Investimento | que dá retorno<br>
rentável

Ora, qual é o suporte da oração adjetiva? O substantivo, e não uma oração. Observe, agora, a seguinte construção:

Investimento rentável é o sonho de todo poupador.

Nessa oração, o núcleo do sujeito é representado pelo substantivo *investimento*. O termo *rentável* funciona como adjunto adnominal.

Essas observações nos alertam para dois pontos:

- quando falamos em classificações gramaticais, é preciso ter em mente que elas valem para um padrão, um modelo, mas não dão conta da prática, do uso real da língua;
- de nada adianta decorar listas de conjunções; o importante é refletir sobre as estruturas e procurar entender como um termo se relaciona com o(s) outro(s) dentro de um enunciado concreto.

## Atividades

1. Observe a capa do livro reproduzida abaixo:

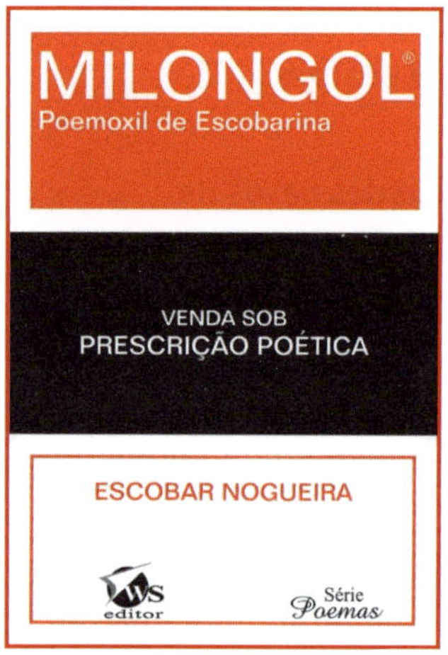


a) Pelo projeto gráfico composto pela imagem em si e pela disposição do texto, o que parece o livro?
b) Algumas passagens do texto verbal confirmam essa ideia. Quais?
c) Que impressão você diria que essa capa pretende transmitir ao leitor?
d) Que elementos do texto verbal nos indicam de que se trata realmente?

2. *Milongol* é o nome do livro.

a) Leia os verbetes extraídos do dicionário *Houaiss* e comente com que acepções o título se relacionaria:

**1 milonga**
*substantivo feminino (1899)*
**1.** *dnç mús* canto e dança populares nas cercanias de Buenos Aires e de Montevidéu no final do sXIX, inspirados na *habanera* cubana e no tango espanhol e absorvidos pelo tango argentino
**2.** (sXX) *mús RS* música platina de ritmo dolente, cantada com acompanhamento de guitarra ou violão

**2 milonga**
*substantivo masculino B etn*
m.q. milongo ('feitiço')
*Etimologia*
segundo Nei Lopes, de *milongo* < quimb. *milongo* 'remédio'

*Grande dicionário Houaiss da língua portuguesa.* Disponível em: <http://houaiss.uol.com.br>. Acesso em: 18 fev. 2014.

b) Faça uma pesquisa que envolva a Química e o emprego de afixos e justifique o emprego do sufixo *-ol* no título do livro.

3. Leia o poema "Automedicação", de Escobar Nogueira:

**Automedicação**

Escobar Nogueira

O poeta é um doutor
sabe tanto do doente
que parece dele a dor
que é deveras do paciente

E os que leem a receita
na frase escrita não veem
não sabem que a torta letra
de uma mão torta vem.

Assim o caso piora
vira enfermo o que era são
a cura um mal se torna
o poema prescrição.

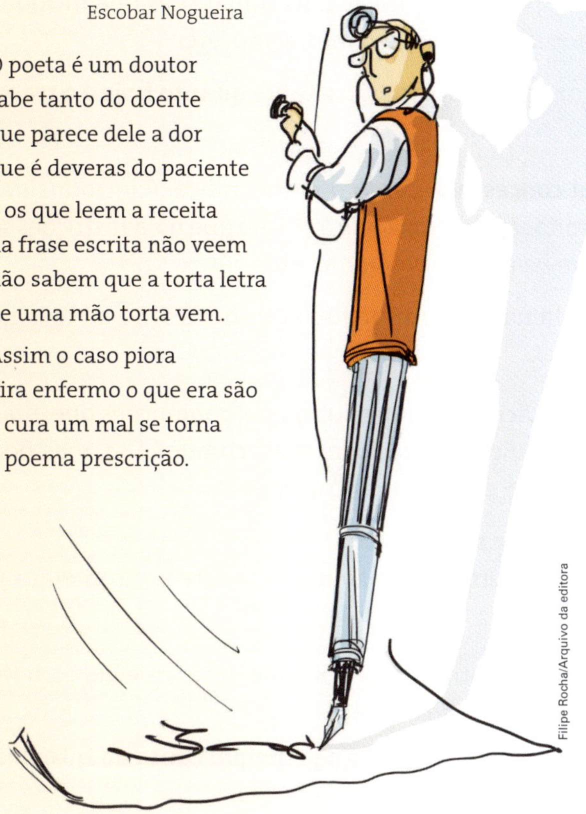

Filipe Rocha/Arquivo da editora

NOGUEIRA, Escobar. *Milongol*. Porto Alegre: WS Editor, 2003. p. 13.

a) Em automedicação temos o prefixo *auto-*, com valor reflexivo, indicando que uma pessoa medica a si mesma, sem orientação médica. De que forma o eu poético manifesta esse valor?
b) De que forma se designa a quem precisa da receita? Qual é seu antônimo no poema?

4. Com base na leitura da primeira estrofe do poema, responda ao que se pede:
a) Qual é a relação de sentido entre o primeiro verso e o bloco formado pelos outros três? Que conectivo poderia ser utilizado para explicitá-la?
b) A contração "dele" indica uma relação entre dois referentes: a coisa possuída e o possuidor. Identifique a que se referem.
c) Aponte a construção marcada pela relação de causa e consequência.
d) Qual é a função da oração do último verso? Que oposição é gerada a partir do emprego de "deveras"?

5. Fundamentado na leitura da segunda estrofe do poema, responda ao que se pede:
a) No primeiro verso, qual é a função da oração cujo núcleo é *leem*?
b) Delimite a oração cujo núcleo verbal é *vem* e identifique sua função sintática.

6. Baseie-se na leitura da terceira estrofe do poema para responder ao que se pede:
a) Qual é a relação de sentido entre o primeiro verso e o bloco formado pelos outros três? Que nexo poderia ser utilizado para explicitar essa relação?
b) Comente as relações estabelecidas pela oração "o que era são"?
c) Identifique o caso de elipse e de paralelismo presente na estrofe. Em seguida, proponha uma possibilidade para a inserção do termo elíptico, levando em conta a seleção lexical presente no paralelismo.

7. Na quarta capa do livro, afirma-se "Milongol propõe diagnóstico e cura das doenças do homem contemporâneo através da poesia". Sobre isso, discuta com seus colegas e o professor:
a) O que vocês acham desse tipo de "medicina alternativa"?
b) De que forma a poesia pode resultar em tratamento para os males do homem contemporâneo?
c) Escolha uma poesia "medicinal" e compartilhe com a classe.

## Orações subordinadas adverbiais

Orações subordinadas adverbiais

As orações subordinadas adverbiais desempenham a função de **adjunto adverbial**. São introduzidas por **conjunções subordinativas** e recebem a mesma denominação da conjunção que as introduz. No entanto, o importante não é memorizar as conjunções e suas denominações, e sim compreender a circunstância expressa pela oração.

Podem ser classificadas da seguinte maneira:

- **Oração subordinada adverbial causal**: exprime a causa, o motivo do que se declara na oração principal. É geralmente introduzida pelas conjunções *porque*, *que*, *pois*, *visto que*, *já que*, *uma vez que*, etc.

Não comunicaram nada **porque ainda não tinham certeza**.

- **Oração subordinada adverbial comparativa**: constitui o segundo membro de uma comparação (o elemento que está sendo comparado aparece na oração principal). Perceba que a estrutura da frase é a de uma comparação; daí a possível presença de palavras como: *melhor*, *pior*, *mais*, *menos*, *tanto*, etc. As conjunções que introduzem as orações comparativas são *que*, *do que*, *qual*, *quanto*, *como*, etc.

  A análise dos casos de intoxicação foi **tão** importante **quanto hoje é o trabalho de conscientização**.

- **Oração subordinada adverbial concessiva**: como o nome indica, é introduzida por conjunções que exprimem a aceitação de uma ideia, mesmo que haja restrições a ela, tais como: *embora*, *ainda que*, *se bem que*, *conquanto*, etc.

  **Embora haja indícios**, ainda não se comprovou automedicação na totalidade dos casos.

- **Oração subordinada adverbial condicional**: é introduzida por conjunções que indicam uma condição ou hipótese. A conjunção condicional mais comum é *se*, mas podem aparecer também *desde que*, *salvo se*, *caso*, *contanto que*, etc.

  **Se houve automedicação**, houve risco de vida.
  **Desde que as pesquisas continuem**, saberemos mais sobre a automedicação e seus males.

- **Oração subordinada adverbial final**: é introduzida por conjunções que indicam finalidade, como *para que*, *a fim de que*, *de modo que*, etc.

  **Para que se constate a automedicação como a principal causa da intoxicação no Brasil**, é necessário pesquisar mais.

- **Oração subordinada adverbial consecutiva**: é introduzida por conjunções que indicam uma consequência do que foi declarado anteriormente. A principal é *que*, formando locuções como *de forma que*, *de modo que*, *de maneira que*, etc., ou relacionada a palavras expressas na oração anterior (*tal*, *tanto*, *tão*, *tamanho*):

  Foi **tão** esperada a notícia do lançamento da campanha **que todos aplaudiram**.
  Era **tão** boa a campanha **que todos comemoraram**.

- **Oração subordinada adverbial temporal**: é introduzida por conjunções que exprimem circunstância de tempo, como *quando*, *logo que*, *antes que*, *depois que*, *sempre que*, etc.

  **Quando os dados resultaram numa campanha de conscientização**, os agentes da saúde comemoraram.
  **Logo que informaram os resultados**, todos os olhos se voltaram para um trabalho de conscientização.

- **Oração subordinada adverbial proporcional**: é introduzida por conjunções que indicam a ocorrência de um fato concomitante, simultâneo, tais como *enquanto*, *ao passo que*, *à medida que*, etc.

  Os agentes da saúde comunicavam os dados, **à medida que iam sendo analisados** os casos.

- **Oração subordinada adverbial conformativa**: é introduzida por conjunções que exprimem concordância, conformidade, tais como *conforme*, *segundo*, *consoante*, etc.

  **Conforme informaram à imprensa**, a automedicação é a vilã dos casos de intoxicação.

**Segundo afirmaram os agentes da SE**, a análise e o acompanhamento dos casos de intoxicação permitiram identificar a automedicação como a causa mais recorrente.

Esquematizando:

**Orações subordinadas adverbiais**
- causais
- comparativas
- concessivas
- condicionais
- finais
- consecutivas
- temporais
- proporcionais
- conformativas

OED Orações subordinadas adverbiais e argumentação

## Orações subordinadas desenvolvidas e reduzidas

Quanto ao tipo de construção, as orações subordinadas podem ser **desenvolvidas** ou **reduzidas**.

- As desenvolvidas apresentam o verbo no modo indicativo, subjuntivo ou imperativo. Além disso, apresentam conjunção ou pronome relativo:

  Leia o jornal **para que saiba as últimas notícias**.

- As reduzidas apresentam o verbo em uma das formas nominais (infinitivo, gerúndio ou particípio). Não são introduzidas por conjunção nem pronome relativo; podem apresentar preposição. Assim, elas podem ser:

1. reduzidas de **infinitivo**:

   Leia o jornal **para saber as últimas notícias**.

2. reduzidas de **gerúndio**:

   **Mesmo conhecendo o efeito dos medicamentos**, só se deve tomá-los com acompanhamento médico.

3. reduzidas de **particípio**:

   **Terminado o medicamento**, as embalagens devem ser descartadas.

Filipe Rocha/Arquivo da editora

**ATENÇÃO!**

As orações reduzidas são classificadas da mesma forma que as desenvolvidas, apenas acrescentando-se sua condição de reduzidas. Dessa forma, os três últimos exemplos apresentados seriam classificados, respectivamente, como:

**1.** oração subordinada adverbial final reduzida de infinitivo;
**2.** oração subordinada adverbial concessiva reduzida de gerúndio;
**3.** oração subordinada adverbial temporal reduzida de particípio.

# Atividades

1. Em 9 de setembro de 2009, a Agência Nacional de Vigilância Sanitária (Anvisa) publicou no *Diário Oficial da União* a resolução RDC n. 47, de 8 de setembro de 2009, que estabelece regras para a elaboração, harmonização, atualização, publicação e disponibilização de bulas de medicamentos para pacientes e para profissionais da saúde.

   Em pequenos grupos, discutam os possíveis motivos que levaram esse órgão público a estabelecer tais regras. Quais seriam os objetivos a serem atingidos com elas? Quem seriam os beneficiados?

2. Leia o artigo 5º da resolução:

**AGÊNCIA NACIONAL DE VIGILÂNCIA SANITÁRIA**
**DIRETORIA COLEGIADA**
**RESOLUÇÃO-RDC Nº 47, DE 8 DE SETEMBRO DE 2009**

Estabelece regras para elaboração, harmonização, atualização, publicação e disponibilização de bulas de medicamentos para pacientes e para profissionais de saúde.

**CAPÍTULO II**
**DA FORMA E DO CONTEÚDO DAS BULAS**

A Diretoria Colegiada da Agência Nacional de Vigilância Sanitária — Anvisa, no uso da atribuição que lhe confere o inciso IV do art. 11 do Regulamento aprovado pelo Decreto nº. 3.029, de 16 de abril de 1999, e tendo em vista o disposto no inciso II e nos §§ 1º e 3º do art. 54 do Regimento Interno aprovado nos termos do Anexo I da Portaria nº. 354 da Anvisa, de 11 de agosto de 2006, republicada no DOU de 21 de agosto de 2006, em reunião realizada 04 em agosto de 2009;

[...]

considerando a competência da Anvisa, no cumprimento de suas atribuições regulamentares, quanto a implementação de ações para agilizar a operacionalização de suas atividades administrativas quanto ao registro, atualização e revalidação de produtos; considerando a Medida Provisória nº. 2.190-34, de 23 de agosto de 2001 que instituiu a isenção do recolhimento de taxa para acréscimo ou alteração de registro, referente a texto de bula;
adota a seguinte Resolução da Diretoria Colegiada e eu, Diretor-Presidente, determino a sua publicação:

Art. 1º Fica aprovado o Regulamento Técnico que estabelece os requisitos mínimos para elaboração, harmonização, atualização, publicação e disponibilização de bulas de medicamentos para pacientes e para profissionais de saúde.

[...]

Art. 5º Quanto à forma, as bulas dos medicamentos devem:

I. apresentar fonte Times New Roman no corpo do texto com tamanho mínimo de 10 pt (dez pontos), não condensada e não expandida;

II. apresentar texto com espaçamento entre letras de no mínimo 10% (dez por cento);

III. apresentar texto com espaçamento entre linhas de no mínimo 12 pt (doze pontos);

IV. apresentar colunas de texto com no mínimo 80 mm (oitenta milímetros) de largura;

V. ter o texto alinhado à esquerda, hifenizado ou não;

VI. utilizar caixa-alta e negrito para destacar as perguntas e os itens de bula;

VII. possuir texto sublinhado e itálico apenas para nomes científicos;

VII. ser impressas na cor preta em papel branco que não permita a visualização da impressão na outra face, quando a bula estiver sobre uma superfície.

§ 1º Para a impressão de bulas em formato especial, com fonte ampliada, deve ser utilizada a fonte Verdana com tamanho mínimo de 24 pt (vinte e quatro pontos), com o texto corrido e não apresentar colunas.

§ 2º Para a impressão de bulas em formato especial, em Braille, o arranjo dos pontos e o espaçamento entre as celas Braille devem atender às diretrizes da Comissão Brasileira de Braille (CBB) e das Normas Brasileiras de Acessibilidade editadas pela Associação Brasileira de Normas Técnicas (ABNT).

§ 3º Para a disponibilização da bula em meio eletrônico, o texto deve ser corrido e não apresentar colunas.

[...]

Agência Nacional de Vigilância Sanitária. Disponível em: <www.anvisa.gov.br/>. Acesso em: 18 fev. 2014.

No fragmento, fica evidente uma preocupação técnica na apresentação das informações.

a) Quantos formatos de bula se descrevem?
b) De que forma se dá a garantia de acesso universal e igualitário à informação?
c) A regulamentação dispõe sobre a forma e o conteúdo das bulas dos medicamentos comercializados no Brasil. O fragmento acima versa sobre a forma e o conteúdo ou somente sobre a forma ou somente sobre o conteúdo?
d) Há um evidente equívoco na numeração dos itens do artigo. Corrija-o.

3. Comente as relações sintáticas e de sentido no texto:

a) Qual é a função de "para destacar as perguntas e os itens de bula", no item VI? Classifique o trecho sintaticamente.

b) Releia:

> VII. ser impressas na cor preta em papel branco de forma que, quando a bula estiver sobre uma superfície, a visualização da impressão na outra face não interfira na leitura.

Quantas orações há nesse trecho? Que relações semântico-sintáticas há entre elas?

c) Identifique uma oração reduzida no § 2º e classifique-a, levando em conta o enunciado como um todo.

d) Identifique a elipse verbal que se reitera no § 1º e no § 3º.

## Gênero textual: bula

Texto prescritivo que traz informações sobre um medicamento, em folha anexa ou impresso na própria embalagem. Deve orientar o paciente sobre o uso correto do medicamento e alertá-lo para os riscos do uso indevido. Traz nome, formas de apresentação (cápsulas, drágeas, gel), composição (princípio ativo), indicação e contraindicação, efeitos colaterais, posologia (indicação de dose e intervalo com que o medicamento deve ser administrado), validade, fabricante, etc. Há recomendações para que as bulas sigam padrões e sejam simplificadas de modo que se tornem acessíveis ao público leigo, mas nem sempre essas recomendações são seguidas. As informações dirigidas a profissionais da saúde são mais técnicas e complexas. Circula nas esferas cotidiana, comercial (farmacêutica), publicitária e digital.

**Texto para as questões 4 e 5.**

# *Medicamento Anvisa®*

Paracetamol

APRESENTAÇÕES
Comprimidos revestidos de
- 500 mg em embalagem com 20 ou 200 comprimidos.
- 750 mg em embalagens com 20 ou 200 comprimidos.

USO ORAL
USO ADULTO ACIMA DE 12 ANOS

COMPOSIÇÃO
MedicamentoAnvisa® 500 mg:
Cada comprimido revestido contém 500 mg de paracetamol.
Excipientes: ácido esteárico, amido pré-gelatinizado, hipromelose, macrogol e povidona.

MedicamentoAnvisa® 750 mg:
Cada comprimido revestido contém 750 mg de paracetamol.
Excipientes: ácido esteárico, amido pré-gelatinizado, hipromelose, macrogol e povidona.

1. PARA QUÊ ESTE MEDICAMENTO É INDICADO?
MedicamentoAnvisa® é indicado para o tratamento de febre e de dores leves a moderadas, de adultos, tais como: dores associadas a gripes e resfriados comuns, dor de cabeça, dor de dente, dor nas costas, dores associadas a artrites e cólicas menstruais.

2. COMO ESTE MEDICAMENTO FUNCIONA?
MedicamentoAnvisa® reduz a febre atuando no centro regulador da temperatura no Sistema Nervoso Central (SNC) e diminui a sensibilidade para a dor. Seu efeito tem início 15 a 30 minutos após a administração oral e permanece por um período de 4 a 6 horas.

3. QUANDO NÃO DEVO USAR ESTE MEDICAMENTO?
Você não deve tomar MedicamentoAnvisa® se tiver hipersensibilidade (alergia) ao paracetamol ou aos outros componentes da fórmula.

Usuários crônicos de bebidas alcoólicas podem apresentar um risco aumentado de doença do fígado se tomarem uma dose maior que a dose recomendada (superdose) de MedicamentoAnvisa®.

**Este medicamento é contraindicado para menores de 12 anos.**

4. O QUE DEVO SABER ANTES DE UTILIZAR ESTE MEDICAMENTO?
Você não deve tomar mais do que a dose recomendada (superdose) para provocar maior alívio, pois pode causar sérios problemas de saúde.
Você não deve usar o medicamento para dor por mais de 10 dias ou para febre por mais de 3 dias, exceto sob orientação médica.
Você deve consultar seu médico se a dor ou febre continuarem ou piorarem, se surgirem novos sintomas ou se aparecerem vermelhidão ou edema (inchaço), pois estes sintomas podem ser sinais de doenças graves.
Em casos de uso por mulheres grávidas ou amamentando, a administração deve ser feita por períodos curtos.

**Este medicamento não deve ser utilizado por mulheres grávidas sem orientação médica ou do cirurgião-dentista.**
**Atenção diabético: este medicamento contém SACAROSE.**
**Informe ao seu médico ou cirurgião-dentista se você está fazendo uso de algum outro medicamento.**

A absorção de MedicamentoAnvisa® é mais rápida se você estiver em jejum. Os alimentos podem afetar a velocidade da absorção, mas não a quantidade absorvida do medicamento.
Se você toma três ou mais doses de bebidas alcoólicas todos os dias, deve consultar seu médico se pode tomar MedicamentoAnvisa® ou qualquer outro analgésico. O paracetamol utilizado com o álcool pode causar lesão no fígado.

A interferência do paracetamol na metabolização de outros medicamentos e a influência destes medicamentos na ação e na toxicidade do paracetamol não são relevantes.

Não use outro produto que contenha paracetamol.

**5. ONDE, COMO E POR QUANTO TEMPO POSSO GUARDAR ESTE MEDICAMENTO?**
Você deve conservar MedicamentoAnvisa® em temperatura ambiente (entre 15°C e 30°C), protegido da luz e da umidade.
Este medicamento tem validade de 36 meses a partir da data de sua fabricação.

Número de lote e datas de fabricação e validade: vide embalagem.
Não use medicamento com prazo de validade vencido.
Para sua segurança, mantenha o medicamento na embalagem original.

O comprimidos revestidos de MedicamentoAnvisa® são ovalados de cor branca.

**Antes de usar, observe o aspecto do medicamento.**
**Caso você observe alguma mudança no aspecto do medicamento que ainda esteja no prazo de validade, consulte o médico ou o farmacêutico para saber se poderá utilizá-lo.**
**Todo medicamento deve ser mantido fora do alcance das crianças.**

**6. COMO DEVO USAR ESTE MEDICAMENTO?**
Você deve tomar os comprimidos com líquido, por via oral.
MedicamentoAnvisa® 500 mg: 1 a 2 comprimidos, a cada 6 ou 8h.
Não exceda 8 comprimidos, em doses fracionadas, em um período de 24 horas.
MedicamentoAnvisa®750 mg: 1 comprimido, a cada 6h ou 8h. Não exceda 5 comprimidos, em doses fracionadas, em um período de 24 horas.

**Siga corretamente o modo de usar. Em caso de dúvidas sobre este medicamento, procure orientação do farmacêutico. Não desaparecendo os sintomas, procure orientação de seu médico ou cirurgião-dentista.**
**Este medicamento não pode ser partido ou mastigado.**

**7. O QUE DEVO FAZER QUANDO EU ME ESQUECER DE USAR ESTE MEDICAMENTO?**
Você pode tomar a dose deste medicamento assim que se lembrar. Tome a dose seguinte com o intervalo de 4 ou 6. E não exceda a dose recomendada para cada dia.

**Em caso de dúvidas, procure orientação do farmacêutico ou de seu médico, ou cirurgião-dentista.**

**8. QUAIS OS MALES QUE ESTE MEDICAMENTO PODE CAUSAR?**
Este medicamento pode causar algumas reações desagradáveis inesperadas. Caso você tenha uma reação alérgica, deve parar de tomar o medicamento.

**Informe ao seu médico, cirurgião-dentista ou farmacêutico o aparecimento de reações indesejáveis pelo uso do medicamento.**

**Informe a empresa sobre o aparecimento de reações indesejáveis e problemas com este medicamento, entrando em contato através do Sistema de Atendimento ao Consumidor (SAC).**

**9. O QUE FAZER SE ALGUÉM USAR UMA QUANTIDADE MAIOR DO QUE A INDICADA DESTE MEDICAMENTO?**
Se você tomar uma dose muito grande deste medicamento acidentalmente, deve procurar um médico ou um centro de intoxicação imediatamente. O apoio médico imediato é fundamental para adultos e crianças, mesmo se os sinais e sintomas de intoxicação não estiverem presentes.
**Em caso de uso de grande quantidade deste medicamento, procure rapidamente socorro médico e leve a embalagem ou bula do medicamento, se possível.**
**Em caso de intoxicação ligue para 0800 722 6001, se você precisar de mais orientações sobre como proceder.**

DIZERES LEGAIS
MS - 1.0000.0000.0000
Farmacêutico Responsável: Equipe Bulas
CRF nº 0000

Registrado e fabricado por: Anvisa
SIA, Trecho 5, Área Especial 57
Brasília - DF - CEP: 71205-050
CNPJ: 00.000.000/0001-00
Indústria Brasileira
SAC 0800 00 0000 www.anvisa.gov.br

Esta bula foi atualizada em 19/08/2009



4. A bula é um texto que reconhecemos em nosso cotidiano. Levando em conta o modelo de bula publicado pela Anvisa e os tipos textuais (narrativo, descritivo, argumentativo, explicativo ou expositivo, injuntivo ou instrucional), responda:
   a) Como classificá-lo, considerando seu objetivo mais abrangente e a tipologia textual predominante?
   b) Além da sequência textual predominante, apontada na questão anterior, é possível reconhecer sequências textuais de outros tipos. Aponte uma delas e exemplifique.

5. Nos períodos com sequências injuntivas ou instrucionais, observamos a presença de orações coordenadas explicativas, subordinadas adverbiais condicionais e subordinadas adverbiais temporais.
   a) Exemplifique tais casos.
   b) Justifique a presença dessas orações nas sequências injuntivas.
   c) Identifique um caso no qual a subordinada adverbial condicional é uma oração reduzida.

# 1 A subordinação além do período

Considere os fragmentos em destaque na notícia a seguir:

## Automedicação é a vilã dos casos de intoxicação, diz Secretaria do ES

*Bacharel em Turismo ficou 18 dias em coma após tomar remédio para febre. Segundo a Secretaria de Saúde, em 2011, 4 500 casos foram notificados.*

Leandro Nossa do G1 ES

Um perigo cada vez mais comum e que muitos desconhecem, a intoxicação por remédios atinge cada vez mais a população capixaba. A bacharel em turismo Bruna Pierre já passou por isso e acredita que esteve bem perto da morte. Quando morava em Vila Velha, na Grande Vitória, em 2005, ela chegou a ficar 18 dias em coma após ter tomado, por conta própria, um remédio para combater a febre. Segundo a Secretaria de Estado da Saúde (Sesa), cerca de 35% das ocorrências notificadas pelo Centro de Atendimento Toxicológico (Toxcen) cotidianamente se devem à intoxicação por medicamentos. A automedicação é uma das principais causas do problema, segundo a médica Sony Itho.

Bruna conta que passou por momentos difíceis devido a um medicamento tomado. "Tive uma intoxicação decorrida de um remédio que sempre tomei, desde criança. Na época, eu tinha 21 anos, e logo depois que tomei o remédio comecei a passar muito mal e desmaiei em casa. Tive três paradas cardíacas e duas respiratórias no mesmo dia. Fiquei em coma durante 18 dias, e quando acordei, eu nasci de novo. Tive que reaprender a falar e andar. Fiz fisioterapia e fui ao fonoaudiólogo, foi muito complicado", relembra Bruna, que hoje mora em São José do Rio Preto, em São Paulo.

A paulista, que viveu em Vila Velha durante quatro anos, diz que até hoje nenhum médico conseguiu explicar como ela adquiriu a intolerância a um remédio que sempre tomou normalmente. "É inexplicável, nenhum médico conseguiu me dar uma resposta. Inclusive, meu caso foi tese de conclusão de curso de dois alunos de enfermagem. Eles só conseguem me dizer que eu sou um milagre", conta.

O estudante capixaba Usalio Pivetta, 22 anos, também passou por uma situação complicada, e revela que o excesso de medicamentos tomados por conta própria o prejudicou. "Tive dengue e o médico me receitou tomar um remédio de 8 em 8 horas ou quando a febre ficasse muito alta. Acabei tomando demais e fiquei com uma intoxicação no fígado, que não conseguiu suportar os medicamentos. Tive uma hepatite medicamentosa e fiquei 15 dias sem medicação, o que agravou minhas dores e febre", conta.

*G1*. Espírito Santo, 18 mar. 2012. Disponível em: <http://g1.globo.com/>. Acesso em: 9 maio 2014.

Como já vimos, no título da notícia há um caso de período composto por subordinação, formado por duas orações:

- oração principal: "**diz** Secretaria do ES";
- oração subordinada: "Automedicação **é** a vilã dos casos de intoxicação", desempenhando a função de objeto direto da forma verbal **diz**, núcleo do predicado da oração principal.

Observando com atenção a notícia do jornal, podemos perceber a construção e reconstrução dos fatos que servem de reforço para o tema da notícia, por meio de citações em discurso direto e discurso indireto. Cabe lembrar que o emprego de citações introduz maior credibilidade e vivacidade ao texto, ainda mais quando se trata de pessoas envolvidas nos fatos, com testemunhos (como é o caso dos jovens que sofreram intoxicação pela automedicação) ou pessoas ligadas a órgãos oficiais relacionados aos fatos ou com gabarito na qualidade de especialista no assunto (como é o caso da menção da Secretaria, do Centro de Atendimento Toxicológico, da médica Sony Itho).

É interessante observar que, na introdução de citações dos testemunhos na construção do corpo da notícia, o jornalista lança mão de um procedimento que consiste em, primeiro, apresentar a citação em discurso indireto de forma resumida, para, em seguida, apresentar a mesma citação em discurso direto, com a ampliação de detalhes dando espaço para os enunciados (supostamente) originais. Para fazê-lo, o emprego de períodos compostos por coordenação e, principalmente, subordinação são fundamentais.

Observe os quadros a seguir, com as citações que envolvem o testemunho dos jovens que sofreram intoxicação por causa da automedicação:

<table>
<tr><th colspan="2">Caso 1</th></tr>
<tr><th>discurso indireto</th><th>discurso direto</th></tr>
<tr><td>• oração principal: “Bruna conta”<br>• bloco subordinado: “que passou por momentos difíceis devido a um medicamento tomado”, desempenhando a função de objeto direto da forma verbal conta, núcleo do predicado da oração principal</td><td>• oração principal: “relembra Bruna”<br>• bloco subordinado: “Tive uma intoxicação decorrida de um remédio que sempre tomei, desde criança. Na época, eu tinha 21 anos, e logo depois que tomei o remédio comecei a passar muito mal e desmaiei em casa. Tive três paradas cardíacas e duas respiratórias no mesmo dia. Fiquei em coma durante 18 dias, e quando acordei, eu nasci de novo. Tive que reaprender a falar e andar. Fiz fisioterapia e fui ao fonoaudiólogo, foi muito complicado”, desempenhando a função de objeto direto da forma verbal relembra, núcleo do predicado da oração principal<br>• oração subordinada: “que hoje mora em São José do Rio Preto, em São Paulo”, desempenhando a função de adjunto adnominal do núcleo nominal (Bruna) da oração principal</td></tr>
</table>

<table>
<tr><th colspan="2">Caso 2</th></tr>
<tr><th>discurso indireto</th><th>discurso direto</th></tr>
<tr><td>• oração principal: “A paulista diz”<br>• bloco subordinado: “que até hoje nenhum médico conseguiu explicar como ela adquiriu a intolerância a um remédio que sempre tomou normalmente”, desempenhando a função de objeto direto da forma verbal diz, núcleo do predicado da oração principal<br>• oração subordinada: “que viveu em Vila Velha durante quatro anos”, desempenhando a função de adjunto adnominal do núcleo nominal (a paulista) da oração principal</td><td>• oração principal: “conta”<br>• bloco subordinado: “É inexplicável, nenhum médico conseguiu me dar uma resposta. Inclusive, meu caso foi tese de conclusão de curso de dois alunos de enfermagem. Eles só conseguem me dizer que eu sou um milagre”, desempenhando a função de objeto direto da forma verbal conta, núcleo do predicado da oração principal</td></tr>
</table>

<table>
<tr><th colspan="2">Caso 3</th></tr>
<tr><th>discurso indireto</th><th>discurso direto</th></tr>
<tr><td>• orações coordenadas: “[O estudante capixaba Usalio Pivetta, 22 anos, também passou por uma situação complicada,] e [revela ...]”<br>• oração principal: “revela”<br>• oração subordinada: “que o excesso de medicamentos tomados por conta própria o prejudicou”, desempenhando a função de objeto direto da forma verbal revela, núcleo do predicado da oração principal</td><td>• oração principal: “conta”<br>• trecho subordinado: “Tive dengue e o médico me receitou tomar um remédio de 8 em 8 horas ou quando a febre ficasse muito alta. Acabei tomando demais e fiquei com uma intoxicação no fígado, que não conseguiu suportar os medicamentos. Tive uma hepatite medicamentosa e fiquei 15 dias sem medicação, o que agravou minhas dores e febre”, desempenhando a função de objeto direto da forma verbal conta, núcleo do predicado da oração principal</td></tr>
</table>

Como se percebe, em alguns casos há um bloco subordinado que, por sua vez, apresenta uma engrenagem interna de coordenação e/ou subordinação. Como exemplo, vamos observar com mais atenção os enunciados do caso 1. Na citação em discurso indireto, o bloco subordinado se apresenta formado por:

- "que passou por momentos difíceis [devido a um medicamento tomado]", desempenhando a função de oração subordinada substantiva objetiva direta da forma verbal *conta*, núcleo do predicado da oração principal;
- "devido a um medicamento tomado", desempenhando a função de oração subordinada adverbial de causa reduzida de particípio.

Já na citação em discurso direto do caso 1, o bloco subordinado se apresenta formado por seis períodos, ou só por subordinação, ou só por coordenação, ou por coordenação e subordinação, ou até mesmo por período simples.

É fundamental levar em consideração que o reconhecimento das relações de sentido que articulam as engrenagens de todo texto são mais importantes do que qualquer classificação, já que é no texto que se realizam. Dessa forma, as classificações das relações sintáticas no texto são ferramentas úteis para a compreensão e a produção de textos, orais e escritos, mas não um fim em si mesmas.

## 2 As orações adjetivas e a semântica (I)

ED Pronomes relativos, interrogativos, indefinidos

As orações adjetivas, quanto à semântica, podem ser restritivas ou explicativas. Observe:

(I) A automedicação é um risco para os doentes, **que são imprudentes**.

(II) A automedicação é um risco para os doentes **que são imprudentes**.

Nos dois enunciados acima, o pronome relativo *que* retoma o termo antecedente *doentes*, com uma sutil diferença: em (I), há uma sensível pausa, indicada por vírgula na escrita, entre a oração subordinada e o termo antecedente; em (II), não há pausa entre a oração subordinada e o antecedente, indicando que a oração subordinada integra o sentido do termo antecedente.

Por isso, pode-se afirmar que a informação contida na oração adjetiva em (I) é dispensável, acessória, ao contrário da informação contida em (II), que é necessária para a construção do sentido da oração principal.

Avancemos um pouco mais. Em (I), a oração "que são imprudentes" refere-se a todos os doentes. É como se disséssemos: A automedicação é um risco para os doentes, que, como todo mundo sabe, são imprudentes por natureza, ou seja, a imprudência é uma característica intrínseca a todos os doentes.

Em (II), a oração "que são imprudentes" restringe, delimita o termo *doentes*. Isso significa que a informação contida na oração adjetiva refere-se apenas a alguns doentes: exatamente àqueles que são imprudentes. É como se disséssemos: A automedicação é um risco para os doentes imprudentes, não todos os doentes, mas esses e apenas esses, os imprudentes, é que se automedicam. Graficamente, teríamos:

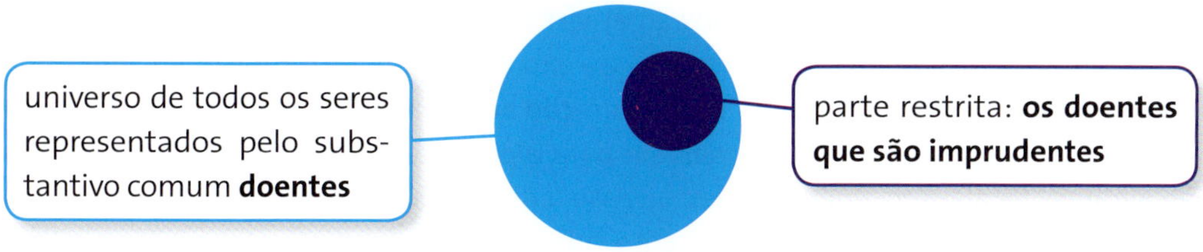


O enunciado (I) refere-se a todos os doentes; o enunciado (II) refere-se apenas à parte restrita, ou seja, a alguns doentes.

## 3 As orações adjetivas e a semântica (II)

Para observar de que modo as orações subordinadas adjetivas ajudam a construir efeitos de sentido nos enunciados, leia estes versos de Manoel de Barros e acompanhe os comentários da sequência:

Filipe Rocha/Arquivo da editora

### I. Matéria de poesia

Manoel de Barros

1.
Todas as coisas cujos valores podem ser
disputados no cuspe à distância
servem para poesia

O homem que possui um pente
e uma árvore
serve para poesia

[...]

Um chevrolé gosmento
Coleção de besouros abstêmios
O bule de Braque sem boca
São bons para poesia

As coisas que não levam a nada têm grande importância

[...]

As coisas sem importância são bens de poesia

Pois é assim que um chevrolé gosmento chega
ao poema, e as andorinhas de junho.

BARROS, Manoel. *Manoel de Barros:* poesia completa. São Paulo: Leya, 2013. p. 135-137.

O título deixa clara a questão essencial desse poema: o que serve de matéria para a poesia. Os versos vão respondendo, pouco a pouco, mas a estrofe inicial já nos dá uma boa dica. Releia essa estrofe sem a quebra dos versos:

Todas as coisas — sujeito da oração principal

**cujos valores podem ser disputados no cuspe à distância** — oração subordinada adjetiva: apresenta uma restrição para a expressão "Todas as coisas"

servem para poesia — predicado da oração principal

Observe que a oração subordinada adjetiva ("cujos valores podem ser disputados no cuspe à distância") restringe a amplidão da expressão que tem função de sujeito da oração principal: "Todas as coisas". Sem a oração adjetiva, o leitor teria a impressão de que todas as coisas, sem exceção, servem para a poesia. Entretanto, não é essa a ideia do eu lírico. Se alguém, em vez de ler, ouvisse a declamação desse poema e ficasse em dúvida, por exemplo, se, no registro escrito, há vírgulas que tornem essa oração explicativa, essa pessoa poderia pensar em duas possibilidades, que seriam registradas por escrito conforme se pode ler a seguir.

oração subordinada adjetiva explicativa: explica que todas as coisas valem a disputa no cuspe à distância e servem para poesia

Todas as coisas, **cujos valores podem ser disputados no cuspe à distância,** servem para poesia

oração subordinada adjetiva restritiva: explica que somente as coisas que valem a disputa no cuspe à distância servem para poesia; essas e apenas essas

Todas as coisas **cujos valores podem ser disputados no cuspe à distância** servem para poesia

Como seria possível, em caso de dúvida, esclarecer o sentido da oração? Bastaria ouvir ou ler a continuação do poema. O leitor poderia, de qualquer modo, levar adiante a questão levantada até perceber o que o eu lírico define: o que podemos disputar no cuspe à distância? Pequenas coisas, coisas sem "importância". E o que, na continuação do poema é assim definido?

Na segunda estrofe reproduzida, agora sem as quebras, observamos esta relação entre oração principal e oração subordinada adjetiva:

| O homem | **que possui um pente e uma árvore** | serve para poesia |
|---|---|---|
| suj. da or. principal | or. sub. adjetiva: apresenta uma restrição para a expressão "O homem" | predicado da or. principal |

Nesse caso, o leitor percebe rapidamente, por meio de seu conhecimento de mundo, que nem todo homem tem um pente e uma árvore, então, a oração não pode ser explicativa, ela restringe o termo: só serve para poesia o homem que tiver um pente e uma árvore. A ideia construída com essa restrição nos ajuda a confirmar a ideia da primeira estrofe: um homem que tem um pente e uma árvore não parece um homem "importante", esses objetos não são bens considerados fundamentais na sociedade capitalista; então, o eu lírico está falando de um homem simples.

A terceira estrofe aqui reproduzida também fortalece essa ideia, pois, com ela, o eu lírico nos mostra que até mesmo um automóvel antigo e mal cuidado, insetos ou um bule quebrado servem para poesia.

A quarta estrofe reforça a ideia de que o eu lírico quer dizer que serve para poesia tudo aquilo que não é considerado valioso, confirmando a impressão de que a oração adjetiva da primeira estrofe é restritiva. Releia:

| As coisas | **que não levam a nada** | têm grande importância |
|---|---|---|
| suj. da or. principal | or. sub. adj.: traz uma restrição para a expressão "As coisas" | predicado da or. principal |

Ou seja: o eu lírico dá importância àquilo tudo que não costuma ser considerado importante, aquilo tudo que não leva a nada, que pode, como se diz na primeira estrofe, servir para disputa de cuspe. Assim, essa estrofe reforça a ideia inicial, de que a oração adjetiva da primeira estrofe é restritiva.

O final do poema confirma objetivamente a impressão que o eu lírico constrói verso a verso. Releia:

As coisas sem importância são bens de poesia

Pois é assim que um chevrolé gosmento chega
ao poema, e as andorinhas de junho.

As orações subordinadas, em um texto bem elaborado, estão sempre a favor do sentido que se vai construindo no enunciado. O sentido geral deve sempre confirmar nossas hipóteses de leitura ou devemos levantar outras hipóteses. No caso das orações adjetivas, não é diferente: se são explicativas ou restritivas, depende da intenção comunicativa do enunciador, e isso pode ser confirmado ao se analisar o todo do texto.

Emprego da vírgula

## O deslocamento e a pontuação das orações subordinadas

Com os componentes de um período composto por subordinação acontece o mesmo que com os componentes de um período simples: como princípio geral, entende-se que não há necessidade de pontuação quando os termos aparecem na ordem convencional, isto é, na ordem direta. Entretanto, há casos em que, por razões de estilo, intencionalidade e/ou clareza, a pontuação é uma aliada fundamental.

Vamos retomar o título da notícia previamente estudada neste capítulo:

**Automedicação é a vilã dos casos de intoxicação, diz Secretaria do ES**

Esse período traz a reprodução da fala de uma especialista, em discurso direto. Nesses casos, em geral, a fala reproduzida funciona como objeto direto do verbo de elocução (*garantir*, *falar*, *comentar*, *dizer*, *retrucar*, etc.). Quando a fala se estrutura a partir de um verbo, há uma oração subordinada substantiva objetiva direta. Na ordem convencional, teríamos:

| Secretaria do ES | diz | (que) automedicação é a vilã dos casos de intoxicação. |
|---|---|---|
| sujeito | verbo | or. subord. subst. obj. dir. |

Mas o jornalista que redigiu a manchete considerou que a afirmação “automedicação é a vilã dos casos de intoxicação” é mais relevante que o fato de ter sido feita por uma autoridade. Assim, ele inverteu a ordem. Releia a frase original em voz alta e perceba o ritmo ascendente até a vírgula e descendente depois dela. É interessante comentar que o jornalista também poderia ter optado por não colocar a voz da autoridade; no entanto, ao colocá-la, reforça a credibilidade da informação em destaque.

# 4 As orações condicionais e a semântica

De modo geral, nos períodos em que há uma oração adverbial condicional, a oração principal só pode ser entendida a partir da projeção que faz a condicional. Observe:

**Produtor será multado se não cumprir vazio da soja.**

*Goiás Agora*, 28 jun. 2011. Disponível em: <www.noticiasdegoias.go.gov.br/>. Acesso em: 18 fev. 2014.

**vazio da soja:** durante o período em que o produtor é legalmente impedido de plantar qualquer variedade de soja dentro dos limites territoriais de Goiás, ele também é obrigado a eliminar todas as plantas da soja que estiverem na área onde foi produzido o grão.

A multa será um fato se, antes, uma condição for dada. A condição que deve se cumprir para que a informação contida na oração principal ocorra é o não cumprimento do vazio da soja. A oração adverbial condicional faz um recorte que determina a oração principal; isso fica claro na construção invertida:

Produtor não será multado, se cumprir vazio da soja.

Nesse caso, o enunciado condicional se apresenta como possível, ou seja, o que é expresso pode realmente acontecer caso a condição indicada na oração subordinada se cumpra; temos, assim, uma implicação direta entre a condicional e a principal.

Observe o caso a seguir, extraído da letra da canção “Vou partir pra outra”, no qual o enunciado condicional apresenta as mesmas características do anterior.

[...]

Mas já chega de demora

Se você não vier agora

Amanhã será tarde demais

[...]

LIMA, Adnaldo. In: Izidoro & Paulinho. *Izidoro & Paulinho*. Disponível em: <http://musica.com.br/>. Acesso em: 9 maio 2014.

Trata-se de um enunciado condicional:

- possível de se realizar;
- com uma implicação direta no que vai dito na oração principal;
- que apresenta os mesmos tempos verbais (futuro do subjuntivo na subordinada condicional; futuro do indicativo na oração principal).

No caso do enunciado da letra da canção, temos, ainda, um valor de ameaça, reforçada por outros elementos dentro e fora do enunciado condicional: *agora* (advérbio temporal que determina o prazo limite para a condição, estabelece o tom autoritário e o contraste com o advérbio que aparece na oração principal – *amanhã*); a própria oração do primeiro verso da estrofe, que indica o esgotamento da espera por parte do eu poético, antecipando o tom de ameaça.

Agora observe o caso do enunciado condicional que aparece na letra da canção "Se eu fosse":

[...]

Se eu fosse letra de música

Fazia uma rima única

[...]

In: DUNCAN, Zélia. *Pelo sabor do gesto*. Universal/Mercury, 2009. Disponível em: <http://letras.mus.br>. Acesso em: 9 maio 2014.

Nesse caso, o que se diz na condicional é algo impossível de acontecer, que contradiz a realidade: o eu poético não é e não pode ser letra de música; logo, não pode fazer uma rima única. O que é possível interpretar no enunciado condicional irreal é um desejo, mesmo que impossível, por parte do eu poético. Observe que o emprego do pretérito imperfeito do subjuntivo na oração subordinada é fundamental para a expressão do desejo.

Já na letra da música "É assim que vai ser", temos um enunciado condicional real, isto é, que remete ao mundo real, estabelecendo uma comparação:

[...]

Se ele é emotivo, eu sou mais racional

[...]

In: STRIKE. *Hiperativo*. Deckdisc, 2010. Disponível em: <http://letras.mus.br>. Acesso em: 9 maio 2014.

Esse tipo de enunciado condicional que expressa uma comparação é muito comum em enunciados condicionais irreais; além de exprimir uma comparação, pode carregar um tom de ironia, como em formulações do tipo:

Se você é Madonna, eu sou Britney Spears.

# Atividades

Leia a seguir uma notícia a respeito da atuação da Agência Nacional de Vigilância Sanitária.

## Anvisa vai fazer fiscalizações-surpresa

Brasil Econômico – Mariana Mainenti

Agência Nacional de Vigilância Sanitária (Anvisa), que está completando 15 anos, prepara-se para entrar mais pesadamente na fiscalização ainda em 2014. O órgão regulador recebe este mês os aprovados no concurso realizado no ano passado e realizou uma drástica reformulação de sua organização para que eles sejam alocados em atividades na ponta.

A Agência está se reestruturando para sair de uma postura mais defensiva, em que a maior parte do seu pessoal está absorvida pelo trabalho de análise de pedidos de registro de produtos, para a posição de ataque. Xerife de mercados de grande importância, como o de medicamentos, a Anvisa vai agir mais fortemente contra as indústrias que não cumprirem as normas de vigilância sanitária.

"A maior parte dos novos servidores será destinada a áreas que consideramos fundamentais, como a de análise de medicamentos e de fiscalização. Essas equipes estarão formadas até o início do segundo semestre e, no fim do ano, começaremos a realizar atividades de fiscalização e autuação de indústrias", afirmou o presidente da agência, Dirceu Barbano.

A Anvisa possui hoje cerca de 2,3 mil funcionários e receberá, a partir da próxima semana, outros 314 que foram aprovados no concurso.

"Com isso, nossa área de equipamentos médicos vai crescer 110%, a de medicamentos, 60% e a de fiscalização, 40%", acrescentou Barbano. [...]

*Portal IG* – Economia, 7 fev. 2014. Disponível em: <http://economia.ig.com.br>. Acesso em: 13 maio 2014.

1. A abertura desse texto consiste no chamado lide (ou *lead*), parágrafo que apresenta as informações fundamentais da notícia (quem, quando, como, onde, por quê). Releia-o e responda:
   a) De quem se fala?
   b) Qual é o fato divulgado?
   c) Como se pretende alcançar o objetivo anunciado?
   d) Onde a ação acontecerá?
   e) Quando?

2. Identifique as três orações subordinadas adverbiais finais empregadas pelo produtor do texto. Indique, em cada caso, que ação praticada pela Anvisa essas orações procuram explicar, segundo a notícia.

3. Outra construção bastante recorrente nesse texto informativo são as orações subordinadas adjetivas. Duas delas são explicativas. Quais? Justifique sua escolha levando em conta o termo que cada uma delas explica e a forma como são inseridas no texto.

4. Identifique os três casos de emprego de orações subordinadas adjetivas restritivas. Reescreva-os substituindo as orações adjetivas por sintagmas nominais com valor de adjetivo.

### Leia a continuação dessa matéria para saber o que a Anvisa pretende com essas fiscalizações:

Segundo ele [Dirceu Barbarno, presidente da agência], atualmente, a Anvisa realiza inspeções no ato de renovação do pedido de registro de produtos, enquanto no novo modelo que está sendo implementado, o órgão passará a fazer ações inesperadas de fiscalização. "Hoje, as empresas sabem quando serão inspecionadas pela Anvisa. Até o fim do ano passaremos a anunciar os setores que serão alvo das fiscalizações, mas agindo sem aviso prévio às empresas", explicou Barbano.

Para que seja possível concentrar esforços na fiscalização, a Anvisa vem consolidando mudanças em outras frentes. A primeira delas é a desburocratização da atividade de análise de registros, que levou a um acúmulo de dois mil processos nas mesas dos servidores da instituição, que demoravam até dois anos para serem concluídos.

Hoje, a análise de medicamentos leva até um ano e quatro meses e o objetivo é reduzi-la ainda mais.

"Consideramos prazos ótimos, que queremos alcançar no fim do ano, os períodos de quatro a seis meses para registro de produtos novos, de até oito meses para o de medicamentos genéricos e similares e para de oito meses a um ano, no caso de alterações na composição", projetou o presidente da agência.

Para alcançar essa meta, foi criado um sistema que permite o registro de produtos eletronicamente, além de uma série de normas para facilitar a análise dos processos.

"Agora temos uma estrutura mais horizontal, em que os servidores têm mais autonomia para analisar os processos. Com isso, nosso foco deixará de ser o produto, para ser o risco sanitário", disse Barbano.

Outro passo dado na direção de uma linha de fiscalização mais proativa foi o aperfeiçoamento dos canais de comunicação com consumidores, médicos e serviços de saúde. Em 2012, último dado consolidado disponível, a Anvisa recebeu 37.741 notificações sobre eventos adversos, queixas técnicas e casos de intoxicação. Esse número é quase quatro vezes maior do que o registrado cinco anos antes.

Comparativamente ao volume de denúncias recebidas, no entanto, é baixo o número de ações realizadas pelo órgão regulador. No mesmo ano, ocorreram 140 atividades de fiscalização e 42 inspeções da Anvisa no Brasil. No exterior, aconteceram outras 374 inspeções.

A expectativa, no entanto, é de que esse quadro seja alterado após as mudanças que estão sendo adotadas na agência e que incluem a fixação de critérios mais transparentes de progressão na carreira.

"Agora são realizados processos de seleção pública para os cargos de superintendente e gerente, o que nos dá a oportunidade de crescimento por mérito", afirmou o novo superintendente de Gestão Interna do órgão regulador, André Vaz Lopes, servidor de carreira da casa que concorreu, no concurso público realizado pela Anvisa, com outros 15 aspirantes à vaga que hoje é dele.

Idem.

# Vestibulares de Norte a Sul

1. **SE** (Fuvest-SP)

   Os meninos de rua que procuram trabalho são repelidos pela população.

   a) Reescreva a frase, alterando-lhe o sentido apenas com o emprego de vírgulas.
   b) Explique a alteração de sentido ocorrida.

2. **SE** (UFV-MG) Reescreva cada uma das passagens abaixo, unindo os períodos por meio do conectivo apropriado: conjunção, pronome relativo, preposição ou locução prepositiva. (Não use a conjunção **e**.)

   a) O preço do ingresso para o jogo era bastante módico. Havia pouquíssimos torcedores no estádio.
   b) Chovia copiosamente em toda a cidade. O concerto teve de ser adiado.
   c) Os funcionários relacionavam-se bem com o diretor. Não teriam conseguido levar adiante o projeto sem o apoio dele.

3. **SE** (Fuvest-SP) Leia com atenção as seguintes frases, extraídas do termo de garantia de um produto para emagrecimento:

   I. Esta garantia ficará automaticamente cancelada <u>se o produto não for corretamente utilizado</u>.
   II. Não se aceitará a devolução do produto <u>caso ele contenha menos de 60% de seu conteúdo</u>.
   III. As despesas de transporte ou quaisquer ônus decorrente do envio do produto para troca corre por conta do usuário.

   a) Reescreva os trechos sublinhados nas frases I e II, substituindo as conjunções que os iniciam por outras equivalentes e fazendo as alterações necessárias.
   b) Reescreva a frase III, fazendo as correções necessárias.

4. **SE** (ESPM-SP) A frase: "A tecnologia ligou os jovens de uma forma tão intensa que os relacionamentos com adultos estão diminuindo" estabelece uma relação de:

   a) ordem e explicação.
   b) causa e consequência.
   c) consequência e causa.
   d) modo e quantidade.
   e) intensidade e proporção.

5. **S** (UFPel-RS)

   <u>Apesar do</u> aumento do número de mulheres presas no Brasil, especialmente nas rotas do tráfico, o sistema penitenciário não se prepara <u>nem</u> para recebê-las, <u>nem</u> para as ressocializar.

   Os termos "Apesar do" e "nem [...] nem", neste fragmento, estabelecem relações lógico-semânticas, respectivamente, de:

   a) condição e contraste.
   b) alternância e dúvida.
   c) concessão e adição.
   d) oposição e conclusão.
   e) explicação e exclusão.

**Texto para as questões 6 e 7.**

## O barbeiro

Perto de casa havia um barbeiro, que me conhecia de vista, amava a rabeca e não tocava inteiramente mal. [1]Na ocasião em que ia passando, executava não sei que peça. Parei na calçada a ouvi-lo (tudo são pretextos a um coração agoniado), ele viu-me, e continuou a tocar. Não atendeu a um freguês, e logo a outro, que ali foram, a despeito da hora e de ser domingo, confiar-lhe as caras à navalha. Perdeu-os sem perder uma nota; ia tocando para mim. Esta consideração fez-me chegar francamente à porta da loja, voltado para ele. Ao fundo, levantando a cortina de chita que fechava o interior da casa, vi apontar uma moça trigueira, vestido claro, flor no cabelo. Era a mulher dele; creio que me descobriu de dentro, e veio agradecer-me com a presença o favor que eu fazia ao marido. Se me não engano, chegou a dizê-lo com os olhos. Quanto ao marido, tocava agora com mais calor; sem ver a mulher, sem ver fregueses, grudava a face no instrumento, passava a alma ao arco, e tocava, tocava...

Divina arte! Ia-se formando um grupo, deixei a porta da loja e vim andando para casa; enfiei pelo corredor e subi as escadas sem estrépito. Nunca me esqueceu o caso deste barbeiro, ou por estar ligado a um momento grave de minha vida, ou por esta máxima, que os compiladores podiam tirar daqui e inserir nos compêndios da escola. A máxima é que a gente esquece devagar as boas ações que pratica, e verdadeiramente não as esquece nunca. Pobre barbeiro! Perdeu duas barbas naquela noite, que eram o pão do dia seguinte, tudo para ser ouvido de um transeunte. Supõe agora que este, em vez de ir-se embora, como eu fui, ficava à porta a ouvi-lo e namorar-lhe a mulher; então é que ele, todo arco, todo rabeca, tocaria desesperadamente. Divina arte!

(ASSIS, Machado de. *Dom Casmurro – obra completa*. vol. I, Aguilar, 2ª ed. 1962.)

6. **NE** (Uece) Na passagem "executava não sei que peça", a palavra *que* tem função de:

   a) pronome relativo — sujeito.
   b) pronome adjetivo — adjunto adnominal.
   c) pronome relativo — adjunto adnominal.
   d) conjunção integrante — conectivo.

7. **NE** (Uece) "Na ocasião em que ia passando, executava <u>não sei que peça</u>." (ref. 1). A oração sublinhada deve ser classificada como

   a) subordinada adjetiva.
   b) coordenada assindética.
   c) subordinada adverbial.
   d) subordinada substantiva.

# A construção dos textos

CAPÍTULO

# 15 Por que escrever? Como escrever?

Danilo Verpa/Folhapress

7ª Festa Literária Internacional de Paraty (Flip), em Paraty (RJ), 2009. Da esquerda para a direita, os escritores Tatiana Salem, Rodrigo Lacerda, Mario Bellatin, Sophie Calle, Anne Anright, Atiq Rahimi e James Salter.

Este capítulo gira em torno das questões por que e como escrever. Para iniciar uma discussão a esse respeito, leia os textos a seguir, escritos por dois grandes nomes de nossa literatura — Clarice Lispector e Carlos Drummond de Andrade — e converse com os colegas e o professor sobre eles levando em conta as questões propostas nesta página.

### *Texto 1*

## A hora da estrela

Clarice Lispector

[...]

Será mesmo que a ação ultrapassa a palavra?

Mas que ao escrever – que o nome real seja dado às coisas. Cada coisa é uma palavra. E quando não se a tem, inventa-se-a. Esse vosso Deus que nos mandou inventar.

Por que escrevo? Antes de tudo porque captei o espírito da língua e assim às vezes a forma é que faz o conteúdo. [...]

LISPECTOR, Clarice. *A hora da estrela*. Rio de Janeiro: Rocco, 1998. (O narrador.)

### *Texto 2*

## O lutador

Carlos Drummond de Andrade

Lutar com palavras
é a luta mais vã.
Entanto lutamos
mal rompe a manhã.
São muitas, eu pouco.
Algumas, tão fortes
como o javali.
Não me julgo louco.
Se o fosse, teria
poder de encantá-las.

Mas lúcido e frio,
apareço e tento
apanhar algumas
para meu sustento
num dia de vida.
[...]
Luto corpo a corpo,
luto todo o tempo,
sem maior proveito
que o da caça ao vento.

Não encontro vestes,
não seguro formas,
é fluido inimigo
que me dobra os músculos
e ri-se das normas
da boa peleja.
[...]

Filipe Rocha/Arquivo da editora

ANDRADE, Carlos Drummond de. *Poesia completa*. Rio de Janeiro: Nova Aguilar, 2006. p. 99-101.

- *Você já refletiu sobre a importância das palavras no mundo? Qual seu valor?*
- *Por que temos a necessidade de expressão verbal, falada ou escrita?*
- *Para o narrador de* A hora da estrela, *cada coisa é uma palavra, é como se não pudéssemos imaginar um mundo sem nome, um mundo a que não nos possamos referir. Você concorda com ele? Por quê?*
- *Para o eu lírico do poema "O lutador", a relação entre o ser humano e a palavra é um verdadeiro combate, uma luta "vã", ininterrupta e desigual: as palavras "são muitas", "tão fortes", e ele é "pouco", um lutador sem proveito em sua "boa peleja". Qual sua relação com as palavras — na oralidade e na escrita? Por quê?*
- *Você acha que o narrador de uma narrativa e que o eu lírico de um poema expressam as opiniões do escritor sobre sua relação com a palavra? Por quê?*
- *Há algum escritor que você admire ou uma obra de literatura que seja sua preferida? Já identificou como essa obra/esse autor revela sua relação com a escrita? Procure fazer isso e escreva um texto curto sobre o assunto citando a obra/o autor para embasar seus argumentos.*

# Escrever... Por quê?

Variedades linguísticas

Na atividade de abertura deste capítulo, lançamos algumas questões sobre a escrita e propusemos a leitura de algumas opiniões de escritores brasileiros a respeito. Agora leia este fragmento de crônica "Em defesa da palavra", do escritor uruguaio Eduardo Galeano, com outras indagações:

> Nas longas noites de insônia e nos dias de desânimo, aparece uma mosca que fica zumbindo dentro da cabeça da gente: "Vale a pena escrever? Será que as palavras sobreviverão em meio aos adeuses e aos crimes?"

GALEANO, Eduardo. *Vozes e crônicas*. São Paulo: Global/Versus, [s.d.]. p. 13.

Vamos tentar propor caminhos para as duas interrogações lançadas pelo escritor Galeano, além de procurar esclarecer algumas questões que ficam zumbindo na cabeça da maioria dos estudantes, em meio às aulas de produção de texto:

- Por que escrever?
- Produzir um bom texto é escrever certinho, sem cometer erros de gramática?
- Escrevo apenas para cumprir uma burocracia escolar?
- Quem é o meu interlocutor? Faz sentido ter sempre o mesmo interlocutor?

MJTH/Shutterstock/Glow Images

## O objetivo primeiro da modalidade escrita: a interação

Acreditamos que ninguém melhor que um escritor para nos dizer sobre o ato de escrever. Isso não significa que as ideias defendidas por ele correspondam a uma verdade absoluta; trata-se, na verdade, do depoimento de alguém que já refletiu sobre o assunto e que pode nos transmitir suas conclusões para que também nós façamos um trabalho de reflexão.

Para algumas das interrogações acima, Eduardo Galeano nos fornece elementos para pensar, ao afirmar:

> As pessoas escrevem a partir de uma necessidade de comunicação e de comunhão com os outros, para denunciar aquilo que machuca e compartilhar o que traz alegria. As pessoas escrevem contra sua própria solidão e a solidão dos demais porque supõem que a literatura transmite conhecimentos, age sobre a linguagem e a conduta de quem a recebe, e nos ajuda a nos conhecermos melhor, para nos salvarmos juntos.

Op. cit., p. 14.

Dessa forma, escrever é comunicar, dividir e somar experiências, emoções e pensamentos.

## O que escrever? Como escrever?

Estamos, agora, diante de duas questões básicas e práticas. No fundo, é o velho problema de conteúdo e forma, de ideia e palavra, de comunicação e expressão. Como ponto de partida, reproduzimos uma afirmação do professor Mattoso Câmara Jr.: "Ninguém é capaz de escrever bem, se não sabe bem o que vai escrever.".

O ato de escrever deve ser entendido como a etapa final de um longo processo de reflexão. Uma constatação óbvia: escrever é registrar uma ideia no papel; portanto, o primeiro passo é ter uma ideia. E, para ter ideias, a melhor dica é ler, ler e ler. Mas não basta ler e fechar o livro, dizer que leu. O mais importante é a leitura ativa (ou interativa), que leva à reflexão. O leitor deve atuar sobre o livro e, ao mesmo tempo, deve ser permeável à leitura. Ao ler um poema, um romance, um artigo de jornal ou qualquer outro tipo de texto, deparamos com a leitura de mundo de quem o escreveu. Portanto, ler muito é acumular várias experiências, várias vivências. E é assim que conseguimos formar a nossa própria leitura de mundo que, ao mesmo tempo, nos ajuda no ato de ler e no ato de escrever. E o mestre Paulo Freire já ensinava:

> [...] a leitura do mundo precede sempre a leitura da palavra e a leitura desta implica a continuidade da leitura daquele. [...] a leitura da palavra não é apenas precedida pela leitura do mundo mas por uma certa forma de "escrevê-lo" ou de "reescrevê-lo", quer dizer, de transformá-lo através de nossa prática consciente.

FREIRE, Paulo. *A importância do ato de ler – Em três artigos que se completam*. 22. ed. São Paulo: Autores Associados/Cortez, 1988.

Assim, podemos dizer que a leitura é fundamental para a produção de textos porque nos permite o contato com uma variedade de conteúdos (culturas, áreas de conhecimento, informações em geral), com uma variedade de conhecimentos de forma (gêneros textuais) e com uma variedade de registros da língua.

Isso tudo porque, uma vez ultrapassada a primeira fase do processo — ter ideias —, a questão que se apresenta é como colocar essas ideias no papel, como encontrar a melhor forma de expressá-las. Os problemas vão desde o domínio do vocabulário, passando por um razoável conhecimento de recursos linguísticos e de outros requisitos gramaticais próprios da modalidade escrita (ortografia, acentuação gráfica, pontuação, etc.), para finalmente desembocar em algo muito pessoal: o estilo. Tudo isso sem perder de vista os elementos do processo de interação (especialmente quem é o interlocutor), a intencionalidade e a adequação.

## Atividades

**Texto para as questões de 1 a 3.**

© Parker/Creators Syndicate, Inc.

PARKER. O feiticeiro. *Jornal da Tarde*. São Paulo, 4 jan. 1997.

1. Em que consiste o humor da tirinha?
2. De que ordem foi a "falha" no discurso do rei?
3. Embora sem problemas gramaticais, você acha que o discurso do rei foi bem recebido por seus interlocutores (seus súditos)? Por quê?

**Texto para as questões de 4 a 11.**

## O gigolô das palavras

Luis Fernando Verissimo

Quatro ou cinco grupos diferentes de alunos do Farroupilha estiveram lá em casa numa mesma missão, designada por seu professor de Português: saber se eu considerava o estudo da Gramática indispensável para aprender e usar a nossa ou qualquer outra língua. Cada grupo portava seu gravador cassete, certamente o instrumento vital da pedagogia moderna, e andava arrecadando opiniões. Suspeitei de saída que o tal professor lia esta coluna, se descabelava diariamente com as suas afrontas às leis da língua, e aproveitava aquela oportunidade para me desmascarar. Já estava até preparando, às pressas, minha defesa ("Culpa da revisão! Culpa da revisão!"). Mas os alunos desfizeram o equívoco antes que ele se criasse. Eles mesmos tinham escolhido os nomes a serem entrevistados. Vocês têm certeza que não pegaram o Verissimo errado? Não. Então vamos em frente.

Respondi que a linguagem, qualquer linguagem, é um meio de comunicação e que deve ser julgada exclusivamente como tal. Respeitadas algumas regras básicas da Gramática, para evitar os vexames mais gritantes, as outras são dispensáveis. A sintaxe é uma questão de uso, não de princípios. Escrever bem é escrever claro, não necessariamente certo. Por exemplo: dizer "escrever claro" não é certo mas é claro, certo? O importante é comunicar. (E quando possível surpreender, iluminar, divertir, comover... Mas aí entramos na área do talento, que também não tem nada a ver com Gramática.) A Gramática é o esqueleto da língua. Só predomina nas línguas mortas, e aí é de interesse restrito a necrólogos e professores de Latim, gente em geral pouco comunicativa. Aquela sombria gravidade que a gente nota nas fotografias em grupo dos membros da Academia Brasileira de Letras é de reprovação pelo Português ainda estar vivo. Eles só estão esperando, fardados, que o Português morra para poderem carregar o caixão e escrever sua autópsia definitiva. É o esqueleto que nos traz de pé, certo, mas ele não informa nada, como a Gramática é a estrutura da língua mas sozinha não diz nada, não tem futuro. As múmias conversam entre si em Gramática pura.

Claro que eu não disse tudo isso para meus entrevistadores. E adverti que minha implicância com a Gramática na certa se devia à minha pouca intimidade com ela. Sempre fui péssimo em Português. Mas – isto eu disse – vejam vocês, a intimidade com a Gramática é tão dispensável que eu ganho a vida escrevendo, apesar da minha total inocência na matéria. Sou um gigolô das palavras. Vivo às suas custas. E tenho com elas a exemplar conduta de um cáften profissional. Abuso delas. Só uso as que eu conheço, as desconhecidas são perigosas e potencialmente traiçoeiras. Exijo submissão. Não raro, peço delas flexões inomináveis para satisfazer um gosto passageiro. Maltrato-as, sem dúvida. E jamais me deixo dominar por elas. Não me meto na sua vida particular. Não me interessa seu passado, suas origens, sua família nem o que outros já fizeram com elas. Se bem que não tenho também o mínimo escrúpulo em roubá-las de outro, quando acho que vou ganhar com isto. As palavras, afinal, vivem na boca do povo. São faladíssimas. Algumas são de baixíssimo calão. Não merecem o mínimo respeito.

Um escritor que passasse a respeitar a intimidade gramatical das suas palavras seria tão ineficiente quanto um gigolô que se apaixonasse pelo seu plantel. Acabaria tratando-as com a deferência de um namorado ou com a tediosa formalidade de um marido. A palavra seria a sua patroa! Com que cuidados, com que temores e obséquios ele consentiria em sair com elas em público, alvo da impiedosa atenção de lexicógrafos, etimologistas e colegas. Acabaria impotente, incapaz de uma conjunção. A Gramática precisa apanhar todos os dias para saber quem é que manda.

In: LUFT, Celso Pedro. *Língua & liberdade*. Porto Alegre: L&PM, 1985.

Filipe Rocha/Arquivo da editora

4. Como você já estudou, a crônica é um texto jornalístico, publicado periodicamente em jornais, que também apresenta recursos literários. Motivada por acontecimentos diários, a crônica costuma transcendê-los por meio de reflexões ou comentários dos cronistas. No caso dessa crônica, qual foi o fato que serviu de pretexto para os comentários do autor e que reflexões esse fato provocou?

5. O que é um "gigolô"? E um "gigolô das palavras"?

6. Releia: "Cada grupo portava seu gravador cassete, certamente o instrumento vital da pedagogia moderna [...]". Você percebe certa ironia na frase de L. F. Verissimo? Comente-a.

7. Releia: "Vocês têm certeza que não pegaram o Verissimo errado?". Quem seria o Verissimo "certo"?

8. "A sintaxe é uma questão de uso, não de princípios." Sem alterar o sentido da frase, poderíamos substituir a palavra *princípios* por qual outra?

9. Em seu livro *Manual de expressão oral & escrita*, o professor Mattoso Câmara Jr. faz a seguinte reflexão:

> A língua apresenta sempre uma diferenciação de acordo com as camadas sociais que a usam. De maneira geral, pode-se distinguir a esse respeito:
> a) uma língua popular, própria das massas mais ou menos iletradas;
> b) uma língua culta, que é um meio-termo entre o uso espontâneo da linguagem de todos os dias nas classes instruídas da sociedade e a língua que se encontra consignada nos grandes monumentos literários.
>
> A língua popular quase não reage contra o fator individual de mudança desde que essa mudança não prejudique propriamente a inteligibilidade. A língua culta, ao contrário, cria um ideal estético, e aí se manifesta um afã incessante para conservar inalterada a norma estabelecida.
>
> CÂMARA JR., J. Mattoso. *Manual de expressão oral & escrita*. Petrópolis: Vozes, 1983.

Retire do segundo parágrafo do texto de L. F. Verissimo passagens que comprovem:
a) que a língua popular não reage contra mudanças desde que essas mudanças não prejudiquem a inteligibilidade;
b) que a língua culta procura conservar inalterada a norma estabelecida.

10. Na frase: "A Gramática precisa apanhar todos os dias para saber quem é que manda", a que gramática se refere o escritor?

11. Agora, um desafio: explique por que "não é certo" dizer "escrever claro".

---

# A produção de textos e a gramática

Quanto a se considerar uma boa redação aquela que não apresenta erros de gramática, retomemos alguns trechos da crônica de Luis Fernando Verissimo:

> [...] a linguagem, qualquer linguagem, é um meio de comunicação e deve ser julgada exclusivamente como tal.
>
> Escrever bem é escrever claro, não necessariamente certo.
>
> Respeitadas algumas regras básicas da Gramática, para evitar os vexames mais gritantes, as outras são dispensáveis.

Comentando os trechos acima da crônica, o professor Celso Luft assim se manifesta:

> Sim; muitas regras, regras demais, perfeitamente dispensáveis.
>
> Por exemplo: regras de colocação lusitana de pronomes no Brasil, regências obsoletas, todas as miudezas normativas de um purismo rançoso.
>
> Dispensáveis todas as regras que não contribuem para a eficiência comunicativa, as que embaraçam e atravancam a comunicação, que dão ao aluno a ideia de que "aula de português é uma chateação", não serve para nada. Todas as regras inúteis e retrógradas deveriam ser eliminadas, proibidas.
>
> LUFT, Celso Pedro. *Língua & liberdade*. Porto Alegre: L&PM, 1985.

Entretanto, antes de comemorar a morte da gramática, lembre-se de um velho ditado: "Devagar com o andor que o santo é de barro". Observe que o professor Celso Luft fala em regras **lusitanas**, **obsoletas**, **purismos**. Deveriam ser eliminadas as regras **inúteis e retrógradas**; elas e apenas elas. Luft não fala em eliminar todas as regras.

É preciso que se diga claramente: sem gramática não há texto; sem gramática não organizamos o nosso pensamento. O próprio L. F. Verissimo afirma que "a Gramática é o esqueleto da língua"; um texto sem esqueleto desmorona, transforma-se em um monte de palavras que não estabelecem relações entre si.

Repare que Luis Fernando Verissimo se diz um "gigolô das palavras" e declara sua "pouca intimidade com a Gramática" e sua "total inocência na matéria", mas elabora uma fina ironia ao empregar um adjetivo com função de advérbio e explicitar esse "erro" ao leitor. Como se nos dissesse: eu falo mal da gramática, digo que é desnecessária, mas eu sei gramática, caminho pelos desvios conscientemente.

Neste ponto, é fundamental relembrar algumas noções que você já estudou:

- Toda língua possui uma gramática intrínseca, cuja estrutura permite que a reconheçamos como língua e que a possamos utilizar; essa gramática existe em função do texto, para o texto, em favor do texto.
- Não podemos entender a gramática normativa (suas regras e convenções) como o espelho da nossa língua ou como a própria língua, e sim como um modelo criado a partir de um recorte da norma culta na tentativa de retratar um uso "ideal" da língua a ser seguido.
- O conhecimento da variante considerada de prestígio, assim como a norma-padrão e as regras da gramática normativa são importantes porque, convencionalmente, são empregadas e exigidas em textos de diversas situações de natureza social (carta de apresentação, *e-mail* de reclamação, trabalho acadêmico, redação de vestibular, etc.).

Para terminar este item, uma pergunta retórica: pode alguém que fala bem e escreve bem em língua portuguesa ser "péssimo em Português"?

## Trocando ideias

Em pequenos grupos, leiam o texto a seguir.

### Problemas de redação

[...] os problemas da redação se dividem primariamente em dois grupos: os essenciais e os secundários.

Os problemas essenciais são dois:

a) a composição, isto é, plano de redação;

b) a técnica de uma formulação verbal que dispense os elementos extralinguísticos e os elocucionais, só participantes da exposição oral.

Os problemas secundários são os que surgem dos caracteres estéticos da língua escrita. São mais fáceis para um ensino partido do professor, ou de um livro didático, por assim dizer – de fora para dentro. Mas dependem da solução dos problemas essenciais. Nenhum professor e nenhuma gramática conseguirão fazer escrever esteticamente bem a uma pessoa que ainda não sabe pensar em termos de língua escrita.

É uma espécie de escapismo, muito comum no ensino de redação, fixarem-se o professor e os alunos nos problemas secundários. Absurdamente, há até os que quase só se preocupam com a ortografia das palavras.

CÂMARA JR., J. Mattoso. *Manual de expressão oral & escrita*. Petrópolis: Vozes, 1983.

Após a leitura do texto:

- Comentem a divisão dos problemas de redação em essenciais e secundários proposta pelo professor Mattoso Câmara.
- Expliquem de que forma os problemas essenciais da produção de textos estão relacionados com a modalidade escrita da língua.
- Um dos integrantes do grupo deverá ficar encarregado de anotar o resultado da discussão para apresentá-lo aos demais colegas.
- No relato oral, deve-se cuidar da postura, da dicção, da clareza e da objetividade.

## Texto escrito é sinônimo de texto “certinho”?

Tanto na elaboração de um texto oral como na de um texto escrito, é essencial levar em conta um critério: a **adequação**.

Embora o texto escrito apresente características que o distinguem do texto oral, como a possibilidade de “maior planejamento”, nem todo texto escrito precisa ser “certinho”. As marcas de formalidade em um texto escrito estarão condicionadas a várias circunstâncias: o que vai ser falado (assunto), o meio utilizado (suporte), o contexto (ambiente espaço-temporal), o nível social e cultural de quem escreve e, fundamental, para quem se escreve (quem é o interlocutor).

Portanto, a informalidade (tanto quanto a formalidade) pode se fazer presente no texto escrito sempre que seja adequado. Exemplos de gêneros e de situação em que a informalidade é esperada:

- um bilhete seu (gênero textual da modalidade escrita) para um colega de sala, avisando a mudança de horário de uma aula, não exige alto grau de formalidade; ao contrário, uma construção marcada por uma norma-padrão extremamente formal ficaria inadequada à situação;
- um *e-mail* da direção da escola (gênero textual da modalidade escrita) para os pais dos alunos, avisando que haverá alteração no horário das aulas, exige um certo grau de formalidade; uma construção marcada pela coloquialidade extrema ficaria inadequada à situação.

## Atividades

Leia a crônica reproduzida a seguir, de Carlos Drummond de Andrade.

### Como comecei a escrever

Carlos Drummond de Andrade

Aí por volta de 1910 não havia rádio nem televisão, e o cinema chegava ao interior do Brasil uma vez por semana, aos domingos. As notícias do mundo vinham pelo jornal, três dias depois de publicadas no Rio de Janeiro. Se chovia a potes, a mala do correio aparecia ensopada, uns sete dias mais tarde. Não dava para ler o papel transformado em mingau.

Papai era assinante da *Gazeta de Notícias*, e antes de aprender a ler eu me sentia fascinado pelas gravuras coloridas do suplemento de domingo. Tentava decifrar o mistério das letras em redor das figuras, e mamãe me ajudava nisso. Quando fui para a escola pública, já tinha a noção vaga de um universo de palavras que era preciso conquistar.

Durante o curso, minhas professoras costumavam passar exercícios de redação. Cada um de nós tinha de escrever uma carta, narrar um passeio, coisas assim. Criei gosto por esse dever, que me permitia aplicar para determinado fim o conhecimento que ia adquirindo do poder de expressão contido nos sinais reunidos em palavras.

Daí por diante as experiências foram-se acumulando, sem que eu percebesse que estava descobrindo a literatura. Alguns elogios da professora me animavam a continuar. Ninguém falava em conto ou poesia, mas a semente dessas coisas estava germinando. Meu irmão, estudante na Capital, mandava-me revistas e livros, e me habituei a viver entre eles. Depois, já rapaz, tive a sorte de conhecer outros rapazes que também gostavam de ler e escrever.

Então, começou uma fase muito boa de troca de experiências e impressões. Na mesa do café-sentado (pois tomava-se café sentado nos bares, e podia-se conversar horas e horas sem incomodar nem ser incomodado) eu tirava do bolso o que escrevera durante o dia, e meus colegas criticavam. Eles também sacavam seus escritos, e eu tomava parte nos comentários. Tudo com naturalidade e franqueza. Aprendi muito com os amigos, e tenho pena dos jovens de hoje que não desfrutam desse tipo de amizade crítica.

ANDRADE, Carlos Drummond de. *Poesia completa e prosa*. Rio de Janeiro: Nova Aguilar, 1973.

1. A que gênero você relacionaria o texto de Drummond?

2. Relembrando as seis funções da linguagem (referencial, conativa, fática, metalinguística, emotiva e poética), qual(is) predomina(m) no texto?

3. Considerando as sequências textuais (descritivas, argumentativas, narrativas, injuntivas, explicativas), qual predomina?

4. Na produção de um texto, podemos (e devemos) lançar mão de alguns elementos linguísticos que organizam e ordenam o que vai sendo dito. Nesse texto, Drummond explora elementos que ordenam a passagem temporal. Destaque-os.

5. O narrador trabalha a questão espacial de forma gradativa. Como isso se dá?

6. Qual o significado de "chovia a potes"? Pense no tipo de relação que se estabelece entre as palavras da expressão e responda: qual é a classe gramatical da locução "a potes"?

7. Qual é a importância do jornal no processo de formação do leitor e produtor de textos Carlos Drummond de Andrade?

8. Para o narrador, o que representavam os exercícios de redação?

9. Como você classifica a sequência textual que está entre parênteses, no último parágrafo?

10. A "fórmula mágica" apresentada por Drummond, a "amizade crítica", seria viável em nossos dias ou pertence a uma realidade já ultrapassada? Escreva um pequeno texto relatando seu ponto de vista.

## Mãos à obra!

### Atividade individual

1. Sua tarefa será escrever sobre acontecimentos de uma fase decisiva de sua vida. Antes de saber os detalhes dessa proposta, inspire-se lendo duas reflexões de escritores respeitáveis.

• Em entrevista a uma revista de circulação nacional, afirmou o escritor português José Saramago (1922-2010):

> Antes eu dizia: "Escrevo porque não quero morrer". Mas agora eu mudei. Escrevo para compreender. O que é um ser humano?

Revista *Veja*. São Paulo: Abril, 14 out. 1998.

• O escritor mineiro Bartolomeu Campos de Queirós (1944-2012), idealizador do Movimento por um Brasil Literário, costumava dizer, em suas palestras, que a primeira leitura de que tinha lembrança não fora realizada em um livro, mas em papel, trazido por seu pai, de uma viagem. O papel apenas embrulhava uma fruta – uma maçã. E, embora a fruta fosse sedutora e desconhecida, foi com o papel que a envolvia que ele se encantou. O papel roxo e fino trazia perfumes incríveis, que revelavam mistérios para uma criança sensível. Durante algum tempo, ele, muito novinho, manipulava e cheirava aquele papel e ficava imaginando por onde teria passado e que histórias poderiam estar ali guardadas. A relação dele com a escrita, na infância, também é notável. Eis seu relato:

> Meu avô morava em Pitangui, uma cidade perto de Papagaio, ganhou a sorte grande na loteria e nunca mais trabalhou. Ele cultivou uma preguiça absoluta. Levantava pela manhã, vestia terno, gravata e se debruçava na janela. Todo mundo que passava falava: "Ô, seu Queirós!". Ele falava: "Tem dó de nós". Só isso. O dia inteiro. Tudo o que acontecia na cidade, ele escrevia nas paredes de casa. Quem morreu, quem matou, quem visitou, quem viajou. Fui alfabetizado nas paredes do meu avô. Eu perguntava que palavra é essa, que palavra é aquela. Eu escrevia no muro a palavra com carvão, repetia. Ele ia lá para ver se estava certo. Na parede da casa dele, somente ele podia escrever. Eu só podia escrever no muro. Esse meu avô tinha um gosto absoluto pela palavra e era muito irreverente. Eu era o grande amigo dele. Meu avô tinha um encantamento com as palavras. Eu fui aprendendo com ele a cultivar esse encantamento.
>
> [...]
>
> Hoje, não fico na janela como meu avô ficava. Mas fico o tempo todo em frente ao Windows. Trocamos os lugares, mas continuamos na janela.

Dossiê Bartolomeu Campos de Queirós. *Palavra*.
Rio de Janeiro: Sesc, n. 3, ano 4, julho de 2012. p. 16.

2. Todos nós temos alguma lembrança marcante em relação às descobertas da escrita, seja do processo de alfabetização em si e da "mágica" na formação das primeiras palavras ou da sensação de escrever o próprio nome pela primeira vez, seja dos momentos iniciais de deslumbramento com a "decodificação" dos sinais que passam a ser signos na "descoberta" da leitura.

a) Selecione alguns momentos especiais que nortearam sua "redescoberta do mundo" por meio da leitura e da escrita.

b) Escreva um relato de memórias desses momentos. Para isso, descreva as circunstâncias que envolveram esses acontecimentos, as particularidades que os tornaram memoráveis; cite pessoas que foram fundamentais nessas ocasiões: parentes, professores, amigos. Se sua recordação for muito remota, vale também relatar como foi sua relação com um primeiro livro fundamental em sua vida: qual era ele, como ele chegou às suas mãos, as sensações que provocou em você antes, durante e depois da leitura, o que ficou em você depois dessa experiência.

c) Para estabelecer um interlocutor, pense em um amigo especial com quem você gostaria de compartilhar esses momentos. Imagine que seu relato será lido por ele.

## Dicas para a elaboração do relato

- Imprima a seu texto um ritmo lento, que recomponha detalhadamente imagens, objetos, cenários. Use advérbios para a localização temporal e espacial.
- Ordene os fatos em sequência cronológica. Em seu texto, devem estar presentes ordenadores textuais, para organizar essa sequência.
- Narre em primeira pessoa.
- Empregue os tempos verbais pretéritos: o perfeito para relatar fatos pontuais e o imperfeito para relatar fatos que ocorriam habitualmente no passado. Observe: "Meu avô **morava**" (fato habitual, pretérito imperfeito); "**ganhou** a sorte grande na loteria" (fato pontual, pretérito perfeito).
- Inclua no relato palavras ou expressões que revelem avaliações das situações vividas. Observe este exemplo: "Meu avô tinha um **encantamento** com as palavras. **Eu fui aprendendo com ele a cultivar esse encantamento**".

Romance de memórias

## Gênero textual: relato de memórias

Um relato de memórias consiste no registro, em primeira pessoa, de experiências vividas no passado, em geral distante. O resgate dessas lembranças, oral ou escrito, pode ser de interesse pessoal e gerar registros que circulem apenas na esfera cotidiana e familiar, ou de interesse coletivo (quando restabelece a memória social de toda uma comunidade), expandindo-se para esferas jornalística e/ou literária. Além de trazer ao presente costumes e fatos de um tempo passado, adquirindo valor histórico, o relato vem permeado das sensações e dos sentimentos de quem narra com a perspectiva emotiva do presente, na busca da compreensão dos fatos citados. O relato escrito ajuda a preservar, para as gerações futuras, a herança cultural de gerações passadas.

3. Terminado seu texto, releia-o com bastante atenção. Observe se poderá incluir mais detalhes, revise-o para que esteja gramaticalmente correto e passe-o para um colega ler. O colega também irá entregar-lhe o texto dele, e vocês farão o papel de leitor e revisor um do outro. Na redação que revisar, anote comentários que possibilitem a refacção aperfeiçoada do texto. Leia os comentários sobre seu texto e faça as últimas alterações que considerar necessárias.

4. O professor chamará alguns voluntários para a leitura em voz alta. O relato também poderá ser feito oralmente, sem necessariamente prender-se ao texto. Nesse caso, não se descuide dos detalhes e das sensações trazidas pela lembrança dos fatos propriamente ditos. Evite vícios da oralidade no relato ("então", "daí", "né?").

# Pensando no Enem

**Texto para a questão 1.**

A marcha galopante das tecnologias teve por primeiro resultado multiplicar em enormes proporções tanto a massa das notícias que circulam quanto as ocasiões de sermos solicitados por elas. Os profissionais têm tendências a considerar esta inflação como automaticamente favorável ao público, pois dela tiram proveito e tornam-se obcecados pela imagem liberal do grande mercado em que cada um, dotado de luzes por definição iguais, pode fazer sua escolha em toda liberdade. Isso jamais foi realizado e tende a nunca ser. Na verdade, os leitores, ouvintes, telespectadores, mesmo se se abandonam a sua bulimia*, não são realmente nutridos por esta indigesta sopa de informações e sua busca finaliza em frustação. Cada vez mais frequentemente, até, eles ressentem esse bombardeio de riquezas falsas como agressivos e se refugiam na resistência a toda ou qualquer informação.

O verdadeiro problema das sociedades pós-industriais não é a penúria**, mas a abundância. As sociedades modernas têm a sua disposição muito mais do que necessitam em objetos, informações e contatos. Ou, mais exatamente, disso resulta uma desarmonia entre uma oferta, não excessiva, mas incoerente, e uma demanda que, confusamente, exige uma escolha muito mais rápida a absorver. Por isso os órgãos de informação devem escolher, uma vez que o homem contemporâneo apressado, estressado, desorientado busca uma linha diretriz, uma classificação mais clara, um condensado do que é realmente importante.

Vocabulário:
* fome excessiva, desejo descontrolado.
* *miséria, pobreza.

VOYENNE, B. *Informação hoje*. Lisboa: Armand Colin, 1975 (adaptado).

1. Com o uso das novas tecnologias, os domínios midiáticos obtiveram um avanço maior e uma presença mais atuante junto ao público, marcada ora pela quase simultaneidade das informações, ora pelo uso abundante de imagens. A relação entre as necessidades da sociedade moderna e a oferta de informação, segundo o texto, é desarmônica, porque:
   a) O jornalista seleciona as informações mais importantes antes de publicá-las.
   b) O ser humano precisa de muito mais conhecimento do que a tecnologia pode dar.
   c) O problema da sociedade moderna é a abundância de informações e de liberdade de escolha.
   d) A oferta é incoerente com o tempo que as pessoas têm para digerir a quantidade de informação disponível.
   e) A utilização dos meios de informação acontece de maneira desorganizada e sem controle efetivo.

**Comentário**

O enunciado pergunta a respeito da relação entre as necessidades da sociedade moderna e a oferta de informação, conforme isso se apresenta no texto reproduzido. De acordo com o texto, há excesso de informação. Por isso o item correto é o **d**. Para confirmar esse ponto de vista, releia estes fragmentos: "O verdadeiro problema das sociedades pós-industriais não é a penúria, mas a abundância. As sociedades modernas têm a sua disposição muito mais do que necessitam em objetos, informações e contatos". É justamente essa abundância que o enunciador vê como o responsável pela desarmonia: "Ou, mais exatamente, disso resulta uma desarmonia entre uma oferta, não excessiva, mas incoerente, e uma demanda que, confusamente, exige uma escolha muito mais rápida a absorver".

Resposta: **D**.

**Texto para a questão 2.**

O **hipertexto** permite — ou, de certo modo, em alguns casos, até mesmo exige — a participação de diversos autores na sua construção, a redefinição dos papéis de autor e leitor e a revisão dos modelos tradicionais de leitura e de escrita. Por seu enorme potencial para se estabelecerem conexões, ele facilita o desenvolvimento de trabalhos coletivamente, o estabelecimento da comunicação e a aquisição de informação de maneira cooperativa.

Embora haja quem identifique o hipertexto exclusivamente com os textos eletrônicos, produzidos em determinado tipo de meio ou de tecnologia, ele não deve ser limitado a isso, já que consiste numa forma organizacional que tanto pode ser concebida para o papel como para os ambientes digitais. É claro que o texto virtual permite concretizar certos aspectos que, no papel, são praticamente inviáveis: a conexão imediata, a comparação de trechos de textos na mesma tela, o "mergulho" nos diversos aprofundamentos de um tema, como se o texto tivesse camadas, dimensões ou planos.

RAMAL, A. C. *Educação na cibercultura*: hipertextualidade, leitura, escrita e aprendizagem. Porto Alegre: Artmed, 2002.

2. Considerando-se a linguagem específica de cada sistema de comunicação, como rádio, jornal, TV, internet, segundo o texto, a hipertextualidade configura-se como um(a)
   a) elemento originário dos textos eletrônicos.
   b) conexão imediata e reduzida ao texto digital.
   c) novo modo de leitura e de organização da escrita.
   d) estratégia de manutenção do papel do leitor com perfil definido.
   e) modelo de leitura baseado nas informações da superfície do texto.

**Comentário**

O hipertexto não deve ser visto como exclusivo dos meios eletrônicos; entretanto, ele impõe um modo de leitura e de organização da escrita, como se pode perceber neste fragmento do texto: "O hipertexto permite — ou, de certo modo, em alguns casos, até mesmo exige — a participação de diversos autores na sua construção, a redefinição dos papéis de autor e leitor e a revisão dos modelos tradicionais de leitura e de escrita".

Resposta: **C**.

# Vestibulares de Norte a Sul

**Texto para a questão 1.**

## Pelas narinas

Intervalo de aula em escola pública de Antonina (PR): a molecada, barriga vazia, faz fila para pegar a merenda. Um funcionário do colégio, então, saca um frasco de perfume do bolso, manda uma borrifada num garoto e fala: "Hoje é Ralph Lauren, hein. Quero ver todo mundo cheiroso." A molecada corre, pula, rola no chão, faz aquela algazarra tradicional do intervalo, mas volta perfumada para a sala de aula. Os professores têm adorado.

Em Antonina, é assim, pensa o quê? Segunda-feira, na merenda, em lugar do caldinho, perfume Calvin Klein. Terça, Christian Dior. Quarta, Dolce & Gabanna. Quinta, Gianni Versace. Sexta, Hugo Boss. Tudo porque Ironaldo Pereira de Deus, ex-prefeito da cidade, gastou o dinheiro do Fundo Nacional de Desenvolvimento da Educação (FNDE), reservado à merenda, na contratação de uma empresa que vende perfumes e cosméticos. Bonito. Tá certíssimo. Chega de fazer feio nas grandes avaliações mundiais de educação! Nossos estudantes podem não saber tabuada do dois, mas nem os franceses são mais cheirosos. Sem falar que é coerente, num país que trata educação como perfumaria.

Ironaldo, esse visionário do ensino, é um dos expoentes do que há de mais moderno na educação brasileira: a pedagogia da ausência. Inspirados nas ideias defendidas pelo Jornalista Gilberto Dimenstein, de que o mundo todo, e não só a escola, é um ambiente de aprendizado, nossos governantes confundiram um pouco as coisas e deram um passo à frente (ou atrás), sumindo com a própria escola.

Sentindo, lá de Brasília, o agradável cheiro de perfume francês, o Tribunal de Contas da União (TCU) descobre, toda semana, irregularidades no uso das verbas do FNDE pelo país. Para grande surpresa de todos nós, claro, que nunca desconfiamos de que esse tipo de coisa acontecesse. Ainda bem que não fede.

Paulo R. Freire. *Educação*. São Paulo: Segmento, ano 28, nº 252, p. 13, abr. 2002.

1. **NE** (UFRN) O objetivo principal do texto é:
   a) informar, de modo preciso, sobre o descaso com que se trata a educação no País.
   b) criticar, de forma sarcástica, o descaso com que se trata a educação no País.
   c) convencer os leitores de que há um descaso no trato da educação no País.
   d) fazer os leitores rirem do descaso no trato da educação no País.

2. **SE** (Unicamp-SP)

## Quando vitaminas atrapalham

Consumir suplementos de vitaminas depois de praticar exercícios físicos pode reduzir a sensibilidade à insulina, o hormônio que conduz a glicose às células de todo o corpo.

Temporariamente, um pouco de estresse oxidativo — processo combatido por algumas vitaminas e que danifica as células – ajuda a evitar o diabetes tipo 2, causado pela resistência à insulina, concluíram pesquisadores das universidades de Jena, na Alemanha, e Harvard, nos Estados Unidos. Desse estudo, publicado em maio na PNAS, participaram 40 pessoas, metade delas com treinamento físico prévio, metade sem. Os dois grupos foram divididos em subgrupos que tomaram ou não uma combinação de vitaminas C e E .Todos os subgrupos praticaram exercícios durante quatro semanas e passaram por exames de avaliação de sensibilidade da glicose à insulina antes e após esse período. Apenas exercícios físicos, sem doses adicionais de vitaminas, promovem a longevidade e reduzem o diabetes tipo 2. Ao contrário do que se pensava, os resultados negam que o estresse oxidativo seja um efeito colateral indesejado da atividade física vigorosa: ele é na verdade parte do mecanismo pelo qual quem se exercita é mais saudável. A conclusão é clara: nada de antioxidantes depois de correr.

Adaptado de "Quando vitaminas atrapalham". Revista *Pesquisa Fapesp* 160, p. 40, junho de 2009.

a) Por se tratar de um texto de divulgação científica, apresenta recursos linguísticos próprios a esse gênero. Quais são eles? Transcreva dois trechos em que esses recursos estão presentes.
b) O experimento em questão concluiu que as vitaminas atrapalham. Explique como os pesquisadores chegaram a essa conclusão.

**Texto para a questão 3.**

Quatro ignorâncias podem ocorrer em um amante, que diminuam muito a imperfeição e merecimento de seu amor: Ou porque não se conhecesse a si; ou porque não conhecesse a quem amava; ou porque não conhecesse o amor; ou porque não conhecesse o fim onde há de parar, amando. Se não conhecesse a si, talvez empregaria o seu pensamento onde o não havia de pôr, se se conhecera. Se não conhecesse a quem amava, talvez quereria com grandes finezas a quem havia de aborrecer, se não o ignorava. Se não conhecesse o amor, talvez se empenharia cegamente no que não havia de empreender, se o soubera. Se não conhecesse o fim em que havia de parar, amando, talvez chegaria a padecer os danos a que não havia de chegar, se os previra.

(Padre Antônio Vieira, *Sermão do mandato*)

3. **SE** (Mack-SP) Assinale a alternativa INCORRETA sobre o texto anterior.
   a) Com sutilezas do raciocínio, argumenta-se sobre deméritos possíveis do amor.
   b) Na oposição básica ignorância *vs.* conhecimento, valoriza-se positivamente o primeiro elemento.
   c) A argumentação preenche uma forma circular, em que todas as hipóteses apresentam conclusão.
   d) O tom pedagógico é subjacente ao sermão, em que verdades são demonstradas com rigor lógico.
   e) Desdobram-se as premissas nas conclusões, para provar as circunstâncias possíveis da imperfeição de um sentimento.

CAPÍTULO

# 16 Produção de textos: da escola para a vida

Ed Alves/CB/D.A Press

Candidatos em exame vestibular da Universidade de Brasília (UnB), em Brasília, 2013.

Este capítulo pretende chamar sua atenção para o fato de que seus estudos no Ensino Médio podem ser úteis em sua transição do mundo da escola para o mundo do trabalho. Para isso, nossa preocupação foi tocar na questão da escolha profissional, fundamental nesta etapa da vida do estudante, e sua possível preparação para prestar o Enem e/ou exames vestibulares das grandes universidades brasileiras.

Propomos a seguir um texto para reflexão a respeito da escolha profissional. Você já se decidiu a esse respeito? Leia o texto, discuta-o com os colegas e o professor. Para refletir sobre essa escolha, propomos ainda a atividade ao final da página 563.

# A importância da orientação na escolha da profissão

Todas as pessoas precisam, num certo momento de sua vida, ingressar no mundo do trabalho. E muitas não têm chance de escolher sua profissão. Mas, quando há chance disso — e esta é a situação privilegiada do vestibulando que pode escolher seu curso universitário —, é preciso que a escolha seja bem orientada. Afinal, a realização profissional é um dos elementos mais importantes para a realização pessoal e a felicidade de uma pessoa. Por isso, ao escolher uma profissão, o jovem deve sempre pensar naquelas profissões — e cursos — que possam gerar realização pessoal.

Robert Kneschke/Shutterstock/Glow Images

É preciso dizer que a escolha profissional não se faz num "vácuo social", mas sim num contexto que envolve as expectativas familiares, as perspectivas do mercado de trabalho, etc. Portanto, estes fatores também devem ser levados em conta na hora de escolher uma profissão e o curso universitário que se quer fazer. Assim, parece fundamental procurar conhecer-se profundamente, a fim de saber que tipo de carreira mais se adapta ao seu modo de ser, bem como deve procurar informar-se sobre a situação atual da profissão que escolheu, suas perspectivas, etc.

Joseph Dilag/Shutterstock/Glow Images

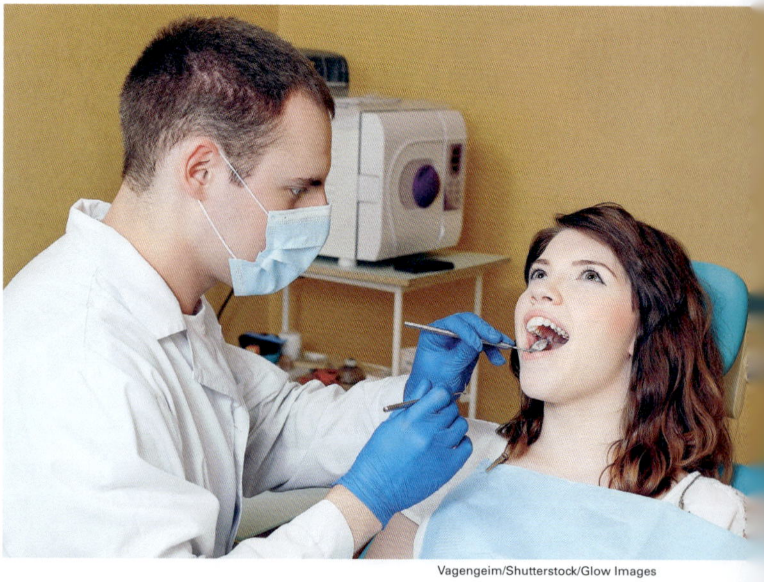
Vagengeim/Shutterstock/Glow Images

## Como descobrir quais profissões me interessam

Sugerimos que você siga três etapas: primeiro, procure conhecer a si mesmo; depois, procure conhecer as diferentes profissões e, finalmente, procure conversar com pessoas que possam lhe ajudar. É desse modo que você conseguirá reunir suas características pessoais, seus interesses e as possibilidades que o mercado de trabalho oferece.

## Conheça a si próprio

É fundamental lembrar que cada pessoa é responsável por suas próprias escolhas: só ela pode ter certeza sobre quais são suas capacidades, interesses e características individuais. Por isso, o primeiro passo para saber o que se quer ser é responder à pergunta: quem sou eu?

## Pesquise cursos e profissões

Também é fundamental deixar claro que uma pessoa só pode tomar uma decisão com convicção quando conhece bem as alternativas. E conhecer bem um curso ou uma profissão significa, entre outras coisas, saber que habilidades e conhecimentos são exigidos, quais são suas atividades mais rotineiras, quais suas perspectivas financeiras, etc.

## Dialogue com quem pode ajudar

Buscar a opinião de pessoas mais próximas como familiares e amigos é algo que pode auxiliar. No entanto, quando as dúvidas persistem, uma saída é procurar serviços e profissionais habilitados, que podem ajudar com imparcialidade na delimitação de alguns caminhos para que você possa realizar uma escolha com maior confiança.

[...]

Irmão Armando Bortolini, professor titular de Orientação Profissional da Faculdade de Educação da PUC-RS.
Genoveva Guidolin, professora do Colégio Rosário.

Disponível em: <www.pucrs.br>. Acesso em: 22 maio 2014.

- *Você já sabe que caminho profissional vai seguir?*
- *Releia as etapas propostas acima: "Conheça a si próprio", "Pesquise cursos e profissões", "Dialogue com quem pode ajudar". Usando esses critérios como inspiração, sugerimos a você a produção seguinte.*

1. ***Conheça a si próprio**: elabore um perfil biográfico especial, com estes itens:*
   *– quem é você;*
   *– suas preferências;*
   *– suas habilidades;*
   *– suas experiências marcantes;*
   *– as expectativas de sua família sobre seu futuro profissional;*
   *– seus sonhos e expectativas.*
2. ***Pesquise cursos e profissões**: sob a orientação do professor, formem grupos conforme os interesses por áreas profissionais. Uma divisão pode ser: exatas, humanas, biológicas e linguagens. Combine com seu grupo uma pesquisa sobre as profissões da área; cada colega deve pesquisar algumas delas. Depois, troquem dentro do grupo e organizem uma exposição sobre essas profissões no mural da escola.*
3. ***Dialogue com quem pode ajudar**: de acordo com os interesses despertados pelo mural, convidem alguns profissionais para falar sobre o cotidiano da profissão na escola de vocês.*

# 1 A redação do Enem

O Enem (Exame Nacional do Ensino Médio) e os exames vestibulares das grandes universidades são processos avaliativos e seletivos que exigem a aplicação reflexiva dos conteúdos estudados ao longo do Ensino Médio. Você está preparado para esse desafio?

A seguir leia depoimentos de jovens que alcançaram ótimos resultados na redação para o Enem.

*Texto 1*

## Estudante de Joinville que tirou nota máxima na redação do Enem dá dicas de última hora para os candidatos

Em novembro do ano passado, na semana em que as provas do Enem 2012 foram aplicadas, a estudante joinvilense Helena Bedatti Zeh gravou uma entrevista para a Empresa Brasil de Comunicação sobre como tirar uma nota boa na redação. Currículo para isso ela tem – além de ter ficado com nota mil no texto em 2011, a então vestibulanda havia ganhado um concurso promovido pelo Pré-Vestibular da UFSC e escrito os prefácios de dois livros do romancista blumenauense Pablo Pereira.

A entrevista foi postada no YouTube e atualmente ultrapassa a marca das 30 mil visualizações. O sucesso provavelmente foi causado pelo peso que a redação adquiriu – ao contrário das áreas objetivas, onde a nota máxima costuma ficar perto de 850 (com exceção de Matemática, que gira perto dos 950).

Para se ter uma ideia, apenas 1,1% dos candidatos que fizeram o Enem 2012 ficou com uma nota acima de 900 na redação. Os dados divulgados pelo Instituto Nacional de Estudos e Pesquisas Educacionais Anísio Teixeira (Inep) mostram ainda que quase 50% dos estudantes fez uma pontuação entre 400 e 600 no texto do ano passado.

Hoje, Helena é estudante de Medicina. Ela topou uma conversa sobre como fez para tirar a nota máxima e descolar a vaga na faculdade que queria. [...]

**DC** — O que fazer para ganhar tempo na redação?

**Helena Bedatti Zeh** — Buscar argumentos dentro da própria matéria estudada. Um ótimo embasamento pode sair das aulas de História, Geografia, Filosofia, Biologia e até mesmo das Ciências Exatas. Outra forma consiste em envolver músicas, livros, frases e até filmes na construção do texto. Isso demonstra que o aluno não está apenas focado em passar numa prova, mas possui conhecimento sobre o mundo.

**DC** — Como o candidato faz para ligar os assuntos entre si?

**Helena** — O uso de elementos de coesão é essencial. É aqui que o aluno também deverá explorar seus conhecimentos em Gramática. Por exemplo, as frases não podem ser muito extensas e os parágrafos devem estar conectados em relação à continuidade do assunto. Além disso, a conclusão da redação exige uma reflexão sobre a solução para a temática ou que se aponte uma proposta de melhoria.

**DC** — Existe algo que o candidato não pode deixar de incluir na redação?

**Helena** — O aluno deve prezar por uma estética adequada, ou seja, parágrafos alinhados, cuidado com a margem e letra legível. Além disso, ele precisa apontar um embasamento histórico, demonstrar conhecimento sobre a realidade vigente e saber conectar as ideias ao longo do texto. O Enem adora a criatividade natural de cada estudante. Citar Chico Buarque, discorrer sobre a política do café com leite ou até mesmo brincar com frases do grande Machado de Assis podem fazer os olhos do corretor brilhar!

*Diário Catarinense*. Disponível em: <http://diariocatarinense.clicrbs.com.br>. Acesso em: 20 maio 2014.

### *Texto 2*

## Enem 2013: veja dicas para fazer uma redação nota 1000

*Estudante da USP que tirou a nota máxima na redação do Enem em 2012 dá dicas para a prova*

[...]

Lais Inoue Kurush, hoje estudante de engenharia civil na Escola Politécnica da Universidade de São Paulo (USP), alcançou 1 mil pontos na redação do Enem de 2012. Mesmo tendo se baseado praticamente no enunciado da prova para desenvolver o texto, a estudante, que teve média geral de 788 pontos, considera essencial estar atento a assuntos pertinentes para se dar bem na redação. "Com foco do texto em atualidades, os candidatos devem ler livros, revistas, jornais, para ter uma noção melhor na hora da prova. Eu, por exemplo, comprava jornais todos domingos para me informar", comenta Lais.

Surpreendida pelo tema, a candidata não esperava ter tirado nota máxima. "Na hora até deu um pouco de desespero, mas depois de parar para pensar e analisar o tema, consegui desenvolver melhor", conta. Passado o nervosismo de ver um tema que não esperava, Lais relembrou das notícias que havia visto e lido para formular a proposta de intervenção, uma exigência da prova, segundo a qual o estudante deve elaborar propostas para resolver um problema. "Sempre via na televisão que muitos haitianos estavam vindo para o Brasil, mas que não tinham condições adequadas para ficar. Por isso, pensei que o certo seria criar medidas para a permanência deles por aqui", afirma.

[...]

Portal Terra, 4 jul. 2013. Disponível em: <http://noticias.terra.com.br>. Acesso em: 20 maio 2014.

Ammentorp Photography/Shutterstock/Glow Images

### *Texto 3*

## Estudantes que tiraram nota máxima na redação do Enem dão dicas para escrever melhor

*Apenas 481 dos mais de 5 milhões de textos corrigidos receberam nota 1000 em 2013; veja como se sair bem na prova*

Ana Prado

De acordo com o Ministério da Educação (MEC), das mais de 5 milhões de redações corrigidas na edição de 2013 do Exame Nacional do Ensino Médio (Enem), apenas 0,9% obtiveram 900 pontos ou mais e 481 tiraram nota 1000, pontuação máxima na prova. O número foi bem menor que o de 2012, quando 2 084 textos obtiveram 1000 pontos e 1,1% dos 4,1 milhões de candidatos tiraram notas iguais ou superiores a 900.

[...]

## Como conseguir uma boa nota

Tirar nota máxima na prova de redação do Enem é muito difícil e não existe uma fórmula que garanta um bom resultado. Mas algumas práticas são sempre citadas por quem chega lá.

### Conheça a prova

Antes de qualquer coisa, saiba com que tipo de prova você está lidando – e isso vale para todo o Enem e para todos os vestibulares que pretende fazer. "Em vez de ver a prova como um inimigo, encare-a como algo que está em seu favor. Para isso, é necessário conhecê-la, o que envolve, no caso do Enem, saber os critérios de avaliação usados e a forma como os avaliadores gostariam que a sua redação fosse escrita, ou seja, com enfoque no aspecto social e trazendo uma proposta de intervenção", diz Maria Clara Lovato, 17 anos, de Santa Maria (RS), cujo texto recebeu nota 1000 em 2013.

### Leituras importantes

Ler e escrever muito são pontos básicos, assim como se manter atualizado sobre o que acontece no mundo por meio de jornais, revistas e pela internet. "Mesmo que isso possa não cair diretamente na prova, manter-se atualizado ajuda a ter uma visão de mundo mais ampla e maior facilidade em emitir opiniões", justifica Maria Clara. "Para a introdução, é essencial ter uma visão histórica e cultural ampla que lhe permita citar pensamentos, teorias ou ainda coisas do cotidiano que se relacionem ao tema, iniciando um contexto bem construído", completa.

Para isso, ler filosofia também pode ser útil. Foi o que ajudou Bianca Hazt, 17 anos, de Bituruna (PR), a conseguir seus 1000 pontos na redação. "Como sempre estudei em um colégio estadual, a tática para me dar bem nas redações foi ler muitos livros de filósofos — usei Sartre na redação do Enem, aliás", conta.

### Linguagem a evitar

Além de ter uma boa bagagem cultural, é preciso cuidado com a linguagem utilizada. Aline de Carvalho Abbud, 19 anos, de Juiz de Fora (MG), explica o que a ajudou a conquistar a nota 1000 na redação: "Evite frases clichês e ditados populares. É legal enriquecer o repertório utilizando diferentes áreas do conhecimento para sair do senso comum. Também é importante ter cuidado com a gramática e evitar expressões como 'eu acho' e 'eu acredito'".

Maria Clara acrescenta: "As conjunções são muito importantes para uma boa redação e, por isso, conhecer várias delas e saber usá-las é sempre bom".

### Liste suas ideias antes de escrever o texto

Outra tática que costuma funcionar na hora de escrever redações é a de fazer um *brainstorm* e listar, em uma folha de rascunho, as ideias possíveis sobre o tema e itens-chave a serem colocados. "Fazendo isso, eu não limitava meu pensamento à ordem textual e, na hora de escrever a redação, não precisava começar do zero — ia apenas posicionando as ideias na minha estrutura textual", conta Maria Clara. Isso favorece sua criatividade, evita que você se esqueça de colocar ideias importantes no texto e permite uma escrita mais fluida.

*Guia do estudante*. São Paulo: Abril, 2014. Disponível em: <http://guiadoestudante.abril.com.br>. Acesso em: 20 maio 2014.

## Atividades

1. Releia os títulos das matérias jornalísticas transcritas nas páginas anteriores. Então responda: eles dão ao leitor a ideia de que é possível se preparar para a redação na última hora ou que é preciso se preparar ao longo do tempo? Por quê?
   - “Estudante de Joinville que tirou nota máxima na redação do Enem dá dicas de última hora para os candidatos”
   - “Enem 2013: veja dicas para fazer uma redação nota mil”
   - “Estudantes que tiraram nota máxima na redação do Enem dão dicas para escrever melhor”
2. Lendo as matérias com as dicas dos candidatos vitoriosos, percebemos que esses candidatos se preparam na última hora ou que passaram muito tempo estudando e se preparando? Justifique sua opinião.

# 2 Do currículo para o dia a dia

Segundo a Lei de Diretrizes e Bases da Educação Nacional (LDB), o Ensino Médio é a etapa final da Educação Básica e tem como finalidade:

I. a consolidação e o aprofundamento dos conhecimentos adquiridos no Ensino Fundamental, possibilitando o prosseguimento de estudos;
II. a preparação básica para o trabalho e a cidadania do educando, para continuar aprendendo, de modo a ser capaz de se adaptar com flexibilidade a novas condições de ocupação ou aperfeiçoamento posteriores;
III. o aprimoramento do educando como pessoa humana, incluindo a formação ética e o desenvolvimento da autonomia intelectual e do pensamento crítico;
IV. a compreensão dos fundamentos científico-tecnológicos dos processos produtivos, relacionando a teoria com a prática, no ensino de cada disciplina.

Disponível em: <http://portal.mec.gov.br>. Acesso em: 22 maio 2014.

Dessa forma, a etapa escolar do Ensino Médio deve ser entendida como uma preparação para a vida cidadã. Essa foi a preocupação maior ao elaborarmos esta coleção: apresentar os conteúdos e as propostas de atividades de forma reflexiva e que possam ser aplicados em práticas sociais que extrapolam a realidade escolar.

Para colaborar nesse processo, procuramos propor, neste livro, leituras e atividades que pudessem contribuir para o desenvolvimento de competências e habilidades preparatórias para a reflexão e a produção de textos de acordo com alguns critérios estabelecidos pela *Matriz de referência para o Enem*, documento publicado pelo Ministério da Educação. Conheça esses critérios:

**Competência**
- Confrontar opiniões e pontos de vista sobre as diferentes linguagens e suas manifestações específicas.

**Habilidades**
- Reconhecer em textos de diferentes gêneros, recursos verbais e não verbais utilizados com a finalidade de criar e mudar comportamentos e hábitos.
- Relacionar, em diferentes textos, opiniões, temas, assuntos e recursos linguísticos.
- Inferir em um texto quais são os objetivos de seu produtor e quem é seu público-alvo, pela análise dos procedimentos argumentativos utilizados.
- Reconhecer no texto estratégias argumentativas empregadas para o convencimento do público, tais como a intimidação, sedução, comoção, chantagem, entre outras.

*Matriz de referência para o Enem*. Disponível em: <http://portal.mec.gov.br>. Acesso em: 22 maio 2014.

Também foram levados em conta outros critérios, como estes, que se encontram na introdução do *Manual da Unicamp*, ao especificar o que se espera dos candidatos, e que podemos considerar como gerais, sempre úteis na produção de textos:

A Unicamp busca estudantes que consigam organizar suas ideias e expressar-se com clareza. O Vestibular Nacional da Unicamp avalia a aptidão e o potencial dos candidatos para o curso em que pretendem ingressar e sua capacidade de:

- expressar-se com clareza;
- organizar suas ideias;
- estabelecer relações;
- interpretar dados e fatos;
- elaborar hipóteses;
- dominar os conteúdos das áreas do conhecimento desenvolvidas no Ensino Médio.

*Manual do candidato*. Unicamp, 2013. Disponível em: <www.comvest.unicamp.br>. Acesso em: 20 maio 2014.

## Atividades

Nesta seção, vamos propor a você que leia e reflita sobre os eixos cognitivos nos quais o Enem se baseia para avaliar as competências e as habilidades dos estudantes.

a) Veja os eixos cognitivos comuns a todas as áreas do conhecimento. Leia, no quadro a seguir, as definições do Enem e nossos comentários.

| Eixos cognitivos | Comentários |
|---|---|
| **I. Dominar linguagens**<br>Dominar a norma culta da língua portuguesa e fazer uso das linguagens matemática, artística e científica e das línguas espanhola e inglesa. | O Enem quer saber até onde vai sua capacidade para entender as várias formas de linguagem, seja um texto em português, um gráfico, uma tira de história em quadrinhos ou fórmulas científicas. Você tem de demonstrar que conhece e entende os códigos verbais e não verbais. Pode ser até mesmo na forma de uma equação de física. |
| **II. Compreender fenômenos**<br>Construir e aplicar conceitos das várias áreas do conhecimento para a compreensão de fenômenos naturais, de processos histórico-geográficos, da produção tecnológica e das manifestações artísticas. | Esta competência reúne diversos conhecimentos e uma mesma questão pode envolvê-los todos ao mesmo tempo. Você terá de saber os conceitos aprendidos nas aulas e também com a leitura dos livros didáticos. Isso não quer dizer que você tenha de decorar conceitos, mas deve ser capaz de reconhecê-los. Para entender os fenômenos naturais, processos histórico-geográficos, produção tecnológica e manifestações artísticas, você precisa dominar a competência I, ou seja, saber ler diversas linguagens que transmitem o conhecimento sobre o fenômeno. Uma competência leva à outra. |
| **III. Enfrentar situações-problema**<br>Selecionar, organizar, relacionar, interpretar dados e informações representados de diferentes formas, para tomar decisões e enfrentar situações-problema. | Depois de dominar a linguagem e compreender os fenômenos, você precisa ter competência para solucionar uma questão ou um problema. Ou seja, saber encontrar a resposta certa depois de entender o que se pede (dominar a linguagem) e ter informações sobre aquele fenômeno (compreender fenômenos). Você faz isso quando responde a uma questão de Matemática ou quando resolve um problema de Física. |
| **IV. Construir argumentação**<br>Relacionar informações, representadas em diferentes formas, e conhecimentos disponíveis em situações concretas, para construir argumentação consistente. | Competência fortemente presente na redação, valoriza a capacidade de argumentação. Ou seja, conhecer um assunto ou um tema, assumir uma posição e defender uma ideia. Para convencer outras pessoas a compartilhar seus pontos de vista, é necessário ter argumentos sólidos, inteligentes, bem fundamentados e conhecimento firme do tema que está sendo discutido. |
| **V. Elaborar proposta**<br>Recorrer aos conhecimentos desenvolvidos na escola para a elaboração de propostas de intervenção solidária na realidade, respeitando os valores humanos e considerando a diversidade sociocultural.<br>Disponível em: <www.ceps.ufpa.br>. Acesso em: 20 maio 2014. | O Enem quer saber se você é capaz de opinar e propor soluções para o cotidiano e a vida real. É nesta competência que você demonstra a sua cidadania. Você precisa ter ideias, dar opiniões e sugestões sobre como tornar o mundo melhor, com relação ao meio ambiente, o desemprego, a pobreza e outros problemas sociais. |

b) A avaliação da redação do Enem contempla competências e habilidades fudamentadas nos eixos cognitivos do item anterior, destacando sobretudo as competências e habilidades expostas no quadro a seguir, que também comentamos. Leia:

| Competências e habilidades avaliadas na redação | Comentários |
|---|---|
| Demonstrar domínio da norma-padrão da língua escrita. | Você deve usar a norma-padrão da língua portuguesa, que é o registro adequado para um texto formal como a dissertação. Serão examinadas concordância das palavras, regência, flexão, ortografia e pontuação. |
| Compreender a proposta de redação e aplicar conceitos de várias áreas do conhecimento para desenvolver o tema, dentro dos limites estruturais do texto dissertativo-argumentativo. | Para construir seu texto, você pode buscar informações em todas as áreas do conhecimento, desde que não fuja da proposta. Feita a seleção de dados, é hora de construir relações entre os conceitos, interpretá-los e, assim, montar sua dissertação. |
| Selecionar, relacionar, organizar e interpretar informações, fatos, opiniões e argumentos em defesa de um ponto de vista. | O que conta não é a quantidade de informações, mas a qualidade. Você deve buscar informações em seu repertório de conhecimento e só usar o que é interessante para abordar o tema. |
| Demonstrar conhecimento dos mecanismos linguísticos necessários para a construção da argumentação. | Esta competência se relaciona à defesa do seu ponto de vista de forma articulada, baseado em argumentos fortes e consistentes. |
| Elaborar proposta de intervenção para o problema abordado, demonstrando respeito aos direitos humanos.<br>Disponível em: <www.infoenem.com.br>. Acesso em: 20 maio 2014. | Você deve pensar em propostas inteligentes para lidar com o tema abordado e apresentá-las de forma clara e convincente. O foco principal é o respeito aos valores humanos. |

## Gênero textual: texto expositivo

Como o próprio nome do gênero informa, um texto expositivo expõe informações precisas e didáticas sobre determinado assunto, por meio de um encadeamento de conceitos que devem ser apresentados de forma isenta, clara, concisa e objetiva. Costuma apresentar títulos e subtítulos ou tópicos para facilitar a localização das informações e uma ordem na exposição que pode ser lógica (baseada em raciocínios), cronológica (segundo o passar do tempo) ou espacial (relacionada a lugares). Ilustrações, analogias, comparações, generalizações e exemplificações são recursos empregados. Evitam-se parágrafos e/ou períodos longos. É o gênero que predomina nos livros didáticos, aulas, seminários, conferências e palestras. Circula nas esferas escolar e acadêmico-científicas.

Após a leitura atenta dos critérios e dos comentários, responda:

1. De que maneira os conteúdos estudados por nossa disciplina contribuem para o domínio dos eixos cognitivos espostos?
2. Quais desses conteúdos podem ser considerados essenciais para que formem as competências e habilidades exigidas no exame?
3. Releia o comentário para o item II do quadro do item **a**:

| **II. Compreender fenômenos**<br>Construir e aplicar conceitos das várias áreas do conhecimento para a compreensão de fenômenos naturais, de processos histórico-geográficos, da produção tecnológica e das manifestações artísticas. | Esta competência reúne diversos conhecimentos e uma mesma questão pode envolvê-los todos ao mesmo tempo. Você terá de saber os conceitos aprendidos nas aulas e também com a leitura dos livros didáticos. Isso não quer dizer que você tenha de decorar conceitos, mas deve ser capaz de reconhecê-los. Para entender os fenômenos naturais, processos histórico-geográficos, produção tecnológica e manifestações artísticas, você precisa dominar a competência I, ou seja, saber ler diversas linguagens que transmitem o conhecimento sobre o fenômeno. Uma competência leva à outra. |
|---|---|

4. Quando se consideram os eixos cognitivos e as competências, por que não se respeita a divisão de conteúdos por disciplina?

# 3 A redação nos vestibulares

Em determinadas situações, somos solicitados a produzir textos que serão objeto de avaliação. Nesses casos, a liberdade de criação não é absoluta, já que o texto será avaliado segundo alguns critérios, aos quais você obrigatoriamente deverá se sujeitar.

A redação nos exames, segundo o modelo tradicional, poderia ser definida como um gênero textual. Considere:

wavebreakmedia/Shutterstock/Glow Images

- é um texto produzido em determinada situação: o exame;
- tem organização de um texto em prosa; que discursa sobre um tema dado; consta de um título mais cerca de 25 linhas; é escrito com caneta, numa folha em branco, e não é assinado;
- tem determinado fim: a avaliação da escrita dos candidatos para ingresso na universidade.

Há um bom tempo, sob o impacto de novas concepções sobre o texto, algumas instituições começaram a avaliar sua estruturação e sua articulação do texto, pois não é suficiente "escrever corretamente" para que um texto seja compreensível e possa exprimir ideias: para isso, ele tem de ser coeso e coerente.

Com a consolidação da premissa de que é pela linguagem que interagimos na sociedade (com o desenvolvimento das noções de interação social e contexto situacional), passou-se a avaliar a competência linguística do candidato, aquela que não é apenas de serventia no exame, mas na vida. Ao ser revisto o conceito de texto a ser produzido em exames, foram reformulados os critérios de avaliação desses textos, que levam em conta:

a) competência em leitura;
b) adequação a determinado gênero e/ou tipologia textual e à situação comunicativa;
c) domínio e manipulação de estruturas e recursos linguísticos;
d) coesão e coerência textuais.

A redação de vestibular atual tenta avaliar a capacidade do candidato como produtor eficiente de textos, como se pode observar nesta passagem do *Manual do candidato* da Universidade Estadual do Ceará:

> Considerando como objetivo principal do ensino de Língua Portuguesa o desenvolvimento da competência discursiva, serão avaliadas as habilidades do candidato em relação à compreensão e à produção de textos e ao domínio de conhecimentos gramaticais como estratégias para essa compreensão e produção. Nessa perspectiva, observar-se-ão os seguintes aspectos:
>
> Aspectos Textuais
>
> 01. Fatores de coerência: identificação de tese e argumentos; pertinência de informações; relações de causa/efeito, de paralelo/contraste; circunstâncias de tempo e espaço; comparação entre textos. Articulação de informações textuais decorrentes dos fatores pragmáticos da textualidade: intencionalidade, aceitabilidade, situacionalidade, informatividade, intertextualidade.

02. Elementos de coesão: referencial: substituição; elipse; repetição do mesmo item lexical; sinonímia; antonímia; hiponímia; hiperonímia; etc., sequencial: parafrástica (procedimentos de recorrência) e frástica (procedimentos de manutenção e progressão temática, encadeamento, conexão, etc.).

03. Identificação do sentido das palavras recorrendo ao co(n)texto.

04. Identificação das características básicas dos tipos ou sequências textuais constitutivos dos diferentes gêneros do discurso: narrativo, descritivo, expositivo, argumentativo, injuntivo.

05. Identificação do propósito do autor: elementos marcadores de intenções e valores; recuperação de informações implícitas; estabelecimento de inferências; distinção entre fato e opinião; modalização: modalidades proposicionais, auxiliares de modo, advérbios modais etc.

06. Adequação do texto à situação de uso: propósito, audiência, ponto de vista, tom, formato.

07. Recursos expressivos e sua adequação à situação de uso (diversos tipos de linguagem figurada).

08. Variação linguística: dialetal (geográfica, social, temporal ou histórica) e de registro (diferentes graus de formalidade, modalidade oral e escrita).

*Manual do candidato*. Vestibular 2014. Universidade Estadual do Ceará.
Disponível em: <www.uece.br>.
Acesso em: 22 maio 2014.

Como você estudou, ser um produtor de textos eficiente envolve ser um leitor de textos, apropriar-se dos recursos linguísticos e ser um observador atento do processo comunicativo. Ao produzir a redação dos exames vestibulares, todas essas competências precisam ser ativadas, pois o resultado final (que será avaliado) depende delas.

Quando pensamos no uso da linguagem como prática social, elaborar e multiplicar automaticamente textos preconcebidos e impessoais nada tem que ver com a produção de textos. Os modelos e as estruturas precisam estar a serviço das ideias, e não o contrário.

A seguir, destacamos alguns critérios relevantes na avaliação das redações de alguns vestibulares.

## O papel da leitura

Leia o que a Unicamp espera do candidato quanto ao quesito Leitura:

O vestibulando deverá ser capaz de construir o sentido de textos redigidos em português e de reconhecer marcas linguísticas que permitem caracterizar um determinado gênero textual, seja quanto à sua forma (por exemplo, dissertativo, narrativo, poético), seja quanto à sua função (por exemplo, religioso, científico, jornalístico, comercial, etc.), depreendendo os efeitos desencadeados por essas marcas.

*Manual do candidato*. Vestibular Nacional Unicamp 2014.
Disponível em: <www.comvest.unicamp.br>.
Acesso em: 22 maio 2014.

As propostas de redação de exames vestibulares costumam apresentar ao candidato alguns textos — verbais e não verbais — a respeito de um assunto e orientar a produção de um texto argumentativo sobre o tema tratado nesses textos. Além de servir de apoio para a reflexão do candidato, permitindo a ele já observar nesses fragmentos algumas possibilidades de argumentação, esse tipo de proposta revela a preocupação de avaliar também a capacidade de leitura, de reflexão e de associação de ideias.

## A situação comunicativa

As propostas de redação de exames vestibulares procuram apresentar uma coletânea de textos ao aluno, para que ele possa ler e relacionar os diferentes pontos de vista sobre um tema. Há preocupação em avaliar o candidato como leitor e como produtor de texto, mas também se percebe, nesses exames, a intenção de oferecer ao candidato alguns caminhos de argumentação para a universidade poder avaliar, no texto então produzido, a capacidade de pensar um pequeno projeto, um encaminhamento para a ideia desenvolvida. Assim, em geral, os exames apresentam uma proposta, apoiada em alguns textos de leitura — muitas vezes, de gêneros distintos —, além de um tema a ser desenvolvido, procurando "reproduzir o funcionamento do discurso no mundo real".

Leia trecho do *Manual do candidato* da Unicamp, referente ao que se supõe que a prova de redação avalie no exame de 2014:

A prova de Redação, composta de duas tarefas obrigatórias, busca avaliar a habilidade do candidato no emprego de recursos que são necessários à produção de textos pertencentes a diferentes gêneros discursivos. Cada tarefa é acompanhada de um ou mais textos que irão subsidiar o seu desenvolvimento, além de instruções que indicarão os interlocutores envolvidos, bem como o gênero e o propósito do texto a ser elaborado pelo candidato.

A prova procura, desta forma, reproduzir o funcionamento do discurso no mundo real. Para que um texto seja bem-sucedido em seus propósitos, o autor deve ter uma experiência de leitura e delinear um projeto em função de um ou mais objetivos específicos, que deverão ser atingidos por meio da formulação escrita. A avaliação dos textos produzidos levará em conta as condições propostas na atividade: as propriedades do gênero, os participantes da interlocução, o propósito (tendo em vista o tema, a motivação e as instruções), a leitura e a articulação entre as partes do texto.

Assim, o candidato deve, no desenvolvimento das duas tarefas, atender a requerimentos relacionados:

1) ao gênero e à interlocução: o texto elaborado pelo candidato em cada uma das tarefas deve ser representativo do gênero solicitado e considerar os interlocutores nele implicados.
2) ao propósito: o candidato deve cumprir o propósito da tarefa que está sendo solicitada, observando o tema, a motivação e as instruções de elaboração do texto.
3) à leitura: é esperado que o candidato estabeleça pontos de contato com o(s) texto(s) fornecido(s) em cada tarefa. Ele deve mostrar a relevância desses pontos para o seu projeto de escrita e não simplesmente reproduzir o(s) texto(s) ou partes do(s) mesmo(s) em forma de colagem.
4) à articulação escrita: os textos produzidos pelo candidato devem propiciar uma leitura fluida e envolvente, mostrando uma articulação sintático-semântica ancorada no emprego adequado de elementos coesivos e de outros recursos necessários à organização dos enunciados. O candidato também deve demonstrar ter habilidade na seleção de itens lexicais apropriados ao estilo dos gêneros solicitados e no emprego de regras gramaticais e ortográficas que atendem à modalidade culta da língua.

*Manual do candidato*. Vestibular nacional Unicamp 2014. Disponível em: <www.comvest.unicamp.br>. Acesso em: 22 maio 2014.

A coletânea de textos que compõe uma proposta de redação oferece ao candidato um quadro diversificado de ideias e gêneros sobre um mesmo assunto, podendo apresentar pontos de vista distintos e até contraditórios. Esse conjunto está, por um lado, a serviço do candidato: amplia e/ou esclarece a temática da proposta, oferece o contato com ideias e pontos de vista variados, provoca e motiva a produção do texto; por outro, é de serventia para os avaliadores, porque evidencia a competência de leitura e de reflexão do candidato, sua capacidade de associação e articulação de ideias.

Observe que tudo o que você estudou nesta obra sobre situação comunicativa é precioso para compreender a proposta de redação de vestibulares como os da Unicamp, pois há cobrança de uma produção textual em que o candidato consiga apresentar claramente suas ideias, observando os fatores que envolvem sua produção: a situação comunicativa (real ou pressuposta) e a função (o que se quer com o texto, o que se tenta dizer, qual é o objetivo do texto?).

## Textos, tema e recorte temático

Dependendo da proposta, podemos observar o tema ou o recorte temático da redação, assim como também podemos observar o tema explícito ou implícito.

Em primeiro lugar, é necessário lembrar que **tema** é o assunto do texto. O tema deste capítulo, por exemplo, é a produção de textos nos exames.

- **Tema explícito**: em alguns casos, a proposta de redação se limita a apontar um tema geral. Fica por conta do aluno abordá-lo de forma geral ou destacar um aspecto dele. Voltando ao exemplo deste capítulo, o tema geral pode ser identificado como "a produção de textos nos exames"; no entanto, ao entrar em contato com o capítulo, percebe-se que foi feita uma delimitação: o aspecto destacado são as características das propostas atuais. Em outros casos, o tema e o recorte (seleção de determinado aspecto de um tema geral) são identificados.
- **Tema implícito**: neste caso, a proposta de redação vem acompanhada de uma coletânea de textos que o aluno terá de ler e da qual deverá extrair a temática para seu texto.

## Os modelos e arranjos linguísticos e a adequação

Avaliar a leitura e a escrita dos candidatos como um processo integrado de construção de sentidos é a base da proposta da Unicamp e de outros grandes vestibulares. Observe como essa universidade orienta os candidatos a ler a proposta de redação:

Cada proposta é acompanhada por um ou mais textos a serem lidos que poderão ser diversos do tipo de texto a ser elaborado, o que exige do candidato uma maior sensibilidade às características e aos efeitos de cada tipo de texto. Além disso, as instruções e o enunciado que antecedem cada uma das propostas possibilitam um trabalho de leitura específico sobre o texto que as acompanha.

Cada uma das propostas é, portanto, antecedida por um enunciado que fornece as condições de produção textual, situando o candidato em relação ao propósito de sua escrita (aproveitamento do texto lido, motor gerador da razão de escrever o texto, lugar de avaliação da compreensão em leitura), ao tipo de texto que deverá ser produzido e à interlocução (enunciador e interlocutor) a ser construída.

É a observação dessas condições que permitirá a elaboração de um texto adequado. Não se deixam de lado, na avaliação da prova, a fluidez da leitura e a unidade textual, para as quais contribuem os elementos coesivos e a adequação do conjunto léxico-gramatical ao gênero solicitado. Os elementos acima mencionados — propósito, interlocução, tipo de texto e modalidade escrita (coesão e adequação léxico-gramatical) — fornecem ao candidato as condições para a produção de seu texto e, portanto, definem os elementos balizadores para a correção.

Redação comentada. Unicamp. Disponível em: <www.comvest.unicamp.br>. Acesso em: 22 maio 2014.

De modo geral, a dissertação é o gênero textual mais indicado nas propostas de redação, pois os textos dessa natureza levam o produtor a articular sequências argumentativas e, assim, expressar verbalmente um ponto de vista sobre determinado assunto.

Dragon Images/Shutterstock

Outro arranjo linguístico muito solicitado é o narrativo. Em geral, apresenta-se uma situação que deverá ser desenvolvida, com o tratamento de alguns elementos da narrativa determinado: foco narrativo em primeira ou terceira pessoa, caracterização de personagens, cenário, tempo.

Há ainda algumas propostas que apresentam especificidade maior, como ocorre com o gênero textual "carta argumentativa" (nesse caso, além da forma característica do gênero, é comum a definição do interlocutor, dado a que se deve dar muita atenção porque definirá o nível da linguagem e o tipo da argumentação).

## E a gramática?

A gramática suste nta e explica o texto, portanto, é uma ferramenta essencial na hora da produção de um texto. E é no uso e na manipulação consciente dos recursos gramaticais que o produtor de textos eficiente encontra a forma de concretizar e explicitar suas ideias, sempre em função da interação social. Leia a orientação do manual da UFC (Universidade Federal do Ceará):

Considerando que o saber gramatical diz respeito não só ao automatismo das estruturas linguísticas básicas – gramática implícita – capazes de enriquecer a competência do falante/ouvinte de uma dada língua, mas também o **domínio consciente das estruturas de organização da língua** – gramática explícita – através do qual ascende-se à complexidade do código escrito, particularmente o da língua culta; que a expressão desse saber não se revela pela simples memorização de uma metalinguagem, mas, acima de tudo, pelo uso efetivo das ricas possibilidades do sistema linguístico, que asseguram a variedade da escolha em função da intenção do autor e necessária adequação ao leitor, espera-se que o candidato demonstre: a) proficiência no uso da língua portuguesa em sua modalidade culta; b) compreensão dos processos de organização e funcionamento da língua; c) domínio das estruturas de organização da língua portuguesa: estruturas fonológicas, morfológicas, sintáticas e semânticas, bem como das convenções ortográficas; d) percepção e utilização adequadas da quebra da ordem canônica da língua como um dos recursos estilísticos para a obtenção de efeito expressivo.

*Manual do vestibulando – UFC*. Disponível em: <www.ccv.ufc.br>. Acesso em: 20 maio 2014.

# Articulação

Ao tocar no quesito gramática, fala-se em "articulação". Mas no que consiste essa articulação e de que modo ela se relaciona com a gramática? É pelo uso e pela manipulação das estruturas gramaticais que construímos um texto, que concretizamos verbalmente nossas ideias. Mas não basta falar/escrever ideias soltas para construir um texto: temos de estabelecer uma ligação entre elas. Aí entra o que chamamos articulação do texto. E essa articulação se dá a partir, por exemplo, do emprego dos elementos coesivos, que vão entretecendo e arrematando as ideias, compondo o texto como um todo.

A articulação escrita é observada através de uma boa exploração dos elementos coesivos e da modalidade escrita.

Considerando que a produção de um texto requer competência para gerar e organizar ideias, conectando-se num todo coerente e coeso que atenda a diferentes propósitos comunicativos e/ou expressivos, o candidato deverá revelar domínio da modalidade escrita em língua-padrão, integrando em diferentes níveis linguísticos (texto, parágrafo, frase e palavra):

a) recursos conteudísticos relativos à exploração do tópico ou assunto do texto e à organização das informações;
b) recursos estruturais, responsáveis pela armação do texto e pela conectividade de suas ideias, mediante o manejo adequado de mecanismos de coesão e de padrões de organização frasal e textual;
c) recursos estilísticos relativos ao efeito comunicativo e/ou retórico pretendido, em função do virtual leitor do texto, do propósito do emissor e da natureza do assunto.

*Manual do vestibulando UFC 2005*. Disponível em: <www.ccv.ufc.br>. Acesso em: 8 mar. 2013.

# As questões discursivas

Muito comum nos vestibulares, especialmente nas instituições que organizam os exames em duas fases, são as questões discursivas às quais o candidato deve responder por meio de um pequeno texto. Você teve contato com muitas delas neste livro. Trata-se de "pequenas redações" que demandam as competências necessárias para a escrita de um texto maior.

Nas perguntas discursivas, exige-se do candidato a ativação de sua competência linguística, além dos conhecimentos específicos sobre o assunto em questão. Para tanto, novamente entram em jogo:

- a leitura eficiente, possibilitando a interpretação e a compreensão da questão;
- o trabalho eficiente com os recursos gramaticais, possibilitando a expressão das ideias de forma clara, articulada e organizada.

# 4 Exemplos de propostas de vestibular

## Exemplo 1: Universidade de São Paulo

Esta é a reprodução (aqui, sem as marcas normais dos anunciantes, que foram substituídas por **X**) de um anúncio publicitário real, colhido em uma revista publicada no ano de 2012.

Como toda mensagem, esse anúncio, formado pela relação entre imagem e texto, carrega pressupostos e implicações: se o observarmos bem, veremos que ele expressa uma determinada mentalidade, projeta uma dada visão de mundo, manifesta uma certa escolha de valores e assim por diante.

Redija uma dissertação em prosa, na qual você interprete e discuta a mensagem contida nesse anúncio, considerando os aspectos mencionados no parágrafo anterior e, se quiser, também outros aspectos que julgue relevantes. Procure argumentar de modo a deixar claro seu ponto de vista sobre o assunto.

**Instruções:**

- A redação deve obedecer à norma-padrão da língua portuguesa.
- Escreva, no mínimo, 20 e, no máximo, 30 linhas, com letra legível.
- Dê um título a sua redação.

Reprodução/Fuvest 2013

**Atividade**

Enumere os argumentos que você usaria para concordar com a afirmação "o melhor que o mundo tem a oferecer", ou para discordar dela, diante da imagem do anúncio.

## Exemplo 2: Universidade de São Paulo

Com base na leitura dos textos motivadores seguintes e nos conhecimentos construídos ao longo de sua formação, redija um texto dissertativo-argumentativo em norma-padrão da língua portuguesa sobre o tema **VIVER EM REDE NO SÉCULO XXI: OS LIMITES ENTRE O PÚBLICO E O PRIVADO**, apresentando propostas de conscientização social que respeite os direitos humanos. Selecione, organize e relacione, de forma coerente e coesa, argumentos e fatos para a defesa de seu ponto de vista.

### Liberdade sem fio

A ONU acaba de declarar o acesso à rede um direito fundamental do ser humano – assim como saúde, moradia e educação. No mundo todo, pessoas começam a abrir seus sinais privados de wi-fi, organizações e governos se mobilizam para expandir a rede para espaços públicos e regiões onde ela ainda não chega, com acesso livre e gratuito.

ROSA, G.; SANTOS, P. *Galileu*, n. 240, jul. 2011 (fragmento).

### A internet tem ouvidos e memória

Uma pesquisa da consultoria Forrester Research revela que, nos Estados Unidos, a população já passou mais tempo conectada à internet do que em frente à televisão. Os hábitos estão mudando. No Brasil, as pessoas já gastam cerca de 20% de seu tempo *on-line* em redes sociais. A grande maioria dos internautas (72%, de acordo com o Ibope Media) pretende criar, acessar e manter um perfil em rede. "Faz parte da própria socialização do indivíduo do século XXI estar numa rede social. Não estar equivale a não ter uma identidade ou um número de telefone no passado", acredita Alessandro Barbosa Lima, CEO da e.Life, empresa de monitoração e análise de mídias.

As redes sociais são ótimas para disseminar ideias, tornar alguém popular e também arruinar reputações. Um dos maiores desafios dos usuários de internet é saber ponderar o que se publica nela. Especialistas recomendam que não se deve publicar o que não se fala em público, pois a internet é um ambiente social e, ao contrário do que se pensa, a rede não acoberta anonimato, uma vez que mesmo quem se esconde atrás de um pseudônimo pode ser rastreado e identificado. Aqueles que, por impulso, se exaltam e cometem gafes podem pagar caro.

Disponível em: <http://www.terra.com.br>. Acesso em: 30 jun. 2011 (adaptado).

DAHMER, A. Disponível em: <http://malvados.wordpress.com>. Acesso em: 30 jun. 2011.

**Instruções:**

- O **rascunho** da redação deve ser feito no espaço apropriado.
- O **texto definitivo** deve ser escrito **a tinta**, **na folha própria**, em até **30 linhas**.
- A redação com até 7 (sete) linhas escritas será considerada "insuficiente" e receberá nota zero.
- A redação que fugir ao tema ou que não atender ao **tipo dissertativo-argumentativo** receberá nota zero.
- A redação que apresentar cópia dos textos da Proposta de Redação ou do Caderno de Questões terá o número de linhas copiadas desconsiderado para efeito de correção.

## Exemplo 3: Universidade de Brasília

ATENÇÃO

Nesta prova, faça o que se pede, utilizando, caso deseje, o espaço indicado para rascunho neste caderno. Em seguida, escreva o texto na **folha de texto definitivo da prova de redação em língua portuguesa**, no local apropriado, pois não serão avaliados fragmentos de texto escritos em locais indevidos. Respeite o limite máximo de linhas disponibilizado. Qualquer fragmento de texto além desse limite será desconsiderado. Na **folha de texto definitivo da prova de redação em língua portuguesa**, utilize apenas caneta esferográfica de tinta preta, fabricada em material transparente.

— Hum, mitos na sociedade contemporânea... as definições anteriores não parecem convincentes no contexto da sociedade pós-industrial, pós-capitalista, pós-moderna em que vivemos.

— É o que Walter Benjamin quer dizer, não? "A humanidade, que, um dia, com Homero, foi objeto de contemplação para os deuses olímpicos, hoje, o é para si mesma. Sua alienação de si própria atinge um grau que a faz viver sua própria destruição como uma sensação estética de primeira ordem."

Walter Benjamin. Apud T. M. Chinellato. Mitologia no imaginário da publicidade. *Communicare:* revista de pesquisa. Centro Interdisciplinar de Pesquisa, Faculdade Cásper Líbero, v. 6, n. 2, p. 97. São Paulo: Faculdade Cásper Líbero, 2006.

Hoje, é preciso construir outra persona, ilusória. Tatuagens e plásticas são bem-vindas em cima de músculos forçadamente desenvolvidos em sessões excessivas de academia, não raro, diárias. São combinações perfeitas para os silicones e anabolizantes dos que consomem, narcisisticamente, sua inclusão no novo mundo do prazer.

Lázaro Freire. *Neonarcisismo pós-hedonista*: silicone e negação. Internet: <www.voadores.com.br>.

O corpo da moda, miragem da onipotência erótica, encontra-se no mundo, exposto nas vitrinas, nas páginas de revistas, nas telas de cinema e na televisão. Mas, como o reflexo do Narciso grego, está lá para ser visto, cobiçado e nunca para ser apropriado. Ao ser tocado ele some, desfaz-se.

O Narciso moderno não é um Narciso. Ele não ama a imagem de si mesmo; pelo contrário, a odeia. Esta relação de ódio ao próprio corpo, e ódio e inveja do corpo desejado é motor do interesse narcísico, presente na sociedade de consumo. É a relação de Dorian Gray com seu retrato e a de Gustav Aschenbach com Tadzio, por quem era apaixonado, que fornece o modelo espiritual do *ego consumans* do homem urbano contemporâneo.

Jurandir Freire Costa. *Violência e psicanálise.* Rio de Janeiro: Graal Edições, 2003, p. 241 e 248 (com adaptações).

Na obra *O retrato de Dorian Gray*, de Oscar Wilde, o conflito da narrativa surge quando Gray, ao ver seu retrato pintado por um amigo, adquire a consciência de sua perfeição física.

Dorian Gray conserva, durante a narrativa, que se passa ao longo de dezoito anos, a face lisa e angelical dos vinte anos, enquanto o quadro incorpora os sinais físicos de uma vida de excessos e decrepitude moral.

Essa obra evoca o mito de Narciso, o herói que se apaixona pela própria imagem refletida nas águas e termina por se afogar na tentativa de alcançá-la. Gray sabe perfeitamente que observa o próprio retrato, ao passo que Narciso não se dá conta de que a imagem que o fascina é a de si mesmo.

*Mente cérebro*, dez./2011, p. 68-70 (com adaptações).

Considerando os textos da prova e os fragmentos de textos acima como motivadores, redija um texto dissertativo, na variante padrão da língua portuguesa, acerca do seguinte questionamento:

**O mundo do espelho de Narciso é um desafio ao *homo sapiens*?**

## Trocando ideias

Leiam, em pequenos grupos, a proposta de redação da Universidade Federal de Brasília (exemplo 3). Em seguida, comentem:

a) Identifiquem as etapas dessa proposta de redação e a ordem em que o candidato precisa cumpri-las.

b) Tendo em vista o tema a ser trabalhado na redação, identifiquem o ponto de vista de cada fragmento citado na proposta.

c) Releiam o questionamento proposto para a redação: "O mundo do espelho de Narciso é um desafio para o *homo sapiens*?".
Uma das maneiras de encaminhar essa questão é identificar o que caracteriza um narcisista e o que caracteriza um *homo sapiens*. Então identifiquem isso. Como essas perspectivas podem se relacionar deve ser o ponto de vista a ser defendido na redação. Definam esse ponto de vista.

Ler atenciosamente uma proposta de redação com coletânea de citações, prestando atenção ao que cada texto reproduzido procura comunicar é, em si, um trabalho que ajuda o candidato a se preparar para produzir seu texto. Entretanto, procurar garantir alguns conhecimentos prévios, como criar o hábito de ler jornais e livros, ver bons filmes, ou seja, ter ideia dos fatos em discussão na sociedade em geral, também pode ajudar a lidar mais confortavelmente com a proposta de redação e a se inspirar melhor no momento da escrita.

Na proposta da Universidade de Brasília que representa nosso exemplo 3, os textos fazem referência a uma obra da literatura universal, *O retrato de Dorian Gray*, já levada ao cinema duas vezes. O texto transcrito na prova fornece as informações básicas sobre essa história, ou seja, não é preciso ter lido o romance ou visto o filme para escrever a redação; entretanto, quem conhecesse a obra certamente poderia se sentir mais à vontade com a proposta. Por isso, leia bastante, procure acompanhar os acontecimentos pelos jornais e busque manter sua agenda cultural em dia.

NG Collection/Interfoto/Latinstock

Da esquerda para a direita, os atores Colin Firth, Ben Barnes e Ben Chaplin em cena do filme *O retrato de Dorian Gray*, dirigido por Oliver Parker em 2009, inspirado na obra homônima do escritor britânico Oscar Wilde, originalmente publicado em 1890.

# Exemplo 4: Universidade Federal de São Paulo (Escola Paulista de Medicina)

**Amor** (ô). S. m.

1. Sentimento que predispõe alguém a desejar o bem de outrem, ou de alguma coisa.
2. Sentimento de dedicação absoluta de um ser a outro ser ou a uma coisa; devoção, culto; adoração. [...]

*Dicionário Aurélio da Língua Portuguesa.*

Não é recorrendo ao dicionário que se pode chegar à melhor definição para o Amor. Pelo menos da forma como ele está presente no cotidiano das pessoas. Camões, em sua lírica, já vislumbrava os efeitos contraditórios desse sentimento: "Mas como causar pode seu favor nos corações humanos amizade, Se tão contrário a si é o mesmo Amor?".

As relações sentimentais e o próprio Amor constituem um eixo que perpassa a vida de todos os seres humanos que, em maior ou menor intensidade, dedicam momentos de sua existência a amar.

O Amor motiva as pessoas ou as leva à depressão; extrai delas lágrimas – de alegria ou tristeza. O Amor está nas reflexões dos filósofos, na mídia, na literatura, na música, enfim, o Amor está na vida.

Valendo-se dos seus conhecimentos e dos textos a seguir, elabore uma **dissertação em prosa**, na qual exponha e fundamente seu ponto de vista sobre o tema:

**O amor e a busca da felicidade: prós e contras.**

**Texto 1**

Você é assim
Um sonho pra mim
E quando eu não te vejo
Eu penso em você
Desde o amanhecer
Até quando eu me deito
Eu gosto de você
E gosto de ficar com você
Meu riso é tão feliz contigo
O meu melhor amigo é o meu amor.

Tribalistas.

**Texto 2**

**Texto 3**

Mais do que um fenômeno circunscrito a *teens* ou a adultos solitários, os relacionamentos românticos via internet tendem a se expandir em um futuro próximo e devem, como consequência, provocar um relaxamento das normas sociais e morais tais como as entendemos hoje. No limite, elas devem impor um novo padrão de ética à sociedade *off-line*, como defende o filósofo Aaron Ben-Ze'ev em seu livro *Love On-line*.

[...]

FOLHA: O sr. diz em seu livro que "a natureza interativa do ciberespaço exerce um profundo impacto sobre a estrutura social". Que tipo de impacto?

AARON: A internet modificou dramaticamente o domínio do romântico e esse processo irá se acelerar no futuro.

Tais alterações mudarão inevitavelmente as formas sociais atuais, como o casamento, a coabitação, as práticas românticas correntes relacionadas à sedução, sexo casual, namoros e a noção de exclusividade romântica. Podemos esperar um relaxamento das normas sociais e morais; esse processo não deveria ser considerado uma ameaça, pois não são as modificações *on-line* que põem em perigo os relacionamentos românticos, mas nossa falta de habilidade para nos adaptarmos a elas. O relaxamento dessas normas ficará particularmente evidente em questões que dizem respeito à exclusividade romântica. Será difícil evitar inteiramente as alternativas disponíveis. A noção de "traição" será menos comum no que diz respeito aos casos românticos.

Assim como o aumento da flexibilidade romântica, valores como estabilidade e maior camaradagem serão mais importantes. A natureza caótica e dinâmica do ciberespaço nunca irá substituir a natureza mais estável do "espaço real", pois não podemos viver em um caos completo: do mesmo modo que outros tipos de significado, o significado emocional pressupõe algum tipo de base estável contra a qual ele é gerado. Apesar disso, o domínio romântico se tornará mais dinâmico, e será mais difícil perfazer as vantagens emocionais de uma estrutura romântica estável.

FOLHA: Do ponto de vista dos efeitos psicológicos, quais as diferenças entre o amor "convencional" e o *on-line*?

AARON: Em ambos os tipos de amor existem emoções reais, como desejo e ciúme. Mas existem muitas diferenças no que diz respeito à prevalência de vários aspectos em cada tipo de amor. No amor *on-line*, o papel da imaginação é muito maior.

O ciberespaço revolucionou o papel da imaginação nos relacionamentos pessoais e elevou a imaginação de seu papel de ferramenta periférica — utilizada sobretudo por artistas e, no pior dos casos, por sonhadores e aqueles que, por assim dizer, não têm nada para fazer — a um meio central de relacionamento pessoal para muitas pessoas, que têm ocupações ou envolvimentos, mas preferem interagir *on-line*.

A internet encoraja outros tipos de trocas em relacionamentos românticos. Assim, a proeminência da comunicação verbal em comunicações *on-line* provavelmente irá aumentar a importância das habilidades intelectuais nas interações românticas.

PERES, Marcos Flamínio. *Folha de S.Paulo*. São Paulo, 18 jul. 2004. Caderno Mais!

**Texto 4**

A americana Laura Kipnis, professora de comunicações na Universidade Northwestern, em Illinois, nos Estados Unidos, contesta alguns dos conceitos mais sagrados da sociedade, como o amor, o casamento e a monogamia.

Em *Against Love — A Polemic* (Contra o Amor — Uma Polêmica, que será publicado neste ano no Brasil), livro de grande repercussão lançado em 2003 nos Estados Unidos, ela diz que, no mundo moderno, o amor passou a ser visto como a solução para as dúvidas existenciais do ser humano — e que isso é uma tremenda encrenca. A expectativa quanto à felicidade que o amor deve proporcionar complicou o casamento e outros tipos de relação estável, pois exige do casal um esforço inédito para que as coisas deem certo. Para a professora, essa nova realidade é uma enorme fonte de *stress* e depressão. [...]

VEJA: O amor traz felicidade?

LAURA: Não exatamente. A ideia de que o amor leva à felicidade é uma invenção moderna. A gente aprende a acreditar que o amor deve durar para sempre e que o casamento é o melhor lugar para exercê-lo. No passado não havia tanto otimismo quanto à longevidade da paixão. Romeu e Julieta não é uma história feliz, é uma tragédia.

O mito do amor romântico que leva ao casamento e à felicidade é uma invenção do fim do século XVIII. Nas últimas décadas, a expectativa quanto ao casamento como o caminho para a realização pessoal cresceu muito. A decepção e a insatisfação cresceram junto.

VEJA: Ou seja, enquanto antes as pessoas sofriam porque os casamentos eram arranjados, hoje sofrem porque acham que devem encontrar a pessoa ideal?

LAURA: Exato. Imagine alguém dizer que é contra o amor. É considerado um herege. As propagandas, as novelas, os filmes, os conselhos dos parentes, tudo contribui para promover os benefícios do amor. Deixar de amar significa não alcançar o que é mais essencialmente humano. O casamento é envolto pelo mesmo tipo de cobrança. E, quando cai por terra a expectativa do romance e da atração sexual eternos, surge a pergunta: "O que há de errado comigo?" [...].

SCHELP, Diogo. Contra o Amor. *Veja*, 19 maio 2004.

**Texto 5**

– [...] Para mim era um êxtase divino, uma espécie de sonho em ação, uma transfusão absoluta de alma para alma; para ele o amor era um sentimento moderado, regrado, um pretexto conjugal, sem ardores, sem asas, sem ilusões... Erraríamos ambos, quem sabe?

LOPES, Lucia Leite Ribeiro Prado. *Machado de A a Z*. São Paulo: Editora 34, 2001.

## Atividades

1. Com base na proposta de redação do exemplo 4, descreva a coletânea quanto aos gêneros textuais.
2. Relacione a temática dos textos dessa coletânea e a temática da proposta.
3. Que sequência textual deve predominar no texto pedido na proposta de redação da Universidade Federal de São Paulo? Como é definido o enunciador?
4. A proposta não apresenta nenhum recorte temático. No entanto, o posicionamento do produtor do texto, o caráter argumentativo do texto a ser produzido, determinará, sim, um recorte. Explique a afirmação.

# Exemplo 5: Universidade Federal do Paraná

Considere os subsídios apresentados nas charges de Millôr e nos textos "Brasília", "Londres" e "O campo e a cidade".

Escreva um texto em prosa, de 17 a 20 linhas, que aborde a organização da vida urbana. Você pode tomar a sua cidade como referência. Seu texto deverá contemplar pelo menos um dos seguintes tópicos:

- Ocupação do espaço urbano.
- Infraestrutura para a população na cidade.
- Qualidade de vida.
- Acesso a bens culturais.
- Verticalização da arquitetura urbana.

Você deverá observar as seguintes orientações:

- Fazer uso de informações ou posicionamentos fornecidos nos textos e charges de referência (à sua escolha).
- Manifestar de forma clara seu posicionamento pessoal diante do assunto.
- Dar um título ao seu texto.

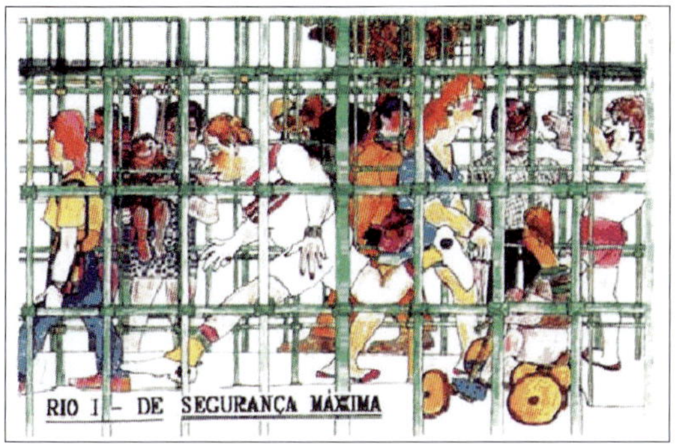

Ilustrações: © Millôr Fernandes/Acervo do cartunista

Disponível em: <http://www2.uol.com.br/millor/aberto/charges/003/index.htm>. Acesso em: 24 mar. 2010.

## Brasília

Brasília foi construída com base num minucioso planejamento urbano. Apesar disso, o Distrito Federal, onde está a capital brasileira, sofre um crescimento desordenado da área urbana, que inclui não apenas a cidade propriamente dita, mas também seu entorno.

Apesar de planejados, Brasília e Distrito Federal apresentam-se como um quadro-resumo da realidade de países em desenvolvimento. O inchaço da mancha urbana é uma dessas características marcantes. O plano de instalação da capital previa uma população de 500 mil habitantes no ano 2000, mas esse número já superou os dois milhões, criando sérios problemas urbanos.

A periferização é um desses problemas. Diariamente chega ao Distrito Federal um grande contingente de população buscando benefícios da política de assentamentos oficial, o que levou ao aparecimento de diversas cidades nos últimos anos.

Essas novas cidades seriam um indicativo da tentativa de erradicação de invasões existentes no Distrito Federal, mas acabaram gerando favelização do território.

Como efeitos imediatos dessa política, aparecem a pobreza e a violência urbanas centralizadas nas "vilas miséria". Mas essa situação não é sentida tão intensamente em Brasília quanto em outros centros urbanos, em razão da estratégia de afastamento dos bolsões de miséria em relação às áreas centrais, como o Plano Piloto, onde vive a população de média e alta rendas. Os pobres estão confinados a zonas periféricas. De qualquer maneira, o aumento da favelização já afeta a população residente nos espaços centrais. Como se não bastasse, o inchaço da malha urbana do Distrito Federal já tem previsão de acomodar em 2015, segundo fontes do BID, uma população acima de 6,6 milhões. É importante salientar que a relação entre migrantes e brasilienses natos no crescimento populacional é da ordem de 60% para 40%, respectivamente.

Adaptado de: *Scientific American Brasil*, jan. 2003, p. 55-6.

## Londres

Londres já tinha meio milhão de habitantes em 1660, numa época em que a segunda maior cidade, Bristol, contava cerca de 30 000. De 1700 a 1820, a população chegou a 1 250 000. A centralização do poder político, a substituição do feudalismo por uma aristocracia rural e, em seguida, por uma burguesia rural, com todos os efeitos subsequentes sobre a modernização da terra, o desenvolvimento extraordinário de um comércio mercantil: esses processos notáveis haviam ganhado um irresistível impulso no decorrer do tempo – uma concentração e uma demanda que alimentavam a si próprias. A cidade do século XIX, na Grã-Bretanha como em outros lugares, seria uma criação do capitalismo industrial. Em cada etapa, ela ia absorvendo áreas cada vez maiores do resto do país: os negociantes de gado trazendo animais do País de Gales ou da Escócia para abastecer a cidade de carne; grupos de moças vindas do norte de Gales para colher morangos; e – mais importante ainda do que essas viagens organizadas, ainda que extraordinárias – milhares em busca de trabalho ou de um esconderijo; gente que fugia de uma crise ou de uma vida rigorosa igualmente intolerável.

WILLIAMS, Raymond. *O campo e a cidade*: na história e na literatura. São Paulo: Companhia das Letras, 1989. p. 205.

## O campo e a cidade

"Campo" e "cidade" são palavras muito poderosas, e isso não é de se estranhar, se aquilatarmos o quanto elas representam na vivência das comunidades humanas. O termo inglês *country* pode significar tanto "país" quanto "campo"; *the country* pode ser toda a sociedade ou só sua parte rural. Na longa história das comunidades humanas, sempre esteve bem evidente esta ligação entre a terra da qual todos nós, direta ou indiretamente, extraímos nossa subsistência, e as realizações da sociedade humana. E uma dessas realizações é a cidade: a capital, a cidade grande, uma forma distinta de civilização.

Em torno das comunidades existentes, historicamente bastante variadas, cristalizaram-se e generalizaram-se atitudes emocionais poderosas. O campo passou a ser associado a uma forma natural de vida – de paz, inocência e virtudes simples. À cidade associou-se a ideia de centro de realizações – de saber, comunicações, luz. Também constelaram-se poderosas associações negativas: a cidade como lugar de barulho, mundanidade e ambição; o campo como lugar de atraso, ignorância e limitação. O contraste entre campo e cidade, enquanto formas de vida fundamentais, remonta à Antiguidade clássica.

A realidade histórica, porém, é surpreendentemente variada. A "forma de vida campestre" engloba as mais diversas práticas – de caçadores, pastores, fazendeiros e empresários agroindustriais –, e sua organização varia da tribo ao feudo, do camponês e pequeno arrendatário à comuna rural, dos latifúndios e *plantations* às grandes empresas agroindustriais capitalistas e fazendas estatais. Também a cidade aparece sob numerosas formas: capital do Estado, centro administrativo, centro religioso, centro comercial, porto e armazém, base militar, polo industrial. O que há em comum entre as cidades antigas e medievais e as metrópoles e conurbações modernas é o nome e, em parte, a função – mas não há em absoluto uma relação de identidade. Além disso, em nosso próprio mundo, entre os tradicionais extremos de campo e cidade existe uma ampla gama de concentrações humanas: subúrbio, cidade-dormitório, favela, complexo industrial. [...]

WILLIAMS, Raymond. *O campo e a cidade*: na história e na literatura. São Paulo: Companhia das Letras, 1989. p. 11-2.

1. Na proposta de redação da Universidade Federal do Paraná (UFPR), transcrita como exemplo 5, os textos que formam o painel de leitura apresentam as mesmas características? Explique.

2. Que sequências textuais predominam em cada um dos três textos verbais?

3. Comente a seleção de textos feita pela UFPR. Eles oferecem, de fato, subsídios para a produção do texto pedido?

## Exemplo 6: Instituto Tecnológico da Aeronáutica

**Instruções para redação**

Examine os dados contidos nos gráficos e tabela a seguir e, a partir das informações neles contidas, extraia um tema para sua dissertação que deverá ser em prosa, de aproximadamente 25 linhas.

Para elaborar sua redação, você deverá se valer, total ou parcialmente, dos dados contidos nos gráficos e tabela. Dê um título ao seu texto. A redação final deve ser feita com caneta azul ou preta.

**Atenção**: A Banca Examinadora aceitará qualquer posicionamento ideológico do candidato. A redação será anulada se não versar sobre o tema ou se não for uma dissertação em prosa.

Os gráficos seguintes, retirados da *Folha de S.Paulo* de 23/11/1986, são resultados de uma pesquisa realizada em novembro do mesmo ano. Nessa pesquisa, foram entrevistadas 900 pessoas, distribuídas por todo o município de São Paulo, de ambos os sexos, com dezoito anos ou mais e com diferentes níveis de escolaridade e de posições socioeconômicas.

O(A) sr.(a) concorda ou discorda que existem algumas ocupações profissionais que são próprias para as mulheres e outras que são próprias para os homens?

(O gráfico ao lado traduz as respostas dos entrevistados.)

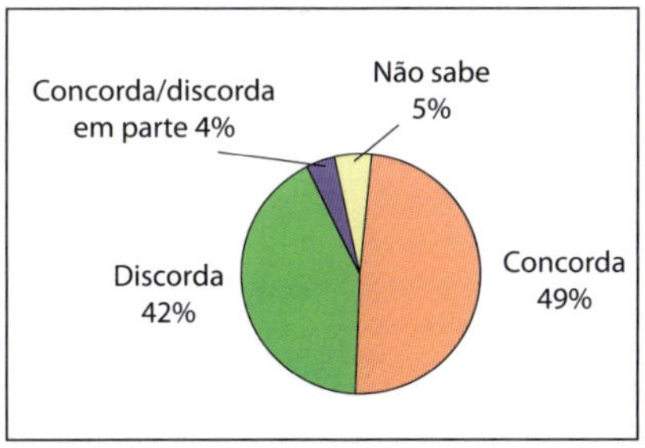


De um modo geral, nas seguintes ocupações, o(a) sr.(a) confia mais no trabalho de um homem ou de uma mulher? Os cinco gráficos abaixo traduzem as respostas dos entrevistados.

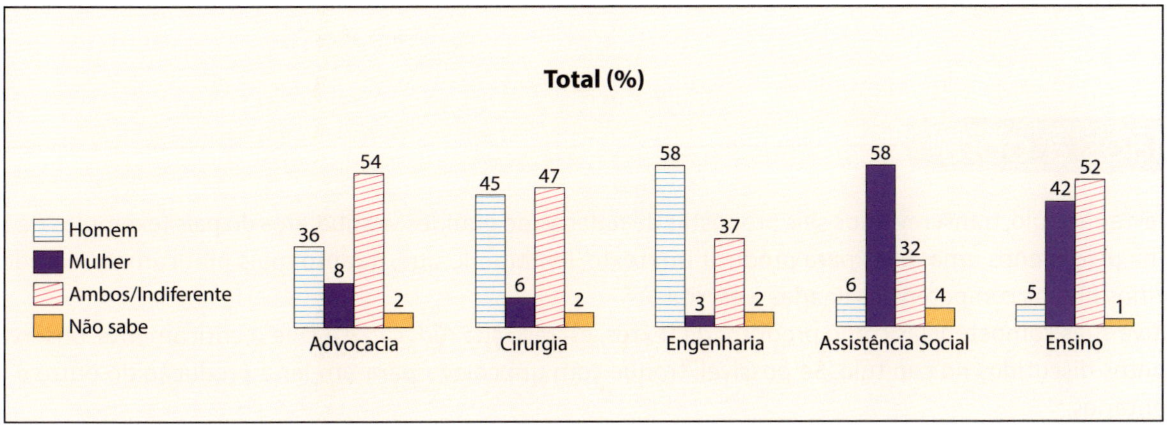

A tabela abaixo, retirada do Boletim Dieese – edição especial, 8 março de 2004 –, mostra a população economicamente ativa por sexo do Brasil e grandes regiões – de 1992 e 2002.

| Brasil e grandes regiões | | 1992 | | | 2002 | | |
|---|---|---|---|---|---|---|---|
| | | **Mulheres** | **Homens** | **Total** | **Mulheres** | **Homens** | **Total** |
| Centro-Oeste | Nº | 1872 571 | 2 998 522 | 4 871 093 | 2 537 052 | 3 665 588 | 6 202 640 |
| | % | 38,4 | 61,6 | 100 | 40,9 | 59,1 | 100 |
| Nordeste | Nº | 7808 286 | 11 868 417 | 19 676 703 | 9 553 837 | 13 712 007 | 23 265 844 |
| | % | 39,7 | 60,3 | 100 | 41,1 | 58,9 | 100 |
| Norte[1] | Nº | 1101 779 | 1 739 588 | 2 841 367 | 1 884 834 | 2 671 947 | 4 556 781 |
| | % | 38,8 | 61,2 | 100 | 41,4 | 58,6 | 100 |
| Sudeste | Nº | 11 754 507 | 18 573 743 | 30 328 250 | 16 333 652 | 21 492 853 | 37 826 505 |
| | % | 38,8 | 61,2 | 100 | 43,2 | 56,8 | 100 |
| Sul | Nº | 4 947 904 | 7 044 472 | 11 992 376 | 6 221 793 | 7 982 082 | 14 203 875 |
| | % | 41,3 | 58,7 | 100 | 43,8 | 56,2 | 100 |
| Brasil | Nº | 27 482 851 | 42 222 324 | 69 705 175 | 36 531 168 | 49 524 477 | 86 055 645 |
| | % | 39,4 | 60,6 | 100 | 42,5 | 57,5 | 100 |

Nota: (1) exclusive a população rural de Rondônia, Acre, Amazonas, Roraima, Pará e Amapá.

**Atividade**

Com base na apreciação da proposta de redação transcrita como exemplo 6, feita pelo Instituto Tecnológico da Aeronáutica (ITA), podemos afirmar que a condição de leitor eficiente de textos do candidato determina a sua produção textual. Justifique essa declaração.

## Mãos à obra!

Neste capítulo, transcrevemos seis propostas de redação de grandes vestibulares do país (exemplos de 1 a 6). Escolha pelo menos uma delas para produzir um texto, lembrando que, quanto mais praticamos, mais desenvolvemos nossas competências ligadas à escrita.

Ative suas competências como produtor de textos, escreva sua redação e avalie-a criticamente, observando os pontos discutidos no capítulo. Se possível, troque com um colega para um ler a produção do outro e fazer comentários.

# Pensando no Enem

A partir da leitura dos textos motivadores seguintes e com base nos conhecimentos construídos ao longo de sua formação, redija texto dissertativo-argumentativo na modalidade escrita formal da língua portuguesa sobre o tema **"Efeitos da implantação da Lei Seca no Brasil"**, apresentando proposta de intervenção, que respeite os direitos humanos. Selecione, organize e relacione, de forma coerente e coesa, argumentos e fatos para defesa de seu ponto de vista.

## Qual o objetivo da "Lei Seca ao volante"?

De acordo com a Associação Brasileira de Medicina de Tráfego (Abramet), a utilização de bebidas alcoólicas é responsável por 30% dos acidentes de trânsito. E metade das mortes, segundo o Ministério da Saúde, está relacionada ao uso do álcool por motoristas. Diante deste cenário preocupante, a Lei 11.705/2008 surgiu com uma enorme missão: alertar a sociedade para os perigos do álcool associado à direção.

Para estancar a tendência de crescimento de mortes no trânsito, era necessária uma ação enérgica. E coube ao Governo Federal o primeiro passo, desde a proposta da nova legislação à aquisição de milhares de quilômetros. Mas para que todos ganhem, é indispensável a participação de estados, municípios e sociedade em geral, porque para atingir o bem comum, o desafio deve ser de todos.

Disponível em: <www.dprf.gov.br>. Acesso em: 20 jun. 2013.

Reprodução/Enem 2013

Disponível em: <www.brasil.gov.br>. Acesso em: 20 jun. 2013.

Reprodução/Enem 2013

Disponível em: <www.operacaoleisecarj.rj.gov.br>. Acesso em: 20 jun. 2013 (adaptado).

## Repulsão magnética a beber e dirigir

A lei da física que comprova que dois polos opostos se atraem em um campo magnético é um dos conceitos mais populares desse ramo do conhecimento. Tulipas de chope e bolachas de papelão não servem, em condições normais, como objetos de experimento para confirmar essa proposta. A ideia de uma agência de comunicação em Belo Horizonte foi bem simples. Ímãs foram inseridos em bolachas utilizadas para descasar os copos, de forma imperceptível para o consumidor. Em cada lado, há uma opção para o cliente: dirigir ou chamar um táxi depois de beber. Ao mesmo tempo, tulipas de chope também receberam pequenos pedaços de metal mascarados com uma pequena rodela de papel na base do copo. Durante um fim de semana, todas as bebidas servidas passaram a pregar uma peça no cliente. Ao tentar descansar seu copo com a opção dirigir virada para cima, os ímãs apresentavam a mesma polaridade e, portanto, causando repulsão, fazendo com que o descanso fugisse do copo; se estivesse virada mostrando o lado com o desenho de um táxi, ela rapidamente grudava na base do copo. A ideia surgiu da necessidade de passar a mensagem de uma forma leve e no exato momento do consumo.

Disponível em: <www.operacaoleisecarj.rj.gov.br>. Acesso em: 20 jun. 2013 (adaptado).

### Comentário

No início do enunciado ficam claras as orientações fundamentais para a redação: a tipologia e a linguagem (texto dissertativo-argumentativo, em língua portuguesa escrita formal; o tema (Efeitos da implantação da Lei Seca no Brasil); a necessidade de apresentar uma proposta de intervenção "que respeite os direitos humanos". Também se indicam as leituras que devem colaborar para a reflexão sobre o assunto e a tomada de ponto de vista a ser defendido na redação.

Identifique as informações essenciais dos textos reproduzidos:

- O primeiro fragmento justifica a Lei Seca e traz uma convocação, feita pelo Governo Federal, a toda a população, para que colabore com essa iniciativa.
- Há um cartaz da campanha – "Não deixe a bebida mudar o seu destino" – e um infográfico que procura mostrar a eficiência da Lei Seca na diminuição dos acidentes de trânsito.
- O último texto comenta uma ação que visa alertar o consumidor de bebidas alcoólicas para a necessidade de refletir sobre o assunto.

Defina seu ponto de vista e selecione argumentos para defendê-lo. Reflita sobre o assunto levando em conta os textos reproduzidos na proposta e as informações que você já tinha sobre o tema.

O enunciado aponta a necessidade de uma proposta de intervenção, ou seja, é preciso planejar a redação de modo a defender um ponto de vista sobre o tema e propor uma ação dos cidadãos que colabore em sua defesa.

# Vestibulares de Norte a Sul

**SE** Unicamp-SP

### *Texto 1*

Você e um grupo de colegas ganharam um concurso que vai financiar a realização de uma oficina cultural na sua escola. Após o desenvolvimento do projeto, você, como membro do grupo, ficou responsável por escrever um relatório sobre as atividades realizadas na oficina, informando o que foi feito. O relatório será avaliado por uma comissão composta por professores da escola. A aprovação do relatório permitirá que você e seu grupo voltem a concorrer ao prêmio no ano seguinte.

O relatório deverá contemplar a apresentação do projeto (público-alvo, objetivos e justificativa), o relato das atividades desenvolvidas e comentário(s) sobre os impactos das atividades na comunidade.

Na abertura do concurso, os grupos concorrentes receberam o seguinte texto de orientação geral:

As Oficinas Culturais são espaços que procuram oferecer aos interessados atividades gratuitas, especialmente as de caráter prático, com o objetivo de proporcionar oportunidades de aquisição de novos conhecimentos e novas vivências, de experimentação e de contato com os mais diversos tipos de linguagens, técnicas e ideias. As Oficinas Culturais atuam nas áreas de artes plásticas, cinema, circo, cultura geral, dança, *design*, folclore, fotografia, história em quadrinhos, literatura, meio ambiente, multimídia, música, ópera, rádio, teatro e vídeo.

O público a ser atingido depende do objetivo de cada atividade, podendo variar do iniciante ao profissional. As Oficinas Culturais visam à formação cultural e não à educação formal do cidadão. Pretendem mostrar caminhos, sugerir ideias, ampliar o campo de visão.

(Adaptado de Oficina Cultural Regional Sérgio Buarque de Holanda. Disponível em: <http://www.guiasaocarlos.com.br/oficina_cultural/conceito.asp>. Acessado em 07/10/2013.)

### *Texto 2*

Em virtude dos problemas de trânsito, uma associação de moradores de uma grande cidade se mobilizou, buscou informações em textos e documentos variados e optou por elaborar uma carta aberta. Você, como membro da associação, ficou responsável por redigir a carta a ser divulgada nas redes sociais. Essa carta tem o objetivo de reivindicar, junto às autoridades municipais, ações consistentes para a melhoria da mobilidade urbana na sua cidade. Para estruturar a sua argumentação, utilize também informações apresentadas nos trechos abaixo, que foram lidos pelos membros da associação.

Atenção: assine a carta usando apenas as iniciais do remetente.

**I**

"A boa cidade, do ponto de vista da mobilidade, é a que possui mais opções", explica o planejador urbano Jeff Risom, do escritório dinamarquês Gehl Architects. E Londres está entre os melhores exemplos práticos dessa ideia aplicada às grandes metrópoles.

A capital inglesa adotou o pedágio urbano em 2003, diminuindo o número de automóveis em circulação e gerando uma receita anual que passou a ser reaplicada em melhorias no seu já consolidado sistema de transporte público. Com menos carros e com a redução da velocidade máxima permitida, as ruas tornaram-se mais seguras para que fossem adotadas políticas que priorizassem a bicicleta como meio de transporte. Em 2010, Londres importou o modelo criado em 2005 em Lyon, na França, de *bikes* públicas de aluguel. Em paralelo, começou a construir uma rede de ciclovias e determinou que as faixas de ônibus fossem compartilhadas com ciclistas, com um programa de educação massiva dos motoristas de coletivos. Percorrer as ruas usando o meio de transporte mais conveniente — e não sempre o mesmo — ajuda a resolver o problema do trânsito e ainda contribui com a saúde e a qualidade de vida das pessoas.

(Natália Garcia, 8 iniciativas urbanas inspiradoras, em Red Report, fev. 2013, p. 63. Disponível em: <http://cidadesparapessoas.com/2013/06/29/pedalando-por-cidades-inspiradorass/>. Acessado em 06/09/2013.)

**II**

Mas, afinal, qual é o custo da morosidade dos deslocamentos urbanos na região metropolitana de São Paulo? Não é muito difícil fazer um cálculo aproximado.

Podemos aceitar como tempo normal, com muita boa vontade, uma hora diária. Assim, o tempo médio perdido com os congestionamentos em São Paulo é superior a uma hora por dia. Sendo a jornada de trabalho igual a oito horas, é fácil verificar que o tempo perdido é de cerca de 12,5% da jornada de trabalho. O valor monetário do tempo perdido é de R$ 62,5 bilhões por ano.

Esse é o custo social anual da lentidão do trânsito em São Paulo.

(Adaptado de André Franco Montoro Filho, O custo da (falta de) mobilidade urbana, *Folha de São Paulo*, Caderno Opinião, São Paulo, 04 ago. 2013. Disponível em: <http://www1.folha.uol.com.br./opiniao/2013/08/1321280/-nadre-franco-monteiro-filho-o-custo-da-falta-de-mobilidade-urbana.shtml>. Acessado em 09/09/2013.)

**III**

Torna-se cada vez mais evidente que não há como escapar da progressiva limitação das viagens motorizadas, seja aproximando os locais de moradia dos locais de trabalho ou de acesso aos serviços essenciais, seja ampliando o modo coletivo e os meios não motorizados de transporte. Evidentemente que não se pode reconstruir as cidades, porém são possíveis e necessárias a formação e a consolidação de novas centralidades urbanas, com a descentralização de equipamentos sociais, a informatização e descentralização de serviços públicos e, sobretudo, com a ocupação dos vazios urbanos, modificando-se, assim, os fatores geradores de viagens e diminuindo-se as necessidades de deslocamentos, principalmente motorizados.

(BRASIL. Ministério das Cidades. Caderno para a Elaboração de Plano Diretor de Transporte e da Mobilidade. Secretaria Nacional de Transportes e de Mobilidade Urbana [SeMob], 2007, p. 22-23. Disponível em: <http://www.antp.org.br/_5dotSystem/download/dcmDocument/2013/03/21/79121770-A746-45A0-BD32-850391F983B 5.pdf>. Acessado em 06/09/2013.)

CAPÍTULO

# 17 Os textos injuntivos-instrucionais

Yoshikazu Tsuno/AFP/Getty Images

Jovens executam etapas para dança *hip-hop* sob orientação de uma máquina em Makuhari, Japão.

Em nosso dia a dia, deparamos o tempo todo com ordens, regras, instruções, regulamentos, anúncios publicitários e outros textos que interferem ou tentam interferir no comportamento das pessoas. Às vezes, somos o alvo desses textos; outras vezes, assumimos o papel daquele que pretende interferir, ordenar, ditar as regras. As mensagens publicitárias geralmente se organizam na forma de apelo, de ordem, de súplica ou mesmo de chamada à realidade. São, em geral, textos muito bem elaborados, que empregam vários recursos da língua com o objetivo de envolver o destinatário.

Observe os anúncios a seguir e, com os colegas e o professor, discuta sobre esses textos publicitários levando em conta as questões propostas nesta página.

Divulgação

Anúncio publicitário, 2014.

Ministério da Saúde

Anúncio publicitário, 2014.

- *Um texto publicitário costuma se valer de alguns recursos para chamar a atenção do leitor e vender a ele uma ideia. Marque os que você identifica nos anúncios acima e justifique suas escolhas.*

  ( ) *Uso de linguagem visual e de linguagem verbal.*

  ( ) *Verbo(s) no modo imperativo.*

  ( ) *Jogos de palavras.*

  ( ) *Referência a imagens ou situações conhecidas.*

- *Embora esses anúncios procurem interferir no comportamento do leitor, nenhum deles tenta vender um produto como um carro, um refrigerante ou uma viagem. O que diferencia essas propagandas? A que leitor se dirigem e quem é o anunciante delas?*

## 1 Ordens, regras, instruções, propagandas...

Na parte 1 deste volume estudamos as funções da linguagem e analisamos a função conativa (ou apelativa), em que a mensagem está centrada no interlocutor. Ao se considerar a organização linguística desses textos (vocabulário, sintaxe, tempos e modos verbais, por exemplo), percebemos uma sequência do tipo **injuntiva-instrucional**.

*Injuntivo* é sinônimo de "obrigatório", "imperativo". No campo dos estudos linguísticos, modo injuntivo é o mesmo que **modo imperativo**. *Instrucional*, por sua vez, remete-nos à instrução, ao ensino; são textos instrucionais, por exemplo, manuais de aparelhos eletrônicos, informações de montagem de móveis, regulamentos, regras de jogos, modo de preparo nas receitas culinárias.

Gramaticalmente, os textos injuntivos-instrucionais se caracterizam pelo emprego de verbos no imperativo, pronomes na segunda pessoa e uso de vocativos. Em certas construções, os verbos no imperativo são substituídos por *deve* ou outras construções mais suaves, que, no entanto, indicam ordem, orientação. De qualquer forma, as sequências injuntivas-instrucionais incitam à ação, isto é, interferem no comportamento do interlocutor.

A mensagem centrada no interlocutor pode assumir diferentes formas e apelar para diferentes recursos, desde a linguagem não verbal (que, no entanto, traz embutido o verbo no modo imperativo), textos que se constituem na forma mínima da injunção, com apenas o verbo no imperativo (por exemplo: "Pare!"), até textos extremamente persuasivos. Veja alguns exemplos:

Reprodução/Arquivo da editora

Reprodução/Arquivo da editora

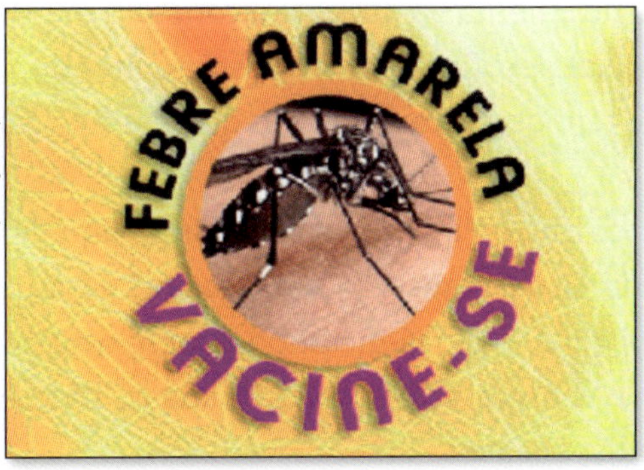


Reprodução/Arquivo da editora

## 2 Os textos injuntivos-instrucionais e os gêneros textuais

As sequências injuntivas-instrucionais aparecem em textos dos mais diversos gêneros, como anúncios publicitários, discursos políticos (notadamente às vésperas de eleição), discursos religiosos, horóscopos, livros de autoajuda, orações, etc.

Veremos, a seguir, alguns textos centrados na função conativa (sempre lembrando que, em um mesmo texto, podem haver diferentes tipos de sequências e mais de uma função da linguagem).

## Conheça algumas regras de etiqueta para usar o celular em locais públicos

*Quais são as regras para o uso do telefone em público? A repórter Ana Brito conversou com uma consultora de etiqueta que deu as dicas.*

John Lamb/Photodisc/Getty Images

Eles não são mais usados apenas para fazer ligações, enviar e receber mensagens e tirar fotos. Agora você pode ver televisão, acessar a internet, ouvir música, passar o tempo jogando e até trabalhar. Será que existe regra para usar bem o celular?

A consultora de etiqueta convidada pelo *Jornal Hoje*, Célia Leão, conta o que é imperdoável. "O fim da picada é fazer com que outras pessoas participem da conversa que só diz respeito a você", diz Célia Leão, consultora de etiqueta.

Evite toques escandalosos. "O toque tradicional do telefone continua sendo o melhor jeito de saber que ele está tocando", afirma.

Jamais deixe o celular ligado no cinema ou durante a consulta médica. "Na consulta com o médico, você não deve imaginar que aquele profissional que está te atendendo, talvez o tempo dele valha menos do que o seu. Porque ele tem que interromper o que ele está fazendo para você atender uma consulta de celular."

Sempre se coloque no lugar do outro. "É sempre bem-vindo aquele que recebe uma ligação, pede licença e vai atender no cantinho. Isso é bem-vindo e elegante", garante.

Se a pessoa que fala um pouco mais alto já incomoda quem está por perto, imagine se ela estiver ouvindo música no celular com o volume alto. Para curtir sua trilha sonora preferida, sem atrapalhar ninguém, o fone do ouvido é indispensável.

[...]

Disponível em: <http://g1.globo.com>. Acesso em: 24 maio 2014.

Essa matéria jornalística trata de comportamento, ou seja, é um texto jornalístico que procura indicar ao leitor que atitudes são adequadas e quais não são em determinado grupo de pessoas e/ou em determinada situação; no caso, orienta como usar o celular em lugar público. Assim, os verbos no imperativo ajudam a caracterizar o texto e o tom da mensagem, a começar pela forma imperativa do título. A matéria foi veiculada por um telejornal que vai ao ar no horário do almoço e atinge um grande e diversificado público; daí o tom informal da linguagem da consultora de etiqueta, com certas passagens que beiram a oralidade ("o fim da picada", por exemplo) e o emprego do pronome de tratamento "você".

Leia agora outro texto instrucional.

## Carregar a bateria

Berislav Kovacevic/Shutterstock/Glow Images

Com o telefone desligado, carregue a bateria por 8 horas antes do seu primeiro uso. Use o telefone até que a bateria esteja completamente descarregada. Repita esse procedimento mais duas vezes, perfazendo um total de três ciclos de carga.

1. Conecte o carregador a uma tomada de corrente alternada.
2. Com o telefone desligado, conecte o cabo do carregador à base do telefone.

   Se o telefone estiver ligado, os avisos Carregador conectado e Carregando aparecem. O indicador de carga da bateria (ou barra indicadora) aparece no visor e começa a oscilar. Se a bateria estiver completamente descarregada, as barras do visor podem levar alguns minutos para aparecer no visor.
3. Quando a barra indicadora parar de oscilar, a bateria estará carregada. Desconecte o carregador da tomada e do telefone.

**Importante:** Não deixe a bateria ligada a um carregador por mais de 72 horas, pois a carga excessiva pode encurtar sua vida útil.

Manual do usuário de um telefone celular.

O texto acima, reproduzido de um manual de instruções, exemplifica um típico texto instrucional. Comparado ao texto anterior, percebe-se uma mudança no nível da linguagem: o do manual é mais formal e impessoal, nele não se empregam pronomes de tratamento nem há emissão de juízos de valor (como "Isso é bem-vindo e elegante."). Observe que, no corpo do texto instrucional, encontramos sequências explicativas, como o segundo parágrafo do item 2 e a segunda oração da nota "Importante", introduzida pela conjunção "pois" (note a ausência de verbos no imperativo; a mensagem está centrada no referente e não no interlocutor).

Alguns textos instrucionais são dignos de seções de revistas e jornais. Leia este exemplo:

## Posso comer um prato muito gorduroso à noite?

Depende. Pode desde que você não tenha problemas para digerir uma receita mais pesada. Os alimentos que abrigam muita gordura, como certos cortes de carne vermelha, levam mais tempo para serem quebrados e absorvidos pelo organismo. E toda essa demora causa indisposição em pessoas propensas a transtornos digestivos, não importa a hora do dia. À noite, é claro, tudo piora. Isso porque, quando estamos prestes a dormir, a própria digestão tende a ficar mais lenta. Se for o seu caso, deixe a comida gordurosa longe da mesa do jantar.

Revista *Saúde!* Disponível em: <http://saude.abril.com.br>. Acesso em: 24 maio 2014.

Nas seções de tira-dúvidas, tão comuns em revistas e jornais (assim como em programas de rádio e televisão), as respostas, em geral, são estruturadas com base na intenção de alterar ou orientar o comportamento do destinatário ("Se for o seu caso, deixe...").

Leia agora este fragmento de notícia.

## Especialistas aconselham a usar 13º para pagar dívidas

Responsável por injetar R$ 143 bilhões na economia brasileira neste ano, o décimo terceiro salário deve ser usado com cautela pelos trabalhadores. Em vez dos presentes de Natal, o dinheiro extra, recomendam especialistas, deve ser empregado para pagar dívidas ou poupado para aliviar o impacto das despesas que costumam pressionar o orçamento familiar depois do Ano-Novo. [...]

*Nordeste Agora*, 2 nov. 2013. Disponível em: <www.nordesteagora.web941.uni5.net>. Acesso em: 24 maio 2014.

Nesse texto, embora não tenhamos os indicadores gramaticais que caracterizam a sequência injuntiva (vocativos, verbos no modo imperativo, pronomes de segunda pessoa), percebe-se a intenção de interferir no comportamento do leitor: observe já no título o "conselho" dos especialistas. No parágrafo, há uma argumentação que justifica a preocupação com o 13º salário dos trabalhadores, por ser um valor considerável. Depois dessa informação o produtor do texto volta à ideia do título, ou seja, a "recomendação" dos especialistas, seguida do verbo *dever*, que reforça a orientação feita para o leitor.

As sequências injuntivas não se restringem aos textos em prosa do cotidiano. A literatura, até a poesia, se serve delas também. Leia:

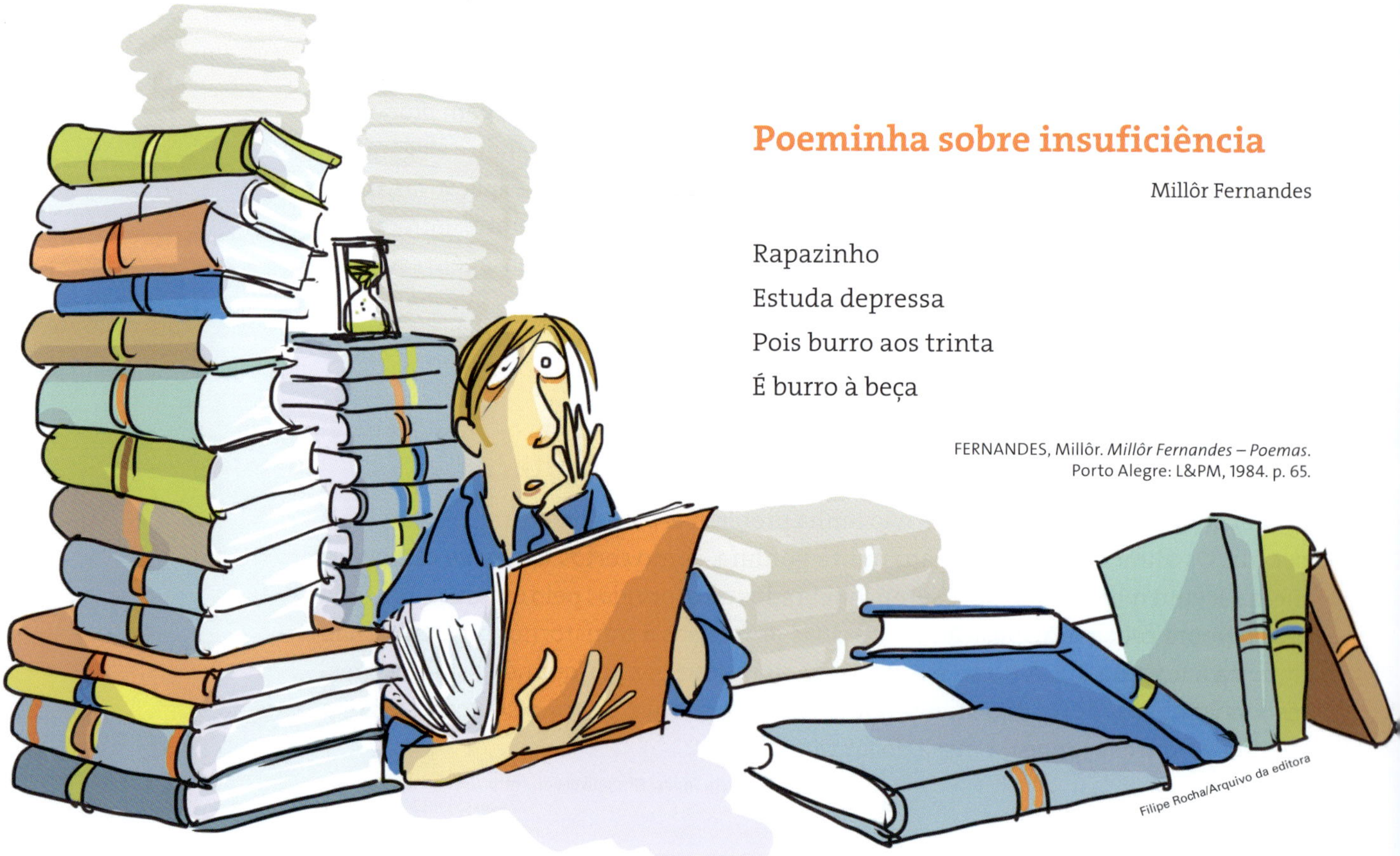

Filipe Rocha/Arquivo da editora

## Poeminha sobre insuficiência

Millôr Fernandes

Rapazinho
Estuda depressa
Pois burro aos trinta
É burro à beça

FERNANDES, Millôr. *Millôr Fernandes – Poemas*. Porto Alegre: L&PM, 1984. p. 65.

Em textos poéticos, em romances (por exemplo, quando o narrador se dirige ao leitor ou no diálogo entre personagens), em canções populares também percebem-se sequências injuntivas, como bem exemplifica o irônico "poeminha" de Millôr Fernandes.

## Trocando ideias

Individualmente ou em grupo, conforme a orientação do professor, vocês vão selecionar propagandas e discursos políticos e analisar esses textos. Siga(m) estes passos:

- Pesquise(m) em revistas e jornais anúncios publicitários e discursos políticos.
- Grave(m) comerciais de televisão ou propagandas de qualquer tipo; podem ser de partidos políticos ou institucionais, por exemplo.
- Analise(m):
  - como se estruturam as sequências injuntivas nas mensagens pesquisadas;
  - como se utilizam as variedades linguísticas e os recursos de persuasão e argumentação nas mensagens;
  - como é o suporte dessas mensagens (jornal, revista, televisão e o público-alvo).

### **Gênero textual:** anúncios

Divulgados nos mais variados suportes – revistas e jornais, programas de rádio e televisão, filmes, DVDs, páginas da internet, *outdoors*, folhetos, listas telefônicas, luminosos, fachadas, muros –, os anúncios circulam em diversas esferas, em busca de um interlocutor. Podem estar divulgando um produto, uma ideia, uma campanha, uma instituição: o objetivo é sempre cativar e convencer seu público-alvo a adquirir determinado produto ou a aderir a determinada ideia. Para tanto, os anunciantes lançam mão de recursos expressivos e criativos e de argumentos bastante convincentes. Frases curtas, de efeito, com jogos de palavras, *slogans* que seduzem e provocam desejos de obter determinados produtos ou serviços são algumas das estratégias adotadas pelos publicitários ao elaborar um anúncio. Os recursos são adequados ao tipo de mídia: impressa, audiovisual, externa, incidental. Muitos anúncios dirigem-se diretamente ao leitor/ouvinte, empregando o modo verbal imperativo.

Depois, debata(m) com seus colegas a adequação da linguagem e dos recursos persuasivos em relação ao público-alvo.

Apresente(m) as conclusões à classe.

## Atividades

**Texto para as questões de 1 a 3.**

DAVIS, Jim. Garfield. *Folha de S.Paulo*, 6 fev. 2001, p. E-7.

1. Aponte, nas falas de Garfield, indicadores gramaticais que nos permitem classificá-las como injuntivas.
2. O humor da tira está centrado numa flagrante contradição. Explique-a.
3. O humor da tira depende da relação entre a linguagem verbal e a não verbal. Explique essa afirmativa.

**Textos para as questões de 4 a 12.**

**Texto 1**

| Sinais sonoros | | |
|---|---|---|
| **sinais de apito** | **significação** | **emprego** |
| Um silvo breve | Atenção! Siga! | No ato do guarda sinaleiro, mudar a direção do trânsito. |
| Dois silvos breves | Pare! | Para a fiscalização de documentos ou outro fim. |
| Três silvos breves | Acenda a lanterna | Sinal de advertência. O condutor deve obedecer à intimidação. |
| Um silvo longo | Diminua a marcha | Quando for necessário, diminuir a marcha dos veículos. |
| Um silvo longo e um breve | Trânsito impedido em todas as direções | Aproximação do Corpo de Bombeiros, ambulâncias, veículos de polícia ou de tropa ou de apresentação oficial. |
| Três silvos longos | Motoristas a postos | Nos estacionamentos, à porta de teatros, campos desportivos, etc. |

Fonte: Detran-GO. Disponível em: <www.detran.goias.gov.br>. Acesso em: 24 maio 2014.

**Texto 2**

### Sinal de apito

Carlos Drummond de Andrade

Um silvo breve : Atenção, siga.
Dois silvos breves : Pare.
Um silvo breve à noite : Acenda a lanterna.
Um silvo longo : Diminua a marcha.
Um silvo longo e breve : Motoristas a postos.

(A este sinal todos os motoristas tomam lugar
em seus veículos para movimentá-los imediatamente.)

ANDRADE, Carlos Drummond de. *Carlos Drummond de Andrade – poesia completa & prosa*. 3. ed. Rio de Janeiro: José Aguilar, 1973. p. 68.

Filipe Rocha/Arquivo da editora

**Sobre "Sinais sonoros"**

4. O texto "Sinais sonoros", retirado do *site* do Departamento de Trânsito (Detran) de Goiás, apresenta-nos os sinais sonoros emitidos por um guarda de trânsito.
   a) Qual é o código utilizado nesses sinais?
   b) Que outro código um guarda de trânsito utiliza?
   c) Sabemos que o signo linguístico une um elemento concreto, material, perceptível – som ou letras impressas, que constituem o significante –, a um conceito, elemento inteligível (significado). A partir disso, responda: podemos afirmar que, no caso dos apitos do guarda, *sinal* pode ser entendido como sinônimo de *signo*? Justifique.

5. Analisando gramaticalmente o texto dos sinais da primeira coluna:
   a) Classifique a palavra *um*, considerando que ela pode ser tanto artigo indefinido masculino singular quanto numeral cardinal ou pronome indefinido. Justifique.
   b) Identifique a que outras classes gramaticais pertencem as demais palavras.

6. Analisando os textos da segunda coluna, percebemos que são ordens.
   a) Qual é sua principal característica gramatical?
   b) Há algum caso que não apresenta essa característica, apesar de indicar ordem?

7. O texto injuntivo tem por objetivo incitar, instigar, provocar diretamente uma ação. Destaque, na terceira coluna, textos que deixam evidente essa intenção.

**Sobre "Sinal de apito"**

8. O poema de Carlos Drummond de Andrade pode ser dividido em três blocos que, de certa maneira, correspondem às três colunas da tabela de sinais sonoros do Detran. Na tabela, as linhas delimitam os três blocos. Que recursos gráficos o poeta utilizou para marcar os três blocos?

9. Comparando a tabela de sinais sonoros e o poema, percebemos que Drummond promove ligeiras alterações.
   a) Em que versos elas ocorrem?
   b) O sinal descrito no quinto verso está centrado em uma figura de linguagem. Que figura é essa? Compare o sinal do quinto verso ao sinal descrito na tabela e explique que "interferência" o poeta realizou para criar essa figura de linguagem.

10. Observe que o verso entre parênteses refere-se especificamente ao quinto verso.

a) Que palavra nos indica isso?
b) Que relação podemos estabelecer entre o quinto sinal e o verso entre parênteses?
c) Releia o poema e responda: o que o poeta pretende nos mostrar?

11. A partir de sua interpretação, invente outro título para o poema.

**Sobre os dois textos**

12. Como você percebeu, ambos os textos apresentam passagens injuntivas. Ao mesmo tempo, são bastante distintos. Por quê?

**Texto para as questões 13 e 14.**

## Eric Clapton libera novo disco, *Old Sock*, na íntegra

*Lançamento está marcado para o dia 12 de março*

Thiago Romariz

Eric Clapton liberou o aúdio na íntegra do seu novo disco, *Old Sock*. Clique aqui para conferir (via *SpeakeasyBlog*).

O álbum tem algumas faixas inéditas, como "Gotta get over" e "Every little"; além de outras dez músicas tidas por Clapton como as "suas preferidas" em estilos como *blues* e *jazz* – estão inclusas aí releituras de clássicos como "Still got the blues" e "All of me". Músicos como Paul McCartney e Chaka Khan participam de algumas dessas canções.

*Old Socks* chega às lojas no dia 12 de março. Esta será a volta do músico depois de *Clapton*, lançado em 2010.

Leia mais sobre Eric Clapton.

*Omelete*, 7 mar. 2013. Disponível em: <http://omelete.uol.com.br>. Acesso em: 24 maio 2014.

C Flanigan/FilmMagic/Getty Images

O músico Eric Clapton.

13. A que gênero pertence o texto?

14. Destaque uma passagem injuntiva presente no texto.

# Mãos à obra!

## Proposta 1

Leia o texto seguinte. Ele faz parte da seção de horóscopo de uma revista dirigida ao público feminino.

### Horóscopo diário

**Gêmeos (21/5 a 21/6)**

**Previsão para hoje**

O espírito de coletividade é intensificado pela entrada de Marte em sua área de amizades, fortalecendo o clima de unidade e vontade. Você lidera os grupos de maneira ágil, mas é preciso ser mais flexível e democrática!

Disponível em: <http://claudia.abril.com.br>. Acesso em: 12 mar. 2013.

a) Imagine que você foi contratado para escrever a seção de horóscopo de uma revista masculina.
b) Escolha um signo e capriche!

## Proposta 2

Imagine que você é o redator de uma agência de publicidade e deve criar uma campanha para vender o produto X.

a) Crie um anúncio direcionado ao público feminino de alto poder aquisitivo e grau de instrução superior.
b) Crie agora um anúncio para vender o mesmo tipo de produto, mas direcionado ao público masculino de baixo poder aquisitivo e baixo grau de instrução. Considere a adequação da mensagem à situação e aos interlocutores.

# Vestibulares de Norte a Sul

1. **SE** (Unicamp-SP) Leia a propaganda (adaptada) da Fundação SOS Mata Atlântica reproduzida abaixo e responda às questões propostas.

Reprodução/Unicamp-2013

a) Há no texto uma expressão de duplo sentido sobre a qual o apelo da propaganda é construído. Transcreva tal expressão e explique os dois sentidos que ela pode ter.
b) Há também uma ironia no texto da propaganda, que contribui para o seu efeito reivindicativo, expressa no enunciado: "Aproveita enquanto tem água.". Explique a ironia contida no enunciado e a maneira como ele se relaciona aos elementos visuais presentes no cartaz.

**Texto para a questão 2.**

Siga os passos a seguir, grave sua música em formato MP3 e lance-a na internet. Depois, é só esperar pelo mais difícil: ver a canção destacar-se entre os milhões que já se encontram na rede.

1. **Transfira a música para seu computador** – Com o programa Windows Media Player, para PC, ou com o QuickTime, para Mac, você pode gravar na placa de som do computador uma música registrada em fita cassete. A qualidade, nesse caso, deixa a desejar. O resultado é melhor quando a gravação é feita a partir de um CD. Basta ligar o equipamento de som ao computador e utilizar um tipo de programa conhecido como **ripper** para transferir a música para a placa.
2. **Converta seus arquivos para o formato MP3** – Os programas que transformam os arquivos sonoros do computador para o formato MP3 são chamados de **encoders** e são autoexplicativos. Muitos são obtidos gratuitamente na própria rede.
3. **Distribua suas músicas em MP3** – Você pode criar a sua página na internet e nela colocar os arquivos MP3. Ou deixar disponíveis as músicas em **sites** como o MP3.com (www.mp3.com) ou central MP3 (www.centralmp3.com.br).

2. **NE** (UEPB) Marque a alternativa adequada em relação ao texto.

a) Pode ser considerado uma "charge", tendo em vista seu caráter lúdico e crítico.
b) É um artigo, uma vez que apresenta pontos de vista do autor.
c) Pode ser caracterizado como texto de opinião, pois apresenta fatos e toma posicionamentos quanto a estes.
d) É um texto instrucional, pois prescreve etapas e indica procedimentos.
e) Pode ser identificado como texto publicitário, uma vez que tenta convencer o leitor.

3. **CO** (UFG-GO) Leia os textos a seguir:

***Texto 1***

### O cientista da cozinha

Revista *Gula*: [...] – Qual é o método de suas pesquisas?

Hervé This: No fundo, trata-se de verificar o que há de falso ou verdadeiro nas afirmações categóricas das receitas. Pegue qualquer livro de receitas e encontrará algo do tipo: bata as claras em neve. E lá vou eu. Como é isso? Por que acontece? É verdade que é necessário bater as claras? E por quê? Preciso responder a essas questões, e, se elas são falsas, empenho-me em tentar mostrar cientificamente que são apenas procedimentos que se repetem por décadas sem necessidade. Essa é a função da gastronomia molecular, testar as receitas e criar outras.

*GULA*. n. 153. São Paulo. jul. 2005, p. 20. [Adaptado.]

***Texto 2***

### Ingredientes de um molho maionese

3 gemas de ovo
½ xícara (chá) de azeite
1 colher (chá) de mostarda
1 colher (sopa) de suco de limão
1 colher (sopa) de vinagre
1 pitada de sal

WELLS, Patricia. *Cozinha de bistrô*. Rio de Janeiro: Ediouro, 1993. p. 276-277. [Adaptado].

Ingredientes e procedimentos adequados são fundamentais para o sucesso de uma receita culinária, universo a que estão relacionados os textos 1 e 2, acima.

a) Quanto ao modo de olhar as receitas culinárias, o que distingue a gastronomia molecular da gastronomia tradicional?
b) Elabore o "Modo de fazer" do molho maionese, considerando a lista de ingredientes do texto 2 e o trecho instrucional na fala de Hervé This, no texto 1.

CAPÍTULO

# 18 A argumentação

Monkey Business Images/Shutterstock/Glow Images

O assunto deste capítulo é argumentação. Para iniciar os estudos, converse com os colegas e o professor sobre a tira a seguir reproduzida levando em conta as questões propostas nesta página.

Disponível em: <http://fighting-giants.blogspot.com.br>. Acesso em: 16 jan. 2014.

- *A argumentação é a expressão de um posicionamento sobre um assunto e, na interação social, tem como função principal influir no ponto de vista do outro, o interlocutor, ou, pelo menos, apresentar-lhe uma opinião. Que argumento, na tira, o personagem do pai escolhe para convencer o filho a comer?*
- *A argumentação é também um modo específico de organização das ideias concretizadas em enunciados: um encadeamento lógico guiado pelo raciocínio. Assim, a expressão de um ponto de vista e o modo específico de organizar um enunciado argumentativo são ações complementares: expressar eficientemente uma argumentação depende da adequada organização das ideias que a formam.*

  *No segundo quadrinho, de que modo o pai apresenta seus argumentos para convencer o filho?*
  *– Diz que o filho é obrigado a comer, ou seja, usa a força da imposição. ( )*
  *– Constrói uma argumentação baseada em fatos reais e lógicos. ( )*
  *– Baseia-se no que ele conhece dos interesses do filho para fazê-lo comer. ( )*
- *A preocupação da personagem da mãe, no último quadrinho, baseia-se em pontos fundamentais da forma de persuasão usada pelo pai. Quais são os pontos fracos do argumento empregado por ele?*
- *Comprove o poder de persuasão do texto argumentativo experimentando esta situação:*
  *– Reúna-se com alguns colegas para organizarem uma história, por meio de diálogo, a ser encenada por vocês sobre uma polêmica. O assunto da polêmica deve girar em torno da ida de um personagem ao cinema. Ele pode ir com alguém que está com ele e deixar uma terceira pessoa onde estiverem inicialmente ou pode ir se encontrar com alguém, o importante é um personagem representado por um aluno ser a favor do que esse primeiro vai fazer e outro(s) personagem(ns) ser(em) contra. Planejem argumentos de cada lado do posicionamento. Lembrem-se: é possível argumentar sem agredir. A história deve ser bem curta.*
  *– Apresentem a encenação aos demais colegas da classe.*
  *– Depois das apresentações, conversem com a classe toda e apontem: em cada encenação, qual foi o ponto de vista mais bem defendido e por quê.*

# 1 A argumentação

Sabemos que a argumentação se caracteriza por ser um enunciado em que predomina a defesa de uma ideia, de um ponto de vista. Assim, depende de análise, de capacidade de elaboração de argumentos convincentes, de raciocínio lógico. O produtor de um texto argumentativo procura expor ao leitor/ouvinte, seu interlocutor, determinada posição ou mesmo levantar elementos para uma possível análise ou reflexão. Para tanto, trabalha com argumentos, fatos, dados e/ou testemunhos, selecionados para sedimentar e solidificar o desenvolvimento do ponto de vista defendido.

Leia a seguir o exemplo de um texto argumentativo. Observe qual é a posição defendida nesse enunciado em várias etapas do texto.

O produtor do texto deixa claro o que entende por "contrários aos meios de massa" e seleciona um especialista para reforçar sua ideia:

> Para os contrários aos meios de massa, o produto cultural perderia inevitavelmente a sua qualidade caso fosse veiculado por TV ou rádio. Uma sinfonia, por exemplo, não teria a mesma qualidade daquela executada em um concerto. Essa posição, radical, como se vê, levou o **estudioso italiano** Umberto Eco a qualificar de apocalípticos os que criticam *a priori* os meios de comunicação, não os aceitando como culturais.
>
> SOUZA, Jésus Barbosa de. *Meios de comunicação de massa:* jornal, televisão, rádio. São Paulo: Scipione, 1996.

Observe que o autor do texto não concorda com aqueles que são contrários aos meios de comunicação (ele usa o adjetivo *radical* para caracterizar essa posição) e, para reforçar seu ponto de vista, apresenta o testemunho de Umberto Eco. Ao classificar Eco como *estudioso*, o leitor pode se sentir intimidado, pois quem vai discordar de uma pessoa já caracterizada como *estudiosa*?

Observe agora o **levantamento de dados** que o autor utiliza na argumentação:

> A partir de 1920, a repercussão do novo meio de comunicação de massas era notável. Uma demanda febril de aparelhos receptores assolou os Estados Unidos e a Inglaterra. Em 1921 o número de emissoras nos Estados Unidos era de 4, passando a 29 em 1922 e a 382 no início de 1923. A publicidade começava a veicular, o que tornava o novo meio bastante viável economicamente. Em 1927, havia **7 milhões** de aparelhos somente nos EUA.
>
> SOUZA, Jésus Barbosa de. Op. cit.

Para sedimentar sua tese (a vertiginosa ascensão do rádio), o autor seleciona dados, números, que o leitor talvez aceite como indiscutíveis.

Veja ainda o desenvolvimento de sua **tese** e respectiva **conclusão**:

> A televisão é o **mais poderoso** meio de comunicação de massas do século XX, quanto aos elementos que veicula e tendo-se em vista o alvo coletivo virtual. Ela seria uma espécie de liquidificador cultural, capaz de diluir cinema, teatro, música, literatura, tudo em um só espetáculo, fornecendo assim uma reforçada vitamina eletrônica para o público.
>
> SOUZA, Jésus Barbosa de. Op. cit.

Nesta passagem, o autor apresenta sua tese como verdade absoluta e categórica (observe a força do adjetivo *poderoso* no superlativo). Recurso semelhante encontramos em textos argumentativos que se iniciam da seguinte forma: "É opinião unânime que...", "Como todos sabem...".

Filipe Rocha/Arquivo da editora

# A argumentação: um arranjo linguístico característico

Por organizar as ideias em função da expressão de um ponto de vista, a argumentação apresenta uma composição gramatical muito particular. De modo geral, os arranjos argumentativos têm o predomínio de:

- linguagem mais denotativa, objetiva, sem rodeios (afinal, convence-se o leitor pela força dos argumentos, não pelo cansaço), dispensando o uso abusivo de figuras de linguagem, bem como o valor conotativo das palavras (veja bem: dispensa-se, o que não significa que esses recursos nunca sejam usados);
- várias vozes ao longo do texto: a voz do produtor do texto e as vozes introduzidas por ele por meio de citações e/ou referências, ora para afirmar sua posição, ora para refutá-las;
- períodos compostos por subordinação, especialmente os que exprimem relações de causa/consequência e concessão; consequentemente, predominam as conjunções subordinativas causais (*porque*, *que*, *pois*, *visto que*, *já que*, etc.) e concessivas (*embora*, *ainda que*, *se bem que*, *conquanto*, etc.);
- períodos compostos por coordenação, com destaque para os que exprimem contraste (coordenadas adversativas) e os utilizados para fechar uma ideia (coordenadas conclusivas); assim, predominam as conjunções coordenativas adversativas (*mas*, *porém*, *todavia*, *contudo*, *entretanto*, etc.) e conclusivas (*logo*, *portanto*, *pois*, *assim*, *por isso*, etc.);
- expressões adverbiais de enunciação, quando a intenção é marcar uma posição muito pessoal e criar um tom intimista e de cumplicidade com o interlocutor: *sinceramente*, *como já sabemos*, *cá entre nós*, etc.;
- expressões valorativas positivas ou negativas, quando a intenção é evidenciar uma posição não só com argumentos objetivos (dados, citações, relações lógicas, etc.), mas também lançando mão da subjetividade (o que pode dar ao texto tanto um tom irônico ou sarcástico quanto um tom de contundência);
- ordenadores e organizadores textuais, encarregados da arrumação das informações dentro do texto: *do mesmo modo*; *não só... mas também*; *por um lado... por outro lado*; *em primeiro lugar... em segundo lugar*; *para começar... finalmente* (ou *por fim*, *para concluir*); *em síntese*, *como já foi dito*, etc.

Ao contrário dos textos narrativos, os textos argumentativos não apresentam uma progressão temporal; os conceitos são genéricos, abstratos e, em geral, não se prendem a uma situação de tempo e espaço. Daí o emprego de **verbos no presente**. Como os textos argumentativos trabalham com o encadeamento de ideias, saber usar os conectivos é fundamental para obter um texto claro, coeso, elegante.

# Operadores argumentativos

Ao elaborar um texto argumentativo considerando o processo comunicativo como um todo, fazemos uma seleção de ideias e a escolha da modalidade (escrita ou falada) e do registro (mais formal, mais informal). Além disso, podemos articular alguns elementos linguísticos para potencializar a intencionalidade do texto: marcar e/ou reforçar nossa posição e atingir diretamente o outro, persuadindo-o.

Operadores argumentativos são palavras e expressões capazes de introduzir um significado, enfatizá-lo ou insinuá-lo. Dentre os mais comuns, destacamos:

- **conectivos conjuncionais**: especialmente as conjunções que contêm noções semânticas, pois explicitam a relação de sentido entre as ideias do texto. Por exemplo: *mas* = oposição; *nem* = adição; *logo* = conclusão, etc.;
- **introdutores de pressupostos**: especialmente representados pelas palavras e expressões denotativas (*até*, *nem mesmo*, *inclusive*, *também*, etc.); numa afirmação do tipo "**Nem mesmo** os mais alienados deixarão de perceber...", parte-se de um pressuposto: o que vai ser demonstrado é o óbvio;
- **intensificadores e modalizadores**: especialmente representados pelas palavras e expressões denotativas (*só*, *somente*, *apenas*, *no mínimo*, *quando muito*); são intensificadores quando reforçam a noção semântica do termo a que se associam ("um **só** elemento"); são modalizadores quando acrescentam uma noção contrastiva ao termo a que se associam ("mas **também**...", "e **porém**...");
- **modalizadores valorativos**: representados por expressões adverbiais (*lamentavelmente*, *sinceramente*, *talvez*, etc.), por verbos (*acreditar*, *supor*, *saber*, etc.), por pronomes (*isto*, *aquilo*, *esta*, *essa*, etc.), por adjetivos (*bom*, *ruim*, *excelente*, *desastroso*, *divertido*, *chato*, etc.), pelos modos verbais (**indicativo**, **subjuntivo**); exprimem a posição do enunciador em relação às ideias do texto, ora de incerteza, ora de convicção, ora manifestando subjetividade, etc.;
- **reformuladores**: representados por palavras e expressões denotativas (*ou seja*, *melhor dizendo*, *aliás*, *quer dizer*, etc.), retificam e/ou esclarecem ideias já expostas.

Veja alguns exemplos contextualizados:

## Globalizaram a globalização

Gustavo Barreto

Esta expressão, que os sociólogos **mais** preguiçosos têm usado de forma quase que religiosa para explicar coisas que eles não entendem, vem a ser um dos maiores mitos que nossa sociedade criou nos anos 1990. O que é, afinal, globalizado hoje em dia?

**intensificador**: o autor do texto não se refere aos sociólogos preguiçosos; ele se refere aos "mais" preguiçosos.

Muito desse clima em torno do conceito de "globalização" vem da completa falta de informação das pessoas e, principalmente, da falta de capacidade que o cidadão contemporâneo tem de ligar os fatos, mesmo estando muito bem informado (**ou** por causa exatamente desse excesso de informação).

**conectivo de alternância**: representado pela conjunção alternativa *ou*, iguala duas ideias (uma na forma de subordinada concessiva, outra causal), pondo-as em paralelo.

A eletricidade, por exemplo, não é familiar para dois bilhões de pessoas no planeta – o que já exclui de cara o acesso à tecnologia e à "modernidade", carro-chefe da "globalização". Antes, é preciso lembrar que a maior parte das pessoas – mais de 60% – não consegue nem sequer obter água de qualidade, o que causa, segundo a Organização Mundial de Saúde (OMS), 1,7 milhão de mortes por ano, das quais 99,8% em "países em desenvolvimento" (outra expressão duvidosa).

E o que dizer do direito de ir e vir? É globalizado?

Sabemos que entrar em um país custa caro. Primeiro, você terá que pagar a exorbitante passagem aérea, o que já exclui a maioria absoluta da população mundial. Depois, terá de convencer o agente da fronteira de que não irá fazer mal para o país. Você quer entrar em um lugar próspero? Prove que pode nos ajudar. Quer entrar em um "país em desenvolvimento"? Pode entrar, somos globalizados por aqui.

E a pobreza? Globalizada? No Canadá, na Noruega e na Austrália, a qualidade de vida da população é próxima à perfeição. Um PIB alto e bem distribuído faz com que o ato de lutar contra a pobreza nesses países faça o mesmo sentido que fabricar caviar para consumo interno na Somália.

**conectivo de conclusão**: representado pela palavra conotativa *então*, no sentido de "portanto", estabelece uma relação de dedução e fecho.

Mas a desigualdade tem raízes profundas e estamos fazendo o possível. **Então** poderíamos imaginar: o progresso das nações, mesmo que lento, foi globalizado, certo? A cada ano, 5 milhões de pessoas entram no grupo dos "famintos", que já atinge hoje cerca de 850 milhões de pessoas no planeta. O progresso, como demonstram diversos estudos recentes da ONU, não está sendo globalizado.

Mas é preciso dizer isso para as pessoas. A informação, neste caso, foi globalizada? Cerca de 100 grandes grupos produzem mais de 90% da informação do planeta, tornando-se este quadro o auge do monopólio da informação em toda a História da mídia mundial.

**reformulador**: tenta explicar melhor uma ideia.

**conectivo de contraste**: representado pela conjunção concessiva *mesmo que*, contrapõe ideias.

Abrem-se parênteses. As empresas de comunicação adotam cada vez mais a lógica do conglomerado, **ou seja**, um centro de decisão de base gerencial-financeira que administra grandes massas de capital, diversificado em vários mercados não relacionados, conseguindo assim manter a estabilidade financeira como um todo, **mesmo que** um dos mercados no qual a empresa participe esteja passando por uma crise.

**conectivo de conclusão**: representado pela conjunção conclusiva *portanto*, estabelece uma relação de dedução e fecho.

Não é de se estranhar, **portanto**, que uma empresa de comunicação como a Rede Globo, por exemplo, possua negócios em áreas que pouco ou nada têm a ver com comunicação, como o mercado imobiliário. O economista Celso Furtado mostra em "Raízes do Subdesenvolvimento" que esta prática tende a inchar cada vez mais os conglomerados, beneficiando o monopólio econômico.

**modalizador valorativo**: expressa a posição particular do produtor do texto em relação à ideia "mensagens globalizadas".

**modalizador valorativo**: o emprego do subjuntivo manifesta incerteza por parte do produtor do texto em relação à ameaça.

É intrigante pensar que a única coisa, **talvez**, que seja realmente globalizada atualmente é a própria globalização – uma falácia vazia e irracional.

Mensagens **ocas** ("queremos paz", "somos todos irmãos", etc.), que poderiam ser chamadas de globalizadas, seguem à risca um conceito antigo para quem lida com Direito Internacional. Nesta área, para se aprovar qualquer tratado ou declaração mundial, é preciso ser bem vago. Trata-se de um princípio que garante o sucesso simbólico do documento, mas que não muda, a princípio, qualquer legislação ou regimento nacional. Diga-se de passagem, mesmo admitindo esta influência imaterial, os tratados têm se mostrado pouco eficazes.

A criança, diz a Declaração Universal dos Direitos da Criança (1959), gozará proteção contra atos que possam suscitar discriminação racial, religiosa ou "de qualquer outra natureza". O artigo três da Declaração de Direitos Humanos de 1948 – "todo homem tem direito à vida, à liberdade e à segurança pessoal" – é uma boa razão para que o presidente norte-americano ataque outro país com seu vistoso aparato bélico, desde que ele considere que os homens de seu Estado **estejam** ameaçados.

**modalizador valorativo**: expressa incerteza por parte do produtor do texto em relação à ideia que está desenvolvendo.

**conectivo de contraste**: representado pela conjunção adversativa *no entanto*, contrapõe ideias.

**reforço intensificador**: enfatiza a ideia exposta.

As experiências mais progressistas poderiam globalizar a esperança, a solidariedade e o sentimento que evoca a necessidade de mudança estrutural de um sistema perverso. Convém, **no entanto**, chamá-las de "regionais".

Mesmo vozes mais progressistas costumam dizer que boas experiências **só** deram certo porque "o lugar era menor", ou "o contexto ajudou". Não se pensa que o que serve para uma pequena comunidade indígena no interior do Mato Grosso, Brasil, poderá ser útil à nossa civilização e sua própria sobrevivência diante da fúria da Natureza.

É difícil compreender, portanto, do que se fala quando remetemos à expressão "globalização". Selecionam com carinho o que deve ser globalizado – eventos esportivos, músicas sem conteúdo e filmes com forte conteúdo publicitário – e o resto chamam de regional.

BARRETO, Gustavo. Disponível em: <www.consciencia.net>. Acesso em: 12 mar. 2013.

# A organização interna do texto argumentativo

Como vimos, um texto argumentativo está baseado no encadeamento lógico de ideias em função da defesa de um ponto de vista; portanto, exige um trabalho de preparação, um plano inicial, para montar o "esqueleto" da argumentação. Via de regra, podemos distinguir três etapas nas quais se subdivide um texto argumentativo: **introdução**, **desenvolvimento da argumentação** e **conclusão**.

Ao se iniciar um texto argumentativo, é necessário deixar claro o tema que será abordado – daí a importância da introdução. Por sua vez, a conclusão pode ser um apanhado geral das ideias expostas, ou a posição clara, categórica, do autor sobre o tema desenvolvido, ou ainda, dependendo do encaminhamento dado ao texto, pode até ser uma dúvida ou uma interrogação.

## Atividades

Para fazer as atividades, leia o seguinte texto sobre o jornalismo brasileiro.

### Quem escreve com as mãos?

José Arbex Jr.

O jornalismo no Brasil responde a duas direções fundamentais.

De um lado, o jornalismo que resiste às exigências do mercado: a prática do jornal vem marcada pela presença do autor da reportagem, da crônica, do ensaio; pelos voos ousados no campo da interpretação, da sensibilidade, da poesia; pelo investimento em grandes trabalhos de investigação que incidem sobre a esfera social, política e moral; pela denúncia que não busca a sensação barata, a venda fácil e certa da miséria humana; enfim, um jornalismo marcado pelo exercício diário da ética e da inteligência, em que o leitor é convocado a participar ativamente dos problemas.

Jornal do Senado

ASSINADA A LEI ÁUREA

Ulhôa Cintra/Arquivo da editora

De outro lado, o jornalismo que responde à tendência do mercado: tal jornalismo consagra os manuais de redação e estilo na produção do jornal, os quais ambicionam apagar a presença do autor e buscam, ao máximo, a prática da assim chamada escrita "objetiva", supostamente destituída de opinião e recheada de dados estatísticos, mapas e tabelas cuja função é "facilitar a leitura" e dar sustentação aos dados reunidos no texto.

Claro que tudo isso é um grande engano. Não há e nunca houve, de fato, nenhum jornalismo "objetivo" e "sem opinião": todo texto – jornalístico ou não – manifesta uma opinião. Até mesmo a demonstração de uma fórmula ou teorema matemático, aliás, não é feita da mesma forma por dois expositores. Os caminhos escolhidos para chegar ao mesmo ponto revelam a diferença de estilo, revelam o autor.

Revista *Caros Amigos*. São Paulo: Caros Amigos, abr. 1999, n. 25, p. 8-9 (adaptado).

1. No primeiro parágrafo do texto, o autor afirma que o jornalismo brasileiro esteve diante de dois caminhos distintos. Identifique esses dois caminhos e, com suas palavras, defina a principal característica de cada um.

2. Qual é a tese defendida pelo autor?

3. O fragmento apresentado é composto de quatro parágrafos.
   a) Analise-os e comente o percurso argumentativo escolhido pelo autor.
   b) Que expressões marcam a oposição entre as duas direções comentadas?
   c) Qual é o antecedente do pronome *isso* presente na primeira frase do quarto parágrafo?

4. Em relação às duas direções fundamentais mencionadas no primeiro parágrafo:
   a) Com qual delas se alinha o autor?
   b) Justifique sua resposta a partir da seleção vocabular e de recursos gráficos presentes nos parágrafos 2 e 3.

5. No livro *Argumentação e linguagem*, a professora Ingedore Villaça Koch comenta o papel de alguns operadores argumentativos que "introduzem, de maneira sub-reptícia, um argumento decisivo, apresentando-o a título de acréscimo ('lambuja'), como se fosse desnecessário, justamente para dar o golpe final". Seria uma comprovação evidente, a chamada "retórica do camelô". Aponte, no último parágrafo, qual seria esse argumento decisivo e os operadores argumentativos que dariam sustentação a ele.

## 2 Os textos argumentativos

Supomos que os estudos propostos neste capítulo podem ajudá-lo a conhecer a estrutura dos textos argumentativos. Entretanto, isso não é o suficiente, pois é fundamental ter também ideia de como esses textos se concretizam, que forma assumem e em que situações comunicativas costumamos usá-los.

Certamente você já produziu e já leu ou ouviu textos argumentativos. Trata-se de gêneros textuais que apresentam o predomínio de sequências argumentativas: uma opinião informal ou formal, escrita ou oral, sobre um assunto; uma tese de mestrado; uma dissertação; uma crítica de cinema; o editorial de um jornal; um sermão; um ensaio.

### Trocando ideias

1. Leia o texto a seguir, publicado em um *blog* da revista *CartaCapital* voltado para questões de gênero, sobretudo para o feminismo. Na sequência, reproduzimos também fragmentos de comentários feitos por leitores do *blog*.

**As mentiras que contam sobre nós**

por Aline Valek

Inimigas. Invejosas. Recalcadas. Fofoqueiras.

Foi isso que nos ensinaram: que não poderíamos confiar umas nas outras. Cochicharam em nossos ouvidos que mulher é tudo falsa. Nos disseram que as outras eram interesseiras, traiçoeiras, que roubariam nossos namorados, que tentariam chamar mais a atenção, [...] sempre uma ameaça.

Ensinaram a lição e mostramos que aprendemos quando dizemos que "mulher trabalhando junta não presta", ou quando nos orgulhamos ao dizer "não tenho amigas mulheres", ou quando odiamos aquela garota sem motivo algum, ou todas as vezes que julgamos a sexualidade da colega ou ainda quando atacamos, humilhamos ou desprezamos a outra apenas para buscar as migalhas da aprovação masculina.

Como pudemos acreditar nessas mentiras por tanto tempo?

É tentador acreditar que "somos diferentes das outras" para tentar colher as recompensas por ser uma "boa garota". Eu sei. O problema é que essas recompensas nunca virão. Se hoje odiamos as outras mulheres e não hesitamos em julgá-las [...], nada impede que amanhã os dedos que apontam para elas se voltem para nós mesmas. [...]

Colocaram entre nós essa espessa cortina de rivalidade para que não sejamos capazes de nos enxergar de verdade. Para nos isolar. Para que, divididas, nos enfraqueçam. Consegue imaginar a quem isso possa interessar? Se eu e você sempre nos considerarmos inimigas, vamos poder esquecer de combater as estruturas da sociedade feitas para nos manter nos nossos devidos lugares. [...]

Então está na hora de tentar ver além dessa cortina e, ao invés de olhar para o que nos difere, tentar encontrar aquilo que nos aproxima. Talvez você se surpreenda ao encontrar do outro lado não esse estereótipo odioso que nos venderam, mas uma mulher igual a você. Um ser humano tão único, multifacetado, com falhas e atributos positivos, assim como você mesma.

[...] Para muita gente, nada que mude pode ser algo bom. Mas você pode imaginar o motivo, né? Normal que essa gente fique tão insegura. Afinal, quando descobrimos que não precisamos lutar umas com as outras, podemos fazer coisas incríveis.

Imagine quanta coisa pode ser diferente se, ao invés de cerrarmos os punhos, estendermos a mão para aquela outra mulher. [...]

Que possamos mandar um recado para as outras mulheres e não seja de ódio, desprezo ou julgamento; mas um "estamos juntas". Porque juntas somos mais fortes para combater as armadilhas machistas do nosso mundo. Porque só juntas sobreviveremos.

**Comentários**

I. Vale lembrar que o machismo não é uma atitude exclusivamente masculina, mas sim que ele está tão enraizado na sociedade que até mesmo as mulheres podem incentivá-lo e disseminá-lo sem perceber. [...]

II. Sou um homem feminista, mas acho muito complicado falar que a rivalidade entre mulheres foi uma imposição da sociedade machista, premeditada, pra enfraquecer as mulheres como grupo de maioria oprimida. Compreendo que esse fenômeno da competição seja decorrente da visão de mundo machista, mas não que os homens ("a quem interessa enfraquecer as mulheres") tenham planejado tudo pra maleficamente prejudicar o fortalecimento das mulheres pela união.

III. Ótimo texto
Porém não é verdade que apenas homens colocaram as mulheres na condição que estão.
O ideário feminino também foi uma construção delas.
[...]

Disponível em: <www.cartacapital.com.br>. Acesso em: 29 maio 2014. Adaptado.

Omitimos o nome das pessoas que fizeram os comentários para preservar sua identidade.

dean bertoncelj/Shutterstock/Glow Images

2. Depois de ler os textos transcritos, reúna-se com alguns colegas. Conversem sobre a leitura feita, levando em conta as questões propostas a seguir:
   a) Qual é a ideia polêmica discutida pelo texto do *blog*?
   b) O comentário I chama a atenção para um detalhe fundamental. Que expressão desse comentário deixa clara essa intenção?
   c) O autor do comentário II indica logo de início seu posicionamento em relação à questão de gênero. Que expressão ele usa para isso e de que maneira vocês entendem essa declaração?
   d) O autor do comentário II não concorda com o texto do *blog*. Que argumento ele usa para se justificar?
   e) Releia este fragmento do comentário II: "Compreendo que esse fenômeno da competição seja decorrente da visão de mundo machista, mas não que os homens [...] tenham planejado tudo [...]".
      A qual trecho específico do texto do *blog* ele se refere?
      Há aí um equívoco, que poderia ser usado para diminuir a força do argumento. Qual? Explique.
   f) O produtor do comentário III elogia o texto lido e, em seguida, faz uma crítica. Que termo ele emprega para introduzir sua crítica, deixando claro que ele não vai continuar elogiando o texto do *blog*?
   g) O produtor do comentário III chama a atenção para o fato de que não só os homens contribuem para fortalecer a sociedade machista. Ele afirma: "O ideário feminino também foi uma construção delas". Qual é sua opinião?
   h) Observem a linguagem e a organização dos comentários. Costuma-se dizer que textos de comentários em *blogs* e textos que circulam nas redes sociais em geral são sempre construídos com abreviações de palavras, não respeitam as regras de regência e de concordância estipuladas pela gramática normativa, não expressam argumentos de forma convincente. É o que acontece nos comentários aqui reproduzidos? Por quê?

## Dissertação ou argumentação?

O que você sabe sobre esses termos? Leia e compare as definições que se encontram nos dicionários:

**argumentação**
[Do lat. *argumentatione*.]
*Substantivo feminino.*
1. Ato ou processo de argumentar.
2. Conjunto de argumentos.
3. Discussão, controvérsia.

**dissertação**

[Do lat. *dissertatione*.]

*Substantivo feminino.*

1. Exposição desenvolvida, escrita ou oral, de matéria doutrinária, científica ou artística.
2. Trabalho escrito, apresentado a instituição de ensino superior, e defendido, publicamente, por candidato ao grau de mestre.
3. Discurso; conferência; preleção.

FERREIRA, Aurélio Buarque de Holanda. Dicionário eletrônico. Versão 5.0 Ed. rev. e atual. Parte integrante do *Novo dicionário Aurélio*. Curitiba: Positivo/Positivo Informática, 2004.

**argumentação**

*substantivo feminino*

1. arte, ato ou efeito de argumentar.
2. Derivação: por extensão de sentido.
   troca de palavras em controvérsia, disputa; discussão
3. Rubrica: termo jurídico.
   conjunto de ideias, fatos que constituem os argumentos que levam ao convencimento ou conclusão de (algo ou alguém)
4. Rubrica: literatura, estilística.
   no desenvolvimento do discurso, corresponde aos recursos lógicos, como silogismos, paradoxos, etc.; geralmente acompanhados de exemplos, que induzem à aceitação de uma tese e à conclusão geral e final.

**dissertação**

*substantivo feminino*

1. ato ou efeito de dissertar; exposição, redação.
2. exposição escrita de assunto relevante nas áreas científica, artística, doutrinária, etc.; monografia.
3. trabalho escrito feito por estudantes como exercício ou como prova, versando sobre algum ponto das matérias estudadas; exposição escrita.
4. exposição oral; conferência, discurso: **Ex.: ouvimos uma bela d. sobre a obra de Camões.**
5. Regionalismo: Portugal.
   em universidades portuguesas, monografia final que os estudantes devem apresentar e defender para obterem o título universitário.

HOUAISS, Antônio. Dicionário eletrônico. Versão 1.0.5a. Parte integrante do *Dicionário Houaiss da Língua Portuguesa*. Rio de Janeiro: Nova Fronteira, 2002.

Embora os termos *argumentação* e *dissertação* muitas vezes estejam empregados como sinônimos, cabe fazermos a seguinte distinção, sob a luz das noções de gêneros e tipos textuais: a argumentação é um tipo característico de arranjo linguístico que possibilita a expressão de um ponto de vista e que pode ser concretizado por meio de diversos textos, em função da necessidade da interação social: comentários opinativos, ensaio, crítica de cinema, carta de opinião, etc.; a dissertação é um texto predominantemente argumentativo, trata-se de um gênero textual, muito comum nas produções escolares e nos exames de vestibulares e do Enem.

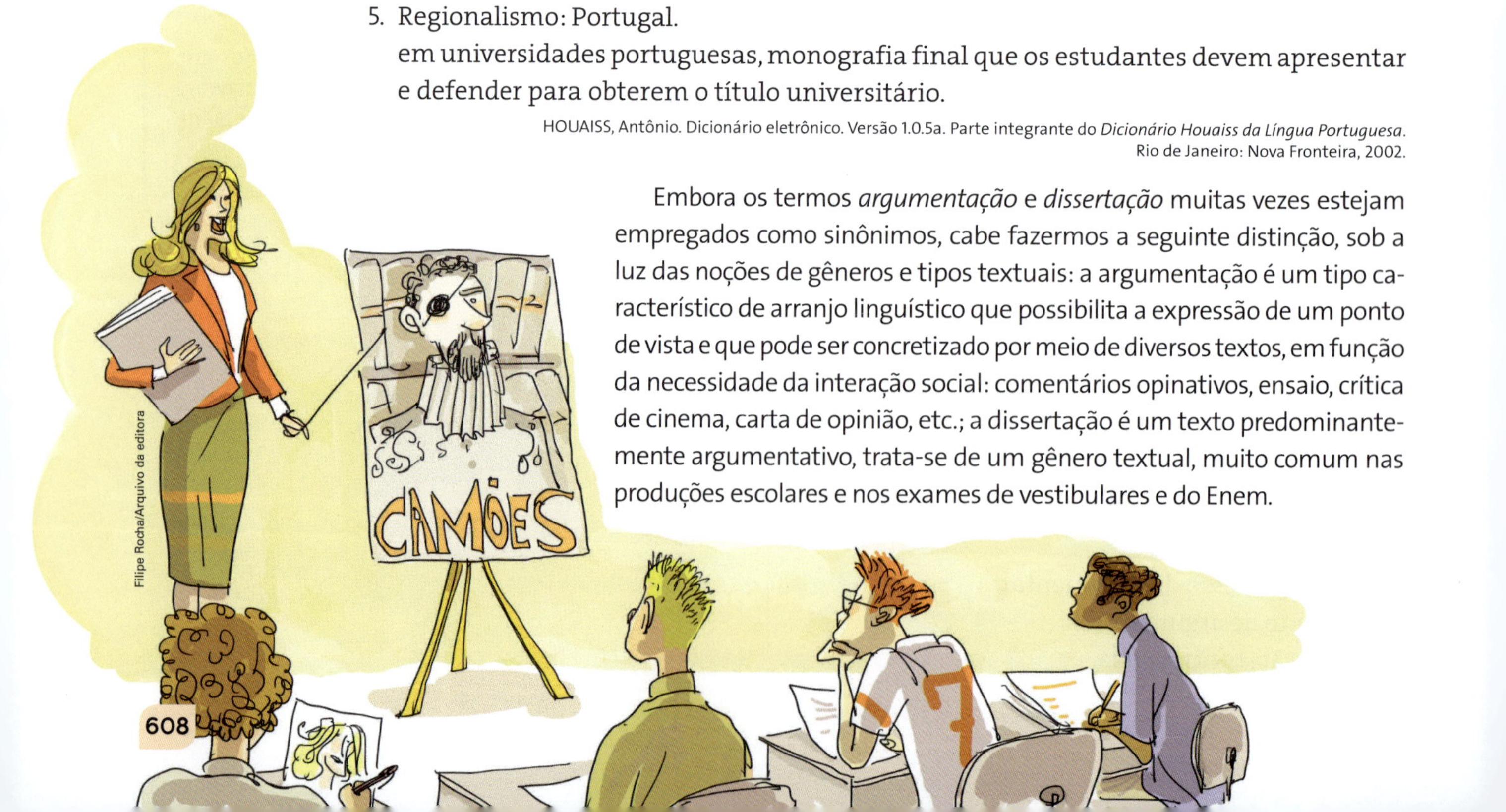


Filipe Rocha/Arquivo da editora

## Mãos à obra! (1)

Você estudou, nos últimos capítulos, alguns mecanismos que permitem a articulação das ideias quando elas se materializam em palavras em um texto escrito. Observou como cada parágrafo se estrutura e as estratégias que podem ser usadas para encadeá-los.

Vamos lhe propor a organização de um texto a partir de alguns elementos retirados de uma matéria jornalística da revista *IstoÉ* de dezembro de 2012, a respeito das reuniões globais cujo objetivo é tratar da preservação do meio ambiente.

a) Trata-se de uma retrospectiva dessas reuniões, de 1972 a 2012, com a apresentação de alguns resultados. Você deverá encadear esses resultados no desenvolvimento de um texto dissertativo. Escreva como se seu público-alvo fosse o leitor da revista de informação semanal citada (público escolarizado, de nível sociocultural de médio a elevado).

b) Na introdução, você deverá reafirmar a necessidade de se estabelecerem metas para garantir a preservação do planeta. No desenvolvimento, usará as informações a seguir. A conclusão, após a análise dos resultados, ficará por sua conta.

IstoÉ/Editora Três

Revista *IstoÉ*. São Paulo: Três, n. 2 250, dez. 2012. p. 118.

### Gênero textual: texto dissertativo

Circulando na maioria das vezes em esferas escolares, acadêmicas ou científicas, um texto dissertativo tem por objetivo explicar um assunto, desenvolver um tema ou expor ideias sobre as quais há um posicionamento de quem escreve. Convencionalmente, apresenta uma estrutura que se configura a partir de uma **introdução** ao assunto, na qual está implícita a tese a ser fundamentada; de um **desenvolvimento**, em que situações são descritas, fatos são explicados, dados são citados, exemplos são mostrados num encadeamento lógico e de uma sintética **conclusão**, coerente com o que foi apresentado anteriormente, de maneira que a tese inicial seja suficientemente comprovada.

c) Concluído o texto, faça uma releitura minuciosa e veja em que pode aprimorá-lo.

d) Reúna-se com dois ou três colegas para compararem seus textos. Observem que, apesar de terem utilizado os mesmos dados, os textos terão configurações diferenciadas. Procurem observar as opções uns dos outros e avaliem quais foram as melhores, para que essa comparação resulte em aprendizado.

### Dicas para a elaboração da dissertação

Como você sabe, há inúmeras maneiras de iniciar uma dissertação. Lembramos algumas: fazer uma declaração ou uma interrogação, citar um provérbio ou mencionar um fato histórico, etc.

- Empregue os elementos linguísticos coesivos necessários à amarração das frases.
- Mantenha a estrutura dos parágrafos (ideia central + secundárias).
- Dê um título interessante a seu texto.
- Seja objetivo e construa a conclusão com base nos dados apresentados.

## Mãos à obra! (2)

A reserva de cotas raciais para afrodescendentes e indígenas nas universidades provoca polêmica. Em um país de população miscigenada como a nossa, o estabelecimento de uma "tonalidade" de pele como critério para facilitar o ingresso na universidade é bastante questionado. Ao mesmo tempo, o desejo de reparar injustiças que se arrastam há séculos estimula as políticas "afirmativas". Problemas sociais confundem-se com problemas raciais, gerando muita discussão.

1. Conheça o que pensa o autor deste artigo de opinião. Observe que ele, mais do que procurar defender a reserva de cotas raciais como uma possibilidade, procura mostrar os primeiros resultados desse sistema.

### Por que as cotas raciais deram certo no Brasil

Amauri Segalla, Mariana Brugger e Rodrigo Cardoso

Antes de pedalar pelas ruas de Amsterdã com uma bicicleta vermelha e um sorriso largo, como fez na tarde da quarta-feira da semana passada, Ícaro Luís Vidal dos Santos, 25 anos, percorreu um caminho duro, mas que poderia ter sido bem mais tortuoso. Talvez intransponível. Ele foi o primeiro cotista negro a entrar na Faculdade de Medicina da Federal da Bahia. Formando da turma de 2011, Ícaro trabalha como clínico geral em um hospital de Salvador. [Em Amsterdã, Ícaro] celebra a alegria de alguém que tinha tudo para não estar ali. É que, no Brasil, a cor da pele determina as chances de uma pessoa chegar à universidade. Para pobres e alunos de escolas públicas, também são poucas as rotas disponíveis. Como tantos outros, Ícaro reúne várias barreiras numa só pessoa: sempre frequentou colégio gratuito, sempre foi pobre – e é negro. Mesmo assim, sua história é diferente. Contra todas as probabilidades, tornou-se doutor diplomado, com dinheiro suficiente para cruzar o Atlântico e saborear a primeira viagem internacional. Sem a política de cotas, ele teria passado os últimos dias pedalando nas pontes erguidas sobre os canais de Amsterdã? Impossível dizer com certeza, mas a resposta lógica seria "não".

Desde que o primeiro aluno negro ingressou em uma universidade pública pelo sistema de cotas, há dez anos, muita bobagem foi dita por aí. Os críticos ferozes afirmaram que o modelo rebaixaria o nível educacional e degradaria as universidades. Eles também disseram que os cotistas jamais acompanhariam o ritmo de seus colegas mais iluminados e isso resultaria na desistência dos negros e pobres beneficiados pelos programas de inclusão. Os arautos do pessimismo profetizaram discrepâncias do próprio vestibular, pois os cotistas seriam aprovados com notas vexatórias se comparadas com o desempenho da turma considerada mais capaz. Para os apocalípticos, o sistema de cotas culminaria numa decrepitude completa: o ódio racial seria instalado nas salas de aula universitárias, enquanto negros e brancos construiriam muros imaginários entre si. A segregação venceria e a mediocridade dos cotistas acabaria de vez com o mundo acadêmico brasileiro. Mas, surpresa: nada disso aconteceu. Um por um, todos os argumentos foram derrotados pela simples constatação da realidade. "Até agora, nenhuma das justificativas das pessoas contrárias às cotas se mostrou verdadeira", diz Ricardo Vieiralves de Castro, reitor da Universidade do Estado do Rio de Janeiro (Uerj).

As cotas raciais deram certo porque seus beneficiados são, sim, competentes. Merecem, sim, frequentar uma universidade pública e de qualidade. No vestibular, que é o princípio de tudo, os cotistas estão só um pouco atrás. Segundo dados do Sistema de Seleção Unificada, a nota de corte para os candidatos convencionais a vagas de medicina nas federais foi de 787,56 pontos. Para os cotistas, foi de 761,67 pontos. A diferença entre eles, portanto, ficou próxima de 3%. ISTOÉ entrevistou educadores e todos disseram que essa distância é mais do que razoável. Na verdade, é quase nada. Se em uma disciplina tão concorrida quanto medicina um coeficiente de apenas 3% separa os privilegiados, que estudaram em colégios privados, dos negros e pobres, que frequentaram escolas públicas, então é justo supor que a diferença mínima pode, perfeitamente, ser igualada ou superada no decorrer dos cursos. Depende só da disposição do aluno. Na Universidade Federal do Rio de Janeiro (UFRJ), uma das mais conceituadas do País, os resultados do último vestibular surpreenderam. "A maior diferença entre as notas de ingresso de cotistas e não cotistas foi observada no curso de economia", diz Ângela Rocha, pró-reitora da UFRJ. "Mesmo assim, essa distância foi de 11%, o que, estatisticamente, não é significativo."

Por ser recente, o sistema de cotas para negros carece de estudos que reúnam dados gerais do conjunto de universidades brasileiras. Mesmo analisados separadamente, eles trazem respostas extraordinárias. É de se imaginar que os alunos oriundos de colégios privados tenham, na universidade, desempenho muito acima de seus pares cotistas. Afinal, eles tiveram uma educação exemplar, amparada em mensalidades que custam pequenas fortunas. Mas a esperada superioridade estudantil dos não cotistas está longe de ser verdade. A Uerj analisou as notas de seus alunos durante 5 anos. Os negros tiraram, em média, 6,41. Já os não cotistas marcaram 6,37 pontos. Caso isolado? De jeito nenhum. Na Universidade Estadual de Campinas (Unicamp), que também é referência no País, uma pesquisa demonstrou que, em 33 dos 64 cursos analisados, os alunos que ingressaram na universidade por meio de um sistema parecido com as cotas tiveram performance melhor do que os não beneficiados. [...]

Mas o que explica o desempenho estudantil eficiente dos cotistas? "Os alunos do modelo de inclusão são sobreviventes, aqueles que sempre foram os melhores de sua turma", diz Maurício Kleinke, coordenador-executivo do vestibular da Unicamp. Kleinke faz uma análise interessante do fenômeno. "Eles querem, acima de tudo, mostrar para os outros que são capazes e, por isso, se esforçam mais." Segundo o professor da Unicamp, os mais favorecidos sabem que, se tudo der errado na universidade, podem simplesmente deixar o curso e voltar para os braços firmes e seguros de seus pais. Para os negros e pobres, é diferente. "Eles não sofrem da crise existencial que afeta muitos alunos universitários e que faz com que estes desistam do curso para tentar qualquer outra coisa." Advogado que entrou na PUC do Rio por meio de um sistema de cotas, Renato Ferreira dos Santos concorda com essa teoria. "Nós, negros, não podemos fazer corpo mole na universidade", diz. Também professor do departamento de psicologia da Uerj, Ricardo Vieiralves de Castro vai além. "Há um esforço diferenciado do aluno cotista, que agarra essa oportunidade como uma chance de vida", diz o educador. "Ele faz um esforço pessoal de superação." Esse empenho, diz o especialista, é detectável a cada período estudantil. "O cotista começa a universidade com uma performance mediana, mas depois se iguala ao não cotista e, por fim, o supera em muitos casos."

O cotista não desiste. Se desistir, terá de voltar ao passado e enfrentar a falta de oportunidades que a vida ofereceu. Por isso, os índices de evasão dos alunos dos programas de inclusão são baixos e, em diversas universidades, até inferiores aos dos não cotistas. Para os críticos teimosos, que achavam que as cotas não teriam efeito positivo, o que se observa é a inserção maior de negros no mercado de trabalho. "Fizemos uma avaliação com 500 cotistas e descobrimos que 91% deles estão empregados em diversas carreiras, até naquelas que têm mais dificuldade para empregar", diz Ricardo Vieiralves de Castro. Com o diploma em mãos, os negros alcançam postos de melhor remuneração, o que, por sua vez, significa uma chance de transformação para o seu grupo social. Não é difícil imaginar como os filhos dos cotistas terão uma vida mais confortável — e de mais oportunidades — do que seus pais jamais tiveram.

bikeriderlondon/Shutterstock/Glow Images

[...]

Com a aprovação recente, pelo Senado, do projeto que regulamenta o sistema de cotas nas universidades federais (e que prevê que até 2016 25% do total de vagas seja destinado aos estudantes negros), as próximas gerações vão conhecer uma transformação ainda mais profunda. Os negros terão, enfim, as condições ideais para anular os impedimentos que há 205 anos, desde a fundação da primeira faculdade brasileira, os afastavam do ensino superior. Por mais que os críticos se assustem com essa mudança, ela é justa por fazer uma devida reparação. "São muitos anos de escravidão para poucos anos de cotas", diz o pedagogo Jorge Alberto Saboya, que fez sua tese de doutorado sobre o sistema de inclusão no ensino superior. Acima de tudo, são muitos anos de preconceito. Como se elimina isso? "Não se combate o racismo com palavras", diz o sociólogo Muniz Sodré, pesquisador da UFRJ. "O que combate o racismo é a proximidade entre as diferenças." Não é a proximidade entre as diferenças o que, afinal, promove o sistema de cotas brasileiro?

Revista *IstoÉ*. São Paulo: Três, 30 maio 2014.
Disponível em: <www.istoe.com.br>. Acesso em: 30 maio 2014.

a) Repare que, no primeiro parágrafo, o produtor do texto cita um exemplo de sucesso de um profissional que se valeu do sistema de cotas para ingressar na universidade. Do segundo ao penúltimo parágrafo, ele sintetiza as críticas a esse sistema feitas pelas pessoas contrárias a ele e as rebate com exemplos da realidade e a voz de especialistas consultados. Identifique, em cada um desses parágrafos: a crítica que ele rebate, o exemplo citado para mostrar que a crítica era infundada e o especialista consultado para comprovar o ponto de vista do produtor do texto.
b) O parágrafo final retoma o ponto de vista defendido e oferece ao leitor uma pergunta. Qual é o efeito de terminar um texto que defende uma ideia com uma pergunta? Discuta com os colegas e o professor.

2. Veja ainda o assunto sob outra perspectiva – a política –, neste trecho inicial de matéria publicada pela revista *CartaCapital* de janeiro de 2013.

## Cotas para eleitor ver

*Reviravolta: em busca de voto, opositores aderem ao sistema que ontem rejeitavam*

Por Cynara Menezes

Até ACM Neto, eleito prefeito de Salvador, anuncia cotas no serviço municipal. Decisão inócua, ainda assim: os servidores públicos em Salvador na maioria são negros.

Na última campanha para a prefeitura de Salvador, o então candidato ACM Neto precisou ir à Justiça para tentar livrar-se da acusação feita pelo adversário, Nelson Pellegrino (PT), de que era contrário às cotas raciais. De fato, seu partido, o DEM, havia entrado no Supremo Tribunal Federal (STF) contra a política de ação afirmativa. Neto negou veementemente e foi ao Tribunal Regional Eleitoral (TRE) para suspender a propaganda de tevê do petista. O tribunal rejeitou o pedido. Eleito, uma das primeiras iniciativas do novo prefeito foi anunciar cotas para afrodescendentes no serviço público municipal.

Dez anos depois de começarem a ser implantadas no Brasil sob fortes críticas do conservadorismo, chama a atenção o súbito interesse pelas cotas raciais de adversários históricos dos programas de inclusão. O caso de ACM Neto não é isolado. Também o governador de São Paulo, Geraldo Alckmin, do PSDB, anunciou no fim do ano passado que as universidades estaduais paulistas vão reservar vagas para alunos oriundos de escolas públicas, parte delas por critérios étnicos. Isso meses depois de o tucano Aloysio Nunes Ferreira ter sido o único senador a votar contra o projeto do governo federal de ampliação das cotas.

Sancionada pela presidenta Dilma Rousseff em agosto, a nova lei de cotas sociais estabelece que até 2016 50% das vagas das universidades federais sejam destinadas a alunos das escolas públicas. Desses 50%, metade vai para estudantes oriundos de famílias que ganham até um salário mínimo *per capita* e metade para afrodescendentes e indígenas. As projeções do governo são de que cerca de 50 mil vagas sejam ocupadas por alunos afrodescendentes e indígenas na universidade pública nos próximos quatro anos. Ou seja, uma inclusão no ensino superior que será visível a olhos nus.

[...]

Revista *CartaCapital*. São Paulo: Confiança, n. 733, 30 jan. 2013. p. 30.

3. Você conheceu muitas opiniões. É hora de revelar a sua.
   a) Escreva um artigo de opinião sobre o assunto, posicionando-se a favor ou contra a reserva de cotas raciais nas universidades. Imagine que seu artigo será publicado em um jornal de circulação nacional.
   b) Após a leitura e a revisão pessoal dos textos, reúna-se com alguns colegas e promovam a leitura dos textos em rodízio: um aluno passa seu texto para o colega da direita e recebe o do colega da esquerda para leitura, que prossegue até que todos conheçam a opinião dos demais colegas do grupo.
   c) Façam anotações se perceberem algum problema no texto. Fiquem bem atentos às contradições. Observem também se o colega apresentou argumentos suficientemente convincentes para o leitor do veículo em questão. No caso de haver incorreções gramaticais, apontem-nas para que os colegas as corrijam.
   d) Se houver consenso, ou seja, se a mesma opinião prevaleceu em todos os textos, escolham um integrante para participar da mesa-redonda, que ocorrerá a seguir. Caso não haja, escolham dois representantes: cada um defenderá um ponto de vista.

### **Gênero textual:** artigo de opinião

Artigos de opinião são textos em que os autores se apoiam em fortes argumentos, posicionando-se a favor ou contra determinadas questões, com o objetivo de convencer os leitores a adotarem essa mesma perspectiva. Nos jornais, são publicados em seções de debates ou de discussão de pontos de vista. A busca de imparcialidade jornalística está ausente desses artigos, nos quais o articulista se identifica e se posiciona ideologicamente, muitas vezes representando opiniões de determinados setores de nossa sociedade. Vale-se de inúmeros recursos de convencimento, desde dados estatísticos objetivos a depoimentos de autoridades. Apresenta um trabalho cuidadoso e minucioso com os elementos linguísticos que garantem a coesão do texto.

### Dicas para a elaboração do artigo de opinião

- Tenha um posicionamento único ("a favor de" ou "contra" algo) e deixe isso bem claro na introdução.
- Enumere os argumentos que serão apresentados; depois, ordene-os dos mais fortes aos mais fracos.
- Cite também alguns contra-argumentos, mas vá desenvolvendo-os e refutando-os, para, assim, fortalecer os argumentos que sustentam sua posição.
- Se inserir alguma pergunta em seu texto, apresente a resposta.
- Crie um título que desperte interesse no leitor.
- Use padrão culto de linguagem; seu público-alvo é exigente.
- Escolha uma ideia de impacto para o parágrafo final ou cite alguma frase pertinente ao assunto proferida por personalidade especializada no assunto.

## Mesa-redonda

1. Os representantes escolhidos nos grupos poderão realizar uma mesa-redonda para ampliar a discussão iniciada pelos textos. Desfaçam os grupos e disponham as carteiras dos representantes em círculo. O professor será o moderador. Cada aluno terá um tempo delimitado para expor seus argumentos, seja a favor, seja contra as cotas raciais.
2. Nessa apresentação, cuidem da linguagem (será formal) e da postura (vocês não irão "brigar" – irão expor a posição do grupo e apresentar o arrazoado combinado), não aumentem o tom de voz nem se alterem.
3. Um voluntário, a cada apresentação, anotará no quadro o resultado de cada grupo, escrevendo, em duas colunas, o número de alunos que estava a favor das cotas e o de alunos que estava contra elas, para que vocês obtenham o resultado numericamente exato.
4. Após a exposição, poderão debater entre si. Os demais colegas observam a discussão de seus lugares e, se desejarem, farão perguntas por escrito que serão encaminhadas aos debatedores para os respectivos esclarecimentos.
5. Esgotado o tempo destinado à atividade, o professor encerra o evento. A partir do posicionamento predominante, ele apresentará a opinião geral da classe sobre o assunto.

# Vestibulares de Norte a Sul

**Texto para a questão 1.**

Durante séculos, os escravos afro-americanos aprenderam a ler em condições extraordinariamente difíceis, arriscando a vida. Aqueles que quisessem se alfabetizar eram forçados a encontrar métodos tortuosos de aprender. Aprender a ler, para os escravos, não era um passaporte imediato para a liberdade, mas uma maneira de ter acesso a um dos instrumentos poderosos de seus opressores: o livro. Os donos de escravos (tal como os ditadores, tiranos, monarcas absolutos e outros detentores do poder) acreditavam firmemente no poder da palavra escrita. Como séculos de ditadores souberam, uma multidão analfabeta é mais fácil de dominar; uma vez que a arte da leitura não pode ser desaprendida, o segundo melhor recurso é limitar seu alcance. Os livros, escreveu Voltaire no panfleto satírico *Sobre o Terrível Perigo da Leitura*, "dissipam a ignorância, a custódia e a salvaguarda dos estados bem policiados".

Alberto Manguel. *Uma história da leitura*. (Trad. Pedro Maia Soares). São Paulo: Companhia das Letras, 1997, p. 312-15 (com adaptações).

1. **CO** (UnB-DF) A partir do texto acima, julgue os próximos itens.
   a) O texto é construído com base no exemplo da relação com a leitura que estabelecem escravos afro-americanos e donos de escravos. Argumentação é aplicada para abarcar formas de dominação e, assim, mostrar que a leitura pode desestabilizar poderes autoritários.
   b) No texto, são apresentadas duas maneiras de um ditador controlar o acesso à leitura: manter analfabetos aqueles que domina ou controlar o que leem os que sabem ler. Para atingir os objetivos no segundo caso, uma estratégia utilizada, com certa frequência, é impor a leitura de interpretação única, reprimindo as vozes dissonantes.
   c) Defende-se no texto o caráter inequívoco do livro como instrumento de emancipação política, característica que impede seu uso na dominação de pessoas ou povos.

**Texto para a questão 2.**

## Competição e individualismo excessivos ameaçam saúde dos trabalhadores

***Ideologia do individualismo***

O novo cenário mundial do trabalho apresenta facetas como a da competição globalizada e a da ideologia do individualismo. A afirmação foi feita pelo professor da Universidade de Brasília (UnB) Mário César Ferreira, ao participar do seminário Trabalho em Debate: Crise e Oportunidades.

Segundo ele, pela primeira vez, há uma ligação direta entre trabalho e índices de suicídio, sobretudo na França, em função das mudanças focadas na ideia de excelência.

***Fim da especialização***

"A configuração do mundo do trabalho é cada vez mais volátil", disse o professor. Ele destacou ainda a crescente expansão do terceiro setor, do trabalho em domicílio e do trabalho feminino, bem como a exclusão de perfis como o de trabalhadores jovens e dos fortemente especializados. "As organizações preferem perfis polivalentes e multifuncionais." Desta forma, a escolarização clássica do trabalhador amplia-se para a qualificação contínua, enquanto a ultraespecialização evolui para a multiespecialização.

***Metamorfoses do trabalho***

Ele ressaltou que as "metamorfoses" no cenário do trabalho não são "indolores" para os que trabalham e provocam erros frequentes, retrabalho, danificação de máquinas e queda de produtividade.

Outra grande consequência, de acordo com o professor, diz respeito à saúde dos trabalhadores, que leva à alta rotatividade nos postos de trabalho e aos casos de suicídio. "Trata-se de um cenário em que todos perdem, a sociedade, os governantes e, em particular, os trabalhadores", avaliou.

***Articulação entre econômico e social***

Para a coordenadora da Diretoria de Cooperação e Desenvolvimento do Instituto de Pesquisa Econômica Aplicada (Ipea), Christiane Girard, a problemática das relações de trabalho envolve também uma questão: qual o tipo de desenvolvimento que nós, como cidadãos, queremos ter?

Segundo Christiane, é preciso "articular" o econômico e o social, como acontece na economia solidária.

"Ela é uma das alternativas que aparecem e precisa ser discutida. A resposta do trabalhador se manifesta por meio do estresse, de doenças diversas e do suicídio. A gente não se pergunta o suficiente sobre o peso da gestão do trabalho", disse a representante do Ipea.

Adaptado de: <www.diariodasaude.com.br>.

2. **SE** (Uerj) No texto, as falas do professor universitário e da coordenadora do instituto de pesquisa reforçam o sentido geral antecipado pelo título da matéria jornalística.

   A citação de falas como as referidas acima é um recurso conhecido da argumentação. Esse recurso está corretamente descrito em:
   a) exemplificação de fatos enunciados no texto.
   b) registro da divergência entre diferentes autores.
   c) apoio nas palavras de especialistas em uma área.
   d) apresentação de dados quantificados por pesquisas.

CAPÍTULO

# 19 A construção do texto persuasivo

Artur Keunecke/Pulsar Imagens

Cabo de guerra em disputa nos XII Jogos dos Povos Indígenas, em Cuiabá, 2013.

Neste capítulo vamos trabalhar a construção do texto persuasivo, ou seja, do texto que tem como objetivo fundamental convencer seu interlocutor de alguma coisa. Não há um gênero textual específico com textos dessa natureza: há propagandas, discursos, cartas, diálogos, etc. Em textos com esse propósito, os recursos empregados para convencer o interlocutor de alguma coisa ganham destaque.

Para iniciar os estudos sobre enunciados persuasivos, leia a tira a seguir, do cartunista Fernando Gonsales, e discuta-a com os colegas e o professor levando em consideração as questões propostas nesta página.

GONSALES, Fernando. *Níquel Náusea.*

- *Alguém obriga a personagem da vaca a fornecer leite?*
- *De que estratégia o outro personagem se vale para conseguir o que deseja?*
- *No segundo quadrinho, que recursos nos levam a perceber que a vaca se sentiu obrigada a fazer o que a outra personagem queria?*
- *De que modo, no segundo quadrinho, o personagem com o violão interpreta o acontecido? O que ele diz corresponde realmente ao que aconteceu? Explique.*
- *O recurso que o personagem com o violão usou para conseguir o que desejava o levou a atingir o resultado esperado. Mas de que modo se sentiu a personagem da vaca?*
- *Em algum momento você já passou por situação semelhante? Em qual dos lados você estava? Se possível, relate aos colegas o que aconteceu.*
- *Há maneiras mais respeitosas de alguém conseguir o que deseja. Quais? Como você costuma procurar convencer alguém a fazer alguma coisa? De que modo você gosta que façam isso com você?*
- *Propomos uma brincadeira:*
  - *Reúna-se com alguns colegas e imaginem uma história curta, a ser encenada por vocês para a classe, em que um(ns) personagem(ns) procure(m) convencer o(s) outro(s) de que não deve(m) comer chocolate por uma semana.*
  - *Para isso, imaginem um contexto, os personagens, uma situação em que estejam e em que essa "proibição" faça sentido. Planejem os argumentos tanto de quem tenta convencer alguém a não comer chocolates quanto de quem vai tentar convencer o outro de que não há por que não comer chocolates.*
  - *Apresentem para os colegas. Depois de todas as apresentações, discutam quais foram as melhores. Quais foram os argumentos mais convincentes e por quê.*

## A persuasão

É pela linguagem que entramos em contato com os outros seres humanos e, se persuadir é uma tentativa de agir sobre outra pessoa, a linguagem verbal é um dos meios para se alcançar esse objetivo. O linguista dinamarquês Louis Hjelmslev, nos ensina que: "[...] a linguagem é o instrumento graças ao qual o homem modela seus pensamentos, seus sentimentos, suas emoções, seus esforços, sua vontade, seus atos, o instrumento graças ao qual ele influencia e é influenciado, a base mais profunda da sociedade humana". (HJELMSLEV, Louis. *Prolegômenos a uma teoria da linguagem*. São Paulo: Perspectiva, 1975.).

De fato, é pela linguagem que o ser humano se realiza socialmente, expressando o que pensa e sente e ouvindo o que os outros pensam e sentem. E é na interação social que uma pessoa tenta agir sobre a outra para tentar convencê-la de alguma coisa.

Neste livro, nosso objeto de estudo é sobretudo a linguagem verbal. Portanto, vamos nos concentrar em tentar perceber de que modo a linguagem verbal pode ser usada para persuadir alguém de alguma coisa. Para que produza ressonância em seu interlocutor, um texto deve ser muito bem construído. Quando falamos, temos determinada intenção, isto é, queremos atingir certos objetivos; é essa intencionalidade que vai determinar os recursos que vamos usar. A persuasão pode ser um desses objetivos. Você e seu colega, por exemplo, podem ter pontos de vista diferentes sobre um tema. Ao se posicionarem sobre o assunto, vão utilizar o mesmo código para construir seus textos, mas a escolha das palavras e dos exemplos, as combinações, a ênfase, a argumentação, etc., vão ser determinadas pela intenção de cada falante. A isso denominamos **recursos persuasivos**.

**Persuadir** é buscar a adesão do interlocutor para determinado ponto de vista, é tentar convencê-lo de alguma coisa. Há sempre uma intenção em um texto.

Em geral, as pessoas supõem que, por exemplo, um discurso político tem uma intenção, busca convencer o interlocutor a respeito do ponto de vista do político que discursa. Também é senso comum que o meio publicitário usa diversos recursos para, por meio de anúncios, vender um produto ou uma ideia ao interlocutor. Mas a tentativa de convencer o interlocutor não se restringe a essas possibilidades, pois telenovelas, jornais e telejornais, filmes, séries de TV, *sites*, músicas representam ideologias, que buscam a adesão de quem presta atenção a eles – pretendem vender ideias e modos de viver.

### Trocando ideias

Leia a seguinte tira, do cartunista Jim Davis:

Atlantic Syndication

DAVIS, Jim. Gardfield. *Folha de S.Paulo*. São Paulo, 28 abr. 2004, p. E11.

Comente com os colegas:

- O Jon foi persuasivo? Por quê?
- Haveria uma maneira mais persuasiva de o Jon se expressar?

# Argumentação e persuasão

O ato de argumentar, ou seja, a maneira como o falante organiza seu discurso para chegar a determinadas conclusões, está intimamente ligado à persuasão. A argumentação é a base da persuasão, é sua sustentação. Podemos ver a argumentação como uma estrutura criada de forma deliberada e que pressupõe o uso de estratégias linguísticas e racionais.

Para que a argumentação seja válida, contudo, além de ser resultado de um raciocínio lógico que comprove e justifique um ponto de vista, deve estar adequada ao interesse ou à expectativa do interlocutor. Sem a noção do outro como alvo, a argumentação perde a força.

Para comprovar o que foi dito, vamos analisar duas tiras do personagem Calvin. Leia as tiras e acompanhe os comentários sobre elas.

WATTERSON, Bill. *Calvin e Haroldo*. Campinas: Cedibra, [s.d.]. p. 125.

Nessa tira, a mãe de Calvin usa um argumento inadequado para convencer o filho a não fazer careta, porque não leva em conta, ao escolher o argumento, que Calvin vive em um mundo de fantasias e, por isso, sente especial prazer em provocar e assustar os outros.

WATTERSON, Bill. *Calvin e Haroldo*. Campinas: Cedibra [s.d.]. p. 25.

Por sua vez, o pai de Calvin adota outra linha argumentativa. Não apresenta motivos lógicos para que o filho compreenda a necessidade de tal alimento; utiliza, sim, um discurso persuasivo, explorando o universo e os valores do interlocutor – no caso, um garoto, Calvin. Observe as características do discurso persuasivo posto em prática pelo pai nessa tira:

- o filho não deseja comer o que lhe é oferecido;
- o pai deseja "vender" a ideia de que aquele alimento é bom;

- o pai sabe que um argumento convencional do tipo "coma que tem vitaminas" ou "coma porque isso é bom para a saúde" não funcionaria para o "público" que deve ser "convencido" (o filho);
- o pai conhece as fantasias do filho, o mundo criado por sua imaginação (com mutantes, monstros e animais falantes);
- o pai diz aceitar que o filho não queira comer e apresenta um argumento afinado com as expectativas próprias do mundo imaginário de Calvin;
- o pai interfere na vontade do filho (ele come o alimento).

A persuasão é bem-sucedida, pois o pai apresenta o alimento fundamentado no conhecimento das expectativas do filho. Quando bem arquitetada, a persuasão e a argumentação atingem profundamente o interlocutor. Na tira em questão, há um efeito psicológico tão completo que, após ingerir o alimento, Calvin acredita que algo coerente com a ideia de ter comido "resíduos nucleares" está realmente acontecendo com ele, ou seja, ele acha que está passando mal ("Estou me sentindo estranho...").

## Recursos argumentativos

Os recursos argumentativos dizem respeito à seleção das ideias que estão por trás dos argumentos e sua apresentação em função do fio persuasivo. Entre os mais comuns, destacamos:

- **perguntas retóricas**: em geral, são interrogações direcionadas ao interlocutor (leitor/ouvinte do texto), que o tornam participante do desenvolvimento argumentativo por meio da antecipação de dúvidas, da provocação de reflexões, de afirmações indiretas que ele é estimulado a fazer;
- **citações**: a polifonia (ou seja, o enunciador abre espaço, em seu texto, para outras vozes) é um recurso comum nos textos argumentativos; servem de sustentação do ponto de vista defendido/exposto, pois a pluralidade de vozes mostra que o enunciador não está sozinho; assim, é muito comum o emprego de citações:
  - **de autoridade**: o produtor do texto introduz direta ou indiretamente vozes de especialistas ou de pessoas respeitadas no meio em que se insere o assunto abordado;
  - **da voz do "senso comum" ou da sociedade**: ora na forma de provérbios e ditados populares, ora na forma de enunciados que reproduzem ideias de uma determinada comunidade numa determina situação e época (por exemplo: "É politicamente incorreto jogar papéis na rua");

**ATENÇÃO!**

Muitas vezes as citações são introduzidas não como reforço do ponto de vista da argumentação, mas como ponto de partida para a discussão e a refutação, funcionando como estratégia de contrastes. Por exemplo:

Dizem alguns que a pena de morte inibe os criminosos. Será? Tenho para mim que...

- **exposição de dados e fatos**: a enumeração de dados (melhor ainda se obtidos por uma pesquisa científica com fonte identificável) e fatos (melhor ainda se contextualizados e identificáveis) funciona como exemplificação que confirma e demonstra a posição defendida.
- **argumento "de lambuja"**: em geral, trata-se de um argumento a mais, aparentemente desnecessário, mas usado de forma decisiva; costuma vir introduzido por expressões como "Nem é preciso dizer..."; "Desnecessário lembrar que..."; "E não é nem preciso acrescentar que...".
- Na tira abaixo, com o personagem Charlie Brown, observe de que modo a personagem Violeta Gray, que, via de regra, humilha Charlie Brown, emprega o argumento "de lambuja" introduzido pela expressão "E não é nem preciso acrescentar que...":

SCHULZ, Charles. Minduim. *O Estado de S. Paulo*. São Paulo, 11 abr. 2008.

## Atividades

1. Selecione um filme, assuma o papel de crítico e redija uma resenha crítica. Imagine que seu texto será publicado na seção de cultura de um jornal de grande circulação. Lembre-se das características do gênero resenha.
   Não se limite a apresentar dados objetivos. Justifique sua opinião com razões consistentes.
2. Envie seu texto a algum jornal que aceite colaboração de leitores ou tente publicar seu comentário em *sites* especializados em cinema.
3. Com seus colegas e o professor, também é possível montar um painel com os textos, para que a classe tenha acesso a todas as resenhas elaboradas.

### Gênero textual: resenha

As resenhas estão presentes nas seções ou nos cadernos de jornais e revistas (versão impressa ou *on-line*) que fazem a cobertura da vida cultural de determinado lugar: lançamento de livros, filmes, jogos, CDs ou DVDs, estreias de *shows* ou peças de teatro, abertura de exposições. A extensão da resenha é variável: pode ser um comentário breve ou uma análise aprofundada, dependendo do veículo no qual circula e do perfil do público a que se destina. Em geral, apresenta dados objetivos como título, autor, editora, número de páginas nas publicações ou título, diretor, atores, duração e locais de exibição no caso de espetáculos. Apresenta também um resumo não detalhado do assunto, sem revelar o desfecho ou elementos surpresa da trama. Além de apresentar a obra, o autor da resenha faz comentários avaliativos, expondo seu posicionamento pessoal, o que é verificável pela seleção vocabular: emprego de adjetivos (elogiosos ou não), advérbios ou expressões reveladoras de opiniões. Imagens, declarações e comparações com outras obras também são recursos que costumam ser utilizados pelos resenhistas para convencer os leitores a prestigiarem (ou não) determinada obra.

## Mãos à obra!

### Manifestações públicas

Você já deve ter visto alguma manifestação pública, em geral promovida por instituições ou entidades de classe, em que se organizam passeatas em locais movimentados para denunciar fatos, defender causas, conscientizar a população sobre certos problemas ou ainda conclamá-la a participar de determinadas campanhas.

Nessas manifestações, palavras de ordem costumam ser ditas, faixas ou cartazes são exibidos e panfletos explicativos, distribuídos. Em alguns casos, divulga-se um texto escrito – um manifesto – no qual se explicitam as razões do protesto e se assumem determinados compromissos com a causa defendida.

Leia, a seguir, um exemplo de manifesto, assinado por inúmeras instituições conhecidas e, posteriormente, oferecido a pessoas físicas que quisessem apoiar a causa por meio de alguns *sites*, mediante identificação.

Na leitura, identifique os argumentos apresentados.

### Manifesto pelo fim da publicidade e da comunicação mercadológica dirigida ao público infantil

Em defesa dos direitos da infância, da Justiça e da construção de um futuro mais solidário e sustentável para a sociedade brasileira, pessoas, organizações e entidades abaixo-assinadas reafirmam a importância da proteção da criança frente aos apelos mercadológicos e pedem o fim das mensagens publicitárias dirigidas ao público infantil.

A criança é hipervulnerável. Ainda está em processo de desenvolvimento biofísico e psíquico. Por isso, não possui a totalidade das habilidades necessárias para o desempenho de uma adequada interpretação crítica dos inúmeros apelos mercadológicos que lhe são especialmente dirigidos.

Consideramos que a publicidade de produtos e serviços dirigidos à criança deveria ser voltada aos seus pais ou responsáveis, estes sim, com condições muito mais favoráveis de análise e discernimento. Acreditamos que a utilização da criança como meio para a venda de qualquer produto ou serviço constitui prática antiética e abusiva, principalmente quando se sabe que 27 milhões de crianças brasileiras vivem em condição de miséria e dificilmente têm atendidos os desejos despertados pelo *marketing*.

A publicidade voltada à criança contribui para a disseminação de valores materialistas e para o aumento de problemas sociais como a obesidade infantil, erotização precoce, estresse familiar, violência pela apropriação indevida de produtos caros e alcoolismo precoce.

Acreditamos que o fim da publicidade dirigida ao público infantil será um marco importante na história de um país que quer honrar suas crianças.

Por tudo isso, pedimos, respeitosamente, àqueles que representam os Poderes da Nação que se comprometam com a infância brasileira e efetivamente promovam o fim da publicidade e da comunicação mercadológica voltada ao público menor de 12 anos de idade.

FERRO, Rogério. Disponível em: <www.akatu.org.br>. Acesso em: 20 ago. 2014.

#### Gênero textual: manifesto

Texto que documenta a participação de pessoas, entidades de classe ou instituições em movimentos nos quais se deixam claras determinadas posições diante de situações-problema. Um manifesto tem por objetivo obter a adesão do público-leitor a uma causa; para tanto, deve apresentar argumentos convincentes, que fundamentem o posicionamento de seus assinantes. Constitui-se de título, justificativas (argumentação) e fecho ou encerramento, além de data, local e identificação de autoria. A linguagem deve ser clara, correta e objetiva. Inicialmente o manifesto circula nas esferas cotidiana, artística, política ou acadêmica, repercutindo, posteriormente, nos meios jornalísticos.

Repare que, no primeiro parágrafo do texto, é feito o apelo, a principal reivindicação. Nos três seguintes, são apresentados os argumentos que deverão convencer o leitor a assinar o documento e, nos dois últimos, reitera-se a solicitação de compromisso com a infância brasileira, exigindo o fim da publicidade dirigida a crianças.

A estrutura dos manifestos costuma ser variada. Às vezes uma carta de intenções, um poema ou uma letra de canção pode assumir a função desse gênero em virtude de representar ideais de um setor social em determinado contexto.

O manifesto mais conhecido é do Partido Comunista, escrito por Karl Marx e Friedrich Engels e publicado em 1848, no qual os autores conclamam os operários do mundo a se unirem pela soberania do proletariado. Outros manifestos marcaram a história das artes, como o Surrealista, o Futurista e o do movimento Dadá, entre outros. No Brasil, destaca-se o *Manifesto antropófago*, produzido pelo escritor modernista Oswald de Andrade.

## Atividade em dupla

1. Leiam o trecho de notícia a seguir. Vocês já tinham pensado na questão da obrigatoriedade do voto? Qual sua opinião?

### Grupo da reforma política aprova voto facultativo nas eleições

Felipe Néri

O grupo de trabalho criado na Câmara dos Deputados com o objetivo de propor um pacote de alterações no sistema político e eleitoral aprovou nesta quinta-feira (24) proposta que prevê o fim da obrigatoriedade de os eleitores votarem nas eleições.

Os parlamentares querem substituir o voto obrigatório pelo voto facultativo, modelo vigente em boa parte dos países com democracias consolidadas, como Estados Unidos e França. Para virar lei, a proposta ainda terá de ser submetida à votação nos plenários da Câmara e do Senado, em dois turnos.

Atualmente, a Constituição determina que o voto é obrigatório para os eleitores com idade entre 18 e 70 anos. A legislação brasileira garante voto facultativo apenas aos eleitores analfabetos, aos maiores de 70 anos e àqueles com idade entre 16 e 17 anos.

O projeto que irá desobrigar todos os eleitores de comparecerem às urnas será apresentado por meio de uma Proposta de Emenda à Constituição (PEC). Para promover alterações na carta constitucional, a proposta precisará ser aprovada em duas votações nas duas casas legislativas por maioria de 3/5 dos membros (308 deputados e 49 senadores). Se não alcançar esse número mínimo de votos em qualquer uma das votações, o texto será arquivado. [...]

*G1*, 24 out. 2013. Disponível em: <http://g1.globo.com>. Acesso em: 30 maio 2014.

2. Leiam a matéria jornalística a seguir, que informa o leitor do jornal a respeito da polêmica do voto obrigatório no Brasil.

### A eterna polêmica do voto obrigatório ou facultativo no Brasil

Por que o voto é obrigatório no Brasil? Há argumentos favoráveis e contrários a esse dever que voltam à discussão em períodos de campanha. Se por um lado votar ajuda a ter um compromisso com a política, por outro o voto obrigatório pode gerar uma escolha sem critérios concretos.

[...]

Uma das principais ideias dos defensores do voto facultativo é de que somente eleitores que tivessem interesse pela política – e em atribuir um voto consciente – participariam da eleição. Para o professor de Ciência Política da Facinter Luiz Domingos Costa, essa ideia pode resultar no entendimento de que um eleitor é melhor do que outro, por isso alguns podem reunir a capacidade de decisão. "É um argumento preconceituoso e que pode levar à polarização extrema do debate e ao elitismo", diz Costa. Segundo os cientistas políticos, outra consequência negativa do voto facultativo é a queda da representatividade, pois há redução no número de eleitores que comparecem para votar.

A participação facultativa no pleito pode levar ao clientelismo, de acordo o professor emérito do departamento de Ciência Política da Universidade Federal Minas Gerais (UFMG) Fábio Wanderley Reis. Segundo ele, se o eleitor puder escolher ir, ou não, votar, alguém pode oferecer vantagens para que ele decida participar da eleição. "Fará a diferença aquele que conseguir mobilizar um grupo. O voto poderá se tornar objeto de manipulação", afirma Reis.

### Para refletir – Razões favoráveis e contrárias à obrigação

**Voto facultativo**

- Votar é um direito e não pode ser considerado um dever.
- O voto no Brasil é, praticamente, facultativo em função das leves sanções em caso de ausência do eleitor.
- Com o voto facultativo, apenas pessoas interessadas em política irão comparecer às urnas. A qualidade do pleito irá melhorar.
- Cooptação de eleitores pode ocorrer com o voto obrigatório ou com o facultativo.

**Voto obrigatório**

- O ato de votar é ao mesmo tempo um direito e dever.
- Voto obrigatório leva o eleitor a pensar em política a cada dois anos.
- Voto facultativo é elitista e representa perda de representatividade.
- Voto facultativo facilita o clientelismo.

Disponível em: <www.gazetadopovo.com.br>. Acesso em: 11 jan. 2014.

a) Suponham que vocês vão participar de uma campanha de esclarecimento sobre a importância do processo eleitoral no Brasil. Redijam um manifesto favorável ao voto facultativo ou contra ele, considerando as ideias expostas e a situação sociopolítica do país. Pesquisem o assunto, selecionem argumentos que ajudem vocês a defender seu ponto de vista.
b) Caso vocês identifiquem alguma necessidade específica da comunidade, elaborem também um manifesto contra esse problema ou a favor causa observada.
c) Produzidos e revistos os textos, busquem uma maneira de distribuí-los para que alcancem repercussão, por meio de redes sociais, pelo envio a autoridades e instituições cujos objetivos sejam afins ao tema escolhido ou pela distribuição em pontos estratégicos de seu bairro, se for o caso.

Filipe Rocha/Arquivo da editora

## Dicas para a elaboração do manifesto

- O título do manifesto já deverá apresentar informações essenciais: Quem está se manifestando e a favor de (ou contra) quem ou do quê.
- Determinem inicialmente o interlocutor: Serão autoridades? Quais? Será a opinião pública?
- Determinem a finalidade do manifesto: É protestar? É firmar um compromisso? Intervir na realidade? Denunciar algum fato?
- Uma forma de iniciar o texto é fazer a identificação dos assinantes: “Nós, abaixo-assinados”, etc.
- Enumerem os argumentos que vocês apresentarão nas justificativas. No momento de redigir, cuidem da concatenação das ideias, empregando os conectores adequados, responsáveis pela coesão do texto.
- Na argumentação produzida, poderá haver uma divisão em grupos: I. Denunciamos; II. Somos contra; III. Defendemos... e assim por diante. Os argumentos podem ser agrupados por letras ou por afinidades. Em alguns manifestos há um histórico que resgata as diversas ações envolvendo a questão apresentada.
- Usem a primeira pessoa do plural: conclamamos, repudiamos, declaramos, etc.
- Usem verbos no presente (do indicativo ou do subjuntivo) ou no imperativo: façamos, façam, exijam, recusem, rejeitemos, lutemos, etc. No caso de uma declaração de princípios ou de intenções, é comum o emprego do infinitivo: promover, contribuir, estimular, etc.
- No fechamento, retomem a finalidade do documento, apresentando suas conclusões. Se forem retomados vários itens, construam um parágrafo para cada um.
- O texto se constituirá num documento: não poderá apresentar erros gramaticais nem inadequações de linguagem. Deverá seguir o padrão culto.
- Data, local da emissão e identificação dos assinantes também são necessários.

# Pensando no Enem

1. Quando eu falo com vocês, procuro usar o código de vocês. A figura do índio no Brasil de hoje não pode ser aquela de 500 anos atrás, do passado, que representa aquele primeiro contato. Da mesma forma que o Brasil de hoje não é o Brasil de ontem, tem 160 milhões de pessoas com diferentes sobrenomes. Vieram para cá asiáticos, europeus, africanos, e todo mundo quer ser brasileiro. A importante pergunta que nós fazemos é: qual é o pedaço de índio que vocês têm? O seu cabelo? São seus olhos? Ou é o nome da sua rua? O nome da sua praça? Enfim, vocês devem ter um pedaço de índio dentro de vocês. Para nós, o importante é que vocês olhem para a gente como seres humanos, como pessoas que nem precisam de paternalismos, nem precisam ser tratadas com privilégios. Nós não queremos tomar o Brasil de vocês, nós queremos compartilhar esse Brasil com vocês.

Adaptado de: TERENA, M. Debate; MORIN, E. *Saberes globais e saberes locais.* Rio de Janeiro: Garamond, 2000

Os procedimentos argumentativos utilizados no texto permitem inferir que o ouvinte/leitor, no qual o emissor foca o seu discurso, pertence:

a) ao mesmo grupo social do falante/autor.
b) a um grupo de brasileiros considerados como não índios.
c) a um grupo étnico que representa a maioria europeia que vive no país.
d) a um grupo formado por estrangeiros que falam português.
e) a um grupo sociocultural formado por brasileiros naturalizados e imigrantes.

**Comentário**

No primeiro período observamos que a produtora do enunciado faz uma distinção clara entre ela e seus interlocutores, pois dirige-se ao grupo formado por tais interlocutores por meio da forma de tratamento *vocês*. No segundo período, o texto trata dos indígenas do Brasil, grupo no qual a produtora do enunciado se inclui ao afirmar, usando o pronome *nós*: "A importante pergunta que nós fazemos..."; ela volta então a se referir aos interlocutores como *vocês* e a usar pronomes possessivos em terceira pessoa para se referir aos interlocutores. Estes sempre são tratados no texto no plural, ou seja, são mencionados como muitos que fazem parte de um grupo. Ao longo do texto, percebemos que a autora tem como interlocutores um grupo de brasileiros não índios, pela oposição que ela estabelece entre o grupo do qual faz parte e o grupo dos interlocutores. Confirmamos isso mais para o fim do parágrafo, quando ela afirma: "Nós não queremos tomar o Brasil de vocês", ou seja, ela elabora o enunciado como se os interlocutores imaginassem que o Brasil pertence a eles.

Resposta: **B**.

2.

**Se no inverno é difícil acordar, imagine dormir.**

Com a chegada do inverno, muitas pessoas perdem o sono. São milhões de necessitados que lutam contra a fome e o frio. Para vencer esta batalha, eles precisam de você. Deposite qualquer quantia. Você ajuda milhares de pessoas a terem uma boa noite e dorme com a consciência tranquila.

*Veja*. 5 set. 1999 (adaptado).

O produtor de anúncios publicitários utiliza-se de estratégias persuasivas para influenciar o comportamento de seu leitor. Entre os recursos argumentativos mobilizados pelo autor para obter a adesão do público à campanha, destaca-se nesse texto:

a) a oposição entre individual e coletivo, trazendo um ideário populista para o anúncio.
b) a utilização de tratamento informal com o leitor, o que suaviza a seriedade do problema.
c) o emprego de linguagem figurada, o que desvia a atenção da população do apelo financeiro.
d) o uso dos numerais "milhares" e "milhões", responsável pela supervalorização das condições dos necessitados.
e) o jogo de palavras entre "acordar" e "dormir", o que relativiza o problema do leitor em relação ao dos necessitados.

**Comentário**

Em geral, uma campanha de solidariedade busca tocar os sentimentos do interlocutor para fazê-lo contribuir economicamente com a causa da campanha. No caso dessa campanha, o texto em destaque – "Se no inverno é difícil acordar, imagine dormir" – procura, além de se dirigir diretamente ao leitor ao usar o imperativo, tocar o interlocutor quanto a sua dificuldade de enfrentar o inverno. Aí se centra o jogo entre as palavras *acordar* e *dormir*. Nessa frase, o produtor do anúncio revela ter esta ideia de seu interlocutor: um trabalhador (pois precisa acordar cedo), ou seja, uma pessoa que tem condições mínimas de contribuir com a campanha. Procura-se levar o interlocutor a se colocar no lugar dos que não têm nem como dormir adequadamente no inverno, ou seja, ele ressalta para o leitor seu conforto: tem condições que tornam possível dormir bem no inverno a ponto de ter dificuldade para se levantar da cama nessa época. Assim, mostra-se, por oposição, o que falta aos que o leitor pode ajudar. Depois, o produtor do anúncio fala diretamente dos que passam frio e fome e se dirige ao leitor, por meio de verbos no imperativo e usando a forma de tratamento *você*, para orientá-lo a ajudar a causa da campanha. No fim, ele volta à imagem do interlocutor em seu sono tranquilo, mas agora para mostrar a ele que, se ajudar, sua consciência ficará tranquila. Entre as acepções do verbo *acordar*, está a ideia de despertar, tornar-se revelador. O produtor da propaganda também joga com esse sentido, procurando levar o leitor a despertar para a campanha, para o outro que ele pode ajudar caso participe.

Resposta: **E**.

# Vestibulares de Norte a Sul

1. **S** (UFPR) Leia a tira abaixo.

(Bill Watterson. Disponível em http://ficcaoenaoficcao.wordpress.com/2012/03/25. Acesso em 26 ago. 2012.)

Sobre a argumentação de Calvin, considere as seguintes afirmativas:

1. Ao se dirigir à professora, Calvin faz uma simulação do discurso jurídico, tanto no vocabulário quanto na organização dos argumentos.
2. A argumentação de Calvin está fundada na premissa de que a ignorância é uma condição necessária para a felicidade.
3. Calvin questiona a eficiência da professora quando diz que sua aula é uma tentativa deliberada de privá-lo da felicidade.
4. Ao gritar "Ditadura!" no último quadrinho, Calvin protesta contra o desrespeito à Constituição, que lhe garante o direito inalienável à felicidade.

Assinale a alternativa correta.

a) Somente as afirmativas 1 e 3 são verdadeiras.
b) Somente as afirmativas 1 e 2 são verdadeiras.
c) Somente as afirmativas 2, 3 e 4 são verdadeiras.
d) Somente as afirmativas 1, 2 e 4 são verdadeiras.
e) As afirmativas 1, 2, 3 e 4 são verdadeiras.

2. **CO** (UFMT) Leia os trechos abaixo, transcrições da parte verbal de duas propagandas, uma de bebida alcoólica (I) e outra de cigarro (II).

I – Chivas Regal

Aprecie nossa qualidade com responsabilidade.

II – Compreensão

A menor distância entre dois pontos de vista.

Pensamentos opostos que se completam, atitudes contrárias que se harmonizam, santos e orixás, fumantes e não fumantes.

A argumentação é fundamental quando o texto pretende persuadir o leitor. Compare a estratégia de persuasão utilizada nos dois textos, analisando em que se assemelham e em que se diferenciam.

3. **SE** (UFMG) Leia este trecho:

A engenharia genética poderá criar espécies de plantas e animais. Resta saber se as diferenças genéticas entre as populações humanas não podem intensificar-se e ser manipuladas para fins de suposta eugenia e predomínio racial, para não falarmos da criação de seres híbridos, com resultados imprevisíveis na bioesfera.

Nesse trecho, o recurso argumentativo utilizado consiste em:

a) apresentação e explicação de conceitos.
b) contraste entre diferentes abordagens.
c) enumeração de fatos que se contradizem.
d) levantamento de hipótese e seus desdobramentos.

# Caiu no Enem

**Texto para a questão 1.**

Os filhos de Ana eram bons, uma coisa verdadeira e sumarenta. Cresciam, tomavam banho, exigiam para si, malcriados, instantes cada vez mais completos. A cozinha era enfim espaçosa, o fogão enguiçado dava estouros. O calor era forte no apartamento que estavam aos poucos pagando. **Mas** o vento batendo nas cortinas que ela mesma cortara lembrava-lhe que se quisesse podia parar e enxugar a testa, olhando o calmo horizonte. Como um lavrador. Ela plantara as sementes que tinha na mão, não outras, **mas** essas apenas.

LISPECTOR, C. *Laços de família*. Rio de Janeiro: Rocco, 1998.

1. A autora emprega por duas vezes o conectivo *mas* no fragmento apresentado. Observando aspectos da organização, estruturação e funcionalidade dos elementos que articulam o texto, o conectivo *mas*:
   a) expressa o mesmo conteúdo nas duas situações em que aparece no texto.
   b) quebra a fluidez do texto e prejudica a compreensão, se usado no início da frase.
   c) ocupa posição fixa, sendo inadequado seu uso na abertura da frase.
   d) contém uma ideia de sequência temporal que direciona a conclusão do leitor.
   e) assume funções discursivas distintas nos dois contextos de uso.

**Texto para a questão 2.**

A marcha galopante das tecnologias teve por primeiro resultado multiplicar em enormes proporções tanto a massa das notícias que circulam quanto as ocasiões de sermos solicitados por elas. Os profissionais têm tendências a considerar esta inflação como automaticamente favorável ao público, pois dela tiram proveito e tornam-se obcecados pela imagem liberal do grande mercado em que cada um, dotado de luzes por definição iguais, pode fazer sua escolha em toda liberdade. Isso jamais foi realizado e tende a nunca ser. Na verdade, os leitores, ouvintes, telespectadores, mesmo se abandonam a sua bulimia*, não são realmente nutridos por esta indigesta sopa de informações e sua busca finaliza em frustação. Cada vez mais frequentemente, até, eles ressentem esse bombardeio de riquezas falsas como agressivos e se refugiam na resistência a toda ou qualquer informação.

O verdadeiro problema das sociedades pós-industriais não é a penúria**, mas a abundância. As sociedades modernas têm a sua disposição muito mais do que necessitam em objetos, informações e contatos. Ou, mais exatamente, disso resulta uma desarmonia entre uma oferta, não excessiva, mas incoerente, e uma demanda que, confusamente, exige uma escolha muito mais rápida a absorver. Por isso os órgãos de informação devem escolher, uma vez que o homem contemporâneo apressado, estressado, desorientado busca uma linha diretriz, uma classificação mais clara, um condensado do que é realmente importante.

* fome excessiva, desejo descontrolado.

** miséria, pobreza.

VOYENNE, B. *Informação hoje*. Lisboa: Armand Colin, 1975 (adaptado).

2. Com o uso das novas tecnologias, os domínios midiáticos obtiveram um avanço maior e uma presença mais atuante junto ao público, marcada ora pela quase simultaneidade das informações, ora pelo uso abundante de imagens. A relação entre as necessidades da sociedade moderna e a oferta de informação, segundo o texto, é desarmônica, porque:
   a) O jornalista seleciona as informações mais importantes antes de publicá-las.
   b) O ser humano precisa de muito mais conhecimento do que a tecnologia pode dar.
   c) O problema da sociedade moderna é a abundância de informações e de liberdade de escolha.
   d) A oferta é incoerente com o tempo que as pessoas têm para digerir a quantidade de informação disponível.
   e) A utilização dos meios de informação acontece de maneira desorganizada e sem controle efetivo.

**Texto para a questão 3.**

Tudo no mundo começou com um sim. Uma molécula disse sim a outra molécula e nasceu a vida. Mas antes da pré -história havia a pré-história da pré-história e havia o nunca e havia o sim. Sempre houve. Não sei o quê, mas sei que o universo jamais começou.

[...]

Enquanto eu tiver perguntas e não houver resposta continuarei a escrever. Como começar pelo início, se as coisas acontecem antes de acontecer? Se antes da pré-pré-história já havia os monstros apocalípticos? Se esta história não existe, passará a existir. Pensar é um ato.

Sentir é um fato. Os dois juntos – sou eu que escrevo o que estou escrevendo. [...] Felicidade? Nunca vi palavra mais doida, inventada pelas nordestinas que andam por aí aos montes.

Como eu irei dizer agora, esta história será o resultado de uma visão gradual – há dois anos e meio venho aos poucos descobrindo os porquês. É visão da iminência de.

De quê? Quem sabe se mais tarde saberei. Como que estou escrevendo na hora mesma em que sou lido. Só não inicio pelo fim que justificaria o começo – como a morte parece dizer sobre a vida – porque preciso registrar os fatos antecedentes.

LISPECTOR, C. *A hora da estrela*. Rio de Janeiro: Rocco, 1998 (fragmento).

3. A elaboração de uma voz narrativa peculiar acompanha a trajetória literária de Clarice Lispector, culminada com a obra *A hora da estrela*, de 1977, ano da morte da escritora. Nesse fragmento, nota-se essa peculiaridade porque o narrador

a) observa os acontecimentos que narra sob uma ótica distante, sendo indiferente aos fatos e às personagens.
b) relata a história sem ter tido a preocupação de investigar os motivos que levaram aos eventos que a compõem.
c) revela-se um sujeito que reflete sobre questões existenciais e sobre a construção do discurso.
d) admite a dificuldade de escrever uma história em razão da complexidade para escolher as palavras exatas.
e) propõe-se a discutir questões de natureza filosófica e metafísica, incomuns na narrativa de ficção.

**Texto para a questão 4.**

KUCZYNSKIEGO, P. Ilustração, 2008. Disponível em: <http://capu.pl>. Acesso em: 3 ago. 2012.

4. O artista gráfico polonês Pawla Kuczynskiego nasceu em 1976 e recebeu diversos prêmios por suas ilustrações. Nessa obra, ao abordar o trabalho infantil, Kuczynskiego usa sua arte para

a) difundir a origem de marcantes diferenças sociais.
b) estabelecer uma postura proativa da sociedade.
c) provocar a reflexão sobre essa realidade.
d) propor alternativas para solucionar esse problema.
e) retratar como a questão é enfrentada em vários países do mundo.

**Texto para a questão 5.**

Quem é pobre, pouco se apega, é um giro-o-giro no vago dos gerais, que nem os pássaros de rios e lagoas. O senhor vê: o Zé-Zim, o melhor meeiro meu aqui, risonho e habilidoso. Pergunto: – Zé-Zim, por que é que você não cria galinhas-d'angola, como todo o mundo faz? – Quero criar nada não... – me deu resposta: – Eu gosto muito de mudar... [...] Belo um dia, ele tora. Ninguém discrepa. Eu, tantas, mesmo digo. Eu dou proteção. [...] Essa não faltou também à minha mãe, quando eu era menino, no sertãozinho de minha terra. [...] Gente melhor do lugar eram todos dessa família Guedes, Jidião Guedes; quando saíram de lá, nos trouxeram junto, minha mãe e eu. Ficamos existindo em território baixio da Sirga, da outra banda, ali onde o de-Janeiro vai no São Francisco, o senhor sabe.

ROSA, J. G. *Grande sertão:* veredas. Rio de Janeiro: José Olympio (fragmento).

5. Na passagem citada, Riobaldo expõe uma situação decorrente de uma desigualdade social típica das áreas rurais brasileiras marcadas pela concentração de terras e pela relação de dependência entre agregados e fazendeiros. No texto, destaca-se essa relação porque o personagem-narrador:

a) relata a seu interlocutor a história de Zé-Zim, demonstrando sua pouca disposição em ajudar seus agregados, uma vez que superou essa condição graças à sua força de trabalho.
b) descreve o processo de transformação de um meeiro – espécie de agregado – em proprietário de terra.
c) denuncia a falta de compromisso e a desocupação dos moradores, que pouco se envolvem no trabalho da terra.
d) mostra como a condição material da vida do sertanejo é dificultada pela sua dupla condição de homem livre e, ao mesmo tempo, dependente.
e) mantém o distanciamento narrativo condizente com sua posição social, de proprietário de terras.

**Textos para a questão 6.**

### *Texto I*

O meu nome é Severino,
não tenho outro de pia.
Como há muitos Severinos,
que é santo de romaria,
deram então de me chamar
Severino de Maria;
como há muitos Severinos
com mães chamadas Maria,
fiquei sendo o da Maria
do finado Zacarias,
mas isso ainda diz pouco:
há muitos na freguesia,
por causa de um coronel
que se chamou Zacarias
e que foi o mais antigo
senhor desta sesmaria.
Como então dizer quem fala
ora a vossas senhorias?

MELO NETO, J. C. de. *Obra completa*. Rio de Janeiro: Aguilar, 1994 (fragmento).

### *Texto II*

João Cabral, que já emprestara sua voz ao rio, transfere-a, aqui, ao retirante Severino, que, como o Capibaribe, também segue no caminho do Recife. A autoapresentação do personagem, na fala inicial do texto, nos mostra um Severino que, quanto mais se define, menos se individualiza, pois seus traços biográficos são sempre partilhados por outros homens.

SECCHIN, A. C. *João Cabral*: a poesia do menos. Rio de Janeiro: Topbooks, 1999 (fragmentos).

6. Com base no trecho de *Morte e vida severina* (Texto I) e na análise crítica (Texto II), observa-se que a relação entre o texto poético e o contexto social a que ele faz referência aponta para um problema social expresso

literariamente pela pergunta: "**Como então dizer quem fala / ora a vossas senhorias?**". A resposta à pergunta expressa no poema é dada por meio da:

a) descrição minuciosa dos traços biográficos do personagem-narrador.
b) construção da figura do retirante nordestino como um homem resignado com a sua situação.
c) representação, na figura do personagem-narrador, de outros Severinos que compartilham sua condição.
d) apresentação do personagem-narrador como uma projeção do próprio poeta em sua crise existencial.
e) descrição de Severino, que, apesar de humilde, orgulha-se de ser descendente do coronel Zacarias.

**Texto para a questão 7.**

O jogo é uma atividade ou ocupação voluntária, exercida dentro de certos e determinados limites de tempo e de espaço, segundo regras livremente consentidas, mas absolutamente obrigatórias, dotado de um fim em si mesmo, acompanhado de um sentimento de tensão e de alegria e de uma consciência de ser diferente da "vida quotidiana".

HUIZINGA, J. *Homo ludens*: o jogo como elemento da cultura. São Paulo: Perspectiva, 2004.

7. Segundo o texto, o jogo comporta a possibilidade de fruição. Do ponto de vista das práticas corporais, essa fruição se estabelece por meio do(a)

a) fixação de táticas, que define a padronização para maior alcance popular.
b) competitividade, que impulsiona o interesse pelo sucesso.
c) refinamento técnico, que gera resultados satisfatórios.
d) caráter lúdico, que permite experiências inusitadas.
e) uso tecnológico, que amplia as opções de lazer.

**Texto para a questão 8.**

## Novas tecnologias

Atualmente, prevalece na mídia um discurso de exaltação das novas tecnologias, principalmente aquelas ligadas às atividades de telecomunicações. Expressões frequentes como "o futuro já chegou", "maravilhas tecnológicas" e "conexão total com o mundo" "fetichizam" novos produtos, transformando-os em objetos do desejo, de consumo obrigatório. Por esse motivo **carregamos** hoje nos bolsos, bolsas e mochilas o "futuro" tão festejado.

Todavia, não podemos reduzir-nos a meras vítimas de um aparelho midiático perverso, ou de um aparelho capitalista controlador. Há perversão, certamente, e controle, sem sombra de dúvida. Entretanto, **desenvolvemos** uma relação simbiótica de dependência mútua com os veículos de comunicação, que se estreita a cada imagem compartilhada e a cada *dossiê* pessoal transformado em objeto público de entretenimento.

Não mais como aqueles acorrentados na caverna de Platão, **somos** livres para nos aprisionar, por espontânea vontade, a esta relação sadomasoquista com as estruturas midiáticas, na qual tanto **controlamos** quanto somos controlados.

SAMPAIO A. S. *A microfísica do espetáculo*. Disponível em: <http://observatoriodaimprensa.com.br>. Acesso em: 1º mar. 2013 (adaptado).

8. Ao escrever um artigo de opinião, o produtor precisa criar uma base de orientação linguística que permita alcançar os leitores e convencê-los com relação ao ponto de vista defendido. Diante disso, nesse texto, a escolha das formas verbais em destaque objetiva

a) criar relação de subordinação entre leitor e autor, já que ambos usam as novas tecnologias.
b) enfatizar a probabilidade de que toda população brasileira esteja aprisionada às novas tecnologias.
c) indicar, de forma clara, o ponto de vista de que hoje as pessoas são controladas pelas novas tecnologias.
d) tornar o leitor copartícipe do ponto de vista de que ele manipula as novas tecnologias e por elas é manipulado.
e) demonstrar ao leitor sua parcela de responsabilidade por deixar que as novas tecnologias controlem as pessoas.

**Texto para a questão 9.**

## Jogar limpo

Argumentar não é ganhar uma discussão a qualquer preço. Convencer alguém de algo é, antes de tudo, uma alternativa à prática de ganhar uma questão no grito ou na violência física – ou não física. Não física, dois pontos.

Um político que mente descaradamente pode cativar eleitores. Uma publicidade que joga baixo pode constranger multidões a consumir um produto danoso ao ambiente. Há manipulações psicológicas não só na religião. E é comum pessoas agirem emocionalmente, porque vítimas de ardilosa – e cangoteira – sedução. Embora a eficácia a todo preço não seja argumentar, tampouco se trata de admitir só verdades científicas – formar opinião apenas depois de ver a demonstração e as evidências, como a ciência faz. Argumentar é matéria da vida cotidiana, uma forma de retórica, mas é um raciocínio que tenta convencer sem se tornar mero cálculo manipulativo, e pode ser rigoroso sem ser científico.

*Língua Portuguesa*. São Paulo, ano 5, n. 66. abr. 2011 (adaptado).

9. No fragmento, opta-se por uma construção linguística bastante diferente em relação aos padrões normalmente empregados na escrita. Trata-se da frase "Não física, dois pontos". Nesse contexto, a escolha por se representar por extenso o sinal de pontuação que deveria ser utilizado

a) enfatiza a metáfora de que o autor se vale para desenvolver seu ponto de vista sobre a arte de argumentar.
b) diz respeito a um recurso de metalinguagem, evidenciando as relações e as estruturas presentes no enunciado.
c) é um recurso estilístico que promove satisfatoriamente a sequenciação de ideias, introduzindo apostos exemplificativos.
d) ilustra a flexibilidade na estruturação do gênero textual, a qual se concretiza no emprego da linguagem conotativa.
e) prejudica a sequência do texto, provocando estranheza no leitor ao não desenvolver explicitamente o raciocínio a partir de argumentos.

# Respostas

## A gramática dos textos

### Vestibulares de Norte a Sul

**Capítulo 14**

1. 01 + 04 + 08 = 13
2. 02 + 16 = 18
3. c

**Capítulo 15**

1. e
2. b
4. c
5. c
7. a

**Capítulo 16**

1. b
2. d
4. a
5. c
6. 01 + 02 + 04 = 07

**Capítulo 17**

4. b
5. c
6. b
7. d

## A construção dos textos

### Vestibulares de Norte a Sul

**Capítulo 15**

1. b
3. b

**Capítulo 17**

2. d

**Capítulo 18**

1. c (incorreto)
2. c
3. d

**Capítulo 19**

1. d
3. d

## Caiu no Enem

1. e
2. d
3. c
4. c
5. d
6. c
7. d
8. d
9. b

# Sugestões de leitura, filmes e *sites*

## A gramática dos textos

### Capítulo 14

#### Livros

- ***Álcool, cigarro e outras drogas***

Jairo Bouer. São Paulo: Panda Books.

Numa conversa franca, sem discursos moralistas, Jairo Bouer esclarece quais são os riscos do consumo de álcool, cigarro e outras drogas.

- ***Almanaque de curiosidades matemáticas***

Ian Stewart. Rio de Janeiro: Zahar.

Anotações realizadas pelo autor, desde seus 14 anos, somadas a casos curiosos do mundo da Matemática. As explicações vão da simplicidade de não se dividir zero por zero até a complexidade das operações de juros.

- ***Poemas***

Millôr Fernandes. Porto Alegre: L&PM.

A obra reúne 167 poemas exemplificando o lirismo e a ironia do escritor.

### Capítulo 15

#### Livros

- ***Gilberto bem perto***

Regina Zappa. Rio de Janeiro: Nova Fronteira.

Com a assinatura do músico, a jornalista Regina Zappa expõe detalhes de quase setenta anos de cultura, música e vida de um dos pais da Tropicália.

- ***História das invenções: da antiguidade aos nossos dias***

Shobhit Mahajan. São Paulo: H.F. Ullmann.

A obra apresenta algumas invenções que marcaram a história e que mais influenciaram o desenvolvimento da civilização.

- ***Tropicália: a história de uma revolução musical***

Carlos Calado. São Paulo: Editora 34.

A história de um dos maiores movimentos da música popular brasileira contada por meio de entrevistas e arquivos inéditos.

#### Filmes

- ***Hércules 56***

Direção e roteiro de Silvio Da-Rin. Brasil, 2006.

Em plena ditadura militar, membros da Aliança Libertadora Nacional (ALN) e do Movimento Revolucionário 8 de Outubro (MR8) sequestram Charles Elbrick, embaixador do Estados Unidos, em troca da libertação de presos políticos do regime.

- ***Tropicália***

Direção de Marcelo Machado. Brasil, 2011.

Trata-se de um documentário que apresenta um panorama do tropicalismo por meio de depoimento de seus participantes.

### Capítulo 16

#### Livros

- ***A moça tecelã***

Marina Colasanti. São Paulo: Global.

Nessa história, os sonhos e a realidade de uma tecelã fundem-se em seus tapetes através de fios e cores na representação de histórias de amor e recomeço.

- ***Coleção histórias sombrias da mitologia grega***

Vários autores. São Paulo: Companhia das Letras.

A obra reúne as histórias de personagens míticos, como Antígona, Aquiles, Medeia, Orfeu, Zeus, etc., recontadas por vários autores.

- ***Genética e DNA em quadrinhos***

Mark Schultz. São Paulo: Edgard Blucher.

O livro apresenta, em uma adaptação para o universo das histórias em quadrinhos, explicações acerca dos fundamentos do DNA e da evolução humana em uma linguagem clara e simples.

- ***Heróis, deuses e monstros da mitologia grega***

Bernard Evslin. São Paulo: Saraiva.

O extraordinário cotidiano desses seres gerados pelos deuses do Olimpo é apresentado ao leitor em uma história permeada de diálogos e ilustrações.

- ***O homem do furo na mão & outras histórias***

Ignácio de Loyola Brandão. São Paulo: Ática.

As inquietações e os absurdos do cotidiano do ser humano sintetizados em onze textos.

#### Filme

- ***Descartes***

Direção de Roberto Rossellini. Itália, 1974.

Cinebiografia do filósofo, físico e matemático francês René Descartes (1596-1650), com trechos inteiros extraídos de suas principais obras para a composição das cenas.

#### *Site*

- **Canal Ciência**

<www.canalciencia.ibict.br>

Portal de divulgação científica e tecnológica que reúne textos de pesquisas destinados ao público internauta. Acesso em: 15 maio 2014.

### Capítulo 17

#### Livro

- ***Milongol***

Escobar Nogueira. Porto Alegre: WS Editor.

O autor apresenta diagnóstico e cura para as doenças da contemporaneidade por meio da poesia.

#### *Site*

- **Portal da ANVISA – Agência Nacional de Vigilância Sanitária**

<http://portal.anvisa.gov.br/wps/portal/anvisa/home>

No *site*, é possível encontrar informações e notícias sobre questões relacionadas à saúde, como indústria farmacêutica e sanitarismo.

# A construção dos textos

## Capítulo 15

### Livros

- *A hora da estrela*

Clarice Lispector. Rio de Janeiro: Rocco.

Trata-se de uma história contada por um narrador chamado Rodrigo S. M. acerca da vida da nordestina Macabéa no Rio de Janeiro.

- *O olho de vidro do meu avô*

Bartolomeu Campos de Queirós. São Paulo: Moderna.

Um garoto acompanha episódios de uma infância que já não se vivencia na atualidade, percorrendo labirintos da memória através do olho de vidro de seu avô.

- *Relato de um certo Oriente*

Milton Hatoum. São Paulo: Companhia de Bolso.

Após muitos anos, uma mulher regressa a Manaus, cidade em que viveu durante a infância, para tentar reencontrar a história de uma família libanesa ali radicada e, concomitantemente, sua própria infância.

### Filme

- *A hora da estrela*

Direção de Suzana Amaral. Brasil, 1985.

Adaptação do romance homônimo de Clarice Lispector.

## Capítulo 16

### Livros

- *Diário de Anne Frank*

Mirjam Pressler. Rio de Janeiro: Record.

Diário em que uma adolescente registra seus conflitos pessoais vividos no contexto do nazismo e da Segunda Guerra Mundial.

- *Vestibular Unicamp – Redações 2011*

Comvest (Org.). Campinas: Editora da Unicamp.

Volume lançado anualmente com as trinta melhores redações dos candidatos do vestibular da Unicamp.

### *Sites*

- **Fundação Universitária para o Vestibular – Fuvest**

<www.fuvest.br>

A Fuvest é responsável por organizar um dos exames de vestibular da Universidade de São Paulo. Além disso, por meio dele, é possível ingressar em outras faculdades, como a Faculdade de Medicina da Santa Casa de Misericórdia de São Paulo.

- **Instituto Tecnológico da Aeronáutica – ITA**

<www.ita.br>

Por esse *site* é possível obter informações sobre o vestibular para o ITA (Instituto Tecnológico de Aeronáutica).

- **Universidade de Brasília – UnB**

<www.unb.br>

A Universidade de Brasília é bastante procurada por oferecer uma boa diversidade de cursos. Pelo *site*, é possível obter informações sobre seus exames.

## Capítulo 17

### Livros

- *Admirável mundo novo*

Aldous Huxley. São Paulo: Globo.

Trata-se de um romance de ficção científica que apresenta um mundo totalmente controlado por uma ideologia, de maneira um pouco semelhante ao romance *1984*, de George Orwell.

- *O jogo da amarelinha*

Julio Cortázar. Rio de Janeiro: Civilização Brasileira.

Escrito com muitas técnicas inovadoras, o livro constitui um jogo em que posiciona o ser humano diante de seus conflitos, dúvidas e paixões, divido em três partes que podem ser lidas à maneira do leitor.

## Capítulo 18

### Livros

- *Da escravidão às cotas: a ação afirmativa e os negros do Brasil*

Antonio Celso Baeta Minhoto. São Paulo: Boreal.

O livro discute a questão das cotas para negros nas universidades. Defende a ideia de que é um dever dos Estados democráticos promover a igualdade no oferecimento de oportunidades.

- *Seleção de sermões de Padre Antônio Vieira*

Padre Antônio Vieira. São Paulo: Melhoramentos.

A obra reúne cinco dos melhores sermões de Antônio Vieira. São exemplos de sua linguagem ornamentada, do requinte de seu encadeamento de ideias e da construção retórica.

### Filmes

- *12 anos de escravidão*

Direção de Steve McQueen. Estados Unidos, 2013.

Um homem negro livre, nos Estados Unidos, é sequestrado e vendido como escravo. Ele então luta contra a crueldade e para manter sua dignidade durante 12 anos, até que um abolicionista surge para mudar sua vida.

- *O mordomo da Casa Branca*

Dirigido por Lee Daniels. Estados Unidos, 2013.

O filme conta a história de um mordomo negro que trabalha na Casa Branca e serve presidentes de 1952 a 1986. Passivo diante dos maus-tratos recebidos pelos negros, ele vive uma série de conflitos familiares, sobretudo com seu filho.

## Capítulo 19

### Livros

- *DNA – E eu com isso?*

Francisco M. Salzano. São Paulo: Oficina de textos.

O livro apresenta um panorama atualizado dos principais avanços e polêmicas da Genética, ciência cada dia mais presente no nosso cotidiano.

- *Procura-se um planeta sustentável*

Tania Alexandre Martinelli. São Paulo: Scipione.

O livro conta a história de Rafael, um adolescente que sonha em viajar para a França a fim de trabalhar em uma ONG de sustentabilidade com seu tio quando completar 18 anos. No entanto, novos interesses surgem em sua vida e ele duvida dos antigos sonhos.

- *Transgênicos: inventando seres vivos*

Samuel Murgel Branco. São Paulo: Moderna.

O livro trata dos impactos da comercialização de produtos que passaram pelas técnicas de engenharia genética desde os anos 1980 e o argumento de que o processo de transgenia é fundamental para a evolução das espécies.

# Bibliografia


## Língua portuguesa

BACCEGA, Maria Aparecida. *Concordância verbal*. 3. ed. São Paulo: Ática, 2001.

BECHARA, Evanildo. *Moderna gramática portuguesa*. 37. ed. Rio de Janeiro: Lucerna, 2001.

BORBA, Francisco da Silva. *Pequeno vocabulário de linguística moderna*. São Paulo: Nacional/Edusp, 1971.

CÂMARA JR., Joaquim Mattoso. *Estrutura da língua portuguesa*. 4. ed. Petrópolis: Vozes, 1973.

CARONE, Flávia de Barros. *Morfossintaxe*. 8. ed. São Paulo: Ática, 1999.

CASTILHO, Ataliba T. de. *Nova gramática do português brasileiro*. São Paulo: Contexto, 2002.

CASTILHO, Ataliba T. de; ELIAS, Vanda M. *Pequena gramática do português brasileiro*. São Paulo: Contexto, 2012.

COSTA, Sônia Bastos Borba. *O aspecto em português*. 3. ed. São Paulo: Contexto, 2002.

CUNHA, Celso; CINTRA, Lindley. *Nova gramática do português contemporâneo*. 3. ed. Rio de Janeiro: Nova Fronteira, 1985.

FIORIN, José Luiz (Org.). *Introdução à linguística*. São Paulo: Contexto, 2002.

ILARI, Rodolfo. *A expressão do tempo em português*. 2. ed. São Paulo: Contexto, 2001.

______; GERALDI, João Wanderley. *Semântica*. 2. ed. São Paulo: Ática, 1985.

KEHDI, Valter. *Formação de palavras em português*. 3. ed. São Paulo: Ática, 2002.

NEVES, Maria Helena Moura. *Gramática de usos do português*. São Paulo: Ed. da Unesp, 2000.

ORLANDI, Eni Pulcinelli. *O que é linguística*. São Paulo: Brasiliense, 2005.

PERINI, Mário A. *Para uma nova gramática do português*. 8. ed. São Paulo: Ática, 1995.

SOUZA E SILVA, Maria Cecília Pérez de; KOCH, Ingedore Villaça. *Linguística aplicada ao português*: morfologia. 9. ed. São Paulo: Cortez, 1997.

______. *Linguística aplicada ao português*: sintaxe. 9. ed. São Paulo: Cortez, 2000.

VILELA, Mário; KOCH, Ingedore Villaça. *Gramática da língua portuguesa*. Coimbra: Almedina, 2001.

ZANOTTO, Normelio. *Estrutura mórfica da língua portuguesa*. 4. ed. Caxias do Sul: Educs, 2001.

## Língua portuguesa: reflexões

BECHARA, Evanildo. *Ensino de gramática*. Opressão? Liberdade? 8. ed. São Paulo: Ática, 1995.

ILARI, Rodolfo. *A linguística e o ensino da língua portuguesa*. 4. ed. São Paulo: Martins Fontes, 2001.

LUFT, Celso Pedro. *Língua e liberdade*: por uma nova concepção da língua materna e seu ensino. Porto Alegre: L&PM, 1985.

MURRIE, Zuleika de Felice (Org.). *O ensino de português do primeiro grau à universidade*. São Paulo: Contexto, 1992.

NEVES, Maria Helena Moura. *Que gramática estudar na escola?*. 2. ed. São Paulo: Contexto, 2004.

POSSENTI, Sírio. *Por que (não) ensinar gramática na escola*. Campinas: Mercado de Letras/Associação de Leitura do Brasil, 1996.

## Gêneros e tipos textuais

BAZERMAN, Charles; DIONÍSIO, Ângela Paiva; HOFFNAGEL, Judith Cambais (Org.). *Gêneros textuais*: tipificação e interação. 3. ed. São Paulo: Cortez, 2009.

______. *Escrita, gênero e interação social*. São Paulo: Cortez, 2007.

BRANDÃO, Helena Nagamine (Coord.). *Gêneros do discurso na escola*: mito, conto, cordel, discurso político, divulgação científica. 2. ed. São Paulo: Cortez, 2001.

DIONÍSIO, Ângela Paiva; MACHADO, Anna Rachel; BEZERRA, Maria Auxiliadora (Org.). Gêneros textuais & ensino. 2. ed. Rio de Janeiro: Lucerna, 2002.

______; BESERRA, Normanda da Silva (Org.). *Tecendo textos, construindo experiências*. Rio de Janeiro: Lucerna, 2003.

MAINGUENEAU, Dominique. Tipos e gêneros do discurso. In:______. *Análise de textos de comunicação*. 2. ed. São Paulo: Cortez, 2002.

MEURER, José Luiz; MOTTA-ROTH, Désirée (Org.). *Gêneros textuais*. Bauru: Edusc, 2002.

## Linguagem, linguagens, análise de discurso

BRAIT, Beth (Org.). *Bakhtin*: conceitos-chave. 2. ed. São Paulo: Contexto, 2005.

BRANDÃO, Helena H. Nagamine. *Introdução à análise do discurso*. 7. ed. Campinas: Ed. da Unicamp, [s.d.].

FIORIN, José Luiz. *Elementos de análise do discurso*. 6. ed. São Paulo: Contexto, 1997.

______. *Linguagem e ideologia*. 5. ed. São Paulo: Ática, 1997.

KOCH, Ingedore G. Villaça. *A inter-ação pela linguagem*. 6. ed. São Paulo: Contexto, 2001.

______. *O texto e a construção dos sentidos*. 2. ed. São Paulo: Contexto, 1998.

MAINGUENEAU, Dominique. *Análise de textos de comunicação*. 2. ed. São Paulo: Cortez, 2002.

______. *Termos-chave da análise do discurso*. Belo Horizonte: Ed. da UFMG, 1998.

MARCONDES, Danilo. *Filosofia, linguagem e comunicação*. 3. ed. São Paulo: Cultrix, 1989.

MARTINS, M. Helena (Org.). *Questões de linguagem*. 3. ed. São Paulo: Contexto, 1993.

ORLANDI, Eni Pulcinelli. *Análise de discurso*: princípios e procedimentos. Campinas: Pontes, 1999.

PIGNATARI, Décio. *Informação. Linguagem. Comunicação*. 9. ed. São Paulo: Cultrix, 1989.

PLATÃO. In: *Platão — Diálogos*: Mênon, Banquete, Fedro. 21. ed. Rio de Janeiro: Ediouro, 1999.

POSSENTI, Sírio. *Discurso, estilo e subjetividade*. São Paulo: Martins Fontes, 1993.

## Escrita e oralidade

CASTILHO, Ataliba Teixeira de. *A língua falada no ensino de português*. 6. ed. São Paulo: Contexto, 2004.

MARCUSCHI, Luiz Antônio. *Análise da conversação*. 5. ed. São Paulo: Ática, 2003.

## Leitura, leituras, formação do leitor

FREIRE, Paulo. A *importância do ato de ler*: em três artigos que se completam. 22. ed. São Paulo: Autores Associados/Cortez, 1988.

GERALDI, João Wanderley (Org.). *O texto na sala de aula*: leitura & produção. 3. ed. São Paulo: Ática, 2001.

KLEIMAN, Angela. *Oficina de leitura*: teoria e prática. 7. ed. Campinas: Pontes, 2000.

______. *Texto e leitor*: aspectos cognitivos da leitura. 6. ed. Campinas: Pontes, 1999.

MANGUEL, Alberto. *Uma história da leitura*. São Paulo: Companhia das Letras, 1997.

POSSENTI, Sírio. *Discurso, estilo e subjetividade*. São Paulo: Martins Fontes, 1993.

## Produção de texto

BRAIT, Beth. *A personagem*. 7. ed. São Paulo: Ática, 1999.

CHALHUB, Samira. *A metalinguagem*. 4. ed. São Paulo: Ática, 2001.

______. *Funções da linguagem*. 4. ed. São Paulo: Ática, 1990.

CITELLI, Adilson. *O texto argumentativo*. São Paulo: Scipione, 1994.

COSTA VAL, Maria da Graça. *Redação e textualidade*. 2. ed. São Paulo: Martins Fontes, 1999.

FÁVERO, Leonor Lopes. *Coesão e coerência textuais*. 3. ed. São Paulo: Ática, 1995.

GARCIA, Othon M. *Comunicação em prosa moderna*. 2. ed. Rio de Janeiro: Fundação Getúlio Vargas, 1969.

KOCH, Ingedore G. Villaça. *A coesão textual*. 5. ed. São Paulo: Contexto, 1992.

______; TRAVAGLIA, Luiz Carlos. *A coerência textual*. 4. ed. São Paulo: Contexto, 1992.

LAPA, M. Rodrigues. *Estilística da língua portuguesa*. São Paulo: Martins Fontes, 1982.

LEITE, Lígia C. Moraes. *O foco narrativo*. 4. ed. São Paulo: Ática, 1989.

LUSTOSA, Elcias. *O texto da notícia*. Brasília: Ed. da UnB, 1996.

PROJETO MÚLTIPLO

# Caderno de Estudo

## Gramática & Texto

Ensino Médio

**José De Nicola**

Licenciado em Letras, com especialização em ensino de língua e literatura, foi professor de cursinhos e de escolas particulares, lecionando para turmas de Ensino Médio.
Autor de várias obras dedicadas ao ensino de língua, literatura e produção de textos para Ensino Médio, entre as quais se destacam:
*Práticas de linguagem – leitura & produção de textos;*
*Gramática – palavra, frase, texto;*
*Literatura brasileira – das origens aos nossos dias;*
*Painel da literatura em língua portuguesa.*

editora scipione

editora scipione

Diretoria editorial: Lidiane Vivaldini Olo

Editoria de Língua Portuguesa: Renato Luiz Tresolavy

Editoras: Juliana Lima Gonçalves, Valéria Franco Jacintho; Francisca Tarsiana Morais da Silva (estag.)

Supervisor de arte e produção: Sérgio Yutaka

Editor de arte: Leandro Hiroshi Kanno

Diagramação: MASPI Criações Gráficas

Supervisor de arte e criação: Didier Moraes

Coordenadora de arte e criação: Andréa Dellamagna

Projeto gráfico: UC Produção Editorial e Andréa Dellamagna

Gerente de revisão: Hélia de Jesus Gonsaga

Equipe de revisão: Rosângela Muricy (coord.); Ana Paula Chabaribery Malfa, Gloria Cunha, Luís Maurício Boa Nova e Vanessa de Paula Santos; Flávia Venézio dos Santos (estag.)

Supervisor de iconografia: Sílvio Kligin

Pesquisa iconográfica: Claudia Bertolazzi, Elena Ribeiro e Claudia Cristina Balista (assist.)

Tratamento de imagem: Cesar Wolf e Fernanda Crevin

Fotos da capa: Jakub Krechowicz/Alamy/Glow Images; Illia Uriadnikov/Alamy/Glow Images; Markus Pfaff/Shutterstock/Glow Images

Grafismos: Shutterstock/Glow Images

---

Direitos desta edição cedidos à Editora Scipione S.A.

Avenida das Nações Unidas, 7221

3º andar, Setor D

Pinheiros – São Paulo – SP – CEP 05425-902

Tel.: 4003-3061

www.scipione.com.br/atendimento@scipione.com.br

---

**Dados Internacionais de Catalogação na Publicação (CIP)**
**(Câmara Brasileira do Livro, SP, Brasil)**

De Nicola, José
Projeto Múltiplo: gramática & texto, volume único: partes 1, 2 e 3 / José De Nicola. – 1. ed. – São Paulo: Scipione, 2014.

1. Gramática (Ensino médio) 2. Português (Ensino médio) 3. Textos (Ensino médio) I. Título.

14-04505 CDD-469.07

**Índice para catálogo sistemático:**

1. Português : Ensino médio 469.07

---

2017

ISBN 978 85 262 9344-1 (AL)

ISBN 978 85 262 9345-8 (PR)

Código da obra CL 738774

CAE 502762 (AL)

CAE 502785 (PR)

1ª edição

5ª impressão

Impressão e acabamento: Brasilform Editora e Ind. Gráfica

Uma publicação Abril EDUCAÇÃO

# Apresentação

O Ensino Médio é cursado no período em que a maioria dos adolescentes faz uma escolha que os acompanhará por toda a vida: a da profissão que desejam seguir.

Além da profissão, a escolha da universidade também é um fator decisivo para o seu futuro sucesso profissional. E para que você tenha um bom desempenho no exame vestibular da universidade que escolher, além de conhecer muito bem todo o conteúdo do Ensino Médio, você deve desenvolver suas habilidades de leitura e de produção de textos. Por esse motivo, este caderno reúne mais de 200 questões das mais renomadas universidades do país, de diferentes níveis de complexidade, e termina com uma proposta de redação de vestibular comentada.

Cada sequência de exercícios de um mesmo tema é precedida por quadros-resumos que sintetizam os principais tópicos do conteúdo para ajudá-lo a estudar e a responder às questões.

Este caderno representa um momento único de preparação para o vestibular. Utilize-o como um instrumento de aperfeiçoamento de suas habilidades e não desista dos seus sonhos.

Boa sorte!

# Sumário

# Vestibular em foco

Theo Szczepanski/Arquivo da editora

# O SIGNO LINGUÍSTICO, A LÍNGUA E A GRAMÁTICA

## LINGUAGENS

O ser humano expressa ideias e emoções por meio de diversas linguagens. Uma linguagem é um sistema de signos empregados na comunicação.

### Mista

É possível se comunicar misturando linguagem verbal e outras linguagens. Infográficos — valem-se de palavras e de imagens — exemplificam um gênero que emprega mais de uma linguagem em sua formação.

### Não verbal

Linguagem não verbal é aquela que não depende de palavras. Por exemplo, um balé, com seus bailarinos expressando-se por meio dos movimentos corporais, vale-se de uma linguagem não verbal.

### Verbal

As palavras constituem o instrumento básico da linguagem verbal.

#### Signos linguísticos

Os signos linguísticos ajudam-nos a relacionar uma sequência de sons ou sua correspondência gráfica (significante) a uma ideia (significado) em determinada comunidade linguística.

#### Língua

A língua é um sistema de signos linguísticos pertencente a uma comunidade que tem uma história e uma cultura em comum. Por exemplo, o português é uma língua que pertence aos falantes do Brasil, de Portugal e de alguns outros países que se expressam por esse mesmo sistema e que têm, em sua história e em sua cultura, laços em comum.

##### Gramática natural

Regras gerais e internas de uma língua.

##### Gramática normativa

Regras que descrevem o que se determinou como norma-padrão de uma língua, ou seja, um modelo "ideal" de uso dessa língua, baseado mais na escrita do que na fala.

# Exercícios

**Texto para a próxima questão.**

## Língua para inglês ver

A incorporação da língua inglesa aos idiomas nativos dos mais diversos países não é novidade. Traduz, no âmbito da linguagem, uma hegemonia que os Estados Unidos consolidaram desde a década de 50. Com a globalização e o encurtamento das distâncias entre as nações obtido pelo avanço dos meios de comunicação, a contaminação das demais línguas pelo inglês ficou ainda mais patente.

O fenômeno não é em si mesmo nocivo. Pode até enriquecer um idioma ao permitir que se incorporem informações vindas de fora que ainda não têm correspondência local. A Internet é um exemplo nesse sentido.

Outra coisa, porém, bem diferente, é o uso gratuito de palavras em inglês como o que se verifica hoje no Brasil. A não ser pela vocação novidadeira – e caipira – de quem se deslumbra diante de qualquer coisa que o aproxima do "estrangeiro", não há nenhuma razão para que se diga "sale" no lugar de liquidação, ou qualquer motivo para falar "off" em vez de desconto. Tais anomalias são um dos sintomas do subdesenvolvimento e exprimem, no seu ridículo involuntário, a mentalidade de quem confunde modernidade com uma temporada em Miami.

Um país como a Alemanha, menos vulnerável à influência da colonização da língua inglesa, discute hoje uma reforma ortográfica para "germanizar" expressões estrangeiras, o que já é regra na França. O risco de se cair no nacionalismo tosco e na xenofobia é evidente.

Não é preciso, porém, agir como Policarpo Quaresma, personagem de Lima Barreto, que queria transformar o tupi em língua oficial do Brasil para recuperar o instinto de nacionalidade. No Brasil de hoje já seria um avanço se as pessoas passassem a usar, entre outros exemplos, a palavra "entrega" em vez de "delivery".

FOLHA DE S.PAULO – 20/10/97

1. (Ufal) "Outra coisa é o uso gratuito de palavras em inglês COMO SE VERIFICA HOJE NO BRASIL"
A circunstância expressa pela oração em destaque no período acima é a mesma que se contém na frase:
a) COMO DESCONHECIA O CAMINHO, resolveu voltar.
b) Ele executou a tarefa CONFORME LHE FOI PEDIDO.
c) A menina enfeita-se COMO UMA RAINHA.
d) Não sabemos COMO SE DEU O FATO.
e) Alguns trabalham, AO PASSO QUE MUITOS DESCANSAM.

**Texto para a próxima questão.**

## Superman: 75 anos

Não era um pássaro nem um avião. [1]O verdadeiro Superman era um pacato contador passando férias num *resort* ao norte de Nova York.

Joe Shuster, um dos criadores do personagem, junto com Jerry Siegel, descansava na colônia de férias quando encontrou Stanley Weiss, jovem de rosto quadrado e porte atlético, que ele julgou ser a encarnação do herói. [2]Lá mesmo, pediu para desenhar o moço que serviria de modelo para os quadrinhos dali em diante. Só neste ano, esses desenhos estão vindo à tona nos E.U.A., como parte das atividades comemorativas dos 75 anos do personagem.

Embora tenha mantido a aparência de rapagão musculoso, Superman não foi o mesmo ao longo dos anos. [3]Nos gibis, oscilou entre mais e menos sarado. Na TV, já foi mais rechonchudo, até reencarnar como o púbere Tom Welling, da série de TV "Smallville".

"Desde pequeno eu sabia que Superman não existia. Mas também sabia que meu pai era o verdadeiro Superman", brincou David Weiss, filho do modelo do herói, em entrevista à *Folha de S.Paulo*. [4]Weiss cresceu comparando o rosto do pai ao desenho pendurado na sala de casa. Mas logo Joe Shuster, que foi seu principal desenhista, acabaria cedendo espaço para novos cartunistas, que adaptaram a figura aos fatos correntes.

"Essa mudança é o segredo do Superman. Cada época precisa de um herói só seu, e ele sempre pareceu ser o cara certo", diz Larry Tye, considerado o maior estudioso do personagem. "Nos anos 1930, ele tiraria a América da Grande Depressão. Nos anos 1940, era duro com os nazistas. Nos anos 1950, lutou contra a onda vermelha do comunismo." E foi mudando de cara de acordo com a função.

Invenção dos judeus Jerry Siegel e Joe Shuster, Superman também é visto como um paralelo da história de Moisés, a criança exilada que cresce numa terra estrangeira e depois se apresenta como um salvador. A aparência é um misto do também personagem bíblico Sansão, do deus grego Hércules e de acrobatas de circo. Mas há quem atribua, até hoje, a dualidade do personagem, que se alterna entre o *nerd* indefeso, tímido e de vista fraca (como Joe Shuster) e um super-herói possante, à origem judaica dos seus criadores.

"É o estereótipo judeu do homem fraco, tímido e intelectual que depois se revela um grande herói", diz Harry Brod, autor do *e-book Superman Is Jewish?* (Superman é judeu?), lançado nos E.U.A. em novembro passado. "Ele é a versão moderna de Moisés: um bebê de Krypton enviado à Terra, que desenvolve superpoderes para salvar o seu povo."

Segundo Brod, a analogia é tão nítida que os nazistas chegaram a discutir a suposta relação em revistas de circulação interna do regime. Mas, para ele, Hollywood e o tempo suavizaram o paralelo, transformando Superman numa releitura de Jesus Cristo. "Sua figura foi se tornando mais cristã com o tempo", diz Brod. "Não importa a religião. A ideia de um fracote que se torna um herói não deixa de ser uma fantasia universal."

Silas Martí. Adaptado de folha.uol.com.br, 03/03/2013.

Vocabulário:
*resort* – hotel com área de recreação
púbere – adolescente
*nerd* – pessoa muito estudiosa

2. (Uerj) Ao longo da reportagem, observa-se o uso de uma linguagem informal, registro que estaria mais próximo do usado pelo leitor.
Um claro exemplo desse registro informal da linguagem está em:
a) O verdadeiro Superman era um pacato contador passando férias num *resort* ao norte de Nova York. (ref. 1)
b) Lá mesmo, pediu para desenhar o moço que serviria de modelo para os quadrinhos dali em diante. (ref. 2)
c) Nos gibis, oscilou entre mais e menos sarado. (ref. 3)
d) Weiss cresceu comparando o rosto do pai ao desenho pendurado na sala de casa. (ref. 4)

**Texto para a próxima questão.**

Ouço muito: um bom texto deve ser claro e conciso.

Não há dúvida de que a clareza é a principal qualidade do texto. Ser conciso, entretanto, é uma luta muito árdua.

Ser conciso é dizer o necessário com o mínimo de palavras, sem prejudicar a clareza da frase. É ser objetivo e direto.

E aqui está a nossa dificuldade. Nós, brasileiros, estamos habituados a falar muito e dizer pouco, a escrever mais que o necessário, a discursar mais para impressionar do que comunicar.

Para muitos, esse hábito começa na escola. É só fazer uma "sessão nostalgia" e voltarmos aos bons tempos de colégio, às gloriosas aulas em que o professor anunciava: "Hoje é dia de redação." Você se lembra da "alegria" que contagiava a turma? Você se lembra de algum coleguinha que dizia estar "inspirado"? Você se lembra de algum tema para a redação que tenha deixado toda a turma satisfeita? A verdade é que não aceitávamos tema algum. Pedíamos outro tema. Se o professor apresentasse vários temas, pedíamos "tema livre". E se fosse tema livre, exigíamos um. Era uma insatisfação total. Depois de muita briga, o tema era "democraticamente imposto". E aí vinha aquela tradicional pergunta: "Quantas linhas?" A resposta era [1]original: "No mínimo 25 linhas." Eu costumo dizer que 25 é um número traumático na vida do aluno. A partir daquele instante, começava um verdadeiro drama na sua vida: "Meu reino pela 25ª linha." Valia tudo para se chegar lá. Desde as ridículas letras que "engordavam" repentinamente até a famosa "encheção de linguiça".

E aqui pode estar a origem de tudo. Nós nos habituamos a "encher linguiça". Pelo visto, há políticos que fizeram "pós-graduação" no assunto. São os mestres da prolixidade. Falam, falam e não dizem nada. Em algumas situações não têm o que dizer, às vezes não sabem explicar e muitas vezes precisam "enrolar".

O problema maior, entretanto, é que a doença atinge também outras categorias profissionais.

Vejamos três exemplos retirados de bons jornais:

1. "A largada será no Leme. A chegada acontecerá no mesmo local da partida."

Cá entre nós, bastava ter escrito: "A largada e a chegada serão no Leme."

2. "O procurador encaminhou ofício à área criminal da Procuradoria determinando que seja investigado..."

Sendo direto: "O procurador mandou investigar."

3. "A posição do Governo brasileiro é de que esgotem todas as possibilidades de negociação para que se alcance uma solução pacífica."

Enxugando a frase: "O Brasil é a favor de uma solução pacífica."

Exemplos não faltam, mas espaço sim. Por hoje é só. Prometo voltar ao assunto.

(DUARTE, Sérgio Nogueira. O Caso. *Jornal do Brasil*, Rio de Janeiro, 16 jan. 2000. cad. BRASIL, p. 14. [coluna LÍNGUA VIVA])

3. (UFRN) No contexto em que está inserido, o vocábulo ORIGINAL (ref. 1) indica o contrário de sua significação mais comum.
Com base nessa constatação, pode-se afirmar que a resposta do professor era
a) previsível.
b) taxativa.
c) exagerada.
d) desestimulante.

**Texto para a próxima questão.**

## Resistência

Não sei onde anda aquele projeto de lei do deputado Aldo Rebelo sobre a proteção da língua portuguesa – o que é um mau sinal. Ele teria que estar sendo mais discutido. A intenção do deputado é boa, mas as críticas ao projeto, do pessoal da linguística principalmente, deveriam estar sendo ouvidas no debate que não está havendo.

Eu acho que o uso de estrangeirismos como "*delivery*" em vez de "entrega" decorre de uma falta generalizada de senso do ridículo, sobre o qual não se legisla, mas esta é uma visão fatalista. Os linguistas dizem que a língua é uma coisa viva, que é impossível e impraticável decretar que o português falado hoje é o definitivo e como tal deve ser, para todos os efeitos, tombado. Alegam que a lei, com suas multas e punições, restringiria o estudo de dialetos e idiomas regionais de origem estrangeira ou não, cuja rica variedade tem mais valor cultural do que qualquer uniformização imposta. O assunto é amplo. A discussão também deveria ser.

A ideia é proteger o português do inglês, que nos invade pelo colonialismo comercial e pelos neologismos da cultura do computador (parece que já estão usando até o verbo "*downloadar*"), e que seria uma espécie de vocabulário avançado da dominação total a que nos submeteriam. Mas dos Estados Unidos também vêm bons exemplos de flexibilidade prática na questão da língua, como o uso do espanhol na propaganda e na educação em áreas de grande imigração "hispânica", contra os protestos da direita, que quer proteger o inglês. O problema é diferente, mas a xenofobia linguística é parecida.

Por que não tratar as palavras em inglês que nos incomodam como imigrantes na nossa língua, resignados à sua inevitabilidade e respeitando a sua identidade, sabendo que cedo ou tarde elas serão assimiladas e com o passar do tempo perderão até o sotaque? A resistência à dominação americana tem que vir em outros setores, com outra disposição e outra mentalidade. Sobre os quais também não se legisla.

VERÍSSIMO, Luís Fernando. *O Globo*: Rio de Janeiro, p. 7, 1 de julho 2001.

4. (UFRRJ) Em "... é impossível e impraticável decretar que o português falado hoje é definitivo e como tal deva ser, para todos os efeitos, TOMBADO.", o vocábulo destacado significa:

a) derrubado.
b) resguardado.
c) legalizado.
d) registrado.
e) valorizado.

**Texto para a próxima questão.**

Uma peça da campanha educativa para o carnaval de 2011. Essa campanha foi promovida pelo Ministério das Cidades e teve circulação restrita aos bares de três capitais: Recife, Rio de Janeiro e Salvador.

Disponível em: <www.eusoulegalnotransito.com.br>. Acesso em: 6 jul. 2012. [Adaptado]

5. (UFRN) Sobre a linguagem do texto, é correto afirmar que

a) o tom de informalidade e a exploração dos vários sentidos do verbo "pegar" prejudicam a eficácia do propósito comunicativo, pois comprometem a coerência.
b) o tom de informalidade e o uso de elementos verbais e não verbais colaboram para a eficácia do propósito comunicativo, uma vez que estão adequados ao público-alvo.
c) os elementos verbais contribuem para a eficácia do propósito comunicativo, entretanto os não verbais não se relacionam com o tema do texto.
d) os elementos verbais colaboram para a eficácia do propósito comunicativo, embora haja infrações à norma-padrão da língua portuguesa que não se justificam.

6. (Insper-SP) Os quadros abaixo fazem parte de um "Manifesto" criado por uma revista feminina:

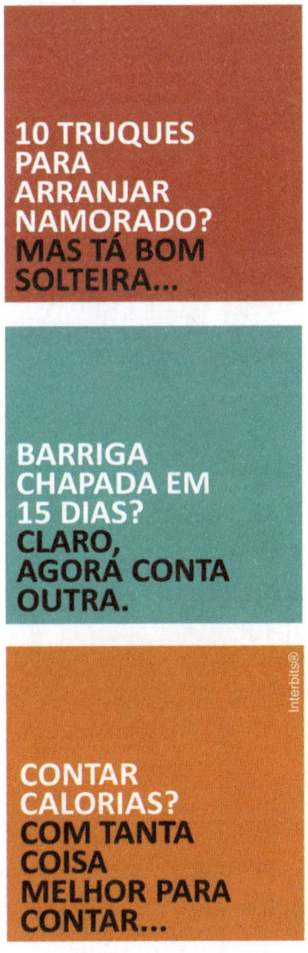


(Adaptado: http://1revistatpm.uol.com.br/manifesto)

Em comum, eles apresentam

a) o emprego da linguagem formal.
b) a valorização de uma aparência natural, despojada.
c) a desconstrução de clichês divulgados na mídia.
d) a desconstrução da imagem de esposa perfeita.
e) a desmistificação da família perfeita.

RESUMO

# OS SONS E SUAS REPRESENTAÇÕES GRÁFICAS

**Dígrafos consonantais**
ch, nh, rr, ss, sc, sç, xc, qu, gu, lh

**Dígrafos vocálicos**
am, an, em, en, im, in, om, on, um, un

**Dígrafo**
Duas letras representam um único fonema.

**Consoante**
Ao contrário da vogal, a corrente de ar enfrenta obstáculos ao passar pela cavidade bucal. Exemplos: [b], [t].

## FONEMA

Menor unidade sonora de caráter distintivo de uma língua.

**Vogal**
Fonema produzido pela passagem do ar pelas cordas vocais, que vibram, fazendo vibrar o próprio ar.

**Semivogal**
Denominação dada aos fonemas /j/ e /w/, que se assemelham aos fonemas vocálicos /i/ e /u/. Sempre se apoiam em uma vogal para formar sílaba. Na escrita são representadas, na maioria dos casos, pelas letras **i** e **u**.

**Vogais orais**
O ar vibrante passa livremente pela boca. Exemplos: [a], [o].

**Vogais nasais**
O ar passa simultaneamente pela boca e pelas cavidades nasais. Exemplos: [ã], [õ].

**Ditongo**
Grupo formado pelo encontro, em uma mesma sílaba, de uma vogal e uma semivogal, ou vice-versa.

**Ditongo crescente**
Encontro de uma semivogal com uma vogal. Exemplos: histór**ia**, q**ua**l, lingu**i**ça.

**Ditongo decrescente**
Encontro de uma vogal com uma semivogal. Exemplos: pap**éi**s, p**ai,** c**ou**ro.

**Tritongo**
Grupo formado, em uma mesma sílaba, por uma semivogal, uma vogal e outra semivogal (sempre nessa ordem). Exemplos: Parag**uai**, ig**uai**s, averig**uei**.

**Hiato**
É o encontro de duas vogais em sílabas diferentes, como em saúde (s**a**-**ú**-de), saída (s**a**-**í**-da), ruim (r**u**-**i**m), abençoo (a-ben-ç**o**-**o**).

# Exercícios

**Texto para a próxima questão.**

## Empréstimo de termos estrangeiros pode evitar "autismo" linguístico de um idioma.

Muito se combate a penetração de palavras estrangeiras na nossa língua. Se até certo ponto esse combate se justifica, todo radicalismo, como exigir o banimento puro e simples de todo e qualquer termo estrangeiro do idioma, cheira a preconceito xenófobo, fanatismo cego e, mais ainda, ignorância da real dinâmica das línguas.

Antes de lançar ao fogo do inferno tudo o que vem de fora, é preciso tentar compreender sem paixões por que os estrangeirismos existem. Se olharmos atentamente para todas as línguas, veremos que nenhuma tem se mantido pura ao longo dos séculos: intercâmbios comerciais, contatos entre povos, viagens, grandes ondas migratórias, disseminação de fatos culturais, tudo isso tem feito com que as línguas compartilhem palavras e expressões. Até o islandês, que, para muitos, é a língua mais pura do mundo, sem nenhum termo de origem estrangeira, é na verdade um idioma altamente influenciado por línguas mais centrais e hegemônicas. O que ocorre é que o islandês traduz os vocábulos que lhe chegam de fora, usando material nativo. No islandês, os estrangeirismos estão apenas camuflados. (...)

Afinal, em viagens pelo mundo, é reconfortante reconhecer vocábulos familiares como "telefone", "hotel", "restaurante", "táxi", "hospital", ainda que ligeiramente modificados pela fonética e ortografia do país que visitamos.

Portanto, quando se trata de discutir uma política de proteção do idioma contra uma suposta "invasão bárbara", é preciso, em primeiro lugar, compreender que nenhuma língua natural passa incólume às influências de outras línguas, e que isso, na maioria das vezes, é benéfico tanto para quem exporta quanto para quem importa palavras. Toda língua se vê enriquecida com contribuições externas, que sempre trazem novas visões de mundo, por vezes simplificam a comunicação e, sobretudo, tiram o idioma de uma situação de "autismo" linguístico.

Dando por assentada a questão de que o empréstimo de palavra estrangeira é um fenômeno legítimo da dinâmica das línguas e, acima de tudo, inevitável, cabe então distinguir quando um empréstimo é necessário ou não, quando é oportuno ou inoportuno. Afinal, uma coisa é a introdução em nossa sociedade de um novo conceito (por exemplo, uma nova tecnologia, um fato social inédito, uma nova moda) que, por ser originário de outro país, chegue até nós acompanhado do nome que tem na língua de origem. Foi assim com o *whisky* (ou uísque), a *pizza*, o futebol (e os nomes das posições dos jogadores, depois traduzidas para o português), a informática, e assim por diante. Outra coisa é dar nomes estrangeiros a objetos que já têm nome em português. (...)

Os empréstimos oportunos acabam algumas vezes traduzidos ou aportuguesados, outras vezes não. Mas, se eles existem na nossa língua, é porque somos grandes importadores de objetos e fatos culturais inventados por outros povos. Ou seja, importamos palavras mais do que exportamos porque, no fundo, somos pouco criativos em matéria de tecnologia. (...)

Ora, em questões de língua, como em tudo mais na vida, a virtude está no meio: nem tanto ao mar, nem tanto à terra. Portanto, não se deve adotar nem uma postura de servilismo ao que é estrangeiro nem uma atitude chauvinista em relação ao que é nacional. Afinal, o purismo linguístico é algo tão irritantemente pedante quanto o estrangeirismo mercadológico.

(Aldo Bizzocchi. Revista *Língua Portuguesa*. São Paulo: Editora Segmento. Adaptado)

1. (UPE) Há um tema que tem sido objeto de amplas discussões e tem envolvido até mesmo um projeto político de controle do idioma. Sobre esse tema, o escritor Aldo Bizzocchi se pronuncia no texto. Uma análise das considerações feitas por esse autor nos leva às seguintes sínteses:

   I. Convém que a entrada de palavras estrangeiras na língua seja compreendida em suas causas e motivações socioculturais. Além disso, convém que a questão seja vista com equilíbrio, sem radicalismos nem simplismos reducionistas.

   II. O empréstimo de termos estrangeiros é um fato inevitável em um mundo que cultiva os intercâmbios comerciais, a propagação da diversidade de tendências culturais, o contato entre povos de línguas e visões de mundo diferentes.

   III. O fato de línguas diferentes compartilharem elementos de seu repertório linguístico atesta uma postura de servilismo por parte de quem importa. Afinal, a necessidade de importar objetos e fatos culturais prova a insuficiência de nossa cultura.

   IV. Dada a legítima dinâmica das línguas, todo empréstimo é necessário e oportuno. Promove o enriquecimento da língua, além de evitar seu isolamento e afastar o risco de um "autismo" linguístico e cultural.

V. Se se admite que "nenhuma língua natural passa incólume às influências de outras línguas", pode-se concluir que a entrada de palavras estrangeiras em uma língua constitui um fenômeno legítimo e não um sinal de sua decadência.

São aceitáveis apenas as sínteses que constam nas afirmativas

a) I, II e V.

b) I, III e IV.

c) I, III e V.

d) I, II e IV.

e) III, IV e V.

**Textos para a próxima questão.**

*Texto 1*

## Luzia-Homem

Sentia ainda zumbir o vento nos ouvidos, quando, em desapoderada carreira, o castanho perseguia, através dos campos em flor, as novilhas lisas ou os fuscos barbatões, que espirravam dos magotes; o ecoar da voz gutural do pai, cavalgando, à ilharga, o melado caxito, e bradando-lhe, quente de entusiasmo: "Atalha, rapariga!... Não deixes ganharem a caatinga!..." E quando ela, triunfante das façanhas do campeio, o castanho a passarinhar nas pontas dos cascos, garboso, vibrátil de árdego, as ventas resfolegantes, os grandes e meigos olhos rutilantes, todo ele reluzente de suor, como um bronze iluminado, o enlevo do pai a contemplá-la, orgulhoso, e indicando-a aos outros vaqueiros: "Vejam, rapaziada!... Isto não é rapariga, é um homem como trinta, o meu braço direito, uma prenda que Deus me deu..." E as moças, suas companheiras, murmuravam espantadas: "Virgem Maria! Credo!... Como é que a Luzia não tem vergonha de montar escanchada!..."

(Olímpio, Domingos. *Luzia-Homem*. São Paulo: Três, 1973. p. 78/79)

*Texto 2*

## Dôra, Doralina

No Rio eu não tinha vestido luto, ia lá me lembrar de comprar roupa. Mas no sertão achei o preto obrigatório. Era o meu documento de viuvez, ou mais que isso; aquela roupa preta era a carta de marido que eu assinava para o Comandante.

O luto, ali, ainda era o passaporte da viúva; me garantia o direito de viver sozinha sem ninguém me perturbar em nada, de mandar e desmandar no meu pequeno condado – tão feio e tão decadente. O condado de Senhora! – sendo que agora a Senhora era eu.

(QUEIROZ, Rachel de. *Dôra, Doralina*. São Paulo: Siciliano, 1992. p. 236/7)

*Texto 3*

## A Escrava Isaura

A fisionomia, cuja expressão habitual era toda modéstia, ingenuidade e candura, animou-se de luz insólita; o busto admiravelmente cinzelado ergueu-se altaneiro e majestoso; os olhos extáticos alçavam-se cheios de esplendor e serenidade; os seios, que até ali apenas arfavam como as ondas de um lago em tranquila noite de luar, começaram de ofegar, túrgidos e agitados, como oceano encapelado; seu colo distendeu-se alvo e esbelto como o do cisne, que se apresta a desprender os divinais gorjeios.

(GUIMARÃES, Bernardo. *A Escrava Isaura*. São Paulo: Ática, 1994. p. 69)

*Texto 4*

## Helena

Helena tinha os predicados próprios a captar a confiança e a afeição da família. Era dócil, afável, inteligente. Não eram estes, contudo, nem ainda a beleza, os seus dotes por excelência eficazes. O que a tornava superior e lhe dava probabilidade de triunfo, era a arte de acomodar-se às circunstâncias do momento e a toda casta de espíritos, arte preciosa, que faz hábeis os homens e estimáveis as mulheres. Helena praticava de livros ou de alfinetes, de bailes ou de arranjos de casa, com igual interesse e gosto, frívola com os frívolos, grave com os que o eram, atenciosa e ouvida, sem entono nem vulgaridade. Havia nela a jovialidade da menina e a compostura da mulher feita, um acordo de virtudes domésticas e maneiras elegantes.

Além das qualidades naturais, possuía Helena algumas prendas de sociedade, que a tornavam aceita a todos, e mudaram em parte o teor da vida da família. Não falo da magnífica voz de contralto, nem da correção com que sabia usar dela, porque ainda então, estando fresca a memória do conselheiro, não tivera ocasião de fazer-se ouvir. Era pianista distinta, sabia desenho, falava corretamente a língua francesa, um pouco a inglesa e a italiana. Entendia de costura e bordados, e toda a sorte de trabalhos feminis. Conversava com graça e lia admiravelmente. Mediante os seus recursos, e muita paciência, arte e resignação, – não humilde, mas digna, – conseguia polir os ásperos, atrair os indiferentes e domar os hostis.

(ASSIS, Machado de. *Helena*. Rio de Janeiro: Nova Aguilar, 1986. p. 286)

2. (UFC-CE) Considerando que, na passagem a seguir, os sons das palavras se correlacionam ao sentido que estas traduzem no contexto, avalie as seguintes afirmações, quanto ao segmento destacado.

"SENTIA AINDA ZUMBIR O VENTO NOS OUVIDOS, QUANDO, EM DESAPODERADA CARREIRA, o castanho perseguia, através dos campos em flor, as novilhas lisas ou os fuscos barbatões, que espirravam dos magotes;" (texto 1)

I. Os fonemas nasais em alternância sugerem o barulho dos cascos do cavalo no pasto.

II. A insistência nos fonemas sibilantes conjugada à nasalidade das vogais evoca o barulho do vento.

III. O ritmo da corrida do cavalo é sugerido em "desapoderada" por sons oclusivos e alternância de vogais abertas/fechadas.

IV. A palavra "sentia" é fonologicamente motivada, uma vez que seu significado se correlaciona à pronúncia de seus fonemas.

Estão corretas as afirmações contidas na alternativa:

a) I e II. b) II e III. c) I e III. d) I e IV. e) IV e II.

**Texto para a próxima questão.**

O inspetor chegou antes do tempo previsto, sinal de que viera apressado. Mau sinal, no seu entender. Viu-o, da janela, caminhando a passos lentos em direção ao ateliê. Se viera correndo, agora não demonstrava pressa. Deteve-se algum tempo no topo da escada apreciando a mangueira. Bia o esperava na porta.

– Gosta de manga, inspetor? Essas são mangas-espada sem fiapo, uma preciosidade.

– E, pelo tanto que a mangueira está florida, a senhora terá uma bela colheita.

– Mandarei algumas para o senhor.

– Obrigado, mas por favor não mande para a delegacia, os policiais nem sempre são honestos.

O rápido diálogo no topo da escada serviu para aliviar um pouco a tensão da espera.

– Entre, inspetor. Aceita um café?

– Aceito. Com pouco açúcar, por favor. Muito agradável, seu ateliê.

Enquanto tomava café, Espinosa vagava pela sala olhando atentamente os objetos, verificando a marca dos pincéis, apreciando as caixas de lápis, detendo-se em cada prateleira da estante. O olhar, contudo, não parecia policial, mas estético. Por fim, falou:

– Magníficos seus pincéis e suas tintas acrílicas, mas o que mais me fascina são seus lápis de cor. Recordações de infância, talvez, embora os meus não fossem Caran d'Ache.

– O senhor entende de arte, inspetor?

– Não... A menos que, como Thomas de Quincey, consideremos o assassinato como uma bela arte. – E acrescentou: – Já leu Thomas de Quincey?

– Lamento, inspetor. Sobre o que escreveu?

– Sobre suas experiências com ópio e sobre o crime. Tinha verdadeira paixão pelo assassinato, mas era um pacato inglês que não fazia mal a ninguém. Apenas escrevia sobre assassinato, não o praticava.

– É seu autor predileto, inspetor? – Havia um leve toque de ironia na voz.

– É um belo escritor – respondeu Espinosa –, mas não meu predileto.

– E o senhor sugere algum que não escreva apenas sobre ópio e assassinatos?

– Sem dúvida. Tenho particular simpatia pela literatura americana: Hemingway, Steinbeck, Faulkner e, sobretudo, Melville. Considero "Bartleby" uma pequena obra-prima. E nele não há nem ópio, nem assassinatos – acrescentou com um sorriso.

(GARCIA-ROZA, Luiz Alfredo. *O Silêncio da Chuva*. São Paulo: Cia. das Letras, 1996. p. 35-37.)

3. (UFSC) Há palavras, retiradas do texto, distribuídas em quatro colunas (A, B, C, D). Assinale a(s) proposição(ões) VERDADEIRA(S) que tem(têm), respectivamente, palavras com: DÍGRAFO (sendo, ao mesmo tempo, palavra DERIVADA), HIATO, OXÍTONA e PAROXÍTONA (terminadas ou não em ditongo crescente).

| | Coluna A | Coluna B | Coluna C | Coluna D |
|---|---|---|---|---|
| 01 | assassinato | aliviar | terá | ópio |
| 02 | senhora | agradável | direção | lápis |
| 04 | mangueira | diálogo | café | açúcar |
| 08 | chegou | pincéis | está | tensão |
| 16 | olhando | ateliê | inglês | infância |
| 32 | passos | infância | já | rápido |

4. (UPM-SP)

## Relicário

No baile da Corte
Foi o Conde d'Eu quem disse
Pra Dona Benvinda
Que farinha de Suruí
Pinga de Parati
Fumo de Baependi
É comê bebê pitá e caí

Oswald de Andrade

Assinale a alternativa correta.

a) Os termos rimados referem-se a coisas que produzem efeitos diferentes, já que supõem diferentes ações.

b) CAÍ, no último verso, acentua o efeito provocado pelos termos dos três versos anteriores, tudo reunido na semelhança fonética das rimas.

c) RELICÁRIO significa coisa preciosa, de muito valor, ou lugar onde se guardam preciosidades. Esse título, relacionado ao contexto, isenta o texto de ironia.

d) O adjunto adverbial de lugar, bem como o sujeito sintático dos dois primeiros versos, criam a ironia nesse primeiro período, sem que haja a necessidade de avançar na leitura.

e) O último verso mostra uma linguagem inadequada à poesia, bem como aos personagens sugeridos, já que inclui um nobre como falante, o Conde D'Eu. Essa incoerência do texto constitui uma falha da argumentação.

5. (PUC-MG) Questão relacionada à obra *Beira-Mar*, de Pedro Nava.

Todos os trechos a seguir revelam a sensibilidade de Pedro Nava em explorar fonemas, dos quais obtém resultados significativos, como se vê nos trechos que se seguem, EXCETO:

a) "O Deolindo conferiu, teve nada para dizer mas surripiou-me a oportunidade de ver o diretor – ele mesmo levando-os à assinatura sempre traçada num cursivo inglês com finos e grossos preciosos."

b) "Chamavamo-la Farfalla, Farfalleta, inspirados naquela semelhança e na do seu jeito esquivo de borboleta."

c) "Matei uma de minhas fomes e agradeci chamando-a de minha Irmã Borboleta – dizendo na sua língua – Schwester, Schmetterling. À palavra movediça e adejante, suas maçãs pegaram fogo."

d) "E precisa? descrever o voo das andorinhas se seu desenho sinuoso já está no nome do passarinho, nome inspirado nas qualidades do adejo – como acontece em todas as línguas – não vê? Olha hirondelle, golondrina, rondinela, swallow, Schwalbe..."

**Texto para a próxima questão.**

## Futebol de rua

Luís Fernando Veríssimo

Pelada é o futebol de campinho, de terreno baldio. Mas existe um tipo de futebol ainda mais rudimentar do que a pelada. É o futebol de rua. Perto do futebol de rua qualquer pelada é luxo e qualquer terreno baldio é o Maracanã em jogo noturno. Se você é homem, brasileiro e criado em cidade, sabe do que eu estou falando. Futebol de rua é tão humilde que chama pelada de senhora. Não sei se alguém, algum dia, por farra ou nostalgia, botou num papel as regras do futebol de rua. Elas seriam mais ou menos assim:

DA BOLA – A bola pode ser qualquer coisa remotamente esférica. Até uma bola de futebol serve. No desespero, usa-se qualquer coisa que role, como uma pedra, uma lata vazia ou a merendeira do seu irmão menor, que sairá correndo para se queixar em casa. (...)

DAS GOLEIRAS – As goleiras podem ser feitas com, literalmente, o que estiver à mão. Tijolos, paralelepípedos, camisas emboladas, os livros da escola, a merendeira do seu irmão menor, e até o seu irmão menor, apesar dos seus protestos. Quando o jogo é importante, recomenda-se o uso de latas de lixo. Cheias, para aguentarem o impacto. (...)

DO CAMPO – O campo pode ser só até o fio da calçada, calçada e rua, calçada, rua e a calçada do outro lado e – nos clássicos – o quarteirão inteiro. O mais comum é jogar-se só no meio da rua.

DA DURAÇÃO DO JOGO – Até a mãe chamar ou escurecer, o que vier primeiro. Nos jogos noturnos, até alguém da vizinhança ameaçar chamar a polícia.

DO JUIZ – Não tem juiz.

(...)

DAS SUBSTITUIÇÕES – Só são permitidas substituições:

a) No caso de um jogador ser carregado para casa pela orelha para fazer a lição.

b) Em caso de atropelamento.

DO INTERVALO PARA DESCANSO – Você deve estar brincando.

DA TÁTICA – Joga-se o futebol de rua mais ou menos como o Futebol de Verdade (que é como, na rua, com reverência, chamam a pelada), mas com algumas importantes variações. O goleiro só é intocável dentro da sua casa, para onde fugiu gritando por socorro. É permitido entrar na área adversária tabelando com uma Kombi. Se a bola dobrar a esquina é córner*.

Vocabulário:
*córner = escanteio

DAS PENALIDADES – A única falta prevista nas regras do futebol de rua é atirar um adversário dentro do bueiro. É considerada atitude antiesportiva e punida com tiro indireto.

DA JUSTIÇA ESPORTIVA – Os casos de litígio serão resolvidos no tapa.

(Publicado em *Para Gostar de Ler*. v. 7. SP: Ática, 1981)

6. (IFPE) As proposições abaixo tratam das regras de concordância nominal. Analisando frases do texto, observe:

I. A concordância no período "É considerada atitude antiesportiva e punida com tiro indireto" está correta, pois o adjetivo "considerada" concorda com o substantivo "atitude".

II. O enunciado "É permitido entrar na área adversária tabelando com uma Kombi" está correto, pois o adjetivo "permitido" fica invariável quando o sentido é vago, genérico.

III. O erro em "Só são permitidas substituições (...)" está no adjetivo "permitidas", que deveria ficar no masculino devido à ausência de artigo ou de outro determinante antes de "substituições".

IV. O enunciado "É permitido entrar na área adversária tabelando com uma Kombi" deveria ser substituído por "É permitida a entrada na área adversária tabelando com uma Kombi" para se adequar à norma-padrão.

V. O período "Só são permitidas substituições (...)" está correto, pois o adjetivo "permitidas" deve concordar com "substituições", que está no feminino plural, mesmo sem a presença do determinante.

Estão **corretas**, apenas:

a) I, II e V
b) I, III e IV
c) IV e V
d) I e II
e) II e III

7. (Insper-SP)

Há anos, quando se anunciou que haveria um "Rock in Rio 2", jovens começaram a circular pela cidade usando camisetas com o símbolo do "Rock in Rio 1" e uma frase dizendo: "I was". Ou seja: "Eu era". Perguntei-me: por que "Eu era"? No começo, escapou-me a relação entre a imagem e a inscrição. Claro que, depois de árduo exercício intelectual, deduzi que a camiseta queria dizer "Eu fui" ou "Eu estava lá" (no "Rock in Rio 1"), caso em que o correto em inglês seria "I went" ou "I was there". (...) E viva o verbo tó bé.

(CASTRO, Ruy. *Folha de S.Paulo*, 03/09/2011)

A afirmativa que melhor resume a ideia central do autor no artigo é

a) O uso abusivo de estrangeirismos deve ser combatido porque favorece a decadência da língua portuguesa.
b) Os empréstimos linguísticos representam um fenômeno legítimo e enriquecedor da dinâmica do português.
c) A incorporação de neologismos e anglicismos torna o uso da língua criativo e versátil.
d) Os anglicismos estão longe de ser inofensivos, pois podem prejudicar o nosso próprio idioma.
e) Estrangeirismos, usados como manifestações de *status*, podem representar uma armadilha para quem não os domina.

8. (UEL-PR) Assinale a letra correspondente à alternativa que preenche corretamente as lacunas da frase apresentada.

...... e ...... são palavras em que ocorre um ditongo.

a) Maus – Uruguai
b) Herói – hiato
c) País – mamãe
d) Cautela – adeus
e) Tio – rio

**Texto para a próxima questão.**

## "O futebol é muito maior do que a criação artística"

Por que cargas d'água o futebol não tem na literatura brasileira a correspondência de sua verdadeira dimensão na nossa sociedade? Na verdade, pode-se expandir essa questão para todas as demais manifestações artísticas – música, cinema, teatro e artes plásticas. De há muito, o futebol se infiltrou de tal forma no tecido social brasileiro que está presente no nosso dia de maneira sufocante. Respiramos futebol e falamos de futebol, quer gostemos ou não de futebol. Ele já faz parte da própria natureza do brasileiro. Mas isso não está devidamente expresso na poesia ou na prosa, nem impresso nas obras espalhadas pelas galerias de arte, tampouco projetado nas telas de cinema, representado devidamente nos palcos ou capturado em seu rico gestual pelas coreografias de balé.

Talvez a resposta esteja com o professor, ensaísta, poeta, escritor e gênio em geral, Décio Pignatari, que, a propósito, me disse certa vez: «É que o futebol é muito maior do que a criação artística».

O que o mestre queria dizer, se entendi, é que o futebol incorpora a graça do balé, a dinâmica do cinema, a expressão do ser e dos movimentos das artes plásticas; ele cria os mais inverossímeis personagens, tece as tramas mais insólitas que a ficção possa conceber e nos derrama um belo verso, ao menos, a cada partida. Assim, criou sua própria semântica, uma linguagem que dispensa as demais.

(Adaptado de: HELENA JR., Alberto. O FUTEBOL É MUITO MAIOR DO QUE A CRIAÇÃO ARTÍSTICA. *Folha de S.Paulo*, 03 de setembro, 1997, p. 12, 3º. caderno.)

9. (UFRGS-RS) Na fala, frequentemente fazemos acréscimos ou supressões de fonemas nas palavras. Tais fatos de pronúncia, contudo, não são registrados na escrita. Todas as palavras a seguir, considerando sua pronúncia na linguagem coloquial, se encaixam nesse caso, À EXCEÇÃO DE

a) verdadeira.
b) tampouco.
c) capturado.
d) balé.
e) ficção.

# CONCORDÂNCIA, FLEXÕES E DESINÊNCIAS

## CONCORDÂNCIA

Fenômeno sintático segundo o qual, numa frase, as palavras se relacionam e criam vínculos umas com as outras.

### Concordância nominal

É aquela que se estabelece entre o substantivo (ou pronome substantivo) que forma o núcleo de um termo e seus eventuais adjuntos adnominais, ou entre o substantivo que forma o núcleo do sujeito ou do objeto e seu predicativo.

#### Regra geral

O adjetivo, o particípio, o pronome adjetivo, alguns numerais e o artigo concordam em gênero e número com o nome (substantivo ou pronome) a que se referem.

#### Casos especiais

- Expressões como "é necessário", "é preciso", "é proibido" ficam invariáveis se o substantivo a que se referem tem sentido genérico. Entretanto, se o substantivo for determinado por um artigo, ficará em evidência a marca da concordância.
- A palavra **meio**, quando exerce a função de adjetivo (= incompleto, inacabado) ou numeral (= metade), flexiona-se, evidenciando a concordância; quando exerce a função de advérbio (= pela metade, quase, um pouco), não se flexiona, é invariável.
- As palavras *bastante*, *caro*, *barato* e *longe* podem exercer função de adjetivo ou de advérbio. No primeiro caso, flexionam-se concordando com o substantivo a que se referem; no segundo, são invariáveis.

### Concordância verbal

É aquela que se estabelece entre o substantivo (ou pronome substantivo) que forma o núcleo do sujeito e o verbo em torno do qual se organiza o predicado.

#### Regra geral

O verbo e o núcleo do sujeito concordam em número e pessoa.

#### Casos especiais

- Quando o núcleo do sujeito é um **substantivo só usado no plural**: se o substantivo aparecer precedido de artigo no plural, o verbo irá para o plural; não aparecendo o artigo, o verbo ficará no singular.
- A concordância do verbo **ser**, na maioria das vezes, é optativa, podendo ser feita tanto com o sujeito como com o predicativo, dependendo de qual termo se queira destacar. Se o predicativo ou o sujeito for um nome próprio ou indicar pessoa(s), ele prevalecerá, em termos de concordância.
- Nos enunciados em que aparece a **voz passiva sintética**, o verbo se flexiona no singular ou no plural, concordando com o sujeito.
- O verbo **haver**, no sentido de existir, também é impessoal, sendo empregado apenas na terceira pessoa do singular.
- Os verbos **haver** e **fazer**, quando indicam tempo decorrido, também são impessoais; só são usados, portanto, na terceira pessoa do singular.

# Exercícios

**Texto para a próxima questão.**

## Quem ri por último ri Millôr

Eu tinha 15 anos, havia tomado bomba, era virgem e não via, diante da minha incompetência para com o sexo oposto, a mais remota possibilidade de reverter a situação.

Em algum momento entre a oitava série e o primeiro colegial, todos os meus colegas haviam adotado roupas diferentes, gírias, trejeitos ao falar e ao gesticular, mas eu continuava igual – era como se houvesse faltado na aula em que os estilos foram distribuídos e estivesse condenado a viver para sempre numa espécie de limbo social, feito de incertezas, celibato e moletom.

O mundo, antes um lugar com regras claras e uma razoável meritocracia, havia perdido o sentido: os bons meninos não ganhavam uma coroa de louros – nem ao menos, vá lá, uma loura coroa –, era preciso acordar às 6h15 para estudar química orgânica e os adultos ainda queriam me convencer de que aquela era a melhor fase da vida.

Claro, observando-os, era óbvia a razão da nostalgia: seres de calças bege e *pager* no cinto, que gastavam seus dias em papinhos de elevador, sem ambições maiores do que um carro novo, um requeijão com menos colesterol, o nome na moldura de funcionário do mês e ingressos para o *Holiday on Ice* no fim de semana.

Em busca de algum consolo, me esforçava para bater o recorde jamaicano de consumo de maconha, mas, em vez de ter abertas as portas da percepção – ou o que quer que fizesse com que meus amigos se divertissem e passassem meia hora rachando o bico, sei lá, de um amendoim –, só via ainda mais escancaradas as portas da minha inadequação. Foi então, meus caros, que eu vi a luz – e a luz veio na forma de um livro; "Trinta anos de mim mesmo", do Millôr Fernandes.

A primeira página que eu abri trazia um quadrado em branco, com a seguinte legenda: "Uma gaivota branca, trepada sobre um iglu branco, em cima de um monte branco. No céu, nuvens brancas esvoaçam e à direita aparecem duas árvores brancas com as flores brancas da primavera". Logo adiante estava "O abridor de latas", "Pela primeira vez no Brasil um conto inteiramente em câmera lenta" – narrando um piquenique de tartarugas que durava uns 1.500 anos. Mais pra frente, esta quadra: "Essa pressa leviana / Demonstra o incompetente / Por que fazer o mundo em sete dias / Se tinha a eternidade pela frente?".

Lendo aquelas páginas, que reuniam o trabalho jornalístico do Millôr entre 1943 e 1973, compreendi que não estava sozinho em meu estranhamento: a vida era mesmo absurda, mas a resposta mais lógica para a falta de sentido não era o desespero, e sim o riso. Percebi, como se não bastasse, que se agregasse alguma graça aos meus resmungos poderia fazer daquele incômodo uma profissão. Dos 19 anos até hoje, jamais paguei uma conta de luz de outra forma.

Uma pena nunca ter conhecido o Millôr pessoalmente, não ter podido apertar sua mão e agradecer-lhe por haver me sussurrado ao ouvido, quando eu mais precisava escutar, a única verdade que há debaixo do céu: se Deus não existe, então tudo é divertido.

Antonio Prata. *Folha de S.Paulo*. 04/04/2012.

1. (Insper-SP) Na passagem "... os bons meninos não ganhavam uma coroa de louros – nem ao menos, vá lá, uma loura coroa...", o autor faz um jogo de palavras, cujo sentido está mais bem explicado em:
   a) Os adjetivos "louros" e "loura", no contexto em que foram empregados, apresentam os mesmos sentidos, sofrendo apenas variação na flexão de gênero e de número.
   b) A escolha do substantivo "coroa", nas duas ocorrências do texto, deve-se ao fato de que o cronista pretende assinalar um registro formal da linguagem.
   c) A locução adjetiva "de louros" e o substantivo "loura" foram empregados pelo autor com a finalidade de criar uma antítese.
   d) A palavra "coroa" é um substantivo, mas em cada ocorrência exerce uma diferente função sintática: objeto indireto e adjunto adnominal, respectivamente.
   e) Os termos "louros" e "loura" têm semelhanças gráficas e sonoras e, apesar de parecerem ser o masculino e o feminino da mesma palavra, apresentam significações diferentes.

**Texto para a próxima questão.**

## Crônica da vida que passa

Às vezes, quando penso nos homens célebres, sinto por eles toda a tristeza da celebridade.

A celebridade é um plebeísmo. Por isso deve ferir uma alma delicada. É um plebeísmo porque estar em evidência, ser olhado por todos inflige a uma criatura delicada uma sensação de parentesco exterior com as criaturas que armam escândalo nas ruas, que gesticulam e falam alto nas praças. O homem que se torna célebre fica sem vida íntima: tornam-se de vidro as paredes de sua vida doméstica; é sempre como se fosse excessivo o seu traje; e aquelas suas mínimas ações – ridiculamente humanas às vezes – que ele quereria invisíveis, coa-as a lente da celebridade para espetaculosas pequenezes, com cuja evidência a sua alma se estraga ou se enfastia. É preciso ser muito grosseiro para se poder ser célebre à vontade.

Depois, além dum plebeísmo, a celebridade é uma contradição. Parecendo que dá valor e força às criaturas, apenas as desvaloriza e as enfraquece. Um homem de gênio desconhecido pode gozar a volúpia suave do contraste entre a sua obscuridade e o seu gênio; e pode, pensando que seria célebre se quisesse, medir o seu valor com a sua melhor medida, que é ele próprio. Mas, uma vez conhecido, não está mais na sua mão reverter à obscuridade. A celebridade é irreparável. Dela como do tempo, ninguém torna atrás ou se desdiz.

E é por isto que a celebridade é uma fraqueza também. Todo o homem que merece ser célebre sabe que não vale a pena sê-lo. Deixar-se ser célebre é uma fraqueza, uma concessão ao baixo-instinto, feminino ou selvagem, de querer dar nas vistas e nos ouvidos.

Penso às vezes nisto coloridamente. E aquela frase de que "homem de gênio desconhecido" é o mais belo de todos os destinos, torna-se-me inegável; parece-me que esse é não só o mais belo, mas o maior dos destinos.

(FERNANDO PESSOA. *Páginas íntimas e de autointerpretação*. Lisboa: Edições Ática, [s.d.], p. 66-67)

2. (Unesp-SP) Na crônica apresentada, Fernando Pessoa atribui três características negativas à celebridade, descrevendo-as no segundo, terceiro e quarto parágrafos. Releia esses parágrafos e aponte os três substantivos empregados pelo poeta que sintetizam essas características negativas da celebridade.

3. (UFPE)

"Muitos imaginam que os que "falam errado" falam de qualquer jeito. Mas é bastante fácil mostrar que, de fato, os que "erram" apenas seguem outras regras. O problema é que essas regras não são aceitas ou são consideradas desvios. Vejamos um exemplo: É comum que crianças digam 'Mamãe fazeu um bolo gostoso!' e 'Eu também sabo abrir esse pacote de bolacha'. O que estão fazendo? É simples: tratando verbos irregulares como se fossem regulares."

(Adaptado de POSSENTI, Sírio. *Questões de linguagem*. São Paulo: Parábola, 2011, p. 33.)

Com base no texto acima, escreva **um comentário** em que você explique "a regra" que seguem os usuários da língua portuguesa quando falam ou escrevem um enunciado como o seguinte:

Nos últimos meses, subiu os preços de vários produtos e, consequentemente, diminuiu os lucros do mercado.

**Textos para a próxima questão.**

A seguir, poema do repentista cearense Patativa do Assaré (1909-2002) e uma passagem do livro *O discípulo de Emaús*, de Murilo Mendes (1901-1975):

## Brasi de Cima e Brasi de Baxo

[...]

Inquanto o Brasi de Cima
Fala de transformação,
Industra, matéra prima,
Descobertas e invenção,
No Brasi de Baxo isiste
O drama penoso e triste
Da negra necissidade;
É uma cousa sem jeito
E o povo não tem dereito
Nem de dizê a verdade.

No Brasi de Baxo eu vejo
Nas ponta das pobre rua
O descontente cortejo
De criança quage nua.
Vai um grupo de garoto
Faminto, doente e roto
Mode caçá o que comê
Onde os carro põe o lixo,
Como se eles fosse bicho
Sem direito de vivê.

Estas pequenas pessoa,
Estes fio do abandono,
Que veve vagando à toa
Como objeto sem dono,
De manêra que horroriza,
Deitado pela marquiza,
Dromindo aqui e aculá
No mais penoso relaxo,
É deste Brasi de Baxo
A crasse dos marginá.

Meu Brasi de Baxo, amigo,
Pra onde é que você vai?
Nesta vida do mendigo
Que não tem mãe nem tem pai?
Não se afrija, nem se afobe,
O que com o tempo sobe,
O tempo mesmo derruba;
Tarvez ainda aconteça
Que o Brasi de Cima desça
E o Brasi de Baxo suba.

Sofre o povo privação
Mas não pode recramá,
Ispondo suas razão
Nas coluna do jorná.
Mas, tudo na vida passa,
Antes que a grande desgraça
Deste povo que padece
Se istenda, cresça e redrobe,
O Brasi de Baxo sobe
E o Brasi de Cima desce.

Brasi de Baxo subindo,
Vai havê transformação
Para os que veve sintindo
Abondono e sujeição.
Se acaba a dura sentença
E a liberdade de imprensa
Vai sê legá e comum,
Em vez deste grande apuro,
Todos vão tê no futuro
Um Brasi de cada um.

Brasi de paz e prazê,
De riqueza todo cheio,
Mas, que o dono do podê
Respeite o dereito aleio.
Um grande e rico país
Munto ditoso e feliz,
Um Brasi dos brasilêro,
Um Brasi de cada quá,
Um Brasi nacioná
Sem monopolo istrangêro.

(Patativa do Assaré (Antônio Gonçalves da Silva). *Cante lá que eu canto cá*. 6.ª ed. Crato: Vozes/Fundação Pe. Ibiapina/Instituto Cultural do Cariri. Rio de Janeiro: Editora Civilização Brasileira, 1986.)

## O Discípulo de Emaús

A harmonia da sociedade somente poderá ser atingida mediante a execução de um código espiritual e moral que atenda, não só ao bem coletivo, como ao bem de cada um. A conciliação da liberdade com a autoridade é, no plano político, um dos mais importantes problemas. A extensão das possibilidades de melhoria a todos os membros da sociedade, sem distinção de raças, credos religiosos, opiniões políticas, é um dos imperativos da justiça social, bem como a apropriação pelo Estado dos instrumentos de trabalho coletivo.

(Murilo Mendes. *Poesia completa e prosa*. Rio de Janeiro: Editora Nova Aguilar, 1994.)

4. (Unesp-SP) Como Patativa imita o linguajar do povo, seu discurso poemático incorpora regras gramaticais desse linguajar, que não são as mesmas da norma culta. Estabeleça a diferença entre a concordância verbal utilizada pelo poeta nos versos *Onde os carro põe o lixo, / Como se eles fosse bicho* e a que se observa na norma culta.

**Texto para a próxima questão.**

## Estamos crescendo demais?

O nosso "complexo de vira-lata" tem múltiplas facetas. Uma delas é o medo de crescer. Sempre que a economia brasileira mostra um pouco mais de vigor, ergue-se, sinistro, um coro de vozes falando em "excesso de demanda", "retorno da inflação" e pedindo medidas de contenção.

O IBGE divulgou as Contas Nacionais do segundo trimestre de 2007. Não há dúvidas de que a economia está pegando ritmo. O crescimento foi significativo, embora tenha ficado um pouco abaixo do esperado. O PIB cresceu 5,4% em relação ao segundo trimestre do ano passado. A expansão do primeiro semestre foi de 4,9% em comparação com igual período de 2006. (...)

A turma da bufunfa não pode se queixar. Entre os subsetores do setor serviços, o segmento que está "bombando" é o de intermediação financeira e seguros – crescimento de 9,6%. O Brasil continua sendo o paraíso dos bancos e das instituições financeiras.

Não obstante, os porta-vozes da bufunfa financeira, pelo menos alguns deles, parecem razoavelmente inquietos. Há razões para esse medo? É muito duvidoso. Ressalva trivial: é claro que o governo e o Banco Central nunca podem descuidar da inflação. Se eu fosse cunhar uma frase digna de um porta-voz da bufunfa, eu diria (parafraseando uma outra máxima trivializada pela repetição): "O preço da estabilidade é a eterna vigilância".

Entretanto, a estabilidade não deve se converter em estagnação. Ou seja, o que queremos é a estabilidade da moeda nacional, mas não a estabilidade dos níveis de produção e de emprego.

A aceleração do crescimento não parece trazer grande risco para o controle da inflação. Ela não tem nada de excepcional. O Brasil está se recuperando de um longo período de crescimento econômico quase sempre medíocre, inferior à média mundial e bastante inferior ao de quase todos os principais emergentes.

O Brasil apenas começou a tomar um certo impulso. Não vamos abortá-lo por medo da inflação.

(*Folha de S.Paulo*, 13.09.2007. Adaptado.)

5. (FGV-SP) Assinale a alternativa em que as frases repetem a regra de concordância verbal da frase
– ... O governo e o Banco Central nunca podem descuidar da inflação.
   a) Continuam bem comportadas as expectativas de inflação para 2007 e as taxas de juro./ Saem-se bem no Brasil os bancos e as instituições financeiras.
   b) O IBGE divulgou ontem as Contas Nacionais do segundo trimestre de 2007./ O Banco Central deveria impor regras rígidas aos bancos.
   c) Temos, ao mesmo tempo, aumento do grau de utilização da capacidade preexistente e aumento do estoque de capital./ O controle da inflação não pode correr riscos.
   d) Mas ainda estamos crescendo menos do que quase todos os outros países emergentes./ A turma do bufunfa não pode se queixar.
   e) A aceleração de crescimento não parece trazer grande risco para o controle da inflação./ O crescimento do Brasil é inferior à média mundial.

**Texto para a próxima questão.**

Antes de mais nada, é preciso esclarecer que há uma diferença bastante significativa entre responsabilidade social e ação social. Enquanto o primeiro compreende uma série de itens nos quais a empresa deve ter comprometimento ético, com fornecedores, acionistas, empregados e o meio ambiente, por exemplo, o segundo se dá exclusivamente na relação da empresa com a comunidade. Entender essas definições é de fundamental importância para as empresas que já desenvolveram, vêm desenvolvendo ou querem desenvolver alguma atividade na área social. (...)

Há várias explicações para esse processo de conversão de pensamento das empresas. A mais difundida delas é justamente a mais simples e também a mais lógica: com a redemocratização, as relações tornaram-se mais transparentes. E, na era das comunicações, com a sociedade tomando conhecimento de movimentos como "Ação pela Cidadania Contra a Fome e a Miséria", de eventos como a "Rio 92" e com o crescimento de ONGs, ao redor do Brasil, nasceu uma cobrança de postura. Cobrança essa que é de todos e recai na área social, pela percepção dos problemas, como pobreza, fome, violência. Logo, ficaria difícil criar "ilhas de prosperidade" no meio dos problemas.

(*Jornal do Commercio*: 21/07/2002. Fragmento.)

6. (UFPE) A concordância verbal e a nominal estão de acordo com a norma-padrão em:
   a) Houveram implicações boas e más naquelas atitudes dos empresários de Pernambuco.
   b) Propostas, o mais adequadas possíveis, em termos de qualidade, foi apresentada aos trabalhadores.
   c) Quaisquer deslizes perante o consumidor, nessa área, provoca problemas para a empresa.
   d) É necessário paciência para poderem os trabalhadores conseguirem seus plenos direitos.
   e) A ação social, um dos temas mais discutidos atualmente, faz os interessados repensarem a política fiscal.

**Texto para a próxima questão.**

(...) publicou-se há dias o recenseamento do Império, do qual se colige que 70% da nossa população não sabem ler.

Gosto dos algarismos, porque não são de meias medidas nem de metáforas. Eles dizem as coisas pelo seu nome, às vezes um nome feio, mas não havendo outro, não o escolhem. São sinceros, francos, ingênuos. As letras fizeram-se para frases; o algarismo não tem frases, nem retórica.

Assim, por exemplo, um homem, o leitor ou eu, querendo falar do nosso país, dirá:

– Quando uma Constituição livre pôs nas mãos de um povo o seu destino, força é que este povo caminhe para o futuro com as bandeiras do progresso desfraldadas. A soberania nacional reside nas Câmaras; as Câmaras são a representação nacional. A opinião pública deste país é o magistrado último, o supremo tribunal dos homens e das coisas. Peço à nação que decida entre mim e o Sr. Fidélis Teles de Meireles Queles; ela possui nas mãos o direito a todos superior a todos os direitos.

A isto responderá o algarismo com a maior simplicidade:

– A nação não sabe ler. Há só 30% dos indivíduos residentes neste país que podem ler; desses uns 9% não leem letra de mão. 70% jazem em profunda ignorância. Não saber ler é ignorar o Sr. Meireles Queles; é não saber o que ele vale, o que ele pensa, o que ele quer; nem se realmente pode querer ou pensar. 70% dos cidadãos votam do mesmo modo que respiram: sem saber porque nem o quê. Votam como vão à festa da Penha – por divertimento. A Constituição é para eles uma coisa inteiramente desconhecida. Estão prontos para tudo: uma revolução ou um golpe de Estado.

Replico eu:

– Mas, Sr. Algarismo, creio que as instituições...

– As instituições existem, mas por e para 30% dos cidadãos. Proponho uma reforma no estilo político. Não se deve dizer: "consultar a nação, representantes da nação, os poderes da nação"; mas – "consultar os 30%, representantes dos 30%, poderes dos 30%". A opinião pública é uma metáfora sem base; há só a opinião dos 30%. Um deputado que disser na Câmara: "Sr. Presidente, falo deste modo porque os 30% nos ouvem..." dirá uma coisa extremamente sensata.

E eu não sei que se possa dizer ao algarismo, se ele falar desse modo, porque nós não temos base segura para os nossos discursos, e ele tem o recenseamento.

(ASSIS, Machado de. *Obra Completa*. Rio de Janeiro: Nova Aguilar, vol. III, 1969.)

7. (Uerj) Observe a concordância verbal nos trechos abaixo:
   70% da nossa população não sabem ler
   9% não leem letra de mão (par. 5)
   70% dos cidadãos votam do mesmo modo que respiram (par. 5)
   os 30% nos ouvem (par. 9)
   Sobre o assunto, assim se expressa Evanildo Bechara: "Nas linguagens modernas em que entram expressões numéricas de porcentagem, a tendência é fazer concordar o verbo com o termo preposicionado que especifica referência numérica."

   (BECHARA, Evanildo. "Moderna gramática do português". Rio de Janeiro: Lucerna, 1999.)

   Considerando essa lição gramatical, pode-se concluir que também estaria adequada a seguinte construção:
   a) 70% da nossa população não sabe ler
   b) 9% não lê letra de mão
   c) 70% dos cidadãos vota do mesmo modo que respira
   d) os 30% nos ouve

# CLASSES DE PALAVRAS E SINTAGMAS

## SINTAGMA

Unidade de sentido com função sintática. Uma frase pode estar composta de um ou mais sintagmas; um sintagma pode estar composto de um ou mais elementos.

### Sintagma nominal

Organizado em torno de um nome.

**Funções sintáticas**

Sujeito, complemento verbal (objeto), complemento nominal, predicativo, aposto, vocativo, ou seja, qualquer função substantiva.

**Núcleo**

É sempre um nome ou pronome substantivo ou elemento substantivado. Esse núcleo pode constituir o sintagma sozinho ou aparecer acompanhado de outras palavras.

**Determinantes**

Termos que se referem ao núcleo para indicar gênero e número (os artigos), localização no tempo e no espaço (pronomes demonstrativos), posse (pronomes possessivos), quantificação (numerais e pronomes indefinidos).

***Modificadores ou expansões***

Geralmente representados por adjetivos ou locuções adjetivas, sintagmas nominais preposicionados (quando há transitividade no nome nuclear) e orações adjetivas.

### Sintagma verbal

Organizado em torno de um verbo.

**Núcleo**

Se o núcleo do sintagma for um verbo intransitivo, há a possibilidade de o sintagma ser composto de um único elemento; no caso de verbos transitivos ou copulativos (de ligação), necessariamente aparecerão outros sintagmas dentro do sintagma verbal. Mesmo no caso de verbo intransitivo, o sintagma pode apresentar, além do núcleo, um circunstancial.

# Exercícios

**Texto para a próxima questão.**

## A memória e o caos digital

Fernanda Colavitti

A era digital trouxe inovações e facilidades para o homem que superou de longe o que a ficção previa até pouco tempo atrás. Se antes precisávamos correr em busca de informações de nosso interesse, hoje, úteis ou não, elas é que nos assediam: resultados de loterias, dicas de cursos, variações da moeda, ofertas de compras, notícias de atentados, ganhadores de gincanas, etc. Por outro lado, enquanto cresce a capacidade dos discos rígidos e a velocidade das informações, o desempenho da memória humana está ficando cada vez mais comprometido. Cientistas são unânimes ao associar a rapidez das informações geradas pelo mundo digital com a restrição de nosso "disco rígido" natural. Eles ressaltam, porém, que o problema não está propriamente nas novas tecnologias, mas no uso exagerado delas, o que faz com que deixemos de lado atividades mais estimulantes, como a leitura, que envolvem diversas funções do cérebro. Os mais prejudicados por esse processo têm sido crianças e adolescentes, cujo desenvolvimento neuronal acaba sendo moldado preguiçosamente.

Responda sem pensar: qual era a manchete do jornal de ontem? Você lembra o nome da novela que antecedeu *O Clone*? E quem era o técnico da Seleção Brasileira na Copa do Mundo de 1994? Não ter uma resposta imediata para essas perguntas não deve ser causa de preocupação para ninguém, mas exemplifica bem o problema constatado pela fonoaudióloga paulista Ana Maria Maaz Alvarez, que há mais de 20 anos estuda a relação entre audição e recordação.

A pedido de duas empresas, ela realizou uma pesquisa para saber o que estava ocorrendo com os funcionários que reclamavam com frequência de lapsos de memória. Foram entrevistados 71 homens e mulheres, com idade de 18 a 42 anos. A maioria dos esquecimentos era de natureza auditiva, como nomes que acabavam de ser ouvidos ou assuntos discutidos. (Por falar nisso, responda sem olhar no parágrafo anterior: você lembra o nome da pesquisadora citada?)

Ana Maria descobriu que os lapsos de memória resultavam basicamente do excesso de informação em consequência do tipo de trabalho que essas pessoas exerciam nas empresas, e do pouco tempo que dispunham para processá-las, somados à angústia de querer saber mais e ao excesso de atribuições. "Elas não se detinham no que estava sendo dito (lido, ouvido ou visto) e, consequentemente, não conseguiam gravar os dados na memória", afirma.

(Fonte Internet: *Superinteressante*, 2001).

1. (Uece) Assinale a alternativa em que todas as expressões destacadas têm valor de adjetivo.
   a) Era DIGITAL trouxe inovações e FACILIDADES QUE SUPERARAM o QUE PREVIA a ficção.
   b) Deixemos DE LADO atividades QUE ENVOLVEM DIVERSAS funções DO CÉREBRO.
   c) Hoje, ÚTEIS ou não, as informações É QUE nos assediam.
   d) Responda qual era a manchete DO JORNAL DE ONTEM.

**Texto para a próxima questão.**

Aqui carnavalizada é a gramática, na conhecida obra de Mendes Fradique, *Grammatica Portugueza pelo Methodo Confuso*, vindo a lume em 1927 e de onde transcrevemos fragmentos do texto, tendo o cuidado de atualizar a grafia.

2. (UFV-MG) Na sua intenção carnavalizadora, Mendes Fradique, ao tratar do substantivo, mescla a nomenclatura usual com o que lhe serve ao propósito humorístico. Em termos de Nomenclatura Gramatical Brasileira – e apenas em termos dela – ele somente NÃO inovou em:
   a) O substantivo pode ser PRÓPRIO ou de ALUGUEL. O substantivo é 'próprio' quando nomeia pessoa. Ex.: Presidente da República, Prefeito, Ministro, etc. Esses substantivos só não nomeiam pessoa quando a pessoa não tem pistolão. O substantivo é de 'aluguel' quando o morador paga a renda ao senhorio...
   b) O substantivo pode ser REAL ou ABSTRATO. É 'real' quando se relaciona com o rei ou quando serve de padrão monetário. O substantivo é 'abstrato' quando não passa de conversa fiada. Ex.: Câmbio estável, plataforma governamental, opinião pública, soberania popular, democracia, sorte grande, camarão de empada, Tesouro Nacional, etc.
   c) Os substantivos variam desinencialmente [também] em caso... Ex.: João come frutas. JOÃO é aí um caso nominativo. Maria lê jornais. MARIA é aí um caso nominativo. Excetuam-se: Pedro toma o trem da Central, porque aí Pedro é um caso perdido.
   d) Quanto ao gênero, podem os substantivos ser MASCULINOS, FEMININOS ou NEUTROS. Masculino: Mesquita Cabral; feminino: Marion; neutro: preguiça, que é comum ao masculino e ao feminino.

e) O substantivo pode ser SIMPLES ou COMPOSTO. O substantivo é 'simples' quando é simples mesmo. Ex.: café pequeno. É 'composto' quando acompanhado de entrepitíveis. Ex.: média com pão quente.

3. (UFV-MG) "Procedamos acurada e pachorrentamente ao estudo [...] da gramática, porque na melhor das hipóteses, não ficaremos sabendo coisa alguma..." O autor tem razão diante de afirmativa como:
   a) "Os adjetivos se caracterizam morfologicamente por receberem as mesmas marcas de gênero e número que distinguem os nomes, com a diferença de que estas marcas, no adjetivo, resultam de regras de concordância."
   b) "SUBSTANTIVO é a palavra com que designamos ou nomeamos os seres em geral. São, por conseguinte, substantivos: a) os nomes de pessoas, animais, vegetais, lugares e coisas: Maria, cão, ipê, Brasil, livro; os nomes de ações, estados e qualidades, tomados como seres: colheita, patriotismo, velhice, bondade, largura."
   c) "O EMPREGO FACULTATIVO DO INFINITO FLEXIONADO. REGRA: Quando o infinito, apesar de não ter sujeito próprio [...] exprime, contudo, uma ação exercida por um agente que conhecemos do contexto e ao qual esta se atribui, pode ser flexionado ou invariável, embora frequentemente se dê preferência ora a uma, ora a outra, das duas formas do infinito."
   d) "Os SUBSTANTIVOS, todos os ARTIGOS, a maioria dos ADJETIVOS, alguns NUMERAIS e alguns PRONOMES podem sofrer uma variação de forma para dar ideia de UM ou MAIS DE UM. A isto nós chamamos de FLEXÃO DE NÚMERO."
   e) "RAIZ é o morfema comum a várias palavras de um mesmo grupo lexical, portador da significação básica desse grupo de palavras. Assim em 'claro, clarear, aclarar, esclarecer, esclarecimento e clarividência', a raiz é 'clar-'. Em 'livro, livrinho, livreiro, livraria e livresco', a raiz é 'livr-' ".

**Texto para a próxima questão.**

## Adormecida

*Ses longs cheveux épars la couvrent tout entiere*
*La croix de son collier repose dans sa main,*
*Comme pour témoigner qu'elle a fait sa priere.*
*Et qu'elle va la faire en s'éveillant demain.*

A. DE MUSSET

UMA NOITE, eu me lembro... Ela dormia
Numa rede encostada molemente...
Quase aberto o roupão... solto o cabelo
E o pé descalço do tapete rente.

'Stava aberta a janela. Um cheiro agreste
Exalavam as silvas da campina...
E ao longe, num pedaço do horizonte,
Via-se a noite plácida e divina.

De um jasmineiro os galhos encurvados,
Indiscretos entravam pela sala,
E de leve oscilando ao tom das auras,
Iam na face trêmulos – beijá-la.

Era um quadro celeste!... A cada afago
Mesmo em sonhos a moça estremecia...
Quando ela serenava... a flor beijava-a...
Quando ela ia beijar-lhe... a flor fugia...

Dir-se-ia que naquele doce instante
Brincavam duas cândidas crianças...
A brisa, que agitava as folhas verdes,
Fazia-lhe ondear as negras tranças!

E o ramo ora chegava ora afastava-se...
Mas quando a via despertada a meio,
P'ra não zangá-la... sacudia alegre
Uma chuva de pétalas no seio...

Eu, fitando esta cena, repetia
Naquela noite lânguida e sentida:
"Ó flor! – tu és a virgem das campinas!
"Virgem! – tu és a flor da minha vida!..."

São Paulo, novembro de 1868.
ALVES, C. *Obra completa*. Rio de Janeiro: Aguilar, 1986, p. 124-125.

4. (UFRN) No poema, há uma cena associada à lembrança do eu lírico. A permanência dessa cena é sugerida, sobretudo, pela
   a) predominância de verbos no pretérito imperfeito.
   b) predominância de adjetivos no grau comparativo.
   c) presença acentuada de pronomes pessoais.
   d) presença acentuada de artigos indefinidos.

**Texto para a próxima questão.**

## Mordendo a isca

Para Clarice Lispector, "escrever é o modo de quem tem a palavra como isca: a palavra pescando o que não é palavra. Quando essa não palavra morde a isca, alguma coisa se escreveu."

O que seria, então, essa não palavra, se estamos mergulhados num mundo verbal e repleto de informações que nos atordoam a todo instante? Se tudo o que lemos e vemos já está devidamente fabricado, mastigado e até digerido, restando-nos apenas a contemplação passiva?

Essa não palavra poderia ser aquela ideia, sensação ou opinião só nossa que ninguém jamais expressou, como: a vivência de uma paixão, o prazer de caminhar por uma praia deserta, o abrir da janela de manhã, a indignação diante dos horrores de uma guerra ou da corrupção desenfreada em nosso país ou mesmo nossos sonhos, desejos e utopias. Entrando em contato com essas emoções, podemos descobrir um lado oculto de nós mesmos ou até deixar aparecer um pouco de nosso caráter rebelde, herói, vítima, santo e louco. Estar aberto, com o olhar descondicionado para captar essa "não palavra" é fundamental para que possamos escrever, não as famigeradas trinta linhas do vestibular mas um texto que revele nossa singularidade. Por isso, o ato de escrever requer coragem e, principalmente, uma mudança de atitude em relação ao mundo: precisamos nos tornar sujeitos do nosso discurso e pensar com nossa própria cabeça.

E como isso pode ser difícil! Quantas vezes queremos emitir nosso ponto de vista sobre um assunto e percebemos que nossa formação religiosa, familiar e escolar nos impede, deixando que o preconceito e a culpa falem mais alto! Quantas vezes o nó está preso na garganta e não podemos desatá-lo por força das circunstâncias! Ou, pior ainda, quantas vezes nos mostramos indiferentes diante das maiores atrocidades! A rotina diária deixa nossa visão de mundo bastante opaca. No dizer de Otto Lara Resende, o hábito "suja os olhos e lhes baixa a voltagem. Só a criança e o poeta têm os olhos atentos para o espetáculo do mundo". No entanto, a superação dessas barreiras pode ser bastante prazerosa, já que o prazer não é uma dádiva e sim uma conquista. Conquista essa que podemos obter por meio da escrita, caminho eficaz para esse desvendamento de nós mesmos e do mundo.

Para escrever, portanto, não necessitamos de inspirações divinas ou de técnicas e receitas mas de um olhar curioso, esperto e liberto de preconceitos e de padrões preestabelecidos. Só assim morderemos a isca.

(MOURA, Chico. *AGENDA DO PROFESSOR*. São Paulo: Ática, 1994.)

5. (UFMG) Leia atentamente o texto e os fragmentos:

... aquela ideia, sensação ou opinião SÓ nossa que ninguém jamais expressou...

SÓ a criança e o poeta têm os olhos atentos para o espetáculo do mundo.

SÓ assim morderemos a isca.

a) JUSTIFIQUE o emprego do termo destacado nessas passagens.

b) REDIJA um período em que o termo SÓ seja empregado com significado e função diferentes.

**Texto para a próxima questão.**

A questão a seguir toma por base um fragmento do livro *Comunicação e folclore*, de Luiz Beltrão (1918-1986).

### O Bumba Meu Boi

Entre os autos populares conhecidos e praticados no Brasil – pastoril, fandango, chegança, reisado, congada, etc. – aquele em que melhor o povo exprime a sua crítica, aquele que tem maior conteúdo jornalístico, é, realmente, o bumba meu boi, ou simplesmente boi.

Para Renato Almeida, é o "bailado mais notável do Brasil, o folguedo brasileiro de maior significação estética e social". Luís da Câmara Cascudo, por seu turno, observou a sua superioridade porque "enquanto os outros autos cristalizaram, imóveis, no elenco de outrora, o bumba meu boi é sempre atual, incluindo soluções modernas, figuras de agora, vocabulário, sensação, percepção contemporânea. Na época da escravidão mostrava os vaqueiros escravos vencendo pela inteligência, astúcia e cinismo. Chibateava a cupidez, a materialidade, o sensualismo de doutores, padres, delegados, fazendo-os cantar versinhos que eram confissões estertóricas. O capitão do mato, preador de escravos, assombro dos moleques, faz-sono dos negrinhos, vai 'caçar' os negros que fugiram, depois da morte do Boi, e em vez de trazê-los é trazido amarrado, humilhado, tremendo de medo. O valentão mestiço, capoeira, apanha pancada e é mais mofino que todos os mofinos. Imaginem a alegria negra, vendo e ouvindo essa sublimação aberta, franca, na porta da casa-grande de engenho ou no terreiro da fazenda, nos pátios das vilas, diante do adro da igreja! A figura dos padres, os padres do interior, vinha arrastada com a violência de um ajuste de contas. O doutor, o curioso, metido a entender de tudo, o delegado autoritário, valente com a patrulha e covarde sem ela, toda a galeria perpassa, expondo suas mazelas, vícios, manias, cacoetes, olhada por uma assistência onde estavam muitas vítimas dos personagens reais, ali subalternizados pela virulência do desabafo".

Como algumas outras manifestações folclóricas, o bumba meu boi utiliza uma forma antiga, tradicional; entretanto, fá-la revestir-se de novos aspectos, atualiza o entrecho, recompõe a trama. Daí "o interesse do tipo solidário que desperta nas camadas populares", como o assinala Édison Carneiro. Interesse que só pode manter-se porque o que no auto se apresenta não reflete apenas situações do passado, "mas porque têm importância para o futuro". Com efeito, tendo por tema central a morte e a ressurreição do boi, "cerca-se de episódios acessórios, não essenciais, muito desligados da ação principal, que variam de região para região... em cada lugar, novos personagens são enxertados, aparentemente sem outro objetivo senão o de prolongar e variar a brincadeira". Contudo, dentre esses personagens, os que representam as classes superiores são caricaturados, cobrindo-se de ridículo, o que torna "o folguedo, em si mesmo, uma reivindicação".

Sílvio Romero recolheu os versos de um bumba meu boi, através dos quais se constata a intenção caricaturesca nos personagens do folguedo. Como o Padre, que recita:

Não sou padre, não sou nada
"Quem me ver estar dançando
Não julgue que estou louco;
Secular sou como os outros".

Ou como o Capitão do Mato que, dando com o negro Fidélis, vai prendê-lo:

"CAPITÃO – Eu te atiro, negro
Eu te amarro, ladrão,
Eu te acabo, cão."

Mas, ao contrário, quem vai sobre o Capitão e o amarra é o Fidélis:

"CORO – Capitão de campo
Veja que o mundo virou
Foi ao mato pegar negro
Mas o negro lhe amarrou.

CAPITÃO – Sou valente afamado
Como eu não pode haver
Qualquer susto que me fazem
Logo me ponho a correr".

(Luiz Beltrão. *Comunicação e folclore.* São Paulo: Edições Melhoramentos, 1971.)

6. (Unesp-SP) O capitão do mato, preador de escravos, assombro dos moleques, faz-sono dos negrinhos, vai 'caçar' os negros que fugiram (...)
Nesta passagem, levando-se em conta o contexto, a função sintática e o significado, verifica-se que **faz-sono** é
a) substantivo.
b) adjetivo.
c) verbo.
d) advérbio.
e) interjeição.

**Textos para a próxima questão.**

*Texto I*

Almeida e Costa comprão para remeterem para fora da Província, huma escrava que seja perfeita costureira, engomadeira, e que entenda igualmente de cozinha, sendo mossa, de bôa figura, e afiançada conduta para o que não terão duvida pagala mais vantajosamente; quem a tiver e queira dispor, pode dirija-se ao escriptorio dos mesmos na rua da fonte dos Padres, N. 91.

(*Gazeta Commercial da Bahia*, 19 de setembro de 1832)

*Texto II*

COSTUREIRA

Fábrica de roupas precisa c/ experiência de 2 anos comprovada em carteira. Comparecer c/ documentos na Rua São Cristóvão, 814.

São Cristóvão, RJ.

(*EXTRA*, 12/09/2002)

*Texto III*

Anúncios classificados

Vendedoras. Ótima aparência, excelente salário. Rua tal, nº tal. Recusada.

Boutique cidade precisa moça boa aparência entre 25 e 30 anos. Marcar entrevista tel. nº tal. Recusada.

Moças bonitas e educadas para trabalhar como recepcionistas. Garantimos ganhos acima de um milhão. Procurar D. Fulana das 12,00 às 20,00 horas, na rua tal, nº tal. Recusada.

Senhor solitário com pequeno defeito físico procura moça de 30 anos para lhe fazer companhia. Não precisa ser bonita. Endereço tal.

Desta vez ela não disfarçou a corcunda nem pôs óculos escuros para esconder o estrabismo. Contratada.

(CUNHA, Helena Parente. *Cem mentiras de verdade*, 1985).

7. (UFRJ) Do texto I:
a) selecione 2 (dois) verbos e 2 (dois) substantivos que apresentem forma ou emprego diferentes da atual;
b) reescreva-os na forma vigente.

**Texto para a próxima questão.**

Leia o seguinte trecho de uma entrevista concedida pelo ministro do Supremo Tribunal Federal, Joaquim Barbosa:

**Entrevistador**: O protagonismo do STF dos últimos tempos tem usurpado as funções do Congresso?

**Entrevistado**: Temos uma Constituição muito boa, mas excessivamente detalhista, com um número imenso de dispositivos e, por isso, suscetível a fomentar interpretações e toda sorte de litígios. Também temos um sistema de jurisdição constitucional, talvez único no mundo, com um rol enorme de agentes e instituições dotadas da prerrogativa ou de competência para trazer questões ao Supremo. É um leque considerável de interesses, de visões, que acaba causando a intervenção do STF nas mais diversas questões, nas mais diferentes áreas, inclusive dando margem a esse tipo de acusação. Nossas decisões não deveriam passar de duzentas, trezentas por ano. Hoje, são analisados cinquenta mil, sessenta mil processos. É uma insanidade.

*Veja*, 15/06/2011.

8. (Fuvest-SP) No trecho "dotadas da prerrogativa ou de competência", a presença de artigo antes do primeiro substantivo e a sua ausência antes do segundo fazem que o sentido de cada um desses substantivos seja, respectivamente,
a) figurado e próprio.
b) abstrato e concreto.
c) específico e genérico.
d) técnico e comum.
e) lato e estrito.

# A ESTRUTURA DA ORAÇÃO: SUJEITO E PREDICADO

## ORAÇÃO SEM SUJEITO

O predicado é formado por um verbo impessoal. A mensagem está centrada no processo verbal. Os casos mais comuns ocorrem com: verbos que indicam fenômenos da natureza, os verbos *ser*, *estar*, *fazer* e *haver*, usados para indicar fenômenos meteorológicos ou relativos ao tempo em geral, o verbo *haver* no sentido de existir, acontecer.

## SUJEITO

É o tema do que se vai comunicar; o ser sobre quem se declara algo.

### Sujeito indeterminado

Ocorre quando não é possível identificar a quem se refere o predicado. Duas situações gramaticais podem caracterizar sujeito indeterminado: **verbo na terceira pessoa do plural** e **verbo na terceira pessoa do singular, acompanhado do pronome *se***.

### Sujeito determinado

Há possibilidade de reconhecê-lo ou de identificá-lo, estando ou não expresso na oração.

#### Sujeito simples

O núcleo do sujeito é representado apenas por um substantivo, ou pronome, ou numeral, ou então por uma palavra substantivada.

#### Sujeito composto

É aquele que apresenta mais de um núcleo, isto é, mais de um vocábulo diretamente relacionado com o verbo.

## PREDICADO

O que se declara sobre o sujeito.

### Predicado verbal

É aquele que tem como núcleo significativo um verbo.

### Predicado nominal

É aquele que tem como núcleo significativo um **nome**. Esse nome atribui uma qualidade ou estado ao sujeito, daí ser chamado de **predicativo do sujeito**. O verbo funciona como elemento de ligação entre o sujeito e seu predicativo.

### Predicado verbo-nominal

É aquele que apresenta dois núcleos significativos: um **verbo** e um **nome**. No predicado verbo-nominal, o predicativo pode estar diretamente relacionado ou ao sujeito (**predicativo do sujeito**) ou ao complemento verbal (**predicativo do objeto**).

# Exercícios

**Texto para a próxima questão.**

## A Triste Partida

Passou-se setembro
outubro e novembro
estamos em dezembro
meu Deus que é de
assim diz o pobre
do seco Nordeste
com medo da peste
e da fome feroz

A treze do mês

fez a experiência

perdeu sua crença

nas pedras de sal

com outra experiência
de novo se agarra
esperando a barra

do alegre Natal
Passou-se o Natal

e a barra não veio
o sol tão vermeio
nasceu muito além
na copa da mata
buzina a cigarra
ninguém vê a barra
pois barra não tem

Sem chuva na terra
descamba janeiro
até fevereiro
no mesmo verão
reclama o roceiro
dizendo consigo:
meu Deus é castigo
não chove mais não

Apela pra março
o mês preferido
do santo querido
senhor São José
sem chuva na terra
está tudo sem jeito
lhe foge do peito
o resto da fé

Assim diz o velho
sigo noutra trilha
convida a família
e começa a dizer:
Eu vendo o burro
o jumento e o cavalo
nós vamos a São Paulo
viver ou morrer

Nós vamos a São Paulo

que a coisa está feia

por terra alheia

nós vamos vagar

se o nosso destino
não for tão mesquinho

pro mesmo cantinho
nós torna a voltar

Venderam o burro
jumento e cavalo
até mesmo o galo
venderam também
e logo aparece
um feliz fazendeiro
por pouco dinheiro
lhe compra o que tem

Em cima do carro
se junta a família
chega o triste dia
já vão viajar
a seca é terrível
que tudo devora
lhe bota pra fora
do torrão natá
(...)

O carro embalado
no topo da serra
olhando pra terra
seu berço seu lar
aquele nortista
partido de pena
de longe acena
adeus, Ceará

Chegaram em São Paulo
sem cobre e quebrado
o pobre acanhado
procura um patrão
só vê cara feia
de uma estranha gente
tudo é diferente
do caro torrão

Trabalha um ano

dois anos mais anos

e sempre no plano

de um dia inda vim

o pai de família
triste maldizendo

assim vão sofrendo
tormento sem fim

O pai de família
ali vive preso
sofrendo desprezo
e devendo ao patrão
o tempo passando
vai dia e vem dia
aquela família
não volta mais não

Se por acaso um dia
ele tem por sorte
notícia do Norte
o gosto de ouvir
saudade no peito
lhe bate de molhos
as águas dos olhos
começam a cair

Distante da terra
tão seca mas boa
sujeito à garoa
à lama e ao paul
é triste se ver
um nortista tão bravo
viver sendo escravo
na terra do Sul

ASSARÉ, Patativa. "A Triste Partida". *In: Cordéis e Outros Poemas*, Fortaleza: Edições UFC, 2006, p. 9-13.

1. (UFC-CE) Assinale a alternativa na qual se transcreve um elemento do texto que tem a mesma função sintática de "a cigarra" (verso 22).
   a) meu Deus (verso 04)
   b) a experiência (verso 10).
   c) sua crença (verso 11).
   d) o resto da fé (verso 40).
   e) a família (verso 43).

**Texto para a próxima questão.**

O ladrão entra numa joalheria e rouba todas as joias da loja. Guarda tudo numa mala e, para disfarçar, coloca roupas em cima. Sai correndo para um beco, onde encontra um amigo, que pergunta:

– E aí, tudo joia?

– Que nada! Metade é roupa...

2. (UFMS) Com relação à frase "Sai correndo para um beco", é correto afirmar:
   (01) O sujeito é expresso de forma anafórica.
   (02) Trata-se de caso explícito de gerundismo.
   (04) Apresenta um problema de referenciação, considerando que o sujeito não é expresso.
   (08) O sujeito é oculto, o que torna a frase ambígua.
   (16) A construção está de acordo com os padrões coloquiais da língua portuguesa.

**Textos para a próxima questão.**

*Texto 1*

## Ilusão Universitária

Houve um tempo em que, ao ser admitido numa faculdade de direito, um jovem via seu futuro praticamente assegurado, como advogado, juiz ou promotor público. A situação, como se sabe, é hoje bastante diversa. Mudaram a universidade, o mercado de trabalho e os estudantes, muitos dos quais inadvertidamente compram a ilusão de que o diploma é condição necessária e suficiente para o sucesso profissional.

A proliferação dos cursos universitários nos anos 90 e 2000 é a um só tempo sintoma e causa dessas mudanças. Um mercado de trabalho cada vez mais exigente passou a cobrar maior titulação dos jovens profissionais. Com isso, aumentou a oferta de cursos e caiu a qualidade.

O fenômeno da multiplicação das faculdades e do declínio da qualidade acadêmica foi especialmente intenso no campo do direito. Trata-se, afinal, de uma carreira de prestígio, cujo ensino é barato. Não exige muito mais do que o professor, livros, uma lousa e o cilindro de giz.

Existem hoje 762 cursos jurídicos no país. Em 1993, eles eram 183. A OAB (Ordem dos Advogados do Brasil) acaba de divulgar a lista das faculdades recomendadas. Das 215 avaliadas, apenas 60 (28%) receberam o "nihil obstat". A Ordem levou em conta conceitos do provão e os resultados do seu próprio exame de credenciamento de bacharéis.

A verdade é que nenhum país do mundo é constituído apenas por advogados, médicos e engenheiros. Apenas uma elite chega a formar-se nesses cursos. No Brasil, contudo, criou-se a ilusão de que a faculdade abre todas as portas. Assim, alunos sem qualificação acadêmica para seguir essas carreiras pagam para obter diplomas que não lhes serão de grande valia. É mais sensato limitar os cursos e zelar por sua excelência, evitando paliativos como o exame da Ordem, que é hoje absolutamente necessário para proteger o cidadão de advogados incompetentes – o que só confirma as graves deficiências do sistema educacional.

(*Folha de S.Paulo*, 29/01/2004)

*Texto 2*

## A universidade é só o começo

Na última década, a universidade viveu uma espécie de milagre da multiplicação dos diplomas. O número de graduados cresceu de 225 mil no final dos anos 80 para 325 mil no levantamento mais recente do Ministério da Educação em 2000.

A entrada no mercado de trabalho desse contingente, porém, não vem sendo propriamente triunfal como uma festa de formatura. Engenheiros e educadores, professores e administradores, escritores e sobretudo empresários têm sussurrado uma frase nos ouvidos dessas centenas de milhares de novos graduados: "O diploma está nu".

Passaporte tranquilo para o emprego na década de 80, o certificado superior vem sendo exigido com cada vez mais vistos.

Considerado um dos principais pensadores da educação no país, o economista Cláudio de Moura Castro sintetiza a relação atual do diploma com o mercado de trabalho em uma frase: "Ele é necessário, mas não suficiente". O raciocínio é simples. Com o aumento do número de graduados no mercado, quem não tem um certificado já começa em desvantagem.

Conselheiro-chefe de educação do Banco Interamericano de Desenvolvimento durante anos, ele compara o sem-diploma a alguém "em um mato sem cachorro no qual os outros usam armas automáticas e você um tacape". Por outro lado, o economista-educador diz que ter um fuzil, seja lá qual for, não garante tanta vantagem assim nessa floresta.

Para Robert Wong, o diagnóstico é semelhante. Só muda a metáfora. Principal executivo na América do Sul da Korn/Ferry International, maior empresa de recrutamento de altos executivos do mundo, ele equipara a formação acadêmica com a potência do motor de um carro.

Equilibrados de mais acessórios, igualado o preço, o motor pode desempatar a escolha do consumidor. "Tudo sendo igual, a escolaridade faz a diferença."

Mas assim como Moura Castro, o *head hunter* defende a ideia de que um motor turbinado não abre automaticamente as portas do mercado. Wong conta que no mesmo dia da entrevista à Folha [Jornal "Folha de S.Paulo"] trabalhava na seleção de um executivo para uma multinacional na qual um dos principais candidatos não tinha experiência acadêmica. "É um *self-made man*."

Brasileiro nascido na China, Wong observa que é em países como esses, chamados "em desenvolvimento", que existem mais condições hoje para o sucesso de profissionais como esses, de perfil empreendedor. (...)

(Cassiano Elek Machado: A universidade é só o começo. *Folha de S.Paulo*, 27/07/2002. Disponível na Internet: http://www1.folha.uol.com.br/folha/sinapse. Data de acesso: 24/08/2004.)

3. (ITA-SP) Considere o uso do particípio nas frases abaixo, extraídas do Texto 2:

I. Considerado um dos principais pensadores da educação no país, o economista Claúdio de Moura Castro sintetiza a relação atual do diploma com o mercado de trabalho em uma frase (...).

II. Equilibrados demais acessórios, igualado o preço, o motor pode desempatar a escolha do consumidor.

III. Brasileiro nascido na China, Wong observa que é em países como esses (...).

Considere ainda a seguinte regra gramatical:

"[...] a oração de particípio tem sujeito diferente do sujeito da oração principal e estabelece, para com esta, uma relação de anterioridade."

(Cunha, C.; Cintra, L. "Nova gramática do português contemporâneo". Rio de Janeiro: Nova Fronteira, 1985: 484.)

Esta regra se aplica

a) apenas a I.

b) a I e II.

c) a I e III.

d) apenas a II.

e) a II e III.

4. (UFRJ)

## O Padeiro (fragmento)

Rubem Braga

Tomo meu café com pão dormido, que não é tão ruim assim. E enquanto tomo café vou me lembrando de um homem modesto que conheci antigamente. Quando vinha deixar o pão à porta do apartamento ele apertava a campainha, mas, para não incomodar os moradores, avisava gritando:

– Não é ninguém, é o padeiro!

Interroguei-o uma vez: como tivera a ideia de gritar aquilo?

"Então você não é ninguém?".

Ele abriu um sorriso largo. Explicou que aprendera aquilo de ouvido. Muitas vezes lhe acontecera bater a campainha de uma casa e ser atendido por uma empregada ou outra pessoa qualquer, e ouvir uma voz que vinha lá de dentro perguntando quem era: e ouvir a pessoa que o atendera dizer para dentro: "Não é ninguém, não senhora, é o padeiro". Assim ficara sabendo que não era ninguém...

Ele me contou isso sem mágoa nenhuma, e se despediu ainda sorrindo.

(In: "Ai de ti, Copacabana." 4ª ed. Rio de Janeiro: Editora do Autor, 1964, pp. 44, 45.)

a) Que sentido assume o pronome indefinido NINGUÉM no texto acima?

b) Quando esse pronome indefinido é usado na função sintática de sujeito, a dupla negação pode ou não ocorrer. Justifique essa afirmativa, exemplificando-a.

**Texto para a próxima questão.**

## Delírio de voar

Nos dez primeiros anos deste século havia uma mania *pop* em Paris – voar. As formas estranhas dos aeroplanos experimentais invadiam as páginas dos jornais. Cada proeza dos aviadores era narrada em detalhe. Os parisienses acompanhavam fascinados as audácias dos aviadores, uma elite extravagante de jovens brilhantes, cultos e elegantes, realçada por vários milionários e pelo interesse das moças. Multidões lotavam o campo de provas de Issy-les-Molincaux. Os pilotos e os inventores eram reconhecidos nas ruas e homenageados em restaurantes. Todo dia algum biruta apresentava uma nova máquina, anunciava um plano mirabolante e desafiava a gravidade e a prudência.

Paris virara a capital mundial da aviação desde a fundação do Aéro-Club de France, em 1898. Depois da difusão dos grandes balões, em 1880, e dos dirigíveis inflados a gás, em 1890 – os chamados "mais leves que o ar", chegara a hora dos aparelhos voadores práticos, menores e controláveis – os "mais pesados que o ar". Durante muito tempo eles foram descartados como impossíveis, mas agora as pré-condições haviam mudado. A tecnologia da aerodinâmica, da engenharia de estruturas, do desenho de motores e da química de combustíveis havia chegado a um estágio de evolução inédito. Combinadas, permitiam projetar máquinas inimaginadas.

Simultaneamente, por caminhos paralelos, a fotografia dera um salto com a invenção dos filmes flexíveis, em 1889. Surgiram câmeras modernas, mais sensíveis à luz, mais velozes e fáceis de manejar. Em consequência, proliferaram os fotógrafos profissionais e amadores. Eles não só registraram cada passo da infância da aviação como também popularizaram-na. Transportados pelos jornais, os feitos dos pioneiros estimularam a vocação de muitos jovens candidatos a aviador. A mídia glamourizou a ousadia de voar.

Inventar aviões era um ofício diletante e nada rendoso – ainda. Exigia recursos financeiros para construir aparelhos, contratar mecânicos, oficinas e hangares. Dinheiro nunca faltou ao brasileiro Alberto Santos-Dumont, filho de um rico fazendeiro mineiro, ou ao engenheiro e nobre francês marquês d'Ecquevilley-Montjustin. Voar era um ideal delirante e dândi. Uma glória para homens extraordinários.

*Superinteressante*, junho/99, p. 36

5. (UEPG-PR) Quanto à sintaxe interna da estrutura "Os parisienses acompanhavam fascinados as audácias dos aviadores", é correto afirmar que
   (01) "parisienses" é um substantivo em função de sujeito.
   (02) o verbo é transitivo direto.
   (04) o predicado é verbo-nominal pois tem um verbo e um nome como núcleos.
   (08) "fascinados" funciona como predicativo do sujeito.
   (16) o sintagma "as audácias dos aviadores" tem função de objeto direto.

6. (UFV-MG) Dadas as frases:
   (1) Fui doente durante dois anos (e estou são).
   (2) Fui doente para Buenos Aires (e voltei são).
   Analise as formas "Fui doente":
   a) em termos morfológicos, "fui" constitui flexão de que verbo(s) em (1) e (2)?
   b) em termos sintáticos, que tipo de predicado temos em (1) e (2)?
   c) em termos semânticos, o que distingue "fui" em (1) e (2)?

**Texto para a próxima questão.**

## Para quem quer aprender a gostar

"Talvez seja tão simples, tolo e natural que você nunca tenha parado para pensar: aprenda a fazer bonito o seu amor. Ou fazer o seu amor ser ou ficar bonito. Aprenda, apenas, a tão difícil arte de amar bonito. Gostar é tão fácil que ninguém aceita aprender.

Tenho visto muito amor por aí. Amores mesmo, bravios, gigantescos, descomunais, profundos, sinceros, cheios de entrega, doação e dádiva. Mas esbarram na dificuldade de se tornar bonitos. Apenas isso: bonitos, belos ou embelezados, tratados com carinho, cuidado e atenção. Amores levados com arte e ternura de mãos jardineiras.

Aí esses amores que são verdadeiros, eternos e descomunais de repente se percebem ameaçados apenas e tão somente porque não sabem ser bonitos: cobram, exigem; rotinizam; descuidam; reclamam; deixam de compreender; necessitam mais do que oferecem; precisam mais do que atendem; enchem-se de razões. Sim, de razões. Ter razão é o maior perigo do amor. Quem tem razão sempre se sente no direito (e o tem) de reivindicar, de exigir justiça, equidade, equiparação, sem atinar que o que está sem razão talvez passe por um momento de sua vida no qual não possa ter razão. Nem queira. Ter razão é um perigo: em geral enfeia o amor, pois é invocado com justiça, mas na hora errada. Amar bonito é saber a hora de ter razão.

Ponha a mão na consciência. Você tem certeza de que está fazendo o seu amor bonito? De que está tirando do gesto, da ação, da reação, do olhar, da saudade, da alegria do encontro, da dor do desencontro a maior beleza possível? Talvez não. Cheio ou cheia de razões, você espera do amor apenas aquilo que é exigido por suas partes necessitadas, quando talvez dele devesse pouco esperar, para valorizar melhor tudo de bom que de vez em quando ele pode trazer. Quem espera mais do que isso sofre, e sofrendo deixa de amar bonito. Sofrendo, deixa de ser alegre, igual, irmão, criança. E sem soltar a criança, nenhum amor é bonito.

Não tema o romantismo. Derrube as cercas da opinião alheia. Faça coroas de margaridas e enfeite a cabeça de quem você ama. Saia cantando e olhe alegre. Recomendam-se: encabulamentos, ser pego em flagrante gostando; não se cansar de olhar, e olhar; não atrapalhar a convivência com teorizações; adiar sempre, se possível com beijos, 'aquela conversa importante que precisamos ter'; arquivar, se possível, as reclamações pela pouca atenção recebida. Para quem ama, toda atenção é sempre pouca. Quem ama feio não sabe que pouca atenção pode ser toda a atenção possível. Quem ama bonito não gasta o tempo dessa atenção cobrando a que deixou de ter.

Não teorize sobre o amor (deixe isso para nós, pobres escritores que vemos a vida como a criança de nariz encostado na vitrina cheia de brinquedos dos nossos sonhos); não teorize sobre o amor; ame. Siga o destino dos sentimentos aqui e agora.

Não tenha medo exatamente de tudo o que você teme, como: a sinceridade; não dar certo; depois vir a sofrer (sofrerá de qualquer jeito); abrir o coração; contar a verdade do tamanho do amor que sente.

Jogue por alto todas as jogadas, estratagemas, golpes, espertezas, atitudes sabidamente eficazes (não é sábio ser sabido): seja apenas você no auge de sua emoção e carência, exatamente aquele você que a vida impede de ser. Seja você cantando desafinado, mas todas as manhãs. Falando besteira, mas criando sempre. Gaguejando flores. Sentindo o coração bater como no tempo do Natal infantil. Revivendo os carinhos que intuiu em criança. Sem medo de dizer eu quero, eu gosto, eu estou com vontade.

Talvez aí você consiga fazer o seu amor bonito, ou fazer bonito o seu amor, ou bonitar fazendo o seu amor, ou amar fazendo o seu amor bonito (a ordem das frases não altera o produto), sempre que ele seja a mais verdadeira expressão de tudo o que você é, e nunca: deixaram, conseguiu, soube, pôde, foi possível, ser.

Se o amor existe, seu conteúdo já é manifesto. Não se preocupe mais com ele e suas definições. Cuide agora da forma. Cuide da voz. Cuide da fala. Cuide do cuidado. Cuide do carinho. Cuide de você. Ame-se o suficiente para ser capaz de gostar do amor e só assim poder começar a tentar fazer o outro feliz."

(TÁVOLA, Arthur da. "Para quem quer aprender a amar". *In:* COSTA, Dirce Maura Lucchetti et al. "Estudo de texto: estrutura, mensagem, re-criação". Rio, DIMAC, 1987. p. 25-6)

7. (Uece) "Ponha a mão na consciência", parágrafo 4, se classifica como predicado:
   a) verbal, com verbo transitivo direto
   b) verbo-nominal, com verbo transitivo direto
   c) verbal, com verbo transitivo direto e indireto
   d) verbo-nominal, com verbo transitivo direto e indireto

**Texto para a próxima questão.**

## Namorado: ter ou não, é uma questão

Carlos Drummond de Andrade

Quem não tem namorado é alguém que tirou férias não remuneradas de si mesmo. Namorado é a mais difícil das conquistas. Difícil porque namorado de verdade é muito raro. Necessita de adivinhação, de pele, de saliva, lágrima, nuvem, quindim, brisa ou filosofia.

Paquera, gabiru, flerte, caso, transa, envolvimento, até paixão é fácil. Mas namorado, mesmo, é muito difícil.

Namorado não precisa ser o mais bonito, mas aquele a quem se quer proteger e quando se chega ao lado dele a gente treme, sua frio e quase desmaia pedindo proteção. A proteção dele não precisa ser parruda, decidida, ou bandoleira: basta um olhar de compreensão ou mesmo de aflição.

Quem não tem namorado não é quem não tem um amor: é quem não sabe o gosto de namorar. Se você tem três pretendentes, dois paqueras, um envolvimento e dois amantes, mesmo assim pode não ter namorado.

Não tem namorado quem não sabe o gosto da chuva, cinema sessão das duas, medo do pai, sanduíche de padaria ou drible no trabalho. Não tem namorado quem transa sem carinho, quem se acaricia sem vontade de virar sorvete ou lagartixa e quem ama sem alegria. Não tem namorado quem faz pactos de amor apenas com a infelicidade. Namorar é fazer pactos com felicidade ainda que rápida, escondida, fugidia ou impossível de durar.

Não tem namorado quem não sabe o valor de mãos dadas; de carinho escondido na hora em que passa o filme; de flor catada no muro e entregue de repente; de poesia de Fernando Pessoa, Vinícius de Moraes ou Chico Buarque lida bem devagar; de gargalhada quando fala junto ou descobre a meia rasgada; de ânsia enorme de viajar junto para a Escócia ou mesmo de metrô, bonde, nuvem, cavalo alado, tapete mágico ou foguete interplanetário.

Não tem namorado quem não gosta de dormir agarrado, fazer sesta abraçado, fazer compra junto. Não tem namorado quem não gosta de falar do próprio amor, nem de ficar horas e horas olhando o mistério do outro dentro dos olhos dele, abobalhados de alegria pela lucidez do amor. Não tem namorado quem não redescobre a criança própria e a do amado e sai com ela para parques, fliperamas, beira d'água, *show* do Milton Nascimento, bosques enluarados, ruas de sonhos ou musical da Metro.

Não tem namorado quem não tem música secreta com ele, quem não dedica livros, quem não recorta artigos, quem não chateia com o fato de o seu bem ser paquerado. Não tem namorado quem ama sem gostar: quem gosta sem curtir; quem curte sem aprofundar. Não tem namorado quem nunca sentiu o gosto de ser lembrado de repente no fim de semana, na madrugada ou meio-dia de sol em plena praia cheia de rivais. Não tem namorado quem ama sem se dedicar; quem namora sem brincar; quem vive cheio de obrigações; quem faz sexo sem esperar o outro ir junto com ele. Não tem namorado quem confunde solidão com ficar sozinho e em paz. Não tem namorado quem não fala sozinho, não ri de si mesmo e quem tem medo de ser afetivo.

Se você não tem namorado porque não descobriu que o amor é alegre e você vive pesando duzentos quilos de grilos e de medo, ponha a saia mais leve, aquela de chita, e passeie de mãos dadas com o ar. Enfeite-se com margaridas e ternuras e escove a alma com leves fricções de esperança. De alma escovada e coração estouvado, saia do quintal de si mesmo e descubra o próprio jardim. Acorde com gosto de caqui e sorria lírios para quem passe debaixo de sua janela.

Ponha intenções de quermesse em seus olhos e beba licor de contos de fada. Ande como se o chão estivesse repleto de sons de flauta e do céu descesse uma névoa de borboletas, cada qual trazendo uma pérola falante a dizer frases sutis e palavras de galanteria. Se você não tem namorado é porque ainda não enlouqueceu aquele pouquinho necessário a fazer a vida parar e de repente parecer que faz sentido.

Enlou-cresça.

8. (UFV-MG) "Não tem namorado quem transa sem carinho, quem se deixa acariciar sem vontade de virar sorvete ou lagartixa e quem ama sem alegria."
   O primeiro verbo no singular se justifica porque:
   a) é oração sem sujeito.
   b) o sujeito está oculto.
   c) "ter" está empregado no sentido de "haver".
   d) o sujeito, ainda que composto, é oracional.
   e) o sujeito é "quem".

**Texto para a próxima questão.**

## O império da lei

O desfecho da crise política deu uma satisfação a um anseio fundamental dos brasileiros: o de que a lei seja respeitada por todos. Estamos, agora, diante da imperiosa necessidade de dar prosseguimento ao processo de regeneração dos costumes políticos e da restauração dos princípios éticos na vida pública, que nada mais é do que se conseguir em novas bases um consenso em torno da obediência civil.

Existem reformas pendentes nas áreas política e econômica, lacunas constitucionais a serem preenchidas, regulamentações não realizadas, aprimoramentos da Carta que deverão ocorrer em datas já definidas. Mas estas tarefas não esgotam a pauta de urgências da cidadania. É indispensável inculcar no cidadão comum o respeito à lei.

Esta aspiração é antiga no Brasil. Capistrano de Abreu já sonhava com uma Constituição com dois únicos artigos: 1 – A partir, desta data, todo brasileiro passa a ter vergonha na cara; 2 – Revogam-se as disposições em contrário. Num país que combina o furor legiferante à tradição de impunidade, o historiador compreendeu que o problema era menos a ausência de leis do que a generalizada e permanente tendência em desobedecê-las. Simplificar e cumprir foram suas palavras de ordem.

O sociólogo americano Phillip Schmitter se confessou abismado pela naturalidade com que os brasileiros transgridem as leis em vigor. É de se duvidar se uma Constituição como a de Capistrano "pegaria" no Brasil. Uma vez adotado o "cumpra-se a lei", as normas vigentes não seriam suficientes? Caso não fossem que mecanismos garantiriam o imediato cumprimento da nova lei? Mais: a desobediência à nova lei não aprofundaria ainda mais a desconfiança nas instituições? São questões que surgem espontaneamente num país cuja cidadania ainda não internalizou a lei.

*Jornal do Brasil*, 01/10/92, p. 10.

9. (Cesgranrio-RJ) Aponte a opção que apresenta uma oração com sujeito indeterminado:
   a) "(...) do que se conseguir em novas bases um consenso (...)" (1º parágrafo)
   b) "... inculcar no cidadão comum o respeito à lei." (2º parágrafo)
   c) "Revogam-se as disposições em contrário." (3º parágrafo)
   d) "(...) que surgem espontaneamente num país (...)" (4º parágrafo)
   e) "(...) caso não fossem, (...)" (4º parágrafo)

**Texto para a próxima questão.**

## Um boi vê os homens

Tão delicados (mais que um arbusto) e correm
e correm de um para outro lado, sempre esquecidos
de alguma coisa. Certamente, falta-lhes
não sei que atributo essencial, posto se
[apresentem nobres
e graves, por vezes. Ah, espantosamente graves,
até sinistros. Coitados, dir-se-ia que não escutam
nem o canto do ar nem os segredos do feno,
como também parecem não enxergar o que é visível
e comum a cada um de nós, no espaço. E ficam tristes
e no rasto da tristeza chegam à crueldade.
Toda a expressão deles mora nos olhos – e perde-se
a um simples baixar de cílios, a uma sombra.
Nada nos pelos, nos extremos de inconcebível
[fragilidades,
e como neles há pouca montanha,
e que secura e que reentrâncias e que
impossibilidade de se organizarem em formas calmas,
permanentes e necessárias. Têm, talvez,
certa graça melancólica (um minuto) e com isto
[se fazem
perdoar a agitação incômoda e o translúcido
vazio interior que os torna tão pobres e carecidos
de emitir sons absurdos e agônicos: desejo, amor, ciúme
(que sabemos nós?), sons que se despedaçam e
[tombam no campo
como pedras aflitas e queimam a erva e a água,
e difícil, depois disto, é ruminarmos nossa verdade.

(ANDRADE, Carlos Drummond de. *Reunião. 10 livros de poesia*. Rio de Janeiro: José Olympio, 1977.)

10. (Uerj) É comum encontrar nos livros escolares a definição de predicado como aquilo que se declara sobre o sujeito de uma oração. Essa definição de predicado, entretanto, não é suficiente para identificá-lo em todas as suas ocorrências.
    O exemplo em que NÃO se poderia identificar o predicado pela definição dada é:
    a) "falta-lhes / não sei que atributo essencial," (v. 3-4)
    b) "Toda a expressão deles mora nos olhos" (v. 11)
    c) "neles há pouca montanha," (v. 14)
    d) "sons que se despedaçam" (v. 22)

11. (FGV-SP) Assinale a alternativa em que o pronome VOCÊ exerça a função de sujeito do verbo destacado.
    a) CABE a você alcançar aquela peça do maleiro.
    b) Não ENCHAS o balão de ar, pois ele pode ser levado pelo vento.
    c) Ao CHEGAR, vi você perambulando pelo *shopping center* da Mooca.
    d) Ei, você, posso ENTRAR por esta rua?
    e) Na Estação Trianon-Masp desceu a Angelina; na Consolação, DESCEU você.

# AS RELAÇÕES SINTÁTICAS DENTRO DO SINTAGMA NOMINAL

## ADJUNTO ADNOMINAL

Representado por um adjetivo, um artigo, um pronome ou um numeral. Por gravitar em torno de um substantivo, exerce uma função adjetiva na oração. No período simples ou composto exerce sempre **função adjetiva**.

## COMPLEMENTO NOMINAL

Alguns nomes (é o caso de alguns substantivos, advérbios e adjetivos) não apresentam sentido completo, necessitando de complemento que, por oposição ao complemento verbal, é chamado de complemento nominal e apresenta-se sempre antecedido de preposição. No período simples ou composto exerce sempre **função substantiva**.

## APOSTO

Termo acessório que se relaciona ao núcleo de outro termo – via de regra, um substantivo – para esclarecê-lo ou explicá-lo, ao mesmo tempo que o retoma. É mais uma função substantiva da oração.

## VOCATIVO

Serve para chamar, invocar ou interpelar um ouvinte real ou hipotético. Em geral se relaciona à segunda pessoa do discurso, sendo representado por substantivo ou pronome.

# Exercícios

**Texto para a próxima questão.**

A questão a seguir toma por base uma passagem de um livro de José Ribeiro sobre o folclore nacional.

## Curupira

Na teogonia* tupi, o anhangá, gênio andante, espírito andejo ou vagabundo, destinava-se a proteger a caça do campo. Era imaginado, segundo a tradição colhida pelo Dr. Couto de Magalhães, sob a figura de um veado branco, com olhos de fogo.

Todo aquele que perseguisse um animal que estivesse amamentando corria o risco de ver Anhangá e a visão determinava logo a febre e, às vezes, a loucura. O caapora é o mesmo tipo mítico encontrado nas regiões central e meridional e aí representado por um homem enorme coberto de pelos negros por todo o rosto e por todo o corpo, ao qual se confiou a proteção da caça do mato. Tristonho e taciturno, anda sempre montado em um porco de grandes dimensões, dando de quando em vez um grito para impelir a vara. Quem o encontra adquire logo a certeza de ficar infeliz e de ser mal sucedido em tudo que intentar. Dele se originaram as expressões portuguesas caipora e caiporismo, como sinônimo de má sorte, infelicidade, desdita nos negócios. Bilac assim o descreve: "Companheiro do curupira, ou sua duplicata, é o Caapora, ora gigante, ora anão, montado num caititu, e cavalgando à frente de varas de porcos do mato, fumando cachimbo ou cigarro, pedindo fogo aos viajores; à frente dele voam os vaga-lumes, seus batedores, alumiando o caminho".

Ambos representam um só mito com diferente configuração e a mesma identidade com o curupira e o jurupari, numes que guardam a floresta. Todos convergem mais ou menos para o mesmo fim, sendo que o curupira é representado na região setentrional por um "pequeno tapuio" com os pés voltados para trás e sem os orifícios necessários para as secreções indispensáveis à vida, pelo que a gente do Pará diz que ele é músico. O Curupira ou Currupira, como é chamado no sul, aliás erroneamente, figura em uma infinidade de lendas tanto no norte como no sul do Brasil. No Pará, quando se viaja pelos rios e se ouve alguma pancada longínqua no meio dos bosques, "os romeiros dizem que é o Curupira que está batendo nas sapupemas, a ver se as árvores estão suficientemente fortes para sofrerem a ação de alguma tempestade que está próxima. A função do Curupira é proteger as florestas. Todo aquele que derriba, ou por qualquer modo estraga inutilmente as árvores, é punido por ele com a pena de errar tempos imensos pelos bosques, sem poder atinar com o caminho de casa, ou meio algum de chegar até os seus". Como se vê, qualquer desses tipos é a manifestação de um só mito em regiões e circunstâncias diferentes.

(*O Brasil no folclore*, 1970.)

Vocabulário:
* Teogonia, s.f.: 1. Filos. Doutrina mística relativa ao nascimento dos deuses, e que frequentemente se relaciona com a formação do mundo. 2. Conjunto de divindades cujo culto forma o sistema religioso dum povo politeísta. (*Dicionário Aurélio Eletrônico – Século XXI*.)

1. (Unesp-SP) [...] à frente dele voam os vaga-lumes, seus batedores, alumiando o caminho.
Eliminando-se o aposto, a frase em destaque apresentará, de acordo com a norma-padrão, a seguinte forma:
   a) à frente voam os vaga-lumes, seus batedores, alumiando o caminho.
   b) à frente dele voam os vaga-lumes batedores, alumiando o caminho.
   c) à frente dele voam seus batedores, alumiando o caminho.
   d) à frente dele voam os vaga-lumes, alumiando o caminho.
   e) à frente dele voam os vaga-lumes, seus batedores, alumiando.

**Texto para a próxima questão.**

## Bem-aventurados

Bem-aventurados os pintores escorrendo luz
Que se expressam em verde
Azul
Ocre
Cinza
Zarcão!
Bem-aventurados os músicos...
E os bailarinos
E os mímicos
E os matemáticos...
Cada qual na sua expressão!

Só o poeta é que tem de lidar com a ingrata
[linguagem alheia...

A impura linguagem dos homens!

Mário Quintana

2. (UFF-RJ) Em relação à sintaxe do texto "Bem-aventurados", afirma-se que:
   a) o substantivo PINTORES (v. 1) é modificado por uma oração com função de adjunto adnominal;
   b) o pronome pessoal SE (v. 2) estabelece coesão textual, apontando um referente que o sucede;
   c) a repetição da conjunção coordenativa E (v. 8, 9, 10) reproduz, sem intenção estilística, um emprego frequente na oralidade;
   d) a expressão É QUE (v. 12) introduz um predicado nominal, na construção do período;
   e) a anteposição de IMPURA (v. 13) reitera a colocação frequente dos adjetivos no registro coloquial.

**Texto para a próxima questão.**

Portal do Assinante Estadão. Aqui não há visitantes, só gente de casa.

O *Portal do Assinante Estadão* é um lugar dedicado especialmente a você, 24 horas por dia, feito para as pessoas se sentirem em casa. Veja alguns privilégios: entrega em dois endereços, transferência temporária, interrupção de entrega, promoções exclusivas do Clube do Assinante, informações sobre o jornal. Entre sem bater, fique à vontade e acesse. Afinal, a casa é sua.

3. (UPM-SP) É correto afirmar que

a) as orações "entrega em dois endereços, transferência temporária,... informações sobre o jornal", funcionando como aposto, sintetizam o conteúdo detalhado em "alguns privilégios".

b) as formas verbais "veja", "entre", "fique" e "acesse" concordam com a expressão "as pessoas", empregada no início do texto.

c) no trecho "entrega em dois endereços", o segmento "em dois endereços" oferece uma circunstância de lugar à forma verbal "entrega", funcionando, portanto, como adjunto adverbial.

d) no trecho "Um lugar dedicado ESPECIALMENTE a você", o advérbio sugere, ao mesmo tempo, exclusividade e preferência.

e) no trecho "a casa é sua", o pronome possessivo "sua" funciona como adjunto adnominal de "casa", tal como o artigo "a".

4. (UFSM-RS)

*Liberdade* - Quino.

Na difícil interação das personagens em busca da identificação de um triângulo, o vocativo e o aposto constituem, respectivamente, conjuntos

a) unitário – vazio.

b) vazio – unitário.

c) unitário – binário.

d) binário – unitário.

e) vazio – vazio.

**Texto para a próxima questão.**

Joaquim Maria Machado de Assis é cronista, contista, dramaturgo, jornalista, poeta, novelista, romancista, crítico e ensaísta.

Em 2008, comemora-se o centenário de sua morte, ocorrida em setembro de 1908. Machado de Assis é considerado o mais canônico escritor da Literatura Brasileira e deixou uma rica produção literária composta de textos dos mais variados gêneros, em que se destacam o conto e o romance.

Segue o texto desse autor, em poesia.

### A Carolina

Querida, ao pé do leito derradeiro
Em que descansas dessa longa vida,
Aqui venho e virei, pobre querida,
Trazer-te o coração do companheiro.

Pulsa-lhe aquele afeto verdadeiro
Que, a despeito de toda a humana lida,
Fez a nossa existência apetecida
E num recanto pôs um mundo inteiro.

Trago-te flores, – restos arrancados
Da terra que nos viu passar unidos,
São pensamentos idos e vividos.

Que eu, se tenho nos olhos mal feridos
Pensamentos de vida formulados,
São pensamentos idos e vividos.

(Machado de Assis)

5. (Ibmec-RJ) Qual das seguintes opções apresenta classificação sintática INCORRETA dos termos em destaque:

a) "Trago-TE flores..." – objeto indireto

b) "Aqui venho e virei, POBRE QUERIDA..." – vocativo

c) "da terra QUE nos viu passar" – sujeito

d) "existência APETECIDA" – adjunto adnominal

e) "São pensamentos IDOS E VIVIDOS" – adjunto adnominal

**Texto para a próxima questão.**

### Trechos da carta de Pero Vaz de Caminha

Muitos deles ou quase a maior parte dos que andavam ali traziam aqueles bicos de osso nos beiços. E alguns, que andavam sem eles, tinham os beiços furados e nos buracos uns [1]espelhos de pau, que pareciam espelhos de borracha; outros traziam três daqueles bicos, a saber, um no meio e os dois nos cabos. Aí andavam outros, quartejados de cores, a saber, metade deles da sua própria cor, e metade de [2]tintura preta, a modos de azulada; e outros quartejados de [3]escaques. Ali andavam entre eles três ou quatro moças, bem moças e bem gentis, com cabelos muito pretos, compridos pelas espáduas, e suas vergonhas tão altas, tão cerradinhas e tão limpas das cabeleiras que, de as muito bem olharmos, não tínhamos nenhuma vergonha.

Esta terra, Senhor, me parece que da ponta que mais contra o sul vimos até a outra ponta que contra o norte vem, de que nós deste porto houvemos vista, será tamanha que haverá nela bem vinte ou vinte e cinco léguas por costa. Tem, ao longo do mar, nalgumas partes, grandes barreiras, delas vermelhas, delas brancas; e a terra por cima toda chã e muito cheia de grandes arvoredos. De ponta a ponta, é toda praia [4]parma, muito [5]chã e muito formosa.

Pelo sertão nos pareceu, vista do mar, muito grande, porque, a estender olhos, não podíamos ver senão terra com arvoredos, que nos parecia muito longa. Nela, até agora, não pudemos saber que haja ouro, nem prata, nem coisa alguma de metal ou ferro; nem lho vimos. Porém a terra em si é de muito bons ares, assim frios e temperados, como os de Entre Douro e Minho, porque neste tempo de agora os achávamos como os de lá.

Águas são muitas: infindas. E em tal maneira é graciosa que, querendo-a aproveitar, dar-se-á nela tudo, por bem das águas que tem.

(Carta de Pero Vaz de Caminha. *In:* PEREIRA, Paulo Roberto (org.) *Os três únicos testemunhos do descobrimento do Brasil.* Rio de Janeiro: Lacerda, 1999, p. 39-40.)

Vocabulário:

1 – "espelhos de pau, que pareciam espelhos de borracha": associação de imagem com a tampa de um vasilhame de couro, para transportar água ou vinho, que recebia o nome de "espelho" por ser feita de madeira polida.

2 – "tintura preta, a modos de azulada": é uma tintura feita com o sumo do fruto jenipapo.

3 – "escaques": quadrados de cores alternadas como os do tabuleiro de xadrez.

4 – "parma": lisa como a palma da mão.

5 – "chã": terreno plano, planície.

**6.** (PUC-SP) Observe os fragmentos:

I. "... custou-lhe a história uma forte sarabanda..."
II. "... o amor e o ciúme lhe ocupavam a alma..."

O "lhe", pronome pessoal do caso oblíquo átono, pode exercer diferentes funções sintáticas.
Depois de analisar os trechos acima, assinale a alternativa que indica a função exercida por esse pronome em cada um dos fragmentos, respectivamente:

a) objeto indireto – objeto indireto
b) complemento nominal – adjunto adnominal
c) adjunto adnominal – adjunto adnominal
d) objeto indireto – adjunto adnominal
e) objeto indireto – complemento nominal

**Texto para a próxima questão.**

Na questão a seguir julgue os itens e escreva nos parênteses (V) se for verdadeiro ou (F) se for falso.

**7.** (UFMT) De acordo com o texto:

O estudioso americano Edward Peters, autor do livro TORTURA, tem uma explicação definitiva para mostrar como e porque a prática se perpetua em determinadas sociedades: "O futuro da tortura depende do que a sociedade faz com o torturador."

(O poder da pauleira e do choque – "Veja", 01/11/95)

Julgue os itens.

( ) As vírgulas estão adequadamente empregadas: separam um aposto dos demais termos.

( ) A última oração do período é subordinada substantiva completiva nominal.

( ) No vocábulo "explicação" (linha 2) a letra *x* representa a combinação de dois fonemas.

**8.** (ITA-SP) A questão a seguir refere-se ao texto adiante. Analise-a e assinale a alternativa incorreta.

## Litania dos Pobres

Cruz e Souza

Os miseráveis, os rotos
São as flores dos esgotos

São espectros implacáveis
Os rotos, os miseráveis.

São prantos negros de furnas
Caladas, mudas, soturnas.

São os grandes visionários
Dos abismos tumultuários.

As sombras das sombras mortas,
Cegos, a tatear nas portas.

Procurando os céus, aflitos
E varando os céus de gritos.

Inúteis, cansados braços
Mãos inquietas, estendidas.

a) 'de gritos' (v. 12) se liga sintaticamente a varando (v. 12) e não a céu (v. 12).

b) 'de gritos' (v. 12) é adjunto adnominal.

c) Os adjetivos do verso 6 concordam com 'furnas' (v. 5) mas são qualificativos indiretos de os 'miseráveis' (v. 1).

d) 'varando' (v. 12) tem a mesma classificação sintática que 'procurando' (v. 11).

e) 'As sombras das sombras' (v. 9) é um exagero poético, uma hipérbole.

RESUMO

# AS RELAÇÕES SINTÁTICAS DENTRO DO SINTAGMA VERBAL

## AGENTE DA PASSIVA

Termo que só aparece em orações cujo verbo está na voz passiva analítica. Designa o ser que pratica a ação do verbo (daí ser chamado de "agente") e vem sempre antecedido por preposição. Na voz passiva, o sujeito da frase é o ser que sofre a ação.

### Função sintática

Como o agente da passiva é o ser que pratica a ação, ele será sempre representado por um substantivo ou por uma palavra com valor de substantivo. Trata-se, portanto, de outro caso de **função substantiva** da oração.

### No período composto

Uma oração inteira pode funcionar como agente da passiva; trata-se de uma **oração subordinada** (é termo de uma oração principal) **substantiva** (tem valor de substantivo) **agente da passiva** (exerce a função de agente da passiva).

## COMPLEMENTOS VERBAIS

Quando o sentido do verbo transita, isto é, segue adiante, passando para o complemento, o verbo é transitivo.
Os complementos verbais são chamados de **objetos** e têm **função substantiva** na oração.

### Objetos

- **Diretos**: Não são introduzidos por preposição, integram o sentido de um verbo transitivo direto.
- **Indiretos**: São introduzidos por preposição, integram o sentido de um verbo transitivo indireto.

### No período composto

Uma oração inteira pode funcionar como objeto: trata-se de uma oração subordinada substantiva objetiva direta ou indireta.

## ADJUNTO ADVERBIAL

É o termo da oração que indica uma circunstância do verbo, ou intensifica e modifica o sentido de um verbo, de um adjetivo ou de outro advérbio. Os adjuntos adverbiais podem ser agrupados de acordo com a circunstância que expressam: lugar, tempo, modo, negação, afirmação, dúvida, intensidade, etc.

### No período simples

São representados por advérbios ou locuções adverbiais.

### No período composto

Uma oração inteira pode funcionar como adjunto adverbial: trata-se de uma **oração subordinada** (é termo de uma oração principal) **adverbial** (tem valor de advérbio).

# Exercícios

**Texto para a próxima questão.**

## O fim do *marketing*

*A empresa vende ao consumidor – com a* web *não é mais assim.*

Com a internet se tornando onipresente, os Quatro Ps do *marketing* – produto, praça, preço e promoção – não funcionam mais. O paradigma era simples e unidirecional: as empresas vendem aos consumidores. Nós criamos produtos; fixamos preços; definimos os locais onde vendê-los; e fazemos anúncios. Nós controlamos a mensagem. A internet transforma todas essas atividades.

(...)

Os produtos agora são customizados em massa, envolvem serviços e são marcados pelo conhecimento e os gostos dos consumidores. Por meio de comunidades *on-line*, os consumidores hoje participam do desenvolvimento do produto. Produtos estão se tornando experiências. Estão mortas as velhas concepções industriais na definição e *marketing* de produtos.

(...)

Graças às vendas *on-line* e à nova dinâmica do mercado, os preços fixados pelo fornecedor estão sendo cada vez mais desafiados. Hoje questionamos até o conceito de "preço", à medida que os consumidores ganham acesso a ferramentas que lhes permitem determinar quanto querem pagar. Os consumidores vão oferecer vários preços por um produto, dependendo de condições específicas. Compradores e vendedores trocam mais informações e o preço se torna fluido. Os mercados, e não as empresas, decidem sobre os preços de produtos e serviços.

(...)

A empresa moderna compete em dois mundos: um físico (a praça, ou *marketplace*) e um mundo digital de informação (o espaço mercadológico, ou *marketspace*). As empresas não devem preocupar-se com a criação de um *web site* vistoso, mas sim de uma grande comunidade *on-line* e com o capital de relacionamento. Corações, e não olhos, são o que conta. Dentro de uma década, a maioria dos produtos será vendida no espaço mercadológico. Uma nova fronteira de comércio é a *marketface* – a interface entre o *marketplace* e o *marketspace*.

(...)

Publicidade, promoção, relações públicas etc. exploram "mensagens" unidirecionais, de um-para-muitos e de tamanho único, dirigidas a consumidores sem rosto e sem poder. As comunidades *on-line* perturbam drasticamente esse modelo. Os consumidores com frequência têm acesso a informações sobre os produtos, e o poder passa para o lado deles. São eles que controlam as regras do mercado, não você. Eles escolhem o meio e a mensagem. Em vez de receber mensagens enviadas por profissionais de relações públicas, eles criam a "opinião pública" *on-line*.

Os marqueteiros estão perdendo o controle, e isso é muito bom.

(Don Tapscott. O fim do *marketing*. INFO, São Paulo, Editora Abril, janeiro 2011, p. 22.)

1. (Unesp-SP) Nós criamos **produtos**; fixamos **preços**; definimos **os locais** onde vendê-los; e fazemos **anúncios**. Nós controlamos **a mensagem**.
Nas orações que compõem os dois períodos transcritos, os termos destacados exercem a função de
a) sujeito.
b) objeto direto.
c) objeto indireto.
d) predicativo do sujeito.
e) predicativo do objeto.

**Texto para a próxima questão.**

## Mudança no clima afeta mais os pobres, diz secretário da ONU

*Após alerta climático da ONU, reunião com ministros do Meio Ambiente de cem países pretende estudar modificações no comércio global para salvar o planeta*

"Agência Reuters"

NAIRÓBI, Quênia – Os pobres do mundo, embora sejam os menos responsáveis pelo aquecimento global, serão os mais afetados pelo fenômeno, disse na segunda-feira o secretário-geral da Organização das Nações Unidas (ONU), Ban Ki-moon, a ministros de Meio Ambiente de vários países. Eles estão reunidos em Nairóbi, capital do Quênia, para estudar modificações no comércio global de modo a salvar o planeta.

"A degradação do ambiente global continua incontida, e os efeitos da mudança climática estão sendo sentidos em todo o globo", disse Ban em nota que ecoa o relatório divulgado na semana passada pela ONU que apontava as atividades humanas como principais causas do aquecimento.

Em um discurso atribuído a Ban no início da reunião ministerial de Nairóbi, capital do Quênia, o secretário-geral afirmou que todos os países vão sentir os efeitos adversos das mudanças climáticas. "Mas são os pobres, na África e em pequenos Estados insulares, que vão sofrer mais, mesmo que sejam os menos responsáveis pelo aquecimento global", afirmou.

Especialistas dizem que a África é o continente que menos emite gases do efeito estufa, como o dióxido de carbono, mas que devido à pobreza e à geografia é a região que tem mais a perder. Símbolos disso são a desertificação em torno do Saara e a redução da capa de gelo do monte Kilimanjaro.

Agências ambientais da ONU pressionam Ban a se empenhar na busca por um tratado que suceda ao Protocolo de Kyoto, que prevê a redução nas emissões globais de poluentes, mas expira em 2012.

Os governos estão sob pressão para agirem à luz das conclusões do Painel Intergovernamental sobre Mudança Climática da ONU, que apontou grande probabilidade de que no futuro haja mais tempestades, secas, ondas de calor provocadas pela queima de combustíveis fósseis e outras atividades.

**Alternativas**

Achim Steiner, chefe do Programa Ambiental da ONU, que organiza o encontro de uma semana dos quase cem ministros, disse que a globalização está esgotando os recursos mundiais, sem oferecer os benefícios esperados.

Mas há muitos exemplos de gerenciamento sustentável, lembrou ele, citando a certificação de recursos como madeira e pesca para evitar a exploração ilegal e mecanismos "criativos", como o mercado de carbono, ou seja, de créditos para a emissão de poluentes, que se amplia rapidamente.

"Precisamos valorizar o poder do consumidor, atender aos apelos por regulamentação internacional para o setor privado e impor padrões e normas realistas para os mercados globalizados", disse Steiner em nota antes da reunião.

**Relatório climático**

O encontro ocorre sob o impacto do relatório da ONU, de acordo com o qual há mais de 90% de probabilidade de que o aquecimento global tenha como principal causa o fator humano.

Funcionários da ONU esperam que o estudo incentive governos – especialmente o dos EUA, maior poluidor mundial – e empresas a se empenharem mais na redução dos gases do efeito estufa, emitidos principalmente por usinas termelétricas, fábricas e carros.

O encontro desta semana do Conselho do Programa Ambiental da ONU no Quênia discutirá também a crescente ameaça da poluição por mercúrio, a demanda por biocombustíveis e reformas na ONU.

Pela primeira vez, o evento receberá dirigentes de outras agências, como Pascal Lamy, da Organização Mundial do Comércio (OMC).

"Acredito que a presença (de Lamy) mostra que não há mais um tráfego de mão única a respeito do comércio e meio ambiente", disse Steiner.

Fonte: www.estadao.com.br/2007/fev/05/85.htm

2. (PUC-SP) Considerando o trecho "Os governos estão [1] SOB PRESSÃO [2] PARA AGIREM À LUZ DAS CONCLUSÕES DO PAINEL INTERGOVERNAMENTAL SOBRE MUDANÇA CLIMÁTICA DA ONU, que apontou grande probabilidade [3] DE QUE NO FUTURO HAJA MAIS TEMPESTADES, SECAS, ONDAS DE CALOR PROVOCADAS [4], PELA QUEIMA DE COMBUSTÍVEIS FÓSSEIS E OUTRAS ATIVIDADES", os termos destacados e numerados exercem, respectivamente, a função sintática de
   a) predicativo do sujeito, adjunto adverbial de finalidade, complemento nominal e agente da passiva.
   b) predicativo do sujeito, adjunto adverbial de conformidade, objeto indireto e sujeito paciente.
   c) adjunto adverbial de modo, adjunto adverbial de consequência, objeto direto preposicionado e aposto.
   d) adjunto adnominal, adjunto adverbial de afirmação, adjunto adnominal e complemento nominal.
   e) adjunto adverbial de companhia, adjunto adverbial de proporção, agente da passiva e objeto indireto.

**Texto para a próxima questão.**

Inquieta, olhou em torno. Os ramos se balançavam, as sombras vacilavam no chão. Um pardal ciscava na terra. E de repente, com mal-estar, pareceu-lhe ter caído numa emboscada. Fazia-se no Jardim um trabalho secreto do qual ela começava a se aperceber.

Nas árvores as frutas eram pretas, doces como mel. Havia no chão caroços secos cheios de circunvoluções, como pequenos cérebros apodrecidos. O banco estava manchado de sucos roxos. Com suavidade intensa rumorejavam as águas. No tronco da árvore pregavam-se as luxuosas patas de uma aranha. A crueza do mundo era tranquila. O assassinato era profundo. E a morte não era o que pensávamos.

Ao mesmo tempo que imaginário – era um mundo de se comer com os dentes, um mundo de volumosas dálias e tulipas. Os troncos eram percorridos por parasitas folhudas, o abraço era macio, colado. Como a repulsa que precedesse uma entrega – era fascinante, a mulher tinha nojo, e era fascinante.

As árvores estavam carregadas, o mundo era tão rico que apodrecia. Quando Ana pensou que havia crianças e homens grandes com fome, a náusea subiu-lhe à garganta, como se ela estivesse grávida e abandonada. A moral do Jardim era outra. Agora que o cego a guiara até ele, estremecia nos primeiros passos de um mundo faiscante, sombrio, onde vitórias-régias boiavam monstruosas. As pequenas flores espalhadas na relva não lhe pareciam amarelas ou rosadas, mas cor de mau ouro e escarlates. A decomposição era profunda, perfumada... Mas todas as pesadas coisas, ela via com a cabeça rodeada por um enxame de insetos enviados pela vida mais fina do mundo. A brisa se insinuava entre as flores. Ana mais adivinhava que sentia o seu cheiro adocicado... O Jardim era tão bonito que ela teve medo do Inferno.

Era quase noite agora e tudo parecia cheio, pesado, um esquilo voou na sombra. Sob os pés a terra estava fofa, Ana aspirava-a com delícia. Era fascinante, e ela sentia nojo.

(LISPECTOR, Clarice. *Laços de Família*. Rio de Janeiro: Sabiá, 1973, p. 24-25)

3. (UFC-CE) No trecho "Mas TODAS AS PESADAS COISAS, ela via com a cabeça rodeada por um enxame de insetos (...)" (par. 4), o segmento destacado constitui:
   a) adjunto anteposto ao sujeito, para reforçar a presença da metáfora.
   b) complemento deslocado da forma verbal VIA para chamar a atenção sobre ele.
   c) aposto, para explicar o estado psicológico em que se encontrava a personagem.
   d) objeto direto fora de sua posição normal, para enfatizar a noção adversativa de "Mas".
   e) termo sem relação sintática com o resto do período para indicar pensamentos desordenados.

**Textos para a próxima questão.**

*Texto I*

## O Espelho

É um retângulo de luar aquecido no quarto
– que a lua não recolheu na sua pressa noturna
Imitador como um plagiário
decalca servilmente a imagem que reflete.
Não tem memórias. Não guarda
na sua glacial retina indiferente
o brilho de um olhar e a flor de um gesto.
Entretanto
o corpo núbil dela deu-lhe estátuas
miraculosamente lindas!

(Menotti del Picchia)

*Texto II*

## Interrogações

"Certa vez estranhei a ausência de espelhos nos sonhos.

Talvez porque neles não nos podemos ver, como no velho conto do homem que perdeu a sombra.

Pelo contrário, seremos tão nós mesmos a ponto de dispensar o testemunho dos reflexos?

Ou será tão outra a nossa verdadeira imagem – e aqui começa um arrepio de medo – que seríamos incapazes de a reconhecer naquilo que de repente nos olhasse do fundo de um espelho?

Em todo caso, lá deve ter suas razões o misterioso cenarista dos sonhos..."

(Mario Quintana)

4. (Unirio-RJ) Marque a opção INCORRETA quanto à função sintática do termo em destaque.
   a) "... QUE a lua não recolheu na sua pressa noturna..." (texto I – l. 2) – objeto direto
   b) "... o brilho DE UM OLHAR..." (texto I – l. 7) – adjunto adnominal
   c) "... o corpo núbil dela deu-LHE estátuas..." (texto I – l. 9) – objeto indireto
   d) "... que de repente NOS olhasse do fundo de um espelho?" (texto II – par. 4) – objeto direto
   e) "... LÁ deve ter suas razões o misterioso cenarista dos sonhos..." (texto II – par. 5) – adjunto adverbial de lugar

**Texto para a próxima questão.**

## Investimento sem risco

"Em julho do ano passado, EXAME encomendou ao jornalista [1]Stephen Hugh-Jones, editor da seção de assuntos internacionais da centenária revista inglesa *The Economist*, um [2]artigo para a edição especial sobre o primeiro ano do Plano Real. (...) Aqui, chocou-o profundamente a constatação de que quase um quinto da população brasileira com idade superior a 15 anos não sabia ler nem escrever. Em números absolutos, isso significa quase 20 milhões de pessoas materialmente incapacitadas, em função da ignorância, para fruir do desenvolvimento ou colaborar com ele. Essa cifra triplica caso sejam incluídos os chamados analfabetos funcionais, isto é, aquelas pessoas que não completaram a 4ª série do primário. (...) Não se trata, apenas, de uma questão elementar de justiça. O sistema educacional brasileiro simplesmente não faz sentido do ponto de vista econômico. As dezenas de milhões de brasileiros desprovidos de educação não têm (nem terão) chances reais de obter renda, não consomem mais do que produtos básicos, não pagam impostos, não produzem bens ou serviços com real valor econômico, não estão aptos a ser empregados num número crescente de atividades."

(*EXAME*, 17/07/1996)

5. (FEI-SP) Observe os termos indicados no texto: "ao jornalista Stephen Hugh-Jones" (ref. 1) e "um artigo" (ref. 2). Em análise sintática, classificamos os termos destacados respectivamente como:
   a) objeto direto e objeto indireto.
   b) complemento nominal e objeto direto.
   c) adjunto adverbial e aposto.
   d) objeto indireto e objeto direto.
   e) objeto indireto e adjunto adverbial.

**Texto para a próxima questão.**

Iria morrer, quem sabe naquela noite mesmo? E que tinha ele feito de sua vida? Nada. Levara toda ela atrás da miragem de estudar a pátria, por amá-la e querê-la muito, no intuito de contribuir para a sua felicidade e prosperidade. Gastara a sua mocidade nisso, a sua virilidade também; e, agora que estava na velhice, como ela o recompensava, como ela o premiava, como ela o condecorava? Matando-o. E o que não deixara de ver, de gozar, de fruir, na sua vida? Tudo. Não brincara, não pandegara, não amara – todo esse lado da existência que parece fugir um pouco à sua tristeza necessária, ele não vira, ele não provara, ele não experimentara.

Desde dezoito anos que o tal patriotismo lhe absorvia e por ele fizera a tolice de estudar inutilidades. Que lhe importavam os rios? Eram grandes? Pois se fossem... Em que lhe contribuiria para a felicidade saber o nome dos heróis do Brasil? Em nada... O importante é que ele tivesse sido feliz. Foi? Não. Lembrou-se das suas causas de tupi, do *folklore*, das suas tentativas agrícolas... Restava disso tudo em sua alma uma satisfação? Nenhuma! Nenhuma!

Lima Barreto

6. (PUC-SP) No período:
"Não brincara, não pandegara, não amara – todo esse lado da existência que parece fugir um pouco à sua tristeza necessária, ele não vira, ele não provara, ele não experimentara", as últimas orações – "não vira", "não provara", "não experimentara", têm a mesma organização sintática, e seus predicados são:
a) verbais, formados por verbos transitivos diretos, complementados por um objeto direto explícito no período.
b) verbais, formados por verbos intransitivos.
c) verbais, formados por verbos transitivos indiretos, complementados por um objeto indireto não explícito no período.
d) verbais, formados por verbos transitivos direto e indireto.
e) verbo-nominais, formado por verbos e predicativos do sujeito.

**Texto para a próxima questão.**

### Os Três Amores

I
MINH'ALMA é como a fronte sonhadora
Do louco bardo, que Ferrara chora...
Sou Tasso!... a primavera de teus risos
De minha vida as solidões enflora...
Longe de ti eu bebo os teus perfumes,
Sigo na terra de teu passo os lumes...
– Tu és Eleonora...

II
Meu coração desmaia pensativo,
Cismando em tua rosa predileta.
Sou teu pálido amante vaporoso,
Sou teu Romeu... teu lânguido poeta!
Sonho-te às vezes virgem... seminua
Roubo-te um casto beijo à luz da lua
– E tu és Julieta...

III
Na volúpia das noites andaluzas
O sangue ardente em minhas veias rola...
Sou D. Juan!... Donzelas amorosas,
Vós conheceis-me os trenos na viola!
Sobre o leito do amor teu seio brilha...
Eu morro, se desfaço-te a mantilha...
Tu és – Júlia, a Espanhola!...

Castro Alves

7. (Cesgranrio-RJ) As expressões "Sou Tasso!...", "– Tu és Eleonora", "Sou teu Romeu..." e "Sou D. Juan" apresentam os substantivos próprios na função de:
a) vocativo.
b) predicativo do sujeito.
c) predicativo do objeto.
d) objeto direto.
e) adjunto adnominal.

**Texto para a próxima questão.**

### Meu povo, meu poema

Meu povo e meu poema crescem juntos
como cresce no fruto
a árvore nova

No povo meu poema vai nascendo
como no canavial
nasce verde o açúcar

No povo meu poema está maduro
como o sol
na garganta do futuro

Meu povo em meu poema
se reflete
como a espiga se funde em terra fértil

Ao povo seu poema aqui devolvo
menos como quem canta
do que planta

(Ferreira Gullar)

8. (Cesgranrio-RJ) Os termos "No povo" (v. 7) e "Ao povo" (v. 13), exercem, respectivamente, as funções sintáticas de:
a) objeto indireto – adjunto adverbial
b) objeto indireto – complemento nominal
c) complemento nominal – objeto indireto
d) adjunto adverbial – adjunto adverbial
e) adjunto adverbial – objeto indireto

**Texto para a próxima questão.**

Os trechos a seguir foram extraídos de diferentes capítulos da obra SÃO BERNARDO, de Graciliano Ramos.

"RESOLVI estabelecer-me aqui na minha terra, município de Viçosa, Alagoas, e logo planeei adquirir a propriedade S. Bernardo, onde trabalhei, no eito, com salário de cinco tostões." (Cap. 4)

"AMANHECI um dia pensando em casar. Foi uma ideia que me veio sem que nenhum rabo de saia a provocasse. Não me ocupo com amores, devem ter notado, e sempre me pareceu que mulher é um bicho esquisito, difícil de governar." (Cap. 11)

"CONHECI que Madalena era boa em demasia, mas não conheci tudo de uma vez. Ela se revelou pouco a pouco, e nunca se revelou inteiramente. A culpa foi minha, ou antes, a culpa foi desta vida agreste, que me deu uma alma agreste." (Cap. 19)

9. (PUC-SP) As orações subordinadas desempenham funções sintáticas nas orações principais. Considerando, no terceiro trecho, os períodos:

I. "Conheci QUE MADALENA ERA BOA EM DEMASIA, mas não conheci tudo de uma vez."

II. "A culpa foi minha, ou antes, a culpa foi desta vida agreste, QUE ME DEU UMA ALMA AGRESTE."

Pode-se dizer que as orações em destaque simples desempenham, respectivamente, funções sintáticas de:

a) objeto direto e adjunto adnominal.
b) adjunto adverbial e sujeito.
c) objeto indireto e adjunto adverbial.
d) sujeito e adjunto adverbial.
e) adjunto adnominal e sujeito.

**Texto para a próxima questão.**

A questão da descriminalização das drogas se presta a frequentes simplificações de caráter maniqueísta, que acabam por estreitar um problema extremamente complexo, permanecendo a discussão quase sempre em torno da droga que está mais em evidência.

Vários aspectos relacionados ao problema (abuso das chamadas drogas lícitas, como medicamentos, inalação de solventes, etc.) ou não são discutidos, ou não merecem a devida atenção. A sociedade parece ser pouco sensível, por exemplo, aos problemas do alcoolismo, que representa a primeira causa de internação da população adulta masculina em hospitais psiquiátricos. Recente estudo epidemiológico realizado em São Paulo apontou que 8% a 10% da população adulta apresentavam problemas de abuso ou dependência de álcool. Por outro lado, a comunidade mostra-se extremamente sensível ao uso e abuso de drogas ilícitas, como maconha, cocaína, heroína, etc.

Dois grupos mantêm acalorada discussão. O primeiro acredita que somente penalizando traficantes e usuários pode-se controlar o problema, atitude essa centrada, evidentemente, em aspectos repressivos.

Essa corrente atingiu o seu maior momento logo após o movimento militar de 1964. Seus representantes acreditam, por exemplo, que "no fim da linha" usuários fazem sempre um pequeno comércio, o que, no fundo, os igualaria aos traficantes, dificultando o papel da Justiça. Como solução, apontam, com frequência, para os reconhecidamente muito dependentes, programas extensos a serem desenvolvidos em fazendas de recuperação, transformando o tratamento em um programa agrário.

Na outra ponta, um grupo "neoliberal" busca uma solução nas regras do mercado. Seus integrantes acreditam que, liberando e taxando essas drogas através de impostos, poderiam neutralizar seu comércio, seu uso e seu abuso. As experiências dessa natureza em curso em outros países não apresentam resultados animadores.

Como uma terceira opção, pode-se olhar a questão considerando diversos ângulos. O usuário eventual não necessita de tratamento, deve ser apenas alertado para os riscos. O dependente deve ser tratado, e, para isso, a descriminalização do usuário é fundamental, pois facilitaria muito seu pedido de ajuda. O traficante e o produtor devem ser penalizados. Quanto ao argumento de que usuários vendem parte do produto: é fruto de desconhecimento de como se dão as relações e as trocas entre eles.

Duplamente penalizados, pela doença (dependência) e pela lei, os usuários aguardam melhores projetos, que cuidem não só dos aspectos legais, mas também dos aspectos de saúde que são inerentes ao problema.

(Adaptado de Marcos P. T. Ferraz, *Folha de S.Paulo*)

10. (PUCC-SP) Como solução, apontam, com frequência, para os reconhecidamente muito dependentes, programas extensos.

Sobre a frase anterior é INCORRETO afirmar-se que:

a) o sujeito é inexistente.
b) "com frequência" é um adjunto adverbial.
c) "os reconhecidamente muito dependentes" é o objeto indireto.
d) "programas extensos" é o objeto direto.
e) "extensos" é adjunto adnominal.

# LINGUAGEM – SOCIALIZAÇÃO E ENUNCIAÇÃO

## LINGUAGEM E SOCIALIZAÇÃO

Linguagem humana é todo sistema que, por meio da organização de símbolos atrelados a sons, permite ao homem expressar-se ou representar ideias, desejos, sentimentos, emoções. Essa representação possibilita o entendimento por meio da escuta ou da escritura, o que concretiza a dinâmica da interação, da comunicação e, consequentemente, da socialização.

### Linguagem verbal e não verbal

- **Verbal**: é aquela que utiliza a língua (falada ou escrita).
- **Não verbal**: é aquela que utiliza qualquer sistema que não seja a palavra.

### Signos visuais

São componentes básicos dos códigos, que possibilitam a expressão de uma ideia substituindo determinados objetos.

#### Ícone

Signo que apresenta relação de semelhança ou analogia com o objeto a que se refere (é metafórico). São ícones: a fotografia, o diagrama, a planta de uma casa, etc.

#### Índice

Signo que mantém uma relação natural causal, ou de contiguidade física, com o objeto a que se refere (é metonímico). São índices: a fumaça, que indica a presença de fogo; a nuvem negra no céu indicando chuva; uma pegada indicando a passagem de alguém, etc.

#### Símbolo

Signo que se fundamenta numa convenção social e que, por isso, mantém uma relação convencional com o objeto a que se refere; é arbitrário, é imotivado. São exemplos de símbolos: o signo linguístico, a pomba branca (representação da paz), a cor vermelha (representação de perigo), etc.

### A enunciação

Engloba o processo de comunicação como um todo, abrangendo diversos elementos que o condicionam e o modificam.

#### O enunciado

É o resultado de um processo comunicativo efetivo, condicionado por diversos elementos; já a frase é o resultado de uma combinação possível, compreensível e de sentido completo, em determinada língua, mas não contextualizada.

#### Adequação

Um enunciado pode ser considerado **adequado** quando é apropriado aos elementos presentes no processo de comunicação, atendendo às necessidades dos falantes. Isso significa que a linguagem do texto deve estar adequada à situação, ao interlocutor e à intencionalidade do falante.

#### O processo de comunicação

Efetiva-se num enunciado falado ou escrito. Portanto, distinguem-se duas modalidades para a interação social pela linguagem: a falada e a escrita.

# Exercícios

**Texto para a próxima questão.**

## A invasão dos blablablás

O planeta é dividido entre as pessoas que falam no cinema – e as que não falam. É uma divisão recente. Por décadas, os falantes foram minoria. E uma minoria reprimida. Quando alguém abria a boca na sala escura, recebia logo um shhhhhhhhhhhhh. E voltava ao estado silencioso de onde nunca deveria ter saído. Todo pai ou mãe que honrava seu lugar de educador ensinava a seus filhos que o cinema era um lugar de reverência. Sentados na poltrona, as luzes se apagavam, uma música solene saía das caixas de som, as cortinas se abriam e um novo mundo começava. Sem sair do lugar, vivíamos outras vidas, viajávamos por lugares desconhecidos, chorávamos, ríamos, nos apaixonávamos. Sentados ao lado de desconhecidos, passávamos por todos os estados de alma de uma vida inteira sem trocar uma palavra. Comungávamos em silêncio do mesmo encantamento.

(...)

Percebi na sexta-feira que não ia ao cinema havia três meses. Não por falta de tempo, porque trabalhar muito não é uma novidade para mim. Mas porque fui expulsa do cinema. Devagar, aos poucos, mas expulsa. Pertenço, desde sempre, às fileiras dos silenciosos. Anos atrás, nem imaginava que pudesse haver outro comportamento além do silêncio absoluto no cinema. Assim como não imagino alguém cochichando em qualquer lugar onde entramos com o compromisso de escutar.

Não é uma questão de estilo, de gosto. Pertence ao campo do respeito, da ética. Cinema é a experiência da escuta de uma vida outra, que fala à nossa, mas nós não falamos uns com os outros. No cinema, só quem fala são os atores do filme. Nós calamos para que eles possam falar. Nossa vida cala para que outra fale.

Isso era cinema. Agora mudou. É estarrecedor, mas os blablablás venceram. Tomaram conta das salas de cinema. E, sem nenhuma repressão, vão expulsando a todos que entram no cinema para assistir ao filme sem importunar ninguém.

(...)

Eliane Brum

revistaepoca.globo.com, 10/08/2009

1. (Uerj) O texto é centrado na expressão onomatopaica blablablá, que normalmente se escreve no lugar de uma longa fala irrelevante. A autora, no entanto, lhe empresta outro sentido e outra função.

No texto, a expressão os *blablablás* se refere àqueles que:

a) tratam de assuntos banais
b) reprimem pessoas desatentas
c) discutem ética de espectadores
d) falam em momento inapropriado

2. (UFMG) Leia estes textos, em que se aborda a aprovação pelo MEC do livro *Por uma vida melhor* e se discutem questões relacionadas ao ensino da língua materna:

*Texto 1*

## Falando errado

Morro e não consigo ver tudo. Na quadra da vida em que nos encontramos, esta expressão popular se torna latente. O Ministério da Educação aprova o uso do livro "Por uma vida melhor", da "Coleção Viver, Aprender", cujo conteúdo ensina o aluno a falar errado. É isso mesmo! A justificativa tem uma certa pompa ao criar um novo apêndice linguístico, quando fundamenta que o aluno do ensino fundamental deve aprender a usar a "norma popular da língua portuguesa". Os autores da obra defendem o uso da "língua popular" afirmando que a "norma culta não leva em consideração a chamada língua viva". Ora, ora! Temos, aí, tempos revolucionários, que implicam novas regras na comunicação e expressão. Há poucas semanas foi o surgimento de projeto de lei que determina a extinção de palavras estrangeiras em escritas oficiais e em publicidades. Agora, em documento oficial – um livro aceito pelo MEC –, escreve-se errado para ensinar a falar errado. Assim sendo, não poderemos criticar a [...] quantidade de lastimáveis programas no horário nobre da televisão e outras barbaridades perpetradas à cultura brasileira.

SANTOS, Milton. *Jornal do Comércio*, 17/5/2011.
Disponível em: <http://jcrs.uol.com.br/*site*/noticia.php?codn=62332>. (Fragmento). Acesso em: 20 jun. 2011.

*Texto 2*

## Polêmica ou ignorância?

*Discussão sobre livro didático só revela ignorância da grande imprensa*

[...] Polêmica? Por que polêmica, meus senhores e minhas senhoras? Já faz mais de quinze anos que os livros didáticos de língua portuguesa disponíveis no mercado e avaliados e aprovados pelo Ministério da

Educação abordam o tema da variação linguística e do seu tratamento em sala de aula. [...]

Já no governo FHC, sob a gestão do ministro Paulo Renato, os livros didáticos de português avaliados pelo MEC começavam a abordar os fenômenos da variação linguística, o caráter inevitavelmente heterogêneo de qualquer língua viva falada no mundo, a mudança irreprimível que transformou, tem transformado, transforma e transformará qualquer idioma usado por uma comunidade humana. Somente com uma abordagem assim as alunas e os alunos provenientes das chamadas "classes populares" poderão se reconhecer no material didático e não se sentir alvo de zombaria e preconceito. [...]

Nenhum linguista sério, brasileiro ou estrangeiro, jamais disse ou escreveu que os estudantes usuários de variedades linguísticas mais distantes das normas urbanas de prestígio deveriam permanecer ali, fechados em sua comunidade, em sua cultura e em sua língua. O que esses profissionais vêm tentando fazer as pessoas entenderem é que defender uma coisa não significa automaticamente combater a outra. Defender o respeito à variedade linguística dos estudantes não significa que não cabe à escola introduzi-los ao mundo da cultura letrada e aos discursos que ela aciona. Cabe à escola ensinar aos alunos o que eles não sabem! Parece óbvio, mas é preciso repetir isso a todo momento.

O mais divertido (para mim, pelo menos, talvez por um pouco de masoquismo) é ver os mesmos defensores da suposta "língua certa", no exato momento em que a defendem empregar regras linguísticas que a tradição normativa que eles acham que defendem rejeitaria imediatamente. Pois ontem, vendo o Jornal das Dez, da GloboNews, ouvi da boca do Sr. Carlos Monforte essa deliciosa pergunta: "Como é que fica então as concordâncias?". Ora, Sr. Monforte, eu lhe devolvo a pergunta: "E as concordâncias, como é que ficam então"?

BAGNO, Marcos. Disponível em: <http://marcosbagno.com.br/*site*/?page_id=745>. (Fragmento). Acesso em: 20 jun. 2011.

a) Explicite o ponto de vista defendido em cada texto e cite argumentos que os autores mobilizam para defender sua posição.

b) No final do texto 2, o autor cita a fala de um jornalista como exemplo que contraria a gramática normativa. Identifique a regra gramatical a que se refere o autor e explique por que ela não foi respeitada na fala do jornalista citado.

c) Reescreva a frase do jornalista, de modo a adequá-la à norma do português padrão.

d) Explique por que o autor do texto qualifica a situação de emprego da frase do jornalista como "divertida".

**3.** (IFSP) Leia as charges.

a) Explique como se dá o efeito de humor pela linguagem verbal nas duas charges.

b) Reescreva as frases de cada charge, substituindo, na primeira, o termo "guerra" por "guerras" e, na segunda, substituindo "Quem" por "Que pessoas" e fazendo a correção ortográfica.

**4.** (UFBA)

De outras e muitas grandezas vos poderíamos ilustrar, senhoras Amazonas, não fora perlongar demasiado esta epístola; todavia, com afirmar-vos que esta é, por sem dúvida, a mais bela cidade terráquea, muito hemos feito em favor destes homens de prol. Mas cairnos-íam as faces, si ocultáramos no silêncio, uma curiosidade original deste povo. Ora sabereis que a sua riqueza de expressão intelectual é tão prodigiosa, que falam numa língua e escrevem noutra. Assim chegado a estas plagas hospitalares, nos demos ao trabalho de bem nos inteirarmos da etnologia da terra, e dentre muita surpresa e assombro que se nos deparou, por certo não foi das menores tal originalidade linguística. Nas conversas utilizam-se os paulistanos dum linguajar bárbaro e [1]multifário, [2]crasso de feição e impuro na vernaculidade, mas que não deixa de ter o seu sabor e força nas [3]apóstrofes, e também nas vozes do brincar. Destas e daquelas nos inteiramos, solícito; e nos será grata empresa vô-las ensinarmos aí chegado. Mas si de tal desprezível língua

Vocabulário:

multifário – (ref. 1): que se apresenta sob vários aspectos.

crasso – (ref. 2): grosseiro, grande.

apóstrofes – (ref. 3): interpretação direta e imprevista do orador, que se dirige a alguém.

se utilizam na conversação os naturais desta terra, logo que tomam da pena, se despojam de tanta asperidade, e surge o Homem Latino, de Lineu, exprimindo-se numa outra linguagem, mui próxima da vergiliana, no dizer dum panegirista, meigo idioma, que, com imperecível galhardia, se intitula: língua de Camões! [...]

ANDRADE, Mário de. *Macunaíma*: o herói sem nenhum caráter. 4. reimpressão. Rio de Janeiro: Agir, 2008. p. 107-108.

A partir da realidade linguística explicitada por Macunaíma no texto "Carta para Icamiabas", comente o ponto de vista dessa personagem sobre a língua no Brasil.

**Texto para a para a próxima questão.**

## Alfabetização, língua escrita e norma culta

Vivemos numa sociedade tradicionalmente pouco letrada. Nesse sentido, bastaria lembrar que temos ainda por volta de 15% de analfabetos na população adulta e que, entre os alfabetizados, calcula-se que apenas 25% podem ser considerados alfabetizados funcionais, isto é, só esta pequena parcela é capaz de ler e compreender textos medianamente complexos. Como consequência e apesar da expansão da alfabetização no último século, é ainda apenas uma minoria que efetivamente domina a expressão escrita.

Não há dúvida de que, se queremos alcançar níveis avançados de desenvolvimento, temos de romper essa limitação decorrente de nossa história econômica, social e cultural – que, por séculos, mantém concentrados a riqueza material e o acesso aos bens da cultura escrita nas mãos de poucos.

Para isso, é indispensável diagnosticar as muitas causas dessa situação e, em consequência, encontrar formas de enfrentá-la adequada e eficazmente. Andaremos, porém, mal se nem sequer conseguirmos distinguir, com um mínimo de precisão, *norma culta* de *expressão escrita*.

O uso inflacionado da expressão *norma culta* pode ter facilitado a vida e o discurso de algumas pessoas, mas pouco ou nada tem contribuído para fazermos avançar nossa cultura linguística. Continuamos uma sociedade perdida em confusão em matéria de língua: temos dificuldades para reconhecer nossa cara linguística, para delimitar nossa(s) norma(s) culta(s) efetiva(s) e, por consequência, para dar referências consistentes e seguras aos falantes em geral e ao ensino de português em particular.

Parece, então, evidente que é preciso começar a desatar estes nós, buscando desenvolver uma gestão mais adequada das nossas questões linguísticas por meio, inclusive, de um debate público franco e desapaixonado.

Essas questões linguísticas não são, claro, de pequena monta. Há toda uma história a ser revista, há todo um imaginário a ser questionado, há toda uma gama de valores e discursos a ser criticada, há todo o desafio de construir uma cultura linguística positiva que faça frente à danosa cultura do erro, que ainda embaraça nossos caminhos. (...)

Entendemos que o debate ganhará substância se começarmos por dar precisão à expressão *norma culta*. Continuar a confundi-la com *gramática* em qualquer um de seus dois sentidos (conceitos ou preceitos), com *norma-padrão* ou com *expressão escrita* apenas continuará escamoteando os problemas que estão aí a nos desafiar, quer na compreensão da nossa realidade linguística, quer na proposição de caminhos para o ensino do português.

(Carlos Alberto Faraco. *Norma culta brasileira*: desatando alguns nós. São Paulo: Parábola Editorial, 2008, p. 29-31. Adaptado).

5. (Uespi) Segundo o autor do texto, a solução para o problema levantado começa com:
   a) a expansão da alfabetização e dos estudos sobre gramática.
   b) a proposta de novos caminhos para o ensino do português.
   c) um debate público, acessível e desapaixonado, em torno das questões linguísticas.
   d) o aumento do número de alfabetizados funcionais.
   e) estudos consistentes e seguros sobre a língua escrita.

**Texto para a próxima questão.**

## A minha mãe falava sério!

Thalita Rebouças

– Isso aqui é um chiqueiro! Não acredito que você trocou nossa [1]casa superacolhedora, limpíssima e sempre arrumadíssima por essa pocilga. Fala sério, Maria de Lourdes! – exasperou-se minha mãe, mãos na cintura, a última vez que veio me visitar.

[2]Eu nunca encontro palavras para dizer nessas horas. Durante seus ataques, prefiro me recolher ao mais puro silêncio de consentimento.

Estou há sete meses dividindo com a Helô e a Bené um ridiculamente pequeno apartamento.

Bem disse minha mãe, nada cabe no apartamento. Nada mesmo! Sinceramente, eu e as meninas mal cabemos no "apertamento", como chamamos carinhosamente nosso lar-microlar.

Para piorar, a Helô é superbagunceira, eu sou a megabagunceira e a Bené é hiperbagunceira. Bené, aliás, tem um outro probleminha que é bem chatinho: vive com o namorado antipático para cima e para baixo. Outro dia o sem graça me viu de calcinha e sutiã antes de uma festa. [3]Quer mico maior que esse? Morri de vergonha. Ele morreu de rir. Palhaço!

Morar longe de casa não tem sido exatamente o paraíso que eu imaginava, mas dias melhores virão. Serei efetivada no meu estágio [4](oba!), vou ganhar um salário decente e [5]acho que logo, logo estarei pronta para alugar o meu próprio cantinho. Decidi: amo as meninas, mas quero, preciso morar sozinha. Pelo bem da nossa amizade.

Para dar uma ideia do caos que é nossa convivência, outro dia cheguei em casa e vi repousando no chão da microssala, repetindo, no chão da microssala, vários, de novo, vários objetos. Foi difícil desviar deles. Primeiro, passei raspando por um CD do Nando Reis, depois, quase pisei na caixa do CD do Nando com um disco de funk dentro, na caixa do DVD de *Sex and the City*, numa lixa de unha, num papel de bala, num ventiladorzinho portátil, num tênis amarelo imundo, num pedaço de papel com um número de telefone anotado e em entupidos sacos de roupa suja.

– A gente precisa comprar uma máquina de lavar roupa para essa casa! Ou [6]tomar vergonha na cara e lavar a roupa! A gente não pode achar normal esses sacos estarem no meio da sala há uma semana! – reclamei, antes de dizer boa-noite para as minhas amigas.

– Não cabe máquina de lavar aqui no apartamento – disseram-me as duas calmamente.

A casa estava um horror.

Nós três somos terríveis juntas.

[7]A Helô, então, é sem noção. É capaz de deixar durante dias uma maçã comida sobre a pia da cozinha.

Isso porque a lixeirinha fica ao lado da torneira.

Andando irritada, pisei forte e ouvi um nítido e crocante "crééék".

– Quanto farelo, gente! Quem foi que comeu biscoito sem pratinho embaixo? Cadê o aspiradorzinho que a minha mãe deu pra gente?

As duas começaram a rir.

Permaneci séria, eu estava muito brava, muito brava.

– Malu! [8]Desestressa! – disse Helô.

– Comemos sem pratinho, sim, depois a gente limpa – completou Bené.

– Depois quando?

– Depois...

– Que biscoito foi? De polvilho? – eu quis saber.

– Arrã – fizeram as duas, sapecas.

– Tem ainda? – Rendi-me à gula e à bagunça.

Comi o último do pacote e acabei rindo com elas. Eu até gosto de bagunça. Sempre gostei.

Mas o apê estava tão bagunçado que tinha ultrapassado até o meu nível permitido de bagunça.

– Pô, [9]gente, assim não dá! A gente precisa tomar vergonha na cara. Nossa casa está uma [10]zona!

(Adaptação do capítulo do livro *Fala sério, professor!* Rio de Janeiro: Rocco, 2006)

**6.** (UEM-PR) Ao produzir um texto, o autor procura adequá-lo aos seus prováveis interlocutores. Assinale o que for correto a respeito do registro linguístico e da variedade do português utilizados no texto.

(01) Em "Eu nunca encontro palavras para dizer nessas horas" (ref. 2), a autora demonstra preocupação em utilizar o registro mais adequado para falar com sua mãe.

(02) A autora procura aproximar alguns enunciados das características da língua falada, como, por exemplo, o emprego de expressões e de interjeições típicas da oralidade, como em, respectivamente, "acho que logo, logo estarei pronta" (ref. 5), "(oba!)" (ref. 4) e "– Pô, gente, assim não dá!" (ref. 9).

(04) A autora procura atingir um público formado por adolescentes e/ou jovens, uma vez que utiliza expressões típicas desse público, como, por exemplo "Quer mico maior que esse" (ref. 3), "A Helô, então, é sem noção" (ref. 7) e "Desestressa" (ref. 8).

(08) A autora pretende atingir também um público adulto com as falas da mãe da narradora-personagem, nas quais se observa o emprego do português padrão culto, como, por exemplo, em "casa superacolhedora, limpíssima e sempre arrumadíssima" (ref. 1).

(16) A utilização de expressões coloquiais como "tomar vergonha na cara" (ref. 6) e até vulgares como "zona" (ref. 10) evidencia o registro informal segundo o qual o texto foi produzido.

**Texto para a próxima questão.**

## O que há de errado com a felicidade?

A pergunta do título pode deixar muitos leitores desconcertados. E foi feita mesmo para desconcertar – estimular que se faça uma pausa para pensar. Uma pausa em quê? Em nossa busca pela felicidade – que, como muitos leitores provavelmente concordarão, temos em mente na maior parte do tempo, preenche a maior parte de nossas vidas, não pode nem vai abrandar a marcha, muito menos parar... pelo menos não por mais que um instante (fugaz, sempre fugaz).

Por que é provável que essa pergunta desconcerte? Porque indagar "o que há de errado com a felicidade?" é como perguntar o que há de quente no gelo ou de malcheiroso numa rosa. Sendo o gelo incompatível com o calor, e a rosa com o mau cheiro, tais perguntas presumem a viabilidade de uma coexistência *inconcebível* (onde há calor, não pode haver gelo). De fato, como poderia haver algo de *errado* com a *felicidade*? "Felicidade" não seria sinônimo de *ausência* de erro?

Da própria *impossibilidade* de sua presença? Da impossibilidade de *todo e qualquer* erro?!

(...)

Nossas vidas, quer o saibamos ou não e quer o saudemos ou lamentemos, são obras de arte. Para viver como exige a arte da vida, devemos, tal como qualquer outro tipo de artista, estabelecer desafios que são (pelo menos no momento em que estabelecidos) difíceis de confrontar diretamente; devemos escolher alvos que estão (ao menos no momento da escolha) muito além de nosso alcance, e padrões de excelência que, de modo perturbador, parecem permanecer teimosamente muito acima de nossa capacidade (pelo menos a já atingida) de harmonizar com o que quer que estejamos ou possamos estar fazendo. Precisamos *tentar o impossível*. E, sem o apoio de um prognóstico favorável fidedigno (que dirá da certeza), só podemos esperar que, com longo e penoso esforço, sejamos capazes de algum dia alcançar esses padrões e atingir esses alvos, e assim mostrar que estamos à altura do desafio.

> Vocabulário:
>
> compósito – adj. 1. caracterizado pela heterogeneidade de elementos; feito de vários elementos ou partes diferentes; composto.
>
> (HOUAISS, Antônio, VILLAR, Mauro de Sales. *Dicionário Houaiss da Língua Portuguesa*. Rio de Janeiro: Objetiva, 2001.)

A incerteza é o *habitat* natural da vida humana – ainda que a esperança de escapar da incerteza seja o motor das atividades humanas. Escapar da incerteza é um ingrediente fundamental, mesmo que apenas tacitamente presumido, de todas e quaisquer imagens compósitas da felicidade. É por isso que a felicidade "genuína, adequada e total" sempre parece residir em algum lugar à frente: tal como o horizonte, que recua quando se tenta chegar mais perto dele.

(Adaptado de BAUMAN, Zygmunt. "O que há de errado com a felicidade?" In: *A Arte da Vida*. Rio de Janeiro: Zahar, 2009.)

7. (UFRJ) No primeiro e no terceiro parágrafos, observa-se, em relação aos demais, uma mudança de pessoa discursiva no tratamento do conteúdo.
   a) Explique o efeito dessa mudança no plano da enunciação (atividade linguística numa situação comunicativa dependente da coatuação de locutor e interlocutor).
   b) Indique, no plano do enunciado (expressão linguística resultante da cena da enunciação), dois tipos de elementos gramaticais que marcam essa mudança.

8. (Uerj)

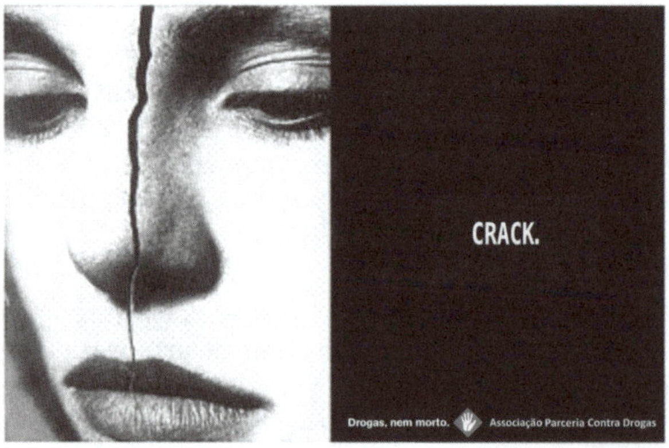


22º Anuário de Criação da Cidade de São Paulo

(INFANTE, Ulisses. *Curso de gramática: aplicada aos textos*. São Paulo: Scipione, 2001.)

O anúncio, concebido para uma campanha contra drogas, utiliza pouco a linguagem verbal. Entretanto, o elemento verbal utilizado nesse anúncio ganha força pela seguinte razão:
   a) explora o campo sonoro da língua, desvinculando a imagem do som
   b) é ambivalente, evocando a designação de uma droga e as consequências de seu uso
   c) constitui um neologismo, levando ao estranhamento do receptor e à aversão às drogas
   d) apresenta clareza, evidenciando as marcas do desolamento e da solidão no rosto da pessoa retratada

**Texto para a próxima questão.**

Pep Montserrat

9. (Uerj)

## Ler e crescer

Com a inacreditável capacidade humana de ter ideias, sonhar, imaginar, observar, descobrir, constatar, enfim, refletir sobre o mundo e com isso ir crescendo, a produção textual vem se ampliando ao longo da história. As conquistas tecnológicas e a democratização da educação trazem a esse acervo uma multiplicação exponencial, que começa a afligir homens e mulheres de várias formas. Com a angústia do excesso. A inquietação com os limites da leitura. A sensação de hoje ser impossível abarcar a totalidade do conhecimento e da experiência (ingênuo sonho de outras épocas). A preocupação com a abundância da produção e a impossibilidade de seu consumo total por meio de um indivíduo. O medo da perda. A aflição de se querer hierarquizar ou organizar esse material. Enfim, constatamos que a leitura cresceu, e cresceu demais.

Ao mesmo tempo, ainda falta muito para quanto queremos e necessitamos que ela cresça. Precisa crescer muito mais. Assim, multiplicamos campanhas de leitura e projetos de fomento do livro. Mas sabemos que, com todo o crescimento, [1]jamais a leitura conseguirá acompanhar a expansão incontrolável e necessariamente caótica da produção dos textos, que se multiplicam ainda mais, numa infinidade de meios novos. Muda-se então o foco dos estudiosos, [2]abandona-se o exame dos textos e da literatura, criam-se os especialistas em leitura, multiplicam-se as reflexões sobre livros e leitura, numa tentativa de ao menos entendermos o que se passa, já que é um mecanismo que recusa qualquer forma de domínio e nos fugiu ao controle completamente.

Falar em domínio e controle a propósito da inquietação que assalta quem pensa nessas questões equivale a lembrar um aspecto indissociável da cultura escrita, e nem sempre trazido com clareza à consciência: o poder. Ler e escrever é sempre deter alguma forma de poder. Mesmo que nem sempre ele se exerça sob a forma do poder de mandar nos outros ou de fazer melhor e ganhar mais dinheiro (por ter mais informação e conhecer mais), ou sob a forma de guardar como um tesouro a semente do futuro ou a palavra sagrada como nos mosteiros medievais ou em confrarias religiosas, seitas secretas, confrarias de todo tipo. De qualquer forma, é uma caixinha dentro da outra: [3]o poder de compreender o texto suficientemente para perceber que nele há várias outras possibilidades de compreensão sempre significou poder – o tremendo poder de crescer e expandir os limites individuais do humano.

[4]Constatar que dominar a leitura é se apropriar de alguma forma de poder está na base de duas atitudes antagônicas dos tempos modernos. Uma, autoritária, tenta impedir que a leitura se espalhe por todos, para que não se tenha de compartilhar o poder. Outra, democrática, defende a expansão da leitura para que todos tenham acesso a essa parcela de poder.

Do jeito que a alfabetização está conseguindo aumentar o número de leitores, paralelamente à expansão da produção editorial que está oferecendo material escrito em quantidades jamais imaginadas antes, e ainda com o advento de meios tecnológicos que eliminam as barreiras entre produção e consumo do material escrito, tudo levaria a crer que essa questão está sendo resolvida. Será? Na verdade, creio que ela se abre sobre outras questões. Que tipo de alfabetização é esse, a que tipo de leitura tem levado, com que tipo de utilidade social?

Ana Maria Machado

www.dubitoergosum.xpg.com.br

O processo de composição da imagem de Pep Montserrat é o de "colagem", misturando e combinando signos visuais diferentes. Esse processo de mistura e combinação pode ser relacionado diretamente ao seguinte trecho do texto de Ana Maria Machado:

a) jamais a leitura conseguirá acompanhar a expansão incontrolável e necessariamente caótica da produção dos textos, que se multiplicam ainda mais, numa infinidade de meios novos. (ref. 1)
b) abandona-se o exame dos textos e da literatura, criam-se os especialistas em leitura, multiplicam-se as reflexões sobre livros e leitura. (ref. 2)
c) o poder de compreender o texto suficientemente para perceber que nele há várias outras possibilidades de compreensão. (ref. 3)
d) Constatar que dominar a leitura é se apropriar de alguma forma de poder está na base de duas atitudes antagônicas dos tempos modernos. (ref. 4)

**Texto para a próxima questão.**

Eu tinha o medo imediato. E tanta claridade do dia. O arrojo do rio e só aquele estrape*, e o risco extenso d'água, de parte a parte. Alto rio, fechei os olhos. Mas eu tinha até ali agarrado uma esperança. Tinha ouvido dizer que, quando canoa vira, fica boiando, e é bastante a gente se apoiar nela, encostar um dedo que seja, para se ter tenência, a constância de não afundar, e aí ir seguindo, até sobre se sair no seco. Eu disse isso. E o canoeiro me contradisse: – "Esta é das que afundam inteiras. É canoa de peroba. Canoa de peroba e de pau-d'óleo não sobrenadam..." Me deu uma tontura. O ódio que eu quis: ah, tantas canoas no porto, boas canoas boiantes, de faveira ou tamboril, de imburana, vinhático ou cedro, e a gente tinha escolhido aquela... Até fosse crime, fabricar dessas, de madeira burra!

(Guimarães Rosa, *Grande Sertão: Veredas*, p. 88-89.)

Vocabulário:
*estrape – instrumento de tortura

Diz Alfredo Bosi a respeito de Guimarães Rosa: "'Grande Sertão: Veredas' e as novelas de 'Corpo de Baile' incluem e revitalizam recursos da expressão poética: células rítmicas, aliterações, onomatopeias, rimas internas, ousadias mórficas, elipses, cortes e deslocamentos de sintaxe, vocabulário insólito, arcaico ou de todo neológico, associações raras, metáforas, anáforas, metonímias, fusão de estilos, coralidade".

(Alfredo Bosi, *História Concisa da Literatura Brasileira*, p. 430.)

10. (Ufscar-SP) Levando-se em conta a norma-padrão do português do Brasil,
a) como você caracteriza a variação linguística que aparece em "Me deu uma tontura"?
b) como você redigiria essa frase de acordo com a norma-padrão?

## INTENCIONALIDADE

Ao elaborar sua mensagem, o falante pode fazer uso de algumas palavras para posicionar-se ou para persuadir o interlocutor, dependendo de sua intenção; essas palavras funcionam como "alfinetadas argumentativas" que buscam a adesão do interlocutor.

## CIRCUNSTÂNCIAS SITUACIONAIS

O processo de comunicação se desenvolve em lugar e tempo determinados, assim como também envolve participantes determinados. Essas circunstâncias situacionais aparecem no texto por meio do emprego de palavras "vazias", isto é, palavras que só adquirem significado quando associadas a um referente, que pode estar no próprio texto (referência textual) ou num contexto extratextual (fora do texto).

# O PROCESSO DE COMUNICAÇÃO E SEUS ELEMENTOS

## PARTICIPANTES

Os participantes da comunicação são o falante e o interlocutor. Ambos devem se adequar aos seguintes aspectos: competência comunicativa, ideologia e cultura, aspecto psicológico e gênero textual.

### Competência comunicativa

É a habilidade que um indivíduo tem para lidar com a linguagem, seja para formular enunciados (caso do falante), seja para atribuir sentido a eles (caso do interlocutor); envolve o conhecimento de determinada língua, suas variantes e seus registros.

### Ideologia e cultura

Incluem o conjunto de crenças, representações e avaliações do mundo e da vida.

### Aspecto psicológico

Retrata as influências variáveis do humor, da sensibilidade, da capacidade de tolerância, etc. de cada indivíduo no momento exato do processo comunicativo.

### Gênero textual

Condiciona a formulação do enunciado a modelos preexistentes. Dessa maneira, o falante e o interlocutor devem conhecer as particularidades de um gênero textual, adequando sua mensagem a ele.

## SELEÇÃO E COMBINAÇÃO

Na fala, o indivíduo escolhe, seleciona as palavras, para depois organizá-las, combiná-las, dentro das possibilidades que a sintaxe da língua oferece.
Esse trabalho de seleção e combinação não é aleatório, não é realizado por acaso, mas está intimamente ligado à intenção do falante.
A seleção e a combinação devem considerar dois aspectos fundamentais: o **gramatical** e o **ideológico**.

# Exercícios

1. (Uerj)

**Só não previu quem planejou**

Ninguém fala em outra coisa: o Brasil do século XXI não sabe ler ou não entende o que mal lê. Todos estão pasmos. Menos os professores, posso afirmar. Eles, que nos últimos 30 anos de mudanças na área educacional lastimavelmente não foram chamados a dar o seu testemunho, nem lhes ouviram as dúvidas e as certezas. Quem está na frente de batalha, teria dito: isso não vai dar certo...

(...)

A moda do momento é a "inclusão" de alunos com necessidades especiais. Ótimo. Politicamente corretíssimo. Mas a verdadeira inclusão tem que começar pela melhora da qualidade do ensino de toda a população.

Temos que deter o processo atual, no qual o aluno termina o ensino fundamental – quando termina – quase tal qual estava quando entrou. Essa é a verdadeira exclusão: de posse do seu diploma, mas com precária aprendizagem, o jovem, especialmente o de classe social menos favorecida, que tanto precisa de trabalho, é ejetado do mercado de trabalho sem dó nem piedade. Afinal, até concurso para gari exige que se saiba ler e escrever direito!

Ouçamos quem executa. Eles nos dirão como evitar as tempestades do desencanto...

TANIA ZAGURY ("O Globo", 29/07/2003)

O texto utiliza, em sua estratégia argumentativa, recursos diferenciados de composição para tratar de um problema e sugerir possíveis soluções.

a) Explique de que maneira combinam-se, na coerência interna do texto, os parágrafos de abertura e de conclusão.

b) A polifonia é um recurso de construção pelo qual diferentes "vozes" ou pontos de vista podem ser depreendidos da leitura de um texto.
No texto, há momentos em que aparecem claramente outras "vozes" ou posicionamentos percebidos pelo leitor por meio de sinais de pontuação. Retire do texto dois momentos em que ocorrem essas falas e aponte a quem elas podem ser atribuídas.

**Texto para a próxima questão.**

***INTERNET EST A LA MERCI DE N'IMPORTE QUI!***

**"INTERNET ESTA À MERCÊ DE QUALQUER UM!"**

Le Nouvel Observateur

"Em 7 de fevereiro, o portal americano Yahoo! foi a primeira vítima de uma série de ataques. Damien Bancal, especialista em pirataria e responsável por um dos melhores *sites* franceses dedicados a esse assunto, Taz (www.zataz.com), não acredita que os piratas estejam na origem do ataque. Mas ele destaca a extrema vulnerabilidade da Internet".

LE NOUVEL OBSERVATEUR – Os comentários falam de ciberterrorismo, embora não tenha havido saque propriamente dito. O que aconteceu realmente?

DAMIEN BANCAL – Até o momento, tinha-se assistido principalmente a incidentes isolados (...) Esta onda de ataques é muito mais impressionante porque os *SITES* foram bombardeados numa extensão inédita. É como se 50 milhões de pessoas tivessem me telefonado ao mesmo tempo para me desejar Feliz Dia dos Namorados: minha central telefônica teria explodido.

N. O. – Uma das hipóteses atribui os fatos a um pirata isolado. Outras acusam as empresas de segurança de informática e, até mesmo, o governo americano, que deseja impor uma ciberpolícia...

D. BANCAL – Se isso é obra de um pirata isolado, ele é um gênio que dispõe de meios impressionantes. Não acredito nisso. Para o ano novo, esperava-se "a grande peste", um desafio lançado por um russo a todos os outros piratas do planeta. Talvez essa peste tenha chegado com atraso... mas ainda continuo descrente. Pois se os autores são *hackers*, eles planejaram as ações com muito tempo de antecedência. O mais desconcertante é a ausência de assinatura. Os piratas geralmente têm sede de reconhecimento. Nesse caso, não há nenhuma reivindicação. Fala-se também de uma operação conduzida pelos concorrentes das vítimas. Seria suicídio: abalar a imagem da rede é como dar um tiro no próprio pé... Eu acho, na verdade, que esses ataques podem ser responsabilidade das empresas especializadas em segurança, pois é preciso ter um poder de fogo colossal [NR: as ações dessas empresas deram um salto na Bolsa no dia seguinte].

Entrevistador: Stéphane Arteta. Traduzido de *Le Nouvel Observateur*, du 17 au 23 février 2000.

2. (Uerj) Damien Bancal rejeita a primeira hipótese indicada pelo entrevistador. Para justificar sua opinião, utiliza uma estratégia argumentativa dividida em três momentos:

1º – parte do princípio de que a hipótese do entrevistador seria válida;

2º – deduz uma hipótese improvável;

3º – manifesta sua opinião discordante.

A alternativa que apresenta um exemplo do 2º momento desse raciocínio é:

a) "... mas ainda continuo descrente."

b) "Para o ano novo esperava-se a 'grande peste'..."

c) "O mais desconcertante é a ausência de assinatura."

d) "... ele é um gênio que dispõe de meios impressionantes."

3. (UFPE)

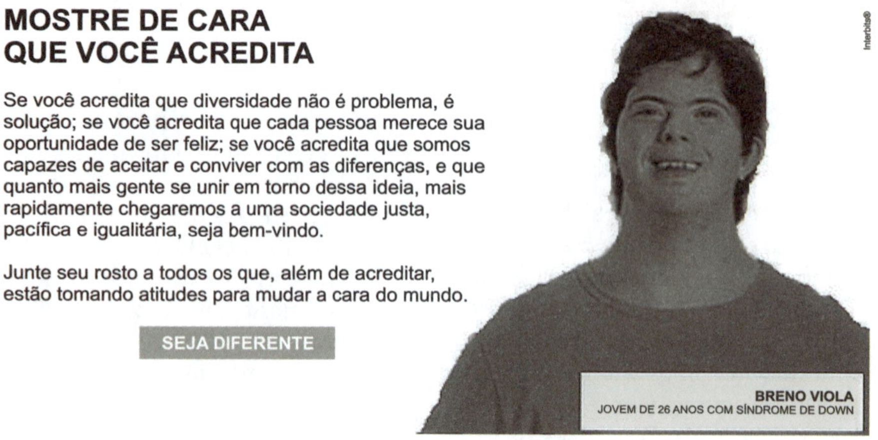


(Disponível em: www.gritodascinco.com.br. Acesso em 11/12/2012. Adaptado.)

Em todo texto, predomina uma determinada finalidade comunicativa.
Escreva um comentário no qual você apresente a finalidade comunicativa predominante no texto acima e pelo menos três características ou recursos da linguagem nele utilizada, em função dessa finalidade.

**Texto para a próxima questão.**

## Uma saída para as megacidades

*As soluções inusitadas para trânsito, lixo, poluição – e os problemas crônicos dos grandes centros urbanos*

ROBERTA CARDOSO com NELITO FERNANDES

### Empilhados

*Prédios na cidade chinesa de Chongqing, uma das que mais crescem no país. Das 136 novas metrópoles que entrarão até 2025 na lista das 600 maiores do mundo, 100 estão na China.*

Precisamente às 6 horas da manhã, o despertador de Lilian Garcia Martins toca na Vila Formosa, bairro de classe média na Zona Leste de São Paulo. A partir daí, começa a jornada da analista de crédito, de 35 anos, para chegar ao trabalho, às 8h30. O grande desafio de Lilian é se locomover em horário de pico na cidade. Como é difícil, pela lotação excessiva, pegar qualquer uma das linhas de ônibus que passam perto de sua casa e dão acesso ao metrô, o marido tem de levá-la ao terminal de embarque mais próximo. Ambos perdem cerca de 20 minutos de carro para fazer o trajeto. Só aí Lilian consegue entrar em um ônibus que a deixará a alguns metros da estação Tatuapé. Poucos minutos depois, ela volta a enfrentar o mesmo problema, no metrô. "Espero cerca de meia hora, todo dia, para conseguir entrar em um dos vagões. E sair é tão difícil quanto entrar", diz.

Essa não é uma aventura exclusiva de Lilian. Na capital paulista, quem depende do transporte público tem uma rotina difícil. A falta de eficiência na mobilidade e a densidade populacional agravaram o frágil modelo de urbanização de cidades que crescem sem planejamento. O problema não é apenas de São Paulo, e vai além de complicações no transporte. Os moradores das grandes cidades do mundo – principalmente as que se expandem aceleradamente em países emergentes – enfrentam desafios como a degradação dos centros, o ar poluído, as enchentes e a falta de lugar para dispor o lixo. De acordo com a ONU, a previsão é que até 2020 a população urbana global atingirá 4,2 bilhões. Nos anos 1970, as dez maiores cidades do mundo somavam 114 milhões de pessoas. Em 2025, abrigarão 234 milhões. Até lá, segundo um estudo da consultoria McKinsey, 136 centros urbanos vão se tornar megacidades (aquelas com mais de 10 milhões de habitantes). Essa expansão das megalópoles está multiplicando os problemas da sociedade.

[...]

Disponível em <http://revistaepoca.globo.com/Revista/Epoca/0EMI238282-15228,00.html>. Acesso em: 30 ago. 2011.

4. (UFRN)

Disponível em: <www.terra.com.br/revistaplaneta/edicoes/465/artigo220627-1.htm> Acesso em: 14 jul. 2011. [Adaptado]

Os propósitos comunicativos do texto e da figura são, **respectivamente**,

a) comparar as dificuldades de locomoção vivenciadas pelos moradores de diversas cidades do mundo e quantificar o crescimento populacional.

b) relatar as impressões sobre o cotidiano de uma grande cidade e denunciar o descontrole do crescimento populacional das megacidades.

c) descrever as dificuldades de locomoção vivenciadas por uma moradora de um grande centro urbano e informar sobre a exploração dos recursos naturais.

d) oferecer ao leitor um enfoque mais detalhado sobre o assunto tratado e atrair a atenção do leitor para a matéria em destaque.

5. (Fuvest-SP) Leia o texto.

**Ditadura / Democracia**

A diferença entre uma democracia e um país totalitário é que numa democracia todo mundo reclama, ninguém vive satisfeito. Mas se você perguntar a qualquer cidadão de uma ditadura o que acha do seu país, ele responde sem hesitação: "Não posso me queixar".

Millôr Fernandes, *Millôr definitivo*: a bíblia do caos.

a) Para produzir o efeito de humor que o caracteriza, esse texto emprega o recurso da ambiguidade? Justifique sua resposta.

b) Reescreva a segunda parte do texto (de "Mas" até "queixar"), pondo no plural a palavra "cidadão" e fazendo as modificações necessárias.

**Textos para a próxima questão.**

*Texto 1*

**"O navio negreiro"**

Negras mulheres, suspendendo às tetas
Magras crianças, cujas bocas pretas
Rega o sangue das mães:
Outras, moças... mas nuas, espantadas,
No turbilhão de espectros arrastadas,
Em ânsia e mágoa vãs.

(Castro Alves)

*Texto 2*

**"7"**

Eu não sou eu nem sou o outro,
Sou qualquer coisa de intermédio:
Pilar da ponte de tédio
Que vai de mim para o Outro.

(Mário de Sá-Carneiro)

*Texto 3*

**"Os arredores florem"**

Os arredores florem:
figos, nervos, libélulas
a criarem nas águas
os brevíssimos movimentos.

(Paulo Roberto Sodré)

6. (Ufes) Com base nos elementos constitutivos do ato de comunicação, Roman Jakobson estabeleceu seis funções da linguagem (e a ênfase de cada uma delas): *referencial* (ênfase no assunto; no conteúdo), *emotiva* (ênfase no emissor; no sujeito), *conativa* (ênfase no receptor; no interlocutor), *poética* (ênfase na forma; na construção), *metalinguística* (ênfase no código; na autorreferência) e *fática* (ênfase no canal; no contato). Escolha um dos textos, indique e explique a ocorrência de uma dessas funções.

**Texto para a próxima questão.**

No começo de seu *Mercury; Ou: O Mensageiro Secreto e Rápido* (1641), John Wilkins conta a seguinte história:

O quanto [1]essa Arte de escrever pareceu estranha quando da sua Invenção primeira é algo que podemos imaginar pelos Americanos recém-descobertos, que ficaram espantados ao ver Homens conversarem com Livros, e não conseguiam acreditar que um Papel pudesse falar...

Há um relato excelente a esse Propósito, referente a um Escravo Índio; que, ao ser mandado por seu Senhor com uma Cesta de Figos e uma Carta, comeu durante o Percurso uma grande Parte de seu Carregamento, entregando o Restante à Pessoa a quem se destinava; que, ao ler a Carta e não encontrando a Quantidade de Figos correspondente ao que se tinha dito, acusa o Escravo de comê-los, dizendo que a Carta afirmava aquilo contra ele. Mas o Índio (apesar dessa Prova) negou o Fato, acusando o Papel de ser uma Testemunha falsa e mentirosa.

Depois disso, sendo mandado de novo com um Carregamento semelhante e uma Carta expressando o Número exato de Figos que deviam ser entregues, ele, mais uma vez, de acordo com sua Prática anterior, devorou uma grande Parte deles durante o Percurso; mas, antes de comer o primeiro (para evitar as Acusações que se seguiriam), pegou a Carta e a escondeu sob uma grande Pedra, assegurando-se de que, se ela não o visse comer os Figos, nunca poderia acusá-lo; mas, sendo agora acusado com muito mais rigor do que antes, confessou a Falta, admirando a Divindade do Papel e, para o futuro, promete realmente toda a sua Fidelidade em cada Tarefa.

Poder-se-ia dizer que um texto, depois de separado de seu autor (assim como da intenção do autor) e das circunstâncias concretas de sua criação (e, consequentemente, de seu referente intencionado), flutua (por assim dizer) no vácuo de um leque potencialmente infinito de interpretações possíveis. Wilkins poderia ter objetado que, no seu relato, o senhor tinha certeza de que a cesta mencionada na carta era a mesma levada pelo escravo, que o escravo que a levara era exatamente o mesmo a quem seu amigo dera a cesta, e que havia uma relação entre a expressão "30" escrita na carta e o número de figos contidos na cesta. Naturalmente, bastaria imaginar que, ao longo do caminho, o escravo original fora assassinado e outra pessoa o substituíra, que os trinta figos originais tinham sido substituídos por outros figos, que a cesta foi levada a um destinatário diferente, que o novo destinatário não sabia de nenhum amigo ansioso por lhe mandar figos. Mesmo assim seria possível concluir o que a carta estava dizendo? Entretanto, temos o direito de supor que a reação do novo destinatário seria algo do tipo: "Alguém, e Deus sabe quem, mandou-me uma quantidade de figos menor do que o número mencionado na carta que os acompanha". Vamos supor agora que não apenas o mensageiro tivesse sido morto, como também que seus assassinos tivessem comido todos os figos, destruído a cesta, colocado a carta numa garrafa e a tivessem jogado no oceano, de modo que fosse encontrada setenta anos depois por Robinson Crusoé. Não havia cesta, nem escravo, nem figos, só uma carta. Apesar disso, aposto que a primeira reação de Robinson Crusoé teria sido: "Onde estão os figos?".

[Adaptado de ECO, Umberto. *Interpretação e superinterpretação*. São Paulo: Martins Fontes, 2001, p. 47-49]

7. (PUC-RJ)

a) O pronome demonstrativo *essa*, logo no início da passagem de John Wilkins (ref. 1), tem função *anafórica*, isto é, faz referência a um conteúdo textual anterior. A que conteúdo anterior podemos inferir que o pronome se refere nesse caso?

b) Na passagem de Wilkins, escrita em 1641, adota-se uma convenção ortográfica distinta da nossa no que diz respeito ao uso de letras maiúsculas. Explicite a diferença.

c) O verbo *ser* tem o mesmo comportamento sintático em todas as frases abaixo, exceto em uma delas.

Indique-a e explique a diferença.

I. Talvez a carta fosse encontrada setenta anos depois por Robinson Crusoé.

II. A carta expressava o número exato de Figos que deviam ser entregues.

III. Vamos supor que o mensageiro tivesse sido morto.

IV. O escravo afirmou que o papel era uma testemunha falsa e mentirosa.

V. O escravo foi mandado àquele destino com uma Cesta de Figos e uma carta.

**Textos para a próxima questão.**

*Texto I*

## Muito além do gênero

*Em entrevista exclusiva, Luis Fernando Veríssimo fala sobre seu novo romance policial, "Os Espiões".*

**Há algo ainda a ser tentado em romances policiais que já não o foi?**

Quem escreve um romance policial escreve um gênero antigo, tentando sempre encontrar uma maneira nova de escrever. Quando fiz *Clube dos Anjos*, tentei algo. O leitor sabe, desde a primeira página, quem é o assassino; então o ponto de desenvolvimento do livro foi desvendar o motivo. Mas não há muito o que ser inventado desde que (o romancista Edgar Allan Poe) inventou o gênero. Ao inventá-lo, ele também já esgotou todas as variações. A que mais me encanta é a do narrador não confiável, aquele que conta a história, mas mente o tempo inteiro para o leitor.

**Além de um crime, é claro, o que necessariamente um romance deve conter para ser considerado policial?**

Na verdade, todo romance é uma espécie de investigação, é um desvendar por meio de uma história, há sempre um mistério, que pode estar todo contido numa mesma personalidade. Todos os livros são policiais, alguns com crime, outros não. A distinção do gênero é apenas conter o policial e a vítima, a investigação e a solução.

**Mas você não vê algum tipo de evolução no jeito de escrever policiais desde Poe?**

Há as maneiras humorísticas, por exemplo, e muitas das tentativas de romances policiais são paródias. Há também as mais pretensiosas, que tentam transformar o gênero em algo maior. Esses tipos de variações dialogam com as duas tradições clássicas. A europeia, em particular a inglesa, ambienta suas histórias muitas vezes numa cidade do interior com um crime desvendado pela capacidade dedutiva do investigador. A americana já traz o detetive particular, é mais violenta e ácida que a europeia e o investigador chega à solução do crime por meio da ação.

**Você reconhece em sua obra policial alguma influência decisiva de outros autores?**

A tradição europeia, em especial. Criei um personagem que é uma sátira a essa linha europeia, que é o Ed Mort. Parodiar o estilo europeu por meio dele foi uma homenagem que me deu prazer.

VERÍSSIMO, Luis Fernando. Muito além do gênero. Entrevista a Luiz Costa Pereira Junior. *Revista Língua Portuguesa*. Disponível em: <http://revistalingua.uol.com.br/textos.asp?codigo=11769>. Acesso em: 21 set. 2011. (Fragmento)

*Texto II*

## Trecho do livro "Quem matou o livro policial?"

[...] Assim, seguem aqui as explicações necessárias para a compreensão da trama. (*Trama*, ou seja, a maneira como a história está sendo contada. No caso, de como as pistas estão sendo dosadas, oferecidas aos leitores, distribuídas entre os sucessivos episódios e outras aprontações cunhadas pela habilidade do autor...)

Vamos começar pelos *detetives* citados.

Sam Spade é o tal que desvenda o mistério de *O Falcão Maltês*, um livro muito importante na literatura policial americana, porque introduz um tipo novo de detetive. Edgar Allan Poe criou no século XIX Auguste Dupin, que por sua vez inspirou e foi aperfeiçoado por Conan Doyle, com o maior de todos os detetives dos *policiais*, Sherlock Holmes, que por sua vez é ancestral de Hercule Poirot, o detetive-astro de Agatha Christie. Todos esses detetives, menos Spade, são excêntricos, detetives-espetáculo. Desses que resolvem os mistérios graças a sua inteligência poderosa, seu imbatível poder de observação, capacidade de organização das pistas, discernimento sobre o que é e o que não é relevante e dedução. Ora, Dashiell Hammett, criador de Sam Spade, achava tudo isso meio que bobagem, que nenhum desses detetives estava sequer próximo do que, na *realidade*, era o trabalho de um detetive.

Ele tinha sido um detetive particular, e achava que um detetive de novela policial deveria ser mais *realista*, ou seja, que o detetive deveria era sair por aí seguindo pessoas, interrogando, confrontando versões, álibis, testemunhos. Até começar a pegar quem estava mentindo. E ao descobrir o que era a mentira, ou o que estava sendo encoberto, o mistério se desvendaria – e o criminoso era desmascarado. Era o detetive sem querer fazer charme (e, em muitas das histórias de Hammett, também sem nome, chamado de *Continental Op*, ou *o detetive-operador da agência Continental*). Sam Spade é bem isso. Recusa qualquer charme, qualquer romantismo, qualquer *glamour*. É frio, e trata a investigação como um processo de farejamento. É um sabujo.

(Tem outro ingrediente importante nesse novo tipo de *policial* criado por Hammett, que seria a *gostosa fatal*, ou seja, uma mulher linda que é uma besta-fera-dissimulada, cujo modelo pode ser a Milady, de *Os Três Mosqueteiros*, de Alexandre Dumas, um folhetim romântico, grande clássico da literatura do século XIX... Mas ainda não chegou o momento de falar disso.)

A imaginação americana para policiais ficou muito marcada pelo *Falcão Maltês*. Dele tivemos filhotes excelentes, como o detetive Phillipe Marlowe, de Raymond Chandler. O caso é que é difícil para um americano imaginar-se um detetive-espetáculo, como os ingleses. Piorando esse trauma, há o fato de Auguste Dupin, do escritor americano Edgar Allan Poe, ser um personagem que vivia em Paris. Ou seja, se é para ter charme, bota o cara no Velho Continente e estamos conversados.

Vamos combinar, não existe *realismo* em literatura, e muito menos em literatura policial. Existe sempre enredo, uma maneira de ocultar os culpados e as pistas essenciais, de apresentar o crime, de pôr o detetive na caça do criminoso, e, muito, muito, muito importante, de criar um tipo de detetive: um *personagem*.

AGUIAR, Luiz Antonio. *Quem matou o livro policial?* Rio de Janeiro: Galera Record, 2010. p. 67-69.

8. (Cefet-MG) Para definir o romance policial, os dois textos utilizam como recurso expressivo
   a) formas coloquiais com significados semelhantes.
   b) termos denotativos que asseguram a objetividade das ideias.
   c) construções sintáticas pouco usuais para garantir estilo ao texto.
   d) linguagem figurada para auxiliar na apreensão das características do gênero.

**Texto para a próxima questão.**

A questão a seguir toma por base uma passagem da crônica *O pai, hoje e amanhã*, de Carlos Drummond de Andrade (1902-1987).

A civilização industrial, entidade abstrata, nem por isso menos poderosa, encomendou à ciência aplicada a execução de um projeto extremamente concreto: a fabricação do ser humano sem pais.

A ciência aplicada faz o possível para aviar a encomenda a médio prazo. Já venceu a primeira etapa, com a inseminação artificial, que, de um lado, acelera a produtividade dos rebanhos (resultado econômico) e, de outro, anestesia o sentimento filial (resultado moral).

O ser humano concebido por esse processo tanto pode considerar-se filho de dois pais como de nenhum. Em fase mais evoluída, o chamado bebê de proveta dispensará a incubação em ventre materno, desenvolvendo-se sob condições artificiais plenamente satisfatórias. Nenhum vínculo de memória, gratidão, amor, interesse, costume – direi mesmo: de ressentimento ou ódio – o ligará a qualquer pessoa responsável por seu aparecimento. O sêmen, anônimo, obtido por masturbação profissional e recolhido ao banco especializado, por sua vez cederá lugar ao gerador sintético, extraído de recursos da natureza vegetal e mineral. Estará abolida, assim, qualquer participação consciente do homem e da mulher no preparo e formação de uma unidade humana. Esta será produzida sob critérios políticos e econômicos tecnicamente estabelecidos, que excluem a inútil e mesmo perturbadora intromissão do casal. Pai? Mito do passado.

Aparentemente, tal projeto parece coincidir com a tendência, acentuada nos últimos anos, de se contestar a figura tradicional do pai. Eliminando-se a presença incômoda, ter-se-ia realizado o ideal de inúmeros jovens que se revoltam contra ela – o pai de família e o pai social, o governo, a lei – e aspiram à vida isenta de compromissos com valores do passado.

Julgo ilusória esta interpretação. O projeto tecnológico de eliminação do pai vai longe demais no caminho da quebra de padrões. A meu ver, a insubmissão dos filhos aos pais é fenômeno que envolve novo conceito de relações, e não ruptura de relações.

(*De notícias e não notícias faz-se a crônica*, 1975.)

9. (Unesp-SP) *Pai? Mito do passado.*
   Esta pergunta e sua resposta, de acordo com o conteúdo da crônica, sintetizam um dos argumentos que, aparentemente, fundamentara o projeto:
   a) a autoridade dos filhos sobre os pais foi a base da civilização.
   b) a figura paterna é necessária à sociedade.
   c) a mãe educa melhor o filho para a vida real.
   d) a estrutura familiar não foi descrita em mitos e lendas.
   e) a função do pai é hoje ultrapassada e dispensável.

**Texto para a próxima questão.**

Quando o falante de uma língua depara um conjunto de duas palavras, intuitivamente é levado a sentir entre elas uma relação sintática, mesmo que estejam fora de um contexto mais esclarecedor.

Assim, além de captar o sentido básico das duas palavras, o receptor atribui-lhes uma gramática – formas e conexões. Isso acontece porque ele traz registrada em sua mente toda a sintaxe, todos os padrões conexionais possíveis em sua língua, o que o torna capaz de reconhecê-los e identificá-los. As duas palavras não estão, para ele, apenas dispostas em ordem linear: estão organizadas em uma ordem estrutural.

A diferença entre ordem estrutural e ordem linear torna-se clara se elas não coincidem, como nesta frase que um aluno criou em aula de redação, quando todos deviam compor um texto para *outdoor*, sobre uma fotografia da célebre cabra de Picasso: "Beba leite de cabra em pó!". Como todos rissem, o autor da frase emendou: "Beba leite em pó de cabra!".

Pior a emenda do que o soneto.

(Flávia de Barros Carone. *Morfossintaxe*, 1986. Adaptado.)

10. (Unifesp) Assinale a alternativa que traz uma explicação plausível para o riso dos alunos.
   a) As expressões "de cabra" e "em pó" são regidas pelo mesmo termo – "leite" – e, da forma como são empregadas, geram enunciados ambíguos.
   b) As expressões "de cabra" e "em pó" estão empregadas em sentido figurado, referindo-se ao mesmo termo regente – "leite".
   c) O verbo da oração – "Beba" – pode admitir dois complementos, havendo a falsa ideia de que "de cabra" seja um deles.
   d) O contexto da oração é insuficiente para recuperar o referente das expressões "de cabra" e "em pó", potencialmente referentes a "Beba" e "leite".
   e) O emprego da expressão "em pó" em sentido figurado cria duplo sentido ao enunciado, interpretando-a como complemento do verbo – "Beba".

# OS TEXTOS NO COTIDIANO

## O QUE É UM TEXTO?

Se o foco é a linguagem verbal, podemos conceituar texto como um todo que produz sentido, ou seja, o texto deve ser autônomo. Pode ser constituído de uma única palavra usada em determinada situação (por exemplo: “Fogo!” dito por alguém que percebe os primeiros indícios de um incêndio) ou por inúmeras palavras que constituem um livro ou um discurso, um artigo ou um editorial de jornal, por exemplo.

### Textualidade

Condição fundamental que distingue um amontoado de frases de um texto, lembrando que um mero amontoado de frases ou de palavras não é capaz de produzir sentido. A textualidade é dada principalmente pela coerência textual, mas há outros elementos textuais, como coesão, intencionalidade, intertextualidade.

### Gêneros textuais

No processo comunicativo, eles têm uma função e cada esfera de utilização da língua ou campo de atividade elabora determinados tipos de textos que são estáveis, ou seja, que se repetem tanto no assunto como na função, no estilo, na forma. É isso que nos permite reconhecer um texto como carta, bula de remédio, poesia ou notícia jornalística, por exemplo.

### Tipos textuais

Os textos, independentemente do gênero a que pertencem, se constituem de sequências com determinadas características linguísticas, como classe gramatical predominante, estrutura sintática, predomínio de determinados tempos e modos verbais, emprego de vocativo, etc.

#### Injuntivo ou instrucional

Predominante em gêneros como horóscopo, propaganda, receita culinária (modo de fazer), manual de instruções de um aparelho, livro de autoajuda, etc.

#### Descritivo

Predominante em gêneros como retrato, anúncio classificado, lista de ingredientes de uma receita, guia turístico, lista de compras, cardápio, etc.

#### Narrativo

Predominante em gêneros como crônica, romance, fábula, piada, novela, conto de fadas, etc.

#### Explicativo ou expositivo

Predominante em gêneros como aulas expositivas, conferências, capítulos de livro didático, verbetes de dicionários e enciclopédias, etc.

#### Argumentativo

Predominante em gêneros como manifesto, sermão, ensaio, editorial de jornal, crítica, monografia, redação dissertativa, tese de mestrado, etc.

# Exercícios

1. (Unicamp-SP) Leia.

## Noite de autógrafos

Ivan Ângelo

A leitora, vistosa, usando óculos escuros num ambiente em que não eram necessários, se posta diante do autor sentado do outro lado da mesa de autógrafos e estende-lhe o livro, junto com uma pergunta:

– O que é crônica?

O escritor considera responder com a célebre tirada de Rubem Braga, "se não é aguda, é crônica", mas se contém, temendo que ela não goste da brincadeira. (...) Responde com aquele jeito de quem falou disso algumas vezes:

– É um texto de escritor, necessariamente de escritor, não de jornalista, que a imprensa usa para pôr um pouco de lirismo, de leveza e de emoção no meio daquelas páginas e páginas de dados objetivos, informações, gráficos, notícias... É coisa efêmera: jornal dura um dia, revista dura uma semana.

Já se prepara para escrever a dedicatória e ela volta a perguntar:

– E o livro de crônicas, então?

Ele olha a fila, constrangido. Escreve algo brevíssimo, assina e devolve o livro à leitora (...). Ela recebe o volume e não se vai, esperando a resposta. Ele abrevia, irônico:

– É a crônica tentando escapar da reciclagem do papel. Ela fica com ambição de estante, pretensiosa, quer *status* literário. Ou então pretensioso é o autor, que acha que ela merece ser salva e promovida. (...)

– Mais respeito. A crônica é a nossa última reserva de estilo.

Vocabulário:
efêmero – de pouca duração; passageiro, transitório.

(*Veja São Paulo*, São Paulo, 25/07/2012, p. 170.)

A certa altura do diálogo, a leitora pergunta ao escritor que dava autógrafos:
"– E o livro de crônicas, então?"

a) A pergunta da leitora incide sobre uma das características do gênero crônica mencionadas pelo escritor. Explique que característica é esta.

b) Explique o funcionamento da palavra *então* na pergunta em questão, considerando o sentido que esta pergunta expressa.

**Texto para a próxima questão.**

## A lógica do humor

Piada racista termina com polícia em casa de *shows*. É engraçado gozar de minorias? Até onde se pode chegar para fazer os outros rirem? Aliás, do que rimos?

De um modo geral, achamos graça quando percebemos um choque entre dois códigos de regras ou de contextos, todos consistentes, mas incompatíveis entre si. Um exemplo: "O masoquista é a pessoa que gosta de um banho frio pelas manhãs e, por isso, toma uma ducha quente".

Cometo agora a heresia de explicar a piada. Aqui, o fato de o sujeito da anedota ser um masoquista subverte a lógica normal: ele faz o contrário do que gosta, porque gosta de sofrer. É claro que a lógica normal não coexiste com seu reverso, daí a graça da pilhéria. Uma variante no mesmo padrão é: "O sádico é a pessoa que é gentil com o masoquista".

Essa "gramática" dá conta da estrutura intelectual das piadas, mas há também dinâmicas emocionais. Kant, na "Crítica do Juízo", diz que o riso é o resultado da "súbita transformação de uma expectativa tensa em nada". Rimos porque nos sentimos aliviados. Torna-se plausível rir de desgraças alheias. Em alemão, há até uma palavra para isso: "Schadenfreude", que é o sentimento de alegria provocado pelo sofrimento de terceiros. Não necessariamente estamos felizes pelo infortúnio do outro, mas sentimo-nos aliviados com o fato de não sermos nós a vítima.

Mais ou menos na mesma linha vai o filósofo francês Henri Bergson. Em "O Riso", ele observa que muitas piadas exigem "uma anestesia momentânea do coração". Ou seja, pelo menos as partes mais primitivas de nosso eu acham graça em troçar dos outros. Daí os inevitáveis choques entre humor e adequação social.

Como não podemos dispensar o riso nem o combate à discriminação, o conflito é inevitável. Resta torcer para que seja autolimitado. Não deixaremos de rir de piadas racistas, mas não podemos esquecer que elas colocam um problema moral.

Hélio Schwartsman, *Folha de S.Paulo*, 16/03/2012.

2. (Insper-SP) O primeiro parágrafo apresenta uma das formas clássicas de introdução de um texto de caráter argumentativo, porque contém resumidamente elementos essenciais ao desenvolvimento das ideias do autor. Esses elementos, presentes em "A lógica do humor", podem ser definidos como:

a) declaração de natureza subjetiva – enumeração de subtemas.

b) registro de testemunho histórico – exemplificação do problema.

c) uso de perguntas retóricas – emprego de contra-argumentação.

d) afirmação da autoridade do enunciador – apresentação do problema.

e) relato de fato notório – delimitação do tema por meio de questionamentos.

**Texto para a próxima questão.**

## Astroteologia

Aparentemente, foi o filósofo grego Epicuro que sugeriu, já em torno de 270 a.C., que existem inúmeros mundos espalhados pelo cosmo, alguns como o nosso e outros completamente diferentes, muitos deles com criaturas e plantas.

Desde então, ideias sobre a pluralidade dos mundos têm ocupado uma fração significativa do debate entre ciência e religião. Em um exemplo dramático, o monge Giordano Bruno foi queimado vivo pela Inquisição Romana em 1600 por pregar, dentre outras coisas, que cada estrela é um Sol e que cada Sol tem seus planetas.

Religiões mais conservadoras negam a possibilidade de vida extraterrestre, especialmente se for inteligente. No caso do cristianismo, Deus é o criador e a criação é descrita na Bíblia, e não vemos qualquer menção de outros mundos e gentes. Pelo contrário, os homens são as criaturas escolhidas e, portanto, privilegiadas.

Todos os animais e plantas terrestres estão aqui para nos servir. Ser inteligente é uma dádiva que nos põe no topo da pirâmide da vida.

O que ocorreria se travássemos contato com outra civilização inteligente? Deixando de lado as inúmeras dificuldades de um contato dessa natureza – da raridade da vida aos desafios tecnológicos de viagens interestelares – tudo depende do nível de inteligência dos membros dessa civilização.

Se são eles que vêm até aqui, não há dúvida de que são muito mais desenvolvidos do que nós. Não necessariamente mais inteligentes, mas com mais tempo para desenvolver suas tecnologias. Afinal, estamos ainda na infância da era tecnológica: a primeira locomotiva a vapor foi inventada há menos de 200 anos (em 1814).

Tal qual a reação dos nativos das Américas quando viram as armas de fogo dos europeus, o que são capazes de fazer nos pareceria mágica.

Claro, ao abrirmos a possibilidade de que vida extraterrestre inteligente exista, a probabilidade de que sejam mais inteligentes do que nós é alta. De qualquer forma, mais inteligentes ou mais avançados tecnologicamente, nossa reação ao travar contato com tais seres seria um misto de adoração e terror. Se fossem muito mais avançados do que nós, a ponto de haverem desenvolvido tecnologias que os liberassem de seus corpos, esses seres teriam uma existência apenas espiritual. A essa altura, seria difícil distingui-los de deuses.

Por mais de 40 anos, cientistas vasculham os céus com seus radiotelescópios tentando ouvir sinais de civilizações inteligentes. (...) Infelizmente, até agora nada foi encontrado. Muitos cientistas acham essa busca uma imensa perda de tempo e de dinheiro. As chances de que algo significativo venha a ser encontrado são extremamente remotas.

Em quais frequências os ETs estariam enviando os seus sinais? E como decifrá-los? Por outro lado, os que defendem a busca afirmam que um resultado positivo mudaria profundamente a nossa civilização. A confirmação da existência de outra forma de vida inteligente no universo provocaria uma revolução. Alguns até afirmam que seria a maior notícia já anunciada de todos os tempos. Eu concordo.

Não estaríamos mais sós. Se os ETs fossem mais avançados e pacíficos, poderiam nos ajudar a lidar com nossos problemas sociais, como a fome, o racismo e os confrontos religiosos. Talvez nos ajudassem a resolver desafios científicos. Nesse caso, quão diferentes seriam dos deuses que tantos acreditam existir? Não é à toa que inúmeras seitas modernas dirigem suas preces às estrelas e não aos altares.

Marcelo Gleiser. *Folha de S.Paulo*, 01/03/2009

3. (Uerj) Todo texto argumentativo é construído com base na apresentação e defesa de pontos de vista.
A premissa do autor a favor de pesquisas interplanetárias apoia-se, sobretudo, na possibilidade de:
a) incentivar o interesse por outras civilizações
b) livrar os seres humanos dos confrontos religiosos
c) encorajar os cientistas na busca de novos desafios
d) conduzir a humanidade a profundas transformações

**Texto para a próxima questão.**

Curitiba, 20 de novembro de 2003.

À
Verde Vivo – Paisagismo e jardinagem
At.: Joaquim Maria Matos
Assunto: Solicitação de vaga.

Senhor Gerente:
Buscando pleitear uma vaga em sua conceituada empresa, encaminho meu currículo resumido. Também informo que possuo disponibilidade para viagens.

No aguardo de uma resposta, desde já agradeço a atenção dispensada.

Atenciosamente,
João Fabrício Mazza

4. (PUC-PR) A respeito da caracterização do gênero textual, assinale a alternativa INCORRETA:
a) O texto é predominantemente narrativo.
b) O nível de linguagem está adequado, porque se trata de uma situação que exige formalidade.
c) Trata-se de um gênero que circula em núcleos de atividade comercial.
d) A objetividade e a precisão na seleção vocabular são fundamentais no gênero carta empresarial.
e) A apropriação do espaço na página pode variar, portanto, esse aspecto não representa uma das exigências do gênero em questão.

**Texto para a próxima questão.**

Leia o texto para responder à questão.

## Discurso do presidente do Uruguai, José Pepe Mujica, na Assembleia da ONU/2013

Sou do sul e venho do sul a esta Assembleia, carrego inequivocamente os milhões de compatriotas pobres, nas cidades, nos desertos, nas selvas, nos pampas, nas depressões da América Latina, pátria de todos que está se formando.

Carrego as culturas originais esmagadas com os restos de colonialismo nas Malvinas, com bloqueios inúteis a este jacaré sob o sol do Caribe que se chama Cuba. Carrego as consequências da vigilância eletrônica, que não faz outra coisa que não despertar desconfiança. Desconfiança que nos envenena inutilmente. Carrego uma gigantesca dívida social com a necessidade de defender a Amazônia, os mares, nossos grandes rios na América. Carrego o dever de lutar por pátria para todos.

Nossa civilização montou um desafio mentiroso e, assim como vamos, não é possível satisfazer esse sentido de esbanjamento que se deu à vida. Isso se massifica como uma cultura de nossa época, sempre dirigida pela acumulação e pelo mercado.

Prometemos uma vida de esbanjamento, e, no fundo, constitui uma conta regressiva contra a natureza, contra a humanidade no futuro. Civilização contra a simplicidade, contra a sobriedade, contra todos os ciclos naturais.

O pior: civilização contra a liberdade que supõe ter tempo para viver as relações humanas, as únicas que transcendem: o amor, a amizade, aventura, solidariedade, família.

Civilização contra tempo livre que não é pago, que não se pode comprar, e que nos permite contemplar e esquadrinhar o cenário da natureza. Arrasamos a selva, as selvas verdadeiras, e implantamos selvas anônimas de cimento. Enfrentamos o sedentarismo com esteiras, a insônia com comprimidos, a solidão com eletrônicos, porque somos felizes longe da convivência humana.

Ouvimos da biologia que defende a vida pela vida, como causa superior, e a suplantamos com o consumismo funcional à acumulação.

A política, eterna mãe do acontecer humano, ficou limitada à economia e ao mercado. De salto em salto, a política não pode mais que se perpetuar, e, como tal, delegou o poder, e se entretém, aturdida, lutando pelo governo. Debochada marcha de historieta humana, comprando e vendendo tudo, e inovando para poder negociar de alguma forma o que é inegociável. Há marketing para tudo, para os cemitérios, os serviços fúnebres, as maternidades, para pais, para mães, passando pelas secretárias, pelos automóveis e pelas férias. Tudo, tudo é negócio.

Todavia, as campanhas de *marketing* caem deliberadamente sobre as crianças, e sua psicologia para influir sobre os adultos e ter, assim, um território assegurado no futuro. Sobram provas de que essas tecnologias são bastante abomináveis e que, por vezes, conduzem a frustrações e mais.

O homenzinho médio de nossas grandes cidades perambula entre os bancos e o tédio rotineiro dos escritórios, às vezes temperados com ar condicionado. Sempre sonha com as férias e com a liberdade, sempre sonha com pagar as contas, até que, um dia, o coração para, e adeus. Haverá outro soldado abocanhado pelas presas do mercado, assegurando a acumulação. A crise é a impotência, a impotência da política, incapaz de entender que a humanidade não escapa nem escapará do sentimento de nação. Sentimento que está quase incrustado em nosso código genético.

Hoje é tempo de começar a talhar para preparar um mundo sem fronteiras. A economia globalizada não tem mais condução que não seja o interesse privado, de muitos poucos, e cada Estado Nacional mira sua estabilidade continuísta, e hoje a grande tarefa para nossos povos, em minha humilde visão, é o todo.

Talvez nosso mundo necessite menos de organismos mundiais, desses que organizam fóruns e conferências, que servem muito às cadeias hoteleiras e às companhias aéreas e, no melhor dos casos, não reúnem ninguém e nem se transformam em decisões.

Continuarão as guerras e, portanto, os fanatismos, até que, talvez, a mesma natureza faça um chamado à ordem e torne inviáveis nossas civilizações. Talvez nossa visão seja demasiado crua, sem piedade, e vemos ao homem como uma criatura única, a única que há acima da terra capaz de ir contra sua própria espécie. Volto a repetir, porque alguns chamam a crise ecológica do planeta de consequência do triunfo avassalador da ambição humana. Esse é nosso triunfo e também nossa derrota, porque temos impotência política de nos enquadrarmos em uma nova época. E temos contribuído para sua construção sem nos dar conta.

A cobiça, tão negativa e tão motor da história, essa que impulsionou o progresso material, técnico e científico, que fez o que é nossa época e nosso tempo, um fenomenal avanço em muitas frentes, paradoxalmente, essa mesma ferramenta, a cobiça, que nos impulsionou a domesticar a ciência e transformá-la em tecnologia, nos precipita a um abismo nebuloso. A uma história que não conhecemos, a uma época sem história, e estamos ficando sem olhos nem inteligência coletiva para seguir colonizando e para continuar nos transformando.

Porque se há uma característica deste bichinho humano é a de que é um conquistador antropológico.

Parece que as coisas tomam autonomia e essas coisas subjugam os homens. De um lado a outro, sobram ativos para vislumbrar tudo isso e para vislumbrar o rombo. Mas é impossível para nós coletivizar decisões globais por esse todo. A cobiça individual triunfou grandemente sobre a cobiça superior da espécie. Aclaremos: o que é "tudo", essa palavra simples, menos opinável e mais evidente? Em nosso Ocidente, particularmente, porque daqui viemos, embora tenhamos vindo do sul, as repúblicas, que nasceram para afirmar que os homens são iguais, que ninguém é mais que ninguém, que os governos deveriam representar o bem comum, a justiça e a igualdade. Muitas vezes, as repúblicas se deformam e caem no esquecimento da gente que anda pelas ruas, do povo comum.

Não foram as repúblicas criadas para vegetar, mas, ao contrário, para serem um grito na história, para fazer funcionais as vidas dos próprios povos e, portanto, as repúblicas que devem às maiorias e devem lutar pela promoção das maiorias.

Seja o que for, por reminiscências feudais que estão em nossa cultura, por classismo dominador, talvez pela cultura consumista que rodeia a todos, as repúblicas frequentemente, em suas direções, adotam um viver diário que exclui, que se distancia do homem da rua.

Ouçam bem, queridos amigos: em cada minuto no mundo se gastam US$ 2 milhões em ações militares nesta Terra. Dois milhões de dólares por minuto em inteligência militar!! Em investigação médica de todas as enfermidades que avançaram enormemente, cuja cura dá às pessoas uns anos a mais de vida, a investigação cobre apenas a quinta parte da investigação militar.

Amigos, creio que é muito difícil inventar uma força pior que nacionalismo chauvinista das grandes potências. A força é que liberta os fracos. O nacionalismo, tão pai dos processos de descolonização, formidável para os fracos, se transforma em uma ferramenta opressora nas mãos dos fortes e, nos últimos 200 anos, tivemos exemplos disso por toda a parte.

Até que o homem não saia dessa pré-história e arquive a guerra como recurso quando a política fracassa, essa é a larga marcha e o desafio que temos daqui adiante. E o dizemos com conhecimento de causa. Conhecemos a solidão da guerra. No entanto, esses sonhos, esses desafios que estão no horizonte, implicam lutar por uma agenda de acordos mundiais que comecem a governar nossa história e superar, passo a passo, as ameaças à vida. A espécie como tal deveria ter um governo para a humanidade que superasse o individualismo e primasse por recriar cabeças políticas que acudam ao caminho da ciência, e não apenas aos interesses imediatos que nos governam e nos afogam.

Paralelamente, devemos entender que os indigentes do mundo não são da África ou da América Latina, mas da humanidade toda, e esta deve, como tal, globalizada, empenhar-se em seu desenvolvimento, para que possam viver com decência de maneira autônoma. Os recursos necessários existem, estão neste depredador esbanjamento de nossa civilização.

Há poucos dias, fizeram na Califórnia, em um corpo de bombeiros, uma homenagem a uma lâmpada elétrica que está acesa há cem anos. Cem anos que está acesa, amigo! Quantos milhões de dólares nos tiraram dos bolsos fazendo deliberadamente porcarias para que as pessoas comprem, comprem, comprem e comprem.

Mas esta globalização de olhar para todo o planeta e para toda a vida significa uma mudança cultural brutal. É o que nos requer a história. Nosso dever biológico, acima de todas as coisas, é respeitar a vida e impulsioná-la, cuidá-la, procriá-la e entender que a espécie é nosso "nós".

Transcrição e tradução do discurso feitas por Kiko Nogueira.
Disponível em: <http://www.diariodocentrodomundo.com.br/>.
Acesso em: 26 set. 2013. (Adaptado).

5. (UFG-GO) O texto é um trecho do discurso do presidente do Uruguai, José Mujica, na ONU.
   a) Em relação às categorias de pessoa, tempo e espaço, quais recursos linguísticos marcam enunciativamente o gênero "discurso" no texto? Dê exemplos.
   b) Quais recursos linguísticos explicitam a presença do interlocutor no discurso de Mujica, contribuindo para sua inclusão no plano da enunciação e para sua adesão às teses apresentadas pelo locutor? Exemplifique com uma frase do texto.

**Texto para a próxima questão.**

### Autorretrato falado

Venho de um Cuiabá garimpo e de ruelas entortadas.
Meu pai teve uma venda de bananas no Beco da Marinha, onde nasci.
Me criei no Pantanal de Corumbá, entre bichos do chão, pessoas humildes, aves, árvores e rios.
Aprecio viver em lugares decadentes por gosto de estar entre pedras e lagartos.
Fazer o desprezível ser prezado é coisa que me apraz.
Já publiquei 10 livros de poesia; ao publicá-los me sinto como que desonrado e fujo para o
Pantanal onde sou abençoado a garças.
Me procurei a vida inteira e não me achei – pelo que fui salvo.
Descobri que todos os caminhos levam à ignorância.
Não fui para a sarjeta porque herdei uma fazenda de gado. Os bois me recriam.
Agora eu sou tão ocaso!
Estou na categoria de sofrer do moral, porque só faço coisas inúteis.
No meu morrer tem uma dor de árvore.

MANOEL DE BARROS. *Poesia completa*. São Paulo: Leya, 2010.

6. (Uerj) Uma obra literária pode combinar diferentes gêneros, embora, de modo geral, um deles se mostre dominante.
O poema de Manoel de Barros, predominantemente lírico, apresenta características de um outro gênero. Identifique esse gênero e cite duas de suas características presentes no poema.

7. (UFF-RJ)

*Texto I*

Lugar sertão se divulga: é onde os pastos carecem de fechos; onde um pode torar dez, quinze léguas, sem topar com casa de morador; e onde criminoso vive seu cristo-jesus, arredado do arrocho de autoridade. O Urucuia vem dos montões oestes. Mas, hoje, na beira dele tudo dá – fazendões de fazendas, almargem de vargens de bom render, as vazantes; culturas que vão de mata em mata, madeiras de grossura, até ainda virgens dessas lá há. O "gerais" corre em volta. Esses "gerais" são sem tamanho. Enfim, cada um o que quer aprova, o senhor sabe: pão ou pães é questão de opiniães... O sertão está em toda parte.

ROSA, João Guimarães. "Grande sertão: veredas".

*Texto II*

Sertão é palavra nossa, não tem em língua estrangeira. Sertão é sertão. Há quem diga que venha de "dessertão": miolo de nação onde o mato é grande e a população é pouca. O reverso da cidade, o avesso da civilização. "Nosso mar interior", para o antropólogo Darcy Ribeiro, área vasta e seca que se estende pelas beiradas do Rio São Francisco, mas nunca encontra o oceano.

O sertão de Minas é chamado de Campos Gerais – os gerais. Começam acima das cidades de Corinto e Curvelo e se alargam pelo noroeste até se molhar nas águas escuras do rio Carinhanha, até esbarrar nas serras de Goiás, até se debruçar sobre as terras da Bahia.

Revista "Terra", 09/05, p. 34.

Os textos I e II focalizam o sertão valendo-se de gêneros textuais diferentes.
Apresente uma diferença de linguagem que caracteriza os gêneros dos textos I e II, exemplificando-a com, pelo menos, uma passagem de cada texto.

**Texto para a próxima questão.**

Joaquim Maria Machado de Assis é cronista, contista, dramaturgo, jornalista, poeta, novelista, romancista, crítico e ensaísta.

Em 2008, comemora-se o centenário de sua morte, ocorrida em setembro de 1908. Machado de Assis é considerado o mais canônico escritor da Literatura Brasileira e deixou uma rica produção literária composta de textos dos mais variados gêneros, em que se destacam o conto e o romance.

Segue o texto desse autor, em prosa.

## Capítulo Primeiro – Do título

Uma noite dessas, vindo da cidade para o Engenho Novo, encontrei no trem da Central um rapaz daqui do bairro, que eu conheço de vista e de chapéu. Cumprimentou-me, sentou-se ao pé de mim, falou da lua e dos ministros, e acabou recitando-me versos. A viagem era curta, e os versos pode ser que não fossem tão inteiramente maus. Sucedeu, porém, que como eu estava cansado, fechei os olhos três ou quatro vezes; tanto bastou para que ele interrompesse a leitura e metesse os versos no bolso.

– Continue, disse eu acordando.

– Já acabei, murmurou ele.

– São muito bonitos.

Vi-lhe fazer um gesto para tirá-los outra vez do bolso, mas não passou do gesto; estava amuado. No dia seguinte entrou a dizer de mim nomes feios, e acabou alcunhando-me de Dom Casmurro. Os vizinhos, que não gostam dos meus hábitos reclusos e calados, deram curso à alcunha, que afinal pegou. Nem por isso me zanguei. Contei a anedota aos amigos da cidade, e eles, por graça, chamam-me assim, alguns em bilhetes: "Dom Casmurro, domingo vou jantar com você" – "Vou pra Petrópolis, Dom Casmurro; a casa é a mesma da Renânia; vê se deixas essa caverna do Engenho Novo, e vai lá passar uns quinze dias comigo." – "Meu caro Dom Casmurro, não cuide que o dispenso do teatro amanhã; venha e dormirá aqui na cidade; dou-lhe camarote, dou-lhe chá, dou-lhe cama; só não lhe dou moça."

Não consulte dicionários. Casmurro não está aqui no sentido que eles dão, mas no que lhe pôs o vulgo de homem calado e metido consigo. Dom veio por ironia, para atribuir-me fumos de fidalgo. Tudo por estar cochilando! Também não achei melhor título para a minha narração; se não lhe guardo rancor. E com pequeno esforço, sendo título seu, poderá cuidar que a obra é sua. Há livros que apenas terão isso de seus autores; alguns nem tanto.

(*Dom Casmurro*, Machado de Assis)

8. (Ibmec-RJ) Qual das alternativas a seguir contém o sentido da oração do texto "mas não passou do gesto; ESTAVA AMUADO" e sua substituição possível, sem danos ao sentido original?
a) Concessão – "embora estivesse amuado".
b) Finalidade – "para que eu estivesse amuado".
c) Condição – "se estivesse amuado".
d) Proporção – "à proporção que eu estivesse amuado".
e) Causa – "pois estava amuado".

# LEITURA – A CONSTRUÇÃO DE SENTIDOS

## OS OBJETIVOS

A leitura pode ter os mais variados objetivos. Identificá-los nos permite traçar as características do processo de leitura a ser feito e/ou quais estratégias serão potencializadas. Independentemente da motivação da leitura, o domínio da língua, o conhecimento de mundo, as leituras prévias e a reflexão sempre terão de ser ativados.

## A INFERÊNCIA

Envolve a leitura das entrelinhas, da intencionalidade e dos sentidos que o texto sugere e que não estão explicitados. É resultado das conclusões a que chegamos ao fazer as associações e relações de todas as informações (linguísticas, contextuais, de mundo, etc.) ditas ou sugeridas no texto.

## ALÉM DA MENSAGEM

Muitas informações relevantes para a própria leitura do texto não se encontram na mensagem propriamente dita.

### Gênero textual

A identificação do **gênero textual** permite antecipar a forma de composição textual e a possível intenção do falante.

### Autor

A identificação do **autor** do texto permite antecipar a temática ou a tendência do texto.

### Contexto

A **identificação da época**, o contexto histórico em que estava inserido o texto quando foi produzido também orientam a leitura.

### Veículo

A identificação do **veículo** que disponibiliza o texto (jornal, revista jovem, etc.) antecipa características ideológicas, público-alvo, etc.

## CONSTRUIR SENTIDOS

Podemos afirmar que ler é um processo mental que começa com o conhecimento do código utilizado na mensagem e que envolve inúmeras associações. A compreensão efetiva de um texto exige do leitor um trabalho árduo, em que a capacidade de inferência das entrelinhas, da intencionalidade e dos sentidos que o texto sugere é fundamental. A leitura é um processo pelo qual se constrói sentido no texto.

### O conhecimento linguístico

O domínio do código, da língua, permite decodificar o texto e fazer as associações gramático-estruturais das partes que o formam.

### O conhecimento de mundo

Forjado a partir das vivências e do acúmulo de informações culturais, ideológicas, intelectuais, possibilita levantar hipóteses sobre o que o texto quer dizer e estabelecer relações com a realidade.

### As leituras prévias

Permitem levantar hipóteses sobre o que o texto quer dizer e relacioná-lo às leituras já feitas.

### A reflexão

Permite não só estabelecer todas as relações citadas, mas também projetar outras, atribuindo sentido ao texto ao mesmo tempo que forma e/ou amplia a leitura de mundo do leitor.

# Exercícios

1. (Unicamp-SP)

Disponível em: <coletivotransverso.blogspot.com.br>. Acessado em 29/10/2013.

A intervenção urbana acima reproduzida foi criada pelo Coletivo Transverso, um grupo envolvido com arte urbana e poesia, que afixou cartazes como esses em muros de uma grande cidade.

a) Que outro texto está referido em "SEGURO MORREU DE TÉDIO"?

b) A relação entre os dois textos – o do cartaz e aquele a que ele remete – é importante para a interpretação dessa intervenção urbana? Justifique sua resposta.

**Texto para a próxima questão.**

## Porque a realidade é inverossímil

**Escusando-me** por repetir **truísmo** tão martelado, mas movido pelo conhecimento de que os truísmos são parte inseparável da boa retórica narrativa, até porque a maior parte das pessoas não sabe ler e é no fundo muito ignorante, rol no qual incluo arbitrariamente você, repito o que tantos já dizem e vivem repetindo, como quem usa chupetas: a realidade é, sim, muitíssimo mais inacreditável do que qualquer ficção, pois esta requer uma certa arrumação **falaciosa**, a que a maioria dá o nome de verossimilhança. Mas ocorre precisamente o oposto. Lê-se ficção para fortalecer a noção estúpida de que há sentido, lógica, causa e efeito lineares e outros adereços que integrariam a vida. Lê-se ficção, ou mesmo livros de historiadores ou jornalistas, por insegurança, porque o absurdo da vida é insuportável para a vastidão dos desvalidos que povoa a Terra.

Vocabulário:
escusando-me – desculpando-me
truísmo – verdade trivial, lugar-comum
falaciosa – enganosa, ilusória

João Ubaldo Ribeiro. *Diário do Farol*. Rio de Janeiro: Nova Fronteira, 2002.

2. (Uerj) O título do texto soa contraditório, se a verossimilhança for tomada como uma semelhança com o mundo real, com aquilo que se conhece e se compreende.
Essa contradição se desfaz porque, na interpretação do autor, a ficção organiza elementos da vida, enquanto a realidade é considerada como:

a) linear
b) absurda
c) estúpida
d) falaciosa

**Texto para a próxima questão.**

## O chá, os fantasmas, os ventos encanados...

Nasci no tempo dos ventos encanados, quando, para evitar compromissos, a "gente bem" dizia estar com enxaqueca, palavra horrível mas desculpa distinta. Ter enxaqueca não era para todos, mas só para essas senhoras que tomavam chá com o dedo mindinho espichado. Quando eu via aquilo, ficava a pensar sozinho comigo [1](menino, naqueles tempos, não dava opinião) por que é que elas não usavam, para cúmulo da elegância, um laçarote azul no dedo...

[2]Também se falava misteriosamente em "moléstias de senhoras" nos anúncios farmacêuticos que eu lia. Era decerto uma coisa privativa das senhoras, como as enxaquecas, pois as criadas, essas, não tinham tempo para isso. Mas, em compensação, me assustavam deliciosamente com histórias de assombrações. [3]Nunca me apareceu nenhuma.

Pelo visto, era isso: nunca consegui comunicar-me com este nem com o outro mundo. A não ser através d' O tico-tico e da poesia de Camões, do qual [4]até hoje me assombra este verso único: "Que o menor mal de tudo seja a morte!" Pois a verdadeira poesia sempre foi um meio de comunicação com este e com o outro mundo.

MARIO QUINTANA

*Mario Quintana: poesia completa*. Rio de Janeiro: Nova Fronteira, 2005.

3. (Uerj) Além da comparação entre papéis sociais, há no texto outra comparação, implícita, que indica uma compreensão do narrador acerca de comportamentos na sociedade.
Essa comparação implícita está em:

a) (menino, naqueles tempos, não dava opinião) (ref. 1)
b) Também se falava misteriosamente em "moléstias de senhoras" (ref. 2)
c) Nunca me apareceu nenhuma. (ref. 3)
d) até hoje me assombra este verso único: (ref. 4)

**Texto para a próxima questão.**

## Ceará tenta tirar de Pernambuco o título de "pai" do forró

Pernambuco e Ceará sempre dividiram o título de precursor do ritmo que ficou conhecido popularmente como forró. O pernambucano de Exu, Luiz Gonzaga, e o cearense de Iguatu, Humberto Teixeira, foram autores de músicas que descreviam tanto a seca e a fome da região quanto as belezas do sertão nordestino. O clássico "Asa branca", de autoria dos dois, representa bem isso. Agora, músicos cearenses atribuem esse pioneirismo a outro artista.

O primeiro registro fonográfico de um forró teria sido feito por um violeiro. Em outubro de 1937, Xerêm gravou "Forró na roça". Apesar de ser cearense, essa foi a única canção do estilo gravada pelo cantor. Xerêm partiu adolescente para Minas Gerais, formou dupla caipira e virou cantor de moda de viola.

O diretor do Memorial Luiz Gonzaga de Recife, Mauro Alencar, ouviu pela primeira vez a música "Forró na roça" a pedido da reportagem do iG. Para ele, a canção só tem "forró" no título. "Isso não é forró nem baião. É música mineira, lembra o calango, ritmo mineiro dos 'bão'", ironiza.

O estilo musical que se convencionou chamar forró sequer é considerado um gênero por muitos músicos. Segundo Mauro Alencar, a palavra seria uma corruptela de uma expressão lusitana: 'forrobodó', que quer dizer 'baile popular'. O pesquisador explica que o ritmo a que atribuem o nome de forró é o baião, criado por Luiz Gonzaga e Humberto Teixeira.

(Daniel Aderaldo, www.ig.com.br. Adaptado.)

4. (UFTM-MG) Com base no texto, responda:
   a) Como a explicação sobre a origem da palavra *forró* serve de argumento para Mauro Alencar justificar sua tese de que a canção de Xerêm não constitui um exemplar do estilo musical chamado forró?
   b) Considerando a opinião de Mauro Alencar sobre a música "Forró na roça" e os comentários dele acerca do forró, explique o sentido da forma verbal *tenta* no título.

**Texto para a próxima questão.**

## V – O samba

À direita do terreiro, adumbra-se* na escuridão um maciço de construções, ao qual às vezes recortam no azul do céu os trêmulos vislumbres das labaredas fustigadas pelo vento.

(...)

É aí o quartel ou quadrado da fazenda, nome que tem um grande pátio cercado de senzalas, às vezes com alpendrada corrida em volta, e um ou dois portões que o fecham como praça d'armas.

Em torno da fogueira, já esbarrondada pelo chão, que ela cobriu de brasido e cinzas, dançam os pretos o samba com um frenesi que toca o delírio. Não se descreve, nem se imagina esse desesperado saracoteio, no qual todo o corpo estremece, pula, sacode, gira, bamboleia, como se quisesse desgrudar-se.

Tudo salta, até os crioulinhos que esperneiam no cangote das mães, ou se enrolam nas saias das raparigas. Os mais taludos viram cambalhotas e pincham à guisa de sapos em roda do terreiro. Um desses corta jaca no espinhaço do pai, negro fornido, que não sabendo mais como desconjuntar-se, atirou consigo ao chão e começou de rabanar como um peixe em seco. (...)

> Vocabulário:
> *adumbra-se – delineia-se, esboça-se.

José de Alencar, *Til*.

5. (Fuvest-SP) Considerada no contexto histórico a que se refere *Til*, a desenvoltura com que os escravos, no excerto, se entregam à dança é representativa do fato de que
   a) a escravidão, no Brasil, tal como ocorreu na América do Norte e no Caribe, foi branda.
   b) se permitia a eles, em ocasiões especiais e sob vigilância, que festejassem a seu modo.
   c) teve início nas fazendas de café o sincretismo das culturas negra e branca, que viria a caracterizar a cultura brasileira.
   d) o narrador entendia que o samba de terreiro era, em realidade, um ritual umbandista disfarçado.
   e) foi a generalização, entre eles, do alcoolismo, que tornou antieconômica a exploração da mão de obra escrava nos cafezais paulistas.

**Texto para a próxima questão.**

Leia o texto para a questão a seguir.

Sr. Diretor do Imposto de Renda:

(...)

Minha dúvida, meu problema, Sr. Diretor, consiste na desconfiança de que sou, tenho sido a vida inteira um sonegador do Imposto de Renda. Involuntário, inconsciente, mas de qualquer forma sonegador. Posso alegar em minha defesa muita coisa: a legislação, embora profusa e até florestal, é omissa ou não explícita; os itens das diferentes cédulas não preveem o caso; o órgão fiscalizador jamais cogitou disso; todo mundo está nas mesmas condições que eu, e ninguém se acusa ou reclama contra si mesmo. Contudo, não me conformo, e venho expor-lhe lealmente as minhas rendas ocultas.

A lei manda cobrar imposto a quem tenha renda líquida superior a determinada importância; parece claro que só tributam rendimentos em dinheiro. A seguir, entretanto, a mesma lei declara: "São também contribuintes as pessoas físicas que perceberem rendimentos de bens de que tenham a posse, como se lhes pertencessem." E aqui me vejo enquadrado e faltoso. Tenho a posse de inúmeros bens que não me pertencem e que desfruto copiosamente. Eles me rendem o máximo, e nunca fiz constar de minha declaração tais rendimentos.

Esses bens são: o Sol, para começar do alto (só a temporada de praia, neste verão que acabou, foi uma renda fabulosa); a Lua, que, vista do terraço ou da calçada da Avenida Atlântica, diante do mar, me rendeu milhões de [1]cruzeiros-sonho; (...) as crianças brincando no *play-ground* ou a caminho da escola; em particular, três meninos que vêm e vão pelo ar, tão moleques e tão rendosos para este coração; (...) certos prazeres como andar por andar, ver figura em edições de arte, conversar sem sentido e sem cálculo, um filmezinho como *Le petit poisson rouge*, em que o gato salva o peixe para ser gentil com o canário, indicando um caminho aos senhores da guerra fria; e isso e aquilo e tudo mais de alta rentabilidade... [2]não em espécie.

Estes os meus verdadeiros rendimentos, senhor; salários e dividendos não computados na declaração. Agora estou confortado porque confessei; invente depressa uma rubrica para incluir esses lucros e taxe-me sem piedade. Multe, se for o caso; pagarei feliz.

Atenciosas saudações.

Carlos Drummond de Andrade, "Cadeira de balanço".

6. (FGV-SP) Responda ao que se pede.
   a) Há alguma expressão no texto, além da palavra "cruzeiros" (ref. 1), que permite identificar o contexto histórico em que ele foi escrito? Justifique e explique.
   b) Explique o que o cronista pretendeu dizer com a expressão "não em espécie" (ref. 2).

**Texto para a próxima questão.**

## Brasil e África Subsaariana: parceria Sul-Sul para o crescimento

Atualmente, Brasil e África vêm restabelecendo ligações que [1]poderão ter efeitos importantes sobre a prosperidade e o desenvolvimento de ambos. Na última década, a África tornou-se um continente de oportunidades, com tendências econômicas positivas e uma melhor governança.

O crescimento de alguns países africanos, sua resistência às crises globais recentes e a implementação de reformas de políticas que fortaleceram os mercados e a governança democrática vêm expandindo o comércio e o investimento na região. Apesar dessa tendência positiva, muitos países africanos ainda enfrentam enormes gargalos de infraestrutura, são vulneráveis à mudança do clima e apresentam capacidade institucional deficiente. Consequentemente, a ajuda para o desenvolvimento continua sendo uma das principais fontes de apoio ao desenvolvimento em vários países do continente, de modo que a transferência e a troca de conhecimento ainda são necessidades prementes.

A partir do final século XX, a África se tornou um dos principais temas da agenda externa do Brasil, que tem demonstrado um interesse cada vez maior em apoiar e participar do desenvolvimento de um continente que se encontra em rápida transformação. A intensificação do engajamento do Brasil com a África não somente demonstra a ambição geopolítica e o interesse econômico do Brasil: os fortes laços históricos e a afinidade com a África diferenciam o Brasil dos demais membros originais do BRICs [grupo formado inicialmente por Brasil, Rússia, Índia e China e que incluiu depois a África do Sul].

O crescimento econômico do Brasil, sua atuação crescente no cenário mundial, o sucesso alcançado com a redução da desigualdade social e a experiência de desenvolvimento oferecem lições importantes para os países africanos que, dessa forma, buscam cada vez mais a cooperação, assistência técnica e investimentos do Brasil. Ao mesmo tempo, multinacionais brasileiras, organizações não governamentais e diversos grupos sociais passaram a incluir a África em seus planos. Em outras palavras, a nova África coincide com o Brasil global.

Complementando as fortes ligações históricas e culturais, a tecnologia brasileira [2]parece ser de fácil adaptabilidade a muitos países africanos em razão das semelhanças geofísicas de solo e de clima. O sucesso recente do Brasil no plano social e econômico atraiu a atenção de muitos países de língua portuguesa com os quais o país possui ligações históricas.

Figura 1 - Principais áreas de atuação do Brasil em arranjos de cooperação com a África, 2009

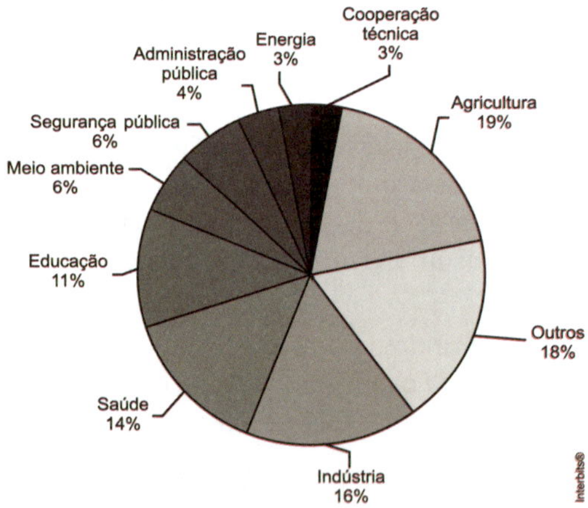


No que se refere à diplomacia, o Brasil mantém atualmente 37 embaixadas na África, comparado a 17 em 2002, um incremento correspondido pelo aumento do número de embaixadas africanas no Brasil: desde 2003, 17 embaixadas foram abertas em Brasília, somando-se às 16 já existentes, o que representa a maior concentração de embaixadas no Hemisfério Sul.

Os países da África Subsaariana solicitam cooperação com o Brasil em cinco áreas principais: agricultura tropical; medicina tropical; ensino técnico (em apoio ao setor industrial); energia; e proteção social (figura 1). (Áreas de interesse relativamente menor incluem ensino superior, esportes e ação afirmativa.)

No que se refere à agricultura, a Empresa de Pesquisa Agropecuária (EMBRAPA), em parceria com várias outras instituições brasileiras de pesquisa, atua com parceiros locais na implementação de projetos-modelo em agricultura com o objetivo de reproduzir o sucesso alcançado no cerrado brasileiro – semelhante a alguns solos africanos – e aprimorar o desenvolvimento agrícola e o agronegócio na África.

Investimentos do setor privado brasileiro na África tiveram início nos anos 1980 e chegaram a tal ponto que atualmente as empresas brasileiras atuam em quase todas as regiões do continente, com atividades concentradas nas áreas de infraestrutura, energia e mineração. A presença do Brasil chama a atenção devido à forma como as empresas brasileiras realizam seus negócios; elas tendem a contratar mão de obra local para seus projetos, favorecendo o desenvolvimento de capacidades locais, o que acaba por elevar a qualidade dos serviços e produtos. Dado o ambiente de negócios favorável aos investimentos brasileiros na África, a Agência Brasileira de Exportação vem fomentando a presença de pequenas e médias empresas no continente, por meio de feiras de negócios, por exemplo. As tendências analisadas em estudos internacionais indicam que o Brasil e a África desenvolvem, em conjunto, um modelo de relações Sul-Sul que [3]pode ajudar a reunir os dois lados do Atlântico.

Embora as relações entre o Brasil e a África tenham se intensificado muito na última década, ainda existem desafios consideráveis. Em particular, existe um desconhecimento nos dois lados do Atlântico. A maioria dos brasileiros possui conhecimento limitado e normalmente desatualizado sobre a África; as poucas informações que têm, muitas vezes, se limitam a Angola, Moçambique e, às vezes, à África do Sul. A burocracia de ambos os lados atrasa o comércio marítimo que chega a levar 80 dias, em vez de 10. O Banco Mundial [4]poderia contribuir para a superação desses obstáculos, de modo a favorecer a ampliação do relacionamento entre a África e o Brasil e trazer benefícios adicionais para todos.

BANCO MUNDIAL/IPEA. *Ponte sobre o Atlântico.* Brasil e África Subsaariana: parceria Sul-Sul para o crescimento. Brasília: [s.n.], 2011. p. 1-8. (Adaptado.)

7. (UEG-GO) Comparando-se a Figura 1 com o restante do texto, percebe-se que:

a) a figura apresenta informações contraditórias com aquelas encontradas no texto.

b) a interpretação das informações da figura somente é possível a partir das informações contidas no texto.

c) as informações da figura complementam as informações contidas no texto.

d) as informações da figura são as mesmas que estão no texto, colocadas em forma de gráfico.

8. (UFMG) Leia este trecho:

Quando falamos ou pensamos, estamos criando em nossa mente uma outra realidade, uma espécie de "realidade virtual", paralela e, ao mesmo tempo, diferente do mundo real. Para entendermos isso, é preciso ter em mente que os humanos percebem biologicamente o mundo da mesma maneira, isto é, os órgãos dos sentidos captam as mesmas imagens, os mesmos sons e cheiros, as mesmas sensações. Entretanto, cada povo (e mesmo cada indivíduo) faz uma análise diferente do mundo que percebe em razão do seu particular sistema de valores. Esse universo paralelo, criado pela linguagem, que habita nossa cabeça é o que chamamos "visão de mundo".

O homem não só percebe o mundo, como "concebe" o mundo. Por meio da linguagem, somos capazes de construir um modelo de mundo em que inserimos imagens mentais de tudo o que conhecemos. E mais: inserimos imagens de coisas que nunca existiram ou já deixaram de existir no real. O "mundo" que a linguagem cria e no qual imaginamos viver guarda grande analogia com o mundo material. Não fosse assim, nossa sobrevivência estaria ameaçada.

BIZOCCHI, Aldo. Como o "não" revigorou a língua. *Língua Portuguesa*, ano II, n. 13, 2006. (Adaptado)

A partir da leitura desse trecho, analise o poema que se segue, explicando o papel da linguagem na construção de sentido do mundo.

### Canção do ver (1)

Por viver muitos anos dentro do mato
Moda ave
O menino pegou um olhar de pássaro –
Contraiu visão fontana.
Por forma que ele enxergava
As coisas por igual
como os pássaros enxergam.
as coisas todas inominadas.
Água não era ainda a palavra água.
Pedra não era ainda a palavra pedra. E tal.
As palavras eram livres de gramáticas e
podiam ficar em qualquer posição.
Por forma que o menino podia inaugurar.
Podia dar às pedras costumes de flor.
Podia dar ao canto formato de sol.
E, se quisesse caber em uma abelha, era
só abrir a palavra abelha
e entrar dentro dela.
Como se fosse a infância da língua.

BARROS, Manuel de. *Poemas rupestres.* 1ª parte. Rio de Janeiro/São Paulo: Record, 2004. p. 11.

**Texto para a próxima questão.**

A questão seguinte refere-se a um fragmento do poema satírico *CARTAS CHILENAS,* atribuído ao poeta neoclássico Tomás Antônio Gonzaga (1744-1810), e a uma passagem do romance *A LUNETA MÁGICA*, do romântico Joaquim Manuel de Macedo (1820-1882).

### Cartas chilenas

A lei do teu contrato não faculta
que possas aplicar aos teus negócios
os públicos dinheiros. Tu, com eles,
pagaste aos teus credores grandes somas!
Ordena a sábia Junta que dês logo
da tua comissão estreita conta;
o chefe não assina a portaria,
não quer que se descubra a ladroeira,
porque te favorece, ainda à custa
dos régios interesses, quando finge
que os zela muito mais que as próprias rendas.
Por que, meu Silverino? Porque largas,
porque mandas presentes, mais dinheiro.

Agora, Fanfarrão, agora falo
contigo, e só contigo. Por que causa
ordenas que se faça uma cobrança
tão rápida e tão forte contra aqueles
que ao Erário só devem tênues somas?
Não tens contratadores, que ao rei devem
de mil cruzados centos e mais centos?
Uma só quinta parte que estes dessem,
não matava do Erário o grande empenho?
O pobre, porque é pobre, pague tudo,
e o rico, porque é rico, vai pagando
sem soldados à porta, com sossego!
Não era menos torpe, e mais prudente,
que os devedores todos se igualassem?
Que, sem haver respeito ao pobre ou rico,
metessem no Erário um tanto certo,
à proporção das somas que devessem?
Indigno, indigno chefe! Tu não buscas
o público interesse. Tu só queres
mostrar ao sábio augusto um falso zelo,
poupando, ao mesmo tempo, os devedores,
os grossos devedores, que repartem
contigo os cabedais, que são do reino.

(In: GONZAGA, Tomás Antônio. *POESIAS – CARTAS CHILENAS*. Edição crítica de M. Rodrigues Lapa. Rio de Janeiro: INL, 1957. p. 264 e 266-267.)

### A luneta mágica

Chamo-me Simplício e tenho condições naturais ainda mais tristes do que o meu nome.

Nasci sob a influência de uma estrela maligna, nasci marcado com o selo do infortúnio.

Sou míope; pior do que isso, duplamente míope, míope física e moralmente.

Miopia física: – a duas polegadas de distância dos olhos não distingo um girassol de uma violeta.

E por isso ando na cidade e não vejo as casas.

Miopia moral: – sou sempre escravo das ideias dos outros; porque nunca pude ajustar duas ideias minhas.

E por isso quando vou às galerias da câmara temporária ou do senado, sou consecutiva e decididamente do parecer de todos os oradores que falam pró e contra a matéria em discussão.

Se ao menos eu não tivesse consciência dessa minha miopia moral!... mas a convicção profunda de infortúnio tão grande é a única luz que brilha sem nuvens no meu espírito.

Disse-me um negociante meu amigo que por essa luz da consciência represento eu a antítese de não poucos varões assinalados que não têm dez por cento de capital da inteligência que ostentam, e com que negociam na praça das coisas públicas.

– Mas esses varões não quebram, negociando assim?... perguntei-lhe.

– Qual! são as coisas públicas que andam ou se mostram quebradas.

– E eles?...

– Continuam sempre a negociar com o crédito dos tolos, e sempre se apresentam como boas firmas.

Na cândida inocência da minha miopia moral não pude entender se havia simplicidade ou malícia nas palavras do meu amigo.

(In: MACEDO, Joaquim Manuel de. *A LUNETA MÁGICA*. São Paulo: Saraiva, 1961. p. 01-02.)

**9.** (Unesp-SP) No trecho de *A LUNETA MÁGICA*, Simplício, servindo-se de uma oração comparativa, declara que tem "condições naturais ainda mais tristes" do que seu nome. Releia o primeiro parágrafo do trecho e, levando em conta que em todo processo de comparação está implicada uma relação de semelhança ou analogia,

a) aponte, na oração comparativa mencionada, os termos comparados e a palavra que expressa a relação de analogia ou semelhança entre eles;

b) posicione-se criticamente com relação ao conteúdo dessa comparação e demonstre se está fundada em constatações objetivas, ou se decorre de inferências marcadas pela subjetividade do protagonista.

**10.** (UFPE)

Ciça, *O pato*.

Pela compreensão global dos elementos presentes na tira, podemos admitir que seu conteúdo:

1. simboliza uma crítica às oportunidades de expressão: ao povo é vedado o acesso ao papel de emissor de mensagens.
2. enfoca a ausência de reciprocidade na interação entre o poder e seus subordinados.
3. destaca a assimetria com que a palavra circula nos meios sociais: a palavra está sempre com quem detém o poder.
4. evidencia o cuidado das autoridades para manterem em aberto o diálogo franco e irrestrito.
5. restringe-se ao universo biológico das relações entre as diferentes categorias, dentro da mesma espécie.

Estão corretas apenas:

a) 1, 2 e 4

b) 1, 2 e 3

c) 1, 3 e 4

d) 2, 3 e 5

e) 3, 4 e 5

**Texto para a próxima questão.**

## O assinalado

Tu és o louco da imortal loucura,
o louco da loucura mais suprema.
A terra é sempre a tua negra algema,
prende-te nela a extrema Desventura.
Mas essa mesma algema de amargura,
mas essa mesma Desventura extrema
faz que tu'alma suplicando gema
e rebente em estrelas de ternura.
Tu és Poeta, o grande Assinalado
que povoas o mundo despovoado,
de belezas eternas, pouco a pouco.
Na Natureza prodigiosa e rica
toda a audácia dos nervos justifica
os teus espasmos imortais de louco!

(SOUSA, Cruz e. *Poesia completa*. Florianópolis: Fundação Catarinense de Cultura, 1981. p. 135)

**11.** (UFRJ) Para a análise e a interpretação de um texto, é fundamental a compreensão das informações transmitidas no nível das sentenças. A fim de demonstrar essa compreensão, reescreva os seguintes versos do texto, substituindo exclusivamente as formas pronominais por estruturas com sintagmas nominais que explicitem os referentes: "A terra é sempre a tua negra algema / prende-te nela a extrema Desventura".

**Texto para a próxima questão.**

## Kant, Marx e os Simpsons

*A lição dos imbecis*

Nirlando Beirão

Somos nós, os Simpsons – e os Simpsons somos nós. No *non sense* de sua cacofonia absurda – há quem diga: surreal –, eles estão sempre exprimindo, nas entrelinhas, a melhor lição desse acelerado, ensurdecedor mundo globalizado: se a mediocridade pode ser silenciosa, a cretinice é sempre espalhafatosa.

É pura filosofia, aquela família tão certinha e tão disfuncional. Tanto que há quem venha interpretar suas neuras e seus *insights* à luz de Schopenhauer, Marx, Heidegger, Miguel de Unamuno e Roland Barthes (*Os Simpsons e a Filosofia*, de Aeon Skoble, Mark Conard e William Irwin, editado no Brasil pela Madras).

Quando se tenta analisar o balbuciante Bart, *bad boy* de comédia, pateta sem escrúpulos, é Nietzsche quem lhe vem ao encalço. Nietzsche falou na "comédia da existência" – em que a maldade é tão premeditada que vontade e representação se desencontram. Até em sua maldade visceral, Bart é ingênuo e crédulo.

Aristóteles, por sua vez, entende muito de Homer, o *pater familias*, "clássico exemplo de um bobão anti-intelectual", enquanto Marge, a mãe, é um prato feito para Kant, em sua honestidade, bom senso e pragmatismo deitados sobre o mundo empírico de reações imediatas em que prevalece a autonegação, incorrigível que é Marge na ânsia de servir mais aos outros do que a si mesma.

E Lisa, a filha ginasiana? Naquele retrato multicolorido do anti-intelectualismo americano que é Springfield e que são os Simpsons, ela vive em preto e branco seu isolamento afetivo, encastelada em dilemas socráticos. Lisa deixa, assim, todo mundo perplexo: afinal, é para rir dela ou para admirá-la?

(*Carta Capital*, 19/9/2007)

**12.** (UEPG-PR) Quais são os propósitos do autor do texto?

(01) Ressaltar a força imperativa da metáfora dos Simpsons. Se Springfield representa o planeta, os Simpsons representam a humanidade.

(02) Valorizar os padrões estéticos e culturais americanos.

(04) Criticar o acelerado mundo globalizado, com sua mediocridade, competição e frustração.

(08) Evidenciar que nenhuma família é tão universal e representativa quanto os Simpsons.

(16) Demonstrar que uns traços em quadrinhos podem trazer, em imagem e subtexto, muito mais do que nossa vã filosofia pode alcançar.

# FUNÇÕES DA LINGUAGEM

## FUNÇÃO REFERENCIAL

A mais comum das funções da linguagem é a que se volta para a informação, para o próprio conteúdo. A intenção é transmitir ao interlocutor dados da realidade de uma forma direta e objetiva, com palavras empregadas em seu sentido denotativo.

## FUNÇÃO CONATIVA

Quando a intenção do falante é influenciar o interlocutor e a mensagem está centrada no destinatário em forma de ordem, apelo ou súplica, prevalece a função apelativa, ou conativa, da linguagem.

## FUNÇÃO FÁTICA

Em alguns casos, percebe-se que a preocupação do falante é manter contato com o interlocutor, prolongando uma comunicação ou então testando o funcionamento do canal de comunicação com frases do tipo "Veja bem", "Olha...", "Compreende?", "Pois é...". Essa preocupação com o contato caracteriza a função fática da linguagem.

## FUNÇÃO EMOTIVA

Existe a função emotiva ou expressiva da linguagem quando a intenção do falante é posicionar-se em relação ao tema de que está tratando, expressar seus sentimentos e emoções, produzindo um texto subjetivo, escrito em primeira pessoa. Este se transforma num espelho de seu ânimo, de suas emoções, de seu estado.

## FUNÇÃO METALINGUÍSTICA

Há casos em que a preocupação do falante está voltada para o próprio código utilizado, ou seja, o código é o tema da mensagem ou é utilizado para explicar o próprio código. Ocorre, então, a **função metalinguística** ou **metalinguagem**.

# Exercícios

1. (UFRN) Leia a seguir os trechos de "Consideração do poema", integrante do livro *A rosa do povo*, de Carlos Drummond de Andrade.

Uma pedra no meio do caminho
ou apenas um rastro, não importa.
Estes poetas são meus. De todo o orgulho,
de toda a precisão se incorporaram
ao fatal meu lado esquerdo. Furto a Vinicius
sua mais límpida elegia. Bebo em Murilo.
Que Neruda me dê sua gravata
chamejante. Me perco em Apollinaire. Adeus,
[Maiakovski.
São todos meus irmãos, não são jornais
nem deslizar de lancha entre camélias:
é toda a minha vida que joguei.
[...]
Saber que há tudo. E mover-se em meio
a milhões e milhões de formas raras,
secretas, duras. Eis aí meu canto.

ANDRADE, Carlos Drummond de. *Nova reunião*: 23 livros de poesia. Rio de Janeiro: Bestbolso, 2009. p. 139-140.

Nesses trechos, além da função poética, ocorre predominantemente a função

a) apelativa, percebida na persuasão do texto poético.
b) expressiva, percebida na ausência da subjetividade do eu lírico.
c) referencial, percebida na alusão a outros poetas.
d) metalinguística, percebida na reflexão sobre o fazer poético.

**Texto para a próxima questão.**

Participe do Concurso Cultural Viagem para o Pantanal do Shopping D.

Preencha o formulário e crie uma frase original e criativa em resposta à pergunta: "Por que meu pai merece conhecer o Pantanal?".

O autor da melhor frase ganha uma viagem com acompanhante.

Consulte o regulamento completo no site www.shoppingd.com.br. Concurso válido de 22/7/2013 a 11/8/2013.

(Revista *São Paulo*, 04 a 10 de agosto de 2013.)

2. (CPS-PR) Nesse texto publicitário, predomina a função da linguagem

a) referencial, pois a pretensão é informar o leitor sobre a região do Pantanal.
b) poética, pois se exige que a narrativa vencedora relate uma situação verídica.
c) fática, pois a linguagem utilizada nas instruções é característica do público infantil.
d) emotiva, pois se espera que a mensagem seja clara e não dê margem a subjetividades.
e) apelativa, pois se busca interação com o leitor, como comprova o emprego de verbos no imperativo.

3. (ESPM-SP) Examine a propaganda a seguir:

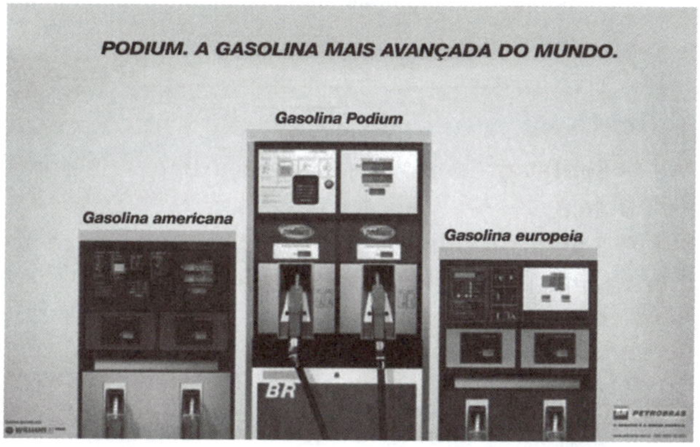


Levando-se em consideração a função predominantemente conativa da propaganda e o anúncio acima da gasolina Podium produzida pela Petrobras, NÃO é possível afirmar que:

a) A disposição das três bombas de gasolina (respectivamente gasolina americana, Podium e europeia) está diretamente relacionada ao nome do referido combustível.
b) Apesar de a gasolina Podium ser considerada na propaganda como a mais avançada do mundo, percebe-se uma incoerência, já que somente se levaram em consideração como concorrentes as gasolinas americana e europeia.
c) Existe uma relação coerente de sentido entre o conteúdo da propaganda, gasolina Podium, e a forma pela qual ela está representada no desnível entre as três bombas.
d) O uso da palavra "avançada" encontra seu correspondente visual no fato de a bomba da gasolina Podium estar colocada entre as outras duas bombas e numa posição superior.
e) A propaganda subverte a noção de que produtos importados são superiores em qualidade e tecnologia em relação aos produtos de fabricação nacional.

**4.** (ITA-SP) Assinale a opção que apresenta a função da linguagem predominante nos fragmentos a seguir:

*Texto I*

Maria Rosa quase que aceitava, de uma vez, para resolver a situação, tal o embaraço em que se achavam. Estiveram um momento calados. – Gosta de versos?

– Gosto...

– Ah...

Pousou os olhos numa oleografia.

– É brinde de farmácia?

– É.

– Bonita...

– Acha?

– Acho... Boa reprodução...

(Orígenes Lessa. O FEIJÃO E O SONHO)

*Texto II*

Sentavam-se no que é de graça: banco de praça pública.

E ali acomodados, nada os distinguia do resto do nada. Para a grande glória de Deus.

Ele: – Pois é.

Ela: – Pois é o quê?

Ele: – Eu só disse "pois é"!

Ela: – Mas "pois é" o quê?

Ele: – Melhor mudar de conversa porque você não me entende.

Ela: – Entender o quê?

Ele: – Santa Virgem, Macabéa, vamos mudar de assunto e já.

(Clarice Lispector. A HORA DA ESTRELA)

a) Poética.

b) Fática.

c) Referencial.

d) Emotiva.

e) Conativa.

**Texto para a próxima questão.**

Na verdade, o mestre fitava-nos. Como era mais severo para o filho, buscava-o muitas vezes com os olhos, para trazê-lo mais aperreado. Mas nós também éramos finos, metemos o nariz no livro, e continuamos a ler. Afinal, cansou e tomou as folhas do dia, três ou quatro, que ele lia devagar, mastigando as ideias e as paixões. Não esqueçam que estávamos então no fim da Regência, e que era grande a [1]agitação pública. Policarpo tinha, decerto, algum partido, mas nunca pude averiguar esse ponto. O pior que ele podia ter, para nós, era a palmatória. E essa lá estava, pendurada no portal da janela, à direita, com os seus cinco olhos do diabo. Era só levantar a mão, despendurá-la e brandi-la, com a força do costume, que não era pouca. E daí, pode ser que, alguma vez, as paixões políticas dominassem nele a ponto de poupar-nos uma ou outra correção. (...)

Estendi-lhe a mão direita, depois a esquerda, e fui recebendo os bolos uns por cima dos outros, até completar doze, que me deixaram as palmas vermelhas e inchadas. Acabou, pregou-nos outro sermão. Chamou-nos sem vergonhas, desaforados, e jurou que, se repetíssemos o negócio, apanharíamos tal castigo que nos havíamos de lembrar para todo o sempre.

Machado de Assis. *Contos de Escola*. São Paulo: Cosac & Naify, 2002, p. 13 e 24.

**5.** (UnB-DF) Ainda considerando o texto, extraído de *Contos de Escola*, e os diversos temas por ele suscitados, julgue os itens a seguir.

a) No trecho "Não esqueçam que estávamos então no fim da Regência", o narrador dirige-se aos leitores, utilizando a linguagem em sua função conativa, como evidencia o emprego do modo imperativo no início do período.

b) O narrador menciona a possibilidade de o mestre Policarpo ter algum partido. Considerando o período da história brasileira a que a narrativa se refere – "o fim da Regência" –, Policarpo poderia optar por regressistas ou por progressistas.

c) Dentro do contexto histórico contemplado na narrativa, a Cabanagem, a Sabinada e a Balaiada podem compor o quadro da "agitação pública" (ref. 1) a que alude o narrador.

d) Assim como a palmatória, mencionada no texto, serviu de instrumento de opressão aos alunos, a Guarda Nacional, criada pelo ministro da Justiça, o padre Feijó, serviu para reprimir as forças *anárquicas* contrárias às aristocracias locais.

e) O trecho reproduzido acima é representativo da estética realista de Machado de Assis, caracterizada pela observação crítica da sociedade e pelo tratamento não idealista das personagens.

f) Os contos machadianos são conhecidos pela habilidade ficcional narrativa que frequentemente se une à alusão a fatos históricos do século XIX, como acontece nos *Contos de Escola*.

g) A exemplo de *Dom Casmurro*, romance da segunda fase machadiana, a obra *Contos de Escola* extrai sua força ficcional do recurso narrativo do fluxo de consciência.

h) A relação entre a política e o castigo empregado pelo "mestre" é sublinhada com fina ironia pelo narrador, como se pode perceber no último período do primeiro parágrafo.

6. (Cefet-MG)

## Prevenção contra assaltos

"Como os assaltos crescem dia a dia, não podendo contê-los, a PM, sabiamente, dá conselhos aos cidadãos para serem menos assaltados:

I. Não demonstre que carrega dinheiro.
II. Jamais deixe objetos à vista, dentro do carro.
III. Levante todos os vidros, mesmo em movimento.
IV. Não deixe documentos no veículo.
(...)"

(FERNANDES, Millôr. Prevenção contra assaltos. In: TERRA, Ernani & NICOLA, José. "Curso prático de língua, literatura e redação." São Paulo: Scipione, 1997. v. 1, p. 36.)

Nesse fragmento, a função da linguagem predominante é

a) fática.

b) emotiva.

c) conativa.

d) referencial.

**Textos para a próxima questão.**

### *Texto I*

## Os que começam...

Não há decerto exploração mais dolorosa que a das crianças. Os homens, as mulheres ainda pantomimam a miséria para lucro próprio. As crianças são lançadas no ofício torpe pelos pais, por criaturas indignas, e crescem com o vício adaptando a curvilínea e acovardada alma da mendicidade malandra. Nada mais pavoroso do que este meio em que há adolescentes de dezoito anos e pirralhos de três, garotos amarelos de um lustro de idade e moçoilas púberes sujeitas a todas as passividades. Essa criançada parece não pensar e nunca ter tido vergonha, amoldadas para o crime de amanhã, para a prostituição em grande escala. Há no Rio um número considerável de pobrezinhos sacrificados, petizes que andam a guiar senhoras falsamente cegas, punguistas sem proteção, paralíticos, amputados, escrofulosos, gatunos de sacola, apanhadores de pontas de cigarros, crias de famílias necessitadas, simples vagabundos à espera de complacências escabrosas, um mundo vário, o olhar de crime, o broto das árvores que irão obumbrar as galerias da Detenção, todo um exército de desbriados e de bandidos, de prostitutas futuras, galopando pela cidade à cata do pão para os exploradores. Interrogados, mentem a princípio, negando; depois exageram as falcatruas e acabam a chorar, contando que são o sustento de uma súcia de criminosos que a polícia não persegue.

A metade desse bando conhece as leis do prefeito, os delegados de polícia e acompanha o movimento da política indígena, oposicionista e vendo em cada homem importante uma roubalheira. São em geral os mendigos claramente defeituosos a que falta uma perna, um braço.

A perda que os tornou inválidos é uma espécie de felicidade, a indolência e o sustento garantidos.

À beira das calçadas o dia inteiro têm tempo de se tornarem homens e de ler os jornais. Fazem tudo isso com vagar. Quando um ponto se torna insustentável vão para outros, e há entre eles relações, morfeias que se ligam às úlceras, olhos em pus que olham com ternura companheiros sem braços, e todos guardando a data do desastre que os mutilou, que os fez entrar para a nova vida com a saudade da vida passada.

(RIO, João do. *A alma encantadora das ruas: crônicas.* Rio de Janeiro: Secretaria Municipal de Cultura, 1987.)

### *Texto II*

## Cidade de Deus

Barracos de caixas de tomate, madeiras de lei, carnaúba, pinho-de-riga, caibros cobertos, em geral, por telhas de zinco ou folhas de compensados. Fogueiras servindo de fogão para fazer o mocotó, a feijoada, o cozido, o vatapá, mas, na maioria das vezes, para fazer aquele arroz de terceira grudado, angu duro ou muito ralo, aqueles carurus catados no mato, mal lavados, ou simplesmente nada. Apenas olhares carcomidos pela fome, em frente aos barracos, num desespero absoluto e que por ser absoluto é calado. Sem fogueira para esquentar ou iluminar como o sol, que se estendia por caminhos muitas vezes sem sentido algum para os que não soltavam pipas, não brincavam de pique-pega e não se escondiam num pique-esconde.

Os abismos têm várias faces e encantam, atraem para o seu seio como as histórias em quadrinhos que chegavam ao morro compradas nas feiras da Maia Lacerda e do Rio Comprido, baratas como a tripa de porco que sobrava na casa do compadre maneiro que nem sempre era compadre de batismo. Era apenas o adjetivo, usado como substantivo, sinônimo de uma boa amizade, de um relacionamento que era tecido por favores, empréstimos impagáveis e consideração até na hora da morte.

São as pessoas nesse desespero absoluto que a polícia procura, espanca com seus cassetetes possíveis e sua razão impossível, fazendo com que elas, com seus olhares carcomidos pela fome, achem plausíveis os feitos e os passos de Pequeno e de sua quadrilha pelos becos que, por terem só uma entrada, se tornam becos sem saídas, e achem, também, corriqueira essa visão de meia cara na quina do último barraco de cada beco de crianças negras ou filhas de nordestinos, de peito sem proteção, pé no chão, shorts rasgados e olhar já cabreiro até para o próprio amigo, que, por sua vez, se tornava inimigo na disputa de um pedaço de sebo de boi achado no lixo e que aumentaria o volume da sopa, de um sanduíche quase perfeito nas imediações de uma lanchonete, de uma pipa voada, ou de um ganso dado numa partida de bola de gude.

Lá ia Pequeno, senhor de seu desejo, tratando bem a quem o tratava bem, tratando mal a quem o tratava mal e tratar mal era dar tiros de oitão na cabeça para estuporar os miolos.

Os exterminadores pararam na tendinha do Zé Gordo para tomar uma Antarctica bem gelada, porque esta era a cerveja de malandro beber. Pequeno aproveitou para perguntar pelos amigos que fizera no morro, pelas tias que faziam um mocotó saboroso nos sábados à tarde, pelos compositores da escola.

– Qualé, Zé Gordo, se eu te der um dinheiro, tua mulher faz um mocotó aí pra gente?

– Então, meu cumpádi!

Pequeno deu a quantia determinada pela esposa de Zé Gordo, em seguida retornaram à patrulha que faziam.

(LINS, Paulo. *Cidade de Deus*. São Paulo: Companhia das Letras, 1997.)

7. (Uerj) No segundo parágrafo do texto "Cidade de Deus", há um comentário sobre os sentidos e as possíveis classificações gramaticais da palavra compadre. Nesse trecho, o narrador recorreu à função da linguagem denominada:
   a) poética
   b) conativa
   c) referencial
   d) metalinguística

**Texto para a próxima questão.**

## Meu caro deputado

O senhor nem pode imaginar o quanto eu e a minha família ficamos agradecidos. A gente imaginava que o senhor nem ia se lembrar de nós, quando saiu a nomeação do Otavinho meu filho. Ele agora está se sentindo outro. Só fala no senhor, diz que na próxima campanha vai trabalhar ainda mais para o senhor. No primeiro dia de serviço ele queria ir na repartição com a camiseta da campanha mas eu não deixei, não ia ficar bem, apesar que eu acho que o Otavinho tem muita capacidade e merecia o emprego. Pode mandar puxar por ele que ele dá conta, é trabalhador, responsável, dedicado, a educação que ele recebeu de mim e da mãe foi sempre no caminho do bem.

Faço questão que na próxima eleição o senhor mande mais material que eu procuro todos os amigos e os conhecidos. O Brasil precisa de gente como o senhor, homens de reputação despojada, com quem a gente pode contar. Meu vizinho Otacílio, a mulher, os parentes todos também votaram no senhor. Ele tem vergonha, mas eu peço por ele, que ele merece: ele tem uma sobrinha, Maria Lúcia Capistrano do Amaral, que é professora em Capão da Serra e é muito adoentada, mas o serviço de saúde não quer dar aposentadoria. Posso lhe garantir que a moça está mesmo sem condições, passa a maior parte do tempo com dores no peito e na coluna que nenhum médico sabe o que é. Eu disse que ia falar com o senhor, meu caro deputado, não prometi nada, mas o Otavinho e a mulher têm esperanças que o senhor vai dar um jeitinho. É gente muito boa e amiga, o senhor não vai se arrepender.

Mais uma vez obrigado por tudo, Deus lhe pague. O Otavinho manda um abraço para o senhor. Aqui vai o nosso abraço também. O senhor pode contar sempre com a gente.

Miroel Ferreira (Miré)

8. (PUCC-SP) Como ocorre nos textos das cartas em geral, é muito atuante na linguagem desta
   a) a função emotiva, de que é um bom exemplo a frase "o serviço de saúde não quer dar aposentadoria".
   b) a função conativa, em expressões como "o senhor não vai se arrepender".
   c) a exploração de frases argumentativas, como "eu disse que ia falar com o senhor".
   d) o discurso indireto, como em "eu acho que Otavinho tem muita capacidade".
   e) o emprego de vocativos, como na frase "ele tem uma sobrinha, Maria Lúcia Capistrano do Amaral, que é professora".

**Textos para a próxima questão.**

### *Texto I*

## O Espelho

É um retângulo de luar aquecido no quarto
– que a lua não recolheu na sua pressa noturna
Imitador como um plagiário
decalca servilmente a imagem que reflete.
Não tem memórias. Não guarda
na sua glacial retina indiferente
o brilho de um olhar e a flor de um gesto.
Entretanto
o corpo núbil dela deu-lhe estátuas
miraculosamente lindas!

(Menotti del Picchia)

*Texto II*

## Interrogações

"Certa vez estranhei a ausência de espelhos nos sonhos.

Talvez porque neles não nos podemos ver, como no velho conto do homem que perdeu a sombra.

Pelo contrário, seremos tão nós mesmos a ponto de dispensar o testemunho dos reflexos?

Ou será tão outra a nossa verdadeira imagem – e aqui começa um arrepio de medo – que seríamos incapazes de a reconhecer naquilo que de repente nos olhasse do fundo de um espelho?

Em todo caso, lá deve ter suas razões o misterioso cenarista dos sonhos..."

(Mario Quintana)

9. (Unirio-RJ) "... seremos tão nós mesmos a ponto de dispensar o testemunho dos reflexos?" (par. 3)
A passagem anterior apresenta, predominantemente, as funções:
a) conativa e emotiva.
b) emotiva e poética.
c) referencial e apelativa.
d) fática e metalinguística.
e) metalinguística e conativa.

**Texto para a próxima questão.**

## De gramática e de linguagem

E havia uma gramática que dizia assim:
"Substantivo (concreto) é tudo quanto indica
Pessoa, animal ou cousa: João, sabiá, caneta".
Eu gosto é das cousas. As cousas, sim!...
As pessoas atrapalham. Estão em toda parte. Multiplicam-se em excesso.

As cousas são quietas. Bastam-se. Não se metem com ninguém.
Uma pedra. Um armário. Um ovo. (Ovo, nem sempre,
Ovo pode estar choco: é inquietante...)
As cousas vivem metidas com as suas cousas.
E não exigem nada.
Apenas que não as tirem do lugar onde estão.
E João pode neste mesmo instante vir bater à nossa porta.
Para quê? não importa: João vem!
E há de estar triste ou alegre, reticente ou falastrão.
Amigo ou adverso... João só será definitivo
Quando esticar a canela. Morre, João...
Mas o bom, mesmo, são os adjetivos,
Os puros adjetivos isentos de qualquer objeto.
Verde. Macio. Áspero. Rente. Escuro. Luminoso.
Sonoro. Lento. Eu sonho
Com uma linguagem composta unicamente de adjetivos
Como decerto é a linguagem das plantas e dos animais.
Ainda mais:
Eu sonho com um poema
Cujas palavras sumarentas escorram
Como a polpa de um fruto maduro em tua boca,
Um poema que te mate de amor
Antes mesmo que tu saibas o misterioso sentido:
Basta provares o seu gosto...

(Mário Quintana)

10. (Unifesp) Observe os pares de versos:

"Substantivo (concreto) é tudo quanto indica
Pessoa, animal ou cousa: João, sabiá, caneta."

"Antes mesmo que tu saibas o misterioso sentido:
Basta provares o seu gosto..."

Considerando-se o título e os sentidos propostos no poema, é correto afirmar sobre os versos que
a) o primeiro par remete à ideia de gramática; o segundo, à ideia de linguagem. Neles predominam, respectivamente, a função metalinguística e a apelativa.
b) ambos os pares remetem à ideia de gramática; portanto, neles predomina a função metalinguística.
c) o primeiro par remete à ideia de gramática; o segundo, à ideia de linguagem. Nos dois pares, predomina a função referencial.
d) ambos os pares remetem à ideia de linguagem. No primeiro, a função é metalinguística; no segundo, referencial.
e) o primeiro par remete à ideia de linguagem; o segundo, à ideia de gramática. Em ambos os pares, estão presentes as funções apelativa e referencial.

## COERÊNCIA

Um bom texto sustenta-se também no campo das relações lógicas das ideias, aproximando, assim, a coesão da coerência. Tanto no plano da articulação de estruturas e relações gramaticais e semânticas (plano mais material – coesão) quanto no plano da articulação de relações lógicas de ideias (plano mais abstrato – coerência), o objetivo é produzir um texto "amarrado".

# COESÃO E COERÊNCIA TEXTUAIS

## COESÃO

Coesão é a "amarração" entre as várias partes do texto. A sustentação do texto se dá na coesão em dois sentidos: o gramatical e o semântico.

### Coesão frásica e interfrásica

- A coesão frásica refere-se aos vários mecanismos responsáveis pela conexão entre elementos de um sintagma ou entre os sintagmas que formam uma oração.
- A coesão interfrásica refere-se aos vários mecanismos responsáveis pela conexão entre as orações; os mais importantes são a **coordenação** e a **subordinação**.

### Coesão temporal

Refere-se ao encadeamento temporal.

### Repetição

A repetição lexical consiste na reiteração de um termo ou termos de uma mesma família lexical.

### Substituição

- **Sinonímia**: substituição de um termo por outro ou por uma expressão que possua equivalência de significado.
- **Hiperonímia**: substituição por uma palavra que designa toda uma classe ou todo um conjunto.
- **Hiponímia**: substituição por uma palavra que designa um elemento que pertence a uma classe ou a um conjunto.
- **Campo semântico**: emprego de termos que designam seres afins, relacionados.

# Exercícios

**Textos para a próxima questão.**

Eu estava deitado num velho sofá amplo. [1]Lá fora, a chuva caía com redobrado rigor e ventava fortemente. A nossa casa frágil parecia que, de um momento para outro, ia ser arrasada. Minha mãe ia e vinha de um quarto próximo; removia baús, arcas; cosia, futicava. Eu devaneava e ia-lhe vendo o perfil esquálido, o corpo magro, premido de trabalhos, as faces cavadas com os malares salientes, tendo pela pele parda manchas escuras, como se fossem de fumaça entranhada. [2]De quando em quando, ela lançava-me os seus olhos aveludados, redondos, passivamente bons, onde havia raias de temor ao encarar-me. Supus que adivinhava os perigos que eu tinha de passar; sofrimentos e dores que a educação e inteligência, qualidades a mais na minha frágil consistência social, haviam de atrair fatalmente. Não sei que de raro, excepcional e delicado, e ao mesmo tempo perigoso, ela via em mim, para me deitar aqueles olhares de amor e espanto, de piedade e orgulho.

LIMA BARRETO. *Recordações do escrivão Isaías Caminha*. Rio de Janeiro; Belo Horizonte: Livraria Garnier, 1989. p. 26-27.

1. (UFF-RJ) No texto, vários recursos gramaticais são usados para garantir a progressão, a coesão e a coerência. Observe o uso das expressões "Lá fora" (ref. 1) e "De quando em quando" (ref. 2). Em seguida:
   a) Identifique a função sintática exercida por cada uma;
   b) Explique a importância dessas expressões para a progressão textual.

2. (Ifal) Para responder à questão, considere a ideia expressa na fala de Mafalda e analise o diálogo entre ela e Susanita neste quadrinho de Quino.

   Com relação ao emprego dos pronomes oblíquos nas falas das personagens, apenas uma afirmativa a seguir é falsa:
   a) Percebe-se um sentido de reciprocidade no uso do pronome feito por Mafalda.
   b) No segundo quadrinho, a ausência do TE, na pergunta de Susanita, indicaria que ela entendera perfeitamente a fala de Mafalda.
   c) O emprego dos pronomes oblíquos na fala de Susanita, no segundo quadrinho, desencadeia toda a incoerência do diálogo.
   d) Produzir-se-ia uma relação de coerência no diálogo entre as garotas se considerássemos apenas o primeiro e o terceiro quadrinhos.
   e) O pronome empregado por Mafalda tem valor reflexivo.

3. (PUC-PR) Em relação ao emprego dos recursos de coesão e coerência no texto, assinale a alternativa que apresenta informação INADEQUADA.

### Morro do Araçatuba, PR

O Araçatuba, localizado no município de Tijucas do Sul, a aproximadamente 60 km de Curitiba, é facilmente avistado à direita da rodovia BR-376, sentido Joinville, logo após a Represa do Vossoroca. Ergue-se como um enorme maciço até atingir 1.673 m de altitude, ponto culminante da Serra de Papanduva, a segunda cadeia mais elevada do Estado do Paraná.

Um de seus diferenciais, assim como de toda a Serra de Papanduva, é o fato de apresentar uma vegetação diversa da grande maioria das outras montanhas do estado. Em quase a totalidade dessa cadeia montanhosa, a vegetação predominante inclui campos de altitude com a presença de esporádicos pinus, espécie que está começando a tomar conta dessas paragens, graças à sua fácil adaptação ao meio e às dezenas de áreas de reflorestamento no entorno da serra.

Fonte: VOLPÃO, George. Morro do Araçatuba, PR. "Revista Aventura e Ação". SP: Air Press Editora, 2008.

   a) No trecho "Um de seus diferenciais", o autor faz referência a um dos diferenciais do Morro de Araçatuba.
   b) O autor inicia o texto com a expressão "O Araçatuba". O leitor sabe de antemão que não se trata da cidade de Araçatuba, em São Paulo, e sim de um morro paranaense, porque essa especificação é previamente apresentada.
   c) Na expressão "Em quase a totalidade dessa cadeia montanhosa", o autor emprega o termo "cadeia montanhosa" para se referir à Serra da Papanduva.
   d) No trecho "a vegetação predominante inclui campos de altitude com a presença de esporádicos pinus, espécie que está começando a tomar conta dessas paragens, graças à sua fácil adaptação ao meio", compreende-se que são os pinus que estão se adaptando facilmente ao meio.
   e) Na oração "Ergue-se como um enorme maciço", a ação de erguer-se é atribuída à Represa do Vossoroca.

4. (UEPG-PR)

O carnaval carioca é uma beleza, mas mascara, com seu luxo, a miséria social, o caos político, o desequilíbrio que se estabelece entre o morro e a Sapucaí. Embora todos possam reconhecer os méritos de artistas plásticos que ali trabalham, o povo samba na avenida como um herói de uma grande jornada. E, acrescente-se, há manifestação em prol de processos judiciais contra costumes que ofendem a moral e agridem a religiosidade popular. O carnaval carioca, porque se afasta de sua tradição, está se tornando desgracioso, disforme, feio.

(Adaptado de João Bosco Ribeiro. "Redação Científica")

Com relação a este fragmento adaptado de João Bosco Ribeiro, assinale o que for correto.

(01) Há falta de coerência entre a afirmativa inicial e a final.

(02) A oração subordinada que se inicia com "embora" não apresenta coesão textual em relação à oração principal.

(04) O texto não se constitui como um todo porque apresenta diversas informações e várias direções.

(08) Não é possível entender o objetivo principal do texto.

(16) O texto não apresenta completude, inteireza e unidade.

5. (PUC-SP) Leia atentamente o texto a seguir.

A torre de controle de voos de São José dos Campos (SP) autorizou os pilotos do Legacy, Joe Lepore e Jan Paladino, a voar na altitude de 37 mil pés até o aeroporto Eduardo Gomes, em Manaus, apesar de essa altitude, onde estava o Boeing-737 da Gol atingido e derrubado no choque com o jato da Embraer, ter se tornado "contramão" na rota após Brasília.

Esse foi o primeiro de uma sucessão de erros que geraram o choque, em 29 de setembro, matando 154 pessoas. Depois disso, houve falha na comunicação entre o Legacy e o Cindacta-1 (centro de controle do tráfego aéreo de Brasília), o transponder (que alertaria o sistema anticolisão do Boeing) não estava funcionando no Legacy e o avião da Gol não foi alertado para o risco.

CATANHEDE, Eliane. Caixa-preta do Legacy revela que torre errou."Folha de S.Paulo", 2 nov. 2006. (Texto adaptado para fins de vestibular.)

Entender a função e o sentido das palavras responsáveis pela coesão em um texto é essencial para a sua compreensão. No primeiro parágrafo do texto, você encontra o trecho "... apesar de essa altitude, onde estava o Boeing-737 da Gol atingido e derrubado no choque com o jato da Embraer, ter se tornado 'contramão' na rota após Brasília". Em relação ao uso de APESAR e de ONDE, é adequado afirmar que

a) enquanto "apesar" indica finalidade em relação ao fato expresso na oração anterior, "onde" se refere à torre de controle de voos.

b) enquanto "apesar" indica consequência em relação ao fato expresso na oração anterior, "onde" se refere ao Aeroporto Eduardo Gomes.

c) enquanto "apesar" indica concessão em relação ao fato expresso na oração anterior, "onde" se refere à altitude de 37 mil pés.

d) enquanto "apesar" indica condição em relação ao fato expresso na oração anterior, "onde" se refere ao Centro de Controle do tráfego aéreo em Brasília.

e) enquanto "apesar" indica proporção em relação ao fato expresso na oração anterior, "onde" se refere à Embraer.

6. (Cefet-PR)

## Cinema Novo

Se existe um cinema no Brasil que, por excelência, reflete nossa natureza e experiência como povo e nação, esse é o Cinema Novo. O Cinema Novo nasceu em 1955 com *Rio 40 Graus*, de Nelson Pereira dos Santos. Glauber Rocha nasceu a 14 de março de 1938, em Vitória da Conquista, para ser um de seus principais criadores e teóricos.

A origem do Cinema Novo brasileiro pode ser associada a outro cinema novo: o Neorrealismo italiano. Fecundado durante a Segunda Guerra Mundial e apresentado ao público no pós-guerra, o Neorrealismo contrapunha aos melodramas e superproduções bíblicas, então dominantes, um novo jeito de fazer cinema, com produções mais simples e acentuada preocupação com temáticas sociais. Os cineastas do Neorrealismo voltaram-se principalmente para o dia a dia dos trabalhadores urbanos e rurais italianos. Embora tenha tido vida curta e não tenha atingido grande sucesso de público, o Neorrealismo foi um movimento extremamente influente.

No Brasil, na década de 50, a produção cinematográfica estava dividida em dois polos: de um lado, as chanchadas, voltadas para um público popular; de outro, as produções dos Estúdios Vera Cruz, que procuravam emular o cinema de qualidade europeu e os melodramas norte-americanos. O Cinema Novo marcou a descoberta, por parte da elite cultural do país, de uma nova força cultural para exprimir suas inquietações políticas, estéticas e antropológicas (Bernardet, 1991: 101). Além de encontrar uma faixa de público no Brasil, o Cinema Novo conseguiu alguma repercussão na Europa, o que aumentou sua legitimação interna.

Cinco características fizeram o Cinema Novo: uma preocupação fundamental em pensar o Brasil;

um ideal de fazer um cinema que levasse o público a refletir sobre as questões sociais; o desenvolvimento de uma linguagem cinematográfica própria; a prática de um cinema de autor; e produções simples e orçamentos relativamente baixos.

O movimento durou aproximadamente 20 anos, de 1955 a 1975, e foi marcado por nomes como Nelson Pereira dos Santos, Ruy Guerra, Paulo Cesar Seraceni, Luis Sérgio Person, Joaquim Pedro de Andrade e o próprio Glauber Rocha. Sua contribuição foi marcante não somente no campo do cinema. O Cinema Novo influenciou a sensibilidade de gerações e ajudou a mudar a forma como nos percebemos como povo e nação.

(WOOD JR., Thomaz. "Terra em transe". In: Cultura organizacional e cultura brasileira. São Paulo: Atlas, 1997, pp. 145-146.)

Sobre a coesão entre os parágrafos do texto acima é INCORRETO afirmar que:

a) o 1º e o 2º ligam-se por uma mesma ideia: a origem do Cinema Novo.

b) o 3º cria, com a expressão "No Brasil", coesão com o 2º, focado no cinema na Itália.

c) o 4º e o 3º conectam-se por aparecer em ambos o caráter nacionalista do Cinema Novo.

d) o 2º e o 4º vinculam-se entre si por caracterizarem as produções cinematográficas.

e) o 5º retoma isto do 2º: a influência do Cinema Novo sobre a sensibilidade de gerações.

**7.** (Fatec-SP)

Considere as seguintes interpretações dos quadrinhos.

I. Há coerência entre as perguntas formuladas e as respostas dadas.

II. A pergunta contida no segundo quadrinho é respondida de maneira vaga e incompleta; para ser compreensível, a resposta deveria ser "Casei-me por companheirismo".

III. As duas respostas dadas contêm apreciação depreciativa dos valores associados ao casamento.

IV. O significado de "companheirismo" contradiz os princípios expostos pela mesma personagem, no primeiro quadrinho.

V. O efeito de humor dos quadrinhos nasce da exploração da incoerência de sentido das manifestações da personagem que responde às perguntas que lhe são dirigidas.

Dentre essas afirmações, estão corretas apenas

a) II, III e IV.
b) II, III e V.
c) I, II, IV e V.
d) I, II e IV.
e) I, IV e V.

**Texto para a próxima questão.**

## Manifesto da Poesia Pau-Brasil (fragmento)

Lançado por Oswald de Andrade, no *CORREIO DA MANHÃ*, em 18 de março de 1924.

Houve um fenômeno de democratização estética nas cinco partes sábias do mundo. Instituíra-se o naturalismo. Copiar. Quadro de carneiros que não fosse lã mesmo não prestava. A interpretação do dicionário oral das Escolas de Belas-Artes queria dizer reproduzir igualzinho... Veio a pirogravura. As meninas de todos os lares ficaram artistas. Apareceu a máquina fotográfica. E com todas as prerrogativas do cabelo grande, da caspa e da misteriosa genialidade de olho virado – o artista fotógrafo.

Na música, o piano invadiu as saletas nuas, de folhinha na parede. Todas as meninas ficaram pianistas. Surgiu piano de manivela, o piano de patas. A Playela. E a ironia eslava compôs para a Playela. Stravinski.

A estatuária andou atrás. As procissões saíram novinhas das fábricas.

Só não se inventou uma máquina de fazer versos – já havia o poeta parnasiano.

(...)

Nossa época anuncia a volta ao sentido puro.

Um quadro são linhas e cores. A estatuária são volumes sob a luz.

A poesia Pau-Brasil é uma sala de jantar domingueira, com passarinhos cantando na mata resumida das gaiolas, um sujeito magro compondo uma valsa para flauta e a Maricota lendo o jornal. No jornal anda todo o presente.

(apud TELES, Gilberto M. *Vanguarda Europeia e Modernismo brasileiro*. Petrópolis: Vozes, 1977.)

**8.** (Uerj) "Só não se inventou uma máquina de fazer versos – já havia o poeta parnasiano." (par. 5)
Nesse trecho a opção pelo emprego do travessão evita a utilização explícita de um conectivo entre as duas orações. Mantidos o sentido original e a coerência textual, o autor poderia ter optado pelo uso da seguinte conjunção:

a) pois
b) quando
c) entretanto
d) se bem que

**Texto para a próxima questão.**

## Aonde você vai?

Para quem não sabe aonde vai qualquer caminho serve. Só que o indeciso perde muito tempo. E tempo é o bem mais escasso. Definir a rota de primeira ajuda a ganhar pontos. A rota é o objetivo.

(Dad Abi Chahine Squerisi. *Correio Brasiliense*, Cidades, 18/12/96, p. 6 (com adaptações).)

Na questão a seguir assinale os itens corretos e os itens errados.

9. (UnB-DF) Considerando o parágrafo retirado do CORREIO BRAZILIENSE como parte de um texto dissertativo, que deve primar pela objetividade, pela clareza, pela coerência e pelo tratamento consistente da ideia principal escolhida, julgue os itens a seguir.
(0) Por apresentar mais de três ideias diferentes, esse parágrafo faz parte do DESENVOLVIMENTO de uma argumentação.
(1) Nesse parágrafo, não há conectivo ou outro elemento de COESÃO.
(2) A COERÊNCIA desse parágrafo baseia-se no processo de repetição de algumas palavras-chave; por exemplo, "tempo" e "rota".

**Texto para a próxima questão.**

Toda cultura é particular. Não existe, nem pode existir uma cultura universal constituída. No nosso século, os antropólogos vivem ensinando isso a quem quiser aprender.

Tal como acontece com cada indivíduo, os grupos humanos, grandes ou pequenos, vão adquirindo e renovando, construindo, organizando e reorganizando, cada um a seu modo, os conhecimentos de que necessitam.

O movimento histórico da cultura consiste numa diversificação permanente. A cultura universal – que seria a cultura da Humanidade – depende dessa diversificação, quer dizer, depende da capacidade de cada cultura afirmar sua própria identidade, desenvolvendo suas características peculiares.

No entanto, as culturas particulares só conseguem mostrar sua riqueza, sua fecundidade, na relação de umas com as outras. E essa relação sempre comporta riscos.

Em condições de uma grande desigualdade de poder material, os grupos humanos mais poderosos podem causar grandes danos e destruições fatais às culturas dos grupos mais fracos. (...)

Todos tendemos a considerar nossa cultura particular mais universal do que as outras. (...) Cada um de nós tem suas próprias convicções. (...)

Tanto indivíduos como grupos têm a possibilidade de se esforçar para incorporar às suas respectivas culturas elementos das culturas alheias.

Apesar dos perigos da relação com outras culturas (descaracterização, perda da identidade, morte), a cultura de cada pessoa, ou de cada grupo humano, é frequentemente mobilizada para tentativas de autorrelativização e de autoquestionamento, em função do desafio do diálogo.

(Leandro Konder – *O GLOBO*, 02/08/98)

10. (Cesgranrio-RJ) A locução "No entanto" (par. 4), como um elemento de coesão, ao ligar dois segmentos do texto o faz:
a) relacionando pensamentos que se excluem.
b) apresentando uma condição para que algo aconteça.
c) ligando pensamentos totalmente contrários.
d) expressando uma ressalva ao que foi dito anteriormente.
e) estabelecendo uma relação de implicação causal entre os segmentos.

**Texto para a próxima questão.**

De maneira geral, o termo "experimental" se aplica a obras que buscam alargar fronteiras e definições de gênero. No caso da música, é aquela livre e inovadora, sem regras, improvisada, com estrutura e ritmos estranhos. Tradicionalmente associado ao erudito, indo das composições de Arnold Schoenberg a Philip Glass, por exemplo, o experimentalismo encontrou espaço em outros gêneros, como o jazz e a música eletrônica. Com o rock não é diferente. E nem é preciso ir a Londres ou Nova York para ver o que há de novo: algumas das experiências mais originais no Brasil estão sendo feitas, inclusive, fora do eixo Rio-São Paulo. É o caso do duo Lacertae, surgido no distante Campo do Crioulo, pequeno povoado de Lagarto, interior de Sergipe; o SOL, de Porto Alegre; o PexbaA, de Belo Horizonte; e o Satanique Samba Trio, de Brasília.

(Texto e alternativas adaptados de *Bravo*, julho/2005, p. 65)

11. (Cefet-PR) Assinale a alternativa que pode continuar o texto de referência com coesão e coerência.
a) Também ouvem o trabalho inventivo da banda inglesa progressiva Henry Cow e da alemã Can, bem como as composições minimalistas de Glass.
b) O disco lançado pela Amplitude foi quase todo composto em um só dia, o que não impediu que o jazz rock atonal e improvisado desses mineiros ganhasse destaque na revista britânica "Wire".
c) Antes desconhecida, a música desses grupos pode ser conferida numa bela coleção de CDs lançada pela gravadora independente Amplitude.
d) Outro grupo brasileiro que está próximo dos palcos estrangeiros é o paulistano Hurtmold – este lançado pelo selo Submarine e escalado para tocar no Sónar de Barcelona.
e) O que motivou o nascimento da gravadora, há um ano, foi a premissa de criar um circuito de distribuição 100% independente. Isso permite vender discos e divulgá-los sem precisar atender a grandes interesses comerciais.

# A REPRODUÇÃO DAS FALAS

## UM TEXTO, VÁRIAS VOZES

Um texto é a expressão de um locutor, o "dono da voz". Esse locutor, entretanto, pode abrir espaço para outras vozes.

### Discurso direto

São reproduzidas de maneira direta as falas das personagens; essas falas são reproduzidas integral e literalmente, introduzidas por travessão ou reproduzidas entre aspas.

Em geral, no discurso direto, as falas são acompanhadas por um verbo de elocução (ou verbo *dicendi*, ou declarativo) – *dizer*, *falar*, *responder*, *perguntar*, etc. –, seguido de dois-pontos.

### Discurso indireto

Caracteriza-se pela reprodução da voz do outro na própria fala do locutor principal. O diálogo é reproduzido em sua totalidade com palavras do próprio narrador, que faz uma síntese de cada fala.

No discurso indireto, também há verbo de elocução (núcleo do predicado da oração principal) seguido de oração subordinada (a fala da personagem complementa o significado do verbo de elocução: *pediu-me que...*; *ponderei-lhe que...*, desempenhando a função de objeto direto).

### Discurso indireto livre

É um tipo de discurso misto, em que se associam as características do discurso direto e do discurso indireto. Ao optar por esse estilo, o narrador insere sutilmente a fala da personagem em seu discurso, sem as marcas do discurso direto, mas com toda a sua vivacidade; isso lhe permite expor aspectos psicológicos da personagem, já que esse tipo de discurso pode revelar um fluxo do pensamento por meio de uma fala marcada por hesitações.

No discurso indireto livre, a fala da personagem não é marcada por verbo de elocução ou por sinais de pontuação.

# Exercícios

**Texto para a próxima questão.**

## Os usos da casimira inglesa

Estou lhe escrevendo, Matilda, para lhe transmitir aquilo que a contrariedade (para não falar indignação) me impediu de dizer de viva voz. Note, é a primeira vez que isso acontece nos nossos 35 anos de casados, mas é primeira vez que pode também ser a última. Não é ameaça. É constatação. Estou profundamente magoado com sua atitude e não sei se me recuperarei.

Tudo por causa de sua teimosia. Você insiste, contra todas as minhas ponderações, em dar a seu pai um corte de casimira inglesa como presente de aniversário. Eu já sei o que você vai me dizer: é seu pai, você gosta dele, quer homenageá-lo. Mas, com casimira, Matilda. Com casimira inglesa, Matilda. [1]Que horror, Matilda.

Raciocinemos, Matilda. Casimira inglesa, você sabe o que é isso? A lã dos melhores ovinos, Matilda. [2]A tecnologia de um país que, afinal, deu ao mundo a Revolução Industrial. O trabalho de competentes funcionários. E sobretudo tradição, a qualidade. Esse é o tecido que está em questão, Matilda. A casimira inglesa.

(...)

Isso, a casimira inglesa. Agora, seu pai.

Ele está fazendo noventa anos. É uma idade respeitável, e não são muitos que chegam lá, mas – quanto tempo ele pode ainda viver? (...) mesmo que ele viva dez anos, mesmo que ele viva vinte anos, a casimira sem dúvida durará mais. Aí, depois que o sepultarmos, depois que voltarmos do cemitério, depois que recebermos os pêsames dos parentes, e dos amigos, e dos conhecidos, teremos de decidir o que fazer com as coisas dele, que são poucas e sem valor – à exceção de um casaco confeccionado com o corte de casimira que você pretende lhe dar. Você, em lágrimas, dirá que não quer discutir o assunto, mas eu terei que insistir, até para o seu bem, Matilda; os mortos estão mortos, os vivos precisam continuar a viver, eu direi. Algumas hipóteses serão levantadas. Vender? Você dirá que não; seu pai, o velho fazendeiro, verdade que arruinado, despreza coisas como comprar e vender, ele acha que ser lojista, como eu, é a suprema degradação. Dar? A quem? A um pobre? Mas não, ele sempre detestou pobres, Matilda, você lembra a frase característica de seu pai: [3]tem que matar esses vagabundos. O casaco ficaria pendurado em nosso roupeiro, Matilda. Ficaria pendurado muito tempo lá. A não ser, Matilda, que seu pai dure mais tempo que o casaco. Não apenas isso é impossível, como remete a uma outra interrogação: e o seguro de vida dele, Matilda? E as joias de sua mãe, que ele guarda debaixo do colchão? Quanto tempo ainda terei de esperar?

Estou partindo, Matilda. Deixo o meu endereço. Como você vê, estou indo para longe, para uma pequena praia da Bahia. Trópico, Matilda. [4]Lá ninguém usa casimira.

Moacyr Scliar. *Contos reunidos*. São Paulo: Cia. das Letras, 1995.

1. (Uerj) Apesar de enunciado em primeira pessoa, o texto inclui, implícita ou explicitamente, outras vozes. Um exemplo da presença explícita da fala de outro personagem no texto é:
   a) Que horror, Matilda. (ref. 1)
   b) A tecnologia de um país que, afinal, deu ao mundo a Revolução Industrial. (ref. 2)
   c) tem que matar esses vagabundos. (ref. 3)
   d) Lá ninguém usa casimira. (ref. 4)

**Texto para a próxima questão.**

## A incapacidade de ser verdadeiro

Paulo tinha fama de mentiroso. Um dia chegou em casa dizendo que vira no campo dois dragões da independência cuspindo fogo e lendo fotonovelas.

A mãe botou-o de castigo, mas na semana seguinte ele veio contando que caíra no pátio um pedaço de lua, todo cheio de buraquinhos, feito queijo, e ele provou e tinha gosto de queijo. Desta vez Paulo não só ficou sem a sobremesa como foi proibido de jogar futebol durante quinze dias.

Quando o menino voltou falando que todas as borboletas da Terra passaram pela chácara de Siá Elpídia e queriam formar um tapete voador para transportá-lo ao sétimo céu, a mãe decidiu levá-lo ao médico. Após o exame, o Dr. Epaminondas abanou a cabeça:

– Não há o que fazer, Dona Coló. Este menino é mesmo um caso de poesia.

(ANDRADE, Carlos Drummond de. *O sorvete e outras histórias*. São Paulo: Ática, 1993)

2. (Insper-SP) No texto ocorre o discurso direto. Transposto adequadamente para o discurso indireto, teríamos
   a) Após o exame, o Dr. Epaminondas abanou a cabeça e disse a Dona Coló que não havia o que fazer, pois aquele menino era mesmo um caso de poesia.
   b) Após o exame, o Dr. Epaminondas abanou a cabeça dizendo que Dona Coló não há o que fazer, sendo o menino um caso mesmo de poesia.
   c) Como não haveria o que fazer, após o exame, o Dr. Epaminondas abanou a cabeça olhando para Dona Coló. Esse menino é mesmo um caso de poesia.
   d) Disse o Dr. Epaminondas, após o exame, que Dona Coló não há o que fazer e que este menino é mesmo um caso de poesia.
   e) Após o exame, o Dr. Epaminondas lamentou que o menino fosse mesmo um caso de poesia. Dona Coló nada poderia fazer.

**Texto para a próxima questão.**

**PRIMEIRO ATO**

Amelinha – (Virando-se para a mãe) Edmundo está inocente. Sem culpa.

Valdelice – (Fazendo-a calar) Não repita essa asneira. (Pausa) [1]Temos de pressioná-lo, minha filha. [2]Você não tem idade para perceber a ruindade dos homens. Você foi [3]se-du-zi-da.

Amelinha – (Sentando-se) Seduzida?! Mas eu sei que não é verdade!

Valdelice – A história tem de ser diferente... Trate de se convencer disso.

[...]

Amelinha – Não me sinto bem em dizer o que não fiz...

Agente – Aprenda [4]a primeira lição: [5]às vezes a verdade não é a que se conhece, mas a outra... (Pausa) É ir por mim. (Notando o laço de fita da moça) Pra que este laço?

Amelinha – Foi ideia da mamãe.

Valdelice – Não a quero desgraciosa diante da autoridade.

Agente – (Compenetrado) Nada de [6]lacinho de fita! Você não é anjo de procissão. (Tom) Quem perde a honra não se interessa por enfeite. (Ríspido) [7]Tire-o.

Amelinha – (Indecisa) Mas eu... eu...

Agente – (Arrebata-lhe o laço) Bobagem! (Pausa). Retire também o ruge, o batom... Tenho de prepará-la para impressionar o delegado, o juiz, todo mundo. Do contrário, ninguém defenderá você. (Tom) Assanhe os cabelos.

**SEGUNDO ATO**

Benedito – (À Amelinha, que continua assustada, mas impressionada com a situação que vive). Então, você acabou sendo enganada? (Ela aquiesce) Levou-a no caminhão da entrega sistemática, não foi? (Ela confirma) Vá ver que era um caminhão Ford. (Ao Permanente) Ford! A influência nefasta do capitalismo internacional! (Pausa) E os botijões? Balançavam? Sacudiam? (Pausa) Estavam cheios... ou vazios?

Amelinha – (Num sopro) Vazios...

Benedito – (Eufórico) Vazio! (Pausa, em explosão) Vibravam, não? (Dramatizando) Imagino como não eram ruidosos! (T) Tática de cinema americano, "noir", de péssima qualidade. (Pausa) E o carro? Corria veloz? E você, gritava?

Amelinha – (Voz débil, a confirmar) Gritava.

[...]

Benedito – (A Amelinha) Então estavam vazios os botijões (Ela concorda) Vazios... E o carro corria, em disparada, não? (Ela aquiesce) E fazia aquele ruído...

Amelinha – (Que vai aderindo, qual participasse de um jogo...) Um ruído terrível...

Benedito – Ah, eu imagino! (T.) E o seu desespero? Hem, moça?

Amelinha – Ah, como eu sofri dentro do caminhão...

Valdelice – (Surpresa, à filha) Você nunca me falou antes em caminhão. Que carro é esse?

Amelinha – (Indiferente) O caminhão, mãe... Caminhão Ford.

[...]

Benedito – E depois? Hem? Depois?

Amelinha – (Enlevada, mais fantasiosa) Ele me apertava em seus braços fortes, sem mais querer me soltar. (Tom) Meu Deus, era bom, mas eu sofria. (Pausa) Eu me sentia tonta, desfalecida, principalmente pelo som infernal dos botijões... E por cima de tudo, eu tinha medo de morrer.

Benedito – (Animando-a) Mais, mais, vai para a primeira página.

Amelinha – Paramos num lugar distante, como se diz mesmo? ... ermo... (Pausa) Onde era? Onde? Ainda hoje me pergunto, sem resposta... (Pausa. T.) Nem sei direito. Mas sei que havia uma árvore muito frondosa, e tinha um rio largo, perto... e... acho que havia também uma cabana. Um velho pescador estava sentado, longe, longe, numa pedra...

Valdelice – [8]Minha filha, você está descrevendo o calendário da sala de jantar!

[...]

Benedito – E depois, e depois?

Amelinha – Ele começou a puxar o zíper do meu vestido.

Valdelice – [9]Mas você não tem vestido de zíper!!!

Benedito – Vá contando, me agrada! É matéria de primeira página.

Amelinha – Por fim, rasgou minha combinação de "nylon".

Valdelice – "Nylon"?! Você nunca usou isso!

[...]

Valdelice – (Como se tudo fosse um sonho) Agora que você está mais calma, me diga mesmo como é a história do caminhão, dos botijões vazios... Onde você conseguiu tudo isso?

Amelinha – E eu sei, mamãe?! Simpatizei com o moço, e dei de imaginar tudo. (Pausa.) Será que o meu retrato vai sair bonito no jornal?

[...]

Edmundo – (Principia a falar com indecisão, procurando achar as palavras) Amelinha, eu... queria que você compreendesse... Por favor, [10]conte ao Delegado o que em verdade se passou [11]entre nós dois... Sei que você é direita... (Pausa) Fale.

Amelinha – (Em tom indefinido, como se na verdade vivesse outro personagem) Será que você já esqueceu?

Edmundo – Esqueceu o quê? Não compreendo.

Amelinha – Oh, Edmundo... Vocês, homens, esquecem tão ligeiro!

Edmundo – [12]Mas não esqueci nada! Lembro que você me chamou à sua casa. E me abraçava, me queria... E eu então não pude resistir.

[...]

Amelinha – Oh, ao menos hoje, não seja cínico! O caminhão, os botijões vazios! Vamos, não diga que não se lembra! Você me carregou, eu não queria... Me convidou para ver os enfeites da boleia, e, de repente, acionou o motor, partiu veloz. Ah. Foi quando eu gritei, gritei: Não faça isso. Edmundo! Pare! Pare! E você correndo, nem me deu atenção!

Edmundo – (Ao Delegado) Isso não! Ao menos a verdade!

CAMPOS, Eduardo. A donzela desprezada. *In*: ______. *Três peças escolhidas*. Fortaleza: Edições UFC, 2007, p. 187-221.

3. (UFC-CE) Preencha os parênteses com V ou F conforme seja verdadeiro ou falso o que se afirma sobre o texto da prova.
   ( ) São características do texto teatral a alternância de turnos de fala, o discurso direto e as indicações espaciais e temporais em que transcorrem as ações das personagens.
   ( ) As indicações constantes entre parênteses, ao longo do texto teatral, são imprescindíveis por ocasião da encenação, mas acessórias à compreensão leitora.
   ( ) A forma de grafar a palavra seduzida ("se-du-zi-da" – ref. 3) indica o modo como deve ser pronunciada, por ocasião da interpretação.
   ( ) O verbo ter atua como verbo auxiliar modal nas orações "Temos de pressioná-lo, minha filha" (ref. 1) e "Você não tem idade para perceber a ruindade dos homens" (ref. 2).
   ( ) O sufixo -inho em "lacinho de fita" (ref. 6) denota carinho.
   ( ) As formas verbais imperativas "Tire" (ref. 7) e "conte" (ref. 10) marcam a existência de uma relação hierarquicamente superior daquele que fala em relação a um ato que ele exige do seu interlocutor.
   ( ) Nas falas de Valdelice, "Minha filha, você está descrevendo o calendário da sala de jantar!" (ref. 8) e "Mas você não tem vestido de zíper!!!" (ref. 9), o aumento progressivo do ponto de exclamação denota a gradação de surpresa.
   ( ) A expressão "entre nós dois" (ref. 11), pelas regras da gramática normativa, pode ser substituída por "entre você e eu".
   ( ) A inserção do pronome oblíquo me em "Mas não esqueci nada!" (ref. 12), pelas regras da gramática normativa, resultaria em "Mas não me esqueci nada!".
   ( ) A oração "às vezes a verdade não é a que se conhece, mas a outra..." (ref. 5) exerce a função de aposto do objeto direto "a primeira lição" (ref. 4).

**Texto para as próximas questões.**

## Cinzas do Norte

### Trecho de abertura

Li a carta de Mundo num bar do beco das Cancelas, onde encontrei refúgio contra o rebuliço do centro Rio e as discussões sobre o destino do país. Uma carta sem data, escrita numa clínica de Copacabana, aos solavancos e com uma caligrafia miúda e trêmula que revelava a dor de meu amigo.

"Pensei em reescrever minha vida de trás para frente, de ponta-cabeça, mas não posso, mal consigo rabiscar, as palavras são manchas no papel, e escrever é quase um milagre... Sinto no corpo o suor da agonia", é o que se lê pouco antes do fim. Na margem da última página, estas palavras: "meia-noite e pouco".

Talvez tenha morrido naquela madrugada, mas eu não quis saber a data nem a hora: detalhes que não me interessam. Uns vinte anos depois, a história de Mundo me vem à memória com a força de um fogo escondido pela infância e pela juventude. Ainda guardo seu caderno com desenhos e anotações, e os esboços de várias obras inacabadas, feitos no Brasil e na Europa, na vida à deriva a que se lançou sem medo, como se quisesse se rasgar por dentro e repetisse cada minuto a frase que enviou para mim num cartão-postal de Londres: "Ou a obediência estúpida ou a revolta".

(Milton Hatoum. *Cinzas do Norte*.)

4. (UEPG-PR) Sobre este excerto, assinale o que for correto.
   (01) O narrador no primeiro parágrafo do texto, personagem ainda não nomeada, fala de uma carta que recebeu de alguém chamado Mundo e que lê num bar.
   (02) O personagem, Mundo, explica ao amigo que pensara em fazer uma autobiografia, começando pelo fim; entretanto, não conseguiu porque se sentia doente.
   (04) O narrador deduz que o amigo, Mundo, deve ter morrido de madrugada, pelas palavras escritas: "meia-noite e pouco".
   (08) Percebe-se pela progressão narrativa que Mundo era um artista plástico irreverente.
   (16) O emprego dos verbos na primeira pessoa tem o objetivo de criar situações subjetivas, uma vez que o narrador é também personagem de seu texto.

5. (UEPG-PR) Assinale o que for correto com relação ao que indicam as aspas, em suas três ocorrências no texto.
   (01) A mudança de interlocutor.
   (02) A intervenção do narrador.
   (04) A construção do discurso direto.
   (08) A utilização do discurso indireto livre.
   (16) A alteração do sentido referencial.

6. (Fuvest-SP)

Conta-me Claúdio Mello e Souza. Estando em um café de Lisboa a conversar com dois amigos brasileiros, foram eles interrompidos pelo garçom, que perguntou, intrigado:

– Que raio de língua é essa que estão aí a falar, que eu percebo* tudo?

Vocabulário:
*percebo – compreendo

(Rubem Braga)

a) A graça da fala do garçom reside num paradoxo. Destaque dessa fala as expressões que constituem esse paradoxo. Justifique.

b) Transponha a fala do garçom para o discurso indireto. Comece com: O garçom lhes perguntou, intrigado, que raio de língua...

**Texto para a próxima questão.**

(...) ANTES DE CONCLUIR ESTE CAPÍTULO, FUI À JANELA INDAGAR DA NOITE POR QUE RAZÃO OS SONHOS HAVIAM DE SER ASSIM TÃO TÊNUES QUE SE ESGARÇAVAM AO MENOR ABRIR DE OLHOS OU VOLTAR DE CORPO, E NÃO CONTINUAVAM MAIS. A NOITE NÃO ME RESPONDEU LOGO. ESTAVA DELICIOSAMENTE BELA, OS MORROS PALEJAVAM* DE LUAR E O ESPAÇO MORRIA DE SILÊNCIO. COMO EU INSISTISSE, DECLAROU-ME QUE OS SONHOS JÁ NÃO PERTENCIAM À SUA JURISDIÇÃO. Quando eles moravam na ilha que Luciano** lhes deu, onde ela tinha o seu palácio, e donde os fazia sair com as suas caras de vária feição, dar-me-ia explicações possíveis. Mas os tempos mudaram tudo. Os sonhos antigos foram aposentados, e os modernos moram no cérebro das pessoas. Estes, ainda que quisessem imitar os outros, não poderiam fazê-lo; a ilha dos sonhos, como a dos amores, como todas as ilhas de todos os mares, são agora objeto da ambição e da rivalidade da Europa e dos Estados Unidos.

Era uma alusão às Filipinas. Pois que não amo a política, e ainda menos a política internacional, fechei a janela e vim acabar este capítulo para ir dormir.

Vocabulário:
*palejar – tornar-se pálido, empalidecer.
**Luciano – escritor grego, criador do diálogo satírico.

(Machado de Assis, *Dom Casmurro*. Adaptado)

7. (FGV-SP) Percebe-se, no trecho em destaque, um diálogo empreendido entre dois interlocutores.

a) Identifique-os.

b) Reconstrua, por meio das regras do discurso direto, o diálogo travado entre os interlocutores.

8. (Unicamp-SP)

A novela de Guimarães Rosa "Uma estória de amor (Festa de Manuelzão)", além de ser ela própria uma estória de vaqueiro, contém outras estórias de boi narradas pelas personagens. Uma delas é a de "Destemida e a vaquinha Cumbuquinha" narrada por Joana Xaviel. Ao ouvirem a história, as pessoas presentes na festa de Manuelzão têm a seguinte reação:

Todos que ouviam, estranhavam muito: estória desigual das outras, danada de diversa. Mas essa estória estava errada, não era toda! Ah ela tinha de ter outra parte – faltava a segunda parte? A Joana Xaviel dizia que não, que assim era que sabia, não havia doutra maneira. Mentira dela? A ver que sabia o restante, mas se esquecendo, escondendo. Mas – uma segunda parte, o final – tinha de ter!

(João Guimarães Rosa, "Uma estória de amor (Festa de Manuelzão)", em "Manuelzão e Miguilim". Rio de Janeiro: Nova Fronteira, 1984, p. 181.)

a) Por que os ouvintes têm a impressão de que a estória está inacabada?

b) Cite outra estória de boi narrada dentro da novela.

c) A novela é narrada em discurso indireto livre, misturando as falas e pensamentos das personagens com a fala do narrador. Identifique uma passagem do trecho citado anteriormente em que essa mistura ocorre.

9. (UFSM-RS)

HAGAR – Dik Browne

Assinale a alternativa que apresenta a correta transposição da fala de Hagar para o discurso indireto e a adequada conexão de sentido entre as duas frases.

a) Hagar disse que não queria brigar porque era do tipo quieto e sensível.

b) Hagar disse que, embora fosse do tipo quieto e sensível, não queria brigar.

c) Hagar disse que era do tipo quieto e sensível, mas não queria brigar.

d) Hagar disse: "Não seria do tipo quieto e sensível se quisesse brigar".

e) Hagar disse: "Sou tão quieto e sensível que não posso brigar".

**Texto para a próxima questão.**

1 "Fabiano ia satisfeito. Sim senhor, arrumara-se. Chegara naquele estado, com a família morrendo de fome, comendo raízes. Caíra no fim do pátio, debaixo de um juazeiro, depois tomara conta da casa deserta. ELE, a mulher e os filhos tinham-se habituado à camarinha escura, pareciam ratos – e a lembrança dos sofrimentos passados esmorecera (...).

2 – Fabiano, você é um homem, exclamou em voz alta.

3 Conteve-se, notou que os meninos estavam perto, com certeza iam admirar-se ouvindo-o falar só. E, pensando bem, ele não era um homem: era apenas um cabra ocupado em guardar coisas dos outros. (...) Olhou em torno, com receio de que, fora os meninos, ALGUÉM tivesse percebido a frase imprudente. Corrigiu-a, murmurando:

4 – Você é um bicho, Fabiano.

5 Isto para ele era motivo de orgulho. Sim senhor, um bicho capaz de vencer dificuldades".

10. (FEI-SP) O estilo do autor do texto anterior é caracterizado pelo frequente emprego do discurso indireto livre. Assinale a alternativa que transcreve uma passagem em que esse recurso é exemplificado:

a) "(...) a lembrança dos sofrimentos passados esmorecera" (par. 1)
b) "Fabiano ia satisfeito" (par. 1)
c) "Sim senhor, arrumara-se" (par. 1)
d) "Olhou em torno, com receio" (par. 3)
e) "Fabiano, você é um homem" (par. 2)

**Texto para a próxima questão.**

## Bye Bye Brasil

Mulher Nordestina:

– Meu santo, minha família foi embora, meu santo. Filho, nora, neto..., fiquei só com o meu velho que morreu na semana passada. Agora, quero ver o meu povo. Meu santo, me diga, onde é que eles foram, meu santo?

Lord Cigano:

– E eu sei lá? Como é que eu vô saber? Quer dizer... eu sei... eu... Eu tô vendo. Eu estou vendo a sua família, eles estão a muitas léguas daqui.

Mulher Nordestina:

– Vivos?

Lord Cigano:

– É, vivos, se acostumando ao lugar novo.

Mulher Nordestina:

– A gente se acostuma com tudo... Onde é que eles estão agora, meu santo?

Lord Cigano:

– Ah, pera aí, deixa eu ver! Eu tô vendo: eles estão num vale muito verde onde chove muito, as árvores são muito compridas e os rios são grandes feito o mar. Tem tanta riqueza lá, Que... ninguém precisa trabalhar. Os velhos não morrem nunca e os jovens não perdem sua força. É uma terra tão verde... Altamira!

(*In*: filme *BYE BYE BRASIL* (1979). Produzido por Lucy Barreto. Escrito e dirigido por Carlos Diegues.)

11. (Unesp-SP) A primeira fala da Mulher Nordestina, em "Bye Bye Brasil", caracteriza-se pelas interpelações em primeira pessoa, repetições de palavras e a retomada insistente dos mesmos conteúdos. Releia com atenção o referido discurso direto e, em seguida,

a) indique uma frase em que ocorre repetição do elemento vocativo;
b) explique o valor semântico que o vocábulo "povo" representa na elocução emotiva da personagem.

**Textos para próxima questão.**

I. "Mais de 800 milhões de pessoas, muitas delas crianças, estão 'desnutridas e privadas da oportunidade de viver uma vida plena' em todo o mundo, denunciou a FAO (Fundo das Nações Unidas para a Alimentação) em um informe apresentado na semana passada ao Comitê sobre a Segurança Alimentar Mundial, em Roma."

(*Folha de Londrina*, 4 jun. 2001.)

II. "O mundo vai terminar o ano mais pobre. Na semana que passou, o Fundo Monetário Internacional (FMI), que é uma organização financeira com participação de praticamente todos os países industrializados, anunciou que a economia mundial deverá crescer apenas 2,6% em 2001, e não mais os 3,2% projetados em abril. No início do ano, o Fundo previa expansão de 4,5% para a economia global este ano. Mas, a cada trimestre que passa, os números encolhem e mostram que o planeta está empobrecendo. O Brasil não deverá ser exceção."

(*Folha de Londrina*, 24 set. 2001.)

III. "As políticas públicas para combater a fome foram tema de um encontro entre representantes de 17 municípios do Paraná, Santa Catarina e São Paulo, na semana passada. O objetivo principal da reunião foi estimular a troca de experiências. Segundo Maya Takagi, coordenadora técnica do programa Fome Zero, desde 1994 o Brasil não tem políticas nacionais de combate à fome e à miséria."

(*Folha de Londrina*, 10 dez. 2001.)

12. (UEL-PR) Um dos principais recursos presentes nos textos é a citação. Em relação a esse procedimento de linguagem, constatamos que:

a) Nos textos I, II e III, respectivamente, "denunciou", "anunciou" e "segundo" têm a função de introduzir as informações retiradas das fontes citadas pelos jornalistas.
b) No texto I, usa-se o discurso indireto livre para fazer referência a informações tiradas de outras fontes.
c) Nos textos II e III, as informações retiradas das fontes são reproduzidas fielmente, exatamente com a mesma redação como foram produzidas.
d) Nos textos I, II e III, respectivamente, as vírgulas, os parênteses e as aspas têm a função de marcar as informações retiradas das fontes citadas pelos jornalistas.
e) No texto III, usa-se o discurso indireto em função de a fonte ser uma pessoa, a coordenadora Maya Takagi, e não uma instituição, tal como ocorre nos textos I e II.

# O desafio da redação

Theo Szczepanski/Arquivo da editora

# A redação no exame da UFF-RJ, 2012

Esta seção tem como objetivo comentar a proposta de redação de um vestibular, procurando mostrar como, no momento da prova, é possível ler e compreender a proposta e se planejar para redigir seu texto de acordo com o que estipula o exame.

Sugerimos que você treine para a prova produzindo um texto de acordo com a proposta comentada nestas páginas e seguindo as orientações aqui fornecidas.

1. Reproduzimos a seguir a proposta de redação do vestibular da UFF-RJ (Universidade Federal Fluminense, Rio de Janeiro), de 2012.

   Trata-se de uma proposta única: escrever um texto em prosa sobre o tema "Cidades: como habitá-las" depois de ler quatro textos reproduzidos sobre o assunto. Conheça a prova.

   **UFF-RJ 2012**

   **Redação**

   Leia os textos:

*Texto I*

A cidade como ambiente construído, como necessidade histórica, é resultado da imaginação e do trabalho coletivo do homem que desafia a natureza. Além de continente das experiências humanas, com as quais está em permanente tensão, "a cidade é também um registro, uma escrita, materialização de sua própria história"*. O seu livro de registro preenche-se do que ela produz e contém: documentos, ordens, inventários, mapas, diagramas, plantas baixas, fotos, caricaturas, crônicas, literatura... que fixam a sua memória.

*ROLNIK, 1988, p. 9. GOMES, Renato Cordeiro. *Todas as cidades, a cidade.* Rio de Janeiro: Rocco, 1994. p. 23.

*Texto II*

De uma cidade, não aproveitávamos as sete ou setenta e sete maravilhas, mas a resposta que dá às nossas perguntas.

CALVINO, Italo. *As cidades invisíveis.* São Paulo: Companhia das Letras, 1990. p. 44.

*Texto III*

**A cidade como logomarca**

Embalada pelos projetos bilionários da Copa do Mundo de 2014 e dos Jogos Olímpicos de 2016, o Rio de Janeiro reinventa sua imagem à feição dos sonhos de espectadores, consumidores, turistas. No competitivo mercado global de metrópoles, a cidade anuncia suas vantagens e mascara contradições. [...]

**Os pontos cegos da idealização**

Antigos conflitos em jogo na construção de um novo imaginário sobre o Rio

Os projetos bilionários vinculados ao par Copa-Jogos Olímpicos, amplamente divulgados, reconstroem nesta cidade acostumada à crise o imaginário de um futuro melhor. [...]

– Se queremos discutir um novo imaginário sobre o Rio, primeiro temos que nos perguntar quem tem se apropriado do direito de imaginar a cidade – diz o sociólogo Marcelo Burgos, professor da PUC-Rio. – As populações de favelas, bairros populares, loteamentos não têm participado desse debate. O volume de investimentos mobilizados exigiria uma discussão mais ampla.

O Globo, *Prosa & Verso*, 06 ago. 2011, p. 1-2.

*Texto IV*

## Viver em comunidade é realidade no interior de São Paulo

Tatiana Achcar

Porangaba (169 km a oeste de São Paulo) possui um grupo especial de habitantes: 18 adultos e uma criança vivem em uma comunidade autossustentável batizada de Parque Ecológico Visão Futuro, que ocupa uma área de 70 hectares. Eles fazem as refeições juntos, compartilham as salas de meditação e de TV, moram em casas comunitárias e trabalham na própria comunidade.

O Visão Futuro é uma ecovila, cujo formato é uma herança das comunidades alternativas dos anos 60. O conceito, porém, é diferente daqueles usados pelos *hippies**.

"As ecovilas respondem mais ao que as pessoas de hoje querem e precisam, pois inovam constantemente em tecnologia e em forma de governança", diz a socióloga paulistana May East, que mora há 11 anos em Findhorn, no Reino Unido, a primeira ecovila do mundo. East é consultora da GEN (Global Ecovillages Network ou Rede Global de Ecovilas) e representa o movimento na ONU. "Para as Nações Unidas, as ecovilas são a revolução do habitat", diz ela.

"A autossustentabilidade vai ao encontro das necessidades do presente sem comprometer a sobrevivência das gerações futuras." De acordo com dados da GEN, há cerca de 15 mil ecovilas espalhadas pelo mundo, somando perto de 1 milhão de moradores. No Brasil, existem cerca de 30 comunidades, assessoradas pela Rede de Ecovilas das Américas, que dá suporte e integra as comunidades do continente. Cada ecovila reúne até 2.000 pessoas dispostas a criar estratégias para viver melhor, baseando-se em valores como o respeito à natureza, a importância das relações interpessoais e a diversidade.

*O movimento *hippie* caracterizava-se por reunir jovens que contestavam a ordem social vigente em comunidades que, sob o lema "Paz e amor", buscavam modos alternativos de vida, marcados pela comunhão com a natureza, o antimilitarismo e a liberdade de comportamento.

Disponível em: http://www1.folha.uol.com.br/folha/equilibrio/noticias/ult263u2237.shtml. Acessado em 05 ago. 2011.

**Proposta**

Cidades em que vivemos, cidades com que sonhamos: como misturar os dados concretos da vida cotidiana com os sonhos dos habitantes de uma cidade?

Os textos apresentados procuram responder a essa questão. A partir deles e de sua vivência da cidade, constituída não só de sua experiência de cidadão, mas também de leituras, conhecimentos, sonhos e imaginação, escreva um texto dissertativo sobre o tema:

**CIDADES: COMO HABITÁ-LAS**

**INSTRUÇÕES**

O texto será escrito em prosa, na modalidade culta da língua portuguesa, e terá entre 20 e 25 linhas.

Desenvolva argumentação consistente e busque coerência na organização e articulação entre as partes, deixando clara a progressão das ideias. Se considerar adequado, sirva-se de exemplos e casos concretos, mas não deixe de lado a argumentação em torno da proposta do tema, inspirada nos textos apresentados. Use adequadamente os recursos de seleção vocabular e confira ao texto estruturação sintático-semântica bem articulada pelos recursos coesivos.

2. Acompanhe, a seguir, os comentários sobre essa proposta da prova de redação da UFF-RJ 2012. Essa leitura vai ajudá-lo a compreender melhor os textos reproduzidos na proposta e a se preparar para ler outros exames semelhantes. Seguindo as dicas, produza um texto de acordo com o que foi indicado no vestibular da UFF.

a) O texto I de apoio para a compreensão do tema a ser desenvolvido na redação é um fragmento de livro. Ao ler um texto que deve inspirá-lo para sua própria produção, procure sempre identificar: o tema, o ponto de vista desenvolvido e os argumentos apresentados nele. Observe:

| Texto citado na proposta de redação | Comentário |
|---|---|
| **Texto I**<br>A cidade como ambiente construído, como necessidade histórica, é resultado da imaginação e do trabalho coletivo do homem que desafia a natureza. **(I)** Além de continente das experiências humanas, com as quais está em permanente tensão, "a cidade é também um registro, uma escrita, materialização de sua própria história"*. O seu livro de registro preenche-se do que ela produz e contém: documentos, ordens, inventários, mapas, diagramas, plantas baixas, fotos, caricaturas, crônicas, literatura... que fixam a sua memória. **(II)**<br>*ROLNIK, 1988, p. 9.<br>GOMES, Renato Cordeiro. *Todas as cidades, a cidade*. Rio de Janeiro: Rocco, 1994. p. 23. | **(I)** O texto *Todas as cidades, a cidade*, de Renato Cordeiro Gomes, introduz o tema a partir de uma perspectiva histórica, objetiva e abrangente: a cidade é fruto do trabalho humano sobre a natureza.<br>**(II)** O texto se encaminha para um recorte mais específico, destacando a cidade como produtora dos registros gráficos e escritos que constituem a sua memória. |

b) O texto II de apoio para a compreensão do tema a ser desenvolvido na redação é um fragmento literário do escritor de língua italiana Ítalo Calvino. Observe:

| Texto citado na proposta de redação | Comentário |
|---|---|
| **Texto II**<br>De uma cidade, não aproveitávamos as sete ou setenta e sete maravilhas, mas a resposta que dá às nossas perguntas.<br>CALVINO, Italo. *As cidades invisíveis*. São Paulo: Companhia das Letras, 1990. p. 44. | A perspectiva literária de Ítalo Calvino apresenta a cidade como um enigma a ser decifrado. Ela nos indica também que não são as maravilhas, ou belezas, da cidade que importam, e sim a realidade que nos apresenta quando refletimos sobre esse espaço e sua ocupação. |

c) O texto III de apoio é parte de uma matéria jornalística sobre a cidade do Rio de Janeiro pouco antes da Copa de Futebol de 2014, publicada em um jornal de circulação nacional. Observe:

| Texto citado na proposta de redação | Comentário |
|---|---|
| **Texto III**<br>**A cidade como logomarca**<br>Embalada pelos projetos bilionários da Copa do Mundo de 2014 e dos Jogos Olímpicos de 2016, o Rio de Janeiro reinventa sua imagem à feição dos sonhos de espectadores, consumidores, turistas. No competitivo mercado global de metrópoles, a cidade anuncia suas vantagens e mascara contradições. [...]<br>**Os pontos cegos da idealização**<br>Antigos conflitos em jogo na construção de um novo imaginário sobre o Rio<br>Os projetos bilionários vinculados ao par Copa-Jogos Olímpicos, amplamente divulgados, reconstroem nesta cidade acostumada à crise o imaginário de um futuro melhor. [...] **(I)**<br>– Se queremos discutir um novo imaginário sobre o Rio, primeiro temos que nos perguntar quem tem se apropriado do direito de imaginar a cidade – diz o sociólogo Marcelo Burgos, professor da PUC-Rio. **(II)** – As populações de favelas, bairros populares, loteamentos não têm participado desse debate. O volume de investimentos mobilizados exigiria uma discussão mais ampla.<br>O Globo, *Prosa & Verso*, 06 ago. 2011, p. 1-2. | O início da matéria jornalística, com o texto *A cidade como logomarca*, apresenta o tema em discussão: a face publicitária do Rio de Janeiro em função da realização da Copa do Mundo de 2014 no Brasil.<br>Por sua vez, o fragmento *Os pontos cegos da idealização* lança um olhar crítico sobre o assunto: ele aprofunda a discussão ao apontar o problema dos grupos que não fizeram parte do debate sobre um futuro melhor para a cidade. Acompanhe:<br>**(I)** Introdução crítica do tema que menciona os "projetos bilionários" envolvendo os eventos esportivos mundiais planejados e que contrapõem a realidade da "cidade acostumada à crise" ao "Imaginário de um futuro melhor".<br>**(II)** O texto levanta sua questão essencial, citando a opinião do sociólogo Marcelo Burgos: quem se apropriou do direito de imaginar uma cidade melhor se uma larga fatia da população não participou dessa discussão? |

d) O texto IV de apoio, também publicado em um jornal de circulação nacional, contrasta com os demais reproduzidos na prova ao relatar uma experiência comunitária positiva realizada numa ecovila de Porangaba, no interior de São Paulo. Observe:

| Texto citado na proposta de redação | Comentário |
|---|---|
| **Texto IV**<br>**Viver em comunidade é realidade no interior de São Paulo**<br>Tatiana Achcar<br>Porangaba (169 km a oeste de São Paulo) possui um grupo especial de habitantes: 18 adultos e uma criança vivem em uma comunidade autossustentável batizada de Parque Ecológico Visão Futuro, que ocupa uma área de 70 hectares. Eles fazem as refeições juntos, compartilham as salas de meditação e de TV, moram em casas comunitárias e trabalham na própria comunidade. **(I)**<br>O Visão Futuro é uma ecovila, cujo formato é uma herança das comunidades alternativas dos anos 60. O conceito, porém, é diferente daqueles usados pelos *hippies**. **(II)**<br>"As ecovilas respondem mais ao que as pessoas de hoje querem e precisam, pois inovam constantemente em tecnologia e em forma de governança", diz a socióloga paulistana May East, que mora há 11 anos em Findhorn, no Reino Unido, a primeira ecovila do mundo. East é consultora da GEN (Global Ecovillages Network ou Rede Global de Ecovilas) e representa o movimento na ONU. "Para as Nações Unidas, as ecovilas são a revolução do habitat", diz ela. **(III)**<br>"A autossustentabilidade vai ao encontro das necessidades do presente sem comprometer a sobrevivência das gerações futuras." De acordo com dados da GEN, há cerca de 15 mil ecovilas espalhadas pelo mundo, somando perto de 1 milhão de moradores. No Brasil, existem cerca de 30 comunidades, assessoradas pela Rede de Ecovilas das Américas, que dá suporte e integra as comunidades do continente. Cada ecovila reúne até 2 000 pessoas dispostas a criar estratégias para viver melhor, baseando-se em valores como o respeito à natureza, a importância das relações interpessoais e a diversidade. **(IV)**<br>*O movimento *hippie* caracterizava-se por reunir jovens que contestavam a ordem social vigente em comunidades que, sob o lema "Paz e amor", buscavam modos alternativos de vida, marcados pela comunhão com a natureza, o antimilitarismo e a liberdade de comportamento.<br>Disponível em: http://www1.folha.uol.com.br/folha/equilibrio/noticias/ult263u2237.shtml. Acessado em 05 ago. 2011. | A produtora do texto destaca os aspectos de sustentabilidade dessa forma de convivência. Para isso:<br>**(I)** O primeiro parágrafo do texto oferece uma descrição sucinta da comunidade autossustentável Parque Ecológico Visão Futuro, que é a comunidade sobre a qual é feita a matéria.<br>**(II)** O segundo parágrafo relaciona as ecovilas da Visão Futuro com as comunidades alternativas dos anos 1960 e destaca que há diferenças entre esses conceitos.<br>**(III)** O terceiro parágrafo trata da revolução do meio ambiente que as ecovilas representam. Pontua as diferenças entre essas comunidades e as dos anos 1960: inovação em tecnologia e em formas de governança.<br>**(IV)** O último parágrafo fornece um levantamento das ecovilas existentes no mundo e no Brasil, destacando os valores que fundamentam esse tipo de comunidade. |

## Dicas para ler e seguir uma proposta de redação como essa

- Resuma os textos reproduzidos ordenando as principais ideias que discutem o tema.
- Identifique os posicionamentos dos diversos produtores de textos perante a questão apresentada na prova.
- Releia o tema: "Cidade: como habitá-las?" e reflita sobre ele. Procure se posicionar a respeito: qual sua opinião sobre esse assunto? Releia as instruções gerais: o texto deve ser em prosa, argumentativo. Que argumentos podem ajudá-lo a defender esse ponto de vista? Anote suas ideias, ordene-as, identifique as mais importantes e busque, se possível, exemplos concretos que reforcem sua argumentação.
- Repasse os argumentos dos textos reproduzidos na proposta: você concorda com eles ou discorda dessas ideias? Podem ajudá-lo a construir seu texto?
- Sua argumentação deve ser clara e enxuta. Use, de preferência, exemplos concretos para ilustrar a sua posição. Lembre-se sempre de se posicionar abertamente. Encaminhe a discussão para um final que explicite a sua tomada de posição.
- Utilize vocabulário rico e apropriado, evite repetições desnecessárias. Releia o texto procurando verificar o uso de pronomes, conjunções e de outros termos que ajudam a estabelecer a coesão do texto. Observe se foram respeitadas as regras da modalidade formal da língua, conforme se indica no exame.

# Respostas

## O signo linguístico, a língua e a gramática

1. b
2. c
3. a
4. b
5. c
6. b

## Os sons e suas representações gráficas

1. a
2. b
3. 01 + 04 + 16 = 21
4. b
5. a
6. e
7. e
8. d
9. d

## Concordância, flexões e desinências

1. e
2. As três características negativas que Fernando Pessoa atribui à celebridade são representadas pelos substantivos "plebeísmo", "contradição" e "fraqueza".
3. O enunciado revela que o usuário fez a concordância verbal no singular por associar as ações ("subiu", "diminuiu") com "mercado" e não com "preços" e "lucros", núcleos do sujeito no plural das duas orações que compõem o período.
4. A variante popular privilegia a economia vocabular e, frequentemente, como no caso do verso citado, flexiona apenas o artigo e o pronome, por considerá-los suficientes para a compreensão da frase. As regras gramaticais obrigam à concordância do verbo com o seu sujeito ("põem" e "fossem") ou deste com o seu predicativo ("bichos"), assim como os determinantes com o determinado ("onde os carros põem o lixo").
5. a
6. e
7. a

## Classes de palavras e sintagmas

1. d
2. e
3. c
4. a
5. a) O termo SÓ nas três passagens é advérbio, equivalendo a "apenas".

   b) Eu SÓ (advérbio = apenas) queria que você não ficasse SÓ (adjetivo = sozinho).
6. a
7. a) comprão / pagala / dirija-se; mossa / escriptorio / duvida

   b) compram / pagá-la / dirigir-se; moça / escritório / dúvida
8. c

## A estrutura da oração: sujeito e predicado

1. d
2. 16
3. d
4. a) O pronome "ninguém" significa "pessoa sem importância".

   b) Se o pronome (sujeito) é anteposto ao verbo, não ocorre a dupla negação: "Ninguém veio". Se, porém, ele é posposto ao verbo, a dupla negação ocorre: "Não veio ninguém".
5. 31
6. a) 1 – verbo SER; 2 – verbo IR

   b) Predicado nominal em 1; Predicado nominal em 2.

   c) 1 – O advérbio indica o tempo em que fiquei doente; 2 – O advérbio de lugar indica como fui a Buenos Aires.
7. a
8. d
9. b
10. c
11. e

## As relações sintáticas dentro do sintagma nominal

1. d
2. a
3. d
4. a
5. d
6. d
7. V – F – F
8. b

## As relações sintáticas dentro do sintagma verbal

1. b
2. a
3. b
4. e
5. d
6. a
7. b
8. e
9. a
10. a

## Linguagem – socialização e enunciação

1. d

2. a) No texto 1, Milton Santos critica ironicamente a distribuição do livro "Por uma vida melhor" no ensino público, alegando que o seu conteúdo teria por finalidade ensinar o aluno a falar "errado", valorizando, desta forma, a norma culta e desprezando as outras variantes linguísticas. Segundo o autor, esse fato constituiria uma agressão à cultura do país já tão maltratada em programas de televisão ou outros veículos de comunicação. No texto 2, Marcos Bagno alerta para o caráter preconceituoso de tal afirmação, pois o livro em questão pretende apenas incluir no aprendizado da Língua Portuguesa as variedades linguísticas estigmatizadas pelas gramáticas normativas, de maneira a colocar em pé de igualdade os instrumentos de comunicação das chamadas "classes populares" e os usados pelas classes urbanas consideradas de prestígio.

b) Na pergunta "Como é que fica então as concordâncias?", Carlos Monforte transgride uma das regras da gramática normativa que exige concordância do verbo com o seu sujeito.

c) "Como é que ficam, então, as concordâncias?"

d) Marcos Bagno assinala ironicamente a transgressão gramatical de uma pessoa que defende acirradamente a adequação da fala às regras impostas pela gramática normativa e diverte-se com a evidente contradição.

3. a) A charge ilustra as disputas judiciais que envolvem os grupos que dominam as tecnologias de comunicação e os detentores de propriedade intelectual que potencialmente prejudicam os interesses desses grupos. Como consequência, essas contendas afetam diretamente a educação, por dificultarem a inclusão digital, e contribuem para o baixo grau de escolarização de grande parte da população.

b) "Iniciadas as guerras das patentes foram"; "Que pessoas vêm lá? Qual a senha?"; "Analfabeto!".

4. A personagem Macunaíma enfoca a diversidade de uso do idioma português no Brasil, notadamente no centro urbano (São Paulo). Ao se referir ao fato de os paulistanos falarem numa língua e escreverem noutra, ele chama a atenção do leitor para a existência de uma norma padrão (seguida pelos brasileiros na língua escrita) e de um registro coloquial, informal, típico da língua oral. É importante salientar que, na narrativa, através da carta para Icamiabas, o autor ironiza os puristas, que defendiam a petrificação da língua (língua de Camões) e não aceitavam as mudanças ocorridas no português do Brasil decorrentes da mestiçagem do idioma. Vale ressaltar que os modernistas de 22 (a obra *Macunaíma* faz parte deste contexto de inovações e experimentalismos linguísticos) se posicionaram contra o purismo linguístico, defendendo uma língua "natural e neológica".

5. c

6. 02 + 04 + 16 = 22.

7. a) O efeito dessa mudança no plano da enunciação é a explicitação de que o autor se inclui no processo que ele ressalta.

b) Os elementos gramaticais que marcam essa mudança são os seguintes: pronome possessivo ("nossa") e verbos na 1ª pessoa do plural ("saibamos, saudemos, lamentemos, devemos, precisamos, estamos, devemos, podemos").

8. b

9. a

10. a) O uso de pronome oblíquo átono no início de uma oração é característico da variante informal, popular do Português.

b) Deu-me uma tontura.

## O processo de comunicação e seus elementos

1. a) Os professores não foram ouvidos na definição de mudanças na área educacional nos últimos 30 anos – abertura. Na conclusão, a autora apresenta uma proposta vinculada à constatação acima. A ideia é que os professores possam opinar em futuras propostas.

b) – "Isso não vai dar certo" (fala dos professores).

– "Inclusão" (fala atribuída a defensores de uma determinada política).

2. d

3. a) A frase "Não posso me queixar" permite duas interpretações: o cidadão não reclama da situação porque está contente com o sistema ou, então, porque ele está sujeito a um regime totalitarista, em que a censura o impede de manifestar a sua insatisfação.

b) Mas se você perguntar a quaisquer cidadãos de uma ditadura o que acham do seu país, eles respondem sem hesitação: "Não podemos nos queixar".

4. O conteúdo do texto e o próprio título, associados à fotografia de um jovem com síndrome de Down, incitam o receptor da mensagem a participar na construção de um mundo mais justo, aceitando a diversidade, a convivência pacífica com as diferenças e a união cada vez maior dos que abraçam essa causa. Assim, a função conativa ou apelativa, cujo objetivo é de influenciar e convencer o receptor de alguma coisa por meio de uma ordem ou pedido, usa verbos no imperativo ("mostre", "junte", "seja") ou conjugados na 3ª pessoa, enfaticamente repetidos na expressão "se você acredita", para defender a inclusão social das pessoas portadoras dessa deficiência e, assim, ajudar a construção de um mundo mais justo.

5. d

6. Texto 1 – funções: referencial (informação) e poética (forma).

Texto 2 – funções: emotiva (ênfase no emissor), poética (forma) e metalinguística (definição).

Texto 3 – funções: poética (forma), referencial (informação).

7. a) Pode-se inferir que o pronome *essa* retoma anaforicamente um conteúdo textual anterior referente ao advento da língua escrita.

b) No texto de Wilkins, iniciam-se com letras maiúsculas os substantivos comuns, ao passo que, em nossa convenção ortográfica, aplica-se a inicial maiúscula apenas aos substantivos próprios, salvo em casos excepcionais.

c) Em todos os casos, exceto em (IV), *ser* funciona como verbo auxiliar em construções na voz passiva. No caso (IV), *ser* funciona como verbo de ligação em um predicado nominal que tem como núcleo *uma testemunha falsa e mentirosa*.

8. b

9. e

10. a

## Os textos no cotidiano

1. a) Ivan Ângelo definiu o gênero crônica como texto que explora a função poética para imprimir emotividade ao relato e que, por ser normalmente publicado em jornais e revistas, tem caráter transitório, passageiro. A pergunta da leitora incide sobre esta última característica, a efemeridade ("É coisa efêmera: jornal dura um dia, revista dura uma semana").

   b) A palavra "então" que encerra a pergunta da leitora funciona como contestação ao que havia sido explicado anteriormente, pois o fato de os livros terem existência duradoura contrariava uma das características citadas pelo autor.

2. e

3. d

4. e

5. a) O discurso político procura captar a atenção do auditório e, para ser eficaz, vai ao encontro das necessidades e preocupações manifestadas pelo público a quem se dirige, ou seja, responde aos anseios gerais dos cidadãos sobre as questões de interesse coletivo. Para isso, o poder de argumentação é fundamental, assim como a coerência do discurso. No início, a fala do orador em 1ª pessoa ("sou", "carrego") confere credibilidade a quem ouve, na medida em que anuncia uma série de características pessoais que o fazem profundo conhecedor do tema de que vai tratar. O uso de tempos verbais no presente do indicativo, assim como expressões adverbiais como "hoje" e "nesta Assembleia", designam o tempo e o espaço em que se reproduz o discurso.

   b) Ao longo do discurso, o orador inclui também o interlocutor ao usar termos verbais e pronomes na 1ª pessoa do plural ("nossos", "nossa", "vamos", "prometemos"...) tornando-o cúmplice das afirmações que irá apresentar, sobretudo no que diz respeito às insatisfações do mundo contemporâneo e às contradições geradas em uma sociedade dominada pelo consumismo e por uma política econômica de crescimento insustentável. Também o uso do imperativo ("ouçam") e de vocativos ("Amigos", "queridos amigos") garantem a inclusão do interlocutor no plano da enunciação e contribuem para a sua adesão às teses apresentadas pelo locutor: "Ouçam bem, queridos amigos: em cada minuto no mundo se gastam US$ 2 milhões em ações militares nesta Terra".

6. Na medida em que enumera fatos em sequência temporal, como uma síntese de fatos marcantes do seu trajeto de vida, o eu lírico constrói um poema narrativo em que transparecem as contradições ("Aprecio viver em lugares decadentes", "Fazer o desprezível ser prezado é coisa que me apraz.") e os conflitos existenciais face ao mundo externo ("Estou na categoria de sofrer do moral, porque só faço coisas inúteis"). O uso da próclise no início de orações ("Me criei no Pantanal de Corumbá", "Me procurei a vida inteira") e a preferência pelo verbo "ter" em vez de "haver" ("No meu morrer tem uma dor de árvore") denotam linguagem coloquial, assim como o verso branco reproduz o ritmo natural da fala.

7. O primeiro texto emprega um vocabulário e uma linguagem que o aproximam da literatura regionalista e das liberdades linguísticas modernistas; o segundo apresenta-se dentro da norma culta da escrita padrão.

   Exemplos:

   Texto I: O "gerais" corre em volta. Esses "gerais" são sem tamanho. Enfim, cada um o que quer aprova, o senhor sabe: pão ou pães é questão de opiniães... O sertão está em toda parte.

   Texto II: O sertão de Minas é chamado de Campos Gerais – os gerais. Começam acima das cidades de Corinto e Curvelo e se alargam pelo noroeste até se molhar nas águas escuras do rio Carinhanha, até esbarrar nas serras de Goiás, até se debruçar sobre as terras da Bahia.

8. e

## Leitura – a construção de sentidos

1. a) O cartaz criado pelo Coletivo Transverso faz referência ao provérbio popular: *o seguro morreu de velho.*

   b) Não necessariamente, para entender a intervenção não há necessidade de um conhecimento prévio. Para a compreensão do sentido da mensagem, basta entender a mensagem atual: que muita segurança, muitas vezes, leva a vida a uma rotina tal que pode ser tediosa e, consequentemente, pouco criativa. Por outro lado, ao saber da intertextualidade com o dito popular, pode-se acrescentar mais agilidade à compreensão da mensagem, já que são ativadas relações vivenciais com o que está escrito. O cartaz do grupo Coletivo Transverso critica a segurança, comparando-a com o comodismo, com a falta de imaginação e o tédio.

2. b

3. a

4. a) Segundo Mauro Alencar, a palavra "forró" é uma corruptela de "forrobodó" e, por isso, foi usada no título da canção de Xerêm para designar um baile popular, e não o gênero musical que se identifica com o baião.

   b) O articulista depreende que o fato de os músicos cearenses atribuírem a Xerêm o pioneirismo do gênero é uma tentativa de excluir os pernambucanos que até o momento eram considerados, juntamente com eles, precursores desse ritmo.

5. b

6. a) A referência a "guerra fria" permite identificar o contexto histórico em que o texto foi escrito, período marcado por disputas estratégicas e conflitos indiretos entre os Estados Unidos e a União Soviética (1945-1991).

   b) O autor refere-se aos rendimentos que não podem ser contabilizados em moeda.

7. c

8. Segundo Aldo Bizocchi, "O homem não só percebe o mundo, como concebe o mundo", ou seja, podemos construir uma visão do que nos rodeia a partir da realidade que vivemos. Ainda segundo o autor, é através da linguagem que "inserimos imagens mentais de tudo o que conhecemos" ou imaginamos. O poema de Manuel de Barros apresenta-nos uma criança que percebe o mundo ao seu redor de forma espontânea ("Por viver muitos anos dentro do mato/Moda ave/O menino pegou um olhar de pássaro/Contraiu visão fontana"). Os conhecimentos são elaborados pela criança, com uma visão particular

e peculiar. Nessa fase, ela vive a "infância da língua", um espaço em que os seres não têm nome ("As coisas todas inominadas") e as palavras "eram livres de gramáticas e/podiam ficar em qualquer posição".

A construção do real será depois mediada pelo interpessoal, vai-se aproximando dos adultos à medida que se desenvolve e vai-se aproximando dos valores dos adultos através da linguagem.

9. a) O nome Simplício é comparado às "condições naturais". A palavra que expressa a relação de analogia é o adjetivo "tristes".

   b) A comparação está centrada em constatações objetivas. As condições físicas e "morais" de Simplício são associadas ao campo semântico do vocábulo simplício (simplório, simples).

10. b

11. A terra é sempre a negra algema do poeta/ a extrema Desventura prende o poeta na terra (ou na algema) ou A terra é sempre a negra algema do poeta/ prende o poeta na terra (ou na algema) a extrema Desventura.

12. 01 + 04 + 16 = 21

## Funções da linguagem

1. d
2. e
3. b
4. b
5. a) Correto. b) Correto. c) Correto. d) Correto. e) Correto. f) Correto. g) Incorreto. h) Correto.
6. c
7. d
8. b
9. b
10. a

## Coesão e coerência textuais

1. a) A expressão "lá fora" é adjunto adverbial de lugar e "de quando em quando" é adjunto adverbial de tempo. Ou: ambas são adjuntos adverbiais.

   b) Essas expressões servem para mostrar o progresso da narrativa no tempo e no espaço. / Ou: Tais expressões mostram a sucessão dos acontecimentos no espaço e no tempo, garantindo a progressão da narrativa. / Ou: As expressões, ao localizar a ação no tempo e no espaço, contribuem para a progressão textual, porque particularizam os lugares em que a ação se desenrola (lá fora opondo-se ao aqui dentro do espaço da casa) e indicam a passagem do tempo, que dinamiza a ação narrada. / Ou: Uma narrativa caracteriza-se por sucessões de acontecimentos e transformações. No caso analisado, as expressões destacadas mostram o desenrolar dos fatos no tempo e no espaço e, com isso, garantem a progressão da narrativa.

2. e
3. e
4. 01 + 02 + 04 + 08 + 16 = 31
5. c
6. e
7. e
8. a
9. F – F – V
10. d
11. c

## A reprodução das falas

1. c
2. a
3. V – F – V – F – F – F – V – F – F – V
4. 01 + 02 + 04 + 08 + 16 = 31
5. 01 + 08 = 9
6. a) O paradoxo se caracteriza pela atribuição simultânea de ideias opostas. A graça na fala do garçom reside na oposição entre os trechos "raio de língua" e "eu percebo tudo". Essas expressões configuram o paradoxo na medida em que "raio de língua" revela uma reação de estranheza, e o trecho "eu percebo tudo" opõe-se a essa atitude, pois, embora aparentasse desconhecer a língua que os brasileiros estavam falando, o garçom a compreendia integralmente.

   b) O garçom lhes perguntou, intrigado, que raio de língua era aquela que estavam lá a falar, que ele percebia tudo.

7. a) O narrador e a noite.

   b) Antes de concluir este capítulo, fui à janela e perguntei à (indaguei da) noite:

   – Por que razão os sonhos hão de ser/devem ser/são assim tão tênues que se esgarçam ao menor abrir de olhos ou voltar de corpo, e não continuam mais?

   A noite não me respondeu logo. Estava deliciosamente bela, os morros palejavam de luar e o espaço morria de silêncio. Como eu insistisse, declarou-me:

   – Os sonhos já não pertencem à minha jurisdição.

8. a) Porque Joana Xaviel conta a história de Destemida, esposa grávida de um vaqueiro, que tem vontade de comer a vaca de propriedade de um homem rico. O marido atende-lhe o desejo e é descoberto pela mãe do proprietário da vaca. Destemida envenena a mulher e, depois, põe fogo na casa em que a defunta era velada. Os ouvintes da narração de Joana acreditam que a história "tinha de ter outra parte", pois esperavam um desfecho no qual ocorresse a punição do mal.

   b) "Romanço do Boi Bonito" ou "Décima do Boi e do Cavalo".

   c) "Mas essa estória estava errada, não era toda! Ah ela tinha de ter outra parte – faltava a segunda parte?", "Mentira dela?", "Mas – uma segunda parte, o final – tinha de ter!".

9. a
10. c
11. a) Trata-se do vocativo "Meu santo" empregado com repetição em: "MEU SANTO, minha família foi embora, MEU SANTO"; "MEU SANTO, me diga, onde é que eles foram, MEU SANTO".

    b) O vocábulo "povo" tem o valor semântico de "família".

12. a

# Significado das siglas

**AFA-SP** Academia da Força Aérea (São Paulo)
**Aman-RJ** Academia Militar das Agulhas Negras (Rio de Janeiro)
**Cefet-MG** Centro Federal de Educação Tecnológica de Minas Gerais [IFMG]
**Cefet-PR** Centro Federal de Educação Tecnológica do Paraná [UFTPR]
**Cefet-RJ** Centro Federal de Educação Tecnológica "Celso Sukow da Fonseca" (Rio de Janeiro)
**Cesgranrio-RJ** Centro de Seleção de Candidatos ao Ensino Superior do Grande Rio (Rio de Janeiro)
**CPS-PR** Comissão Permanente de Seleção (Paraná)
**Epcar-MG** Escola Preparatória de Cadetes do Ar (Minas Gerais)
**EsPCex-MG** Escola Preparatória de Cadetes do Exército (Minas Gerais)
**EsPCex-SP** Escola Preparatória de Cadetes do Exército (São Paulo)
**ESPM-SP** Escola Superior de Propaganda e Marketing (São Paulo)
**Faap-SP** Fundação Armando Álvares Penteado (São Paulo)
**Fadergs-RS** Faculdade de Desenvolvimento do Rio Grande do Sul
**Fatec-SP** Faculdade de Tecnologia (São Paulo)
**FCL-SP** Fundação Cásper Líbero (São Paulo)
**FEI-SP** Faculdade de Engenharia Industrial (São Paulo)
**FGV-SP** Fundação Getulio Vargas (São Paulo)
**Fuvest-SP** Fundação Universitária para o Vestibular (São Paulo)
**Ibmec-RJ** Faculdades do Instituto Brasileiro de Mercado de Capitais (Rio de Janeiro)
**Ifal** Instituto Federal de Alagoas
**IFCE** Instituto Federal de Educação, Ciência e Tecnologia do Ceará
**IFPE** Instituto Federal de Educação, Ciência e Tecnologia de Pernambuco
**IFSC** Instituto Federal de Educação, Ciência e Tecnologia de Santa Catarina
**IFSP** Instituto Federal de Educação, Ciência e Tecnologia de São Paulo
**Insper-SP** Instituto de Ensino e Pesquisa (São Paulo)
**ITA-SP** Instituto Tecnológico da Aeronáutica (São Paulo)
**PUCC-SP** Pontifícia Universidade Católica de Campinas (São Paulo)
**PUC-MG** Pontifícia Universidade Católica de Minas Gerais
**PUC-PR** Pontifícia Universidade Católica do Paraná
**PUC-RJ** Pontifícia Universidade Católica do Rio de Janeiro
**PUC-RS** Pontifícia Universidade Católica do Rio Grande do Sul
**PUC-SP** Pontifícia Universidade Católica de São Paulo
**UCS-RS** Universidade de Caxias do Sul (Rio Grande do Sul)
**Udesc** Universidade do Estado de Santa Catarina
**UEA-AM** Universidade Estadual do Amazonas
**Uece** Universidade Estadual do Ceará
**UEG-GO** Universidade Estadual de Goiás
**UEL-PR** Universidade Estadual de Londrina (Paraná)
**UEM-PR** Universidade Estadual de Maringá (Paraná)
**UEMS** Universidade Estadual do Mato Grosso do Sul
**Uepa** Universidade do Estado do Pará
**UEPB** Universidade Estadual da Paraíba
**Uepe** Universidade Estadual de Pernambuco
**UEPG-PR** Universidade Estadual de Ponta Grossa (Paraná)
**Uerj** Universidade Estadual do Rio de Janeiro
**Uespi** Universidade Estadual do Piauí
**Ufal** Universidade Federal de Alagoas
**UFBA** Universidade Federal da Bahia
**UFC-CE** Universidade Federal do Ceará
**Ufes** Universidade Federal do Espírito Santo
**UFF-RJ** Universidade Federal Fluminense (Rio de Janeiro)
**UFG-GO** Universidade Federal de Goiás
**UFJF-MG** Universidade Federal de Juiz de Fora (Minas Gerais)
**Ufla-MG** Universidade Federal de Lavras (Minas Gerais)
**UFMG** Universidade Federal de Minas Gerais
**UFMS** Universidade Federal do Mato Grosso do Sul
**UFMT** Universidade Federal do Mato Grosso
**UFPA** Universidade Federal do Pará
**UFPB** Universidade Federal da Paraíba
**UFPE** Universidade Federal de Pernambuco
**Ufpel-RS** Universidade Federal de Pelotas (Rio Grande do Sul)
**UFPI** Universidade Federal do Piauí
**UFPR** Universidade Federal do Paraná
**UFRGS-RS** Universidade Federal do Rio Grande do Sul
**UFRJ** Universidade Federal do Rio de Janeiro
**UFRN** Universidade Federal do Rio Grande do Norte
**UFRRJ** Universidade Federal Rural do Rio de Janeiro
**UFSC** Universidade Federal de Santa Catarina
**Ufscar-SP** Universidade Federal de São Carlos (São Paulo)
**UFSM-RS** Universidade Federal de Santa Maria (Rio Grande do Sul)
**UFTM-MG** Universidade Federal do Triângulo Mineiro (Minas Gerais)
**UFT-TO** Universidade Federal de Tocantins
**UFU-MG** Universidade Federal de Uberlândia (Minas Gerais)
**UFV-MG** Universidade Federal de Viçosa (Minas Gerais)
**Unaerp-SP** Universidade de Ribeirão Preto (São Paulo)
**UnB-DF** Universidade de Brasília (Distrito Federal)
**Uneb-BA** Universidade Estadual da Bahia
**Unesp** Universidade Estadual Paulista "Júlio de Mesquita Filho" (São Paulo)
**Unicamp-SP** Universidade de Campinas (São Paulo)
**Unifesp** Universidade Federal de São Paulo
**Unirio-RJ** Universidade Federal do Estado do Rio de Janeiro
**UPE** Universidade de Pernambuco
**UPF-RS** Universidade de Passo Fundo (Rio Grande do Sul)
**UPM-SP** Universidade Presbiteriana Mackenzie (São Paulo)

PROJETO MÚLTIPLO

# Caderno de Estudo

## Gramática & Texto

Ensino Médio


**José De Nicola**

Licenciado em Letras, com especialização em ensino de língua e literatura, foi professor de cursinhos e de escolas particulares, lecionando para turmas de Ensino Médio.

Autor de várias obras dedicadas ao ensino de língua, literatura e produção de textos para Ensino Médio, entre as quais se destacam:

*Práticas de linguagem – leitura & produção de textos;*
*Gramática – palavra, frase, texto;*
*Literatura brasileira – das origens aos nossos dias;*
*Painel da literatura em língua portuguesa.*


editora scipione

editora scipione

Diretoria editorial: Lidiane Vivaldini Olo
Editoria de Língua Portuguesa: Renato Luiz Tresolavy
Editoras: Juliana Lima Gonçalves, Valéria Franco Jacintho; Francisca Tarsiana Morais da Silva (estag.)
Supervisor de arte e produção: Sérgio Yutaka
Editor de arte: Leandro Hiroshi Kanno
Diagramação: MASPI Criações Gráficas
Supervisor de arte e criação: Didier Moraes
Coordenadora de arte e criação: Andréa Dellamagna
Projeto gráfico: UC Produção Editorial e Andréa Dellamagna
Gerente de revisão: Hélia de Jesus Gonsaga
Equipe de revisão: Rosângela Muricy (coord.); Ana Paula Chabaribery Malfa, Gloria Cunha, Luís Maurício Boa Nova, Vanessa de Paula Santos; Flávia Venézio dos Santos (estag.)
Supervisor de iconografia: Sílvio Kligin
Pesquisa iconográfica: Claudia Bertolazzi, Elena Ribeiro; Claudia Balista (assist.)
Tratamento de imagem: Cesar Wolf e Fernanda Crevin
Foto da capa: Illia Uriadnikov/Alamy/Glow Images
Grafismos: Shutterstock/Glow Images


Avenida das Nações Unidas, 7221
3° andar, Setor D
Pinheiros – São Paulo – SP – CEP 05425-902
Tel.: 4003-3061
www.scipione.com.br / atendimento@scipione.com.br

**Dados Internacionais de Catalogação na Publicação (CIP)**
**(Câmara Brasileira do Livro, SP, Brasil)**

De Nicola, José
Projeto Múltiplo: gramática & texto, volume único: partes 1, 2 e 3 / José De Nicola. – 1. ed. – São Paulo: Scipione, 2014.

1. Gramática (Ensino médio) 2. Português (Ensino médio) 3. Textos (Ensino médio) I. Título.

14-04505 CDD-469.07

**Índice para catálogo sistemático:**
1. Português : Ensino médio 469.07

2017
ISBN 978 85 262 9344-1 (AL)
ISBN 978 85 262 9345-8 (PR)
CAE 502762 (AL)
CAE 502785 (PR)
Código da obra CL 738774
1ª edição
5ª impressão

Impressão e acabamento: Brasilform Editora e Ind. Gráfica

Uma publicação Abril EDUCAÇÃO

# Apresentação

O Ensino Médio é cursado no período em que a maioria dos adolescentes faz uma escolha que os acompanhará por toda a vida: a da profissão que desejam seguir.

Além da profissão, a escolha da universidade também é um fator decisivo para o seu futuro sucesso profissional. E para que você tenha um bom desempenho no exame vestibular da universidade que escolher, além de conhecer muito bem todo o conteúdo do Ensino Médio, você deve desenvolver suas habilidades de leitura e de produção de textos. Por esse motivo, este caderno reúne mais de 200 questões das mais renomadas universidades do país, de diferentes níveis de complexidade, e termina com uma proposta de redação de vestibular comentada.

Cada sequência de exercícios de um mesmo tema é precedida por quadros-resumos que sintetizam os principais tópicos do conteúdo para ajudá-lo a estudar e a responder às questões.

Este caderno representa um momento único de preparação para o vestibular. Utilize-o como um instrumento de aperfeiçoamento de suas habilidades e não desista dos seus sonhos.

Boa sorte!

# Sumário

# Vestibular em foco

Theo Szczepanski/Arquivo da editora

## Desinências

São elementos colocados no final das palavras para indicar certos aspectos gramaticais.

- **Desinências nominais**: indicam o gênero e o número dos nomes (substantivos, adjetivos, pronomes, artigos, numerais).
- **Desinências verbais**: indicam as flexões dos verbos em número, pessoa, modo e tempo.

## Vogal temática

É o elemento que se junta ao radical de um verbo ou de um nome para fazer a ligação entre este e a desinência. O radical acrescido da vogal temática recebe o nome de **tema**.

## Afixos

São elementos colocados antes (**prefixos**) ou depois (**sufixos**) dos radicais. De modo geral, pode-se dizer que os prefixos acrescentam uma noção semântica ao radical e os sufixos, além de uma noção semântica, podem trazer uma marca classificatória.

## OS ELEMENTOS MÓRFICOS

As unidades significativas, ou segmentos, que constituem as palavras são as formas mínimas ou **morfemas** (do grego *morphé*, "forma" + a terminação **-ema** de *fonema*).

# ESTRUTURA E FORMAÇÃO DE PALAVRAS

## PROCESSOS DE FORMAÇÃO DE PALAVRAS

## Derivação

- **Derivação prefixal**: quando se acrescenta um prefixo à palavra primitiva: *des*amor, *in*feliz, *re*ver, etc.
- **Derivação sufixal**: quando se acrescenta um sufixo à palavra primitiva: amor*oso*, feliz*mente*, menin*inho*, etc.
- **Derivação parassintética**: quando se acrescenta, ao mesmo tempo, um prefixo e um sufixo: *es*quent*ar*, *es*fri*ar*, *a*madur*ecer*, etc.
- **Derivação regressiva**: quando a palavra primitiva sofre uma **redução**. Geralmente, formam-se substantivos abstratos por derivação regressiva de formas verbais: *ajuda* (de **ajudar**), *trabalho* (de **trabalhar**), *castigo* (de **castigar**), etc.
- **Derivação imprópria**: nesse caso, a palavra primitiva não sofre modificações em sua estrutura, ou seja, não sofre acréscimos nem reduções; altera-se a função que a palavra exerce em determinado contexto; isso acontece quando uma palavra muda de classe gramatical.

## Composição

Uma palavra é formada por **dois ou mais radicais**.

- **Composição por justaposição**: quando os radicais formadores da nova palavra **não sofrem modificações**: *poli* (vários, muitos) + *gono* = vários ângulos (ou vários lados).
- **Composição por aglutinação**: quando os radicais formadores da nova palavra **sofrem modificações** (as alterações podem ocorrer em um ou em todos os radicais formadores da palavra): **vinagre** (vinho + acre), **planalto** (plano + alto), **fidalgo** (filho + de + algo), etc.

## Onomatopeia

Consiste na imitação de sons, seja o som das vozes dos animais, seja o som dos ruídos da natureza, ou mesmo o som produzido pelos objetos e pelo próprio homem.

## Abreviação vocabular (ou forma reduzida)

Consiste na redução da palavra até o limite que não prejudique a compreensão. Abreviatura é a representação de uma palavra por meio de algumas de suas sílabas ou letras. As siglas podem ser consideradas um tipo especial de abreviatura, feita com as letras iniciais ou as sílabas iniciais das palavras.

# Exercícios

1. (Unicamp-SP)

A sobrevivência dos meios de comunicação tradicionais demanda foco absoluto na qualidade de seu conteúdo. A internet é um fenômeno de desintermediação. E que futuro aguardam os meios de comunicação, assim como os partidos políticos e os sindicatos, num mundo desintermediado? Só nos resta uma saída: produzir informação de alta qualidade técnica e ética. Ou fazemos jornalismo de verdade, fiel à verdade dos fatos, verdadeiramente fiscalizador dos poderes públicos e com excelência na prestação de serviços, ou seremos descartados por um consumidor cada vez mais fascinado pelo aparente autocontrole da informação na plataforma virtual.

(Carlos Alberto di Franco, Democracia demanda jornalismo independente. *O Estado de S. Paulo*, São Paulo, 14/10/2013, p. A2.)

a) "Desintermediação" é um termo técnico do campo da comunicação. Ele se refere ao fato de que os meios de comunicação tradicionais não mais detêm o monopólio da produção e distribuição de mensagens. Considerando esse "mundo desintermediado", identifique duas críticas ao jornalismo atual formuladas pelo autor.

b) Os processos de formação de palavras envolvidos no vocábulo "desintermediação" não ocorrem simultaneamente. Tendo isso em mente, descreva como ocorre a formação da palavra "desintermediação".

2. (EsPCEx–Aman-RJ) Ao se alistar, não imaginava que o combate pudesse se realizar em tão curto prazo, embora o ribombar dos canhões já se fizesse ouvir ao longe.

Quanto ao processo de formação das palavras sublinhadas, é correto afirmar que sejam, respectivamente, casos de

a) prefixação, sufixação, prefixação, aglutinação e onomatopeia.

b) parassíntese, derivação regressiva, sufixação, aglutinação e onomatopeia.

c) parassíntese, prefixação, prefixação, sufixação e derivação imprópria.

d) derivação regressiva, derivação imprópria, sufixação, justaposição e onomatopeia.

e) parassíntese, aglutinação, derivação regressiva, justaposição e onomatopeia.

**Texto para a próxima questão.**

## A volta do caderno rabugento

Não sei se vocês se lembram de quando lhes falei, acho que no ano passado, num caderninho rabugento que eu mantenho. Aliás, é um caderninho para anotações diversas, mas as únicas que consigo entender algum tempo depois são as rabugentas, pois as outras se convertem em hieróglifos indecifráveis (...), assim que fecho o caderno. Claro, é o reacionarismo próprio da idade, pois, afinal, as línguas são vivas e, se não mudassem, ainda estaríamos falando latim. Mas, por outro lado, se alguém não resistir, a confusão acaba por instalar-se e, tenho certeza, a língua se empobrece, perde recursos expressivos, torna-se cada vez menos precisa.

Quer dizer, isso acho eu, que não sou filólogo nem nada e vivo estudando nas gramáticas, para não passar vexame. Não se trata de impor a norma culta a qualquer custo, até porque, na minha opinião, está correto o enunciado que, observadas as circunstâncias do discurso, comunica com eficácia. Não é necessário seguir receituários abstrusos sobre colocação de pronomes e fazer ginásticas verbais para empregar regras semicabalísticas, que só têm como efeito emperrar o discurso. Mas há regras que nem precisam ser formuladas ou lembradas, porque são parte das exigências de clareza e precisão – e essas deviam ser observadas. Não anoto, nem tenho qualificações para isto, com a finalidade de apontar o "erro de português", mas a má ou inadequada linguagem.

E devo confessar que fico com medo de que certas práticas deixem de ser modismo e virem novas regras, bem ao gosto dos decorebas. É o que acontece com o, com perdão da má palavra, anacolutismo que grassa entre os falantes brasileiros do português. Vejam bem, nada contra o anacoluto, que tem nome de origem grega e tudo, e pode ser uma figura de sintaxe de uso legítimo. O anacoluto ocorre, se não me trai mais uma vez a vil memória, quando um elemento da oração fica meio pendurado, sem função sintática. Há um anacoluto, por exemplo, na frase "A democracia, ela é a nossa opção". Para que é esse "ela" aí?

Está certo que, para dar ênfase ou ritmo à fala, isso seja feito uma vez ou outra, mas como prática universal é meio enervante. De alguns anos para cá, só se fala assim, basta assistir aos noticiários e programas de entrevistas. Quase nenhum entrevistado consegue enunciar uma frase direta, na terceira pessoa – sujeito, predicado, objeto – sem dobrar esse sujeito anacoluticamente (perdão outra vez). Só se diz "o policiamento, ele tem como objetivo", "a prevenção da dengue, ela deve começar", "a criança, ela não pode" e assim por diante. O escritor, ele teme seriamente que daqui a pouco isso, ele vire regra. (...)

Finalmente, para não perder o costume, faço mais um réquiem para o finado "cujo". Tenho a certeza de que, entre os muito jovens, a palavra é desconhecida e não deverá ter mais uso, dentro de talvez uma década. A gente até se acostuma a ouvir falar em espécies em extinção, mas, não sei por quê, palavras em extinção me comovem mais, vai ver que é porque vivo delas. E não é consolo imaginar que o cujo e eu vamos nos defuntabilizar juntos.

(João Ubaldo Ribeiro, *O Estado de S. Paulo*, 18/07/2010)

3. (Insper-SP) No processo de formação das palavras, os sufixos desempenham importante papel na produção dos efeitos de sentido. Identifique, dentre as palavras extraídas do texto, aquela em que o sufixo não tem sentido pejorativo.
   a) reacionarismo
   b) modismo
   c) decorebas
   d) anacolutismo
   e) defuntabilizar

**Texto para a próxima questão.**

## Namorado: ter ou não, é uma questão

Quem não tem namorado é alguém que tirou férias não remuneradas de si mesmo. Namorado é a mais difícil das conquistas. Difícil porque namorado de verdade é muito raro. Necessita de adivinhação, de pele, de saliva, lágrima, nuvem, quindim, brisa ou filosofia.

Paquera, gabiru, flerte, caso, transa, envolvimento, até paixão é fácil. Mas namorado, mesmo, é muito difícil.

Namorado não precisa ser o mais bonito, mas aquele a quem se quer proteger e quando se chega ao lado dele a gente treme, sua frio e quase desmaia pedindo proteção. A proteção dele não precisa ser parruda, decidida, ou bandoleira: basta um olhar de compreensão ou mesmo de aflição.

Quem não tem namorado não é quem não tem um amor: é quem não sabe o gosto de namorar. Se você tem três pretendentes, dois paqueras, um envolvimento e dois amantes, mesmo assim pode não ter namorado. (...)

Não tem namorado quem não gosta de dormir agarrado, fazer sesta abraçado, fazer compra junto. Não tem namorado quem não gosta de falar do próprio amor, nem de ficar horas e horas olhando o mistério do outro dentro dos olhos dele, abobalhados de alegria pela lucidez do amor. Não tem namorado quem não redescobre a criança própria e a do amado e sai com ela para parques, fliperamas, beira d'água, show do Milton Nascimento, bosques enluarados, ruas de sonhos ou musical da Metro. (...)

Se você não tem namorado porque não descobriu que o amor é alegre e você vive pesando duzentos quilos de grilos e de medo, ponha a saia mais leve, aquela de chita, e passeie de mãos dadas com o ar. Enfeite-se com margaridas e ternuras e escove a alma com leves fricções de esperança. De alma escovada e coração estouvado, saia do quintal de si mesmo e descubra o próprio jardim. Acorde com gosto de caqui e sorria lírios para quem passe debaixo de sua janela. (...)

Se você não tem namorado é porque ainda não enlouqueceu aquele pouquinho necessário a fazer a vida parar e de repente parecer que faz sentido.

Enlou-cresça.

(ANDRADE, Carlos Drummond de. *Obra completa*. Rio de Janeiro: Aguilar, 1982.)

4. (UFRRJ) "Enlou-cresça." (par. 8) O neologismo em questão sintetiza o seguinte pensamento:
   a) só é possível crescer se a vida não fizer nenhum sentido.
   b) o sentido da vida se constrói a partir do crescimento intelectual.
   c) crescimento e loucura são considerados processos incompatíveis.
   d) o sentido da vida se dá pela tensão entre crescimento e loucura.
   e) o sentido da vida é construído por meio da loucura.

**Texto para a próxima questão.**

Em nossa última conversa, dizia-me o grande amigo que não esperava viver muito tempo, por ser um "cardisplicente".

– O quê?

– Cardisplicente. Aquele que desdenha do próprio coração.

Entre um copo e outro de cerveja, fui ao dicionário.

– "Cardisplicente" não existe, você inventou – triunfei.

– Mas se eu inventei, como é que não existe? – espantou-se o meu amigo.

Semanas depois deixou em saudades fundas companheiros, parentes e bem-amadas. Homens de bom coração não deveriam ser cardisplicentes.

5. (Fuvest-SP) Conforme sugere o texto, "cardisplicente" é
   a) um jogo fonético curioso, mas arbitrário.
   b) palavra técnica constante de dicionários especializados.
   c) um neologismo desprovido de indícios de significação.
   d) uma criação de palavra pelo processo de composição.
   e) termo erudito empregado para criar um efeito cômico.

6. (UFSM-RS)

*Liberdade* – Quino

Observe o texto com alguns processos de formação de palavras

A) Derivação:

1. prefixal
2. sufixal

B) Composição:

1. justaposição
2. aglutinação

As palavras "chatíssimo" e "socialista" correspondem, respectivamente, às seguintes combinações:

a) A1, B1.

b) A2, A2.

c) B1, B2.

d) A2, B2.

e) B1, A1.

**Texto para a próxima questão.**

## A Felicidade

"Quem pôde, neste mundo, até hoje, definir a felicidade? Desde que a atenção do homem se concentrou da natureza visível para a natureza interior, a ciência, a poesia, a religião, debruçadas sobre o coração humano, revolvem o impenetrável problema, esgotando em vão a sagacidade, a inspiração, a eloquência. Todas as influências que compõem a alma contraditória do homem, que o obscurecem ou explicam, que o regeneram ou degradam, os sentimentos que fortalecem, ou deprimem, os que criam ou destroem, os que repelem, ou encantam, vão passando sucessivamente pelo fundo misterioso do vaso, onde a humanidade bebe, desde o princípio de sua criação, a ambrosia e o fel. E a eterna interrogação continua a preocupar eternamente as cabeças, que meditam, as imaginações que cismam: onde está a felicidade? No amor ou na indiferença? Na obediência ou no poder? No orgulho ou na humildade? Na investigação ou na fé?

Na celebridade ou no esquecimento? Na nudez ou na prosperidade? Na ambição ou no sacrifício? Risível pretensão fora a minha, se me propusesse a entrar com uma fórmula nova na multidão inumerável dos escavadores deste enigma."

(Rui Barbosa)

7. (Unirio-RJ) Marque a opção correta quanto à classificação dos elementos mórficos destacados nos vocábulos a seguir.

a) mundO: desinência de gênero

b) sagacIDADE: sufixo formador de substantivo

c) compÕem: vogal temática

d) destroEM: desinência modo-temporal

e) AMOR: radical

**Texto para a próxima questão.**

"Três semanas atrás, escrevendo aqui sobre a arrogância no jornalismo, eu dizia que muita gente hoje tem mais medo de ser condenada pela imprensa do que pela justiça, já que esta tem regras fixas e instâncias de apelação. O poder da imprensa é arbitrário e seus danos, irreparáveis. 'O desmentido nunca tem a força do mentido'. Na justiça, há pelo menos um código para dizer o que é crime; na imprensa 'não há um código' – não há norma nem para estabelecer o que é notícia, quanto mais ética. 'Mas' a grande diferença é que, no julgamento da imprensa, as pessoas são culpadas até prova ao contrário."

(Zuenir Ventura / *JB* – 26/05/95)

Na questão a seguir, escreva nos parênteses (V) se a afirmação for verdadeira ou (F) se for falsa.

8. (UFPE) Observe:

Fixas – móveis

Mentido – desmentido

Sempre – nunca

Reparáveis – irreparáveis

Ética – antiética

( ) Os pares de termos formam conjuntos ligados pela relação de antonímia.

( ) Todos são adjetivos formados pelo processo de derivação, a partir de um radical de sentido positivo.

( ) DESMENTIDO e IRREPARÁVEIS são formados pelo processo de derivação chamado parassíntese.

( ) ANTIÉTICO é formado por derivação prefixal.

( ) Os prefixos ANTI-(ação contrária), DES- e I-(privação), quando anexados a um radical, acarretam um sentido diverso do primitivo.

## PALAVRA QUE NOMEIA

**Substantivo** é a palavra que usamos para nomear seres animados e inanimados, objetos materiais, ações, sentimentos, qualidades e ideias. Funciona como elemento nuclear do sintagma nominal e é subordinante, ou seja, na hierarquia das palavras, subordina os termos que o acompanham. Como palavra variável, apresenta flexão de gênero e número e variação de grau.

# O SUBSTANTIVO

## TIPOS DE SUBSTANTIVO

### Primitivo ou derivado

Os substantivos primitivos são formados por um radical matriz, que pode servir de base para a formação de outros substantivos: *saúde*, *fumo*, *arco*, *rosa*, etc. Os derivados são formados a partir de uma palavra primitiva: *fumante*, *arqueiro*, *roseiral*, etc.

### Simples ou composto

Os substantivos simples são formados por um único radical: *saúde*, *meio*, *fumo*, *arco*, *íris*, etc. Os compostos são formados por mais de um radical: *fumódromo*, *meio ambiente*, *arco-íris*, etc.

### Coletivo

Os substantivos coletivos referem-se a um conjunto de seres.

### Concreto ou abstrato

Os substantivos concretos designam seres propriamente ditos (pessoas, objetos, lugares), que podem ser materializados independentemente de sua existência real: *pirata*, *mesa*, *garfo*, *dragão*, *saci*, *duende*, *livro*, etc. Os abstratos, por outro lado, designam ações, qualidades, estados ou noções, tomados como seres. São sempre resultado de uma abstração e, em geral, são palavras derivadas: *beleza*, *maldade*, *corrida*, *lançamento*, etc.

### Comum ou próprio

Os substantivos comuns designam seres de uma espécie de forma genérica, pois expressam um conjunto de características aplicáveis a um grupo de objetos similares: *dragão*, *computador*, *tecnologia*, *paz*, *fada*, *prédio*, etc. Por sua vez, os substantivos próprios individualizam, ou seja, designam seres específicos entre as possibilidades de uma mesma espécie: *Amanda*, *Tiradentes*, *Unesco*, etc.

# Exercícios

**Texto para a próxima questão.**

A resposta de qualquer pai ou mãe, questionado sobre o que deseja para os filhos, está sempre na ponta da língua: "Só quero que sejam felizes". A frase não deixa dúvidas de que, numa sociedade moderna, livre de muitas das restrições morais e culturais do passado, a felicidade é vista como a maior realização de um indivíduo. Até governos nacionais se viram na obrigação de fazer algo a respeito. Neste ano, a China e o Reino Unido anunciaram a intenção de medir o grau de felicidade de seus habitantes. Os governantes, espera-se, querem o melhor para seu país, assim como os pais querem o melhor para seus filhos. Mas a ambição de sempre colocar um sorriso no rosto pode ter um efeito contrário. A pressão por ser feliz, condição nada fácil de ser definida, pode acabar reduzindo as chances de as pessoas viverem bem.

"Quero que meus filhos sejam felizes, mas também que encontrem um propósito e conquistem seus objetivos", diz o americano Martin Seligman, considerado o mestre da psicologia positiva. Depois de estudar a busca da felicidade por mais de 20 anos, ele afirma ser tolice elegê-la como a única ambição na vida. Ex-presidente da Associação Americana de Psicologia, professor da Universidade da Pensilvânia, pai de sete filhos e avô pela quarta vez, Seligman reviu suas teorias e concluiu que é preciso relativizar a importância das emoções positivas. "Perseguir apenas a felicidade é enganoso", diz Seligman a ÉPOCA. Segundo ele, a felicidade pode tornar a vida um pouco mais agradável. E só. Em seu lugar, o ser humano deveria buscar um objetivo mais simples e fácil de ser contemplado: o bem-estar.

(Letícia Sorg e Juliana Elias, http://revistaepoca.globo.com, 27.05.2011.)

1. (UFTM-MG)
   a) Reescreva o trecho – ... *Seligman reviu suas teorias e concluiu que é preciso relativizar a importância das emoções positivas.* – preservando o sentido do texto e fazendo as adaptações necessárias para substituir a forma verbal **concluiu** pelo substantivo **conclusão**.
   b) Que atitude deve ser tomada para se relativizar a importância da felicidade, segundo Martin Seligman?

**Texto para a próxima questão.**

O mal de Isaías é ser ambíguo. Ser e não ser. Não é índio, nem cristão. Não é homem, nem deixa de ser, coitado. Ser dois é não ser nenhum. Mas está acima de suas forças. Ele não pode deixar de participar de um nós comigo que é excludente dos mairuns e que quase me ofende. Também não pode sentir consigo mesmo que ele é apenas um mairum entre os outros. O pobre não para de escarafunchar a cuca, se aclarando e se confundindo cada vez mais. Este casamento com Inimá. Será que ele gosta dela? (...)

Outro dia fiquei muito tempo atrás dele, no pátio, confundida com toda gente que se junta ali, na hora do pôr do sol, para comer e conversar. Vi bem que ele não falava com ninguém e que ninguém falava com ele. Nem Inimá. Ouvi depois, ouvi bem que ele murmurava sozinho. Cheguei mais perto e ouvi melhor; era uma ladainha em latim, como as de meu pai:

Tra-lá-lá, ora pro nobis
Tre-lé-lé, ora pro nobis

Vamos ver se, agora de noite, nesse balanço de rede, eu me esqueço dos outros para pensar em mim. Preciso me concentrar no meu problema. Tentei pensar o dia inteiro, sem conseguir. Há dias que é assim. Até parece que já não sou capaz. Será a gravidez que me deixa lânguida? De onde virá essa lassidão? Estou grávida e não sei de quem. Vou parir aqui entre os mairuns, este é problema. Se problema existe, porque isto bem pode ser uma solução. Com um filho crescendo mairum eu não me integraria mais nesse mundo que eu quero fazer meu? Ser a mãe de fulaninho não será para mim como para um homem ser o pai de fulano? Os homens aqui mudam de nome quando têm um filho homem. Maxihú é o pai de Maxi. Teró por muito tempo Jaguarhú. Eu seria Iuicuihí se minha filha se chamasse Iucui? Ou Mairahú se meu filho pudesse chamar-se Maíra? Será que pode? Melhor é que seja menina: Iuicui.

(RIBEIRO, Darcy. *Maíra*. Rio de Janeiro: Record, 1990, p. 372-3.)

2. (Uerj)

   "Os homens aqui mudam de nome quando têm um filho. Maxihú é o pai de Maxi. Teró por muito tempo foi Jaguarhú. Eu seria Iuicuihí se minha filha se chamasse Iuicui? Ou Mairahú se meu filho pudesse chamar-se Maíra? Será que pode?".

   Levando em conta apenas os substantivos próprios citados no trecho, é possível entender que, na língua dos mairuns, o novo nome do pai de um filho homem contém:
   a) o nome da criança seguido do morfema – hí
   b) o nome do filho seguido do morfema – hú
   c) o nome da mãe seguido do morfema – hí
   d) o nome do pai seguido do morfema – hú

**Texto para a próxima questão.**

"Brancas rochas, pelas encostas, alastravam a sólida nudez do seu ventre polido pelo vento e pelo sol; outras, vestidas de líquen e de silvados floridos, avançavam como proas de galeras enfeitadas; e, de entre as que se apinhavam nos cimos, algum casebre que para lá galgara, todo amachucado e torto, espreitava pelos postigos negros, sobre as desgrenhadas farripas de verdura, que o vento lhe semeara nas telhas. Por toda a parte a água sussurrante, a água fecundante... Espertos regatinhos fugiam, rindo com os seixos, de entre as patas da égua e do burro; grossos ribeiros açodados saltavam com fragor de pedra em pedra; fios direitos e luzidios como cordas de prata vibravam e faiscavam das alturas aos barrancos; e muita fonte, posta à beira de veredas, jorrava por uma bica, beneficamente, à espera dos homens e dos gados..."

3. (Unesp-SP) Na oração "grossos RIBEIROS açodados saltavam com fragor de pedra em pedra", o substantivo destacado ocupa o núcleo do sujeito (grossos RIBEIROS açodados). Baseando-se neste comentário, analise a frase a seguir e indique as funções sintáticas que nela exercem os substantivos em destaque:
"Brancas rochas, pelas ENCOSTAS, alastravam a sólida NUDEZ do seu ventre polido pelo vento e pelo sol".

**Texto para a próxima questão.**

Leia o fragmento a seguir.

[...] a capoeira, a guardiã do jogo, da [1]brincadeira, do faz de conta que [2]luta, mas joga com o outro, que simula um [3]golpe e tira o outro para dançar e que tem uma vinculação étnica e racial com o percurso e o lugar da negritude em nosso país, acabou, em algumas escolas, ensinada sob o [4]controle da [5]esportivização, com regras e pontuações.

Fonte: *Orientações Curriculares para o Ensino Médio*. Secretaria de Educação Básica. Brasília: Ministério da Educação, Volume 1, 2008, p. 231.

4. (UFSM-RS) O substantivo que, formado com o auxílio de um sufixo, conota no fragmento um processo desvantajoso à prática da capoeira na escola é
   a) brincadeira (ref. 1).
   b) luta (ref. 2).
   c) golpe (ref. 3).
   d) controle (ref. 4).
   e) esportivização (ref. 5).

**Texto para a próxima questão.**

## Violência e drogas

É sempre bacana ver milhares juntando as forças, as vontades, as desesperanças, para encher ruas com o alvo vestuário da paz. Não é muito a minha, esse negócio de acender vela e clamar ao firmamento, mas em respeito aos sincretismos biodiversos, topo fingir não crer que do céu só vem relâmpago, chuva e bala perdida.

O que não dá mais, sinceramente, pra encarar com graça, educação e simpatia é o lugar-comum "não se pode dissociar a questão da violência da questão das drogas". Hoje em dia, 10 entre 10 autoridades públicas, ao se pronunciarem a respeito do tema, repetem em uníssono: "Não se pode dissociar a questão da violência da questão das drogas". E daí? O que devemos concluir dessa brilhante assertiva? É óbvio que as duas coisas estão intrinsecamente ligadas, qualquer idiota lobotomizado sabe. Mas o que vem depois disso? É "não se pode dissociar a questão da violência da questão das drogas" e ponto final? Quer dizer então que é só ninguém mais se drogar que a violência acaba? Quer dizer então que se os ricos (como acusou o governador do Rio de Janeiro) pararem de consumir substâncias ilegais tudo estará resolvido?

Bacana. Muito bom. E que dia vai ser isso? Uma bela manhã todos acordaremos para viver num mundo melhor, onde todos os que consomem drogas terão uma crise de consciência e, junto com seus fornecedores, chegarão à conclusão de que já perturbaram demais a ordem pública, de que a vida de todos já está suficientemente aterrorizada e, portanto, todos vão se dedicar a atividades mais lúdicas.

Vamos ou não vamos, de uma vez por todas, encarar a dura realidade de que sempre existirá uma parcela qualquer da população que vai querer se drogar? Isso não é minha opinião, muito menos meu desejo. É assim, simplesmente, porque sempre foi assim e continuará sempre sendo assim. Em qualquer sociedade, em qualquer época. Qualquer um que se dê ao trabalho de pesquisar as origens históricas do ato de se drogar, vai ficar chocado com a antiguidade da prática.

Enquanto a sociedade não oferecer uma alternativa legal ao adulto que quer consumir, arcará com o custo (de vida, de grana, de desagregação das estruturas sociais) boçal desse combate. Uma guerra que nunca será ganha e que faz muito mais vítimas fatais do que as drogas que tenta combater. Alguém ainda consegue achar irônico o fato do combate às drogas matar muito mais que o uso das mesmas?

Ninguém propõe o "bundalelê" nessa questão. A ideia de dar opção a quem não consegue ou não quer largar seu vício viria com a contrapartida de usar o ato de consumir drogas como agravante em qualquer delito que venha a ser cometido pelo usuário. Oferecer uma opção legal de consumo não é legalizar o crime. É retirar consumidores das mãos da marginalidade, é reduzir a importância econômica do narcotráfico. Certamente alguns morrerão de overdose, o que é triste, o que é lamentável. Mas, e a situação de hoje não é?

Reduzir o número de cadáveres deveria ser o único objetivo. Do jeito que as coisas estão organizadas parece que morrer de cocaína é pior do que morrer de tiro. Por quê? Querer discutir violência sem propor uma nova política de drogas é mais que perda de tempo, é perda de vidas.

Claudio Manoel – Humorista, integrante do grupo Casseta & Planeta. *Jornal do Brasil*, 13 jul. 2000 – caderno Opinião.

5. (UFV-MG) Assinale a alternativa em que a mudança de posição entre o substantivo e o adjetivo NÃO pode acarretar alteração semântica:

a) O grande traficante assusta a polícia. / O traficante grande assusta a polícia.

b) O pobre viciado sofre muito! / O viciado pobre sofre muito!

c) O bom filho à casa torna. / O filho bom à casa torna.

d) O alto traficante assusta a polícia. / O traficante alto assusta a polícia.

e) O velho amigo é que socorreu o viciado. / O amigo velho é que socorreu o viciado.

**Texto para a próxima questão.**

## O problema Neruda

Há cem anos nasceu o poeta mais popular de língua espanhola, com uma obra cuja força lírica supera todos os seus defeitos.

Sem dúvida, há um "problema Pablo Neruda". Foi o outro grande poeta chileno, seu contemporâneo Nicanor Parra (depois de passar toda uma longa vida injustamente à sombra de Neruda), quem o formulou com maliciosa concisão: "Existem duas maneiras de refutar Neruda: uma é não lê-lo; a outra, lê-lo de má-fé. Tenho praticado as duas, mas nenhuma deu resultado". A frase de Parra descreve o dilema de várias gerações de leitores. Ninguém duvida, ou nega seriamente, que Neruda, cujo centenário de nascimento se comemora no dia 12 deste mês, seja um grande poeta – dos maiores do século 20. [1]Mas quase todos os [2]leitores mais exigentes preferem outros poetas, enquanto os mais fiéis nerudistas admiram incondicionalmente o pior de uma vasta obra muito desigual da sua qualidade. Entre matronas sentimentais, Neruda parece quase naufragar sob o peso de sua popularidade. Mas sempre volta a emergir, triunfante e definitivo, de toda leitura de boa-fé.

Adaptado de: ESTENSSORO, Hugo. *Bravo*, v. 7, nº 82, p. 65, jul. 2004.

6. (UFRGS-RS) Se o substantivo LEITORES (ref. 2) fosse passado para o singular, quantas outras mudanças na frase "Mas quase todos os leitores mais exigentes preferem outros poetas, enquanto os mais fiéis nerudistas admiram incondicionalmente o pior de uma vasta obra muito desigual na sua qualidade" (ref. 1) seriam necessárias?

a) Duas.

b) Quatro.

c) Seis.

d) Sete.

e) Oito.

**Texto para a próxima questão.**

Já se sentiu vítima de algum tipo de marginalização e/ou discriminação dentro de sua universidade?

Infelizmente, devo dizer que sim. Não se trata de discriminação ou marginalização pelo fato de ser brasileiro, porém. Trata-se de uma dificuldade (talvez natural) que tem um "novo imigrante" em penetrar na "elite" da [1]sociedade local, que controla as posições de poder. Essa elite é constituída por pessoas que estudaram juntas na escola, que fizeram o serviço militar juntas, que pertencem ao mesmo partido político, etc. e que se apoiam mutuamente. Tive a [2]oportunidade de sentir esse tipo de [3]hostilidade quando fui eleito diretor da Faculdade de Ciências Humanas. Cheguei mesmo a ouvir expressões como "a máfia latino-americana em nossa faculdade", quando somos nada mais que dois professores titulares de procedência latino-americana. Mas, verdade seja dita, trata-se de uma hostilidade proveniente dos que estavam habituados ao poder e não se conformavam em perdê-lo.

A maioria não só me elegeu, mas também me apoiou e continua apoiando as reformas que instituí em minha [4]gestão.

DASCAL, Marcelo. Entrevista publicada no caderno *Mais / FOLHA DE S.PAULO*, 18/05/2003.

7. (Uerj) Certos substantivos participam do processo de coesão textual quando recuperam alguma informação ou conceito já enunciado.
O termo do texto que tem esta função é:

a) sociedade (ref. 1)

b) oportunidade (ref. 2)

c) hostilidade (ref. 3)

d) gestão (ref. 4)

8. (Fuvest-SP) Leia as seguintes frases:

I. A globalização pode ser negativa se a internacionalização econômica beneficiar uns **graças à** exploração de outros.

II. Educação, saúde, saneamento básico, rede elétrica, telecomunicações e transporte são bens que, **graças à** globalização, atingem um número maior de indivíduos.

a) Em qual das frases seria mais adequado o emprego da locução assinalada, caso fosse levado em conta o significado do substantivo GRAÇAS? Justifique sua resposta.

b) Reescreva os trechos "**graças à** exploração" e "**graças à** globalização", substituindo a locução destacada por outra equivalente quanto ao sentido. Procure usar uma locução diferente para cada trecho.

### Tipos de numeral

- **Cardinal**: designa uma quantidade determinada de seres ou a quantidade em si mesma: *um, dois, três, dez, catorze / quatorze, cinquenta, cem, seiscentos, mil, milhão*, etc.
- **Ordinal**: indica a ordem ou a posição ocupada por um ser numa determinada série: *primeiro, segundo, terceiro, décimo, décimo primeiro / undécimo, quinquagésimo, centésimo*, etc.
- **Fracionário**: indica uma fração ou divisão: *meio, terço, quarto, quinto, vinte avos, centésimo, trecentésimo, milésimo, milionésimo*, etc.
- **Multiplicativo**: indica uma multiplicação: *duplo, triplo, quíntuplo, décuplo, undécuplo, duodécuplo, cêntuplo*, etc.

## NUMERAL

É a palavra usada para designar um número exato de seres ou a posição que um ser ocupa numa determinada série.

# DETERMINANTES E MODIFICADORES DOS SUBSTANTIVOS

## ARTIGO

É a palavra que precede o substantivo, indicando-lhe o gênero e o número, determinando-o ou generalizando-o. Sempre acompanha o substantivo; portanto, faz parte do sintagma nominal e, consequentemente, do termo da oração a que pertence o substantivo, como **adjunto adnominal**.

### Função no texto

O artigo tem uma função muito importante na construção do texto, especialmente em sequências narrativas: ao introduzir informações novas, valemo-nos dos artigos indefinidos, à maneira de apresentação; ao retomá-las, empregamos os artigos definidos, pois já são informações conhecidas do leitor ou interlocutor.

## ADJETIVO

É a palavra que modifica o substantivo, atribuindo-lhe estado, qualidade ou característica. Portanto, refere-se aos seres, mas, ao contrário do substantivo, que os designa, o adjetivo exprime-lhes uma qualidade. Cumpre duas **funções adjetivas** básicas na oração: **adjunto adnominal** e **predicativo**.

### Função no texto

Na função de adjunto adnominal, pode assumir a forma de oração. Nesse caso, ocorrerá uma **oração subordinada** (trata-se de um termo da oração principal) **adjetiva** (tem o valor de um adjetivo).

# Exercícios

**Textos para a próxima questão.**

*Texto I*

Escreverei minhas "Memórias", fato mais frequentemente do que se pensa observado no mundo industrial, artístico, científico e sobretudo no mundo político, onde muita gente boa se faz elogiar e aplaudir em brilhantes artigos biográficos tão espontâneos, como os ramalhetes e as coroas de flores que as atrizes compram para que lhos atirem na cena os comparsas comissionados.

Eu reputo esta prática muito justa e muito natural; porque não compreendo amor e ainda amor apaixonado mais justificável do que aquele que sentimos pela nossa própria pessoa.

O amor do eu é e sempre será a pedra angular da sociedade humana, o regulador dos sentimentos, o móvel das ações, e o farol do futuro: do amor do eu nasce o amor do lar doméstico, deste o amor do município, deste o amor da província, deste o amor da nação, anéis de uma cadeia de amores que os tolos julgam que sentem e tomam ao sério, e que certos maganões envernizam, mistificando a humanidade para simular abnegação e virtudes que não têm no coração e que eu com a minha exemplar franqueza simplifico, reduzindo todos à sua expressão original e verdadeira, e dizendo, lar, município, província, nação, têm a flama dos amores que lhes dispenso nos reflexos do amor em que me abraso por mim mesmo: todos eles são o amor do eu e nada mais. A diferença está em simples nuanças determinadas pela maior ou menor proporção dos interesses e das conveniências materiais do apaixonado adorador de si mesmo.

(MACEDO, Joaquim Manuel de. *Memórias do sobrinho de meu tio*. São Paulo: Companhia das Letras, 1995.)

*Texto II*

Já dois anos se passaram longe da pátria. Dois anos! Diria dois séculos. E durante este tempo tenho contado os dias e as horas pelas bagas do pranto que tenho chorado. Tenha embora Lisboa os seus mil e um atrativos, ó eu quero a minha terra; quero respirar o ar natal (...). Nada há que valha a terra natal. Tirai o índio do seu ninho e apresentai-o d'improviso em Paris: será por um momento fascinado diante dessas ruas, desses templos, desses mármores; mas depois falam-lhe ao coração as lembranças da pátria, e trocará de bom grado ruas, praças, templos, mármores, pelos campos de sua terra, pela sua choupana na encosta do monte, pelos murmúrios das florestas, pelo correr dos seus rios. Arrancai a planta dos climas tropicais e plantai-a na Europa: ela tentará reverdecer, mas cedo pende e murcha, porque lhe falta o ar natal, o ar que lhe dá vida e vigor. Como o índio, prefiro a Portugal e ao mundo inteiro, o meu Brasil, rico, majestoso, poético, sublime. Como a planta dos trópicos, os climas da Europa enfezam-me a existência, que sinto fugir no meio dos tormentos da saudade.

(ABREU, Casimiro de. *Obras de Casimiro de Abreu*. Rio de Janeiro: MEC, 1955.)

*Texto III*

**Ladainha I**

Por se tratar de uma ilha deram-lhe o nome
de ilha de Vera Cruz.
Ilha cheia de graça.
Ilha cheia de pássaros.
Ilha cheia de luz.

Ilha verde onde havia
mulheres morenas e nuas
anhangás a sonhar com histórias de luas
e cantos bárbaros de pajés em poracés batendo os pés.

Depois mudaram-lhe o nome
pra terra de Santa Cruz.
Terra cheia de graça
Terra cheia de pássaros
Terra cheia de luz.

A grande Terra girassol onde havia guerreiros de tanga
e onças ruivas deitadas à sombra das árvores
[mosqueadas de sol.

Mas como houvesse, em abundância,
certa madeira cor de sangue cor de brasa
e como o fogo da manhã selvagem
fosse um brasido no carvão noturno da paisagem,

e como a Terra fosse de árvores vermelhas
e se houvesse mostrado assaz gentil,
deram-lhe o nome de Brasil.

Brasil cheio de graça
Brasil cheio de pássaros
Brasil cheio de luz.

(RICARDO, Cassiano. *Seleta em prosa e verso*. Rio de Janeiro: José Olympio, 1975.)

1. (Uerj) Nos trechos a seguir, está em destaque um sintagma formado de substantivo e adjetivo.
A única alternativa em que a inversão das duas palavras também poderia inverter sua classe gramatical é:

a) "... reduzindo todos à sua EXPRESSÃO ORIGINAL..." (texto I)

b) "... conveniências materiais do APAIXONADO ADORADOR de si mesmo." (texto I)

c) "Arrancai a planta dos CLIMAS TROPICAIS e plantai-a na Europa..." (texto II)

d) "... a sonhar com histórias de luas e CANTOS BÁRBAROS de pajés..." (texto III)

**Texto para a próxima questão.**

## O silêncio expectante e a voz inesperada

Na penumbra da sala do laboratório, uniforme e [absolutamente fechada,
Isolada do som e da luz, isolada do tempo e do [espaço,
Procedia-se à investigação memorável.

Procurava-se descobrir o espaço completo e geral
Onde se pudesse definir a pulsação originária;
Pulsação que seria a substância de todas as [vibrações,
Desde as que iluminam as estrelas Cefeides
Até as que comovem o coração humano,
As que marcam, domesticamente, o tempo civil nos [relógios
E as que passam ondulando nas cordas dos [violoncelos;
Pulsação que fosse o sangue de futuros nascimentos [e de novas cosmogonias[1].
Dela viria a angústia da matéria dispersa em meio [às nebulosas
E que ainda não pôde se converter em estrelas,
Viria a angústia das almas inascidas que, com o frio, [e o medo de não nascer,
Se abrigam no ventre das mulheres.
Naquele ambiente inerte e indeterminado
Reinava um silêncio liso e sinistro:
Um silêncio que fora a consequência de rumores [especiais e preciosos,
Um silêncio-fronteira de ruídos apagados em [macios de paina e de veludo.

Temia-se, porém, a inversão do tempo ou o pânico [da luz,
Temia-se, sim, temia-se alcançar a essência do [milagre...

Foi então que uma onda ligeira, perdida e vagabunda,
Uma onda que rondava, que rondava na sombra do [jardim,
Entrou sorrateira, inesperadamente,
Por uma fresta imperceptível no rádio:

Era uma voz de mulher cantando nas Antilhas.

(CARDOZO, Joaquim. *Poesias completas*
Rio de Janeiro: Civilização Brasileira, 1971.)

Vocabulário:
[1]cosmogonia – ciência que trata da origem e evolução do universo

2. (Uerj) "E as que passam ondulando nas cordas dos violoncelos;" (verso 10)
"Era uma voz de mulher cantando nas Antilhas." (verso 26)
Reescreva estes versos substituindo o primeiro gerúndio por um adjetivo e o segundo por uma oração adjetiva, utilizando formas cognatas nas duas substituições.

**Texto para a próxima questão.**

## A casa materna

Há, desde a entrada, um sentimento de tempo na casa materna. As grades do portão têm uma velha ferrugem e o trinco se oculta num lugar que só a mão filial conhece. O jardim pequeno parece mais verde e úmido que os demais, com suas palmas, tinhorões e samambaias que a mão filial, fiel a um gesto de infância, desfolha ao longo da haste.

É sempre quieta a casa materna, mesmo aos domingos, quando as mãos filiais se pousam sobre a mesa farta do almoço, repetindo uma antiga imagem. Há um tradicional silêncio em suas salas e um dorido repouso em suas poltronas. O assoalho encerado, sobre o qual ainda escorrega o fantasma da cachorrinha preta, guarda as mesmas manchas e o mesmo taco solto de outras primaveras. As coisas vivem como em prece, nos mesmos lugares onde as situaram as mãos maternas quando eram moças e lisas. Rostos irmãos se olham dos porta-retratos, a se amarem e compreenderem mudamente. O piano fechado, com uma longa tira de flanela sobre as teclas, repete ainda passadas valsas, de quando as mãos maternas careciam sonhar.

A casa materna é o espelho de outras, em pequenas coisas que o olhar filial admirava ao tempo em que tudo era belo: o licoreiro magro, a bandeja triste, o absurdo bibelô. E tem um corredor à escuta, de cujo teto à noite pende uma luz morta, com negras aberturas para quartos cheios de sombra. Na estante junto à escada há um TESOURO DA JUVENTUDE com o dorso puído de tato e de tempo. Foi ali que o olhar filial primeiro viu a forma gráfica de algo que passaria a ser para ele a forma suprema da beleza: o verso.

Na escada há o degrau que estala e anuncia aos ouvidos maternos a presença dos passos filiais. Pois a casa materna se divide em dois mundos: o térreo, onde se processa a vida presente, e o de cima, onde vive a memória. Embaixo há sempre coisas fabulosas na geladeira e no armário da copa: ROQUEFORT amassado, ovos frescos, mangas-espadas, untuosas compotas, bolos de chocolate, biscoitos de araruta – pois não há lugar mais propício do que a casa materna para uma boa ceia noturna. E porque é uma casa velha, há sempre uma barata que aparece e é morta com uma repugnância que vem de longe. Em cima ficam os guardados antigos, os livros que lembram a infância, o pequeno oratório em frente ao qual ninguém, a não ser a figura materna, sabe por que queima às vezes uma vela votiva. E a cama onde a figura paterna repousava de sua agitação diurna. Hoje, vazia.

A imagem paterna persiste no interior da casa materna. Seu violão dorme encostado junto à vitrola. Seu corpo como que se marca ainda na velha poltrona da sala e como que se pode ouvir ainda o brando ronco de sua sesta dominical. Ausente para sempre da casa materna, a figura paterna parece mergulhá-la docemente na eternidade, enquanto as mãos maternas se fazem mais lentas e as mãos filiais mais unidas em torno à grande mesa, onde já agora vibram também vozes infantis.

(MORAES, Vinicius. *O MELHOR DE VINÍCIUS DE MORAES*. SP: Companhia das Letras, 1994.)

Na questão a seguir escreva a soma dos itens corretos.

3. (UFC-CE) Na passagem "Seu corpo como que se marca ainda na VELHA poltrona da sala..." (5º parágrafo), o adjetivo VELHA, anteposto a seu substantivo,
(01) indica simplesmente que o móvel existe há muito tempo, é antigo;
(02) denota recordação, saudade;
(04) tem o mesmo significado de "... se marca na poltrona velha da sala";
(08) traz uma conotação de desprezo, pouco caso;
(16) envolve grande carga afetiva, além de indicar o desgaste do móvel.

**Texto para a próxima questão.**

A expressão "deletar um arquivo de computador" não é mais jargão de quem lida com informática. O termo já se tornou uma palavra da língua portuguesa escrita no Brasil.

Ele faz parte de um conjunto de cerca de 6.000 novas palavras incluídas na recente edição do "Vocabulário Ortográfico da Língua Portuguesa", lançado pela Academia Brasileira de Letras (ABL). Além de reconhecidas, as novas palavras passam a ter uma grafia oficial definida.

Agora são aceitas expressões como "deletar um arquivo", "assistir a uma teleconferência" e até "tomar suco de acerola", frutinha comum no mercado, mas rara nos dicionários.

Também foram incluídos "Internet", "intranet", "scanear", "mouse", "teleducação" e "acessar", entre outros já de uso corrente. Eles se somam às 400 mil palavras da primeira edição do vocabulário, de 1982.

Diferentemente de um dicionário, que explica o significado de um termo, um vocabulário apenas relaciona palavras. Seu objetivo é consolidar a grafia delas (o modo como são escritas), classificá-las segundo o gênero (masculino ou feminino) e categoria morfológica (substantivo, adjetivo etc.). É também um instrumento normatizador oficial, por ser da Academia. (...)

Mas, para um termo ser aceito como uma palavra, não basta que ele seja usado por um grupo de pessoas. Além da difusão, é preciso que ele substitua outro em determinada área. É o caso de "deletar", explica Antônio José Chediak, coordenador da equipe que fez o vocabulário.

O mesmo não ocorre com "printar". "Em português, existe a palavra imprimir. Julgamos que o uso de 'printar' não é amplo o suficiente para incorporá-lo como palavra nova", diz Arnaldo Niskier, presidente da Academia Brasileira de Letras.

A diferença entre os dois casos é explicada por um limite: a manutenção da identidade de uma língua. "É preciso estar aberto à globalização, evitando exageros."

*FOLHA DE S.PAULO*, 10/09/98)

4. (PUC-SP) "Além da difusão, é preciso QUE ELE SUBSTITUA OUTRO EM DETERMINADA ÁREA."
No excerto anterior, a oração em destaque poderia sofrer alteração com o uso de um substantivo.
I. Além da difusão, é preciso a substituição de outro em determinada área.
II. Além da difusão, é preciso substituição de outro em determinada área.
III. Além da difusão, é precisa a substituição de outro em determinada área.
De acordo com as regras de concordância do padrão culto da língua, mantendo o mesmo valor semântico, pode-se afirmar que, apenas,
a) I está correto.
b) II está correto.
c) III está correto.
d) I e II estão corretos.
e) I e III estão corretos.

5. (UEL-PR) PERTO DE mil pessoas estiveram PRESENTES ao festival DE INVERNO.
As expressões em destaque na frase anterior são, respectivamente,
a) locução adverbial – adjetivo – substantivo
b) advérbio – substantivo – locução adjetiva
c) locução prepositiva – adjetivo – locução adjetiva
d) locução prepositiva – adjetivo – locução adverbial
e) locução adverbial – advérbio – substantivo

**Texto para a próxima questão.**

## Antes do nome

Não me importa a palavra, esta corriqueira.
Quero é o esplêndido caos de onde emerge a sintaxe,
os sítios escuros onde nasce o "de", o "aliás",
o "o", o "porém" e o "que", esta incompreensível
muleta que me apoia.
Quem entender a linguagem entende Deus
cujo Filho é Verbo. Morre quem entender.
A palavra é disfarce de uma coisa mais grave, surda-
[-muda,
foi inventada para ser calada.
Em momentos de graça, infrequentíssimos,
se poderá apanhá-la: um peixe vivo com a mão.
Puro susto e terror.

(Adélia Prado – *Bagagem*)

6. (Cesgranrio-RJ) As palavras INCOMPREENSÍVEL e INFREQUENTÍSSIMOS possuem o mesmo prefixo com valor semântico idêntico. Porém, seus sufixos apresentam funções distintas, uma vez que *-(í)vel* forma adjetivo a partir de:

a) verbo e *-íssimo* atribui um valor de grau ao adjetivo.

b) verbo e *-íssimo* atribui um valor de grau ao substantivo.

c) substantivo e *-íssimo* atribui um valor de grau ao adjetivo.

d) substantivo e *-íssimo* forma adjetivo a partir de adjetivo.

e) adjetivo e *-íssimo* forma adjetivo a partir de verbo.

**Texto para a próxima questão.**

Neste momento, o bordado está pousado em cima do console e o interrompi para escrever, substituindo a tessitura dos pontos pela das palavras, o que me parece um exercício bem mais difícil.

Os pontos que vou fazendo exigem de mim uma habilidade e um adestramento que já não tenho. Esforço-me e vou conseguindo vencer minhas deficiências. As palavras, porém, são mais difíceis de adestrar e vêm carregadas de uma vida que se foi desenrolando dentro e fora de mim, todos esses anos. São teimosas, ambíguas e ferem. Minha luta com elas é uma luta extenuante. Assim, nesse momento, enceto duas lutas: com as linhas e com as palavras, mas tenho a certeza que, desta vez, estou querendo chegar a um resultado semelhante e descobrir ao fim do bordado e ao fim desse texto, algo de delicado, recôndito e imperceptível sobre o meu próprio destino e sobre o destino dos seres que me rodeiam. Ontem, quando entrei no armarinho para escolher as linhas, vi-me cercada de pessoas com quem não convivia há muito tempo, ou convivia muito pouco, de cuja existência tinha esquecido. Mulheres de meia-idade que compravam lãs para bordar tapeçarias, selecionando animadamente e com grande competência os novelos, comparando as cores com os riscos trazidos, contando os pontos na etamine, medindo o tamanho do bastidor. Incorporei-me a elas e comecei a escolher, com grande acuidade, as tonalidades das minhas meadas de linha mercerizada. Pareciam pequenas abelhas alegres (...), levando a sério as suas tarefas. (...) Naquelas mulheres havia alguma coisa preservada, sua capacidade de bordar dava-lhes uma dignidade e um aval. Não queria que me discriminassem, conversei com elas de igual para igual, mostrando-lhes os pontos que minha pequena mão infantil executara.

(JARDIM, Rachel. *O PENHOAR CHINÊS*. 4ª ed. Rio de Janeiro: José Olympio, 1990.)

7. (Unirio-RJ) O adjetivo PRESERVADA ("alguma coisa preservada" – 12º período) significa:

a) passível de corrupção.

b) escondida.

c) defendida de perigos.

d) intacta.

e) vigiada.

**Texto para a próxima questão.**

Apesar de não termos ilusões quanto ao caráter das nossas elites, existia uma certa resistência a essa espécie de niilismo a que o Brasil nos leva. Os escândalos na área financeira estão acabando até com isso. Fica cada vez mais difícil espantar os burgueses. Os burgueses não se espantam com mais nada. Alguns talvez se surpreendam quando ouvem um filho pequeno ou um neto repetindo uma letra dos Mamonas, mas nestes casos o espanto é divertido, ou pelo menos resignado. A necessidade de se ser absolutamente claro sobre que tipos de atividade sexual causam AIDS e como fazer para preveni-la acabou com qualquer preocupação da imprensa e da propaganda com o pundonor (grande palavra) alheio, embora ainda façam alguns rodeios. A linguagem ficou mais leve, ficamos menos hipócritas. Burgueses epatáveis ainda existem, mas o acúmulo de agressões a seus ouvidos e pruridos os insensibilizou e hoje, se reagem, não é em público.

(VERÍSSIMO, L. F. *Conluio*. Porto Alegre: Extra Classe, junho/julho de 1996. p. 3.)

8. (UFRGS-RS) A palavra 'epatáveis' (8º período) foi criada por Veríssimo a partir do verbo 'épater', que no francês significa espantar. O neologismo do autor segue as regras de derivação da língua portuguesa da seguinte forma: a partir do empréstimo da palavra francesa, obtém-se o verbo 'epatar'; tomando tal verbo como radical é possível, então, a formação de 'epatáveis'. Seguindo a sugestão do autor, foram criados os cinco neologismos que aparecem na coluna A; na coluna B, aparecem observações sobre a estrutura ou o significado de alguns desses neologismos.

Coluna A

1. epatados
2. epatabilidade
3. inepatáveis
4. epatador
5. epatadiço

Coluna B

( ) substantivo formado a partir do adjetivo 'epatável'

( ) substantivo que designa o agente de uma ação, significando aquele que espanta

( ) palavra formada pela adição de prefixo e sufixo

Assinale a alternativa cuja numeração corresponde à associação correta entre as colunas A e B, de cima para baixo.

a) 2 – 4 – 3

b) 1 – 4 – 3

c) 5 – 2 – 1

d) 1 – 5 – 2

e) 2 – 5 – 1

## DEFINIÇÃO

É a palavra que substitui ou acompanha elementos presentes no texto ou na situação do enunciado, indicando sua posição em relação às pessoas do discurso ou mesmo situando-os no espaço e no tempo.

# O PRONOME

## TIPOS DE PRONOME

### Pronome pessoal

É aquele que indica as pessoas do discurso. Além das flexões de gênero, número e pessoa, apresenta variações de forma, de acordo com a função por ele exercida na oração. Se o pronome desempenhar a função de sujeito (ou de predicativo do sujeito), será do **caso reto**; se desempenhar a função de complemento verbal (objeto) ou complemento nominal, será do **caso oblíquo**. De qualquer maneira, serão sempre pronomes substantivos.

### Pronome de tratamento

É a palavra ou locução (mais de uma palavra) com valor de pronome pessoal. Na maioria das vezes, é usado para designar a segunda pessoa do discurso, a pessoa com quem se fala, apesar de estabelecer concordância com a terceira pessoa do verbo.

### Pronome possessivo

É aquele que associa a ideia de posse às pessoas do discurso, relacionando, assim, duas pessoas gramaticais: a pessoa do possuidor (primeira, segunda ou terceira) e a do elemento possuído (terceira).

### Pronome demonstrativo

É aquele que indica a posição de um ser em relação às pessoas do discurso, situando-o no tempo ou no espaço. Os pronomes demonstrativos variáveis (*este*, *essa*, *aqueles*, etc.) podem ser pronomes **substantivos** ou **adjetivos**. Já os demonstrativos invariáveis (*isto*, *isso*, *aquilo*) são sempre pronomes **substantivos**.

### Pronome relativo

É aquele que retoma um termo expresso anteriormente, por isso mesmo chamado de **antecedente**. Os pronomes **relativos** introduzem orações subordinadas adjetivas, nelas desempenhando funções sintáticas.

### Pronome indefinido

É aquele que se refere à terceira pessoa do discurso de modo impreciso, indeterminado, genérico. Os pronomes indefinidos variáveis são pronomes **adjetivos**. Já os indefinidos invariáveis são sempre pronomes **substantivos**. Portanto, os primeiros exercem funções sintáticas adjetivas, e os segundos, substantivas.

### Pronome interrogativo

É aquele utilizado para formular uma pergunta. Os pronomes interrogativos, além de caracterizar o enunciado como uma interrogação, exercem funções sintáticas dentro dele.

# Exercícios

**Texto para a próxima questão.**

Senhora Dona Bahia,
nobre e opulenta cidade,
madrasta dos naturais,
e dos estrangeiros madre:

Dizei-me por vida vossa
em que fundais o ditame
de exaltar os que aqui vêm,
e abater os que aqui nascem?

Se o fazeis pelo interesse
de que os estranhos vos gabem,
isso os paisanos fariam
com conhecidas vantagens.

E suposto que os louvores
em boca própria não valem,
se tem força esta sentença,
mor força terá a verdade.

O certo é, pátria minha,
que fostes terra de alarves,
e inda os ressábios vos duram
desse tempo e dessa idade.

Haverá duzentos anos,
nem tantos podem contar-se,
que éreis uma aldeia pobre
e hoje sois rica cidade.

Então vos pisavam índios,
e vos habitavam cafres,
hoje chispais fidalguias,
arrojando personagens.

Gregório de Matos

**Nota:** entenda-se "Bahia" como cidade.

Vocabulário:

alarves – que ou quem é rústico, abrutado, grosseiro, ignorante; que ou o que é tolo, parvo, estúpido.

ressábios – sabor; gosto que se tem depois.

cafres – indivíduo de raça negra.

1. (UFF-RJ) Identifique a alternativa em que o pronome sublinhado retoma e sintetiza, na progressão textual, um enunciado anteriormente expresso.
   a) Dizei-me por vida vossa
   em que fundais o ditame (versos 5, 6)
   b) de exaltar os que aqui vêm,
   e abater os que aqui nascem? (versos 7, 8)
   c) Se o fazeis pelo interesse
   de que os estranhos vos gabem, (versos 9, 10)
   d) isso os paisanos fariam
   com conhecidas vantagens. (versos 11, 12)
   e) O certo é, pátria minha,
   que fostes terra de alarves, (versos 17, 18)

**Texto para a próxima questão.**

Um sarau é o bocado mais delicioso que temos, de telhado abaixo. Em um sarau todo o mundo tem que fazer. O diplomata ajusta, com um copo de champagne na mão, os mais intrincados negócios; todos murmuram, e não há quem deixe de ser murmurado. O velho lembra-se dos minuetes e das cantigas do seu tempo, e o moço goza todos os regalos da sua época; as moças são no sarau como as estrelas no céu; estão no seu elemento: aqui uma, cantando suave cavatina, eleva-se vaidosa nas asas dos aplausos, por entre os quais surde, às vezes, um bravíssimo inopinado, que solta de lá da sala do jogo o parceiro que acaba de ganhar sua partida no *écarté*, mesmo na ocasião em que a moça se espicha completamente, desafinando um sustenido; daí a pouco vão outras, pelos braços de seus pares, se deslizando pela sala e marchando em seu passeio, mais a compasso que qualquer de nossos batalhões da Guarda Nacional, ao mesmo tempo que conversam sempre sobre objetos inocentes que movem olhaduras e risadinhas apreciáveis. Outras criticam de uma gorducha vovó, que ensaca nos bolsos meia bandeja de doces que veio para o chá, e que ela leva aos pequenos que, diz, lhe ficaram em casa. Ali vê-se um ataviado *dandy* que dirige mil finezas a uma senhora idosa, tendo os olhos pregados na sinhá, que senta-se ao lado. Finalmente, no sarau não é essencial ter cabeça nem boca, porque, para alguns é regra, durante ele, pensar pelos pés e falar pelos olhos.

E o mais é que nós estamos num sarau. Inúmeros batéis conduziram da corte para a ilha de... senhoras e senhores, recomendáveis por caráter e qualidades; alegre, numerosa e escolhida sociedade enche a grande casa, que brilha e mostra em toda a parte borbulhar o prazer e o bom gosto.

Entre todas essas elegantes e agradáveis moças, que com aturado empenho se esforçam para ver qual delas vence em graças, encantos e donaires, certo sobrepuja a travessa Moreninha, princesa daquela festa.

(Joaquim Manuel de Macedo. *A Moreninha*, 1997.)

2. (Unifesp) Assinale a alternativa em que a eliminação do pronome em destaque implica, contextualmente, mudança do sujeito do verbo.

a) Ali vê-**se** um ataviado *dandy* [...].
b) [...] aqui uma, cantando suave cavatina, eleva-**se** vaidosa nas asas dos aplausos [...].
c) O velho lembra-**se** dos minuetes e das cantigas do seu tempo [...].
d) [...] mesmo na ocasião em que a moça **se** espicha completamente [...].
e) [...] daí a pouco vão outras, pelos braços de seus pares, **se** deslizando pela sala [...].

3. (UFF-RJ)

**Inimigo Oculto**

dizem que
em algum ponto do cosmos

*(Le silence éter nel de ces espaces infinis m'effraie)**

um pedaço negro de rocha
do tamanho de uma cidade
– voa em nossa direção –

perdido em meio a muitos milhares de asteroides
impelido pelas curvaturas do
espaço-tempo
extraviado entre órbitas
e campos magnéticos
voa
em nossa direção

e quaisquer que sejam os desvios
e extravios
de seu curso
deles resultará
matematicamente
a inevitável colisão
não se sabe se quarta-feira próxima
ou no ano quatro bilhões e cinquenta e dois
da era cristã

Ferreira Gullar

*(O silêncio eterno desses espaços infinitos me assusta)

Identifique a opção que apresenta a explicação adequada para o efeito de sentido resultante do uso linguístico especificado.

a) Nos versos "um pedaço negro de rocha" / "voa em nossa direção" (versos 4-6), o uso do pronome possessivo "nossa" rompe o vínculo entre o eu lírico e os leitores.
b) Em "dizem que" (verso 1), a expressão do sujeito gramatical, na terceira pessoa do plural, sem antecedente textual claro, evidencia que o eu lírico se vale de uma outra voz para expressar o fato.
c) Nos versos "e quaisquer que sejam os desvios / e extravios / de seu curso" (versos 14-16), o pronome possessivo "seu" se reporta ao verso "em algum ponto do cosmos". (verso 2)
d) O apagamento do objeto direto oracional em "não se sabe se" (verso 20) inviabiliza a referência a "inimigo oculto". (título)
e) A combinação da preposição "de" com o pronome "eles", empregado como pronome possessivo em "deles resultará" (verso 17), encaminha textualmente as consequências das "curvaturas do espaço-tempo". (versos 8-9)

4. (Ufes) Reescreva, com as devidas adaptações, as duas últimas falas do personagem MESTRE, do texto abaixo, fazendo uso do pronome VOCÊ ou VOCÊS, conforme o caso.

AMBRÓSIO – Senhores, denuncio-vos um criminoso.

MEIRINHO – É verdade que tenho aqui uma ordem contra um noviço...

MESTRE – ... Que já de nada vale. (*Prevenção.*)

TODOS – O Padre-Mestre!

MESTRE (*para Carlos*) – Carlos, o Dom Abade julgou mais prudente que lá não voltásseis. Aqui tens a permissão por ele assinada para saíres do convento.

CARLOS (*abraçando-o*) – Meu bom Padre-Mestre, este ato reconcilia-me com os frades.

MESTRE – E vós, senhoras, esperai da justiça dos homens o castigo deste malvado. (*Para Carlos e Emília*:) E vós, meus filhos, sede felizes, que eu pedirei para todos (*ao público*:) indulgência!

AMBRÓSIO – Oh, mulheres, mulheres! (*Execução.*)

(*O noviço*, de Martins Pena)

**Texto para a próxima questão.**

**Ceará tenta tirar de Pernambuco o título de "pai" do forró**

Pernambuco e Ceará sempre dividiram o título de precursor do ritmo que ficou conhecido popularmente como forró. O pernambucano de Exu, Luiz Gonzaga, e o cearense de Iguatu, Humberto Teixeira, foram autores de músicas que descreviam tanto a seca e a fome da região quanto as belezas do sertão nordestino. O clássico "Asa branca", de autoria dos dois, representa bem isso. Agora, músicos cearenses atribuem esse pioneirismo a outro artista.

O primeiro registro fonográfico de um forró teria sido feito por um violeiro. Em outubro de 1937, Xerêm gravou "Forró na roça". Apesar de ser cearense, essa foi a única canção do estilo gravada pelo cantor. Xerêm partiu adolescente para Minas Gerais, formou dupla caipira e virou cantor de moda de viola.

O diretor do Memorial Luiz Gonzaga de Recife, Mauro Alencar, ouviu pela primeira vez a música "Forró na roça" a pedido da reportagem do iG. Para ele, a canção só tem "forró" no título. "Isso não é forró nem baião. É música mineira, lembra o calango, ritmo mineiro dos 'bão'", ironiza.

O estilo musical que se convencionou chamar forró sequer é considerado um gênero por muitos músicos. Segundo Mauro Alencar, a palavra seria uma corruptela de uma expressão lusitana: 'forrobodó', que quer dizer 'baile popular'. O pesquisador explica que o ritmo a que atribuem o nome de forró é o baião, criado por Luiz Gonzaga e Humberto Teixeira.

(Daniel Aderaldo, www.ig.com.br. Adaptado.)

5. (UFTM-MG) Com base no texto, responda:
   a) O pronome *isso*, em – *O clássico "Asa branca", de autoria dos dois, representa bem isso.* –, confere ambiguidade à frase no contexto do primeiro parágrafo. Em que consiste essa ambiguidade?
   b) Reescreva a frase – *Apesar de ser cearense, essa foi a única canção do estilo gravada pelo cantor.* – fazendo as alterações necessárias para substituir a expressão *Apesar de* por *Embora* e empregar o verbo *gravar*, no trecho – *gravada pelo cantor* –, na voz ativa.

**Texto para a próxima questão.**

## Amor de Salvação

Escutava o filho de Eulália o discurso de D. José, lardeado de facécias, e, por vezes, atendível por umas razões que se lhe cravavam fundas no espírito. [1]As réplicas saíam-lhe frouxas e mesmo timoratas. Já ele se temia de responder coisa de fazer rir o amigo. Violentava sua condição para o igualar na licença da ideia, e, por vezes, no desbragado da frase. Sentia-se por dentro reabrir em nova primavera de alegrias para muitos amores, que se haviam de destruir uns aos outros, a bem do coração desprendido salutarmente de todos. A sua casa de Buenos Aires aborreceu-a por afastada do mundo, boa tão somente para tolos infelizes que fiam do anjo da soledade o despenarem-se, chorando. Mudou residência para o centro de Lisboa, entre os salões e os teatros, entre o rebuliço dos botequins e concurso dos passeios. Entrou em tudo. As primeiras impressões enjoaram-no; mas, à beira dele, estava D. José de Noronha, rodeado dos próceres da bizarriz (*sic*), todos porfiados em tosquiarem um dromedário provinciano, que se escondera em Buenos Aires a delir em prantos uma paixão calosa, trazida lá das serranias minhotas. Ora, Afonso de Teive antes queria renegar da virtude, que já muito a medo lhe segredava os seus antigos ditames, que expor-se à irrisão de pessoas daquele quilate. É verdade que às vezes duas imagens lagrimosas se lhe antepunham: a mãe, e Mafalda. Afonso desconstrangia-se das visões importunas, e a si se acusava de pueril visionário, não emancipado ainda das crendices do poeta inesperto da prosa necessária à vida.

Escrever, porém, a Teodora, não vingaram as sugestões de D. José. Porventura, outras mulheres superiormente belas, e agradecidas às suas contemplações, o traziam preocupado e algum tanto esquecido da morgada da Fervença. Mas, um dia, Afonso, numa roda de mancebos a quem dava de almoçar, recebeu esta carta de Teodora:

"Compadeceu-se o Senhor. Passou o furacão. Tenho a cabeça fria da beira da sepultura, de onde me ergui. Aqui estou em pé diante do mundo. Sinto o peso do coração morto no seio; mas vivo eu, Afonso. Meus lábios já não amaldiçoam, minhas mãos estão postas, meus olhos não choram. O meu cadáver ergueu-se na imobilidade da estátua do sepulcro. Agora não me temas, não me fujas. Para aí onde estás, que as tuas alegrias devem ser muito falsas, se a voz duma pobre mulher pode perturbá-las. Olha... se eu hoje te visse, qual foste, ao pé de mim, anjo da minha infância, abraçava-te. Se me disesses que a tua inocência se baqueara à voragem das paixões, repelia-te. Eu amo a criança de há cinco anos, e detesto o homem de hoje.

Serena-te, pois. Esta carta que mal pode fazer-te, Afonso? Não me respondas; mas lê. À mulher perdida relanceou o Cristo um olhar de comiseração e ouviu-a. E eu, se visse passar o Cristo, rodeado de infelizes, havia de ajoelhar e dizer-lhe: Senhor! Senhor! É uma desgraçada que vos ajoelha e não uma perdida. Infâmias, uma só não tenho que a justiça da terra me condene. Estou acorrentada a um dever imoral, tenho querido espadaçá-lo, mas estou pura. Dever imoral... por que, não, Senhor! Vós vistes que eu era inocente; minha mãe e meu pai estavam convosco."

Camilo Castelo Branco. *Amor de Salvação*. São Paulo: Martin Claret. 2003, pp. 94-95

6. (FGV-SP) Observe a oração a seguir (ref. 1):

   "As réplicas saíam-lhe frouxas e mesmo timoratas."

   A leitura do texto permite notar que, nesse caso, o pronome "lhe" refere-se a:
   a) Eulália.
   b) Mafalda.
   c) D. José de Noronha.
   d) Teodora.
   e) Afonso de Teive.

**Texto para a próxima questão.**

Leia o texto a seguir e responda às questões seguintes.

À aldeia chamam-lhe Azinhaga, está naquele lugar por assim dizer desde os alvores da nacionalidade (já tinha foral no século décimo terceiro), mas dessa estupenda veterania nada ficou, salvo o rio que lhe passa mesmo ao lado (imagino que desde a criação do mundo), e que, até onde alcançam as minhas poucas luzes, nunca mudou de rumo, embora das suas margens tenha saído um número infinito de vezes. A menos de um quilómetro das últimas casas, para o sul, o Almonda, que é esse o nome do rio da minha aldeia, encontra-se com o Tejo, ao qual (ou a quem, se a licença me é permitida), ajudava, em tempos idos, na medida dos seus limitados caudais, a alagar a lezíria* quando as nuvens despejavam cá para baixo as chuvas torrenciais do Inverno e as barragens a montante, pletóricas, congestionadas, eram obrigadas a descarregar o excesso de água acumulada. A terra é plana, lisa como a palma da mão, sem acidentes orográficos dignos de tal nome, um ou outro dique que por ali se tivesse levantado mais servia para guiar a corrente aonde causasse menos dano do que para conter o ímpeto poderoso das cheias. Desde tão distantes épocas a gente nascida e vivida na minha aldeia aprendeu a negociar com os dois rios que acabaram por lhe configurar o carácter, o Almonda, que a seus pés desliza, o Tejo, lá mais adiante, meio oculto por trás da muralha de choupos, freixos e salgueiros que lhe vai acompanhando o curso, e um e outro, por boas ou más razões, omnipresentes na memória e nas falas das famílias.

SARAMAGO, José. *As pequenas memórias*. São Paulo: Companhia das Letras, 2006.

Vocabulário:

*Lezíria – planície de inundação junto a certos rios.

7. (FGV-SP) Na construção "chamam-lhe Azinhaga" (linha 1), o pronome "lhe":
   a) Reitera "Azinhaga".
   b) Tem valor possessivo.
   c) Realça o objeto direto.
   d) Expressa tratamento cerimonioso.
   e) Reitera "aldeia".

8. (PUC-RJ)

A venalidade, disse o Diabo, era o exercício de um direito superior a todos os direitos. Se tu podes vender a tua casa, o teu boi, o teu sapato, o teu chapéu, cousas que são tuas por uma razão jurídica e legal, mas que, em todo caso, estão fora de ti, como é que não podes vender a tua opinião, o teu voto, a tua palavra, a tua fé, cousas que são mais do que tuas, porque são a tua própria consciência, isto é, tu mesmo? [1]Negá-lo é cair no absurdo e no contraditório. Pois não há mulheres que vendem os cabelos? não pode um homem vender uma parte do seu sangue para transfundi-lo a outro homem anêmico? e o sangue e os cabelos, partes físicas, terão um privilégio que se nega ao caráter, à porção moral do homem? Demonstrando assim o princípio, o Diabo não se demorou em expor as vantagens de ordem temporal ou pecuniária; depois, mostrou ainda que, à vista do preconceito social, conviria dissimular o exercício de um direito tão legítimo, o que era exercer ao mesmo tempo a venalidade e a hipocrisia, isto é, merecer duplicadamente.

Fragmento do conto "A Igreja do Diabo", de Machado de Assis.

   a) Explique o argumento de que se vale o Diabo na defesa que faz da venalidade.
   b) A que se refere o pronome oblíquo na frase "Negá-lo é cair no absurdo e no contraditório" (ref. 1)?

**Textos para a próxima questão.**

## Livro do Eclesiastes – Introdução

1 Palavras do Eclesiastes filho de David, rei de Jerusalém.
2 Vaidade de vaidades, disse o Eclesiastes; vaidade de
vaidades, tudo é vaidade.
3 Que proveito tira o homem de todo o trabalho com
que se afadiga debaixo do sol?
4 Uma geração passa, e outra geração lhe sucede; mas
a terra permanece sempre estável.
5 O sol nasce e põe-se, e torna ao lugar donde partiu,
e, renascendo aí,
6 dirige o seu giro para o meio-dia, e depois declina
para o norte; o vento corre, visitando tudo em roda, e
volta a começar os seus circuitos.
7 Todos os rios entram no mar, e o mar nem por isso
trasborda; os rios voltam ao mesmo lugar donde saíram,
para tornarem a correr.
8 Todas as coisas são difíceis; o homem não as pode
explicar com palavras. O olho não se farta de ver, nem
o ouvido se cansa de ouvir.
9 O que é que foi? É o mesmo que há de ser. Que é o
que se fez? O mesmo que se há de fazer.
10 Não há nada novo debaixo do sol, e ninguém pode
dizer: eis aqui está uma coisa nova, porque ela já exis-
tiu nos séculos que passaram antes de nós.
11 Não há memória das coisas antigas, mas também
não haverá memória das coisas que hão de suceder
depois de nós entre aqueles que viverão mais tarde.
12 Eu, o Eclesiastes, fui rei de Israel em Jerusalém,
13 e propus no meu coração inquirir e investigar sa-
biamente todas as coisas que se fazem debaixo do sol.
Deus deu esta penosa ocupação aos filhos dos homens,
para que se ocupassem nela.
14 Vi tudo o que se faz debaixo do sol, e achei que tudo
era vaidade e aflição de espírito.
15 Os perversos dificultosamente se corrigem, e o
número dos insensatos é infinito.

(Bíblia Sagrada – Antigo Testamento. Livro do Eclesiastes, I, 1-15. 1952.)

## Reflexões sobre a vaidade dos homens

Vivemos com vaidade, e com vaidade morremos; arrancando os últimos suspiros, estamos dispondo a nossa pompa fúnebre, como se em hora tão fatal o morrer não bastasse para ocupação: nessa hora em que estamos para deixar o mundo, ou em que o mundo está para nos deixar, e entramos a compor e a ordenar o nosso acompanhamento e assistência funeral; e com vanglória antecipada nos pomos a antever aquela cerimônia, a que chamam as nações últimas honras, devendo antes chamá-la vaidades últimas. Queremos que em cada um de nós se entregue à terra, com solenidade e fausto, outra infeliz porção de terra: tributo inexorável! A vaidade no meio da agonia nos faz saborear a ostentação de um luxo que nos é posterior, e nos faz sensíveis as atenções que hão de dirigir-se à nossa insensibilidade. (...)

De todas as paixões, a que mais se esconde é a vaidade: e se esconde de tal forma, que a si mesma se oculta e ignora: ainda as ações mais pias nascem muitas vezes de uma vaidade mística, que quem a tem não a conhece nem distingue: a satisfação própria, que a alma recebe, é como um espelho em que nos vemos superiores aos mais homens pelo bem que obramos, e nisso consiste a vaidade de obrar o bem.

Não há maior injúria que o desprezo; e é porque o desprezo todo se dirige e ofende a vaidade; por isso a perda da honra aflige mais que a da fortuna; não porque esta deixe de ter um objeto mais certo e mais visível, mas porque aquela toda se compõe da vaidade, que é em nós a parte mais sensível. Poucas vezes se expõe a honra por amor da vida, e quase sempre se sacrifica a vida por amor da honra. Com a honra que adquire, se consola o que perde a vida; porém o que perde a honra, não lhe serve de alívio a vida que conserva: como se os homens mais nascessem para terem honra, que para terem vida, ou fossem formados menos para existirem no ser, que para durarem na vaidade. Justo fora que amassem com excesso a honra, se esta não fosse quase sempre um desvario que se sustenta na estimação dos homens, e só vive da opinião deles.

(Matias Aires Ramos da Silva de Eça. *Reflexões sobre a vaidade dos homens*. 1953.)

9. (Unesp-SP) Alguns pronomes apresentam-se como anafóricos, isto é, referem-se a um sintagma nominal que os antecede no enunciado, como é o caso, por exemplo, do pronome pessoal do caso oblíquo "a" (empregado antes de "publiquei"), que se refere a "a reportagem" no período "Você me enviou com atraso a reportagem, e por isso eu não a publiquei logo". De posse desta informação,
   a) indique o núcleo do sintagma nominal a que se refere o pronome "as" empregado antes da forma verbal "pode" no versículo 8 do fragmento do Eclesiastes;
   b) responda, com base na verificação da presença ou ausência de um sintagma antecedente, se o demonstrativo "aquela" se apresenta ou não como anafórico no período que vai de "Não há maior injúria" até "a parte mais sensível", que inicia o último parágrafo do fragmento de Matias Aires.

**Texto para a próxima questão.**

Para responder às questões, tenha como referência o texto *Romance de uma Caveira*.

### Romance de uma Caveira

(Alvarenga e Ranchinho)

Eram duas caveiras que se amavam
E à meia-noite se encontravam
Pelo cemitério os dois passeavam
E juras de amor então trocavam.
Sentados os dois em riba da lousa fria
A caveira apaixonada assim dizia
Que pelo caveiro de amor morria
E ele de amor por ela vivia.
(...)
Mas um dia chegou de pé junto
Um cadáver, um vudu, um defunto.
E a caveira por ele se apaixonou
E o caveiro antigo abandonou.
O caveiro tomou uma bebedeira
E matou-se de um modo romanesco
Por causa dessa ingrata caveira
Que trocou ele por um defunto fresco.

10. (Ufscar-SP) O emprego de pronomes, além de garantir a coesão textual, pois organiza as informações, permite que se entendam as referências, o que é um auxílio na compreensão do texto.
   a) Explique a diferença de uso do pronome "se" em cada um dos versos:

   "Eram duas caveiras que se amavam"

   "E matou-se de um modo romanesco"
   b) No verso "Que trocou ele por um defunto fresco", o referente do pronome é facilmente identificável. Contudo, nota-se que o emprego do pronome foge à norma padrão. Reescreva o verso segundo as convenções da linguagem culta.

## VERBOS DE AÇÃO

Exprimem uma ação, um "fazer": *acessar, comer, dançar, ir.*

## VERBOS DE PROCESSO

Exprimem um processo, um "acontecer": *amanhecer, morrer, chover, esfriar.*

## VERBOS DE ESTADO

Exprimem um estado, uma duração, uma permanência: *estar, ser, permanecer, viver, morar.*

### Flexões e formas do verbo

- **Número**: singular ou plural.
- **Pessoa**: primeira, segunda ou terceira pessoa do discurso.
- **Tempo**: presente, passado ou futuro.
- **Modo**: indicativo, subjuntivo e imperativo.
- **Formas nominais**: infinitivo, gerúndio e particípio.

# O VERBO

## VOZES VERBAIS

- **Voz ativa**: o sujeito pratica a ação (sujeito agente).
- **Voz passiva**: o sujeito sofre a ação (sujeito paciente).
- **Voz reflexiva**: o sujeito pratica e ao mesmo tempo sofre a ação.

## CLASSIFICAÇÃO

### Quanto à regularidade

- **Regulares**: conjugam-se segundo os paradigmas.
- **Irregulares**: não seguem os paradigmas, apresentam irregularidades.
- **Defectivos**: não apresentam todas as flexões, isto é, são verbos cuja conjugação não é completa.
- **Abundantes**: apresentam mais de uma forma para uma mesma flexão.

### Quanto à transitividade

- **Transitivos**: quando necessitam de outros elementos que completem seu sentido. Podem ser: **transitivos diretos** (exigem complemento sem preposição), **transitivos indiretos** (exigem complemento com preposição) e **transitivos diretos e indiretos** (exigem complementos sem e com preposição).
- **Intransitivos**: não necessitam de outros elementos para completar seu sentido.

# Exercícios

**Textos para a próxima questão.**

*Texto 1*

Eis a minha vida. O que se passava em mim é difícil de compreender, e mais difícil de confessar. Eu tinha-me vendido a todos os caprichos e extravagâncias; deixara-me arrastar ao mais profundo abismo da depravação; contudo, quando entrava em mim, na solidão de minha vida íntima, sentia que eu não era uma cortesã como aquelas que me cercavam. Os homens que se chamavam meus amantes valiam menos para mim do que um animal; às vezes tinha-lhes asco e nojo. Ficaram gravados no meu coração certos germes de virtude... Essa palavra é uma profanação nos meus lábios, mas não sei outra. Havia no meu coração germes de virtude, que eu não podia arrancar e que ainda nos excessos do vício não me deixavam cometer uma ação vil. Vendia-me, mas francamente e de boa-fé; aceitava a prodigalidade do rico; nunca a ruína e a miséria de uma família.

Aquele esquecimento profundo, aquela alheação absoluta do espírito, que eu sentira da primeira vez, continuou sempre. Era a tal ponto que depois não me lembrava de coisa alguma; fazia-se como que uma interrupção, um vácuo na minha vida. No momento em que uma palavra me chamava ao meu papel, insensivelmente, pela força do hábito, eu me esquivava, separava-me de mim mesma, e fugia deixando no meu lugar outra mulher, a cortesã sem pudor e sem consciência, que eu desprezava, como uma coisa sórdida e abjeta.

Mas horrível era quando nos braços de um homem este corpo sem alma despertava pelos sentidos. Oh! Ninguém pode imaginar! Queria resistir e não podia! Queria matar-me trucidando a carne rebelde! Tinha instintos de fera! Era uma raiva e desespero, que me davam ímpetos de estrangular o meu algoz. Passado esse suplício restava uma vaga sensação de dor e um rancor profundo pelo ente miserável que me arrancara o prazer das entranhas convulsas!

ALENCAR, José de. *Lucíola*. São Paulo: Ática, 1992, 16ª ed. p. 111.

*Texto 2*

Rosa Maria fechou o diário. Estava com sono. E, estranhamente, sentia um mal-estar que raras vezes a incomodava. Um pouco de medo, não sabia de quê e, com absoluta certeza descobria um pouco de nojo em si mesma, nojo por ela – mais nojo que pena, mais medo que nojo. Não sabia definir, mas eram nojo, pena e medo, numa ordem e proporção que não podia – nem queria – estabelecer.

Começara a escrever o diário talvez para isso: contar ali tudo o que acontecia, o medo, o nojo e a pena. Mas começara a mentir para ela própria. Medo de quê? O nojo vinha às vezes – mas ela achava que todo mundo era capaz de, um dia, por algum motivo, sentir nojo de tudo. Pena – bem, ela já não perdia tempo em lamentar o que podia ter sido e o que não era. Sobrava o medo – medo de que Lobianco, por exemplo, pegasse o diário e soubesse que ela saíra com Luís, que não esquecia André... e, por isso mesmo, nem mesmo para o diário contava ou admitia o que realmente era: uma moça que se deixara levar, e agora, que já avançara demais, não adiantava recuar.

CONY, Carlos Heitor. *Rosa, Vegetal de Sangue*. RJ: Ediouro, s/d, 6ª ed. p. 97.

1. (UFC-CE) Assinale a alternativa em que FRANCAMENTE só pode estar ligado imediatamente ao verbo, como em "Vendia-me, mas francamente e de boa-fé" (texto 1).
   a) Francamente, sua atitude nos decepcionou.
   b) Ele se porta, nestas ocasiões, francamente.
   c) Você, francamente, é merecedor do primeiro lugar.
   d) Esta é, francamente, a minha opinião sobre o assunto.
   e) Sua indicação para a vaga foi um equívoco, francamente.

2. (Fuvest-SP) Leia o seguinte texto, que trata das diferenças entre fala e escrita:

Talvez ainda mais digno de atenção seja o desaparecimento [na escrita] da mímica e das inflexões ou variações do tom da voz. A sua falta tem de ser suprida por outros recursos.

É, neste sentido, que se torna altamente instrutiva a velha anedota, que nos conta a indignação de um rico fazendeiro ao receber de seu filho um telegrama com a frase singela – "mande-me dinheiro", que ele lia e relia emprestando-lhe um tom rude e imperativo. O bom homem não era tão néscio quanto a anedota dá a entender: estava no direito de exigir da formulação verbal uma qualidade que lhe fizesse sentir a atitude filial de carinho e respeito e de refugar uma frase que, sem a ajuda de gestos e entonação adequada, soa à leitura espontaneamente como ríspida e seca.

J. Mattoso Câmara Jr., *Manual de expressão oral e escrita*. Adaptado.

a) Considerando-se que o verbo da frase do telegrama está no imperativo, se essa mesma frase fosse dita em uma conversa telefônica, haveria possibilidade de o pai entendê-la de modo diferente? Explique.

b) Reescreva a frase do telegrama, acrescentando-lhe, no máximo, três palavras e a pontuação adequada, de modo a atender a exigência do pai, mencionada no texto.

**Texto para a próxima questão.**

Ele está cansado, é quase meia-noite, e pode afinal voltar para casa. (...). No edifício da esquina, o mesmo cachorro de focinho enterrado na lata de lixo. Ao passar sob as árvores, ao menor arrepio do vento, gotas borrifam-lhe o rosto, que ele não se incomoda de enxugar.

Ao mexer no portão, o cachorrinho late duas vezes – estou aqui, meu velho – e, [1]por mais que saltite ao seu lado, procurando alcançar-lhe a mão, ele não o agrada. (...)

Prevenido, desvia-se do aquário sobre o piano: o peixinho dourado conhece os seus passos e de puro exibicionismo entrega-se às mais loucas evoluções.

Ele respira fundo e, cabisbaixo, entra no quarto. [2]A mulher, sentada na cama, a folhear sempre uma revista (é a mesma revista antiga), olha para ele, mas ele não a olha.

No banheiro, veste em surdina o pijama e, ao lavar as mãos, recolhe da pia os longos cabelos alheios. Escova de leve os dentes, sem evitar que sangrem as gengivas.

– Ai, como é triste a velhice... – confessa para o espelho, e são palavras que não querem dizer nada.

Aperta as torneiras da pia, do chuveiro e do bidê – se uma delas pingasse ele já não poderia dormir.

Na passagem, apanha o livro sobre o guarda-roupa – ele a olhou de relance, mas ela não o olhou – e dirige-se para a sala, onde acende a lâmpada ao lado da poltrona. Em seguida, descalço, sobe na cadeira e com a chave dá corda ao relógio. Entra na cozinha e, ao abrir a luz, pretende não ver a mesma barata na sua corrida tonta pelos cantos. Deita um jarro d'água no filtro e bebe meio copo, que enxuga no pano e põe de volta no armário.

Antes de sentar na poltrona, detém-se diante do quarto da filha – a porta está aberta, mas ele não entra. Esboça um aceno e presto encolhe a mão. Por mais que afine o ouvido não escuta o bafejo da criança em sossego – e se ela deixou de respirar?

(...) Abre o livro e concentra-se na leitura: frases sem nenhum sentido.

Na casa silenciosa, apenas o voltear das folhas lá no quarto, às suas costas o peixinho estala o bico a modo de um velho que rumina a dentadura. Por vezes, cansado demais, cabeceia e o livro cai-lhe no joelho – enquanto não se apaga a luz do quarto ele não vai deitar.

(...)

Está salvo desde que ignore a porta do quarto da filha; ergue, com esforço, as pálpebras pesadas de sono e lê mais algumas linhas, evitando levar a mão ao rosto, onde um músculo dispara de repente a tremer no canto da boca. (...)

Ao extinguir-se enfim a outra luz, ele deixa passar alguns minutos e, arrastando os pés no tapete, recolhe-se ao quarto, acende a lâmpada do seu criado-mudo, com cautela infinita para não encarar a esposa que, voltada para o seu lado, pode estar com um olho aberto ou, quem sabe, até com um sorriso nos lábios. (...)

Será uma grande demora até que na rua clarinem* as primeiras buzinas – os galos da cidade. (...) Prepara-se para a noite em que há de entrar numa casa deserta e, ao abrir a porta, assobiará duas notas, uma breve, outra longa: todos os quartos vazios, o assobio é para a sua alma irmã, a baratinha no canto escuro.

(...)

Longe vai a manhã, mas resta-lhe o consolo de que, ao saltar do leito, esquecerá entre os lençóis o fantasma do seu terror noturno. Outra vez ergue-se no quarto o ressonar tranquilo da esposa; cuidadoso de não ranger o colchão, ele volta-se para o outro lado. Pouco importa se nunca mais chegar a dormir. Afinal você não pode ter tudo.

DALTON TREVISAN. *A guerra conjugal*. Rio de Janeiro: Civilização Brasileira, 1969.

Vocabulário:
*clarinem – soem como clarim

3. (Uerj) Nos trechos transcritos a seguir, estão sublinhados dois verbos que podem ser usados com variação da regência: transitivo direto ou transitivo indireto. A variação da regência altera o sentido do verbo "agradar": fazer agrados ou ser agradável. Já o verbo "olhar" expressa o mesmo sentido nos dois casos.

*por mais que saltite ao seu lado, procurando alcançar-lhe a mão, ele não o agrada. (ref. 1)*

*A mulher, sentada na cama, (...) olha para ele, mas ele não a olha. (ref. 2)*

Identifique, no primeiro trecho, a regência do verbo "agradar" e o sentido em que ele foi empregado.

Em seguida, reescreva o segundo trecho, variando a regência do verbo "olhar" em cada ocorrência.

4. (UFC-CE) Leia as afirmações a seguir.

O presente do indicativo expressa ação concomitante com o momento da fala.

O pretérito perfeito do indicativo expressa ação já concluída no passado em relação ao momento da fala.

O pretérito imperfeito do indicativo expressa ação concomitante a outra no passado.

O pretérito mais-que-perfeito do indicativo expressa ação anterior a outra no passado.

a) Analise as frases adiante e a seguir preencha os parênteses, de acordo com o seguinte código:

(01) se a forma verbal destacada corresponde à descrição

(02) se a forma verbal destacada NÃO corresponde à descrição

( ) Ele DERA sua resposta antes que Alice tivesse chegado.

( ) PUDERA ele viesse a ser um dos candidatos ao cargo.

( ) ESTIVE na sua casa ontem bem cedo.

( ) Agora, o país VIVE uma crise sem precedentes.

( ) Se eu pudesse, eu me ENCONTRAVA com você no parque.

( ) Ela FALAVA de você quando chegamos.

b) Construa duas frases com o verbo conquistar no presente do indicativo expressando:

1. ação anterior ao momento da fala.

2. ação posterior ao momento da fala.

**Texto para a próxima questão.**

Não era e não podia o pequeno reino lusitano ser uma potência colonizadora à feição da antiga Grécia. O surto marítimo que enche sua história do século XV não resultara do extravasamento de nenhum excesso de população, mas fora apenas provocado por uma burguesia comercial sedenta de lucros, e que não encontrava no reduzido território pátrio satisfação à sua desmedida ambição. A ascensão do fundador da Casa de Avis ao trono português trouxe esta burguesia para um primeiro plano. Fora ela quem, para se livrar da ameaça castelhana e do poder da nobreza, representado pela Rainha Leonor Teles, cingira o Mestre de Avis com a coroa lusitana. Era ela, portanto, quem devia merecer do novo rei o melhor das suas atenções. Esgotadas as possibilidades do reino com as pródigas dádivas reais, restou apenas o recurso da expansão externa para contentar os insaciáveis companheiros de D. João I.

Caio Prado Júnior, *Evolução política do Brasil*. Adaptado.

5. (Fuvest-SP) No contexto, o verbo "enche" indica

a) habitualidade no passado.

b) simultaneidade em relação ao termo "ascensão".

c) ideia de atemporalidade.

d) presente histórico.

e) anterioridade temporal em relação a "reino lusitano".

**Texto para a próxima questão.**

## O outro marido

Era conferente da Alfândega – mas isso não tem importância. Somos todos alguma coisa fora de nós; o eu irredutível nada tem a ver com as classificações profissionais. Pouco importa que nos avaliem pela casca. Por dentro, sentia-se diferente, capaz de mudar sempre, enquanto a situação exterior e familiar não mudava. Nisso está o espinho do homem: ele muda, os outros não percebem.

Sua mulher não tinha percebido. Era a mesma de há 23 anos, quando se casaram (quanto ao íntimo, é claro). Por falta de filhos, os dois viveram demasiado perto um do outro, sem derivativo. Tão perto que se desconheciam mutuamente, como um objeto desconhece outro, na mesma prateleira de armário. Santos doía-se de ser um objeto aos olhos de Dona Laurinha. Se ela também era um objeto aos olhos dele? Sim, mas com a diferença de que Dona Laurinha não procurava fugir a essa simplificação, nem reparava; era de fato, objeto. Ele, Santos, sentia-se vivo e desagradado.

Ao aparecerem nele as primeiras dores, Dona Laurinha penalizou-se, mas esse interesse não beneficiou as relações do casal. Santos parecia [1]comprazer-se em estar doente. Não propriamente em queixar-se, mas em alegar que ia mal. A doença era para ele ocupação, emprego suplementar. O médico da Alfândega dissera-lhe que certas formas reumáticas levam anos para ser dominadas, exigem adaptação e disciplina. Santos começou a cuidar do corpo como de uma planta delicada. E mostrou a Dona Laurinha a nevoenta radiografia da coluna vertebral com certo orgulho de estar assim tão afetado.

– Quando você ficar bom...

– Não vou ficar. Tenho doença para o resto da vida.

Para Dona Laurinha, a melhor maneira de curar-se é tomar remédio e entregar o caso à alma de Padre Eustáquio, que vela por nós. Começou a fatigar-se com a importância que o reumatismo assumira na vida do marido. E não se amolou muito quando ele anunciou que ia internar-se no hospital Gaffré e Guinle.

– Você não sentirá falta de nada – assegurou-lhe Santos. – Tirei licença com ordenado integral. Eu mesmo virei aqui todo começo de mês trazer o dinheiro. Hospital não é prisão.

– Vou visitar você todo domingo, quer?

– É melhor não ir. Eu descanso, você descansa, cada qual no seu canto.

Ela também achou melhor, e nunca foi lá. Pontualmente, Santos trazia-lhe o dinheiro da despesa, ficaram até um pouco amigos nessa breve conversa a longos intervalos. Ele chegava e saía curvado, sob a garra do reumatismo que nem melhorava nem matava. A visita não era de todo desagradável, desde que a doença deixara de ser assunto. Ela notou como a vida de hospital pode ser distraída: os internados sabem de tudo cá de fora.

– Pelo rádio – explicou Santos.

Um dia, ela se sentiu tão nova, apesar do tempo e das separações fundamentais, que imaginou uma alteração: por que ele não ficava até o dia seguinte, só essa vez?

– É tarde – respondeu Santos. E ela não entendeu se ele se referia à hora ou a toda a vida passada sem compreensão. É certo que vagamente o compreendia agora, e recebia dele mais que a mesada: uma hora de companhia por mês.

Santos veio um ano, dois, cinco. Certo dia não veio. Dona Laurinha preocupou-se. Não só lhe faziam falta os cruzeiros; ele também fazia. Tomou o ônibus, foi ao hospital pela primeira vez, em alvoroço. Lá ele não era conhecido. Na Alfândega informaram-lhe que Santos falecera havia quinze dias, a senhora quer o endereço da viúva?

– Sou eu a viúva – disse Dona Laurinha, espantada.

O informante olhou-a com incredulidade. Conhecia muito bem a viúva do Santos, Dona Crisália, fizera bons piqueniques com o casal na Ilha do Governador. Santos fora seu parceiro de bilhar e de pescaria. Grande praça. Ele era padrinho do filho mais velho de Santos. Deixara três órfãos, coitado.

E tirou da carteira uma foto, um grupo de praia. Lá estavam Santos, muito lépido, sorrindo, a outra mulher, os três garotos. Não havia dúvida: era ele mesmo, seu marido. Contudo, a outra realidade de Santos era tão destacada da sua, que o tornava outro homem, completamente desconhecido, irreconhecível.

– Desculpe, foi engano. A pessoa a que me refiro não é esta – disse Dona Laurinha, despedindo-se.

(Carlos Drummond de Andrade)

6. (EsPCEx–Aman-RJ) O verbo *comprazer-se* (ref. 1), de forma geral, é classificado como

a) defectivo e só se usa nas formas nominais, ou seja, infinitivo, gerúndio e particípio.

b) abundante, havendo as formas "comprazera-me e comprouve-me".

c) essencialmente pronominal como pentear-se, queixar-se e matar-se.

d) transitivo e só se usa com dois objetos: um direto e outro indireto.

e) regular com conjugação completa em todos os tempos do modo Indicativo e Subjuntivo.

**Texto para a próxima questão.**

Muitas vezes, [1]passamos a utilizar expressões sem ter certeza de seu significado. "Capital humano" é uma delas. Afinal, o que significa isso? [2]Será que podemos mensurar **o valor de um indivíduo**? [3]Colocar etiqueta de preço e transformá-lo em parte do patrimônio empresarial?

Certamente [4]tem gente que gostaria que assim fosse. Contudo, essa atitude não só é insensata como improdutiva. Apenas o desenvolvimento dos **talentos e habilidades** de um indivíduo que [5]atue com objetivos claros e de forma voluntária e comprometida, a partir de um trabalho integrado, pode gerar resultados **de valor**.

Dulce Magalhães.
In: Revista *Amanhã*, p. 146 (fragmento)

7. (PUC-RS) Sobre certas formas verbais utilizadas no texto, afirma-se:

1. "passamos a utilizar" (ref. 1) sugere uma ação coletiva acontecida no passado.
2. "Será que podemos" (ref. 2) equivale tanto a "É possível" quanto a "Existe a possibilidade de".
3. O período que inicia por "Colocar" (ref. 3) complementa o verbo "podemos" do período anterior (linha 04).
4. "tem" (ref. 4) constitui um uso coloquial, e corresponde, no nível culto formal, a "existe".
5. caso "atue" (ref. 5) fosse substituído por "venha a atuar", a frase ficaria incorreta e incoerente.

**Todas** e **somente** as afirmativas corretas estão reunidas em

a) 1 – 2 – 4 – 5

b) 1 – 4 – 5

c) 2 – 3 – 4

d) 1 – 3 – 5

e) 2 – 3

8. (UFPR) "Guia de Uso do Português" é um dicionário que tem por objetivo descrever como as palavras são usadas em textos contemporâneos que se utilizam da língua padrão. Observe a seguir o mesmo verbete descrito por um dicionário tradicional (*Aurélio*) e pelo "Guia de Uso do Português".

**Ajudar**. [Do lat. *adjutare*] V. t. d. 1. Dar ajuda a; auxiliar; "há proveito em irem as pessoas da minha história colaborando nela, ajudando o autor" (Machado de Assis, "Esaú e Jacó", p. 46). 2. Socorrer; favorecer. 3. Facilitar; favorecer, propiciar: "Repouso ajuda a cura da gripe". [...] T. d. e i. 5. Auxiliar a fazer alguma coisa: "Rosto contraído, boca torta, pediu finalmente à mulher que os ajudasse a conseguir uma visão melhor." (Gilvã Lemos, "Jutaí Menino", p. 7) T. i. 6. Dar ajuda, prestar auxílio: "Queixa-se de que ninguém lhe ajuda". Int. 7. Dar ajuda, prestar auxílio a alguém: "Pessoas que viram a cena correram para se informar, para ajudar, e encontraram Germiniano debruçado na roda chorando." (José J. Veiga, "A Hora dos Ruminantes", p. 29).

(Dicionário *Aurélio*)

**Ajudar**

1. O verbo ajudar se usa: com complemento sem preposição indicativo de quem recebe a ajuda, podendo ocorrer outro complemento, iniciado pelas preposições "a" (com infinitivo) ou "em". Que Deus AJUDE O NOSSO POVO. (COL-O). Tenho que passar, AJUDAR JANDIRA A ARRUMAR a mudança. (PL) Dê esta chance a seu filho AJUDE-o na remoção do obstáculo e finalmente na descoberta da solução. (FSP) com complemento iniciado pela preposição "a" indicativo de quem recebe a ajuda. "Recebemos com tristeza desfiliação de um militante que muito AJUDOU Ao partido, mas a atitude dele no encontro foi desastrosa". (FSP). Nesse caso, pode também ocorrer outro complemento, iniciado pela preposição "a" (com infinitivo) ou "em". A construção com dois complementos preposicionados não é bem aceita em algumas obras normativas.

Entretanto, ela é usual e está registrada na maioria dos dicionários, inclusive nos especializados em regência verbal. "Ele sabia que também seu pai tinha estado ali, e essa concordância com o destino paterno AJUDOU-LHE A suportar o castigo". (VB). "Músico, ele estava familiarizado com coisas como ressonância, timbre, altura do som, o que LHE AJUDOU muito EM seus estudos sobre percussão". (APA).

(NEVES, M. H. de Moura. "Guia de Uso do Português: confrontando regras e usos". Ed. UNESP.)

Considere as seguintes afirmativas a respeito dos verbetes apresentados:

1. Na descrição feita pelo "Guia de Uso do Português", não é possível saber se o verbo é transitivo direto, indireto, intransitivo, ao contrário do que acontece com os dicionários tradicionais.
2. O "Guia de Uso do Português" privilegia uma descrição que possibilita saber a regência do verbo.
3. Para pesquisar a acepção de uma palavra, os dicionários tradicionais ainda são os mais recomendados.
4. O "Guia de Uso" registra o uso do verbo "ajudar" com dois complementos preposicionados. Esse tipo de construção está registrado também no "Dicionário Aurélio".

Assinale a alternativa correta.

a) Somente as afirmativas 1 e 2 são verdadeiras.
b) Somente as afirmativas 2 e 3 são verdadeiras.
c) Somente as afirmativas 3 e 4 são verdadeiras.
d) Somente a afirmativa 1 é verdadeira.
e) Somente a afirmativa 3 é verdadeira.

9. (Insper-SP)

Troque o verbo ou feche a boca

Rita Lee cantava uma música que dizia "o resto que se exploda, feito Bomba H". Será que na língua culta existe "exploda"? *Explodir* é verbo defectivo, ou seja, não tem conjugação completa. No presente do indicativo, deve-se conjugá-lo a partir da segunda pessoa do singular (tu explodes, ele explode etc.). Muita gente não sabe da existência dos defectivos e os "conjuga" em todas as pessoas.

(Pasquale Cipro Neto, http://www1.folha.uol.com.br/fsp/1996/10/10/fovest/8.html)

A alternativa que exemplifica o que foi expresso no último período é

a) Houveram dificuldades na resolução da questão.
b) Ficaremos felizes se vocês mantiverem a calma.
c) É preciso fazer contas para que a prestação caiba no orçamento.
d) Empresário reavê judicialmente a posse de seu imóvel.
e) Polícia deteu quase 60 torcedores nas imediações do Morumbi.

## DEFINIÇÃO

Os advérbios são, basicamente, palavras que modificam o verbo, acrescentando-lhe uma circunstância. São palavras invariáveis, não apresentando, portanto, flexão de gênero e de número.

## FUNÇÃO

Os advérbios e as locuções adverbiais exercem a função de **adjunto adverbial**. Assim como os advérbios, os **adjuntos adverbiais** são classificados a partir da circunstância que exprimem. Os adjuntos adverbiais podem assumir a forma de oração, que, nesses casos, é considerada uma **oração subordinada** (é um termo da oração principal, à qual se subordina) **adverbial** (tem o valor de um advérbio).

# O ADVÉRBIO

## CLASSIFICAÇÃO

Os advérbios agrupam-se de acordo com a circunstância que expressam. Podem ser:

- **de lugar** (*longe*, *perto*, *aqui*, *ali*, *lá*, *junto*, etc.);
- **de tempo** (*hoje*, *ontem*, *já*, *nunca*, *sempre*, *breve*, etc.);
- **de modo** (*bem*, *mal*, *melhor*, *pior*, *assim*, *suavemente*, *fortemente*, etc.);
- **de negação** (*não*, *tampouco*, etc.);
- **de dúvida** (*talvez*, *quiçá*, *acaso*, *possivelmente*, etc.);
- **de intensidade** (*muito*, *pouco*, *bastante*, *bem*, *tanto*, etc.);
- **de afirmação** (*sim*, *certamente*, *realmente*, etc.);
- **interrogativos** – de causa (*por que*), de lugar (*onde*), de modo (*como*) e de tempo (*quando*).

### Palavras denotativas

Algumas palavras e locuções, por seu significado e função, assemelham-se a advérbios, mas não se classificam como eles. Ao longo das últimas décadas, passaram a ser identificadas como **palavras denotativas**. Dependendo do que significam, podem indicar, entre outros aspectos: inclusão, exclusão, designação, explicação, retificação, realce.

# Exercícios

**Texto para a próxima questão.**

A questão a seguir toma por base um fragmento da crônica *Letra de canção e poesia*, de Antonio Cicero.

Como escrevo poemas e letras de canções, frequentemente perguntam-me se acho que as letras de canções são poemas. A expressão "letra de canção" já indica de que modo essa questão deve ser entendida, pois a palavra "letra" remete à escrita. O que se quer saber é se a letra, separada da canção, constitui um poema escrito.

"Letra de canção é poema?" Essa formulação é inadequada. Desde que as vanguardas mostraram que não se pode determinar *a priori* quais são as formas lícitas para a poesia, qualquer coisa pode ser um poema. Se um poeta escreve letras soltas na página e diz que é um poema, quem provará o contrário?

Neste ponto, parece-me inevitável introduzir um juízo de valor. A verdadeira questão parece ser se uma letra de canção é um bom poema. Entretanto, mesmo esta última pergunta ainda não é suficientemente precisa, pois pode estar a indagar duas coisas distintas: 1) Se uma letra de canção é necessariamente um bom poema; e 2) Se uma letra de canção é possivelmente um bom poema.

Quanto à primeira pergunta, é evidente que deve ter uma resposta negativa. Nenhum poema é necessariamente um bom poema; nenhum texto é necessariamente um bom poema; logo, nenhuma letra é necessariamente um bom poema. Mas talvez o que se deva perguntar é se uma boa letra é necessariamente um bom poema. Ora, também a essa pergunta a resposta é negativa. Quem já não teve a experiência, em relação a uma letra de canção, de se emocionar com ela ao escutá-la cantada e depois considerá-la insípida, ao lê-la no papel, sem acompanhamento musical? Não é difícil entender a razão disso.

Um poema é um objeto autotélico, isto é, ele tem o seu fim em si próprio. Quando o julgamos bom ou ruim, estamos a considerá-lo independentemente do fato de que, além de ser um poema, ele tenha qualquer utilidade. O poema se realiza quando é lido: e ele pode ser lido em voz baixa, interna, aural.

Já uma letra de canção é heterotélica, isto é, ela não tem o seu fim em si própria. Para que a julguemos boa, é necessário e suficiente que ela contribua para que a obra lítero-musical de que faz parte seja boa. Em outras palavras, se uma letra de canção servir para fazer uma boa canção, ela é boa, ainda que seja ilegível. E a letra pode ser ilegível porque, para se estruturar, para adquirir determinado colorido, para ter os sons ou as palavras certas enfatizadas, ela depende da melodia, da harmonia, do ritmo, do tom da música à qual se encontra associada.

(*Folha de S.Paulo*, 16.06.2007.)

1. (Unesp-SP) *Nenhum poema é necessariamente um bom poema; nenhum texto é necessariamente um bom poema; logo, nenhuma letra é necessariamente um bom poema.*
O advérbio *necessariamente*, nas três ocorrências verificadas na passagem mencionada, equivale, pelo sentido, a:
a) forçosamente.
b) raramente.
c) suficientemente.
d) independentemente.
e) frequentemente.

2. (Fuvest-SP) Examine o seguinte anúncio publicitário:

Revista *Valor* (Especial). Julho de 2011. Adaptado.

a) Qual é a relação de sentido existente entre a imagem de uma folha de árvore e as expressões "Mapeamento logístico" e "caminho", empregadas no texto que compõe o anúncio acima reproduzido?
b) A que se refere o advérbio "aqui", presente no texto do anúncio?

**Texto para a próxima questão.**

## Prefácio

São os primeiros cantos de um pobre poeta. Desculpai-os. As primeiras vozes do sabiá não têm a doçura dos seus cânticos de amor.

É uma lira, mas sem cordas; uma primavera, mas sem flores; uma coroa de folhas, mas sem viço.

Cantos espontâneos do coração, vibrações doridas da lira interna que agitava um sonho, notas que o vento levou – como isso dou a lume essas harmonias.

São as páginas despedaçadas de um livro não lido...

E agora que despi a minha musa saudosa dos véus do mistério do meu amor e da minha solidão, agora que ela vai seminua e tímida por entre vós, derramar em vossas almas os últimos perfumes de seu coração, ó meus amigos, recebei-a no peito, e amai-a como o consolo que foi de uma alma esperançosa, que depunha fé na poesia e no amor – esses dois raios luminosos do coração de Deus.

AZEVEDO, Álvares de. Lira dos vinte anos. In: *Obra completa*. Organização de Alexei Bueno. Rio de Janeiro: Nova Aguilar, 2000. p. 120.

3. (UFG-GO) No prefácio, a cena enunciativa coloca o autor e o leitor em um mesmo tempo e espaço. Quais elementos linguísticos contribuem para esse efeito no diálogo?
   a) As vozes em terceira pessoa e a palavra "primavera".
   b) Os enunciados negativos e o termo "lira".
   c) As orações adversativas e o substantivo "poeta".
   d) Os argumentos explicativos e o adjetivo "pobre".
   e) As frases imperativas e o advérbio "agora".

4. (ITA-SP) Leia o texto abaixo e assinale a alternativa correta:

Sonolento leitor, o jogo do Brasil já aconteceu. Como estou escrevendo ontem, não faço ideia do que ocorreu. Porém, tentei adivinhar a atuação dos jogadores. Cabe ao leitor avaliar minha avaliação e dar-me a nota final.

(TORERO, José Roberto. "FOLHA DE S.PAULO", 13/06/2002, A-1)

Com o uso do advérbio em "Como estou escrevendo ontem...", o autor
   a) marcou que a leitura do texto acontece simultaneamente ao processo de produção do texto.
   b) adequou esse elemento à forma verbal composta de auxiliar + gerúndio, para guiar a interpretação do leitor.
   c) não observou a regra gramatical que impede o uso do verbo no presente com aspecto durativo juntamente com um marcador de passado.
   d) sinalizou explicitamente que a produção e a leitura do texto acontecem em momentos distintos.
   e) lançou mão de um recurso que, embora gramaticalmente incorreto, coloca o leitor e o produtor do texto em momentos distintos: passado e presente, respectivamente.

5. (UFRJ)

## Mapa-múndi

A facilidade de comunicações acabou com esses tanques em que floresciam as diferentes culturas. Quando antes se olhava o mapa-múndi e via-se cada país de um colorido diferente, podia-se tomar isso ao pé da letra. É verdade que o mundo continuou a ser uma colcha de retalhos; mas são todos da mesma cor. Bombaim, Roma, Tóquio, que se escondiam, cada um com seu peculiar mistério, nos compartimentos estanques de sua própria civilização, agora, a julgar pelos filmes, estão perfeitamente padronizados, universalizados.

E, no mundo de hoje, para desconsolo dos descendentes de Sindbad e de Marco Polo, a única cor local das cidades famosas são os turistas.

(QUINTANA, Mário. *Prosa e verso*. Compilação do autor. Porto Alegre: Globo, 1978.)

"ANTES"
"cada país de um colorido diferente"

"DEPOIS"
"Bombaim, Roma, Tóquio" [...]
"a julgar pelos filmes, estão perfeitamente padronizados, universalizados.".

   a) Os trechos anteriormente transcritos caracterizam um mundo de ANTES e um mundo de AGORA.
   Segundo o texto, essa transformação apagou todos os traços originais que individualizavam e distinguiam cada país e cada cultura?
   Retire do texto a frase que comprova sua resposta.
   b) Explique, então, o efeito expressivo obtido com o emprego do advérbio "perfeitamente" em "agora, a julgar pelos filmes, estão perfeitamente padronizados, universalizados.".

**Texto para a próxima questão.**

Olhar para o céu noturno é quase um privilégio em nossa atribulada e iluminada vida moderna. (...) Companhias de turismo deveriam criar "excursões noturnas", em que grupos de pessoas são transportados até pontos estratégicos para serem instruídos por um astrônomo sobre as maravilhas do céu noturno. Seria o nascimento do "turismo astronômico", que complementaria perfeitamente o novo turismo ecológico. E por que não?

Turismo astronômico ou não, talvez a primeira impressão ao observarmos o céu noturno seja uma enorme sensação de paz, de permanência, de profunda ausência de movimento, fora um eventual avião ou mesmo um satélite distante (uma estrela que se move!). Vemos incontáveis estrelas, emitindo sua radiação eletromagnética, perfeitamente indiferentes às atribulações humanas.

Essa visão pacata dos céus é completamente diferente da visão de um astrofísico moderno. As inocentes estrelas são verdadeiras fornalhas nucleares, produzindo uma quantidade enorme de energia a cada segundo. A morte de uma estrela modesta como o Sol, por exemplo, virá acompanhada de uma explosão que chegará até a nossa vizinhança, transformando tudo o que encontrar pela frente em poeira cósmica.

(O leitor não precisa se preocupar muito. O Sol ainda produzirá energia "docilmente" por mais uns 5 bilhões de anos.)

(Marcelo Gleiser, *Retalhos cósmicos*)

6. (Fuvest-SP) Na frase "O Sol ainda produzirá energia (...)", o advérbio *ainda* tem o mesmo sentido que em:
   a) Ainda lutando, nada conseguirá.
   b) Há ainda outras pessoas envolvidas no caso.
   c) Ainda há cinco minutos ela estava aqui.
   d) Um dia ele voltará, e ela estará ainda à sua espera.
   e) Sei que ainda serás rico.

**Texto para a próxima questão.**

Os tiranos e os autocratas sempre compreenderam que a capacidade de ler, o conhecimento, os livros e os jornais são potencialmente perigosos. Podem insuflar ideias independentes e até rebeldes nas cabeças de seus súditos. O governador real britânico da colônia de Virgínia escreveu em 1671:

"Graças a Deus não há escolas, nem imprensa livre; e espero que não [as] tenhamos nestes [próximos] cem anos; pois o conhecimento introduziu no mundo a desobediência, a heresia e as seitas, e a imprensa divulgou-as e publicou os libelos contra os melhores governos. Que Deus nos guarde de ambos!"

Mas os colonizadores norte-americanos, compreendendo em que consiste a liberdade, não pensavam assim.

Em seus primeiros anos, os Estados Unidos se vangloriavam de ter um dos índices mais elevados – talvez o mais elevado – de cidadãos alfabetizados no mundo.

Atualmente, os Estados Unidos não são o líder mundial em alfabetização. Muitos dos que são alfabetizados não conseguem ler, nem compreender material muito simples – muito menos um livro da sexta série, um manual de instruções, um horário de ônibus, o documento de uma hipoteca ou um programa eleitoral.

As rodas dentadas da pobreza, ignorância, falta de esperança e baixa autoestima se engrenam para criar um tipo de máquina do fracasso perpétuo que esmigalha os sonhos de geração a geração. Nós todos pagamos o preço de mantê-la funcionando. O analfabetismo é a sua cavilha.

Ainda que endureçamos os nossos corações diante da vergonha e da desgraça experimentadas pelas vítimas, o ônus do analfabetismo é muito alto para todos os demais – o custo de despesas médicas e hospitalização, o custo de crimes e prisões, o custo de programas de educação especial, o custo da produtividade perdida e de inteligências potencialmente brilhantes que poderiam ajudar a solucionar os dilemas que nos perseguem.

Frederick Douglass ensinou que a alfabetização é o caminho da escravidão para a liberdade. Há muitos tipos de escravidão e muitos tipos de liberdade. Mas saber ler ainda é o caminho.

(Carl Sagan, O caminho para a liberdade. Em *O mundo assombrado pelos demônios*: a ciência vista como uma vela no escuro. Adaptado.)

7. (FGV-SP) Considere o trecho citado a seguir, do governador real britânico.
   Ainda que endureçamos os nossos corações diante da vergonha e da desgraça experimentadas pelas vítimas, o ônus do analfabetismo é muito alto para todos os demais.
   A locução "ainda que" e o advérbio "muito" estabelecem, nesse enunciado, relações de sentido, respectivamente, de
   a) restrição e quantidade.
   b) causa e modo.
   c) tempo e meio.
   d) concessão e intensidade.
   e) condição e especificação.

**Textos para a próxima questão.**

*Texto 1*

## Valorizar o professor do ciclo básico

Como não sou perito em futurologia, devo limitar-me a fazer um exercício de observação. Presto atenção ao que se passa na escola hoje e suponho que, daqui a 25 anos, as tendências atuais persistirão com maior ou menor intensidade. Provavelmente, o analfabetismo dos adultos terá sido erradicado e o acesso à instrução primária terá sido generalizado.

Tudo indica que a demanda continuará a crescer em relação ao ensino secundário e superior. Se os poderes públicos não investirem sistematicamente na expansão desses dois níveis, a escola média e a universidade serão, em grande parte, privatizadas.

A educação a distância será promovida tanto pelo Estado como pelas instituições particulares. Essa alteração no uso de espaços escolares tradicionais levará a resultados contraditórios. De um lado, aumentará o número de informações e instrumentos didáticos de alta precisão. De outro lado, a elaboração pessoal dos dados e a sua crítica poderão sofrer com a falta de um diálogo sustentado face a face entre o professor e o aluno.

É preciso pensar, desde já, nesse desafio que significa aliar eficiência técnica e profundidade ou densidade cultural.

O risco das avaliações sumárias, por meio de testes, crescerá, pois os processos informáticos visam a poupar tempo e reduzir os campos de ambiguidade e incerteza. Com isso, ficaria ainda mais raro o saber que duvida e interroga, esperando com paciência, até vislumbrar uma razão que não se esgote no simplismo do certo *versus* errado. Poderemos ter especialistas cada vez mais peritos nas suas áreas e massas cada vez mais incapazes de entender o mundo que as rodeia. De todo modo, o futuro depende, em larga escala, do que pensamos e fazemos no presente.

Uma coisa me parece certa: o professor do ciclo básico deve ser valorizado em termos de preparação e salário, caso contrário, os mais belos planos ruirão como castelos de cartas.

(BOSI, Alfredo. Caderno Sinapse. *FOLHA DE S.PAULO*, 29/07/2003.)

*Texto 2*

## Diretrizes de salvação para a universidade pública

"... poder-se-ia alegar que não é muito bom o ensino das matérias que se costuma lecionar nas universidades. Todavia, não fossem essas instituições, tais matérias geralmente não teriam sido sequer ensinadas, e tanto o indivíduo como a sociedade sofreriam muito com a falta delas..."

Adam Smith

(...) A grande característica distintiva de uma universidade pública reside na sua qualidade geradora de bens públicos. Estes, por definição, são bens cujo usufruto é necessariamente coletivo e não podem ser apropriados exclusivamente por ninguém em particular.

Quanto ao grau de abrangência, os bens públicos podem ser classificados em locais, nacionais ou universais.

O corpo de bombeiros de uma cidade, por exemplo, é um bem público local, o serviço da guarda costeira de um país é um bem público nacional, ao passo que a proteção de áreas ambientais importantes do planeta, como a Amazônia, deve ser vista como bem público universal, assim como qualquer outra atividade protetora de patrimônios da humanidade ou de segurança global, como é o caso da proteção contra vírus de computador, para citar um exemplo mais atual, embora ainda não plenamente reconhecido.

Incluem-se no elenco dos bens públicos as atividades relacionadas à produção e transmissão da cultura, ao pensamento filosófico e às investigações científicas não alinhadas com qualquer interesse econômico mais imediato.

A universidade surgiu na civilização porque havia uma necessidade latente desses bens e legitimou-se pelo reconhecimento de sua importância para a humanidade.

Portanto, ela nasceu e legitimou-se como instituição social pública e não como negócio privado, como muitos agora a querem transformar, inclusive a OMC, contradizendo o próprio Adam Smith, o patriarca da economia de mercado, como bem o indica a passagem acima epigrafada, retirada de "A Riqueza das Nações".

As tecnologias podem ser "engenheiradas", transformando-se em produtos de mercado, mas o conhecimento que as originou é uma conquista da humanidade e, portanto, um bem público universal, como é o caso, por exemplo, das atividades do Instituto Politécnico de Zurique, de onde saiu Albert Einstein, e do laboratório Cavendish da Universidade de Cambridge, onde se realizaram os experimentos que levaram a descobertas fundamentais da física, sem as quais não teriam sido possíveis as maravilhas tecnológicas do mundo moderno, da lâmpada elétrica à internet. (...)

(SILVA, José M. A. *Jornal da Ciência*, 22/07/2003. Extraído de: http://www.jornaldaciencia.org.br, 15/07/2003.)

8. (ITA-SP) A única opção em que o advérbio em destaque indica o ponto de vista do autor é
   a) PROVAVELMENTE, o analfabetismo dos adultos terá sido erradicado (...) (Texto 1).
   b) Se os poderes públicos não investirem SISTEMATICAMENTE na expansão desses dois níveis, (...) (Texto I).
   c) Estes, por definição, são bens cujo usufruto é NECESSARIAMENTE coletivo (...) (Texto 2).
   d) (...) e não podem ser apropriados EXCLUSIVAMENTE por ninguém (...) (Texto 2).
   e) (...) como é o caso da proteção contra vírus de computador, para citar um exemplo atual, embora ainda não PLENAMENTE reconhecido. (Texto 2).

**Texto para a próxima questão.**

"Uma fonte aqui houve; eu não me esqueço
De estar a ela um dia reclinado:
Ali em vale um monte está mudado:
Quanto pode dos anos o progresso!

Árvores aqui vi tão florescentes,
Que faziam perpétua a primavera:
Nem troncos vejo agora decadentes."

(Cláudio Manuel da Costa, *Sonetos-VII*.)

9. (Unifesp) A correlação entre o advérbio de lugar, o objeto que nele se situa e o tempo de existência (ou vida) deste objeto está correta em
   a) "Aqui" = "fonte" no presente e "árvores florescentes" no passado.
   b) "Ali" = "vale" no presente e "monte" no presente.
   c) "Aqui" = "fonte", "árvores florescentes", "troncos decadentes" no passado.
   d) "Aqui" = "fonte", "árvores florescentes", "troncos decadentes" no presente.
   e) "Ali" = "vale" no passado e "monte" no passado.

# REALIDADE E FICÇÃO NOS GÊNEROS NARRATIVOS

## O TIPO TEXTUAL NARRATIVA

A narrativa está presente nos mais variados gêneros textuais, seja em textos baseados em acontecimentos reais (notícia de jornal, narração de um evento esportivo, relatos cotidianos, biografias, etc.), seja em textos baseados em acontecimentos imaginários (contos de fadas, romances, lendas, contos policiais, poemas épicos, fábulas, mitos, etc.).

### Narrador

O **narrador** (ser ficcional) é uma criação do autor (ser real), com o qual pode se assemelhar em menor ou maior escala, ou mesmo não se assemelhar em nada.

### Verossimilhança

A narrativa ficcional, criação da imaginação inventiva de um autor, tem de apresentar **verossimilhança**. A palavra **verossimilhança** deriva de **verossímil**, que vem do latim *verisimilis*: "provável", ou seja, a narrativa ficcional tem de apresentar um universo possível, passando a sensação de que pode existir e/ou acontecer.

#### Verossimilhança interna

Coerência interna dos fatos ficcionais dentro da própria narrativa.

#### Verossimilhança externa

Identificação com a realidade, com aquilo que o senso comum aceita como possível, provável.

### O ciclo narrativo

- **Situação inicial**: a(s) personagem(ns) é (são) apresentada(s) em determinada situação temporal e espacial.
- **Desenvolvimento**: apresenta-se um conflito, e a ação se desenvolve até chegar ao clímax e, em seguida, a um desfecho.
- **Situação final**: passado o conflito, a(s) personagem(ns) é (são) apresentada(s) em uma nova situação – há claros indícios de mudança em relação ao início da narrativa.

### Ficção: realidade e fantasia

Na literatura, a **ficção** é uma das características da obra literária, pois ela sempre apresenta uma interpretação particular, original e subjetiva da realidade. Toda narrativa ficcional é construída a partir de elementos da realidade, algumas vezes recheada de elementos fantasiosos, muitas outras com alguns elementos inusitados, outras, ainda, com situações e personagens retratados com muita fidelidade; portanto, o universo imaginário pode ser mais ou menos "real". Podemos dizer que o ficcionismo abrange narrativas que vão desde o universo mais fantástico até o mais realista.

# Exercícios

**Texto para a próxima questão.**

## O tempo em que o mundo tinha a nossa idade

Nesse entretempo, ele nos chamava para escutarmos seus imprevistos improvisos. [1]As estórias dele faziam o nosso lugarzinho crescer até ficar maior que o mundo. Nenhuma narração tinha fim, o sono lhe apagava a boca antes do desfecho. Éramos nós que recolhíamos seu corpo dorminhoso. Não lhe deitávamos dentro da casa: ele sempre recusara cama feita. Seu conceito era que a morte nos apanha deitados sobre a moleza de uma esteira. Leito dele era o puro chão, lugar onde a chuva também gosta de deitar. Nós simplesmente lhe encostávamos na parede da casa. Ali ficava até de manhã. Lhe encontrávamos coberto de formigas. Parece que os insectos gostavam do suor docicado do velho Taímo. Ele nem sentia o corrupio do formigueiro em sua pele.

– Chiças: transpiro mais que palmeira!

Proferia tontices enquanto ia acordando. Nós lhe sacudíamos os infatigáveis bichos. Taímo nos sacudia a nós, incomodado por lhe dedicarmos cuidados.

[2]Meu pai sofria de sonhos, saía pela noite de olhos transabertos. Como dormia fora, nem dávamos conta. Minha mãe, manhã seguinte, é que nos convocava:

– Venham: papá teve um sonho!

[3]E nos juntávamos, todos completos, para escutar as verdades que lhe tinham sido reveladas. Taímo recebia notícia do futuro por via dos antepassados. Dizia tantas previsões que nem havia tempo de provar nenhuma. Eu me perguntava sobre a verdade daquelas visões do velho, estorinhador como ele era.

– Nem duvidem, avisava mamã, suspeitando-nos.

E assim seguia nossa criancice, tempos afora. [4]Nesses anos ainda tudo tinha sentido: a razão deste mundo estava num outro mundo inexplicável. Os mais velhos faziam a ponte entre esses dois mundos. (...)

Mia Couto. *Terra sonâmbula*. São Paulo, Cia das Letras, 2007.

1. (Uerj) Este texto é uma narrativa ficcional que se refere à própria ficção, o que caracteriza uma espécie de metalinguagem.
A metalinguagem está melhor explicitada no seguinte trecho:
a) As estórias dele faziam o nosso lugarzinho crescer até ficar maior que o mundo. (ref. 1)
b) Meu pai sofria de sonhos, saía pela noite de olhos transabertos. (ref. 2)
c) E nos juntávamos, todos completos, para escutar as verdades que lhe tinham sido reveladas. (ref. 3)
d) Nesses anos ainda tudo tinha sentido: (ref. 4)

**Textos para a próxima questão.**

Eu estava deitado num velho sofá amplo. Lá fora, a chuva caía com redobrado rigor e ventava fortemente. A nossa casa frágil parecia que, de um momento para outro, ia ser arrasada. Minha mãe ia e vinha de um quarto próximo; removia baús, arcas; cosia, futicava. Eu devaneava e ia-lhe vendo o perfil esquálido, o corpo magro, premido de trabalhos, as faces cavadas com os malares salientes, tendo pela pele parda manchas escuras, como se fossem de fumaça entranhada. De quando em quando, ela lançava-me os seus olhos aveludados, redondos, passivamente bons, onde havia raias de temor ao encarar-me. Supus que adivinhava os perigos que eu tinha de passar; sofrimentos e dores que a educação e inteligência, qualidades a mais na minha frágil consistência social, haviam de atrair fatalmente. Não sei que de raro, excepcional e delicado, e ao mesmo tempo perigoso, ela via em mim, para me deitar aqueles olhares de amor e espanto, de piedade e orgulho.

LIMA BARRETO. *Recordações do escrivão Isaías Caminha*. Rio de Janeiro; Belo Horizonte: Livraria Garnier, 1989. p. 26-27.

2. (UFF-RJ) Identifique, no discurso confessional do narrador do texto, aspectos que apontam para a contundente crítica social que se tornou marca da ficção pré-modernista de Lima Barreto.

3. (UFBA)

*I.*

Sob as apreensões de uma crise social iminente, infalível, que a todos há de custar direta ou indiretamente onerosos sacrifícios, o povo brasileiro, e particularmente os lavradores, esperam ansiosos, entre receios por certo justificáveis e clamores que se explicam sem desar, o pronunciamento legal e decisivo da solução do problema da emancipação dos escravos.

[...]

Ninguém se iluda, ninguém se deixe iludir. Não há combinação de interesses, não há partido político, não há governo, por mais forte que se presuma, que possa impedir o proceloso acontecimento.

[...]

A voz de Deus, o brado do século da liberdade, a opinião do mundo, o pronunciamento dos governos, o espírito e a matéria, a ideia e a força querem, exigem, e em caso extremo hão de impor a emancipação dos escravos.

MACEDO, Joaquim Manuel de. *As vítimas algozes*: quadros da escravidão. 4. ed. São Paulo: Zouk, 2005. p. 7 e 8.

*II.*

Mané galinha: [...] Você é uma criança!

Menino: – Que criança? Eu fumo, cheiro, já matei, já roubei [...] Eu sou sujeito homem.

*Cidade de Deus* (2002). Direção: Fernando Meirelles. Intérpretes: Matheus Nachtergaele e um grupo de atores, em sua maioria, amadores, moradores da comunidade retratada no filme. Roteiro: Bráulio Mantovani.

Os fragmentos transcritos dizem respeito à visão ficcional da existência de afrodescendentes no Brasil, em momentos históricos distintos.

Teça um comentário sobre as representações do negro brasileiro de ontem e de hoje, focalizadas nas duas obras e identificadas por I e II.

**Texto para a próxima questão.**

## Sonata (trecho)

A história que vou contar não tem a rigor um princípio, um meio e um fim. O Tempo é um rio sem nascentes a correr incessantemente para a Eternidade, mas bem se pode dar que em inesperados trechos de seu curso o nosso barco se afaste da correnteza, derivando para algum braço morto, feito de antigas águas ficadas, e só Deus sabe o que então nos poderá acontecer. No entanto, para facilitar a narrativa, vamos supor que tudo tenha começado naquela tarde de abril.

Era o primeiro ano da Guerra e eu evitava ler os jornais ou dar ouvidos às pessoas que falavam em combates, bombardeios e movimentos de tropas.

"Os alemães romperão facilmente a linha Maginot", assegurou-me um dia o desconhecido que se sentara a meu lado num banco de praça. "Em poucas semanas estarão senhores de Paris." Sacudi a cabeça e repliquei: "Impossível. Paris não é uma cidade do espaço, mas do tempo. É um estado de alma e como tal inacessível às Panzerdivisionen"[1]. O homem lançou-me um olhar enviesado, misto de estranheza e alarma. Ora, estou habituado a ser olhado desse modo. Um lunático! É o que murmuram de mim os inquilinos da casa de cômodos onde tenho um quarto alugado, com direito à mesa parca e ao banheiro coletivo. E é natural que pensem assim. Sou um sujeito um tanto esquisito, um tímido, um solitário que às vezes passa horas inteiras a conversar consigo mesmo em voz alta. "Bicho de concha!" – já disseram de mim. Sim, mas a esta apagada ostra não resta nem o consolo de ter produzido em sua solidão alguma pérola rara, a não ser... Mas não devo antecipar nem julgar.

Homem de necessidades modestas, o que ganho, dando lições de piano a domicílio, basta para o meu sustento e ainda me permite comprar discos de gramofone e ir de vez em quando a concertos. Quase todas as noites, depois de vaguear sozinho pelas ruas, recolho-me ao quarto, ponho a eletrola a funcionar e, estendido na cama, cerro os olhos e fico a escutar os últimos quartetos de Beethoven, tentando descobrir o que teria querido dizer o Velho com esta ou aquela frase. Tenho no quarto um piano no qual costumo tocar as minhas próprias composições, que nunca tive a coragem nem a necessidade de mostrar a ninguém. Disse um poeta que

*Entre a ideia*
*e a realidade*
*Entre o movimento*
*E o ato*
*Cai a Sombra.*

Pois entre essa Sombra e a mal-entrevista claridade duma esperança vivia eu, aparentemente sem outra ambição que a de manter a paz e a solitude.

No Inverno, na Primavera e no Verão sinto-me como que exilado, só encontrando o meu clima nativo, o meu reino e o meu nicho no Outono – a estação que envolve as pessoas e as coisas numa surdina lilás. É como se Deus armasse e iluminasse o palco do mundo especialmente para seus mistérios prediletos, de modo que a qualquer minuto um milagre pode acontecer.

(VERÍSSIMO, Érico. *Contos*. Porto Alegre: Globo, 1980.)

Vocabulário:
[1]Panzerdivisionen – divisões nazistas de ataque

**4.** (Uerj) Este trecho faz parte do início de um conto. Seu narrador alerta o leitor para o caráter ficcional do relato que passará a ler.

Isso se dá por meio do seguinte recurso:

a) assumir uma história sem princípio, meio e fim

b) construir uma frase longa com ritmo fluente de narrativa

c) usar o verbo supor como marca de início dos acontecimentos

d) sugerir o Tempo e a Eternidade como metáforas humanizadas

**Texto para a próxima questão.**

Conheci que Madalena era boa em demasia, mas não conheci tudo de uma vez. Ela se revelou pouco a pouco, e nunca se revelou inteiramente. A culpa foi minha, ou antes, a culpa foi desta vida agreste, que me deu uma alma agreste.

E, falando assim, compreendo que perco o tempo. Com efeito, se me escapa o retrato moral de minha mulher, para que serve esta narrativa? Para nada, mas sou forçado a escrever.

Quando os grilos cantam, sento-me aqui à mesa da sala de jantar, bebo café, acendo o cachimbo. Às vezes as ideias não vêm, ou vêm muito numerosas – e a folha permanece meio escrita, como estava na véspera. Releio algumas linhas, que me desagradam. Não vale a pena tentar corrigi-las. Afasto o papel.

Emoções indefiníveis me agitam – inquietação terrível, desejo doido de voltar, tagarelar novamente com Madalena, como fazíamos todos os dias, e esta hora. Saudade? Não, não é isto: é desespero, raiva, um peso enorme no coração.

Procuro recordar o que dizíamos. Impossível. As minhas palavras eram apenas palavras, reprodução imperfeita de fatos exteriores, e as dela tinham alguma coisa que não consigo exprimir. Para senti-las melhor, eu apagava as luzes, deixava que a sombra nos envolvesse até ficarmos dois vultos indistintos na escuridão.

Lá fora os sapos arengavam, o vento gemia, as árvores do pomar tornavam-se massas negras.

– Casimiro!

Casimiro Lopes estava no jardim, acocorado ao pé da janela, vigiando.

– Casimiro!

A figura de Casimiro Lopes aparece à janela, os sapos gritam, o vento sacode as árvores, apenas visíveis na treva. Maria das Dores entra e vai abrir o comutador. Detenho-a: não quero luz.

O tique-taque do relógio diminui, os grilos começam a cantar. E Madalena surge no lado de lá da mesa. Digo baixinho:

– Madalena!

A voz dela me chega aos ouvidos. Não, não é aos ouvidos. Também já não a vejo com os olhos.

Estou encostado na mesa, as mãos cruzadas. Os objetos fundiram-se, e não enxergo sequer a toalha branca.

– Madalena...

A voz de Madalena continua a acariciar-me. Que diz ela? Pede-me naturalmente que mande algum dinheiro a mestre Caetano. Isto me irrita, mas a irritação é diferente das outras, é uma irritação antiga, que me deixa inteiramente calmo. Loucura estar uma pessoa ao mesmo tempo zangada e tranquila. Mas estou assim. Irritado contra quem? Contra mestre Caetano. Não obstante ele ter morrido, acho bom que vá trabalhar. Mandrião!

A toalha reaparece, mas não sei se é esta toalha que tenho sobre as mãos cruzadas ou a que estava aqui há cinco anos.

Rumor do vento, dos sapos, dos grilos. A porta do escritório abre-se de manso, os passos de seu Ribeiro afastam-se. Uma coruja pia na torre da igreja. Terá realmente piado a coruja? Será a mesma que piava há dois anos? Talvez seja até o mesmo pio daquele tempo.

Agora seu Ribeiro esta conversando com D. Glória no salão. Esqueço que eles me deixaram e que esta casa está quase deserta.

– Casimiro!

Penso que chamei Casimiro Lopes. A cabeça dele, com o chapéu de couro de sertanejo, assoma de quando em quando à janela, mas ignoro se a visão que me dá é atual ou remota.

Agitam-se em mim sentimentos inconciliáveis: encolerizo-me e enterneço-me; bato na mesa e tenho vontade de chorar.

Aparentemente estou sossegado: as mãos continuam cruzadas sobre a toalha e os dedos parecem de pedra. Entretanto ameaço Madalena com o punho. Esquisito.

Distingo no ramerrão da fazenda as mais insignificantes minudências. Maria das Dores, na cozinha, dá lição ao papagaio. Tubarão rosna acolá no jardim. O gado muge no estábulo.

O salão fica longe: para irmos lá temos de atravessar um corredor comprido. Apesar disso a palestra de seu Ribeiro e D. Glória é bastante clara. A dificuldade seria reproduzir o que eles dizem. É preciso admitir que estão conversando sem palavras.

Padilha assobia no alpendre. Onde andará Padilha?

Se eu convencesse Madalena de que ela não tem razão... Se lhe explicasse que é necessário vivermos em paz... Não me entende. Não nos entendemos. O que vai acontecer será muito diferente do que esperamos. Absurdo.

Há um grande silêncio. Estamos em julho. O nordeste não sopra e os sapos dormem. Quanto às corujas, Marciano subiu ao forro da igreja e acabou com elas a pau. E foram tapados os buracos de grilos.

Repito que tudo isso continua a azucrinar-me.

O que não percebo é o tique-taque do relógio. Que horas são? Não posso ver o mostrador assim às escuras. Quando me sentei aqui, ouviam-se as pancadas do pêndulo, ouviam-se muito bem. Seria conveniente dar corda ao relógio, mas não consigo mexer-me.

(RAMOS, Graciliano, *São Bernardo*, Rio de Janeiro, Record, 1989)

5. (Fuvest-SP) "Agitam-se em mim sentimentos inconciliáveis: encolerizo-me e enterneço-me: bato na mesa e tenho vontade de chorar."
Momento central do texto em questão, ajuda a compreender a personalidade e Paulo Honório, personagem-narrador do romance. Podemos dizer que se trata de:

a) personagem fraca, abatida pelas circunstâncias.
b) personalidade rica de humanidade, que se perturba diante da adversidade.
c) personalidade complexa, perturbada diante dos acontecimentos.
d) homem forte, revoltado contra tudo e contra todos.
e) homem sentimental e lírico, incapaz de conciliar os próprios sentimentos.

**Textos para a próxima questão.**

*Texto I*

### A estrela sobe

Vai um dia, uma semana, um mês. Vai o inverno, o verão. As mesmas festas, os mesmos clubes, os mesmos cinemas. Os amiguinhos é que mudam. Não suportava uma semana a mesma cara, a mesma voz, os mesmos beijos. Vem o carnaval, fantasiou-se de camponesa russa – que loucura!

Para as noites de casa tem os romances emprestados, as revistas, os jornais dos hóspedes. Tem o rádio do vizinho também. É desgraçado de fanhoso, mas é rádio. Tem Seu Alberto sempre amigo, sempre de violão, animando-a:

– Que linda voz!

– Pelo senhor eu já estava no rádio, não é, Seu Alberto?

– Por que não? Há muitas piores que lá estão.

Leniza confundia-o:

– Está ouvindo, mamãe? Piores.

Dona Manuela ria, ele ria também:

– É uma maneira de dizer.

– Eu sei!...

Dona Manuela achava que era preciso muito pistolão. Seu Alberto achava que seria bom ela tentar. Ir a uma estação, cantar para eles ouvirem... Voz tinha. Graça também. Quem sabe? Ia falando, falando... – a voz mole, arrastada, quase feminina. Dona Manuela insensivelmente dando corda: – É, não é... – Leniza não ouve – sonha. Ela cantando. Ela ouvida pela mãe, por Seu Alberto, pelo vizinho, por todo mundo. Ela ganhando dinheiro, muito dinheiro, ela se vestindo bem, cotada à beça, com retrato nos jornais todos os dias. Seu Alberto só chama Leniza de senhora, de dona:

– A senhora também não acha, Dona Leniza?

Leniza acorda:

– O quê?

– Que não há outra como a Carmem Miranda.

– Que dúvida!

Dona Manuela não acha. Gosta dela sim, mas gosta mais de Araci Cortes. Acha-a mais mimosa. Tinha-a visto no teatro, há muito tempo, poucos dias antes do marido cair entrevado, coitado. Muito mimosa. Seu Alberto ria:

– Qual, Dona Manuela, a senhora está muito atrasada. A Araci é material da Monarquia.

(REBELO, Marques. *A estrela sobe*. Rio de Janeiro: Nova Fronteira, 1986.)

*Texto II*

### Nos morros e nas vilas, nasce a música das multidões

Durante a década de 30, o rádio viria a ter vital importância na propagação nacional da música popular, e especialmente do samba. No Rio de Janeiro (centro aglutinador de cantores, músicos e compositores) a transmissão "para todo o Brasil" de programas musicais trouxe inúmeras vantagens para a música popular e uma "era de ouro" para os artistas nacionais. Surgem os primeiros ídolos populares, uma verdadeira constelação de astros: Francisco Alves, Vicente Celestino, Mário Reis, Carmem Miranda, Araci de Almeida. Em 1937, Orlando Silva é denominado o "Cantor das Multidões", por arrebanhar milhares de admiradores em suas apresentações. Os gêneros musicais se diversificam. Em 1935, o samba-canção ou samba de meio de ano começa a firmar o seu estilo, diferenciando-se do ritmo carnavalesco. Esse tipo de samba, próprio para ouvir e cantar, vinha atender uma exigência do lazer das massas urbanas que se divertiam com os programas de rádio. Surge também um gênero híbrido, o samba-choro, representado pelas composições "Amor em Excesso" (1932), de Gade, e "Comigo Não" (1934), de Heitor Catumbi. Em 1936, surgiria o samba de breque, tal como ficaria conhecido a partir da música "Jogo Proibido", interpretada por Moreira da Silva.

(*Nosso Século* – 1930/1945. São Paulo: Abril Cultural, 1980.)

6. (Uerj) Os textos I e II enquadram-se, respectivamente, nos gêneros ficcional e informativo.
   a) Os ídolos da música popular dos anos 1930 foram incorporados ao texto ficcional de Marques Rebelo. Descreva esse processo literário de incorporação.
   b) Cite duas características do texto II que comprovem a sua identificação com o gênero informativo.

**Textos para a próxima questão.**

### Corte na Aldeia

– A minha inclinação em matéria de livros (disse ele), de todos os que estão presentes é bem conhecida; somente poderei dar agora de novo a razão dela. Sou particularmente afeiçoado a livros de história verdadeira, e, mais que às outras, às do Reino em que vivo e da terra onde nasci; dos Reis e Príncipes que teve; das mudanças que nele fez o tempo e a fortuna; das guerras, batalhas e ocasiões que nele houve; dos homens insignes, que, pelo discurso dos anos, floresceram; das nobrezas e brasões que por armas, letras, ou privança se adquiriram. [...]

[...]

– Vós, senhor Doutor (disse Solino), achareis isso nos vossos cartapácios; mas eu ainda estou contumaz. Primeiramente, nas histórias a que chamam verdadeiras, cada um mente segundo lhe convém, ou a quem o informou, ou favoreceu para mentir; porque, se não forem estas tintas, é tudo tão misturado que não há pano sem nódoa, nem légua sem mau caminho. No livro fingido contam-se as cousas como era bem que fossem e não como sucederam, e assim são mais aperfeiçoadas. Descreve o cavaleiro como era bem que os houvesse, as damas quão castas, os Reis quão justos, os amores quão verdadeiros, os extremos quão grandes, as leis, as cortesias, o trato tão conforme com a razão. E assim não lereis livro em o qual se não destruam soberbos, favoreçam humildes, amparem fracos, sirvam donzelas, se cumpram palavras, guardem juramentos e satisfaçam boas obras. [...]

Muito festejaram todos o conto, e logo prosseguiu o Doutor:

– Tão bem fingidas podem ser as histórias que merecem mais louvor que as verdadeiras; mas há poucas que o sejam; que a fábula bem escrita (como diz Santo Ambrósio), ainda que não tenha força de verdade, tem uma ordem de razão, em que se podem manifestar as cousas verdadeiras.

(Francisco Rodrigues Lobo, *Corte na Aldeia*)

7. (Unesp-SP) No trecho de "Corte na Aldeia", focaliza-se uma discussão sobre dois conceitos – o de "história verdadeira", defendido pela personagem "Doutor", e o de "história fingida" ("livro fingido"), defendido pela personagem "Solino". Depois de reler o trecho atentamente,
   a) estabeleça, segundo as noções de cada interlocutor, o que querem dizer com "história verdadeira e história fingida";
   b) aponte dois adjetivos da fala de Solino cujo significado comprova o fato de a personagem utilizar, entre outros, o critério moral para defender seu ponto de vista.

8. (UFRGS-RS) Leia o seguinte trecho, que dá início ao conto "Dançar Tango em Porto Alegre", do livro "Contos Completos", de Sergio Faraco.

"Carregava pouca roupa na valise. Duas camisas, uma calça grossa, meias e cuecas que me envergonhavam quando precisava pendurá-las para secar. Era, enfim, roupa que eu tinha, mais a do corpo e o casaco listrado que trazia nos ombros, prevenindo o frio da madrugada. Um casaco antigo, resistente, comprara-o em certa ocasião para procurar emprego em Porto Alegre. Ele durava, mas os empregos... As pessoas costumavam me demitir como contristadas: 'O senhor trabalha devagar e é muito distraído' ou 'O senhor se esquece demais de suas obrigações'. Era engraçado que, depois de tantos anos, estivesse retornando à capital para tentar novo emprego e vestisse o mesmíssimo casaco. Mudava o mundo, minha roupa não.

Quase duas horas e o trem atravessava a noite escura, uma viagem sem fim, Uruguaiana a Porto Alegre era: como a volta ao mundo. Noite úmida, fria, o vidro da janela se embaciava e eu me distraía imaginando como seria, numa noite assim, ver do campo o trem passar. Devia causar algum assombro a cobra de ferro, luminosa, vomitando na treva o seu clamor de bielas rugidoras. Tinha vontade de erguer o vidro, espiar o tênder e a locomotiva numa curva da estrada [...]"

Assinale a afirmação correta sobre esse trecho.

   a) O narrador onisciente descreve minuciosamente a parca bagagem do viajante.
   b) Ao deixar Porto Alegre em busca de emprego, o personagem relembra os motivos pelos quais havia sido demitido em outras ocasiões.
   c) O sentimento de vergonha, causado pelo estado da roupa, impede o personagem de desfrutar a viagem.
   d) Na descrição da viagem, o personagem passa a adotar um outro ponto de vista em relação ao trem em movimento.
   e) A situação econômica difícil e a pouca perspectiva de mudança conferem à fala do personagem um tom engraçado.

# ESTRUTURA DA NARRATIVA

## O TEMPO

As narrativas podem basear-se num **tempo cronológico**, ou seja, aquele medido ora pela natureza (a passagem do dia para a noite), ora por mecanismos de medição temporal (como o relógio ou a divisão em anos, meses, semanas, etc.). O tempo cronológico marca a noção temporal mensurável do enredo.

## AS PERSONAGENS

A personagem principal de uma narrativa é chamada de **protagonista** e, dependendo do escritor e do estilo de época, pode ser apresentada de maneira mais idealizada (como os heróis românticos) ou mais próxima do real. O protagonista, via de regra, vai se defrontar com o **antagonista**.

## O ESPAÇO

O **espaço** da narrativa é o lugar onde decorre a ação do enredo, onde se movimentam as personagens. Geralmente, a apresentação do espaço é marcada por sequências descritivas no meio da narrativa.

## FOCO NARRATIVO

É a perspectiva por meio da qual o narrador relata os acontecimentos da narrativa. Pode-se afirmar que é, ao lado do enredo, a principal definição que o autor faz antes de iniciar a narração.

## O ENREDO

É a própria estrutura narrativa, ou seja, o desenrolar dos acontecimentos. Como o próprio nome indica, **enredar** significa "tecer, entrelaçar os fatos".

### Foco narrativo de terceira pessoa

O narrador não participa ativamente dos acontecimentos; a narração ganha maior objetividade. Nas narrativas em terceira pessoa, o narrador pode ser **onisciente** ou **observador**.

### Foco narrativo de primeira pessoa

Entra em cena o narrador-protagonista ou o narrador-coadjuvante; nas narrativas em primeira pessoa, a narratividade ganha mais subjetividade, pois o narrador está envolvido na ação relatada.

#### O narrador onisciente

Conhece toda a história e relata até os pensamentos das personagens envolvidas nela.

#### O narrador observador

Não conhece toda a história, apenas relata os fatos à medida que eles vão acontecendo; não pode, portanto, fazer antecipações nem variações no relato da história.

# Exercícios

1. (UFG-GO) Leia o poema e o trecho a seguir.

**Eu posso transformar o mundo**

Tudo que está fora de mim é mais, muito mais do [que eu.
Eu vi tudo, sem poder, eu vi sem alcançar seu vigor [simples,
sua despojada beleza terrena.
Passaram por mim o dia, a luz, o tédio, a dignidade.
Eu estive sempre aquém de toda a beleza que cerca [a vida.
Mas eu sou um homem, algo feito pelo que está [aí fora
e por minha ideia e minhas mãos.
E posso transformar o mundo.

GARCIA, José Godoy. *Poesias*. Brasília: Thesaurus, 1999. p. 36.

[...] Em 1935, quatro anos depois de nossa chegada a Porto Alegre, eclodiu o fracassado levante que depois ficaria conhecido como Intentona Comunista, dirigido contra o governo de Getúlio e chefiado por Luís Carlos Prestes. [...] Quatro anos depois, em 1939, era assinado, pela União Soviética e pela Alemanha nazista, o pacto de não agressão que deixou perplexos e confusos, quando não revoltados, os comunistas no mundo todo. E depois veio a denúncia dos crimes de Stálin por Kruschev, a queda do muro de Berlim...

Muita gente nunca perdoou as mentiras, os enganos, a perda de seus sonhos. Não é meu caso. Na verdade, tenho mais saudades do que rancores. Tenho saudades não do comunismo, que nunca cheguei a viver na prática, mas da visão do comunismo que me animava, a visão de um mundo justo, igualitário.

SCLIAR, Moacyr. *Eu vos abraço, milhões*. 2. ed. São Paulo: Companhia das Letras, 2010. p. 246.

O eu lírico do poema e o protagonista do romance, nas obras citadas, distinguem-se tanto pela expectativa sobre o futuro quanto pela forma de recomposição de suas memórias. Considerando o exposto, responda:

a) em relação à expectativa de futuro, em que se diferem os posicionamentos do eu lírico e do protagonista do romance?

b) Em relação às formas de recomposição da memória, em que se diferem as escolhas do eu lírico e do protagonista do romance?

**Texto para a próxima questão.**

Embaixo, o rumor da água pipocando sobre o pedregulho; vaga-lumes retouçando no escuro. Desci, dei-me com o lugar onde havia estado; tenteei os galhos do sarandi; achei a pedra onde tinha posto a guaiaca e as armas, corri as mãos por todos os lados, mais pra lá, mais pra cá...; nada... nada!...

Então, senti frio dentro da alma... o meu patrão ia dizer que eu havia roubado!... roubado... Pois então eu ia lá perder as onças!... Qual! Ladrão, ladrão, é que era!...

E logo uma tenção ruim entrou-me nos miolos: eu devia matar-me, para não sofrer a vergonha daquela suposição.

É, era o que eu devia fazer: matar-me... e já, aqui mesmo!

Tirei a pistola do cinto: amartilhei o gatilho... benzi-me, e encostei no ouvido o cano, grosso e frio, carregado de bala...

Ah! patrício! Deus existe!... No refilão daquele tormento, olhei para diante e vi... as Três-Marias luzindo na água... o cusco encarapitado na pedra, ao meu lado, estava me lambendo a mão... e logo, logo, o zaino relinchou lá em cima, na barranca do riacho, ao mesmíssimo tempo que a cantoria alegre de um grilo retinia ali perto, num oco de pau!... Patrício! não me avexo duma heresia; mas era Deus que estava no luzimento daquelas estrelas, era ele que mandava aqueles bichos brutos arredarem de mim a má tenção...

O cachorrinho tão fiel lembrou-me a amizade da minha gente; o meu cavalo lembrou-me a liberdade, o trabalho, e aquele grilo cantador trouxe a esperança...

Eh-pucha! patrício, eu sou mui rude... a gente vê caras, não vê corações...; pois o meu, dentro do peito, naquela hora, estava como um espinilho ao sol, num descampado, no pino do meio-dia: era luz de Deus por todos os lados!...

E já todo no meu sossego de homem, meti a pistola no cinto. Fechei um baio, bati o isqueiro e comecei a pitar.

(LOPES NETO, J. S. *Contos gauchescos*. Porto Alegre: Artes e Ofícios, 2008. p. 21-22.)

2. (UEL-PR) É correto afirmar que a história é narrada

a) em primeira pessoa, por João Simões Lopes Neto, que, num tom autobiográfico, conta fatos da época em que atuou na Revolução Farroupilha.

b) em terceira pessoa, por uma personagem textualmente nomeada Patrício, que relata todo o seu arrependimento por ter roubado as onças do patrão.

c) por um narrador testemunha, mais precisamente o patrão do protagonista, que registra as qualidades morais de seu empregado.

d) em primeira pessoa, pelo vaqueano Blau Nunes, que relata como e onde perdeu as onças do patrão.

e) por um narrador onisciente, não nomeado, que registra fatos relacionados à agitada e violenta época do cangaço rio-grandense.

**Texto para a próxima questão.**

## O líder

O sono do líder é agitado. A mulher sacode-o até acordá-lo do pesadelo. Estremunhado, ele se levanta, bebe um gole de água. Diante do espelho refaz uma expressão de homem de meia-idade, alisa os cabelos das têmporas, volta a se deitar. Adormece e a agitação recomeça. "Não, não!" debate-se ele com a garganta seca.

O líder se assusta enquanto dorme. O povo ameaça o líder? Não, pois se líder é aquele que guia o povo exatamente porque aderiu ao povo. O povo ameaça o líder? Não, pois se o povo escolheu o líder. O povo ameaça o líder? Não, pois o líder cuida do povo. O povo ameaça o líder?

Sim, o povo ameaça o líder do povo. O líder revolve-se na cama. De noite ele tem medo. Mas o pesadelo é um pesadelo sem história. De noite, de olhos fechados, vê caras quietas, uma cara atrás da outra. E nenhuma expressão nas caras. É só este o pesadelo, apenas isso. Mas cada noite, mal adormece, mais caras quietas vão se reunindo às outras, como na fotografia de uma multidão em silêncio. Por quem é este silêncio? Pelo líder. É uma sucessão de caras iguais como na repetição monótona de um rosto só. Nas caras não há senão a inexpressão. A inexpressão ampliada como em fotografia ampliada. Um painel e cada vez com maior número de caras iguais. É só isso. Mas o líder se cobre de suor diante da visão inócua de milhares de olhos vazios que não pestanejam. Durante o dia o discurso do líder é cada vez mais longo, ele adia cada vez mais o instante da chave de ouro. Ultimamente ataca, denuncia, denuncia, denuncia, esbraveja e quando, em apoteose, termina, vai para o banheiro, fecha a porta e, uma vez sozinho, encosta-se à porta fechada, enxuga a testa molhada com o lenço. Mas tem sido inútil. De noite é sempre maior o número silencioso. Cada noite as caras aproximam-se um pouco mais. Cada noite ainda um pouco mais. Até que ele já lhes sente o calor do hálito. As caras inexpressivas respiram – o líder acorda num grito. Tenta explicar à mulher: sonhei que... sonhei que... Mas não tem o que contar. Sonhou que era um líder de pessoas vivas.

(LISPECTOR, Clarice. *Para não esquecer*. São Paulo: Siciliano, 1992.)

3. (Uerj) O texto clariceano nos conta uma história de caráter universal.
Uma das estratégias para alcançar esse efeito de universalidade está relacionada com a seguinte característica do texto:
a) ausência de foco narrativo
b) exploração das sequências descritivas
c) indeterminação do contexto espacial
d) especificação das circunstâncias temporais

**Texto para a próxima questão.**

## – Uai, eu?

Se o assunto é meu e seu, lhe digo, lhe conto; que vale enterrar minhocas? De como aqui me vi, sutil assim, por tantas cargas d'água. No engano sem desengano: o de aprender prático o desfeitio da vida.

Sorte? A gente vai – nos passos da história que vem. Quem quer viver faz mágica. Ainda mais eu, que sempre fui arrimo de pai bêbado. Só que isso se deu, o que quando, deveras comigo, feliz e prosperado. Ah, que saudades que eu não tenha... Ah, meus bons maus-tempos! Eu trabalhava para um senhor Doutor Mimoso.

Sururjão, não; é solorgião. Inteiro na fama – olh'alegre, justo, inteligentudo – de calibre de quilate de caráter. Bom até-onde-que, bom como cobertor, lençol e colcha, bom mesmo quando com dor-de-cabeça: bom, feito mingau adoçado. Versando chefe os solertes preceitos. Ordem, por fora; paciência por dentro. Muito mediante fortes cálculos, imaginado de ladino, só se diga. A fim de comigo ligeiro poder ir ver seus chamados de seus doentes, tinha fechado um piquete no quintal: lá pernoitavam, de diário, à mão, dois animais de sela – prontos para qualquer aurora.

Vindo a gente a par, nas ocasiões, ou eu atrás, com a maleta dos remédios e petrechos, renquetrenque, estudante andante. Pois ele comigo proseava, me alentando, cabidamente, por norteação – a conversa manuscrita. Aquela conversa me dava muitos arredores. Ô homem! Inteligente como agulha e linha, feito pulga no escuro, como dinheiro não gastado. Atilado todo em sagacidades e finuras – é de "fimplus"! "de tintínibus"... – latim, o senhor sabe, aperfeiçoa... Isso, para ele, era fritada de meio ovo. O que porém bem.

(ROSA, João Guimarães. *Tutameia: terceiras estórias*. Rio de Janeiro: Nova Fronteira, 1985.)

4. (Uerj) Na estrutura tradicional de um texto narrativo, uma das atribuições do narrador é nos dar informações a respeito dos personagens.
a) O narrador onisciente é aquele que sabe tudo sobre todos os personagens e suas ações; o narrador-personagem conta a história e dela participa.

Identifique o tipo de narrador do texto de Guimarães Rosa e explique, com uma ou duas frases completas, como esse tipo de narrador nos conduz a ver os personagens e a situação em que se encontram.

b) Considerando a descrição que o narrador faz do personagem, justifique, com uma frase completa, se a imagem do personagem Doutor Mimoso pode ser depreendida como positiva ou negativa.

**Texto para as próximas duas questões.**

Não era feio o lugar, mas não era belo. Tinha, entretanto, o aspecto tranquilo e satisfeito de quem se julga bem com a sua sorte.

A casa erguia-se sobre um socalco, uma espécie de degrau, formando a subida para a maior altura de uma pequena colina que lhe corria nos fundos. Em frente, por entre os bambus da cerca, olhava uma planície a morrer nas montanhas que se viam ao longe; um regato de águas paradas e sujas cortava-as paralelamente à testada da casa; mais adiante, o trem passava vincando a planície com a fita clara de sua linha campinada [...]

BARRETO, Lima. *Triste fim de Policarpo Quaresma*. São Paulo: Penguin & Companhia das Letras. p. 175.

5. (UEG-GO) Com relação ao tempo narrativo, nota-se que a utilização do pretérito imperfeito
   a) aproxima o material narrado do universo contemporâneo do leitor.
   b) confere ao texto um caráter dual, que oscila entre o lírico e o metafórico.
   c) faz com que o tempo da narrativa se distancie, até certo ponto, do tempo do leitor.
   d) torna o texto mais denso de significação, na medida em que institui lacunas temporais.

6. (UEG-GO) No excerto, narração e descrição
   a) são elaboradas com a finalidade de conferir mais agilidade e maior dinamismo à trama do romance.
   b) são elaboradas de modo que uma se sobrepõe à outra, o que faz decair a qualidade estética do texto.
   c) se configuram para melhor caracterizar a atmosfera pessimista e sombria do espaço da narrativa.
   d) se entrelaçam para melhor situar o leitor diante dos eventos que compõem o enredo.

**Texto para a próxima questão.**

## O fluido elétrico

Quando chegava perto de Antonio alguma endiabrada moça requebrando e seduzindo-o com palavras, com os gestos, com os olhos e com os modos, ele confessa numa carta que sentia um fluido elétrico a correr pela medula da sua coluna vertebral, então por que não sentiria isso também por mim? Antonio é fraco para com as mulheres e nunca sincero com elas, nem consigo mesmo, sincero apenas com Alexandre Teófilo e com a poesia, sua Musa, por isso acredito que o poema tenha sido inspirado em meus olhos, que ele via verdes mas infelizmente são da cor do mel, um mel turvo, quase verdes quando olho a luz, o mar quando viajávamos na costa do Ceará, Natalícia admitiu que meus olhos estavam verdes. Desejo acreditar no que diz Maria Luíza, mas acredito apenas em meu coração, sei quanto fel pode haver no coração de uma romântica. Talvez ele tenha confundido meus olhos com as vagens do feijão verde e com as paisagens que ele tanto ama de palmeiras esbeltas e cajazeiros cobertos de cipós, talvez estivesse apenas ensaiando o grande amor que iria sentir na sua vida adulta, quando escreveria tantos poemas, dos mais dedicados, apaixonados, melancólicos, dos mais saudosos, e ao pensar nisso uma tristeza funda, inexprimível, o coração me anseia.

MIRANDA, Ana. *Dias e dias*. São Paulo: Companhia das Letras, 2002. p. 19.

7. (UFRRJ) Esse texto é um capítulo da obra "Dias e dias", de Ana Miranda, publicado em 2002, que reconstitui a vida de Antônio Gonçalves Dias. É, portanto, um romance histórico "escrito no século XXI" que retrata o século XIX.
   a) Como se estrutura o foco narrativo do texto?
   b) Transcreva uma passagem que comprove sua resposta.

**Texto para a próxima questão.**

## Casa de Pensão (fragmento)

Às oito horas, quando entrou em casa tinha já resolvido não ficar ali nem mais um dia. – Era fazer as malas e bater quanto antes a bela plumagem!

Mas também, se por um lado não lhe convinha ficar em companhia do Campos; por outro, a ideia de se meter na república do Paiva não o seduzia absolutamente. Aquela miséria e aquela desordem lhe causavam repugnância. Queria liberdade, a boêmia, a pândega – sim senhor! tudo isso, porém, com um certo ar, com uma certa distinção aristocrática. Não admitia uma cama sem travesseiros, um almoço sem talheres e uma alcova sem espelhos. Desejava a bela crápula – por Deus que desejava! mas não bebendo pela garrafa e dormindo pelo chão de águas-furtadas! – Que diabo! – não podia ser tão difícil conciliar as duas coisas! ...

Pensando deste modo, subiu ao quarto. Sobre a cômoda estava uma carta que lhe era dirigida; abriu-a logo:

*"Querido Amâncio.*

*Desculpe tratá-lo com esta liberdade; como, porém, já sou seu amigo, não encontro jeito de lhe falar doutro modo. Ontem, quando combinamos no* Hotel dos Príncipes *a sua visita para domingo, não me passava pela cabeça que hoje era dia santo e que fazíamos melhor em aproveitá-lo; por conseguinte, se o amigo não tem algum compromisso, venha passar a tarde conosco, que nos dará com isso grande prazer. Minha família, depois que lhe falei a seu respeito, está impaciente para conhecê-lo e desde já fica à sua espera."*

Assinava "João Coqueiro" e havia o seguinte *post-scriptum*: "Se não puder vir, previna-mo por duas palavrinhas; mas venha. Resende n ..."

Amâncio hesitou em se devia ir ou não. O Coqueiro, com a sua figurinha de tísico, o seu rosto chupado e quase verde, os seus olhos pequenos e penetrantes, de uma mobilidade de olho de pássaro, com a sua boca fria, deslabiada, o seu nariz agudo, o seu todo seco egoísta, desenganado da vida, não era das coisas que mais o atraíssem. No entanto, bem podia ser que ali estivesse o que ele procurava – um cômodo limpo, confortável, um pouquinho de luxo, e plena liberdade. Talvez aceitasse o convite.

– Esta gente onde está? perguntou, indicando o andar de cima a um caixeiro que lhe apareceu no corredor, com a sua calça domingueira, cor de alecrim, o charuto ao canto da boca.

– Foram passear ao Jardim Botânico, respondeu aquele, descendo as escadas.

– Todos? ainda interrogou Amâncio.

– Sim, disse o outro entre os dentes, sem voltar o rosto. E saiu.

– Está resolvido! pensou o estudante. – Vou à casa do Coqueiro. Ao menos estarei entretido durante esse tempo!

E voltando ao quarto:

– Não! É que tudo ali em casa do Campos já lhe cheirava mal!... Olhassem para o ar impertinente com que aquele galeguinho lhe havia falado! ... E tudo mais era pelo mesmo teor. – Uma súcia d'asnos!

Começou a vestir-se de mau humor, arremessando a roupa, atirando com as gavetas. O jarro vazio causou-lhe febre, sentiu venetas de arrojá-lo pela janela; ao tomar uma toalha do cabide, porque ela se não desprendesse logo, deu-lhe tal empuxão que a fez em tiras.

– Um horror! resmungava, a vestir-se furioso, sem saber de quê.

– Um horror!

E, quando passou pela porta da rua, teve ímpetos de esbordoar o caixeiro, que nesse dia estava de plantão.

AZEVEDO, Aluísio. *Casa de Pensão*. São Paulo: Ática, 2009, p. 59-60.

8. (UFPB) Considerando os elementos constitutivos desse fragmento do romance *Casa de Pensão*, julgue os itens a seguir:

( ) O narrador se apresenta de forma onisciente, conhecedor até dos pensamentos dos personagens.

( ) O personagem Amâncio apresenta-se como narrador da trama, relatando experiências vividas na corte.

( ) A caracterização do personagem Coqueiro enquadra-se nos princípios da estética naturalista.

( ) O narrador refere-se frequentemente aos espaços relacionados aos fatos.

( ) O narrador omite completamente informações sobre o tempo em que os fatos ocorrem.

**Texto para a próxima questão.**

Num primeiro momento é possível definir a escrita como manifestação gráfica de linguagem, particularmente da língua natural, que ocupa uma posição central dentre os sistemas na cultura. Graças à escrita é que se consagrou, no Ocidente, a cultura letrada e o homem leitor. Ela não apenas permite aos homens se comunicarem uns com os outros, ou pelo menos possuir essa possibilidade de comunicação, mas também registra dados, pensamentos e ideias, dando forma a tudo o que era efêmero e intangível antes de ser fixado no papel. [...]

A escrita também é, como todos os outros textos da cultura, dotada de organização enquanto sistema e enquanto processo gerativo de linguagens. A multiplicidade de linguagens dentro do sistema é sua fonte de riqueza e renovação, fazendo com que textos escritos em uma mesma língua possam ser tão diversos e diferentes quanto uma pauta jornalística é de um poema. [...]

Mas é importante compreender que não escrevemos apenas com palavras. Escrevemos com gestos, com cores e com sons. Assim, a escrita, como texto da cultura, compreende não apenas a manifestação gráfica da língua natural, mas [também] os sentidos e as linguagens desenvolvidos por diferentes códigos. Como texto da cultura, a escrita é uma região de contato entre esses diferentes códigos, ao mesmo tempo em que está em constante interação com outros sistemas, textos e linguagens. Nesse contato, a escrita se caracteriza como uma fronteira não apenas por sua dinâmica no espaço cultural, mas também pela própria pluralidade de significados que ela abriga.

Certamente, a maior tecnologia que o homem cria a partir de sua própria fala é a escrita. Mas esta é uma questão polêmica. Para o filosofo inglês John Wilkins, a escrita pode ser posterior à fala com relação ao tempo, mas não com relação à sua natureza. Isso porque a escrita é um registro visual que provoca a leitura. Ora, o homem aprendeu a ler bem antes de aprender a escrever e até mesmo a falar. Basta lembrar que as primeiras formas visuais que os homens "leram" foram os rastros dos animais. O homem aprendeu a ler as constelações, os veios das pedras e das madeiras. Há uma lenda antiga que conta que os gregos costumavam rabiscar avisos nas pedras após o plantio, pedindo aos ratos do campo que não se aproximassem do terreno.

Contar a história da escrita é como contar a história das pessoas e de suas famílias: todas começam do mesmo jeito. E como começa a história da escrita? Começa com as inscrições em cavernas de povos muito antigos. Começa com os sumérios, os fenícios, os egípcios. Começa com as lendas, os pictogramas, os ideogramas. Começa com a transformação do som em palavra. Ou seja, a história da escrita é uma narrativa cheia de enigmas e de transformações. Confunde-se, muitas vezes, com episódios e fenômenos mágicos, sobretudo quando se pensa que o grande personagem dessa história é a palavra. Como a palavra, antes de ser escrita, existiu enquanto som, na fala, a transformação do som em palavra faz parte da história da escrita, que só se inicia de fato quando os sons da fala são expressos graficamente. [...]

Conhecer a história da escrita é andar por caminhos que se bifurcam, onde se cruzam e se misturam muitas línguas e muitas linguagens.

(Semiosphera. USP. São Paulo. Disponível em <http.www.usp.br/semiosphera/escrita_como_texto_da cultura.html> Acesso em 2 set. 2010. Adaptado)

9. (UPE) Para a manutenção da unidade temática do texto – uma das condições fundamentais de sua coerência, vale a pena destacar

I. a correção gramatical com que o texto está expresso, pois transgressões de ordem morfossintática, por exemplo, comprometem a unidade semântica do texto. Um texto coerente deve ser, necessariamente, 'um texto correto'.

II. a concentração em palavras de campos semânticos afins, como em: fala, escrita, leitura, cultura, inscrição, registro visual etc. Essas unidades funcionam como elos que deixam os tópicos e subtópicos do texto em articulação.

III. o desdobramento do tópico principal em subtópicos a ele vinculados, de forma que se pode reconhecer um macroconteúdo – a escrita e sua posição central dentre os sistemas na cultura – e conteúdos mais pontuais, como a relação entre fala e escrita, entre escrita e leitura.

IV. a articulação promovida entre os diferentes parágrafos por meio do uso de certas expressões sequenciadoras, que exigem do leitor, para uma interpretação adequada, a estratégia de ir integrando cada parte no todo.

V. a divisão do texto em sete parágrafos. Em geral, um texto – para ter garantida sua unidade temática – precisa estar subdividido em mais de dois parágrafos. A exigência de uma 'introdução' e de uma 'conclusão', pelo menos, se aplica a todo tipo e a todo gênero de texto.

Assinale a alternativa que apresenta apenas afirmativas corretas.

a) I, III, IV e V.
b) I, II e V.
c) I, II, IV e V.
d) II, III e IV.
e) II, III, IV e V.

**Texto para a próxima questão.**

O trecho a seguir foi extraído do capítulo **Contas**, do romance *Vidas Secas*, de Graciliano Ramos. Evidencia-se aqui uma das características da prosa regionalista de 30, que é a crítica social. Leia o texto com atenção para responder a(s) questão(ões).

Fabiano recebia na partilha a quarta parte dos bezerros e a terça dos cabritos. Mas como não tinha roça e apenas se limitava a semear na vazante uns punhados de feijão e milho, comia da feira, desfazia-se dos animais, não chegava a ferrar um bezerro ou assinar a orelha de um cabrito.

Se pudesse economizar durante alguns meses, levantaria a cabeça. Forjara planos. [1]Tolice, quem é do chão não se trepa. Consumidos os legumes, roídas as espigas de milho, recorria à gaveta do amo, cedia por preço baixo o produto das sortes. Resmungava, rezingava, numa aflição, tentando espichar os recursos minguados, engasgava-se, engolia em seco. Transigindo com outro, não seria roubado tão descaradamente. Mas receava ser expulso da fazenda. E rendia-se. Aceitava o cobre e ouvia conselhos. [2]Era bom pensar no futuro, criar juízo. Ficava de boca aberta, vermelho, o pescoço inchando. De repente estourava:

– Conversa. Dinheiro anda num cavalo e ninguém pode viver sem comer. Quem é do chão não se trepa.

Pouco a pouco o ferro do proprietário queimava os bichos de Fabiano. E quando não tinha mais nada para vender, o sertanejo endividava-se. Ao chegar a partilha, estava encalacrado, e na hora das contas davam-lhe uma ninharia.

Ora, daquela vez, como das outras, Fabiano ajustou o gado, arrependeu-se, enfim deixou a transação meio apalavrada e foi consultar a mulher. Sinha Vitória mandou os meninos para o barreiro, sentou-se na cozinha, concentrou-se, distribuiu no chão sementes de várias espécies, realizou somas e diminuições. No dia seguinte Fabiano voltou à cidade, mas ao fechar o negócio notou que as operações de sinha Vitória, como de costume, diferiam das do patrão. Reclamou e obteve a explicação habitual: a diferença era proveniente de juros.

Não se conformou: devia haver engano. [3]Ele era bruto, sim senhor, via-se perfeitamente que era bruto, mas a mulher tinha miolo. Com certeza havia um erro no papel do branco. Não se descobriu o erro, e Fabiano perdeu os estribos. [4]Passar a vida inteira assim no toco, entregando o que era dele de mão beijada! Estava direito aquilo? Trabalhar como negro e nunca arranjar carta de alforria! O patrão zangou-se, repeliu a insolência, achou bom que o vaqueiro fosse procurar serviço noutra fazenda.

Aí Fabiano baixou a pancada e amunhecou. Bem, bem. Não era preciso barulho não. Se havia dito palavra à toa, pedia desculpa. Era bruto, não fora ensinado. Atrevimento não tinha, conhecia o seu lugar. Um cabra. Ia lá puxar questão com gente rica? Bruto, sim senhor, mas sabia respeitar os homens. [5]Devia ser ignorância da mulher, provavelmente devia ser ignorância da mulher. Até estranhara as contas dela. Enfim, como não sabia ler (um bruto, sim senhor), acreditara na sua velha. Mas pedia desculpa e jurava não cair noutra.

(RAMOS, Graciliano. *Vidas secas*.)

O livro mais conhecido de Graciliano Ramos, *Vidas Secas*, possui em sua estrutura narrativa o uso reiterado do discurso indireto livre. Sabe-se que tal artifício é útil para promover maior proximidade entre o leitor e a obra. Através desse instrumento estilístico-literário, o autor proporciona ao leitor um constante jogo de se colocar fora e dentro dos personagens, tornando embaralhadas as noções de realidade e ficção, perturbação corriqueira ao homem pós-moderno.

(RODRIGUES, G. F. S; CASTRO, E. F. V. A. *O discurso indireto livre de "Vidas Secas": desfocando realidade e ficção*. (resumo). Disponível em: http://www.filologia.org.br/viiicnlf/resumos/odiscursoindiretolivre.htm)

10. (Cefet-SC) No trecho de "Vidas Secas" apresentado anteriormente, aparecem em discurso indireto livre tanto falas de Fabiano quanto de seu patrão. A fim de compreender a tensão da negociação, é preciso atribuir as falas às respectivas personagens.

Entre as falas a seguir, qual a única atribuível ao patrão?

a) "Tolice, quem é do chão não se trepa" (ref. 1).
b) "Era bom pensar no futuro, criar juízo" (ref. 2).
c) "Ele era bruto, sim senhor, via-se perfeitamente que era bruto, mas a mulher tinha miolo" (ref. 3).
d) "Passar a vida inteira assim no toco, entregando o que era dele de mão beijada! Estava direito aquilo?" (ref. 4).
e) "Devia ser ignorância da mulher, provavelmente devia ser ignorância da mulher" (ref. 5).

11. (UFU-MG)

Olho para a rua. Da minha janela vejo um bom pedaço da rua, terminando nuns prédios altos com um morro atrás, uma rua não muito movimentada mas também não totalmente morta, e hoje, que é sábado, mais movimentada que nas outras noites. A calçada está cheia de carros, muito mais carros na calçada que na rua propriamente dita, e entre dois carros estacionados vejo um casal abraçado bem apertado, se beijando, na verdade estão praticamente trepando em via pública, é claro que não têm para onde ir, ele deve ser auxiliar de escritório, mora com a mãe em Del Castilho, não pode levar a mulher para lá [...] e ela deve ser balconista das Lojas Americanas, mora numa vaga aqui mesmo em Copacabana, num terceiro andar da Barata Ribeiro [...] De modo que não tem saída, tem que ser ali mesmo, na rua [...] Quem tiver olhos que veja. O pior cego é o que não quer ver.

BRITTO, Paulo Henriques. "Um criminoso". In: *Paraísos artificiais*.

Com base no trecho acima, responda as questões a seguir.

a) De que modo o narrador-personagem do conto *Um criminoso* se relaciona com a cidade e como esta relação interfere na descrição de seu comportamento?
b) Como este trecho problematiza a questão do espaço público e do espaço privado na contemporaneidade?

12. (Unicamp-SP) Leia o seguinte trecho extraído do romance "Angústia":

Onde andariam os outros vagabundos daquele tempo? Naturalmente a fome antiga me enfraqueceu a memória. Lembro-me de vultos bisonhos que se arrastavam como bichos, remoendo pragas. Que fim teriam levado? Mortos nos hospitais, nas cadeias, debaixo dos bondes, nos rolos sangrentos das favelas. Alguns, raros, teriam conseguido, como eu, um emprego público, seriam parafusos insignificantes na máquina do Estado e estariam visitando outras favelas, desajeitados, ignorando tudo, olhando com assombro as pessoas e as coisas. Teriam as suas pequeninas almas de parafusos fazendo voltas num lugar só.

(Graciliano Ramos, "Angústia". Rio de Janeiro: Ed. Record, 56ª ed., 2003, p. 140-1.)

a) No momento da narração, a posição social do narrador-personagem difere de sua condição de origem? Responda sim ou não e justifique.

b) Na citação acima, o termo 'parafusos' remete ao verbo 'parafusar' que, além do significado mais conhecido, também tem o sentido de 'pensar', 'cismar', 'refletir', 'matutar'. Como esses dois sentidos podem ser relacionados ao modo de ser do narrador-personagem?

c) De que maneira o segundo sentido do verbo 'parafusar' está expresso na técnica narrativa de "Angústia"?

**Texto para a próxima questão.**

Berenice não gostava de ir ao cinema, de modo que o pai a levava à força. (...) Por fim, aprendeu a se proteger. Ia ao cinema, sim. Mas antes que o filme começasse, corria ao banheiro, colocava cera nos ouvidos. Voltava ao lugar, e mal as luzes se apagavam cerrava firmemente os olhos, mantendo-os assim durante toda a sessão. O pai, encantado com o filme, de nada se apercebia; tudo o que fazia era perguntar a opinião de Berenice, que respondia, numa voz neutra mas firme:

– Gostei. Gostei muito.

Era de outro filme que estava falando, naturalmente. Um filme que o pai nunca veria.

(Moacyr Scliar. "Filme". *In: Contos reunidos*. São Paulo: Companhia das Letras, 1995, p. 121-2)

13. (PUCC-SP) No fragmento,

a) a personagem-protagonista, rememorando o passado, conta os hábitos do pai que a forçaram a atitudes de dissimulação.

b) o narrador, deixando entrever sua opinião quando diz "naturalmente", relata o que se passava com a menina e o pai.

c) o narrador inicia seu relato apresentando ações habituais das personagens e, depois, conta um episódio específico em que os dois estiveram envolvidos.

d) em que se misturam a narração e a descrição, surge também trecho dissertativo, resultado do recorte feito pelo narrador para desenvolver ideias sobre a relação entre pai e filha.

e) a personagem Berenice é apresentada, inicialmente, pela palavra do narrador, e depois ela é vista diretamente em suas ações, acompanhadas passo a passo pelo leitor.

**Texto para a próxima questão.**

Pedro cumprira sua missão me devolvendo ao seio da família; foi um longo percurso marcado por um duro recolhimento, os dois permanecemos trancados durante toda a viagem que realizamos juntos, e na qual, feito menino, me deixei conduzir por ele o tempo inteiro; era já noite quando chegamos, a fazenda dormia num silêncio recluso, a casa estava de luto, as luzes apagadas, salvo a clareira pálida no pátio dos fundos que se devia à expansão da luz da copa, pois a família se encontrava ainda em volta da mesa; entramos pela varanda da frente, e assim que meu irmão abriu a porta, o ruído de um garfo repousando no prato, seguido, embora abafado, de um murmúrio intenso, precedeu a expectativa angustiante que se instalou na casa inteira; me separei de Pedro ali mesmo na sala, entrando para o meu antigo quarto, enquanto ele, fazendo vibrar a cristaleira sob os passos, afundava no corredor em direção à copa, onde a família o aguardava; largado na beira de minha velha cama, a bagagem jogada entre meus pés, fui envolvido pelos cheiros caseiros que eu respirava, me despertando imagens torpes, mutiladas, me fazendo cair logo em confusos pensamentos; na sucessão de tantas ideias, me passava também pela cabeça o esforço de Pedro para esconder de todos a sua dor, disfarçada quem sabe pelo cansaço da viagem; ele não poderia deixar transparecer, ao anunciar a minha volta, que era um possuído que retornava com ele a casa; ele precisaria dissimular muito para não estragar a alegria e o júbilo nos olhos de meu pai, que dali a pouco haveria de proclamar para os que o cercavam que "aquele que tinha se perdido tornou ao lar, aquele pelo qual chorávamos nos foi devolvido".

NASSAR, Raduan. *Lavoura Arcaica*. São Paulo: Companhia das Letras, 1989.

14. (PUC-SP) Diante dos fatos que narra e dos personagens envolvidos neste episódio, o narrador

a) procura ser imparcial, apenas observando o que se passa com os dois irmãos.

b) apesar de se preocupar com o que se passa com os dois irmãos, permanece imparcial diante dos fatos.

c) participa da narrativa, uma vez que é o personagem que traz de volta para casa o irmão que tinha se perdido.

d) participa da narrativa, uma vez que é o próprio protagonista que regressa ao lar pelas mãos do irmão.

e) apesar de ser o próprio protagonista que regressa ao lar pelas mãos do irmão, permanece impassível diante dos fatos que narra.

## O ATO DE LER

O ato de ler é um processo em que não basta a decodificação apática da mensagem. Ler consiste em interagir com o texto, ativando o **conhecimento linguístico**, o **conhecimento de mundo**, as **leituras prévias** e a **reflexão**.

# LEITURA E INTERAÇÃO

## ESTRATÉGIAS DE LEITURA

Para alcançar nossos objetivos de leitura, podemos seguir este caminho:

- obter uma ideia geral do conteúdo do texto;
- destacar sua ideia central;
- verificar vocabulário e conceitos.

### Compreensão efetiva

Após as leituras necessárias, é importante montar "virtualmente" ou por escrito o esqueleto do texto, para testar a compreensão efetiva dele. Para isso, podemos seguir algumas etapas:

- destacar o tema/assunto geral e identificar com subtítulos os temas de cada fragmento ou parágrafo do texto;
- hierarquizar as ideias contidas no texto, destacando as "palavras-chave", as ideias principais e as secundárias;
- parafrasear o texto, ou seja, dizê-lo com outras palavras e/ou de outra maneira: resumir; fazer perguntas e responder; recontar; montar um esquema de conteúdos.

### Ativação da inferência

A ativação da **inferência**, isto é, a leitura do que não está explícito (as entrelinhas, o tom e a intencionalidade do texto), acontece ao longo de todo o processo de leitura.

# Exercícios

1. (PUC-RJ) Leia.

As crônicas da vila de Itaguaí dizem que em tempos remotos vivera ali um certo médico, o Dr. Simão Bacamarte, filho da nobreza da terra e o maior dos médicos do Brasil, de Portugal e das Espanhas. Estudara em Coimbra e Pádua. Aos trinta e quatro anos regressou ao Brasil, não podendo el-rei alcançar dele que ficasse em Coimbra, regendo a universidade, ou em Lisboa, expedindo os negócios da monarquia.

– A ciência, disse ele a Sua Majestade, é o meu emprego único; Itaguaí é o meu universo.

Dito isto, meteu-se em Itaguaí, e entregou-se de corpo e alma ao estudo da ciência, alternando as curas com as leituras, e demonstrando os teoremas com cataplasmas. Aos quarenta anos casou com D. Evarista da Costa e Mascarenhas, senhora de vinte e cinco anos, viúva de um juiz de fora, e não bonita nem simpática. Um dos tios dele, caçador de pacas perante o Eterno, e não menos franco, admirou-se de semelhante escolha e disse-lho. Simão Bacamarte explicou-lhe que D. Evarista reunia condições fisiológicas e anatômicas de primeira ordem, digeria com facilidade, dormia regularmente, tinha bom pulso, e excelente vista; estava assim apta para dar-lhe filhos robustos, sãos e inteligentes. Se além dessas prendas – únicas dignas da preocupação de um sábio – D. Evarista era mal composta de feições longe de lastimá-lo, agradecia-o a Deus, porquanto não corria o risco de preterir os interesses da ciência na contemplação exclusiva, miúda e vulgar da consorte.

D. Evarista mentiu às esperanças do Dr. Bacamarte, não lhe deu filhos robustos nem mofinos. A índole natural da ciência é a longanimidade; o nosso médico esperou três anos, depois quatro, depois cinco. Ao cabo desse tempo fez um estudo profundo da matéria, releu todos os escritores árabes e outros, que trouxera para Itaguaí, enviou consultas às universidades italianas e alemãs, e acabou por aconselhar à mulher um regímen alimentício especial. A ilustre dama, nutrida exclusivamente com a bela carne de porco de Itaguaí, não atendeu às admoestações do esposo; e à sua resistência – explicável mas inqualificável – devemos a total extinção da dinastia dos Bacamartes.

Mas a ciência tem o inefável dom de curar todas as mágoas; o nosso médico mergulhou inteiramente no estudo e na prática da medicina. Foi então que um dos recantos desta lhe chamou especialmente a atenção – o recanto psíquico, o exame de patologia cerebral. Não havia na colônia, e ainda no reino, uma só autoridade em semelhante matéria, mal explorada, ou quase inexplorada. Simão Bacamarte compreendeu que a ciência lusitana, e particularmente a brasileira, podia cobrir-se de "louros imarcescíveis" – expressão usada por ele mesmo, mas em um arroubo de intimidade doméstica; exteriormente era modesto, segundo convém aos sabedores.

– A saúde da alma, bradou ele, é a ocupação mais digna do médico.

ASSIS, Machado de. *O alienista*. São Paulo: Ática, 1982, pp. 9-10.

a) A compreensão do jogo entre o narrador, as personagens e o leitor é um dos procedimentos críticos necessários à análise da obra literária. Comente, utilizando as suas próprias palavras, a problemática do foco narrativo no conto "O alienista" tendo como referência o início do texto.

b) Dois dos mais significativos aspectos da obra do autor de "Dom Casmurro" estão relacionados ao seu ceticismo e à crítica corrosiva e sarcástica da sociedade brasileira do seu tempo. Publicado entre outubro de 1881 e março de 1882, *O alienista* narra a trajetória de Simão Bacamarte, médico voltado para a pesquisa, entendimento e cura dos males do espírito. Tomando por base o fragmento selecionado, comente criticamente a visão de Machado de Assis sobre os postulados do pensamento positivista e da ideologia do progresso tão valorizados no fim do século XIX.

**Texto para a próxima questão.**

Edison não conseguia se concentrar de jeito nenhum. Tinha sempre dois ou três empregos e passava o dia indo de um para outro. Adorava trocar mensagens, e se acostumou a escrever recados curtos e constantes, às vezes para mais de uma pessoa ao mesmo tempo. Apesar de ser um cara mais inteligente do que a média, sofria quando precisava ler um livro inteiro. Para completar, comia rápido e dormia pouco – e não conseguia se dedicar ao casamento conturbado, por falta de tempo. Se identificou? Claro, quem não tem esses problemas? Passar horas no *twitter* ou no celular, correr de um lado para o outro e ter pouco tempo disponível para tantas coisas que você tem que fazer são dramas que todo mundo enfrenta. Mas esse não é um mal do nosso tempo. O rapaz da história aí em cima era ninguém menos que Thomas Edison, o inventor da lâmpada. A década era a de 1870 e o aparelho que ele usava para mandar e receber mensagens, um telégrafo. O relato, que está em uma edição de 1910 do jornal *New York Times*, conta que quando Edison finalmente percebeu que seu problema era falta de concentração, parou tudo. Se fechou em seu escritório e se focou em um problema de cada vez. A partir daí, produziu e patenteou mais de 2 mil invenções. [...]

(Gisela Blanco. *Superinteressante*, julho/2012)

2. (ITA-SP) O tema desse texto é:

a) o modo de viver de um cientista durante parte de sua vida.

b) a dispersão de um cientista.

c) a criatividade de um grande gênio da ciência.

d) a falta de tempo das pessoas.

e) a dificuldade de concentração de pessoas ao longo dos tempos.

3. (UFMG)

**E eles não foram felizes para sempre...**

João e Maria não são mais as crianças ingênuas que se deixavam iludir por uma casa feita de doces no meio da floresta. [1]Adultos, se tornaram [2]caçadores mercenários que querem vingança contra a bruxa que um dia ameaçou suas vidas. A Bela Adormecida, por sua vez, já não é vítima do feitiço de uma bruxa invejosa. Por vontade própria, [3]ela cai em sono profundo para satisfazer o fetiche dos homens.

Não, não deu a louca nos contos de fadas. Foi o cinema que decidiu cortar o "felizes para sempre" do roteiro mais popular dessas histórias e recontá-las sob perspectiva mais adulta e, em alguns casos, mais sombria também, como [4]nos exemplos acima. Seguindo "A Garota da Capa Vermelha", longa baseado no conto "Chapeuzinho Vermelho" que estreou nos cinemas este mês, pelo menos mais outros seis filmes inspirados em contos de fadas, mas com uma abordagem bem diferente das doces adaptações feitas pela Disney [...], devem chegar à tela grande entre este ano e o próximo.

O olhar menos ingênuo e mais pesado que os novos filmes lançam sobre os contos de fadas espelha aspectos da própria atualidade. "A Fera", por exemplo, que ainda não tem data de estreia no Brasil, traz "A Bela e a Fera" para o século XXI propositalmente. "Eu adorei a ideia de tornar contemporânea a história e ambientá-la em um colégio. O conto trata da forma como se lida com a aparência e achei a escola o cenário ideal para explorar a obsessão que a nossa cultura e a nossa juventude têm pelo visual", comentou o diretor Daniel Barnz, em entrevista de divulgação do filme.

[5]Essa sintonia com o presente ultrapassa a questão da temática e encontra eco também na própria origem dessas narrativas, cujas primeiras versões, de séculos atrás, nada tinham de infantil.

Jornal *Pampulha*, 30 abr./6 maio 2011, Capa 3. (Fragmento.)

a) Com base nessa leitura, justifique o título do texto.

b) Indique os elementos a que cada um destes termos, ou expressões, faz referência no texto:

Adultos (ref. 1):

Caçadores mercenários (ref. 2):

Ela (ref. 3):

Nos exemplos acima (ref. 4):

Essa sintonia (ref. 5):

**Textos para a próxima questão.**

*Texto 1*

De maneira geral, todos os avanços tecnológicos parecem coisas demoníacas. No interior do Brasil, as primeiras locomotivas que passavam pelos campos faziam a população se persignar: o barulho infernal, as fagulhas que saíam da chaminé e que frequentemente incendiavam os canaviais, tudo parecia coisa do demônio.

Pulo das locomotivas para a internet, a criação mais estupenda da tecnologia desde que inventaram a roda. Pode ser encarada, ao menos no estágio em que se encontra, como uma criação divina e diabólica ao mesmo tempo. Divina, porque aproxima os homens de forma barata e imediata, cria condições de progresso e bem-estar que não se podiam imaginar até recentemente.

Tem também seu lado diabólico. Num primeiro momento, ela pareceu abrir para qualquer um a possibilidade de melhor se informar e melhor se comunicar. Mas, pouco a pouco, de tal maneira ganha sofisticação, que, breve, será um instrumento dos mais fortes e dos mais sábios em operar seus mistérios e possibilidades.

Pelo mundo todo, há uma geração jovem, pós-informática, que poderá deter o monopólio do novo instrumento que a técnica ofereceu à humanidade. Hoje, essa força tecnológica existe. O problema é saber se ela será manobrada por Deus ou pelo Demônio.

CONY, Carlos Heitor. *Folha online*. Acesso: 12 jan. 2005. (Adaptado)

*Texto 2*

Eu tenho um filho de 1 ano e meio. Quando ele nasceu, minha mulher e eu ficamos acessando todo tipo de *site* médico associado a hospitais respeitados; queríamos nos tranquilizar sobre cada novidade. Esse tipo de recurso traz muito alívio. Mas a internet não dá refresco neste País, envia informação sem parar, 24 horas por dia. As histórias importantes são relativizadas, tudo se confunde. Eu não preciso saber que alguém levou um tiro num estacionamento no Arizona, mas eles vão me empurrar essa história e os psicólogos que aparecem e os comentários dos sociólogos e das testemunhas do crime – a coisa parece interminável, até o momento em que salta para o próximo assunto – alguém fabricou uma camiseta, no Texas, que virou um sucesso no mundo todo! E não acaba nunca. É a praga da popularidade. A internet substituiu a cultura popular pela cultura da popularidade. O principal critério de sucesso na internet é a popularidade. A cultura popular costumava atrair as pessoas para o que elas gostavam. A internet atrai as pessoas para o que os outros gostam. [...] É patético. E o que acontece com a reportagem sobre uma mulher negra idosa em Chicago, despejada no meio da noite? É claro que não vai ser popular nem *sexy*. Você vai ter que ler sobre a Britney Spears ou a Paris Hilton, e esse critério é devastador.

SIEGEL, Lee. Trecho de entrevista.
*O Estado de S. Paulo*, São Paulo, 2 mar. 2008. (Adaptado)

4. (UFMG) Com base na leitura dos textos 1 e 2, é correto afirmar que, em ambos, os autores:
   a) Abordam aspectos positivos e negativos da internet.
   b) Apresentam as mesmas críticas em relação à internet.
   c) Sustentam seu ponto de vista com exemplos veiculados na rede.
   d) Tratam da sofisticação que a internet alcançou na atualidade.

**Texto para a próxima questão.**

## O padeiro

Levanto cedo, faço a higiene pessoal, ponho a chaleira no fogo para fazer café e abro a porta do apartamento – mas não encontro o pão costumeiro. No mesmo instante me lembro de ter lido alguma coisa nos jornais da véspera sobre a "greve do pão dormido". De resto não é bem uma greve, é um *lockout*, greve dos patrões, que suspenderam o trabalho noturno; acham que obrigando o povo a tomar seu café da manhã com pão dormido conseguirão não sei bem o que do governo.

Está bem. Tomo meu café com pão dormido, que não é tão ruim assim. E enquanto tomo café vou me lembrando de um homem modesto que conheci antigamente. Quando vinha deixar pão à porta do apartamento ele apertava a campainha, mas, para não incomodar os moradores, avisava gritando:

– Não é ninguém, é o padeiro!

Interroguei-o uma vez: como tivera a ideia de gritar aquilo?

Ele abriu um sorriso largo. Explicou que aprendera aquilo de ouvido. Muitas vezes lhe acontecera bater a campainha de uma casa e ser atendido por uma empregada ou por uma outra pessoa qualquer, e ouvir uma voz que vinha lá de dentro perguntando quem era; e ouvir a pessoa que o atendera dizer para dentro: "não é ninguém, não senhora, é o padeiro". Assim ficara sabendo que não era ninguém...

Ele me contou isso sem mágoa nenhuma, e se despediu ainda sorrindo. Eu não quis detê-lo para explicar que estava falando com um colega, ainda menos importante. Naquele tempo eu também, como os padeiros, fazia trabalho noturno. Era pela madrugada que deixava a redação do jornal, quase sempre depois de uma passagem pela oficina – e muitas vezes saía já levando na mão um dos exemplares rodados, o jornal ainda quentinho da máquina, como pão saído do forno.

Ah, eu era rapaz, eu era rapaz naquele tempo! E às vezes me julgava importante porque no jornal que levava para casa, além de reportagens ou notas que eu escrevera sem assinar, ia uma crônica ou artigo com o meu nome. O jornal e o pão estavam bem cedinho na porta de cada lar; e dentro do meu coração eu recebi uma lição daquele homem entre todos útil e entre todos alegre; "não é ninguém, é o padeiro!".

E assoviava pelas escadas.

(Rubem Braga, *Ai de ti, Copacabana*. Rio de Janeiro: Editora do Autor, 1960. Adaptado)

5. (IFSP) Considere as afirmações sobre o texto.
   I. O cronista, embora se baseie em uma experiência particular e cotidiana, relata os fatos de forma impessoal e neutra.
   II. A facilidade de compreensão do texto ocorre porque o cronista desrespeita a linguagem padrão, optando pela linguagem coloquial.
   III. O texto apresenta o discurso indireto e há a reconstituição dos eventos marcada pelas recordações do cronista.

   É correto o que se afirma em
   a) I, apenas.
   b) III, apenas.
   c) I e II, apenas.
   d) II e III, apenas.
   e) I, II e III.

6. (PUC-RS) INSTRUÇÃO: Para responder à questão, leia o fragmento de Machado de Assis, de 1866, e o poema de Mario Quintana, de 1940, e analise as afirmativas.

*Texto A*

A explicação da minha recusa e do desamor com que eu via a minha prima estava no meu gênio solitário e contemplativo. Até aos quinze anos fui tido por idiota; dos quinze aos vinte chamavam-me poeta; e, se as palavras eram diferentes, o sentido que a minha família lhes dava era o mesmo. Era pouco de ser estimado um moço que não comungava nos mesmos passatempos da casa e via correr as horas na leitura e nas digressões pelo mato.

*Texto B*

Eu nada entendo da questão social.
Eu faço parte dela, simplesmente...
E sei apenas do meu próprio mal,
Que não é bem o mal de toda a gente,

Nem é deste Planeta... Por sinal
Que o mundo se lhe mostra indiferente!
E o meu Anjo da Guarda, ele somente,
É quem lê os meus versos afinal...

E enquanto o mundo em torno se esbarronda.
Vivo regendo estranhas contradanças
No meu vago País de Trebizonda...

Entre os Loucos, os Mortos e as Crianças.
É lá que eu canto, numa eterna ronda,
Nossos comuns desejos e esperanças!...

I. O uso da primeira pessoa está de acordo com a temática dos textos, relacionada à afirmação da individualidade.
II. Os dois autores expressam uma atitude crítica frente aos interesses sociais que anulam os valores humanos.
III. Em contextos sociais muito distantes no tempo, os autores expressam, em gêneros diferentes, seu posicionamento.

Pela análise das afirmativas, conclui-se que está/estão correta(s):

a) apenas I.
b) apenas II.
c) apenas III.
d) apenas I e II.
e) I, II e III.

**Texto para próxima questão.**

## Como e porque sou romancista

Minha mãe e minha tia se ocupavam com trabalhos de costuras, e as amigas para não ficarem ociosas as ajudavam. Dados os primeiros momentos à conversação, passava-se à leitura e era eu chamado ao lugar de honra.

Muitas vezes, confesso, essa honra me arrancava bem a contragosto de um sono começado ou de um folguedo querido; já naquela idade a reputação é um fardo e bem pesado.

Lia-se até a hora do chá, e tópicos havia tão interessantes que eu era obrigado à repetição. Compensavam esse excesso, as pausas para dar lugar às expansões do auditório, o qual desfazia-se em recriminações contra algum mau personagem, ou acompanhava de seus votos e simpatias o herói perseguido.

Uma noite, daquelas em que eu estava mais possuído do livro, lia com expressão uma das páginas mais comoventes da nossa biblioteca. As senhoras, de cabeça baixa, levavam o lenço ao rosto, e poucos momentos depois não puderam conter os soluços que rompiam-lhes o seio.

Com a voz afogada pela comoção e a vista empanada pelas lágrimas, eu também cerrando ao peito o livro aberto, disparei em pranto e respondia com palavras de consolo às lamentações de minha mãe e suas amigas.

Nesse instante assomava à porta um parente nosso, o Revd.° Padre Carlos Peixoto de Alencar, já assustado com o choro que ouvira ao entrar – Vendo-nos a todos naquele estado de aflição, ainda mais perturbou-se:

– Que aconteceu? Alguma desgraça? Perguntou arrebatadamente.

As senhoras, escondendo o rosto no lenço para ocultar do Padre Carlos o pranto e evitar seus remoques*, não proferiram palavra. Tomei eu a mim responder:

[1]– Foi o pai de Amanda que morreu! Disse, mostrando-lhe o livro aberto.

Compreendeu o Padre Carlos e soltou uma gargalhada, como ele as sabia dar, verdadeira gargalhada homérica, que mais parecia uma salva de sinos a repicarem do que riso humano. E após esta, outra e outra, que era ele inesgotável, quando ria de abundância de coração, com o gênio prazenteiro de que a natureza o dotara.

Foi essa leitura contínua e repetida de novelas e romances que primeiro imprimiu em meu espírito a tendência para essa forma literária [o romance] que é entre todas a de minha predileção?

Não me animo a resolver esta questão psicológica, mas creio que ninguém contestará a influência das primeiras impressões.

JOSÉ DE ALENCAR. *Como e porque sou romancista*. Campinas: Pontes, 1990.

Vocabulário:
*remoque – zombaria, caçoada

7. (Uerj)

– Foi o pai de Amanda que morreu! Disse, mostrando-lhe o livro aberto.

Compreendeu o Padre Carlos e soltou uma gargalhada, (ref. 1)

De acordo com o texto, a compreensão que o padre teve da situação foi possível pela combinação das palavras do narrador com:

a) um gesto simultâneo à fala.

b) um senso apurado de humor.

c) uma opinião formada sobre a família.

d) um conhecimento prévio do problema.

**Texto para a próxima questão.**

## Ecologia interior

Por um minuto, esquece a poluição, a química que contamina a terra, e medita: como anda teu equilíbrio ecobiológico? Examina a mente. Está despoluída de ambições desmedidas, preguiça intelectual e intenções inconfessáveis? Teu humor intoxica-se de raiva e arrogância? Onde as flores do bem-querer, os pássaros pousados no olhar, as águas cristalinas das palavras?

Graças ao Espírito que molda e anima o ser, o copo partido se reconstitui, inteiro, se fores capaz de amar. Primeiro, a ti mesmo, impedindo que tua subjetividade se afogue nas marés negativas. Depois, aos semelhantes, exercendo a tolerância e o perdão, sem sacrificar o respeito e a justiça. Pratica a difícil arte do silêncio. Desliga-te das preocupações inúteis. Recolhe-te ao mais íntimo de ti mesmo e descobre, lá no fundo, o Ser Vivo que funda a tua identidade.

Acolhe tua vida como é: dádiva involuntária. Trata a todos como igual, ainda que estejam revestidos ilusoriamente de nobreza ou se mostrem como seres carcomidos pela miséria. Faze da justiça o teu modo de ser e jamais te envergonhes da pobreza, da falta de conhecimentos ou poder. Tua riqueza e teu poder residem em tua moral e dignidade, que não têm preço e trazem apreço.

Porém, arma-te de indignação e esperança. Luta para que todos os caminhos sejam aplainados, até que a espécie humana se descubra como uma só família, na qual todos, malgrado as diferenças, tenham iguais direitos e oportunidades.

Ainda que cercado de adversidades, se preservares tua ecobiologia interior, serás feliz, porque trarás em teu coração tesouros indevassáveis.

(Frei Betto, *O Dia*, 30 de maio, 2004.)

8. (UFRRJ) A leitura atenta do texto permite depreender que o pressuposto defendido pelo autor é que

a) a luta pelo equilíbrio ecológico do planeta é supérflua e inútil.

b) o ser humano também deve buscar o equilíbrio existencial.

c) o ser humano deve lutar pela justiça e pelo equilíbrio ecológico.

d) a luta por uma vida melhor é vã, pois ela é dádiva involuntária.

e) a luta mais importante a ser travada no mundo é a política.

**Texto para a próxima questão.**

## Ler e crescer

Com a inacreditável capacidade humana de ter ideias, sonhar, imaginar, observar, descobrir, constatar, enfim, refletir sobre o mundo e com isso ir crescendo, a produção textual vem se ampliando ao longo da história. As conquistas tecnológicas e a democratização da educação trazem a esse acervo uma multiplicação exponencial, que começa a afligir homens e mulheres de várias formas. Com a angústia do excesso. A inquietação com os limites da leitura. A sensação de hoje ser impossível abarcar a totalidade do conhecimento e da experiência (ingênuo sonho de outras épocas). A preocupação com a abundância da produção e a impossibilidade de seu consumo total por meio de um indivíduo. O medo da perda. A aflição de se querer hierarquizar ou organizar esse material. Enfim, constatamos que a leitura cresceu, e cresceu demais.

Ao mesmo tempo, ainda falta muito para quanto queremos e necessitamos que ela cresça. Precisa crescer muito mais. Assim, multiplicamos campanhas de leitura e projetos de fomento do livro. Mas sabemos que, com todo o crescimento, jamais a leitura conseguirá acompanhar a expansão incontrolável e necessariamente caótica da produção dos textos, que se multiplicam ainda mais, numa infinidade de meios novos. Muda-se então o foco dos estudiosos, abandona-se o exame dos textos e da literatura, criam-se os especialistas em leitura, multiplicam-se as reflexões sobre livros e leitura, numa tentativa de ao menos entendermos o que se passa, já que é um mecanismo que recusa qualquer forma de domínio e nos fugiu ao controle completamente.

Falar em domínio e controle a propósito da inquietação que assalta quem pensa nessas questões equivale a lembrar um aspecto indissociável da cultura escrita, e nem sempre trazido com clareza à consciência: o poder.

Ler e escrever é sempre deter alguma forma de poder. Mesmo que nem sempre ele se exerça sob a forma do poder de mandar nos outros ou de fazer melhor e ganhar mais dinheiro (por ter mais informação e conhecer mais), ou sob a forma de guardar como um tesouro a semente do futuro ou a palavra sagrada como nos mosteiros medievais ou em confrarias religiosas, seitas secretas, confrarias de todo tipo. De qualquer forma, é uma caixinha dentro da outra: o poder de compreender o texto suficientemente para perceber que nele há várias outras possibilidades de compreensão sempre significou poder – o tremendo poder de crescer e expandir os limites individuais do humano.

Constatar que dominar a leitura é se apropriar de alguma forma de poder está na base de duas atitudes antagônicas dos tempos modernos. Uma, autoritária, tenta impedir que a leitura se espalhe por todos, para que não se tenha de compartilhar o poder. Outra, democrática, defende a expansão da leitura para que todos tenham acesso a essa parcela de poder.

Do jeito que a alfabetização está conseguindo aumentar o número de leitores, paralelamente à expansão da produção editorial que está oferecendo material escrito em quantidades jamais imaginadas antes, e ainda com o advento de meios tecnológicos que eliminam as barreiras entre produção e consumo do material escrito, tudo levaria a crer que essa questão está sendo resolvida. Será? Na verdade, creio que ela se abre sobre outras questões. Que tipo de alfabetização é esse, a que tipo de leitura tem levado, com que tipo de utilidade social?

ANA MARIA MACHADO. www.dubitoergosum.xpg.com.br

9. (Uerj) Segundo o texto, as atitudes autoritárias e democráticas em relação à leitura possuem um pressuposto comum.

Esse pressuposto está sintetizado em:

a) o reconhecimento de que a leitura se associa ao poder.
b) a percepção de que a leitura se expande com o tempo.
c) a expectativa de que a leitura se popularize na sociedade.
d) a necessidade de que a leitura se identifique com a tecnologia.

**Texto para a próxima questão.**

## Clarões

Quando ouço uma palavra, isto ativa imediatamente em minha mente uma rede de outras palavras, de conceitos, de modelos, mas também de imagens, sons, odores, sensações proprioceptivas*, lembranças, afetos etc. Por exemplo, a palavra "maçã" remete aos conceitos de fruta, de árvore, de reprodução; faz surgir o modelo mental de um objeto basicamente esférico, com um cabo saindo de uma cavidade, recoberto por uma pele de cor variável, contendo uma polpa comestível e caroços, ficando reduzido a um talo quando o comemos; evoca também o gosto e a consistência dos diversos tipos de maçã, a *granny* mais ácida, a *golden* muitas vezes farinhenta, a *melrose* deliciosamente perfumada; traz de volta memórias de bosques normandos de macieiras, de tortas de maçã etc. A palavra maçã está no centro de toda esta rede de imagens e conceitos que, de associação em associação, pode estender-se a toda a nossa memória. Mas apenas os nós selecionados pelo contexto serão ativados com força suficiente para emergir em nossa consciência.

Selecionados pelo contexto, o que isto quer dizer? Tomemos a frase: "Isabela come uma maçã por suas vitaminas". Como a palavra "maçã", as palavras "come" e "vitaminas" ativam redes de conceitos, de modelos, de sensações, de lembranças etc. Serão finalmente selecionados os nós da minirrede, centrada sobre a maçã, que outras palavras da frase tiverem ativado ao mesmo tempo; neste caso: as imagens e os conceitos ligados à comida e à dietética. Se fosse "a maçã da discórdia" ou a "maçã de Newton", as imagens e os modelos mentais associados à palavra "maçã" seriam diferentes. O contexto designa portanto a configuração de ativação de uma grande rede semântica em um dado momento. (...) Podemos certamente afirmar que o contexto serve para determinar o sentido de uma palavra; é ainda mais judicioso considerar que cada palavra contribui para produzir o contexto, ou seja, uma configuração semântica reticular que, quando nos concentramos nela, se mostra composta de imagens, de modelos, de lembranças, de sensações, de conceitos e de pedaços de discurso. [1]Tomando os termos leitor e texto no sentido mais amplo possível, diremos que o objetivo de todo texto é o de provocar em seu leitor um certo estado de excitação da grande rede heterogênea de sua memória, ou então orientar sua atenção para uma certa zona de seu mundo interior, ou ainda disparar a projeção de um espetáculo multimídia na tela de sua imaginação, (...)

O sentido de uma palavra não é outro senão a guirlanda cintilante de conceitos e imagens que brilham por um instante ao seu redor. A reminiscência desta claridade semântica orientará a extensão do grafo** luminoso disparado pela palavra seguinte, e assim por diante, até que uma forma particular, uma imagem global, brilhe por um instante na noite dos sentidos. Ela transformará, talvez imperceptivelmente, o mapa do céu, e depois desaparecerá para abrir espaço para outras constelações. (...)

LÉVY, Pierre. *As tecnologias da inteligência: o futuro do pensamento na era da informática*. Trad. Carlos Irineu da Costa. Rio de Janeiro: 34, 1993. p. 23-25.

Vocabulário:

*proprioceptivo – o sistema proprioceptivo é responsável pelo envio, ao cérebro, das informações relativas à sensibilidade própria aos ossos, músculos, tendões e articulações, de modo a fazer funcionar a estática, o equilíbrio, o deslocamento do corpo no espaço etc.

**grafo – diagrama composto de pontos, alguns dos quais são ligados entre si por linhas, e que é geralmente usado para representar graficamente conjuntos de elementos inter-relacionados.

10. (UFF-RJ) "Tomando os termos leitor e texto no sentido mais amplo possível, diremos que o objetivo de todo texto é o de provocar em seu leitor um certo estado de excitação da grande rede heterogênea de sua memória, ou então orientar sua atenção para uma certa zona de seu mundo interior, ou ainda disparar a projeção de um espetáculo multimídia na tela de sua imaginação," (ref. 1)
Nessa passagem do texto, o autor associa a leitura a
a) acionamento da memória; abertura para o mundo interior; rejeição do imaginário.
b) perda de memória; reflexões íntimas; descontrole da imaginação.
c) animação da memória; estado de depressão; devaneios da imaginação.
d) inquietação da memória; operações inconscientes; controle da imaginação.
e) estímulo da memória; movimento de interiorização; acionamento da imaginação.

**Texto para a próxima questão.**

O filme "Cazuza – O tempo não para" me deixou numa espécie de felicidade pensativa. Tento explicar por quê. Cazuza mordeu a vida com todos os dentes. A doença e a morte parecem ter-se vingado de sua paixão exagerada de viver. É impossível sair da sala de cinema sem se perguntar mais uma vez: o que vale mais, a preservação de nossas forças, que garantiria uma vida mais longa, ou a livre procura da máxima intensidade e variedade de experiências?

Digo que a pergunta se apresenta "mais uma vez" porque a questão é hoje trivial e, ao mesmo tempo, persecutória. (...)

Obedecemos a uma proliferação de regras que são ditadas pelos progressos da prevenção. Ninguém imagina que comer banha, fumar, tomar pinga, transar sem camisinha e combinar, sei lá, nitratos com Viagra seja uma boa ideia. De fato não é. À primeira vista, parece lógico que concordemos sem hesitação sobre o seguinte: não há ou não deveria haver prazeres que valham um risco de vida ou, simplesmente, que valham o risco de encurtar a vida. De que adiantaria um prazer que, por assim dizer, cortasse o galho sobre o qual estou sentado?

Os jovens têm uma razão básica para desconfiar de uma moral prudente e um pouco avara que sugere que escolhamos sempre os tempos suplementares. É que a morte lhes parece distante, uma coisa com a qual a gente se preocupará mais tarde, muito mais tarde. Mas sua vontade de caminhar na corda bamba e sem rede não é apenas a inconsciência de quem pode esquecer que "o tempo não para". É também (e talvez sobretudo) um questionamento que nos desafia: para disciplinar a experiência, será que temos outras razões que não sejam só a decisão de durar um pouco mais?

(Contardo Calligaris, *Folha de S.Paulo*)

11. (Fuvest-SP) A reação caracterizada como "uma espécie de felicidade pensativa" justifica-se, no texto, pelo fato de que o filme a que o autor assistiu
a) convenceu-o de que a experiência das paixões mais radicais não é incompatível com os "progressos da prevenção".
b) convenceu-o de que arriscar a vida não vale a pena porque é prudente nos pouparmos para viver os "tempos suplementares".
c) proporcionou-lhe um exemplo de prazer vital e intenso, ao mesmo tempo em que o fez refletir sobre o "risco de encurtar a vida".
d) proporcionou-lhe um prazer tão intenso que passou a defender a lucidez "de quem pode esquecer que o tempo não para".
e) proporcionou-lhe um estado de grande satisfação e o fez concluir que é indefensável a tese da "preservação de nossas forças".

# TEXTOS DESCRITIVOS: O "RETRATO VERBAL"

## O QUE É DESCRIÇÃO

É a composição linguística que nos permite montar um "retrato verbal" de seres (pessoas, objetos), paisagens ou situações; trabalha com imagens, permitindo a visualização do que está sendo descrito.

### Descrição objetiva

É aquela em que o autor se limita aos valores exteriores, aproximando-se o mais possível da realidade, sem emitir juízos de valor (que são, obviamente, valores subjetivos).

### Descrição subjetiva

É aquela em que o autor emite juízos de valor, salienta determinadas características que o impressionam (portanto, o que está sendo descrito é filtrado por ele, interessa o que ele quer ver; interessa como ele vê).

## ARRANJO LINGUÍSTICO

Os textos descritivos apresentam uma gramática muito particular, com o predomínio de:

- frases nominais e/ou sintagmas nominais;
- orações centradas em predicados nominais;
- verbos de estado (ser, estar, parecer, etc.);
- verbos conjugados no presente ou no imperfeito do indicativo;
- adjetivos na função de adjunto adnominal e/ou na de predicativo;
- advérbios na função de adjuntos adverbiais de lugar, posicionando o ser retratado no espaço;
- períodos curtos e coordenação;
- quando há subordinação, orações adjetivas (adjuntos adnominais de um substantivo).

### Recursos linguísticos comuns

Um bom texto descritivo não pode prescindir das outras sensações. Nossa percepção da realidade se dá por meio da visão, da audição, do olfato, do tato, da gustação. Por isso, é comum o emprego de **sinestesias** em textos descritivos. Outro recurso comum nas descrições é a **comparação**, pois a analogia permite o cruzamento de imagens, tornando, assim, mais fácil a montagem da imagem que se está tentando descrever.

### Foco descritivo

Na hora de produzir um texto descritivo, o autor tem de definir o **foco descritivo** (ou **foco de percepção**) pelo qual o elemento a ser descrito será observado. O **foco interno** é a postura assumida pelo autor em relação ao elemento a ser descrito (um maior envolvimento, um maior distanciamento). O **foco externo** é o ângulo pelo qual o ser será descrito (de um detalhe para o todo ou do todo para os detalhes; de cima para baixo ou de baixo para cima, etc.)

# Exercícios

**Texto para a próxima questão.**

## Musa paradisíaca

Hoje, na quitanda, vi duas donas de casa pondo as mãos na cabeça: "Trinta e seis [1]cruzeiros por uma dúzia de bananas! É o fim do mundo, onde já se viu uma coisa dessas!"

E a conversa continuava nesse tom. Mas eu fui e paguei prazerosamente o preço de um cacho dourado. Tudo está pela hora da morte, concordo. Mas banana não! Acho que nunca a banana será cara demais para mim, e eu conto por quê.

Para mim, a banana é bem mais que aquela fruta amarela, perfumada, de polpa alva, macia e saborosa, que se apresenta numa abundância nababesca em cachos e pencas. O aspecto, o sabor, o perfume da banana estão indissoluvelmente associados com minha infância longínqua na terra nórdica de onde eu vim, nas praias do Mar Báltico.

Naquele tempo, naquele lugar, uma banana era uma novidade e uma raridade. Numa certa época do ano, ela aparecia na cidade, em algumas casas muito finas, solitária e formosa, exposta na vitrina. Solitária, sim – uma de cada vez. E uma banana custava uma quantia fabulosa, porque meu pai comprava mesmo uma só, e a trazia para casa, onde ela era admirada e namorada durante horas, para depois ser solenemente descascada e repartida em partes milimetricamente iguais entre nós crianças, que a saboreávamos lentamente, conservando o bocadinho de polpa suave na boca o mais possível, com pena de engoli-lo.

Imaginem, pois, o meu espanto maravilhado ao desembarcar do navio no porto de Santos e dar de cara com todo um carregamento de bananas, cachos e mais cachos enormes, num exagero de abundância que só em contos de fadas!

Naquele dia, me empachei de bananas até quase estourar. Foi aos dez anos de idade, a minha primeira grande impressão gastronômica do Trópico de Capricórnio – e nunca mais me refiz dela. Até hoje sou fiel ao meu primeiro amor brasileiro – a banana.

Se eu fosse poeta, como Pablo Neruda, por exemplo, que escreveu [2]Ode à cebola, eu escreveria uma Ode à banana.

E não estou sozinha neste meu entusiasmo pela mais brasileira das frutas, porque, se eu não tivesse razão, os cientistas, que não são as pessoas mais sentimentais do mundo, não a teriam batizado com o nome poético de Musa paradisíaca.

(BELINKY, Tatiana. *Olhos de ver.* São Paulo: Moderna, 1996. Adaptado)

Vocabulário:

[1]cruzeiro: moeda utilizada no Brasil à época em que a crônica foi escrita

[2]ode: poema de exaltação, de elogio

1. (CPS-PR) No 8º parágrafo, ao se referir à *mais brasileira das frutas*, a escritora faz uma
   a) descrição impessoal, que extrapola o conceito habitual que se tem da banana.
   b) descrição subjetiva da fruta, consequência de recordações significativas para a narradora.
   c) narração impessoal, que confere à banana características que lhe são inerentes.
   d) narração subjetiva, em que a apreensão dos aspectos da fruta está desvinculada dos órgãos dos sentidos.
   e) dissertação expositiva, em que analisa a infância nos países nórdicos em oposição à infância nos trópicos.

**Texto para a próxima questão.**

## Nasce um escritor

O primeiro dever passado pelo novo professor de português foi uma descrição tendo o mar como tema. A classe inspirou, toda ela, nos encapelados mares de Camões, aqueles nunca dantes navegados. O episódio do Adamastor foi reescrito pela meninada. Prisioneiro no internato, eu vivia na saudade das praias do Pontal onde conhecera a liberdade e o sonho. O mar de Ilhéus foi o tema de minha descrição.

Padre Cabral levara os deveres para corrigir em sua cela. Na aula seguinte, entre risonho e solene, anunciou a existência de uma vocação autêntica de escritor naquela sala de aula. Pediu que escutassem com atenção o dever que ia ler. Tinha certeza, afirmou, que o autor daquela página seria no futuro um escritor conhecido. Não regateou elogios. Eu acabara de completar onze anos.

Passei a ser uma personalidade, segundo os cânones do colégio, ao lado dos futebolistas, dos campeões de matemática e de religião, dos que obtinham medalhas. Fui admitido numa espécie de Círculo Literário onde brilhavam alunos mais velhos. Nem assim deixei de me sentir prisioneiro, sensação permanente durante os dois anos em que estudei no colégio dos jesuítas. Houve, porém, sensível mudança na limitada vida do aluno interno: o padre Cabral tomou-me sob sua proteção e colocou em minhas mãos livros de sua estante. Primeiro "As Viagens de Gulliver", depois clássicos portugueses, traduções de ficcionistas ingleses e franceses. Data dessa época minha paixão por Charles Dickens. Demoraria ainda a conhecer Mark Twain: o norte-americano não figurava entre os prediletos do padre Cabral.

Recordo com carinho a figura do jesuíta português erudito e amável. Menos por me haver anunciado escritor, sobretudo por me haver dado o amor aos livros, por me haver revelado o mundo da criação literária. Ajudou-me a suportar aqueles dois anos de internato, a fazer mais leve a minha prisão, minha primeira prisão.

AMADO, Jorge. *O menino Grapiúna*. Rio de Janeiro. Record. 1987. p. 117-20.

2. (IFCE) Para realizar o trabalho que Padre Cabral lhes impôs, os alunos deviam possuir um saber, que era
   a) ter a inspiração.
   b) conhecer as praias do Pontal.
   c) saber descrever o mar e ter conhecimento das técnicas de construção de um texto descritivo.
   d) ter grande conhecimento da língua portuguesa.
   e) ser um bom narrador.

**Texto para a próxima questão.**

Leia o fragmento da crônica "O filho do japonês", de Maluh de Ouro Preto.

"Ventava muito... A lua estava enorme, quase cheia, na noite do primeiro aniversário da morte do filho do japonês. Ventava muito... Da estrada, das ruas de terra batida, subia poeira fina, asfixiante, os galhos nus gemiam, nas encostas a relva tremia. Ventava muito... A água da enseada se encrespou de pequenas ondas sussurrantes, batendo nos rochedos limosos, nos cascos dançantes dos barcos parados, rolando, rolando seixos já redondos e polidos, búzios irisados de cores. Ventava muito... Aquela noite as traineiras voltaram cedo, os pescadores cercaram as redes mais depressa, foi mais rápida a rotina compassada do arrastão, e apesar do luar, as meninas e moças não foram brincar de roda. Ventava muito... Como sempre, a pequena aldeia junto ao mar estava quieta, tristonha e linda, na sua poesia de luzes vacilantes, árvores curvadas, casas humildes e caminhos ásperos. Ventava muito... Nas ruas corriam cães vadios, porcos gordos e cabritos velozes atravessavam a estrada, um cavalo pastava solitário, e a lua subia, prateada, enorme, quase cheia, na noite do primeiro aniversário da morte do filho do japonês.

A viúva do japonês, mãe do morto, quis mandar dizer missa, e as filhas pediram ao pároco da cidade vizinha que viesse, mas o padre disse que não, que sentia muito, mas não podia, era tão longe e fora de mão, tão escondido o lugarejo onde nascera e vivera, mas não morrera o filho do japonês... O filho do japonês tinha 20 anos. Forte, risonho, bonito, de tez morena e olhos amendoados, tinha um ar diferente na mistura do sangue caboclo e oriental. Exímio nadador e mergulhador, era quem melhor "matava" lagostas na redondeza, o fornecedor amigo dos turistas. Um dia, fez-se embarcadiço num pesqueiro de camarão, e deixando as lagostas e veranistas, a casa na beira da praia e o botequim herdado do pai, deixando as namoradas, a mãe viúva e as irmãs de olhos puxados, deixando a vila onde nascera e vivera, pôs-se a navegar de norte a sul do país, num barco grande que, certa vez, foi pra bem longe, para as bandas do Uruguai. Uma noite o vento soprou forte, fortíssimo, vento impetuoso de tormenta, águas furiosas entraram no barco, que se abriu, afundou, foi a pique, levando consigo os doze tripulantes, entre os quais o filho do japonês...

(...)

Ventava muito... A lua estava enorme, quase cheia na noite do primeiro aniversário da morte do filho do japonês. O padre não veio. Natividade, bombeiro sacristão, rezou o terço e ladainha dos mortos, a gente da aldeia cantou, cães latiram, o mar bateu mais forte na colina da capelinha branca, cantando também nos rochedos e seixos rolados, nos cascos dançantes dos barcos parados. Finda a reza, caladas as vozes, fechada a igreja, apagadas as velas, o vento continuou soprando sobre a vila adormecida, o mar continuou sussurrando, e a lua continuou crescendo, no silêncio imenso, na noite fria, linda, que marcou o primeiro aniversário da morte do filho do japonês."

PRETO, Maluh de Ouro. "O filho do japonês". In: SALES, Herberto (org.). *Antologia de crônicas*. São Paulo: Ediouro, 2005, pp. 101-103.

3. (UFJF-MG) Pode-se afirmar que o primeiro parágrafo do texto é marcado pelo predomínio da descrição e o segundo pelo da narração. Identifique os elementos textuais dos parágrafos que permitem demonstrar tal afirmativa.

**Texto para a próxima questão.**

## Santos Dumont, o pioneiro dos ares

"Durante as compridas tardes ensolaradas do Brasil, deitado à sombra da varanda, eu me detinha horas e horas a contemplar o belo céu brasileiro e a admirar a facilidade com que as aves, com suas largas asas abertas, atingiam grandes alturas. E, ao ver as nuvens que flutuavam, sentia-me apaixonado pelo espaço livre."

Alberto Santos Dumont, 1873-1932

"Um dia, o homem há de voar – profetizou Júlio Verne. Essas palavras gravaram-se como a fogo no espírito inflamável do garoto Alberto Santos Dumont, filho de um riquíssimo fazendeiro de Riberão Preto, em São Paulo. Desde criança, Santos Dumont era apaixonado por motores, inventos e engenhocas. Ainda adolescente, seu pai enviou-o à França, para que lá estudasse. Com apoio paterno, Santos Dumont enveredou pelas pesquisas aeronáuticas e, em 1898, aos 25 anos, sobrevoava Paris num balão esférico.

Mas seu espírito não sossegava, mordido pela vontade de dirigir o balão por onde quisesse, sem depender dos ventos: "Se eu fizer um balão cilíndrico bastante comprido e bastante fino, ele fenderá o ar..."

Até que experimentou um antigo projeto: combinar um balão com um motor a gasolina. E, em setembro de 1898, o Santos-Dumont nº 1, provido de hélice e leme, passeava pelos céus de Paris. Uma grande consagração veio com a conquista do Prêmio Deutsch de la Meurthe: 125 000 francos (o equivalente a 100 contos de réis) ao primeiro que, partindo de St. Cloud, circum-navegasse a torre Eifel e voltasse ao ponto de partida num prazo de meia hora. A bordo do Santos-Dumont nº 6, o inventor finalmente realizou a façanha, a 19 de outubro de 1901. A repercussão internacional foi extraordinária. Parte do Prêmio Deutsch foi entregue por Santos Dumont a seu mecânico e a seus operários; o restante foi doado à Prefeitura de Paris, para cobrir penhores da população pobre. Santos Dumont virou figura popular. Entre a montanha de congratulações, um telegrama o comoveu em especial: "A Santos Dumont, o pioneiro dos ares, homenagem de Thomas Edison". Era cumprimentado justamente por quem considerava o maior gênio de todos os tempos! O engenhoso aeronauta brasileiro tinha Paris a seus pés.

A celebração em torno de Santos Dumont culminaria em 1906, quando voou com o 14-Bis, avião inventado por ele.

Seu aeroplano não foi concebido para matar. Santos Dumont jamais pensou em lucros ou destruições. Seu aeroplano não foi concebido para matar: era uma aliança de paz e amor. Uma abertura de rotas em todas as direções do planeta. Este, o seu sentido: voo de compreensão entre os homens.

(Texto adaptado de *A vida de grandes brasileiros 7 – Santos Dumont*. São Paulo: Editora Três, 1974)

4. (CPS-PR) Leia os trechos a seguir, analisando o tipo de texto que apresentam, de acordo com os seguintes critérios: descritivo (retrata características e propriedades de um objeto); narrativo (relata um fato ou acontecimento) e dissertativo (discute e comenta um assunto a partir de um ponto de vista).

I. Diz Godin da Fonseca que quando Santos Dumont "iniciou a sua aprendizagem em planadores, já eles existiam há bastante tempo. Chamavam-se aeroplanos (planadores aéreos). Daí a confusão que mais tarde se estabeleceu no público de terem sido outros, e não ele, os primeiros a voar 'em aeroplano'. Se os planadores passassem a chamar-se motoplanos ao aplicar-lhes Santos Dumont pela primeira vez um motor a petróleo (como sucedeu com as bicicletas, que passaram a chamar-se motocicletas), todo o mal-entendido se eliminaria. Um dos erros do aeronauta foi essa minúcia aparentemente sem importância: não mudar o nome do planador quando ele evoluiu de categoria e voou sozinho."

II. Afinal chega o dia 23 de outubro de 1906. Santos Dumont se pôs, então, a campo. Sua alegria era concorrer. Santos Dumont, às 8h30, diante da comissão reunida e de grande público que invadia o campo de treino de Bagatelle, tentaria voar como os pássaros. Houve, porém, uma pequena falha e a prova fora transferida para a tarde.

III. As asas do 14-Bis são fixadas por uma quilha armada levando na sua extremidade de frente um leme formado de uma célula análoga às das asas, e podendo mover-se em todos os sentidos. Na extremidade posterior da quilha se acha a hélice, acionada por um motor Levavasseur de 24 cavalos.

Assinale a alternativa que indica o tipo de texto I, II e III.

| | Texto I | Texto II | Texto III |
|---|---|---|---|
| a) | dissertativo | descritivo | narrativo |
| b) | descritivo | dissertativo | narrativo |
| c) | descritivo | narrativo | dissertativo |
| d) | narrativo | dissertativo | descritivo |
| e) | dissertativo | narrativo | descritivo |

**Texto para a próxima questão.**

O inspetor chegou antes do tempo previsto, sinal de que viera apressado. Mau sinal, no seu entender. Viu-o, da janela, caminhando a passos lentos em direção ao ateliê. Se viera correndo, agora não demonstrava pressa. Deteve-se algum tempo no topo da escada apreciando a mangueira. Bia o esperava na porta.

– Gosta de manga, inspetor? Essas são mangas espada sem fiapo, uma preciosidade.

– E, pelo tanto que a mangueira está florida, a senhora terá uma bela colheita.

– Mandarei algumas para o senhor.

– Obrigado, mas por favor não mande para a delegacia, os policiais nem sempre são honestos.

O rápido diálogo no topo da escada serviu para aliviar um pouco a tensão da espera.

– Entre, inspetor. Aceita um café?

– Aceito. Com pouco açúcar, por favor. Muito agradável, seu ateliê.

Enquanto tomava café, Espinosa vagava pela sala olhando atentamente os objetos, verificando a marca dos pincéis, apreciando as caixas de lápis, detendo-se em cada prateleira da estante. O olhar, contudo, não parecia policial, mas estético. Por fim, falou:

– Magníficos seus pincéis e suas tintas acrílicas, mas o que mais me fascina são seus lápis de cor. Recordações de infância, talvez, embora os meus não fossem Caran d'Ache.

– O senhor entende de arte, inspetor?

– Não... A menos que, como Thomas de Quincey, consideremos o assassinato como uma bela arte. – E acrescentou: – Já leu Thomas de Quincey?

– Lamento, inspetor. Sobre o que escreveu?

– Sobre suas experiências com ópio e sobre o crime. Tinha verdadeira paixão pelo assassinato, mas era um pacato inglês que não fazia mal a ninguém. Apenas escrevia sobre assassinato, não o praticava.

– É seu autor predileto, inspetor? – Havia um leve toque de ironia na voz.

– É um belo escritor – respondeu Espinosa –, mas não meu predileto.

– E o senhor sugere algum que não escreva apenas sobre ópio e assassinatos?

– Sem dúvida. Tenho particular simpatia pela literatura americana: Hemingway, Steinbeck, Faulkner e, sobretudo, Melville. Considero "Bartleby" uma pequena obra-prima. E nele não há nem ópio, nem assassinatos – acrescentou com um sorriso.

(GARCIA-ROZA, Luiz Alfredo. *O Silêncio da Chuva*. São Paulo: Cia. das Letras, 1996. p. 35-37.)

5. (UFSC) Nos exemplos a seguir, retirados do texto, de Garcia-Roza, existem descrições – de movimentos e de características de seres – sendo percebidas pela visão, tato e paladar. Em relação ao especificado, assinale a(s) proposição(ões) FALSA(S).

(01) "Viu-o, da janela, caminhando a passos lentos em direção ao ateliê."

(02) "– É seu autor predileto, inspetor? – Havia um leve toque de ironia na voz."

(04) "Se viera correndo, agora não demonstrava pressa. Deteve-se algum tempo no topo da escada apreciando a mangueira."

(08) "– O senhor entende de arte, inspetor?"

(16) "Enquanto tomava café, Espinosa vagava pela sala olhando atentamente os objetos, verificando a marca dos pincéis, apreciando as caixas de lápis, detendo-se em cada prateleira da estante. O olhar, contudo, não parecia policial, mas estético."

6. (Fuvest-SP)

Salão repleto de luzes, orquestra ao fundo, brilho de cristais por todo lado. O crupiê* distribui fichas sobre o pano verde, cercado de mulheres em longos vestidos e homens de *black-tie***. A roleta em movimento paralisa o tempo, todos retêm a respiração. Em breve estarão definidos a sorte de alguns e o azar de muitos. Foi mais ou menos assim, como um lance de roleta, que a era de ouro dos cassinos – maravilhosa para uns, totalmente reprovável para outros – se encerrou no Brasil. Para surpresa da nação, logo depois de assumir o governo, em 1946, o presidente Eurico Gaspar Dutra pôs fim, com uma simples penada, a um dos negócios mais lucrativos da época: a exploração de jogos de azar, tornando-os proibidos em todo o país. (...)

Jane Santucci, "O dia em que as roletas pararam", NOSSA HISTÓRIA.

* crupiê – empregado de uma casa de jogos
** black-tie – *smoking*, traje de gala

a) No texto apresentado, a autora utiliza vários recursos descritivos. Aponte um desses recursos. Justifique sua escolha.

b) A que fato relatado no texto se aplica a comparação "como num lance de roleta"?

**Textos para a próxima questão.**

*Texto I*

Em pé, no meio do espaço que formava a grande abóbada de árvores, encostado a um velho tronco decepado pelo raio, via-se um índio na flor da idade.

Uma simples túnica de algodão, a que os indígenas chamavam aimará, apertada à cintura por uma faixa de penas escarlates, caía-lhe dos ombros até ao meio da perna, e desenhava o talhe delgado e esbelto como um junco selvagem.

Sobre a alvura diáfana do algodão, a sua pele, cor de cobre, brilhava com reflexos dourados; os cabelos pretos cortados rentes, a tez lisa, os olhos grandes com os cantos exteriores erguidos para a fronte; a pupila negra, móbil, cintilante; a boca forte mas bem modelada e guarnecida de dentes alvos, davam ao rosto pouco oval a beleza inculta da graça, da força e da inteligência.

*Texto II*

Era preto retinto e filho do medo da noite. Houve um momento em que o silêncio foi tão grande escutando o murmurejo do Uraricoera, que a índia tapanhumas pariu uma criança feia.

Já na meninice fez coisas de sarapantar. De primeiro passou mais de seis anos não falando.

Ficava no canto da maloca, trepado no jirau de paxiúba, espiando o trabalho dos outros. O divertimento dele era decepar cabeça de saúva. Vivia deitado mas si punha os olhos em dinheiro, dandava pra ganhar vintém. E também espertava quando a família ia tomar banho no rio, todos juntos e nus. Passava o tempo do banho dando mergulho, e as mulheres soltavam gritos gozados por causa dos guaimuns diz-que habitando a água doce por lá.

Nem bem teve seis anos deram água num chocalho pra ele e começou falando como todos. E pediu pra mãe que largasse a mandioca ralando na cevadeira e levasse ele passear no mato. A mãe não quis porque não podia largar da mandioca não. Ele choramingou dia inteiro.

(Texto com adaptações.)

7. (Fatec-SP) Considere as seguintes afirmações acerca desses textos.

I. Os dois textos são descritivos: no Texto I predomina a descrição estática, de traços físicos da personagem; no texto II predomina a descrição dinâmica, de ações que caracterizam a personagem.

II. Identifica-se o texto I como produto do Romantismo, especialmente pelo traço de idealização do herói exposto na linguagem.

III. As marcas de estilo presentes no texto II são próprias do Modernismo: imitação do linguajar coloquial, palavras e construções da língua popular.

IV. O resgate da temática indianista está presente nos dois textos, com o mesmo tratamento, prestigiando o elemento local e adotando igual ponto de vista na composição da singular identidade do homem brasileiro.

Deve-se concluir que estão corretas as afirmações:

a) I, II e III apenas.
b) I, III e IV apenas.
c) II e IV apenas.
d) II, III e IV apenas.
e) I, II, III e IV.

**Texto para a próxima questão.**

## Cordões

*Oh! abre ala!*
*Que eu quero passá*
*Estrela d'Alva*
*Do Carnavá!*

Era em plena rua do Ouvidor. Não se podia andar. A multidão apertava-se, sufocada. Havia sujeitos congestionados, forçando a passagem com os cotovelos, mulheres afogueadas, crianças a gritar, tipos que berravam pilhérias. A pletora da alegria punha desvarios em todas as faces. Era provável que do largo de São Francisco à rua Direita dançassem vinte cordões e quarenta grupos, rufassem duzentos tambores, zabumbassem cem bombos, gritassem cinquenta mil pessoas. A rua convulsionava-se como se fosse fender, rebentar de luxúria e de barulho. A atmosfera pesava como chumbo. No alto, arcos de gás besuntavam de uma luz de açafrão as fachadas dos prédios. Nos estabelecimentos comerciais, nas redações dos jornais, as lâmpadas elétricas despejavam sobre a multidão uma luz ácida e galvânica, que [2]enlividescia e parecia convulsionar os movimentos da turba, sob o panejamento multicolor das bandeiras que adejavam sob o esfarelar constante dos "confetti", que, como um irisamento do ar, caíam, voavam, rodopiavam. (...) Serpentinas riscavam o ar; homens passavam empapados d'água, cheios de confetti; mulheres de chapéu de papel curvavam as nucas à etila dos lança-perfumes, frases rugiam cabeludas, entre gargalhadas, risos, berros, uivos, guinchos. Um cheiro estranho, misto de perfume barato, poeira, álcool, aquecia ainda mais o baixo instinto de promiscuidade. A rua personalizava-se, tornava-se uma e parecia, toda ela policromada de serpentinas e confetti, arlequinar o pincho da loucura e do deboche. Nós íamos indo, eu e o meu amigo, nesse pandemônio. Atrás de nós, sem colarinho, de pijama, bufando, um grupo de rapazes acadêmicos, futuros diplomatas e futuras glórias nacionais, berrava furioso a cantiga do dia, essas cantigas que só aparecem no Carnaval:

*Há duas coisa*
*Que me faz chorá*
*É nó nas tripa*
*E bataião navá!*

RIO, João do. *A alma encantadora das ruas*. São Paulo: Companhia das Letras, 1997.

8. (Uerj) Entre as diversas formas de se classificar um texto descritivo, pode-se mencionar a DESCRIÇÃO ESTÁTICA (por exemplo: a descrição dos móveis de uma sala de aula; a descrição de um carro) e a DESCRIÇÃO DINÂMICA (por exemplo: a descrição de uma aula de ginástica; a descrição de uma ultrapassagem em uma corrida de Fórmula 1).

a) Sem transcrever partes do texto, identifique em qual desses tipos de descrição se enquadra o texto de João do Rio e justifique sua resposta em uma frase completa.

b) Aponte, em até duas frases completas, uma semelhança entre o projeto do Realismo e o que o texto de João do Rio expressa.

9. (Fuvest-SP)

Ser consciente é talvez um esquecimento.
Talvez pensar um sonho seja, ou um sono.
Talvez dormir seja, um momento,
Voltar o 'spirito nosso a ser dono.

Fernando Pessoa

a) O trecho anterior, do ponto de vista da composição, classifica-se como descritivo, narrativo ou dissertativo?

b) Justifique sua resposta, transcrevendo pelo menos dois elementos do texto.

**Texto para a próxima questão.**

## Aí pelas três da tarde

Nesta sala atulhada de mesas, máquinas e papéis, onde invejáveis escreventes dividiram entre si bom-senso do mundo, aplicando-se em ideias claras apesar do ruído e do mormaço, seguros ao se pronunciarem sobre problemas que afligem o homem moderno (espécie da qual você, milenarmente cansado, talvez se sinta um tanto excluído), largue tudo de repente sob os olhares à sua volta, componha uma cara de louco quieto e perigoso, faça os gestos mais calmos quanto os tais escribas mais severos, dê um largo "ciao"[1] ao trabalho do dia, assim como quem se despede da vida, e surpreenda pouco mais tarde, com sua presença em hora tão insólita, os que estiveram em casa ocupados na limpeza dos armários, que você não sabia antes como era conduzida. Convém não responder aos olhares interrogativos, deixando crescer, por instantes, a intensa expectativa que se instala. Mas não exagere na medida e suba sem demora ao quarto, libertando aí os pés das meias e dos sapatos, tirando a roupa do corpo como se retirasse a importância das coisas, pondo-se enfim em vestes mínimas, quem sabe até em pelo, mas sem ferir o pudor (o seu pudor, bem entendido), e aceitando ao mesmo tempo, como boa verdade provisória, toda mudança de comportamento. Feito um banhista incerto, assome[2] depois com sua nudez no trampolim do patamar e avance dois passos como se fosse beirar um salto, silenciando de vez, embaixo, o surto abafado dos comentários. Nada de grandes lances. Desça, sem pressa, degrau por degrau, sendo tolerante com o espanto (coitados!) dos pobres familiares, que cobrem a boca com a mão enquanto se comprimem ao pé da escada. Passe por eles calado, circule pela casa toda como se andasse numa praia deserta (mas sempre com a mesma cara de louco ainda não precipitado), e se achegue depois, com cuidado e ternura, junto à rede languidamente envergada entre plantas lá no terraço. Largue-se nela como quem se larga na vida, e vá fundo nesse mergulho: cerre as abas da rede sobre os olhos e, com um impulso do pé (já não importa em que apoio), goze a fantasia de se sentir embalado pelo mundo.

(NASSAR, Raduan. *In:* MORICONI, I. (Org.). *Os cem melhores contos brasileiros do século*. Rio de Janeiro: Objetiva, 2001.)

1 – "até logo" em italiano
2 – apareça

**10.** (Uerj) O narrador, ao se dirigir a seu interlocutor no texto, faz uso de comparações de valor explicativo ou descritivo.

a) Justifique a interpelação direta do leitor pelo narrador.

b) Transcreva do texto dois exemplos de estruturas comparativas.

**11.** (PUC-RS) Para responder à questão, ler os textos a seguir, de José de Alencar e Graciliano Ramos, respectivamente.

*Texto A*

Atravessaram o bosque e desceram o vale. Onde morria a falda da colina o arvoredo era basto: densa abóbada de folhagem verde-negra cobria o adito agreste, reservado aos mistérios do ritmo bárbaro. Era de jurema o bosque sagrado. Em torno corriam os troncos rugosos da árvore de Tupã: dos galhos pendiam ocultos pela rama escura os vasos do sacrifício; lastravam o chão as cinzas de extinto fogo, que servira à festa da última lua.

*Texto B*

Na planície avermelhada os juazeiros alargavam duas manchas verdes. Os infelizes tinham caminhado o dia inteiro, estavam cansados e famintos. Ordinariamente andavam pouco, mas como haviam repousado bastante na areia do rio seco, a viagem progredira bem três léguas. Fazia horas que procuravam uma sombra. A folhagem dos juazeiros apareceu longe, através dos galhos pelados da caatinga rala.

Todas as afirmativas a seguir estão corretas, EXCETO:

a) A descrição da natureza diverge, nos dois textos, pois os autores viveram em épocas distintas e têm visões de mundo diferentes.

b) O texto de José de Alencar constrói uma visão idealizada da natureza, o que está de acordo com o período romântico do qual faz parte.

c) Graciliano Ramos questiona as agruras do homem nordestino, através da descrição de uma natureza agreste e seca, dentro da proposta realista do Romance de 30.

d) Através da literatura, José de Alencar e Graciliano Ramos fazem denúncia social, pois retratam o homem do Nordeste em luta com a natureza que não lhe oferece os recursos de sobrevivência.

e) Graciliano Ramos, ao narrar a caminhada dos retirantes, apresenta a vida do nordestino em suas dificuldades.

**Texto para a próxima questão.**

Leia o poema de Bocage para responder às questões.

Olha, Marília, as flautas dos pastores
Que bem que soam, como estão cadentes!
Olha o Tejo a sorrir-se! Olha, não sentes
Os Zéfiros brincar por entre flores?

Vê como ali, beijando-se, os Amores
Incitam nossos ósculos ardentes!

Ei-las de planta em planta as inocentes,
As vagas borboletas de mil cores.

Naquele arbusto o rouxinol suspira,
Ora nas folhas a abelhinha para,
Ora nos ares, sussurrando, gira:

Que alegre campo! Que manhã tão clara!
Mas ah! Tudo o que vês, se eu te não vira,
Mais tristeza que a morte me causara.

12. (Unifesp) A descrição que o eu lírico faz do ambiente é uma forma de mostrar à amada que o amor
a) acaba quando a morte chega.
b) tem pouca relação com a natureza.
c) deve ser idealizado, mas não realizado.
d) traz as tristezas e a morte.
e) é inspirado por tudo o que os rodeia.

**Texto para a próxima questão.**

INSTRUÇÃO: As questões seguintes baseiam-se no seguinte fragmento do romance *O cortiço* (1890), de Aluísio Azevedo (1857-1913).

## O cortiço

Fechou-se um entra e sai de marimbondos defronte daquelas cem casinhas ameaçadas pelo fogo. Homens e mulheres corriam de cá para lá com os tarecos ao ombro, numa balbúrdia de doidos. O pátio e a rua enchiam-se agora de camas velhas e colchões espocados. Ninguém se conhecia naquela zumba de gritos sem nexo, e choro de crianças esmagadas, e pragas arrancadas pela dor e pelo desespero. Da casa do Barão saíam clamores apopléticos; ouviam-se os guinchos de Zulmira que se espolinhava com um ataque. E começou a aparecer água. Quem a trouxe? Ninguém sabia dizê-lo; mas viam-se baldes e baldes que se despejavam sobre as chamas.

Os sinos da vizinhança começaram a badalar.

E tudo era um clamor.

A Bruxa surgiu à janela da sua casa, como à boca de uma fornalha acesa. Estava horrível; nunca fora tão bruxa. O seu moreno trigueiro, de cabocla velha, reluzia que nem metal em brasa; a sua crina preta, desgrenhada, escorrida e abundante como as das éguas selvagens, dava-lhe um caráter fantástico de fúria saída do inferno. E ela ria-se, ébria de satisfação, sem sentir as queimaduras e as feridas, vitoriosa no meio daquela orgia de fogo, com que ultimamente vivia a sonhar em segredo a sua alma extravagante de maluca.

Ia atirar-se cá para fora, quando se ouviu estalar o madeiramento da casa incendiada, que abateu rapidamente, sepultando a louca num montão de brasas.

(Aluísio Azevedo. *O cortiço*)

13. (Unifesp) Releia o fragmento de "O cortiço", com especial atenção aos dois trechos a seguir.

"Ninguém se conhecia naquela zumba de gritos sem nexo, e choro de crianças esmagadas, e pragas arrancadas pela dor e pelo desespero".

(...)

"E começou a aparecer água. Quem a trouxe? Ninguém sabia dizê-lo; mas viam-se baldes e baldes que se despejavam sobre as chamas".

No fragmento, rico em efeitos descritivos e soluções literárias que configuram imagens plásticas no espírito do leitor, Aluísio Azevedo apresenta características psicológicas de comportamento comunitário. Aponte a alternativa que explicita o que os dois trechos têm em comum.

a) Preocupação de um em relação à tragédia do outro, no primeiro trecho, e preocupação de poucos em relação à tragédia comum, no segundo trecho.
b) Desprezo de uns pelos outros, no primeiro trecho, e desprezo de todos por si próprios, no segundo trecho.
c) Angústia de um não poder ajudar o outro, no primeiro trecho, e angústia de não se conhecer o outro, por quem se é ajudado, no segundo trecho.
d) Desespero que se expressa por murmúrios, no primeiro trecho, e desespero que se expressa por apatia, no segundo trecho.
e) Anonimato da confusão e do "salve-se quem puder", no primeiro trecho, e anonimato da cooperação e do "todos por todos", no segundo trecho.

14. (ITA-SP) Observe o estilo do texto a seguir:

Foi até a cozinha. Tomou um gole de chá com uma bolacha água e sal. Ainda pensou em abandonar o plano. Mas, como se salvaria? Lavou as mãos e o rosto. Saiu de casa. Trancou o minúsculo quarto e cozinha. Aluguel atrasado. Despensa vazia. Contava os trocados para pegar o ônibus.

(AUGUSTO, Rogério. "Flores". *Cult.* Revista Brasileira de Literatura, nº 48, p. 34.)

a) Do ponto de vista redacional, que traços permitem considerar esse texto como contemporâneo?
b) De que forma se revela o clima existente nesse breve texto descritivo-narrativo?

**Texto para a próxima questão.**

"Não é possível idear nada mais puro e harmonioso do que o perfil dessa estátua de moça.

Era alta e esbelta. Tinha um desses talhes flexíveis e lançados, que são hastes de lírio para o rosto gentil; porém na mesma delicadeza do porte esculpiam-se os contornos mais graciosos com firme nitidez das linhas e uma deliciosa suavidade nos relevos.

Não era alva, também não era morena. Tinha sua tez a cor das pétalas da magnólia, quando vão desfalecendo ao beijo do sol. Mimosa cor de mulher, se a aveluda a pubescência juvenil, e a luz coa pelo fino tecido, e um sangue puro a escumilha de róseo matiz. A dela era assim.

Uma altivez de rainha cingia-lhe a fronte, como diadema cintilando na cabeça de um anjo. Havia em toda a sua pessoa um quer que fosse de sublime e excelso que a abstraía da terra. Contemplando-a naquele instante de enlevo, dir-se-ia que ela se preparava para sua celeste ascensão."

(José de Alencar, *DIVA*. São Paulo: Saraiva, 1959. p. 17)

"Era muito bem feita de quadris e de ombros. Espartilhada, como estava naquele momento, a volta enérgica da cintura e a suave protuberância dos seios, produziam nos sentidos de quem a contemplava de perto uma deliciosa impressão artística.

Sentia-se-lhe dentro das mangas do vestido a trêmula carnadura dos braços; e os pulsos apareciam nus, muito brancos, chamalotados de veiazinhas sutis, que se prolongavam serpeando. Tinha as mãos finas e bem tratadas, os dedos longos e roliços, a palma cor-de-rosa e as unhas curvas como o bico de um papagaio.

Sem ser verdadeiramente bonita de rosto, era muito simpática e graciosa. Tez macia, de uma palidez fresca de camélia; olhos escuros, um pouco preguiçosos, bem guarnecidos e penetrantes; nariz curto, um nadinha arrebitado, beiços polpudos e viçosos, à maneira de uma fruta que provoca o apetite e dá vontade de morder. Usava o cabelo cofiado em franjas sobre a testa, e, quando queria ver ao longe, tinha de costume apertar as pálpebras e abrir ligeiramente a boca."

(Aluísio Azevedo, *CASA DE PENSÃO*. 20ª ed. São Paulo: Martins, s.d. p. 87)

15. (Unesp-SP) Ao descrever a pele de sua personagem, diz Alencar "Tinha sua tez a cor das pétalas da magnólia, quando vão desfalecendo aos beijos do sol.". Esta frase, como um todo, focaliza a pele da personagem sob o aspecto visual, e representa uma tentativa de definição de cor. Aluísio Azevedo, em seu texto, também parte da imagem de uma flor para tentar definir a pele da personagem. Localize a passagem em que isso acontece e, a seguir, defina os aspectos sensoriais de que se utiliza o autor para caracterizar a pele da personagem.

16. (PUCC-SP)

(...) a pré-história das nossas letras interessa como reflexo da visão do mundo e da linguagem que nos legaram os primeiros observadores do país. É graças a essas tomadas diretas da paisagem, do índio e dos grupos sociais nascentes, que captamos as condições primitivas de uma cultura que só mais tarde poderia contar com o fenômeno da palavra-arte.

(Alfredo Bosi. "História concisa da Literatura Brasileira". S. Paulo: Cultrix, 1970, p. 15)

O período caracterizado, no trecho acima, como "a pré-história das nossas letras", representa-se sobretudo em textos

a) DISSERTATIVOS, que argumentam a favor do processo colonial.

b) marcados por uma preocupação NARRATIVA, de tom épico.

c) DRAMATÚRGICOS, nos quais se encenam os anseios de uma emancipação.

d) marcados por uma preocupação eminentemente DESCRITIVA.

e) POÉTICOS, nos quais a natureza é idealizada segundo os padrões clássicos.

17. (UPM-SP)

Para mim, belo amigo, você nunca será velho,
Pois, como era na primeira vez em que vi seus olhos,
Tal me parece ainda a sua beleza. O frio de três invernos
Sacudiu da floresta o orgulho de três verões,
Três belas primaveras viraram outono amarelo.
No processo das estações, eu vi
Três perfumes de abril queimarem em três junhos
[quentes,
Desde que, por primeiro, vi seu frescor que ainda
[permanece verde.

Shakespeare

Observe as seguintes afirmações:

I. Por meio de recursos descritivo-sensoriais, o poeta associa a passagem do tempo ao processo das estações do ano.

II. A ação do "frio de três invernos" está expressa prosaicamente, por meio de uma catacrese.

III. O último verso contraria a ideia expressa no primeiro.

Assinale:

a) se apenas I está correta.

b) se apenas II está correta.

c) se apenas III está correta.

d) se apenas I e III estão corretas.

e) se todas estão corretas.

# A LINGUAGEM FIGURADA

## FIGURAS DE PALAVRA

As figuras de palavras consistem no emprego figurado de uma palavra por outra, quer por uma relação de proximidade (**contiguidade**), quer por uma associação (**similaridade**). Esses dois conceitos básicos – contiguidade e similaridade – permitem-nos reconhecer dois tipos de figuras de palavras: a **metonímia** e a **metáfora**.

### Metonímia

A **metonímia** se fundamenta em uma relação objetiva de contiguidade entre as palavras. Configura-se basicamente quando uma palavra adquire nova dimensão e seu significado vai "além do nome, além do significado cristalizado pelo dicionário".

### Metáfora

A **metáfora** se baseia na relação de similaridade entre os sentidos próprio e figurado das palavras e consiste na transferência de um termo para um âmbito de significação que não é o seu.

Obs.: Se a metáfora se cristalizar, deixará de ser metáfora e passará a ser **catacrese**.

# Exercícios

1. (CPS-PR) Analise a charge considerando que o personagem de terno seja o dono da empresa aérea.

Velati, *Folha de S. Paulo*, 28.03.2012. Original colorido.

Nessa charge, identifica-se a figura de linguagem

a) antítese, já que os comissários de bordo apresentam reação idêntica ao saberem da demissão.

b) personificação, visto que o objetivo principal da charge é criar uma cena divertida e plena de humor.

c) hipérbole, pois há um exagero na solução drástica encontrada pelo dono da empresa para demitir os comissários.

d) metonímia, porque se percebe a indiferença do dono da empresa perante a sensação de terror da tripulação.

e) eufemismo, pois o dono da empresa resolve, sem sutileza, como cortar parte dos funcionários da empresa aérea.

2. (EsPCEx–Aman-RJ) Assinale a única alternativa que contém a figura de linguagem presente no trecho sublinhado:

As armas e os barões assinalados,
Que da ocidental <u>praia lusitana,</u>
Por mares nunca dantes navegados,
Passaram ainda além da Taprobana,

a) metonímia
b) eufemismo
c) ironia
d) anacoluto
e) polissíndeto

**Texto para a próxima questão.**

## A namorada

Havia um muro alto entre nossas casas.
Difícil de mandar recado para ela.
Não havia *e-mail*.
[1]O pai era uma onça.
A gente amarrava o bilhete numa pedra presa por um cordão
E pinchava a pedra no quintal da casa dela.
Se a namorada respondesse pela mesma pedra
Era uma glória!
Mas por vezes o bilhete enganchava nos galhos da [goiabeira
E então era agonia.
No tempo do onça era assim.

Manoel de Barros. *Poesia completa*. São Paulo: Leya, 2010.

3. (Uerj) *O pai era uma onça.* (ref. 1)
Nesse verso, a palavra *onça* está empregada em um sentido que se define como:

a) enfático
b) antitético
c) metafórico
d) metonímico

**Texto para a próxima questão.**

## Valter Hugo Mãe, um escritor maiúsculo

Rodolfo Viana

Quando José Saramago diz que determinada obra é um "tsunami linguístico, semântico e sintático", não resta muito, exceto se deixar ser tragado pelo ir e vir do oceano de palavras e se afogar nas páginas. Pois foi esse o termo que o único Nobel de Literatura da língua portuguesa usou para descrever o remorso de baltazar serapião, do conterrâneo valter hugo mãe.

Sim, tudo em minúsculas. Obra e autor em letras diminutas, pois língua falada não tem caixa-alta. Mas não se engane: este é um escritor grandioso, criador de livros imponentes.

O homem que tirou de Saramago o elogio foi o nome mais aclamado dentre tantos literatos na Flip deste ano. Esgotou os 500 exemplares do seu mais recente romance, *a máquina de fazer espanhóis*, no evento. Não é para menos: a obra é um comovente relato sobre política e morte. Nele, antônio jorge da silva, barbeiro de 84 anos e silva como muitos em Portugal, depara com a morte de laura, parceira de meio século. Este silva, que traz consigo as cicatrizes da ditadura salazarista, acaba num asilo. Nas palavras do próprio, "a laura morreu, pegaram em mim e pusera-me no lar com dois sacos de roupa e um álbum de fotografias. Foi o que fizeram. Depois nessa mesma tarde, levaram o álbum porque achavam que ia servir apenas para que eu cultivasse a dor de perder a minha mulher."

Neste lugar, em vez de esperar a morte chegar, ele encontra outros "silvas" com quem tudo é debatido – principalmente política. Um dos pontos levantados pelos silvas é o sentimento de inferioridade que Portugal tem diante de Espanha. Essas conversas entre o barbeiro e os outros velhinhos é a forma encontrada por silva de não morrer em vida, de ignorar a melancolia ao ver o fim se aproximar.

*Valter Hugo Mãe, um escritor maiúsculo*. Vida Simples, ed. 109, set. 2011, p. 74.

4. (UEG-GO) No trecho "exceto se deixar ser tragado pelo ir e vir do oceano de palavras e se afogar nas páginas", verificam-se duas figuras de linguagem que podem ser classificadas, respectivamente, como:
a) aliteração e prosopopeia.
b) assíndeto e hipérbole.
c) hipérbole e metáfora.
d) zeugma e metonímia.

**Texto para a próxima questão.**

De repente voltou-me a ideia de construir o livro. (...) [1]Desde então procuro descascar fatos, aqui sentado à mesa da sala de jantar (...).

Às vezes, entro pela noite, passo tempo sem fim acordando lembranças. Outras vezes não me ajeito com esta ocupação nova.

Anteontem e ontem, por exemplo, foram dias perdidos. Tentei debalde canalizar para termo razoável esta prosa que se derrama como a chuva da serra, e o que me apareceu foi um grande desgosto. Desgosto e a vaga compreensão de muitas coisas que sinto.

Sou um homem arrasado. Doença? Não. Gozo perfeita saúde. (...) Não tenho doença nenhuma.

O que estou é velho. Cinquenta anos pelo S. Pedro. Cinquenta anos perdidos, cinquenta anos gastos sem objetivo, a maltratar-me e a maltratar os outros. O resultado é que endureci, calejei, e não é um arranhão que penetra esta casca espessa e vem ferir cá dentro a sensibilidade embotada.

Cinquenta anos! Quantas horas inúteis! Consumir-se uma pessoa a vida inteira sem saber para quê!

Comer e dormir como um porco! Como um porco! Levantar-se cedo todas as manhãs e sair correndo, procurando comida! E depois guardar comida para os filhos, para os netos, para muitas gerações. Que estupidez! (...)

Coloquei-me acima da minha classe, creio que me elevei bastante. Como lhes disse, fui guia de cego, vendedor de doce e trabalhador alugado. Estou convencido de que nenhum desses ofícios me daria os recursos intelectuais necessários para engendrar esta narrativa. Magra, de acordo, mas em momentos de otimismo suponho que há nela pedaços melhores que a literatura do Gondim. Sou, pois, superior a mestre Caetano e a outros semelhantes. Considerando, porém, que os enfeites do meu espírito se reduzem a farrapos de conhecimentos apanhados sem escolha e malcosidos, devo confessar que a superioridade que me envaidece é bem mesquinha.

(...)

Quanto às vantagens restantes – casas, terras, móveis, semoventes, consideração de políticos, etc. – é preciso convir em que tudo está fora de mim.

Julgo que me desnorteei numa errada.

GRACILIANO RAMOS. *São Bernardo*. Rio de Janeiro: Record, 2004.

5. (Uerj) *Desde então procuro descascar fatos, aqui sentado à mesa da sala de jantar* (ref. 1)
Na sentença acima, o processo metafórico se concentra no verbo "descascar".
No contexto, a metáfora expressa em "descascar" tem o seguinte significado:
a) reduzir
b) denunciar
c) argumentar
d) compreender

**Texto para a próxima questão.**

## A dança dos ossos

A noite, límpida e calma, tinha sucedido a uma tarde de pavorosa tormenta, nas profundas e vastas florestas que bordam as margens do Paranaíba, nos limites entre as províncias de Minas e de Goiás.

Eu viajava por esses lugares, e acabava de chegar ao porto, ou recebedoria, que há entre as duas províncias. Antes de entrar na mata, a tempestade tinha me surpreendido nas vastas e risonhas campinas que se estendem até a pequena cidade de Catalão, donde eu havia partido.

Seriam nove a dez horas da noite; junto a um fogo aceso defronte da porta da pequena casa da recebedoria, estava eu, com mais algumas pessoas, aquecendo os membros resfriados pelo terrível banho que a meu pesar tomara. A alguns passos de nós se desdobrava o largo veio do rio, refletindo em uma chispa retorcida, como uma serpente de fogo, o clarão avermelhado da fogueira. Por trás de nós estavam os cercados e as casinhas dos poucos habitantes desse lugar, e, por trás dessas casinhas, estendiam-se as florestas sem fim.

No meio do silêncio geral e profundo sobressaía o rugido monótono de uma cachoeira próxima, que ora [1]estrugia como se estivesse a alguns passos de distância, ora quase se [2]esvaecia em abafados murmúrios, conforme o correr da viração.

[4]No sertão, ao cair da noite, todos tratam de dormir, como os passarinhos. As trevas e o silêncio são sagrados ao sono, que é o silêncio da alma.

Só o homem nas grandes cidades, o tigre nas florestas, o [3]mocho nas ruínas, as estrelas no céu e o gênio na solidão do gabinete costumam velar nessas horas que a natureza consagra ao repouso.

Entretanto, eu e meus companheiros, sem pertencer a nenhuma dessas classes, por uma exceção de regra estávamos acordados a essas horas.

Meus companheiros eram bons e robustos caboclos, dessa raça semisselvática e nômade, de origem dúbia entre o indígena e o africano, que vagueia pelas infindas florestas que correm ao longo do Paranaíba, e cujos nomes, decerto, não se acham inscritos nos assentos das freguesias, e nem figuram nas estatísticas que dão ao império... não sei quantos milhões de habitantes.

BERNARDO GUIMARÃES

TUFANO, Douglas (org.) *Antologia do conto brasileiro.* Do Romantismo ao Modernismo. São Paulo: Moderna, 2005.

Vocabulário:
ref. 1: estrugia – vibrava fortemente
ref. 2: esvaecia – desfalecia
ref. 3: mocho – coruja

6. (Uerj) No texto, Bernardo Guimarães emprega diferentes figuras de linguagem.

Observe o fragmento:

"No sertão, ao cair da noite, todos tratam de dormir, como os passarinhos. As trevas e o silêncio são sagrados ao sono, que é o silêncio da alma". (ref. 4)

Retire desse fragmento uma figura de linguagem, nomeando-a. Explique também a relação entre o emprego dessa figura e a estética romântica.

**Texto para a próxima questão.**

Os tiranos e os autocratas sempre compreenderam que a capacidade de ler, o conhecimento, os livros e os jornais são potencialmente perigosos. Podem insuflar ideias independentes e até rebeldes nas cabeças de seus súditos. O governador real britânico da colônia de Virgínia escreveu em 1671:

"Graças a Deus não há escolas, nem imprensa livre; e espero que não [as] tenhamos nestes [próximos] cem anos; pois o conhecimento introduziu no mundo a desobediência, a heresia e as seitas, e a imprensa divulgou-as e publicou os libelos contra os melhores governos. Que Deus nos guarde de ambos!"

Mas os colonizadores norte-americanos, compreendendo em que consiste a liberdade, não pensavam assim.

Em seus primeiros anos, os Estados Unidos se vangloriavam de ter um dos índices mais elevados – talvez o mais elevado – de cidadãos alfabetizados no mundo.

Atualmente, os Estados Unidos não são o líder mundial em alfabetização. Muitos dos que são alfabetizados não conseguem ler, nem compreender material muito simples – muito menos um livro da sexta série, um manual de instruções, um horário de ônibus, o documento de uma hipoteca ou um programa eleitoral.

As rodas dentadas da pobreza, ignorância, falta de esperança e baixa autoestima se engrenam para criar um tipo de máquina do fracasso perpétuo que esmigalha os sonhos de geração a geração. Nós todos pagamos o preço de mantê-la funcionando. O analfabetismo é a sua cavilha.

Ainda que endureçamos os nossos corações diante da vergonha e da desgraça experimentadas pelas vítimas, o ônus do analfabetismo é muito alto para todos os demais – o custo de despesas médicas e hospitalização, o custo de crimes e prisões, o custo de programas de educação especial, o custo da produtividade perdida e de inteligências potencialmente brilhantes que poderiam ajudar a solucionar os dilemas que nos perseguem.

Frederick Douglass ensinou que a alfabetização é o caminho da escravidão para a liberdade. Há muitos tipos de escravidão e muitos tipos de liberdade. Mas saber ler ainda é o caminho.

(Carl Sagan, O caminho para a liberdade. Em *O mundo assombrado pelos demônios*: a ciência vista como uma vela no escuro. Adaptado)

7. (FGV-SP) Assinale a alternativa em que se identifica a figura de linguagem predominante no trecho:

"As rodas dentadas da pobreza, ignorância, falta de esperança e baixa autoestima se engrenam para criar um tipo de máquina do fracasso perpétuo que esmigalha os sonhos de geração a geração. Nós todos pagamos o preço de mantê-la funcionando. O analfabetismo é a sua cavilha."

a) Eufemismo.
b) Antítese.
c) Metáfora.
d) Elipse.
e) Inversão.

**Texto para a próxima questão.**

São Paulo – Não é preciso muito para imaginar o dia em que a moça da rádio nos anunciará, do helicóptero, o colapso final: "A CET[1] já não registra a extensão do congestionamento urbano. Podemos ver daqui que todos os carros em todas as ruas estão imobilizados. [4]Ninguém anda, para frente ou para trás. A cidade, enfim, parou. As autoridades pedem calma, muita calma".

"A autoestrada do Sul" é um conto extraordinário de Julio Cortázar[2]. Está em *Todos os fogos o fogo*, de 1966 (a Civilização Brasileira traduziu). Narra, com monotonia infernal, um congestionamento entre Fontainebleau e Paris. É a história que inspirou *Weekend à francesa* (1967), de Godard[3].

O que no início parece um transtorno corriqueiro vai assumindo contornos absurdos. Os personagens passam horas, mais horas, dias inteiros entalados na estrada.

[5]Quando, sem explicações, o nó desata, os motoristas aceleram "sem que já se soubesse para que tanta pressa, por que essa correria na noite entre automóveis desconhecidos onde ninguém sabia nada sobre os outros, onde todos olhavam para a frente, exclusivamente para a frente".

Não serve de consolo, mas faz pensar. Seguimos às cegas em frente há quanto tempo? De Prestes Maia aos túneis e viadutos de Maluf, a cidade foi induzida a andar de carro. Nossa urbanização se fez contra o transporte público. O símbolo modernizador da era JK é o pesadelo de agora, [6]mas o fetiche da lata sobre rodas jamais se abalou.

Será ocasional que os carrões dos endinheirados – essas peruas *high-tech* – se pareçam com tanques de guerra? [7]As pessoas saem de casa dentro de *bunkers*, literalmente armadas. E, como um dos tipos do conto de Cortázar, veem no engarrafamento uma "afronta pessoal".

Alguém acredita em soluções sem que haja antes um colapso? Ontem era a crise aérea, amanhã será outra qualquer. [8]A classe média necessita reciclar suas aflições. E sempre haverá algo a lembrá-la – coisa mais chata – de que ainda vivemos no Brasil.

(SILVA, Fernando de Barros. *Folha de S.Paulo*, 17/03/2008.)

Vocabulário:

(1) CET – Companhia de Engenharia de Tráfego.
(2) Julio Cortázar (1914-1984), escritor argentino.
(3) Jean-Luc Godard, cineasta francês, nascido em 1930.

8. (ITA-SP) **Não** há emprego de metáfora em

a) Ninguém anda, para frente ou para trás. (ref. 4)

b) Quando, sem explicações, o nó desata, os motoristas aceleram [...] (ref. 5)

c) [...] mas o fetiche da lata sobre rodas jamais se abalou. (ref. 6)

d) As pessoas saem de casa dentro de *bunkers*, literalmente armadas. (ref. 7)

e) A classe média necessita reciclar suas aflições. (ref. 8)

**Texto para a próxima questão.**

### "Onde estás"

É meia-noite... e rugindo
Passa triste a ventania,
Como um verbo de desgraça,
Como um grito de agonia.
E eu digo ao vento, que passa
Por meus cabelos fugaz:
"Vento frio do deserto,
Onde ela está? Longe ou perto?"
Mas, como um hálito incerto,
Responde-me o eco ao longe:
"Oh! minh'amante, onde estás?..."

Vem! É tarde! Por que tardas?
São horas de brando sono,
Vem reclinar-te em meu peito
Com teu lânguido abandono!...
'Stá vazio nosso leito...
'Stá vazio o mundo inteiro;
E tu não queres qu'eu fique
Solitário nesta vida...
Mas por que tardas, querida?...
Já tenho esperado assaz...
Vem depressa, que eu deliro
Oh! minh'amante, onde estás?...

Estrela – na tempestade,
Rosa – nos ermos da vida,
Íris – do náufrago errante,
Ilusão – d'alma descrida!
Tu foste, mulher formosa!
Tu foste, ó filha do céu!...
... E hoje que o meu passado
Para sempre morto jaz...
Vendo finda a minha sorte,
Pergunto aos ventos do Norte...
"Oh! minh'amante, onde estás?"

(CASTRO ALVES, A. F. *Espumas flutuantes*. São Paulo: Companhia Editora Nacional, 2005. p. 84-85.)

9. (UEL-PR) Assinale a alternativa que relaciona corretamente versos do poema a figuras de linguagem.

a) A comparação entre o vento e a amada é verificada nos versos "Mas por que tardas, querida?... / Já tenho esperado assaz...".

b) Em "Como um verbo de desgraça, / Como um grito de agonia.", a antítese opõe a fugacidade do vento à tristeza da ventania.

c) Os versos "Tu foste, mulher formosa! / Tu foste, ó filha do céu!..." comparam a amada à triste e fugaz ventania, pois ambas impedem seu brando sono.

d) A comparação presente nos versos "Mas, como um hálito incerto, / Responde-me o eco ao longe:" reforça a ausência de resposta sobre o paradeiro da amada.

e) A antítese, presente em todo o poema, é exemplificada pelos versos "... E hoje que o meu passado / Para sempre morto jaz...".

**Texto para a próxima questão.**

Desde pequeno, tive tendência para personificar as coisas. Tia Tula, que achava que mormaço fazia mal, sempre gritava: "Vem pra dentro, menino, olha o mormaço!". Mas eu ouvia o mormaço com M maiúsculo. Mormaço, para mim, era um velho que pegava crianças! Ia pra dentro logo. E ainda hoje, quando leio que alguém se viu perseguido pelo clamor público, vejo com estes olhos o Sr. Clamor Público, magro, arquejante, de preto, brandindo um guarda-chuva, com um gogó protuberante que se abaixa e levanta no excitamento da perseguição. E já estava devidamente grandezinho, pois devia contar uns trinta anos, quando me fui, com um grupo de colegas, a ver o lançamento da pedra fundamental da ponte Uruguaiana-Libres, ocasião de grandes solenidades, com os presidentes Justo e Getúlio, e gente muita, tanto assim que fomos alojados os do meu grupo num casarão que creio fosse a Prefeitura, com os demais jornalistas do Brasil e Argentina. Era como um alojamento de quartel, com breve espaço entre as camas e todas as portas e janelas abertas, tudo com os alegres incômodos e duvidosos encantos de uma coletividade democrática. Pois lá pelas tantas da noite, como eu pressentisse, em meu entredormir, um vulto junto à minha cama, sentei-me estremunhado* e olhei atônito para um tipo de chiru**, ali parado, de bigodes caídos, pala pendente e chapéu descido sobre os olhos. Diante da minha muda interrogação, ele resolveu explicar-se, com a devida calma:

– Pois é! Não vê que eu sou o sereno...

Mário Quintana, *As cem melhores crônicas brasileiras*.

Glossário:

*estremunhado – mal acordado.

**chiru – que ou aquele que tem pele morena, traços acaboclados (regionalismo: sul do Brasil).

10. (Fuvest-SP) Considerando que "silepse é a concordância que se faz não com a forma gramatical das palavras, mas com seu sentido, com a ideia que elas representam", indique o fragmento em que essa figura de linguagem se manifesta.

a) "olha o mormaço".

b) "pois devia contar uns trinta anos".

c) "fomos alojados os do meu grupo".

d) "com os demais jornalistas do Brasil".

e) "pala pendente e chapéu descido sobre os olhos".

**Texto para a próxima questão.**

*Science Fiction*

O marciano encontrou-me na rua
e teve medo de minha impossibilidade humana.
Como pode existir, pensou consigo, um ser
que no existir põe tamanha anulação de
[existência?

Afastou-se o marciano, e persegui-o.
Precisava dele como de um testemunho.
Mas, recusando o colóquio, desintegrou-se
no ar constelado de problemas.
E fiquei só em mim, de mim ausente.

Carlos Drummond de Andrade.
*Nova reunião*. São Paulo: José Olympio, 1983.

11. (Uerj)

Mas, recusando o colóquio, desintegrou-se
no ar constelado de problemas. (v. 7-8)

O estranhamento provocado no verso sublinhado constitui um caso de:

a) pleonasmo

b) metonímia

c) hipérbole

d) metáfora

**Texto para a próxima questão.**

Você lerá no texto abaixo um trecho do poema "Morte e vida severina", de João Cabral de Melo Neto, importante poeta pernambucano da Geração de 45 do Modernismo brasileiro. No excerto, um retirante chamado Severino, protagonista da obra, encontra dois homens que estão carregando um defunto numa rede.

– A quem estais carregando, irmãos das almas,
embrulhado nessa rede? Dizei que eu saiba.
– A um defunto de nada, irmão das almas, que há
muitas horas viaja à sua morada.
– E sabeis quem era ele, irmãos das almas, sabeis
como ele se chama ou se chamava?
– Severino Lavrador, irmão das almas, Severino
Lavrador, mas já não lavra.
– E de onde que o estais trazendo, irmãos das almas, onde foi que começou vossa jornada?
– Onde a Caatinga é mais seca, irmão das almas,
onde uma terra que não dá nem planta brava.
– E foi morrida essa morte, irmãos das almas, essa
foi morte morrida ou foi matada?
(...)
– E quem foi que o emboscou, irmãos das almas,
quem contra ele soltou essa ave-bala?
– Ali é difícil dizer, irmão das almas, sempre há
uma bala voando desocupada.
– E o que havia ele feito irmãos das almas, e o que
havia ele feito contra a tal pássara?
– Ter um hectare de terra, irmão das almas, de
pedra e areia lavada que cultivava.
– Mas que roças que ele tinha, irmãos das almas
que podia ele plantar na pedra avara?
– Nos magros lábios de areia, irmão das almas, os
intervalos das pedras, plantava palha.

12. (IFPE) No que tange à utilização de figuras de linguagem para a construção dos sentidos presentes no texto, analise as proposições verdadeiras e falsas.

I. Em "... essa foi morte morrida ou foi matada?", tem-se um pleonasmo que foi utilizado como recurso enfático do tipo de morte ao qual foi acometido o lavrador.

II. Em "Ali é difícil dizer, irmão das almas, sempre há uma bala voando desocupada", foi utilizada uma figura de linguagem conhecida como personificação.

III. Ainda em relação ao mesmo verso, poder-se-ia utilizar uma conjunção explicativa, a exemplo de "pois" ou "porque", antes da palavra "sempre".

IV. Tem-se, no décimo verso transcrito, "... o que havia ele feito contra a tal pássara?", em que "pássara" foi utilizada como uma metáfora para "bala".

V. Pode-se afirmar que em "Nos magros lábios de areia" ocorre uma hipérbole, figura de linguagem que consiste em exagerar numa definição quando se pretende enfatizar um conceito.

São verdadeiras, apenas:

a) I, II e V

b) I, II, III e IV

c) II, III e V

d) III, IV e V

e) I e III

**Texto para a próxima questão.**

## Crônica da vida que passa

Às vezes, quando penso nos homens célebres, sinto por eles toda a tristeza da celebridade.

A celebridade é um plebeísmo. Por isso deve ferir uma alma delicada. É um plebeísmo porque estar em evidência, ser olhado por todos inflige a uma criatura delicada uma sensação de parentesco exterior com as criaturas que armam escândalo nas ruas, que gesticulam e falam alto nas praças. O homem que se torna célebre fica sem vida íntima: tornam-se de vidro as paredes de sua vida doméstica; é sempre como se fosse excessivo o seu traje; e aquelas suas mínimas ações – ridiculamente humanas às vezes – que ele quereria invisíveis, coa-as a lente da celebridade para espetaculosas pequenezes, com cuja evidência a sua alma se estraga ou se enfastia. É preciso ser muito grosseiro para se poder ser célebre à vontade.

Depois, além dum plebeísmo, a celebridade é uma contradição. Parecendo que dá valor e força às criaturas, apenas as desvaloriza e as enfraquece. Um homem de gênio desconhecido pode gozar a volúpia suave do contraste entre a sua obscuridade e o seu gênio; e pode, pensando que seria célebre se quisesse, medir o seu valor com a sua melhor medida, que é ele próprio. Mas, uma vez conhecido, não está mais na sua mão reverter à obscuridade. A celebridade é irreparável. Dela como do tempo, ninguém torna atrás ou se desdiz.

E é por isto que a celebridade é uma fraqueza também. Todo o homem que merece ser célebre sabe que não vale a pena sê-lo. Deixar-se ser célebre é uma fraqueza, uma concessão ao baixo-instinto, feminino ou selvagem, de querer dar nas vistas e nos ouvidos.

Penso às vezes nisto coloridamente. E aquela frase de que "homem de gênio desconhecido" é o mais belo de todos os destinos, torna-se-me inegável; parece-me que esse é não só o mais belo, mas o maior dos destinos.

(FERNANDO PESSOA. *Páginas íntimas e de autointerpretação*. Lisboa: Edições Ática, [s.d.], p. 66-67.)

**13.** (Unesp-SP) Explique, com base no texto como um todo, a imagem empregada por Pessoa no segundo parágrafo: "tornam-se de vidro as paredes de sua vida doméstica".

**14.** (UFRGS-RS) Leia o seguinte fragmento, do romance *Cidade de Deus*, de Paulo Lins, publicado em 1997 e considerado um dos precursores na abordagem da violência das favelas cariocas a partir de dentro, isto é, por um autor que foi morador da periferia.

É que arrisco a prosa mesmo com balas atravessando os fonemas. É o verbo, aquele que é maior que o seu tamanho, que diz, faz e acontece. Aqui ele cambaleia baleado. Dito por bocas sem dentes e olhares cariados, nos conchavos de becos, nas decisões de morte. A areia move-se nos fundos dos mares. A ausência de sol escurece mesmo as matas. O líquido-morango do sorvete mela as mãos. A palavra nasce no pensamento, desprende-se dos lábios adquirindo alma nos ouvidos, e às vezes essa magia sonora não salta à boca porque é engolida a seco. Massacrada no estômago com arroz e feijão a quase palavra é defecada ao invés de falada. Falha a fala. Fala a bala.

Sobre esse fragmento, considere as afirmações que seguem.

I. A palavra sai de forma agressiva, "defecada ao invés de falada", porque o narrador acaba concordando com a ideia de que não vale a pena escrever literatura sobre a realidade urbana periférica.

II. O narrador usa linguagem figurada (como as balas atravessando os fonemas ou os olhares cariados) para explicar que, mesmo vivendo em um lugar permeado de crimes e miséria, se arrisca a fazer literatura.

III. Ao mencionar que "Fala a bala", o narrador dá a entender que a violência é a linguagem que a maioria dos moradores das favelas conhece.

Quais estão corretas?

a) Apenas I.
b) Apenas II.
c) Apenas I e III.
d) Apenas II e III.
e) I, II e III.

**15.** (UFSC) Leia os provérbios (itens A e B) e a citação (item C) abaixo.

A. "A palavra é prata, o silêncio é ouro."

B. "Os sábios não dizem o que sabem, os tolos não sabem o que dizem."

C. "Há coisas que melhor se dizem calando." (Machado de Assis)

Com base na leitura acima, assinale a(s) proposição(ões) **correta(s)**.

01) Em cada um dos provérbios observa-se um paralelismo sintático, que ajuda a conferir ritmo ao provérbio e favorece sua memorização.

02) No provérbio (A) ocorrem duas metáforas.

04) No provérbio (B) as orações "o que sabem" e "o que dizem" funcionam como adjetivos que caracterizam, respectivamente, os sábios e os tolos.

08) Tanto o item A quanto o item C funcionam como elogios à discrição.

16) A frase de Machado de Assis contém um pleonasmo, porque é um exagero dizer que se pode falar calado.

32) No provérbio (B) temos a figura de linguagem paradoxo, porque é absurdo que os sábios tenham que se calar para que os tolos falem.

# O JORNAL E SEUS GÊNEROS TEXTUAIS: NOTÍCIA E LEGENDA

## A NOTÍCIA

Por ser um produto de consumo que disputa um determinado mercado (representado pelos leitores), o jornal tenta satisfazer às necessidades de seus consumidores trabalhando tanto conteúdo como forma (sua apresentação gráfica, formal). Entretanto, o elemento fundamental de um jornal, em torno do qual tudo gira, continua sendo a notícia.

### Função referencial

A notícia trabalha fundamentalmente com informações e apresenta quase exclusivamente a **função referencial** (ou informativa) da linguagem. A intenção é transmitir ao leitor dados da realidade de uma forma direta e objetiva. Por isso, as notícias são escritas em terceira pessoa e o produtor do texto não se revela, procurando não emitir juízos de valor – embora já tenhamos visto que isso é quase impossível de acontecer. Predominam os verbos no modo indicativo.

### Sequência textual

Há o predomínio de uma sequência textual, dependendo do caráter da informação.

- **Sequência narrativa**: quando a informação está centrada numa mininarrativa, na qual o narrador não inclui posicionamento ou comentários, só a narração.
- **Sequência descritiva**: quando a informação está centrada na apresentação do estado do fato, que pode ser uma coisa, um lugar, um ser, etc.
- **Sequência explicativa**: quando a informação está centrada na passagem de um conhecimento específico.

### A estrutura da notícia

Há uma velha fórmula para a notícia: Q-Q-Q-O-C-PQ. Ou seja, **o quê**, **quem**, **quando**, **onde**, **como**, **por quê**. Não existe uma ordem predeterminada; ela é estabelecida pelas circunstâncias que envolvem cada notícia. Para um determinado fato, o mais importante é **quem**; para outro, **quando**; e assim por diante.

# Exercícios

**Textos para a próxima questão.**

*Texto I*

## Ciência de valor

A frase "que sorvete que nada, eu quero é estudar" surpreenderia a maioria das pessoas, pois não saiu de um mundo ideal imaginado por adultos. Veio de Amanda Rodrigues, 20. Foi o jeito que a paulista encontrou para apressar os colegas que queriam fazer uma pausa nos preparos da delegação brasileira. O país levou um time de 32 alunos para a Intel Isef, a maior feira de Ciências do mundo, em Los Angeles. É um evento que reuniu 1 500 alunos vindos de 65 países. O grupo apresentou 21 projetos – dos quais 11 foram premiados. Um deles recebeu US$ 60 mil em bolsas.

A empolgação dos estudantes foi muito elogiada pelos jurados e pelo público. A gaúcha Kaowana Vianna, 18, era das mais animadas. Após o bisavô e a avó da garota terem sofrido amputações por complicações causadas pela diabetes, ela criou uma meia para manter os pés aquecidos. O tecido funciona a partir de nanopartículas de prata que refletem a radiação térmica emitida pelo corpo. Segundo Roseli Lopes, coordenadora da Febrace – uma das feiras nacionais que classificam alunos para a Isef –, a estratégia é disseminar a Ciência entre os jovens de todos os cantos, "brincamos que vamos encontrar o próximo Nobel, estamos mexendo na base", diz.

(Diogo Bercito, *Folha de S.Paulo*, 23.05.2011. Adaptado)

*Texto II*

## A próxima geração será mais envolvida com questão ambiental

As pessoas que entrarão no mercado de trabalho a partir da próxima década já nasceram conectadas e se diferenciarão pelo envolvimento com questões ambientais [como reciclagem e economia de papel], destaca Luiz Edmundo Rosa, diretor de educação da ABRH (Associação Brasileira de Recursos Humanos). "A preocupação com a sustentabilidade será exigência básica das organizações e dos líderes do futuro", explica.

(*Folha de S.Paulo*, 02.10.2011. Adaptado)

*Texto III*

O ator Charles Chaplin, no filme *Tempos Modernos*, apertando parafusos numa fábrica do século passado.

(www.materiaincognita.com.br/wp-content/uploads/2011/01charlie-chaplin. Adaptado)

## Não é dinheiro, estúpido

Sou, com frequência, chamado a fazer palestras para turmas de formandos. Orgulha-me poder orientar jovens em seus primeiros passos profissionais. Sempre digo que a atitude quente é muito mais importante do que o conhecimento frio. Acumular conhecimento é nobre e necessário, mas sem atitude, sem personalidade, você, no fundo, não será muito diferente daquele personagem de Charles Chaplin apertando parafusos numa fábrica do século passado. É preciso, antes de tudo, se envolver com o trabalho, amar seu ofício com todo o coração. Não paute sua vida nem sua carreira pelo dinheiro. Seja fascinado pelo realizar, que o dinheiro virá como consequência.

Napoleão não conquistou a Europa por dinheiro. Michelangelo não passou 16 anos pintando a Capela Sistina por dinheiro. Não estou fazendo com isso nenhuma apologia à pobreza, muito pelo contrário. Digo apenas que pensar e realizar têm trazido mais fortuna do que pensar em fortuna.

Meu segundo conselho: pense no país, porque, principalmente hoje, pensar em todos é a melhor maneira de pensar em si.

(Nizan Guanaes, *Folha de S.Paulo*. 08.02.2011. Adaptado)

*Texto IV*

(Santiago – Neltar Rebes Abreu. *Tinta Fresca*. Porto Alegre: L&PM, 2004.)

1. (IFSP) O *argumento de autoridade* é um recurso de linguagem muito usado em textos jornalísticos. Ele ocorre quando o autor do texto cita opiniões de outras pessoas que são consideradas autoridades, isto é, que são especialistas naquela determinada área de conhecimento. Esse recurso é importante, pois confere credibilidade às informações passadas no texto. Com base na afirmação apresentada, indique um texto da prova em que o argumento de autoridade foi empregado.

**Texto para a próxima questão.**

## Clonagem

Parabenizo o jornalista Marcelo Leite pelo artigo "O conto das células de cordão" (*Mais!*, pág. 18,18/7).

A tecnologia de congelamento de células de cordão é muito bem dominada por alguns serviços médicos no Brasil há vários anos. Logo, seria natural que migrássemos para esse campo. Mas, mesmo sendo factível a sua introdução, ficamos convencidos de que essa seria uma área que só deveria ser implantada por instituições (preferencialmente públicas) responsáveis pelo tratamento de um grande contingente de pacientes, pois só com um cadastro nacional abrangente poderiam ser atendidos aqueles com indicação de transplante de medula óssea que não tivessem doadores relacionados disponíveis.

Infelizmente, foi com muito pesar que vi a proliferação de bancos de cordão voltados ao possível atendimento dos próprios doadores do cordão (crianças saudáveis e provenientes de famílias com bons recursos financeiros), uma prática totalmente desnecessária com pouca repercussão do ponto de vista da saúde pública.

Foi por esse motivo que nunca nos aventuramos nessa área.

Silvano Wendel, diretor médico do banco de sangue do Hospital Sírio-Libanês (São Paulo-SP)

*FOLHA DE S.PAULO*, São Paulo, 23 jul. 2004, p. A3, Painel do Leitor.

2. (UFG-GO) A saudação inicial utilizada pelo médico Silvano Wendel, além de estabelecer a situação comunicativa, tem como objetivo
   a) instaurar o jornalista Marcelo Leite como o interlocutor na carta.
   b) apresentar o artigo de Marcelo Leite como a motivação para a carta.
   c) fazer uma crítica ao artigo do caderno "Mais!", utilizando o verbo "parabenizar".
   d) sugerir aos leitores que a carta será uma resposta irônica ao artigo de Marcelo Leite.
   e) informar aos leitores que o médico é especialista em congelamento de células.

**Textos para a próxima questão.**

*I*

"Mais de 800 milhões de pessoas, muitas delas crianças, estão 'desnutridas e privadas da oportunidade de viver uma vida plena' em todo o mundo, denunciou a FAO (Fundo das Nações Unidas para a Alimentação) em um informe apresentado na semana passada ao Comitê sobre a Segurança Alimentar Mundial, em Roma."

(*Folha de Londrina*, 4 jun. 2001.)

*II*

"O mundo vai terminar o ano mais pobre. Na semana que passou, o Fundo Monetário Internacional (FMI), que é uma organização financeira com participação de praticamente todos os países industrializados, anunciou que a economia mundial deverá crescer apenas 2,6% em 2001, e não mais os 3,2% projetados em abril. No início do ano, o Fundo previa expansão de 4,5% para a economia global este ano. Mas, a cada trimestre que passa, os números encolhem e mostram que o planeta está empobrecendo. O Brasil não deverá ser exceção."

(*Folha de Londrina*, 24 set. 2001.)

*III*

"As políticas públicas para combater a fome foram tema de um encontro entre representantes de 17 municípios do Paraná, Santa Catarina e São Paulo, na semana passada. O objetivo principal da reunião foi estimular a troca de experiências. Segundo Maya Takagi, coordenadora técnica do programa Fome Zero, desde 1994 o Brasil não tem políticas nacionais de combate à fome e à miséria."

(*Folha de Londrina*, 10 dez. 2001.)

3. (UEL-PR) Como se sabe, uma das principais características da notícia de jornal é tentar criar a impressão de objetividade e neutralidade. Isso ocorre nos textos acima por meio de:
   a) apresentação de posicionamentos contraditórios.
   b) discordância com as informações extraídas de outras fontes.
   c) emprego abusivo de adjetivos.
   d) apelos constantes à ironia.
   e) referência a dados estatísticos.

4. (Unicamp-SP) Alguém menos tolerante no que se refere a imprecisões de linguagem poderia dizer que a notícia a seguir (publicada no jornal *Folha de S.Paulo* de 26/5/2001) faz referência a alguma coisa impossível.

(FAÇANHA Erik Weinhenmayer, 32, escala o monte Everest; ele tornou-se ontem o primeiro cego a escalar a montanha mais alta do mundo e pretende repetir o feito em outros continentes.)

   a) Que coisa é essa e por que é impossível?
   b) O que, provavelmente, a legenda da foto quer dizer?

**Textos para a próxima questão.**

*Texto 1*

## No Brasil das últimas décadas, a miséria teve diversas caras.

Houve um tempo em que, romântica, ela batia à nossa porta. Pedia-nos um prato de comida. Algumas vezes, suplicava por uma roupinha velha.

Conhecíamos os nossos mendigos. Cabiam nos dedos de uma das mãos. Eram parte da vizinhança. Ao alimentá-los e vesti-los, aliviávamos nossas consciências. Dormíamos o sono dos justos.

A urbanização do Brasil deu à miséria certa impessoalidade. Ela passou a apresentar-se como um elemento da paisagem. Algo para ser visto pela janelinha do carro, ora esparramada sobre a calçada, ora refugiada sob o viaduto.

A modernidade trouxe novas formas de contato com a riqueza. Logo a miséria estava batendo, suja, esfarrapada, no vidro de nosso carro.

Os semáforos ganharam uma inesperada função social. Passamos a exercitar nossa infinita bondade pingando esmolas em mãos rotas. Continuávamos de bem com nossos travesseiros.

Com o tempo, a miséria conquistou os tubos de imagem dos aparelhos de TV. Aos poucos, foi perdendo a docilidade. A rua oferecia-nos algo além de água encanada e luz elétrica.

Os telejornais passaram a despejar violência sobre o tapete da sala, aos pés de nossos sofás. Era como se dispuséssemos de um eficiente sistema de miséria encanada. Tão simples quanto virar uma torneira ou acionar o interruptor, bastava apertar o botão da TV. Embora violenta, a miséria ainda nos excluía.

Súbito, a miséria cansou de esmolar. Ela agora não pede; exige. Ela já não suplica; toma.

A miséria não bate mais à nossa porta; invade. Não estende a mão diante do vidro do carro; arranca os relógios dos braços distraídos.

Acuada, a cidade passou de opressora a vítima dos morros. No Brasil de hoje, a riqueza é refém da miséria.

A constituição do perfil da miséria no Brasil está diretamente relacionada com a crescente modernização do país.

SOUZA, Josias de. "A vingança da miséria". *Folha de S.Paulo*, São Paulo, 31 out. 1994. Caderno Opinião, p. 2. (Texto adaptado)

*Texto 2*

## O jornalismo dos anos 90 no Brasil responde a duas direções fundamentais.

De um lado, o jornalismo que resiste às exigências do mercado: a prática do jornal vem marcada pela presença do autor da reportagem, da crônica, do ensaio; pelos voos ousados no campo da interpretação, da sensibilidade, da poesia; pelo investimento em grandes trabalhos de investigação que incidem sobre a esfera social, política e moral; pela denúncia que não busca a sensação barata, a venda fácil e certa da miséria humana; enfim, um jornalismo marcado pelo exercício diário da ética e da inteligência, em que o leitor é convocado a participar ativamente dos problemas.

De outro lado, o jornalismo que responde à tendência do mercado: tal jornalismo consagra os manuais de redação e estilo na produção do jornal, os quais ambicionam apagar a presença do autor e buscam, ao máximo, a prática da assim chamada escrita "objetiva", supostamente destituída de opinião e recheada de dados estatísticos, mapas e tabelas cuja função é "facilitar a leitura" e dar sustentação aos dados reunidos no texto.

Claro que tudo isso é um grande engano. Não há e nunca houve, de fato, nenhum jornalismo "objetivo" e "sem opinião": todo texto – jornalístico ou não – manifesta uma opinião. Até mesmo a demonstração de uma fórmula ou teorema matemático, aliás, não é feita da mesma forma por dois expositores. Os caminhos escolhidos para chegar ao mesmo ponto revelam a diferença de estilo, revelam o autor.

ARBEX JR. José. "Quem escreve com as mãos?" *Caros Amigos*, São Paulo, n. 25, p. 8-9, abr. 1999. (Texto adaptado)

5. (UFMG) Todas as seguintes características do jornalismo dos anos 90, apontadas no Texto 2, aplicam-se ao Texto 1, EXCETO:
   a) O texto é expressão da responsabilidade de um sujeito que elabora uma interpretação do problema que o mobiliza.
   b) O texto que não responde ao mercado apresenta marcas da sensibilidade e do poético com que se reorganiza o assunto abordado.
   c) O tratamento objetivo dos fatos, no texto jornalístico, é impedido pela subjetividade de quem escreve.
   d) Todo texto, seja ele jornalístico, ou de qualquer outro gênero, é marcado pela opinião de quem escreve.

6. (PUC-SP) Alcântara Machado faz a seguinte apresentação para *Braz, Bexiga e Barra Funda* em Artigo de Fundo:

Este livro não nasceu livro: nasceu jornal. Estes contos não nasceram contos: nasceram notícias. E este prefácio portanto também não nasceu prefácio: nasceu artigo de fundo.

Dessa apresentação, pode concluir-se que
   a) os jornais brasileiros da época eram determinantes absolutos das vanguardas artísticas e a literatura sofreu essa determinação.
   b) o livro referido transformou-se em jornal, ou melhor, houve uma transposição dos fatos e das personagens do mundo real para o literário.

c) o livro em questão é jornalístico, porque está preocupado em dar opiniões sobre as notícias da comunidade.

d) a linguagem do livro de Alcântara Machado, ao aproximar-se jornalisticamente do cotidiano, afasta-se dos meios literários modernistas de sua época.

e) o livro está impregnado de uma atmosfera de reportagem, aproximando-o do jornal por captar o fato, o instantâneo da vida cotidiana.

7. (ITA-SP) Assinale a opção cujo emprego da linguagem mostra intenção de imparcialidade do locutor em relação ao assunto de que trata.

a) A Avenida Paulista foi brutalmente tomada de assalto pelo movimento. Aos ruidosos trabalhadores rurais juntaram-se os marginalizados desempregados da cidade. Todos, revoltadíssimos, vociferavam palavrões contra as vergonhosas medidas do governo.

b) O Corinthians, "derrotado" antes mesmo da peleja em Montevidéu, enfrentando um adversário terrível, obteve a mais notável vitória dos clubes nacionais fora de nossas fronteiras. Clube algum elevou tão alto o prestígio do futebol do Brasil.

c) Finalmente, o famigerado projeto de Lei de Imprensa seguirá para apreciação em plenário. Seu texto, porém, nebuloso por não fixar limites para as indenizações por calúnia, injúria e difamação, significará tão somente uma espada de Dâmocles sobre nossos injustiçados e perseguidos jornalistas.

d) O protesto "Abra o olho, Brasil", que atraiu ínfima atenção para uma causa honestíssima – a gigantesca dívida social –, foi um mero e fracassado truque: aproveitar a legítima insatisfação da maioria para vitaminar o radical PT e, por tabela, criar um ambiente para a ambicionada sucessão presidencial.

e) Há, na sociedade moderna, uma espécie de corredor comercial – editor, distribuidor, livreiros etc. – pelo qual deve passar a obra literária, antes que se cumpra sua natureza social, de criar um espaço de interação estática entre dois sujeitos: o autor e o leitor.

**Texto para a próxima questão.**

## Silogismo

Um salário mínimo maior do que o que vão dar desarrumaria as contas públicas, comprometeria o programa de estabilização do Governo, quebraria a Previdência, inviabilizaria o país e provavelmente desmancharia o penteado do Malan. Quem prega um salário mínimo maior o faz por demagogia, oportunismo político ou desinformação. Sérios, sensatos, adultos e responsáveis são os que defendem o reajuste possível, nas circunstâncias, mesmo reconhecendo que é pouco.

Como boa parte da população brasileira vive de um mínimo que não dá para viver e as circunstâncias que o impedem de ser maior não vão mudar tão cedo, eis-nos num silogismo bárbaro: se o país só sobrevive com mais da metade da sua população condenada a uma subvida perpétua, estamos todos condenados a uma lógica do absurdo. Aqui o sério é temerário, o sensato é insensato, o adulto é irreal e o responsável é criminoso. A nossa estabilidade e o nosso prestígio com a comunidade financeira internacional se devem à tenacidade com que homens honrados e capazes, resistindo a apelos emocionais, mantêm uma política econômica solidamente fundeada na miséria alheia e uma admirável coerência baseada na fome dos outros. O país só é viável se metade da sua população não for.

(VERISSIMO, L. F. *O Globo*, 24/03/2000.)

8. (Uerj) O encadeamento entre parágrafos – um dos aspectos a serem observados na construção de textos argumentativos – pode se fazer de maneiras diversas. No texto de Luís Fernando Veríssimo, o segundo parágrafo liga-se ao primeiro por meio do seguinte mecanismo:

a) retomada, por oposição, dos argumentos já apresentados

b) sequenciação, pelo emprego de conectivo, das ideias discutidas

c) reafirmação, por uma ótica diferenciada, das informações já levantadas

d) extensão, por referência a novos exemplos, das afirmações da introdução

9. (UFPR) Entre as afirmações abaixo, extraídas de notícias de jornal, são apresentadas como FATOS, e não como HIPÓTESES ou OPINIÕES, as alternativas:

01) Cinto de segurança pode ter falhado em 25 acidentes.

02) A ação das madeireiras na Amazônia está fora de controle, segundo algumas pessoas.

04) Palestinos e israelenses não conseguiram chegar a um acordo para pôr fim à onda de violência que já provocou mais de 100 mortes nos últimos 20 dias.

08) O ex-presidente iugoslavo e seus aliados seriam criminosos que possuem mais de US$100 milhões em fundos de investimentos internacionais.

16) Equipes médicas internacionais chegam a Uganda para tentar controlar epidemia da febre hemorrágica Ebola.

32) Seja qual for o próximo presidente americano, é provável que a população cubana saia perdedora das eleições.

### Estrutura do editorial

As orientações para a redação de um editorial são as mesmas para a redação de um texto argumentativo. A apresentação da questão que será tema do texto constitui a **introdução**; o desenvolvimento dos argumentos e a refutação de possíveis argumentos contrários é a **argumentação**; a exposição sucinta da posição do produtor do texto é a **conclusão**.

### Sequências textuais

Considerando as sequências textuais, pode-se dizer que o editorial tem predominância de **sequências argumentativas**, uma vez que se baseia na apresentação de um posicionamento, na tentativa de conseguir a adesão por parte do leitor: não se trata apenas de passar uma informação, mas de manifestar uma opinião a respeito de um assunto de maneira convincente.

### EDITORIAL

É o texto que reflete a opinião do jornal. Por isso, não vem assinado por um jornalista (todo texto não assinado é de responsabilidade da Redação do jornal). Caracteriza-se por ser um texto argumentativo (tem, portanto, sua força nos argumentos) no qual predomina a **função referencial da linguagem**.

## O JORNAL E SEUS GÊNEROS TEXTUAIS: EDITORIAL E CRÔNICA

### CRÔNICA

Desde o Romantismo (início do século XIX), com a consolidação da imprensa, a **crônica** se caracterizou por ser uma seção de jornal ou revista, escrita sempre numa linguagem leve, em que se comentam acontecimentos do dia a dia.

### Estrutura da crônica

Na estrutura da crônica, destaca-se a predominância de **sequências narrativas**, como no caso das notícias. Porém a montagem textual é muito diferente: a narrativa da crônica não tenta ser objetiva nem forjar um distanciamento entre o fato narrado e o produtor do texto; ao contrário, o fato narrado traz marcas subjetivas do produtor do texto: no trabalho com a linguagem, na introdução de comentários, na evidência do leitor em perguntas retóricas, no acréscimo de pitadas de ficção.

# Exercícios

**Texto para as próximas questões.**

## Muitas regras, poucos direitos

Há um princípio político que nos leva a acreditar que as lutas políticas caminham necessariamente para a institucionalização de direitos adquiridos. Assim, lutamos para ter direitos reconhecidos pelo ordenamento jurídico. Como resultado desse princípio, cada vez mais a vida social fica institucionalizada e regulada por cláusulas que visam dar voz ao direito dos grupos, até então, profundamente vulneráveis.

Esse princípio funcionou para a ampliação de direitos em relação às minorias étnicas, religiosas e sexuais. Ou seja, nestes casos, eram demandas direcionadas ao Estado como ator capaz de garantir a universalização real das condições de liberdade exigidas por seus cidadãos. É inegável que tal processo foi e ainda é importante, mas ele poderia ser radicalizado. No entanto, tal radicalização não passa por um aprofundamento dos mecanismos de institucionalização. Ela passa, ao contrário, por uma profunda desinstitucionalização.

Quando alguém levanta tal ideia, alguns acabam por ver nela uma forma insidiosa de liberalismo. Ou seja, tudo se passa como se estivéssemos diante de uma aplicação do velho mantra: quanto menos Estado melhor. Nesse sentido, desinstitucionalizar significaria deixar a sociedade livre para criar formas de vida, fechando os olhos para experiências de opressão e de vulnerabilidade. Dessa forma, liberais radicais defendem, por exemplo, o direito de uma mulher alugar seu útero, procedimento conhecido como "barriga de aluguel". Eles afirmam que o Estado não deveria intervir no conteúdo do que sujeitos decidem colocar em relações de contrato, especialmente se ele passa pelo corpo próprio. Um contra-argumento lembraria que a experiência concreta de alugar o útero é feita, normalmente, por mulheres em extrema pobreza e que praticamente ninguém passa por tal experiência se não estiver em grande vulnerabilidade econômica. Desinstitucionalizar tal "possibilidade de escolha" seria permitir e legitimar a pior de todas as espoliações econômicas.

O argumento é válido. Por isso, poderíamos pensar uma versão de políticas de desinstitucionalização distinta de sua versão liberal. Ela passa pelo retraimento das legislações sobre costumes, família e autodeterminação, e pelo fortalecimento da sensibilidade jurídica contra processos de espoliação. Em outras ocasiões, sugeri dois exemplos. Um ligado à desinstitucionalização do casamento.

Processo no interior do qual o Estado deixa de legislar sobre a forma do matrimônio, guardando-se para legislar única e exclusivamente sobre as relações econômicas entre casais ou outras formas de "agrupamentos afetivos". Esta seria uma maneira de radicalizar o princípio de abertura do casamento a modelos não ligados à família heterossexual burguesa.

Em vez de ampliar a lei para casos que ela não contemplava (como os homossexuais), deveríamos simplesmente eliminar a lei, conservando apenas os dispositivos ligados a problemas econômicos (pensão, obrigações financeiras) e guarda de filhos. Outro exemplo concerne às legislações sobre porte de signos religiosos, como burcas e véus.

Em vez de entrar no guarda-roupa de seus cidadãos e decidir o que eles não devem vestir, o Estado deveria simplesmente garantir a liberdade de ninguém, a partir de certa idade, portar o que não quer (o que leva em conta até mesmo uniformes escolares impostos a adolescentes). Ou seja, no lugar de institucionalizar hábitos, como as vestimentas, por meio do discurso de que há roupas mais opressivas que outras, o Estado simplesmente sai, por exemplo, das discussões surreais sobre o significado de uma burca e contenta-se em garantir um quadro formal de liberdade. Esses processos de desinstitucionalização permitem às sociedades caminharem paulatinamente para um estado de indiferença em relação a questões culturais e de costumes. Pois questões culturais sempre serão espaços de afirmação da multiplicidade de identidades. Mas a política deve, no horizonte, se descolar dessa afirmação. Por mais que isso possa parecer contraintuitivo, a verdadeira política está sempre para além da afirmação das identidades. O que pode soar estranho para alguns, mas parece-me uma proposição necessária.

(Vladimir Safatle, *Carta Capital*, n. 768, ano XIX, 2/10/2013, p. 39)

1. (FCL-SP) Assinale a opção que identifica corretamente o argumento central do texto:
   a) Desinstitucionalizar os direitos significa permitir à sociedade combater experiências de opressão e de vulnerabilidade.
   b) O processo de garantia da universalização dos direitos poderia ser radicalizado pela via da desinstitucionalização, já que a verdadeira política está sempre para além da afirmação das identidades.
   c) A luta pelo ordenamento jurídico institucionalizou e regulou direitos de grupos profundamente vulneráveis.
   d) Somente o Estado é capaz de garantir a universalização real das condições de liberdade exigidas por cidadãos vulneráveis.
   e) As minorias nem sempre precisam de tutelas legais, já que, se o Estado não regula o matrimônio, por exemplo, não é preciso então que ele legisle sobre uniões gays.

2. (FCL-SP) Assinale a opção que identifica corretamente a ideia central do texto presente já no título:
   a) As minorias étnicas, religiosas e sexuais são obrigadas a viver sob muitas regras sociais, exercitando muito pouco seus verdadeiros direitos.
   b) Os processos de desinstitucionalização permitem às sociedades a garantia de muitas atividades que regulam a vida social, quando o que deveria contar mesmo seriam os direitos.
   c) Quanto menores as mudanças nas regras que regem a vida social, maiores os direitos dos cidadãos.
   d) O processo de institucionalização dos direitos cria muitas cláusulas que regulam a vida social; entretanto, exercer um direito vai muito além dessa condição.
   e) Desinstitucionalizar um direito permite e legitima a criação de uma regra.

3. (FCL-SP) Quanto ao gênero do texto, trata-se de:
   a) Um artigo argumentativo no qual o autor constrói seu raciocínio a partir de conhecimentos extraídos da Política, da Filosofia e do Direito.
   b) Uma resenha de cunho jurídico na qual o autor explana um assunto da história das mentalidades, sob perspectiva notadamente acadêmica.
   c) Um ensaio filosófico no qual o autor exercita uma atividade crítica, repudiando o autoritarismo do pensamento do Direito.
   d) Uma crítica reflexiva cujo objetivo é guiar o leitor à melhor compreensão e avaliação do que seja a Filosofia do Direito.
   e) Uma crônica filosófica na qual prevalece o poder de recriação da realidade (por parte do autor) sobre o de mera transcrição.

**Texto para a próxima questão.**

## Bocage no futebol

Quando eu tinha meus cinco, meus seis anos, morava, ao lado de minha casa, um garoto que era tido e havido como o anticristo da rua. Sua idade regulava com a minha. E justiça se lhe faça: – não havia palavrão que ele não praticasse. Eu, na minha candura pânica, vivia cercado de conselhos, por todos os lados: – "Não brinca com Fulano, que ele diz nome feio!". E o Fulano assumia, aos meus olhos, as proporções feéricas de um Drácula, de um Nero de fita de cinema.

Mas o tempo passou. E acabei descobrindo que, afinal de contas, o anjo de boca suja estava com a razão. Sim, amigos: – cada nome feio que a vida extrai de nós é um estímulo vital irresistível. Por exemplo: – os nautas camonianos. Sem uma sólida, potente e jucunda pornografia, um Vasco da Gama, um Colombo, um Pedro Álvares Cabral não teriam sido almirantes nem de barca da Cantareira. O que os virilizava era o bom, o cálido, o inefável palavrão.

Mas, se nas relações humanas em geral, o nome feio produz esse impacto criador e libertário, que dizer do futebol? Eis a verdade: – retire-se a pornografia do futebol e nenhum jogo será possível. Como jogar ou como torcer se não podemos xingar ninguém? O craque ou o torcedor é um Bocage. Não o Bocage fidedigno, que nunca existiu. Para mim, o verdadeiro Bocage é o falso, isto é, o Bocage de anedota. Pois bem: – está para nascer um jogador ou um torcedor que não seja bocagiano. O craque brasileiro não sabe ganhar partidas sem o incentivo constante dos rijos e imortais palavrões da língua. Nós, de longe, vemos os 22 homens correndo em campo, matando-se, agonizando, rilhando os dentes. Parecem dopados e realmente o estão: – o chamado nome feio é o seu excitante eficaz, o seu afrodisíaco insuperável.

Nelson Rodrigues, *À sombra das chuteiras imortais*. São Paulo: Cia. das Letras, 1993.

Quando Bauer, o de pés ligeiros, se apoderou da cobiçada esfera, logo o suspeitoso Naranjo lhe partiu ao encalço, mas já Brandãozinho, semelhante à chama, lhe cortou a avançada. A tarde de olhos radiosos se fez mais clara para contemplar aquele combate, enquanto os agudos gritos e imprecações em redor animavam os contendores. A uma investida de Cárdenas, o de fera catadura, o couro inquieto quase se foi depositar no arco de Castilho, que com torva face o repeliu. Eis que Djalma, de aladas plantas, rompe entre os adversários atônitos, e conduz sua presa até o solerte Julinho, que a transfere ao valoroso Didi, e este por sua vez a comunica ao belicoso Pinga. (...)

Assim gostaria eu de ouvir a descrição do jogo entre brasileiros e mexicanos, e a de todos os jogos: à maneira de Homero. Mas o estilo atual é outro, e o sentimento dramático se orna de termos técnicos.

Carlos Drummond de Andrade, *Quando é dia de futebol*. Rio: Record, 2002.

4. (FGV-RJ) Ambos os textos – o de Nelson Rodrigues e o de Drummond – pertencem à modalidade textual conhecida como
   a) colunismo social – variedade jornalística de crítica de costumes, que proliferou na imprensa de todo o Brasil, a partir dos anos de 1950.
   b) poema em prosa – tipo de texto em que a prosa narrativa, sem apresentar os aspectos formais exteriores do poema (rimas, métrica etc.) , submete-se, no entanto, ao rigor construtivo próprio da poesia.
   c) paródia – uma variedade textual construída com base no paralelismo com outro texto, geralmente com intenção crítica ou jocosa.
   d) editorial – que consiste, modernamente, nos textos que, ocupando as primeiras páginas dos grandes jornais, são assinados pelos seus mais renomados colunistas.
   e) crônica – variedade ou gênero textual bastante livre, ocorrente no Brasil desde o século XIX, cuja proximidade com o cotidiano não impedia de, conforme o caso, explorar outras dimensões de sentido.

**Texto para a próxima questão.**

Leia o artigo de opinião.

## Vizinhos e internautas

Estudiosos do comportamento humano na vida moderna constatam que um dos males de nossa época é a incomunicabilidade. Já foi tempo em que, mesmo nas grandes cidades, nos bairros residenciais, ao cair da tarde, era costume os vizinhos se darem boa noite, levarem as cadeiras de vime para as calçadas e ficar falando da vida, da própria e da dos outros.

A densidade demográfica, os apartamentos, a violência urbana, o rádio e mais tarde a TV ilharam cada indivíduo no casulo doméstico. Moro há 18 anos num prédio da Lagoa; tirante os raros e inevitáveis cumprimentos de praxe no elevador ou na garagem, não falo com eles nem eles comigo. Não sou exceção. Nesse lamentável departamento, sou regra.

Daí que não entendo a pressão que volta e meia me fazem para navegar na Internet. Um dos argumentos que me dão é que posso falar com pessoas na Indonésia, saber como vão as colheitas de arroz na China e como estão os melões na Espanha.

Uma de minhas filhas vangloria-se de ser internauta. Tem amigos na Pensilvânia e arranjou um admirador em Dublin, terra do Joyce, do Bernard Shaw e do Oscar Wilde. Para convencê-la de seus méritos, ele mandou uma foto em cor que foi impressa em alta resolução. É um jovem simpático, de bigode, cara honesta. Pode ser que tenha mandado a foto de um outro.

Lembro a correspondência sentimental das velhas revistas de antanho. Havia sempre a promessa: "Troco fotos na primeira carta". Nunca ouvi dizer que uma dessas trocas tenha tido resultado aproveitável.

Para vencer a incomunicabilidade, acredito que o internauta deva primeiro aprender a se comunicar com o vizinho de porta, de prédio, de rua. Passamos uns pelos outros com o desdém de nosso silêncio, de nossa cara amarrada. Os suicidas se realizam porque, na hora do desespero, falta o vizinho que lhe deseje sinceramente uma boa noite.

Fonte: CONY, Cartos Heitor. *Vizinhos e internautas*. Folha de S.Paulo, 26 jun. 1997. Opinião. p. A2.

Vocabulário:
tirante – exceto por
praxe – costume
(James) Joyce, Bernard Shaw e Oscar Wilde – escritores
antanho – antigamente

5. (IFSC) Selecione, dentre as alternativas abaixo, a que MELHOR representa a ideia central do texto.
   a) O uso da internet oferece riscos consideráveis, como o de ser enganado por alguém que envia como sendo sua a foto de outra pessoa, para fingir ser o que não é.
   b) Nos duros tempos de hoje, o melhor é mantermos distância dos vizinhos, isolarmo-nos em casulos, porque não se pode saber com certeza quem é realmente honesto.
   c) Nos tempos atuais, o uso da Internet e de outros meios de comunicação é fundamental para nos pormos em contato com pessoas de outros lugares, com diferentes culturas.
   d) O contato direto e caloroso com os que estão mais próximos é mais importante que a comunicação indireta, via Internet, com pessoas que vivem em lugares distantes.
   e) Os tempos antigos eram bem melhores, porque havia revistas que permitiam que as pessoas estabelecessem relacionamentos amorosos verdadeiros, mesmo morando distantes.

**Texto para a próxima questão.**

Leia o texto com atenção e responda à(s) questão(ões) proposta(s):

*Texto 1*

## Sobre a classe média

Artur Xexéo

Não gosto de axé. Nem de pagode. Nem mesmo de sertanejo universitário. Por isso não custa nada perguntar: dá para tocar outra coisa?

Como qualquer brasileiro, me orgulho muito da nova classe média e dos oito milhões de conterrâneos que chegaram à sociedade de consumo nos últimos tempos.

Consumo para todos! Mas, veja bem, para todos, o que inclui a velha classe média. É democrático o fato de voos comerciais poderem ser pagos em 17 vezes. Mais gente viajando, mais gente fazendo turismo, nem me incomodo com os aeroportos superlotados. Mas, vem cá, dá para variar o cardápio? Ou vou ser obrigado a comer barrinha de cereal para o resto da vida? Alguém já perguntou se a velha classe média gosta de barrinha de cereal? Eu não gosto. Dá pra sair um sanduíche de queijo com suco de laranja?

Pela primeira vez na história deste país, a classe média representa mais da metade da população. Foi preciso a ascensão da classe C para que isso acontecesse. Políticas de pleno emprego, aumento de salário, facilitação do crédito, projetos sociais – tudo deve ser saudado, mas, por favor, pensem no trauma que vem sofrendo a velha classe média. [2]Cresci aprendendo que profissão para valer era engenheiro, médico ou advogado. Se o sujeito não tivesse aptidão para uma dessas três categorias, tentava um concurso para o Banco do Brasil ou para a Caixa Econômica. Agora, todos gritam no meu ouvido: empreendedorismo! O certo seria ter aberto um salão de beleza, um serviço de comida pronta, uma padaria... Tarde demais! Ensinaram-me a fechar o mês sem contas a pagar. Agora, o governo me alicia: Crédito! Crédito! Crédito! E eu não quero comprar uma TV de plasma, nem um segundo telefone celular, nem quero passar férias em Porto Seguro. Na verdade, estou pensando em vender o meu freezer, o meu forno de micro-ondas e a minha secretária eletrônica. Tornei-me um estranho no ninho. Sou da velha classe média.

[1]A nova classe média virou objeto de pesquisa de tudo aqui no Brasil. Tem marca de eletrônicos que produz aparelhos especialmente para os novos consumidores. A tal marca descobriu que o consumidor da classe C ama música em alto volume. O lazer se concentra nos churrascos de fim de semana, onde ocorre a confraternização. O aparelho de som é o elo entre os familiares e os amigos. Nasceu assim o primeiro minisystem para a classe C, cuja caixa de som tem potência três vezes superior à de um aparelho de som comum. Tá puxado.

[3]Sejam bem-vindos ao paraíso dos que ganham entre R$ 1.200,00 e R$ 5.174,00 por ano. Mas tem que ter lugar para todo o mundo. Eu quero de volta o meu filme legendado na TV e torço pela possibilidade de passar um intervalo comercial inteirinho sem assistir a um anúncio do Supermarket. Onde foi parar a televisão da velha classe média? Sempre fui noveleiro, nunca tive vergonha disso. [4]Assisti às novelas de lvany Ribeiro em versão original. Mas não aguento mais tramas ambientadas na comunidade, sambão na trilha sonora, mocinha cozinheira e galã jogador de futebol. Eu quero de volta a minha novela de Gilberto Braga!

(Baú do Xexéo, Coluna da *Revista O Globo*, 15 de abril de 2012. Acesso em: http://www.oglobo,globocomlculturalxexeo/postsl 2012/0411 3/ sobre-classe-media-440203.asp)

6. (CFTRJ) Realizando-se uma leitura atenta da crônica de Artur Xexéo, conclui-se que a ironia foi uma estratégia muito explorada na sua argumentação. O trecho que mais evidencia esse tom irônico nas palavras do cronista é:
   a) "A nova classe média virou objeto de pesquisa de tudo aqui no Brasil." (ref. 1)
   b) "Cresci aprendendo que profissão para valer era engenheiro, médico ou advogado." (ref. 2)
   c) "Sejam bem-vindos ao paraíso dos que ganham entre R$ 1.200,00 e R$ 5.174,00 por ano." (ref. 3)
   d) "Assisti às novelas de lvany Ribeiro em versão original." (ref. 4)

**Texto para a próxima questão.**

## A última romântica

Cigarros, isqueiros, copos com drinques coloridos, garrafas vazias – de vodca, do licor de coco Malibu... Às flores, velas, retratos e mensagens de praxe os fãs acrescentaram em frente à casa de Amy Winehouse esses objetos que dão prazer, podem viciar e fazem mal à saúde. Para além da homenagem, era uma forma de participar do universo de excessos da cantora.

É curioso o apelo de Amy num mundo conservador, cada vez mais antitabagista e alerta para os riscos das drogas – um mundo onde vamos sendo ensinados a comprar produtos sem gordura trans e onde até as garotas de esquerda consomem horas dentro da academia.

Numa época em que as pessoas são estimuladas a abdicar de certos prazeres na expectativa de durar bastante, simplesmente para durar, Winehouse fez o roteiro oposto – intenso, autodestrutivo, suicida.

Sob o aspecto clínico, era uma viciada grave, necessitando desesperadamente da ajuda que insistia em recusar. Uma de suas canções mais famosas trata exatamente disso.

Amy foi presa fácil do jornalismo de celebridades, voltado à escandalização da intimidade dos famosos (quanto pior, melhor). Foi também, num tempo improvável, a herdeira de Janis Joplin, morta aos 27 em 1970, e de Billie Holiday, morta aos 44, em 1959, ambas por overdose.

Como suas antecessoras, Amy leva ao extremo o *éthos* romântico – do artista que vive em conflito permanente e se rebela contra o curso prosaico e besta do mundo. Na sua figura atormentada e em constante desajuste, o autoflagelo quase sempre se confunde com o ódio às coisas que funcionam. Numa cultura inteiramente colonizada pelo dinheiro e que convida à idolatria, fazer sucesso parecia uma espécie de vexame e de vileza, o supremo fiasco existencial, contra o qual era preciso se resguardar.

Nisso Amy evoca os gênios do romantismo tardio – Lautréamont, Rimbaud e outros poetas do inferno humano, que tinham plena consciência da vergonha de dar certo.

(SILVA, Fernando de Barros e. *Folha de S.Paulo*, 26/07/2011)

7. (Insper-SP) A relação entre o título e as ideias expostas nesse artigo evidenciam que o autor
   a) pretende mobilizar os jovens de maneira que eles passem a incorporar hábitos saudáveis em seu cotidiano.
   b) considera que a cantora Amy Winehouse encarnava uma personagem exótica apenas para conquistar a fama.
   c) propõe que a morte de Amy Winehouse deva servir de alerta às celebridades que adotam estilo de vida destrutivo.
   d) tenciona estimular a criação de campanhas que combatam o tabagismo, o alcoolismo e o uso de entorpecentes.
   e) constata que as atitudes autodestrutivas não são exclusivas de artistas do mundo contemporâneo.

**Texto para a próxima questão.**

## Os ideais da nossa Geração Y

*Uma pesquisa inédita mostra como pensam os jovens que estão entrando no mercado de trabalho. Eles são bem menos idealistas que os americanos.*

Daniella Cornachione

Quando o jornalista Otto Lara Resende, diante das câmeras de TV, pediu ao dramaturgo Nelson Rodrigues que desse um conselho aos jovens telespectadores, a resposta foi contundente: "Envelheçam!". A recomendação foi dada no programa de entrevistas *Painel*, exibido pela Rede Globo em 1977. Pelo menos no quesito trabalho, os brasileiros perto dos 20 anos de idade parecem dispensar o conselho. Apesar de começarem a procurar emprego num momento de otimismo econômico, quase eufórico, os jovens brasileiros têm expectativas de carreira bem menos idealistas que os americanos e europeus – e olha que por lá eles estão enfrentando uma crise brava. É o que revela uma pesquisa da consultoria americana Universum, feita em 25 países. (...). No estudo, chamado Empregador ideal, universitários expressam seus desejos em relação às empresas, em diversos quesitos. O Brasil é o primeiro país sul-americano a participar – foram entrevistados mais de 11 mil universitários no país de fevereiro a abril.

De acordo com o estudo, dois em cada três universitários brasileiros acham que o empregador ideal oferece, em primeiro lugar, treinamento e desenvolvimento – quer dizer, a possibilidade de virar um profissional melhor. A mesma característica é valorizada só por 38% dos americanos, que colocam no topo das prioridades, neste momento, a estabilidade no emprego. Os brasileiros apontaram como segundo maior objetivo a possibilidade de empreender, criar ou inovar, numa disposição para o risco que parece estar diminuindo nos Estados Unidos.

O paulista Guilherme Mosaner, analista de negócios de 25 anos, representa bem as preocupações brasileiras. "O trabalho precisa ser desafiador. Tenho de aprender algo todo dia." Mosaner trabalha há um ano e meio em uma empresa de administração de patrimônio, mas acha improvável construir a carreira numa mesma companhia, assim como metade dos estudantes brasileiros entrevistados pela Universum. Entre as boas qualidades de um empregador, os universitários incluem seu sucesso econômico e a valorização que ele confere ao currículo. "A gente sabe que não vai ficar 40 anos em um mesmo lugar, por isso já se prepara para coisas novas", diz Mosaner.

Apesar de mais pragmáticos, os universitários brasileiros, assim como os americanos e europeus, consideram como objetivo máximo equilibrar trabalho e vida pessoal. Quem pensa em americanos como viciados em trabalho e em europeus como cultivadores dos prazeres da vida talvez precise reavaliar as crenças diante da geração que está saindo da faculdade: o bom balanço entre trabalho e vida pessoal é a meta número um de 49% dos brasileiros, 52% dos europeus e... 65% dos americanos.

(*ÉPOCA*, 21 de junho de 2010)

8. (Epcar – AFA-MG) Assinale a alternativa que traz uma explicação pertinente ao emprego de numerais ao longo do texto.
   a) Confere rigor matemático ao texto, tornando-o inquestionável.
   b) Tem valor argumentativo e, portanto, reforça a ideia central do texto.
   c) É indispensável porque o texto é jornalístico e traduz uma opinião do autor.
   d) Relativiza o acentuado rigor matemático predominante no texto.

**Texto para a próxima questão.**

## A filosofia como investigação

Todos sabem que o cético duvida de tudo. E todos sabem que duvidar de tudo não tem sentido: as ideias céticas podem ser sedutoras, mas dizer que não sabemos nada, que não temos certeza de nada é algo exagerado, absurdo e autorrefutável. O ceticismo, usualmente, é tido como algo negativo, enquanto na filosofia, frequentemente é descrito como uma posição que deve ser desafiada, enfrentada e vencida.

Essa atitude negativa que se atribui ao filósofo cético, porém, não é mais que um aspecto incidental e parcial do ceticismo. Na verdade, tal dúvida universal é inventada por filósofos modernos. Por isso, muitos autores que lidam com a questão cética são responsáveis pela difusão de uma imagem do ceticismo que não faz plena justiça à tradição intelectual que lhe deu origem. Oswaldo Porchat, um dos mais importantes filósofos brasileiros, já disse que a filosofia moderna e contemporânea costuma recorrer a "caricatas figurações" da filosofia cética: "cada filósofo fabrica seu inimigo cético particular e atribui-lhe esdrúxulas doutrinas '*ad hoc*' forjadas de modo que melhor sejam refutadas".

Quando nos defrontamos diretamente com os escritos e as ideias dos céticos, em especial dos céticos gregos antigos que sobreviveram ao tempo, encontramos uma imagem surpreendentemente rica e interessante do ceticismo, bem como uma maneira peculiar de questionar as doutrinas filosóficas. Há, assim, uma diferença crucial entre o cético moderno e o cético antigo. O primeiro lança uma dúvida radical sobre todos os domínios do conhecimento. Lembremo-nos, por exemplo, dos cenários onde são traçados os argumentos do sonho e do gênio maligno nas "Meditações de Descartes": tenho o pensamento de que estou aqui, neste momento, sentado nesta cadeira, segurando uma folha de papel, mas posso estar sonhando ou sendo enganado por um deus poderoso. Por essa razão, uma questão central da epistemologia moderna é a seguinte: já que um pensamento que eu tomo como verdadeiro pode ser falso ou ilusório, o que deve ocorrer a um pensamento para lhe conferir a qualidade de conhecimento? O cético antigo, por sua vez, não supõe que todas as nossas crenças são ou podem ser simultaneamente falsas. A postura dubitativa do cético é ainda mais radical, pois a sua questão cética central não seria "é possível conhecer?" ou "como conhecemos?", mas a pergunta mais fundamental: "temos alguma razão para acreditar?" [...]

(SILVA FILHO, Waldomiro José da. *Cult*, n. 116, ago. 2007.)

9. (UFPR) Segundo o texto, qual é a principal diferença entre o ceticismo antigo e o moderno?
   a) Enquanto o ceticismo moderno é otimista, o antigo é pessimista.
   b) O ceticismo antigo tinha uma visão caricaturada do mundo, que foi modificada no moderno.
   c) O ceticismo antigo aplica-se a todos os domínios do conhecimento; o moderno é mais restrito.
   d) O ceticismo moderno questiona as condições do conhecimento; o antigo, se há por que crer.
   e) O ceticismo moderno é mais rico e interessante que o antigo.

10. (Insper-SP)

Se apresentar problema mecânico, trem de ferro descarrila. O desastre é escândalo e noticiado em todos os meios de comunicação de massa. Em fins de julho, na China, dois vagões de um trem saíram do trilho e despencaram lá do alto do viaduto. 32 pessoas mortas. Semelhante à escultura de José Resende, a foto do acidente é trágica e bela. No entanto, desacreditou em parte um bem montado programa de modernização do país asiático.

Quando a obra de artista ambicioso vem bamboleando na bitola estreita da mesmice, ele deve dar-se conta de que a locomotiva que conduz apresenta sérias avarias. O maquinista tem de assumir ou não o risco do acidente regenerador. A assombrar o planejamento do futuro livro, o descarrilamento estético pode revigorar a obra literária à beira da insipidez. Tramas e personagens criados em obras anteriores morrem no desastre anunciado, que gera a fagulha propulsora da criação ousada, cuja escrita será um risco. Em virtude do ramerrame em que a locomotiva vinha sendo conduzida, os olhos do leitor crítico, já tomados pela malícia, serão surpreendidos. O julgamento sairá estampado nos jornais.

(SANTIAGO, Silviano. *O Estado de São Paulo*, 17/08/2011)

No texto acima, o autor recorre à alegoria para argumentar

a) que os escritores devem evitar a ousadia para garantir aprovação.
b) a favor da necessidade de se programar uma literatura moderna e globalizada.
c) contra o mercado editorial contemporâneo que não dá espaço aos jovens escritores.
d) a favor da criação de um movimento literário que despreze planejamento.
e) que transcender velhos clichês literários e inovar envolve riscos.

**Texto para a próxima questão.**

## O canteiro de palavras

Qual é o seu ofício – me pergunta com certa formalidade o simpático velhinho da fila do banco, depois do cumprimento habitual e do comentário sobre o tempo, rotinas que servem para quebrar o gelo (no nosso clima, literalmente) entre desconhecidos circunstancialmente íntimos pela espera compartilhada. Quase digo que sou jornalista, mas me policio porque conheço o poder inibidor da minha profissão.

– Vivo de escrever! – respondo no mesmo tom evasivo, tentando decifrar o efeito da resposta no seu olhar enrugado. Lembro de um escritor que falou coisa semelhante para uma empregada de poucas luzes e recebeu de volta um comentário um tanto surrealista, provavelmente buscado nos anúncios de empregos dos jornais:

– Ah, o senhor tem redação própria?

Mas o meu interlocutor momentâneo não manifesta qualquer curiosidade sobre o gênero dos meus escritos, se preencho notas fiscais ou elaboro poemas parnasianos. Está mais interessado em mostrar suas duas mãos, dois conjuntos desarmônicos de calos e cicatrizes.

– Eu sou cortador de pedras – me diz com indisfarçável orgulho de quem detém um dote raro.

Antes que a fila ande, tenho tempo ainda para ouvir algumas explicações sobre a arte de tirar paralelepípedos da rocha bruta, sobre as ferramentas que usa e sobre a quantidade de peças que produz. Ouço em silêncio para não perturbar a narrativa, mas seu trabalho não me é estranho. Perto de minha casa há uma pedreira. Conheço a faina dos homens empoeirados que lá labutam. De vez em quando fico ouvindo a distância o martelar dos canteiros e pensando na célebre fábula sobre perseverança, escrita por Jacob Riis, que tem como personagem exatamente um cortador de pedras. Diz mais ou menos o seguinte: "Quando nada parece dar certo, eu observo o homem que corta pedras. Ele martela uma, duas, centenas de vezes, sem que uma só rachadura apareça. Porém, na centésima primeira martelada, a pedra se abre em duas. E eu sei que não foi aquela pancada que operou o milagre, mas todas as que vieram antes".

Pois escrever, me dou conta enquanto preencho o cheque, não deixa de ser um processo semelhante. A gente martela centenas de vezes até que brote do cérebro (ou do dicionário) a palavra adequada, talvez a única capaz de servir à construção literária planejada.

Nem sempre se consegue. A não ser que o canteiro de letras tenha o talento daquele escultor de estátuas equestres que explicava com simplicidade como conseguia tal perfeição:

– Eu tiro da pedra tudo o que não seja cavalo.

Nilson de Souza. *Zero Hora*, 17 de julho de 1996.

11. (PUC-RS) Considerando a linguagem e a tipologia do texto, é correto dizer que:

I. se trata de uma crônica: o autor parte de um fato do cotidiano para fazer sua reflexão sobre o ofício do escritor.

II. a linguagem do texto é informal, o que justifica os erros gramaticais.

III. o autor emprega o presente do indicativo para conferir maior vivacidade a um fato ocorrido no passado.

IV. o texto, por ser jornalístico, pertence ao gênero informativo.

Pela análise das afirmativas, conclui-se que estão corretas

a) apenas a I e a II.

b) apenas a I e a III.

c) apenas a II e a IV.

d) apenas a II, a III e a IV.

e) a I, a II, a III e a IV.

**Texto para a próxima questão.**

## Os que começam...

Não há decerto exploração mais dolorosa que a das crianças. Os homens, as mulheres ainda pantomimam a miséria para lucro próprio. As crianças são lançadas no ofício torpe pelos pais, por criaturas indignas, e crescem com o vício adaptando a curvilínea e acovardada alma da mendicidade malandra. Nada mais pavoroso do que este meio em que há adolescentes de dezoito anos e pirralhos de três, garotos amarelos de um lustro de idade e moçoilas púberes sujeitas a todas as passividades. Essa criançada parece não pensar e nunca ter tido vergonha, amoldadas para o crime de amanhã, para a prostituição em grande escala. Há no Rio um número considerável de pobrezinhos sacrificados, petizes que andam a guiar senhoras falsamente cegas, punguistas sem proteção, paralíticos, amputados, escrofulosos, gatunos de sacola, apanhadores de pontas de cigarros, crias de famílias necessitadas, simples vagabundos à espera de complacências escabrosas, um mundo vário, o olhar de crime, o broto das árvores que irão obumbrar as galerias da Detenção, todo um exército de desbriados e de bandidos, de prostitutas futuras, galopando pela cidade à cata do pão para os exploradores. Interrogados, mentem a princípio, negando; depois exageram as falcatruas e acabam a chorar, contando que são o sustento de uma súcia de criminosos que a polícia não persegue.

A metade desse bando conhece as leis do prefeito, os delegados de polícia e acompanha o movimento da política indígena, oposicionista e vendo em cada homem importante uma roubalheira. São em geral os mendigos claramente defeituosos a que falta uma perna, um braço.

A perda que os tornou inválidos é uma espécie de felicidade, a indolência e o sustento garantidos.

À beira das calçadas o dia inteiro têm tempo de se tornarem homens e de ler os jornais. Fazem tudo isso com vagar. Quando um ponto se torna insustentável vão para outros, e há entre eles relações, morfeias que se ligam às úlceras, olhos em pus que olham com ternura companheiros sem braços, e todos guardando a data do desastre que os mutilou, que os fez entrar para a nova vida com a saudade da vida passada.

(RIO, João do. *A alma encantadora das ruas: crônicas*. Rio de Janeiro: Secretaria Municipal de Cultura, 1987.)

12. (Uerj) A atualidade do tema e a linguagem da crônica de João do Rio demonstram a vinculação desse gênero ao jornalismo.

Um dos fatores que contribuíram para o reconhecimento da crônica como gênero literário no Brasil é:

a) os escritores menores publicavam crônicas nos jornais que superavam as de autores consagrados.

b) os criadores da prosa de ficção reescreviam seus textos em linguagem acessível aos leitores de jornais.

c) os cronistas focalizavam os problemas sociais e urbanos, enquanto os romancistas se abstinham de tema dessa natureza.

d) os poetas e os romancistas brasileiros renomados dedicavam-se também a escrever crônicas sobre a cidade e seus problemas, em jornais.

# O desafio da redação

Theo Szczepanski/Arquivo da editora

# A redação no exame da Fuvest-SP, 2012

Esta seção tem como objetivo comentar a proposta de redação de um vestibular, procurando mostrar como, no momento da prova, é possível ler e compreender a proposta e se planejar para redigir seu texto de acordo com o que estipula o exame.

Sugerimos que você treine para a prova produzindo um texto de acordo com a proposta comentada nestas páginas e seguindo as orientações aqui fornecidas.

1. Reproduzimos a seguir a proposta de redação do vestibular da USP (Universidade de São Paulo), elaborada pela Fuvest, em 2012.
   Trata-se de uma proposta única: escrever uma dissertação sobre o tema "Participação política: indispensável ou superada?" depois de ler cinco textos reproduzidos sobre o assunto. Conheça a prova.

   **Fuvest-SP, 2012**

   **Redação**

*Texto 1*

A ciência mais imperativa e predominante sobre tudo é a ciência política, pois esta determina quais são as demais ciências que devem ser estudadas na pólis. Nessa medida, a ciência política inclui a finalidade das demais, e, então, essa finalidade deve ser o bem do homem.

Aristóteles. Adaptado.

*Texto 2*

O termo "idiota" aparece em comentários indignados, cada vez mais frequentes no Brasil, como "política é coisa de idiota". O que podemos constatar é que acabou se invertendo o conceito original de idiota, pois a palavra *idiótes*, em grego, significa aquele que só vive a vida privada, que recusa a política, que diz não à política.

Talvez devêssemos retomar esse conceito de idiota como aquele que vive fechado dentro de si e só se interessa pela vida no âmbito pessoal. Sua expressão generalizada é: "Não me meto em política".

M. S. Cortella e R. J. Ribeiro, *Política – Para não ser idiota*. Adaptado.

*Texto 3*

**Filhos da época**

Somos filhos da época
e a época é política.

Todas as tuas, nossas, vossas coisas
diurnas e noturnas,
são coisas políticas.

Querendo ou não querendo,
teus genes têm um passado político,
tua pele, um matiz político,
teus olhos, um aspecto político.

O que você diz tem ressonância,
o que silencia tem um eco
de um jeito ou de outro, político.

(...)

Wislawa Szymborska, *Poemas*.

*Texto 4*

As instituições políticas vigentes (por exemplo, partidos políticos, parlamentos, governos) vivem hoje um processo de abandono ou diminuição do seu papel de criadoras de agenda de questões e opções relevantes e, também, do seu papel de propositoras de doutrinas. O que não significa que se amplia a liberdade de opção individual. Significa apenas que essas funções estão sendo decididamente transferidas das instituições políticas (isto é, eleitas e, em princípio, controladas) para forças essencialmente não políticas, primordialmente as do mercado financeiro e do consumo. A agenda de opções mais importantes dificilmente pode ser construída politicamente nas atuais condições. Assim esvaziada, a política perde interesse.

Zygmunt Bauman. *Em busca da política*. Adaptado.

*Texto 5*

*Folha de S. Paulo*, 05/10/2011.

Os textos aqui reproduzidos falam de política, seja para enfatizar sua necessidade, seja para indicar suas limitações e impasses no mundo atual. Reflita sobre esses textos e redija uma dissertação em prosa, na qual você discuta as ideias neles apresentadas, argumentando de modo a deixar claro o seu ponto de vista sobre o tema **Participação política: indispensável ou superada?**

**Instruções:**

- A redação deve obedecer à norma padrão da língua portuguesa.
- Escreva, no mínimo, 20 e, no máximo, 30 linhas com letra legível.
- Dê um título à sua redação.

2. Acompanhe, a seguir, os comentários sobre essa proposta da prova de redação da Fuvest 2012. Essa leitura vai ajudá-lo a compreender melhor os textos reproduzidos na proposta e a se preparar para ler outros exames semelhantes. Seguindo as dicas, produza um texto de acordo com o que foi indicado no vestibular da Fuvest.

a) O texto 1 de apoio para a compreensão do tema a ser desenvolvido na redação é um fragmento adaptado de dizeres do filósofo grego Aristóteles. Ao ler um texto que deve inspirá-lo para sua própria produção, procure sempre identificar: o tema, o ponto de vista desenvolvido e os argumentos apresentados nele. Observe:

| Texto citado na proposta de redação | Comentário |
|---|---|
| *Texto 1*<br>A ciência mais imperativa e predominante sobre tudo é a ciência política, pois esta determina quais são as demais ciências que devem ser estudadas na pólis. Nessa medida, a ciência política inclui a finalidade das demais, e, então, essa finalidade deve ser o bem do homem.<br>Aristóteles. Adaptado. | Aristóteles (384 a. C.-322 a. C.), o produtor do texto, expressa sua opinião sobre a ciência política, definindo o papel fundamental dessa ciência na vida dos cidadãos: ela predomina sobre todas as outras e tem como finalidade o bem do ser humano. |

b) O texto 2 de apoio para a compreensão do tema a ser desenvolvido na redação é um fragmento literário dos professores brasileiros contemporâneos da área de ciências humanas: Mário Cortella e Renato J. Ribeiro. Observe:

| Texto citado na proposta de redação | Comentário |
|---|---|
| *Texto 2*<br>O termo idiota aparece em comentários indignados, cada vez mais frequentes no Brasil, como "política é coisa de idiota". **(I)** O que podemos constatar é que acabou se invertendo o conceito original de idiota, pois a palavra *idiótes*, em grego, significa aquele que só vive a vida privada, que recusa a política, que diz não à política. **(II)**<br>Talvez devêssemos retomar esse conceito de idiota como aquele que vive fechado dentro de si e só se interessa pela vida no âmbito pessoal. Sua expressão generalizada é: "Não me meto em política". **(III)**<br>M. S. Cortella e R. J. Ribeiro, *Política – Para não ser idiota*. Adaptado. | **(I)** Apresentação do tema: O fragmento reproduzido do texto *Política – Para não ser idiota* discute a relação do termo *idiota* com a questão do engajamento ou da alienação política.<br>**(II)** Desdobramento dessa afirmativa: o enunciador constata que houve uma inversão do significado original da palavra *idiota*.<br>**(III)** Conclusão: sugere-se a aplicação do significado original do termo à atualidade, revelando a postura irônica do produtor. |

c) O texto 3 de apoio para a compreensão do tema a ser desenvolvido na redação é um fragmento de poema de um escritor estrangeiro. Observe:

| Texto citado na proposta de redação | Comentário |
|---|---|
| *Texto 3*<br>**Filhos da época**<br>Somos filhos da época<br>e a época é política.<br><br>Todas as tuas, nossas, vossas coisas<br>diurnas e noturnas,<br>são coisas políticas.<br><br>Querendo ou não querendo,<br>teus genes têm um passado político,<br>tua pele, um matiz político,<br>teus olhos, um aspecto político.<br><br>O que você diz tem ressonância,<br>o que silencia tem um eco<br>de um jeito ou de outro, político.<br>[...]<br>Wislawa Szymborska, *Poemas*. | **(I)** O poema trata do homem como um ser político, fruto de uma época e detentor de uma história pessoal e coletiva. A postura de engajamento do eu lírico se faz presente no título do poema.<br>**(II)** Repare no vínculo genérico que a primeira estrofe estabelece entre "filhos da época", "política" e "época".<br>**(III)** A segunda estrofe aprofunda esse aspecto indicando a natureza política da vivência cotidiana, destacando o caráter coletivo dessa experiência por meio da pluralização dos pronomes possessivos.<br>**(IV)** Na terceira estrofe a política é atrelada às características étnicas externas (pele e olhos) e genéticas.<br>**(V)** Ao explicitar o caráter político da própria fala, a última estrofe aponta a função do próprio poema enquanto forma de expressão política. |

d) O texto 4 de apoio para a compreensão do tema a ser desenvolvido na redação é um fragmento literário do escritor de língua italiana Ítalo Calvino. Observe:

<table>
<tr><th>Texto citado na proposta de redação</th><th>Comentário</th></tr>
<tr><td>

*Texto 4*

As instituições políticas vigentes (por exemplo, partidos políticos, parlamentos, governos) vivem hoje um processo de abandono ou diminuição do seu papel de criadoras de agenda de questões e opções relevantes e, também, do seu papel de propositoras de doutrinas. **(I)** O que não significa que se amplia a liberdade de opção individual. Significa apenas que essas funções estão sendo decididamente transferidas das instituições políticas (isto é, eleitas e, em princípio, controladas) para forças essencialmente não políticas, primordialmente as do mercado financeiro e do consumo. A agenda de opções mais importantes dificilmente pode ser construída politicamente nas atuais condições. **(II)** Assim esvaziada, a política perde interesse. **(III)**

Zygmunt Bauman. *Em busca da política*. Adaptado.

</td><td>

**(I)** O texto aponta o tema em discussão: o processo de esvaziamento das instituições formalmente responsáveis pela política.

**(II)** Indica as consequências desse fato: em detrimento do interesse da política elas passam a ser substituídas por forças essencialmente não políticas, como o mercado financeiro e o de consumo.

**(III)** Posição do produtor do texto: processo de esvaziamento das instituições políticas acaba gerando o desinteresse pela própria política.

</td></tr>
</table>

e) O texto 5 de apoio para a compreensão do tema a ser desenvolvido na redação é uma tirinha do cartunista Adão. Observe:

<table>
<tr><th>Texto citado na proposta de redação</th><th>Comentário</th></tr>
<tr><td>

*Texto 5*

MUNDO MONSTRO ADÃO

*Folha de S. Paulo*, 05/10/2011.

</td><td>

A tirinha sugere a substituição do homem declaradamente apolítico pelo "homem-legenda", declaradamente ignorante. Nesse último, o engajamento se reduz à ostentação de uma legenda.

</td></tr>
</table>

## Dicas para ler e seguir uma proposta de redação como essa

- Resuma os textos reproduzidos ordenando as principais ideias que discutem o tema.
- Identifique os posicionamentos dos diversos produtores de textos perante a questão.
- Releia o tema – Participação política: indispensável ou superada? – e reflita sobre ele. Procure se posicionar a respeito: qual é sua opinião sobre o assunto? Que argumentos podem ajudá-lo a defender seu ponto de vista? Anote suas ideias, ordene-as, veja quais são as fundamentais e busque, se possível, exemplos concretos que reforcem sua argumentação.
- Repasse os argumentos dos textos reproduzidos na proposta: você concorda com eles ou discorda dessas ideias? Podem ajudá-los a construir seu texto?
- Sua argumentação deve ser clara e enxuta. Lembre-se sempre de se posicionar abertamente. Encaminhe a discussão para um final que explicita sua tomada de posição.
- Utilize vocabulário rico e apropriado, evite repetições desnecessárias. Releia o texto procurando verificar o uso de pronomes, conjunções e de outros termos que ajudam a estabelecer a coesão do texto. Observe se foram respeitadas as regras da modalidade formal da língua, conforme se indica no exame.

# Respostas

## Estrutura e formação de palavras

1. a) O autor faz críticas implícitas ao jornalismo atual, quando diz que só resta ao jornalista que convive rotineiramente com a internet: *produzir informação de alta qualidade técnica e ética, fiel à verdade dos fatos, verdadeiramente fiscalizadora dos poderes públicos e com excelência na prestação de serviços*, comentário em que se subentende que, na era da frugalidade virtual, nem todo jornalista produz informações com alto teor ético e de qualidade. O autor alerta que, para os dias atuais, a única maneira de o jornalismo sobreviver à internet é primando pela fidelidade da informação e dos fatos, a fim de prestar um serviço confiável e essencial à sociedade.

   b) O prefixo -des tem o sentido de *negação*, de *ação contrária*. O também prefixo -inter tem o sentido de *entre*. O radical é -mediar. O sufixo -ção é utilizado para formar um substantivo a partir de um verbo. Sendo assim, o processo de formação é de dois prefixos + radical + sufixo, para a criação do neologismo.

2. b
3. e
4. d
5. d
6. b
7. e
8. V – F – F – V – V

## O substantivo

1. a) Seligman reviu suas teorias e chegou à conclusão de que é preciso relativizar a importância das emoções positivas.

   b) Segundo Seligman, é necessário buscar um objetivo mais simples e concreto como o bem-estar.

2. b
3. Encostas: núcleo do adjunto adverbial. Nudez: núcleo do objeto direto.
4. e
5. c
6. b
7. c
8. a) O emprego da locução “graças à” é mais adequado na segunda frase, já que o significado do substantivo “graças” é marcado por traços positivos (ao menos no sentido literal): uma dádiva independente do mérito de quem a recebe, uma benevolência. Segundo esse ponto de vista, usa-se “graças à” preferentemente antes de causa geradora de evento desejável, como ocorre na frase II, e não na I. Diz-se graças à colaboração, ao grande espírito público, à generosidade. Salvo ironia, não se diz: graças à doença, à guerra, ao azar.

   b) Os trechos podem ser reescritos da seguinte forma: “devido à exploração” e “por causa da globalização”. Nas duas frases, caberiam ainda termos como “em razão de” ou “por obra de”. Na segunda, seria também possível usar “em virtude de”.

## Determinantes e modificadores dos substantivos

1. b
2. Possibilidades:

   – E as que passam ondulantes nas cordas dos violoncelos;

   – E as que passam ondeantes nas cordas dos violoncelos;

   Possibilidades:

   – Era uma voz de mulher que cantava nas Antilhas.

   – Era uma voz de mulher a cantar nas Antilhas.

3. 02 + 16 = 18
4. b
5. c
6. a
7. a
8. d

## O pronome

1. d
2. a
3. b
4. Mestre (*para Carlos*) – Carlos, o Dom Abade julgou mais prudente que lá não **voltassem**. Aqui **tem** a permissão por ele assinada para sair do convento.

   Mestre – E **vocês**, senhoras, **esperem** da justiça dos homens o castigo deste malvado. (*para Carlos e Emília*:) E **vocês**, meus filhos, **sejam** felizes, que eu pedirei para todos (*ao público*:) indulgência!

5. a) O pronome demonstrativo “isso” pode remeter anaforicamente aos estados brasileiros considerados pioneiros do forró (Pernambuco e Ceará), ou à música “Asa Branca”, que descreve a realidade do sertão nordestino.

   b) Embora fosse cearense, essa foi a única canção do estilo que o cantor gravou.

6. c
7. e
8. a) O argumento do Diabo é que tudo o que pertence ao indivíduo pode ser vendido. Seria, segundo ele, contraditório considerar que apenas os bens materiais são passíveis de venda. Conforme o Diabo, nada pertenceria mais ao indivíduo do que a própria consciência.

   b) O pronome refere-se a: “direito à venalidade”.

9. a) O pronome oblíquo átono "as" refere-se ao sintagma nominal "as coisas".

b) O pronome demonstrativo "aquela" é anafórico, pois retoma a palavra "honra" presente no mesmo período.

10. a) No primeiro, o pronome "se" é reflexivo-recíproco: "amavam-se uma à outra". No segundo, é reflexivo, pois equivale a "matou a si mesmo".

b) Que o trocou por um defunto fresco.

## O verbo

1. b

2. a) Sim, caso a conversa entre pai e filho se desse por telefone, a entonação utilizada haveria de desfazer o tom imperativo que a frase escrita possui.

b) "Papai, mande-me dinheiro, por favor?".

3. O verbo "agradar" pode ser intransitivo, transitivo indireto ou direto, com o sentido de *causar boa impressão, satisfazer* e *fazer carinho*, respectivamente. No trecho "ele não o agrada", o verbo é transitivo direto, portanto com valor semântico *de fazer agrados, acarinhar*. No segundo trecho, a variação da regência do verbo "olhar" não altera o sentido do texto, pois *a mulher, sentada na cama, olha-o, mas ele não olha para ela* é sinônima da original.

4. A questão aborda formas verbais e o valor expresso por elas. A sequência correta, de cima para baixo, é: 1 – 2 – 1 – 1 – 2 – 1. Como se vê, as únicas formas verbais que não correspondem à descrição fornecida no quadro referido são PUDERA, que tem um emprego interjectivo, e ENCONTRAVA, que denota um fato futuro, cuja realização depende de certa condição. O item **b** solicita duas frases, ambas com o verbo CONQUISTAR no presente do indicativo: a primeira, em **b.1.**, expressando uma ação anterior ao momento da fala, como, por exemplo, "em 1994, o Brasil conquista a Copa do Mundo", e a segunda, em **b.2.**, expressando uma ação posterior ao momento da fala, como, por exemplo: "amanhã, conquisto você".

5. d

6. b

7. c

8. b

9. d

## O advérbio

1. a

2. a) As nervuras da folha assemelham-se a desenhos de rotas e caminhos traçados em mapas, relacionando-se, desta forma, com a expressão "mapeamento logístico", no sentido de planejamento estratégico para desenvolvimento de uma indústria competitiva na região da Amazônia.

b) O advérbio "aqui" refere-se à imagem da folha da planta amazônica e, metaforicamente, a toda a floresta.

3. e

4. d

5. a) Sim, o autor considera que tudo está padronizado, tomando como referência o cinema.

"Bombaim, Roma... estão perfeitamente padronizados, universalizados."

b) O emprego do advérbio "perfeitamente" confere certa ambiguidade: pode dar ideia de padronização sem defeitos ou de padronização total, cabal.

6. d

7. d

8. a

9. c

## Realidade e ficção nos gêneros narrativos

1. a

2. A crítica social se faz presente na descrição da casa frágil, no aspecto físico da mãe, magra e esquálida, por conta do pesado trabalho, e na referência ao descompasso entre a educação e inteligência do narrador e sua condição social.

3. Na primeira obra, há a representação ficcional do negro ainda no período da escravidão, final do século XIX (segunda metade). Aí, tem-se o elemento de etnia africana tratado como ser inferior, vítima da escravidão, segregado, vivendo em condições subumanas, por isso revoltado, violento. Uma ameaça para a sociedade.

Na segunda obra, uma narrativa fílmica – *Cidade de Deus* – locada numa "favela" carioca, evidencia-se que a abolição da escravatura exigida pelo "brado do século da liberdade", pela "opinião do mundo" e pelo "pronunciamento dos governos" não emancipou de fato os negros e seus descendentes, não os inseriu na sociedade brasileira. No filme, uma comunidade também de afrodescendentes vive num espaço pervertido pelas drogas, pelas condições sociais de descaso do poder governamental. Há, pois, um espaço de violência, de ameaça à sociedade como um todo, mas, tanto quanto em "As vítimas algozes", consequente da segregação, do tratamento a que o negro tem sido submetido ao longo de sua vida no Brasil. Assim, desde cedo, as crianças e os jovens são cooptados pelo tráfico, tornando-se também "vítimas algozes" (vide trajetória de Zé Pequeno).

4. c

5. c

6. a) Os ídolos da música popular são apresentados por meio dos personagens, passando a ser vistos pela repercussão de sua imagem e de sua obra junto a esses personagens.

b) Localização no tempo e no espaço. Pessoas citadas com existência conhecida publicamente.

7. a) A "história verdadeira" corresponde ao que chamamos História, ou seja, o relato dos fatos reais que compõem a vida social, política e cultural de um país através dos tempos. A "história fingida" corresponderia ao que Aristóteles chama "poesia", ou seja, o relato dos fatos como deveriam ter acontecido.

b) Adjetivos de sentido moral na fala de Solino: "[cousas] aperfeiçoadas", "[damas] castas", "[Reis] justos", "[amores] verdadeiros".

8. d

## Estrutura da narrativa

1. a) Analisando os dois textos, pode-se observar que, no poema, o eu lírico acredita ainda na possibilidade de transformar o mundo, apesar das idiossincrasias inerentes à realidade. Enquanto no romance o protagonista se mostra conformado com as mudanças sonhadas que não aconteceram historicamente, mostra-se saudoso com o fato de um dia, ao menos, ter sonhado com a possibilidade de um mundo mais justo.

   b) No poema, o eu lírico ressalta a fé no coletivo, no social, dando mais ênfase a isso do que a seus sonhos individuais: *Tudo que está fora de mim é mais, muito mais do que eu.* Na narrativa, o protagonista analisa a realidade através de sua história pessoal, através da própria subjetividade.

2. d

3. c

4. a) Narrador-personagem.

   O narrador-personagem nos conduz a ver os outros personagens e a realidade da mesma forma como ele os vê. É ele quem oferece e impõe o padrão da narrativa, e o ouvinte apreende aqueles personagens e a realidade apenas através de sua percepção parcial.

   b) O personagem Doutor Mimoso é apresentado de forma favorável, com muitas qualidades positivas: é "justo", "inteligentudo" e "bom".

5. c

6. d

7. a) Em primeira pessoa (narrador--personagem).

   b) Respostas possíveis:

   "então por que não sentiria isso também por mim?"

   "por isso acredito que o poema tenha sido inspirado nos meus olhos,"

   "quando olho a luz, o mar"

   "quando viajávamos na costa do Ceará, Natalícia admitiu que meus olhos estavam verdes."

   "Desejo acreditar no que diz Maria Luíza, mas acredito apenas em meu coração, sei quanto fel pode haver no coração de uma romântica."

   "Talvez ele tenha confundido meus olhos com vagens de feijão verde"

   "e ao pensar nisso uma tristeza funda, inexprimível, o coração me anseia."

8. V – F – V – V – F

9. d

10. b

11. a) A cidade surge para o personagem de "Um criminoso" como um lugar exterior, ameaçador, cheio de perigos dos quais ele precisa se defender em sua solidão armada. Por isso, trancado em seu apartamento, ele não se aproxima do exterior, mas somente observa-o, com seu olhar *voyeur*. Em seu solipsismo, o personagem afasta-se do outro e o vê como algo que o pode afetar, enterrando-se em sua solidão. Se o homem moderno via na cidade o espaço para configurar a sua nova identidade cosmopolita, o homem contemporâneo tranca-se no apartamento para fugir do outro e ratificar sua solidão. Nesse raciocínio, o outro é somente objeto de observação e especulação, mas jamais se chega a uma aproximação e possível relação.

    b) Apropriados por poucos, em sua superdimensão os espaços da grande cidade não acolhem aqueles que não são privilegiados. Assim, a questão do privado e público se torna ambígua na contemporaneidade. O fato de viver na multidão leva ao anonimato, o que instiga o desejo da exposição como, por exemplo, os programas *reality-shows* que tanto sucesso fazem hoje. As fronteiras do público e do privado se esvaem e o voyeurismo, prática da modernidade, remete à necessidade de viver a vida do outro, em face do esvaziamento da própria existência, o que pode ser visto no personagem que narra o conto: voltado para a janela de seu quarto, imerso na atividade de observar o espetáculo da vida, sem, no entanto, participar dela.

12. a) Sim, pois ele era descendente de antigos proprietários rurais, mas empobrece e é reduzido a pequeno-burguês, recebendo um baixo salário como funcionário público.

    b) Como o próprio personagem disse, ele e outros que são iguais a ele são parafusos sem utilidade, ou seja, são pessoas incapazes de agir, de mudar sua situação, que possuem uma posição insignificante no todo social. Por outro lado, eles pensam e são frustrados e inquietos por terem a consciência de que nada vai mudar.

    c) Mostra uma narrativa memorialística, em primeira pessoa; há um monólogo interior, uma análise de consciência, e tudo isso relaciona-se ao pensar.

13. b

14. d

## Leitura e interação

1. a) O foco narrativo do texto é de terceira pessoa, ou seja, o narrador onisciente tem conhecimento dos fatos, sentimentos, opiniões e pensamentos das personagens. Entretanto, no início do texto, o narrador, ao citar "as crônicas da vila de Itaguaí", incluindo outros narradores no seu relato, mistura história e ficção e configura a inconfiabilidade do foco narrativo.

   b) Nota-se no texto a maneira irônica com que são descritos tanto a chegada do médico à vila quanto os critérios utilizados pelo Dr. Bacamarte na escolha da futura esposa. No primeiro caso, configura-se a ideia de progresso através da atividade científica mencionada. Em relação ao positivismo, percebe-se que Dona Evarista é a eleita devido às suas "condições fisiológicas e anatômicas", distantes da ideia previsível de uma escolha pelo amor e pela beleza física.

2. e

3. a) O título do texto desconstrói o conceito tradicional de "final feliz" dos enredos das histórias infantis. As narrativas contemporâneas, a exemplo do que se verifica em filmes como *A Bela e a Fera*, de Daniel Bernz, alteram o roteiro mais convencional – em que os

personagens vencem obstáculos em busca da paz e da felicidade – e adotam uma visão menos ingênua para descrever a atualidade ("A Bela Adormecida, por sua vez, já não é vítima do feitiço de uma bruxa invejosa. Por vontade própria, ela cai em sono profundo para satisfazer o fetiche dos homens").

b) Os termos "adultos" e "caçadores mercenários" referem-se a "João e Maria"; "ela", a "Bela Adormecida"; "nos exemplos acima", às versões apresentadas inicialmente dos contos "João e Maria" e "A Bela e a Fera"; "essa sintonia" estabelece associação do cinema contemporâneo com o contexto atual.

4. a
5. b
6. e
7. a
8. b
9. a
10. e
11. c

## Textos descritivos: o "retrato verbal"

1. b
2. c
3. No primeiro parágrafo, o uso predominante do pretérito imperfeito do indicativo ("A lua **estava** enorme, "das ruas de terra batida, **subia** poeira fina", "os galhos nus **gemiam**, nas encostas a relva "**tremia**") assinala a subjetividade da descrição do ambiente em que decorre a narrativa, como se o tempo passado estivesse ainda presente na memória do narrador, expressando a melancolia que tal lembrança lhe provoca. No segundo parágrafo, o pretérito perfeito expressa a sequência de ações e fatos decorridos na noite da tragédia ("o vento **soprou** forte", "águas furiosas **entraram** no barco, que se **abriu**, **afundou**, **foi** a pique").
4. e
5. 02 + 08 = 10
6. a) A caracterização do ambiente, no primeiro período, é feita por frases nominais: "Salão repleto de luzes, orquestra ao fundo, brilho de cristais por todo lado". A adjetivação também mostra a descrição da cena e das personagens presentes: "... pano verde ... mulheres em longos vestidos e homens de *black-tie*". A principal descrição do texto está na enumeração de imagens em sucessão rápida, compondo um quadro vivo e instantâneo.

   b) Aplica-se ao gesto inesperado do presidente Dutra, que "pôs fim, com uma simples penada, a um dos negócios mais lucrativos da época".
7. a
8. a) Descrição dinâmica. Porque procura mostrar o movimento e a evolução de blocos carnavalescos pelas ruas da cidade.

   b) O texto de João do Rio pretende retratar uma cena do carnaval de rua, em seus detalhes de movimento, alegria e confusão. Isto o aproxima do Realismo, que propunha descrever a vida tal como ela é.
9. a) Descritivo e dissertativo.

   b) Descrição: "um sono", "um esquecimento". Dissertação: formulação de hipóteses "talvez pensar", "talvez dormir", "talvez um esquecimento".
10. a) O narrador vai diretamente ao leitor com o propósito de persuadi-lo a aproveitar melhor a vida, encarando, com menos seriedade, suas obrigações e deveres do dia.

    b) Dois dentre os exemplos:

    – cara de louco quieto e perigoso

    – faça os gestos mais calmos quanto os tais escribas mais severos

    – dê um largo "ciao" ao trabalho do dia, assim como quem se despede da vida

    – tirando a roupa do corpo como se retirasse a importância das coisas

    – feito um banhista incerto, assome depois com sua nudez no trampolim do patamar

    – e avance dois passos como se fosse beirar um salto

    – circule pela casa toda como se andasse numa praia deserta

    – cara de louco ainda não precipitado

    – largue-se nela como quem se larga na vida
11. d
12. e
13. e
14. a) São traços contemporâneos: a coordenação (que permite fluência e dinamicidade do texto). Frases curtas e descrição objetiva.

    b) Percebe-se a tensão da personagem. A situação de miserabilidade dá margem a um plano que pode trazer-lhe a salvação.
15. "Tez macia, de uma palidez fresca de camélia...". Focaliza sob o aspecto visual ("palidez") e tátil ("fresca").
16. d
17. a

## A linguagem figurada

1. c
2. a
3. c
4. c
5. d
6. "(...) é o silêncio da alma": metáfora. Essa figura de linguagem expressa uma visão particular da natureza e do mundo, de acordo com a ênfase na subjetividade do Romantismo.
7. c
8. a
9. d
10. c
11. d
12. b
13. A imagem empregada por Pessoa – das "paredes de vidro" – constitui uma metáfora pois, da mesma forma como os "homens célebres" estão expostos a todos os olhares, a transparência do "vidro" impede o isolamento daqueles que estão dentro de um ambiente cujas "paredes" são feitas desse

material. Portanto, as pessoas famosas não têm "vida íntima", pois "sua vida doméstica" passa a ser de interesse de todos.

14. d

15. 01 + 02 + 08 = 11

## O jornal e seus gêneros textuais: notícia e legenda

1. As citações de Roseli Lopes, coordenadora da Febrace ("brincamos que vamos encontrar o próximo Nobel, estamos mexendo na base"; texto I), e de Luiz Edmundo Rosa, diretor de educação da ABRH ("As pessoas que entrarão no mercado de trabalho a partir da próxima década já nasceram conectadas e se diferenciarão pelo envolvimento com questões ambientais"; texto II), configuram argumentos de autoridade explicitados no enunciado da questão.

2. b

3. e

4. a) A situação impossível é "repetir o feito em outros continentes", já que só há uma montanha mais alta, obviamente localizada em um continente (Ásia).

   b) A legenda quer dizer que o alpinista cego, depois do Everest, pretende escalar a mais alta montanha de outros continentes.

5. c

6. e

7. e

8. a

9. 04 + 16 = 20

## O jornal e seus gêneros textuais: editorial e crônica

1. b
2. d
3. a
4. e
5. d
6. c
7. e
8. b
9. d
10. e
11. b
12. d

# Significado das siglas

|  |  |
|---|---|
| **AFA-SP** | Academia da Força Aérea (São Paulo) |
| **Aman-RJ** | Academia Militar das Agulhas Negras (Rio de Janeiro) |
| **Cefet-MG** | Centro Federal de Educação Tecnológica de Minas Gerais [IFMG] |
| **Cefet-PR** | Centro Federal de Educação Tecnológica do Paraná [UFTPR] |
| **Cefet-RJ** | Centro Federal de Educação Tecnológica “Celso Sukow da Fonseca” (Rio de Janeiro) |
| **Cesgranrio-RJ** | Centro de Seleção de Candidatos ao Ensino Superior do Grande Rio (Rio de Janeiro) |
| **CPS-PR** | Comissão Permanente de Seleção (Paraná) |
| **Epcar-MG** | Escola Preparatória de Cadetes do Ar (Minas Gerais) |
| **EsPCEx-MG** | Escola Preparatória de Cadetes do Exército (Minas Gerais) |
| **EsPCEx-SP** | Escola Preparatória de Cadetes do Exército (São Paulo) |
| **ESPM-SP** | Escola Superior de Propaganda e Marketing (São Paulo) |
| **Faap-SP** | Fundação Armando Álvares Penteado (São Paulo) |
| **Fadergs-RS** | Faculdade de Desenvolvimento do Rio Grande do Sul |
| **Fatec-SP** | Faculdade de Tecnologia (São Paulo) |
| **FCL-SP** | Fundação Cásper Líbero (São Paulo) |
| **FEI-SP** | Faculdade de Engenharia Industrial (São Paulo) |
| **FGV-SP** | Fundação Getúlio Vargas (São Paulo) |
| **Fuvest-SP** | Fundação Universitária para o Vestibular (São Paulo) |
| **Ibmec-RJ** | Faculdades do Instituto Brasileiro de Mercado de Capitais (Rio de Janeiro) |
| **Ifal** | Instituto Federal de Alagoas |
| **IFCE** | Instituto Federal de Educação, Ciência e Tecnologia do Ceará |
| **IFPE** | Instituto Federal de Educação, Ciência e Tecnologia de Pernambuco |
| **IFSC** | Instituto Federal de Educação, Ciência e Tecnologia de Santa Catarina |
| **IFSP** | Instituto Federal de Educação, Ciência e Tecnologia de São Paulo |
| **Insper-SP** | Instituto de Ensino e Pesquisa (São Paulo) |
| **ITA-SP** | Instituto Tecnológico da Aeronáutica (São Paulo) |
| **PUCC-SP** | Pontifícia Universidade Católica de Campinas (São Paulo) |
| **PUC-MG** | Pontifícia Universidade Católica de Minas Gerais |
| **PUC-PR** | Pontifícia Universidade Católica do Paraná |
| **PUC-RJ** | Pontifícia Universidade Católica do Rio de Janeiro |
| **PUC-RS** | Pontifícia Universidade Católica do Rio Grande do Sul |
| **PUC-SP** | Pontifícia Universidade Católica de São Paulo |
| **UCS-RS** | Universidade de Caxias do Sul (Rio Grande do Sul) |
| **Udesc** | Universidade do Estado de Santa Catarina |
| **UEA-AM** | Universidade Estadual do Amazonas |
| **Uece** | Universidade Estadual do Ceará |
| **UEG-GO** | Universidade Estadual de Goiás |
| **UEL-PR** | Universidade Estadual de Londrina (Paraná) |
| **UEM-PR** | Universidade Estadual de Maringá (Paraná) |
| **UEMS** | Universidade Estadual do Mato Grosso do Sul |
| **Uepa** | Universidade do Estado do Pará |
| **UEPB** | Universidade Estadual da Paraíba |
| **Uepe** | Universidade Estadual de Pernambuco |
| **UEPG-PR** | Universidade Estadual de Ponta Grossa (Paraná) |
| **Uerj** | Universidade Estadual do Rio de Janeiro |
| **Uespi** | Universidade Estadual do Piauí |
| **Ufal** | Universidade Federal de Alagoas |
| **UFBA** | Universidade Federal da Bahia |
| **UFC-CE** | Universidade Federal do Ceará |
| **Ufes** | Universidade Federal do Espírito Santo |
| **UFF-RJ** | Universidade Federal Fluminense (Rio de Janeiro) |
| **UFG-GO** | Universidade Federal de Goiás |
| **UFJF-MG** | Universidade Federal de Juiz de Fora (Minas Gerais) |
| **Ufla-MG** | Universidade Federal de Lavras (Minas Gerais) |
| **UFMG** | Universidade Federal de Minas Gerais |
| **UFMS** | Universidade Federal do Mato Grosso do Sul |
| **UFMT** | Universidade Federal do Mato Grosso |
| **UFPA** | Universidade Federal do Pará |
| **UFPB** | Universidade Federal da Paraíba |
| **UFPE** | Universidade Federal de Pernambuco |
| **Ufpel-RS** | Universidade Federal de Pelotas (Rio Grande do Sul) |
| **UFPI** | Universidade Federal do Piauí |
| **UFPR** | Universidade Federal do Paraná |
| **UFRGS-RS** | Universidade Federal do Rio Grande do Sul |
| **UFRJ** | Universidade Federal do Rio de Janeiro |
| **UFRN** | Universidade Federal do Rio Grande do Norte |
| **UFRRJ** | Universidade Federal Rural do Rio de Janeiro |
| **UFSC** | Universidade Federal de Santa Catarina |
| **Ufscar-SP** | Universidade Federal de São Carlos (São Paulo) |
| **UFSM-RS** | Universidade Federal de Santa Maria (Rio Grande do Sul) |
| **UFTM-MG** | Universidade Federal do Triângulo Mineiro (Minas Gerais) |
| **UFT-TO** | Universidade Federal de Tocantins |
| **UFU-MG** | Universidade Federal de Uberlândia (Minas Gerais) |
| **UFV-MG** | Universidade Federal de Viçosa (Minas Gerais) |
| **Unaerp-SP** | Universidade de Ribeirão Preto (São Paulo) |
| **UnB-DF** | Universidade de Brasília (Distrito Federal) |
| **Uneb-BA** | Universidade Estadual da Bahia |
| **Unesp** | Universidade Estadual Paulista “Júlio de Mesquita Filho” (São Paulo) |
| **Unicamp-SP** | Universidade de Campinas (São Paulo) |
| **Unifesp** | Universidade Federal de São Paulo |
| **Unirio-RJ** | Universidade Federal do Estado do Rio de Janeiro |
| **UPE** | Universidade de Pernambuco |
| **UPF-RS** | Universidade de Passo Fundo (Rio Grande do Sul) |
| **UPM-SP** | Universidade Presbiteriana Mackenzie (São Paulo) |

PROJETO MÚLTIPLO

# Caderno de Estudo

## Gramática & Texto

Ensino Médio


**José De Nicola**

Licenciado em Letras, com especialização em ensino de língua e literatura, foi professor de cursinhos e de escolas particulares, lecionando para turmas de Ensino Médio.
Autor de várias obras dedicadas ao ensino de língua, literatura e produção de textos para Ensino Médio, entre as quais se destacam:
*Práticas de linguagem – leitura & produção de textos;*
*Gramática – palavra, frase, texto;*
*Literatura brasileira – das origens aos nossos dias;*
*Painel da literatura em língua portuguesa.*



editora scipione

editora scipione

Diretoria editorial: Lidiane Vivaldini Olo
Editoria de Língua Portuguesa: Renato Luiz Tresolavy
Editoras: Juliana Lima Gonçalves, Valéria Franco Jacintho; Francisca Tarsiana Morais da Silva (estag.)
Supervisor de arte e produção: Sérgio Yutaka
Editor de arte: Leandro Hiroshi Kanno
Diagramação: MASPI Criações Gráficas
Supervisor de arte e criação: Didier Moraes
Coordenadora de arte e criação: Andréa Dellamagna
Projeto gráfico: UC Produção Editorial e Andréa Dellamagna
Gerente de revisão: Hélia de Jesus Gonsaga
Equipe de revisão: Rosângela Muricy (coord.); Ana Paula Chabaribery Malfa, Gloria Cunha, Luís Maurício Boa Nova, Vanessa de Paula Santos; Flávia Venézio dos Santos (estag.)
Supervisor de iconografia: Sílvio Kligin
Pesquisa iconográfica: Claudia Bertolazzi, Elena Ribeiro; Claudia Balista (assist.)
Tratamento de imagem: Cesar Wolf e Fernanda Crevin
Foto da capa: Illia Uriadnikov/Alamy/Glow Images
Grafismos: Shutterstock/Glow Images


Avenida das Nações Unidas, 7221
3º andar, Setor D
Pinheiros – São Paulo – SP – CEP 05425-902
Tel.: 4003-3061
www.scipione.com.br / atendimento@scipione.com.br

**Dados Internacionais de Catalogação na Publicação (CIP)**
**(Câmara Brasileira do Livro, SP, Brasil)**

De Nicola, José
Projeto Múltiplo: gramática & texto, volume único: partes 1, 2 e 3 / José De Nicola. – 1. ed. – São Paulo: Scipione, 2014.

1. Gramática (Ensino médio) 2. Português (Ensino médio) 3. Textos (Ensino médio) I. Título.

14-04505 CDD-469.07

**Índice para catálogo sistemático:**
1. Português : Ensino médio 469.07

2017
ISBN 978 85 262 9344-1 (AL)
ISBN 978 85 262 9345-8 (PR)
CAE 502762 (AL)
CAE 502785 (PR)
Código da obra CL 738774
1ª edição
5ª impressão

Impressão e acabamento: Brasilform Editora e Ind. Gráfica

Uma publicação Abril EDUCAÇÃO

# Apresentação

O Ensino Médio é cursado no período em que a maioria dos adolescentes faz uma escolha que os acompanhará por toda a vida: a da profissão que desejam seguir.

Além da profissão, a escolha da universidade também é um fator decisivo para o seu futuro sucesso profissional. E para que você tenha um bom desempenho no exame vestibular da universidade que escolher, além de conhecer muito bem todo o conteúdo do Ensino Médio, você deve desenvolver suas habilidades de leitura e de produção de textos. Por esse motivo, este caderno reúne mais de 200 questões das mais renomadas universidades do país, de diferentes níveis de complexidade, e termina com uma proposta de redação de vestibular comentada.

Cada sequência de exercícios de um mesmo tema é precedida por quadros-resumos que sintetizam os principais tópicos do conteúdo para ajudá-lo a estudar e a responder às questões.

Este caderno representa um momento único de preparação para o vestibular. Utilize-o como um instrumento de aperfeiçoamento de suas habilidades e não desista dos seus sonhos.

Boa sorte!

# Sumário

# Vestibular em foco

Theo Szczepanski/Arquivo da editora

### Conjunções coordenativas
Ligam elementos linguísticos de equivalente função sintática: e, ou, mas, porém, pois, nem... nem, etc.

### Conjunções subordinativas
Ligam elementos linguísticos de diferentes funções sintáticas, em que um subordina o outro: quando, embora, porque, como, etc.

## CONJUNÇÃO
É a palavra invariável usada para ligar elementos linguísticos: palavras, grupo de palavras, orações, frases. Pode ser constituída por mais de um elemento, formando uma locução conjuntiva.

# CONECTIVOS: CONJUNÇÃO E PREPOSIÇÃO

## PREPOSIÇÃO
É a palavra invariável que une elementos linguísticos de uma frase, estabelecendo entre eles variadas relações. A preposição **nunca** liga orações; ela liga termos, palavras (um termo **consequente** ao seu **antecedente**).

### Combinação e contração
É muito comum a preposição aparecer unida a outra palavra, ocasionando, assim, duas situações: **combinação** ou **contração**.
Há um caso de contração que merece destaque especial. É a fusão da preposição **a** com o artigo definido feminino **a**(**s**); o **a** inicial dos pronomes demonstrativos **aquele**(**s**), **aquela**(**s**), **aquilo**; o pronome demonstrativo **a**(**s**); o **a** inicial do pronome relativo **a qual** (**as quais**). A essa fusão de duas vogais idênticas, graficamente representada por um **a** com acento grave (**à**), dá-se o nome de **crase**.

# Exercícios

**Texto para a próxima questão.**

Leia o texto para a questão a seguir.

Sr. Diretor do Imposto de Renda:

(...)

Minha dúvida, meu problema, Sr. Diretor, consiste na desconfiança de que sou, tenho sido a vida inteira um sonegador do Imposto de Renda. Involuntário, inconsciente, mas de qualquer forma sonegador. Posso alegar em minha defesa muita coisa: a legislação, [1]embora profusa e até florestal, é omissa ou não explícita; os itens das diferentes cédulas não preveem o caso; o órgão fiscalizador jamais cogitou disso; todo mundo está nas mesmas condições que eu, e ninguém se acusa ou reclama contra si mesmo. Contudo, não me conformo, e venho expor-lhe lealmente as minhas rendas ocultas.

A lei manda cobrar imposto a quem tenha renda líquida superior a determinada importância; parece claro que só tributam rendimentos em dinheiro. A seguir, entretanto, a mesma lei declara: "São também contribuintes as pessoas físicas que perceberem rendimentos de bens de que tenham a posse, como se lhes pertencessem". E aqui me vejo enquadrado e faltoso. Tenho a posse de inúmeros bens que não me pertencem e que desfruto copiosamente. Eles me rendem o máximo, e nunca fiz constar de minha declaração tais rendimentos.

Esses bens são: o Sol, para começar do alto (só a temporada de praia, neste verão que acabou, foi uma renda fabulosa); a Lua, que, vista do terraço ou da calçada da Avenida Atlântica, diante do mar, me rendeu milhões de cruzeiros-sonho; (...) as crianças brincando no *play-ground* ou a caminho da escola; em particular, três meninos que vêm e vão pelo ar, tão moleques e tão [2]rendosos para este coração; (...) certos prazeres como andar por andar, ver figura em edições de arte, conversar sem sentido e sem cálculo, um filmezinho como *Le petit poisson rouge*, em que o gato salva o peixe para ser gentil com o canário, indicando um caminho aos senhores da guerra fria; e isso e aquilo e tudo mais de alta [3]rentabilidade... não em espécie.

Estes os meus verdadeiros rendimentos, senhor; salários e dividendos não computados na declaração. Agora estou confortado porque confessei; invente depressa uma rubrica para incluir esses [4]lucros e taxe-me sem piedade. Multe, se for o caso; pagarei feliz.

Atenciosas saudações.

Carlos Drummond de Andrade, "Cadeira de balanço".

1. (FGV-SP) Atenda ao que se pede.
   a) Reescreva o trecho "embora profusa e até florestal" (ref. 1), substituindo a conjunção e os adjetivos por expressões equivalentes e introduzindo um verbo, sem alterar o sentido do texto.
   b) As palavras "renda(s)" e "rendimentos", usadas várias vezes no texto, apenas no final foram substituídas por "lucros" (ref. 4). Que palavras poderiam substituir "rendosos" (ref. 2) e "rentabilidade" (ref. 3), tendo em vista o contexto?

**Texto para a próxima questão.**

## Ricos e ricos

Os ricos, como ensinou Scott Fitzgerald, são seres humanos diferentes de você e, provavelmente, de todas as pessoas que você conhece mais de perto – eis aí, dizia ele, a primeira coisa realmente importante, talvez a única que é preciso aprender com eles. Não pense, nem por um instante, que você possa estar na mesma turma. É possível, sim, conviver com gente rica, falar de assuntos comuns, frequentar lugares parecidos. Dá para torcer pelo mesmo time de futebol, ter gostos semelhantes ou partilhar desta e daquela ideia. Mas inevitavelmente, mais cedo ou mais tarde, vai ficar claro que a aproximação chega só até um certo ponto; a partir daí entra em ação um freio automático, e os ricos deslizam de volta para o seu mundo psicológico particular. Fitzgerald sabia do que estava falando. Andou cercado de gente rica durante a maior parte de sua vida tumultuada e curta, sobretudo depois que espetaculares sucessos como *O Grande Gatsby* ou *Suave é a Noite* o transformaram num fenômeno na literatura americana e mundial.

Adaptado de: J.R. Guzzo, *Revista Veja*, edição 2254, 01/02/2012, pág. 106.

2. (UEPG-PR) Assinale o que for correto quanto à classificação do termo "que" nos segmentos abaixo.
   (01) ... de todas as pessoas *que* você conhece mais de perto. (pronome relativo)
   (02) ... a primeira coisa realmente importante, talvez a única *que* é preciso aprender com eles. (pronome relativo)
   (04) Não pense, nem por um instante, *que* você possa estar na mesma turma. (conjunção integrante)
   (08) ... mais cedo ou mais tarde, vai ficar claro *que* a aproximação chega só até um certo ponto. (conjunção integrante)

**Texto para a próxima questão.**

## Filme-enigma de Christopher Nolan gera discussões sobre significado e citações ocultas ou óbvias em sua trama onírica

Certa vez o sábio taoísta Chuang Tzu sonhou que era uma borboleta. Ao acordar, entretanto, ele não sabia mais se era um homem que sonhara ser uma borboleta ou uma borboleta que agora sonhava ser um homem.

Será que Dom Cobb está sonhando? Será que a vida real é esta mesma ou somos nós que sonhamos?

Alguns podem ir ao cinema para assistir "A Origem", de Christopher Nolan ("Batman – O Cavaleiro das Trevas") e achar tão chato que vão sonhar de verdade, dormindo na fase de sono REM.

Mas outros estão sonhando acordados. Em *blogs*, *sites* e grupos de discussão, os já fanáticos pelo filme de Nolan apontam referências (de mitologia grega), veem citações (de "Lost"), tecem teorias malucas e conspiratórias (o sonho dentro do sonho).

Alguns acusam o diretor de copiar filmes os mais variados, de "Blade Runner" (1982) a "eXistenZ" (1999), de se inspirar em "2001 – Uma Odisseia no Espaço" (1968) e até de roubar a ideia de um quadrinho do Tio Patinhas de 2002.

O fato é que Nolan acertou o alvo. E ele sabia do potencial "nerdístico" de seu filme. Tanto é que cogitou mudar a canção que toca no filme todo, "Non, Je Ne Regrette Rien", com Edith Piaf, porque uma das atrizes escaladas, Marion Cotillard, havia vivido a cantora francesa em um filme de 2007.

(...)

Além da música, uma boa diversão de "A Origem" é identificar os objetos impossíveis deixados por Nolan ao longo do filme. A escada de Penrose, criada pelo psiquiatra britânico Lionel Penrose, aparece diversas vezes na tela – e também inspirou o quadro que tenta explicar facetas do longa.

Melhor ir ver o filme e não pensar em escadas... No que você está pensando agora?

(http://www1.folha.uol.com.br/fsp/ilustrad/fq1908201010.htm)

3. (Insper-SP) Em "O fato é que Nolan acertou o alvo", o "que" exerce a função de

a) conjunção integrante, pois introduz uma oração subordinada substantiva.
b) pronome relativo, pois introduz uma oração subordinada adjetiva.
c) partícula expletiva, pois, tendo apenas o objetivo de realçar uma ideia, não exerce função sintática.
d) advérbio de intensidade, pois atribui uma circunstância ao verbo "acertar".
e) preposição, pois relaciona o verbo "ser" à oração subordinada substantiva.

**Texto para a próxima questão.**

[1]Por favor, não me tome por um cético. As evidências me deixam totalmente convencido de que as mudanças climáticas são reais e graves. Dos 12 anos mais quentes de que se tem notícia, 11 ocorreram desde 1995. Houve um aumento de temperatura de 0,74 grau Celsius no século passado. (Se isso parece pouco, lembre-se de que a diferença de temperatura entre a era glacial e hoje é de 5 graus.) A concentração dos gases que provocam o efeito estufa na atmosfera aumentou drasticamente desde a Revolução Industrial. O metano dobrou e os níveis de gás carbônico subiram 30% desde 1750. O recente relatório do Painel Intergovernamental sobre Mudanças Climáticas prevê que até 2100 as temperaturas terão subido entre 1,1 grau e 6,4 graus. Como resultado, o nível do mar deverá subir entre 18 centímetros e 59 centímetros. O problema é que, aceitando-se todos esses fatos e teorias sobre o aquecimento global, é difícil ver qualquer reação que possa evitá-lo.

[2]Os gases que estão provocando o aquecimento da Terra vêm se acumulando há centenas de anos. Não vão desaparecer facilmente. Mesmo se o mundo aderir aos planos mais ambiciosos de combate à mudança climática, segundo a maioria dos cientistas, [3]a concentração de gases que provocam o efeito estufa continuará a elevar-se por décadas. O aquecimento global já está inscrito no futuro da Terra.

Para manter esses gases nos níveis atuais, seria preciso cortar a emissão de gás carbônico em 60%. Tendo em vista a tecnologia disponível, seria necessário cortar a atividade industrial mundial em uma escala que faria a crise de 1929 parecer pequena. [4]Na verdade, é quase certo que haverá uma emissão de carbono consideravelmente maior. A maioria dos estudos prevê que o consumo de energia no mundo vai dobrar até 2050. Boa parte vai acontecer na China e na Índia. Esses dois países estão construindo 650 usinas termelétricas. A emissão de $CO_2$ delas todas será cinco vezes maior que a economia que o acordo assinado em 1997 em Kyoto obteria se todos os países ocidentais tivessem aderido a suas metas, o que não ocorreu.

Exponho esses fatos não para incentivar fatalismo ou condescendência. Não termos começado a parar de usar combustíveis "sujos" é escandaloso. Mas, mesmo se tivéssemos, a Terra ainda sofreria um aquecimento considerável nas próximas décadas. Então, além de nossos esforços para evitar e atenuar as mudanças climáticas, precisamos pôr em prática outra estratégia: adaptação.

Ninguém gosta de falar disso porque parece derrotismo. Mas o resultado é que, enquanto debatemos, estamos despreparados para lidar com as consequências do aquecimento. Seja ou não a emissão de $CO_2$ a responsável, podemos ver que o nível do mar está subindo. O que faremos?

Em setembro do ano passado, a presidente da Associação Britânica pelo Avanço da Ciência, Frances Cairncross, pediu que se começasse essa discussão. [5]"Precisamos pensar em políticas para nos preparar para um mundo mais quente e mais seco, sobretudo nos países pobres", disse. "Isso pode demandar, por exemplo, novos cultivos, barragens contra enchentes, novas normas para construção perto do nível do mar." Ao contrário dos planos para a diminuição do aquecimento global, que demandam um esforço internacional enorme e simultâneo, as estratégias de adaptação podem ser levadas a cabo individualmente por países, Estados, cidades ou localidades.

Muitos defensores do meio ambiente temem que falar sobre enfrentar o aquecimento global atrapalhe os esforços para diminuí-lo. Na verdade, não temos outra saída além de fazer os dois. O crucial é parar de falar e começar a agir.

Fareed Zakaria. *Época*, 19 de fevereiro de 2007.

4. (UFU-MG) Observe os trechos a seguir.

1) Por favor, não me tome por um cético. As evidências me deixam totalmente convencido de que as mudanças climáticas são reais e graves. (ref. 1)
2) Os gases que estão provocando o aquecimento da Terra vêm se acumulando há centenas de anos. Não vão desaparecer facilmente. (ref. 2)
3) [...] a concentração de gases que provocam o efeito estufa continuará a elevar-se por décadas. O aquecimento global já está inscrito no futuro da Terra. (ref. 3)
4) Na verdade, é quase certo que haverá uma emissão de carbono consideravelmente maior. A maioria dos estudos prevê que o consumo de energia no mundo vai dobrar até 2050. (ref. 4)

a) Escreva a conjunção que pode substituir o ponto final entre os períodos em cada um dos itens, sem alteração do sentido e da ordem.
b) Descreva a relação que as conjunções ajudam a estabelecer em cada item.

5. (ITA-SP)

O projeto Montanha Limpa, desenvolvido desde 1992, por meio da parceria entre o Parque Nacional de Itatiaia e a DuPont, visa amenizar os problemas causados pela poluição em forma de lixo deixado por visitantes desatentos.

(Folheto do Projeto Montanha Limpa do Parque Nacional de Itatiaia.)

A preposição que indica que o Projeto Montanha Limpa continua até a publicação do Folheto é

a) entre.
b) por (por visitantes).
c) em.
d) por (pela poluição).
e) desde.

6. (UFRGS-RS)

Analise as afirmações a seguir acerca do segundo quadro da tira.

I. Quando em sua forma preposicionada, a expressão "estar a fim" é equivalente à expressão "estar disposto a".
II. No uso culto, a expressão "estar a fim" pode ser usada com qualquer preposição da Língua Portuguesa.
III. O uso da expressão "estar a fim", sem a preposição "de", é típico do registro coloquial.

Quais estão corretas?

a) Apenas I.
b) Apenas II.
c) Apenas I e III.
d) Apenas II e III.
e) I, II e III.

7. (Fuvest-SP)

No final da Guerra Civil americana, o ex-coronel ianque (...) sai à caça do soldado desertor que realizou assalto a trem com confederados.

["O Estado de S. Paulo", 15/09/95]

O uso da preposição 'com' permite diferentes interpretações da frase anterior.

a) Reescreva-a de duas maneiras diversas, de modo que haja um sentido diferente em cada uma.
b) Indique, para cada uma das redações, a noção expressa pela preposição 'com'.

**Texto para a próxima questão.**

## O que faz você feliz?

A lua, a praia, o mar
A rua, a saia, amar...
Um doce, uma dança, um beijo,
Ou é a goiabada com queijo?

Afinal, o que faz você feliz?

Chocolate, paixão, dormir cedo, acordar tarde,
Arroz com feijão, matar a saudade...

O aumento, a casa, o carro que você sempre quis
Ou são os sonhos que te fazem feliz?

Um filme, um dia, uma semana
Um bem, um biquíni, a grama...
Dormir na rede, matar a sede, ler...
Ou viver um romance? O que faz você feliz?

Um lápis, uma letra, uma conversa boa
Um cafuné, café com leite, rir à toa,
Um pássaro, ser dono do seu nariz...
Ou será um choro que te faz feliz?

A causa, a pausa, o sorvete,
Sentir o vento, esquecer o tempo,
O sal, o sol, um som
O ar, a pessoa ou o lugar?

Agora me diz,
O que faz você feliz?

(Anúncio publicitário do Grupo Pão de Açúcar, veiculado na Revista *VEJA*, edição de 21 de março de 2007)

**8.** (Fatec-SP) Os versos finais de quatro das estrofes começam com a conjunção "ou"; o sentido dela, nos quatro versos em questão, pode ser mais bem descrito como

a) ênfase, destacando cada oração.
b) explicação, equivalente a "isto é".
c) consequência das causas precedentes.
d) alternância ou exclusão.
e) dúvida ou conclusão.

**9.** (Ufal) Assinale a alternativa em que o emprego da crase NÃO está correto.

a) É justa a alusão feita às determinações do diretor.
b) Ele age às escondidas, quando outros agem às claras.
c) Refiro-me à várias questões propostas pelo professor.
d) Devido à chuva, não pudemos sair.
e) Os folhetos caíram às centenas das janelas do prédio.

**10.** (UFSM-RS) Avalie as duas frases que seguem:

I. Ela cheirava à flor de romã.
II. Ela cheirava a flor de romã.

Considerando o uso da crase, é correto afirmar:

(01) As duas frases estão escritas adequadamente, dependendo de um contexto.
(02) As duas frases são ambíguas em qualquer contexto.
(04) A primeira frase significa que alguém exalava o perfume da flor de romã.
(08) A segunda frase significa que alguém tem o perfume da flor de romã.
(16) O "a" da segunda frase deveria conter o acento indicativo da crase.

**Texto para a próxima questão.**

## Físico reconstrói o mapa do céu indígena

Um pesquisador do Paraná passou os últimos dez anos, a expensas próprias, reconstituindo as constelações conhecidas pelos povos indígenas do Brasil. O esforço começa a dar resultado agora, depois de sua aposentadoria.

Germano Affonso, professor titular de física da UFPR e doutor pela Universidade de Paris 6, descobriu que as principais constelações dos tupinambás, que habitavam a costa brasileira no século 16 e foram os primeiros a ter contato com os europeus, são comuns a diversas outras etnias do Brasil. São elas: Ema, Anta, Homem Velho e Veado.

As constelações indígenas, segundo ele, têm funções práticas semelhantes às das constelações ocidentais: marcar a passagem do tempo e as estações do ano e servir como pontos de orientação. No entanto são maiores, mais facilmente reconhecíveis e formadas não só a partir de estrelas, [1]como de manchas existentes na Via-Láctea (Caminho de Anta ou Caminho dos Espíritos, para os tupinambás). Ele conseguiu inventariar mais de cem constelações, ao passo que existem hoje 88 constelações indígenas distintas registradas oficialmente.

O resultado da pesquisa será apresentado hoje, em Recife. Affonso falará na conferência "Contribuições Nativas para o Conhecimento", às 15h.

Segundo o físico da UFPR, a ideia de remontar o mapa do céu dos índios começou com um relato do capuchinho francês Claude d'Abbeville, do século 17, que veio lhe cair nas mãos. Nele, o europeu citava constelações conhecidas pelos tupinambás do Maranhão. A Affonso chamou atenção o fato de os nomes dessas constelações serem muitas vezes os mesmos que grupos indígenas do Paraná usavam para descrever o céu.

Adaptado de: *Folha de S.Paulo*, 16 jul. 2003. Folha Ciência, p. A14.

**11.** (UFRGS-RS) A conjunção COMO (ref. 1) poderia ser substituída, sem prejuízo da correção e do significado da frase original, por

a) mas.
b) além.
c) e sim.
d) ainda.
e) nem.

### Funções dos sintagmas

Alguns sintagmas podem exercer diversas funções dentro da oração (sujeito, complemento verbal, predicativo, adjunto adnominal, etc.). Para determinar a função que um sintagma está exercendo, é preciso observar o relacionamento estabelecido com os outros elementos e sintagmas da oração e a posição que ocupa nela.

## SINTAGMAS PREPOSICIONADOS

Os **sintagmas preposicionados** são unidades de sentido que vêm introduzidas por preposição. Essas preposições desempenham um relevante papel na organização dos enunciados, já que relacionam dois sintagmas, tornando o que é introduzido por preposição dependente do outro, como ocorre nos casos em que um termo regente (verbo, substantivo, adjetivo, advérbio) exige um complemento. Além disso, as preposições introduzem sintagmas representados por locuções (adjetivas, adverbiais).

# REGÊNCIA

## REGÊNCIA VERBAL E NOMINAL

O estudo das relações entre o verbo e seu complemento ou entre o nome e seu complemento chama-se **regência**. Os verbos ou nomes que têm seu sentido complementado são chamados de **regentes** ou **subordinantes**; os complementos a eles ligados são chamados de **regidos** ou **subordinados**. Quando um verbo pede complemento, ocorre a **regência verbal**; quando um nome (substantivo, adjetivo, advérbio) pede complemento, ocorre a **regência nominal**.

### Expressões consagradas

Ora por eufonia – sonoridade agradável ao ouvido –, ora por associações de sentido – sentar na cadeira, sentar no chão, sentar na mesa –, algumas expressões consagradas contradizem a regência prescrita na gramática normativa e driblam o significado de algumas preposições.

# Exercícios

**Texto para a próxima questão.**

## A biotecnologia e a agricultura brasileira

Rick Greubel

A biotecnologia é um tema que está acima dos interesses de uma só empresa ou entidade, ao contrário do que dá a entender o artigo de João Pedro Stedile e Jean Marc von der Weid, publicado pela *Folha* anteontem neste espaço. Trata-se de um debate que envolve diversas companhias e instituições de pesquisas, além do governo e de vários setores da economia, incluindo agricultores, multiplicadores de sementes, exportadores, indústria de alimentos, cientistas e consumidores. Acreditamos que todos esses segmentos devam ser ouvidos e as decisões, tomadas com base em fatos, evidências científicas comprovadas, e não lastreadas em hipóteses, interpretações tendenciosas, princípios ou precauções ideológicos.

Nesse aspecto, centenas de cientistas e acadêmicos de todo o mundo, incluindo aqueles ligados a entidades respeitadas, como a Comissão Científica do Parlamento da União Europeia, a Organização Mundial da Saúde (OMS), a Organização das Nações Unidas para a Agricultura e Alimentação (FAO), e um relatório emitido por sete academias de ciências, entre as quais a Royal Society britânica, a Academia Nacional de Ciências da China, a Academia Nacional de Ciências dos Estados Unidos e a Academia Brasileira de Ciências, têm atestado a segurança alimentar dos produtos transgênicos hoje comercializados em diversos países.

A biotecnologia é uma ciência que tem sido desenvolvida e pesquisada por diversas universidades e empresas públicas e privadas ao longo dos últimos 20 anos nos Estados Unidos, no Japão, na Europa, na Índia, na China, no Brasil e em muitos outros países, beneficiando centenas e milhares de pequenos e grandes agricultores, multiplicadores de sementes, exportadores e toda a cadeia agrícola produtiva, que necessita de melhoramentos contínuos para acompanhar o crescimento populacional do mundo e a consequente necessidade de alimentos seguros sem uma devastação ainda maior do meio ambiente.

O emérito jurista, professor e doutor Miguel Reale, quando aborda o tema do paradigma fundamental, em seu parecer emitido em abril de 2000, publicado na *Revista dos Tribunais* (nº 789, julho de 2001), informa: "Quando tal fato se dá, há ainda reação ditada por múltiplos fatores, inclusive teológicos e emocionais, como aconteceu com Copérnico, ao alterar em 180° a ideia de circunvolução da Terra, com Galileu, ao enunciar a lei da inércia, com Newton, ao estabelecer o princípio da gravitação universal, alterando o sentido da física, ou com Darwin, ao estabelecer a regra de evolução dos organismos vivos...

É natural que, em tal conjuntura, haja assombro e protestos, exigindo-se maiores medidas de segurança a pretexto de nociva degradação do ambiente, mas não se pode exigir que a segurança seja absoluta, porquanto é próprio da ciência procurar paulatinamente soluções cada vez mais eficazes, sem deixar, no entanto, de, desde logo, tirar proveito das descobertas realizadas, com a possível precaução".

Dessa forma, fica claro que não devemos abrir mão dos avanços tecnológicos pelo simples medo do novo, mas, adotadas as medidas de segurança apropriadas, como têm feito todas as nações onde a biotecnologia já é uma realidade, inclusive o Brasil, devemos usufruir dos benefícios que ela nos proporciona, sob o risco de, em não o fazendo, ficarmos atrelados a uma estagnação no ciclo evolutivo, privando a população brasileira dos benefícios dos produtos desenvolvidos pela biotecnologia, como o arroz dourado, que contém mais betacaroteno e ajuda a combater a cegueira noturna, ou as plantas com vacinas, que podem ajudar a combater certas enfermidades e que já se estão tornando realidade e ajudando a humanidade a viver mais e melhor.

A adoção da biotecnologia tem oferecido aos pequenos agricultores de países como a Índia novas alternativas e soluções para o aumento de sua produtividade e rentabilidade, além da simplificação do manejo da lavoura, oferecendo-lhes uma melhor qualidade de vida.

Produtos com melhoramentos genéticos, como é o caso da soja Roundup Ready, da Monsanto, e outros desenvolvidos por diversas empresas, já vêm sendo consumidos por mais de 3 bilhões de pessoas em todo o mundo desde 1996. Nunca houve nenhum efeito nocivo à saúde ou ao meio ambiente relatado até hoje com o uso desses produtos.

Ao contrário do que a percepção nos leva a pensar, a Europa importa atualmente grandes volumes (comenta-se que seria mais da metade de seu consumo) de soja transgênica da Argentina e dos Estados Unidos, onde quase a totalidade da soja plantada é transgênica. Esse volume tem crescido nos últimos anos em decorrência da substituição da proteína animal pela de fonte vegetal por sua maior segurança para alimentar o gado após o evento chamado mal da vaca louca. Aliás, a "moratória", agora contestada pela Comissão do Parlamento Europeu, aos produtos geneticamente modificados se aplica apenas aos novos produtos – aqueles aprovados até 1998 estão liberados e são normalmente comercializados na União Europeia.

O que está em questão hoje é a aplicação de uma ferramenta tecnológica adicional, o aproveitamento dos avanços da ciência para o desenvolvimento da agricultura brasileira e o direito de escolha do agricultor.

Acreditamos no futuro e na força da agricultura nacional e continuaremos a dar nossa contribuição, como temos feito há mais de 50 anos, para que o Brasil ocupe sempre um lugar de destaque no cenário econômico mundial.

Rick Greubel, presidente da Monsanto do Brasil, é microbiologista pela Universidade de Missouri, Columbia (EUA).

(*Folha de S.Paulo*, 13 de fevereiro de 2003, A3)

1. (UEM-PR) A maneira como os verbos e os nomes se articulam com seus complementos, nas orações, denomina-se regência. Sobre a regência dos verbos e dos nomes destacados, assinale o que for adequado.
   01) Em "... NECESSITA de melhoramentos..." e em "... a consequente NECESSIDADE de alimentos..." (3º parágrafo), há, respectivamente, um verbo transitivo indireto e um substantivo que requer um complemento nominal regido por preposição.
   02) No 1º parágrafo, em "TRATA-SE de um debate...", a forma verbal destacada é um verbo de ligação.
   04) No 4º parágrafo, em "... como ACONTECEU com Copérnico...", a forma verbal destacada é um verbo transitivo direto.
   08) Em "... FICARMOS ATRELADOS a uma estagnação..." (6º parágrafo), estão destacados um verbo transitivo direto e seu objeto, que é um nome que não rege preposição.
   16) No 5º parágrafo, em "... porquanto É PRÓPRIO da ciência...", estão destacados um verbo de ligação e seu predicativo, que é um nome que rege um complemento com preposição.
   32) No 5º parágrafo, em "... TIRAR proveito DAS DESCOBERTAS...", estão destacados um verbo transitivo direto e um complemento nominal, regido de preposição pelo antecedente, o substantivo "proveito".

2. (FGV-SP) Assinale a alternativa em que os textos publicitários estão CORRETOS quanto à regência verbal, de acordo com a norma culta.
   a) Mitsubishi Pajero Sport
      Lembre-se de que é muito espaçoso.
      Não se esqueça que é um Pajero.
      Tudo o de que você precisa é minimizar riscos na sua carteira de ações.
      RiscoOnline Theca
   b) Mitsubishi Pajero Sport
      Lembre de que é muito espaçoso.
      Não esqueça de que é um Pajero.
      Tudo o de que você precisa é minimizar riscos na sua carteira de ações.
      RiscoOnline Theca
   c) Mitsubishi Pajero Sport
      Lembre de que é muito espaçoso.
      Não se esqueça que é um Pajero.
      Tudo o que você precisa é minimizar riscos na sua carteira de ações.
      RiscoOnline Theca
   d) Mitsubishi Pajero Sport
      Lembre-se que é muito espaçoso.
      Não esqueça de que é um Pajero.
      Tudo o que você precisa é minimizar riscos na sua carteira de ações.
      RiscoOnline Theca
   e) Mitsubishi Pajero Sport
      Lembre-se de que é muito espaçoso.
      Não se esqueça de que é um Pajero.
      Tudo o de que você precisa é minimizar riscos na sua carteira de ações.
      RiscoOnline Theca

**Texto para a próxima questão.**

A velha Sinhá não sabia mesmo o que se passava com o seu marido. Fora ele sempre de muito gênio, de palavras duras, de poucos agrados. Agora, porém, mudara de maneira esquisita. Via-o vociferar, crescer a voz para tudo, até para os bichos, até para as árvores. Não podia ser velhice, a idade abrandava o coração dos homens. Pobre da Marta que o pai não podia ver que não viesse com palavras de magoar até as pedras. Por ela não, que era um resto de gente só esperando a morte. Mas não podia se conformar com a sorte de sua filha. O que teria ela de menos que as outras? Não era uma moça feia, não era uma moça de fazer vergonha. E no entanto nunca apareceu rapaz algum que se engraçasse dela. Era triste, lá isso era. Desde pequena via aquela menina quieta para um canto e pensava que aquilo fosse até vantagem. A sua comadre Adriana lhe chamava a atenção:

– Comadre, esta menina precisa ter mais vida.

Não fazia questão. Moça era para viver dentro de casa, dar-se a respeito. E Marta foi crescendo e não mudou de gênio. Botara na escola do Pilar, aprendeu a ler, tinha um bom talhe de letra, sabia fazer o seu bordado, tirar o seu molde, coser um vestido. E não havia rapaz que parasse para puxar uma conversa. Havia moças mais feias, mais sem jeito, casadas desde que se puseram em ponto de casamento. Estava com mais de trinta anos e agora aparecera-lhe aquele nervoso, uma vontade desesperada de chorar que lhe metia medo. Coitada da filha. E depois ainda por cima o pai nem podia olhar para ela. Vinha com gritos, com despropósitos, com implicâncias. O que sucederia à sua filha, por que Deus não lhe dera uma sina mais branda?, pensava assim a velha Sinhá enquanto na tenda o mestre José Amaro batia sola. Aquele ofício era doentio.

(José Lins do Rego, *Fogo morto*.)

3. (Fatec-SP) Substituindo-se os termos destacados em – Nunca APARECEU rapaz nenhum que SE ENGRAÇASSE dela –, assinale a alternativa na qual a regência nominal e/ou verbal se apresenta de acordo com a norma culta.

a) Nunca surgiu rapaz nenhum que com ela se encantasse.

b) Nunca soube de rapaz nenhum que se interessasse dela.

c) Nunca ouviu falar sobre rapaz nenhum que lhe admirasse.

d) Nunca a apresentaram rapaz nenhum que lhe amasse.

e) Nunca conheceu a rapaz algum que namorasse com ela.

4. (UFPE) Observe os enunciados a seguir quanto à regência verbal.

1) Ao rei, os relatos da viagem informaram-lhe as novas descobertas.

2) Os conhecimentos marítimos em que os europeus confiavam estão ultrapassados.

3) Para os índios, o tempo se divide em AB ("antes do branco") e DB ("depois do branco"), marca que os lembra a usurpação de sua terra.

4) As comemorações dos 500 anos pouco aludem a quase total extinção das línguas indígenas.

Estão corretos apenas:

a) 1 e 2
b) 1, 2 e 3
c) 2 e 3
d) 2, 3 e 4
e) 3 e 4

**Texto para a próxima questão.**

## A literatura nos ajuda a construir nossa identidade

Ainda que nasça e morra só, o indivíduo tem a sua existência marcada pela coletividade de que faz parte e que funciona segundo "leis" e "regras" preestabelecidas. Um dos primeiros desafios a serem enfrentados pelo ser humano é compreender que leis e regras são essas, decidir quais delas deve seguir e quais precisam ser questionadas de modo a permitir que sua jornada individual tenha identidade própria.

Nos textos literários, de certo modo, entramos em contato com a nossa história, o que nos dá a chance de compreender melhor nosso tempo, nossa trajetória. O interessante, porém, é que essa "história" coletiva é recriada por meio das histórias individuais, das inúmeras personagens presentes nos textos que lemos, ou pelos poemas que nos tocam de alguma maneira. Como leitores, interagimos com o que lemos. Somos tocados pelas experiências de leituras que, muitas vezes, evocam nossas vivências pessoais e nos ajudam a refletir sobre nossa identidade e também a construí-la.

Como toda manifestação artística, a literatura acompanha a trajetória humana e, por meio de palavras, constrói mundos familiares – em que pessoas semelhantes a nós vivem problemas idênticos – e mundos fantásticos, povoados por seres imaginários, cuja existência é garantida somente por meio das palavras que lhes dão vida. Também exprime, pela criação poética, reflexões e emoções que parecem ser tão nossas quanto de quem as registrou.

Por meio da convivência com poemas e histórias que traçam tantos e diversos destinos, a literatura acaba por nos oferecer possibilidades de resposta a indagações comuns a todos os seres humanos.

Além disso, em diferentes momentos da história humana, a literatura teve um papel fundamental: o de denunciar a realidade, sobretudo quando setores da sociedade tentam ocultá-la. Foi o que ocorreu, por exemplo, durante o período do regime militar no Brasil. Naquele momento, inúmeros escritores arriscaram a própria vida para denunciar, em suas obras, a violência que tornava a existência uma aventura arriscada. A leitura dessas obras, mesmo que vivamos em uma sociedade democrática e livre, nos ensina a valorizar nossos direitos individuais, nos ajuda a desenvolver uma melhor consciência política e social. Em resumo, a literatura permite também que olhemos para a nossa história e, conhecendo algumas de suas passagens, busquemos construir um futuro melhor.

(Maria Luiza M. Abaurre; Marcela Pontara. *Literatura Brasileira – tempos leitores e leituras. Ensino Médio.* São Paulo: Moderna, 2005, pp. 10-11. Adaptado.)

5. (Uespi) Analise como se fez a regência dos verbos no seguinte trecho: "a literatura acompanha a trajetória humana e, por meio de palavras, constrói mundos familiares – em que pessoas semelhantes a nós vivem problemas idênticos". Também estaria correta a regência dos verbos na alternativa:

a) A literatura acompanha à trajetória humana e, por meio de palavras, constrói mundos familiares – a que pessoas semelhantes a nós vivem problemas idênticos.

b) A literatura acompanha a trajetória humana e, por meio de palavras, constrói aos mundos familiares – do qual pessoas semelhantes a nós vivem problemas idênticos.

c) A literatura acompanha a trajetória humana e, por meio de palavras, constrói mundos familiares – aos quais pessoas semelhantes a nós vivem problemas idênticos.

d) A literatura acompanha a trajetória humana e, por meio de palavras, constrói mundos familiares – nos quais pessoas semelhantes a nós vivem problemas idênticos.

e) A literatura acompanha à trajetória humana e, por meio de palavras, constrói mundos familiares – aonde pessoas semelhantes a nós vivem problemas idênticos.

6. (Unifesp) Considere o texto e analise as três afirmações seguintes.

(www.tvcultura.com.br. Adaptado.)

I. A frase "Toda criança deve ser assistida quanto ao seu direito à atenção e ao carinho dos adultos" está correta quanto aos sentidos propostos no texto e também quanto à regência.

II. Deve-se interpretar a referência do pronome "você" como "criança", conforme sugerido pelo título do texto.

III. As duas orações que compõem as perguntas estabelecem entre si relação de adversidade.

Está correto apenas o que se afirma em

a) I.
b) II.
c) III.
d) I e II.
e) II e III.

**Texto para a próxima questão.**

## Do jeito que eu quero ser

Os *sites* que abrem portas para mundos virtuais em três dimensões, como o *Second Life* ou o do jogo *Star Wars Galaxies*, são um dos grandes sucessos atuais da internet. Não é para menos. Eles tornam corriqueira e divertida uma prática que a psicanálise há tempos detectou ser comum a todos os seres humanos – a de projetar uma imagem ideal de si mesmo através de outras pessoas. É o que se faz, por exemplo, quando se pensa em ganhar na loteria e levar uma vida igual à dos milionários que aparecem nas revistas. Na internet, essa projeção de si próprio se chama *avatar* e não existe apenas na mente de cada um. Ela se materializa nos personagens criados para participar dos mundos virtuais. No mundo dos *avatares* não existe a baixa autoestima. Todo mundo pode ser forte, atraente e dono de grandes habilidades sociais. É possível também se transmutar num personagem de desenho animado. Pode-se até mudar de sexo. Apenas no *Second Life*, perto de 9 milhões de *avatares* já foram inventados em todo o mundo. Os criadores dos personagens permanecem sentados à frente de seus computadores, mas suas criaturas ganham o mundo, lutam em guerras, eliminam monstros ou simplesmente namoram nas ruas de cidades imaginárias – mas bem reais na tela do monitor.

(*Veja Especial* – Tecnologia, agosto, 2007, p. 18)

7. (Fatec-SP) Assinale a alternativa em que é observada a norma culta de concordância, regência e emprego de pronomes.

a) Há uma porta para um mundo virtual, o qual os internautas gostam e nele vive uma vida paralela.
b) Pode existir mundos povoados por avatares, os quais não é permitido a baixa autoestima.
c) Trata-se de verdadeiras materializações de imagens projetadas, as quais se encontram fora da mente das pessoas; chamam-nas de avatares.
d) A psicanálise detectou, fazem muitos anos, a essa prática, cuja é comum à várias pessoas.
e) É possível haverem pessoas que aspiram ser fortes e atraentes ou, até, personagem de desenho animado.

8. (ESPM-SP) Embora de ocorrência frequente no cotidiano, a gramática normativa não aceita o uso do mesmo complemento para verbos com REGÊNCIAS DIFERENTES. Esse tipo de transgressão só NÃO ocorre na frase:

a) "Pode-se concordar ou discordar, até radicalmente, de toda a política externa brasileira." (Clóvis Rossi)
b) "Educador é todo aquele que confere e convive com esses conhecimentos." (J. Carlos de Sousa)
c) Vi e gostei muito do filme "O Jardineiro Fiel", cujo diretor é um brasileiro.
d) A sociedade brasileira quer a paz, anseia por ela e a ela aspira.
e) Interessei-me e desinteressei-me pelo assunto quase que simultaneamente.

**Texto para a próxima questão.**

Partimo-nos assim do santo templo
Que nas praias do mar está assentado,
Que o nome tem da terra, para exemplo,
Donde Deus foi em carne ao mundo dado.
Certifico-te, ó Rei, que se contemplo
Como fui destas praias apartado,
Cheio dentro de dúvida e receio,
Que a penas nos meus olhos ponho o freio.

(Camões, *Os Lusíadas*, Canto 4º – 87.)

9. (Ufscar-SP) Nessa estrofe, há um verbo empregado com uma regência diferente da que se usa nos dias de hoje, no português do Brasil.

a) Identifique essa construção.
b) Redija uma frase com esse mesmo verbo, utilizando a sua regência atual.

## PERÍODO SIMPLES E PERÍODO COMPOSTO

Período é a frase constituída por uma ou mais orações, formando um todo com sentido completo. O **período simples** é formado por apenas uma oração (chamada oração absoluta); o **período composto** é constituído de duas ou mais orações.

Conforme a relação estabelecida entre as orações que constituem um período composto, ele pode ser **composto por coordenação**, **por subordinação** ou **por coordenação e subordinação**.

# A COORDENAÇÃO

## PERÍODO COMPOSTO POR COORDENAÇÃO

Quando a relação que se estabelece entre duas orações é semântica e elas estão justapostas, coordenadas, não existindo subordinação sintática entre elas, chamamos o período de **composto por coordenação**.

### Coordenadas assindéticas

Quando a coordenação entre duas ou mais orações é feita por simples justaposição, sem o emprego de uma conjunção, as **orações coordenadas** são chamadas de **assindéticas**.

As orações coordenadas assindéticas não comportam classificação, embora seja possível perceber diferentes relações semânticas entre elas.

### Polissíndeto

**Polissíndeto** (*poli-* = muitos, diversos) é uma figura de sintaxe caracterizada pela repetição das conjunções, notadamente das aditivas. **Assíndeto** (*a-* = indica ausência) é uma figura de sintaxe caracterizada pela ausência, omissão das conjunções coordenativas.

### Coordenadas sindéticas

A coordenação entre duas ou mais orações também pode ser feita por meio de uma conjunção. Nesse caso, a **oração coordenada** é **sindética**.

As orações sindéticas, dependendo da relação semântica que as une, classificam-se em: **aditivas**, **adversativas**, **alternativas**, **conclusivas** e **explicativas**. Essa relação semântica vem, geralmente, explicitada pela conjunção que as introduz.

# Exercícios

1. (UFMG) Leia estes trechos, atentando para os conectivos neles destacados:

*Trecho 1*

Ouvimos o ferrolho da porta que dava para o corredor interno; era a mãe que abria. Eu, **uma vez que** digo tudo, digo aqui que não tive tempo de soltar as mãos da minha amiga...

MACHADO DE ASSIS, J. M. *Dom Casmurro.* São Paulo: Globo. 1997. p. 67.

*Trecho 2*

Fomos jantar com a minha velha. Já lhe podia chamar assim, **posto que** os seus cabelos brancos não o fossem todos nem totalmente; e o rosto estivesse comparativamente fresco...

MACHADO DE ASSIS, J. M. *Dom Casmurro,* São Paulo: Globo, 1997. p. 165.

a) Reescreva cada um desses trechos, substituindo o conectivo destacado por outro de igual valor e fazendo as adaptações necessárias.

b) Explicite o tipo de relação que cada um desses conectivos estabelece entre as orações, nos trechos em que estão empregados.

**Texto para a próxima questão.**

## O que sonhei ser e não fui

Aos sete anos, projetava que minha vida estaria resolvida aos 37. Administraria somente a felicidade. Dei o prazo de três décadas para não me preocupar. Talvez o paraíso naquela época fosse cabular temas, não ir à escola, muito menos ser submetido às provas. Não mirabolava encargos, superações e dificuldades. Até porque a vida adulta é distante, uma velhice para criança.

Recordo a atmosfera do que imaginava. A sensação de alívio do futuro. A felicidade seria estável e permanente. Era uma fórmula que deveria encontrar e adotá-la no restante dos dias. Algo como a receita de galinha recheada da avó.

Uma vez feito o prato, ele se repetiria eternamente. Não enxergava o estado provisório e fugaz do sentimento, um clarão que nos ajuda a suportar depois o escuro. Hoje entendo que a felicidade é rara, relampeia, olhamos onde estão nossas coisas e seguimos tateando com mais facilidade.

Não sou sinônimo de sucesso. Moro provisoriamente na residência materna, tenho duas separações, sequer possuo algum imóvel. Deixei duas vidas, duas casas, tudo que construí e acumulei ficou para trás. Caso não tivesse me divorciado, estaria confortável e poderia investir na Bolsa de Valores. Guardo a biblioteca em centenas de caixas na garagem, não há como consultar os livros. Os rendimentos são subjetivos, provados pelos extratos bancários.

Mas não pretendo ser diferente, não entrarei no apartamento de amigos ricos e fingirei igualdade. Não peço emprestados outros mundos para aliviar o meu. Estou contaminado das manias para mudar.

Apesar da fragilidade, não me coloco como um coitado, uma vítima de decisões erradas. A cada mês, sou obrigado a inventar um salário. É assustador e delicioso. Eu perco meu emprego todos os dias. Enviúvo compromissos e caso com expectativas. A rotina não é interrompida por finais de semana. Domingo e terça-feira são iguais. Não me formei em medicina para justificar plantões, ocupo a família com minhas desocupações.

Espumo águas paradas. Qualquer desastre não é trágico. Qualquer desmemória não é o fim. Sou rápido o suficiente para me digitar de novo. Desde o início. Não desmereço as frases porque já foram escritas.

Os filhos não se acostumaram com a atmosfera instável, acham que sofro à toa e que me alegro ainda mais à toa. A namorada tenta esclarecer as extravagâncias. Na casa dela, não consigo relaxar. Passo aspirador, lustro mesas, lavo a louça e dobro as roupas para brincar que é minha casa. Ela enlouquece, mas sua ternura atrapalha a raiva. Sinto saudade de varrer a rua. Saudade não é arrependimento.

Há gente que se gaba em dizer que cumpriu o sonho dos sete anos. Seguiram à risca a ambição de pequenos.

Eu fico com dó da coerência. Desse jogador de futebol que não admitiu a confusão vocacional. Dessa bailarina que não desobedeceu ao contexto. Desse cantor que não reparou na encruzilhada.

Nossa cultura valoriza demais o planejamento. Como se a linha reta fosse uma virtude.

Eu não fui o que minha infância traçou. Aquilo era fantasia. O que sei fazer é recomeçar e frustrar condicionamentos.

Para um escritor, seria uma enorme falta de criatividade ser o que imaginei quando criança.

(CARPINEJAR, Fabrício. *Mulher perdigueira: crônicas.* Rio de Janeiro: Bertrand Brasil, 2010.)

2. (UFRJ) Na elaboração de um texto, é possível explorar os mecanismos da coordenação e da subordinação na estruturação discursiva com o intuito de conferir vigor à expressão.
Explique de que modo a estruturação do sétimo e do décimo parágrafos da crônica de Fabrício Carpinejar, transcritos a seguir, está em sintonia com o conteúdo.

(7º parágrafo)

"Espumo águas paradas. Qualquer desastre não é trágico. Qualquer desmemória não é o fim. Sou rápido o suficiente para me digitar de novo. Desde o início. Não desmereço as frases porque já foram escritas."

(10º parágrafo)

"Eu fico com dó da coerência. Desse jogador de futebol que não admitiu a confusão vocacional. Dessa bailarina que não desobedeceu ao contexto. Desse cantor que não reparou na encruzilhada."

**Texto para a próxima questão.**

(...) Um poeta dizia que o menino é o pai do homem. Se isto é verdade, vejamos alguns lineamentos do menino.

Desde os cinco anos merecera eu a alcunha de "menino diabo"; e verdadeiramente não era outra coisa; fui dos mais malignos do meu tempo, arguto, indiscreto, traquinas e voluntarioso. Por exemplo, um dia quebrei a cabeça de uma escrava, porque me negara uma colher do doce de coco que estava fazendo, e, não contente com o malefício, deitei um punhado de cinza ao tacho, e, não satisfeito da travessura, fui dizer à minha mãe que a escrava é que estragara o doce "por pirraça"; e eu tinha apenas seis anos. Prudêncio, um moleque de casa, era o meu cavalo de todos os dias; punha as mãos no chão, recebia um cordel nos queixos, à guisa de freio, eu trepava-lhe ao dorso, com uma varinha na mão, fustigava-o, dava mil voltas a um e outro lado, e ele obedecia, – algumas vezes gemendo – mas obedecia sem dizer palavra, ou, quando muito, um – "ai, nhonhô!" – ao que eu retorquia: "Cala a boca, besta!" – Esconder os chapéus das visitas, deitar rabos de papel a pessoas graves, puxar pelo rabicho das cabeleiras, dar beliscões nos braços das matronas, e outras muitas façanhas deste jaez, eram mostras de um gênio indócil, mas devo crer que eram também expressões de um espírito robusto, porque meu pai tinha-me em grande admiração; e se às vezes me repreendia, à vista de gente, fazia-o por simples formalidade: em particular dava-me beijos.

Não se conclua daqui que eu levasse todo o resto da minha vida a quebrar a cabeça dos outros nem a esconder-lhes os chapéus; mas opiniático, egoísta e algo contemptor dos homens, isso fui; se não passei o tempo a esconder-lhes os chapéus, alguma vez lhes puxei pelo rabicho das cabeleiras.

(Machado de Assis. *Memórias póstumas de Brás Cubas.*)

**3.** (Unifesp) Para reforçar a caracterização do "menino diabo" atribuída ao narrador, é utilizado principalmente o seguinte recurso estilístico:

a) amplo uso de metáforas que se reportam aos comportamentos negativos do menino.

b) seleção lexical que emprega muitos vocábulos raros à época, particularmente os adjetivos.

c) recurso frequente ao discurso direto para exemplificar as traquinagens do garoto.

d) utilização recorrente de orações coordenadas sindéticas aditivas.

e) emprego significativo de orações subordinadas adjetivas restritivas.

**Texto para a próxima questão.**

A revista *Ciência Hoje* 28 teve como tema central o Projeto Genoma Humano. A seguir estão alguns trechos da reportagem que servem de base para a questão seguinte.

## Genoma decifrado, trabalho dobrado

Cinco anos antes do previsto, foi anunciado o término do sequenciamento do genoma humano. A corrida atrás da identificação de todos os genes do "Homo sapiens" envolveu laboratórios de 18 países, liderados por instituições dos Estados Unidos e do Reino Unido, e consumiu estimados US$ 3 bilhões, sem contar a injeção final de recursos, necessária para apressar o fim dessa primeira etapa e fazer frente a grupos privados que ameaçavam terminar antes a "façanha do século". Trata-se, sem dúvida, de uma primeira etapa, porque o Projeto Genoma Humano representa, na verdade, apenas uma enorme base de dados, que os cientistas precisam entender em detalhe para um dia chegar a manipulá-los. Para os geneticistas, há trabalho para mais de um século de pesquisa.

O sequenciamento, a identificação e a interpretação de genes já vinham sendo feitos há mais de 10 anos, mas em ritmo considerado lento diante das possibilidades abertas com o desenvolvimento de equipamentos que amplificam o DNA e leem milhares de sequências genéticas ao mesmo tempo. A criação do Projeto Genoma Humano visou financiar o uso dessa tecnologia e "acelerar e antecipar em décadas os achados que, de um jeito ou de outro, seriam realizados", diz a geneticista Maria Rita Passos Bueno, da Universidade de São Paulo (USP). Muitos resultados são imprevisíveis, mas os dados já obtidos, diz a pesquisadora, "sem dúvida permitirão um desenvolvimento extraordinário, tanto na medicina e na biotecnologia quanto na bioinformática" – essa nova área vem se desenvolvendo em função da necessidade de análise de toda a informação biológica que está sendo gerada.

Vários pesquisadores analisaram os possíveis desdobramentos dessa descoberta. Destacamos, por exemplo, a seguinte declaração de Ronald M. Green, diretor do Dartmouth College (USA).

"São três os principais benefícios trazidos pelo sequenciamento do genoma humano para a área médica: 1) aperfeiçoar o diagnóstico de doenças, incluindo os distúrbios hereditários conhecidos e muitas condições geneticamente influenciadas, como a hipertensão e diversos cânceres; 2) aprimorar o tratamento, com o desenvolvimento de drogas que seriam elaboradas sob medida (de acordo com as características genéticas do paciente) para maximizar sua eficácia e reduzir sua toxicidade; e 3) desenvolver intervenções diretas no DNA (terapias gênicas), para corrigir 'falhas' genéticas associadas às doenças."

(*CIÊNCIA HOJE*, nº 28, nov. 2000. p. 22-3.)

**4.** (UEL-PR) "Muitos resultados são imprevisíveis, MAS os dados já obtidos, diz a pesquisadora, 'sem dúvida permitirão um desenvolvimento extraordinário, TANTO na medicina e na biotecnologia QUANTO na bioinformática'."

Os conectivos em maiúsculo podem ser substituídos, sem alteração do significado, respectivamente, por:

a) porém – não só – mas também
b) entretanto – ora – ora
c) portanto – não só – mas também
d) porque – seja – seja
e) contudo – ora – ora

**Texto para a próxima questão.**

## A ilusão da neutralidade da ciência

Como a ciência se caracteriza pela separação e pela distinção entre o sujeito do conhecimento e o objeto; como a ciência se caracteriza por retirar dos objetos do conhecimento os elementos subjetivos; como os procedimentos científicos de observação, experimentação e interpretação procuram alcançar o objeto real ou o objeto construído como modelo aproximado do real; e, enfim, como os resultados obtidos por uma ciência não dependem da boa ou má vontade do cientista nem de suas paixões, estamos convencidos de que a ciência é neutra ou imparcial. Diz à razão o que as coisas são em si mesmas. Desinteressadamente.

Essa imagem da neutralidade científica é ilusória.

Quando o cientista escolhe uma certa definição de seu objeto, decide usar um determinado método e espera obter certos resultados, sua atividade não é neutra nem imparcial, mas feita por escolhas precisas. (...)

O racismo (por exemplo) não é apenas uma ideologia social e política. É também uma teoria que se pretende científica, apoiada em observações, dados e leis conseguidos com a biologia, a psicologia, a sociologia. É uma certa maneira de construir tais dados, de sorte a transformar diferenças étnicas e culturais em diferenças biológicas naturais imutáveis e separar os seres humanos em superiores e inferiores, dando aos primeiros justificativas para explorar, dominar e mesmo exterminar os segundos.

(Adaptado de CHAUI, Marilena. *Convite à Filosofia*. Rio de Janeiro: Ática, 1995.)

**5.** (Uerj) "O racismo não é apenas uma ideologia social e política. É também uma teoria que se pretende científica (...)"

O trecho acima contém dois períodos que, embora sejam sintaticamente independentes, estão unidos por uma certa relação de sentido.

Utilizando conectivos, reescreva este trecho em um só período composto por orações coordenadas, de modo que a relação de sentido seja mantida.

**Texto para a próxima questão.**

Inicialmente, deve-se estudar a sociedade no seu aspecto exterior. Considerada sob esse ângulo, aparece como formada por uma massa de população, com uma certa densidade, distribuída de uma certa maneira sobre o terreno, dispersada na zona rural ou concentrada nas cidades etc.; ocupa um território mais ou menos extenso, situado de tal ou qual maneira com referência aos oceanos e aos territórios dos povos vizinhos, cortado mais ou menos intensamente por cursos de água, por vias de comunicação de todos os tipos, que estabelecem uma relação mais frouxa ou mais íntima entre os habitantes. Este território, suas dimensões, sua configuração, a composição da população que se desloca sobre sua superfície são fatores naturalmente importantes da vida social; este é o substrato e, tal como no indivíduo a vida psíquica varia segundo a composição anatômica do cérebro que a sustém, os fenômenos coletivos variam segundo a constituição do substrato social. Existe portanto um lugar para uma ciência social que faça essa anatomia; e visto que esta ciência tem por objeto a forma exterior e material da sociedade, propomos chamá-la de MORFOLOGIA SOCIAL.

(*DURKHEIM*, p. 42. Organizador: José Albertino Rodrigues. Coordenador: Florestan Fernandes. São Paulo: Ática, 1993.)

**6.** (FGV-SP) Observe o seguinte fragmento do texto: "Existe portanto um lugar para uma ciência social que faça essa anatomia...".

Nele, há uma conjunção conclusiva que:

a) Por estar intercalada na oração, deveria ter-se apresentado entre vírgulas.
b) Por estar no início da oração, deveria ter-se apresentado entre vírgulas.
c) Deveria ter sido antecedida apenas de uma vírgula.
d) Deveria ter sido seguida apenas de uma vírgula.
e) Não deveria mesmo ter sido antecedida nem seguida de vírgula.

**7.** (Fuvest-SP) Considerando-se a relação lógica existente entre os dois segmentos dos provérbios adiante citados, o espaço pontilhado NÃO poderá ser corretamente preenchido pela conjunção MAS, apenas em:

a) Morre o homem, (...) fica a fama.
b) Reino com novo rei (...) povo com nova lei.
c) Por fora bela viola, (...) por dentro pão bolorento.
d) Amigos, amigos! (...) negócios à parte.
e) A palavra é de prata, (...) o silêncio é de ouro.

**Texto para a próxima questão.**

## Namorado: ter ou não, é uma questão

Quem não tem namorado é alguém que tirou férias não remuneradas de si mesmo. Namorado é a mais difícil das conquistas. Difícil porque namorado de verdade é muito raro. Necessita de adivinhação, de pele, de saliva, lágrima, nuvem, quindim, brisa ou filosofia.

Paquera, gabiru, flerte, caso, transa, envolvimento, até paixão é fácil. Mas namorado, mesmo, é muito difícil.

Namorado não precisa ser o mais bonito, mas aquele a quem se quer proteger e quando se chega ao lado dele a gente treme, sua frio e quase desmaia pedindo proteção. A proteção dele não precisa ser parruda, decidida, ou bandoleira: basta um olhar de compreensão ou mesmo de aflição.

Quem não tem namorado não é quem não tem um amor: é quem não sabe o gosto de namorar. Se você tem três pretendentes, dois paqueras, um envolvimento e dois amantes, mesmo assim pode não ter namorado. (...)

Não tem namorado quem não gosta de dormir agarrado, fazer sesta abraçado, fazer compra junto. Não tem namorado quem não gosta de falar do próprio amor, nem de ficar horas e horas olhando o mistério do outro dentro dos olhos dele, abobalhados de alegria pela lucidez do amor. Não tem namorado quem não redescobre a criança própria e a do amado e sai com ela para parques, fliperamas, beira d'água, *show* do Milton Nascimento, bosques enluarados, ruas de sonhos ou musical da Metro. (...)

Se você não tem namorado porque não descobriu que o amor é alegre e você vive pesando duzentos quilos de grilos e de medo, ponha a saia mais leve, aquela de chita, e passeie de mãos dadas com o ar. Enfeite-se com margaridas e ternuras e escove a alma com leves fricções de esperança. De alma escovada e coração estouvado, saia do quintal de si mesmo e descubra o próprio jardim. Acorde com gosto de caqui e sorria lírios para quem passe debaixo de sua janela. (...)

Se você não tem namorado é porque ainda não enlouqueceu aquele pouquinho necessário a fazer a vida parar e de repente parecer que faz sentido.

Enlou-cresça.

(ANDRADE, Carlos Drummond de. *Obra completa*. Rio, Aguilar, 1982.)

**8.** (UFRRJ) Em "... mas aquele a quem se quer proteger E quando se chega ao lado dele a gente treme ..." (par. 3), a conjunção destacada pode ser substituída, sem alteração de sentido, por

a) SE, já que impõe uma condição para a relação amorosa.

b) POIS, já que introduz uma justificativa para a inconstância do ser amoroso.

c) LOGO, já que o período demonstra a determinação do ser amoroso.

d) ENTRETANTO, já que o período mostra uma incoerência do ser amoroso.

e) COMO, já que introduz a descrição do comportamento do ser amoroso.

**Texto para a próxima questão.**

"O rápido desenvolvimento da engenharia genética está forçando uma reavaliação da questão do controle da pesquisa científica pelos órgãos legislativos. Este controle foi praticamente perdido durante a década de 70, quando as primeiras experiências envolvendo a manipulação explícita de genes foram desenvolvidas. O que existia antes, 'cruzar' animais ou plantas para criar novas raças ou híbridos, é coisa bem diferente, pois não envolve a manipulação direta dos genes. Todos sabem que cães e gatos são espécies diferentes e que não se misturam: entretanto, por meio da manipulação genética direta, essas duas espécies podem, em princípio, ser 'misturadas'.

Uma das técnicas mais comuns de manipulação genética é a passagem de genes de um organismo a outro usando vírus ou bactérias: os genes de um organismo são transplantados ao vírus, que, por sua vez, é implantado no organismo em que se deseja depositar o material genético. Esse organismo pode ser um peixe ou uma espécie de milho ou tomate. Com isso, os genes espalham-se pelo organismo, transformando seu material genético e, portanto, algumas de suas propriedades. Por exemplo, podem-se desenvolver espécies de milho resistentes a certos insetos que o usam como alimento, controlando geneticamente certas pragas agrícolas; ou um tipo de tomate que cresce mais rápido e é mais produtivo. Até aí tudo bem a ciência a serviço da população, como deveria ser. Podemos imaginar um futuro em que os alimentos modificados geneticamente irão solucionar um dos maiores problemas que afligem a humanidade, a fome. O dilema começa ao examinarmos os possíveis efeitos ambientais dos alimentos transgênicos.

Se microrganismos são usados como 'pontes' genéticas, transmitindo material de uma planta a outra ou de um animal a outro, como podemos nos certificar de que esse material não se espalhará para outras plantas ou animais? Para responder a essa questão, virologistas dos Institutos Nacionais de Saúde de (NIH) dos EUA desenvolveram experiência em que um gene causador de câncer em ratos foi transplantado para uma bactéria, que foi então implantada em outros animais, para observar se estes também desenvolveriam câncer. Em caso afirmativo, a experiência provaria que o câncer pode se tornar uma doença contagiosa por meio da manipulação genética. Os cientistas começaram errando, escolhendo uma bactéria frágil. Por quê? Porque eles não tinham nenhum interesse em comprovar os perigos da manipulação genética; existiam outros interesses em jogo – políticos, econômicos e também de controle da pesquisa científica. Mesmo assim, a bactéria infectou alguns animais com câncer, segundo os NIH. Esses resultados não foram publicados em jornais científicos, e o jornal 'The New York Times' anunciou, citando depoimento oficial dos NIH de 1979, que os 'riscos são menores do que o temido'. Caso encerrado!

Experiências recentes realizadas na Universidade de Cornell, nos EUA, mostraram que larvas da borboleta-monarca que se alimentam de plantas impregnadas com o pólen de um tipo de milho transgênico morrem em grandes quantidades. Ainda é cedo para saber como os resultados se manifestarão fora do laboratório, mas o perigo existe. A verdade é que ainda não temos comprovação científica de que a manipulação genética de alimentos e animais não poderá gerar efeitos danosos à nossa saúde ou ao equilíbrio ecológico. Não acredito que seja possível impedir o desenvolvimento da pesquisa genética. Também jamais sugeriria tal coisa, que me parece absurda; a ciência precisa ter liberdade para progredir e uma legislação proibindo certos tópicos de pesquisa é, na minha opinião, equivalente à censura de imprensa ou à repressão da opinião pública.

Por outro lado, essa liberdade só pode funcionar se submetida a intensa supervisão da comunidade científica, aliada a órgãos governamentais, livre de interesses econômicos que possam comprometer os resultados. Existem questões éticas sérias que precisam ser debatidas abertamente com a sociedade, desde a criação de alimentos transgênicos até a manipulação de genes humanos. O Brasil deve tomar sua própria iniciativa, desenvolvendo critérios e experiências que testem os efeitos da manipulação genética dentro de seus vários ecossistemas. Só assim poderemos transformar a manipulação genética em um dos maiores benefícios da ciência – e não em um monstro."

(Marcelo Gleiser, *Folha de S.Paulo*, 3 de setembro de 2000)

**9.** (UFU-MG) A conjunção OU nos fragmentos

"(...) transmitindo material de uma planta a outra OU de um animal a outro..." (par. 3)

"(...) ainda não temos comprovação científica de que a manipulação genética de alimentos e animais não poderá gerar efeitos danosos à nossa saúde OU ao equilíbrio ecológico..."(par. 4)

tem o valor semântico de

a) inclusão e exclusão, respectivamente.

b) inclusão em ambos os casos.

c) exclusão e inclusão, respectivamente.

d) exclusão em ambos os casos.

**Texto para a próxima questão.**

O texto a seguir está publicado em obra dedicada "aos milhares de famílias de brasileiros sem terra".

### Levantados do chão

Como então? Desgarrados da terra?
Como assim? Levantados do chão?
Como embaixo dos pés uma terra
Como água escorrendo da mão?

Como em sonho correr numa estrada?
Deslizando no mesmo lugar?
Como em sonho perder a passada
E no oco da Terra tombar?

Como então? Desgarrados da terra?
Como assim? Levantados do chão?
Ou na planta dos pés uma terra
Como água na palma da mão?

Habitar uma lama sem fundo?
Como em cama de pó se deitar?
Num balanço de rede sem rede
Ver o mundo de pernas pro ar?

Como assim? Levitante colono?
Pasto aéreo? Celeste curral?
Um rebanho nas nuvens? Mas como?
Boi alado? Alazão sideral?

Que esquisita lavoura! Mas como?
Um arado no espaço? Será?
Choverá que laranja? Que pomo?
Gomo? Sumo? Granizo? Maná?

(HOLLANDA, Chico Buarque de. *In:* SALGADO, Sebastião. *TERRA*. SP: Companhia das Letras, 1997. p. 111.)

Vocabulário:
pomo (penúltimo verso) – fruto
maná (último verso) – alimento divino, alimento caído do céu

**10.** (UFRJ) No texto, o eu lírico constrói progressivamente sua visão da realidade: nas estrofes 1, 2, 3, tenta decifrar o significado da imagem "levantados do chão"; nas estrofes 4, 5, 6, vai reforçando sua opinião crítica sobre a realidade.

Releia:

"Um rebanho nas nuvens? Mas como?" (verso 19)

"Um arado no espaço? Será?" (verso 22)

Nos versos acima, a conjunção adversativa "mas" e o futuro do presente do indicativo são utilizados para enfatizar esse posicionamento crítico. Explique por quê.

**Texto para a próxima questão.**

Num primeiro momento é possível definir a escrita como manifestação gráfica de linguagem, particularmente da língua natural, que ocupa uma posição central dentre os sistemas na cultura. Graças à escrita é que se consagrou, no Ocidente, a cultura letrada e o homem leitor. Ela não apenas permite aos homens se comunicarem uns com os outros, ou pelo menos possuir essa possibilidade de comunicação, mas também registra dados, pensamentos e ideias, dando forma a tudo o que era efêmero e intangível antes de ser fixado no papel. [...]

A escrita também é, como todos os outros textos da cultura, dotada de organização enquanto sistema e enquanto processo gerativo de linguagens. A multiplicidade de linguagens dentro do sistema é sua fonte de riqueza e renovação, fazendo com que textos escritos em uma mesma língua possam ser tão diversos e diferentes quanto uma pauta jornalística é de um poema. [...]

Mas é importante compreender que não escrevemos apenas com palavras. Escrevemos com gestos, com cores e com sons. Assim, a escrita, como texto da cultura, compreende não apenas a manifestação gráfica da língua natural, mas [também] os sentidos e as linguagens desenvolvidos por diferentes códigos. Como texto da cultura, a escrita é uma região de contato entre esses diferentes códigos, ao mesmo tempo em que está em constante interação com outros sistemas, textos e linguagens. Nesse contato, a escrita se caracteriza como uma fronteira não apenas por sua dinâmica no espaço cultural, mas também pela própria pluralidade de significados que ela abriga.

Certamente, a maior tecnologia que o homem cria a partir de sua própria fala é a escrita. Mas esta é uma questão polêmica. Para o filósofo inglês John Wilkins, a escrita pode ser posterior à fala com relação ao tempo, mas não com relação à sua natureza. Isso porque a escrita é um registro visual que provoca a leitura. Ora, o homem aprendeu a ler bem antes de aprender a escrever e até mesmo a falar. Basta lembrar que as primeiras formas visuais que os homens "leram" foram os rastros dos animais. O homem aprendeu a ler as constelações, os veios das pedras e das madeiras. Há uma lenda antiga que conta que os gregos costumavam rabiscar avisos nas pedras após o plantio, pedindo aos ratos do campo que não se aproximassem do terreno.

Contar a história da escrita é como contar a história das pessoas e de suas famílias: todas começam do mesmo jeito. E como começa a história da escrita? Começa com as inscrições em cavernas de povos muito antigos. Começa com os sumérios, os fenícios, os egípcios. Começa com as lendas, os pictogramas, os ideogramas. Começa com a transformação do som em palavra. Ou seja, a história da escrita é uma narrativa cheia de enigmas e de transformações. Confunde-se, muitas vezes, com episódios e fenômenos mágicos, sobretudo quando se pensa que o grande personagem dessa história é a palavra. Como a palavra, antes de ser escrita, existiu enquanto som, na fala, a transformação do som em palavra faz parte da história da escrita, que só se inicia de fato quando os sons da fala são expressos graficamente. [...]

Conhecer a história da escrita é andar por caminhos que se bifurcam, onde se cruzam e se misturam muitas línguas e muitas linguagens.

(Semiosphera. USP. São Paulo. Disponível em <http.www.usp.br/semiosphera/escrita_como_texto_da cultura.html> Acesso em 2 set. 2010. Adaptado)

**11.** (UPE) Cada palavra que compõe um texto cumpre uma determinada função discursiva, de modo que "nada em um texto ocorre por acaso ou deixa de cumprir alguma função". Em passagens do texto, por exemplo, podemos reconhecer que

I. o pronome pessoal destacado no primeiro parágrafo é uma expressão que retoma outra precedente ("a cultura letrada"), garantindo, assim, a continuidade semântica do texto.

II. o uso das aspas em: "Basta lembrar que as primeiras formas visuais que os homens 'leram' foram os rastros dos animais" tem a função de sinalizar que a palavra está sendo usada com um sentido diferente daquele que lhe é habitualmente atribuído.

III. no trecho: "Como a palavra, antes de ser escrita, existiu enquanto som, na fala, a transformação do som em palavra faz parte da história da escrita", o segmento sublinhado estabelece entre as duas orações uma relação de comparação.

IV. no quinto parágrafo, em resposta à pergunta: "Como começa a história da escrita?", percebe-se a reincidência do segmento "Começa com...", a qual tem claramente uma função reiterativa e enfática.

V. no trecho: "E a escrita se caracteriza como uma fronteira não apenas por sua dinâmica no espaço cultural mas também pela própria pluralidade de significados que ela abriga", fica evidente uma relação de oposição, expressa pelos conectivos marcados.

Estão corretas as afirmações que constam apenas nos itens

a) I e II.

b) I, II e V.

c) II e IV.

d) III, IV e V.

e) I, IV e V.

## DESENVOLVIDAS OU REDUZIDAS

Quanto ao tipo de construção, as orações subordinadas podem ser: **desenvolvidas** (apresentam o verbo no modo indicativo, subjuntivo ou imperativo e apresentam conjunção ou pronome relativo) ou **reduzidas** (apresentam o verbo em uma das formas nominais – infinitivo, gerúndio ou particípio –, não são introduzidas por conjunção nem pronome relativo; podem apresentar preposição).

As orações reduzidas são classificadas da mesma forma que as desenvolvidas, apenas acrescentando-se sua condição de reduzidas (de infinitivo, de gerúndio ou de particípio).

# A SUBORDINAÇÃO

## PERÍODO COMPOSTO POR SUBORDINAÇÃO

Um período composto por subordinação sempre será formado por pelo menos uma oração principal e uma oração subordinada (mas pode haver mais de uma principal e/ou mais de uma subordinada).

Há três tipos de orações subordinadas: **substantivas**, **adjetivas** e **adverbiais**.

### Orações subordinadas substantivas

Dependendo da construção do período, podem ser introduzidas por uma conjunção integrante ou vir simplesmente justapostas. As conjunções integrantes são duas: *que* (indicando certeza) e *se* (indicando dúvida, incerteza). Classificam-se de acordo com a função sintática por elas exercida em relação à oração principal, podendo ser: **subjetivas**, **objetivas diretas**, **objetivas indiretas**, **completivas nominais**, **predicativas**, **apositivas** e **agentes da passiva**.

### Orações subordinadas adjetivas

São assim denominadas por terem **valor de adjetivo**. Do ponto de vista sintático, percebe-se que geralmente são introduzidas por um pronome relativo. Podem ser **restritivas** ou **explicativas**.

As restritivas limitam o significado do termo antecedente, introduzindo uma informação essencial para a compreensão do enunciado. Já as explicativas acrescentam ao termo antecedente uma informação que lhe é inerente ou que é conhecida – são marcadas por uma pausa pronunciada; na linguagem escrita, aparecem isoladas por vírgulas.

### Orações subordinadas adverbiais

Desempenham a função de **adjunto adverbial**. São introduzidas por conjunções subordinativas e recebem a mesma denominação da conjunção que as introduz. Podem ser classificadas em: **causais**, **comparativas**, **concessivas**, **condicionais**, **finais**, **consecutivas**, **temporais**, **proporcionais** e **conformativas**.

# Exercícios

**Texto para a próxima questão.**

A questão a seguir toma por base um fragmento da crônica *Letra de canção e poesia*, de Antonio Cicero.

Como escrevo poemas e letras de canções, frequentemente perguntam-me se acho que as letras de canções são poemas. A expressão "letra de canção" já indica de que modo essa questão deve ser entendida, pois a palavra "letra" remete à escrita. O que se quer saber é se a letra, separada da canção, constitui um poema escrito.

"Letra de canção é poema?" Essa formulação é inadequada. Desde que as vanguardas mostraram que não se pode determinar *a priori* quais são as formas lícitas para a poesia, qualquer coisa pode ser um poema. Se um poeta escreve letras soltas na página e diz que é um poema, quem provará o contrário?

Neste ponto, parece-me inevitável introduzir um juízo de valor. A verdadeira questão parece ser se uma letra de canção é um bom poema. Entretanto, mesmo esta última pergunta ainda não é suficientemente precisa, pois pode estar a indagar duas coisas distintas: 1) Se uma letra de canção é necessariamente um bom poema; e 2) Se uma letra de canção é possivelmente um bom poema.

Quanto à primeira pergunta, é evidente que deve ter uma resposta negativa. Nenhum poema é necessariamente um bom poema; nenhum texto é necessariamente um bom poema; logo, nenhuma letra é necessariamente um bom poema. Mas talvez o que se deva perguntar é se uma boa letra é necessariamente um bom poema. Ora, também a essa pergunta a resposta é negativa. Quem já não teve a experiência, em relação a uma letra de canção, de se emocionar com ela ao escutá-la cantada e depois considerá-la insípida, ao lê-la no papel, sem acompanhamento musical? Não é difícil entender a razão disso.

Um poema é um objeto autotélico, isto é, ele tem o seu fim em si próprio. Quando o julgamos bom ou ruim, estamos a considerá-lo independentemente do fato de que, além de ser um poema, ele tenha qualquer utilidade. O poema se realiza quando é lido: e ele pode ser lido em voz baixa, interna, aural.

Já uma letra de canção é heterotélica, isto é, ela não tem o seu fim em si própria. Para que a julguemos boa, é necessário e suficiente que ela contribua para que a obra litero musical de que faz parte seja boa. Em outras palavras, se uma letra de canção servir para fazer uma boa canção, ela é boa, ainda que seja ilegível. E a letra pode ser ilegível porque, para se estruturar, para adquirir determinado colorido, para ter os sons ou as palavras certas enfatizadas, ela depende da melodia, da harmonia, do ritmo, do tom da música à qual se encontra associada.

(*Folha de S.Paulo*, 16.06.2007.)

1. (Unesp-SP) *Para que a julguemos boa, é necessário e suficiente que ela contribua para que a obra litero musical de que faz parte seja boa.*
No período em destaque, a oração *Para que a julguemos boa* indica, em relação à oração principal,
a) comparação.
b) concessão.
c) finalidade.
d) tempo.
e) proporção.

**Texto para a próxima questão.**

O Brasil é um desvario de cor. É ornamento, é febril, alucina. Fazer fotografia brasileira é tirar partido deste patrimônio. É ignorar os tons pastéis e endeusar os verdes e rosas, nacionalizando os temas. É esquecer o olho europeu e o americano e valorizar o que é nosso.

Hoje este país é uma forja fotográfica, nascida generosamente no gesto benfazejo da luz tropical, impermeabilizando nossa gente e revelando quimeras oníricas, telúricas. E, se esta luz "estourada" perpassa sombras translúcidas, – num outro código – revela-se, em plena claridade, nova relação do homem com o tempo. Luxuriante, afrodisíaca, a cor brasileira transa sua sensualidade qual libertina, expelindo clarões despudoradamente lascivos, vitrificando tonalidades nos canteiros das cinco regiões. Trabalhar esta luz é ostentar o viço do esplêndido, desfrutando coloridamente todos os cenários e seus fundos infinitos, na pompa e no fausto cotidiano que o paraíso é aqui.

Guimarães da Silva. Walter Firmo. *Antologia fotográfica*.

2. (UFF-RJ)

Em relação à morfologia e à sintaxe do texto em que se apoia a fotografia, afirma-se que:
a) o verbo SER em "o paraíso é aqui" constitui a totalidade do predicado nominal;
b) o GERÚNDIO em "impermeabilizando nossa gente e revelando quimeras oníricas, telúricas" foi em-

pregado para indicar uma ação realizada imediatamente antes da indicada na oração principal;

c) a palavra ESPLÊNDIDO exemplifica uma derivação regressiva;

d) na oração – "revela-se, em plena claridade, nova relação do homem com o tempo" – a partícula SE posposta ao verbo é índice de indeterminação do sujeito;

e) nas orações – "desfrutando coloridamente todos os cenários e seus fundos infinitos, na pompa e no fausto cotidiano que o paraíso é aqui." – a conexão sintática que se estabelece através do QUE traduz uma circunstância de causa.

**Texto para a próxima questão.**

O Tejo é mais belo que o rio que corre pela minha aldeia
Mas o Tejo não é mais belo que o rio que corre pela
[minha aldeia
Porque o Tejo não é o rio que corre pela minha aldeia.

O Tejo tem grandes navios
E navega nele ainda,
Para aqueles que veem em tudo o que lá não está,
A memória das naus.

O Tejo desce de Espanha
E o Tejo entra no mar em Portugal.
Toda a gente sabe isso.
Mas poucos sabem qual é o rio da minha aldeia
E donde ele vem.
E por isso, porque pertence a menos gente,
É mais livre e maior o rio da minha aldeia.

Pelo Tejo vai-se para o Mundo.
Para além do Tejo há a América
E a fortuna daqueles que a encontram.
Ninguém nunca pensou no que há para além
Do rio da minha aldeia.

O rio da minha aldeia não faz pensar em nada.
Quem está ao pé dele está só ao pé dele.

(Fernando Pessoa)

3. (Faap-SP) Fazendo da oração causal (3º verso) a oração principal, escreveríamos, sem deturpar o sentido, assim:

a) O Tejo não é o rio que corre pela minha aldeia,
Portanto, o Tejo não é mais belo que o rio que corre pela minha aldeia.

b) O Tejo não é o rio que corre pela minha aldeia
Porque o Tejo não é mais belo que o rio que corre pela minha aldeia

c) O Tejo não é o rio que corre pela minha aldeia
A fim de que o Tejo não seja mais belo que o rio que corre pela minha aldeia

d) O Tejo não é o rio que corre pela minha aldeia
Enquanto o Tejo não for mais belo que o rio que corre pela minha aldeia

e) O Tejo não é o rio que corre pela minha aldeia
Desde que o Tejo não seja o rio que corre pela minha aldeia

4. (PUC-PR) Nas sentenças seguintes, os conectores destacados estabelecem diferentes relações. Identifique essas relações:

I. Pretendo ingressar na Universidade, A FIM DE me qualificar para o trabalho.
II. Pretendo ingressar na Universidade, PORQUE quero ser biólogo.
III. Ingresso na Universidade, OU viajo para o exterior.
IV. Frequentarei a Universidade, EMBORA more bem distante daqui.
V. Ingressarei nesta Universidade, SE passar no vestibular.

Marque a alternativa que corresponde ao tipo de relação estabelecido, respectivamente, em cada frase:

a) temporalidade, finalidade, adição, condicionalidade, disjunção.
b) condicionalidade, finalidade, adição, disjunção, oposição.
c) finalidade, causalidade, disjunção, disjunção, oposição.
d) causalidade, oposição, finalidade, disjunção, condicionalidade.
e) finalidade, causalidade, disjunção, oposição, condicionalidade.

**Texto para as próximas duas questões.**

Acompanho com assombro o que andam dizendo sobre os primeiros 500 anos do brasileiro. Concordo com todas as opiniões emitidas e com as minhas em primeiríssimo lugar. Tenho para mim que há dois referenciais literários para nos definir. De um lado, o produto daquilo que Gilberto Freyre chamou de casa-grande e senzala, o homem miscigenado, potente e tendendo a ser feliz. De outro, o Macunaíma, herói sem nenhuma definição, ou sem nenhum caráter – como queria o próprio Mário de Andrade.

Fomos e seremos assim, em nossa essência, embora as circunstâncias mudem e nós mudemos com elas. Retomando a imagem literária, citemos a Capitu menina – e teremos como sempre a intervenção soberana de Machado de Assis.

Um rapaz da plateia me perguntou onde ficaria o homem de Guimarães Rosa – outra coordenada que nos ajuda a definir o brasileiro. Evidente que o universo de Rosa é sobretudo verbal, mas o homem é causa e efeito do verbo. Por isso mesmo, o personagem rosiano tem a ver com o homem de Gilberto Freyre e de Mário de Andrade. É um refugo consciente da casa-grande e da senzala, o opositor de uma e de outra, criando a sua própria vereda, mas sem esquecer o ressentimento social do qual se afastou e contra o qual procura lutar.

É também macunaímico, pois sem definição catalogada na escala de valores culturais oriundos de sua formação racial. Nem por acaso um dos personagens mais importantes do mundo de Rosa é uma mulher que se faz passar por jagunço. Ou seja, um herói – ou heroína – sem nenhum caráter.

Tomando Gilberto Freyre como a linha vertical e Mário de Andrade como a linha horizontal de um ângulo reto, teríamos Guimarães Rosa como a hipotenusa fechando o triângulo. A imagem geométrica pode ser forçada, mas foi a que me veio na hora – e acho que fui entendido.

(CONY, Carlos Heitor. *Folha Ilustrada*, 5º Caderno, São Paulo, 21/04/2000, p. 12.)

5. (UFF-RJ) Os diversos tipos de relação sintática entre orações podem ser estabelecidos sem conectivo explícito, através das formas de infinitivo, gerúndio ou particípio, como vemos no seguinte exemplo:
"TOMANDO Gilberto Freyre como a linha vertical e Mário de Andrade como a linha horizontal de um ângulo reto, teríamos Guimarães Rosa como a hipotenusa fechando o triângulo." (par. 5)
Reconheça o tipo de relação sintática expressa pelo gerúndio destacado no período acima.
   a) conclusão
   b) temporalidade
   c) condicionalidade
   d) mediação
   e) conformidade

6. (UFF-RJ) "Fomos e seremos assim, em nossa essência, EMBORA as circunstâncias mudem e nós mudemos com elas." (par. 2)
Assinale a opção em que, ao reescrever-se o fragmento acima, substituiu-se o conectivo destacado por outro de valor condicional, fazendo-se alterações aceitáveis.
   a) Fomos e seremos assim em nossa essência, porque as circunstâncias mudaram e nós mudamos com elas.
   b) Fomos e seremos assim em nossa essência, enquanto as circunstâncias mudarem e nós mudarmos com elas.
   c) Éramos e somos assim em nossa essência, à medida que as circunstâncias mudaram e nós mudamos com elas.
   d) Teríamos sido e seríamos assim em nossa essência, se as circunstâncias mudassem e nós mudássemos com elas.
   e) Temos sido e somos assim em nossa essência, conforme as circunstâncias têm mudado e nós temos mudado com elas.

**Texto para a próxima questão.**

Por causa do assassinato do caminhoneiro Pascoal de Oliveira, o Nego, pelo – também caminhoneiro – japonês Kababe Massame, após uma discussão, em 31 de julho de 1946, a população de Osvaldo Cruz (SP), que já estava com os nervos à flor da pele em virtude de dois atentados da *Shindô-Renmei** na cidade, saiu às ruas e invadiu casas, disposta a maltratar "impiedosamente", na palavra do historiador local José Alvarenga, qualquer japonês que encontrasse pela frente. O linchamento dos japoneses só foi totalmente controlado com a intervenção de um destacamento do Exército, vindo de Tupã, chamado pelo médico Oswaldo Nunes, um herói daquele dia totalmente atípico na história de Osvaldo Cruz e das cidades brasileiras.

Com o final da Segunda Guerra Mundial, o eclipse do Estado Novo e o desmantelamento da *Shindô-Renmei*, inicia-se um ciclo de emudecimento, de ambos os lados, sobre as quatro décadas de intolerância vividas pelos japoneses. Do lado local, foi sedimentando-se no mundo das letras a ideia do país como um "paraíso racial". Do lado dos imigrantes, as segundas e terceiras gerações de filhos de japoneses se concentraram, a partir da década de 1950, na construção da sua ascensão social. A história foi sendo esquecida, junto com o idioma e os hábitos culturais de seus pais e avós.

(Matinas Suzuki Jr. *Folha de S.Paulo*, 20.04.2008. Adaptado.)

Vocabulário:
*Shindô-Renmei* – foi uma organização nacionalista, que surgiu no Brasil após o término da Segunda Guerra Mundial, formada por japoneses que não acreditavam na derrota do Japão na guerra. Possuía alguns membros mais fanáticos que cometiam atentados, tendo matado e ferido diversos cidadãos nipo-brasileiros.

7. (Unifesp) No texto, as orações (...) *que já estava com os nervos à flor da pele em virtude de dois atentados da* Shindô-Renmei *na cidade* (...) e (...) *que encontrasse pela frente* (...) são exemplos, respectivamente, de oração subordinada adjetiva explicativa e subordinada adjetiva restritiva, porque:
   a) a primeira limita o sentido do termo antecedente (a população de Osvaldo Cruz), enquanto a segunda explica o sentido do termo antecedente (qualquer japonês).
   b) a pausa, antes e depois da primeira oração, revela seu caráter de restrição e precisão do sentido do termo antecedente, tal como se dá com a segunda oração.
   c) na primeira, a oração é indispensável para precisar o sentido da anterior, enquanto, na segunda, a oração pode ser eliminada.

d) a primeira explica o sentido do termo antecedente (a população de Osvaldo Cruz), enquanto a segunda limita o sentido do termo antecedente (qualquer japonês).

e) o sentido do termo "qualquer japonês", explicado na segunda oração, é determinante para a compreensão da primeira.

**Texto para a próxima questão.**

## Como se comportar no cinema (a arte de namorar)

(Vinicius de Moraes)

Poucas atividades humanas são mais agradáveis que o ato de namorar, e é sobre a arte de praticá-lo dentro dos cinemas que queremos fazer esta crônica. Porque constitui uma arte fazê-lo bem no interior de recintos cobertos, mormente quando se dispõe da vantagem de ambiente escuro propício. A tendência geral do homem é abusar das facilidades que lhe são dadas, e nada mais errado; pois a verdade é que namorando em público, além dos limites, perturba ele aos seus circunstantes, podendo atrair sobre si a curiosidade, a inveja e mesmo a ira daqueles que vão ao cinema sozinhos e pagam pelo direito de assistir ao filme em paz de espírito.

Ora, o namoro é sabidamente uma atividade que se executa melhor a coberto da curiosidade alheia. Se todos os frequentadores dos cinemas fossem casais de namorados, o problema não existiria, nem esta crônica, pois a discrição de todos com relação a todos estaria na proporção direta da entrega de cada um ao seu namoro específico. [...] De modo que, uma das coisas que os namorados não deveriam fazer é se enlaçar por sobre o ombro e juntar as cabeças. Isso atrapalha demais o campo visual dos que estão à retaguarda. [...]

Cochichar, então, é uma grande falta de educação entre namorados no cinema. Nada perturba mais que o cochicho constante e, embora eu saiba que isso é pedir muito dos namorados, é necessário que se contenham nesse ponto, porque afinal de contas aquilo não é casa deles. Um homem pode fazer milhões de coisas – massagem no braço da namorada, cosquinha no seu joelho, festinha no rostinho delazinha; enfim, a grande maioria do trabalho de "mudanças" em automóveis não hidramáticos – sem se fazer notar e, consequentemente, perturbar aos outros a fruição do filme na tela. Porque uma coisa é certa: entre o namoro na tela – e pode ser até Clark Gable *versus* Ava Gardner – e o namoro no cinema, este é que é o real e positivo, o perturbador, o autêntico.

8. (UFRJ) O texto de Vinicius de Moraes, sobre a "arte de namorar" no cinema, levanta uma hipótese que anularia a existência da crônica. Transcreva exclusivamente a oração subordinada adverbial que traduz a referida hipótese.

**Texto para a próxima questão.**

Inicialmente, deve-se estudar a sociedade no seu aspecto exterior. Considerada sob esse ângulo, aparece como formada por uma massa de população, com uma certa densidade, distribuída de uma certa maneira sobre o terreno, dispersada na zona rural ou concentrada nas cidades etc.; ocupa um território mais ou menos extenso, situado de tal ou qual maneira com referência aos oceanos e aos territórios dos povos vizinhos, cortado mais ou menos intensamente por cursos de água, por vias de comunicação de todos os tipos, que estabelecem uma relação mais frouxa ou mais íntima entre os habitantes. Este território, suas dimensões, sua configuração, a composição da população que se desloca sobre sua superfície são fatores naturalmente importantes da vida social; este é o substrato e, tal como no indivíduo a vida psíquica varia segundo a composição anatômica do cérebro que a sustém, os fenômenos coletivos variam segundo a constituição do substrato social. Existe portanto um lugar para uma ciência social que faça essa anatomia; e visto que esta ciência tem por objeto a forma exterior e material da sociedade, propomos chamá-la de MORFOLOGIA SOCIAL.

(*DURKHEIM*, p. 42. Organizador: José Albertino Rodrigues. Coordenador: Florestan Fernandes. São Paulo: Ática, 1993.)

9. (FGV-SP) Observe o segmento:
"... VISTO QUE ESTA CIÊNCIA TEM POR OBJETO A FORMA EXTERIOR E MATERIAL DA SOCIEDADE, propomos ...".
Temos aí, destacada, uma oração subordinada adverbial causal, com sua respectiva locução conjuntiva. Eliminando a locução conjuntiva e mantendo o sentido, podemos obter uma oração com a mesma classificação, porém reduzida. Em qual alternativa isso é feito adequadamente?

a) Em função de que essa ciência tem por objeto a forma exterior e material da sociedade, propomos...

b) Tendo essa ciência por objeto a forma exterior e material da sociedade, propomos...

c) Vendo que esta ciência tem por objeto a forma exterior e material da sociedade, propomos...

d) Tão clara é a forma exterior e material da sociedade, que propomos...

e) Tendo em vista que esta ciência tem por objeto a forma exterior e material da sociedade, propomos...

**Texto para a próxima questão.**

O Brasil ainda não é propriamente uma nação. Pode ser um Estado nacional, no sentido de um aparelho estatal organizado, abrangente e forte, que acomoda, controla ou dinamiza tanto estados e regiões como grupos raciais e classes sociais. Mas as desigualdades entre as unidades administrativas e os segmentos sociais, que compõem a sociedade, são de tal monta que seria difícil dizer que o todo é uma expressão razoável das partes – se admitimos que o todo pode ser uma expressão na qual as partes também se realizam e desenvolvem.

Os estados e as regiões, por um lado, e os grupos e as classes, por outro, vistos em conjunto e em suas relações mútuas reais, apresentam-se como um conglomerado heterogêneo, contraditório, disparatado. O que tem sido um dilema brasileiro fundamental, ao longo do Império e da República, continua a ser um dilema do presente: o Brasil se revela uma vasta desarticulação. O todo parece uma expressão diversa, estranha, alheia às partes. E estas permanecem fragmentadas, dissociadas, reiterando-se aqui ou lá, ontem ou hoje, como que extraviadas, em busca de seu lugar.

É verdade que o Brasil está simbolizado na língua, hino, bandeira, moeda, mercado, Constituição, história, santos, heróis, monumentos, ruínas. Há momentos em que o país parece uma nação compreendida como um todo em movimento e transformação. Mas são frequentes as conjunturas em que se revelam as disparidades inerentes às diversidades dos estados e regiões, dos grupos raciais e classes sociais. Acontece que as forças da dispersão frequentemente se impõem àquelas que atuam no sentido da integração. As mesmas forças que predominam no âmbito do Estado, conferindo-lhe a capacidade de controlar, acomodar e dinamizar, reiteram continuamente as desigualdades e os desencontros que promovem a desarticulação.

(IANNI, Octávio. *A ideia de Brasil moderno*. São Paulo: Brasiliense, 1992.)

**10.** (Uerj) "Acontece que as forças da dispersão frequentemente se impõem àquelas que atuam no sentido da integração."

A análise isolada deste período, do último parágrafo, mostra o verbo "acontece" como oração principal, deixando todo o restante como uma oração subordinada com função de sujeito.

A leitura de todo o texto, no entanto, nos permite perceber a expressão "acontece que" com uma função adicional. Essa função seria a de:

a) reafirmar um conceito

b) desenvolver uma afirmação

c) estabelecer um paralelismo

d) enfatizar uma contraposição

**11.** (Insper-SP)

## O poder da vírgula

Numa prova de português do ensino fundamental, ante a pergunta sobre qual era a função do apóstrofo, um aluno respondeu: "Apóstrofos são os amigos de Jesus, que se juntaram naquela jantinha que o Leonardo fotografou".

A frase, além de alertar sobre os avanços que precisamos na excelência da educação, é didática quanto aos cuidados no uso da língua portuguesa, preciosidade que herdamos dos lusos, do galego e do latim.

O erro gritante que o aluno cometeu ao confundir dois termos com sonoridade parecida foi agravado com a colocação da vírgula depois de "amigos de Jesus".

(Josué Gomes da Silva, *Folha de S.Paulo*, 02/09/2012.)

A respeito da falha de pontuação cometida pelo aluno, é correto afirmar que o emprego da vírgula

a) revela o caráter restritivo da expressão antecedente, indicando uma pausa desnecessária.

b) permite subentender que os apóstolos mencionados não eram os verdadeiros amigos de Jesus.

c) produz uma informação incoerente, pois indica que os apóstolos eram os únicos amigos de Jesus.

d) expressa desrespeito à figura religiosa, pois o aposto está associado a necessidades mundanas.

e) provoca uma ambiguidade, pois o pronome relativo pode se referir a "amigos" ou "Jesus".

**12.** (UFSM-RS) Leia o fragmento do poema "José", de Carlos Drummond de Andrade:

Se você gritasse,
se você gemesse,
se você tocasse
a valsa vienense,
se você dormisse,

se você cansasse,
se você morresse ...
Mas você não morre,
você é duro, José!

Nesse trecho do poema,

I. a conjunção subordinativa condicional "se" repete-se sempre na mesma posição, anáfora, e tem seu efeito sonoro intensificado pelo eco que ocorre no interior de outras palavras como voCÊ, gritaSSE, gemeSSE, tocaSSE, valSA, vienenSE, etc.

II. a conjunção coordenativa "Mas" opõe a realidade à série de alternativas hipotéticas, produzindo ruptura do sentido.

III. a desinência modo-temporal dos verbos no imperfeito do subjuntivo "-SSE" marca a sílaba tônica dos versos em redondilha menor (cinco sílabas).

Está(ão) correta(s)

a) apenas I.

b) apenas II.

c) apenas I e II.

d) apenas I e III.

e) apenas II e III.

# POR QUE ESCREVER? COMO ESCREVER?

## O ATO DE ESCREVER

O ato de escrever deve ser entendido como a etapa final de um longo processo de reflexão. Uma constatação óbvia: escrever é colocar uma ideia no papel; portanto, o primeiro passo é ter uma ideia. E para ter ideias, a melhor dica é ler, ler e ler.

## LER PARA ESCREVER

A leitura é fundamental para a produção de textos porque nos permite o contato com uma grande variedade de **conteúdos** (culturas, áreas de conhecimento, informações em geral), **forma** (gêneros textuais) e **registros da língua**.

## COMO ESCREVER

Ultrapassada a primeira fase do processo – ter ideias –, a questão que se apresenta é como colocá-las no papel, como encontrar a melhor forma de expressá-las. Os problemas vão desde o domínio do **vocabulário**, passando por um razoável conhecimento de **recursos linguísticos** e de outros **requisitos gramaticais** próprios da modalidade escrita (ortografia, acentuação gráfica, pontuação, etc.), para finalmente desembocar em algo muito pessoal, o **estilo**.

## INTENCIONALIDADE E ADEQUAÇÃO

Para a elaboração de um bom texto – seja ele oral ou escrito –, deve-se levar em conta os elementos do **processo de interação**, a **intencionalidade** e a **adequação**.

A formalidade ou informalidade de um texto estão condicionadas a várias circunstâncias: o que vai ser falado (assunto), o meio utilizado (suporte), o contexto (ambiente espaçotemporal), o nível social e cultural de quem escreve e, importantíssimo, para quem se escreve (quem é o interlocutor).

## Exercícios

**Textos para a próxima questão.**

*Texto I*

### Diálogo da relativa grandeza

Sentado no monte de lenha, as pernas abertas, os cotovelos nos joelhos, Doril examinava um louva-deus pousado nas costas da mão. Ele queria que o bichinho voasse, ou pulasse, mas o bichinho estava muito à vontade, vai ver que dormindo – ou pensando? Doril tocava-o com a unha do dedo menor e ele nem nada, não dava confiança, parece que nem sentia; se Doril não visse o leve pulsar de [1]fole do pescoço – e só olhando bem é que se via – era capaz de dizer que o pobrezinho estava morto, ou então que era um grilo de brinquedo, desses que as moças pregam no vestido para enfeitar.

Entretido com o louva-deus, Doril não viu Diana chegar comendo um marmelo, fruta azeda enjoada que só serve para ranger os dentes. Ela parou perto do monte de lenha e ficou descascando o marmelo com os dentes, mas sem jogar a casca fora, não queria perder nada. Quando ela já tinha comido um bom pedaço da parte de cima e nada de Doril ligar, ela cuspiu fora um pedaço de miolo com semente e falou:

– Está direitinho um macaco em galho de pau.

Doril olhou só com os olhos e revidou:

– Macaco é quem fala. Está até comendo banana.

– Marmelo é banana, besta?

– Não é, mas serve.

Ficaram calados, cada um pensando por seu lado. Diana cuspiu mais um caroço.

– Sabe aquele livro de história que o Mirto ganhou?

– Que Mirto, seu. É Milllton. Mania!

– Mas sabe? Eu vou ganhar um igual. Tia Jura vai mindar.

– Não é mindar. É me-dar. Mas não é vantagem.

– Não é vantagem? É muita vantagem.

– Você já não leu o de Milton?

– Li mas quero ter. Pra guardar e ler de novo.

– Vantagem é ganhar outro. Diferente.

– Deferente eu não quero. Pode não ser bom.

– Como foi que você disse? Diz de novo?

– Já disse uma vez, chega.

– Você disse deferente.

– Foi não.

– Foi. Eu ouvi.

– Foi não.

– Foi.

– Foi não.

– Fooooi.

Continuariam até um se cansar e tapar o ouvido para ficar com a última palavra, se Diana não tivesse tido a habilidade de se retirar logo que percebeu a [2]dízima. Com o pedacinho final do marmelo entre os dedos ela chegou-se mais perto do irmão e disse:

– Gi! Matando louva-deus! Olhe o castigo!

– Eu estou matando, estou?

– Está [3]judiando. Ele morre.

– Eu estou judiando?

– Amolar um bicho tão pequenininho é o mesmo que judiar.

Doril não disse mais nada, qualquer coisa que ele dissesse ela aproveitaria para outra acusação.

Era difícil tapar a boca de Diana, ô menina [4]renitente. Ele preferiu continuar olhando o louva-deus. Soprou-o de leve, ele encolheu-se e vergou o corpo para o lado do sopro, como faz uma pessoa na ventania. O louva-deus estava no meio de uma tempestade de vento, dessas que derrubam árvores e arrancam telhados e podem até levantar uma pessoa do chão. Doril era a força que mandava a tempestade e que podia pará-la quando quisesse. Então ele era Deus? Será que as nossas tempestades também são brincadeira? Será que quem manda elas olha para nós como Doril estava olhando para o louva-deus? Será que somos pequenos para ele como um gafanhoto é pequeno para nós, ou menores ainda? De que tamanho, comparando – do de formiga? De piolho de galinha? Qual será o nosso tamanho mesmo, verdadeiro?

José J. Veiga. *A máquina extraviada*. Rio de Janeiro: Editora Prelo, 1968.

Vocabulário:
[1] fole – papo
[2] dízima – refere-se à dízima periódica, algo sem fim
[3] judiar – maltratar
[4] renitente – teimosa

*Texto II*

### Uma aranha

ela surgiu não sei de onde
quando abri o Dicionário de Filosofia
de José Ferrater Mora
(no verbete *Descartes, René*) mi-
núscula
com suas muitas perninhas
quase invisíveis

cruzou a página 1305 como se flutuasse
(uma esfera de ar
viva)
e foi postar-se no alto
no limite entre o texto e a margem branca
enquanto eu
fascinado
indagava:
como pode residir
insuspeitado
nestas encardidas páginas
– em minha casa, afinal de contas –
um tal ser
mínimo mas vivo
consciente de si
(e como eu
parte do século XXI)
e que agora parece observar-me
tão espantado quanto estou
com este nosso inesperado encontro?

FERREIRA GULLAR. *Em alguma parte alguma.* Rio de Janeiro: José Olympio, 2013.

1. (Uerj) Pode-se observar uma semelhança e uma diferença nas representações do louva-deus, no texto I, e da aranha, no texto II. Um traço comum a ambos é a estrutura delicada e frágil do corpo, destacada logo no início dos textos. O traço diferenciador é a relação entre o animal e o ser humano.
Transcreva de cada um dos textos a expressão que mais explicitamente revela o traço comum ao louva-deus e à aranha. Em seguida, indique o título do texto em que a relação entre animal e ser humano é de dominação, justificando sua resposta por meio de um enunciado completo.

**Textos para a próxima questão.**

*Texto I*

## Adormecida

Uma noite, eu me lembro... Ela dormia
Numa rede encostada molemente...
Quase aberto o roupão... solto o cabelo
E o pé descalço do tapete rente.

'Stava aberta a janela. Um cheiro agreste
Exalavam as silvas da campina...
E ao longe, num pedaço do horizonte,
Via-se a noite plácida e divina.

De um jasmineiro os galhos encurvados,
Indiscretos entravam pela sala,
E de leve oscilando ao tom das auras,
Iam na face trêmulos — beijá-la.

Era um quadro celeste!... A cada afago
Mesmo em sonhos a moça estremecia...
Quando ela serenava... a flor beijava-a...
Quando ela ia beijar-lhe... a flor fugia...

Dir-se-ia que naquele doce instante
Brincavam duas cândidas crianças...
A brisa, que agitava as folhas verdes.
Fazia-lhe ondear as negras tranças!

E o ramo ora chegava ora afastava-se...
Mas quando a via despeitada a meio.
P'ra não zangá-la... sacudia alegre
Uma chuva de pétalas no seio...

Eu, fitando a cena, repetia
Naquela noite lânguida e sentida:
"Ó flor! – tu és a virgem das campinas!"
"Virgem! – tu és a flor da minha vida!..."

CASTRO ALVES. Espumas flutuantes. In *Obra completa.* Rio de Janeiro: Nova Aguilar, 1986. p. 124-125.

*Texto II*

o amor, esse sufoco
agora há pouco era muito,
agora, apenas um sopro
ah, troço de louco,

corações trocando rosas,
e socos.

LEMINSKI, Paulo. *Melhores poemas.* São Paulo: Global, 1996. p. 119.

2. (UFF-RJ)
Os poemas de Castro Alves e Paulo Leminski exemplificam diferenças entre as estéticas romântica e contemporânea. Nas alternativas a seguir, apresentam-se oposições, em que a primeira afirmativa se refere ao Texto I e a segunda ao Texto II.
Assinale a única alternativa inteiramente correta.

a) Presença de pontuação excessiva e inadequada. / Presença de contenção verbal.
b) Emprego de adjetivação abundante. / Emprego de expressões cerimoniosas e formais.
c) Percepção do amor como desejo e expectativa. / Percepção do amor como contradição e incerteza.
d) Olhar descrente sobre as relações amorosas. / Olhar irônico sobre as relações amorosas.
e) Utilização de citações clássicas. / Utilização de recursos de humor.

3. (UnB-DF)

## A dupla moral e as santinhas de pau oco

Durante o século XIX, continuavam sem punição as infidelidades descontínuas e transitórias por parte dos homens casados, bem como se toleravam concubinatos de escravas com seus senhores. As regras do celibato eram abertamente desrespeitadas. Embora não haja estatísticas sobre o assunto, é de se supor que as relações extraconjugais fossem correntes. O adultério perpetuava-se como sobrevivência de doutrinas morais tradicionais. Fazia-se amor com a esposa quando se queria descendência; no restante do tempo, era com a outra. A fidelidade conjugal era sempre tarefa feminina; a falta de fidelidade masculina era vista como um mal inevitável que se havia de suportar. Era sobre a honra e a fidelidade da esposa que repousava a perenidade do casal.

Mas seriam elas tão santinhas assim? Os amores adúlteros custavam caro para as mulheres de elite. Em 1809, certo João Galvão Freire achou-se preso, no Rio de Janeiro, por ter, confessadamente, matado sua mulher, D. Maria Eufrásia de Loiola. Alegando legítima "defesa da honra", encaminhou ao Desembargo do Paço uma petição solicitando "seguro real para, solto, tratar de seu livramento". A resposta dos desembargadores não deixa dúvidas sobre a tolerância que rodeava tais tipos de crimes: "a ocasião em que este [o marido] entrou em casa, os achou ambos, esposa e amante, deitados numa rede, o que era bastante suspeitar a perfídia e o adultério e acender a cólera do suplicante, que, levado de honra e brio, cometeu aquela morta em desafronta sua, julgando-se ofendido".

Já entre mulheres de camadas desfavorecidas, a solução era a separação. Algumas mais corajosas ou tementes a Deus declararam, em testamento, que, "por fragilidade humana", tiveram cópula ilícita durante o matrimônio.

Mary Del Priory. *História do amor no Brasil*. São Paulo: Contexto, 2005, p. 187-192 (com adaptações).

Com base no texto acima, julgue os seguintes itens.

a) Um dos objetivos do texto é mostrar como o comportamento referente ao adultério é definido, no século XIX, por fatores como gênero e classe social dos envolvidos. Nesse contexto, o pior desfecho estava reservado para as mulheres adúlteras de classes trabalhadoras, que eram abandonadas pelos maridos traídos.

b) O texto descreve práticas sociais de forma generalizada. Um dos recursos utilizados pelo autor para atingir esse fim é o emprego da partícula "se" ao longo do texto com o efeito de apagamento de um sujeito óbvio, como ocorre em "bem como se toleravam", "é de se supor", "Fazia-se amor" e "que se havia de suportar".

c) O texto pode ser classificado como acadêmico, em que a autora usa tom impessoal e distante, de forma compatível com a crença de que textos acadêmicos e científicos devem ser objetivos e isentos de marcas de subjetividade do autor.

d) Há, no texto, elementos que permitem inferir que o objetivo do casamento, no século XIX, era a constituição da prole e a garantia de descendência, o que está relacionado a casamentos frequentemente acordados por questões econômicas e de poder.

**Texto para a próxima questão.**

## Sotaques no papel

*Feitos sem pretensão científica, "dicionários" informais exploram as falas típicas de estados brasileiros*

Em suas viagens para casa, de Brasília ao Piauí, o jornalista Paulo José Cunha, de 57 anos, gosta de puxar uma cadeira e ouvir as histórias de dona Yara, sua mãe. Desses momentos familiares, o professor da Universidade Federal de Brasília (UnB) coletou grande parte dos verbetes e expressões tipicamente piauienses que deram origem à [4]*Grande Enciclopédia Internacional de Piauiês*.

O cirurgião vascular paraibano Antonio Soares da Fonseca Jr., de 61 anos, autor do *Dicionário do Português Nordestino*, conta que primeiro escolhia aleatoriamente algum destino entre Rio Grande do Norte e Sergipe. Depois de pegar um avião de São Paulo, sentava na primeira mesa de [5]boteco da região e chamava o primeiro que passava para dividir uma cerveja. Aí era ligar o gravador e registrar o [6]papo carregado de expressões, como [3]o substantivo "lapada" (pancada), o verbo "cascavilhar" (procurar minuciosamente), a profissão "capagato" (técnico agrícola) e a aprendiz de interjeição "pronto" ("quando olhei, pronto!, tudo havia acabado").

É nesse ambiente informal de pesquisa empírica que a maioria dos dicionários regionais é concebida. Sem o peso da responsabilidade de seguir as metodologias exigidas pela academia, esses trabalhos são marcados pela despretensão e pelo bom humor.

[...]

De tão encantado com o falar do catarinense, o comerciante, taxista e escritor Isaque de Borba Corrêa, de 47 anos, é um autodidata em linguística. Nada parecido com o Isaque que em 1981 lançou o *Dicionário do Papa-Siri*, com expressões típicas da região de Camboriú e do Vale do Itajaí. Ele conta que tinha vergonha de dizer que estava montando um livro naqueles moldes. Hoje, termos como [1]"dialetologia" (estudo dos traços linguísticos dos dialetos) e [2]"idiotismos" (traços que mais caracterizam uma língua em relação a outras que lhe são cognatas) são rotina na vida do autor que, em 2000, lançou uma obra "mais evoluída", segundo sua avaliação: o *Dicionário Catarinense*.

[...]

O trabalho desenvolvido pelos apaixonados por regionalismos é visto com ressalvas pelos lexicógrafos [8]profissionais. Mesmo o termo "dicionário" para identificar as obras é contestado, por exemplo, pelo lexicógrafo Francisco da Silva Borba, organizador do *Dicionário Unesp do Português Contemporâneo*, que reúne cerca de 60 mil verbetes.

– Esses trabalhos são, na verdade, vocabulários. É o recolhimento de palavras de determinada região – explica.

[...]

– Eles podem, assim, induzir a erro e oficializar versões equivocadas – analisa o lexicógrafo Francisco Filipak, autor do *Dicionário Sociolinguístico do Paraná* [...].

Diferentemente dos demais vocabulários regionais, o de Filipak é concebido como um dicionário, [9]de fato. Após [13]30 anos de pesquisa, catalogação e seleção, ele reuniu os 6 mil verbetes que compõem o estudo de 400 páginas. Seguindo [10]à risca a metodologia dos [11]grandes dicionários do país, Filipak incluiu todas as designações de cada verbete, citando suas variações vocabulares típicas só daquela região. Hoje, com 83 anos, diz desconhecer outro dicionário regional que tenha se guiado pelo mesmo [12]rigor metodológico.

[...]

Mesmo sendo de autores [7]diletantes, os dicionários regionais são valorizados pelos pesquisadores que formulam obras consagradas. Todos constam das prateleiras das equipes que atualizam os maiores dicionários da língua.

BONINO, Rachel. Sotaques no papel. *Língua Portuguesa*, ano II, n. 27, p. 18-21. [Adaptado]

4. (UFSC) Assinale a(s) proposição(ões) CORRETA(S) com relação aos fatos de linguagem do texto.

(01) O uso das aspas em "dicionários" (subtítulo), "dialetologia" (ref. 1) e "idiotismos" (ref. 2) serve para indicar ironia, discordância da autora em relação ao valor que outros atribuem aos termos.

(02) A classificação elaborada por Antonio Soares da Fonseca Jr. (ref. 3), além de informal, é equivocada, porque o termo "lapada" seria mais bem enquadrado como verbo do que como substantivo e porque não existe uma classe dos "aprendizes de interjeição".

(04) O título *Grande Enciclopédia Internacional de Piauiês* (ref. 4), dado ao dicionário elaborado por Paulo José Cunha, revela ao leitor a grande abrangência e seriedade do trabalho dos lexicógrafos amadores.

(08) O emprego dos termos informais "boteco" (ref. 2) e "papo" (ref. 6), que destoa um pouco do restante do texto, marcado pelo uso da variedade culta escrita, pode ser explicado em parte como reflexo do próprio assunto tratado, a informalidade com que Antonio Soares da Fonseca Jr. colhe dados para seu dicionário.

(16) O adjetivo "diletantes" (ref. 7) funciona no texto como sinônimo de "profissionais" (ref. 8), uma vez que o texto aproxima o trabalho dos autores diletantes, "apaixonados por regionalismos", ao dos lexicógrafos profissionais.

(32) As expressões "de fato" (ref. 9), "à risca" (ref. 10), "grandes dicionários do país" (ref. 11) e "rigor metodológico" (ref. 12), assim como a informação de que o dicionário de Filipak consumiu "30 anos de pesquisa, catalogação e seleção" (ref. 13), servem ao mesmo fim argumentativo, que é dar ao leitor uma impressão de solidez científica dessa obra.

**Texto para a próxima questão.**

**Valores** apresentam diferenças significativas conforme a cultura e o país. Os universitários brasileiros, por exemplo, se preocupam mais com o sucesso pessoal e profissional do que os argentinos e uruguaios, sentimento que predomina também entre os homens, independentemente da nacionalidade, enquanto as mulheres valorizam a simplicidade e a segurança. Os brasileiros dão mais valor a uma vida confortável, feliz e prazerosa. Um mundo de beleza (apreciação da arte e do que é belo) e paz, a igualdade e a segurança familiar são destacados pelos argentinos, e os uruguaios priorizam a liberdade e também a segurança familiar.

Essas conclusões fazem parte da dissertação do professor de Administração do Campus Uruguaiana Elvisnei Camargo Conceição, defendida no Mestrado em Administração e Negócios da PUCRS e orientada por Paulo Fernando Burlamaqui. Os resultados surgiram de questionários respondidos por 624 estudantes de universidades situadas na fronteira, no interior ou nas capitais.

Os valores, explica o autor, expressam crenças duradouras, menos sujeitas às influências do ambiente. Foram investigados dois grupos de valores: os relacionados aos objetivos de vida (terminais) e os que assumimos como orientadores de conduta social (instrumentais). Segurança familiar, felicidade e liberdade são prioridades para os universitários das três nacionalidades. Como valores instrumentais, honestidade, responsabilidade e capacidade lideraram o *ranking*. Ambição está em sexto lugar entre os brasileiros e em 12º entre argentinos e uruguaios. Quanto à obediência, o autor considera que a sociedade moderna enxerga esse valor como subserviência e submissão, não condizente com a liberdade de escolha. (...)

Conforme o professor, os resultados científicos não são generalizáveis para toda a população, mas apontam indicativos para os meios acadêmicos e empresarial. Camargo ressalta que a aplicação é multidisciplinar, podendo interessar à Administração, à Psicologia, à Antropologia e à Sociologia. O estudo pode contribuir para a elaboração de planos de *marketing* e de programas de relacionamento com o cliente, para a definição de estratégias e de ações de *endomarketing*.

*PUCRS Informação*, março-abril/2008, p. 14 (fragmento adaptado)

5. (PUC-RS) Após a leitura do texto, é possível responder a apenas uma das perguntas a seguir. Qual é ela?
   a) Quantas universidades brasileiras participaram da pesquisa?
   b) Quantas questões continha cada instrumento de coleta de dados?
   c) A que classes sociais pertenciam os universitários entrevistados?
   d) Que fatores influenciam na formação de valores humanos?
   e) Quais os quesitos menos valorizados pelos universitários brasileiros?

**Texto para a próxima questão.**

## Parâmetros Curriculares Nacionais – PCNs

Na perspectiva de uma didática voltada para a produção e interpretação de textos, a atividade metalinguística deve ser instrumento de apoio para a discussão dos aspectos da língua que o professor seleciona e ordena no curso do ensino-aprendizagem.

Assim, não se justifica tratar o ensino gramatical desarticulado das práticas de linguagem. É o caso, por exemplo, da gramática que, ensinada de forma descontextualizada, tornou-se emblemática de um conteúdo estritamente escolar, do tipo que só serve para ir bem na prova e passar de ano – uma prática pedagógica que vai da metalíngua para a língua por meio de exemplificação, exercícios de reconhecimento e memorização de terminologia. Em função disso, discute-se se há ou não necessidade de ensinar gramática. Mas essa é uma falsa questão: a questão verdadeira é o que, para que e como ensiná-la.

Deve-se ter claro, na seleção dos conteúdos de análise linguística, que a referência não pode ser a gramática tradicional. A preocupação não é reconstruir com os alunos o quadro descritivo constante dos manuais de gramática escolar (por exemplo, o estudo ordenado das classes de palavras com suas múltiplas subdivisões, a construção de paradigmas morfológicos, como as conjugações verbais estudadas de um fôlego em todas as suas formas temporais e modais, ou de pontos de gramática, como todas as regras de concordância, com suas exceções reconhecidas).

O que deve ser ensinado não responde às imposições de organização clássica de conteúdos na gramática escolar, mas aos aspectos que precisam ser tematizados em função das necessidades apresentadas pelos alunos nas atividades de produção, leitura e escuta de textos.

O modo de ensinar, por sua vez, não reproduz a clássica metodologia de definição, classificação e exercitação, mas corresponde a uma prática que parte da reflexão produzida pelos alunos mediante a utilização de uma terminologia simples e se aproxima, progressivamente, pela mediação do professor, do conhecimento gramatical produzido. Isso implica, muitas vezes, chegar a resultados diferentes daqueles obtidos pela gramática tradicional, cuja descrição, em muitos aspectos, não corresponde aos usos atuais da linguagem, o que coloca a necessidade de busca de apoio em outros materiais e fontes.

[...] não se pode mais insistir na ideia de que o modelo de correção estabelecido pela gramática tradicional seja o nível padrão de língua ou que corresponda à variedade linguística de prestígio. Há, isso sim, muito preconceito decorrente do valor atribuído às variedades padrão e ao estigma associado às variedades não padrão, consideradas inferiores ou erradas pela gramática. Essas diferenças não são imediatamente reconhecidas e, quando são, não são objeto de avaliação negativa.

Para cumprir bem a função de ensinar a escrita e a língua padrão, a escola precisa livrar-se de vários mitos: o de que existe uma forma "correta" de falar, o de que a fala de uma região é melhor do que a de outras, o de que a fala "correta" é a que se aproxima da língua escrita, o de que o brasileiro fala mal o português, o de que o português é uma língua difícil, o de que é preciso "consertar" a fala do aluno para evitar que ele escreva errado.

Essas crenças insustentáveis produziram uma prática de mutilação cultural que, além de desvalorizar a fala que identifica o aluno a sua comunidade, como se esta fosse formada de incapazes, denota desconhecimento de que a escrita de uma língua não corresponde a nenhuma de suas variedades, por mais prestígio que uma delas possa ter. Ainda se ignora um princípio elementar relativo ao desenvolvimento da linguagem: o domínio de outras modalidades de fala e dos padrões de escrita (e mesmo de outras línguas) não se faz por substituição, mas por extensão da competência linguística e pela construção ativa de subsistemas gramaticais sobre o sistema já adquirido.

No ensino-aprendizagem de diferentes padrões de fala e escrita, o que se almeja não é levar os alunos a falar certo, mas permitir-lhes a escolha da forma de fala a utilizar, considerando as características e condições do contexto de produção, ou seja, é saber adequar os recursos expressivos, a variedade de língua e o estilo às diferentes situações comunicativas: saber coordenar satisfatoriamente o que fala ou escreve e como fazê-lo; saber que modo de expressão é pertinente em função de sua intenção enunciativa – dado o contexto e os interlocutores a quem o texto se dirige. A questão não é de erro, mas de adequação às circunstâncias de uso, de utilização adequada da linguagem.

(BRASIL, Ministério da Educação e do Desporto. *Parâmetros curriculares nacionais*. Brasília: MEC/SEF, 1998. Fragmentos, p. 28, 29 e 31.)

6. (UFV-MG) A prática pedagógica recomendada pelos Parâmetros Curriculares Nacionais – PCNs (5º parágrafo):

a) reproduz "a clássica metodologia de definição, classificação e exercitação", como é usual encontrar-se na gramática tradicional já consagrada no "ensino" de língua portuguesa e nos manuais utilizados na escola.

b) implica, inevitavelmente, "chegar a resultados diferentes daqueles obtidos pela gramática tradicional" já consagrada no "ensino" de língua portuguesa e nos manuais utilizados na escola.

c) corresponde "a uma prática que parte da reflexão produzida pelos alunos mediante a utilização de uma terminologia simples e se aproxima, progressivamente, pela mediação do professor, do conhecimento gramatical produzido".

d) não corresponde, em muitos aspectos, "aos usos atuais da linguagem", preconizados pela gramática tradicional já consagrada no "ensino" de língua portuguesa e pelos manuais utilizados na escola.

e) abdica da "necessidade de busca de apoio em outros materiais e fontes", porquanto é suficiente o uso da gramática tradicional já consagrada no "ensino" de língua portuguesa e nos manuais utilizados na escola.

7. (UEPG-PR)

**Notícias, *Correio do Povo*, 27/9/73**

Informações

Maria Joana Knijnick, solteira, procura pessoa do sexo oposto para fim de casamento. O interessado deve ser pessoa sensível, que goste de ouvir música, seja alegre, que goste de passear domingo de manhã, que goste de pescar, que goste de passear na relva úmida da manhã, que seja carinhoso, que sussurre aos ouvidos que me ama, que tenha bom humor mas também saiba chorar. Que saiba escutar o canto dos pássaros, que não se importe em dormir ao relento numa noite de luar, que saiba caminhar nas estrelas, que goste de tomar banho de chuva, que sonhe acordado e que goste muito do céu azul. Prefere-se pessoa que saiba escutar os segredos de um riacho e que não ligue aos marulhos do mar; que goste de bife com arroz e feijão, mas que prefira peru com maçã, dá-se preferência a pessoa de pés quentes, que goste de andar de barco, que goste de amar e não puxe as cobertas de noite. Não se exige que seja rico, de boa aparência, que entenda Kafka ou saiba consertar eletrodomésticos mas exige-se principalmente que goste de oferecer flores de vez em quando.

End.: Rua da Esperança, 43.

(Adaptado de Artur Oscar Lopes. *Contos Jovens*, 1979)

Assinale a(s) alternativa(s) em que a reescrita do anúncio resume, corretamente, as características solicitadas pela anunciante.

(01) Maria Joana Knijnick, solteira, procura pessoa do sexo oposto para matrimônio. O interessado deverá ser sensível e gostar de oferecer flores de vez em quando.

(02) Maria Joana Knijnick, solteira, procura pessoa do sexo oposto para fim de casamento. O interessado deverá ser romântico e gostar de oferecer flores uma vez ou outra.

(04) Maria Joana Knijnick, solteira, procura um companheiro sensível para fim de casamento. O interessado deverá ser bom leitor e oferecer-lhe flores todos os dias.

(08) Maria Joana Knijnick, solteira, procura um companheiro para fim de casamento. O interessado deverá ser pessoa abastada para mandar-lhe flores todos os dias.

**Texto para a próxima questão.**

## Como comprar um livro

Tenho em casa um livro intitulado *Como ler um livro*. Parece piada, mas é um livro sério. Os autores são dois americanos (Mortinmer e Van Doren). Foi publicado nos anos 1940. É um livro prático, bem americano, e no final há até uma lista de obras a serem lidas e sugestões de trabalho. Terminada a leitura, você se convence de que o título era muito apropriado, porque, mesmo a maioria das pessoas que sabe ler, não sabe como ler um livro.

Há tempos que penso em escrever algo em torno de como comprar um livro. Parece também um título de brincadeira. A primeira e instintiva resposta é: "Uai! Basta ter algum dinheiro, entrar na livraria e pronto".

Antes fosse. Vejamos.

Suponhamos que você tenha o tal dinheiro para adquirir o livro. (Embora ter dinheiro pareça natural para alguns, para a imensa maioria dos brasileiros isso ainda é um problema.) Suponhamos que, tendo dinheiro, você pertença à minoria dos que leem livros. (Até hoje, não se sabe ao certo se os que compram livros no Brasil são 10 ou 1 milhão de pessoas entre os 200 milhões.) Mas digamos que você, leitor de jornal, queira comprar um livro. Aí tem duas alternativas: ou vai a uma livraria ou procura na internet. Se você pretende ir à livraria, vai ter alguns problemas. Se mora num bairro com várias livrarias, é, em princípio, uma pessoa de sorte. Se mora alhures, a coisa complica. Quando muito, terá alguma papelaria, não livraria. Se vive no interior, aí complicou de vez. A maioria das cidades brasileiras não tem livrarias. Há cerca de seis mil municípios e temos só umas três mil livrarias, a maioria concentrada em certos bairros das grandes capitais.

Mas suponhamos que você tenha a sorte de entrar numa livraria. As maiores têm bares e restaurantes para atrair a clientela. Mas você está lá para comprar livro, não é? Você leu no jornal que o livro tal foi lançado. Como os jornais concorrem uns com os outros na pressa das notícias, o livro ainda não chegou à livraria. Se o livreiro for atento, pode anotar seu endereço e avisá-lo. Se você não for obsessivo, vai comer um sanduíche e se esquecer do livro.

Se o livro que procura saiu há algum tempo, o atendente, na maioria das vezes, vai ao computador verificar. Metade das vezes ele diz que está esgotado ou apenas no estoque. Isso nem sempre é verdade. Você pensa: depois eu volto. E não volta. Perdeu-se uma venda. Portanto, sugiro: você tem que ter um livreiro de confiança, como antigamente se tinha o contrabandista que lhe fornecia uísque. Não existe personal para tudo? Tenha uma pessoa para buscar o seu livro como infatigável cão de caça.

As livrarias mais inteligentes têm que criar serviço de entrega em domicílio, como pizzarias fazem com a pizza.

Mas você, contemporâneo da informática, mora no interior e resolve usar a internet. Todo mundo diz que é fácil, maravilhoso. Não é bem assim. Pode tentar na Cultura, na Saraiva. Mas a coisa mais complicada é comprar na Estante Virtual. Tentei várias vezes e desisti. Cheguei até a localizar o endereço no interior de São Paulo para encomendar diretamente o livro. Ou seja, comprar ingresso de cinema e teatro é fácil. É mais fácil até comprar os livros na Amazon, no exterior.

Outra alternativa é "baixar" o livro no seu iPad. Mas isso funciona melhor para os livros estrangeiros, a lista de títulos nacionais é pequena e, em geral, você tem que ser uma fera em informática, quase um engenheiro da Nasa, para ter êxito nessa operação.

Daqui a 10 anos, quando alguém ler este artigo vai se espantar, porque tudo será diferente. Melhor? Pior? Imprevisível. O que escrevo aqui hoje – "Como comprar um livro" – pode não valer para amanhã. Daqui a 10 anos, não sei se haverá livrarias, se haverá editoras. Segundo uns pensadores franceses, o "autor" morreu há muito e apenas se esqueceu de se deitar no caixão.

SANT'ANNA, Affonso Romano de. *Jornal Estado de Minas*. Caderno Cultura. 04 mar. 2012. p. 8.

8. (Cefet-MG) No penúltimo parágrafo do texto, o uso das aspas em "baixar" tem o objetivo de
   a) destacar uma construção irônica.
   b) demarcar uma fala de outra pessoa.
   c) ressaltar o emprego de um estrangeirismo.
   d) indicar a apropriação de termo específico de outro contexto.
   e) sinalizar a substituição de uma palavra por outra mais adequada.

**Texto para a próxima questão.**

## Carta ao FHC

Presidente:

Tenho certeza de que se alguém lhe perguntar quem sou eu, o senhor responderá: o escritor. (...)

Pois é, meu querido presidente (...) eu estou aproveitando aqui o meu espaço no *Estadão* e os seus últimos meses aí no comando para lhe pedir um favor. (...)

O que eu quero, meu presidente, é que antes de o senhor deixar o governo, me reconheça como escritor. Não apenas eu. O Veríssimo, o Ubaldo, o Loyola, o Mateus, o Jorge Amado, o Machado de Assis, também estão na mesma situação minha. Como está o meu filho Antonio. Resumindo, meu caro: não existe a profissão de escritor no Brasil. Vou repetir: não existe.

Quando declaro meu Imposto de Renda (não existimos, mas pagamos), tenho de me dizer ou jornalista ou assemelhado. É duro, meu presidente, depois de 42 anos escrevendo (e vivendo disto) ainda seja apenas um elemento assemelhado. Não é nem semelhante, é assemelhado mesmo!

Minha profissão não existe, presidente. Não posso me aposentar... Não tenho um sindicato que me represente. (...)

Dá um jeito aí, Fernando. Oficializa a coisa. Nos dê uma profissão, com direito a uma cidadania digna. (...)

Só para lhe dar um exemplo de um país onde o escritor é um profissional reconhecido pelas leis, e amparado por elas, cito a Inglaterra, onde toda editora a publicar um livro, tem que mandar um exemplar para cada biblioteca pública do país. Claro que os 40 mil exemplares são comprados pelo governo. Quem ganha? Em primeiro lugar, o público. Ganha a editora, ganha o escritor. Ganha o País. Ganha a profissão. (...)

Quebra essa pra gente, FHC. Mesmo porque você vai sair aí do Planalto Central e vai passar o resto da sua vida a escrever uns livros. E não vai querer que na sua biografia para o século seguinte alguém leia: "Ex-presidente da República, no fim da vida tornou-se importante assemelhado." (...)

(Mário Prata. *O Estado de S. Paulo*, 03.07.2002. Adaptado)

**9.** (IFSP) O texto de Mário Prata foi publicado no jornal *O Estado de S. Paulo*, quando Fernando Henrique Cardoso era presidente do Brasil.

a) O autor da carta deixa bem clara a sua intenção ao escrevê-la. Explique-a.

b) Para convencer seu interlocutor a respeito do ponto de vista que defende, o autor cita alguns problemas que vive. Transcreva dois desses problemas e explique que transtornos eles causam ao autor.

**10.** (Insper-SP)

*Texto I*

## O texto na era digital

*Para além do internetês, a internet está mudando a maneira como lemos e escrevemos*

Com cada vez mais usuários – o acesso à rede no Brasil aumentou 35% entre 2008 e 2009 – a internet está criando novos hábitos de comunicação entre as pessoas, que acabam se adaptando às facilidades da nova tecnologia. (...)

O que já havia sido deflagrado nos anos 90 pela comunicação via *e-mail*, mensageiros eletrônicos e pela cultura escrita dos *blogs*, as redes sociais elevaram à enésima potência ao garantir interatividade e visibilidade às pessoas em torno de interesses em comum.

(...)

Para além dos modismos que nascem e morrem na grande rede mundial de computadores, o advento do *microblog Twitter* extrapolou essa esfera para cair na boca de grandes homens de letras, muitas vezes avessos a novidades tecnológicas, como o escritor José Saramago, que chegou a declarar: "Os tais 140 caracteres reflectem algo que já conhecíamos: a tendência para o monossílabo como forma de comunicação. De degrau em degrau, vamos descendo até o grunhido". (...)

Embora não se possa afirmar categoricamente que a internet favoreceu o desenvolvimento de uma "cultura letrada", com ênfase em informações profundas e relevantes, ela reforçou o peso da palavra escrita no cotidiano das pessoas. Mais do que gírias e jargões, como o famigerado "internetês", as transformações pelas quais passam a escrita e a leitura estão por ser dimensionadas.

Disponível em: http://revistalingua.uol.com.br/textos/64/artigo249031-1.asp

*Texto II*

(Adaptado. <http://ptwitter.blogspot.com.br/2009/06/o-que-e-hashtag-do-twitter.html)

Os Textos I e II abordam a questão da linguagem nos meios digitais. A partir de sua leitura, infere-se que

a) em ambos os textos, há evidências de que a navegação na internet limita a disseminação do saber.

b) o Texto I defende que as inovações tecnológicas produziram uma torrente de informações tão grande que tornaram a escrita banal e empobrecedora.

c) tanto o Texto I quanto o Texto II revelam que o acesso à rede está interferindo na capacidade de leitura de crianças e adolescentes.

d) o Texto II apresenta marcas específicas da linguagem do Twitter que limitam a compreensão da tira em leitores que não são usuários do microblog.

e) o Texto I demonstra que o internetês produziu impactos na comunicação escrita, enquanto que o Texto II nega esse fato.

# PRODUÇÃO DE TEXTOS: DA ESCOLA PARA A VIDA

## A REDAÇÃO NOS EXAMES

Em determinadas situações, somos solicitados a produzir textos que serão objeto de avaliação. Nesses casos, a liberdade de criação não é absoluta, pois o texto será avaliado segundo alguns critérios, aos quais você obrigatoriamente deverá se sujeitar. A **redação de vestibular**, segundo o modelo tradicional, poderia ser definida como um gênero textual.

### Temas

- **Tema explícito**: em alguns casos, a proposta de redação se limita a apontar um tema geral. Fica por conta do aluno abordá-lo de forma geral ou destacar um aspecto dele.
- **Tema implícito**: neste caso, a proposta de redação vem acompanhada de uma coletânea de textos da qual o candidato deve extrair a temática para seu texto.

### Competências avaliadas

- **Gramática**: é no uso e na manipulação consciente dos recursos gramaticais que o produtor de textos eficiente encontra a forma de concretizar e explicitar suas ideias, sempre em função da interação social.
- **Articulação textual**: não basta falar/escrever ideias soltas para construir um texto; é preciso estabelecer uma ligação entre elas. Aí entra o que se chama articulação textual. Essa articulação se dá a partir, por exemplo, do emprego de elementos coesivos, que ajudam a compor o texto como um todo.
- **Coerência**: se a intenção é avaliar a competência comunicativa de um candidato, não basta uma redação bem escrita no quesito ortografia e regras gramaticais. O texto tem de apresentar claramente suas ideias, observando a coerência com os fatores que envolvem sua produção: a situação comunicativa (real ou pressuposta) e a função (o que se quer com o texto, o que se tenta dizer, qual é o objetivo do texto?).

### Proposta de redação

Chama-se **coletânea** ou **painel de leitura** o conjunto de textos que compõe uma proposta de redação. Tal conjunto oferece para o candidato um quadro diversificado de ideias sobre um mesmo assunto, podendo abordá-lo de forma distinta e até contraditória. Se a concepção de leitura envolve a noção de prática social e tenta-se avaliar a competência do candidato como leitor eficiente, o conjunto de textos deve apresentar uma amostra com variedade textual e variedade de linguagens.

### Gêneros textuais comuns nos exames

De modo geral, a **dissertação** é o gênero textual mais comum nas propostas de redação. Outro arranjo linguístico muito solicitado é o **narrativo**. Em alguns casos, podemos observar propostas que apresentam uma especificidade maior, como ocorre com o gênero textual **carta argumentativa** (nesse caso, além da forma característica do gênero, é comum a definição do interlocutor, dado a que se deve dar muita atenção porque definirá o nível da linguagem e o tipo da argumentação).

Outra modalidade de texto que o candidato deve produzir, muito comum nos vestibulares, especialmente nas instituições que realizam os exames em duas fases, são as respostas às perguntas discursivas. Trata-se de "pequenas redações" que, no entanto, não desprezam nenhuma das competências necessárias para a escrita de um texto maior.

# Exercícios

1. (Unicamp-SP)

## Crianças ladronas

Já por várias vezes o nosso jornal, que é sem dúvida o órgão das mais legítimas aspirações da população baiana, tem trazido notícias sobre a atividade criminosa dos Capitães da Areia, nome pelo qual é conhecido o grupo de meninos assaltantes e ladrões que infestam a nossa urbe.

(Jorge Amado, *Capitães da Areia*. São Paulo: Companhia das Letras, 2013, p. 9.)

O Sem-Pernas já tinha mesmo (certo dia em que penetrara num parque de diversões armado no Passeio Público) chegado a comprar entrada para um [carrossel], mas o guarda o expulsou do recinto porque ele estava vestido de farrapos. Depois o bilheteiro não quis lhe devolver o bilhete da entrada, o que fez com que o Sem-Pernas metesse as mãos na gaveta da bilheteria, que estava aberta, abafasse o troco, e tivesse que desaparecer do Passeio Público de uma maneira muito rápida, enquanto em todo o parque se ouviam os gritos de: "Ladrão!, ladrão!" Houve uma tremenda confusão enquanto o Sem-Pernas descia muito calmamente a Gamboa de Cima, levando nos bolsos pelo menos cinco vezes o que tinha pago pela entrada. Mas o Sem-Pernas preferiria, sem dúvida, ter rodado no carrossel (...).

(Idem, p. 63.)

a) O primeiro excerto é representativo do conjunto de textos jornalísticos que iniciam *Capitães da Areia*. Que voz social eles expressam?

b) O narrador, no segundo trecho, adere a um ponto de vista social que caracteriza a ficção de Jorge Amado. Que ponto de vista é esse?

**Texto para a próxima questão.**

A questão a seguir toma por base uma passagem de um livro de José Ribeiro sobre o folclore nacional.

## Curupira

Na teogonia* tupi, o Anhangá, gênio andante, espírito andejo ou vagabundo, destinava-se a proteger a caça do campo. Era imaginado, segundo a tradição colhida pelo Dr. Couto de Magalhães, sob a figura de um veado branco, com olhos de fogo.

Todo aquele que perseguisse um animal que estivesse amamentando corria o risco de ver Anhangá e a visão determinava logo a febre e, às vezes, a loucura. O Caapora é o mesmo tipo mítico encontrado nas regiões central e meridional e aí representado por um homem enorme coberto de pelos negros por todo o rosto e por todo o corpo, ao qual se confiou a proteção da caça do mato. Tristonho e taciturno, anda sempre montado em um porco de grandes dimensões, dando de quando em vez um grito para impelir a vara. Quem o encontra adquire logo a certeza de ficar infeliz e de ser malsucedido em tudo que intentar. Dele se originaram as expressões portuguesas caipora e caiporismo, como sinônimo de má sorte, infelicidade, desdita nos negócios. Bilac assim o descreve: "Companheiro do Curupira, ou sua duplicata, é o Caapora, ora gigante, ora anão, montado num caititu, e cavalgando à frente de varas de porcos do mato, fumando cachimbo ou cigarro, pedindo fogo aos viajores; à frente dele voam os vaga-lumes, seus batedores, alumiando o caminho".

Ambos representam um só mito com diferente configuração e a mesma identidade com o Curupira e o Jurupari, numes que guardam a floresta. Todos convergem mais ou menos para o mesmo fim, sendo que o Curupira é representado na região setentrional por um "pequeno tapuio" com os pés voltados para trás e sem os orifícios necessários para as secreções indispensáveis à vida, pelo que a gente do Pará diz que ele é músico. O Curupira ou Currupira, como é chamado no sul, aliás erroneamente, figura em uma infinidade de lendas tanto no norte como no sul do Brasil. No Pará, quando se viaja pelos rios e se ouve alguma pancada longínqua no meio dos bosques, "os romeiros dizem que é o Curupira que está batendo nas sapupemas, a ver se as árvores estão suficientemente fortes para sofrerem a ação de alguma tempestade que está próxima. A função do Curupira é proteger as florestas. Todo aquele que derriba, ou por qualquer modo estraga inutilmente as árvores, é punido por ele com a pena de errar tempos imensos pelos bosques, sem poder atinar com o caminho de casa, ou meio algum de chegar até os seus". Como se vê, qualquer desses tipos é a manifestação de um só mito em regiões e circunstâncias diferentes.

(*O Brasil no folclore*, 1970.)

(*) Teogonia, s.f.: 1. Filos. Doutrina mística relativa ao nascimento dos deuses, e que frequentemente se relaciona com a formação do mundo. 2. Conjunto de divindades cujo culto forma o sistema religioso dum povo politeísta. (*Dicionário Aurélio Eletrônico – Século XXI*).

2. (Unesp-SP) *Todo aquele que perseguisse um animal que estivesse amamentando corria o risco de ver Anhangá [...].*

Se a frase apresentada for reescrita trocando-se *perseguisse*, que está no pretérito imperfeito do modo subjuntivo, por *perseguir*, futuro do mesmo modo, as formas *estivesse* e *corria* assumirão, por correlação de modos e tempos, as seguintes flexões:

a) estiver e correu.

b) estaria e correria.

c) estará e corria.

d) esteja e correra.

e) estiver e correrá.

3. (Uepa)

"Como aludido, Ricardo Reis é um poeta doutrinário. Ele considera a existência humana um jogo em que, por definição, sairemos derrotados – o xeque-mate nos é aplicado pelas mãos hábeis e insondáveis do Destino."

(OLIVEIRA, Paulo. In: *Revista Discutindo Literatura*. Ano 1, 2ª Ed.)

Segundo a citação acima, Ricardo Reis – heterônimo pagão de Fernando Pessoa – põe a existência humana nas mãos das forças irrevogáveis do Destino. Há momentos que seus versos inflamam-se de tamanha consciência da brevidade da vida, que beiram a um pessimismo esnobe por considerar-se único sabedor de que tudo passa. Deste modo investe-se de certo didatismo e convida o leitor a atentar para a consciência de que nada somos, de que nada sabemos. Com base na citação e na afirmação acima, interprete os versos em que o poeta, afastando-se dessa linha, propõe uma meta apenas para si próprio.

a) Ninguém, na vasta selva virgem
Do mundo inumerável, finalmente
Vê o Deus que conhece.

b) Seja qual for o certo,
Mesmo para com esses
Que cremos sejam deuses, não sejamos
Inteiros numa fé talvez sem causa.

c) Deixemos, Lidia, a ciência que não põe
Mais flores do que a Flora pelos mesmos campos
Nem dá de Apolo ao carro
Outro curso que Apolo.

d) Quero ignorado, e calmo
Por ignorado, e próprio
Por calmo encher meus dias.
De não querer mais deles.

e) Não te destines que não és futura.
Quem sabe se, entre a taça que esvazias,
E ela de novo enchida, não te há sorte
Interpõe o abismo?

**Texto para a próxima questão.**

## Motivos para pânico

Como sabemos, existem muitas frases comumente repetidas a cujo uso nos acostumamos tanto que nem observamos nelas patentes absurdos ou disparates. Das mais escutadas nos noticiários, nos últimos dias, têm sido "não há razão para pânico" e "não há motivo para pânico", ambas aludindo à famosa gripe suína de que tanto se fala. Todo mundo as ouve e creio que a maioria concorda sem pensar e sem notar que se trata de assertivas tão asnáticas quanto, por exemplo, a antiga exigência de que o postulante a certos benefícios públicos estivesse "vivo e sadio", como se um defunto pudesse estar sadio. Ou a que apareceu num comercial da Petrobras em homenagem aos seus trabalhadores, que não sei se ainda está sendo veiculado. Nele, os trabalhadores "encaram de frente" grandes desafios, como se alguém pudesse encarar alguma coisa senão de frente mesmo, a não ser que o cruel destino lhe haja posto a cara no traseiro.

Em rigor, as frases não se equivalem e é necessário examiná-las separadamente, se desejar enxergar as inanidades que formulam. No primeiro caso, pois o pânico é uma reação irracional, comete-se uma contradição em termos mais que óbvia. Ninguém pode ter ou deixar de ter razão para pânico, porque não é possível haver razão em algo que por definição requer ausência de razão. Então, ao repetir solenemente que não há razão para pânico, os noticiários e notas de esclarecimento (e nós também) estão dizendo uma novidade semelhante a "água é um líquido" ou "a comida vai para o estômago". Se as palavras pudessem protestar, certamente Pânico escreveria para as redações, perguntando ofendidíssimo desde quando ele precisa de razão. Nunca há uma razão para o pânico.

A segunda frase nega uma verdade evidente. É também mais do que claro que não existe pânico sem motivo, ou seja, o freguês entra em pânico porque algo o motivou, independentemente de sua vontade, a entrar na desagradabilíssima sensação de pânico. Ninguém, que eu saiba, olha assim para a mulher e diz "mulher, acho que vou entrar em pânico hoje à tarde" e, quando a mulher pergunta por que, diz que é para quebrar a monotonia.

(João Ubaldo Ribeiro. Motivos para pânico. *O Estado de S. Paulo*, 17.05.2009.)

4. (Unesp-SP) Para o narrador, não notamos os verdadeiros absurdos em asserções como as que ele comenta, porque:

a) Não temos hábito de leitura e interpretação de textos.

b) Não nos sentimos capazes de negar verdades evidentes.

c) Quase todas as frases assertivas do idioma são "asnáticas".

d) Costumamos ouvi-las tantas vezes, que nem notamos tais absurdos.

e) Essas frases aparecem em propagandas oficiais.

**Texto para a próxima questão.**

O pobre é pop. A periferia é o centro do mundo. E a música popular brasileira nunca mereceu tanto ser chamada assim – embora esteja cada vez mais distante de um certo totem conhecido como MPB.

A expansão da classe média tem impacto evidente sobre os padrões de consumo no Brasil, inclusive cultural. Mas o protagonismo das classes C, D e E nos novos fluxos de produção e circulação de música não é efeito colateral de um aumento da renda familiar, simplesmente.

A periferia (cultural, social ou econômica) do Brasil cansou de esperar o seu lugar ao sol. E tomou pra si o direito de dizer e fazer o que quer, do jeito que pode, sabe e gosta.

É uma mudança de paradigmas. Um processo cumulativo, iniciado ainda nos idos dos anos 90 [do século passado], que se acentua e ganha relevo, sobretudo na última década. Uma força irrefreável, que arde em fogo brando. Ainda que só deixe a sombra da invisibilidade (para ocupar espaços de validação pública, como já foi a dita grande mídia) quando o caldo já ferve há tanto, que só lhe resta entrar em erupção. Por seus próprios méritos. E, não raro, seus próprios meios.

Foi o que se deu, em boa medida, com fenômenos da "periferia do bom gosto" como o sertanejo (no Brasil Central), o axé (na Bahia), o rap (em São Paulo), o funk carioca (no Rio de Janeiro), o pagode (em São Paulo), o forró (no Ceará) e, mais recentemente, o tecnobrega (no Pará).

Em comum, uma música de "gosto duvidoso", que geralmente destoa da chamada "linha evolutiva da MPB". E que, na sua incontinência habitual, se alastra pelo país – com ou sem o suporte das grandes corporações da indústria fonográfica e da mídia.

É a emergência do pobre-star. Que viceja pelos grotões, nos quatro cantos do país, como sintoma de que as coisas (há tempos...) já não estão mais tão "sob controle", como se supõe que um dia estiveram, do ponto de vista da agenda estética da elite cultural.

O espanto com que o tecnobrega foi recebido no Sudeste, há pouco mais de um ano, como algo "esquisito", que "brotou do nada", ilustra bem a crônica da vida na bolha de um mundo globalizado que, em certos segmentos da sociedade brasileira, ainda não voltou o olhar (e a escuta) para além do próprio umbigo.

VALE, Israel do. Tecnobrega, ditadura da felicidade e a erupção do pobre-star. *CULT*, São Paulo: Bregantini, n. 183, p. 35, set. 2013.

5. (Uneb-BA) Na ótica do autor,

a) o "pobre-star" deve ser visto sob uma perspectiva antropológica.

b) a produção cultural da periferia é pouco compreendida por aqueles que a olham de forma convencional.

c) a cultura da periferia ainda tenta hoje transpor barreiras para a sua inserção na vida cultural brasileira.

d) os diferentes gêneros musicais cultivados pela periferia vêm, cada vez mais, fazendo frente às demandas políticas do país.

e) a aceitação da produção cultural da periferia pelas classes A e B decorre fundamentalmente da redução da desigualdade social.

6. (Uepa)

## Lorotas que os pais contam

Todos querem ter filhos honestos. Mas, ao mesmo tempo que dizem valorizar a integridade dos filhos, pais mentem na frente deles.

O telefone toca e a mãe fala para dizer que não está em casa. A avó dá um presente chato, e o pai ensina que se deve fingir que adorou. Isso influencia a criação dos filhos? Sim, diz Robert Feldman, da Universidade de Massachusetts. "Assim, passamos a mensagem de que é certo mentir em algumas situações." E as crianças são espertas – aos 3 ou 4 anos já são capazes de entender que algo não é verdade. Mas é possível evitar essas mentiras na criação dos filhos? O psicólogo acredita que não. "Você quer que as crianças cresçam com habilidades sociais, não que sejam o tipo de pessoa que diz para a outra que tem um nariz grande." Ou seja: ser honesto é importante, mas educado e gentil também. O problema é partir sempre para mentiras, o que é mais fácil do que dar satisfações. Pais que fazem isso perdem a confiança das crianças, afirma Victoria Talwar, da Universidade McGill, Canadá. E tem mais. Elas aprendem que mentir é uma estratégia eficaz para obter o que querem.

(*Revista Superinteressante*. Edição 294-A, ago./2011, p. 30. Texto adaptado)

O argumento usado pelo autor para mostrar que os pais agem por comodismo se encontra em:

a) evitar mentir na criação dos filhos.

b) mentir é uma estratégia eficaz para obter o que se quer.

c) ser honesto é importante, mas educado e gentil também.

d) mentir é mais fácil do que dar satisfação.

e) é certo mentir em algumas situações.

7. (Fuvest-SP) Leia o texto a seguir e responda ao que se pede.

Tem-se discutido muito sobre as funções essenciais da linguagem humana e a hierarquia natural que há entre elas. É fácil observar, por exemplo, que é pela posse e pelo uso da linguagem, falando oralmente ao próximo ou mentalmente a nós mesmos, que conseguimos organizar o nosso pensamento e torná-lo articulado, concatenado e nítido; é assim que, nas crianças, a partir do momento em que, rigorosamente, adquirem o manejo da língua dos adultos e deixam para trás o balbucio e a expressão fragmentada e difusa, surge um novo e repentino vigor de raciocínio, que não só decorre do desenvolvimento do cérebro, mas também da circunstância de que o indivíduo dispõe agora da língua materna, a serviço de todo o seu trabalho de atividade mental. Se se inicia e desenvolve o estudo metódico dos caracteres e aplicações desse novo e preciso instrumento, vai, concomitantemente, aperfeiçoando-se a capacidade de pensar, da mesma sorte que se aperfeiçoa o operário com o domínio e o conhecimento seguro das ferramentas da sua profissão. E é este, e não outro, antes de tudo, o essencial proveito de tal ensino.

J. Mattoso Câmara Jr., *Manual de expressão oral e escrita.* Adaptado.

a) Transcreva o trecho em que o autor trata da relação da linguagem com o pensamento.

b) Transcreva o trecho em que o autor trata da relação da linguagem com a fisiologia.

c) Segundo o autor, qual é o "essencial proveito" do ensino da língua?

8. (UFMG) Uma frase é considerada ambígua quando possibilita mais de uma leitura e interpretação. Identifique, em cada um dos textos que se seguem, o elemento causador de ambiguidade e explicite duas leituras propiciadas em cada caso.

*Texto 1*

**VEREDA TROPICAL / Nani**

*Estado de Minas*, Belo Horizonte, 24 abril 2010. Caderno Cultura, p. 7.

Elemento causador da ambiguidade:

Leitura 1:

Leitura 2:

*Texto 2*

É muito comum o contribuinte incluir na sua declaração dependentes que já têm renda. Essa inclusão pode não ser vantajosa. Para um dependente que estuda, não é vantagem o contribuinte incluí-lo se sua renda for superior a R$ 4.439,34.

*Folha de S.Paulo*, São Paulo, 20 abril 2010, Caderno Dinheiro, p. B4. (Adaptado)

Elemento causador da ambiguidade:

Leitura 1:

Leitura 2:

**Texto para a próxima questão.**

Qualquer livro intitulado *Como a mente funciona* deveria começar com uma nota de humildade; começarei com duas. Primeiro, não entendemos como a mente funciona – nem de longe tão bem quanto compreendemos como funciona o corpo, e certamente não o suficiente para projetar utopias ou curar a infelicidade. Então, por que esse título audacioso? O linguista Noam Chomsky declarou certa vez que nossa ignorância pode ser dividida em *problemas* e *mistérios*. Quando estamos diante de um problema, podemos não saber a solução, mas temos *insights*, acumulamos um conhecimento crescente sobre ele e temos uma vaga ideia do que buscamos. Porém, quando defrontamos um mistério, ficamos entre maravilhados e perplexos, sem ao menos uma ideia de como seria a explicação. Escrevi este livro porque dezenas de mistérios da mente, das imagens mentais ao amor romântico, foram recentemente promovidos a problemas (embora ainda haja também alguns mistérios!). Cada ideia deste livro pode revelar-se errônea, mas isso seria um progresso, pois nossas velhas ideias eram muito sem graça para estar erradas.

Em segundo lugar, *eu* não descobri o que de fato sabemos sobre o funcionamento da mente. Poucas das ideias apresentadas nas páginas seguintes são minhas. Selecionei, de muitas disciplinas, teorias que me parecem oferecer um *insight* especial a respeito dos nossos pensamentos e sentimentos, que se ajustam aos fatos, predizem fatos novos e são coerentes em seu conteúdo e estilo explicativo. Meu objetivo foi tecer essas ideias em um quadro coeso, usando duas ideias ainda maiores que não são minhas: a teoria computacional da mente e a teoria da seleção natural dos replicadores.

(PINKER, Steven. *Como a mente funciona*. São Paulo: Companhia das Letras, 1998, p. 9.)

9. (UFPR) O autor apresenta convicções sobre seu objeto de estudo: a mente humana. Assinale a alternativa que apresenta uma delas.

a) Já acumulamos conhecimento suficiente para

abordar a mente humana e propor explicações para o seu funcionamento.

b) Embora tenhamos alguns *insights*, prevalecem os mistérios em relação ao funcionamento da mente humana, haja vista o amor romântico.

c) Embora alguns tenham defendido que a mente humana pode receber um tratamento mais científico, as velhas ideias é que se mostraram corretas.

d) Diante da complexidade do funcionamento da mente humana somos incapazes de formular qualquer hipótese.

e) O funcionamento da mente e o funcionamento do corpo humano constituem desafios que são similares em complexidade.

**10.** (UFG-GO) Leia o texto a seguir:

Próximo Domingo, 15/5, "O Fabuloso Destino de Amélie Poulain", uma comédia francesa que fez sucesso até em Hollywood.

*Folha de S.Paulo*, São Paulo, 12 mai. 2005, p. 8A.

A força apelativa do anúncio se constrói com o auxílio do ATÉ, uso que

a) introduz o pressuposto de que as comédias francesas são pouco aceitas em Hollywood.

b) evita mal-entendidos quanto ao sucesso da comédia francesa no Brasil.

c) ironiza a origem da comédia "O Fabuloso Destino de Amélie Poulain".

d) confere autoridade à voz do anunciante do filme junto ao público-alvo.

e) indica contradição nas críticas direcionadas ao cinema comercial francês.

**11.** (UFTM-MG) Leia os *slogans*.

- *Tem coisas que só a Philco faz pra você.* (Philco)
- *É um pouco mais cara, mas é muito melhor.* (Insetisan)
- *Você faz maravilhas com Leite Moça.* (Nestlé)
- *Leve o bosque para passear no seu pai.* (Boticário)
- *Não esqueça a minha Caloi.* (bicicletas Caloi)

A frase que preserva a mensagem do *slogan*, e produz o mesmo impacto sobre o público-alvo, após a alteração da ordem ou da pontuação é:

a) Tem coisas que a Philco faz só pra você.

b) É muito melhor, mas é um pouco mais cara.

c) Com Leite Moça, você faz maravilhas.

d) Leve o seu pai para passear no bosque.

e) Não, esqueça a minha Caloi.

**Texto para a próxima questão.**

Clara Gomes. <www.bichinhosdejardim.com>.

**12.** (Uerj) Ao descrever sua criação, Joana expressa uma opinião crítica acerca das redes sociais existentes. Essa crítica é reforçada, nas falas da personagem, principalmente pelo uso de:

a) frases de tom exclamativo.

b) palavras de sentido negativo.

c) elementos de caracterização sucinta.

d) reticências de função complementar.

## DEFINIÇÃO

**Injuntivo** é sinônimo de "obrigatório", "imperativo". No campo dos estudos linguísticos, **modo injuntivo** é o mesmo que **modo imperativo**. **Instrucional**, por sua vez, remete-nos à instrução, ao ensino; são textos instrucionais, por exemplo, manuais de aparelhos eletrônicos, informações de montagem de móveis, regulamentos, regras de jogos, modo de preparo nas receitas culinárias.

# OS TEXTOS INJUNTIVOS-INSTRUCIONAIS

## CARACTERÍSTICAS

Gramaticalmente, os textos injuntivos-instrucionais se caracterizam pelo emprego de verbos no imperativo, pronomes na segunda pessoa e uso de vocativos. Em certas construções, os verbos no imperativo são substituídos por "deve" ou outras construções mais suaves, que, no entanto, indicam ordem, orientação.

## GÊNEROS TEXTUAIS

As sequências injuntivas-instrucionais aparecem em textos dos mais diversos gêneros, como anúncios publicitários, discursos políticos e religiosos, horóscopos, livros de autoajuda, orações, etc.

# Exercícios

**Texto para a próxima questão.**

## Receita de mulher

As muito feias que me perdoem
Mas beleza é fundamental. É preciso
Que haja qualquer coisa de flor em tudo isso
Qualquer coisa de dança, qualquer coisa de
[*haute couture**
Em tudo isso (ou então
Que a mulher se socialize elegantemente em azul,
[como na República Popular Chinesa).
Não há meio-termo possível. É preciso
Que tudo isso seja belo. É preciso que súbito
Tenha-se a impressão de ver uma garça apenas
[pousada e que um rosto
Adquira de vez em quando essa cor só
[encontrável no terceiro minuto da aurora.

Vinicius de Moraes.

Vocabulário:
*haute couture*: alta costura

1. (Fuvest-SP) Tendo em vista o contexto, o modo verbal predominante no excerto e a razão desse uso são:
a) indicativo; expressar verdades universais.
b) imperativo; traduzir ordens ou exortações.
c) subjuntivo; indicar vontade ou desejo.
d) indicativo; relacionar ações habituais.
e) subjuntivo; sugerir condições hipotéticas.

**Texto para a próxima questão.**

Leia o poema *O constante diálogo*, de Carlos Drummond de Andrade.

Há tantos diálogos

Diálogo com o ser amado
o semelhante
o diferente
o indiferente
o oposto
o adversário
o surdo-mudo
o possesso
o irracional
o vegetal
o mineral
o inominado

Diálogo consigo mesmo
com a noite
os astros
os mortos
as ideias
o sonho
o passado
o mais que futuro

Escolhe teu diálogo
e
tua melhor palavra
ou
teu melhor silêncio
Mesmo no silêncio e com o silêncio
dialogamos.

(Carlos Drummond de Andrade. *Discurso de primavera e algumas sombras*, 1977.)

2. (Unifesp) O eu lírico, ao mostrar as variedades do diálogo, revela que este
a) é uma forma que, na verdade, dissimula um monólogo.
b) é uma realidade inerente à condição humana.
c) implica necessariamente um outro, distinto do eu.
d) constrói a ideia de que comunicar exige afinidade.
e) concebe o presente desprovido das marcas do passado.

**Textos para a próxima questão.**

## Cuidado para não bater

OLHE PELO RETROVISOR

Lembre-se de como você era e de como foi tratado pelos adultos.

Uma boa conversa pode ser melhor que um castigo daqueles.

MANTENHA OS FARÓIS LIGADOS

Acompanhe de perto a vida dos seus filhos.

A gente faz coisas sem pensar, quando é surpreendido.

Ouça o que eles têm a dizer antes de tirar conclusões no escuro.

USE A SETA

Se a criança mereceu uma bronca, você deve dizer explicadinho o porquê. Mostre a ela como fazer diferente nas próximas vezes.

EVITE O EXCESSO DE VELOCIDADE

Vá devagar com seu filho.

As crianças levam tempo para aprender as coisas.

Não dá para conseguir tudo de uma vez.

SE BEBER, NÃO DIRIJA

Se beber, deixe qualquer conversa séria para outro dia.

A bebida é má conselheira. E arrependimento é pior do que ressaca.

Para mais informações:
www.naobataeduque.org.br

3. (UEM-PR)

**Palmadinha fora de lei**

Carolina Romanini
Alexandre Salvador
Naiara Magalhães

(...) O presidente Lula assinou um projeto de lei que modifica o Estatuto da Criança e do Adolescente em seu artigo 18. Pelo novo texto, fica vedado aos pais usar castigos corporais de qualquer tipo na educação dos filhos. Um parágrafo define o castigo corporal como "ação de natureza disciplinar ou punitiva com o uso de força física que resulte em dor ou lesão à criança ou adolescente". De acordo com a nova lei, que ainda precisa ser aprovada pelo Congresso Nacional, o pai ou mãe que, por exemplo, der uma palmada na mão do filho que insiste em enfiar o dedo na tomada elétrica poderá se sujeitar a penas que variam da advertência à obrigatoriedade de se submeter a acompanhamento psicológico ou programas de orientação à família.

A alteração no texto do estatuto tem raízes num projeto de lei apresentado em 2003 pela deputada Maria do Rosário (PT-RS) e rejeitado pelo Legislativo. A proposta da deputada surgiu a partir de uma pesquisa realizada ao longo de trinta anos pela Universidade de São Paulo com crianças que sofriam castigos físicos na infância. O estudo apontou que elas chegavam à vida adulta traumatizadas e se mostravam mais agressivas em situações corriqueiras do dia a dia. "Esse projeto é 100% preventivo. A intenção não é punir pais e familiares. Queremos, apenas, que as pessoas estejam alertas para as consequências desse tipo de ato", diz Maria do Rosário.

A intenção é boa, mas a nova lei antipalmada levanta uma série de questionamentos de ordem legal e cultural. Em primeiro lugar, para combater castigos físicos severos, a lei é redundante. O Código Penal e o Código Civil já contêm artigos que punem os maus-tratos. (...) A nova lei suscita, ainda, a questão sobre até que ponto o estado tem direito de intervir no que se passa dentro dos lares. Ninguém de bom-senso defende o espancamento de crianças – mas será desejável que o estado legisle sobre a palmadinha, que muitos pais ainda consideram positiva do ponto de vista pedagógico, apesar de todas as condenações da psicologia moderna? "A lei confronta o poder familiar, que é o direito do pai e da mãe de exercer sua autoridade", diz a advogada Renata di Pierro, especialista em direito de família.

(...) A psicóloga Jonia Lacerda, do Instituto de Psiquiatria da USP, pondera que, no caso de criança muito pequena, lançar um olhar mais duro, segurá-la pelo braço ou mesmo dar um tapa leve no bumbum pode ser mais adequado e eficiente que discorrer durante horas sobre uma regra que ela infringiu. Diz Jonia: "A criança de até 5 anos ainda não tem plena capacidade intelectual para entender conceitos abstratos. Para ela, a linguagem corporal, muito mais direta e clara que a verbal, pode ser mais apropriada em algumas situações". (...)

De acordo com a psicóloga Marilda Lipp, professora da Pontifícia Universidade Católica de Campinas, (...) a palmada passa a ser um problema quando se torna a principal forma de comunicação dos pais com os filhos. Quando o pai ou a mãe se excedem no uso do tapinha na mão ou no bumbum – um risco na fase em que as crianças tendem a se tornar desafiadoras e irônicas, entre os 3 e os 5 anos de idade –, o recurso perde a função pedagógica e se torna apenas uma maneira de os pais descarregarem a própria raiva. Os especialistas ressaltam que a violência física contra meninos e meninas deve, obviamente, ser evitada. Mas consideram que o texto agora incorporado ao Estatuto da Criança e do Adolescente, além de exagerar ao proibir castigos leves e pedagógicos, cria a ilusão de que toda e qualquer violência contra menores de idade será coibida. Diz a educadora Guiomar Mello: "Há outros tipos de violência mais sutis, como a pressão psicológica, a chantagem emocional e a expectativa exagerada sobre os filhos, que podem causar tanto sofrimento quanto a agressão física". (...)

Texto adaptado da Revista *Veja*. São Paulo: Abril, ano 43, n. 29, 21 jul. 2010, p. 87-92.

Assinale o que for correto a respeito dos textos.

(01) O texto "**Cuidado para não bater**" apresenta enunciados que condenam veementemente os castigos corporais utilizados na educação de crianças e de adolescentes. O "**Palmadinha fora de lei**", por sua vez, apresenta tanto argumentos favoráveis quanto desfavoráveis aos castigos físicos como recurso pedagógico.

(02) O texto "**Cuidado para não bater**" estabelece relação intertextual com enunciados característicos da legislação que regula o código de trânsito, objetivando instruir sobre as condutas adequadas que os pais devem tomar na educação dos filhos.

(04) De acordo com a pesquisa mencionada no **texto 2**, o projeto de lei é 100% eficiente para evitar que crianças sofram castigos físicos na infância e desenvolvam traumas e condutas agressivas na vida adulta.

(08) Diferente do texto "**Cuidado para não bater**", no texto "**Palmadinha fora de lei**" encontra-se o argumento de que nem sempre as crianças têm maturidade para compreender as explicações verbais dadas por seus pais sobre suas condutas inadequadas. Por essa razão, as chamadas palmadas pedagógicas são necessárias em algumas situações.

(16) Embora os textos mencionem a comunicação como forma adequada de se educar uma criança, é o texto "**Cuidado para não bater**" que evidencia a comunicação como a melhor e mais importante forma de orientar os filhos.

**Textos para a próxima questão.**

## Façamos as pazes com a Terra (fragmento)

"O chamado que nos é feito hoje para pormos fim à guerra contra a natureza é por uma solidariedade sem precedentes com as gerações futuras. Será que, para chegar a isso, a humanidade precisará selar um novo pacto, um "contrato natural" de codesenvolvimento com o planeta, assinando um armistício com a natureza?

Precisamos da sabedoria necessária para defender uma ética para o futuro, pois, se quisermos fazer as pazes com a Terra, essa ética terá que prevalecer. Este planeta é o nosso reflexo: se ele está ferido, nós estamos feridos; se ele está mutilado, a humanidade também está."

(MATSUURA, Koichiro. Façamos as pazes com a Terra. *In: Folha de S.Paulo*, 4 de jul. 2007.)

## Mãos dadas

Não serei o poeta de um mundo caduco.
Também não cantarei o mundo futuro.
Estou preso à vida e olho meus companheiros.
Estão taciturnos mas nutrem grandes esperanças.
Entre eles, considero a enorme realidade.
O presente é TÃO grande, NÃO nos afastemos.
Não nos afastemos muito, vamos de mãos dadas.
Não serei o cantor de uma mulher, de uma história,
não direi os suspiros ao anoitecer, a paisagem vista da [janela,
não distribuirei entorpecentes ou cartas de suicida,
não fugirei PARA AS ILHAS nem serei raptado por [serafins.
O tempo é a minha matéria, o tempo presente, os [homens presentes,
a vida presente.

(DRUMMOND DE ANDRADE, Carlos. "Mãos dadas". *In: Sentimento do Mundo*. Record.)

4. (CPS-PR) Assinale a alternativa que traz a ideia comum aos textos escolhidos.

a) O futuro da humanidade não é relevante e não deve ser uma preocupação imediata, pois devemos nos ater, prioritariamente, ao presente.

b) A esperança se justifica, porque o homem conseguirá superar os problemas que enfrenta, já que o armistício com a natureza foi selado.

c) O caminho para a solução dos problemas que afetam a espécie humana é a solidariedade e não o individualismo e o materialismo.

d) Há uma crítica explícita às pessoas que não se associam a organizações, cujo objetivo é defender causas ecológicas e preservar o planeta.

e) É um equívoco refletir sobre o passado e analisá-lo, já que ele consiste em um "mundo caduco", sem consequências para o presente.

**Texto para a próxima questão.**

Leia uma passagem do livro *A vírgula*, do filólogo Celso Pedro Luft (1921-1995).

## A vírgula no vestibular de português

"Mas, esta, não é suficiente."
"Porque, as respostas, não satisfazem."
"E por isso, surgem as guerras."
"E muitas vezes, ele não se adapta ao meio em que vive."
"Pois, o homem é um ser social."
"Muitos porém, se esquecem que..."
"sociedade deve pois, lutar pela justiça social."

Que é que você acha de quem virgula assim?

Você vai dizer que não aprendeu nada de pontuação quem semeia assim as vírgulas. Nem poderá dizer outra coisa.

Ou não lhe ensinaram, ou ensinaram e ele não aprendeu. O certo é que ele se formou no curso secundário. Lepidamente, sem maiores dificuldades. Mas a vírgula é um "objeto não identificado", para ele.

Para ele? Para eles. Para muitos eles, uma legião. Amanhã serão doutores, e a vírgula continuará sendo um objeto não identificado. Sim, porque os três ou quatro mil menos fracos ultrapassam o vestíbulo... Com vírgula ou sem vírgula. Que a vírgula, convenhamos, até que é um obstáculo meio frágil, um risquinho. Objeto não identificado? Não, objeto invisível a olho nu. Pode passar despercebido até a muito olho de lince de examinador...

– A vírgula, ora, direis, a vírgula...

Mas é justamente essa miúda coisa, esse risquinho, que maior informação nos dá sobre as qualidades do ensino da língua escrita. Sobre o ensino do cerne mesmo da língua: a frase, sua estrutura, composição e decomposição.

Da virgulação é que se pode depreender a consciência, o grau de consciência que tem, quem escreve, do pensamento e de sua expressão, do ir-e-vir do raciocínio, das hesitações, das interpenetrações de ideias, das sequências e interdependências, e, linguisticamente, da frase e sua constituição.

As vírgulas erradas, ao contrário, retratam a confusão mental, a indisciplina do espírito, o mau domínio das ideias e do fraseado.

Na minha carreira de professor, fiz muitos testes de pontuação. E sempre ficou clara a relação entre a maneira de pontuar e o grau de cociente intelectual.

Conclusão que tirei: os exercícios de pontuação constituem um excelente treino para desenvolver a capacidade de raciocinar e construir frases lógicas e equilibradas.

Quem ensina ou estuda a sintaxe – que é a teoria da frase (ou o "tratado da construção", como diziam os gramáticos antigos) – forçosamente acaba na importância das pausas, cortes, incidências, nexos, etc., elementos que vão se espelhar na pontuação, quando a mensagem é escrita.

Pontuar bem é ter visão clara da estrutura do pensamento e da frase. Pontuar bem é governar as rédeas da frase. Pontuar bem é ter ordem, no pensar e na expressão.

5. (Unesp-SP) As frases abaixo correspondem a tentativas de corrigir o erro de virgulação apontado por Celso Pedro Luft na série de exemplos que apresenta.

I. "Porque as respostas não satisfazem."

II. "E, muitas vezes, ele não se adapta ao meio em que vive."

III. "Pois o homem é, um ser social."

IV. "A sociedade deve, pois, lutar pela justiça social."

As frases em que o problema de virgulação foi resolvido adequadamente estão contidas apenas em:

a) I e II.
b) I e III.
c) I, II e III.
d) I, II e IV.
e) II, III e IV.

**Texto para a próxima questão.**

## Atemoya

É um híbrido da fruta-do-conde (*Annona squamosa*) com outra variedade do mesmo gênero a cherimoya (*Annona cherimolia*), originária dos Andes. O primeiro cruzamento foi feito em 1908 pelo Departamento de Agricultura dos Estados Unidos, em Miami. As frutas resultantes receberam o nome de atemoya, uma combinação de "ate", nome mexicano da fruta-do-conde, e "moya" de cherimoya. Passado quase um século, a atemoya ainda é desconhecida da maioria dos brasileiros.

No país, as primeiras mudas foram plantadas em Taubaté, nos anos 60. As variedades cultivadas aqui são em especial a Thompson, a Genifer e a African Pride. É plantada em São Paulo, sul de Minas, norte do Paraná, Espírito Santo e Rio de Janeiro. É cultivada em grande escala no Chile. Também a produzem Estados Unidos, Israel, Austrália e Nova Zelândia. [...] Os frutos, cônicos ou em forma de coração, em geral têm 10 centímetros de comprimento por 9,5 de largura. Sua casca continua verde mesmo depois de maduros. A polpa, dividida em segmentos e com poucas sementes, é branca, perfumada, cremosa, macia, com textura fina. [...] O sabor da atemoya lembra papaia, banana, manga, maracujá, limão e abacaxi, com consistência de sorvete, o que faz dela uma sobremesa pronta. Com sua polpa se preparam os mesmos pratos feitos com cherimoya: musses, sorvetes, recheios para tortas, salada de fruta. Pode ser ingrediente de bebidas como coquetel de frutas e drinques.

(Neide Rigo, nutricionista. *CARAS*, 13 set. 2002).

6. (PUC-SP) A leitura atenta permite afirmar que o texto pertence ao gênero

a) reportagem, pois se desenvolve por meio da narração que se caracteriza pela presença de enumerações e por sequências de ações.

b) verbete de enciclopédia, pois se desenvolve por meio da descrição, apresentando enumerações e verbos que indicam estado.

c) receita culinária, pois se desenvolve por meio da descrição e da narração, apresentando poucas enumerações e apenas verbos que indicam estado.

d) receita culinária, pois se desenvolve por meio da descrição, apresentando enumerações e muitos verbos que indicam estado.

e) verbete de enciclopédia, pois se desenvolve por meio da descrição que se caracteriza tanto pela ausência de verbos de ação quanto de verbos de estado.

# A ARGUMENTAÇÃO

## A DEFESA DE UM PONTO DE VISTA

Já sabemos que argumentação é a composição em que predomina a defesa de uma ideia, de um ponto de vista. O produtor de um texto argumentativo procura expor ao interlocutor (leitor ou ouvinte) uma determinada posição ou mesmo levantar elementos para uma possível análise ou reflexão.

## ETAPAS DO TEXTO ARGUMENTATIVO

Por basear-se no encadeamento lógico de ideias em função da defesa de um ponto de vista, o texto argumentativo exige um trabalho de preparação, um plano inicial, para montar o "esqueleto" da argumentação. Em geral, podemos distinguir três etapas nas quais se subdivide esse tipo de texto: **introdução**, **desenvolvimento** e **conclusão**.

## CARACTERÍSTICAS

Ao contrário dos textos narrativos, os textos argumentativos não apresentam progressão temporal; os conceitos são genéricos, abstratos e, em geral, não se prendem a uma situação de tempo e espaço. Daí o emprego de **verbos no presente**. Como os textos argumentativos trabalham com o encadeamento de ideias, saber usar os conectivos é fundamental para se obter um texto claro, coeso, elegante.

## GÊNEROS TEXTUAIS

A **argumentação** é um tipo característico de arranjo linguístico que possibilita a expressão de um ponto de vista e que pode ser concretizado por meio de diversos textos, em função da necessidade da interação social: comentários opinativos, ensaio, crítica de cinema, carta de opinião, etc. A **dissertação** é um tipo de texto predominantemente argumentativo; trata-se de um gênero textual muito comum nas produções escolares e nos exames de vestibulares.

# Exercícios

**Texto para a próxima questão.**

Leia o texto para responder a questão.

## A colonização do ciberespaço

*Fratura digital*

Segundo o último relatório do Programa das Nações Unidas para o Desenvolvimento (PNUD), de 1999, a população mundial contava apenas 2,4% de usuários de Internet. Ou seja, 97,6% nunca tinham utilizado Internet! Eram apenas 0,8% na América Latina e no Caribe; 0,1% na África subsaariana; 0,004% no Sudeste Asiático. O mesmo relatório afirma: "Até o momento, a Internet é utilizada apenas por indivíduos relativamente abastados e instruídos: 88% dos internautas vivem em países industrializados que, juntos, representam apenas 17% da população mundial". As pessoas "ligadas" dispõem de uma vantagem enorme em relação aos pobres que não têm acesso a esses meios e que, consequentemente, não podem fazer com que sejam ouvidas suas vozes na conversação mundial. As redes mundiais ligam os que têm recursos e, silenciosamente, quase imperceptivelmente, excluem todos os outros. O número de computadores pessoais em uso no mundo é de cerca de 200 milhões, para uma população global de 6 bilhões de indivíduos. A possibilidade de acessar a Internet, portanto, é limitada a 3% de pessoas.

..........

Mais da metade do planeta nunca usou um telefone. Em 47 países, um quarto dos Estados do mundo, não há sequer uma linha de telefone para cem habitantes! Em toda a África negra, há menos linhas telefônicas do que na única cidade de Tóquio, ou do que na única ilha de Manhattan, em Nova York. E não falamos da falta de acesso à eletricidade (mais de 2 bilhões de pessoas em todo o planeta), ou da desastrosa situação em matéria de alfabetização. Em janeiro de 2000, estimava-se que mais da metade dos computadores conectados à Internet pertenciam a norte-americanos. A linguagem dominante no ciberespaço? O inglês.

A "fratura digital" e as disparidades provocadas pela era da eletrônica podem ser comparáveis às desigualdades resultantes dos investimentos financeiros transnacionais. Quanto às forças econômicas que tomaram conta das redes, estas estão se generalizando, e pior, estão reforçando os obstáculos que impedem o acesso ao comum dos mortais.

Nos países pobres, nada menos que 26 companhias de telefonia foram colocadas à venda ao longo dos três últimos anos. A norma global do futuro é a propriedade privada de todas as estruturas que constituem a plataforma do ciberespaço.

..........

A batalha decisiva, em escala planetária, tem como meta o controle dos três setores industriais – computadores, televisão, telefonia – que estão se fusionando agora na Internet. O grupo que reinará na Internet dominará o mundo da comunicação, da cultura e da educação de amanhã, com todos os riscos que isso trará para a liberdade de espírito dos cidadãos e para a democracia.

RAMONET, Ignácio. *Cadernos Le Monde Diplomatique*. São Paulo, Fundação Abaporu S/C / Editora UNESP. Nº 3, Janeiro 2002, p. 41.

1. (UFRRJ) Podemos caracterizar o texto "A colonização do ciberespaço" como argumentativo.
   a) Qual é o pressuposto defendido pelo autor?
   b) Retire do texto um argumento usado para comprovar o pressuposto.

**Texto para a próxima questão.**

"Supõe tu um campo de batatas e duas tribos famintas. As batatas apenas chegam para alimentar uma das tribos, que assim adquire forças para transpor a montanha e ir à outra vertente, onde há batatas em abundância; mas, se as duas tribos dividem em paz as batatas do campo, não chegam a nutrir-se suficientemente e morrem de inanição. A paz, nesse caso, é a destruição; a guerra é a conservação. Uma das tribos extermina a outra e recolhe os despojos. Daí a alegria da vitória, os hinos, aclamações, recompensas públicas e todos os demais efeitos das ações bélicas. Se a guerra não fosse isso, tais demonstrações não chegariam a dar-se, pelo motivo real de que o homem só comemora e ama o que lhe é aprazível ou vantajoso, e pelo motivo racional de que nenhuma pessoa canoniza uma ação que virtualmente a destrói. Ao vencido, ódio ou compaixão; ao vencedor, as batatas."

(ASSIS, Joaquim Maria Machado de. *Quincas Borba*. Rio de Janeiro: Nova Aguilar, 1997. p. 648-649.)

2. (UEL-PR) Ao definir a paz como "destruição" e a guerra como "conservação", o autor do texto:
   a) Serve-se de um recurso argumentativo incompatível com a realidade a que se refere.
   b) Critica aqueles que sentem repugnância ou pedem misericórdia para os povos derrotados na guerra.
   c) Baseia-se em uma forma de raciocínio relacionada a uma situação hipotética específica.
   d) Procura comprovar que, embora pareça ser uma solução, a guerra traz grandes prejuízos à humanidade.
   e) Refere-se à guerra para destacar as diferenças entre o funcionamento da economia nas sociedades primitiva e moderna.

**Texto para a próxima questão.**

"Não era ele o seu grande eleitor? Não era ele o seu banqueiro para os efeitos eleitorais? E nós, lá na roça, tínhamos quase convicção de que o verdadeiro deputado era o coronel e o doutor Castro um simples preposto seu. As minhas idas e vindas ao hotel repetiam-se e não o encontrava. Vinham-me então os terrores sombrios da falta de dinheiro, da falta absoluta. Voltava para o hotel taciturno, preocupado, cortado de angústias. Sentia-me só, só naquele grande e imenso formigueiro humano, só, sem parentes, sem amigos, sem conhecidos que uma desgraça pudesse fazer amigos. Os meus únicos amigos eram aquelas notas sujas encardidas; eram elas o meu único apoio, eram elas que me evitavam as humilhações, os sofrimentos, os insultos de toda sorte; e quando eu trocava uma delas, quando as dava ao condutor do bonde, ao homem do café, era como se perdesse um amigo, era como se me separasse de uma pessoa bem amada... Eu nunca compreendi tanto a avareza como naqueles dias em que dei alma ao dinheiro, e o senti tão forte para os elementos da nossa felicidade externa e interna."

(BARRETO, Lima. *Recordações do escrivão Isaías Caminha*. Rio de Janeiro: Garnier, 1989. p. 52-53.)

**3.** (UEL-PR) Com base no texto, considere as afirmativas a seguir.

I. A repetição da palavra "sem" ("sem parentes, sem amigos, sem conhecidos") representa recurso argumentativo do texto.

II. A oração "quando eu trocava uma delas" indica uma relação semântica de tempo.

III. Em "era como se perdesse um amigo", a palavra "como" indica uma relação de causa/consequência.

IV. A expressão "dei alma ao dinheiro" apresenta uma comparação entre elementos animados e inanimados.

Estão corretas apenas as afirmativas:

a) I e II.
b) II e IV.
c) III e IV.
d) I, II e III.
e) I, III e IV.

**4.** (UPM-SP)

É comum, no Brasil, a prática de tortura contra presos. A tortura é imoral e constitui crime. Embora não exista ainda nas leis penais a definição do "crime de tortura", torturar um preso ou detido é abuso de autoridade somado a agressão e lesões corporais, podendo qualificar-se como homicídio, quando a vítima da tortura vem a morrer. Como tem sido denunciado com grande frequência, policiais incompetentes, incapazes de realizar uma investigação séria, usam a tortura para obrigar o preso a confessar um crime. Além de ser um procedimento covarde, que ofende a dignidade humana, essa prática é legalmente condenada. A confissão obtida mediante tortura não tem valor legal e o torturador comete crime, ficando sujeito a severas punições.

(Dalmo de Abreu Dallari)

Pode-se afirmar que esse trecho é uma dissertação:

a) que apresenta, em todos os períodos, personagens individualizadas, movimentando-se num espaço e num tempo terríveis, denunciados pelo narrador, bem como a predominância de orações subordinadas, que expressam a sequência dos acontecimentos.

b) que apresenta, em todos os períodos, substantivos abstratos, que representam as ideias discutidas, bem como a predominância de orações subordinadas, que expressam o encadeamento lógico da denúncia.

c) que apresenta uma organização temporal em função do pretérito, jogando os acontecimentos denunciados para longe do momento em que se fala, bem como a predominância de orações subordinadas, que expressam o prolongamento das ideias repudiadas.

d) que consegue fazer uma denúncia contundente, usando, entre outros recursos, a ênfase, por meio da repetição de um substantivo abstrato em todos os períodos, bem como a predominância de orações coordenadas sindéticas, que expressam o prolongamento das ideias repudiadas.

e) que consegue construir um protesto persuasivo com uma linguagem conotativa, construída sobre metáforas e metonímias esparsas, bem como a predominância de orações subordinadas, próprias de uma linguagem formal, natural para esse contexto.

**Texto para a próxima questão.**

## Nós, escravocratas

Há exatos cem anos, saía da vida para a história um dos maiores brasileiros de todos os tempos: o pernambucano Joaquim Nabuco. Político que ousou pensar, intelectual que não se omitiu em agir, pensador e ativista com causa, principal artífice da abolição do regime escravocrata no Brasil.

Apesar da vitória conquistada, Joaquim Nabuco reconhecia: "Acabar com a escravidão não basta. É preciso acabar com a obra da escravidão", como lembrou na semana passada Marcos Vinicios Vilaça, em solenidade na Academia Brasileira de Letras. Mas a obra da escravidão continua viva, sob a forma da exclusão social: pobres, especialmente negros, sem terra, sem emprego, sem casa, sem água, sem esgoto, muitos ainda sem comida; sobretudo sem acesso à educação de qualidade.

Cem anos depois da morte de Joaquim Nabuco, a obra da escravidão se mantém e continuamos escravocratas.

Somos escravocratas ao deixarmos que a escola seja tão diferenciada, conforme a renda da família de uma criança, quanto eram diferenciadas as vidas na Casa Grande ou na Senzala. Somos escravocratas porque, até hoje, não fizemos a distribuição do conhecimento: instrumento decisivo para a liberdade nos dias atuais. Somos escravocratas porque todos nós, que estudamos, escrevemos, lemos e obtemos empregos graças aos diplomas, beneficiamo-nos da exclusão dos que não estudaram. Como antes, os brasileiros livres se beneficiavam do trabalho dos escravos.

Somos escravocratas ao jogarmos, sobre os analfabetos, a culpa por não saberem ler, em vez de assumirmos nossa própria culpa pelas decisões tomadas ao longo de décadas. Privilegiamos investimentos econômicos no lugar de escolas e professores. Somos escravocratas, porque construímos universidades para nossos filhos, mas negamos a mesma chance aos jovens que foram deserdados do Ensino Médio completo com qualidade. Somos escravocratas de um novo tipo: a negação da educação é parte da obra deixada pelos séculos de escravidão.

A exclusão da educação substituiu o sequestro na África, o transporte até o Brasil, a prisão e o trabalho forçado. Somos escravocratas que não pagamos para ter escravos: nossa escravidão ficou mais barata, e o dinheiro para comprar os escravos pode ser usado em benefício dos novos escravocratas. Como na escravidão, o trabalho braçal fica reservado para os novos escravos: os sem educação.

Negamo-nos a eliminar a obra da escravidão.

Somos escravocratas porque ainda achamos naturais as novas formas de escravidão; e nossos intelectuais e economistas comemoram minúscula distribuição de renda, como antes os senhores se vangloriavam da melhoria na alimentação de seus escravos, nos anos de alta no preço do açúcar. Continuamos escravocratas, comemorando gestos parciais. Antes, com a proibição do tráfico, a lei do ventre livre, a alforria dos sexagenários. Agora, com o bolsa família, o voto do analfabeto ou a aposentadoria rural. Medidas generosas, para inglês ver e sem a ousadia da abolição plena.

Somos escravocratas porque, como no século XIX, não percebemos a estupidez de não abolirmos a escravidão. Ficamos na mesquinhez dos nossos interesses imediatos negando fazer a revolução educacional que poderia completar a quase-abolição de 1888. Não ousamos romper as amarras que envergonham e impedem nosso salto para uma sociedade civilizada, como, por 350 anos, a escravidão nos envergonhava e amarrava nosso avanço.

Cem anos depois da morte de Joaquim Nabuco, a obra criada pela escravidão continua, porque continuamos escravocratas. E, ao continuarmos escravocratas, não libertamos os escravos condenados à falta de educação.

CRISTOVAM BUARQUE. Adaptado de http://oglobo.globo.com, 30/01/2000.

5. (Uerj) No desenvolvimento da argumentação, o autor enumera razões específicas, facilmente constatadas no cotidiano, para sustentar sua opinião, anunciada no título, de que todos nós seríamos ainda escravocratas. Esse método argumentativo, que apresenta elementos específicos da experiência social cotidiana, para deles extrair uma conclusão geral, é conhecido como:

a) direto
b) dialético
c) dedutivo
d) indutivo

**Texto para a próxima questão.**

A questão toma por base dois trechos de um artigo de Alexandre Oliva sobre a importância do uso de *software* na educação.

*Software* Livre, isto é, *software* que respeita as liberdades dos usuários de executar o *software* para qualquer propósito, de estudar o código-fonte do *software* e adaptá-lo para que faça o que o usuário deseje, de fazer e distribuir cópias do *software*, e de melhorá-lo e distribuir as melhorias, permite que pessoas usem computadores sem abrir mão de serem livres e independentes, sem aceitar condições que os impeçam de obter ou criar conhecimento desejado.

*Software* que priva o usuário de qualquer dessas liberdades não é livre, é privativo, e mantém usuários divididos, dependentes e impotentes. Não é uma questão técnica, não tem nada a ver com preço nem com a tarefa prática desempenhada pelo *software*. Um mesmo programa de computador pode ser livre para alguns usuários e não livre para outros, e tanto os livres quanto os privativos podem ser grátis ou não. Mas além do conhecimento que foram projetados para transmitir, um deles ensinará liberdade, enquanto o outro ensinará servidão.

[...]

Se o usuário depender de permissão do desenvolvedor do *software* para instalá-lo ou utilizá-lo num computador qualquer, o desenvolvedor que decida negá-la, ou exija contrapartida para permiti-la, efetivamente terá controle sobre o usuário. Pior ainda se o *software* armazenar informação do usuário de maneira secreta, que somente o fornecedor do *software* saiba decodificar: ou o usuário paga o resgate imposto pelo fornecedor, ou perde o próprio conhecimento que confiou ao seu controle. Seja qual for a escolha, restarão menos recursos para utilizar na educação.

Ter acesso negado ao código-fonte do programa impede o educando de aprender como o *software* funciona. Pode parecer pouco, para alguém já acostumado com essa prática que pretende também controlar e, por vezes, enganar o usuário: de posse do código-fonte, qualquer interessado poderia perceber e evitar comportamento indesejável, inadequado ou incorreto do *software*. Através dessa imposição de impotência, o fornecedor cria um monopólio sobre eventuais adaptações ao *software*: só poderão ser desenvolvidas sob seu controle. Pior ainda: cerceia a curiosidade e a criatividade do educando. Crianças têm uma curiosidade natural para saber como as coisas funcionam. Assim como desmontam um brinquedo para ver suas entranhas, poderiam querer entender o *software* que utilizam na escola. Mas se uma criança pedir ao professor, mesmo o de informática, que lhe ensine como funciona um determinado programa privativo, o professor só poderá confessar que é um segredo guardado pelo fornecedor do *software*, que a escola aceitou não poder ensinar ao aluno. Limites artificiais ao que os alunos poderão almejar descobrir ou aprender são a antítese da educação, e a escolha de modelos de negócio de *software* baseados numa suposta necessidade de privação e controle desse conhecimento não deve ser incentivada por ninguém, muito menos pelo setor educacional.

(Alexandre Oliva. Software *privativo é falta de educação*. http://revista.espiritolivre.org)

**6.** (Unesp-SP) De acordo com a argumentação do especialista Alexandre Oliva, a principal característica de um *software* livre consiste em

a) não permitir que o usuário o copie para outro computador ou para terceiros.

b) apresentar grande facilidade de instalação e uso.

c) revelar qualidade superior e maior velocidade de desempenho.

d) ser sempre muitíssimo mais barato que o *software* privativo.

e) dar liberdade de acesso e manipulação do código-fonte ao usuário.

**7.** (Unicamp-SP) O texto a seguir é extraído de artigo jornalístico no qual se comparam duas notícias que chamaram a atenção da imprensa brasileira no mês de outubro de 2007: de um lado, o caso entre o senador Renan Calheiros e a jornalista Mônica Veloso; de outro, o artigo em que o apresentador de TV Luciano Huck expressa sua indignação contra o roubo de seu relógio Rolex.

Aparentemente, o que aproxima todos esses personagens é a disputa por um objeto de desejo. No caso dos assaltantes de Huck, por estar no pulso de um "BACANA", mais que um relógio, o objeto em questão aparece como um equivalente geral que pode dar acesso a outros objetos (...). Presente de sua mulher, a igualmente famosa apresentadora global Angélica, um relógio desse calibre é sinal de prestígio, indicando um lugar social que, no Brasil, costuma "ABRIR PORTAS" raras vezes franqueadas à maior parte da população. (...) Mais afinado com as tradições patriarcais de seu estado natal, Renan aparece nos noticiários, bem de acordo com a chamada "PREFERÊNCIA NACIONAL" dos anúncios de cerveja. Daí que não seja possível, em ambos os episódios, associar os casos em questão àquele "OBSCURO OBJETO DE DESEJO" que dá título a um dos mais instigantes filmes de Luís Buñuel. Tratava-se, para o cineasta, de mostrar como um desejo singular, único, podia engendrar um objeto de grande opacidade. Em direção oposta, tanto na parceria Calheiros/Veloso, quanto no confronto Huck/assaltantes, há uma espécie de exibição ostensiva dos objetos em jogo, como que marcando a coincidência de desejos que perderam sua singularidade para cair na vala comum das banalidades.

(Adaptado de Eliane Robert Moraes, "Folha de S.Paulo", 14/10/2007, destaques nossos.)

a) Um dos usos de aspas é o de destacar elementos no texto. Explique a finalidade desse destaque nas seguintes expressões presentes no texto: "bacana", "abrir portas" e "preferência nacional".

b) No caso de "obscuro objeto de desejo", as aspas marcam o título de um filme de Buñuel. Explique como a referência a esse título estabelece uma oposição fundamental para a argumentação do texto.

**Texto para a próxima questão.**

## Cidadãs do mundo

*As línguas mais globalizadas, segundo o levantamento de um ensaísta brasileiro*

Diz a lenda que Deus condenou os homens a falar diversas línguas em Babel para puni-los pelo desejo de atingir o paraíso construindo uma enorme torre. Mas, a julgar pelo livro "Palavras sem Fronteira" (Editora Record), do ensaísta e ex-diplomata brasileiro Sergio Corrêa da Costa, alguns termos pelo menos conseguiram escapar da ira divina. São as chamadas "palavras universais", aquelas usadas em vários idiomas além daquele que lhes deu origem. Elas mostram que, muito antes de o conceito de globalização entrar em voga nos campos da política e da economia, ele já existia, de certa forma, no plano linguístico. Quem não entende o que é pizza, hambúrguer, iogurte ou caviar? (...)

Corrêa da Costa, durante dois anos, consultou 130 publicações de quinze países, coligindo nada menos do que 3000 palavras que mantêm a grafia e o significado de origem em publicações de outras nacionalidades. Se a surpresa quanto ao número de palavras foi grande, o espanto foi ainda maior quando ele se deu conta de que as palavras francesas continuam a superar as inglesas. Imaginava-se que a hegemonia americana já se tivesse estendido ao universo das línguas. Nada disso. Embora Corrêa da Costa acredite que os *fast foods* e *scanners* surgidos na vida moderna levarão a língua inglesa à liderança, o levantamento não deixa dúvida. "Neste *fin de siécle high tech*, ainda é o clássico francês que causa *frisson*", diz Corrêa da Costa, brincando com os estrangeirismos. (...) Ainda no campo das surpresas, o vetusto latim persiste em terceiro lugar no pódio dos idiomas mais presentes no mundo. Mas é bom notar que, se a maioria das palavras globalizadas seguiu o rastro dos conquistadores, houve aquelas que andaram na contramão. É o caso de "piranha", globalizada a partir do tupi. Uma prova de que o reinado das palavras não segue rigorosamente a lógica do poder político e econômico.

(DIEGUEZ, Consuelo. *VEJA*, 22/03/2000).

**8.** (UFPE) Considerando aspectos globais da composição do texto, pode-se afirmar que:

1) O texto tem uma função predominantemente expressiva. Por isso, prevalece a linguagem figurada.

2) O texto, na verdade, tem como suporte um outro texto anterior, o que está indicado no subtítulo.

3) O título personaliza o objeto de que trata o comentário.

4) O "mas" com que se inicia o segundo período aponta a direção contrária em que prosseguirá a argumentação.

5) "globalização", "mundo", "palavras universais", "atravessar barreiras" são expressões cujos significados estão em harmonia com a temática do texto.

Estão corretas:

a) 2, 3, 4 e 5
b) 1, 2, 4 e 5
c) 2 e 3
d) 1 e 2
e) 1, 3 e 5

**Texto para a próxima questão.**

## Aonde você vai?

Para quem não sabe aonde vai qualquer caminho serve. Só que o indeciso perde muito tempo. E tempo é o bem mais escasso. Definir a rota de primeira ajuda a ganhar pontos. A rota é o objetivo.

(Dad Abi Chahine Squerisi. *Correio Braziliense*, Cidades, 18/12/96, p. 6 (com adaptações))

Nas questões a seguir assinale os itens corretos e os itens errados.

**9.** (UnB-DF) Considerando o parágrafo retirado do CORREIO BRAZILIENSE como parte de um texto dissertativo, que deve primar pela objetividade, pela clareza, pela coerência e pelo tratamento consistente da ideia principal escolhida, julgue os itens a seguir.

(0) Por apresentar mais de três ideias diferentes, esse parágrafo faz parte do DESENVOLVIMENTO de uma argumentação.

(1) Nesse parágrafo, não há conectivo ou outro elemento de COESÃO.

(2) A COERÊNCIA desse parágrafo baseia-se no processo de repetição de algumas palavras-chave; por exemplo, "tempo" e "rota".

**10.** (UnB-DF) Em uma dissertação, há ideias que desenvolvem o tema proposto. O texto anterior é um parágrafo dissertativo. Considerando a adequação dos períodos a seguir para o desenvolvimento da ideia central desse parágrafo, julgue os itens a seguir.

(0) O mundo atual, marcado por contradições e injustiças sociais, oferece múltiplas opções de escolha aos caminhantes.

(1) Vencer a indecisão, aproveitar o tempo e acreditar na capacidade humana são maneiras de se aproximar do sucesso.

(2) A fugacidade do tempo e a efemeridade da vida são temas atuais que preocupam a população do planeta, às vésperas do terceiro milênio.

(3) Para se alcançarem os objetivos, não há uma fórmula predeterminada; é enfrentando a caminhada que se aprende a caminhar.

(4) No Natal e no Ano Novo, as pessoas têm pensamentos voltados para o futuro, ainda mais quando os dias de amanhã se apresentam nebulosos.

**Texto para a próxima questão.**

Fragmento de um livro do conhecido diretor dramático e teórico da dramaturgia Martin Esslin (1918-2002):

Mas a diferença mais essencial entre o palco e os três veículos de natureza mecânica reside em outro ponto: a câmera e o microfone são extensões do diretor, de seus olhos e ouvidos, permitindo-lhe escolher seu ponto de vista (ou seu ângulo de audição) e transportar para eles a plateia por meio de variações de planos, que podem englobar toda uma cena ou fechar-se sobre um único ponto, ou cortando, segundo sua vontade, de um local para outro. Se um personagem está olhando para a mão de outro, o diretor pode forçar o público a olhá-la também, cortando para um *close-up* da mesma. Nos veículos mecânicos, o poder do diretor sobre o ponto de vista da plateia é total. No palco, onde a moldura que encerra o quadro é sempre a mesma, cada integrante individual da plateia tem a liberdade de olhar para aquela mão, ou para qualquer outro lugar; na verdade, no teatro cada membro da plateia escolhe seus próprios ângulos de câmera e, desse modo, executa pessoalmente o trabalho que o diretor avoca para si no cinema e na televisão bem como, *mutatis mutandis*, no rádio. Essa diferença, ainda uma vez, oferece ao teatro vantagens e desvantagens. No palco, o diretor pode não conseguir focalizar a atenção da plateia na ação que deseja sublinhar; no cinema isso jamais pode acontecer. Por outro lado, a complexa e sutil orquestração de uma cena que envolve muitos personagens (uma característica de Tchekov no teatro) torna-se incomparavelmente mais difícil no cinema e na televisão. A sensação de complexidade, de que há mais coisas acontecendo naquele momento do que pode ser apreendido com um único olhar, a riqueza de um intrincado contraponto de contrastes humanos será inevitavelmente reduzida em um veículo que nitidamente guia o olho do espectador, ao invés de permitir que ele caminhe livremente pela cena.

(Martin Esslin. *Uma anatomia do drama*. Tradução de Barbara Heliodora. Rio de Janeiro: Zahar Editores, 1978.)

**11.** (Unesp-SP) Assinale a alternativa cujo enunciado não contraria a argumentação apresentada no fragmento de texto de Martin Esslin:

a) O fato de a arte teatral ser apresentada no palco ante os espectadores a torna inferior em termos de comunicação às demais artes.

b) Os recursos tecnológicos do cinema permitem-lhe ser uma arte mais completa e perfeita que as demais.

c) Tudo o que passa na televisão não constitui arte, pois se trata de um veículo de comunicação de massa.

d) Um diretor cinematográfico tem maior poder e competência que um diretor teatral.

e) As diferenças de recursos técnicos específicos e de forma de apresentação podem implicar vantagens ou desvantagens ao teatro em relação ao cinema.

**Texto para a próxima questão.**

"Niã é uma bela cidade que vive, hoje, sob regime democrático. No passado remoto, quando os senhores de terra e de escravos mandavam em tudo, um punhado de homens destemidos decidiu lutar para instituir na cidade o respeito às leis, perante as quais todos seriam iguais. A luta foi dura e sangrenta, resultando em perseguições e mortes. Quase todos os integrantes desse grupo rebelde foram executados; apenas um deles sobreviveu e conseguiu deixar a cidade dentro de um saco de aniagem. Os chefes militares aproveitaram-se da rebelião para dar o golpe e tomar o poder.

Assim, durante duas décadas, reinou em Niã a paz dos cemitérios. Os donos de terra tiveram de ceder parte de suas propriedades aos novos senhores, enquanto os descontentes – que decerto os havia – nada diziam, pois qualquer crítica ao regime provocava brutais represálias. Por isso, segundo se conta, alguns mais revoltados, na ânsia de manifestar seu descontentamento, cavavam buracos no quintal de sua casa, metiam a cabeça neles até o pescoço e berravam insultos e impropérios contra a ditadura militar. Há quem afirme que esses gritos de raiva entranhando-se no solo fizeram nascer estranhos arbustos, de folhas afiadas feito navalhas, e que dessas navalhas se valeu a população para – numa noite de tórrido e sufocante verão, quando o céu ardia feito um tacho incandescente emborcado sobre Niã – invadir os quartéis e cortar os colhões de todos os generais e, em seguida, decapitá-los com a ajuda da tropa sublevada. Parece que, no entanto, a verdade histórica é outra: a rebelião teria surgido aos poucos, quando as pessoas começaram a cochichar em cozinhas e mictórios públicos, dando início à secreta mobilização que, de repente, como uma onda gigante (um *tsunami*), invadiu os quartéis e as mansões dos poderosos, afogando a todos.

O líder rebelde, que se havia exilado e que voltara clandestinamente, foi quem encabeçou a «rebelião do cochicho», pois com este nome passou ela à história. Derrotada a ditadura, o líder propôs que se instituíssem na cidade eleições livres para todos os cargos de governo, dos deputados ao governador. Criaram-se os partidos, e as eleições culminaram com a vitória do líder revolucionário. Ele, então, deu início a grandes mudanças – com a desapropriação de parte das terras para a reforma agrária e com mais recursos para a indústria – que fizeram crescer a classe operária e, com isso, surgirem sindicatos mais fortes. Emergem, então, líderes operários, que passam a atuar na vida política de Niã. Aprovou-se uma legislação que consagrava os direitos básicos dos trabalhadores. A cidade viveu, então, o melhor momento de sua história, com a multiplicação de escolas, bibliotecas públicas, hospitais, serviço de saneamento e proteção ambiental.

Os anos se passaram, Niã continuou a crescer e cada vez mais rapidamente, com a migração de pessoas que até então viviam no campo ou nas cidades vizinhas. Esse aumento inesperado da população alterou a estrutura urbana de Niã, uma vez que, como cogumelos, se multiplicavam os casebres de zinco e papelão que foram brotando em torno da cidade até aprisioná-la num cinturão de miséria e violência. Logo apareceram políticos que se voltaram para essas áreas pobres e nelas desenvolveram uma pregação oportunista que lhes valeu muitos votos. Prometiam àquela gente necessitada casas, alimentos e transporte quase de graça. Um deles conseguiu eleger-se governador, mas não teve futuro, já que o que prometera era impossível de cumprir. Pouco depois, um líder operário, que se destacara por seu carisma, conseguiu chegar ao poder para a euforia da maior parte da população, convencida de que, enfim, estando à frente do governo um homem nascido do povo, seus problemas seriam resolvidos. "Ele disse que, em seu governo, ninguém passaria fome nem moraria ao relento", repetiam os seus seguidores mais ardorosos. Mas a euforia do dia da posse não durou muito: o governador revelou-se um boquirroto, que mais discursava que trabalhava. Acostumado a criticar o governo, não se deu conta de que era, então, governo e, para o espanto de todos, clamava pela solução dos problemas como se não fosse ele o responsável por enfrentá-los. Em face disso, o otimismo popular transformou-se, primeiro, em desencanto e, depois, em irritação e revolta, enquanto o governo, para contentar seus aliados, aumentava os gastos oficiais e escorchava o povo com novos impostos. A revolta agravou-se com a notícia de que a corrupção grassava no governo e na Câmara de Deputados. O povo enfureceu-se ainda mais porque os deputados aprovaram novos gastos em benefício próprio. As tentativas de deter o descalabro de nada valeram, uma vez que os corruptos contavam com a complacência de seus colegas, e o Judiciário, fazendo vista grossa, não punia ninguém. Só a imprensa se negava a aceitar semelhante situação, mas as denúncias caíam no vazio. Parecia impossível escapar de semelhante impasse. Não obstante, nestas últimas semanas, correm boatos de que, de novo, nas cozinhas, nos mictórios públicos e nos mercados de peixe, o povo voltou a cochichar, deixando de orelha em pé os donos do poder, ainda que até agora ninguém tenha pronunciado a palavra *tsunami*."

FERREIRA GULLAR. *Folha de S.Paulo* de 22 de maio de 2005.

**12.** (UFU-MG) Em relação ao texto, pode-se afirmar que

a) é predominantemente descritivo, uma vez que descreve características da cidade de Niã.

b) é predominantemente narrativo, porque apresenta um relato dos principais momentos políticos da cidade de Niã.

c) é predominantemente argumentativo, porque o autor expõe ideias, explicações e opiniões a respeito de determinado assunto, por meio de uma narrativa.

d) é um misto de texto descritivo e narrativo, porque descreve o povo de Niã e relata suas façanhas.

## PERSUASÃO E ARGUMENTAÇÃO

Persuadir é buscar a adesão do interlocutor para um determinado ponto de vista, é tentar convencê-lo de alguma coisa. A argumentação é a base da persuasão, é sua sustentação. Podemos ver a argumentação como uma estrutura criada de forma deliberada e que pressupõe o uso de estratégias linguísticas e racionais. Para que seja válida, contudo, além de ser resultado de um raciocínio lógico que comprove e justifique um ponto de vista, deve estar adequada ao interesse ou à expectativa do interlocutor.

# A CONSTRUÇÃO DO TEXTO PERSUASIVO

## RECURSOS ARGUMENTATIVOS

Os recursos argumentativos têm que ver com a seleção das ideias e sua apresentação em função do fio persuasivo.

Alguns dos principais recursos são:

- **perguntas retóricas**: interrogações direcionadas ao interlocutor, que o tornam participante do desenvolvimento argumentativo por meio da antecipação de dúvidas, da provocação de reflexões, etc.;
- **citações**: o enunciador abre espaço, em seu texto, para outras vozes, que servem de sustentação do ponto de vista defendido/exposto, pois a polifonia mostra que o enunciador não está sozinho;
- **exposição de dados e fatos**: a enumeração de dados e fatos (de preferência de fontes confiáveis) funciona como exemplificação que confirma e demonstra a posição defendida;
- **argumento "de lambuja"**: geralmente, é tratado como argumento a mais, aparentemente desnecessário, mas usado de forma decisiva.

# Exercícios

**Texto para as próximas questões.**

## Troca de *e-mails*

The New York Times

*Seguem abaixo trechos das mensagens de* e-mail *trocadas na terça-feira e ontem entre o Vice-Presidente Al Gore e o Governador George W. Bush, do Texas:*

Do: Sr. Gore
Para: Sr. Bush
Assunto: Campanha eleitoral

Congratulações por sua indicação partidária. Penso que as vitórias mútuas desta noite nos proporcionam uma chance rara para a mudança no modo de se conduzir campanhas eleitorais e de se restabelecer a confiança dos eleitores em nosso processo eleitoral.

Assim sendo, eu o desafio a aceitar minha proposta de que nós dois rejeitemos o uso do chamado "dinheiro fácil" na veiculação de propaganda eleitoral. Eu darei o primeiro passo pedindo ao Comitê Nacional Democrático para não veicular nenhuma propaganda eleitoral não regulamentada através do uso de verbas de procedência ignorada, a menos que o Partido Republicano passe a agir nesse sentido.

Portanto, está nas mãos do senhor e de seu partido o início eventual de uma guerra acirrada de propaganda; o senhor tem o poder de unir-se a mim na proibição do "dinheiro fácil". Se o senhor estiver disposto a fazer a coisa certa, nós podemos mudar a política para sempre.

Do: Sr. Bush
Para: Sr. Gore
Assunto: RE: Campanha eleitoral

Obrigado por seu *e-mail* e seus cumprimentos. Eu o felicito também, e anseio por uma campanha que trate das questões importantes do nosso tempo – a reforma educacional, a modernização de nossas forças armadas e o resgate de padrões de qualidade no nosso governo.

O senhor e eu fizemos várias propostas de reforma de financiamento de campanha. Mas antes de debatermos estas mudanças, é importante que os americanos saibam se as leis de financiamento de campanha atuais foram obedecidas. Assim sendo, eu o desafio a esclarecer acusações graves. Eu espero que o senhor interfira junto à Casa Branca e ao Departamento de Justiça para a liberação de todos os registros e fotos relativos à investigação sobre abusos no financiamento da sua própria campanha.

Em seu *e-mail*, o senhor falou em restabelecer "a confiança em nosso processo eleitoral". E isso é o ponto central da questão. São necessárias novas leis de financiamento de campanha. O que é até mesmo mais importante é o dever dos funcionários públicos de obedecer às leis existentes, e eu receio que seu próprio histórico não inspire confiança.

Agradeço seu *e-mail*. Esta sua Internet é uma invenção maravilhosa.

(Traduzido do *New York Times on-line*, 16/03/2000.)

1. (Uerj) O discurso político é marcado por estratégias de distanciamento que ressaltam a autoridade do locutor, e por traços de solidariedade que buscam o envolvimento dos interlocutores.
Tais procedimentos retóricos são verificados em:
a) "Eu espero que o senhor interfira junto à Casa Branca..."'
b) "Se o senhor estiver disposto a fazer a coisa certa, nós podemos mudar..."
c) "Eu darei o primeiro passo, pedindo ao Comitê Nacional Democrático..."
d) "Eu o felicito também, e anseio por uma campanha que trate das questões..."

2. (Uerj) A mensagem-desafio de Al Gore tem como destinatário o seu adversário político, mas é possível interpretar que ela tenha sido tornada pública propositalmente.
Considerando o conteúdo da mensagem e o seu contexto, a melhor explicação para que Al Gore tenha desejado torná-la pública é:
a) provocar uma declaração desastrada de George Bush
b) contribuir para a moralização da política através da Internet
c) acusar seu adversário do uso de dinheiro ilícito na campanha
d) convencer o eleitor do caráter desonesto do outro candidato

**Texto para a próxima questão.**

*Business Intercontinental* da Iberia.

Mais espaço entre as poltronas.

Viajar virou sinônimo de relaxar. Principalmente quando você tem à sua disposição uma poltrona de *design* ergonômico com maior capacidade para reclinar e 132 cm de espaço entre a sua poltrona e a da frente. Além disso, você conta com mais de 300 salas VIP em aeroportos no mundo todo e pode acumular e utilizar pontos no seu programa de milhagens voando com qualquer linha aérea da aliança *oneworld*. *Business Intercontinental* da Iberia. Sorria.

3. (Fuvest-SP) Entre os recursos de persuasão empregados no texto verbal do anúncio, só NÃO ocorre o uso de
   a) termos técnicos.
   b) trocadilhos.
   c) apelo direto ao leitor.
   d) enumeração acumulativa de vantagens.
   e) expressões em inglês.

Leia os textos para responder as questões.

*Texto 1*

## Discurso do presidente do Uruguai, José Pepe Mujica, na Assembleia da ONU/2013

Sou do sul e venho do sul a esta Assembleia, carrego inequivocamente os milhões de compatriotas pobres, nas cidades, nos desertos, nas selvas, nos pampas, nas depressões da América Latina, pátria de todos que está se formando.

Carrego as culturas originais esmagadas com os restos de colonialismo nas Malvinas, com bloqueios inúteis a este jacaré sob o sol do Caribe que se chama Cuba. Carrego as consequências da vigilância eletrônica, que não faz outra coisa que não despertar desconfiança. Desconfiança que nos envenena inutilmente. Carrego uma gigantesca dívida social com a necessidade de defender a Amazônia, os mares, nossos grandes rios na América. Carrego o dever de lutar por pátria para todos.

Nossa civilização montou um desafio mentiroso e, assim como vamos, não é possível satisfazer esse sentido de esbanjamento que se deu à vida. Isso se massifica como uma cultura de nossa época, sempre dirigida pela acumulação e pelo mercado.

Prometemos uma vida de esbanjamento, e, no fundo, constitui uma conta regressiva contra a natureza, contra a humanidade no futuro. Civilização contra a simplicidade, contra a sobriedade, contra todos os ciclos naturais.

O pior: civilização contra a liberdade que supõe ter tempo para viver as relações humanas, as únicas que transcendem: o amor, a amizade, aventura, solidariedade, família.

Civilização contra tempo livre que não é pago, que não se pode comprar, e que nos permite contemplar e esquadrinhar o cenário da natureza. Arrasamos a selva, as selvas verdadeiras, e implantamos selvas anônimas de cimento. Enfrentamos o sedentarismo com esteiras, a insônia com comprimidos, a solidão com eletrônicos, porque somos felizes longe da convivência humana.

Ouvimos da biologia que defende a vida pela vida, como causa superior, e a suplantamos com o consumismo funcional à acumulação.

A política, eterna mãe do acontecer humano, ficou limitada à economia e ao mercado. De salto em salto, a política não pode mais que se perpetuar, e, como tal, delegou o poder, e se entretém, aturdida, lutando pelo governo. Debochada marcha de historieta humana, comprando e vendendo tudo, e inovando para poder negociar de alguma forma o que é inegociável. Há *marketing* para tudo, para os cemitérios, os serviços fúnebres, as maternidades, para pais, para mães, passando pelas secretárias, pelos automóveis e pelas férias. Tudo, tudo é negócio.

Todavia, as campanhas de *marketing* caem deliberadamente sobre as crianças, e sua psicologia para influir sobre os adultos e ter, assim, um território assegurado no futuro. Sobram provas de que essas tecnologias são bastantes abomináveis e que, por vezes, conduzem a frustrações e mais.

O homenzinho médio de nossas grandes cidades perambula entre os bancos e o tédio rotineiro dos escritórios, às vezes temperados com ar condicionado. Sempre sonha com as férias e com a liberdade, sempre sonha com pagar as contas, até que, um dia, o coração para, e adeus. Haverá outro soldado abocanhado pelas presas do mercado, assegurando a acumulação. A crise é a impotência, a impotência da política, incapaz de entender que a humanidade não escapa nem escapará do sentimento de nação. Sentimento que está quase incrustado em nosso código genético.

Hoje é tempo de começar a talhar para preparar um mundo sem fronteiras. A economia globalizada não tem mais condução que não seja o interesse privado, de muitos poucos, e cada Estado Nacional mira sua estabilidade continuísta, e hoje a grande tarefa para nossos povos, em minha humilde visão, é o todo.

Talvez nosso mundo necessite menos de organismos mundiais, desses que organizam fóruns e conferências, que servem muito às cadeias hoteleiras e às companhias aéreas e, no melhor dos casos, não reúnem ninguém e nem se transformam em decisões.

Continuarão as guerras e, portanto, os fanatismos, até que, talvez, a mesma natureza faça um chamado à ordem e torne inviáveis nossas civilizações. Talvez nossa visão seja demasiado crua, sem piedade, e vemos ao homem como uma criatura única, a única que há acima da terra capaz de ir contra sua própria espécie. Volto a repetir, porque alguns chamam a crise ecológica do planeta de consequência do triunfo avassalador da ambição humana. Esse é nosso triunfo e também nossa derrota, porque temos impotência política de nos enquadrarmos em uma nova época. E temos contribuído para sua construção sem nos dar conta.

A cobiça, tão negativa e tão motor da história, essa que impulsionou o progresso material, técnico e científico, que fez o que é nossa época e nosso tempo, um fenomenal avanço em muitas frentes, paradoxalmente, essa mesma ferramenta, a cobiça, que nos impulsionou a domesticar a ciência e transformá-la em tecnologia, nos precipita a um abismo nebuloso. A uma história que não conhecemos, a uma época sem história, e estamos ficando sem olhos nem inteligência coletiva para seguir colonizando e para continuar nos transformando.

Porque se há uma característica deste bichinho humano é a de que é um conquistador antropológico.

Parece que as coisas tomam autonomia e essas coisas subjugam os homens. De um lado a outro, sobram ativos para vislumbrar tudo isso e para vislumbrar o rombo. Mas é impossível para nós coletivizar decisões globais por esse todo. A cobiça individual triunfou grandemente sobre a cobiça superior da espécie. Aclaremos: o que é "tudo", essa palavra simples, menos opinável e mais evidente? Em nosso Ocidente, particularmente, porque daqui viemos, embora tenhamos vindo do sul, as repúblicas, que nasceram para afirmar que os homens são iguais, que ninguém é mais que ninguém, que os governos deveriam representar o bem comum, a justiça e a igualdade. Muitas vezes, as repúblicas se deformam e caem no esquecimento da gente que anda pelas ruas, do povo comum.

Não foram as repúblicas criadas para vegetar, mas, ao contrário, para serem um grito na história, para fazer funcionais as vidas dos próprios povos e, portanto, as repúblicas que devem às maiorias e devem lutar pela promoção das maiorias.

Seja o que for, por reminiscências feudais que estão em nossa cultura, por classismo dominador, talvez pela cultura consumista que rodeia a todos, as repúblicas frequentemente, em suas direções, adotam um viver diário que exclui, que se distancia do homem da rua.

Ouçam bem, queridos amigos: em cada minuto no mundo se gastam US$ 2 milhões em ações militares nesta Terra. Dois milhões de dólares por minuto em inteligência militar!! Em investigação médica de todas as enfermidades que avançaram enormemente, cuja cura dá às pessoas uns anos a mais de vida, a investigação cobre apenas a quinta parte da investigação militar.

Amigos, creio que é muito difícil inventar uma força pior que nacionalismo chauvinista das grandes potências. A força é que liberta os fracos. O nacionalismo, tão pai dos processos de descolonização, formidável para os fracos, se transforma em uma ferramenta opressora nas mãos dos fortes e, nos últimos 200 anos, tivemos exemplos disso por toda a parte.

Até que o homem não saia dessa pré-história e arquive a guerra como recurso quando a política fracassa, essa é a larga marcha e o desafio que temos daqui adiante. E o dizemos com conhecimento de causa. Conhecemos a solidão da guerra. No entanto, esses sonhos, esses desafios que estão no horizonte, implicam lutar por uma agenda de acordos mundiais que comecem a governar nossa história e superar, passo a passo, as ameaças à vida. A espécie como tal deveria ter um governo para a humanidade que superasse o individualismo e primasse por recriar cabeças políticas que acudam ao caminho da ciência, e não apenas aos interesses imediatos que nos governam e nos afogam.

Paralelamente, devemos entender que os indigentes do mundo não são da África ou da América Latina, mas da humanidade toda, e esta deve, como tal, globalizada, empenhar-se em seu desenvolvimento, para que possam viver com decência de maneira autônoma. Os recursos necessários existem, estão neste depredador esbanjamento de nossa civilização.

Há poucos dias, fizeram na Califórnia, em um corpo de bombeiros, uma homenagem a uma lâmpada elétrica que está acesa há cem anos. Cem anos que está acesa, amigo! Quantos milhões de dólares nos tiraram dos bolsos fazendo deliberadamente porcarias para que as pessoas comprem, comprem, comprem e comprem.

Mas esta globalização de olhar para todo o planeta e para toda a vida significa uma mudança cultural brutal. É o que nos requer a história. Nosso dever biológico, acima de todas as coisas, é respeitar a vida e impulsioná-la, cuidá-la, procriá-la e entender que a espécie é nosso "nós".

Transcrição e tradução do discurso feitas por Kiko Nogueira. Disponível em: <http://www.diariodocentrodomundo.com.br/>. Acesso em: 26 set. 2013. (Adaptado).

***Texto 2***

Os olhos de Sebastião Salgado já viram de tudo neste mundo (e isto talvez não seja exagero). Por oito anos, o fotógrafo mineiro de 69 anos viajou por mais de 30 regiões extremas do globo, coletando imagens de dezenas de tribos, animais em extinção e paisagens raras.

SALGADO, Sebastião. Disponível em: <www.estadao.com.br>. Acesso em: 2 out. 2013. Disponível em: <ww1.folha.uol.com.br/ilustrada>. Acesso em: 2 out. 2013. (Adaptado).

*Texto 3*

Disponível em: <http://poavive.files.wordpress.com>. Acesso em: 2 out. 2013.

**4.** (UFG-GO) A relação do homem com o tempo e o espaço está presente nos textos 1, 2 e 3. Nesse sentido, responda:

a) Como a noção de tempo livre é apresentada em cada um desses textos?

b) A palavra "selva" pode ser relacionada aos três textos apresentados, adquirindo diferentes sentidos em cada um deles. Qual sentido essa palavra adquire em cada texto?

**5.** (UFG-GO) O humor da charge (**Texto 3**) é criado por meio de uma ironia que incide sobre um argumento que não se sustenta.

a) Que argumento é esse? Explique por que esse argumento não se sustenta.

b) Cite um trecho do **Texto 1** em que o presidente do Uruguai apresenta razões para a existência desse tipo de ironia.

**Texto para a próxima questão.**

## Fui a Rio+20 e tudo que ganhei foi este apito

25/06/12 – 07:05

POR ANDRE BARCINSKI

"É é é é é... Índio quer apito, se não der, pau vai comer."

Nenhuma frase resume tão bem o Brasil. Mais de 512 anos depois de Cabral pintar por aqui, o Brasilzão continua dando apito para índio. E os índios, claro, somos nós.

Nada aqui é feito para resolver. É tudo cosmética. "Tudo perfumaria", como diz um amigo.

Este país só funciona quando tem alguém de fora olhando. E a Rio+20 foi mais uma prova.

O trânsito está péssimo? Fácil: suspendam-se as aulas.

O Edward Norton não consegue chegar do hotel à praia do Leblon? É só dar folga para o funcionalismo público.

Aqui perto de casa, o posto da Polícia Rodoviária em Mambucaba (RJ), fechado há dois anos por falta de efetivo, foi reaberto – mas só para a Rio+20. Depois que a Hillary for embora, fecha de novo. E os bananas dos moradores que se danem. [...]

Disponível em http://andrebarcinski.blogfolha.uol.com.br/

**6.** (UEPB) No último parágrafo do texto, pode-se afirmar que há:

a) Circunstância temporal com a intenção de enfatizar a crítica do autor em relação à Rio+20.

b) Expressões modalizadoras com o objetivo de formar a opinião do leitor sobre a Rio+20.

c) Um jogo de palavras para convencer os interlocutores a realizar uma ação contra a conferência mundial.

d) Termos denotadores de intensidade, para demonstrar descaso com os moradores do Rio.

e) Palavras que desempenham função de relação restritiva contra a Rio+20.

**Texto para a próxima questão.**

## Do bom uso do relativismo

Hoje, pela multimídia, imagens e gentes do mundo inteiro nos entram pelos telhados, portas e janelas e convivem conosco. É o efeito das redes globalizadas de comunicação. A primeira reação é de perplexidade que pode provocar duas atitudes: ou de interesse para melhor conhecer, que implica abertura e diálogo, ou de distanciamento, que pressupõe fechar o espírito e excluir. De todas as formas, surge uma percepção incontornável: nosso modo de ser não é o único. Há gente que, sem deixar de ser gente, é diferente.

Quer dizer, nosso modo de ser, de habitar o mundo, de pensar, de valorar e de comer não é absoluto. Há mil outras formas diferentes de sermos humanos, desde a forma dos esquimós siberianos, passando pelos yanomamis do Brasil, até chegarmos aos sofisticados moradores de [1]*Alphavilles*, onde se resguardam as elites opulentas e amedrontadas. O mesmo vale para as diferenças de cultura, de língua, de religião, de ética e de lazer.

Deste fato surge, de imediato, o relativismo em dois sentidos: primeiro, importa relativizar todos os modos de ser; nenhum deles é absoluto a ponto de invalidar os demais; impõe-se também a atitude de respeito e de acolhida da diferença porque, pelo simples fato de estar-aí, goza de direito de existir e de coexistir; segundo, o relativo quer expressar o fato de que todos estão de alguma forma relacionados. Eles não podem ser pensados independentemente uns dos outros, porque todos são portadores da mesma humanidade.

Devemos alargar a compreensão do *humano* para além de nossa concretização. Somos uma geossociedade una, múltipla e diferente.

Todas estas manifestações humanas são portadoras de valor e de verdade. Mas são um valor e uma verdade relativos, vale dizer, relacionados uns aos outros, autoimplicados, sendo que nenhum deles, tomado em si, é absoluto.

Então não há verdade absoluta? Vale o [2]*everything goes* de alguns pós-modernos? Quer dizer, o "vale tudo"? Não é o vale tudo. Tudo vale na medida em que mantém relação com os outros, respeitando-os em sua diferença. Cada um é portador de verdade, mas ninguém pode ter o monopólio dela. Todos, de alguma forma, participam da verdade. Mas podem crescer para uma verdade mais plena, na medida em que mais e mais se abrem uns aos outros.

Bem dizia o poeta espanhol António Machado: "Não a tua verdade. A verdade. Vem comigo buscá-la. A tua, guarde-a". Se a buscarmos juntos, no diálogo e na cordialidade, então mais e mais desaparece a minha verdade para dar lugar à Verdade comungada por todos.

A ilusão do Ocidente é de imaginar que a única janela que dá acesso à verdade, à religião verdadeira, à autêntica cultura e ao saber crítico é o seu modo de ver e de viver. As demais janelas apenas mostram paisagens distorcidas. Ele se condena a um fundamentalismo visceral que o fez, outrora, organizar massacres ao impor a sua religião e, hoje, guerras para forçar a democracia no Iraque e no Afeganistão.

Devemos fazer o bom uso do relativismo, inspirados na culinária. Há uma só culinária, a que prepara os alimentos humanos. Mas ela se concretiza em muitas formas, as várias cozinhas: a mineira, a nordestina, a japonesa, a chinesa, a mexicana e outras. Ninguém pode dizer que só uma é a verdadeira e gostosa e as outras não. Todas são gostosas do seu jeito e todas mostram a extraordinária versatilidade da arte culinária.

Por que com a verdade deveria ser diferente?

LEONARDO BOFF
http://alainet.org

Vocabulário:
ref. 1: *Alphavilles* – condomínios de luxo
ref. 2: *everything goes* – literalmente, "todas as coisas vão"; equivale à expressão "vale tudo"

7. (Uerj) O penúltimo parágrafo, que faz uma crítica ao Ocidente, cumpre uma função específica na argumentação do autor. Explicite de que maneira esse parágrafo contribui para o desenvolvimento dessa argumentação.

**Texto para a próxima questão.**

A questão seguinte toma por base o fragmento de uma peça oratória do Padre Antônio Vieira (Lisboa, 1608 – Bahia, 1697) – o *Sermão da Sexagésima*, pregado na Capela Real de Lisboa no ano de 1655.

## Sermão de Vieira

Será porventura o não fazer fruto hoje a palavra de Deus, pela circunstância da pessoa? Será porque antigamente os pregadores eram santos, eram varões apostólicos e exemplares, e hoje os pregadores são eu, e outros como eu? – Boa razão é esta. A definição do pregador é a vida e o exemplo. Por isso Cristo no Evangelho não o comparou ao semeador, senão ao que semeia. Reparai. Não diz Cristo: saiu a semear o semeador, senão, saiu a semear o que semeia. (...) Entre o semeador e o que semeia há muita diferença: uma coisa é o soldado e outra coisa o que peleja; uma coisa é o governador e outra o que governa. Da mesma maneira, uma coisa é o semeador, e outra o que semeia; uma coisa é o pregador e outra o que prega. O semeador e o pregador é nome; o que semeia e o que prega é ação; e as ações são as que dão o ser ao pregador. Ter nome de pregador, ou ser pregador de nome, não importa nada; as ações, a vida, o exemplo, as obras, são as que convertem o Mundo.

VIEIRA, Antônio (Pe). *Os Sermões*. Seleção de Jamil Almansur Haddad. São Paulo: Melhoramentos, 1963, p. 80.

8. (Unesp-SP) O texto oratório, por sua natureza persuasiva, realiza em alto grau a função conativa (ou apelativa) da linguagem, ou seja, centra sua mensagem explícita e diretamente no público destinatário. Neste fragmento, o orador faz clara referência a seus ouvintes, visando a provocar neles uma reação. Com base neste comentário,
   a) aponte a frase em que Vieira se dirige diretamente ao público;
   b) indique o modo e a pessoa verbais que revelam a função conativa (ou apelativa) da linguagem.

9. (Ufpel-RS) Como produto, e às vezes contraponto, de uma sociedade, a propaganda retrata o período em que foi concebida. Analise estas duas propagandas que aludem ao Brasil de algumas décadas atrás.

<http://bibelo2000.blogspot.com/2007/11/propagandas-antigas.html>

<http://ruralwillys.tripod.com/propagandarural/anuncio1.jpg>

Analisando as propagandas (embora esta mais atual que aquela, ambas são de marcas ainda presentes em nosso cotidiano), assinale a alternativa CORRETA:

a) As propagandas dirigem-se especificamente ao público feminino, por ser à época o responsável pelos serviços domésticos. Isso seria impensável na publicidade atual.

b) A linguagem empregada em ambas as propagandas, além de exagerar no tom informal, não apresenta diferença em relação à modalidade padrão atual.

c) A propaganda do carro, apesar de apresentar a mulher numa posição menos submissa na sociedade, se contradiz ao apresentá-la como uma voz que sugere ao consumidor, seu marido, preocupação com aspectos fúteis.

d) Na primeira, a lide doméstica é retratada como um ambiente feminino, cuja técnica era transmitida de mãe pra filha. Essa espécie de "legado" é inexistente, ou no máximo velado, na segunda.

e) Embora mais distante dos dias modernos, a segunda traduz uma posição feminina menos altiva, reflexo do lugar ocupado pela mulher na sociedade da época.

**Texto para a próxima questão.**

## Caçadas a Pedrinho

Talvez seja até um bom sinal, em país acostumado a dizer que "tudo termina em pizza", a circunstância de que tanta coisa, agora, alcance o Supremo Tribunal Federal.

Constitui evidente exagero, todavia, que a polêmica sobre o livro "Caçadas de Pedrinho", de Monteiro Lobato, necessite da intervenção do STF para ser dirimida.

Parece faltar equilíbrio em muitas dessas manifestações. Em primeiro lugar, não se trata propriamente de "censura" ao clássico infantil. "Caçadas de Pedrinho" continua a circular livremente.

Para alguns setores do movimento negro, o recurso a notas explicativas não é suficiente. Com parcela de razão, argumentam que nem sempre os professores da rede pública estão preparados para desenvolver esclarecimentos satisfatórios sobre o assunto.

A lembrança não exclui, entretanto, a comichão censória que tantas vezes acompanha o espírito politicamente correto. Julga-se eliminar o racismo recalcando, e não dissecando, suas manifestações.

Há algo de ridículo nessa insistência, e não há conciliação possível quando uma das partes está mais interessada em manter a discussão para além do que seu âmbito, restrito e pontual, permite.

(Adaptado, http://www1.folha.uol.com.br/fsp/opiniao/66111-cacadas-a-pedrinho.shtml)

10. (Insper-SP) Na construção argumentativa, uma estratégia frequente é aquela na qual se reconhecem dados ou fatos contrários ao ponto de vista defendido, para, em seguida, negá-los ou reduzir sua importância. O fragmento em que o autor reconhece uma posição contrária ao que pretende defender é:

a) "Constitui evidente exagero, todavia, que a polêmica sobre o livro 'Caçadas de Pedrinho'...".

b) "Em primeiro lugar, não se trata propriamente de 'censura' ao clássico infantil."

c) "Com parcela de razão, argumentam que nem sempre os professores da rede pública estão preparados..."

d) "A lembrança não exclui, entretanto, a comichão censória..."

e) "Há algo de ridículo nessa insistência, e não há conciliação possível..."

# O desafio da redação

Theo Szczepanski/Arquivo da editora

# A redação no exame da UFBA, 2012

Esta seção tem como objetivo comentar a proposta de redação de um vestibular, procurando mostrar como, no momento da prova, é possível ler e compreender a proposta e se planejar para redigir seu texto de acordo com o que estipula o exame.

Sugerimos que você treine para a prova produzindo um texto de acordo com a proposta comentada nestas páginas e seguindo as orientações aqui fornecidas.

1. Reproduzimos a seguir a proposta de redação do vestibular da UFBA (Universidade Federal da Bahia), em 2012. Trata-se de uma proposta única: escrever uma dissertação sobre o tema "O avanço das tecnologias no mundo contemporâneo e seus benefícios e/ou prejuízos para o Homem, para a sociedade" depois de ler uma coletânea de cinco textos, de diferentes gêneros, sobre o assunto tecnologia e robótica. Conheça a prova.

**UFBA 2012**

**Redação**

- Escreva sua Redação com caneta de tinta AZUL ou PRETA de forma clara e legível.
- Caso utilize letra de imprensa, destaque as iniciais maiúsculas.
- O rascunho deve ser feito no local apropriado do Caderno de Questões.
- Na Folha de Resposta, utilize apenas o espaço a ela destinado.
- Assine a prova APENAS NO CABEÇALHO. A assinatura no campo da resposta ANULARÁ a sua Redação!
- Será atribuída pontuação ZERO à Redação que
  - – não se atenha ao tema proposto;
  - – esteja escrita a lápis, ainda que parcialmente;
  - – apresente texto incompreensível ou letra ilegível;
  - – esteja escrita em verso;
  - – apresente texto padronizado, comum a vários candidatos;
  - – NÃO SEJA RESPONDIDA NA RESPECTIVA FOLHA DE RESPOSTA;
  - – ESTEJA ASSINADA FORA DO LOCAL APROPRIADO;
  - – POSSIBILITE, DE ALGUMA FORMA, A IDENTIFICAÇÃO DO CANDIDATO.

*Texto 1*

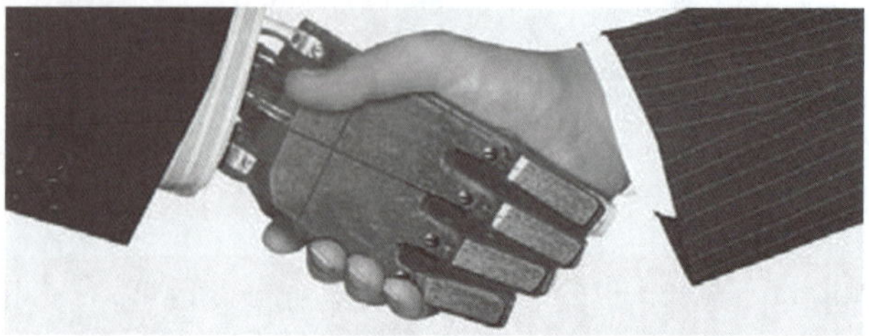

A globalização é um processo de mudanças que não pode ser analisado apenas pelos seus aspectos geopolíticos e econômicos. Correríamos o risco de cair na cilada do tecnicismo, que apenas alinha dados e situa fenômenos específicos. No entanto, esse fenômeno atua fortemente sobre o homem, alterando comportamentos e abalando personalidades. Os conceitos políticos, sociais, os valores éticos, o uso da ciência, das artes, enfim, a cultura criada pela humanidade em milênios está sendo afetada, substituída e modificada. Nos países altamente industrializados, as fábricas também foram beneficiadas com a automação. Junto com os computadores vieram os robôs, isto é, equipamentos mecânicos destinados à manipulação de objetos, ferramentas e peças, dotados de inteligência artificial. Em 1975, a indústria automobilística japonesa produzia 2,5 milhões de carros por ano, empregando 500 mil trabalhadores. Dez anos depois, passou a produzir 10 milhões de carros por ano, isto é, quatro vezes mais, com o mesmo número de trabalhadores.

Na era dos robôs, eficácia, rapidez e padronização tornam-se as palavras de ordem. Quanto mais racionalizado e mecanizado, melhor será o trabalho. A população de robôs do planeta aumentou em 85 mil máquinas a cada ano, segundo relatório divulgado pela Organização das Nações Unidas.

A ideia de que os robôs irão criar mais empregos do que eliminá-los é somente mais uma das ilusões fundamentais do setor. A outra é que os robôs necessariamente irão liberar a humanidade do "trabalho alienante". Na verdade, eles tanto criarão quanto eliminarão empregos, porque os engenheiros que projetam robôs tentam garantir que sua utilização implicará a mais barata mão de obra possível.

SILVA, José Odair da. *Adeus trabalho velho, benvindos robôs*. Disponível em: <http://conhecimentopratico.uol.com.br/geografia/mapas-demografia/32/artigo18209-...>. Acesso em: 15 ago. 2011.

*Texto 2*

LAERTE. *A mão*. Disponível em: <http://www.faberludens.com.br/pt-br/node/2543>. Acesso em: 20 ago. 2011.

*Texto 3*

Por que o raciocínio,
os músculos, os ossos?
A automação, ócio dourado.
O cérebro eletrônico, o músculo
mecânico
mais fáceis que um sorriso.

Por que o coração?
O de metal não tornará o homem
mais cordial,
dando-lhe um ritmo extracorporal?

Por que levantar o braço
para colher o fruto?
A máquina o fará por nós.
Por que labutar no campo, na cidade?
A máquina o fará por nós.
Por que pensar, imaginar?
A máquina o fará por nós.
Por que fazer um poema?
A máquina o fará por nós.
Por que subir a escada de Jacó?
A máquina o fará por nós.

Ó máquina, orai por nós.

RICARDO, Cassiano. *Ladainha*. Disponível em: <solangef.wordpress.com/2008/02/16/cassianoricardo-ladainha>. Acesso em: 20 ago. 2011.

*Texto 4*

SAMP, Wesley. *Os levados da breca*. Disponível em: <http://casadastiras.com/?tag=tecnologia&paged=2>. Acesso em: 24 ago. 2011.

*Texto 5*

O cérebro eletrônico faz tudo
Faz quase tudo
Faz quase tudo
Mas ele é mudo
O cérebro eletrônico comanda
Manda e desmanda
Ele é quem manda
Só eu posso pensar
Se Deus existe
Só eu
Só eu posso chorar
Quando estou triste
Só eu
Eu cá com meus botões
De carne e osso

Eu falo e ouço. Hum
Eu penso e posso
Eu posso decidir
Se vivo ou morro por que
Porque sou vivo
Vivo pra cachorro e sei
Que cérebro eletrônico nenhum me dá socorro
No meu caminho inevitável para a morte
Porque sou vivo
Sou muito vivo e sei
Que a morte é nosso impulso primitivo e sei
Que cérebro eletrônico nenhum me dá socorro
Com seus botões de ferro e seus
Olhos de vidro.

GIL, Gilberto. *Cérebro eletrônico*. Disponível em: <http://letras.terra.com.br/gilberto-gil/46197/>. Acesso em: 17 ago. 2011.

**Proposta de redação**

Você está diante de uma coletânea de textos diversificados sobre a temática das novas tecnologias, automação e robótica. Com base nessa coletânea, produza um texto dissertativo-argumentativo sobre o tema:

**O avanço das tecnologias no mundo contemporâneo e seus benefícios e/ou prejuízos para o Homem, para a sociedade.**

2. Acompanhe, a seguir, os comentários sobre essa proposta da prova de redação da UFBA 2012. Essa leitura vai ajudá-lo a compreender melhor os textos reproduzidos na proposta e a se preparar para ler outros exames semelhantes. Seguindo as dicas, produza um texto de acordo com o que foi indicado nesse vestibular da Universidade Federal da Bahia.
   a) O texto 1 de apoio para a compreensão do tema a ser desenvolvido na redação é um fragmento do texto *Adeus trabalho velho, benvindos robôs*, de José Odair da Silva. Ele discute a influência da automatização sobre o trabalho humano no mundo globalizado. Observe:

**Texto citado na proposta de redação**

*Texto 1*

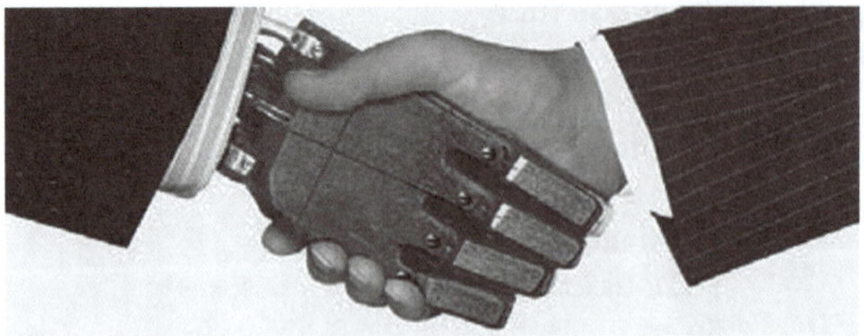

**(VI)**

A globalização é um processo de mudanças que não pode ser analisado apenas pelos seus aspectos geopolíticos e econômicos. Correríamos o risco de cair na cilada do tecnicismo, que apenas alinha dados e situa fenômenos específicos. **(I)** No entanto, esse fenômeno atua fortemente sobre o homem, alterando comportamentos e abalando personalidades. Os conceitos políticos, sociais, os valores éticos, o uso da ciência, das artes, enfim, a cultura criada pela humanidade em milênios está sendo afetada, substituída e modificada. **(II)** Nos países altamente industrializados, as fábricas também foram beneficiadas com a automação. Junto com os computadores vieram os robôs, isto é, equipamentos mecânicos destinados à manipulação de objetos, ferramentas e peças, dotados de inteligência artificial. Em 1975, a indústria automobilística japonesa produzia 2,5 milhões de carros por ano, empregando 500 mil trabalhadores. Dez anos depois, passou a produzir 10 milhões de carros por ano, isto é, quatro vezes mais, com o mesmo número de trabalhadores. **(III)**

Na era dos robôs, eficácia, rapidez e padronização tornam-se as palavras de ordem. Quanto mais racionalizado e mecanizado, melhor será o trabalho. A população de robôs do planeta aumentou em 85 mil máquinas a cada ano, segundo relatório divulgado pela Organização das Nações Unidas. **(IV)**

A ideia de que os robôs irão criar mais empregos do que eliminá-los é somente mais uma das ilusões fundamentais do setor. A outra é que os robôs necessariamente irão liberar a humanidade do "trabalho alienante". Na verdade, eles tanto criarão quanto eliminarão empregos, porque os engenheiros que projetam robôs tentam garantir que sua utilização implicará a mais barata mão de obra possível. **(V)**

SILVA, José Odair da. *Adeus trabalho velho, benvindos robôs.* Disponível em: <http://conhecimentopratico.uol.com.br/geografia/mapas-demografia/32/artigo18209-...>. Acesso em: 15 ago. 2011.

**Comentário**

**(I)** O produtor do texto apresenta a sua posição: de acordo com ele a globalização não se reduz a aspectos geopolíticos e econômicos.

**(II)** Apresentação do tema: o autor destaca os efeitos modificadores da tecnologia sobre o mundo globalizado.

**(III)** Exemplificação: o texto aborda a automação nos países industrializados citando o caso específico da indústria automobilística japonesa.

**(IV)** Direcionamento da argumentação: os efeitos da tecnologia sobre o trabalho humano.

**(V)** Conclusão: os robôs são responsáveis tanto pela criação como pela eliminação de empregos.

**(VI)** A imagem que acompanha o texto, apresentando um aperto de mão entre um ser humano e um robô, reforça a ideia de que a tecnologia já é uma realidade nas relações de trabalho.

**Texto citado na proposta de redação**

*Texto 2*

LAERTE. *A mão.* Disponível em: <http://www.faberludens.com.br/pt-br/node/2543>. Acesso em: 20 ago. 2011.

**Comentário**

Pelo texto do narrador nos três primeiros quadrinhos da tira, o leitor é levado a pensar que o personagem que vai escrever é um ser humano. O último quebra essa ideia, pois mostra uma espécie de robô com um olho e um cérebro humanos. O cartunista ironiza, assim, a ideia de que o ser humano poderia ser dispensável em determinados tipos de tarefa e, de certa forma, aproxima o homem e a máquina.

| Texto citado na proposta de redação | Comentário |
|---|---|
| *Texto 3*<br><br>Por que o raciocínio,<br>os músculos, os ossos?<br>A automação, ócio dourado.<br>O cérebro eletrônico, o músculo<br>mecânico<br>mais fáceis que um sorriso.<br><br>Por que o coração?<br>O de metal não tornará o homem<br>mais cordial,<br>dando-lhe um ritmo extracorporal?<br><br>Por que levantar o braço<br>para colher o fruto?<br>A máquina o fará por nós.<br>Por que labutar no campo, na cidade?<br>A máquina o fará por nós.<br>Por que pensar, imaginar?<br>A máquina o fará por nós.<br>Por que fazer um poema?<br>A máquina o fará por nós.<br>Por que subir a escada de Jacó?<br>A máquina o fará por nós.<br><br>Ó máquina, orai por nós.<br><br>RICARDO, Cassiano. *Ladainha*. Disponível em: <solangef.wordpress.com/2008/02/16/cassianoricardo-ladainha>. Acesso em: 20 ago. 2011. | O poema de Cassiano Ricardo é um questionamento sobre os motivos de se procurar construir um robô ou uma máquina semelhante ao ser humano. Ele examina ironicamente as contradições de uma sociedade cada vez mais dominada pela máquina.<br><br>Segundo o eu lírico, isso se dá porque o homem busca o "ócio dourado", conforme lemos na primeira estrofe. Na terceira estrofe, fica claro isso, sobretudo pela repetição do verso "A máquina o fará por nós", e pelo último verso (isolado na quarta estrofe), em que ela, a máquina, é convocada a orar por nós.<br><br>As estrofes 1 e 2 questionam a necessidade da existência dos órgãos de carne e osso, cérebro, músculos, ossos (estrofe 1) e coração (estrofe 2) em face da possibilidade de substitutos artificiais.<br><br>A estrofe 3 sugere a transferência de atividades que vão se tornando progressivamente mais complexas do homem para a máquina: levantar o braço, trabalhar no campo ou na cidade, fazer um poema, subir a escada de Jacó (isto é, prosperar intelectual e moralmente).<br><br>O último verso, isolado, sintetiza a postura irônica do poeta, presente em todo poema ao propor uma ação impossível para a máquina: rezar pelo ser humano. |

| Texto citado na proposta de redação | Comentário |
|---|---|
| *Texto 4*<br><br><br><br><br>SAMP, Wesley. *Os levados da breca*. Disponível em: <http://casadastiras.com/?tag=tecnologia&paged=2>. Acesso em: 24 ago. 2011. | O cartunista de "Os levados da breca" brinca com a ideia de que a tecnologia é algo do futuro. Nos dois primeiros quadrinhos, a personagem PC explica essa ideia com orgulho para o amigo Wes. No entanto, no último quadrinho, quebrando a expectativa do leitor e criando o humor, Wes apresenta o outro lado da ideia: se a tecnologia supera a si mesma tão rapidamente, ela sempre será o passado, e não o futuro. |

<table>
<tr><th>Texto citado na proposta de redação</th><th>Comentário</th></tr>
<tr><td>Texto 5<br>O cérebro eletrônico faz tudo<br>Faz quase tudo<br>Faz quase tudo<br>Mas ele é mudo<br>O cérebro eletrônico comanda<br>Manda e desmanda<br>Ele é quem manda<br>Só eu posso pensar<br>Se Deus existe<br>Só eu<br>Só eu posso chorar<br>Quando estou triste<br>Só eu<br>Eu cá com meus botões<br>De carne e osso<br><br>Eu falo e ouço. Hum<br>Eu penso e posso<br>Eu posso decidir<br>Se vivo ou morro por que<br>Porque sou vivo<br>Vivo pra cachorro e sei<br>Que cérebro eletrônico nenhum me dá socorro<br>No meu caminho inevitável para a morte<br>Porque sou vivo<br>Sou muito vivo e sei<br>Que a morte é nosso impulso primitivo e sei<br>Que cérebro eletrônico nenhum me dá socorro<br>Com seus botões de ferro e seus<br>Olhos de vidro.<br><br>GIL, Gilberto. Cérebro eletrônico. Disponível em: <http://letras.terra.com.br/gilberto-gil/46197/>. Acesso em: 17 ago. 2011.</td><td>A letra da canção “Cérebro eletrônico” desenvolve a contraposição entre o existir humano e o fazer mecânico. Repare como a simetria entre os botões de carne e osso (homem) x botões de ferro (máquina) e a disposição paralela das duas metades da letra indicam a situação de comparação entre o homem e a máquina.<br><br>A canção de Gilberto Gil, na primeira estrofe, admite a capacidade de a máquina (ou do cérebro eletrônico) fazer tudo ou quase tudo, mas lembra que o ser humano (ou o eu lírico, no caso) tem habilidades que a máquina não alcança: pode refletir sobre a existência, pode se emocionar. Na segunda estrofe, está em questão o eu lírico, suas habilidades e aquilo que o torna único, sem ter, nesses casos, como contar com a máquina: só ele pode decidir se vive ou morre; seu caminho para a morte é inevitável, a máquina não pode ajudá-lo nesse rumo que espera a todos nós, ou seja, é justamente nossa mortalidade que nos diferencia da máquina e a torna inútil, uma vez que não pode evitar esse fim.</td></tr>
</table>

## Dicas para ler e seguir uma proposta de redação como essa

- Resuma os textos reproduzidos ordenando as principais ideias que discutem o tema.
- Identifique os posicionamentos dos diversos produtores de textos perante a questão.
- Releia o tema – O avanço das tecnologias no mundo contemporâneo e seus benefícios e/ou prejuízos para o Homem, para a sociedade – e reflita sobre ele. Procure se posicionar a respeito: qual é sua opinião sobre o assunto? Que argumentos podem ajudá-lo a defender seu ponto de vista? Anote suas ideias, ordene-as, veja quais são as fundamentais e busque, se possível, exemplos concretos que reforcem sua argumentação.
- Repasse os argumentos dos textos reproduzidos na proposta: você concorda com eles ou discorda dessas ideias? Podem ajudá-los a construir seu texto?
- Sua argumentação deve ser clara e enxuta. Lembre-se sempre de se posicionar abertamente. Encaminhe a discussão para um final que explicita sua tomada de posição.
- Utilize vocabulário rico e apropriado, evite repetições desnecessárias. Releia o texto procurando verificar o uso de pronomes, conjunções e de outros termos que ajudam a estabelecer a coesão do texto. Observe se foram respeitadas as regras da modalidade formal da língua, conforme se indica no exame.

## Conectivos: conjunção e preposição

1. a) Mesmo sendo abundante e até densa...
   b) No contexto, e atendendo a derivações do substantivo "lucros", as palavras "rendosos" e "rentabilidade" poderiam ser substituídas por *lucrativos* e *lucratividade*, respectivamente.
2. 01 + 02 + 04 + 08 = 15
3. a
4. a) 1) Por favor, não me tome por um cético, pois as evidências me deixam totalmente convencido de que as mudanças climáticas são reais e graves.
   2) Os gases que estão provocando o aquecimento da Terra vêm se acumulando há centenas de anos e não vão desaparecer facilmente.
   3) [...] Como a concentração de gases que provocam o efeito estufa continuará a elevar-se por décadas, o aquecimento global já está inscrito no futuro da Terra.
   4) Na verdade, é quase certo que haverá uma emissão de carbono consideravelmente maior, pois a maioria dos estudos prevê que o consumo de energia no mundo vai dobrar até 2050.
   b) 1. explicação; 2. adição; 3. causa; 4. causa.
5. e
6. c
7. a) ... sai à caça do soldado desertor que, com confederados, realizou assalto a trem.
   ... sai à caça do soldado desertor que realizou assalto a trem com confederados em seu interior.
   b) No primeiro caso há noção de companhia; no segundo, de conteúdo.
8. d
9. c
10. 01 + 04 = 05
11. a

## Regência

1. 49
2. e
3. a
4. a
5. d
6. d
7. c
8. d
9. a) A construção é a do verbo partir-se ("Partimo-nos..."). O emprego pronominal desse verbo é feito, no Brasil, com o sentido de "quebrar-se, dividir-se em pedaços": o jarro partiu-se. No sentido de "afastar-se, ir embora", emprega-se o verbo sem pronome.
   b) Partimos assim do santo templo.
10. O artista Juan Diego Miguel apresenta, no Museu Brasileiro da Escultura (Mube), a exposição de suas obras que acabam de chegar ao país, intitulada (ou denominada) "Arte e Sensibilidade".
11. b
12. b

## A coordenação

1. a) Trecho 1: Eu, como (porque, visto que, já que) digo tudo, digo aqui que não tive tempo de soltar as mãos da minha amiga...; Trecho 2: Já lhe podia chamar assim, embora (ainda que, apesar de que, mesmo que) os seus cabelos brancos não o fossem todos nem totalmente; e o rosto estivesse comparativamente fresco...
   b) A locução conjuntiva "uma vez que" expressa circunstância de causa e poderia ser substituída por termos equivalentes: *como, porque, visto que* e *já que*. A locução "posto que" apresenta noção de concessão da mesma forma que os termos *embora, ainda que, apesar de que* e *mesmo que*.
2. No sétimo parágrafo, sobressai a coordenação que confere vigor à expressão da necessidade de mudança/movimento na vida ou reinvenção da vida, explicitada, particularmente na passagem "Espumo águas paradas."

   No décimo parágrafo, tem destaque subordinação e coordenação. A subordinação dos três termos preposicionados ("Desse jogador ... vocacional.", "Dessa bailarina ... ao contexto." e "Desse cantor ... na encruzilhada") a substantivo do primeiro período é estruturada por meio de uma pontuação diferente da esperada. Com essa estruturação, ressalta-se a necessidade do inesperado, de uma aparente incoerência. A coordenação, por sua vez, cria um paralelismo que assegura o entendimento de uma sequência de exemplos para o tipo de coerência que causa dó.
3. d
4. a
5. Um entre os períodos:

   – O racismo não é apenas uma ideologia social e política, mas também uma teoria que se pretende científica.

   – O racismo é não só uma ideologia social e política, mas ainda uma teoria que se pretende científica.
6. a
7. b
8. d
9. b
10. Tanto a conjunção adversativa "mas" quanto o futuro do presente do indicativo "Será" enfatizam a dúvida e o questionamento quanto àquilo que as imagens "rebanho das nuvens" e "arado do espaço" expressam.

    ou

    A conjunção adversativa "mas" indica a oposição do eu lírico à ideia expressa pela imagem formulada anteriormente, no verso 19. E o futuro do presente do indicativo "Será" é empregado para marcar a dúvida quanto àquilo que a imagem apresentada no verso 22 representa.
11. c

## A subordinação

1. c
2. e
3. a
4. e
5. c
6. d
7. d
8. "Se todos os frequentadores dos cinemas fossem casais de namorados" (oração subordinada adverbial condicional).
9. b
10. d
11. c
12. c

## Por que escrever? Como escrever?

1. No texto I, o louva-deus é um ser pequeno, frágil, que está à mercê dos caprichos do menino que, por um momento, se acha um deus diante de tão inofensivo inseto. Já no texto II, o eu lírico está surpreso com esse convívio inesperado, entre um homem e uma pequena aranha alojada entre seus livros.

   As passagens que transcrevem o traço comum entre os insetos é a fragilidade indicada pelo tamanho diminuto: (...) *se Doril não visse o leve pulsar de fole do pescoço – e só olhando bem é que se via* (...). Neste trecho, percebe-se o quão pequeno era o bichinho, da mesma forma: (...) *minúscula/ com suas muitas perninhas/ quase invisíveis* (...) versos do segundo poema, falando sobre a fragilidade da aranha.

   O título que tem mais conotação de dominação é o *Diálogo de relativa grandeza*, por indicar que existe uma ordem de grandeza, seja física ou metafísica, mas uma medida a ser questionada: somos todos tão pequenos aos olhos de um deus ou do universo?

2. c
3. a) Incorreta.
   b) Correta.
   c) Incorreta.
   d) Correta.
4. 08 + 32 = 40
5. d
6. c
7. 01 + 02 = 03
8. d
9. a) Mário Prata pretendia convencer o presidente Fernando Henrique Cardoso a oficializar a profissão de escritor que, até o momento, não tinha categorização específica em termos de legislação laboral.

   b) O fato de não haver uma denominação específica para o ofício faz com que o escritor se veja obrigado a incluir-se em categorias semelhantes, como a de jornalista ou outros que vivem do ofício da escrita. A ausência de um sindicato específico para a categoria explica a ausência de legislação que deveria proteger a categoria e obrigasse o Estado a investir na cultura.
10. d

## Produção de textos: da escola para a vida

1. a) A voz da elite baiana, dona dos jornais e dos meios de comunicação da época. A voz injusta da pequena burguesia, que julga ferozmente, de longe, sem se envolver, criticando sem refletir. De certa forma, os dois trechos se opõem ideologicamente, porque o narrador vê Sem-Pernas como outro menino qualquer, não um menino desumanizado pelas roupas maltrapilhas e pela pobreza, aos olhos da burguesia cruel.

   b) Ideologicamente, o narrador se posiciona favorável aos excluídos, às prostitutas, aos negros e pobres. O roubo de Sem-Pernas é contextualizado, pois é fruto do maltrato e do descaso dos funcionários do parquinho que não percebem o desejo infantil de brincar do menino, julgado simplesmente pela aparência maltrapilha. Mesmo com o bilhete na mão, ele foi maltratado e vilipendiado pelo bilheteiro, indicando um desrespeito à pessoa e sua condição social. Seguindo o ponto de vista do narrador, dessa falta de respeito e solidariedade é que nascem as revoltas e a marginalidade.
2. e
3. d
4. d
5. b
6. d
7. a) "... é pela posse e pelo uso da linguagem, falando oralmente ao próximo ou mentalmente a nós mesmos, que conseguimos organizar o nosso pensamento e torná-lo articulado, concatenado e nítido..."

   b) "... é assim que, nas crianças, a partir do momento em que, rigorosamente, adquirem o manejo da língua dos adultos e deixam para trás o balbucio e a expressão fragmentada e difusa, surge um novo e repentino vigor de raciocínio, que não só decorre do desenvolvimento do cérebro, mas também da circunstância de que o indivíduo dispõe agora da língua materna, a serviço de todo o seu trabalho de atividade mental."

   c) Segundo o autor, o "essencial proveito" do ensino da língua é o aperfeiçoamento da capacidade de pensar: "é pela posse e pelo uso da linguagem (...) que conseguimos organizar o nosso pensamento e torná-lo articulado, concatenado e nítido".
8. Texto 1:

   Elemento causador da ambiguidade: polissemia da palavra "depressão".

   Leitura 1: abaixamento de nível.
   Leitura 2: melancolia profunda.

   Texto 2:

   Elemento causador da ambiguidade: pronome possessivo "sua".

   Leitura 1: o contribuinte que possui renda superior a R$ 4.439,34 não tem vantagem em declarar um dependente que estuda. Leitura 2: não é vantajoso para o contribuinte declarar um dependente que estuda se este possui uma renda superior de R$ 4.439,34.
9. a
10. a
11. c
12. b

## Os textos injuntivos-instrucionais

1. c
2. b

3. 01 + 02 + 08 + 16 = 27

4. c

5. d

6. b

## A argumentação

1. a) A era da eletrônica agrava as diferenças socioeconômicas.

   b) Respostas possíveis:

   – "Em 1999, 97,6% da população mundial nunca tinham utilizado Internet!"

   – "Até o momento, a Internet é utilizada apenas por indivíduos relativamente abastados e instruídos: 88% dos internautas vivem em países industrializados que, juntos, representam apenas 17% da população mundial."

   – "As pessoas 'ligadas' dispõem de uma vantagem enorme em relação aos pobres que não têm acesso a esses meios e que, consequentemente, não podem fazer com que sejam ouvidas suas vozes na conversação mundial."

   – "As redes mundiais ligam os que têm recursos e, silenciosamente, quase imperceptivelmente, excluem todos os outros."

   – "O número de computadores pessoais em uso no mundo é de cerca de 200 milhões, para uma população global de 6 bilhões de indivíduos. A possibilidade de acessar a Internet, portanto, é limitada a 3% de pessoas."

   – "Mais da metade do planeta nunca usou um telefone."

   – "Em 47 países, um quarto dos Estados do mundo, não há sequer uma linha de telefone para cem habitantes!"

   – "Em toda a África negra, há menos linhas telefônicas do que na única cidade de Tóquio, ou do que na única ilha de Manhattan, em Nova York."

   – "Em janeiro de 2000, estimava-se que mais da metade dos computadores conectados à Internet pertenciam a norte-americanos."

2. c

3. a

4. b

5. d

6. e

7. a) Em "bacanas", as aspas marcam o contraste entre uma palavra típica da variante coloquial e o padrão do restante do texto. Em "abrir portas", as aspas assinalam o sentido não literal da expressão, ou seja, "oferecer oportunidades". Em "preferência nacional", o sinal gráfico indica o sequestro, quase uma citação, de um clichê típico do discurso publicitário de campanhas de cerveja.

   b) O aspecto fundamental da argumentação do texto aparece no último período, em que a jornalista defende que, nos casos de Renan Calheiros/Mônica Veloso e de Luciano Huck/assaltantes de seu Rolex, existiu "uma espécie de exibição ostensiva dos objetos em jogo [o relógio e a mulher], como que marcando a coincidência de desejos que perderam sua singularidade para cair na vala comum das banalidades".

8. a

9. F – F – V

10. F – V – F – V – F

11. e

12. c

## A construção do texto persuasivo

1. b

2. d

3. b

4. a) No texto 1, o uso do tempo livre é condicionado às novas tecnologias, longe do convívio humano ou com a natureza, ou seja, não há tempo livre. Ao contrário, na fotografia de Sebastião Salgado, o ser humano encontra-se em estado de comunhão com a natureza e em franco convívio com a sociedade em que está inserido. Na charge que constitui o texto 3, o tempo livre associa-se ao lazer.

   b) No texto 1, o termo "selva" adquire valor semântico literal de *floresta, mata*, ou figurado: *ambiente onde existem animais que travam lutas e disputas*. Já no texto 2, significa *ambiente natural* representado pelas imagens da mata. No texto 3, persiste o sentido figurado, pois a imagem em que a desapropriação habitacional se mostra insensível ao drama humano de quem não tem condições dignas de moradia sugere a disputa entre classes antagônicas em que o mais forte quase sempre ganha.

5. a) A ironia é um instrumento de retórica que consiste em dizer o contrário daquilo que se pensa, deixando entender uma distância intencional entre aquilo que dizemos e aquilo que realmente pensamos. Na charge, o argumento do senhor de terno preto não se sustenta ao explicar a razão pela qual o morador da favela se deve regozijar com o derrube do barraco. O fato de ele poder aumentar a coleta de latas durante a realização da Copa não vai alterar a falta de moradia que a desapropriação do terreno lhe vai ocasionar.

   b) "Há *marketing* para tudo, para os cemitérios, os serviços fúnebres, as maternidades, para pais, para mães, passando pelas secretárias, pelos automóveis e pelas férias. Tudo, tudo é negócio" ou "Seja o que for, por reminiscências feudais que estão em nossa cultura, por classismo dominador, talvez pela cultura consumista que rodeia a todos, as repúblicas frequentemente, em suas direções, adotam um viver diário que exclui, que se distancia do homem da rua".

6. a

7. O parágrafo reforça a ideia central da argumentação do autor por meio da exemplificação com elementos históricos.

8. a) A frase é "Reparai", que interrompe a argumentação e envolve o leitor.

   b) A função conativa (ou apelativa) da linguagem se faz através do uso do Imperativo afirmativo, na segunda pessoa do plural: "Reparai" (vós).

9. d

10. c

# Significado das siglas

| | |
|---|---|
| **AFA-SP** | Academia da Força Aérea (São Paulo) |
| **Aman-RJ** | Academia Militar das Agulhas Negras (Rio de Janeiro) |
| **Cefet-MG** | Centro Federal de Educação Tecnológica de Minas Gerais [IFMG] |
| **Cefet-PR** | Centro Federal de Educação Tecnológica do Paraná [UFTPR] |
| **Cefet-RJ** | Centro Federal de Educação Tecnológica "Celso Sukow da Fonseca" (Rio de Janeiro) |
| **Cesgranrio-RJ** | Centro de Seleção de Candidatos ao Ensino Superior do Grande Rio (Rio de Janeiro) |
| **CPS-PR** | Comissão Permanente de Seleção (Paraná) |
| **Epcar-MG** | Escola Preparatória de Cadetes do Ar (Minas Gerais) |
| **EsPCEx-MG** | Escola Preparatória de Cadetes do Exército (Minas Gerais) |
| **EsPCEx-SP** | Escola Preparatória de Cadetes do Exército (São Paulo) |
| **ESPM-SP** | Escola Superior de Propaganda e Marketing (São Paulo) |
| **Faap-SP** | Fundação Armando Álvares Penteado (São Paulo) |
| **Fadergs-RS** | Faculdade de Desenvolvimento do Rio Grande do Sul |
| **Fatec-SP** | Faculdade de Tecnologia (São Paulo) |
| **FCL-SP** | Fundação Cásper Líbero (São Paulo) |
| **FEI-SP** | Faculdade de Engenharia Industrial (São Paulo) |
| **FGV-SP** | Fundação Getúlio Vargas (São Paulo) |
| **Fuvest-SP** | Fundação Universitária para o Vestibular (São Paulo) |
| **Ibmec-RJ** | Faculdades do Instituto Brasileiro de Mercado de Capitais (Rio de Janeiro) |
| **Ifal** | Instituto Federal de Alagoas |
| **IFCE** | Instituto Federal de Educação, Ciência e Tecnologia do Ceará |
| **IFPE** | Instituto Federal de Educação, Ciência e Tecnologia de Pernambuco |
| **IFSC** | Instituto Federal de Educação, Ciência e Tecnologia de Santa Catarina |
| **IFSP** | Instituto Federal de Educação, Ciência e Tecnologia de São Paulo |
| **Insper-SP** | Instituto de Ensino e Pesquisa (São Paulo) |
| **ITA-SP** | Instituto Tecnológico da Aeronáutica (São Paulo) |
| **PUCC-SP** | Pontifícia Universidade Católica de Campinas (São Paulo) |
| **PUC-MG** | Pontifícia Universidade Católica de Minas Gerais |
| **PUC-PR** | Pontifícia Universidade Católica do Paraná |
| **PUC-RJ** | Pontifícia Universidade Católica do Rio de Janeiro |
| **PUC-RS** | Pontifícia Universidade Católica do Rio Grande do Sul |
| **PUC-SP** | Pontifícia Universidade Católica de São Paulo |
| **UCS-RS** | Universidade de Caxias do Sul (Rio Grande do Sul) |
| **Udesc** | Universidade do Estado de Santa Catarina |
| **UEA-AM** | Universidade Estadual do Amazonas |
| **Uece** | Universidade Estadual do Ceará |
| **UEG-GO** | Universidade Estadual de Goiás |
| **UEL-PR** | Universidade Estadual de Londrina (Paraná) |
| **UEM-PR** | Universidade Estadual de Maringá (Paraná) |
| **UEMS** | Universidade Estadual do Mato Grosso do Sul |
| **Uepa** | Universidade do Estado do Pará |
| **UEPB** | Universidade Estadual da Paraíba |
| **Uepe** | Universidade Estadual de Pernambuco |
| **UEPG-PR** | Universidade Estadual de Ponta Grossa (Paraná) |
| **Uerj** | Universidade Estadual do Rio de Janeiro |
| **Uespi** | Universidade Estadual do Piauí |
| **Ufal** | Universidade Federal de Alagoas |
| **UFBA** | Universidade Federal da Bahia |
| **UFC-CE** | Universidade Federal do Ceará |
| **Ufes** | Universidade Federal do Espírito Santo |
| **UFF-RJ** | Universidade Federal Fluminense (Rio de Janeiro) |
| **UFG-GO** | Universidade Federal de Goiás |
| **UFJF-MG** | Universidade Federal de Juiz de Fora (Minas Gerais) |
| **Ufla-MG** | Universidade Federal de Lavras (Minas Gerais) |
| **UFMG** | Universidade Federal de Minas Gerais |
| **UFMS** | Universidade Federal do Mato Grosso do Sul |
| **UFMT** | Universidade Federal do Mato Grosso |
| **UFPA** | Universidade Federal do Pará |
| **UFPB** | Universidade Federal da Paraíba |
| **UFPE** | Universidade Federal de Pernambuco |
| **Ufpel-RS** | Universidade Federal de Pelotas (Rio Grande do Sul) |
| **UFPI** | Universidade Federal do Piauí |
| **UFPR** | Universidade Federal do Paraná |
| **UFRGS-RS** | Universidade Federal do Rio Grande do Sul |
| **UFRJ** | Universidade Federal do Rio de Janeiro |
| **UFRN** | Universidade Federal do Rio Grande do Norte |
| **UFRRJ** | Universidade Federal Rural do Rio de Janeiro |
| **UFSC** | Universidade Federal de Santa Catarina |
| **Ufscar-SP** | Universidade Federal de São Carlos (São Paulo) |
| **UFSM-RS** | Universidade Federal de Santa Maria (Rio Grande do Sul) |
| **UFTM-MG** | Universidade Federal do Triângulo Mineiro (Minas Gerais) |
| **UFT-TO** | Universidade Federal de Tocantins |
| **UFU-MG** | Universidade Federal de Uberlândia (Minas Gerais) |
| **UFV-MG** | Universidade Federal de Viçosa (Minas Gerais) |
| **Unaerp-SP** | Universidade de Ribeirão Preto (São Paulo) |
| **UnB-DF** | Universidade de Brasília (Distrito Federal) |
| **Uneb-BA** | Universidade Estadual da Bahia |
| **Unesp** | Universidade Estadual Paulista "Júlio de Mesquita Filho" (São Paulo) |
| **Unicamp-SP** | Universidade de Campinas (São Paulo) |
| **Unifesp** | Universidade Federal de São Paulo |
| **Unirio-RJ** | Universidade Federal do Estado do Rio de Janeiro |
| **UPE** | Universidade de Pernambuco |
| **UPF-RS** | Universidade de Passo Fundo (Rio Grande do Sul) |
| **UPM-SP** | Universidade Presbiteriana Mackenzie (São Paulo) |

PROJETO MÚLTIPLO

# Caderno do Enem

## Língua Portuguesa

Ensino Médio

editora scipione

editora scipione

Diretoria editorial: Lidiane Vivaldini Olo
Editoria de Língua Portuguesa: Renato Luiz Tresolavy
Editoras: Juliana Lima Gonçalves, Valéria Franco Jacintho; Francisca Tarciana Morais da Silva (estag.)
Supervisor de arte e produção: Sérgio Yutaka
Editor de arte: Leandro Hiroshi Kanno
Diagramador: Casa de Tipos
Supervisor de arte e criação: Didier Moraes
Coordenador de arte e criação: Andréa Dellamagna
Design gráfico: UC Produção Editorial (capa), Daniela Amaral, Ricardo de Gan Braga e Andréa Dellamagna (miolo)
Gerente de revisão: Hélia de Jesus Gonsaga
Equipe de revisão: Rosângela Muricy (coord.), Ana Paula Chabaribery Malfa e Luís Maurício Boa Nova; Flavia Venézio dos Santos e Gabriela Macedo de Andrade (estags.)
Coordenação de iconografia: Fabiana Manna da Silva
Pesquisa iconográfica: Ellen Finta, Graziele Costa, Marcella Doratioto e Tamires Castillo


Av. das Nações Unidas, 7221, 3º andar, setor D
Pinheiros – São Paulo – SP
CEP 05425-902
Tel.: 4003-3061
www.scipione.com.br/atendimento@scipione.com.br

2017
ISBN 978 85 262 9344-1 (AL)
ISBN 978 85 262 9345-8 (PR)
Código da obra CL 738774
CAE 502762 (AL)
CAE 502785 (PR)
1ª edição
5ª impressão

Impressão e acabamento: Brasilform Editora e Ind. Gráfica

Uma publicação Abril EDUCAÇÃO

**Material elaborado por:**
Eduardo Antonio Lopes
Eduardo Calbucci
Henrique Santos Braga
Luiz Henrique Marins Vasquinho
Paulo César de Carvalho
Ricardo Yoshio Silveira Ribeiro
Sérgio de Lima Paganim

# Sumário

# AULA 1

**Competência 1** Aplicar as tecnologias da comunicação e da informação na escola, no trabalho e em outros contextos relevantes para sua vida.

Habilidade 1 Identificar as diferentes linguagens e seus recursos expressivos como elementos de caracterização dos sistemas de comunicação.

## Em classe

### TIPOS DE TEXTO

#### Resumo teórico

| Descrição | Narração | Dissertação |
|---|---|---|
| Objeto concreto: entes e situações particulares | Objeto concreto: entes e situações particulares | Objeto abstrato: conceitos gerais |
| Texto predominantemente figurativo: representa fragmentos do mundo | Texto predominantemente figurativo: representa fragmentos do mundo | Texto predominantemente temático: comenta – analisa e interpreta – dados do mundo |
| Dados organizados no espaço | Dados organizados no espaço/tempo | Dados organizados logicamente |
| Não há relação de anterioridade e posterioridade entre os enunciados | Há relação de anterioridade e posterioridade entre os enunciados | Há relação de implicação lógica entre os enunciados |
| Define-se um só momento | Define-se uma sequência de momentos | Define-se um conjunto de comentários |
| Não há situação inicial e final distintas | Distinguem-se claramente uma situação inicial e uma situação final | Distinguem-se uma introdução, um desenvolvimento e uma conclusão |
| Ausência de progressão temporal | Presença de progressão temporal | Progressão lógico-argumentativa |

**1** (Enem – Adaptada)

**Transtorno do comer compulsivo**

O transtorno do comer compulsivo vem sendo reconhecido, nos últimos anos, como uma síndrome caracterizada por episódios de ingestão exagerada e compulsiva de alimentos, porém, diferentemente da bulimia nervosa, essas pessoas não tentam evitar ganho de peso com os métodos compensatórios. Os episódios vêm acompanhados de uma sensação de falta de controle sobre o ato de comer, sentimentos de culpa e de vergonha.

Muitas pessoas com essa síndrome são obesas, apresentando uma história de variação de peso, pois a comida é usada para lidar com problemas psicológicos. O transtorno do comer compulsivo é encontrado em cerca de 2% da população em geral, mais frequentemente acometendo mulheres entre 20 e 30 anos de idade. Pesquisas demonstram que 30% das pessoas que procuram tratamento para obesidade ou para perda de peso são portadoras de transtorno do comer compulsivo.

Disponível em: <www.abcdasaude.com.br>. Acesso em: 1º maio 2009. Adaptado.

Considerando as ideias desenvolvidas pelo autor, conclui-se que o texto tem a finalidade de:

a) descrever a vida de um portador da síndrome da compulsão alimentícia.
b) narrar a vida das pessoas que têm o transtorno do comer compulsivo.
c) aconselhar as pessoas obesas a perder peso com métodos simples.
d) expor de forma geral o transtorno compulsivo por alimentação.
e) encaminhar as pessoas para a mudança de hábitos alimentícios.

**2** (Enem)

**O dia em que o peixe saiu de graça**

Uma operação do Ibama para combater a pesca ilegal na divisa entre os estados do Pará, Maranhão e Tocantins incinerou 110 quilômetros de redes usadas por pescadores durante o período em que os peixes se reproduzem. Embora tenha um impacto temporário na atividade econômica da região, a medida visa preservá-la ao longo prazo, evitando o risco de extinção dos animais. Cerca de 15 toneladas de peixes foram apreendidas e doadas para instituições de caridade.

Revista *Época*. São Paulo: Globo. 23 mar. 2009. Adaptado.

A notícia, do ponto de vista de seus elementos constitutivos:

a) apresenta argumentos contrários à pesca ilegal.
b) tem um título que resume o conteúdo do texto.
c) informa sobre uma ação, a finalidade que a motivou e o resultado dessa ação.
d) dirige-se aos órgãos governamentais dos estados envolvidos na referida operação do Ibama.
e) introduz um fato com a finalidade de incentivar movimentos sociais em defesa do meio ambiente.

**3** (Enem)

**Machado de Assis**

Joaquim Maria Machado de Assis, cronista, contista, dramaturgo, jornalista, poeta, novelista, romancista, crítico e ensaísta, nasceu na cidade do Rio de Janeiro em 21 de junho de 1839. Filho de um operário mestiço de negro e português, Francisco José de Assis, e de D. Maria Leopoldina Machado de Assis, aquele que viria tornar-se o maior escritor do país e um mestre da língua, perde a mãe muito cedo e é criado pela madrasta, Maria Inês, também mulata, que se dedica ao menino e o matricula na escola pública, única que frequentou o autodidata Machado de Assis.

Disponível em: <www.passeiweb.com>. Acesso em: 1º maio 2009.

Considerando os seus conhecimentos sobre os gêneros textuais, o texto citado constitui-se de:

a) fatos ficcionais, relacionados a outros de caráter realista, relativos à vida de um renomado escritor.
b) representações generalizadas acerca da vida de membros da sociedade por seus trabalhos e vida cotidiana.
c) explicações da vida de um renomado escritor, com estrutura argumentativa, destacando como tema seus principais feitos.
d) questões controversas e fatos diversos da vida de personalidade histórica, ressaltando sua intimidade familiar em detrimento de seus feitos públicos.
e) apresentação da vida de uma personalidade, organizada sobretudo pela ordem tipológica da narração, com um estilo marcado por linguagem objetiva.

## Em casa

### TEXTO DE APOIO

#### Descrição, narração e dissertação

**Texto descritivo** é um retrato verbal de dado objeto: não relata mudanças de situação, mas propriedades e aspectos simultâneos dos elementos descritos. Na descrição, não existe relação de anterioridade e posterioridade entre os enunciados, o que é uma boa pista para identificar este tipo de texto.

Para descrever um objeto é preciso enumerar e selecionar seus traços, de acordo com a funcionalidade que terão no texto. Para captar esses traços, são utilizados os adjetivos, as expressões adjetivas e as figuras de linguagem (como metáforas e comparações). Os traços podem ser objetivos, destacando as marcas presentes no objeto independentemente de como o sujeito o sente, ou subjetivos, isto é, aqueles percebidos pela visão pessoal do sujeito.

A escolha do posicionamento, do ângulo para retratar o objeto, também tem funcionalidade no texto, revelando a intenção do enunciador: o ponto de vista pode ser físico ou psicológico. Este provoca efeito de sentido de subjetividade; aquele, de objetividade. Por isso, a seleção dos traços descritivos cumpre função argumentativa no texto, é voltada a uma finalidade persuasiva (convencer o leitor de algo). Ler bem um texto pressupõe reconhecer seus efeitos e intenções, por meio dos recursos utilizados pelo enunciador.

**Texto narrativo** consiste em uma sucessão de acontecimentos no espaço e no tempo. Diferentemente do que ocorre na descrição, nele as mudanças relatadas estão organizadas de tal maneira que entre elas existe sempre uma relação de anterioridade e posterioridade. Essa é uma boa pista para identificar esse tipo de texto. Seus elementos característicos são: narrador, personagem, enredo, espaço e tempo.

Na narração, além da preocupação com "o que contar", o autor deve estar atento ao "como contar", ou seja, à maneira de encadear os fatos na construção da trama ou enredo. Por isso é importante a escolha do foco narrativo. Há, em síntese, dois tipos de narrador: o narrador-personagem (foco em primeira pessoa) e o narrador observador (foco em terceira pessoa).

A escolha do foco depende dos efeitos que se pretende produzir com a história. Em geral, o foco em primeira pessoa produz efeito de sentido de subjetividade, criando impressão de parcialidade; e o foco em terceira pessoa, efeito de objetividade, criando impressão de realidade. Uma reportagem, por exemplo, recorre a este foco; um diário, àquele. São gêneros com diferentes finalidades: a reportagem procura transmitir informações com a maior fidelidade possível aos fatos; o diário tenta transmitir sentimentos, isto é, impressões pessoais sobre os fatos do dia a dia vivenciados pelo enunciador. O Enem cobra do candidato o reconhecimento do assunto tratado no texto, seu modo de apresentação (o tipo predominante) e a finalidade (a intenção de provocar riso, reflexão, definir um sentimento, etc.).

**Texto dissertativo** é aquele que analisa e interpreta a realidade por meio de conceitos abstratos e genéricos. Por isso, ao contrário dos textos descritivos e narrativos, que são predominantemente **figurativos** (isto é, usam figuras, que são palavras ou expressões concretas que remetem ao mundo natural, como a história da cigarra e da formiga), a dissertação é um tipo de texto predominantemente **temático**, pois trabalha com categorias abstratas (em vez de tratar da cigarra e da formiga, por exemplo, discute a relação entre o trabalho e o ócio, que são temas, não figuras).

Como o texto narrativo, o dissertativo mostra mudanças de situação. Mas, ao contrário da narração, nele as relações de anterioridade e posterioridade dos enunciados não são tão importantes, pois o que importa são suas relações lógicas: analogia, causalidade, implicação, etc.

A estrutura ortodoxa deste tipo de texto é introdução, desenvolvimento e conclusão. Na introdução, em geral apresenta-se a tese, que é o tema com o posicionamento crítico do enunciador (como é um texto temático, o posicionamento é explícito). No desenvolvimento, apresentam-se os recursos argumentativos selecionados para convencer o leitor da tese proposta. Na conclusão, é dada uma resposta-síntese ao problema levantado pela tese. Para o Enem, ler bem uma dissertação pressupõe perceber qual é a tese defendida, o posicionamento que o enunciador assume em relação ao tema que discute.

Na dissertação típica, utiliza-se a terceira pessoa para provocar efeito de sentido de objetividade: em primeira pessoa, o texto ficaria mais parcial e subjetivo, perdendo força persuasiva. Como o Enem costuma avaliar o conhecimento das funções da linguagem, é bom lembrar que a dissertação trabalha a função referencial da linguagem, ou seja, dá destaque ao tema a que faz referência, preocupando-se objetivamente com a informação.

**1** (Enem)

A gentileza é algo difícil de ser ensinado e vai muito além da palavra **educação**. Ela é difícil de ser encontrada, mas fácil de ser identificada, e acompanha pessoas generosas e desprendidas, que se interessam em contribuir para o bem do outro e da sociedade. É uma atitude desobrigada, que se manifesta nas situações cotidianas e das maneiras mais prosaicas.

SIMURRO, S. A. B. *Ser gentil é ser saudável*. Disponível em: <www.abqv.org.br>. Acesso em: 22 jun. 2006. Adaptado.

No texto, menciona-se que a gentileza extrapola as regras de boa educação. A argumentação construída:

a) apresenta fatos que estabelecem entre si relações de causa e de consequência.

b) descreve condições para a ocorrência de atitudes educadas.

c) indica a finalidade pela qual a gentileza pode ser praticada.

d) enumera fatos sucessivos em uma relação temporal.
e) mostra oposição e acrescenta ideias.

**2** (Enem)

No Brasil, a condição cidadã, embora dependa da leitura e da escrita, não se basta pela enunciação do direito, nem pelo domínio desses instrumentos, o que, sem dúvida, viabiliza melhor participação social. A condição cidadã depende, seguramente, da ruptura com o ciclo da pobreza, que penaliza um largo contingente populacional.

*Formação de leitores e construção da cidadania, memória e presença do Proler.* Rio de Janeiro: FBN, 2008.

Ao argumentar que a aquisição das habilidades de leitura e escrita não é suficiente para garantir o exercício da cidadania, o autor:

a) critica os processos de aquisição da leitura e da escrita.
b) fala sobre o domínio da leitura e da escrita no Brasil.
c) incentiva a participação efetiva na vida da comunidade.
d) faz uma avaliação crítica a respeito da condição cidadã do brasileiro.
e) define instrumentos eficazes para elevar a condição social da população do Brasil.

**3** (Fuvest-SP) Leia o texto a seguir:

**Filosofia dos epitáfios**

Saí, afastando-me dos grupos, e fingindo ler os epitáfios. E, aliás, gosto dos epitáfios; eles são, entre a gente civilizada, uma expressão daquele pio e secreto egoísmo que induz o homem a arrancar à morte um farrapo ao menos da sombra que passou. Daí vem, talvez, a tristeza inconsolável dos que sabem os seus mortos na vala comum; parece-lhes que a podridão anônima os alcança a eles mesmos.

ASSIS, Machado de. *Memórias póstumas de Brás Cubas.*

Do ponto de vista da composição, é correto afirmar que o capítulo "Filosofia dos epitáfios":

a) é predominantemente dissertativo, servindo os dados do enredo e do ambiente como fundo para a digressão.
b) é predominantemente descritivo, com a suspensão do curso da história dando lugar à construção do cenário.
c) equilibra em harmonia narração e descrição, à medida que faz avançar a história e cria o cenário de sua ambientação.
d) é predominantemente narrativo, visto que o narrador evoca os acontecimentos que marcaram sua saída.
e) equilibra narração e dissertação, com o uso do discurso indireto para registrar as impressões que o ambiente provoca no narrador.

**4** (Fuvest-SP)

De todos esses periquitinhos que tem no Brasil, tuim é capaz de ser o menor. Tem bico redondo e rabo curto e é todo verde, mas o macho tem umas penas azuis para enfeitar. Três filhotes, cada um mais feio que o outro, ainda sem penas, os três chorando. O menino levou-os para casa, inventou comidinhas para eles; um morreu, outro morreu, ficou um.

Rubem Braga

Neste excerto de "Tuim criado no dedo":

a) o narrador em terceira pessoa emprega o discurso indireto para assimilar o ponto de vista do menino.
b) repetições, diminutivos, simplicidade sintática introduzem no discurso a perspectiva do menino.
c) a escassez de adjetivos torna concreta a visão substantiva, própria da infância.
d) o narrador em primeira pessoa utiliza o discurso direto para recriar a visão infantil.
e) diminutivos, predomínio da subordinação e sinestesias recriam o registro da percepção infantil.

**5** (Fuvest-SP)

A Casa não passava, bem dizer, de uma casa-rancho. A rebaixa – um alpendre cercado –; o rancho de carros de boi; outros ranchos; outras casinhas; outros rústicos pavilhões.

A apresentação de elementos descritivos estáticos, por meio de frases nominais, ocorre também em:

a) Convidei-o silenciosamente olhando uma janela por onde se viam, sobre livros de escrituração, as suíças brancas e os óculos de seu Ribeiro.
b) E mestre Caetano gemendo no catre recebia todas as semanas um dinheirão de Madalena. Visitas, remédios de farmácia, galinhas.
c) E tu falavas de um amor celeste,
De um anjo, que depois se fez esposa...
d) Pera aquele fogo ardente, que nom temeste vivendo.
e) Projetava-se nela a imagem de mulher poderosa e humilde ao mesmo tempo.

# AULA 2

**Competência 1** Aplicar as tecnologias da comunicação e da informação na escola, no trabalho e em outros contextos relevantes para sua vida.

Habilidade 3 Relacionar informações geradas nos sistemas de comunicação e informação, considerando a função social desses sistemas.

## Em classe

### GÊNEROS TEXTUAIS

#### Resumo teórico

Os gêneros são a denominação das diferentes espécies de textos utilizados para a comunicação nas diversas atividades humanas, cada um com suas particularidades, como a tirinha de jornal, o desenho animado e o filme.

Eles podem ter apenas imagens, como a fotografia; imagens e palavras faladas, como o desenho animado; imagens e palavras escritas, como os quadrinhos; só palavras escritas, como o bilhete.

Os gêneros são diferentes espécies de textos, caracterizados pela presença de três elementos: o **tema** (o que é dito), o **estilo** (como é dito) e a **estrutura composicional** (o formato de cada texto). Para obter sucesso na comunicação, é preciso dominar o gênero exigido no contexto, ou seja, é preciso conhecer seus elementos característicos.

**1** (Enem)

A Propaganda pode ser definida como divulgação intencional e constante de mensagens destinadas a um determinado auditório visando criar uma imagem positiva ou negativa de determinados fenômenos. A Propaganda está muitas vezes ligada à ideia de manipulação de grandes massas por parte de pequenos grupos. Alguns princípios da Propaganda são: o princípio da simplificação, da saturação, da deformação e da parcialidade.

BOBBIO, Norberto et al. *Dicionário de política*. Adaptado.

Segundo o texto, muitas vezes a propaganda:

a) não permite que minorias imponham ideias à maioria.
b) depende diretamente da qualidade do produto que é vendido.
c) favorece o controle das massas difundindo as contradições do produto.
d) está voltada especialmente para os interesses de quem vende o produto.
e) convida o comprador à reflexão sobre a natureza do que se propõe vender.

**2** (Enem)

**Câncer 21/06 a 21/07**

O eclipse em seu signo vai desencadear mudanças na sua autoestima e no seu modo de agir. O corpo indicará onde você falha – se anda engolindo sapos, a área gástrica se ressentirá. O que ficou guardado virá à tona, pois este novo ciclo exige uma "desintoxicação". Seja comedida em suas ações, já que precisará de energia para se recompor. Há preocupação com a família, e a comunicação entre os irmãos trava. Lembre-se: palavra preciosa é palavra dita na hora certa. Isso ajuda também na vida amorosa, que será testada. Melhor conter as expectativas e ter calma, avaliando as próprias carências de modo maduro. Sentirá vontade de olhar além das questões materiais – sua confiança virá da intimidade com os assuntos da alma.

Revista *Claudia*. São Paulo: Abril. ano 48. n. 7, jul. 2009.

O reconhecimento dos diferentes gêneros textuais, seu contexto de uso, sua função específica, seu objetivo comunicativo e seu formato mais comum relacionam-se aos conhecimentos construídos socioculturalmente. A análise dos elementos constitutivos desse texto demonstra que sua função é:

a) vender um produto anunciado.
b) informar sobre astronomia.
c) ensinar os cuidados com a saúde.
d) expor a opinião de leitores em um jornal.
e) aconselhar sobre amor, família, saúde, trabalho.

**3** (Enem)

É muito raro que um novo modo de comunicação ou de expressão suplante completamente os anteriores. Fala-se menos desde que a escrita foi inventada? Claro que não. Contudo, a função da palavra viva mudou, uma parte de suas missões nas culturas puramente orais tendo sido preenchida pela escrita: transmissão dos conhecimentos e das narrativas, estabelecimento de contratos, realização dos principais atos rituais ou sociais, etc. Novos estilos de conhecimento (o conhecimento "teórico", por exemplo) e novos gêneros (o código de leis, o romance, etc.) surgiram. A escrita não fez com que a palavra desaparecesse, ela complexificou e reorganizou o sistema da comunicação e da memória social.

A fotografia substituiu a pintura? Não, ainda há pintores ativos. As pessoas continuam, mais do que nunca, a visitar museus, exposições e galerias, compram as obras dos artistas para pendurá-las em casa. Em contrapartida, é verdade que os pintores, os desenhistas, os gravadores, os escultores não são mais – como foram até o século XIX – os únicos produtores de imagens.

LÉVY, Pierre. *Cibercultura*. São Paulo: Editora 34, 1999.

A substituição pura e simples do antigo pelo novo ou do natural pelo técnico tem sido motivo de preocupação de muita gente. O texto encaminha uma discussão em torno desse temor ao:

a) considerar as relações entre o conhecimento teórico e o conhecimento empírico e acrescenta que novos gêneros textuais surgiram com o progresso.
b) observar que a língua escrita não é uma transcrição fiel da língua oral e explica que as palavras antigas devem ser utilizadas para preservar a tradição.
c) perguntar sobre a razão das pessoas visitarem museus, exposições, etc., e reafirma que os fotógrafos são os únicos responsáveis pela produção de obras de arte.
d) reconhecer que as pessoas temem que o avanço dos meios de comunicação, inclusive *on-line*, substitua o homem e leve alguns profissionais ao esquecimento.
e) revelar o receio das pessoas em experimentar novos meios de comunicação, com medo de se sentirem retrógradas.

**4** (Enem)

São Paulo vai se recensear. O governo quer saber quantas pessoas governa. A indagação atingirá a fauna e a flora domesticadas. Bois, mulheres e algodoeiros serão reduzidos a números e invertidos em estatísticas. O homem do Censo entrará pelos bangalôs, pelas pensões, pelas casas de barro e de cimento armado, pelo sobradinho e pelo apartamento, pelo cortiço e pelo hotel, perguntando:

— Quantos são aqui?

Pergunta triste, de resto. Um homem dirá:

— Aqui havia mulheres e criancinhas. Agora, felizmente, só há pulgas e ratos.

E outro:

— Amigo, tenho aqui esta mulher, este papagaio, esta sogra e algumas baratas. Tome nota dos seus nomes, se quiser. Querendo levar todos, é favor... [...]

E outro:

— Dois, cidadão, somos dois. Naturalmente o sr. não a vê. Mas ela está aqui, está, está! A sua saudade jamais sairá de meu quarto e de meu peito!

BRAGA, Rubem. *Para gostar de ler*. v. 3. São Paulo: Ática, 1998.

O fragmento acima, em que há referência a um fato sócio-histórico – o recenseamento –, apresenta característica marcante do gênero crônica ao:

a) expressar o tema de forma abstrata, evocando imagens e buscando apresentar a ideia de uma coisa por meio de outra.
b) manter-se fiel aos acontecimentos, retratando os personagens em um só tempo e um só espaço.
c) contar história centrada na solução de um enigma, construindo os personagens psicologicamente e revelando-os pouco a pouco.
d) evocar, de maneira satírica, a vida na cidade, visando transmitir ensinamentos práticos do cotidiano, para manter as pessoas informadas.
e) valer-se de tema do cotidiano como ponto de partida para a construção de texto que recebe tratamento estético.

**Anotações**

## Em casa

### TEXTO DE APOIO

### Gêneros textuais

Os gêneros textuais são um dos assuntos de maior destaque no Enem. Isso porque o domínio da linguagem requer o conhecimento das propriedades típicas de cada grupo de textos. Procedimentos que servem para interpretar textos de um gênero podem ser inúteis para interpretar os de outro. São diversas as espécies de textos utilizadas para a comunicação: propagandas, cartas, bulas de remédio, canções, artigos de jornal, rótulos, receitas, charges, etc. Cada uma deles pode se valer de passagens descritivas, narrativas ou dissertativas. Não há comunicação eficaz sem a presença dos gêneros: comunicar-se bem pressupõe dominá-los. Por isso é que se costuma dividir os textos em diversos gêneros, levando em conta as propriedades que eles têm em comum. Pertencem ao gênero propaganda, por exemplo, todos os textos que têm como tema um determinado produto, que precisa ser divulgado e valorizado para induzir as pessoas a adquiri-lo.

Para a identificação de um gênero, deve-se levar em conta três critérios básicos: o conteúdo, o estilo e a estrutura de composição. O **conteúdo** é o tema abordado, o que é dito; o **estilo** é o modo de dizer; a **estrutura** é o formato do texto. No caso do gênero bula de remédio, por exemplo, o conteúdo do texto deve ser marcado por informações sobre o medicamento em questão. O estilo deve ser objetivo, formal, caracterizado pela linguagem técnica. A estrutura de composição do texto apresenta um formato típico: "formas farmacêuticas e apresentações" (em frasco, comprimido ou em pomada, por exemplo), "composições" (aspectos químicos do produto), "informação ao paciente" (ação esperada, prazo de validade, reações adversas), "contraindicações e precauções", etc. Sem essas características de conteúdo, estilo e estrutura, um texto não pode ser classificado como bula de remédio.

Os gêneros textuais são fenômenos históricos, que nascem e se desenvolvem no seio de dada cultura, de certa sociedade: a bula de remédio é um tipo de texto que não existe, por exemplo, em comunidades primitivas, que desconhecem a alopatia, a ciência e a escrita. O surgimento de novas tecnologias é um fator que impulsiona o aparecimento de novos gêneros: se não existisse o telefone, não existiria o gênero conversa telefônica; se não existissem o computador e a internet, não haveria o bate-papo virtual, o *e-mail* e o *blog*.

Os gêneros servem de modelo de escrita para o enunciador (aquele que fala ou escreve) e funcionam como horizonte de leitura para o interlocutor: do mesmo modo que orienta como escrever, orienta como o texto deve ser lido e interpretado.

Cada profissão, cada esfera da atividade humana tem seus gêneros: advogados escrevem petições; arquitetos desenham plantas; cozinheiros dão receitas; professores dão aulas; médicos lavram atestados; técnicos produzem manuais de instrução.

De acordo com o Enem, saber ler com desenvoltura é ser capaz de interpretar textos pertencentes a diferentes gêneros que circulam na sociedade no dia a dia. Na escola, por exemplo, os conteúdos das diversas disciplinas são transmitidos por meio de gêneros diversos, como gráficos, poemas, canções, quadros, documentos históricos, histórias em quadrinhos, grafites, etc. Por isso o Enem, para atestar a competência linguística e comunicativa do candidato, propõe questões que tomam por base diferentes gêneros presentes no cotidiano do estudante.

**1** (Enem)

**Texto I**

QUINO. *O mundo da Mafalda*. São Paulo: Martins Fontes, 1999. p. 3.

Texto II

**Sonho impossível**

Sonhar
Mais um sonho impossível
Lutar
Quando é fácil ceder
Vencer o inimigo invencível
Negar quando a regra é vender
Sofrer a tortura implacável
Romper a incabível prisão
Voar num limite improvável
Tocar o inacessível chão
É minha lei, é minha questão
Virar esse mundo
Cravar esse chão

Não me importa saber
Se é terrível demais
Quantas guerras terei que vencer
Por um pouco de paz
E amanhã se esse chão que eu beijei
For meu leito e perdão
Vou saber que valeu delirar
E morrer de paixão
E assim, seja lá como for
Vai ter fim a infinita aflição
E o mundo vai ver uma flor
Brotar do impossível chão.

DARIONE, J.; LEIGH, M. Versão de Chico Buarque e Ruy Guerra, 1972.

A tirinha e a canção apresentam uma reflexão sobre o futuro da humanidade. É correto concluir que os dois textos:

a) afirmam que o homem é capaz de alcançar a paz.
b) concordam que o desarmamento é inatingível.
c) julgam que o sonho é um desafio invencível.
d) têm visões diferentes sobre um possível mundo melhor.
e) transmitem uma mensagem de otimismo sobre a paz.

**2** (Enem)

**O jivaro**

Um sr. Matter, que fez uma viagem de exploração à América do Sul, conta a um jornal sua conversa com um índio jivaro, desses que sabem reduzir a cabeça de um morto até ela ficar bem pequenina. Queria assistir a uma dessas operações, e o índio lhe disse que exatamente ele tinha contas a acertar com um inimigo.

O sr. Matter:

— Não, não! Um homem, não. Faça isso com a cabeça de um macaco.

E o índio:

— Por que um macaco? Ele não me fez nenhum mal!

Rubem Braga

O **assunto** de uma crônica pode ser uma experiência pessoal do cronista, uma informação obtida por ele ou um caso imaginário. O **modo de apresentar** o assunto também varia: pode ser uma descrição objetiva, uma exposição argumentativa ou uma narrativa sugestiva. Quanto à **finalidade** pretendida, pode-se promover uma reflexão, definir um sentimento ou tão somente provocar o riso.

Na crônica "O jivaro", escrita a partir da reportagem de um jornal, Rubem Braga se vale dos seguintes elementos:

| | Assunto | Modo de apresentar | Finalidade |
|---|---|---|---|
| a) | Caso imaginário | Descrição objetiva | Provocar o riso |
| b) | Informação colhida | Narrativa sugestiva | Promover reflexão |
| c) | Informação colhida | Descrição objetiva | Definir um sentimento |
| d) | Experiência pessoal | Narrativa sugestiva | Provocar o riso |
| e) | Experiência pessoal | Exposição argumentativa | Promover reflexão |

**3** (Enem)

Em muitos jornais, encontramos charges, quadrinhos, ilustrações, inspirados nos fatos noticiados. Veja um exemplo:

*Jornal do Commercio*, 22 ago. 1993.

O texto que se refere a uma situação semelhante à que inspirou a charge é:

a) Descansem o meu leito solitário
Na floresta dos homens esquecida,
À sombra de uma cruz, e escrevam nela
– Foi poeta – sonhou – e amou na vida.

AZEVEDO, Álvares de. *Poesias escolhidas*. Rio de Janeiro/Brasília: José Aguilar/INL,1971.

b) Essa cova em que estás
Com palmos medida,
é a conta menor
que tiraste em vida.
É de bom tamanho,
Nem largo nem fundo,
É a parte que te cabe
deste latifúndio.

MELO NETO, João Cabral de. *Morte e vida severina e outros poemas em voz alta*. Rio de Janeiro: Sabiá, 1967.

c) Medir é a medida
mede
A terra, medo do homem, a lavra;
lavra duro campo, muito cerco, vária várzea.

CHAMIE, Mário. *Sábado na hora das escutas*. São Paulo: Summus, 1978.

d) Vou contar para vocês
um caso que sucedeu
na Paraíba do Norte
com um homem que se chamava
Pedro João Boa-Morte,
lavrador de Chapadinha:
talvez tenha morte boa
porque vida ele não tinha.

FERREIRA GULLAR. *Toda poesia*. Rio de Janeiro: Civilização Brasileira, 1983.

e) Trago-te flores, – restos arrancados
Da terra que nos viu passar
E ora mortos nos deixa e separados.

ASSIS, Machado de. *Obra completa*. Rio de Janeiro: Nova Aguilar, 1986.

**4** (Enem)

Texto I

**No meio do caminho**

No meio do caminho tinha uma pedra
Tinha uma pedra no meio do caminho
Tinha uma pedra
No meio do caminho tinha uma pedra
[...]

ANDRADE, C. D. de. *Antologia poética*. Rio de Janeiro/São Paulo: Record, 2000.

Texto II

DAVID, J. *Garfield, um charme de gato – 7*. Trad. Agência Internacional Press. Porto Alegre: L&PM, 2000.

A comparação entre os recursos expressivos que constituem os dois textos revela que:

a) o texto I perde suas características de gênero poético ao ser vulgarizado por histórias em quadrinho.

b) o texto II pertence ao gênero literário, porque as escolhas linguísticas o tornam uma réplica do texto I.

c) a escolha do tema, desenvolvido por frases semelhantes, caracteriza-os como pertencentes ao mesmo gênero.

d) os textos são de gêneros diferentes porque, apesar da intertextualidade, foram elaborados com finalidades distintas.

e) as linguagens que constroem significados nos dois textos permitem classificá-los como pertencentes ao mesmo gênero.

**5** (Enem)

**No capricho**

O Adãozinho, meu cumpade, enquanto esperava pelo delegado, olhava para um quadro, a pintura de uma senhora. Ao entrar a autoridade e percebendo que o cabôco admirava tal figura, perguntou: "Que tal? Gosta desse quadro?"

E o Adãozinho, com toda a sinceridade que Deus dá ao cabôco da roça: "Mas pelo amor de Deus, hein, dotô! Que muié feia! Parece fiote de cruis-credo, parente do deus-me-livre, mais horríver que briga de cego no escuro".

Ao que o delegado não teve como deixar de confessar, um pouco secamente: "É a minha mãe". E o cabôco, em cima da bucha, não perde a linha: "Mais dotô, inté que é uma feiura caprichada".

BOLDRIN, R. *Almanaque Brasil de cultura popular.* São Paulo: Andreato Comunicação e Cultura, n. 62, 2004. Adaptado.

Por suas características formais, sua função e seu uso, o texto pertence ao gênero:

a) anedota, pelo enredo e humor característicos.

b) crônica, pela abordagem literária de fatos do cotidiano.

c) depoimento, pela apresentação de experiências pessoais.

d) relato, pela descrição minuciosa de fatos verídicos.

e) reportagem, pelo registro impessoal de situações reais.

**6** (Enem)

Em ***Touro indomável***, que a cinemateca lança nesta semana nos estados de São Paulo e Rio de Janeiro, a dor maior e a violência verdadeira vêm dos demônios de La Motta – que fizeram dele tanto um astro no ringue como um homem fadado à destruição. Dirigida como um senso vertiginoso do destino de seu personagem, essa obra-prima de Martin Scorsese é daqueles filmes que falam à perfeição de seu tema (o boxe) para então transcendê-lo e tratar do que importa: aquilo que faz dos seres humanos apenas isso mesmo, humanos e tremendamente imperfeitos.

Revista *Veja*, 18 fev. 2009. Adaptado.

Ao escolher este gênero textual, o produtor do texto objetivou:

a) construir uma apreciação irônica do filme.

b) evidenciar argumentos contrários ao filme de Scorsese.

c) elaborar uma narrativa com descrição de tipos literários.

d) apresentar ao leitor um painel da obra e se posicionar criticamente.

e) afirmar que o filme transcende o seu objetivo inicial e, por isso, perde sua qualidade.

**Anotações**

# AULA 3

**Competência 5** Analisar, interpretar e aplicar recursos expressivos das linguagens, relacionando textos com seus contextos, mediante a natureza, função, organização e estrutura das manifestações, de acordo com as condições de produção e recepção.

Habilidade 16 Relacionar informações sobre concepções artísticas e procedimentos de construção do texto literário.

## Em classe

### GÊNEROS LITERÁRIOS E CONCEPÇÕES ARTÍSTICAS

### Resumo teórico

Cada artista, no universo da Literatura, tem uma determinada concepção de seu papel. Por isso, existem aqueles que escrevem comédias, aqueles que denunciam as injustiças sociais, aqueles que brincam com a própria linguagem.

Essas concepções artísticas se manifestam por meio dos gêneros literários. Todo texto, como vimos na aula anterior, pertence a um determinado gênero. No universo da Literatura, existe uma divisão tripartite que remonta à Antiguidade clássica e divide os textos em três grandes gêneros literários fundamentais: o **épico**, o **lírico** e o **dramático**. O primeiro tem uma dimensão narrativa. O segundo exprime as impressões de alguém sobre o mundo. O terceiro tem estrutura teatral.

**1** (Enem)

**Estrada**

Esta estrada onde moro, entre duas voltas do
[caminho,
Interessa mais que uma avenida urbana.
Nas cidades todas as pessoas se parecem.
Todo mundo é igual. Todo mundo é toda a gente.
Aqui, não: sente-se bem que cada um traz a sua
[alma.
Cada criatura é única.
Até os cães.
Estes cães da roça parecem homens de negócios:
Andam sempre preocupados.
E quanta gente vem e vai!
E tudo tem aquele caráter impressivo que faz
[meditar:
Enterro a pé ou a carrocinha de leite puxada por
[um bodezinho manhoso.
Nem falta o murmúrio da água, para sugerir, pela
[voz dos símbolos,
Que a vida passa! que a vida passa!
E que a mocidade vai acabar.

BANDEIRA, Manuel. *O ritmo dissoluto*. Rio de Janeiro: Aguilar, 1967.

A lírica de Manuel Bandeira é pautada na apreensão de significados profundos a partir de elementos do cotidiano. No poema "Estrada", o lirismo presente no contraste entre campo e cidade aponta para:

a) o desejo do eu lírico de resgatar a movimentação dos centros urbanos, o que revela sua nostalgia com relação à cidade.
b) a percepção do caráter efêmero da vida, possibilitada pela observação da aparente inércia da vida rural.
c) a opção do eu lírico pelo espaço bucólico como possibilidade de meditação sobre a sua juventude.
d) a visão negativa da passagem do tempo, visto que esta gera insegurança.
e) a profunda sensação de medo gerada pela reflexão acerca da morte.

**2** (Enem)

**Pequenos tormentos da vida**

De cada lado da sala de aula, pelas janelas altas, o azul convida os meninos, as nuvens desenrolam-se, lentas como quem vai inventando preguiçosamente uma história sem fim... Sem fim é a aula: e nada acontece, nada... Bocejos e moscas. Se ao menos, pensa Margarida, se ao menos um avião entrasse por uma janela e saísse por outra!

QUINTANA, Mário. *Poesias*.

Na cena retratada no texto, o sentimento de tédio:

a) provoca que os meninos fiquem contando histórias.

b) leva os alunos a simular bocejos, em protesto contra a monotonia da aula.

c) acaba estimulando a fantasia, criando a expectativa de algum imprevisto mágico.

d) prevalece de modo absoluto, impedindo até mesmo a distração ou o exercício do pensamento.

e) decorre da morosidade da aula, em contraste com o movimento acelerado das nuvens e das moscas.

**3** (Enem) O autor da tira utilizou os princípios de composição de um conhecido movimento artístico para representar a necessidade de um mesmo observador aprender a considerar, simultaneamente, diferentes pontos de vista:

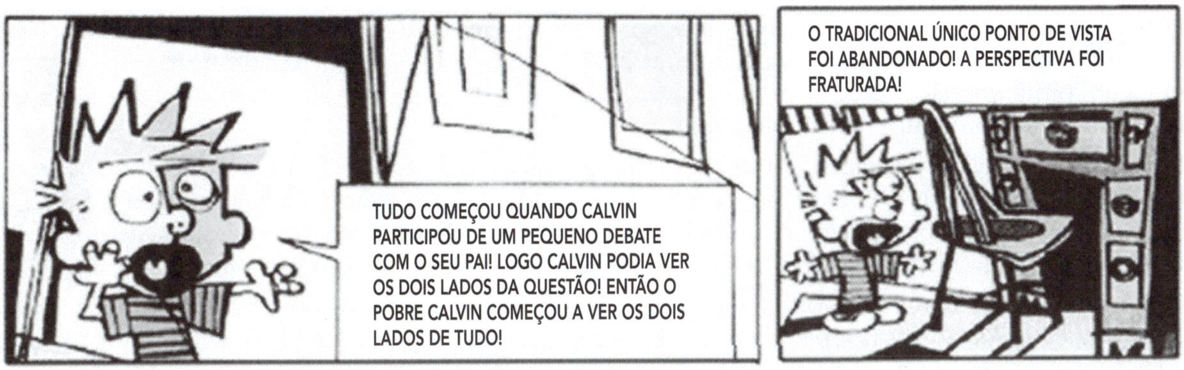


WATTERSON, Bill. *Os dez anos de Calvin e Haroldo*. vol. 2. São Paulo: Best News, 1996.

Das obras reproduzidas, todas de autoria do pintor espanhol Pablo Picasso, aquela em cuja composição foi adotado um procedimento semelhante é:

a) *Os amantes*

b) *Retrato de Françoise*

c) *Os pobres na praia*

d) *Os dois saltimbancos*

e) *Marie-Thérèse apoiada no cotovelo*

FOTOS: © ENEM

## Em casa

### TEXTO DE APOIO

#### Gêneros literários e concepções artísticas

Existem textos que nos fazem rir, simplesmente porque são engraçados. Há outros em que o riso disfarça uma crítica social aguda. Há ainda aqueles que, embora não tenham uma dimensão satírica, mantêm a postura de denúncia e protesto contra as injustiças sociais, étnicas ou regionais. Nada impede que um texto não seja nem bem-humorado, nem crítico, mas que apenas manifeste os desejos e as incertezas de um indivíduo.

Podemos dizer que todas essas diferenças se explicam pelo fato de existirem diversas **concepções artísticas** dentro da Literatura. Há textos para divertir, para fazer pensar, para criticar, para emocionar, para jogar com a linguagem, ou para fazer tudo isso ao mesmo tempo. Alguns remetem à realidade palpável; outros exprimem um mundo de fantasias.

Essas concepções se manifestam por meio dos **gêneros literários**. Todo texto, como já estudado, pertence a um determinado gênero. De acordo com a tradição, que remonta à Antiguidade clássica, existem três gêneros literários fundamentais: o **épico**, o **lírico** e o **dramático**. Quando um escritor opta por um gênero, ele já dá pistas de qual é a concepção artística que seu texto irá revelar.

O **gênero épico** começou com a *Ilíada* e a *Odisseia*, de Homero, poemas compostos antes do século VI a.C. A *Ilíada* narra episódios da Guerra de Troia, enquanto a *Odisseia* conta a história de Ulisses tentando voltar para casa, após essa mesma guerra.

A poesia épica se define como um longo poema narrativo que apresenta linguagem grandiosa, assunto histórico e influência mitológica. Assim, os poemas épicos, também chamados de **epopeias**, embora baseados em assuntos históricos, não se privam de recorrer à fantasia e à imaginação (com larga interferência dos deuses pagãos) para contar suas histórias. Na Literatura de língua portuguesa, o grande poema épico é, sem dúvida alguma, *Os Lusíadas*, de Luís de Camões.

Após o Renascimento, o gênero épico foi perdendo espaço. Tanto que atualmente preferimos falar em **gênero narrativo**, já que toda epopeia é narrativa, mas nem toda narrativa (veja-se o exemplo de um conto ou de um romance moderno) é uma epopeia.

Existem várias teses para explicar a perda de prestígio do gênero épico. Como as epopeias deixaram de ser escritas justamente quando o romance e a prosa de ficção começaram a surgir, há quem defenda que um gênero substituiu o outro e que o romance pode ser visto como uma versão moderna da antiga epopeia.

Em oposição ao gênero épico, em que o narrador costuma manter certo distanciamento dos fatos relatados (não participando deles e priorizando, por isso, a terceira pessoa do discurso), o **gênero lírico** é, modernamente, visto como expressão de uma subjetividade, o que explicaria sua preferência pela primeira pessoa gramatical.

Na Grécia antiga, a poesia lírica recebeu esse nome porque seus versos tinham o acompanhamento musical da lira. Seus assuntos eram menos grandiosos do que os das epopeias e concentravam-se na vida, nos amores, na natureza e no trabalho. Ao longo dos séculos, o gênero foi se modificando e, a partir do século XIX, em meio ao individualismo romântico, ganhou a feição atual, de expressão poética de algum tipo de sentimento.

Por fim, o **gênero dramático**, que pode ser constituído ou não de versos, apresenta uma estrutura teatral, em que não há um narrador explícito e a narrativa é conduzida pelas próprias personagens, que se exprimem em discurso direto. Como as peças de teatro antigas eram em versos (diferentemente do que acontece hoje, em que geralmente são em prosa), costumamos empregar também a expressão **poesia dramática**.

Do ponto de vista técnico, a grande característica desse gênero é o fato de ele não ter um narrador explícito, marcado no enunciado. Toda a ação se resume às falas das personagens, que estão sempre em discurso direto. O máximo que o "narrador" do texto teatral faz é usar as rubricas, que não fazem parte do diálogo, mas indicam aos atores detalhes imprescindíveis da cena.

**1** (Enem) O poema abaixo pertence à poesia concreta brasileira. O termo latino de seu título significa "epitalâmio", poema ou canto em homenagem aos que se casam.

**EPITHALAMIUM – II**

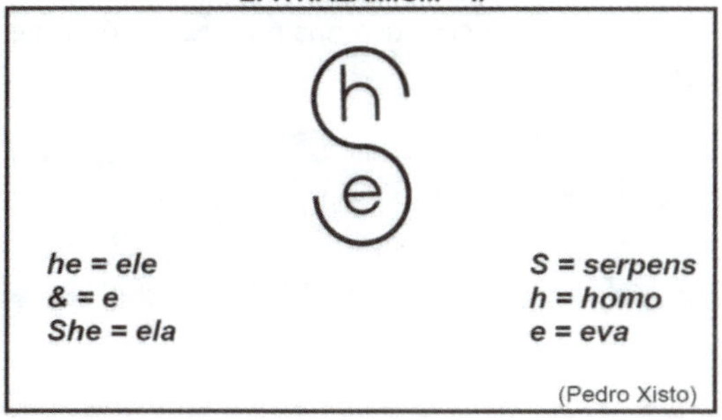




Considerando que símbolos e sinais são utilizados geralmente para demonstrações objetivas, ao serem incorporados no poema "Epithalamium – II",

a) adquirem novo potencial de significação.
b) eliminam a subjetividade do poema.
c) opõem-se ao tema principal do poema.
d) invertem seu sentido original.
e) tornam-se confusos e equivocados.

**2** (Enem)

**Texto I**

Logo depois transferiram para o trapiche o depósito dos objetos que o trabalho do dia lhes proporcionava.
Estranhas coisas entraram então para o trapiche. Não mais estranhas, porém, que aqueles meninos, moleques de todas as cores e de idades as mais variadas, desde os nove aos dezesseis anos, que à noite se estendiam pelo assoalho e por debaixo da ponte e dormiam, indiferentes ao vento que circundava o casarão uivando, indiferentes à chuva que muitas vezes os lavava, mas com os olhos puxados para as luzes dos navios, com os ouvidos presos às canções que vinham das embarcações...

AMADO, Jorge. *Capitães da areia.* São Paulo: Companhia das Letras, 2008.

**Texto II**

À margem esquerda do rio Belém, nos fundos do mercado de peixe, ergue-se o velho ingazeiro – ali os bêbados são felizes. Curitiba os considera animais sagrados, provê as suas necessidades de cachaça e pirão. No trivial contentavam-se com as sobras do mercado.

TREVISAN, Dalton. *35 noites de paixão:* contos escolhidos. Rio de Janeiro: BestBolso, 2009.

Sob diferentes perspectivas, os fragmentos citados são exemplos de uma abordagem literária recorrente na literatura brasileira do século XX. Em ambos os textos,

a) a linguagem afetiva aproxima os narradores dos personagens marginalizados.
b) a ironia marca o distanciamento dos narradores em relação aos personagens.
c) o detalhamento do cotidiano dos personagens revela a sua origem social.
d) o espaço onde vivem os personagens é uma das marcas de sua exclusão.
e) a crítica à indiferença da sociedade pelos marginalizados é direta.

**3** (Enem)

**Texto I**

Eu amo a rua. Esse sentimento de natureza toda íntima não vos seria revelado por mim se não julgasse, e razões não tivesse para julgar, que este amor assim absoluto e assim exagerado é partilhado por todos vós.
Nós somos irmãos, nós nos sentimos parecidos e iguais; nas cidades, nas aldeias, nos povoados, não porque soframos, com a dor e os desprazeres, a lei e a polícia, mas porque nos une, nivela e agremia o amor da rua.
É este mesmo o sentimento imperturbável e indissolúvel, o único que, como a própria vida, resiste às idades e às épocas.

RIO, João do. A rua. In: *A alma encantadora das ruas.* São Paulo: Companhia das Letras, 2008.

**Texto II**

A rua dava-lhe uma força de fisionomia, mais consciência dela. Como se sentia estar no seu reino, na região em que era rainha e imperatriz. O olhar cobiçoso dos homens e o de inveja das mulheres acabavam o sentimento de sua personalidade, exaltavam-no até. Dirigiu-se para a rua do Catete com o seu passo miúdo e sólido. [...]
No caminho trocou cumprimento com as raparigas pobres de uma casa de cômodos da vizinhança.
[...] E debaixo dos olhares maravilhados das pobres raparigas, ela continuou o seu caminho, arrepanhando a saia, satisfeita que nem uma duquesa atravessando os seus domínios.

BARRETO, Lima. Um e outro. In: *Clara dos Anjos.* Rio de Janeiro: Mérito.

A experiência urbana é um tema recorrente em crônicas, contos e romances do final do século XIX e início do XX, muitos dos quais elegem a rua para explorar essa experiência. Nos fragmentos I e II, a rua é vista, respectivamente, como lugar que:

a) desperta sensações contraditórias e desejo de reconhecimento.
b) favorece o cultivo da intimidade e a exposição dos dotes físicos.
c) possibilita vínculos pessoais duradouros e encontros casuais.
d) propicia o sentido de comunidade e a exibição pessoal.
e) promove o anonimato e a segregação social.

# AULA 4

**Competência 5** Analisar, interpretar e aplicar recursos expressivos das linguagens, relacionando textos com seus contextos, mediante a natureza, função, organização e estrutura das manifestações, de acordo com as condições de produção e recepção.

Habilidade 17 Reconhecer a presença de valores sociais e humanos atualizáveis e permanentes no patrimônio literário nacional.

## Em classe

### FORMAÇÃO DA LITERATURA BRASILEIRA

#### Resumo teórico

A literatura brasileira é dividida em dois grandes momentos: a fase colonial (anterior à Independência) e a fase nacional (posterior a 1822). Na primeira fase, a dependência cultural e econômica de Portugal dificultava o surgimento de uma literatura verdadeiramente brasileira, e, na segunda fase, esse sentimento nacionalista aflorou com mais intensidade.

Na fase colonial, tivemos inicialmente uma literatura informativa, que se inicia com a *Carta* de Pero Vaz de Caminha e se consolida com o relato de viajantes que falavam sobre as terras recém-descobertas. Por isso, dizemos que a literatura brasileira no século XVI tinha poucas preocupações estéticas. No século XVII, surgiram manifestações isoladas sob a égide do Barroco e, no século XVIII, no Arcadismo mineiro, a literatura nacional começou a funcionar como um "sistema", como dizia Antonio Candido, pois já havia produção e consumo de obras literárias no Brasil de maneira menos pontual.

Na fase nacional, que é a parte de nossa literatura que mais interessa ao Enem, surgem movimentos estéticos como Romantismo e Realismo, que criam um sentimento de identidade nacional mais forte por meio da literatura, o que continua no século XX com o Modernismo.

**1** (Enem)

**Texto I**

**O canto do guerreiro**

Aqui na floresta
Dos ventos batida,
Façanhas de bravos
Não geram escravos,
Que estimem a vida
Sem guerra e lidar.
— Ouvi-me, Guerreiros,
— Ouvi meu cantar.
Valente na guerra,
Quem há, como eu sou?
Quem vibra o tacape
Com mais valentia?
Quem golpes daria
Fatais, como eu dou?
— Guerreiros, ouvi-me;
— Quem há, como eu sou?

Gonçalves Dias

**Texto II**

**Macunaíma**

(Epílogo)

Acabou-se a história e morreu a vitória.

Não havia mais ninguém lá. Dera tangolomângolo na tribo Tapanhumas e os filhos dela se acabaram de um em um. Não havia mais ninguém lá. Aqueles lugares, aqueles campos, furos puxadouros arrastadouros meios-barrancos, aqueles matos misteriosos, tudo era solidão do deserto... Um silêncio imenso dormia à beira do rio Uraricoera.

Nenhum conhecido sobre a terra não sabia nem falar da tribo nem contar aqueles casos tão pançudos. Quem podia saber do Herói?

Mário de Andrade

A leitura comparativa dos dois textos indica que:

a) ambos têm como tema a figura do indígena brasileiro apresentada de forma realista e heroica, como símbolo máximo do nacionalismo romântico.

b) a abordagem da temática adotada no texto escrito em versos é discriminatória em relação aos povos indígenas do Brasil.

c) as perguntas "— Quem há, como eu sou?" (texto I) e "Quem podia saber do Herói?" (texto II) expressam diferentes visões da realidade indígena brasileira.

d) o texto romântico, assim como o modernista, aborda o extermínio dos povos indígenas como resultado do processo de colonização no Brasil.

e) os versos em primeira pessoa revelam que os indígenas podiam expressar-se poeticamente, mas foram silenciados pela colonização, como demonstra a presença do narrador, no segundo texto.

**2** (Enem) No trecho abaixo, o narrador, ao descrever a personagem, critica sutilmente um outro estilo de época: o Romantismo.

Naquele tempo contava apenas uns quinze ou dezesseis anos; era talvez a mais atrevida criatura da nossa raça, e, com certeza, a mais voluntariosa. Não digo que já lhe coubesse a primazia da beleza entre as mocinhas do tempo, porque isto não é romance, em que o autor sobredoura a realidade e fecha os olhos às sardas e espinhas; mas também não digo que lhe maculasse o rosto nenhuma sarda ou espinha, não. Era bonita, fresca, saía das mãos da natureza, cheia daquele feitiço, precário e eterno, que o indivíduo passa a outro indivíduo, para os fins secretos da criação.

ASSIS, Machado de. *Memórias póstumas de Brás Cubas*. Rio de Janeiro: Jackson, 1957.

A frase do texto em que se percebe a crítica do narrador ao Romantismo está transcrita na alternativa:

a) O autor sobredoura a realidade e fecha os olhos às sardas e espinhas.

b) Era talvez a mais atrevida criatura da nossa raça.

c) Era bonita, fresca, saía das mãos da natureza, cheia daquele feitiço, precário e eterno.

d) Naquele tempo contava apenas uns quinze ou dezesseis anos.

e) O indivíduo passa a outro indivíduo, para os fins secretos da criação.

**3** (Enem)

**Brasil**

O Zé Pereira chegou de caravela
E preguntou pro guarani da mata virgem
— Sois cristão?
— Não. Sou bravo, sou forte, sou filho da Morte
Teterê tetê Quizá Quizá Quecê!
Lá longe a onça resmungava Uu! ua! uu!
O negro zonzo saído da fornalha
Tomou a palavra e respondeu
— Sim pela graça de Deus
Canhem Babá Canhem Babá Cum Cum!
E fizeram o Carnaval

Oswald de Andrade

A polifonia, variedade de vozes, presente no poema resulta da manifestação do:

a) poeta e do colonizador apenas.

b) colonizador e do negro apenas.

c) negro e do índio apenas.

d) colonizador, do poeta e do negro apenas.

e) poeta, do colonizador, do índio e do negro.

**Anotações**

Em casa

## TEXTO DE APOIO

### 1. Formação da literatura brasileira

Comecemos nossa discussão com a leitura do seguinte fragmento:

*Esta terra, Senhor, me parece que da ponta que mais contra o sul vimos até outra ponta que contra o norte vem, de que nós deste porto houvemos vista, será tamanha que haverá nela bem vinte ou vinte e cinco léguas por costa. Tem, ao longo do mar, nalgumas partes, grandes barreiras, delas vermelhas, delas brancas; e a terra por cima toda chã e muito cheia de grandes arvoredos. De ponta a ponta, é tudo praia-palma, muito chã e muito formosa.*

CAMINHA, Pero Vaz de. *Carta de achamento do Brasil.*

Dirigida ao rei D. Manuel, a *Carta de achamento do Brasil* pode ser considerada o nosso primeiro documento histórico-literário. Quando a esquadra de Pedro Álvares Cabral aportou na Bahia, em abril de 1500, o escrivão Pero Vaz de Caminha foi instado a noticiar ao rei português o descobrimento do Brasil. As principais passagens da *Carta* descrevem características geográficas da nova terra e alguns hábitos dos índios, seus habitantes nativos.

Há quem considere este o primeiro texto da Literatura Brasileira, mas o fato é que a carta de Caminha, embora possua uma linguagem refinada, que lhe confere uma dimensão literária, não foi escrita com outro objetivo que não o de dar à Coroa portuguesa as informações sobre a terra recém-descoberta e sobre os povos indígenas que nela habitavam. Daí que ainda não se possa falar, com precisão, em Literatura Brasileira em 1500.

### 2. As origens da literatura brasileira – literatura colonial

Durante a maior parte do século XVI, Portugal não se preocupou em colonizar efetivamente o Brasil. O comércio com as Índias parecia à Coroa muito mais lucrativo do que a colonização das terras recém-encontradas. Assim, nessa época, praticamente não havia no Brasil pessoas que falassem a língua portuguesa.

Por isso, as manifestações culturais por aqui eram isoladas e resumiam-se a textos de viajantes e cronistas sobre a flora, a fauna, o relevo e os habitantes nativos do Brasil e a textos de catequese – como poemas e peças de teatro – produzidos por padres jesuítas para levar a fé católica aos índios. Toda essa produção escrita do século XVI, conhecida como **literatura informativa**, tinha como grande preocupação relatar características da terra recém-descoberta ou catequizar os povos nativos.

No início do século XVII, quando Bento Teixeira publica sua pequena epopeia *Prosopopeia*, inspirada formalmente em *Os Lusíadas*, inicia-se a primeira escola literária brasileira, o **Barroco**. O grande nome do Barroco brasileiro foi, sem dúvida alguma, Gregório de Matos Guerra, que, com suas sátiras mordazes e com a imensa qualidade de sua poesia lírica, pode ser considerado um dos mais importantes poetas barrocos do mundo.

É bem verdade que, no século XVII, as manifestações literárias no Brasil eram ainda isoladas. Não havia um público leitor cativo, não havia muitos escritores e, por esse motivo, o Brasil era culturalmente muito dependente da metrópole, como, aliás, ocorria com a maioria das colônias americanas.

Por causa da economia açucareira, a Bahia (especialmente a cidade de Salvador) tornou-se o principal polo cultural da colônia durante o Barroco. Não é de estranhar então que a maior parte da poesia de Gregório de Matos remeta à Bahia.

No século XVIII, o eixo econômico se desloca da Bahia para Minas Gerais, e a cultura da cana-de-açúcar dá lugar à mineração. A cidade de Vila Rica, atual Ouro Preto, assiste ao surgimento da segunda escola literária brasileira, o **Neoclassicismo/Arcadismo**.

A esta altura, já podemos dizer que a literatura brasileira existia não apenas sob a forma de manifestações isoladas. Começava a formar-se um sistema literário no Brasil, com escritores e leitores mais autônomos. Foram muitos os literatos importantes deste período: Cláudio Manuel da Costa, Silva Alvarenga, Basílio da Gama, Frei Santa Rita Durão, Alvarenga Peixoto e, principalmente, Tomás Antônio Gonzaga.

## 3. Literatura do Brasil independente

*Todos cantam sua terra,*
*Também vou cantar a minha;*
*Nas* débeis *cordas da* lira
*Hei de fazê-la rainha.*
*— Hei de dar-lhe a realeza*
*Nesse trono de beleza*
*Em que a mão da natureza*
Esmerou-se *em quanto tinha.*
*[...]*
*Tem tantas belezas, tantas,*
*A minha terra natal,*
*Que nem as sonha um poeta*
*E nem as canta um mortal!*
*— É uma terra de amores*
Alcatifada *de flores,*
*Onde a brisa em seus rumores*
*Murmura: – não tem rival!*

ABREU, Casimiro de. *Poesias completas*. Rio de Janeiro: Spiker, s.d.

débeis: frágeis.
lira: instrumento de cordas.
esmerou-se: empenhou-se, dedicou-se a fazer com esmero, com cuidado, com capricho.
alcatifada: coberta.

Com a Independência do Brasil, em 1822, inicia-se uma segunda fase da História da Literatura Brasileira: saímos do Brasil colonial e entramos no Brasil independente. Assim, a partir do século XIX, a cultura brasileira procura se desvincular da europeia, com a finalidade de demarcar os traços de nossa nacionalidade. Não é portanto à toa que inúmeros textos – como é o caso dos famosos versos de "Minha terra", de Casimiro de Abreu – passam fazer referências a aspectos de nossa nacionalidade.

A primeira escola literária da fase independente de nossa literatura é o **Romantismo**, que se inicia alguns anos após 1822 e acaba por consolidar a existência de uma Literatura Brasileira, relativamente autônoma em relação aos moldes europeus. Trata-se do momento de solidificação da formação literária nacional. Alguns de nossos maiores escritores, tais como Gonçalves Dias, Álvares de Azevedo, Castro Alves e José de Alencar, fazem parte do universo do Romantismo.

Na segunda metade do século XIX, nos anos próximos à Abolição da escravatura e à Proclamação da República, inicia-se o **Realismo**, cujos principais representantes foram Aluísio Azevedo, Raul Pompéia e Machado de Assis, considerado por muitos o escritor mais importante de toda a Literatura Brasileira. Simultaneamente ao Realismo, surgiram duas outras escolas literárias (que continham exclusivamente textos poéticos): o **Parnasianismo**, de Olavo Bilac, e o **Simbolismo**, de João da Cruz e Sousa.

No início do século XX, houve um período literário de transição conhecido como **Pré-Modernismo**. Foi nessa época que surgiram as obras de Euclides da Cunha, Monteiro Lobato, Lima Barreto e Augusto dos Anjos. Terminado esse período de transição, vem a Semana de Arte Moderna de 1922 e, com ela, a principal escola de toda a Literatura Brasileira, o **Modernismo**.

O Modernismo brasileiro é dividido em três fases: a primeira, que começa em 1922, tem como principais nomes Oswald de Andrade, Mário de Andrade e Manuel Bandeira. A segunda, que se inicia em 1930, tem como destaques Carlos Drummond de Andrade e Graciliano Ramos. A terceira, cujo início se deu em 1945, imortalizou as figuras de Clarice Lispector, João Cabral de Melo Neto e João Guimarães Rosa.

Depois da Geração de 45, como ficaram conhecidos os escritores da terceira fase modernista, tem-se a **Literatura contemporânea**, cujos principais nomes são Ferreira Gullar, Lygia Fagundes Telles, Raduan Nassar, Rubem Fonseca, José Paulo Paes, João Ubaldo Ribeiro, entre outros.

**1** (Enem)

Torno a ver-vos, ó montes; o destino
Aqui me torna a pôr nestes outeiros,
Onde um tempo os gabões deixei grosseiros
Pelo traje da Corte, rico e fino.

Aqui estou entre Almendro, entre Corino,
Os meus fiéis, meus doces companheiros,
Vendo correr os míseros vaqueiros
Atrás de seu cansado desatino.

Se o bem desta choupana pode tanto,
Que chega a ter mais preço, e mais valia
Que, da Cidade, o lisonjeiro encanto,

Aqui descanse a louca fantasia,
E o que até agora se tornava em pranto
Se converta em afetos de alegria.

COSTA, Cláudio Manoel da. In: PROENÇA FILHO, Domício. *A poesia dos inconfidentes*. Rio de Janeiro: Nova Aguilar, 2002. p. 78-9.

Considerando o soneto de Cláudio Manoel da Costa e os elementos constitutivos do Arcadismo brasileiro, assinale a opção correta acerca da relação entre o poema e o momento histórico de sua produção.

a) Os "montes" e "outeiros", mencionados na primeira estrofe, são imagens relacionadas à Metrópole, ou seja, ao lugar onde o poeta se vestiu com traje "rico e fino".

b) A oposição entre a Colônia e a Metrópole, como núcleo do poema, revela uma contradição vivenciada pelo poeta, dividido entre a civilidade do mundo urbano da Metrópole e a rusticidade da terra da Colônia.

c) O bucolismo presente nas imagens do poema é elemento estético do Arcadismo que evidencia a preocupação do poeta árcade em realizar uma representação literária realista da vida nacional.

d) A relação de vantagem da "choupana" sobre a "Cidade", na terceira estrofe, é formulação literária que reproduz a condição histórica paradoxalmente vantajosa da Colônia sobre a Metrópole.

e) A realidade de atraso social, político e econômico do Brasil Colônia está representada esteticamente no poema pela referência, na última estrofe, à transformação do pranto em alegria.

**2** (Enem)

Quando os portugueses se instalaram no Brasil, o país era povoado de índios. Importaram, depois, da África, grande número de escravos. O Português, o Índio e o Negro constituem, durante o período colonial, as três bases da população brasileira. Mas, no que se refere à cultura, a contribuição do Português foi de longe a mais notada.

Durante muito tempo o português e o tupi viveram lado a lado como línguas de comunicação. Era o tupi que utilizavam os bandeirantes nas suas expedições. Em 1694, dizia o Padre Antônio Vieira que "as famílias dos portugueses e índios em São Paulo estão tão ligadas hoje umas com as outras, que as mulheres e os filhos se criam mística e domesticamente, e a língua que nas ditas famílias se fala é a dos Índios, e a portuguesa a vão os meninos aprender à escola".

TEYSSIER, Paul. *História da língua portuguesa*. Lisboa: Livraria Sá da Costa, 1984. Adaptado.

A identidade de uma nação está diretamente ligada à cultura de seu povo. O texto mostra que, no período colonial brasileiro, o Português, o Índio e o Negro formaram a base da população e que o patrimônio linguístico brasileiro é resultado da:

a) contribuição dos índios na escolarização dos brasileiros.

b) diferença entre as línguas dos colonizadores e as dos indígenas.

c) importância do Padre Antônio Vieira para a literatura de língua portuguesa.

d) origem das diferenças entre a língua portuguesa e as línguas tupi.

e) interação pacífica no uso da língua portuguesa e da língua tupi.

**3** (Enem)

**O sertão e o sertanejo**

Ali começa o sertão chamado bruto. Nesses campos, tão diversos pelo matiz das cores, o capim crescido e ressecado pelo ardor do sol transforma-se em vicejante tapete de relva, quando lavra o incêndio que algum tropeiro, por acaso ou mero desenfado, ateia com uma faúlha do seu isqueiro. Minando à surda na touceira, queda a vívida centelha. Corra daí a instantes qualquer aragem, por débil que seja, e levanta-se a língua de fogo esguia e trêmula, como que a contemplar medrosa e vacilante os espaços imensos que se alongam diante dela. O fogo, detido em pontos, aqui, ali, a consumir com mais lentidão algum estorvo, vai aos poucos morrendo até se extinguir de todo, deixando como sinal da avassaladora passagem o alvacento lençol, que lhe foi seguindo os velozes passos. Por toda a parte melancolia; de todos os lados tétricas perspectivas. É cair, porém, daí a dias copiosa chuva, e parece que uma varinha de fada andou por aqueles sombrios recantos a traçar às pressas jardins encantados e nunca vistos. Entra tudo num trabalho íntimo de espantosa atividade. Transborda a vida.

TAUNAY, A. *Inocência*. São Paulo: Ática, 1993. Adaptado.

O romance romântico teve fundamental importância na formação da ideia de nação. Considerando o trecho anterior, é possível reconhecer que uma das principais e permanentes contribuições do Romantismo para a construção da identidade da nação é a:

a) possibilidade de apresentar uma dimensão desconhecida da natureza nacional, marcada pelo subdesenvolvimento e pela falta de perspectiva de renovação.

b) consciência da exploração da terra pelos colonizadores e pela classe dominante local, o que coibiu a exploração desenfreada das riquezas naturais do país.

c) construção, em linguagem simples, realista e documental, sem fantasia ou exaltação, de uma imagem da terra que revelou o quanto é grandiosa a natureza brasileira.

d) expansão dos limites geográficos da terra, que promoveu o sentimento de unidade do território nacional e deu a conhecer os lugares mais distantes do Brasil aos brasileiros.

e) valorização da vida urbana e do progresso, em detrimento do interior do Brasil, formulando um conceito de nação centrado nos modelos da nascente burguesia brasileira.

# AULA 5

**Competência 4** Compreender a arte como saber cultural e estético gerador de significação e integrador da organização do mundo e da própria identidade.

Habilidade 12 Reconhecer diferentes funções da arte, do trabalho da produção dos artistas em seus meios culturais.

## Em classe

### LITERATURA E ARTES VISUAIS

### Resumo teórico

Artistas díspares – como um poeta e um pintor, por exemplo –, embora trabalhem com matérias-primas diferentes, podem apresentar diversas semelhanças em suas obras. Isso se dá porque podemos encontrar correspondências entre movimentos literários e artes visuais. O Classicismo, da literatura, é semelhante ao Renascimento de pintores, escultores e arquitetos. O Impressionismo, da pintura, teve os seus ecos na Literatura.

São comuns, no Enem, questões que relacionem obras literárias e telas consagradas, principalmente na arte dos séculos XIX e XX.

**1** (Enem) Sobre a exposição de Anita Malfatti, em 1917, que muito influenciaria a Semana de Arte Moderna, Monteiro Lobato escreveu, em artigo intitulado "Paranoia ou Mistificação":

Há duas espécies de artistas. Uma composta dos que veem as coisas e em consequência fazem arte pura, guardados os eternos ritmos da vida, e adotados, para a concretização das emoções estéticas, os processos clássicos dos grandes mestres. [...] A outra espécie é formada dos que veem anormalmente a natureza e a interpretam à luz das teorias efêmeras, sob a sugestão estrábica das escolas rebeldes, surgidas cá e lá como furúnculos da cultura excessiva. [...] Estas considerações são provocadas pela exposição da sra. Malfatti, onde se notam acentuadíssimas tendências para uma atitude estética forçada no sentido das extravagâncias de Picasso & cia.

*O Diário de São Paulo*, dez. 1917.

Em qual das obras abaixo identifica-se o estilo de Anita Malfatti criticado por Monteiro Lobato no artigo?

a) 

*Acesso a Monte Serrat – Santos*

b) 

*Vaso de flores*

c) 

*A santa ceia*

d) 

*Nossa Senhora Auxiliadora*

e) 

*A boba*

FOTOS: © ENEM

**2** (Enem) A leitura do poema "Descrição da guerra em Guernica" traz à lembrança o famoso quadro de Picasso:

Entra pela janela
o anjo camponês;
com a terceira luz na mão;
minucioso, habituado
aos interiores de cereal,
aos utensílios que dormem na fuligem;
os seus olhos rurais
não compreendem bem os símbolos
desta colheita: hélices,
motores furiosos;
e estende mais o braço; planta
no ar, como uma árvore
a chama do candeeiro.
[...]

Carlos de Oliveira. In: ANDRADE, Eugénio. *Antologia pessoal da poesia portuguesa*. Porto: Campo das Letras, 1999.

Uma análise cuidadosa do quadro permite que se identifiquem as cenas referidas nos trechos do poema:

PICASSO, Pablo. *Guernica*. Museu Nacional Centro de Artes Reina Sofia, Madri. 1937.

Podem ser relacionadas ao texto lido as partes:

a) a1, a2, a3 b) f1, e1, d1 c) e1, d1, c1 d) c1, c2, c3 e) e1, e2, e3

**3** (Enem – Adaptada)

Em busca de maior naturalismo em suas obras e fundamentando-se em novo conceito estético, Monet, Degas, Renoir e outros artistas passaram a explorar novas formas de composição artística, que resultaram no estilo denominado Impressionismo. Observadores atentos da natureza, esses artistas passaram a:

a) retratar, em suas obras, apenas as cores escuras que representavam com o reflexo da luz solar nos objetos.
b) usar mais a cor preta, fazendo contornos nítidos, que melhor definiam as imagens e as cores do objeto representado.
c) retratar paisagens em diferentes horas do dia, recriando, em suas telas, as imagens a eles sugeridas.
d) usar pinceladas rápidas de cores puras, misturadas na paleta, para dar efeito de realidade às obras.
e) usar as sombras em tons de cinza e preto e com efeito esfumaçado, tal como eram realizadas no Renascimento.

© ENEM

MONET, C. Mulher com sombrinha. In: BECKETT, W. *História da pintura*. São Paulo: Ática, 1997.

**4** (Enem)

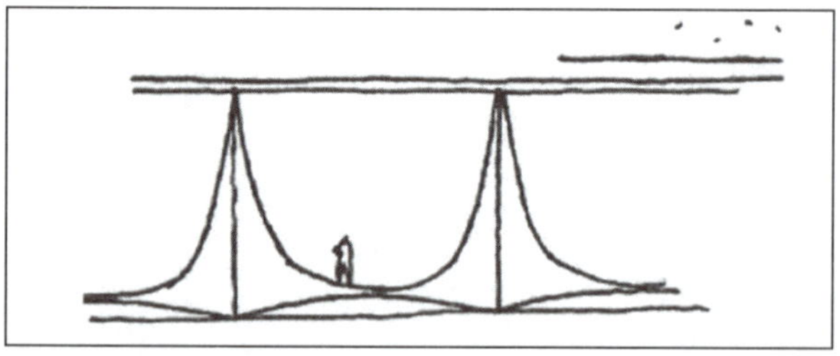

© ENEM

***IMODESTO*** "As colunas do Alvorada podiam ser mais fáceis de construir, sem aquelas curvas. Mas foram elas que o mundo inteiro copiou".

*Brasília 50 anos.* Revista *Veja*. n. 2138, nov. 2009.

Utilizadas desde a Antiguidade, as colunas, elementos verticais de sustentação, foram sofrendo modificações e incorporando novos materiais com ampliação de possibilidades. Ainda que as clássicas colunas gregas sejam retomadas, notáveis inovações são percebidas, por exemplo, nas obras de Oscar Niemeyer, arquiteto brasileiro nascido no Rio de Janeiro em 1907. No desenho de Niemeyer, das colunas do Palácio da Alvorada, observa-se:

a) a presença de um capitel muito simples, reforçando a sustentação.

b) o traçado simples de amplas linhas curvas opostas, resultando em formas marcantes.

c) a disposição simétrica das curvas, conferindo saliência e distorção à base.

d) a oposição de curvas em concreto, configurando certo peso e rebuscamento.

e) o excesso de linhas curvas, levando a um exagero na ornamentação.

## Em casa

### TEXTO DE APOIO

© HTTP://MICHELECHRISTINE.FILES.WORDPRESS.COM

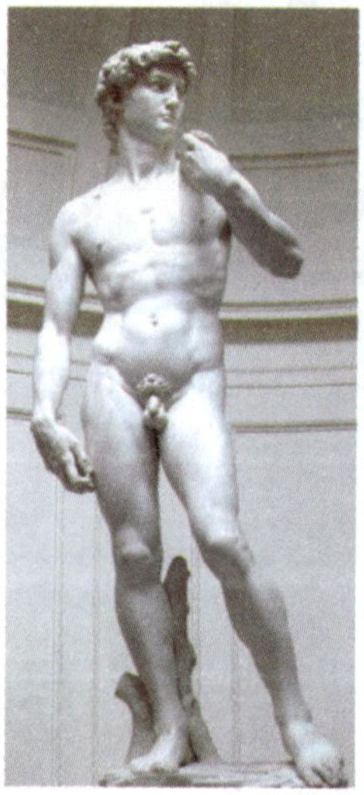

© GALERIA DA ACADEMIA, FLORENÇA, ITÁLIA

© GALERIA DOS OFÍCIOS, FLORENÇA, ITÁLIA

Quem observa a cúpula da Basílica de São Pedro, no Vaticano, ou o *Davi* e a *Sagrada família*, ambos expostos em Florença, poderia, em um primeiro momento, ter dificuldade para reconhecer as semelhanças entre essa obra arquitetônica, essa escultura e essa pintura.

Mas o fato é que elas têm muita coisa em comum, sobretudo pelo fato de todas terem sido concebidas pelo mesmo artista, o grande Michelangelo, e sob a influência dos valores de uma mesma época, o Renascimento.

O **Renascimento** foi um movimento cultural surgido no século XV e que contrariava os preceitos teocêntricos da Idade Média. Em lugar dos excessos religiosos, os renascentistas – embora tivessem uma relação muito próxima com a Igreja, afinal eram muitas vezes patrocinados por ela – defendiam uma arte mais associada à "humanidade" e, para isso, procuravam resgatar algumas das características artísticas da Antiguidade greco-romana. Daí surgiu o nome de Renascimento: tratava-se de uma tentativa de fazer as ideias da Antiguidade clássica "renascerem".

Esse período foi um dos mais fecundos de toda a História da Arte. Escritores, pintores, músicos, arquitetos e escultores, influenciados pelas mesmas ideias de racionalismo, de harmonia, de equilíbrio, de moderação e de senso de proporções (características tradicionais da arte conhecida como "clássica"), tentaram captar, cada um a seu modo, as transformações pelas quais a sociedade passava entre o fim da Idade Média e o início da Idade Moderna.

## 1. Arte, história e cultura

Desde o surgimento da escrita, quando os registros históricos passaram a ser mais precisos, não há notícia de civilização que não tenha se expressado por meio de obras que hoje consideraríamos artísticas. Seja por motivos religiosos, seja para fazer com que a cultura de um povo não se perdesse, seja simplesmente por puro deleite, os homens sempre recorreram à literatura, à pintura, à escultura, à música para interpretar a realidade, numa tentativa de compreendê-la de modo mais satisfatório.

Como já vimos, as obras dos escritores são influenciadas pela época em que eles vivem. Isso também acontece com as demais artes. Um artista do século XV, durante as Grandes Navegações, não pensa da mesma maneira de um homem do final do século XVIII, no momento da Revolução Francesa. Por isso, um artista que viveu em 1450 tem valores completamente diferentes de um que viveu em 1790.

Escritores, pintores, escultores, arquitetos, dramaturgos e músicos, ou seja, os artistas em geral, são, em parte, um reflexo da História. Por isso, há compatibilidades entre as escolas literárias que estudaremos e os movimentos artísticos típicos das demais artes.

Além disso, é impossível não reconhecer que a cultura de cada povo, de cada etnia, de cada nação interfere no processo de criação artística, de modo que nem sempre todos os agrupamentos humanos refletem da mesma maneira os valores históricos. Um brasileiro e um português, por exemplo, nos anos que se seguiram à independência das colônias americanas, certamente não veem o nacionalismo burguês da mesma forma.

A harmonia das formas da cúpula da Basílica de São Pedro, a perfeição dos detalhes do corpo de *Davi* e a serenidade humana das personagens da *Sagrada família* sugerem que arquitetura, escultura e pintura podem apresentar semelhanças grandes quando seus criadores possuem os mesmos valores ou vivem numa mesma época.

Voltando à discussão a respeito do Renascimento, sabemos que, no começo do século XVI, foram produzidas algumas das mais importantes esculturas de toda a História da Arte. A maioria delas é de autoria de Michelangelo, como o *Davi* e o *Moisés*. Dessas imagens, talvez a mais famosa seja a *Pietá*, que apresenta a Virgem Maria, com Cristo morto no colo. Essa escultura, exposta logo na entrada da Basílica de São Pedro, concentra algumas das mais importantes características renascentistas.

*Pietá*, de Michelangelo, 1499.

Embora o tema da escultura seja inegavelmente religioso (o que mostra que o Renascimento, embora seja uma reação às ideias teocêntricas medievais, esteve longe de abandonar completamente os valores católicos), as formas usadas por Michelangelo são predominantemente clássicas: os semblantes são sóbrios, os corpos parecem ser perfeitos, tudo soa equilibrado e harmônico. Essa comunhão entre a religião e o mundo clássico foi bastante comum durante o Renascimento. Luís de Camões, o grande poeta português do período, também celebrou essa comunhão em um dos seus poemas mais conhecidos:

*Sete anos de pastor Jacó servia*
*Labão, pai de Raquel, serrana bela;*
*Mas não servia ao pai, servia a ela,*
*E a ela só por prêmio pretendia.*
*Os dias, na esperança de um só dia,*
*Passava, contentando-se com vê-la;*
*Porém o pai, usando de cautela,*
*Em lugar de Raquel lhe dava Lia.*
*Vendo o triste pastor que com enganos*
*Lhe fora assim negada a sua pastora,*
*Como se não a tivera merecida,*
*Começa de servir outros sete anos,*
*Dizendo: – Mais servira, se não fora*
*Para tão longo amor tão curta a vida!*

CAMÕES, Luís de. *Obras completas*. v. 1.
Lisboa: Sá da Costa, 1946.

Nesse poema, reconta-se a história bíblica do amor entre Jacó e Raquel por uma perspectiva clássica: embora se trate de uma narrativa em que não se realiza a união amorosa, o poema não caminha para os exageros na apresentação das emoções; ao contrário, o tom sóbrio e moderado o aproxima das mesmas visões de mundo que orientaram Michelangelo a esculpir *Pietá*.

## 2. Literatura e pintura no fim do século XIX

Continuando a discussão a respeito das relações históricas e artísticas que podem ser estabelecidas entre artes diferentes, podemos pensar nos acontecimentos da segunda metade do século XIX. Nessa época, principalmente na França, tornou-se comum a aproximação entre pintores e escritores. Degas, pintor impressionista, e Mallarmé, poeta simbolista, tornaram-se tão amigos que este chegou a dar conselhos àquele sobre como escrever versos.

Aliás, o **Impressionismo** e o **Simbolismo** são bons exemplos para mostrar as relações entre a pintura e a poesia. Os impressionistas interessavam-se pela fugacidade da vida e pelo movimento, não se preocupavam com os contornos e não usavam tons sombrios. Além disso, os ângulos de observação e os enquadramentos eram bastante originais para a época. Esse gosto por aquilo que é fluido, vago, estilhaçado também caracterizou o Simbolismo, movimento de poesia surgido na França, que negava qualquer tipo de representação fiel da realidade e procurava fundir a observação das coisas a uma visão completamente particularizada e pessoal sobre as coisas do mundo.

Nessa tela, chamada *Bordighera*, pintada por Claude Monet, os contornos intencionalmente imprecisos e as pinceladas grossas caracterizam o modo impressionista de ver o mundo. A realidade é vista sob uma ótica diferente da normal, e o resultado disso é uma imagem aparentemente desfocada. Essa mesma concepção está presente nos versos a seguir:

*Vozes veladas, veludosas vozes,*
*volúpias dos violões, vozes veladas,*
*vagam nos velhos vórtices velozes*
*dos ventos, vivas, vãs, vulcanizadas.*

CRUZ E SOUSA, João da. *Faróis.*
São Paulo: Ateliê, 1998.

Essa estrofe pertence ao poema "Violões que choram", de Cruz e Sousa, e sugere o som repetido, monótono, intenso do violão e da voz. Essa opção de sugerir, em lugar de descrever, constrói uma realidade muito próxima da produzida pelas telas impressionistas.

**1** (Enem)

Desiguais na fisionomia, na cor e na raça, o que lhes assegura identidade peculiar, são iguais enquanto frente de trabalho. Num dos cantos, as chaminés das indústrias se alçam verticalmente. No mais, em todo o quadro, rostos colados, um ao lado do outro, em pirâmide que tende a se prolongar infinitamente, como mercadoria que se acumula, pelo quadro afora.

GOTLIB, Nádia B. *Tarsila do Amaral, a modernista.*

O texto aponta no quadro de Tarsila do Amaral um tema que também se encontra nos versos transcritos em:

a) Pensem nas meninas
Cegas inexatas
Pensem nas mulheres
Rotas alteradas.
Vinicius de Moraes

b) Somos muitos severinos
iguais em tudo e na sina:
a de abrandar estas pedras
suando-se muito em cima.
João Cabral de Melo Neto

c) O funcionário público
não cabe no poema
com seu salário de fome
sua vida fechada em arquivos.
Ferreira Gullar

d) Não sou nada.
Nunca serei nada.
Não posso querer ser nada.
À parte isso, tenho em mim todos os
sonhos do mundo.
Fernando Pessoa

e) Os inocentes do Leblon
Não viram o navio entrar [...]
Os inocentes, definitivamente inocentes tudo
ignoravam,
mas a areia é quente, e há um óleo suave
que eles passam pelas costas, e aquecem.
Carlos Drummond de Andrade

**2** (Enem) A primeira imagem abaixo (publicada no século XVI) mostra um ritual antropofágico dos índios do Brasil. A segunda mostra Tiradentes esquartejado por ordem dos representantes da Coroa portuguesa.

Theodor De Bry, século XVI.

FOTOS: © ENEM

*Tiradentes esquartejado*, de Pedro Américo, 1893.

A comparação entre as reproduções possibilita as seguintes afirmações:

I. Os artistas registraram a antropofagia e o esquartejamento praticados no Brasil.

II. A antropofagia era parte do universo cultural indígena e o esquartejamento era uma forma de se fazer justiça entre luso-brasileiros.

III. A comparação das imagens faz ver como é relativa a diferença entre "bárbaros" e "civilizados", indígenas e europeus.

Está correto o que se afirma em:

a) I apenas.
b) II apenas.
c) III apenas.
d) I e II apenas.
e) I, II e III.

**3** (Enem)

Na busca constante pela sua evolução, o ser humano vem alternando a sua maneira de pensar, de sentir e de criar. Nas últimas décadas do século XVIII e no início do século XIX, os artistas criaram obras em que predominam o equilíbrio e a simetria de formas e cores, imprimindo um estilo caracterizado pela imagem da respeitabilidade, da sobriedade, do concreto e do civismo. Esses artistas misturaram o passado ao presente, retratando os personagens da nobreza e da burguesia, além de cenas míticas e histórias cheias de vigor.

RAZOUK, J. J. (Org.). *Histórias reais e belas nas telas*. São Paulo: Posigraf, 2003.

Atualmente, os artistas apropriam-se de desenhos, charges, grafismo e até de ilustrações de livros para compor obras em que se misturam personagens de diferentes épocas, como na seguinte imagem:

a) Romero Brito, *Gisele e Tom*.

b) Andy Warhol, *Michael Jackson*.

c) Funny Filez, *Monabean.*

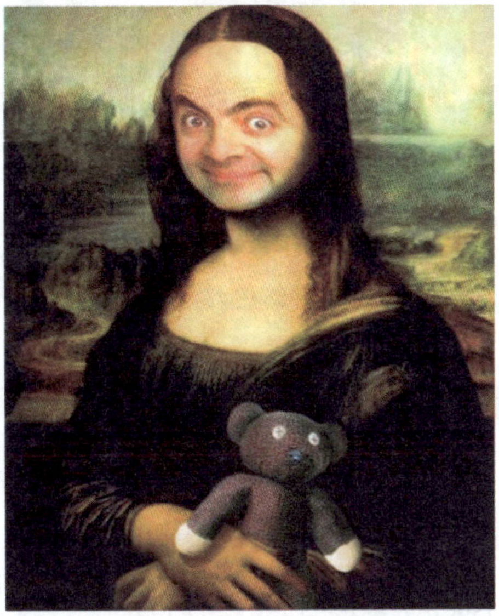

d) Andy Warhol, *Marilyn Monroe.*

e) Pablo Picasso, *Retrato de Jaqueline Roque com as Mãos Cruzadas.*

© FOTOS: ENEM

**4** (Enem) Observe a obra *Objeto cinético*, de Abraham Palatnik, 1966.

© ENEM

A arte cinética desenvolveu-se a partir de um interesse do artista plástico pela criação de objetos que se moviam por meio de motores ou outros recursos mecânicos. A obra *Objeto cinético*, do artista plástico brasileiro Abraham Palatnik, pioneiro da arte cinética:

a) é uma arte do espaço e da luz.

b) muda com o tempo, pois produz movimento.

c) capta e dissemina a luz em suas ondulações.

d) é assim denominada, pois explora efeitos retinianos.

e) explora o quanto a luz pode ser usada para criar movimento.

**Anotações**

# AULA 6

**Competência 4** Compreender a arte como saber cultural e estético gerador de significação e integrador da organização do mundo e da própria identidade.

Habilidade 13 Analisar as diversas produções artísticas como meio de explicar diferentes culturas, padrões de beleza e preconceitos.

## Em classe

### TEATRO E MÚSICA

#### Resumo teórico

O Enem tem hoje a preocupação de trabalhar não apenas com textos literários e grandes obras pictóricas, como foi, durante muito tempo, a tradição do ensino brasileiro. Peças de teatro, canções populares e obras de música erudita também costumam aparecer nas provas, muitas vezes relacionadas com obras literárias e as artes visuais.

**1** (Enem)

O movimento *hip-hop* é tão urbano quanto as grandes construções de concreto e as estações de metrô, e cada dia se torna mais presente nas grandes metrópoles mundiais. Nasceu na periferia dos bairros pobres de Nova York. É formado por três elementos: a música (o *rap*), as artes plásticas (o grafite) e a dança (o *break*). No *hip-hop*, os jovens usam as expressões artísticas como uma forma de resistência política.

Enraizado nas camadas populares urbanas, o *hip-hop* afirmou-se no Brasil e no mundo com um discurso político a favor dos excluídos, sobretudo dos negros. Apesar de ser um movimento originário das periferias norte-americanas, não encontrou barreiras no Brasil, onde se instalou com certa naturalidade – o que, no entanto, não significa que o *hip-hop* brasileiro não tenha sofrido influências locais. O movimento no Brasil é híbrido: *rap* com um pouco de samba, *break* parecido com capoeira e grafite de cores muito vivas.

Adaptado de: *Ciência e Cultura*, 2004.

De acordo com o texto, o *hip-hop* é uma manifestação artística tipicamente urbana, que tem como principais características:

a) a ênfase nas artes visuais e a defesa do caráter nacionalista.
b) a alienação política e a preocupação com o conflito de gerações.
c) a afirmação dos socialmente excluídos e a combinação de linguagens.
d) a integração de diferentes classes sociais e a exaltação do progresso.
e) a valorização da natureza e o compromisso com os ideais norte-americanos.

**2** (Enem) Rui Guerra e Chico Buarque de Hollanda escreveram uma peça para teatro chamada *Calabar*, pondo em dúvida a reputação de traidor que foi atribuída a Calabar, pernambucano que ajudou decisivamente os holandeses na invasão do Nordeste brasileiro, em 1632.

– Calabar traiu o Brasil que ainda não existia? Traiu Portugal, nação que explorava a colônia onde Calabar havia nascido? Calabar, mulato em uma sociedade escravista e discriminatória, traiu a elite branca?

Os textos referem-se também a esta personagem.

**Texto I**

...dos males que causou à Pátria, a História, a inflexível História, lhe chamará infiel, desertor e traidor, por todos os séculos.

Visconde de Porto Seguro. In: SOUZA JÚNIOR, A. *Do Recôncavo aos Guararapes*. Rio de Janeiro: Bibliex, 1949.

**Texto II**

Sertanista experimentado, em 1627 procurava as minas de Belchior Dias com a gente da Casa da Torre; ajudara Matias de Albuquerque na defesa do Arraial, onde fora ferido, e desertara em consequência de vários crimes praticados... [os crimes referidos são o de contrabando e roubo].

CALMON, P. *História do Brasil*. Rio de Janeiro: José Olympio, 1959.

Pode-se afirmar que:

a) a peça e os textos abordam a temática de maneira parcial e chegam às mesmas conclusões.

b) a peça e o texto I refletem uma postura tolerante com relação à suposta traição de Calabar, e o texto II mostra uma posição contrária à atitude de Calabar.

c) os textos I e II mostram uma postura contrária à atitude de Calabar, e a peça demonstra uma posição indiferente em relação ao seu suposto ato de traição.

d) a peça e o texto II são neutros com relação à suposta traição de Calabar, ao contrário do texto I, que condena a atitude de Calabar.

e) a peça questiona a validade da reputação de traidor que o texto I atribui a Calabar, enquanto o texto II descreve ações positivas e negativas dessa personagem.

**3** (Enem)

**Good-bye**

Não é mais boa-noite, nem bom-dia
Só se fala good morning, good night
Já se desprezou o lampião de querosene
Lá no morro só se usa a luz da Light
Oh yes!

A marchinha "Good-bye", composta por Assis Valente há cerca de 50 anos, refere-se ao ambiente das favelas dos morros cariocas. A estrofe citada mostra:

a) como a questão do racionamento da energia elétrica, bem como a da penetração dos anglicismos no vocabulário brasileiro, iniciaram-se em meados do século passado.

b) como a modernidade, associada simbolicamente à eletrificação e ao uso de anglicismos, atingia toda a população brasileira, mas também como, a despeito disso, persistia a desigualdade social.

c) como as populações excluídas se apropriavam aos poucos de elementos de modernidade, saindo de uma situação de exclusão social, o que é sugerido pelo título da música.

d) os resultados benéficos da política de boa vizinhança norte-americana, que permitia aos poucos que o Brasil se inserisse numa cultura e economia globalizadas.

e) o desprezo do compositor pela cultura e pelas condições de vida atrasadas características do "morro", isto é, dos bairros pobres da cidade do Rio de Janeiro.

## Em casa

### TEXTO DE APOIO

### 1. Teatro e música

Além das artes visuais e da Literatura, muitos exames vestibulares e, principalmente, o Enem têm avaliado se os alunos conhecem outras manifestações artísticas importantes para a cultura contemporânea: o teatro e a música estão entre elas.

Como não há tradição de trabalhar com esses conteúdos no Ensino Médio, o mais importante agora é entender, em linhas gerais, as particularidades dessas manifestações artísticas.

### 2. Gênero dramático

Ao lado da épica e da lírica, o **gênero dramático** constitui o "tripé" dos gêneros da Antiguidade clássica. De grande prestígio na Grécia, este gênero corresponde ao que chamamos hoje popularmente de "teatro".

Na Antiguidade, o teatro estava ligado às festas dionisíacas. Como as peças de teatro gregas eram em versos (diferentemente do que acontece hoje, em que as peças costumam ser em prosa), podemos empregar também a expressão **poesia dramática**.

De acordo com a tradição aristotélica, a poesia dramática se reparte em dois subgêneros: a tragédia, que busca produzir no espectador a piedade e o terror, por meio do destino angustiante das personagens, que representam os homens melhores do que eles são de fato; e a comédia, que visa ao riso, tem uma intenção moralizadora e, para isso, representa os homens piores do que eles comumente são.

### 3. O texto teatral e a representação teatral

As rubricas são fundamentais para orientar não só atores, como também produtores, compositores, cenógrafos, figurinistas e diretores sobre como deve ser a representação teatral, afinal o gênero dramático foi concebido para ser ouvido, encenado, visto, e não simplesmente lido. Por esse motivo, o texto teatral só se realiza completamente quando é representado, numa mistura de elementos verbais, visuais e sonoros.

Na montagem de uma peça, o texto – é claro – tem enorme importância, mas igualmente importante é o papel dos figurinistas (que determinam as vestes dos atores), dos cenógrafos (que cuidam dos cenários da peça), dos compositores (que são responsáveis pela parte musical da montagem), do diretor (que procurará, ao mesmo tempo, respeitar as intenções do dramaturgo e dar sua contribuição pessoal para a encenação) e de toda equipe de produção (que trabalhará para que a representação ocorra exatamente de acordo com o que foi ensaiado).

## 4. Música popular: letra, melodia e arranjo

Da mesma forma que o teatro, a música, como manifestação artística, tem lá suas particularidades. No caso da música popular, isto é, da música feita e consumida por aqueles que não necessariamente têm conhecimentos técnicos da área, como leitura de partitura ou afinação de instrumentos, é muito comum que, além da melodia, a música apresente letra.

Esse tipo de composição musical, a que chamamos simplesmente "canção", é extremamente popular. De maneira geral, na hora de analisar esse tipo de texto, costuma-se dar atenção especial à letra, aos elementos verbais da composição. No entanto, a melodia é igualmente importante para estabelecer o sentido da canção: uma melodia mais ou menos acelerada, com notas mais graves ou mais agudas, por exemplo, interfere em nossa maneira de compreender a canção.

Da mesma forma, o arranjo da composição – que inclui os instrumentos que a executarão, com seus timbres e afinações, e a harmonia que acompanhará a melodia – também contribui para a produção do sentido do texto musical.

## 5. MPB: um pouco de história

A música popular brasileira – ou simplesmente MPB – sempre foi um dos maiores patrimônios culturais do país. Sobretudo em algumas épocas do século XX, a canção ocupou um lugar de destaque no cenário cultural nacional. Aliás, a ligação entre cancionistas e poetas sempre foi muito estreita.

Nos anos que antecederam o golpe militar de 1964, por exemplo, a UNE (União Nacional dos Estudantes) criou os **Centros Populares de Cultura**. Uma das principais iniciativas dos CPC foi editar os cadernos *Violões de rua*, que misturavam poesia e música popular e tiveram a participação de nomes consagrados da literatura, como Paulo Mendes Campos, Vinicius de Moraes, Ferreira Gullar, José Paulo Paes, Cassiano Ricardo e Capinam, entre muitos outros.

Esse tipo de arte engajada, com forte conotação ideológica, ajudou a originar o *show Opinião*, em que Nara Leão, representante da bossa nova, interpretava canções do morro, ao lado de sambistas como João do Vale e Zé Kéti.

A literatura brasileira contemporânea está bastante próxima da música popular, pois muitos dos poetas brasileiros acabaram tendo experiências como letristas, como é o caso de Cacaso, Ferreira Gullar, Paulo Leminski, Capinam e Torquato Neto. Desses, o nome mais importante é o de Vinicius de Moraes, o mais respeitável compositor da bossa nova, ao lado de Tom Jobim.

A bossa nova traduzia o clima de tranquilidade do final dos anos 1950, o que explica as melodias agradáveis, as harmonias inovadoras e as letras com pouca preocupação social.

A agitação cultural do começo dos anos 1960 foi tornando a bossa nova superada. Nesse momento, ocorreu a revitalização do samba de morro, com a retomada de alguns dos compositores que haviam feito sucesso nos anos 1930 e 1940, como Cartola, Ismael Silva, Noel Rosa, Dorival Caymmi, Lamartine Babo, Assis Valente, Wilson Batista, Geraldo Pereira, Donga, João da Baiana, Pixinguinha, Ary Barroso, entre muitos outros.

Depois dos anos 1960, assistimos a dois fenômenos musicais complementares. Com o endurecimento progressivo do regime militar, surgiu a música de protesto, vinculada principalmente aos festivais estudantis da época, que se tornaram centros da luta contra a ditadura. Geraldo Vandré, Sérgio Ricardo, Edu Lobo, Baden Powell, Paulo César Pinheiro e Chico Buarque, acompanhados de Nara Leão, Carlos Lyra, Elis Regina e Jair Rodrigues, foram alguns dos artistas que se envolveram com essa música de forte conotação política.

Simultaneamente a tudo isso, sob a liderança de Gilberto Gil e Caetano Veloso, apareceu o **Tropicalismo**. Esse movimento, que teve influência sobre as artes plásticas, o teatro e a música, contou com a participação de Capinam, Torquato Neto, Rogério Duprat, Hélio Oiticica, Zé Celso, Nara Leão, Maria Bethânia e os Mutantes e recebeu grande influência da antropofagia de Oswald de Andrade.

A partir dos anos 1970, a figura de Chico Buarque começa a ganhar cada vez mais destaque, não só na música, como também na prosa literária e no teatro. Desde a montagem de *Roda viva*, com direção de Zé Celso, em 1968, Chico se envolveu em grandes musicais do teatro brasileiro, como *Calabar*, *Gota d'água* e *Ópera do malandro*. Na prosa literária, Chico estreia em 1974 com *Fazenda modelo* e ainda escreve os romances *Estorvo*, *Benjamim* e *Budapeste*.

Ainda nos anos 1970, o *rock* brasileiro começa a se solidificar, principalmente pelas composições de Raul Seixas e Rita Lee. Na próxima década, ainda merecem atenção letras de Renato Russo, Cazuza e Arnaldo Antunes.

## 6. Música erudita

Na vertente erudita, os movimentos da História da Música também acompanham, com pequenas diferenças, as escolas literárias que habitualmente estudamos. É possível estudar as compatibilidades entre o Barroco musical de Bach e o literário de Antônio Vieira, entre o Classicismo musical de Mozart e o Arcadismo literário de Cláudio Manuel da Costa, ou ainda entre o Impressionismo musical de Debussy e o Simbolismo literário de Cruz e Sousa. Mas nada se compara àquilo que aconteceu com o Romantismo.

O Romantismo é um movimento artístico que surgiu na Alemanha, na segunda metade do século XVIII, de onde partiu para a Inglaterra, depois para a França e, daí, para o resto do mundo. Os valores românticos influenciaram escritores, pintores, músicos, arquitetos e filósofos. Nessa época, a relação entre a literatura e a música tornou-se extremamente próxima. O maior exemplo é a obra musical do grande compositor alemão Ludwig van Beethoven.

Beethoven compôs, em sua carreira, nove sinfonias, algumas delas, como a terceira, conhecida como "Heroica", ou a sexta, chamada de "Pastoral", muito famosas. Mas sua peça mais conhecida é, sem dúvida alguma, a *Nona sinfonia*.

Nesta peça, Beethoven, que é o grande nome da música do Romantismo e um dos maiores compositores eruditos de todos os tempos, aproveitou a literatura da época para traduzir, com mais intensidade, todo o sentimentalismo romântico. Uma boa maneira de entender a "força" desse sentimentalismo é escutar a *Nona sinfonia* procurando perceber como a melodia romântica sugere a mesma intensidade dramática da literatura romântica.

**1** (Enem)

**Carnavália**

Repique tocou
O surdo escutou
E o meu corasamborim
Cuíca gemeu, será que era meu, quando ela passou por mim?
[...]

ANTUNES, A.; BROWN, C.; MONTE, M. In: *Tribalistas* (CD), 2002.

No terceiro verso, o vocábulo "corasamborim", que é a junção coração + samba + tamborim, refere-se, ao mesmo tempo, a elementos que compõem uma escola de samba e à situação emocional em que se encontra o autor da mensagem, com o coração no ritmo da percussão. Essa palavra corresponde a um(a):

a) estrangeirismo, uso de elementos linguísticos originados em outras línguas e representativos de outras culturas.
b) neologismo, criação de novos itens linguísticos, pelos mecanismos que o sistema da língua disponibiliza.
c) gíria, que compõe uma linguagem originada em determinado grupo social e que pode vir a se disseminar em uma comunidade mais ampla.
d) regionalismo, por ser palavra característica de determinada área geográfica.
e) termo técnico, dado que designa elemento de área específica de atividade.

**2** (Enem)

**Texto I**

**Onde está a honestidade?**

Você tem palacete reluzente
Tem joias e criados à vontade
Sem ter nenhuma herança ou parente
Só anda de automóvel na cidade...
E o povo pergunta com maldade:
Onde está a honestidade?
Onde está a honestidade?
O seu dinheiro nasce de repente
E embora não se saiba se é verdade
Você acha nas ruas diariamente
Anéis, dinheiro e felicidade...
Vassoura dos salões da sociedade
Que varre o que encontrar em sua frente
Promove festivais de caridade
Em nome de qualquer defunto ausente...

ROSA, Noel. Disponível em: <www.mpbnet.com.br>. Acesso em: abr. 2010.

**Texto II**

Um vulto da história da música popular brasileira, reconhecido nacionalmente, é Noel Rosa. Ele nasceu em 1910, no Rio de Janeiro; portanto, se estivesse vivo, estaria completando 100 anos. Mas faleceu aos 26 anos de idade, vítima de tuberculose, deixando um acervo de grande valor para o patrimônio cultural brasileiro. Muitas de suas letras representam a sociedade contemporânea, como se tivessem sido escritas no século XXI.

Disponível em: <www.mpbnet.com.br>. Acesso em: abr. 2010.

Um texto pertencente ao patrimônio literário-cultural brasileiro é atualizável, na medida em que ele se refere a valores e situações de um povo. A atualidade da canção "Onde está a honestidade?", de Noel Rosa, evidencia-se por meio:

a) da ironia, ao se referir ao enriquecimento de origem duvidosa de alguns.
b) da crítica aos ricos que possuem joias, mas não têm herança.
c) da maldade do povo a perguntar sobre a honestidade.
d) do privilégio de alguns em clamar pela honestidade.
e) da insistência em promover eventos beneficentes.

**Anotações**

# AULA 7

**Competência 3** Compreender e usar a linguagem corporal como relevante para a própria vida, integradora social e formadora da identidade.

Habilidade 9 Reconhecer as manifestações corporais de movimento como originárias de necessidades cotidianas de um grupo social.

## Em classe

### LINGUAGEM CORPORAL: DANÇA E ESPORTE

#### Resumo teórico

Ao incluir a Educação Física na área de Linguagens, o Enem considera que a comunicação humana se realiza por meio da linguagem verbal ou por meio da linguagem não verbal. Os movimentos que o ser humano realiza constituem um importante recurso de comunicação interpessoal, expressão de emoções e atitudes que contribuem para formação de sua personalidade. Essa abordagem do Enem considera o corpo como um produtor de significados. Os gestos, as expressões faciais, as coreaografias e todos os movimentos que o ser humano realiza compõem um rico acervo de linguagem a ser explorada.

Ao aluno, cabe captar e interpretar essas informações como um código de linguagem não verbal, decifrando e compreendendo o seu significado.

**1** (Enem)

© ENEM

*Entrudo*, de Jean-Baptiste Debret, 1834.

Na obra *Entrudo*, de Jean-Baptiste Debret (1768-1848), apresentada acima,

a) registram-se cenas da vida íntima dos senhores de engenho e suas relações com os escravos.

b) identifica-se a presença de traços marcantes do movimento artístico denominado Cubismo.

c) identificam-se, nas fisionomias, sentimentos de angústia e inquietações que revelam as relações conflituosas entre senhores e escravos.

d) observa-se a composição harmoniosa e destacam-se as imagens que representam figuras humanas.

e) constata-se que o artista utilizava a técnica do óleo sobre tela, com pinceladas breves e manchas, sem delinear as figuras ou as fisionomias.

**2** (Enem)

**A dança e a alma**

A DANÇA? Não é movimento,
súbito gesto musical.
É concentração, num momento,
da humana graça natural.

No solo não, no éter pairamos,
nele amaríamos ficar.
A dança – não vento nos ramos:
seiva, força, perene estar.

Um estar entre céu e chão,
novo domínio conquistado,
onde busque nossa paixão
libertar-se por todo lado...

Onde a alma possa descrever
suas mais divinas parábolas
sem fugir à forma do ser,
por sobre o mistério das fábulas.

ANDRADE, Carlos Drummond de. *Obra completa*. Rio de Janeiro: Aguilar, 1964. p. 366.

A definição de dança, em linguagem de dicionário, que mais se aproxima do que está expresso no poema é:

a) a mais antiga das artes, servindo como elemento de comunicação e afirmação do homem em todos os momentos de sua existência.

b) a forma de expressão corporal que ultrapassa os limites físicos, possibilitando ao homem a liberação de seu espírito.

c) a manifestação do ser humano, formada por uma sequência de gestos, passos e movimentos desconcertados.

d) o conjunto organizado de movimentos do corpo, com ritmo determinado por instrumentos musicais, ruídos, cantos, emoções, etc.

e) o movimento diretamente ligado ao psiquismo do indivíduo e, por consequência, ao seu desenvolvimento intelectual e à sua cultura.

**3** (Enem)

Figura 1: Disponível em: <www.clicrbs.com.br/blog/fotos/235151post_foto.jpg>; Figura 2: Disponível em: <http://esporte.hsw.uol.com.br/volei-jogos-olimpicos.htm>; Figura 3: Disponível em: <www.arel.com.br/eurocup/volei>. Acessos em: 27 abr. 2010.

O voleibol é um dos esportes mais praticados na atualidade. Está presente nas competições esportivas, nos jogos escolares e na recreação. Nesse esporte, os praticantes utilizam alguns movimentos específicos como: saque, manchete, bloqueio, levantamento, toque, entre outros. Na sequência de imagens, identificam-se os movimentos de:

a) sacar e colocar a bola em jogo, defender a bola e realizar a cortada como forma de ataque.

b) arremessar a bola, tocar para passar a bola ao levantador e bloquear como forma de ataque.

c) tocar e colocar a bola em jogo, cortar para defender e levantar a bola para atacar.

d) passar a bola e iniciar a partida, lançar a bola ao levantador e realizar a manchete para defender.

e) cortar como forma de ataque, passar a bola para defender e bloquear como forma de ataque.

**Anotações**

## Em casa

**TEXTO DE APOIO**

### 1. Dança e esporte

Musicalmente, quando se pensa em cultura brasileira, é impossível não falar em samba. Por causa do Carnaval, por causa dos morros cariocas, por causa das escolas de samba, esse ritmo – que era considerado "maldito" no começo do século passado – tornou-se um símbolo nacional.

O verbo **sambar**, que deriva da palavra **samba**, não remete, porém, apenas ao ritmo musical. Sambar é dançar, é movimentar-se ao som de samba, de tal modo que a música e a dança, tanto no universo popular como no erudito, acabam formando um conjunto indissociável.

### 2. Dança: uma definição inicial

Tentar definir o que é a dança passa, necessariamente, por analisar os movimentos voluntários do corpo humano. Para entender essa questão, podemos recorrer a algumas ideias de Paul Valéry, em um famoso artigo seu sobre o tema. Ele afirma que "a maior parte de nossos movimentos voluntários tem uma ação exterior como fim". Anda-se para buscar água na geladeira, corre-se para pegar o ônibus, pula-se para alcançar a parte mais alta do armário. Nesses casos, o movimento é regido por uma "economia de forças". Se um ciclista precisa ir de Porto Alegre a Salvador durante uma competição de estrada, não seria normal ele passar por Cuiabá.

Atingido o objetivo, termina-se a ação e cessa-se o movimento. Mas nem todos os movimentos voluntários são utilitaristas e apresentam uma finalidade tão específica. Às vezes, o movimento tem como objetivo o próprio movimento, e não uma ação exterior. Nas palavras de Valéry: "Os saltos, por exemplo, e as cambalhotas de uma criança ou de um cão, a caminhada pela caminhada, o nado pelo nado, são atividades que têm como fim apenas modificar nosso sentimento de energia, criar certo estado desse sentimento".

A dança pertence ao grupo dos movimentos "que têm neles mesmos seu fim". Trata-se de uma sucessão – talvez fosse mais correto falar em ciclo, dado o efeito de repetição que caracteriza a dança – de atos musculares, de tal modo articulados que o término de um provoca, como que por mágica, o seguinte. Quem rege essa sequência é a música. Usando uma metáfora de Valéry, é como se o corpo que dança entrasse em ressonância com a música, com o ritmo que o orienta.

O movimento, como categoria, opõe-se ao repouso. Como a dança é movimento, nela não há espaço para o repouso. Pode ser que, pontualmente, momentaneamente, durante uma pausa melódica da música ou durante uma coreografia ensaiada, o dançarino pareça repousar. Mas se trata de um instante não durável, já que, na dança, "a imobilidade é coisa imposta e forçada, estado de passagem e quase de violência, enquanto os saltos, os passos contados, as pontas, o *entrechat* (salto durante o qual os pés do bailarino se cruzam rapidamente, passando um à frente do outro, alternadamente) ou as rotações vertiginosas são maneiras completamente naturais de ser e fazer". Assim, o que é comum na dança é absolutamente improvável nos movimentos ordinários.

### 3. Dança e cultura

São poucos os brasileiros que nunca ouviram falar do bumba meu boi. Trata-se de uma dança dramática, que se origina dos festejos natalinos, difundida em todo o Brasil. Embora com variedades locais, a ponto de a dança ser chamada de boi-calemba, boi de mamão, boi de matraca, boi de orquestra, boi de reis, boi de zabumba ou cavalo-marinho, dependendo da região do país em que é encenada, sua personagem central é sempre um boi que morre e ressuscita.

Esse tipo de manifestação cultural reforça a tese de que a dança é uma manifestação artística que contribui para a solidificação de um sentimento de identidade. Quando os movimentos voluntários da dança passam a ser ensinados de geração para geração e se tornam conhecidos por toda a população, é sinal de que ela está virando um patrimônio cultural do Brasil.

Agora é claro que em um país com tantas particularidades regionais, o multiculturalismo se manifesta também no universo da dança. O frevo pernambucano não se confunde com a chula gaúcha, embora a tendência atual seja a de que ritmos como o forró, o samba, o maracatu, o xaxado, o fandango, entre tantos outros, ultrapassem as fronteiras dos seus estados natais.

### 4. A questão do corpo

O estudo da dança não pode prescindir de uma discussão a respeito da questão do **corpo**, e não apenas do corpo em sua dimensão fisiológica, mas também do significado e da importância do conceito de "corpo" para cada cultura.

A complexidade dessa noção é tanta que o *Houaiss* apresenta nada menos do que 43 acepções diferentes para o substantivo, que pode significar desde "a estrutura física de um organismo vivo englobando suas funções fisiológicas" até "a forma a ser supostamente assumida pelo ser humano após a ressurreição dos mortos, quando do Juízo Final". Foram muitos os pensadores, aliás, que já se debruçaram sobre o tema. Faremos um rápido inventário de alguns desses pensamentos.

Em um primeiro momento, poderíamos operar com a tradicional distinção entre **corpo** e **alma** ou entre **corpo** e **mente**, em que o corpo remeteria ao plano concreto, material da existência. Mas é verdade que existe também uma noção mais ampla de CORPO, grafado com letras maiúsculas, como sugere Luiz Tatit – linguista e músico –, que englobaria o corpo e a alma, ou seja, os "atributos somáticos e psíquicos" da existência humana.

Tatit então defende, a partir de preceitos de Valéry e do filósofo Merleau-Ponty, que é por meio do corpo que as pessoas representam o "drama de energias" investido em qualquer atividade. Por isso, o corpo não pode ser tomado apenas como um conjunto de elementos concretos ou materiais; ele é mais do que isso, ele é um organismo "que percebe, sente e tem desejos" em relação ao mundo à sua volta.

Cada cultura relaciona-se com o mundo de uma forma diferente. Como o corpo é uma das maneiras por que se dá essa relação, infere-se que cada cultura vê o corpo de um modo diferente.

Os estudiosos da Retórica, alguns linguistas e até mesmo antropólogos trabalham muito com o conceito de *éthos*, palavra grega que deu origem, por exemplo, a ética, em português. O *éthos* englobaria os costumes e valores de um grupo social. Três elementos definiriam esse *éthos*: o caráter, a voz e o corpo.

O corpo, de acordo com essa proposta, remeteria ao modo de agir no universo social. Corrado Bologna, tratando disso, afirma: "Tal como a disciplina social procede a arrumação dos indivíduos pelo espaço, ordenando-os hierarquicamente e funcionalmente, a 'arte da arrumação' põe-se em prática também sobre o corpo humano (em cuja imagem se inspira, não por acaso, a metáfora do 'corpo social' e do 'político')".

Essa "arrumação dos indivíduos pelo espaço" leva em conta que o corpo corresponde a uma maneira de habitar o espaço social e pressupõe um modo, por exemplo, de vestir-se e movimentar-se. Pierre Bourdieu, que também escreveu sobre o tema, propõe o conceito de "héxis corporal", entendido como uma "pronunciação de classe", isto é, como um "estilo de vida que se manifesta pelo corpo". Para que entendamos o que significa isso, Bourdieu comenta as diferenças "entre a **boca** fechada, presa, quer dizer, tensa e censurada, e por isso feminina, e a **boca**, larga e francamente aberta, fendida, quer dizer, descontraída e livre, e por isso masculina". A primeira "boca" aproxima-se de um ideal burguês, que "encontra dentro das posturas físicas de tensão e contenção [...] os índices corporais das disposições perfeitamente gerais a respeito dos outros e do mundo", e a segunda "está associada às disposições viris que, de acordo com o ideal popular, encontram seu princípio na certeza tranquila da força que exclui as censuras, quer dizer, a prudência e as astúcias tanto quanto a 'etiqueta', e que permite mostrar-se 'natural', [como] a franca manifestação [...] dos prazeres elementares".

Assim, um corpo pode ser mais ou menos transgressor, mais ou menos respeitoso. Pode comportar-se ou não de acordo com os valores institucionalizados. De qualquer modo, embora haja uma dimensão individual do corpo, muito do que entendemos desse conceito advém dos valores coletivos que ele encerra. E isso para todas as culturas.

Em uma análise antropológica sobre as sociedades primitivas e as comunidades rurais indo-europeias, José Gil explica que "o corpo de que nos falam os selvagens não é 'corpo' individual: ele é continuamente investido pelos outros corpos da comunidade, por meio da palavra, dos gestos, das expressões de afeto, dos jogos, dos contatos, das carícias, ou de outras atividades sociais".

O corpo, desse modo, é sobretudo social. E se a dança é manifestação corporal voluntária, é impossível não ver nela a manifestação de uma cultura, de um modo de agir no espaço social, de uma maneira específica de um grupo demonstrar seus desejos, suas percepções, seus sentimentos.

## 5. Corpo e esporte

Algumas questões dos exames mais recentes do Enem exigem noções básicas de práticas esportivas. Como essas questões ainda são em pequeno número, elas ainda não criaram um "padrão".

Entre os exercícios que cobravam assuntos relacionados ao esporte, já houve perguntas envolvendo os nomes dos movimentos mais comuns no vôlei e a flexibilidade exigida por certos movimentos típicos da ginástica, além de questões de interpretação de texto ligadas à necessidade de fazer atividades físicas regularmente.

**1** (Enem – Adaptada)

Não só de aspectos físicos se constitui a cultura de um povo. Há muito mais contido nas tradições, no folclore, nos saberes, nas línguas, nas festas e em diversos outros aspectos e manifestações transmitidas oral ou gestualmente, recriados coletivamente e modificados ao longo do tempo. A essa porção intangível da herança cultural dos povos dá-se o nome de patrimônio cultural imaterial.

Disponível em: <www.unesco.org.br>.

Qual das figuras abaixo retrata patrimônio imaterial da cultura de um povo?

a)

© ENEM

Cristo *

b)

©WWW.BAHIAMAP.COM/HTML/SALVADOR_PELOURINHO_BAHIA.HTML

Pelourinho

c)

© HTTP://SEVERINO-NETO.BLOGSPOT.COM.BR

Bumba meu boi

d)

© ENEM

Cataratas do Iguaçu

e)

© ENEM

Esfinge de Gizé

**2** (Enem)

O folclore é o retrato da cultura de um povo. A dança popular e folclórica é uma forma de representar a cultura regional, pois retrata seus valores, crenças, trabalho e significados. Dançar a cultura de outras regiões é conhecê-la, é de alguma forma se apropriar dela, é enriquecer a própria cultura.

BREGOLATO, R. A. *Cultura corporal da dança*. São Paulo: Ícone, 2007.

As manifestações folclóricas perpetuam uma tradição cultural, são obras de um povo que as cria, recria e as perpetua. Sob essa abordagem deixa-se de identificar como dança folclórica brasileira,

a) o bumba meu boi, que é uma dança teatral onde personagens contam uma história envolvendo crítica social, morte e ressurreição.
b) a quadrilha das festas juninas, que associam festejos religiosos a celebrações de origens pagãs envolvendo as colheitas e a fogueira.
c) o congado, que é uma representação de um reinado africano onde se homenageia santos através de música, cantos e dança.
d) o balé, em que se utilizam músicos, bailarinos e vários profissionais para contar uma história em forma de espetáculo.
e) o Carnaval, em que o samba derivado do batuque africano é utilizado com o objetivo de contar ou recriar uma história nos desfiles.

**3** (Enem)

© ENEM

Disponível em: <http://algarveturistico.com/wp-content/uploads/2009/04/ptm-ginastica ritmica-01.jpg>. Acesso em: 1º set. 2010.

O desenvolvimento das capacidades físicas (qualidades motoras passíveis de treinamento) ajuda na tomada de decisões em relação à melhor execução do movimento. A capacidade física predominante no movimento representado na imagem é:

a) a velocidade, que permite ao músculo executar uma sucessão rápida de gestos em movimentação de intensidade máxima.
b) a resistência, que admite a realização de movimentos durante considerável período de tempo, sem perda da qualidade da execução.
c) a flexibilidade, que permite a amplitude máxima de um movimento, em uma ou mais articulações, sem causar lesões.
d) a agilidade, que possibilita a execução de movimentos rápidos e ligeiros com mudanças de direção.
e) o equilíbrio, que permite a realização dos mais variados movimentos com o objetivo de sustentar o corpo sobre uma base.

**4** (Enem)

Na modernidade, o corpo foi descoberto, despido e modelado pelos exercícios físicos da moda. Novos espaços e práticas esportivas e de ginástica passaram a convocar as pessoas a modelar seus corpos. Multiplicaram-se as academias de ginástica, as salas de musculação e o número de pessoas correndo pelas ruas.

SECRETARIA DA EDUCAÇÃO. *Caderno do professor*: Educação Física. São Paulo, 2008.

Diante do exposto, é possível perceber que houve um aumento da procura por:

a) exercícios físicos aquáticos (natação/hidroginástica), que são exercícios de baixo impacto, evitando o atrito (não prejudicando as articulações), e que previnem o envelhecimento precoce e melhoram a qualidade de vida.
b) mecanismos que permitem combinar alimentação e exercício físico, que permitem a aquisição e manutenção de níveis adequados de saúde, sem a preocupação com padrões de beleza instituídos socialmente.
c) programas saudáveis de emagrecimento, que evitam os prejuízos causados na regulação metabólica, função imunológica, integridade óssea e manutenção da capacidade funcional ao longo do envelhecimento.
d) exercícios de relaxamento, reeducação postural e alongamentos, que permitem um melhor funcionamento do organismo como um todo, bem como uma dieta alimentar e hábitos saudáveis com base em produtos naturais.

e) dietas que preconizam a ingestão excessiva ou restrita de um ou mais macronutrientes (carboidratos, gorduras ou proteínas), bem como exercícios que permitem um aumento de massa muscular e/ou modelar o corpo.

**5** (Enem)

**Conceitos e importância das lutas**

Antes de se tornarem esporte, as lutas ou as artes marciais tiveram duas conotações principais: eram praticadas com o objetivo guerreiro ou tinham um apelo filosófico como concepção de vida bastante significativo.

Atualmente, nos deparamos com a grande expansão das artes marciais em nível mundial. As raízes orientais foram se disseminando, ora pela necessidade de luta pela sobrevivência ou para a "defesa pessoal", ora pela possibilidade de ter as artes marciais como própria filosofia de vida.

CARREIRO, E. A. *Educação Física na escola*: implicações para a prática pedagógica. Rio de Janeiro: Guanabara Koogan, 2008.

Um dos problemas da violência que está presente principalmente nos grandes centros urbanos são as brigas e os enfrentamentos de torcidas organizadas, além da formação de gangues, que se apropriam de gestos das lutas, resultando, muitas vezes, em fatalidades. Portanto, o verdadeiro objetivo da aprendizagem desses movimentos foi mal compreendido, afinal as lutas:

a) se tornaram um esporte, mas eram praticadas com o objetivo guerreiro a fim de garantir a sobrevivência.
b) apresentam a possibilidade de desenvolver o autocontrole, o respeito ao outro e a formação do caráter.
c) possuem como objetivo principal a "defesa pessoal" por meio de golpes agressivos sobre o adversário.
d) sofreram transformações em seus princípios filosóficos em razão de sua disseminação pelo mundo.
e) se disseminaram pela necessidade de luta pela sobrevivência ou como filosofia pessoal de vida.

**6** (Enem)

A dança é um importante componente cultural da humanidade. O folclore brasileiro é rico em danças que representam as tradições e a cultura de várias regiões do país. Estão ligadas aos aspectos religiosos, festas, lendas, fatos históricos, acontecimentos do cotidiano e brincadeiras e caracterizam-se pelas músicas animadas (com letras simples e populares), figurinos e cenários representativos.

SECRETARIA DA EDUCAÇÃO. *Proposta Curricular do Estado de São Paulo*: Educação Física. São Paulo: 2009. Adaptado.

A dança, como manifestação e representação da cultura rítmica, envolve a expressão corporal própria de um povo. Considerando-a como elemento folclórico, a dança revela:

a) manifestações afetivas, históricas, ideológicas, intelectuais e espirituais de um povo, refletindo seu modo de expressar-se no mundo.
b) aspectos eminentemente afetivos, espirituais e de entretenimento de um povo, desconsiderando fatos históricos.
c) acontecimentos do cotidiano, sob influência mitológica e religiosa de cada região, sobrepondo aspectos políticos.
d) tradições culturais de cada região, cujas manifestações rítmicas são classificadas em um *ranking* das mais originais.
e) lendas, que se sustentam em inverdades históricas, uma vez que são inventadas, e servem apenas para a vivência lúdica de um povo.

**Anotações**

# AULA 8

**Competência 6** Compreender e usar os sistemas simbólicos das diferentes linguagens como meios de organização cognitiva da realidade pela constituição de significados, expressão, comunicação e informação.

Habilidade 18 Identificar os elementos que concorrem para a progressão temática e para a organização e a estruturação de textos de diferentes gêneros e tipos.

## Em classe

### LINGUAGEM LITERÁRIA × LINGUAGEM UTILITÁRIA

#### Resumo teórico

A linguagem pode ser usada com diversas finalidades. Quando ela é meio de comunicação e seu objetivo é a transmissão de informações, dizemos que estamos diante da **linguagem utilitária**. Quando ela é usada para provocar prazer estético em quem nos ouve ou lê, de maneira que o modo de dizer as coisas se torna mais importante do que o conteúdo que está sendo veiculado, temos a **linguagem literária**.

**1** (Enem) No poema "Procura da poesia", Carlos Drummond de Andrade expressa a concepção estética de se fazer com palavras o que o escultor Michelangelo fazia com mármore. O fragmento a seguir exemplifica essa afirmação.

[...]

Penetra surdamente no reino das palavras.

Lá estão os poemas que esperam ser escritos.

[...]

Chega mais perto e contempla as palavras.
Cada uma tem mil faces secretas sob a face neutra
e te pergunta, sem interesse pela resposta,
pobre ou terrível, que lhe deres:
trouxeste a chave?

ANDRADE, Carlos Drummond de. *A rosa do povo*. Rio de Janeiro: Record, 1997, p. 13-14.

Esse fragmento poético ilustra o seguinte tema constante entre autores modernistas:

a) a nostalgia do passado colonialista revisitado.
b) a preocupação com o engajamento político e social da literatura.
c) o trabalho quase artesanal com as palavras, despertando sentidos novos.
d) a produção de sentidos herméticos na busca da perfeição poética.
e) a contemplação da natureza brasileira na perspectiva ufanista da pátria.

**2** (Enem) Os textos a seguir foram extraídos de duas crônicas publicadas no ano em que a seleção brasileira conquistou o tricampeonato mundial de futebol.

O General Médici falou em consistência moral. Sem isso, talvez a vitória nos escapasse, pois a disciplina consciente, livremente aceita, é vital na preparação espartana para o rude teste do campeonato. Os brasileiros portaram-se não apenas como técnicos ou profissionais, mas como brasileiros, como cidadãos deste grande país, cônscios de seu papel de representantes de seu povo. Foi a própria afirmação do valor do homem brasileiro, como salientou bem o presidente da República. Que o chefe do governo aproveite essa pausa, esse minuto de euforia e de efusão patriótica, para meditar sobre a situação do país. [...] A realidade do Brasil é a explosão patriótica do povo ante a vitória na Copa.

JOBIM, Danton. *Última Hora*, 23 jun.1970. Adaptado.

O que explodiu mesmo foi a alma, foi a paixão do povo: uma explosão incomparável de alegria, de entusiasmo, de orgulho. [...] Debruçado em minha varanda de Ipanema, [um velho amigo] perguntava:
— Será que algum terrorista se aproveitou do delírio coletivo para adiantar um plano seu qualquer, agindo com frieza e precisão? Será que, de outro lado, algum carrasco policial teve ânimo para voltar a torturar sua vítima logo que o alemão apitou o fim do jogo?

BRAGA, Rubem. *Última Hora*, 25 jun.1970. Adaptado.

Avalie as seguintes afirmações a respeito dos dois textos e do período histórico em que foram escritos.

I. Para os dois autores, a conquista do tricampeonato mundial de futebol provocou uma explosão de alegria popular.
II. Os dois textos salientam o momento político que o país atravessava ao mesmo tempo em que conquistava o tricampeonato.
III. À época da conquista do tricampeonato mundial de futebol, o Brasil vivia sob regime militar, que, embora politicamente autoritário, não chegou a fazer uso de métodos violentos contra seus opositores.

É correto apenas o que se afirma em:

a) I
b) II
c) III
d) I e II
e) II e III

**3** (Enem)

Dario vinha apressado, guarda-chuva no braço esquerdo e, assim que dobrou a esquina, diminuiu o passo até parar, encostando-se à parede de uma casa. Por ela escorregando, sentou-se na calçada, ainda úmida da chuva, e descansou na pedra o cachimbo.

Dois ou três passantes rodearam-no e indagaram se não se sentia bem. Dario abriu a boca, moveu os lábios, não se ouviu resposta. O senhor gordo, de branco, sugeriu que devia sofrer de ataque.

TREVISAN, D. Uma vela para Dario. *Cemitério de elefantes*. Rio de Janeiro: Civilização Brasileira, 1964. Adaptado.

No texto, um acontecimento é narrado em linguagem literária. Esse mesmo fato, se relatado em versão jornalística, com características de notícia, seria identificado em:

a) Aí, amigão, fui diminuindo o passo e tentei me apoiar no guarda-chuva... mas não deu. Encostei na parede e fui escorregando. Foi mal, cara! Perdi os sentidos ali mesmo. Um povo que passava falou comigo e tentou me socorrer. E eu, ali, estatelado, sem conseguir falar nada! Cruzes! Que mal!

b) O representante comercial Dario Ferreira, 43 anos, não resistiu e caiu na calçada da Rua da Abolição, quase esquina com a Padre Vieira, no centro da cidade, ontem por volta do meio-dia. O homem ainda tentou apoiar-se no guarda-chuva que trazia, mas não conseguiu. Aos populares que tentaram socorrê-lo não conseguiu dar qualquer informação.

c) Eu logo vi que podia se tratar de um ataque. Eu vinha logo atrás. O homem, todo aprumado, de guarda-chuva no braço e cachimbo na boca, dobrou a esquina e foi diminuindo o passo até se sentar no chão da calçada. Algumas pessoas que passavam pararam para ajudar, mas ele nem conseguia falar.

d) Vítima
Idade: entre 40 e 45 anos
Sexo: masculino
Cor: branca
Ocorrência: encontrado desacordado na rua da Abolição, quase esquina com Padre Vieira. Ambulância chamada às 12h34min por homem desconhecido. A caminho.

e) Pronto socorro? Por favor, tem um homem caído na calçada da rua da Abolição, quase esquina com a Padre Vieira. Ele parece desmaiado. Tem um grupo de pessoas em volta dele. Mas parece que ninguém aqui pode ajudar. Ele precisa de uma ambulância rápido. Por favor, venham logo!

**Anotações**

## Em casa

### TEXTO DE APOIO

#### 1. Linguagem literária × linguagem utilitária

Para distinguir os textos literários dos não literários, imaginemos as seguintes situações:

Em um restaurante de cozinha internacional, um sujeito apresenta-se ao *maître* como crítico gastronômico e avisa que, embora não esteja com fome, vai experimentar alguns pratos franceses e italianos, pois ouviu boas referências a respeito daquele *chef*. Pato com purê de maçãs, risoto de camarão, filé-mignon ao molho de ervas e várias outras iguarias são degustadas pelo crítico, que avalia cuidadosamente a qualidade dos alimentos.

No mesmo instante, em outro lugar da mesma cidade, um sujeito que está há oito horas sem comer resolve matar a fome com uma feijoada. Embora os garçons lhe ofereçam várias opções, ele só quer saber de paio, linguiça, carne-seca, orelha de porco, arroz, couve, laranja e, claro, feijão-preto. Rapidamente, o sujeito devora três pratos de comida, sem conseguir avaliar a competência do cozinheiro.

Essas situações, aparentemente díspares, narram histórias muito parecidas: duas pessoas se dirigem a restaurantes para comer. No entanto, apesar da inegável semelhança de atitudes (afinal, ambos se alimentaram), as situações revelam intenções completamente distintas: o crítico gastronômico, embora tenha comido, estava sem apetite, seu objetivo era apreciar a qualidade dos pratos; já o segundo sujeito comeu sobretudo para saciar a fome. Objetivamente, os dois praticaram ações parecidas, pois se sentaram à mesa de um restaurante, fizeram pedidos e comeram vários pratos; porém a finalidade que levou cada um a procurar o restaurante foi completamente diferente.

Com a linguagem ocorre um fenômeno parecido: podemos falar ou escrever simplesmente para transmitir uma informação, mas também podemos desejar provocar prazer nas pessoas que nos ouvem ou leem. No primeiro caso, temos a **linguagem utilitária**, de que seriam exemplos a bula de remédio, o livro didático, a placa de trânsito, as conversas ao telefone, o verbete de enciclopédia, os extratos bancários. No segundo, teríamos a **linguagem literária**, que está presente no que chamamos de Literatura.

#### 2. Um modo de identificar a linguagem literária

Como podemos identificar o texto literário? Quais são suas características? Como diferenciá-lo do texto não literário? Essas questões já foram discutidas por inúmeros pensadores. Sem entrar aprofundadamente nessas discussões, é possível recorrer a uma ideia bastante simples para começar a reconhecer traços da linguagem literária.

O poeta e estudioso francês Paul Valéry propunha uma regra prática para distinguir o texto literário do utilitário. Para ele, bastaria resumir o texto: se o resumo mantivesse as características essenciais do texto original, o texto seria **utilitário**; se o resumo excluísse o essencial, o texto seria **literário**.

De maneira bem simplificada, podemos dizer, desde já, que todo texto se organiza a partir de um jogo entre **"o que se diz"** e **"o modo de dizer"**. Na linguagem utilitária, valoriza-se o que se diz. Isso não significa que o enunciador não possa ter, nessas situações, preocupações com a maneira de transmitir a informação. Mesmo numa conversa despretensiosa, há momentos em que atentamos para o modo de dizer, embora essa atenção seja secundária. Fenômeno semelhante acontece com os textos de linguagem literária. Nesse caso, priorizam-se questões ligadas ao modo de dizer, ainda que não se possa abrir mão de aspectos ligados ao que se diz.

Resumidamente, tem-se que:

- o **texto utilitário** é aquele que se preocupa sobretudo com ***o que se diz***;
- o **texto literário** é aquele que se preocupa sobretudo com ***o modo de dizer***.

Por fim, não se pode esquecer que elementos da linguagem literária podem aparecer também em textos que não fazem parte do universo da Literatura. Canções populares ou anúncios publicitários, por exemplo, costumam valer-se de recursos típicos da linguagem literária. O importante é destacar que a Literatura faz isso de modo mais contundente e sistemático.

**1** (Enem)

E considerei a glória de um pavão ostentando o esplendor de suas cores; é um luxo imperial. Mas andei lendo livros, e descobri que aquelas cores todas não existem na pena do pavão. Não há pigmentos. O que há são minúsculas bolhas d'água em que a luz se fragmenta, como em um prisma.

O pavão é um arco-íris de plumas.

Eu considerei que este é o luxo do grande artista, atingir o máximo de matizes com o mínimo de elementos. De água e luz ele faz seu esplendor; seu grande mistério é a simplicidade.

Considerei, por fim, que assim é o amor, oh! Minha amada; de tudo que ele suscita e esplende e estremece e delira em mim existem apenas meus olhos recebendo a luz de teu olhar. Ele me cobre de glórias e me faz magnífico.

BRAGA, Rubem. *Ai de ti, Copacabana.*

O poeta Carlos Drummond de Andrade escreveu assim sobre a obra de Rubem Braga:

O que ele nos conta é o seu dia, o seu expediente de homem, apanhado no essencial, narrativa direta e econômica. [...] É o poeta do real, do palpável, que se vai diluindo em cisma. Dá o sentimento da realidade e o remédio para ela.

Em seu texto, Rubem Braga afirma que "este é o luxo do grande artista, atingir o máximo de matizes com o mínimo de elementos". Afirmação semelhante pode ser encontrada no texto de Carlos Drummond de Andrade, quando, ao analisar a obra de Braga, diz que ela é:

a) uma narrativa direta e econômica.

b) real, palpável.

c) sentimento de realidade.

d) seu expediente de homem.

e) seu remédio.

**2** (Enem – Adaptada)

**Guardar**

Guardar uma coisa não é escondê-la ou trancá-la.

Em cofre não se guarda coisa alguma.

Em cofre perde-se a coisa à vista.

Guardar uma coisa é olhá-la, fitá-la, mirá-la por
admirá-la, isto é, iluminá-la ou
ser por ela iluminado.

Guardar uma coisa é vigiá-la, isto é, fazer vigília por
ela, isto é, velar por ela, isto é, estar acordado por ela,
isto é, estar por ela ou ser por ela.

Por isso melhor se guarda o voo de um pássaro
Do que um pássaro sem voos.

Por isso se escreve, por isso se
diz, por isso se publica,
por isso se declara e declama um poema:

Para guardá-lo:

Para que ele, por sua vez, guarde o que guarda:

Guarde o que quer que guarda um poema:

Por isso o lance do poema:

Por guardar-se o que se quer guardar.

MACHADO, G. In: MORICONI, I. (Org.).
*Os cem melhores poemas brasileiros do século.*
Rio de Janeiro: Objetiva, 2001.

A memória é um importante recurso do patrimônio cultural de uma nação. Ela está presente nas lembranças do passado e no acervo cultural de um povo. Ao tratar o fazer poético como uma das maneiras de se guardar o que se quer, o texto:

a) ressalta a importância dos estudos históricos para a construção da memória social de um povo.

b) valoriza as lembranças individuais em detrimento das narrativas populares ou coletivas.

c) reforça a capacidade da literatura em promover a subjetividade e os valores humanos.

d) destaca a importância de reservar o texto literário àqueles que possuem maior repertório cultural.

e) revela a superioridade da escrita poética, que é a única forma que existe de preservação da memória cultural.

**3** (Enem)

**Lépida e leve**

Língua do meu Amor velosa e doce,
que me convences de que sou frase,
que me contornas, que me vestes quase,
como se o corpo meu de ti vindo me fosse.
Língua que me cativas, que me enleias
os surtos de ave estranha,
em linhas longas de invisíveis teias,
de que és, há tanto, habilidosa aranha...
[...]
Amo-te as sugestões gloriosas e funestas,
amo-te como todas as mulheres
te amam, ó língua-lama, ó língua-resplendor,
pela carne de som que à ideia emprestas
e pelas frases mudas que proferes
nos silêncios de Amor!...

MACHADO, G. In: MORICONI, I. (Org.).
*Os cem melhores poemas brasileiros do século.*
Rio de Janeiro: Objetiva, 2001. Fragmento.

A poesia de Gilka Machado identifica-se com as concepções artísticas simbolistas. Entretanto, o texto selecionado incorpora referências temáticas e formais modernistas, já que, nele, a poetisa:

a) procura desconstruir a visão metafórica do amor e abandona o cuidado formal.
b) concebe a mulher como um ser sem linguagem e questiona o poder da palavra.
c) questiona o trabalho intelectual da mulher e antecipa a construção do verso livre.
d) propõe um modelo novo de erotização na lírica amorosa e propõe a simplificação verbal.
e) explora a construção da essência feminina, a partir da polissemia de "língua", e inova o léxico.

**4** (Enem)

**Texto I**

No meio do caminho tinha uma pedra
tinha uma pedra no meio do caminho
tinha uma pedra
no meio do caminho tinha uma pedra
[...]

ANDRADE, C. D. *Reunião*. Rio de Janeiro: José Olympio, 1971.

**Texto II**

As lavadeiras de Mossoró, cada uma tem sua pedra no rio: cada pedra é herança de família, passando de mãe a filha, de filha a neta, como vão passando as águas no tempo [...] A lavadeira e a pedra formam um ente especial, que se divide e se reúne ao sabor do trabalho. Se a mulher entoa uma canção, percebe-se que nova pedra a acompanha em surdina...

[...]

ANDRADE, C. D. Contos sem propósito. Rio de Janeiro: *Jornal do Brasil*, 17 jul. 1979. Caderno B.

Com base na leitura dos textos, é possível estabelecer uma relação entre forma e conteúdo da palavra "pedra", por meio da qual se observa:

a) o emprego, em ambos os textos, do sentido conotativo da palavra "pedra".
b) a identidade de significação, já que nos dois textos "pedra" significa empecilho.
c) a personificação de "pedra" que, em ambos os textos, adquire características animadas.
d) o predomínio, no primeiro texto, do sentido denotativo de "pedra" como matéria mineral sólida e dura.
e) a utilização, no segundo texto, do significado de "pedra" como dificuldade materializada por um objeto.

# AULA 9

**Competência 5** Analisar, interpretar e aplicar recursos expressivos das linguagens, relacionando textos com seus contextos, mediante a natureza, função, organização, estrutura das manifestações, de acordo com as condições de produção e recepção.

**Habilidade 15** Estabelecer relações entre o texto literário e o momento de sua produção, situando aspectos do contexto histórico, social e político.

## Em classe

### LITERATURA E SOCIEDADE

#### Resumo teórico

Os literatos não produzem suas obras numa "torre de marfim", distante da sociedade em que vivem. De alguma forma, as obras dialogam com os valores que circulam na sociedade, seja para concordar com eles, seja para discordar deles.

Como o Enem só cobra literatura brasileira, muitas questões do exame avaliam a capacidade do estudante de relacionar obras do patrimônio literário nacional a características peculiares da sociedade brasileira, envolvendo questões políticas, ambientais, familiares, religiosas, culturais, etc.

**Textos para as questões 1 e 2**

Texto I

Agora Fabiano conseguia arranjar as ideias. O que o segurava era a família. Vivia preso como um novilho amarrado ao mourão, suportando ferro quente. Se não fosse isso, um soldado amarelo não lhe pisava o pé não. [...] Tinha aqueles cambões pendurados ao pescoço. Deveria continuar a arrastá-los? Sinha Vitória dormia mal na cama de varas. Os meninos eram uns brutos, como o pai. Quando crescessem, guardariam as reses de um patrão invisível, seriam pisados, maltratados, machucados por um soldado amarelo.

RAMOS, Graciliano. *Vidas secas*. 23. ed. São Paulo: Martins, 1969, p. 75.

Texto II

Para Graciliano, o roceiro pobre é um outro, enigmático, impermeável. Não há solução fácil para uma tentativa de incorporação dessa figura no campo da ficção. É lidando com o impasse, ao invés de fáceis soluções, que Graciliano vai criar *Vidas secas*, elaborando uma linguagem, uma estrutura romanesca, uma constituição de narrador em que narrador e criaturas se tocam, mas não se identificam. Em grande medida, o debate acontece porque, para a intelectualidade brasileira naquele momento, o pobre, a despeito de aparecer idealizado em certos aspectos, ainda é visto como um ser humano de segunda categoria, simples demais, incapaz de ter pensamentos demasiadamente complexos. O que *Vidas secas* faz é, com pretenso não envolvimento da voz que controla a narrativa, dar conta de uma riqueza humana de que essas pessoas seriam plenamente capazes.

BUENO, Luís. Guimarães, Clarice e antes. *Teresa*. São Paulo: USP, n. 2, 2001, p. 254.

**1** (Enem) A partir do trecho de *Vidas secas* (texto I) e das informações do texto II, relativas às concepções artísticas do romance social de 1930, avalie as seguintes afirmativas.

I. O pobre, antes tratado de forma exótica e folclórica pelo regionalismo pitoresco, transforma-se em protagonista privilegiado do romance social de 30.

II. A incorporação do pobre e de outros marginalizados indica a tendência da ficção brasileira da década de 30 de tentar superar a grande distância entre o intelectual e as camadas populares.

III. Graciliano Ramos e os demais autores da década de 30 conseguiram, com suas obras, modificar a posição social do sertanejo na realidade nacional.

É correto apenas o que se afirma em:

a) I.
b) II.
c) III.
d) I e II.
e) II e III.

**2** (Enem) No texto II, verifica-se que o autor utiliza:

a) linguagem predominantemente formal, para problematizar, na composição de *Vidas secas*, a relação entre o escritor e o personagem popular.
b) linguagem inovadora, visto que, sem abandonar a linguagem formal, dirige-se diretamente ao leitor.
c) linguagem coloquial, para narrar coerentemente uma história que apresenta o roceiro pobre de forma pitoresca.
d) linguagem formal com recursos retóricos próprios do texto literário em prosa, para analisar determinado momento da literatura brasileira.
e) linguagem regionalista, para transmitir informações sobre literatura, valendo-se de coloquialismo, para facilitar o entendimento do texto.

**3** (Enem)

**Negrinha**

Negrinha era uma pobre órfã de sete anos. Preta? Não; fusca, mulatinha escura, de cabelos ruços e olhos assustados.

Nascera na senzala, de mãe escrava, e seus primeiros anos vivera-os pelos cantos escuros da cozinha, sobre velha esteira e trapos imundos. Sempre escondida, que a patroa não gostava de crianças.

Excelente senhora, a patroa. Gorda, rica, dona do mundo, amimada dos padres, com lugar certo na igreja e camarote de luxo reservado no céu. Entaladas as banhas no trono (uma cadeira de balanço na sala de jantar), ali bordava, recebia as amigas e o vigário, dando audiências, discutindo o tempo. Uma virtuosa senhora em suma – "dama de grandes virtudes apostólicas, esteio da religião e da moral", dizia o reverendo.

Ótima, a dona Inácia.

Mas não admitia choro de criança. Ai! Punha-lhe os nervos em carne viva.

[...]

A excelente dona Inácia era mestra na arte de judiar de crianças. Vinha da escravidão, fora senhora de escravos – e daquelas ferozes, amigas de ouvir cantar o bolo e estalar o bacalhau. Nunca se afizera ao regime novo – essa indecência de negro igual.

LOBATO, M. Negrinha. In: MORICONI, I. *Os cem melhores contos brasileiros do século.* Rio de Janeiro: Objetiva, 2000.

A narrativa focaliza um momento histórico-social de valores contraditórios. Essa contradição infere-se, no contexto, pela:

a) falta de aproximação entre a menina e a senhora, preocupada com as amigas.
b) receptividade da senhora para com os padres, mas deselegante para com as beatas.
c) ironia do padre a respeito da senhora, que era perversa com as crianças.
d) resistência da senhora em aceitar a liberdade dos negros, evidenciada no final do texto.
e) rejeição aos criados por parte da senhora, que preferia tratá-los com castigos.

## Em casa

### TEXTO DE APOIO

### 1. Literatura e sociedade

Numa questão do exame de 1999, a banca do Enem simplificou um poema de João Cabral de Melo Neto, chamado "A Graciliano Ramos", que fala sobre a função de seus textos e da Literatura em geral:

> **Falo somente com o que falo**: *a linguagem enxuta, contato denso;* **falo somente do que falo**: *a vida seca, áspera e clara do sertão;* **falo somente por quem falo**: *o homem sertanejo sobrevivendo na adversidade e na míngua.* **Falo somente para quem falo**: *para os que precisam ser alertados para a situação da miséria no Nordeste.*

O aluno deveria chegar à conclusão de que, para João Cabral de Melo Neto, no texto literário, "a linguagem do texto deve refletir o tema, e a fala do autor deve denunciar o fato social para determinados leitores".

Essa relação entre literatura e sociedade é um ponto essencial para a análise da produção artística brasileira. De maneira mais "realista" ou menos "realista", muitos escritores nacionais dialogam, em suas obras, com a sociedade brasileira.

### 2. Produção literária e processo social

Observe as estrofes a seguir, que iniciam o samba "Memórias de um sargento de milícias", de Paulinho da Viola:

*Era no tempo do rei, quando aqui chegou*
*Um modesto casal, feliz pelo recente amor.*
*Leonardo, tornando-se meirinho,*
*Deu a Maria Hortaliça um novo lar,*
*Um pouco de conforto e de carinho.*
*Dessa união nasceu um lindo varão,*
*Que recebeu o mesmo nome do seu pai,*
*Personagem central da história*
*Que contamos neste carnaval.*
*Mas um dia Maria fez a Leonardo uma ingratidão,*
*Mostrando que não era uma boa companheira,*
*Provocou a separação.*
*Foi assim que o padrinho passou a ser do menino tutor,*
*A quem lhe deu toda dedicação, sofrendo uma grande desilusão.*
*Outra figura importante em sua vida foi a comadre, parteira popular,*
*Diziam que benzia de quebranto a beata mais famosa do lugar.* [...]

Disponível em: <www.martinhodavila.com.br/letra.asp?disco=3&musica=23>. Acesso em: 6 maio 2013. Adaptado.

Esta canção, gravada por Martinho da Vila no início dos anos 1970, foi o samba-enredo da Portela no Carnaval carioca de 1966. Paulinho da Viola a compôs a partir do romance *Memórias de um sargento de milícias*, publicado em capítulos semanais no *Correio Mercantil*, por Manuel Antônio de Almeida, entre 1852 e 1853. As *Memórias* narram a saga de dois Leonardos, o pai e o filho, que se metem em uma série de confusões no Rio de Janeiro da época de D. João VI. Aliás, o primeiro verso do samba remete explicitamente ao início do romance:

> *Era no tempo do rei.*
>
> *Uma das quatro esquinas que formam as ruas do Ouvidor e da Quitanda, cortando-se mutuamente, chamava-se nesse tempo – O canto dos meirinhos –; e bem lhe assentava o nome, porque era aí o lugar de encontro favorito de todos os indivíduos dessa classe (que gozava então de não pequena consideração). Os meirinhos de hoje não são mais do que a sombra caricata dos meirinhos do tempo do rei* [...].
>
> ALMEIDA, Manuel Antônio de. *Memórias de um sargento de milícias.* Cotia: Ateliê Editorial, 2000.

Note-se que o romance refere-se ao "tempo do rei" da mesma maneira que a canção de Paulinho da Viola. É como se o Rio de D. João VI estivesse sendo "reconstruído" tanto no romance quanto no samba. Aliás, atualmente, as *Memórias de um sargento de milícias* são utilizadas por historiadores para estudar o Rio Joanino. Isso porque o romance descreve, muitas vezes com riqueza de detalhes, as festas, os costumes, as tradições populares e religiosas do começo do século XIX no Brasil.

Quando Paulinho da Viola resolveu recontar a história dos Leonardos por meio de um samba, ele inevitavelmente estava mostrando a importância das *Memórias*, que permaneceram vivas por tanto tempo que se tornaram enredo de Carnaval. No entanto, para entender a canção, é inegável a necessidade de conhecer algumas personagens do romance, como os Leonardos, Maria da Hortaliça, o Major Vidigal, o padrinho, a madrinha, o reverendo, a cigana, Chico Juca, Dona Maria, Luisinha, Vidinha e tantos outros "tipos" populares do Rio Joanino. Sem saber quem são essas personagens, ficaria difícil entender o desfile da Portela de 1966.

O caso do romance de Manuel Antônio de Almeida e do samba de Paulinho da Viola não é único. São inúmeros os exemplos de obras literárias que nos auxiliam a compreender certos processos sociais, o que significa que a Literatura é também uma ferramenta para entender a sociedade.

Essa compreensão da sociedade por meio da Literatura é extremamente complexa. Existem obras claramente localizadas no tempo e no espaço, como o romance de Manuel Antônio de Almeida. Há outra em que o espaço e o tempo estão mais sujeitos à fantasia, como em *Iracema* ou *Auto da barca do inferno*. Mas, tanto em um caso como em outro, a Literatura é, sim, uma forma de conhecer o mundo.

Quando se fala em *conhecer o mundo*, não se trata apenas de um conhecimento prático, objetivo, concreto. A vida não é feita apenas da realidade tangível; ela inclui a fantasia, o sonho, a imaginação, o desejo, o prazer. E a Literatura, por intermédio da linguagem, muitas vezes tem o papel ou de desligar-nos da realidade pragmática, propondo a construção de outros mundos, ou de aproximar-nos dela, reavaliando criticamente a sociedade em que vivemos.

Talvez por esse motivo, não tenha existido nenhuma civilização, desde o surgimento da escrita, que não tenha se dedicado, um pouco que seja, a produzir obras literárias. Parece que os homens sentem necessidade de escrever para entender melhor o mundo em que vivem, e a escrita literária, por ser caracterizada sobretudo pela liberdade, permite isso. Daí a sua importância e também a sua utilidade.

Requer uma boa dose de treino a leitura eficiente do texto de linguagem literária, pois não é imediata a identificação das relações entre o texto e a sociedade em que vivemos, bem como não é simples compreender os efeitos produzidos pela maneira de dizer as coisas nos textos literários. No entanto, por se tratar de textos muito valorizados pela tradição, já que neles estão guardados muitos dados da nossa cultura, a competência para ler textos dessa natureza é imprescindível.

**1** (Enem)

A velha Totonha de quando em vez batia no engenho. E era um acontecimento para a meninada... Que talento ela possuía para contar as suas histórias, com um jeito admirável de falar em nome de todos os personagens, sem nenhum dente na boca, e com uma voz que dava todos os tons às palavras!

Havia sempre rei e rainha, nos seus contos, e forca e adivinhações. E muito da vida, com as suas maldades e as suas grandezas, a gente encontrava naqueles heróis e naqueles intrigantes, que eram sempre castigados com mortes horríveis! O que fazia a velha Totonha mais curiosa era a cor local que ela punha nos seus descritivos. Quando ela queria pintar um reino era como se estivesse falando dum engenho fabuloso. Os rios e florestas por onde andavam os seus personagens se pareciam muito com a Paraíba e a Mata do Rolo. O seu Barba-Azul era um senhor de engenho de Pernambuco.

REGO, José Lins do. *Menino de engenho*.
Rio de Janeiro: José Olympio, 1980, p. 49-51.
Adaptado.

Na construção da personagem "velha Totonha", é possível identificar traços que revelam marcas do processo de colonização e de civilização do país. Considerando o texto anterior, infere-se que a velha Totonha:

a) tira o seu sustento da produção da literatura, apesar de suas condições de vida e de trabalho, que denotam que ela enfrenta situação econômica muito adversa.

b) compõe, em suas histórias, narrativas épicas e realistas da história do país colonizado, livres da influência de temas e modelos não representativos da realidade nacional.

c) retrata, na constituição do espaço dos contos, a civilização urbana europeia em concomitância com a representação literária de engenhos, rios e florestas do Brasil.

d) aproxima-se, ao incluir elementos fabulosos nos contos, do próprio romancista, o qual pretende retratar a realidade brasileira de forma tão grandiosa quanto a europeia.

e) imprime marcas da realidade local a suas narrativas, que têm como modelo e origem as fontes da literatura e da cultura europeia universalizada.

**2** (Enem)

**Capítulo III**

Um criado trouxe o café. Rubião pegou na xícara e, enquanto lhe deitava açúcar, ia disfarçadamente mirando a bandeja, que era de prata lavrada. Prata, ouro, eram os metais que amava de coração; não gostava de bronze, mas o amigo Palha disse-lhe que era matéria de preço, e assim se explica este par de figuras que aqui está na sala: um Mefistófeles e um Fausto. Tivesse, porém, de escolher, escolheria a bandeja, – primor de argentaria, execução fina e acabada. O criado esperava teso e sério. Era espanhol; e não foi sem resistência que Rubião o aceitou das mãos de Cristiano; por mais que lhe dissesse que estava acostumado aos seus crioulos de Minas, e não queria línguas estrangeiras em casa, o amigo Palha insistiu, demonstrando-lhe a necessidade de ter criados brancos. Rubião cedeu com pena. O seu bom pajem, que ele queria pôr na sala, como um pedaço da província, nem o pôde deixar na cozinha, onde reinava um francês, Jean; foi degradado a outros serviços.

ASSIS, Machado de. Quincas Borba.
In: *Obra completa*.
Rio de Janeiro: Nova Aguilar, 1993. v. 1.

*Quincas Borba* situa-se entre as obras-primas do autor e da literatura brasileira. No fragmento apresentado, a peculiaridade do texto que garante a universalização de sua abordagem reside:

a) no conflito entre o passado pobre e o presente rico, que simboliza o triunfo da aparência sobre a essência.

b) no sentimento de nostalgia do passado devido à substituição da mão de obra escrava pela dos imigrantes.

c) na referência a Fausto e Mefistófeles, que representam o desejo de eternização de Rubião.

d) na admiração dos metais por parte de Rubião, que metaforicamente representam a durabilidade dos bens produzidos pelo trabalho.

e) na resistência de Rubião aos criados estrangeiros, que reproduz o sentimento de xenofobia.

**3** (Enem)

Quem é pobre, pouco se apega, é um giro-o-giro no vago dos gerais, que nem os pássaros de rios e lagoas. O senhor vê: o Zé-Zim, o melhor meeiro meu aqui, risonho e habilidoso. Pergunto: – Zé-Zim, por que é que você não cria galinhas-d'angola, como todo o mundo faz? – Quero criar nada não... – me deu resposta: – Eu gosto muito de mudar... [...] Belo um dia, ele tora. Ninguém discrepa. Eu, tantas, mesmo digo. Eu dou proteção. [...]

Essa não faltou também à minha mãe, quando eu era menino, no sertãozinho de minha terra. [...] Gente melhor do lugar eram todos dessa família Guedes, Jidião Guedes; quando saíram de lá, nos trouxeram junto, minha mãe e eu. Ficamos existindo em território baixio da Sirga, da outra banda, ali onde o de-Janeiro vai no São Francisco, o senhor sabe.

ROSA, J. G. *Grande Sertão: Veredas.* Rio de Janeiro: José Olympio.

Na passagem citada, Riobaldo expõe uma situação decorrente de uma desigualdade social típica das áreas rurais brasileiras marcadas pela concentração de terras e pela relação de dependência entre agregados e fazendeiros. No texto, destaca-se essa relação porque o personagem--narrador:

a) relata a seu interlocutor a história de Zé--Zim, demonstrando sua pouca disposição em ajudar seus agregados, uma vez que superou essa condição graças à sua força de trabalho.

b) descreve o processo de transformação de um meeiro – espécie de agregado – em proprietário de terra.

c) denuncia a falta de compromisso e a desocupação dos moradores, que pouco se envolvem no trabalho da terra.

d) mostra como a condição material da vida do sertanejo é dificultada pela sua dupla condição de homem livre e, ao mesmo tempo, dependente.

e) mantém o distanciamento narrativo condizente com sua posição social, de proprietário de terras.

**4** (Enem)

**Texto I**

Principiei a leitura de má vontade. E logo emperrei na história de um menino vadio que, dirigindo-se à escola, se retardava a conversar com os passarinhos e recebia deles opiniões sisudas e bons conselhos. Em seguida vinham outros irracionais, igualmente bem-intencionados e bem falantes. Havia a moscazinha que morava na parede de uma chaminé e voava à toa, desobedecendo às ordens maternas, e tanto voou que afinal caiu no fogo. Esses contos me intrigaram com o [livro] *Barão de Macaúbas*. Infelizmente um doutor, utilizando bichinhos, impunha-nos a linguagem dos doutores. – Queres tu brincar comigo? O passarinho, no galho, respondia com preceito e moral, e a mosca usava adjetivos colhidos no dicionário. A figura do barão manchava o frontispício do livro, e a gente percebia que era dele o pedantismo atribuído à mosca e ao passarinho. Ridículo um indivíduo hirsuto e grave, doutor e barão, pipilar conselhos, zumbir admoestações.

RAMOS, G. *Infância*. Rio de Janeiro: Record, 1986. Adaptado.

**Texto II**

Dado que a literatura, como a vida, ensina na medida em que atua com toda sua gama, é artificial querer que ela funcione como os manuais de virtude e boa conduta. E a sociedade não pode senão escolher o que em cada momento lhe parece adaptado aos seus fins, enfrentando ainda assim os mais curiosos paradoxos, pois mesmo as obras consideradas indispensáveis para a formação do moço trazem frequentemente o que as convenções desejariam banir. Aliás, essa espécie de inevitável contrabando é um dos meios por que o jovem entra em contato com realidades que se tenciona escamotear-lhe.

CANDIDO, A. A literatura e a formação do homem. In: *Textos de intervenção*. São Paulo: Duas Cidades/Ed. 34, 2002. Adaptado.

Os dois textos anteriores, com enfoques diferentes, abordam um mesmo problema, que se refere, simultaneamente, ao campo literário e ao social. Considerando-se a relação entre os dois textos, verifica-se que eles têm em comum o fato de que:

a) tratam do mesmo tema, embora com opiniões divergentes, expressas no primeiro texto por meio da ficção e, no segundo, por análise sociológica.

b) foi usada, em ambos, linguagem de caráter moralista em defesa de uma mesma tese: a literatura, muitas vezes, é nociva à formação do jovem estudante.

c) são utilizadas linguagens diferentes nos dois textos, que apresentam um mesmo ponto de vista: a literatura deixa ver o que se pretende esconder.

d) a linguagem figurada é predominante em ambos, embora o primeiro seja uma fábula e o segundo, um texto científico.

e) o tom humorístico caracteriza a linguagem de ambos os textos, em que se defende o caráter pedagógico da literatura.

# AULA 10

**Competência 4** Compreender a arte como saber cultural e estético gerador de significação e integrador da organização do mundo e da própria identidade.

Habilidade 14 Reconhecer o valor da diversidade artística e das inter-relações de elementos que se apresentam nas manifestações de vários grupos sociais e étnicos.

## Em classe

### LITERATURA E HISTÓRIA

#### Resumo teórico

Todo artista escreve numa determinada época e sofre influência de certos valores históricos. O conceito de "escola literária" está muito ligado à historicidade do texto literário. Escritores que viveram num mesmo momento histórico, sob a égide de valores semelhantes, tendem a apresentar características estéticas parecidas.

Romantismo, Realismo e Modernismo, principalmente esta última, são as escolas literárias cujos autores aparecem com mais frequência no exame do Enem.

**1** (Enem) "Poética", de Manuel Bandeira, é quase um manifesto do movimento modernista brasileiro de 1922. No poema, o autor elabora críticas e propostas que representam o pensamento estético predominante na época.

**Poética**

Estou farto do lirismo comedido
Do lirismo bem comportado
Do lirismo funcionário público com livro de ponto expediente protocolo e manifestações de apreço ao Sr. diretor.
Estou farto do lirismo que para e vai averiguar no dicionário o cunho vernáculo de um vocábulo.
Abaixo os puristas

..........

Quero antes o lirismo dos loucos
O lirismo dos bêbedos
O lirismo difícil e pungente dos bêbedos
O lirismo dos *clowns* de Shakespeare
– Não quero mais saber do lirismo que não é libertação.

BANDEIRA, Manuel. *Poesia completa e prosa*. Rio de Janeiro: José Aguilar, 1974.

Com base na leitura do poema, podemos afirmar corretamente que o poeta:

a) critica o lirismo louco do movimento modernista.
b) critica todo e qualquer lirismo na literatura.
c) propõe o retorno ao lirismo do movimento clássico.
d) propõe o retorno ao lirismo do movimento romântico.
e) propõe a criação de um novo lirismo.

**2** (Enem) Após estudar na Europa, Anita Malfatti retornou ao Brasil com uma mostra que abalou a cultura nacional do início do século XX. Elogiada por seus mestres na Europa, Anita se considerava pronta para mostrar seu trabalho no Brasil, mas enfrentou as duras críticas de Monteiro Lobato. Com a intenção de criar uma arte que valorizasse a cultura brasileira, Anita Malfatti e outros artistas modernistas:

a) buscaram libertar a arte brasileira das normas acadêmicas europeias, valorizando as cores, a originalidade e os temas nacionais.
b) defenderam a liberdade limitada de uso da cor, até então utilizada de forma irrestrita, afetando a criação artística nacional.
c) representaram a ideia de que a arte deveria copiar fielmente a natureza, tendo como finalidade a prática educativa.
d) mantiveram de forma fiel a realidade nas figuras retratadas, defendendo uma liberdade artística ligada à tradição acadêmica.
e) buscaram a liberdade na composição de suas figuras, respeitando limites de temas abordados.

**3** (Enem)

Abatidos pelo fadinho harmonioso e nostálgico dos desterrados, iam todos, até mesmo os brasileiros, se concentrando e caindo em tristeza; mas, de repente, o cavaquinho de Porfiro, acompanhado pelo violão do Firmo, romperam vibrantemente com um chorado baiano. Nada mais que os primeiros acordes da música crioula para que o sangue de toda aquela gente despertasse logo, como se alguém lhe fustigasse o corpo com urtigas bravas. E seguiram-se outras notas, e outras, cada vez mais ardentes e mais delirantes. Já não eram dois instrumentos que soavam, eram lúbricos gemidos e suspiros soltos em torrente, a correrem serpenteando, como cobras numa floresta incendiada; eram ais convulsos, chorados em frenesi de amor: música feita de beijos e soluços gostosos; carícia de fera, carícia de doer, fazendo estalar de gozo.

AZEVEDO, A. *O cortiço*. São Paulo: Ática, 1983.

No romance *O cortiço* (1890), de Aluísio Azevedo, as personagens são observadas como elementos coletivos caracterizados por condicionantes de origem social, sexo e etnia. Na passagem transcrita, o confronto entre brasileiros e portugueses revela prevalência do elemento brasileiro, pois:

a) destaca o nome de personagens brasileiras e omite o de personagens portuguesas.
b) exalta a força do cenário natural brasileiro e considera o do português inexpressivo.
c) mostra o poder envolvente da música brasileira, que cala o fado português.
d) destaca o sentimentalismo brasileiro, contrário à tristeza dos portugueses.
e) atribui aos brasileiros uma habilidade maior com instrumentos musicais.

**4** (Enem)

**Texto I**

**Canção do exílio**

Minha terra tem palmeiras,
Onde canta o Sabiá;
As aves, que aqui gorjeiam,
Não gorjeiam como lá.
Nosso céu tem mais estrelas,
Nossas várzeas têm mais flores,
Nossos bosques têm mais vida,
Nossa vida mais amores.
[...]
Minha terra tem primores,
Que tais não encontro eu cá;
Em cismar – sozinho, à noite –
Mais prazer eu encontro lá;
Minha terra tem palmeiras
Onde canta o Sabiá.
Não permita Deus que eu morra,
Sem que eu volte para lá;
Sem que desfrute os primores
Que não encontro por cá;
Sem qu'inda aviste as palmeiras
Onde canta o Sabiá.

DIAS, G. *Poesia e prosa completas*. Rio de Janeiro: Nova Aguilar, 1998.

**Texto II**

**Canto de regresso à Pátria**

Minha terra tem palmares
Onde gorjeia o mar
Os passarinhos daqui
Não cantam como os de lá
Minha terra tem mais rosas
E quase tem mais amores
Minha terra tem mais ouro
Minha terra tem mais terra
Ouro terra amor e rosas
Eu quero tudo de lá
Não permita Deus que eu morra
Sem que volte para lá
Não permita Deus que eu morra
Sem que volte pra São Paulo
Sem que eu veja a rua 15
E o progresso de São Paulo

ANDRADE, O. *Cadernos de poesia do aluno Oswald*. São Paulo: Círculo do Livro, s/d.

Os textos I e II, escritos em contextos históricos e culturais diversos, enfocam o mesmo motivo poético: a paisagem brasileira entrevista a distância. Analisando-os, conclui-se que:

a) o ufanismo, atitude de quem se orgulha excessivamente do país em que nasceu, é o tom de que se revestem os dois textos.
b) a exaltação da natureza é a principal característica do texto II, que valoriza a paisagem tropical realçada no texto II.
c) o texto II aborda o tema da nação, como o texto I, mas sem perder a visão crítica da realidade brasileira.
d) o texto I, em oposição ao texto II, revela distanciamento geográfico do poeta em relação à pátria.
e) ambos os textos apresentam ironicamente a paisagem brasileira.

## Em casa

### TEXTO DE APOIO

### 1. Literatura e história

Leia os dois fragmentos a seguir, extraídos de célebres romances da Literatura Brasileira:

*No pequeno jardim da casa do Paquequer, uma linda moça se embalançava indolentemente*[1] *numa rede de palha presa aos ramos de uma acácia silvestre, que estremecendo deixava cair algumas de suas flores miúdas e perfumadas.*

*Os grandes olhos azuis, meio cerrados, às vezes se abriam languidamente*[2] *como para se embeberem da luz, e abaixavam de novo as pálpebras rosadas.*

*Os lábios vermelhos e úmidos pareciam uma flor da gardênia dos nossos campos, orvalhada pelo sereno da noite; o hálito doce e ligeiro exalava-se formando um sorriso. Sua tez*[3] *alva*[4] *e pura como um froco*[5] *de algodão tingia-se nas faces de uns longes cor-de-rosa, que iam, desmaiando, morrer no colo de linhas suaves e delicadas.* [...]

*Esta moça era Cecília.*

ALENCAR, José de. *O guarani*. São Paulo: Ática, 1994.

1. De modo indolente, lento, preguiçoso.
2. De maneira lânguida, suave, doce.
3. Pele.
4. Claro, branco.
5. Floco.

*O chorado arrastava-os a todos, despoticamente*[1]*, desesperando aos que não sabiam dançar. Mas, ninguém, como Rita; só ela, só aquele demônio, tinha o mágico segredo daqueles movimentos de cobra amaldiçoada; aqueles requebros*[2] *que não podiam ser sem o cheiro que a mulata soltava de si e sem aquela voz doce, quebrada, harmoniosa, arrogante, meiga e suplicante.*

[...] *ela era a luz ardente do meio-dia; ela era o calor vermelho das sestas*[3] *da fazenda; era o aroma quente dos trevos e baunilhas* [...]*; era a palmeira virginal*[4] *e esquiva*[5] *que se não torce a nenhuma outra planta; era o veneno e era o açúcar gostoso; era o sapoti*[6] *mais doce que o mel e era a castanha do caju, que abre feridas com o seu azeite de fogo; ela era a cobra verde e traiçoeira, a lagarta viscosa, a muriçoca doida* [...].

AZEVEDO, Aluísio. *O cortiço*. São Paulo: Ática, 1991.

1. De modo despótico, autoritário, firme.
2. Olhar, inflexão de voz, ou movimento corporal lânguidos.
3. Tempo de descanso após o almoço.
4. Puro, jovem.
5. Arisco, retraído.
6. Um tipo de fruto.

Ambos os fragmentos apresentam a descrição de uma mulher. No primeiro, esta mulher é filha do colonizador português D. Antônio de Mariz, Cecília, que, durante a narrativa, vive um caso de amor platônico com o índio Peri. No segundo, a mulher é Rita Baiana, uma mulata encantadora que, quando dança, leva os homens ao desespero, principalmente Jerônimo, imigrante português que abandona a mulher Piedade para viver com Rita.

Embora os dois excertos descrevam uma personagem feminina importante de cada romance, há diferenças substanciais entre eles. Como explicá-las?

### 2. Historicidade do texto literário

Nos dois exemplos anteriores, nota-se que Cecília era uma "linda moça", que "se embalançava indolentemente numa rede de palha presa aos ramos de uma acácia silvestre". Seus olhos eram "azuis" e tinham "as pálpebras rosadas", seus lábios eram "vermelhos e úmidos" e sua pele era "alva e pura", o que formava um conjunto de "linhas suaves e delicadas". Esses elementos fazem de Cecília uma mulher angelical, idealizada. Ela é muito mais celestial do que terrena. Algumas expressões usadas pelo narrador, como "perfumadas", "languidamente", "hálito doce", "sorriso" ou "froco de algodão", reforçam esses traços divinos de Cecília, que parece estar em plena comunhão com a natureza brasileira exuberante.

Em contrapartida, Rita Baiana não tinha nenhuma beleza celestial. Ela é um "demônio", tem "movimentos de cobra amaldiçoada" e, ao dançar, requebra com uma "voz doce, quebrada, harmoniosa, arrogante, meiga e suplicante". O narrador a caracteriza como "a luz ardente do meio-dia", "o calor vermelho das sestas da fazenda", "o aroma quente dos trevos e baunilhas", "a palmeira virginal e esquiva", "o veneno", "o açúcar gostoso", "o sapoti mais doce que o mel" e, depois, chega a animalizá-la por meio das figuras da "cobra verde e traiçoeira", da "lagarta viscosa", da "muriçoca doida". Rita é mais da terra do que dos deuses.

Para explicar essas diferenças, poderíamos simplesmente dizer que se trata de dois textos diferentes, escritos por autores diferentes e que, por isso, Cecília e Rita são personagens completamente distintas. Mas as coisas não são tão simples. Na verdade, quando comparamos várias obras literárias, percebemos que muitas delas apresentam mais pontos em comum do que divergências, o que nos permite intuir que deve haver motivos tanto para as semelhanças quanto para as diferenças.

Provavelmente a melhor hipótese para explicar as diferenças entre os dois fragmentos é o fato de eles terem sido produzidos em épocas distintas. *O guarani* foi publicado em 1857 e seu estilo está muito ligado à literatura da primeira metade do século XIX; já *O cortiço* saiu em primeira edição em 1890, o que o vincula sobretudo às características literárias da segunda metade do século XIX.

Como já dito, todo escritor é inevitavelmente influenciado pelos valores da época em que vive. Um homem do Renascimento não pensa da mesma forma que alguém que viveu no auge da Reforma, que por sua vez não compartilha as mesmas ideias de um iluminista, e assim por diante. É por esse motivo que as manifestações artísticas renascentistas, reformistas e iluministas possuem traços que as distinguem claramente. A conclusão é a de que cada época histórica apresenta as suas particularidades, e são essas particularidades que vão contribuindo para determinar, de certo modo, a forma como as pessoas dessa época enxergam a realidade.

Como a História está em constante mudança, o que equivale dizer que as ideologias – isto é, as diversas formas de enxergar a realidade – modificam-se, as manifestações artísticas, que sempre serão influenciadas pela História, também estão em constante mudança.

O primeiro verso de um famoso soneto camoniano serve para ilustrar, com precisão, a ideia de que as mudanças do contexto histórico implicam mudanças de valores ideológicos, que acabam provocando mudanças nas manifestações artísticas:

*Mudam-se os tempos, mudam-se as vontades.*

↓ Contexto histórico (tempos)

↓ Manifestações artísticas (vontades)

São essas mudanças encadeadas que originam um conceito conhecidíssimo no universo da análise literária: o conceito de *escola literária*.

## 3. Escolas literárias no Enem

Analisando os exames do Enem desde 1998, percebemos uma clara preferência da banca por escritores brasileiros dos séculos XIX e XX, principalmente realistas e modernos. Passamos então a apresentar, a seguir, características sumárias das escolas literárias da fase nacional de nossa literatura.

O **Romantismo** reflete sobretudo a sensibilidade burguesa, inspirada pelos ideais libertários da Revolução Francesa (1789). A literatura romântica – ao valorizar a emoção, a criatividade e o desrespeito aos padrões de composição literária até então vigentes – funciona como uma reação à sensibilidade clássica, que caracterizara as escolas anteriores ao Romantismo.

Há três pilares que sustentam o Romantismo: nacionalismo, individualismo e liberdade. De maneira explícita ou não, os artistas do período celebram esses ideais. No Brasil, o movimento romântico inicia-se em 1836, com a publicação de *Suspiros poéticos e saudades*, de Gonçalves de Magalhães, e da revista *Niterói*.

A poesia do período costuma ser dividida em três fases, que constituem as três gerações românticas: a primeira é a indianista; a segunda, byroniana; a terceira, condoreira.

A geração indianista, de cunho altamente nacionalista, caracterizou-se pela idealização do indígena e pela valorização da natureza, tendo seu ponto mais alto na obra do maranhense Antônio Gonçalves Dias, autor dos *Primeiros cantos* (1846).

A geração byroniana, também conhecida como ultrarromântica, foi marcada pelos exageros individualistas, misturando tédio e referências à morte. O grande nome desta geração é o paulistano Manuel Antônio Álvares de Azevedo, autor de *Lira dos vinte anos* (1853).

A geração condoreira, ápice dos ímpetos libertários do Romantismo, deu grande espaço à poesia social, muitas vezes inspirada no anseio pela República e pela Abolição. O maior poeta condoreiro no Brasil foi o baiano Antônio Frederico de Castro Alves, autor de *Espumas flutuantes* (1870).

A prosa romântica brasileira marca o surgimento do romance na Literatura Brasileira. A maioria absoluta dos romances da época foram publicados de maneira fragmentada em jornais, sob a forma de folhetins, o que dava características muito peculiares aos textos, como o fato de o narrador explicar a todo o momento os desdobramentos da narrativa ou de cada capítulo terminar com um pequeno conflito não resolvido. Vários escritores mereceram destaque no período, como Joaquim Manuel de Macedo, Manuel Antônio de Almeida, Bernardo Guimarães, Visconde de Taunay e Franklin Távora.

O nome mais importante da prosa romântica brasileira é José de Alencar, autor de inúmeros romances – urbanos, indianistas, regionais e históricos –, entre os quais se destacam *O guarani*, *Diva*, *Lucíola*, *As minas de prata*, *Senhora*, *Iracema*, *Til* e *Ubirajara*.

O **Realismo** corresponde à expressão literária predominante na segunda metade do século XIX, época em que prevaleceram os valores ideológicos da Segunda Revolução Industrial. A literatura realista – ao adotar uma postura estética de valorização da objetividade crítica em oposição à subjetividade idealista – funciona como uma reação à sensibilidade romântica. Havia grande interesse dos escritores do período pela realidade social, e não mais pelas impressões individualizadas sobre essa realidade.

Estendendo-se por toda a segunda metade do século XIX, surgiram na Europa várias tendências ideológicas, de cunho cientificista, que contribuíram para moldar as visões de mundo predominantes da época. Os principais "cientificismos" foram o Socialismo científico, o Determinismo, o Positivismo e o Evolucionismo social.

Entre as principais características do Realismo, podemos citar a valorização do cotidiano, a preferência pelos textos narrativos, o anticlericalismo e a antimonarquia. Houve uma vertente do Realismo que radicalizou os princípios dessa escola literária. Trata-se do Naturalismo, que adota uma postura determinista e mecanicista para explicar o mundo. Os escritores naturalistas tiveram predileção por temas até então não explorados na literatura, como a miséria, os desvios patológicos, a loucura, o incesto e o homossexualismo. A linguagem empregada por eles não evita termos escabrosos, indecorosos, perfeitamente adequados à maneira como viam o mundo.

O Realismo no Brasil começa na década de 80 do século XIX, quando a sociedade brasileira passa por uma série de transformações político-sociais, como é o caso da Abolição da escravatura (1888) e da Proclamação da República (1889).

Literariamente, o Realismo começa em 1881, com a publicação de *Memórias póstumas de Brás Cubas*, de Machado de Assis, e *O mulato*, de Aluísio Azevedo, sendo este o grande nome do Naturalismo no Brasil, autor de obras como *Casa de pensão, O homem* e *O cortiço*, seu romance mais importante, publicado em 1890.

Raul Pompeia é outro nome de destaque do período. A grande característica de sua literatura foi o ecletismo estético: ele soube misturar em sua obra características realistas, naturalistas, impressionistas e expressionistas, o que podemos perceber basicamente a partir de seu livro mais importante: *O Ateneu*, publicado em 1888.

O escritor mais importante de toda a literatura realista no Brasil, seguramente o maior nome da literatura brasileira de todos os tempos, é Machado de Assis, escritor polígrafo, que se dedicou a vários gêneros literários, mas que se destacou com sua prosa de ficção, o que inclui seus contos e romances.

A obra machadiana costuma ser dividida em duas fases. Na primeira, considerada "imatura", mais próxima do Romantismo, Machado publica quatro romances: *Ressurreição* (1872), *A mão e a luva* (1874), *Helena* (1876) e *Iaiá Garcia* (1878). Na segunda, chamada de "madura", ele incorpora em sua obra as principais características do Realismo, sem deixar de receber influências de outras escolas literárias, em romances como *Memórias póstumas de Brás de Cubas* (1881), *Quincas Borba* (1891), *Dom Casmurro* (1900), *Esaú e Jacó* (1904) e *Memorial de Aires* (1908).

O estilo machadiano, perceptível em suas obras da fase "madura", caracteriza-se pela digressão, pela ousadia artística, pelo diálogo com o leitor, pelo pessimismo, pela ironia e pelo humor fino. Sem deixar de guiar-se pelos modelos consagrados da prosa em língua portuguesa, Machado soube ser inovador na medida certa.

Os romances mais conhecidos e relevantes da obra machadiana são: *Memórias póstumas de Brás Cubas*, romance revolucionário em que o "defunto-autor" Brás Cubas faz um balanço pessimista da humanidade; *Quincas Borba*, história da riqueza e da loucura de Rubião, apaixonado por Sofia, uma mulher casada; e *Dom Casmurro*, narrativa em que Bentinho tenta culpar sua esposa Capitu pelo fracasso de suas vidas amorosas.

Como o Realismo-Naturalismo foi um movimento sobretudo de prosa, houve espaço, no final do século XIX, para o surgimento de escolas literárias de poesia, que preenchessem a lacuna deixada pela ausência de poesia realista propriamente dita.

Dos movimentos literários poéticos que apareceram nesta época, merecem destaque o **Parnasianismo** e o **Simbolismo**.

De origem francesa, o Parnasianismo representou uma reação ao engajamento social dos condoreiros e dos realistas. Seus partidários defendiam o ideal de arte pela arte, ou seja, a poesia deveria ter um fim em si mesma, e não preocupar-se com análises ou denúncias sociais.

O ideal de arte pela arte, associado à "aristocracia de espírito" dos poetas e leitores do período, leva às demais características do Parnasianismo: inspiração na Antiguidade Clássica, preocupação formal, elegância de expressão, descritivismo, referência eruditas e impassibilidade.

No Brasil, o movimento foi muito popular: Alberto de Oliveira, Raimundo Correia, Vicente de Carvalho e principalmente Olavo Bilac são os nomes mais representativos da poesia parnasiana.

Já o grupo de poetas simbolistas (Alphonsus de Guimaraens, Pedro Kilkerry, Dario Vellozo, Álvaro Moreira e, é claro, Cruz e Sousa) se negava a seguir os rumos da literatura do Parnaso. Eles foram, cada um a seu modo, bastante inovadores, e as novidades literárias propostas por eles foram decisivas para a consolidação do Modernismo brasileiro.

Cruz e Sousa é o maior poeta simbolista brasileiro e o iniciador do movimento por aqui com a publicação de *Missal* e *Broquéis*. Sua poesia mistura religiosidade, espiritualidade e misticismo. O autor busca um estágio superior de compreensão do mundo e, para isso, vale-se da exuberância verbal, com um texto repleto de palavras sugestivas, de significado impreciso, muitas vezes usadas no plural e com letras maiúsculas sem necessidade gramatical, e da musicalidade sutil, com a exploração programada das figuras de linguagem de sonoridade.

No começo do século XX, em meio ao turbilhão sociopolítico-econômico que dominava o planeta, surgiu um grupo de escritores que, embora já tivesse superado o Realismo-Naturalismo e o Parnasianismo, não podia ainda ser considerado modernista, afinal só faz sentido falar em Modernismo após a Semana de Arte Moderna de 1922.

Dá-se o nome de **Pré-Modernismo** à literatura desse período, que engloba os literatos que, no início do século XX, começaram a renovar as formas literárias, interessando-se cada vez mais pela denúncia dos grandes problemas da sociedade brasileira.

O Pré-Modernismo não chega a configurar uma escola literária, pois não existe uniformidade de procedimentos literários entre seus escritores. O que os une é, sobretudo, o fato de cada um a seu modo ter contribuído para a consolidação dos ideais modernistas no país. Euclides da Cunha, Lima Barreto, Augusto dos Anjos e Monteiro Lobato são os nomes mais importantes da literatura do período.

O início do século XX originou movimentos estéticos cuja maior característica foi o rompimento com as formas tradicionais de arte. Na Europa, surgiram movimentos – conhecidos como vanguardas europeias (Expressionismo, Cubismo, Futurismo, Cubofuturismo, Dadaísmo e Surrealismo) – que, embora com propostas bem divergentes, caracterizaram-se por algum tipo de ruptura com a arte tradicional.

Dá-se o nome de **Modernismo** ao movimento artístico do início do século XX que, influenciado pelas transformações filosóficas, científicas, políticas, sociais e econômicas que se processavam no mundo, rompeu de maneira ampla e sistemática com as tradições estéticas anteriores.

Assim como no resto do mundo, no início do século XX, surgiram no Brasil escritores interessados em renovar as formas literárias, o que facilitou a eclosão do Modernismo no Brasil.

Tudo começou em 1922, quando um acontecimento artístico chocou a burguesia paulistana, colocando o Brasil em consonância com o espírito revolucionário das vanguardas europeias. Trata-se da Semana de Arte Moderna, que aconteceu nas noites de 13, 15 e 17 de fevereiro 1922, no Teatro Municipal de São Paulo.

Artistas consagrados dividiram o palco com jovens talentos ainda desconhecidos. Assim, músicos, pintores, escultores, arquitetos, poetas e ensaístas, em meio a leituras de poesia, discursos, concertos, recitais, exposições, contribuíram para incendiar a cultura brasileira do início do século XX.

Tomando como ponto de partida a Semana de 22, costuma-se dividir didaticamente o movimento modernista brasileiro em três tempos. O 1º tempo (1922-1930) é a fase de implantação do movimento; o 2º (1930-1945) é a fase de consolidação; o 3º (1945-?) é conhecido como fase pós-modernista ou de "fragmentação" do movimento.

Os autores do 1º tempo caracterizaram-se, sobretudo, pela iconoclastia, isto é, pela tentativa de romper radicalmente com a literatura que se fazia no Brasil até então. No 2º tempo, os artistas consolidaram o Modernismo, acrescentando a essa iconoclastia a preocupação social e filosófica com o destino do homem e da sociedade. No 3º tempo, os escritores, após uma revisão das propostas modernistas anteriores, caminharam, cada um a seu modo, em direção à invenção linguística.

Influenciados pelo espírito contestador da Semana de 22, nossos primeiros modernistas fundaram revistas, escreveram manifestos, propuseram teorias estéticas. Não houve uniformidade entre as muitas propostas que surgiram, mas é possível apontar as seguintes características como as mais relevantes desse 1º tempo: coloquialismo, prosaísmo, versilibrismo, nacionalismo crítico, síntese, humor.

Vários escritores apareceram para a literatura neste período, como Guilherme de Almeida, Menotti del Picchia, Cassiano Ricardo, Raul Bopp, Alcântara Machado. Mas três nomes merecem maior destaque no 1º tempo modernista: Oswald de Andrade, Mário de Andrade e Manuel Bandeira.

Manuel Bandeira é o grande poeta dos primeiros anos modernistas, e sua obra, de alguma forma, reflete sua biografia, sempre marcada pela luta contra a tuberculose.

A primeira fase da poesia de Bandeira é melancólica e pessimista, principalmente em seu livro de estreia, *A cinza das horas* (1917); num segundo momento, abraçando mais abertamente a causa modernista, ele se torna bem-humorado e espirituoso, em *Libertinagem* (1930) e *Estrela da manhã* (1936). Por fim, nos seus últimos livros, Bandeira se revela maduro e disposto a brincadeiras experimentalistas, como, por exemplo, em "Belo Belo" e *Lira dos cinquent'anos* (1942).

A poesia de Bandeira valoriza basicamente três temas: o amor, que é muitas vezes visto na perspectiva erótica; a infância, que se mistura com as lembranças do Recife; a morte, que anda junto com as referências à tuberculose.

O 2º tempo modernista, que vai de 1930 a 1945, é conhecido com a fase de consolidação do Modernismo brasileiro. Historicamente, trata-se de um período político conturbado: no Brasil, o governo Vargas; no mundo, a Segunda Guerra.

A geração de 1930 não deixou de lado as novidades artísticas cunhadas pela Semana de 22, misturando-as a uma crítica social mais sistemática, ao marxismo, ao existencialismo e ao surrealismo.

Cinco poetas merecem destaque no período: Murilo Mendes, Jorge de Lima, Cecília Meireles, Vinicius de Moraes e Carlos Drummond de Andrade. O que os une é um certo pessimismo filosófico, uma ironia existencial, uma propensão à valorização da espiritualidade e do misticismo, o que lhes permitiu ficarem conhecidos como **neossimbolistas**.

Do ponto de vista formal, o verso livre e o verso branco continuaram a ser usados, mas de modo menos intenso, enquanto a linguagem coloquial passou a se misturar aos registros mais solenes.

Drummond, o grande poeta do período, talvez o maior de toda a literatura brasileira, apresenta quatro fases em sua produção poética: nos anos 1930, foi muito influenciado pelos ideais da Semana de 22 (*Alguma poesia*, 1930); a partir de 1940, passou a discutir problemas sociais motivados pela Segunda Guerra Mundial e pelo Estado Novo (*A rosa do povo*, 1945); com o fim do conflito e da ditadura de Vargas, ele se interessou pela poesia reflexiva, recuperando uma sintaxe clássica (*Claro enigma*, 1951); até que nos anos 1960, chegou a uma fase experimentalista (*Lição de coisas*, 1962).

O próprio poeta, em sua *Antologia poética* (1962), apontou os nove temas mais recorrentes em sua obra: o indivíduo, a terra natal, a família, os amigos, a sociedade, o amor, a poesia, os exercícios lúdicos e a existência.

A prosa do 2º tempo abandona, em certa medida, a postura vanguardista dos primeiros anos do Modernismo, uma vez que os escritores se preocuparam em fazer uma literatura claramente de denúncia social, sobretudo no que diz respeito às desigualdades regionais do país.

Do ponto de vista da linguagem, a geração de 1930 continuou a aproveitar os registros orais na literatura, mas sem os exageros do 1º tempo. Do ponto de vista da estrutura da narrativa, voltou à tona o romance concebido no século XIX, com a tradicional divisão em capítulos.

Os romancistas do período, por terem uma preocupação social mais apurada do que a crítica social fragmentada e irônica dos modernistas de 22, ficaram conhecidos como representantes do

Neorrealismo na literatura brasileira. Entre as principais vertentes desse movimento, está o regionalismo nordestino.

Cinco são os romancistas mais importantes do período: José Lins do Rego, Rachel de Queiroz, Jorge Amado, Érico Verissimo e, principalmente, Graciliano Ramos. Exceto Érico Verissimo, que era gaúcho e escreveu sobre seu estado natal, todos os outros escritores se vincularam ao regionalismo nordestino.

Graciliano foi um autor regionalista que usou a literatura como forma de protesto. A maior característica de sua obra, como se percebe principalmente em *São Bernardo* e em *Vidas secas*, é a fusão da análise social com a psicológica, isto é, a mistura entre a denúncia das condições miseráveis de vida no nordeste e os grandes dramas humanos das personagens. Por meio de uma linguagem direta e clara, Graciliano conseguiu renovar a maneira de compor romances no Brasil.

O 3º tempo do Modernismo se caracteriza por uma "fragmentação" do movimento, pois surgem tendências literárias distintas, com cada artista procurando seus caminhos literários.

O que, de certo modo, une os artistas da geração de 1945 é preocupação com a *invenção linguística*. As tendências dominantes da época foram o intimismo de Clarice Lispector, a geometria de João Cabral de Melo Neto e o regionalismo universalizante de João Guimarães Rosa.

**1** (Enem)

**Namorados**

O rapaz chegou-se para junto da moça e disse:
– Antônia, ainda não me acostumei com o seu corpo, com a sua cara.
A moça olhou de lado e esperou.
– Você não sabe quando a gente é criança e de repente vê uma lagarta listrada?
A moça se lembrava:
– A gente fica olhando...
A meninice brincou de novo nos olhos dela.
O rapaz prosseguiu com muita doçura:
– Antônia, você parece uma lagarta listrada.
A moça arregalou os olhos, fez exclamações.
O rapaz concluiu:
– Antônia, você é engraçada! Você parece louca.

BANDEIRA, Manuel. *Poesia completa & prosa.* Rio de Janeiro: Nova Aguilar, 1985.

No poema de Bandeira, importante representante da poesia modernista, destaca-se como característica da escola literária dessa época:

a) a reiteração de palavras como recurso de construção de rimas ricas.
b) a utilização expressiva da linguagem falada em situações do cotidiano.
c) a criativa simetria de versos para reproduzir o ritmo do tema abordado.
d) a escolha do tema do amor romântico, caracterizador do estilo literário dessa época.
e) o recurso ao diálogo, gênero discursivo típico do Realismo.

**2** (Enem)

Todas as manhãs quando acordo, experimento um prazer supremo: o de ser Salvador Dalí.

NÉRET, G. *Salvador Dalí.* Taschen, 1996.

Assim escreveu o pintor dos "relógios moles" e das "girafas em chamas" em 1931. Esse artista excêntrico deu apoio ao general Franco durante a Guerra Civil Espanhola e, por esse motivo, foi afastado do movimento surrealista por seu líder, André Breton. Dessa forma, Dalí criou seu próprio estilo, baseado na interpretação dos sonhos e estudos de Sigmund Freud, denominado "método de interpretação paranoico".

Esse método era constituído por textos visuais que demonstram imagens:

a) do fantástico, impregnado de civismo pelo governo espanhol, em que a busca pela emoção e pela dramaticidade desenvolveram um estilo incomparável.
b) do onírico, que misturava sonho com realidade e interagia refletindo a unidade entre o consciente e o inconsciente como um universo único ou pessoal.
c) da linha inflexível da razão, dando vazão a uma forma de produção despojada no traço, na temática e nas formas vinculadas ao real.
d) do reflexo que, apesar do termo "paranoico", possui sobriedade e elegância advindas de uma técnica de cores discretas e desenhos precisos.
e) da expressão e intensidade entre o consciente e a liberdade, declarando o amor pela forma de conduzir o enredo histórico dos personagens retratados.

**3** (Enem)

Pobre Isaura! Sempre e em toda parte esta contínua importunação de senhores e de escravos, que não a deixam sossegar um só momento! Como não devia viver aflito e atribulado aquele coração! Dentro de casa contava ela quatro inimigos, cada qual mais porfiado em roubar-lhe a paz da alma, e torturar-lhe o coração: três amantes, Leôncio, Belchior, e André, e uma êmula terrível e desapiedada, Rosa. Fácil lhe fora repelir as importunações e insolências dos escravos e criados; mas que seria dela, quando viesse o senhor?!...

GUIMARÃES, B. *A escrava Isaura*. São Paulo: Ática, 1995. Adaptado.

A personagem Isaura, como afirma o título do romance, era uma escrava. No trecho apresentado, os sofrimentos por que passa a protagonista:

a) assemelham-se aos das demais escravas do país, o que indica o estilo realista da abordagem do tema da escravidão pelo autor do romance.
b) demonstram que, historicamente, os problemas vividos pelas escravas brasileiras, como Isaura, eram mais de ordem sentimental do que física.
c) diferem dos que atormentavam as demais escravas do Brasil do século XIX, o que revela o caráter idealista da abordagem do tema pelo autor do romance.
d) indicam que, quando o assunto era o amor, as escravas brasileiras, de acordo com a abordagem lírica do tema pelo autor, eram tratadas como as demais mulheres da sociedade.
e) revelam a condição degradante das mulheres escravas no Brasil, que, como Isaura, de acordo com a denúncia feita pelo autor, eram importunadas e torturadas fisicamente pelos seus senhores.

**4** (Enem)

Ó meio-dia confuso,
ó vinte e um de abril sinistro,
que intrigas de ouro e de sonho
houve em tua formação?
Quem ordena, julga e pune?
Quem é culpado e inocente?
Na mesma cova do tempo
cai o castigo e o perdão.
Morre a tinta das sentenças
e o sangue dos enforcados...
– liras, espadas e cruzes
pura cinza agora são.
Na mesma cova, as palavras,
o secreto pensamento,
as coroas e os machados,
mentira e verdade estão.
[...]

MEIRELES, C. *Romanceiro da Inconfidência*. Rio de Janeiro: Nova Aguilar, 1972.

O poema de Cecília Meireles tem como ponto de partida um fato da história nacional, a Inconfidência Mineira. Nesse poema, a relação entre texto literário e contexto histórico indica que a produção literária é sempre uma recriação da realidade, mesmo quando faz referência a um fato histórico determinado. No poema de Cecília Meireles, a recriação se concretiza por meio:

a) do questionamento da ocorrência do próprio fato, que, recriado, passa a existir como forma poética desassociada da história nacional.
b) da descrição idealizada e fantasiosa do fato histórico, transformado em batalha épica que exalta a força dos ideais dos Inconfidentes.
c) da recusa da autora de inserir nos versos o desfecho histórico do movimento da Inconfidência: a derrota, a prisão e a morte dos Inconfidentes.
d) do distanciamento entre o tempo da escrita e o da Inconfidência, que, questionada poeticamente, alcança sua dimensão histórica mais profunda.
e) do caráter trágico, que, mesmo sem corresponder à realidade, foi atribuído ao fato histórico pela autora, a fim de exaltar o heroísmo dos Inconfidentes.

**Anotações**

# AULA 11

**Competência 1** Aplicar as tecnologias da comunicação e da informação na escola, no trabalho e em outros contextos relevantes para sua vida.

Habilidade 2 Recorrer aos conhecimentos sobre as linguagens dos sistemas de comunicação e informação para resolver problemas sociais.

## Em classe

### APREENSÃO DE SENTIDO: O CÓDIGO LINGUÍSTICO

#### Resumo teórico

No processo de interpretação de qualquer texto, existem duas etapas, dois patamares, dois níveis de leitura que se complementam: a **apreensão de sentido** e a **compreensão de sentido**. Por enquanto, vamos tratar da apreensão.

**Apreender** é o mesmo que capturar os significados inscritos da superfície textual. Para conseguir isso, há basicamente dois pré-requisitos:
- reconhecer o sentido das palavras;
- identificar as relações que existem entre elas, o modo como foram combinadas.

A apreensão dos significados inscritos no texto é sempre o primeiro instante da interpretação.

Uma boa estratégia para verificar se apreensão de sentido de um texto foi bem feita é tentar elaborar uma paráfrase dele, o que significa traduzir o texto com outras palavras, mantendo seu sentido original.

Para isso, é essencial o domínio do **código**. Assim, em primeiro lugar, é preciso possuir um bom vocabulário para apreender o sentido de um texto. Como, em certos casos, o que afeta a apreensão não é propriamente o sentido das palavras, mas a maneira como elas foram combinadas na montagem das orações, é necessário, em segundo lugar, ter domínio sobre a **organização sintática da língua**. Aqui, dois aspectos merecem maior atenção: o primeiro diz respeito à questão da ordem direta e da ordem inversa; o segundo, ao fenômeno da combinação das mesmas palavras produzindo sentidos diferentes.

**1** (Enem)

De acordo com a história em quadrinhos protagonizada por Hagar e seu filho Hamlet, pode-se afirmar que a postura de Hagar:

a) valoriza a existência da diversidade social e de culturas, e as várias representações e explicações desse universo.
b) desvaloriza a existência da diversidade social e as várias culturas, e determina uma única explicação para esse universo.
c) valoriza a possibilidade de explicar as sociedades e as culturas a partir de várias visões de mundo.
d) valoriza a pluralidade cultural e social ao aproximar a visão de mundo de navegantes e não navegantes.
e) desvaloriza a pluralidade cultural e social, ao considerar o mundo habitado apenas pelos navegantes.

**2** (Enem)

**Som de preto**

O nosso som não tem idade, não tem raça
E não tem cor.
Mas a sociedade pra gente não dá valor.
Só querem nos criticar, pensam que somos animais.
Se existia o lado ruim, hoje não existe mais,
porque o "funkeiro" de hoje em dia caiu na real.
Essa história de "porrada", isto é coisa banal
Agora pare e pense, se liga na "responsa":
se ontem foi a tempestade, hoje vira a bonança.
É som de preto
De favelado
Mas quando toca ninguém fica parado

Mc's Amilcka e Chocolate. In: Dj Marlboro. *Bem funk*. Rio de Janeiro, 2001. Adaptado.

À medida que vem ganhando espaço na mídia, o *funk* carioca vem abandonando seu caráter local, associado às favelas e à criminalidade da cidade do Rio de Janeiro, tornando-se uma espécie de símbolo da marginalização das manifestações culturais das periferias em todo o Brasil. O verso que explicita essa marginalização é:

a) "O nosso som não tem idade, não tem raça".
b) "Mas a sociedade pra gente não dá valor".
c) "Se existia o lado ruim, hoje não existe mais".
d) "Agora pare e pense, se liga na 'responsa'".
e) "se ontem foi a tempestade, hoje vira a bonança".

**3** (Enem)

A partir da metade do século XX, ocorreu um conjunto de transformações econômicas e sociais cuja dimensão é difícil de ser mensurada: a chamada explosão da informação. Embora essa expressão tenha surgido no contexto da informação científica e tecnológica, seu significado, hoje, em um contexto mais geral, atinge proporções gigantescas. Por estabelecerem novas formas de pensamento e mesmo de lógica, a informática e a internet vêm gerando impactos sociais e culturais importantes. A disseminação do microcomputador e a expansão da internet vêm acelerando o processo de globalização tanto no sentido do mercado quanto no sentido das trocas simbólicas possíveis entre sociedades e culturas diferentes, o que tem provocado e acelerado o fenômeno de hibridização amplamente caracterizado como próprio da pós-modernidade.

FERNANDES, M. F.; PARÁ, T. *A contribuição das novas tecnologias da informação na geração de conhecimento*. Disponível em: <www.coep.ufrj.br>. Acesso em: 11 ago. 2009. Adaptado.

Considerando-se o novo contexto social e econômico aludido no texto apresentado, as novas tecnologias de informação e comunicação:

a) desempenham importante papel, porque sem elas não seria possível registrar os acontecimentos históricos.
b) facilitam os processos educacionais para o ensino de tecnologia, mas não exercem influência nas ciências humanas.
c) limitam-se a dar suporte aos meios de comunicação, facilitando sobretudo os trabalhos jornalísticos.
d) contribuem para o desenvolvimento social, pois permitem o registro e a disseminação do conhecimento de forma mais democrática e interativa.
e) estão em estágio experimental, particularmente na educação, área em que ainda não demonstraram potencial produtivo.

**4** (Enem)

A discussão sobre "o fim do livro de papel" com a chegada da mídia eletrônica me lembra a discussão idêntica sobre a obsolescência do folheto de cordel. Os folhetos talvez não existam mais daqui a 100 ou 200 anos, mas, mesmo que isso aconteça, os poemas de Leandro Gomes de Barros ou Manuel Camilo dos Santos continuarão sendo publicados e lidos – em *CD-ROM*, em livro eletrônico, em "*chips* quânticos", sei lá o quê. O texto é uma espécie de alma imortal, capaz de reencarnar em corpos variados: página impressa, livro em braile, folheto, "*coffee-table book*", cópia manuscrita, arquivo *PDF*... Qualquer texto pode se reencarnar nesses (e em outros) formatos, não importa se é *Moby Dick* ou *Viagem a São Saruê*, se é *Macbeth* ou o livro de piadas do Casseta & Planeta.

TAVARES, B. Disponível em: <www.jornaldaparaiba.globo.com>.

Ao refletir sobre a possível extinção do livro impresso e o surgimento de outros suportes em via eletrônica, o cronista manifesta seu ponto de vista, defendendo que:

a) o cordel é um dos gêneros textuais, por exemplo, que será extinto com o avanço da tecnologia.
b) o livro impresso permanecerá como objeto cultural veiculador de impressões e de valores culturais.
c) o surgimento da mídia eletrônica decretou o fim do prazer de se ler textos em livros e suportes impressos.
d) os textos continuarão vivos e passíveis de reprodução em novas tecnologias, mesmo que os livros desapareçam.
e) os livros impressos desaparecerão e, com eles, a possibilidade de se ler obras literárias dos mais diversos gêneros.

## Em casa

### TEXTO DE APOIO

### 1. Apreensão de sentido

Desde a primeira prova, em 1998, o Enem sempre deu grande destaque a questões de interpretação de textos e, com toda certeza, isso não vai sofrer alteração nas próximas provas. A alta frequência estatística desse tipo de questão é consequência da pressuposição de que a proficiência em leitura é uma das competências mais decisivas para a participação ativa na vida em sociedade.

Os textos propostos para leitura são dos mais variados gêneros (crônicas, poemas, tirinhas, charges, fotos, pinturas, divulgação científica, etc.). As questões avaliam mais de uma habilidade de leitura, dentre elas a de **apreensão de sentidos** contidos no texto. Essa modalidade merece especial atenção sobretudo porque costuma ser explorada em questões de outras áreas.

### 2. O que se entende por apreensão

Tratando-se de leitura de texto, entende-se por apreensão a operação que consiste em captar, perceber os sentidos inscritos no interior do texto que está sendo lido. Todas as informações necessárias para resolver as questões de apreensão de sentido estão contidas no texto proposto para leitura. Para resolvê-las com acerto, portanto, basta captar com precisão aquilo que ele está dizendo.

O texto reproduzido a seguir, extraído da prova do Enem 2006, serve para ilustrar o que estamos chamando de questão de apreensão de sentido.

> A moderna democracia brasileira foi construída entre saltos e sobressaltos. Em 1954, a crise culminou no suicídio do presidente Vargas. No ano seguinte, outra crise quase impediu a posse do presidente eleito, Juscelino Kubitschek. Em 1961, o Brasil quase chegou à guerra civil depois da inesperada renúncia do presidente Jânio Quadros. Três anos mais tarde, um golpe militar depôs o presidente João Goulart, e o país viveu durante vinte anos em regime autoritário.
>
> A partir dessas informações, relativas à história republicana brasileira, assinale a opção correta.
>
> a) Ao término do governo João Goulart, Juscelino Kubitschek foi eleito presidente da República.
> b) A renúncia de Jânio Quadros representou a primeira grande crise do regime republicano brasileiro.
> c) Após duas décadas de governos militares, Getúlio Vargas foi eleito presidente em eleições diretas.
> d) A trágica morte de Vargas determinou o fim da carreira política de João Goulart.
> e) No período republicano citado, sucessivamente, um presidente morreu, um teve sua posse contestada, um renunciou e outro foi deposto.

Como se pode notar, está dito no texto o que vem exposto na alternativa **e**. Cada uma das ocorrências citadas vão se sucedendo do momento anterior para o posterior: em 1954 um presidente (Vargas) cometeu suicídio; no ano seguinte, quase foi impedida a posse de outro presidente (Juscelino Kubitschek); em 1961 Jânio Quadros renunciou; e, por fim, João Goulart foi deposto.

Não foi preciso ir além das informações contidas no texto proposto para detectar como correta apenas a alternativa **e**, dentre as cinco. Eis aí um exemplo típico de questão de apreensão de sentido.

### 3. Condições necessárias para a apreensão

Em primeiro lugar, é preciso ter **vocabulário**. Todos sabem que, para apreender o sentido de um texto, é necessário conhecer o significado das palavras. Tomemos como exemplo um comunicado como este:

> Prezado aluno,
> Informamos-lhe que os possíveis interessados na excursão só poderão se inscrever com a aquiescência explícita do pai ou do responsável.

Em comunicados formais como esse, podem ocorrer palavras que não fazem parte do nosso cotidiano, como "aquiescência". Em casos assim, o desconhecimento do sentido da palavra é um problema para a interpretação. Sabendo que "aquiescência" é sinônimo de *consentimento*, *aprovação*, *concordância*, o sentido do comunicado fica perfeitamente apreendido.

Esse exemplo simples serve para comprovar que o conhecimento do vocabulário é uma condição importante para a apreensão do sentido de um texto, mas não é a mais importante. Primeiro porque, nas provas do Enem, os textos são selecionados com critério, de modo que as palavras constituintes não fujam do repertório da média dos estudantes; segundo porque o contexto pode ajudar a presumir o significado aproximado de eventuais ocorrências fora desse repertório.

Por isso, também é preciso saber como se dá a **combinação** entre as palavras. Mais importante do que o conhecimento do sentido da palavra isolada é a apreensão do seu significado dentro de determinado contexto. Sabe-se que, num texto, o sentido de cada parte não é autônomo, isto é, não é independente das outras partes que o compõem. Falando em outros termos, o sentido da palavra depende do contexto em que ela está encaixada. Deve-se entender por contexto uma unidade maior na qual se encaixa outra menor. Assim, a oração funciona como contexto no qual se encaixa a palavra; o período funciona como contexto para a oração; o parágrafo, para o período; o capítulo, para o parágrafo.

Num texto, o sentido de qualquer parte (seja uma palavra ou uma unidade maior) não é solitário, mas solidário. Isso quer dizer que uma parte do texto pode adquirir o sentido oposto apenas com a mudança do contexto.

Todo texto é resultado da combinação de frases para criar uma unidade de sentido. Desse modo, o sentido de cada parte depende do contexto em que ela está inserida, e o sentido do todo depende do modo como as partes estão combinadas entre si.

### 4. A leitura fragmentária

Se é verdade que todo sentido produzido num texto é resultado de uma combinação criteriosa de frases, então é forçoso admitir que só apreende o sentido global ou sentidos parciais aquele que lê preocupado em captar as correlações estabelecidas entre elas.

Essa preocupação impõe o cuidado de fugir da leitura fragmentária, seguramente o maior defeito de leitura, exatamente porque pode levar a distorções interpretativas.

**1** (Enem)

A velha Totonha de quando em vez batia no engenho. E era um acontecimento para a meninada. [...] andava léguas e léguas a pé, de engenho a engenho, como uma edição viva das histórias de *Mil e Uma Noites* [...] era uma grande artista para dramatizar. Tinha uma memória de prodígio. Recitava contos inteiros em versos, intercalando pedaços de prosa, como notas explicativas. [...] Havia sempre rei e rainha, nos seus contos, e forca e adivinhações. O que fazia a velha Totonha mais curiosa era a cor local que ela punha nos seus descritivos. [...] Os rios e as florestas por onde andavam os seus personagens se pareciam muito com o Paraíba e a Mata do Rolo. O seu Barba-Azul era um senhor de engenho de Pernambuco.

REGO, José Lins do. *Menino de engenho*.

A cor local que a personagem velha Totonha colocava em suas histórias é ilustrada, pelo autor, na seguinte passagem:

a) "O seu Barba-Azul era um senhor de engenho de Pernambuco".

b) "Havia sempre rei e rainha, nos seus contos, e forca e adivinhações".

c) "Era uma grande artista para dramatizar. Tinha uma memória de prodígio".

d) "Andava léguas e léguas a pé, como uma edição viva das *Mil e Uma Noites*".

e) "Recitava contos inteiros em versos, intercalando pedaços de prosa, como notas explicativas".

**2** (Enem)

Do pedacinho de papel ao livro impresso vai uma longa distância. Mas o que o escritor quer, mesmo, é isso: ver o seu texto em letra de forma. A gaveta é ótima para aplacar a fúria criativa; ela faz amadurecer o texto da mesma forma que a adega faz amadurecer o vinho. Em certos casos, a cesta de papel é melhor ainda.

O período de maturação na gaveta é necessário, mas não deve se prolongar muito. "Textos guardados acabam cheirando mal", disse Silvia Plath, [...] que, com esta frase, deu testemunho das dúvidas que atormentam o escritor: publicar ou não publicar? guardar ou jogar fora?

SCLIAR, Moacyr. *O escritor e seus desafios*.

Nesse texto, o escritor Moacyr Scliar usa imagens para refletir sobre uma etapa da criação literária. A ideia de que o processo de maturação do texto nem sempre é o que garante bons resultados está sugerida na seguinte frase:

a) "A gaveta é ótima para aplacar a fúria criativa".

b) "Em certos casos, a cesta de papel é melhor ainda".

c) "O período de maturação na gaveta é necessário, [...]".

d) "Mas o que o escritor quer, mesmo, é isso: ver o seu texto em letra de forma".

e) "ela [a gaveta] faz amadurecer o texto da mesma forma que a adega faz amadurecer o vinho".

**3** (Enem) A maioria das declarações do imposto de renda é realizada pela internet, o que garante maior eficiência e rapidez no processamento das informações.

Os serviços oferecidos pelo governo via internet visam:

a) gerar mais despesas aos cofres públicos.

b) criar mais burocracia no relacionamento com o cidadão.

c) facilitar e agilizar os serviços disponíveis.

d) vigiar e controlar os atos dos cidadãos.

e) definir uma política que privilegia a alta sociedade.

**4** (Enem)

O "Portal Domínio Público", lançado em novembro de 2004, propõe o compartilhamento de conhecimento de forma equânime e gratuita, colocando à disposição de todos os usuários da internet, uma biblioteca virtual que deverá constituir referência para professores, alunos, pesquisadores e para a população em geral.

Esse portal constitui um ambiente virtual que permite a coleta, a integração, a preservação e o compartilhamento de conhecimentos, sendo seu principal objetivo o de promover o amplo acesso às obras literárias, artísticas e científicas (na forma de textos, sons, imagens e vídeos), já em domínio público ou que tenham a sua divulgação devidamente autorizada.

BRASIL. Ministério da Educação.
Disponível em: <www.dominiopublico.gov.br>.
Acesso em: 29 jul. 2009. Adaptado.

Considerando a função social das informações geradas nos sistemas de comunicação e informação, o ambiente virtual descrito no texto exemplifica:

a) a dependência das escolas públicas quanto ao uso de sistemas de informação.

b) a ampliação do grau de interação entre as pessoas, a partir de tecnologia convencional.

c) a democratização da informação, por meio da disponibilização de conteúdo cultural e científico à sociedade.

d) a comercialização do acesso a diversas produções culturais nacionais e estrangeiras via tecnologia da informação e da comunicação.

e) a produção de repertório cultural direcionado a acadêmicos e educadores.

**5** (Enem)

O hipertexto refere-se à escritura eletrônica não sequencial e não linear, que se bifurca e permite ao leitor o acesso a um número praticamente ilimitado de outros textos a partir de escolhas locais e sucessivas, em tempo real.

Assim, o leitor tem condições de definir interativamente o fluxo de sua leitura a partir de assuntos tratados no texto sem se prender a uma sequência fixa ou a tópicos estabelecidos por um autor. Trata-se de uma forma de estruturação textual que faz do leitor simultaneamente coautor do texto final. O hipertexto se caracteriza, pois, como um processo de escritura/leitura eletrônica multilinearizado, multissequencial e indeterminado, realizado em um novo espaço de escrita. Assim, ao permitir vários níveis de tratamento de um tema, o hipertexto oferece a possibilidade de múltiplos graus de profundidade simultaneamente, já que não tem sequência definida, mas liga textos não necessariamente correlacionados.

MARCUSCHI, L. A. Disponível em: <www.pucsp.br>. Acesso em: 29 jun. 2011.

O computador mudou nossa maneira de ler e escrever, e o hipertexto pode ser considerado como um novo espaço de escrita e leitura. Definido como um conjunto de blocos autônomos de texto, apresentado em meio eletrônico computadorizado e no qual há remissões associando entre si diversos elementos, o hipertexto:

a) é uma estratégia que, ao possibilitar caminhos totalmente abertos, desfavorece o leitor, ao confundir os conceitos cristalizados tradicionalmente.

b) é uma forma artificial de produção da escrita, que, ao desviar o foco da leitura, pode ter como consequência o menosprezo pela escrita tradicional.

c) exige do leitor um maior grau de conhecimentos prévios, por isso deve ser evitado pelos estudantes nas suas pesquisas escolares.

d) facilita a pesquisa, pois proporciona uma informação específica, segura e verdadeira, em qualquer *site* de busca ou *blog* oferecidos na internet.

e) possibilita ao leitor escolher seu próprio percurso de leitura, sem seguir sequência predeterminada, constituindo-se em atividade mais coletiva e colaborativa.

# AULA 12

**Competência 1** Aplicar as tecnologias da comunicação e da informação na escola, no trabalho e em outros contextos relevantes para sua vida.

Habilidade 4 Reconhecer posições críticas aos usos sociais que são feitos das linguagens e dos sistemas de comunicação e informação.

## Em classe

### DISTRATORES: PROBLEMAS DE APREENSÃO

### Resumo teórico

Como princípio geral, para evitar distorções interpretativas no nível da apreensão de sentido, deve-se evitar a leitura fragmentária e esforçar-se por descobrir as diferentes relações estabelecidas entre as frases que compõem o texto inteiro. O leitor desavisado tende a cometer essas distorções interpretativas sobretudo quando faz uma leitura apressada. Eis as principais:

- **Intromissão discursiva ou transfusão de ideias** – injetar nos textos significados que fazem parte de crenças do leitor ou que o beneficiariam de algum modo.
- **Generalização** – estender para o todo algo que, no texto, só se refere a uma parte.
- **Restrição de uma afirmação geral** – particularizar uma afirmação de caráter geral ou, falando em outros termos, restringir apenas a uma parte algo que foi afirmado sobre o todo.

- **Embaralhamento de ideias** – captar de partes dispersas do texto um sentido adulterado, sem observar o tipo de relação que o texto estabelece entre todas as suas partes.
- **Distorções do sentido das palavras** – decifrar o sentido da palavra sem considerar o contexto em que ela está inscrita. Como se sabe, num texto, a palavra pode ter o sentido oposto ao que ela tem fora dele.
- **Dedução de relação não contida** – tirar conclusões para as quais o texto não fornece antecedentes. Normalmente, essa distorção decorre da pretensão de encontrar no texto apoio para as convicções ou crenças do leitor.
- **Erro de mau processamento de dados contidos no texto** – recolher dados expostos no texto e fazer operações ou cálculos equivocados com eles (por exemplo, tirar conclusões equivocadas a partir de dados estatísticos).

**1** (Enem)

Cada vez mais, as pessoas trabalham e administram serviços de suas casas, como mostra a pesquisa realizada em 1993 pela Fundação Europeia para a Melhoria da Qualidade de Vida e Ambiente de Trabalho. Por conseguinte, a "centralidade da casa" é uma tendência importante da nova sociedade. Porém, não significa o fim da cidade, pois locais de trabalho, escolas, complexos médicos, postos de atendimento ao consumidor, áreas recreativas, ruas comerciais, *shopping centers*, estádios de esportes e parques ainda existem e continuarão existindo.

E as pessoas deslocar-se-ão entre todos esses lugares com mobilidade crescente, exatamente devido à flexibilidade recém-conquistada pelos sistemas de trabalho e integração social em redes: como o tempo fica mais flexível, os lugares tornam-se mais singulares à medida que as pessoas circulam entre elas em um padrão cada vez mais móvel.

CASTELLS, M. *A sociedade em rede.* São Paulo: Paz e Terra, 2002. v. 1.

As tecnologias de informação e comunicação têm a capacidade de modificar, inclusive, a forma das pessoas trabalharem. De acordo com o proposto pelo autor:

a) a "centralidade da casa" tende a concentrar as pessoas em suas casas e, consequentemente, reduzir a circulação das pessoas nas áreas comuns da cidade, como ruas comerciais e *shopping centers*.
b) as pessoas irão se deslocar por diversos lugares, com mobilidade crescente, propiciada pela flexibilidade recém-conquistada pelos sistemas de trabalho e pela integração social em redes.
c) cada vez mais as pessoas trabalham e administram serviços de suas casas, tendência que deve diminuir com o passar dos anos.
d) o deslocamento das pessoas entre diversos lugares é um dos fatores causadores do estresse nos grandes centros urbanos.
e) o fim da cidade será uma das consequências inevitáveis da mobilidade crescente.

**2** (Enem)

No Brasil, a condição cidadã, embora dependa da leitura e da escrita, não se basta pela enunciação do direito, nem pelo domínio desses instrumentos, o que, sem dúvida, viabiliza melhor participação social. A condição cidadã depende, seguramente, da ruptura com o ciclo da pobreza, que penaliza um largo contingente populacional.

*Formação de leitores e construção da cidadania, memória e presença do Proler.* Rio de Janeiro: FBN, 2008.

Ao argumentar que a aquisição das habilidades de leitura e escrita não são suficientes para garantir o exercício da cidadania, o autor:

a) critica os processos de aquisição da leitura e da escrita.
b) fala sobre o domínio da leitura e da escrita no Brasil.
c) incentiva a participação efetiva na vida da comunidade.
d) faz uma avaliação crítica a respeito da condição cidadã do brasileiro.
e) define instrumentos eficazes para elevar a condição social da população do Brasil.

**3** (Enem)

**A herança cultural da Inquisição**

A Inquisição gerou uma série de comportamentos humanos defensivos na população da época, especialmente por ter perdurado na Espanha e em Portugal durante quase 300 anos, ou no mínimo quinze gerações.

Embora a Inquisição tenha terminado há mais de um século, a pergunta que fiz a vários sociólogos, historiadores e psicólogos era se alguns desses comportamentos culturais não poderiam ter-se perpetuado entre nós.

Na maioria, as respostas foram negativas, ou seja, embora alterasse sem dúvida o comportamento da época, nenhum comportamento permanece tanto tempo depois, sem reforço ou estímulo continuado.

Não sou psicólogo nem sociólogo para discordar, mas tenho a impressão de que existem alguns comportamentos estranhos na sociedade brasileira, e que fazem sentido se você os considerar resquícios da era da Inquisição. [...]

KANITZ, S. A herança cultural da Inquisição. In: Revista *Veja*. ano 38, n. 5, 2 fev. 2005.

Considerando-se o posicionamento do autor do fragmento a respeito de comportamentos humanos, o texto:

a) enfatiza a herança da Inquisição em comportamentos culturais observados em Portugal e na Espanha.
b) contesta sociólogos, psicólogos e historiadores sobre a manutenção de comportamentos gerados pela Inquisição.
c) contrapõe argumentos de historiadores e sociólogos a respeito de comportamentos culturais inquisidores.
d) relativiza comportamentos originados na Inquisição e observados na sociedade brasileira.
e) questiona a existência de comportamentos culturais brasileiros marcados pela herança da Inquisição.

## Em casa

### TEXTO DE APOIO

### Distorções de leitura: caminhos a evitar

Existem certas distorções interpretativas, comumente cometidas por um leitor desavisado, sobretudo quando faz uma leitura apressada dos textos. Conhecer tais distorções é passo importante para evitar conclusões precipitadas ao interpretar um texto. Isso porque as alternativas erradas (ou seja, aquelas em que se fazem afirmações incorretas sobre o texto apresentado pela banca examinadora) costumeiramente contêm distratores baseados justamente nas distorções interpretativas mais comuns.

Para invalidar asserções incorretas sobre um texto, sugerimos lançar mão do que chamaremos de "teoria do X": identificado numa alternativa qualquer um dos distratores que listaremos a seguir, tem-se argumento irrefutável para desconsiderar a hipótese interpretativa nela apresentada.

Comecemos a analisar os distratores mais frequentes. Tomemos o seguinte texto como suporte:

**Um filósofo reconhecível**

*Sócrates [...] jamais afirmou sua própria sabedoria. De fato, ele declarou categoricamente que era tão ignorante sobre si quanto os demais eram sobre eles mesmos. Ele simplesmente queria assinalar essa falta geral de autoconhecimento para que as pessoas pudessem fazer alguma coisa a respeito e observar seus próprios pensamentos e comportamentos de forma mais profunda e significativa. Sócrates foi, assim, o primeiro filósofo a valorizar as formas de pensamento reflexivo. Pode, portanto, ser visto como a primeira pessoa facilmente reconhecível como um filósofo.*

**Generalização**

- Os indivíduos que valorizam as formas de pensamento reflexivo são denominados filósofos.

Note: o fragmento explicita apenas que "Sócrates foi [...] o primeiro filósofo a valorizar as formas de pensamento reflexivo", mas não se afirma que todos dedicados a tal modo de pensar sejam igualmente filósofos. Os atributos de valorizar a reflexão e ser filósofo restringem-se no texto à figura de Sócrates, não podendo ser generalizados a um grupo maior.

**Embaralhamento de ideias**

• Sócrates foi o primeiro filósofo a declarar categoricamente sua ignorância sobre si mesmo.

Note: o distrator que invalida essa interpretação consiste em embaralhar partes que realmente estão presentes no texto, mas não têm relação direta uma com a outra: Sócrates de fato declarou que era ignorante sobre si mesmo; há também no texto a afirmação de que "Sócrates foi o primeiro filósofo", mas o primeiro "a valorizar as formas de pensamento reflexivo", e não o primeiro a declarar sua ignorância sobre si mesmo.

**Distorção do sentido das palavras**

• Sócrates pode ser considerado como o primeiro pensador reconhecido como filósofo.

Note: a afirmação do fragmento é a de que "Sócrates é a primeira pessoa facilmente reconhecível como um filósofo", ou seja, ele é o primeiro pensador que *pode ser* facilmente identificado como filósofo. Não se faz referência, portanto, a uma situação de fato. "Reconhecível" é o que tem a **possibilidade** de ser reconhecido; "reconhecido", o que de fato **desfruta de reconhecimento**.

Outra distorção comum de leitura se dá com o "mau processamento de dados contidos no texto". Vejamos um exemplo desse distrator. Em 12 de abril de 2007, o portal de notícias *Folha On-line* publicou o seguinte título: "OAB aprova 13,56% dos inscritos no exame de Ordem". Comparando este resultado com o de provas anteriores, o texto se encerra com estes dados: "O índice de aprovação ficou próximo das edições dos exames 129 (9,79%), 128 (11,4%), 126 (12%) e 124 (8,57%)".

Suponha que, ao analisar os dados, um leitor do jornal chegasse a esta conclusão:

A aprovação de 13,56% dos inscritos significa que, considerando-se os últimos cinco exames, foi neste que maior número de bacharéis conseguiu de fato ingressar na Ordem.

De fato, a porcentagem de aprovados no exame em questão foi superior à dos quatro exames anteriores. Entretanto isso não permite afirmar que, em números absolutos, a OAB tenha concedido licença para a maior quantidade de bacharéis.

Com base exclusivamente no texto, não se sabe se o número de inscritos nesse exame foi superior ao dos anteriores. Sem conhecer o número de inscritos em cada um dos exames confrontados, não é possível calcular o número dos aprovados (13,56% de 1000 é bem menor que 12% de 2000).

Vejamos outro texto, para ilustrar os demais distratores:

**Um homem metafísico**

*A filosofia de Descartes foi basicamente uma tentativa de calar os céticos que sustentavam a ideia de que não podíamos conhecer nada. Para isso, buscou como exemplo algo tão obviamente verdadeiro que só um louco negaria.*

[...]

**Banindo os demônios**

*Para tal fim, Descartes inventou um gênio maligno. Imagine, disse ele, que sua mente fosse controlada por um gênio diabólico que fizesse que todas as suas crenças fossem completamente falsas. Como você saberia se todas elas não seriam causadas por esse gênio maligno? Descartes pensou que possuía uma ideia verdadeira que nem o gênio maligno poderia tornar falsa: a ideia de que ele pensava – pois um pensamento enganoso ainda assim é um pensamento! Ninguém pode duvidar de que pensa, pois a própria dúvida é um pensamento... HEURECA!*

*O cético tinha sido silenciado e Descartes tinha encontrado seu exemplo de conhecimento indubitável. Essa fórmula está contida em sua famosa máxima* "Cogito ergo sum", *"Penso, logo existo".*

**Intromissão discursiva ou transfusão de ideias**

- Os filósofos nunca aceitam um conhecimento antes de comprová-lo.

Note: tal afirmação sobre os filósofos se manifesta mais como uma impressão generalizada do senso comum sobre eles do que como resultado da leitura desse fragmento. Segundo o texto, porém, essa afirmação não se aplica aos filósofos céticos, que simplesmente não admitem a possibilidade de comprovar qualquer conhecimento.

**Restrição de uma afirmação geral**

- Os céticos negam a possibilidade de adquirir apenas certo tipo de conhecimento.

Note: o distrator que torna essa afirmação equivocada consiste em restringir a negação dos céticos apenas a um subconjunto de conhecimentos. Na verdade, ela se aplica ao conjunto todo, pois defendiam "a ideia de que não podíamos conhecer nada".

**Dedução de relação não contida**

- Em sua famosa frase "Penso, logo existo", Descartes afirma que o pensamento é a causa da sua própria existência.

Note: segundo a frase de Descartes, o ato de pensar tem como resultado a consciência que o homem adquire da sua própria existência, e não a sua existência em si mesma.

**Texto para as questões 1 e 2**

A carreira do crime

Estudo feito por pesquisadores da Fundação Oswaldo Cruz sobre adolescentes recrutados pelo tráfico de drogas nas favelas cariocas expõe as bases sociais dessas quadrilhas, contribuindo para explicar as dificuldades que o Estado enfrenta no combate ao crime organizado.

O tráfico oferece aos jovens de escolaridade precária (nenhum dos entrevistados havia completado o Ensino Fundamental) um plano de carreira bem estruturado, com salários que variam de R$ 400,00 a R$ 12.000,00 mensais. Para uma base de comparação, convém notar que, segundo dados do IBGE de 2001, 59% da população brasileira com mais de dez anos que declara ter uma atividade remunerada ganha no máximo o "piso salarial" oferecido pelo crime. Dos traficantes ouvidos pela pesquisa, 25% recebiam mais de R$ 2.000,00 mensais; já na população brasileira essa taxa não ultrapassa 6%.

Tais rendimentos mostram que as políticas sociais compensatórias, como o Bolsa-Escola (que paga R$ 15,00 mensais por aluno matriculado), são por si só incapazes de impedir que o narcotráfico continue aliciando crianças provenientes de estratos de baixa renda: tais políticas aliviam um pouco o orçamento familiar e incentivam os pais a manterem os filhos estudando, o que de modo algum impossibilita a opção pela deliquência. No mesmo sentido, os programas voltados aos jovens vulneráveis ao crime organizado (circo-escolas, oficinas de cultura, escolinhas de futebol) são importantes, mas não resolvem o problema.

A única maneira de reduzir a atração exercida pelo tráfico é a repressão, que aumenta os riscos para os que escolhem esse caminho. Os rendimentos pagos aos adolescentes provam isso: eles são elevados precisamente porque a possibilidade de ser preso não é desprezível. É preciso que o Executivo federal e os estaduais desmontem as organizações paralelas erguidas pelas quadrilhas, para que a certeza de punição elimine o fascínio dos salários do crime.

Editorial. *Folha de S.Paulo*, 15 jan. 2003.

**1** (Enem) No Editorial, o autor defende a tese de que "as políticas sociais que procuram evitar a entrada dos jovens no tráfico não terão chance de sucesso enquanto a remuneração oferecida pelos traficantes for tão mais compensatória que aquela oferecida pelos programas do governo". Para comprovar sua tese, o autor apresenta:

a) instituições que divulgam o crescimento de jovens no crime organizado.

b) sugestões que ajudam a reduzir a atração exercida pelo crime organizado.

c) políticas sociais que impedem o aliciamento de crianças no crime organizado.

d) pesquisadores que se preocupam com os jovens envolvidos no crime organizado.

e) números que comparam os valores pagos entre os programas de governo e o crime organizado.

**2** (Enem) Com base nos argumentos do autor, o texto aponta para:

a) uma denúncia de quadrilhas que se organizam em torno do narcotráfico.

b) a constatação de que o narcotráfico restringe-se aos centros urbanos.

c) a informação de que as políticas sociais compensatórias eliminarão a atividade criminosa a longo prazo.

d) o convencimento do leitor de que para haver a superação do problema do narcotráfico é preciso aumentar a ação policial.

e) uma exposição numérica realizada com o fim de mostrar que o negócio do narcotráfico é vantajoso e sem riscos.

**3** (Enem)

**Texto I**

O Brasil sempre deu respostas rápidas através da solidariedade do seu povo. Mas a mesma força que nos motiva a ajudar o próximo deveria também nos motivar a ter atitudes cidadãs. Não podemos mais transferir a culpa para quem é vítima ou até mesmo para a própria natureza, como se essa seguisse a lógica humana. Sobram desculpas esfarrapadas e falta competência da classe política.

Cartas. *IstoÉ*. 28 abr. 2010.

**Texto II**

Não podemos negar ao povo sofrido todas as hipóteses de previsão dos desastres. Demagogos culpam os moradores; o governo e a prefeitura apelam para as pessoas saírem das áreas de risco e agora dizem que será compulsória a realocação. Então temos a realocar o Brasil inteiro! Criemos um serviço, similar ao SUS, com alocação obrigatória de recursos orçamentários com rede de atendimento preventivo, onde participariam arquitetos, engenheiros, geólogos. Bem ou mal, esse "SUS" organizaria brigadas nos locais. Nos casos da dengue, por exemplo, poderia verificar as condições de acontecer epidemias. Seriam boas ações preventivas.

Carta do leitor. *Carta Capital*. 28 abr. 2010. Adaptado.

Os textos apresentados expressam opiniões de leitores acerca de relevante assunto para a sociedade brasileira.

Os autores dos dois textos apontam para a:

a) necessidade de trabalho voluntário contínuo para a resolução das mazelas sociais.

b) importância de ações preventivas para evitar catástrofes, indevidamente atribuídas aos políticos.

c) incapacidade política para agir de forma diligente na resolução das mazelas sociais.

d) urgência de se criarem novos órgãos públicos com as mesmas características do SUS.

e) impossibilidade de o homem agir de forma eficaz ou preventiva diante das ações da natureza.

**4** (Enem)

A palavra "tatuagem" é relativamente recente. Toda a gente sabe que foi o navegador Cook que a introduziu no Ocidente, e esse escrevia **tattou**, termo da Polinésia de **tatou** ou **tu tahou**, "desenho".

[...] Desde os mais remotos tempos, vêmo-la a transformar-se: distintivo honorífico entre uns homens, ferrete de ignomínia entre outros, meio de assustar o adversário para os bretões, marca de uma classe de selvagens das ilhas marquesas [...], sinal de amor, de desprezo, de ódio [...]. Há três casos de tatuagem no Rio, completamente diversos na sua significação moral: os negros, os turcos com o fundo religioso e o bando de meretrizes, dos rufiões e dos humildes, que se marcam por crime ou por ociosidade.

RIO, João do. Os tatuadores. *Kosmos*, 1904.
In: *A alma encantada das ruas*. São Paulo: Companhia das Letras, 1999.

Com base no texto são feitas as seguintes afirmações:

I. João do Rio revela como a tatuagem já estava presente na cidade do Rio de Janeiro, pelo menos desde o início do século XX, e era mais utilizada por alguns setores da população.

II. A tatuagem, de origem polinésia, difundiu-se no Ocidente com a característica que permanece até hoje: utilização entre os jovens com função estritamente estética.

III. O texto mostra como a tatuagem é uma prática que se transforma no tempo e que alcança inúmeros sentidos nos diversos setores das sociedades e para as diferentes culturas.

Está correto o que se afirma apenas em:

a) I.

b) II.

c) III.

d) I e II.

e) I e III.

# AULA 13

**Competência 7** Confrontar opiniões e pontos de vista sobre as diferentes linguagens e suas manifestações específicas.

Habilidade 23 Inferir em um texto quais são os objetivos de seu produtor e quem é seu público-alvo, pela análise dos procedimentos argumentativos utilizados.

## Em classe

### COMPREENSÃO DE SENTIDO: O REPERTÓRIO

#### Resumo teórico

A segunda etapa do processo de interpretação de qualquer texto, sempre posterior à apreensão de sentido, é a da **compreensão de sentido**.

**Compreender** o sentido é relacionar os significados apreendidos com outras informações do nosso conhecimento de mundo (ou seja, dados que estão em outros textos do contexto cultural). Assim, a passagem da apreensão para a compreensão consiste em:

- associar o sentido do texto lido com outros textos já produzidos;
- associar o sentido do texto lido com o conjunto de informações que circulam na sociedade.

**1** (Enem)

Há cerca de dez anos, estimava-se que 11,2% da população brasileira poderiam ser considerados dependentes de álcool. Esse índice, dividido por gênero, apontava que 17,1% da população masculina e 5,7% da população feminina eram consumidores da bebida. Quando analisada a distribuição etária desse consumo, outro choque: a pesquisa evidenciou que 41,2% de estudantes da educação básica da rede pública brasileira já haviam feito uso de álcool.

Dados atuais apontam que a porcentagem de dependentes de álcool subiu para 15%. Estima-se que o país gaste 7,3% do PIB por ano para tratar de problemas relacionados ao alcoolismo, desde o tratamento de pacientes até a perda da produtividade no trabalho.

A indústria do álcool no Brasil, que produz do açúcar ao álcool combustível, movimenta 3,5% do PIB.

*Revista Brasileira de Psiquiatria*, v. 28, n. 4, dez./2006. Disponível em: <www.alcoolismo.com.br>. Adaptado.

A partir dos dados apresentados, conclui-se que:

a) o país, para tratar pessoas com problemas provocados pelo alcoolismo, gasta o dobro do que movimenta para produzir bebida alcoólica.

b) o aumento do número de brasileiros dependentes de álcool acarreta decréscimo no percentual do PIB gasto no tratamento dessas pessoas.

c) o elevado percentual de estudantes que já consumiram bebida alcoólica é indicativo de que o consumo do álcool é problema que deve ser enfrentado pela sociedade.

d) as mulheres representam metade da população brasileira dependente de álcool.

e) o aumento na porcentagem de brasileiros dependentes de álcool deveu-se, basicamente, ao crescimento da indústria do álcool.

**2** (Enem) O texto foi extraído da peça *Troilo e Créssida* de William Shakespeare, escrita, provavelmente, em 1601.

Os próprios céus, os planetas, e este centro reconhecem graus, prioridade, classe, constância, marcha, distância, estação, forma, função e regularidade, sempre iguais; eis porque o glorioso astro Sol está em nobre eminência entronizado e centralizado no meio dos outros, e o seu olhar benfazejo corrige os maus aspectos dos planetas malfazejos, e, qual rei que comanda, ordena sem entraves aos bons e aos maus. (personagem Ulysses, Ato I, cena III).

SHAKESPEARE, W. *Troilo e Créssida*. Porto: Lello & Irmão, 1948.

A descrição feita pelo dramaturgo renascentista inglês se aproxima da teoria:

a) geocêntrica do grego Claudius Ptolomeu.
b) da reflexão da luz do árabe Alhazen.
c) heliocêntrica do polonês Nicolau Copérnico.
d) da rotação terrestre do italiano Galileu Galilei.
e) da gravitação universal do inglês Isaac Newton.

**3** (Enem) As tecnologias de informação e comunicação (TIC) vieram aprimorar ou substituir meios tradicionais de comunicação e armazenamento de informações, tais como o rádio e a TV analógicos, os livros, os telégrafos, o fax, etc. As novas bases tecnológicas são mais poderosas e versáteis, introduziram fortemente a possibilidade de comunicação interativa e estão presentes em todos os meios produtivos da atualidade. As novas TIC vieram acompanhadas da chamada Digital Divide, Digital Gap ou Digital Exclusion, traduzidas para o português como Divisão Digital ou Exclusão Digital, sendo, às vezes, também usados os termos Brecha Digital ou Abismo Digital. Nesse contexto, a expressão Divisão Digital refere-se a:

a) uma classificação que caracteriza cada uma das áreas nas quais as novas TIC podem ser aplicadas, relacionando os padrões de utilização e exemplificando o uso dessas TIC no mundo moderno.
b) uma relação das áreas ou subáreas de conhecimento que ainda não foram contempladas com o uso das novas tecnologias digitais, o que caracteriza uma brecha tecnológica que precisa ser minimizada.
c) uma enorme diferença de desempenho entre os empreendimentos que utilizam as tecnologias digitais e aqueles que permaneceram usando métodos e técnicas analógicas.
d) um aprofundamento das diferenças sociais já existentes, uma vez que se torna difícil a aquisição de conhecimentos e habilidades fundamentais pelas populações menos favorecidas nos novos meios produtivos.
e) uma proposta de educação para o uso de novas pedagogias com a finalidade de acompanhar a evolução das mídias e orientar a produção de material pedagógico com apoio de computadores e outras técnicas digitais.

**4** (Enem)

O convívio com outras pessoas e os padrões sociais estabelecidos moldam a imagem corporal na mente das pessoas. A imagem corporal idealizada pelos pais, pela mídia, pelos grupos sociais e pelas próprias pessoas desencadeia comportamentos estereotipados que podem comprometer a saúde. A busca pela imagem corporal perfeita tem levado muitas pessoas a procurar alternativas ilegais e até mesmo nocivas à saúde.

*Revista Corpoconsciência*. Santo André: Fefisa, v. 10, n. 2, jul./dez. 2006. Adaptado.

A imagem corporal tem recebido grande destaque e valorização na sociedade atual. Como consequência:

a) a ênfase na magreza tem levado muitas mulheres a depreciar sua autoimagem, apresentando insatisfação crescente com o corpo.
b) as pessoas adquirem a liberdade para desenvolver seus corpos de acordo com critérios estéticos que elas mesmas criam e que recebem pouca influência do meio em que vivem.
c) a modelagem corporal é um processo em que o indivíduo observa o comportamento de outros, sem, contudo, imitá-los.
d) o culto ao corpo produz uma busca incansável, trilhada por meio de árdua rotina de exercícios, com pouco interesse no aperfeiçoamento estético.
e) o corpo tornou-se um objeto de consumo importante para as pessoas criarem padrões de beleza que valorizam a raça à qual pertencem.

**Anotações**

## Em casa

### TEXTO DE APOIO

### Compreensão de sentido

Como já visto, no processo de interpretação de qualquer texto, existem dois patamares, dois níveis de leitura que se complementam: a **apreensão** e a **compreensão de sentido**.

Para que ocorra a **compreensão**, é preciso ir além da simples apreensão dos significados, articulando o que foi lido ao nosso **repertório cultural**, à nossa **memória discursiva**.

Isso significa que, para entender efetivamente um texto, é necessário apreender não só seu significado interno, mas perceber em que medida se relaciona com outros textos. Ou seja, é fundamental trazer informações exteriores ao texto para complementá-lo.

Por isso, não é raro que um texto, mesmo sem apresentar maiores dificuldades linguísticas (relativas, portanto, ao código), seja absolutamente incompreensível para um leitor desprovido de alguma informação corriqueira do cenário cultural. Dada a informação, a dificuldade desaparece por completo, e a interpretação fica banal. É o que vem demonstrado num anúncio publicitário de uma confecção de roupas masculinas, publicado na *Folha de S.Paulo* nas proximidades de Natal de 1992, em que a imagem de um modelo vestido elegantemente, de terno e gravata, vem seguida desta legenda:

25 de dezembro
com *preço*
da 25 de Março



4 dez. 1992, p. 2-1.

Neste anúncio, as palavras são simples e a combinação entre elas não traz nenhum obstáculo à leitura. A maioria das pessoas que mora na cidade de São Paulo ou que conhece a cidade não sente a menor dificuldade para entendê-lo. Mas o mesmo anúncio pode ser incompreensível para alguém que não conheça a capital paulista.

Por quê?

Porque esse anúncio pressupõe informações que devem fazer parte do repertório cultural (ou do conhecimento de mundo) do leitor, tais como:

- que **25 de dezembro**, dia de Natal, é uma data em que se costumam dar presentes de boa qualidade;
- que **25 de Março** é uma rua da cidade de São Paulo, famosa por vender produtos a preços muito mais baixos que os do mercado em geral, mas sem sofisticação. É uma rua de comércio popular.

Com esses dados, a mensagem do texto publicitário fica evidente: nas lojas da marca, o comprador vai encontrar produtos de alta qualidade (dignos de serem dados no Natal), mas com preços acessíveis (comparáveis aos da Rua 25 de Março). Mas só os preços, a qualidade não. Convém notar que a palavra *preço* vem escrita em itálico para reforçar que as roupas produzidas pelo anunciante são comparáveis às da 25 de Março apenas nesse quesito. Na sofisticação, no bom gosto, no capricho da confecção, porém, não se comparam.

**1** (Enem)

Os melhores críticos da cultura brasileira trataram-na sempre no plural, isto é, enfatizando a coexistência no Brasil de diversas culturas. Arthur Ramos distingue as culturas não europeias (indígenas, negras) das europeias (portuguesa, italiana, alemã, etc.), e Darcy Ribeiro fala de diversos Brasis: crioulo, caboclo, sertanejo, caipira e de Brasis sulinos, a cada um deles correspondendo uma cultura específica.

MORAIS, F. *O Brasil na visão do artista*: o país e sua cultura. São Paulo: Sudameris, 2003.

Considerando a hipótese de Darcy Ribeiro de que há vários Brasis, a opção em que a obra mostrada representa a arte brasileira de origem negro-africana é:

a) 

Rubem Valentim. Disponível em: <www.ocaixote.com.br>. Acesso: em: 9 jul. 2009.

b) 

Athos Bulcão. Disponível em: <www.irbr.mre.gov.br>. Acesso: em: 9 jul. 2009.

c) 

Rubens Gerchman. Disponível em: <www.itaucultural.org.br>. Acesso em: 6 jul. 2009.

d) 

Victor Vassarely. Disponível em: <www.masterworksfineart.com>. Acesso em: 5 jul. 2009.

e) 

FOTOS: © ENEM

Gougon. Disponível em: <www.ocaixote.com.br>. Acesso em: 5 set. 2009.

**2** (Enem)

Nunca se falou e se preocupou tanto com o corpo como nos dias atuais. É comum ouvirmos anúncios de uma nova academia de ginástica, de uma nova forma de dieta, de uma nova técnica de autoconhecimento e outras práticas de saúde alternativa, em síntese, vivemos nos últimos anos a redescoberta do prazer, voltando nossas atenções ao nosso próprio corpo. Essa valorização do prazer individualizante se estrutura em um verdadeiro culto ao corpo, em analogia a uma religião, assistimos hoje ao surgimento de novo universo: a corpolatria.

CODO, W.; SENNE, W. *O que é corpo(latria)*. São Paulo: Brasiliense, 1985. (Primeiros passos). Adaptado.

Sobre esse fenômeno do homem contemporâneo presente nas classes sociais brasileiras, principalmente, na classe média, a corpolatria:

a) é uma religião pelo avesso, por isso outra religião; inverteram-se os sinais, a busca da felicidade eterna antes carregava em si a destruição do prazer, hoje implica o seu culto.
b) criou outro ópio do povo, levando as pessoas a buscarem cada vez mais grupos igualitários de integração social.
c) é uma tradução dos valores das sociedades subdesenvolvidas, mas em países considerados do primeiro mundo ela não consegue se manifestar porque a população tem melhor educação e senso crítico.
d) tem como um de seus dogmas o narcisismo, significando o "amar o próximo como se ama a si mesmo".
e) existe desde a Idade Média, entretanto esse acontecimento se intensificou a partir da Revolução Industrial no século XIX e se estendeu até os nossos dias.

**3** (Enem)

© ENEM

O efeito de humor foi um recurso utilizado pelo autor da tirinha para mostrar que o pai de Mafalda:

a) revelou desinteresse na leitura do dicionário.
b) tentava ler um dicionário, que é uma obra muito extensa.
c) causou surpresa em sua filha, ao se dedicar à leitura de um livro tão grande.
d) queria consultar o dicionário para tirar uma dúvida, e não ler o livro, como sua filha pensava.
e) demonstrou que a leitura do dicionário o desagradou bastante, fato que decepcionou muito sua filha.

**4** (Enem)

Cada um dos três séculos anteriores foi dominado por uma única tecnologia. O século XVIII foi a época dos grandes sistemas mecânicos que acompanharam a Revolução Industrial. O século XIX foi a era das máquinas a vapor. As principais conquistas do século XX se deram no campo da aquisição, do processamento e da distribuição de informações. Entre outros desenvolvimentos, vimos a instalação das redes de telefonia em escala mundial, a invenção do rádio e da televisão, o nascimento e crescimento sem precedentes da indústria de informática e o lançamento de satélites de comunicação.

TANENBAUM, Andrew S. *Redes de computadores*. Rio de Janeiro: Elsevier, 2003.

A fusão dos computadores e das comunicações teve profunda influência na organização da sociedade, conforme se verifica pela afirmação:

a) A abrangência da internet não impactou a sociedade como a Revolução Industrial.
b) O telefone celular mudou o comportamento social, mas não impactou na disponibilidade de informações.
c) A invenção do rádio foi possível com o lançamento de satélites que proporcionam a transposição de fronteiras.
d) A televisão não atingiu toda a sociedade devido ao alto custo de implantação e disseminação.
e) As redes de computadores, nos quais os trabalhos são realizados por grande número de computadores separados, mas interconectados, promoveram a aproximação das pessoas.

**5** (Enem) Em uma escola, com o intuito de valorizar a diversidade do patrimônio etnocultural brasileiro, os estudantes foram distribuídos em grupos para realizar uma tarefa referente às características atuais das diferentes regiões brasileiras, a partir do seguinte quadro:

| Região | Norte | Nordeste | Centro-Oeste | Sul | Sudeste |
|---|---|---|---|---|---|
| Alimentação | peixe | carne de sol | prato com milho e mandioca | churrasco | |
| Música | ciranda | baião | música sertaneja | vaneirão | |
| Ponto turístico | Zona Franca de Manaus | praias do litoral | Pantanal | Serra de Gramado | |
| Tipo característico | seringueiro | baiana | vaqueiro | prenda | |

Considerando a sequência de características apresentadas, os elementos adequados para compor o quadro da região Sudeste são:
a) mate amargo, embolada, elevador Lacerda, peão de estância.
b) acarajé, axé, Cristo Redentor, piá.
c) vatapá, Carnaval, bumba meu boi, industrial.
d) café, samba, Cristo Redentor, operário fabril.
e) sertanejo, pipoca, folia de Reis, Brasília.

**6** (Enem) Luciana trabalha em uma loja de venda de carros. Ela tem um papel muito importante de fazer a conexão entre os vendedores, os compradores e o serviço de acessórios. Durante o dia, ela se desloca inúmeras vezes da sua mesa para resolver os problemas dos vendedores e dos compradores. No final do dia, Luciana só pensa em deitar e descansar as pernas.

Na função de chefe preocupado com a produtividade (número de carros vendidos) e com a saúde e a satisfação dos seus funcionários, a atitude correta frente ao problema seria:
a) propor a criação de um programa de ginástica laboral no início da jornada de trabalho.
b) sugerir a modificação do piso da loja para diminuir o atrito do solo e reduzir as dores nas pernas.
c) afirmar que os problemas de dores nas pernas são causados por problemas genéticos.
d) ressaltar que a utilização de roupas bonitas e do salto alto são condições necessárias para compor o bom aspecto da loja.
e) escolher um de seus funcionários para conduzir as atividades de ginástica laboral em intervalos de 2 em 2 horas.

**Anotações**

# AULA 14

**Competência 7** Confrontar opiniões e pontos de vista sobre as diferentes linguagens e suas manifestações específicas.

Habilidade 22 Relacionar, em diferentes textos, opiniões, temas, assuntos e recursos linguísticos.

## Em classe

### INTERTEXTUALIDADE

#### Resumo teórico

De maneira programada ou não, explicitamente ou não, todo texto faz algum tipo de referência a outros textos. Quantas vezes, ao ler um editorial de jornal, não nos deparamos com alusões que atestam que o enunciador daquele editorial tem informações para escrever sobre aquele determinado assunto? Em outras palavras, quantas vezes não percebemos as **relações intertextuais** que estão sendo estabelecidas no texto que estamos lendo?

Isso significa que o produtor de qualquer texto deixa transparecer nos enunciados suas influências ideológicas e suas referências culturais, ou seja, ele se vale da intertextualidade para produzir seus textos. Analogamente, um bom leitor é aquele capaz de desvendar essas relações intertextuais e, com isso, identificar todas as "vozes" que aparecem sob os enunciados.

Podemos ainda dizer que as relações intertextuais – que podem ser construídas por citação, alusão ou estilização – subdividem-se em relações **cúmplices** (quando os textos que dialogam trabalham com os mesmo valores) e **polêmicas** (quando trabalham com valores diferentes).

**1** (Enem)

© ENEM

*Índio Tapuia*, de Albert Eckhout (1610-1666). Disponível em: <www.diaadia.pr.gov.br>. Acesso em: 9 jul. 2009.

A feição deles é serem pardos, maneira d'avermelhados, de bons rostos e bons narizes, bem feitos. Andam nus, sem nenhuma cobertura, nem estimam nenhuma cousa cobrir, nem mostrar suas vergonhas. E estão acerca disso com tanta inocência como têm em mostrar o rosto.

CAMINHA, P. V. de. *A carta*. Disponível em: <www.dominiopublico.gov.br>. Acesso em: 12 ago. 2009.

Ao se estabelecer uma relação entre a obra de Eckhout e o trecho do texto de Caminha, conclui-se que:

a) ambos se identificam pelas características estéticas marcantes, como tristeza e melancolia, do movimento romântico das artes plásticas.

b) o artista, na pintura, foi fiel ao seu objeto, representando-o de maneira realista, ao passo que o texto é apenas fantasioso.

c) a pintura e o texto têm uma característica em comum, que é representar o habitante das terras que sofreriam processo colonizador.

d) o texto e a pintura são baseados no contraste entre a cultura europeia e a cultura indígena.

e) há forte direcionamento religioso no texto e na pintura, uma vez que o índio representado é objeto da catequização jesuítica.

**2** (Enem)

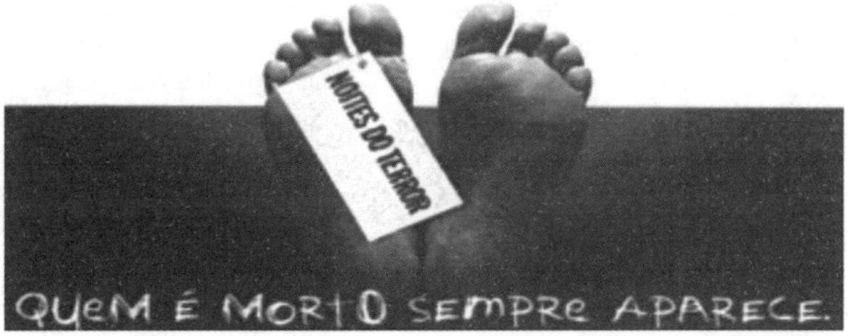




Disponível em: <www.ccsp.com.br>. Acesso em: 26 jul. 2010. Adaptado.

O anúncio publicitário está intimamente ligado ao ideário de consumo quando sua função é vender um produto. No texto apresentado, utilizam-se elementos linguísticos e extralinguísticos para divulgar a atração "Noites do terror", de um parque de diversões. O entendimento da propaganda requer do leitor:

a) a identificação com o público-alvo a que se destina o anúncio.

b) a avaliação da imagem como uma sátira às atrações de terror.

c) a atenção para a imagem da parte do corpo humano selecionada aleatoriamente.

d) o reconhecimento do intertexto entre a publicidade e um dito popular.

e) a percepção do sentido literal da expressão "noites do terror", equivalente à expressão "noites de terror".

**3** (Enem)

**Texto I**

**No meio do caminho**

No meio do caminho tinha uma pedra
Tinha uma pedra no meio do caminho
Tinha uma pedra
No meio do caminho tinha uma pedra
[...]

ANDRADE, C. D. de. *Antologia poética*. Rio de Janeiro/São Paulo: Record, 2000.

**Texto II**

DAVIS, J. *Garfield, um charme de gato*. Tradução da Agência Internacional Press. Porto Alegre: L&PM, 2000. v. 7.

A comparação entre os recursos expressivos que constituem os dois textos revela que:

a) o texto I perde suas características de gênero poético ao ser vulgarizado por histórias em quadrinhos.

b) o texto II pertence ao gênero literário, porque as escolhas linguísticas o tornam uma réplica do texto I.

c) a escolha do tema, desenvolvido por frases semelhantes, caracteriza-os como pertencentes ao mesmo gênero.

d) os textos são de gêneros diferentes porque, apesar da intertextualidade, foram elaborados com finalidades distintas.

e) as linguagens que constroem significados nos dois textos permitem classificá-los como pertencentes ao mesmo gênero.

**4** (Enem)

**Ouvir estrelas**

"Ora, (direis) ouvir estrelas! Certo
perdeste o senso!" E eu vos direi, no entanto,
que, para ouvi-las, muita vez desperto
e abro as janelas, pálido de espanto...
E conversamos toda noite, enquanto
a Via-Láctea, como um pálio aberto,
cintila. E, ao vir o Sol, saudoso e em pranto,
inda as procuro pelo céu deserto.
Direis agora: "Tresloucado amigo!
Que conversas com elas?" Que sentido
tem o que dizem, quando estão contigo?"
E eu vos direi: "Amai para entendê-las!
Pois só quem ama pode ter ouvido
Capaz de ouvir e de entender estrelas".

BILAC, Olavo. Ouvir estrelas. In: *Tarde*, 1919.

**Ouvir estrelas**

Ora, direis, ouvir estrelas! Vejo
que estás beirando a maluquice extrema.
No entanto o certo é que não perco o ensejo
De ouvi-las nos programas de cinema.
Não perco fita; e dir-vos-ei sem pejo
que mais eu gozo se escabroso é o tema.
Uma boca de estrela dando beijo
é, meu amigo, assunto p'ra um poema.
Direis agora: Mas, enfim, meu caro,
As estrelas que dizem? Que sentido
têm suas frases de sabor tão raro?
Amigo, aprende inglês para entendê-las,
Pois só sabendo inglês se tem ouvido
Capaz de ouvir e de entender estrelas.

TIGRE, Bastos. Ouvir estrelas. In: BECKER, I. *Humor e humorismo*: antologia. São Paulo: Brasiliense, 1961.

A partir da comparação entre os poemas, verifica-se que:

a) no texto de Bilac, a construção do eixo temático se deu em linguagem denotativa, enquanto no de Tigre, em linguagem conotativa.

b) no texto de Bilac, as estrelas são inacessíveis, distantes, e no texto de Tigre, são próximas, acessíveis aos que as ouvem e as entendem.

c) no texto de Tigre, a linguagem é mais formal, mais trabalhada, como se observa no uso de estruturas como "dir-vos-ei sem pejo" e "entendê-las".

d) no texto de Tigre, percebe-se o uso da linguagem metalinguística no trecho "Uma boca de estrela dando beijo/é, meu amigo, assunto p'ra um poema."

e) no texto de Tigre, a visão romântica apresentada para alcançar as estrelas é enfatizada na última estrofe de seu poema com a recomendação de compreensão de outras línguas.

## Em casa

### TEXTO DE APOIO

### 1. Intertextualidade

Todo texto, de uma forma ou de outra, faz referência a outros anteriores, compartilha alguma coisa com eles – é como se os textos se entrelaçassem ou dialogassem entre si. Não é por outra razão que se costuma dar a esse tipo de intercâmbio o nome de relações intertextuais, relações dialógicas ou ainda intertextualidade, que é o termo mais usado. Conhecer as várias maneiras com que um texto faz referência a outro pode contribuir para melhorar a compreensão do texto lido.

Há basicamente três procedimentos para o estabelecimento de relações intertextuais:

- a citação;
- a estilização;
- a alusão.

## Intertextualidade por citação

Quando um texto transcreve ou recupera passagens literais de outro texto, diz-se que a relação intertextual se deu por **citação**. Em geral, os textos do gênero científico marcam o trecho citado por meio de uma sinalização especial, por exemplo, o uso das aspas ou de um outro formato de letra, convencionalmente o itálico. No caso de teses, ensaios e publicações científicas, é preciso mencionar a fonte da citação, para permitir, entre outras possibilidades, que os interessados a consultem e avaliem sua confiabilidade. Em textos jornalísticos, não há exigência de indicação da fonte. Em textos literários, menos ainda: não existe nem a obrigação de assinalar o trecho citado. Fica por conta da memória do leitor, isto é, do repertório de textos conhecidos por ele a identificação da intertextualidade. Caso não tenha essa memória, o leitor pode não compreender o efeito de sentido provocado pela citação.

*Os políticos costumam repetir um velho ditado: "Em política, o que vale é a versão e não os fatos". A autoria desta frase é atribuída a um dos principais líderes políticos mineiros, já falecido, José Maria Alckmin. Comenta-se que, certa vez, ele teria se encontrado com o ex-ministro da Educação de Getúlio Vargas, Gustavo Capanema, que o acusou de plágio: "Eu inventei a frase e todos dizem que é sua" – reclamaria Capanema. Veio a resposta genial: "Você tinha mesmo razão. O importante é a versão e não os fatos".*

DIMENSTEIN, Gilberto. *As armadilhas do poder*: bastidores da imprensa. São Paulo: Summus, 1990, p. 53.

Como este é um material didático, em respeito às normas do gênero divulgação científica, o trecho citado vem marcado por fonte (tipo de letra) diferenciada e acompanhado da indicação do autor e da obra de que foi extraído.

Dentro desse fragmento – que usamos como exemplo de intertextualidade por citação – ocorrem outras citações: a primeira, de um ditado popular; a segunda, atribuída a José Maria Alckmin; a terceira, a Gustavo Capanema; a quarta, de novo a José Maria Alckmin. Sendo um texto jornalístico, não há necessidade de indicar a fonte de onde foram extraídas as frases.

A citação literal, sobretudo no jornalismo, serve para criar o que se chama de efeito de verdade, isto é, a impressão de que as palavras foram reproduzidas exatamente como proferidas.

## Intertextualidade por estilização

Outra forma de relação intertextual pode-se dar pela reprodução do **estilo** do texto citado, isto é, o modo típico de um autor escrever, uma maneira característica de alguém falar, uma forma de composição textual própria de certa época literária.

Assim, a intertextualidade por meio da **estilização** pode imitar aproximadamente o estilo característico dos textos de crianças, de determinado autor, de certo grupo social. Não se trata de reproduzir literalmente trechos de um texto em particular (por isso não têm cabimento as aspas), mas de escolher e combinar palavras à maneira de certos textos tomados como referência.

Exemplo de estilização muito fácil de compreender são as imitações que os comediantes fazem de personalidades da vida pública. Não se reproduz o texto da pessoa imitada (o texto é do imitador), mas a pronúncia das palavras, certos tiques, a preferência por determinados termos lembram o modo de dizer do imitado.

O mesmo acontece com textos escritos, como o que vem reproduzido a seguir, que imita traços típicos de textos da linguagem infantil. Ele faz parte de uma coletânea criada por Millôr Fernandes cujo título já é um exemplo de estilização: *Conpozissõis imfãtis.*

**O comportamento**

*O comportamento é isso que a gente leva zero na escola e tapa do bom em casa. O comportamento é isso que o soldado tem de ter e o comandante não, como lá em casa que as crianças estão sempre se comportando mal, agora a mamãe e o papai é só receberem uns amigos que fazem cada uma que eles nem sabem que eu e meu irmãos saímos devagarinho lá da cama pra olhar eles, e se fosse no colégio nem zero era pouco pra dar pra ele todos.*

PAULILLO, Maria Célia R. A. (Org.). *Millôr Fernandes*. São Paulo: Abril Educação, 1980, p. 71. (Literatura comentada)

O produtor dessa "conpozissão" não está reproduzindo o texto de uma criança em particular, mas o estilo próprio de crianças que ainda não dominam as convenções da escrita nem conhecem bem as regras de conduta dos adultos, as etiquetas sociais. O texto é do humorista: prova disso é que, nesse fragmento, não existe nenhum erro de ortografia. Mas o estilo, o modo de dizer, é típico do texto de uma criança.

Esse procedimento se presta muito para o produtor do texto tirar proveito da dualidade de voz. De um lado, assume a voz e o pensamento crítico da criança; de outro, insere no texto da criança ironias e críticas próprias de um adulto. Produz-se com isso um efeito de humor, de certa forma inocenta-se o produtor do texto, desculpando-o pelas críticas, como se elas viessem de uma criança.

### Intertextualidade por alusão

As relações intertextuais mais típicas são as que ocorrem sob a forma de citação e de estilização. Mas existe um terceiro tipo de intercâmbio entre textos que vamos chamar de **intertextualidade por alusão**.

A rigor não se trata de intertextualidade, porque nesse caso um texto não retoma explicitamente nenhuma passagem de outro em particular. Apesar disso, percebe-se que a concepção ou a visão de mundo nele exposta está em perfeita concordância com a concepção de uns e em franca discordância com a de outros.

Suponhamos, por exemplo, um texto que negue qualquer possibilidade de vida após a morte, não admita a existência de nada que não seja matéria palpável e observável. Mesmo que não esteja fazendo citação de nenhum trecho em particular nem imitando um estilo preciso de compor textos, ele se mostra em desacordo com textos do universo religioso ou espiritualista.

Trata-se de um texto que se coloca em conformidade com uma concepção materialista do mundo. Como se vê, nesse caso não há propriamente um diálogo entre dois textos em particular, mas entre duas correntes de pensamento, entre o que se costuma chamar de dois **discursos**.

Como, no caso da intertextualidade por alusão, não se trata a rigor da relação entre um texto e outro, mas entre dois discursos ou duas correntes de pensamento, há quem prefira designá-la por outro nome: **relação interdiscursiva**.

## 2. Objetivos da intertextualidade

Se um texto A recria, de alguma forma, um texto B, estabelecendo uma relação de intertextualidade, ou o texto A confirma os valores expressos pelo texto B, ou o texto A nega esses valores. Assim, pode haver entre eles uma relação:

- cúmplice: quando ambos trabalham com os mesmos valores;
- polêmica (configurando uma paródia): quando trabalham com valores diferentes.

Às vezes, um texto A, ao recriar um texto B, confirma alguns valores do texto recriado e discorda de outros, o que permite concluir que é possível que dois textos estabeleçam entre si uma relação parcialmente cúmplice e parcialmente polêmica.

**1** (Enem)

Resta saber o que ficou das línguas indígenas no português do Brasil. Serafim da Silva Neto afirma: "No português brasileiro não há, positivamente, influência das línguas africanas ou ameríndias". Todavia, é difícil de aceitar que um longo período de bilinguismo de dois séculos não deixasse marcas no português do Brasil.

ELIA, S. *Fundamentos histórico-linguísticos do português do Brasil*. Rio de Janeiro: Lucerna, 2003. Adaptado.

No final do século XVIII, no norte do Egito, foi descoberta a Pedra de Roseta, que continha um texto escrito em egípcio antigo, uma versão desse texto chamada "demótico", e o mesmo texto escrito em grego. Até então, a antiga escrita egípcia não estava decifrada. O inglês Thomas Young estudou o objeto e fez algumas descobertas como, por exemplo, a direção em que a leitura deveria ser feita. Mais tarde, o francês Jean-François Champollion voltou a estudá-la e conseguiu decifrar a antiga escrita egípcia a partir do grego, provando que, na verdade, o grego era a língua original do texto e que o egípcio era uma tradução.

Com base na leitura dos textos conclui-se, sobre as línguas, que:

a) cada língua é única e intraduzível.
b) elementos de uma língua são preservados, ainda que não haja mais falantes dessa língua.
c) a língua escrita de determinado grupo desaparece quando a sociedade que a produzia é extinta.
d) o egípcio antigo e o grego apresentam a mesma estrutura gramatical, assim como as línguas indígenas brasileiras e o português do Brasil.
e) o egípcio e o grego apresentavam letras e palavras similares, o que possibilitou a comparação linguística, o mesmo que aconteceu com as línguas indígenas brasileiras e o português do Brasil.

**2** (Enem)

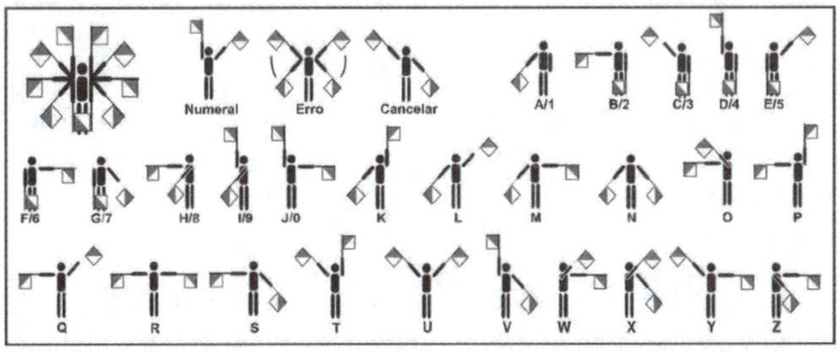


Figura 1 – Disponível em: <www.numaboa.com>.

Figura 2 – Disponível em: <www.poracaso.com>.

| A •— | J •——— | S ••• | 2 ••——— |
|---|---|---|---|
| B —••• | K —•— | T — | 3 •••—— |
| C —•—• | L •—•• | U ••— | 4 ••••— |
| D —•• | M —— | V •••— | 5 ••••• |
| E • | N —• | W •—— | 6 —•••• |
| F ••—• | O ——— | X —••— | 7 ——••• |
| G ——• | P •——• | Y —•—— | 8 ———•• |
| H •••• | Q ——•— | Z ——•• | 9 ————• |
| I •• | R •—• | 1 •———— | 0 ————— |

Figura 3 – Disponível em: <www.decodificandocodigos.pbwiki.com>.

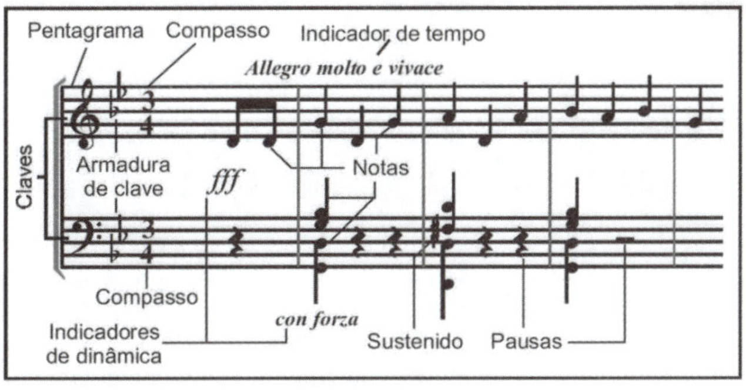


FOTOS: © ENEM

Figura 4 – Disponível em: <www.numaboa.com>.

O homem desenvolveu seus sistemas simbólicos para utilizá-los em situações específicas de interlocução. A necessidade de criar dispositivos que permitissem o diálogo em momentos e/ou lugares distintos levou à adoção universal de alguns desses sistemas. Considerando que a interpretação de textos codificados depende da sintonia e da sincronia entre o emissor e o receptor, pode-se afirmar que a:

a) recepção das mensagens que utilizam o sistema simbólico da figura 1 pode ser feita horas depois de sua emissão.
b) recepção de uma mensagem codificada com o auxílio do sistema simbólico mostrado na figura 2 independe do momento de sua emissão.
c) mensagem que é mostrada na figura 4 será decodificada sem o auxílio da língua falada.
d) figura 3 mostra um sistema simbólico cuja criação é anterior à criação do sistema mostrado na figura 2.
e) figura 4 representa um sistema simbólico que recorre à utilização do som para a transmissão das mensagens.

**3** (Enem) Os textos abaixo relacionam-se a momentos distintos da nossa história.

A integração regional é um instrumento fundamental para que um número cada vez maior de países possa melhorar a sua inserção num mundo globalizado, já que eleva o seu nível de competitividade, aumenta as trocas comerciais, permite o aumento da produtividade, cria condições para um maior crescimento econômico e favorece o aprofundamento dos processos democráticos.

A integração regional e a globalização surgem assim como processos complementares e vantajosos.

Declaração de Porto. VIII Cimeira Ibero-Americana. Portugal: Porto, 17 e 18 out. 1998.

Um considerável número de mercadorias passou a ser produzido no Brasil, substituindo o que não era possível ou era muito caro importar.

Foi assim que a crise econômica mundial e o encarecimento das importações levaram o governo Vargas a criar as bases para o crescimento industrial brasileiro.

POMAR, Wladimir. *Era Vargas*: a modernização conservadora.

É correto afirmar que as políticas econômicas mencionadas nos textos são:

a) opostas, pois, no primeiro texto, o centro das preocupações são as exportações e, no segundo, as importações.

b) semelhantes, uma vez que ambos demonstram uma tendência protecionista.
c) diferentes, porque, para o primeiro texto, a questão central é a integração regional e, para o segundo, a política de substituição de importações.
d) semelhantes, porque consideram a integração regional necessária ao desenvolvimento econômico.
e) opostas, pois, para o primeiro texto, a globalização impede o aprofundamento democrático e, para o segundo, a globalização é geradora da crise econômica.

**4** (Enem)

**Álcool, crescimento e pobreza**

O lavrador de Ribeirão Preto recebe em média R$ 2,50 por tonelada de cana cortada. Nos anos 1980, esse trabalhador cortava cinco toneladas de cana por dia. A mecanização da colheita o obrigou a ser mais produtivo. O corta-cana derruba agora oito toneladas por dia.

O trabalhador deve cortar a cana rente ao chão, encurvado. Usa roupas mal-ajambradas, quentes, que lhe cobrem o corpo, para que não seja lanhado pelas folhas da planta. O excesso de trabalho causa a birola: tontura, desmaio, cãibra, convulsão. A fim de aguentar dores e cansaço, esse trabalhador toma drogas e soluções de glicose, quando não farinha mesmo. Tem aumentado o número de mortes por exaustão nos canaviais.

O setor da cana produz hoje uns 3,5% do PIB. Exporta US$ 8 bilhões. Gera toda a energia elétrica que consome e ainda vende excedentes. A indústria de São Paulo contrata cientistas e engenheiros para desenvolver máquinas e equipamentos mais eficientes para as usinas de álcool. As pesquisas, privada e pública, na área agrícola (cana, laranja, eucalipto, etc.) desenvolvem a bioquímica e a genética no país.

*Folha de S.Paulo*. 11 mar. 2007. Adaptado.

**Álcool: o mundo de olho em nossa tecnologia**

© ENEM

*– Ah, fico meio encabulado em ter de comer com a mão diante de tanta gente!*

*Folha de S.Paulo*. 25 mar. 2007.

Confrontando-se as informações do texto com as da charge acima, conclui-se que:

a) a charge contradiz o texto ao mostrar que o Brasil possui tecnologia avançada no setor agrícola.
b) a charge e o texto abordam, a respeito da cana-de-açúcar brasileira, duas realidades distintas e sem relação entre si.
c) o texto e a charge consideram a agricultura brasileira avançada, do ponto de vista tecnológico.
d) a charge mostra o cotidiano do trabalhador, e o texto defende o fim da mecanização da produção da cana-de-açúcar no setor sucroalcooleiro.
e) o texto mostra disparidades na agricultura brasileira, na qual convivem alta tecnologia e condições precárias de trabalho, que a charge ironiza.

**Anotações**

# AULA 15

**Competência 6** Compreender e usar os sistemas simbólicos das diferentes linguagens como meios de organização cognitiva da realidade pela constituição de significados, expressão, comunicação e informação.

Habilidade 19 Analisar a função da linguagem predominante nos textos em situações específicas de interlocução.

## Em classe

### FUNÇÕES DA LINGUAGEM

#### Resumo teórico

A linguagem "serve" para muitas coisas, possui muitas finalidades, apresenta várias funções. Mas não se pode esquecer que, antes de qualquer coisa, a linguagem serve à comunicação. O processo de comunicação, entretanto, não é tão simples como muitos imaginam. O linguista russo Roman Jakobson, estudando esse fenômeno, chegou à conclusão de que a comunicação humana se organiza a partir de seis elementos:

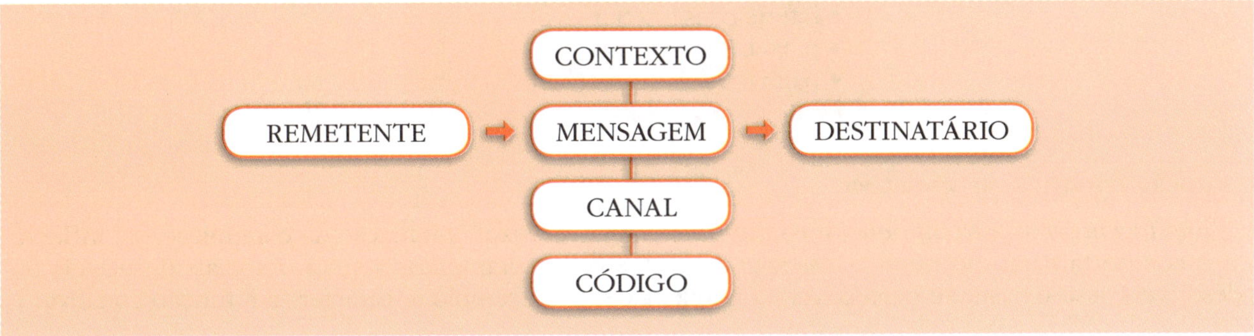


O **remetente**, também chamado de **emissor**, é o produtor da **mensagem**, que se dirige a um **destinatário**, também chamado de **receptor**. Para que haja comunicação, é necessário ainda que haja um **contexto** (isto é, um **referente**, um "assunto" em questão), um ponto de **contato** entre os interlocutores (o **canal** da comunicação) e um **código** compartilhado por emissor e receptor.

Sempre que duas ou mais pessoas interagem, esses seis elementos de comunicação estão presentes. Se um deles não estiver "funcionando", a interação não se dá eficientemente. Isso não quer dizer, porém, que todos esses elementos tenham sempre o mesmo peso. Quem se comunica tem objetivos, tem intenções e, por isso, em cada situação concreta de comunicação, um desses elementos será valorizado, originando uma **função de linguagem**. Cada função de linguagem corresponderia à valorização de um dos seis elementos da comunicação:

Assim, quando a comunicação está centrada no emissor, em seus valores e opiniões pessoais, temos um caso de **função emotiva** ou **expressiva**. Quando se valoriza o receptor e há uma tentativa de convencê-lo explicitamente sobre algo, trata-se de um caso de **função conativa** ou **apelativa**. Quando a ênfase recai sobre o referente, sobre a transmissão "objetiva" de uma informação, há **função referencial** (que já foi chamada também de **informativa**, **cognitiva** ou **denotativa**). Quando se dá mais atenção ao modo de apresentação da mensagem, ocorre **função poética**. Quando se concentra no **canal** de comunicação, existe **função fática**. E quando se constrói uma mensagem que questiona o próprio **código**, estamos diante da **função metalinguística**.

É importante deixar claro que nenhuma dessas funções aparece isolada em um texto. Quando se diz, por exemplo, que um texto apresenta função referencial, está-se querendo dizer que essa é a função predominante, já que, a rigor, todo texto (escrito ou falado, verbal ou não verbal) contém as seis funções de linguagem propostas por Jakobson.

### 1. Função emotiva ou expressiva

*A linguagem serve para expressar a subjetividade.* Quando, por exemplo, alguém desabafa com um amigo, expondo sua raiva diante de uma injustiça ou seu arrependimento por causa de uma atitude inconveniente, está usando palavras para exteriorizar seu universo interior, delineando uma certa imagem de si para os que o rodeiam. Isso caracteriza o que chamamos de função emotiva da linguagem.

Principais marcas textuais:
- pronomes de primeira pessoa
- interjeições/ exclamações
- palavras avaliativas
- palavrões

### 2. Função conativa ou apelativa

*A linguagem serve para influenciar e ser influenciado.* Às vezes, a intenção da comunicação é influenciar o comportamento do público, associando certos comportamentos a valores sociais desejáveis ou indesejáveis. Isso é bastante perceptível na publicidade, por exemplo, e caracteriza a função conativa.

Principais marcas textuais:
- pronomes de segunda pessoa
- pronomes de tratamento
- vocativos
- verbos no imperativo

### 3. Função referencial

*A linguagem serve para informar.* Por meio de uma reportagem, por exemplo, os indivíduos são informados sobre os acontecimentos do mundo, alargando sua percepção e adquirindo novos conhecimentos. Para a coletividade, a linguagem torna possível a transmissão, o aperfeiçoamento e o acúmulo dos conhecimentos através das gerações. Esse tipo de texto, que visa principalmente a informar, opera com a função referencial da linguagem.

Principais marcas textuais:
- pronomes de terceira pessoa
- efeito de sentido de objetividade
- precisão conceitual
- valorização da denotação

**4. Função poética**

*A linguagem como fonte de prazer.* Os jogos de sentido, de sonoridade e de ritmo produzidos com as palavras, seja por diversão, seja para encantar o receptor, são exemplos de que a linguagem pode ser fonte de prazer estético. Nesse caso, importa mais o modo de dizer do que aquilo que se diz. Ou, em outros termos, a maneira de arquitetar o texto é usada para enriquecer seu plano de conteúdo. É isso que define a função poética.

Principais marcas textuais:
- tentativa de estabelecer correlações entre o plano da expressão e o plano do conteúdo
- valorização do "mundo de dizer"

**5. Função fática**

*A linguagem serve para criar e manter laços sociais.* A simples manifestação de disposição para dialogar dá origem a muitas mensagens. Os cumprimentos cotidianos, por exemplo, servem para manifestar o apreço pelo outro, fortalecendo a ideia de que pertencemos a uma comunidade. Quando recorremos a esses cumprimentos cotidianos, estamos utilizando a função fática da linguagem.

Principais marcas textuais:
- uso de marcadores de conversação
- emprego de expressões cristalizadas da fala

**6. Função metalinguística**

*A linguagem serve para falar sobre a própria linguagem.* Toda vez que alguém tenta explicar melhor algo que disse antes, sempre que se tenta desfazer um mal-entendido, a linguagem está sendo usada para enfocar a si mesma. Isso é muito comum no texto de natureza literária, quando o eu lírico de um poema fala sobre a própria poesia ou quando o narrador de um romance se refere à narrativa que está sendo composta. Trata-se de recursos típicos da função metalinguística.

Principais marcas textuais:
- uso de "expressões tradutoras"
- busca da precisão conceitual
- tentativa de explicar o próprio código

**1** (Enem)

A biosfera, que reúne todos os ambientes onde se desenvolvem os seres vivos, se divide em unidades menores chamadas ecossistemas, que podem ser uma floresta, um deserto e até um lago. Um ecossistema tem múltiplos mecanismos que regulam o número de organismos dentro dele, controlando sua reprodução, crescimento e migrações.

DUARTE, M. *O guia dos curiosos.* São Paulo: Companhia das Letras, 1995.

Predomina no texto a função da linguagem:

a) emotiva, porque o autor expressa seu sentimento em relação à ecologia.
b) fática, porque o texto testa o funcionamento do canal de comunicação.
c) poética, porque o texto chama a atenção para os recursos de linguagem.
d) conativa, porque o texto procura orientar comportamentos do leitor.
e) referencial, porque o texto trata de noções e informações conceituais.

**2** (Enem)

XAVIER, C. *Quadrinho quadrado.* Disponível em: <www.releituras.com>. Acesso em: 5 jul. 2009.

Tendo em vista a segunda fala do personagem entrevistado, constata-se que:

a) o entrevistado deseja convencer o jornalista a não publicar um livro.

b) o principal objetivo do entrevistado é explicar o significado da palavra "motivação".

c) são utilizados diversos recursos da linguagem literária, tais como a metáfora e a metonímia.

d) o entrevistado deseja informar de modo objetivo o jornalista sobre as etapas de produção de um livro.

e) o principal objetivo do entrevistado é evidenciar seu sentimento com relação ao processo de produção de um livro.

**3** (Enem)

**Pequeno concerto que virou canção**

Não, não há por que mentir ou esconder
A dor que foi maior do que é capaz meu coração
Não, nem há por que seguir cantando só para explicar
Não vai nunca entender de amor quem nunca soube amar
Ah, eu vou voltar pra mim
Seguir sozinho assim
Até me consumir ou consumir toda essa dor
Até sentir de novo o coração capaz de amor

VANDRÉ, G. Disponível em: <www.letras.terra.com.br>. Acesso em: 29 jun. 2011.

Na canção de Geraldo Vandré, tem-se a manifestação da função poética da linguagem, que é percebida na elaboração artística e criativa da mensagem, por meio de combinações sonoras e rítmicas. Pela análise do texto, entretanto, percebe-se, também, a presença marcante da função emotiva ou expressiva, por meio da qual o emissor:

a) imprime à canção as marcas de sua atitude pessoal, seus sentimentos.

b) transmite informações objetivas sobre o tema de que trata a canção.

c) busca persuadir o receptor da canção a adotar um certo comportamento.

d) procura explicar a própria linguagem que utiliza para construir a canção.

e) objetiva verificar ou fortalecer a eficiência da mensagem veiculada.

**Texto para as questões 4 e 5**

**Canção do vento e da minha vida**

O vento varria as folhas,
O vento varria os frutos,
O vento varria as flores...
E a minha vida ficava
Cada vez mais cheia
De frutos, de flores, de folhas.
[...]
O vento varria os sonhos
E varria as amizades...
O vento varria as mulheres...
E a minha vida ficava
Cada vez mais cheia
De afetos e de mulheres.
O vento varria os meses
E varria os teus sorrisos...
O vento varria tudo!
E a minha vida ficava
Cada vez mais cheia
De tudo.

BANDEIRA, M. *Poesia completa e prosa.* Rio de Janeiro: José Aguilar, 1967.

**4** (Enem) Predomina no texto a função da linguagem:

a) fática, porque o autor procura testar o canal de comunicação.
b) metalinguística, porque há explicação do significado das expressões.
c) conativa, uma vez que o leitor é provocado a participar de uma ação.
d) referencial, já que são apresentadas informações sobre acontecimentos e fatos reais.
e) poética, pois chama-se a atenção para a elaboração especial e artística da estrutura do texto.

**5** (Enem) Na estruturação do texto, destaca-se:

a) a construção de oposições semânticas.
b) a apresentação de ideias de forma objetiva.
c) o emprego recorrente de figuras de linguagem, como o eufemismo.
d) a repetição de sons e de construções sintáticas semelhantes.
e) a inversão da ordem sintática das palavras.

## Em casa

### TEXTO DE APOIO

### Funções da linguagem

#### Introdução

Há uma crença geral segundo a qual a língua serve para a comunicação, o que é verdade. Mas é preciso fazer a restrição de que comunicar não consiste apenas em transmitir de maneira neutra uma informação para alguém: uma pessoa pode comunicar sua alegria ou sua aflição ou relatar com a objetividade possível um acontecimento; pode usar a comunicação para induzir o interlocutor a crer no que ela está dizendo ou fazer o que ela está propondo; pode ainda usar a língua para construir um mundo de ficção e por meio dele dar asas aos seus sonhos e construir um mundo encantado; pode, enfim, usar a comunicação para exercer vários papéis. Em síntese, a língua não tem uma função apenas, mas várias. Conhecer cada uma dessas funções, suas marcas típicas e os resultados que se perseguem com cada uma delas é indispensável para quem pretende ser um usuário competente do próprio idioma. E é esse tipo de competência que as provas do Enem colocam sob avaliação.

Eis então as principais funções que se costuma atribuir à língua.

#### Função referencial

Leia o texto a seguir, extraído do jornal *O Estado de S. Paulo*, 21 jan. 2005, p. C5.

**Bairro da zona sul tem um dos maiores buracos de SP**

Aryane Cararo

*No Jardim Itacolomi, divisa das subprefeituras do Jabaquara e de Cidade Ademar, um buraco já se tornou ponto de referência: O Buraco do Batoré. A cratera, na Rua Durval Pinto Ferreira, surgiu no fim de novembro, quase em frente do boteco de Inácio Soares da Silva, o Batoré. No começo, tinha 50 centímetros de diâmetro. Nenhuma providência foi tomada e ele foi crescendo. Chegou a engolir uma árvore da pracinha local e agora já tem 4 metros de diâmetro e 7 metros de profundidade.*

*A cratera fica em cima da galeria do Córrego Cordeiro, canalizado há 25 anos. O problema começou quando a laje da galeria desabou. Na semana passada, com as chuvas, uma árvore de 12 metros foi tragada pelo buraco que, hoje, "se não é o maior buraco de São Paulo, é um dos maiores", segundo o secretário das subprefeituras, Walter Feldman. O local foi isolado pela CET e a rua, interditada ao trânsito.*

Esse é um exemplo típico do uso da linguagem em função **referencial**. Nesse caso, o resultado pretendido é fazer com que as palavras revelem da maneira mais clara e precisa possível as coisas e os acontecimentos a que fazem referência. Para atingir esse resultado, respeitam-se as normas da língua-padrão, usam-se as palavras em seu sentido próprio e evitam-se palavras ou expressões que manifestam impressões subjetivas do enunciador, isto é, daquele que fala ou escreve. As propriedades mais valorizadas nesse uso são a clareza, a precisão e a neutralidade.

**Função conativa**

© DIVULGAÇÃO

Nesse texto publicitário, a linguagem está sendo usada principalmente para induzir as pessoas a usar os produtos da perfumaria. É um exemplo típico do uso da linguagem em função **conativa** (**conativo** é um adjetivo da mesma família de um verbo latino que significa **esforçar-se por**, **empenhar-se**).

A função conativa – muito utilizada na propaganda – é caracterizada pela intenção de influir no comportamento do interlocutor, na tentativa de levá-lo a crer no que se diz e a fazer o que se propõe.

Na função conativa, é comum o uso de verbos no imperativo, o apelo ao interlocutor e a apresentação de argumentos para confirmar a proposta que se faz.

**Função emotiva**

Um exemplo típico do uso da linguagem em função emotiva é o grito de gol dos torcedores de futebol.

O que se faz, em casos como esse, é usar a linguagem dominantemente para descarregar a emoção que contagia o emissor: a alegria eufórica ao comemorar um gol marcado pelo time do coração. Diz-se que a linguagem está sendo usada em função **emotiva** quando, por meio dela, o enunciador pretende manifestar sentimentos, emoção (de raiva, de alegria, de aflição, de indignação, de angústia...).

Como o resultado pretendido é exatamente conhecer as reações íntimas do enunciador, é típico da função emotiva o uso de formas gramaticais de 1ª pessoa (eu, meu, comigo, adoro, detesto, invejo); interjeições (ah, oh, nossa!) e expressões exclamativas (É uma vergonha! Cambada de vagabundos!).

### Função metalinguística

as aspas indicam que se trata de citação literal das palavras da entrevistada

gíria

mais popular e informal que **nós**

> "As pessoas ficam zoando, falando que a gente não conseguiria entrar em mais nada, por isso vamos prestar Letras", diz a candidata ao vestibular. Entre os motivos que a lingaram à carreira estão o gosto por literatua e inglês, que estudo há oito anos.

cochilo de revisão: corrigir por **ligaram**

**estuda** em vez de **estudo**

Esse texto, transcrito de um exame da Fuvest, com algumas alterações, vem acompanhado de uma série de anotações que contêm comentários sobre certas palavras ou expressões, correções de palavras mal escritas, explicações sobre o uso de aspas.

Nesse caso, a linguagem está sendo usada para fazer comentários não sobre fatos e eventos do mundo exterior, mas sobre sinais, palavras ou expressões do próprio texto. É como se a linguagem se voltasse sobre ela mesma para se compreender melhor ou para exprimir-se de maneira mais apropriada. Em casos como esses, dizemos que a linguagem está sendo usada em função **metalinguística**, que se caracteriza pelo fato de se utilizar uma linguagem para comentar, explicar ou descrever fatos ou características de outra linguagem ou dela própria.

Na vida cotidiana, fazemos usos inumeráveis da metalinguagem (ou da função metalinguística), por exemplo, quando dizemos que **samba** é uma palavra de origem africana; que **forró** leva acento por ser uma palavra oxítona terminada em **o**; que **paralisia** se escreve com **s** e não com **z**; que um texto está cheio de incoerências. Em síntese, a metalinguagem consiste em usar a linguagem para comentar a própria linguagem.

### Função fática

Quem nunca passou pela experiência de usar a linguagem com a única finalidade de puxar conversa com um interlocutor, pura e simplesmente porque o silêncio seria desconfortável? É o que vem ilustrado no diálogo a seguir, entre duas pessoas que sobem sozinhas no elevador e não têm muita intimidade.

> – Você veio da rua agora?
> – Acabei de chegar.
> – Que trânsito, hein?!
> – Nem fala.
> – E o calor?
> – Calor?! Bota calor nisso!
> – Não há quem aguente!
> – É isso aí... Até logo.
> – Até logo.

Como se pode notar, a linguagem nesse caso está sendo usada principalmente para manter contato com o interlocutor. O assunto, nessas horas, pouco importa: pode ser o tempo, o trânsito, a vida, a saúde... O que mais importa é não submeter-se ao silêncio, nem ignorar o interlocutor numa atitude de descaso.

Quando usamos a linguagem para estabelecer contato com o interlocutor ou para não perder o contato já estabelecido, dizemos que está em uso a função **fática**.

O esforço dos canais de televisão para não permitir que o telespectador mude de canal é também um exemplo do uso da função fática. Num telejornal, por exemplo, antes de cada intervalo comercial, o locutor anuncia uma notícia curiosa ou provocante para manter o telespectador conectado até o fim.

### Função poética

Há situações em que se usa a linguagem com a intenção dominante de que o interlocutor apreenda o sentido daquilo que se diz e não se preocupe com o modo como foi elaborado o texto transmissor da mensagem. É o que ocorre na função referencial – típica, por exemplo, do noticiário jornalístico: quanto menos esforço exigir do leitor, melhor.

Mas há um uso da linguagem em que o modo como se elabora o texto é tão importante quanto a informação que ele traz.

Para deixar isso claro, comparemos os dois textos que seguem.

I. *Deve ser legal ser negão no Senegal.*

"Mamma África", Chico César.

II. É possível que seja agradável ser negro no Senegal.

As duas frases têm praticamente o mesmo sentido, mas há uma diferença básica: na frase I, mais do que o sentido, chamam atenção os recursos de ritmo e a combinação de sons feita pelo compositor. Na frase II, apreende-se o sentido e praticamente não se dá atenção ao modo como as palavras foram escolhidas e combinadas.

Na frase I, qualquer mudança é indesejável, mesmo que não afete o sentido. Embora se mantenha o sentido, não tem o mesmo efeito dizer, por exemplo: "No Senegal, ser negão deve ser legal".

Na frase II, desde que se mantenha o sentido, aceitam-se alterações. É quase indiferente dizer: "No Senegal, é possível que seja agradável ser negão" ou "Talvez seja vantajoso ser negão no Senegal".

No primeiro caso, a linguagem está sendo usada em função **poética**; no segundo, em função **referencial** ou utilitária.

Assim, a função poética consiste na exploração dos próprios recursos da linguagem para enriquecer o sentido do texto. Nessa função, costuma-se dizer que o modo de dizer é tão ou mais importante do que o que se diz. Falando de outra forma, o modo de escolher e combinar as palavras é tão ou mais importante que o sentido que elas produzem.

Na função poética, há um procedimento constante: procurasse explorar a escolha das palavras ou a combinação entre elas para produzir efeitos. Isso equivale a dizer que, no texto poético, alguma manobra chama a atenção sobre o modo de construir o enunciado, seja por uma escolha que provoca uma reação especial do enunciatário, seja por alguma forma especial de combinar as palavras.

Os recursos disponíveis para isso são localizáveis em todas as instâncias da língua. Eis alguns exemplos:

### Recurso sonoro

E o **ân**gelus pl**an**ge ao **lon**ge em **doloroso** dobre.

Esse é um verso famoso do soneto de Olavo Bilac intitulado "Vila Rica", antigo nome da cidade de Ouro Preto. Fala do fim do dia, simulando o toque dos sinos, enquanto se reza o ângelus, tipo de prece das seis horas da tarde.

As consoantes momentâneas (**p**, **d**, **b**) sugerem as badaladas; as vogais nasais (**an**, **an**, **on**) e as consoantes mais demoradas (**g**, **s**, **l**) lembram o reboar do som ao longo da tarde.

**Recurso gráfico**

*Tocadas, nossas chagas*
*D**ó**em, d**ó**em, d**ó**em*
*E não há sino que suporte mortes tão constantes.*

Alcides Villaça.

O acento agudo colocado sobre a vogal tônica (dóem), embora não previsto pelas regras do acordo ortográfico vigente, está cumprindo uma função importante: marcar a intensidade maior com que a dor se repete, como se fosse uma pulsação semelhante à de uma chaga latejante. Lembra ainda o som torturante de um sino que bate incessantemente.

**Recurso do duplo sentido**

Órion

*A primeira namorada, tão alta*
*que o beijo não a alcançava,*
*o pescoço não a alcançava,*
*nem mesmo a voz a alcançava.*
*Eram quilômetros de silêncio.*
*Luzia na janela do sobradão.*

ANDRADE, C. D. de. *Poesia completa e prosa*. Rio de Janeiro: Nova Aguilar, 1992, p. 581.

Na poesia "Órion" (uma constelação muito distante e bela), o poeta situa a namorada num plano tão elevado, que não há meio de atingi-la. Há quilômetros entre ele e ela. Sobra o consolo da contemplação da amada na janela de sua mansão.

A palavra **Luzia** pode ser interpretada como uma forma do verbo **luzir** (= brilhar) ou como o nome da namorada. A fusão dos dois conceitos sugere a sensação de esplendor que a visão da namorada provocava no poeta e a distância intransponível que os separava.

**1** (Enem)

**Sentimental**

Ponho-me a escrever teu nome
Com letras de macarrão.
No prato, a sopa esfria, cheia de escamas
e debruçados na mesa, todos contemplam
esse romântico trabalho.
Desgraçadamente falta uma letra,
uma letra somente
para acabar teu nome!
— Está sonhando? Olhe que a sopa esfria!
Eu estava sonhando...
E há em todas as consciências este cartaz amarelo:
"Neste país é proibido sonhar."

ANDRADE, C. D. de. Seleta em prosa e verso.
Rio de Janeiro: Record, 1995.

Com base na leitura do poema, a respeito do uso e da predominância das funções da linguagem no texto de Drummond, pode-se afirmar que:

a) por meio dos versos "Ponho-me a escrever teu nome" (v. 1) e "esse romântico trabalho" (v. 5), o poeta faz referências ao seu próprio ofício: o gesto de escrever poemas líricos.

b) a linguagem essencialmente poética que constitui os versos "No prato, a sopa esfria, cheia de escamas e debruçados na mesa todos contemplam" (v. 3 e 4) confere ao poema uma atmosfera irreal e impede o leitor de reconhecer no texto dados constitutivos de uma cena realista.

c) na primeira estrofe, o poeta constrói uma linguagem centrada na amada, receptora da mensagem, mas, na segunda, ele deixa de se dirigir a ela e passa a exprimir o que sente.

d) em "Eu estava sonhando..." (v. 10), o poeta demonstra que está mais preocupado em responder à pergunta feita anteriormente e, assim, dar continuidade ao diálogo com seus interlocutores do que em expressar algo sobre si mesmo.

e) no verso "'Neste país é proibido sonhar.'" (v. 12), o poeta abandona a linguagem poética para fazer uso da função referencial, informando sobre o conteúdo do "cartaz amarelo" (v. 11) presente no local.

**2** (Enem)

**Canção amiga**

Eu preparo uma canção,
em que minha mãe se reconheça
todas as mães se reconheçam
e que fale como dois olhos.

[...]
Aprendi novas palavras
E tornei outras mais belas.
Eu preparo uma canção
que faça acordar os homens
e adormecer as crianças.

ANDRADE, C. D. de. *Novos poemas*. Rio de Janeiro: José Olympio, 1948.

A linguagem do fragmento anterior foi empregada pelo autor com o objetivo principal de:

a) transmitir informações, fazer referência a acontecimentos observados no mundo exterior.
b) envolver, persuadir o interlocutor, nesse caso, o leitor, em um forte apelo à sua sensibilidade.
c) realçar os sentimentos do eu lírico, suas sensações, reflexões e opiniões frente ao mundo real.
d) destacar o processo de construção de seu poema, ao falar sobre o papel da própria linguagem e do poeta.
e) manter eficiente o contato comunicativo entre o emissor da mensagem, de um lado, e o receptor, de outro.

**3** (Enem)

Em uma famosa discussão entre profissionais das ciências biológicas, em 1959, C. P. Snow lançou uma frase definitiva: "Não sei como era a vida antes do clorofórmio". De modo parecido, hoje podemos dizer que não sabemos como era a vida antes do computador. Hoje não é mais possível visualizar um biólogo em atividade com apenas um microscópio diante de si; todos trabalham com o auxílio de computadores. Lembramo-nos, obviamente, como era a vida sem computador pessoal. Mas não sabemos como ela seria se ele não tivesse sido inventado.

PIZA, D. Como era a vida antes do computador? *OceanAir em Revista*, n. 1, 2007. Adaptado.

Neste texto, a função da linguagem predominante é:

a) emotiva, porque o texto é escrito em primeira pessoa do plural.
b) referencial, porque o texto trata das ciências biológicas, em que elementos como o clorofórmio e o computador impulsionaram o fazer científico.
c) metalinguística, porque há uma analogia entre dois mundos distintos: o das ciências biológicas e o da tecnologia.
d) poética, porque o autor do texto tenta convencer seu leitor de que o clorofórmio é tão importante para as ciências médicas quanto o computador para as exatas.
e) apelativa, porque, mesmo sem ser uma propaganda, o redator está tentando convencer o leitor de que é impossível trabalhar sem computador, atualmente.

**4** (Enem)

**Aula de português**

A linguagem
na ponta da língua,
tão fácil de falar
e de entender.
A linguagem
na superfície estrelada de letras,
sabe lá o que quer dizer?
Professor Carlos Góis, ele é quem sabe,
e vai desmatando
o amazonas de minha ignorância.
Figuras de gramática, esquipáticas,
atropelam-me, aturdem-me, sequestram-me.
Já esqueci a língua em que comia,
em que pedia para ir lá fora,
em que levava e dava pontapé,
a língua, breve língua entrecortada
do namoro com a priminha.
O português são dois; o outro, mistério.

ANDRADE, C. D. de. *Esquecer para lembrar.* Rio de Janeiro: José Olympio, 1979.

Explorando a função emotiva da linguagem, o poeta expressa o contraste entre marcas de variação de usos da linguagem em:

a) situações formais e informais.
b) diferentes regiões do país.
c) escolas literárias distintas.
d) textos técnicos e poéticos.
e) diferentes épocas.

**Anotações**

# AULA 16

| | |
|---|---|
| **Competência 7** | Confrontar opiniões e pontos de vista sobre as diferentes linguagens e suas manifestações específicas. |
| Habilidade 24 | Reconhecer no texto estratégias argumentativas empregadas para o convencimento do público, tais como a intimidação, sedução, comoção, chantagem, entre outras. |

## Em classe

### ARGUMENTATIVIDADE

#### Resumo teórico

Podemos dizer, de uma maneira simplificada, que todo texto procura convencer alguém de alguma coisa. Para isso, é necessário que ele seja bem argumentado, entendendo por **argumentação** todos os recursos de linguagem que fazem o interlocutor aceitar o que está sendo dito.

Cada manual de estudos da linguagem apresenta uma classificação diferente dos tipos de argumento: desde listas imensas, com dezenas de nomes técnicos, até tipologias tão simples que não nos acrescentam quase nada. Sem desconsiderar os inúmeros trabalhos nessa área, pensamos em seguir uma classificação que resume os grandes argumentos em cinco grandes núcleos:

| Tipo de argumento | Definição |
|---|---|
| **Argumento de prova concreta** | Trata-se da exploração de dados estatísticos ou de exemplos concretos que sirvam para sustentar a visão de mundo do enunciador. |
| **Argumento com base no raciocínio lógico** | Caracteriza-se pelo estabelecimento de analogias, de relações de causa e efeito ou de conclusões a partir de premissas já apresentadas. |
| **Argumento de autoridade** | Consiste na citação, direta ou indireta, da opinião de uma fonte autorizada, para tornar nossa tese ainda mais aceitável. |
| **Argumento de consenso** | Define-se pelo aproveitamento das opiniões consideradas indiscutíveis pelo grupo social a que pertence o enunciador. |
| **Argumento de competência linguística** | Envolve a competência do enunciador em usar uma linguagem compatível com a do seu interlocutor. |

**1** (Enem)

Cientistas da Grã-Bretanha anunciaram ter identificado o primeiro gene humano relacionado com o desenvolvimento da linguagem, o FOXP2. A descoberta pode ajudar os pesquisadores a compreender os misteriosos mecanismos do discurso – que é uma característica exclusiva dos seres humanos. O gene pode indicar porque e como as pessoas aprendem a se comunicar e a se expressar e porque algumas crianças têm disfunções nessa área. Segundo o professor Anthony Monaco, do Centro Wellcome Trust de Genética Humana, de Oxford, além de ajudar a diagnosticar desordens de discurso, o estudo do gene vai possibilitar a descoberta de outros genes com imperfeições. Dessa forma, o prosseguimento das investigações pode levar a descobrir também esses genes associados e, assim, abrir uma possibilidade de curar todos os males relacionados à linguagem.

Disponível em: <www.bbc.co.uk>.
Acesso em: 4 maio 2009. Adaptado.

Para convencer o leitor da veracidade das informações contidas no texto, o autor recorre à estratégia de:

a) citar autoridade especialista no assunto em questão.

b) destacar os cientistas da Grã-Bretanha.

c) apresentar citações de diferentes fontes de divulgação científica.

d) detalhar os procedimentos efetuados durante o processo da pesquisa.

e) elencar as possíveis consequências positivas que a descoberta vai trazer.

**2** (Enem)

**Diga não ao não**

Quem disse que alguma coisa é impossível?

Olhe ao redor. O mundo está cheio de coisas que, segundo os pessimistas, nunca teriam acontecido.

"Impossível."

"Impraticável."

"Não."

E ainda assim, sim.

Sim, Santos Dumont foi o primeiro homem a decolar a bordo de um avião, impulsionado por um motor aeronáutico.

Sim, Visconde de Mauá, um dos maiores empreendedores do Brasil, inaugurou a primeira rodovia pavimentada do país.

Sim, uma empresa brasileira também inovou no país.

Abasteceu o primeiro voo comercial brasileiro.

Foi a primeira empresa privada a produzir petróleo na Bacia de Campos.

Desenvolveu um óleo combustível mais limpo, o OC Plus.

O que é necessário para transformar o não em sim?

Curiosidade. Mente aberta. Vontade de arriscar.

E quando o problema parece insolúvel, quando o desafio é muito duro, dizer: vamos lá.

Soluções de energia para um mundo real. *Jornal da ABI*. n. 336, dez. 2008. Adaptado.

O texto publicitário apresenta a oposição entre "impossível", "impraticável", "não" e "sim", "sim", "sim".

Essa oposição, usada como um recurso argumentativo, tem a função de:

a) minimizar a importância da invenção do avião por Santos Dumont.

b) mencionar os feitos de grandes empreendedores da história do Brasil.

c) ressaltar a importância do pessimismo para promover transformações.

d) associar os empreendimentos da empresa petrolífera a feitos históricos.

e) ironizar os empreendimentos rodoviários de Visconde de Mauá no Brasil.

**3** (Enem)

A ética nasceu na pólis grega com a pergunta pelos critérios que pudessem tornar possível o enfrentamento da vida com dignidade. Isto significa dizer que o ponto de partida da ética é a vida, a realidade humana, que, em nosso caso, é uma realidade de fome e miséria, de exploração e exclusão, de desespero e desencanto frente a um sentido da vida. É neste ponto que somos remetidos diretamente à questão da democracia, um projeto que se realiza nas relações da sociabilidade humana.

Disponível em: <www.jornaldeopiniao.com.br>. Acesso em: 3 maio 2009.

O texto pretende que o leitor se convença de que a:

a) ética é a vivência da realidade das classes pobres, como mostra o fragmento "é uma realidade de fome e miséria".

b) ética é o cultivo dos valores morais para encontrar sentido na vida, como mostra o fragmento "de desespero e desencanto frente a um sentido da vida".

c) experiência democrática deve ser um projeto vivido na coletividade, como mostra o fragmento "um projeto que se realiza nas relações da sociabilidade humana".

d) experiência democrática precisa ser exercitada em benefício dos mais pobres, com base no fragmento "tornar possível o enfrentamento da vida com dignidade".

e) democracia é a melhor forma de governo para as classes menos favorecidas, como mostra o fragmento "É neste ponto que somos remetidos diretamente à questão da democracia".

**Anotações**

## Em casa

**TEXTO DE APOIO**

### 1. Argumentatividade

O estudo da **argumentatividade** engloba todos os recursos de linguagem capazes de levar à persuasão, ou seja, tudo aquilo que pode convencer o interlocutor de algo.

São os argumentos que fazem com que as pessoas aceitem a tese defendida pelo texto. Eles não são nem garantia nem prova de verdade. A verdade, como categoria absoluta, não interessa aos estudos da linguagem. Para nós, o essencial é conhecer os procedimentos discursivos que fazem com que os textos criem a "impressão" de verdade. A argumentatividade sempre propõe uma escolha, não entre a verdade e a mentira, mas entre o mais e o menos desejável, o mais e o menos pertinente, o mais e o menos preferível.

Seguindo esse raciocínio, é importante distinguir a **argumentação** da **demonstração**. Enquanto a primeira é da ordem do preferível, a segunda encerra a ideia de verdade. A argumentação, por mais consistente que seja, sempre pode ser alvo de uma réplica. A demonstração não aceita contestação: seria realmente insólito que alguém resolvesse, por exemplo, atacar a veracidade do Teorema de Pitágoras. Por isso, a argumentação se identifica com a polêmica: onde há argumento, há dúvidas, há conflitos ideológicos; já a demonstração não se inscreve no território da polêmica: *demonstrar* é convencer o interlocutor de maneira absoluta, a ponto de não sobrar espaço para discussão.

Por isso, a argumentação sempre toma como ponto de partida as várias crenças e valores que coexistem em uma sociedade. Ela se fundamenta em um acordo entre o enunciador e seu auditório a respeito do grau de importância de certos valores. Eles são hierarquizados de tal forma que os valores em comum se sobreponham aos particulares. Assim é que se consegue a adesão do público, ou seja, acenando para aquilo que ele tem a ganhar ou a perder com a defesa de uma concepção em detrimento das outras possíveis, convocando-o a defender os valores da coletividade.

Como a argumentação pretende influenciar, por meio do discurso, o grau de aceitação de algumas teses dentro de um grupo, o conhecimento do auditório é fundamental para o bom resultado do trabalho. O sucesso do enunciador depende de sua habilidade na escolha dos procedimentos mais adequados ao público a quem se dirige, conseguindo um contato intelectual com sua audiência. Para que se consiga esse grau de sintonia, que, como vimos, é o ponto de partida de toda argumentação, é preciso garantir que algumas precondições sejam satisfeitas.

Há, basicamente, quatro precondições para o jogo argumentativo:

**1.** a disposição para dialogar e o respeito mútuo entre as partes;
**2.** a presença de uma linguagem compartilhada;
**3.** o acordo em torno de alguns valores humanos;
**4.** a existência de um repertório de vivências, informações e questões comuns.

### 2. Tipos de argumento

Cada manual de estudos da linguagem apresenta uma classificação diferente dos tipos de argumento: desde listas imensas, com dezenas de nomes técnicos, até tipologias tão simples que não acrescentam quase nada ao aluno. Sem desconsiderar os inúmeros trabalhos nessa área, pensamos em seguir uma classificação que resume os grandes argumentos em cinco grandes núcleos. Essa classificação tem a vantagem de ser extremamente sintética e utilizável pelo candidato em situações concretas de prova.

#### Argumento de prova concreta

Esse tipo de argumento consiste em apresentar dados da experiência que sustentem a visão de mundo do enunciador. Esses dados podem ser baseados em pesquisas, em levantamentos estatísticos ou em exemplos concretos da vida real. A grande vantagem desse tipo de argumento é que ele passa a impressão de ser irrefutável, pois, para rebatê-lo, há que se encontrar um outro dado que desminta o dado apresentado. De fato, se dizemos que no Brasil há muitos latifúndios improdutivos e sustentamos essa tese com informações do próprio Estado, fica difícil alguém conseguir contestar esse argumento.

Como dissemos, esse tipo de argumento tem a grande vantagem de parecer irrefutável – há quem diga que "com números não se discute" ou "os números não mentem jamais". Mas, além disso, o argumento de prova concreta demonstra a competência do enunciador para discutir aquele assunto, pois quem cita dados estatísticos passa a impressão de ter vastos conhecimentos sobre o tema de que se trata.

Há, porém, dois riscos nesse argumento: o primeiro consiste em usar um dado anunciado por uma fonte pouco confiável ou esquecer de citar a fonte que divulgou as informações apresentadas como verdadeiras; o segundo consiste em usar tantas vezes o argumento de prova concreta que o texto perde completamente a autonomia, tornando-se uma mera coletânea de números e de exemplos.

Ao ler um texto que utiliza o argumento de prova concreta, é importante tomar cuidado com o fato de que o enunciador sempre escolhe um número que seja interessante para defender sua opinião. Uma coisa é criticar o incentivo à educação no Brasil, comparando dados estatísticos nacionais com dados dos países da Europa central; outra coisa é elogiar a educação nacional, valendo-se de comparações com estatística de países pouco desenvolvidos como os da África central. Às vezes, o enunciador pode optar por um dado estatístico de um órgão em vez de outro.

### Argumento com base no raciocínio lógico

Uma das maiores falhas que um texto pode apresentar é a contradição: não se deve afirmar algo durante o texto e, num dado momento, desmentir a afirmação feita anteriormente (descontando, nesse caso, a hipótese de essa contradição ser intencional). Agora, se produzir um texto contraditório é algo a ser evitado, escrever um texto sem nenhuma contradição é um mérito. Um texto que manipula as relações lógicas entre os enunciados de maneira eficiente é, em princípio, um texto bom – daí a importância do argumento com base no raciocínio lógico.

Se estamos, por exemplo, escrevendo uma redação sobre o aumento da violência nos grandes centros urbanos brasileiros, podemos apontar como causa desse acontecimento a pobreza que assola as grandes cidades e, como consequência, a sensação de insegurança da população. Nesse caso, estamos apresentando as relações de causa e consequência de maneira eficiente. No entanto, se dizemos que a causa da violência é a insegurança da população e que a consequência é o aumento da pobreza, apresentamos as relações de causa e consequência de maneira distorcida. Isso não só indica um uso inadequado do argumento com base no raciocínio lógico, como também acaba provocando uma contradição que desqualifica o texto.

A analogia é uma outra possibilidade de utilização do argumento de raciocínio lógico. Para confirmar uma tese, é comum que se busquem situações análogas que, servindo de parâmetro de comparação, ajudem a justificar a visão de mundo do enunciador. Imagine-se um aluno que se vanglorie de ter sido aprovado nos três anos do Ensino Médio; segundo ele, estudar é inútil, pois ele nunca fez isso e, ainda assim, sempre foi aprovado. Para mostrar a fragilidade desse raciocínio, podemos recorrer a uma analogia, dizendo ao aluno pouco estudioso: "essa postura é tão censurável quanto a do sujeito que se vangloria de ter gastado mil dólares em livros em Nova York e não ter lido absolutamente nenhum".

### Argumento de autoridade

Outro eficiente recurso argumentativo é a citação de uma autoridade. Ao recorrer a uma opinião confiável e respeitada pela sociedade ou a um texto de credibilidade inquestionável, o enunciador consegue, ao mesmo tempo, mostrar sua competência para tratar do tema em questão e transferir para o seu texto a autoridade do enunciado ao qual recorreu. É inegável que um texto que cita, com naturalidade, grandes intelectuais da humanidade tem mais chance de conseguir a persuasão dos interlocutores do que outro texto que não o faz. Uma coisa é defender uma visão de mundo;

outra coisa é mostrar que Freud, Marx, Descartes, Hegel ou Aristóteles (só para citar algumas "autoridades" consagradas) também defendiam essa visão de mundo. É isso que define o argumento de autoridade.

Como todo recurso argumentativo, o argumento de autoridade também tem as suas limitações: seu uso em excesso pode descaracterizar o texto, podendo passar a impressão de que o enunciador não tem uma tese própria sobre o tema em discussão, constituindo-se num mero reprodutor do que os outros dizem. Além disso, a citação da autoridade às vezes vem descontextualizada: o aluno sabe uma frase interessante de Einstein, por exemplo; como essa frase não está diretamente ligada ao assunto em questão, ele "força a barra" para incluí-la no seu texto – com isso, muitas vezes o texto soa artificial e acaba ficando incoerente. Por fim, há que se lembrar que o argumento de autoridade depende da credibilidade da autoridade citada: enunciar uma frase ou uma ideia de alguém que não goza de prestígio social e intelectual naquele universo de conhecimento, além de não convencer ninguém, ainda desqualifica a competência discursiva de quem fez a citação. Não parece ser persuasivo, por exemplo, citar as opiniões de Fidel Castro sobre experiências amorosas ou sobre técnicas culinárias.

### Argumento de consenso

Em todas as sociedades, em todas as épocas, há certas ideias que são consensuais, isto é, que não precisam de comprovação para serem aceitas. Afirmar, por exemplo, que os investimentos em educação são fundamentais para o desenvolvimento de um país configura um consenso, pois é muito difícil alguém encontrar elementos plausíveis para discordar dessa tese. Eis, então, o que conhecemos por argumento de consenso.

Vale a ressalva de que não é todo texto que admite o uso do argumento de consenso; quando entramos em discussões como a pena de morte ou o aborto, por exemplo, tentar recorrer ao argumento de consenso já é uma falha discursiva, principalmente se o aluno apresentar como certeza absoluta aquilo que, na verdade, precisa de comprovação.

Por esse motivo, convém tomar cuidado com expressões como "todo mundo sabe que", "todas as pessoas são", "os políticos sempre", "é indiscutível que". A não ser que realmente se trate de uma ideia consensual, indiscutivelmente aceita como verdade por toda a sociedade ou pela grande maioria das pessoas tidas como ilustradas. Além disso, o excesso de argumentos consensuais prejudica o poder persuasivo do texto, pois cria a impressão de que o enunciador não é capaz de sair dos grandes lugares-comuns.

### Argumento de competência linguística

O último tipo de argumento a ser estudado não consiste num recurso usado pontualmente nos textos; na verdade, o argumento de competência linguística recobre o texto todo e demonstra, em sentido amplo, a competência de linguagem do enunciador. Não há dúvidas de que um enunciador que usa uma linguagem adequada ao seu público merece mais crédito do que outro enunciador que não o faz.

No entanto o argumento de competência linguística não configura uma garantia de persuasão: trata-se de um atributo necessário, mas não suficiente para fazer com que os interlocutores aceitem a tese do enunciador. Dito de outro modo, esse tipo de argumento, embora imprescindível, precisa vir acompanhado de outros recursos argumentativos para que o texto seja realmente considerado bom.

Ao mesmo tempo em que a competência linguística é um mérito, a incompetência é uma falha imperdoável. Mas é preciso lembrar que nem sempre a competência linguística está ligada às preocupações com a norma culta. Na realidade, a competência linguística nasce da necessidade de o interlocutor encontrar uma linguagem adequada para convencer seus interlocutores. Nas situações formais de comunicação, em que se incluem, por exemplo, as redações do Enem, o respeito à norma praticamente assegura a competência linguística do enunciador. No entanto, há casos em que a norma culta fica em segundo plano.

Isso acontece quando há uma intenção deliberada do enunciador em desrespeitar a norma culta para conseguir, assim, maior proximidade com o público.

**Textos para as questões 1 e 2**

Texto I

É praticamente impossível imaginarmos nossas vidas sem o plástico. Ele está presente em embalagens de alimentos, bebidas e remédios, além de eletrodomésticos, automóveis, etc. Esse uso ocorre devido à sua atoxicidade e à inércia, isto é: quando em contato com outras substâncias, o plástico não as contamina; ao contrário, protege o produto embalado. Outras duas grandes vantagens garantem o uso dos plásticos em larga escala: são leves, quase não alteram o peso do material embalado, e são 100% recicláveis, fato que, infelizmente, não é aproveitado, visto que, em todo o mundo, a percentagem de plástico reciclado, quando comparado ao total produzido, ainda é irrelevante.

*Mãe Terra*. São Paulo: Minuano, ano I, n. 6. Adaptado.

Texto II

Sacolas plásticas são leves e voam ao vento. Por isso, elas entopem esgotos e bueiros, causando enchentes. São encontradas até no estômago de tartarugas-marinhas, baleias, focas e golfinhos, mortos por sufocamento.

Sacolas plásticas descartáveis são gratuitas para os consumidores, mas têm um custo incalculável para o meio ambiente.

Fragmentos de texto publicitário do Instituto Akatu pelo Consumo Consciente. *Veja*, 8 jul. 2009.

**1** (Enem) Em contraste com o texto I, no texto II são empregadas, predominantemente, estratégias argumentativas que:

a) atraem o leitor por meio de previsões para o futuro.

b) apelam à emoção do leitor, mencionando a morte de animais.

c) orientam o leitor a respeito dos modos de usar conscientemente as sacolas plásticas.

d) intimidam o leitor com as nocivas consequências do uso indiscriminado de sacolas plásticas.

e) recorrem à informação, por meio de constatações, para convencer o leitor a evitar o uso de sacolas plásticas.

**2** (Enem) Na comparação dos textos, observa-se que:

a) o texto I apresenta um alerta a respeito do efeito da reciclagem de materiais plásticos; o texto II justifica o uso desse material reciclado.

b) o texto I tem como objetivo precípuo apresentar a versatilidade e as vantagens do uso do plástico na contemporaneidade; o texto II objetiva alertar os consumidores sobre os problemas ambientais decorrentes de embalagens plásticas não recicladas.

c) o texto I expõe vantagens, sem qualquer ressalva, do uso do plástico; o texto II busca convencer o leitor a evitar o uso de embalagens plásticas.

d) o texto I ilustra o posicionamento de fabricantes de embalagens plásticas, mostrando por que elas devem ser usadas; o texto II ilustra o posicionamento de consumidores comuns, que buscam praticidade e conforto.

e) o texto I apresenta um alerta a respeito da possibilidade de contaminação de produtos orgânicos e industrializados decorrente do uso de plástico em suas embalagens; o texto II apresenta vantagens do consumo de sacolas plásticas: leves, descartáveis e gratuitas.

**3** (Enem)

O tema da velhice foi objeto de estudo de brilhantes filósofos ao longo dos tempos. Um dos melhores livros sobre o assunto foi escrito pelo pensador e orador romano Cícero: *A arte do envelhecimento*. Cícero nota, primeiramente, que todas as idades têm seus encantos e suas dificuldades. E depois aponta para um paradoxo da humanidade. Todos sonhamos ter uma vida longa, o que significa viver muitos anos. Quando realizamos a meta, em vez de celebrar o feito, nos atiramos a um estado de melancolia e amargura. Ler as palavras de Cícero sobre envelhecimento pode ajudar a aceitar melhor a passagem do tempo.

NOGUEIRA, P. Saúde & Bem-Estar Antienvelhecimento. *Época*. 28 abr. 2008.

O autor discute problemas relacionados ao envelhecimento, apresentando argumentos que levam a inferir que seu objetivo é:

a) esclarecer que a velhice é inevitável.

b) contar fatos sobre a arte de envelhecer.

c) defender a ideia de que a velhice é desagradável.

d) influenciar o leitor para que lute contra o envelhecimento.

e) mostrar às pessoas que é possível aceitar, sem angústia, o envelhecimento.

Anotações

# AULA 17

**Competência 7** Confrontar opiniões e pontos de vista sobre as diferentes linguagens e suas manifestações específicas.

Habilidade 21 Reconhecer, em textos de diferentes gêneros, recursos verbais e não verbais utilizados com a finalidade de criar e mudar comportamentos e hábitos.

## Em classe

### MARCAS DA ENUNCIAÇÃO

#### Resumo teórico

"Qual estilo é mais adequado?", "Quais termos são mais compreensíveis?", "Que temas são mais aceitos?", "Com que grau de detalhamento tratar do assunto em pauta?", "Como tratar o interlocutor?". Essas são algumas questões fundamentais quando se pretende dialogar.

Para angariar a adesão de seu público, os enunciadores precisam considerar que a relação *eu/você* criada na comunicação deve determinar importantes características do texto. É a partir da linguagem que o enunciador pode criar de si uma imagem favorável ou negativa, do enunciatário uma imagem respeitosa ou agressiva.

Dessa maneira, a figura do ouvinte/leitor como um ser passivo, que simplesmente recebe o texto como um produto acabado, não passa de mera ficção. Quem já ousou se preparar para fazer uma declaração de amor, por exemplo, certamente teve momentos de angústia ao planejar seu texto. "O que dizer?", "Como dizer?", "Quanto dizer?" são dúvidas do enunciador que revelam a presença ativa do enunciatário, determinando em boa medida a feição que será dada àquele texto.

**1** (Enem)

**O senhor**

Carta a uma jovem que, estando em uma roda em que dava aos presentes o tratamento de você, se dirigiu ao autor chamando-o "o senhor":

Senhora:

Aquele a quem chamastes senhor aqui está, de peito magoado e cara triste, para vos dizer que senhor ele não é, de nada, nem de ninguém.

Bem o sabeis, por certo, que a única nobreza do plebeu está em não querer esconder sua condição, e esta nobreza tenho eu. Assim, se entre tantos senhores ricos e nobres a quem chamáveis você escolhestes a mim para tratar de senhor, é bem de ver que só poderíeis ter encontrado essa senhoria nas rugas de minha testa e na prata de meus cabelos. Senhor de muitos anos, eis aí; o território onde eu mando é no país do tempo que foi. Essa palavra, "senhor", no meio de uma frase, ergueu entre nós um muro frio e triste.

Vi o muro e calei: não é de muito, eu juro, que me acontece essa tristeza; mas também não era a vez primeira.

BRAGA, R. *A borboleta amarela.* Rio de Janeiro: Record, 1991.

A escolha do tratamento que se queira atribuir a alguém geralmente considera as situações específicas de uso social. A violação desse princípio causou um mal-estar no autor da carta. O trecho que descreve essa violação é:

a) "Essa palavra, 'senhor', no meio de uma frase, ergueu entre nós um muro frio e triste."
b) "A única nobreza do plebeu está em não querer esconder a sua condição."
c) "Só poderíeis ter encontrado essa senhoria nas rugas de minha testa."
d) "O território onde eu mando é no país do tempo que foi."
e) "Não é de muito, eu juro, que acontece essa tristeza; mas também não era a vez primeira."

**2** (Enem)

**Texto I**

A característica da oralidade radiofônica, então, seria aquela que propõe o diálogo com o ouvinte: a simplicidade, no sentido da escolha lexical; a concisão e a coerência, que se traduzem em um texto curto, em linguagem coloquial e com organização direta; e o ritmo, marcado pelo locutor, que deve ser o mais natural (do diálogo). É esta organização que vai "reger" a veiculação da mensagem, seja ela interpretada ou de improviso, com objetivo de dar melodia à transmissão oral, dar emoção, personalidade ao relato de fato.

VELHO, A. P. M. *A linguagem do rádio multimídia.* Disponível em: <www.bocc.ubi.pt>. Acesso em: 27 fev. 2012.

**Texto II**

**A dois passos do paraíso**

A Rádio Atividade leva até vocês
Mais um programa da séria série
"Dedique uma canção a quem você ama"
Eu tenho aqui em minhas mãos uma carta
Uma carta d'uma ouvinte que nos escreve
E assina com o singelo pseudônimo de
"Mariposa Apaixonada de Guadalupe"
Ela nos conta que no dia que seria
o dia mais feliz de sua vida
Arlindo Orlando, seu noivo
Um caminhoneiro conhecido da pequena e
Pacata cidade de Miracema do Norte
Fugiu, desapareceu, escafedeu-se
Oh! Arlindo Orlando volte
Onde quer que você se encontre
Volte para o seio de sua amada
Ela espera ver aquele caminhão voltando
De faróis baixos e para-choque duro...

BLITZ. Disponível em: <http://letras.terra.com.br>. Acesso em: 28 fev. 2012.

Em relação ao texto I, que analisa a linguagem do rádio, o texto II apresenta, em uma letra de canção,

a) estilo simples e marcado pela interlocução com o receptor, típico da comunicação radiofônica.
b) lirismo na abordagem do problema, o que o afasta de uma possível situação real de comunicação radiofônica.
c) marcação rítmica dos versos, o que evidencia o fato de o texto pertencer a uma modalidade de comunicação diferente da radiofônica.
d) direcionamento do texto a um ouvinte específico, divergindo da finalidade de comunicação do rádio, que é atingir as massas.
e) objetividade na linguagem caracterizada pela ocorrência rara de adjetivos, de modo a diminuir as marcas de subjetividade do locutor.

**3** (Enem)

© ENEM

Cartaz afixado nas bibliotecas centrais e setoriais da Universidade Federal de Goiás (UFG), 2011.

Considerando-se a finalidade comunicativa comum do gênero e o contexto específico do Sistema de Biblioteca da UFG, esse cartaz tem função predominantemente:

a) socializadora, contribuindo para a popularização da arte.
b) sedutora, considerando a leitura como uma obra de arte.
c) estética, propiciando uma apreciação despretensiosa da obra.
d) educativa, orientando o comportamento de usuários de um serviço.
e) contemplativa, evidenciando a importância de artistas internacionais.

## Em casa

### TEXTO DE APOIO

### Marcas da enunciação

Quem sou eu, com quem eu falo? O linguista José Luiz Fiorin, em seu livro *As astúcias da enunciação*, afirma que:

> *O **eu** existe por oposição ao **tu** e é a condição do diálogo que é constitutiva da pessoa porque ela se constrói na reversibilidade dos papéis eu/tu.*

Segundo esse postulado, apenas quando falamos, escrevemos, apenas quando expomos pensamentos e sentimentos ao outro é que passamos a existir como sujeitos. Só existe um "eu" quando este é contraposto a um "tu". Dessa maneira, o conceito de "eu" é construído na e pela linguagem, por um enunciador que pode escolher como se mostrar de acordo com a interlocução estabelecida em seu enunciado.

Um interessante exemplo literário desse jogo está presente em uma cena do *Auto da Barca do Inferno*, de Gil Vicente (1465-1536?): a alcoviteira Brísida Vaz, condenada a seguir na "barca do inferno" justamente pela atividade de aliciar encontros "amorosos", dirige-se ao anjo que comanda a "barca da glória", tentando conseguir dele a salvação. Eis o trecho:

*E chegando à barca da glória, diz ao Anjo:*
***Brísida.*** *Barqueiro, mano, meus olhos,*
*prancha a Brísida Vaz!*
***Anjo.*** *Eu não sei quem te cá traz...*
***Brísida.*** *Peço-vo-lo de giolhos!*
*Cuidais que trago piolhos,*
*anjo de Deus, minha rosa?*
*Eu sou Brísida, a preciosa,*
*que dava as môças aos molhos.*
*A que criava as meninas*
*para os cônegos da Sé...*
*Passai-me, por vossa fé,*
*meu amor, minhas boninas,*
*olhos de perlinhas finas! [...]*

VICENTE, Gil. *Auto da barca do inferno.*
(Texto fixado por S. Spina e retirado da Fuvest)

A intenção de Brísida era mudar sua sorte e ser convidada a entrar na barca que conduziria ao céu, porém, como o fragmento sugere, sua fala foi avessa à sua meta. Isso acontece não apenas pelo conteúdo da mensagem – na qual a alcoviteira diz claramente que "criava as meninas / para os cônegos da Sé" (ou seja, que arranjava encontros entre "suas" garotas e padres!) –, mas também pela interlocução instaurada: por inabilidade da personagem, o estilo por ela adotado reforça o mesmo pecado que a condenou. Ao se referir ao anjo usando vocativos como "meus olhos", "minha rosa", "meu amor", Brísida Vaz apresenta-se como um "eu" familiarizado com o universo da sedução amorosa e, simultaneamente, faz do anjo um "tu" passível de ser seduzido. Desse modo, a alcoviteira instaura uma interlocução francamente desfavorável ao seu intento, sendo definitivamente condenada ao inferno.

### Interlocução não é necessariamente explícita

No exemplo anterior, em que as duas personagens do texto dramático dialogam, temos um exemplo de **interlocução demarcada**, pois estão explicitados no texto o emissor e o destinatário da mensagem (tal qual ocorre, por exemplo, em cartas particulares, *e-mails* pessoais, etc.).

Há outros gêneros textuais, no entanto, nos quais a expressão do "eu" e a referência ao outro não se dão de modo explícito (como nos verbetes de enciclopédia, no noticiário, nos textos científicos, entre outros). Esse apagamento do enunciador e do enunciatário na superfície do texto obviamente não suspende a interlocução e suas imposições, uma vez que todo texto pressupõe seu produtor e um auditório. Tratamos então de **interlocução não demarcada**, porém igualmente determinante na construção do texto.

Em casos de interlocução não demarcada, aspectos de conteúdo e de estilo são decisivos para identificarmos como é a relação enunciador/enunciatário em determinado texto. Para tratar disso, tomemos como exemplo o fragmento abaixo, extraído de um texto de divulgação científica:

> *Cinco décadas atrás, as revistas populares de ciência nos Estados Unidos alardeavam que, em menos de cinquenta anos, a fonte da eletricidade do mundo seria a energia limpa e praticamente inesgotável que faz as estrelas brilharem: a fusão nuclear. O tempo passou e hoje existem apenas as usinas de fissão nuclear, que produzem energia a partir da quebra de núcleos atômicos pesados. Uma usina de fusão, ao contrário, funcionaria extraindo energia da união de dois núcleos de hidrogênio, o elemento químico mais abundante no Universo. Em parceria com grupos europeus, pesquisadores brasileiros trabalham com o objetivo de transformar a fusão em realidade.*
>
> A energia das estrelas. *Revista Pesquisa Fapesp*. 186, p. 60, ago. 2011.

Nesse excerto, assim como em todo o texto do qual ele foi extraído, não há qualquer referência explícita do enunciador a si mesmo ou ao leitor. Seria ingenuidade, porém, acreditar que não haja marcas da interlocução no texto.

Quanto ao **estilo** adotado, o uso da variedade padrão da língua e a objetividade com que se aborda o tema criam um efeito de credibilidade, instaurando um "eu" autorizado a transmitir ao seu auditório os avanços da ciência. Essa imagem de enunciador familiarizado com o universo científico, porém, deve ser somada à de alguém habilitado a dialogar com enunciatários leigos, os quais desempenham papel de "tu" no gênero divulgação científica. Nesse contexto, as expressões explicativas – como "energia limpa e praticamente inesgotável que faz as estrelas brilharem", para traduzir "fusão nuclear", e "que produzem energia a partir da quebra de núcleos atômicos pesados", explicando o funcionamento das usinas de fissão nuclear – não são mero expediente estilístico, estando mais associadas a questões de **conteúdo**. Isso porque, por meio das explicações, é fornecido ao leitor um repertório indispensável para que ele compreenda o texto.

A análise desses aspectos revela a relação enunciador-enunciatário estabelecida: de um lado, o público leigo e interessado em ciência; de outro, um enunciador didático, capaz de traduzir em termos acessíveis os complexos saberes do mundo científico. A partir desse exemplo, concluímos que **estilo** e **conteúdo** são elementos importantíssimos ao se instaurar a interlocução, seja demarcada ou não na superfície do texto.

**1** (Enem)

© LAERTE/ENEM

Que estratégia argumentativa leva o personagem do terceiro quadrinho a persuadir sua interlocutora?

a) Prova concreta, ao expor o produto ao consumidor.

b) Consenso, ao sugerir que todo vendedor tem técnica.

c) Raciocínio lógico, ao relacionar uma fruta com um produto eletrônico.

d) Comparação, ao enfatizar que os produtos apresentados anteriormente são inferiores.

e) Indução, ao elaborar o discurso de acordo com os anseios do consumidor.

**2** (Enem)

© ENEM

**Não somos tão especiais**

Todas as características tidas como exclusivas dos humanos são compartilhadas por outros animais, ainda que em menor grau.

INTELIGÊNCIA

A ideia de que somos os únicos animais racionais tem sido destruída desde os anos 1940. A maioria das aves e dos mamíferos tem algum tipo de raciocínio.

AMOR

O amor, tido como o mais elevado dos sentimentos, é parecido em várias espécies, como os corvos, que também criam laços duradouros, se preocupam com o ente querido e ficam de luto depois de sua morte.

CONSCIÊNCIA

Chimpanzés se reconhecem no espelho. Orangotangos observam e enganam humanos distraídos. Sinais de que sabem quem são e se distinguem dos outros. Ou seja, são conscientes.

CULTURA

O primatologista Frans de Waal juntou vários exemplos de cetáceos e primatas que são capazes de aprender novos hábitos e de transmiti-los para as gerações seguintes. O que é cultura se não isso?

BURGIERMAN, D. *Superinteressante*, n. 190, jul. 2003.

O título do texto traz o ponto de vista do autor sobre a suposta supremacia dos humanos em relação aos outros animais. As estratégias argumentativas utilizadas para sustentar esse ponto de vista são:

a) definição e hierarquia.
b) exemplificação e comparação.
c) causa e consequência.
d) finalidade e meios.
e) autoridade e modelo.

**3** (Enem)

E como manejava bem os cordéis de seus títeres, ou ele mesmo, títere voluntário e consciente, como entregava o braço, as pernas, a cabeça, o tronco, como se desfazia de suas articulações e de seus reflexos quando achava nisso conveniência. Também ele soubera apoderar-se dessa arte, mais artifício, toda feita de sutilezas e grosserias, de expectativa e oportunidade, de insolência e submissão, de silêncios e rompantes, de anulação e prepotência. Conhecia a palavra exata para o momento preciso, a frase picante ou obscena no ambiente adequado, o tom humilde diante do superior útil, o grosseiro diante do inferior, o arrogante quando o poderoso em nada o podia prejudicar. Sabia desfazer situações equívocas, e armar intrigas das quais se saía sempre bem, e sabia, por experiência própria, que a fortuna se ganha com uma frase, num dado momento, que este momento único, irrecuperável, irresistível, exige um estado de alerta para a sua apropriação.

RAWET, S. O aprendizado. In: *Diálogo*. Rio de Janeiro: GRD, 1963.

No conto, o autor retrata criticamente a habilidade do personagem no manejo de discursos diferentes segundo a posição do interlocutor na sociedade. A crítica à conduta do personagem está centrada:

a) na imagem do títere ou fantoche em que o personagem acaba por se transformar, acreditando dominar os jogos de poder na linguagem.
b) na alusão à falta de articulações e reflexos do personagem, dando a entender que ele não possui o manejo dos jogos discursivos em todas as situações.
c) no comentário, feito em tom de censura pelo autor, sobre as frases obscenas que o personagem emite em determinados ambientes sociais.
d) nas expressões que mostram tons opostos nos discursos empregados aleatoriamente pelo personagem em conversas com interlocutores variados.
e) no falso elogio à originalidade atribuída a esse personagem, responsável por seu sucesso no aprendizado das regras de linguagem da sociedade.

# AULA 18

**Competência 8** Compreender e usar a língua portuguesa como língua materna, geradora de significação e integradora da organização do mundo e da própria identidade.

Habilidade 25 Identificar, em textos de diferentes gêneros, as marcas linguísticas que singularizam as variedades linguísticas sociais, regionais e de registro.

## Em classe

### VARIAÇÃO LINGUÍSTICA

#### Resumo teórico

Faz parte da experiência de qualquer falante nativo a noção de que sua língua não é falada de maneira uniforme por todos os membros da comunidade. Não é necessário um senso de observação muito apurado para se perceber que, no Brasil, por exemplo, fala-se um português repleto de diferenças:

- há quem diga **os menino folgado** (com o **s** de plural marcando apenas o artigo);
- há quem prefira dizer **os meninos folgados** (com os **s** de plural marcando o artigo, o substantivo e o adjetivo);
- há regiões em que se pronuncia **feliz** com o **e** aberto (**é**) e o **z** com som de **ch** (é o caso dos baianos); já o fluminense pronuncia o mesmo **e** como **i** e o **z** também como **ch**; em São Paulo, pronuncia-se **feliz** com o **e** fechado e o **z** com som de **s**;
- a palavra **você** é, por sua vez, pronunciada com todas as suas letras ou como **ocê** e até mesmo **cê**.

O falante nativo é capaz de citar vários outros exemplos similares e identificar, por trás da maneira própria de falar, grupos de pessoas específicos. Em síntese, ele tem noção das diferentes variações que afetam a sua língua. Ao uso específico que cada comunidade de falantes faz da sua língua, dá-se o nome de **variedades linguísticas**.

**1** (Enem)

Texto I

**Antigamente**

Antigamente, os pirralhos dobravam a língua diante dos pais e se um se esquecia de arear os dentes antes de cair nos braços de Morfeu, era capaz de entrar no couro. Não devia também se esquecer de lavar os pés, sem tugir nem mugir. Nada de bater na cacunda do padrinho, nem de debicar os mais velhos, pois levava tunda. Ainda cedinho, aguava as plantas, ia ao corte e logo voltava aos penates. Não ficava mangando na rua, nem escapulia do mestre, mesmo que não entendesse patavina da instrução moral e cívica. O verdadeiro *smart* calçava botina de botões para comparecer todo liró ao copo-d'água, se bem que no convescote apenas lambiscasse, para evitar flatos. Os bilontras é que eram um precipício, jogando com pau de dois bicos, pelo que carecia muita cautela e caldo de galinha. O melhor era pôr as barbas de molho diante de um treteiro de topete, depois de fintar e engambelar os coiós, e antes que se pusesse tudo em pratos limpos, ele abria o arco.

ANDRADE, C. D. *Poesia e prosa*. Rio de Janeiro: Nova Aguilar, 1983.

Texto II

| Palavras do arco da velha | |
|---|---|
| **Expressão** | **Significado** |
| Cair nos braços de Morfeu | Dormir |
| Debicar | Zombar, ridicularizar |
| Tunda | Surra |
| Mangar | Escarnecer, caçoar |
| Tugir | Murmurar |
| Liró | Bem-vestido |
| Copo-d'água | Lanche oferecido pelos amigos |
| Convescote | Piquenique |
| Bilontra | Velhaco |
| Treteiro de topete | Tratante atrevido |
| Abrir o arco | Fugir |

FIORIN, J. L. As línguas mudam. In: *Revista Língua Portuguesa*, n. 24, out. 2007. Adaptado.

Na leitura do fragmento do texto *Antigamente*, constata-se, pelo emprego de palavras obsoletas, que itens lexicais outrora produtivos não mais o são no português brasileiro atual. Esse fenômeno revela que:

a) a língua portuguesa de antigamente carecia de termos para se referir a fatos e coisas do cotidiano.

b) o português brasileiro se constitui evitando a ampliação do léxico proveniente do português europeu.

c) a heterogeneidade do português leva a uma estabilidade do seu léxico no eixo temporal.

d) o português brasileiro apoia-se no léxico inglês para ser reconhecido como língua independente.

e) o léxico do português representa uma realidade linguística variável e diversificada.

**2** (Enem)

**S.O.S. Português**

Por que pronunciamos muitas palavras de um jeito diferente da escrita? Pode-se refletir sobre esse aspecto da língua com base em duas perspectivas. Na primeira delas, fala e escrita são dicotômicas, o que restringe o ensino da língua ao código. Daí vem o entendimento de que a escrita é mais complexa que a fala, e seu ensino restringe-se ao conhecimento das regras gramaticais, sem a preocupação com situações de uso. Outra abordagem permite encarar as diferenças como um produto distinto de duas modalidades da língua: a oral e a escrita. A questão é que nem sempre nos damos conta disso.

S.O.S. Português. *Nova Escola*. São Paulo: Abril, Ano XXV, n. 231, abr. 2010. Adaptado.

O assunto tratado no fragmento é relativo à língua portuguesa e foi publicado em uma revista destinada a professores. Entre as características próprias desse tipo de texto, identificam-se marcas linguísticas próprias do uso:

a) regional, pela presença de léxico de determinada região do Brasil.

b) literário, pela conformidade com as normas da gramática.

c) técnico, por meio de expressões próprias de textos científicos.

d) coloquial, por meio do registro de informalidade.

e) oral, por meio do uso de expressões típicas da oralidade.

**3** (Enem)

Disponível em: <http://revistaescola.abril.com.br>. Acesso em: 27 abr. 2010.

Calvin apresenta a Haroldo (seu tigre de estimação) sua escultura na neve, fazendo uso de uma linguagem especializada. Os quadrinhos rompem com a expectativa do leitor, porque:

a) Calvin, na sua última fala, emprega um registro formal e adequado para a expressão de uma criança.
b) Haroldo, no último quadrinho, apropria-se do registro linguístico usado por Calvin na apresentação de sua obra de arte.
c) Calvin emprega um registro de linguagem incompatível com a linguagem de quadrinhos.
d) Calvin, no último quadrinho, utiliza um registro linguístico informal.
e) Haroldo não compreende o que Calvin lhe explica, em razão do registro formal utilizado por este último.

## Em casa

### TEXTO DE APOIO

### Tipos de variantes

**Variantes históricas**: a língua se altera de época para época, constituindo o que se chama de variantes históricas.

**Variantes geográficas**: de lugar para lugar, também há diferenças significativas dentro de uma língua. A fala da zona rural, por exemplo, é muito diferente da fala urbana.

**Variantes sociais**: entre uma classe social e outra, há diferentes modos de falar. Um magistrado não fala como um operário.

Entre as variantes sociais, costumam-se distinguir duas grandes divisões:
a) **variante culta** (das pessoas que pertencem às elites sociais);
b) **variante popular** (dos segmentos sociais que não pertencem às elites).

**Variantes de situação** (ou **variantes de estilo**): um mesmo indivíduo varia o próprio modo de falar, de acordo com as circunstâncias em que se situa o ato de comunicação.

Entre as variantes de situação, distinguem-se duas:
a) **estilo informal** (espontâneo, descomprometido, com baixo grau de preocupação com a linguagem);
b) **estilo formal** (calculado, vigiado, com alto grau de reflexão).

**1** (Enem)

**Antigamente**

Acontecia o indivíduo apanhar constipação; ficando perrengue, mandava o próprio chamar o doutor e, depois, ir à botica para aviar a receita, de cápsulas ou pílulas fedorentas. Doença nefasta era a phtísica, feia era o gálico. Antigamente, os sobrados tinham assombrações, os meninos, lombrigas [...]

Carlos Drummond de Andrade. *Poesia completa e prosa*. Rio de Janeiro: Companhia José Aguilar, p. 1184.

O texto anterior está escrito em linguagem de uma época passada. Observe uma outra versão, em linguagem atual.

**Antigamente**

Acontecia o indivíduo apanhar um resfriado; ficando mal, mandava o próprio chamar o doutor e, depois, ir à farmácia para aviar a receita, de cápsulas ou pílulas fedorentas. Doença nefasta era a tuberculose, feia era a sífilis. Antigamente, os sobrados tinham assombrações, os meninos, vermes [...].

Comparando-se esses dois textos, verifica-se que, na segunda versão, houve mudanças relativas a:

a) vocabulário.
b) construções sintáticas.
c) pontuação.
d) fonética.
e) regência verbal.

**2** (Enem)

Quando vou a São Paulo, ando na rua ou vou ao mercado, apuro o ouvido; não espero só o sotaque geral dos nordestinos, onipresentes, mas para conferir a pronúncia de cada um; os paulistas pensam que todo nordestino fala igual; contudo, as variações são mais numerosas que as notas de uma escala musical. Pernambuco, Paraíba, Rio Grande do Norte, Ceará, Piauí têm no falar de seus nativos muito mais variantes do que se imagina. E a gente se goza uns dos outros, imita o vizinho, e todo mundo ri, porque parece impossível que um praiano de beira-mar não chegue sequer perto de um sertanejo de Quixeramobim. O pessoal do Cariri, então, até se orgulha do falar deles. Têm uns tês doces, quase um ***tche***; já nós, ásperos sertanejos, fazemos um duro ***au*** ou ***eu*** de todos os terminais em ***al*** ou ***el*** – carnavau, Raqueu... Já os paraibanos trocam o ***l*** pelo ***r***. José Américo só me chamava, afetuosamente, de Raquer.

QUEIROZ, R. *O Estado de S. Paulo*. 9 maio 1998. Adaptado.

Rachel de Queiroz comenta, em seu texto, um tipo de variação linguística que se percebe no falar de pessoas de diferentes regiões. As características regionais exploradas no texto manifestam-se:

a) na fonologia.
b) no uso do léxico.
c) no grau de formalidade.
d) na organização sintática.
e) na estruturação morfológica.

**3** (Enem)

**MANDIOCA – mais um presente da Amazônia**

Aipim, castelinha, macaxeira, maniva, maniveira. As designações da *Manihot utilissima* podem variar de região no Brasil, mas uma delas deve ser levada em conta em todo o território nacional: pão-de-pobre – e por motivos óbvios.

Rica em fécula, a mandioca – uma planta rústica e nativa da Amazônia disseminada no mundo inteiro, especialmente pelos colonizadores portugueses – é a base de sustento de muitos brasileiros e o único alimento disponível para mais de 600 milhões de pessoas em vários pontos do planeta, e em particular em algumas regiões da África.

*O melhor do Globo Rural*. fev. 2005. Fragmento.

De acordo com o texto, há no Brasil uma variedade de nomes para a *Manihot utilissima*, nome científico da mandioca. Esse fenômeno revela que:

a) existem variedades regionais para nomear uma mesma espécie de planta.
b) mandioca é nome específico para a espécie existente na região amazônica.
c) "pão-de-pobre" é designação específica para a planta da região amazônica.
d) os nomes designam espécies diferentes da planta, conforme a região.
e) a planta é nomeada conforme as particularidades que apresenta.

**Anotações**

# AULA 19

**Competência 6** Compreender e usar os sistemas simbólicos das diferentes linguagens como meios de organização cognitiva da realidade pela constituição de significados, expressão, comunicação e informação.

Habilidade 20 Reconhecer a importância do patrimônio linguístico para a preservação da memória e da identidade nacional.

## Em classe

### A LÍNGUA COMO FATO SOCIAL

#### Resumo teórico

A discussão sobre variantes linguísticas ocupa hoje um lugar de destaque nos textos que tratam do ensino da língua materna na escola. A abordagem que se dá atualmente a esse tema é muito diferente da que se dava nos estudos antigos. Até meados do século XX, não se cogitava sobre outra variedade que não fosse a culta. As demais eram tidas como degradação daquela, considerada então a única forma possível de se falar o vernáculo, ou seja, a língua própria de um país. Prova disso é que "língua vernácula" passou a significar "língua correta, pura, castiça, legítima". O que não era tido como vernáculo era simplesmente rejeitado como degradação, e não era objeto de consideração a não ser para exemplificar o que não se deveria dizer. Atualmente, a noção de correção considera, por exemplo, que diferentes gêneros textuais requerem distintos usos da língua e, com base nisso, a noção de "certo × errado" deu lugar à de "adequado × inadequado à situação comunicativa".

**1** (Enem)

**Cabeludinho**

Quando a Vó me recebeu nas férias, ela me apresentou aos amigos: este é meu neto. Ele foi estudar no Rio e voltou de ateu. Ela disse que eu voltei de ateu. Aquela preposição deslocada me fantasiava de ateu. Como quem dissesse no Carnaval: aquele menino está fantasiado de palhaço. Minha avó entendia de regências verbais. Ela falava de sério. Mas todo mundo riu. Porque aquela preposição deslocada podia fazer de uma informação um chiste. E fez. E mais: eu acho que buscar a beleza nas palavras é uma solenidade de amor. E pode ser instrumento de rir. De outra feita, no meio da pelada um menino gritou: Disilimina esse, Cabeludinho. Eu não disiliminei ninguém. Mas aquele verbo novo trouxe um perfume de poesia à nossa quadra. Aprendi nessas férias a brincar de palavras mais do que trabalhar com elas. Comecei a não gostar de palavra engavetada. Aquela que não pode mudar de lugar. Aprendi a gostar mais das palavras pelo que elas entoam do que pelo que elas informam. Por depois ouvi um vaqueiro a cantar com saudade: Ai morena, não me escreve / que eu não sei a ler. Aquele a preposto ao verbo **ler**, ao meu ouvir, ampliava a solidão do vaqueiro.

BARROS, M. *Memórias inventadas:* a infância. São Paulo: Planeta, 2003.

No texto, o autor desenvolve uma reflexão sobre diferentes possibilidades de uso da língua e sobre os sentidos que esses usos podem produzir, a exemplo das expressões "voltou de ateu", "disilimina esse" e "eu não sei a ler". Com essa reflexão, o autor destaca:

a) os desvios linguísticos cometidos pelos personagens do texto.
b) a importância de certos fenômenos gramaticais para o conhecimento da língua portuguesa.
c) a distinção clara entre a norma culta e as outras variedades linguísticas.
d) o relato fiel de episódios vividos por Cabeludinho durante as suas férias.
e) a valorização da dimensão lúdica e poética presente nos usos coloquiais da linguagem.

**2** (Enem)

**Riqueza ameaçada**

Boa parte dos 180 idiomas sobreviventes está ameaçada de extinção – mais da metade (110) é falada por menos de 500 pessoas. No passado, era comum pessoas serem amarradas em árvores quando se expressavam em suas línguas, lembra o cacique Felisberto Kokama, um analfabeto para os nossos padrões e um guardião da pureza de seu idioma (caracterizado por uma diferença marcante entre a fala masculina e a feminina), lá no Amazonas, no Alto Solimões. Outro Kokama, o professor Leonel, da região de Santo Antônio do Içá (AM), mostra o problema atual: "Nosso povo se rendeu às pessoas brancas pelas dificuldades de sobrevivência. O contato com a língua portuguesa foi exterminando e dificultando a prática da nossa língua. Há poucos falantes, e com vergonha de falar. A língua é muito **preconceituada** entre nós mesmos".

*Revista Língua Portuguesa.* São Paulo: Segmento, n. 26, 2007.

O desaparecimento gradual ou abrupto de partes importantes do patrimônio linguístico e cultural do país possui causas variadas. Segundo o professor Leonel, da região de Santo Antônio do Içá (AM), os idiomas indígenas sobreviventes estão ameaçados de extinção devido ao:

a) medo que as pessoas tinham de serem castigadas por falarem a sua língua.
b) número reduzido de índios que continuam falando entre si nas suas reservas.
c) contato com falantes de outras línguas e a imposição de um outro idioma.
d) desaparecimento das reservas indígenas em decorrência da influência do branco.
e) descaso dos governantes em preservar esse patrimônio cultural brasileiro.

**3** (Enem) No Brasil colonial, os portugueses procuravam ocupar e explorar os territórios descobertos, nos quais viviam índios, que eles queriam cristianizar e usar como força de trabalho. Os missionários aprendiam os idiomas dos nativos para catequizá-los nas suas próprias línguas. Ao longo do tempo, as línguas se influenciaram. O resultado desse processo foi a formação de uma língua geral, desdobrada em duas variedades: o abanheenga, ao sul, e o nheengatu, ao norte. Quase todos se comunicavam na língua geral, sendo poucos aqueles que falavam apenas o português.

De acordo com o texto, a língua geral formou-se e consolidou-se no contexto histórico do Brasil-Colônia. Portanto, a formação desse idioma e suas variedades foi condicionada:

a) pelo interesse dos indígenas em aprender a religião dos portugueses.
b) pelo interesse dos portugueses em aprimorar o saber linguístico dos índios.
c) pela percepção dos indígenas de que as suas línguas precisavam aperfeiçoar-se.
d) pelo interesse unilateral dos indígenas em aprender uma nova língua com os portugueses.
e) pela distribuição espacial das línguas indígenas, que era anterior à chegada dos portugueses.

## Em casa

### TEXTO DE APOIO

**A língua como fato social**

Analisando sob o ponto de vista sociológico, ocorria com a língua o mesmo julgamento feito com outros costumes e valores diferentes dos da classe mais prestigiada: elegiam-se como os únicos válidos e justos os traços característicos desse grupo social. Falar bem, vestir-se bem, ter bons modos, todo o critério de bom gosto era definido pela classe alta. E a expressão "alta classe" era sinônima de "qualidade superior".

Houve, entretanto, uma reação às vezes rigorosa contra essa visão de mundo. Em alguns casos, isso foi tema de debates calorosos que, de quando em quando, ressurgem, repercutindo na mídia e despertando trocas de descomposturas de lado a lado.

De um lado, os conservadores, que se julgam defensores do vernáculo, esbravejam, alegando que prestigiar outra variante que não a culta (ou a tida como culta) é um crime; de outro, enfurecem-se os progressistas, acusando os vernaculistas de discriminação, de preconceito, de ignorância da verdadeira realidade das línguas.

A maneira mais sensata de abordar essa questão que envolve a língua e suas variantes é partir do pressuposto de que as línguas (todas elas) são, ao mesmo tempo, um código construtor de sentidos e também um fato social.

Trata-se de duas dimensões diferentes, que requerem abordagens distintas. Avaliada sob o ponto de vista do código, exige-se da variante linguística que ela seja capaz de construir o sentido desejado, e essa capacidade qualquer variante possui. Sob esse ponto de vista, então, todas as variantes de uma língua são equivalentes.

Sob o ponto de vista social, no entanto, não se pode dizer o mesmo: há variantes mais prestigiadas, há também as desprestigiadas. Vale para as línguas o que vale para os costumes sociais: o que é típico da classe de mais prestígio é mais valorizado do que o que é próprio da classe de menos prestígio. Pode-se dizer que uma variante tem o mesmo prestígio que o do grupo social que a utiliza.

Historicamente, a variedade do grupo mais prestigiado ganha estatuto de língua padrão de uma nação e, a partir daí, seu prestígio tende a crescer e distanciar-se das demais. É ela que passa a ser utilizada nas relações institucionais ou mais formais, sobre ela se fazem os dicionários e as gramáticas, e é ela que passa a ser ensinada nas escolas. Por esse motivo, costuma ser tomada como o padrão de correção. Falar correto passa a ser identificado com falar de acordo com a variedade padrão. Esse ponto de vista, aceito até meados do século passado sem contestação, desperta controvérsia nos dias atuais.

Ninguém contesta que a escola tem a obrigação de habilitar seus alunos a dominar a norma culta, pois é por meio dela que se estabelecem relações indispensáveis da prática e dos ritos sociais. Mas não se admite que se desconsiderem as demais como se não existissem, como se fossem um mal a ser erradicado por não ter nenhuma utilidade social. O que se defende hoje em dia é que a escola ensine a língua padrão sem negar que outras variedades também fazem parte da cultura nacional e são úteis à comunicação, além de servir para a criação de obras de elevado valor artístico. Em vista dessa nova concepção, tornaram-se frequentes questões sobre variantes linguísticas em livros escolares, nos exames vestibulares e no Enem.

Entendida, portanto, como um fato social, é razoável afirmar que a língua de um povo será tão heterogênea quanto forem as diferenças socioculturais que o compõem. Na Itália, por exemplo, convivem com o idioma oficial cerca de duas dezenas de dialetos, dadas a diversidade cultural, as influências históricas e de povos vizinhos. Não é estranho, pois, concluir que as tantas variações que caracterizam uma língua sejam influenciadas pelas mudanças culturais por que passa um povo.

**1** (Enem)

Quer evitar pesadelos? Então não durma de barriga para cima. Este é o conselho de quem garante ter sido atacado pela Pisadeira. A meliante costuma agir em São Paulo e Minas Gerais. Suas vítimas preferidas são aquelas que comeram demais antes de dormir. Desce do telhado — seu esconderijo usual — e pisa com muita força no peito e na barriga do incauto adormecido, provocando os pesadelos. Há controvérsias sobre sua aparência. De acordo com alguns, é uma mulher bem gorda. Já o escritor Cornélio Pires forneceu a seguinte descrição da malfeitora: "Essa é ua muié muito magra, que tem os dedos cumprido e seco cum cada unhão! Tem as perna curta, cabelo desgadeiado, quexo revirado pra riba e nari magro munto arcado; sobranceia cerrado e zoio aceso...". Pelo sim, pelo não, caro amigo... barriga para baixo e bons sonhos.

*Almanaque de Cultura Popular.* Ano 10, out. 2008, n. 114. Adaptado.

Considerando que as variedades linguísticas existentes no Brasil constituem patrimônio cultural, a descrição da personagem lendária, Pisadeira, nas palavras do escritor Cornélio Pires,

a) mostra hábitos linguísticos atribuídos à personagem lendária.
b) ironiza vocabulário usado no registro escrito de descrição de personagens.
c) associa a aparência desagradável da personagem ao desprestígio da cultura brasileira.
d) sugere crítica ao tema da superstição como integrante da cultura de comunidades interioranas.
e) valoriza a memória e as identidades nacionais pelo registro escrito de variedades linguísticas pouco prestigiadas.

**2** (Enem)

Nestes últimos anos, a situação mudou bastante e o Brasil, normalizado, já não nos parece tão mítico, no bem e no mal. Houve um mútuo reconhecimento entre os dois países de expressão portuguesa de um lado e do outro do Atlântico: o Brasil descobriu Portugal e Portugal, em um retorno das caravelas, voltou a descobrir o Brasil e a ser, por seu lado, colonizado por expressões linguísticas, as telenovelas, os romances, a poesia, a comida e as formas de tratamento brasileiros. O mesmo, embora em nível superficial, dele excluído o plano da língua, aconteceu com a Europa, que, depois da diáspora dos anos 1970, depois da inserção na cultura da bossa nova e da música popular brasileira, da problemática ecológica centrada na Amazônia, ou da problemática social emergente do fenômeno dos meninos de rua, e até do álibi ocultista dos romances de Paulo Coelho, continua todos os dias a descobrir, no bem e no mal, o novo Brasil. Se, no fim do século XIX, Sílvio Romero definia a literatura brasileira como manifestação de um país mestiço, será fácil para nós defini-la como expressão de um país polifônico: em que já não é determinante o eixo Rio-São Paulo, mas que, em cada região, desenvolve originalmente a sua unitária e particular tradição cultural. É esse, para nós, no início do século XXI, o novo estilo brasileiro.

STEGAGNO-PICCHIO, L. *História da literatura brasileira*. Rio de Janeiro: Nova Aguilar, 2004. Adaptado.

No texto, a autora mostra como o Brasil, ao longo de sua história, foi, aos poucos, construindo uma identidade cultural e literária relativamente autônoma frente à identidade europeia, em geral, e à portuguesa, em particular. Sua análise pressupõe, de modo especial, o papel do patrimônio literário e linguístico, que favoreceu o surgimento daquilo que ela chama de "estilo brasileiro". Diante desse pressuposto, e levando em consideração o texto e as diferentes etapas de consolidação da cultura brasileira, constata-se que:

a) o Brasil redescobriu a cultura portuguesa no século XIX, o que o fez assimilar novos gêneros artísticos e culturais, assim como usos originais do idioma, conforme ilustra o caso do escritor Machado de Assis.
b) a Europa reconheceu a importância da língua portuguesa no mundo, a partir da projeção que poetas brasileiros ganharam naqueles países, a partir do século XX.
c) ocorre, no início do século XXI, promovido pela solidificação da cultura nacional, maior reconhecimento do Brasil por ele mesmo, tanto nos aspectos positivos quanto nos negativos.
d) o Brasil continua sendo, como no século XIX, uma nação culturalmente mestiça, embora a expressão dominante seja aquela produzida no eixo Rio-São Paulo, em especial aquela ligada às telenovelas.
e) o novo estilo cultural brasileiro se caracteriza por uma união bastante significativa entre as diversas matrizes culturais advindas das várias regiões do país, como se pode comprovar na obra de Paulo Coelho.

**3** (Enem)

Gerente – Boa tarde. Em que eu posso ajudá-lo?

Cliente – Estou interessado em financiamento para compra de veículo.

Gerente – Nós dispomos de várias modalidades de crédito. O senhor é nosso cliente?

Cliente – Sou Júlio César Fontoura, também sou funcionário do banco.

Gerente – Julinho, é você, cara? Aqui é a Helena! Cê tá em Brasília? Pensei que você inda tivesse na agência de Uberlândia! Passa aqui pra gente conversar com calma.

BORTONI-RICARDO, S. M. *Educação em língua materna*. São Paulo: Parábola, 2004. Adaptado.

Na representação escrita da conversa telefônica entre a gerente do banco e o cliente, observa-se que a maneira de falar da gerente foi alterada de repente devido:

a) à adequação de sua fala à conversa com um amigo, caracterizada pela informalidade.
b) à iniciativa do cliente em se apresentar como funcionário do banco.
c) ao fato de ambos terem nascido em Uberlândia (Minas Gerais).
d) à intimidade forçada pelo cliente ao fornecer seu nome completo.
e) ao seu interesse profissional em financiar o veículo de Júlio.

**Anotações**

# AULA 20

**Competência 8** Compreender e usar a língua portuguesa como língua materna, geradora de significação e integradora da organização do mundo e da própria identidade.

Habilidade 26 Relacionar as variedades linguísticas a situações específicas de uso social.

## Em classe

### FUNCIONALIDADE DAS VARIANTES LINGUÍSTICAS

#### Resumo teórico

Com a consciência de que a língua é naturalmente variável, o preconceito sobre variedades não padrão tende a diminuir. Embora ainda exista bastante "preconceito linguístico" contra os que não dominam a norma culta, já não é raro que diversos autores explorem a variação linguística como um recurso artístico, não apenas em textos literários, mas em textos de diversos gêneros.

Os resultados pretendidos são os mais variados: caracterizar personagens, criar efeito de verdade e de proximidade com o enunciatário da mensagem e até mesmo preservar a diversidade cultural que se manifesta na variação da língua.

**1** (Enem)

**Cuitelinho**

Cheguei na bera do porto
Onde as onda se espaia.
As garça dá meia volta,
Senta na bera da praia.
E o cuitelinho não gosta
Que o botão da rosa caia.
Quando eu vim da minha terra,
Despedi da parentaia.
Eu entrei em Mato Grosso,
Dei em terras paraguaia.
Lá tinha revolução,
Enfrentei fortes bataia.
A tua saudade corta
Como o aço de navaia.
O coração fica aflito,
Bate uma e outra faia.
E os oio se enche d'água
Que até a vista se atrapaia.

Folclore recolhido por Paulo Vanzolini e Antônio Xandó.
BORTONI-RICARDO, S. M. *Educação em língua materna.* São Paulo: Parábola, 2004.

Transmitida por gerações, a canção "Cuitelinho" manifesta aspectos culturais de um povo, nos quais se inclui sua forma de falar, além de registrar um momento histórico. Depreende-se disso que a importância de preservar a produção cultural de uma nação consiste no fato de que produções como a canção "Cuitelinho" evidenciam a:

a) recriação da realidade brasileira de forma ficcional.
b) criação neológica na língua portuguesa.
c) formação da identidade nacional por meio da tradição oral.
d) incorreção da língua portuguesa que é falada por pessoas do interior do Brasil.
e) padronização de palavras que variam regionalmente, mas possuem mesmo significado.

**2** (Enem)

Vera, Sílvia e Emília saíram para passear pela chácara com Irene.

— A **senhora** tem um jardim deslumbrante, dona Irene! – comenta Sílvia, maravilhada diante dos canteiros de rosas e hortênsias.

— Para começar, deixe o "senhora" de lado e esqueça o "dona" também – diz Irene, sorrindo. – Já é um custo aguentar a Vera me chamando de "tia" o tempo todo. Meu nome é Irene.

Todas sorriem. Irene prossegue:

— Agradeço os elogios para o jardim, só que **você** vai ter de fazê-los para a Eulália, que é quem cuida das flores. Eu sou um fracasso na jardinagem.

BAGNO, M. *A língua de Eulália:* novela sociolinguística. São Paulo: Contexto, 2003. Adaptado.

Na língua portuguesa, a escolha por "você" ou "senhor(a)" denota o grau de liberdade ou de respeito que deve haver entre os interlocutores. No diálogo apresentado anteriormente, observa-se o emprego dessas formas. A personagem Sílvia emprega a forma "senhora" ao se referir a Irene. Na situação apresentada no texto, o emprego de "senhora" ao se referir à interlocutora ocorre porque Sílvia:

a) pensa que Irene é a jardineira da casa.
b) acredita que Irene gosta de todos que a visitam.
c) observa que Irene e Eulália são pessoas que vivem em área rural.
d) deseja expressar por meio de sua fala o fato de sua família conhecer Irene.
e) considera que Irene é uma pessoa mais velha, com a qual não tem intimidade.

**3** (Enem)

Iscute o que tô dizendo,
Seu dotô, seu coroné:
De fome tão padecendo
Meus fio e minha muié.
Sem briga, questão nem guerra,
Meça desta grande terra
Umas tarefa pra eu!
Tenha pena do agregado
Não me dêxe deserdado

PATATIVA DO ASSARÉ. A terra é naturá. In: *Cordéis e outros poemas*. Fortaleza: Universidade Federal do Ceará, 2008.

A partir da análise da linguagem utilizada no poema, infere-se que o eu lírico revela-se como falante de uma variedade linguística específica. Esse falante, em seu grupo social, é identificado como um falante:

a) escolarizado proveniente de uma metrópole.
b) sertanejo morador de uma área rural.
c) idoso que habita uma comunidade urbana.
d) escolarizado que habita uma comunidade do interior do país.
e) estrangeiro que imigrou para uma comunidade do Sul do país.

## Em casa

### TEXTO DE APOIO

### Funcionalidade das variantes linguísticas

O texto reproduzido em versos a seguir exemplifica a funcionalidade da variação linguística. Trata-se de uma publicidade veiculada por rádio no ano de 1991. Nela, dois textos se superpõem: um poema, em linguajar caipira, é declamado por Inezita Barroso: uma locução, em língua padrão, superpõe-se à declamação. A transcrição que segue foi feita a partir dos textos cedidos pelo próprio autor.

Eis o poema:

*Essa história aconteceu*
*Pros lados do Pantanal*
*Um estouro de elefantes*
*Correndo que era um displante*
*Do fogo num capinzal*
*O estouro foi tamanho*
*Que os tigres acharam estranho*
*E largaram a desembestar*
*No caminho os rinocerontes*
*Parece que foi ontem*
*Correram pra me chifrar*
*Ligeira saltei de banda*
*Quando vi um urso panda*
*Mascando meu bambuzal*
*Lhe ensinei uma lição*
*E espero que você aprenda*

*Fui mordida por leão*
*E nem foi o Imposto de Renda*
*O bicho corria solto*
*Na beirada da lagoa*
*Quando vi a moita mexer*
*Atirei! Era leoa*
*Meus amigos*
*Eu vou-me embora*
*Já cansei de prosear*
*No finzinho a saideira:*
*Minha terra tem toupeira*
*Texugo e paixão grená*

O texto superposto à declamação do poema:

*A Associação "In Natura" de consciência ecológica vem a público perguntar aos secretários de educação e às editoras: por que é que os animais brasileiros não têm espaço nas enciclopédias e nos livros escolares? Até quando nossas crianças vão conhecer mais o elefante que o tatu?*
*Saber mais do urso que do tamanduá? Dá vontade de mandar os responsáveis pentear macaco. Naturalmente um mico-leão, se é que se encontra um por aí.*

Sobretudo no poema, o redator publicitário veste a máscara de um falante caipira, autêntico habitante do território brasileiro, para protestar contra uma atitude que não valoriza o seu território. O poema é contado como um "causo", desses que o caipira gosta de narrar com malícia e sabor. Nesse caso, a variedade linguística é um recurso argumentativo de grande efeito.
Ao redator, foi feita a seguinte pergunta:

*Na construção de seu texto, você usou traços típicos de uma variedade linguística do Português tida como depreciada: o dialeto caipira. Que resultados você tinha em mente ao fazer essa escolha?*
Resposta: *"Primeiro, busquei uma forma bem-humorada de espelhar uma situação que já é irônica por si: no Brasil – terra de fauna riquíssima e variada – as pessoas sabem mais sobre a fauna da África e da Austrália do que sobre a própria fauna brasileira. Simplesmente, há uma carência absoluta de informação em nossos livros. Procurei, então, criar uma historinha onde houvesse um contraste de situação que gerasse curiosidade, incômodo e, se possível, simpatia. Para essa historinha refletir o que eu pretendia, precisei buscar um referencial conhecido e reconhecido como amostra de brasileirismo. A linguagem/dialeto caipira foi perfeita. Alguém ia declamar um "causo". Um "causo" fantasioso, típico dos relatos caipiras, em que o cenário seria o Pantanal. A pimenta nesse tempero seria que os personagens – os animais, no caso – são todos africanos. E aí nasceu o* spot *Elefantes no Pantanal".*

**Texto para as questões 1 e 2**

**Aula de português**

A linguagem
na ponta da língua
tão fácil de falar
e de entender.
A linguagem
na superfície estrelada de letras,
sabe lá o que quer dizer?
Professor Carlos Góis, ele é quem sabe,
e vai desmatando
o amazonas de minha ignorância.
Figuras de gramática, esquipáticas,
atropelam-me, aturdem-me, sequestram-me.
Já esqueci a língua em que comia,
em que pedia para ir lá fora,
em que levava e dava pontapé,
a língua, breve língua entrecortada
do namoro com a priminha.
O português são dois; o outro, mistério.

ANDRADE, Carlos Drummond de. *Esquecer para lembrar*. Rio de Janeiro: José Olympio, 1979.

**1** (Enem) Explorando a função emotiva da linguagem, o poeta expressa o contraste entre marcas de variação de usos da linguagem em:

a) situações formais e informais.

b) diferentes regiões do país.

c) escolas literárias distintas.

d) textos técnicos e poéticos.

e) diferentes épocas.

**2** (Enem) No poema, a referência à variedade padrão da língua está expressa no seguinte trecho:

a) "A linguagem / na ponta da língua" (v. 1 e 2).

b) "A linguagem / na superfície estrelada de letras" (v. 5 e 6).

c) "[a língua] em que pedia para ir lá fora" (v. 14).

d) "[a língua] em que levava e dava pontapé" (v. 15).

e) "[a língua] do namoro com a priminha" (v. 17).

**3** (Enem)

**Se no inverno é difícil acordar, imagine dormir.**

Com a chegada do inverno, muitas pessoas perdem o sono. São milhões de necessitados que lutam contra a fome e o frio. Para vencer esta batalha, eles precisam de você. Deposite qualquer quantia. Você ajuda milhares de pessoas a ter uma boa noite e dorme com a consciência tranquila.

*Veja*. 5 set. 1999. Adaptado.

O produtor de anúncios publicitários utiliza-se de estratégias persuasivas para influenciar o comportamento de seu leitor. Entre os recursos argumentativos mobilizados pelo autor para obter a adesão do público à campanha, destaca-se nesse texto:

a) a oposição entre individual e coletivo, trazendo um ideário populista para o anúncio.

b) a utilização de tratamento informal com o leitor, o que suaviza a seriedade do problema.

c) o emprego de linguagem figurada, o que desvia a atenção da população do apelo financeiro.

d) o uso dos numerais "milhares" e "milhões", responsável pela supervalorização das condições dos necessitados.

e) o jogo de palavras entre "acordar" e "dormir", o que relativiza o problema do leitor em relação ao dos necessitados.

**Anotações**

# AULA 21

**Competência 8** Compreender e usar a língua portuguesa como língua materna, geradora de significação e integradora da organização do mundo e da própria identidade.

Habilidade 27 Reconhecer os usos da norma-padrão da língua portuguesa nas diferentes situações de comunicação.

## Em classe

### ASPECTOS DA NORMA CULTA

Às diferentes variedades linguísticas não costuma ser atribuído o mesmo prestígio social. Entre elas, existe a chamada **norma culta** ou **norma-padrão**, nomes com que se faz referência ao conjunto de usos linguísticos recomendados pelos estudos de gramática tradicionais.

Dado seu peso social, ter acesso à norma culta possibilita tomar contato com experiências sociais e culturais bastante importantes, seja porque muitos textos literários estão escritos nos moldes do "português-padrão", seja porque os textos do universo da cidadania (leis, contratos, notícias, editoriais, etc.) também buscam se adequar a essa variedade culta.

**1** (Enem)

**Assaltantes roubam no ABC 135 mil figurinhas da Copa do Mundo**

Cinco assaltantes roubaram 135 mil figurinhas do álbum da Copa do Mundo 2010 na noite dessa quarta-feira (21), em Santo André, no ABC. Segundo a assessoria da Treelog, empresa que distribui os cromos, ninguém ficou ferido durante a ação.

O roubo aconteceu por volta das 23h30. Armados, os criminosos renderam 30 funcionários que estavam no local, durante cerca de 30 minutos, e levaram 135 caixas, cada uma delas contendo mil figurinhas. Cada pacote com cinco cromos custa R$ 0,75.

Procurada pelo G1, a Panini, editora responsável pelas figurinhas, afirmou que a falta dos cromos em algumas bancas não tem relação com o roubo. Segundo a editora, isso se deve à grande demanda pelas figurinhas.

Disponível em: <http://g1.globo.com>. Acesso em: 23 abr. 2010. Adaptado.

A notícia é um gênero jornalístico. No texto, o que caracteriza a linguagem desse gênero é o uso de:

a) expressões linguísticas populares.

b) palavras de origem estrangeira.

c) variantes linguísticas regionais.

d) termos técnicos e científicos.

e) formas da norma-padrão da língua.

**2** (Enem)

HAGAR, o horrível. *O Globo*. Rio de Janeiro, 12 out. 2008.

Pela evolução do texto, no que se refere à linguagem empregada, percebe-se que a garota:

a) deseja afirmar-se como nora por meio de uma fala poética.
b) utiliza expressões linguísticas próprias do discurso infantil.
c) usa apenas expressões linguísticas presentes no discurso formal.
d) se expressa utilizando marcas do discurso formal e do informal.
e) usa palavras com sentido pejorativo para assustar o interlocutor.

**3** (Enem)

Diante do número de óbitos provocados pela gripe H1N1 – gripe suína – no Brasil, em 2009, o ministro da Saúde fez um pronunciamento público na TV e no rádio. Seu objetivo era esclarecer a população e as autoridades locais sobre a necessidade do adiamento do retorno às aulas, em agosto, para que se evitassem a aglomeração de pessoas e a propagação do vírus.

Fazendo uso da norma-padrão da língua, que se pauta pela correção gramatical, seria correto o ministro ler, em seu pronunciamento, o seguinte trecho:

a) Diante da gravidade da situação e do risco de que nos expomos, há a necessidade de se evitar aglomerações de pessoas, para que se possa conter o avanço da epidemia.
b) Diante da gravidade da situação e do risco a que nos expomos, há a necessidade de se evitarem aglomerações de pessoas, para que se possam conter o avanço da epidemia.
c) Diante da gravidade da situação e do risco a que nos expomos, há a necessidade de se evitarem aglomerações de pessoas, para que se possa conter o avanço da epidemia.
d) Diante da gravidade da situação e do risco os quais nos expomos, há a necessidade de se evitar aglomerações de pessoas, para que se possa conter o avanço da epidemia.
e) Diante da gravidade da situação e do risco com que nos expomos, tem a necessidade de se evitarem aglomerações de pessoas, para que se possa conter o avanço da epidemia.

## Em casa

### TEXTO DE APOIO

### Aspectos da norma culta

Como ocorre com as demais variedades da língua, os usos da norma culta se manifestam nos mais diversos níveis linguísticos. Seja na escolha de palavras, seja nas construções sintáticas, existem usos que são específicos da norma-padrão.

Apesar disso, é possível apontar casos específicos, cuja recorrência nos textos – sobretudo escritos – é tomada como justificativa para que sejam os mais cobrados em exames. São eles:

- sintaxe dos pronomes pessoais;
- regência;
- crase;
- concordância.

**1. Sintaxe dos pronomes pessoais**

Pô-**lo** a par.

Os pronomes do caso reto não funcionam como objeto.
É errada a forma: Vou pôr **ele** a par do assunto. Correção: Vou **pô-lo** a par do assunto.

Entre **mim** e **ti**.

Os pronomes **eu** e **tu** não podem vir regidos de preposição.

É errado: Nada houve entre **eu** e **tu**.

Correto: Nada houve entre **mim** e **ti**.

Empreste o livro para **eu** ler.

Em frases desse tipo, a preposição não está regendo o pronome **eu** (sujeito do verbo **ler**), mas a oração toda. A ligação sintática é:

Empreste o livro **para eu ler**, e não: Empreste o livro **para eu**.
O mesmo ocorre com o pronome **tu**.

É correto: Chegou uma ordem para [**tu**] viajares.
É errado: Chegou uma ordem para **ti** viajares.

O médico mandou-**nos** entrar.

Os pronomes oblíquos **me**, **te**, **se**, **o**, **a**, **nos** e **vos** funcionam como sujeito do infinitivo.
É correto: Deixe-**me** ver as fotos.
É errado: Deixe **eu** ver as fotos.

Ela só pensa em **si**.

Os pronomes **se**, **si** e **consigo** só podem funcionar como reflexivos, ou seja, não podem designar pessoa diferente do sujeito da oração.
É errado: Desejo para **si** tudo de bom.
É correto: Desejo para **você** tudo de bom.
"Ela só pensa em **si**" só é correto quando significa "em si mesma".
É errado também: Nós **se** encontramos amanhã.
É correto: Nós **nos** encontramos amanhã.

Eu **o** admiro // Eu **lhe** obedeço.

O pronome **o** (**a**, **os**, **as**) funciona como objeto direto; o pronome **lhe** (**lhes**), por oposição, funciona como objeto indireto.
É correto: Eu não **o** vejo há muito tempo. (o verbo **ver** é transitivo direto: Eu vejo o amigo).
É incorreto: Eu não **lhe** vejo há muito tempo.
É correto: Todos **lhe** obedecem. (o verbo **obedecer**, na língua culta escrita, é transitivo indireto: Todos obedecem **ao** comandante).
É incorreto: Todos **o** obedecem.

**Você** é especial e eu **o** admiro muito.

Na norma-padrão, deve-se manter a uniformidade de tratamento. A forma de tratamento **você**, segundo a gramática tradicional, comporta-se como pronome de terceira pessoa. Sendo assim, não devem ser associados a ela pronomes da segunda pessoa gramatical.
É correto: Caso **você** se atrase, eu **o** esperarei.
É incorreto: Caso **você** se atrase, eu **te** esperarei.

## 2. Regência

Regência é o mecanismo que regula as ligações entre um verbo ou um nome e os seus complementos.

### Regência verbal

Quando o termo regente é um verbo. Exemplo:

| Isto | pertence | a todos. |
|---|---|---|
| | termo regente = verbo | termo regido |

**Regência nominal**

Quando o termo regente é um nome. Exemplo:

| Tenho opinião | semelhante | à sua. |
|---|---|---|
| | termo regente = nome | termo regido |

**3. Regência de alguns verbos**

Alguns verbos podem ser transitivos diretos (T.D.) ou indiretos (T.I.). A regência muda de acordo com o seu significado.

**Aspirar**

a) No sentido de **sorver** (o ar) = T.D. Exemplo: Aspiramos fumaça e gases.
b) No sentido de **almejar** = T.I. (com a preposição **a**). Exemplo: Não aspiro a este posto de fiscal.

**Assistir**

a) No sentido de **presenciar**, **ver** = T.I. (com a preposição **a**). Exemplo: Assistimos ao jogo de lá das arquibancadas.
b) No sentido de **caber**, **competir** = T.I. (com a preposição **a**). Exemplo: A revogação da lei não assiste aos deputados.
c) No sentido de **dar assistência**, **ajudar** = T.D. Exemplo: O médico assistia os enfermos.
d) No sentido de **morar**, **residir**, constrói-se com a preposição **em**. Exemplo: Vim do interior e hoje assisto na capital.

**Visar**

a) No sentido de **mirar**, **apontar arma** = T.D. Exemplo: O arqueiro visou apenas o fruto que estava sobre a cabeça da jovem.
b) No sentido de passar visto = T.D. Exemplo: O professor visou os trabalhos dos alunos.
c) No sentido de **objetivar, ter em vista** = T.I. (com a preposição **a**). Exemplo: Não visamos a resultados imediatos.

Observação:
Os verbos **aspirar**, no sentido de almejar, **assistir**, no sentido de presenciar, **visar**, no sentido de ter em vista, apesar de transitivos indiretos, não aceitam os pronomes oblíquos átonos **lhe/lhes** como complemento. Aceitam apenas as formas tônicas: **a ele**, **a ela**, **a eles**, **a elas**. Exemplo:
— Aspiras **ao cargo**?
— Sim, aspiro **a ele**.

**Agradar/ desagradar**

a) O verbo **agradar**, no sentido de causar agrado ou satisfação, satisfazer, ser do agrado, no português contemporâneo culto, é transitivo indireto com a preposição **a**. Exemplos:
A leitura do livro agradou muito ao assessor.
Não lhe agrada a tua presença.
A mesma regência vale para o verbo **desagradar**. Exemplos:
As indecisões do comandante desagradaram aos soldados.
Não lhe desagrada a ideia de candidatar-se ao Senado.
b) No sentido de afagar, acariciar, o verbo **agradar** é transitivo direto. Exemplo:
O garotinho começou a agradar o seu cão (começou a agradá-lo).
Observação:
Tanto **agradar** como **desagradar** já foram transitivos diretos no português antigo e ainda hoje ambos aparecem como tais.
Para efeito de provas e concursos, porém, é melhor seguir as prescrições rígidas segundo as quais são apenas transitivos indiretos.

**Querer**

a) No sentido de **desejar** = T.D. Exemplo: Não quero o cargo.

b) No sentido de **estimar**, **gostar** = T.I. (com a preposição **a**). Exemplo: Não quero bem aos caluniadores.

## 4. Crase

Ocorrerá crase do **a** se convergirem as duas seguintes condições:

- Se o termo regente exigir a preposição **a**.
- Se o termo regido aceitar o artigo feminino **a** (**as**).

Exemplo:

| Dirigiu-se | a | a | cidade. |
|---|---|---|---|
| | preposição | artigo | |

Logo:
Dirigiu-se **à** cidade.

Observação: A partir dessa regra geral, podemos identificar os casos em que o acento grave, indicador da crase, deve ou não ser usado.

## 5. Concordância

### Concordância verbal

O verbo concorda com o sujeito em pessoa e número, quer venha antes, quer depois do sujeito.

Surgiram, com o decorrer do ano letivo, algumas dificuldades de entrosamento pessoal.

### Variante popular

Na variante popular, observam-se dois outros importantes mecanismos de concordância, considerados de menor prestígio, portanto condenados, quando confrontados com as normas da variante culta escrita contemporânea.

a) Concordância com termos próximos × com o núcleo do sujeito

I. Os deputados acusados confiam em seu partido e **esperam** que **os** *protejam* **dos ataques de seus adversários**.
II. Os deputados acusados confiam em **seu partido** e esperam que os *proteja* dos ataques de seus adversários.

Na variante popular (I), o verbo vai para o plural, concordando intuitivamente com os termos mais próximos, todos no plural. Na norma culta (II), o verbo fica no singular, concordando com o sujeito elíptico **partido**, no singular.

b) Concordância com a ideia × com a forma

I. A turma **vieram** em peso.
II. A turma **veio** em peso.

Na variante popular (I), o verbo vai para o plural, concordando com a ideia de plural contida em qualquer coletivo. Na norma culta (II), o verbo fica no singular, concordando com a forma do coletivo (turma, na forma, é singular).

**Concordância com a ideia – silepse**

Há casos em que a concordância se faz não com a forma gramatical da palavra, mas com o seu significado. Trata-se da silepse, um desvio programado da regra geral.

**Sua Excelência** está **interessado** em reeleger-se.

**Norma culta, variação popular e imagem social**

I. Os menino pega o peixe.
II. Os meninos pegam o peixe.

Não há diferença de sentido entre os enunciados. Apesar disso, é preciso levar em conta o maior prestígio social da norma culta (II), definido pelos seus falantes, em qualquer idioma. Apesar das suas regras próprias, a concordância na variante popular (I) produz do falante imagem social mais depreciada do que a resultante da observação das regras de combinação de norma culta. Língua, além de código de comunicação, é um fato social.

**Concordância nominal**

**Antigos dogmas e tradições**

a) Argumentos **bastante** claros / argumentos **bastantes** claros

Como advérbio, a palavra **bastante** é invariável. Como pronome adjetivo, tem o sentido de "suficiente" e concorda com o substantivo a que se refere:

Estamos bastante preocupados, mas temos motivos bastantes para confiar.

b) **Meias** palavras / palavras **meio** claras

Como advérbio, a palavra **meio** é invariável e significa "um pouco". Como numeral, concorda com o substantivo a que se refere e significa "a metade de":

Ela ficou meio confusa quando soube que ainda faltava meia légua.

c) Os convidados **mesmos** / **próprios** se servirão.

As palavras **mesmo** e **próprio**, quando unidas a um pronome, concordam com o gênero do nome representado pelo pronome:

Vocês mesmas, meninas, podem testemunhar.
"Eu mesma fiz o almoço", disse, orgulhosa, a noiva.

**1** (Enem)

**Maurício e o leão chamado Millôr**

Livro de Flavia Maria ilustrado por cartunista nasce como um dos grandes títulos do gênero infantil

Um livro infantil ilustrado por Millôr há de ter alguma grandeza natural, um viço qualquer que o destaque de um gênero que invade as livrarias (2 mil títulos novos, todo ano) nem sempre com qualidade. Uma pegada que o afaste do risco de fazer sombra ao fato de ser ilustrado por Millôr: *Maurício – O leão de menino* (Cosac Naify, 24 páginas, R$ 35), de Flavia Maria, tem essa pegada.

Disponível em: <www.revistalingua.com.br>. Acesso em: 30 abr. 2010.

Como qualquer outra variedade linguística, a norma-padrão tem suas especificidades. No texto, observam-se marcas da norma-padrão que são determinadas pelo veículo em que ele circula, que é a *Revista Língua Portuguesa*. Entre essas marcas, evidencia-se:

a) a obediência às normas gramaticais, como a concordância em "um gênero que invade as livrarias".
b) a presença de vocabulário arcaico, como em "há de ter alguma grandeza natural".
c) o predomínio de linguagem figurada, como em "um viço qualquer que o destaque".
d) o emprego de expressões regionais, como em "tem essa pegada".
e) o uso de termos técnicos, como em "grandes títulos do gênero infantil".

**2** (Enem)

© ENEM

O cartaz de Ziraldo faz parte de uma campanha contra o uso de drogas. Essa abordagem, que se diferencia das de outras campanhas, pode ser identificada:

a) pela seleção do público-alvo da campanha, representado, no cartaz, pelo casal de jovens.
b) pela escolha temática do cartaz, cujo texto configura uma ordem aos usuários e não usuários: diga não às drogas.
c) pela ausência intencional do acento grave, que constrói a ideia de que não é a droga que faz a cabeça do jovem.
d) pelo uso da ironia, na oposição imposta entre a seriedade do tema e a ambiência amena que envolve a cena.
e) pela criação de um texto de sátira à postura dos jovens, que não possuem autonomia para seguir seus caminhos.

**3** (Enem) A escrita é uma das formas de expressão que as pessoas utilizam para comunicar algo e tem várias finalidades: informar, entreter, convencer, divulgar, descrever. Assim, o conhecimento acerca das variedades linguísticas sociais, regionais e de registro torna-se necessário para que se use a língua nas mais diversas situações comunicativas.

Considerando as informações acima, imagine que você está à procura de um emprego e encontrou duas empresas que precisam de novos funcionários. Uma delas exige uma carta de solicitação de emprego. Ao redigi-la, você:

a) fará uso da linguagem metafórica.
b) apresentará elementos não verbais.
c) utilizará o registro informal.
d) evidenciará a norma-padrão.
e) fará uso de gírias.

**Anotações**

# AULA 22

**Competência 9** Entender os princípios, a natureza, a função e o impacto das tecnologias da comunicação e da informação na sua vida pessoal e social e no desenvolvimento do conhecimento, associando-os aos conhecimentos científicos, às linguagens que lhes dão suporte, às demais tecnologias, aos processos de produção e aos problemas que se propõem solucionar.

Habilidade 28 Reconhecer a função e o impacto social das diferentes tecnologias da comunicação e da informação.

## Em classe

## O IMPACTO DAS NOVAS TECNOLOGIAS DA COMUNICAÇÃO

### 1. As novas tecnologias da comunicação no Enem

De acordo com o novo Enem, uma das competências exigidas do candidato é entender os princípios, a natureza, a função e o impacto das tecnologias da comunicação e da informação na sua vida pessoal e social, "associando-os aos conhecimentos científicos, às linguagens que lhe dão suporte e às demais tecnologias". Com as tecnologias digitais, por exemplo, surgem novos gêneros textuais, como o *e-mail*, o *blog*, o *chat*, os *tweets*.

Trata-se de fato de uma discussão relevante, já que o virtual está muito presente na vida atual, sendo impensável o mundo sem ele: é usado para divulgar informações, elaborar trabalhos escolares, empresariais e científicos, realizar operações bancárias e comerciais, enviar *e-mails*, manter uma rede de vínculos pessoais, etc.

Não há como falar em comunicação, hoje em dia, desprezando os recursos digitais, como a interação via internet: as novas tecnologias estabelecem novas formas de relação entre as pessoas. Redes sociais, como o Facebook, têm gerado grande impacto na vida contemporânea. Milhões de pessoas usam seus serviços para compartilhar opiniões e informações pessoais.

### 2. O risco da perda da privacidade

Em princípio, cada perfil em uma rede social é administrado de acordo com o interesse do usuário, que pode, por exemplo, restringir suas fotos e suas postagens apenas às pessoas mais íntimas. Apesar disso, por desatenção ou por ingenuidade, muitos dados pessoais acabam sendo amplamente divulgados, ferindo a privacidade ou mesmo prejudicando a imagem pública do usuário. A reportagem abaixo alerta para possíveis prejuízos profissionais decorrentes disso:

> *Postar uma foto bêbado depois da noitada ou fazer um comentário racista pode ser a diferença entre conseguir ou não o emprego dos sonhos. Estudo* [...] *mostra que 92% das empresas americanas já usaram ou planejam usar as redes sociais no processo de contratação.* [...] *Entre as companhias pesquisadas, 60% assumem bisbilhotar a vida dos candidatos no Facebook.* [...] *Todos os detalhes são levados em consideração: desde as páginas que o candidato curte, o número de amigos, as fotos e até os assuntos comentados. Não há lei que proíbe as empresas de acessar o perfil de candidatos e funcionários nas redes sociais.*
>
> Revista *Info*, jul. 2011, p. 73.

Tudo isso mostra que o avanço cada vez mais desenfreado da comunicação digital exige cuidado e reflexão. Entre outros problemas, ele pode implicar um retrocesso na vida afetiva. O texto a seguir, uma resenha crítica do filme *A rede social*, discute essa questão:

*O recente filme A rede social (The Social Network, 2010), dirigido por David Fincher* [...] *não é apenas um retrato de Mark Zuckerberg, o jovem e bilionário criador do Facebook, mas uma peça que pode nos fazer pensar sobre o sentido que nosso tempo digital dá à amizade.*

*Mark Zuckerberg, como personagem do filme, é o sujeito excluído de um clube. Dominado pelo básico desejo humano de "fazer parte", ele decide criar seu próprio clube. No filme, ele consegue ter milhares de "conectados" – na realidade, o Facebook hoje conecta 500 milhões de pessoas ou "amigos" – e perder seu único amigo verdadeiro, Eduardo Saresin.* [...] *O valor do filme está em mostrar a inversão diante da qual não há mais nenhuma chance de ética: um amigo não vale nada perto de milhões, como uma moedinha que perde seu valor diante de um cofre cheio. Amigos transformados em números não são amigos em lugar nenhum* [...].

TIBURI, Marcia. *A amizade e o fundamento subjetivo das redes sociais.* Disponível em: <http://revistacult.uol.com.br/home/2011/02/complexo-de-roberto-carlos/>.

## 3. Redes sociais e mobilização coletiva

A popularidade da rede foi recentemente destacada com a realização de inúmeras marchas e protestos combinados a partir da criação de *eventos* divulgados pelo Facebook. Essa ferramenta inicialmente era mais utilizada como substituta de convites para eventos da vida privada, mas, de uns tempos pra cá, começou a servir também como meio de ação política para organizar protestos e marchas. O assunto em pauta se torna na rede um *evento público*, ou seja, qualquer um pode participar e chamar quem bem entender. Isso deixa claro que a popularidade das redes sociais é uma faca de dois gumes: pode ser usada para causas justas ou injustas, para defender práticas democráticas ou para se opor a elas.

**1** (Enem)

Os meios de comunicação funcionam como um elo entre os diferentes segmentos de uma sociedade. Nas últimas décadas, acompanhamos a inserção de um novo meio de comunicação que supera em muito outros já existentes, visto que pode contribuir para a democratização da vida social e política da sociedade à medida que possibilita a instituição de mecanismos eletrônicos para a efetiva participação política e disseminação de informações.

Constitui o exemplo mais expressivo desse novo conjunto de redes informacionais a:

a) internet.

b) fibra ótica.

c) TV digital.

d) telefonia móvel.

e) portabilidade telefônica.

**Texto para as questões 2 a 4**

O texto a seguir traz trechos da coluna assinada pelo jornalista Marcelo Coelho a respeito das grandes manifestações populares que, na época, continuavam tomando a avenida Paulista, principal centro financeiro da capital do estado de São Paulo, mesmo após a queda da tarifa do transporte coletivo ter sido anunciada.

**"It´s revolution, baby", anunciam cartazes na avenida Paulista**

No estacionamento, o manobrista foi logo avisando. "Hoje ficamos abertos até as nove da noite". Acrescentou sorrindo, com sotaque bem nordestino: "É por causa da revolução".

Na Paulista, alguns manifestantes pareciam concordar. Só que o cartaz era em inglês: "It's revolution, baby". Imagino que não tenha sido por acaso, também, que um garoto estivesse de camiseta preta, com o célebre lema da Nike: "Just do it".

Tanto quanto Dilma, Alckmin e Haddad, um dos grandes vilões da passeata foi o pastor Feliciano. Também Renan Calheiros e, especialmente, a PEC 37 (que tira poderes do Ministério Público) estavam entre os alvos mais frequentes. Havia o convite para que o país parasse se a emenda constitucional fosse aprovada. Será possível? Tudo é possível, atualmente, com a mobilização facilitada pela internet.

"Saímos do Facebook", orgulhavam-se diversos cartazes. Para comentaristas mais idosos, como eu, isso até que era fácil compreender. Menos clara foi essa mensagem: "O inibidor do MID já caiu". Explicaram-me que é referência a um *video game*.

Enquanto outros manifestantes diziam "eu SEI por que protesto", um homem sozinho carregava um vasto cartaz de papelão, dizendo apenas uma palavra: "Lost".

COELHO, Marcelo. *Folha de S.Paulo*. 21 jun. 2013, Opinião p. C-5.

**2** Os diversos cartazes com os dizeres "Saímos do Facebook" indicam:

a) o cansaço com as redes sociais, que são responsáveis pela acomodação dos jovens entediados.
b) a importância das redes sociais como instrumento de uma mobilização política que pretende ganhar as ruas.
c) a revolta com as companhias multinacionais que controlam o tráfego de dados na internet.
d) a desistência dos meios eletrônicos e a adesão aos meios tradicionais de interação social.
e) a obsolescência prematura das redes sociais, que já deixam de atrair os jovens e passam a ser compreendidas apenas pelos mais idosos.

**3** Ao comentar os *slogans* dos diversos cartazes que flagrou na passeata, o jornalista sugere que:

a) as séries de TV, os *video games* e as mídias sociais alienam a população, dificultando a organização das pessoas em torno de ideais comuns.
b) as novas tecnologias são completamente inacessíveis aos mais idosos, que perdem conexão com as gerações mais jovens.
c) a internet agrava a desinformação das pessoas, tornando possíveis enormes manifestações absurdas, sem qualquer motivo real.
d) a troca direta de informação permitida pela internet e pelas redes sociais possibilita mobilizar multidões em torno de causas que antes pareceriam pouco apelativas.
e) os jornalistas dos veículos impressos tradicionais não têm nenhum interesse pelas manifestações de rua, que reverberam apenas na internet.

**4** A linguagem de alguns dizeres dos cartazes flagrados pelo jornalista indica que:

a) por causa da popularização da internet, os manifestantes desprezam a cultura brasileira, adotando marcas e lemas estrangeiros.
b) no universo virtual dos *video games* e das redes sociais, predominam personagens fictícias ou perfis idealizados de usuários, que depois se revelam falsos.
c) novas tecnologias da comunicação, informação e entretenimento fornecem referências culturais que podem ser criativamente associadas aos problemas sociais do Brasil.
d) diversos usuários manifestam insatisfação com as redes sociais, demonstrando alívio por terem conseguido libertar-se da internet e ir para as ruas, convivendo com pessoas reais.
e) o brasileiro leitor de jornais não tem acesso aos meios digitais de informação, o que torna o texto do colunista incompreensível para todos os seus leitores.

## Em casa

**1** Leia o seguinte texto:

**Pense antes de compartilhar**

Cada vez mais pessoas interagem por meio de redes sociais. O crescimento dessas comunidades reforça uma das principais discussões relativas à internet: a privacidade.

*Época*. 15 abr. 2011.

O conselho contido no título da matéria jornalística é justificado:

a) pelo risco de que informações pessoais tornem-se acessíveis ao público, expondo a intimidade de modo indesejável.
b) pelo medo de isolar-se socialmente, mantendo uma vida excessivamente individualista.
c) pela massificação das redes sociais, que passaram a ser um território sem lei explorado por aqueles que interagem nelas.
d) pela privatização da internet, que passou a servir aos interesses dos anunciantes e investidores privados.
e) pelas discussões sobre a elitização da rede, que deixaria de permitir o acesso a qualquer usuário.

**2** (Enem)

No mundo árabe, países governados há décadas por regimes políticos centralizadores contabilizam metade da população com menos de 30 anos; desses, 56% têm acesso à internet. Sentindo-se sem perspectivas de futuro e diante da estagnação da economia, esses jovens incubam vírus sedentos por modernidade e democracia. Em meados de dezembro, um tunisiano de 26 anos, vendedor de frutas, põe fogo no próprio corpo em protesto por trabalho, justiça e liberdade. Uma série de manifestações eclode na Tunísia e, como uma epidemia, o vírus libertário começa a se espalhar pelos países vizinhos, derrubando em seguida o presidente do Egito, Hosni Mubarak. *Sites* e redes sociais – como o Facebook e o Twitter – ajudaram a mobilizar manifestantes do norte da África a ilhas do Golfo Pérsico.

SEQUEIRA, C. D.; VILLAMÉA, L. A epidemia da liberdade. *IstoÉ Internacional*. 2 mar. 2011. Adaptado.

Considerando os movimentos políticos mencionados no texto, o acesso à internet permitiu aos jovens árabes:

a) reforçar a atuação dos regimes políticos existentes.
b) tomar conhecimento dos fatos sem se envolver.
c) manter o distanciamento necessário à sua segurança.
d) disseminar vírus capazes de destruir programas dos computadores.
e) difundir ideias revolucionárias que mobilizaram a população.

**3** (Enem) Analise as seguintes avaliações de possíveis resultados de um teste na internet.

RESULTADO

Total de respostas a ☐

Total de respostas b ☐

Total de respostas c ☐

Caso tenha dado empate entre duas letras, responda à seguinte pergunta:

Quando alguém, na vida real, pede os seus contatos, você:

a) Dá o número do telefone e o endereço de *e-mail*.
b) Dá a URL* da sua rede social.
c) O que é URL*?.

* Endereço de uma página da rede de computadores

AVALIAÇÃO

Mais respostas **a**

O PRAGMÁTICO — Você consegue usar as redes sociais *on-line* como um complemento às amizades e à vida profissional sem que isso afete sua intimidade.

Mais respostas **b**

O FANÁTICO — Sua presença na internet está predominando sobre sua vida real. Procure sair mais de casa e encontrar seus amigos pessoalmente.

Mais respostas **c**

O APRENDIZ — Você é um novato nos *sites* de relacionamentos ou ainda não descobriu como usá-los inteiramente.

Fonte: Rita Khater, psicóloga e professora da PUC-Campinas. *Veja*, 8 jul. 2009. p. 102. Adaptado.

Depreende-se, a partir desse conjunto de informações, que o teste que deu origem a esses resultados, além de estabelecer um perfil para o usuário de *sites* de relacionamento, apresenta preocupação com hábitos e propõe mudanças de comportamento direcionadas:

a) ao adolescente que acessa *sites* de entretenimento.
b) ao profissional interessado em aperfeiçoamento tecnológico.
c) à pessoa que usa os *sites* de relacionamento para complementar seu círculo de amizades.
d) ao usuário que reserva mais tempo aos *sites* de relacionamento do que ao convívio pessoal com os amigos.
e) ao leitor que se interessa em aprender sobre o funcionamento de diversos tipos de *sites* de relacionamento.

# AULA 23

| | |
|---|---|
| **Competência 9** | Entender os princípios, a natureza, a função e o impacto das tecnologias da comunicação e da informação na sua vida pessoal e social e no desenvolvimento do conhecimento, associando-os aos conhecimentos científicos, às linguagens que lhes dão suporte, às demais tecnologias, aos processos de produção e aos problemas que se propõem solucionar. |
| Habilidade 29 | Identificar, pela análise de suas linguagens, as tecnologias da comunicação e da informação. |

## Em classe

### A LINGUAGEM NAS NOVAS TECNOLOGIAS DA COMUNICAÇÃO

Com novas tecnologias, surgem novos suportes e, com eles, novos gêneros: o livro impresso, por exemplo, não existia antes da invenção do papel e da prensa. Antes do computador, não existia *e-mail*. Há atualmente diversos gêneros que são exclusivos do suporte digital.

Não há como falar em comunicação, hoje em dia, desprezando os recursos digitais, como a interação via internet: as novas tecnologias estabelecem novas formas de relação entre as pessoas. Por isso, o Enem exige do candidato a reflexão sobre o tema.

O impacto disso na linguagem é evidente. Nas redes sociais como o Facebook, como cada usuário tem o seu próprio espaço, a linguagem utilizada é mais do que variada e depende muito do que cada perfil representa. Normalmente, os perfis pessoais têm mais marcas de afetividade e efeito de subjetividade, a linguagem é mais informal e próxima da oralidade. Os perfis públicos costumam ser mais impessoais, com dados mais diretos e texto com maior efeito de objetividade. A informalidade é menos pronunciada e os recursos da escrita costumam prevalecer.

Além disso, diversos ambientes virtuais impõem um limite de caracteres. Isso exige o emprego de uma linguagem direta, em que predominam frases curtas, com largo emprego das abreviações.

A possibilidade de incluir imagens e sons e a organização em diversas janelas que podem ser abertas simultânea ou sequencialmente dá ao texto uma característica inovadora, a qual se costuma dar o nome de hipertexto. O percurso pelas informações pode ser alterado pelo leitor, que assim escapa da linearidade típica do texto verbal impresso e falado. O leitor, assim, assume um papel mais ativo, elaborando, a cada clique, um novo percurso de leitura e explorando relações mais ou menos evidentes para o redator no momento da produção textual.

**1** (Enem)

O texto a seguir é um trecho de uma conversa por meio de um programa de computador que permite comunicação direta pela internet em tempo real, como o MSN Messenger. Esse tipo de conversa, embora escrita, apresenta muitas características da linguagem falada, segundo alguns linguistas. Uma delas é a interação ao vivo e imediata, que permite ao interlocutor conhecer, quase instantaneamente, a reação do outro por meio de suas respostas e dos famosos *emoticons* (que podem ser definidos como "ícones que demonstram emoção").

**João diz**: oi
**Pedro diz**: blz?
**João diz**: na paz e vc?
**Pedro diz**: tudo trank
**João diz**: oq vc ta fazendo?
[...]
**Pedro diz**: tenho q sair agora...
**João diz**: flw
**Pedro diz**: vlw, abc

Para que a comunicação, como no MSN Messenger, se dê em tempo real, é necessário que a escrita das informações seja rápida, o que é feito por meio de:

a) frases completas, escritas cuidadosamente com acentos e letras maiúsculas (como "oq vc ta fazendo?").
b) frases curtas e simples (como "tudo trank") com abreviaturas padronizadas pelo uso (como "vc" – você – "vlw" – valeu!).

c) uso de reticências no final da frase, para que não se tenha de escrever o resto da informação.
d) estruturas coordenadas, como "na paz e vc?".
e) flexão verbal rica e substituição de dígrafos consonantais por consoantes simples ("qu" por "k").

**2** (Enem)

Diferentemente do texto escrito, que em geral compele os leitores a lerem numa onda linear – da esquerda para a direita e de cima para baixo, na página impressa – hipertextos encorajam os leitores a moverem-se de um bloco de texto a outro, rapidamente e não sequencialmente. Considerando que o hipertexto oferece uma multiplicidade de caminhos a seguir, podendo ainda o leitor incorporar seus caminhos e suas decisões como novos caminhos, inserindo informações novas, o leitor-navegador passa a ter um papel mais ativo e uma oportunidade diferente da de um leitor de texto impresso. Dificilmente dois leitores de hipertextos farão os mesmos caminhos e tomarão as mesmas decisões.

MARCUSCHI, L. A. *Cognição, linguagem e práticas interacionais*. Rio: Lucerna, 2007.

No que diz respeito à relação entre o hipertexto e o conhecimento por ele produzido, o texto apresentado deixa claro que o hipertexto muda a noção tradicional de autoria, porque:

a) é o leitor que constrói a versão final do texto.
b) o autor detém o controle absoluto do que escreve.
c) aclara os limites entre o leitor e o autor.
d) propicia um evento textual-interativo em que apenas o autor é ativo.
e) só o autor conhece o que eletronicamente se dispõe para o leitor.

**3** (Enem)

**Testes**

Dia desses resolvi fazer um teste proposto por um *site* da internet. O nome do teste era tentador: "O que Freud diria de você". Uau. Respondi a todas as perguntas e o resultado foi o seguinte: "Os acontecimentos da sua infância a marcaram até os doze anos, depois disso você buscou conhecimento intelectual para seu amadurecimento". Perfeito! Foi exatamente o que aconteceu comigo. Fiquei radiante: eu havia realizado uma consulta paranormal com o pai da psicanálise, e ele acertou na mosca.

Estava com tempo sobrando, e curiosidade é algo que não me falta, então resolvi voltar ao teste e responder tudo diferente do que havia respondido antes. Marquei umas alternativas esdrúxulas, que nada tinham a ver com minha personalidade. E fui conferir o resultado, que dizia o seguinte: "Os acontecimentos da sua infância a marcaram até os 12 anos, depois disso você buscou conhecimento intelectual para seu amadurecimento".

MEDEIROS, M. *Doidas e santas*. Porto Alegre, 2008. Adaptado.

Quanto às influências que a internet pode exercer sobre os usuários, a autora expressa uma reação irônica no trecho:

a) "Marquei umas alternativas esdrúxulas, que nada tinham a ver".
b) "Os acontecimentos da sua infância a marcaram até os doze anos".
c) "Dia desses resolvi fazer um teste proposto por um *site* da internet".
d) "Respondi a todas as perguntas e o resultado foi o seguinte".
e) "Fiquei radiante: eu havia realizado uma consulta paranormal com o pai da psicanálise".

## Em casa

**1** (Enem)

**O *chat* e sua linguagem virtual**

O significado da palavra ***chat*** vem do inglês e quer dizer "conversa". Essa conversa acontece em tempo real, e, para isso, é necessário que duas ou mais pessoas estejam conectadas ao mesmo tempo, o que chamamos de comunicação síncrona. São muitos os *sites* que oferecem a opção de bate-papo na internet, basta escolher a sala que deseja "entrar", identificar-se e iniciar a conversa. Geralmente, as salas são divididas por assuntos, como educação, cinema, esporte, música, sexo, entre outros. Para entrar, é necessário escolher um ***nick***, uma espécie de apelido que identificará o participante durante a conversa. Algumas salas restringem a idade, mas não existe nenhum controle para verificar se a idade informada é realmente a idade de quem está acessando, facilitando que crianças e adolescentes acessem salas com conteúdos inadequados para sua faixa etária.

AMARAL, S. F. Internet: novos valores e novos comportamentos. In: SILVA, E. T. (Coord.). *A leitura nos oceanos da internet*. São Paulo: Cortez, 2003. Adaptado.

Segundo o texto, o *chat* proporciona a ocorrência de diálogos instantâneos com linguagem específica, uma vez que nesses ambientes interativos faz-se uso de protocolos diferenciados de interação. O *chat*, nessa perspectiva, cria uma nova forma de comunicação porque:

a) possibilita que ocorra diálogo sem a exposição da identidade real dos indivíduos, que podem recorrer a apelidos fictícios sem comprometer o fluxo da comunicação em tempo real.

b) disponibiliza salas de bate-papo sobre diferentes assuntos com pessoas pré-selecionadas por meio de um sistema de busca monitorado e atualizado por autoridades no assunto.

c) seleciona previamente conteúdos adequados à faixa etária dos usuários que serão distribuídos nas faixas de idade organizadas pelo *site* que disponibiliza a ferramenta.

d) garante a gravação das conversas, o que possibilita que um diálogo permaneça aberto, independentemente da disposição de cada participante.

e) limita a quantidade de participantes conectados nas salas de bate-papo, a fim de garantir a qualidade e a eficiência dos diálogos, evitando mal-entendidos.

**2** (Enem)

**Fora da ordem**

Em 1588, o engenheiro militar italiano Agostinho Romelli publicou **Le Diverse et Artifíciose Machine**, no qual descrevia uma máquina de ler livros. Montada para girar verticalmente, como uma roda de hamster, a invenção permitia que o leitor fosse de um texto a outro sem se levantar de sua cadeira. Hoje podemos alternar entre documentos com muito mais facilidade – um clique no ***mouse*** é suficiente para acessarmos imagens, textos, vídeos e sons instantaneamente. Para isso, usamos o computador e principalmente a internet – tecnologias que não estavam disponíveis no Renascimento, época em que Romelli viveu.

BERCITTO, D. *Revista Língua Portuguesa*. Ano II. n. 14.

O inventor italiano antecipou, no século XVI, um dos princípios definidores do hipertexto: a quebra de linearidade na leitura e a possibilidade de acesso ao texto conforme o interesse do leitor. Além de ser característica essencial da internet, do ponto de vista da produção do texto, a hipertextualidade se manifesta também em textos impressos, como:

a) dicionários, pois a forma do texto dá liberdade de acesso à informação.

b) documentários, pois o autor faz uma seleção dos fatos e das imagens.

c) relatos pessoais, pois o narrador apresenta sua percepção dos fatos.

d) editoriais, pois o editorialista faz uma abordagem detalhada dos fatos.

e) romances românticos, pois os eventos ocorrem em diversos cenários.

**3** O quente hoje é mandar *e-mails* e cartões virtuais. Há cartões de todos os tipos disponíveis na internet: românticos, engraçados, debochados, sérios, artísticos, com música, sem música, animados, estáticos, para jovens, para adultos, para crianças, para apaixonados e para os que querem se apaixonar, entre infinitos outros.

COSCARELLI, Carla Viana. *Livro de receitas do professor de português*. Belo Horizonte: Autêntica, 2005, p. 121.

De acordo com o texto, sobre os cartões virtuais só NÃO é correto dizer que:

a) eles se incluem entre os gêneros de comunicação utilizados atualmente no meio digital.

b) há cartões adequados para cada situação de comunicação.

c) os cartões virtuais são padronizados porque são veiculados pela internet.

d) no meio digital, os cartões podem ser acompanhados de música e imagens em movimento.

e) o estilo de cada cartão varia conforme as pessoas que estão se comunicando.

**Anotações**

# AULA 24

**Competência 9** Entender os princípios, a natureza, a função e o impacto das tecnologias da comunicação e da informação na sua vida pessoal e social e no desenvolvimento do conhecimento, associando-os aos conhecimentos científicos, às linguagens que lhes dão suporte, às demais tecnologias, aos processos de produção e aos problemas que se propõem solucionar.

Habilidade 30 Relacionar as tecnologias da comunicação e da informação ao desenvolvimento das sociedades e ao conhecimento que elas produzem.

## Em classe

### AS TECNOLOGIAS DA COMUNICAÇÃO DIGITAL, O DESENVOLVIMENTO SOCIAL E A PRODUÇÃO DO CONHECIMENTO

#### Resumo teórico

Para dar início à reflexão sobre o tema, é importante começar refletindo sobre o significado da palavra "digital", muito empregada no contexto da informática: ela se refere a um modo de processar, armazenar e transferir informações. Os computadores usam apenas sequências formadas por dois números (zero e um) para representar todo e qualquer tipo de informação, como uma mensagem escrita, uma fotografia, uma ilustração, um vídeo e uma música. Considerando que a palavra "digital" significa uma nova maneira de trabalhar com as informações, ela remete necessariamente à noção de "suporte": o meio digital é o novo espaço em que as informações são produzidas, armazenadas e transmitidas.

O modelo digital difere do tradicional, basicamente, por três fatores: tempo, espaço e custo. Quanto ao fator tempo, é mais rápido escrever um texto no computador do que à mão ou à máquina de escrever. Quanto ao fator espaço, uma biblioteca ocupa menos espaço no computador do que no quarto. Quanto ao fator custo, é mais barato fazer um livro no computador do que em uma gráfica. Não é só quanto ao tempo, espaço e dinheiro que o meio digital difere do impresso. O meio digital é um suporte mais abrangente, já que é possível veicular nele uma música, um vídeo ou um *link* para uma página que possua uma informação considerada relevante para o produtor desse "hipertexto". No meio impresso, isso não é possível.

Essas vantagens, no entanto, ainda não são acessíveis a todos. O acesso aos computadores e às redes ainda não é democrático, dando origem ao tema da exclusão digital: em uma sociedade em que a informação e diversos serviços tornam-se acessíveis sobretudo pelo suporte digital, aqueles que não têm acesso a esse meio são fortemente marginalizados.

Esse processo decorre sobretudo de dois fatores: o custo elevado dos equipamentos e dos serviços de acesso à rede (os provedores) e a falta de programas educativos eficientes que garantam o treinamento necessário para que os marginalizados possam se integrar ao meio digital e tirar proveito de todas as possibilidades que ele oferece.

Esse treinamento é fundamental por causa da quantidade gigantesca de informações em circulação na rede. Boatos e mistificações estão misturados às informações relevantes e confiáveis; falsários e criminosos se confundem com usuários honestos. Um leitor desprovido de instrução e de julgamento crítico terá grande dificuldade para selecionar as fontes dotadas de credibilidade e as informações mais relevantes. Sem esse critério, a riqueza da internet pode se converter em confusão, levando não ao esclarecimento, mas ao obscurantismo.

**1** O texto a seguir faz parte de um editorial da edição de 30/12/2006, do jornal *Diário de Notícias*, de Lisboa, Portugal.

**Os equívocos da admirável nova web**

Um dos equívocos mais perigosos dos tempos que correm é a associação implícita que está a ser feita entre o novo boom[1] da internet, a que se convencionou chamar Web 2.0, e a democracia, ou melhor, o aperfeiçoamento da democracia.

É certo que este novo *boom* se centra no utilizador – há mais acessos e todos os que acedem podem ser fornecedores de conteúdos –, ao contrário do primeiro *boom*, que se centrou nos negócios. Mas a actual febre participativa só parcialmente pode ser confundida com democracia.

Desde logo porque a Web 2.0 mais não é que um espelho dos desequilíbrios existentes, e não se vislumbra nela qualquer potencialidade séria para interferir nesse statu quo[2]. Ou seja, quer à escala global quer nas microescalas nacionais, quem já tem poder, seja ele político ou econômico, mantém-no na Net e tem muito mais probabilidade de o multiplicar. Os mais pobres terão o mesmo acesso à Net que têm a outros bens que consideramos essenciais, ou seja, nenhum. Portugal terá sempre muito menos influência na Net que os EUA, por exemplo, mas mais que o Sudão.

[...] a tão exaltada Web 2.0 é, de um ponto de vista meramente quantitativo, um amontoado de lixo. O fato de cada um se poder exprimir não quer dizer que tenha, necessariamente, algo de útil a dizer à comunidade. O YouTube é disso um excelente exemplo.

A Net tem, obviamente, enormes potencialidades, de lazer e informação, por exemplo. Mas convém, agora que temos esse poderosíssimo instrumento ao nosso dispor, estarmos conscientes dos seus limites.

1. Termo do inglês que indica desenvolvimento acelerado, crescimento muito rápido da aceitação de um serviço.
2. Termo do latim que indica o estado atual das coisas, a situação presente.

FERNANDES, João Morgado. Disponível em: <http://dn.sapo.pt/inicio/interior.aspx?content_id=650648>. Acesso em: 22 abr. 2010.

Segundo o texto, o desenvolvimento de ferramentas tecnológicas que propiciaram o segundo ciclo rápido de expansão da internet, que se convencionou denominar de Web 2.0:

a) ao centrar-se na possibilidade de cada usuário gerar conteúdos e divulgá-los livremente, revoluciona as relações de poder, pois dá voz aos excluídos.
b) ameaça a democracia mundial, porque expõe a população a um amontoado de lixo, dando influência àqueles que não têm poder para influenciar.
c) é erroneamente confundido com a democracia, que já vem sendo aperfeiçoada no mundo todo sem sofrer qualquer interferência das novas tecnologias.
d) vem sendo prejudicial aos negócios, ao contrário do que ocorreu inicialmente, pois, de um ponto de vista exclusivamente quantitativo, não é útil à comunidade.
e) só trará pleno efeito para a democratização da informação se vier acompanhado de medidas que assegurem o acesso igualitário às novas tecnologias, com consciência crítica a respeito do conteúdo e dos limites da internet.

**2** Leia o texto a seguir, adaptado de coluna assinada pelo presidente de uma empresa de consultoria em telecomunicações, a respeito do acesso às redes de banda larga mais velozes no país.

**Situação avança em grandes centros, mas pequenos municípios têm poucas opções**

A internet banda larga no Brasil convive com diferentes realidades. Nos grandes centros, foram construídas redes baseadas em fibra ótica que passaram a oferecer velocidades superiores a 10 Mbps. Em muitos bairros dessas cidades, já é possível escolher entre duas ou três operadoras de banda larga com velocidades superiores a 5 Mbps. A competição deve elevar esse patamar a velocidades cada vez mais altas.

Na maioria dos municípios, no entanto, as opções se restringem à concessionária de telefonia fixa que, pelas limitações de sua rede, não consegue ir muito além de 1 Mbp.

O principal gargalo da banda larga é a cobertura (área atendida) com alta velocidade.

TUDE, Eduardo. *Folha de S.Paulo*. 15 maio 2013, p. B8.

O texto chama a atenção para:

a) a exclusão digital decorrente da desigualdade no acesso aos recursos técnicos, ainda precariamente distribuídos pelo país.
b) a importância de garantir o acesso à telefonia fixa em todos os municípios do país.
c) a possibilidade de optar entre operadoras, privilegiando sempre as que oferecem maior velocidade de navegação.

d) a conveniência de se mudar para um bairro em que várias operadoras de banda larga atuem, para poder desfrutar serviços mais eficientes.
e) o erro de privilegiar investimentos em redes de fibra ótica que permitam velocidades de navegação cada vez maiores num país em que a população ainda sofre com a fome.

**3** (Enem)

Estamos testemunhando o reverso da tendência histórica da assalariação do trabalho e da socialização da produção, que foi característica predominante na era industrial. A nova organização social e econômica baseada nas tecnologias da informação visa à administração descentralizadora, ao trabalho individualizante e aos mercados personalizados. As novas tecnologias da informação possibilitam, ao mesmo tempo, a descentralização das tarefas e sua coordenação em uma rede interativa de comunicação em tempo real, seja entre continentes, seja entre os andares de um mesmo edifício.

CASTELLS, M. *A sociedade em rede*. São Paulo: Paz e Terra, 2006 . Adaptado.

No contexto descrito, as sociedades vivenciam mudanças constantes nas ferramentas de comunicação que afetam os processos produtivos nas empresas. Na esfera do trabalho, tais mudanças têm provocado:

a) o aprofundamento dos vínculos dos operários com as linhas de montagem sob influência dos modelos orientais de gestão.
b) o aumento das formas de teletrabalho como solução de larga escala para o problema do desemprego crônico.
c) o avanço do trabalho flexível e da terceirização como resposta às demandas por inovação e com vistas à mobilidade dos investimentos.
d) a autonomização crescente das máquinas e computadores em substituição ao trabalho dos especialistas técnicos e gestores.
e) o fortalecimento do diálogo entre operários, gerentes, executivos e clientes com a garantia de harmonização das relações de trabalho.

**4** (Enem)

A introdução de novas tecnologias desencadeou uma série de efeitos sociais que afetaram os trabalhadores e sua organização. O uso de novas tecnologias trouxe a diminuição do trabalho necessário que se traduz na economia líquida do tempo de trabalho, uma vez que, com a presença da automação microeletrônica, começou a ocorrer a diminuição dos coletivos operários e uma mudança na organização dos processos de trabalho.

*Revista Eletrônica de Geografia y Ciências Sociales*. Universidad de Barcelona. n. 170(9), 1 ago. 2004.

A utilização de novas tecnologias tem causado inúmeras alterações no mundo do trabalho. Essas mudanças são observadas em um modelo de produção caracterizado:

a) pelo uso intensivo do trabalho manual para desenvolver produtos autênticos e personalizados.
b) pelo ingresso tardio das mulheres no mercado de trabalho no setor industrial.
c) pela participação ativa das empresas e dos próprios trabalhadores no processo de qualificação laboral.
d) pelo aumento na oferta de vagas para trabalhadores especializados em funções repetitivas.
e) pela manutenção de estoques de larga escala em função da alta produtividade.

## Em casa

**1** (Enem)

Um volume imenso de pesquisas tem sido produzido para tentar avaliar os efeitos dos programas de televisão. A maioria desses estudos diz respeito às crianças – o que é bastante compreensível pela quantidade de tempo que elas passam em frente ao aparelho e pelas possíveis implicações desse comportamento para a socialização. Dois dos tópicos mais pesquisados são o impacto da televisão no âmbito do crime e da violência e a natureza das notícias exibidas na televisão.

GIDDENS, A. *Sociologia*. Porto Alegre: Artmed, 2005.

O texto indica que existe uma significativa produção científica sobre os impactos socioculturais da televisão na vida do ser humano. E as crianças, em particular, são as mais vulneráveis a essas influências, porque:

a) codificam informações transmitidas nos programas infantis por meio da observação.
b) adquirem conhecimentos variados que incentivam o processo de interação social.
c) interiorizam padrões de comportamento e papéis sociais com menor visão crítica.
d) observam formas de convivência social baseadas na tolerância e no respeito.
e) apreendem modelos de sociedade pautados na observância das leis.

**2** (Enem)

**A chegada da televisão**

A caixa de pandora tecnológica penetra nos lares e libera suas cabeças falantes, astros, novelas, noticiários e as fabulosas, irresistíveis garotas-propaganda, versões modernizadas do tradicional homem-sanduíche.

SEVCENKO, N. (Org.). *História da vida privada no Brasil 3. República: da Belle Époque à era do rádio.* São Paulo: Companhia das Letras, 1998.

A TV, a partir da década de 1950, entrou nos lares brasileiros provocando mudanças consideráveis nos hábitos da população. Certos episódios da história brasileira revelaram que a TV, especialmente como espaço de ação da imprensa, tornou-se também veículo de utilidade pública, a favor da democracia, na medida em que:

a) amplificou os discursos nacionalistas e autoritários durante o governo Vargas.

b) revelou para o país casos de corrupção na esfera política de vários governos.

c) maquiou indicadores sociais negativos durante as décadas de 1970 e 1980.

d) apoiou, no governo Castelo Branco, as iniciativas de fechamento do parlamento.

e) corroborou a construção de obras faraônicas durante os governos militares.

**3** (Enem)

Populações inteiras, nas cidades e na zona rural, dispõem da parafernália digital global como fonte de educação e de formação cultural. Essa simultaneidade de cultura e informação eletrônica com as formas tradicionais e orais é um desafio que necessita ser discutido. A exposição, via mídia eletrônica, a estilos e valores culturais de outras sociedades, pode inspirar apreço, mas também distorções e ressentimentos. Tanto quanto há necessidade de uma cultura tradicional de posse da educação letrada, também é necessário criar estratégias de alfabetização eletrônica, que passam a ser o grande canal de informação das culturas segmentadas no interior dos grandes centros urbanos e das zonas rurais. Um novo modelo de educação.

BRIGAGÃO, C. E.; RODRIGUES, G. *A globalização a olho nu:* o mundo conectado. São Paulo: Moderna, 1998. Adaptado.

Com base no texto e considerando os impactos culturais da difusão das tecnologias de informação no marco da globalização, depreende-se que:

a) a ampla difusão das tecnologias de informação nos centros urbanos e no meio rural suscita o contato entre diferentes culturas e, ao mesmo tempo, traz a necessidade de reformular as concepções tradicionais de educação.

b) a apropriação, por parte de um grupo social, de valores e ideias de outras culturas para benefício próprio é fonte de conflitos e ressentimentos.

c) as mudanças sociais e culturais que acompanham o processo de globalização, ao mesmo tempo em que refletem a preponderância da cultura urbana, tornam obsoletas as formas de educação tradicionais próprias do meio rural.

d) as populações nos grandes centros urbanos e no meio rural recorrem aos instrumentos e às tecnologias de informação basicamente como meio de comunicação mútua, e não os veem como fontes de educação e cultura.

e) a intensificação do fluxo de comunicação por meios eletrônicos, característica do processo de globalização, está dissociada do desenvolvimento social e cultural que ocorre no meio rural.

**Anotações**

# AULA 25

**Competência 3** Compreender e usar a linguagem corporal como relevante para a própria vida, integradora social e formadora da identidade.

Habilidade 10 Reconhecer a necessidade de transformação de hábitos corporais em função das necessidades cinestésicas.

## Em classe

### PLACAR: MOVIMENTO 1 × 0 SEDENTARISMO

#### Resumo teórico

Na habilidade desenvolvida nesta aula, o Enem busca explorar situações atuais relacionadas ao reconhecimento da importância do movimentar-se e a adaptação do ser humano a essas necessidades. As questões em geral trazem relações de hábitos de atividades físicas e motórias com estética e qualidade de vida.

**1** (Enem)

Na modernidade, o corpo foi descoberto, despido e modelado pelos exercícios físicos da moda. Novos espaços e práticas esportivas e de ginástica passaram a convocar as pessoas a modelarem seus corpos. Multiplicaram-se as academias de ginástica, as salas de musculação e o número de pessoas correndo pelas ruas.

SECRETARIA DA EDUCAÇÃO. *Caderno do professor:* educação física. São Paulo, 2008.

Diante do exposto, é possível perceber que houve um aumento da procura por:

a) exercícios físicos aquáticos (natação/hidroginástica), que são exercícios de baixo impacto, evitando o atrito (não prejudicando as articulações), e que previnem o envelhecimento precoce e melhoram a qualidade de vida.

b) mecanismos que permitem combinar alimentação e exercício físico, que permitem a aquisição e a manutenção de níveis adequados de saúde, sem a preocupação com padrões de beleza instituídos socialmente.

c) programas saudáveis de emagrecimento, que evitam os prejuízos causados na regulação metabólica, função imunológica, integridade óssea e manutenção da capacidade funcional ao longo do envelhecimento.

d) exercícios de relaxamento, reeducação postural e alongamentos, que permitem um melhor funcionamento do organismo como um todo, bem como uma dieta alimentar e hábitos saudáveis com base em produtos naturais.

e) dietas que preconizam a ingestão excessiva ou restrita de um ou mais macronutrientes (carboidratos, gorduras ou proteínas), bem como exercícios que permitem um aumento de massa muscular e/ou modelar o corpo.

**2** (Enem) Saúde, no modelo atual de qualidade de vida, é o resultado das condições de alimentação, habitação, educação, renda, trabalho, transporte, lazer, serviços médicos e acesso à atividade física regular. Quanto ao acesso à atividade física, um dos elementos essenciais é a aptidão física, entendida como a capacidade de a pessoa utilizar seu corpo – incluindo músculos, esqueleto, coração, enfim, todas as partes – de forma eficiente em suas atividades cotidianas; logo, quando se avalia a saúde de uma pessoa, a aptidão física deve ser levada em conta.

A partir desse contexto, considera-se que uma pessoa tem boa aptidão física quando:

a) apresenta uma postura regular.

b) pode se exercitar por períodos curtos de tempo.

c) pode desenvolver as atividades físicas do dia a dia, independentemente de sua idade.

d) pode executar suas atividades do dia a dia com vigor, atenção e uma fadiga de moderada a intensa.

e) pode exercer atividades físicas no final do dia, mas suas reservas de energia são insuficientes para atividades intelectuais.

Em casa

## TEXTO DE APOIO

### 1. Movimento é vida

Sem dúvida a essência do viver do ser humano é manifestada por meio do movimento, e seu estudo possibilita reconhecer e descobrir conceitos importantes para a manutenção do nosso bem-estar. Entretanto, a dinâmica do mundo moderno induz as pessoas ao sedentarismo. No trecho da reportagem "Cidade não estimula a andar", publicada no jornal *Folha de S.Paulo*, de 9 de setembro de 2007, médicos defendem espaço público mais amigável para a prática de exercícios.

> *"[...] médicos e arquitetos concordam: o modelo de urbanização nas grandes cidades, como São Paulo, privilegia os automóveis em detrimento dos pedestres e dos ciclistas, tornando as ruas e as calçadas espaços impróprios para atividades físicas."*
>
> *A arquiteta Cibele Taralli, professora da FAU (Faculdade de Arquitetura e Urbanismo) da USP, diz que as calçadas não foram planejadas e não são conservadas a ponto de favorecer a movimentação de pedestres e de veículos leves, como a bicicleta e o* skate. *"Vou andar, mas disputo espaço com os carros, é aquela poluição horrível. Isso não estimula ninguém a andar nas ruas. São Paulo é uma cidade pensada em pedaços, sem visão de continuidade das coisas."*
>
> *Para o cardiologista Álvaro Avezum, as pessoas não são sedentárias porque querem, mas sim porque os espaços públicos não as estimulam ao exercício. "Se não tiver os planejadores de cidade para facilitar algum gasto enérgico, vamos explodir em doenças cardiovasculares."*

A falta de um planejamento urbano, que desconsidera a essência do viver do ser humano em prol do progresso desordenado, contribui para o sedentarismo na medida em que a maioria dos espaços públicos dos grandes centros urbanos não privilegia nossa locomoção. As calçadas esburacadas com vários outros tipos de obstáculos dificultam nossa passagem e tornam desmotivadora essa atividade. Além disso, a falta de espaços públicos adequados leva à competição pelo espaço entre carros, motos e bicicletas, onde se tornam frequentes os acidentes envolvendo ciclistas. Também nos deparamos com a pouca oferta de praças e parques que possibilitem a realização de atividades físicas.

Outro aspecto a ser destacado é o estilo de vida moderno influenciado pelo avanço tecnológico em que as máquinas tendem a realizar o trabalho do ser humano e, em alguns casos, tem afetado negativamente nosso comportamento motor.

### 2. O sedentarismo

O sedentarismo é um hábito que caracteriza pessoas que realizam poucas atividades de movimento durante o dia, e que consomem poucas calorias durante a semana.

Hoje sabemos que o sedentarismo está associado ao acometimento de várias doenças, como a atrofia das fibras musculares, a perda da flexibilidade, o comprometimento funcional de vários órgãos, diversos tipos de câncer, diabetes, hipertensão arterial, infarto do miocárdio, obesidade, ansiedade e o aumento do colesterol. A Organização Mundial da Saúde (OMS) afirma que o sedentarismo está entre as dez maiores causas de morte no mundo e que, atualmente, 70% dos adultos são sedentários.

#### Progresso – sedentarismo – economia

> *"A preguiça é mãe do progresso. Se o homem não tivesse preguiça de caminhar, não teria inventado a roda."*
>
> Mario Quintana

Um estudo realizado no American College Sports Medicine (ACSM) analisou a existência de uma relação entre o crescimento econômico e a diminuição da atividade física. Nos Estados Unidos, por exemplo, de 1965 a 2009, a queda da atividade física foi de 32%. Nos países em desenvolvimento, também esse fenômeno é observado e, apesar das diferenças culturais dos países analisados, algumas características são comuns a todos: a migração de pessoas que trocam a vida rural pelas cidades, e o estigma negativo que associa a pobreza ao trabalho braçal. No Brasil, projeções indicam que, do início da década passada até o ano de 2018, haverá o decréscimo de 34% no nível de atividade física.

As causas do sedentarismo são multifatoriais e incluem aspectos sociais, políticos e econômicos. O desenvolvimento econômico e o acesso a um padrão de vida moderno trazem benefícios ao ser humano. Porém é importante reconhecer e valorizar a mudança de hábitos de atividades físicas e motórias.

Existem várias recomendações propostas por órgãos governamentais e de pesquisa ligados à saúde e ao bem-estar. A OMS propõe que, para tornar-se ativa, a pessoa deve realizar uma atividade motória com intensidade leve a moderada (caminhada, corrida, bicicleta, natação) pelo menos a cada três dias, com duração mínima de trinta minutos. Apesar de essas recomendações constituírem uma importante referência para a sociedade em geral, nem sempre será possível estabelecer essa rotina diária, para isso devemos entender que existem alternativas que podem ser incorporadas ao nosso cotidiano. É importante identificar situações do cotidiano que possam contribuir para o aumento de movimentos, como realizar atividades domésticas, utilizar a escada, caminhar para a escola ou ao trabalho.

**1** (Enem)

Cultivar um estilo de vida saudável é extremamente importante para diminuir o risco de infarto, mas também de problemas como morte súbita e derrame. Significa que manter uma alimentação saudável e praticar atividade física já reduz, por si só, as chances de desenvolver vários problemas. Além disso, é importante para o controle da pressão arterial, dos níveis de colesterol e de glicose no sangue. Também ajuda a diminuir o estresse e aumentar a capacidade física, fatores que, somados, reduzem as chances de infarto.
Exercitar-se, nesses casos, com acompanhamento médico e moderação, é altamente recomendável.

ATALLA, M. Nossa vida. *Época*, 23. mar. 2009.

A ideia veiculada no texto sobre o aumento da capacidade física está correta na alternativa:

a) Derrame e morte súbita.
b) Sedentarismo e flexibilidade.
c) Correr, jogar futebol e velocidade.
d) Força muscular, flexibilidade, resistência cardiorrespiratória.
e) Jogar tênis e resistência muscular localizada.

**2** (Enem)

Disponível em: <http://wordinfo.info>. Acesso em: 27 abr. 2010.

O homem evoluiu. Independentemente de teoria, essa evolução ocorreu de várias formas. No que concerne à evolução digital, o homem percorreu longo trajeto da pedra lascada ao mundo virtual. Tal fato culminou em um problema físico habitual, ilustrado na imagem, que propicia uma piora na qualidade de vida do usuário, uma vez que:

a) a evolução ocorreu e, com ela, evoluíram as dores de cabeça, o estresse e a falta de atenção à família.
b) a vida sem o computador tornou-se quase inviável, mas tem diminuído problemas de visão cansada.
c) a utilização demasiada do computador tem proporcionado o surgimento de cientistas que apresentam lesão por esforço repetitivo.
d) o homem criou o computador, que evoluiu e hoje opera várias ações antes feitas pelas pessoas, tornando-as sedentárias ou obesas.
e) o uso contínuo do computador de forma inadequada tem ocasionado má postura corporal.

# AULA 26

**Competência 3** Compreender e usar a linguagem corporal como relevante para a própria vida, integradora social e formadora da identidade.

Habilidade 11 Reconhecer a linguagem corporal como meio de interação social, considerando os limites de desempenho e as alternativas de adaptação para diferentes indivíduos.

## Em classe

### NOSSO CORPO, GESTOS E O ATO COMUNICATIVO

#### Resumo teórico

Os gestos constituem uma importante ferramenta que utilizamos para realizar o ato comunicativo. Como sabemos, o gesto faz parte da chamada linguagem não verbal, mas continua sendo um importante elo para a linguagem falada (verbal), e sua função se transforma, considerando-se o ambiente social do qual as pessoas fazem parte. O Enem considera que a habilidade 11 da Matriz de referência está relacionada aos seguintes elementos: corpo e linguagem. Para Jean Yves Leloup, em seu livro *O corpo e seus símbolos*, o corpo não mente. Mais que isso, ele conta muitas histórias e em cada uma delas há um sentido a ser descoberto, como o significado dos acontecimentos, das doenças ou do prazer que anima algumas de suas partes. O corpo é a nossa memória mais arcaica; nele nada é esquecido. O corpo sente, toca, fala, comunga.

**1** (Enem) Candido Portinari (1903-1962), em seu livro *Retalhos de minha vida de infância*, descreve os pés dos trabalhadores.

Pés disformes. Pés que podem contar uma história. Confundiam-se com as pedras e os espinhos. Pés semelhantes aos mapas: com montes e vales, vincos como rios. [...] Pés sofridos com muitos e muitos quilômetros de marcha. Pés que só os santos têm. Sobre a terra, difícil era distingui-los. Agarrados ao solo, eram como alicerces, muitas vezes suportavam apenas um corpo franzino e doente.

Candido Portinari, Retrospectiva, Catálogo Masp.

As fantasias sobre o Novo Mundo, a diversidade da natureza e do homem americano e a crítica social foram temas que inspiraram muitos artistas ao longo de nossa História. Dentre estas imagens, a que melhor caracteriza a crítica social contida no texto de Portinari é:

a) 

c) 

e) 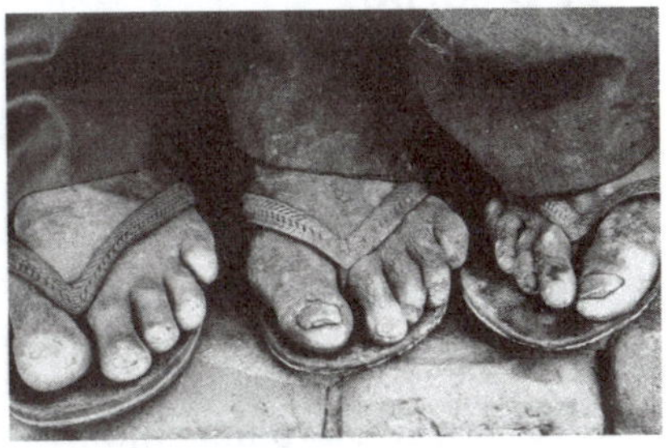

b) 

d) 

FOTOS: © ENEM

**2** (Enem)

Nossa cultura lipofóbica muito contribui para a distorção da imagem corporal, gerando gordos que se veem magros e magros que se veem gordos, numa quase unanimidade de que todos se sentem ou se veem "distorcidos".

Engordamos quando somos gulosos. É o pecado da gula que controla a relação do homem com a balança. Todo obeso declarou, um dia, guerra à balança. Para emagrecer, é preciso fazer as pazes com a dita cuja, visando adequar-se às necessidades para as quais ela aponta.

FREIRE, D. S. *Obesidade não pode ser pré-requisito*. Disponível em: <http://gnt.globo.com>. Acesso em: 3 abr. 2012. Adaptado.

O texto apresenta um discurso de disciplinarização dos corpos, que tem como consequência:

a) a ampliação dos tratamentos médicos alternativos, reduzindo os gastos com remédios.
b) a democratização do padrão de beleza, tornando-o acessível pelo esforço individual.
c) o controle do consumo, impulsionando uma crise econômica na indústria de alimentos.
d) a culpabilização individual, associando obesidade à fraqueza de caráter.
e) o aumento da longevidade, resultando no crescimento populacional.

## Em casa

### TEXTO DE APOIO

#### 1. Os gestos

De acordo com Gonçalves, em seu livro *Educação Física: ler e escrever também com o corpo em movimento*, a linguagem pode ser definida como um conjunto de símbolos verbais e não verbais que está presente em todo o universo educacional, sendo que os órgãos dos sentidos são utilizados para entender seus códigos.

Todos os signos foram criados pelos seres humanos com finalidades específicas. São convenções que variam de uma cultura para outra, grandemente influenciadas pelos ambientes físico e social.

Apesar de o ser humano ter a capacidade de se expressar de diversas maneiras, as linguagens falada e escrita predominam atualmente no nosso cotidiano. Entretanto, grande parte do percurso da evolução da cultura humana foi transmitida sem a utilização da escrita. Os seres humanos se comunicavam pela fala e, antes disso, por meio de gestos e movimentos. Este meio de comunicação constitui um importante componente da herança cultural que foi transmitida pelos nossos antepassados e perdura até os dias de hoje. Uma cultura não é completamente incorporada pela decifração da escrita ou fala da língua estrangeira, pois o significado das palavras não reflete a total interpretação de uma cultura.

#### 2. O corpo

O corpo é o instrumento de manifestação da linguagem corporal. Em geral, pensamos o corpo sob a perspectiva anatomofisiológica. Somos constituídos de membros e órgãos com determinadas funções e que agem em conjunto para manter o equilíbrio interno e realizarmos as atividades do dia a dia. Porém, devemos entender o corpo como o espaço inicial de realização pessoal, que possui seu valor estético e de saúde, mas também é carregado de manifestações culturais. Nossos corpos estão impregnados das vivências biológicas e ambientais de nossos antepassados.

É possível apreender a complexidade do tema corpo quando buscamos relações com todas as dimensões do conhecimento humano. No aspecto religioso, durante a era medieval, havia o subjugo do corpo perante a alma. Segundo Santo Agostinho, "a alma é uma substância racional criada para reger um corpo". O que salva o corpo é a alma. Portanto, o corpo deve submeter-se a provações e castigos a fim de ser santificado. Em contrapartida, o Iluminismo Radical nos fornece um modelo de autonomia e apropriação do corpo pela própria pessoa: a autonomia como a capacidade reconhecida à pessoa de buscar, à sua maneira, aquilo que considera uma vida digna de ser vivida, assumindo a responsabilidade por seus atos, sem a ingerência de qualquer entidade metafísica. A filosofia também procurou refletir sobre o corpo. O filósofo Merleau-Ponty faz uma reflexão muito próxima da relação multifacetada da função do corpo, em que considera tanto aspectos biológicos como instrumento de manifestação simbólica:

*O corpo é nosso meio geral de ter um mundo. Ora ele se limita aos gestos necessários à conservação da vida e, correlativamente, põe em torno de nós um mundo biológico; ora, brincando com seus primeiros gestos e passando de seu sentido próprio a um sentido figurado, ele manifesta através deles um novo núcleo de significação.*

MERLEAU-PONTY, M. *Fenomenologia da percepção*. São Paulo: Martins Fontes, 1996, p. 203.

É possível encontrar também referências literárias acerca da questão do corpo, que constroem ao mesmo tempo uma imagem de objeto e signo, como no poema "Missão do corpo", de Carlos Drummond de Andrade.

*Claro que o corpo não é feito só para sofrer,*
*mas para sofrer e gozar.*
*Na inocência do sofrimento*
*como na inocência do gozo,*
*o corpo se realiza, vulnerável*
*e solene.*

*Salve, meu corpo, minha estrutura de viver*
*e de cumprir os ritos do existir!*
*Amo tuas imperfeições e maravilhas,*
*amo-as com gratidão, pena e raiva intercadentes.*
*Em ti me sinto dividido, campo de batalha*
*sem vitória para nenhum lado*
*e sofro e sou feliz*
*na medida do que acaso me ofereças.*

*Será mesmo acaso,*
*será lei divina ou dragonária*
*que me parte e reparte em pedacinhos?*
*Meu corpo, minha dor,*
*Meu prazer e transcendência,*
*És afinal meu ser inteiro e único.*

ANDRADE, Carlos Drummond de. *Farewell*. Rio de Janeiro: Record, 1996.

O poema traz uma abordagem crítica e atual sobre o corpo. Na primeira estrofe, há a consideração do corpo como instrumento de sofrimento e gozo, contrária à visão do corpo como carne suscetível ao sofrimento para elevação da alma. Essa ideia reflete com mais veracidade o que é a experiência humana. Na segunda estrofe, há uma saudação ao corpo, que é o instrumento com o qual existimos e nos relacionamos com o mundo. Além disso, há a referência à aceitação das imperfeições que nos dividem e que nos fazem refletir sobre temas atuais, como o culto à estética e a valorização da beleza.

### 3. Os movimentos e o ato comunicativo

Os seres humanos têm formas diferenciadas de se comunicar por meio de movimentos, que diferem de acordo com a cultura. Portanto, os movimentos que realizamos são influenciados pelo ambiente social, e o significado que é dado aos movimentos pertence a esse contexto. Esse acervo de movimentos cria um sistema de comunicação não verbal e desenvolve nos indivíduos as habilidades de emitir, receber e interpretar esses sinais. Essas habilidades tornam os indivíduos aptos a agir em sociedade, desenvolvendo-se profissional e socialmente.

**1** (Enem)

O artigo 402 do Código Penal Brasileiro de 1890 dizia: Fazer nas ruas e praças públicas exercícios de agilidade e destreza corporal, conhecidos pela denominação de capoeiragem; andar em correrias, com armas ou instrumentos capazes de produzir uma lesão corporal, provocando tumulto ou desordens.

Pena: Prisão de dois a seis meses.

*A negregada instituição:* os capoeiras no Rio de Janeiro: 1850-1890. Rio de Janeiro: Secretaria Municipal de Cultura, 1994. Adaptado.

O artigo do primeiro Código Penal Republicano naturaliza medidas socialmente excludentes. Nesse contexto, tal regulamento expressava:

a) a manutenção de parte da legislação do Império, com vistas ao controle da criminalidade urbana.
b) a defesa do retorno do cativeiro e da escravidão pelos primeiros governos do período republicano.
c) o caráter disciplinador de uma sociedade industrializada, desejosa de um equilíbrio entre progresso e civilização.
d) a criminalização de práticas culturais e a persistência de valores que vinculavam certos grupos ao passado de escravidão.
e) o poder do regime escravista, que mantinha os negros como categoria social inferior, discriminada e segregada.

**2** (Enem) Em uma conversa ou leitura de um texto, corre-se o risco de atribuir um significado inadequado a um termo ou expressão, e isso pode levar a certos resultados inesperados, como se vê nos quadrinhos abaixo.

© ENEM

SOUSA, Maurício de. *Chico Bento*. Rio de Janeiro: Globo, n. 335, nov. 1999.

Nessa historinha, o efeito humorístico origina-se de uma situação criada pela fala da Rosinha no primeiro quadrinho, que é:

a) Faz uma pose bonita!
b) Quer tirar um retrato?
c) Sua barriga está aparecendo!
d) Olha o passarinho!
e) Cuidado com o *flash*!

**3** (UFU-MG)

Era o rapaz, que se aproximava de nós pela primeira vez desde a hora em que havíamos chegado com passos largos e decididos. Quando parecia prestes a dizer alguma coisa, deu meia-volta e andou até a extremidade oposta da sala. Em seguida voltou, as mãos enterradas nos bolsos das calças, os polegares de fora se contorcendo nervosos. A certa altura, demonstrou reconhecimento da minha presença com um gesto brusco e circunflexo de sobrancelhas, acompanhado de um aceno quase imperceptível. [...] O olhar dele, seu jeito de andar, as mãos nos bolsos, os cotovelos jogados para a frente, tudo indicava uma atitude de arrogância adolescente, talvez até infantil – menos arrogância que pirraça. Fosse como fosse, meu constrangimento aumentou ainda mais; novamente mudei de posição na poltrona. Nunca me sentira tão estrangeiro assim, tão fora de meu lugar natural [...].

BRITTO, Paulo Henriques. Coisa de família. In: *Paraísos artificiais*.

Considere o trecho acima e assinale a alternativa correta.

a) A descrição realista-naturalista do rapaz corresponde ao protótipo do adolescente, desconfortável com as dimensões de seu próprio corpo, tentando impressionar o outro com agressividade. Tal atitude intimida o narrador, que, sentindo-se acuado como um animal, procura evadir-se do local o mais rápido possível.
b) A descrição do rapaz é realizada a partir da perspectiva do narrador e das impressões que o rapaz lhe causa. A literatura, então, diferentemente da ciência natural, observa o homem com um olhar mais subjetivo, abrindo espaço para intuições e impressionismos, desencorajados pela pretensa objetividade do discurso científico.
c) A descrição da falha na comunicação oral entre os personagens leva o narrador a utilizar-se da linguagem corporal para metaforizar a impossibilidade da relação familiar. Assim, o discurso das ciências naturais, como a Biologia, confirma, na literatura, a tese de que a linguagem falada é insuficiente na sociedade atual.
d) A descrição das mãos do personagem, com os polegares de fora se contorcendo nervosamente, indica claramente a loucura do rapaz que será desenvolvida no conto. Assim, o narrador pretende fazer uma análise do biotipo do rapaz para confirmar sua tese de que o desequilíbrio daquela família deve-se a um fator patológico.

PROJETO MÚLTIPLO

# Revisão

## Gramática & Texto

Ensino Médio


**José De Nicola**

Licenciado em Letras, com especialização em ensino de língua e literatura, foi professor de cursinhos e de escolas particulares, lecionando para turmas de Ensino Médio.
Autor de várias obras dedicadas ao ensino de língua, literatura e produção de textos para Ensino Médio, entre as quais se destacam:
*Práticas de linguagem – leitura & produção de textos*;
*Gramática – palavra, frase, texto*;
*Literatura brasileira – das origens aos nossos dias*;
*Painel da literatura em língua portuguesa*.



editora scipione

editora scipione

Diretoria editorial: Lidiane Vivaldini Olo
Editoria de Língua Portuguesa: Renato Luiz Tresolavy
Editoras: Juliana Lima Gonçalves, Valéria Franco Jacintho; Francisca Tarsiana Morais da Silva (estag.)
Supervisor de arte e produção: Sérgio Yutaka
Editor de arte: Leandro Hiroshi Kanno
Diagramação: MASPI Criações Gráficas
Supervisor de arte e criação: Didier Moraes
Coordenadora de arte e criação: Andréa Dellamagna
Projeto gráfico: UC Produção Editorial e Andréa Dellamagna
Gerente de revisão: Hélia de Jesus Gonsaga
Equipe de revisão: Rosângela Muricy (coord.); Ana Paula Chabaribery Malfa, Gloria Cunha, Luís Maurício Boa Nova e Vanessa de Paula Santos; Flávia Venézio dos Santos (estag.)
Supervisor de iconografia: Sílvio Kligin
Pesquisa iconográfica: Claudia Bertolazzi, Elena Ribeiro e Claudia Cristina Balista (assist.)
Tratamento de imagem: Cesar Wolf e Fernanda Crevin
Fotos da capa: Jakub Krechowicz/Alamy/Glow Images; Illia Uriadnikov/Alamy/Glow Images; Markus Pfaff/Shutterstock/Glow Images
Grafismos: Shutterstock/Glow Images


Avenida das Nações Unidas, 7221
3° andar, Setor D
São Paulo – SP – CEP 05425-902
Tel.: 4003-3061
www.scipione.com.br/atendimento@scipione.com.br

**Dados Internacionais de Catalogação na Publicação (CIP)**
**(Câmara Brasileira do Livro, SP, Brasil)**

De Nicola, José
Projeto Múltiplo: gramática & texto, volume único: partes 1, 2 e 3 / José De Nicola. – 1. ed. – São Paulo: Scipione, 2014.

1. Gramática (Ensino médio) 2. Português (Ensino médio) 3. Textos (Ensino médio) I. Título.

14-04505 CDD-469.07

**Índice para catálogo sistemático:**
1. Português : Ensino médio 469.07

2017
ISBN 978 85 262 9344-1 (AL)
ISBN 978 85 262 9345-8 (PR)
Código da obra CL 738774
CAE 502762 (AL)
CAE 502785 (PR)
1ª edição
5ª impressão

Impressão e acabamento: Brasilform Editora e Ind. Gráfica

Uma publicação Abril EDUCAÇÃO

# Apresentação

O final de um ciclo escolar se aproxima e, com ele, um momento propício para reforçar a aprendizagem adquirida até aqui. Hora de resgatar o conteúdo e recordar os modelos de exercícios mais comuns nos principais vestibulares do país. Afinal, você chegou à última série do Ensino Médio, e o exame vestibular, cada vez mais próximo, coloca à prova todo o conhecimento abordado nesses três anos.

Este caderno de revisão foi preparado para ajudá-lo a transpor essa etapa com tranquilidade. Nele você encontra resumos dos tópicos tratados no Ensino Médio, além de questões resolvidas, questões propostas e exercícios-tarefa. Enfim, um material completo de revisão a sua disposição.

Aproveite a oportunidade, consolide a aprendizagem e garanta o ingresso nas melhores universidades do país.

Boa revisão!

# Sumário geral

## Revisão 1

### Frente A



### Frente B



## Revisão 2

### Frente A



### Frente B

# Revisão 1

## Frente A - A gramática dos textos



## Frente B - A construção dos textos

# MÓDULO 1 • O signo linguístico, a língua e a gramática

## 1. O signo linguístico

Na linguagem verbal, os **signos linguísticos** são os responsáveis pela representação das ideias. Apresentam dois componentes: uma parte material, concreta (o som ou as letras), que denominamos **significante**; outra abstrata, conceitual (a ideia), que denominamos **significado**.

A relação entre a representação (significante) e a ideia (significado) é arbitrária, porém obedece a uma convenção, ou seja, um código comum a toda a comunidade que utiliza uma mesma língua.

O arranjo da palavra, num enunciado textual (escrito ou falado), pode revelar que a significação do signo linguístico não é necessariamente única, mesmo que possa haver relação de sentido entre elas.

## 2. Linguagem, língua e fala

A **língua** é um código linguístico, portanto uma linguagem verbal, constituída por palavras e regras que as combinam, permitindo que expressemos uma ideia, uma emoção, uma ordem, um apelo, enfim, um enunciado de sentido completo capaz de estabelecer comunicação.

Quando um membro da comunidade, isto é, um falante faz uso da língua, ele realiza um ato de **fala**, que tanto pode ser oral como escrito.

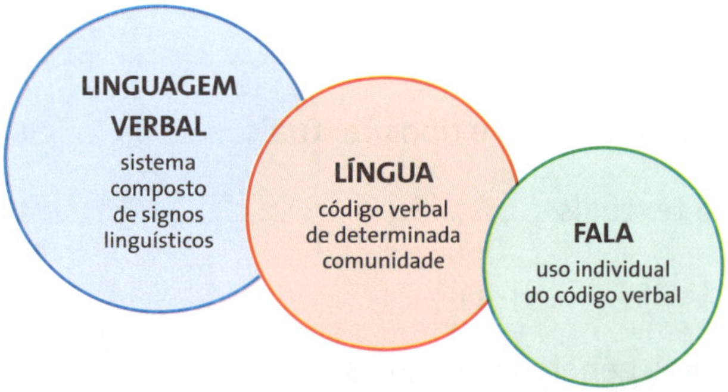


À soma dos conhecimentos linguísticos de uma língua chamamos **gramática**.

A **gramática natural** não deve ser confundida com as gramáticas que tentam, de forma sistematizada, registrar, descrever e/ou prescrever os fatos gramaticais. Da mesma forma, não se deve confundir o conjunto de regras gerais e internas da língua com o conjunto de regras utilizadas pela gramática normativa.

A **gramática normativa** tenta estabelecer um modelo "ideal" de uso da língua, chamado de norma-padrão, no qual se espelham as variantes de prestígio. Trata-se, portanto, de um conjunto de regras que impõe um padrão de uso da língua a ser seguido pelos falantes por ter prestígio social. No entanto, esse padrão nem sempre coincide com a gramática natural, posto que nela observamos não só os usos da variante de prestígio.

Neste ponto, é importante fazer a distinção entre:

- norma-padrão: modelo criado a partir das gramáticas normativas, que prescrevem um uso "ideal" da língua;
- variedades urbanas de prestígio (ou norma culta): usos reais da língua que representam as variantes de prestígio dentro da comunidade linguística; em tese, colocada em uso pelos segmentos mais escolarizados da sociedade;
- variantes estigmatizadas: usos reais da língua que representam as variantes das camadas sociais "desprestigiadas"; tais variantes são tachadas como erradas ou impróprias.

## Exercício comentado

**Texto para a próxima questão.**

### Quem são os puristas?

Purista é quem defende a "pureza" da língua contra todas as formas inovadoras, sempre vistas como sinais de "decadência", "corrupção" e "ruína", não só da língua, mas também, muitas vezes, dos valores morais da sociedade. O termo purista, não por acaso, surgiu na França no século XVII, no apogeu do regime absolutista, centralizado na figura de um rei todo-poderoso, de uma concepção de mundo e de sociedade doentiamente elitista, que só dava valor ao que vinha do topo do topo, da nata da nata.

O pai do purismo é o escritor Vaugelas (pronuncia-se vojlá).

Ah, sim, desculpe a intimidade: Claude Favre, barão de Pérouges, senhor de Vaugelas (1585-1650)... Com esses títulos, evidentemente, ele só podia achar que a "boa linguagem" era a dos aristocratas. Ele escreveu, de fato, que o uso correto do francês devia se inspirar na língua falada pela "parte mais sadia da Corte".

Então, não basta ser nobre, não basta ser aristocrata, é preciso ser mais nobre que a nobreza, mais aristocrata que a aristocracia...

O espírito de Vaugelas se incorpora hoje em muitos paspalhos e sacanas que andam por aí atacando as "impurezas" do português brasileiro.

Hoje em dia, nenhum purista gosta de ser chamado assim, porque, com o tempo, o rótulo se tornou pejorativo. No entanto, com um grau maior ou menor de intolerância, esses que andam dando "dicas de português", escrevendo sobre a "falta de estilo" dos outros, chamando os brasileiros de "asnos", "imbecis" ou, pior, de "caipiras" e "índios" (como se fossem xingamentos) são todos inegavelmente puristas.

Uns se disfarçam com um aparente liberalismo, dizem que não se pode discriminar ninguém pela linguagem etc., mas, no final, sempre acabam pregando a obrigação de usar as formas mais conservadoras naquilo que chamam de "padrão culto formal", que nunca se preocupam em explicar o que é. Outros usam um humor duvidoso, conquistam o leitor com piadinhas sempre muito preconceituosas para nos convencer de que no Brasil se fala um português "de rua, de botequim ou de cama", como escreveu um deles.

A atitude irracional dos puristas fica evidente no absoluto desprezo que eles têm, não só pela linguística científica (o que é bem compreensível, sendo eles o que são), mas também pelo trabalho dos gramáticos e dicionaristas profissionais. O purista sempre recorre a fórmulas como, "segundo a tradição gramatical", "nos melhores dicionários" e coisas parecidas. Mas essa alegação é retórica vazia. Os gramáticos e dicionaristas de verdade reconhecem, com frequência, as inovações que os falantes têm introduzido na língua e dão sua chancela a esses novos usos.

Pergunte a um purista, por exemplo, se tanto faz usar "despercebido" ou "desapercebido". Ele vai dizer imediatamente que não, que cada uma das palavras tem sentido preciso e diferente. Mas no dicionário Houaiss a gente lê: "ante o emprego desses dois vocábulos como sinônimos por autores de grande expressão [...] a rejeição [da sinonímia] faz-se inaceitável".

Pior é quando eles querem reformar a língua a tapa, tentando impedir usos consagrados há séculos, presentes em todas as modalidades da língua, inclusive na melhor literatura. Bom exemplo é o de um desses supostos especialistas que, tornado célebre por sua quase onipresença na mídia, tirou do colete a regra bisonha de que a expressão "risco de vida" está errada e que só podemos falar de "risco de morte". Pronto: foi o que bastou para todos os repórteres da televisão começarem a falar de "risco de morte". É mole? Xô, fantasma de Vaugelas! T'esconjuro!

FONTE: BAGNO, Marcos. *Revista Caros amigos* – Seção: Falar brasileiro, p. 10 – agosto de 2009.

1. (CFTMG) Pode-se afirmar que o texto
   a) expõe as razões pelas quais os puristas defendem o padrão culto formal da língua.
   b) critica a postura daqueles que agem de forma conservadora em relação à linguagem.
   c) analisa os motivos pelos quais os puristas adotaram uma visão inflexível diante das variações linguísticas.
   d) informa o leitor sobre as consequências da visão purista na avaliação dos modos de expressão das pessoas.

**Comentário do vestibular:**

A alternativa **a** está incorreta, pois o texto é uma crítica à postura dos puristas em relação à língua.

É incorreto o que se afirma na alternativa **c**, pois o texto não tenta justificar a visão purista, considerada pelo autor como uma atitude irracional em relação à linguagem.

A alternativa **d** afirma que o texto informa o leitor sobre as consequências da visão purista, enquanto o texto critica as formas conservadoras presentes na visão purista.

**Resposta:** alternativa **b**

## Exercícios propostos

**Texto para as questões 1 e 2.**

### Alfabetização, língua escrita e norma culta

Vivemos numa sociedade tradicionalmente pouco letrada. Nesse sentido, bastaria lembrar que temos ainda por volta de 15% de analfabetos na população adulta e que, entre os alfabetizados, calcula-se que apenas 25% podem ser considerados alfabetizados funcionais, isto é, só esta pequena parcela é capaz de ler e compreender textos medianamente complexos. Como consequência e apesar da expansão da alfabetização no último século, é ainda apenas uma minoria que efetivamente domina a expressão escrita.

Não há dúvida de que, se queremos alcançar níveis avançados de desenvolvimento, temos de romper essa limitação decorrente de nossa história econômica, social e cultural – que, por séculos, mantém concentrados a riqueza material e o acesso aos bens da cultura escrita nas mãos de poucos.

Para isso, é indispensável diagnosticar as muitas causas dessa situação e, em consequência, encontrar formas de enfrentá-la adequada e eficazmente. Andaremos, porém, mal se nem sequer conseguirmos distinguir, com um mínimo de precisão, *norma culta* de *expressão escrita*.

O uso inflacionado da expressão *norma culta* pode ter facilitado a vida e o discurso de algumas pessoas, mas pouco ou nada tem contribuído para fazermos avançar nossa cultura linguística. Continuamos uma sociedade perdida em confusão em matéria de língua: temos dificuldades para reconhecer nossa cara linguística, para delimitar nossa(s) norma(s) culta(s) efetiva(s) e, por consequência, para dar referências consistentes e seguras aos falantes em geral e ao ensino de português em particular.

Parece, então, evidente que é preciso começar a desatar estes nós, buscando desenvolver uma gestão mais adequada das nossas questões linguísticas por meio, inclusive, de um debate público franco e desapaixonado.

Essas questões linguísticas não são, claro, de pequena monta. Há toda uma história a ser revista, há todo um imaginário a ser questionado, há toda uma gama de valores e discursos a ser criticada, há todo o desafio de construir uma cultura linguística positiva que faça frente à danosa cultura do erro, que ainda embaraça nossos caminhos. [...]

Entendemos que o debate ganhará substância se começarmos por dar precisão à expressão *norma culta*. Continuar a confundi-la com *gramática* em *qualquer* um de seus dois sentidos (conceitos ou preceitos), com *norma-padrão* ou com *expressão escrita* apenas continuará escamoteando os problemas que estão aí a nos desafiar, quer na compreensão da nossa realidade linguística, quer na proposição de caminhos para o ensino do português.

(Carlos Alberto Faraco. *Norma culta brasileira:* desatando alguns nós. São Paulo: Parábola Editorial, 2008, p. 29-31. Adaptado).

**1.** (Uespi) De acordo com o autor, a gramática de uma língua expressa dois sentidos, a saber:

1. o padrão e o culto.
2. o conceitual e o prescritivo.
3. o culto e o escrito.

Está(ão) correta(s):

a) 1 apenas

b) 2 apenas

c) 1 e 2 apenas

d) 2 e 3 apenas

e) 1, 2 e 3

**2.** (Uespi) Mais especificamente, a questão principal que o autor levanta diz respeito:

a) ao fato de apenas uma pequena parcela da população adulta ser capaz de ler.

b) à falta de subsídios para delimitar, no Brasil, a norma culta em uso pelos alfabetizados funcionais.

c) ao grande contingente ainda atual de analfabetos entre a população adulta do Brasil.

d) à falta de precisão na distinção entre os conceitos de expressão oral e de expressão escrita.

e) à falta de propostas quanto a novos caminhos para o ensino do português culto no Brasil.

**Texto para a próxima questão.**

## Palavras, palavras, palavras

Um amigo erudito, que ocasionalmente vem visitar meu enfisema, como não tem fundos para flores ou presentes, me traz o prazer de sua presença e um papo — monólogo ou preleção, a bem dizer — sobre seu assunto favorito: vida, paixão e morte das palavras.

Sabe que eu tenho o mesmo gosto por elas que ele, embora indigno de beijar seus pés incalustres (obsoleto, português do Brasil: livre de calos). Sempre que posso tomo nota depois de pedir a devida vênia (outro termo nosso em vias de extinção) e fico por uns dias pesquisando e, que me resta?, meditando.

Meu amigo, que ensina inglês para emigrantes lusos e brasileiros recém-chegados à Grã-Bretanha (pois é, nem todo mundo está indo embora), gosta de se dizer poliglota, embora mais de uma vez tenha me explicado, e eu sempre esquecendo, a contradição existente na confecção do termo formado por poli + glota. "Trata-se de um idiotismo lusitano seiscentista", já me explicou e, tamanha sua verve formal e presença avassaladora, que eu já me esqueci. Em matéria de idiotismos minha cota já se esgotou.

(...) Mas eu tenho minha forma de apoquentá-lo. Como o dileto (Dileto não é seu verdadeiro nome) se encontra fora do país natal, que é o mesmo meu, gosto de atazaná-lo, ou melhor, espicaçar sua mente viva, com os neologismos que pesco aqui e ali nas águas bravias do *mare nostrum* cibernético.

Já o pus frente a frente com brasileirismos atuais que o deixaram rubro de vergonha ou ódio, pois ele é difícil de distinguir quando se queima. Taquei-lhe brasileirismos atuais como *bullying, point, fashion week*, os irmãos Loxas e Lunda e vi-o deixar minha casa falando sozinho entredentes, como se tivesse sido assaltado pelo mundo.

(...) De certa feita, fui contra as regras do jogo e deixei-o zonzo por desconhecer o significado de biringaço, que, após revelar-me sua total ignorância, danou-se quando eu expliquei tratar-se de lusitanismo obsoleto significando, nas altas camadas sociais do século 17, uma espécie de guarda-costas alugado a preços de arrasar.

Palavras. Há nelas, embutida, uma tremenda luta corporal. Urge dela participar, mesmo passando rasteira (regionalismo, Brasil).

(http://www1.folha.uol.com.br/bbc/1093251-ivan-lessa-palavras-palavras-palavras.shtml)

**3.** (Insper-SP) Leia as seguintes definições dadas para "idiotismo", de acordo com o dicionário *Aulete*:

1. Qualidade ou estado de idiota; idiotice, idiotia.
2. Ling. Construção ou locução particular a uma língua.

Nas duas ocorrências de "idiotismo" no texto, o autor empregou o termo

a) de forma ambígua em cada uma delas.

b) com o sentido de "idiotice" na primeira e de "construção particular a uma língua" na segunda.

c) de forma ambígua especificamente na primeira.

d) exclusivamente como conceito linguístico apenas na primeira.

e) para associar ao amigo a "qualidade de idiota".

# MÓDULO 2 • Os sons e suas representações gráficas

Mesmo quando lemos um texto em silêncio, "ouvimos o som" das palavras: os textos são essencialmente sonoros. A parte da Gramática que se dedica aos sons da língua é a Fonologia.

## 1. Fonemas

Fonema é a menor unidade sonora de caráter distintivo de uma língua.

Os fonemas são representados, na língua escrita, por letras, acompanhadas ou não de notações léxicas como acentos gráficos, cedilha, til. Ocorre que nem sempre a cada fonema corresponde uma letra. Letra e fonema não devem ser confundidos.

## 2. Letras e dígrafos

### O alfabeto

O alfabeto português consta de 26 letras: a, b, c, d, e, f, g, h, i, j, k, l, m, n, o, p, q, r, s, t, u, v, w, x, y, z.

As letras k, w e y usam-se nos seguintes casos especiais:

- em antropônimos originários de outras línguas e seus derivados: Shakespeare, shakespeariano; Kant, kantismo; Darwin, darwinismo;
- em topônimos originários de outras línguas e seus derivados: *Kuwait*, *kuwaitiano*; *Malawi*, *malawiano*;
- em siglas, símbolos, unidades de medida, palavras estrangeiras de uso internacional: km = quilômetro; W = tungstênio ou watt ou oeste; K = potássio; yd = jarda; yin-yang; show.

### Dígrafos

Ocorre dígrafo (ou digrama) quando duas letras representam um único fonema.

Na língua portuguesa há dois tipos de dígrafos: o **dígrafo consonantal** e o **dígrafo vocálico**.

Os dígrafos consonantais são:

**ch**: **ch**ave, **Ch**ile
**nh**: ga**nh**a, ba**nh**o, **nh**oque
**rr**: ba**rr**a, ca**rr**o, ca**rr**uagem
**ss**: ma**ss**a, pa**ss**o, ca**ss**ete
**sc**: na**sc**imento, cre**sc**er, de**sc**er
**sç**: de**sç**o, cre**sç**a, na**sç**a
**xc**: e**xc**eção, e**xc**elente, e**xc**itante
**qu**: a**qu**i, **qu**ero, **qu**ilombo
**gu**: san**gu**e, **gu**ia, **gu**errilha
**lh**: carti**lh**a, fo**lh**a, mo**lh**o

Os **dígrafos vocálicos** ocorrem quando o *m* ou o *n* aparecem no final de uma sílaba, precedidos de uma vogal. Nesses casos, o *m* e o *n* não são consoantes; **apenas indicam que a vogal precedente é nasal**.

Os dígrafos vocálicos são:

**am** e **an**: **tam**bor, **can**to
**em** e **en**: **sem**pre, **len**te
**im** e **in**: jas**mim**, **cin**to
**om** e **on**: **lom**bo, **con**to
**um** e **un**: nen**hum**, n**un**ca

## 3. Classificação dos fonemas

### Vogal

Vogal é o fonema produzido pela passagem do ar pelas cordas vocais, que vibram, fazendo vibrar o próprio ar. Esse ar vibrante pode **passar livremente pela boca** (produzem-se, então, vogais orais) ou pode **passar simultaneamente pela boca e pelas cavidades nasais** (produzem-se, então, vogais nasais).

Na língua portuguesa, a vogal é base da sílaba. Portanto, não há sílaba sem vogal. Em cada sílaba há apenas uma vogal.

### Consoante

Na articulação da **consoante**, ao contrário da vogal, a corrente de ar enfrenta obstáculos ao passar pela cavidade bucal. Esses obstáculos podem ser totais ou parciais, dependendo da posição da língua e dos lábios.

### Semivogal

**Semivogal** é a denominação dada aos fonemas **/j/** e **/w/**, que se assemelham aos fonemas vocálicos **/i/** e **/u/**. A principal característica da semivogal é **não ser base de sílaba**; portanto, ela sempre se apoia numa vogal para formar sílaba (lembre-se de que não ocorrem duas vogais na mesma sílaba). Na escrita, as semivogais são representadas, na maioria dos casos, pelas letras **i** e **u**.

São comuns, em nossa língua, as palavras em que ocorrem agrupamentos de vogais e semivogais. Nesses casos, ocorrem os encontros vocálicos, que são de três tipos:

- **ditongo** (literalmente, "dois sons"): grupo formado pelo encontro, **em uma mesma sílaba**, de uma vogal e uma semivogal, ou vice-versa. No caso do encontro, pela ordem, de uma semivogal com uma vogal, ocorre um **ditongo crescente** (histór*ia*, q*ua*l, lingu*i*ça). No caso contrário, ou seja, o encontro, pela ordem, de uma vogal com uma semivogal, ocorre um **ditongo decrescente** (pap*éi*s, p*ai*, c*ou*ro).
- **tritongo** (literalmente, "três sons"): grupo formado, **em uma mesma sílaba**, por uma semivogal, uma vogal e outra semivogal (sempre nessa ordem). Ocorre, por exemplo, em Parag*uai*, ig*uai*s, averig*uei*.
- **hiato** (do latim *hiatus*, "abertura da boca"): ao contrário do ditongo e do tritongo, o hiato é o encontro de duas vogais **em sílabas diferentes**, como em s*aú*de (s*a*-*ú*-de), s*aí*da (s*a*-*í*-da), r*ui*m (r*u*-*i*m), abenç*oo* (a-ben-ç*o*-*o*).

## Exercício comentado

**Texto para a próxima questão.**

### O tempo em que o mundo tinha a nossa idade

[1]Nesse entretempo, ele nos chamava para escutarmos seus imprevistos improvisos. As estórias dele faziam o nosso lugarzinho crescer até ficar maior que o mundo. Nenhuma narração tinha fim, o sono lhe apagava a boca antes do desfecho. Éramos nós que recolhíamos seu corpo dorminhoso. [2]Não lhe deitávamos dentro da casa: ele sempre recusara cama feita. Seu conceito era que a morte nos apanha deitados sobre a moleza de uma esteira. Leito dele era o puro chão, lugar onde a chuva também gosta de deitar. Nós simplesmente lhe encostávamos na parede da casa. Ali ficava até de manhã. Lhe encontrávamos coberto de formigas. Parece que os insectos gostavam do suor docicado do velho Taímo. [3]Ele nem sentia o corrupio do formigueiro em sua pele.

– Chiças: transpiro mais que palmeira!

Proferia tontices enquanto ia acordando. [4]Nós lhe sacudíamos os infatigáveis bichos. Taímo nos sacudia a nós, incomodado por lhe dedicarmos cuidados.

Meu pai sofria de sonhos, saía pela noite de olhos transabertos. Como dormia fora, nem dávamos conta. Minha mãe, manhã seguinte, é que nos convocava:

– Venham: papá teve um sonho!

E nos juntávamos, todos completos, para escutar as verdades que lhe tinham sido reveladas. Taímo recebia notícia do futuro por via dos antepassados. Dizia tantas previsões que nem havia tempo de provar nenhuma. Eu me perguntava sobre a verdade daquelas visões do velho, estorinhador como ele era.

– Nem duvidem, avisava mamã, suspeitando-nos.

E assim seguia nossa criancice, tempos afora. Nesses anos ainda tudo tinha sentido: a razão deste mundo estava num outro mundo inexplicável. Os mais velhos faziam a ponte entre esses dois mundos. (...)

Mia Couto. *Terra sonâmbula*. São Paulo, Cia das Letras, 2007.

1. (Uerj) A escrita literária de Mia Couto explora diversas camadas da linguagem: vocabulário, construções sintáticas, sonoridade.

   O exemplo em que ocorre claramente exploração da sonoridade das palavras é:

   a) Nesse entretempo, ele nos chamava para escutarmos seus imprevistos improvisos. (ref. 1)

   b) Não lhe deitávamos dentro da casa: ele sempre recusara cama feita. (ref. 2)

   c) Ele nem sentia o corrupio do formigueiro em sua pele. (ref. 3)

   d) Nós lhe sacudíamos os infatigáveis bichos. (ref. 4)

**Comentário do vestibular:**

As figuras de som ligam-se aos aspectos fonético-fonológicos das palavras. Na frase da alternativa **a**, existe aliteração, repetição proposital e ordenada de sons consonantais (impreVistos improVisos) e assonância, repetição proposital de sons vocálicos idênticos ("nesse entretempo").

**Resposta:** alternativa **a**

## Exercícios propostos

**Texto para a próxima questão.**

Leia o poema de Carlos Drummond de Andrade.

### Lagoa

Eu não vi o mar.
Não sei se o mar é bonito,
não sei se ele é bravo.
O mar não me importa.
Eu vi a lagoa.
A lagoa, sim.
A lagoa é grande
e calma também.
Na chuva de cores
da tarde que explode
a lagoa brilha
a lagoa se pinta
de todas as cores.
Eu não vi o mar.
Eu vi a lagoa...

1. (FGV-SP) Observe as frases:
"Eu não vi o mar".
"Eu não vi Omar".
Evidentemente, a segunda frase não caberia no poema pela construção semântica "mar × lagoa". No entanto, tomado o verso fora do contexto do poema, o seu entendimento poderia ser prejudicado. Isso decorre do fato de:
   a) a construção frasal ser semelhante, apesar de haver diferenciação na pronúncia das palavras.
   b) haver uma coincidência na seleção de fonemas entre as duas frases, o que leva à idêntica pronúncia.
   c) não haver equivalência entre os fonemas de ambas as frases, o que as torna bastante ambíguas.
   d) haver duas unidades linguísticas (o mar) sendo retomadas por uma (Omar) de pronúncia diferente.
   e) haver diferença na quantidade de letras nas duas frases, mas equivalência de fonemas entre elas.

**Texto para a próxima questão.**

### Importados

L. F. Veríssimo

– Nunca entendi por que, com a abertura da nossa economia, não aproveitaram para importar outro povo.

– Outro povo, Mirtes?

– Para substituir o nacional. O estrangeiro é muito mais benfeito do que o que se encontra por aqui.

– Ouvi dizer que há um problema para conseguir peças...

– Bobagem. Hoje, pela Internet, se compra de tudo.

– Sabe que você pode ter razão, Mirtes? O material do povo que se vê no estrangeiro é muito melhor, o acabamento é superior...

– E o desempenho nem se fala. Vai ver se nos Estados Unidos tem gente parada.

– Eles são mais higiênicos, têm mais e melhores dentes...

– E quase não precisam de manutenção. Ao contrário do brasileiro, que está sempre na fila do SUS para consertos e por qualquer coisinha empaca.

– Além do mais, os estrangeiros têm como equipamento standard o que aqui é opcional, ou inexistente. Calorias, boa educação primária...

– E duram muito mais.

– Haveria, claro, um problema de adaptação...

– Mínimo! Língua, corrente elétrica, nada que não se pudesse resolver em pouco tempo. E trazer povo de fora ajudaria a produção nacional, pois seria um incentivo para melhorar a qualidade de gente feita aqui. Nada como a competição, querida.

– E os preços não assustam?

– Nada. Vi um catálogo na Amazon com uns dinamarqueses bem acessíveis.

2. (UFSM-RS) Se o diálogo do texto simulasse a fala informal, algumas palavras teriam sua grafia alterada para reproduzir, o mais fielmente possível, a pronúncia dos falantes:

"opcional" (l. 21) ⟶ opicionau

"pouco" (l. 26) ⟶ poco

"melhorar" (l. 28) ⟶ melhorá

A única alteração que NÃO se encontra nas transformações é
   a) queda de fonema consonantal no final do vocábulo.
   b) acréscimo de vogal para separar um encontro consonantal.
   c) acréscimo de vogal provocando a formação de um ditongo crescente.
   d) substituição de consoante final por semivogal, provocando a formação de um ditongo decrescente.
   e) simplificação de ditongo decrescente em vogal simples.

3. (UFSM-RS)

*Calvin* – Watterson.

Assinale a alternativa que contém a resposta correta em relação à grafia e aos fonemas dos quadrinhos 3 e 4.
   a) A palavra **aqui** tem um ditongo crescente, quatro letras e três fonemas.
   b) No terceiro quadrinho, a letra **s** representa um só fonema.
   c) Nas palavras **acho** e **questão**, há dois dígrafos e dois ditongos decrescentes.
   d) **Sempre** e **pegadinha** têm o número de sílabas diferentes, mas, quanto à tonicidade, recebem a mesma classificação.
   e) Na separação silábica das palavras do quarto quadrinho, as letras que representam os dígrafos ficam juntas na mesma sílaba.

# MÓDULO 3 • Concordância, flexões e desinências

## 1. Concordância

**Concordância é um fenômeno sintático**: numa frase, as palavras se relacionam e criam vínculos umas com as outras. O mecanismo de concordância trabalha com as flexões de certas palavras (portanto, trata-se de uma **alteração formal**).

Há dois tipos distintos de concordância – a nominal e a verbal. **Concordância nominal** é aquela que se estabelece entre o substantivo (ou pronome substantivo) que forma o núcleo de um termo e seus eventuais adjuntos adnominais, ou entre o substantivo que forma o núcleo do sujeito ou do objeto e seu predicativo; **concordância verbal** é aquela que se estabelece entre o substantivo (ou pronome substantivo) que forma o núcleo do sujeito e o verbo em torno do qual se organiza o predicado.

Em algumas palavras, encontram-se marcas que evidenciam os vínculos existentes em um enunciado. Isso é possível quando a palavra é flexionável, ou seja, quando admite adequação e modificação. Essas marcas são as **desinências**.

No caso do **nome**, as desinências que explicitam vínculos entre um núcleo nominal e seus satélites são as de **gênero** e **número**; no caso do **verbo**, as desinências que evidenciam o vínculo entre o núcleo do sujeito e o verbo são as de **número** e **pessoa**.

## 2. Concordância verbal

### Regra geral

O verbo e o núcleo do sujeito concordam em número e pessoa.

### Singular ou plural?

Em alguns casos, apesar de o sujeito ser composto, o verbo pode aparecer tanto no singular como no plural. A concordância dependerá do sentido ou da ênfase que se queira dar à frase ou a um dos núcleos do sujeito.

Quando o núcleo do sujeito é um substantivo só usado no plural, a concordância se faz da seguinte maneira: se o substantivo aparecer precedido de artigo no plural, o verbo irá para o plural; não aparecendo o artigo, o verbo ficará no singular.

A concordância do verbo *ser*, na maioria das vezes, é optativa, podendo ser feita tanto com o sujeito como com o predicativo, dependendo do termo que se queira destacar. Se o predicativo ou o sujeito for um nome próprio ou indicar pessoa(s), ele prevalecerá, em termos de concordância.

Nos enunciados em que aparece a voz passiva sintética, formada por um verbo transitivo direto na terceira pessoa mais o pronome apassivador *se*, também se manifesta a concordância: o verbo se flexiona no singular ou no plural, concordando com o sujeito.

### Verbos impessoais

Os verbos que indicam fenômenos da natureza se enquadram nessa categoria.

O verbo *haver*, no sentido de existir, também é impessoal, sendo empregado apenas na terceira pessoa do singular.

Os verbos *haver* e *fazer*, quando indicam tempo decorrido, também são impessoais; só são usados, portanto, na terceira pessoa do singular.

## 3. Concordância nominal

### Regra geral

Concordância nominal é a relação estabelecida entre um nome (substantivo ou palavra com valor de substantivo) e as palavras a ele relacionadas (artigos, numerais, pronomes adjetivos e particípios).

Pode-se afirmar que o adjetivo, o particípio, o pronome adjetivo, alguns numerais e o artigo concordam em gênero e número com o nome (substantivo ou pronome) a que se referem.

### A clareza e a eufonia na concordância

A concordância entre adjetivo e substantivo só apresenta algumas dificuldades quando o adjetivo se relaciona a mais de um substantivo. Nesses casos, a primeira regra é a da clareza, evitando-se especialmente as ambiguidades (às vezes, ficamos sem saber se o adjetivo refere-se apenas a um dos substantivos ou aos dois); a segunda regra é a da eufonia (isto é, som agradável), que fica por conta do estilo.

Ao fazer a concordância de número, duas opções são possíveis: adjetivo no plural ou concordando com o número do substantivo mais próximo.

Ao fazer a concordância de gênero, há três possibilidades: se os substantivos forem do mesmo gênero, obviamente o adjetivo concorda com esse gênero; se os substantivos forem de gêneros diferentes, o adjetivo fica no masculino ou concorda com o substantivo mais próximo; se o adjetivo vier antes dos substantivos, em geral, concorda com o substantivo mais próximo.

## Algumas observações

Expressões como "é necessário", "é preciso", "é proibido" ficam invariáveis se o substantivo a que se referem tem sentido genérico (não é precedido de artigo ou pronome que o determine).

Entretanto, se o substantivo for determinado por um artigo, fica em evidência a marca da concordância (desinências de número).

## Flexionam-se ou não se flexionam?

A palavra *meio*, quando exerce a função de adjetivo (= incompleto, inacabado) ou numeral (= metade), flexiona-se; quando exerce a função de advérbio (= pela metade, quase, um pouco), não se flexiona, é invariável.

As palavras *bastante*, *caro*, *barato* e *longe* podem exercer função de adjetivo ou de advérbio. No primeiro caso, flexionam-se concordando com o substantivo a que se referem; no segundo, são invariáveis.

# Exercício comentado

**1.** (Insper-SP)

### *Texto I*

**sic** - Em latim, significa assim. Expressão usada entre colchetes ou parênteses no meio ou no final de uma declaração entre aspas, ou na transcrição de um documento, para indicar que é assim mesmo, por estranho ou errado que possa ser ou parecer.

(http://www1.folha.uol.com.br/folha/circulo/manual_texto_s.htm)

### *Texto II*

A ministra da Cultura, Ana de Hollanda, recebeu um grupo de 50 manifestantes, que foram de ônibus a Brasília reclamar sobre a demora para receber os recursos do governo federal. (...)

Em nota divulgada ontem no *site* do Ministério da Cultura, Ana de Hollanda disse que o ministério "reconhece, valoriza e tem claro [sic] a necessidade da continuidade" do trabalho dos Pontos de Cultura. A nota, no entanto, não aponta quando o problema deve ser resolvido.

(*Folha de S.Paulo*, 23/02/2011)

Considerando-se as informações apresentadas nos textos, é correto afirmar que o motivo da inclusão do "sic", no Texto II, é apontar uma falha de

a) concordância nominal, já que o adjetivo "claro" deveria estar no feminino para concordar com o substantivo "necessidade".
b) regência nominal, pois o "a", antes do substantivo "necessidade", deveria receber acento grave para indicar a ocorrência de crase.
c) pontuação, uma vez que se omitiu a vírgula obrigatória para separar as orações coordenadas presentes nesse período.
d) acentuação gráfica, já que o verbo "ter", presente na expressão "tem claro", deveria receber acento circunflexo.
e) coesão textual, pois, nessa construção, é obrigatória a inclusão do conectivo "que" para ligar a oração principal à oração subordinada.

**Comentário do vestibular:**

A inclusão de "sic" no texto divulgado na *Folha de S.Paulo* remete a responsabilidade da falha gramatical à autora da nota divulgada no *site* do Ministério da Cultura e isenta o jornalista que reportou a notícia. Assim, o motivo da inclusão do "sic" é apontar uma falha de concordância nominal, já que o adjetivo "claro" deveria estar no feminino para concordar com o substantivo "necessidade", como se afirma em **a**.

**Resposta:** alternativa **a**

# Exercícios propostos

**Texto para a próxima questão.**

### Dize-me quem consultas...

A falta de perspectiva histórica dificulta a compreensão até da possibilidade de diferentes visões de mundo. Imagine-se então a dificuldade de compreender a ideia mais ou menos óbvia de que mesmo verdades podem mudar. Temos vontade de rir quando ouvimos que os antigos imaginaram que a Terra repousava sobre uma tartaruga, nós que aprendemos, desde pequenos, que a Terra gira ao redor do Sol. "Como podem ter pensado isso, os idiotas?", pensamos.

Você sabia que esta história dos quatro elementos nos quais hoje só acreditam os astrólogos foi um dia a verdadeira física, a forma científica de explicar fatos do mundo, suas mudanças, por que corpos caem ou sobem? Antes da gravidade, os elementos eram soberanos!

Já contei aqui, e vou contar de novo, duas histórias fantásticas. A segunda me fez rir mais do que a primeira, que só me fez sorrir. A primeira: na peça *A vida de Galileu*, Brecht faz o físico convidar os filósofos à sua casa, para verem as luas de Júpiter com sua luneta. Mas, em vez de correrem logo para o sótão a fim de verem a maravilha, os filósofos propuseram uma discussão "filosófica" sobre a necessidade das luas... Quando Galileu lhes perguntou se não creem em seus olhos, um responde que acredita, e muito, tanto que releu Aristóteles e viu que em nenhum momento ele fala de luas de Júpiter.

A outra história é a de um botânico do início da modernidade que pediu desculpas a seu mestre por incluir num livro espécies vegetais que o mestre não colocara no seu. Ou seja: mesmo vendo espécies diferentes das que constavam nos livros, esperava-se dos botânicos que se guiassem pelos livros, não pelas coisas do mundo. Era o tempo em que se lia e comentava, em vez de observar os fatos do mundo.

Muita gente se engana, achando que esse período terminou, que isso são coisas dos ignaros séculos XVI e XVII. Quem tem perspectiva histórica sabe, aliás, que não se trata de ignorância pura e simples. Trata-se de ocupar uma outra posição científica. Mas é interessante observar que o espírito antegalileano continua vigorando. No que se refere às línguas, não cansarei de insistir que devemos aprender a observar os fatos linguísticos, em vez de dizer simplesmente que alguns deles estão errados. Um botânico não diz que uma planta está errada: ele mostra que se trata de outra variedade. Os leigos pensam que a natureza é muito repetitiva, mas os especialistas sabem que há milhões de tipos de qualquer coisa, borboletas, flores, formigas, mosquitos. Só os gramáticos pensam que uma língua é uniforme, sem variedades.

Ou seja, no domínio da linguagem, a mentalidade antiga continua viva. Ainda existe quem proceda como o filósofo do tempo de Galileu, relendo Aristóteles e recusando-se a olhar pela luneta.

(Sírio Possenti. *A cor da língua e outras croniquinhas da Linguística*. Campinas, SP: Mercado de Letras. 2001, p. 15-16. Adaptado.)

1. (UFPE) Tomando como apoio o trecho "devemos aprender a observar os fatos linguísticos, em vez de dizer simplesmente que alguns deles estão errados", também seria correto, do ponto de vista da concordância verbal, dizer:
   ( ) Qual deles está errado?
   ( ) Nenhum deles estão errados.
   ( ) Quais deles estão errados?
   ( ) Alguns de nós estamos errados.
   ( ) Alguns de nós estão errados.

**Texto para a próxima questão.**

A crise da Europa é hoje o maior risco para a economia mundial, disse o secretário do Tesouro dos Estados Unidos da América, referindo-se à tensão entre os bancos e os governos endividados. Disse, ainda, que a China e outros países emergentes com superávit nas contas têm espaço [4]bastante para [1]estimular o consumo interno, [2]aumentar as importações e [3]compensar a fraca demanda nas economias desenvolvidas. Para isso, os governos desses países deveriam deixar suas moedas valorizar-se. Em outras palavras, o câmbio subvalorizado da China resulta em valorização real das moedas de outros países emergentes, torna seus produtos mais caros e diminui seu poder de competição no comércio internacional.

Rolf Kuntz. *O Estado de S. Paulo*, 25/9/2011.

2. (UnB-DF) Com referência às ideias do texto acima, aos temas a ele associados e às estruturas nele empregadas, julgue os itens a seguir.
   a) No segundo período do texto, as estruturas oracionais com as formas infinitivas "estimular", (ref. 1) "aumentar" (ref. 2) e "compensar" (ref. 3) estão associadas à possibilidade de não se realizar foneticamente o sujeito das respectivas orações, o que assegura, portanto, interpretação ligada à referência indeterminada do sujeito das orações que têm como núcleo do predicado essas formas verbais.
   b) No que se refere a aspectos semânticos e morfossintáticos, "bastante" (ref. 4) equivale ao adjetivo **suficiente** e concorda com o substantivo que o antecede, ainda que apenas em número.

3. (CPS-PR) Assinale a alternativa correta quanto à concordância verbal e nominal.
   a) Os rapazes que praticam *surf* mantêm suas pranchas muito bem cuidadas.
   b) A nadadora está meia apreensiva, pois a travessia será em mar aberto.
   c) Em 2011, farão cinco anos que ele venceu o campeonato paulista de judô.
   d) Elas mesmos foram em busca de patrocínio para a equipe de ginástica.
   e) Afixada no mural estão as listas dos atletas que participarão da São Silvestre.

4. (UEPG-PR) Quanto aos aspectos de concordância verbal e nominal, assinale o que for correto.
   (01) O Fundo das Nações Unidas para a Infância calcula que US$ 25 bilhões a mais por ano seriam suficientes para resolver os problemas de alimentação adequada de todas as crianças de países subdesenvolvidos.
   (02) 10,5% das crianças menores de 5 anos do país têm desnutrição crônica. Um terço da população brasileira é malnutrido.
   (04) 29,3% da população brasileira possui renda mensal inferior a R$ 80,00 (Fundação Getulio Vargas).
   (08) Segundo estudos da Fundação Getulio Vargas, para erradicar este quadro de miséria, seria necessária a aplicação de R$ 1,69 bilhão por mês (2% do PIB), o que significaria uma contribuição mensal de R$ 10,40 por brasileiro.

# MÓDULO 4 • Classes de palavras e sintagmas

## 1. Classes de palavras

As palavras da língua portuguesa, segundo a classificação gramatical tradicional, podem pertencer a dez diferentes classes, sempre dependendo de critérios semânticos (significação), morfológicos (flexão, tipo de sufixos, etc.) e sintáticos (função desempenhada por elas nas orações).

| Classes de palavras | Características semânticas | Características morfológicas | Características sintáticas |
|---|---|---|---|
| **Substantivo** | Nomeia seres, coisas, ideias, ações, estados, qualidades, etc. | Flexão: gênero, número e grau.<br>Flexão de grau pelo acréscimo de sufixos (-ão, -eco, -inho, etc.).<br>Presença de sufixos formadores de nomes (-ismo, -dade, -mento, -ez, etc.). | Núcleo de termos nominais.<br>Rege a concordância dos determinantes e adjetivos à sua volta. |
| **Artigo** | Carrega a noção de determinação ou indeterminação de uma palavra com valor substantivo. | Flexão: gênero, número. | Determina ou generaliza o núcleo do termo nominal, ao mesmo tempo que lhe indica o gênero e o número. |
| **Adjetivo** | Indica qualidades ou propriedades do núcleo nominal. | Flexão: gênero, número e grau.<br>Flexão de grau pelo acréscimo de sufixos (-íssimo, -érrimo, etc.).<br>Presença de sufixos formadores de adjetivos (-ado, -vel, -al, etc.). | Núcleo de termos adjetivais.<br>Modifica o núcleo nominal, atribuindo-lhe estado, qualidade ou modo de ser. |
| **Numeral** | Indica a quantidade do núcleo nominal. | Flexão: alguns apresentam flexão de gênero e número.<br>Alguns apresentam, na linguagem informal, variação de grau. | Núcleo de termos adjetivais.<br>Modifica o núcleo nominal, atribuindo-lhe uma noção de quantidade. Com valor de substantivo, é núcleo de termos nominais. |
| **Pronome** | Substitui ou acompanha o núcleo nominal. | Flexão: gênero, número e pessoa.<br>Os pronomes pessoais apresentam flexão de caso. | Núcleo de termo nominal, quando substitui o substantivo; é determinante quando o acompanha. |
| **Verbo** | Indica ação, estado, mudança de estado ou fenômeno da natureza, localizando-os no tempo; geralmente, apresenta um aspecto dinâmico, indicando um processo.<br>Propriedade de exprimir a duração do processo (aspecto).<br>Propriedade de exprimir a atitude do falante em relação aos seus próprios enunciados (modo). | Flexão: tempo, número e pessoa.<br>Terminações de formas nominais (-ar, -er, -ir para o infinitivo; -ando, -endo, -indo para o gerúndio; -ado, -ido para o particípio). | Núcleo do termo verbal.<br>Estabelece concordância com o núcleo do termo nominal com função de sujeito.<br>Seleciona os elementos essenciais para completar seu sentido. |

| Advérbio | Exprime intensidade ou circunstância de tempo, lugar, modo, dúvida, certeza, etc. | Grau pelo acréscimo de sufixos (-íssimo, -inho, etc.).<br>Presença de sufixo formador de advérbio (-mente). | Núcleo do termo adverbial.<br>Modifica o núcleo verbal.<br>Como intensificador, pode modificar o núcleo verbal, adjetival ou outro núcleo adverbial. |
|---|---|---|---|
| **Preposição** | Algumas preposições são vazias de significado (são apenas elementos de coesão).<br>Outras, além de funcionar como elemento de coesão, carregam uma noção (posse, direção, espaço, companhia, etc.). | Palavra invariável. | Introduz termos preposicionados.<br>Liga termos de uma oração, estabelecendo variadas relações entre eles. |
| **Conjunção** | Assinala o tipo de relação existente entre palavras, termos, orações, períodos. | Palavra invariável. | Liga palavras, termos, orações, períodos. |
| **Interjeição** | Exprime emoções ou sentimentos. | Palavra invariável. | Palavra-frase. |

Ao estudar uma palavra, é preciso fazê-lo num determinado contexto, analisando-a por aquilo que ela manifesta na sua forma (análise morfológica), pela função que ela desempenha na oração ao se relacionar com outras palavras (análise sintática), além de observar sua significação (análise semântica).

## 2. Os sintagmas

Os enunciados expressam um conteúdo por meio dos elementos e de suas combinações, proporcionados pelos mecanismos que regem uma língua. Dessa maneira, vão se formando conjuntos e subconjuntos que funcionam como unidades sintáticas dentro da unidade maior que é a frase.

A essas unidades de sentido e com função sintática chamamos sintagmas. Uma frase pode estar composta de um ou mais sintagmas; um sintagma pode estar composto de um ou mais elementos.

### O nome e o verbo estruturando os textos

No modelo básico, existem um nome (substantivo) e um verbo estruturando os enunciados. Entretanto há casos em que apenas um verbo constitui a oração, como em "chove".

### Sintagmas nominais e verbais

Na estrutura básica da oração, ocorrem um sujeito e um predicado, dois sintagmas distintos, já que um se organiza em torno de um nome e outro se organiza em torno de um verbo. O primeiro é um sintagma nominal; o segundo, um sintagma verbal.

Há também casos em que o sintagma nominal com função de sujeito não existe, ou melhor, não pode ser preenchido lexicalmente, e só encontramos o sintagma verbal (são orações sem sujeito). Isso acontece, por exemplo, com sintagmas verbais cujo núcleo é um verbo impessoal:

### Sintagma nominal

O sintagma nominal, como o nome indica, pode exercer a função de sujeito, complemento verbal (objeto), complemento nominal, predicativo, aposto, vocativo, ou seja, qualquer função substantiva.

O núcleo de um sintagma nominal é sempre um nome ou pronome substantivo ou elemento substantivado. Esse núcleo pode constituir o sintagma sozinho ou aparecer acompanhado de outras palavras, que, basicamente, formam dois grupos:

- os determinantes: termos que se referem ao núcleo para indicar gênero e número (os artigos), localização no tempo e no espaço (pronomes demonstrativos), posse (pronomes possessivos), quantificação (numerais e pronomes indefinidos);
- os modificadores ou expansões: normalmente representados por adjetivos ou locuções adjetivas, sintagmas nominais preposicionados (quando há transitividade no nome nuclear) e orações adjetivas.

### Sintagma verbal

O sintagma verbal tem como núcleo uma forma verbal ou uma locução verbal. Se o núcleo do sintagma for um verbo intransitivo, há a possibilidade de o sintagma ser composto de um único elemento; no caso de verbos transitivos ou copulativos (de ligação), necessariamente aparecerão outros sintagmas dentro do sintagma verbal. Mesmo no caso de verbo intransitivo, o sintagma pode apresentar, além do núcleo, um circunstancial.

## 3. Interjeição: palavra-frase

Interjeição é a palavra (ou grupo de palavras, formando uma locução interjetiva) usada para exprimir emoções e sentimentos. Portanto, de todas as classes de palavras é a que mais depende da entonação e do contexto.

A interjeição não faz parte da oração, não desempenhando, portanto, função sintática. É considerada palavra-frase (uma [palavra-] frase não poderia fazer parte de outra frase).

## Exercício comentado

**Texto para a próxima questão.**

A questão a seguir refere-se ao fragmento de *Capitães da Areia,* reproduzido abaixo.

### O Trapiche

SOB A LUA, NUM VELHO TRAPICHE ABANDONADO, as crianças dormem.

Antigamente aqui era o mar. Nas grandes e negras pedras dos alicerces do trapiche as ondas ora se rebentavam fragorosas, ora vinham se bater mansamente. A água passava por baixo da ponte sob a qual muitas crianças repousam agora, iluminadas por uma réstia amarela de lua. Desta ponte saíram inúmeros veleiros carregados, alguns eram enormes e pintados de estranhas cores, para a aventura das travessias marítimas. Aqui vinham encher os porões e atracavam nesta ponte de tábuas, hoje comidas. Antigamente diante do trapiche se estendia o mistério do mar oceano, as noites diante dele eram de um verde escuro, quase negras, daquela cor misteriosa que é a cor do mar à noite.

Hoje a noite é alva em frente ao trapiche. É que na sua frente se estende agora o areal do cais do porto. Por baixo da ponte não há mais rumor de ondas. A areia invadiu tudo, fez o mar recuar de muitos metros. Aos poucos, lentamente, a areia foi conquistando a frente do trapiche. Não mais atracaram na sua ponte os veleiros que iam partir carregados. Não mais trabalharam ali os negros musculosos que vieram da escravatura. Não mais cantou na velha ponte uma canção um marinheiro nostálgico. A areia se estendeu muito alva em frente ao trapiche. E nunca mais encheram de fardos, de sacos, de caixões, o imenso casarão. Ficou abandonado em meio ao areal, mancha negra na brancura do cais.

AMADO, Jorge. *Capitães da Areia*. São Paulo: Companhia das Letras, 2009. p. 25.

1. (UFRN) Leia o trecho a seguir.
"Não mais atracaram na sua ponte os veleiros que iam partir carregados. Não mais trabalharam ali os negros musculosos que vieram da escravatura. Não mais cantou na velha ponte uma canção um marinheiro nostálgico".
Sobre esses períodos, é correto afirmar que
   a) o adjetivo **nostálgico** autoriza o leitor a inferir que todos os marinheiros eram nostálgicos.
   b) as ações expressas pelas formas verbais **atracaram**, **trabalharam** e **cantou** nunca foram realizadas, ideia marcada linguisticamente pela palavra **não**.
   c) as ações expressas pelas formas verbais **atracaram**, **trabalharam** e **cantou** já foram realizadas um dia, ideia marcada linguisticamente pela palavra **mais**.
   d) a oração **que iam partir carregados** autoriza o leitor a inferir que todos os veleiros partiriam carregados.

**Comentário do vestibular:**

O advérbio "mais", no contexto, significa outra vez, de novo; acompanhado da palavra negativa "não", indica cessação de ação, equivalendo a "nunca mais". Assim, é correta a alternativa **c**.

**Resposta:** alternativa **c**

## Exercícios propostos

1. (UFMG)

*Texto 1*

### Em defesa dos adjetivos

Muitas vezes nos mandam cortar nossos adjetivos. O bom estilo, conforme dizem, sobrevive perfeitamente sem eles; bastariam o resistente arco dos substantivos e a flecha dinâmica e onipresente dos verbos. Contudo, um mundo sem adjetivos é triste como um hospital no domingo. A luz azul se infiltra pelas janelas frias, as lâmpadas fluorescentes emitem um murmúrio débil.

Substantivos e verbos bastam apenas a soldados e líderes de países totalitários. Pois o adjetivo é o imprescindível avalista da individualidade de pessoas e coisas. Vejo uma pilha de melões na bancada de uma quitanda. Para um adversário dos adjetivos, não há dificuldade: "Melões estão empilhados na bancada da quitanda." Todavia um dos melões é pálido como a tez de Talleyrand quando discursou no Congresso de Viena; outro é verde, imaturo, cheio de arrogância juvenil; outro ainda tem faces encovadas e está perdido num silêncio profundo e fúnebre [...]

Vida longa ao adjetivo! Pequeno ou grande, esquecido ou corrente. Precisamos de você, esbelto e maleável adjetivo que repousa delicadamente sobre coisas e pessoas e cuida para que elas não percam o gosto revigorante da individualidade. Cidades e ruas sombrias se banham de um sol pálido e cruel. Nuvens cor de asa de pombo, nuvens negras, nuvens enormes e cheias de fúria, o que seria de vocês sem a retaguarda dos voláteis adjetivos?

A ética também não sobreviveria um dia sem adjetivos. Bom, mau, sagaz, generoso, vingativo, apaixonado, nobre – essas palavras cintilam como guilhotinas afiadas.

E também não existiriam as lembranças não fosse pelo adjetivo. A memória é feita de adjetivos. Uma rua comprida, um dia abrasador de agosto, o portão rangente que dá para um jardim e ali, em meio aos pés de groselha cobertos pelo pó do verão, os teus dedos despachados... (tudo bem, *teus* é pronome possessivo).

ZAGAJEWSKI, Adam. *Em defesa dos adjetivos*. Piauí 52, São Paulo, jan. 2011, p. 47.

### *Texto 2*

Vamos chamar de nomes um grupo de itens tradicionalmente chamados "substantivos" e "adjetivos": os nomes, nessa definição, são uma subclasse dos nominais.

PERINI, Mario. *Gramática do português brasileiro*. São Paulo: Parábola. 2010. p. 300.

a) Apresente dois argumentos de que o autor se vale, no Texto 1, para defender o emprego do adjetivo.

b) Relacionando o conteúdo dos textos 1 e 2, analise a principal diferença entre eles.

**Texto para a próxima questão.**

## Os moradores do casarão

(...)

Consultando o relógio de parede, que bate as horas num gemer de ferros, ela chama uma das pretas, para que lhe traga a chaleira com água quente. Toma banho dentro da bacia no quarto, cujos tacos já estão podres. Demora-se sentada no banco de madeira com medo da corrente de ar, os cabelos soltos e os ombros protegidos pela toalha.

A única amiga que a visita diz que a vida dela dá um romance. O casarão. A posição social de outrora. A educação dela: o piano, a aula particular de francês, o curso de pintura com irmã Honorine. Tudo se foi acabando. Os mortos são retratos no alto das paredes. Galeria de retratos, o do pai, imponente, o cabelo partido ao meio, certa ironia nos olhos, ao tempo em que foi secretário de estado e diretor do grande hospital. Foi por esse tempo que ela se casou com o bacharel recente. As tias fizeram oposição forte. Aquelas tias magras, de nervuras nos pescoços, as blusas de colarinho de renda, os bandós. A mais renitente delas era tia Matilda. A sobrinha merecia coisa melhor, homem já projetado na vida, com carreira feita, que a família era nobre, quisessem ou não: vinha de boa cepa portuguesa, com barão na origem. O moço era filho de comerciante, com pequena loja de tecidos:

– E um menino! Em começo de vida.

Mas casaram. Foi decidido que ficassem no casarão, que dava para todos, e ninguém queria separar-se de Violeta, que tinha muitas mães, todas mandando nela. Violeta, governada, sem vontade própria, como se ainda fosse menina, ouvindo uma e outra:

– Estou bem com este vestido?

A nervura das tias:

– Horrível! Ponha o de organdi.

Ela voltava ao grande quarto, de forro alto, e mudava a roupa na frente do marido, marginalizado e em silêncio. Concessão maior só do pai, que era meio boêmio, apreciava uma roda de cerveja e de pôquer. O pai soltava gargalhada na cadeira de balanço e garantia ao genro que aquelas velhas, e a própria mulher dele, eram doidas.

A pressão. O reparo para qualquer deslize tolo ou gafe:

– Filho de comerciante.

E Violeta, que nunca teve filhos, engordava, lambia os dedos e os beiços untados de manteiga. Muita banha, preguiça de sair de casa, uma ou outra nota no piano de cauda, com o jarro de flores, onde as moscas dormiam e cagavam.

Veio o desquite. O marido mudou-se para São Paulo. Fez carreira brilhante, é advogado de prestígio e, faz muito tempo, vive com a outra. Mas fixou pensão para a mulher e escrevia-lhe, talvez por pena dela: a gordura disforme. Foram cartas que raramente recebeu, e uma ou outra que ela própria tivesse escrito, tia Matilda, a renitente, tomava do jardineiro, lia e rasgava.

Quando essa tia morreu, porque afinal todos morreram, Violeta encontrou no quarto dela dentro da gaveta da cômoda, lá no fundo, algumas dessas cartas do marido, amarradas com o fitilho. Trancou-se, leu-as à luz do abajur e chorou.

O casarão, com a torre, é ninho de morcegos, que voejam na tarde. Tudo é silêncio. O gradil do muro, enferrujado. Secou a fonte, onde o vento rodopia folhas mortas. De resistente apenas a hera, que sobe pelas velhas paredes, uma ou outra vez aguada por Seu Vicente, jardineiro, ou pela preta mais nova, também cria da família.

A única amiga que a visita volta a assegurar que a vida dela dá um romance.

– Acho que sim.

E Violeta se levanta, pesada, envolvida no cachecol, para fechar a janela por onde vem a corrente de ar e já se aproxima a noite.

(MOREIRA CAMPOS, José Maria. *Dizem que os cães veem coisas*. Fortaleza: Edições UFC, 1987)

**2.** (UFC-CE) Marque a alternativa que preenche corretamente todas as lacunas numeradas.

| Palavra | Classificação morfológica | Processo de formação |
|---|---|---|
| gradil | 1 | derivação sufixal |
| enferrujar | verbo | 2 |
| outrora | 3 | 4 |

a) (1) substantivo (2) derivação sufixal (3) adjetivo (4) derivação sufixal

b) (1) adjetivo (2) derivação parassintética (3) adjetivo (4) composição

c) (1) adjetivo (2) derivação sufixal (3) advérbio (4) composição

d) (1) substantivo (2) derivação parassintética (3) adjetivo (4) derivação sufixal

e) (1) substantivo (2) derivação parassintética (3) advérbio (4) composição

**Texto para a próxima questão.**

Uma flor, o Quincas Borba. Nunca em minha infância, nunca em toda a minha vida, achei um menino mais gracioso, inventivo e travesso. Era a flor, e não já da escola, senão de toda a cidade. A mãe, viúva, com alguma cousa de seu, adorava o filho e trazia-o amimado, asseado, enfeitado, com um vistoso pajem atrás, um pajem que nos deixava gazear a escola, ir caçar ninhos de pássaros, ou perseguir lagartixas nos morros do Livramento e da Conceição, ou simplesmente arruar, à toa, como dous peraltas sem emprego. E de imperador! Era um gosto ver o Quincas Borba fazer de imperador nas festas do Espírito Santo. De resto, nos nossos jogos pueris, ele escolhia sempre um papel de rei, ministro, general, uma supremacia, qualquer que fosse. Tinha garbo o traquinas, e gravidade, certa magnificência nas atitudes, nos meneios. Quem diria que... Suspendamos a pena; não adiantemos os sucessos. Vamos de um salto a 1822, data da nossa independência política, e do meu primeiro cativeiro pessoal.

(Machado de Assis, *Memórias póstumas de Brás Cubas*)

**3.** (Fuvest-SP) A enumeração de substantivos expressa gradação ascendente em:

a) "menino mais gracioso, inventivo e travesso".

b) "trazia-o amimado, asseado, enfeitado".

c) "gazear a escola, ir caçar ninhos de pássaros, ou perseguir lagartixas".

d) "papel de rei, ministro, general".

e) "tinha garbo (...), e gravidade, certa magnificência".

**4.** (ITA-SP) A questão a seguir refere-se ao texto adiante. Analise-a e assinale a alternativa incorreta.

### Hino Nacional

Carlos Drummond de Andrade

Precisamos descobrir o Brasil!
Escondido atrás das florestas,
com a água dos rios no meio,
o Brasil está dormindo, coitado.
Precisamos colonizar o Brasil.
Precisamos educar o Brasil.
Compraremos professôres e livros,
assimilaremos finas culturas,
abriremos 'dancings' e subconvencionaremos as elites.
O que faremos importando francesas
muito louras, de pele macia
alemãs gordas, russas nostálgicas para
'garçonettes' dos restaurantes noturnos.
E virão sírias fidelíssimas.
Não convém desprezar as japonêsas...

Cada brasileiro terá sua casa
com fogão e aquecedor elétricos, piscina,
salão para conferências científicas.
E cuidaremos do Estado Técnico.

Precisamos louvar o Brasil.
Não é só um país sem igual.
Nossas revoluções são bem maiores
do que quaisquer outras; nossos erros também.
E nossas virtudes? A terra das sublimes paixões...
os Amazonas inenarráveis... os incríveis João-Pessoas...

Precisamos adorar o Brasil!
Se bem que seja difícil caber tanto oceano e tanta solidão
no pobre coração já cheio de compromissos...
se bem que seja difícil compreender o que querem êsses homens,
por que motivo êles se ajuntaram e qual a razão de seus sofrimentos.

Precisamos, precisamos esquecer o Brasil!
Tão majestoso, tão sem limites, tão despropositado,
êle quer repousar de nossos terríveis carinhos.
O Brasil não nos quer! Está farto de nós!
Nosso Brasil é o outro mundo. Êste não é o Brasil.
Nenhum Brasil existe. E acaso existirão os brasileiros?

a) 'fidelíssimas' (v. 14) é superlativo sintético, seu equivalente analítico é 'muito fiéis'.

b) 'elétricos' (v. 17) está se referindo aos dois substantivos antecedentes, teria o mesmo efeito se usado no singular.

c) 'inenarráveis' (v. 25) significa, originalmente, 'o que não pode ser narrado', pode ser substituído aqui por 'fantástico'.

d) 'difícil', (v. 27) a ideia de superlativo pode ser dada pelo sufixo '-imo', na linguagem erudita, ou pela repetição ('difícil, difícil'), na linguagem coloquial.

e) 'sem igual' (v. 21) não tem o mesmo valor semântico de 'ímpar'.

# MÓDULO 5 • A estrutura da oração: sujeito e predicado

## 1. O sujeito

Sujeito é o tema do que se vai comunicar; o ser sobre quem se declara algo. Na língua portuguesa, entre o verbo (que forma o predicado) e o sujeito se estabelece uma relação de concordância em número e em pessoa.

A NGB (Nomenclatura Gramatical Brasileira) reconhece três tipos de sujeito: simples, composto e indeterminado. Reconhece também a existência de orações sem sujeito.

Afirmamos que um sujeito é determinado quando há possibilidade de reconhecê-lo ou de identificá-lo, estando ou não expresso na oração. A indeterminação do sujeito ocorre quando não é possível identificar a quem se refere o predicado, seja porque o próprio falante não tem essa informação, seja porque não quer identificar o sujeito.

### Morfossintaxe do sujeito

Numa oração absoluta, o núcleo do sujeito sempre estará representado por um substantivo ou por palavra com valor de substantivo (palavra substantivada, pronome ou numeral substantivo). Pensemos: se o sujeito é o tema ou ser sobre o qual se declara algo, seu núcleo, por definição, só pode ser um substantivo (palavra que dá nome aos seres). Daí a gramática considerar o sujeito uma função substantiva da oração.

### Tipos de sujeito

- **Sujeito simples** – é aquele que tem um único núcleo, isto é, que apresenta um único vocábulo diretamente relacionado com o verbo (não importa se esse vocábulo está no singular ou no plural, nem se é um substantivo coletivo, nem mesmo se é um pronome indefinido). Em outras palavras: o núcleo do sujeito é representado apenas por um substantivo, ou pronome, ou numeral, ou então por uma palavra substantivada.
- **Sujeito composto** – é aquele que apresenta mais de um núcleo, isto é, mais de um vocábulo diretamente relacionado com o verbo.
- **Sujeito indeterminado** – ocorre quando não é possível identificar a quem se refere o predicado. Observe-se que o agente da ação sempre existe; caso contrário, a oração não teria sujeito. Duas situações gramaticais podem caracterizar sujeito indeterminado:
  a) verbo na terceira pessoa do plural
  b) verbo na terceira pessoa do singular, acompanhado do pronome *se*.

### Orações sem sujeito

Na oração sem sujeito, o predicado é formado por um verbo impessoal. A mensagem está centrada no processo verbal. Os casos mais comuns ocorrem com:

- verbos que indicam fenômenos da natureza;
- os verbos *ser*, *estar*, *fazer* e *haver*, usados para indicar fenômenos meteorológicos ou relativos ao tempo em geral;
- o verbo haver no sentido de existir, acontecer.

## 2. O predicado

### Tipos de predicado

- **Predicado verbal** – é aquele que tem como núcleo significativo um verbo.
- **Predicado nominal** – é aquele que tem como núcleo significativo um nome. Esse nome atribui uma qualidade ou estado ao sujeito, daí ser chamado de predicativo do sujeito. O verbo funciona como elemento de ligação entre o sujeito e seu predicativo.
- **Predicado verbo-nominal** – é aquele que apresenta dois núcleos significativos: um verbo e um nome. No predicado verbo-nominal, o predicativo pode estar diretamente relacionado ou ao sujeito (predicativo do sujeito) ou ao complemento verbal (predicativo do objeto).

## Exercício comentado

**Texto para a próxima questão.**

### A língua e o poeta

Hoje eu peço vênia[1] para discrepar[2] do grande Ferreira Gullar, que, no domingo, escreveu um artigo defendendo o "modo correto" de usar a língua portuguesa.

Longe de mim propor que o poeta, eu e o leitor comecemos a dizer "nós vai" ou "debateu sobre as alternativas", mas não dá para comparar violações à norma culta com um erro conceitual como afirmar que tuberculose não é doença, para ficar nos exemplos de Gullar. Fazê-lo é passar com um "bulldozer"[3] sobre o último meio século de pesquisas, em especial os trabalhos de Noam Chomsky, que conseguiram elevar a linguística de uma disciplina entrincheirada nos departamentos de humanidades a uma ciência capaz de fazer previsões e articular-se com outras, como psicologia, biologia, computação.

Chomsky mostra que a capacidade para a linguagem é inata. É só lançar uma criança no meio de uma comunidade que ela absorve o idioma local. O fenômeno das línguas crioulas revela que grupos expostos a «pidgins» (jargões comerciais que misturam vários idiomas, geralmente falados em portos) desenvolvem, no espaço de uma geração, uma gramática completa para essa nova linguagem. Mais do que de facilidade para o aprendizado, estamos falando aqui de uma gramática universal que vem como item de fábrica em cada ser humano. Foi a resposta que a evolução deu ao problema da comunicação entre caçadores-coletores.

Nesse contexto, o único critério para decidir entre o linguisticamente certo e o errado é a compreensão da mensagem transmitida. Uma frase ambígua é mais "errada" do que uma que fira as caprichosas regras de colocação pronominal.

Na verdade, as prescrições estilísticas que decoramos na escola e que nos habituamos a chamar de gramática são o que há de menos essencial e mais aborrecido no fenômeno da linguagem. Estão para a linguística assim como a pesquisa da etiqueta está para o estudo da história.

(HÉLIO SCHWARTSMAN, *Folha de S.Paulo*, 27 de março de 2012)

Vocabulário:
**Vênia** – licença, permissão
**Discrepar** – divergir de opinião, discordar
**Bulldozer** – (inglês) escavadeira

1. (ESPM-SP) Considere: "Longe de mim propor que o poeta, eu e o leitor comecemos a dizer 'nós vai'...". Se na formação do sujeito composto substituíssemos o pronome "eu" por "tu", a forma verbal seria:
   a) começas
   b) comecem
   c) comeceis
   d) comeces
   e) começais

**Comentário do vestibular:**

No sujeito composto, o uso do "tu" em lugar de "eu" faz com que o verbo deixe de ser conjugado na primeira pessoa do plural para ser conjugado na segunda pessoa do plural.

**Resposta:** alternativa **c**

## Exercícios propostos

**Texto para a próxima questão.**

### Palavras

"Veio me dizer que eu desestruturo a linguagem. Eu desestruturo a linguagem? Vejamos: eu estou bem sentado num lugar. Vem uma palavra e tira o lugar de debaixo de mim. Tira o lugar em que eu estava sentado. Eu não fazia nada para que a palavra me desalojasse daquele lugar. E eu nem atrapalhava a passagem de ninguém. Ao retirar de debaixo de mim o lugar, eu desaprumei. Ali só havia um grilo com a sua flauta de couro. O grilo feridava o silêncio. Os moradores do lugar se queixavam do grilo. Veio uma palavra e retirou o grilo da flauta. Agora eu pergunto: quem desestruturou a linguagem? Fui eu ou foram as palavras? E o lugar que retiraram de debaixo de mim? Não era para terem retirado a mim do lugar? Foram as palavras pois que desestruturaram a linguagem. E não eu."

(BARROS, Manoel de. *Ensaios fotográficos*. Rio de Janeiro: Record, 2000.)

1. (Uerj) As gramáticas em geral registram duas ocorrências que deixam o sujeito indeterminado: frases como "Falaram mal de você", em que o verbo aparece na terceira pessoa do plural e não há sujeito reconhecível, e frases como "Precisa-se de servente", em que o pronome "se" na terceira pessoa do singular, indetermina o sujeito.
   O poema de Manoel de Barros, no entanto, cria uma outra ocorrência de sujeito indeterminado, que aparece no seguinte trecho:
   a) "Veio me dizer que eu desestruturo a linguagem"
   b) "Vejamos: eu estou bem sentado num lugar"
   c) "Ali só havia um grilo com sua flauta de couro"
   d) "E o lugar que retiraram de debaixo de mim?"

**Texto para a próxima questão.**

### Dupla dinâmica

No dicionário, a Sociologia está definida como uma ciência que pretende pesquisar e estudar a organização e funcionamento das sociedades humanas e as leis fundamentais que regem as relações sociais. Já a Economia se preocupa em estudar os fenômenos relacionados com a obtenção e a utilização dos recursos materiais necessários a uma população. Embora o campo de estudos de ambas as disciplinas seja parecido, na prática há um abismo separando as duas áreas. Filhas da mesma mãe, a Filosofia, as duas disciplinas vieram ao mundo praticamente na mesma época. Em razão de algumas diferenças, porém, estão sem dialogar entre si há quase três séculos.

[...]

Em meados dos anos 1970, porém, uma leve brisa dissipou as nuvens que acobertavam esse cenário sombrio entre as áreas. Alguns temas, como a construção social do mercado, o papel das instituições e das redes sociais no funcionamento da vida econômica, revigoraram o debate entre a Sociologia e a Economia. Surgiram os primeiros vislumbres da chamada Nova Sociologia Econômica cujo precursor foi o sociólogo norte-americano Mark Granovetter. Em um de seus estudos mais célebres, o *Getting a Job*, de 1973, Granovetter demonstrou que as pessoas estão ligadas às outras por laços fortes (pais, filhos e amigos) e laços fracos (colegas de trabalho, professores e alunos).

(Sociologia, *ciência & vida*, 2007)

**2.** (FGV-SP) Em – Filhas da mesma mãe, a Filosofia, as duas disciplinas vieram ao mundo praticamente na mesma época. – justifica-se o emprego da vírgula por

a) haver uma expressão com valor explicativo.

b) separar corretamente o sujeito do predicado.

c) haver a anteposição de expressão com valor de correção.

d) se tratar de um período composto com oração adjetiva.

e) haver o emprego de um vocativo.

**Textos para a próxima questão.**

### *Texto 1*

Leitor, veja o grande azar
do nordestino emigrante
que anda atrás de melhorar
da sua terra distante
nos centros desconhecidos
depressa vê corrompidos
os seus filhos inocentes
na populosa cidade
de tanta imoralidade
e costumes diferentes
A sua filha querida
vai pra uma iludição
padecer prostituída
na vala da perdição
e além da grande desgraça
Das privações que ela passa
que lhe atrasa e lhe inflama
sabe que é preso em flagrante
por coisa insignificante
seu filho a quem tanto ama

ASSARÉ, Patativa do. Emigração. *In:* ______. *Cordéis e outros poemas*. Fortaleza: Edições UFC, 2006, p. 114.

### *Texto 2*

Pobre mãe! Mulher da vida, vendendo o corpo por uma migalha! [1]Aquilo, saber daquilo, ouvir falar naquilo, magoava-o fundamente. Mas a mãe era uma mulher boa, limpa, honesta. Que podia fazer? Abandonada no mundo pelos pais que fugiram na seca, errou de casa em casa, molecota solta, sem rumo, sem uma pessoa para cuidar dela. Dizem que era bonita, muito bonita. E terminou resvalando, caindo.

BEZERRA, João Clímaco. *A vinha dos esquecidos*. Fortaleza: Edições. UFC, 2005, p. 26.

**3.** (UFC-CE) Analise as assertivas sobre "Aquilo, daquilo e naquilo" (texto 2, ref. 1) e, a seguir, assinale a alternativa correta.

I. "Aquilo" exerce a função de sujeito de magoava.

II. "Aquilo, daquilo e naquilo" remetem para o mesmo referente textual.

III. "Daquilo e naquilo" são objetos diretos, respectivamente, de saber e falar.

a) Apenas I é verdadeira.

b) Apenas II é verdadeira.

c) Apenas III é verdadeira.

d) Apenas I e II são verdadeiras.

e) Apenas II e III são verdadeiras.

**4.** (UPM-SP)

I. Na oração

Eu considerava aquele homem meu amigo,
o predicado é verbo-nominal com predicativo do objeto.

II. No período

O jovem anseia que os mais velhos confiem nele,
a oração subordinada é substantiva objetiva indireta, mas está faltando a preposição regida pelo verbo ansiar.

III. No período

A ser muito sincero, não sei como isto aconteceu,
a oração subordinada é adverbial final reduzida de infinitivo.

Quanto às afirmações anteriores, assinale:

a) se apenas I está correta.

b) se apenas II está correta.

c) se apenas III está correta.

d) se todas estão corretas.

e) se todas estão incorretas.

# MÓDULO 6 • As relações sintáticas dentro do sintagma nominal

## 1. As funções dentro dos sintagmas maiores

### O adjunto adnominal

O adjunto adnominal, seja ele representado por um adjetivo, um artigo, um pronome, um numeral, seja por gravitar em torno de um substantivo, exerce uma função adjetiva na oração.

#### Morfossintaxe do adjunto adnominal

No período simples, o adjunto adnominal pode ser representado pelo próprio adjetivo ou por uma locução adjetiva, um numeral adjetivo, um pronome adjetivo, um artigo ou um pronome pessoal oblíquo (quando equivalente a um pronome possessivo). Isto é, sempre exercendo uma função adjetiva.

No período composto, uma oração inteira pode funcionar como **adjunto adnominal**; trata-se de uma **oração subordinada** (é termo de uma oração principal) **adjetiva** (tem valor de adjetivo) **restritiva** ou **explicativa**.

### O aposto

Trata-se de um termo acessório que se relaciona ao núcleo de outro termo – via de regra, um substantivo – para esclarecê-lo ou explicá-lo, ao mesmo tempo que o retoma. Nesse caso, o termo em questão está exercendo a função de aposto.

#### Morfossintaxe do aposto

O aposto apresenta uma particularidade importante: o núcleo do aposto e o substantivo a que o aposto se refere denominam o mesmo ser. Daí se falar que o aposto é mais uma função substantiva da oração (ou seja, seu núcleo é representado por um substantivo ou palavra com valor de substantivo).

O aposto também pode estar representado por uma oração no período composto: trata-se de uma oração subordinada (é termo de uma oração principal) substantiva (tem valor de substantivo) apositiva (funciona como um aposto).

### O complemento nominal

Como sabemos, alguns nomes (é o caso de alguns substantivos, advérbios e adjetivos) não apresentam sentido completo, necessitando de complemento que, por oposição ao complemento verbal, é chamado de complemento nominal e apresenta-se sempre antecedido de preposição.

#### Morfossintaxe do complemento nominal

No período simples, o complemento nominal é representado geralmente por um substantivo ou palavra com valor de substantivo; quando representado por um pronome pessoal oblíquo, a preposição fica implícita. Trata-se, portanto, de uma função substantiva.

No período composto, podemos ter uma oração inteira funcionando como complemento nominal; trata-se de uma oração subordinada (é termo de uma oração principal) substantiva (tem o valor de um substantivo) completiva nominal (exerce a função de complemento nominal).

## 2. O vocativo

Além dos termos que mantêm relações dentro da oração e dos sintagmas, há um outro termo independente, que não faz parte de nenhum dos dois grandes sintagmas que compõem a oração (daí sempre ser marcado por pausa, na oralidade, e por sinal de pontuação, na escrita). Esse termo é o vocativo, que, como o próprio nome indica, serve para chamar, invocar ou interpelar um ouvinte real ou hipotético. Por seu caráter, o vocativo em geral se relaciona à segunda pessoa do discurso, sendo representado por substantivo ou pronome.

## Exercício comentado

**Texto para a próxima questão.**

**Pensar em nada**

*A maravilha da corrida: basta colocar um pé na frente do outro.*

Assim como numa família de atletas um garoto deve encontrar certa resistência ao começar a fumar, fui motivo de piada entre alguns parentes – quase todos intelectuais – quando souberam que eu estava correndo. “O esporte é bom pra gente”, disse minha avó, num almoço de domingo. “Fortalece o corpo e emburrece a mente.”

Hoje, dez anos depois daquele almoço, tenho certeza de que ela estava certa. O esporte emburrece a mente e o mais emburrecedor de todos os esportes inventados pelo homem é, sem sombra de dúvida, a corrida – por isso que eu gosto tanto.

Antes que o primeiro corredor indignado atire um tênis em minha direção (número 42, pisada pronada, por favor), explico-me. É claro que o esporte é fundamental em nossa formação. Não entendo lhufas de pedagogia ou pediatria, mas imagino que jogos e exercícios ajudem a formar a coordenação motora, a percepção espacial, a lógica e os reflexos e ainda tragam mais outras tantas benesses ao conjunto psico-moto-neuro-blá-blá-blá. Quando falo em emburrecer, refiro-me ao delicioso momento do exercício, àquela hora em que você se esquece da infiltração no teto do banheiro, do enrosco na planilha do Almeidinha, da extração do siso na próxima semana, do pé na bunda que levou da Marilu, do frio que entra pela fresta da janela e do aquecimento global que pode acabar com tudo de uma vez. Você começa a correr e, naqueles 30, 40, 90 ou 180 minutos, todo esse fantástico computador que é o nosso cérebro, capaz de levar o homem à Lua, compor músicas e dividir um átomo, volta-se para uma única e simplíssima função: perna esquerda, perna direita, perna esquerda, perna direita, inspira, expira, inspira, expira, um, dois, um, dois.

A consciência é, de certa forma, um tormento. Penso, logo existo. Existo, logo me incomodo. A gravidade nos pesa sobre os ombros. Os anos agarram-se à nossa pele. A morte nos espreita adiante e quando uma voz feminina e desconhecida surge em nosso celular, não costuma ser a última da capa da *Playboy*, perguntando se temos programa para sábado, mas a mocinha do cartão de crédito avisando que a conta do cartão “encontra-se em aberto há 14 dias” e querendo saber se “há previsão de pagamento”.

Quando estamos correndo, não há previsão de pagamento. Não há previsão de nada porque passado e futuro foram anulados. Somos uma simples máquina presa ao presente. Somos reduzidos à biologia. Uma válvula bombando no meio do peito, uns músculos contraindo-se e expandindo-se nas pernas, um ou outro neurônio atento aos carros, buracos e cocôs de cachorro.

Poder, glória, dinheiro, mulheres, as tragédias gregas, tá bom, podem ser coisas boas, mas naquele momento nada disso interessa: eis-nos ali, mamíferos adultos, saudáveis, movimentando-nos sobre a Terra, e é só.

(Antonio Prata. Pensar em nada. *Runner's World*, nº 7, São Paulo: Editora Abril, maio/2009.)

**1.** (Unesp) O esporte é bom pra gente, fortalece o corpo e emburrece A MENTE. – Antes que o primeiro corredor indignado atire UM TÊNIS em minha direção (...) – Quando estamos correndo, não há PREVISÃO DE PAGAMENTO. Os termos grafados com letras maiúsculas nas passagens acima, extraídas do texto apresentado, identificam-se pelo fato de exercerem a mesma função sintática nas orações de que fazem parte. Indique essa função:

a) Sujeito.

b) Predicativo do sujeito.

c) Predicativo do objeto.

d) Objeto direto.

e) Complemento nominal.

**Comentário do vestibular:**

Os termos grafados no texto completam verbos transitivos diretos (emburrecer e atirar), logo são objetos diretos.

**Resposta:** alternativa **d**

## Exercícios propostos

**Texto para a próxima questão.**

### Velho papel pode estar com os anos contados

Já imaginou, daqui a algumas décadas, seu neto lhe perguntando o que era papel? Pois é, alguns pesquisadores já estão trabalhando para que esse dia chegue logo.

A suposta ameaça à fibra natural não é o desajeitado *e-book*, mas o papel eletrônico, uma ‘folha’ que você carregaria dobrada no bolso.

Ela seria capaz de mostrar o jornal do dia – com vídeos, fotos e notícias [8]atualizadas –, o livro que você estivesse lendo ou qualquer informação antes impressa. Tudo ali.

Desde os anos 70, está no ar a ideia de papel eletrônico, mas as últimas novidades são de duas semanas atrás. Cientistas holandeses anunciaram que estão perto de criar uma tela com ‘quase todas’ as propriedades do papel: leveza, flexibilidade, clareza, etc.

A novidade que deixa o invento um pouco mais palpável está nos transistores. No papel do futuro, eles não serão de silício, mas de plástico – que é maleável e barato.

Os holandeses dizem já ter um protótipo que mostra imagens em movimento em uma tela de duas polegadas, ainda que de qualidade ‘meia-boca’.

Mas não vá celebrando o fim do desmatamento e do peso na mochila. A expectativa é que um papel eletrônico mais ou menos convincente apareça só daqui a cinco anos.

*Folha de S.Paulo*, 17 dez. 2001. *Folhateen*, p. 10.

1. (IFCE) A forma adjetiva "... atualizadas..." (ref. 8) está concordando com os substantivos "fatos e notícias". Não se observou a concordância nominal em
a) As mulheres disseram muito obrigadas.
b) Não somos nenhuns coitados.
c) Bastantes pessoas vão usar o papel do futuro.
d) As novidades da informática custam caro.
e) É proibido a entrada de pessoas estranhas.

**Texto para a próxima questão.**

O preto Henrique tomou o caneco das mãos da preta velha e bebeu dois tragos.

– Ainda tá quente, meu filho? É o restinho...

– Tá, tia. Bota mais.

Quando acabou, disse:

– Você lembra dessas histórias que você sabe, minha tia?

– Que histórias?

– Essas histórias de escravidão...

– O que é que tem?

– Você vai esquecer elas todas.

– Quando?

– No dia em que nós for dono disso...

– Dono de quê?

– Disso tudo... Da Bahia... do Brasil...

– Como é isso, meu filho?

– Quando a gente não quiser mais ser escravo dos ricos, titia, e acabar com eles...

– Quem é que vai fazer feitiço tão grande pros ricos ficar tudo pobre?

– Os pobres mesmo, titia.

– Negro é escravo. Negro não briga com branco. Branco é senhor dele.

– O negro é liberto, tia.

– Eu sei. Foi a Princesa Isabel, no tempo do Imperador. Mas negro continua a respeitar o branco...

– Mas a gente agora livra o preto de vez, velha.

– Você sabe qual é a coisa mais melhor do mundo, Henrique?

– Não.

– Não sabe o que é? É cavalo. Se não fosse cavalo, branco montava em negro...

Adap. AMADO, Jorge. *Suor.* Rio de Janeiro: Record, 1984, 43ª ed., p. 43/44.

2. (UFRRJ) O texto é praticamente todo composto por diálogos, sem verbos de elocução – aqueles que indicam quem está falando. O recurso gramatical utilizado pelo autor, em substituição aos verbos de elocução, para que o leitor possa identificar quem está com a palavra, foram
a) os períodos curtos.
b) os travessões.
c) os vocativos.
d) as frases interrogativas.
e) as reticências.

**Texto para a próxima questão.**

## O Tio Aquático

"Os primeiros vertebrados, que no Carbonífero deixaram a vida aquática pela vida terrestre, derivavam dos peixes ósseos pulmonados, cujas nadadeiras podiam ser roladas sob o corpo e usadas como patas sobre a terra".

Agora já estava claro que os tempos aquáticos haviam terminado, recordou o velho Qfwfq, e aqueles que se decidiam a dar o grande passo eram sempre em número maior, não havendo família que não tivesse algum dos seus entes queridos lá no seco; todos contavam coisas extraordinárias sobre o que se podia fazer em terra firme, e chamavam os parentes. Então, os peixes jovens, já não era mais possível [1]segurá-los; agitavam as nadadeiras nas margens lodosas PARA ver se funcionavam COMO patas, COMO haviam conseguido fazer os mais dotados. MAS precisamente naqueles tempos se acentuavam as diferenças entre nós: existia a família que vivia em terra havia várias gerações e cujos jovens ostentavam maneiras que já não eram de anfíbios, mas quase de répteis; e existiam aqueles que ainda insistiam em bancar o peixe e assim se tornavam ainda mais peixes do que quando se usava ser peixe.

(...)

Daquela vez a visita à lagoa foi mais longa. Estendemo-nos os três sobre uma das margens em declive: o tio mais para o lado da água, mas nós também a meio banho, de tal maneira que se alguém nos visse de longe, estirados uns ao lado dos outros, não saberia dizer quem era terrestre e quem aquático.

O peixe atacou um de seus refrãos preferidos: a superioridade da respiração na água sobre a respiração aérea, com todo o repertório de suas difamações. Agora LII toma as dores e lhe dá o merecido troco!, pensava. Mas eis que se viu aquele dia que LII usava uma outra tática: discutia com ardor, defendendo nossos pontos de vista, mas ao mesmo tempo levando muito a sério os argumentos do velho N'ba N'ga.

As terras emersas, segundo o tio, eram um fenômeno limitado: iriam desaparecer assim como vieram à tona, ou, de qualquer forma, ficariam sujeitos a mutações contínuas: vulcões, glaciações, terremotos, enrugamentos do terreno, mutações de clima e de vegetação. E nossa vida nesse meio devia enfrentar transformações contínuas, mediante as quais populações inteiras iriam desaparecer, e só haveria de sobreviver quem estivesse disposto a modificar de tal forma a base de sua existência, que as razões anteriormente possíveis de tornar a vida bela de viver seriam completamente transtornadas e esquecidas.

(Calvino, I (1994). *As Cosmicômicas*, São Paulo, Companhia das Letras, p. 71-83.)

3. (PUC-SP) Com relação ao pronome "los" em "segurá-los", (ref. 1) indique a alternativa correta.
a) É objeto direto pleonástico e enfatiza a atitude dos peixes jovens em oposição aos que "insistiam em bancar o peixe".

b) É objeto direto referente ao aposto "peixes jovens" e enfatiza a atitude dos peixes mais velhos em oposição aos mais jovens.

c) É objeto direto e determina as diferenças entre os mais e os menos dotados.

d) É predicativo do sujeito e caracteriza o termo "peixes jovens".

e) É predicativo do objeto e enfatiza a atitude dos peixes jovens em oposição aos que "insistiam em bancar o peixe".

**Texto para a próxima questão.**

## Brasil, mostra a tua cara

*A busca de uma identidade nacional é preocupação deste século*

João Gabriel de Lima

Ao criar um livro, um quadro ou uma canção, o artista brasileiro dos dias atuais tem uma preocupação a menos: parecer brasileiro. A noção de cultura nacional é algo tão incorporado ao cotidiano do país que deixou de ser um peso para os criadores. Agora, em vez de servir à pátria, eles podem servir ao próprio talento. [6]Essa é uma conquista deste século. Tem como marco a Semana de Arte Moderna de 1922, uma espécie de grito de independência artística do país, cem anos depois da independência política. Até esta data, o brasileiro era, antes de tudo, um envergonhado. Achava que pertencia a uma raça inferior e que a única solução era imitar os modelos culturais importados. Para acabar com esse complexo, foi preciso que um grupo de artistas de diversas áreas se reunisse no Teatro Municipal de São Paulo e bradasse que ser brasileiro era bom. O escritor Mário de Andrade lançou o projeto de uma língua nacional. Seu colega Oswald de Andrade propôs o conceito de "antropofagia", segundo o qual a cultura brasileira criaria um caráter próprio depois de digerir as influências externas.

A semana de 22 foi só um marco, mas pode-se dizer que ela realmente criou uma agenda cultural para o país. Foi tentando inventar uma língua brasileira que Graciliano Ramos e Guimarães Rosa escreveram suas obras, as mais significativas do século, no país, no campo da prosa. Foi recorrendo ao bordão da antropofagia que vários artistas jovens, nos anos 60, inventaram a cultura *pop* brasileira, no movimento conhecido como tropicalismo. No plano das ideias, o século gerou três obras que se tornariam clássicos da reflexão sobre o país. "Os Sertões", do carioca Euclides da Cunha, escrito em 1902, é ainda influenciado por teorias racistas do século passado, que achavam que a mistura entre negros, brancos e índios provocaria um "enfraquecimento" da raça brasileira. Mesmo assim, é um livro essencial, porque o repórter Euclides, que trabalhava no jornal "O Estado de S. Paulo", foi a campo cobrir a guerra de Canudos e viu na frente de combate muitas coisas que punham em questão as teorias formuladas em gabinete. "Casa-Grande & Senzala", do pernambucano Gilberto Freyre, apresentava pela primeira vez a miscigenação como algo positivo e buscava nos primórdios da colonização portuguesa do país as origens da sociedade que se formou aqui. Por último, o paulista Sérgio Buarque de Holanda, em "Raízes do Brasil", partia de premissas parecidas mas propunha uma visão crítica, que influenciaria toda a sociologia produzida a partir de então.

*VEJA*, 22 de dezembro, 1999. p. 281-282.

**4.** (UFSM-RS)

"(...) e VIU na frente de combate muitas coisas que punham em questão as teorias formuladas em gabinete."

"(...) e BUSCAVA nos primórdios da colonização portuguesa do país as origens da sociedade que se formou aqui."

Sobre os verbos destacados, é correto afirmar que

a) estão no mesmo tempo verbal mas em modos verbais diferentes.

b) apresentam sujeito indeterminado.

c) apenas "viu" está acompanhado de sujeito, que se encontra posposto.

d) há termo(s) intercalado(s) entre eles e seus objetos diretos.

e) são, respectivamente, transitivo direto e transitivo indireto.

**5.** (UFF-RJ)

"Adjunto adnominal é o termo de valor adjetivo que serve para especificar ou delimitar o significado de um substantivo, qualquer que seja a função deste."

(CUNHA, Celso & Cintra, Lindley. "Nova gramática do português contemporâneo". Rio de Janeiro: Nova Fronteira, 1985, p. 145)

Assinale a alternativa que o tempo destacado NÃO exerce a função de adjunto adnominal

a) "Muitos deles ou quase a maior parte dos QUE ANDAVAM POR ALI trazem aqueles bicos de osso nos beiços."

b) "E alguns, QUE ANDAVAM SEM ELES, tinham os beiços furados e nos buracos uns espelhos de pau, que pareciam espelhos de borracha;"

c) "Pelo sertão nos pareceu, vista de mar, muito grande, porque, a estender olhos não podíamos ver senão terra com arvoredo, QUE NOS PARECIA MUITO LONGA."

d) "Nela até agora, não pudemos saber QUE HAJA OURO, NEM PRATA, NEM COISA ALGUMA DE METAL OU FERRO; nem lho vimos."

e) "E em tal maneira é graciosa que, querendo-a aproveitar, dar-se-á nela tudo por bem das águas QUE TEM."

# MÓDULO 7 • As relações sintáticas dentro do sintagma verbal

## 1. Os termos do sintagma verbal

### Os complementos verbais: objeto direto e objeto indireto

Quando o sentido do verbo transita, isto é, segue adiante, passando para o complemento, o verbo é transitivo.

Os complementos verbais são chamados de objetos, que podem ser:

- diretos (não introduzidos por preposição): integram o sentido de um verbo transitivo direto;
- indiretos (introduzidos por preposição): integram o sentido de um verbo transitivo indireto.

O verbo pode, também, vir modificado por um termo que indica uma circunstância do fato expresso por ele ou que intensifica seu sentido. Esses termos, de valor adverbial, são chamados de adjuntos adverbiais.

### Morfossintaxe dos complementos verbais

Como os objetos são seres e coisas sobre os quais incide o processo verbal ("Entreguei a carta.", por exemplo) ou servem de referência a ele ("Entreguei a carta ao diretor.", por exemplo), eles são representados por substantivos ou palavras com valor de substantivo. Daí se afirmar que o complemento verbal é uma função substantiva da oração.

### Objetos representados por pronomes oblíquos

Os pronomes oblíquos que exercem exclusivamente a função de objeto direto são: *o*, *os*, *a*, *as*.

Os pronomes *me*, *te*, *se*, *nos* e *vos* tanto podem exercer a função de objeto direto como de objeto indireto. Nesses casos, é fundamental observar a transitividade verbal.

Os pronomes oblíquos átonos em função de objeto indireto não são precedidos de preposição; já os pronomes tônicos sempre aparecem precedidos de preposição.

### Objetos representados por orações

No período composto, uma oração inteira pode funcionar como objeto: trata-se de uma oração subordinada (é termo de uma oração principal) substantiva (tem valor de substantivo) objetiva direta ou indireta (exerce a função de objeto direto ou indireto). As orações subordinadas substantivas objetivas direta e indireta completam o sentido do verbo da oração principal, da mesma forma que o fazem os objetos direto e indireto.

## 2. O adjunto adverbial

Adjunto adverbial é o termo da oração que indica uma circunstância do verbo, ou intensifica e modifica o sentido de um verbo, de um adjetivo ou de outro advérbio. Os adjuntos adverbiais podem ser agrupados de acordo com a circunstância que expressam: lugar, tempo, modo, negação, afirmação, dúvida, intensidade, etc.

### Morfossintaxe do adjunto adverbial

No período simples, os adjuntos adverbiais são representados por advérbios ou locuções adverbiais.

No período composto, uma oração inteira pode funcionar como adjunto adverbial: trata-se de uma oração subordinada (é termo de uma oração principal) adverbial (tem valor de advérbio).

## 3. O agente da passiva

Agente da passiva é um termo que só aparece em orações cujo verbo está na voz passiva analítica (verbo auxiliar + particípio do verbo principal, ou seja, o que exprime o fato). Designa o ser que pratica a ação do verbo (daí ser chamado de "agente") e vem sempre antecedido por preposição. Na voz passiva, o sujeito da frase é o ser que sofre a ação (daí ser chamado de "paciente").

### Morfossintaxe do agente da passiva

Como o agente da passiva é o ser que pratica a ação, ele será sempre representado por um substantivo ou por palavra com valor de substantivo. Trata-se, portanto, de outro caso de função substantiva da oração.

No período composto, uma oração inteira pode funcionar como agente da passiva; trata-se de uma oração subordinada (é termo de uma oração principal) substantiva (tem valor de substantivo) agente da passiva (exerce a função de agente da passiva).

## Exercício comentado

**Texto para a próxima questão.**

Ele se encontrava sobre a estreita marquise do 18º andar. Tinha pulado ali a fim de limpar pelo lado externo as vidraças das salas vazias do conjunto 1801/5, a serem ocupadas em breve por uma firma de engenharia. Ele era um empregado recém-contratado da Panamericana – Serviços Gerais. O fato de haver se sentado à beira da marquise, com as pernas balançando no espaço, se devera simplesmente a uma pausa para fumar a metade de cigarro que trouxera no bolso. Ele não queria dispensar este prazer, misturando-o com o trabalho.

Quando viu o ajuntamento de pessoas lá embaixo, apontando mais ou menos em sua direção, não lhe passou pela cabeça que pudesse ser ele o centro das atenções. Não estava habituado a ser este centro e olhou para baixo e para cima e até para trás, a janela às suas costas.

Talvez pudesse haver um princípio de incêndio ou algum andaime em perigo ou alguém prestes a pular. Não havia nada identificável à vista e ele, através de operações bastante lógicas, chegou à conclusão de que o único suicida em potencial era ele próprio. Não que já houvesse se cristalizado em sua mente, algum dia, tal desejo, embora como todo mundo, de vez em quando... E digamos que a pouca importância que dava a si próprio não permitia que aflorasse seriamente em seu campo de decisões a possibilidade de um gesto tão grandiloquente. E que o instinto cego de sobrevivência levava uma vantagem de uns quarenta por cento sobre seu instinto de morte, tanto é que ele viera levando a vida até aquele preciso momento sob as mais adversas condições.

In: MORICONI, Ítalo (org.). *Os cem melhores contos brasileiros do século.* R. Janeiro: Objetiva, 2000.

**1.** (Insper-SP) Em "... não lhe passou pela cabeça que pudesse ser ele o centro das atenções", os pronomes pessoais destacados exercem, respectivamente, a função sintática de

a) objeto indireto, sujeito.

b) complemento nominal, objeto direto.

c) adjunto adnominal, sujeito.

d) objeto indireto, predicativo do objeto.

e) adjunto adnominal, predicativo do sujeito.

**Comentário do vestibular:**

No contexto, o pronome oblíquo "lhe" apresenta valor possessivo, exercendo função sintática de adjunto adnominal. O pronome pessoal "ele" é sujeito da oração subordinada substantiva subjetiva "que pudesse ser ele o centro das atenções".

**Resposta:** alternativa **c**

## Exercícios propostos

**Texto para a próxima questão.**

As questões a seguir tomam por base o seguinte fragmento do diálogo *Fedro*, de Platão (427-347 a.C.).

### Fedro

SÓCRATES: Vamos então refletir sobre o que há pouco estávamos discutindo; examinaremos o que seja recitar ou escrever bem um discurso, e o que seja recitar ou escrever mal.

FEDRO: Isso mesmo.

SÓCRATES: Pois bem: não é necessário que o orador esteja bem instruído e realmente informado sobre a verdade do assunto de que vai tratar?

FEDRO: A esse respeito, Sócrates, ouvi o seguinte: para quem quer tornar-se orador consumado não é indispensável conhecer o que de fato é justo, mas sim o que parece justo para a maioria dos ouvintes, que são os que decidem; nem precisa saber tampouco o que é bom ou belo, mas apenas o que parece tal – pois é pela aparência que se consegue persuadir, e não pela verdade.

SÓCRATES: Não se deve desdenhar, caro Fedro, da palavra hábil, mas antes refletir no que ela significa. O que acabas de dizer merece toda a nossa atenção.

FEDRO: Tens razão.

SÓCRATES: Examinemos, pois, essa afirmação.

FEDRO: Sim.

SÓCRATES: Imagina que eu procuro persuadir-te a comprar um cavalo para defender-te dos inimigos, mas nenhum de nós sabe o que seja um cavalo; eu, porém, descobri por acaso uma coisa: "Para Fedro, o cavalo é o animal doméstico que tem as orelhas mais compridas"...

FEDRO: Isso seria ridículo, querido Sócrates.

SÓCRATES: Um momento. Ridículo seria se eu tratasse seriamente de persuadir-te a que escrevesses um panegírico do burro, chamando-o de cavalo e dizendo que é muitíssimo prático comprar esse animal para o uso doméstico, bem como para expedições militares; que ele serve para montaria de batalha, para transportar bagagens e para vários outros misteres.

FEDRO: Isso seria ainda ridículo.

SÓCRATES: Um amigo que se mostra ridículo não é preferível ao que se revela como perigoso e nocivo?

FEDRO: Não há dúvida.

SÓCRATES: Quando um orador, ignorando a natureza do bem e do mal, encontra os seus concidadãos na mesma ignorância e os persuade, não a tomar a sombra de um burro por um cavalo, mas o mal pelo bem; quando, conhecedor dos preconceitos da multidão, ele a impele para o mau caminho – nesses casos, a teu ver, que frutos a retórica poderá recolher daquilo que ela semeou?

FEDRO: Não pode ser muito bom fruto.

SÓCRATES: Mas vejamos, meu caro: não nos teremos excedido em nossas censuras contra a arte retórica? Pode suceder que ela responda: "que estais a tagarelar, homens ridículos?

Eu não obrigo ninguém – dirá ela – que ignore a verdade a aprender a falar. Mas quem ouve o meu conselho tratará de adquirir primeiro esses conhecimentos acerca da verdade para, depois, se dedicar a mim. Mas uma coisa posso afirmar com orgulho: sem as minhas lições a posse da verdade de nada servirá para engendrar a persuasão".

FEDRO: E não teria ela razão dizendo isso?

SÓCRATES: Reconheço que sim, se os argumentos usuais provarem que de fato a retórica é uma arte; mas, se não me engano, tenho ouvido algumas pessoas atacá-la e provar que ela não é isso, mas sim um negócio que nada tem que ver com a arte. O lacônio declara: "não existe arte retórica propriamente dita sem o conhecimento da verdade, nem haverá jamais tal coisa".

(Platão. *Diálogos*. Porto Alegre: Editora Globo, 1962.)

**1.** (Unesp)

"... para quem quer tornar-se orador consumado não é indispensável conhecer o que de fato é justo, mas sim o que parece justo para a maioria dos ouvintes, que são os que decidem; nem precisa saber tampouco o que é bom ou belo, mas apenas o que parece tal..."

Neste trecho da tradução da segunda fala de Fedro, observa-se uma frase com estruturas oracionais recorrentes, e por isso plena de termos repetidos, sendo notável, a este respeito, a retomada do demonstrativo **o** e do pronome relativo **que** em *o que de fato é justo, o que parece justo, os que decidem, o que é bom ou belo, o que parece tal*. Em todos esses contextos, o relativo **que** exerce a mesma função sintática nas orações de que faz parte. Indique-a.

a) Sujeito.

b) Predicativo do sujeito.

c) Adjunto adnominal.

d) Objeto direto.

e) Objeto indireto.

**Texto para a próxima questão.**

– Mas pra você não é uma pouca vergonha, é? – ela disse, secando as lágrimas. Voltava ao desafio.

– Eu sou homem, ou você não entende isto?

– Não entendo.

O Dr. Paranhos quedou-se quieto por um tempo marcado em séculos no relógio da agonia. Seus olhos baixaram para a mesa e assim ficaram, enquanto sua inteligência buscava uma forma clara de ilustrar a madrinha. Por fim, suspirou e disse:

– Eu tenho um argumento que você vai entender.

Levantou-se com certa dificuldade e ausentou-se da cozinha, onde ficamos suspensos por um fio em pleno abismo. Logo, porém, ele retornou com o argumento na mão. Girou o tambor do argumento. Depois, com um gesto calmo, solene, botou o argumento na cintura. Sentou-se novamente e disse, pausadamente:

– Tem uma coisinha, Dirce: ou este tal de feminismo acaba hoje, ou o que acaba é a tua mesada, se não acabar minha paciência antes. Certo? Agora vamos jantar.

(SSÓ, Ernani. *O Sempre Lembrado*. Porto Alegre: IGEL/IEL, 1989. p. 136-7)

**2.** (UFRGS-RS) Considere as afirmativas seguintes, sobre voz passiva.

I. O trecho UM TEMPO MARCADO em séculos no relógio da agonia (4º parágrafo) é o agente da passiva da frase em que está inserido.

II. Se a oração subordinada da frase EU TENHO UM ARGUMENTO QUE VOCÊ VAI ENTENDER (5º parágrafo) fosse passada para a voz passiva, o resultado seria EU TENHO UM ARGUMENTO QUE VAI SER ENTENDIDO POR VOCÊ.

III. A frase GIROU O TAMBOR DO ARGUMENTO (6º parágrafo) pode ser passada para a voz passiva.

Quais são corretas?

a) Apenas I

b) Apenas II

c) Apenas I e III

d) Apenas II e III

e) I, II e III

**3.** (UFC-CE) Marque a opção que preenche corretamente todas as lacunas numeradas, tomando como base o trecho a seguir.

"os olhos extáticos alçavam-se cheios de esplendor e serenidade; os seios, que até ali apenas arfavam como as ondas de um lago em tranquila noite de luar, começaram de ofegar, túrgidos e agitados, como oceano encapelado" (texto 3)

| TERMO | CLASSIFICAÇÃO SINTÁTICA | CLASSIFICAÇÃO MORFOLÓGICA |
|---|---|---|
| cheios | 1 | adjetivo |
| 2 | núcleo do predicado | 3 |
| 4 | 5 | pronome |

a) (1) predicativo; (2) alçar; (3) verbo transitivo; (4) os; (5) adjunto.

b) (1) adjunto; (2) arfar; (3) verbo intransitivo; (4) se; (5) objeto direto.

c) (1) predicativo; (2) arfar; (3) verbo intransitivo; (4) que; (5) sujeito.

d) (1) predicativo; (2) começar; (3) verbo transitivo; (4) que; (5) objeto direto.

e) (1) adjunto; (2) começar; (3) verbo transitivo; (4) se; (5) objeto indireto.

# MÓDULO 8 • Estrutura e formação de palavras

## 1. A estrutura das palavras

As unidades significativas, ou segmentos, que constituem as palavras são as formas mínimas ou morfemas (do grego *morphé*, "forma" + a terminação *-ema* de *fonema*). Chamamos análise mórfica ou morfológica ao processo de decomposição das palavras em suas várias formas mínimas.

Há duas espécies de morfemas:

- aqueles cuja significação refere-se ao mundo objetivo (tanto ao mundo exterior como ao interior – seres, ações, ideias, sensações, estados, qualidades) e que indicam a significação da palavra (daí serem chamados de semantemas – de *semântica*, "estudo da significação das palavras"). Referem-se ao conjunto de palavras de uma língua (daí também serem chamados de lexemas – de *léxico*, "vocabulário de uma língua").
- aqueles que têm significação apenas em relação ao sistema gramatical da língua. Indicam, no caso da língua portuguesa, o gênero, o número, a pessoa, o modo e o tempo.

## 2. Os elementos mórficos

### Radical, semantema ou lexema

É a forma mínima (portanto, indivisível em unidades menores) que indica o sentido básico da palavra, ou seja, seu significado.

### Afixos

São elementos colocados antes (prefixos) ou depois (sufixos) dos radicais.

De modo geral, pode-se dizer que os prefixos acrescentam uma noção semântica ao radical, e os sufixos, além de uma noção semântica, podem trazer uma marca classificatória.

A palavra formada pelo acréscimo de um prefixo pertence à mesma classe gramatical da palavra primitiva (feliz = adjetivo; infeliz = adjetivo); já a palavra formada pelo acréscimo de sufixo pode, eventualmente, pertencer à classe gramatical diferente da palavra primitiva (menino = substantivo, meninada = substantivo; estúpido = adjetivo, estupidez = substantivo).

#### Prefixos

O prefixo é definido como o elemento mórfico que antecede o radical (ou raiz) de uma palavra, alterando-lhe o significado a ponto de criar uma nova palavra: moral, imoral, amoral. Em alguns casos, o prefixo pode anteceder outro prefixo; ocorre, assim, a presença de dois ou mais prefixos numa mesma palavra: desajustar (des + a + justo + ar).

#### Sufixos

Ao apresentar a relação dos principais sufixos, não obedeceremos ao critério etimológico, e sim ao funcional. Dessa forma, é importante perceber que os sufixos podem ser classificados em dois grupos: os sufixos flexionais (que indicam certas flexões das palavras, como o grau aumentativo ou diminutivo) e os sufixos derivacionais (que formam novas palavras pelo processo de derivação sufixal).

Pelo critério de classes de palavras, os sufixos podem ser de três tipos:

- nominal: aquele que forma substantivos e adjetivos;
- verbal: aquele que forma verbos;
- adverbial: aquele que forma advérbios.

### Vogal temática e tema

Vogal temática é o elemento que se junta ao radical de um verbo ou de um nome para fazer a ligação entre este e a desinência. O radical acrescido da vogal temática recebe o nome de tema.

As vogais temáticas identificam as conjugações verbais:

**-a-** verbos da primeira conjugação (falar, cantar)
**-e-** verbos da segunda conjugação (beber, vender)
**-i-** verbos da terceira conjugação (partir, sair)

Nos nomes que não admitem flexão de gênero, também encontram-se vogais temáticas, representadas por -a, -e, -o átonos no final das palavras.

### Desinências

São elementos colocados no final das palavras para indicar certos aspectos gramaticais. Na língua portuguesa, dividem-se em:

- desinências nominais: indicam o gênero e o número dos nomes (substantivos, adjetivos, pronomes, artigos, numerais).
- desinências verbais: indicam as flexões dos verbos em número, pessoa, modo e tempo.

## 3. Processos de formação das palavras

Os dois principais processos pelos quais se formam novas palavras na língua portuguesa ocorrem quando:

- a uma palavra básica, primitiva, acrescentamos prefixos, ou sufixos, ou ambos, ou a mudamos de classe gramatical, ou dela retiramos um elemento qualquer: trata-se do processo de derivação. Importante é observar que tudo acontece em torno de uma só palavra primitiva, de um só radical.
- uma palavra é formada por dois ou mais radicais: trata-se do processo de composição. Observe que a composição consiste sempre na junção de radicais.

### Derivação

Os tipos de derivação são:

- prefixal: quando se acrescenta um prefixo à palavra primitiva: desamor, infeliz, rever, etc.
- sufixal: quando se acrescenta um sufixo à palavra primitiva: amoroso, felizmente, menininho, etc.
- parassintética: quando se acrescenta, ao mesmo tempo, um prefixo e um sufixo: esquentar, esfriar, amadurecer, etc.
- regressiva: quando a palavra primitiva sofre uma redução. Normalmente, formam-se substantivos abstratos por derivação regressiva de formas verbais: ajuda (de ajudar), trabalho (de trabalhar), castigo (de castigar), etc.

### Composição

Como já vimos, a composição ocorre sempre que uma palavra é formada pela junção de dois ou mais radicais. São dois os tipos de composição:

- justaposição: quando os radicais formadores da nova palavra não sofrem modificações. Por convenção ortográfica, há palavras em que os elementos de composição são grafados unidos (passatempo, televisão), outras em que os elementos aparecem unidos por hífen (quinta-feira, amor-perfeito) e há ainda palavras que preservam sua autonomia gráfica (Roberto Carlos, fim de semana, meio ambiente).
- aglutinação: quando os radicais formadores da nova palavra sofrem modificações (as alterações podem ocorrer em um ou em todos os radicais formadores da palavra):
  aguardente (água + ardente),
  vinagre (vinho + acre),
  planalto (plano + alto),
  fidalgo (filho + de + algo), etc.

## 4. Outros processos de formação de palavras

### Onomatopeia

A onomatopeia, que você já estudou como recurso estilístico, consiste na imitação de sons, seja o som das vozes dos animais, seja o som dos ruídos da natureza, ou até mesmo o som produzido pelos objetos e pelo próprio homem.

### Abreviação, abreviatura, siglas

A abreviação vocabular (ou forma reduzida) consiste na redução da palavra até o limite que não prejudique a compreensão.

Abreviatura é a representação de uma palavra por meio de algumas de suas sílabas ou letras:

As siglas podem ser consideradas um tipo especial de abreviatura, feita com as letras iniciais, ou mesmo as sílabas iniciais, das palavras.

## 5. Palavras que migram

Além dos casos já vistos de derivação, há um especial. Trata-se da derivação imprópria, em que a palavra primitiva não sofre modificações em sua estrutura, ou seja, não sofre acréscimos nem reduções (em outras palavras, o significante não se altera). Na derivação imprópria, há uma mudança na função que a palavra exerce num determinado contexto. Isso acontece quando uma palavra muda de classe gramatical. Não se trata, portanto, de um processo morfológico, e sim de uma questão sintático-semântica, o que significa que só se pode falar em derivação imprópria quando se analisa o contexto da frase.

## Exercício comentado

**Texto para a próxima questão.**

Darwin passou quatro meses no Brasil, em 1832, durante a sua célebre viagem a bordo do Beagle. Voltou impressionado com o que viu: "Delícia é um termo [1]insuficiente para [3]exprimir as emoções sentidas por um naturalista a sós com a natureza em uma floresta brasileira", escreveu. O Brasil, porém, aparece de forma menos [5]idílica em seus escritos: "Espero nunca mais voltar a um país escravagista. O estado da enorme população escrava deve preocupar todos os que chegam ao Brasil. Os senhores de escravos querem ver o negro como outra espécie, mas temos todos a mesma origem."

Em vez do gorjeio do sabiá, o que Darwin guardou nos ouvidos foi um som terrível que o acompanhou por toda a vida: "Até hoje, se eu ouço um grito, lembro-me, com [6]dolorosa e clara memória, de quando passei numa casa em Pernambuco e ouvi urros terríveis. Logo entendi que era algum pobre escravo que estava sendo torturado."

Segundo o biólogo Adrian Desmond, "a viagem do Beagie, para Darwin, foi menos importante pelos espécimes coletados do que pela experiência de testemunhar os horrores da [7]escravidão no Brasil. De certa forma, ele escolheu focar na [4]descendência comum do homem justamente para mostrar que todas as raças eram iguais e, desse modo, enfim, objetar àqueles que [2]insistiam em dizer que os negros pertenciam a uma espécie diferente e inferior à dos brancos". Desmond acaba de lançar um estudo que mostra a paixão abolicionista do cientista, revelada por seus diários e cartas pessoais. "A extensão de seu interesse no combate à ciência de cunho racista é surpreendente, e pudemos detectar um ímpeto moral por trás de seu trabalho sobre a evolução humana – uma crença na 'irmandade racial' que tinha origem em seu ódio ao [8]escravismo e que o levou a pensar numa descendência comum."

Adaptado de: HAAG, C. *O elo perdido tropical.* Pesquisa FAPESP, n. 159, p. 80-85, maio 2009.

1. (UFRGS-RS) Assinale com V (verdadeiro) ou F (falso) as afirmações a seguir sobre elementos de formação de palavras do texto.

( ) As palavras **insuficiente** (ref. 1) e **insistiam** (ref. 2) apresentam o mesmo prefixo em sua formação.

( ) A comparação da palavra **exprimir** (ref. 3) com **imprimir** e da palavra **descendência** (ref. 4) com **ascendência** permite que se postule um radical comum para cada um dos pares.

( ) As palavras **idílica** (ref. 5) e **dolorosa** (ref. 6) apresentam sufixos que formam adjetivos a partir de substantivos.

( ) O emprego de diferentes sufixos para o mesmo radical em **escravidão** (ref. 7) e **escravismo** (ref. 8) serve, no texto, para expressar, respectivamente, a ideia de "situação resultante de uma ação" e de "movimento socioideológico".

A sequência correta de preenchimento dos parênteses, de cima para baixo, é

a) F – V – V – V.
b) V – F – V – F.
c) V – V – F – F.
d) F – V – F – V.
e) F – F – V – V.

**Comentário do vestibular:**

**Insuficiente** – prefixo: *in* / radical: *sufici* / sufixo: *ente*; **insistiam** – prefixo: não há / radical: *insist* / desinência verbal: *iam*.

**Exprimir** e **imprimir** – radical: *prim*.

**Descendência** e **ascendência** – radical: *scend*.

**Idílica** (de idílio, radical: id(i/o)) – o sufixo "ica" permite que saibamos que se trata de adjetivo; **dolorosa** (de dor, radical: dolor) – o sufixo "osa" permite que saibamos que se trata de adjetivo.

**Escravidão** – radical: *escrav* / sufixo: *idão*; **escravismo** – radical: *escrav* / sufixo: *ismo*. Ambos os sufixos designam substantivos; no entanto, cada um forma uma palavra de significado diferente.

**Resposta:** alternativa **a**

## Exercícios propostos

**Texto para a próxima questão.**

Eu amo a rua. Esse sentimento de natureza toda íntima não vos seria revelado por mim se não julgasse, e razões não tivesse para julgar, que este amor assim absoluto e assim exagerado é partilhado por todos vós. Nós somos irmãos, nós nos sentimos parecidos e iguais; nas cidades, nas aldeias, nos povoados, não porque soframos, com a dor e os desprazeres, a lei e a polícia, mas porque nos une, nivela e agremia o amor da rua. É este mesmo o sentimento imperturbável e indissolúvel, o único que, como a própria vida, resiste às idades e às épocas. Tudo se transforma, tudo varia – o amor, o ódio, o egoísmo. Hoje é mais amargo o riso, mais dolorosa a ironia. Os séculos passam, deslizam, levando as coisas fúteis e os acontecimentos notáveis. Só persiste e fica, legado das gerações cada vez maior, o amor da rua.

João do Rio. *A alma encantadora das ruas.*

1. (Fuvest-SP) Prefixos que têm o mesmo sentido ocorrem nas seguintes palavras do texto:
   a) íntima / agremia.
   b) resiste / deslizam.
   c) desprazeres / indissolúvel.
   d) imperturbável / transforma.
   e) revelado / persiste.

2. (EsPCEx – AMAN-RJ) Assinale a alternativa que contém um grupo de palavras cujos prefixos possuem o mesmo significado.
   a) compartilhar – sincronizar
   b) hemiciclo – endocarpo
   c) infeliz – encéfalo
   d) transparente – adjunto
   e) benevolente – diáfano

**Texto para a próxima questão.**

### O ex-cineclubista

(João Gilberto Noll)

Aquele homem meio estrábico, ostentando um mau humor maior do que realmente poderia dedicar a quem lhe cruzasse o caminho e que agora entrava no cinema, numa segunda-feira à tarde, para assistir a um filme nem tão esperado, a não ser entre pingados amantes de cinematografias de cantões os mais exóticos, aquele homem, sim, sentou-se na sala de espera e chorou, simplesmente isso: chorou. Vieram lhe trazer um copo d'água logo afastado, alguém sentou-se ao lado e lhe perguntou se não passava bem, mas ele nada disse, rosnou, passou as narinas pela manga, levantou-se num ímpeto e assistiu ao melhor filme em muitos meses, só isso. Ao sair do cinema, chovia. Ficou sob a marquise, à espera da estiagem. Tão absorto no filme que se esqueceu de si. E não soube mais voltar.

3. (UFRJ) O vocábulo "ex-cineclubista" resulta da aplicação de quatro processos de formação de palavras. Identifique-os, valendo-se de elementos constitutivos desse vocábulo.

**Texto para a próxima questão.**

### Os diferentes

Descobriu-se na Oceania, mais precisamente na ilha de Ossevaolep, um povo primitivo, que anda de cabeça para baixo e tem vida organizada.

É aparentemente um povo feliz, de cabeça muito sólida e mãos reforçadas. Vendo tudo ao contrário, não perde tempo, entretanto, em refutar a visão normal do mundo. E o que eles dizem com os pés dá a impressão de serem coisas aladas, cheias de sabedoria.

Uma comissão de cientistas europeus e americanos estuda a linguagem desses homens e mulheres, não tendo chegado ainda a conclusões publicáveis. Alguns professores tentaram imitar esses nativos e foram recolhidos ao hospital da ilha. Os cabecences-para-baixo, como foram denominados à falta de melhor classificação, têm vida longa e desconhecem a gripe e a depressão.

(ANDRADE, Carlos Drummond de. *Prosa Seleta*. Rio de Janeiro: Nova Aguilar, 2003. p. 150)

4. (UFRJ) No texto, identifica-se o povo da ilha de Ossevaolep por um neologismo: cabecences-para-baixo.
   a) Identifique os processos de formação de palavras utilizados para a criação desse neologismo.
   b) Considerando o conhecimento que os observadores têm do povo de Ossevaolep, responda: por que se afirma, no texto II, que o neologismo foi criado "à falta de melhor classificação"?

**Texto para a próxima questão.**

### Tudo verde na Groenlândia

As geleiras da Groenlândia estão derretendo tão rapidamente que, em alguns lugares, os níveis glaciais baixaram 10 metros num único ano. A constatação é de um grupo de cientistas da fundação Gary Comer, entidade americana que estuda as mudanças bruscas do clima no planeta. Para os pesquisadores, o território dinamarquês se tornou um laboratório gigante das transformações ambientais. O recuo do gelo e o desnudamento das rochas deram espaço a liquens e até a plantas mais desenvolvidas, além de resgatarem traços da agricultura *viking* extinta no século 15, quando a temperatura caiu tanto que nenhuma civilização resistiu ali. Hoje, a novidade ressuscita o verde e os fazendeiros. O aparente bom pasto é apenas a ponta de um grande problema ecológico.

(*Terra*, ed. 162, out. 2005, p. 25.)

5. (PUC-PR) A palavra "liquens" usada no texto é:
   a) um termo científico que significa vegetal formado pela associação de uma alga com um fungo.
   b) um termo da pecuária que designa um tipo de animal.
   c) um neologismo que significa camada celular.
   d) um termo científico que designa um tipo de elemento da fauna.
   e) uma denominação de um fenômeno arqueológico.

**Texto para a próxima questão.**

### Favelário nacional

..................................................................................

12. Desfavelado

Me tiraram do meu morro
me tiraram do meu cômodo
me tiraram do meu ar
me botaram neste quarto
multiplicado por mil
quartos de casas iguais.

Me fizeram tudo isso
para meu bem. E meu bem
ficou lá no chão queimado
onde eu tinha o sentimento
de viver como queria
no lugar onde queria
não onde querem que eu viva
aporrinhado devendo
prestação mais prestação
da casa que não comprei
mas compraram para mim.
Me firmo, triste e chateado
Desfavelado.

..........

15. Indagação

Antes que me urbanizem a régua, compasso,
computador, cogito, pergunto, reclamo:
Por que não urbanizam antes
a cidade?
Era tão bom que houvesse uma cidade
na cidade lá embaixo.

..........

(ANDRADE, Carlos Drummond de. *Corpo*. Rio de Janeiro, Record, 1985. p. 118-119; 120-121.)

6. (UFRRJ) Tendo em vista o conteúdo do texto e o sentido do prefixo *des-*, o neologismo "desfavelado" significa pessoa que
a) mora próximo à favela.
b) é contrária à favela.
c) nunca morou na favela.
d) deixou de ser favelado.
e) trabalha em prol da favela.

**Texto para a próxima questão.**

## A memória e o caos digital

Fernanda Colavitti

A era digital trouxe inovações e facilidades para o homem que superou de longe o que a ficção previa até pouco tempo atrás. Se antes precisávamos correr em busca de informações de nosso interesse, hoje, úteis ou não, elas é que nos assediam: resultados de loterias, dicas de cursos, variações da moeda, ofertas de compras, notícias de atentados, ganhadores de gincanas, etc. Por outro lado, enquanto cresce a capacidade dos discos rígidos e a velocidade das informações, o desempenho da memória humana está ficando cada vez mais comprometido. Cientistas são unânimes ao associar a rapidez das informações geradas pelo mundo digital com a restrição de nosso "disco rígido" natural. Eles ressaltam, porém, que o problema não está propriamente nas novas tecnologias, mas no uso exagerado delas, o que faz com que deixemos de lado atividades mais estimulantes, como a leitura, que envolvem diversas funções do cérebro. Os mais prejudicados por esse processo têm sido crianças e adolescentes, cujo desenvolvimento neuronal acaba sendo moldado preguiçosamente.

Responda sem pensar: qual era a manchete do jornal de ontem? Você lembra o nome da novela que [1]antecedeu *O Clone*? E quem era o técnico da Seleção Brasileira na Copa do Mundo de 1994? Não ter uma resposta imediata para essas perguntas não deve ser causa de preocupação para ninguém, mas exemplifica bem o problema constatado pela fonoaudióloga paulista Ana Maria Maaz Alvarez, que há mais de 20 anos estuda a relação entre audição e recordação.

A pedido de duas empresas, ela realizou uma pesquisa para saber o que estava ocorrendo com os funcionários que reclamavam com frequência de lapsos de memória. Foram entrevistados 71 homens e mulheres, com idade de 18 e 42 anos. A maioria dos esquecimentos era de natureza auditiva, como nomes que acabavam de ser ouvidos ou assuntos discutidos. (Por falar nisso, responda sem olhar no parágrafo anterior: você lembra o nome da pesquisadora citada?)

Ana Maria descobriu que os lapsos de memória resultavam basicamente do excesso de informação em consequência do tipo de trabalho que essas pessoas exerciam nas empresas, e do pouco tempo que [3]dispunham para processá-las, somados à angústia de querer saber mais e ao excesso de atribuições. "Elas não se detinham no que estava sendo dito (lido, ouvido ou visto) e, consequentemente, não [4]conseguiam gravar os dados na memória", afirma.

(Fonte Internet: *Superinteressante*, 2001).

7. (Uece) Analise os elementos mórficos das formas verbais e assinale com V as segmentações corretas e, com F, as falsas.
( ) antecedeu (ref. 1): ante + ced + e + u
( ) descobriu (ref. 2): des + cobri + u
( ) dispunham (ref. 3): dis + punh + a + m
( ) conseguiam (ref. 4): con + segu + i + a + m

Assinale a alternativa que contém a sequência correta, de cima para baixo.

a) V, F, V, F
b) F, V, F, V
c) V, F, V, V
d) V, F, F, F

# MÓDULO 9 • O substantivo

Substantivo é a palavra que usamos para nomear seres animados e inanimados, objetos materiais, ações, sentimentos, qualidades e ideias. Funciona como elemento nuclear do sintagma nominal e é subordinante, ou seja, na hierarquia das palavras, subordina os termos que o acompanham. Como palavra variável, apresenta flexão de gênero e número e variação de grau.

## 1. Classificação: o aspecto semântico

| pela generalização ou especificação | | pela natureza | |
|---|---|---|---|
| **comum** | **próprio** | **concreto** | **abstrato** |
| designa os seres de uma espécie de forma genérica, pois expressa um conjunto de características aplicáveis a um grupo de objetos similares: dragão, computador, tecnologia, paz, fada, prédio, etc. | individualiza, ou seja, designa um ser específico, determinado, particular entre as possibilidades de uma mesma espécie: Amanda, Tiradentes, Unesco, Universidade Federal de Minas Gerais, etc. | designa os seres propriamente ditos (pessoas, objetos, lugares), que podem ser materializados independentemente de sua existência real: pirata, mesa, garfo, dragão, saci, duende, livro, etc. | designa ações, qualidades, estados ou noções, tomados como seres. São sempre resultado de uma abstração e, em geral, são palavras derivadas: beleza, maldade, corrida, lançamento, etc. |

## 2. Classificação: o aspecto morfológico

| substantivo | | | |
|---|---|---|---|
| **simples** | **composto** | **primitivo** | **derivado** |
| formado por um único radical: saúde, meio, fumo, arco, íris, etc. | formado por mais de um radical: fumódromo, meio ambiente, arco-íris, etc. | formado por um radical matriz, que pode servir de base para a formação de outros substantivos: saúde, fumo, arco, rosa, etc. | formado a partir de uma palavra primitiva: fumante, arqueiro, roseiral, etc. |

## 3. As categorias gramaticais do substantivo

### Gênero

Em português, todos os nomes, sem exceção, dividem-se em masculinos e femininos. É importante salientar que o gênero é uma categoria gramatical, um fato linguístico. Isso significa que, em alguns casos, pode haver correspondência entre o gênero do substantivo e o sexo do ser nomeado (como nos substantivos que designam pessoas ou animais), mas em outros, não (substantivos que designam objetos, por exemplo), sendo o gênero do substantivo mera convenção. Podemos associar cão/cadela aos conceitos de macho/fêmea, mas o mesmo não ocorre com janela, apesar de ser este um substantivo feminino.

### Número

Assim como o gênero, o número também é uma categoria gramatical. O substantivo pode estar no singular (quando se refere a um único ser) ou no plural (quando se refere a mais de um ser).

O substantivo coletivo, aquele que se refere a um conjunto de seres, também pode ser flexionado: no singular designa um único conjunto de seres; no plural, designa dois ou mais desses conjuntos.

## Grau

Além das categorias de número e de gênero, o substantivo pode apresentar a categoria de grau, ou seja, uma variação que exprime a ideia de aumento ou diminuição de tamanho, sempre tendo como referência um grau normal, que seria o substantivo propriamente dito, tal como ele aparece, por exemplo, nos dicionários. Neles encontraremos, com toda certeza, o verbete.

### Formação do grau do substantivo

Para formar o aumentativo ou o diminutivo dos substantivos, utilizam-se dois processos:

- o sintético: acrescentam-se sufixos ao grau normal:
  amigo amigu**inho** (diminutivo sintético)
  amig**ão**, amig**alhão** (aumentativos sintéticos)
- o analítico: o substantivo, no grau normal, aparece modificado por adjetivos que expressam ideias de aumento ou de diminuição:
  amigo amigo **pequeno** amigo **grande**

## Exercício comentado

**Texto para a próxima questão.**

No processo da Revolução Francesa, quando destruíram os últimos resquícios do feudalismo na eufórica noite de 4 de agosto de 1789, os deputados concordaram em manter o dízimo da Igreja, [2]em vez de simplesmente aboli-lo sem qualquer compensação. Mas, desde então, [1]houve sinais de que a promessa seria abandonada. "Eles desejam ser livres, mas não sabem ser justos", reclamou o abade de Seyès, referindo-se a alguns colegas da Assembleia. Robespierre não era nem antipadres nem anticlerical; [3]é difícil determinar sua posição quanto ao futuro da Igreja na Revolução. Às vezes, era veemente crítico e, em outras vezes, retornava à interpretação da doutrina cristã, pois, a seu ver, o cristianismo era a religião dos pobres e daqueles de coração puro — riqueza chamativa e luxo não deveriam fazer parte dele. Os pobres, segundo ele, eram oprimidos não apenas pela fome, mas também pelo espetáculo escandaloso de clérigos autoindulgentes, [4]que esbanjavam insensivelmente o que [5]pertencia aos pobres por direito.

Ruth Scurr. *Pureza fatal:* Robespierre e a Revolução Francesa. Rio de Janeiro/São Paulo: Record, 2009, p. 140-1 (com adaptações).

**1.** (UnB-DF) Com base no texto acima, julgue os itens subsequentes.

a) No trecho "houve sinais de que a promessa seria abandonada" (ref. 1), o substantivo "promessa" tem como referente o trecho "em vez de simplesmente aboli-lo sem qualquer compensação" (ref. 2).

b) O trecho "é difícil determinar sua posição quanto ao futuro da Igreja na Revolução" (ref. 3) pode ser substituído corretamente por **quanto ao futuro da Igreja, é difícil determinar, na Revolução, a posição de Robespierre**.

c) No trecho "que esbanjavam insensivelmente o que pertencia aos pobres por direito" (ref. 4), o complemento direto de "esbanjavam" é modificado por uma oração adjetiva.

d) A estrutura "pertencia aos pobres por direito" (ref. 5) pode ser substituída corretamente por **era um direito dos pobres**.

**Comentário do vestibular:**

As afirmações transcritas em **a** e **b** e **d** são incorretas, pois:

Em **a**, o substantivo "promessa" remete a "manter o dízimo da igreja".

Em **b**, a alteração sugerida alteraria o sentido da frase original, já que o adjunto adverbial "na revolução" remete a "futuro da igreja" e não à indicação da posição de Robespierre durante o processo revolucionário.

Em **d**, a expressão "por direito" na frase "pertencia aos pobres por direito" alude a um poder legítimo, mas não legalizado, enquanto a sugerida para substituição sugere uma prerrogativa passível de ser exigida por estar consignada em lei.

**Resposta:** alternativas **a**) Incorreto; **b**) Incorreto; **c**) Correto; **d**) Incorreto.

## Exercícios propostos

**Texto para a próxima questão.**

### Uma campanha alegre, IX

Há muitos anos que a política em Portugal apresenta este singular estado:

Doze ou quinze homens, sempre os mesmos, alternadamente possuem o Poder, perdem o Poder, reconquistam o Poder, trocam o Poder... O Poder não sai duns certos grupos, como uma pela* que quatro crianças, aos quatro cantos de uma sala, atiram umas às outras, pelo ar, num rumor de risos.

Quando quatro ou cinco daqueles homens estão no Poder, esses homens são, segundo a opinião, e os dizeres de todos os outros que lá não estão — os corruptos, os esbanjadores da Fazenda, a ruína do País!

Os outros, os que não estão no Poder, são, segundo a sua própria opinião e os seus jornais — os verdadeiros liberais, os salvadores da causa pública, os amigos do povo, e os interesses do País.

Mas, coisa notável! — os cinco que estão no Poder fazem tudo o que podem para continuar a ser os esbanjadores da Fazenda e a ruína do País, durante o maior tempo possível! E os que não estão no Poder movem-se, conspiram, cansam-se, para deixar de ser o mais depressa que puderem — os verdadeiros liberais, e os interesses do País!

Até que enfim caem os cinco do Poder, e os outros, os verdadeiros liberais, entram triunfantemente na designação herdada de esbanjadores da Fazenda e ruína do País; em tanto que os que caíram do Poder se resignam, cheios de fel e de tédio — a vir a ser os verdadeiros liberais e os interesses do País.

Ora como todos os ministros são tirados deste grupo de doze ou quinze indivíduos, não há nenhum deles que não tenha sido por seu turno esbanjador da Fazenda e ruína do País...

Não há nenhum que não tenha sido demitido, ou obrigado a pedir a demissão, pelas acusações mais graves e pelas votações mais hostis...

Não há nenhum que não tenha sido julgado incapaz de dirigir as coisas públicas — pela Imprensa, pela palavra dos oradores, pelas incriminações da opinião, pela afirmativa constitucional do poder moderador...

E todavia serão estes doze ou quinze indivíduos os que continuarão dirigindo o País, neste caminho em que ele vai, feliz, abundante, rico, forte, coroado de rosas, e num chouto** tão triunfante!

Vocabulário:
(*) **Pela** – bola.
(**) **Chouto** – trote miúdo.

(Eça de Queirós. *Obras*. Porto: Lello & Irmão-Editores, [s.d.].)

1. (Unesp) Assinale a alternativa cuja frase contém um numeral cardinal empregado como substantivo.
   a) Há muitos anos que a política em Portugal apresenta...
   b) Doze ou quinze homens, sempre os mesmos, alternadamente possuem o Poder...
   c) ... os cinco que estão no Poder fazem tudo o que podem para continuar...
   d) ... são tirados deste grupo de doze ou quinze indivíduos...
   e) ... aos quatro cantos de uma sala...

2. (Unicamp-SP)

Há notícias que são de interesse público e há notícias que são de interesse do público. Se a celebridade "x" está saindo com o ator "y", isso não tem nenhum interesse público. Mas, dependendo de quem sejam "x" e "y", é de enorme interesse do público, ou de um certo público (numeroso), pelo menos.

As decisões do Banco Central para conter a inflação têm óbvio interesse público. Mas quase não despertam interesse, a não ser dos entendidos.

O jornalismo transita entre essas duas exigências, desafiado a atender às demandas de uma sociedade ao mesmo tempo massificada e segmentada, de um leitor que gravita cada vez mais apenas em torno de seus interesses particulares.

(Fernando Barros e Silva, O jornalista e o assassino. *Folha de S.Paulo* (versão *on line*), 18/04/2011. Acessado em 20/12/2011.)

   a) A palavra *público* é empregada no texto ora como substantivo, ora como adjetivo. Exemplifique cada um desses empregos com passagens do próprio texto e apresente o critério que você utilizou para fazer a distinção.
   b) Qual é, no texto, a diferença entre o que é chamado de *interesse público* e o que é chamado de *interesse do público*?

**Texto para a próxima questão.**

## A ciência do palavrão

Por que diabos m... é palavrão? Aliás, por que a palavra diabos, indizível décadas atrás, deixou de ser um? Outra: você já deve ter tropeçado numa pedra e, para revidar, xingou-a de algo como filha da ..., mesmo sabendo que a dita nem mãe tem.

Pois é: há mais mistérios no universo dos palavrões do que o senso comum imagina. Mas a ciência ajuda a desvendá-los. Pesquisas recentes mostram que as palavras sujas nascem em um mundo à parte dentro do cérebro. Enquanto a linguagem comum e o pensamento consciente ficam a cargo da parte mais sofisticada da massa cinzenta, o neocórtex, os palavrões moram nos porões da cabeça. Mais exatamente no sistema límbico. Nossa parte animal fica lá.

E sai de vez em quando, na forma de palavrões. A medicina ajuda a entender isso. Veja o caso da síndrome de Tourette. Essa doença acomete pessoas que sofreram danos no gânglio basal, a parte do cérebro cuja função é manter o sistema límbico comportado. E os palavrões saem como se fossem tiques nervosos na forma de palavras.

Mas você não precisa ter lesão nenhuma para se descontrolar de vez em quando, claro. Justamente por não pensar, quando essa parte animal do cérebro fala, ela consegue traduzir certas emoções com uma intensidade inigualável.

Os palavrões, por esse ponto de vista, são poesia no sentido mais profundo da palavra. Duvida? Então pense em uma palavra forte. Paixão, por exemplo. Ela tem substância, sim, mas está longe de transmitir toda a carga emocional da paixão propriamente dita. Mas com um grande e gordo p.q.p. a história é outra. Ele vai direto ao ponto, transmite a emoção do sistema límbico de quem fala diretamente para o de quem ouve. Por isso mesmo, alguns pesquisadores consideram o palavrão até mais sofisticado que a linguagem comum.

(www.super.abril.com.br/revista/. Adaptado.)

3. (Unifesp) No texto, o substantivo "palavrão", ainda que se mostre flexionado em grau, não reporta a ideia de tamanho. Tal emprego também se verifica em:

a) Durante a pesquisa, foi colocada uma "gotícula" do ácido para se definir a reação.

b) Na casa dos sete anões, Branca de Neve encontrou sete minúsculas "caminhas".

c) Para cortar gastos, resolveu confeccionar "livrinhos" que cabem nos bolsos.

d) Não estava satisfeita com aquele "empreguinho" sem graça e sem perspectivas.

e) Teve um "carrinho" de dois lugares, depois um carro de cinco e, hoje, um de sete.

**Texto para a próxima questão.**

## Declaração

Devia começar, como o sabe de cor e salteado a maioria dos leitores, que é sem dúvida nenhuma muito entendida na matéria, por uma declaração em forma.

Mas em amor, assim como em tudo, a primeira saída é o mais difícil. Todas as vezes que esta ideia vinha à cabeça do pobre rapaz, passava-lhe uma nuvem escura por diante dos olhos e banhava-se-lhe o corpo em suor. Muitas semanas levou a compor, a estudar o que havia de dizer a Luizinha quando aparecesse o momento decisivo. Achava com facilidade milhares de ideias brilhantes: porém, mal tinha assentado em que diria isto ou aquilo, já isto ou aquilo lhe não parecia bom. Por várias vezes, tivera ocasião favorável para desempenhar a sua tarefa, pois estivera a sós com Luizinha; porém, nessas ocasiões, nada havia que pudesse vencer um tremor nas pernas que se apoderava dele, e que não lhe permitia levantar-se do lugar onde estava, e um engasgo que lhe sobrevinha, e que o impedia de articular uma só palavra. Enfim, depois de muitas lutas consigo mesmo para vencer o acanhamento, tomou um dia a resolução de acabar com o medo, dizer-lhe a primeira coisa que lhe viesse à boca.

Luizinha estava no vão de uma janela a espiar para a rua pela rótula: Leonardo aproximou-se tremendo, pé ante pé, parou e ficou imóvel como uma estátua atrás dela que, entretida para fora, de nada tinha dado fé. Esteve assim por longo tempo calculando se devia falar em pé ou se devia ajoelhar-se. Depois fez um movimento como se quisesse tocar no ombro de Luizinha, mas retirou depressa a mão. Pareceu-lhe que por aí não ia bem; quis antes puxar-lhe pelo vestido, e ia já levantando a mão quando também se arrependeu. Durante todos esses movimentos o pobre rapaz suava a não poder mais. Enfim, um incidente veio tirá-lo da dificuldade.

Ouvindo passos no corredor, entendeu que alguém se aproximava, e tomado de terror por se ver apanhado naquela posição, deu repentinamente dois passos para trás, e soltou um – ah! – muito engasgado. Luizinha, voltando-se, deu com ele diante de si, e recuando espremeu-se de costas contra a rótula: veio-lhe também outro – ah! – porém não lhe passou da garganta e conseguiu apenas fazer uma careta.

A bulha dos passos cessou sem que ninguém chegasse à sala; os dois levaram algum tempo naquela mesma posição, até que Leonardo, por um supremo esforço, rompeu o silêncio, e com voz trêmula e em tom o mais sem graça que se possa imaginar perguntou desenxabidamente:

– A senhora... sabe... uma coisa?

E riu-se com uma risada forçada, pálida e tola.

Luizinha não respondeu. Ele repetiu no mesmo tom:

– Então... a senhora... sabe ou... não sabe?

E tornou a rir-se do mesmo modo. Luizinha conservou-se muda.

– A senhora bem sabe... é porque não quer dizer...

Nada de resposta.

– Se a senhora não ficasse zangada... eu dizia...

Silêncio.

– Está bom... Eu digo sempre... mas a senhora fica ou não fica zangada?

Luizinha fez um gesto de quem estava impacientada.

– Pois então eu digo... a senhora não sabe... eu... eu lhe quero... muito bem...

Luizinha fez-se cor de uma cereja; e fazendo meia volta à direita, foi dando as costas ao Leonardo e caminhando pelo corredor. Era tempo, pois alguém se aproximava.

Leonardo viu-a ir-se, um pouco estupefato pela resposta que ela lhe dera, porém, não de todo descontente: seu olhar de amante percebera que o que se acabava de passar não tinha sido totalmente desagradável a Luizinha.

Quando ela desapareceu, soltou o rapaz um suspiro de desabafo e assentou-se, pois se achava tão fatigado como se tivesse acabado de lutar braço a braço com um gigante.

(Manuel Antônio de Almeida. *Memórias de um Sargento de Milícias.*)

4. (Unirio-RJ) A opção em que o adjetivo determina o substantivo, mas, na verdade, qualifica o referente a que o substantivo está associado é:

a) "Achava com facilidade milhares de ideias brilhantes" (2º par.)

b) "... e com voz trêmula..." (5º par.)

c) "E riu-se com uma risada pálida e tola" (7º par.)

d) "Luizinha fez-se cor de uma cereja" (18º par.)

e) "Leonardo viu-a rir-se, um pouco estupefato" (19º par.)

# MÓDULO 1 • Linguagem – socialização e enunciação

## 1. Linguagem e socialização

Num primeiro momento, pode-se definir linguagem humana como todo sistema que, por meio da organização de símbolos atrelados a sons, permite ao homem expressar-se ou representar ideias, desejos, sentimentos, emoções. Essa representação possibilita o entendimento por meio da escuta ou da escritura, o que concretiza a dinâmica da interação, da comunicação e, consequentemente, da socialização. Num segundo momento, pode-se defini-la como a capacidade inerente ao homem de aprender uma língua e de fazer uso dela.

### Linguagem verbal e linguagem não verbal

Quando pensamos em linguagem como sistema organizado de sinais, associamos essa palavra à noção de linguagem verbal, ou seja, de língua. Mas linguagem, como já vimos, tem um conceito mais amplo: é **todo** sistema que permite a expressão ou representação de ideias, e se concretiza em um texto.

Diversos são os sistemas de representação utilizados na interação social, e um dos mais importantes é a língua. Reconhecemos dois grandes tipos de sistemas de signos:

- **linguagem verbal**: aquela que utiliza a língua (falada ou escrita);
- **linguagem não verbal**: aquela que utiliza qualquer sistema que não seja a palavra.

## 2. Os signos visuais

**Signos visuais** são componentes básicos dos códigos, que possibilitam a expressão de uma ideia substituindo determinados objetos.

- **ícone**: signo que apresenta relação de semelhança ou analogia com o objeto a que se refere (é metafórico). São ícones: a fotografia, o diagrama, a planta de uma casa, etc.
- **índice**: signo que mantém uma relação natural causal, ou de contiguidade física, com o objeto a que se refere (é metonímico). São **índices**: a fumaça, que **indica** a presença de fogo; a nuvem negra no céu **indicando** chuva; uma pegada **indicando** a passagem de alguém, a posição do cata-vento que **indica** a direção do vento, etc.
- **símbolo**: signo que se fundamenta numa convenção social e que, por isso, mantém uma relação convencional com o objeto a que se refere; é arbitrário, é imotivado. São exemplos de símbolos: o **signo linguístico**, a pomba branca (representação da paz); a cor vermelha (representação de perigo); a auréola (representação de santidade, inocência).

## 3. Linguagem e enunciação

É na enunciação, isto é, na situação real de comunicação, que a linguagem se torna efetiva. A enunciação engloba o processo de comunicação como um todo, abrangendo diversos elementos que o condicionam e o modificam:

### Frase e enunciado

O enunciado é o resultado de um processo comunicativo efetivo, condicionado por diversos elementos; já a frase é o resultado de uma combinação possível, compreensível e de sentido completo, numa determinada língua, mas não contextualizada.

## 4. Adequação

Um enunciado pode ser considerado adequado quando é apropriado aos elementos presentes no processo de comunicação, atendendo às necessidades dos falantes. Isso significa que a linguagem do texto deve estar adequada à situação, ao interlocutor e à intencionalidade do falante.

### Usos da língua

De maneira geral, distinguem-se dois tipos de registro da língua:

- o **registro informal ou coloquial**: emprego das estruturas da língua de forma espontânea e funcional;
- o **registro formal**: emprego das estruturas da língua de forma mais cuidada e convencional.

No entanto, o registro formal e o registro coloquial ou informal são classificações extremas de inúmeras variações do uso da língua – ora mais formais, ora mais informais –, tanto quanto inúmeras são as situações de comunicação ao longo da vida em sociedade. O grande desafio é estar preparado para utilizar o nível de linguagem adequado à situação e ao(s) interlocutor(es).

### Escrita e oralidade

O processo de comunicação ocorre num enunciado falado ou escrito. Portanto, distinguem-se duas modalidades para a interação social pela linguagem: a **falada** e a **escrita**:

| modalidade falada | modalidade escrita |
|---|---|
| forte dependência contextual | pouca dependência contextual |
| pouco planejamento ou planejamento simultâneo à produção da fala: espontânea, fluxo fragmentado, mudança abrupta de construção, frases quebradas | possibilidade de planejamento cuidadoso; fluxo não fragmentado e contínuo, frases completas |
| coesão por meio de recursos paralinguísticos (entonação, gestos, olhares, etc.) | coesão por meio de conectivos, de estruturas sintáticas, etc. |
| predomínio de frases curtas, ordem direta, período simples e coordenação | períodos longos com muita subordinação, frases com estrutura complexa |
| presença de elementos que mantêm a conversação aberta: "entende?", "tá claro?" | forte influência das convenções |

### As conversações

Entre as características particulares dos textos conversacionais, destacam-se:

- emprego de linguagem verbal e não verbal – ao falar, usamos o sistema linguístico em conjunto com entonações, expressões faciais, gestos, etc;
- uso de expressões fáticas – o estar frente a frente com o interlocutor leva a uma constante interação com o outro, testando seu envolvimento, marcando emoções e sentimentos provocados pela fala; são corriqueiras frases interjetivas como: Claro!, Pois é!, etc;
- turnos de fala determinados pela negociação constante – a conversação supõe dois ou mais participantes; os turnos de fala são as unidades que representam a participação de cada um.

## Exercício comentado

**Texto para a próxima questão.**

### Sinal dos tempos

Na semana passada, os jornais do mundo inteiro noticiaram, com alarde, o lançamento de um novo aparelho celular, desses que fazem de tudo e mais um pouco. Nas redes sociais, o assunto "bombou", como se fosse um grande acontecimento. Os consumidores deslumbrados e os aficionados por tecnologia ficaram, é claro, ansiosos para comprar o brinquedinho – alçado (até que surja um modelo mais incrementado) a condição de preciosidade do ano.

Uma frase no Twitter, entretanto, chamou-me a atenção no meio de toda essa euforia. Dizia mais ou menos o seguinte: "quando as manchetes do mundo são o lançamento de um celular, algo está errado com o mundo". Concordo e assino embaixo. Não por ser contra o avanço tecnológico, muito pelo contrário.

O que me incomoda é, sim, a submissão neurótica das pessoas a essas novidades e a tudo o que recebe o rótulo de "último lançamento".

Não deixa de ser patético, por outro lado, o descompasso entre os lançamentos tecnológicos e os serviços prestados à sociedade para o uso dessas novidades, como ocorre no Brasil. Em matéria de telefonia e acesso à internet, por exemplo, sabemos que os preços daqui são de Primeiro Mundo, enquanto os serviços são de quinta categoria. Os aparelhos estão cada vez mais sofisticados e acessíveis, o consumo atinge mais e mais pessoas de diferentes extratos sociais, mas o serviço está cada vez pior e com preços cada vez mais abusivos. Histórias de pessoas que ficam dias sem acesso à internet, por falta de assistência das operadoras, multiplicam-se. Sinais que despencam durante ligações telefônicas tornaram-se recorrentes. Agora mesmo, escrevo sem internet em casa, por causa do descaso da operadora. Isso ocorreu duas vezes em menos de um mês. Na primeira, foram três dias sem sinal e sem assistência técnica. Na segunda, o jeito foi cancelar a linha e contratar o serviço de outra empresa. Enquanto não instalam a nova linha, a internet do celular tem quebrado o galho, apesar de o sinal cair a toda hora.

Um outro descompasso – este de ordem social – concerne as pessoas que não têm acesso às novas tecnologias e são obrigadas a usá-las a todo custo. É o caso de dona Geralda, que nasceu na roça e veio para a cidade trabalhar como faxineira. Hoje aposentada, vive com a irmã num bairro pobre e distante. Quando soube, no mês passado, que tinha direito a um benefício, a ser solicitado num órgão público, ela pegou dois ônibus e foi até lá. Depois de enfrentar a fila das prioridades, foi finalmente recebida pelo atendente que, em tom burocrático e ar displicente, lhe disse: "A senhora pode estar preenchendo o formulário na internet".

Confusa, dona Geralda disse que não tinha computador e nem sabia direito o que é internet. O rapaz insistiu: "É só pedir alguém para estar preenchendo para a senhora". "Mas quem? Só tenho a minha irmã, que não mexe com essas coisas", ela retrucou. "Então a senhora vai a um cybercafé, que lá eles fazem tudo. Tem um logo ali, na esquina." – foi a resposta. E ela: "Sambacafé? O que é isso?". O moço, então, despachou-a com impaciência, repetindo que o formulário tinha que ser preenchido pela internet e ponto final. A ele cabia a tarefa de fazer o cadastro, mas preferiu fazer andar a fila.

Sim, algo está errado com o mundo.

MACIEL, Maria Esther. *Estado de Minas*. Belo Horizonte, 18 set. 2012. Caderno Cultura. Disponível em: <http://impresso.em.com.br/>. Acesso em: 18 set. 2012.

1. (CFTMG) A ocorrência de marcas de oralidade pode ser identificada nas passagens abaixo, EXCETO em:
   a) "A senhora pode estar preenchendo o formulário na internet".
   b) "Mas quem? Só tenho a minha irmã, que não mexe com essas coisas".
   c) "Nas redes sociais, o assunto 'bombou', como se fosse um grande acontecimento".
   d) "Histórias de pessoas que ficam dias sem acesso à internet, por falta de assistência das operadoras, multiplicam-se."

**Comentário do vestibular:**

Apenas em **d** não existem marcas de oralidade, típicas da linguagem informal. Em **a**, a locução verbal "pode estar preenchendo" constitui vício de linguagem chamado vulgarmente de "gerundismo", e, em **c** e **d**, os termos "coisas"e "bombou" só devem ser usados em contextos em que a necessidade de se imprimir fluidez na comunicação do diálogo prevalece sobre a adequação da frase às regras da gramática normativa.

**Resposta:** alternativa **d**

# Exercícios propostos

1. (UEPG-PR)

### A Confissão de Leontina

Já contei esta história tantas vezes e ninguém quis me acreditar. Vou agora contar tudo especialmente pra senhora que, se não pode ajudar, pelo menos não fica me atormentando como fazem os outros. É que eu não sou mesmo essa uma que toda gente diz. O jornal me chama de assassina, ladrona e tem um que até deu o meu retrato, dizendo que eu era a Messalina da boca do lixo. Perguntei pro seu Armando o que era Messalina e ele respondeu que essa foi uma mulher muito à toa. E meus olhos, que já não têm lágrimas de tanto que tenho chorado, ainda choraram mais.

(Lygia Fagundes Telles)

Sobre o texto, assinale o que for correto.

(01) A presença de uma interlocutora imprime à narrativa o tom de confissão.

(02) A linguagem informal, reproduzida como é falada, caracteriza a personagem como uma mulher socialmente marginalizada.

(04) Ocorre uma incoerência entre o tipo de linguagem empregado pela personagem e sua posição social.

(08) A oralidade é sustentada pelo nível de linguagem, que emprega expressões típicas da fala, geralmente evitadas na escrita.

2. (UFSM-RS)

Assinale verdadeira (V) ou falsa (F) em cada uma das alternativas propostas.

( ) O autor compõe um texto humorístico explorando a incongruência, a incompatibilidade entre a imagem de Hagar acorrentado, imobilizado (não verbal) e as falas do seu carcereiro (verbal).

( ) No segundo quadrinho, a linguagem verbal expressa um conselho dado a Hagar pelo carcereiro.

( ) "Portanto" introduz, no segundo quadrinho, a conclusão de um raciocínio baseado na certeza de que Hagar terá sua pena abrandada por bom comportamento.

A sequência correta é

a) V – F – V.
b) V – V – F.
c) F – V – F.
d) F – F – V.
e) V – F – F.

FRENTE B MÓDULO 1

3. (Insper-SP)

### Paralimpíadas é a mãe

Certamente eu descobriria no Google, mas me deu preguiça de pesquisar e, além disso, não tem importância saber quem inventou essa palavra grotesca, que agora a gente ouve nos noticiários de televisão e lê nos jornais. O surpreendente não é a invenção, pois sempre houve besteiras desse tipo, bastando lembrar os que se empenharam em não jogarmos futebol, mas ludopédio ou podobálio. O impressionante é a quase universalidade da adoção dessa palavra (ainda não vi se ela colou em Portugal, mas tenho dúvidas; os portugueses são bem mais ciosos de nossa língua do que nós), cujo uso parece ter sido objeto de um decreto imperial e faz pensar em por que não classificamos isso imediatamente como uma aberração deseducadora, desnecessária e inaceitável, além de subserviente a ditames saídos não se sabe de que cabeça desmiolada ou que interesse obscuro. Imagino que temos autonomia para isso e, se não temos, deveríamos ter, pois jornal, telejornal e radiojornal implicam deveres sérios em relação à língua. Sua escrita e sua fala são imitadas e tidas como padrão e essa responsabilidade não pode ser encarada de forma leviana.

Que cretinice é essa? Que quer dizer essa palavra, cuja formação não tem nada a ver com nossa língua? Faz muitos e muitos anos, o então ministro do Trabalho, Antônio Magri, usou a palavra "imexível" e foi gozado a torto e a direito, até porque ele não era bem um intelectual e era visto como um alvo fácil. Mas, no neologismo que talvez tenha criado, aplicou perfeitamente as regras de derivação da língua e o vocábulo resultante não está nada "errado", tanto assim que hoje é encontrado em dicionários e tem uso corrente. Já o vi empregado muitas vezes, sem alusão ao ex-ministro. Infutucável, inesculhambável e impaquerável, por exemplo, são palavras que não se acham no dicionário, mas qualquer falante da língua as entende, pois estão dentro do espírito da língua, exprimem bem o que se pretende com seu uso e constituem derivações perfeitamente legítimas.

Por que será que aceitamos sem discutir uma excrescência como "paralimpíada"?

(João Ubaldo Ribeiro, *O Estado de S. Paulo*, 23/09/2012)

O que motivou a indignação do autor com a palavra "paralimpíadas" foi o(a):

a) imposição da palavra, formada por um mecanismo que dispensa elementos conhecidos da língua.

b) aceitação irrestrita do termo por parte da mídia, especialmente pela televisão.

c) fato de que, ao contrário do neologismo "imexível", a palavra não foi incorporada aos dicionários.

d) tentativa de resgatar palavras arcaicas tal como se fossem decretos imperiais.

e) recusa à adoção do neologismo pelos portugueses, cuja atitude revela-se conservadora.

**Texto para a próxima questão.**

(...) Como não ter Deus?! Com Deus existindo, tudo dá esperança: sempre um milagre é possível, o mundo se resolve. Mas, se não tem Deus, há-de a gente perdidos no vai-vem, e a vida é burra. É o aberto perigo das grandes e pequenas horas, não se podendo facilitar – é todos contra os acasos. Tendo Deus, é menos grave se descuidar um pouquinho, pois, no fim dá certo. Mas, se não tem Deus, então, a gente não tem licença de coisa nenhuma! Porque existe dor. E a vida do homem está presa encantoada – erra rumo, dá em aleijões como esses, dos meninos sem pernas e braços. (...)

(Guimarães Rosa, *Grande sertão*: veredas.)

4. (UFSCar-SP) Uma das principais características da obra de Guimarães Rosa é sua linguagem artificiosamente inventada, barroca até certo ponto, mas instrumento adequado para sua narração, na qual o sertão acaba universalizado.

a) Transcreva um trecho do texto apresentado, onde esse tipo de "invenção" ocorre.

b) Transcreva um trecho em que a sintaxe utilizada por Rosa configura uma variação linguística que contraria o registro prescrito pela língua-padrão.

5. (PUC-PR) Em relação às duas estrofes do poema "Aula de Português", de Carlos Drummond de Andrade, assinale a alternativa INCORRETA:

A linguagem
na ponta da língua,
tão fácil de falar
e de entender.

A linguagem
na superfície estrelada das estrelas,
sabe lá o que ela quer dizer?

(ANDRADE, Carlos Drummond de. Boitempo. In: *Poesia e Prosa*. Rio: Nova Aguilar, 1988.)

a) As estrofes fazem oposição entre as modalidades falada e escrita da língua.

b) Para o poeta, a modalidade escrita é mais valorizada, complexa e, portanto, letrada; daí a sua dificuldade em entendê-la.

c) As estrofes focalizam o fenômeno da variação linguística, isto é, das variedades coloquial e poética.

d) As estrofes sugerem que a língua não é homogênea nem uniforme sob o ponto de vista de seu uso.

e) O poeta sugere que há melhor desempenho do usuário em uma modalidade linguística que em outra.

# MÓDULO 2 • O processo de comunicação e seus elementos

## 1. O processo de comunicação

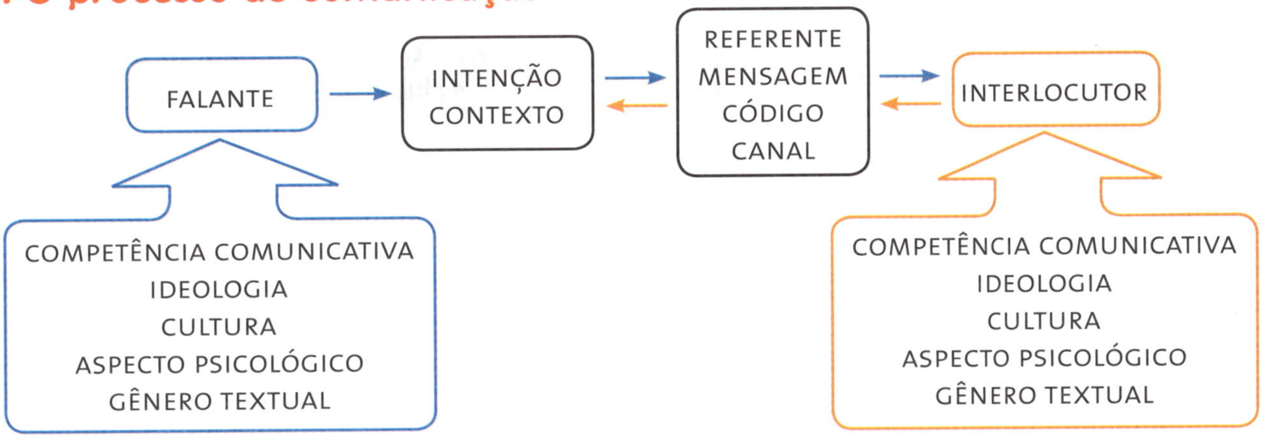


## 2. As competências dos participantes

A **competência comunicativa**, isto é, a habilidade que um indivíduo tem para lidar com a linguagem, seja para formular enunciados (no caso do falante), seja para atribuir sentido a eles (no caso do interlocutor), envolve o conhecimento de uma determinada língua, suas variantes e registros. Se um falante formular um enunciado em japonês para um interlocutor que desconhece essa língua, não se completará o processo comunicativo; se um falante formular um enunciado em um registro ultraformal para um interlocutor de apenas cinco anos, provavelmente o processo comunicativo não será inteiramente efetivado.

A **ideologia** e a **cultura** dos participantes estão presentes na formulação e na leitura de um texto, condicionando e limitando as duas atividades, pois incluem o conjunto de crenças, representações e avaliações do mundo e da vida.

O **aspecto psicológico** retrata as influências variáveis do humor, da sensibilidade, da capacidade de tolerância, etc. de cada indivíduo no momento exato do processo comunicativo. Muitas vezes, um mesmo enunciado em momentos diferentes pode ser formulado de maneiras distintas por um mesmo falante, e pode ser lido e interpretado de maneiras distintas por um mesmo interlocutor.

O **gênero textual** condiciona a formulação do enunciado a modelos preexistentes. Dessa maneira, o falante deve conhecer as particularidades de um gênero textual, adequando sua mensagem a ele, assim como o interlocutor deve conhecê-las também, para poder fazer a leitura da mensagem.

Podemos concluir que o falante deve, além de observar suas próprias capacidades e características, prestar muita atenção nas capacidades e características de seu interlocutor. Quanto mais características comuns o falante e o interlocutor possuírem, maior o êxito do processo comunicativo.

## 3. Recursos textuais para a montagem da mensagem

### A intencionalidade

Ao elaborar sua mensagem, o falante pode fazer uso de algumas palavras para posicionar-se ou para persuadir o interlocutor, dependendo de sua intenção; essas palavras funcionam como “alfinetadas argumentativas” que buscam a adesão do interlocutor.

Assim como o **até**, outras palavras e expressões funcionam como “venenos” persuasivos: **aliás**, **ainda**, **também**, **só**, **nem mesmo**, **no mínimo**, etc. Algumas delas podem vir combinadas com conjunções que funcionam como **intensificadores** (quando apresentam noção semântica semelhante à conjunção a que se associam) ou **modalizadoras** (quando não apresentam noção semântica semelhante à conjunção a que se associam).

## A referência situacional

O processo de comunicação se desenvolve em lugar e tempo determinados, assim como também envolve participantes determinados. Essas circunstâncias situacionais aparecem no texto por meio do emprego de palavras "vazias", isto é, palavras que só adquirem significado quando associadas a um referente, que pode estar no próprio texto (referência textual) ou num contexto extratextual (fora do texto).

Alguns itens que funcionam com referenciação:

| pronomes pessoais | pronomes demonstrativos | circunstanciais de tempo | circunstanciais de lugar | tempos verbais |
|---|---|---|---|---|
| eu = falante;<br>você = interlocutor;<br>nós = falante + interlocutor; falante + 3ª pessoa; falante + interlocutor + 3ª pessoa;<br>vocês = interlocutor plural; interlocutor + 3ª pessoa. | este, esta, estes, estas, isto = perto do falante;<br>esse, essa, esses, essas, isso = perto do interlocutor;<br>aquele, aquela, aqueles, aquelas, aquilo = longe do falante e do interlocutor. | advérbios = hoje, amanhã, agora, ontem, etc.<br>locuções adverbiais = neste momento, daqui a pouco, dentro de um mês, etc. | advérbios = aqui, lá, cá, acolá, ali, aí, perto, longe, etc.<br>locuções adverbiais = neste lugar, naquele lugar, etc. | presente = simultaneidade com o momento do processo de comunicação;<br>pretérito = anterioridade em relação ao momento do processo de comunicação;<br>futuro = posterioridade em relação ao momento do processo de comunicação. |

## A referência textual

### Relações anafóricas e catafóricas

Em casos em que o referente é **antecedente**, a referência é **anafórica**. Quando o referente está depois, a relação é **catafórica**. Essas referências textuais têm uma função muito importante: a coesão do texto, articulando e relacionando as informações que estão presentes nele.

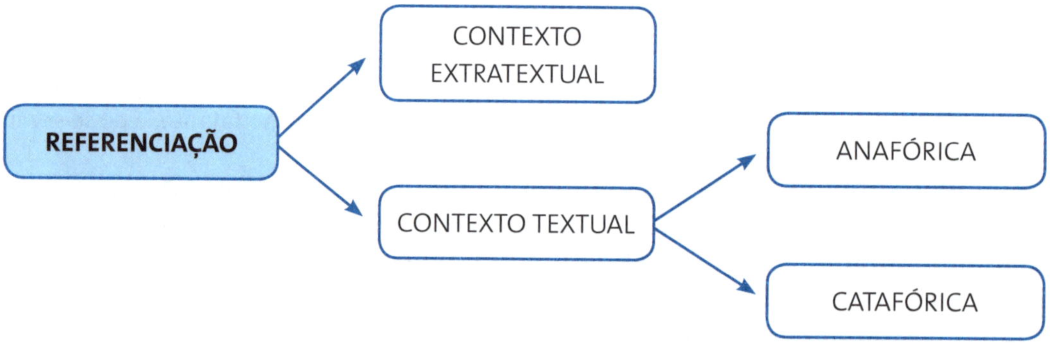


# 4. O mecanismo de seleção e combinação

Na fala, o indivíduo escolhe, seleciona as palavras, para depois organizá-las, combiná-las, dentro das possibilidades que a sintaxe da língua oferece. Esse trabalho de **seleção** e **combinação** não é aleatório, não é realizado por acaso, mas está intimamente ligado à intenção do falante. Afinal, **seleção** significa "escolha fundamentada".

## A seleção

Ao falar em seleção, é preciso atentar para dois aspectos:

- **aspecto gramatical**: a seleção pode se dar em conjuntos ou subconjuntos que funcionam como unidades sintáticas dentro da unidade maior que é a frase.
- **aspecto ideológico**: a seleção pode se dar em um conjunto de palavras que poderiam ser entendidas como sinônimos.

## A combinação

Seguindo a mesma linha, também quando se fala em combinação, é preciso atentar para dois aspectos:

- **aspecto gramatical**: já vimos que os enunciados precisam obedecer às regras da gramática natural da língua, combinando adequadamente seus elementos (caso contrário, os conjuntos serão agramaticais).
- **aspecto ideológico**: dentro do leque de opções que as estruturas gramaticais oferecem, o falante pode optar por uma ou outra, dependendo do que quer enfatizar, realçar.

# Exercício comentado

**Texto para a próxima questão.**

### Articulista da *Forbes* ironiza o *status* que o brasileiro dá para o automóvel

Até a americana revista *Forbes* anda rindo da obsessão do brasileiro em encarar o automóvel como símbolo de *status*. No último sábado, o *blog* do colaborador Kenneth Rapoza, especialista nos chamados Bric´s (Brasil, Rússia, Índia e China), trouxe um artigo intitulado "O Jeep Grand Cherokee de ridículos 80 mil dólares do Brasil". A tese do artigo: os brasileiros confundem qualidade com preço alto e se dispõem a pagar 189 mil reais (89.500 dólares) por um carro desses que, nos Estados Unidos, é só mais um carro comum. Por esse preço, ironiza Rapoza, "seria possível comprar três Grand Cherokees se esses brasileiros vivessem em Miami junto de seus amigos."

O articulista lembra que a Chrysler lançará o Dodge Durango SUV, que nos Estados Unidos custa 54 mil reais, no Salão do Automóvel de São Paulo por 190 mil reais. "Um professor de escola primária do Bronx pode comprar um Durango. Ok, não um zero quilômetro, mas um de dois ou três anos, absolutamente bem conservado", exemplifica, para mostrar que o carro supostamente não vale o quanto custa no País.

O autor salienta que o alto custo ocorre por conta da taxação de 50% em produtos importados e da ingenuidade do consumidor que acredita que um Cherokee tem o mesmo valor que um BMW X5 só porque tem o mesmo preço. "Desculpem, 'Brazukas', mas não há nenhum *status* em um Toyota Corolla, Honda Civic, Jeep Grand ou Dodge Durango. Não sejam enganados pelo preço de etiqueta. Vocês definitivamente estão sendo roubados."

E conclui o artigo: "Pensando dessa maneira, imagine que um amigo americano contasse que acabou de comprar um par de Havaianas de 150 dólares. Você diria que ele pagou demais. É claro que esses chinelos são *sexy* e *chic*, mas não valem 150 dólares. Quando o assunto é carro e seu *status* no Brasil, as camadas mais altas estão servindo Pitu e 51 em suas caipirinhas e pensando que é bebida de alta qualidade."

Disponível em: http://www.cartacapital.com.br/sociedade/articulista-da-forbes-ironiza-o-status-que-o-brasileiro-da-para-oautomovel. (Adaptado)

1. (UPE) Entre os recursos expressivos empregados no texto a fim de reforçar a linha argumentativa adotada, destaca-se a analogia, exemplificada no trecho:
   a) "Até a americana revista *Forbes* anda rindo da obsessão do brasileiro em encarar o automóvel como símbolo de *status*". (1º parágrafo)
   b) "os brasileiros confundem qualidade com preço alto e se dispõem a pagar 189 mil reais (89.500 dólares) por um carro (...)". (1º parágrafo)
   c) "O autor salienta que o alto custo ocorre por conta da taxação de 50% em produtos importados e da ingenuidade do consumidor (...)". (3º parágrafo)
   d) "Não sejam enganados pelo preço de etiqueta. Vocês definitivamente estão sendo roubados". (3º parágrafo)
   e) "Quando o assunto é carro e seu *status* no Brasil, as camadas mais altas estão servindo Pitu e 51 em suas caipirinhas e pensando que é bebida de alta qualidade". (4º parágrafo)

**Comentário do vestibular:**

É correta a alternativa **e**, pois o período final do texto estabelece relação entre coisas diferentes, ou seja, coloca em paralelo duas situações contraditórias: a importância da aparência cultivada pelas elites e as bebidas mencionadas que são usadas, preferencialmente, pelas camadas populares.

**Resposta:** alternativa **e**

# Exercícios propostos

**Texto para a próxima questão.**

### Ciência e Hollywood

[1]Infelizmente, é verdade: explosões não fazem barulho algum no espaço. Não me lembro de um só filme que tenha retratado isso direito. [2]Pode ser que existam alguns, mas se existirem não fizeram muito sucesso. Sempre vemos explosões gigantescas, estrondos fantásticos. Para existir ruído é necessário um meio material que transporte as perturbações que chamamos de ondas sonoras. Na ausência de atmosfera, ou água, ou outro meio, as perturbações não têm onde se propagar. [3]Para um produtor de cinema, a questão não passa pela ciência. Pelo menos não como prioridade. Seu interesse é tornar o filme emocionante, e explosões têm justamente este papel; roubar o som de uma grande espaçonave explodindo torna a cena bem sem graça.

Recentemente, o debate sobre as liberdades científicas tomadas pelo cinema tem aquecido. O sucesso do filme *O dia depois de amanhã* (*The day after tomorrow*), faturando mais de meio bilhão de dólares, e seu cenário de uma idade do gelo ocorrendo em uma semana, em vez de décadas ou, melhor ainda, centenas de anos, levantaram as sobrancelhas de cientistas mais rígidos que veem as distorções com desdém e esbugalharam os olhos dos espectadores (a maioria) que pouco ligam se a ciência está certa ou errada. Afinal, cinema é diversão.

Até recentemente, defendia a posição mais rígida, que filmes devem tentar ao máximo ser fiéis à ciência que retratam. Claro, isso sempre é bom. Mas não acredito mais que seja absolutamente necessário. Existe uma diferença crucial entre um filme comercial e um documentário científico. Óbvio, documentários devem retratar fielmente a ciência, educando e divertindo a população, mas filmes não têm necessariamente um compromisso pedagógico. As pessoas não vão ao cinema para serem educadas, ao menos como via de regra.

Claro, filmes históricos ou mesmo aqueles fiéis à ciência têm enorme valor cultural. Outros educam as emoções através da ficção. Mas, se existirem exageros, eles não deverão ser criticados como tal. Fantasmas não existem, mas filmes de terror sim. Pode-se argumentar que, no caso de filmes que versam sobre temas científicos, as pessoas vão ao cinema esperando uma ciência crível. Isso pode ser verdade, mas elas não deveriam basear suas conclusões no que diz o filme. No mínimo, o cinema pode servir como mecanismo de alerta para questões científicas importantes: o aquecimento global, a inteligência artificial, a engenharia genética, as guerras nucleares, os riscos espaciais como cometas ou asteroides etc. [4]Mas o conteúdo não deve ser levado ao pé da letra. A arte distorce para persuadir. E o cinema moderno, com efeitos especiais absolutamente espetaculares, distorce com enorme facilidade e poder de persuasão.

O que os cientistas podem fazer, e isso está virando moda nas universidades norte-americanas, é usar filmes nas salas de aula para educar seus alunos sobre o que é cientificamente correto e o que é absurdo. Ou seja, usar o cinema como ferramenta pedagógica. Os alunos certamente prestarão muita atenção, muito mais do que em uma aula convencional. Com isso, será possível educar a população para que, no futuro, um número cada vez maior de pessoas possa discernir o real do imaginário.

MARCELO GLEISER. Adaptado de www1.folha.uol.com.br.

1. (Uerj) Na construção argumentativa, uma estratégia comum é aquela em que se reconhecem dados ou fatos contrários ao ponto de vista defendido, para, em seguida, negá-los ou reduzir sua importância. O fragmento do texto que exemplifica essa estratégia é:

   a) Infelizmente, é verdade: explosões não fazem barulho algum no espaço. (ref. 1)
   b) Pode ser que existam alguns, mas se existirem não fizeram muito sucesso. (ref. 2)
   c) Para um produtor de cinema, a questão não passa pela ciência. (ref. 3)
   d) Mas o conteúdo não deve ser levado ao pé da letra. (ref. 4)

**Texto para a próxima questão.**

Todas as variedades linguísticas são estruturadas e correspondem a sistemas e subsistemas adequados às necessidades de seus usuários. Mas o fato de estar a língua fortemente ligada à estrutura social e aos sistemas de valores da sociedade conduz a uma avaliação distinta das características das suas diversas modalidades regionais, sociais e estilísticas. A língua padrão, por exemplo, embora seja uma entre as muitas variedades de um idioma, é sempre a mais prestigiosa, porque atua como modelo, como norma, como ideal linguístico de uma comunidade. Do valor normativo decorre a sua função coercitiva sobre as outras variedades, com o que se torna uma ponderável força contrária à variação.

Celso Cunha. *Nova gramática do português contemporâneo*. Adaptado.

2. (Fuvest-SP) Depreende-se do texto que uma determinada língua é um

   a) conjunto de variedades linguísticas, dentre as quais uma alcança maior valor social e passa a ser considerada exemplar.
   b) sistema de signos estruturado segundo as normas instituídas pelo grupo de maior prestígio social.
   c) conjunto de variedades linguísticas cuja proliferação é vedada pela norma culta.
   d) complexo de sistemas e subsistemas cujo funcionamento é prejudicado pela heterogeneidade social.
   e) conjunto de modalidades linguísticas, dentre as quais algumas são dotadas de normas e outras não o são.

**Texto para a próxima questão.**

## O funil da informação

Quem decide o que você pode ver e ouvir? Como você forma sua opinião sobre os acontecimentos recentes? Quais são os argumentos pró e contra que você conhece referentes a temas tão importantes como a transposição do rio São Francisco, Angra 3, o fato de o Brasil ter feito empréstimo ao Fundo Monetário Internacional, ou ainda sobre o direito à união estável entre pessoas do mesmo sexo?

A I Conferência Nacional de Comunicação, que deve ocorrer em dezembro próximo, vai tratar dessas e de outras questões.

Ela está sendo preparada por debates em todo o país e é o primeiro grande momento de colocar em questão o controle da mídia pelas elites, um processo que se reforça no mundo inteiro nos anos de 1990. É uma oportunidade única de a cidadania organizada impulsionar a democratização da democracia e questionar as atuais estruturas de poder que controlam a produção da informação e a análise dos fatos.

Uma sociedade que se quer democrática não pode ter os canais de TV e os jornais nacionais controlados por 15 grupos que exercem um "coronelismo eletrônico" que assegura às elites e a seus políticos o controle da informação no seu território de domínio.

Como ignorar que a família Marinho (Globo) detém a concessão de 32 canais de televisão e 20 estações de rádio por todo o Brasil? Que a família Saad (Bandeirantes) tem outros 12 canais de televisão e mais 21 estações de rádio no país? Ou que Sílvio Santos (SBT) também tem 10 canais de TV espalhados pelo território nacional? Como ignorar que eles se orientam por interesses privados, muitas vezes em conflito com o interesse público?

As concessões de rádio e TV vêm sendo, há muito, utilizadas como moeda de troca nas negociações que estabelecem alianças políticas. É isso que explica o controle dos Magalhães, na Bahia; dos Collor de Mello, em Alagoas; dos Barbalho, no Pará; dos Sarney, no Maranhão; dos Pimentel, no Paraná. Pesquisas recentes indicam que um terço dos senadores e mais de 10% dos deputados federais eleitos para o mandato 2007-2010 controlam concessões de radiodifusão.

Esse controle da informação e da formação da opinião pública é um processo que se desenvolve em várias etapas. Ele parte da formulação dos principais jornais brasileiros – *O Globo*, *O Estado de S. Paulo*, *Folha de S. Paulo* – que selecionam os temas e geram os conteúdos, interpretações e análises dos fatos.

Esses jornais e suas agências de notícias municiam jornais regionais e municipais, rádios e, principalmente, os noticiários de TV.

Às TVs cabe popularizar a notícia, afinal, mais de 90% das famílias brasileiras têm um aparelho de TV em casa e, em sua grande maioria, é a partir dos seus telejornais que vão "informar-se" sobre o que acontece no país e no mundo.

Em alguns países, fortalecer TV pública foi o caminho para a democratização da mídia. Em outros, uma fiscalização mais rígida das normas que disciplinam as concessões, que são renovadas de tempos em tempos, ajudou a garantir uma perspectiva republicana e democrática.

A mídia cumpre um papel fundamental na formação cultural de um povo, nos padrões de sociabilidade que estabelecem como se relacionar com os demais e na afirmação de valores que sustentam regimes políticos. A diferença de programação entre os canais abertos e os canais fechados de TV demonstra o que nossas elites destinam para o grande público, e o que a televisão pode fazer no sentido de elevar o padrão cultural de uma sociedade; ainda que sejam poucos os canais fechados com boa programação, eles comprovam que este meio de comunicação pode ter outros conteúdos.

A internet também é uma nova plataforma de comunicação para gerar e sociabilizar informações e análises, mas, mesmo com seu crescimento, chega a pouco mais de 10% de nossa população.

Um novo marco regulatório é indispensável para garantir o sentido republicano e democrático da atuação dos meios de comunicação; novos mecanismos de gestão democrática e participativa desses meios, mecanismos efetivos de controle social, além de uma maior presença de canais públicos e educativos e a liberação das rádios comunitárias, entre outras medidas.

"A mídia deveria ser o alicerce da sociedade democrática, que desafia a autoridade e oferece ao povo a oportunidade igual de aprender e participar."* A Conferência Nacional de Comunicação abre espaço para a democratização da comunicação; depende de nós.

FONTE: BAVA, Silvio Caccia. *Le Monde Diplomatique* – Brasil – editorial. Ano 3 – Nº 25 – agosto de 2009.

*"Mídia e poder"; entrevista com Noam Chomsky, por Regina Zappa, s/d.

**3.** (Cefet-MG) É uma estratégia argumentativa que reforça a credibilidade do texto a(o)

a) referência a dados numéricos.
b) apresentação subjetiva das ideias.
c) utilização de uma linguagem informal.
d) paráfrase de discurso de autoridade sobre a mídia.

**4.** (Fuvest-SP) Leia o trecho a seguir, extraído de um conto, e responda ao que se pede.

"eu estava ali deitado olhando através da vidraça as roseiras no jardim fustigadas pelo vento que zunia lá fora e nas venezianas de meu quarto e de repente cessava e tudo ficava tão quieto tão triste e de repente recomeçava e as roseiras frágeis e assustadas irrompiam na vidraça e eu estava ali o tempo todo olhando estava em minha cama com minha blusa de lã as mãos enfiadas nos bolsos os braços colados ao corpo as pernas juntas estava de sapatos Mamãe não gostava que eu deitasse de sapatos deixe de preguiça menino! mas dessa vez eu estava deitado de sapatos e ela viu e não falou nada ela sentou-se na beirada da cama e pousou a mão em meu joelho e falou você não quer mesmo almoçar?"

Luiz Vilela. "Eu estava ali deitado".

a) O texto procura representar um "fluxo de consciência", ou seja, a livre-associação de ideias do narrador-personagem. Aponte dois recursos expressivos, presentes no texto, que foram empregados com essa finalidade.
b) Cite, do texto, um exemplo de emprego do discurso direto.

# MÓDULO 3 • Os textos no cotidiano: gêneros, tipos e sequências textuais

## 1. Mas, afinal, o que é um texto?

Se o foco é a linguagem verbal, podemos conceituar texto como **um todo que produz sentido**, ou seja, o texto deve ser autônomo. Pode ser constituído de uma única palavra usada numa determinada situação (por exemplo: "Fogo!" dito por alguém que percebe os primeiros indícios de um incêndio) ou por inúmeras palavras que constituem um livro ou um discurso, um artigo ou um editorial de jornal, por exemplo.

### Textualidade

Como se observa, textualidade é a condição fundamental que distingue um conjunto de frases qualquer de um texto propriamente dito, lembrando que um mero conjunto de frases ou de palavras não é capaz de produzir sentido. A textualidade é dada principalmente pela coerência textual.

Outros elementos textuais importantes são: coesão, intencionalidade e intertextualidade.

### Os gêneros textuais

Os textos desempenham papel fundamental em nossa vida social, já que estamos nos comunicando o tempo todo. No processo comunicativo, eles têm uma função e cada esfera de utilização da língua, cada campo de atividade, elabora determinados tipos de textos que são estáveis, ou seja, se repetem tanto no assunto como na função, no estilo, na forma. É isso que nos permite reconhecer um texto como carta, bula de remédio, poesia ou notícia, por exemplo.

### Os tipos textuais

Os textos, independentemente do gênero a que pertencem, se constituem de sequências com determinadas características linguísticas, como classe gramatical predominante, estrutura sintática, predomínio de determinados tempos e modos verbais, emprego de vocativo, etc. Assim, conforme essas características, é possível falar em diferentes tipos textuais:

- **Narrativo**: tipo textual predominante em gêneros como crônica, romance, fábula, piada, novela, conto de fada, etc.
- **Descritivo**: tipo textual predominante em gêneros como retrato, anúncio classificado, lista de ingredientes de uma receita, guia turístico, lista de compras, cardápio, etc.
- **Argumentativo**: tipo textual predominante em gêneros como manifesto, sermão, ensaio, editorial de jornal, crítica, monografia, redação dissertativa, tese de mestrado, etc.
- **Explicativo** ou **expositivo**: tipo textual predominante em gêneros como aulas expositivas, conferências, capítulos de livro didático, verbetes de dicionários e enciclopédias, etc.
- **Injuntivo ou instrucional**: tipo textual predominante em gêneros como horóscopo, propaganda, receita culinária (modo de fazer), manual de instruções, livro de autoajuda, etc.

### Os tipos textuais e sua gramática

| sequência narrativa | sequência descritiva |
|---|---|
| Foco no fato e na ação. | Foco no ser. |
| Noção processual, de progressão temporal. | Noção estática, de permanência temporal. |
| Predominância de verbos de ação, circunstanciais espaços-temporais. | Predominância de verbos de estado, adjetivos e circunstanciais espaciais. |

| sequência explicativa | sequência argumentativa | sequência injuntiva |
|---|---|---|
| É apresentado um saber já construído e legitimado socialmente ou um saber teórico. | Apresenta-se a construção de novos conceitos a partir do próprio desenvolvimento discursivo. | Apresenta-se uma ordem, uma imposição, uma orientação. |
| Evitam-se as marcas de primeira pessoa, em função da objetividade. | O falante se manifesta e confronta a sua opinião com a dos outros. | O falante se apresenta como a voz da autoridade ou como mediador dela. |
| As citações são explícitas e demarcadas. | Introduzem-se diferentes vozes de diferentes maneiras. | – |
| Propõe-se informar e esclarecer. | Propõe-se persuadir o interlocutor, conseguir sua adesão. | Propõe-se influir na conduta do interlocutor. |
| Centra-se na divulgação do conhecimento, portanto a mensagem volta-se para o referente. | A organização da mensagem volta-se para o encadeamento lógico dos argumentos, a coerência textual. | A mensagem centra-se no interlocutor. |



## Exercício comentado

**Texto para a próxima questão.**

### O parto da escrita

No "Equilíbrio" da última terça, Rosely Sayão veio em socorro de uma professora cujos alunos em fase de alfabetização se recusam a escrever manualmente. De acordo com os diabretes, fazê-lo seria uma inutilidade, já que o teclado é hoje onipresente.

A colunista defende a escrita manual e, mais especificamente, a letra cursiva, afirmando que sua preservação é uma questão de cidadania, já que existem ainda muitas pessoas que não têm acesso à tecnologia.

Em grandes linhas, concordo com a psicóloga, mas tenho uma ou duas coisinhas a acrescentar. Rabiscar caracteres à mão – pode ser em letra de forma; eu não colocaria tanta ênfase na cursiva – parece ser um elemento importante para que as crianças dominem o código alfabético.

O problema é que, ao contrário da linguagem falada, que é um item de fábrica no ser humano (não há bando que não disponha de um idioma), a escrita, com seus 5.500 anos, é uma invenção relativamente moderna e rara. Não surgiu mais do que três ou quatro vezes ao longo da história.

[...]

Hélio Schwatsman. *Folha de S.Paulo*. Caderno A2 Opinião. 1º de junho de 2012.

1. (UEPB) É possível afirmar que o gênero textual aborda uma:
   a) Opinião no intuito de conquistar leitores no que diz respeito à inutilidade da escrita manual.
   b) Notícia explícita apresentada pela colunista Rosely Sayão em defesa da tecnologia.
   c) Informação implícita em relação ao código alfabético que as crianças se recusam a aprender.
   d) Argumentação clara e coerente sobre a questão da escrita na contemporaneidade.
   e) Posicionamento do autor, no sentido de convencer os leitores sobre as dificuldades do domínio da língua escrita.

**Comentário do vestibular:**

De forma clara e coerente, Hélio Schwatsman escreve para o "Caderno A2 Opinião" do jornal *Folha de S.Paulo*, examinando o tema da escrita na contemporaneidade. Ele não expressa opinião nem contrária nem favorável à questão. Propõe-se apenas a pensar no assunto e levantar uma discussão, já que se trata de um assunto polêmico e atual. Assim, é correta a alternativa **d**.

**Resposta:** alternativa **d**

## Exercícios propostos

**Texto para a próxima questão.**

### Casa de Pensão (fragmento)

Às oito horas, quando entrou em casa tinha já resolvido não ficar ali nem mais um dia. – Era fazer as malas e bater quanto antes a bela plumagem!

Mas também, se por um lado não lhe convinha ficar em companhia do Campos; por outro, a ideia de se meter na república do Paiva não o seduzia absolutamente. Aquela miséria e aquela desordem lhe causavam repugnância. Queria liberdade, a boêmia, a pândega – sim senhor! tudo isso, porém, com um certo ar, com uma certa distinção aristocrática. Não admitia uma cama sem travesseiros, um almoço sem talheres e uma alcova sem espelhos. Desejava a bela crápula – por Deus que desejava! Mas não bebendo pela garrafa e dormindo pelo chão de águas-furtadas! – Que diabo! – não podia ser tão difícil conciliar as duas coisas! ...

Pensando deste modo, subiu ao quarto. Sobre a cômoda estava uma carta que lhe era dirigida; abriu-a logo:

*"Querido Amâncio.*

*Desculpe tratá-lo com esta liberdade; como, porém, já sou seu amigo, não encontro jeito de lhe falar doutro modo. Ontem, quando combinamos no* Hotel dos Príncipes *a sua visita para domingo, não me passava pela cabeça que hoje era dia santo* e *que fazíamos melhor em aproveitá-lo; por conseguinte, se o amigo não tem algum compromisso, venha passar a tarde conosco, que nos dará com isso grande prazer. Minha família, depois que lhe falei a seu respeito, está impaciente para conhecê-lo* e *desde já fica à sua espera."*

Assinava "João Coqueiro" e havia o seguinte *post -scriptum:* "Se não puder vir, previna-mo por duas palavrinhas; mas venha. Resende n ..."

Amâncio hesitou em se devia ir ou não. O Coqueiro, com a sua figurinha de tísico, o seu rosto chupado e quase verde, os seus olhos pequenos e penetrantes, de uma mobilidade de olho de pássaro, com a sua boca fria, deslabiada, o seu nariz agudo, o seu todo seco egoísta, desenganado da vida, não era das coisas que mais o atraíssem. No entanto, bem podia ser que ali estivesse o que ele procurava – um cômodo limpo, confortável, um pouquinho de luxo, e plena liberdade. Talvez aceitasse o convite.

– [1]Esta gente onde está? perguntou, indicando o andar de cima a um caixeiro que lhe apareceu no corredor, com a sua calça domingueira, cor de alecrim, o charuto ao canto da boca.

– Foram passear ao Jardim Botânico, respondeu aquele, descendo as escadas.

– Todos? – ainda interrogou Amâncio.

– Sim. – disse o outro entre os dentes, sem voltar o rosto. E saiu.

– Está resolvido! pensou o estudante. – Vou à casa do Coqueiro. Ao menos estarei entretido durante esse tempo!

E voltando ao quarto:

– Não! É que tudo ali em casa do Campos já lhe cheirava mal!... Olhassem para o ar impertinente com que aquele galeguinho lhe havia falado! ... E tudo mais era pelo mesmo teor. – Uma súcia d'asnos!

Começou a vestir-se de mau humor, arremessando a roupa, atirando com as gavetas. O jarro vazio causou-lhe febre, sentiu venetas de arrojá-lo pela janela; ao tomar uma toalha do cabide, porque ela se não desprendesse logo, deu-lhe tal empuxão que a fez em tiras.

– Um horror! resmungava, a vestir-se furioso, sem saber de quê.

– Um horror!

E, quando passou pela porta da rua, teve ímpetos de esbordoar o caixeiro, que nesse dia estava de plantão.

AZEVEDO, Aluísio. *Casa de Pensão*. São Paulo: Ática, 2009, p. 59-60.

1. (UFPB) No fragmento "– Esta gente onde está? perguntou, indicando o andar de cima a um caxeiro que lhe apareceu no corredor, com a sua calça domingueira, cor de alecrim, o charuto ao canto da boca." (ref. 1), ocorrem sequências textuais
   a) narrativas e descritivas.
   b) dissertativas e narrativas.
   c) argumentativas e descritivas.
   d) injutivas e argumentativas.
   e) dissertativas e injutivas.

2. (Unicamp-SP)

Uma cidade como Paris, Zé Fernandes, precisa ter cortesãs de grande pompa e grande *fausto. Ora para montar em Paris, nesta tremenda carestia de Paris, uma **cocotte* com os seus vestidos, os seus diamantes, os seus cavalos, os seus lacaios, os seus camarotes, as suas festas, o seu palacete (...), é necessário que se agremiem umas poucas de fortunas, se forme um sindicato! Somos uns sete, no Clube.

Eu pago um bocado...

(Eça de Queirós, *A Cidade e as Serras*. São Paulo: Ateliê Editorial, 2011, p. 94.)

Vocabulário:
**cocotte* – Mulher de hábitos libertinos e vida luxuosa; meretriz.
*fausto – luxo.

   a) Que expressão do texto representa uma marca direta de interação do narrador com outro personagem?
   b) Uma descrição pode ter um efeito argumentativo. Que trecho descritivo do texto reforça a imagem da vida luxuosa das cortesãs na Paris da época (fim do século XIX)?

**Textos para a próxima questão.**

### *Texto 1*

## A taça florida

Câmara Cascudo

Natal é uma cidade sem flores. Falta dagua. Terra de taboleiro muito mais para mangaba que para flor. Briza quente do mar. Sopro do rio salgado. Lagôas no meio da cidade que infiltravam salôbridades. Não ha flores. Melhor é dizer que já não ha. Lembro-me de Natal cheia de jardins. Uma quase obrigação de cultivar os palmos de terrinha que se estendiam depois do portão. Era um encanto andar em certas ruas. As cercas vestidas de jasmim branco davam vontade de fazer soneto. [...]

CASCUDO, Luís da Câmara. A taça florida. In: ARRAIS, Raimundo (Org.). *Crônicas de origem*: a cidade do Natal nas crônicas cascudianas dos anos 20. Natal, RN: EDUFRN, 2005. p. 119-121.

*Texto 2*

## A flor e a náusea

Carlos Drummond de Andrade

[...]
Uma flor nasceu na rua!
Passem de longe, bondes, ônibus, rio de aço do tráfego.
Uma flor ainda desbotada
ilude a polícia, rompe o asfalto.
Façam completo silêncio, paralisem os negócios,
garanto que uma flor nasceu.
Sua cor não se percebe.
Suas pétalas não se abrem.
Seu nome não está nos livros.
É feia. Mas é realmente uma flor.
Sento-me no chão da capital do país às cinco horas
da tarde
e lentamente passo a mão nessa forma insegura.
Do lado das montanhas, nuvens macias avolumam-se.
Pequenos pontos brancos movem-se no mar, gali-
nhas em pânico.
É feia. Mas é uma flor. Furou o asfalto, o tédio, o
nojo e o ódio.

ANDRADE, Carlos Drummond de. A flor e a náusea. In: ______. Nova reunião: *23 livros de poesia*. v. 1. Rio de Janeiro: Bestbolso, 2009. p. 143-144.

*Texto 3*

## Cartão-postal da cidade do Natal

**3.** (UFRN) Nos textos 1 e 2, constata-se a predominância da

a) sequência dialogal, na crônica e no poema.

b) sequência injuntiva, na crônica e na terceira estrofe do poema.

c) sequência descritiva, na crônica e na segunda estrofe do poema.

d) sequência narrativa, na crônica e no poema.

**4.** (UEMG)

## Carta aberta ao Presidente da República

Brasília, 04 de junho de 2009.
Exmo. Sr.
Luiz Inácio Lula da Silva
DD Presidente da República

Sr. Presidente,

Vivemos ontem um dia histórico para o país e um marco para a Amazônia, com aprovação final, pelo Senado Federal, da Medida Provisória 458/09, que trata sobre a regularização fundiária da região. Os objetivos de estabelecer direitos, promover justiça e inclusão social, aumentar a governança pública e combater a criminalidade, que sei terem sido sua motivação, foram distorcidos e acabaram servindo para reafirmar privilégios e o execrável viés patrimonialista que não perde ocasião de tomar de assalto o bem público, de maneira abusiva e incompatível com as necessidades do País e os interesses da maioria de sua população.

Os especialistas que acompanham a questão fundiária na Amazônia afirmam categoricamente que a MP 458, tal como foi aprovada ontem, configura grave retrocesso, como aponta o Procurador Federal do Estado do Pará, Dr. Felício Pontes.

Sendo assim, Senhor Presidente, está em suas mãos evitar um erro de grandes proporções, não condizente com o resgate social promovido pelo seu governo e com o respeito devido a tantos companheiros que deram a vida pela floresta e pelo povo da Amazônia.

Permita-me também, Senhor Presidente, e com a mesma ênfase, lhe pedir cuidados especiais na regulamentação da Medida Provisória.

Por tudo isso, Sr. Presidente, peço que Vossa Excelência vete os incisos II e IV do artigo 2º; o artigo 7º e o artigo 13.

Com respeito e a fraternidade que tem nos unido, atenciosamente,

Senadora Marina Silva

Texto adaptado. http://www.greenpeace.org/brasil/amazonia/noticias/carta-aberta-da-senadora-marin

O texto apresentado é uma carta aberta, gênero textual de extrema importância na vida social contemporânea, sobretudo em sociedades democráticas. Ao ser amplamente divulgada, a carta aberta tem como meta

a) informar e conscientizar as pessoas em geral sobre um problema social ou político; assim, a carta aberta instiga o seu leitor a sustentar o apelo que compõe o conteúdo apresentado pelo seu produtor.

b) constituir o seu produtor como representante legítimo da população, tendo em vista ser ele o único credenciado a formalizar os reclames da sociedade perante a autoridade.

c) participar aos órgãos ou às autoridades competentes uma ação coletiva; por isso, a carta aberta é também conhecida e denominada de carta reivindicatória.

d) estimular e induzir o seu leitor a ponderar criticamente sobre diversos aspectos da sociedade onde vive, por meio de uma linguagem acessível a todos.

# MÓDULO 4 • Leitura – a construção de sentidos

## 1. Ler é construir sentidos

Ler é um processo mental que começa com o conhecimento do código utilizado na mensagem e que envolve inúmeras associações. A compreensão efetiva de um texto exige do leitor um trabalho árduo, em que a capacidade de inferência das entrelinhas, da intencionalidade e dos sentidos que o texto sugere é fundamental. A leitura é um processo pelo qual se constrói sentido em um texto.

### Como construir sentido em textos verbais?

Ler um texto é um processo que envolve vários tipos de conhecimento. Quando se trata de um texto verbal, esse processo consiste basicamente em ativar:

- o **conhecimento linguístico**, isto é, o domínio do código, da **língua**, que permite decodificar o texto e fazer as associações gramático-estruturais das partes que o formam;
- o **conhecimento de mundo**, forjado a partir das vivências e do acúmulo de informações culturais, ideológicas, intelectuais. Ele possibilita levantar hipóteses sobre o que o texto quer dizer e estabelecer relações com a realidade;
- as **leituras prévias**, que também permitem levantar hipóteses sobre o que o texto quer dizer e relacioná-lo às leituras já feitas;
- a **reflexão**, que permite não só estabelecer todas as relações anteriores, mas também projetar outras, construindo sentido no texto ao mesmo tempo que forma e/ou amplia a leitura de mundo do leitor.

### A inferência

A **inferência** envolve a leitura das entrelinhas, da intencionalidade e dos sentidos que o texto sugere e que não estão explicitados. É resultado das conclusões a que chegamos ao fazer as associações e relações de todas as informações ditas ou sugeridas no texto.

### Objetivos para a leitura

A leitura pode ter as mais variadas motivações. Identificar seu objetivo nos permite traçar as características do processo de leitura a ser feito e/ou quais estratégias serão potencializadas.

Independentemente da motivação da leitura, o domínio da língua, o conhecimento de mundo, as leituras prévias e a reflexão sempre terão de ser ativados.

### As informações sobre o texto

Muitas informações relevantes para a própria leitura do texto não se encontram na mensagem propriamente dita. Observe alguns exemplos de elementos que podem propiciar antecipações em relação à leitura:

- **gênero textual**: a identificação do gênero textual permite antecipar a forma de composição textual e a possível intenção do falante;
- **o autor**: a identificação do autor do texto permite antecipar a temática ou a tendência do texto;
- **a época**: a identificação da época e o contexto histórico em que estava inserido o texto quando foi produzido também orientam a leitura;
- **o veículo ou suporte**: a identificação do veículo que disponibiliza o texto, suas características ideológicas e seu público-alvo, compõem características que podem antecipar algumas informações relacionadas ao texto a ser lido.

### O título e as expectativas em relação ao texto

O título de um texto cria expectativas em relação a seu conteúdo, levando o leitor a formular hipóteses sobre o que ele expressa e sobre o posicionamento de quem o produziu. Entretanto, dependendo da experiência do próprio leitor ou das intenções do produtor do texto, nem sempre essas hipóteses se confirmam. Um título irônico, por exemplo, só será percebido no decorrer da leitura.

## 2. A leitura e a produção de textos

A leitura e a produção de textos estão intimamente ligadas: o texto é produzido para a leitura; a leitura é fundamental na formação do produtor de textos.

Pela leitura entramos em contato com:

- variedade de conteúdos (culturas, áreas de conhecimento, informações em geral);
- variedade de gêneros textuais;
- variedade de registros e modalidades da língua.

## Exercício comentado

**Texto para a próxima questão.**

A questão toma por base dois trechos de um artigo de Alexandre Oliva sobre a importância do uso de *software* na educação.

Software Livre, isto é, *software* que respeita as liberdades dos usuários de executar o *software* para qualquer propósito, de estudar o código fonte do *software* e adaptá-lo para que faça o que o usuário deseje, de fazer e distribuir cópias do *software*, e de melhorá-lo e distribuir as melhorias, permite que pessoas usem computadores sem abrir mão de serem livres e independentes, sem aceitar condições que os impeçam de obter ou criar conhecimento desejado.

*Software* que priva o usuário de qualquer dessas liberdades não é Livre, é privativo, e mantém usuários divididos, dependentes e impotentes. Não é uma questão técnica, não tem nada a ver com preço nem com a tarefa prática desempenhada pelo *software*. Um mesmo programa de computador pode ser Livre para alguns usuários e não Livre para outros, e tanto os Livres quanto os privativos podem ser grátis ou não. Mas além do conhecimento que foram projetados para transmitir, um deles ensinará liberdade, enquanto o outro ensinará servidão.

[...]

Se o usuário depender de permissão do desenvolvedor do *software* para instalá-lo ou utilizá-lo num computador qualquer, o desenvolvedor que decida negá-la, ou exija contrapartida para permiti-la, efetivamente terá controle sobre o usuário. Pior ainda se o *software* armazenar informação do usuário de maneira secreta, que somente o fornecedor do *software* saiba decodificar: ou o usuário paga o resgate imposto pelo fornecedor, ou perde o próprio conhecimento que confiou ao seu controle. Seja qual for a escolha, restarão menos recursos para utilizar na educação.

Ter acesso negado ao código fonte do programa impede o educando de aprender como o *software* funciona. Pode parecer pouco, para alguém já acostumado com essa prática que pretende também controlar e, por vezes, enganar o usuário: de posse do código fonte, qualquer interessado poderia perceber e evitar comportamento indesejável, inadequado ou incorreto do *software*. Através dessa imposição de impotência, o fornecedor cria um monopólio sobre eventuais adaptações ao *software*: só poderão ser desenvolvidas sob seu controle. Pior ainda: cerceia a curiosidade e a criatividade do educando. Crianças têm uma curiosidade natural para saber como as coisas funcionam. Assim como desmontam um brinquedo para ver suas entranhas, poderiam querer entender o *software* que utilizam na escola. Mas se uma criança pedir ao professor, mesmo o de informática, que lhe ensine como funciona um determinado programa privativo, o professor só poderá confessar que é um segredo guardado pelo fornecedor do *software*, que a escola aceitou não poder ensinar ao aluno. Limites artificiais ao que os alunos poderão almejar descobrir ou aprender são a antítese da educação, e a escolha de modelos de negócio de *software* baseados numa suposta necessidade de privação e controle desse conhecimento não deve ser incentivada por ninguém, muito menos pelo setor educacional.

(Alexandre Oliva. *Software privativo é falta de educação*. http://revista.espiritolivre.org)

1. (Unesp) *Crianças têm uma curiosidade natural para saber como as coisas funcionam.*
No contexto em que surge, no último parágrafo, esta frase aponta um fato que reforça o argumento de Alexandre Oliva, segundo o qual
a) seria altamente educativo que as escolas utilizassem programas sem limitações de acesso a seu funcionamento.
b) a educação brasileira necessita, urgentemente, de teorias que estimulem ainda mais a curiosidade infantil.
c) tanto faz usar um tipo de programa como outro, desde que as crianças sejam consultadas primeiro.
d) tanto faz usar *software* privativo como livre, que as crianças sempre dão um jeito de desmontá-lo.
e) os programas privativos, apesar dos problemas que apresentam, são mais indicados para a educação.

**Comentário do vestibular:**

É correta a opção **a**, pois, se a curiosidade das crianças é benéfica para o aprendizado, então "seria altamente educativo que as escolas utilizassem programas sem limitações de acesso a seu funcionamento", já que isso permitiria que usassem computadores de forma livre e criativa.

**Resposta:** alternativa **a**

## Exercícios propostos

**Texto para a próxima questão.**

### Quem ri por último ri Millôr

Eu tinha 15 anos, havia tomado bomba, era virgem e não via, diante da minha incompetência para com o sexo oposto, a mais remota possibilidade de reverter a situação.

Em algum momento entre a oitava série e o primeiro colegial, todos os meus colegas haviam adotado roupas diferentes, gírias, trejeitos ao falar e ao gesticular, mas eu continuava igual – era como se houvesse faltado na aula em que os estilos foram distribuídos e estivesse condenado a viver para sempre numa espécie de limbo social, feito de incertezas, celibato e moletom.

O mundo, antes um lugar com regras claras e uma razoável meritocracia, havia perdido o sentido: os bons meninos não ganhavam uma coroa de louros – nem ao menos, vá lá, uma loura coroa –, era preciso acordar às 6h15 para estudar química orgânica e os adultos ainda queriam me convencer de que aquela era a melhor fase da vida.

Claro, observando-os, era óbvia a razão da nostalgia: seres de calças bege e *pager* no cinto, que gastavam seus dias em papinhos de elevador, sem ambições maiores do que um carro novo, um requeijão com menos colesterol, o nome na moldura de funcionário do mês e ingressos para o Holiday on Ice no fim de semana.

Em busca de algum consolo, me esforçava para bater o recorde jamaicano de consumo de maconha, mas, em vez de ter abertas as portas da percepção – ou o que quer que fizesse com que meus amigos se divertissem e passassem meia hora rachando o bico, sei lá, de um amendoim –, só via ainda mais escancaradas as portas da minha inadequação. Foi então, meus caros, que eu vi a luz – e a luz veio na forma de um livro; "Trinta anos de mim mesmo", do Millôr Fernandes.

A primeira página que eu abri trazia um quadrado em branco, com a seguinte legenda: "Uma gaivota branca, trepada sobre um iglu branco, em cima de um monte branco. No céu, nuvens brancas esvoaçam e à direita aparecem duas árvores brancas com as flores brancas da primavera". Logo adiante estava "O abridor de latas", "Pela primeira vez no Brasil um conto inteiramente em câmera lenta" – narrando um piquenique de tartarugas que durava uns 1.500 anos. Mais pra frente, esta quadra: "Essa pressa leviana/ Demonstra o incompetente/ Por que fazer o mundo em sete dias/ Se tinha a eternidade pela frente?".

Lendo aquelas páginas, que reuniam o trabalho jornalístico do Millôr entre 1943 e 1973, compreendi que não estava sozinho em meu estranhamento: a vida era mesmo absurda, mas a resposta mais lógica para a falta de sentido não era o desespero, e sim o riso. Percebi, como se não bastasse, que se agregasse alguma graça aos meus resmungos poderia fazer daquele incômodo uma profissão. Dos 19 anos até hoje, jamais paguei uma conta de luz de outra forma.

Uma pena nunca ter conhecido o Millôr pessoalmente, não ter podido apertar sua mão e agradecer-lhe por haver me sussurrado ao ouvido, quando eu mais precisava escutar, a única verdade que há debaixo do céu: se Deus não existe, então tudo é divertido.

Antonio Prata. *Folha de S.Paulo*. 04/04/2012.

**1.** (Insper-SP) Em "condenado a viver para sempre numa espécie de limbo social, feito de incertezas, celibato e moletom", o autor recorre a uma construção para produzir efeito de humor, explicada adequadamente na alternativa:

a) Trata-se da ambiguidade intencional, através da dupla possibilidade de interpretação do substantivo "celibato".

b) Fazendo uma comparação subentendida entre dois elementos que não pertencem à mesma categoria – relacionamento interpessoal e religiosidade –, o autor recorre a uma metáfora.

c) O período apresenta como estratégia textual o emprego do anacoluto para produzir uma ruptura de natureza sintática.

d) O autor explora efeitos estéticos a partir da enumeração que une palavras de universos diferentes (substantivos abstratos seguidos de um concreto), produzindo a quebra do paralelismo semântico.

e) O jogo de palavras é feito por meio da atenuação de pensamento, para significar mais do que o que se diz e sugeri-lo assim mais intensamente.

**2.** (Fuvest-SP) Leia o texto.

Na mídia em geral, nos discursos, em mensagens publicitárias, na fala de diferentes atores sociais, enfim, nos diversos contextos em que a comunicação se faz presente, deparamo-nos repetidas vezes com a palavra cidadania. Esse largo uso, porém, não torna seu significado evidente. Ao contrário, o fato de admitir vários empregos deprecia seu valor conceitual, isto é, sua capacidade de nos fazer compreender certa ordem de eventos. Assim, pode-se dizer que, contemporaneamente, a palavra cidadania atende bastante bem a um dos usos possíveis da linguagem, a comunicação, mas caminha em sentido inverso quando se trata da cognição, do uso cognitivo da linguagem. Por que, então, a palavra cidadania é constantemente evocada, se o seu significado é tão pouco esclarecido?

Maria Alice Rezende de Carvalho, *Cidadania e direitos*.

a) Segundo o texto, em que consistem o uso comunicativo e o "uso cognitivo" da linguagem? Explique resumidamente.

b) Responda sucintamente a pergunta que encerra o texto: "Por que, então, a palavra cidadania é constantemente evocada, se o seu significado é tão pouco esclarecido?"

**3.** (UFPel-RS) A compreensão de um texto não decorre apenas da decodificação pura e simples dos itens linguísticos nele contidos. Na realidade, ao ler, o leitor deixa aflorar seu conhecimento de mundo, suas crenças, suas vivências, que possibilitam conexões entre os enunciados e o levam a construir o sentido do texto que leu. Uma das características do leitor proficiente é a capacidade de interpretar gráficos. Demonstre que você domina a habilidade de leitura, inferindo corretamente os resultados expressos no gráfico a seguir:

Uma pesquisa encomendada pela entidade Parceria Contra as Drogas entrevistou 700 pessoas, entre 13 e 21 anos, de cinco cidades há três anos e obteve os seguintes resultados:

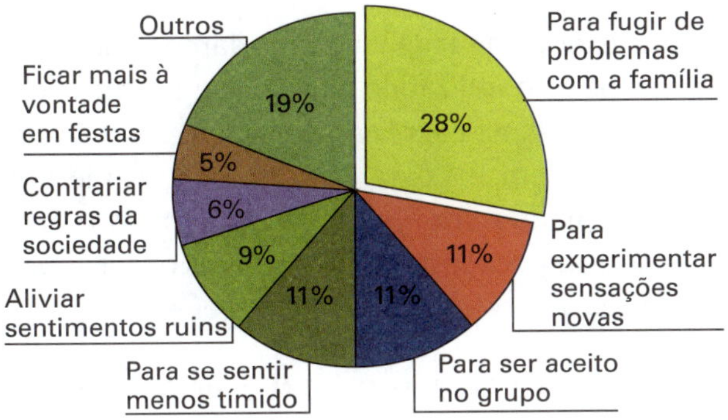


Fonte: "Zero Hora", 26.06.99

De acordo com os dados representados no gráfico, pode-se dizer que

a) a descoberta do novo sempre atraiu o homem a aventuras cujas consequências, muitas vezes, são desconsideradas em virtude do prazer do desconhecido, sendo esse o motivo para que de noventa a cem jovens recorram às drogas.

b) como todo ser em formação, a maior parte dos jovens procura uma maneira de afirmar-se em seu grupo, recorrendo, para isso, ao uso de psicotrópicos.

c) não é verdadeira a argumentação de que o maior contingente de jovens, rebeldes por natureza, procura nas drogas formas de transgredir normas sociais.

d) a orientação familiar não seria uma das primeiras providências no combate ao vício, uma vez que não está na família a causa principal de o jovem se envolver com drogas.

e) são de toda ordem as causas que levam o jovem ao consumo de drogas; com exceção dos problemas com a família, essa diversidade, somada, representa mais de 3/4 do total de entrevistados.

**Texto para a próxima questão.**

Seria o fogo em minha casa? Correriam risco de arder todos os meus manuscritos, toda a expressão de toda a minha vida? Sempre que esta ideia, antigamente, simplesmente me ocorrera, um pavor enorme me fazia estarrecer. E agora reparei de repente, não sei já se com pasmo ou sem pasmo, não sei dizer se com pavor ou não, que me não importaria que ardessem. Que fonte – que fonte secreta mas tão minha – se me havia secado na alma?

Fernando Pessoa: Barão de Teive: a educação do insólito.

**4.** (IFCE) A sequência do texto permite a seguinte compreensão em torno da ideia-problema que lhe é central:

a) Antes de tudo, expõem-se as explicações que justificam o problema; depois, vêm as considerações sobre os rumos do problema; por fim, é apresentada uma possibilidade de problema. E a síntese da sequência deste texto é: exposição do problema (introdução); definição do problema (desenvolvimento); hipótese sobre o problema (conclusão).

b) Antes de tudo, é apresentado o problema imaginário, seguido de sua circunstância; depois, vêm as explicações que justificam o problema; por fim, são tecidas considerações sobre os rumos do problema. E a síntese da sequência deste texto é: hipótese do problema (introdução); justificativas do problema (desenvolvimento); fechamento do problema (conclusão).

c) Antes de tudo, é apresentada uma indagação decorrente das reflexões sobre o problema; depois, vêm as considerações sobre o problema; por fim, é revelada a circunstância e o problema propriamente dito. E a síntese da sequência deste texto é: decorrências do problema (introdução); análise do problema (desenvolvimento), apresentação circunstancial do problema (conclusão).

d) Antes de tudo, é apresentada a circunstância em que o problema é gerado e qual é o problema gerado; depois, vêm as considerações sobre o problema a partir de suas relações com o tempo; por fim, é apresentada uma indagação decorrente das reflexões sobre o problema. E a síntese da sequência deste texto é: apresentação do problema (introdução); análise do problema (desenvolvimento); consequência das alterações do problema (conclusão).

e) Antes de tudo, são apresentadas as mudanças de estado referentes ao problema; depois, vem a circunstância em que é gerado e qual é o problema; por fim, a busca da causa das alterações do problema. E a síntese da sequência deste texto é: estados do problema (introdução); apresentação do problema (desenvolvimento); causas do problema (conclusão).

# MÓDULO 5 • Funções da linguagem, gêneros e tipos textuais

## 1. As funções da linguagem

Dependendo da intenção do falante, de suas escolhas e combinações e dos elementos da comunicação sobre os quais centra-se a mensagem, é possível reconhecer diferentes funções da linguagem.

### Função referencial – a mensagem centrada na informação

A mais comum das funções da linguagem é a que se volta para a informação, para o próprio conteúdo. A intenção é transmitir ao interlocutor dados da realidade de uma forma direta e objetiva, com palavras empregadas em seu sentido denotativo. Quando isso ocorre, fica caracterizada a **função referencial**.

### Função conativa – a mensagem centrada no interlocutor

Quando a intenção do falante é influenciar o interlocutor e a mensagem está centrada no destinatário em forma de ordem, apelo ou súplica, prevalece a **função apelativa** ou **conativa** da linguagem. Os verbos no imperativo e o uso de vocativos e da segunda pessoa (tu/vós, você/vocês) são marcas gramaticais dessa função (*conativo* significa "relativo ao processo da ação intencional sobre outra pessoa").

### Função fática – testando o canal

Em alguns casos, percebe-se que a preocupação do falante é manter contato com o interlocutor, prolongando a comunicação ou então testando o funcionamento do canal de comunicação com frases do tipo "Veja bem", "Olha...", "Compreende?", "Pois é...". Essa preocupação com o contato caracteriza a **função fática** da linguagem.

### Função metalinguística – a mensagem centrada no código

Há casos em que a preocupação do falante está voltada para o próprio código utilizado, ou seja, o código é o tema da mensagem ou é utilizado para explicar o próprio código. Ocorre, então, a **função metalinguística** ou **metalinguagem**.

Existe metalinguagem quando damos a definição de uma palavra utilizando palavras ou quando explicamos ou pedimos explicação sobre o conteúdo de uma mensagem. Por extensão, também há metalinguagem quando um filme tem por tema o próprio cinema, uma peça teatral tem por tema o teatro, uma poesia discorre sobre o ato de escrever, etc.

### Função emotiva – o texto em primeira pessoa

Existe a **função emotiva** ou **expressiva** da linguagem quando a intenção do falante é posicionar-se em relação ao tema de que está tratando, expressar seus sentimentos e emoções, produzindo um texto subjetivo, geralmente escrito em primeira pessoa.

### Função poética — uma especial seleção e combinação de palavras

Quando a intenção do produtor do texto está voltada para a construção estética da mensagem, quer na sua estrutura, quer na seleção e combinação das palavras, o predomínio é da **função poética**. Os elementos fundamentais da linguagem poética são ritmo, sonoridade e plasticidade das imagens criadas.

As demais funções da linguagem também participam de um texto poético. Entretanto, o que distingue o valor da poesia é exatamente o trabalho feito com a própria mensagem.

É importante lembrar que a função poética não é exclusiva da poesia nem da prosa literária; é possível encontrá-la em diversos textos e também na linguagem cotidiana. Nesses casos, ela não é a função predominante da mensagem.

## Exercício comentado

**Texto para a próxima questão.**

### A melhor e a pior comida do mundo

Há mais de dois mil anos, um rico mercador grego tinha um escravo chamado Esopo. Um escravo corcunda, feio, mas de sabedoria única no mundo. Certa vez, para provar as qualidades de seu escravo, o mercador ordenou:

– Toma, Esopo, aqui está esta sacola de moedas. Corre ao mercado, compra lá o que houver de melhor para um banquete. A melhor comida do mundo!

Pouco tempo depois, Esopo voltou do mercado e colocou sobre a mesa um prato coberto por fino pano de linho. O mercador levantou o paninho e ficou surpreso.

– Ah, língua? Nada como a boa língua que os pastores gregos sabem tão bem preparar. Mas por que escolheste exatamente a língua como a melhor comida do mundo?

O escravo, cabisbaixo, explicou sua escolha:

– O que há de melhor do que a língua, senhor? A língua é que une a todos, quando falamos. Sem a língua não poderíamos nos entender. A língua é a chave das Ciências, o órgão da verdade e da razão. Graças à língua é que se constroem as cidades, graças à língua podemos dizer o nosso amor. A língua é o órgão do carinho, da ternura, da compreensão. É a língua que torna eternos os versos dos grandes poetas, as ideias dos grandes escritores. Com a língua se ensina, se persuade, se instrui, se reza, se explica, se canta, se elogia, se demonstra, se afirma. Com a língua, dizemos "sim". Com a língua dizemos "eu te amo"! O que pode haver de melhor do que a língua, senhor?

O mercador levantou-se entusiasmado:

– Muito bem, Esopo! Realmente tu me trouxeste o que há de melhor. Com esta outra sacola de moedas, vai de novo ao mercado e traze o que houver de pior, pois quero ver a tua sabedoria.

Mais uma vez, tempos depois, Esopo voltou do mercado trazendo um prato coberto por um pano. O mercador recebeu-o com um sorriso.

– Hum... já sei o que há de melhor. Vejamos agora o que há de pior.

O mercador descobriu o prato e ficou indignado:

– O quê?! Língua? Língua outra vez? Língua? Não disseste que a língua era o que havia de melhor? Queres ser açoitado?

Esopo encarou o mercador e respondeu:

– A língua, senhor, é o que há de pior no mundo. É a fonte de todas as intrigas, o início de todos os processos, a mãe de todas as discussões. É a língua que divide os povos. É a língua que usam os maus políticos quando querem enganar com suas falsas promessas. É a língua que usam os vigaristas quando querem trapacear. A língua é o órgão da mentira, da discórdia, dos desentendimentos, das guerras, da exploração. É a língua que mente, que esconde, que engana, que explora, que blasfema, que vende, que seduz, que corrompe. Com a língua dizemos "não". Com a língua dizemos "eu te odeio"! Aí está, senhor, porque a língua é a pior e a melhor de todas as coisas!

(http://www.bibliotecapedrobandeira.com.br/pdfs/contos/a_melhor_e_a_pior_comida_do_mundo.pdf Acesso em: 05.08.2011. Adaptado)

**1.** (CPS-PR) Pela leitura da narrativa, pode-se afirmar que o texto apresenta função

a) referencial, pois o texto pretende, prioritariamente, informar sobre as relações sociais praticadas na Grécia Antiga.

b) apelativa, pois o texto critica, entrelinhas, a relação autoritária e de opressão vivenciada entre senhores e escravos.

c) metalinguística, pois as considerações de Esopo sobre as palavras nos levam a refletir sobre o poder da linguagem.

d) fática, pois o escravo, para explicar o seu ponto de vista, enumera vários exemplos de como podemos nos servir da linguagem.

e) poética, pois o mercador emprega uma linguagem correta e elaborada que comprova sua superioridade em relação ao escravo Esopo.

**Comentário do vestibular:**

É correta a opção **c**, pois a metalinguagem consiste no ato de comunicação em que se usa a linguagem para falar sobre a própria linguagem.

**Resposta:** alternativa **c**

## Exercícios propostos

**1.** (Ifal)

### Oficina irritada

Eu quero compor um soneto duro
como poeta algum ousara escrever.
Eu quero pintar um soneto escuro,
seco, abafado, difícil de ler.

Quero que meu soneto, no futuro,
não desperte em ninguém nenhum
prazer.

E que, no seu maligno ar imaturo,
ao mesmo tempo saiba ser, não ser.

Esse meu verbo antipático e impuro
há de pungir, há de fazer sofrer,
tendão de Vênus sob o pedicuro.

Ninguém o lembrará: tiro no muro,
cão mijando no caos, enquanto Arcturo,
claro enigma, se deixa surpreender.

(ANDRADE, Carlos Drummond de. *Antologia poética.* 39. ed. Rio de Janeiro: Record, 1998. p. 188)

Com base na leitura do poema de Carlos Drummond e nos seus conhecimentos acerca das funções da linguagem, assinale a alternativa correta.

a) Estão presentes as funções poética e metalinguística da linguagem, uma vez que o texto chama a atenção para o arranjo singular da mensagem e discute o código.

b) Estão presentes as funções fática e poética da linguagem, pois, no texto, há o teste do canal e um arranjo singular da mensagem.

c) Está presente apenas a função poética, já que o texto, sendo um poema, não permite a presença de outra função da linguagem.

d) Estão presentes as funções referencial e poética, porque, no texto, a atenção recai tanto sobre o referente quanto sobre a mensagem.

e) Estão presentes as funções poética e conativa, já que há uma centralidade, ao mesmo tempo, na mensagem e no receptor.

**Texto para a próxima questão.**

## A bomba atômica (fragmento)

A bomba atômica é triste
Coisa mais triste não há
Quando cai, cai sem vontade
Vem caindo devagar
Tão devagar vem caindo
Que dá tempo a um passarinho
De pousar nela e voar...

Coitada da bomba atômica
Que não gosta de matar!
Coitada da bomba atômica
Que não gosta de matar
Mas que ao matar mata tudo
Animal e vegetal
Que mata a vida da terra
E mata a vida do ar
Mas que também mata a guerra...
Bomba atômica que aterra!
Pomba atônita da paz!

Pomba tonta, bomba atômica
Tristeza, consolação
Flor puríssima do urânio
Desabrochada no chão
Da cor pálida do hélium
E odor de rádium fatal
Loelia mineral carnívora
Radiosa rosa radical.

Nunca mais oh bomba atômica
Nunca em tempo algum, jamais
Seja preciso que mates
Onde houve morte demais:
Fique apenas tua imagem
Aterradora miragem
Sobre as grandes catedrais:
Guarda de uma nova era
Arcanjo insigne da paz!

MORAES, Vinicius de. *Antologia Poética*. Rio de Janeiro: José Olympio, 1976, p. 147-8.

Vocabulário:
Loelia – Nome que designa uma família de orquídeas

**2.** (PUC-RJ)

a) Na terceira estrofe do texto, o autor usa diversos termos para se referir à bomba atômica. Explique a relação de sentido existente entre essa arma e o verso "LOELIA MINERAL CARNÍVORA".

b) Percebe-se, em todo o poema, a utilização de uma figura de linguagem que consiste na atribuição de ação, movimento e voz a coisas inanimadas. Indique o recurso figurado empregado e transcreva do texto um exemplo desse recurso.

**Texto para a próxima questão.**

Leia o texto e responda à questão:

## A poesia prometida

Fui colega de faculdade, na década de 1980, do poeta Eucanaã Ferraz. Fizemos o curso de Letras na Universidade Federal do Rio de Janeiro, e, depois, nunca mais nos encontramos pessoalmente. Duas ou três cartas, dois ou três *e-mails*. E mais nada.

Quando leio seus poemas, a imagem e a voz de Eucanaã reaparecem bem nítidas para mim. Trinta anos de distância não são nada quando a palavra poética está presente.

Esta é uma das promessas que a literatura (e a poesia em especial) cumpre: vencer tempo e espaço, reapresentar o ausente, renovar o momento passado, recuperar palavras e encontros.

Toda leitura educadora é um encontro, e todo encontro é dialógico. E todo diálogo em leitura requer aprendizado: ver de novo e ouvir de novo. Talvez, quando os alunos se queixam da poesia, ou quando nós, professores, pouco espaço concedemos a ela em nosso dia a dia – talvez isto seja consequência de uma grande falha educacional. Uma falha que nos leva a só aceitar a poesia na medida em que a pudermos explicar.

Mas a poesia não existe para ser explicada. Existe para nos ensinar a ver de novo e a ouvir de novo. Só isso. E isso é tudo.

[...]

Gabriel Perissé. *Revista Educação*. São Paulo: Segmento, Ano 15, nº 178, fevereiro, 2012.

**3.** (UEPB) O uso do termo "Esta" no 3º parágrafo pode ser entendido como:

a) Elemento de coesão referencial que remete para a ideia da poeticidade no texto.

b) Expressão catafórica que faz referência às ideias propostas posteriormente.

c) Elemento parafrástico que provoca ambiguidade no texto, constituindo uma ruptura de coesão.

d) Termo coesivo que introduz uma justificativa para o que foi dito anteriormente.

e) Forma vazia que pode ser substituída no texto, sem nenhuma consequência ao sentido da temática.

## 1. O texto

Produzir um texto assemelha-se à arte de tecer, ou seja, você conduz um fio ora para cá, ora para lá, sempre com o cuidado de amarrá-lo para que o trabalho não se perca. Por isso, o ato de escrever toma de empréstimo uma série de palavras e expressões do ato de tecer: **tessitura**, fio narrativo, **enredo**, **trama**.

Para compor um texto, uma palavra precisa de outras; raramente um texto é constituído de uma única palavra. E, para se tecer um texto com mais de uma palavra, é preciso amarrar uma a outra, uma oração a outra, uma ideia a outra. Ou seja, o texto precisa ser coeso e coerente.

## 2. Coesão textual

Coesão é a "amarração", a união entre as várias partes do texto.

A sustentação do texto se dá na coesão em dois sentidos: o **gramatical** e o **semântico**. O primeiro visa à articulação dos elementos linguísticos, observando a estrutura e as regras das relações sintáticas possíveis e coerentes dentro do texto; o segundo, a articulação de elementos linguísticos que fazem referência a um determinado campo semântico.

### Os principais mecanismos da coesão gramatical

#### Coesão frásica

Refere-se aos vários mecanismos responsáveis pela conexão entre elementos de um sintagma ou entre os sintagmas que formam uma oração.

#### Coesão interfrásica

Refere-se aos vários mecanismos responsáveis pela conexão entre as orações, sendo que, entre esses mecanismos, os mais importantes são a **coordenação** e a **subordinação**.

#### Coesão temporal

Refere-se ao encadeamento temporal.

### Os principais mecanismos da coesão lexical

#### Repetição (ou reiteração)

- A **repetição lexical** consiste na reiteração de um termo ou termos de uma mesma família lexical.

#### Substituição

- A **sinonímia** baseia-se na substituição de um termo por outro termo ou expressão equivalente.
- A **hiperonímia** e a **hiponímia** são dois polos de uma mesma relação. A hiperonímia baseia-se no hiperônimo, isto é, uma palavra que designa toda uma classe ou todo um conjunto; a hiponímia, no hipônimo, ou seja, palavra que designa um elemento que pertence a uma classe ou um conjunto.
- O **campo semântico** baseia-se no emprego de termos que pertencem a um repertório associado a uma realidade, ciência, estudo, isto é, termos que designam seres afins.

## 3. Coerência textual

Um bom texto sustenta-se também no campo das relações lógicas das ideias, aproximando, assim, a coesão da coerência. Tanto no plano da articulação de estruturas e relações gramaticais e semânticas (plano mais material – coesão) quanto no plano da articulação de relações lógicas de ideias (plano mais abstrato – coerência), o objetivo é produzir um texto "amarrado".

## Exercício comentado

**Texto para a próxima questão.**

**Viver não dói**

Por que sofremos tanto por amor?
(...)

Porque automaticamente esquecemos
o que foi desfrutado e passamos a sofrer
pelas nossas projeções irrealizadas,
por todas as cidades que gostaríamos
de ter conhecido ao lado do nosso amor
e não conhecemos,

por todos os filhos que gostaríamos de ter tido juntos e não tivemos,
por todos os shows e livros e silêncios
que gostaríamos de ter compartilhado,
e não compartilhamos.
Por todos os beijos cancelados, pela eternidade.
(...)

Sofremos não porque nossa mãe é impaciente
conosco, mas por todos os momentos em
que poderíamos estar confidenciando a ela
nossas mais profundas angústias
se ela estivesse interessada em nos compreender.
Sofremos não porque nosso time perdeu, mas pela
euforia sufocada.
(...)

Como aliviar a dor do que não foi vivido?
A resposta é simples como um verso:
Se iludindo menos e vivendo mais!!

A cada dia que vivo, mais me convenço de que o desperdício da vida está no amor que não damos, nas forças que não usamos, na prudência egoísta que nada arrisca, e que, esquivando-se do sofrimento, perdemos também a felicidade...

A dor é inevitável.
O sofrimento é opcional.

Carlos Drummond de Andrade
Fonte: www.carlosdrummond.com.br

1. (Ifal) Como recurso de coesão textual, Carlos Drummond utiliza, reiteradamente, os conectivos: por e porque para responder à pergunta "Sofremos por quê?" E, com esse uso, o autor explicita coerência das ideias, gerando relações semânticas de:

a) causa ou medida, conformidade.
b) causa ou motivo, instrumento.
c) causa ou motivo, explicação.
d) conformidade, modo ou substituição.
e) medida, modo ou explicação.

**Comentário do vestibular:**

No primeiro verso, o eu lírico busca uma causa para o sofrimento ("Por que sofremos tanto por amor?"), para, em seguida, formular uma explicação ("Porque automaticamente esquecemos/o que foi desfrutado e passamos a sofrer/pelas nossas projeções irrealizadas"), como se afirma em **c**.

**Resposta:** alternativa **c**

## Exercícios propostos

**Texto para a próxima questão.**

### Classe média negra no Brasil: negros em ascensão social

Rosângela Rosa Praxedes

O estudo da mobilidade social ascendente da população brasileira, em particular o aumento apontado por diferentes estudos demográficos das classes médias em relação aos demais segmentos populacionais, leva-nos a uma reflexão sobre as desvantagens raciais relacionadas à ascensão social de não brancos. (...)

Embora a classe média tenha crescido em termos relativos e absolutos, entre a população negra, esse crescimento foi significativamente menor. Segundo dados do IPEA, a quantidade de negros pertencentes à classe média ainda é muito pequena. Apesar disso, a classe média negra das capitais brasileiras teve um crescimento relativo de 10% entre os anos de 1992 e 1999, chegando ao patamar de um terço da classe média brasileira. (...)

Para a população negra de classe média, a superação dos estereótipos vinculados à cor (admitindo-se que os negros se encontram muito frequentemente realizando atividades desprestigiadas socialmente) constitui-se um problema que podemos associar a uma redefinição da própria identidade negra. Como se não fossem suficientes as dificuldades de uma recente transição do país de economia agrícola para economia urbana industrial e de serviços, há, ainda, [1]o peso da herança deixada pelo longo período de escravidão no país, que influencia o racismo a que os negros ainda são submetidos.

Nesse sentido é que os afrodescendentes se empenham para a aquisição de certos símbolos que garantam sua distinção em relação ao restante dos afrodescendentes pertencentes às camadas populares, como a posse de um diploma universitário, o exercício de um trabalho não manual e o cultivo de algumas práticas de consumo que envolve diferenças no tamanho das residências, no modelo e ano do automóvel adquirido, no número de empregados domésticos e no modo de vestir.

A ascensão social da população negra tem como maior obstáculo a discriminação racial existente em nossa sociedade. Ao incorporar uma representação do espaço social como um espaço em que é possível a ascensão social, os cidadãos negros de classe média muitas vezes relevam o fato de o racismo existente na sociedade brasileira tornar suas perspectivas de futuro frustradas, o que corresponde a reconhecermos que um conjunto de possibilidades teoricamente existentes, na prática, podem se tornar inviáveis para um negro no Brasil, limitando efetivamente o campo de suas possibilidades, já que nem sempre o capital cultural acumulado pelos negros pode ser convertido em uma posição social correspondente.

(*Revista Espaço Acadêmico*. Ano II, ND. 20, Janeiro/2003. Disponível em: http:llwww.espacoacademico.com.br/020/20rpraxedes.htm)

1. (Cefet-RJ) O pronome relativo é um conectivo muito importante na coesão textual, visto que evita a repetição desnecessária de palavras num texto. No trecho "(...) o peso da herança deixada pelo longo período de escravidão no país, que influencia o racismo a que os negros ainda são submetidos." (ref. 1), os termos representados pelos pronomes relativos destacados são, respectivamente:
   a) escravidão no país/ racismo.
   b) herança / país.
   c) o peso da herança / racismo.
   d) herança / escravidão.

**Textos para a próxima questão.**

*Texto 1*

Queria dizer aqui o fim do Quincas Borba, que adoeceu também, ganiu infinitamente, fugiu desvairado em busca do dono, e amanheceu morto na rua, três dias depois.

(Quincas Borba)

*Texto 2*

Aquela nota verde, gordurosa, graxenta, está sendo roída... roída... roída... Esse fato está se passando agora... é contemporâneo dele!... Os ratos estão roendo ali na cozinha... na mesa... são dois... são três... andam daqui para lá... giram... dançam... infatigáveis... afanosos... infatigáveis...

(Os ratos)

*Texto 3*

Minha mãe é meio branca. Meu pai é preto. Retinto. Nariz de barraca. A filha do seu Polovsky acharia meu pai feio. Ele era bonito. Eu sou bonito. Não sou mulato. Mulato é filho de mula. Eu sou preto. Negro.

("Identidade para os gatos pardos")

2. (Ufes) Considere os **textos 1, 2** e **3** para fazer o que se pede.
   a) Indique a que ou a quem se referem os itens lexicais "aqui" (**texto 1**), "fato" (**texto 2**), "Ele" (**texto 3**) e explique, em termos de coesão textual, que diferença esses itens apresentam.
   b) As reticências podem omitir "alguma coisa que não se quer revelar, emoção demasiada, insinuação, etc." (Dicionário eletrônico Houaiss da língua portuguesa). Com base nessa informação, no **texto 2** elas estão indicando o quê?

3. (UEMG)

**Como ler bem**

O bom repórter deve ser imparcial, diz a lição número 1 do jornalismo. [1]**Mas** o bom leitor [2]**também** tem sua regra de ouro. Ele deve [4]**sempre**, [4]**sempre**, manter a cabeça aberta. O bom leitor sabe se distanciar das paixões. Está sempre disposto a ouvir uma ideia nova – [5]**ainda que** ela coloque abaixo suas ideias antigas. [3]**Posto assim**, ler bem parece um desafio fácil. Não é, como também não é simples ser imparcial.

*SUPERINTERESSANTE*, ed. nº 269, ano 23, nº 9 – Seção ESCUTA – texto adaptado.

Constatando a presença dos elementos de COESÃO como fatores da construção de sentido no texto acima, só não está correta a afirmação de que
   a) o articulador **mas** (ref. 1), relaciona-se semanticamente com o articulador **também** (ref. 2), introduzindo, respectivamente, ideias de contraste e inclusão, no sentido do texto.
   b) o termo **posto assim** (ref. 3), refere-se às atitudes recomendadas ao bom leitor, anteriormente indicadas.
   c) a repetição do termo **sempre** (ref. 4), reforça a ideia de contradição entre a "lição número 1" do repórter e a "regra de ouro" do leitor.
   d) o articulador representado por **ainda que** (ref. 5), introduz o sentido de concessão, conectando as expressões "ideia nova" e "ideias antigas".

**Texto para a próxima questão.**

Em casa, brincava de missa – um tanto às escondidas, porque minha mãe dizia que missa não era cousa de brincadeira. Arranjávamos um altar, Capitu e eu. Ela servia de sacristão, e alterávamos o ritual, no sentido de dividirmos a hóstia entre nós; a hóstia era sempre um doce. No tempo em que brincávamos assim, era muito comum ouvir à minha vizinha: "Hoje há missa?" Eu já sabia o que isto queria dizer, respondia afirmativamente, e ia pedir hóstia por outro nome. Voltava com ela, arranjávamos o altar, engrolávamos o latim e precipitávamos as cerimônias. Dominus non sum dignus ...* Isto, que eu devia dizer três vezes, penso que só dizia uma, tal era a gulodice do padre e do sacristão. Não bebíamos vinho nem água; não tínhamos o primeiro, e a segunda viria tirar-nos o gosto do sacrifício.

(Machado de Assis, *Dom Casmurro*, Obra completa.)

* Trecho da fala do sacerdote, no momento da comunhão, que era proferida em latim, antes do Concílio Vaticano II. A fala inteira, que deve ser repetida três vezes, é: *Dominus non sum dignus ut intres sub tectum meum, sed tantum dic verbum e sanabitur anima mea*, cuja tradução é: Senhor, não sou digno de que entreis em minha morada, mas dizei uma só palavra e minha alma será salva.

4. (Ufscar-SP) Assinale a alternativa que contém palavras que, no texto de Machado, retomam termos de uma frase anterior, promovendo a coesão do texto.
   a) primeiro, segunda.
   b) casa, ritual.
   c) precipitávamos, cerimônias.
   d) doce, gulodice.
   e) dividirmos, alterávamos

# MÓDULO 7 • A reprodução das falas

## 1. Um texto, várias vozes

Um texto é expressão de um locutor, o "dono da voz". Esse locutor, entretanto, pode abrir espaço para outras vozes, às vezes de maneira clara e explícita (citações diretas e marcadas), às vezes de maneira implícita, não marcada por sinais de pontuação nem por verbos que introduzem a fala de um "outro".

Dependendo da forma como o locutor principal reproduz a voz de outros falantes, ocorrem o **discurso direto**, o **discurso indireto** ou o **discurso indireto livre**. A escolha por uma ou outra forma nunca é aleatória, como também não é aleatória a escolha do verbo associado à reprodução da fala. A citação direta valoriza o falante e revela maior isenção do locutor principal, ao contrário da indireta, que expressa maior interferência deste.

## 2. Os tipos de discurso

### Discurso direto

No discurso direto, as falas das personagens são reproduzidas de maneira direta, integral e literalmente e vêm introduzidas por travessão. Nessa estrutura, via de regra, as falas são acompanhadas por um **verbo de elocução** – *dizer*, *falar*, *responder*, *perguntar*, etc. –, seguido de dois-pontos.

### Discurso indireto

O discurso indireto caracteriza-se pela reprodução da voz do outro na própria fala do locutor principal. O diálogo é reproduzido em sua totalidade com palavras do próprio narrador, que faz uma síntese de cada fala. Nesse tipo de discurso, também há verbo de elocução, em geral seguido de uma oração subordinada (a fala do personagem complementa o significado do verbo de elocução: **pediu**-me que...; **ponderei**-lhe que..., desempenhando a função de objeto direto).

No discurso indireto não há possibilidade de o locutor se expressar no imperativo, por exemplo. Por isso se diz que o discurso direto permite montar um perfil mais forte do falante, caracterizando-o de maneira mais viva e próxima da realidade.

### Discurso indireto livre

O discurso indireto livre é um tipo de discurso misto, em que se associam as características do discurso direto e do discurso indireto. Ao optar por esse estilo, o narrador insere sutilmente a fala do personagem em seu discurso, sem as marcas do discurso direto, mas com toda a sua vivacidade; isso lhe permite expor aspectos psicológicos do personagem, já que esse tipo de discurso pode revelar um fluxo do pensamento por meio de uma fala marcada por hesitações.

No discurso indireto livre, a fala do personagem não é marcada por verbo de elocução ou por sinais de pontuação.

## 3. As estruturas gramaticais do discurso direto e do indireto

| discurso direto | discurso indireto |
|---|---|
| verbo no presente do indicativo:<br>– Não **bebo** dessa água – afirmou a menina. | verbo no pretérito imperfeito do indicativo:<br>A menina afirmou que não **bebia** daquela água. |
| verbo no pretérito perfeito:<br>– **Perdi** meu guarda-chuva – disse ele. | verbo no pretérito mais-que-perfeito:<br>Ele disse que **perdera** seu guarda-chuva.<br>Ele disse que **tinha perdido** seu guarda-chuva. |
| verbo no futuro do indicativo:<br>Ele confessou:<br>– **Irei** ao jogo. | verbo no futuro do pretérito:<br>Ele confessou que **iria** ao jogo. |
| verbo no imperativo:<br>– **Aplaudam!** – ordenou o diretor. | verbo no pretérito imperfeito do subjuntivo:<br>O diretor ordenou que **aplaudíssemos**. |

## Exercício comentado

1. (PUC-RS) Leia os textos que seguem.

### *Texto A*

"No aeroporto, canso de esperar. Um cidadão grisalho explica a um funcionário que as suas duas malas contêm vestidos para senhora. Trinta vestidos. Ante o espanto do outro, ele declara a meia voz: 'Eu também acho muito, mas vá convencer a minha mulher do contrário...' Uma inglesa de dois metros de altura trata de liberar dois cãezinhos foxterrier.

Seus sapatos de bico fino estão encarregados de comprimir dois formosos pés quarenta e quatro. Por fim, subo a escada de bordo, procuro a poltrona nº 12, ajeito a bagagem de mão, ato o cinto, reclino um pouco mais a poltrona. "As pessoas que ficaram no aeroporto viram o avião correr na pista de cimento, decolar, subir mais e mais e desaparecer nos céus claros daquela bela manhã carioca."

### *Texto B*

"Quando o avião aterrissou, sacudindo com guizos os metais e os vidros de bordo, Plínio vinha dormitando. Camilo de um lado e Joan do outro amparavam o seu corpo para que se mantivesse em posição vertical. Avisada, a companhia mandara para junto da escada uma cadeira de rodas e destacara alguns dos seus homens para conduzirem o doente escada abaixo. (...) foram os primeiros a saírem da sala de espera das bagagens: entregaram os talões das malas para dois carregadores, foram para a frente do aeroporto onde um vento de primavera aliviava o calor que haviam sentido a bordo."

Nos fragmentos acima, retirados, respectivamente, das obras *As muralhas de Jericó* e *Camilo Mortágua*, de Josué Guimarães, o narrador refere-se às condições de viagem, usando pontos de vista diferenciados. O primeiro fragmento diz respeito à partida do viajante e é narrado em ________ pessoa; o segundo, ao momento de chegada e é narrado em ________ pessoa. Em ambas as narrativas, o narrador apela para as sensações das personagens, fazendo referência às condições ________ para expressá-las melhor.

a) primeira / terceira / climáticas
b) terceira / primeira / alfandegárias
c) primeira / terceira / aeronáuticas
d) primeira / terceira / financeiras
e) terceira / primeira / meteorológicas

**Comentário do vestibular:**

No texto A, o narrador é também personagem (está em 1ª pessoa); no texto B, o narrador não é personagem (3ª pessoa). As condições climáticas ficam evidentes nos trechos: "nos céus claros daquela bela manhã carioca" (Texto A); "um vento de primavera aliviava o calor que haviam sentido a bordo" (Texto B).

**Resposta:** alternativa **a**

## Exercícios propostos

1. (Fuvest-SP) Leia o seguinte trecho de uma reportagem, para em seguida atender ao que se pede:

### Cantoria de sabiá-laranjeira na madrugada divide ouvidos paulistanos

Diz uma antiga lenda indígena que, durante as madrugadas, no início da primavera, quando uma criança ouve o canto de um sabiá-laranjeira, ela é abençoada com amor, felicidade e paz. Isso lá na floresta. Na selva urbana, a história é outra: tem gente se revirando na cama com a sinfonia que chega a durar duas horas seguidas antes mesmo de clarear o dia.

"Morei 35 anos no interior paulista e nunca fui acordada por passarinho algum", conta uma moradora do Brooklin (zona sul). "Agora, em plena São Paulo barulhenta e caótica, minhas madrugadas têm sido bem diferentes".

*Folha de S.Paulo*, 16/09/2013. Adaptado.

a) Tendo em vista o contexto, é possível concluir, de modo irrefutável, que a citada moradora do Brooklin faz parte dos paulistanos que não apreciam o canto do sabiá-laranjeira? Justifique com base no texto.

b) Reescreva os trechos do texto que se encontram em discurso direto, empregando o discurso indireto e fazendo as modificações necessárias.

**Texto para a próxima questão.**

[...] O Bispo era tão grande, nos rôxos, na hora de se beijar o anel dava um medo. Quem ficava mais vezes de castigo era ele, Miguilim; mas quem apanhava mais era a Chica. A Chica tinha malgênio – todos diziam. Ela aprontava birra, encapelava no chão, capeteava; mordia as pessoas, não tinha respeito nem do pai. Mas o pai não devia de dizer que um dia punha ele Miguilim de castigo pior, amarrado em árvore, na beirada do mato. Fizessem isso, ele morria da estrangulação do medo? Do mato de cima do morro, vinha onça. Como o pai podia imaginar judiação, querer amarrar um menino no escuro do mato? Só o pai de Joãozinho mais Maria, na estória, o pai e a mãe levaram eles dois, para desnortear no meio da mata, em distantes, porque não tinham de comer para dar a eles. Miguilim sofria tanta pena, por Joãozinho mais Maria, que voltava a vontade de chorar. [...]

(ROSA, João Guimarães. *Manuelzão e Miguilim*. 21. ed. Rio de Janeiro: Nova Fronteira, 1967. p. 38.)

**2.** (UFG-GO) No trecho selecionado, pode-se perceber uma heterogeneidade de vozes presentes na narrativa.

A multiplicidade de vozes discursivas pode ser exemplificada pelo:

( ) emprego do tempo verbal na frase "A Chica tinha malgênio – todos diziam".

( ) apagamento do pronome "ela" na sequência "ela aprontava birra, encapelava no chão, capeteava; mordia..."

( ) uso do discurso indireto livre mesclando a voz do narrador à da personagem Miguilim em "Como o pai podia imaginar judiação, querer amarrar um menino no escuro do mato?"

( ) recurso da intertextualidade que marca a relação da história de Miguilim com a história de João e Maria.

**Texto para a próxima questão.**

Ultimamente ando de novo intrigado com o enigma de Capitu. Teria ela traído mesmo o marido, ou tudo não passou de imaginação dele, como narrador? Reli mais uma vez o romance e não cheguei a nenhuma conclusão. Um mistério que o autor deixou para a posteridade.

(Fernando Sabino, *O bom ladrão*.)

**3.** (Unifesp)

"Tinha-me lembrado a definição que José Dias dera deles, "olhos de cigana oblíqua e dissimulada". Eu não sabia o que era oblíqua, mas dissimulada sabia, e queria ver se se podiam chamar assim. Capitu deixou-se fitar e examinar. Só me perguntava o que era, se nunca os vira; eu nada achei extraordinário; a cor e a doçura eram minhas conhecidas. A demora da contemplação creio que lhe deu outra ideia do meu intento; imaginou que era um pretexto para mirá-los mais de perto, com os meus olhos longos, constantes, enfiados neles, e a isto atribuo que entrassem a ficar crescidos, crescidos e sombrios, com tal expressão que...

Retórica dos namorados, dá-me uma comparação exata e poética para dizer o que foram aqueles olhos de Capitu. Não me acode imagem capaz de dizer, sem quebra da dignidade do estilo, o que eles foram e me fizeram. Olhos de ressaca? Vá, de ressaca. É o que me dá ideia daquela feição nova. Traziam não sei que fluido misterioso e enérgico, uma força que arrastava para dentro, como a vaga que se retira da praia, nos dias de ressaca."

(Machado de Assis, "Dom Casmurro".)

No texto de Sabino, o narrador questiona a traição de Capitu. Lendo o texto de Machado, pode-se entender que esse questionamento decorre de

a) os fatos serem narrados pela visão de uma personagem, no caso, o narrador em primeira pessoa, que fornece ao leitor o perfil psicológico de Capitu.

b) a personagem ser vista por José Dias como "oblíqua e dissimulada", o que gerou mal-estar no apaixonado de Capitu, deixando de vê-la como uma mulher de encantos.

c) a apresentação da personagem Capitu ser feita no romance de maneira muito objetiva, sem expressão dos sentimentos que a vinculavam ao homem que a amava.

d) os aspectos psicológicos de Capitu serem apresentados apenas pelos comentários de José Dias, o que lhe torna a caracterização muito subjetiva.

e) o amado de Capitu não conseguir enxergar nela características mais precisas e menos misteriosas, o que o faz descrevê-la de forma bastante idealizada.

**4.** (UEMG) Em passagens do romance *O último conhaque*, observa-se o uso do discurso *indireto livre*, quando a voz narrativa de 3ª pessoa apresenta *entonações* próprias de uma outra voz, em *fluxo interior* (ou *fluxo de consciência*), atribuída à personagem focalizada, conferindo, assim, certa ambiguidade na identificação do locutor que se expressa no texto.

De acordo com esse comentário e (re)lendo as citações das alternativas, a seguir, só é POSSÍVEL afirmar que o *discurso indireto livre*, revelador de um *fluxo interior* da personagem, faz-se presente em:

a) "Já escurecia quando Lúcio Santos, após falar duas vezes por telefone com Rodrigo Lima e recomendar a ele muita calma, acabava de dar as últimas instruções para Valdeir, o gerente de sua concessionária, no centro de Ipatinga, onde também era dono de duas sorveterias e uma oficina mecânica."

b) "Naquele dia, ele não estava bem: amanheceu espirrando, com o corpo doendo e sem ânimo para ir às aulas ou fazer qualquer coisa a não ser ficar na cama, entregue à sonolência e a um torpor que, independentemente de sua vontade, fazia com que sua mente vagasse."

c) "Enquanto isso, o homem, após descobrir a arma, não fez outra coisa senão ficar assentado na poltrona com ela ao seu lado, acariciando-a, sentindo o frio do metal."

d) "Porém, os pesadelos, de uns tempos para cá, pararam de atormentá-lo, muito embora a fisionomia de Rodrigo Lima, sempre associada à de seu pai, nunca tenha saído de sua cabeça (...) E é por isso que deseja encontrá-lo, olhar nos seus olhos. Será que terá coragem? E, quem sabe, encarando-o, volte a visualizar, por inteiro, o rosto de seu pai (...)"

# MÓDULO 8 • Realidade e ficção nos gêneros narrativos

## 1. A narrativa

O tipo textual narrativa está presente nos mais variados gêneros textuais, seja em textos baseados em acontecimentos reais, como uma notícia de jornal, a narração de um evento esportivo (lembre-se de que o profissional é chamado de "narrador"), seja em relatos cotidianos sobre como ocorreu um fato, uma anedota, uma biografia, etc. Mas também está presente em gêneros baseados em acontecimentos imaginários, como os contos de fadas, os romances, as lendas, um conto policial, um poema épico, uma fábula, um mito, etc.

Podemos dividir as narrativas em dois grandes grupos: as narrativas não ficcionais e as narrativas ficcionais; em outras palavras, as que narram fatos acontecidos no mundo real, as que narram fatos de um mundo imaginário.

### A ficção – do realismo ao fantástico

Na literatura, a ficção é uma das características da obra literária, pois ela sempre apresenta uma interpretação particular, original e subjetiva da realidade. Toda narrativa ficcional é construída a partir de elementos da realidade (universo real onde o autor está inserido), algumas vezes recheada de elementos fantasiosos, muitas outras com alguns elementos inusitados, outras, ainda, com situações e personagens retratados com muita fidelidade; portanto, o universo imaginário pode ser mais ou menos "real". Podemos dizer que o ficcionismo abrange narrativas que vão desde o universo mais fantástico até o mais realista.

### Verossimilhança interna e externa

A narrativa ficcional, criação da imaginação inventiva de um autor, tem de apresentar **verossimilhança**. A palavra **verossimilhança** deriva de **verossímil**, que vem do latim *verisimilis*: "provável", ou seja, a narrativa ficcional tem de apresentar um universo possível, passando a sensação de que pode existir e/ou acontecer.

Quanto à capacidade de parecer plausível, a narrativa ficcional pode apresentar:

- **verossimilhança externa**: pela identificação com a realidade, com aquilo que o senso comum aceita como possível, provável;
- **verossimilhança interna**: pela coerência interna dos fatos ficcionais dentro da própria narrativa.

Dessa forma, uma narrativa ficcional pode ser considerada **inverossímil** se seu universo imaginário for improvável e/ou absurdo em relação à realidade ou se seu universo imaginário não apresentar coerência lógica interna.

### Autor *versus* narrador

O narrador (ser ficcional) é uma criação do autor (ser real), com o qual pode se assemelhar em menor ou maior escala, ou mesmo não se assemelhar em nada.

### O ciclo narrativo

- **situação inicial** – o(s) personagem(ns) é (são) apresentado(s) numa determinada situação temporal e espacial;
- **desenvolvimento** – apresenta-se um conflito, e a ação se desenvolve até chegar ao **clímax** e, em seguida, a um desfecho;
- **situação final** – passado o conflito, o(s) personagem(ns) é (são) apresentado(s) em uma nova situação – há claros indícios de transformação, de mudança em relação ao início da narrativa.

O clímax é o ponto culminante da narrativa; é quando ela alcança seu ponto de tensão máxima, a partir do qual se define o desfecho da trama. Etimologicamente, a palavra, de origem grega (*klîmaks*), significa "escada, degrau, gradação".

## 2. O conto

O conto é a mais breve das narrativas, centrada em um episódio. Por conta da brevidade característica do conto, pode-se chegar à concisão extrema, em que a narrativa se apresenta mínima, sem deixar de lado os elementos necessários para sua construção.

O que norteia toda a construção narrativa do conto é a unidade de impressão, o efeito que pretende provocar no leitor. Assim, pode-se dizer que, no conto, todos os elementos da narrativa, os recursos linguísticos e até o tipo de condensação estão a serviço desse efeito.

## Exercício comentado

**Texto para a próxima questão.**

### Memórias do cárcere

Resolvo-me a contar, depois de muita hesitação, casos passados há dez anos – e, antes de começar, digo os motivos por que silenciei e por que me decido. Não conservo notas: algumas que tomei foram inutilizadas, e assim, com o decorrer do tempo, ia-me parecendo cada vez mais difícil, quase impossível, redigir esta narrativa. Além disso, julgando a matéria superior às minhas forças, esperei que outros mais aptos se ocupassem dela. Não vai aqui falsa modéstia, como adiante se verá. Também me afligiu a ideia de jogar no papel criaturas vivas, sem disfarces, com os nomes que têm no registro civil. Repugnava-me deformá-las, dar-lhes pseudônimo, fazer do livro uma espécie de romance; mas teria eu o direito de utilizá-las em história presumivelmente verdadeira? Que diriam elas se se vissem impressas, realizando atos esquecidos, repetindo palavras contestáveis e obliteradas?

(...)

O receio de cometer indiscrição exibindo em público pessoas que tiveram comigo convivência forçada já não me apoquenta. Muitos desses antigos companheiros distanciaram-se, apagaram-se.

Outros permaneceram junto a mim, ou vão reaparecendo ao cabo de longa ausência, alteram-se, completam-se, avivam recordações meio confusas – e não vejo inconveniência em mostrá-los.

(...)

E aqui chego à última objeção que me impus. Não resguardei os apontamentos obtidos em largos dias e meses de observação: num momento de aperto fui obrigado a atirá-los na água. Certamente me irão fazer falta, mas terá sido uma perda irreparável? Quase me inclino a supor que foi bom privar-me desse material. Se ele existisse, ver-me-ia propenso a consultá-lo a cada instante, mortificar-me-ia por dizer com rigor a hora exata de uma partida, quantas demoradas tristezas se aqueciam ao sol pálido, em manhã de bruma, a cor das folhas que tombavam das árvores, num pátio branco, a forma dos montes verdes, tintos de luz, frases autênticas, gestos, gritos, gemidos. Mas que significa isso? [1]Essas coisas verdadeiras podem não ser verossímeis. E se esmoreceram, deixá-las no esquecimento: valiam pouco, pelo menos imagino que valiam pouco. Outras, porém, conservaram-se, cresceram, associaram-se, e é inevitável mencioná-las.

Afirmarei que sejam absolutamente exatas? Leviandade. (...) Nesta reconstituição de fatos velhos, neste esmiuçamento, exponho o que notei, o que julgo ter notado. Outros devem possuir lembranças diversas. Não as contesto, mas espero que não recusem as minhas: conjugam-se, completam-se e me dão hoje impressão de realidade. Formamos um grupo muito complexo, que se desagregou. De repente nos surge a necessidade urgente de recompô-lo. Define-se o ambiente, as figuras se delineiam, vacilantes, ganham relevo, a ação começa. Com esforço desesperado arrancamos de cenas confusas alguns fragmentos. Dúvidas terríveis nos assaltam. De que modo reagiram os caracteres em determinadas circunstâncias? O ato que nos ocorre, nítido, irrecusável, terá sido realmente praticado? Não será incongruência? Certo a vida é cheia de incongruências, mas estaremos seguros de não nos havermos enganado? Nessas vacilações dolorosas, às vezes necessitamos confirmação, apelamos para reminiscências alheias, convencemo-nos de que a minúcia discrepante não é ilusão. Difícil é sabermos a causa dela, desenterrarmos pacientemente as condições que a determinaram. Como isso variava em excesso, era natural que variássemos também, apresentássemos falhas. Fiz o possível por entender aqueles homens, penetrar-lhes na alma, sentir as suas dores, admirar-lhes a relativa grandeza, enxergar nos seus defeitos a sombra dos meus defeitos. Foram apenas bons propósitos: devo ter-me revelado com frequência egoísta e mesquinho. E esse desabrochar de sentimentos maus era a pior tortura que nos podiam infligir naquele ano terrível.

GRACILIANO RAMOS. *Memórias do cárcere*. Rio de Janeiro: Record, 2002.

1. (Uerj) *Essas coisas verdadeiras podem não ser verossímeis.* (ref. 1)

   Com a frase acima, o escritor lembra um princípio básico da literatura: a verossimilhança – isto é, a semelhança com a verdade – é mais importante do que a verdade mesma. A melhor explicação para este princípio é a de que a invenção narrativa se mostra mais convincente se:

   a) parece contar uma história real

   b) quer mostrar seu caráter ficcional

   c) busca apoiar-se em fatos conhecidos

   d) tenta desvelar as contradições sociais

   **Comentário do vestibular:**

   Se, na literatura, a "verossimilhança" (harmonia entre os elementos fantasiosos ou imaginários) é mais importante do que a verdade mesma, então a invenção narrativa mostra-se mais convincente se parecer contar uma história real, como se afirma em **a**.

   **Resposta:** alternativa **a**

## Exercícios propostos

1. (UFBA)

As ciências naturais eram-lhe queridas e familiares; e uma insaciável e [1]religiosa [3]curiosidade do Universo, impelira-o a estudar tudo o que [2]divinamente o compõe, desde os insetos até aos astros. Estudos carinhosamente feitos com o coração – porque Fradique sentia pela Natureza, sobretudo pelo animal e pela planta, uma ternura e uma veneração genuinamente budistas. "Amo a Natureza (escrevia-me ele em 1882) por si mesma, [4]toda e individualmente, na graça e na fealdade de cada uma das formas inumeráveis que a enchem; e amo-a ainda como manifestação tangível e múltipla da suprema Unidade, da Realidade intangível, a que cada Religião e cada Filosofia deram um nome diverso e a que eu presto culto sob o nome de VIDA. Em resumo adoro a Vida – de que são igualmente expressões uma rosa e uma chaga, uma constelação e (com horror confesso) o conselheiro Acácio. Adoro a Vida e portanto tudo adoro – porque tudo é viver, mesmo morrer. Um cadáver rígido no seu esquife vive tanto como uma águia batendo furiosamente o voo. [...]"

QUEIROZ, Eça de. "Correspondência de Fradique Mendes". In: *Obras de Eça de Queiroz*. Porto: Lello & Irmão Editores, 1966. v. II, p. 1018.

Sobre esse fragmento e a obra de Eça de Queiroz, é correto afirmar:

(01) O fragmento apresenta um discurso em que narrador ficcional e personagem biografada se manifestam.

(02) A importância que Fradique atribui às ciências naturais expressa uma das tendências recorrentes no século XIX.

(04) O narrador, para caracterizar Fradique, apresenta várias situações ilustrativas do modo de pensar e agir da personagem.

(08) O enunciador, ao fornecer detalhes, acontecimentos e preferências da personagem, utiliza um procedimento narrativo-descritivo característico da estética dominante na época.

(16) Os termos "religiosa" (ref. 1) e "divinamente" (ref. 2) evidenciam o discurso religioso característico da sociedade portuguesa.

(32) A substituição do elemento linguístico "do", em "curiosidade do Universo" (ref. 3), por "pelo" resulta em um outro significado para a frase.

(64) O fragmento "toda e individualmente" (ref. 4) demonstra que Fradique tem uma compreensão dicotômica, subdividida do universo.

**Texto para a próxima questão.**

Leia o texto a seguir e responda à questão.

### Tabuleta nova

Referido o que lá fica atrás, Custódio confessou tudo o que perdia no título e na despesa, o mal que lhe trazia a conservação do nome da casa, a impossibilidade de achar outro, um abismo, em suma. Não sabia que buscasse; faltava-lhe invenção e paz de espírito. Se pudesse, liquidava a confeitaria. E afinal que tinha ele com política? Era um simples fabricante e vendedor de doces, estimado, afreguesado, respeitado, e principalmente respeitador da ordem pública...

– Mas o que é que há? perguntou Aires.

– A república está proclamada.

– Já há governo?

– Penso que já; mas diga-me V. Excia.: ouviu alguém acusar-me jamais de atacar o governo? Ninguém. Entretanto... Uma fatalidade! Venha em meu socorro, Excelentíssimo. Ajude-me a sair deste embaraço. A tabuleta está pronta, o nome todo pintado "Confeitaria do Império", a tinta é viva e bonita. O pintor teima em que lhe pague o trabalho, para então fazer outro. Eu, se a obra não estivesse acabada, mudava de título, por mais que me custasse, mas hei de perder o dinheiro que gastei? V. Excia. crê que, se ficar "Império", venham quebrar-me as vidraças?

– Isso não sei.

– Realmente, não há motivo; é o nome da casa, nome de trinta anos, ninguém a conhece de outro modo...

– Mas pode pôr "Confeitaria da República"...

– Lembrou-me isso, em caminho, mas também me lembrou que, se daqui a um ou dois meses, houver nova reviravolta, fico no ponto em que estou hoje, e perco outra vez o dinheiro.

– Tem razão... Sente-se.

– Estou bem.

– Sente-se e fume um charuto.

Custódio recusou o charuto, não fumava. Aceitou a cadeira. Estava no gabinete de trabalho, em que algumas curiosidades lhe chamariam a atenção, se não fosse o atordoamento do espírito. Continuou a implorar o socorro do vizinho. S. Excia., com a grande inteligência que Deus lhe dera, podia salvá-lo. Aires propôs-lhe um meio-termo, um título que iria com ambas as hipóteses – "Confeitaria do Governo".

– Tanto serve para um regímen como para outro.

– Não digo que não, e, a não ser a despesa perdida... Há, porém, uma razão contra. V. Excia. sabe que nenhum governo deixa de ter oposição. As oposições, quando descerem à rua, podem implicar comigo, imaginar que as desafio, e quebrarem-me a tabuleta; entretanto, o que eu procuro é o respeito de todos.

(ASSIS, J. M. M. *Esaú e Jacó*. Rio de Janeiro: Jackson, 1959. p. 251-253.)

2. (UEL-PR) É correto afirmar que o texto é narrado

a) por Machado de Assis, simpatizante do absolutismo, revelando através do narrador seu descontentamento com a Proclamação da República, dado o fato de ter destituído o imperador.

b) por Custódio, proprietário de uma confeitaria na rua do Catete, que reclama dos gastos que lhe foram impostos pela Proclamação da República, uma vez que deverá pagar duas vezes a pintura da tabuleta.

c) por Conselheiro Aires, diplomata aposentado, que se condói da situação do humilde confeiteiro que, por não saber da situação política do país, acabou sofrendo prejuízos com a pintura da tabuleta de sua confeitaria.

d) em terceira pessoa, atuando o narrador como sintetizador do estado de espírito de Custódio e da intervenção do Conselheiro Aires frente às solicitações do vizinho.

e) em primeira pessoa por um narrador que, irritado com a não participação do povo brasileiro nos acontecimentos políticos do país, cria uma situação ficcional capaz de revelar as consequências da alienação.

**Texto para a próxima questão.**

Vestindo água, só saído o cimo do pescoço, o burrinho tinha de se enqueixar para o alto, a salvar também de fora o focinho. Uma peitada. Outro tacar de patas. Chu-áa! Chu-áa... – ruge o rio, como chuva deitada no chão. Nenhuma pressa! Outra remada, vagarosa. No fim de tudo, tem o pátio, com os cochos, muito milho, na Fazenda; e depois o pasto: sombra, capim e sossego... Nenhuma pressa. Aqui, por ora, este poço doido, que barulha como um fogo, e faz medo, não é novo: tudo é ruim e uma só coisa, no caminho: como os homens e os seus modos, costumeira confusão. É só fechar os olhos. Como sempre. Outra passada, na massa fria. E ir sem afã, à voga surda, amigo da água, bem com o escuro, filho do fundo, poupando forças para o fim. Nada mais, nada de graça; nem um arranco, fora de hora. Assim.

João Guimarães Rosa. O burrinho pedrês, *Sagarana*.

3. (Fuvest-SP) Quando nos apresentam os homens vistos pelos olhos dos animais, as narrativas em que aparecem o burrinho pedrês, do conto homônimo ("Sagarana"), os bois de "Conversa de bois" ("Sagarana") e a cachorra Baleia ("Vidas secas") produzem um efeito de:

a) indignação, uma vez que cada um desses animais é morto por algozes humanos.

b) infantilização, uma vez que esses animais pensantes são exclusivos da literatura infantil.

c) maravilhamento, na medida em que os respectivos narradores servem-se de sortilégios e de magia para penetrar na mente desses animais.

d) estranhamento, pois nos fazem enxergar de um ponto de vista inusitado o que antes parecia natural e familiar.

e) inverossimilhança, pois não conseguem dar credibilidade a esses animais dotados de interioridade.

**Texto para a próxima questão.**

## O pavão

Eu considerei a glória de um pavão ostentando o esplendor de suas cores; é um luxo imperial. [1]Mas andei lendo livros, e descobri que aquelas cores todas não existem na pena do pavão. Não há pigmentos. O que há são minúsculas bolhas d'água em que a luz se fragmenta como em um prisma. O pavão é um arco-íris de plumas.

Eu considerei que [2]este é o luxo do grande artista, atingir o máximo de matizes com um mínimo de elementos. De água e luz ele faz seu esplendor; seu grande mistério é a simplicidade.

Considerei, [3]por fim, que assim é o amor, [4]oh! minha amada; de tudo que suscita e esplende e estremece e delira em mim existem apenas meus olhos recebendo a luz de teu olhar. [5]Ele me cobre de glória e me faz magnífico.

Rubem Braga

4. (UFF-RJ) No trecho da crônica de Rubem Braga, os elementos coesivos produzem a textualidade que sustenta o desenvolvimento de uma determinada temática.
Com base nos princípios linguísticos da coesão e da coerência, pode-se afirmar que:

a) na passagem, "Mas andei lendo livros" (ref. 1), o emprego do gerúndio indica uma relação de proporcionalidade.

b) o pronome demonstrativo "este" (ref. 2) exemplifica um caso de coesão anafórica, pois seu referente textual vem expresso no parágrafo seguinte.

c) o articulador temporal "por fim" (ref. 3) assinala, no desenvolvimento do texto, a ordem segundo a qual o assunto está sendo abordado.

d) a expressão "Oh! minha amada" (ref. 4) é um termo resumitivo que articula a coerência entre a beleza do pavão e a simplicidade do amor.

e) o pronome pessoal "ele" (ref. 5), na progressão textual, faz uma referência ambígua a "pavão".

## 1. Elementos da narrativa

### Foco narrativo

Foco narrativo é a perspectiva por meio da qual o narrador relata os acontecimentos da narrativa. Podemos afirmar que é, ao lado do enredo, a principal definição que o autor faz antes de iniciar a narração.

De modo geral, a narrativa é escrita em primeira ou em terceira pessoa. Daí, falar-se em:

- **foco narrativo de terceira pessoa**: o narrador não participa ativamente dos acontecimentos; a narração ganha maior objetividade. Nas narrativas em terceira pessoa, o narrador pode ser **onisciente** (conhece toda a história que relata e até os pensamentos dos personagens envolvidos nela) ou **observador** (não conhece toda a história, apenas relata os fatos à medida que eles vão acontecendo; não pode, portanto, fazer antecipações, nem variações no relato da história);
- **foco narrativo de primeira pessoa**: entra em cena o narrador-protagonista ou o narrador-coadjuvante; nas narrativas em primeira pessoa, a narratividade ganha mais subjetividade, pois o narrador está envolvido na ação relatada.

### Enredo

O **enredo** é a própria estrutura narrativa, ou seja, o desenrolar dos acontecimentos. Como o próprio nome indica, **enredar** significa "tecer, entrelaçar os fatos".

### Personagens

A personagem principal de uma narrativa é chamada de **protagonista** e, dependendo do escritor e do estilo de época, pode ser apresentado de maneira mais idealizada (como os heróis românticos) ou mais próxima do real. O protagonista, via de regra, vai se defrontar com o **antagonista**. Observe que as palavras protagonista/antagonista já denunciam, em sua significação, o conflito.

Assim como podem representar um ser em particular, as personagens também podem representar um determinado tipo humano, identificado por características sociais, econômicas, étnicas, profissionais, comportamentais, etc. Muitas vezes, esse tipo de personagem apresenta determinados traços ou comportamentos extremamente realçados, tornando-se uma **personagem caricatural**.

### Espaço

O espaço da narrativa é o lugar onde decorre a ação do enredo, onde se movimentam as personagens. Geralmente, a apresentação do espaço é marcada por sequências descritivas no meio da narrativa. Em algumas narrativas, o espaço ganha importância por assumir o papel de personagem ou por se identificar com uma personagem específica, seja por suas características, seja por seu estado emocional.

### Tempo

Se a narrativa está baseada numa progressão temporal, sem dúvida o elemento tempo é de suma importância para indicar a sucessão das horas, dos dias, dos anos, assim como a noção de presente, passado e futuro.

## Exercício comentado

**Texto para a próxima questão.**

Miguilim espremia os olhos. Drelina e a Chica riam. Tomezinho tinha ido se esconder.

– Este nosso rapazinho tem a vista curta. Espera aí, Miguilim...

E o senhor tirava os óculos e punha-os em Miguilim, com todo o jeito.

– Olha, agora!

Miguilim olhou. Nem não podia acreditar! Tudo era uma claridade, tudo novo e lindo e diferente, as coisas, as árvores, as caras das pessoas. Via os grãozinhos de areia, a pele da terra, as pedrinhas menores, as formiguinhas passeando no chão de uma distância. E tonteava. Aqui, ali, meu Deus, tanta coisa, tudo... O senhor tinha retirado dele os óculos, e Miguilim ainda apontava, falava, contava tudo como era, como tinha visto. Mãe esteve assim assustada; mas o senhor dizia que aquilo era do modo mesmo, só que Miguilim também carecia de usar óculos, dali por diante. O senhor bebia café com eles. Era o doutor José Lourenço, do Curvelo. Tudo podia. Coração de Miguilim batia descompassado, ele careceu de ir lá dentro, contar à Rosa, à Maria Pretinha, a Mãitina. A Chica veio correndo atrás, mexeu: – "Miguilim, você é piticego..." E ele respondeu: – "Donazinha..."

Quando voltou, o doutor José Lourenço já tinha ido embora.

(Guimarães Rosa. *Manuelzão e Miguilim*. "Campo Geral")

**1.** (ITA-SP) A narrativa

I. desenvolve-se num universo fantástico, corroborado pela subversão da linguagem.

II. não retrata as experiências afetivas entre Miguilim e as outras personagens, pois o foco está nas ações dele.

III. é escrita em terceira pessoa, mas a história é filtrada pela perspectiva do menino Miguilim.

Está(ão) correta(s)

a) apenas I.

b) apenas I e II.

c) apenas II.

d) apenas III.

e) todas.

**Comentário do vestibular:**

Na linguagem de Guimarães Rosa, não há subversão, mas um estilo regional que busca aproximar o leitor da realidade retratada. Além disso, o foco da narrativa se concentra mais no psicológico dos personagens do que em suas ações. Assim, a única afirmação correta é a III.

**Resposta:** alternativa **d**

## Exercícios propostos

**1.** (UFRN) O fragmento transcrito abaixo faz parte do conto "Circuito fechado (3)", de Ricardo Ramos.

Muito prazer. Por favor, quer ver o meu saldo? Acho que sim. Que bom telefonar, foi ótimo, agora mesmo estava pensando em você. Puro, com gelo. Passe mais tarde, ainda não fiz, não está pronto. Amanhã eu ligo, e digo alguma coisa. Guarde o troco. Penso que sim. Este mês, não, fica para o outro. Desculpe, não me lembrei. Veja logo a conta, sim? É uma pena, mas hoje não posso, tenho um jantar. Vinte litros, da comum. Acho que não. Nas próximas férias, vou até lá, de carro. Gosto mais assim, com azul. Bem, obrigado, e você? [...] É um chato, um perigo público. Foi há muito tempo. Tudo bem, tudo legal? Gostei de ver. Acho que não, penso que não, creio que não. Acredito que sim. Claro, fechei a porta e botei o carro pra dentro. Vamos dormir? É, leia que é bom. Ainda agosto e esse calor. Me acorde cedo amanhã, viu?

LADEIRA, Julieta de Godoy (Org.). *Contos brasileiros contemporâneos*. 2. ed. São Paulo: Moderna, 2005. p. 126-127.

Esse conto pode ser visto como uma representação literária do automatismo da vida cotidiana moderna. Os procedimentos dos quais o autor se vale para representar esse automatismo são:

a) frases curtas, fragmentação de diálogo e estrutura narrativa circular.

b) causalidade entre as ações, descrição exaustiva e estrutura narrativa circular.

c) fragmentação de diálogo, omissão dos nomes das personagens e ritmo narrativo lento.

d) frases curtas, densidade psicológica das personagens e causalidade entre as ações.

**2.** (UEM-PR) Assinale o que for correto sobre teoria e estrutura da narrativa.

(01) Os acontecimentos narrados no texto narrativo devem sempre obedecer à ordem sequencial e cronológica. O narrador não tem a liberdade de inverter as ações em outra ordem que não a causal, porque isso poderia comprometer a compreensão do leitor.

(02) No texto literário, o narrador não é o autor, mas sim um papel por este inventado. O autor tem existência física e histórica, enquanto o narrador é uma personagem de ficção. Ainda que se trate de um texto narrado em primeira pessoa, autor e narrador não são idênticos.

(04) O romance se define como um tipo de texto cujo conteúdo é sempre uma história de amor profundo. O par amoroso luta com todas as suas forças para se manter unido. O amor frágil e passageiro é conteúdo da novela e do conto, textos voltados para a superficialidade das relações afetivas.

(08) O foco narrativo é o ângulo de visão adotado pelo narrador para apresentar fatos e/ou experiências psicológicas e se apresenta principalmente em primeira ou em terceira pessoa. Quando o foco narrativo está em primeira pessoa, há uma visão subjetiva e parcial. É o caso, por exemplo, de *Dom Casmurro*, de Machado de Assis. Quando está em terceira pessoa, há uma visão externa, assumida por um observador "de fora". É o caso, por exemplo, de *Triste fim de Policarpo Quaresma*, de Lima Barreto.

(16) O conteúdo do texto lírico é incompatível com a narratividade, uma vez que está centrado no universo psíquico do "eu" e, nesse sentido, põe em evidência a consciência fragmentada e caótica, impossível de ser expressa na narrativa. A desarticulação textual e a falta de logicidade do discurso lírico fazem com que ele apresente menos possibilidades de sentido do que o texto narrativo.

**Texto para a próxima questão.**

## O acendedor de lampiões e nós

Outro dia tive uma visão. Uma antevisão. Eu vi o futuro. O futuro estampado no passado. Como São João do Apocalipse, vi descortinar aos meus olhos o que vai acontecer, mas que já está acontecendo.

Havia acordado cedo e saí para passear com minha cachorrinha, a meiga Pixie, que volta e meia late de estranhamento sobre as transformações em curso. Pois estávamos perambulando pela vizinhança quando vi chegar o jornaleiro, aquele senhor com uma pilha de jornais, que ia depositando de porta em porta. Fiquei olhando. Ele lá ia cumprindo seu ritual, como antigamente se depositava o pão e o leite nas portas e janelas das casas.

Vou confessar: eu mesmo, menino, trabalhei entregando garrafas de leite aboletado na carroça do "seu" Gamaliel, lá em Juiz de Fora.

E pensei: estou assistindo ao fim de uma época. Daqui a pouco, não haverá mais jornaleiro distribuindo jornais de porta em porta. Esse entregador de jornais não sabe, mas é semelhante ao acendedor de lampiões, que existia antes de eu nascer. Meus pais falavam dessa figura que surgia no entardecer e acendia nos postes a luz movida a gás, e de manhã vinha apagar a tal chama.

Esse tipo foi imortalizado no soneto que Jorge de Lima escreveu aos 17 anos e publicou em 1914:

*O acendedor de lampiões*

*Lá vem o acendedor de lampiões da rua!*
*Este mesmo que vem infatigavelmente,*
*Parodiar o sol e associar-se à lua*
*Quando a sombra da noite enegrece o poente!*

*Um, dois, três lampiões, acende e continua*
*Outros mais a acender imperturbavelmente,*
*À medida que a noite aos poucos se acentua*
*E a palidez da lua apenas se pressente.*

*Triste ironia atroz o senso humano irrita:*
*Ele que doira a noite e ilumina a cidade,*
*Talvez não tenha luz na choupana em que habita.*

*Tanta gente também nos outros insinua*
*Crenças, religiões, amor, felicidade,*
*Como este acendedor de lampiões da rua!*

Os próprios jornais estão alardeando que os jornais vão acabar, ou seja, vão deixar de ser impressos para virar um produto eletrônico. Não vamos mais folhear o jornal, sentir o cheiro de papel, nem ir à banca. Vamos ter um aparelho receptor onde aparecerão texto e imagem do jornal.

E isso já começou. É irrefreável. Os mais velhos vão dizendo que preferem ler o livro em papel e não abrem mão do jornal antigo. Mas o jornal e o livro é que estão abrindo mão deles. Os mais jovens, como se constata, já nascem lendo na tela, eletronicamente. Como se dizia antigamente: resistir quem há de?

Tento me adaptar. Passei do mimeógrafo a álcool e do papel carbono à máquina elétrica e depois ao computador. Já tenho *site*, tenho *blog* e acabei de entrar no Twitter.

Claro que o livro impresso vai continuar como uma variante. Mas o entregador de jornais vai ser tipo histórico como o acendedor de lampiões. Assim caminha a humanidade, já dizia o filósofo James Dean. E, em relação a essas formidáveis e assustadoras mudanças, me vem aquela frase de Marshal McLuhan, enunciada há 50 anos – "Ao ver uma deslumbrante borboleta, a larva disse: 'Jamais me transformarei num monstro desses'. E, dito isso, se transformou".

SANT'ANNA, Affonso Romano de. Caderno Cultura. *Estado de Minas*, 22 agosto de 2010, p. 8. (texto com adaptações)

**3.** (Cefet-MG) O terceiro parágrafo do texto contém um

a) comentário intercalado ao fluxo da narrativa.

b) exemplo de efeitos decorrentes da passagem do tempo.

c) motivo para os fatos que serão apresentados na sequência.

d) argumento contrário à opinião expressa no parágrafo anterior.

**Texto para a próxima questão.**

"Trata-se, na verdade, de uma obra difusa, na qual eu, Brás Cubas, se adotei a forma livre de um Sterne ou de um Xavier de Maistre, não sei se lhe meti algumas rabugens de pessimismo. Pode ser. Obra de FINADO. Escrevi-a com a pena da GALHOFA e a tinta da melancolia, e não é difícil antever o que poderá sair desse CONÚBIO. Acresce que a gente grave achará no livro umas aparências de puro romance, ao passo que a gente FRÍVOLA não achará nele seu romance usual; ei-lo aí fica PRIVADO da estima dos graves e do amor dos frívolos, que são as duas colunas máximas da opinião."

**4.** (FEI-SP) Assinale a alternativa que indica o foco narrativo adotado no texto:

a) o texto é narrado em primeira pessoa pelo autor do romance

b) o texto é narrado em primeira pessoa por Brás Cubas

c) o texto é narrado em primeira pessoa por Sterne

d) o texto é narrado em primeira pessoa por Xavier de Maistre

e) o texto é narrado em terceira pessoa

## 1. A leitura como processo

O ato de ler é um processo em que não basta uma decodificação apática de um texto. Ler consiste em interagir com o texto, ativando **conhecimento linguístico**, **conhecimento de mundo**, **leituras prévias**, **reflexão**.

Pelo ato de ler, atribuímos sentido à mensagem de um texto.

### O primeiro contato com o texto

Procedimentos necessários para ler um texto de modo eficiente:

- determinar um objetivo para a leitura (ler por prazer, ler para encontrar uma informação específica, ler para ter uma noção geral, ler para entender um procedimento...);
- criar expectativas e hipóteses com base na observação do tipo de texto (receita, artigo de jornal, carta, charge...), suas características "externas" (formato, veiculação, autor, época...) e seu título.

## 2. Interagindo no processo de leitura

### Estratégias de leitura

Para alcançar objetivos da leitura, podemos seguir este caminho:

- obter uma ideia geral do conteúdo do texto, confirmando ou não expectativas e hipóteses criadas em relação a ele;
- destacar sua ideia central, observando títulos, destaques, palavras-chave. No caso de uma matéria jornalística, por exemplo, perceber que geralmente o título antecipa a ideia central, pois pretende chamar a atenção do leitor rapidamente;
- verificar vocabulário e conceitos. Nessa hora, dicionários e enciclopédias são grandes aliados; no entanto, nem sempre um verbete de dicionário ou enciclopédia basta para entender o sentido de uma palavra contextualizada. É necessário observar a função da palavra no texto em que está inserida, para assim compreendê-la melhor.

### A (re)estruturação do texto

Após as leituras necessárias, é importante montar "virtualmente" ou por escrito o esqueleto do texto, para testar a compreensão efetiva dele. Alguns procedimentos que podem ser utilizados em separado ou na sequência:

- destacar o tema/assunto geral e identificar com subtítulos os temas de cada fragmento ou parágrafo do texto;
- hierarquizar as ideias contidas no texto, destacando as palavras-chave, as ideias principais e as secundárias;
- parafrasear o texto, ou seja, dizê-lo com outras palavras e/ou de outra maneira: resumir; fazer perguntas e responder; recontar; montar um esquema de conteúdos.

### A inferência

A ativação da **inferência**, isto é, a leitura daquilo que não está explícito (as entrelinhas, o tom e a intencionalidade do texto), acontece ao longo de todo o processo de leitura.

## Exercício comentado

**Texto para a próxima questão.**

O texto a seguir foi extraído de uma crônica de Affonso Romano de Sant'Anna, cronista e poeta mineiro. Professor universitário e jornalista, escreveu para os maiores jornais do País. "Com uma produção diversificada e consistente, pensa o Brasil e a cultura do seu tempo, e se destaca como teórico, como poeta, como cronista, como professor, como administrador cultural e como jornalista."

**Porta de colégio**

Passando pela porta de um colégio, me veio a sensação nítida de que aquilo era a porta da própria vida. Banal, direis. Mas a sensação era tocante. Por isso, parei, como se precisasse ver melhor o que via e previa.

Primeiro há uma diferença de [1]clima entre aquele bando de adolescentes espalhados pela calçada, sentados sobre carros, em torno de carrocinhas de doces e refrigerantes, e aqueles que transitam pela rua. Não é só o uniforme. Não é só a idade. É toda uma [2]atmosfera, como se estivessem ainda dentro de uma redoma ou aquário, numa bolha, resguardados do mundo. Talvez não estejam. Vários já sofreram a pancada da separação dos pais. Aprenderam que a vida é também um exercício de separação. Um ou outro já transou droga, e com isso deve ter se sentido (equivocadamente) muito adulto. Mas há uma sensação de pureza angelical misturada com palpitação sexual, que se exibe nos gestos sedutores dos adolescentes.

Onde estarão esses meninos e meninas dentro de dez ou vinte anos?

Aquele ali, moreno, de cabelos longos corridos, que parece gostar de esporte, vai se interessar pela informática ou economia; aquela de cabelos louros e crespos vai ser dona de boutique; aquela morena de cabelos lisos quer ser médica; a gorduchinha vai acabar casando com um gerente de multinacional; aquela esguia, meio bailarina, achará um diplomata. Algumas estudarão Letras, se casarão, largarão tudo e passarão parte do dia levando filhos à praia e à praça e pegando-os de novo à tardinha no colégio. [...]

Estou olhando aquele bando de adolescentes com evidente ternura. Pudesse passava a mão nos seus cabelos e contava-lhes as últimas histórias da carochinha antes que o [3]lobo feroz as assaltasse na esquina. Pudesse lhes diria daqui: aproveitem enquanto estão no aquário e na redoma, enquanto estão na porta da vida e do colégio. O destino também passa por aí. E a gente pode às vezes modificá-lo.

SANT'ANNA, Affonso Romano de. *Affonso Romano de Sant'Anna: seleção e prefácio de Letícia Malard*. Coleção Melhores Crônicas. p. 64-66.

1. (Uece) Marque com **V** o que for verdadeiro e com **F** o que for falso, em relação à crônica "Porta de colégio".
   ( ) O cronista introduz a ideia núcleo do texto logo nas três primeiras linhas e o faz por meio de uma analogia.
   ( ) No quarto parágrafo, o enunciador responde à pergunta retórica feita no terceiro, empregando o advérbio interrogativo **onde**. As respostas, no entanto, não correspondem às respostas que se dariam a uma pergunta feita com o advérbio **onde**. Na pergunta correspondente a essas respostas, deveria constar algo como **"Que acontecerá"** ou **"Como estarão"**, não **onde**.
   ( ) O vocábulo **clima** (ref. 1) e o vocábulo **atmosfera** (ref. 2) não poderiam intercambiar suas ocorrências no texto sem prejuízo do sentido.
   ( ) No parágrafo 5, o cronista faz alusão a um conto infantil, para mostrar como os adolescentes só têm segurança dentro da escola.
   ( ) Os assaltos do "lobo feroz" (ref. 3), corresponderiam, no mundo moderno, ao estupro, ao latrocínio, ao homicídio, ao tráfico de crianças e de mulheres, à venda de drogas, em suma, aos perigos da vida moderna.

   Está correta a seguinte sequência de cima para baixo:
   a) V – V – F – F – V.
   b) V – F – V – V – F.
   c) V – V – V – F – V.
   d) F – V – F – V – V.

**Comentário do vestibular:**

A terceira e a quarta proposições são falsas, pois os termos "clima" e "atmosfera" adquirem, no contexto, o mesmo significado (estado de ânimo, em determinado ambiente social), assim como a referência à história do "Chapeuzinho Vermelho" estabelece um alerta aos adolescentes sobre as vicissitudes inerentes à vida adulta que o futuro lhes reserva. Assim, é correta a alternativa **a**.

**Resposta:** alternativa **a**



## Exercícios propostos

**Texto para a próxima questão.**

### A literatura em perigo

A análise das obras feita na escola não deveria mais ter por objetivo ilustrar os conceitos recém-introduzidos por este ou aquele linguista, este ou aquele teórico da literatura, quando, então, os textos são apresentados como uma aplicação da língua e do discurso; sua tarefa deveria ser a de nos fazer ter acesso ao sentido dessas obras — pois postulamos que esse sentido, por sua vez, nos conduz a um conhecimento do humano, o qual importa a todos. Como já o disse, essa ideia não é estranha a uma boa parte do próprio mundo do ensino; mas é necessário passar das ideias à ação. Num relatório estabelecido pela Associação dos Professores de Letras, podemos ler: "O estudo de Letras implica o estudo do homem, sua relação consigo mesmo e com o mundo, e sua relação com os outros." Mais exatamente, o estudo da obra remete a círculos concêntricos cada vez mais amplos: o dos outros escritos do mesmo autor, o da literatura nacional, o da literatura mundial; mas seu contexto final, o mais importante de todos, nos é efetivamente dado pela própria existência humana. Todas as grandes obras, qualquer que seja sua origem, demandam uma reflexão dessa dimensão.

O que devemos fazer para desdobrar o sentido de uma obra e revelar o pensamento do artista? Todos os "métodos" são bons, desde que continuem a ser meios, em vez de se tornarem fins em si mesmos. (...)

(...)

(...) Sendo o objeto da literatura a própria condição humana, aquele que a lê e a compreende se tornará não um especialista em análise literária, mas um conhecedor do ser humano. Que melhor introdução à compreensão das paixões e dos comportamentos humanos do que uma imersão na obra dos grandes escritores que se dedicam a essa tarefa há milênios? E, de imediato: que melhor preparação pode haver para todas as profissões baseadas nas relações humanas? Se entendermos assim a literatura e orientarmos dessa maneira o seu ensino, que ajuda mais preciosa poderia encontrar o futuro estudante de direito ou de ciências políticas, o futuro assistente social ou psicoterapeuta, o historiador ou o sociólogo? Ter como professores Shakespeare e Sófocles, Dostoievski e Proust não é tirar proveito de um ensino excepcional? E não se vê que mesmo um futuro médico, para exercer o seu ofício, teria mais a aprender com esses mesmos professores do que com os manuais preparatórios para concurso que hoje determinam o seu destino? Assim, os estudos literários encontrariam o seu lugar no coração das humanidades, ao lado da história dos eventos e das ideias, todas essas disciplinas fazendo progredir o pensamento e se alimentando tanto de obras quanto de doutrinas, tanto de ações políticas quanto de mutações sociais, tanto da vida dos povos quanto da de seus indivíduos.

Se aceitarmos essa finalidade para o ensino literário, o qual não serviria mais unicamente à reprodução dos professores de Letras, podemos facilmente chegar a um acordo sobre o espírito que o deve conduzir: é necessário incluir as obras no grande diálogo entre os homens, iniciado desde a noite dos tempos e do qual cada um de nós, por mais ínfimo que seja, ainda participa. "É nessa comunicação inesgotável, vitoriosa do espaço e do tempo, que se afirma o alcance universal da literatura", escrevia Paul Bénichou. A nós, adultos, nos cabe transmitir às novas gerações essa herança frágil, essas palavras que ajudam a viver melhor.

(Tzvetan Todorov. *A literatura em perigo*. 2. ed. Trad. Caio Meira. Rio de Janeiro: DIFEL, 2009, p. 89-94.)

**1.** (Unesp) Observe as seguintes opiniões referentes ao ensino de literatura.

I. O estudo de obras literárias na escola tem como objetivo fundamental ensinar os fundamentos da Linguística.

II. A análise das obras feita na escola deve levar o estudante a ter acesso ao sentido dessas obras.

III. O objetivo do ensino da literatura na escola não é formar teóricos da literatura.

IV. De nada adianta a leitura das obras literárias sem a prévia fundamentação das teorias literárias.

Das quatro opiniões, as que se enquadram na argumentação manifestada por Todorov em seu texto estão contidas apenas em:

a) I e II.
b) I e III.
c) II e III.
d) I, II e III.
e) II, III e IV.

**Texto para a próxima questão.**

Em 1966, Armando Nogueira publicou o livro em que aparece a crônica que você lerá a seguir.

Considere-a para responder o que se pede.

## A rua do Caloca

Bendito o bairro em que os meninos ainda podem jogar futebol pelas calçadas. Ipanema, as ruas amenas de Ipanema estão sempre cheias de meninos a chutar bolas. Hoje de manhã, mesmo, passei por dois garotinhos, um de seis anos, outro de três, no máximo: o maior ensinava, pacientemente, o menor a chutar com o peito do pé e, ontem, a turma da Rua Barão de Jaguaribe enfrentou o time da Rua Redentor.

Quando estou folgado, subo e desço as ruas da vizinhança, olhando os meninos no futebol: são vinte, trinta de cada lado, todos garotinhos abaixo de dez anos, ardendo na pelada que nunca tem hora para acabar; não há muito rigor contra a violência e só uma regra é respeitada – a mão na bola. Tocou o dedo na bola, falta, "quem cobra sou eu" e forma-se um bolinho em volta da bola, parece cobrança de pênalti no Maracanã.

De quando em quando, um automóvel interrompe a partida de futebol, mas invariavelmente os motoristas têm o carinho de reduzir a marcha a uma velocidade que não ponha em risco a vida das crianças e que, por outro lado, lhes permita desfrutar, ainda que como espectadores, das emoções da pelada.

Das ruas, a mais encantadora, sem desmerecer as outras, é a Redentor, que eu saúdo como a rua do time do Caloca. Pena é que, numa das esquinas, more uma senhora estranha ao clima espiritual deste bairro, onde as meninas brincam de cantigas de roda e os meninos de jogar futebol.

Se eu fosse alguma coisa neste país, já teria corrido de Ipanema aquela mulher rabugenta, que, na presença de vinte meninos, furou a bola deles com uma tesoura e, depois, cortou em pedacinhos. Só porque uma rebatida imprecisa do Diguinho jogou a bola contra a casa dela.

Era uma bonita bola, rosada, Seleção de Ouro, que os meninos tinham comprado em uma vaquinha por novecentos cruzeiros.

(NOGUEIRA, Armando. *Na grande área*. Rio de Janeiro: Bloch Editores, 1966. Adaptado)

**2.** (CPS-PR) De acordo com o texto, é correto afirmar que

a) o narrador é de terceira pessoa, pois relata fatos dos quais participa, atuando como uma das personagens.

b) a linguagem é rebuscada e de difícil compreensão devido ao vocabulário incomum empregado pelo escritor.

c) o cronista se posiciona de forma neutra e impessoal diante dos fatos narrados, pois quer garantir sua imparcialidade.

d) observando cenas do cotidiano de seu bairro, o escritor encontrou o tema a ser abordado pelo seu texto.

e) o cronista demonstra sua satisfação ao enumerar diversos bairros do Rio, onde as crianças ainda podem jogar futebol na rua.

**Texto para a próxima questão.**

## A literatura nos ajuda a construir nossa identidade

Ainda que nasça e morra só, o indivíduo tem a sua existência marcada pela coletividade de que faz parte e que funciona segundo "leis" e "regras" preestabelecidas. Um dos primeiros desafios a serem enfrentados pelo ser humano é compreender que leis e regras são essas, decidir quais delas deve seguir e quais precisam ser questionadas de modo a permitir que sua jornada individual tenha identidade própria.

Nos textos literários, de certo modo, entramos em contato com a nossa história, o que nos dá a chance de compreender melhor nosso tempo, nossa trajetória. O interessante, porém, é que essa "história" coletiva é recriada por meio das histórias individuais, das inúmeras personagens presentes nos textos que lemos, ou pelos poemas que nos tocam de alguma maneira. Como leitores, interagimos com o que lemos. Somos tocados pelas experiências de leituras que, muitas vezes, evocam nossas vivências pessoais e nos ajudam a refletir sobre nossa identidade e também a construí-la.

Como toda manifestação artística, a literatura acompanha a trajetória humana e, por meio de palavras, constrói mundos familiares – em que pessoas semelhantes a nós vivem problemas idênticos – e mundos fantásticos, povoados por seres imaginários, cuja existência é garantida somente por meio das palavras que lhes dão vida. Também exprime, pela criação poética, reflexões e emoções que parecem ser tão nossas quanto de quem as registrou.

Por meio da convivência com poemas e histórias que traçam tantos e diversos destinos, a literatura acaba por nos oferecer possibilidades de resposta a indagações comuns a todos os seres humanos.

Além disso, em diferentes momentos da história humana, a literatura teve um papel fundamental: o de denunciar a realidade, sobretudo quando setores da sociedade tentam ocultá-la. Foi o que ocorreu, por exemplo, durante o período do regime militar no Brasil. Naquele momento, inúmeros escritores arriscaram a própria vida para denunciar, em suas obras, a violência que tornava a existência uma aventura arriscada. A leitura dessas obras, mesmo que vivamos em uma sociedade democrática e livre, nos ensina a valorizar nossos direitos individuais, nos ajuda a desenvolver uma melhor consciência política e social. Em resumo, a literatura permite também que olhemos para a nossa história e, conhecendo algumas de suas passagens, busquemos construir um futuro melhor.

(Maria Luiza M. Abaurre; Marcela Pontara. *Literatura Brasileira – tempos leitores e leituras. Ensino Médio*. São Paulo: Moderna, 2005, p. 10-11. Adaptado.).

**3.** (Uespi) Analisando o trecho: "Como leitores, interagimos com o que lemos. Somos tocados pelas experiências de leituras que, muitas vezes, evocam nossas vivências pessoais e nos ajudam a refletir sobre nossa identidade e também a construí-la", podemos perceber que o autor admite:

1. um leitor ativo, que dialoga com seus objetos de leitura.
2. uma articulação entre o que lemos e nossas vivências pessoais.
3. a leitura como um processo de recepção e de construção.

Está(ão) correta(s):

a) 1 apenas

b) 2 apenas

c) 3 apenas

d) 2 e 3 apenas

e) 1, 2 e 3

**Texto para a próxima questão.**

– Mandaram ler este livro...

Se o tal do livro for fraquinho, o desprazer pode significar um precipitado mas decisivo adeus à literatura; se for estimulante, outros virão sem o peso da obrigação.

As experiências com que o leitor se identifica não são necessariamente as mais familiares, mas as que mostram o quanto é vivo um repertório de novas questões. Uma leitura proveitosa leva à convicção de que as palavras podem constituir um movimento profundamente revelador do próximo, do mundo, de nós mesmos. Tal convicção faz caminhar para uma outra, mais ampla, que um antigo pensador romano assim formulou: Nada do que é humano me é alheio.

(Cláudio Ferraretti, *inédito*)

**4.** (Fuvest-SP) De acordo com o texto, a convicção despertada por uma leitura proveitosa é, precisamente, a de que

a) sempre existe a possibilidade de as palavras serem profundamente reveladoras.

b) as palavras constituem sempre um movimento de profunda revelação.

c) é muito fácil encontrar palavras que sejam profundamente reveladoras.

d) as palavras sempre caminham na direção do outro, do mundo, de cada um de nós.

e) nenhuma palavra será viva se não provocar o imediato prazer do leitor.

# Exercícios-tarefa

## Frente A - A gramática dos textos

MÓDULO 1

**Textos para as próximas questões.**

*Texto 1*

**A língua do Brasil amanhã**

Ouvimos com frequência opiniões alarmantes a respeito do futuro da nossa língua. Às vezes se diz que ela vai simplesmente desaparecer, em benefício de outras línguas supostamente expansionistas (em especial o inglês, atual candidato número um a língua universal); ou que vai se misturar com o espanhol, formando o "portunhol"; ou, simplesmente, que vai se corromper pelo uso da gíria e das formas populares de expressão (do tipo: o casaco que cê ia sair com ele tá rasgado). Aqui pretendo trazer uma opinião mais otimista: a nossa língua, estou convencido, não está em perigo de desaparecimento, muito menos de mistura. Por outro lado (e não é possível agradar a todos), acredito que nossa língua está mudando, e certamente não será a mesma.

O que é que poderia ameaçar a integridade ou a existência da nossa língua? Um dos fatores, frequentemente citado, é a influência do inglês – o mundo de empréstimos que andamos fazendo para nos expressarmos sobre certos assuntos.

Não se pode negar que o fenômeno existe; o que mais se faz hoje em dia é surfar, deletar ou tratar do marketing. Mas isso não significa o desaparecimento da língua portuguesa. Empréstimos são um fato da vida, e sempre existiram. Hoje pouca gente sabe disso, mas avalanche, alfaiate, tenor e pingue-pongue são palavras de origem estrangeira; hoje já se naturalizaram, e certamente ninguém vê ameaça nelas.

Quero dizer que não há o menor sintoma de que os empréstimos estrangeiros estejam causando lesões na língua portuguesa; a maioria, aliás, desaparece em pouco tempo, e os que ficam se assimilam. O português, como toda língua, precisa crescer para dar conta das novidades sociais, tecnológicas e culturais; para isso, pode aceitar empréstimos – ravióli, ioga, chucrute, balé – e também pode (e com maior frequência) criar palavras a partir de seus próprios recursos – como computador, ecologia, poluição – ou estender o uso de palavras antigas a novos significados – executivo ou celular, que significam hoje coisas que não significavam há vinte anos.

Mas isso não quer dizer que a língua esteja em perigo. Está só mudando, como sempre mudou, se não ainda estaríamos falando latim. Achar que a mudança da língua é um perigo é como achar que o bebê está "em perigo" de crescer.

Não estamos em perigo de ver nossa língua submergida pela maré de empréstimos ingleses. A língua está aí, inteira: a estrutura gramatical não mudou, a pronúncia é ainda inteiramente nossa, e o vocabulário é mais de 99% de fabricação nacional.

Uma atitude mais construtiva é, pois, reconhecer os fatos, aceitar nossa língua como ela é, e desfrutar dela em toda a sua riqueza, flexibilidade, expressividade e malícia.

(Mário A. Perini. *A língua do Brasil amanhã e outros mistérios*. São Paulo: Parábola Editorial, 2004, p. 11-24. Adaptado).

*Texto 2*

Não há dúvida que as línguas se aumentam e alteram com o tempo e as necessidades dos usos e costumes. Querer que a nossa pare no século de quinhentos é um erro igual ao de afirmar que a sua transplantação para a América não lhe inseriu riquezas novas. A esse respeito, a influência do povo é decisiva. Há, portanto, certos modos de dizer, locuções novas, que de força entram no domínio do estilo e ganham direito de cidade.

Mas isto é um fato incontestável, e se é verdadeiro o princípio que dele se deduz, não me parece aceitável a opinião que admite todas as alterações da linguagem, ainda aquelas que destroem as leis da sintaxe e a essencial pureza do idioma. A influência popular tem um limite; e o escritor não está obrigado a receber e a dar curso a tudo o que o abuso, o capricho e a moda inventam e fazem correr. Pelo contrário, ele exerce também uma grande parte de influência a este respeito, depurando a linguagem do povo e aperfeiçoando-lhe a razão.

Feitas as exceções devidas, não se leem muito os clássicos no Brasil. Entre as exceções, poderia eu citar até alguns escritores cuja opinião é diversa da minha neste ponto, mas que sabem perfeitamente os clássicos. Em geral, porém, não se leem, o que é um mal. Escrever como Azurara ou Fernão Mendes seria hoje um anacronismo insuportável. Cada tempo tem seu estilo.

(Machado de Assis)

1. (UFPE) Relacionando o texto 2 com o texto 1, constatamos que ambos desenvolvem a mesma temática e se identificam, quando reconhecem:
   1. a natural evolução a que estão sujeitas as línguas na adaptação aos usos e costumes sociais.
   2. a decisiva influência de fatores externos – espaço-temporais – no destino das línguas.
   3. a flexibilidade das línguas como um fenômeno incontestável.
   4. a hegemonia de uma língua, devido a sua possível tendência universalizante.
   5. a riqueza, a flexibilidade e a expressividade dos clássicos de uma língua.

Estão corretas:
a) 1, 2 e 3 apenas
b) 2, 4 e 5 apenas
c) 3 e 5 apenas
d) 1, 2, 3 e 5 apenas
e) 1, 2, 3, 4 e 5

2. (UFPE) Confrontando, ainda, ambos os textos, percebemos que o texto 2, explicitamente:
1. mostra-se mais restritivo ("A influência popular tem um limite").
2. revela-se mais cauteloso ("não me parece aceitável a opinião que admite todas as alterações da linguagem").
3. evidencia visões preconceituosas ("depurando a linguagem do povo e aperfeiçoando-lhe a razão").
4. defende um estilo homogêneo e atemporal ("Cada tempo tem seu estilo.").
5. atribui ao escritor um papel significante na condução das mudanças linguísticas ("ele exerce também uma grande parte de influência").

Estão corretas:
a) 1, 3 e 4 apenas
b) 1, 2, 3 e 5 apenas
c) 2 e 3 apenas
d) 4 e 5 apenas
e) 1, 2, 3, 4 e 5

**Texto para a próxima questão.**

Ninguém aí do poder em Brasília manja de marxismo e semiologia. Fala-se na necessidade de eliminar a herança feagaceana (que, aliás, não é maldita, é sinistra), mas não da ruptura linguística com essa herança, ou seja, o PT reproduz a mesma linguagem feia e inestética do PSDB.

"Custo Brasil" é de matar!

A "flexibilização laboral" designa desemprego. Carteira de trabalho é luxo. Se a polícia der uma blitz e pedir carteira de trabalho, 40 por cento da população vai em cana.

A linguagem revela a ideologia e governa os homens. Prova é que nunca até hoje existiu político mudo. Ao contrário, político é falastrão, fala qualquer coisa, fala pelos cotovelos. Não é senão por isso que o enigmático ministro José Dirceu prestigia no Paraná o comediante Ratinho, cujo gogó midiático agrada aos ouvidos da plebe boçalizada que não frequentou os Cieps.

VASCONCELLOS, Gilberto F. O Richelieu do Ratinho e a herança linguística tucana. *Caros Amigos*. São Paulo: Casa Amarela, nº 61, jul. 2003, p. 17.

3. (UFG-GO) Considerando a variedade linguística do texto, tem-se que
a) o uso do verbo MANJAR, em "manja de marxismo e semiologia", denota apropriação de termo exclusivo de grupo social estigmatizado.
b) a expressão "herança feagaceana" é um empréstimo linguístico que significa o conjunto da política social empreendida pelo ex-presidente FHC.
c) a expressão EM CANA, em "40 por cento da população vai em cana", é uma variedade regional, empregada com sentido pejorativo.
d) a expressão "gogó midiático" é um exemplo de que o autor, no seu raciocínio, combina registro coloquial com registro formal.
e) a palavra "blitz" é um neologismo, consolidado no português, que integra o léxico ativo de segmentos sociais marginalizados.

## MÓDULO 2

1. (UFSM-RS) Assinale verdadeira (V) ou falsa (F) em cada uma das afirmações relacionadas à análise fonológica e gráfica do segmento a seguir.
"Ele é especialmente sensível sobre seu excesso de peso."
( ) O fonema /s/ está representado pelas letras (s), (c) e dois dígrafos, ao passo que o fonema /z/ está representado apenas pela letra (s).
( ) A letra (n) junta-se ao (e) formando um dígrafo para representar a vogal nasal.
( ) As palavras "sobre" e "seu" apresentam, respectivamente, um encontro consonantal e um ditongo decrescente.

A sequência correta é
a) V – F – F.
b) F – V – V.
c) F – F – F.
d) V – V – V.
e) V – F – V.

**Texto para a próxima questão.**

Neste momento, o bordado está pousado em cima do console e o interrompi para escrever, substituindo a tessitura dos pontos pela das palavras, o que me parece um exercício bem mais difícil.

Os pontos que vou fazendo exigem de mim uma habilidade e um adestramento que já não tenho. Esforço-me e vou conseguindo vencer minhas deficiências. As palavras, porém, são mais difíceis de adestrar e vêm carregadas de uma vida que se foi desenrolando dentro e fora de mim, todos esses anos. São teimosas, ambíguas e ferem. Minha luta com elas é uma luta extenuante. Assim, nesse momento, enceto duas lutas: com as linhas e com as palavras, mas tenho a certeza que, desta vez, estou querendo chegar a um resultado semelhante e descobrir ao fim do bordado e ao fim desse texto, algo de delicado, recôndito e imperceptível sobre o meu próprio destino e sobre o destino dos seres que me rodeiam. Ontem, quando entrei no armarinho para escolher as linhas, vi-me cercada de pessoas com quem não convivia há muito tempo, ou convivia muito pouco, de cuja existência tinha esquecido. Mulheres de meia-idade que compravam lãs para bordar tapeçarias, selecionando animadamente e com grande competência os novelos, comparando as cores com os riscos trazidos, contando os pontos na etamine, medindo o tamanho do bastidor. Incorporei-me a elas e comecei a escolher, com grande acuidade, as tonalidades das minhas meadas de linha mercerizada. Pareciam pequenas abelhas alegres (...), levando a sério as suas tarefas. (...) Naquelas mulheres havia alguma coisa preservada, sua capacidade de bordar dava-lhes uma dignidade e um aval. Não queria que me discriminassem, conversei com elas de igual para igual, mostrando-lhes os pontos que minha pequena mão infantil executara.

(JARDIM, Rachel. *O PENHOAR CHINÊS*. 4ª ed. Rio de Janeiro: José Olympio, 1990.)

2. (Unirio-RJ) Assinale a opção correta quanto ao que está indicado nos parênteses.

a) Vêm (singular: vê).

b) Exercício / deficiência / ambíguas (acentuam-se pela mesma regra).

c) Conseguindo (vocábulo com 2 dígrafos consonantais).

d) Exigem (vocábulo com 1 dígrafo vocálico).

e) Pousado (vocábulo com ditongo oral crescente).

3. (UEL-PR) Assinale a letra correspondente à alternativa que preenche corretamente as lacunas da frase apresentada.

________ e ________ são palavras em que ocorre um ditongo.

a) Maus – Uruguai

b) Herói – hiato

c) País – mamãe

d) Cautela – adeus

e) Tio – rio

## MÓDULO 3

1. (Insper-SP) Na edição 2177, de 11/08/2010, a revista *Veja* publicou a reportagem Falar e escrever bem: rumo à vitória, com dicas para não "tropeçar" no idioma durante uma entrevista de emprego.

(*Veja*. Adaptado.)

Identifique a alternativa que apresenta uma explicação INADEQUADA para a correção feita.

a) **Houve algumas dificuldades**: o verbo "haver", no sentido de "existir", é impessoal e não admite flexão.

b) **O chefe bloqueou meu último pagamento**: deve-se empregar um sinônimo, pois o verbo "reter" é defectivo.

c) **Seguem anexos dois trabalhos**: é preciso estar atento à concordância verbal e nominal.

d) **Já faz cinco anos**: quando indica tempo decorrido, o verbo "fazer" deve permanecer no singular.

e) **Se eu dispuser de uma boa equipe**: o verbo "dispor" deve seguir a conjugação do verbo "pôr".

2. (Ibmec-RJ) Analise o emprego do verbo "fazer" nos excertos a seguir:

I.

Seria excessivo dizer que hoje já não se fazem bons filmes, mas não é excessivo dizer que já não se fazem filmes como antigamente.

(Boris Fausto, "Folha de S.Paulo", 28 de maio de 2006)

II.

"Eu tinha apenas dezessete anos
No dia em que saí de casa
E não fazem mais de quatro semanas que eu estou na estrada"

("Primeira canção da estrada", Sá e Guarabyra).

III.

Uma coisa é patente: não fazem mais espelhos como antigamente.

Indique V (verdadeiro) ou F (falso) em cada uma das alternativas a seguir:

( ) Nos três excertos, o sujeito de "fazem" tem a mesma classificação: é indeterminado.

( ) Em I, o verbo "fazer" está na voz passiva sintética, e o sujeito é simples.

( ) Em I, ocorre uma falha de concordância verbal, uma vez que o índice de indeterminação do sujeito "se" exige verbo no singular.

( ) Em II, ocorre oração sem sujeito, por isso, o verbo não poderia ser flexionado no plural.

( ) Em III, seria obrigatória a inclusão do índice de indeterminação do sujeito.

A sequência CORRETA é:

a) V – F – V – F – V.

b) F – F – V – V – F.

c) F – V – F – V – F.

d) V – F – V – F – F.

e) F – V – F – V – V.

**Texto para a próxima questão.**

"Quando a noite ESTÁ escura, e cai o vento noroeste, [2]VÊ-SE dois [1]vultos brancos como a neve atravessarem o mar, vindos da Ilha do Mel à Ponta Grossa, e irem costeando até a Ponta da Pedreira. [5]Dali se transformam em duas pombas brancas, e voam pelo mesmo caminho que vieram; PORÉM então são perseguidas por [3]TRÊS corvos que procuram AGARRÁ-LAS com seus bicos hediondos, grasnando horrivelmente: chegando bem no meio do mar, os corvos se transformam em Meninos queimados, e [6]lançam gritos tão agudos que fazem acordar as [4]crianças em seus berços, iluminando todo o mar com o clarão de suas caudas inflamadas."

CASTRO, Ana Luísa de Azevedo. *D. Narcisa de Villar*. 4ª ed. Florianópolis: Ed. Mulheres, 2000, p. 126.

**3.** (UFSC) Considerando o texto, assinale a(s) proposição(ões) CORRETA(S).

(01) De acordo com a norma culta, na frase "vê-se dois vultos brancos como a neve atravessarem o mar [...]" (ref. 2) há problema de concordância verbal, uma vez que o verbo "vê" deveria estar no plural, por ter como sujeito "dois vultos brancos como a neve".

(02) Em "... três corvos que procuram agarrá-las..." (ref. 3), o pronome oblíquo faz referência à palavra "crianças" (ref. 4).

(04) Em "Dali se transformam em duas pombas brancas" (ref. 5), houve elipse do sujeito que pode ser resgatado no período anterior.

(08) De acordo com as informações do texto, é possível avistar os "vultos brancos como a neve atravessarem o mar" (ref. 1) sob duas condições: que a noite esteja escura e sem vento noroeste.

(16) Em "... lançam gritos tão agudos que fazem acordar as crianças em seus berços" (ref. 6) temos, na segunda oração, uma relação de consequência.

(32) Os vocábulos ESTÁ, VÊ-(SE), PORÉM, TRÊS, AGARRÁ-(LAS), destacados no texto, recebem acento gráfico pela mesma regra, ou seja, por serem todos oxítonos, condição suficiente para que os vocábulos sejam acentuados.

**Texto para a próxima questão.**

Pedro cumprira sua missão me devolvendo ao seio da família; foi um longo percurso marcado por um duro recolhimento, os dois permanecemos trancados durante toda a viagem que realizamos juntos, e na qual, feito menino, me deixei conduzir por ele o tempo inteiro; era já noite quando chegamos, a fazenda dormia num silêncio recluso, a casa estava de luto, as luzes apagadas, salvo a clareira pálida no pátio dos fundos que se devia à expansão da luz da copa, pois a família se encontrava ainda em volta da mesa; entramos pela varanda da frente, e assim que meu irmão abriu a porta, o ruído de um garfo repousando no prato, seguido, embora abafado, de um murmúrio intenso, precedeu a expectativa angustiante que se instalou na casa inteira; me separei de Pedro ali mesmo na sala, entrando para o meu antigo quarto, enquanto ele, fazendo vibrar a cristaleira sob os passos, afundava no corredor em direção à copa, onde a família o aguardava; largado na beira de minha velha cama, a bagagem jogada entre meus pés, fui envolvido pelos cheiros caseiros que eu respirava, me despertando imagens torpes, mutiladas, me fazendo cair logo em confusos pensamentos; na sucessão de tantas ideias, me passava também pela cabeça o esforço de Pedro para esconder de todos a sua dor, disfarçada quem sabe pelo cansaço da viagem; ele não poderia deixar transparecer, ao anunciar a minha volta, que era um possuído que retornava com ele a casa; ele precisaria dissimular muito para não estragar a alegria e o júbilo nos olhos de meu pai, que dali a pouco haveria de proclamar para os que o cercavam que "aquele que tinha se perdido tornou ao lar, aquele pelo qual chorávamos nos foi devolvido".

NASSAR, Raduan. *Lavoura Arcaica*. São Paulo: Companhia das Letras, 1989.

**4.** (PUC-SP) O trecho "... os dois permanecemos trancados durante toda a viagem que realizamos juntos,..." apresenta, quanto à concordância verbal,

a) respectivamente, silepse ou concordância ideológica e indicação do sujeito pela flexão verbal.

b) em ambos os casos, indicação do sujeito apenas pela flexão verbal.

c) em ambos os casos, concordância ideológica ou silepse.

d) respectivamente, concordância ideológica e silepse.

e) respectivamente, indicação do sujeito pela flexão verbal e silepse ou concordância ideológica.

## MÓDULO 4

**Texto para a próxima questão.**

No século XV, viu-se a Europa invadida por uma raça de homens que, vindos ninguém sabe de onde, se espalharam em bandos por todo o seu território. Gente inquieta e andarilha, deles afirmou Paul de Saint-Victor que era mais fácil predizer o itinerário das nuvens ou dos gafanhotos do que seguir as pegadas da sua invasão. Uns risonhos despreocupados: passavam a vida esquecidos do passado e descuidados do futuro. Cada novo dia era uma nova aventura em busca do escasso alimento para os manter naquela jornada. Trajo? No mais completo desleixo: molambos sujos e puídos cobriam-lhes os corpos queimados do sol. Nômades, aventureiros, despreocupados – eram os boêmios.

Assim nasceu a semântica da palavra *boêmio*. O nome gentílico de Boêmia passou a aplicar-se ao indivíduo despreocupado, de existência irregular, relaxado no vestuário, vivendo ao deus-dará, à toa, na vagabundagem alegre. Daí também o substantivo boêmia. Na definição de Antenor Nascentes: vida despreocupada e alegre, vadiação, estúrdia, vagabundagem. Aplicou-se depois o termo, especializadamente, à vida desordenada e sem preocupações de artistas e escritores mais dados aos prazeres da noite que aos trabalhos do dia. Eis um exemplo clássico do que se chama degenerescência semântica. De limpo gentílico – natural ou habitante da Boêmia – boêmio acabou carregado de todas essas conotações desfavoráveis.

A respeito do substantivo *boêmia*, vale dizer que a forma de uso, ao menos no Brasil, é *boemia*, acento tônico em *-mi-*. E é natural que assim seja, considerando-se que *-ia* é sufixo que exprime condição, estado, ocupação.

Conferir: [1]*alegria*, [3]*anarquia*, *barbaria*, [2]*rebeldia*, *tropelia*, [5]*pirataria*... Penso que sobretudo palavras como *folia* e [4]*orgia* devem ter influído na fixação da tonicidade de *boemia*. Notar também o par *abstêmio/abstemia*. Além do mais, a prosódia *boêmia* estava prejudicada na origem pelo nome próprio *Boêmia*: esses boêmios não são os que vivem na Boêmia...

Adaptado de: LUFT, Celso Pedro. Boêmios, Boêmia e boemia. In: *O romance das palavras*. São Paulo: Ática, 1996. p. 30-31.

**1.** (UFRGS-RS) Considere as seguintes afirmações sobre as relações morfológicas que se estabelecem com palavras do texto.

I. **alegria** (ref. 1) e **rebeldia** (ref. 2) são palavras derivadas de adjetivos, assim como **valentia**.

II. **anarquia** (ref. 3) e **orgia** (ref. 4) são palavras que, apesar de apresentarem a terminação *-ia*, não derivam de outras palavras.

III. **pirataria** (ref. 5) é palavra derivada de substantivo, assim como **chefia**.

Quais estão corretas?

a) Apenas I.
b) Apenas III.
c) Apenas I e II.
d) Apenas II e III.
e) I, II e III.

**2.** (UFC-CE) Assinale a alternativa que analisa corretamente as orações destacadas no período.

Tia Matilda, [que era a mais renitente das tias,]$^1$ decidiu [que eles ficariam no casarão,]$^2$ [quando Violeta se cassasse.]$^3$

As orações 1, 2 e 3 têm, respectivamente, valor de:

a) substantivo, adjetivo, advérbio
b) substantivo, advérbio, adjetivo
c) adjetivo, substantivo, advérbio
d) advérbio, adjetivo, substantivo
e) adjetivo, substantivo, substantivo

**3.** (UPM-SP)

No texto,

a) o termo "verbar", na oração "Verbar esquisita as palavras", assume a função de sujeito, mais comumente desempenhada por nomes.
b) o processo de "verbar" amplia as possibilidades de emprego sintático, sem promover alterações na forma original do nome.
c) o processo de "verbar" promove a alteração ortográfica da palavra original, sem alterar as funções sintáticas que ela desempenha.
d) o processo de "verbar" impede que os verbos resultantes sejam empregados na voz passiva.
e) o termo verbar pode ser usado como verbo transitivo direto (verbar palavras), ou como intransitivo (Verbar esquisita o idioma).

## MÓDULO 5

**Texto para a próxima questão.**

### Apenas uma ponte

Chegara, enfim, o último dia de aula. Havia sido uma longa trajetória até ali. Mas, agora, o professor observava com ternura os alunos à sua frente, cada um voltado para seu caderno, fazendo a lição que colocaria ponto final no ano letivo. Então, agarrado à calmaria daquela hora, ele se recordou do primeiro encontro com o grupo. Todos o miravam com curiosidade, ansiosos por apanhar, como uma fruta, o conhecimento que imaginavam lhe pertencia. Nem tinham ideia de que aprenderiam por si mesmos, e que ele, mestre, não era a árvore da sabedoria, mas apenas uma ponte que os levaria à sua copa frondosa. Naquele dia, experimentara outra vez a emoção de se deparar com uma nova turma, e o que o motivava a ensinar, com tanta generosidade, era justamente o desafio de enfrentar esse mistério. Sim, uma ponte. Uma ponte por onde transitassem os sonhos daquelas crianças, o movimento incessante de seus desejos, o ir e vir de suas dúvidas, o vaivém do aprendizado em constante algaravia.

Lembrou-se da dificuldade da Julinha nas operações de multiplicar. O resultado correto era um território que ela nem sempre conseguia atingir. Mas, agora, a garota estava lá, segura da direção que deveria tomar. Ele fizera a ponte. O que dizer da distância entre o José e o Augusto no início do ano, ambos se temendo em silêncio, deixando de desfrutar da aventura de uma grande amizade? Com paciência, ele os unira. Desde então, não se desgrudavam. Podia vê-los dali, de sua mesa, um ao lado do outro, concentrados em fazer a tarefa. Já a Maria Sílvia, dona de uma letra redondinha, ainda há pouco lhe dera um sorriso. Antes, contudo, vivia irritada, a letra sem apuro, só garranchos. Fizera a ponte para ela. Mateus, à sua frente, detestava Ciências e fugia das aulas no laboratório. Talvez porque só via dificuldade na travessia e não as maravilhas que o esperavam no outro extremo. O professor estendera-lhe a mão e o conduzira, até que, subitamente, ele se tornara o melhor aluno naquela matéria. Tinha também a Alessandra, tão silenciosa e tímida. Ia bem nos primeiros meses e, depois, o rendimento caíra. Ele descobrira que os pais dela viviam em conflito. Alertara-os para que dessem mais afeto à filha, e eis que ela florescera, voltando a ser uma boa aluna.

E lá estava, nas últimas fileiras, o Luís Fábio. Notara suas limitações e construíra uma ponte especial para ele, mas o menino não conseguira atravessá-la. Era assim: para alguns, bastavam uns passos; para outros, o percurso se encompridava. O professor suspirou. Fizera o seu melhor. Lembrou-se das palavras de Guimarães Rosa: "Ensinar é, de repente, aprender". Sim, aprendera muito com seus alunos. Inclusive aprendera sobre si mesmo. Aquelas crianças haviam, igualmente, ligado pontos em sua vida. Agora, seguiriam novos rumos. Haveriam de encontrar outras pontes para superar os abismos do caminho. Ele permaneceria ali, pronto para levar uma nova classe até a outra margem. E o tempo, como um viaduto, haveria de conduzi-lo à emoção desse novo mistério.

CARRASCOZA J. *Apenas uma ponte.* Disponível em: <http://novaescola.abril.uol.com.br.> Acesso em: 14 de ago. 2003. Layout adaptado.

**1.** (UFRN) Considere o trecho:
"O professor suspirou. Fizera o seu melhor. Lembrou-se das palavras de Guimarães Rosa: 'Ensinar é, de repente, aprender'. Sim, aprendera muito com seus alunos. Inclusive aprendera sobre si mesmo."
O que torna o trecho acima coeso, dentre outros mecanismos, é o fato de haver

a) a presença de verbos de mesma transitividade nos quatro últimos períodos.
b) a presença de um mesmo sujeito elíptico nos quatro últimos períodos.
c) uma estrutura sintática semelhante em todos os períodos.
d) uma padronização do tempo verbal em todos os períodos.

**2.** (EsPCeEx – AMAN-RJ) Assinale a alternativa correta quanto à classificação do sujeito, respectivamente, para cada uma das orações abaixo.
– Choveu pedra por no mínimo 20 minutos.
– Vende-se este imóvel.
– Fazia um frio dos diabos naquele dia.

a) indeterminado, inexistente, simples
b) oculto, simples, inexistente
c) inexistente, inexistente, inexistente
d) oculto, inexistente, simples
e) simples, simples, inexistente

**3.** (UEL-PR) Observe o seguinte período: "O que se discutiu, a partir da literatura mais recente, é que, para acontecerem grandes mobilizações, <u>é necessária</u> também a participação atuante de uma elite política.".

a) Do ponto de vista da norma culta, há um problema de concordância, pois a forma correta de se grafar a expressão seria "é necessário".
b) Há um problema de pontuação, pois não se deve usar vírgula para separar o sujeito "grandes mobilizações" do predicado "é necessária também".
c) A expressão grifada destaca um erro de concordância com o sujeito "grandes mobilizações".
d) A expressão grifada aparece flexionada em gênero e número, pois concorda com o sujeito posposto "a participação atuante".
e) Do ponto de vista da norma culta, pode-se dizer que há uma inadequação, pois o autor usou a expressão "é necessária" no lugar da expressão "é precisa".

## MÓDULO 6

**Textos para a próxima questão.**

### *Texto I*

Perante a Morte empalidece e treme,
Treme perante a Morte, empalidece.
Coroa-te de lágrimas, esquece
O Mal cruel que nos abismos geme.

Cruz e Souza, *Perante a morte.*

### *Texto II*

Tu choraste em presença da morte?
Na presença de estranhos choraste?
Não descende o cobarde do forte;
Pois choraste, meu filho não és!

Gonçalves Dias, *I Juca Pirama.*

### *Texto III*

Corrente, que do peito destilada,
Sois por dous belos olhos despedida;
E por carmim correndo dividida,
Deixais o ser, levais a cor mudada.

Gregório de Matos, *Aos mesmos sentimentos.*

### *Texto IV*

Chora, irmão pequeno, chora,
Porque chegou o momento da dor.
A própria dor é uma felicidade...

Mário de Andrade, *Rito do irmão pequeno.*

### *Texto V*

Meu Deus! Meu Deus! Mas que bandeira
é esta,
Que impudente na gávea tripudia?!...
Silêncio! ... Musa! Chora, chora tanto
Que o pavilhão se lave no teu pranto...

Castro Alves, O *navio negreiro.*

**1.** (Unifesp) O texto em que apenas o uso do vocativo oferece a pista para se esclarecer se o verbo está em terceira pessoa do indicativo ou em segunda pessoa do imperativo é:

a) I.
b) II.
c) III.
d) IV.
e) V.

2. (Acafe-SC) Considerando a frase a seguir, de Millôr Fernandes, assinale a alternativa correta.
"Fique certo de uma coisa, meu filho: se você mantiver seus princípios com firmeza, um dia lhe oferecerão excelentes oportunidades de abdicar deles."
a) A forma *deles*, que é uma combinação do artigo "de" com o pronome "eles", exerce a função de complemento nominal do adjetivo "princípios".
b) O pronome *lhe* refere-se a "meu filho", que é objeto direto do verbo "oferecerão".
c) Se a forma verbal *mantiver* for substituída por *mantivesse*, obrigatoriamente a forma verbal *oferecerão* seria substituída por *ofereceriam*.
d) O período é composto por três orações.

3. (EsPCEx – AMAN-RJ) A oração que apresenta complemento nominal é:
a) O povo necessita de alimentos.
b) Caminhar a pé lhe era saudável.
c) O cigarro prejudica o organismo.
d) O castelo estava cercado de inimigos.
e) As terras foram desapropriadas pelo governo.

## MÓDULO 7

**Texto para a próxima questão.**

### A animalização do país

Clóvis Rossi, *Folha de S.Paulo*, 21 de fevereiro de 2006.

SÃO PAULO – No sóbrio relato de Elvira Lobato, lia-se ontem, nesta Folha, a história de um Honda Fit abandonado em uma rua do Rio de Janeiro "com uma cabeça sobre o capô e os corpos de dois jovens negros, retalhados a machadadas, no interior do veículo".

Prossegue o relato: "A reação dos moradores foi tão chocante como as brutais mutilações. Vários moradores buscaram seus celulares para fotografar os corpos, e os mais jovens riram e fizeram troça dos corpos".

Os próprios moradores descreveram a algazarra à reportagem. "Eu gritei: Está nervoso e perdeu a cabeça?", relatou um motoboy que pediu para não ser identificado, enquanto um estudante admitiu ter rido e feito piada ao ver que o coração e os intestinos de uma das vítimas tinham sido retirados e expostos por seus algozes.

"Ri porque é engraçado ver um corpo todo picado", respondeu o estudante ao ser questionado sobre a causa de sua reação.

O crime em si já seria uma clara evidência de que bestas-feras estão à solta e à vontade no país. Mas ainda daria, num esforço de autoengano, para dizer que crimes bestiais ocorrem em todas as partes do mundo.

Mas a reação dos moradores prova que não se trata de uma perversidade circunstancial e circunscrita. Não. O país perde, crescentemente, o respeito à vida, a valores básicos, ao convívio civilizado. O anormal, o patológico, o bestial, vira normal. "É engraçado", como diz o estudante.

O processo de animalização contamina a sociedade, a partir do topo, quando o presidente da República diz que seu partido está desmoralizado, mas vai à festa dos desmoralizados e confraterniza com trambiqueiros confessos. Também deve achar "engraçado".

Alguma surpresa quando é declarado inocente o comandante do massacre de 111 pessoas, sob aplausos de parcela da sociedade para quem presos não têm direito à vida? São bestas-feras, e deve ser "engraçado" matá-los. É a lei da selva, no asfalto.

1. (PUC-SP) No trecho "Os próprios moradores descreveram a ALGAZARRA à REPORTAGEM", pode-se dizer que os dois termos DESTACADOS são, respectivamente,
a) o sujeito e o predicado do verbo "descreveram".
b) o adjunto adnominal e o adjunto adverbial do verbo "descreveram".
c) o objeto direto e o objeto indireto do verbo "descreveram".
d) o aposto e o vocativo do verbo "descreveram".
e) o complemento nominal e o agente da passiva do verbo "descreveram".

**Texto para a próxima questão.**

"Sobre a história do arquipélago, explicou que fora doado pelo Rei de Portugal, em 1504, a Fernão de Noronha. O primeiro nome fora ilha de São João. Naqueles tempos era comum batizar os lugares com o nome da festa religiosa do dia da descoberta. Pode-se dizer, então, que ela foi vista pela primeira vez por olhos de navegantes europeus num dia 24 de junho, entre 1500 e 1503.

(Abdias Moura, em o *SEGREDO DA ILHA*)

2. (UFPE) Em qual alternativa a expressão não exerce, no texto, a função de adjunto adverbial?
a) "... em 1504 ..."
b) "Naqueles tempos ..."
c) "... pela primeira vez ..."
d) "... pelo Rei de Portugal ..."
e) "... num dia 24 de junho ..."

3. (Ufal) Muitos se preocuparam COM A DIFÍCIL SITUAÇÃO, embora ninguém se mostrasse DISPOSTO A NOVO EMPREENDIMENTO.
Os termos destacados no período anterior exercem, respectivamente, a função de
a) complemento nominal – predicativo do sujeito – objeto indireto
b) objeto indireto – objeto direto – complemento nominal
c) complemento nominal – predicativo do objeto – objeto indireto
d) objeto indireto – adjunto adverbial de modo – complemento nominal
e) objeto indireto – predicativo do objeto – complemento nominal

## MÓDULO 8

**Texto para a próxima questão.**

A questão racial parece um desafio do presente, mas trata-se de algo que existe desde há muito tempo.

Modifica-se ao acaso das situações, das formas de sociabilidade e dos jogos das forças sociais, mas reitera-se continuamente, modificada, mas persistente.

Esse é o enigma com o qual se defrontam uns e outros, intolerantes e tolerantes, discriminados e preconceituosos, segregados e arrogantes, subordinados e dominantes, em todo o mundo. Mais do que tudo isso, a questão racial revela, de forma particularmente evidente, nuançada e estridente, como funciona a fábrica da sociedade, compreendendo identidade e alteridade, diversidade e desigualdade, cooperação e hierarquização, dominação e alienação.

Octavio Ianni. Dialética das relações sociais. *Estudos avançados*, n. 50, 2004.

1. (Fuvest-SP) As palavras do texto cujos prefixos traduzem, respectivamente, ideia de anterioridade e contiguidade são
   a) "persistente" e "alteridade".
   b) "discriminados" e "hierarquização".
   c) "preconceituosos" e "cooperação".
   d) "subordinados" e "diversidade".
   e) "identidade" e "segregados".

**Textos para a próxima questão.**

*Texto I*

### Aprendendo com o primata

Atual e instigante a reportagem "A outra face do macaco" (número 10, ano 12). O comportamento animal contribui para a compreensão do problema da violência premeditada entre os humanos. E pode também indicar possíveis soluções.

(Édison Miguel – Goiânia, GO)

*Texto II*

### O macaco não está certo

Fiquei muito impressionada com a violência e a rivalidade que existe entre as tribos de macacos. Sempre tive outra imagem dos primatas. Para mim eles eram animais pacíficos e inteligentes, mas agora percebo que se parecem mesmo com os humanos.

(Elaine Gomes – Santa Maria, RS)

*Texto III*

### O homem é bem pior

Comparar o instinto violento do chimpanzé com o do homem é algo cômico. Os humanos já nascem com a mente voltada para as guerras e são infinitamente mais ferozes.

(José Reinaldo Coniutti – Cuiabá, MT) DEZEMBRO, 1998 – *SUPER*

2. (UFSM-RS) Na redação de suas cartas, os leitores empregaram palavras formadas com o auxílio de afixos. Em qual delas há um sufixo que significa "de maneira", "de modo"?
   a) instigante.
   b) comportamento.
   c) compreensão.
   d) rivalidade.
   e) infinitamente.

## MÓDULO 9

**Texto para a próxima questão.**

Leia o texto a seguir e responda à questão.

### Vestibular

Vestibular, aquilo que o Ministério da Educação estuda agora extinguir, é um brasileirismo para algo que em Portugal costuma ser chamado de exame de acesso à universidade. Trata-se de um adjetivo que se substantivou, num processo semelhante ao que ocorreu com celular, qualificativo de telefone, que tenta – e na maioria das vezes consegue – expulsar a palavra principal de cena sob uma pertinente alegação de redundância, tomando para si o lugar de substantivo. Pois o exame vestibular, de tão consagrado no vocabulário de gerações e gerações de estudantes brasileiros que perderam o sono por causa dele, acabou conhecido como vestibular só. E qualquer associação remota com a palavra que está em sua origem – vestíbulo – se perdeu nesse processo.

[4]Quando ainda era claramente um adjetivo, ficava mais fácil perceber a metáfora que, com certa dose de pernosticismo, levou a palavra vestibular a ser escolhida para qualificar o processo de seleção de candidatos ao ensino superior. Vestíbulo (do latim *vestibulum*) é, na origem, um termo de arquitetura que significa pórtico, alpendre ou pátio externo, mas que pode ser usado também, em sentido mais amplo, para designar um átrio, uma antessala, qualquer cômodo ou ambiente de passagem entre a porta de entrada e o corpo principal de uma casa, apartamento, palácio ou prédio público. Para quem prefere uma solução anglófona, estamos falando de *hall* ou *lobby*.

Como é um ambiente de transição entre o lado de fora e o lado de dentro, vestíbulo ganhou ainda por extensão, em anatomia, o sentido de "cavidade que dá acesso a um órgão oco" (Houaiss). Antes de ser admitido no vocabulário da educação, "sistema vestibular" já tinha aplicação na linguagem médica como nome dos pequenos órgãos situados na entrada do ouvido interno, responsáveis por nosso equilíbrio.

(Adaptado de: RODRIGUES, S. *Vestibular*. Disponível em: <http://revistadasemana.abril.uol.com.br/edicoes/81/palavradasemana/materia_palavradasemana_431845.shtml>. Acesso em: 6 jun. 2009.)

1. (UEL-PR) Com base no texto, considere as afirmativas a seguir:
   I. Ao afirmar que vestibular é um brasileirismo, o autor se posiciona contrariamente à sua extinção pelo Ministério da Educação.

II. O autor não condena o uso do estrangeirismo "lobby" no lugar do brasileirismo "vestibular".

III. O adjetivo "vestibular" que, devido ao uso, acabou sendo substantivado, é derivado da palavra "vestíbulo".

IV. O autor considera pertinente a alegação de redundância para explicar o processo de substantivação do termo "celular".

Assinale a alternativa correta.

a) Somente as afirmativas I e II são corretas.
b) Somente as afirmativas II e IV são corretas.
c) Somente as afirmativas III e IV são corretas.
d) Somente as afirmativas I, II e III são corretas.
e) Somente as afirmativas I, III e IV são corretas.

2. (Ufes)

**"O Assinalado"**

Tu és o louco da imortal loucura,
O louco da loucura mais suprema.
A Terra é sempre a tua negra algema,
Prende-te nela a extrema Desventura.

Mas essa mesma algema de amargura,
Mas essa mesma Desventura extrema
Faz que tu'alma suplicando gema
E rebente em estrelas de ternura.

Tu és o Poeta, o grande Assinalado
Que povoas o mundo despovoado,
De belezas eternas, pouco a pouco...

Na Natureza prodigiosa e rica
Toda a audácia dos nervos justifica
Os teus espasmos imortais de louco!

O poema acima encontra-se na obra "Últimos sonetos", de Cruz e Sousa, poeta cujo centenário de morte foi comemorado em 1998. Leia as afirmativas seguintes acerca do poema e assinale a opção CORRETA.

I. Ocorre hipérbole no verso 4; anáfora, nos versos 5 e 6; antítese, no verso 9; sinestesia, nos versos 13-14

II. O poeta é considerado um ser diferente cuja alma, mesmo algemada à Terra, rebenta "em estrelas de ternura".

III. O uso da letra maiúscula em substantivos comuns singulariza-os e empresta-lhes uma dimensão simbólica.

a) Apenas a afirmativa I está correta.
b) Apenas a afirmativa II está correta.
c) Apenas a afirmativa III está correta.
d) Apenas as afirmativas I e II estão corretas.
e) Apenas as afirmativas II e III estão corretas.

3. (Fuvest-SP) Chamar o dicionário de pai-dos-burros é que é burrice. Reconhecer um desconhecimento não é uma virtude? Se a burrice costuma vir sempre acompanhada da insolência, a inteligência não dispensa a força da humildade.

a) Reescreva os dois primeiros períodos, substituindo os verbos "chamar" e "reconhecer" por substantivos que não sejam da mesma família desses verbos. Faça apenas as adaptações necessárias, mantendo o sentido original.

b) Reescreva o último período do texto, utilizando agora as formas "não costuma" e "dispensa". Faça apenas as alterações necessárias, mantendo o sentido original.

## Frente B - A construção dos textos

### MÓDULO 1

1. (UFSM-RS)

Considere o que se afirma sobre o papel da linguagem verbal e não verbal na organização da história.

I. O desenho é autossuficiente. Mesmo sem os diálogos, entende-se que um homem foi punido por ter chamado o outro de gordo.

II. As falas das personagens são autossuficientes. Mesmo sem os desenhos, entende-se que um homem foi punido por acusar o outro de medroso.

III. O desenho e as falas são interdependentes. É pela fala do segundo quadrinho que se entende que o homem foi punido principalmente por chamar o outro de "gordão".

Está(ão) correta(s)

a) apenas I.
b) apenas II.
c) apenas III.
d) apenas I e II.
e) apenas I e III.

2. (PUC-PR) Assinale a alternativa INCORRETA a respeito das estruturas do texto:

"Quando falei sobre o caso do jogador que está fora do país e não está jogando, é evidente que vão surgir exceções. Deverão ser poucas, mas vão haver porque não se pode abrir mão de um bom jogador porque ele eventualmente não esteja jogando."

("O Globo", 22/10/00.)

a) O uso coloquial da linguagem permite o emprego de "vão surgir" ou "deverão ser", mas, para um nível mais formal, o emprego seria, respectivamente, "surgirão" ou "serão".

b) Em nível formal, a expressão “vão haver” deveria ser “haverá”.

c) O uso da expressão “evidente que” e da palavra “eventualmente” revela aproximação com a oralidade.

d) Também é correto inferir que, num nível de formalidade, deve-se evitar a utilização dupla de conector “porque” num mesmo período.

e) A norma-padrão da linguagem seria mantida se a expressão “vão haver” fosse substituída por “vai haver”, como é usual atualmente.

3. (Ufes)

### O Supremo Castigo

Em todos os aeródromos, em todos os estádios, no ponto principal de todas as metrópoles, existe e quem é que não viu? – aquele cartaz...

De modo que, se esta civilização desaparecer e seus dispersos e bárbaros sobreviventes tiverem de recomeçar tudo desde o princípio – até que um dia também tenham os seus próprios arqueólogos – estes hão de sempre encontrar, nos mais diversos pontos do mundo inteiro, aquela mesma palavra.

E pensarão eles que Coca-Cola era o nome do nosso Deus!

Mário Quintana

Em relação ao texto anterior, pode-se afirmar que

a) as construções “aquele cartaz” e “aquela mesma palavra” apontam referentes distintos.

b) o uso da palavra “mesma” aponta para uma informação desconhecida.

c) o texto se organiza apenas pelo uso da linguagem verbal.

d) o texto é incoerente porque apresenta as informações de forma incompleta.

e) a compreensão do sentido do texto depende do conhecimento linguístico e extralinguístico.

## MÓDULO 2

**Texto para a próxima questão.**

### Língua

Esta língua é como um elástico
que espicharam pelo mundo.
No início era tensa,
de tão clássica.

Com o tempo, se foi amaciando,
foi-se tornando romântica,
incorporando os termos nativos
e amolecendo nas folhas de bananeira
as expressões mais sisudas.

Um elástico que já não se pode
mais trocar, de tão usado;
nem se arrebenta mais, de tão forte.

Um elástico assim como é a vida
que nunca volta ao ponto de partida.

GILBERTO MENDONÇA TELES. *Hora aberta:* poemas reunidos. Rio de Janeiro: José Olympio; Brasília: INL, 1986.

1. (Uerj) A segunda e a terceira estrofes retratam a língua em imagens opostas. Ao estado de rigidez se segue o de uma mudança gradual.
Considerando a terceira estrofe, apresente o recurso gramatical que o autor utiliza para exprimir essa gradação e o verso que reafirma a rigidez já expressa na segunda estrofe.

2. (UFSM-RS)

VOX POPULI = voz do povo

***Manolito* – Quino**

Analise as seguintes afirmações relacionadas ao processo argumentativo estabelecido na sala de aula.

I. “Voz do povo” é parte do ditado “A voz do povo é a voz de Deus”, que serve como um argumento positivo para estabelecer a verdade ou a justeza de um fato. O valor do argumento foi aproveitado pelo menino.

II. Buscar as causas de um fato é uma forma básica de construir o conhecimento, o que não é uma das preocupações da professora.

III. O humor da tira está baseado numa ruptura da sequência argumentativa que se explicita no último quadrinho, quando entram em choque diferentes fontes de identificação da propriedade da multiplicação.

Está(ão) correta(s)

a) apenas I.

b) apenas II.

c) apenas III.

d) apenas I e II.

e) apenas II e III.

**Texto para a próxima questão.**

### Valter Hugo Mãe, um escritor maiúsculo

Rodolfo Viana

Quando José Saramago diz que determinada obra é um “tsunami linguístico, semântico e sintático”, não resta muito, exceto se deixar ser tragado pelo ir e vir do oceano de palavras e se afogar nas páginas. Pois foi esse o termo que o único Nobel de Literatura da língua portuguesa usou para descrever o remorso de baltazar serapião, do conterrâneo valter hugo mãe.

Sim, tudo em minúsculas. Obra e autor em letras diminutas, pois língua falada não tem caixa alta. Mas não se engane: este é um escritor grandioso, criador de livros imponentes.

O homem que tirou de Saramago o elogio foi o nome mais aclamado dentre tantos literatos na Flip deste ano. Esgotou os 500 exemplares do seu mais recente romance, a máquina de fazer espanhóis, no evento. Não é para menos: a obra é um comovente relato sobre política e morte. Nele, antônio jorge da silva, barbeiro de 84 anos e silva como muitos em Portugal, depara com a morte de laura, parceira de meio século. Este silva, que traz consigo as cicatrizes da ditadura salazarista, acaba num asilo. Nas palavras do próprio, "a laura morreu, pegaram em mim e puseram-me no lar com dois sacos de roupa e um álbum de fotografias. Foi o que fizeram. Depois nessa mesma tarde, levaram o álbum porque achavam que ia servir apenas para que eu cultivasse a dor de perder a minha mulher."

Neste lugar, em vez de esperar a morte chegar, ele encontra outros "silvas" com quem tudo é debatido – principalmente política. Um dos pontos levantados pelos silvas é o sentimento de inferioridade que Portugal tem diante de Espanha. Essas conversas entre o barbeiro e os outros velhinhos é a forma encontrada por silva de não morrer em vida, de ignorar a melancolia ao ver o fim se aproximar.

Valter Hugo Mãe, um escritor maiúsculo. *Vida Simples*, ed. 109, set. 2011, p. 74.

**3.** (UEG-GO) Com relação ao trecho "Sim, tudo em minúsculas. Obra e autor em letras diminutas, pois língua falada não tem caixa alta", é correto afirmar:

a) o uso de letras minúsculas, embora em desacordo com o padrão formal da língua, destaca o estilo do escritor.

b) a expressão "caixa alta" faz uma referência à utilização de letras maiúsculas na obra de Valter Hugo Mãe.

c) para Rodolfo Viana, a língua falada e a língua escrita apresentam características muito diferentes.

d) o autor faz uma crítica à influência do uso do computador para a produção de textos escritos.

## MÓDULO 3

**Texto para a próxima questão.**

### De um jogador brasileiro a um técnico espanhol

João Cabral de Melo Neto

Não é a bola alguma carta
que se leva de casa em casa:
é antes telegrama que vai
de onde o atiram ao onde cai.
Parado, o brasileiro a faz
ir onde há-de, sem leva e traz;
com aritméticas de circo
ele a faz ir onde é preciso;
em telegrama, que é sem tempo
ele a faz ir ao mais extremo.
Não corre: ele sabe que a bola,
Telegrama, mais que corre voa.

(Disponível em: <http://www.revista.agulha.nom.br/futebol.html#jogador> Acesso em: 12 out. 2011.)

**1.** (IFPE) No que se refere às características do poema acima, analise os enunciados abaixo.

I. Estrutura-se em versos livres e brancos, sem métrica e sem rima, com linguagem conotativa.

II. Descreve a bola com base na metáfora da carta, comparando os dois termos implicitamente pela rapidez.

III. Possui sequências narrativas, marcada por verbos de ação, que relatam o percurso da bola.

IV. Apresenta linguagem conotativa, como mostra a hipérbole no verso final da sexta estrofe.

V. Possui predominantemente sequências descritivas, que retratam as características da bola de futebol.

Estão **corretas**, apenas:

a) I, II e V
b) II, IV e V
c) I e IV
d) II e III
e) III e IV

**Texto para a próxima questão.**

### Mona Lisa de Da Vinci sem motivos para sorrir

Obra-prima de Leonardo da Vinci e uma das mais admiradas telas jamais pintadas, devido, em parte, ao sorriso enigmático da moça retratada, a "Mona Lisa" está se deteriorando. O grito de alarme foi dado pelo Museu do Louvre, em Paris, que anunciou que o quadro passará por uma detalhada avaliação técnica com o objetivo de determinar o porquê do estrago.

O fino suporte de madeira sobre o qual o retrato foi pintado sofreu uma deformação desde que especialistas em conservação examinaram a pintura pela última vez, diz o Museu do Louvre numa declaração por escrito. O museu não diz quando essa última avaliação ocorreu. O estudo será feito pelo Centro de Pesquisa e Restauração dos Museus da França e vai determinar os materiais usados na tela e avaliar sua vulnerabilidade a mudanças climáticas.

O Museu do Louvre recebe cerca de seis milhões de visitantes por ano, e todos, praticamente, veem a "Mona Lisa", uma tela de 77 centímetros de altura por 55 de largura, protegida por uma caixa de vidro, com temperatura controlada. A tela será mantida no mesmo local, exposta ao público, enquanto for realizado o estudo.

(Fonte: http://www.italiaoggi.com.br. Acessado em 13/11/07)

**2.** (PUC-SP) A um conjunto de regularidades relativamente estáveis no que diz respeito à função social, produção, circulação e consumo de um texto, bem como aos seus aspectos composicionais e linguísticos, dá-se o nome de gênero textual. É por razões assim que um leitor proficiente não confunde uma receita de bolo com uma carta, uma passagem de ônibus com uma nota fiscal, por exemplo.

Considerando para o texto esses mesmos aspectos, é possível afirmar que ele pertence ao gênero:

a) Relatório.
b) Editorial.
c) Notícia.
d) Resenha.
e) Artigo.

## MÓDULO 4

**Texto para a próxima questão.**

"O homem não pode abster-se da filosofia", diz Jaspers com razão. "Ela está presente em todo lugar e sempre. A única questão que se apresenta é saber se ela é consciente ou não, boa ou má, confusa ou clara". Na verdade, a pesquisa da verdade científica, que só interessa aliás a uma minoria, não exaure[1] em nada a natureza do homem, mesmo nessa minoria. Resta que o homem vive, toma partido, crê em multiplicidade de valores, hierarquiza-os e dá assim um sentido à sua existência por opções que ultrapassam sem cessar as fronteiras do seu conhecimento efetivo. No homem que pensa, essa coordenação pode ser raciocinada, no sentido de que, para fazer a síntese entre aquilo em que acredita e que sabe, só pode utilizar uma reflexão, seja prolongando seu saber ou opondo-se a ele em um esforço crítico para determinar suas fronteiras atuais e legitimar a colocação dos valores que o ultrapassam. Essa síntese raciocinada entre as crenças, quaisquer que sejam, e as condições do saber, é o que nós chamamos de uma "sabedoria" e tal nos parece o objeto da filosofia.

(Piaget, Jean. *Sabedoria e Ilusões da Filosofia*. Tradução de Zilda Abujamra Daeir. S.Paulo. Difusão Europeia do Livro)

Vocabulário:
[1]exaurir – esgotar

1. (ESPM-SP) O propósito principal do texto é:
   a) estabelecer um contraste entre o homem que pensa e o homem que vive.
   b) criticar os conceitos filosóficos tradicionais.
   c) elaborar nova síntese entre filosofia e ciência.
   d) teorizar a ciência e o existencialismo.
   e) tecer considerações sobre o objeto da filosofia

**Texto para a próxima questão.**

Não passa de asneira a recorrente ideia de que a corrupção é monopólio do governo, e a sociedade, sua vítima. A corrupção é, em larga medida, resultado de uma sociedade que não fiscaliza e, pior, em que alguns setores de elite são coniventes com as mais diferentes modalidades de mazelas, que vão de sonegar impostos até subornar o guarda. Estamos inventando até mesmo a fraude com doutorado.

A *Folha* divulgou detalhes do mercado da venda de dissertações de mestrado e de doutorado, por valores altos. Podem-se encontrar os vendedores abertamente na internet, todos eles, claro, titulados. Mas a verdade é que, junto com seus clientes, eles participam de uma fraude.

(Gilberto Dimenstein. *Folha Online*, 08/11/2005. Adaptado.)

2. (UFPE) Incoerências, em um texto, podem ser causadas por diversos fatores, como transgressões de natureza sintática, relações semânticas impróprias entre orações, escolhas lexicais inadequadas, dentre vários outros. A tentativa de compreensão do texto de Dimenstein levou certo leitor a formular a seguinte conclusão: **"Segundo Dimenstein, a prática da corrupção implica a não fiscalização da sociedade e a conivência de alguns setores de elite."**
   a) Essa conclusão é coerente? Justifique seu ponto de vista.
   b) Como você formularia sua própria conclusão?

3. (Fuvest-SP) A chamada Lei do Agrotóxico (nº 7.802, de 11/06/89) determina que os rótulos dos produtos não contenham afirmações ou imagens que possam induzir o usuário a erro quanto a sua natureza, composição, segurança, eficácia e uso. Também proíbe declarações sobre a inocuidade, tais como "seguro", "não venenoso", "não tóxico", mesmo que complementadas por afirmações do tipo "quando utilizado segundo as instruções". Em face das proibições da Lei, a compreensão da frase: "Cuidado, este produto pode ser tóxico"
   a) precisa levar em consideração que a condição suficiente para que um produto possa ser tóxico é sua ingestão, inalação ou contato com a pele e não sua composição.
   b) exige cautela, pois a expressão "pode ser" pressupõe "pode não ser", permitindo a interpretação de que se trata de um produto "seguro", "não venenoso", "não tóxico".
   c) precisa levar em consideração que a expressão "pode ser" elimina o sentido de "pode não ser", consistindo em um alerta ao usuário sobre a inocuidade dos produtos.
   d) exige admitir que a condição necessária para que um produto seja tóxico é a sua composição, induzindo o usuário a erro quanto à inocuidade e ao mau uso dos produtos.
   e) precisa ser complementada com a consideração de que a segurança no manuseio dos agrotóxicos elimina sua toxicidade, bem como eventuais riscos de intoxicação.

## MÓDULO 5

**Texto para a próxima questão.**

As pessoas que falam uma língua estrangeira sem sotaque são geralmente as que aprenderam o idioma estrangeiro na infância, juntamente com a língua materna. Nesses verdadeiros bilíngues, de alto desempenho, a mesma região do cérebro que produz a fala é compartilhada pela representação dos dois idiomas, enquanto nas pessoas que aprendem a segunda língua, na vida adulta, duas regiões vizinhas, separadas, cuidam cada uma de um idioma. A representação conjunta talvez explique a maior facilidade dos bilíngues verdadeiros em transitar entre os dois idiomas, já que as mesmas redes neurais de associação devem ser acionadas por um idioma e outro.

Adaptado de Suzana Herculano-Houzel

1. (UPM-SP) É CORRETO afirmar que no texto há:
   a) diferentes níveis de linguagem, evidenciando a presença de variações no uso da língua.
   b) o predomínio da função apelativa, com o uso de elementos linguísticos que reforçam o apelo ao leitor, revelado pela linguagem acadêmica.
   c) linguagem formal na transmissão de informações, intenção preponderante que indicia a função referencial do texto.
   d) uma estrutura típica da argumentação que apresenta duas teses conflitantes, sendo que ao final uma delas é privilegiada.
   e) predomínio da subjetividade, depreendida principalmente pelo uso de expressões como "geralmente" e "talvez".

2. (Unifesp)

**Este inferno de amar**

Este inferno de amar – como eu amo!
Quem mo pôs aqui n'alma... quem foi?
Esta chama que alenta e consome,
Que é a vida – e que a vida destrói –
Como é que se veio a atear,
Quando – ai quando se há-de ela apagar?

(Almeida Garret)

Nos versos de Garrett, predomina a função
   a) metalinguística da linguagem, com extrema valorização da subjetividade no jogo entre o espiritual e o profano.
   b) apelativa da linguagem, num jogo de sentido pelo qual o poeta transmite uma forma idealizada de amor.
   c) referencial da linguagem, privilegiando-se a expressão de forma racional.
   d) emotiva da linguagem, marcada pela não contenção dos sentimentos, dando vazão ao subjetivismo.
   e) fática da linguagem, utilizada para expressar as ideias de forma evasiva, como sugestões.

**Texto para a próxima questão.**

**Os jovens velhos franceses**

A juventude francesa parece ter envelhecido. Em maio de 1968, os jovens saíram às ruas em Paris e nas principais cidades para pôr a imaginação no poder, como dizia um *slogan* das míticas manifestações estudantis da época. Era um tempo de expansão econômica no país e os jovens queriam mais que apenas terminar os estudos e arrumar um emprego.

Para os manifestantes que ameaçam paralisar o país hoje, um emprego estável protegido pelo Estado é tudo com que eles sonham. Milhares de estudantes se mobilizaram na França contra a lei do primeiro emprego proposta pelo primeiro-ministro Dominique de Villepin. A nova lei visa combater a alta taxa de desemprego entre jovens na França, hoje em dia oscilando na casa dos 22%. Villepin quer flexibilizar a legislação, permitindo que as empresas contratem jovens para seu primeiro emprego sem as garantias da legislação comum. O ponto mais polêmico da proposta de Villepin é a precariedade do primeiro emprego. Por um período de dois anos, os contratados pela nova legislação podem ser demitidos sem os empecilhos da legislação trabalhista vigente. Os estudantes alegam que o resultado será a oficialização do contrato de trabalho com prazo fixo: dois anos.

O fato é que a discussão sobre a necessidade de diminuir o custo da proteção estatal na economia já se encerrou na Europa. A conclusão é que é preciso diminuir os gastos do generoso Estado de Bem-Estar para aumentar a produtividade, ganhar competitividade e voltar a crescer. Cada país da União Europeia vem tentando seus métodos. Mas os jovens, paralisados pela falta de imaginação, só conseguem lutar contra as mudanças.

Maio de 1968 acabou derrubando o presidente Charles de Gaulle, símbolo de uma França arcaica que se queria superar. Os jovens de hoje pedem a cabeça de Villepin com medo do futuro.

Revista *Época*. Primeiro Plano, 27 de março de 2006.

3. (Cefet-CE) No texto "Os jovens velhos franceses":
   a) não há características de reportagem.
   b) a função da linguagem predominante é a referencial.
   c) muitas palavras foram empregadas em sentido conotativo.
   d) o autor não deixa transparecer sua posição ante os fatos relatados.
   e) os fatos relatados não estão em ordem cronológica.

## MÓDULO 6

**Texto para a próxima questão.**

[...] O Bispo era tão grande, nos rôxos, na hora de se beijar o anel dava um medo. Quem ficava mais vezes de castigo era ele, Miguilim; mas quem apanhava mais era a Chica. A Chica tinha malgênio – todos diziam. Ela aprontava birra, encapelava no chão, capeteava; mordia as pessoas, não tinha respeito nem do pai. Mas o pai não devia de dizer que um dia punha ele Miguilim de castigo pior, amarrado em árvore, na beirada do mato. Fizessem isso, ele morria da estrangulação do medo? Do mato de cima do morro, vinha onça. Como o pai podia imaginar judiação, querer amarrar um menino no escuro do mato? Só o pai de Joãozinho mais Maria, na estória, o pai e a mãe levaram eles dois, para desnortear no meio da mata, em distantes, porque não tinham de comer para dar a eles. Miguilim sofria tanta pena, por Joãozinho mais Maria, que voltava a vontade de chorar. [...]

(ROSA, João Guimarães. *Manuelzão e Miguilim*. 21. ed. Rio de Janeiro: Nova Fronteira, 1967. p. 38.)

1. (UFG-GO) Analisando os elementos responsáveis pela coesão textual no fragmento acima, pode-se afirmar que
   ( ) o nome Miguilim, no segmento "Quem ficava mais vezes de castigo era ele, Miguilim", poderia ser retirado sem prejuízo para a compreensão do texto.

( ) na oração "o pai e a mãe levaram eles dois", considerando o uso da norma-padrão da língua, os termos "eles dois" deveriam ser substituídos pelo pronome "lhes".

( ) em "Mas o pai não devia de dizer que um dia punha ele Miguilim de castigo pior", o operador argumentativo "mas" introduz um enunciado que apresenta uma ideia oposta à do período anterior.

( ) as orações "Fizessem isso, ele morria da estrangulação do medo?" se ligam numa relação de condicionalidade.

2. (UPM-SP)

Eu amo a noite taciturna e queda!
Então parece que da vida as fontes
Mais fáceis correm, mais sonoras soam,
Mais fundas se abrem;

Então parece que mais pura a brisa
Corre, – que então mais funda e leve a fonte
Mana, – e que os sons então mais doce e triste
Da música se espargem.

(Gonçalves Dias)

Assinale a alternativa INCORRETA.

a) O ritmo regular dos versos decassílabos ajuda a construir a ideia da serena grandiosidade da noite.
b) O quarto e o oitavo versos encerram cada sequência gloriosa que a noite abarca: aquele, os dons das fontes; este, a ação da brisa, da fonte e da música.
c) A descrição das ações das FONTES DE VIDA, na primeira estrofe, faz-se com o auxílio sintático de um polissíndeto.
d) DOCE TRISTE, no sétimo verso, podem ser lidos como DOCEMENTE TRISTEMENTE, devido ao fato de permanecerem no singular.
e) A repetição de ENTÃO é fator de coesão textual, recuperando sempre o termo NOITE.

**Texto para a próxima questão.**

## Olhos de ressaca

Enfim, chegou a hora da encomendação e da partida. Sancha quis despedir-se do marido, e o desespero daquele lance consternou a todos. Muitos homens choravam também, as mulheres todas. Só Capitu, amparando a viúva, parecia vencer-se a si mesma. Consolava a outra, queria arrancá-la dali. A confusão era geral. No meio dela, Capitu olhou alguns instantes para o cadáver tão fixa, tão apaixonadamente fixa, que não admira lhe saltassem algumas lágrimas poucas e caladas.

As minhas cessaram logo. Fiquei a ver as dela; Capitu enxugou-as depressa, olhando a furto para a gente que estava na sala. Redobrou de carícias para a amiga, e quis levá-la; mas o cadáver parece que a retinha também. Momento houve em que os olhos de Capitu fitaram o defunto, quais os da viúva, sem o pranto nem palavras desta, mas grandes e abertos, como a vaga do mar lá fora, como se quisesse tragar também o nadador da manhã.

(ASSIS, Machado de. *Dom Casmurro*. Capítulo 123. São Paulo: Martin Claret, 2004.)

3. (Uerj)

"(...) não admira lhe saltassem algumas LÁGRIMAS poucas e caladas."
"As minhas cessaram logo."

Nessa passagem, encontra-se um recurso de coesão textual em que o termo destacado é retomado por meio de elipse. Esse mesmo recurso é empregado em:

a) "QUIS DESPEDIR-SE DO MARIDO, e o desespero daquele lance consternou a todos."
b) "Muitos homens CHORAVAM também, as mulheres todas."
c) "Redobrou de carícias para A AMIGA, e quis levá-la."
d) "quais os DA VIÚVA, sem o pranto nem palavras desta."

4. (Fuvest-SP)

I. Desespero meu: leitura obrigatória de livro indicado...
II. Uma surpresa: tão bom, aquele livro!
III. Nenhum aborrecimento na leitura.

a) Respeitando a sequência em que estão apresentadas as três frases acima, articule-as num único período. Empregue os verbos e os nexos oracionais necessários à clareza, à coesão e à coerência desse período.
b) Transcreva o período abaixo, virgulando-o adequadamente:

A obrigação de ler um livro como toda obrigação indispõe-nos contra a tarefa imposta mas pode ocorrer se encontrarmos prazer nessa leitura que o peso da obrigação desapareça.

# MÓDULO 7

**Texto para a próxima questão.**

## Uma vela para Dario

Dario vinha apressado, o guarda-chuva no braço esquerdo e, assim que dobrou a esquina, diminuiu o passo até parar, encostando-se à parede de uma casa. Foi escorregando por ela, de costas, sentou-se na calçada, ainda úmida da chuva, e descansou no chão o cachimbo.

Dois ou três passantes rodearam-no, indagando se não estava se sentindo bem. Dario abriu a boca, moveu os lábios, mas não se ouviu resposta. Um senhor gordo, de branco, sugeriu que ele devia sofrer de ataque.

Estendeu-se mais um pouco, deitado agora na calçada, o cachimbo a seu lado tinha apagado. Um rapaz de bigode pediu ao grupo que se afastasse, deixando-o respirar. E abriu-lhe o paletó, o colarinho, a gravata e a cinta. Quando lhe retiraram os sapatos, Dario roncou pela garganta e um fio de espuma saiu do canto da boca.

Cada pessoa que chegava se punha na ponta dos pés, embora não pudesse ver. Os moradores da rua conversavam de uma porta à outra, as crianças foram acordadas e vieram de pijama às janelas. O senhor gordo repetia que Dario sentara-se na calçada, soprando ainda a fumaça do cachimbo e encostando o guarda-chuva na parede. Mas não se via guarda-chuva ou cachimbo ao lado dele.

Uma velhinha de cabeça grisalha gritou que Dario estava morrendo. Um grupo transportou-o na direção do táxi estacionado na esquina. Já tinha introduzido no carro metade do corpo, quando o motorista protestou: se ele morresse na viagem? A turba concordou em chamar a ambulância. Dario foi conduzido de volta e encostado à parede – não tinha os sapatos e o alfinete de pérola na gravata.

(Dalton Trevisan)

1. (Faap-SP) "Uma velhinha ... gritou que Dario estava morrendo."
O discurso direto seria assim:
a) uma velhinha ... gritou: – Dario está morrendo
b) uma velhinha ... gritou: – Dario estava morrendo
c) uma velhinha ... gritou: – Dario estara morrendo
d) uma velhinha ... gritou: – Dario estará morrendo
e) uma velhinha ... gritou: – Dario estaria morrendo

**Texto para próxima questão.**

De todos esses periquitinhos que tem no Brasil, tuim é capaz de ser o menor. Tem bico redondo e rabo curto e é todo verde, mas o macho tem umas penas azuis para enfeitar. Três filhotes, cada um mais feio que o outro, ainda sem penas, os três chorando. O menino levou-os para casa, inventou comidinhas para eles; um morreu, outro morreu, ficou um.

Rubem Braga

2. (Fuvest-SP) Neste excerto de "Tuim criado no dedo",
a) o narrador em terceira pessoa emprega o discurso indireto para assimilar o ponto de vista do menino.
b) repetições, diminutivos, simplicidade sintática introduzem no discurso a perspectiva do menino.
c) a escassez de adjetivos torna concreta a visão substantiva, própria da infância.
d) o narrador em primeira pessoa utiliza o discurso direto para recriar a visão infantil.
e) diminutivos, predomínio da subordinação e sinestesias recriam o registro da percepção infantil.

**Texto para a próxima questão.**

Eu troteava, nesse tempo. De uma feita que viajava de escoteiro, com a guaiaca empanzinada de onças de ouro, vim varar aqui neste mesmo passo, por me ficar mais perto da estância onde devia pousar. Parece que foi ontem! Era fevereiro; eu vinha abombado da troteada.

Olhe, ali, à sombra daquela mesma reboleira de mato que está nos vendo, desencilhei; e estendido nos pelegos, a cabeça no lombilho, com o chapéu sobre os olhos, fiz uma sesteada morruda.

Despertando, ouvindo o ruído manso da água fresca rolando sobre o pedregulho, tive ganas de me banhar; até para quebrar a lombeira... E fui-me à água que nem capincho! Depois, daquela vereda andei como três léguas, chegando à estância cedo, obra assim de braça e meia de sol.

Ah! Esqueci de dizer-lhe que andava comigo um cachorrinho brasino, um cusco muito esperto e boa vigia. Era das crianças, mas às vezes dava-lhe para acompanhar-me, e depois de sair da porteira, nem por nada fazia cara-volta, a não ser comigo.

Durante a troteada reparei que volta e meia o cusco parava na estrada e latia, e troteava sobre o rastro – parecia que estava me chamando! Mas como eu não ia, ele tomava a alcançar-me, e logo recomeçava...

Pois nem lhe conto! Quando botei o pé em terra na estância e já dava as boas tardes ao dono da casa, aguentei um tirão seco no coração... não senti o peso da guaiaca! Tinha perdido as trezentas onças de ouro.

E logo passou-me pelos olhos um darão de cegar, depois uns coriscos... depois tudo ficou cinzento... De meio assombrado me fui repondo quando ouvi que indagavam:

– Então, patrício? Está doente?

– Não senhor, não é doença; é que sucedeu-me uma desgraça; perdi uma dinheirama do meu patrão...

– A la fresca!

– É verdade... antes morresse que isso!

Nisto o cusco brasino deu uns pulos ao focinho do cavalo, como querendo lambê-lo, e logo correu para a estrada, aos latidos. E olhava-me, e vinha e ia, e tornava a latir...

Adaptado de Simões Lopes Neto. Trezentas onças. In: BETANCUR, P. (Org.). *Obra completa de Simões Lopes Neto*. Porto Alegre: Sulina, 2003. p. 307-308.

3. (UFRGS-RS) Considere as três propostas de transposição para o discurso indireto das duas falas do seguinte trecho do texto.
De meio assombrado me fui repondo quando ouvi que indagavam:
– Então, patrício? Está doente?
– Não senhor, não é doença; é que sucedeu-me uma desgraça [...]
I. De meio assombrado me fui repondo quando ouvi que indagavam se eu estava doente. Respondi que não, não era doença, que me sucedera uma desgraça.
II. De meio assombrado me fui repondo quando ouvi que indagavam, então, se eu estava doente. Respondi que não, não era doença, que o que me sucedera foi uma desgraça.
III. De meio assombrado me fui repondo quando ouvi que indagavam se eu estava doente. Respondi que não, senhor, não era doença, que o que me sucedeu foi uma desgraça.
Quais propostas estão corretas?
a) Apenas I.
b) Apenas II.
c) Apenas III.
d) Apenas I e II.
e) Apenas II e III.

## MÓDULO 8

**Texto para a próxima questão.**

[1]De repente voltou-me a ideia de construir o livro. (...)
Desde então procuro descascar fatos, aqui sentado à mesa da sala de jantar (...).

Às vezes, entro pela noite, passo tempo sem fim acordando lembranças. Outras vezes não me ajeito com esta ocupação nova.

Anteontem e ontem, por exemplo, foram dias perdidos. Tentei debalde canalizar para termo razoável esta prosa que se derrama como a chuva da serra, e o que me apareceu foi um grande desgosto. [2]Desgosto e a vaga compreensão de muitas coisas que sinto.

[3]Sou um homem arrasado. Doença? Não. Gozo perfeita saúde. (...) Não tenho doença nenhuma.

O que estou é velho. Cinquenta anos pelo S. Pedro. [4]Cinquenta anos perdidos, cinquenta anos gastos sem objetivo, a maltratar-me e a maltratar os outros. O resultado é que endureci, calejei, e não é um arranhão que penetra esta casca espessa e vem ferir cá dentro a sensibilidade embotada.

Cinquenta anos! Quantas horas inúteis! Consumir-se uma pessoa a vida inteira sem saber para quê!

Comer e dormir como um porco! Como um porco! Levantar-se cedo todas as manhãs e sair correndo, procurando comida! E depois guardar comida para os filhos, para os netos, para muitas gerações. Que estupidez! (...)

Coloquei-me acima da minha classe, creio que me elevei bastante. Como lhes disse, fui guia de cego, vendedor de doce e trabalhador alugado. Estou convencido de que nenhum desses ofícios me daria os recursos intelectuais necessários para engendrar esta narrativa. Magra, de acordo, mas em momentos de otimismo suponho que há nela pedaços melhores que a literatura do Gondim. Sou, pois, superior a mestre Caetano e a outros semelhantes. Considerando, porém, que os enfeites do meu espírito se reduzem a farrapos de conhecimentos apanhados sem escolha e mal cosidos, devo confessar que a superioridade que me envaidece é bem mesquinha.

(...)

Quanto às vantagens restantes – casas, terras, móveis, semoventes, consideração de políticos, etc. – é preciso convir em que tudo está fora de mim.

Julgo que me desnorteei numa errada.

GRACILIANO RAMOS. *São Bernardo*. Rio de Janeiro: Record, 2004.

1. (Uerj) As palavras do narrador expõem a extensão de seu sofrimento na tomada de consciência que impulsiona a escrita de seu livro. Na tentativa de descrever a si mesmo e confessar suas culpas, o personagem-narrador muitas vezes parece dirigir-se ao leitor.

   Dos fragmentos transcritos abaixo, aquele que exemplifica esse diálogo sugerido com o leitor é:

   a) De repente voltou-me a ideia de construir o livro. (ref. 1)
   b) Desgosto e a vaga compreensão de muitas coisas que sinto. (ref. 2)
   c) Sou um homem arrasado. Doença? Não. Gozo perfeita saúde. (ref. 3)
   d) Cinquenta anos perdidos, cinquenta anos gastos sem objetivo, a maltratar-me e a maltratar os outros. (ref. 4)

**Texto para a próxima questão.**

Na planície avermelhada os juazeiros alargavam duas manchas verdes. Os infelizes tinham caminhado o dia inteiro, estavam cansados e famintos. Ordinariamente andavam pouco, mas como haviam repousado bastante na areia do rio seco, a viagem progredira bem três léguas. Fazia horas que procuravam uma sombra. A folhagem dos juazeiros apareceu longe, através dos galhos pelados da caatinga rala.

Arrastaram-se para lá, devagar, sinhá Vitória com o filho mais novo escanchado no quarto e o baú de folha na cabeça, Fabiano sombrio, cambaio, o aió a tiracolo, a cuia pendurada numa correia presa ao cinturão, a espingarda de pederneira no ombro. O menino mais velho e a cachorra Baleia iam atrás.

2. (PUC-RS) O texto em questão pertence a "Vidas secas", de Graciliano Ramos, obra que surge num período em que a literatura percorre caminhos muito peculiares. Todas as características estão associadas a esse período, EXCETO:

   a) a verossimilhança.
   b) a análise psicológica.
   c) o regionalismo.
   d) o coloquialismo.
   e) o sentimentalismo.

**Texto para a próxima questão.**

## Fita verde no cabelo

Havia uma aldeia em algum lugar, nem maior nem menor, com velhos e velhas que velhavam, homens e mulheres que esperavam, e meninos e meninas que nasciam e cresciam.

Todos com juízo, suficientemente, menos uma meninazinha, a que por enquanto. Aquela, um dia, saiu de lá, com uma fita verde inventada no cabelo.

Sua mãe mandara-a, com um cesto e um pote, à avó, que a amava, a uma outra e quase igualzinha aldeia.

Fita-Verde partiu, sobre logo, ela a linda, tudo era uma vez. O pote continha um doce em calda, e o cesto estava vazio, que para buscar framboesas.

Daí, que, indo, no atravessar o bosque, viu só os lenhadores, que por lá lenhavam; mas o lobo nenhum, desconhecido nem peludo. Pois os lenhadores tinham exterminado o lobo.

Então, ela, mesma, era quem se dizia:

– Vou à vovó, com cesto e pote, e a fita verde no cabelo, o tanto que a mamãe me mandou.

A aldeia e a casa esperando-a acolá, depois daquele moinho, que a gente pensa que vê, e das horas, que a gente não vê que não são.

E ela mesma resolveu escolher tomar este caminho de cá, louco e longo, e não o outro, encurtoso. Saiu, atrás de suas asas ligeiras, sua sombra também vindo-lhe correndo, em pós.

Divertia-se com ver as avelãs do chão não voarem, com inalcançar essas borboletas nunca em buquê nem em botão, e com ignorar se cada uma em seu lugar as plebeinhas flores, princesinhas e incomuns, quando a gente tanto por elas passa.

Vinha sobejadamente.

Demorou, para dar com a avó em casa, que assim lhe respondeu, quando ela, toque, toque, bateu:

– Quem é?

– Sou eu... – e Fita-Verde descansou a voz. – Sou sua linda netinha, com cesto e pote, com a fita verde no cabelo, que a mamãe me mandou.

Vai, a avó, difícil, disse: – Puxa o ferrolho de pau da porta, entra e abre. Deus te abençoe.

Fita-Verde assim fez, e entrou e olhou.

A avó estava na cama, rebuçada e só. Devia, para falar agagado e fraco e rouco, assim, de ter apanhado um ruim defluxo. Dizendo: – Depõe o pote e o cesto na arca, e vem para perto de mim, enquanto é tempo.

Mas agora Fita-Verde se espantava, além de entristecer-se de ver que perdera em caminho sua grande fita verde no cabelo atada; e estava suada, com enorme fome de almoço. Ela perguntou:

– Vovozinha, que braços tão magros, os seus, e que mãos tão trementes!

– É porque não vou poder nunca mais te abraçar, minha neta... – a avó murmurou.

– Vovozinha, mas que lábios, aí, tão arroxeados!

– É porque não vou nunca mais poder te beijar, minha neta... – a avó suspirou.

– Vovozinha, e que olhos tão fundos e parados, nesse rosto encovado, pálido?

– É porque já não te estou vendo, nunca mais, minha netinha... – a avó ainda gemeu.

Fita-Verde mais se assustou, como se fosse ter juízo pela primeira vez. Gritou:

– Vovozinha, eu tenho medo do Lobo!...

Mas a avó não estava mais lá, sendo que demasiado ausente, a não ser pelo frio, triste e tão repentino corpo.

(ROSA, João Guimarães. *Fita verde no cabelo*. Rio de Janeiro: Nova Fronteira, 1992.)

3. (Uerj) O conto recria a tradicional história de Chapeuzinho Vermelho, citando suas marcas mais conhecidas e refazendo seu sentido original. Distanciando-se, ainda, da história conhecida, o narrador faz questão de assinalar o caráter ficcional da narrativa.
Esse procedimento, de apontar a própria narrativa como produto da ficção, explicita-se na seguinte passagem:
   a) "Sua mãe mandara-a, com um cesto e um pote, à avó, que a amava, a uma outra e quase igualzinha aldeia." (par. 3)
   b) "Daí, que, indo, no atravessar o bosque, viu só os lenhadores, que por lá lenhavam; mas o lobo nenhum, desconhecido nem peludo." (par. 5)
   c) "A aldeia e a casa esperando-a acolá, depois daquele moinho, que a gente pensa que vê, e das horas, que a gente não vê que não são." (par. 8)
   d) "Demorou, para dar com a avó em casa, que assim lhe respondeu, quando ela, toque, toque, bateu:" (par. 12)

## MÓDULO 9

**Texto para a próxima questão.**

### Me responda, sargento

Dez anos, sargento, apartada do João. Uma tarde, sem se despedir montou no cavalinho pampa. Em dez anos de espera nunca deu notícia. Com a morte do meu velho, que me deixou o sítio, quinze dias atrás lá estava eu, bem quieta, cuidando da casa e da criação, ajudada por meu afilhado José, esse anjo de oito aninhos. Quem vai entrando sem bater palma nem pedir licença? Maltrapilho, chapéu na mão para fazer vida comigo. Mais de espanto que saudade aceitei, bom ou mau, eu disse, é o meu João.

Nos primeiros dias foi bonzinho. Quem não gosta de uma cabeça de homem no travesseiro? Logo começou a beber, não me valia em nada no sítio. Eu saía bem cedo com o menino a lidar na roça, o bichão ficava dormindo. Bocejando de chinelo e desfrutando regalias. Não quer castigar o corpinho, um punhado de milho não joga para as galinhas. Só então, sargento, burra de mim, descobri o mistério. Ele voltou por amor da herança. Na primeira semana vendeu o leitão mais gordo do chiqueiro, não me deu satisfação. O sargento viu algum dinheiro? Nem eu.

Ontem chegou bêbado e de óculos escuro. Espantou o menino para o terreiro e, fechados no quarto, bradou que eu tinha um amante, o meu afilhado bem que era filho. Antes de contar até três, eu dissesse o nome do pai. Mais que, de joelho e mão posta, negasse o outro homem, por mim o testemunho dos vizinhos, ele me cobriu de praga, murro, pontapé. Pegou da espingarda, me bateu com a coronha na cabeça. Obrigou a rezar na hora da morte e pedir louvado. Que eu abrisse a boca, enfiou o cano, fez que apertava o gatilho. Não satisfeito, sacou da garrucha, apagou o lampião à bala. Dois tiros na minha direção, só não acertou porque me desviei. Uma bala se enterrou na porta, a outra furou a cortina, em três pedaços a cabeça do São Jorge.

Cansado de reinar, deitou-se vestido e de bota. Que a escrava servisse a janta na cama. Provou uma garfada e atirou o prato, manchando de feijão toda a parede: Quero outra, esta não prestou. Deus me acudiu, ao voltar com a bandeja ele roncava, espumando pelo dente de ouro. Agarrei meu filho, chorando e rezando corri a noite inteira. Ficasse lá no sítio era dona morta. E agora, sargento, que vai ser da minha vida? Que é que eu faço?

1. (UFRN) Quanto ao foco narrativo, marque a opção correta.
   a) A angústia do narrador intensifica-se no último parágrafo do texto.
   b) A protagonista se limita a narrar os fatos sem emitir opinião.
   c) A predominância do discurso indireto livre concorre para desacelerar o ritmo das ações.
   d) A protagonista oculta sua condição social através da variante linguística utilizada.

**Texto para a próxima questão.**

### O frade e a freira

Quando a região se povoava no trabalho da terra, vieram também os semeadores da Fé, pregando e sofrendo ao lado dos homens pecadores.

Um frade ali missionou, ensinando orações e espalhando exemplos de esperança.

Era moço, forte, soldado da milícia que vencia o mundo, batalhando por Jesus Cristo.

Na aldeia, não mais acampamento indígena e ainda não Vila-del-Rei, freiras divulgavam a ciência do esforço e do sacrifício, silenciosa e contínua como o correr de um rio na solidão.

Aqueles que se deram a Deus, só a Ele pertencerão eternamente. O amor divino é absoluto e completo. Nada restará para a esmola a outros amores.

Frade e freira, servo e esposa de Cristo, amaram-se, tendo os sinais visíveis do juramento a um outro amor, inviolável e severo.

Foram amando e padecendo, abafando no coração a chama alta do desejo fremente, invasora, sonora de paixão.

As razões iam desaparecendo na marcha alucinante de um amor tão vivo e maravilhoso como a terra virgem que o acolhia.

De furto, orando, chorando, penando, encontravam-se para um olhar mais demorado e uma recordação mais cruel e deliciosa.

Nas margens do Itapemirim andavam as duas sombras negras, lentas, numa procissão de martírio, resistindo às tentações da floresta, do silêncio e da vontade envolvedora.

Se foram ou não um do outro, num milagre humano de esquecimento, não recorda a memória popular.

Apenas, uma vez, não voltaram às suas casas. Faltou um frade nas "matinas" e houve um lugar vago entre as freiras.

Às margens do Itapemirim, claro e rápido, sobre fundamentos de granito, ergueu-se o casal, num diálogo que atravessa os séculos, ouvido pelas tempestades e compreendido pelos passarinhos.

É o grupo do FRADE E A FREIRA...

Transformou-os Deus em duas estátuas de pedra, reconhecíveis, identificáveis, perfeitas.

Não os separou nem os uniu num abraço perpétuo à face dos homens.

Deixou-os próximos e distanciados, nas atitudes de meditação e de reza, de sonho e de resignação, frente a frente, imagem da imóvel fidelidade, da obstinação amorosa, esperando o infinito.

E assim, eternamente, ficarão...

(CASCUDO, L. C. *Lendas brasileiras.*
4ª ed. Rio de Janeiro: Ediouro, 2000, p. 79- 81.)

**2.** (UFRN) Nessa lenda, a onisciência do narrador pode ser verificada no(a)

a) conhecimento da memória popular.
b) presença do tempo cronológico.
c) descrição do espaço geográfico.
d) enredo de caráter religioso.

**3.** (UFSM-RS) Leia o trecho seguinte de VIDAS SECAS, de Graciliano Ramos:

"Chape-chape. As alpercatas batiam no chão rachado. O corpo do vaqueiro derreava-se, as pernas faziam dois arcos, os braços moviam-se desengonçados. Parecia um macaco. Entristeceu. Considerar-se plantado em terra alheia! Engano. A sina dele era correr mundo, andar para cima e para baixo, à toa, como judeu errante. Um vagabundo empurrado pela seca."

Assinale a alternativa correta com relação à composição narrativa da passagem transcrita.

a) Há alternância entre narradores de primeira e de terceira pessoas.
b) São focalizados a aparência física e o estado de ânimo da personagem.
c) Há um destaque para o espaço, apresentado em detalhes e caracterizado como opressor.
d) Registra-se uma supervalorização do passado, tido como um tempo de estabilidade e riqueza.
e) Desenvolve-se a temática da revolução social, a partir do nível de conscientização da personagem.

## MÓDULO 10

**Texto para a próxima questão.**

### Tempo: cada vez mais acelerado

Pressa. Ansiedade. E a sensação de que nunca é possível fazer tudo — além da certeza de que sua vida está passando rápido demais. Essas são as principais consequências de vivermos num mundo em que para tudo vale a regra do "quanto mais rápido, melhor". "Para nós, ocidentais, o tempo é linear e nunca volta. Por isso queremos ter a sensação de que estamos tirando o máximo dele. E a única solução que encontramos é acelerá-lo", afirma Carl Honoré. "É um equívoco. A resposta a esse dilema é qualidade, não quantidade."

Para James Gleick, Carl está lutando uma batalha invencível. "A aceleração é uma escolha que fizemos. Somos como crianças descendo uma ladeira de *skate*. Gostamos da brincadeira, queremos mais velocidade", diz. O problema é que nem tudo ao nosso redor consegue atender à demanda. Os carros podem estar mais rápidos, mas as viagens demoram cada vez mais por culpa dos congestionamentos. Semáforos vermelhos continuam testando nossa paciência, obrigando-nos a frear a cada quarteirão. [1]Mais sorte têm os pedestres, que podem apertar o botão que aciona o sinal verde — uma ótima opção para despejar a ansiedade, mas com efeito muitas vezes nulo. Em Nova York, esses sistemas estão desligados desde a década de 1980. Mesmo assim, milhares de pessoas o utilizam diariamente.

É um exemplo do que especialistas chamam de "botões de aceleração". Na teoria, deixam as coisas mais rápidas. Na prática, servem para ser apertados e só. Confesse: que raios fazemos com os dois segundos, no máximo, que economizamos ao acionar aquelas teclas que fecham a porta do elevador? E quem disse que apertá-las, duas, quatro, dez vezes, vai melhorar a eficiência?

Elevadores, aliás, são ícones da pressa em tempos velozes. Os primeiros modelos se moviam a vinte centímetros por segundo. Hoje, o mais veloz sobe doze metros por segundo. E, mesmo acelerando, estão entre os maiores focos de impaciência. Engenheiros são obrigados a desenvolver sistemas para conter nossa irritação, como luzes ou alarmes cuja única função é aplacar a ansiedade da espera. Até onde isso vai?

Sérgio Gwercman
Adaptado de <super.abril.com.br>.

1. (Uerj) Mais sorte têm os pedestres, que podem apertar o botão que aciona o sinal verde (ref. 1)
No fragmento, é empregada uma expressão que pode ser considerada irônica, se for relacionada ao conjunto do 2º parágrafo.
Transcreva do fragmento a expressão que configura a ironia e explique por que essa expressão é irônica.

**Texto para a próxima questão.**

## Cidadania e leitura

Leandro Konder

Nossas cidades, com suas desigualdades sociais monstruosas, se transformaram em caldeirões que parecem prestes a explodir. No entanto, as denúncias escritas dessa situação parecem inócuas.

Por um lado, a literatura tem poder de nos proporcionar uma maior compreensão da nossa condição de pessoas um tanto bizarras e confusas. Então, ela pode nos incitar a tomarmos atitudes de protesto contra a inumanidade e a mentira, de revolta contra a injustiça e a opressão.

Por outro lado, porém, apesar do fascínio que a leitura dos textos inquietos exerce sobre os leitores, contribuindo decisivamente para a formação de consciências críticas e de um legítimo espírito de cidadania, a cidade – tal como está organizada – nos coloca na posição melancólica de observadores quase impotentes da dinâmica rudemente pragmática do mercado.

Com a generalização da produção de mercadorias, o rosto expressivo do revolucionário serve de ilustração na *T-shirt*, os versos do poeta "engajado" são aproveitados em *jingles* publicitários, as fortes imagens eróticas do pintor combativo são adaptadas à linguagem da pornografia mercantilizada.

Como lidar com esse quadro?

Uma coisa é certa: não podemos deixar que um ceticismo exagerado nos desmobilize. Contra o desânimo, precisamos insistir na reanimação do espírito inconformista.

(*Jornal do Brasil*. Rio de Janeiro, 17 set. 2002. p. 8.)

2. (UFG-GO) O tema básico do texto, em torno do qual o autor organiza seus argumentos, pode ser expresso por algumas das seguintes proposições:
( ) As cidades modernas, com suas monstruosas desigualdades sociais, anulam os efeitos positivos de uma leitura crítica.
( ) O espírito de cidadania criadora, estimulado pelas leituras críticas, pode tornar-se inócuo diante da força exercida pelo mercado.
( ) A boa literatura que contribui para a construção da cidadania incita os leitores a tomarem atitudes de protesto contra o processo de desumanização das grandes cidades.
( ) Nas cidades modernas, a força generalizada do mercado pode anular o efeito mobilizador provocado pela leitura de textos críticos, transformando-os em mercadorias e colocando seus leitores na posição de observadores impotentes diante da perda da cidadania.

**Texto para a próxima questão.**

## Um futuro sombrio

No romance *Fahrenheit 451* (1953), Ray Bradbury imagina um futuro sombrio no qual os bombeiros se dedicam não a apagar incêndios mas sim a queimar livros, especialmente de ficção. Segundo o romance, como se chegou a esse futuro?

À proporção que a chamada vida moderna se acelerou, os livros se reduziram primeiro a breves resumos de poucas páginas, depois a emissões radiofônicas de quinze minutos, por fim a no máximo dez linhas em um dicionário. As universidades pararam de produzir professores. Em todos os lugares, espalharam-se "joke-boxes", ou seja: caixas de música que, em vez de tocar música, apenas contam piadas. A palavra "intelectual" se converteu em um xingamento.

Como as casas não pegavam mais fogo, os antigos bombeiros passaram a ter o trabalho de queimar todos os livros do mundo. Junto com os livros, eles agora queimam também as pessoas que não desistem de ler. Um bombeiro chamado Montag, porém, lê os livros que deveria queimar. Quando chega a vez de queimarem os seus livros e a ele mesmo, consegue fugir. Na fuga, Montag encontra várias pessoas que vivem nas florestas como nômades, ocupando-se em guardar de memória os livros que leram. São bibliotecas ambulantes disfarçadas de mendigos.

Um deles lhe explica no que eles acreditam: "A coisa mais importante que tivemos de meter na cabeça é que nós não éramos importantes, que não devíamos ser pedantes: nós não nos sentíamos superiores a ninguém mais neste mundo. Somos nada mais do que as capas empoeiradas dos livros, sem qualquer valor intrínseco." Ao dizer que eles não são "mais do que as capas empoeiradas dos livros", o homem-livro enfatiza a preocupação de guardar aquilo que torna os seres humanos melhores e maiores.

Depois de ser apresentado a esses homens, Montag vê que a cidade mais próxima se transforma num clarão. Os Estados Unidos finalmente parecem ter sido atingidos por uma bomba atômica (a cena é imaginada quase quarenta anos antes da queda das torres gêmeas).

Ao encontrarem os sobreviventes solitários e perdidos, os homens-livros dizem que eles estão ali para lembrar. Eis como pretendem vencer a longo prazo: de tanto recordarem, acabarão por escavar a maior sepultura de todos os tempos para nela enterrar nada mais nada menos do que a guerra. Os livros que começam a devolver às pessoas se revelarão espelhos nos quais todos podem voltar a se observar longamente.

CLÁUDIO CANO. Adaptado de http://blogderesenhas.com.br.

3. (Uerj) No segundo parágrafo da resenha, relatam-se práticas de redução da leitura que se sucederam no romance, além de outros acontecimentos decorrentes dessas práticas.
Identifique dois desses acontecimentos e explique por que eles teriam relação com o progressivo fim da leitura de livros.

# Respostas

## Exercícios propostos

### FRENTE A – A gramática dos textos

#### MÓDULO 1

1. b 2. b 3. d

#### MÓDULO 2

1. b 2. c 3. d

#### MÓDULO 3

1. V – F – V – V – V
2. a) Incorreto; b) Correto.
3. a
4. 01 + 02 + 04 + 08 = 15

#### MÓDULO 4

1. a) Segundo Adam Zagajewski, o adjetivo é imprescindível para transferir individualidade e subjetividade aos seres em geral, definidos fria e objetivamente pelos substantivos ("um mundo sem adjetivos é triste como um hospital no domingo", "cuida para que elas não percam o gosto revigorante da individualidade"). Além do mais, o autor defende a sua utilização na ética para distinguir as ações de quem as pratica, colocando em evidência as suas qualidades ou seus defeitos ("Bom, mau, sagaz, generoso, vingativo, apaixonado, nobre – essas palavras cintilam como guilhotinas afiadas"). Também as lembranças são resgatadas pela subjetividade de quem evoca momentos do passado para registrar as sensações que apenas os adjetivos conseguem expressar ("E também não existiriam as lembranças não fosse pelo adjetivo. A memória é feita de adjetivos. Uma rua comprida, um dia abrasador de agosto, o portão rangente").
   b) Enquanto o texto 1 categoriza substantivos e adjetivos como classes distintas que nomeiam ou caracterizam os seres, o texto 2 propõe que se atribua a essas duas classes uma única designação ("nomes"), como uma subclasse dos nominais (substantivos, artigos, adjetivos, numerais e pronomes).
2. e 3. e 4. e

#### MÓDULO 5

1. a 2. a 3. d 4. d

#### MÓDULO 6

1. e 2. c 3. a
4. d 5. d

#### MÓDULO 7

1. a 2. d 3. c

#### MÓDULO 8

1. c
2. a
3. O termo "ex-cineclubista" é resultado de quatro processos de formação de palavras: redução/abreviação vocabular (cine → cinema), composição (cine + clube), derivação sufixal (cineclube + ista) e derivação prefixal (ex + cineclubista).
4. a) composição por justaposição e derivação sufixal.
   b) Os observadores criaram um neologismo superficialmente, pois eles não conseguiram alcançar um conhecimento aprofundado sobre o povo Ossevaolep.
5. a 6. d 7. a

#### MÓDULO 9

1. c
2. a) Na frase "Há notícias que são de interesse público e há notícias que são de interesse do público", a palavra "público" é usada, respectivamente, como adjetivo, relacionado com o substantivo "interesse", e como substantivo inserido na locução adjetiva "do público".
   b) O autor usa a expressão "interesse público" para designar toda a coletividade e "interesse do público" com valor restritivo, referindo-se a determinados setores sociais propensos à informação de massa, divulgada em grande escala pela mídia atual.
3. d 4. c

### FRENTE B – A construção dos textos

#### MÓDULO 1

1. 01 + 02 + 08 = 11
2. b
3. a
4. a) "Mas, se não tem Deus, há-de a gente perdidos no vai-vem, e a vida é burra".
   b) "...a gente perdidos..."; "...é todos contra o acaso".
5. b

#### MÓDULO 2

1. b 2. a 3. a
4. a) A ausência de pontuação e a repetição vocabular.
   b) Há discurso direto em: "deixe de preguiça menino" e "você não quer mesmo almoçar?".

#### MÓDULO 3

1. a
2. a) O uso do vocativo *Zé Fernandes* mostra a interação entre o narrador com o personagem em questão, por indicar um claro diálogo entre os dois.
   b) O trecho "uma **cocotte* com os seus vestidos, os seus diamantes, os seus cavalos, os seus lacaios, os seus camarotes, as suas festas, o seu palacete", é uma descrição que pretende comprovar que para viver em Paris era preciso ter muito dinheiro para acompanhar as necessidades frívolas de homens com fortuna que não precisavam trabalhar para sobreviver.
3. c 4. a

#### MÓDULO 4

1. d
2. a) Na mídia em geral, a linguagem é vazia de sentido por repetição excessiva ou inadequação ao contexto fatual, enquanto o uso cognitivo da linguagem diz respeito ao perfeito entendimento do termo, ou seja, ao processo mental da informação.
   b) A palavra cidadania é constantemente evocada por se tratar de assunto amplamente discutido, mas, muitas vezes, de forma banal, sem a preocupação com o seu verdadeiro significado: exercício consciente das ações do indivíduo na sociedade.
3. c 4. d

#### MÓDULO 5

1. a
2. a) O poeta relaciona a bomba atômica a uma flor, devido à semelhança de formato entre a flor e a bomba ao explodir, porém ressalta que a bomba não se trata de um vegetal, mas de um mineral, por causa do material de que é feita. E a relaciona a uma planta carnívora, porque figurativamente devora seres vivos.

b) Prosopopeia ou personificação. Verifica-se a presença desse recurso nos seguintes versos: "A bomba atômica é triste"; "Quando cai, cai sem vontade"; "Coitada da bomba atômica/ Que não gosta de matar!".

3. a

### MÓDULO 6

1. c
2. a) O termo "aqui" refere-se ao espaço-tempo do eu lírico e, em sua retomada, assume um valor circunstancial espaço-temporal. O substantivo fato refere-se à ideia de a nota verde estar sendo roída, ou seja, destaca a ideia central, representa todo o assunto abordado, sintetiza. O pronome "ele" faz referência ao pai do narrador, de modo que retoma apenas uma palavra. Assim, em termos de coesão textual, a própria natureza dos termos retomados marca as diferenças.
   b) O protagonista vive um estado de extrema tensão, em virtude da evidência de estar perdendo o dinheiro conquistado. As reticências, então, marcam o estado psicológico do personagem.
3. c
4. a

### MÓDULO 7

1. a) Mesmo tendo em vista o contexto, a fala da moradora não permite concluir de forma "irrefutável" (ou seja, sem restar dúvidas) que ela não aprecie o canto do sabiá-laranjeira, pois ela diz que as madrugadas estão "diferentes", mas isso não significa piores, tampouco pode significar melhores.
   b) Uma moradora do Brooklin (zona sul), que viveu 35 anos no interior paulista, disse que nunca foi acordada por nenhum passarinho, acrescentando que agora, em plena São Paulo barulhenta e caótica, suas madrugadas têm sido muito diferentes.
2. F - F - V - V
3. a
4. d

### MÓDULO 8

1. 1 + 2 + 4 + 8 = 15
2. d   3. d   4. c

### MÓDULO 9

1. a
2. 02 + 08 = 10
3. a
4. b

### MÓDULO 10

1. c   2. d   3. e   4. a

# Exercícios-tarefa

## FRENTE A – A gramática dos textos

### MÓDULO 1

1. a   2. b   3. d

### MÓDULO 2

1. d   2. b   3. d

### MÓDULO 3

1. b
2. c
3. 01 + 04 + 16 = 21
4. a

### MÓDULO 4

1. e   2. c   3. a

### MÓDULO 5

1. b   2. e   3. d

### MÓDULO 6

1. d   2. c   3. b

### MÓDULO 7

1. c   2. d   3. e

### MÓDULO 8

1. c   2. e

### MÓDULO 9

1. c   2. e
3. a) A qualificação do dicionário como pai dos burros é que é burrice. / A aceitação de um desconhecimento não é uma virtude?
   b) Se a burrice não costuma vir acompanhada da força da humildade, a inteligência dispensa a insolência.

## Frente B – A construção dos textos

### MÓDULO 1

1. c   2. c   3. e

### MÓDULO 2

1. A gradação é sugerida pela repetição do gerúndio ("amaciando", "tornando", "incorporando", "amolecendo"); e a rigidez, no verso "as expressões mais sisudas".
2. c   3. a

### MÓDULO 3

1. e   2. c

### MÓDULO 4

1. e
2. a) A conclusão do leitor é incoerente com a posição defendida por Gilberto Dimenstein. Na oração destacada afirma-se que é a corrupção que provoca a falta de fiscalização e a conivência de alguns setores da elite com esse tipo de infração, ou seja, o leitor inverteu os fatores de causa e consequência mencionados pelo jornalista.
   b) Segundo Dimenstein, a corrupção é resultado de uma sociedade que não exerce vigilância suficiente e é muitas vezes conivente com atitudes que revertem para benefício próprio, em prejuízo do Estado ou do bem público.
3. b

### MÓDULO 5

1. c   2. d   3. b

### MÓDULO 6

1. V - F - V - V
2. e
3. b
4. a) Desespero meu: leitura obrigatória de livro, no entanto foi uma surpresa, pois era muito bom aquele livro, cuja leitura não causou nenhum aborrecimento.
   b) A obrigação de ler um livro, como toda obrigação, indispõe-nos contra a tarefa imposta, mas pode ocorrer, se encontrarmos prazer nessa leitura, que o peso da obrigação desapareça.

### MÓDULO 7

1. a   2. b   3. a

### MÓDULO 8

1. c   2. e   3. c

### MÓDULO 9

1. a   2. a   3. b

### MÓDULO 10

1. Trata-se da expressão "Mais sorte", pois, na verdade, o mecanismo usado pelos pedestres para acionar o sinal verde geralmente não funciona, desempenhando uma função ilusória que apenas atenua a ansiedade do usuário.
2. F - V - F - V
3. A substituição de livros por breves resumos, a sua transformação em curtos "relatos radiofônicos" ou em citações de "dez linhas em um dicionário", a incapacidade das universidades em formar professores e a ausência de produção artística ("caixas de música que, em vez de tocar música, apenas contam piadas") justificam a afirmação de que, naquele cenário, "A palavra ´intelectual´ se converteu em um xingamento". Todos esses fatos são consequência da redução das formas de conhecimento e de comunicação.

# Revisão 2

## Frente A - A gramática dos textos



## Frente B - A construção dos textos

# MÓDULO 10 • Determinantes e modificadores dos substantivos

## 1. Artigo

Palavra que precede o substantivo, indicando-lhe o gênero e o número, determinando-o ou generalizando-o. Ao contrário do substantivo, é uma palavra não lexical, isto é, não possui um conteúdo semântico que descreva alguma coisa por si só: fora de contexto, nada significa. Mas, quando associado a um substantivo, indica sua categoria gramatical.

### O artigo na frase

O artigo sempre acompanha o substantivo; portanto, faz parte do **sintagma nominal** e, consequentemente, do termo da oração a que pertence o substantivo. Só que nunca como núcleo, e sim como **adjunto adnominal**.

### O artigo nos textos

O artigo tem uma função muito importante na construção do texto, especialmente em sequências narrativas. Ao introduzir informações novas, valemo-nos dos artigos indefinidos, à maneira de apresentação; ao retomá-las, empregamos os artigos definidos, pois já são informações conhecidas do leitor ou interlocutor.

A indeterminação apresenta um ser que pertence a uma classe; a determinação identifica esse ser como conhecido e remete à apresentação. Daí o caráter anafórico e coesivo do artigo definido, que se refere a um termo mencionado anteriormente e liga as informações dentro do texto.

## 2. Adjetivo

Palavra que modifica o substantivo, atribuindo-lhe um estado, uma qualidade ou uma característica. Portanto, refere-se aos seres, mas, ao contrário do substantivo, o adjetivo atribui a eles uma qualidade. É, por isso, uma abstração (daí sempre se apoiar em um substantivo). Numa oração, o adjetivo desempenha a função de adjunto adnominal ou de predicativo.

### O adjetivo na oração

Há duas **funções adjetivas** básicas: **adjunto adnominal** e **predicativo**.

### O adjetivo no período composto

O adjetivo funcionando como adjunto adnominal pode assumir a forma de oração. Nesse caso, ocorrerá uma **oração subordinada** (trata-se de um termo da oração principal) **adjetiva** (tem o valor de um adjetivo).

Há dois tipos de oração adjetiva: **restritiva** (quando a informação que acrescenta ao nome delimita-o e individualiza-o) e **explicativa** (quando a informação qualifica o nome).

## 3. Numeral

Palavra usada para designar um número exato de seres ou a posição que um ser ocupa numa determinada série. Conforme o que indica, classifica-se em:

| cardinal | ordinal | fracionário | multiplicativo |
|---|---|---|---|
| designa uma quantidade determinada de seres ou a quantidade em si mesma: um, dois, três, dez, catorze/quatorze, cinquenta, cem, seiscentos, mil, milhão, etc. | indica a ordem ou a posição ocupada por um ser numa determinada série: primeiro, segundo, terceiro, décimo, décimo primeiro/undécimo, quinquagésimo, centésimo, etc. | indica uma fração ou divisão: meio, terço, quarto, quinto, vinte avos, centésimo, trecentésimo, milésimo, milionésimo, etc. | indica uma multiplicação: duplo, triplo, quíntuplo, décuplo, undécuplo, duodécuplo, cêntuplo, etc. |

## Emprego dos numerais

Para designar séculos, reis, papas, capítulos, cantos (nas poesias épicas, por exemplo), empregamos os ordinais até décimo e os cardinais do onze em diante.

Se o numeral vier preposto ao substantivo, usa-se sempre o ordinal.

Na enumeração de objetos como casas, páginas, folhas, quartos, poltronas, aeronaves, etc., empregam-se os cardinais.

Os multiplicativos são, em geral, substituídos pelos cardinais correspondentes, seguidos pela palavra *vezes*.

Os fracionários, entre o décimo e o centésimo, formam-se com o cardinal seguido do substantivo plural avos: *onze avos*, *doze avos*, *vinte avos*, *oitenta avos*, etc. *Avos* (plural de *avo*, terminação de *oitavo*) é palavra empregada como substantivo em números fracionários, e que, por extensão de sentido, ganha a acepção de fração, parte de um todo.

## Exercício comentado

**Texto para a próxima questão.**

Leia o poema de Tomás Antônio Gonzaga (1744-1810).

18
Não vês aquele velho respeitável,
que à muleta encostado,
apenas mal se move e mal se arrasta?
Oh! quanto estrago não lhe fez o tempo,
o tempo arrebatado,
que o mesmo bronze gasta!

Enrugaram-se as faces e perderam
seus olhos a viveza:
voltou-se o seu cabelo em branca neve;
já lhe treme a cabeça, a mão, o queixo,
nem tem uma beleza
das belezas que teve.

Assim também serei, minha Marília,
daqui a poucos anos,
que o ímpio tempo para todos corre.
Os dentes cairão e os meus cabelos.
Ah! sentirei os danos,
que evita só quem morre.

Mas sempre passarei uma velhice
muito menos penosa.
Não trarei a muleta carregada,
descansarei o já vergado corpo
na tua mão piedosa,
na tua mão nevada.

As frias tardes, em que negra nuvem
os chuveiros não lance,
irei contigo ao prado florescente:
aqui me buscarás um sítio ameno,
onde os membros descanse,
e ao brando sol me aquente.

Apenas me sentar, então, movendo
os olhos por aquela
vistosa parte, que ficar fronteira,
apontando direi: – Ali falamos,
ali, ó minha bela,
te vi a vez primeira.

Verterão os meus olhos duas fontes,
nascidas de alegria;
farão teus olhos ternos outro tanto;
então darei, Marília, frios beijos
na mão formosa e pia,
que me limpar o pranto.

Assim irá, Marília, docemente
meu corpo suportando
do tempo desumano a dura guerra.
Contente morrerei, por ser Marília
quem, sentida, chorando
meus baços olhos cerra.

(Tomás Antônio Gonzaga. *Marília de Dirceu e mais poesias*. Lisboa: Livraria Sá da Costa Editora, 1982.)

1. (Unesp) Observe os seguintes vocábulos extraídos da sétima estrofe do poema:

I. *ternos*.
II. *frios*.
III. *pia*.
IV. *pranto*.

As palavras que aparecem na estrofe como adjetivos estão contidas apenas em:

a) I e II.
b) I e III.
c) I, II e III.
d) I, II e IV.
e) II, III e IV.

### Comentário do vestibular:

Os termos "ternos", "frios" e "pia" são adjetivos, pois caracterizam os substantivos "olhos", "beijos" e "mãos", respectivamente, enquanto a palavra "pranto" configura um substantivo, pois designa um ser.

**Resposta**: alternativa **c**

## Exercícios propostos

**Texto para a próxima questão.**

### Longe de tudo

É livres, livres desta vã matéria,
longe, nos claros astros peregrinos
que havemos de encontrar os dons divinos
e a grande paz, a grande paz sidérea.

Cá nesta humana e trágica miséria,
nestes surdos abismos assassinos
teremos de colher de atros destinos
a flor apodrecida e deletéria.

O baixo mundo que troveja e brama
só nos mostra a caveira e só a lama,
ah! só a lama e movimentos lassos...

Mas as almas irmãs, almas perfeitas,
hão de trocar, nas Regiões eleitas,
largos, profundos, imortais abraços.

(SOUSA, Cruz e. *Poesias completas*. Florianópolis: Fundação Catarinense de Cultura, 1981. p. 158)

1. (UFRJ) O texto IV confronta dois espaços para marcar a oposição "corpo e alma".
   a) Retire do texto os dois advérbios que explicitam esses dois espaços.
   b) Transcreva duas expressões formadas por adjetivo(s) e substantivo que caracterizem esses espaços, identificando a que espaço cada uma se refere.

**Texto para a próxima questão.**

### Celulares explosivos, ideias nem tanto

Sou uma nulidade no uso do celular. Mal conheço a senha para tirar as mensagens lá de dentro e, pelo que vejo, meu aparelho é forte candidato a uma dessas explosões que têm acontecido ultimamente.

Pinóquio não primava pela responsabilidade nos compromissos assumidos, mas seu Grilo Falante, de cartola e guarda-chuva, conhecia as virtudes da polidez e da adequação. Não tomava a palavra antes de um minúsculo pigarro de advertência.

Inseto mutante, o celular está para o grilo de Pinóquio um pouco como a guitarra elétrica para o antigo violão. Adota os tons mais estridentes, descabelados e imperativos, a que as pessoas obedecem numa coreografia alucinada. A pose mais estudada da grã-fina se estilhaça em aflição e pânico enquanto ela remexe na bolsa à procura do aparelho; o taxista mais inerte e distraído pula ao menor toque, como se tivesse uma aranha dentro do carro. E nem se sabia que aquilo era carregado de dinamite.

COELHO, M. *Folha de S.Paulo*, São Paulo, 10 maio 2006, p. E 10. Ilustrada. [Adaptado].

2. (UEG-GO) No texto, o artigo definido pode ser identificado em todas as orações a seguir, EXCETO em:
   a) "Não tomava a palavra"
   b) "Mal conheço a senha"
   c) "é forte candidato a uma dessas explosões"
   d) "ela remexe na bolsa à procura do aparelho"

**Texto para a próxima questão.**

### Retrato falado

1 Venho de um Cuiabá de garimpos e de ruelas
entortadas.
2 Meu pai teve uma venda no Beco da Marinha,
onde nasci.
Me criei no Pantanal de Corumbá entre bichos do
chão, aves, pessoas humildes, árvores e rios. Apre-
cio viver em lugares decadentes por gosto de estar
entre pedras e lagartos.
Já publiquei 10 livros de poesia: ao publicá-los me
sinto meio desonrado e fujo para o Pantanal onde
sou abençoado a garças.
3 Me procurei a vida inteira e não me achei – pelo
que fui salvo.
Não estou na sarjeta porque herdei uma fazenda
de gado.
4 Os bois me recriam.
Estou na categoria de sofrer do moral porque só
faço coisas inúteis.
5 No meu morrer tem uma dor de árvore.

Manoel de Barros. *Livro das ignoranças*.

3. (UFF-RJ) Assinale a opção que relaciona o emprego de um recurso linguístico à construção de sentido do poema "Retrato Falado".
   a) O emprego do artigo indefinido (um), em "Venho de um Cuiabá", enfatiza a caracterização do ponto de origem marcada pela adjetivação: "de garimpos e de ruelas entortadas". (ref. 1)
   b) O emprego do pretérito perfeito do indicativo (teve), em "Meu pai teve uma venda no Beco da Marinha, onde nasci." (ref. 2), enfatiza uma ação habitual no passado.
   c) O emprego do pronome proclítico (me), em "Me procurei a vida inteira" (ref. 3), caracteriza um afastamento do uso coloquial do português do Brasil.
   d) O emprego do pronome pessoal (me), em "Os bois me recriam." (ref. 4), produz um efeito estilístico de ênfase na expressão do eu lírico de uma paisagem urbana.
   e) O emprego do verbo (ter), em "No meu morrer tem uma dor de árvore". (ref. 5), caracteriza um determinado uso próprio da linguagem poética.

**Texto para a próxima questão.**

A notícia saiu no *The Wall Street Journal*: a "ansiedade superou a depressão como problema de saúde mental predominante nos EUA". Para justificar o absurdo, o autor da matéria recorre a [3]um psicoterapeuta e a um sociólogo. O primeiro descreve "ansiedade como [1]condição dos privilegiados" que, livres de ameaças reais, se dão ao luxo de "olhar para dentro" e criar medos irracionais; o segundo diz que "vivemos na era mais segura da humanidade" e, no entanto, "desperdiçamos bilhões de dólares em medos bem mais ampliados do que seria justificável". Sem meias palavras, [2]os peritos dizem algo mais ou menos assim: os americanos estão nadando em riqueza e, como não têm do que se queixar, adquiriram o costume neurótico de desentocar medos irracionais para projetá-los no admirável mundo novo ao redor.

A explicação impressiona pela ingenuidade ou pela má-fé. Ninguém contrai o "Mau hábito" de olhar para dentro de si do dia para a noite. A obsessão consigo não é um efeito colateral do modo de vida atual; é um dos seus mais indispensáveis ingredientes. O crescimento exagerado do interesse pelo "mundo interno" e pelo corpo é a contrapartida do desinteresse ou hostilidade pelo "mundo externo" e pelos outros. Diz o catecismo: só confie em seu corpo e sua mente. O resto é concorrente; o resto está sempre cobiçando e disputando seu emprego, seu sucesso, seu patrimônio e sua saúde. Sentir medo e ansiedade, em condições semelhantes, é um estado emocional perfeitamente racional e inteligível.

Em bom português, sentir-se condenado a jamais ter repouso físico ou mental, sob pena de perder a saúde, a longevidade, a forma física, o desempenho sexual, o emprego, a casa, a segurança na velhice, pode ser um inferno em vida para os pobres ou para os ricos. Os candidatos à ansiedade são, assim, bem mais numerosos e bem menos ociosos do que pensam o [3]psicoterapeuta e o sociólogo.

(Adaptado de: COSTA, J.F. A ansiedade da opulência. *Folha de S.Paulo*, 19 de março de 2000.)

**4.** (UFRGS-RS) Considere as seguintes afirmações acerca do uso de artigos.

I. Caso tivéssemos "uma condição" em vez de "condição" (ref. 1) haveria alteração no sentido global da frase.

II. O artigo indefinido "uns" poderia substituir o definido (ref. 2) "os", sem que houvesse alteração no sentido da frase em questão.

III. As duas ocorrências do artigo definido "o" anteposto às palavras "psicoterapeuta" e "sociólogo" (ref. 3) poderiam ser substituídas por um indefinido sem mudar o sentido da frase.

Quais estão corretas?

a) Apenas I.
b) Apenas II.
c) Apenas I e III.
d) Apenas II e III.
e) I, II e III.

**Texto para a próxima questão.**

## A corrida do ouro

Duzentos anos de buscas foram necessários para que os portugueses chegassem ao ouro de sua América. Aos espanhóis não se apresentou o problema da procura e pesquisa dos metais preciosos. Assim que desembarcaram no México, na Colômbia ou no Peru, seus olhos mercantis foram ofuscados pelo ouro e prata que os homens da terra ostentavam nas suas armas, adornos e utensílios. Junto às suas civilizações, o gentio havia desenvolvido a exploração e o trabalho dos metais, para eles mais preciosos pelas suas serventias que pelo poder e valor que agregavam ao homem da Europa cristã, de alma lapidada pela cultura ocidental. O primeiro trabalho que tiveram os castelhanos foi o de imediatamente afirmarem a inferioridade daquele homem que se recusava a total subserviência à majestade de Deus e d'el Rei, através de concepções bastante convenientes a seus propósitos. O brilho do metal, como o canto da sereia, tornou-os surdos a qualquer apelo contrário que não fosse o da ambição pelo ouro e pela prata, tornando-os insensíveis a qualquer consideração humana no "trabalho" de [1]submetimento do indígena, até o seu extermínio ou à redução, dos que sobreviveram, à condição de servos ou escravos nas fainas da mineração.

Os sucessos castelhanos atiçaram os colonos portugueses a iniciarem suas buscas, seja pelo encanto daquelas descobertas, seja pelas fantasias que se criaram a partir delas: de tesouros fabulosos perdidos nas entranhas generosas das Américas; de relatos imprecisos de indígenas vindos do interior; de noções equivocadas da geografia do continente como a da proximidade do Peru; ou mesmo de alguns possíveis indícios concretos, surgiram lendas como as de Sabarabuçu e as de Paraupava, que avivavam os colonos na procura de pedras e metais preciosos.

(MENDES Jr., A., RONCARI, L. e MARANHÃO, R. *Brasil história*: texto e consulta. São Paulo. Brasiliense, 1979.)

**5.** (Uerj) Palavras e segmentos diversos do texto podem ser expressos de outras formas graças à utilização dos recursos gramaticais da língua, como os processos de derivação prefixal e sufixal e a variação das estruturas sintáticas.

a) No final do primeiro parágrafo encontra-se o substantivo derivado "submetimento" (ref. 1). Cite um sinônimo deste substantivo, derivado por meio de outro sufixo, e indique o verbo do qual ambos derivam.

b) "através de concepções BASTANTE CONVENIENTES A SEUS PROPÓSITOS".
Substitua a parte destacada do trecho acima por uma oração de sentido equivalente, constituída de pronome relativo e verbo cognato do adjetivo "convenientes".

# MÓDULO 11 • O pronome

Palavra que substitui ou acompanha elementos presentes no texto ou na situação do enunciado, indicando sua posição em relação às pessoas do discurso ou mesmo situando-os no espaço e no tempo.

| primeira pessoa | segunda pessoa | terceira pessoa |
|---|---|---|
| aquela que fala ou falante: eu, nós, me, minha, etc. | aquela com quem se fala ou interlocutor: tu, vós, te, teu, etc. | aquela de quem se fala ou referente: ele, elas, se, seu, etc. |

## 1. Classificação dos pronomes

Dependendo do que estiver indicando e da referência que faz, o pronome pode ser:

| pessoal | possessivo | demonstrativo | relativo | indefinido | interrogativo |
|---|---|---|---|---|---|
| Faz referência a uma das três pessoas do discurso: eu, você, eles, etc. | Indica posse: seu, meu, nossa, etc. | Situa no espaço e no tempo: este, aquela, isso, etc. | Faz referência a um antecedente: que, qual, quem, etc. | Indica indefinição, não especificação: algum, nenhum, todo, etc. | Caracteriza um enunciado como interrogativo: que, qual, como, onde, etc. |

### Pronome pessoal

Indica as pessoas do discurso. Além das flexões de gênero (masculino/feminino), número (singular/plural) e pessoa (primeira/segunda/terceira), apresenta variações de forma, de acordo com a função por ele exercida na oração, podendo ser **reto** ou **oblíquo**.

### Pronome de tratamento

Palavra ou locução com valor de pronome pessoal. Na maioria das vezes é usado para designar a segunda pessoa do discurso, a pessoa com quem se fala, apesar de estabelecer concordância com a terceira pessoa do verbo.

### Pronome possessivo

Associa a ideia de posse às pessoas do discurso, relacionando, assim, duas pessoas gramaticais: a pessoa do possuidor (primeira, segunda ou terceira) e a do elemento possuído (terceira).

Concorda em gênero e número com a coisa possuída, e em pessoa com o possuidor.

Além dos possessivos e dos sintagmas com a preposição *de*, há outra forma de expressar uma relação de posse: com os pronomes oblíquos átonos (*me*, *te*, *lhe*, *nos*, *vos*, *lhes*), que podem assumir o valor de possessivo.

### Pronome demonstrativo

Indica a posição de um ser em relação às pessoas do discurso, situando-o no tempo ou no espaço. Como os outros pronomes, também pode ser flexionado em gênero, número e pessoa. Apenas uma novidade: para cada uma das pessoas do discurso, há um demonstrativo invariável, uma **forma neutra**.

### Pronome relativo

Retoma um termo expresso anteriormente, por isso mesmo chamado de **antecedente**.

### Pronome indefinido

Refere-se à terceira pessoa do discurso de modo impreciso, indeterminado, genérico.

### Pronome interrogativo

Utilizado para formular perguntas.

## 2. O pronome na frase

Já sabemos que o **pronome** é a palavra que substitui ou acompanha o substantivo. No primeiro caso, ao substituí-lo, desempenha a mesma função que ele – daí ser chamado de **pronome substantivo**; no segundo caso, ao modificar o substantivo, exerce a função de um adjetivo – daí ser chamado de **pronome adjetivo**.

## 3. O pronome pessoal na frase

Para entender a morfossintaxe dos pronomes pessoais é necessário levar em consideração que eles sempre exercem funções substantivas e que essas funções vão definir a forma que eles assumem. Assim, se o pronome desempenhar a função de sujeito (ou de predicativo do sujeito), será do **caso reto**; se desempenhar a função de complemento verbal (objeto) ou complemento nominal, será do **caso oblíquo**. De qualquer maneira, serão sempre pronomes substantivos.

## 4. Colocação dos pronomes

Os pronomes oblíquos átonos (*me, te, se, o, a, lhe, nos, vos, os, as, lhes*) vêm sempre ligados aos verbos e, dependendo do tempo verbal e da estrutura da frase, podem posicionar-se antes do verbo, no meio ou depois dele.

Quando o pronome é colocado antes do verbo, ocorre a **próclise** (e o pronome é **proclítico**):

Não **te** amo mais.

Quando ele é colocado no meio do verbo, ocorre a **mesóclise** (e o pronome é **mesoclítico**):

Amar-**te**-ei sempre.

Quando é colocado depois do verbo, ocorre a **ênclise** (e o pronome é **enclítico**):

Amo-**te**.

## 5. O pronome na frase

### Demonstrativos

Os pronomes demonstrativos variáveis (*este, essa, aqueles*, etc.) podem ser pronomes **substantivos** ou **adjetivos**. Já os demonstrativos invariáveis (*isto, isso, aquilo*) são sempre pronomes **substantivos**.

### Relativos

Os pronomes **relativos** introduzem orações subordinadas adjetivas, nelas desempenhando funções sintáticas. Geralmente retomam um termo antecedente.

### Indefinidos

Os pronomes indefinidos variáveis são pronomes **adjetivos**, portanto, exercem funções sintáticas adjetivas. Já os indefinidos invariáveis são sempre pronomes **substantivos**, logo, exercem funções sintáticas substantivas.

### Interrogativos

Os pronomes interrogativos, além de caracterizar o enunciado como uma interrogação, exercem funções sintáticas substantivas ou adjetivas dentro dele.

### Um caso à parte: o pronome *se*

O pronome *se* apresenta uma grande diversidade de funções. Pode aparecer como:

- pronome reflexivo;
- pronome recíproco;
- pronome integrante do verbo;
- pronome apassivador;
- índice de indeterminação do sujeito;
- pronome expletivo ou de realce.

## Exercício comentado

**Texto para a próxima questão.**

O silêncio é a matéria significante por excelência, um *continuum* significante. O real da comunicação é o silêncio. E como o nosso objeto de reflexão é o discurso, chegamos a uma outra afirmação que sucede a essa: o silêncio é o real do discurso.

O homem está “condenado” a significar. Com ou sem palavras, diante do mundo, há uma injunção à “interpretação”: tudo tem de fazer sentido (qualquer que ele seja). O homem está irremediavelmente constituído pela sua relação com o simbólico.

Numa certa perspectiva, a dominante nos estudos dos signos, se produz uma sobreposição entre linguagem (verbal e não verbal) e significação.

Disso decorreu um recobrimento dessas duas noções, resultando uma redução pela qual qualquer matéria significante fala, isto é, é remetida à linguagem (sobretudo verbal) para que lhe seja atribuído sentido.

Nessa mesma direção, coloca-se o "império do verbal" em nossas formas sociais: traduz-se o silêncio em palavras. Vê-se assim o silêncio como linguagem e perde-se sua especificidade, enquanto matéria significante distinta da linguagem.

(Eni Orlandi. *As formas do silêncio*, 1997.)

1. (Unifesp) Na oração do 4º parágrafo – [...] para que lhe seja atribuído sentido. –, o pronome "lhe" substitui a expressão
   a) um recobrimento.
   b) uma redução.
   c) linguagem e significação.
   d) qualquer matéria significante.
   e) o silêncio.

**Comentário do vestibular:**

É correta a opção **d**, pois a substituição do pronome oblíquo "lhe" pelo trecho "qualquer matéria significante" não altera o sentido original da frase e mantém coerência com a tese da autora: ... *resultando uma redução pela qual qualquer matéria significante fala, isto é, é remetida à linguagem (sobretudo verbal) para que seja atribuído sentido a qualquer matéria significante.*

**Resposta**: alternativa **d**

## Exercícios propostos

**Texto para a próxima questão.**

Não era e não podia o pequeno reino lusitano ser uma potência colonizadora à feição da antiga Grécia. O surto marítimo que enche sua história do século XV não resultara do extravasamento de nenhum excesso de população, mas fora apenas provocado por uma burguesia comercial sedenta de lucros, e que não encontrava no reduzido território pátrio satisfação à sua desmedida ambição. A ascensão do fundador da Casa de Avis ao trono português trouxe esta burguesia para um primeiro plano. Fora ela quem, para se livrar da ameaça castelhana e do poder da nobreza, representado pela Rainha Leonor Teles, cingira o Mestre de Avis com a coroa lusitana. Era ela, portanto, quem devia merecer do novo rei o melhor das suas atenções. Esgotadas as possibilidades do reino com as pródigas dádivas reais, restou apenas o recurso da expansão externa para contentar os insaciáveis companheiros de D. João I.

Caio Prado Júnior, *Evolução política do Brasil*. Adaptado.

1. (Fuvest-SP) O pronome "ela" da frase "Era ela, portanto, quem devia merecer do novo rei o melhor das suas atenções", refere-se a
   a) "desmedida ambição".
   b) "Casa de Avis".
   c) "esta burguesia".
   d) "ameaça castelhana".
   e) "Rainha Leonor Teles".

2. (UFTM-MG) Leia o poema de Mauro Mota.

**Ausência**

Vestias diante do espelho
o vestido de viagem,
e o espelho partiu-se ao meio
querendo prender-te a imagem.

(Canto ao Meio)

Ao reescrever o poema, empregando como sujeito explícito o pronome *Elas*, tem-se:
Elas vestiam diante do espelho
os vestidos de viagem,
e o espelho partiu-se ao meio
querendo ____________ a imagem.
A expressão que preenche corretamente a lacuna, de acordo com o português padrão, é:
   a) prendê-la.
   b) prendê-las.
   c) prender-vos.
   d) prender-lhe.
   e) prender-lhes.

3. (UFSC) Considere os trechos I e II:
   I. "Se eu pagar a comissão que eles exigem pra eu poder continuar trabalhando na arquibancada, onde o pessoal tem mais grana, não sobra nada pra mim."

   (NEVES, Amilcar. "Relatos de sonhos e de lutas". São Paulo: Fundação Nestlé de Cultura, 1991. p. 87.)

   II. (a) "A confusão era geral. No meio dela, Capitu olhou alguns instantes para o cadáver tão fixa, tão apaixonadamente fixa, que não lhe admira lhe saltassem algumas lágrimas poucas e caladas..."

   [...]

   (b) "Momento houve em que os olhos de Capitu fitaram o defunto, quais os da viúva, sem o pranto nem palavras desta, mas grandes e abertos, como a vaga do mar lá fora, como se quisesse tragar também o nadador da manhã."

   (ASSIS, Machado de. "Dom Casmurro". São Paulo: FTD, 1991. p. 183.)

   Assinale a(s) proposição(ões) CORRETA(S).

   (01) No trecho I, todas as palavras sublinhadas são pronomes.

   (02) No trecho II (a), ambas as palavras sublinhadas têm por função indicar procedência.

   (04) No trecho I, o vocábulo onde, que inicia uma oração subordinada, se refere a mais grana.

   (08) "Olhou alguns instantes para o cadáver tão fixa...", do trecho II (a), remete ao modo como estava a mãe de Capitu no caixão: morta, inerte, fixa.

   (16) No trecho II (b), as palavras sublinhadas introduzem comparações.

**Texto para a próxima questão.**

## O enfermeiro

Resmungou ainda muito tempo. Às onze horas passou pelo sono. Enquanto ele dormia, saquei um livro do bolso, um velho romance de d'Arlincourt, traduzido, que lá achei, e pus-me a lê-lo, no mesmo quarto, a pequena distância da cama; tinha de acordá-lo à meia-noite para lhe dar o remédio. Ou fosse de cansaço, ou do livro, antes de chegar ao fim da segunda página adormeci também. Acordei aos gritos do coronel, e levantei-me estremunhado. Ele, que parecia delirar, continuou nos mesmos gritos, e acabou por lançar mão da moringa e arremessá-la contra mim. Não tive tempo de desviar-me; a moringa bateu-me na face esquerda, e tal foi a dor que não vi mais nada; atirei-me ao doente, pus-lhe as mãos ao pescoço, lutamos, e esganei-o.

Quando percebi que o doente expirava, recuei aterrado, e dei um grito; mas ninguém me ouviu. Voltei à cama, agitei-o para chamá-lo à vida, era tarde; arrebentara o aneurisma, e o coronel morreu. Passei à sala contígua, e durante duas horas não ousei voltar ao quarto. Não posso mesmo dizer tudo o que passei, durante esse tempo. Era um atordoamento, um delírio vago e estúpido. Parecia-me que as paredes tinham vultos; escutava umas vozes surdas. Os gritos da vítima, antes da luta e durante a luta, continuavam a repercutir dentro de mim, e o ar, para onde quer que me voltasse, aparecia recortado de convulsões. Não creia que esteja fazendo imagens nem estilo; digo-lhe que eu ouvia distintamente umas vozes que me bradavam: assassino! assassino!

(...)

Antes do alvorecer curei a contusão da face. Só então ousei voltar ao quarto. Recuei duas vezes, mas era preciso e entrei; ainda assim, não cheguei logo à cama. Tremiam-me as pernas, o coração batia-me; cheguei a pensar na fuga; mas era confessar o crime, e, ao contrário, urgia fazer desaparecer os vestígios dele. Fui até a cama; vi o cadáver, com os olhos arregalados e a boca aberta, como deixando passar a eterna palavra dos séculos: "Caim, que fizeste de teu irmão?" Vi no pescoço o sinal das minhas unhas; abotoei alto a camisa e cheguei ao queixo a ponta do lençol. Em seguida, chamei um escravo, disse-lhe que o coronel amanhecera morto; mandei recado ao vigário e ao médico.

A primeira ideia foi retirar-me logo cedo, a pretexto de ter meu irmão doente, e, na verdade, recebera carta dele, alguns dias antes, dizendo-me que se sentia mal. Mas adverti que a retirada imediata poderia fazer despertar suspeitas, e fiquei. Eu mesmo amortalhei o cadáver, com o auxílio de um preto velho e míope. Não saí da sala mortuária; tinha medo de que descobrissem alguma coisa. Queria ver no rosto dos outros se desconfiavam; mas não ousava fitar ninguém.

(Machado de Assis, *Contos*)

**4.** (Ibmec-SP) Leia as afirmações a seguir e identifique a(s) CORRETA(S), de acordo com o texto.

I. Em "Tremiam-me as pernas", ocorre ênclise porque, segundo a norma culta, não se iniciam frases com pronome oblíquo átono.

II. No trecho "... urgia fazer desaparecer os vestígios dele.", o pronome destacado refere-se ao cadáver.

III. Em "Queria ver no rosto dos outros se desconfiavam", o "se" é um pronome reflexivo.

a) Apenas I.
b) Apenas II.
c) Apenas III.
d) I e II.
e) I e III.

**5.** (Unifesp)

(O Estado de S. Paulo, 01.05.2003. Adaptado)

Assinale a alternativa correta, tendo como referência todas as falas do menino Calvin.

a) O emprego de termos como "gente" e "tem" é inadequado, uma vez que estão carregados de marcas da linguagem coloquial desajustadas à situação de comunicação apresentada.

b) Calvin emprega o pronome "você" não necessariamente para marcar a interlocução: antes, trata-se de um recurso da linguagem coloquial utilizado como forma de expressar ideias genéricas.

c) O emprego de termos de significação ampla – como "noção", "tudo", "normal" – prejudica a compreensão do texto, pois o leitor não consegue entender, com clareza, o que se pretende dizer.

d) O pronome "eles" é empregado duas vezes, sendo impossível, no contexto, recuperar-lhe as referências.

e) O termo "bem" é empregado com valor de confirmação das informações precedentes.

**6.** (UFPR) Considerando os provérbios a seguir, assinale a(s) alternativa(s) em que os termos destacados são pronomes relativos, ou seja, que retomam um termo antecedente.

(01) É de pequenino QUE se torce o pepino.
(02) A vingança é um prato QUE se serve frio.
(04) Mais vale um pássaro na mão do QUE dois voando.
(08) Isso é do tempo em QUE se amarrava cachorro com linguiça.
(16) Ele(a) não é flor QUE se cheire.

# MÓDULO 12 • O verbo

O verbo é a palavra variável que indica uma ação, um estado, uma mudança de estado, um fenômeno da natureza. Como palavra variável, apresenta flexão de número e pessoa, de modo e tempo, além de manifestar variação de voz. É, portanto, a classe de palavra em que se observa o maior número de flexões.

Em português, há **três conjugações**, que são indicadas pelas vogais temáticas:

- **-a-**: primeira conjugação (trabalhar, estudar, etc.);
- **-e-**: segunda conjugação (ler, comer, tecer, etc.);
- **-i-**: terceira conjugação (vir, dividir, ouvir, etc.).

## 1. Classificação: o aspecto semântico

| dinâmicos | | não dinâmicos |
|---|---|---|
| **verbos de ação** – exprimem uma ação, um "fazer": *acessar, comer, dançar, ir.* | **verbos de processo** – exprimem um processo, um "acontecer": *amanhecer, morrer, chover, esfriar.* | **verbos de estado** – exprimem um estado, uma duração, uma permanência: *estar, ser, permanecer, viver, morar.* |

## 2. As categorias gramaticais do verbo

### Pessoa e número

O verbo apresenta flexão de **número**, podendo estar no **singular** ou no **plural**, e de **pessoa**, podendo estar em uma das três pessoas do discurso.

### Tempo e modo

Os modos verbais indicam as diversas atitudes do falante em relação ao fato que enuncia:

- **indicativo**: a atitude de certeza, o fato é ou foi uma realidade;
- **subjuntivo**: a atitude de incerteza, dúvida; exprime condição, possibilidade;
- **imperativo**: exprime ordem, desejo, vontade.

Já os tempos verbais localizam a ação no tempo e são basicamente: **presente**; **pretérito** (passado); **futuro**.

Esquematicamente:

**indicativo**
- presente
- pretérito
  - imperfeito
  - perfeito
  - mais-que-perfeito
- **futuro**
  - do presente
  - do pretérito

**subjuntivo**
- presente
- pretérito
- futuro

- imperfeito
- perfeito
- mais-que-perfeito

**imperativo** → presente
- afirmativo
- negativo

### Formas nominais

As formas nominais são **infinitivo**, **gerúndio** e **particípio**. São chamadas nominais porque podem desempenhar funções típicas do substantivo, do advérbio e do adjetivo. Não apresentam indicação de tempo, dependem sempre do contexto em que se encontram.

### Aspecto

O verbo é capaz de exprimir a **duração** do processo indicado, isto é, manifesta de que maneira o falante considera o desenvolvimento do processo:

- **aspecto concluso** ou **inconcluso** – distinguem-se formas verbais perfectivas (já concluídas) e imperfectivas (não concluídas); esse valor aspectual pode ser expresso na flexão verbal, pois há tempos essencialmente perfectivos e outros imperfectivos;
- **aspecto icoativo** ou **inceptivo** – manifesta o início do processo, sem considerar seu desenvolvimento;
- **aspecto pontual** ou **momentâneo** – manifesta uma ação que acaba de ser realizada de maneira súbita e imediata;
- **aspecto cessativo** – o falante destaca o final do processo; esse aspecto é indicado pela carga significativa de verbos como *parar, deixar, terminar, abandonar, interromper, acabar*;
- **aspecto durativo** ou **cursivo** – manifesta um processo em curso, em pleno desenvolvimento, sem fazer referência a seu início nem a seu término;
- **aspecto durativo progressivo** – manifesta um processo crescente e de intensificação;
- **aspecto frequentativo** ou **iterativo** – manifesta uma ação num processo reiterativo (geralmente, aspecto indicado pelos sufixos verbais *-iscar, -icar, -itar, -inhar, -ilhar*);
- **aspecto permansivo** – manifesta uma ação já concluída que, no entanto, perdura em seus efeitos.

### Voz

As vozes verbais indicam a relação entre o sujeito e a ação expressa pelo verbo. Podem classificar-se em:

- **voz ativa**: o sujeito pratica a ação (daí falar-se em **sujeito agente**);
- **voz passiva**: o sujeito sofre a ação (daí falar-se em **sujeito paciente**);
- **voz reflexiva**: o sujeito pratica e ao mesmo tempo sofre a ação. Implicitamente aceita os reforços *a mim mesmo, a ti mesmo, a si mesmo, a vós mesmos, a nós mesmos, a si mesmos*.

## 3. Verbos auxiliares

As formas verbais podem apresentar, além de um verbo principal, um verbo auxiliar. É o que ocorre na voz passiva analítica e nos tempos compostos. Em português, quatro verbos, entre outros, são constantemente empregados como auxiliares: *ser, estar, ter* e *haver*.

Nas orações em que os verbos auxiliares aparecem, os verbos principais são expressos em uma das formas nominais, que constituem formas não passíveis de flexão de tempo e pessoa. Salvo as formas verbais na voz passiva analítica, apenas os verbos auxiliares são conjugados.

## 4. Classificação: a regularidade

| | | |
|---|---|---|
| **Verbos** | **regulares** | Conjugam-se segundo o paradigma do verbo:<br>• *amar*, para a primeira conjugação;<br>• *beber*, para a segunda;<br>• *partir*, para a terceira. |
| | **irregulares** | Não seguem os paradigmas, pois apresentam irregularidades:<br>• na desinência: primeira pessoa do presente do verbo *dar*: *dou*; compare com o regular *amar*: *amo*;<br>• no radical: o verbo *subir* em formas como *sobes, sobe, sobem* apresenta alteração em seu radical (*sub*);<br>• na desinência e no radical: o verbo *ser* é irregular na desinência: *sou* (paradigma: *bebo*), e também no radical: *fui*. |
| | **defectivos** | Não apresentam todas as flexões, isto é, são verbos cuja conjugação não é completa, por exemplo:<br>• verbos como *abolir, banir, emergir, ungir* não apresentam a primeira pessoa do presente do indicativo e suas formas derivadas;<br>• verbos como *falir, delinquir, empedernir* só têm conjugadas as formas arrizotônicas (aquelas em que o acento tônico não está na raiz, como em *falimos*, por exemplo). |
| | **abundantes** | Apresentam mais de uma forma para uma mesma flexão. Por exemplo: o verbo *haver* apresenta duas formas para a primeira pessoa do plural do presente do indicativo: *havemos* e *hemos*. Entretanto, a abundância ocorre com frequência no particípio, pois, como já vimos, vários verbos apresentam duplo particípio (uma forma regular, outra irregular), como o verbo *omitir*, que apresenta os particípios *omitido* e *omisso*. |

## 5. O verbo, o centro da oração

Como a oração se constitui a partir do verbo, a regra prática, para identificar o número de orações em um período composto, nos ensina a contar os verbos ou locuções verbais; a cada verbo ou locução corresponderá uma oração.

## 6. Classificação: a transitividade

| transitivos | intransitivos |
|---|---|
| A significação do verbo não está integralmente contida nele, isto é, o verbo necessita de outros elementos que completem seu sentido. Segundo o tipo de complemento que exige, o verbo pode ser:<br>• Transitivo direto: exige complemento que se liga a ele, geralmente, sem preposição.<br>• Transitivo indireto: exige complemento que se liga a ele, geralmente, com preposição.<br>• Transitivo direto e indireto: exige complementos que se ligam a ele, geralmente, sem preposição (OD) e com preposição (OI). | A significação do verbo está integralmente contida nele, isto é, o verbo não necessita de outros elementos para completar seu sentido. |

## 7. Os verbos e os tipos de predicado

Os verbos que indicam o **estado** do sujeito da oração são chamados **verbos de ligação** e vêm sempre acompanhados de um **predicativo**. Essa estrutura caracteriza o **predicado nominal**. Nesses casos, o nome (predicativo) é o núcleo do predicado.

Os verbos que não são de ligação formam o núcleo do **predicado verbal** ou um dos núcleos do **predicado verbo-nominal**. Nesse último caso, além do verbo aparece também um predicativo como núcleo.

### Exercício comentado

1. (UFSC)

*Texto I*

Fora Leonardo algibebe em Lisboa, sua pátria; aborrecera-se porém do negócio, e viera ao Brasil. Aqui chegando, não se sabe por proteção de quem, alcançou o emprego de que o [1]vemos empossado, e que exercia [...] desde tempos remotos. Mas viera com ele no mesmo navio, não sei fazer o quê, uma certa Maria da hortaliça, quitandeira das praças de Lisboa, saloia rechonchuda e bonitona. [...] Ao sair do Tejo, estando a Maria encostada à borda do navio, o Leonardo fingiu que passava distraído por junto dela, e com o ferrado sapatão assentou-lhe uma valente pisadela no pé direito. A Maria, [2]como se já esperasse por aquilo, sorriu-se como envergonhada do gracejo, e deu-lhe também em ar de disfarce um tremendo beliscão nas costas da mão esquerda. Era isto uma declaração em forma, segundo os usos da terra: levaram o resto do dia de namoro cerrado; ao anoitecer passou-se a mesma cena de pisadela e beliscão, com a diferença de serem desta vez um pouco mais fortes; e no dia seguinte [3]estavam os dois amantes tão extremosos e familiares, que pareciam sê-lo de muitos anos.

Quando saltaram em terra começou a Maria a sentir certos enojos: foram os dois morar juntos; e daí a um mês manifestaram-se claramente os efeitos da pisadela e do beliscão; sete meses depois teve a Maria um filho, formidável menino de quase três palmos de comprido, gordo e vermelho, cabeludo, esperneador e chorão; o qual, logo depois que nasceu, mamou duas horas seguidas sem largar o peito. E este nascimento é certamente de tudo o que temos dito o que mais nos interessa, porque o menino de quem falamos é o herói desta história.

ALMEIDA, M. A. *Memórias de um Sargento de Milícias.* 3. ed. São Paulo: FTD, 1996. p. 16-17.

*Texto II*

[4]Mandara Pereira acender uma vela de sebo. Vinda a luz, aproximaram-se ambos do leito da enferma que, achegando ao corpo e puxando para debaixo do queixo uma coberta de algodão de Minas, se encolheu toda, e voltou-se para os que entravam.

– Está aqui o doutor, disse-lhe Pereira, que vem curar-te de vez.

– Boas-noites, dona, saudou Cirino.

Tímida voz murmurou uma resposta, ao passo que o jovem, no seu papel de médico, se sentava num escabelo junto à cama e tomava o pulso à doente.

Caía então luz de chapa sobre ela, iluminando-lhe o rosto, parte do colo e da cabeça, coberta por um lenço vermelho atado por trás da nuca.

Apesar de bastante descorada e um tanto magra, era Inocência de beleza deslumbrante.

Do seu rosto irradiava singela expressão de encantadora ingenuidade, realçada pela meiguice do olhar sereno que, a custo, parecia coar por entre os cílios sedosos a franjar-lhe as pálpebras, e compridos a ponto de projetarem sombras nas mimosas faces.

[...]

Ligeiramente enrubesceu Inocência e descansou a cabeça no travesseiro.

– Por que amarrou esse lenço? perguntou em seguida o moço.

– Por nada, respondeu ela com acanhamento.

– Sente dor de cabeça?

– Nhor-não.

– Tire-o, pois: convém não chamar o sangue; solte, pelo contrário, os cabelos.

Inocência obedeceu e descobriu uma espessa cabeleira, negra como o âmago da cabiúna e que em liberdade devia cair até abaixo da cintura. Estava enrolado em bastas tranças, que davam duas voltas inteiras ao redor do cocoruto.

[...]

Não se descuidou Cirino, antes de se retirar, de novamente tomar o pulso e, à conta de procurar a artéria, assentou toda a mão no punho da donzela, envolvendo-lhe o braço e apertando-o docemente.

Saiu-se mal de tudo isso; porque, se tratava da cura de alguém, para si arranjava enfermidade e bem grave.

TAUNAY, A. d'E. *Inocência.* 3. ed. São Paulo: FTD, 1996. p. 57-58; 72.

Quanto aos fatos gramaticais, marque a(s) proposição(ões) **CORRETA(S)** relativamente aos textos acima.

(01) A forma verbal "vemos" (ref. 1), no presente do indicativo, provoca um efeito de proximidade entre o escritor e o leitor. É como se, no ato da leitura, leitor e escritor estivessem juntos a observar os eventos da história.

(02) O uso do pretérito imperfeito do subjuntivo em "como se já esperasse por aquilo" (ref. 2) confere ao evento um grau de certeza maior do que se conseguiria com o uso do pretérito imperfeito do indicativo – "como já esperava por aquilo".

(04) Em "estavam os dois amantes tão extremosos e familiares, que pareciam sê-lo de muitos anos" (ref. 3), a forma "sê-lo" é uma combinação do verbo ser com o pronome oblíquo átono "o", o qual se refere a "amantes".

(08) No texto II, na descrição de Inocência (§ 6 e 7) o autor utiliza alguns verbos no pretérito imperfeito (era, irradiava, parecia), os quais poderiam ser conjugados no pretérito perfeito (foi, irradiou, pareceu) sem que isso implicasse mudança de sentido.

(16) A forma verbal "mandara" (ref. 4) corresponde à terceira pessoa do singular do pretérito mais-que-perfeito do indicativo do verbo *mandar* e equivale a tinha mandado.

**Comentário do vestibular:**

Em 02, a afirmação é incorreta. Trata-se justamente do contrário: o uso do pretérito imperfeito do indicativo em "como já esperava por aquilo" (ref. 2) confere ao evento um grau de certeza maior do que se conseguiria com o uso do pretérito imperfeito do subjuntivo – "como se já esperasse por aquilo". Em 08, o uso do pretérito perfeito transmite a ideia de certeza, de algo que efetivamente aconteceu e acabou, sem indicar continuidade. Assim, a troca dos verbos acarretaria, sim, uma mudança de sentido. Desse modo, a afirmativa está errada.

**Resposta**: 01 + 04 + 16 = 21.

## Exercícios propostos

1. (Unicamp-SP) O texto abaixo é parte de uma campanha promovida pela ANER (Associação Nacional de Editores de Revistas).

**Surfamos a Internet, Nadamos em revistas**

A Internet empolga. Revistas envolvem.
A Internet agarra. Revistas abraçam.
A Internet é passageira. Revistas são permanentes.
E essas duas mídias estão crescendo.

Um dado que passou quase despercebido em meio ao barulho da Internet foi o fato de que a circulação de revistas aumentou nos últimos cinco anos. Mesmo na era da Internet, o apelo das revistas segue crescendo. Pense nisto: o Google existe há 12 anos. Durante esse período, o número de títulos de revistas no Brasil cresceu 234%. Isso demonstra que uma mídia nova não substitui uma mídia que já existe. Uma mídia estabelecida tem a capacidade de seguir prosperando, ao oferecer uma experiência única. É por isso que as pessoas não deixam de nadar só porque gostam de surfar.

(Adaptado de *Imprensa*, n. 267, maio 2011, p. 17.)

a) O verbo *surfar* pode ser usado como transitivo ou intransitivo. Exemplifique cada um desses usos com enunciados que aparecem no texto da campanha. Indique, justificando, em qual desses usos o verbo assume um sentido necessariamente figurado.

b) Que relação pode ser estabelecida entre o título da campanha e o trecho reproduzido a seguir? Como essa relação é sustentada dentro da campanha?
A Internet empolga. Revistas envolvem.
A Internet agarra. Revistas abraçam.
A Internet é passageira. Revistas são permanentes.

2. (UEL-PR) Leia o texto a seguir.

– Por que se demorou tanto na casa de banho?
– Demorei, eu? Despachei-me enquanto o diabo esfregava o olho!
– Esteve a cortar as unhas, eu bem escutei. [...]
– Diga-se de paisagem, Constança: **eu estava me bonitando** para si.
– Para mim?

(COUTO, Mia. *O outro pé da sereia*. São Paulo: Companhia das Letras, 2006. p. 229.)

O trecho em negrito revela

a) início da ação, uma vez que aponta para o estado da personagem, expresso pelo verbo "estava".
b) continuidade da ação, pois apresenta um evento prolongado, expresso pela palavra "bonitando".
c) momento da ação, já que ela é posterior ao momento da fala, revelado pelo discurso direto.
d) simultaneidade de ações, pois, enquanto fala com Constança, a personagem vai se "bonitando".
e) anterioridade de ações, visto que a personagem se dirige a Constança antes de se bonitar.

3. (EsPCEx–Aman-RJ) Assinale o sujeito do verbo **forjar**, no período abaixo.

Chama atenção das pessoas atentas, cada vez mais, o quanto se forjam nos meios de comunicação modelos de comportamento ao sabor de modismos lançados pelas celebridades do momento.

a) meios de comunicação
b) modelos de comportamento
c) modismos
d) celebridades do momento
e) pessoas atentas

4. (Fuvest-SP) Em qual destas frases a vírgula foi empregada para marcar a omissão do verbo?

a) Ter um apartamento no térreo é ter as vantagens de uma casa, além de poder desfrutar de um jardim.
b) Compre sem susto: a loja é virtual; os direitos, reais.
c) Para quem não conhece o mercado financeiro, procuramos usar uma linguagem livre do economês.
d) A sensação é de estar perdido: você não vai encontrar ninguém no Jalapão, mas vai ver a natureza intocada.
e) Esta é a informação mais importante para a preservação da água: sabendo usar, não vai faltar.

# MÓDULO 13 • O advérbio

Advérbio é, basicamente, a palavra que modifica o verbo, acrescentando-lhe uma circunstância (*ad* – prefixo que indica proximidade; advérbio, literalmente, é a palavra que acompanha, que modifica o verbo). É uma palavra invariável, não apresentando, portanto, flexão de gênero e de número.

## 1. Classificação dos advérbios

Os advérbios são agrupados de acordo com a circunstância que expressam, ou seja, por um critério semântico. Dessa forma, a NGB (Nomenclatura Gramatical Brasileira) reconhece sete tipos:

| | |
|---|---|
| **de lugar** | longe, perto, aqui, ali, lá, junto, acima, abaixo, atrás, adiante, etc. |
| **de tempo** | hoje, ontem, amanhã, já, jamais, nunca, sempre, antes, breve, tarde, etc. |
| **de modo** | bem, mal, melhor, pior, assim; e a maioria dos advérbios terminados em *-mente*: suavemente, fortemente, etc. |
| **de negação** | não, tampouco, etc. |
| **de dúvida** | talvez, quiçá, acaso, possivelmente, provavelmente, etc. |
| **de intensidade** | muito, pouco, bastante, bem, mais, menos, demais, tanto, tão, etc. |
| **de afirmação** | sim, certamente, realmente, etc. |

### Advérbios interrogativos

Além dos citados acima, a NGB reconhece ainda quatro advérbios empregados em frases interrogativas diretas ou indiretas: **de causa** (por que); **de lugar** (onde); **de modo** (como); **de tempo** (quando).

## 2. Palavras denotativas

Algumas palavras e locuções, por seu significado e função, assemelham-se a advérbios, mas não se enquadram entre eles. Ao longo das últimas décadas, passaram a ser identificadas como **palavras denotativas**. Essas palavras desempenham papel fundamental nas enunciações e nos textos, uma vez que constituem importantes elementos coesivos e operadores argumentativos. Dependendo do que significam, podem indicar, entre outros aspectos:

| inclusão | exclusão | designação | explicação | retificação | realce | situação |
|---|---|---|---|---|---|---|
| até, inclusive, mesmo, também, etc. | apenas, salvo, senão, só, somente, exceto, etc. | eis | isto é, a saber, por exemplo, ou seja, etc. | aliás, ou melhor, ou antes, etc. | cá, lá, é que, etc. | afinal, agora, então, etc. |

## 3. O advérbio na frase

No período simples, os advérbios e as locuções adverbiais exercem a função de **adjunto adverbial**, termo acessório da oração. Assim como os advérbios, são classificados a partir da circunstância que exprimem.

No período composto, os adjuntos adverbiais podem assumir a forma de oração. Nesses casos, é considerada uma **oração subordinada** (é termo da oração principal, à qual se subordina) **adverbial** (tem valor de advérbio).

## Exercício comentado

**Texto para a próxima questão.**

### Ciência cara = bom investimento

Um mundo sem ciência ambiciosa fica privado de conhecimento novo e das aplicações das descobertas.

Fazer pesquisa é caro, mas vale a pena. Vamos pensar apenas na ciência de base, ou seja, a ciência que não tem o objetivo imediato de ser "útil", via aplicações tecnológicas ou gerando riqueza, cuja meta é investigar a natureza. Quanto um país deve investir nesse tipo de pesquisa?

Quando se discute como equilibrar o orçamento da União, é crucial questionar como os fundos vindos do contribuinte devem ser usados. Afinal, existem necessidades críticas em educação, infraestrutura de transporte, modernização de hospitais, atendimento médico para milhões de necessitados etc.

Num ensaio recente na "New York Review of Books", uma prestigiosa publicação americana, o prêmio Nobel Steven Weinberg afirma que a solução nunca deve ser tirar dinheiro de áreas necessitadas para financiar pesquisa de base (ou qualquer outra). Por outro lado, o investimento na pesquisa de base deveria ser uma opção óbvia para qualquer país que pretende ter uma posição de liderança internacional.

No início do século 20, físicos lidavam com um modo inteiramente novo de interpretar a natureza. Einstein forçou uma revisão dos conceitos de espaço, tempo e energia. Planck, Bohr, Schrödinger e Heisenberg nunca poderiam ter imaginado que suas ideias revolucionárias sobre a física do átomo efetivamente redefiniriam o mundo em que vivemos. Deles veio a revolução quântica, que gerou incontáveis aplicações tecnológicas, incluindo todos os equipamentos digitais, dos computadores aos raios laser, fibras ópticas e tecnologias nucleares.

Em seu ensaio, Weinberg mostra sua preocupação com o futuro da ciência de grande porte, projetos que alcançam bilhões de dólares. Recentemente, o sucessor do Telescópio Espacial Hubble, o Telescópio Espacial James Webb, teve seu orçamento cortado. Após muito drama, o financiamento foi restituído, mas ficou a insegurança. No mundo das partículas, a bola está com a Europa e seu mega-acelerador, o LHC. Cientistas americanos se juntaram ao projeto depois de perceberem a possibilidade de seu acelerador nacional desaparecer.

Na minha opinião, cortar o fomento à pesquisa de base, incluindo projetos bem definidos de alto custo, é inadmissível. Um mundo focado no imediato, no pragmático, pode ser eficiente, mas é extremamente monótono. Imagine um mundo sem as descobertas sensacionais que andam sendo feitas sobre o Cosmo e os mistérios da matéria; um mundo sem estrelas explodindo, sem galáxias colidindo e buracos negros.

Pior, imagine um mundo sem o que ainda não conhecemos e que nunca poderemos descobrir sem nossos instrumentos de exploração. Ademais, perderíamos todas as possíveis aplicações das descobertas.

Uma possibilidade é a de incluir cada vez mais países com fortes economias emergentes, como a China, a Índia e o Brasil, no fomento aos grandes projetos. Esse é um dos argumentos a favor da inclusão do Brasil como país-membro do ESO (Observatório Europeu do Sul), uma discussão que deixo para depois.

Quando vejo as enormes quantias sendo gastas na defesa nacional, eu me pergunto se nossas prioridades estão no lado criativo ou no destrutivo. Quando deixamos de investir no novo, ficamos condenados a só olhar para o velho.

(MARCELO GLEISER. *Jornal da Ciência*, 03 de setembro de 2012. Adaptado.)

1. (UFPE) Considerando os sentidos atualizados nas construções sintáticas em que ocorrem as palavras do texto, podemos fazer as seguintes observações:
   ( ) No trecho: "Quando se discute <u>como</u> equilibrar o orçamento da União, é crucial questionar <u>como</u> os fundos vindos do contribuinte devem ser usados", os dois conectivos sublinhados estabelecem um nexo de comparação.
   ( ) A conexão entre o sétimo e o oitavo parágrafos é de natureza comparativa e é feita com base no uso de um adjetivo na forma superlativa.
   ( ) No oitavo parágrafo, o sentido hipotético implicado no verbo '*imagine*' justifica o uso dos verbos no tempo futuro ('poderemos' e 'perderíamos').
   ( ) Na referência a: "países com fortes economias <u>emergentes</u>", a palavra sublinhada constitui uma alusão metafórica a 'economias rijas'.
   ( ) Em: "Quando deixamos de investir no novo, ficamos condenados a <u>só</u> olhar para o velho.", o advérbio 'só' poderia ser deslocado, sem alteração de sentido, como em 'só ficamos condenados'.

**Comentário do vestibular:**

A primeira, a quarta e a quinta proposições são falsas, pois: 1ª – o conectivo "como", em ambas as ocorrências, é conjunção integrante, dando início a orações subordinadas substantivas subjetivas; 4ª – o termo "emergentes" significa que as economias estão apenas rumo ao desenvolvimento e não "rijas", fortes; 5ª – a mudança de posição do advérbio mudaria o significado da frase original. Nesta, o advérbio está relacionado com a ação de "olhar"; naquela, o advérbio estaria relacionado com "ficamos condenados".

**Resposta**: F – V – V – F – F.

## Exercícios propostos

**Texto para a próxima questão.**

### A garota-propaganda, coitadinha!

Já passava das oito horas da manhã e a garota-propaganda dormia gostosamente sobre o seu colchão Vulcaspuma, macio e confortável, que não enruga nem encolhe, facilmente removível e lavável. Foi quando o relógio despertador começou a tilintar irritantemente. (Você nunca dará corda num Mido).

A pobrezinha, que tivera de aguentar a cantada de um patrocinador de programa (Agência Galo de Ouro – quem não anuncia se esconde) que prometera um cachê melhor, caso ela ficasse efetiva na programação, levantou-se [1]meio tonta. Fora dormir inda agorinha. Estremunhada, entrou no banheiro, colocou pasta de dentes na escova e pôs-se a escovar com força. Ah... que agradável sensação de bem-estar!

Depois do banho, abriu a cortina do boxe, que parece linho mas é linholene, e foi até a cozinha tomar um copo de leite. Tinha de estar pronta em seguida, para decorar páginas e páginas de texto que apanhara na véspera, no departamento comercial da televisão. Abriu a geladeira de 7 pés, toda impermeável, com muito mais espaço interior e que [2]você pode adquirir dando a sua velha de entrada (a sua velha geladeira, naturalmente). Dentro não havia leite: – Não faz mal – pensou. (Tudo que se faz com leite, com Pulvolaque se faz.)

O diabo é que também não tinha Pulvolaque. Procurou no armário uma lata daquele outro que se dissolve sem bater, mas também não achou. Tomou então um cafezinho mesmo e correu ao quarto para se vestir e arrumar o cômodo o mais depressa possível. Iria à cidade apanhar os textos de uma outra agência que precisavam ser decorados até as três; além disso, tinha de almoçar com um diretor de TV, a quem fingia aceitar a corte para poder ser escalada nos programas.

Arrumou as coisas assim na base do mais ou menos. Fechou o sofá-cama, um lindo móvel que ocupa muito menos espaço em sua residência, e procurou o vestido verde que comprara no Credifácil, onde você adquire agora e só começa a pagar muito depois. O vestido não estava no armário. Lembrou-se então que o deixara na véspera dentro da pia, embebido na água com Rinso e o diabo é que o vestido, como ficou dito, era verde. Se fosse branco, depois ficaria explicado porque a roupa dela é muito mais branca do que a minha.

Eram onze e meia quando chegou à cidade, graças à carona que pegara. Saltou da camioneta com tração dianteira e muito mais resistente, fez todas as coisas que precisava fazer em uma velocidade espantosa e entregou-se ao suplício de almoçar com o diretor de TV.

Ali estão os dois escolhendo o menu. Ele pediu massa e perguntou se ela também queria (Aimoré você conhece – pensou ela), mas preferiu outra coisa. Garota-propaganda não pode engordar. Comeu rapidamente e aceitou o copo de leite que o garçom sugeriu. Afinal, não o tomara pela manhã. Foi botar na boca e ver logo que era leite em pó, em pó, em pó...

Às três horas o programa das donas de casa. Às quatro, o teleteste que distribui brindes para você. De 5 às 8, decorar outros textos, de 8 e meia às 10, tome de sorriso na frente da câmara, a jurar que a liquidação anunciada era uma ma-ra-vi-lha. Aceite o meu conselho e vá verificar pessoalmente. Mas note bem. É só até o dia 30.

Quase meia-noite e ela tendo de dançar com "seu" Pereira, do "Espetáculo Biscoiteste". Um velho chato, mas muito bonzinho. O diabo era aquele perfume que saía do cangote do seu par. Um perfume inebriante, que deixa saudade.

Já eram quase três da matina, quando ela voltou para o seu apartamento com sala, quarto, banheiro, boxe, copa, quitinete e área interna, tudo conjugado, que comprara dando apenas trinta por cento na entrada e começando a pagar as prestações na entrega das chaves. Finalmente, vai poder dormir um pouquinho.

E, aos pés do sofá-cama, faz a oração da noite: "Padre Nosso, que estais nos Céu, muito obrigada pela atenção dispensada e até amanhã, quando voltaremos com novas atrações. Boa Noite."

(Stanislaw Ponte Preta. *In: Primo Altamirando e elas*. Rio de Janeiro: 1962 (com adaptações))

1. (UnB-DF) Quanto à correção gramatical do texto, julgue os itens a seguir.
   (1) O vocábulo "meio" (ref. 1) é um dos raros advérbios que admitem forma feminina (MEIA), usada indiferentemente em qualquer situação e tipo de texto.
   (2) O emprego do pronome "você" (ref. 2) é a marca linguística de que o autor está-se dirigindo ao leitor, nessa passagem.
   (3) A passagem "mas preferiu outra coisa" (par. 7) pode ser reescrita, desfazendo-se a elipse e preservando-se o sentido original, da seguinte forma: MAS ELA PREFERIU OUTRA COISA ÀQUELA MASSA.
   (4) Para a constituição dos vocábulos que dão nomes aos produtos, o autor do texto empregou, reiteradamente, prefixos gregos e latinos.

**Texto para a próxima questão.**

O primeiro passo para aprender a pensar, curiosamente, é aprender a observar. Só que isso, infelizmente, não é ensinado. Hoje nossos alunos são proibidos de observar o mundo, trancafiados que ficam numa sala de aula, estrategicamente colocada bem longe do dia e da realidade. Nossas escolas nos obrigam a estudar mais os livros de antigamente do que a realidade que nos cerca. Observar, para muitos professores, significa ler o que os grandes intelectuais do passado observaram – gente como Rousseau, Platão ou Keynes. Só que esses grandes pensadores seriam os primeiros a dizer "esqueçam tudo o que escrevi", se estivessem vivos. Na época não existia internet nem computadores, o mundo era totalmente diferente. Eles ficariam chocados se soubessem que nossos alunos são impedidos de observar o mundo que os cerca e obrigados a ler teoria escrita 200 ou 2000 anos atrás – o que leva os jovens de hoje a se sentir alienados, confusos e sem respostas coerentes para explicar a realidade.

Não que eu seja contra livros, muito pelo contrário. Sou a favor de observar primeiro, ler depois. Os livros, se forem bons, confirmarão o que você já suspeitava. Ou porão tudo em ordem, de forma esclarecedora. Existem livros antigos maravilhosos, com fatos que não podem ser esquecidos, mas precisam ser dosados com o aprendizado da observação.

Ensinar a observar deveria ser a tarefa número 1 da educação. Quase metade das grandes descobertas científicas surgiu não da lógica, do raciocínio ou do uso de teoria, mas da simples observação, auxiliada talvez por novos instrumentos, como o telescópio, o microscópio, o tomógrafo, ou pelo uso de novos algoritmos matemáticos. Se você tem dificuldade de raciocínio, talvez seja porque não aprendeu a observar direito, e seu problema nada tem a ver com sua cabeça.

Ensinar a observar não é fácil. Primeiro você precisa eliminar os preconceitos, ou pré-conceitos, que são a carga de atitudes e visões incorretas que alguns nos ensinam e nos impedem de enxergar o verdadeiro mundo. Há tanta coisa que é escrita hoje simplesmente para defender os interesses do autor ou grupo que dissemina essa ideia, o que é assustador. Se você quer ter uma visão independente, aprenda correndo a observar você mesmo.

Quantas vezes não participamos de uma reunião e alguém diz "vamos parar de discutir", no sentido de pensar e tentar "ver" o problema de outro ângulo? Quantas vezes a gente simplesmente não "enxerga" a questão? Se você realmente quiser ter ideias novas, ser criativo, ser inovador e ter uma opinião independente, aprimore primeiro os seus sentidos. Você estará no caminho certo para começar a pensar.

(Stephen Kanitz, Observar e pensar. *Veja*, 04.08.2004. Adaptado)

**2.** (FGV-SP) O advérbio "não", em uma frase do texto, é empregado de modo enfático, sem o sentido negativo que lhe é próprio.
Assinale a alternativa em que isso ocorre.

a) Na época não existia internet nem computadores, o mundo era totalmente diferente.
b) Não que eu seja contra livros, muito pelo contrário.
c) Quase metade das descobertas científicas surgiu não da lógica [...], mas da simples observação.
d) Quantas vezes não participamos de uma reunião e alguém diz "vamos parar de discutir" [...]?
e) Quantas vezes a gente simplesmente não "enxerga" a questão?

**3.** (Fuvest-SP) Leia o seguinte texto, extraído de uma biografia do compositor Carlos Gomes.
"No ano seguinte [1860], com o objetivo de consolidar sua formação musical, [Carlos Gomes] mudou-se para o Rio de Janeiro, contra a vontade do pai, para iniciar os estudos no conservatório da cidade. "Uma ideia fixa me acompanha como o meu destino! Tenho culpa, porventura, por tal cousa, se foi vossemecê que me deu o gosto pela arte a que me dediquei e se seus esforços e sacrifícios fizeram-me ganhar ambição de glórias futuras?", escreveu ao pai, aflito e cheio de remorso por tê-lo contrariado. "Não me culpe pelo passo que dei hoje. [...] Nada mais lhe posso dizer nesta ocasião, mas afirmo que as minhas intenções são puras e espero desassossegado a sua bênção e o seu perdão", completou."

http://musicaclassica.folha.com.br

a) Sobre o advérbio "porventura", presente na carta do compositor, o dicionário "Houaiss" informa: "usa-se em frases interrogativas, especialmente em perguntas delicadas ou retóricas."

Aplica-se ao texto da carta essa informação? Justifique sua resposta.

b) Cite duas palavras, também empregadas pelo compositor, que atestem, de maneira mais evidente, que, daquela época para hoje, a língua portuguesa sofreu modificações.

**Texto para a próxima questão.**

E dizem que rola um texto na internet com minha assinatura baixando o pau no "Big Brother Brasil".

Não fui eu que escrevi.

Não poderia escrever nada sobre o "Big Brother Brasil", a favor ou contra, porque sou um dos três ou quatro brasileiros que nunca o acompanharam.

O pouco que vi do programa, de passagem, zapeando entre canais, só me deixou perplexo: o que, afinal, atraía tanto as pessoas – além do voyeurismo* natural da espécie – numa jaula de gente em exibição?

Também me dizem que, além de textos meus que nunca escrevi, agora frequento a internet com um Twitter.

Aviso: não tenho tuiter, não recebo tuiter, não sei o que é tuiter.

E desautorizo qualquer frase de tuiter atribuída a mim a não ser que ela seja absolutamente genial. Brincadeira, mas já fui obrigado a aceitar a autoria de mais de um texto apócrifo (e agradecer o elogio) para não causar desgosto, ou até revolta. Como a daquela senhora que reagiu com indignação quando eu inventei de dizer que um texto que ela lera não era meu:

– É sim.

– Não, eu acho que...

– É sim senhor!

Concordei que era, para não apanhar. O curioso, e o assustador, é que, em textos de outros com sua assinatura e em tuiters falsos, você passa a ter uma vida paralela dentro das fronteiras infinitas da internet.

É outro você, um fantasma eletrônico com opiniões próprias, muitas vezes antagônicas, sobre o qual você não tem nenhum controle.

– Olha, adorei o que você escreveu sobre o "Big Brother". É isso aí!

– Não fui eu que...

– Foi sim!

*voyeurismo: forma de curiosidade mórbida com relação ao que é privativo, privado ou íntimo.

(Luis Fernando Verissimo, http://oglobo.globo.com, 30.01.2011. Adaptado.)

**4.** (UFTM-MG)

a) Reescreva os trechos – *E dizem que rola um texto na internet com minha assinatura baixando o pau no "Big Brother Brasil". Não fui eu que escrevi.* – unindo os dois períodos em um único, iniciado pela conjunção **Embora** e com as expressões de uso coloquial substituídas por sinônimos adequados à linguagem formal.

b) Explique o que o advérbio **só**, no trecho – *O pouco que vi do programa, de passagem, zapeando entre canais,* ***só*** *me deixou perplexo: o que, afinal, atraía tanto as pessoas – além do voyeurismo natural da espécie – numa jaula de gente em exibição?* –, revela sobre a opinião do autor acerca do programa "Big Brother Brasil".

# MÓDULO 14 • Conectivos: conjunção e preposição

## 1. Conjunção

Palavra invariável usada para ligar elementos linguísticos: palavras, grupo de palavras, orações, frases. Pode ser constituída por mais de um elemento, formando uma locução conjuntiva.

## 2. Preposição

Palavra invariável que une elementos linguísticos de uma frase, estabelecendo entre eles variadas relações. Nas relações estabelecidas pelas preposições, observam-se dois tipos de elemento: o **antecedente** ou **regente** (o primeiro termo) e o **consequente** ou **regido** (o segundo termo). O emprego de uma ou de outra preposição modifica toda a relação entre os dois termos, subordinando o segundo.

## 3. A conjunção na frase

### Classificação: o tipo de relação sintática

Embora as conjunções não exerçam função sintática (são classificadas apenas como **conectivos**), elas são fundamentais na análise do período composto, pois explicitam o tipo de relação estabelecido entre as orações.

As orações recebem a mesma denominação da conjunção que as introduz. A única exceção são as conjunções **integrantes**, que introduzem orações subordinadas substantivas. Essas orações recebem o nome da função sintática que desempenham e não o da conjunção. As conjunções integrantes são *que* (exprime certeza) e *se* (exprime dúvida).

| classificação sintática das conjunções | |
|---|---|
| **coordenativas** | **subordinativas** |
| conjunções que ligam elementos linguísticos de equivalente função sintática: e, ou, mas, porém, pois, nem... nem, etc. | conjunções que ligam elementos linguísticos de diferentes funções sintáticas, em que um subordina o outro: quando, embora, porque, como, quando, etc. |

## 4. A preposição na frase

Assim como a conjunção, a preposição não exerce função sintática na oração: é um **conectivo**. Entretanto, diferentemente da conjunção, a preposição nunca liga orações; ela liga termos, palavras (um termo **consequente** ao seu **antecedente**).

A preposição desempenha um papel importante na sintaxe: vários termos são regidos por preposição (complementos nominais, objetos indiretos, adjuntos adverbiais, por exemplo).

## 5. Um caso à parte: a crase

Ao estudarmos a constituição da **preposição**, vimos que é muito comum ela aparecer unida a outra palavra, ocasionando, assim, duas situações: **combinação** ou **contração**.

Há um caso de contração que merece destaque especial. É a fusão da preposição *a* com:

- o artigo definido feminino *a(s)*;
- o *a* inicial dos pronomes demonstrativos *aquele(s)*, *aquela(s)*, *aquilo*;
- o pronome demonstrativo *a(s)*;
- o *a* inicial do pronome relativo *a qual (as quais)*.

A essa fusão de duas vogais idênticas, graficamente representada por um *a* com acento grave (*à*), dá-se o nome de **crase**.

## Exercício comentado

**Texto para a próxima questão.**

**A maçã de ouro**

*A Apple supera a Microsoft em valor de mercado, premiando o espírito visionário e libertário de Steve Jobs*

A Microsoft e a Apple vieram ao mundo praticamente ao mesmo tempo, em meados dos anos 1970, criadas na garagem de jovens estudantes. Mas as empresas não trilharam caminhos paralelos. A Microsoft desenvolveu o sistema operacional mais popular do mundo e rapidamente se tornou uma das maiores corporações americanas, rivalizando com gigantes da velha indústria. A Apple, ao contrário, demorou a decolar. Fazia produtos inovadores, mas que vendiam pouco. Isso começou a mudar quando Steve Jobs, um de seus fundadores, que fora afastado nos anos 80, assumiu o comando criativo da empresa, em 1996. A Apple estava à beira da falência e só ganhou sobrevida porque recebeu um aporte de 150 milhões de dólares da Microsoft. Jobs iniciou o lançamento de produtos genuinamente revolucionários nas áreas que mais crescem na indústria de tecnologia. Primeiro com o iPod e a loja virtual iTunes. Depois vieram o iPhone e, agora, o iPad. Desde o início de 2005, o preço das ações da empresa foi multiplicado por oito. Na semana passada, a Apple alcançou o cume. Tornou-se a companhia de tecnologia mais valiosa do mundo, superando a Microsoft. Na sexta-feira, a empresa de Jobs tinha valor de mercado de 233 bilhões de dólares, contra 226 bilhões de dólares da companhia de Bill Gates.

A Marca, para além da disputa pessoal entre os maiores gênios da nova economia, coroa a estratégia definida por Jobs. Quando ele retornou à Apple, tamanha era a descrença no futuro da empresa que Michael Dell, fundador da Dell, afirmou que o melhor a fazer era fechar as portas e devolver o dinheiro a seus acionistas. Hoje, a Dell vale um décimo da Apple. O mérito de Jobs foi ter a presciência do rumo que o mercado tomaria.

BARRUCHO, Luís Guilherme & TSUBOI, Larissa. A maçã de ouro. In: *Revista Veja*, 02 de jun. 2010, p. 187. Adaptado.

1. (EPCAr–AFA-MG) Analise o período abaixo:
"A Apple estava à beira da falência e só ganhou sobrevida porque recebeu um aporte de 150 milhões de dólares da Microsoft."
Nele, pode-se afirmar que
   a) a conjunção e estabelece, entre as orações coordenadas, um sentido adversativo.
   b) a conjunção porque introduz ideia de causa à primeira oração do período.
   c) há três orações, cujos núcleos são transitivos diretos.
   d) o verbo receber possui somente objeto direto.

### Comentário do vestibular:

As opções **b**, **c** e **d** são incorretas, pois no período **b** a conjunção "porque" introduz noção de causa à segunda oração do período ("só ganhou sobrevida"); em **c** há três orações: principal com verbo de ligação, coordenada adversativa com verbo transitivo direto e subordinada adverbial causal com verbo transitivo direto e indireto; em **d** o verbo "receber" apresenta objeto direto ("um aporte de 150 milhões de dólares") e objeto indireto ("da Microsoft"). Assim, é correta apenas a opção **a**.

**Resposta:** alternativa **a**

## Exercícios propostos

**Texto para a próxima questão.**

### Em defesa da propaganda

A propaganda força os consumidores a comprar produtos de que não precisam ou não querem. Esta é, essencialmente, a primeira crítica "social" da propaganda.

A propaganda supostamente atinge seu objetivo fazendo com que os consumidores mudem seus gostos e preferências. De acordo com esta acusação, a propaganda ou controla os impulsos internos dos consumidores para fazer com que eles mudem seus gostos ou, como uma força poderosa no ambiente, provoca diretamente uma mudança no gosto de seus consumidores. A propaganda, segundo os críticos, força os consumidores a agir de uma maneira que não agiriam se não houvesse propaganda. A doutrina filosófica que fundamenta esta crítica é o determinismo, que nega a validade do livre-arbítrio.

Existem duas formas desta crítica. A primeira diz que a propaganda ilude e manipula os consumidores através de mensagens subliminares. A segunda diz que a propaganda cria necessidades e vontades usando técnicas de persuasão, o que os críticos afirmam ser o mesmo que coação.

Adaptado de: *Em defesa da propaganda*, Jerry Kirkpatrick.

1. (UEPG-PR) Quanto ao uso da crase, assinale o que for correto.
   (01) A crítica faz referência às propagandas malfeitas.
   (02) A mídia se sustém devido à propaganda em excesso.
   (04) Fomos coagidos à compra de produtos desnecessários.
   (08) Àqueles que acreditam em propaganda devem ser advertidos.
   (16) À vista ou a prazo a propaganda induz o consumidor.

2. (Unifesp)

**Primeira tirinha**

(Estúdio Mauricio de Sousa. "Bidu Especial". São Paulo: Abril, 1975)

**Segunda tirinha**

(Estúdio Mauricio de Sousa. "Bidu Especial". São Paulo: Abril, 1973)

Nas falas "Minha terra tem Corinthians, **onde** canta o sabiá!" e "cada um tem o time **que** quiser!...", da segunda tirinha, os vocábulos em destaque estabelecem, respectivamente, as relações sintático-semânticas de
   a) conector de oração adjetiva em relação a "minha terra" e conector de oração adjetiva em relação a "time".

b) conector de oração adverbial em relação a "terra" e conector de oração adjetiva em relação a "time".
c) conector de oração adjetiva em relação a "Corinthians" e conector de oração adjetiva em relação a "cada um".
d) conector de oração adverbial em relação a "Corinthians" e conector de oração adverbial em relação a "um".
e) conector de oração adverbial de lugar em relação a "minha terra" e conector de oração adjetiva em relação a "cada um".

**Texto para a próxima questão.**

### De manhã

O hábito de estar aqui agora
aos poucos substitui a compulsão
de ser o tempo todo alguém ou algo.

Um belo dia – por algum motivo
é sempre dia claro nesses casos –
você abre a janela, ou abre um pote

de pêssegos em calda, ou mesmo um livro
que nunca há de ser lido até o fim
e então a ideia irrompe, clara e nítida:

É necessário? Não. Será possível?
De modo algum. Ao menos dá prazer?
Será prazer essa exigência cega

a latejar na mente o tempo todo?
Então por quê?
E neste exato instante
você por fim entende, e refestela-se
a valer nessa poltrona, a mais cômoda
da casa, e pensa sem rancor:
Perdi o dia, mas ganhei o mundo.
(Mesmo que seja por trinta segundos.)

(BRITO, Paulo Henriques. "As três epifanias – III". In: BRITO, P. H. *Macau*. São Paulo: Companhia das Letras, 2003. p. 72-73)

3. (UFRJ) A conjunção adversativa MAS, utilizada no penúltimo verso do texto, além de implicar contraste, desempenha papel argumentativo específico. Explique esse papel.

**Texto para a próxima questão.**

[...] As primeiras vezes as aulas foram difíceis. Eles pouco entendiam e eu ficava irritada:

– Vocês têm mesmo certeza de que nasceram no Brasil?

– Ia, ia Wol.

Isso me enfurecia. Parecia mesmo [1]que o meu alemão melhorava, [2]enquanto [3]o português deles ia para trás. Senti isso numa tarde em [4]que olhava o rio Itajaí-Açu, numa cheia. [5]Era impetuoso, arrastava [6]tudo, os troncos, as tábuas, os toros de madeira. Precisava de muita fibra, para conter essa força de um contingente linguístico, com tão pouca gente falando a língua da pátria. Por isso [7]lutava ainda. Eu representava aqui uma célula, um átomo que teria de se desenvolver a qualquer custo, para, num milagre, realizar o quase impossível.

LAUS, Lausimar. *O guarda-roupa alemão*. 4. ed. Florianópolis: Ed. da UFSC, 2006. p. 35.

4. (UFSC) Ainda considerando o texto, assinale a(s) proposição(ões) correta(s).
(01) A conjunção *enquanto* (ref. 2) expressa, simultaneamente, as noções de ao mesmo tempo em que e ao passo que.
(02) Em "o português deles" (ref. 3), a palavra *deles* é uma contração da preposição *de* com o pronome pessoal *eles*, sendo empregada como pronome possessivo correspondente à terceira pessoa do discurso.
(04) A vírgula colocada após a palavra *tudo* (ref. 6) pode ser adequadamente substituída por dois pontos, anunciando uma enumeração.
(08) A preposição *para* indica direção nas duas ocorrências sublinhadas no texto.
(16) Nas referências 1 e 4, o vocábulo *que* funciona como pronome relativo, pois retoma um termo antecedente e, ao mesmo tempo, liga orações.
(32) As formas verbais *era* (ref. 5) e *lutava* (ref. 7) se encontram no mesmo tempo verbal e expressam, respectivamente, estado e ação que se prolongam no tempo.

**Texto para a próxima questão.**

(...) Antes de concluir este capítulo, fui à janela indagar da noite por que razão os sonhos haviam de ser assim tão tênues que se esgarçavam ao menor abrir de olhos ou voltar de corpo, e não continuavam mais. A noite não me respondeu logo. Estava deliciosamente bela, os morros palejavam* de luar e o espaço morria de silêncio. Como eu insistisse, declarou-me que os sonhos já não pertenciam à sua jurisdição. Quando eles moravam na ilha que Luciano** lhes deu, onde ela tinha o seu palácio, e donde os fazia sair com as suas caras de vária feição, dar-me-ia explicações possíveis. Mas os tempos mudaram tudo. Os sonhos antigos foram aposentados, e os modernos moram no cérebro das pessoas. Estes, ainda que quisessem imitar os outros, não poderiam fazê-lo; a ilha dos sonhos, como a dos amores, como todas as ilhas de todos os mares, são agora objeto da ambição e da rivalidade da Europa e dos Estados Unidos.

Era uma alusão às Filipinas. Pois que não amo a política, e ainda menos a política internacional, fechei a janela e vim acabar este capítulo para ir dormir.

(Machado de Assis, *Dom Casmurro*. Adaptado)

Vocabulário:
* palejar – tornar-se pálido, empalidecer.
** Luciano – escritor grego, criador do diálogo satírico.

5. (FGV-SP) Com relação às classes de palavras, aponte o valor que:
a) a preposição DE assume no contexto das frases:
I. "... os morros palejavam de luar..."
II. "De manhã, com a fresca..."
b) a conjunção COMO assume no contexto das frases:
III. "Como eu insistisse..."
IV. "... como a dos amores..."

# MÓDULO 15 • Regência

## 1. Sintagma preposicionado: múltiplas funções

Os sintagmas preposicionados são unidades de sentido que vêm introduzidas por preposição. Essas preposições desempenham um relevante papel na organização dos enunciados, já que relacionam dois sintagmas, tornando o que é introduzido por preposição dependente do outro, como ocorre nos casos em que um termo regente (verbo, substantivo, adjetivo, advérbio) exige um complemento. Além disso, as preposições introduzem sintagmas representados por locuções (adjetivas, adverbiais).

## 2. Regência

O estudo das relações entre o verbo e seu complemento ou entre o nome e seu complemento chama-se **regência**. Os verbos ou nomes que têm seu sentido complementado são chamados de **regentes** ou **subordinantes**; os complementos a eles ligados são chamados de **regidos** ou **subordinados**.

Quando um verbo pede complemento, ocorre a **regência verbal**; quando um nome (substantivo, adjetivo, advérbio) pede complemento, ocorre a **regência nominal**.

## 3. Os efeitos do deslocamento na construção do texto

Os sintagmas têm uma posição física convencional dentro da oração. Em português, as estruturas básicas dos sintagmas costumam ser estruturados na seguinte ordem:

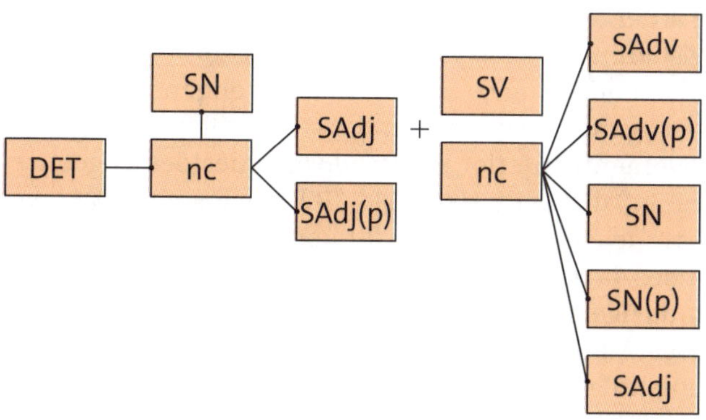


Entretanto, nem sempre essa ordem é empregada. Muitas vezes, intencionalmente, deslocam-se os sintagmas para enfatizá-los e destacá-los.

## 4. Sintagmas, posições e funções

Alguns sintagmas podem exercer diversas funções dentro da oração (sujeito, complemento verbal, predicativo, adjunto adnominal, etc.). Para determinar a função que um sintagma está exercendo, é preciso observar o relacionamento estabelecido com os outros elementos e sintagmas da oração e a posição que ocupa nela.

## 5. As alterações de regência cristalizadas na fala

Ora por eufonia – sonoridade agradável ao ouvido –, ora por associações de sentido, algumas expressões consagradas contradizem a regência prescrita na gramática normativa e driblam o significado de algumas preposições.

## Exercício comentado

**Texto para a próxima questão.**

Havia naquele cemitério uma sepultura em torno da qual a imaginação popular tecera lendas. Ficava ao lado da capela, perto dos grandes jazigos, e [1]consistia numa lápide cinzenta, com a inscrição já meio apagada por baixo duma cruz em alto-relevo. Seus devotos acreditavam que a alma cujo corpo ali jazia tinha o dom de obrar milagres como os de Santo Antônio. Floriano leu a inscrição:

Antônia Weber – Toni – 1895-1915. Talvez ali estivesse o ponto de partida de seu próximo romance...

Um jovem novelista visita o cemitério de sua terra e fica particularmente interessado numa sepultura singela a que a superstição popular [2]atribui poderes milagrosos. Vem-lhe então o desejo de, através da magia da ficção, trazer de volta à vida aquela morta obscura. Sai à procura de habitantes mais antigos e a eles pergunta: "Quem foi Antônia Weber?" Alguns nada sabem. Outros contam o pouco de que [3]se lembram. Um teuto-brasileiro sessentão (Floriano já começava a visualizar as personagens, a inventar a intriga), ao ouvir o nome da defunta, fica perturbado e fecha-se num mutismo ressentido. "Aqui há drama", diz o escritor para si próprio. E conclui: "Este homem talvez tenha amado Antônia Weber...". Ao cabo de várias tentativas, consegue arrancar dele uma história fragmentada, cheia de reticências que, entretanto, o novelista vai preenchendo com trechos de depoimentos de terceiros. Por fim, de posse de várias peças do quebra-cabeça, põe-se a armá-lo e o resultado é o romance duma tal Antônia Weber, natural de Hannover e que emigrou com os pais para o Brasil e estabeleceu-se em Santa Fé, onde...

Mas qual! – exclamou Floriano, parando à sombra dum plátano e passando o lenço pela testa úmida. Ia cair de novo nos alçapões que seu temperamento lhe armava. Os críticos não negavam mérito a seus romances, mas afirmavam que em suas histórias faltava o cheiro do suor humano e da terra: achavam que, quanto à forma, eram tecnicamente bem escritas; quanto ao conteúdo, porém, tendiam mais para o artifício que para a arte, fugindo sempre ao drama essencial. Pouco lhe importaria o que outros pensassem se ele próprio não estivesse de acordo com essas restrições. Chegara à conclusão de que, embora a perícia não devesse ser menosprezada, para fazer bom vinho era necessário antes de mais nada ter uvas, e uvas de boa qualidade. No caso do romance a uva era o tema – o tema legítimo, isto é, algo que o autor pelo menos tivesse *sentido*, se não propriamente *vivido*.

Adaptado de: VERISSIMO, Erico. *O tempo e o vento*: o retrato. v. 2. São Paulo: Companhia das Letras, 2010. p. 331-333.

1. (UFRGS-RS) Considere o enunciado abaixo e as três propostas para completá-lo. Em razão de alteração de regência, acarretaria outras mudanças na frase, a substituição de
   1. *consistia* (ref. 1) por **ostentava**.
   2. *atribui* (ref. 2) por **concede**.
   3. *se lembram* (ref. 3) por **têm memória**.

   Quais propostas estão corretas?
   a) Apenas 1.
   b) Apenas 2.
   c) Apenas 3.
   d) Apenas 1 e 3.
   e) 1, 2 e 3.

### Comentário do vestibular:

"Atribuir" e "conceder" têm a mesma regência, de modo que, no contexto, uma palavra poderia substituir a outra sem requerer mais adaptações: "sepultura singela a que a superstição popular atribui/concede poderes milagrosos". O mesmo se dá com "lembrar-se de" e "ter memória de": "Outros contam o pouco de que *se lembram/têm memória.*". A única proposta que demandaria adaptação na regência é a 1. O verbo "consistir" é transitivo indireto, requer as preposições "em" ou "de"; já o verbo "ostentar" é transitivo direto, ou seja, dispensa a preposição "em", contraída no texto com o pronome "uma".

**Resposta**: alternativa **a**

## Exercícios propostos

**Texto para a próxima questão.**

### Gates e Jobs

*Quando as órbitas se cruzam*

Em astronomia, quando as órbitas de duas estrelas se entrecruzam por causa da interação gravitacional, tem-se um sistema binário. Historicamente, ocorrem situações análogas quando uma era é moldada pela relação e rivalidade de dois grandes astros orbitando: Albert Einstein e Niels Bohr na física no século XX, por exemplo, ou Thomas Jefferson e Alexander Hamilton na condução inicial do governo americano. Nos primeiros trinta anos da era do computador pessoal, a partir do final dos anos 1970, o sistema estelar binário definidor foi composto por dois indivíduos de grande energia, que largaram os estudos na universidade, ambos nascidos em 1955.

Bill Gates e Steve Jobs, apesar das ambições semelhantes no ponto de convergência da tecnologia e dos negócios, tinham origens bastante diferentes e personalidades radicalmente distintas.

À diferença de Jobs, Gates entendia de programação e tinha uma mente mais prática, mais disciplinada e com grande capacidade de raciocínio analítico. Jobs era mais intuitivo, romântico, e dotado de mais instinto para tornar a tecnologia usável, o *design* agradável e as interfaces amigáveis. Com sua mania de perfeição, era extremamente exigente, além de administrar com carisma e intensidade indiscriminada. [1]Gates era mais metódico; as reuniões para exame dos produtos tinham horário rígido, e ele chegava ao cerne das questões com uma habilidade ímpar. Jobs encarava as pessoas com uma intensidade cáustica e ardente; Gates às vezes não conseguia fazer contato visual, mas era essencialmente bondoso.

[4]"Cada qual se achava mais inteligente do que o outro, mas Steve em geral tratava Bill como alguém levemente inferior, sobretudo em questões de gosto e estilo", diz Andy Hertzfeld. "Bill menosprezava Steve porque ele não sabia de fato programar." Desde o começo da relação, [6]Gates ficou fascinado por Jobs e com uma ligeira inveja de seu efeito hipnótico sobre as pessoas. Mas também o considerava "essencialmente esquisito" e "estranhamente falho como ser humano", e se sentia desconcertado com a grosseria de Jobs e sua tendência a funcionar "ora no modo de dizer que você

era um merda, ora no de tentar seduzi-lo". Jobs, por sua vez, via em Gates uma estreiteza enervante.

[2]Suas diferenças de temperamento e personalidade [1]iriam levá-los para lados opostos da linha fundamental de divisão na era digital. Jobs era um perfeccionista que adorava estar no controle e se comprazia com sua índole intransigente de artista; ele e a Apple se tornaram exemplos de uma estratégia digital que integrava solidamente o *hardware*, o *software* e o conteúdo numa unidade indissociável. Gates era um analista inteligente, calculista e pragmático dos negócios e da tecnologia; dispunha-se a licenciar o *software* e o sistema operacional da Microsoft para um grande número de fabricantes.

Depois de trinta anos, Gates desenvolveu um respeito relutante por Jobs. "De fato, ele nunca entendeu muito de tecnologia, mas tinha um instinto espantoso para saber o que funciona", disse. Mas Jobs nunca retribuiu valorizando devidamente os pontos fortes de Gates. "Basicamente Bill é pouco imaginativo e nunca inventou nada, e é por isso que acho que ele se sente mais à vontade agora na filantropia do que na tecnologia", disse Jobs, com pouca justiça. "Ele só pilhava despudoradamente as ideias dos outros."

(ISAACSON, Walter. *Steve Jobs: a biografia*. São Paulo: Companhia das Letras, 2011. p. 189-191. Adaptado)

1. (EPCAr-AFA-MG) Marque a alternativa **INCORRETA** a respeito do trecho abaixo destacado.
"Gates era mais metódico; as reuniões para exame dos produtos tinham horário rígido, e ele chegava ao cerne das questões com uma habilidade ímpar." (ref. 1)
   a) O ponto e vírgula foi utilizado para separar orações coordenadas que mantêm entre si uma relação de explicação.
   b) O verbo chegar, nesse contexto, admite dupla regência, logo a reescrita chegava no cerne da questão atende à norma padrão da língua.
   c) O termo para exame dos produtos especifica o substantivo reuniões e mantém com esse termo uma relação semântica de finalidade.
   d) O termo com uma habilidade ímpar subordina-se ao verbo da oração ao qual acrescenta uma circunstância de modo.

**Texto para a próxima questão.**

## A chegada

E quando cheguei à tarde na minha casa lá no 27, ela já me aguardava andando pelo gramado, veio me abrir o portão pra que eu entrasse com o carro, e logo que saí da garagem subimos juntos a escada pro terraço, e assim que entramos nele abri as cortinas do centro e nos sentamos nas cadeiras de vime, ficando com nossos olhos voltados pro alto do lado oposto, lá onde o sol ia se pondo, e estávamos os dois em silêncio quando ela me perguntou "que que você tem?", mas eu, muito disperso, continuei distante e quieto, o pensamento solto na vermelhidão lá do poente, e só foi mesmo pela insistência da pergunta que respondi "você já jantou?" e como ela dissesse "mais tarde" eu então me levantei e fui sem pressa pra cozinha (ela veio atrás), tirei um tomate da geladeira, fui até a pia e passei uma água nele, (...)

Raduan Nassar, *Um copo de cólera*.

2. (UFF-RJ) Com base no fragmento de Raduan Nassar:
   a) transcreva um exemplo de regência verbal de uso coloquial;
   b) reescreva a frase – "que que você tem?" – de acordo com a modalidade escrita culta;
   c) identifique, no trecho a seguir, um termo que representa um recurso de ênfase característico de estilização da oralidade e dispensável na modalidade escrita:
   "e logo que saí da garagem subimos juntos a escada pro terraço, e assim que entramos nele abri as cortinas do centro e nos sentamos nas cadeiras de vime".

**Texto para a próxima questão.**

O valor do futuro depende do que se pode esperar dele. Portanto: se você acredita "de fato" em alguma forma de existência "*post mortem*" determinada pelo que fizermos em vida, então todo cuidado é pouco: os juros prospectivos são infinitos. O desafio é fazer o melhor de que se é capaz na vida mortal sem pôr em risco as incomensuráveis graças do porvir. Se você acredita, ao contrário, que a morte é o fim definitivo de tudo, então o valor do intervalo finito de duração indefinida da vida tal como a conhecemos aumenta. Ela é tudo o que nos resta, e o único desafio é fazer dela o melhor de que somos capazes. E, finalmente, se você duvida de qualquer conclusão humana sobre o após-a-morte e sua relação com a vida terrena, então você contesta o dogmatismo das crenças estabelecidas, não abdica da busca de um sentido transcendente para o mistério de existir e mantém uma janelinha aberta e bem arejada para o além. O desafio é fazer o melhor de que se é capaz da vida que conhecemos, mas sem descartar nenhuma hipótese, nem sequer a de que ela possa ser, de fato, tudo o que nos é dado para sempre.

(Eduardo Giannetti, *O valor do amanhã*, p. 123.)

3. (UFSCar-SP) A regência do verbo **abdicar**, que aparece no trecho – não abdica da busca de um sentido transcendente para o mistério de existir –, pode ser substituída, de modo compatível com a norma padrão e com o sentido do texto, pelo que está em:
   a) não abdica na busca de um sentido transcendente para o mistério de existir.
   b) não se abdica a busca de um sentido transcendente para o mistério de existir.

c) não se abdica pela busca de um sentido transcendente para o mistério de existir.
d) não abdica para a busca de um sentido transcendente para o mistério de existir.
e) não abdica a busca de um sentido transcendente para o mistério de existir.

4. (UFF-RJ)

Nani, "Vereda tropical"

A prática da gramática não deve estar desvinculada da percepção das diferenças na produção de sentido, encaminhadas pela língua no processo de comunicação.
Explique as diferentes regências do verbo "combater" e as decorrentes produções de sentido no contexto em que se inserem:
*"Combateremos a sombra. Com crase e sem crase."*

**Texto para a próxima questão.**

## Tarde cinzenta

A tarde de inverno é perfeita. O tempo nublado acinzenta tudo. Mesmo os mais empedernidos cultores da agitação, do barulho, das cores, hoje se rendem a uma certa passividade e melancolia. Os espíritos ensimesmados reinam; os ativos pagam tributo à reflexão. Sem o sol, que provoca a rudeza dos contrastes, tudo é sutil, tudo é suave.

Tardes assim nos reconciliam com o efêmero. Longe das certezas substanciais, ficamos flutuando entre as névoas da dúvida. A superficialidade, que aparentemente plenifica, dissolve-se; acabamos ancorados no porto das insatisfações. E, ao invés de nos perenizarmos como singularidade, desejamos subsumir na névoa... como a montanha e a tarde.

A vida sempre para numa tarde assim. É como se tudo congelasse. Moléculas, músculos, máquinas e espíritos interrompem seu furor produtivo e se rendem, estáticos, à magia da tarde cinzenta.

Numa tarde assim, não há senão uma coisa a fazer: contemplar. O espírito, carregando consigo um corpo por vezes contrariado, aquieta-se e divaga; torna-se receptivo a tudo: aos mínimos sons, [1]às réstias de luz que atravessam a névoa, ao lento e pesado progresso que tudo conduz para o fim do dia, para o mergulho nas brumas da noite. [2]As narinas absorvem com prazer um odor que parece carregado de umidade; a pele sente o toque enérgico do frio. O langor impõe-se e comanda esse estar-no-mundo como que suspenso por um tênue fio [3]que nos liga, timidamente, à vida ativa.

Nas tardes cinzentas, o coração balança entre a paz e a inquietação, porque a calma e o silêncio inquietam. O azáfama anestesia; o não fazer deixa o espírito alerta – como um nervo exposto a qualquer acontecer.

Não há jamais nada de espetacular nas tardes cinzentas, a não ser o espetáculo da própria tarde. E este é grandiosamente simples: ar friorento, claridade difusa que se perde no cinza, contemplação, inatividade e o contraditório do espírito aguçado e acuado por esse acontecer minimalista da vida.

Na tarde fria e cinzenta, corpos se rendem ao aconchego de roupas macias ou de braços macios em abraços suaves. Somente olhares e corações conservam o fogo das paixões. As vozes agudas e imperativas transformam-se em sons baixos, quase guturais, que muitas vezes convertem-se em sussurros, como temendo quebrar a magia da tarde.

Não nos iludamos com as aparências: não há necessariamente tristeza nas tardes cinzentas. Mas também não existe aquela alegria inconsequente dos dias cálidos e dourados pelo sol. Existe, sim, um equilíbrio perfeito, numa equidistância entre o tédio e a euforia, fazendo-nos caminhar sobre um tênue fio distendido entre o amargor e a satisfação, entre o entusiasmo e o tédio. Tudo isso, porém, só se mostra aqui e ali, em meio à bruma difusa, ao cinza que permeia tudo.

Uma simples tarde cinzenta pode parar o mundo, pode deter a vida. Somente por um instante. Mas talvez apenas nos corações sensíveis.

CARINO, J. Disponível em: http://www.almacarioca.net/tarde-cinzenta-j--carino/ Acesso em: 23 ago. 2010. (Adaptado)

5. (Cesgranrio-RJ) Considere as afirmativas abaixo, segundo o registro culto e formal da língua.

I. O uso do acento grave indicativo da crase em "às réstias de luz que atravessam a névoa," (ref. 1), constitui caso de regência nominal.

II. Em "As narinas **absorvem** com prazer um odor..." (ref. 2), substituindo-se o verbo destacado por aspirar, teríamos as narinas aspiram com prazer a um odor.

III. Acrescentando-se à expressão destacada em "...que nos liga, timidamente, **à vida ativa**." (ref. 3) o pronome minha (à minha vida ativa), o uso do acento grave indicativo da crase passa a ser facultativo.

Está correto o que se afirma em
a) I, apenas.
b) I e II, apenas.
c) I e III, apenas.
d) II e III, apenas.
e) I, II e III.

# MÓDULO 16 • A coordenação

## 1. Período simples e período composto

Período é a frase constituída por uma ou mais orações, formando um todo com sentido completo. Pode ser simples ou composto:

- o **período simples** é constituído de apenas uma oração (chamada oração absoluta);
- o **período composto** é constituído de duas ou mais orações.

Dependendo da relação estabelecida entre as orações que constituem um período, ele pode ser chamado de:

- **período composto por coordenação**;
- **período composto por subordinação**;
- **período composto por coordenação e subordinação**.

## 2. Período composto por coordenação

Quando duas orações de um período estão simplesmente justapostas (ou coordenadas) e a relação que se estabelece entre elas é semântica (de significação), não havendo subordinação sintática, chamamos o período de **composto por coordenação**.

### Orações coordenadas sindéticas e assindéticas

Se a coordenação entre duas ou mais orações é feita por simples justaposição, sem o emprego de uma conjunção, as **orações coordenadas** são **assindéticas**, não ligadas por conjunção.

A coordenação entre duas ou mais orações também pode ser feita por meio de uma conjunção. Nesse caso, a **oração coordenada** é **sindética**, ligada a outra por meio de uma conjunção.

As orações coordenadas assindéticas não comportam classificação, embora percebam-se diferentes relações entre elas (de soma, de adversidade, de explicação, etc.).

Já as orações sindéticas, dependendo da relação semântica que as une, classificam-se em: **aditivas**, **adversativas**, **alternativas**, **conclusivas** e **explicativas**.

Essa relação semântica vem, via de regra, explicitada pela conjunção que as introduz:

**Orações coordenadas**
- assindéticas
- sindéticas
  - aditivas
  - adversativas
  - alternativas
  - conclusivas
  - explicativas

### Polissíndeto e assíndeto

- **Polissíndeto** (*poli-* = muitos, diversos) é uma figura de sintaxe caracterizada pela repetição das conjunções, notadamente das aditivas.
- **Assíndeto** (*a-* = indica ausência) é uma figura de sintaxe caracterizada pela ausência, omissão das conjunções coordenativas.

## Exercício comentado

**Textos para a próxima questão.**

*Texto I*

Uma mesa cheia de feijões.

[2]O gesto de os juntar num montão único. E o gesto de os separar, um por um, do dito montão.

O primeiro gesto é bem mais simples e pede menos tempo que o segundo.

Se em vez da mesa fosse um território, em lugar de feijões estariam pessoas. Juntar todas as pessoas num montão único é trabalho menos complicado do que o de personalizar cada uma delas.

O primeiro gesto, o de reunir, aunar, tornar uno todas as pessoas de um mesmo território, é o processo da CIVILIZAÇÃO.

[1]O segundo gesto, o de personalizar cada ser que pertence a uma civilização, é o processo da CULTURA.

É mais difícil a passagem da civilização para a cultura do que a formação de civilização.

A civilização é um fenômeno *colectivo*.

A cultura é um fenômeno *individual*.

Não há cultura sem civilização, nem civilização que perdure sem cultura.

Almada Negreiros

Vocabulário:
aunar – juntar em um todo; unir

### *Texto II*

[2]Pasolini foi o mais aguerrido defensor da diferença, ao detectar uma verdadeira mutação antropológica do mundo moderno: a condição humana e a condição burguesa passavam tristemente a coincidir. Tratava-se de um poder invisível, diluído e onipresente. Tudo se tornava igual a tudo em todo lugar. Era a melancolia da semelhança, inspirando boa parte de seus desesperados *Escritos corsários*. Era o fascismo de consumo que devastava a singularidade das culturas. Era o fim dos substratos sagrados, como vemos acontecer em Medeia.

O sujeito dava espaço ao consumidor. O corpo passava à condição de mercadoria. [7]Uma erotomania generalizada a braços dados com o bom-mocismo desenxabido do politicamente correto. Toda razão para Garaudy: o Ocidente é um acidente. Um acidente que se imagina universal.

[3]Tanto assim que, de Roma a Nova York, de Buenos Aires a Paris, Pasolini deparava-se com jovens cada vez mais parecidos entre si, a um só tempo infelizes e orgulhosos, mesquinhos e arrivistas. Em Isfahan, por exemplo, muitos começavam a usar um corte de cabelo à europeia.

Para dizer que não eram iguais aos bárbaros, aos mortos de fome dos arredores: "somos burgueses, eis aqui nossos cabelos compridos, que provam nossa modernidade internacional de privilegiados." Recusavam a própria cultura para ingressar – acéfalos – no submundo da modernidade. Quem poderá pressentir a profundidade do abismo que os ameaça ou a tristeza que os cerca? Quem os poderá salvar de si mesmos?

Marco Lucchesi

Vocabulário:

Medeia – personagem da mitologia grega

erotomania – exageração, às vezes mórbida, dos sentimentos amorosos e do fascínio por contatos sexuais; mania de sexo

Garaudy – Roger Garaudy, pensador francês

Isfahan – cidade no Irã

### *Texto III*

O dia em que nós formos inteiramente brasileiros e só brasileiros a humanidade estará rica de mais uma raça, rica de uma nova combinação de qualidades humanas. As raças humanas são acordes musicais (...) Quando realizarmos o nosso acorde, então seremos usados na harmonia da civilização.

Mário de Andrade

1. (UFF-RJ) Assinale a alternativa que apresenta **comentário adequado** a um dos fragmentos dos **Textos I** e **II**, com base em aspectos sintáticos, morfológicos e semânticos.

a) Pasolini foi o mais aguerrido defensor da diferença, ao detectar uma verdadeira mutação antropológica do mundo moderno: a condição humana e a condição burguesa passavam tristemente a coincidir. (Texto II, ref. 2)

**Comentário:** O uso dos dois pontos interfere ironicamente no esclarecimento do que foi enunciado.

b) O gesto de os juntar num montão único. **E** o gesto de os separar, um por um, do dito montão. (Texto I, ref. 2)

**Comentário:** O emprego da conjunção coordenativa "E" implica sempre a obrigatoriedade do uso do ponto-final na oração anterior.

c) Uma erotomania generalizada a braços dados com o bom-mocismo desenxabido do **politicamente correto**. (Texto II, ref. 7)

**Comentário:** A expressão "politicamente correto" está em processo de gramaticalização e, no fragmento, constitui uma locução de valor conjuntivo.

d) O segundo gesto, **o** de personalizar cada ser que pertence a uma civilização é o processo da CULTURA. (Texto I, ref. 1)

**Comentário:** O emprego do pronome demonstrativo "o" apresenta uma função coesiva, que caracteriza, no fragmento, o termo determinante do substantivo.

e) **Tanto assim que**, de Roma a Nova York, de Buenos Aires a Paris, Pasolini deparava-se com jovens cada vez mais parecidos entre si, a um só tempo infelizes e orgulhosos, mesquinhos e arrivistas. (Texto II, ref. 3)

**Comentário:** A locução conjuntiva explicativa "tanto assim que" introduz argumentos para uma opinião anteriormente expressa.

## Comentário do vestibular:

A locução conjuntiva explicativa introduz um argumento à tese enunciada anteriormente: "O sujeito dava espaço ao consumidor. O corpo passava à condição de mercadoria. Uma erotomania generalizada a braços dados com o bom-mocismo desenxabido do politicamente correto". Não existe ironia no esclarecimento da opinião anteriormente formulada, a conjunção "**e**" pode ser usada depois de outros sinais de pontuação que não o ponto-final, a expressão "politicamente correto" obedece a critérios gramaticais vigentes, sem valor conjuntivo, e o termo "o" não caracteriza, apenas determina, o substantivo "gesto", o que invalida, respectivamente, as opções **a**, **b**, **c** e **d**.

**Resposta**: alternativa **e**

## Exercícios propostos

**Texto para a próxima questão.**

Extraído de *Formação da Literatura Brasileira*, de Antonio Candido.

No Brasil, o homem de estudo, de ambição e de sala, que provavelmente era, encontrou condições inteiramente novas. Ficou talvez mais disponível, e o amor por Doroteia de Seixas o iniciou em ordem nova de sentimentos: o clássico florescimento da primavera no outono.

Foi um acaso feliz para a nossa literatura esta conjunção de um poeta de meia idade com a menina de dezessete anos. O quarentão é o amoroso refinado, capaz de sentir poesia onde o adolescente só vê o embaraçoso cotidiano; e a proximidade da velhice intensifica, em relação à moça em flor, um encantamento que mais se apura pela fuga do tempo e a previsão da morte:

Ah! enquanto os destinos impiedosos
não voltam contra nós a face irada,
façamos, sim, façamos, doce amada,
os nossos breves dias mais ditosos.

1. (Unifesp) Em – "Ficou talvez mais disponível, e o amor por Doroteia de Seixas o iniciou em ordem nova de sentimentos: o clássico florescimento da primavera no outono. – a vírgula separa orações coordenadas com sujeitos gramaticais __________; os dois-pontos introduzem uma __________.
Os espaços devem ser preenchidos, respectivamente, com:
   a) indeterminados ... síntese das informações precedentes
   b) idênticos ... ratificação das informações precedentes
   c) inexistentes ... retificação de informação mal definida anteriormente
   d) distintos ... explicação de informação anterior
   e) ocultos ... citação

2. (UFC-CE) Identifique o valor semântico da conjunção "E" nos períodos a seguir.
   I. O poeta nasceu ao final das duas primeiras décadas deste século "E" ainda continua perplexo dentro deste mundo atormentado.
   II. As pessoas conviviam com personalidades de todos os matizes "E" aprendiam a lidar com gente boa e gente má.
   III. Por amar Fortaleza, o poeta fez-lhe um canto de amor "E" o leu ao receber o título de "Cidadão de Fortaleza".

   Assinale a opção cuja sequência corresponde à relação existente entre as orações dos períodos I, II e III.
   a) adição – conclusão – consequência;
   b) oposição – oposição – adição;
   c) adição – conclusão – finalidade;
   d) oposição – conclusão – finalidade;
   e) adição – consequência – explicação.

**Texto para a próxima questão.**

### Delírio de voar

Nos dez primeiros anos deste século havia uma mania *pop* em Paris – voar. As formas estranhas dos aeroplanos experimentais invadiam as páginas dos jornais. Cada proeza dos aviadores era narrada em detalhe. Os parisienses acompanhavam fascinados as audácias dos aviadores, uma elite extravagante de jovens brilhantes, cultos e elegantes, realçada por vários milionários e pelo interesse das moças. Multidões lotavam o campo de provas de Issy-les-Molincaux. Os pilotos e os inventores eram reconhecidos nas ruas e homenageados em restaurantes. Todo dia algum biruta apresentava uma nova máquina, anunciava um plano mirabolante e desafiava a gravidade e a prudência.

Paris virara a capital mundial da aviação desde a fundação do Aéro-Club de France, em 1898. Depois da difusão dos grandes balões, em 1880, e dos dirigíveis inflados a gás, em 1890 – os chamados "mais leves que o ar", chegara a hora dos aparelhos voadores práticos, menores e controláveis – os "mais pesados que o ar". Durante muito tempo eles foram descartados como impossíveis, mas agora as pré-condições haviam mudado. A tecnologia da aerodinâmica, da engenharia de estruturas, do desenho de motores e da química de combustíveis havia chegado a um estágio de evolução inédito. Combinadas, permitiam projetar máquinas inimaginadas.

Simultaneamente, por caminhos paralelos, a fotografia dera um salto com a invenção dos filmes flexíveis, em 1889. Surgiram câmeras modernas, mais sensíveis à luz, mais velozes e fáceis de manejar. Em consequência, proliferaram os fotógrafos profissionais e amadores. Eles não só registraram cada passo da infância da aviação como também popularizaram-na. Transportados pelos jornais, os feitos dos pioneiros estimularam a vocação de muitos jovens candidatos a aviador. A mídia glamourizou a ousadia de voar.

..................................................................................

Inventar aviões era um ofício diletante e nada rendoso – ainda. Exigia recursos financeiros para construir aparelhos, contratar mecânicos, oficinas e hangares. Dinheiro nunca faltou ao brasileiro Alberto Santos-Dumont, filho de um rico fazendeiro mineiro, ou ao engenheiro e nobre francês marquês d'Ecquevilley-Montjustin. Voar era um ideal delirante e dândi. Uma glória para homens extraordinários.

*SUPERINTERESSANTE*, junho/99, p. 36

3. (UEPG-PR) Considerando aspectos sintáticos dos períodos "Todo dia algum biruta apresentava uma nova máquina, anunciava um plano mirabolante e desafiava a gravidade e a prudência" e "A tecnologia da aerodinâmica, da engenharia de estruturas, do desenho de motores e da química de combustíveis havia chegado a um estágio de evolução inédito", aponte as alternativas corretas.
(01) Ambos os períodos são compostos.
(02) O primeiro período se compõe de três orações coordenadas.
(04) Os verbos empregados nas orações do primeiro período têm em comum o fato de serem transitivos indiretos.
(08) Na única oração que constitui o segundo período, o termo "tecnologia" funciona como núcleo do sujeito simples.
(16) No primeiro período, a conjunção "e", empregada duas vezes, está separando orações de igual valor e também termos de valor idêntico na mesma oração.

**Texto para a próxima questão.**

## Apelo

Amanhã faz um mês que a Senhora está longe de casa. Primeiros dias, para dizer a verdade, não senti falta, bom chegar tarde, esquecido na conversa de esquina. Não foi ausência por uma semana: o batom ainda no lenço, o prato na mesa por engano, a imagem de relance no espelho.

Com os dias, Senhora, o leite primeira vez coalhou. A notícia de sua perda veio aos poucos: a pilha de jornais ali no chão, ninguém os guardou debaixo da escada. Toda a casa era um corredor deserto, e até o canário ficou mudo. Para não dar parte de fraco, ah, Senhora, fui beber com os amigos. Uma hora da noite eles se iam e eu ficava só, sem o perdão de sua presença e todas as aflições do dia, como a última luz na varanda.

E comecei a sentir falta das pequenas brigas por causa do tempero na salada – o meu jeito de querer bem. Acaso é saudade, Senhora? Às suas violetas, na janela, não lhes poupei água e elas murcham. Não tenho botão na camisa, calço a meia furada. Que fim levou o saca-rolhas? Nenhum de nós sabe, sem a Senhora, conversar com os outros: bocas raivosas mastigando. Venha para casa, Senhora, por favor.

(TREVISAN, Dalton. "II – Os Mistérios de Coritiba", *In: Os desastres do amor* – Rio de Janeiro, Civilização Brasileira, 1968)

4. (Unesp) "As suas violetas, na janela, não lhes poupei água e elas murcham."
Observando o período acima, responda:
a) Que tipo de relação se estabelece entre as duas orações através da conjunção "E"?
b) Como pode ser justificado o emprego do segundo verbo do período no presente, enquanto o primeiro apresenta-se no pretérito?

**Texto para a próxima questão.**

## João sem terra

Viajar para a lua?
Complexo de quem gostaria de não ter nascido na [Terra.
Não dele, para quem a lua é rural.
Tem a forma de uma foice ou de um fruto.
Não dele, João sem terra mas sujo de terra.

Procurar outra terra?
Mas em outra terra a mesma lua, a mesma foice o
mesmo coice, a mesma condição de João sem
terra e – paradoxalmente –
João sujo de terra, sub-João.

Enterro e desterro palavras que só se escrevem na
Terra com terra.

Poderia ter nascido em outro planeta, por exemplo:
onde não houvesse terra.
Onde não vivesse tão sujo de terra.
Mas não; nasceu na Terra.
No fundo do latifúndio os cães latindo.

João sem terra mas sujo de terra.
Corroído pelo pó da terra.
Vestido de chuva e de sol.
Girassol que erra de terra em terra.
O seu suor em flor mas para o senhor feudal da [terra.
Sem terra mas na Terra.
Sem terra mas sujo de terra.
Não o João Sem Terra[1] da loura Inglaterra.

RICARDO, Cassiano. *Jeremias sem-chorar.* 2ª ed. Rio de Janeiro: J. Olympio, 1968. 141 p.

[1] João Sem Terra – Rei da Inglaterra (1199-1216) que assinou a Carta Magna em junho de 1215.

5. (Unirio-RJ) Na estrutura sintático-semântica da última estrofe do poema *João sem terra*:
a) não ocorre oração subordinada.
b) prevalece o processo sintático de subordinação.
c) predomina o processo sintático de coordenação.
d) ocorrem orações intercaladas.
e) não ocorre oração coordenada sindética, cujo verbo está elíptico.

# MÓDULO 17 • A subordinação

## 1. Período composto por subordinação

Um **período composto por subordinação** sempre será formado por pelo menos uma oração principal e uma oração subordinada (mas pode haver mais de uma principal e/ou mais de uma subordinada).

A oração principal é aquela que não é termo de outra oração, ou seja, que não desempenha função sintática em relação a outra oração; a subordinada, por sua vez, exerce alguma função sintática em relação a outra oração dentro do mesmo período.

Há três tipos de orações subordinadas: **substantivas**, **adjetivas** e **adverbiais**.

## 2. Orações subordinadas substantivas

Dependendo da construção do período, as orações subordinadas substantivas podem ser introduzidas por uma conjunção integrante ou vir simplesmente justapostas. As conjunções integrantes são duas: *que* (indicando certeza) e *se* (indicando dúvida, incerteza).

As orações subordinadas substantivas são classificadas de acordo com sua função sintática:

**Orações subordinadas substantivas**
- subjetivas
- objetivas diretas
- objetivas indiretas
- completivas nominais
- predicativas
- apositivas
- agentes da passiva

## 3. Orações subordinadas adjetivas

As orações subordinadas adjetivas são assim denominadas por terem valor de adjetivo. Do ponto de vista sintático, são geralmente introduzidas por um **pronome relativo** – é importante recordar que o pronome relativo é anafórico, ou seja, retoma um termo expresso anteriormente.

No caso das orações subordinadas adjetivas, o pronome relativo retoma o termo antecedente, expresso na oração principal, estabelecendo, assim, uma relação entre as duas orações.

As orações adjetivas podem ser de dois tipos:

- **restritivas**: limitam, especificam o significado do termo antecedente, introduzindo uma informação essencial para a compreensão do enunciado;
- **explicativas**: acrescentam ao termo antecedente uma informação que lhe é inerente ou que é conhecida. É marcada por uma pausa pronunciada; na linguagem escrita, aparece isolada por vírgulas.

## 4. Orações subordinadas adverbiais

As orações subordinadas adverbiais desempenham a função de **adjunto adverbial**. São introduzidas por **conjunções subordinativas** e recebem a mesma denominação da conjunção que as introduz. Podem ser classificadas da seguinte maneira:

**Orações subordinadas adverbiais**
- causais
- comparativas
- concessivas
- condicionais
- finais
- consecutivas
- temporais
- proporcionais
- conformativas

## 5. Orações subordinadas desenvolvidas e reduzidas

Quanto ao tipo de construção, as orações subordinadas podem ser:

- **desenvolvidas**: apresentam o verbo no modo indicativo, subjuntivo ou imperativo. Além disso, apresentam conjunção ou pronome relativo;
- **reduzidas**: apresentam o verbo em uma das formas nominais (infinitivo, gerúndio ou particípio). Não são introduzidas por conjunção nem pronome relativo; podem apresentar preposição. Assim, elas podem ser: reduzidas de **infinitivo**, reduzidas de **gerúndio**, reduzidas de **particípio**.

As orações reduzidas são classificadas da mesma forma que as desenvolvidas, apenas acrescentando-se sua condição de reduzidas.

## Exercício comentado

**Texto para a próxima questão.**

### Impávida clava forte

Roberto Pompeu de Toledo

[1]Quem não conhecia a cantora Vanusa, ou não se lembrava dela, agora já a conhece e tem motivos para dela não mais se esquecer. Ela fez seu triunfal ingresso, ou retorno, à fama com uma interpretação do *Hino Nacional* que circula amplamente na internet. Para os poucos que ainda não viram o vídeo, feito durante uma cerimônia na Assembleia Legislativa paulista, a cantora, cuja voz arrastada, de tonalidades sonambúlicas, já fazia suspeitar de algo errado desde o início, a certa altura se atrapalha de vez e faz a melodia descasar-se sem remédio da letra, e a letra por sua vez livrar-se da sequência em que foi composta, a terra mais garrida estranhando-se com o sol do Novo Mundo, o gigante pela própria natureza irrompendo em lugar que nunca antes frequentara. O braço forte ganhou reforços, e virou *braços fortes*. O berço esplêndido transmudou-se em *verso* esplêndido. E, na mais estonteante estocada na estabilidade das estrofes, entoou: "És belo és forte és risonho límpido se em teu formoso risonho e límpido a imagem do Cruzeiro" – assim mesmo, não só deslocando ou pulando palavras, como terminando abruptamente na palavra "Cruzeiro", desprovida do socorro do "resplandece".

A performance de Vanusa passa de computador a computador para fazer rir. Este artigo tem por objetivo defendê-la. Que atire a primeira pedra quem nunca confundiu os versos de ida ("Ouviram do Ipiranga" etc.) com os da volta ("Deitado eternamente em berço esplêndido"). Que só continue a ridicularizar a cantora quem nunca removeu os raios fúlgidos para o lugar do raio vívido, ou vice-versa. Vanusa disse que estava sob efeito de remédios, daí seus atropelos. Não há dúvida, pelo andar hesitante de seu desempenho, e pelo tom resmungado da voz, de que estava fora de controle. É pena. [2]Fosse deliberada, e interpretada com arte, sua versão do hino teria dois altos destinos. [3]Primeiro, iria se revestir do caráter de uma variação, interessante por ser uma espécie de comentário à composição tal qual a conhecemos. [4]Não seria uma variante tão bela como a *Grande Fantasia Triunfal sobre o Hino Nacional Brasileiro*, de Gottschalk, mas teria seus encantos. Segundo, assumiria a feição de uma leitura crítica do hino. Serviria para mostrar, com a insistente troca de palavras e de versos, como a letra é difícil, e extrairia um efeito cômico – deliberadamente cômico – das confusões que pode causar na mente de quem a entoa.

O inglês Lewis Carroll (1832-1898), autor de *Alice no País das Maravilhas*, criador do Chapeleiro Maluco e da festa de *desaniversário*, levou seu gosto pelo absurdo para a criação de um poema feito de palavras inventadas que se alternam com outras existentes, e cuja bonita sonoridade contrasta com o enigma de um significado impossível de ser alcançado. O poema chama-se *Jabberwocky*, e *jabberwocky*, em inglês, passou a significar um texto brincalhão, composto em linguagem inventada, mas parecendo real, sonora e sem sentido. Uma tradução do *Jabberwocky* para o português, do poeta Augusto de Campos, começa assim: "Era briluz. As lesmolisas touvas / Roldavam e relviam nos gramilvos. / Estavam mimsicais as pintalouvas / E os momirratos davam grilvos".

Não. Não é que o *Hino Nacional* seja exatamente um *jabberwocky*. Não há nele palavras inventadas. Mas a combinação dos raios fúlgidos com o penhor dessa igualdade, do impávido colosso com o florão da América e do lábaro estrelado com a clava forte tem tudo para produzir um efeito *jabberwocky* para a multidão de brasileiros com ouvidos destreinados para os preciosismos parnasianos. A presença de palavras familiares no meio de outras estranhas, como no *jabberwocky*, confere a certeza de que caminhamos num terreno conhecido – no nosso caso, a língua portuguesa; no do *jabberwocky* original, a língua inglesa. Ao mesmo tempo, o inalcançável significado das palavras nos transfere para um universo em que a realidade se perde numa nebulosa onírica. Já houve, e ainda deve haver, movimentos para mudar a letra do *Hino Nacional*. Não, por favor, não – seria uma pena. Seu caráter *jabberwocky* lhe cai bem. Se à sonoridade das palavras se contrapõe um misterioso significado, tanto melhor: o hino fica instigante como encantamento de fada, e impõe respeito como reza em latim. [5]Vanusa devia aproveitar a experiência e a reconquistada fama para aprimorar uma versão cara limpa, sem voz arrastada nem tons sonambúlicos, de sua interpretação. Ela explicita como nenhuma outra o charme *jabberwocky* da letra de Osório Duque Estrada.

*VEJA*, 23 de setembro de 2009, p. 150.

1. (UFPA) O enunciado em que se apresenta uma relação de condicionalidade entre as ideias expressas é
   a) "Quem não conhecia a cantora Vanusa, ou não se lembrava dela, agora já a conhece e tem motivos para dela não mais esquecer." (ref. 1)
   b) "Fosse deliberada, e interpretada com arte, sua versão do hino teria dois altos destinos." (ref. 2)
   c) "Primeiro, iria se revestir do caráter de uma variação, interessante por ser uma espécie de comentário à composição tal qual a conhecemos." (ref. 3)
   d) "Não seria uma variante tão bela como a *Grande Fantasia Triunfal sobre o Hino Nacional Brasileiro*, de Gottschalk, mas teria seus encantos." (ref. 4)
   e) "Vanusa devia aproveitar a experiência e a reconquistada fama para aprimorar uma versão cara limpa, sem voz arrastada nem tons sonambúlicos, de sua interpretação." (ref. 5)

#### Comentário do vestibular:

A opção **b** transcreve a frase em que se estabelece relação de condicionalidade entre a oração principal e a subordinada adverbial com conjunção elíptica: *(Se) fosse deliberada, e interpretada com arte, sua versão do hino teria dois altos destinos.*

**Resposta**: alternativa **b**

## Exercícios propostos

**Texto para a próxima questão.**

Para responder o que é pedido, leia o texto, constituído de parte de uma entrevista concedida pela educadora Priscila Monteiro ao *Diário na Escola*.

DIÁRIO NA ESCOLA – A matemática no ensino infantil pode ajudar a desenvolver o conceito de cidadania nas crianças?

PRISCILA – O que considero mais importante para o conceito de cidadania é a utilização da matemática para desenvolver o potencial argumentativo dos alunos. Para isso, a disciplina não pode ser vista só como uma ciência exata e absoluta do dois mais dois dá quatro. Os professores precisam provocar as crianças para que elas saibam argumentar e consolidar um conhecimento.

DIÁRIO NA ESCOLA – Pode exemplificar?

PRISCILA – Quando o aluno do ensino infantil tem de anotar uma determinada quantidade de coisas, desenha pauzinhos, risca palitinhos. O educador quer que ele use o numeral 5, pois é mais econômico; porém, para a criança é mais coerente usar cinco marcas do que um número só. Isso tem uma lógica grande: como cinco coisas podem ser representadas por um número apenas?

Para que a criança evolua, a atividade deve criar um problema para o seu registro. O professor pode pedir que ela registre 105 coisas. As marcas, palitinhos, pauzinhos, não são eficientes nesse caso, pois seriam muitos. Um número é mais rápido.

[1]É interessante que isso aconteça para que professores e crianças discutam e argumentem. Essa argumentação é a grande formação de cidadania: pensar e refletir para validar respostas e conhecimentos, não apenas pedir que o aluno aceite.

Nós decoramos a propriedade que diz que a ordem dos fatores não altera o produto. Mas esse conhecimento é sem valor se não for a conclusão de algo que se construiu, que levou o aluno a entender que dois multiplicado por três é a mesma coisa que três multiplicado por dois. Essa é a conclusão de um conhecimento construído por outro que não deve ser ensinada e nem aceita como um conhecimento pronto.

Alunos e professores devem ter argumentos para respaldar os caminhos da matemática. Esse exercício é fundamental para formar cidadãos que saibam questionar fatos, determinações, deveres e que saibam argumentar sobre seus direitos.

*Diário do Grande ABC*, 14.11.03, p. 3 (adaptado)

1. (UFSM-RS) Observe a relação entre a primeira e a segunda oração do período:
"É interessante QUE ISSO ACONTEÇA para que professores e crianças discutam e argumentem" (ref. 1)
Em qual dos períodos a seguir a oração iniciada pelo conetivo "que" apresenta, em relação à oração principal, função sintática idêntica à destacada no exemplo?
   a) Esse exercício forma crianças que sabem questionar.
   b) O professor pediu que ele registrasse muitas coisas.
   c) O objetivo do exercício é que a criança aprenda a raciocinar.
   d) Diz-se que a decoreba não tem valor.
   e) A professora quer somente isto: que os alunos raciocinem.

2. (UFC-CE) O período a seguir está dividido em orações. Leia-o e responda o item **a**.
(1) Seu coração batia excitado
(2) quando o pai lhe dizia
(3) que as alegações constitucionalistas dos paulistas eram um simples pretexto para a sublevação
(4) pois ele nomeara uma comissão
(5) para elaborar o projeto da nova Constituição brasileira.
   a) Marque V ou F, conforme sejam verdadeiras ou falsas as afirmações acerca do período.
      ( ) a oração (2) é subordinada com relação à (1) e principal com relação à (3).
      ( ) o período é composto por coordenação e subordinação.
      ( ) a oração (4) é uma coordenada conclusiva.
      ( ) a oração (3) é objeto direto de "dizia".
   b) Construa um período com as quatro orações a seguir, seguindo rigorosamente as instruções contidas nos parênteses.
      (A) O camareiro entrou no quarto. (oração principal)
      (B) Eu não lembro o nome do camareiro. (oração adjetiva com CUJO)
      (C) O Presidente estava no quarto. (oração adjetiva com ONDE)
      (D) O Presidente se matara. (oração adjetiva com QUE)

**Texto para a próxima questão.**

O chefe da estação me olhou de cara feia, e me deu a passagem e o troco. Bateu com a prata na mesa. Se fosse falsa, estaria perdido. Guardei o cartão com ganância no bolso da calça. A estação se enchera. Um vendedor de bilhete me ofereceu um. Não desconfiava de mim. O chefe foi que me olhou com a cara fechada. Já se ouvia o apito do trem. Cheguei para o lugar onde paravam os carros de passageiros. E o barulho da máquina se aproximando. Estava com medo, com a impressão de que chegasse uma pessoa para me prender. Ninguém saberia. E o trem parado nos meus pés. Tomei o carro num banco do fim, meio escondido. O Padre Fileto me viu. Tirava esmolas para a obra da igreja.

– Não foi para a parada?

– Não senhor, vou ver o meu avô que está doente.

A mesma mentira saída da boca automaticamente. Os meninos passavam vendendo tareco[1]. Quis comprar um pacote, mas estava com receio. Qualquer movimento de minha parte me parecia uma denúncia. O homem do bilhete voltou outra vez me oferecendo. Num banco da minha frente estava um sujeito me olhando. Sem dúvida, passageiro do trem. E me olhando com insistência. Levantou-se e veio falar comigo:

– Menino, que querem dizer estas letras?

– Instituto Nossa Senhora do Carmo.

– Pensei que fosse "Isto não se conhece"...

Ri-me sem querer. E as outras pessoas acharam graça. Pedi a Deus que o trem partisse. Por que não partira aquele trem? Meu boné me perderia. Podia ter vindo de chapéu. Nisto vi Seu Coelho. Entrei disfarçando para a latrina do trem. E não vi mais nada. Só saí de lá quando vi pelo buraco do aparelho a terra andando. Sentei-me no mesmo lugar. Vi a cadeia, o cemitério.(...)

E o Pilar chegando. O Recreio do Coronel Anísio, com a sua casa na beira da linha. E a gente já via a igreja. O trem apitava para o sinal. Passou o poste branco. Saltei do trem como se tivesse perdido o jeito de andar. Escondi-me do moleque do engenho. O trem saía deixando no ar um cheiro de carvão de pedra. Lá se ia Ricardo com os jornais para o meu avô. Faltava-me coragem para bater na porta do engenho como fugitivo.

E fui andando à toa pela linha de ferro. Que diria quando chegasse no engenho? Lembrei-me então que pela linha de ferro teria que atravessar a ponte. E desviei-me para a caatinga. Pegaria mais adiante o mesmo caminho. Estava pisando em terras do meu avô. O engenho de Seu Lula mostrava o seu bueiro pequeno, com um pedaço caído. Que diabo diria no Santa Rosa, quando chegasse? Era preciso inventar uma mentira.

Fiquei parado pensando um instante. Achei a mentira com a alegria de quem tivesse encontrado um roteiro certo. Sonhara que meu avô estava doente e não pudera aguentar o aperreio do sonho. E fugira. Achariam graça e tudo se acabaria em alegria. Mas cadê coragem para chegar? Já me distanciava pouco da minha gente. O bueiro do Santa Rosa estava ali perto, com a sua boca em diagonal. Subia fumaça da destilação. Com mais cinco minutos estaria lá. Era só atravessar o rio. Fiquei parado pensando. O rio dava água pelos joelhos. O gado do pastoreador passava para o outro lado. E cadê coragem para agir? E o tempo a se sumir. E a tarde caindo. A casa-grande inteira brigaria comigo. No outro dia José Ludovina tomaria o trem para me levar. E o bolo, e os gritos de Seu Maciel. Vou, não vou, como as cantigas dos sapos na lagoa.

Um trem de carga apitou na linha. Tirei os sapatos, arregaçando as calças para a travessia. A porteira do cercado batia forte no mourão[2]. E no silêncio da tarde, tudo aumentava de voz. (...)

JOSÉ LINS DO RÊGO. *Doidinho*. Rio de Janeiro: José Olympio, 1971.

Vocabulário:
[1] tareco – biscoito
[2] mourão – estaca

3. (Uerj) *Estava com medo, com a impressão de que chegasse uma pessoa para me prender.* (1º parágrafo)
No trecho acima, há duas orações subordinadas. Transcreva essas orações e classifique sintaticamente cada uma delas.

**Texto para a próxima questão.**

(...) Ia chover. Bem. A catinga ressuscitaria, a semente do gado voltaria ao curral, ele, Fabiano, seria o vaqueiro daquela fazenda morta. Chocalhos de badalos de ossos animariam a solidão. Os meninos, gordos, vermelhos, brincariam no chiqueiro das cabras, Sinhá Vitória vestiria saias de ramagens vistosas. As vacas povoariam o curral. E a catinga ficaria toda verde.

Lembrou-se dos filhos, da mulher, e da cachorra, que estavam lá em cima, debaixo de um juazeiro, com sede. Lembrou-se do preá morto. Encheu a cuia, ergueu-se, afastou-se, lento, para não derramar a água salobra (...) Chegou. Pôs a cuia no chão, escorou-a com pedras, matou a sede da família. Em seguida acocorou-se, remexeu o aió, tirou o fuzil, acendeu as raízes de macambira, soprou-as, inchando as bochechas cavadas. Uma labareda tremeu, elevou-se, tingiu-lhe o rosto queimado, a barba ruiva, os olhos azuis. Minutos depois o preá torcia-se e chiava no espeto de alecrim.

Eram todos felizes, Sinhá Vitória vestiria uma saia larga de ramagens. (...) A fazenda renasceria – e ele, Fabiano, seria o vaqueiro, para bem dizer seria dono daquele mundo.

Os troços minguados ajuntavam-se no chão; a espingarda de pederneira, o aió, a cuia de água e o baú de folha pintada. A fogueira estalava. O preá chiava em cima das brasas.

Uma ressurreição. As cores da saúde voltariam à cara triste de Sinhá Vitória.. (...) A catinga ficaria verde.

(Graciliano Ramos, *Vidas Secas*)

4. (Fatec-SP) O texto mistura trechos de monólogo interior da personagem Fabiano a trechos de fala do narrador. É correto afirmar:
   a) quando fala o narrador, predomina a subordinação, em sequências de orações adjetivas.
   b) nos trechos de monólogo interior predomina a subordinação; nos trechos em que fala o narrador, a coordenação.
   c) nos trechos de monólogo interior, destacam-se sequências de orações subordinadas sem conjunção explícita.
   d) predomina em todo o texto a sintaxe de coordenação, em sequências de orações justapostas.
   e) predomina em todo o texto a sintaxe fragmentada, de frases nominais, construídas sem verbo.

# MÓDULO 11 • Textos descritivos: o "retrato verbal"

## 1. A descrição

Composição linguística que nos permite montar um "retrato verbal" de seres (pessoas, objetos), paisagens ou situações; trabalha com imagens, permitindo que o interlocutor construa uma visão mental daquilo que está sendo descrito.

Entretanto, descrever não significa apenas fazer um relato de características genéricas do objeto em questão. O ponto essencial de um bom texto descritivo é **o traço distintivo**, **individual**, **particular**. É necessário caracterizá-lo, distinguindo-o de seus semelhantes, individualizando-o.

Outro detalhe importante é que não apreendemos a realidade apenas por meio da visão; apesar de se falar em "retrato" verbal, o texto descritivo não deve prescindir das outras sensações. Nossa percepção da realidade se dá por meio da visão, da audição, do olfato, do tato, da gustação. Por isso, é comum o emprego de **sinestesias** em textos descritivos. Outro recurso comum nas descrições é a **comparação**, pois a analogia permite o cruzamento de imagens, tornando assim mais fácil a montagem da imagem que se está tentando descrever. Daí o emprego constante do conectivo *como*.

## 2. O texto descritivo: um arranjo linguístico característico

Os textos descritivos apresentam uma gramática muito particular com predomínio de:

- frases nominais e/ou sintagmas nominais;
- orações centradas em predicados nominais (afinal, estamos descrevendo o "mundo das coisas"; falamos como as coisas são);
- verbos de estado (*ser*, *estar*, *parecer*, *virar*, *ter*, etc.);
- verbos conjugados no presente ou no imperfeito do indicativo;
- adjetivos na função de adjunto adnominal e/ou na de predicativo;
- advérbios na função de adjuntos adverbiais de lugar, posicionando o ser retratado no espaço;
- períodos curtos e coordenação;
- quando há subordinação, orações adjetivas (adjuntos adnominais de um substantivo).

### Foco descritivo

Na hora de produzir um texto descritivo, o autor tem de definir o **foco descritivo** (ou **foco de percepção**) pelo qual o elemento descrito será observado. Há duas situações:

- **foco externo**: que é o ângulo pelo qual o ser será descrito (de um detalhe para o todo ou do todo para os detalhes; de cima para baixo ou de baixo para cima; de lado ou de frente ou detrás; de fora para dentro, de dentro para fora, etc.);
- **foco interno**: que é a postura assumida pelo autor em relação ao elemento a ser descrito (um maior envolvimento, um maior distanciamento).

### Descrição objetiva e descrição subjetiva

- **Descrição objetiva**: é aquela em que o autor se limita aos valores exteriores, aproximando-se o mais possível da realidade, sem emitir juízos de valor (que são, obviamente, valores subjetivos).
- **Descrição subjetiva**: é aquela em que o autor emite juízos de valor, salienta determinadas características que o impressionam (portanto, o que está sendo descrito é filtrado por ele, interessa o que ele quer ver; interessa como ele vê).

## Exercício comentado

**Texto para a próxima questão.**

Um sarau é o bocado mais delicioso que temos, de telhado abaixo. Em um sarau todo o mundo tem que fazer. O diplomata ajusta, com um copo de champagne na mão, os mais intrincados negócios; todos murmuram, e não há quem deixe de ser murmurado. O velho lembra-se dos minuetes e das cantigas do seu tempo, e o moço goza todos os regalos da sua época; as moças são no sarau como as estrelas no céu; estão no seu elemento: aqui uma, cantando suave cavatina, eleva-se vaidosa nas asas dos aplausos, por entre os quais surde, às vezes, um bravíssimo inopinado, que solta de lá da sala do jogo o parceiro que acaba de ganhar sua partida no *écarté*, mesmo na ocasião em que a moça se espicha completamente, desafinando um sustenido; daí a pouco vão outras, pelos braços de seus pares, se deslizando pela sala e marchando em seu passeio, mais a compasso que qualquer de nossos batalhões da Guarda Nacional, ao mesmo tempo que conversam sempre sobre objetos inocentes que movem olhaduras e risadinhas apreciáveis. Outras criticam de uma gorducha vovó, que ensaca nos bolsos meia bandeja de doces que veio para o chá, e que ela leva aos pequenos que, diz, lhe ficaram em casa. Ali vê-se um ataviado *dandy* que dirige mil finezas a uma senhora idosa, tendo os olhos pregados na sinhá, que senta-se ao lado. Finalmente, no sarau não é essencial ter cabeça nem boca, porque, para alguns é regra, durante ele, pensar pelos pés e falar pelos olhos.

E o mais é que nós estamos num sarau. Inúmeros batéis conduziram da corte para a ilha de... senhoras e senhores, recomendáveis por caráter e qualidades; alegre, numerosa e escolhida sociedade enche a grande casa, que brilha e mostra em toda a parte borbulhar o prazer e o bom gosto.

Entre todas essas elegantes e agradáveis moças, que com aturado empenho se esforçam para ver qual delas vence em graças, encantos e *donaires*, certo sobrepuja a travessa Moreninha, princesa daquela festa.

(Joaquim Manuel de Macedo. *A Moreninha*, 1997.)

1. (Unifesp) A forma como se dá a construção do texto revela que ele é predominantemente
   a) dissertativo, com o objetivo de analisar criticamente o que é um sarau.
   b) descritivo, com o objetivo de mostrar o sarau como uma festa fútil e sem atrativos.
   c) narrativo, com o objetivo de contar fatos inusitados ocorridos em um sarau.
   d) descritivo, com o objetivo de apresentar as características de um sarau.
   e) dissertativo, com o objetivo de relatar as experiências humanas em um sarau.

### Comentário do vestibular:

O predomínio de verbos de ligação, a presença constante de adjetivos ou locuções adjetivas para caracterizar o evento e a ausência de qualquer tipo de manifestação de desagrado por parte do narrador revelam que se trata de um texto descritivo que tem como finalidade apresentar acriticamente as características de um sarau. Assim, é correta a opção **d**.

**Resposta**: alternativa **d**

## Exercícios propostos

1. (PUC-MG) Para responder a questão, leia os trechos 1, 2, 3 e 4 e as considerações que se apresentam logo após o trecho 4.

### *Trecho 1*

"Belo Horizonte, que lindo nome! Fiquei a repeti-lo e a enroscar-me na sua sonoridade. Era longo, sinuoso, tinha de pássaro e sua cauda repetia rimas belas e amenas. Fonte. Monte. Ponte. Era refrescante.

Continha fáceis ascensões e aladas evasões. Sugeria associações cheias de nobreza na riqueza das homofonias. Belerofonte. Laocoonte. Caronte. Era bom de repetir – Belorizonte, Belorizonte, Belorizonte – e ir despojando aos poucos a palavra: das arestas de suas consoantes e ir deixando apenas suas vogais ondularem molemente. Belo Horizonte. Belorizonte, Beoizonte Beoionte. Fui à nossa sala de visitas e apliquei no ouvido a concha mágica que me abria os caminhos da distância. Ouvi seu ruído helênico e o apelo longínquo – beoiooooo – prolongado como silvo dos trens que subiam de Caminho Novo acima, dobrando o canto dos apitos na pauta das noites divididas."

(Pedro Nava. *Balão Cativo*. Ateliê, 2000. p. 85)

### *Trecho 2*

"Belo Horizonte é hoje para mim uma cidade soterrada. Em vinte anos eliminaram a minha cidade e edificaram uma cidade estranha. Para quem continuou morando lá, a amputação pode ter sido lenta, quase indolor; para mim foi cirurgia de urgência, a prestações, sem a inconsciência do anestésico. Enterraram a minha cidade e muito de mim com ela. Em nome do progresso municipal, enterraram as minhas casas; enterraram os pisos de pedra das minhas ruas; enterraram os meus bares; minhas moças bonitas; meus bondes; minhas livrarias; bancos de praça; folhagens; enterraram-me vivo na cidade morta. Por cima de nós construíram casas modernas, arranha-céus, agências bancárias; pintaram tudo, deceparam as árvores, demoliram, mudaram fachadas, acrescentaram varandas, disfarçaram de novas as casas velhas, muraram o espaço livre, reviraram jardins, mexeram por toda a parte com uma sanha cruenta. Como se tivessem o propósito de desorientar-me, de destruir tudo que me estendia uma ponte entre o que sou e o que fui. Ai, Belo Horizonte!"

(Paulo Mendes Campos. "Belo Horizonte". Suplemento Literário, n. 261. Secretaria de Cultura de Minas Gerais, 1998.)

### *Trecho 3*

Dessas marchas a pé havia uma que eu fazia com prazer. Era a da noite, indo para casa. Sempre só, seguia Afonso Pena pela beirada perfumosa do Parque ou pelo passeio fronteiro. Passava pela esquina de Seu Artur Haas e logo depois era um muro imenso até as paredes em construção da Delegacia Fiscal. Novo terreno baldio (ainda não havia Automóvel Clube). Depois era o Palácio da Justiça todo negro e fechado. Vinham as casas seguintes: A do Doutor Rodolfo Jacob; depois a deliciosa edificação em que residiriam sucessivamente o Dr. Francisco Peixoto, o Dr. Bolivar, a Dona Alice Neves, a quase igual do Dr. Balena. Em seguida o baldio, onde seria levantado o Conservatório Mineiro, a casa amarela do Maestro Flores [...] Naquele ponto o céu era o mais longínquo do mundo e as estrelas palpitavam em alturas inconcebíveis. Eu andava de um lado para o outro na avenida como imantado por tal ou qual polo de atração. [...] Nas noites escuras ou de chuva, tomava Cláudio Manuel, Chumbo, logo acima da esquina de Palmira dava com o Louco da Noite sempre parado debaixo dum poste de iluminação, pasmo, recebendo aquela luz voltaica e as águas do céu – sem ir, vir, esconder-se, voltar, falar. Imóvel, fora do tempo, estuporado, catatônico. Todos temiam-no na Serra. Mas ele era tímido e manso.

(Pedro Nava. *Beira-Mar.* Memórias 4. Nova Fronteira, 1985. p. 132)

### *Trecho 4*

Noturno de Belo Horizonte
"Dorme Belo Horizonte.
Seu corpo respira leve o aclive vagarento das ladeiras...
Não se escuta sequer o ruído das estrelas caminhando...
Mas os poros abertos da cidade
Aspiram com sensualidade com delícia
O ar da terra elevada.
Ar arejado batido nas pedras dos morros,
Varado através da água trançada das cachoeiras,
Ar que brota nas fontes com as águas
Por toda a parte de Minas Gerais."

Mário de Andrade. *Poesias completas.*

I. Cada um dos trechos (1, 2, 3 e 4) apresenta uma leitura particular que o autor faz da cidade de Belo Horizonte. Em cada um deles, a partir de um ponto de vista, emerge uma cidade.

II. Quando lemos textos que leem a cidade, estamos partilhando de uma construção de sentido de um dado objeto, na qual está inscrito o modo como o autor desenha, mapeia a cidade, ou seja, apreende e representa tal objeto.

III. A descrição dos elementos físico-geográficos (a paisagem urbana) feita no universo do discurso literário pode ser talhada pela memória subjetiva, pela fabricação discursiva de um objeto, que difere daquela que se dá nos manuais de instrução da geografia ou de turismo.

A afirmativa está CORRETA em:

a) apenas I.
b) apenas I e II.
c) apenas II e III.
d) I, II e III.

**Texto para a próxima questão.**

## Apenas uma ponte

Chegara, enfim, o último dia de aula. Havia sido uma longa trajetória até ali. Mas, agora, o professor observava com ternura os alunos à sua frente, cada um voltado para seu caderno, fazendo a lição que colocaria ponto final no ano letivo. Então, agarrado à calmaria daquela hora, ele se recordou do primeiro encontro com o grupo. Todos o miravam com curiosidade, ansiosos por apanhar, como uma fruta, o conhecimento que imaginavam lhe pertencia. Nem tinham ideia de que aprenderiam por si mesmos, e que ele, mestre, não era a árvore da sabedoria, mas apenas uma ponte que os levaria à sua copa frondosa. Naquele dia, experimentara outra vez a emoção de se deparar com uma nova turma, e o que o motivava a ensinar, com tanta generosidade, era justamente o desafio de enfrentar esse mistério. Sim, uma ponte. Uma ponte por onde transitassem os sonhos daquelas crianças, o movimento incessante de seus desejos, o ir e vir de suas dúvidas, o vaivém do aprendizado em constante algaravia.

Lembrou-se da dificuldade da Julinha nas operações de multiplicar. O resultado correto era um território que ela nem sempre conseguia atingir. Mas, agora, a garota estava lá, segura da direção que deveria tomar. Ele fizera a ponte. O que dizer da distância entre o José e o Augusto no início do ano, ambos se temendo em silêncio, deixando de desfrutar da aventura de uma grande amizade? Com paciência, ele os unira. Desde então, não se desgrudavam. Podia vê-los dali, de sua mesa, um ao lado do outro, concentrados em fazer a tarefa. Já a Maria Sílvia, dona de uma letra redondinha, ainda há pouco lhe dera um sorriso. Antes, contudo, vivia irritada, a letra sem apuro, só garranchos. Fizera a ponte para ela. Mateus, à sua frente, detestava Ciências e fugia das aulas no laboratório. Talvez porque só via dificuldade na travessia e não as maravilhas que o esperavam no outro extremo. O professor estendera-lhe a mão e o conduzira, até que, subitamente, ele se tornara o melhor aluno naquela matéria. Tinha também a Alessandra, tão silenciosa e tímida. Ia bem nos primeiros meses e, depois, o rendimento caíra. Ele descobrira que os pais dela viviam em conflito. Alertara-os para que dessem mais afeto à filha, e eis que ela florescera, voltando a ser uma boa aluna.

E lá estava, nas últimas fileiras, o Luís Fábio. Notara suas limitações e construíra uma ponte especial para ele, mas o menino não conseguira atravessá-la. Era assim: para alguns, bastavam uns passos; para outros, o percurso se encompridava. O professor suspirou. Fizera o seu melhor. Lembrou-se das palavras de Guimarães Rosa: "Ensinar é, de repente, aprender". Sim, aprendera muito com seus alunos. Inclusive aprendera sobre si mesmo. Aquelas crianças haviam, igualmente, ligado pontos em sua vida. Agora, seguiriam novos rumos.

Haveriam de encontrar outras pontes para superar os abismos do caminho. Ele permaneceria ali, pronto para levar uma nova classe até a outra margem. E o tempo, como um viaduto, haveria de conduzi-lo à emoção desse novo mistério.

CARRASCOZA J. *Apenas uma ponte*. Disponível em: <http://novaescola.abril.uol.com.br.> Acesso em: 14 de ago. 2003. Layout adaptado.

2. (UFRN) Considere o trecho:

"Chegara, enfim, o último dia de aula. HAVIA SIDO uma longa trajetória até ali. Mas, agora, o professor OBSERVAVA com ternura os alunos à sua frente, cada um voltado para seu caderno, fazendo a lição que colocaria ponto final no ano letivo. Então, agarrado à calmaria daquela hora, ele se RECORDOU do primeiro encontro com o grupo. Todos o MIRAVAM com curiosidade [...]".

No que se refere às quatro formas verbais em destaque, é correto afirmar que

a) a terceira assinala narração e as demais assinalam descrição.
b) a primeira assinala narração e as demais assinalam descrição.
c) a primeira e a segunda assinalam descrição e as últimas assinalam narração.
d) a terceira e a quarta assinalam descrição e as primeiras assinalam narração.

**Texto para a próxima questão.**

## O Quinze (fragmento)

Sentada na espreguiçadeira da sala, Conceição lia, com os olhos escuros intensamente absorvidos na brochura de capa berrante.

Na paz daquela manhã de domingo, um silêncio doce tudo envolvia, e algum ruído que soava, logo era abafado na calma sonolenta.

Maciamente, num passo resvalado de sombra, Dona Inácia entrou, de volta da igreja, com seu rosário de grandes contas pretas, pendurado no braço.

Conceição só a viu quando o ferrolho rangeu, abrindo:

– Já de volta, Mãe Nácia?

– E você sem largar esse livro! Até em hora de missa!

A moça fechou o livro rindo:

– Lá vem a Mãe Nácia com briga! Não é domingo? Estou descansando.

Dona Inácia tomou o volume das mãos da neta e olhou o título:

– E esses livros prestam para moça ler, Conceição? No meu tempo, moça só lia romance que o padre mandava...

Conceição riu de novo:

– Isso não é romance, Mãe Nácia. Você não está vendo? É um livro sério, de estudo...

– De que trata? Você sabe que eu não entendo francês...

Conceição, ante aquela ouvinte inesperada, tentou fazer uma síntese do tema da obra, procurando ingenuamente encaminhar a avó para suas tais ideias:

– Trata da questão feminina, da situação da mulher na sociedade, dos direitos maternais, do problema...

Dona Inácia juntou as mãos, aflita:

– E minha filha, para que uma moça precisa saber disso? Você quererá ser doutora, dar para escrever livros?

Novamente o riso da moça soou:

– Qual o quê, Mãe Nácia! Leio para aprender para me documentar...

– E só para isso, você vive queimando os olhos, emagrecendo... Lendo essas tolices...

– Mãe Nácia, quando a gente renuncia a certas obrigações, casa, filhos, família, tem que arranjar outras coisas com que se preocupe... Senão a vida fica vazia demais...

– E para que você torceu sua natureza? Por que não se casa?

Conceição olhou a avó de revés, maliciosa:

– Nunca achei quem valesse a pena...

(Rachel de Queirós, *O Quinze*, Rio de Janeiro, José Olympio Editora, 20ª ed. 1976, p. 91)

3. (UFRJ) Os dois primeiros parágrafos da narrativa são representativos de um modo de organização discursiva: o descritivo.

a) Indique duas características da descrição presentes nesse segmento do texto.
b) Exemplifique as características dadas com elementos do texto.

**Texto para a próxima questão.**

## Os músicos

"Faz calor. Os grandes espelhos da parede vieram da Europa no fundo do porão; cristal puro. 'Tua vó fez risinhos e boquinhas, namorou dentro desse espelho'. Respondo: 'Minha avó nunca viu esse espelho, ela veio noutro porão'. Nesse instante chegam os músicos, três: piano, violino, bateria; o mais moço, o pianista tem quarenta anos, mas é também o mais triste, um rosto de quem vai perder as últimas esperanças, ainda tem um restinho mas sabe que vai perdê-las num dia de calor tocando os Contos dos Bosques de Viena, enquanto lá embaixo as pessoas comem bebem suam sem ao menos por um instante levantar os olhos para o balcão onde ele trabalha com os outros dois: Stein, no violino – cinquenta e seis anos, meio século atrás: espancado com uma vara fina, trancado no banheiro, privado de comida 'nem que eu morra você vai ser um grande concertista' e quando Sara, sua mãe, morreu, ele tocou Strauss no restaurante com o coração cheio de alegria – Elpídio na bateria, cinquenta anos, mulato, coloca um lenço no pescoço para proteger o colarinho, o gerente não gosta mas ele não pode mudar de camisa todos os dias, tem oito filhos, se fosse rico – 'fazia filho na mulher dos outros, mas sou pobre e faço na minha mesmo' – e todos começam, não exatamente ao mesmo tempo, a tocar a valsa da Viúva Alegre. Na mesa ao lado está o sujeito que é casado com a Miss Brasil. Todas as mesas estão ocupadas. Os garçons passam apressados carregando pratos e travessas. No ar, um grande borborinho."

(Ruben Fonseca, *LÚCIA MCCARTNEY*)

4. (Fatec-SP) Com base nesse texto é correto afirmar que:
   a) As ações ganham relevo e determinam a estrutura do texto, em que as personagens se colocam vivas diante do processo narrativo.
   b) O que mais determina o texto são as reflexões, as ideias discutidas ao longo dele, o que lhe confere teor dissertativo.
   c) Trata-se de um misto de narração e dissertação em que as ações das personagens servem como apoio para as argumentações do comentarista.
   d) Predomina o caráter descritivo, o que se constata sobretudo pelos substantivos, adjetivos e mesmo verbos que auxiliam na caracterização do ambiente.
   e) Apesar dos aspectos descritivos, o elemento determinante do texto é a narração, principalmente no que diz respeito à caracterização física dos músicos.

**Texto para a próxima questão.**

## O barbeiro

Perto de casa havia um barbeiro, que me conhecia de vista, amava a rabeca e não tocava inteiramente mal. Na ocasião em que ia passando, executava não sei que peça. Parei na calçada a ouvi-lo (tudo são pretextos a um coração agoniado), ele viu-me, e continuou a tocar. Não atendeu a um freguês, e logo a outro, que ali foram, a despeito da hora e de ser domingo, confiar-lhe as caras à navalha. Perdeu-os sem perder uma nota; ia tocando para mim. Esta consideração fez-me chegar francamente à porta da loja, voltado para ele. Ao fundo, levantando a cortina de chita que fechava o interior da casa, vi apontar uma moça trigueira, vestido claro, flor no cabelo. Era a mulher dele; creio que me descobriu de dentro, e veio agradecer-me com a presença o favor que eu fazia ao marido. Se me não engano, chegou a dizê-lo com os olhos. Quanto ao marido, tocava agora com mais calor; sem ver a mulher, sem ver fregueses, grudava a face no instrumento, passava a alma ao arco, e tocava, tocava...

Divina arte! Ia-se formando um grupo, [4]deixei a porta da loja e vim andando para casa; enfiei pelo corredor e subi as escadas sem estrépito. Nunca me esqueceu o caso deste barbeiro, ou por estar ligado a um momento grave de minha vida, ou por esta máxima, que os compiladores podiam tirar daqui e inserir nos compêndios da escola. A máxima é que a gente esquece devagar as boas ações que pratica, e verdadeiramente não as esquece nunca. Pobre barbeiro! Perdeu duas barbas naquela noite, que eram o pão do dia seguinte, tudo para ser ouvido de um transeunte. Supõe agora que este, em vez de ir-se embora, como eu fui, ficava à porta a ouvi-lo e namorar-lhe a mulher; então é que ele, todo arco, todo rabeca, tocaria desesperadamente. Divina arte!

(ASSIS, Machado de. *Dom Casmurro – obra completa –* vol. I, Aguilar, 2ª ed. 1962.)

5. (Uece) Pela descrição apresentada pelo narrador-personagem, pode-se depreender do texto que
   a) a música era uma paixão para o barbeiro, embora não tocasse muito bem.
   b) era por sua mulher que o barbeiro tocava a rabeca todos os dias.
   c) o personagem-narrador foi à barbearia para ouvir música, mas não foi visto pelo barbeiro.
   d) a aglomeração à porta do barbeiro deu-se por causa de sua mulher.

**Texto para a próxima questão.**

## Botafogo etc.

"Beiramarávamos em auto pelo espelho de aluguel arborizado das avenidas marinhas sem sol.

Losangos tênues de ouro bandeira nacionalizavam o verde dos montes interiores.

No outro lado azul da baía a Serra dos Órgãos serrava.

Barcos. E o passado voltava na brisa de baforadas gostosas. Rolah ia vinha derrapava entrava em túneis.

Copacabana era um veludo arrepiado na luminosa noite varada pelas frestas da cidade."

6. (PUC-SP) Didaticamente, costuma-se dizer que, em relação a sua organização, os textos podem ser compostos de descrição, narração e dissertação; no entanto é difícil encontrar-se um trecho que seja só descritivo, apenas narrativo, somente dissertativo. Levando-se em conta tal afirmação, selecione uma das alternativas a seguir para classificar o texto de Oswald de Andrade.
   a) Narrativo-descritivo, com predominância do descritivo
   b) Dissertativo-descritivo, com predominância do dissertativo
   c) Descritivo-narrativo, com predominância do narrativo
   d) Descritivo-dissertativo, com predominância do dissertativo
   e) Narrativo-disertativo, com predominância do narrativo

## 1. Figuras de linguagem

Ao construir um enunciado, podemos fazer uso da criatividade, manifestando novas e inusitadas relações entre palavras e significados e, ainda, compondo algumas "brincadeiras" na estrutura gramatical. Tudo isso para atingir efeitos estilísticos que chamamos de **figuras de linguagem**.

Distinguem-se três tipos de figuras de linguagem:

- **figuras de palavra**;
- **figuras de pensamento**;
- **figuras de sintaxe**.

## 2. Figuras de palavra

As figuras de palavra consistem no emprego figurado, simbólico, de uma palavra por outra, quer por uma relação de proximidade (**contiguidade**), quer por uma associação, uma comparação, uma **similaridade**. Esses dois conceitos básicos permitem-nos reconhecer dois tipos de figuras de palavras: a **metáfora** e a **metonímia**.

### A metáfora

Segundo o professor Mattoso Camara, **metáfora** "é a figura de linguagem que consiste na transferência de um termo para um âmbito de significação que não é o seu e fundamenta-se numa relação toda subjetiva, criada no trabalho mental de apreensão".

É importante perceber que a metáfora tem um caráter **subjetivo e momentâneo** (daí a afirmação de que "toda imagem é casual"); se a metáfora se cristalizar, deixará de ser metáfora e passará a ser **catacrese** (é o que ocorre, por exemplo, quando falamos em "pernas da mesa", "pé de café", "braços da cadeira").

### A metonímia

A palavra **metonímia** vem do grego e significa 'além do nome', 'mudança de nome'. Observe que a etimologia já evidencia a essência de uma figura de palavra, ou seja, a nova dimensão adquirida por uma palavra quando seu significado vai "além do nome, além do significado cristalizado pelo dicionário".

## Exercício comentado

**Texto para a próxima questão.**

Quando Bauer, o de pés ligeiros, se apoderou da cobiçada esfera, logo o suspeitoso Naranjo lhe partiu ao encalço, mas já Brandãozinho, semelhante à chama, lhe cortou a avançada. A tarde de olhos radiosos se fez mais clara para contemplar aquele combate, enquanto os agudos gritos e imprecações em redor animavam os contendores. A uma investida de Cárdenas, o de fera catadura, o couro inquieto quase se foi depositar no arco de Castilho, que com torva face o repeliu. Eis que Djalma, de aladas plantas, rompe entre os adversários atônitos, e conduz sua presa até o solerte Julinho, que a transfere ao valoroso Didi, e este por sua vez a comunica ao belicoso Pinga. (...)

Assim gostaria eu de ouvir a descrição do jogo entre brasileiros e mexicanos, e a de todos os jogos: à maneira de Homero. Mas o estilo atual é outro, e o sentimento dramático se orna de termos técnicos.

Carlos Drummond de Andrade, *Quando é dia de futebol*. Rio: Record, 2002.

1. (FGV-RJ) O fragmento em que a convergência estilística predominante é a que se estabelece entre metonímia e personificação encontra-se em
   a) "da cobiçada esfera".
   b) "semelhante à chama".
   c) "o couro inquieto".
   d) "de fera catadura".
   e) "de aladas plantas".

### Comentário do vestibular:

A metonímia consiste no emprego de um termo por outro, dada a relação de semelhança ou a possibilidade de associação entre eles. A personificação atribui sentimentos ou ações próprias dos seres humanos a objetos inanimados ou seres irracionais. Assim, é correta a opção **c**, pois a expressão "couro inquieto", que se refere à bola em movimento, concentra essas duas figuras de linguagem.

**Resposta**: alternativa **c**

# Exercícios propostos

1. (IFPE)

### Mulher proletária

Jorge de Lima

Mulher proletária – única fábrica
que o operário tem, (fabrica filhos)
tu
na tua superprodução de máquina humana
forneces anjos para o Senhor Jesus,
forneces braços para o senhor burguês.

Mulher proletária,
o operário, teu proprietário
há de ver, há de ver:
a tua produção,
a tua superprodução,
ao contrário das máquinas burguesas
salvar o teu proprietário.

(In: *Poesia completa*. 2. ed. Rio de Janeiro, Nova Fronteira, 1980. v. 1)

Jorge de Lima é um poeta representativo da segunda geração modernista. Analise as proposições abaixo acerca dos recursos expressivos que constroem a imagem da "mulher proletária".

I. As metáforas "fábrica" e "máquina humana" são, de certo modo, desveladas pela construção parentética "fabrica filhos".
II. Os dois últimos versos na primeira estrofe constituem eufemismos das ideias de mortalidade e de trabalho infantil.
III. O trocadilho entre "prole" e "proletária" assinala a função social da mulher no contexto do poema.
IV. A gradação na segunda estrofe aponta para a submissão da mulher e para a salvação do homem operário.
V. Os últimos versos do poema sugerem que o trabalho da mulher pode levar sua família à ascensão social.

Estão **corretas**, apenas:

a) I, II e V
b) II, III e IV
c) I, II e III
d) II e V
e) I e IV

2. (UCS-RS) O texto literário caracteriza-se por uma multiplicidade de sentidos, originada do trabalho artístico realizado com a linguagem. Entre os recursos que a literatura utiliza, na produção dos textos, estão as figuras de linguagem.
Leia os fragmentos de poemas, apresentados na **Coluna A**, e relacione-os às figuras de linguagem neles predominantes, elencadas na **Coluna B**.

| | Coluna A | Coluna B |
|---|---|---|
| 1 | Eu deixo a vida como deixa o tédio/Do deserto, [...] (Álvares de Azevedo) | ( ) Antítese |
| 2 | Mundo, mundo, vasto mundo/Se eu me chamasse Raimundo. (Carlos Drummond de Andrade) | ( ) Aliteração |
| 3 | Queria subir ao céu/Queria descer ao mar. (Alphonsus de Guimaraens) | ( ) Comparação |
| 4 | Só cabe no poema/o homem sem estômago/a mulher de nuvens/a fruta sem preço. (Ferreira Gullar) | ( ) Metáfora |

Assinale a alternativa que preenche corretamente os parênteses, de cima para baixo.

a) 3, 4, 2, 1
b) 1, 2, 3, 4
c) 3, 2, 1, 4
d) 2, 3, 4, 1
e) 3, 1, 4, 2

3. (Insper-SP)

### O "gilete" dos *tablets*

Num mundo capitalista como este em que vivemos, onde as empresas concorrem para posicionar suas marcas e fixar logotipos e *slogans* na cabeça dos consumidores, a síndrome do "Gillette" pode ser decisiva para a perpetuação de um produto. É isso que preocupa a concorrência do iPad, *tablet* da Apple.

Assim como a marca de lâminas de barbear tornou-se sinônimo de toda a categoria de barbeadores, eclipsando o nome das marcas que ofereciam produtos similares, o mesmo pode estar acontecendo com o *tablet* lançado por Steve Jobs. O maior temor do mercado é que as pessoas passem a se referir aos *tablets* como "iPad" em geral, dizendo "iPad da Samsumg" ou "iPad da Motorola", e assim por diante.

(http://revistalingua.uol.com.br/textos/blog-edgard/o-gilete-dos-tablets-260395-1.asp)

No campo da estilística, a figura de linguagem abordada na matéria acima recebe o nome de

a) metáfora, por haver uma comparação subentendida entre a marca e o produto.
b) hipérbole, por haver exagero dos consumidores na associação do produto com a marca.
c) catacrese, por haver um empréstimo linguístico na referência à marca do produto famoso.
d) metonímia, por haver substituição do produto pela marca, numa relação de semelhança.
e) perífrase, por haver a designação de um objeto através de seus atributos ou de um fato que o celebrizou.

**Texto para a próxima questão.**

### A rosa de Hiroxima

Pensem nas crianças
Mudas telepáticas
Pensem nas meninas
Cegas inexatas
Pensem nas mulheres
Rotas alteradas
Pensem nas feridas
Como rosas cálidas
Mas oh não se esqueçam
Da rosa da rosa
Da rosa de Hiroxima
A rosa hereditária
A rosa radioativa
Estúpida e inválida
A rosa com cirrose
A antirrosa atômica
Sem cor sem perfume
Sem rosa sem nada.

Vinicius de Moraes, *Antologia poética*

**4.** (Fuvest-SP) Neste poema,

a) a referência a um acontecimento histórico, ao privilegiar a objetividade, suprime o teor lírico do texto.

b) parte da força poética do texto provém da associação da imagem tradicionalmente positiva da rosa a atributos negativos, ligados à ideia de destruição.

c) o caráter politicamente engajado do texto é responsável pela sua despreocupação com a elaboração formal.

d) o paralelismo da construção sintática revela que o texto foi escrito originalmente como letra de canção popular.

e) o predomínio das metonímias sobre as metáforas responde, em boa medida, pelo caráter concreto do texto e pelo vigor de sua mensagem.

**Texto para a próxima questão.**

[Sem-Pernas] queria alegria, uma mão que o acarinhasse, alguém que com muito amor o fizesse esquecer o defeito físico e os muitos anos (talvez tivessem sido apenas meses ou semanas, mas para ele seriam sempre longos anos) que vivera sozinho nas ruas da cidade, hostilizado pelos homens que passavam, empurrado pelos guardas, surrado pelos moleques maiores. Nunca tivera família. Vivera na casa de um padeiro a quem chamava "meu padrinho" e que o surrava. Fugiu logo que pôde compreender que a fuga o libertaria. Sofreu fome, um dia levaram-no preso. Ele quer um carinho, u'a mão que passe sobre os seus olhos e faça com que ele possa se esquecer daquela noite na cadeia, quando os soldados bêbados o fizeram correr com sua perna coxa em volta de uma saleta. Em cada canto estava um com uma borracha comprida. As marcas que ficaram nas suas costas desapareceram. Mas de dentro dele nunca desapareceu a dor daquela hora. Corria na saleta como um animal perseguido por outros mais fortes. A perna coxa se recusava a ajudá-lo. E a borracha zunia nas suas costas quando o cansaço o fazia parar.

A princípio chorou muito, depois, não sabe como, as lágrimas secaram. Certa hora não resistiu mais, abateu-se no chão. Sangrava.

Ainda hoje ouve como os soldados riam e como riu aquele homem de colete cinzento que fumava um charuto.

(Jorge Amado. *Capitães da areia*.)

**5.** (Unifesp) O emprego da figura de linguagem conhecida como "prosopopeia" (ou "personificação") põe mais em evidência a principal razão pela qual Sem-Pernas é estigmatizado. O trecho que contém essa figura é

a) *A perna coxa se recusava a ajudá-lo.*

b) *Em cada canto estava um com uma borracha comprida.*

c) (...) *depois, não sabe como, as lágrimas secaram.*

d) *E a borracha zunia nas suas costas* (...)

e) *Mas de dentro dele nunca desapareceu a dor daquela hora.*

**Texto para a próxima questão.**

http://sizenando.blogspot.com

**6.** (Uerj) A metáfora é uma figura de linguagem que se caracteriza por conter uma comparação implícita. O cartum de Sizenando constrói uma metáfora, que pode ser observada na comparação entre:

a) o sentimento de desilusão e a floresta

b) a propaganda dos bancos e os artistas

c) a ironia do cartunista e a fala do personagem

d) o artista desiludido e o personagem cabisbaixo

# MÓDULO 13 • O jornal e seus gêneros textuais: notícia e legenda

## 1. O jornal

Quando pensamos no jornal e em sua importância na era da informação em que vivemos, não podemos nos esquecer de que ele é um produto de consumo e de que, por trás de cada notícia, está um jornalista com opiniões próprias, ou seja, a favor de algumas coisas e contra outras.

Por mais objetiva que tente ser a linguagem jornalística, o leitor atento sempre poderá perceber o posicionamento do jornalista por meio de alguns detalhes linguísticos: a estrutura da notícia, a ordem sintática usada, a ênfase dada à ação, ao agente, ao objeto, ao local, à data, etc.

## 2. A notícia

Por ser um produto de consumo que disputa um determinado mercado (representado pelos leitores), o jornal tenta satisfazer às necessidades de seus consumidores trabalhando tanto o conteúdo como a forma. Entretanto, o elemento fundamental de um jornal, em torno do qual tudo gira, continua sendo a notícia.

## 3. O texto informativo: a gramática da notícia

A notícia é a base do jornal, tendo como função a divulgação de informações de fatos acontecidos, que estão acontecendo e/ou que irão acontecer.

Ao observar seu estilo e sua estrutura textual, destaca-se:

- há uma velha fórmula para a notícia: Q-Q-Q-O-C-PQ. Ou seja, **o quê, quem, quando, onde, como, por quê**. Não existe uma ordem predeterminada; ela é estabelecida pelas circunstâncias que envolvem cada notícia. Para um determinado fato, o mais importante é **quem**; para outro, **quando**, e assim por diante.
- a notícia trabalha fundamentalmente com informações e apresenta quase exclusivamente a **função referencial (ou informativa) da linguagem**. A intenção é transmitir ao leitor dados da realidade de uma forma direta e objetiva. Por isso, as notícias são escritas em terceira pessoa e o produtor do texto não se revela, procurando não emitir – embora isso seja quase impossível – juízos de valor. Predominam os verbos no modo indicativo.
- retomando o conceito de **sequências textuais** (composições com determinadas características linguísticas) do volume anterior, percebemos que há o predomínio de um tipo em especial, dependendo do caráter da informação:
  - **sequência narrativa**, quando a informação está centrada numa mininarrativa (narra-se um fato, em que há sucessão de ações, localizando-o no tempo e no espaço), na qual o narrador (o jornalista produtor do texto noticiário) tenta passar despercebido (não há posicionamento, nem comentários por parte dele, só a narração);
  - **sequência descritiva**, quando a informação está centrada na apresentação do estado do fato, seja um ser, uma coisa, um lugar, etc.;
  - **sequência explicativa**, quando a informação está centrada na passagem de um conhecimento específico.

## Exercício comentado

**Texto para a próxima questão.**

### Estudantes contam como é morar em república

Fernanda Bassette
Do G1, em São Paulo
26/2/2007

Instalada no centro histórico de Ouro Preto (MG) há 61 anos, a república PIF-PAF abriga 13 moradores: todos estudantes de Engenharia na Universidade Federal de Ouro Preto (Ufop). Para acomodar tanta gente confortavelmente, são 11 quartos (distribuídos em três andares), dois banheiros, sala de computador, biblioteca, sala de TV, sala de som, área de serviço, cozinha, área para churrasco e campinho de futebol.

A casa é tombada e considerada patrimônio histórico de Ouro Preto, por isso, requer muitos cuidados e dedicação dos moradores. "Antes de virar uma república, essa casa era habitada por padres da paróquia Nossa Senhora do Pilar", contou Artur Valadares Veras Siqueira Cruvinel, 26, o Custelinha.

De acordo com Custelinha, os moradores entraram num acordo e resolveram pagar uma mensalista, que trabalha de segunda a sábado. "A Girlene está conosco há cinco anos. Ela limpa a casa, arruma as camas, lava os banheiros, além de fazer uns bolinhos, sucos e lanchinhos. Ela não é paga para lavar e passar", disse. Para lavar as roupas, os 13 moradores compraram uma máquina de lavar e cada um faz o seu serviço.

Na PIF-PAF há apenas uma televisão, que fica na sala. "A gente prega a união entre os moradores. Se um deles instala uma televisão no quarto, ele se isola e não se reúne com os demais e não se integra. Por isso, a regra da república é proibir TV nos quartos", avisou Custelinha.

Os gastos mensais gerais, que incluem luz, água, internet, salário da mensalista e material de limpeza, giram em torno de R$ 130,00 por morador. As despesas extras são pagas com recursos arrecadados em festas organizadas pela república. São dois os pré-requisitos para um calouro ser mais um morador da PIF-PAF: é preciso ser do sexo masculino e cursar Engenharia na Ufop.

"O que a gente mais preza aqui é a iniciativa do morador e o zelo pelo patrimônio. Aqui a organização está sempre em primeiro lugar", afirmou Custelinha.

**Kurva D-Rio**

Em Piracicaba, no interior de São Paulo, dez alunos da Escola Superior de Agricultura Luiz de Queiroz (Esalq/USP) dividem o mesmo espaço na república Kurva D-Rio. Segundo o morador Fábio Cherubin de Barros, 21, o "Kuazimudo", a república tem esse nome por causa do primeiro morador e um dos fundadores da casa. "Ele morava em Rio Claro. Além disso, na curva de rio só param tranqueiras", brincou.

A casa tem três quartos, uma suíte e um quarto nos fundos. Não tem TV a cabo, mas tem internet. E assim como na PIF-PAF, a TV é comunitária e fica somente na sala para "não dispersar o pessoal da casa".

Para manter a ordem, eles pagam uma mensalista que trabalha de segunda à sexta-feira. Além disso, dois moradores são responsáveis pelas refeições da semana. O gestor financeiro é eleito para ficar no cargo por seis meses. Não há uma poupança para gastos extras. "Se acontece alguma despesa emergencial, é preciso ratear o dinheiro na hora", disse Kuazimudo.

"Quando você mora em república, você amadurece porque aprende a respeitar as pessoas e a aceitar outras ideias. Esses moradores, com certeza, serão meus amigos para o resto da vida", disse.

**Não conseguia estudar**

Recém-formado em Medicina Veterinária, Fábio Ouchana, 25, não conseguiu viver em república em Descalvado, no interior de São Paulo. Ele chegou a dividir a casa por quatro meses, mas não aguentou e preferiu dar um jeito de morar sozinho. "Não deu certo. É muita farra, muita festa, eu não conseguia estudar", disse.

Segundo Fábio, a gota-d'água para ele decidir morar sozinho foi quando o companheiro da casa ficou só de cuecas quando seus pais visitavam a república. "Achei uma falta de respeito. Não estava no 'Big Brother'. Resolvi alugar uma casa com ajuda dos meus pais e minhas despesas triplicaram, mas valeu a pena", avalia.

Fábio disse que aprendeu a cozinhar, lavar roupa, além de limpar a casa. "Só não aprendi a passar roupa, por isso pago uma pessoa para fazer isso aos sábados. Mas posso dizer que amadureci muito com essa experiência", disse.

(Adaptação do texto disponível em <http://g1.globo.com/Noticias/Vestibular/0, MRP7162- 5604,00.html>. Acesso em 23/8/2011)

1. (UEM-PR) Assinale o que for correto a respeito do texto.
   (01) Embora esteja alocado no *link* de notícias referentes a Vestibular da página de Internet de onde foi extraído, o texto apresenta características de um texto jornalístico, podendo compor outra seção do *site*, não fosse sua temática específica.
   (02) Algumas características positivas observadas nas repúblicas mencionadas no texto são a divisão de tarefas e de despesas, a responsabilidade financeira, a união e o respeito.
   (04) Para que a vida em república seja uma experiência bem-sucedida, é preciso tanto o estabelecimento quanto o cumprimento de regras. Caso isso não aconteça, a saída é morar sozinho.
   (08) Uma estratégia utilizada pela autora do texto para apresentar o que é a vida em república é organizar os depoimentos de estudantes que vivem em república ou que já passaram por essa experiência na forma de discurso direto.
   (16) Nem todos os estudantes conseguem se adaptar à vida em república por causa da falta de organização, característica desse tipo de microssociedade.

**Comentário do vestibular:**

É inadequado o que se afirma em 16, pois existem repúblicas em que o cotidiano é aprazível e bem organizado.

**Resposta:** 01 + 02 + 04 + 08 = 15.

## Exercícios propostos

**Texto para a próxima questão.**

Leia uma reportagem de Antônio Gois publicada em 03.02.2012 pelo jornal *Folha de S.Paulo*.

### *Laptop* de aluno de escola pública tem problemas

Estudo feito pela UFRJ para o governo federal mostra que o programa UCA (Um Computador por Aluno), implementado em 2010 em seis municípios, esbarrou em problemas de coordenação, capacitação de professores e adequação de infraestrutura.

O programa piloto do MEC forneceu 150 mil *laptops* de baixo custo a professores e alunos de cerca de 300 escolas públicas. Às cidades foram prometidas infraestrutura para acesso à internet e capacitação de gestores e professores.

Uma das conclusões do estudo foi que a infraestrutura de rede foi inadequada. Em cinco cidades, os avaliadores identificaram que os sinais de internet eram fracos e instáveis tanto nas escolas quanto nas casas e locais públicos.

A pesquisa mostra que os professores se mostravam entusiasmados no início, mas, um ano depois, 70% relataram não ter contado com apoio para resolver problemas técnicos e 42% disseram usar raramente ou nunca os *laptops* em tarefas pedagógicas.

Em algumas cidades, os equipamentos que davam defeito ficaram guardados por falta de técnicos que soubessem consertá-los.

Além disso, um quinto dos docentes ainda não havia recebido capacitação, e as escolas não tinham incorporado o programa em seus projetos pedagógicos.

Um dos pontos positivos foi que os alunos passaram a ter mais domínio de informática. O programa foi mais eficiente quando as escolas permitiram levar o *laptop* para casa.

Foram avaliadas Barra dos Coqueiros (SE), Santa Cecília do Pavão (PR), São João da Ponta (PA), Terenos (MS) e Tiradentes (MG). Os autores do estudo não deram entrevista.

1. (Unesp) *Os autores do estudo não deram entrevista.* Considerando que é praxe no jornalismo entrevistar o autor ou os autores de livros ou artigos comentados, o jornalista, ao fechar a notícia com a frase mencionada, busca deixar claro que
   a) os autores foram muito antipáticos ao não conceder entrevista.
   b) a análise feita não tem credibilidade, já que os autores não falam a respeito.
   c) a notícia apresentada resulta exclusivamente da leitura do estudo pelo jornalista.
   d) não havia necessidade de os autores se manifestarem a respeito de seu trabalho.
   e) os autores da pesquisa não foram realmente convidados a dar entrevista.

2. (UFG-GO) Leia abaixo o trecho do artigo “Os donos do mundo”, de Luciana Sanchez, publicado no diário *Tribuna da Imprensa* em 13 set. 1999.

A subdivisão do Brasil já começa a ser defendida em academias americanas, como Harvard. Um de seus intelectuais, Juan Enriquez, defende a tese de desmembramento dos gigantes e do fim da soberania nacional, dizendo que quanto mais globalizado se tornar o mundo, menos traumática [será] para os nacionalistas a separação de seus Estados. [...] O pesquisador do Cebres, coronel Amerino Raposo, se exalta ao rebater a tese do intelectual de Harvard. “Desde as missões, as pesquisas na Amazônia existem, mascaradas através da evangelização dos índios. Não é por acaso o interesse mundial de se criar o estado ianomâmi onde se concentra 96% da reserva de titânio do mundo, minério fundamental para o próximo século”.

O texto de Luciana Sanchez é uma denúncia contra a política dos EUA para a Amazônia. Nesse fragmento, ao citar as declarações de um intelectual norte-americano e de um pesquisador brasileiro, a autora representa diferentemente a fala de cada um.

   a) Que tipos de discurso (direto, indireto, indireto livre) são usados, respectivamente, para apresentar as declarações do norte-americano e do brasileiro?
   b) A forma pela qual foi apresentada a fala do coronel Amerino Raposo é muito frequente nos textos jornalísticos e está relacionada às impressões que se quer causar no leitor. Tendo em vista os propósitos do artigo de Luciana Sanchez, justifique a escolha desse tipo de discurso para representar a fala do brasileiro.

**Texto para a próxima questão.**

Assim como tantos brasileiros, também fui acordada, na manhã de domingo, com notícias da retomada do Complexo do Alemão. Diferentemente do que aconteceria há pouco menos de dez anos, porém, não foi pelo plantão do *Jornal Nacional* que tomei conhecimento dos fatos. Foi ao me conectar ao Twitter que soube do que estava acontecendo, por meio do perfil identificado como @vozdacomunidade. *A Voz da Comunidade* é o nome de um jornal produzido por 10 crianças e adolescentes com idades entre 10 e 17 anos. As operações de domingo no Complexo do Alemão foram acompanhadas, desde o início, por esses jovens aprendizes de repórteres, que tuitaram o que estava acontecendo do olho do furacão.

Às 7h58min (horário de Brasília), eles anunciaram: “O helicóptero acabou de chegar neste momento!!!. As postagens seguintes não deixaram margem para dúvidas: “Há muitos tiros neste momento”, “tiroteio intenso”, “acabou de chegar mais um blindado” e um com uma ênfase que não deixa dúvidas: “É GUERRA mesmo! Muitos tiros!”

É esta a revolução das mídias: hoje, a classe C tem o mesmo percentual de acesso à internet que as classes A e B, e a maioria dos internautas – 70% – 25 acessa a rede da própria casa (pesquisa Ibope/Nielsen). Nem mesmo o idioma é barreira. Ainda sem interface em português, o Twitter conta com uma proporção esmagadora de brasileiros entre seus usuários: somos o segundo país com mais usuários na rede, segundo pesquisa da Sysomos (dez/2009). No dia da ocupação do Complexo do Alemão, o perfil @vozdacomunidade ganhou cerca de 20 mil novos seguidores.

A vontade de se manter bem informado é um dos motivos por trás do crescimento exponencial do Twitter. Mas, ao que tudo indica, o fenômeno das redes sociais se sustenta mesmo nas necessidades humanas de interagir e fazer sentido. Esses meninos, que, enquanto se protegiam dos tiroteios, nos informavam e interagiam conosco, tocaram em um ponto sensível da minha emoção: a certeza absoluta de que emitir o seu ponto de vista é um direito a ser exercido, qualquer que seja a situação.

SOUZA, Ana Fernanda. *A ocupação que foi tuitada*. A Tarde, Salvador, 2 dez. 2010. Caderno Opinião, p. A 3.

**3.** (Uesc) A partir da leitura do texto, está correto o que se afirma em

a) A mídia tradicional perdeu o seu objetivo de noticiar e informar.

b) Os usuários do Twitter, no Brasil, superam em número os que acessam outros meios de comunicação em rede.

c) O artigo em estudo constitui um exemplo de comunicação que fala sobre um outro tipo de comunicação não verbal.

d) Os internautas em rede, no Twitter, podem compartilhar ideias de forma democrática: todos têm voz, sem relação de poder.

e) O que caracteriza o Twitter é que ele constitui um sítio em que a interação entre as pessoas sofre restrições do Estado.

**4.** (UFG-GO) O trecho abaixo, de Alcino Leite Neto, foi publicado na TV FOLHA, de 30 jul. 2000.

Muito do que se condena na televisão brasileira como sendo obtuso, reacionário ou malfeito é apenas popular, demasiadamente popular. A televisão foi implantada no Brasil em 1950, mas durante muito tempo aparelhos de TV foram privilégio das classes alta e média. No início da década de 60, no interior do país, então predominantemente rural, apenas os mais ricos possuíam um televisor.

A respeito da forma de ordenação de ideias empregada pelo autor, é possível afirmar que

( ) prevalece, no fragmento, um tipo de ordenação muito utilizado nos textos jornalísticos: a ordenação por contraste de conceitos.

( ) a ordenação por tempo e espaço favorece um raciocínio que opera com noções de transformação e mudança, consideradas num certo período e em determinado lugar.

( ) o argumento de que, no Brasil, a televisão esteve associada a privilégio de classe é demonstrado por meio de um tipo de ordenação: a enumeração de fatos.

( ) sobressai, no fragmento, a especificação de conceitos, já que o autor define a TV como um meio de comunicação demasiadamente popular.

**5.** (UFPR) Após o jogo do Brasil contra Gana pelas oitavas de final da Copa do Mundo, o jornal "Folha de S. Paulo" do dia 28 de junho de 2006 publicou a seguinte manchete na primeira página:

| | |
|---|---|
| O Brasil vence de 3 a 0, ... | Foto de Ronaldo driblando o goleiro de Gana para marcar o 1º gol. |
| ... bate recordes, ... | Foto de Adriano festejando seu gol, o 200º da seleção em copas. |
| ... mas nem Parreira gosta. | Foto de Parreira, técnico da seleção brasileira, aparentando preocupação. |

Suponha que o jornal tivesse optado por uma manchete ligeiramente diferente:

"O Brasil vence de 3 a 0, ...
... bate recordes, ...
... mas Parreira não gosta."

Sobre as diferenças entre essas duas manchetes, é correto afirmar:

1. A oposição entre "vencer", "bater recordes" e "não gostar", destacada na manchete original, não é explicitada no texto modificado.
2. A manchete original apresenta a imagem de Parreira como um técnico mais exigente que a manchete modificada.
3. A manchete original deixa implícito que a atuação da seleção desagradou não apenas Parreira, mas muitas outras pessoas.

Assinale a alternativa correta.

a) Somente a afirmativa 1 é verdadeira.

b) Somente a afirmativa 2 é verdadeira.

c) Somente a afirmativa 3 é verdadeira.

d) Somente as afirmativas 1 e 2 são verdadeiras.

e) Somente as afirmativas 2 e 3 são verdadeiras.

# MÓDULO 14 • O jornal e seus gêneros textuais: editorial e crônica

## 1. O editorial: um texto argumentativo

Editorial é o texto que reflete a opinião do veículo de comunicação (jornal, revista, emissora) sobre determinado assunto. Por isso, não vem assinado (todo texto não assinado é de responsabilidade da Redação). Caracteriza-se por ser um texto argumentativo no qual predomina a **função referencial da linguagem**.

O fundamento de um editorial está na expressão de uma opinião, portanto, aproxima-se do texto argumentativo. Assim, quem produz um texto dessa natureza deve apresentar sucintamente a questão a ser discutida (introdução), desenvolver argumentos que convençam o leitor sobre a opinião apresentada e refutar possíveis argumentos contrários a ela (argumentação), e finalizar o texto expondo de modo condensado sua posição (conclusão). A linguagem deve ser sóbria e objetiva; a conotação, a linguagem figurada, a ironia, os eufemismos devem ser usados com parcimônia.

Considerando as sequências textuais, podemos dizer que o editorial tem a predominância de sequências argumentativas, já que temos a apresentação de um posicionamento, na tentativa de conseguir a adesão por parte do leitor: não se trata apenas de passar uma informação, mas de manifestar uma opinião a respeito de um assunto de maneira persuasiva e convincente.

É bom lembrar que os jornais costumam dar espaço para opiniões diferentes da sua ao publicar artigos assinados, ou seja, nem sempre a opinião de um colunista do jornal é a opinião da empresa jornalística. A voz do jornal é expressa essencialmente nos editoriais.

## 2. A crônica: um texto narrativo

O que é uma crônica? A palavra *crônica* deriva do radical grego *crono*, que significa 'tempo'. Daí seu caráter contemporâneo: relato de acontecimentos do tempo de hoje, ou seja, relato de fatos do cotidiano. Nos primórdios da literatura portuguesa e no Brasil-Colônia, crônica designava a narração de fatos históricos segundo a ordem cronológica ou relatos de viagens.

Desde o Romantismo (início do século XIX), com a consolidação da imprensa, a crônica se caracterizou por ser uma seção de jornal ou revista, escrita sempre numa linguagem leve, em que se comentam acontecimentos do dia a dia.

Na estrutura da crônica, destaca-se a predominância de **sequências narrativas**, como no caso das notícias. Porém, a montagem textual é muito diferente: a narrativa da crônica não tenta ser objetiva nem forjar um distanciamento entre o fato narrado e o produtor do texto; ao contrário, na crônica, o fato narrado traz marcas subjetivas do produtor do texto: no trabalho com a linguagem, na introdução de comentários, na evidência do leitor em perguntas retóricas, no acréscimo de pitadas de ficção.

Há vários aspectos fundamentais relativos à redação de uma matéria jornalística que se aplicam a textos de outros gêneros. Destaquemos alguns deles:

- ao escrever um texto, é importante hierarquizar a apresentação dos fatos;
- o primeiro parágrafo de um texto argumentativo deve ser uma síntese da ideia a ser defendida; deve ser necessariamente atrativo para interessar o leitor;
- dependendo do tema e do tipo de composição (especialmente no texto argumentativo), certo distanciamento é fundamental para evitar que o texto seja parcial, acrítico e, às vezes, até ingênuo;
- para chamar a atenção do leitor, um texto deve apresentar uma organização visual atraente, "limpa", agradável;
- escrever uma crônica é mergulhar na essência de um texto narrativo.

## Exercício comentado

**Texto para a próxima questão.**

### Você reconhece quando chega a felicidade?

Tenho uma forte antipatia pela obrigação de ser feliz que acompanha o Carnaval. Quem foge da folia ganha o rótulo de antissocial, depressivo ou chato. Nada contra o Carnaval. Apenas contra essa confusão de conceitos. Uma festa alegre não significa que você esteja plenamente feliz. E forçar uma situação de felicidade tem tudo para terminar em arrependimento e frustração.

Aliás, você reconhece a felicidade quando ela chega? Sabe que está sendo feliz naquele momento? Espere um pouco antes de responder. Pense de novo. Estamos falando de felicidade! Não de uma alegria qualquer. E qual é a diferença? Bem, descrever a felicidade não é fácil. Ela é muito recatada. Não fica ali posando para foto, sabe? Mas um Manual de Reconhecimento da Felicidade diria mais ou menos o seguinte: ela é mansa. Não faz barulho. Ao mesmo tempo é farta. Quando chega, ocupa um espaço danado. Apesar disso, você quase não repara que ela está ali. Se chamar a atenção, não é ela. É euforia. Alegria. A licenciosidade de uma noite de Carnaval. Ou um reles frenesi qualquer, disfarçado de felicidade.

A dita cuja é discreta. Discretíssima. E muito tranquila. Ela o faz dormir melhor. E olha, vou lhe contar uma coisa: a felicidade é inimiga da ansiedade. As duas não podem nem se ver. Essa é a melhor pista para o seu Manual de Reconhecimento da Felicidade. Se você se apaixonou e está naquela fase de pura ansiedade, mesmo que esteja superfeliz, não é felicidade. É excitação. Paixonite. Quando a ansiedade for embora, pode ser que a felicidade chegue. Mas ninguém garante.

É temperamental a felicidade. Não vem por qualquer coisa. E para ficar então... hi, não conheço nenhum caso de alguém que a tenha tido por perto a vida inteira. Por isso é tão importante reconhecê-la quando ela chega. Entendeu agora por que a minha pergunta? Será que você sabe mesmo quando está feliz?

Ou será que você só consegue saber que foi feliz quando a felicidade já passou?

Eu estudo muito a felicidade. Mas não consigo reconhecê-la. Talvez porque eu seja péssima fisionomista. Ou porque ela seja muito mais esperta do que eu. Mais sábia. Fato é que eu só sei que fui feliz depois. No futuro. Olho para o passado e reconheço: "Nossa, como eu fui feliz naquela época!" Mas no presente ela sempre me dá uma rasteira. Ando por aí, feliz da vida e nem sei que estou nesse estado. Por isso aproveito menos do que poderia a graça que é ter assim, tão pertinho, a tal felicidade.

Nos últimos tempos, dei para fazer uma lista de momentos felizes. E aqui é importante deixar claro que esses momentos devem durar um certo período de tempo. Um episódio isolado feliz – como quatro dias de Carnaval, por exemplo – não significa felicidade. A felicidade, quando vem, não vem de passagem. Não dura para sempre, mas dura um tempinho. Gosta de uma certa estabilidade, [...] Sabendo quando você foi feliz, é mais fácil descobrir por que foi feliz. Para ser ainda mais funcional, é bom que a lista seja cronológica. Lendo a minha, constato que fico cada vez mais feliz e por mais tempo.

Será que ela está aqui agora? Não sei dizer. Mas a paz de que desfruto agora é um sintoma dela. E isso não tem nada a ver com a tal obrigação de ser feliz desfilando no Sambódromo. Continuo meus estudos. Já tenho certeza de que hoje sou mais amiga da felicidade do que jamais fui em qualquer tempo.

Ana Paula Padrão, Revista *ISTOÉ* 2206, de 22/02/2012. (adaptado)

1. (EPCAr-CPCAr-MG) O texto é, predominantemente,
   a) dissertativo, pois apresenta um ponto de vista do locutor.
   b) poético, pois está escrito em 1ª pessoa do singular e fala dos sentimentos do eu lírico.
   c) editorial, pois estabelece um diálogo direto com o interlocutor.
   d) crônica, pois, a partir de um recorte da realidade, o locutor faz reflexões sobre um tema.

**Comentário do vestibular:**

Trata-se de uma crônica, gênero textual em que predomina o uso da linguagem coloquial, exposição de sentimentos e reflexão sobre fatos do cotidiano transcritos em 1ª pessoa, traduzindo a forma pessoal de compreender os acontecimentos que cercam o autor.

**Resposta**: alternativa **d**

## Exercícios propostos

Leia o texto a seguir e responda às questões de 1 a 3:

### Ser ou não ser

Na atualidade, a imagem da juventude está marcada ao mesmo tempo pela ambiguidade e pela incerteza. Digo ambiguidade, pois se, de um lado, a juventude é sempre exaltada na contemporaneidade, cantada que é em prosa e verso pelas potencialidades existenciais que condensaria, por outro a condição jovem caracteriza-se por sua posição de suspensão no espaço social, que se materializa pela ausência de seu reconhecimento social e simbólico.

Seria em decorrência disso que a incerteza é o que se delineia efetivamente como o futuro real para os jovens, em todos os quadrantes do mundo. É preciso destacar, antes de tudo, que a possibilidade de experimentação foi o que passou a caracterizar a condição da adolescência no Ocidente, desde o final do século 18, quando as idades da vida foram construídas em conjunção com a família nuclear burguesa, em decorrência da emergência histórica da biopolítica.

Nesse contexto, a adolescência foi delimitada como o tempo de passagem entre a infância e a idade adulta, na qual o jovem podia empreender experiências nos registros do amor e das escolhas profissionais, até que pudesse se inserir no mercado de trabalho e se casar para reproduzir efetivamente as linhas de força da família nuclear burguesa. Desde os anos 1980, no entanto, essa figuração da adolescência entrou em franco processo de desconstrução, por diversas razões. Antes de mais nada, pela revolução feminista dos anos 1960 e 70, com a qual as mulheres foram em busca de outras formas sociais de existência, além da condição materna.

Em seguida, porque o deslocamento das mulheres da posição exclusivamente materna foi o primeiro combate decisivo contra o patriarcado, que forjou nossa tradição desde a Antiguidade. Finalmente, a construção do modelo neoliberal da economia internacional, em conjunção com seu processo de globalização, teve o poder de incidir preferencialmente em dois segmentos da população, no que tange ao mercado de trabalho. De fato, foram os jovens e os trabalhadores da faixa etária dos 50 anos os segmentos sociais mais afetados pela voragem neoliberal. Com isso, se os primeiros passaram a se inserir mais tardiamente no dito mercado, os segundos passaram a ser descartados para ser substituídos por trabalhadores jovens e mais baratos, pela precariedade que foi então estabelecida no mercado de trabalho.

Foi em consequência desse processo que o tempo de duração da adolescência se alongou bastante, ficando então os jovens fora do espaço social formal e lançados perigosamente numa terra de ninguém. Assim, graças à ausência de inserção no mercado de trabalho, a juventude foi destituída de reconhecimento social e simbólico, prolongando-se efetivamente, não tendo mais qualquer limite tangível para seu término. Despossuídos que foram de qualquer reconhecimento social e simbólico, aos jovens restaram apenas o corpo e a força física. É por essa trilha que podemos interpretar devidamente a emergência e a multiplicação das formas de violência entre os jovens na contemporaneidade.

Esse processo ocorre não apenas no Brasil e na América Latina, mas também em escala internacional. Pode-se depreender aqui a constituição de uma cultura agonística* na juventude de hoje. Assim, a violência juvenil transformou-se em delinquência, inserindo-se efetivamente no registro da criminalidade. No Brasil, os jovens de classe média e das elites passaram a atacar gratuitamente certos segmentos sociais com violência. De mulheres pobres confundidas com prostitutas até homossexuais, passando pelos mendigos, a violência disseminou-se nas grandes metrópoles do país.

Ao fazerem isso, no entanto, seus gestos delinquentes inscrevem-se numa lógica social precisa e rigorosa. Com efeito, tais segmentos sociais representam no imaginário desses jovens a decadência na hierarquia social, sendo, pois, os signos do que eles poderão ser efetivamente no futuro, na ausência do reconhecimento social e simbólico que os marca. A cultura da força empreende-se regularmente em academias de ginástica, onde os jovens cultuam os músculos, não apenas para se preparar para os combates cotidianos da vida real, mas para forjar também um simulacro de força na ausência efetiva de potência, isto é, na ausência de reconhecimento social e simbólico, lançados que estão aqueles no desamparo.

É nesse registro que se deve inscrever a disseminação do *bullying* na contemporaneidade. É preciso dizer, no que concerne a isso, que a provocação e a violência entre os jovens e crianças é uma prática social antiga. O que é novo, contudo, é a ausência de uma autoridade que possa funcionar como mediação no combate entre estes e aqueles, o que incrementou bastante a disseminação dessa prática de violência. Não obstante tudo isso, a juventude é ainda glorificada como a representação do que seria o melhor dos mundos possíveis. A juventude seria então a condensação simbólica de todas as potencialidades existenciais. Contudo, se fazemos isso é porque não apenas queremos cultivar a aparência juvenil, por meio de cirurgias plásticas e da medicina estética, mas também porque o código de experimentação que caracterizou a adolescência de outrora se disseminou para a idade adulta e para a terceira idade. Constituiu-se assim uma efetiva adolescência sem fim na tradição ocidental, onde se busca pelo desejo a possibilidade de novos laços amorosos e novas modalidades de realização existencial.

(Joel Birman, revista *Cult* n. 157, maio 2011)

*agonística: relativo a luta, conflito, combate.

1. (FCL-SP) Assinale a opção correta:
   a) Trata-se de um texto que aborda a representação da juventude na literatura e na filosofia contemporâneas.
   b) Trata-se de um texto no qual o autor explica a natureza do fenômeno do *bullying*, desde sua origem na década de 1950.
   c) Trata-se de um texto no qual o autor reflete sobre como era ser jovem há 50 anos e como é ser jovem hoje.
   d) Trata-se de um texto que analisa o papel da mídia na construção do mito da juventude.
   e) Trata-se de um texto que mostra como a juventude é um objeto de desejo da sociedade contemporânea, examinando questões comportamentais, políticas e econômicas.

2. (FCL-SP) Assinale a opção que identifica corretamente o argumento central do texto:
   a) A adolescência é um dos períodos mais turbulentos e potencialmente problemáticos da existência humana.
   b) Por causa de sua ausência no mercado de trabalho, a juventude foi destituída de reconhecimento social e simbólico.
   c) A revolução feminista, o neoliberalismo e a globalização deslocaram o lugar do jovem na sociedade atual e criaram o imperativo do desejo sem fim.
   d) Lançados de maneira perigosa numa terra de ninguém, os jovens podem apenas dispor de seu corpo e de sua força física.
   e) O *bullying* é um fenômeno tipicamente adolescente e suas causas estão localizadas na ideia de que a juventude é um mito contemporâneo.

3. (FCL-SP) Assinale a opção cuja frase justifica corretamente o título do texto:
   a) A imagem da juventude está marcada ao mesmo tempo pela ambiguidade e pela incerteza.
   b) Foram os jovens e os trabalhadores da faixa etária dos 50 anos os segmentos sociais mais afetados pela voragem neoliberal.
   c) A violência juvenil transformou-se em delinquência, inserindo-se efetivamente no registro da criminalidade.
   d) O código de experimentação que caracterizou a adolescência de outrora se disseminou para a idade adulta e para a terceira idade.
   e) A possibilidade de experimentação foi o que passou a caracterizar a condição da adolescência no Ocidente.

**Texto para a próxima questão.**

## Dez anos de Flip

Ao mesmo tempo, poucos eventos culturais despertam reações tão contraditórias quanto a Flip (Festa Literária Internacional de Paraty) , desde que, há dez anos, ela fez de Paraty uma das capitais mundiais da literatura. Recorrendo à polarização proposta por Umberto Eco décadas atrás, há os apocalípticos e os integrados. Para os primeiros, a Flip é um *show* midiático patrocinado pelas grandes corporações da vida editorial, uma prova de como o capitalismo compra e corrompe tudo – e podemos encontrar sinais de "apocalipse" até no insuspeito escritor Jonathan Franzen (capa da *Time* como "o romancista da América") . Em sua palestra lembrou que, ao chegar a Paraty, encontrou placas enormes com propaganda de um cartão de crédito e, sussurrou, conspirador, "isso já diz muita coisa". Os americanos também adoram falar mal do dinheiro.

Franzen é um realista de carteirinha. Mas outro grande escritor, este de vocação nefelibata, o espanhol Enrique Vila-Matas, denuncia com uma certa volúpia a "extinção da literatura", entregue hoje ao horror das leis do mercado. Bem, não tomemos ao pé da letra a afirmação, uma licença poética transcendente – segundo o clássico gosto ibérico, a realidade é uma consequência do desejo, e não o contrário. A ideia apocalíptica pressupõe uma utopia poética, mas também política, redentora e pura, onde a arte, enfim, brilhará como um diamante intocado pelo mundo real.

Enquanto isso não acontece, os integrados leem livros, pedem autógrafos, lotam as tendas da Flip, bebem cachaça, passeiam pela cidade histórica, conversam fiado, odeiam alguns autores e amam outros; há um clima de devoção e um culto das celebridades que faz parte do pacote (a diária num hotel de Paraty durante a Flip é uma das mais caras do mundo).

(Adaptado de TEZZA, Cristovão. Dez anos de Flip. *Gazeta do Povo*, 30 jul. 2012.)

4. (UFPR) Em que alternativa o texto foi sintetizado adequadamente?
   a) As contradições da Flip são explicitadas por alguns escritores, chamados de apocalípticos, que adoram falar mal do dinheiro. Um deles é o insuspeito Jonathan Franzen, conhecido como "o romancista da América". Mas as diárias de um hotel durante o evento são caríssimas.
   b) A Flip desperta reações contraditórias. Para resolver isso, a organização deveria ter mais cuidado na escolha dos patrocinadores, pois o capitalismo compra e corrompe tudo. Quem aponta isso é o espanhol Enrique Vila-Matas, segundo o qual as leis de mercado estão destruindo a literatura.
   c) O público que frequenta a Flip não está interessado nas polêmicas dos escritores convidados para o evento, sejam eles apocalípticos ou integrados, segundo a polarização formulada por Umberto Eco. Quer aproveitar a festa: passear, conversar, conseguir autógrafos, tirar o maior proveito possível do alto preço pago pela hospedagem.
   d) Segundo Umberto Eco, há os apocalípticos e os integrados. Na Flip, os dois grupos têm reações contraditórias: os primeiros falam mal do dinheiro, os outros gastam sem reclamar. Mas para ambos o evento pode ser definido como um *show* para a promoção e divulgação internacional de autores e obras de interesse das grandes corporações editoriais.
   e) Desde sua criação, a Flip provoca reações contraditórias: de um lado há os que consideram o evento um espetáculo em que predominam os interesses das grandes editoras; de outro os que curtem o evento sem maiores questionamentos. A partir da dicotomia proposta por Umberto Eco, os primeiros seriam os apocalípticos e os últimos os integrados.

# MÓDULO 15 • Por que escrever? Como escrever?

## 1. Escrever... Por quê?

### O que escrever? Como escrever?

O ato de escrever deve ser entendido como a etapa final de um longo processo de reflexão. Escrever é colocar uma ideia no papel, o primeiro passo é **ter** uma ideia. E para ter ideias, a melhor dica é ler, ler e ler.

Ao ler um poema, um romance, um artigo de jornal ou qualquer outro tipo de texto, deparamos com a leitura de mundo de quem o escreveu. Portanto, ler muito é acumular várias experiências, várias vivências. E é assim que conseguimos formar a nossa própria leitura de mundo que, ao mesmo tempo, nos ajuda no ato de ler e no ato de escrever.

A leitura é fundamental para a produção de textos porque nos permite o contato com uma variedade de **conteúdos** (culturas, áreas de conhecimento, informações em geral), **formas** (gêneros textuais) e **registros da língua**.

Isso tudo porque, uma vez ultrapassada a primeira fase do processo – ter ideias –, a questão que se apresenta é como colocá-las no papel, como expressá-las. Os problemas vão desde o domínio do **vocabulário**, passando pelo conhecimento de **recursos linguísticos** e de outros **requisitos gramaticais** próprios da modalidade escrita (ortografia, acentuação gráfica, pontuação, etc.), para finalmente chegar a algo muito pessoal – o **estilo**. Tudo isso sem perder de vista os elementos do **processo de interação** (especialmente quem é o interlocutor), a **intencionalidade** e a **adequação**.

### Texto escrito é sinônimo de texto "certinho"?

Tanto na elaboração de um texto oral como na de um texto escrito, algo muito importante tem de ser considerado: a **adequação**.

Embora o texto escrito apresente características que o distingam do texto oral, como a possibilidade de "maior planejamento", nem todo texto escrito tem de ser um texto "certinho". A formalidade ou informalidade de um texto escrito estarão condicionadas a várias circunstâncias: o assunto, o meio utilizado, o contexto, o nível sociocultural de quem escreve e, importantíssimo, para quem se escreve.

## Exercício comentado

**Textos para a próxima questão.**

*Texto 1*

Ontem a Serra Leoa,
A guerra, a caça ao leão,
O sono dormido à toa
Sob as tendas d'amplidão!
Hoje... o porão negro, fundo,
Infecto, apertado, imundo,
Tendo a peste por jaguar...
E o sono sempre cortado
Pelo arranco de um finado,
E o baque de um corpo ao mar...

Ontem plena liberdade,
A vontade por poder...
Hoje... cúm'lo de maldade,
Nem são livres p'ra morrer...
Prende-os a mesma corrente
– Férrea, lúgubre serpente –
Nas roscas da escravidão.
E assim roubados à morte,
Dança a lúgubre coorte
Ao som do açoite... Irrisão!...

(Castro Alves. Fragmento de *O navio negreiro – tragédia no mar.*)

*Texto 2*

(...) Um poeta dizia que o menino é o pai do homem. Se isto é verdade, vejamos alguns lineamentos do menino.

Desde os cinco anos merecera eu a alcunha de "menino diabo"; e verdadeiramente não era outra coisa; fui dos mais malignos do meu tempo, arguto, indiscreto, traquinas e voluntarioso. Por exemplo, um dia quebrei a cabeça de uma escrava, porque me negara uma colher do doce de coco que estava fazendo, e, não contente com o malefício, deitei um punhado de cinza ao tacho, e, não satisfeito da travessura, fui dizer à minha mãe que a escrava é que estragara o doce "por pirraça"; e eu tinha apenas seis anos. Prudêncio, um moleque de casa, era o meu cavalo de todos os dias; punha as mãos no chão, recebia um cordel nos queixos, à guisa de freio, eu trepava-lhe ao dorso, com uma varinha na mão, fustigava-o, dava mil voltas a um e outro lado, e ele obedecia, – algumas vezes gemendo – mas obedecia sem dizer palavra, ou, quando muito, um – "ai, nhonhô!" – ao que eu retorquia: "Cala a boca, besta!" – Esconder os chapéus das visitas, deitar rabos de papel a pessoas graves, puxar pelo rabicho das cabeleiras, dar beliscões nos braços das matronas, e outras muitas façanhas deste jaez, eram mostras de um gênio indócil, mas devo crer que eram também expressões de um espírito robusto, porque meu pai tinha-me em grande admiração; e se às vezes me repreendia, à vista de gente, fazia-o por simples formalidade: em particular dava-me beijos.

Não se conclua daqui que eu levasse todo o resto da minha vida a quebrar a cabeça dos outros nem a esconder-lhes os chapéus; mas opiniático, egoísta e algo contemptor dos homens, isso fui; se não passei o tempo a esconder-lhes os chapéus, alguma vez lhes puxei pelo rabicho das cabeleiras.

(Machado de Assis. *Memórias póstumas de Brás Cubas*.)

1. (Unifesp) Compare o trecho de *Memórias Póstumas de Brás Cubas*, de Machado de Assis, com o fragmento do poema *O navio negreiro – tragédia no mar*, de Castro Alves. Indique a alternativa que apresenta aspectos observáveis nos dois textos.
   a) Tema da escravidão, contenção expressional, exploração do ritmo da frase, visão crítica da realidade.
   b) Ironia, exploração do ritmo da frase, intertextualidade explícita, denúncia de problemas sociais.
   c) Tema da escravidão, visão crítica da realidade, exploração do ritmo da frase, representação do homem como objeto do homem.
   d) Estilo apurado, visão crítica da realidade, representação do homem como objeto do homem, intertextualidade explícita.
   e) Tema da escravidão, tom arrebatado, visão crítica da realidade, estilo apurado.

### Comentário do vestibular:

Nem o fragmento do poema *O navio negreiro – tragédia no mar* revela contenção expressional ou ironia, nem o trecho de *Memórias Póstumas de Brás Cubas* apresenta tom arrebatado, como se afirma em **a**, **b** e **e**, respectivamente. Não há indícios de intertextualidade como se refere em **d**, por isso são válidos apenas os aspectos observáveis em **c**.

**Resposta**: alternativa **c**

## Exercícios propostos

**Texto para a próxima questão.**

### Por que ler?

Certas coisas não basta anunciar, como uma verdade que deve ser aceita por si só. Precisamos dizer o porquê. Se queremos fazer os brasileiros lerem mais de um livro por ano, essa trágica média nacional, precisamos de fato conquistar o seu interesse.

Listo os três benefícios fundamentais que a leitura pode trazer.

O primeiro: ler nos faz mais felizes. É um caminho para o autoconhecimento, e o exercício constante de autoconhecimento é um caminho para a felicidade. A vida, também no plano individual, é mais intensa na busca. Os personagens de um livro de ficção, os fatos de um livro-reportagem, as ideias de um livro científico, interagem com os nossos sentimentos, ora refletindo-os, ora agredindo-os, e, portanto, servindo de parâmetro para sabermos quem somos, seja por identidade ou oposição.

O segundo benefício: ler nos torna amantes melhores. Treina nossa sensibilidade para o contato com o outro. Amores românticos, amores carnais, amores perigosos, amores casuais, amores culpados, todos estão nos livros. A sensibilidade do leitor encontra seu caminho. E quanto mais o nosso imaginário estiver arejado pelas infinitas opções que as histórias escritas nos oferecem, sejam elas factuais ou ficcionais, com mais delícia aproveitamos os bons momentos do amor, e com mais calma enfrentamos os maus.

Por fim: ler nos torna cidadãos melhores. Os livros propiciam ao leitor um ponto de vista privilegiado, de onde observa conflitos de interesses. No processo, sua consciência é estimulada a se posicionar com equilíbrio. Tendem a ganhar forma, então, princípios de "honestidade", "honra", "justiça" e "generosidade". Guiado por estes valores, o leitor pode enfim ultrapassar as fronteiras sociais, e ver a humanidade presente em todos os tipos, em todas as classes.

Teríamos menos escândalos de corrupção, se lêssemos mais; construiríamos uma sociedade menos injusta, se educássemos melhor os nossos espíritos; eu acredito nisso.

Rodrigo Lacerda
Adaptado de rodrigolacerda.com.br.

1. (Uerj) Os três benefícios fundamentais da leitura apresentados no texto são listados numa determinada ordem.
   Essa ordem mostra uma organização na seguinte direção:
   a) racional para emocional
   b) abstrato para concreto
   c) factual para ficcional
   d) individual para social

2. (PUC-RS)

*Texto 1*

## Vergonha

Será que a gente somos corrupto? De nascença? Por natureza? Alguma coisa na água, ou no leite da mãe?

Em Paris, nos aconselhavam a não dizer que éramos "bresiliens", pegava mal. (...) Devíamos dizer "du Brésil" – para não acabar dizendo "brasileiros, mas no bom sentido". No cinema americano, é para o Brasil que vêm tradicionalmente os grandes caloteiros, pelo menos os que conseguem escapar com grana. Muito do nosso folclore é baseado no autodesprezo: somos a terra do malandro, do indolente, do encostado. Somos, paradoxalmente, a raça do jeito pra tudo e a raça que não tem jeito mesmo. Existiria, no brasileiro, uma falha estrutural que frustraria todas as tentativas de reformá-lo. (...)

Não somos menos morais do que os outros mas gostamos de dizer que somos. Tem algo a ver com o nosso tamanho. Nosso mar de lama não é maior que os outros, a extensão da nossa costa é que nos dá delírios de baixeza. Nossa alma amazônica não se satisfaz com pequenas falcatruas, queremos pororocas de sujeira, dilúvios de canalhice. (...)

Todas as sociedades deste lado do mundo são, de um jeito ou de outro, cleptocracias, construídas pelos mais espertos. Nas que deram certo o proveito desse pioneirismo de canalhas foi distribuído, nas que continuam a dar errado só uma minoria aproveita do resultado de seus próprios crimes.

VERISSIMO, L. F. Jornal "Zero Hora", 4 de abril de 1991 (fragmento adaptado)

*Texto 2*

Para se passar de uma situação menos humana para uma situação mais humana, quer na vida nacional quer na vida internacional, é longo o caminho a percorrer, e nele se há de avançar por fases. (...)

Jamais haverá paz sem uma disponibilidade para o diálogo sincero e contínuo. A verdade desenvolve-se, também ela, no diálogo e, por outro lado, fortifica este meio indispensável para a paz. A verdade também não tem receio dos entendimentos honestos, porque traz consigo as luzes que permitem comprometer-se neles, sem ter de sacrificar convicções – e valores essenciais. A verdade aproxima de si os espíritos; faz ver aquilo que já une as partes até então opostas umas às outras; faz retroceder as desconfianças de ontem e prepara terreno para novos progressos na justiça e na fraternidade, na coabitação pacífica de todos os homens. (...)

Sim, eu tenho para mim esta convicção: a verdade fortifica a paz a partir de dentro. E um clima de sinceridade maior há de permitir mobilizar as energias humanas para a única causa que é digna delas: o pleno respeito da verdade sobre a natureza e o destino do homem, fonte da verdadeira paz na justiça e na amizade.

http://vatican.va.holy_father/john_paul_ii/messages/peace/documents/ (acessado em 26/4/2006)

*Texto 3*

É célebre o paradoxo do mentiroso: Epimênides, sacerdote de Apolo, cretense que viveu no século VI a.C., disse de seus compatriotas: "Os cretenses mentem o tempo todo". Ora, se Epimênides é mais um cretense que vive dizendo mentiras... nem todos os cretenses serão mentirosos. Ou, talvez, Epimênides seja o único cretense capaz de dizer verdades, e a verdade, então, é que todos os cretenses são sempre mentirosos, exceto Epimênides.

A verdade mesmo é que ninguém consegue ser mentiroso 24 horas por dia. Mentir cansa, e possivelmente o próprio Epimênides, mentiroso renitente, fez uma pausa e disse essa verdade. (...)

Mas se mentir o tempo todo é impossível, dizer sempre a verdade não é nada fácil. A verdade, afirmou Platão, "é que a verdade é um alvo em que poucos acertam".

PERISSÉ, Gabriel. "Observatório da Imprensa". http://observatorio.ultimosegundo.ig.com.br/artigos (acessado em 30 de abril de 2006)

INSTRUÇÃO: Responder à questão com base nas afirmativas sobre os três textos.

I. Os textos 1 e 3 apresentam uma situação concreta para fundamentar a tese de seus respectivos autores.

II. A linguagem do texto 2 distingue-o dos demais pelo tom coloquial e pela subjetividade.

III. Nos textos 1 e 3, os autores utilizam o discurso alheio como recurso argumentativo.

IV. Nos três textos, os autores comparam diferentes sociedades entre si.

Pela análise das afirmativas, é possível concluir que estão corretas apenas

a) I e II.

b) I e III.

c) III e IV.

d) II e IV.

e) I, II e IV.

3. (UFBA)

*Fragmento I*

Mas que é na realidade o negro escravo feiticeiro? Em que consiste a sua faculdade de fazer mal impunemente? Qual é a fonte de sua força, da sua influência ativa e funesta? [...]

[...]

O feiticeiro não é mais nem menos do que um propinador de venenos vegetais. [...]

[...]

Herbolários tremendos, os escravos feiticeiros têm escondidos no bosque, e sempre à mão, e sempre certos de serem achados, os punhais invisíveis, os tiros sem estrépito, os venenos ignorados, com que estragam a saúde, ou apagam a vida daqueles de quem se querem vingar, ou a quem se resolvem a matar.

MACEDO, Joaquim Manuel de. *As vítimas algozes*: quadros da escravidão. 4. ed. São Paulo: Zouk, 2005. p. 62.

### *Fragmento II*

A escrava já tinha feito da menina inocente, donzela maliciosa e sabida de mais do que para sua glória podia ignorar ainda por alguns anos.

Da donzela maliciosa fizera depois moça hipócrita e falaz.

Da moça hipócrita acabara por fazer indômita namoradeira.

Matara-lhe a inocência, destruíra-lhe a virgindade do sentimento, viciara-lhe o coração, sensualizara-lhe os sentidos, desvirtuara-lhe a educação, e já lhe atirava o nome e o crédito aos insultos das murmurações e da maledicência.

A influência da mucama escrava produzia seus naturais resultados. A árvore da escravidão envenenava com seus frutos a filha dos senhores.

A vítima era por sua vez algoz.

_____. _____. p. 151.

### *Fragmento III*

[...] Aqui, destaca-se a atuação socializadora da mulher negra servindo de "mãe-preta" no seio da família colonial e o tráfico de influências exercido pelo escravo ladino (aquele que logo aprendia a falar português) sobre um número maior de ouvintes.

Subjacente a esse processo, o desempenho sócio-religioso de uma geração de sacerdotisas negras que sobreviveu a toda a sorte de perseguições e preconceitos.

[...]

Na inevitabilidade desse processo de influências culturais recíprocas e em resistência a ele, o negro terminou impondo, de forma mais ou menos subliminar, alguns dos mais significativos valores do seu patrimônio cultural na construção da sociedade nacional emergente no Brasil. [...]

É evidente o impacto da herança africana nas mais conhecidas manifestações culturais que foram legitimadas como autenticamente brasileiras e são utilizadas para projetar a imagem do Brasil no exterior, seja no samba, na capoeira, no traje da baiana, na cozinha à base de dendê, no Candomblé com suas danças e seus ritos. Além disso, a herança africana no Brasil tem sido fonte valiosa de criação artística e literária na promoção internacional de escritores, compositores, artistas plásticos, bailarinos, cineastas, fotógrafos, não só de nacionalidade brasileira.

CASTRO, Yeda Passos de. Dimensão dos aportes africanos no Brasil. In: BACELAR, Jeferson; PEREIRA, Cláudio. (Org.). *Vivaldo da Costa Lima: intérprete do Afro-Brasil*. Salvador: EDUFBA: CEAO, 2007. p. 126-127.

Os fragmentos apresentados avaliam a influência africana na formação da sociedade brasileira. Tomando-os como ponto de referência, é correto afirmar:

(01) O ponto de vista do enunciador a propósito do Pai-Raiol, no fragmento I, tem alcance restrito à personagem referida no texto.

(02) O fragmento II põe em relevo a figura da mulher negra, considerada a partir de um ponto de vista antagônico ao sustentado por Yeda Castro, no fragmento III.

(04) Os fragmentos I e II, quando discutem a condição dos negros na sociedade colonial brasileira, identificam-se ao destacarem os efeitos da escravidão.

(08) O perfil do escravo construído no fragmento I adequa-se àquele mostrado no fragmento III.

(16) O fragmento III, ao discutir a contribuição africana para a formação da sociedade brasileira, dá validade aos pontos de vista enunciados nos fragmentos I e II.

(32) A religião, nos três fragmentos, é valorizada pelos benefícios espirituais que produz.

**Texto para a próxima questão.**

Como a educação ainda é privilégio de muito pouca gente em nosso país, uma quantidade gigantesca de brasileiros permanece à margem do domínio de uma norma culta. Assim, da mesma forma como existem milhões de brasileiros sem terra, sem escola, sem teto, sem trabalho, sem saúde, também existem milhões de brasileiros sem língua. Afinal, se formos acreditar no mito da língua única, existem milhões de pessoas neste país que não têm acesso a essa língua, que é a norma literária, culta, empregada pelos escritores e pelos jornalistas, pelas instituições oficiais, pelos órgãos do poder – são os [1]*sem-língua*. É claro que eles também falam português, uma variedade de português não padrão, com sua gramática particular, que no entanto não é reconhecida como válida, que é desprestigiada, ridicularizada, alvo de chacota e de escárnio por parte dos falantes do português padrão ou mesmo daqueles que, não falando o português padrão, o tomam como referência ideal – por isso podemos chamá-los de sem-língua.

O que muitos estudos empreendidos por diversos pesquisadores têm mostrado é que os falantes das variedades linguísticas desprestigiadas têm sérias dificuldades em compreender as mensagens enviadas para eles pelo poder público, que se serve exclusivamente da língua-padrão. Como diz Maurizzio Gnerre em seu livro *Linguagem, escrita e poder*, a Constituição afirma que todos os indivíduos são iguais perante a lei, mas essa mesma lei é redigida numa língua que só uma pequena parcela dos brasileiros consegue entender. A discriminação social começa, portanto, já no texto da Constituição. É claro que Gnerre não está querendo dizer que a Constituição deveria ser escrita em língua não padrão, mas sim que todos os brasileiros a que ela se refere deveriam ter acesso mais amplo e democrático a essa espécie de língua oficial que, restringindo seu caráter veicular a uma parte da população, exclui necessariamente uma outra, talvez a maior.

Muitas vezes, os falantes das variedades desprestigiadas deixam de usufruir diversos serviços a que têm direito simplesmente por não compreenderem a língua empregada pelos órgãos públicos. [...]

É preciso, portanto, que a escola e todas as demais instituições voltadas para a educação e a cultura abandonem esse mito da "unidade" do português no Brasil e passem a reconhecer a *verdadeira diversidade linguística de nosso país* para melhor planejarem suas políticas de ação junto à população amplamente marginalizada dos falantes das variedades não padrão.

BAGNO, Marcos. *Preconceito linguístico:* o que é, como se faz. 4. ed. São Paulo: Loyola, 2000. p. 16-19.

4. (UFSC) A partir da leitura do texto, é correto afirmar que:
   (01) o emprego da expressão *sem-língua* (ref. 1), análoga a sem-teto, sem-terra, permite supor que a exclusão pela língua está associada a outros tipos de exclusão social.
   (02) a crença no mito de uma língua única, uniforme, coincidente com a norma padrão, está estreitamente ligada a manifestações de preconceito linguístico.
   (04) para que a linguagem utilizada na Constituição não constitua fator de exclusão social, Bagno propõe que nossa Carta Magna seja reescrita em linguagem mais compreensível, não tão formal.
   (08) falantes do português "não padrão" também podem mostrar-se preconceituosos com relação às variedades "não padrão" da língua.
   (16) reconhecer a diversidade linguística implica defender que os falantes não precisam dominar a norma culta da língua pátria.
   (32) pelo exposto no texto, pode-se inferir acertadamente que é urgente reduzir a diversidade linguística, mediante imposição da variedade padrão a todos os brasileiros.

**Texto para a próxima questão.**

A notícia de que o melhor *chef* de cozinha da atualidade vai integrar em 2007 uma das mais importantes mostras de arte do mundo chocou o meio artístico internacional. "Todos os artistas querem me cortar a garganta", reconhece Ferran Adrià, para quem é chegada a vez da "gastronomia-arte". É surpreendente o fato de a 12ª Documenta tê-lo convidado para integrar a mostra de 2007. O mítico evento quinquenal jamais havia incluído um cozinheiro. Entende-se. A crítica cultural considera a gastronomia uma "estética sem linguagem": não reconhece nela verdadeira arte.

Este inquieto catalão não se limita a fazer boa comida. Ele revoluciona sistematicamente a gastronomia desde o dia em que assistiu a uma conferência do físico-químico Hervé This. O cientista fundou a disciplina "cozinha molecular", que propõe a cooperação entre as ciências e os cozinheiros. De comum entre ambos, restou a consciência de que no centro da inovação gastronômica atual está o laboratório. Adrià mantém uma oficina de pesquisa em que elabora novos conceitos e técnicas aos quais os cozinheiros do seu restaurante EL Bulli aliam sensibilidade e criatividade.

Antes os restaurantes pareciam parados no tempo. A partir de Adrià, a renovação parece não ter fim, e a gastronomia virou isso que alguns julgam "arte" e outros não sabem dizer o que é. O próprio 'chef' está surpreso com tanto impacto. Ele acha que apenas sociólogos, antropólogos, jornalistas e críticos poderão compreender essa revolução que se passa no domínio do gosto na sociedade moderna.

(Adaptado de: Dória, Carlos Alberto. Ciência do gosto. *Bravo*, ago. 2006.)

5. (UFRGS-RS) Assinale a afirmação que está de acordo com o texto.
   a) O meio artístico internacional ficou chocado com as novas ideias de Adrià no âmbito da gastronomia.
   b) Para a crítica cultural, a verdadeira arte alia estética a uma linguagem.
   c) Sem a cooperação entre ciência e cozinha, não há inovação gastronômica.
   d) Adrià e Hervé This têm um laboratório de pesquisa em que exercitam a cooperação entre as ciências e os cozinheiros.
   e) Adrià é o responsável pela mudança no domínio do gosto na sociedade moderna, por aliar técnica, sensibilidade e criatividade à boa comida.

# MÓDULO 16 • Produção de textos: da escola para a vida

## 1. A redação nos exames

Em determinadas situações, somos solicitados a produzir textos que serão objeto de avaliação. Nesses casos, a liberdade de criação não é absoluta, já que o texto será avaliado segundo alguns critérios, aos quais você obrigatoriamente deverá se sujeitar.

A redação de vestibular, segundo o modelo tradicional, poderia ser definida como um gênero textual. Considere:

- é um texto que é produzido numa determinada situação, o exame;
- tem características configuracionais de um texto em prosa;
- discursa sobre um tema dado;
- consta de um título mais cerca de 25 linhas;
- é escrito com caneta, numa folha em branco e não é assinado;
- tem um determinado fim: a avaliação da escrita dos candidatos.

Com a consolidação da premissa de que é pela linguagem que interagimos na sociedade, passou-se a avaliar a competência linguística do candidato, aquela que não é apenas de serventia no exame, mas na vida. Para tanto, o conceito de texto a ser produzido no vestibular passou a atender a uma proposta que tenta ser contextualizada, e sua avaliação passou a considerar a capacidade de:

- leitura;
- adequação a determinado gênero e tipologia textual e à situação comunicativa;
- domínio e manipulação de estruturas e recursos linguísticos;
- coesão e coerência textuais.

## 2. O papel da leitura

### A coletânea ou painel de leitura

Chama-se coletânea ou painel de leitura o conjunto de textos que compõe uma proposta de redação. Tal conjunto oferece para o candidato um quadro diversificado de ideias sobre um mesmo assunto, podendo abordá-lo de forma distinta e até contraditória. Esse conjunto está, por um lado, a serviço do candidato: amplia e/ou esclarece a temática da proposta, oferece o contato com ideias e pontos de vista variados, provoca e motiva a produção do texto; por outro, é de serventia para os avaliadores, porque evidencia a competência de leitura e de reflexão do candidato, sua capacidade de associação e articulação de ideias.

### A diversidade de textos e linguagens

Não há um tipo de texto frequente no painel de leitura de uma proposta. Se a concepção de leitura envolve a noção de prática social e tenta-se avaliar a competência do candidato como leitor eficiente, o conjunto de textos deve apresentar uma amostra com variedade textual e variedade de linguagens. Daí observarmos painéis com excertos literários, histórias em quadrinhos, gráficos, excertos de notícias de jornal, etc.

### Textos, tema e recorte temático

- **Tema explícito:** em alguns casos, a proposta de redação se limita a apontar um tema geral. Fica por conta do aluno abordá-lo de forma geral ou destacar um aspecto dele. Em outros casos, o tema e o recorte (seleção de determinado aspecto de um tema geral) são identificados.
- **Tema implícito:** neste caso, a proposta de redação vem acompanhada de uma coletânea de textos que o aluno terá de ler e da qual deverá extrair a temática para seu texto.

### Em foco: a situação e a função

Se a intenção é avaliar a competência comunicativa de um candidato, não basta uma redação bem escrita no quesito ortografia e regras gramaticais. O texto tem de apresentar claramente suas ideias, observando os fatores que envolvem sua produção: a situação comunicativa (real ou pressuposta) e a função (o que se quer com o texto, o que se tenta dizer, qual é o objetivo do texto?).

### Os modelos e arranjos linguísticos e a adequação

De modo geral, a dissertação é o gênero textual mais comum nas propostas de redação. Como você já sabe, esse tipo de texto é caracterizado pela articulação de sequências argumentativas.

Outro arranjo linguístico muito solicitado é o narrativo. Geralmente, apresenta-se uma situação que deverá ser desenvolvida, com o tratamento de alguns elementos da narrativa determinando: foco narrativo em primeira ou terceira pessoa, caracterização de personagens, cenário, tempo.

Em alguns casos, podemos observar propostas que apresentam uma especificidade maior, como ocorre com o gênero textual "carta argumentativa" (nesse caso, além da forma característica do gênero, é comum a definição de um interlocutor, dado a que se deve dar muita atenção porque definirá o registro da linguagem e o tipo da argumentação).

### E a gramática?

A gramática sustenta e explica o texto, portanto, é uma ferramenta essencial na hora da produção de um texto. E é no uso e na manipulação consciente dos recursos gramaticais que o produtor de textos eficiente encontra a forma de concretizar e explicitar suas ideias, sempre em função da interação social.

### Articulação

Ao tocar no quesito gramática, fala-se em "articulação". É pelo uso e pela manipulação das estruturas gramaticais que construímos um texto. Mas não basta falar/escrever ideias soltas para construí-lo: temos de estabelecer uma ligação entre elas. Aí entra o que chamamos articulação textual. E essa articulação se dá a partir, por exemplo, do emprego dos elementos coesivos, que vão entretecendo e arrematando as ideias, compondo o texto como um todo.

## 3. As pequenas redações nos exames

Outra modalidade de texto muito comum nos vestibulares, especialmente nas instituições que realizam os exames em duas fases, são as respostas às questões discursivas. Trata-se de "pequenas redações" que, no entanto, não desprezam nenhuma das competências necessárias para a escrita de um texto maior.

Nas perguntas discursivas, exige-se do candidato a ativação de sua competência linguística, além dos conhecimentos específicos sobre o assunto em questão. Para tanto, novamente entram em jogo:

- a leitura eficiente, possibilitando a interpretação e a compreensão da questão;
- o trabalho eficiente com os recursos gramaticais, possibilitando a expressão das ideias de forma clara, articulada e organizada.

## Exercício comentado

1. (UFPA) *A viagem do elefante*, de José Saramago, narra a viagem, de Lisboa até Viena, de um elefante asiático (ao qual José Saramago chamou Salomão), presente de D. João III a seu primo Maximiliano II, arquiduque da Áustria. O tempo da narrativa é o século XVI e a obra enfatiza, entre outras coisas, contradições e fraquezas humanas encarnadas pelos personagens e criticadas pelo narrador.

"A rainha bisbilhava uma oração, principiara já outra, quando de repente se interrompeu e gritou, Temos o Salomão, Quê, perguntou o rei, perplexo, sem perceber a intempestiva invocação ao rei de judá, Sim, senhor, Salomão o elefante, E para que quero eu aqui o elefante, perguntou o rei já algo abespinhado, Para o presente, senhor, para o presente de casamento, respondeu a rainha, pondo-se de pé, eufórica, excitadíssima, Não é presente de casamento, Dá o mesmo. O rei acenou com a cabeça lentamente três vezes seguidas, fez uma pausa e acenou outras três vezes, ao fim das quais admitiu, Parece-me uma ideia interessante, É mais do que interessante, é uma ideia boa, é uma ideia excelente, retrucou a rainha com um gesto de impaciência, quase de insubordinação, que não foi capaz de reprimir, há mais de dois anos que esse animal veio da índia, e desde então não tem feito outra coisa que não seja comer e dormir a dorna da água sempre cheia, forragens aos montões, é como se estivéssemos a sustentar uma besta à argola, e sem esperança de pago [...], então que vá para viena".

SARAMAGO, José. *A viagem do elefante*, São Paulo, Companhia das Letras, 2008, p. 13.

Glossário
bisbilhava – murmurava
abespinhado – zangado, irritado, agastado

Dos fragmentos abaixo, extraídos da obra de José Saramago, apenas um expõe os sentimentos contraditórios da esposa de Dom João III, rei de Portugal e dos Algarves, dona Catarina D'Áustria, em relação ao "magnífico exemplar de elefante asiático" oferecido como presente de casamento ao arquiduque austríaco Maximiliano II. O fragmento em que se expõe esses sentimentos da rainha é:

a) "Estive a pensar, (disse o rei) acho que deveria ir ver Salomão [...]. Sendo cinco horas, quero quatro cavalos à porta do palácio, recomende que aquele que montarei seja grande, gordo e manso, nunca fui de cavalgadas, e agora ainda menos, com esta idade e os achaques que ela trouxe." (p. 16-18)

b) "Só partiram passadas às cinco horas e meia porque a rainha, ao saber da excursão que se estava preparando, declarou que também queria ir. Foi difícil convencê-la de que não tinha qualquer sentido fazer sair um coche só para ir a Belém, que era onde havia sido levantado o cercado para Salomão. E certamente, senhora, não quererá ir a cavalo, disse o rei [...]." (p. 18)

c) "A rainha acatou a mal disfarçada proibição e retirou-se, murmurando que Salomão não tinha, em todo o portugal, e mesmo em todo o universo mundo, quem mais lhe quisesse. [...] catarina de áustria exibia agora assomos de paladino arrependimento que quase a tinham levado a desafiar, pelo menos nas formas, a autoridade de seu senhor, marido e rei". (p. 18)

d) "Se o arquiduque aceitar o elefante, o problema resolver-se-á por si mesmo, ou melhor, resolvê-lo-á a viagem para Viena, e, se não o aceitar, então será o caso para dizer, uma vez mais, com a milenária experiência dos povos, que, apesar das decepções, frustrações e desenganos que são o pão de cada dia dos homens e dos elefantes, a vida continua. Salomão não tem nenhuma ideia do que o espera". (p. 19)

e) "O elefante morreu [...] no último mês de mil quinhentos e cinquenta e três. A causa da morte não chegou a ser conhecida, ainda não era tempo de análises de sangue, radiografias do tórax, endoscopias, ressonâncias magnéticas e outras observações que hoje são o pão de cada dia para os humanos, não tanto para os animais, que simplesmente morrem sem uma enfermeira que lhes ponha a mão na testa".

**Comentário do vestibular:**

Dona Catarina D'Áustria, esposa de Dom João III, rei de Portugal, demonstra sentimentos contraditórios em relação à proposta feita ao marido sobre o elefante Salomão, que acreditava ser um bom presente de casamento de D. João III para seu primo Maximiliano II, arquiduque da Áustria no trecho transcrito na alternativa **c**: "A rainha acatou a mal disfarçada proibição", "exibia agora assomos de paladino arrependimento que quase a tinham levado a desafiar, pelo menos nas formas, a autoridade de seu senhor, marido e rei".

**Resposta**: alternativa **c**

## Exercícios propostos

**Textos para a próxima questão.**

*Texto 1*

### A moeda que subiu 200 000%

Essa foi a valorização da *bitcoin*, uma moeda virtual que pode ser emitida por qualquer pessoa que tenha um computador ligado à internet. A questão é: dá para confiar num sistema desses?

Alguém que queira se hospedar no Villa Sart, um pequeno hotel na cidade de Danzig, às margens do mar Báltico, na Polônia, pode fazer a reserva de um quarto duplo por 95 euros por noite. Se preferir, o visitante pode se instalar no mesmo cômodo pagando com seis unidades de outra moeda, a *bitcoin*. Outros 700 estabelecimentos, como restaurantes, livrarias e lojas de roupas, em diferentes países (nenhum deles no Brasil, ao menos por enquanto), começaram a trabalhar da mesma forma recentemente: aceitam moedas locais e *bitcoins*.

*Bitcoins* não existem no mundo real: são moedas virtuais que permitem que pagamentos sejam feitos sem a intermediação de instituições financeiras. A diferença para outros sistemas semelhantes, como o *PayPal*, é que as *bitcoins* podem ser geradas na internet. Qualquer um que instalar um programa de computador chamado de *minerador* consegue emiti-las. Ou seja, cria-se dinheiro a partir do nada. Como a emissão é muito lenta – pode levar mais de três meses para criar uma única unidade – e até pouco tempo atrás quase nenhum estabelecimento aceitava esse tipo de pagamento, a moeda era vista como mais um daqueles passatempos esquisitos dos *nerds*.

A questão é que, agora, as *bitcoins* se tornaram uma febre na internet. Por razões inexplicáveis, mais consumidores e lojas passaram a usá-las, e a moeda valorizou de forma impressionante. No começo de 2010, uma unidade de *bitcoin* valia menos de 1 centavo de dólar. Hoje, na média do mês de agosto, é negociada por cerca de 10 dólares – uma alta de 200 000%.

Existem 7 milhões de *bitcoins* em circulação, que movimentam quase 70 milhões de dólares. É muito pouco perto dos trilhões de dólares que circulam pelo sistema financeiro mundial, mas o que chama a atenção é a euforia em torno da moeda virtual. Na esperança de que a valorização continue, milhares de investidores têm comprado *bitcoins* para tentar revendê-las no futuro com lucro. Parte dessas compras é feita em casas de câmbio virtuais, que vêm sendo criadas para trocar dólares, euros e até reais por *bitcoins*. "Há espaço para esse mercado crescer muito mais. Essas moedas podem valorizar mais de mil vezes", disse à EXAME Adam Stradling, consultor americano que trabalhou cinco anos em Wall Street antes de fundar a Trade Hill, uma dessas casas de câmbio.

O problema óbvio desse sistema é que ele não é regulado. As *bitcoins* não estão atreladas ao sistema financeiro de nenhum país nem são fiscalizadas por bancos centrais. Elas começaram a ser criadas em 2009, depois que um programador japonês chamado Satoshi Nakamoto publicou uma tese em que apresentava a ideia de um sistema monetário virtual global. Saíram desse trabalho as coordenadas para que fosse criado o programa que emite *bitcoins* pela internet. Senadores americanos chamaram a moeda de "uma forma on-line de lavar dinheiro".

O maior risco é o de as pessoas simplesmente pararem de usar *bitcoins* e voltarem a pagar com dólares, euros ou reais. O valor de qualquer moeda depende da confiança de consumidores, empresários e investidores. "Nada garante que os usuários de hoje manterão o interesse pela moeda no futuro", diz John Robb, ex-analista da consultoria especializada em internet Forrester Research, que estuda o sistema das *bitcoins* desde sua criação. Uma mudança de comportamento poderia fazer com que as *bitcoins* virassem pó em pouco tempo. Além disso, começam a pipocar denúncias de crimes associados ao uso desse sistema de pagamento. Em junho, um usuário veio a público denunciar o roubo de *bitcoins* de sua carteira virtual, um sistema de armazenamento da moeda virtual que funciona de maneira parecida com a dos bancos na internet. Também há casos de cambistas que simplesmente sumiram com as *bitcoins* de seus clientes.

Por enquanto, as fraudes são isoladas e, por isso, o clima geral em relação às *bitcoins* é de boa vontade. "A *bitcoin* é mais uma forma de pagamento, e também tem sido um ótimo investimento", diz Artur Szumski, dono do hotel Villa Sart, na Polônia. Os entusiastas dizem que a maior vantagem da moeda virtual é o fato de ela ser imune à inflação. Como não pertence a países, não sofre com as decisões de governos que podem desvalorizá-la, como vem ocorrendo com o dólar. Fora isso, o algoritmo de Nakamoto controla a quantidade e o ritmo com que a moeda pode ser gerada na internet – sabe-se que a oferta total de *bitcoins* nunca poderá ultrapassar 21 milhões de unidades. A questão é saber até quando o otimismo vai durar.

FAUST, André. *Exame*. São Paulo: Abril, set. 2011. p. 174-176. [Adaptado].

### *Texto 2*

### *Texto 3*

## Sinopse

O filme *O homem que copiava* narra a história de André (Lázaro Ramos), um jovem, que trabalha na fotocopiadora da Papelaria Gomide, em Porto Alegre, mora com a mãe e tem uma vida comum, vivendo praticamente de casa para o trabalho e fazendo sempre as mesmas coisas. Um dia, André se apaixona por Sílvia (Leandra Leal), uma vizinha, e, decidido a conhecê-la melhor, André descobre que ela trabalha em uma loja de roupas. Para conseguir se aproximar dela, tenta de todas as formas conseguir 38 reais para comprar um suposto presente para a mãe dele. Conta, então, com a ajuda de Cardoso (Pedro Cardoso), empregado de uma oficina, que faz qualquer coisa por dinheiro, e conta também com Marinês (Luana Piovani), uma jovem esperta. Cardoso tem a ideia de copiar notas de 50 reais com a nova máquina de fazer cópias coloridas que chega na papelaria. André passa a fazer cópias de dinheiro e consegue os 38 reais. Cardoso quer mais. Insiste. André não resiste e copia mais e mais, sem conseguir parar.

Disponível em: <http://www.adorocinema.com/filmes/homem-que-copiava>. Acesso em: 4 out. 2011. [Adaptado].

1. (UFG-GO) O enredo do filme *O homem que copiava* explora de maneira inusitada a produção da moeda brasileira.
   a) Que aspectos da constituição formal do cartaz remetem aos eventos apresentados na sinopse?
   b) A nomeação de uma moeda não é aleatória e, geralmente, remete a um aspecto importante de sua circulação ou de seu valor. Por isso, tendo em vista os eventos históricos que levaram à instituição da moeda brasileira atual, a que remete o nome *real* atribuído a essa moeda?

**Texto para as questões 2, 3 e 4.**

## *Marketing* oportunista

Parece que a sabedoria dos anos 90 localiza-se nos extremos, não no meio, como sempre é quando se busca o equilíbrio das coisas. Sábio e proveitoso agora é lidar com os pequeninos gnomos, que voam ao impacto de um espirro, ou com os dinossauros grandalhões de até 100 toneladas. Quanto a estes, Spielberg que o diga, ele, o gênio da arte tão bonita e respeitável de ganhar dinheiro. O meio não está com nada. As minas de ouro encontram-se nas pontas do mapa.

Um amigo meu, chegadíssimo ao *marketing* oportunista, e que sempre procurou faturar com os caprichos da moda, comentou:

– O inteligente é meter os dinossauros nos negócios, seja filme, música, camiseta, qualquer coisa. Está escrevendo um novo romance, não?

– Estou. É sobre o velho triângulo amoroso, dois homens apaixonados pela mesma mulher – contei, mais para me livrar do importuno marqueteiro.

– A ideia é velha, sim. Meta um dinossauro carnívoro, feroz, perseguindo esses três tarados.

– Como posso fazer isso? O romance se passa nos tempos de hoje, entendeu?

– Não faz mal, ponha o dinossauro assim mesmo.

– Ora, é uma história urbana, não acontece em nenhuma floresta desconhecida.

– Melhor ainda! – exclamou, como se vindo em meu socorro. – Já imaginou o tal dinossauro no viaduto do Chá, na hora do *rush*, pisando nos carros, derrubando postes, engolindo marreteiros?

[1]Fui para casa impressionado com tal mau gosto e apetite comercial. Transmiti a sugestão absurda à minha mulher. Os três amantes perseguidos por um apavorante dinossauro em pleno viaduto. Esperei que ela morresse de rir, não morreu.

Podia ser um tiranossauro rex, que tinha 15 metros de altura – ela optou. Ignorava que entendesse de dinossauros.

– Pensou no ridículo?

Seu pensamento estava noutra direção.

– Será que um romance com esse bicho como personagem daria dinheiro? – perguntou sonhando com uma viagem de férias.

– A minha é uma história romântica. Não cabe um ...

– Daria dinheiro?

– [6]Não quero escrever outro *King Kong, darling* – protestei.

– E o *King Kong* por acaso foi um fracasso?

Aquela noite sonhei com dinossauros. Ainda nossos contemporâneos, continuavam habitando o planeta. Olhei pela janela e vi o pescoço de um sismossauro de 42 metros. O animal carregava um monumental ar de resignação e um cartaz duplo com uma fotografia e os dizeres: PARA SENADOR VOTEM EM LICÍNIO RIBAS. [2]Muito bem bolado: dinossauro transformado em *outdoor* ambulante. Desci para a rua e fui seguindo. O que vi me surpreendeu. [3]Diversos iguanodontes de 10 metros de altura, pesando cerca de 4 toneladas, andavam ordeiramente em fila e, com a capacidade de muitos caminhões, carregavam imensas cargas. Sem queimar óleo ou gasolina. Num espaçoso terreno baldio li: RENT A DINOS. Alugava-se dinossauro para propaganda, transporte de carga, guarda de grandes propriedades e passeios turísticos. Crianças adoravam passear de apatossauro, cujo comprimento ultrapassava 21 metros. Descobri, porém, que nem todos apoiavam a exploração dos dinossauros. Havia um forte movimento contrário que fazia protestos em alto-falantes e distribuía folhetos.

– Eles estão em extinção em todo o mundo – diziam.

– Escravizados pelo homem, desaparecerão rapidamente. E, por favor, não comam carne de dinossauro.

[4]Logo além, todo acorrentado, estava um gigantesco tiranossauro rex. Perguntei a um defensor de dinossauros por que o imobilizaram daquela forma. Respondeu que o animal fora colocado naquele desconforto para simples publicidade sensacionalista de uma história de amor triangular.

– E a história fez sucesso? – perguntei.

– [5]O inescrupuloso romancista ganhou milhões – foi a invejosa resposta.

Acordei e fui à cozinha. Minha mulher somava contas a pagar.

– Sabe duma coisa, *darling?* – lembrei. – Aquela ideia do dinossauro no viaduto é coisa de louco, sim, mas quem não é hoje em dia?

REY, Marcos. *Marketing* oportunista. In: *O coração roubado e outras crônicas*. São Paulo: Ática, 2003, p. 57-60. (Para Gostar de Ler, v. 19)

**2.** (UFPB) Em relação à estrutura e à temática do texto, julgue os itens a seguir.

( ) Caracteriza-se como uma crônica jornalística que explora assuntos da atualidade.

( ) Apresenta-se em forma de crônica literária, marcada pelo humor.

( ) Mantém-se fiel ao modelo do conto fantástico, focalizando a sociedade da época.

( ) Contempla questões relacionadas à realidade e à ficção, abordando aspectos do cotidiano.

( ) Faz considerações sobre a criação de obras artísticas e sobre as leis de mercado.

**3.** (UFPB) Considerando os recursos de linguagem presentes na composição do texto, identifique os fragmentos em que esses recursos estão corretamente indicados:

( ) "Fui para casa impressionado com tal mau gosto e apetite comercial." (ref. 1) – uso de termo em sentido conotativo.

( ) "Muito bem bolado: dinossauro transformado em *outdoor* ambulante." (ref. 2) – uso da linguagem informal.

( ) "Diversos iguanodontes de 10 metros de altura, pesando cerca de 4 toneladas, andavam ordeiramente em fila e, com a capacidade de muitos caminhões, carregavam imensas cargas" (ref. 3) – uso de linguagem figurada / comparação.

( ) "Logo além, todo acorrentado, estava um gigantesco tiranossauro rex." (ref. 4) – uso da ordem inversa dos termos da oração.

( ) "– O inescrupuloso romancista ganhou milhões – foi a invejosa resposta." (ref. 5) – uso de linguagem figurada /eufemismo.

**4.** (UFPB) Com base no fragmento "*– Não quero escrever outro King Kong, darling* – protestei." (ref. 6), percebe-se que o narrador

a) julga-se incapaz de escrever uma história como a do *King Kong*, porque seu romance não é uma produção artística de qualidade.

b) desconsidera todas as histórias românticas, em que não são usados recursos como o do famoso *King Kong*.

c) menciona o filme *King Kong* para reforçar seus argumentos contrários à inclusão de recursos extremos em sua história.

d) faz um protesto contra o uso de animais gigantes em suas histórias, como fez o autor da história de *King Kong*.

e) objetiva convencer sua mulher de que o uso de um animal de grande porte, como o *King Kong*, pode gerar protestos.

# MÓDULO 17 • Os textos injuntivos-instrucionais

## 1. Ordens, regras, instruções, propagandas...

Quando estudamos as funções da linguagem e analisamos a função **conativa** (ou **apelativa**), notamos que, nesses tipos de texto, a mensagem está centrada no interlocutor. Considerando sua organização linguística, perceberemos uma sequência do tipo **injuntiva-instrucional**.

*Injuntivo* é sinônimo de "obrigatório", "imperativo".

No campo dos estudos linguísticos, **modo injuntivo** é o mesmo que **modo imperativo**.

**Instrucional**, por sua vez, remete-nos à instrução, ao ensino. São textos instrucionais:

- manuais de aparelhos eletrônicos;
- informações de montagem de móveis;
- regulamentos;
- regras de jogos;
- modo de preparo nas receitas culinárias.

Gramaticalmente, os textos injuntivos-instrucionais caracterizam-se pelo emprego de verbos no imperativo, pronomes na segunda pessoa e uso de vocativos. Em certas construções, os verbos no imperativo são substituídos por "deve" ou outras construções mais suaves, que, no entanto, indicam ordem, orientação. De qualquer forma, as sequências injuntivas-instrucionais incitam à ação, isto é, interferem no comportamento do interlocutor.

## 2. Os textos injuntivos--instrucionais e os gêneros textuais

As sequências injuntivas-instrucionais aparecem em textos dos mais diversos gêneros, como anúncios publicitários, discursos políticos (notadamente às vésperas de eleição), discursos religiosos, horóscopos, livros de autoajuda, orações, etc.

## Exercício comentado

**Texto para a próxima questão.**

Sendo este um jornal por excelência, e por excelência dos precisa-se e oferece-se, vou pôr um anúncio em negrito: precisa-se de alguém homem ou mulher que ajude uma pessoa a ficar contente porque esta está tão contente que não pode ficar sozinha com a alegria, e precisa reparti-la. Paga-se extraordinariamente bem: minuto por minuto paga-se com a própria alegria. É urgente, pois a alegria dessa pessoa é fugaz como estrelas cadentes, que até parece que só se as viu depois que tombaram; precisa-se urgente antes da noite cair porque a noite é muito perigosa e nenhuma ajuda é possível e fica tarde demais. Essa pessoa que atenda ao anúncio só tem folga depois que passa o horror do domingo que fere. Não faz mal que venha uma pessoa triste porque a alegria que se dá é tão grande que se tem que a repartir antes que se transforme em drama. Implora-se também que venha, implora-se com a humildade da alegria-sem-motivo. Em troca oferece-se também uma casa com todas as luzes acesas como numa festa de bailarinos. Dá-se o direito de dispor da copa e da cozinha, e da sala de estar. P.S. Não se precisa de prática. E se pede desculpa por estar num anúncio a dilacerar os outros. Mas juro que há em meu rosto sério uma alegria até mesmo divina para dar.

Clarice Lispector
(http://pensador.uol.com.br/frase. Acesso dia 30/05/2012, 17h03min)

1. (EPCAr–CPCAr-MG) Quanto à classificação do gênero textual e à função da linguagem predominante no texto, pode-se dizer que se trata de uma/um
   a) carta com função da linguagem apelativa.
   b) anúncio com função da linguagem referencial.
   c) poema com função da linguagem poética.
   d) classificados com função da linguagem emotiva.

**Comentário do vestibular:**

Trata-se de um texto com a formatação de um classificado de jornal, mas com linguagem que faz uso da função poética e emotiva, pois o eu lírico expressa também, livremente e em 1ª pessoa, os seus sentimentos e emoções ("vou pôr um anúncio em negrito", "Mas juro que há em meu rosto sério uma alegria até mesmo divina para dar"). Assim, é correta a opção **d**.

**Resposta**: alternativa **d**

## Exercícios propostos

**Texto para a próxima questão.**

A situação da leitura no Brasil é muito precária, e nem é preciso dizer aqui as consequências dessa nossa debilidade. Todo o conhecimento acadêmico da humanidade está nos livros. É preciso ler, e saber ler. Nos países chamados de Primeiro Mundo, a média de leitura é de dez livros por ano. Na França, cada pessoa lê, em média, 25 livros por ano; no Brasil, pouco mais de um. A justificativa que tem sido apresentada constitui um círculo vicioso: as pessoas não leem porque os livros são caros, mas os livros são caros porque as pessoas não leem, as tiragens são pequenas e o custo torna-se mais alto. Essa é uma explicação simplista. A questão é cultural, profunda, vem desde nosso passado colonial.

Creio que é muito difícil tornar leitor um adulto não leitor. Seria preciso fazer uma longa e massiva campanha, como a que vem sendo feita há décadas por diversos setores da sociedade, como médicos, imprensa e poderes públicos, em favor da mudança nos hábitos relativos à saúde física. Nunca houve algo parecido no que toca à leitura. As campanhas são isoladas, restritas.

Mas é muito fácil transformar uma criança em leitor. As crianças costumam adorar os livros, as histórias e as ilustrações; têm sede de conhecimento, fantasias e descobertas; e estão em fase de formação e aquisição dos gostos e hábitos que as acompanharão por toda a vida. A solução, portanto, seria introduzir no currículo escolar a matéria leitura. Uma matéria agradável, de baixo custo e de grande rendimento. Basta instruir os professores: leiam com as crianças, todos os dias.

(Adaptado de MIRANDA, Ana. Sobre o hábito da leitura. *Caros Amigos*, n. 109, abr. 2006.)

1. (UFRGS-RS) Considere as seguintes afirmações sobre o conteúdo do texto.
   I. O primeiro parágrafo apresenta um diagnóstico do conhecimento acadêmico desenvolvido na França e no Brasil sobre hábitos de leitura de seus cidadãos.
   II. De acordo com o segundo parágrafo, para implementar nos adultos o hábito da leitura, seria necessária uma campanha semelhante àquela que visa promover mudanças nas atitudes em relação à saúde.
   III. O terceiro parágrafo aborda o tema da educação das crianças para a leitura, enfatizando que a introdução dessa prática no currículo escolar proporciona, além de uma atividade prazerosa, resultados muito compensadores.

   Quais estão de acordo com o texto?
   a) Apenas I.
   b) Apenas II.
   c) Apenas I e III.
   d) Apenas II e III.
   e) I, II e III.

2. (Uerj) As novas tecnologias de comunicação utilizam o "hipertexto", que é uma espécie de "supertexto": um texto maior que contém vários níveis textuais lidos em múltiplas direções. Antes mesmo do computador, já podíamos encontrar exemplos de hipertexto, como verbetes de enciclopédia, índices analíticos e notas de rodapé.
   Esta prova de múltipla escolha também pode ser caracterizada como hipertextual, pela seguinte razão:
   a) fornece uma alternativa verdadeira e três falsas, para a solução da questão
   b) requer conhecimento prévio dos assuntos, para a articulação com outros textos
   c) inclui textos, questões e opções em diversas línguas, para a ampliação da compreensão
   d) exige leitura dos enunciados e das alternativas em diferentes ordens, para a identificação da resposta

**Texto para a próxima questão.**

As questões seguintes tomam por base o fragmento de uma peça oratória do Padre Antônio Vieira (Lisboa, 1608 Bahia, 1697) – o *Sermão da Sexagésima* pregado na Capela Real de Lisboa no ano de 1655.

## Sermão de Vieira

Será porventura o não fazer fruto hoje a palavra de Deus, pela circunstância da pessoa? Será por que antigamente os pregadores eram santos, eram varões apostólicos e exemplares, e hoje os pregadores são eu, e outros como eu? – Boa razão é esta. A definição do pregador é a vida e o exemplo. Por isso Cristo no Evangelho não o comparou ao semeador, senão ao que semeia. Reparai. Não diz Cristo: saiu a semear o semeador, senão, saiu a semear o que semeia. (...) Entre o semeador e o que semeia há muita diferença: uma coisa é o soldado e outra coisa o que peleja; uma coisa é o governador e outra o que governa. Da mesma maneira, uma coisa é o semeador, e outra o que semeia; uma coisa é o pregador e outra o que prega. O semeador e o pregador é nome; o que semeia e o que prega é ação; e as ações são as que dão o ser ao pregador. Ter nome de pregador, ou ser pregador de nome, não importa nada; as ações, a vida, o exemplo, as obras, são as que convertem o Mundo.

VIEIRA, Antônio (Pe). *Os Sermões*. Seleção de Jamil Almansur Haddad. São Paulo: Melhoramentos, 1963, p. 80.

3. (Unesp) O texto oratório, por sua natureza persuasiva, realiza em alto grau a função conativa (ou apelativa) da linguagem, ou seja, centra sua mensagem explícita e diretamente no público destinatário. Neste fragmento, o orador faz clara referência a seus ouvintes, visando a provocar neles uma reação. Com base neste comentário,
   a) aponte a frase em que Vieira se dirige diretamente ao público;
   b) indique o modo e a pessoa verbais que revelam a função conativa (ou apelativa) da linguagem.

**Textos para a próxima questão.**

### *Texto I*

## O silêncio incomoda

Como trabalho em casa, assisto a um grande número de jogos e programas esportivos, alguns porque gosto e outros para me manter atualizado, vejo ainda muitos noticiários gerais, filmes, programas culturais (são pouquíssimos) e também, por curiosidade, muitas coisas ruins. Estou viciado em televisão.

Não suporto mais ver tantas tragédias, crimes, violências, falcatruas e tantas politicagens para a realização da Copa de 2014.

Estou sem paciência [3]para assistir a tantas partidas tumultuadas no Brasil, consequência do estilo de jogar, da tolerância com a violência e do ambiente bélico em que se transformou o futebol, dentro e fora do campo.

Na transmissão das partidas, fala-se e grita-se demais. Não há um único instante de silêncio, nenhuma pausa. O barulho é cada dia maior no futebol, nas ruas, nos bares, nos restaurantes e em quase todos os ambientes. O silêncio incomoda as pessoas.

É óbvio que informações e estatísticas são importantíssimas. Mas exageram. Fala-se muito, mesmo com a bola rolando. Impressiona-me [1]como se formam conceitos, dão opiniões, baseados em estatísticas que têm pouca ou nenhuma importância.

Na partida entre Escócia e Brasil, um repórter da TV Globo deu a "grande notícia", [4]que Neymar foi o primeiro jogador brasileiro a marcar dois gols contra a Escócia em uma mesma partida.

Parece haver uma disputa para saber [2]quem dá mais informações e estatísticas, e outra, entre os narradores, para saber quem grita gol mais alto e prolongado. Se dizem que a imagem vale mais que mil palavras, por que se fala e se grita tanto?

Outra discussão chata, durante e após as partidas, é se um jogador teve a intenção de colocar a mão na bola e de fazer pênalti, e se outro teve a intenção de atingir o adversário. Com raríssimas exceções, ninguém é louco para fazer pênalti nem tão canalha para querer quebrar o outro jogador.

O que ocorre, com frequência, é o jogador, no impulso, sem pensar, soltar o braço na cara do outro. O impulso está à frente da consciência. Não sou também tão ingênuo para achar que todas as faltas violentas são involuntárias.

Não dá para o árbitro saber se a falta foi intencional ou não. Ele precisa julgar o fato, e não a intenção. Eles precisam ter também bom senso, o que é raro no ser humano, para saber a gravidade das faltas. Muitas parecem iguais, mas não são. Ter critério não é unificar as diferenças.

(Tostão, *Folha de S.Paulo*, Caderno D, "Esporte", p. 11, 10/04/2011.)

### *Texto II*

### O ídolo

Em um belo dia, a deusa dos ventos beija o pé do homem, o maltratado, desprezado pé, e, desse beijo, nasce o ídolo do futebol. Nasce em berço de palha e barraco de lata e vem ao mundo abraçado a uma bola.

Desde que aprende a andar, sabe jogar. Quando criança, alegra os descampados e os baldios, joga e joga e joga nos ermos dos subúrbios até que a noite cai e ninguém mais consegue ver a bola, e, quando jovem, voa e faz voar nos estádios. Suas artes de malabarista convocam multidões, domingo após domingo, de vitória em vitória, de ovação em ovação.

A bola o procura, o reconhece, precisa dele. No peito de seu pé, ela descansa e se embala. Ele lhe dá brilho e a faz falar, e neste diálogo entre os dois, milhões de mudos conversam. Os Zé Ninguém, os condenados a serem para sempre ninguém, podem sentir-se alguém por um momento, por obra e graça desses passes devolvidos num toque, essas fintas que desenham os zês na grama, esses golaços de calcanhar ou de bicicleta: quando ele joga o time tem doze jogadores.

— Doze? Tem quinze! Vinte!

A bola ri, radiante, no ar. Ele a amortece, a adormece, diz galanteios, dança com ela, e vendo essas coisas nunca vistas, seus adoradores sentem piedade por seus netos ainda não nascidos, que não estão vendo o que acontece.

Mas o ídolo é ídolo apenas por um momento, humana eternidade, coisa de nada; e quando chega a hora do azar para o pé de ouro, a estrela conclui sua viagem do resplendor à escuridão. Esse corpo está com mais remendos que roupa de palhaço, o acrobata virou paralítico, o artista é uma besta:

— Com a ferradura, não!

A fonte da felicidade pública se transforma no para-raios do rancor público:

— Múmia!

Às vezes, o ídolo não cai inteiro. E, às vezes, quando se quebra, a multidão o devora aos pedaços.

(Eduardo Galeano. *Futebol, ao sol e à sombra.*)

**4.** (EPCAr–AFA-MG) Sobre os textos I e/ou II, pode-se afirmar que

a) a função poética está presente no texto II, através do uso de linguagem figurada.

b) tanto o texto I quanto o texto II apresentam função emotiva.

c) no texto I, a intenção do autor é persuadir o leitor a mudar seu comportamento, fazendo uso, dessa forma, da função apelativa.

d) o fato de Tostão ser um ex-jogador de futebol e estar falando sobre esse esporte – texto I – caracteriza uma metalinguagem.

**5.** (UFG-GO) Leia os textos a seguir:

### *Texto 1*

### O cientista da cozinha

Revista Gula: [...] Qual é o método de suas pesquisas?

Hervé This: No fundo, trata-se de verificar o que há de falso ou verdadeiro nas afirmações categóricas das receitas. Pegue qualquer livro de receitas e encontrará algo do tipo bata as claras em neve. E lá vou eu. Como é isso? Por que acontece? É verdade que é necessário bater as claras? E por quê? Preciso responder a essas questões, e, se elas são falsas, empenho-me em tentar mostrar cientificamente que são apenas procedimentos que se repetem por décadas sem necessidade. Essa é a função da gastronomia molecular, testar as receitas e criar outras.

"GULA" n. 153. São Paulo. jul. 2005, p. 20. [Adaptado].

### *Texto 2*

## Ingredientes de um molho maionese

3 gemas de ovo
1/2 xícara (chá) de azeite
1 colher (chá) de mostarda
1 colher (sopa) de suco de limão
1 colher (sopa) de vinagre
1 pitada de sal

WELLS, Patricia. "Cozinha de bistrô". Rio de Janeiro: Ediouro, 1993. p. 276-277. [Adaptado].

Ingredientes e procedimentos adequados são fundamentais para o sucesso de uma receita culinária, universo a que estão relacionados os textos 1 e 2.

a) Quanto ao modo de olhar as receitas culinárias, o que distingue a gastronomia molecular da gastronomia tradicional?

b) Elabore o Modo de fazer do molho maionese, considerando a lista de ingredientes do texto 2 e o trecho instrucional na fala de Hervé This, no texto 1.

**Texto para a próxima questão.**

## A palavra e a publicidade

Hoje em dia, a publicidade tem sob sua responsabilidade o dicionário da linguagem universal. Se ela, a publicidade, fosse Pinóquio, seu nariz daria várias voltas ao mundo.

"Encontre a verdade": a verdade está na cerveja Heineken. "Você deve apreciar a autenticidade em todas as suas formas": a autenticidade está na fumaça dos cigarros Winston. Os sapatos esportivos Converse são "solidários" e a nova câmera Canon chama-se Rebelde: "Para que você mostre do que é capaz". No novo universo da computação, a empresa Oracle proclama a revolução: "A revolução está em nosso destino". A Apple propõe a liberdade: "Pense diferente". Comendo hambúrgueres Burger King, você pode manifestar seu inconformismo: "Às vezes, é preciso romper as regras". Contra a inibição, Kodak, que "fotografa sem limites". A resposta está nos cartões Diners: "A resposta correta em qualquer idioma". Os cartões Visa reafirmam a personalidade: "Eu posso". Os automóveis Rover permitem que "você expresse sua potência", e a empresa Ford bem que gostaria que "a vida fosse tão bem feita" como seu modelo mais recente. Não há melhor amiga da natureza que a Shell: "Nossa prioridade é a proteção do meio ambiente". Os perfumes Givenchy oferecem "eternidade", os perfumes Dior[1], "fuga"; os lenços Hermes, "sonhos e lendas". [2]Quem não sabe que a "chispa da vida" brilha em quem bebe Coca-Cola? Se alguém quiser saber, as fotocópias Xerox, "para compartilhar o conhecimento". Contra a dúvida, os desodorantes Gillette: "Para ter confiança em você mesmo."

[Eduardo Galeano. "Algumas estações da palavra no inferno", *In: PALAVRA*, nº 6, 9/99, p. 82 (com adaptações).]

6. (UnB-DF) Com relação ao texto, julgue os itens a seguir.
   (1) O trecho " 'Encontre a verdade': a verdade está na cerveja Heineken" pode ser substituído por " 'ENCONTRE-A': ELA ESTÁ NA CERVEJA HEINEKEN", sem que se alterem as relações de ideias e a clareza da mensagem transmitida.
   (2) No segundo parágrafo, os dois pontos foram usados várias vezes pelo autor como recurso para estabelecer relações de sentido consideradas verdadeiras.
   (3) A vírgula foi empregada duas vezes para indicar a elipse do verbo SIGNIFICAR (ref. 1).
   (4) A expressão "Quem não sabe" (ref. 2) tem a finalidade de explicitar que TODO MUNDO SABE BRILHAR, DESTACAR-SE.

**Texto para a próxima questão.**

Olhava mais era para Mãe. Drelina era bonita, a Chica, Tomezinho. Sorriu para Tio Terêz: – "Tio Terêz, o senhor parece com Pai..." Todos choravam. O doutor limpou a goela, disse: – "Não sei, quando eu tiro esses óculos, tão fortes, até meus olhos se enchem d'água..." Miguilim entregou a ele os óculos outra vez. Um soluçozinho veio. Dito e a Cuca Pingo-de-Ouro. E o Pai. SEMPRE ALEGRE, MIGUILIM... SEMPRE ALEGRE, MIGUILIM... Nem sabia o que era alegria e tristeza. Mãe o beijava. A Rosa punha-lhe doces-de-leite nas algibeiras, para a viagem. Papaco-o-Paco falava, alto, falava.

(In: *Manuelzão e Miguilim*; João Guimarães Rosa)

7. (Fuvest-SP) Do ponto de vista do estilo e da relação deste com o sentido, esse trecho caracteriza-se
   a) pela sucessão de frases curtas e entrecortadas, que mimetizam o ritmo da emoção implicado na cena.
   b) pela conjunção de narrador em primeira pessoa e em terceira pessoa, interligando solidamente emissor e receptor.
   c) pelo recurso intensivo às figuras de linguagem, com predomínio das metáforas sobre as metonímias – o que potencia o teor simbólico do texto.
   d) pelo predomínio da função emotiva sobre as funções poética e conativa, o que gera a força encantatória própria do texto.
   e) pela dominância da adjetivação afetiva, que traz à tona e potencia a emoção própria da cena.

# MÓDULO 18 • A argumentação

## 1. A argumentação: um arranjo linguístico característico

Por organizar as ideias em função da expressão de um ponto de vista, a argumentação apresenta uma composição gramatical muito particular. De modo geral, os arranjos argumentativos têm o predomínio de:

- linguagem mais denotativa, objetiva, dispensando o uso abusivo de figuras de linguagem, bem como o valor conotativo das palavras (o que não significa que esses recursos nunca sejam usados);
- várias vozes ao longo do texto: a voz do produtor do texto e as vozes introduzidas por ele por meio de citações e/ou referências, ora para afirmar sua posição, ora para refutá-las;
- períodos compostos por subordinação, especialmente os que exprimem relações de causa/consequência e concessão; consequentemente, predominam as conjunções subordinativas causais (*porque*, *que*, *pois*, *visto que*, *já que*, etc.) e concessivas (*embora*, *ainda que*, *se bem que*, *conquanto*, etc.);
- períodos compostos por coordenação, com destaque para os que exprimem contraste (coordenadas adversativas) e os utilizados para fechar uma ideia (coordenadas conclusivas); assim, predominam as conjunções coordenativas adversativas (*mas*, *porém*, *todavia*, *contudo*, *entretanto*, etc.) e conclusivas (*logo*, *portanto*, *pois*, *assim*, *por isso*, etc.);
- expressões adverbiais de enunciação, quando a intenção é marcar uma posição muito pessoal e criar um tom intimista e de cumplicidade com o interlocutor: *sinceramente*, *como já sabemos*, *cá entre nós*, etc.
- expressões valorativas positivas ou negativas, quando a intenção é evidenciar uma posição não só com argumentos objetivos (dados, citações, relações lógicas, etc.), mas também lançando mão da subjetividade (o que pode conferir ao texto tom irônico ou contundência);
- ordenadores e organizadores textuais, encarregados da arrumação das informações dentro do texto: *do mesmo modo*; *não só... mas também*; *por um lado... por outro lado*; *em primeiro lugar... em segundo lugar*; *para começar... finalmente*; *em síntese*, *como já foi dito*, etc.

Ao contrário dos textos narrativos, os textos argumentativos não apresentam progressão temporal; os conceitos são genéricos, abstratos e, em geral, não se prendem a uma situação de tempo e espaço. Daí o emprego de **verbos no presente**. Como os textos argumentativos trabalham com o encadeamento de ideias, saber usar os conectivos é fundamental para se obter um texto claro, coeso, elegante.

## 2. Operadores argumentativos

Ao elaborar um texto argumentativo considerando o processo comunicativo como um todo, fazemos uma seleção de ideias e a escolha da modalidade (escrita ou falada) e do registro (mais formal, mais informal). Além disso, podemos articular alguns elementos linguísticos para potencializar a intencionalidade do texto: marcar e/ou reforçar nossa posição e atingir diretamente o outro, persuadindo-o.

Operadores argumentativos são palavras e expressões capazes de introduzir um significado, enfatizá-lo ou insinuá-lo. Dentre os mais comuns, estão:

- **conectivos conjuncionais**: especialmente as conjunções que contêm noções semânticas, pois explicitam a relação de sentido entre as ideias do texto. Por exemplo: *mas* = oposição; *nem* = adição; *logo* = conclusão, etc.
- **introdutores de pressupostos**: especialmente representados pelas palavras e expressões denotativas (*até*, *nem mesmo*, *inclusive*, *também*, etc.); numa afirmação do tipo "Nem mesmo os mais alienados deixarão de perceber...", parte-se de um pressuposto: o que vai ser demonstrado é o óbvio!;
- **intensificadores e modalizadores**: especialmente representados pelas palavras e expressões denotativas (*só*, *somente*, *apenas*, *no mínimo*, *quando muito*); são intensificadores quando reforçam a noção semântica do termo a que se associam ("um só elemento"); são modalizadores quando acrescentam uma noção contrastiva ao termo a que se associam ("mas também...", "e porém...");
- **modalizadores valorativos**: representados por expressões adverbiais (*lamentavelmente*, *sinceramente*, *talvez*, etc.), por verbos (*acreditar*, *supor*, *saber*,

etc.), por pronomes (*isto, aquilo, esta, essa*, etc.), por adjetivos (*bom, ruim, excelente, desastroso, divertido, chato*, etc.), pelos modos verbais (indicativo, subjuntivo); exprimem a posição do enunciador em relação às ideias do texto, ora de incerteza, ora de convicção, ora manifestando subjetividade, etc.;

- **reformuladores**: representados por palavras e expressões denotativas (*ou seja, melhor dizendo, aliás, quer dizer*, etc.), retificam e/ou esclarecem ideias já expostas.

## 3. A organização interna do texto argumentativo

Um texto argumentativo está baseado no encadeamento lógico de ideias em função da defesa de um ponto de vista; portanto exige um trabalho de preparação, um plano inicial, para montar o "esqueleto" da argumentação. Via de regra, podemos distinguir três etapas nas quais se subdivide um texto argumentativo: **introdução**, **desenvolvimento da argumentação** e **conclusão**.

Ao se iniciar um texto argumentativo, é necessário deixar claro o tema que será abordado – daí a importância da introdução. Já a conclusão pode ser um apanhado geral das ideias expostas, ou a posição clara, categórica, do autor sobre o tema desenvolvido, ou ainda, dependendo do encaminhamento dado ao texto, pode até ser uma dúvida ou uma interrogação.

## 4. Os textos argumentativos

São exemplos de gêneros textuais que apresentam o predomínio de sequências argumentativas: uma opinião informal ou formal, escrita ou oral, sobre um assunto; uma tese de mestrado; uma dissertação; uma crítica de cinema; um editorial; um sermão; um ensaio.

## 5. Dissertação ou argumentação?

Embora os termos argumentação e dissertação muitas vezes sejam empregados como sinônimos, existe uma distinção: a **argumentação** é um tipo característico de arranjo linguístico que possibilita a expressão de um ponto de vista e que pode ser concretizado por meio de diversos textos, em função da necessidade da interação social; a **dissertação** é um tipo de texto predominantemente argumentativo, trata-se de um gênero textual comum nas produções escolares e nos exames de vestibulares.

## Exercício comentado

**Texto para a próxima questão.**

### Alienação política de jovens é tendência mundial

Embora o número de eleitores aptos ao voto facultativo, com 16 e 17 anos de idade, tenha aumentado em relação à última eleição, em 2010, a percepção é que há um desinteresse dos jovens nessa faixa etária em relação à eleição deste ano.

A avaliação é do cientista político Eurico de Lima Figueiredo, da Universidade Federal Fluminense (UFF). Para ele, essa percepção não é só restrita ao Brasil. "A desmotivação é mundial", disse. "Parece que nós vivemos uma época em que os jovens encontram soluções que já estão dadas", completou.

Figueiredo acredita, no entanto, que principalmente agora, na Europa, haverá um recrudescimento da participação juvenil na tentativa de encontrar soluções para os novos problemas colocados pela crise econômica. "A tradição mostra que são os jovens que mais reagem a situações de crise, inclusive porque eles trazem dentro de si o futuro e reconhecem nas situações críticas do presente o que não deve ser feito e o que precisa ser mudado".

No caso do Brasil, analisou que a última participação forte da juventude na política ocorreu com a geração dos "caras pintadas", que foram às ruas pelo *impeachment* de Fernando Collor, da Presidência da República (1992). Por isso, reiterou que a desmotivação é uma tendência geral do mundo, que vive uma situação que, "para o jovem, é relativamente confortável".

Segundo o professor de pós-graduação em ciência política da UFF, há uma ideologia espalhada no ar, que se denomina pós-modernismo, onde se cultiva muito o individualismo, em vez das preocupações coletivas e sociais. E isso tudo influencia o comportamento juvenil. "Por isso, não é de se estranhar que haja essa desmotivação", declarou.

Vinicius de Sá Machado foge a essa regra. Morador de São Gonçalo, na região metropolitana do Rio de Janeiro, o estudante de 17 anos lamentou ter perdido o prazo para tirar o título de eleitor para poder votar no próximo domingo (7). Ele se definiu motivado. "Os candidatos todos despertam o interesse. Mas muitos prometem e não fazem nada", disse à Agência Brasil. "Eu queria votar para ajudar a minha cidade", acrescentou.

O presidente da União Nacional dos Estudantes (UNE), Daniel Iliescu, chamou a atenção para o fato de que, apesar de o número percentual de jovens entre 16 e 18 anos incompletos com inscrição eleitoral não ser tão expressivo, "ano a ano, nas eleições, nunca tantos jovens estiveram aptos a votar".

Por essa razão, definiu como relativo o dado que aponta uma desmotivação dos eleitores de 16 e 17 anos para o pleito deste ano. Destacou que o voto para menores de 18 anos foi um direito conquistado na Constituição de 1988. "É um direito caro para o país e uma forma importante de os jovens entrarem em contato com a cidadania e com seus deveres enquanto cidadãos para opinarem sobre a política em seu país".

GANDRA, A. Disponível em: <http://www.jb.com.br>. Acesso em: 3 out. 2012. (Adaptado).

1. (UFG-GO) O artigo de opinião suscita o debate a respeito da alienação política dos jovens brasileiros na faixa etária entre 16 e 17 anos. Que trecho do texto traz o argumento que explica a percepção do desinteresse desses eleitores em relação à votação do dia 7 de outubro de 2012?
   a) "A tradição mostra que são os jovens que mais reagem a situações de crise".
   b) "eles trazem dentro de si o futuro e reconhecem nas situações críticas do presente o que não deve ser feito e o que precisa ser mudado".
   c) "há uma ideologia espalhada no ar, que se denomina pós-modernismo, onde se cultiva muito o individualismo".
   d) "Os candidatos todos despertam o interesse. Mas muitos prometem e não fazem nada".
   e) "É um direito caro para o país e uma forma importante de os jovens entrarem em contato com a cidadania e com seus deveres".

### Comentário do vestibular:

A frase que explica a percepção do desinteresse dos jovens relativamente à votação do dia 7 de outubro de 2012 está transcrita na alternativa **c**, ou seja, o individualismo típico do pós-modernismo afasta os jovens do interesse por problemas coletivos.

**Resposta**: alternativa **c**

## Exercícios propostos

**Texto para a próxima questão.**

O fragmento de texto a seguir foi selecionado do capítulo *A forma do livro*, da obra de MANGUEL, Alberto. "Uma história da leitura." SP: Companhia das Letras, 1977.

### A forma do livro

Minhas mãos, escolhendo um livro que quero levar para a cama ou para a mesa de leitura, para o trem ou para dar de presente, examinam a forma tanto quanto o conteúdo. Dependendo da ocasião e do lugar que escolhi para ler, prefiro algo pequeno e cômodo, ou amplo e substancial. Os livros declaram-se por meio de seus títulos, seus autores, seus lugares num catálogo ou numa estante, pelas ilustrações em suas capas; declaram-se também pelo tamanho. Em diferentes momentos e em diferentes lugares, acontece de eu esperar que certos livros tenham determinada aparência, e, como ocorre com todas as formas, esses traços cambiantes fixam uma qualidade precisa para a definição do livro. Julgo um livro por sua capa; julgo um livro por sua forma.

Desde os primórdios, os leitores exigiram livros em formatos adaptados ao uso que pretendiam lhes dar. As tabuletas mesopotâmicas eram geralmente blocos de argila quadrados, às vezes oblongos, de cerca de 7,5 centímetros de largura; cabiam confortavelmente na mão. Um livro consistia de várias dessas tabuletas, mantidas talvez numa bolsa ou caixa de couro, de forma que o leitor pudesse pegar tabuleta após tabuleta numa ordem predeterminada. É possível que os mesopotâmicos também tivessem livros encadernados de modo parecido ao dos nossos volumes: monumentos funerários de pedra neo-hititas representam alguns objetos semelhantes a códices – talvez uma série de tabuletas presas umas às outras dentro de uma capa –, mas nenhum livro desses chegou até nós.

Nem todos os livros da Mesopotâmia destinavam-se a ser segurados na mão. Existem textos escritos em superfícies muito maiores, tais como o Código de Leis da Média Assíria, encontrado em Assur e datado do século XII a.C., que mede 6,2 metros quadrados e traz o texto em colunas de ambos os lados. Obviamente, esse "livro" não se destinava a ser carregado, mas erguido e consultado como obra de referência. Nesse caso, o tamanho devia ter também um significado hierárquico: uma tabuleta pequena poderia sugerir um negócio privado; um livro de leis nesse formato tão grande com certeza aumentava, aos olhos do leitor mesopotâmico, a autoridade das leis.

1. (UFJF-MG) Leia novamente:
   "Desde os primórdios, os leitores exigiram livros em formatos adaptados ao uso que pretendiam lhes dar." (2º parágrafo)
   A afirmação do autor:
   a) contradiz as ideias postas no primeiro parágrafo.
   b) corrobora a tese de que as escolhas dos leitores são muito superficiais.
   c) introduz um assunto inteiramente novo, pela mudança de parágrafo.
   d) é um argumento em favor das ideias do autor.
   e) é um recurso retórico, sem valor argumentativo.

2. (PUC-PR) A palavra JÁ é um operador argumentativo que possui diferentes valores, conforme o contexto em que se encontra.

Confira nas frases abaixo:

I. Após um mês de consumo do produto, já é possível perceber seus efeitos benéficos.
II. Nos Estados Unidos, já foram lançados aparelhos celulares do tamanho de um maço de cigarros.
III. Muita gente já duvida de que as promessas se concretizem.
IV. Diretas já!

Indique a alternativa INCORRETA:

a) Em I, o operador JÁ orienta o leitor para a conclusão de que em tempo menor do que se poderia prever, os resultados do produto serão notados.
b) Em II, afirma-se que modelos pequenos de celulares são uma realidade nos EUA, porém está subentendido, através do operador JÁ, que esse fato ocorreu antes do que se previa.
c) Em III está subentendido que antes as pessoas não duvidavam, agora duvidam.
d) Em I, o operador JÁ ressalta o fato acontecido no passado.
e) Em IV, o operador JÁ marca a urgência imediata do acontecimento.

**Texto para a próxima questão.**

## Óbito do autor

Algum tempo hesitei se devia abrir estas memórias pelo princípio ou pelo fim, isto é, se poria em primeiro lugar o meu nascimento ou a minha morte. Suposto o uso vulgar seja começar pelo nascimento, duas considerações me levaram a adotar diferente método: a primeira é que eu não sou propriamente um autor defunto, mas um defunto autor, para quem a campa foi outro berço; a segunda é que o escrito ficaria assim mais galante e mais novo.

(Machado de Assis, *Memórias póstumas de Brás Cubas*, Capítulo primeiro)

**3.** (Fuvest-SP) Considerando-se este fragmento no contexto da obra a que pertence, é correto afirmar que, nele,

a) o discurso argumentativo, de tipo racional e lógico, apresenta afirmações que ultrapassam a razão e o senso comum.
b) a combinação de hesitações e autocrítica já caracteriza o tom de arrependimento com que o defunto autor relatará sua vida improdutiva.
c) as hesitações e dúvidas revelam a presença de um narrador inseguro, que teme assumir a condução da narrativa e a autoridade sobre os fatos narrados.
d) as preocupações com questões de método e as reflexões de ordem moral mostram um narrador alheio às meras questões literárias, tais como estilo e originalidade.
e) as considerações sobre o método e sobre a lógica da narração configuram o modo característico de se iniciar o romance no Realismo.

**Texto para as questões 4 e 5.**

## Herói na contemporaneidade

Quando eu era criança, passava todo o tempo desenhando super-heróis.

Recorro ao historiador de mitologia Joseph Campbell, que diferenciava as duas figuras públicas: o herói (figura pública antiga) e a celebridade (a figura pública moderna). Enquanto a celebridade se populariza por viver para si mesma, o herói assim se tornava por viver servindo sua comunidade. Todo super-herói deve atravessar alguma *via crucis*. Gandhi, líder pacifista indiano, disse que, quanto maior nosso sacrifício, maior será nossa conquista. Como Hércules, como Batman.

Toda história em quadrinhos traz em si alguma coisa de industrial e marginal, ao mesmo tempo e sob o mesmo aspecto. Os filmes de super-herói, ainda que transpondo essa cultura para a grande e famigerada indústria, realizam uma outra façanha, que provavelmente sem eles não ocorreria: a formação de novas mitologias reafirmando os mesmos ideais heroicos da Antiguidade para o homem moderno. O cineasta italiano Fellini afirmou uma vez que Stan Lee, o criador da editora Marvel e de diversos heróis populares, era o Homero dos quadrinhos.

Toda boa história de super-herói é uma história de exclusão social. Homem-Aranha é um *nerd*, Hulk é um monstro amaldiçoado, Demolidor é um deficiente, os X-Men são indivíduos excepcionais, Batman é um órfão, Super-Homem é um alienígena expatriado. São todos símbolos da solidão, da sobrevivência e da abnegação humanas.

Não se ama um herói pelos seus poderes, mas pela sua dor. Nossos olhos podem até se voltar a eles por suas habilidades fantásticas, mas é na humanidade que eles crescem dentro do gosto popular. Os super-heróis que não sofrem ou simplesmente trabalham para o sistema vigente tendem a se tornar meio bobos, como o Tocha-Humana ou o Capitão América.

Hulk e Homem-Aranha são seres que criticam a inconsequência da ciência, com sua energia atômica e suas experiências genéticas. Os X-Men nos advertem para a educação inclusiva. Super-Homem é aquele que mais se aproxima de Jesus Cristo, e por isso talvez seja o mais popular de todos, em seu sacrifício solitário em defesa dos seres humanos, mas também tem algo de Aquiles, com seu calcanhar que é a kriptonita. Humano e super-herói, como Gandhi.

Não houve nenhuma literatura que tenha me marcado mais do que essas histórias em quadrinhos.

Eu raramente as leio hoje em dia, mas quando assisto a bons filmes de super-heróis eu lembro que todos temos um lado ingênuo e bom, que pode ser capaz de suportar a dor da solidão por um princípio.

FERNANDO CHUÍ. Adaptado de http://fernandochui.blogspot.com

4. (Uerj) A argumentação se estrutura por meio de diferentes mecanismos discursivos.
No quarto parágrafo, o mecanismo empregado consiste na apresentação de:
a) opinião apoiada em exemplos
b) alegação partilhada por muitos
c) construção caracterizada como dialética
d) definição baseada em elementos válidos

5. (Uerj) O texto combina subjetividade e argumentação. Essa combinação é confirmada pela presença de:
a) relato pessoal e defesa de ponto de vista
b) referência clássica e citação do passado
c) ênfase na atualidade e reflexão sobre o tema
d) afirmação generalizante e comparação de ideias

6. (UFBA)

Um observador reconheceria nesse disparate a prova material de completa divergência entre a vida exterior e a vida doméstica da pessoa que ocupava esta parte da casa.

Se o edifício e os móveis estacionários e de uso particular denotavam escassez de meios, se não extrema pobreza, a roupa e os objetos de representação anunciavam um trato de sociedade, como só tinham cavalheiros dos mais ricos e francos da Corte.

Esta feição característica do aposento repetia-se em seu morador, o Seixas, derreado neste momento no sofá da sala, a ler uma das folhas diárias, estendidas sobre os joelhos erguidos, que assim lhe servem de cômoda estante.

É um moço que ainda não chegou aos trinta anos. Tem uma fisionomia tão nobre, quanto sedutora; belos traços, tez finíssima, cuja alvura realça a macia barba castanha. Os olhos, rasgados e luminosos, às vezes coalham-se em um enlevo de ternura, mas natural e estreme de afetação, que há de torná-los irresistíveis quando o amor os acende. A boca vestida por um bigode elegante mostra o seu molde gracioso, sem contudo perder a expressão grave e sóbria, que deve ter o órgão da palavra viril.

ALENCAR, José de. "Senhora". In: COUTINHO, Afrânio et al. (Org.). "José de Alencar: ficção completa e outros escritos". 3. ed. Rio de Janeiro: Aguilar, 1965. p. 679-680. (Biblioteca Luso-Brasileira. Série Brasileira).

Uma produção verbal pode ser organizada por meio de diferentes tipos de textos. Os mais comuns são a narração, a descrição e a argumentação. Considerando que, em uma produção textual, esses tipos podem se mesclar ou não, faça um comentário sobre a composição do fragmento do romance "Senhora" apresentado anteriormente.

**Texto para a próxima questão.**

## Ameaça de veto

Num lance decisivo para a crise iraquiana, os ministros das Relações Exteriores da França, da Rússia e da Alemanha anunciaram ontem em Paris, após um encontro de emergência, que não permitirão que o Conselho de Segurança (CS) da ONU aprove uma nova resolução que autorize a guerra contra Bagdá.

França e Rússia, como membros permanentes do CS, têm poder de veto. Poderiam, portanto, bloquear a resolução, proposta por EUA, Reino Unido e Espanha, que declara o Iraque em violação material de decisões da ONU, abrindo assim caminho para a intervenção militar.

Essa foi a mais clara indicação de que Paris e Moscou eventualmente utilizarão seu poder de veto. Até agora, a estratégia dos EUA era obter os nove votos do CS necessários para aprovar a nova resolução e esperar que nenhum membro permanente do Conselho apusesse seu veto.

Com efeito, não seria insignificante o ônus político de opor-se aos projetos imperiais da única superpotência do planeta. Atuando conjuntamente, França, Rússia e Alemanha esperam diluir o peso dessa decisão, bem como atrair para o bloco de países contrários à guerra outros membros do CS que ainda estejam indecisos em relação à nova resolução.

A primeira reação dos EUA foi a de relativizar a importância do anúncio franco-russo-germânico. A Casa Branca disse que continua confiante na aprovação da nova resolução. Mas o secretário de Estado norte-americano, Colin Powell, voltou a afirmar que, se os EUA não obtiverem o aval das Nações Unidas, agirão sem ele.

A situação é delicada e parece inevitável que a ONU saia fraturada do episódio. Ainda assim, a ruptura – que não precisa ser definitiva – é preferível à simples capitulação diante de Washington.

Se a comunidade internacional está majoritariamente contra a guerra, tem o dever de dizê-lo no foro adequado, que é o CS. Não fazê-lo seria condenar a ONU a permanecer como um títere nas mãos da superpotência americana.

*Folha de S.Paulo*, 6 de março de 2003.

7. (PUC-MG) Há recursos linguísticos utilizados na construção de uma argumentação que demonstram tentativa do autor de atenuar sua opinião, expressando-a de forma não categórica. Assinale a alternativa em que essa atenuação NÃO ocorre.
a) "A primeira reação dos EUA foi a de relativizar a importância do anúncio"
b) "A situação é delicada e parece inevitável que a ONU saia fraturada do episódio"
c) "Com efeito, não seria insignificante o ônus político"
d) "Paris e Moscou eventualmente utilizarão seu poder de veto"

# MÓDULO 19 • A construção do texto persuasivo

## 1. A persuasão

Persuadir é buscar a adesão do interlocutor para um determinado ponto de vista, é tentar convencê-lo de alguma coisa. Afinal, nenhum texto é inocente.

Nos dias de hoje, somos bombardeados pelo discurso persuasivo na política, na propaganda, nos meios econômicos, nas telenovelas, nos telejornais, nos filmes da TV. Essas produções vêm carregadas de ideologia: não desejam apenas mostrar produtos, expor conceitos ou apresentar histórias, mas vender ideias e modos de viver.

## 2. Argumentação e persuasão

O **ato de argumentar**, ou seja, a maneira como o falante organiza seu discurso para chegar a determinadas conclusões, está intimamente ligado à persuasão. A argumentação é a base da persuasão, é sua sustentação. Podemos ver a argumentação como uma estrutura criada de forma deliberada e que pressupõe o uso de estratégias linguísticas e racionais.

Para que a argumentação seja válida, contudo, além de ser resultado de um raciocínio lógico que comprove e justifique um ponto de vista, deve estar adequada ao interesse ou à expectativa do interlocutor. Sem a noção do outro como alvo, a argumentação perde a força.

### Recursos argumentativos

Os recursos argumentativos têm que ver com a seleção das ideias e sua apresentação em função do fio persuasivo. Dentre os mais comuns, destacamos:

- **perguntas retóricas**: são interrogações direcionadas ao interlocutor (leitor/ouvinte do texto), que o tornam participante do desenvolvimento argumentativo por meio da antecipação de dúvidas, da provocação de reflexões, de afirmações indiretas;
- **citações**: a polifonia serve de sustentação do ponto de vista defendido/exposto, pois mostra que o enunciador não está sozinho na posição defendida; assim, é usual o emprego de citações:

  – **de autoridade**: o produtor do texto introduz direta ou indiretamente vozes de especialistas ou de pessoas respeitadas no meio em que se insere o assunto abordado;

  – **da voz do "senso comum" ou da sociedade**: ora na forma de provérbios e ditados populares, ora na forma de enunciados que reproduzem ideias de uma determinada comunidade numa determina situação e época (por exemplo: "é politicamente incorreto jogar papéis na rua");
- **exposição de dados e fatos**: a enumeração de dados e fatos provenientes de fontes confiáveis funciona como exemplificação que confirma e demonstra a posição defendida;
- **argumento "de lambuja"**: trata-se de um argumento a mais, aparentemente desnecessário, mas usado de forma decisiva; em geral, vem introduzido por expressões "Nem é preciso dizer..."; "Desnecessário lembrar que..."; "E não é preciso acrescentar que...".

## Exercício comentado

**Texto para a próxima questão.**

Leia o texto e responda à(s) questão(ões) a seguir.

**E se...**
**... a água potável acabar?**

As teorias mais pessimistas dizem que a água potável deve acabar logo, em 2050. Nesse ano, ninguém mais tomará banho todo dia. Chuveiro com água só duas vezes por semana. Se alguém exceder 55 litros de consumo (metade do que a ONU recomenda), seu abastecimento será interrompido. Nos mercados, não haveria carne, pois, se não há água para você, imagine para o gado. Gastam-se 43 mil litros de água para produzir 1 kg de carne. Mas não é só ela que faltará. A Região Centro-Oeste do Brasil, maior produtor de grãos da América Latina em 2012, não conseguiria manter a produção. Afinal, no País, a agricultura e a agropecuária são, hoje, as maiores consumidoras de água, com mais de 70% do uso. Faltariam arroz, feijão, soja, milho e outros grãos.

A vida nas metrópoles será mais difícil. Só a grande São Paulo consome atualmente 80,5 bilhões de litros por mês. A água que abastece a região virá de Santos, uma das grandes cidades do litoral que passarão a investir em dessalinização. O problema é que, para obter 1 litro de água dessalinizada, são necessários 4 litros de água do mar, a um custo de até US$ 0,90 o $m^2$, segundo a International Desalination Association. Só São Paulo gastaria quase R$ 140 milhões em dessalinização por mês. Como resultado, a água custaria muito mais do que os R$ 3 por m³ de hoje.

Mas há quem não concorde com esse cenário caótico. [1]"Á água só acaba se você acabar com o ciclo dela", diz Antônio Felix Domingues, da Agência Nacional de Águas. [...]

Rafael Soeiro. In *Revista Superinteressante*. São Paulo. Abril. Edição 305, junho/2012, p. 42.

1. (UEPB) No enunciado "Á água só acaba se você acabar com o ciclo dela" (ref. 1), as aspas foram usadas para:
   a) Constatar uma forma de diálogo no texto, enfatizando de modo implícito o discurso do outro.
   b) Identificar o discurso alheio, reproduzido de forma indireta no texto.
   c) Indeterminar a fala de um outro que não quer se comprometer com a declaração.
   d) Marcar a dimensão discursiva e interativa da linguagem pela inserção da fala do outro.
   e) Chamar a atenção do leitor para os subentendidos contidos na mensagem.

### Comentário do vestibular:

No enunciado em questão, as aspas foram utilizadas para introduzir uma fala de Antônio Felix Domingues, da Agência Nacional de Águas, explicitando, assim, a dimensão discursiva e interativa da linguagem. Desse modo, é correta a afirmativa **d**. As alternativas **a** e **b** estão erradas, pois o discurso não é inserido de modo implícito ou indireto, pelo contrário. Na alternativa **c**, é incorreto dizer que as aspas foram usadas para indeterminar a fala de alguém que não quer se comprometer com a declaração, já que é citado o nome do enunciador. Quanto à **e**, não há subentendidos na mensagem.

**Resposta:** alternativa **d**

## Exercícios propostos

**Texto para a próxima questão.**

### Amor de Salvação

Escutava o filho de Eulália o discurso de D. José, lardeado de facécias, e, por vezes, atendível por umas razões que se lhe cravavam fundas no espírito. As réplicas saíam-lhe frouxas e mesmo timoratas. Já ele se temia de responder coisa de fazer rir o amigo. Violentava sua condição para o igualar na licença da ideia, e, por vezes, no desbragado da frase. Sentia-se por dentro reabrir em nova primavera de alegrias para muitos amores, que se haviam de destruir uns aos outros, a bem do coração desprendido salutarmente de todos. A sua casa de Buenos Aires aborreceu-a por afastada do mundo, boa tão-somente para tolos infelizes que fiam do anjo da soledade o despenarem-se, chorando. Mudou residência para o centro de Lisboa, entre os salões e os teatros, entre o rebuliço dos botequins e concurso dos passeios. Entrou em tudo. As primeiras impressões enjoaram-no; mas, à beira dele, estava D. José de Noronha, rodeado dos próceres da bizarriz (*sic*), todos porfiados em tosquiarem um dromedário provinciano, que se escondera em Buenos Aires a delir em prantos uma paixão calosa, trazida lá das serranias minhotas. Ora, Afonso de Teive antes queria renegar da virtude, que já muito a medo lhe segredava os seus antigos ditames, que expor-se à irrisão de pessoas daquele quilate. É verdade que às vezes duas imagens lagrimosas se lhe antepunham: a mãe, e Mafalda. Afonso desconstrangia-se das visões importunas, e a si se acusava de pueril visionário, não emancipado ainda das crendices do poeta inesperto da prosa necessária à vida.

Escrever, porém, a Teodora, não vingaram as sugestões de D. José. Porventura, outras mulheres superiormente belas, e agradecidas às suas contemplações, o traziam preocupado e algum tanto esquecido da morgada da Fervença. Mas, um dia, Afonso, numa roda de mancebos a quem dava de almoçar, recebeu esta carta de Teodora:

"Compadeceu-se o Senhor. Passou o furacão. Tenho a cabeça fria da beira da sepultura, de onde me ergui. Aqui estou em pé diante do mundo. Sinto o peso do coração morto no seio; mas vivo eu, Afonso. Meus lábios já não amaldiçoam, minhas mãos estão postas, meus olhos não choram. O meu cadáver ergueu-se na imobilidade da estátua do sepulcro. Agora não me temas, não me fujas. Para aí onde estás, que as tuas alegrias devem ser muito falsas, se a voz duma pobre mulher pode perturbá-las. Olha... se eu hoje te visse, qual foste, ao pé de mim, anjo da minha infância, abraçava-te. Se me dissesses que a tua inocência se baqueara à voragem das paixões, repelia-te. Eu amo a criança de há cinco anos, e detesto o homem de hoje.

Serena-te, pois. Esta carta que mal pode fazer-te, Afonso? Não me respondas; mas lê. À mulher perdida relanceou o Cristo um olhar de comiseração e ouviu-a. E eu, se visse passar o Cristo, rodeado de infelizes, havia de ajoelhar e dizer-lhe: Senhor! Senhor! É uma desgraçada que vos ajoelha e não uma perdida. Infâmias, uma só não tenho que a justiça da terra me condene. Estou acorrentada a um dever imoral, tenho querido espadaçá-lo, mas estou pura. Dever imoral... por que, não, Senhor! Vós vistes que eu era inocente; minha mãe e meu pai estavam convosco."

Camilo Castelo Branco. *Amor de Salvação*. São Paulo: Martin Claret. 2003, pp. 94-95

1. (FGV-SP) Na carta dirigida a Afonso, nota-se que Teodora procura:
   a) Persuadi-lo e apela para emoções, sentimentos e valores culturais.
   b) Irritá-lo, apoia-se na lógica e argumenta com relações de causa e efeito.
   c) Dissuadi-lo e utiliza argumentos que têm por base generalizações.
   d) Intimidá-lo, e sua argumentação baseia-se em fatos concretos.
   e) Castigá-lo e argumenta com linguagem lógica e impessoal.

2. (UnB-DF) Um grupo de alunos de uma escola de propaganda e "marketing" recebeu a tarefa de criar textos publicitários a partir de fragmentos de textos da literatura brasileira. Para isso, o grupo escolheu fragmentos que apresentam temáticas e enfoques diferenciados da realidade sociocultural, econômica ou política nacional, identificados a seguir.

*Fragmento I*

Procuremos, porém, neste intricado caldeamento a miragem fugitiva de uma sub-raça, efêmera talvez. Inaptos para discriminar as nossas raças nascentes, acolhamo-nos ao nosso assunto. Definamos rapidamente os antecedentes históricos do jagunço.

Ante o que vimos a formação brasileira do norte é mui diversa da do sul. As circunstâncias históricas, em grande parte oriundas das circunstâncias físicas, originaram diferenças iniciais no enlace das raças, prolongando-as até ao nosso tempo.

A marcha do povoamento, do Maranhão à Bahia, revele-as.

(Euclides da Cunha. OS SERTÕES. In: "Obra completa", vol.II. Rio de Janeiro: Nova Aguilar, 1995, p.162.)

*Fragmento II*

Quadrante que assim viemos, por esses lugares, que o nome não se soubesse. Até, até. A estrada de todos os cotovelos. Sertão, – se diz –, o senhor querendo procurar, nunca não encontra. De repente, por si, quando a gente não espera, o sertão vem. Mas, aonde lá, era o sertão churro, o próprio, o mesmo. Ia fazendo receios, perfazendo indagação. Descemos por umas grotas, no meio de serras de parte-vento e suas mães árvores.

(Guimarães Rosa. GRANDE SERTÃO VEREDAS. Apud Volnir Santos e Adão E. Carvalho. "Literatura brasileira", 3ª ed. Porto Alegre: Sulina, 1977, p.158)

*Fragmento III*

E se eu disser que vossa História está toda escrita, em magnífico resumo, na face e nas vidas das gentes que hoje se acham no "réveillon" do Comercial? E se eu vos assegurar que neste clube se agita uma espécie de microcosmo do Rio Grande? (...) Ali estão dois representantes do clã pastoril, os senhores de terras e gados, muitos deles descendentes dos primeiros sesmeiros...

(Érico Veríssimo. O TEMPO E O VENTO. Apud Sergius Gonzaga. "Manual de literatura brasileira", 5ª ed. Porto Alegre: Mercado Aberto, 1989, p. 227.)

*Fragmento IV*

Agora estamos fartos de aventuras exóticas e mesmo de adjetivos clássicos e é possível dizer que este foi o último aventureiro exótico da planície. Um aventureiro que assistiu às notas de mil réis acenderem os charutos e confirmou de cabeça que a lenda requentou. Depois dele: o turismo multinacional.

(Márcio Souza. "Galvez, o imperador do Acre". 12ª ed. Rio de Janeiro: Marco Zero, 1984, p. 13.)

*Fragmento V*

E mais! Um país de povo alegre, festeiro, que dribla todas as dificuldades com célebre jeitinho, um país feliz! E mais! Um povo que nunca enfrentou guerras, nem pestes, nem vulcões, nem terremotos, nem furacões, nem lutas fratricidas. E mais! Um povo que convive em amenidade e cortesia, um povo prestativo, de coração bondoso, em que todas as cores e raças se misturam livremente, pois desconhece o preconceito racial, visto que aqui o preconceito é econômico.

(João Ubaldo Ribeiro. "Viva o povo brasileiro". Rio de Janeiro: Record, 1984, p. 626.)

Em cada um dos itens seguintes, julgue se o(s) fragmento(s) à esquerda poderia(m) subsidiar a elaboração de um texto publicitário com a temática apresentada à direita.

(1) fragmento II – integração nacional, pela abertura de rodovias

(2) fragmento V – divulgação de qualidades do país com vistas à atração de turistas para a festa de comemoração dos 500 anos do descobrimento do Brasil

(3) fragmentos I e III – valorização das idiossincrasias regionais

(4) fragmentos II e IV – lançamento de uma fábrica brasileira de cigarros

**Texto para a próxima questão.**

Ninguém aí do poder em Brasília manja de marxismo e semiologia. Fala-se na necessidade de eliminar a herança feagaceana (que, aliás, não é maldita, é sinistra), mas não da ruptura linguística com essa herança, ou seja, o PT reproduz a mesma linguagem feia e inestética do PSDB.

"Custo Brasil" é de matar!

A "flexibilização laboral" designa desemprego. Carteira de trabalho é luxo. Se a polícia der uma *blitz* e pedir carteira de trabalho, 40 por cento da população vai em cana.

A linguagem revela a ideologia e governa os homens. Prova é que nunca até hoje existiu político mudo. Ao contrário, político é falastrão, fala qualquer coisa, fala pelos cotovelos. Não é senão por isso que o enigmático ministro José Dirceu prestigia no Paraná o comediante Ratinho, cujo gogó midiático agrada aos ouvidos da plebe boçalizada que não frequentou os Cieps.

VASCONCELLOS, Gilberto F. O Richelieu do Ratinho e a herança linguística tucana. *Caros Amigos*. São Paulo: Casa Amarela, nº 61, jul. 2003, p. 17.

3. (UFG-GO) O modo predominante de organização discursiva do texto é
   a) repetir para ilustrar.
   b) argumentar para convencer.
   c) descrever para definir.
   d) narrar para emocionar.
   e) expor para informar.

**Texto para a próxima questão.**

## O que as câmeras ainda não mostram

Os bisbilhoteiros virtuais se refestelaram na semana passada, quando chegou ao Brasil o *Google Street View*, serviço que coloca na tela do computador fotos em 360 graus das ruas de, por enquanto, 51 municípios brasileiros. Em sua maioria, as primeiras pesquisas feitas por brasileiros se concentraram na busca do próprio endereço, da sede do trabalho, da casa da namorada. E houve também muita gente que passou horas procurando imagens bizarras ou engraçadas captadas pelo programa. Passada essa primeira onda de voyeurismo, comum em todos os países que já contam com o serviço, começam a aparecer outras utilidades. Num futuro não muito distante, o internauta brasileiro vai poder planejar suas férias, adquirir um imóvel ou visitar um museu por meio da ferramenta.

O *Street View* faz parte de outro produto da empresa, o *Google Maps*. Bem mais detalhista que seu irmão maior, permite ao usuário navegar pelas ruas, com uma visão de todos os pontos cardeais, do chão e do céu. É como se você andasse até a porta de um prédio, admirasse sua fachada, comparasse com a dos vizinhos etc., num passeio em que o *mouse* cumpre a função das pernas. Lançada em maio de 2007, a ferramenta originalmente cobria cinco grandes cidades nos EUA e seus arredores. Hoje, se estende a todo território americano, assim como à maior parte do Canadá, Japão, Austrália e vários países europeus. No Brasil, até agora apenas São Paulo, Rio de Janeiro, Belo Horizonte e cidades vizinhas dessas capitais foram fotografadas pelos carros do *Google*. (...)

Muitos varejistas se animaram com a possibilidade de ter seus estabelecimentos fotografados pelas poderosas câmeras do produto. Seria a chance de, num primeiro momento, o cliente fazer um passeio virtual para depois fechar uma compra real e feita de forma presencial. Atualmente isso esbarra em dois problemas. O primeiro é que o programa não é ao vivo. As imagens são coletadas em média um ano antes de irem ao ar. Ou seja, quando o visitante entrasse na loja, as prateleiras estariam desatualizadas. O outro problema é o fato de que, segundo a empresa, a produção de fotos de estabelecimentos comerciais não passa de mero boato.

Bem mais acessível aos lojistas, pelo menos por enquanto, é a oferta de espaços publicitários nas ruas flagradas pelo *Google*. A empresa aposta tanto nisso que patenteou um sistema que automaticamente apaga as mensagens publicitárias estampadas em *outdoors* e cartazes. No lugar delas seriam colocados anúncios pagos. "As empresas americanas ainda não adotaram essa estratégia. Não tem nada de anúncio ali", diz Pedro Sorrentino, professor da *São Paulo Digital School* e autor do vídeo "Obama Digital". Em muitas áreas, o *Street View* ainda é uma ferramenta em busca de uma utilidade.

(*Istoé*, edição 2135, 08/10/2010)

4. (Insper-SP) O texto **O que as câmeras ainda não mostram** apresenta como principal finalidade
   a) noticiar objetiva e imparcialmente um fato: a implantação de um serviço da *web*, inédito no Brasil.
   b) analisar, do ponto de vista de diferentes grupos, o impacto produzido pela implantação do *Google View* no Brasil e no mundo.
   c) persuadir os internautas a usarem a ferramenta e os empresários a explorarem o potencial comercial do produto.
   d) expor, tecnicamente, o conteúdo de uma ferramenta da Internet e revelar um julgamento a respeito dela.
   e) tratar de fatos do cotidiano (a implantação de um novo serviço da *web*) de forma bem-humorada.

**Texto para a próxima questão.**

## Crônica da abolição

Eu pertenço a uma família de profetas [1]"après coup"*, [2]"post factum", "depois do gato morto", ou como melhor nome tenha em holandês. Por isso digo, juro se necessário for, que toda a história desta lei de 13 de maio estava por mim prevista, tanto que na segunda-feira, antes mesmo dos debates, tratei de alforriar um molecote que tinha, pessoa de seus dezoito anos, mais ou menos. Alforriá-lo era nada; entendi que, perdido por mil, perdido por mil e quinhentos, e dei um jantar.

Neste jantar, a que meus amigos deram o nome de banquete, em falta de outro melhor, reuni umas cinco pessoas, conquanto as notícias dissessem trinta e três (anos de Cristo), no intuito de lhe dar um aspecto simbólico.

No golpe do meio ([3]"coupe do milieu", mas eu prefiro falar a minha língua) levantei-me eu com a taça de champanha e declarei que, acompanhando as ideias pregadas por Cristo há dezoito séculos, restituía a liberdade ao meu escravo Pancrácio; que entendia que a nação inteira devia acompanhar as mesmas ideias e imitar o meu exemplo; finalmente, que a liberdade era um dom de Deus que os homens não podiam roubar sem pecado.

Pancrácio, que estava à espreita, entrou na sala, como um furacão, e veio abraçar-me os pés. Um dos meus amigos (creio que é ainda meu sobrinho) pegou de outra taça e pediu à ilustre assembleia que correspondesse ao ato que acabava de publicar brindando ao primeiro dos cariocas. Ouvi cabisbaixo: fiz outro discurso agradecendo, e entreguei a carta ao molecote. Todos os lenços comovidos apanharam as lágrimas de admiração. Caí na cadeira e não vi mais nada. De noite, recebi muitos cartões. Creio que estão pintando o meu retrato, e suponho que a óleo.

No dia seguinte, chamei o Pancrácio e disse-lhe com rara franqueza:

– Tu és livre, podes ir para onde quiseres. Aqui tens casa amiga, já conhecida, e tens mais um ordenado, um ordenado que...

– Oh! meu senhô! Fico.

[4]– Um ordenado pequeno, mas que há de crescer. Tudo cresce neste mundo: tu cresceste imensamente.

Quando nasceste eras um pirralho deste tamanho; hoje estás mais alto que eu. Deixa ver; olha, és mais alto quatro dedos...

– Artura não qué dizê nada, não, senhô...

– Pequeno ordenado, repito, uns seis mil-réis: mas é de grão em grão que a galinha enche o seu papo. Tu vales muito mais que uma galinha.

– Eu vaio um galo, sim, senhô.

– Justamente. Pois seis mil-réis. No fim de um ano, se andares bem, conta com oito. Oito ou sete.

Pancrácio aceitou tudo: aceitou até um peteleco que lhe dei no dia seguinte, por me não escovar bem as botas; efeitos da liberdade. Mas eu expliquei-lhe que o peteleco, sendo um impulso natural, não podia anular o direito civil adquirido por um título que lhe dei. Ele continuava livre, eu de mau humor; eram dois estados naturais, quase divinos.

Tudo compreendeu o meu bom Pancrácio: daí para cá, tenho-lhe despedido alguns pontapés, um ou outro puxão de orelhas, e chamo-lhe besta quando lhe não chamo filho do diabo; cousas todas que ele recebe humildemente e (Deus me perdoe!) creio que até alegre. [...]

MACHADO DE ASSIS (http://portal.mec.gov.br)

Vocabulário:

ref. 1: "après coup": depois do golpe

ref. 2: "post factum": depois do fato

ref. 3: "coupe do milieu": o autor utiliza uma expressão inexistente em francês para mostrar a ignorância do personagem

5. (Uerj) – Um ordenado pequeno, mas que há de crescer. Tudo cresce neste mundo: tu cresceste imensamente. Quando nasceste eras um pirralho deste tamanho; hoje estás mais alto que eu. (ref. 4)

A fala do senhor de Pancrácio deseja convencer e persuadir seu interlocutor. O argumento apresentado, entretanto, é intencionalmente falho, isto é, configura uma falácia.

Explique em que consiste esta falácia.

**Texto para a próxima questão.**

## Ameaça de veto

Num lance decisivo para a crise iraquiana, os ministros das Relações Exteriores da França, da Rússia e da Alemanha anunciaram ontem em Paris, após um encontro de emergência, que não permitirão que o Conselho de Segurança (CS) da ONU aprove uma nova resolução que autorize a guerra contra Bagdá.

França e Rússia, como membros permanentes do CS, têm poder de veto. Poderiam, portanto, bloquear a resolução, proposta por EUA, Reino Unido e Espanha, que declara o Iraque em violação material de decisões da ONU, abrindo assim caminho para a intervenção militar.

Essa foi a mais clara indicação de que Paris e Moscou eventualmente utilizarão seu poder de veto. Até agora, a estratégia dos EUA era obter os nove votos do CS necessários para aprovar a nova resolução e esperar que nenhum membro permanente do Conselho apusesse seu veto.

Com efeito, não seria insignificante o ônus político de opor-se aos projetos imperiais da única superpotência do planeta. Atuando conjuntamente, França, Rússia e Alemanha esperam diluir o peso dessa decisão, bem como atrair para o bloco de países contrários à guerra outros membros do CS que ainda estejam indecisos em relação à nova resolução.

A primeira reação dos EUA foi a de relativizar a importância do anúncio franco-russo-germânico. A Casa Branca disse que continua confiante na aprovação da nova resolução. Mas o secretário de Estado norte-americano, Colin Powell, voltou a afirmar que, se os EUA não obtiverem o aval das Nações Unidas, agirão sem ele.

A situação é delicada e parece inevitável que a ONU saia fraturada do episódio. Ainda assim, a ruptura – que não precisa ser definitiva – é preferível à simples capitulação diante de Washington.

Se a comunidade internacional está majoritariamente contra a guerra, tem o dever de dizê-lo no foro adequado, que é o CS. Não fazê-lo seria condenar a ONU a permanecer como um títere nas mãos da superpotência americana.

*Folha de S. Paulo*, 6 de março de 2003.

6. (PUC-MG) Considere as seguintes afirmações sobre o editorial que você leu:

I. O texto pertence a um gênero do discurso jornalístico que lida com argumentos, com o objetivo de expressar o ponto de vista do veículo, responsável pela publicação, sobre os principais fatos do momento.

II. O texto aborda a questão que motivou a matéria em tom veemente e indignado, apresentando e discutindo argumentos e contra-argumentos.

III. O texto apresenta um acontecimento importante no cenário internacional, por meio de um relato em que se percebe uma rigorosa apuração dos fatos e a manifestação de diferentes pontos de vista sobre o tema central da matéria.

Assinale:

a) se apenas a afirmativa I for verdadeira.

b) se todas as afirmativas forem verdadeiras.

c) se apenas as afirmativas I e II forem verdadeiras.

d) se apenas as afirmativas II e III forem verdadeiras

# Exercícios-tarefa

## Frente A – A gramática dos textos

MÓDULO 10

**Texto para a próxima questão.**

"Vivemos numa época de tamanha insegurança externa e interna, e de tamanha carência de objetivos firmes, que a simples confissão de nossas convicções pode ser importante, mesmo que essas convicções, como todo julgamento de valor, não possam ser provadas por deduções lógicas.

Surge imediatamente a pergunta: podemos considerar a busca da verdade – ou, para dizer mais modestamente, nossos esforços para compreender o universo cognoscível através do pensamento lógico construtivo – como um objeto autônomo de nosso trabalho? Ou nossa busca da verdade deve ser subordinada a algum outro objetivo, de caráter prático, por exemplo? Essa questão não pode ser resolvida em bases lógicas. A decisão, contudo, terá considerável influência sobre nosso pensamento e nosso julgamento moral, desde que se origine numa convicção profunda e inabalável. Permitam-me fazer uma confissão: para mim, o esforço no sentido de obter maior percepção e compreensão é um dos objetivos independentes sem os quais nenhum ser pensante é capaz de adotar uma atitude consciente e positiva ante a vida.

Na própria essência de nosso esforço para compreender o fato de, por um lado, tentar englobar a grande e complexa variedade das experiências humanas, e de, por outro lado, procurar a simplicidade e a economia nas hipóteses básicas. A crença de que esses dois objetivos podem existir paralelamente é, devido ao estágio primitivo de nosso conhecimento científico, uma questão de fé. Sem essa fé eu não poderia ter uma convicção firme e inabalável acerca do valor independente do conhecimento.

Essa atitude de certo modo religiosa de um homem engajado no trabalho científico tem influência sobre toda sua personalidade. Além do conhecimento proveniente da experiência acumulada, e além das regras do pensamento lógico, não existe, em princípio, nenhuma autoridade cujas confissões e declarações possam ser consideradas "Verdade" pelo cientista. Isso leva a uma situação paradoxal: uma pessoa que devota todo seu esforço a objetivos materiais se tornará, do ponto de vista social, alguém extremamente individualista, que, a princípio, só tem fé em seu próprio julgamento, e em nada mais. É possível afirmar que o individualismo intelectual e a sede de conhecimento científico apareceram simultaneamente na história e permaneceram inseparáveis desde então. "

(Einstein, *In: O Pensamento Vivo de Einstein*, p. 13 e 14, 5a. edição, Martin Claret Editores)

1. (Unitau-SP) Observe:

   I. "Essa atitude de certo modo religiosa de 'um' homem engajado no trabalho..."

   II. "Pedro comprou 'um' jornal"

   III. "Maria mora no apartamento 'um'."

   IV. "Quantos namorados você tem?" 'Um'.

   A palavra "um" nas frases acima é, no plano morfológico, respectivamente:

   a) artigo indefinido em I e numeral em II, III e IV.
   b) artigo indefinido em I e II e numeral em III e IV.
   c) artigo indefinido em I e III e numeral em II e IV.
   d) artigo indefinido em I, II, III e IV.
   e) artigo indefinido em III e IV e numeral em I e II.

**Texto para a próxima questão.**

Na verdade, à primeira vista, seu aspecto era de um velho como tantos outros, de idade indefinida, rugas, cabelos brancos, uma barba que lhe dará um vago ar de sabedoria e respeitabilidade. Mas uma certa agilidade e o porte ereto darão a impressão de que, apesar da aparência de velho, o viajante guardará o vigor da juventude. E os olhos... ah, o brilho dos olhos será absolutamente sem idade, um brilho deslumbrado como o de um bebê, curioso como o de um menino, desafiador como o de um jovem, sábio como o de um homem maduro, maroto como o de um velhinho bem-humorado que conseguisse somar tudo isso.

(MACHADO, Ana Maria. *O CANTO DA PRAÇA*. Rio de Janeiro: Salamandra, 1986.)

2. (UFRJ) Confronte os trechos destacados em A e B.

   ***A***

   "apesar da aparência DE VELHO"

   ***B***

   "seu aspecto era DE UM VELHO COMO TANTOS OUTROS"

   "maroto como o DE UM VELHINHO BEM-HUMORADO"

   a) Como se justifica a ausência de artigo no trecho destacado no trecho A?

b) No trecho B, o artigo indefinido tem seu sentido reiterado em um dos dois trechos destacados.

Que recurso linguístico é responsável por essa reiteração? Explique sua resposta.

**3.** (UFC-CE) Marque as alternativas em que o adjetivo colocado entre parênteses substitui corretamente as frases em maiúsculo.

(01) Recordação e saudade da casa materna são sentimentos QUE SE PRODUZEM AO MESMO TEMPO. (simultâneos)

(02) A recordação da infância na casa materna é uma lembrança QUE SE PROLONGA POR MUITO TEMPO. (temporária)

(04) As alternativas domésticas da casa materna são obrigações QUE NÃO ACABAM NUNCA. (transitórias)

(08) Mesmo muito velha, a casa materna traz recordações QUE NÃO SE DESTROEM. (indeléveis)

**4.** (UPM-SP)

I. " 'O' valor da oração era superfino e muito mais excelso que 'o' das obras terrenas."

II. "Os quatro algarismos foram crescendo tanto, que encheram 'a' igreja de alto 'a' baixo."

III. "Vejamos primeiro 'o' que é que 'o' traz aqui."

IV. "Assim é 'o' homem, assim são 'as' cousas que 'o' cercam."

V. "Camilo teve medo e (...) começou 'a' rarear 'as' visitas 'à' casa de Vilela."

Aponte a sequência totalmente correta quanto à classe gramatical das palavras destacadas nas respectivas frases.

a) I – artigo definido, artigo definido.

b) II – artigo definido, pronome pessoal oblíquo.

c) III – pronome demonstrativo, pronome pessoal oblíquo.

d) IV – artigo definido, preposição, pronome pessoal oblíquo.

e) V – preposição, preposição, contração da preposição com o artigo.

## MÓDULO 11

**1.** (Insper-SP)

Com mais de 50 anos de escrevinhação nas costas, descobri algumas ideias que muita gente faz da vida de um escritor. Por exemplo, tem quem ache que os escritores, notadamente entre eles mesmos, só falam difícil, uma proparoxítona para abrir, uma mesóclise para dar classe e um tetrassílabo para arrematar. "Em teu parecer, meu impertérrito amigo", perguntaria eu ao Rubem Fonseca, durante nosso almoço periódico, "abater-se-á hoje, sobre a nossa urbe, uma formidanda intempérie?" Ao que o Zé Rubem reagiria com uma anástrofe, um mais-que-perfeito fazendo as vezes do imperfeito do subjuntivo e uma aliteração final show de bola, coisa de craque mesmo. "Augure do tempo fora eu, pressagiá-lo-ia libentissimamente", responderia ele. "Todavia, de tal não me trato." E assim iríamos almoço afora, discutindo elevadíssimos assuntos, em linguagem só compreensível por indivíduos especiais.

João Ubaldo Ribeiro, *O Estado de S. Paulo*, 03/07/2011.

Ao comentar a suposta sofisticação presente nas falas dos escritores, João Ubaldo Ribeiro faz menção a vários fenômenos de linguagem. A respeito deles, está correto o que se afirma em:

a) Os tetrassílabos ocorrem quando as palavras contêm um grupo de duas letras que representam um único fonema.

b) A mesóclise, exemplificada em formas como "abater-se-á", é uma construção que determina a colocação do pronome em relação ao verbo.

c) A anástrofe consiste em estabelecer a concordância ideológica, isto é, de acordo com a ideia e não com as palavras que efetivamente aparecem na oração.

d) O pretérito mais-que-perfeito e o imperfeito do subjuntivo expressam um processo verbal indicativo de exortação e advertência.

e) A aliteração, empregada pelo autor em "libentissimamente", exprime o auge da intensificação de uma qualidade.

**2.** (UnB-DF)

Para deixar todas essas coisas um pouco na sombra e poder dizer o que delas julgava, sem ser obrigado a seguir nem refutar as opiniões acatadas entre os estudiosos, resolvi deixar todo este mundo aqui para suas discussões e falar somente do que aconteceria em [2]um novo, se Deus criasse, agora, em algum lugar, nos espaços imaginários, [1]matéria suficiente para compô-lo e agitasse, diversamente e sem ordem, as várias partes dessa matéria, a fim de compor, com elas, um caos tão confuso quanto o imaginado pelos poetas e, depois, se limitasse a prestar seu concurso natural à natureza e a deixá-la agir segundo suas leis, que ele estabelecera. A maior parte da matéria desse caos deveria, em decorrência dessas leis, dispor-se e arranjar-se de um certo modo que a tornasse semelhante aos nossos céus, devendo algumas partes compor uma Terra, outras, planetas e cometas, e algumas outras, um Sol e estrelas fixas.

René Descartes. *Discurso do método*. São Paulo: Martins Fontes, p. 76-77 (com adaptações).

Considerando o texto anterior, extraído da obra *Discurso do Método*, de René Descartes, julgue os itens subsequentes.

a) No trecho "matéria suficiente para compô-lo" (ref. 1), a referência do pronome é a expressão "um novo [mundo]" (ref. 2).

b) Estudos recentes demonstram que mudanças climáticas afetarão de forma homogênea todos os povos do nosso planeta.

**3.** (UFC-CE) Leia o texto a seguir e preencha os parênteses com V ou F, conforme seja verdadeiro ou falso o que se afirma sobre ele.

Asclepíades ainda achou muito que contar sobre a enfermidade; no seu excessivo interesse traía-se a satisfação de um quase triunfo, e toda a sua atenção estava posta na filha, [1]CUJOS sentimentos procurava surpreender, através de seu semblante inexpressivo, de seu olhar parado e vago, das palavras triviais [2]QUE soltava sem [3]UMA REFERÊNCIA DIRETA AO BACHAREL. Como aquela criaturinha [4]QUE lhe nascera nos braços, [5]QUE lhe crescera no colo, [6]DIA A DIA, sempre [7]SUBMISSA À SUA VONTADE, sempre solícita em [8]OBEDECER-LHE, pudera tornar-se assim [9]IMPENETRÁVEL à sua perspicácia de pai, assim [10]ABROQUELADA e autônoma em [11]SUA vida afetiva, velada por uma discrição calma mas obstinada, inatingível, [12]REFRATÁRIA À AÇÃO da sua autoridade!.

(SALES, Antônio. *Aves de Arribação*. Fortaleza: Edições UFC, 2006, 137.)

( ) O pronome relativo CUJOS (ref. 1) estabelece relação de posse entre o termo antecedente [filha] e o subsequente [sentimentos].

( ) O pronome relativo QUE (ref. 2) exerce função sintática de objeto direto do verbo soltar em que soltava.

( ) A substituição de bacharel por Alípio em UMA REFERÊNCIA AO BACHAREL (ref. 3) gramaticalmente faculta a anteposição do artigo definido masculino.

( ) Atuam como adjuntos adnominais: LHE, em lhe nascera (ref. 4) e LHE em lhe crescera (ref. 5).

( ) Em linguagem culta formal, recomenda-se empregar obedecê-lo ao invés de OBEDECER-LHE (ref. 8), sendo esta última considerada um arcaísmo.

( ) A expressão DIA A DIA (ref. 6) equivale semanticamente à composta dia; o uso do hífen é uma questão estilística.

( ) O uso do acento grave em SUBMISSA À SUA VONTADE (ref. 7) é obrigatório, pois submissa exige complemento nominal introduzido por preposição.

( ) O uso do acento grave em REFRATÁRIA À AÇÃO (ref. 12) manter-se-ia mesmo que a expressão fosse empregada no plural: REFRATÁRIAS ÀS AÇÕES.

( ) Tanto em IMPENETRÁVEL (ref. 9) quanto em ABROQUELADA (ref. 10) há correspondência biunívoca letra-fonema.

( ) Remetem a um mesmo referente textual sua em SUA perspicácia e SUA em sua vida afetiva (ref. 11).

**Texto para a próxima questão.**

Um homem precisa viajar. Por sua conta, não por meio de histórias, imagens, livros ou TV. Precisa viajar por si, com seus olhos e pés, para entender o que é seu. Para um dia plantar as suas próprias árvores e dar-lhes valor. Conhecer o frio para conhecer o calor. E o oposto. Sentir a distância e o desabrigo para estar bem sob o próprio teto. Um homem precisa viajar para lugares que não conhece para quebrar essa arrogância que nos faz ver o mundo como o imaginamos, e não simplesmente como é ou pode ser; que nos faz professores e doutores do que não vimos, quando deveríamos ser alunos, e simplesmente ir ver.

Amyr Klink, *Mar sem fim*.

**4.** (Fuvest-SP) Na frase "QUE nos faz professores e doutores do que não vimos", o pronome destacado retoma a expressão antecedente

a) "para lugares".
b) "o mundo".
c) "um homem".
d) "essa arrogância".
e) "como o imaginamos".

## MÓDULO 12

**Texto para a próxima questão.**

### Marte é o futuro

O pouso na Lua não foi só o ápice da corrida espacial. Foi também o passo inicial do turbocapitalismo que dominaria as três décadas seguintes. Dependente, porém, de matérias-primas do século 19: aço, carvão, óleo. [1]Lançar-se ao espaço implicava algum reconhecimento dos limites da Terra. Ela era azul, mas finita. Com o império da tecnociência, ascendeu também sua nêmese, o movimento ambiental. Fixar Marte como objetivo para dentro de 20 ou 30 anos, hoje, parece tão louco quanto chegar à Lua em dez, como determinou John F. Kennedy. [2]Não há um imperialismo visionário como ele à vista, e isso é bom. [3]A ISS (estação espacial internacional) representa a prova viva de que certas metas só podem ser alcançadas pela humanidade como um todo, não por nações forjadas no tempo das caravelas. [4]Marte é o futuro da humanidade. [5]Ele nos fornecerá a experiência vívida e a imagem perturbadora de um planeta devastado, inabitável. Destino certo da Terra em vários milhões de anos. Ou, mais provável, em poucas décadas, se prosseguir o saque a descoberto da energia fóssil pelo hipercapitalismo globalizado, inflando a bolha ambiental.

(Adaptado de: LEITE, M. Caderno Mais!. *Folha de S.Paulo*. São Paulo, domingo, 26 jul. 2009. p. 3.)

**1.** (UEL-PR) Quanto à predicação verbal, é correto afirmar:

a) Em "Lançar-se ao espaço implicava algum reconhecimento" (ref. 1), o verbo implicar, nesse contexto, é um verbo transitivo direto, por isso seu complemento não exige preposição.

b) Em "Não há um imperialismo visionário como ele à vista" (ref. 2), o verbo haver é considerado um verbo de ligação, pois estabelece relação entre sujeito e seu predicativo.

c) Em "A ISS (estação espacial internacional) representa a prova viva" (ref. 3), o verbo representar é intransitivo, portanto, não necessita complemento.

d) Em "Marte é o futuro da humanidade" (ref. 4), o verbo ser é classificado como verbo transitivo direto e indireto, ou seja, possui um complemento precedido de preposição e outro não.

e) Em "Ele nos fornecerá a experiência vívida e a imagem" (ref. 5), o verbo fornecer é classificado como verbo defectivo, pois não apresenta a conjugação completa.

**2.** (EsPCEx-AMAN-RJ) Marque a única alternativa em que o emprego do verbo **haver** está correto.

a) Todas as gotas de água havia evaporado.

b) Elas se haverão comigo, se mandarem meu primo sair.

c) Não houveram quaisquer mudanças no regulamento.

d) Amanhã, vão haver aulas de informática durante todo o período de aula.

e) Houveram casos significativos de contaminação no hospital da cidade.

**3.** (UFPR) A sentença "Ele anda ouvindo música" pode ser interpretada de duas formas: a) ele ouve música enquanto caminha – neste caso, o verbo "andar" funciona como verbo pleno, significando "caminhar"; b) a atividade de ele ouvir música tem se repetido ultimamente – neste caso, o verbo "andar" se esvazia de seu sentido pleno e funciona como elemento gramatical, um auxiliar. Podemos identificar no português outros verbos que podem ter esses dois usos: um com seu sentido lexical pleno e outro funcionando como elemento gramatical. Tendo isso em vista, considere os conjuntos de sentenças abaixo:

1. Ele chegou na festa e bagunçou o tempo todo.
   Ele chegou a interferir no processo, mas foi neutralizado.
2. Ela está querendo comer camarão.
   Ela está querendo ficar doente.
3. O que ela fez com a faca que estava no chão? Ela pegou e guardou na gaveta.
   Como ele agiu quando se deparou com o grupo? Ah, ele pegou e foi batendo em todo mundo.
4. Todos trabalham pela causa.
   Eles trabalham vendendo computadores.

Em qualquer caso, independente do contexto, o verbo grifado pode ser interpretado com sentido lexical pleno em ambas as ocorrências:

a) do conjunto 3 apenas.

b) do conjunto 4 apenas.

c) dos conjuntos 1 e 4 apenas.

d) dos conjuntos 1 e 2 apenas.

e) dos conjuntos 2, 3 e 4 apenas.

## MÓDULO 13

**Texto para a próxima questão.**

[1]As pessoas que falam uma língua estrangeira sem sotaque são geralmente as que aprenderam o idioma estrangeiro na infância, juntamente com a língua materna. Nesses verdadeiros bilíngues, de alto desempenho, a mesma região do cérebro que produz a fala é compartilhada pela representação dos dois idiomas, [2]enquanto nas pessoas que aprendem a segunda língua, na vida adulta, duas regiões vizinhas, separadas, cuidam cada uma de um idioma. A representação conjunta [3]talvez explique a maior facilidade dos bilíngues verdadeiros em transitar [4]entre os dois idiomas, [5]já que as mesmas redes neurais de associação devem ser acionadas por um idioma e outro.

Adaptado de: Suzana Herculano-Houzel.

**1.** (UPM-SP) Assinale a alternativa CORRETA.

a) "enquanto" (ref. 2) denota temporalidade e pode ser substituído, sem alteração do sentido original do texto, por "sempre que".

b) "já que" (ref. 5) apresenta o mesmo valor semântico observado na expressão destacada em "Ele sairá cedo, PARA QUE possa voltar depois".

c) Considerando a correção gramatical, o uso do advérbio "talvez" (ref. 3) implica o uso do modo verbal subjuntivo ("explique").

d) Em "As pessoas que falam" (ref. 1), o "que" exerce a mesma função e expressa o mesmo valor que em "Eu sei QUE você conhece".

e) É possível alterar, sem prejuízo do sentido original do texto, "entre" (ref. 4) por "dentre", uma vez que as preposições denotam o mesmo sentido.

**Texto para a próxima questão.**

(...)

As angústias dos brasileiros em relação ao português são de duas ordens. Para uma parte da população, a que não teve acesso a uma boa escola e, mesmo assim, conseguiu galgar posições, o problema é sobretudo com a gramática. É esse o público que consome avidamente os fascículos e livros do professor Pasquale, em que as regras básicas do idioma são apresentadas de forma clara e bem-humorada. Para o segmento que teve oportunidade de estudar em bons colégios, a [1]principal dificuldade é com clareza. É para satisfazer a essa demanda que um novo tipo de profissional surgiu: o professor de português especializado em adestrar funcionários de empresas. Antigamente, os cursos dados no escritório eram de gramática básica e se destinavam principalmente a secretárias. De uns tempos para cá, eles passaram a atender primordialmente gente de nível superior. Em geral, os professores que atuam em firmas são acadêmicos que fazem esse tipo de trabalho esporadicamente para ganhar um dinheiro extra. "É fascinante, porque deixamos de viver a teoria para enfrentar a língua do mundo real", diz Antônio Suárez Abreu, livre-docente pela Universidade de São Paulo (...)

(JOÃO GABRIEL DE LIMA. "Falar e escrever, eis a questão". *VEJA*, 7/11/2001, nº 1725)

2. (ITA-SP) O adjetivo "principal" (ref. 1) permite inferir que a clareza é apenas um elemento dentro de um conjunto de dificuldades, talvez o mais significativo. Semelhante inferência pode ser realizada pelos advérbios:
   a) avidamente, principalmente, primordialmente.
   b) sobretudo, avidamente, principalmente.
   c) avidamente, antigamente, principalmente.
   d) sobretudo, principalmente, primordialmente.
   e) principalmente, primordialmente, esporadicamente.

**Texto para a próxima questão.**

O ambiente espiritual do nosso tempo caracteriza-se pelo horror ao esforço, pelo imediatismo, pela falta de sólida e madura preparação para a vida. A grande arma de vitória é a improvisação, e a grande virtude, a audácia.

Uma perigosa filosofia do êxito fácil, conjugada com a filosofia do conforto, insinuou-se profundamente entre a nossa mocidade, alterando a concepção geral da vida, pela subestima dos valores éticos e privativamente humanos. [1]Daí aquele horror ao esforço, a fuga à reflexão, a ausência de formação longa e fecunda. [2]Daí uma atitude de falsa independência, desrespeitadora dos valores éticos e das autoridades naturais e constituídas. Daí um obscurecimento da noção profunda do dever, entendido como necessidade moral, como fidelidade do homem a si mesmo e, principalmente, a Deus. Substituiu-se esse conceito verdadeiro pela ideia de "dever" imposição exterior, a que se satisfaz por atos materiais, superficiais, faltos de toda substância ética, pois eles serão negados ou defraudados quando falte o olho policial. É o espírito farisaico, a ética das aparências. Donde decorre e se alastra com pavorosa rapidez uma mentalidade de sabotagem. Há forte tendência para desumanizar o trabalho, procurando cada qual, na atividade que exerce, tirar o máximo de proveitos, lícitos ou ilícitos (aliás, é esta uma distinção que se vai esmaecendo!), e dar o menos possível de sua pessoa.

MELO, Gladstone C. de. *A língua do Brasil*. Rio de Janeiro: Fundação Getúlio Vargas, 1975. 3ª ed., p. 176.

3. (UFRRJ) No texto, há três períodos que se iniciam por "Daí" (ref. 1 e 2). Observe que este vocábulo é uma contração da preposição DE com o advérbio AÍ.
   A função desta palavra na estruturação do texto e condução do raciocínio do autor é iniciar
   a) uma ressalva.
   b) uma consequência.
   c) uma oposição.
   d) um locativo.
   e) uma constatação.

## MÓDULO 14

1. (EsPCEx–AMAN-RJ) Em *"Não sei, sequer, <u>se</u> me viste..."*, a alternativa que classifica corretamente a palavra em destaque é
   a) conjunção subordinativa condicional.
   b) conjunção substantiva subjetiva.
   c) conjunção subordinativa temporal.
   d) conjunção coordenativa explicativa.
   e) conjunção subordinativa integrante.

2. (Insper-SP)

Há duas semanas, foram divulgados novos dados sobre o desempenho dos nossos estudantes. Os resultados foram comentados à exaustão nos jornais, *sites* etc. Solidários, diversos meios de comunicação se aliaram aos alunos, ou seja, demonstraram que também tropeçam no trato com a língua. Comecemos por um título (de um *site*), que terminava assim: "... preferem português à matemática". (...). No título, usou-se a construção formal, mas...

(NETO, Pasquale Cipro. *Folha de S.Paulo*, 08/09/2011)

Considere estas afirmações:

I. O adjetivo "solidários", no contexto em que ocorre, deve ser compreendido conotativamente, já que se trata de uma ironia.

II. Do ponto de vista da gramática normativa, há um erro de regência no título do *site*, uma vez que o verbo "preferir" rejeita o uso da preposição "a".

III. No último período, ao empregar a conjunção adversativa "mas", o autor sugere a ocorrência de "tropeço" gramatical no título do *site*.

Está(ão) correta(s)

a) I, II e III.
b) Apenas I e II.
c) Apenas I e III.
d) Apenas II e III.
e) Apenas I.

**Texto para a próxima questão.**

## Estilo áulico

À sobremesa, alguém falou ao Presidente que na manhã de hoje o cadáver de um homem havia sido encontrado na Lagoa Rodrigo de Freitas. O Presidente exigiu imediatamente que um de seus auxiliares telegrafasse em seu nome à família enlutada. Como lhe informassem que a vítima ainda não fora identificada, S. Ex[a], com o seu estimulante bom humor, alegrou os presentes com uma de suas apreciadas blagues.

(Adaptado de Paulo Mendes Campos)

**3.** (UEPG-PR) Assinale as alternativas em que a ocorrência da crase se deu pelo mesmo motivo de: à sobremesa.

(01) O barco voltou à terra dos marinheiros.
(02) À tarde, os garotos reuniam-se para a pescaria.
(04) À distância de 200 m do local, via-se a encosta com sua franja laranja.
(08) À hora de ângelus, os corações se enternecem.
(16) O avião estava à espera de ordem para decolar.

**Texto para a próxima questão.**

## Os cães

– Lutar. Podes escachá-los ou não; [1]o essencial é que lutes. Vida é luta. Vida [2]sem luta é um mar morto no centro do organismo universal.

Daí a pouco demos com uma briga [3]de cães; fato que aos olhos de um homem vulgar não teria valor. Quincas Borba fez-me parar e observar os cães. Eram dois. Notou que [4]ao pé deles estava um osso, motivo da guerra, e não deixou de chamar a minha atenção para a circunstância de que o osso não tinha carne. Um simples osso nu. Os cães mordiam-se, rosnavam, com o furor nos olhos... Quincas Borba meteu a bengala [5]debaixo do braço, e parecia em êxtase.

– Que belo que isto é! dizia ele de quando em quando.

Quis arrancá-lo dali, mas não pude; ele estava arraigado ao chão, e só continuou a andar, quando a briga cessou inteiramente, e um dos cães, mordido e vencido, foi levar a sua fome a outra parte. Notei que ficara sinceramente alegre, [6]posto contivesse a alegria, segundo convinha a um grande filósofo. Fez-me observar a beleza do espetáculo, relembrou o objeto da luta, concluiu que os cães tinham fome; mas a privação do alimento era nada para os efeitos gerais da filosofia. Nem deixou de recordar que em algumas partes do globo o espetáculo é mais grandioso: as criaturas humanas é que disputam aos cães os ossos e outros manjares menos apetecíveis; luta que se complica muito, porque entra em ação a inteligência do homem, com todo o acúmulo de sagacidade que lhe deram os séculos etc.

**4.** (ITA-SP) Identificadas as classes das palavras retiradas do texto e relacionando a segunda coluna em relação à primeira, assinale a sequência correta a seguir:

| | |
|---|---|
| (1) adjetivo | ( ) o essencial (referência 1) |
| (2) substantivo | ( ) sem luta (referência 2) |
| (3) verbo | ( ) de cães (referência 3) |
| (4) pronome | ( ) ao pé deles (referência 4) |
| (5) advérbio | ( ) debaixo do (referência 5) |
| (6) conjunção | ( ) posto (referência 6) |
| (7) preposição | |
| (8) locução adjetiva | |
| (9) locução adverbial | |
| (10) locução substantiva | |
| (11) locução prepositiva | |

a) 1-8-8-9-11-3
b) 1-9-8-9-7-3
c) 2-8-8-9-11-6
d) 2-9-10-10-9-11
e) 2-8-8-10-9-6

MÓDULO 15

**Texto para a próxima questão.**

## Brasil

### Seu destino é crescer.

Nosso turismo já é um produto de exportação com prestígio no mundo inteiro.

Antes, para o resto do mundo, éramos apenas o país do Carnaval e do futebol. Isso há muitos anos. Agora é diferente, agora o país tem rumo. Com o PNMT – Programa Nacional de Municipalização do Turismo –, mais de 1.200 cidades turísticas estão sendo preparadas para que se tornem melhores para os turistas e para quem vive nelas. Treinamos e capacitamos mais de 500 mil profissionais, nas diversas áreas ligadas ao turismo em todo o Brasil. Leis do tempo do Império foram atualizadas, abrindo novos horizontes, principalmente para o turismo marítimo. Só em 2001 tivemos 30 dos maiores transatlânticos do mundo navegando pelo nosso litoral. Com o cenário brasileiro modernizado e mais atraente, de 2 milhões passamos para 5 milhões de turistas estrangeiros recebidos anualmente. O turismo traz os benefícios de um maravilhoso produto de exportação, ajudando a combater nossas dificuldades sociais com a geração de mais emprego, mais renda e divisas para o país.

Consulte seu agente de viagens.

(Embratur, Ministério do Esporte e Turismo, Governo do Brasil.)

1. (UFPE) A regência verbal e a nominal estão conforme a norma padrão em:
   a) O povo parece desejoso de que se encontre uma saída para a crise que o Brasil está submetido no momento.
   b) O texto permite o leitor a verificação, por meio de números, da situação do turismo no Brasil.
   c) Custamos perceber que o Brasil tem progredido, pois a imprensa, em geral, parece ter aversão com notícias boas.
   d) Quanto aos brasileiros, anima-lhes o ânimo ler textos tão otimistas como esse, ao alcance de qualquer leitor.
   e) Sabemos que nem sempre é possível aliar à vontade de progredir à ação efetiva.

**Texto para a próxima questão.**

Nunca esteve tão bom para nós, mulheres. Nem tão difícil.

Os salários não são iguais, as creches continuam insuficientes, o sexo é uma confusão total entre o agir e o sentir, o trabalho é complicadíssimo em termos psíquicos para a mulher: fonte de culpa e medos. Nunca foi tão difícil. Muito está colocado, mas tudo está por fazer. [1]Esta é uma hora para se parar e pensar. Pensar pelo que brigamos até agora, o que conseguimos, onde fomos usadas pelo sistema, o que deu errado, o que fazer de agora em diante. Sinto que existe todo um trabalho a ser feito de conscientização feminina – pois o que se passa no Piauí não é o mesmo das grandes capitais – já que as lutas não serão primordialmente mais no nível do "queremos", "exigimos", das passeatas, mas da prática do obter e do ser. É uma luta mais intimista de um lado, fora dos jornais, mais difusa na realidade.

A luta de base, de formiguinha, onde o confrontamento não será mais com a polícia e o governo somente, mas basicamente com os companheiros de trabalho, amigos e marido.

(SUPLICY, Marta. *Reflexões sobre o cotidiano*, Rio de Janeiro: Espaço e Tempo, 1986. p. 124-5.)

2. (UFF-RJ) Uma das frases do texto apresenta um verbo, cuja regência reproduz característica da frase oral coloquial, fugindo à rigidez da norma culta escrita. Assinale a opção em que ocorre tal procedimento:
   a) "Muito está colocado, mas tudo será por fazer." (par. 2)
   b) "É uma luta intimista de um lado, fora dos jornais, mais difusa na realidade." (par. 2)
   c) "Os salários não são iguais, as creches continuam insuficientes, o sexo é uma confusão total entre o agir e o sentir," (par. 2)
   d) "Sinto que existe todo um trabalho a ser feito de conscientização feminina – pois o que se passa no Piauí não é o mesmo das grandes capitais –" (par. 2)
   e) "Esta é uma hora para se parar e pensar." (par. 2)

3. (FGV-SP) Assinale a alternativa em que HÁ ERRO de regência verbal.
   a) Os padres das capelas que mais dependiam do dinheiro desfizeram-se em elogios à garota.
   b) As admoestações que insisti em fazer ao rábula acabaram por não produzir efeito algum.
   c) Nem sempre o migrante, em cujas faces se refletia a angústia que lhe ia na alma, tinha como resolver a situação.
   d) Era uma noite calma que as pessoas gostavam, nem fria nem quente demais.
   e) Nem sempre o migrante, cujas faces refletiam a angústia que lhe ia na alma, tinha como resolver a situação.

4. (PUC-SP) Os verbos NÃO têm a mesma regência e, portanto, o complemento NÃO está corretamente relacionado com ambos, em:
   a) Muitas expedições ao fundo do mar localizaram e recuperaram cargas valiosas de navios naufragados.
   b) Esses trabalhos deram início e incentivaram cada vez mais os trabalhos relacionados à exploração oceanográfica moderna.
   c) O dólar substitui e supera o ouro nas transações internacionais.
   d) Muitos produtos originários da Índia ingressaram e circularam na Europa durante o século XVI.
   e) Os índios se rebelam e lutam contra todos os invasores de seu legítimo território.

## MÓDULO 16

**Texto para a próxima questão.**

Parei num cruzamento. Lembrei-me do garoto do porão. Se um dia eu precisasse fugir, tentaria levá-lo comigo. Queria dar a ele uma chance. Atravessei a rua e me lembrei de como eu era diferente, apenas algumas semanas atrás. Não vacilava ao receber uma ordem, por mais incompreensível que fosse. Ler algumas páginas do diário do Dr. Bertonni foi o mesmo que virar o mundo pelo avesso. Eu tinha direito a ração, casa e trabalho. Pensava que fosse feliz por isso. Enquanto desvendava a história do mundo, através dos antigos jornais e pelo diário, era tomado pelo medo. Muitas vezes pensei ter perdido a felicidade por saber tanto. Mas agora eu percebo: meses atrás eu não era feliz, mas apenas ignorante.

COSTA, Marcos Túlio. *O CANTO DA AVE MALDITA*. Rio de Janeiro: Record, 1986.

1. (ITA-SP) Nesse mesmo texto, assinale a opção correspondente à função da conjunção "mas" na última linha do texto:
   a) Estabelece uma oposição entre felicidade e ignorância.
   b) Opõe o tempo presente ao tempo passado.
   c) Opõe perceber a conhecer.
   d) Complementa a ideia de felicidade com a ideia de ignorância.
   e) Contrapõe a vida pregressa do narrador a uma certa noção de ignorância.

**Texto para a próxima questão.**

Pode-se abordar o estudo das organizações asseverando a unicidade de toda estrutura social e evitando qualquer generalização, até que se tenha à mão prova empírica de similaridade bem aproximada. Foi esse o ponto de vista aconselhado à equipe de pesquisa da Universidade de Michigan pelos líderes de quase todas as organizações estudadas. – Nossa organização é única; de fato, não podemos ser comparados a qualquer outro grupo, declarou um líder ferroviário. Os ferroviários viam seus problemas organizacionais como diferentes de todas as demais classes; o mesmo acontecia com os altos funcionários do governo. Os dirigentes das companhias de seguros reagiam da mesma forma, o que também era feito pelos diretores de empresas manufatureiras, grandes e pequenas.

Entretanto, no momento em que começavam a falar de seus problemas, as reivindicações que faziam de sua unicidade tornavam-se invalidadas. Através de uma análise de seus problemas teria sido difícil estabelecer diferença entre o diretor de uma estrada de ferro e um alto funcionário público, entre o vice-presidente de uma companhia seguradora e seu igual de uma fábrica de automóveis. [1]Conquanto haja aspectos únicos em qualquer situação social, também existem padrões comuns e, quanto mais nos aprofundamos, maiores se tornam as similaridades genotípicas.

Por outro lado, o teorista social global pode ficar tão envolvido em certas dimensões abstratas de todas as situações sociais que ele será incapaz de explicar as principais origens de variação em qualquer dada situação. O bom senso indica para esse problema a criação de uma tipologia. Nesse caso, são atribuídos às organizações certos tipos a respeito dos quais podem ser feitas generalizações. Assim, existem organizações voluntárias e involuntárias, estruturas democráticas e autocráticas, hierarquias centralizadas e descentralizadas, associações de expressão e aquelas que agem como instrumentos. As organizações são classificadas de maneira ainda mais comum, de acordo com suas finalidades oficialmente declaradas, tais como educar, obter lucros, promover saúde, religião, bem-estar, proteger os interesses dos trabalhadores e recreação.

(Adaptado de KATZ, Daniel e KAHN, Robert L. p. 134-135. *Psicologia Social das Organizações*. São Paulo: Atlas, 1970.)

Obs.: "Asseverando" significa afirmando com certeza, assegurando.

2. (FGV-SP) Assinale a alternativa correta referente ao período "Conquanto haja aspectos únicos em qualquer situação social, também existem padrões comuns e, quanto mais nos aprofundamos, maiores se tomam as similaridades genotípicas" (ref. 1).
   a) A primeira palavra da primeira oração indica uma conclusão do que foi dito anteriormente.
   b) A segunda oração expressa uma concessão em relação à primeira.
   c) O verbo HAVER (primeira oração) tem sujeito claro.
   d) O verbo EXISTIR (segunda oração) não tem sujeito.
   e) Nesse período, há um erro de pontuação, pois não pode ocorrer vírgula após a conjunção E.

3. (UFV-MG) Assinale a alternativa em que a mudança da posição da conjunção acarreta alteração semântica:
   a) Está tudo bem com o jovem, contudo não tem o apoio da família. / Está tudo bem com o jovem; não tem, contudo, o apoio da família.
   b) Está tudo bem com o jovem, todavia não tem o apoio da família. / Está tudo bem com o jovem; não tem, todavia, o apoio da família.
   c) Está tudo bem com o jovem, porém não tem o apoio da família. / Está tudo bem com o jovem; não tem, porém, o apoio da família.
   d) Está tudo bem com o jovem, entretanto não tem o apoio da família. / Está tudo bem com o jovem; não tem, entretanto, o apoio da família.
   e) Está tudo bem com o jovem, pois tem o apoio da família. / Está tudo bem com o jovem; tem, pois, o apoio da família.

4. (UPM-SP)

   Como vai ele? (...) Ele: o Maligno, o Inimigo, o Tentador, o Maldito, o Pai da Mentira, o Príncipe das Trevas, o Príncipe deste Mundo, como se disse e se continua dizendo em várias línguas, credos e épocas? (...) O que "não é mas finge ser", como escreveu Guimarães Rosa? (...) Como vai o Demo, enfim, o Demônio, o Diabo?

   (Roberto Pompeu de Toledo, Revista "Veja")

   Assinale a única alternativa que NÃO aponta corretamente os recursos por meio dos quais o autor construiu o significado do texto.

a) Sequência de perífrases ou antonomásias, que cria o suspense.
b) Utilização de orações subordinadas adverbiais conformativas, que auxiliam a caracterização.
c) Citação de um argumento de autoridade, baseado no jogo do ser e do parecer, que fundamenta uma mentira.
d) Sequência de dez orações coordenadas assindéticas, que contribuem para o traçado do perfil.
e) Emprego do assíndeto, que, ao encadear as ideias com pausas rítmicas, confirma a gradação.

## MÓDULO 17

**Texto para a próxima questão.**

Se, pela pronúncia, você está desconfiado de que a nossa palavra "xará" surgiu de alguma expressão indígena, acertou. "Ela tem origem em 'sa rara', um derivado de 'se rera', que significa aquele que tem o mesmo nome, em tupi", [2]diz o etimologista Cláudio Moreno. No sul do Brasil, usa-se também a palavra "tocaio" com o mesmo significado. Vem do espanhol "tocayo" que, [1]por sua vez, tem origem na frase ritual latina que a noiva dizia ao noivo quando a comitiva nupcial vinha buscá-la em casa: "Ubi'tu Caius, ibi ego Caia" (Onde fores chamado Caio, ali eu serei Caia). Por transmitir a ideia de que a noiva, ao se casar, passava a ter o mesmo nome do noivo, a palavra passou a ser usada como sinônimo de xará.

Adaptado de Rodrigo Cavalcante

1. (UPM-SP) Assinale a alternativa correta.
   a) Em "Se, pela pronúncia, você está desconfiado...," o uso de vírgulas isola uma expressão que fragmenta a oração condicional.
   b) Em "QUANDO a comitiva nupcial vinha buscá-la em casa", o termo em destaque tem o mesmo valor de "sempre que".
   c) A expressão "por sua vez" (ref. 1) tem o mesmo valor de "por outro lado", já que o trecho em que se insere opõe os sentidos do termo em espanhol e português.
   d) "Ao se casar" agrega ao texto o sentido de condição, tal como a oração inicial (Se ... você está desconfiado).
   e) Em "diz o etimologista Cláudio Moreno" (ref. 2), o segmento "o etimologista Cláudio Moreno" tem a função sintática de objeto direto.

**Texto para a próxima questão.**

### Cautela com a laborlatria

O cartunista Bob Thaves desenhou uma de suas instigantes tirinhas, que tem como personagens Frank & Ernest, os desleixados e eventualmente oportunistas representantes do "homem comum" do mundo contemporâneo urbano. Nesse quadrinho, Ernest, preocupado, pergunta a Frank: "Nós somos vagabundos?". Frank, resoluto, responde: "Não, nós não somos vagabundos. Vagabundo é quem não tem o que fazer; nós temos, só não o fazemos...".

Essa visão colide frontalmente com um dos esteios de uma sociedade que, na história, acabou por fortalecer uma obsessão laboral que, às vezes, beira a histeria produtivista e o trabalho insano e incessante. Desde as primevas fontes culturais da sociedade ocidental, a exemplo de vários dos escritos judaico-cristãos, há uma condenação cabal do ócio e do não envolvimento com a labuta incessante; no Sirácida, um dos livros da Bíblia (também chamado Eclesiástico), há uma advertência: "Lança-o no trabalho para que não fique ocioso, pois a ociosidade ensina muitas coisas perniciosas" (33, 28-29).

Já ouviu dizer que o ócio é a mãe do pecado? Ou que o demônio sempre arruma ofício para quem está com as mãos desocupadas? Ou ainda que cabeça vazia é oficina do Diabo?

Essa não é uma perspectiva exclusiva do mundo religioso. Voltaire, um dos grandes pensadores iluministas e hóspede eventual da Bastilha do começo do século 18 por seus artigos contra governantes e clérigos, escreveu em "Cândido": "O trabalho afasta de nós três grandes males: o tédio, o vício e a necessidade".

Ou, como registrou Anatole France, conterrâneo e herdeiro, no século seguinte, da mordacidade voltairiana: "O trabalho é bom para o homem. Distrai-o da própria vida, desvia-o da visão assustadora de si mesmo; impede-o de olhar esse outro que é ele e que lhe torna a solidão horrível. É um santo remédio para a ética e para a estética. O trabalho tem mais isso de excelente: distrai nossa vaidade, engana nossa falta de poder e faz-nos sentir a esperança de um bom acontecimento".

Não é por acaso que Paul Lafargue, um franco-cubano casado com Laura, filha de Karl Marx, e fundador do Partido Operário Francês, foi pouco compreendido na ironia contida em alguns de seus escritos. Em 1883, quando todo o movimento social reivindicava tenazmente o direito ao trabalho, isto é, o término de qualquer forma de desocupação, o genro de Marx publicou "Direito à Preguiça", uma desnorteante e – só na aparência – paradoxal análise da alienação e da exploração humana no sistema capitalista.

(Mário Sérgio Cortella, *Folha de S.Paulo*, Equilíbrio, 1º de maio de 2003. Adaptado)

2. (FGV-SP) Assinale a alternativa em que a pontuação e a citação do trecho em discurso indireto estão de acordo com a norma culta.
   a) Preocupado, Ernest perguntou a Frank, se eles eram vagabundos. Frank respondeu que eles, não eram vagabundos; que, vagabundo, era quem não tinha o que fazer.

b) O Sirácida – um dos livros da Bíblia advertiu que: a ociosidade ensina muitas coisas perniciosas.
c) Voltaire escreveu em "Cândido", que o trabalho afasta, de nós, três grandes males: o tédio, o vício e a necessidade.
d) Anatole France registrou, no século seguinte, que o trabalho era bom para o homem, distraía-o da própria vida.
e) Conterrâneo e herdeiro no século seguinte, da mordacidade voltairiana, Anatole France escreveu que: o trabalho fora um santo remédio para a ética e para a estética.

**Texto para a próxima questão.**

### Sobre artes e artistas

"Uma coisa que realmente não existe é aquilo a que se dá o nome de Arte. Existem somente artistas. Outrora, eram homens que apanhavam terra colorida e modelavam toscamente as formas de um bisão na parede de uma caverna; hoje, alguns compram suas tintas e desenham cartazes para os tapumes; eles faziam e fazem muitas outras coisas. Não prejudica ninguém chamar a todas essas atividades arte, desde que conservemos em mente que tal palavra pode significar coisas muito diferentes, em tempos e lugares diferentes, e que Arte com A maiúsculo não existe. Na verdade, Arte com A maiúsculo passou a ser algo de um bicho-papão e de um fetiche. Podemos esmagar um artista dizendo-lhe que o que ele acaba de fazer pode ser muito bom no seu gênero, só que não é "Arte". E podemos desconcertar qualquer pessoa que esteja contemplando com prazer um quadro, declarando que aquilo de que ela gosta não é Arte, mas algo muito diferente. Na realidade, não penso que existam quaisquer razões erradas para se gostar de um quadro ou de uma escultura. Alguém pode gostar de uma paisagem porque ela lhe recorda seu berço natal, ou de um retrato porque lhe lembra um amigo. Nada há de errado nisso. (...) Somente quando alguma recordação irrelevante nos torna parciais e preconceituosos, quando instintivamente voltamos as costas a um quadro magnífico de uma cena alpina porque não gostamos de praticar alpinismo, é que devemos perscrutar o nosso íntimo para desvendar as razões da aversão que estraga um prazer que de outro modo poderíamos ter. Há razões erradas para não se gostar de uma obra de arte."

E. H. Gombrich

**3.** (ITA-SP) As orações "desde que conservemos em mente" e "é que devemos perscrutar o nosso íntimo..." funcionam respectivamente como:
a) subordinada temporal e subordinada temporal
b) subordinada concessiva e subordinada substantiva
c) subordinada condicional e oração principal
d) subordinada adverbial e subordinada adjetiva
e) subordinada adjetiva e subordinada adjetiva

**4.** (UEL-PR) Ele pensava numa nova edição do seu romance pela mesma editora; NÃO, PODERIA, POIS, TER RESCINDIDO O CONTRATO COM ELA."
A oração destacada classifica-se como:
a) subordinada adverbial final.
b) subordinada adverbial consecutiva.
c) subordinada adverbial condicional.
d) coordenada assindética explicativa.
e) coordenada sindética conclusiva.

## Frente B – A construção dos textos

### MÓDULO 11

**Texto para a próxima questão.**

### Viagem ao centro da Terra

De início, não enxerguei nada. Havia muito tempo sem verem a luz, meus olhos imediatamente se fecharam. Quando consegui ver de novo, fiquei mais assustado que admirado:

– O mar!

– É – respondeu meu tio –, o mar Lidenbrock, e espero que nenhum navegador vá me contestar a honra de tê-lo descoberto e o direito de batizá-lo com meu nome!

Um enorme lençol de água, o começo de um lago ou de um oceano, estendia-se até onde minha vista não podia alcançar. As ondas vinham bater numa praia bastante recortada, formada por uma areia fina e dourada, salpicada por aquelas conchinhas que abrigaram os primeiros seres da criação. As ondas quebravam com aquele barulho característico dos ambientes muito amplos e fechados. Uma espuma leve era soprada por um vento moderado, e uma garoa me batia no rosto. A cerca de duzentos metros das ondas, naquela praia ligeiramente inclinada, estavam as escarpas de rochedos enormes, que se elevavam a uma altura incalculável. Alguns deles, cortando a praia com sua aresta aguda, formavam cabos e promontórios desgastados pelos dentes da arrebentação. Mesmo ao longe, seus contornos podiam ser vistos em contraste com o fundo nebuloso do horizonte.

Era realmente um oceano, com o contorno irregular das praias terrestres, mas deserto, com um aspecto selvagem assustador.

Se minha vista podia passear ao longe naquele mar, era porque uma luz "peculiar" iluminava seus menores detalhes. Não a luz do Sol, com seus fachos brilhantes e sua irradiação plena, nem a da Lua, com seu brilho pálido e impreciso, que é apenas um reflexo sem calor. [1]Não, aquela fonte de luz tinha uma propagação trêmula, uma claridade branca e seca, uma temperatura pouco elevada e um brilho de fato maior que o da Lua, evidenciando uma origem elétrica. Era como uma aurora boreal, um fenômeno cósmico permanente numa caverna capaz de conter um oceano.

Júlio Verne. *Viagem ao centro da Terra*. São Paulo: Ática, 2000.

1. (Uerj) *Não, aquela fonte de luz tinha uma propagação trêmula, uma claridade branca e seca, uma temperatura pouco elevada e um brilho de fato maior que o da Lua, evidenciando uma origem elétrica.* (ref. 1)
A passagem transcrita acima revela uma característica na descrição do cenário que pode ser definida como:
a) exemplificação do tema do diálogo entre personagens
b) intensificação do envolvimento do narrador com a cena
c) contraposição com os aspectos visuais relativos à paisagem
d) enumeração de elementos díspares na composição do espaço

**Texto para a próxima questão.**

## Pelas narinas

Intervalo de aula em escola pública de Antonina (PR): a molecada, barriga vazia, faz fila para pegar a merenda. Um funcionário do colégio, então, saca um frasco de perfume do bolso, manda uma borrifada num garoto e fala: "Hoje é Ralph Lauren, hein. Quero ver todo mundo cheiroso." A molecada corre, pula, rola no chão, faz aquela algazarra tradicional do intervalo, mas volta perfumada para a sala de aula. Os professores têm adorado.

Em Antonina, é assim, pensa o quê? Segunda-feira, na merenda, em lugar do caldinho, perfume Calvin Klein. Terça, Christian Dior. Quarta, Dolce & Gabanna. Quinta, Gianni Versace. Sexta, Hugo Boss. Tudo porque Ironaldo Pereira de Deus, ex-prefeito da cidade, gastou o dinheiro do Fundo Nacional de Desenvolvimento da Educação (FNDE), reservado à merenda, na contratação de uma empresa que vende perfumes e cosméticos. Bonito. Tá certíssimo. Chega de fazer feio nas grandes avaliações mundiais de educação! Nossos estudantes podem não saber tabuada do dois, mas nem os franceses são mais cheirosos. Sem falar que é coerente, num país que trata educação como perfumaria.

Ironaldo, esse visionário do ensino, é um dos expoentes do que há de mais moderno na educação brasileira: a pedagogia da ausência. Inspirados nas ideias defendidas pelo jornalista Gilberto Dimenstein, de que o mundo todo, e não só a escola, é um ambiente de aprendizado, nossos governantes confundiram um pouco as coisas e deram um passo à frente (ou atrás), sumindo com a própria escola.

Sentindo, lá de Brasília, o agradável cheiro de perfume francês, o Tribunal de Contas da União (TCU) descobre, toda semana, irregularidades no uso das verbas do FNDE pelo país. Para grande surpresa de todos nós, claro, que nunca desconfiamos de que esse tipo de coisa acontecesse. Ainda bem que não fede.

Paulo R. Freire. "Educação". São Paulo: Segmento, ano 28, nº 252, p. 13, abr. 2002.

2. (UFRN) No primeiro parágrafo do texto, predomina
a) descrição de cena rotineira.
b) descrição de pessoas simples.
c) narração de um fato real.
d) narração de um fato fictício.

**Texto para a próxima questão.**

## Eu vejo uma gravura
## Descrição de gravuras – Seis

EU VEJO uma gravura
grande e rasa.
No primeiro plano
Uma casa.
À direita da casa
outra casa.
À esquerda da casa
outra casa.
Lá no fundo da casa
outra casa.
Em frente da casa
uma vala:
onde escorre a lama
doutra casa.
E no chão da casa
outra vala:
onde escorre o esgoto
doutra casa.
Esta casa que eu vejo
não se casa
com o que chamamos
uma casa.
Pois as paredes são
Esburacadas
onde passam aranhas
e baratas.
E os telhados são
folhas de zinco.
E podem cair
a qualquer vento.
E matar a mulher
que mora dentro.
E matar a criança
que está dentro
da mulher que mora
nessa casa.
Ou da mulher que mora
noutra casa.
É preciso pintar
outra gravura
com casas de argamassa
na paisagem.

Crianças cantando
a segurança
da vida construída
à sua imagem.

*JOANA EM FLOR*, Reynaldo Jardim.

3. (UFF-RJ) Leia os fragmentos:

***Fragmento 1***

"Eu vejo uma gravura
grande e rasa.
No primeiro plano
Uma casa."

***Fragmento 2***

"A nossa felicidade, barão, é que morreremos antes."

***Fragmento 3***

"Tenho passado a vida a criar deuses que morrem logo, ídolos que depois derrubo."

A atitude do narrador em cada um dos fragmentos anteriores caracteriza-se, respectivamente, como:

a) emotiva; valorativa; argumentativa
b) crítica; antecipadora; fatalista
c) descritivista; dialógica; memorialística
d) descritivista; isenta; investigativa
e) valorativa; fatalista; memorialística

## MÓDULO 12

**Texto para a próxima questão.**

### A palavra

Tanto que tenho falado, tanto que tenho escrito – como não imaginar que, sem querer, feri alguém? Às vezes sinto, numa pessoa que acabo de conhecer, uma hostilidade surda, ou uma reticência de mágoas. [1]Imprudente ofício é este, de viver em voz alta.

Às vezes, também a gente tem o consolo de saber que alguma coisa que se disse por acaso ajudou alguém a se reconciliar consigo mesmo ou com a sua vida de cada dia; a sonhar um pouco, a sentir uma vontade de fazer alguma coisa boa.

Agora sei que outro dia eu disse uma palavra que fez bem a alguém. Nunca saberei que palavra foi; deve ter sido alguma frase espontânea e distraída que eu disse com naturalidade porque senti no momento – e depois esqueci.

Tenho uma amiga que certa vez ganhou um canário, e o canário não cantava. Deram-lhe receitas para fazer o canário cantar; que falasse com ele, cantarolasse, batesse alguma coisa ao piano; que pusesse a gaiola perto quando trabalhasse em sua máquina de costura; que arranjasse para lhe fazer companhia, algum tempo, outro canário cantador; até mesmo que ligasse o rádio um pouco alto durante uma transmissão de jogo de futebol... mas o canário não cantava.

Um dia a minha amiga estava sozinha em casa, distraída, e assobiou uma pequena frase melódica de Beethoven – e o canário começou a cantar alegremente. Haveria alguma secreta ligação entre a alma do velho artista morto e o pequeno pássaro cor de ouro?

Alguma coisa que eu disse distraído – talvez palavras de algum poeta antigo – foi despertar melodias esquecidas dentro da alma de alguém. Foi como se a gente soubesse que de repente, num reino muito distante, uma princesa muito triste tivesse sorrido. E isso fizesse bem ao coração do povo; iluminasse um pouco as suas pobres choupanas e as suas remotas esperanças.

RUBEM BRAGA. PROENÇA FILHO, Domício (org.). *Pequena antologia do Braga*. Rio de Janeiro: Record, 1997.

1. (Uerj) *Imprudente ofício é este, de viver em voz alta.* (ref. 1)
O ofício a que Rubem Braga se refere é o seu próprio, o de escritor. Para caracterizá-lo, além do adjetivo "imprudente", ele recorre a uma metáfora: "viver em voz alta". O sentido dessa metáfora, relativa ao ofício de escrever, pode ser entendido como:

a) superar conceitos antigos
b) prestar atenção aos leitores
c) criticar prováveis interlocutores
d) tornar públicos seus pensamentos

**Texto para a próxima questão.**

### Os poemas

Os poemas são pássaros que chegam
não se sabe de onde e pousam
no livro que lês.
Quando fechas o livro, eles alçam voo
como de um alçapão.
Eles não têm pouso
nem porto
alimentam-se um instante em cada par de mãos
e partem.
E olhas, então, essas tuas mãos vazias,
no maravilhado espanto de saberes
que o alimento deles já estava em ti...

MÁRIO QUINTANA. *Poesia completa*. Rio de Janeiro: Nova Aguilar, 2005.

2. (Uerj) O texto é todo construído por meio do emprego de uma figura de estilo.
Essa figura é denominada de:

a) elipse
b) metáfora
c) metonímia
d) personificação

**Texto para a próxima questão.**

Triste Bahia! Oh quão dessemelhante
Estás, e estou do nosso antigo estado!
Pobre te vejo a ti, tu a mi empenhado,
Rica te vejo eu já, tu a mi abundante.

A ti trocou-te a máquina mercante,
Que em tua larga barra tem entrado,
A mim foi-me trocando, e tem trocado
Tanto negócio, e tanto negociante.

Deste em dar tanto açúcar excelente
Pelas drogas inúteis, que abelhuda
Simples aceitas do sagaz Brichote.
Oh se quisera Deus, que de repente
Um dia amanheceras tão sisuda
Que fora de algodão o teu capote!

(MATOS, Gregório de. *Poesias selecionadas*. 3. ed. São Paulo: FTD, 1998. p. 141.)

**3.** (UEL-PR) Sobre figuras de linguagem no poema, considere as afirmativas a seguir.

I. A descrição do eu lírico e da Bahia configura uma antítese entre o estado antigo e o atual de ambos.

II. A antítese é verificada na oposição entre as expressões "máquina mercante" e "drogas inúteis", embora ambas se refiram à Bahia.

III. Os versos 3 e 4 são exemplos do papel relevante da gradação no conjunto do poema, pois enumeram estados de espírito do eu lírico.

IV. Os versos "Um dia amanheceras tão sisuda / Que fora de algodão o teu capote!" configuram exemplos de personificação e metáfora, respectivamente.

Assinale a alternativa correta.

a) Somente as afirmativas I e IV são corretas.
b) Somente as afirmativas II e III são corretas.
c) Somente as afirmativas III e IV são corretas.
d) Somente as afirmativas I, II e III são corretas.
e) Somente as afirmativas I, II e IV são corretas.

**4.** (ITA-SP) Assinale a figura de linguagem predominante no seguinte trecho:

*A engenharia brasileira está agindo rápido para combater a crise de energia.*

a) Metáfora.
b) Metonímia.
c) Eufemismo.
d) Hipérbole.
e) Pleonasmo.

## MÓDULO 13

**1.** (PUC-SP) Leia atentamente os textos a seguir.

*Texto 1*

**Massa diz que realizou um sonho ao ser *pole* em Interlagos**

Quinto brasileiro a conquistar uma *pole* no GP do Brasil de Fórmula 1 – repetindo Emerson Fittipaldi, Nelson Piquet, Ayrton Senna e Rubens Barrichelo –, Felipe Massa afirmou neste sábado que realizou um sonho em sua carreira ao garantir a primeira posição do *grid* de largada da corrida em Interlagos e ouvir o seu nome ser gritado pelo público que lotou o autódromo.

Milton Pazzi Jr. ("www.estadao.com.br" – acessado em 21 out. 2006.)

*Texto 2*

**Felipe Massa crava a *pole position* do Grande Prêmio do Brasil**

O brasileiro Felipe Massa confirmou o favoritismo e conquistou a *pole position* do Grande Prêmio do Brasil, última etapa da temporada 2006 da Fórmula 1. Forte desde os treinos livres da sexta-feira, ele assumiu a primeira posição com o tempo de 1min10s842.

("http://esporte.uol.com.br" – acessado em 21 out. 2006.)

Os dois textos referem-se ao mesmo tema: à primeira posição na largada do Grande Prêmio de Fórmula 1 do Brasil, conquistada por Felipe Massa, jovem piloto brasileiro. Acerca do modo como aparece no texto o aspecto pessoal, emocional e subjetivo, pode-se afirmar que

a) ambos são isentos de subjetividade, como deve ser todo texto jornalístico que prima sempre pela objetividade para que tenha maior credibilidade.
b) o primeiro texto é mais subjetivo, porque se refere ao sonho e às sensações de Felipe Massa, além de compará-lo a outros ídolos do automobilismo brasileiro.
c) o segundo é mais subjetivo, porque indica precisamente que se trata de uma etapa específica da competição e porque indica o tempo exato da melhor volta de Felipe Massa.
d) o primeiro é mais subjetivo, porque indica com precisão não só o dia em que Felipe Massa fez a afirmação, como também se refere precisamente à "primeira posição".
e) o segundo é mais subjetivo, porque em seu título apresenta de modo completo tanto o nome Felipe Massa, quanto o nome Grande Prêmio do Brasil.

**2.** (ESPM-SP) É comum identificar-se ambiguidade em leitura isolada de manchetes de jornal. Fenômeno que acaba desfeito pelo contexto. Das frases a seguir, assinale aquela que NÃO permite dupla leitura:

a) “Deborah Secco aproveita folia de camarote em Salvador”.

b) “Polícia liberta garota de oito anos e estudante de cativeiro em São Paulo”.

c) “Arquitetos acusam juiz de censura estética”.

d) “Bandido atropela e mata garoto com carro roubado”.

e) “Queda de renda é maior entre os mais instruídos, segundo IBGE”.

3. (UTFPR)

**Jornalismo**

“Gostaria de parabenizar o editorial da *Folha* de 20/07 sobre o malfadado Projeto de Lei nº 79/2004, que amplia a reserva de mercado para jornalistas. Foi uma explanação brilhante, muito lúcida e correta, difícil de se ver na imprensa nacional. A necessidade de ‘leis de imprensa’ e a obrigatoriedade de diploma de nível superior são coisas de ditadura, repudiadas pela Constituição de 1988, pela Associação Interamericana de Imprensa e por vários tratados internacionais dos quais somos signatários – logo, obrigados a cumprir. Salta aos olhos, entretanto, a muda conivência da imprensa com essa situação, que não mostra esse assunto na televisão – apenas em notas de rodapé nos jornais. Sem discussão ampla com a sociedade, corremos o sério risco de vermos mais leis absurdas como esse PL ou o ‘Conselho de Jornalistas’. Liberdade de expressão já.”

(Gilberto Antônio Silva, São Bernardo do Campo, SP, 23/07/06)

Em relação ao texto dado, marque a alternativa correta.

a) O autor não é jornalista e, por isso, é contrário à reserva de mercado para jornalistas.

b) O autor é publicitário, pois faz bom uso de frases de efeito tais como “Liberdade de expressão já”.

c) O autor apresenta uma visão bem positiva da imprensa escrita em geral; já a televisionada é criticada.

d) O autor é assíduo leitor do jornal “Folha de São Paulo”, mas é crítico.

e) Para o autor, a imprensa em geral não faz o seu papel de informar de forma sempre competente.

## MÓDULO 14

**Texto para a próxima questão.**

No quarto de dormir de minha avó materna havia um móvel, com gavetinha e espelho, que todos na casa chamavam, sem qualquer afetação ou pedantismo, de *coiffeuse*. Na sala de jantar, guardavam-se os pratos em uma *étagere*. A *étagere* foi substituída, nos lares modernos, por um simpático aparador; a “coiffeuse” virou penteadeira e hoje praticamente desapareceu da vida cotidiana por falta de espaço. Os galicismos estão totalmente esquecidos.

Naqueles mesmos tempos de minha infância, eu gostava de um *sport* que se chamava *football* e meu sonho era ser *goalkeeper*, embora a posição de *center-forward* me encantasse pela possibilidade de fazer muitos *goals* e influir no *score*, que era registrado no *placard*. Não precisa dizer que hoje o esporte se chama futebol, o goleiro defende a baliza e o ponta de lança faz muitos gols e vê seu nome se acender no placar eletrônico. Esses anglicismos já não mais o são.

Quando menino, fantasiei-me no carnaval, ao final da guerra, de pracinha – homenagem da moda aos soldados brasileiros (praças) que lutaram na Europa – e de *cowboy*, que alguns já queriam apelidar de vaqueiro. Hoje ninguém saberia o que era uma fantasia de pracinha, e o caubói existe sim, para designar o vaqueiro americano.

Na minha juventude eu ia às *boites*, não a *night-clubs* ou *cabarets*, e tentava dançar o *twist* e o *rock'n'roll*. Hoje, fala-se de baile *funk*, cantam-se *raps*, mas ainda existem boates e festivais, não se sabe se de “rock” ou já de roque. Já cabarés e naiteclubes soam a coisas velhas, e quem vai nadar domingo na piscina do clube nem se lembra dos antigos e seletos *clubs*, como ainda aparecem hoje no nome do *Jockey Club* ou o *Yacht Club*. Os estrangeirismos mudaram com a moda.

Dizem que foi um *lord*, quer dizer, um lorde, inglês, com o título de *Sandwich*, quem, para não se levantar da mesa de carteado, teve a ideia de alimentar-se comendo carne, presunto, queijo e folhas entre fatias de pão. O sofisticado nobre britânico seria o inventor daquilo que hoje, no Brasil, se chama, bem brasileiramente, de sanduíche e que corresponde, em Portugal, ao substantivo feminino sandes, palavra que lembra melhor ao ouvido o original inglês, em que a sílaba tônica é a primeira. Uma sandes é o mesmo que um *sandwich* e que um sanduíche. A invenção do lorde toma forma diferente para ser conhecida em dois países que falam a mesma língua.

Palavras e expressões vão e vêm. Umas incorporam-se definitivamente à língua portuguesa, traduzidas ou com a grafia modificada, e vão, nacionalizadas, repousar nos mais respeitáveis dicionários do vernáculo. Outras são simplesmente rejeitadas ou caem, com o tempo, em desuso.

Agora, diz-se que anda pelo Congresso uma lei proibindo o uso de estrangeirismos. O ditador italiano Benito Mussolini, cujos métodos lembram por vezes alguns políticos proeminentes no Brasil da atualidade, tentou e conseguiu com força e terror abolir do sonoro idioma de Dante alguns, não todos, estrangeirismos. Na Itália, até hoje, o futebol se chama “calcio” (pontapé) e lamenta-se que Baggio tenha perdido em 94 não um pênalti, mas um “rigore”.

Sou carioca (em tupi-guarani “a casa do homem branco”) e, embora torça pelo Flamengo, sou, de nascimento, fluminense (invenção a partir do latim *flumen*

– rio, para designar os naturais do Estado do Rio de Janeiro). Gosto de minha terra e do meu idioma. Gosto das praias e dos bairros de Ipanema (do tupi-guarani), Copacabana (do idioma dos antigos incas) e Leblon (que não nega no "n" final sua origem francesa).

Uma das grandes riquezas culturais de nossa terra brasileira é essa força de terra nova, que absorve, aproveitando, influências culturais de várias fontes. Aqui, além de feijoada, se come pizza, *spaghetti*, sushi, *fondue*, sanduíche, *paella*, *strogonoff*, churros, *steaks*, quiches e todo o variado *menu* (cardápio) que oferece a velha China.

Os idiomas vivem, como os organismos, os seres humanos, as cidades, os bairros e as praias. Tentar, por lei, colocar em trilhos o processo espontâneo de evolução da língua portuguesa, para evitar uma suposta contaminação por estrangeirismos, é querer tirar de um organismo vivo o que de mais belo a vida tem – a espontaneidade.

Não andamos mais de bonde (do inglês *bond* – papel, título de crédito, colocado no mercado para financiar a companhia que os criou), mas, por favor, não nos proíbam de, como os parisienses, andar de metrô.

LACERDA, Gabriel. *O Globo*, Rio de Janeiro, 19 abr. 2001. Opinião. p. 7. (Texto adaptado)

1. (UFMG) Assinale a alternativa que apresenta a MELHOR síntese das ideias contidas no texto.
   a) A língua é formada como um mosaico.
   b) A língua oficial de uma nação deve ser protegida.
   c) A pátria de um povo reflete a sua língua.
   d) A pureza do vernáculo deve ser preservada.

**Texto para a próxima questão.**

## Cidadãos com cidadania

RUY CASTRO

RIO DE JANEIRO – Um chiclete ou toco de cigarro jogado na rua atrai outro chiclete ou toco de cigarro. Uma garrafa pet atirada na pista pela janela de um carro induz a que outro cretino, passando de carro, atire outra garrafa. Um monte de lixo não recolhido na calçada leva o indivíduo a despejar mais lixo na calçada, achando que o ponto está liberado para vazadouro.

Uma faixa com os dizeres "Maricotinha, te amo" ou "Obrigado a santo Agapito pela graça alcançada", estendida de poste a poste, de um lado a outro da rua, estimula que alguém pendure outras faixas apregoando "Vendem-se túmulos" ou "Jazigos abaixo do custo", como já vi perto de cemitérios, penduradas de árvore a árvore.

Uma tabuleta na porta de um açougue prometendo "Coxão mole a xis reais o quilo", empatando metade da calçada, é um convite a que farmácias, lanchonetes, locadoras de vídeo etc. atravanquem o resto da via pública com seus anúncios. Um carro estacionado com duas rodas no passeio está a um passo de botar as outras duas rodas no passeio e interrompê-lo de vez.

Uma pichação na fachada de um prédio leva outro pichador a emporcalhar o prédio ao lado ou a tentar competir com o primeiro, pichando os andares mais altos. Um grafiteiro autorizado a cobrir uma parede com seus horrendos desenhos estará apenas se prevalecendo da coação que sua categoria impõe ao poder público – ou este libera o grafite, por ser uma "arte", ou os grafiteiros vão na marra e pintam do mesmo jeito.

Tanta imundície revela abandono e é uma porta aberta para a criminalidade – bandidos sentem-se bem em meio a ela. Algumas prefeituras fazem sua parte, mas os cidadãos precisam ajudar, exercendo a cidadania. Embora pertença a todos, o espaço público não é a casa da mãe joana.

(*Folha de S.Paulo*, Opinião A2. 19 de maio de 2008)

2. (PUC-SP) O gênero textual de "Cidadão e cidadania" é
   a) carta de solicitação.
   b) artigo de opinião.
   c) editorial.
   d) anúncio.
   e) notícia.

3. (UPM-SP)

Difícil de aceitar é a desqualificação apriorística do dissenso. Por que discordar, sugere FHC, se o presidente prevê ou provê todas essas questões que a oposição teima em levantar como bandeiras? Afinal, a bandeira social é sua, e ninguém deve tomá-la, diz explicitamente FHC. Não se trata de discutir as razões da oposição que lhe fazem "batinas" ou "bonés". O lamentável é demonstrar tanto desconforto com sua existência.

Jornal FOLHA DE S.PAULO

Assinale a alternativa correta.
O editorialista:
   a) lastima a oposição feita ao presidente por determinados segmentos da sociedade.
   b) lamenta a resistência do presidente à oposição, ainda que isso se configure como uma desqualificação consciente dos argumentos contrários, já que feita após análise e reflexão.
   c) põe entre aspas expressões metonímicas, por citá-las de outrem, transcrevendo literalmente toda a fala do presidente sobre a não pertinência de certos argumentos contrários.
   d) desqualifica, com ironia velada, a oposição que determinados segmentos da sociedade fazem ao presidente.
   e) expressa um certo estranhamento e desconsolo diante da tentativa de FHC de tornar ilegítimas as atitudes que não signifiquem adesão total à figura do presidente.

## MÓDULO 15

1. (UEPG-PR)

### E com vocês a modernidade

Meu verso é profundamente romântico.
Choram cavaquinhos luares se desenterram e vai por aí a longa sombra de rumores e ciganos.
Ai que saudade que tenho dos meus negros verdes anos!

(Cacaso)

### Meus oito anos

Oh! Que saudades que tenho
Da aurora da minha vida,
Da minha infância querida
Que os anos não trazem mais!

(Casimiro de Abreu)

Em relação aos poemas de Cacaso e Casimiro de Abreu, assinale o que for correto.

(01) O poema de Cacaso retoma o romantismo – mais especialmente desenvolvido por Casimiro de Abreu; a paródia denota um tom meio cruel ao referenciar os "negros verdes anos", ou seja, os anos 70.

(02) Os dois poemas pertencem à estética romântica, cuja característica principal é a busca pela perfeição formal.

(04) Os poetas pertencem, respectivamente, aos movimentos literários modernista e simbolista.

(08) A evasão no tempo marca os poemas; em Cacaso como forma de crítica e em Casimiro de Abreu corresponde à nostalgia do passado.

**Textos para a próxima questão.**

### Canção do exílio

Minha terra tem palmeiras,
Onde canta o Sabiá;
As aves, que aqui gorjeiam,
Não gorjeiam como lá.

Nosso céu tem mais estrelas,
Nossas várzeas têm mais flores,
Nossos bosques têm mais vida,
Nossa vida mais amores.

Em cismar, sozinho, à noite,
Mais prazer encontro eu lá;
Minha terra tem palmeiras,
Onde canta o Sabiá.

Minha terra tem primores,
Que tais não encontro eu cá;
Em cismar – sozinho, à noite –
Mais prazer encontro eu lá;
Minha terra tem palmeiras,
Onde canta o Sabiá.

Não permita Deus que eu morra,
Sem que eu volte para lá;
Sem que desfrute os primores
Que não encontro por cá;
Sem qu'inda aviste as palmeiras,
Onde canta o Sabiá.

(Gonçalves Dias, *In: Poesia*. Rio de Janeiro, Agir, 1969, pp.11-12.)

### Canto de regresso à pátria

Minha terra tem palmares
Onde gorjeia o mar
Os passarinhos daqui
Não cantam como os de lá

Minha terra tem mais rosas
E quase que mais amores
Minha terra tem mais ouro
minha terra tem mais terra
Ouro terra amor e rosas
Eu quero tudo de lá
Não permita Deus que eu morra
Sem que volte para lá

Não permita Deus que eu morra
Sem que volte pra São Paulo
Sem que veja a Rua 15
E o progresso de São Paulo

(Oswald de Andrade, *In: Trechos escolhidos*. Rio de Janeiro, Agir, 1967, p. 30.)

Na questão a seguir assinale os itens corretos e os itens errados.

2. (UnB-DF) Em 1997, comemoram-se os trinta anos do movimento cultural brasileiro conhecido como Tropicalismo. Caetano Veloso, Gilberto Gil e outros líderes da Tropicália apresentaram, em suas letras poéticas, novas formas de relação entre o artista e sua terra, mas voltaram, várias vezes, à CANÇÃO DO EXÍLIO e ao CANTO DE REGRESSO À PÁTRIA para compor seus textos. Eis alguns exemplos:

I. Gilberto Gil e Capinam, em SOY LOCO POR TI, AMÉRICA: "Um poema ainda existe / com palmeiras, com trincheiras / canções de guerra, quem sabe / canções de mar..."

II. Gilberto Gil e Torquato Neto, em MARGINÁLIA II: "Minha terra tem palmeiras onde sopra o vento forte / da fome, do medo e, muito principalmente, da morte."

III. Caetano Veloso, em AVARANDADO: "Cada palmeira da estrada / tem uma moça recortada / cada palma enluarada / tem de estar quieta parada / qualquer canção, quase nada / vai fazer o sol levantar / vai fazer o dia nascer..."

A partir da associação dos fragmentos anteriores aos poemas de Gonçalves Dias e de Oswald de Andrade, julgue os seguintes itens.

(1) O fragmento I apresenta uma imagem dessacralizada da palmeira, destacada pela aproximação sonora com o vocábulo "trincheira", evidenciando que o lirismo romântico não é compatível com a realidade sociocultural dos anos sessenta.

(2) Confrontado a primeira estrofe da canção de Gonçalves Dias com o fragmento II, nota-se neste último, uma vigorosa crítica social, fundada no recurso estilístico da intertextualidade.

(3) A ironia diante da situação política nacional, destacada no CANTO DE REGRESSO À PÁTRIA, reaparece, anos mais tarde, em AVARANDADO (fragmento III).

(4) A paisagem noturna e a esperança de um futuro mais promissor, presentes na CANÇÃO DO EXÍLIO, são aspectos tematizados no fragmento III.

(5) A utilização de imagens telúricas (por exemplo: terra, céu, mar, natureza vegetal e animal) é recorrente nos dois poemas e nos três fragmentos das letras das canções do Tropicalismo.

## MÓDULO 16

**Textos para a próxima questão.**

*Texto I*

### MEC quer rever veto a livro de Monteiro Lobato

O ministro da Educação, Fernando Haddad, pedirá que (sic) o CNE (Conselho Nacional de Educação) reveja o parecer que recomendou restrições à distribuição do livro "*Caçadas de Pedrinho*", de Monteiro Lobato, em escolas públicas. O Conselho de Educação quer vetar livro de Monteiro Lobato em escolas.

Como revelou à *Folha*, o conselho sugeriu que a obra não seja distribuída pelo governo ou, caso isso seja feito, que contenha uma "nota explicativa", devido a um suposto teor racista.

Haddad disse ter recebido diversas reclamações de educadores e especialistas contra a decisão do CNE. "Foram muitas manifestações para que o MEC afaste qualquer hipótese de censura a qualquer obra", afirmou.

Ele disse não ver racismo na obra, mas ainda assim não descartou o contexto em que determinada obra foi escrita quando isso for considerado necessário. Para o ministro, qualquer que seja a decisão do CNE, ela deverá valer para todos os livros e não para apenas um específico.

(PINHO, Angela. In: http://www.substantivoplural.com.br/monteiro-lobato-e-a-proibicao-da-cacada-de-pedrinho/. Acessado em 09/09/2011)

*Texto II*

### Monteiro Lobato e a proibição da "Caçada de Pedrinho"

Meus amigos e amigas,

Estou muito preocupado com essa proibição ao livro "*Caçadas de Pedrinho*", escrito por Monteiro Lobato em 1933. Estou aqui com as obras completas do Lobato e já consultei o seu grande biógrafo Edgard Cavalheiro e não vejo razão para essa proibição. Aprendi a gostar de ler com Monteiro Lobato. Li o *D. Quixote das Crianças* do Lobato e nunca mais deixei de ler a grande obra-prima de Cervantes. Vasculhei o céu com Lobato numa "*Viagem ao Céu*". Li sobre o explorador Hans Staden e me encantei com *Os Doze Trabalhos de Hércules* recontado por esse grande escritor e editor.

Monteiro Lobato reinventou o Brasil. Em alguns aspectos inventou-o. Foi um grande nacionalista e lutou pelo nosso petróleo e recursos minerais. Foi um grande editor quando no Brasil quase não havia editoras. Um grande tradutor que lutou incansavelmente pelo Brasil. *As Aventuras do Picapau Amarelo* foram transportadas para a televisão e ainda hoje encantam gerações de todas as idades.

Com relação à obra proibida "*Caçadas do Pedrinho*", e a justificativa das palavras preconceituosas e estereotipas "trepar" e "negra", que não ajudariam na educação com base "nos estudos atuais e críticos que discutem a presença de estereótipos raciais na literatura" acho a justificativa sem propósito e um grave atentado contra a livre expressão e ao fazer literário e artístico.

Por isso mesmo meus protestos contra essa agressão a um dos mais criativos e nacionalistas escritores do Brasil. Urubu é negro, macaco trepa; assim como tem gente negra e que trepa. Não vejo razão para colocar a obra num índex proibitivo. E são negros os olhos da minha amada. Cacemos Pedrinho! Vou fazer a minha perna de pau e colocar sebo para a onça não pegar.

(MATA, João da. In: http://www.substantivoplural.com.br/monteiro-lobato-ea-proibicao-da-cacada-de-pedrinho/. Acessado em 09/09/2011)

1. (Uepa) No Texto II, a frase que revela uma opinião do autor sobre a proibição do livro de Monteiro Lobato "*Caçadas de Pedrinho*" é:
   a) estou muito preocupado com essa proibição ao livro "*Caçadas de Pedrinho*".
   b) foi um grande nacionalista e lutou pelo nosso petróleo e recursos minerais.
   c) a noite é negra sem luar e ninguém pode mudar a natureza.
   d) um grave atentado contra a livre expressão e ao fazer literário e artístico.
   e) vou fazer a minha perna de pau e colocar sebo para a onça não pegar.

**Texto para a próxima questão.**

### Portão

O portão fica bocejando, aberto
para os alunos retardatários.
Não há pressa em viver
nem nas ladeiras duras de subir,

quanto mais para estudar a insípida cartilha.
Mas se o pai do menino é da oposição,
à ilustríssima autoridade municipal,
prima por sua vez da sacratíssima
autoridade nacional,
ah, isso não: o vagabundo
ficará mofando lá fora
e leva no boletim uma galáxia de zeros.

A gente aprende muito no portão
fechado.

ANDRADE, Carlos Drummond de. In: *Carlos Drummond de Andrade: Poesia e Prosa*. Editora Nova Aguilar: 1988. p. 506-507.

2. (Uece) Considere as seguintes afirmações sobre os dois versos finais.

I. A separação desses dois versos em uma estrofe é um recurso que enfatiza as ideias de exclusão, parcialidade e preconceito presentes no poema.

II. Os dois versos constituem um enunciado que expressa uma afirmação de valor individual ou particular.

III. Esse enunciado apresenta a estrutura linguística do axioma (máxima, provérbio, anexim): é breve, expressa um conceito sobre a realidade, tem o objetivo de ensinar e emprega o presente do indicativo.

Está correto o que se afirma apenas em
a) II.
b) I e III.
c) II e III.
d) I.

3. (UFPR) Leia com atenção esta passagem introdutória de "A Lógica da Investigação Científica" (1934), de Karl Popper.

Costuma-se chamar de "indutiva" a uma inferência se ela passa de enunciados singulares (também chamados, algumas vezes, enunciados "particulares"), tais como as descrições dos resultados de observações ou experimentos, a enunciados universais, tais como hipóteses ou teorias. Ora, de um ponto de vista lógico, está longe de ser óbvio que se justifique inferir enunciados universais a partir dos singulares, por mais elevado que seja o número destes últimos; pois qualquer conclusão que obtemos dessa maneira pode acabar sendo falsa: não importa quantas ocorrências de cisnes brancos possamos ter observado, isto não justifica a conclusão de que todos os cisnes são brancos.

Segundo Popper, "Indução" é:
(01) A passagem de enunciados particulares a universais através de uma inferência.
(02) Um método físico para o exame tanto das partículas quanto do universo.
(04) Um raciocínio cuja justificação lógica não é evidente.
(08) Um método impróprio no caso da zoologia, mas não no das demais ciências.
(16) Um método lógico que nos permite concluir com segurança se certas teorias são validadas pela observação.

**Texto para a próxima questão.**

Aquele [5]fogão velho, hoje extinto [1]– bota mais lenha, tem feijão cozinhando [2]–, era muito importante na minha [6]casa. Mas ele subsiste, porque as palavras são capazes de atiçar-lhe o fogo. Outro fogo. Imersa no tempo, a casa também se foi. Mas ela não desapareceu. Ainda existem as [7]árvores, aquela [8]taipa velha e bonita, a [9]fonte no canto superior do parreiral. Essas [4]coisas ficaram lá, nos arredores de 1950. Porém eu [3]as permaneço através das palavras.

(PAN, Alcides. *A expressão oral e escrita*. Porto Alegre: Audiovisão Prod., 1980)

4. (PUC-RS) Todas as afirmativas estão corretas, com EXCEÇÃO de:
a) A frase "Imersa no tempo, a casa também se foi." pode ser assim reescrita, sem prejudicar o sentido e a correção: "A casa, imersa no tempo, também se foi." e "A casa também se foi, imersa no tempo".
b) Os travessões das (ref. 1 e 2) assinalam a intromissão de uma outra voz que não a do narrador.
c) A passagem "...porque as palavras são capazes de atiçar-lhe o fogo." está empregada em sentido figurado.
d) O pronome "lhe" tem o mesmo sentido e a mesma função em "capazes de atiçar-lhe o fogo." e em "A infância traz-lhe tristes lembranças".
e) O pronome "as" (ref. 3) refere-se a "coisas" (ref. 4) que, por sua vez, refere-se a "fogão" (ref. 5), "casa" (ref. 6), "árvores" (ref. 7), "taipa" (ref. 8) e "fonte" (ref. 9).

## MÓDULO 17

**Texto para a próxima questão.**

### A jabuticaba só nasce mesmo no Brasil?

Em seu discurso de agradecimento pelo prêmio de Economista do ano em 2003, Pérsio Arida, um dos idealizadores do Plano Real, utilizou um argumento inusitado para justificar a taxa de juros de equilíbrio de 8% ao ano no Brasil. "Certas coisas são iguais à jabuticaba, só ocorrem no Brasil", explicou ele na época. Rapidamente, jornalistas e intelectuais passaram a citar a frase como parte da chamada "Teoria da Jabuticaba", com o objetivo de explicar em seus textos o porquê de alguns fenômenos só acontecerem no Brasil.

Se nas Ciências Humanas a tal teoria parece fazer sucesso, do ponto de vista biológico ela está equivocada. Quem garante isso é o pesquisador da APT (Agência Paulista de Tecnologia dos Agronegócios) Eduardo Suguino que tratou de derrubar alguns mitos sobre a ocorrência do famoso fruto. "A jabuticaba pode até ser nativa do Brasil, mas não ocorre só aqui", explicou. "Ela já apareceu em países como Argentina e México em sua forma natural".

Ainda de acordo com Suguino, a jabuticabeira pode ser cultivada em qualquer canto do planeta. Como se trata de uma planta propagada por semente, são necessárias apenas três condições para que ela se desenvolva: água, oxigênio e calor. Mesmo assim, ele faz questão de ponderar sobre a suposta universalidade do tradicional vegetal. "Apesar de possuir essa capacidade de ser cultivada em qualquer lugar, a jabuticabeira pode ser prejudicada por alguns fatores ambientais", afirma. Depois, o pesquisador ainda forneceu exemplos de casos em que o vegetal pode sofrer danos. "Se levar um exemplar para a Europa durante o inverno, ele dificilmente sobreviverá fora de um vaso ou de ambiente protegido".

(Disponível em http:// www.blogdoscuriosos.com.br. Acesso em 19.10.2013. Adaptado)

1. (IFSP) De acordo com o texto, pode-se afirmar que a função da linguagem utilizada predominantemente pelo autor é
   a) a emotiva, pois está centrada em depoimentos subjetivos de pesquisadores que desejam demonstrar seus sentimentos em relação às jabuticabeiras.
   b) a apelativa, já que seu objetivo é o de convencer o leitor a plantar uma jabuticabeira, porque é necessário água, oxigênio e calor para que se desenvolva.
   c) a referencial, pois faz uso da impessoalidade, marcada pelos verbos na terceira pessoa tais como "utilizou", "explicou" e "passaram".
   d) a metalinguística, já que se trata de um texto de caráter científico cujo principal assunto é a ciência do plantio de jabuticaba por toda parte.
   e) a poética, uma vez que a ênfase está na construção da mensagem a partir da sonoridade e do ritmo explorados nas palavras "jabuticabas" e "jabuticabeiras".

2. (UFRN) Leia a seguir os trechos de "Consideração do poema", integrante do livro *A rosa do povo*, de Carlos Drummond de Andrade.

Uma pedra no meio do caminho
ou apenas um rastro, não importa.
Estes poetas são meus. De todo o orgulho,
de toda a precisão se incorporaram
ao fatal meu lado esquerdo. Furto a Vinicius
sua mais límpida elegia. Bebo em Murilo.
Que Neruda me dê sua gravata
chamejante. Me perco em Apollinaire. Adeus, Maiakovski.
São todos meus irmãos, não são jornais
nem deslizar de lancha entre camélias:
é toda a minha vida que joguei.
[...]
Saber que há tudo. E mover-se em meio
a milhões e milhões de formas raras,
secretas, duras. Eis aí meu canto.

ANDRADE, Carlos Drummond de. *Nova reunião*: 23 livros de poesia. Rio de Janeiro: Bestbolso, 2009. p. 139-140.

Nesses trechos, além da função poética, ocorre predominantemente a função
   a) apelativa, percebida na persuasão do texto poético.
   b) expressiva, percebida na ausência da subjetividade do eu lírico.
   c) referencial, percebida na alusão a outros poetas.
   d) metalinguística, percebida na reflexão sobre o fazer poético.

**Texto para a próxima questão.**

(...)

Anos atrás, a cantora Marina Lima compôs com o seu irmão, o poeta Antonio Cícero, uma música que dizia: "Eu espero / acontecimentos / só que quando anoitece / é festa no outro apartamento".

Passei minha adolescência com esta sensação: a de que algo muito animado estava acontecendo em algum lugar para o qual eu não tinha convite. É uma das características da juventude: considerar-se deslocado e impedido de ser feliz como os outros são – ou aparentam ser. Só que chega uma hora em que é preciso deixar de ficar tão ligada na grama do vizinho.

As festas em outros apartamentos são fruto da nossa imaginação, que é infectada por falsos holofotes, falsos sorrisos e falsas notícias. Os notáveis alardeiam muito suas vitórias, mas falam pouco das suas angústias, revelam pouco suas aflições, não dão bandeira das suas fraquezas, então fica parecendo que todos estão comemorando grandes paixões e fortunas, quando na verdade a festa lá fora não está tão animada assim.

Ao amadurecer, descobrimos que a grama do vizinho não é mais verde coisíssima nenhuma. Estamos todos no mesmo barco, com motivos pra dançar pela sala e também motivos pra se refugiar no escuro, alternadamente. Só que os motivos pra se refugiar no escuro raramente são divulgados. Pra consumo externo, todos são belos, sexys, lúcidos, íntegros, ricos, sedutores. "Nunca conheci quem tivesse levado porrada / todos os meus conhecidos têm sido campeões em tudo".

Fernando Pessoa também já se sentiu abafado pela perfeição alheia, e olha que na época em que ele escreveu estes versos não havia esta overdose de revistas que há hoje, vendendo um mundo de faz de conta.

Nesta era de exaltação de celebridades – reais e inventadas – fica difícil mesmo achar que a vida da gente tem graça. Mas tem. Paz interior, amigos leais, nossas músicas, livros, fantasias, desilusões e recomeços, tudo isso vale ser incluído na nossa biografia. (...) Compensa passar a vida comendo alface para ter o corpo que a profissão de modelo exige? Será tão gratificante ter um *paparazzo* na sua cola cada vez que você sai de casa? Estarão mesmo todos realizando um milhão de coisas interessantes enquanto só você está sentada no sofá pintando as unhas do pé?

Favor não confundir uma vida sensacional com uma vida sensacionalista. As melhores festas acontecem dentro do nosso próprio apartamento.

(MARTHA MEDEIROS, jornalista e escritora, colunista do jornal Zero Hora e de O Globo)

3. (ESPM-SP) “Favor não confundir uma vida sensacional com uma vida **sensacionalista**.” Levando em conta o texto, o termo em destaque possui melhor definição em:
   a) que produz sensação intensa.
   b) que desperta viva admiração ou entusiasmo; espetacular; formidável.
   c) que há divulgação e exploração, em tom espalhafatoso, de matéria capaz de emocionar ou escandalizar.
   d) que há surpresa ou grande impressão devida a um acontecimento raro, incomum.
   e) que produz fato de grande comoção moral; emocionante.

## MÓDULO 18

**Texto para a próxima questão.**

Suponha o leitor que possuía duzentos escravos no dia 12 de maio e que os perdeu com a lei de 13 de maio. Chegava eu ao seu estabelecimento e perguntava-lhe:

– Os seus libertos ficaram todos?

– Metade só; ficaram cem. Os outros cem dispersaram-se; consta-me que andam por Santo Antônio de Pádua.

– Quer o senhor vender-mos? Espanto do leitor; eu, explicando:

– Vender-mos todos, tanto os que ficaram, como os que fugiram. O leitor assombrado:

– Mas, senhor, que interesse pode ter o senhor...

– Não lhe importe isso. Vende-mos?

– Libertos não se vendem.

– É verdade, mas a escritura de venda terá a data de 29 de abril; nesse caso, não foi o senhor que perdeu os escravos, fui eu. Os preços marcados na escritura serão os da tabela da lei de 1885; mas eu realmente não dou mais de dez mil-réis por cada um.

Calcula o leitor:

– Duzentas cabeças a dez mil-réis são dous contos. Dous contos por sujeitos que não valem nada, porque já estão livres, é um bom negócio. Depois refletindo:

– Mas, perdão, o senhor leva-os consigo?

– Não, senhor: ficam trabalhando para o senhor; eu só levo a escritura.

– Que salário pede por eles?

– Nenhum, pela minha parte, ficam trabalhando de graça. O senhor pagar-lhes-á o que já paga.

Naturalmente, o leitor, à força de não entender, aceitava o negócio. Eu ia a outro, depois a outro, depois a outro, até arranjar quinhentos libertos, que é até onde podiam ir os cinco contos emprestados; recolhia-me a casa e ficava esperando.

Esperando o quê? Esperando a indenização, com todos os diabos! Quinhentos libertos, a trezentos mil-réis, termo médio, eram cento e cinquenta contos; lucro certo: cento e quarenta e cinco.

(Machado de Assis, Crônica escrita em 26.06.1888. *Obra Completa.*)

1. (UFSCar-SP) No processo argumentativo, o trecho – “mas a escritura de venda terá a data de 29 de abril” – tem a função de:
   a) criar uma falsa analogia.
   b) desfazer uma incompatibilidade.
   c) estabelecer uma negociação justa.
   d) valorizar a perda de uma das partes.
   e) abrir caminho a uma renegociação.

**Texto para a próxima questão.**

### A química do amor

Esqueça a velha máxima que diz que os opostos se atraem. O conceito, afirmam cientistas, só vale para a física e não passa de mito em matéria de relacionamentos. Para os biólogos Peter Buston e Stephen Emlen, da Universidade de Cornell, em Nova York, a escolha de um parceiro é baseada na preferência por pessoas que se assemelham a nós mesmos. “Quem busca um companheiro com valores parecidos com os seus acaba enfrentando menos conflitos no relacionamento. Por isso, tem mais chances de estabelecer laços duradouros e criar filhos com sucesso”, explica Emlen. O estudo contradiz algumas noções que temos sobre as diferentes estratégias de acasalamento praticadas por machos e fêmeas, derivadas da teoria do naturalista inglês Charles Darwin (1809-1882) e defendidas, hoje, pela psicologia evolutiva. Hoje, a ciência já interpreta a formação de casais à luz dos elementos culturais e começa a abrir espaço para contestações. Afinal, existe a fórmula do amor? Os especialistas afirmam que não.

ARTONI, Camila. A química do amor. *Galileu*. Rio de Janeiro: Globo, n. 146, set. 2003, p. 63. [Adaptado].

2. (UFG-GO) Destaca-se no texto o recurso argumentativo de
   a) desqualificação do oponente.
   b) formação de consenso.
   c) reunião de provas concretas.
   d) exposição de vocabulário técnico.
   e) citação de autoridade.

## MÓDULO 19

**Texto para a próxima questão.**

[...]

Investimos em 55 mil agentes comunitários. Olha só o lucro [fotografia de busto de seis garotos saudáveis]. Os Agentes Comunitários de Saúde são pessoas comuns, selecionadas e treinadas para trabalhar com a comunidade em que vivem. Visitam as moradias, acompanhando de modo permanente o desenvolvimento dos vizinhos. Em especial as crianças, gestantes e idosos. Assim, a porta de cada casa se torna uma entrada para o sistema de saúde.

Em apenas 5 anos, os Agentes já ajudaram a reduzir em 30% a mortalidade infantil no Brasil. Isso mostra que, com um mínimo de esforço, nossa gente pode dar um salto para condições de vida mais dignas.

Cada Agente Comunitário é responsável por 150 a 200 famílias, em seu bairro, sua vila ou povoado. Promove a saúde da vizinhança com informações simples, faz a base da ação preventiva. E identifica pequenos males, antes que estes se agravem e alimentem as filas dos hospitais. O Agente reforça a ponte entre as pessoas e o posto de atendimento local.

É a concretização de um sonho que parecia impossível: uma saúde que vai aonde o povo está, encurtando as distâncias físicas e sociais que deixam tanta gente à margem dos serviços públicos. Ao fim de 97, havia 54 mil Agentes atendendo 41 milhões de brasileiros. Até dezembro de 98 eles já serão 100 mil, trabalhando pelo bem-estar de cerca de 75 milhões de pessoas (metade da nossa população) em 3 mil cidades.

Nós sabemos que você quer resultados na Saúde. É o seu direito. E o nosso dever.

1. (UEPG-PR) Sobre o desenvolvimento das regras sintáticas e semânticas no período "Visitam as moradias, acompanhando de modo permanente o desenvolvimento dos vizinhos. Em especial as crianças, gestantes e idosos. Assim, a porta de cada casa se torna uma entrada para o sistema de saúde", assinale o que for correto.
   (01) A expressão "em especial", que esclarece o tipo de vizinho, funciona como um denotativo de inclusão.
   (02) O segmento "crianças, gestantes e idosos" reforça o argumento retórico, pois são três tipos de pessoas que em geral precisam de mais cuidados de saúde, constituindo ícones que sensibilizam o povo.
   (04) Predomina o tom persuasivo sobre a lógica das ideias no período, que busca o convencimento pela exploração de sentimentos para com os mais fracos e vulneráveis.
   (08) No final do período há uma expressão denotativa de consequência, "assim", e o período anterior funciona como causa.

2. (Fuvest-SP)
   UM MATERIAL MODERNO, DE ABORDAGEM INOVADORA, QUE ENSINA DE MANEIRA CATIVANTE E, ACIMA DE TUDO, EFICIENTE. MAIS DO QUE ISSO, UM MATERIAL PAUTADO POR UM MÉTODO DE ENSINO ATUAL, QUE PENSA EM UMA FORMAÇÃO INTEGRAL PARA O ALUNO, COM VALORES QUE RESPEITAM O SEU CRESCIMENTO E PREPARAM PARA A VIDA.
   O trecho acima, extraído de um texto publicitário, procura convencer o leitor por meio de juízos categóricos, isto é, juízos que, sem apresentar razões ou provas evidentes, não admitem contestação.
   a) Transcreva duas expressões ou palavras que comprovem esse fato.
   b) Justifique sua escolha.

**Texto para a próxima questão.**

O texto publicitário que você lerá abaixo foi extraído de *ISTOÉ*, de 7 jun. 2000.

Quando a gente deixa as crianças experimentarem, se sujarem, elas aprendem mais e se desenvolvem melhor.

É por isso que estamos lançando o novo Omo Multi Ação.

Uma fórmula inovadora que age nos primeiros instantes da lavagem, removendo manchas de gordura como nenhum outro.

Omo Multi Ação está ainda mais eficiente porque sabe, assim como você, que seu filho precisa de liberdade para aprender.

Novo Omo Multi Ação.

Porque não há aprendizado sem manchas.

3. (UFG-GO) Além de veicular informações sobre o produto, a linguagem publicitária procura persuadir o consumidor.
   Com base nessa informação e na leitura do texto, pode-se afirmar que
   ( ) "liberdade de ação e aprendizagem infantil", ideias deduzidas do início do texto, estabelecem relação de causa e consequência.
   ( ) o vocábulo "outro", em "como nenhum outro", refere-se a um elemento extratextual, pois não remete a nenhum termo explicitamente presente no texto.
   ( ) a palavra "ainda", em "Omo Multi Ação está ainda mais eficiente", indica que, só a partir de agora, o produto foi aprovado pelo consumidor.
   ( ) o vocábulo "manchas" aparece no texto com dois sentidos diferentes, ou seja, o primeiro é denotativo e o segundo, conotativo.

# Respostas

## Exercícios propostos

### FRENTE A – A gramática dos textos

#### MÓDULO 10

1. a) Os dois vocábulos são "cá" e "longe".
   b) As expressões possíveis formadas por adjetivo(s) e por substantivo que caracterizam esses espaços são as seguintes:
   – Espaço do corpo ("cá"): vã matéria; humana e trágica miséria; surdos abismos assassinos; atros destinos; flor apodrecida e deletéria; baixo mundo; movimentos lassos.
   – Espaço da alma ("longe"): claros astros peregrinos; dons divinos; grande paz; grande paz sidérea; almas irmãs; almas perfeitas; regiões eleitas; largos, profundos, imortais abraços.
2. c
3. a
4. a
5. a) Submissão. Verbo submeter.
   b) que convinham bastante a seus propósitos

#### MÓDULO 11

1. c
2. e
3. 16
4. a
5. b
6. 02 + 08 + 16 = 26

#### MÓDULO 12

1. a) O verbo "surfar" é usado como transitivo direto no título do texto da campanha e em sentido figurado, pois está relacionado à capacidade de transição entre *sites* acessíveis na internet. Na última frase, o mesmo verbo é usado como intransitivo e apresenta significado literal, pois pertence ao mesmo campo lexical da palavra "nadar".
   b) No trecho do enunciado, os termos verbais "empolga", "agarra" e "passageira" associados à palavra "internet" sugerem uma ação intensa, apaixonante, mas efêmera, ao contrário do que acontece com os que estão ligados à palavra "revista", menos intensos, mas mais duradouros ("envolvem", "abraçam", "são permanentes"). O mesmo é sugerido no título, já que "surfar" é atividade esportiva moderna e "nadar", uma modalidade tradicional.
2. b
3. b
4. b

#### MÓDULO 13

1. F – F – V – F
2. d
3. a) Sim, pois há uma afirmação sob a forma de pergunta, e isso se justifica pelo fato de, nela, o autor sugerir ter sido o próprio pai o "culpado" de seu "gosto pela arte", um gosto que o levaria a contrariar determinações paternas.
   b) As formas "cousa" e "vossemecê", hoje desusadas no Brasil, atestam a evolução da língua.
4. a) Embora não tenha sido eu que escrevi, dizem que está sendo divulgado um texto na internet, com minha assinatura, criticando o "Big Brother Brasil".
   b) O advérbio "só" enfatiza o alto grau de perplexidade experimentada por Luis Fernando Verissimo e que o impediu de fazer qualquer outra reflexão crítica que não fosse indagar-se sobre a razão de tanta gente se interessar por esse tipo de espetáculo de exibicionismo puro.

#### MÓDULO 14

1. 01 + 02 + 04 + 16 = 23.
2. a
3. A conjunção MAS realça o conteúdo da segunda oração, que constitui o elemento central na argumentação.
4. 01 + 02 + 04 + 32 = 39.
5. a) I. Em "...os morros palejavam de luar...", a preposição "de" tem valor causal.
   II. Em "De manhã, com a fresca...", a preposição "de" indica tempo.
   b) III. Em "como eu insistisse...", "como" é conjunção subordinativa causal, equivalente a "porque", e introdutora de uma oração subordinada adverbial causal.
   IV. Em "...como a dos amores...", integra uma oração comparativa, sendo conjunção subordinativa comparativa.

#### MÓDULO 15

1. b
2. a) "...cheguei à tarde na minha casa..."
   b) O que você tem?
   c) "...e assim que entramos nele..."
3. e
4. As regências do verbo "combater" como transitivo direto e intransitivo, respectivamente, passam a ideia de:
   – A "sombra" representa o termo passivo (objeto direto), ou seja, aquilo que será combatido – não haverá crase.
   – A "sombra" representa o modo como será combatido, portanto tem função de adjunto adverbial de modo – haverá crase.
5. c

#### MÓDULO 16

1. d
2. d
3. 02 + 08 + 16 = 26
4. a) De oposição.
   b) A ação de colocar água já se esgotou, mas a ação de murchar persiste no presente.
5. c

#### MÓDULO 17

1. d
2. a) V – V – F – V
   b) "O camareiro, cujo nome eu não lembro, entrou no quarto em que estava o presidente que se matara." / "O camareiro, de cujo nome eu não me lembro, entrou no quarto em que estava o presidente que se matara."
3. Trata-se das orações subordinadas: "de que chegasse uma pessoa" e "para me prender". A primeira é substantiva completiva nominal, por ser iniciada pela conjunção subordinativa integrante "que" e

servir de complemento nominal a "impressão", e a segunda, subordinada adverbial final reduzida de infinitivo, podendo ser desenvolvida com a introdução da locução conjuntiva subordinativa final "a fim de que", ou "para que" com verbo no pretérito imperfeito do subjuntivo ("para que me prendesse").

4. d

## FRENTE B – A construção dos textos

### MÓDULO 11

1. d
2. a
3. a) A presença marcante de adjetivos ou de sensações visuais, auditivas; o uso do imperfeito do indicativo; a unidade temporal.
   b) "... SILÊNCIO doce tudo ENVOLVIA..."; "Conceição lia, com os olhos ESCUROS intensamente absorvidos na brochura de capa BERRANTE."
4. d
5. a
6. a

### MÓDULO 12

1. c
2. c
3. d
4. b
5. a
6. a

### MÓDULO 13

1. c
2. a) Em relação às declarações do norte-americano foi utilizado o discurso indireto; já em relação ao brasileiro, o discurso direto.
   b) O discurso direto caracteriza-se pela reprodução fiel da fala da personagem. A jornalista manteve a fala do brasileiro para confirmar o contraponto com o americano.
3. d
4. F – V – F – F
5. c

### MÓDULO 14

1. e
2. c
3. a
4. e

### MÓDULO 15

1. d
2. b
3. 02 + 04 = 06.
4. 01 + 02 + 08 = 11.
5. b

### MÓDULO 16

1. a) No cartaz, a cédula de real está em primeiro plano e as personagens do filme circundam essa cédula, numa clara alusão ao fato de o dinheiro ser o centro da trama, envolvendo a emissão ilícita de moedas. O casal enamorado, sentado no dinheiro, sugere que o romance é o evento motivador da trama.
   b) A moeda atual brasileira marca o fim de um longo período inflacionário e representa a esperança de estabilidade econômica, advinda do Plano Real, um conjunto de medidas econômicas que visava ao fim da recessão e ao combate da inflação. O batismo da moeda com o nome *real* remete à ideia de que essa moeda teria o mesmo valor de compra que o valor impresso nela, ou seja, o poder de compra da moeda brasileira passa a ser real, verdadeiro.
2. F – V – F – V – V
3. V – V – V – V – F
4. c

### MÓDULO 17

1. d
2. d
3. a) A frase é "Reparai" que interrompe a argumentação e envolve o leitor.
   b) A função conativa (ou apelativa) da linguagem se faz através do uso do Imperativo afirmativo, na segunda pessoa do plural: "Reparai" (vós).
4. a
5. a) A diferença entre a gastronomia molecular e a gastronomia tradicional encontra-se nos seus objetivos. Enquanto a gastronomia tradicional cria e executa receitas culinárias seguindo procedimentos que se repetem ao longo do tempo, a gastronomia molecular cria e testa receitas a partir de critérios científicos.
   b) Bata/bater no liquidificador as gemas de ovo. Em seguida, junte/juntar a mostarda, o suco de limão e o vinagre. Continue/continuar batendo e acrescente/acrescentar o azeite em fio até que a mistura atinja a consistência desejada. Adicione/adicionar o sal.
6. F – F – F – F
7. a

### MÓDULO 18

1. d
2. d
3. a
4. a
5. a
6. O texto se inicia com uma declaração que representa o julgamento do narrador sobre um cenário – a residência de Seixas – e sobre o próprio Seixas, logo a seguir, ressaltando os contrastes que os caracterizam. O parágrafo final é eminentemente descritivo, apresentando também argumentos que justificam o ponto de vista inicial. Em síntese, não há uma modalidade isolada de produção de texto no fragmento em destaque. Embora predomine o recurso da descrição, há também elementos argumentativos.
7. a

### MÓDULO 19

1. a
2. V – V – V – F
3. b
4. b
5. O personagem faz uma comparação indevida, associando o crescimento do salário ao crescimento biológico de um ser humano.
6. a

# Exercícios-tarefa

## FRENTE A – A gramática dos textos

### MÓDULO 10

1. b
2. a) Não se quis caracterizar o substantivo velho, deixando-o no sentido geral.
   b) A comparação "como tantos outros". "Tantos outros" reitera o sentido de indeterminação do artigo indefinido.
3. 01 + 08 = 09
4. c

### MÓDULO 11

1. b
2. a) Correto. b) Incorreto.
3. V – V – V – V – F – F – F – V – F – F
4. d

### MÓDULO 12

1. a
2. b
3. b

### MÓDULO 13

1. c
2. d
3. b

### MÓDULO 14

1. e
2. c
3. 02 + 08 = 10
4. c

### MÓDULO 15

1. d
2. d
3. d
4. b

### MÓDULO 16

1. a
2. e
3. e
4. d

### MÓDULO 17

1. a
2. b
3. c
4. e

## FRENTE B – A construção dos textos

### MÓDULO 11

1. b
2. a
3. c

### MÓDULO 12

1. d
2. b
3. a
4. b

### MÓDULO 13

1. b
2. e
3. e

### MÓDULO 14

1. a
2. b
3. e

### MÓDULO 15

1. 01 + 08 = 09
2. V – V – F – V – V

### MÓDULO 16

1. d
2. b
3. 01 + 04 = 05
4. d

### MÓDULO 17

1. c
2. d
3. c

### MÓDULO 18

1. b
2. e

### MÓDULO 19

1. 01 + 02 + 04 + 08 = 15
2. a) As expressões “material moderno”, “ensina de maneira cativante” são afirmações categóricas para convencer o leitor.

   b) O texto não apresenta justificativas, pois não explica por que o material é moderno, nem por que ensina de maneira cativante.
3. V – V – F – V